MUNIR BAALB

AL-MAWRID AL-QUAREEB
POCKET DICTIONARY

ENGLISH – ARABIC
ARABIC – ENGLISH

AL-MAWRID AL-QUAREEB

جَمِيعُ الحُقُوق مَحْفُوظَة

الطبعَة الثَّامِنَة

تشرين الأوّل / أكتوبر ٢٠٠١

دار العلم للملايين

مؤسّسة ثقافيّة للتأليف والترجمة والنشر

شارع مار الياس، بناية متكو، الطابق الثاني
هاتف: ٣٠٦٦٦٦ - ٧٠١٦٥٥ - ٧٠١٦٥٦ (٠١)
فاكس: ٧٠١٦٥٧ (٠١)
ص.ب ١٠٨٥ بيروت - لبنان

www.malayin.com

All Rights Reserved

EIGHTH EDITION

2001

Copyright © by DAR EL-ILM LILMALAYIN

Beirut, Lebanon
P.O.Box: 1085
Tel.: (01) 306666
701655 - 701656
Fax: (01) 701657

المورد القريب

قاموس جيب إنكليزي - عربي

تأليف

منير البعلبكي

●

AL-MAWRID AL-QAREB

BA'ALBAKI'S POCKET DICTIONARY

DAR EL-ILM LIL-MALAYEN

دار العلم للملايين

«يتوق كلّ مَن يؤلّف كتاباً إلى المديح . أما مَن يصنّف قاموساً فحَسْبُهُ أن ينجوَ من اللوم . »

الدكتور جُنْسُن

تصدير

يُسعدني ، وقد حَظِيَ معجمي الانكليزي العربي « المورد » برضا العلماء وعامة المثقفين ، أن أقدّم اليوم إلى الناشئة في مشرق الوطن العربي ومغربه هذا المعجم الانكليزي العربي الوجيز الذي يشتمل على نحو من خمسة وعشرين ألف مادّة انكليزية أساسيّة اخترتها — دون غيرها من مواد « المورد » البالغة مئة ألف مادة — على ضوء ما أثبتته المعاجم الانكليزية والأميركيّة الوجيزة المعَدّة خصّيصاً للناشئة . وقد بذلت غاية الجهد في غربلة مدلولات هذه المواد المختارة بحيث لا يشتمل « المورد القريب » إلا على أكثرها تداولاً وشيوعاً . وكلّ ما أرجوه أن يجد طلابُنا الأعزّاء في هذا الجهد المتواضع أولَ محاولة علميّة جادّة تهديهم سواء السبيل في المراحل الأولى من دراستهم لهذه اللغة العالمية الواسعة الانتشار . والله من وراء القصد .

منير البعلبكي

إرشادات عامة

١. هذه القاطعة المُمالَة (~) التي تجدها في ثنايا هذا المعجم تنوب مناب المادة المقصودة بالشرح ، أي منابَ الكلمة المنضَّدة بالحرف الأسود في أوّل الكلام .

٢. هذه العلامة (§) تفيد معنى الانتقال من أحد الأنواع الصرفية (اسماً كان هذا النوع أو فعلاً أو نعتاً أو حالاً الخ .) إلى نوع آخر .

٣. هذه العلامة (×) تفيد معنى الانتقال من صيغة الفعل اللازم إلى صيغة الفعل المتعدي أو من صيغة الفعل المتعدي إلى صيغة الفعل اللازم .

٤. هذه العلامة (=) تفيد أن معنى (أو معاني) الكلمة المقصودة بالشرح هي نفس معنى (أو معاني) الكلمة الواقعة بعد العلامة .

المختصرات المعتمدة

adj.	adjective.
adv.	adverb.
art.	article.
aux.	auxiliary.
cap.	capital.
conj.	conjunction.
def.	definite.
i.	intransitive.
indef.	indefinite.
interj.	interjection.
n.	noun.
part.	participle.
pl.	plural
prep.	preposition.
pres.	present
pron.	pronoun.
sing.	singular.
t.	transitive.
v.	verb.
vi.	verb intransitive.
vt.	verb transitive.

وُضِع هذا المعجم على أساس قاموس «المورد» الكبير الذي يشتمل على نحو من مائة ألف مادّة. فإذا لم تجدْ فيه ضالّتك المنشودة فاطلبها في ذلك القاموس المطوّل.

A

August Square (Benghazi, Libya)

a *(n.)* الحرف الأول من الأبجدية الانكليزية .

a *(indef. art.)* (١) أداة تنكير بمعنى «واحد» أو «ما» (٢) كلّ ؛ في كلّ .

aback *(adv.)* إلى الوراء؛ إلى الخلف .
to be taken ~, يُفاجأ؛ يُؤخَذ على حين غِرّة .

abacus *(n.)* (١) طبلية تاج العمود (في فن العمارة) (٢) المِعْداد: أداة لتعليم الأطفال العَدّ .

abacus 2

abaft *(prep.; adv.)* (١) في مؤخّر كذا §(٢) عند أو نحو مؤخّر المركب .

abandon *(vt.; n.)* (١) يتنازل عن (٢) يهجر؛ (٣) يتخلى عن (٤) يُسْلِم إلى (٥) ينغمس في؛ يستسلم لـ (٦) يُقْلِع عن §(٧) تهتُّك؛ انغماسٌ في الملذّات .

abandoned *(adj.)* (١) مهجور ؛ مخذول؛ متخلّى عنه (٢) خليع؛ متهتّك .

abandonment *(n.)* (١) تنازل عن (٢) هَجْر . (٣) تخلٍّ عن (٤) انغماس في ؛ استسلامٌ لِ (٥) تهتُّك .

abase *(vt.)* (١) يُنزِل رتبة شخص (٢) يُذِلّ .

abash *(vt.)* يُخجِل؛ يُرْبِك .

abashed *(adj.)* مخجول ؛ مُرْتبك .

abate *(vt.; i.)* (١) يُلغي (٢) يضع حداً لـ . (٣) يُنقِص ؛ يخفّف ×(٤) يَضْعُف ؛ يَخْمُدُ (٥) يَنْقُص .

abatement *(n.)* إلغاء ؛ إنقاص .

abattoir *(n.)* مَجزَر؛ مَسْلَخ .

abbacy *(n.)* رئاسة دَيْر .

abbey *(n.)* (١) دير (٢) كنيسة كانت ديراً .

abbot *(n.)* رئيس دير للرهبان .

abbreviate *(vt.)* (١) يختصر ؛ يُوجز (٢) يختزل .

abbreviation *(n.)* (١) اختصار (٢) اختزال .

ABC *(n.)* (١) الألفباء (٢) مبادىء علم أو موضوع

abdicate *(vt.; i.)* يتنازل أو يتخلّى (عن عرش أو منصب رفيع أو حقّ) .

abdication *(n.)* تنازلٌ (عن عرش الخ.)

abdomen *(n.)* بَطْنٌ ؛ جَوْف.

abdominal *(adj.)* بَطْنيّ ، جَوْفيّ :

abduct *(vt.)* (١) يخطف (٢) يُبعِد.

abduction *(n.)* (١) خَطْف (٢) إبعاد.

abeam *(adv.)* مقابلاً لمنتصف جانب السفينة.

abed *(adv.)* (١) في الفراش (٢) طريح الفراش.

abnegate *(vt.)* (١) يتخلّى عن (٢) يُنكر.
abnegation *(n.)* (١) تخلٍّ عن (٢) نكران (وبخاصّة للذات).
abnormal *(adj.)* شاذّ ؛ غير سويّ.
abnormality *(n.)* (١) شذوذ (٢) شيء شاذّ.
abnormally *(adv.)* على نحو شاذّ أو غير سَوِيّ.
aboard *(adv.; prep.)* على مَتن سفينة أو قطار أو طائرة.
abode *past and past part. of* abide.
abode *(n.)* (١) إقامة ؛ مُقام (٢) مَسكن ؛ مقرّ.
abolish *(vt.)* (١) يُلغي ؛ يُبطل (٢) يَمحو.
abolition *(n.)* (١) إلغاء ؛ إبطال (٢) مَحْو.
abominable *(adj.)* بغيض ؛ مَقيت ؛ رديء.
abominate *(vt.)* يُبغِض أو يمقت بشدّة.
aboriginal *(adj.)* (١) بدائيّ (٢) متعلّق بأهل البلاد الأصليين القدماء.
aborigine *(n.)* أحد أبناء البلاد الأصليين القدماء.
abort *(vi; t.)* (١) تُجهِض (المرأةُ). ×(٢) يُجهِض (المرأةَ).
abortion *(n.)* (١) إجهاض ؛ إسقاط. (٢) الجَهيض ؛ السِّقْط.
abortive *(adj.)* (١) مُخفِق ؛ جَهيض. (٢) ناقص النموّ (٣) مُجهِض ؛ مسبِّب للإجهاض.
abound *(vi.)* (١) يَكثُر ؛ يَغزُر ؛ يسود. (٢) يزخَر أو يَعجّ بِ.
about *(adv.; prep.)* (١) حول (٢) حوالى ؛ نحو (٣) تقريباً (٤) هنا وهناك (٥) على مقربة ؛ في الجوار §(٦) في المتناول (٧) على وشك أن (٨) عن ؛ بشأن.
above *(adv.; prep.; adj.)* (١) فوق (٢) قبل ؛ آنفاً §(٣) أسمى من (٤) وراء متناول كذا (٥) أكثر من §(٦) سابق ؛ متقدّم.
aboveboard *(adv.; adj.)* (١) علانية ؛ جِهاراً §(٢) صريح ؛ مستقيم.

aberrance *(n.)* (١) ضَلال ؛ زَيْغ ؛ انحراف. (٢) شذوذ.
aberrant *(adj.)* (١) ضالّ ؛ زائغ ؛ منحرف. (٢) شاذّ.
aberration *(n.)* ضلال ؛ زَيْغ ؛ انحراف.
abet *(vt.)* يُغري ؛ يحرّض (على الشرّ والإثم).
abettor *or* **abetter** *(n.)* المُغري ؛ المُحرِّض.
abeyance *(n.)* (١) لافعالية موقّتة (٢) تعطيل أو تعليق موقّت.
in ~, معطَّل أو معلَّق موقّتاً.
abhor *(vt.)* يمقت بشدّة ؛ يشمئزّ من.
abhorrence *(n.)* (١) مَقْت (٢) اشمئزاز.
abhorrent *(adj.)* (١) ماقتٌ ؛ مشمئزّ. (٢) مضادّ ؛ متنافٍ مع (٣) بغيض.
abide *(vi.; t.)* (١) يبقى (٢) يقيم ؛ يسكن. (٣) يَثْبُت ؛ يبقى صامداً أو مخلصاً لِ. ×(٤) ينتظر (٥) يواجه أو يقبل بغير اعتراض أو جزَع (٦) يتحمّل.
to ~ by (١) يلتزم ؛ يتقيّد أو يفي بِ. (٢) يتحمّل (النتائج الخ.)
abiding *(adj.)* ثابت ؛ باقٍ ؛ دائم.
ability *(n.)* (١) قُدْرة ؛ مقدرة (٢) براعة ؛ مهارة. (٣) موهبة طبيعيّة.
abject *(adj.)* (١) مُذِلّ ؛ مُقْنِط ؛ مُدْقِع. (٢) دنيء ؛ خسيس.
abjure *(vt.)* (١) يَعِد أو يُقسِم (أمام الجمهور) بالتخلّي عن مُعتقَد أو حقّ الخ. (٢) يرتدّ عن (٣) يجتنب.
ablaze *(adv., adj.)* (١) مشتعلاً §(٢) ملتهب. (٣) متلهف (٤) شديد الغضب.
able *(adj.)* (١) قادر (٢) قدير (٣) بارع.
able-bodied *(adj.)* قويّ البِنْيَة.
ablution *(n.)* (١) وضوء ؛ غَسْل (٢) ماء الوضوء.
ably *(adv.)* بمقدرة ؛ ببراعة ؛ بمهارة.

above-mentioned **11** **accede**

above-mentioned *(adj.)* مذكورٌ آنفاً .
abrade *(vt.)* (١)«أ» يكشط ؛ يحكّ ؛ يبري . (٢) «ب» يَسْحَج ؛ «يجلِّف» (٢) يثير .
abrasion *(n.)* (١)كَشْط ؛ حكّ (٢)سَحْج ؛ «جَلْف» .
abrasive *(adj.; n.)* (١) كاشط §(٢) مادة كاشطة .
abreast *(adv.)* (١)جنباً إلى جنب (٢)متمشياً مع .
abridge *(vt.)* (١) يُقَصِّر (٢) يختصِر .
abridged *(adj.)* مُخْتَصَر ؛ موجَز .
abroad *(adv.; adj.)* (١)باتساع ؛ فوق مساحة واسعة (٢)خارجَ البيت أو البلد (٣) في كل اتجاه §(٤) مخطىء .
abrogate *(vt.)* يُبْطِل ؛ يُلغي .
abrupt *(adj.)* (١)أبتر (٢)مفاجىء ؛ غير متوقَّع (٣)حادّ ؛ خَطِر (٤)فظّ ؛ جافٍ .
abscess *(n.)* خُرَاج ؛ خُرَّاجة .
abscond *(vi.)* يَفِرّ (سرّاً ثم يَستخفي) .
absence *(n.)* (١) غياب (٢) فقدان ؛ انعدام .
absent *(adj.; vt.)* (١) غائب (٢) مفقود ؛ لا وجود له (٣)ذاهل §(٤)يغيب أو يتغيّب عن .
absentee *(n.)* الغائب ؛ المتغيّب .
absentminded *(adj.)* ذاهل ؛ شارد الذهن .
absolute *(adj.)* (١) كامل (٢) صِرْف . (٣)مُطْلَق (٤)ثابت (٥)أساسي ؛ جوهري .
absolutely *(adv.)* (١)بكل ما في الكلمة من معنى (٢)على نحو جازم أو قاطع (٣)من غير ريب .
absolution *(n.)* (١) حَلّ من واجب أو تبعة . (٢) غفران .
absolve *(vt.)* (١) يُحِلّ من واجب أو تبعة . (٢) يغفر .
absorb *(vt.)* (١)يمتص ؛ يتشرَّب (٢)يستغرق في .
absorbed *(adj.)* مستغرق ؛ منهمك .
absorbent *(adj.; n.)* ممتص ؛ ماص .
absorbing *(adj.)* مستحوذ على الانتباه ؛ ممتع جداً .
absorption *(n.)* (١)امتصاص (٢)استغراق .
abstain *(vi.)* يُمسِك أو يمتنع عن .
abstemious *(adj.)* معتدل ؛ غير مُسرِف .
abstention *(n.)* إمساك أو امتناع عن ...
abstinence *(n.)* تَقَشُّف ؛ امتناع عن بعض المآكل وعن المسكرات .
abstract *(adj.; n.; vt.)* (١)مجرَّد (٢)تجريديّ (٣) نظري §(٤) خلاصة §(٥) يفصِل أو يزيل (٦) يجرِّد (٧) يسرق (٨) يَصْرِف الانتباه عن (٩) يُلخِّص .
abstruse *(adj.)* (١)عويص ؛ مبهَم (٢)عميق .
absurd *(adj.)* منافٍ للعقل ؛ سخيف ؛ مضحك .
absurdity *(n.)* (١)سُخْف (٢)شيء سخيف .
abundance *(n.)* (١)وَفْرَة ؛ غَزارَة (٢)فَيض .
abundant *(adj.)* وافر ؛ غزير .
abundantly *(adv.)* بوفرة ؛ بغزارة .
abuse *(vt.; n.)* (١)يشتِم (٢) يسيء استعمال (حقٍ أو سلطةٍ) (٣)يظلم ؛ يسيء معاملة فلان §(٤) إساءة استعمالٍ أو معاملة (٥) سِباب (٦) إيذاء جسدي .
abusive *(adj.)* (١)اعتسافيّ (٢)بذيء (٣)مؤذٍ .
abut *(vi.)* يتاخم ؛ يحاذي ؛ يجاور .
abutment *(n.)* (١)متاخمة ؛ محاذاة (٢)دعامة .
abyss *(n.)* (١)جهنم (٢)هاوية (٣)لُجّة .
acacia *(n.)* سَنْط ؛ أقاقيا (نبات) .
academic *(adj.)* (١)جامعيّ (٢)نظريّ ؛ غير عمليّ (٣)أكاديمي .
academician *(n.)* المَجْمَعِيّ : عضو مجمع علميّ أو أدبي أو فني .
academy *(n.)* (١)أكاديمية : معهد لتدريس فنّ أو علم معيّن (٢)مجمع (فني أو علمي أو أدبي) .
acanthus *(n.)* الأقَنْثا : نبات شائك .
accede *(vi.)* (١)ينضمّ (إلى معاهدة أو حزب) .

(٢) يوافق ؛ يقبل (٣) يتبوأ منصباً الخ .

accelerate *(vt.; i.)* (١) يُعجّل ؛ يُسرِع .
×(٣)يتسارَع ؛ يزداد سرعة .

acceleration *(n.)* (١) تعجيل ؛ تسريع .
(٢) تعاجُل .

accelerator *(n.)* (١) المُعاجِل ؛ المسرِّع .
(٢) دوّاسة البنزين .

accent *(n.; vt.)* (١)لهجة (٢)نبرة (٣)توكيد .
(٤)حركة أو إشارة توضع على حرف أو عدد
§(٥)يَنبر ؛ يشدّد (٦)يشكُل (٧)يؤكِّد .

accentuate *(vt.)* (١)يَنبر؛ يشدّد(٢)يشكُل
(٣) يؤكّد ؛ يُبْرِز .

accept *(vt.; i.)* يقبل ؛ يرضى ؛ يوافق على .

acceptable *(adj.)* مقبول ؛ مُرْضٍ .

acceptance *(n.)* (١)قبول ؛ رضا ؛ موافقة الخ .
(٢)قبول الحوالة (٣) الحوالة المقبولة .

acceptation *(n.)* (١) قبول (٢) استحسان .

accepted *(adj.)* (١) مقبول (٢) مستحسَن ؛
مسلَّم بصحته .

access *(n.)* (١)نوبة (٢)فورة (٣)الإذن بالدخول
(على شخص) (٤) مَدْخَل (٥) وصول ؛
دنوّ ؛ اقتراب .

accessible *(adj.)* (١) ممكنٌ الوصول إليه أو
الحصول عليه (٢)سهل المنال (٣)قابلٌ لِ .

accession *(n.)* (١)تكاثُر ؛ تعاظُم (٢)إضافة ؛
شيء مَزيد (٣) تبوُّؤ ؛ تسنُّم ؛ ارتقاء .

accessory *(n.; adj.)* (١) ملحَق ؛ شيء
ثانوي أو كمالي (٢) المحرِّض (على جريمة)
§(٣) مساعد ؛ ثانوي .

accident *(n.)* (١)مصادفة (٢)حادث مفاجىء .

accidental *(adj.; n.)* (١)عَرَضي (٢) غير
مقصود §(٣) علامة التحويل الموسيقي .

accidentally *(adv.)* مصادفةً ؛ من غير قصد .

acclaim *(vt.; i.)* (١)يصفّق ؛ يهتف أو
يهلِّل لِ (٢) يناديه به (مَلِكاً الخ .) .

acclamation *(n.)* تهليل ؛ صياح ابتهاج .

acclimate *(vt.; i.)* (١)يؤقلم ×(٢) يتأقلم .

acclimatize *(vt.; i.)* = acclimate.

acclivity *(n.)* مُرْتقى ؛ حُدورٌ صاعِدٌ .

accommodate *(vt.)* (١) يلائم ؛ يكيِّف .
(٢) يوفّق بين ؛ يسوّي (٣) يجهّز ؛ يزوّد
(٤) يتّسع لـ .

accommodating *(adj.)* لطيف ؛ ليِّن العَريكة .

accommodation *(n.)* (١)ملاءمة ؛ تكييف .
(٢) توفيق ؛ تسوية (٣) تجهيز ؛ تزويد .

accommodations *(n. pl.)* وسائل الراحة
والتسلية (بما فيها المبيت والطعام) .

accompaniment *(n.)* مصاحبة ؛ مرافَقة .

accompany *(vt.)* يرافِق ؛ يصاحب .

accomplice *(n.)* شريك (في جريمة) .

accomplish *(vt.)* (١)يُنجز ؛ يُتِمّ (٢)يَبلُغ .

accomplished *(adj.)* (١)مُنْجَز (٢)بارع .
(٣)مُهذَّب .

accomplishment *(n.)* (١) إنجاز ؛ إتمام .
(٢) مأثرة ؛ مُنْجَزَة .

accord *(vt.; i.; n.)* (١) يلائم ؛ يوفّق بين .
(٢)يمنح ×(٣)ينسجم ؛ يتّفق §(٤)اتّفاق ؛
انسجام ؛ ائتلاف .

of one's own ~, طوعاً ؛ من غير إكراه .
with one ~, بالإجماع .

accordance *(n.)* (١)انسجام ؛ مطابقة (٢)منْح .
in ~ with وَفقاً أو طِبقاً لِ .

accordant *(adj.)* ملائم ؛ موافق ؛ منسجم مع .

accordingly *(adv.)* (١)وَفقاً لذلك (٢)وهكذا .

according to *(prep.)* وَفقاً لـ ؛ بِحَسَب .

accordion *(n.)* : الاكورديون :
آلة موسيقية .

accost *(vt.)* يُبادره بالكلام .

account 13 **acquaint**

account *(n.; vt.; i.)* (١) حساب ؛ محاسَبة. (٢) رواية ؛ وصف (٣) قيمة ؛ أهمية (٤) اعتبار ؛ تقدير (٥) تقرير (٦) سبب (٧) حساب في بنك §(٨) يقدّم بياناً عن (٩) يعتبر ×(١٠) يعلل؛ يفسر
- on ~, على الحساب .
- on ~ of بسبب كذا .
- on any ~, on no ~, مهما يكن السبب ؛ بأية حال ؛ مطلقاً .
- to call to ~, يناقشه الحساب ؛ يوبّخ .
- to take into ~, يُدخله في اعتباره أو حسابه.

accountable *(adj.)* (١) مسؤول ؛ عرضة للمحاسبة (٢) ممكنٌ تفسيرُه أو تعليلُه .

accountancy *(n.)* المحاسبة ؛ علم المحاسبة.

accountant *(n.)* المحاسِب (في شركة) .

accounting *(n.)* علم تدوين الحسابات وتفسيرها.

accouter *or* **accoutre** *(vt.)* يجهّز ؛ يزوّد بالملابس والسلاح (للخدمة العسكريّة) .

accredit *(vt.)* (١) يُجيز ؛ يُقرّ (٢) يفوّض ؛ يعتمد رسولاً أو وفداً (٣) يصدّق .

accretion *(n.)* (١) ازدياد ؛ تعاظُم (٢) إضافة خارجية أو غريبة .

accrual *(n.)* (١) تراكمٌ (٢) شيء متراكم.

accrue *(vi.)* (١) ينشأ (٢) يتراكم .

accumulate *(vt.; i.)* (١) يُكدّس ؛ يركُم. ×(٢) يتكدّس ؛ يتراكم .

accumulation *(n.)* (١) تكديس ؛ تراكم. (٢) شيء متراكم .

accumulator *(n.)* المِركم : بطارية مختزِنة.

accuracy *(n.)* (١) ضَبْط ؛ صحة (٢) دِقّة.

accurate *(adj.)* (١) مضبوط ؛ صحيح (٢) دقيق

accurately *(adv.)* على نحو صحيح أو دقيق.

accursed *(adj.)* (١) ملعون (٢) بغيض ؛ كريه.

accusation *(n.)* (١) اتّهام (٢) تهمة موجّهة .

accuse *(vt.; i.)* يتّهم ؛ يوجّه تهمة .

accused *(adj.; n.)* متّهَم ؛ مدّعى عليه .

accustom *(vt.)* يعوّد .

accustomed *(adj.)* (١) معتاد ؛ مألوف . (٢) متعوِّد .

ace *(n.; adj.)* (١) آص . واحد (في زهر النرد أو ورق اللعب أو حجر الدومينو) (٢) طيار يُسقط خمس طائرات عدوّة §(٣) ممتاز .

acerbity *(n.)* (١) حموضة (٢) فظاظة .

acetic *(adj.)* خَلّيّ .

acetic acid *(n.)* حَمْضُ الخلّ .

acetify *(vt.; i.)* (١) يخلّل ×(٢) يصبح خلاً .

ache *(vi.; n.)* (١) يوجَع ؛ يؤلم (٢) يتوق توقاً موجِعاً §(٣) ألم متواصل خفيف .

achieve *(vt.)* (١) يُنجز (٢) يكتسب ؛ يُحرز .

achievement *(n.)* (١) إنجاز (٢) مأثرة .

achromatic *(adj.)* (١) كاسِرٌ للضوء (من غير أن يحلّله) (٢) غير قابل للتلوين بسهولة (٣) لا لون له.

acid *(adj.; n.)* (١) حامض (٢) لاذع ؛ قارص. (٣) حَمْضيّ §(٤) حَمْض ؛ مادة حمضية.

acidity *(n.)* الحَمْضيّة ؛ الحامِضيّة .

acidulate *(vt.)* يستحمض ؛ يُحمِّض قليلاً .

acidulous *(adj.)* (١) حامض قليلاً (٢) قاسٍ .

ack-ack *(n.)* مدفع مضادّ للطائرات .

acknowledge *(vt.)* (١) يعترف بـ (٢) يعبّر عن شكره لـ (٣) يُشعر بالاستلام (٤) يسلّم بـ .

acme *(n.)* ذروة ؛ قِمّة ؛ أَوْج .

acne *(n.)* العُدّ ؛ حَبّ الشباب .

acolyte *(n.)* قَندَلَفت ؛ مساعدٌ للكاهن في قداس

aconite *(n.)* البيش : عشب سامّ .

acorn *(n.)* البلّوطة ؛ جوزة البلّوط .

acoustic; -al *(adj.)* صوتيّ ؛ سمعيّ .

acoustics *(n.)* علم الصوت .

acquaint *(vt.)* يُطْلِع ؛ يُخبر ؛ يعرّف .

acquaintance 14 **address**

acquaintance *(n.)* (١) معرفة (٢) اطّلاع . (٣) أحد معارف المرء .
acquainted *(adj.)* مطّلع على ؛ مُلِم بِ .
acquiesce *(vi.)* يَقْبَل ؛ يُذْعِن .
acquire *(vt.)* يُحْرِز ؛ ينال ؛ يكتسب .
acquired *(adj.)* مُكْتَسَب .
acquirement *(n.)* (١) اكتساب (٢) براعة .
acquisition *(n.)* (١) اكتساب (٢) مكتَسَب .
acquisitive *(adj.)* اكتسابيّ ؛ مولَع بالاكتساب .
acquit *(vt.)* (١) يعفي (٢) يبرّئ (من تهمة) . (٣) يُبْلي بلاءً حسناً .
acquittal *(n.)* (١) إعفاء (٢) تبرئة .
acre *(n.)* (١) قطعة أرض (٢) الأَكْر : مقياس للمساحة (٤٨٤٠ ياردة مربعة) .
acreage *(n.)* (١) المساحة الأَكْرية (٢) أَكْرات .
acrid *(adj.)* (١) حِرّيف (٢) لاذع ؛ قارص .
acrimonious *(adj.)* لاذِع ؛ قارص ؛ قاسٍ .
acrimony *(n.)* حِدّة ؛ لَذْع ؛ قَسْوة .
acrobat *(n.)* (١) بهلوان (٢) القُلَّب ؛ الحُوَّل .
acrobatics *(n.)* البهلوانيات : ألاعيب البهلوان .
across *(adv.; prep.)* (١) عبر ؛ من جانب إلى آخر (٢) نحو أو في الجانب الآخر من .
act *(n.; vt.; i)* (١) عمل ؛ فعل ؛ صنيع (٢) قانون ؛ قرار ؛ مرسوم (٣) صك (٤) «أ» فصل (من مسرحية) . «ب» تظاهر بِ § (٥) يمثّل (على المسرح) (٦) يتظاهر بِ (٧) يمثّل دور كذا × (٨) يعمل ؛ يفعل (٩) يؤثّر في .
in the ~; in the very ~, متلبّساً بالجرم المشهود .
acting *(adj.; n.)* (١) نائب ؛ نائب مَنابَ غيره موقّتاً (٢) صالحٌ للتمثيل § (٤) فن التمثيل المسرحي الخ .
action *(n.)* (١) دعوى (أمام القضاء) (٢) تأثير . (٣) الأداء : طريقة العمل أو أسلوبه (٤) عمل ؛ فعل ؛ (٥) معركة .
active *(adj.)* (١) عمليّ ؛ فعليّ (٢) رشيق ؛ سريع (٣) عامل (٤) معلوم (٥) دائر ؛ قائم فعلاً (٦) فعّال (٧) ناشط ؛ مفعَم بالنشاط .
activity *(n.)* (١) نشاط (٢) حيويّة (٣) فعّالية ؛ فاعلية (٤) حقل من حقول النشاط .
actor *(n.)* (١) الفاعل ؛ العامل (٢) الممثّل المسرحيّ .
actress *(n.)* الممثّلة المسرحيّة الخ .
actual *(adj.)* (١) فعليّ (٢) واقعيّ (٣) حاليّ .
actually *(adv.)* (١) فعلاً (٢) حالياً (٣) في الواقع .
actuary *(n.)* الخبير بشؤون التأمين .
actuate *(vt.)* (١) يشغّل (٢) يدفع ؛ يحرّك ؛ يحثّ .
acumen *(n.)* فِطنة ؛ ذكاء .
acute *(adj.)* (١) حادّ (٢) ذكيّ (٣) شديد ؛ خطير .
adage *(n.)* مَثَل ؛ قول مأثور .
adagio *(adv.; adj.; n.)* (١) بتمهّل § (٢) متمهّل § (٣) رقصة باليه ثنائية .
adamant *(n.; adj.)* (١) الأَدَمَنْت : حجر صُلْب (يُظَنّ أنه الألماس) § (٢) صُلْب ؛ عنيد .
adapt *(vt.; i.)* (١) يكيّف × (٢) يتكيّف .
adaptable *(adj.)* متكيّف أو قابلٌ للتكييف .
adaptation *(n.)* (١) تكييف (٢) تكيُّف .
add *(vt.)* (١) يضيف (٢) يضمّ (٣) يجمع .
adder *(n.)* (١) الضامّ ؛ الجامع (٢) أفعى .
addict *(vt.; n.)* (١) يُدْمِن (٢) يُكرِّس (نفسه) لِ § (٣) المدمن .
addition *(n.)* (١) زيادة (٢) إضافة ؛ جَمْع .
additional *(adj.)* إضافيّ .
addle *(adj.; vt.; i.)* (١) فاسد (٢) مُشَوَّش . § (٣) يُفسِد ؛ يُشوِّش × (٤) يَفْسُد .
address *(vt.; n.)* (١) يوجّه (٢) ينكبّ على . (٣) يخاطب (٤) يُعَنْوِن § (٥) لباقة ؛ براعة (٦) خُطبة (٧) عنوان الشخص أو المؤسسة .

addressee *(n.)* (١) المخاطَب (٢) المرسَل إليه.
adduce *(vt.)* يُورِد؛ يقدم؛ يُدْلي بِ.
adept *(n.; adj.)* خبير؛ ماهر.
adequacy *(n.)* كفاية؛ وفاءٌ بالمراد.
adequate *(adj.)* كافٍ؛ ملائم؛ وافٍ بالمراد.
adhere *(vi.)* (١) يخلص الولاء لِ (٢) يلتصق؛ يلتحم (٣) يلتزم؛ يتقيّد بِ.
adherent *(adj.; n.)* (١) دَبِق §(٢) النصير.
adhesion *(n.)* التصاق؛ التحام.
adhesive *(adj.; n.)* (١) دَبِق §(٢) مادة دبِقَة.
adieu *(interj.)* وداعاً.
adipose *(adj.; n.)* (١) دُهْنيّ §(٢) دُهْن.
adjacency *(n.)* (١) شيء متاخِم (٢) تجاوُر.
adjacent *(adj.)* (١) قريب (٢) متاخم؛ مجاور.
adjective *(n.)* نَعْت؛ صفة.
adjoin *(vt.; i.)* (١) يضُمّ (٢) يجاور؛ يحاذي.
adjourn *(vt.; i.)* يُؤجل؛ يَفضّ؛ ينفضّ.
adjournment *(n.)* (١) تأجيل (٢) فَضّ.
adjudge *(vt.)* (١) يحكم؛ يقضي بـ (٢) يعتبر.
adjudicate *(vt.)* يحكم (قضائياً)؛ يقضي بِـ.
adjudication *(n.)* حكم قضائي.
adjunct *(n.; adj.)* مُساعِد؛ مُلْحَق.
adjunction *(n.)* ضمّ؛ إلحاق.
adjuration *(n.)* (١) قَسَمٌ (٢) استحلاف (٣) مناشدة.
adjure *(vt.)* (١) يستحلف (٢) يناشد.
adjust *(vt.)* (١) يُسَوّي (٢) يُنظّم؛ يُكيّف (٣) يعدّل؛ يضبط.
adjustment *(n.)* تسوية؛ تنظيم؛ ضبط.
adjutant *(n.)* (١) ضابط مساعد للقائد (٢) المعاون.
administer *(vt.; i.)* (١) يدير؛ يدبّر (٢) يقيم العدل (٣) يمنح الأسرار الكنسيّة (٤) يعطي دواءً ×(٥) يصفّي أملاك متوفى.
administration *(n.)* (١) إدارة (٢) إقامة للعدل (٣) منح الأسرار الكنسية (٤) حكومة.
administrative *(adj.)* إداري؛ حكومي.
administrator *(n.)* (١) المصفّي (٢) المدير.
admirable *(adj.)* رائع؛ باهر؛ مُمتاز.
admiral *(n.)* أمير البحر؛ أميرال.
admiralty *(n.)* إمارة البحر؛ اميرالية.
admiration *(n.)* إعجاب؛ موضع إعجاب.
admire *(vt.)* (١) يُعجَب بِ (٢) يُكبر.
admirer *(n.)* المعجَب (بشيء أو شخص).
admissible *(adj.)* مقبول؛ مسموح أو مسلَّم به.
admission *(n.)* (١) تسليم (بقضية الخ.) (٢) إدخال (٣) حقّ الدخول (٤) قبول.
admit *(vt.)* (١) يسمح بـ؛ يفسح مجالاً لـ (٢) يُسلّم بِ (٣) «أ» يقبله في. «ب» يمنحه حق الدخول (٤) يتّسع لـ (٥) يعترف بـ.
admittance *(n)* (١) دخول (٢) قبول (٣) إدخال
admixture *(n.)* (١) مَزْجٌ (٢) امتزاج (٣) ما يضاف إلى غيره بالمزج (٤) مزيج.
admonish *(vt.)* يلوم؛ يعاتب؛ ينصح؛ يحذّر.
admonition *(n.)* لوم؛ عتاب؛ نُصْح؛ تحذير.
ado *(n.)* لَغَط؛ ضجة؛ اهتياج.
adolescence *(n.)* (١) المراهقة (٢) سِنّ المراهَقة
adolescent *(adj.; n.)* مُراهِق.
adopt *(vt.)* (١) يتبنّى (٢) يتّخذ؛ يختار (٣) يُقِرّ
adoption *(n.)* (١) تَبَنٍّ (٢) اتخاذ (٣) إقرار.
adorable *(adj.)* (١) جدير بالعبادة (٢) فاتن.
adoration *(n.)* (١) عبادة (٢) توقير (٣) هيام.
adore *(vt.)* (١) يعبد (٢) يوقّر (٣) يهيم بِ.
adorn *(vt.)* يزيّن؛ يزخرف؛ يحلّي.
adornment *(n.)* (١) تزيين (٢) زينة؛ حِلْيَة.
adrift *(adv.; adj.)* طافٍ من غير مرساة.
adroit *(adj.)* (١) حاذق؛ بارع (٢) داهية.
adulate *(vt.)* يتزلّف؛ يتملّق؛ يداهن.
adult *(adj.; n.)* بالغ؛ راشد.

adulterate *(vt.)* يَمْذُق؛ يغشّ .
adulterer *(n.)* الزّاني .
adulteress *(n.)* الزّانية .
adultery *(n.)* زِناً .
adulthood *(n.)* (١)البلوغ (٢)سِنّ البلوغ .
advance *(vt.; i.; n.)* (١) يدفع إلى أمام .
(٢) يحسِّن ؛ يرقّي (٣) يُسلِف (٤) يُقدِّم
(٥)يزيد؛ يرفع ×(٦) يتقدّم (٧) يتحسّن
(٨)يرتفع §(٩)تقدُّم(١٠)تحسُّن(١١)سلفة .
in ~, مقدّماً؛ سلفاً .
advanced *(adj.)* (١) مقدَّم أو موضوع في
المقدمة (٢)عالٍ (٣)تقدّمي .
advantage *(n.)* (١) أفضليّة (٢) مصلحة ؛
فائدة (٣) ميزة؛ حَسَنَة .
to take ~ of ينتهز ؛ يستغلّ .
advantageous *(adj.)* مفيد؛ مساعد؛ مُؤاتٍ .
advent *(n.)* حلول ؛ ورود؛ مجيء .
adventitious *(adj.)* عَرَضيّ ؛ طارىء؛ عارض
adventure *(n.; vt.; i.)* (١)مغامرة ؛ مجازفة .
(٢)تجربة مثيرة §(٣) يغامر .
adventurer *(n.)* المغامر ؛ المجازف .
adventurous *(adj.)* (١) مُغامِر (٢)خطِر .
adverb *(n.)* حال ؛ ظَرْف .
adversary *(n.)* خَصْم ؛ عدوّ .
adverse *(adj.)* (١)مُعادٍ ؛مناوىء(٢)معاكس
adversity *(n.)* شدّة؛ مِحْنة؛ ضرّاء؛ حظّ عاثِر
advert *(vi.)* يشير ؛ يلفت الانتباه إلى.
advertise *(vt.; i.)* (١)يُعلِم (٢) يعلن.
advertisement *(n.)* إعلان .
advertising *(n.)* الاعلان عن السلع الخ .
advice *(n.)* (١) نصيحة (٢) *pl.* : أنباء .
advisable *(adj.)* مُسْتَصْوَب؛ مُسْتَحسَن.
advise *(vt.; i.)* (١) ينصح (٢) يوصي بِ .
(٣) يُعْلِم؛ يُخْطِر ×(٤) يتشاور مع.

advisedly *(adv.)* بأناة؛ برَويّة؛ عن عمد .
advisement *(n.)* روية؛ تفكير طويل .
adviser; advisor *(n.)* الناصح ؛ المرشد؛ المشير .
advisory *(adj.)* استشاري .
advocacy; advocation *(n.)* دفاع ؛ تأييد.
advocate *(vt.; n.)* (١) يدافع عن ؛ يؤيّد .
§(٢)المحامي (٣)المؤيد (لقضيّة أو اقتراح).
adz *or* **adze** *(n.)* قَدّوم .
aegis *(n.)* (١)دِرْع (٢)حماية.
(٣) رعاية .

adz

aeon *(n.)* دهر؛ فترة لانهائية .
aerate *(vt.)* (١) يُهوّي : يشبع
بالهواء (٢) يُشْبِع بالغاز ؛ يجعله فوّاراً .
aerial *(adj.; n.)* (١)هوائيّ ؛جوّي (٢)لطيف ؛
رقيق ؛ أثيريّ §(٣) الهوائيّ: «انتين» الراديو.
aerie *(n.)* وكر نَسْر الخ. (في أعلى الجبل) .
aerodrome *(n.)* مطار؛ ميناء جوّي .
aeronaut *(n.)* (١)الملاّح الجوّي(٢)المسافر جوّاً .
aeronautic *(adj.)* طيرانيّ : خاص بعلم الطيران.
aeronautics *(n.)* الطّيَرانيّات: علم الطيران.
aeroplane *(n.)* طائرة .
aesthete *(n.)* مُحِبّ الجمال (وبخاصة في الفن).
aesthetic; -al *(adj.)* (١)جَماليّ (٢)فنّي.
aesthetics *(n.)* علم الجمال .
aestival *(adj.)* صَيْفِيّ .
afar *(adv.)* (١) مِن بُعْد (٢) بعيداً .
affability *(n.)* الأُنس ؛ الدّماثة ؛ عذوبة المعاشرة
affable *(adj.)* أنيس ؛ دَمِث ؛ عَذْب المعاشرة.
affably *(adv.)* بأنس ؛ بدماثة .
affair *(n.)* مسألة؛ أمر ؛ شأن .
affect *(vt.)* (١) يولَع بـ (٢) يتظاهر بـ .
(٣)يتكلّف؛ يتصنّع (٤) يؤثّر في .
affectation *(n.)* (١) تظاهرٌ بـ (٢) تكلُّف .
affected *(adj.)* (١)متكلَّف (٢)متصنَّع .

(٣) متأثر (٤) مُصابٌ بِ .
affecting *(adj.)* مؤثِّر؛ مثير للعواطف .
affection *(n.)* (١) عاطفة؛ شعور (٢) حبّ .
affectionate *(adj.)* (١) محبّ؛ حنون (٢) رقيق .
affiance *(n.; vt.)* (١) خِطْبَة § (٢) يخطب .
affidavit *(n.)* شهادة خطيّة بقَسَم .
affiliate *(vt.; i.)* (١) يَضُمّ إلى؛ يدمج .
(٢) يتبنّى ولداً (٣) ينضمّ أو ينتسب إلى .
affiliation *(n.)* (١) دمج؛ اندماج (٢) تبنٍّ .
affinity *(n.)* (١) صلة؛ قرابة؛ نَسَب .
(٢) انجذاب؛ ألفة؛ صلة روحية .
affirm *(vt.; i.)* (١) يُثْبِت؛ يؤكّد (٢) يُقِرّ؛ يثبت × (٣) يجزم؛ يقرّر .
affirmation *(n.)* إثبات؛ توكيد؛ إقرار .
affirmative *(adj.; n.)* (١) إيجابيّ § (٢) إيجاب .
affix *(vt.; n.)* (١) يُلصق (٢) يُضيف؛ يُلحق .
§ (٣) ملحق (٤) لاحقة أو بادئة (تزاد على كلمة) .
afflict *(vt.)* يُحْزِن؛ يبتلي؛ يُوجِع .
affliction *(n.)* (١) حزن؛ ألم (٢) بلوى؛ مرض .
affluence *(n.)* وفرة؛ فيض؛ غنى؛ تدفّق .
affluent *(adj.; n.)* (١) وافر (٢) غنيّ .
(٣) فيّاض؛ متدفّق § (٤) نُهَيْر؛ رافد .
afflux *(n.)* (١) تدفّق (٢) دَفْقٌ .
afford *(vt.)* (١) يتحمّل (٢) يقدر على شراء شيء .
(٣) يعطي؛ ينتج (٤) يمنح .
affray *(n.)* شِجار؛ عِراك صاخب .
affront *(vt.; n.)* (١) يُهين (٢) يتحدى .
§ (٣) إهانة .
affusion *(n.)* سَكْبٌ؛ صَبّ .
afield *(adv.)* (١) في الحقل أو إليه (٢) بعيداً .
afire *(adj.; adv.)* (١) مشتعل § (٢) مشتعلاً .
aflame *(adj.; adv.)* مشتعل أو مشتعلاً .
afloat *(adj.)* (١) طافٍ؛ عائم (٢) في البحر؛ على متن السفينة (٣) ذائع؛ شائع (٤) مغمور بالماء .
afoot *(adv.)* (١) مشياً على القدمين (٢) جارياً مجراه .
aforesaid *(adj.)* مذكورٌ آنفاً .
afraid *(adj.)* (١) خائف (٢) متأسف (٣) كارِهٌ لِ .
afresh *(adv.)* من جديد؛ كرّةً أخرى .
African *(adj.; n.)* (١) افريقي (٢) زنجيّ .
aft *(adv.)* قرب أو نحو مؤخر السفينة .
after *(adv.; prep.; adj.)* (١) في ما بعد .
§ (٢) خلفَ؛ وراء (٣) بَعْدَ (٤) في إثر (٥) وفقاً لـ؛ بحسب (٦) على غرار (٧) بشأن؛ عن
§ (٨) تالٍ؛ قادم (٩) خلفيّ .
aftermath *(n.)* (١) الجزة الثانية (٢) نتائج؛ آثار .
afternoon *(n.)* الأصيل؛ بعد الظهر .
afterthought *(n.)* الفكرة التَّلْوِيَة : فكرة تخطر في البال في ما بعد أو بعد فوات الأوان .
afterward; -s *(adv.)* بعدئذ؛ في ما بعد .
again *(adv.)* ثانيةً؛ من جديد .
~ and ~, تكراراً؛ مرةً بعد مرّة .
against *(prep.)* (١) تجاه؛ قُبالة (٢) ضدّ .
(٣) مِنْ (٤) على (٥) مقابل .
agape *(adj.)* (١) فاغر الفم (٢) مندهش .
agate *(n.)* (١) عَقيق (٢) مِصْقَلَة تجليد الكتب .
agave *(n.)* الأغاف أو الصبّار الأميركي (نبات)
age *(n.; vi.; t.)* (١) عُمْر؛ سِنّ (٢) سنّ الرشد (٣) شيخوخة (٤) جيل (٥) عصر
§ (٦) يَشِيخ؛ يَهْرَم × (٧) يُهْرِم .
to come of ~, يبلغ سنّ الرشد .
under ~, قاصر؛ غير بالغ سنّ الرشد .
aged *(adj.)* (١) هَرِمٌ (٢) بالغٌ سِنّاً معيّنة .
agency *(n.)* (١) قوّة (٢) واسطة (٣) وكالة (تمثل شركة ما) (٤) مكتب تجاريّ .
agenda *(n. pl.)* برنامج؛ جدول أعمال .
agent *(n.)* (١) عامل؛ قوة (٢) موظف (في الشرطة وقوى الأمن) (٣) أداة؛ وسيلة
(٤) وكيل؛ ممثّل .

agglomerate *(vt.; i.)* (١)يكتّل؛ يكبّب؛ «يُكَبْتِل» ×(٢)يتكتّل؛ يتكبّب.

agglomeration *(n.)* (١) «أ» تَكَبْتِيل . «ب» تَكَتُّل (٢) كتلة؛ «كبتولة».

agglutinate *(vt.; i.)* (١) يُغَرّي : يُلْصِق بالغِراء ×(٢)يتغرّى؛ يلتصق.

aggrandize *(vt.)* يكبّر؛ يوسّع؛ يضخّم.

aggravate *(vt.)* (١)يفاقم: يجعل الشيء أسوأ أو أشدّ خطورة (٢) يثير؛ يُغضب.

aggregate *(adj.; n.; vt.)* (١) كلّي؛ إجماليّ. §(٢)مجموع؛ حاصل §(٣)يجمع؛ يكتّل.

aggression *(n.)* (١) عُدْوان (٢) تعدٍّ.

aggressive *(adj.)* عُدْوانيّ.

aggressor *(n.)* الباغي؛ المعتدي؛ البادىء بالعدوان.

aggrieve *(vt.)* (١) يُحْزِن (٢) يظلم.

aggrieved *(adj.)* (١) محزون (٢) مظلوم.

aghast *(adj.)* (١) مشدوه (٢) مذعور.

agile *(adj.)* (١)رشيق؛ خفيف الحركة (٢)ذكيّ.

agitate *(vt.)* (١) يثير؛ يحرّك؛ يهزّ؛ يخضّ. (٢)يُهيج (٣)يناقش.

agitation *(n.)* (١) إثارة؛ إهاجة (٢)اهتياج.

agitator *(n.)* (١) المُهيِّج (٢) الخضّاضة.

aglow *(adj.)* متوهّج؛ متّقد.

agnail *(n.)* الداحوس: تقرّحٌ حول الظُّفر.

ago *(adj.; adv.)* (١)ماضٍ §(٢)منذ؛ في الماضي.

agog *(adj.; adv.)* (١) متلهّف §(٢)بتلهّف.

agonize *(vt.; i.)* (١)يعذّب×(٢)يُحتضَر. (٣) يتعذّب عذاباً شديداً.

agony *(n.)* (١) كَرْب (٢) سكرة الموت.

agrarian *(adj.)* أرضيّ؛ حقليّ؛ زراعيّ.

agree *(vi.)* (١)يوافق على(٢)يتّفق (٣)ينسجم مع (٤) يتطابق (٥) يلائم.

agreeable *(adj.)* مقبول؛ سائغ؛ ملائم.

agreement *(n.)* (١)اتفاق؛ انسجام(٢)اتفاقية.

agricultural *(adj.)* زراعيّ.

agriculture *(n.)* زراعة.

aground *(adj.; adv.)* جانح؛ مرتطم بالأرض.

ague *(n.)* (١)الملاريا؛ البُرَداء (٢) قُشَعْرِيرة.

ahead *(adv.)* (١)في طليعة كذا (٢) متقدّماً (٣) إلى الأمام؛ قُدُماً.

aid *(vt.; i.; n.)* (١) يعاون؛ يساعد. §(٢)معاونة، مساعدة (٣)معونة (٤)المعاون؛ المساعِد (٥) أداةٌ مُساعِدة.

aide-de-camp *(n.)* ضابطٌ معاون.

aigrette *(n.)* (١)البَلَشون الأبيض (طائر). (٢) حِلْيةٌ للرأس (من ريش أو جواهر).

ail *(vt.; i.)* (١)يوجع؛ يزعج×(٢)يتوعك؛ يمرض.

aileron *(n.)* الجُنَيح: جزء متحرّك من جناح الطائرة.

ailment *(n.)* اعتلال جسدي؛ مرض مزمن.

aim *(vi.; t.; n.)* (١)يسدّد؛ يصوّب (٢)يتوق؛ يطمح إلى (٣)يسعى؛ يحاول §(٤) تسديد؛ تصويب (٥)قَصْد؛ غَرَض (٦) هدف.

aimless *(adj.)* بلا هدف.

air *(n.; vt.)* (١) هواء (٢) الأثير (٣) راديو؛ تليفزيون (٤) سيماء؛ مظهر خارجي (٥) كبرياء مصطنَعة (٦) نغمة؛ لحن §(٧) يهوّي؛ يعرِض للهواء.

air base *(n.)* قاعدة جوية (للطائرات العسكرية).

air conditioning *(n.)* تكييف الهواء.

aircraft *(n.)* سفينة هواء (مُنطاداً كانت أو طائرة).

aircraft carrier *(n.)* حاملة طائرات.

airdrome *(n.)* مطار.

airfield *(n.)* المَهْبِط: أرض الهبوط في مطار.

air force *(n.)* سلاح الطيران.

air letter *(n.)* رسالة جويّة.

air line *(n.)* خطّ جويّ؛ شركة خطوط جويّة.

airmail *(n.)* بريد جويّ.

airman *(n.)* طيّار؛ ملاّح جويّ.

airplane *(n.)* طائرة .

air pocket *(n.)* جَيْبٌ هوائيّ ؛ « مَطَبّ » .

airport *(n.)* ميناء جوّي ؛ مطار .

air raid *(n.)* غارة جويّة .

airship *(n.)* مُنطاد ذو مُحرِّك .

airstrip *(n.)* مَهْبِط طائرات .

airtight *(adj.)* سَدٌّ وُدٌّ للهواء ؛ مُحْكَم السدّ .

air-to-air *(adj.; adv.)* من الجوّ إلى الجوّ .

airway *(n.)* خطّ جويّ ؛ شركة خطوط جوية .

airy *(adj.)* (١) هوائيّ ؛ جويّ (٢) وهميّ ؛ خيالي . (٣) بهيج ؛ مرح (٤) رشيق ؛ رقيق .

aisle *(n.)* (١) ممشى (٢) جناح (من كنيسة) .

ajar *(adj.)* مفتوحٌ جزئياً (صفة لباب الخ .) .

akimbo *(adj.; adv.)* واضعٌ يدَيْه على خاصرته .

akin *(adj.)* (١) قريب ؛ نسيب (٢) مجانس ؛ مماثل .

alabaster *(n.)* مَرْمَر .

alacrity *(n.)* خِفّة ؛ رشاقة ؛ نشاطٌ مبتهج .

alarm *(n.; vt.)* (١) إنذار بخطر (٢) أداة الإنذار بخطر (٣) ذُعر § (٤) يُنبّه إلى خطر (٥) يُرعِب .

alarm clock

alarm clock *(n.)* المُنبِّه : ساعةٌ مُنَبِّهة .

alas *(interj.)* واحَسْرتاه !

albatross

albatross *(n.)* القَطْرَس : طائر بحريّ كبير .

albeit *(conj.)* ولو ؛ وإن يكن .

albino *(n.)* الأَمْهَق : شخص أو حيوان لَبَنِيّ البشَرة أبيض الشعر قرنفليّ العينين .

album *(n.)* « ألبوم » : تواقيع أو طوابع أو صُوَر .

albumen *(n.)* (١) الآح : بياض البيضة (٢) زُلال .

albumin *(n.)* زُلال .

albuminous *(adj.)* زُلاليّ .

alchemist *(n.)* المشتغل بالكيمياء القديمة .

alchemy *(n.)* الخيمياء : الكيمياء القديمة .

alcohol *(n.)* كُحُول ؛ غَوْل .

alcoholic *(adj.)* (١) كحوليّ (٢) سكّير .

alcove *(n.)* (١) فجوة في جدار (لوضع سرير أو كتب) (٢) مختلى مظلّل (في حديقة) .

alder *(n.)* جارُ الماء : شجر حَرَجيّ يألف الماء .

alderman *(n.)* عضو مجلس تشريعيّ لمدينة .

ale *(n.)* المِزْر : شراب من نوع الجعة .

alembic

alembic *(n.)* الإنبيق : أداة للتقطير .

alert *(adj.; n.)* (١) يَقِظ (٢) نشيط ؛ رشيق § (٣) إنذار (بغارة جويّة) .

on the ~, متيقّظ ؛ محترس من الخطر .

alfalfa *(n.)* فِصْفِصة ؛ فِصّة (نبات) .

alga *(n.)* طُحْلُب ؛ أُشْنة .

algebra *(n.)* الجَبْر ؛ علم الجَبْر .

algebraic;-al *(adj.)* جَبْرِيّ : متعلق بعلم الجبر .

Algerian *(n.; adj.)* جزائري .

alias *(adv.; n.)* (١) المعروف بكذا § (٢) اسم مستعار .

alibi *(n.)* ادعاء المتّهم أنه كان في مكان آخر عند وقوع الجريمة .

alien *(adj.; n.; vt.)* (١) غريب ؛ أجنبيّ (٢) مغاير ؛ مخالف § (٣) شخص أجنبيّ § (٤) يُبْعِد (٥) يحوِّل المِلكية .

alienate *(vt.)* (١) يحوِّل المِلكية (٢) يُبْعِد ؛ ينفِّر (٣) يَصْرِف أو يحوِّل عن .

alienist *(n.)* طبيب الأمراض العقلية .

alight *(vi.; adj.; adv.)* (١) يترجّل (من عربة الخ .) (٢) يحطّ (الطائر) على (٣) يجد بالمصادفة § (٤) مشتعل ؛ مضطرم § (٥) مشتعلاً .

align; aline *(vt.; i.)* يَصُفّ أو يصطفّ .

alike *(adv.; adj.)* (١) بالطريقة نفسها ؛ على قدم المساواة § (٢) سواء ؛ متشابه ؛ متماثل .

aliment 20 aloe

aliment *(n.; vt.)* (١) غذاء؛ قوت §(٢) يقيت.
alimentary *(adj.)* (١) غِذائيّ (٢) مُغَذٍّ.
alimentary canal *(n.)* القناة الهضمية.
alimony *(n.)* نفقة الزوجة المطلَّقة.
alive *(adj.)* (١) حيّ؛ على قيد الحياة (٢) ناشط؛ مُتَّقِد (٣) واعٍ؛ مدرِك (٤) نشيط.
alkali *(n.)* قِلْيٌ؛ قَلِيّ (كيمياء).
alkaline *(adj.)* قِلْويّ.
all *(adj.; adv.; pron.)* (١) كلّ؛ جميع §(٢) تماماً؛ بكل ما في الكلمة من معنى (٣) لكلّ فريق §(٤) كل شيء.
~ over Asia, في طول آسية وعرضها.
after ~, (١) ومع ذلك (٢) برغم كل شيء.
at ~, البتة؛ مطلقاً؛ بأية حال.
allay *(vt.)* (١) يهدّئ (٢) يسكّن (الألم).
allegation *(n.)* ادعاء؛ زَعم.
allege *(vt.)* يدّعي؛ يزعم.
allegiance *(n.)* (١) ولاء (للدولة) (٢) إخلاص.
allegoric; -al *(adj.)* مجازيّ؛ استعاريّ.
allegory *(n.)* مجاز؛ استعارة.
alleluia *(interj.)* هَلِّلويا. سبّحوا الربّ.
allergic *(adj.)* استهدافي؛ تجاوبيّ؛ حَساسيّ.
allergy *(n.)* الاستهداف؛ التجاوب؛ الحساسية.
alleviate *(vt.)* يخفّف؛ يسكّن؛ يلطّف.
alley *(n.)* (١) مَمْشًى (في حديقة) (٢) مجاز ضيّق (لِلُعبَة البولنغ) (٣) زُقاق.
alliance *(n.)* (١) اتحاد (٢) مصاهرة (٣) حِلْف.
allied *(adj.)* (١) مُتّحِد (٢) متحالف؛ حليف.
alligator *(n.)* القاطور؛ تمساح أميركا.

alligator

allocate *(vt.)* (١) يوزّع؛ يقسّم؛ يخصّص (٢) يحدّد أو يعيّن.
allocation *(n.)* (١) توزيع؛ تحديد (٢) حصة.
allot *(vt.)* (١) يخصّص؛ يوزّع (حصصاً) (٢) يخصّص (لغرض معيّن).
allotment *(n.)* (١) توزيع حصص (٢) حصّة.
all-out *(adj.)* كامل؛ شامل.
allow *(vt.; i.)* (١) يخصّص لـ (٢) يسلّم بـ (٣) يجيز؛ يدع؛ يترك × (٤) يأخذ بعين الاعتبار.
allowable *(adj.)* جائز؛ مباح؛ مشروع.
allowance *(n.)* (١) نصيب؛ حصة (٢) مُخصَّص؛ علاوة (٣) إنقاص؛ حَسْم (٤) إباحة؛ إجازة (٥) إقرار أو تسليم بـ.
alloy *(n.; vt.)* (١) الأُشابة: خليط من معدنين أو أكثر (٢) معدن خسيس ممزوج بمعدن نفيس §(٣) يؤشّب: يخلط المعادن.
all right *(adv.; adj.)* (١) حسن جداً (٢) من غير ريب §(٣) صحيح؛ مُرضٍ (٤) معافى.
allspice *(n.)* فلفل افرنجي؛ فلفل حلو.
allude *(vi.)* يلمّح؛ يلمع إلى؛ يشير مداورة.
allure *(vt.; n.)* (١) يغري؛ يفتن §(٢) إغراء.
allusion *(n.)* (١) تلميح: إلماع (٢) إشارة ضمنية.
alluvial *(adj.)* طَمْييّ؛ غَرينيّ.
alluvion *(n.)* (١) فيضان (٢) طَمْي؛ غرين. (٣) تزايد تدريجيّ في اليابسة
alluvium *(n.)* طَمْي؛ غَرِين.
ally *(vt.; i.; n.)* (١) يصاهر بين (٢) يحالف بين؛ يوحّد في حلف × (٣) يتحالف §(٤) دولة حليفة (٥) حليف؛ نصير.
almanac *(n.)* تقويم؛ روزنامة.
almighty *(adj.; n.)* (١) كلّيّ القدرة §(٢) *cap.*: الله.
almond *(n.)* (١) لوز (٢) لوزة.
almost *(adv.)* تقريباً.
alms *(n. sing. or pl.)* صدقة؛ صدقات.
almshouse *(n.)* مأوى؛ ملجأ (للفقراء).
aloe *(n.)* الألوة؛ الصَّبِر (نبات).

aloft 21 amateur

aloft *(adv.)* (١) عالياً (٢) طائراً (٣) عالياً فوق ظهر السفينة.

alone *(adj.; adv.)* (١) متوحِّد؛ منفرد بنفسه. (٢) فقط؛ فحسب (٣) فذّ؛ لا يضارَع §(٤) وحده؛ دون غيره (٥) وحيداً؛ بمفرده.

along *(prep.; adv.)* (١) على طول كذا §(٢) إلى الأمام (٣) من شخص إلى آخر (٤) معه، برفقته

aloof *(adv.; adj.)* (١) بعيداً؛ بمعزل. §(٢) متحفّظ؛ غير مبدٍ اهتماماً أو عطفاً.

aloud *(adv.)* (١) بصوت عالٍ (٢) جِهاراً.

alp *(n.)* جبل شاهق.

alpaca *(n.)* الألبَكة: حيوان ثديي شبيه بالخروف (٢) صوف الألبكة أو نسيج منه.

alpaca

alphabet *(n.)* (١) الألفباء. (٢) مبادىء علم ما.

alphabetic; -al *(adj.)* (١) أبجديّ (٢) مرتّب حسب الأبجدية.

Alpine *(adj.)* ألبيّ: متعلّق بجبال الألب.

already *(adv.)* (١) الآن (٢) في ذلك الحين. (٣) سابقاً.

also *(adv.)* أيضاً؛ كذلك.

altar *(n.)* المذبَح: مذبح الكنيسة.

altar

alter *(vt.; i.)* (١) يُبدِّل؛ يغيِّر؛ يعدِّل. ×(٢) يتبدّل؛ يتغيّر.

alteration *(n.)* (١) تبديل؛ تغيير (٢) تبدُّل.

altercate *(vi.)* يتشاحن؛ يتشاجر.

altercation *(n.)* مشاحنة؛ مشاجرة؛ مُشادّة.

alternate *(vt.; i.; adj.; n.)* (١) يُناوِب؛ يعاقِب ×(٢) يتناوب؛ يتعاقب §(٣) متناوِب؛ متعاقب (٥) متبادَل §(٥) البَديل.

alternately *(adv.)* بالتناوب؛ بالتعاقب.

alternation *(n.)* (١) مناوبة؛ مُعاقَبة. (٢) تناوُب؛ تعاقُب.

alternative *(adj.; n.)* (١) خِياريّ. §(٢) خِيار؛ تخيير بين أمرين (٣) البديل: أحد الأمرين المُخيَّر بينهما (٤) مَعدًى؛ مَناص.

alternatively *(adv.)* بالتناوب؛ بالتعاقب.

although or **altho** *(conj.)* مع أنّ؛ برغم أن.

altimeter *(n.)* الألتيمتر: مقياس الارتفاع.

altimeter

altitude *(n.)* (١) ارتفاع. (٢) علوّ (٣) مرتفَع (٤) ذروة.

alto *(n.)* الألتو: «أ» أخفض الأصوات في غناء النساء. «ب» المغنية بأخفض الأصوات.

altogether *(adv.)* (١) تماماً؛ بكل ما في الكلمة من معنى (٢) جملةً؛ في مجموعه (٣) بالإجمال.

altruism *(n.)* إيثار؛ غَيْريّة؛ حبّ الغير.

altruist *(n.)* الغَيْريّ؛ مُحِبّ الغير.

altruistic *(adj.)* غَيْريّ؛ محبّ للغير؛ غير أناني.

alum *(n.)* الشَّبّ؛ حَجَر الشبّ.

alumina *(n.)* الألومينا: أكسيد الألومنيوم.

aluminium; aluminum *(n.)* الألومينيوم.

alumnus *(n.)* pl. **-ni** خرّيج كلية أو جامعة.

always *(adv.)* دائماً؛ أبداً.

am *(v.)* أكونُ.

A.M. *or* **a.m.** ق. ظ.: قبل الظهر.

amain *(adv.)* (١) بكلّ قوّة (٢) بأقصى السرعة.

amalgam *(n.)* (١) المَلْغَم: زئبق ممزوج بمعدن آخر (٢) مزيج.

amalgamate *(vt.; i.)* (١) يُمَلْغِم؛ يدمج. ×(٢) يتملغم؛ يندمج.

amaryllis *(n.)* الأمارِلّس: نبات من النرجسيات.

amass *(vt.)* (١) يجمع (ثروةً) (٢) يكدّس.

amateur *(n.; adj.)* (١) الهاوي؛ اللامحترف.

§(٢) هاوٍ ؛ غير محترف .

amatory *or* **amatorial** *(adj.)* غرامي .

amaze *(vt.)* يُذْهِل ؛ يَشْدَه .

amazement *(n.)* انذهال ؛ انشداه .

amazing *(adj.)* مُذْهِل ؛ مُدْهِش .

ambassador *(n.)* سفير .

amber *(n.)* (١) كهرمان (٢) لون الكهرمان .

ambergris *(n.)* العَنْبَر : مادة شمعية .

ambidextrous *(adj.)* (١) أضبط : قادرٌ على استعمال كلتا يديه بسهولة متساوية (٢) منافق.

ambient *(adj.)* محيط أو مكتنِف بـ .

ambiguity *(n.)* (١) غموض (٢) التباس .

ambiguous *(adj.)* (١) غامض (٢) ملتبس.

ambition *(n.)* (١) طموح (٢) مَطْمَح.

ambitious *(adj.)* (١) طَموح (٢) توّاق .

amble *(vi.; n.)* (١) يرهو (الفرس) : يسير بتمهل §(٢) رَهْو ؛ سير متمهل .

ambulance *(n.)* سيارة (أو طائرة) إسعاف.

ambuscade *(n.; vi.)* (١) كمين §(٢) يكمن لِـ.

ambush *(vt.; i.; n.)* (١) يهاجم من مكمن. ×(٢) يكمن لِـ §(٣) كمين .

ameliorate *(vt.; i.)* يُحسِّن أو يتحسّن .

amen *(interj.)* آمين .

amenable *(adj.)* (١) مسؤول (٢) سهل الانقياد.

amend *(vt.)* (١) يعدّل (٢) يحسّن (٣) ينقّح.

amendment *(n.)* تعديل ؛ تحسين ؛ تنقيح.

amends *(n. sing. or pl.)* تعويض ؛ ترضية .

amenity *(n.)* (١) لطافة (٢) لياقة .

amerce *(vt.)* (١) يغرّم (٢) يعاقب.

American *(n.; adj.)* أميركي .

amethyst *(n.)* الجَمَشْت : حجر كريم .

amiable *(adj.)* أنيس ؛ لطيف ؛ ودّي.

amicable *(adj.)* حُبّي ؛ سِلمي.

amid *(prep.)* وَسْطَ ؛ بين .

amidships *(adv.)* في وسط السفينة أو نحو وسطها

amidst *(prep.)* وسْطَ ؛ بين .

amiss *(adj.; adv.)* (١) خاطئ §(٢) بطريقة خاطئة أو مغلوطة .

amity *(n.)* صداقة ؛ تفاهم.

ammonia *(n.)* (١) نُشادر (٢) ماء النشادر .

ammunition *(n.)* ذخيرة حربية .

amnesia *(n.)* فَقْد الذاكرة .

amnesty *(n.; vt.)* (١) عفوٌ عام §(٢) يصدر عفواً عاماً عن .

amoeba *(n.)* المتمورّة ؛ الأميبة : حُيَيْوين وحيد الخلية .

amoeba

among; amongst *(prep.)* وسْطَ ؛ بين ؛ في ما بين.

amorous *(adj.)* (١) محبّ (٢) عاشق (٣) حُبّيّ ؛ غزلي .

amorphous *(adj.)* غير متبلور .

amortize *(vt.)* يستهلك الدَّين.

amount *(vi.; n.)* (١) يبلغ كذا §(٢) مبلغ ؛ مقدار ؛ كمية .

amour *(n.)* علاقة غرامية .

ampere *(n.)* الأمبير : وحدة لقياس التيار الكهربائي .

amphibian *(n.; adj.)* (١) البَرْمائي : كل حيوان يستطيع العيش في الماء وعلى اليابسة (٢) الطائرة البرمائية §(٣) برمائي .

amphibious *(adj.)* برمائي .

amphitheater *(n.)* مُدَرَّج .

ample *(adj.)* (١) متّسع (٢) وافر (٣) مسهب

amplification *(n.)* توسيع ؛ تضخيم ؛ إسهاب

amplify *(vt.; i.)* يوسّع ؛ يضخّم ؛ يُسهِب .

amplitude *(n.)* (١) اتّساع (٢) وفرة (٣) مدى .

amply *(adv.)* (١) بسعة (٢) بوفرة (٣) بإسهاب

ampul *or* **ampoule** *(n.)* الأنبولة : زجاجة

مختومة فيها محلول يُحقَن تحت الجلد .
amputate *(vt.)* يَبْتُر (بعملية جراحية) .
amulet *(n.)* تَميمَة؛ تَعويذَة؛ حِجاب.
amuse *(vt.)* يُلْهي؛ يُسلّي؛ يُضْحِك.
amusement *(n.)* (١) لهو (٢) تَسْلِيَة .
amusing; amusive *(adj.)* مُسَلٍّ؛ مضحك.
an *(indef. art.)* أداة تنكير .
anachronism *(n.)* المفارقة التاريخية (كأن تقول إن نابوليون ركب طائرة) .
anaconda *(n.)* الأناكُنْدَة: أفعى أميركية .
anaemia *(n.)* الانيمية؛ فقر الدم .
anaesthesia *(n.)* الخُدار ؛ فقدان الحسّ .
anal *(adj.)* شَرْجِيّ؛ إسْتِيّ .
anal canal *(n.)* القناة الشَّرجيّة (تشريح) .
analgesia *(n.)* فَقْد الألم أو عدم الشعور به.
analgesic *(adj.; n.)* مُسَكِّن؛ مُفْقِدٌ للألم.
analogous *(adj.)* (١) مُشابه (٢) متشابه .
analogy *(n.)* (١) قياس التمثيل (في المنطق). (٢) تشابه ؛ تشابه جزئيّ .
analysis *(n.)* (١) تحليل (٢) إعراب .
analytic *(adj.)* (١)تحليلي (٢)إعرابيّ؛ مُعْرَب.
analyze *(vt.)* (١) يُحلِّل (٢) يُعْرِب .
anarchism *(n.)* الفَوْضَوِيَّة .
anarchist *(n.; adj.)* فوضوي .
anarchy *(n.)* (١) فوضى (٢) الفوضوية .
anathema *(n.)* (١) لعنة ؛ الحِرم الكنسي . (٢)المحروم أو الملعون (كنسياً) .
anathematize *(vt.)* يَحْرِم (كنسياً)؛ يلعن.
anatomic;-al *(adj.)* تشريحيّ: متعلق بالتشريح.
anatomist *(n.)* (١) العالم بالتشريح (٢) المُشرِّح .
anatomize *(vt.)* (١) يشرح (٢) يحلِّل.
anatomy *(n.)* (١)علم التشريح (٢)تشريح.
ancestor *(n.)* سَلَف؛ جدّ أعلى .
ancestral *(adj.)* سَلَفِيّ؛ ذو علاقة بالأسلاف.
ancestry *(n.)* (١)سلسلة النسب (٢)أسلاف.
anchor *(n.; vt.; i.)* (١) مِرْساة (٢) المُعْتَمَد ؛ المَلاذ §(٣) يُرْسي (السفينةَ) ×(٤) ترسو (السفينةُ) .

anchorage *(n.)* (١)إرساء؛ رُسُوّ (٢)مَرْسىً.
anchorite *or* **anchoret** *(n.)* الناسك؛ الزاهد.
anchovy *(n.)* البَلَم ؛ الأنشوفة: سمك صغير .
ancient *(adj.; n.)* (١)قديم (٢)عتيق §(٣)شيخ عجوز (٤) *pl.* : شعوب التاريخ القديم .
anciently *(adv.)* قديماً؛ في الزمن الغابر .
and *(conj.)* و ؛ واو العطف .
andiron *(n.)* المَنْصَب: مِسنَدٌ للحطب المشتعل.
anecdote *(n.)* حكاية ؛ نادرة .
anemia *(n.)* الأنيمِيَة ؛ فقْر الدم.
anemone *(n.)* الشُّقّار؛ شقائق النعمان (نبات).
anesthesia *(n.)* الخُدار ؛ فقدان الحسّ .
anesthetic *(adj.; n.)* (١)مخدِّر §(٢) عقار مخدِّر أو مسكِّن .
anesthetize *(vt.)* يخدِّر ؛ يعطي مخدِّراً .
anew *(adv.)* (١) ثانيةً (٢) بشكل جديد .
angel *(n.)* (١)مَلاك (٢)امرأة كالملاك جمالاً .
anger *(n.; vt.)* (١) غضبٌ §(٢) يُغْضِب.
angle *(n.; vi.)* (١) زاوية (٢)وجهة نظر . §(٣) يُصَنِّر : يصيد السمك بالصنارة .
angleworm *(n.)* الخُرْطُون؛ دودة الأرض .
Anglican *(adj.; n.)* انجليكاني .
angling *(n.)* التَّصَنُّر : الصيد بالصنّارة .
Anglo- بادئة معناها: انكليزي أو انكليزي و...
Anglophile *(n.)* المُحِبّ لإنكلترة أو للانكليز.
Anglophobe *(n.)* المُبغِض لإنكلترة أو للانكليز
Anglo-Saxon *(n.; adj.)* انجلوسكسوني .
angrily *(adv.)* بغضب؛ على نحو غاضب.

angry *(adj.)* (١)غاضب (٢)متوعِّد بغضب.
anguish *(n.)* كَرْب ؛ ألم مبرِّح.
angular *(adj.)* (١) زاويّ (٢) مُزَوَّى : ذو زاوية أو زوايا (٣) بارز العظام .
aniline *(n.)* الانيلين: سائل زيتيّ سامّ .
anility *(n.)* (١)خَرَف (٢)تَصَرُّفٌ خَرِف.
animadvert *(vi.)* ينتقد(انتقاداً قاسياً أو معادياً)
animal *(n.; adj.)* (١) حيوان §(٢) حيوانيّ .
animalcule *(n.)* الحُيَيْوين : حيوان ميكروسكوبيّ لا يُرَى بالعين المُجرَّدة .
animalism *(n.)* الحيوانية ؛ البهيمية .
animate *(vt.; adj.)* (١)يحيي ؛ ينفخ الحياة في. (٢)ينشِّط ، يقوّي §(٣)حيّ؛ ذو حياة .
animated *(adj.)* حيّ؛ مفعم بالحيويّة .
animated cartoon *(n.)* الرسوم المتحرِّكة.
animation *(n.)* (١)إحياء؛ إنعاش(٢)حيوية.
animosity *(n.)* حِقد؛ عِداء .
animus *(n.)* (١) نِية ؛ مَيْل (٢) عِداء .
anise *(n.)* أنِيسون؛ يانسون .
aniseed *(n.)* بِزر الأنيسون أو اليانسون .
ankle *(n.)* الكاحل: رُسغ القدم.

anklet *(n.)* خُلْخال .
annals *(n. pl.)* (١) حوليّات. (٢) تاريخ .
anneal *(vt.)* يلدِّن (بالتحمية ثم بالتبريد) .
annex *(vt.; n.)* (١) يُلْحِق؛ يضمّ ؛ يضيف. §(٢) مُلحَق؛ ذيل (٣) بناء إضافي .
annexation *(n.)* (١) إلحاق؛ ضمّ (٢)ملحَق.
annihilate *(vt.)* (١)يُبطِل (٢)يمحق؛ يُبيد.
anniversary *(n.;)* الذكرى السنوية .
annotate *(vt.; i.)* يحشّي ؛ يعلّق الحواشي .
announce *(vt.)* يُعْلِن؛ يُبْلِغ ؛ يُذيع .
announcement *(n.)* إعلان؛ إبلاغ ؛ بلاغ .
annoy *(vt.)* يُزعِج ؛ يضايق ؛ يُغضب .
annoyance *(n.)* إزعاج ؛ انزعاج ؛ مصدر إزعاج.
annoying *(adj.)* مزعج ؛ مضايق.
annual *(adj.; n.)* (١)سنويّ (٢) حَوْليّ : يعيش عاماً أو موسماً واحداً §(٣) نشرة سنوية (٤) نبات حوليّ .
annually *(adv.)* سنوياً؛ كلّ سنة ؛ كلّ عام.
annuity *(n.)* السُّناهِية : مرتّب أو دَخْلٌ سنويّ يتلقّاه المرء مدى الحياة عادةً .
annul *(vt.)* يلغي؛ يُبطل؛ يفسخ.
annular *(adj.)* حَلْقيّ: على شكل حَلْقة.
annunciation *(n.)* (١) إعلان ؛ إبلاغ . (٢) *cap.* : عيد البشارة .
anodyne *(n.)* دواء أو عقّار مسكِّن .
anoint *(vt.)* (١)يدهن بمرهم (٢)يمسح بالزيت.
anomalous *(adj.)* شاذّ؛ غير سويّ .
anomaly *(n.)* (١) شذوذ (٢) شيء شاذّ .
anon *(adv.)* (١)حالاً (٢)قريباً (٣)في وقت آخر.
anonymous *(adj.)* (١)غير مُسمّى: مجهول. (٢)غُفْلٌ من الاسم (٣) مجهول المصدر .
anopheles *(n.)* بعوضة الملاريا .
another *(adj.; pron.)* آخَر ؛ ثانٍ .
love one ~, أحبّوا بعضكم بعضاً .
answer *(n.; vi.; t.)* (١) جواب ؛ ردّ . §(٢) يجيب ؛ يردّ على (٣) يدفع ثمن اخطائه الخ. ×(٤) يفي بالغرض (٥) يطابق .
answerable *(adj.)* (١)مسؤول (٢)يُدحَض.
ant *(n.)* نملة.
antagonism *(n.)* (١)خصومة ؛ عِداء(٢)تنافر .
antagonist *(n.)* خَصْم؛ عدوّ .
antagonistic *(adj.)* مخاصِم ؛ معادٍ ؛ مضادّ .
antagonize *(vt.)* (١)يخاصم (٢) يثير العداوة.
antarctic *(adj.)* متعلق بالقطب الجنوبي .
ante- بادئة معناها: «قَبْل» زماناً أو مكاناً.

antecedent **25** **anything**

antecedent *(adj.; n.)* (١) سابق؛ سالف؛ متقدّم §(٢)السابقة: حادثة أو حالة سابقة.

antechamber *(n.)* حجرة مؤدّية أو مُوْصِلة.

antedate *(vt.)* (١)يؤرّخ (شيكاً)بتاريخ سابق. (٢) يتقدّم أو يسبق زمنياً.

antediluvian *(adj.)* سابق للطوفان؛ عتيق.

antelope *(n.)* الظبي؛ بقر الوحش.

antelope

ante meridiem قبل الظهر (اختصارها A.M. أو a.m.)

antenna *(n.)* pl. **-e** *or* **-s** (١)الزّباني: قرن الاستشعار عند الحشرة (٢) الهوائيّ (في الراديو).

anterior *(adj.)* (١)أماميّ (٢)سابق؛ سالف.

anteroom *(n.)* حجرة الانتظار.

anthem *(n.)* (١) ترنيمة دينية (٢) نشيد.

anther *(n.)* المِئْبَر: جزء السَّداة المحتوي على اللقاح (في النبات).

anthology *(n.)* مقتطفات أدبية مختارة.

anthracite *(n.)* فحم الانثراسيت.

anthrax *(n.)* الجمرة: مرضٌ من أمراض الماشية.

anthropoid *(adj.; n.)* (١) شبيهٌ بالانسان. §(٢) قِرْدٌ شبيهٌ بالانسان.

anthropology *(n.)* الأنثروبولوجيا؛ علم الانسان.

anti- بادئة معناها: «أ» مضادّ لِ. «ب» غير.

antiaircraft *(adj.)* مضادّ للطائرات.

antibiotic *(adj.; n.)* مُرْدٍ؛ مضادّ للجراثيم.

antibody *(n.)* الجسم المضادّ: مادّة تتكوّن داخل الجسم لمقاومة البكتيريا.

antic *(adj.; n.)* (١)غريب §(٢) مهرج.

anticipate *(vt.)* (١)يسبق (٢)يُحْبِط بعمل مسبَق (٣) يعجّل حدوثَ أمر (٤) يتوقّع.

anticipation *(n.)* (١)سَبْق (٢)توقّع؛ حدس. thanking you in ~, شاكراً لك سلفاً.

antidote *(n.)* تِرْياق.

antimony *(n.)* الأنتيمون؛ الإثْمِد.

antipathy *(n.)* (١) كراهية (٢) تَعارُض.

antipode *(n.)* نقيض.

antipodes *(n. pl.)* الأجزاء الواقعة على الجهة المقابلة من الكرة الأرضية.

antiquary *(n.)* الجامعُ أو الدارس للأشياء الأثرية.

antiquated *(adj.)* (١)مهجور (٢)عتيق الزّي.

antique *(adj.; n.)* (١)قديم (٢)عتيق الزيّ. §(٣) أثر قديم.

antiquity *(n.)* (١)العصور القديمة (٢)عِتَق؛ قِدَم (٣) أثر قديم.

antiseptic *(adj.; n.)* مُطهِّر؛ مانع للعفونة.

antislavery *(adj.)* مقاوم للرّقّ أو الاسترقاق.

antithesis *(n.)* (١) تضادّ (٢) نَقيض (٣) طِباق (في البلاغة).

antitoxin *(n.)* (١)الأنتيتُكْسين: جسمٌ مضادّ يتكوّن في الجسد نتيجة لحقنه بمادة سُميّة (٢) مصلٌ (ضدّ الدفتيريا الخ.).

antler *(n.)* قَرن الوَعْل أو شُعْبَةٌ منه.

antonym *(n.)* المُطابِقَة: كلمة ذات معنى مناقض لمعنى كلمة أخرى.

anus *(n.)* الشَّرَج؛ الإسْت.

anvil *(n.)* سِندان الحدّاد.

anxiety *(n.)* (١)قَلَقٌ (٢)تلهّف أو توق شديد.

anxious *(adj.)* (١)قَلِق (٢)متلهّف؛ توّاق.

any *(adj.; pron.; adv.)* (١)أيّ؛ أيّما (٢) كلّ §(٣)أيّ شخص (٤) أحد §(٥)إلى أيّ حدّ.

anybody *(pron.)* أيّ إنسان؛ أيّ امرىء.

anyhow *(adv.)* (١) كيفما اتفق (٢)بأية حال.

anymore *(n.; adv.)* (١) أيّ شيء إضافي §(٢) بعد الآن.

anyone *(pron.)* أيّ شخص؛ أيّ إنسان.

anything *(pron.)* أيّ شيء؛ أيّ شيء كان.

anyway *(adv.)* بأيّة حال؛ على كلّ حال.
anywhere *(adv.)* في أو إلى أيّ مكان.
aorta *(n.)* الوتين؛ الشريان الأورطي.
apace *(adv.)* بسرعة.
apart *(adv.)* (١) منفرداً؛ على حِدةٍ (٢) جانباً (٣) بعيداً بعضهم عن بعض (٤) إلى أجزاء.
apartment *(n.)* (١) غرفة (٢) شقّة للسكن.
apathetic *(adj.)* فاتر الشعور؛ لا مبالٍ.
apathy *(n.)* (١) فتور الشعور (٢) لامبالاة.
ape *(n.; vt.)* (١) قِرد (٢) مقلِّد §(٣) يُقلِّد.
aperture *(n.)* فتحة؛ ثُقْب؛ منفذ.
apex *(n.)* pl. **-es** *or* **apices** قمة؛ رأس.
aphasia *(n.)* الحُبْسة: فقْد القدرة على الكلام.
aphid; aphis *(n.)* حشرة تمتص عصارة النبات.
aphorism *(n.)* حكمة؛ مَثَل؛ قول مأثور.
apiary *(n.)* المَنحلَة: مكان تربية النحل.
apiece *(adv.)* لكلّ؛ لكل فرد أو قطعة.
apocryphal *(adj.)* مشكوك في صحته أو نسبته.
apogee *(n.)* (١) نقطة الأوج: أبعد نقطة عن الأرض في مدار القمر (٢) ذروة؛ أوج.
apologetic; -al *(adj.)* اعتذاري؛ تبريري.
apologize *(vi.)* يعتذر.
apologue *(n.)* خرافة أخلاقية المغزى.
apology *(n.)* (١) دفاع (٢) اعتذار (عن خطأ).
apoplexy *(n.)* السَّكْتة؛ السكتة الدماغية.
apostasy *(n.)* الرِّدة: ارتداد عن العقيدة.
apostate *(n.; adj.)* مرتدّ (عن عقيدة أو دين).
apostle *(n.)* رسول؛ حَواريّ؛ مصلح أخلاقيّ.
apostolic; -al *(adj.)* (١) رَسوليّ (٢) بابويّ.
apostolic delegate *(n.)* القاصد الرسولي.
apostrophe *(n.)* الفاصلة العليا: علامة (') التي تفيد الحذف أو الاضافة أو الجمع.
apostrophize *(vt.; i.)* يضع فاصلة عليا.

apothecary *(n.)* (١) الصيدليّ (٢) صيدلية.
apotheosis *(n.)* (١) تأليه (٢) تمجيد.
appall *or* **appal** *(vt.)* يُرعِب؛ يروّع.
appalling *(adj.)* مرعِب؛ مروّع.
appanage *(n.)* إقطاعة (أو أموال) يخصصها ملك أو أمير للقاصرين من أفراد أسرته.
apparatus *(n.)* (١) عدّة؛ أدوات (٢) جِهاز.
apparel *(vt.; n.)* (١) يكسو §(٢) كِساء.
apparent *(adj.)* مرئيّ؛ واضح؛ ظاهريّ.
apparition *(n.)* (١) شبَح (٢) ظهور.
appeal *(vt.; i.; n.)* (١) يستأنف الدعوى ×(٢) يستغيث بـ؛ يناشد (٣) يلجأ أو يحتكم إلى (٤) يُعْجِب؛ يروق لـ §(٥) استئناف (٦) استغاثة؛ مناشدة (٧) احتكام إلى (٨) إغراء؛ فتنة.
appear *(vi.)* (١) يَظهر للعيان (٢) يَمْثُل (أمام القضاء) (٣) يبدو (٤) يتضح (٥) يَصْدُر.
appearance *(n.)* (١) ظهور (٢) مثول (أمام القضاء) (٣) هيئة؛ مظهر خارجي.
appease *(vt.)* يهدّئ؛ يسكّن؛ يُشْبِع.
appellant *(n.)* المستأنف (للدعوى).
appellate *(adj.)* استئنافي.
appellation *(n.)* لقب؛ كنية؛ اسم.
appellee *(n.)* المستأنَف ضدّه (في القانون).
append *(vt.)* (١) يُلحِق؛ يُضيف (٢) يذيّل.
appendage *(n.)* (١) ملحق (٢) لاحقة؛ زائدة.
appendicitis *(n.)* التهاب الزائدة الدودية.
appendix *(n.)* (١) مُلحَق (٢) الزائدة الدودية.
appertain *(vi.)* يتعلّق بـ؛ يختص بـ.
appetite *(n.)* (١) شَهيّة (إلى الطعام) (٢) شهوة.
appetizer *(n.)* المُشهّي: طعام أو شراب يُتناوَل قبل الطعام لإثارة الشهيّة.
appetizing *(adj.)* مُشَهٍّ: مثير أو فاتح للشهيّة.
applaud *(vi.; t.)* (١) يصفّق ×(٢) يُطْرِي.

applause 27 **aquarium**

applause *(n.)* تصفيق ؛ إطراء ؛ استحسان .
apple *(n.)* (١) تُفّاحة (٢) شجرة التفاح .
appliance *(n.)* (١)استعمال ؛ تطبيق (٢)أداة .
applicable *(adj.)* ملائم ؛ قابل للتطبيق .
applicant *(n.)* طالب الوظيفة (أو المساعدة الخ) .
application *(n.)* (١) استعمال ؛ تطبيق . (٢) انكباب (٣) طلب (٤) الوَضْعَة: علاج موضعي .
applied *(adj.)* تطبيقي .
apply *(vt.; i.)* (١) يستعمل (٢) يطبّق عملياً . (٣) يضع أو ينشر على (٤) ينكبّ على ×(٥) ينطبق على (٦) يقدّم طلباً .
appoint *(vt.)* (١) يحدِّد (وقتاً الخ .) . (٢) يعيّن ؛ يوظف (٣) يُجهِّز بـ...
appointee *(n.)* المعيّن (في وظيفة ما) .
appointment *(n.)* (١) تعيين ؛ توظيف . (٢) وظيفة ؛ منصب (٣) موعد (٤) *pl.*: أثاث .
apportion *(vt.)* يقسم ؛ يوزّع ؛ يُحصّص .
apposite *(adj.)* ملائم ؛ مناسب ؛ في محلّه .
appraisal *(n.)* تثمين ؛ تقييم ؛ تخمين .
appraise *(vt.)* يثمّن ؛ يقيّم ؛ يخمّن .
appreciable *(adj.)* ممكنٌ تقديره أو إدراكه الخ .
appreciate *(vt.)* (١) يقدِّر (شيئاً) حقّ قَدْرِه (٢) يُعْجَب إعجاباً عظيماً بـ (٣) يُدرِك إدراكاً كاملاً (٤) يزيد في قيمة شيء .
appreciation *(n.)* (١) قَدْرُ الشيء حقّ قَدْرِه . (٢) إعجاب (٣) إدراك (٤) ارتفاع في الثمن .
appreciative *(adj.)* قادرٌ شيئاً حقّ قدْرِه .
apprehend *(vt.)* (١) يعتقل ؛ يقبض على . (٢) يعي ؛ يدرك (٣) يخشى (٤) يفهم .
apprehensible *(adj.)* ممكنٌ فهمُه .
apprehension *(n.)* (١) فَهْمٌ (٢) إدراك . (٣) اعتقال (٤) خشية ؛ خوف من شرٍّ مُرتَقَب .
apprehensive *(adj.)* (١) سريع الفهم أو الإدراك (٢) خائف ؛ قلق ؛ مُرتَقِبٌ شرّاً .

apprentice *(n.)* (١) الغُلام المُمَهَّن : صبيٌّ يُمرَّن عند صانع ما ، على حرفة ما (٢) المبتدىء .
apprise or **apprize** *(vt.)* يُخبِر ؛ يُعْلِم .
approach *(vt.; i.; n.)* (١) يدنو أو يقترب من (٢) يضاهي (٣) يُدْني ؛ يقرّب (٤) يفاتح ×(٥) يدنو ؛ يقترب §(٦) دنوّ ؛ اقتراب (٧) طريق (٨) طريقة لفهم موضوع ما .
approbation *(n.)* (١) استحسان . (٢) تصديق على .
appropriate *(vt.; adj.)* (١) يستولي على . (٢) يخصّص أو يُفرِد لغرضٍ معيّن §(٣) ملائم .
appropriately *(adv.)* على نحو ملائم أو مناسب .
approval *(n.)* موافقة ؛ استحسان ؛ تصديقٌ على .
approve *(vt.; i.)* (١) يوافق على ؛ يستحسن . (٢) يصدّق على ×(٣) يُطْرِي .
approximate *(adj.; vt.)* (١) تقريبيّ . (٢) متقارِبٌ §(٣) يُدْني ؛ يقرّب (٤) يقارب .
approximately *(adv.)* تقريباً ؛ على التقريب .
appurtenance *(n.)* (١) حقّ أو امتياز فرعيّ . (٢) اللاحقة ؛ الملحق : شيء تابع لشيء آخر .
appurtenant *(adj.)* مُلحَق ؛ تابع .
apricot *(n.)* (١) المشمش (٢) شجرة المشمش .
April *(n.)* أبريل ؛ شهر نيسان .
April fool *(n.)* كذبة نيسان أو ضحيّتها .
apron *(n.)* مِئْزَر ؛ وَزْرَة ؛ «مَرْيَلَة» .
apropos *(adj.; adv.)* (١) ملائم ؛ مناسب ؛ في محلّه §(٢) على نحو ملائم الخ . (٣) وبالمناسبة...
apropos of *(prep.)* في ما يتصل بـ ؛ في ما يتعلّق بـ .
apt *(adj.)* (١) ميّالٌ إلى (٢) عرضةٌ لـ ؛ قابلٌ لـ . (٣) جدير (٤) ملائم (٥) شديد الذكاء .
aptitude *(n.)* (١) قابلية (٢) ذكاء (٣) أهلية .
aquamarine *(n.)* زَبَرْجَد .
aquarium *(n.)* المَرْبَى المائي : حوضٌ لحفظ الأسماك والحيوانات والنباتات المائيّة الحيّة .

aquatic 28 argosy

aquatic *(adj.)* مائيّ .

aqueduct *(n.)* قناةٌ لجرّ المياه .

aqueduct

aqueous *(adj.)* مائيّ .

aquiline *(adj.)* (١)نَسْريّ (٢)معقوف .

Arab *(n.; adj.)* (١) العَرَبيّ §(٢) عربيّ .

arabesque *(n.)* الأرابيسْك : فنّ الزخرفة العربيّ .

arabesque

Arabian *(adj.; n.)* (١)عَرَبيّ §(٢) العَرَبيّ .

Arabic *(adj.; n.)* (١) عَرَبيّ §(٢) اللغة العربية .

arable *(adj.)* مُنْزَرِع ؛ صالح للزراعة .

arbiter *(n.)* الحَكَم ؛ الوَسيط .

arbitrament *(n.)* (١)الفصل في النزاع (يقوم به حَكَمٌ مكلّف بذلك) (٢)حُكم المحكِّم .

arbitrary *(adj.)* (١) اعتباطيّ ؛ تحكّميّ ؛ كيفيّ (٢) استبداديّ .

arbitrate *(vi.; t.)* (١)يفصِل في نزاع (بوصفه حَكَماً)×(٢)يحكّم : يعرض نزاعاً على حكَم .

arbitration *(n.)* التحكيم .

arbitrator *(n.)* الحكَم ؛ المحكِّم ؛ الوسيط .

arbor or **arbour** *(n.)* التعريشة : مكان مُظلَّل بالأغصان المتشابكة (في حديقة) .

arboreal *(adj.)* شَجَريّ ؛ ساكن الأشجار .

arc *(n.)* قَوْس .

arcade *(n.)* (١) ممرّ مُقَنْطَر (٢) عَقْدٌ أو صف قناطر .

arcade

arch *(n.; vt.; adj.)* (١) قَنْطرة ؛ قَوْس (٢)مَدْخَل أو مجاز تحت قنطرة §(٣)يُقَنْطِر أو يزوّد بقنطرة (٤)يقوّس ؛ يجعله على شكْلِ قَوْس §(٥) رئيسيّ (٦) ماكر ؛ خبيث

arch- بادئة معناها : رئيس ؛ رئيسي .

archaeology *(n.)* علم الآثار القديمة .

archaic *(adj.)* قديم ؛ مهجور ؛ مُمات .

archangel *(n.)* الملاك الرئيسي .

archbishop *(n.)* رئيس الأساقفة .

archdeacon *(n.)* رئيس الشمامِسَة .

archduke *(n.)* أرشيدوق .

archer *(n.)* الرّامي : رامي السّهام .

archery *(n.)* الرِّماية : الرّمي بالسهام.

archetype *(n.)* الطراز البَدْئي ؛ النموذج الأصلي .

archipelago *(n.)* الأرْخَبِيل : مجموعة جزر .

architect *(n.)* المهندس المعماري .

architectural *(adj.)* معماري .

architecture *(n.)* فن العمارة ؛ أسلوب البناء .

archives *(n.pl.)* أرشيف ؛ سجلاّت ؛ محفوظات .

archly *(adv.)* بمكر ؛ بخبث .

arctic *(adj.)* ذو علاقة بالقطب الشمالي .

Arctic Circle *(n.)* المنطقة القطبية الشمالية .

ardent *(adj.)* (١)غيور ؛ متحمس (٢)متّقد ؛ حارّ جداً (٣) متوهّج .

ardor or **ardour** *(n.)* (١)غَيْرة ؛ حماسة (٢)حرارة ملتهبة .

arduous *(adj.)* (١)شاقّ ؛ قاسٍ (٢)جَهيد (٣) شديد التحدّر ؛ صعب المرتقى .

are *pres. 2d sing. or pres. pl. of* be.

are *(n.)* الآر : مئة متر مربع .

area *(n.)* (١) مساحة (٢) منطقة (٣) نطاق ؛ مجال ؛ دائرة (٤) مجاز مؤدّ إلى قبو .

arena *(n.)* المُجتلَد : الجزء المتوسط (الخاص بالمتصارعين) من مدرّج روماني .

argent *(adj.)* فضّيّ .

argil *(n.)* الأرجيل : طينُ الخزّاف .

argon *(n.)* الأرْغون : عنصرٌ غازيّ .

argosy *(n.)* (١)سفينة كبيرة (٢) أسطول .

argue *(vi.; t.)* (١) يجادل ؛ يناقش (٢) يتجادل أو يتنازع مع ×(٣) يحاول أن يبرهن (٤) يُقنع.

argument *(n.)* (١) برهان؛ حُجة (٢) مناقشة.

argumentation *(n.)* جدَل؛ مناقشة.

argumentative *(adj.)* جدَليّ.

aria *(n.)* نَغَمٌ؛ لَحْنٌ.

arid *(adj.)* (١) جافّ (٢) قاحل (٣) غير ممتِع.

aridity *(n.)* (١) جفاف (٢) قُحولة.

aright *(adv.)* على نحوٍ قويم أو صحيح.

arise *(vi.)* (١) ينهض (٢) ينشأ (٣) يرتفع.

aristocracy *(n.)* الأرستقراطية: طبقة النبلاء.

aristocrat *(n.)* الأرستقراطي: أحد أبناء الطبقة العليا.

aristocratic *(adj.)* أرستقراطيّ.

arithmetic *(n.)* علم الحساب.

arithmetic; arithmetical *(adj.)* حسابيّ.

arithmetician *(n.)* الخبير في علم الحساب.

ark *(n.)* (١) سفينة نوح (٢) تابوت العهد.

arm *(n.; vt.; i.)* (١) ذراع (٢) لسان البحر الداخلُ في البرّ (٣) سلطة (٤) سلاح §(٥) يُسلّح ×(٦) يتسلّح.

armada *(n.)* آرمادا؛ أسطول حربي.

armadillo *(n.)*: المُدرَّع: حيوان اميركي.

armadillo

armament *(n.)* (١) قوّات حربية (٢) سلاح أو عُدّة حربيّة (٣) تسلُّح.

armchair *(n.)* كرسيّ ذو ذراعين.

armed *(adj.)* مُسلَّح؛ مزوَّد بالسلاح.

Armenian *(n.; adj.)* أرمني

armistice *(n.)* هُدنة.

armless *(adj.)* أعزل؛ بلا سلاح.

armlet *(n.)* سوارٌ (لأعلى الذراع).

armor *(n.; vt.)* (١) دِرْع §(٢) يدرّع؛ يصفّح.

armored *or* **armoured** *(adj.)* مدرَّع.

armorer *or* **armourer** *(n.)* صانع الدروع أو الأسلحة؛ مُصلِح الأسلحة النارية.

armorial *(adj.)* خاص بشعار النّبالة.

armory *(n.)* مستودع أو مصنع أسلحة

armour *(n.; vt.)* = armor.

armpit *(n.)* إبْطٌ.

arms *(n. pl.)* (١) أسلحة (٢) حرب.
under ~, تحت السلاح؛ مستعد للقتال.

army *(n.)* (١) جيش (٢) جمعٌ غفير.

aroma *(n.)* (١) شذا؛ عبير (٢) نكهة.

aromatic *(adj.)* (١) عِطريّ (٢) قويّ الرائحة.

arose *past of* arise.

around *(adv.; prep.)* (١) حَوْلَ (٢) في مكان قريب (٣) هنا وهناك (٤) طوالَ (٥) حوالَى.

arouse *(vt.)* (١) يوقظ (٢) يثير؛ يستحثّ.

arraign *(vt.)* (١) يستدعي إلى المحكمة (٢) يتّهم.

arrange *(vt.)* (١) يرتّب؛ ينظّم (٢) يتخذ الترتيبات الضرورية لِـ ... (٣) يسوّي.

arrangement *(n.)* (١) ترتيب؛ تنظيم (٢) تسوية (٣) *pl.*: استعدادات.

arrant *(adj.)* (١) متشرّد (٢) بكل ما في الكلمة من معنى (٣) رديء جداً.

arras *(n.)* قماش مُزَرْكَش (أو ستارة منه).

array *(vt.; n.)* (١) ينظّم (صفوفَ الجند) (٢) يُلبِس؛ يكسو §(٣) نظام؛ ترتيب (٤) حلة قشيبة.

arrears *(n.pl.)* المتأخرات (من أعمال أو ديون).

arrest *(vt.; n.)* (١) يوقِف؛ يكبح (٢) يعتقل (٣) يلْفِت §(٤) إيقاف؛ كَبْح (٥) اعتقال.

arrival *(n.)* (١) وصول؛ قدوم؛ مَقْدَم (٢) توصّلٌ إلى (٣) الوافد؛ القادم.

arrive *(vi.)* (١) يَصِل؛ يفِد؛ يَقْدَم؛ يجيء (٢) يتوصّل (إلى اتفاق الخ.) (٣) يَبلُغ (٤) يحين (٥) ينجح.

arrogance 30 **ascension**

arrogance *(n.)* تكبُّر؛ عجرفة؛ غطرسة.
arrogant *(adj.)* متكبّر؛ متعجرف؛ متغطرس.
arrogate *(vt.)* (١) ينتحل (٢) ينتحل: يعزو إلى آخرَ بغير حق.
arrow *(n.)* سهم.
arrowhead *(n.)* رأس السهم.
arsenal *(n.)* (١) دار الصناعة: مؤسسة لصنع الأسلحة (٢) مستودع أسلحة.
arsenic *(n.; adj.)* (١) زَرْنيخ §(٢) زرنيخي.
arsenical *(adj.)* زرنيخي.
arson *(n.)* إحراق المباني (وغيرها) عمداً.
art *(n.)* (١) مهارة (٢) فنّ (٣) طريقة (٤) مكر.
arterial *(adj.)* (١) شرياني (٢) رئيسي.
artery *(n.)* شِريان.
artesian well *(n.)* البئرُ الارتوازية.
artful *(adj.)* (١) بارع (٢) ماكر.
arthritis *(n.)* التهاب المفاصل.
arthropod *(n.)* المَفْصِليّ: حيوان مَفْصِليّ.
artichoke *(n.)* خُرْشوف؛ أرضي شوكي.

artichoke

article *(n.)* (١) بَنْد؛ فِقْرة؛ مادّة (٢) مقالة (٣) أداة تعريف أو تنكير (٤) شيء؛ صنف.
articular *(adj.)* مَفْصِليّ؛ مَفاصِليّ.
articulate *(adj.; vt.; i.)* (١) ملفوظ بوضوح (٢) واضح (٣) ناطق (٤) مَفْصِليّ؛ ذو مفاصل §(٥) يلفظ بوضوح (٦) يَتَرابط بمَفْصِل أو مفاصل × (٧) يرتبط بمفصِل أو نحوه.
articulated *(adj.)* (١) ذو مَفاصل (٢) ملفوظ بوضوح (٣) مترابط.
articulation *(n.)* (١) الربط أو الارتباط بمفاصل (٢) مَفْصِل (٣) نُطْق؛ لفظ.
artifice *(n.)* (١) حيلة (٢) مكر (٣) براعة.
artificer *(n.)* الصانع البارع أو المبتكِر.
artificial *(adj.)* اصطناعي؛ زائف؛ متكلّف.
artillery *(n.)* (١) المِدفعية (٢) سلاح المدفعية.
artisan *(n.)* الحِرَفي: الصانع الماهر.
artist *(n.)* (١) الفنّان (٢) المخادع؛ المحتال.
artistic *or* **artistical** *(adj.)* فنّي.
artless *(adj.)* (١) غِرّ؛ جاهل (٢) مصنوع بغير براعة (٣) ساذج (٤) بسيط؛ طبيعي.
Aryan *(adj.; n.)* (١) آري؛ هندي أوروبي. §(٢) الآريّة: اللغة التي اشتُقّت منها معظم اللغات الأوروبية (٣) الآريّ: واحد الآريين.
as *(conj.; adv.; pron.; prep.)* (١) كأنّ؛ وكأنّ (٢) مِثْل (٣) مثلما (٤) عندما؛ أثناء (٥) على الرغم (٦) بسبب (٧) لما كان؛ بما أن (٨) بحيث §(٩) مثلاً §(١٠) الذي؛ التي الخ. (١١) كما §(١٢) كـ؛ مِثْل (١٣) بوصفه كذا.
~ far ~, بقَدْر ما.
~ long ~, ما دام.
~ soon ~, حالما.
~ soon ~ possible. بأسرع ما يمكن
~ regards; ~ respects. في ما يتعلق بـ
~ to *or* for في ما يتعلق بـ.
~ well أيضاً.
~ well ~, بالاضافة إلى؛ أيضاً.
asafetida *(n.)* الحِلْتيت (صمغ).
asbestos *(n.)* الأسْبَسْتوس؛ الحرير الصخري.
ascend *(vi.; t.)* (١) يصعد؛ يرتفع؛ يعلو (٢) يرقَى إلى × (٣) يتسلّق (٤) يرتقي.
ascendancy; -dency *(n.)* سطوة؛ هيمنة.
ascendant *or* **ascendent** *(n.; adj.)* (١) الطالع (في اصطلاح المنجّمين) (٢) سَلَف §(٣) مسيطر؛ سائد (٤) صاعد؛ طالع.
ascension *(n.)* (١) صعود (٢) عيد الصعود.

ascent 31 **assembly**

ascent *(n.)* (١) صعود (٢) تسلّق (٣) مُرْتَقًى.
ascertain *(vt.)* يتحقّق من كذا (بالتجربة).
ascetic *(adj.; n.)* (١) زُهْدِيّ (٢) زاهد ؛ متنسّك § (٣) الزاهد ؛ الناسك.
asceticism *(n.)* زهد؛ تنسّك؛ تقشّف.
ascribe *(vt.)* يعزو ؛ ينسب إلى.
ascription *(n.)* عَزْوٌ ؛ نِسْبَة.
aseptic *(adj.)* مطهَّر ؛ معقَّم.
asexual *(adj.)* (١) عديم الجنس ؛ عديم الأعضاء التناسليّة (٢) لاتزاوجيّ.
ash *(n.)* (١) رماد (٢) شجرة الدَّردار.
ashamed *(adj.)* خَجِل ؛ خجلان ؛ مُستَحٍ من.
ashen *(adj.)* (١) رماديّ (٢) رماديّ اللون.
ashes *(n. pl.)* (١) خرائب (٢) رماد (٣) رُفات.
ashore *(adv.; adj.)* على أو إلى الشاطىء.
ash tray *(n.)* المَرْمَدَة: منفضة رماد السجاير.
ashy *(adj.)* = ashen.
Asian; Asiatic *(adj.; n.)* آسيوي.
aside *(adv.)* (١) جانباً (٢) على انفراد.
asinine *(adj.)* (١) حِماريّ (٢) أبله ؛ أحمق.
ask *(vt.; i.)* (١) يسأل (٢) يطلب (٣) يلتمس (٤) يتطلّب (٥) يدعو.
askance or **askant** *(adv.)* شَزْراً ؛ بازدراء.
askew *(adv.; adj.)* (١) بانحراف § (٢) منحرف.
aslant *(adv.; adj.)* (١) بانحراف § (٢) منحرف.
asleep *(adj.; adv.)* (١) نائم § (٢) نائماً.
asp *(n.)* النّاشِر: أفعى صغيرة سامّة.
asparagus *(n.)* الهِلْيَون.

asparagus

aspect *(n.)* (١) مَظْهَر (٢) هيئة ؛ سيماء (٣) وجه (٤) واجهة ؛ مُطَلّ.
aspen *(n.)* الحَوْر الرَّجْراج (نبات).
asperity *(n.)* قَسْوَة ؛ خشونة ؛ حدّة.
asperse *(vt.)* يَنْضَح ؛ يَرُشّ (٢) يذمّ.
aspersion *(n.)* (١) نَضْح ؛ رَشّ (٢) ذمّ.
asphalt *(n.; vt.)* (١) أسفَلْت ؛ قِير ؛ زفت § (٢) يُسَفْلِت ؛ يُقَيِّر ؛ يُزَفِّت.
asphodel *(n.)* البَرْوَق: نبات من الفصيلة الزنبقية.

asphodel

asphyxia *(n.)* اختناق.
asphyxiate *(vt.; i.)* (١) يَخْنُق × (٢) يختنق.
aspic *(n.)* الهلام اللحميّ: هُلام يُصْنَع من اللحم وعصير الطماطم.
aspirant *(n.)* الطمّاح (إلى المجد الخ.).
aspiration *(n.)* (١) تنَفُّس (٢) طُموح (٣) المَطْمَح: ما يُطمَح إليه.
aspire *(vi.)* (١) يتوق؛ يطمح إلى (٢) يحلّق.
aspirin *(n.)* (١) الأسبرين (٢) قرص اسبرين.
asquint *(adj.; adv.)* (١) شَزْر § (٢) شَزْراً.
ass *(n.)* (١) حمار (٢) شخص أبله أو أحمق.
assail *(vt.)* (١) يهاجم بعنف (٢) يُغير على.
assailant *(n.)* المُهاجِم ؛ المُغير.
assassin *(n.)* السفّاك ؛ القاتل ؛ السفّاح.
assassinate *(vt.)* يغتال ؛ يقتل.
assassination *(n.)* اغتيال ؛ قَتْل ؛ مَقْتَل.
assault *(n.; vt.; i.)* (١) هجوم (٢) اعتداء (٣) اغتصاب § (٤) يهاجم (٥) يغتصب (امرأة).
assay *(vt.; n.)* (١) يجرّب ؛ يختبر ؛ يفحص (٢) يحاول (٣) يحلّل § (٤) تحليل.
assemblage *(n.)* (١) جَمْعٌ حَشْدٌ (من الناس) ؛ مجموعة (٢) تجميع ؛ تركيب (٣) تجمّع ؛ التقاء.
assemble *(vt.; i.)* (١) يجمع ؛ يحشد (٢) يركّب (أجزاء آلة) × (٣) يتجمع.
assembly *(n.)* (١) اجتماع (٢) جمعية تشريعية ؛ مجلس نواب (٣) تجميع (٤) إشارة التجمع

(في الجندية) (٥) تركيب أجزاء آلة أو جَمعُها

assent *(vi.; n.)* (١) يوافق على § (٢) موافقة.

assert *(vt.)* (١) يؤكّد؛ يجزم بـ (٢) يدافع عن حقّ أو زعم (أو يُصِرّ عليهما).

assertion *(n.)* (١) توكيد؛ جَزْم (٢) إصرار على.

assess *(vt.)* (١) يحدّد نسبةَ ضريبة (٢) يفرِض ضريبة (٣) يخمّن؛ يقيّم.

assessment *(n.)* (١) تحديد (أو فرض) الضرائب (٢) تخمين أو تقييم (٣) ضريبة.

assessor *(n.)* مخمّن الضرائب.

asset *(n.)* (١) شيء نافع أو ثمين؛ مَصْدَرُ قوّة. (٢) *pl.* : موجودات؛ أصول (في التجارة).

asseverate *(vt.)* يُعْلِن مُقْسِماً؛ يؤكّد بجَزْم.

assiduity *(n.)* اجتهاد؛ كدّ؛ مواظبة.

assiduous *(adj.)* مجتهد؛ كادّ؛ مواظِب.

assign *(vt.)* (١) يتخلى عن (٢) يعيِّن (٣) يحدّد. (٤) يعزو (٥) يخصِّص.

assignation *(n.)* (١) تخلٍّ عن (٢) تعيين (٣) تحديد (٤) تخصيص لـ (٥) عَزْو.

assignee *(n.)* (١) الوكيل (٢) المتنازَل له.

assignment *(n.)* (١) تخلٍّ عن (٢) تعيين (٣) تحديد (٤) تخصيص (٥) مُهِمّة؛ واجب مُحدَّد (٦) درسٌ مفروضٌ على الطلاب.

assimilate *(vt.; i.)* (١) يمثّل الطعامَ (بعد هضمه) (٢) يستوعب؛ يفهم فهماً جيداً (٣) يمتص × (٤) يتمثّل.

assimilation *(n.)* تمثيل؛ استيعاب؛ امتصاص.

assist *(vt.; i.)* (١) يُساعد (٢) يَحْضُر.

assistance *(n.)* (١) مساعَدة (٢) عَوْن.

assistant *(n.; adj.)* (١) المُساعِد § (٢) مساعِد.

assizes *(n. pl.)* جلسات دورية (يعقدها في الأقاليم قضاةُ محكمة عليا).

associate *(vt.; i.; n.; adj.)* (١) يزامِل؛ يصادق؛ يرافق (٢) يضمّ؛ يوحّد (٣) يربط ذهنياً بين شيء وآخر × (٤) يتزامل؛ يتصادق؛ يعاشر (٥) ينضم؛ يتّحد § (٦) زميل؛ صديق؛ رفيق § (٧) مزامل؛ مرافق (٨) مساعد.

association *(n.)* (١) مزاملة؛ مصادقة؛ مرافقة. (٢) تزامل؛ تصادق؛ ترافق (٣) جمعية (٤) اتحاد (٥) تداعي المعاني أو الخواطر أو الأفكار.

assort *(vt.; i.)* (١) يصنّف؛ ينسّق × (٢) يتجانس؛ يتلاءم.

assorted *(adj.)* (١) مصنّف؛ منسّق (٢) منوّع؛ مُشكَّل (٣) متجانس.

assortment *(n.)* (١) تصنيف؛ تنسيق (٢) تناسق (٣) تشكيلة؛ مجموعة منوّعة.

assuage *(vt.)* (١) يسكّن؛ يلطّف (٢) يهدّئ. (٣) يُشْبِع؛ يُطفىء.

assume *(vt.)* (١) يتولى القيام بِ (٢) يتّخذ. (٣) يلْبَس (٤) ينتحل؛ يغتصب (٥) يتظاهر بِ (٦) يفترض.

assumed *(adj.)* زائف؛ مزعوم؛ منتَحَل.

assuming *(adj.)* مُدَّعٍ؛ متغطرس.

assumption *(n.)* (١) تَوَلٍّ (٢) اتّخاذ. (٣) انتحال (٤) تظاهرٌ بـ (٥) افتراض (٦) ادّعاء.

assurance *(n.)* (١) عَهْد؛ توكيد (٢) ثقة. (٣) سلامة؛ أمن (٤) تأمين على الحياة (٥) ثقة بالنفس؛ اعتماد على النفس (٦) وقاحة.

assure *(vt.)* (١) يؤكّد (٢) يُطمئِن؛ يُقنع. (٣) يكفل (٤) يثبّت؛ يدعم (٥) يؤمّن.

assured *(adj.; n.)* (١) واثق؛ على ثقة؛ مقتنع. (٢) أكيد؛ ثابت؛ مضمون (٣) واثق من نفسه؛ وقح (٤) مؤمَّن عليه § (٥) المؤمَّن.

Assyrian *(n.; adj.)* أشوريّ.

aster *(n.)* الأَسْطَر؛ زهرة النجمة (نبات).

asterisk *(n.)* المُنجَّمة؛ العلامة النّجمية: علامة طباعية كهذه (٭).

astern *(adv.)* (١) في أو نحو مؤخّر السفينة أو

الطائرة (٢) إلى الخلف .

asteroid *(n.)* سُيَيِّر ؛ كُوَيْكِب (في الفلك).

asthma *(n.)* النَّسَمَة ؛ داء الرَّبو .

astir *(adj.)* (١) ناشط (٢) مستيقظ .

astonish *(vt.)* يُدْهِش ؛ يُذْهِل ؛ يَشْدَه .

astonishment *(n.)* دَهَش ؛ ذهول .

astound *(vt.)* يَصْعَق ؛ يُذهِل بشدة .

astrakhan *(n.)* الأستراخان : نوع من الفراء.

astray *(adj.; adv.)* ضالّ ؛ شارد ؛ مخطىء .

astride *(adv.; adj.)* منفرج الساقَيْن .

astringent *(adj.; n.)* (١) عَقُول ؛ قابض ؛ زامّ للأنسجة الحيّة §(٢) العَقول : مادة تجعل أنسجة الجسم تنقبض .

astrolabe *(n.)* الأَسْطُرْلاب : آلة فلكية قديمة .

astrolabe

astrologer *(n.)* المنجم : المشتغل بعلم التنجيم .

astrological *(adj.)* تنجيميّ : متعلّق بعلم التنجيم .

astrology *(n.)* علم التنجيم .

astronaut *(n.)* الفضائيّ ؛ رائد الفضاء .

astronomer *(n.)* الفَلَكِيّ : العالِم الفَلَكِيّ

astronomical *(adj.)* (١) فَلَكِيّ (٢) ضخم .

astronomy *(n.)* علم الفَلَك .

astute *(adj.)* ذكيّ ؛ داهية ؛ ماكر .

asunder *(adv.; adj.)* (١) إرَباً §(٢) متباعد أحدهما عن الآخر .

asylum *(n.)* (١) مأوى (للعميان) (٢) ملجأ (للأيتام) (٣) مستشفى (لمرضى الأمراض العقلية).

at *(prep.)* (١) عند (٢) في (٣) إلى ؛ نحو (٤) على (٥) بسبب (٦) بـِ ؛ بسعر .

~ last أخيراً .

~ least على الأقلّ .

~ once حالاً ؛ في الحال .

ate *past of* eat.

atelier *(n.)* مَرْسَم ؛ استديو .

atheism *(n.)* الإلحاد : إنكار وجود الله .

atheist *(n.)* المُلْحِد ؛ مُنكِر وجود الله .

atheistic; -al *(adj.)* إلحاديّ

atheneum *(n.)* (١) مَجْمَع (٢) مكتبة عامة .

Athenian *(n.; adj.)* أثينيّ : منسوب إلى أثينا .

athirst *(adj.)* (١) ظامِىء (٢) تائق إلى .

athlete *(n.)* الرياضيّ ؛ اللاعب الرياضيّ .

athletic *(adj.)* (١) رياضيّ (٢) نشيط ؛ قويّ .

athletics *(n. pl.)* الألعاب الرياضيّة .

athwart *(adv.; prep.)* (١) بانحراف ؛ بالعرض . (٢) عَبْرَ §(٣) ضدّ .

Atlantic *(n.; adj.)* (١) المحيط الأطلسي . §(٢) أطلسيّ : متعلق بالمحيط الأطلسي

atlas *(n.)* الأطلس : مُصَوَّر جغرافي .

atmosphere *(n.)* الجوّ ، الغلاف الجوّي .

atmospheric; -al *(adj.)* جوّي .

atom *(n.)* ذرّة

atom *or* **atomic bomb** *(n.)* القنبلة الذرية.

atomic *(adj.)* (١) ذَرّيّ (٢) شديد الصِّغَر .

atomizer *(n.)* المِرذاذ : أداة لتحويل العطر (أو مبيد البكتيريا) إلى رذاذ .

atomizer

atone *(vi.; t.)* يعوّض أو يكفّر عن

atonement *(n.)* (١) تعويض أو تكفير عن ؛ كفّارة (٢) *cap.* : آلام المسيح وموته .

atrocious *(adj.)* (١) أثيم (٢) وحشيّ (٣) شنيع .

atrocity *(n.)* وحشية ؛ شناعة ؛ فظاعة.

atrophy *(n.; vi.; t.)* (١) ضُمور §(٢) يَضْمُر . ×(٣) يصيب بالضمور .

attach *(vt.)* (١) يحجز ؛ يصادر (٢) يتعلّق بـِ ؛ يولع بـِ (٣) يربط ؛ يضمّ ؛ يُرْفِق ؛ يُلصِق

(٤) يُلحِق (٥) يعلّق (أهمية) على .

attaché *(n.)* مُلْحَق (ثقافي الخ .) في سفارة .

attachment *(n.)* (١) حَجْز ؛ مصادرة . (٢) مودّة ؛ صداقة (٣) أداة مُلْحَقَة بِ (٤) رابط (٥) رَبْط ؛ ارتباط .

attack *(vt.; i.; n.)* (١) يهاجم (٢) يتهجّم على . (٣) يعتري ؛ يصيب (٤) يشرع في عمل شيء أو دراسته ×(٥) يشنّ هجوماً §(٦) مهاجمة ؛ هجوم (٧) نوبة (قلبٍ الخ.) .

attain *(vt.; i.)* (١) يحرز (٢) يحقق (٣) يَبْلغ .

attainder *(n.)* تجريد من الحقوق المدنية .

attainment *(n.)* (١) إحراز ؛ تحقيق ؛ بلوغ . (٢) المُحْرَز ؛ المكْتَسَب : كل ما يحرزه المرء أو يكسبه من علم أو فن أو براعة .

attaint *(vt.)* يجرّد من الحقوق المدنية .

attar *(n.)* عِطْر ؛ عطرُ الورد أو زيتُه .

attempt *(vt.; n.)* (١) يحاول (٢) يحاول الاعتداء على §(٣) محاولة (٤) محاولة اعتداء .

attend *(vt.; i.)* (١) يخدم (٢) يسهر (الطبيب) على صحة فلان (٣) يلازم ؛ يصاحب (٤) يشهد ؛ يَحضُر ×(٥) ينكبّ على (٦) يصغي إلى (٧) يُعْنَى بِ ؛ يوليه عنايته .

attendance *(n.)* (١) خدمة (٢) ملازمة ؛ مصاحبة (٣) شهود ؛ حضور (٤) انكباب (٥) إصغاء (٦) النظارة ؛ الحضور .

attendant *(n.; adj.)* (١) المرافق ؛ الخادم . (٢) شيء ملازمٌ أو مصاحِب (٣) المشاهد ؛ الحاضر §(٤) حاضِر (٥) ملازم ؛ مصاحِب .

attention *(n.)* (١) انتباه (٢) عناية ؛ اهتمام . (٣) لطف ؛ كياسة ؛ مجاملة ؛ ملاطفة .

attentive *(adj.)* (١) يقِظ ؛ منتبه (٢) لطيف ؛ مجامل ؛ ملاطف .

attenuate *(vt.; i.)* (١) يُنْحِل ؛ يُهْزِل . (٢) يُوهن ؛ يُضْعِف ؛ يُخفّض (٣) يرقّق ؛ يخفف ×(٤) يَهْزُل ؛ يضعُف ؛ يرقّ .

attest *(vt.; i.)* (١) يُظهِر (٢) يصدّق على .

attic *(n.)* عِلِّيّة (تحت سطح المنزل) .

attire *(vt.; n.)* (١) يُلْبِس ؛ يكسو ؛ يزيّن . §(٢) ملابس فاخرة أو مزخرفة .

attitude *(n.)* (١) وَضْع جسماني (٢) موقف .

attorney *(n.)* (١) الوكيل (٢) المحامي .

attorney general *(n.)* النائب العام .

attract *(vt.; i.)* يجذب ؛ يَلْفِت ؛ يفتن .

attraction *(n.)* (١) جَذْب (٢) فِتنَة ؛ جاذبية . (٣) المَفْتَن : كلّ ما يفتن أو يخلب اللب .

attractive *(adj.)* جذّاب ؛ فاتن ؛ ساحر .

attribute *(vt.; n.)* (١) يعزو أو ينسب إلى . §(٢) خاصيّة ؛ صفة مُميِّزة (٣) نعت ؛ صفة .

attribution *(n.)* (١) عَزْو ؛ نِسبة (٢) شيء مَعْزُوّ (٣) صفة مَعْزُوّة .

attributive *(adj.)* (١) عَزْويّ (٢) وصفيّ .

attrition *(n.)* (١) نَدَم (٢) تآكل ؛ بِلًى (ناشيء عن الاحتكاك) (٣) إنهاك .

attune *(vt.)* (١) يُدَوْزِن (٢) يناغم ؛ يساوق .

auburn *(adj.)* أصْحَر ؛ أسمر محمرّ .

auction *(n.; vt.)* (١) مزاد علنيّ §(٢) يبيع بالمزاد العلني .

auctioneer *(n.)* الدلاّل : البائع بالمزاد العلني .

audacious *(adj.)* (١) جريء (٢) متهوِّر (٣) وقح .

audacity *(n.)* (١) جرأة (٢) تهوّر (٣) وقاحة .

audible *(adj.)* مسموع ؛ ممكنٌ سماعه بوضوح .

audience *(n.)* (١) سماع ؛ استماع (٢) مقابلة رسمية (٣) حرية الكلام (٤) النظارة ؛ جماعة المشاهدين (٥) جمهور القراء أو المستمعين .

audit *(n.; vt.)* (١) تدقيق أو فحص للحسابات التجارية §(٢) يدقّق (الحسابات) .

auditor *(n.)* (١) المستمع (٢) فاحص الحسابات . (٣) طالب مستمع (في جامعة) .

auditorium *(n.)* قاعة المحاضرات الخ .

auditory *(adj.)* سَمْعِيّ .

auger *(n.)* مِثْقَب (النجار).

auger

aught *(n.)* صِفْر ؛ لا شيء .

augment *(vi.; t.)* (١)يزداد ×(٢) يزيد .

augur *(n.; vt.; i.)* (١) العَرّاف ؛ المُتنبّىء بالمغيَّب §(٢) يتكهَّن ؛ يتنبأ بالمستقبل .

augury *(n.)* (١) عِرافة (٢) بشير ؛ نذير .

august *(adj.)* مَهيب ؛ جليل .

August *(n.)* أغسطس ؛ شهر آب .

auk *(n.)* الأَوْك : طائر بحريّ .

auk

aunt *(n.)* (١) عمة أو خالة . (٢) زوجة العم أو الخال .

aura *(n.)* (١) شذا ؛ عبير . (٢)هالة أو جوّ مميَّز .

aural *(adj.)* أُذُنيّ ؛ سمعيّ .

aureole *or* **aureola** *(n.)* هالة .

auricle *(n.)* (١)الصِّوان : الجزء الخارجيّ الغضروفيّ من الأذن (٢) أُذَيْنُ القلب الأيمنُ أو الأيسرُ .

auricular *(adj.)* (١) أُذُنيّ ؛ سَمْعِيّ . (٢) سريّ ؛ مهموسٌ به .

auriferous *(adj.)* تِبْرِيّ ؛ محتوٍ على ذهب .

aurora *(n.)* فَجْر ؛ مَطْلَع .

auspice *(n.)* (١)تكهُّن (٢) بشير بخير ؛ نذير بشرّ (٣) *pl.* : رعاية .

auspicious *(adj.)* ميمون ؛ سعيد ؛ مبشِّر بالنجاح .

austere *(adj.)* (١)قاسٍ ؛ صارم (٢)بسيط .

austerity *(n.)* (١) قسوة ؛ صرامة (٢)بساطة .

Australian *(n.; adj.)* استرالي .

Austrian *(n.; adj.)* نمساوي .

authentic *(adj.)* موثوق ؛ أصيل ؛ حقيقي .

authenticate *(vt.)* (١) يوثّق ؛ يجعله موثوقاً به (٢) يُثبت أصالة شيء أو صحة نسبته .

authenticity *(n.)* أصالة ؛ صحة .

author *(n.)* (١)المؤلِّف (٢)المُبدِع ؛ المُوجِد .

authoritarian *(adj.; n.)* فاشِستيّ .

authoritative *(adj.)* (١) رسميّ (٢) آمر ؛ جازم ؛ ديكتاتوريّ (٣) موثوق .

authority *(n.)* (١)مُستنَد ؛ مرجع (٢)خبير ؛ ثقة (٣) سلطة ؛ حقّ (٤) *pl.* : الحكومة ؛ السُلطات (٥) سلطان ؛ اعتبار ؛ نفوذ .

authorization *(n.)* (١)تفويض (٢)ترخيص ؛ إجازة ؛ إقرار (٣) رخصة .

authorize *(vt.)* يُفَوِّض ؛ يجيز ؛ يُقِرّ .

authorship *(n.)* التأليف ؛ صناعة الكتابة .

auto- بادئة معناها : «أ» ذاتيّ . «ب» ذاتيّ الحركة .

autobiography *(n.)* السيرة الذاتية : قصة حياة الكاتب بقلمه .

autocracy *(n.)* الأوتوقراطية ؛ حكم الفرد .

autocrat *(n.)* المستبدّ ؛ الحاكم المطلق .

autocratic *(adj.)* أوتوقراطي ؛ استبداديّ .

autograph *(n.)* توقيع المرء أو إمضاؤه .

automatic *(adj.; n.)* (١) أوتوماتيكي ؛ آلي ؛ ذاتيّ الحركة §(٢) سلاح ناري أوتوماتيكي .

automaton *(n.)* إنسان أوتوماتيكي .

automobile *(n.)* سيارة .

autonomous *(adj.)* (١)استقلاليّ (٢) مستقل .

autonomy *(n.)* الاستقلال ؛ الحكم الذاتيّ .

autopsy *(n.)* تشريح الجثة (لتحديد سبب الوفاة) .

autosuggestion *(n.)* الإيحاء الذاتيّ .

autumn *(n.)* الخريف ؛ فصل الخريف .

auxiliary *(adj.; n.)* (١) مساعد (٢)إضافيّ (٣) احتياطي §(٤) المساعد ؛ شخص أو شيء أو فعلٌ مساعد .

avail *(vi.; t.; n.)* (١)يفيد ؛ ينفع §(٢)فائدة ؛ نفع

of no ~, غير مفيد ؛ غير نافع .

to ~ oneself of. يفيد من ؛ يستفيد من .

available *(adj.)* (١) قانونيّ (٢) مُنتفَعٌ به . (٣) مَتاح ؛ متيسّر ؛ في المتناوَل .

avalanche *(n.)* التَّيْهُور : كتلة ضخمة من ثلج أو صخر تنهار على جانب جبل .

avarice *(n.)* جَشَعٌ ؛ بُخل .

avaricious *(adj.)* جَشِعٌ ؛ بخيل .

avenge *(vt.; i.)* ينتقم ؛ يثأر .

avenue *(n.)* (١) سبيل ؛ وسيلة (٢) طريق مشجّر (٣) جادّة .

aver *(vt.)* يؤكّد ؛ يجزم .

average *(n.; adj.; vi.; t.)* (١) المعدَّل ؛ المتوسط §(٢) متوسّط (٣) عاديّ §(٤) يبلغ معدَّلُهُ × (٥) يعمل بمعدَّل كذا (٦) يوجِد المعدل .

averment *(n.)* تأكيد ؛ جزم .

averse *(adj.)* كارِهٌ ؛ مُبْغِضٌ ؛ نَفورٌ من .

aversion *(n.)* مقت ؛ كُرْه ؛ بغض .

avert *(vt.)* (١) يُحوِّل بَصَرَه عن . (٢) يتجنب ؛ يتفادى .

aviary *(n.)* المَطْيَر : قفص كبير للطيور .

aviate *(vi.)* يطير بطائرة الخ .

aviation *(n.)* الطَّيَران ؛ الملاحة الجوية .

aviator *(n.)* الطيّار ؛ الملاّح الجوّي .

avid *(adj.)* طمّاع ؛ شَرِه ؛ شديد التوق إلى .

avidity *(n.)* طمع ؛ جَشَع ؛ شَرَه الخ .

avocado *(n.)* الأفوكاتة : نبات أميركي .

avocado

avocation *(n.)* (١) هواية . (٢) مهنة .

avoid *(vt.)* يتجنّب ؛ يتفادى .

avoidable *(adj.)* ممكنٌ اجتنابُهُ أو تفاديه .

avoidance *(n.)* اجتنابٌ ؛ تَفادٍ .

avoirdupois *(n.)* (١) ثُقْل افواردوبْوا : نظام انكليزي للموازين .

avouch *(vt.)* (١) يؤكّد (٢) يضمن (٣) يُقِرّ .

avow *(vt.)* يقرّ ؛ يعترف أو يجاهر بـ .

avowal *(n.)* إقرار ؛ اعتراف ؛ مجاهرةٌ بـ .

await *(vt.)* ينتظر ؛ يترقّب ؛ يتوقع .

awake *(vi.; t.; adj.)* (١) يستيقظ (٢) يعي ؛ يُدرِك × (٤) يوقِظ × (٥) يقظان ؛ يَقِظ .

awaken *(vt.; i.)* (١) يوقظ ؛ ينبّه × (٢) يستيقظ .

awakening *(n.; adj.)* (١) إيقاظ (٢) يقظة . (٣) نهضة §(٤) مستيقظ (٥) موقِظ .

award *(vt.; n.)* (١) يعطي (بحكم قضائي) . (٢) يمنح §(٣) حُكْم ؛ قرار (٤) جائزة .

aware *(adj.)* واعٍ ؛ مدركٌ ؛ مُطّلعٌ على .

awash *(adj.)* (١) مغسول بالأمواج : تتلاطم الأمواج فوقه (٢) تتقاذفه الأمواج (٣) مغمورٌ بالماء .

away *(adv.; adj.)* (١) بعيداً (٢) جانباً . §(٣) غائب (٤) بعيد .

~ with you! أُغْرُب ! اذهب عني !

awe *(n.; vt.)* (١) رَوْع ؛ خشية §(٢) يَرُوع .

aweary *(adj.)* مُرْهَق ؛ مُجْهَد ؛ مُتْعَب .

awestricken; awestruck *(adj.)* ممتلىء رعباً أو رَوْعاً أو رهبةً .

awful *(adj.)* (١) مُرعِب (٢) شنيع ؛ بغيض .

awhile *(adv.)* لحظة ؛ هُنَيْهَة ؛ فترة قصيرة .

awkward *(adj.)* (١) أخرق : «أ» غير بارع أو لبق . «ب» غير قابل للاستعمال بطريقة مريحة أو وافية بالغرض (٢) بشع (٣) غير ملائم (٤) مُرْبِك (٥) صعب المراس .

awl *(n.)* مِخْرَز ؛ مِثقاب .

awn *(n.)* الحَسَكَة : حَسَكَة السَّنبلة .

awning *(n.)* الظُلّة : ما يُظلِّل النافذة من الشمس .

awning

awoke *past and past part. of* awake.

awry *(adj.; adv.)* (١) مُنحرِف §(٢) بانحراف .

ax *or* **axe** *(n.)* فأس .
axial *(adj.)* مِحْوَرِيّ .
axiom *(n.)* حقيقةٌ مقرَّرة؛ بديهية .
axiomatic *(adj.)* بَدَهيّ؛ بديهيّ .
axis *(n.)* (١) مِحْوَر (٢) حِلف.
axle *(n.)* الجُزْع : محور العجلة أو الدولاب .
axletree *(n.)* مِحور العربة .
ay; aye *(adv.)* دائماً؛ إلى الأبد.
ay; aye *(adv.; n.)* (١) نعم § (٢) المؤيِّد .
azalea *(n.)* الأزاليّة؛ الصحراوية (نبات) .
azimuth *(n.)* السَّمْت ؛ زاوية السَّمت.
azure *(n.; adj.)* (١) اللازَوَرْديّ : الأزرق السماوي § (٢) لازَوَرْدِيّ : أزرق سماويّ.

bear

B

b *(n.)* الحرف الثاني من الأبجدية الانكليزية .

B.A. بكالوريوس في الفنون أو الآداب .

babble *(vi.; n.)* (١) يثرثر ؛ يهذر (٢) يَخِرّ . §(٣) هذيان (٤) ثرثرة (٥) خرير .

babe *(n.)* = baby.

babel *(n.)* (١) *cap.* : مدينة بابل (٢) جَلَبَة أو اختلاط أصوات (٣) بَلْبَلَة .

baboon *(n.)* الرُبّاح : سعدان ضخم قصير الذيل .

baby *(n.; adj.)* (١) طفل §(٢) صغير

babyhood *(n.)* الطفولة ؛ سنّ الطفولة .

Babylonian *(n.; adj.)* بابلي .

baccalaureate *(n.)* (١) بكالوريا (٢) عظة توجّه إلى صفٍّ متخرّج (في حفلة التخريج).

bacchanalia *(n.)* حفلة سكر وتهتك.

bachelor *(n.)* (١) حامل البكالوريا (٢) الأعزب

bachelorhood *(n.)* العُزوبة .

bacillus *(n.)* pl. **-cilli** العُصَيّة ؛ الباسيل : بكتيرٍ عَصَويّ الشكل .

back *(n.; adv.; adj.; vt.)* (١) ظَهْر (٢) قفا . (٣) مؤخَّر (٤) الظهير (في كرة القدم) . §(٥) إلى الوراء (٦) خَلْفَ §(٧) خلفيّ (٨) متأخّر ؛ مستحق ولم يُدفع (٩) ماضٍ ؛ سابق ؛ قديم §(١٠) يسند ؛ يدعم (١١) يظهّر ؛ يوقّع على ظهر .. (١٢) يُرْجِع إلى الوراء (١٣) يبطّن بـ .
~ and forth جيئةً وذهوباً .

backbite *(vi.; t.)* يغتاب (شخصاً) .

backbone *(n.)* (١) العمود الفقري (٢) عزْم .

backdoor *(n.)* بابٌ خلفيّ .

backer *(n.)* (١) النصير : المناصر (٢) المراهن على .

backgammon *(n.)* النَّرْد ؛ لعبة الطاولة .

backgammon

background *(n.)* خلفيّة .

backing *(n.)* عَوْن ؛ مساعدة ؛ تأييد .

backslide *(vi.)* يرتدّ عن الطريق القويم .

back talk *(n.)* ردّ وقِح .

backward;-s *(adv.)* (١) إلى الوراء (٢) عكسياً ؛ باتجاه عكسيّ (٣) نحو الماضي ؛ في الماضي .

backward *(adj.)* (١) ارتجاعيّ ؛ عكسيّ الاتجاه (٢) خلفيّ (٣) متخلّف (٤) خجول ؛ متردد.

bacon *(n.)* لحمُ خنزير مملّحٌ أو مُقدَّد .

bacteria *(n. pl.)* جراثيم ؛ بكتيريا .

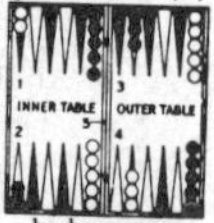

bacterial *(adj.)* جُرثومي؛ بكتيري .
bacteriologic; -al *(adj.)* جراثيمي .
bacteriology *(n.)* علم الجراثيم .
bad *(adj.)* رديء؛ سيِّء؛ فاسد؛ كريه.
~ debt دينٌ ميْت .
from ~ to worse. من سيّء إلى أسوأ.
bade *past of* bid.
badge *(n.)* شارة؛ علامة مميِّزة تَحمل دلالةً على الانتساب .
badger *(n.; vt.)* (١)الغُرَير: حيوان قصير القوائم يحفر مسكنه في الأرض §(٢) يضايق باستمرار .

badger

badly *(adv.)* (١) على نحوٍ رديء أو خطِر (٢)إلى أبعد حدّ ؛ بصورة ملحّة .
baffle *(vt.)* يحيِّر؛ يُرْبِك؛ يُعيِي .
bag *(n.; vi.; t.)* (١) كيس (٢) حقيبة . (٣) ضَرْع §(٤) ينتفخ ×(٥) ينفخ (٦) يصيد؛ يقتل (٧) يستولي على .
~ and baggage بِرُمَّتِه .
in the ~, مضمون؛ في الجيب .
bagatelle *(n.)* شيء تافه .
baggage *(n.)* أمتعة؛ حقائب سفر .
baggy *(adj.)* فضفاض ؛ منتفخ كالكيس .
bagpipe(s) *(n.)* مِزْمار القِرْبَة .
bagpiper *(n.)* العازف بمزمار القِربة .
bail *(n.; vt.; i.)* (١) كفالة (٢)إطلاق سراح بكفالة (٣) الكفيل (٤) المِنْزَحة: دلوٌ لطرح المياه من سفينة (٥) مقبض الدلو أو الغلاّية §(٦)يُطلِق سراح موقوفٍ بكفالة (٧)ينْزَح أو يطرح الماء من سفينة (بواسطة دلو) .
out on ~, مُطْلَق السراح بكفالة.
bailiff *(n.)* (١)مساعدمأمور التنفيذأو «الشريف» (٢) حاجب المحكمة (٣) وكيل المزرعة .
bait *(vt.; n.)* (١) يضايق ؛ يعذّب ؛ يُرهق بهجمات متواصلة (٢)يزوّدبطُعْم (٣)يُغْري ؛ يُغْوي §(٤) طُعْم (٥) إغراء .
baize *(n.)* البَيْز : نسيج أخضر لموائد البليارد .
bake *(vt.)* (١) يَخْبز (٢) يحمِّص
baker *(n.)* (١) الخبّاز (٢)فرن صغير نقّال.
bakery *(n.)* مَخْبَز ؛ فرن .
baking powder *(n.)* ذَرور الخَبْز .
balance *(n.; vt.; i.)* (١)ميزان(٢) وزنٌ أو قوةٌ أو نفوذٌ مقابل أو موازِن (٣) ميزان الساعة (٤) توازن (٥) الرصيد : باقي الحساب §(٦) يزن (٧) يرصِّد الحساب أو يدفعه (٨) يوازن ×(٩) يتوازن ؛ يتعادل .
balance sheet *(n.)* الميزانيّة؛ البلانشو .
balcony *(n.)* (١) شُرْفة (٢) شرفةٌ في مسرح.
bald *(adj.)* (١)أصلع (٢)بسيط ؛ غير مزخرف. (٣) صريح ؛ مكشوف.
baldric *(n.)* حِمالة ؛ حزام الكتف .
bale *(n.; vt.)* (١) بالة §(٢) يرزم .
baleful *(adj.)* مؤذٍ ؛ مُهْلِك؛ مشؤوم .
baling *(n.)* حَزْمٌ (للبضائع) في بالات .
balk *(n.; vt.)* (١) عائق §(٢)يعوق ؛ يُحبِط .
Balkan *(adj.)* بَلْقاني: منسوب إلى البَلْقان.
ball *(n.; vt.; i.)* (١) كرة (٢)الكرة الأرضية . (٣)لعبة البايسبول (٤)حفلة راقصة (٥)نزهة §(٦) يكوِّر ×(٧) يتكوَّر .
ballad *(n.)* أغنية بسيطة؛ قصيدة قصصية.
ballast *(n.; vt.)* (١) الصابورة؛ ثِقل الموازنة . (٢) حصى لرصف الطرق §(٣) يزوِّد بصابورة (٤) يفرش بالحصى .
ballerina *(n.)* البالّيرينا : راقصة الباليه .
ballet *(n.)* (١) رقص الباليه (٢)فرقة باليه.

balloon *(n.)* مُنطاد ؛ بالون.

balloon

ballot *(n.; vi.)* (١) ورقة الاقتراع (٢) اقتراع ؛ تصويت (٣) مجموع اصوات المقترعين §(٤) يقترع .

ballroom *(n.)* قاعة الرقص.

balm *(n.)* (١) البَلْسَم «أ» : مرهم أو شجر عطري . «ب» علاج شافٍ أو مسكّن .

balmy *(adj.)* (١) بَلْسَمِيّ ؛ شافٍ ؛ مسكّن . (٢) معتدل ؛ منعش (٣) عَطِر .

balsam *(n.)* بَلْسَم .

Baltic *(adj.)* بَلْطِيّ : متعلق ببحر البلطيك .

baluster *(n.)* عمود درابزين .

balustrade *(n.)* درابزين .

bamboo *(n.)* خَيْزُران .

ban *(vt.; n.)* (١) يحظر §(٢) حِرْم (من الكنيسة) (٣) لعنة (٤) تحريم (٥) إدانة .

banal *(adj.)* مُبْتَذَل ؛ تافه ؛ عاديّ .

banana *(n.)* (١) موز (٢) شجرة الموز .

band *(n.; vt.; i.)* (١) قَيْد (٢) رباط (٣) شريط ؛ عصابة ؛ حزام (٤) طَوْق (٥) عصبة ؛ زمرة ؛ جماعة (٦) عصابة لصوص (٧) النطاق : نطاق من الذبذبات أو الأطوال الموجيّة (في الراديو) §(٨) يربط بشريط أو عصابة (٩) يجمع ؛ يوحّد ×(١٠) يتحد ؛ يعتصب .

bandage *(n.; vt.)* (١) عِصابة ؛ ضِمادة . §(٢) يَعْصِب ؛ يضمّد .

bandbox *(n.)* علبة قبّعات أو ياقات الخ.

bandit *(n.)* لصّ ؛ قاطع طريق.

bandmaster *(n.)* قائد فرقة موسيقية .

bandy *(vt.; adj.)* (١) يتقاذف (٢) يتبادل (٣) يُذيع أو ينقل §(٤) متقوس .

bane *(n.)* (١) سُمّ (٢) هلاك ؛ خراب.

baneful *(adj.)* سامّ ؛ مُهْلِك ؛ مُميت .

bang *(vt.; i.; n.)* (١) يضرب بعنف (٢) يغلق بقوّة (٣) يقص شعر الناصية قصاً مستقيماً فوق الجبين ×(٤) يَقْرَع (الباب) بشدة (٥) يُحْدِث ضجةً عاليةً §(٦) ضربة عنيفة (٧) ضجة داوية (٨) نشاط ؛ حيوية.

bangle *(n.)* (١) سوار (٢) خلخال.

banish *(vt.)* ينفي ؛ يُبعد ؛ يطرد.

banister *(n.)* عمود درابزين .

banjo *(n.)* البانجو : آلة موسيقية.

banjo

bank *(n.; vt.; i.)* (١) رُكام ؛ كومة (٢) مُنحدَر ؛ جُرُف (٣) مُنحدَر في قاع نهر أو بحر (٤) ضِفّة (٥) مقعد خشبيّ طويل (٦) صفّ ؛ صفّ مجاذيف ؛ صفّ مفاتيح (في أُرغن أو آلة كاتبة) (٧) مَصْرِف ؛ بنك §(٨) يقيم سدّاً حول (٩) يرَكُم ؛ يكوّم (١٠) يصفّ (١١) يُميل (الطائرةَ) جانبياً (١٢) يُودع في مَصْرِف ×(١٣) يتراكم (١٤) تميل (الطائرةُ) جانبياً .

bank account *(n.)* الحساب المصرفيّ.

bankbook *(n.)* دفتر الحساب المصرفي .

banker *(n.)* المصرفيّ: صاحب البنك.

banking *(n.)* الصناعة المصرفيّة .

bank note *(n.)* الورقة المصرفية ؛ الورقة النقدية.

bankrupt *(vt.; n.; adj.)* (١) يُفلِّس (شخصاً). (٢) يُفقِر §(٣) المفلِس §(٤) مفلِس.

to go ~, يُفلِس (التاجرُ الخ.)

bankruptcy *(n.)* إفلاس .

banner *(n.)* راية ؛ عَلَم ؛ لواء.

banns *(n. pl.)* إعلان عن زواج .

banquet *(n.)* مأدُبة ؛ وليمة.

bantam *(n.)* البَنْطَم : دجاج صغير الحجم.

banter 41 barrel organ

banter *(vt.; i.; n.)* (١)يُمازِح ×(٢)يمزح. §(٣) مُزاح.

bantling *(n.)* (١)طفل (٢)ابن زنا.

banyan *(n.)* الأثْأب؛ تين البنغال: شجر ضخم.

baptism *(n.)* المعمودية؛ العِماد.

Baptist *(n.; adj.)* مَعْمَدانيّ.

baptistery *(n.)* بَيْت المعمودِيّة: جزء من كنيسة يُجْرَى فيه التعميد.

baptize *(vt.; i.)* (١) يُعمِّد (٢) يعطي الطفل اسم التنصير (أي اسمه الصغير) عند المعمودية.

bar *(n.; vt.; prep.)* (١)قضيب (٢)رِتاج؛ مِزلاج (٣)قطعة مستطيلة (من صابون أو شوكولا) (٤) سبيكة ذهب (٥) عائق؛ حاجز؛ عقبة (٦)سدّ (٧)بوّابة المكوس (٨)حاجز في محكمة (٩)محكمة (١٠) جماعة المحامين (١١)مهنة المحاماة (١٢) شعاع (١٣) خطّ؛ شريط؛ «قَلَم» (١٤) مَشْرَب؛ بار؛ حانة §(١٥)يُحكم إقفال باب بمزلاج (١٦)يسدّ؛ يعترض (١٧)يعلِّم أو يَسِم بخطوط الخ. (١٨)يمنع؛ يحظر §(١٩) ما عدا.

barb *(n.)* شوكة (في نصل السهم أو صنارة الصيد).

barbarian *(n.)* الهمجيّ؛ غير المتمدّن.

barbaric *(adj.)* همجيّ؛ غير متمدن.

barbarism *(n.)* همجيّة؛ تخلّف.

barbarity *(n.)* (١) همجيّة (٢) وحشيّة.

barbarous *(adj.)* (١) همجيّ (٢) وحشيّ.

barbecue *(n.; vt.)* (١)خنزير أو ثور يُشوَى دفعةً واحدة (٢)مناسبة يقدَّم فيها لحم هذا الخنزير أو الثور §(٣) يشوي دفعة واحدة (٤)يطهو اللحمَ شرائحَ رقيقة في صلصة خلّ.

barbed wire *(n.)* أسلاك شائكة.

barber *(n.)* الحلاّق؛ المزيِّن.

bard *(n.)* شاعر.

bare *(adj.; vt.)* (١)عارٍ؛ أجرَد (٢)بادٍ؛ ظاهر للعيان (٣)خِلوٌ (من الأثاث وغيره) (٤)مجرَّد (٥)ضئيلٌ جداً §(٦)يُبْدي؛ يكشف عن.

barefoot; -ed *(adv.; adj.)* حافي القدمين.

bareheaded *(adv.; adj.)* حاسر الرأس.

barely *(adv.)* (١) بالجهد؛ «بالكاد»؛ بشقّ النفس (٢) بصراحة (٣) على نحو هزيل.

bargain *(n.; vi.)* (١)اتفاق (على بيع أو مقايضة) (٢)صَفْقَة؛ صفقة رابحة §(٣)يساوم (٤)يتفق.

barge *(n.)* البَرْج: «أ» مركب لنقل البضائع. «ب» زورق بخاريّ مخصَّص لقائد أسطول. «ج» مركب كبير للرحلات والمهرجانات.

bark *(vi.; t.; n.)* (١)ينبح ×(٢)يقْشر؛ ينزع اللحاء §(٣) نُباح (٤) لِحاء (٥)البَرْك: مركب بثلاثة صوارٍ.

barkeeper *(n.)* الخمّار.

barley *(n.)* شعِير.

barmaid *(n.)* الساقية (في حانة).

barman *(n.)* الساقي (في حانة).

barn *(n.)* (١) الهُرْي: مخزن الحبوب. (٢) حظيرة (للماشية أو العربات).

barnacle *(n.)* البرَنْقيل: «أ» ضربٌ من الإوزّ. «ب» حيوانات بحرية تعلق بالصخور.

barometer *(n.)* البارومتر: مقياس الضغط الجوّي.

baron *(n.)* (١)البارون (٢)قُطب.

baroness *(n.)* البارونة؛ زوجة البارون.

barouche *(n.)* البَرّوشة: نوع من المَرْكَبات.

barracks *(n.)* ثُكْنَة؛ ثُكنة الجنود.

barracuda *(n.)* البرَّكُودَة: سمك بحريّ.

barrage *(n.)* (١)سدّ (من نيران المدفعية) (٢)وابل.

barred *(adj.)* مقلَّم؛ مخطَّط.

barrel *(n.; vt.)* (١)برميل (٢)ماسورة البندقية. §(٣) يُبرمِل: يعبىء في برميل.

barrel organ *(n.)* الأرغن اليدوي.

barren 42 **battery**

barren *(adj.; n.)* (١)عاقر (٢)قاحل (٣)غير مثمر (٤)عقيم (٥)محروم من §(٦)أرضٌ قاحلة.

barricade *(n.; vt.)* (١)مِتراس §(٢)يسدّ أو يعترض بمتراس .

barrier *(n.)* (١)حاجز ؛ عائق (٢)حدّ ؛ تخم .

barrister *(n.)* محامٍ (في المحاكم العليا).

barrow *(n.)* عربة يد .

barter *(vi.; t.; n.)* (١)يقايِض §(٢)مُقايَضَة .

basalt *(n.)* البازَلْت : حجرٌ بركانيّ .

base *(n.; adj.)* (١) أساس (٢) قاعدة §(٣) دنيء ؛ خسيس (٤)زائف (٥) عاميّ .

baseball *(n.)* البايسبول ؛ كُرة القاعدة .

baseless *(adj.)* لا أساس له .

basement *(n.)* الدَّور التحتاني (من المبنى) .

bashful *(adj.)* خجول ؛ حَيِيّ .

basic *(adj.)* (١) أساسيّ (٢) قاعديّ .

basil *(n.)* الحَبَق ؛ الرَّيْحان (نبات).

basilica *(n.)* الباسيليقا : كنيسة مستطيلة.

basilisk *(n.)* : البازيليسق «أ» زحّافٌ خرافيّ مُهلِك الأنفاس والنظرات . «ب» عظاءة أميركيّة .

basin *(n.)* (١)حَوْض (٢) طَسْت.

basis *(n.)* (١) أساس (٢)مبدأ أساسيّ

bask *(vi.)* (١)يتشمّس (٢)يَنْعَم بِـ.

basket *(n.)* سلّة .

basketball *(n.)* كرة السلّة .

bas-relief *(n.)* نقشٌ ضئيل البروز.

bass *(adj.; n.)* (١) جَهير §(٢) الجهير : «أ» صوت عميق وخفيض . «ب» مغنٍّ جهير الصوت (٣) الفَرْخ ؛ القاروس (سمك).

bassinet *(n.)* سرير شبيه بالسلة .

bassoon *(n.)* الزَّمْخَر : مزمار.

basswood *(n.)* الزَّيزفون الأميركي أو خَشَبُهُ .

bast *(n.)* (١) لِحاء (٢) ليف .

bastard *(n.; adj.)* (١)ابن زِنا §(٢) نغِل .

bastardy *(n.)* النَّغُولة ؛ اللاشرعية.

baste *(vt.)* (١)يطرّي اللحمَ بالزبدة المائعة (أثناء طَهْوِهِ) (٢)يسرج (في الخياطة) (٣)يجلد.

bastinado *(n.)* جَلْدٌ بالعصا (على أخمصَي القدمين) ؛ ضربٌ بالفَلَقَة .

bastion *(n.)* (١) البَسْتِيْن: جزء ناتىء من حِصْن (٢) مَعْقِل .

bat *(n.; vt.; i.)* (١) النَّبُّوت : عصا غليظة . (٢)ضربةٌ عنيفة (٣)مَضْرِب (٤) خُفّاش §(٥) يضرب الكرة (بالمضرب) .

batch *(n.)* (١) خَبْزَة ؛ عَجْنَة (٢) دُفْعَة.

bate *(vt.; i.)* يَخْفِض ؛ يخفّض.

bath *(n.; vt.; i.)* (١)غَسْل ؛ اغتسال ؛ استحمام (٢) الماء المستخدَم في ذلك (٣) مَغْطَس ؛ حوض (٤) حمّام §(٥) يحمّم ×(٦)يستحم.

bathe *(vt.; i.; n.)* (١) يغسل ؛ يحمّم . ×(٢)يغتسل ؛ يستحمّ §(٣)اغتسال ؛ استحمام.

bathing *(n.)* اغتسال (أو سباحة) في البحر .

bathroom *(n.)* (١)حمّام (٢) مرحاض.

bathtub *(n.)* حوض استحمام؛ «بانيو».

batiste *(n.)* الباتيستة : قماش رقيق .

baton *(n.)* هراوة؛ عصاً؛ مِخْصَرة.

battalion *(n.)* كتيبة (من الجند).

batten *(n.; vt.; i.)* (١) عارضة خشبية §(٢)يثبّت (بعوارض خشبيّة) ×(٣)يَسْمَن.

batter *(vt.; i.; n.)* (١) يسحق ؛ يضرب ؛ يقصف (٢)يُبْلي؛ يعطب §(٣)مَخيض لبن وبيض الخ. (٤)عطب على صفحة حرف مطبعيّ (٥) ضارب الكرة .

battering ram *(n.)* الكَبْش : آلة حربيّة .

battery *(n.)* (١)ضَرْب ؛ اعتداء (٢)مِدفعيّة. (٣)بطارية كهربائية (٤) مجموعة أشياء متماثلة.

batting *(n.)* حَشْوة (من قطن أو صوف) .

battle *(n.; vi.; t.)* (١) معركة §(٢) يقاتل .

battle-ax *or* **battle-axe** *(n.)* فأس الحرب .

battlefield;battleground *(n.)* ساحة القتال

battlement *(n.)* الشرفة المُفَرَّجة: جدار ذو فتَحات على سطح حصن يُطلَق منها النار .

battlement

battleship *(n.)* بارجة؛ دارعة؛ سفينة حربية .

bauble *(n.)* حلية رخيصة تافهة .

Bavarian *(n.; adj.)* بافاريّ .

bawdy *(adj.)* فاسق؛ فاجِر؛ داعر .

bawl *(vi.; n.)* (١) يصيح §(٢) صيحة عالية .

bay *(adj.; n.; vi.)* (١) كُمَيْت؛ كستنائيّ اللون §(٢) فرَسٌ كُمَيْتٌ (٣) الكُمْتَة: اللون الكستنائي (٤) غار (نبات) (٥) فسحة بين عمودين (٦) مَشْرَبِيَة؛ نافذة ناتئة (٧) جانب من السفينة يُتَّخَذ مستشفى (٨) الحَوْز: حُجَيْرَة في طائرة (٩) خليج (١٠) نُباح §(١١) ينبح .

bayonet *(n.; vt.)* (١) حربة §(٢) يطعن بالحربة .

bayou *(n.)* نُهَيْر؛ رافد .

bay window *(n.)* المَشْرَبِيَة: نافذة ناتئة .

bay window

bazaar *(n.)* سوق شرقية أو خيرية .

bazooka *(n.)* البازوكة (سلاح) .

be *(vi.)* (١) يكون (٢) يوجد (٣) يُصبح (٤) يَبْقَى (٥) يذهب؛ يجيء .

beach *(n.; vt.)* (١) شاطىء رملي §(٢) يدفع أو يسحب مركباً إلى الشاطىء .

beacon *(n.)* (١) نارٌ (للتحذير أو الإرشاد) (٢) منارة

bead *(n.)* (١) خَرَزَة (٢) سُبْحة (٣) كُرَيَة .

beadle *(n.)* الشمّاس؛ شمّاس الكنيسة .

beagle *(n.)* البِيْجَل: كلب صيد .

beak *(n.)* (١) مِنقار (٢) أنف (٣) قاضٍ .

beaker *(n.)* (١) كأس (٢) كوب الصيدليّ .

beam *(n.; vi.)* (١) عارضة؛ رافدة (٢) عاتق الميزان أو المحراث (٣) عَرْض السفينة الأعظم (٤) شعاع؛ حزمة أشعة (٥) بارقة (٦) إشراقة §(٧) يشعّ (٨) يبتسم بابتهاج .

bean *(n.)* (١) لوبيا؛ فاصوليا؛ فول (٢) حَبّة .

full of ~s. في أحسن حال؛ ممتلىء نشاطاً .

I haven't a ~. ليس معي فَلْس .

bear *(vt.; i.; n.)* (١) يَحْمِل (٢) يقدّم؛ يعطي؛ يدلي بـ (٣) يسلك؛ يتصرّف (٤) تلد (٥) يطيق (٦) يتحمّل؛ يقبل (٧) يدفَع؛ يردّ ×(٨) ينطلق؛ يشق طريقه (٩) يقع (١٠) ينعطف (١١) يتصل بـ؛ يؤثّر في §(١٢) دُبّ (١٣) شخص أخرق أو فظّ .

to ~ in mind يتذكّر؛ يضع نصب عينيه .

bear

bearable *(adj.)* مُحتَمَلٌ؛ ممكنٌ احتمالُه .

beard *(n.; vt.)* (١) لِحْيَة (٢) حَسَك السنبلة §(٣) يتحدّى .

bearded *(adj.)* مُلْتَحٍ؛ ذو لحية .

beardless *(adj.)* (١) أمرد؛ لا لحية له (٢) شابّ .

bearer *(n.)* (١) الحامل (٢) الحمّال (٣) شجرة مثمرة (٤) حامل الرسالة او الشيك .

bearing *(n.)* (١) المِشْيَة؛ الوقفة؛ الجِلْسَة (٢) إثمار؛ إنجاب (٣) قدرةٌ على الاحتمال (٤) سِناد؛ سطح ارتكاز (٥) مَحمِل؛ كرسيّ تحميل (٦) اتجاه (٧) وَجْه (٨) صلة؛ علاقة (٩) تأثير (١٠) معنى؛ مغزى (١١) رمز .

beast *(n.)* بهيمة؛ حيوان .

beastly *(adj.)* (١) بهيميّ (٢) بغيض؛ كريه .

beat *(vt.; i.; n.)* (١) يضرب (٢) يَخْفُق (٣) يقرع (٤) يهزم؛ يتغلب على ×(٥) ينبض

beaten 44 **beetle**

(٦) يفوز؛ ينتصر §(٧) ضربة (٨) نبضة (٩) ترقيم الميزان (في الموسيقى) .

to ~ about the bush يحوم حول الموضوع .

to ~ the record يحطّم الرقم القياسيّ .

beaten *(adj.)* (١) مضروب (٢) مخفوق (٣) مطروق؛ مألوف (٤) مهزوم (٥) مُرْهَق.

beatific *(adj.)* (١) سعيد جداً (٢) مُبْهِج.

beatify *(vt.)* (١) يُسْعِد (٢) يطوِّب (قديساً).

beatitude *(n.)* طُوبى؛ غبطة؛ سعادة.

beau *(n.)* (١) المتأنّق (٢) المحِبّ؛ العاشق.

beautiful *(adj.)* جميل؛ وسيم .

beautify *(vt.)* يُجمِّل؛ يجعله جميلاً.

beauty *(n.)* (١) جمال؛ وسامة (٢) حسناء .

beaver *(n.)* القُنْدُس؛ السَّمُّور : حيوان من القواضم ثمينُ الفرو .

beaver

becalm *(vt.)* يُوقِفُ مركباً لقلّة الرّيح .

became *past of* become.

because *(conj.)* لأنّ؛ بسببٍ من .

beck *(n.)* (١) غدير (٢) إيماءة؛ إشارة.

beckon *(vt.; i.)* يومىء؛ يشير؛ يدعو.

becloud *(vt.)* يحجبه بالغيوم؛ يجعله مظلماً.

become *(vi.; t.)* (١) يصبح × (٢) يلائم؛ يليق بـ.

becoming *(adj.)* (١) ملائم؛ لائق (٢) جذّاب.

bed *(n.; vt.)* (١) سرير؛ فراش؛ مَضْجَع (٢) نَوْم؛ ميعاد النوم (٣) مَسْكَبَة؛ مَزْهَر (في حديقة) (٤) قاع (٥) أساس؛ قاعدة؛ طبقة حجارة تُجْعَل أساساً للطريق أو للسكة الحديدية (٦) طبقة §(٧) يضعه في السرير أو يقوده إليه (٨) يغرس في مَسْكَبَة؛ ينظّم في مساكب (٩) يقيم؛ يؤسّس .

~ and board طعام ومنامة .

bedbug *(n.)* بَقّة الفراش .

bedchamber *n.)* حُجرة النوم .

bedclothes *(n. pl.)* شراشف؛ بطانيّات الخ.

bedding *(n.)* (١) شراشف؛ بطانيّات (٢) ما يُتّخَذ فراشاً للحيوان (كالتبن) (٣) أساس .

bedeck *(vt.)* يزيّن؛ يزخرف .

bedevil *(vt.)* (١) يُفسِد؛ يشوّش (٣) يُعذّب.

bedew *(vt.)* يندّي؛ يبلّل؛ يُخضّل.

bedfellow *(n.)* الضجيع : من يقاسمك الفراش.

bedizen *(vt.)* يكسو أو يزيّن بغير ذوق.

bedlam *(n.)* هرج ومرج أو مكان تسوده الفوضى .

bedouin *(n.; adj.)* بدوي .

bedraggle *(vt.)* يوسّخ، وبخاصة بالجرّ في الوحل.

bedridden or **bedrid** *(adj.)* طريح الفراش.

bedroom *(n.)* حُجرة النوم .

bedside *(n.)* جانب السرير .

bedspread *(n.)* غطاء السرير .

bedstead *(n.)* هيكل السرير .

bedtime *(n.)* وقت النوم؛ موعد الرقاد.

bee *(n.)* نَحْلَة .

beech *(n.)* (١) الزّان (شجر) (٢) خشب الزان.

beef *(n.)* pl. **-s** *or* **-ves** (١) لحم البقر (٢) ثور؛ بقرة (٣) عضلات؛ قوة عضليّة .

beefsteak *(n.)* شريحة لحم بقري: «بفتيك».

beefy *(adj.)* (١) بدين؛ سمين (٢) قوي.

beehive *(n.)* قَفير؛ خلية نحل .

beekeeper *(n.)* النحّال؛ مُربّي النحل.

beeline *(n.)* الخطّ المباشر؛ أقرب المسالك .

been *past part. of* be.

beer *(n.)* جِعَة؛ بِيرة .

beeswax *(n.)* شمع العسل .

beet *(n.)* شَمَنْدَر؛ بَنْجَر (نبات) .

beetle *(n.; vi.)* (١) خُنْفُساء (٢) مِدقّة؛ مطرقة خشبيّة §(٣) ينتأ .

beeves *pl. of* beef.

befall *(vi.; t.)* (١) يَحدث ؛ يقع (٢) يَحدُث لـ

befell *past of* befall.

befit *(vt.)* (١) يلائم ؛ يناسب (٢) يليق بـ .

befitting *(adj.)* (١) ملائِم ؛ مناسب (٢) لائق .

befog *(vt.)* يَلُفّه بالضباب ؛ يجعله ضبابياً .

before *(adv.; prep.; conj.)* (١) قبلُ ؛ من قبلُ ؛ سابقاً § (٢) أمامَ (٣) في حضرة (٤) قبلَ § (٥) قبل أن .

beforehand *(adv.)* مقدَّماً ؛ سلَفاً .

befoul *(vt.)* يلوِّث ؛ يوسِّخ .

befriend *(vt.)* (١) يصادق (٢) يساعد ؛ يناصر .

befuddle *(vt.)* (١) يخبِّل بالمسكِرات (٢) يربِك .

beg *(vt.)* (١) يستعطي ؛ يستجدي (٢) يلتمس . (٣) يتوسّل (٤) يسلّم أو يفترض جدلاً .

began *past of* begin.

beget *(vt.)* (١) يُنجِب (٢) يولِّد ؛ يسبِّب .

beggar *(n.; vt.)* (١) شحّاذ § (٢) يُفقِر .

beggarly *(adj.)* (١) مُعدِم ؛ فقير جداً (٢) حقير .

beggary *(n.)* عُدْم ؛ فقرٌ مُدْقِع .

begin *(vi.; t.)* (١) يبدأ (٢) ينشيء ؛ يؤسس .

beginner *(n.)* (١) مبتدىء (٢) من يبتدىء أمراً .

beginning *(n.)* ابتداء ؛ بداية ؛ مستهَل ؛ مَطلع .

begone *(vi.)* إمضِ ؛ إنصرِف ؛ أُغرُبْ .

begonia *(n.)* البغُونِيَة : عشب استوائي .

begot *past and past part. of* beget.

begrime *(vt.)* يلوِّث أو يوسِّخ بالسُّخام .

begrudge *(vt.)* (١) يحسده على (٢) يضن عليه بـ .

beguile *(vt.)* (١) يضلِّل ؛ يخدع (٢) يسلب . (٣) يُمضي الوقت بالتسلية (٤) يُلهي ؛ يُسلي .

begun *past part. of* begin.

behalf *(n.)* (١) مصلحة ؛ منفعة (٢) دفاع ؛ تأييد .

in ~ of لأجل ؛ لمصلحة .

on ~ of بالنيابة (أو بالأصالة) عن .

behave *(vt.; i.)* (١) يسلك ؛ يتصرَّف (٢) يسلك سلوكاً حسناً .

~ yourself! تأدَّبْ ! كن لطيفاً !

behavior *or* **behaviour** *(n.)* سلوك ؛ تصرُّف .

behead *(vt.)* يَقطَع رأسَه ؛ يضرب عنقَه .

beheld *past and past part. of* behold.

behemoth *(n.)* البَهيموث ؛ فرس البحر .

behest *(n.)* أمر ؛ وصيّة .

behind *(adv.; prep.)* (١) في المؤخَّرة (٢) إلى الوراء (٣) متأخر في § (٤) خلفَ ؛ وراء (٥) متخلِّف عن .

behindhand *(adj.; adv.)* (١) متأخِّر . (٢) متخلِّف (٣) مَدين § (٤) في حالة تأخُّر الخ

behold *(vt.)* ينظر ؛ يشاهد ؛ يلاحظ .

beholden *(adj.)* مَدينٌ بالفضل .

behoof *(n.)* مصلحة ؛ منفعة ؛ فائدة .

behoove *or* **behove** *(vt.; i.)* ينبغي ؛ يتوجّب .

beige *(n.)* البيج : لون الصوف الطبيعي .

being *(n.)* (١) كينونة ؛ وجود (٢) الكائن ؛ الموجود (٣) شخصية ؛ جوهر .

for the time ~, في الوقت الحاضر .

belabor; belabour *(vt.)* يضرب ؛ يهاجم .

belated *(adj.)* متأخِّر (عن الوقت المعتاد) .

belay *(vt.)* يثبِّت (حبلاً) بلفّه حول وتدٍ .

belch *(vi.; t.)* (١) يتجشّأ (٢) يقذف بقوّة .

beldam *or* **beldame** *(n.)* عجوزٌ شمطاء .

beleaguer *(vt.)* (١) يُحاصر (بجيش) (٢) يطوِّق .

belfry *(n.)* برج الجرَس (في كنيسة) .

Belgian *(n.; adj.)* بلجيكيّ .

belie *(vt.)* (١) يعطي فكرةً خاطئةً عن (٢) يكذِّب ؛ يناقض (٣) يخيِّب .

belief *(n.)* (١) إيمان ؛ تصديق . (٢) مُعتقَد ؛ عقيدة .

belfry

believable 46 **benzol**

believable *(adj.)* قابلٌ للتصديق .
believe *(vi.; t.)* يؤمن بـ ؛ يعتقد ؛ يصدِّق .
belittle *(vt.)* (١) يصغِّر (٢) يستخفّ بـ .
bell *(n.; vt.)* (١) جَرَس ؛ ناقوس (٢) صوت الجرس (٣) جُوَار §(٤) يجرّس : يزوّد بجرس.
belladonna *(n.)* البلاّدونة : حشيشةستّ الحسن
belle *(n.)* الفاتنة ؛ الحسناء ؛ امرأة جميلة جداً.
belles lettres *(n.pl.)* الأدب (بوصفه فناً).
bellicose *(adj.)* ميّال للقتال ؛ مُولَع بالقتال.
belligerency *(n.)* حالة الاشتراك الفعلي في الحرب
belligerent *(adj.; n.)* (١) محارب : مشترك في الحرب (٢) مولع بالقتال §(٣) دولة محاربة.
bellow *(vi.; n.)* (١) يخور (الثور الخ.) (٢) يجأر ؛ يرفع الصوت عالياً §(٣) خُوار (٤) جُؤار .
bellows *(n. sing. and pl.)* مِنفاخ ؛ كِير .
belly *(n.; vt.; i.)* (١) بطن §(٢) ينفُخ ؛ ينتفخ.
belong *(vi.)* (١) يخصّ (٢) ينتسب أو ينتمي الى (٣) يلائم (٤) يقطن ؛ يسكن .
belongings *(n.pl.)* أمتعة ؛ ملابس ؛ ممتلكات.
beloved *(adj.; n.)* محبوبٌ ؛ عزيز ؛ أثير .
below *(adv.)* (١) تحت (٢) على الأرض (٣) في الطابق الأسفل (٤) أدناه (٥) دونَ ؛ أقل من.
belt *(n.; vt.; i.)* (١) حِزام ؛ زُنّار (٢) السَّير : حزام يربط بين دولابين (٣) نطاقٌ من أشجار أو حدائق (٤) منطقة صالحة لزراعة محصول معيّن §(٥) يطوّق أو يزوّد بحزام أو سير الخ.
bemire *(vt.)* يلوّث بالوحل أو نحوه .
bemoan *(vt.; i.)* يتحسّر أو ينوح على .
bemock *(vt.)* يسخر من ؛ يهزأ بـ ؛ يتهكّم على.
bemuse *(vt.)* يُربِك ؛ يُشدِّه ؛ يُذهل.
bench *(n.)* (١) مقعد طويل (لشخصين أو أكثر). (٢) مقعد القاضي (٣) محكمة (٤) النَّضَد : طاولة النجّار (٥) مِنَصّة .
bend *(vt.; i; n.)* (١) يشدّ وترَ القوس . (٢) يلوي ؛ يثني ؛ يحني (٣) يثبّت (٤) يُخضِع (٥) يعقد العزم ×(٦) يلتوي : ينثني ؛ ينحني (٧) يَخضَع §(٨) ليّ ؛ ثَنْيٌ ؛ التواء ، انثناء (٩) منعطَف (١٠) عقدة في حبل .
beneath *(adv.; prep.)* (١) تحت §(٢) دونَ ؛ أدنى رتبةً من (٣) غير جدير بـ .
benediction *(n.)* (١) مَنْح البَرَكة (٢) بَرَكة
benefaction *(n.)* (١) إحسان (٢) تبرّع ؛ هِبَة.
benefactor *(n.)* المُحسِن ؛ المتبرّع بهبة خيرية
benefice *(n.)* رتبةٌ كنسية ذات دَخْل .
beneficence *(n.)* = benefaction.
beneficent *(adj.)* مُحسِن ؛ خيِّر .
beneficial *(adj.)* مفيد ؛ نافع .
beneficiary *(n.)* المستفيد (من وصية أو تأمين).
benefit *(n.; vt.; i.)* (١) فائدة ؛ نفع (٢) عون ؛ مساعدة ؛ إعانة مالية §(٣) يُفيد ×(٤) يستفيد.
benevolence *(n.)* (١) الخيرية : النزعة إلى عمل الخير (٢) صَدَقة ؛ هِبَة.
benevolent *(adj.)* (١) خيِّر ؛ كريم ؛ مطبوع على حب الخير (٢) خيريّ .
benighted *(adj.)* داهمه الليل (٢) جاهل .
benign *(adj.)* (١) لطيف ؛ كريم (٢) عذب ؛ رقيق (٣) معتدل (٤) حميد ؛ غير خطِر .
benignant *(adj.)* (١) رؤوف ؛ عطوف (٢) نافع (٣) حميد ؛ غير خطِر .
benignity *(n.)* (١) لطف ؛ كرم ؛ رقة (٢) سلامة عاقبةٍ (٣) عملٌ كريم الخ.
bent *(adj.; n.)* (١) منحنٍ (٢) مصمِّم على. §(٣) نزعةٌ ؛ ميْل (٤) القدرة على الاحتمال .
benumb *(vt.)* يَشُلّ ؛ يُخدِر ؛ يجعله خدِراً.
benzene *(n.)* البنزين ؛ البنزول : سائل ملتهب.
benzine *(n.)* البنزين : سائل ملتهب .
benzoin *(n.)* اللُّبان الجاوي: صمغٌ عطِر.
benzol *(n.)* البَنْزُول : سائل ملتهب .

bequeath 47 better

bequeath *(vt.)* (١) يورِّثُ بوصيّة (٢) يُسلِم (تراثاً) إلى الذرّيّة .
bequest *(n.)* توريث أو إرثٌ بوصيّة .
berate *(vt.)* يوبِّخ أو يعنِّف بقسوة .
bereave *(vt.)* (١) يَسلب : يحرم من (٢) يُفقِده ُ (الموتُ) أمّه ُ أو أباه أو ولده .
bereft *(adj.)* محروم من ؛ مجرَّد من .
beret *(n.)* البيريه : قَلَنسُوة مستديرة .
beriberi *(n.)* البَري بَري (مرض).
berry *(n.)* (١) ثمر العُلّيق ؛ توت (٢) حبّة أو بزرة يابسة (٣) بيضة سمكة أو جرادة بحر .
berth *(n.; vt.; i.)* (١) مسافة كافية (بين سفينة وأخرى) (٢) مَرْسىً (٣) مَضْجَع (في سفينة أو قطار أو طائرة) (٤) عمل ؛ وظيفة §(٥) يُرسي السفينة (٦) يؤمّن مضجعاً لِ ×(٧) ترسو (السفينةُ) .
beryl *(n.)* البَريل ؛ حجر كريم أخضر .
beseech *(vt.; i.)* يلتمس ؛ يتوسّل ؛ يتضرّع .
beseem *(vt.; i.)* يليق بـ .
beset *(vt.)* (١) يزعج ؛ يقلق (٢) يهاجم من جميع الجهات (٣) يُحدِق بـ ؛ يكتنف .
besetting *(adj.)* مُحدِقٌ أو ماثلٌ باستمرار.
beside *(prep.)* (١) قربَ ؛ عندَ ؛ بجانب. (٢) بالمقارنة مع ؛ بالنسبة إلى (٣) بالاضافة إلى ؛ علاوةً على (٤) خارج عن ؛ لا صلة له بـ .
besides *(prep.; adv.)* (١) عدا (٢) بالاضافة إلى ؛ علاوةً على §(٣) وفوق ذلك ؛ وإلى ذلك .
besiege *(vt.)* (١) يحاصر (مدينة الخ.) (٢) يطوِّق.
besmear *(vt.)* يلطِّخ ؛ يلوِّث .
besmirch *(vt.)* (١) يلوِّث (٢) يلطِّخ السمعة.
besom *(n.)* مِكْنسة ؛ مِقَشّة .
besot *(vt.)* (١) يخبِّل ؛ يسلب العقل (٢) يُسكِر .
besought *past and past part. of* beseech.
bespangle *(vt.)* يُزيّن بالترْتِر أو اللُّمَع .
bespatter *(vt.)* يوحِّل ؛ يلوِّث (برشاش موحل)
bespeak *(vt.)* (١) يحجز (غرفة في فندق الخ.) ؛ يوصي على شيء مقدَّماً (٢) يطلب مقدَّماً (٣) ينمّ عن ؛ يدلّ على .
bespoke *past and past part. of* bespeak.
best *(adj.; adv.; n.; vt.)* (١) أفضل ؛ أحسن. (٢) مُعظم §(٣) على أحسن وجه (٤) إلى أبعد حدّ §(٥) الأفضل (٦) الحالة الفضلى (٧) غاية الجهد ؛ أقصى الجهد §(٨) يهزم ؛ يتفوّق على.
at ~, في أحسن الأحوال .
~ man وكيل أو شاهد العريس.
~ seller الكتاب الأكثر رواجاً .
bestial *(adj.)* (١) بهيميّ (٢) وحشيّ.
bestir *(vt.)* يثير ؛ يحثّ ؛ يحرض.
bestow *(vt.)* يمنح ؛ يهب .
bestowal *(n.)* (١) مَنْح (٢) مِنحة ؛ هبة.
bestride *(vt.)* (١) يركب مُباعداً ما بين رجليه. (٢) يتخطى .
bet *(n.; vt.; i.)* (١) رِهان ؛ مراهنة (٢) ما يُراهَن عليه §(٣) يراهن .
betake *(vt.)* (١) يذهب (٢) يعمد أو يلجأ إلى.
bethink *(vt.)* (١) يفكّر ؛ يتأمّل (٢) يتذكّر .
betide *(vt.; i.)* (١) يصيبه كذا×(٢) يَحْدث.
betimes *(adv.)* باكراً ؛ عاجلاً ؛ قبل فوات الأوان.
betoken *(vt.)* (١) يدلّ على (٢) ينذر بِ.
betook *past of* betake.
betray *(vt.)* (١) يضلِّل ؛ يغرِّر بـ ؛ يخدع (٢) يخون (٣) يُفشي سرّاً (٤) ينمّ عن (٥) يُظهر ؛ يبدي.
betroth *(vt.)* يخطب (فتاةً) .
betrothal *(n.)* خِطبة ؛ «خُطوبة» .
better *(adj.; adv.; n.; vt.)* (١) أعظم ؛ أكبر. (٢) أحسنُ صحيّاً (٣) أفضل ؛ أحسن §(٤) على نحو أفضل (٥) أكثر §(٦) الأفضل (٧) المُراهِن §(٨) يحسِّن ؛ يرقّي (٩) يبزّ ؛ يتفوق على .

betterment 48 **bile**

~ off أكثر غنىً ؛ في حال أفضل.

one's ~ half زوجة المرء .

to get the ~ of يتغلّب أو يتفوّق على.

betterment *(n.)* تحسين ؛ إصلاح ، تحسّن .

bettor *or* **better** *(n.)* المُراهِن .

between; betwixt *(prep.)* بين ؛ في ما بين.

bevel *(n.; vt.; i.)* (١) شُطْبَة ؛ سطح مائل ؛ حافة مائلة أو مشطوبة (٢) مِسطار الزوايا ؛ زاوية التخطيط المائل §(٣) يُميل ؛ يَشْطُب ؛ «يشطُف» حافة الزجاج ×(٤) يَميل ؛ ينحدر .

beverage *(n.)* شراب ؛ مشروب .

bevy *(n.)* (١) جماعة (٢) سِرب .

bewail *(vt.; i.)* يَنْدُب ؛ ينوح ؛ يتفجّع على.

beware *(vi.; t.)* يحترس ؛ يَحذَر .

bewilder *(vt.)* يُذْهِل ؛ يُربك ؛ يُحيِّر .

bewitch *(vt.)* يَسْحَر ؛ يَفتِن ؛ يَخلِب اللبّ .

beyond *(prep.; adv.)* (١) وراء (٢) إلى مابعد (٣) فَوْقَ ؛ وراء نطاق أو متناول كذا (٤) غير ممتاز ؛ لا يضاهَى .

~ compare

bezel *(n.)* (١) موضع الفصّ من الخاتم (٢) موضع الزجاجة من الساعة .

bi- بادئة معناها : ثنائي ؛ مزدوج .

bias *(n.; adv.; vt.)* (١) خطّ درْز منحرف أو موروب فوق نسيج (٢) «أ» نزعة . «ب» محاباة ؛ انحياز ؛ تحامل §(٣) على نحو منحرف الخ. §(٤) يؤثّر في ؛ يوجّه .

biased *(adj.)* (١) منحرف (٢) متحيز .

bib *(n.)* «صدرية» الطفل (توضع تحت ذقنه) .

Bible *(n.)* الكتاب المقدّس .

biblical *(adj.)* توراتيّ ؛ خاصّ بالكتاب المقدس .

bibliographic; -al *(adj.)* ببليوغرافيّ .

bibliography *(n.)* البِبليوغرافيا : «أ» فن وصف الكتب والمخطوطات أو التعريف بها . «ب» مَسْرَد نقديّ بالكتب المتصلة بموضوع أو حقبة أو مؤلّف ما . «ج» ثَبْت المراجع .

bicameral *(adj.)* ذو مجلسَين تشريعيَّيْن .

bicarbonate of soda ثاني كربونات الصودا .

biceps *(n.)* العضلة ذات الرأسين (في أعلى الذراع الخ) .

bicker *(vi.; n.)* (١) يتشاجر §(٢) شِجار .

bicuspid *(n.)* الضاحكة : أحد أربعة أضراس تلي الأنياب في الفك الأعلى وأربعة مثلها في الفك الأسفل.

bicycle *(n.)* دراجة هوائية .

bid *(vt.; n.)* (١) يأمر (٢) يدعو (٣) يحيّي . (٤) يَعْرِض (سعراً في مزايدة أو مناقصة) ؛ يزايد أو يناقص §(٥) أمْر (٦) عَرْض (في مزايدة أو مناقصة) (٧) دعوة (٨) محاولة.

bidder *(n.)* (١) الآمر (٢) العارض ثمناً ؛ المزايد.

bide *(vi.; t.)* (١) يبقى (٢) ينتظر (٣) يقيم في.

biennial *(adj.)* حَوْلي : «أ» حادثٌ أو واقع كل سنتين. «ب» دائم أو عائش حَوْلَين أو سنتين.

bier *(n.)* نَعْش ؛ تابوت .

big *(adj.)* (١) كبير (٢) حامل ؛ حُبلى (٣) منتفخ (٤) مُتْرَع (٥) جَهْوَرِيّ (٦) متفاخر .

bigamist *(n.)* المُضارّ : المتزوّج من امرأتين معاً.

bigamy *(n.)* المضارّة : التزوّج من امرأتين معاً .

bighorn *(n.)* كَبْش الجبال الصخرية.

bighorn

bight *(n.)* (١) أُنشوطة أو عُقدة في حبل (٢) منعطف (في نهر أو شاطىء) (٣) خليج .

bigness *(n.)* (١) كِبَر ؛ ضَخامة (٢) حجم.

bigot *(n.)* المتعصّب لدينٍ أو حزب أو رأي .

bigoted *(adj.)* متعصّب ؛ شديد التعصّب.

bigotry *(n.)* تعصّب أعمى .

bikini *(n.)* البِيكِيني : ثوب سباحة للسيّدات.

bilateral *(adj.)* (١) ذو جانبين (٢) ثنائيّ .

bile *(n.)* (١) الصَّفراء : مادة يفرزها الكبد (٢) نكَد.

bilestone *(n.)* الحصاة الصفراوية .

bilge *(n.)* (١) جوف البرميل (٢) جوف المركب . (٣) ماء آسن في جوف المركب (٤) هراء .

biliary *(adj.)* صَفْراويّ: خاص بالصَّفْراء.

bilingual *(adj.; n.)* ثنائيّ اللغة.

bilious *(adj.)* (١) صفراويّ (٢) مصفور : مصاب بفَرْط إفراز الصفراء أو باختلال في وظيفة الكبد (٣) صفراويّ المزاج؛ متشائم .

bill *(n.; vt.)* (١) منقار (٢) طَرَفُ مِخْلَب المِرْساة (٣) مِنْجَل (٤) وثيقة؛ مذكرة ؛ رسالة (٥) مشروع قانون (٦) شكوى مقدَّمة إلى محكمة (٧) قائمة ؛ بيان بـ (٨) فاتورة (٩) إعلان ؛ برنامج ؛ حفلة (١٠) ورقة نقديّة (١١) كمبيالة §(١٢) يقدم أو يرسل فاتورة إلى (١٣) يُعْلِن .

billet *(n.; vt.)* (١) أمر رسمي بإيواء جنديّ في بيت أحد المواطنين (٢) البيت المختار لإيواء هذا الجندي (٣) وظيفة؛ مهمّة §(٤) يعين للجنديّ بيتاً (من بيوت المواطنين) ينزل فيه.

billet-doux *(n.)* رسالة غَرام .

billiards *(n.)* البِلْيارد ؛ لعبة البِلْيارد .

billingsgate *(n.)* لغة السّوقة؛ لغة بذيئة.

billion *(n.)* البليون: ألف مليون أو مليون مليون.

bill of exchange تحويل؛ حوالة ؛ كمبيالة .

bill of fare (١) قائمة الطعام (٢) برنامج.

bill of health براءة أو جواز الصحة (للسفن).

bill of lading بوليصة الشّحْن .

bill of rights ميثاق الحقوق .

billow *(n.; vi.)* (١) موجة عظيمة (٢) كتلة متدحرجة مثل الموج §(٣) يتلاطم كالموج .

billposter *(n.)* مُلْصِق الإعلانات .

bimonthly *(adj.; adv.)* (١) حادثٌ أو صادر كل شهرين (٢) نصف شهريّ §(٣) مرّةً كل شهرين (٤) مرتين في الشهر .

bin *(n.)* صندوق (لخزن الحنطة أو الفحم الخ.)

bind *(vt.; i.)* (١) يَرْبِط ؛ يُوثِق ؛ يقيّد ؛ يعوق عن الحركة (٢) يُلْزِم (٣) يَحْزِم؛ يَعْصِب؛ يضمِّد (جُرحاً) (٤) يجعله يتماسك (٥) يَعْقِل البطنَ أو يُمْسِكُهُ بعد إسهال (٦) يجلِّد (٧) يقي أو يُمتِّن أو يزخرف بحاشية (٨) يجعله مُلزِماً ×(٩) يتماسك .

binder *(n.)* (١) مجلِّد الكتب (٢) رِباط . (٣) مادة تساعد على التماسك والالتحام (٤) عَقْد موقّت (٥) غلاف .

binding *(n.; adj.)* (١) تجليد (٢) رِباط . (٣) حاشية للتقوية أو للتزيين §(٤) مُلْزِم .

binoculars *(n. pl.)* مجهر أو منظار أوبرا ثنائيّ العينين .

binoculars

bio- بادئة معناها: حياة أو أحياء.

biographer *(n.)* كاتبُ سيرة.

biographic; -al *(adj.)* سِيريّ: متعلق بسيرة شخص أو حياته .

biography *(n.)* السِّيرة: تَرْجمة حياة شخص.

biologic ; -al *(adj.)* أحيائيّ ؛ بيولوجيّ .

biologist *(n.)* الأحيائيّ؛ البيولوجيّ.

biology *(n.)* علم الأحياء؛ البيولوجيا .

biped *(n.)* حيوان ذو قدَمين (كالانسان).

biplane *(n.)* ذات السّطْحَيْن: طائرة ذات جناحين أحدهما فوق الآخر .

biplane

birch *(n.; vt.)* (١) البتولا ؛ شجر القضبان. (٢) عصا التأديب §(٣) يَجْلِد .

bird *(n.)* طَيْر ؛ طائر ؛ عصفور .

birdlime *(n.)* (١) دابوق؛ دِبْق (٢) شَرَك.

bird of prey طيرٌ جارح؛ طَيْر من الجوارح.

bird's-eye *(adj.)* تحليقيّ ؛ مأخوذٌ من علٍ .

birth *(n.)* (١) وِلادة؛ مولد (٢) أصل؛ مَنْبِت.

birth control 50 blackguard

birth control *(n.)* تحديد النسل ؛ ضبط النسل .

birthday *(n.)* (١) مولِد (٢) عيد ميلاد .

birthmark *(n.)* الوَحْمة : علامة خِلْقِيّة على الجسد .

birthplace *(n.)* مَسْقَط الرأس .

birthrate *(n.)* نسبة المواليد (إلى مجموع السكان) .

birthright *(n.)* حقّ البكوريّة ؛ حقّ المولد .

biscuit *(n.)* (١) بَسْكويت (٢) فخّار .

bisect *(vt.)* يَشْطُر ؛ يُنَصِّف .

bishop *(n.)* (١) أسقُف (٢) الفيل (في الشطرنج) .

bishopric *(n.)* أسقفية ؛ أبرشية ؛ مقرّ الأسقف .

bismuth *(n.)* البِزْموت : عنصر معدني .

bison *(n.)* البيسون ؛ الثور الأميركي .

bisque *(n.)* البِسك : «أ» حساء دَسِم «ب» نوعٌ من «البوظة» او المثلجات .

bit *(n.)* (١) الحَكَمَة ؛ الشكيمة : حديدة اللجام المعترضة في فم الفرس (٢) اللقمة : الجزء اللولبيّ الدوّار من المِثْقَب (٣) لُقمة (٤) كِسْرَة ؛ مقدار ضئيل (٥) قطعة نقد صغيرة (٦) ثُمْن دولار (٧) فترة قصيرة .

bit *past of* bite.

bitch *(n.)* (١) الكلبة : أنثى الكلب (٢) بغيّ .

bite *(vt.; i.; n.)* (١) يَعَضّ (٢) يقضِم (٣) يَلْدَغ ؛ يَلْسَع (٤) يقطع ؛ يمزّق (٥) يقرص أو يوجع إيجاعاً شديداً (٦) يأكل ؛ يتآكل × (٧) تأكل (السمكة) الطُّعْم § (٨) عضّ ؛ قَضْمٌ (٩) عضّة ؛ قَضْمة ؛ لَسْعة (١٠) لقمة (١١) ألمٌ شديد .

biting *(adj.)* شديد ؛ قارص ؛ لاذع ؛ ساخر .

bitten *past part. of* bite.

bitter *(adj.)* (١) مُرّ (٢) قارص ؛ موجع (٣) قاسٍ (٤) ساخر ؛ لاذع (٥) مرير (٦) لدود .

bittern

bittern *(n.)* الواق : طائر من فصيلة مالك الحزين .

bittersweet *(n.)* الحِرابيّة (أو شجرة الحِراب) المتسلّقة .

bitumen *(n.)* قار ؛ حُمَر ؛ زفت ؛ بِتيومين .

bituminous *(adj.)* قاريّ ؛ حُمَريّ ؛ زفتيّ ؛ بتيوميني .

bivalve *(n.)* حيوان ذو صدفتين .

bivouac *(n.; vi.)* (١) معسكر موقّت في العراء (٢) إقامة موقتة § (٣) يُعسكِر في العراء .

biweekly *(adj.; n.)* (١) نصف شهري (٢) نصف أسبوعي § (٣) مجلة نصف شهرية أو نصف أسبوعية .

bizarre *(adj.)* غريب ؛ عجيب ؛ شاذّ .

blab *(vt.; i.)* (١) يفشي سراً × (٢) يثرثر .

black *(adj.; n.; vt.; i.)* (١) أسود (٢) زنجي (٣) مُتَّسِخ (٤) مظلم (٥) شرير (٦) قاتم ؛ كئيب (٧) مُعادٍ § (٨) صِبغٌ أسود (٩) سواد (١٠) شيء أسود (١١) ثوب الحداد (١٢) شخص زنجيّ (١٣) ظلمة § (١٤) يُسوِّد ؛ يطلي بالسواد (١٥) يصقل (الحذاء) بدهان أسود × (١٦) يَسْوَدّ .

blackamoor *(n.)* الشديد السُّمْرة ؛ الزنجيّ .

black art *(n.)* سِحْر ؛ شَعْوَذَة .

blackball *(n.; vt.)* (١) الكُرَيّة السوداء : كرة سوداء صغيرة تلقى في صندوق الاقتراع كنايةً عن صوت سلبيّ § (٢) يصوّت ضدّ (٣) يقاطع .

blackberry *(n.)* ثمر العُلَّيق أو نَبْتَة تحمله .

blackbird *(n.)* الشحرور : طائر حسن الصوت .

blackboard *(n.)* سَبّورة ؛ لوح أسود .

black death *(n.)* الطاعون الأسود .

blacken *(vi.; t.)* (١) يَسْوَدّ × (٢) يُسوِّد .

blackguard *(n.)* (١) الوغد (٢) البذيء اللسان .

blacking 51 **blend**

blacking *(n.)* دهان أسود (للأحذية والمواقد).

blackjack *(n.; vt.)* (١) هراوة مكسوّة بالجلد (٢) ابريق للجعة §(٣) يَضرِب بهراوة الخ.

blackleg *(n.)* (١) المقامر المحترف (٢) شخص يُستأجَر للحلول محلّ عامل مُضرِب.

blacklist *(n.)* اللائحة السوداء.

blackmail *(n.; vt.)* (١) ابتزاز المال (بتهديد المرء بالفضيحة خاصةً) §(٢) يبتزّ بالتهديد.

black market *(n.)* السوق السوداء.

blackness *(n.)* سواد؛ ظُلمة الخ.

blackout *(n.)* (١) إطفاء الأنوار (على خشبة المسرح) (٢) التعتيم (خلال غارة جوية).

blacksmith *(n.)* الحدّاد.

bladder *(n.)* (١) مثانة (٢) كيس يُملأ هواءً.

blade *(n.)* (١) ورقة نبات (٢) النصل : الجزء العريض من ورقة النبات (٣) راحة المِجذاف : جزؤه المسطّح العريض (٤) ريشة المروحة (٥) شفرة المدية أو السيف (٦) سيف.

blame *(vt.; n.)* (١) يلوم؛ يوبخ (٢) يعتبره مسؤولاً عن §(٣) لوم (٤) مسؤولية خطإ الخ.

blameless *(adj.)* بريء؛ طاهر الذَّيل.

blanch *(vt.; i.)* (١) يبيّض (٢) يجعله شاحباً (من مرض أو خوف) ×(٣) يَبْيَضّ؛ يَشحُب.

bland *(adj.)* (١) رقيق؛ لطيف (٢) غير حِرّيف.

blandish *(vt.)* يتملّق؛ يُداهِن.

blank *(adj.; n.; vt.)* (١) أبيض (٢) شاحب (٣) أجوف (٤) فارغ (٥) غُفْل : خالٍ من الكتابة (٦) غير مُنجَز أو مشغول (٧) مُرْسَل؛ غير مُقفّى §(٨) فراغ (٩) ورقة ذات فراغات تُملأ (١٠) قلب الرَّميّة : نقطة الهدف المركزية §(١١) يمحو (١٢) يَسُدّ.

blanket *(n.; vt.)* (١) حِرام؛ بطانيّة (٢) دِثار (٣) طبقة رقيقة منبسطة § (٤) يغطّي بحِرام (٥) يغطّي بحيث يُعتّم أو يطفىء (٦) يشوّش.

blare *(vi.; t.; n.)* (١) يُبَوّق؛ يُدوّي (٢) يُعلِن أو يُطلِق بصوتٍ عالٍ §(٣) صوت البوق (٤) دَوِيّ.

blarney *(n.; vt.; i.)* (١) تملّق §(٢) يتملّق.

blaspheme *(vt.; i.)* يجدّف على (الله)؛ يَسُبّ.

blasphemy *(n.)* التجديف (على الله).

blast *(n.; vi.; t.)* (١) هبّة؛ عصفة (٢) نفخة؛ صفْرة (٣) تيار هوائي (٤) آفة (٥) انفجار عنيف (٦) لغم §(٧) يُحدِث صوتاً ثاقباً (٨) يضع لغماً أو متفجرةً (٩) يذْبُل؛ ييْبَس ×(١٠) يُذْبِل (١١) ينسف.

blatant *(adj.)* (١) صخّاب؛ كثير الصياح (٢) سمج؛ وقح؛ (٣) صارخ (٤) ثاغٍ.

blaze *(n.; vi.; t.)* (١) لَهَب؛ لهيب؛ وَهَج. (٢) حريق (٣) انفجار مفاجىء للانفعال أو الغضب (٤) بريق؛ تألق (٥) الغُرّة : علامة بيضاء على وجه الفرس §(٦) يلتهب؛ يتّقد؛ يتوهج (٧) يلمع؛ يتألق (٨) ينفجر غضباً ×(٩) يُذيع او ينشر في الآفاق.

blazon *(n.)* (١) شعار النبالة (٢) وصف.

bleach *(vt.)* يُقصِّر : يبيّض (قماشاً) بالتعريض للشمس أو باستخدام مادة كيماوية.

bleachers *(n. pl.)* مدرَّج مكشوف.

bleak *(adj.)* (١) أجرد؛ مكشوف؛ منعزل؛ معرَّض للرياح (٢) قارس؛ بارد جداً (٣) كئيب.

blear *(vt.; adj.)* (١) يُدْمِع §(٢) دامع؛ غائم.

bleat *(vi.; n.)* (١) يثغو (الخروف) §(٢) ثُغاء.

bleed *(vi.; t.)* (١) يدْمَى؛ ينزف ×(٢) يفصِد.

bleeding *(adj.; n.)* (١) دامٍ (٢) متحلّب §(٣) نَزْف (٤) نزيف؛ رُعاف (٥) فَصْد.

blemish *(vt.; n.)* (١) يلطّخ §(٢) عيب؛ شائبة.

blench *(vi.)* (١) ينكص؛ يتراجع (٢) يشحب.

blend *(vt.; i.; n.)* (١) يمزج (٢) يدمج ×(٣) يتمازج؛ يندمج (٤) يأتلف §(٥) مزيج.

bless 52 **blotch**

bless *(vt.)* (١)يكرّس؛ يجعله مقدّساً (٢)يرسم إشارة الصليب على (٣)يبارك (٤) يُمجِّد (٥)يُسْعِد؛ يُنْعِم على (٦)يصون؛ يحفظ.
blessing *(n.)* (١) مباركة (٢) بركة؛ نِعمة.
blew *past of* blow.
blight *(n.; vt.; i.)* (١)آفة زراعية (٢)تلفٌ؛ فساد §(٣)يُصِيب بآفة ×(٤)تصيبه آفةٌ.
blind *(adj.; n.)* (١)أعمى (٢)خاص بالعميان. (٣)ظلاميّ؛ منجَزٌ في الظلام (٤)غير مقروء أو واضح (٥) محجوب؛ غير ظاهر (٦)غير نافذ؛ مسدود من جانب واحد §(٧)مِصراع النافذة (٨)ستارة النافذة (٩)الغِمامة (تحول بين الفرس وبين النظر جانبياً) (١٠)مَكْمَن الصيّاد الخ.
a ~ alley زقاق مسدود أو غير نافذ.
blindfold *(vt.; n.; adj.)* (١)يَعْصِب العينين. §(٢) عِصابة للعينين §(٣)معصوب العينين.
blindness *(n.)* (١)عمىً (٢) جهل؛ تَهَوُّر.
blink *(vi.; t.; n.)* (١) ينظر بعينين طارفتين نصف مفتوحتين (٢)تَطْرِف العينُ (٣)يَوْمض ×(٤)يتعامى عن §(٥)وميض (٦)فتح العينين وإغماضهما على نحوٍ لا إرادي.
blinker *(n.)* الضوء الوامض: ضوء متقطّع للتحذير.
bliss *(n.)* (١)منتهى السعادة (٢)النعيم؛ الجنّة.
blister *(n.)* نَفْطة؛ بَثْرة؛ قَرْحٌ.
blithe *(adj.)* (١) مَرِح (٢) سعيد؛ مبتهج.
blithesome *(adj.)* مَرِح؛ كثير المرح.
blizzard *(n.)* عاصفة ثلجية عنيفة.
bloat *(vt.; i.)* (١)يَنْفخ ×(٢)ينتفخ.
bloc *(n.)* كتلة؛ جبهة.
block *(n.; vt.)* (١) كتلة خشبية أو حجرية (٢)قالب (٣)الوَضَم: خشبة غليظة يقطع عليها الجزار اللحم (٤)عقبة؛ عائق (٥)بكَرة (لرفع الأثقال) (٦)مجموعة؛ زمرة (٧)صفّ من بيوت ومحلات تجارية متلاصقة. (٨)ساحة مدينة (٩)رَوْسم؛ كليشيه §(١٠) يسدّ؛ يعترض سبيل كذا (١١) يعوق (١٢) يُحْبِط.

block

blockade *(n.; vt.)* (١)حِصار §(٢)يحاصر.
blockhead *(n.)* الأحمق؛ الأبله.
blockhouse *(n.)* مَعْقِل أو حِصْن صغير.
blond; blonde *(adj.; n.)* أشقر؛ شقراء.
blood *(n.)* (١)دم (٢)حياة (٣)سُلالة (٤)سلالة ملكيّة (٥) قرابة (٦) أنسباء (٧) مزاج.
in cold ~, ببرود؛ عمداً.
blooded *(adj.)* أصيل؛ صافي الدم.
bloodhound *(n.)* الدَّمُوم: كلب بوليسي.
bloodletting *(n.)* (١) فَصْد (٢)إراقة دم.
bloodshed *(n.)* إراقة الدماء.
bloodshot *(adj.)* محتقن بالدم (صفة للعين الخ).
bloodsucker *(n.)* (١) عَلَقَة (٢)طفيليّ.
bloodthirsty *(adj.)* وحشيّ؛ متعطش إلى الدم.
bloody *(adj.)* (١) دمويّ (٢) ملطّخ بالدم. (٣)دامٍ (٤) قانٍ (٥)لعين؛ مُخْزٍ؛ حقير.
bloom *(n.; vi.)* (١) زهرة (٢) إزهار؛ تفتّح. (٣)أوج؛ ريعان (٤)طبقة ذرورية تكون على بعض الثمار (٥) تورُّد الخدين §(٦) يُزْهِر (٧) يتورّد.
bloomers *(n. pl.)* البَلْمَرَ: سروال نسائي.
blooming *(adj.)* مُزْهِر؛ مزدهر؛ ناضر.
blossom *(n.; vi.)* (١)زهرة (٢)إزهار؛ تفتح. §(٣) يزهر (٤) يزدهر (٥) يتطور.
blot *(n.; vt.; i.)* (١) لطخة (٢) بقعة حبر. §(٣) يلطّخ (٤) يكسِف؛ يجعله مظلماً (٥)ينشّف الحبرَ (٦)يمحو ×(٧)يتفشّى (الحبرُ).
blotch *(n.; vt.)* (١)عيب؛ لطخة (٢)بقعة حبر. (٣)بثْرة §(٤) يلطِّخ؛ يبقّع؛ يبثّر.

blotter

blotter *(n.)* (١) ورقة نشّاف. (٢) نشّافة (٣) دفتر.

blotting paper *(n.)* النشّاف: ورقٌ نشّاف.

blouse *(n.)* (١) البُلُوزَة (٢) الوَزرة.

blow *(vi.; t.; n.)* (١) يَهُبّ؛ يَعصِف (٢) ينفخ (٣) تطلق آلة النفخ الموسيقية صوتاً (٤) يَصْفِر (٥) يتباهى؛ يتفاخر (٦) يَلْهَث (٧) يحترق (الصمام أو المصباح الكهربائي) (٨) ينفجر (دولابُ السيارة) ×(٩) يسوق بتيار هوائي (١٠) يعزف (١١) يَنْسِف §(١٢) عاصفة (١٣) تفاخُر (١٤) نَفْخ (١٥) ضربة.

to ~ the nose يتمخّط.

blowout *(n.)* انفجار دولاب أو عجلة.

blowpipe *(n.)* قصبة نفخٍ لإذكاء النار.

blubber *(n.; vi.)* (١) دُهْن الحُوت (٢) بدانة؛ سِمَن (٣) انتحاب §(٤) ينتحب.

blucher *(n.)* البلوخر: ضرب من الأحذية.

bludgeon *(n.; vt.)* (١) هِراوة §(٢) يضرب.

blue *(adj.; n.)* (١) أزرق (٢) كئيب. (٣) باعث على الكآبة (٤) قاسٍ أو متشدّد أخلاقياً (٥) بذيء §(٦) الزّرقة؛ اللون الأزرق (٧) صِبغ أزرق (٨) نِيل (٩) ثوب أزرق.

bluejacket *(n.)* بحّار من رجال الأسطول.

blues *(n.pl.)* كآبة.

bluet *(n.)* الهُصْطونيّة: نبات أزرق الزهر.

bluff *(vt.; n.; adj.)* (١) يخدع؛ «يبلف». §(٢) خداع §(٣) جُرُفٌ عالٍ §(٤) صريح.

bluish *(adj.)* مزرقّ؛ ضارب إلى الزرقة.

blunder *(vi.; n.)* (١) يخطىء خطأً فاضحاً. §(٢) خطأ فاضح.

blunderbuss *(n.)* بندقية قصيرة.

blunt *(adj.; vt.; i.)* (١) عديم الحس؛ متبلّد الذهن (٢) كليل؛ غير حادّ أو ماضٍ (٣) فظّ §(٤) يجعله كليلاً ×(٥) يصبح كليلاً.

blur *(n.; vt.; i.)* (١) لطخة؛ غشاوة §(٢) يلطّخ. (٣) يجعله غير واضح ×(٤) يصبح غير واضح.

blurt *(vt.)* يقول أو يفشي من غير تفكير.

blush *(vi.; n.)* (١) يحمرّ وجهه. (٢) يستحي (٣) يتورّد §(٤) نظرة؛ وهلة (٥) احمرار الوجه (٦) تورّد.

bluster *(vi.; n.)* (١) تعصف (الريح). (٢) يتحدث بصخب أو عنف §(٣) عاصفة (٤) نوبة غضب الخ.

boa

boa *(n.)* (١) الأصَلة؛ البُواء: أفعى كبيرة (٢) لفاع طويل (من فروٍ أو ريش أو نسيج رقيق).

boar *(n.)* (١) خنزيرٌ (٢) عِفْر؛ خنزير بريّ.

board *(n.; vt.)* (١) لوح خشب (٢) *pl.*: خشبة المسرح (٣) مائدة طعام (٤) طعام بسعر محدّد (في الأسبوع أو الشهر) (٥) منصّة المحكمة الخ. (٦) مجلس؛ هيئة (٧) لوحة؛ رُقعة (٨) كرتون؛ ورق مقوّى §(٩) يكسو بألواح خشبية (١٠) يقدّم الطعام (والمنامة عادة) إلى شخص معين بسعر محدّد في الأسبوع أو الشهر.

on ~, على متن السفينة أو القطار الخ.

boarder *(n.)* تلميذ داخليّ.

boarding school *(n.)* مدرسة داخلية.

boast *(vi.; t.)* (١) يتباهى ×(٢) يفتخر أو يعتز بـ.

boastful *(adj.)* متبجّح؛ محبّ للتبجّح.

boat 2

boat *(n.)* (١) مركب؛ زورق؛ سفينة (٢) فنجان.

boatman *(n.)* النوتيّ؛ المراكبيّ.

boatswain *(n.)* عريف الملاحين.

bob *(vt.; i.; n.)* (١) يضرب أو يقرع برفق (٢) يهزّ (٣) يقصّ الشعر قصيراً ×(٤) يتمايل؛ يتذبذب (٥) ينشأ فجأة §(٦) تمايلٌ؛ ذبذبة؛ هزة رأس

(٧) قصة شَعر قصيرة (٨) ثقل (في طرَف البندول وذيل الطائرة الورقية) (٩) شِلْن .

bobbin *(n.)* وَشِيعَة ؛ مَكّوك ؛ بَكَرَة.

bobwhite *(n.)* الحَجَل: طائر معروف .

bode *past and past part. of* bide.

bode *(vt.; i.)* يدلّ على ؛ يبشِّر بخير أو ينذر بشرّ.

bodice *(n.)* الصِّدار : الجزء الأعلى من ثوب المرأة.

bodiless *(adj.)* غير ذي جسد ؛ غير مادي .

bodily *(adj.)* (١) ماديّ (٢) جسديّ .

bodkin *(n.)* (١) مِخْرز (٢) دبوس شعرزينيّ. (٣) المِتكّ : أداة لإدخال التّكة في بيتها .

body *(n.)* (١) جسد ؛ جِسم ؛ بَدَن . (٢) جثة (٣) شَخْص (٤) جذع (٥) كتلة (٦) مجموعة ؛ جماعة (٧) هيئة (٨) قَوام ؛ كثافة. in a ~, كلّهم معاً ؛ على نحوٍ جماعيّ.

bodyguard *(n.)* (١) حَرَس (٢) حاشية ؛ بطانة

bog *(n.; vi.)* (١) مستنقع (٢) يغوص في مستنقع .

boggle *(vi.; n.)* (١) يُجفِل (رعباً) (٢) يتردد. (٣) يعمل بغير براعة (٤) إجفال (٥) تردُّد (٦) عملٌ غير متقن .

boggy *(adj.)* سَبِخٌ ؛ مستنقعيّ .

bogie or **bogy** *(n.)* عربة منخفضة .

bogle or **boggle** *(n.)* (١) شبح (٢) بُعبع ؛ غول

bogus *(adj.)* زائف ؛ مزيَّف ؛ كاذب .

boil *(vi.; t.; n.)* (١) يَغْلي (٢) يهتاج (٣) يفور. (٤) يسلق (٥) غَلْيٌ ؛ غَلَيان (٦) بَثْرة ؛ حَبّة.

boiler *(n.)* (١) غَلاّية (٢) مِرجَل.

boiling *(n.; adj.)* (١) غَلْي ؛ غليان (٢) غالٍ .

boisterous *(adj.)* (١) شديد ؛ عاصف . (٢) صخّاب .

bold *(adj.)* (١) جريء ؛ جَسُور (٢) وَقِح. (٣) شديد التحدّر (٤) واضح .

bole *(n.)* (١) جِذع ؛ ساق (٢) طين.

bolero *(n.)* البوليرو : «أ» رقصة اسبانية أو موسيقاها. «ب» سترة فضفاضة تبلغ الخَصْر طولاً .

Bolshevik *(n.; adj.)* بَلْشَفي ؛ شيوعيّ .

bolster *(n.; vt.)* (١) وِسادة (٢) يسند ؛ يدعم.

bolt *(n.; vi.; t.)* (١) سهم قصير (٢) صاعقة. (٣) رِتاج ؛ مِزلاج (٤) لسان القُفل (٥) «ثوب» قماش (طوله ٤٠ ياردة) (٦) لفافة ورق جدران (٧) نافورة (٨) مسمار مُلَوْلَب (٩) ينطلق ؛ يندفع (١٠) يفرّ ؛ يهرب (١١) يُرْتِج ؛ يثبّت بالرتاج (١٢) ينفصل عن حزبه السياسي ×(١٣) يثبّت بالرتاج أو بمسمار مُلَوْلَب (١٤) يزدرد (١٥) ينخل.

bolter *(n.)* (١) منخل (٢) مقترع يرفض تأييد حزبه

bomb *(n.; vt.)* (١) قنبلة (٢) يقذف بالقنابل.

bombard *(vt.)* يقذف بالقنابل .

bombast *(n.)* كلامٌ مُنمّق طنّان.

bombastic; -al *(adj.)* مُنَمَّق ؛ طنّان.

bombshell *(n.)* (١) قنبلة (٢) مفاجأة مذهلة .

bona fide *(adj.)* صادق ؛ مخلص ؛ غير زائف.

bonanza *(n.)* منجم ثراء ؛ حظ سعيد.

bonbon *(n.)* البُنْبُون : نوعٌ من المُسكَّرات .

bond *(n.; vt.)* (١) قَيْد ؛ وِثاق (٢) ميثاق . (٣) حبل ؛ رباط (٤) مادةٌ رابطةٌ أو مُلْصِقة (٥) رابطة (٦) التزام ؛ تعهّد ؛ كفالة (٧) الكافل ؛ الضامن (٨) سَنَدٌ أو وثيقةٌ بدَيْن (٩) صكّ تأمين (١٠) مِدْماك (١١) يُدَمِّك : يجعل الحجارة مداميكَ (١٢) يَرْهَن (١٣) يحجز (البضائعَ في الجمرك)

bondage *(n.)* عبودية ؛ استرقاق .

bondmaid *(n.)* أَمَة ؛ جارية .

bondman *(n.)* عبد ؛ رقيق.

bondsman *(n.)* (١) عبدٌ (٢) الكافل ؛ الضامن.

bone *(n.; vt.)* (١) عَظْم (٢) عاج . (٣) *pl.*: زهر النرد (٤) ينزع العظم أو الحسك.

bonfire *(n.)* المَشْعَلة : نارٌ تُضرَم في الهواء الطلق.

bonnet 55 bosom

bonnet *(n.)* قَلَنْسُوَة .

bonnet

bonny *or* **bonnie** *(adj.)* (١)جميل ؛ وسيم (٢) رائع ؛ ممتاز (٣) ممتلىء صحةً .

bonus *(n.)* (١)شيء إضافيّ (٢)علاوة للموظفين. (٣) إعانة حكومية (٤) رِبحٌ .

bony *or* **boney** *(adj.)* (١) عظميّ (٢) كثير العظام أو الحَسَك (٣) ناتىء العظام ؛ نحيل .

booby *(n.)* (١)المغفّل (٢)الأطيَش : طائر بحري

boodle *(n.)* (١) حَشْدٌ (من الناس) (٢)رشوة.

book *(n.; vt.)* (١) كتاب (٢) دفتر ؛ سجلّ . §(٣)يسجّل؛ يدوّن (٤) يحجز مقدّماً .

bookbinder *(n.)* المجلِّد : مجلّد الكتب .

bookcase *(n.)* خزانة كتب .

bookie *(n.)* وكيل المراهنات على جياد السباق .

bookish *(adj.)* (١) كُتُبِيّ (٢)مولع بالكتب.

bookkeeper *(n.)* كاتب الحسابات (في شركة الخ)

bookkeeping *(n.)* مَسْك الدفاتر (التجارية).

booklet *(n.)* كُتَيِّب ؛ كُرّاسة .

bookmaker *(n.)* = bookie.

bookseller *(n.)* الكُتُبِيّ : بائع الكتب.

bookshelf *(n.)* (١)رف كتب (٢)مجموعة كتب.

bookshop *(n.)* المكتبة: محل تجاريّ لبيع الكتب.

bookstall; bookstand *(n.)* كشك الكتب .

bookstore *(n.)* المكتبة: محل تجاريّ لبيع الكتب.

boom *(n.; vi.; t.)* (١) ذراع التطويل : عمود يستخدم لإطالة قاعدة الشراع (٢)ذراع المِرفاع أو الرافعة (٣)ذراع الميكرفون (٤)حبل أو سلسلة حديدية أو مجموعة من الأخشاب المتصلة الطافية (٥)دويّ؛ هدير ؛ طنين ؛ أزيز (٦)اتّساع ؛ تعاظم سريع (٧)ازدهار §(٨)يدوّي ؛ يهدر ؛ يطنّ ؛ يئزّ (٩)يندفع بدويّ (١٠)يزدهر ×(١١)يعلن بدويّ (١٢)يسبّب ازدهار كذا.

boon *(n.; adj.)* (١)عطيّة (٢)نعمة §(٣)مَرِح .

boor *(n.)* (١)فلاّح (٢)شخص فظّ أو جِلْف.

boorish *(adj.)* ريفيّ ؛ غير مثقّف ؛ جِلْف .

boost *(vt.; n.)* (١) يرفع (٢)يزيد (٣) يدعم. (٤)يعزّز §(٥)رفعٌ (٦) زيادة (٧) عون.

booster *(n.)* (١)نصير متحمّس (٢)المُعزِّز.

boot *(n.; vi.; t.)* (١)جزمة أو حذاء عالي الساق. (٢) غطاءٌ واقٍ (٣) صندوق السيارة (لوضع الامتعة) (٤)رفسة §(٥)ينتعل (٦)يرفس (٧)يطرد.

to ~, علاوةً على ذلك ؛ بالإضافة إلى ذلك.

booth *(n.)* سقيفة ؛ كُشْك ؛ حجرة صغيرة.

bootleg *(vt.)* يبيع بطريقة غير شرعية ؛ يُهرِّب.

bootless *(adj.)* باطل ؛ غير مجدٍ أو مفيد.

boot tree *(n.)* قالب الأحذية .

booty *(n.)* (١) غنيمة (٢) كَسْبٌ عظيمٌ .

borax *(n.)* البُورَق : مسحوق أبيض متبلّر.

border *(n.; vt.; i.)* (١)حافة ؛ جانب ؛ حاشية. (٢) تخم ؛ حدّ §(٣) يجعل له حاشية (٤)يتاخم ؛ يحاذي (٥)يحدّ ×(٦)يقارب .

borderland *(n.)* (١)حدّ ؛ تخم (٢)منطقة حدود

bore *past of* bear.

bore *(vt.; i.; n.)* (١)يَثْقُب ؛ يجوّف (٢)يحفر. (٣) يُضجر ×(٤) ينثقب §(٥) ثُقْب (٦)تجويف (٧)ماسورة البندقية (٨) عِيار ؛ قُطر داخلي (٩)شخص مُضجِر أو ثقيل الظلّ.

boredom *(n.)* ضَجَرٌ ؛ سأمٌ ؛ بَرَمٌ .

boric acid *(n.)* حمض البوريك.

born *(adj.)* (١)مولود (٢) بالفطرة .

borne *past part. of* bear.

borough *(n.)* (١)القَصَبَة : مدينة انكليزية ذات ممثلين في البرلمان (٢)بلدة أميركية .

borrow *(vt.)* (١) يستعير (٢) يقتبس.

bosh *(n.)* هُراء ؛ كلام فارغ ؛ شيء تافه.

bosom *(n.)* (١) صَدْر (٢) صدر الثوب . (٣)حِضْن (٤)قلب ؛ صميم ؛ وَسَط .

boss *(n.; vt.)* (١)حَدَبَة ؛ سنام (٢)عقدة أو زرّ زينيّ (في درع) (٣)السُّرَّة: حلية معمارية نائتة (٤) الرئيس ؛ وبخاصة رئيس العمال (٥)المفوَّض: سياسيّ ذو سيطرة على المسؤولين في حزبه في منطقة معيّنة § (٦)يرصّع بعُقَد أو أزرار زينيّة (٧)يوجّه ؛ يناظر.

boss 3

botanic; -al *(adj.)* نباتيّ ؛ خاص بعلم النبات.
botanist *(n.)* النباتيّ ؛ عالم النبات.
botany *(n.)* علم النبات.
botch *(vt.; n.)* (١) يرقّع بطريقة غير متقنة. § (٢)عملٌ غير متقَن (٣) رقعة غير متقنة.
both *(adj.; pron.)* كِلا ؛ كِلتا.
both *(conj.; adv.)* معاً ؛ على حدّ سواء.
bother *(vt.; i.; n.)* (١) يُزعج ؛ يضايق. (٢) يُقلق ×(٣) يَقْلَق (٤) يزعج نفسه § (٥) انزعاج ؛ قلق (٦) ضجة ؛ جلبة.
bottle *(n.; vt.)* (١)زجاجة ؛ قنّينة (٢)الخمر أو معاقرتها § (٣)يعبّئ في زجاجات (٤)يحصُر.
bottom *(n.; adj.)* (١)أدنى ؛ أسفل ؛ قاعدة. (٢)عجيزة ؛ كَفَل (٣) قعر (٤) أساس § (٥)الأدنى ؛ الأسفل (٦)أساسي (٧)الأخير.
bottomless *(adj.)* لاقعر أو أساس أو قاعدة له.
boudoir *(n.)* البُدْوار: حجرة السيدة الخاصة.
bough *(n.)* غُصن ؛ فَرْع (من شجرة).
bought *past and past. part. of* buy.
bougie *(n.)* (١) شمعة (٢) تحميلة ؛ فتيلة.
boulder *(n.)* الجُلْمود: صخر ضخم مدوَّر.
boulevard *(n.)* الجادّة: شارع عريض مُشجَّر.
bounce *(vi.; t.; n.)* (١)يثب كالكرة (٢)يرتدّ. (٣) ينهض بسرعة (٤) يدخل أو يخرج بجلبة أو غضب ×(٥) يجعله يثب § (٦) ضربة قوية (٧)ارتداد (٨)تبجّح (٩) حيوية ؛ نشاط.
bouncer *(n.)* (١)المتبجّح (٢) كذبة ضخمة.
bound *past and past part. of* bind.
bound *(adj.; n.; vt.; i.)* (١)قاصدٌ إلى ؛ متجه نحو (٢)مقيَّد ؛ مكبَّل (٣)مؤكَّد (٤)مُلْزَم (٥)مصاب بإمساك (٦) مجلَّد (٧)مصمِّم على § (٨)حدّ ؛ نطاق (٩)وثبة ؛ قفزة (١٠) ارتداد § (١١)يقيِّد ؛ يكبح (١٢)يحيط بـ ؛ يحُدّ (١٣)يعيّن حدود كذا ×(١٤) يثب ؛ يقفز (١٥)يرتدّ (١٦) يتاخم.
boundary *(n.)* تَخْم ؛ حَدّ.
bounden *(adj.)* مُلزِم ؛ إلزامي.
boundless *(adj.)* لانهائيّ ؛ غير محدود.
bounteous *(adj.)* (١) كريم (٢)وافر ؛ سَخِيّ.
bountiful *(adj.)* = bounteous.
bounty *(n.)* (١) سخاء (٢) هِبَة سَخِيّة. (٣) محصول (٤)جائزة أو منحة حكومية.
bouquet *(n.)* (١) باقة أزهار (٢) عبير.
bourgeois *(n.; adj.)* (١) البورجوازيّ: أحد أفراد الطبقة المتوسطة § (٢) بورجوازيّ.
bourgeoisie *(n.)* الطبقة البورجوازية.
bourn; -e *(n.)* (١) غدير (٢) عالَم.
bout *(n.)* (١) مباراة (٢) فترة (٣)نوبة.
bovine *(adj.)* (١)بقَرِي ؛ متعلق بالبقر (٢)بليد.
bow *(vi.; t.; n.)* (١)يذعن (٢)ينحني (٣)يحني رأسه ×(٤)يحني (٥)يُخضِع (٦) يعبّر عن شيء بالانحناء § (٧) انحناءة (٨)مقدَّم السفينة أو الطائرة.
bow *(n.; adj.; vi.; t.)* (١)التواء ؛ انحناء (٢)قوس. (٣)قوس قُزَح (٤)حَلْقَة المفتاح أو المقص الخ. (٥) عُقْدَة (٦) قوس الكمان § (٧)متقوِّس § (٨)ينحني ؛ يتقوَّس (٩)يعزف على الكمان ونحوه ×(١٠) يحني ؛ يقوِّس.
bowels *(n. pl.)* (١) أمعاء (٢) أحشاء.
bower *(n.)* (١) كوخ (٢)تعريشة (في بستان).

bowl *(n.; vi.; t.)* (١) زُبْدية ؛ سلطانية . (٢)طاس (٣)تجويف ؛ الجزء الأجوف من الملعقة أو البيبة (٤) كرة (من كرات البولنغ) (٥) *pl.*: لعبة البولنغ §(٦) يلعب البولنغ (٧)ينطلق (في عربة) بخفة ورشاقة ×(٨) يضرب .

bowlder *(n.)* = boulder.

bowleg *(n.)* تَقَوُّس الساقَين ؛ ساق متقوِّسة .

bowlegged *(adj.)* متقوِّس الساقَين .

bowling *(n.)* البولِنْغ : لعبةٌ بالكرات الخشبية .

bowman *(n.)* (١)النبّال (٢)المجذِّف الأمامي .

bow tie *(n.)* رباط رقبة فَراشِيّ الشكل .

bow tie

box *(n.; vt.; i.)* (١) صندوق ؛ علبة (٢) مقعد الحوذيّ (٣)مقصورة (٤)زريبة لفرس (في اصطبل أو عربة) (٥) كشك ؛ كوخ (٦) إطار (٧) ورطة (٨) لكمة §(٩)شُجَيْرة البَقْس أو خشبها §(١٠)يُصَنْدِق : يعبّىء في صندوق (١١)يلكم ؛ يلاكم ×(١٢) يتلاكم .

boxer *(n.)* (١)الملاكم (٢) البَكسَر (كلب) .

boxing *(n.)* (١) الصَّنْدَقة (٢)الملاكمة .

box office *(n.)* شباك التذاكر (في مسرح الخ .) .

boxwood *(n.)* البَقْس (نبات أو خشبُه) .

boy *(n.)* (١) غُلام ؛ صبيّ ؛ ولد (٢) خادم .

boycott *(vt.; n.)* (١) يقاطع §(٢) مقاطعة .

boyfriend *(n.)* (١) صديق (٢)رفيق (لفتاة) .

boyhood *(n.)* (١)الصِّبا ؛ زمن الصِّبا (٢)الصبيان .

boyish *(adj.)* (١)صبياني (٢)غير ناضج .

boy scout *(n.)* الكشّاف : واحد الكشّافة .

brace *(n.; vt.; i.)* (١)زَوْج ؛ اثنان (٢)الملفاف : مَقْبِض يُدار به المثقاب (٣) مِشْبَك ؛ دعامة ؛ سِناد ؛ رِباط (٤) *pl.*: حمالة البنطلون (٥)الحاصرة : إحدى هاتين العلامتين { } في الطباعة

braces 4

§(٦)يُوَتِّر (٧) ينشِّط ؛ ينعش (٨)يقوّي ؛ يثبِّت ×(٩) يستجمع قواه (١٠) يستعدّ .

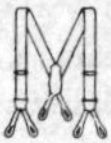

brace and bit *(n.)* المِثْقَب اللفّاف .

bracelet *(n.)* (١) سوارٌ (٢) قَيْد لليدين .

bracket *(n.; vt.)* (١) الكُتَيْفة ؛ الثُّلَيْثة : سنادٌ مثلّث الشكل يكون تحت رفّ الخ . (٢) الرفّ الكُتَيفيّ : رفّ مدعوم بكُتَيفة (٣) حاملة المصباح (المنبثقة من جدار) (٤) المعقَّف : إحدى هاتين العلامتين [ ] في الطباعة (٥) فئة §(٦) يحصر ضمن معقَّفَين (٧) يكتِّف : يزوِّد أو يدعم بكتائف (٨)يقرن (٩)يصنِّف .

bracket 1

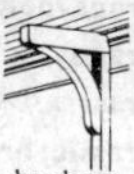

brackish *(adj.)* (١)مالحٌ قليلاً (٢) كريه .

brad *(n.)* مسمار (رفيع) صغير الرأس .

brag *(vi.; n.)* (١)يتفاخر ؛ يتباهى §(٢)تفاخُر ؛ تباهٍ (٣)مفخرة (٤)المتفاخر ؛ المتبجِّح .

braggart *(n.; adj.)* متبجِّح ؛ مدّعٍ .

braid *(vt.; n.)* (١)يجدل ؛ يضفِّر (٢)يزركش بشريط زيني §(٣)شريط زينيّ مجدول (٤)جديلة .

brain *(n.; vt.)* (١)دماغ ؛ مخ (٢) *pl.*: فهم ؛ ذكاء §(٣)يقتل (بسحق الجمجمة) .

brainless *(adj.)* أبله ؛ متبلّد الذهن .

brainpan *(n.)* قِحْف الدماغ ؛ علبة الدماغ .

brainy *(adj.)* ذكيّ .

braise *(vt.)* يُدَمِّس : يطهو ببطء في قِدْر مقفلة .

brake *(n.; vt.; i.)* (١) الهاشمة : أداة تسحق الأجزاء الخشبية من الكتان أو القنّب (٢)مِكبح (٣)أجَمَة (٤)البطارِس (نبات) §(٥) يكبح .

bramble *(n.)* عُلَّيْق .

bran *(n.)* نُخالة .

branch *(n.; vi.; t.)* (١) غُصْن (٢) رافد . (٣)فرع ؛ شعبة §(٤)يتغصَّن : يُطلِع أغصاناً (٥)يتفرَّع ؛ يتشعَّب ×(٦) يقسِّم ؛ يفرع .

brand *(n.; vt.)* (١) جَمْرَة (٢) ماركة ؛ علامة تجارية (٣) سِمَة العار (٤) مِيْسَم . (٥)وصمة عار (٦)صنف §(٧) يَسِم بالنار أو بعلامة تجارية أو بسِمَة العار .

brandish *(vt.)* يلوح (بالسيف الخ.) مهدداً.

brand-new *(adj.)* جديد تماماً.

brandy *(n.)* البراندي: شراب مُسْكِر.

brass *(n.)* (١)الصُّفر: النحاس الأصفر (٢)وقاحة.

brassie; brassy *(n.)* البَراسيّة: عصا غولف.

brassiere *(n.)* صُدَيرِيّة للثديين .

brassy *(adj.)* (١) نحاسيّ (٢) وقِح.

brat *(n.)* (١) طفل ؛ (٢) طفل مزعج .

bravado *(n.)* تبجّح أو تظاهر بالشجاعة.

brave *(adj.; n.; vt.)* (١) شجاع (٢)أنيق . (٣) ممتاز §(٤) شخص شجاع §(٥) يواجه أو يتحمّل بشجاعة (٦)يتحدّى .

bravery *(n.)* (١) شجاعة (٢) أناقة .

bravo *(interj.)* مَرْحى!

brawl *(n.; vi.)* (١) شجار §(٢) يتشاجر.

brawn *(n.)* (١) قوة عضلية (٢)لحم الخنزير .

brawny *(adj.)* (١) قويّ (٢)قاسٍ .

bray *(vi.; n.)* (١)ينهق (٢)يَسْحَن §(٣)نهيق.

brazen *(adj.)* (١)نحاسيّ (٢)نحاسيّ اللون أو الرنين (٣) وقح ؛ صفيق.

brazenly *(adv.)* بوقاحة ؛ بصفاقة .

brazier *(n.)* (١) النحّاس (٢) مَجْمَرَة .

breach *(n.; vt.)* (١)خرق؛ نَقْض؛ نكث . (٢) كَسْر ؛ صَدْع (٣) انقطاع في العلاقات الودية §(٤) يَصْدَع (٥)يخرق ؛ ينكث .

bread *(n.; vt.)* (١) خبز (٢) كِسْرَة خبز . (٣)قوت ؛ رزق §(٤)يكسو بكِسَر الخبز.

breadstuff *(n.)* (١)حنطة أو طحين (٢)خبز.

breadth *(n.)* (١)عَرْض (٢)قطعة ذات عرض معيّن (٣)اتساع (٤)سعة في التفكير .

breadthways *(adv.)* عرضاً؛ بالعَرْض .

break *(vt.; i.; n.)* (١) يكسر (٢) يجرح . (٣) ينتهك؛ ينقض (٤) يقتحم (٥)يفرّ من (٦) يخرق ؛ يثقب (٧) يفسخ ؛ يحلّ (٨) يفرّق (٩) يَسْحَق (١٠) يروّض (١١)يُضْعِف؛ يرْهِق (١٢)يفلس ؛ يوقعه في الإفلاس(١٣)يدحض (١٤)يخفض (١٥)يقطع (١٦)يجزّىء (١٧)يبلغ ؛ يذيع (١٨) يحلّ ×(١٩) يذيع ؛ يبرز (٢٠) يبزغ (٢١)ينفجر (٢٢)يهب (٢٣)ينكسر ؛ يتكسّر (٢٤)يَصْحو (٢٥) يتراجع (٢٦) يضعُف (٢٧) يتعطّل (٢٨)ينخفض (٢٩)يقطع الصلة بـ(٣٠)يصبح أجش (٣١)ينقطع (عن العمل أو النشاط) فترة قصيرة (٣٢)ينقسم؛ يتفرّع (٣٣) يَحْدُث §(٣٤) كَسْر ؛ ثُلْمَة (٣٥)اندفاع ؛ انطلاق (٣٦)محاولة هرب (٣٧) بزوغ (٣٨) انقطاع (٣٩) تغيّر (٤٠)راحة قصيرة (٤١) زلة .

to ~ in يقتحم (بيتاً أو مبنى) .

to ~ open يفتح (قفلاً الخ.) عنوة .

to ~ out تندلع (الحرب الخ.)

breakable *(adj.)* قابل للكَسْر.

breakage *(n.)* (١) كَسْر (٢)مقدار الكسر : مقدار الأشياء المكسورة (٢) تعويض الكسر .

breakdown *(n.)* (١)تعطّل (آلة عن العمل). (٢) انهيار (٣) رقصة شعبية صاخبة .

breaker *(n.)* (١)الكسّارة : آلة لتكسير الصخور. (٢) المتكسّرة : موجة تتكسّر على الصخر .

breakfast *(n.; vi.; t.)* (١) الفَطور : طعام الصباح §(٢)يتناول الفطور ؛ يقدم الفَطور إلى.

breakwater *(n.)* حائل الأمواج : جدار أو حاجز لوقاية المرفأ أو الشاطىء من عَزْم الأمواج .

bream *(n.)* الأبراميس (سمك) .

breast *(n.; vt.)* (١)ثَدْي: نَهْد (٢)صَدْر . §(٣) يقاوم؛ يواجه ؛ يصارع .

breastplate 59 **bring**

breastplate *(n.)* دِرْع الصدر .

breastwork *(n.)* مَتراس مُرتَجل.

breath *(n.)* (١)نَفَس (٢)تنفُّس (٣)لحظة؛ برهةقصيرة(٤)نَسْمَة(٥)شيءتافه(٦) روح .
below *or* under one's ~, بهمس.

breathe *(vi.; t.)* (١)يتنفَّس (٢)يحيا (٣)يهبّ (الهواء) برفق ×(٤)يتزفَّر ؛ ينفث (٥)ينفخ (٦)يلفظ ؛ يهمس ، ينبس بـ.

breathless *(adj.)* (١)عديم النَّفَس (٢)ميت. (٣)لاهث(٤)مُلْهِث(٥)حابسٌ أنفاسَه .

bred *past and past part. of* breed.

breech *(n.)* (١) .*pl* : «أ» بنطلون قصير . «ب» بنطلون (٢) عَجيزة ، كَفَل (٣) مؤخرة البندقية .

breed *(vt.; i.; n.)* (١) يلد؛ ينتج؛ يَنْسِل . (٢) يُسَبِّب ؛ يولّد (٣)يستولد (٤) يحسِّن نوع الماشية بالاستيلاد الموجَّه (٥) يربّي (٦) يُلْقِح ؛ يُعَشِّر ×(٧) يتوالد؛ يتناسل §(٨)سلالة (٩) نَسْل (١٠) صنف ؛ نوع .

breeze *(n.)* (١) نسيم (٢) سهولة (٣) شجار (٤)السُّقاط : نُفاية الفحم .

breezy *(adj.)* (١) كثير النَّسَمات (٢) مرح.

brethren *pl. of* brother.

breviary *(n.)* (١)مختصر (٢)كتاب صلوات يومية.

brevity *(n.)* (١)قِصَر (٢)إيجاز (في الكتابة).

brew *(vt.; i.; n.)* (١) يخمِّر (٢) يُحْدِث. ×(٣)يتكوّن §(٤) شرابٌ مخمَّر .

brewery *(n.)* مصنع الجعة .

briar *(n.)* = brier.

bribe *(vt.; i.; n.)* (١) يرشو §(٢) رشوة .

bribery *(n.)* (١) إعطاء الرَّشوة (٢)الارتشاء .

brick *(n.; vt.)* (١) آجرة؛ قرميدة (٢) آجرّ؛ قرميد §(٣)يُقَرْمِد : يفرش أو يبني بالقرميد.

bridal *(adj.; n.)* (١) زفافيّ §(٢) زِفاف.

bride *(n.)* العَروس ؛ العروسة .

bridegroom *(n.)* العريس .

bridesmaid *(n.)* إشبينة العروس.

bridge *(n.; vt.)* (١)جِسْر (٢)قصبة الأنف. (٣)مشط العود أو الكمان: القطعة الرافعة لأوتارهما(٤)منصَّة ربان السفينة(٥)البريدج : لعبة من ألعاب الورق §(٦) يقيم جسراً على.

bridle *(n.; vt.; i.)* (١)لِجام (٢) مِكْبَح . (٣)شموخٌ §(٤)يُلجم ؛ يكبح×(٥)يشمخ بأنفه.

brief *(adj.; n.)* (١) وجيز ؛ قصير الأمد . (٢) موجَز §(٣) رسالة بابويّة (٤) مذكّرة (٥)خلاصة دعوى(٦).*pl* : سروال تحتاني قصير . in ~, قُصارى القول؛ بكلمات قليلة.

brier *(n.)* (١) وردٌ برّي . (٢) غصن شائك .

brig I

brig *(n.)* (١)شراعية بصاريَيْن. (٢)سجن (٣)جسر.

brigade *(n.)* (١)لواء (٢)فرقة.

brigadier *(n.)* = brigadier general.

brigadier general *(n.)* عميد ؛ قائد لواء .

brigand *(n.)* لصّ ؛ قاطع طريق.

brigantine *(n.)* مركب شراعي .

bright *(adj.)* (١)نيِّر؛ ساطع؛ مشرق (٢)متألِّق؛ فتنة (٣)زاهٍ (٤)ذكيّ (٥) مَرِح (٦) رائق.

brighten *(vi, t.)* (١)يسطع ؛ يُشرق(٢)يبتهج. ×(٣) يجعله ساطعاً أو مشرقاً (٤) يبهج.

brilliance; -cy *(n.)* (١) تألُّق (٢) ذكاء .

brilliant *(adj.)* (١) متألّق؛ مشرق؛ باسم . (٢)لامع (٣) ألمعيّ؛ متّقد الذكاء (٤) رائع .

brilliantine *(n.)* مستحضر لتلميع الشعر .

brim *(n.; vi.)* (١)حافة ؛ حرف §(٢)يَطْفَح.

brimful *(adj.)* مُتْرَع ؛ طافح .

brine *(n.)* (١) ماء شديد الملوحة (٢) أوقيانوس .

bring *(vt.)* (١) يجلب ؛ يحمل ؛ يجيء بِـ .

(٢)يُقنِع ؛ يُغْري (٣)يورد ؛ يقدّم ؛ يُدلي بِـ.

to ~ about يُحْدِث ؛ يُسبِّب .

to ~ forth (١)يُحدِث (٢) يُثمِر .

to ~ forward (١)يقدّم (٢)يثير .

to ~ to an end يُنهي .

brink *(n.)* (١) حَرْف ؛ حافة (٢)شفير .

briny *(adj.; n.)* (١)مالح §(٢) البحر .

brisk *(adj.)* (١)رشيق ؛ خفيف ؛ سريع (٢)فوّار (٣)حادّ ؛ قويّ النكهة (٤)منعش (٥)ناشط .

brisket *(n.)* صدر الحيوان .

bristle *(n.; vi.)* (١)الهُلْب : شعرٌ غليظ . §(٢)يَقِفُ ؛ ينتصب بخشونة (٣) يوقف شعرَه بخشونة (٤) يتّخذ مظهراً أو موقفاً عدوانياً .

bristly *(adj.)* كثّ ؛ أهلب ؛ خشن الشعر .

Britannic *(adj.)* بريطانيّ .

British *(n.; adj.)* (١)البريطانيون §(٢)بريطانيّ .

Briton *(n.)* البريطاني ؛ الانكليزي .

brittle *(adj.)* قَصِم ؛ هَشّ ؛ سريع الانكسار .

broach *(n.; vt.)* (١)سَفّود ؛ سيخ (٢)مثقاب (٣)مِخْرز (لفتح البراميل) §(٤) يثقب (البراميل) (٥) يفتح الموضوع أو يطرقُه .

broad *(adj.; adv.)* (١) عريض ؛ فسيح ؛ واسع (٢) واضح (٣) مطلَق (٤) متحرّر ؛ رحب الأفق (٥) رئيسيّ ؛ عامّ §(٦)تماماً .

broadcast *(vt.; n.; adj.)* (١)ينثر (الحَبّ) ؛ ينشر (٢)يُذيع بالراديو أو التلفزيون §(٣)برنامج إذاعي §(٤) منثور ؛ واسع الانتشار (٥)إذاعي .

broadcloth *(n.)* (١) جُوْخ (٢) قماش .

broaden *(vi.; t.)* (١) يتّسع ؛ يَعْرُض . (٢) × يوسّع ؛ يُعرِّض .

broad-minded *(adj.)* متحرّر ؛ واسع التفكير .

broadside *(n.)* (١)جانب السفينة (البارز فوق سطح الماء) (٢) المدافع المنصوبة على هذا الجانب .

brocade *(n.)* قماش مقصَّب أو مطرَّز .

broccoli *(n.)* البَرْكوليّ : ضرب من القنّبيط .

brogue *(n.)* نبرة ؛ لهجة (في النطق) .

broil *(vt.; i.; n.)* (١)يَشْوي ×(٢)يُشْوَى . (٣)يتشاجر §(٤) شِواء (٥) شِجار .

broiler *(n.)* (١) مِشْواة (٢) فرّوج .

broke *past and past part. of* break.

broken *(adj.)* (١) مُهَشَّم (٢) مكسور . (٣) متقطّع ؛ متقلّب (٤) مروَّض ؛ مطوَّع (٥)مُنسحق (٦) مُفْلِس (٧) محطَّم ؛ غير سليم (٨) ناقص ؛ غير كامل .

brokenhearted *(adj.)* مسحوق الفؤاد (حزناً) .

broker *(n.)* سمسار ؛ وسيط .

brokerage *(n.)* سمسرة .

bronchitis *(n.)* الالتهاب الشُعَبِيّ .

bronco *(n.)* البَرَنْق : جواد أميركي قزَم .

bronze *(n.)* (١) البرونز (٢) اللون البرونزيّ .

brooch *(n.)* البروش : دبوس زينيّ .

brood *(n.; vt.; i.; adj.)* (١)حَضْنَة ؛ فَقْسَة . (٢) صغار الأمّ الواحدة (٣) جنس ؛ نوع §(٤)تَحضُن بيضها ليفقس §(٥)استيلادي : مُعَدّ للاستيلاد .

brook *(n.; vt.)* (١)جدول ؛ غدير §(٢)يتحمّل .

broom *(n.; vt.)* (١) رتَم ؛ وَزّال (نبات) . (٢)مِكنسة ؛ مِقشّة §(٣) يَكْنُس الخ .

broth *(n.)* مَرَق ؛ حساء رقيق .

brothel *(n.)* ماخور ؛ مَبْغَى ؛ بيت دعارة.

brother *(n.)* (١)أخ (٢)زميل (٣)راهب.

brotherhood *(n.)* (١)أُخُوَّة (٢) إخاء . (٣)أخَويّة أو رَهْبَنة ؛ منظّمة ؛ نقابة صنّاع .

brother-in-law *(n.)* (١) أخو الزوج أو الزوجة (٢) زوج الأخت .

brotherly *(adj.)* أخَويّ .

brougham *(n.)* البَرْهام : مركبة خفيفة مقفلة.

brought *past and past part. of* bring.

brow 61 build

brow *(n.)* (١) حاجب (٢) جبين (٣) حافة المنحدر .

browbeat *(vt.)* يُرهب بالصياح أو بالعبوس .

brown *(adj.; n.; vi.; t.)* (١) أسمر ؛ بنّي . (٢) أسمر البشرة §(٣) اللون الأسمر أو البُنّيّ §(٤) يَسْمَرّ ×(٥) يُسَمِّر .

brownie *(n.)* (١) جنّيّة سمراء صغيرة . (٢) الجُرْمُوزَة : كشّافة صغيرة .

browse *(vt.; i.; n.)* (١) ترعى (الماشيةُ العشبَ). (٢) يتصفّح (كتباً في مكتبة) §(٣) كَلأ ؛ مرعى.

bruise *(vt.; n.)* (١) يَرُضّ أو يَسْحَن §(٢) رضّة.

brunette *(adj.; n.)* سمراء .

brunt *(n.)* الوطأة العظمى (من هجوم أو نقد).

brush *(n.; vt.)* (١) أجَمَة ؛ دَغَل (٢) أغصان مقطوعة (٣) فرشاة (٤) ذيل الثعلب (٥) تنظيف (٦) مَسّ رفيق (٧) مناوشة §(٨) يفرك أو يرسم بالفرشاة (٩) يَصْرِف ؛ يتخلص من (١٠) يمسّ أثناء السير .

brushwood *(n.)* (١) أغصان مقطوعة (٢) أجَمة

brusque *or* **brusk** *(adj.)* فَظّ ؛ جافٍ .

brutal *(adj.)* (١) وحشيّ (٢) قاسٍ ؛ مُوجِع .

brutality *(n.)* (١) وحشيّة (٢) عملٌ وحشيّ .

brute *(n.; adj.)* (١) بَهيمة §(٢) بهيميّ

brutish *(adj.)* (١) بهيميّ ؛ وحشيّ (٢) فظّ .

bubble *(n.; vi.)* (١) فُقّاعة (٢) بَقْبَقَة (الماء الغالي) §(٣) يبقبق (٤) يُزبد (٥) يتدفق مُحْدِثاً خريراً (٦) يفور .

bubonic plague *(n.)* الطاعون الدَّبْليّ .

buccaneer *(n.)* (١) قرصان (٢) مغامر .

buck *(n.; vi.)* (١) ذكر الوعل أو الظبي (٢) شابّ متأنّق (٣) دولار §(٤) يَشِبّ (الفرَس) أو يَشْبو .

bucket *(n.)* (١) دلو (٢) مقدارٌ كبير .

buckle *(n.; vt.; i.)* (١) إبزيم §(٢) يثبّت بإبزيم (٣) يلوي ؛ يغضّن ×(٤) يلتوي ؛ ينبعج (٥) ينكبّ على العمل .

buckler *(n.; vt.)* (١) تُرْس §(٢) يحمي .

buckram *(n.)* البَقْرَم : قماش قاسٍ للتجليد.

bucksaw *(n.)* منشار يدوي .

bucksaw

buckshot *(n.)* خُرْدُق الأيائل : خردق لصيد الأيائل .

buckskin *(n.)* جلد الغزال الخ.

buckwheat *(n.)* الحنطة السوداء أو دقيقها .

bucolic *(adj.)* رَعَويّ أو ريفيّ .

bud *(n.; vi.)* (١) بُرْعم §(٢) يتبرعم : «أ» يُطلع النباتُ براعمه . «ب» يبدأ في النموّ .

Buddhist *(n.; adj.)* (١) البوذيّ §(٢) بوذيّ.

buddy *(n.)* رفيق ؛ زميل (في السلاح).

budge *(vi.; t.)* (١) يتزحزح ×(٢) يزحزح .

budget *(n.; vt.)* (١) كيس (٢) مجموعة . (٣) ميزانية §(٤) يُدْخل في ميزانيّة .

buff *(n.; adj.; vt.)* (١) جلد الجاموس (٢) سترة عسكرية من جلد الجاموس (٣) لون أصفر برتقاليّ §(٤) أصفر برتقاليّ §(٥) يصقل ؛ يلمّع .

buffalo *(n.)* جاموس .

buffalo

buffer *(n.)* المِصَدّ : مخفّف الصدمة (في سيارة أو قطار) .

buffet *(n.; vt.; i.)* (١) ضربة (٢) صدمة عنيفة. §(٣) يَضْرِب (٤) يقارع ؛ يقاوم ؛ يناضل.

buffet *(n.)* (١) خزانة أدوات المائدة (٢) مَقْصَف.

buffoon *(n.)* المُهَرِّج ؛ المضحك .

bug *(n.)* (١) بَقّ ؛ بقّة ؛ حشرة (٢) علّة في جهاز .

bugaboo; bugbear *(n.)* بُعْبُع .

buggy *(n.)* البوجيّة : عربة خفيفة .

bugle *(n.; vi.)* (١) بوق §(٢) ينفخ في بوق .

build *(vt.; i.; n.)* (١) يبني ؛ يشيّد ؛ يقيم ؛ ينشئ. ×(٢) يعتمد ؛ يتّكل §(٣) بِنْية .

builder 62 **bureau**

builder *(n.)* الباني؛ البنّاء.
building *(n.)* (١) مَبْنًى (٢) صناعة البناء.
built *past and past part. of* build.
bulb *(n.)* (١) بَصَلَةُ النبات (٢) نبتة نامية من بصلة (٣) الجزء الزجاجيّ من المصباح الكهربائيّ.
bulbul *(n.)* البُلْبُل: طائر حَسَنُ الصوت.
bulge *(n.; vi.; t.)* (١) انتفاخ؛ نتوء. §(٢) ينتفخ؛ ينتأ ×(٣) ينفخ؛ يُثنى.
bulk *(n.; vi.)* (١) حَجْم (٢) جسم (٣) معظم الشيء §(٤) يكون ذا حجم أو وزن أو أهمية.
in ~, (١) غير معبأ في صناديق أو زجاجات الخ. (٢) بمقادير كبيرة.
bulkhead *(n.)* الحاجز؛ الفاصل.
bulky *(adj.)* ضخم؛ يصعب تحريكه أو نقله.
bull *(n.)* (١) ثور (٢) بيان أو أمر رسمي بابوي.
bulldog *(n.)* البُلْدُغ: كلب ضخم الرأس.
bullet *(n.)* (١) كرة صغيرة (٢) رصاصة.
bulletin *(n.; vt.)* بلاغ؛ نشرة.
bulletin board *(n.)* لوحة البلاغات أو النشرات.
bulletproof *(adj.)* لا يخترقه الرصاص.
bullfight *(n.)* مصارعة الثيران.
bullfinch *(n.)* الدَّغْناش: عصور مغرِّد.
bullfrog *(n.)* ضفدع أميركي كبير.
bullion *(n.)* سبيكة (ذهبية أو فضية).
bullock *(n.)* (١) عِجْل (٢) ثور مَخْصِيّ.
bull's-eye *(n.)* (١) قَلْبُ الرَّمِيَّة: نقطة الهدف الرئيسية (٢) كُوَّة.
bully *(n.; adj.; interj.; vt.; i.)* (١) المتنمِّر؛ المستأسد (على من هم أضعف منه) §(٢) ممتاز (٣) مَرِح §(٤) مَرحى! برافو! §(٥) يتنمّر.
bulrush *(n.)* الدِّيس: عشب مائي.
bulwark *(n.)* (١) حِصْن؛ متراس (٢) وقاء.
bump *(vt.; i.; n.)* (١) يَضْرِب؛ يَصْرَع. (٢) يصدم؛ يَرْطِم ×(٣) يرتطم بـ §(٤) ضربة أو صدمة قوية (٥) نتوء؛ ورم.
bumper *(n.; adj.)* (١) كأس مترعة (٢) كذبة كبيرة (٣) مِصَدّ §(٤) غزير جداً.
bumpkin *(n.)* شخص ريفيّ شديد الارتباك.
bun *(n.)* (١) كعكة محلاّة (٢) كعكة الشَّعر.
bunch *(n.; vt.; i.)* (١) عنقود (٢) حزمة؛ باقة. (٣) مجموعة §(٤) يضمّ؛ يحزم ×(٥) ينضمّ.
bundle *(n.; vt.; i.)* (١) حزمة؛ رُزمة؛ صُرَّة. §(٢) يَحزِم؛ يرزم؛ يَصُرّ.
bungalow *(n.)* البَنْغَل: بيت من طابق واحد.
bungle *(vt.; i.; n.)* (١) يعمل بغير إتقان. §(٢) عمل غير متقَن.
bunion *(n.)* ورم ملتهب (في إبهام القدم).
bunk *(n.)* (١) سرير مُبيَّت (في جدار) (٢) هراء.
bunkum *(n.)* هراء؛ سخف.
bunt *(vt.; i.; n.)* (١) ينطح § (٢) نَطْحَة.
bunting *(n.)* (١) الدُّرْسَة: طائر من العصافير. (٢) قُماش تُصْنَع منه الرايات (٣) رايات.
buoy *(n.; vt.; i.)* (١) الطافية: عوامة لإرشاد السفن §(٢) يزوِّد أو يعلِّم بالطوافي (٣) يعوِّم: يُبقيه طافياً على وجه الماء (٤) يدعم ×(٥) يطفو؛ يعوم.

buoy 1.

buoyancy *(n.)* (١) الطَّفَوِيَّة: قابلية الطَّفْو في الماء (٢) التعويميّة: قدرة السائل على إبقاء الأجسام عائمةً فيه (٣) مَرَح.
buoyant *(adj.)* (١) قابلٌ للطَّفْو (٢) قادرٌ على التعويم (٣) مرِح (٤) مُبهِج؛ منشِّط.
bur *(n.)* =burr.
burden *(n.; vt.)* (١) حِمْل (٢) واجب. (٣) عبء (٤) حَمْل الأثقال (٥) حمولة (٦) قرار الأغنية § (٧) يُثْقِل (٨) يُرْهِق.
burdensome *(adj.)* ثقيل؛ مُرْهِق.
bureau *(n.)* (١) «أ» منضدة. «ب» خزانة منخفضة (ذات مرآة وأدراج للملابس) (٢) مكتب

(٣) دائرة رسميّة .

bureaucracy *(n.)* البيروقراطيّة: «أ» حكومة تتركّز السلطة فيها بأيدي جماعات من الموظفين. «ب» أصحاب السلطة من موظّفي هذه الحكومة. «ج» روتين حكومي .

burgher *(n.)* مواطن (بمدينة ذات حكم ذاتي).

burglar *(n.)* لصّ (يسطو على المنازل ليلاً) .

burglary *(n.)* السّطْو (على المنازل ليلاً) .

burgomaster *(n.)* عمدة المدينة .

Burgundy *(n.)* البُرغندية : خمر فرنسية .

burial *(n.)* (١) قَبْر (٢) دَفْن .

burlap *(n.)* الخَيْش: نسيج قنّبيّ غليظ .

burlesque *(n.; vt.)* (١) سخرية (بالكاريكاتور عادةً) (٢) تقليد أو محاكاة (لكلام أو مسلك شخص) (٣) برنامج منوّعات مسرحي خفيف §(٤) يقلّد أو يحاكي (على سبيل السخرية).

burly *(adj.)* (١) ضخم الجسم (٢) فظّ .

burn *(vi.; t.; n.)* (١) يشتعل؛ يحترق؛ يتوهّج . (٢) يتصوّح (النباتُ) ×(٣) يُحرق (٤) يبدّد؛ ينْتلف (٥) يجتاز بسرعة فائقة §(٦) حُرق.

burner *(n.)* (١) المُحْرِق؛ المُشْعل (٢) المَضْرَم: ذلك الجزء من الموقد (أو المصباح) الذي يحدث فيه اللهب .

burning *(n.; adj.)* (١) إحراق ؛ احتراق . §(٢) مشتعل؛ ملتهب (٣) مُحرِق؛ مُلْهِب.

burnish *(vt.; n.)* (١) يلمّع §(٢) لمعان.

burnt *past and past part. of* burn.

burr *(n.)* (١) غلاف ثمرة خشنٌ أو شائك (٢) نبتة ذات ثمار شائكة (٣) مثقاب (٤) مِحفَرة طبيب الأسنان (٥) عقدة (٦) حافّة خشنة (٧) طنين.

burro *(n.)* حمار؛ وبخاصة : حمار صغير .

burrow *(n.; vi.)* (١) جُحْر؛ وِجار (٢) ملجأ. §(٣) يحفر جُحْراً في الأرض .

burst *(vi.; t.; n.)* (١) ينفجر (٢) يندفع بقوة أو فجأةً (٣) يبرز للعيان فجأة (٤) يطفح بِـ ×(٥) يُفجِّر §(٦) انفجار .

to ~ open يفتح (البابَ الخ.) بالقوة.

to ~ out يتكلم فجأة وبعنف .

bury *(vt.)* (١) يطمر (٢) يدفن (٣) يخفي .

bus *(n.)* الأوتوبوس : سيارة عموميّة كبيرة للركاب .

bush *(n.)* (١) شُجَيْرة (٢) أجَمَة (٣) إعلان.

bushel *(n.)* البوشل: مكيال للحبوب الخ.

bushy *(adj.)* (١) ملتفّ الأشجار (٢) كثيف.

busily *(adv.)* بهمّة؛ بانكباب؛ بنشاط .

business *(n.)* (١) مهنة ؛ عمل (٢) مهمّة. (٣) تجارة (٤) مسألة ؛ قضية (٥) شأن (٦) حقّ .

businesslike *(adj.)* فعّال؛ عمليّ؛ نظاميّ.

businessman *(n.)* رَجُل أعمال .

buskin *(n.)* (١) جزمة نصفية (تبلغ منتصف الساق) (٢) تراجيديا؛ مأساة .

busman *(n.)* سائق الأوتوبوس .

buss *(n.; vt.; i.)* (١) قُبلة §(٢) يقبّل .

bust *(n.)* (١) تمثال نصفيّ (٢) صدر .

bustle *(vi.; t.; n.)* (١) يستعجل ×(٢) يستحثّ. §(٣) نشاطٌ صاخب أو مهتاج .

busy *(adj.; vt.; i.)* (١) مشغول (٢) ناشط ؛ نشيط (٣) فضوليّ §(٤) يُشْغِل ×(٥) ينشغل.

busybody *(n.)* الفضوليّ .

but *(conj.; prep.; adv.; n.)* (١) لولا أن... (٢) إلاّ و... (٣) إلاّ أن (٤) لكن §(٥) غير؛ سوى §(٦) فقط (٧) مجرّد §(٨) استثناء .

~ for your help لولا مساعدتك .

butcher *(n.; vt.)* (١) الجزّار ؛ القصّاب ؛ اللحّام (٢) السفّاح (٣) البائع §(٤) يذبح .

butchery *(n.)* (١) مَسْلَخ (٢) الجِزارة : صناعة الجزار أو عمله (٣) سفك الدماء .

butler *(n.)* (١) الساقي (٢) كبير الخدم .

butt *(n.; vt.; i.)* (١) نَطْحَة (٢) هدف ؛ مرمى (٣) الأضحوكة : شخص يُسخَر منه (٤) الطرف الغليظ من أي شيء (٥) الأرومة : أصل الشجرة (٦) عَقِب (البندقية أو السيكارة) (٧) برميل كبير § (٨) ينطح × (٩) يتاخم (١٠) ينتأ .

butte *(n.)* هضبة منعزلة شديدة التحدّر .

butter *(n.; vt.)* (١) زُبدة (٢) مُرَبّى § (٣) يدهن (الخبز) بالزبدة (٤) يداهن ؛ يتملق .

buttercup

buttercup *(n.)* : الحَوْذان : عشبٌ ذو زهر أصفر .

butterfly *(n.)* فراشة .

buttermilk *(n.)* المَخِيض ؛ مخيض اللبن .

butternut *(n.)* الجوز الأرمد : نوع من الجوز .

buttery *(n.)* حجرة المؤن والخمور .

buttocks *(n. pl.)* كَفَل ؛ عَجُز ؛ رِدْفان .

button *(n.; vt.; i.)* (١) زِرّ (٢) بُرْعُم . § (٣) يزرر × (٤) يتزرّر .

buttonhole *(n.)* (١) عروة (٢) زهرة في عروة .

buttress

buttress *(n.; vt.)* : (١) الكتيف : دعامة حائط أو مبنى § (٢) يدعم .

buxom *(adj.)* ممتلئة الجسم ؛ مفعمة بالصحة (على نحو جذاب) .

buy *(vt.; n.)* (١) يشتري . (٢) يفتدي (٣) يرشو (٤) يقبل ؛ يؤمن بـ § (٥) صفقة ؛ صفقة رابحة .

to ~ back يشتري شيئاً كان قد باعه .

to ~ over يرشو (فلاناً) .

to ~ up يشتري المحصول الخ . كلّه .

buyer *(n.)* (١) المشتري (٢) وكيل المشتريات .

buzz *(vi.; t.; n.)* (١) يَطِن ؛ يئزّ (٢) يذهب × (٣) يجعله يطن أو يئز § (٤) طنين ؛ أزيز .

buzzard

buzzard *(n.)* الصَّقر الجرَّاح أو الحوَّام .

buzzer *(n.)* الطنّان : جهازٌ شبيهٌ بالجرس الكهربائي .

by *(prep.; adv.)* (١) بجانب ؛ بقرب (٢) بِـ ؛ بواسطة (٣) من طريق (٤) في اتجاه كذا ؛ نحو (٥) عَبْرَ كذا (٦) في ساعة معيّنة أو قبلها (٧) في ؛ خلال (٨) بِـ (٩) من قِبَل (١٠) وفقاً لِـ ؛ بحسَب (١١) مكتوب بقلم (١٢) بِـ ؛ مضروباً في § (١٣) على مقربة من (١٤) عَبْرَ نقطة قريبة من شيء ما (١٥) جانباً .

~ heart غَيْباً ؛ عن ظَهْر قلب .

~ oneself وحده ؛ من غير مساعدة .

~ the ~, وبالمناسبة ؛ «وعلى فكرة» ؛

~ the way والشيء بالشيء يذكر .

day ~ day يوماً فيوماً .

by *or* **bye** *(adj.)* جانبيّ ؛ فرعيّ ؛ ثانويّ .

bye-bye *(interj.)* وداعاً .

by-election *(n.)* انتخاب فرعي (عند وفاة نائب) .

bygone *(adj.)* ماضٍ ؛ عتيق الزيّ ؛ مهجور .

bylaw *or* **byelaw** *(n.)* القانونُ الداخلي .

by-line *(n.)* خطٌّ ثانويّ (في السكة الحديدية الخ .) .

byname *(n.)* (١) اسم ثانويّ (٢) كنية ؛ لقب .

bypath *(n.)* =byway.

by-product *(n.)* حصيلة ثانية .

byroad *(n.)* =byway.

bystander *(n.)* المتفرِّج .

bystreet *(n.)* شارع فرعي .

byway *(n.)* طريق فرعي (غير مطروق كثيراً) .

byword *(n.)* (١) مَثَلٌ ؛ قولٌ مأثور (٢) نموذج (٣) موضع سخرية .

bywork *(n.)* العمل الجانبي .

Byzantine *(n.; adj.)* بيزنطيّ .

Cairo

C

c *(n.)* الحرف الثالث من الأبجدية الانكليزية .

cab *(n.)* (١) مركبة أو سيارة أجرة (٢) الجزء المغطى من القاطرة (حيث يقف السائق والوقاد).

cabal *(n.)* عُصْبَة أو جمعية سرية .

cabbage *(n.)* كُرُنب ، ملفوف (نبات).

cabdriver *(n.)* سائق مركبة (أو سيارة) أجرة .

cabin *(n.)* (١) القَمْرة : حُجرة في سفينة (٢) كوخ.

cabinet *(n.)* (١) خزانة (للنفائس الخ.) . (٢) حجرة خصوصية صغيرة (٣) مجلس الوزراء.

cabinetmaker *(n.)* نجار الموبيليا ، نجار الأثاث الفاخر .

cable *(n.; vt.)* (١) مَرَسة ، قَلْس ، حبل غليظ (٢) سلك ، سلسلة معدنية (٣) الكَبْل: حزمة أسلاك ضمن غلاف واقٍ (للابراق من غواصة عادةً) (٤) البرقية الكَبْلية : برقية مرسلة بكبل من كُبول الغواصات § (٥) يُبرق بكبل .

cable 3

cablegram *(n.)* البرقية الكَبْلية .

cabman *(n.)* =cabdriver.

cabriolet *(n.)* الكَبْريلة : نوع من المركبات .

cacao *(n.)* (١) شجرة الكاكاو (٢) كاكاو .

cache *(n.; vt.)* (١) مَخبأ (للمؤن والأدوات) . (٢) شيء مخبوء § (٣) يُخبّئ .

cackle *(vi.; n.)* (١) تُقوقي (الدجاجة) . § (٢) القَوقأة : صوتُ الدجاج .

cactus *(n.)* pl. -ti *or* -tuses. صبّار ، صُبّير .

cad الوغد ، النذل .

cadaverous *(adj.)* (١) جيفيّ (٢) شديد الشحوب (٣) مهزول ، شديد النحول .

caddie *(n.; vi.)* (١) الكادي : غلام مساعد للاعب الغولف § (٢) يساعد لاعب الغولف .

caddy *(n.)* عُلَيبة ، علبة صغيرة (للشاي) .

cadence *(n.)* (١) إيقاع (٢) مَحطّ النغم .

cadet *(n.)* (١) ابن أو أخ أصغر (٢) الطالب العسكري : طالب في كلية حربية .

caecum *(n.)* الأعور ، المصران الأعور .

Caesar *(n.)* قيصر ، امبراطور .

Caesarean *(adj.; n.)* (١) قيصري . § (٢) القيصرية : عملية فتح البطن واستخراج الجنين من الرحم عند تعذر الولادة .

café *(n.)* (١) قهوة (٢) مقهى ، مطعم .

cafeteria *(n.)* القفطيرة : مطعم بلا نُدُل .

caffeine *(n.)* الكافيين : المادة المنبهة في البن .

cage *(n.; vt.)* (١) قفص §(٢) يحبس في قفص.

cairn *(n.)* ركام من حجارة (يُنصب للذكرى).

caisson *(n.)* (١) عربة ذخيرة أو مدفع. (٢) القَيسون: حجرة صامدة للماء تُستخدم في البناء تحت المياه.

caitiff *(adj.; n.)* وغد؛ خسيس؛ حقير؛ جبان.

cajole *(vt.)* يتملّق؛ يداهن؛ يتزلف إلى.

cake *(n.)* (١) كعكة (٢) قطعة؛ كتلة متراصّة.

calabash *(n.)* (١) قَرْع (٢) قرعة يابسة.

calamitous *(adj.)* فاجع؛ مشؤوم.

calamity *(n.)* نكبة؛ كارثة؛ فاجعة.

calcify *(vt.; i.)* (١) يكلّس: يحوّل إلى كلس. ×(٢) يتكلّس: يتحوّل إلى كلس.

calcine *(vt.; i.)* (١) يكلّس؛ يحوّل إلى كلس. (٢) يحرق ×(٣) يتكلّس: يتحول إلى كلس.

calcium *(n.)* الكَلْسيُوم.

calculate *(vt.)* (١) يَحسب (رياضياً). (٢) يظنّ؛ يحسِب؛ يعتقد (٣) يقصِد؛ يتعمّد.

calculation *(n.)* (١) حُسبان؛ إجراء للحساب. (٢) حساب (٣) روية؛ حذَر.

calculus *(n.)* (١) حصاة (في الكلية أو المثانة). (٢) حساب التفاضل والتكامل.

caldron *(n.)* مِرْجَل؛ خِلْقِين.

calendar *(n.)* (١) تقويم؛ روزنامة (٢) لائحة.

calender *(n.; vt.)* (١) المِصْقَلَة: ماكينة للتمليس أو الصقل § (٢) يصقل؛ يملّس.

calf *(n.)* (١) عِجْل (٢) جلد العجل (٣) رَبَلَة (أو بطّة) الساق.

caliber or calibre *(n.)* (١) العِيار: «أ» قُطْر الرصاصة أو القذيفة. «ب» القُطْر الداخلي لماسورة المدفع أو السلاح الناري (٢) وزن؛ منزلة.

calibrate *(vt.)* يُعاير؛ يُدرّج؛ يفحص أو يحدّد عيار الشيء أو «تدريجات» مقياس مدرّج.

calico *(n.)* كاليكو؛ شيت؛ خام (قماش قطنيّ).

caliper or calliper *(n.)* (١) المِسماك: أداة لقياس سماكة الشيء أو ثخانته (٢) سماكة؛ ثخانة.

caliper

caliph *(n.)* خليفة المسلمين.

caliphate *(n.)* الخلافة؛ الخلافة الإسلاميّة.

calk *(vt.)* يُجَلْفِط: يَسُدّ شقوق السفينة.

call *(vi.; t.; n.)* (١) يصيح؛ يصرخ (٢) يتطلّب؛ يقتضي؛ يستلزم (٣) يتلفن لـ (٤) يعرّج على؛ يقوم بزيارة قصيرة لـ ×(٥) ينادي؛ يدعو (٦) يتلو بصوتٍ عالٍ (٧) يعلن (٨) يستدعي (٩) يدعو إلى (١٠) ينظر في (١١) يوقظ (١٢) يطالب بدفع دَيْن (١٣) يسمّي؛ يدعو (١٤) يعتبر §(١٥) صيحة (١٦) صوت الطائر أو الحيوان المميِّز (١٧) تلاوة للأسماء بصوت عال (١٨) نداء (١٩) دعوة (٢٠) استدعاء (٢١) طلب (٢٢) زيارة قصيرة (٢٣) مخابرة تلفونية (٢٤) دعوة إلى دفع دَيْن.

to ~ attention to يلفت النظر إلى.

to ~ (somebody) names يَشْتُم.

to ~ on (١) يسأل؛ يطلب من. (٢) يزور (فلاناً) زيارة قصيرة.

to ~ up (١) يوقظ من النوم (٢) يعيد إلى الذاكرة (٣) يتلفن لـ.

to ~ upon يزوره زيارة قصيرة.

calligraphy *(n.)* الخطّ؛ حُسن الخطّ.

calling *(n.)* (١) مناداة؛ دعوة (٢) حرفة؛ مهنة.

calliper *(n.)* = caliper.

callous *(adj.)* (١) صُلْب (٢) قاسي الفؤاد.

callow *(adj.)* غِرّ؛ قليل الخبرة.

callus *(n.)* الجُسْأة: جزء متصلّب من الجلد الخ.

calm *(n.; adj.; vi.; t.)* (١) سكون؛ هدوء. §(٢) ساكن؛ هادئ (٣) رصين؛ رزين §(٤) يَسكُن؛ يهدأ ×(٥) يُسكّن؛ يهدّئ.

calmness *(n.)* سكون ؛ هدوء ؛ رصانة ؛ رزانة .

calomel *(n.)* الكالوميل : ذرور مُسْهِل .

caloric *(adj.)* حَراريّ ؛ سُعْرِيّ .

calorie *(n.)* سُعْر ؛ كالوري ؛ وحدة حرارية .

calorimeter *(n.)* المِسْعَر ؛ الكالوريمتر : جهاز لقياس كمية الحرارة (الناشئة عن الانفجار الخ .)

calumniate *(vt.)* يفتري على .

calumny *(n.)* افتراء (لتشويه السمعة) .

calve *(vi.)* تُنتِج (البقرةُ) عجلاً .

calves *pl. of* calf.

calyx *(n.)* (١) كأس (٢) كأس الزهرة .

cam *(n.)* حَدَبَة ؛ كامة (في ماكينة) .

camber *(n.)* احديداب (الطريق أو ظهر السفينة) .

cambric *(n.)* الكَمْبريكيّ : قماش أبيض ناعم .

came *past of* come.

camel *(n.)* جَمَل ؛ بَعِير .

camellia *(n.)* (١) الكاميلية (٢) زهرة الكاميلية .

cameo *(n.)* حجر كريم ذو نقش بارز .

camera *(n.)* (١) غرفة (٢) كاميرا : آلة تصوير .

camisole *(n.)* القَميصول : لباس نسويّ تحتانيّ .

camomile *(n.)* بابونج (نبات) .

camouflage *(n.; vt.)* (١) تمويه (٢) تعمية ؛ خداع § (٣) «أ» يموِّه . «ب» يعمّي ؛ يخدع .

camp *(n.; vi.)* (١) مُخيَّم (٢) معسكَر . § (٣) يخيِّم ؛ يُعسكِر .

campaign *(n.; vi.)* (١) حملة § (٢) يدير حملة .

camphor *(n.)* كافور .

campus *(n.)* حَرَم الجامعة : أرض الجامعة ومبانيها .

can *(n.; vi.; t.)* (١) صفيحة أو وعاء معدني . (٢) علبة (مشتملة على طعام محفوظ) § (٣) يستطيع ؛ يقدر (٤) يُمْكِن × (٥) يعلِّب (الفاكهة أو الأسماك الخ .)

canal *(n.)* قناة .

canary *(n.)* (١) الكاناري : نوع من الخمر . (٢) الكناريّ : طائر أصفر حسن الصوت .

cancel *(vt.)* يَشْطُب ؛ يحذف ؛ يُلغي ؛ يُبطل .

cancellation *(n.)* شَطْب ؛ حذف ؛ إلغاء .

cancer *(n.)* سرطان .

candelabrum *(n.)* شمعدان زِينيّ ذو شُعَب .

candelabrum

candid *(adj.)* (١) نزيه ؛ غير متحيِّز (٢) صريح .

candidacy; candidature *(n.)* الترشُّح : كون المرء مرشَّحاً لمنصب .

candidate *(n.)* المرشَّح (لمنصب الخ) .

candied *(adj.)* مسكَّر ؛ ملبَّس بالسكَّر .

candle *(n.)* شمعة .

candlestick *(n.)* شَمْعَدان .

candor; candour *(n.)* صراحة ؛ إخلاص .

candy *(n.; vt.)* (١) حلوى § (٢) يسكِّر : يحفظ الفاكهة بغليها في السكَّر (٣) يُحلّي .

cane *(n.; vt.)* (١) قَصَب ؛ خيزران (٢) قصبة ؛ خيزرانة (٣) قصب السكَّر (٤) عصا ؛ عكّاز § (٥) يضرب بعصاً أو خيزرانة (٦) يقشِّش .

canine *(adj.; n.)* (١) كلبيّ ؛ متعلّق بالكلاب . (٢) نابيّ ؛ متعلق بالناب § (٣) ناب (٤) كلب .

canister *(n.)* (١) علبة صغيرة (٢) قذيفة .

canker *(n.)* الآكلة : قرحة أكّالة .

canned *(adj.)* معلَّب ؛ محفوظ في العلب .

cannery *(n.)* المَعْلَب : معمل لتعليب اللحم الخ .

cannibal *(n.)* الآكل لحم البشر .

cannon *(n.)* مِدْفَع .

cannonade *(n.; vt.; i.)* (١) رشق بالمدافع . § (٢) يهاجم بالمدفعية .

canoe *(n.)* الكَنُو : زورق طويل .

canon *(n.)* (١) قانون كنسي (٢) مبدأ مقرَّر .

cañon *(n.)* = canyon.

canonical *(adj.)* قانونيّ ؛ كنسيّ .

canonize 68 caption

canonize *(vt.)* (١) يعلن قداسة الشخص ؛ بِضمّه إلى قائمة القدّيسين (٢) يمجّد .

canopy *(n.)* ظُلّة .

cant *(n.; vt.; i.)* (١) مَيْل ؛ انحراف (٢) لغة خاصة بأهل حرفة أو طبقة (٣) رياء ؛ نفاق §(٤) يُميِّل ×(٥) يَميل ؛ ينحرف (٦) ينافق ؛ يتظاهر بالتقوى .

cantankerous *(adj.)* مُحِبّ للخصام .

cantata *(n.)* الكَنْتاتة : قصة تنشدها المجموعة على أنغام الموسيقى من غير تمثيل .

canteen *(n.)* (١) الكانْتين : مخزن عسكري . (٢) المَزادة : حافظة الماء وغيره من السوائل .

canter *(n.)* خَبَبٌ ؛ خَبَبُ الفرس .

canticle *(n.)* أنشودة ؛ ترتيلة .

canto *(n.)* النشيد : قسم من قصيدة .

canton *(n.; vt.)* (١) إقليم §(٢) يُنْزِل ؛ يؤوي .

cantonment *(n.)* معسكر (كبيرٌ عادةً) .

canvas *(n.)* (١) قماش القِنَّب (تصنع منه الأشرعة والخيام) (٢) خيمة ؛ خيام (٣) قماشة معدّة للرسم الزيتيّ (٤) لوحة زيتية على قماش (٥) الكنفا : نسيج غليظ متباعد الخيوط .

canvass *(vi.; t.; n.)* (١) يفحص بدقّة (٢) يناقش (٣) يطوف في مدينة (التماساً لأصوات الناخبين أو لعرض السلع على التجّار) §(٤) طواف في مدينة (لهذا الغرض) .

canvasser *(n.)* المتجوّل في مدينة (التماساً للأصوات أو ترويجاً للسلع الخ) .

canyon *(n.)* وادٍ ضيِّق .

caoutchouc *(n.)* المطّاط .

cap *(n.; vt.)* (١) قَلَنْسُوَة ؛ قبعة (٢) غطاء §(٣) يغطّي (٤) يبزّ (٥) يعلو ؛ يتوّج .

~ and gown اللباس الجامعيّ .

capability *(n.)* قدرة ؛ مقدرة .

capable *(adj.)* (١) قابلٌ لِـ (٢) قادرٌ على ؛ مؤهَّل لِـ (٣) بارع ؛ كفوء .

capacious *(adj.)* رَحْب ؛ واسع ؛ فسيح .

capacity *(n.)* (١) سَعَة ؛ استيعاب (٢) أهلية . (٣) قدرة (٤) صفة ؛ وصف ؛ وظيفة .

cape *(n.)* (١) الرأس : أرض داخلة في البحر . (٢) الكاب : رداء يُطْرَح على الكتفين .

caper *(vi.; n.)* (١) يَطْفُر : يَثِبُ مرَحاً . §(٢) طَفْرة ؛ وثبة .

capillary *(adj.; n.)* (١) شَعْرِيّ ؛ رفيع جداً . §(٢) أنبوبٌ أو وعاء شَعري .

capital *(n.; adj.)* (١) رأس مال (٢) الرأسماليون . (٣) حرف استهلالي أو كبير (٤) عاصمة (٥) تاج العمود §(٦) عقوبتُه الاعدام (٧) خطير جداً (٨) استهلاليّ ؛ كبير (٩) رئيسيّ .

capitalism *(n.)* الرأسمالية .

capitalist *(n.; adj.)* رأسماليّ .

capitalize *(vt.; i.)* (١) يحوِّل إلى رأس مال . (٢) يموِّل ×(٣) يفيد من .

capitation *(n.)* ضريبة الرؤوس .

capitol *(n.)* مبنى البرلمان (الأميركي) .

capitulate *(vi.)* يستسلم (بشروط) .

capitulation *(n.)* (١) *pl.* : الامتيازات الأجنبية (٢) استسلام بشروط (٣) اتفاقية استسلام .

capon *(n.)* دِيكٌ مَخصيّ مسمَّن .

caprice *(n.)* نَزْوَة ؛ هوىً مفاجيء .

capricious *(adj.)* نَزَويّ ؛ قُلَّب ؛ حُوَّل .

capsize *(vi.; t.)* (١) ينقلب ×(٢) يقلب .

capstan *(n.)* الرَّحَويّة : أداة لرفع المراسي .

capstan

capsule *(n.)* (١) غشاء ؛ غلاف . (٢) برشامة .

captain *(n.)* (١) رئيس (٢) رُبّان

caption *(n.)* (١) عُنوان (للفصل أو مقال) . (٢) تعليق أو شرح (للصورة في مجلة الخ .) .

captious 69 carol

captious *(adj.)* (١) عيّاب (٢) معرِض.
captivate *(vt.)* يفتِن ؛ يسبي ؛ يأسر .
captive *(adj.; n.)* أسير .
captivity *(n.)* (١) أسر (٢) عبودية .
capture *(vt.; n.)* (١)يستولي على (٢) يأسر. (٣)يفوز بـ §(٤)أسْر ؛ اعتقال.
car *(n.)* (١)عربة (٢) سيارة .
caramel *(n.)* الكَرَميلة : قطعة من الحلوى الدّبِقة.
carapace *(n.)* الذَّبْل : درع السلحفاة.
carat *(n.)* القيراط : «أ» وحدة وزن للذهب الخ. «ب» جزء من ٢٤ جزءاً .
caravan *(n.)* (١)قافلة (٢)عربة كبيرة مغطّاة.
caravansary; -serai *(n.)* نُزُل ؛ خان .
caraway *(n.)* كَرَوْيا ؛ كَرَوْياء .
carbine *(n.)* القَرَبينة : بندقية قصيرة .
carbohydrate *(n.)* الكربوهيدرات : مادّة غذائيّة (كالسكّر والنشا) .
carbon *(n.)* (١) كربون؛ فحم (٢)ورقة كربون.
carbonic *(adj.)* كربونيّ؛ فحميّ .
carbon paper *(n.)* ورق الكربون .
carbuncle *(n.)* جَمْرَة؛ دُمّلة .
carburetor *(n.)* المُكَرْبِن ؛الكربوراتور.
carcase; carcass *(n.)* (١)جثّة؛ وبخاصة : جسد الذبيحة (٢) هيكل (بيتٍ أو سفينةٍ) .
card *(n.)* (١)مِمشَطَة أو مِسْرَحَة للصوف. (٢)ورقة لعب (من ورق الشدّة) (٣)*pl.*: لعبة من ألعاب الورق (أو الشدّة) (٤) بطاقة .
cardboard *(n.)* كرتون؛ ورق مقوّى .
cardiac *(adj.; n.)* (١)قلبيّ: متعلق بالقلب. §(٢) المقلوب : المصاب بداءٍ في قلبه .
cardigan *(n.)* سترة من صوف محبوك .
cardinal *(adj.; n.)* (١) رئيسيّ ؛ أساسيّ . (٢)أحمر مصفرّ §(٣) كاردينال (في الكنيسة).
cardinal number *(n.)* العدد الأصلي .
cardinal points الجهات الأصلية .
care *(n.; vi.)* (١)همّ ؛ قلق (٢)اهتمام ؛ عناية ؛ حَذَر (٣)رعاية ؛ رقابة (٤)حرص §(٥)يهتمّ ؛ يبالي (٦) يُعْنَى بـ (٧) يرغب في .
~ **of (c/o)** بواسطة؛ من فضل.
career *(n.)* (١)سرعة (٢)السّيرة : مجرى حياة المرء في حقل معين من النشاط (٣)مهنة (٤)تقدم ؛ نجاح.
carefree *(adj.)* سعيد ؛ خِلو من الهمّ .
careful *(adj.)* (١)حذِر ؛ يقِظ ؛ منتبه (٢)دقيق
carefully *(adv.)* بحذر ؛ بعناية ؛ باهتمام ؛ بدقة.
careless *(adj.)* (١)خِلوٌ من الهموم (٢)لامبالٍ. (٣)مُهمِل (٤) غير مُتقَن (٥) طائش .
caress *(n.; vt.)* (١)مُلاطَفَة ؛ تَرْبيتٌ ؛ عناق. §(٢) يلاطف ؛ يربّت ؛ يعانق ؛ يقبّل .
caret *(n.)* علامة الاقحام (في تصحيح التجارب المطبعية وهي تُرسَم هكذا ∧) .
caretaker *(n.)* ناظر ؛ وكيل .
careworn *(adj.)* مهموم ؛ مُضنًى بالهموم .
cargo *(n.)* حمولة (السفينةِ أو الطائرة أو العربة).
caricature *(n.; vt.)* (١) فنّ الكاريكاتور . (٢)رسم كاريكاتوري §(٣)يرسم كاريكاتورياً.
caricaturist *(n.)* الرسّام الكاريكاتوري .
caries *(n.)* النّخَر ؛ تسوّس الأسنان .
carillon *(n.)* المُصَلصَلَة : مجموعة أجراس مثبتّة تُقْرَع بمطارق أوتوماتيكية .
carmine *(n.)* اللون القِرْمِزيّ .
carnage *(n.)* (١) أشلاء (٢) مَذبحة؛ مجزرة.
carnal *(adj.)* (١) جسَديّ (٢) شَهوانيّ .
carnation *(n.)* (١) لون البشرة (٢) اللون القرنفلي؛ الأحمر الفاتح (٣) قَرَنْفُل .
carnival *(n.)* (١) عِيدُ المَرْفَع (٢) كرنفال.
carnivorous *(adj.)* لاحم : آكلٌ للّحم .
carob *(n.)* الخرّوب ؛ الخُرْنوب .
carol *(n.)* (١)أغنية مَرِحَة (٢) ترنيمة .

carousal *(n.)* احتفالٌ صاخبٌ مخمورٌ.

carouse *(n.; vi.)* (١) احتفال صاخب أو مخمور. §(٢) يسكر أو يشترك في احتفالٍ مخمورٍ.

carousel *(n.)* = carrousel.

carp *(vi.; n.)* (١) يَعِيب؛ ينتقد؛ يشكو من غير داعٍ §(٢) الشَّبُّوط: سمك نهري.

carpel *(n.)* الكَرْبَلَة؛ الخِباء (في زهرة).

carpenter *(n.)* النجّار.

carpentry *(n.)* النِجارة: حِرفة النجّار.

carpet *(n.; vt.)* (١) سجادة؛ بساط. §(٢) يكسو بالسّجّاد أو البُسُط.

carriage *(n.)* (١) حَمْل؛ نَقْل (٢) مِشية؛ تصرّف (٣) أجرة الحَمْل أو نَفَقاتُه (٤) مَرْكَبَة؛ حافلة (٥) الحاضِن؛ حاضِن المِدفع أو عَرَبَتُه.

carrier *(n.)* (١) الناقل؛ الحامل (٢) الحمّال. (٣) ملتزم النَقْل؛ شركة النَقْل (٤) ساعي البريد.

carrion *(n.; adj.)* (١) جيفة §(٢) جيفيّ.

carrot *(n.)* (١) جَزَر (٢) جَزَرة.

carrousel *(n.)* = merry-go-round.

carry *(vt.)* (١) يَحْمِل؛ ينقل (٢) يستحوذ على المشاعر (٣) يستولي على (٤) يقف أو يمشي مثل... (٥) يدعم؛ يعزز (٦) يفوز في.

cart *(n.)* كارّة؛ عربة.

cartage *(n.)* النقل بكارّة أو أجرتُه.

cartel *(n.)* الكارتل: اتحاد المنتجين الصناعيين.

cartilage *(n.)* غُضروف؛ جزء غضروفيّ.

carton *(n.)* علبة كرتون؛ صندوق كرتوني.

cartoon *(n.)* رسم كاريكاتوري.

cartridge *(n.)* (١) خرطوشة (٢) فيلم ملفوف.

carve *(vt.)* (١) ينحت؛ ينقش (٢) يقطّع.

carving *(n.)* (١) نَحْت (٢) نَقْش.

caryatids

caryatid *(n.)* الكَرْيَتيد: تمثال امرأة يقوم مقام عمود في مبنى.

cascade *(n.; vi.; t.)* (١) شلال صغير. §(٢) يسقط ×(٣) يجعله يسقط كالشلال.

case *(n.; vt.)* (١) حادثة (٢) حالة (٣) الواقع؛ الحقيقة الواقعة (٤) مسألة (٥) دعوى؛ قضية (٦) حُجّة مُقْنِعة (٧) إصابة مَرَضية (٨) مريض (٩) شخص غريب الأطوار (١٠) صندوق؛ علبة (١١) غِمْد (١٢) مجموعة وبخاصة: زوج (١٣) إطار أو صندوق نافذة أو باب §(١٤) يضع في صندوق.

in any ~, على أية حال؛ مهما يكن.

in ~ of في حال...؛ إذا ما.

casein *(n.)* الجُبْنين: مادة بروتينية في اللبن.

casement I.

casement *(n.)* (١) النافذة البابيّة: نافذة تفتح كما ينفتح الباب (٢) إطار.

cash *(n.; vt.; i.)* (١) نَقْد §(٢) يصرف: يدفع أو يقبض مبلغاً نقدياً مقابل شيك الخ.

~ on delivery. الدفعُ عند الاستلام

out of ~, مفتقرٌ إلى المال.

cashier *(n.; vt.)* (١) أمين الصندوق §(٢) يصرف أو يطرد من الوظيفة (٣) ينبذ.

cashmere *(n.)* (١) الكشمير: «أ» صوف ناعم. «ب» قماش صوفيّ ناعم (٢) شال.

casing *(n)* (١) غطاء؛ غلاف (٢) إطار (باب الخ).

casino *(n.)* الكازينو: نادٍ للقمار بخاصةٍ.

cask *(n.)* برميل خشبيّ (للسوائل).

casket *(n.)* (١) عُلْبَة للجواهر (٢) تابوت.

casque *(n.)* خُوذة.

casserole *(n.)* الكَسْرُولَة: طبقٌ للطعام.

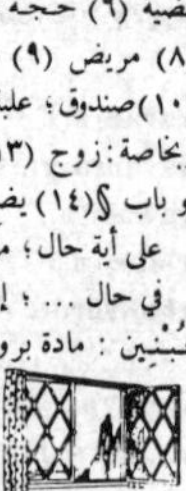

cassock 71 **catechism**

cassock *(n.)* الغَفارة: رداء الكاهن.

cast *(vt.; n.)* (١) يلقي؛ يرمي؛ يطرح (٢) يجمع؛ يحسب (٣) يتنبأ (٤) ينظم؛ يوزع؛ يقسم (٥) يوزع الأدوار على الممثلين (٦) يختار ممثلاً لدور (٧) يَسْبك؛ يَصبّ (٨) يدير؛ يلوي § (٩) إلقاء، رمي؛ طَرْح (١٠) رَمْيَة نَرْد (١١) شكل؛ هيئة (١٢) شخصيات الرواية أو المسرحية (١٣) نظرة (١٤) قالب (١٥) سبيكة (١٦) جَبيرة للعظام (١٧) لون خفيف (١٨) أثر؛ مقدار صغير (١٩) براز دودة الأرض (٢٠) جلد الحشرة.

castanet *(n.)* الصَّنْج.

castaway *(adj.; n.)* (١) منبوذ (٢) مطروح § (٣) شخص يوفق إلى بلوغ الشاطئ (إثر غرق السفينة).

castanets

caste *(n.)* الطبقة المنغلقة أو المتحجّرة: إحدى الطوائف الاجتماعية الوراثية عند الهندوس خاصةً.

castellated *(adj.)* ذو شُرُفاتٍ مفرّجة.

caster *(n.)* (١) السَّبّاك (٢) المِسبك: آلة سابكة للأحرف المطبعية (٣) أو **castor**: «أ» المِذَرّة: آنية لذرّ الملح والتوابل. «ب» عجلة الكرسيّ.

castigate *(vt.)* يعاقب؛ يؤنّب؛ ينتقد.

casting *(n.)* (١) إلقاء؛ رَمْي الخ. (٢) المصبوب: شيء مصبوب في قالب (٣) المطروح؛ ما يطرحه الحيوان من جلده.

cast iron *(n.)* حديد الزَّهر: حديدٌ مسبوك.

castle *(n.)* (١) قلعة؛ مَعْقِل (٢) قصر (٣) الرُّخّ: بيدق شطرنج على شكل قلعة.

cast-off *(adj.; n.)* مُهمَل؛ منبوذ.

castor *(n.)* (١) caster 3 (٢) قُنْدُس؛ سَمّور (٣) قبعة من فَرْو القُنْدُس.

castor oil *(n.)* زيت الخِرْوَع.

castor sugar *(n.)* سكّر ناعم جداً.

castrate *(vt.)* (١) يَخصي (٢) يشوّه.

cast steel *(n.)* فولاذ الزَّهر؛ فولاذ المصبوبات.

casual *(adj.)* عَرَضيّ؛ اتفاقيّ؛ طارئ.

casually *(adv.)* عَرَضاً؛ اتفاقاً؛ مصادفةً.

casualty *(n.)* (١) مصيبة؛ كارثة (٢) إصابة.

cat *(n.)* (١) هِرّ (٢) أسد؛ نمر (٣) سَوْط.

cataclysm *(n.)* الجائحة: طوفان؛ زلزال الخ.

catacomb *(n.)* سرداب الموتى.

catalog *or* **catalogue** *(n.; vt.)* (١) بيان؛ قائمة؛ فهرس § (٢) يُفَهْرِس.

catamount *(n.)* هِرّ الجبل.

catapult *(n.;)* (١) المِنْجنيق (٢) المِجْنَقة: آلة لإطلاق الطائرة من على سطح سفينة (٣) المِرجام؛ «النقّيفة».

cataract *(n.)* (١) إعتام عدسة العين (٢) شلاّل.

catarrh *(n.)* النَّزْلة؛ الزُّكام.

catastrophe *(n.)* نكبة؛ فاجعة.

catch *(vt.; i.; n.)* (١) يمسك بـ؛ يقبض على. (٢) يصطاد (٣) يخدع (٤) يفاجئ (٥) يأخذ (٦) يلفت (الانتباه) (٧) يصاب بـ (٨) يصيب (٩) يَلْمَح (١٠) يَلْحق بـ؛ يدرك (١١) يفتن؛ يسحر (١٢) يفهم × (١٣) يَعلق بـ (١٤) يَثْبُت؛ يصبح محكَماً (١٥) يشتعل (١٦) يتمسك أو يَتَعلّق بـ § (١٧) صَيْد (١٨) مقدار المصيد من السمك دفعةً واحدة (١٩) السقّاطة؛ المزلاج؛ الماسكة (٢٠) لقطة (٢١) جزء (٢٢) شَرَك أو صعوبة مخبوءة.

to ~ fire يشتعل؛ تعلق به النار.

catching *(adj.)* (١) مُعْدٍ (٢) جذاب؛ فاتن.

catchup *(n.)* = catsup.

catechism *(n.)* كتابٌ مشتمل على خلاصة للعقيدة الدينية مفرغة في قالَب السؤال والجواب.

catechize 72 celibacy

catechize *(vt.)* (١) يعلّم بطريقة السؤال والجواب (٢) يستجوب .
categorical *(adj.)* (١) مطلق؛ غير مقيّد أو مشروط (٢) صريح ؛ باتّ .
category *(n.)* (١) طَبَقة (٢) فئة ؛ صِنف .
cater *(vi.)* يزوّد بالطعام أو بالمطلوب.
caterpillar *(n.)* (١) اليُسْرُوع : يرقانة الفراشة الخ. (٢) جرّارة ؛ تراكتور .
catfish *(n.)* السَّلُّور، الصَّلُّور (سمك) .
cathartic *(adj.; n.)* مُسْهِل .
cathedral *(n.)* كاتدرائية ؛ كنيسة كبيرة .
cathode *(n.)* الكاثود: قطبٌ سالبٌ .
Catholic *(adj.; n.)* كاثوليكي .
Catholicism *(n.)* الكَثْلَكَة .
catnip *(n.)* نَعناع برّي (تحبّه القِطط).
cat-o'-nine-tails *(n.)* سَوْط .
cat's-paw *(n.)* مِخلب القِط .
catsup *(n.)* الكَتْشاب: صلصة طماطم.
cattle *(n.)* (١) الماشية ؛ الأنعام (٢) الرَّعاع .
cattleman *(n.)* مُرَبّي الماشية .
Caucasian *(adj.; n.)* قوقازي .
caucus *(n.)* مؤتمر حزبي .
caudal *(adj.)* ذيليّ؛ شبيه بالذَّيل .
caught *past and past part. of* catch.
cauldron *(n.)* مِرْجَل؛ خِلقِين .
cauliflower *(n.)* قُنَّبِيط ؛ قَرْنَبِيط .
caulk *(vt.)* = calk
causal *(adj.)* سَبَبي ؛ عِلّي .
causality *(n.)* السَّبَبِيّة ؛ العِلّيّة .
cause *(n.; vt.)* (١) سبب ؛ عِلّة (٢) داعٍ ؛ مُوجِب (٣) خِلاف؛ دعوى قضائية (٤) قضية (وطنية الخ.) § (٥) يسبّب.
causeway *(n.)* ممرّ أو طريق مرتفع .
caustic *(adj.; n.)* (١) كاوٍ (٢) لاذع ؛ ساخر . § (٣) مادّة كاوية .
cauterize *(vt.)* يكوي : يعالج بالكيّ .
caution *(n.; vt.)* (١) تحذير ؛ حَذَر § (٢) يحذّر .
cautious *(adj.)* حذِر ؛ محترس .
cautiously *(adv.)* بِحَذَر ؛ باحتراس .
cavalcade *(n.)* موكب (فرسان الخ.) .
cavalier *(n.)* (١) الفارس (٢) الشَّهم .
cavalry *(n.)* الفُرسان؛ سلاح الفرسان .
cavalryman *(n.)* الفارس ؛ الخيّال .
cave; cavern *(n.)* كَهْفٌ؛ غارٌ .
cavernous *(adj.)* (١) كهفيّ (٢) غائر .
caviar *(n.)* الكافيار: نوع من البطارخ.
cavil *(vi.; t.; n.)* (١) يثير اعتراضات تافهة . § (٢) اعتراض تافه .
cavity *(n.)* فجوة ؛ تجويف .
cavort *(vi.)* يَطْفُر ؛ يثب مرحاً .
caw *(vi.; n.)* (١) ينعب (الغراب) § (٢) نعيب.
cayenne *(n.)* فِلفِلٌ حِرّيف؛ فلفل أحمر .
cease *(vt.; i.; n.)* (١) يُوقِف ؛ يَقْطَع × (٢) يكفّ عن (٣) ينقطع § (٤) انقطاع .
cease-fire *(n.)* وَقف إطلاق النار .
ceaseless *(adj.)* متواصل؛ دائم؛ غير منقطع .
cedar *(n.)* (١) أرْز (٢) خشب الأرز.
cede *(vt.)* يتخلّى عن .
ceiling *(n.)* (١) سَقْف (٢) أقصى الارتفاع .
celebrate *(vt.)* يحتفل بِـ .
celebrated *(adj.)* شهير ؛ مشهور .
celebration *(n.)* احتفال (بمناسبة ما) .
celebrity *(n.)* (١) شهرة (٢) شخص مشهور .
celerity *(n.)* سرعة ؛ خفّة .
celery *(n.)* الكَرَفس (نبات) .
celestial *(adj.)* (١) سماوي (٢) عُلْوِيّ؛ سامٍ .
celibacy *(n.)* (١) عُزوبة (٢) تبتّل .

celibate 73 **ceremony**

celibate *(n.; adj.)* عَزَب؛ عازب .

cell *(n.)* (١)صَوْمَعَة (٢)حُجَيْرَة (في دير). (٣) زنزانة (٤) نُخروب؛ تجويف (في قرص الشَّهْد) (٣)الخَلِيَّة: «أ» أصغر جزء من المادة الحيّة . «ب» وعاء مشتمل على مواد لتوليد الكهرباء بالفعل الكيميائي .

cellar *(n.)* قَبْو (للخمر أو للمؤن).

cello *(n.)* الفيولونسيل : كمنجة كبيرة .

cellophane *(n.)* السيلوفان: ورق صقيل شفاف .

cellular *(adj.)* خَلَوِيّ .

cellulose *(n.)* السلّولوز : مادة تؤلف الجزء الأساسيّ من جدران خلايا النبات .

Celt *(n.)* السَّلْتيّ : أحد أفراد عِرق هِنديّ أوروبيّ قطَن أجزاء من أوروبة .

cement *(n.; vt.)* (١)إسمنت (٢)اللِّصاق : مادّة مُلصِقة (٣) مِلاط الأسنان : مادّة تستخدم في حشو الأسنان §(٤)يثبِّت؛ يُلصِق.

cemetery *(n.)* مقبرة؛ مَدْفَن؛ جَبّانة .

censer *(n.)* مِبخرة (تُؤرجَح بالسلاسل) .

censor *(n.; vt.)* (١) مراقب (المطبوعات أو الأفلام أو البرامج الإذاعية) §(٢) يراقب .

censorious *(adj.)* عيّاب؛ كثير الانتقاد .

censorship *(n.)* مراقبة المطبوعات الخ .

censure *(n.; vt.)* (١) لوم؛ نقد §(٢) يلوم.

census *(n.)* إحصاء رسمي (للسكان).

cent *(n.)* السَّنْت: جزء من مئة من الدولار .

five per ~; 5% خمسة بالمئة

centaur *(n.)* : القَنْطُور كائن خرافيّ نصفُه رجل ونصفُه فرَس .

centenarian *(n.)* المئوي: البالغ من العمر مئة سنة

centenary; centennial *(adj.; n.)* (١)مئويّ §(٢)ذكرى مئوية .

center *(n.; vt.; i.)* (١)نقطة الدائرة (٢)مركز ؛ محور (٣) قلب؛ وَسَط §(٤) يركِّز؛ يمركز ×(٥) يتركَّز؛ يتمركز .

centi- بادئة معناها: «أ» مئة. «ب» جزء من مئة .

centigrade *(adj.)* مئويّ؛ سنتيغراديّ .

centigram *(n.)* السنتيغرام: ١/١٠٠ من الغرام.

centime *(n.)* السَّنتيم: ١/١٠٠ من الفرنك.

centimeter *(n.)* السنتيمتر: ١/١٠٠ من المتر.

centipede *(n.)* أم أربع وأربعين (حشرة) .

central *(adj.; n.)* (١) مركزيّ (٢) رئيسيّ . §(٣) السنترال: المكتب الرئيسيّ في شبكة تلفونيّة (٤) عامل السنترال .

centralize *(vt.; i.)* يُمَرْكِز أو يتَمَرْكَز .

centre *(n.; vt.; i.)* =center.

centrifugal *(adj.)* (١)مندفع بعيداً عن المركز. (٢)نابذ؛ طَرْدِيمَرْكَزِي؛ طاردٌ من المركز.

centrifugal force *(n.)* القوة النابذة .

centripetal *(adj.)* (١) مندفع نحو المركز . (٢)جابِذ؛ جَذْبِيمَرْكَزِي؛ جاذب نحو المركز .

centripetal force *(n.)* القوة الجابِذة

centurion *(n.)* قائد المئة (عند الرومان) .

century *(n.)* القرن : مئة عام .

ceramics *(n.pl.)* الخِزافة : صناعة الخزف .

cereal *(n.)* (١)النبات الحَبّيّ: كل نبات يعطي حَبّاً (كالحنطة والشعير) (٢)حَبّ؛ حبوب .

cerebellum *(n.)* المُخَيْخ (في التشريح).

cerebral *(adj.)* مُخّي؛ دماغيّ .

cerebrum *(n.)* المُخّ (في التشريح) .

cerement *(n.)* كَفَن؛ كَفَنُ الميْت .

ceremonial *(adj.; n.)* (١)رسميّ (٢)طَقسيّ؛ شعائري §(٣) طَقْس؛ شَعيرة .

ceremonious *(adj.)* (١) رسميّ (٢) مولَع بالرسميات .

ceremony *(n.)* (١) مراسم؛ تشريفات . (٢)طَقْس؛ شَعيرة (٣)سلوك بالغ التهذيب .

certain 74 chandler

certain *(adj.)* (١) محدَّد؛ معيَّن (٢) لا ريبَ فيه (٣) بعض (٤) ما (٥) موثوق (٦) مؤكَّد (٧) واثق؛ متأكّد.

certainly *(adv.)* من غير ريب؛ طبعاً!

certainty *(n.)* حقيقة؛ يقين؛ ثقة.

certificate *(n.)* شهادة.

certified *(adj.)* مصدَّق عليه؛ مضمون.

certify *(vt.)* (١) يصدِّق على (٢) يُعْلِم بيقين أو ثقة (٣) يضمن الجودة أو القيمة.

certitude *(n.)* يقين؛ ثقة.

cerulean *(adj.)* لازَوَرْدِيّ؛ أزرق سماويّ.

cessation *(n.)* توقُّف؛ انقطاع.

cession *(n.)* تنازُل؛ تخلٍّ عن.

cesspit; cesspool *(n.)* بالوعة؛ مجرور.

chafe *(vt.; i.)* (١) يُغضِب (٢) يفرُك (اليدين) التماساً للدفء (٣) يُبلي × (٤) يغضَب؛ يغتاظ (٥) يَبْلى بالحكّ.

chaff *(n.; vt.; i.)* (١) عُصافة؛ قَشّ؛ تبن. (٢) نفاية (٣) مُزاح § (٤) يمازح × (٥) يمزح.

chaffer *(vi.; t.)* (١) يُساوم × (٢) يُقايض.

chaffinch *(n.)* الصَّعْنَج: عصفورٌ مغرِّد.

chagrin *(n.)* (١) غمّ؛ كدَر § (٢) يغُمّ؛ يكدِّر.

chain *(n.; vt.)* (١) سلسلة (٢) مقياس (٣) قيْد؛ غُلّ (٤) *pl.* عبودية § (٥) يقيِّد؛ يكبِّل.

chair *(n.)* (١) كرسيّ (٢) رئيس الجلسة.

chairman *(n.)* رئيس الجلسة أو المجلس.

chaise *(n.)* الشَّيْز: عربة خفيفة.

chalcedony *(n.)* العقيق الأبيض.

chalet *(n.)* الشاليه: «أ» كوخ في الجبال السويسريّة. «ب» دارة أو «فيلا» شبيهة بهذا الكوخ.

chalet

chalice *(n.)* (١) كأس (٢) كأس القربان.

chalk *(n.; vt.)* (١) طباشير § (٢) يبيِّض أو يكتب أو يرسم بالطباشير.

challenge *(vt.; i.; n.)* (١) يوقف (٢) يعترض (٣) يتحدى (٤) يدعو للمبارزة § (٥) اعتراض (٦) إيقاف (٧) تحدٍّ (٨) دعوة إلى المبارزة.

chamber *(n.)* (١) حجرة (٢) قاعة اجتماع هيئة تشريعيّة أو قضائيّة (٣) *pl.*: شِقّة؛ مكاتب (٤) هيئة تشريعيّة أو قضائيّة؛ وبخاصة: أحد مجلِسَي البرلمان (٥) غرفة؛ مجلس (٦) خزانة البندقية: حجرة القذائف في بندقيّة.

chamberlain *(n.)* (١) الياور؛ الحاجب: موظف كبير في بلاط (٢) أمين الخزانة أو المال.

chambermaid *(n.)* المَهْجعيّة: خادمة مسؤولة عن غرف النوم.

chameleon *(n.)* حِرْباء.

chamois *(n.)* (١) الشَّمْواة: حيوان مجترّ من الظباء (٢) جلد الشَّمْواة.

chamois

champ *(vt.; i.)* (١) يعضّ (٢) يقضم ويمضغ بقوة وصوت.

champagne *(n.)* الشامبانيا: شرابٌ مُسْكِر.

champion *(n.; vt.)* (١) النّصير (٢) البطل. § (٣) يناصر؛ يؤيّد؛ يدافع عن.

championship *(n.)* بطولة (في لعبة الخ.).

chance *(n.; vi.; t.)* (١) مصادفة (٢) حظّ (٣) فرصة (٤) احتمال؛ إمكانية حدوث (٥) مخاطرة § (٦) يصادف؛ يتّفق × (٧) يُخاطر.

chancel *(n.)* مَذْبَح (في كنيسة).

chancellor *(n.)* (١) قاضي القضاة (٢) رئيس جامعة (٣) المستشار: رئيس الوزراء (في ألمانيا).

chancery *(n.)* (١) محكمة عليا (٢) مكتب قاضي القضاة (٣) مَسْكَة تطوّق العنق (مصارعة).

chandelier *(n.)* ثُرَيّا.

chandler *(n.)* (١) الشمّاع (٢) السمّان.

change 75 charter

change *(vt.; i.; n.)* (١) يُغيِّر ؛ يُبدِّل . (٢) يستبدل شيئاً بشيء ؛ (٣) يَصْرِف ورقة نقديّة (٤) يتبادل (٥) يغيّر أغطية الفراش ×(٦) يتغير ؛ يتبدَّل (٧) ينتقل من قطار إلى آخر (٨) يغيِّر ملابسه §(٩) تغيير ؛ تبديل (١٠) تغيُّر ؛ تبدُّل (١١) انتقال (١٢) مجموعة ثانية من الثياب : «غيار» (١٣) البورصة (١٤) «صرافة» ؛ «فكّة النقود» (١٥) ما يُردّ من فائض القيمة المستحقّة (١٦) قِطع النقد الصغيرة .

changeable *(adj.)* (١) متقلّب (٢) يُغيَّر .

changeful *(adj.)* متقلّب ؛ متغيّر .

changeless *(adj.)* ثابت ؛ غير متبدّل .

changeling *(n.)* طفل استُبدل بآخر .

channel *(n.; vt.)* (١) مجرى نهر (٢) قناة . (٣) طريق (٤) مَصْدر (٥) أنبوب (٦) ثَلْم ؛ أخدود §(٧) يشقّ على شكل قناة (٨) يُقنّي ؛ يَحْصُر في مجرى أو اتجاه .

chanson *(n.)* أغنية .

chant *(n.; vi.; t.)* (١) أنشودة ؛ ترتيلة ؛ ترنيمة . §(٢) ينشد ؛ يرتّل ؛ يرنّم .

chanter *(n.)* المنشد ؛ المرتّل .

chantry *(n.)* كنيسة صغيرة .

chaos *(n.)* اختلاط ؛ تشوّش ؛ فوضى .

chaotic *(adj.)* مختلط ؛ مشوّش .

chap *(vt.; i.; n.)* (١) يشقّق (٢) يَصْدَع ؛ يفلق ×(٣) يتشقّق (٤) ينصدع ؛ ينفلق §(٥) شِق ؛ فَلْع (٦) فتىً ؛ غلام (٧) فكّ ؛ خدّ .

chapel *(n.)* كنيسة صغيرة (أو مُصلّىً فيها) .

chaperon *(n.)* الوصيفة المصاحِبة : امرأة ترافق فتاة إلى الحفلات الاجتماعيّة لحمايتها أو رعايتها .

chaplain *(n.)* قَسّ ؛ قسّيس .

chaplet *(n.)* (١) إكليل (٢) سُبْحَة .

chapter *(n.)* (١) فَصْل (من كتاب) (٢) فرع .

char *(vt.; i.)* (١) يفحّم : يحرق أو يحوّل إلى فحم (٢) يَسْفَع ؛ يُحْرِق إحراقاً طفيفاً ×(٣) يتفحّم (٤) يُسْفَع .

character *(n.)* (١) رمز (٢) حرف أبجدي . (٣) خَصيصة ؛ ميزة ؛ صفة (٤) خُلُق (٥) وصف ؛ صِفة (٦) شخصية (٧) سمعة .

characteristic *(adj.; n.)* (١) مميِّز . §(٢) خصيصة ؛ ميزة ؛ صفة مميزة .

characterize *(vt.)* (١) يصف (٢) يميز .

charcoal *(n.)* الفحم ؛ الفحم النباتي .

chard *(n.)* شَمَنْدَر ؛ بَنْجَر .

charge *(vt.; i.; n.)* (١) يُلقِم أو يحشو (بندقيةً) . (٢) يَشْحَن (بطاريةً) (٣) يُرْهق ؛ يُثْقِل (٤) يأمر (٥) يتّهم (٦) يهاجم ؛ يحمل على (٧) يقيِّد على حساب فلان (٨) يفرض أو يطلب ثمناً §(٩) شِحنة ؛ حَشْوَة (١٠) مهمة ؛ واجب (١١) عُهْدَة ؛ رعاية (١٢) وديعة (١٣) أمر ؛ وصية (١٤) ثمن (١٥) نفقة (١٦) دَيْن (١٧) تُهْمَة (١٨) هجوم مفاجيء .

chargé d'affaires *(n.)* القائم بأعمال السفارة .

charger *(n.)* فرس (مُعَدّ للقتال) .

chariot *(n.)* مَركبة .

charitable *(adj.)* (١) مُحسِن (٢) خيريّ .

charity *(n.)* (١) محبة (٢) إحسان (٣) صَدَقَة ؛ حسنة (٤) ترفّق (في الحكم على الآخرين) .

charlatan *(n.)* الدجّال ؛ المُشَعْوِذ .

charm *(n.; vt.)* (١) تعويذة ؛ رُقْيَة (٢) فتنة ؛ سحر (٣) جمال (٤) حلية (تعلَّق بسلسلة الساعة) §(٥) يعوِّذ ؛ يرقي (٦) يفتِن ؛ يَسْحَر .

charmer *(n.)* (١) الساحر (٢) الفاتن ؛ الفاتنة .

charming *(adj.)* ساحر ؛ فاتن .

charnel *(n.)* مقبرة ؛ مدفن .

chart *(n.; vt.)* (١) خريطة (٢) جدول أو رسم بياني . §(٣) يرسم خريطة ؛ يُظهر على خريطة الخ .

charter *(n.; vt.)* (١) صكّ ؛ عقد (٢) براءة

(بحقوق أو امتيازات معيّنة) (٣) دستور (٤) رخصة؛ إجازة؛ امتياز (٥) تأجير سفينة الخ. أو جزء منها لرحلة أو لمدة معينة § (٦) يمنح براءة أو اجازة لـ (٧) يؤجر أو يستأجر (سفينة الخ).

chary *(adj.)* (١) حذِر (٢) خجول (٣) مقتصِد.

chase *(vt.; i.; n.)* (١) يطارد؛ يتعقّب؛ يتصيّد. (٢) يزين المعدن بنقوش (٣) يثلّم × (٤) يعدو؛ يسرع § (٥) مطاردة (٦) طريدة (٧) صَيْد؛ قنص (٨) ثَلْم؛ أخدود.

chasm *(n.)* (١) هوّة (٢) شِق؛ صَدْع.

chassis *(n.)* هيكل معدني (لسيارة أو طائرة).

chaste *(adj.)* (١) عفيف؛ محتشم (٢) بسيط.

chasten *(vt.)* يؤدّب؛ يعاقب.

chastise *(vt.)* يؤدّب؛ يعاقب؛ يضرب.

chastity *(n.)* طهارة؛ عفّة.

chasuble *(n.)* رداء الكاهن (أثناء القداس).

chat *(vi.; n.)* (١) يتحادث في غير كلفة § (٢) حديث؛ محادثة (٣) الأبلق؛ أبو بليق (طائر).

château *(n.)* قصر.

chattel *(n.)* المِلْك المنقول (كالأثاث).

chatter *(vi.; n.)* (١) يزقزق (العصفور) (٢) يثرثر (٣) تصطك (الأسنان) § (٤) زقزقة (٥) ثرثرة (٦) هَذْر (٧) اصطكاك الأسنان.

chauffeur *(n.)* سائق السيّارة.

chauvinism *(n.)* شدّة الوطنيّة.

cheap *(adj.; adv.)* (١) رَخيص § (٢) برُخْص.

cheapen *(vt.; i.)* (١) يُرخِّص × (٢) يَرْخُص.

cheat *(vt.; i.; n.)* (١) يخدع؛ يغشّ § (٢) خداع؛ غِش (٣) المخادِع؛ الغشّاش.

check *(vt.; i.; n.)* (١) يكبح؛ يوقف؛ يضبط. (٢) يحقّق؛ يراجع؛ يفحص (٣) يضع إشارة أمام شيء (دلالةً على أنّه روجع) (٤) يودع لقاء إيصال × (٥) ينطبق على § (٦) كَبْح؛ وَقْفٌ؛ ضبط (٧) توقّف أو انقطاع مفاجىء (٨) مِحكّ (٩) فحص؛ مراجعة؛ مقابلة؛ تحقّق (١٠) إشارة توضع أمام رقم الخ. دلالةً على أنّه روجع (١١) «شيك» مصرفي (١٢) وَصْل؛ إيصال (١٣) فاتورة (١٤) مجموعة ترابيع أو مربّعات (كالّتي تكون على رقعة الشطرنج) (١٥) مربّع من هذه المربّعات.

checker *(n.; vt.)* (١) حجر الداما (٢) رسم ذو مربعات أو ترابيع (٣) أحد هذه المربّعات § (٤) يجعله ذا مربّعات.

checkerboard *(n.)* رُقْعةُ الداما.

checkers *(n.)* الدّاما؛ لعبة الداما.

checkmate *(vt.; n.)* (١) يُميت الشاه (في الشطرنج) (٢) يهزم؛ يُحبِط § (٣) إماتة الشاه (٤) هزيمة تامّة.

cheek *(n.)* (١) خدّ؛ وَجْنَة (٢) وقاحة.

cheekbone *(n.)* العظم الوَجْنيّ (تشريح).

cheeky *(adj.)* (١) وقح (٢) ممتلىء الخدين.

cheep *(vi.)* يزقزق (الطائر).

cheer *(n.; vt.; i.)* (١) ابتهاج (٢) طعام وشَراب. (٣) هُتاف؛ تهليل (للتشجيع) § (٤) يشجّع (٥) يُبْهِج (٦) يهتف لـ × (٧) يبتهج.

cheerful *(adj.)* مرِح؛ مبتهِج؛ بهيج.

cheerless *(adj.)* حزين؛ كئيب.

cheese *(n.)* (١) جُبْن (٢) قالب جُبْن.

chef *(n.)* (١) رئيس (٢) رئيس الطهاة.

chef d'oeuvre *(n.)* تحفة؛ رائعة.

chemical *(adj.; n.)* (١) كيميائي § (٢) مادة كيميائية.

chemise *(n.)* قميص تحتاني (للنساء).

chemist *(n.)* (١) الكيميائي (٢) الصيدلي.

chemistry *(n.)* الكيمياء.

cheque *(n.)* شيك (على مصرف).

chequer *(n.; vt.)* =checker.

chequerboard *(n.)* =checkerboard.

chequers *(n.)* =checkers.

cherish *(vt.)* (١) يُعِزّ؛ يدلِّل (٢) يتعلّق بـِ؛ يُبْقِي في الذهن.

cherry *(n.)* (١) الكَرَز (٢) الأحمر الفاتح.

cherub *(n.)* (١) مَلاك (٢) طفل جميل.

chess *(n.)* شِطرنج.

chessboard *(n.)* رُقعة الشِّطرنج.

chessman *(n.)* حجر الشِّطْرنْج.

chest *(n.)* (١) صندوق (٢) خزانة (٣) صَدْر.

chestnut *(n.)* (١) الكَسْتناء (٢) اللونُ الكستنائي: لون بنّيّ مُحمَرّ.

chevalier *(n.)* فارس.

chevron *(n.)* شارة الرتبة (العسكرية).

chew *(vt.; i.; n.)* (١) يَمضَغ؛ يلوك § (٢) مَضْغ (٣) مُضْغَة (من التبغ).

chewing gum *(n.)* مَضِيغَة؛ «عِلْكَة».

chicanery *(n.)* خداع (٢) حيلة.

chick *(n.)* (١) صُوص (٢) صغير الطائر.

chicken *(n.)* (١) فرّوج (٢) دجاجة.

chicory *(n.)* الهِنْدَبا البريّة.

chide *(vi.; t.)* يوبّخ؛ يعنّف؛ يقرِّع.

chief *(n.; adj.)* (١) الرئيس؛ المقدَّم؛ الزعيم. § (٢) رئيسيّ (٣) أوّل؛ أكبر.

chiefly *(adv.)* (١) خصوصاً (٢) في الأغلب.

chieftain *(n.)* (١) رئيس (٢) شيخ قبيلة.

chiffon *(n.)* نسيج حريري.

chiffonier *(n.)* الشِّيفونية: خزانة ضيّقة عالية ذات أدراج.

chiffonier

chilblain *(n.)* تقرّح (في اليدين أو القدمين).

child *(n.)* طفل؛ طفلة.

with ~, حامل؛ حُبلى.

childbirth *(n.)* الولادة؛ المخاض.

childhood *(n.)* الطفولة.

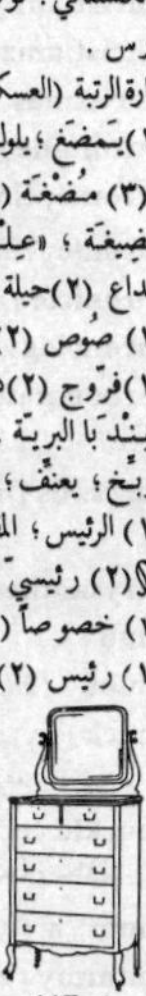

childish *(adj.)* صبيانيّ؛ سخيف.

childless *(adj.)* أبْتَر؛ لا أولاد له.

childlike *(adj.)* (١) طِفليّ (٢) بسيط.

children *pl. of* child.

chill *(n.; adj.; vi.; t.)* (١) قُشَعْرِيرَة (٢) بَرد (٣) بارد باعتِدال (٤) مرتجف بَرداً معتدِل § (٥) مثبِّط (٦) فاتر § (٧) يَبْرُد × (٨) يُبرِد.

chilly *(adj.)* (١) بارد (٢) شاعر بالبرد (٣) فاتر.

chime *(n.; vi.)* (١) مجموعة أجراس (في برج كنيسة) (٢) *pl.*: موسيقى هذه الأجراس (٣) توافق؛ انسجام § (٤) ترنّ (الأجراس الخ.)

chimera *or* **chimaera** *(n.)* وَهْم.

chimney *(n.)* (١) المستوقد (٢) المِدخنة (٣) زجاجة القِنديل.

chimpanzee *(n.)* البَعام؛ الشيمبانزي: قرد افريقيّ.

chimpanzee

chin *(n.)* ذَقَن.

china *(n.; adj.)* الصينيّ: خزف نفيس.

Chinese *(n.; adj.)* صينيّ.

chink *(n.)* شِقّ؛ فَلْع؛ صَدْع.

chintz *(n.)* شِيت أو قماش قطنيّ مطبَّع.

chip *(n.; vt.; i.)* (١) رُقاقة (٢) رُقاقة بطاطس؛ رقاقة شوكولا (٣) *pl.*: رقاقات بطاطس مقليّة (٤) الفيشة: قرص رقيق من عاج (يُستخدم في ألعاب القمار) (٥) قطعة من روْث مجفّف § (٦) يُقَطِّع أو يُشَظّي على شكل رُقاقات × (٧) يتشظّى؛ يتكسّر قطعاً صغيرة.

chipmunk *(n.)* الصَّيْدَنانيّ: سنجاب أميركي.

chirp; chirrup *(n.)* زقزقة (الطيور).

chisel *(n.; vt.; i.)* (١) إزميل § (٢) ينحت.

chit *(n.)* فاتورة المطعم الخ.

chitchat *(n.)* لَغْو؛ دَرْدَشة.

chivalrous *(adj.)* (١) فُرُوسيّ (٢) شَهْم.

chivalry 78 church

chivalry *(n.)* (١) فُرسان (٢) فروسية ؛ شهامة.
chive *(n.)* الثوم المعمّر (نبات).
chloride *(n.)* الكلوريد (في الكيمياء).
chlorine *(n.)* الكلور : عنصرٌ كيميائي سامّ.
chloroform *(n.;vt.)* (١) الكلوروفورم : سائل يُستخدم كمخدِّر §(٢) يخدِّر بالكلوروفورم.
chlorophyll *(n.)* اليَخْضُور ؛ الكلوروفيل : المادة الخضراء الملوِّنة في النبات.
chocolate *(n.)* (١) شوكولا (٢) شراب أو حلوى من الشوكولا (٣) لون بُنّيّ.
choice *(n.; adj.)* (١) الاختيار (٢) الخِيار : حقّ الاختيار أو إمكانيّتُه (٣) الشخص أو الشيء المختار (٤) صفوة ؛ زبدة (٥) مجموعة يمكن الاختيار من بينها §(٦) ممتاز ؛ مختارٌ بعناية.
choir *(n.)* الخُورَس : جوقة منشدين.
choke *(vt.; i.; n.)* (١) يخنق (٢) يوقف ؛ يعطِّل. (٣) يَسُدّ (٤) يُعْمِل المِخْنقة أو الشرّاقة ×(٥) يختنق (٦) يغصّ ؛ يَشْرَق (٧) ينسدّ §(٨) خَنْق (٩) المِخنقة ؛ الشرّاقة : صِمام لقطع الهواء عن الكربوراتور (في السيّارات).
cholera *(n.)* الهَيْضَة ؛ الكوليرا (مَرَض).
choleric *(adj.)* غاضب أو سريع الغضب.
choose *(vt.; i.)* يختار ؛ يفضِّل ؛ يريد.
chop *(vt.;n.)* (١) يقطع بفأس (٢) يشقّ (٣) يفرُم ؛ يهرم §(٤) قطْع ؛ فَرْم ؛ تهريم (٥) ضربة قاطعة (بالفأس) (٦) قطعة ؛ شظيّة (٧) شرحة لحم (مع ضلعها عادةً) (٨) حركة قصيرة مفاجئة (٩) *pl.* : فكّ ؛ فمّ ؛ خدّ.
chopper *(n.)* مِفْرَمة ؛ ساطور.
choral *(adj.)* خاصّ بجوقة منشدين.
choral *or* **chorale** *(n.)* ترتيلة ؛ ترنيمة.
chord *(n.)* (١) وتر (٢) نغمات متآلفة.
chore *(n.)* عمل يوميّ أو مملّ.
chorister *(n.)* المنشِد (في فرقة).
chorus *(n.; vt.; i.)* (١) الكورس : مجموعة من المغنّين أو الراقصين أو المنشدين (٢) لازمة الأغنية أو قرارُها §(٣) يغنّون في آنٍ واحد.
chose *past of* choose.
chosen *(adj.)* مختار ؛ مفضَّل.
chowder *(n.)* الشَّوْدَر (حِساء).
Christ *(n.)* المسيح ؛ يسوع المسيح.
christen *(vt.)* (١) يُعمِّد (٢) يُسمّي.
Christendom *(n.)* العالَم المسيحي.
Christian *(n.; adj.)* مسيحي.
Christianity *(n.)* المسيحية ؛ النصرانيّة.
Christianize *(vt.)* يُنصِّر.
Christmas *(n.)* عيد الميلاد.
chromatic *(adj.)* لونيّ ؛ ملوَّن ؛ بالألوان.
chrome; chromium *(n.)* الكروم (معدن).
chronic *(adj.)* (١) مُزْمِن (٢) مُدْمِن.
chronicle *(n.; vt.)* (١) تاريخٌ §(٢) يؤرِّخ.
chronology *(n.)* علم التاريخ.
chronometer *(n.)* الكرونومتر ؛ الميقَت : أداة لقياس الزمن بدقة بالغة.
chrysalis *(n.)* الخادِرة : الحشرة في الطور الذي يعقب اليرَقانة.
chrysanthemum *(n.)* الأُقحُوان.
chub *(n.)* الشَّوب : سمك نهري.
chubby *(adj.)* ريّان ؛ لَحيم ؛ رَبيل.
chuck *(vt.; n.)* (١) يقذف أو يرمي (بحركة سريعة) §(٢) رَمْية سريعة (٣) جزء من الذبيحة.
chuckle *(vi.; n.)* (١) يضحك ضحكاً خافتاً. (٢) يقوقي (الدجاج) §(٣) ضحكة خافتة.
chum *(n.)* رفيق ؛ صديق حميم.
chummy *(adj.)* وَدُودٌ ؛ حَميم.
chump *(n.)* (١) حَطَبَة (٢) مغفَّل.
chunk *(n.)* قطعة ؛ كِسْرة.
church *(n.)* (١) كنيسة (٢) طائفة.

churchman 79 civet

churchman *(n.)* (١)الكاهن(٢)عضوٌ بكنيسة

churchwarden *(n.)* وكيل الكنيسة .

churchyard *(n.)* فِناء الكنيسة ؛ مدفن .

churl *(n.)* (١) الفلاح (٢) الفظّ (٣) البخيل .

churn *(n.; vt.; i.)* (١)المِمْخَضَة : مِمْخَضَة اللبن §(٢) يَمْخُضُ اللبنَ .

cicada *(n.)* الزِّيز ؛ زيز الحصاد (حشرة) .

cicerone *(n.)* الدليل السياحي .

cider *(n.)* عصير التفاح (أو غيرِه من الفاكهة) .

cigar *(n.)* سِيكار ؛ سِيْجار .

cigarette *or* **cigaret** *(n.)* سيكارة .

cinch *(n.)* (١)حزام السَّرْج (٢)شيء مضمون .

cinchona *(n.)* لِحاء الكينا .

cincture *(n.)* (١)تطْويق (٢) طَوْق .

cinder *(n.)* (١) رماد (٢) جمرة .

cinema *(n.)* سينما

cinnamon *(n.)* القِرفة أو لونها .

cipher *(n.; vt.)* (١)صِفْر (٢)شِيفرة ؛ كتابة سرية §(٣)يكتب بالشيفرة (٤)يحسب (بالأرقام) .

Circassian *(n.; adj.)* جركسيّ .

circle *(n.; vt.; i.)* (١)حلقة (٢)دائرة (٣)عالَم ؛ منطقة عمل أو نفوذ (٤) دورة §(٥)يطوِّق (٦) يدور حول ×(٧) يدور .

circlet *(n.)* (١)دائرة صغيرة (٢) خاتم .

circuit *(n.)* (١)محيط (٢)جولة دورية (٣)دارة ؛ دائرة (في الكهرباء) (٤) سلسلة مسارح (٥)دَوَران أو دَوْرَة .

circuitous *(adj.)* غير مباشر .

circular *(adj.; n.)* (١) مستدير (٢) دائريّ (٣)غير مباشر (٤)سيّار : مُوجَّه إلى عدد كبير من الأشخاص §(٥) الرسالة السيارة : نشرة ترسل إلى عدّة أشخاص .

circulate *(vi.; t.)* (١) يدور (٢) ينتشر (٣) تتداوله الأيدي ×(٤) يَنْشر ؛ يروّج .

circulating *(adj.)* دائر ؛ منتشر ؛ متداوَل .

circulation *(n.)* (١)دَوَران (٢)الدورة الدموية (٣) التداوُل (٤) الانتشار .

circumcise *(vt.)* يَختِن ؛ يطهِّر .

circumcision *(n.)* خِتان ؛ تطهير .

circumference *(n.)* المحيط ؛ محيط الدائرة .

circumlocution *(n.)* إسهاب ؛ إطناب .

circumnavigate *(vt.)* يُبْحِر حول .

circumscribe *(vt.)* (١)يرسم خطاً حول ؛ يعيِّن حدود شيء (٢) يطوِّق (٣) يحدِّد ؛ يقيِّد .

circumspect *(adj.)* حذِر ؛ واعٍ .

circumstance *(n.)* (١) ظَرْف ؛ حالة (٢)حادثة ؛ حَدَث (٣)حقيقة ؛ واقعة ؛ تفصيل .

circumstantial *(adj.)* (١)ظَرْفيّ ؛ عَرَضيّ ؛ ثانوي (٢)مفصَّل ؛ تفصيليّ (٣)ماديّ .

circumvent *(vt.)* (١)يدور حول (٢)يخدع .

circus *(n.)* (١) سِيرْك (٢) ميدان .

cirrus *(n.)* الطُّخْرُور : سحابٌ شبيه بالصوف .

cistern *(n.)* صِهْريج ؛ حوض .

citadel *(n.)* قلعة ؛ مَعْقِل ؛ حِصْن .

citation *(n.)* (١) دعوة للمثول أمام القضاء (٢)استشهاد ؛ قولٌ مستشهَدٌ به (٣)تعداد ؛ ذِكْر (٤)تنويهٌ أو إشادةٌ ببطولة جنديّ الخ .

cite *(vt.)* (١)يدعو (شخصاً) للمثول أمام القضاء (٢)يستشهد (بقَوْلٍ الخ.) (٣)يُوْرِد ؛ يذكر (٤)ينوِّه ؛ يُشيد (ببطولة جنديّ الخ.)

citizen *(n.)* مواطن .

citizenship *(n.)* المُواطنيَّة .

citron *(n.)* الأُتْرُجّ ؛ الكَبَّاد (نبات) .

citrus *(n.)* اللَّيْمون (بأنواعه) .

city *(n.)* مدينة .

civet *(n.)* الزَّبَاد (نوعٌ من الطِّيبْ) .

civet cat *(n.)* الزَّباد ؛ سنَّوْر الزَّبَاد .

civet cat

civic *(adj.)* (١)مَدينيّ : متعلّق بمدينة (٢)مَدَنيّ.

civics *(n.)* علم التربية المدنيّة .

civil *(adj.)* (١)مَدَنيّ (٢)متمدّن (٣)أهلي. (٤) مهذّب ؛ لطيف .

civilian *(n.; adj.)* (١)المَدَنيّ : كل مَن ليس بشرطيّ أو جنديّ §(٢) مدنيّ .

civility *(n.)* لطف ؛ كياسة .

civilization *(n.)* الحضارة ؛ المدنيّة .

civilize *(vt.)* يحضِّر ؛ يمدِّن ؛ يثقِّف ؛ يهذب .

civilized *(adj.)* متحضِّر ؛ متمدِّن .

civil law *(n.)* القانون المدنيّ .

civil war *(n.)* الحرب الأهليّة .

clad *(adj.)* مُرتدٍ ؛ مَكْسوٌّ بـ .

claim *(vt.; n.)* (١) يطالب بـ (٢) يتطلّب ؛ يستحق (٣)يدّعي §(٤)مطالبة بـ (٥) ادعاء ؛ دعوى (٦) حقّ المطالبة بشيء (٧) شيء يُدّعى أو يُطالَب به .

claimant; claimer *(n.)* المطالِب ؛ المُدّعي .

clam *(n.)* البَطْلينوس : سمكٌ صَدَفيّ .

clamber *(vi.; t.)* يتسلّق بجهد .

clammy *(adj.)* رَطْبٌ ؛ بارد ودَبِق .

clamor ;clamour *(n.)* صَخَبٌ ؛ جَلَبَة .

clamorous *(adj.)* صاخب ؛ ضاجّ .

clamp *(n.; vt.; i.)* (١) مِلزَم . §(٢) يثبّت أو يقوّي بِمِلْزَم .

clamp

clan *(n.)* (١)عَشيرة (٢)جماعة .

clandestine *(adj.)* سِرّي .

clang *(vi.; t.; n.)* (١) يَرِنّ (المعدنُ) . ×(٢)يجعله يرن §(٣)رنين (٤) صوت الإوزّ الخ.

clangor *(n.)* قعقعة متواصلة ؛ ضجة صاخبة .

clank *(n.; vi.; t.)* (١)قعقعة ؛ خشخشة ؛ صليل . §(٢)يقعقع ؛ يخشخش ؛ يصلصل .

clap *(vt.; i.; n.)* (١)يصفع (٢)يربِّت (٣)يرفرف بجناحيه ×(٤)يقعقع (٥)يصفق §(٦)قَصْف الرعد (٧) صفعة (٨) تربيتة (٩)تصفيق .

clapboard *(n.)* لوح خشبيّ .

clapper *(n.)* (١) لسان الجرس (٢) المصفِّق .

claptrap *(n.)* هراء ؛ كلام فارغ .

claret *(n.)* الكلاريت : خمرةٌ بوردو الحمراء .

clarify *(vt.; i.)* (١)يصفّي ؛ يروِّق (٢)يوضّح . ×(٣)يصفو ؛ يروق (٤)يتّضح .

clarinet ; clarionet *(n.)* شبّابة ؛ مزمار .

clarion *(n.)* (١)البُوق (٢) صوت البوق .

clarity *(n.)* وضوح .

clash *(vi.; n.)* (١) يصطدم (٢) يتعارض ؛ يتضارب §(٣)اصطدام (٤)تعارُض ؛ تضارب.

clasp *(n.; vt.)* (١) إبزيم ؛ مِشبك (٢) عناق ؛ مصافحة §(٣) يشبك بإبزيم (٤) يعانق ؛ يصافح ؛ يُمسك بـ .

class *(n.; vt.)* (١) طبقة اجتماعية (٢) منزلة اجتماعية (٣)صنف ؛ نوع (٤)درجة (٥)صفّ (في مدرسة الخ.) (٦) مجنَّدو العام الواحد §(٧)يصنِّف ؛ يضع في منزلة أو مصافّ ...

classic *(adj.; n.)* (١) ممتاز (٢) تقليديّ . (٣) كلاسيكيّ : متعلّق بأدب اليونان والرومان أو بفنهم §(٤) الأثر أو الكاتب الكلاسيكي.

classification *(n.)* تصنيف ؛ تبويب .

classify *(vt.)* يصنّف ؛ يبوِّب .

classmate *(n.)* رفيق الصفّ .

clatter *(vi.; n.)* (١) يُقَعْقِع ؛ يُصَلْصِل . §(٢)قَعْقَعَة (٣) فوضى (٤)لَغَطٌ .

clause *(n.)* (١)فقرة ؛ مادة من قانون أو معاهدة أو وثيقة (٢)عبارة ؛ جزء من جملة .

clavicle *(n.)* النّاحِرَة ؛ التَّرْقُوَة .

claw *(n.; vt.)* (١)مِخْلَب ؛ بُرْثُن §(٢)يمزِّق

clay 81 **clime**

أو يخدش بالبرائن ونحوها (٣)يحفر .

clay *(n.)* (١)طَفَل ؛ طين (٢) وَحْل .

clean *(adj.; vt.; i.)* (١) نظيف (٢) خالٍ من العوائق (٣) طاهر (٤) تامّ ؛ كامل (٥)بارع (٦)أنيق (٧)فارغ §(٨)ينظف.

cleanliness *(n.)* نظافة .

cleanly *(adj.; adv.)* (١) نظيف §(٢)بنظافة.

cleanse *(vt.)* (١) ينظّف (٢) يطهِّر .

clear *(adj.; vt.; i.)* (١)مشرق (٢) صافٍ (٣)صاحٍ (٤) رائق (٥) خالٍ من الشوائب (٦)شفّاف (٧)واضح؛ جليّ (٨) حادّ (٩)واثق؛ متأكّد (١٠) طاهر؛ بريء (١١) متحرّر أو خِلْوٌ من (١٢) غير مَدِين (١٣) كامل (١٤)سالك؛ خِلوٌ من العقبات (١٥)فارغ §(١٦) يجعله مشرقاً أو صافياً أو صاحياً الخ. (١٧) يبرّىء (١٨) يحرّر؛ ينظّف (١٩) ينور (٢٠)يوضح (٢١) يفرغ (٢٢) يحرر من دَيْن (٢٣)يسدّد (٢٤)يزيل ×(٢٥)يصحو ؛ يصفو ؛ يتبدّد؛ ينقشع الخ.

clearance *(n.)* (١)تصفية الحسابات بين مصرفين (٢) الخُلوص : فسحة فارغة بين شيئين مارّ أحدُهما بالآخر (٣) بيع التصفية .

clearing *(n.)* (١) أرض مقطوعة الشجر (في غابة) (٢) المُقاصَّة : تبادل الشيكات وتصفية الحسابات بين مختلف البنوك .

clearly *(adv.)* بوضوح ؛ بجلاء الخ .

clearness *(n.)* وضوح ؛ جلاء الخ .

cleat *(n.)* (١)مَرْبِط أو مِمْسَك (الحبال السفينةالخ) (٢) حافظة النعل : قطعة تُثبَّت في نعل الحذاء لوقايته من الانبراء .

cleat 1.

cleavage *(n.)* (١) شَقّ ؛ فَلْع (٢) انقسام.

cleave *(vt.; i.)* (١)يَفْلَع ؛يَشُقّ ؛ يَفْسَخ. ×(٢)ينفلع ؛ ينشقّ ؛ ينفسخ (٣)يلتصق بِ.

cleaver *(n.)* ساطور الجزار .

cleft *(n.)* شِقّ ؛ فَلْع ؛ صَدْع .

clematis *(n.)* ياسمين البر (نبات) .

clemency *(n.)* (١)رحمة (٢)اعتدال .

clement *(adj.)* (١)رحيم (٢) معتدل .

clench *(vt.)* (١) يثبّت المسمارَ (بأن يلوي رأسَه بعد دقّه) (٢)يُمسِك أو يُطبِق بإحكام.

clergy *(n.)* الاكليروس: رجال الدين.

clergyman; cleric *(n.)* الكاهن ؛ القَسّ .

clerical *(adj.)* (١) كهنوتيّ (٢)نَسخيّ ؛ كتابيّ.

clerk *(n.)* (١)رَجُلُ دِين (٢)الكاتب (في متجر أو محكمة الخ.) (٣)البائع أو البائعة (في دكان).

clever *(adj.)* ذكيّ ؛ ماهر ؛ بارع .

cleverness *(n.)* مهارة؛ براعة؛ حِذق .

clew *(n.; vt.)* (١)مفتاح (لحلّ لغز أو نحوه) . (٢)الكِظامة : عروة معدنيّة متصلة بزاوية الشراع السفلى §(٣) يرفع أو يخفض الشراع بواسطة الكِظامة .

clews 2.

cliché *(n.)* رَوْسَم ؛ كليشيه (في الطباعة) .

click *(n.; vi.; t.)* (١) قَرْقَعَة ؛ طَقْطَقَة . (٢)مِزْلاج؛ سقّاطة §(٣) يقرقع ؛ يطقطق .

client *(n.)* (١)الموكِّل : من يوكّل محامياً في دعوى . (٢) الزبون : أحد زبائن الطبيب أو المتجر.

clientage; clientele *(n.)* زبائن .

cliff *(n.)* الجُرُف: منحدَر صخري شاهق .

climate *(n.)* (١)مُناخ (٢) إقليم .

climatic *(adj.)* مُناخي .

climax *(n.; vi.; t.)* (١)الذروة؛ الأوج §(٢)يبلغ الذّروة ×(٣) يَبلُغ الذّروة .

climb *(vi.; t.; n.)* (١) يرتفع (٢) يتسلّق . §(٣) موضع يتحتّم فيه التسلّق (٤)تسلّق .

clime *(n.)* =climate.

clinch 82 clout

clinch *(vt.; i.; n.)* (١) يلوي رأس المسمار بعد دقه (٢) يثبّت بهذه الطريقة أو نحوها × (٣) يمسك بإحكام § (٤) تثبيت بمسمار ملويّ الرأس (٥) رأس المسمار الملويّ (٦) إمساك بقوة.

cling *(vi.)* (١) يتماسك (٢) يلتصق (٣) يتمسك بـ.

clinic *(n.)* (١) الطب السريري: طريقة عملية في تعليم الطبّ قوامها فحص المرضى أو معالجتهم على مشهد من الطلاب (٢) عيادة (٣) مستوصف.

clinical *(adj.)* سريريّ.

clink *(n.)* صلصلة؛ خشخشة.

clip *(vt.; n.)* (١) يثبّت بمشبك (٢) يقصّ؛ يجزّ؛ يقلّم (٣) يختصر (٤) يثقب (٥) يضرب § (٦) مشبك (للاوراق والرسائل) (٧) جزازة (٨) ضربة عنيفة (٩) خطو سريع.

clipper *(n.)* (١) *pl.*: «أ» مجزّ. «ب» مقلمة الأظافر. «ج» ماكينة لقص الشعر (٢) سفينة شراعية.

clipping *(n.)* قُصاصة.

clique *(n.)* زمرة؛ عصبة.

cloak *(n.; vt.)* (١) عباءة (٢) قناع § (٣) يغطي بعباءة (٤) يحجب؛ يخفي.

clock *(n.; vt.)* (١) ساعة كبيرة (٢) عدّاد السرعة (في السيارات الخ.) § (٣) يقيس الوقت (في سباق).

clockwise *(adv.)* باتجاه حركة عقارب الساعة.

clockwork *(n.)* (١) آلية الساعة (٢) آلية مشتملة على دواليب صغيرة (كآلية الدمية الميكانيكية).

clod *(n.)* (١) كتلة تراب (٢) الغبيّ: الأبله.

clodhopper *(n.)* (١) ريفيّ (٢) *pl.*: حذاء غليظ.

clog *(vt.; i.; n.)* (١) يعوّق (٢) يسدّ × (٣) ينسدّ § (٤) عائق (٥) قبقاب.

cloister *(n.; vt.)* (١) دير (٢) موضع منعزل (٣) رواق معمّد مسقوف § (٤) يعزل عن العالم.

close *(vt.; i.; n.)* (١) يغلق (٢) يسدّ؛ يحجب (٤) يرصّ؛ يضمّ «الصفوف» (٥) يطبق (٦) ينهي × (٧) ينغلق (٨) ينسدّ (٩) ينقطع عن العمل (١٠) يشتبك في نزاع (١١) ينتهي § (١٢) انتهاء؛ إنهاء (١٣) نهاية.

close *(n.; adj.)* (١) بقعة مسوّرة أو مسيّجة (٢) ممرّ (٣) طريق غير نافذ § (٤) مغلق (٥) حبيس (٦) سرّي؛ مكتوم (٧) متكتّم (٨) شديد (٩) حبيس الهواء (١٠) ثقيل الوطأة (١١) بخيل (١٢) متراصّ (١٣) ضيق (١٤) قصير (١٥) محكم (١٦) قريب (١٧) حميم (١٨) دقيق (١٩) نادر (٢٠) متعادل تقريباً.

closely *(adv.)* (١) بإحكام (٢) عن كثب (٣) بانتباه (٤) بدقة (٥) ببخل.

closet *(n.)* (١) مختلى (٢) خزانة (٣) مرحاض.

closure *(n.)* (١) إغلاق؛ إقفال (٢) انغلاق (٣) نهاية (٤) إيقاف المناقشة لأخذ الأصوات.

clot *(n.; vi.; t.)* (١) كتلة؛ جلطة دموية § (٢) يتكتّل؛ يتخثّر؛ يتجلط × (٣) يخثّر.

cloth *(n.)* (١) قماش؛ جوخ (٢) قطعة قماش (٣) غطاء المائدة (٤) ثوب الكاهن.

clothe *(vt.)* (١) يُلبس (٢) يكسو (٣) يزوّد.

clothes *(n.pl.)* (١) ملابس (٢) أغطية السرير.

clothesline *(n.)* حبل الغسيل.

clothespeg; clothespin *(n.)* ملقط الغسيل.

clothier *(n.)* بائع الثياب أو الأقمشة.

clothing *(n.)* (١) ملابس (٢) غطاء.

cloture *(n.)* إقفال المناقشة.

cloud *(n.; vi.; t.)* (١) سحابة (٢) حشد؛ عدد وافر (٣) عرق داكن (في الرخام) (٤) لطخة؛ شائبة § (٥) تغيم (السماء) (٦) يكفهرّ (الوجه) × (٧) يحجب بسحابة (٨) يغشّي؛ يعتّم؛ يلوّث.

cloudless *(adj.)* صافٍ؛ صاحٍ؛ لا غيم فيه.

cloudy *(adj.)* (١) غائم (٢) غيميّ (٣) معرّق أو مبقّع (٤) غامض (٥) مكفهرّ (٦) مشبوه.

clout *(n.; vt.)* (١) خرقة (٢) ثوب (٣) منديل.

(٤) ضربة §(٥) يرقّع (٦)يضرب بقوّة .

clove *past of* cleave.

clove *(n.)* (١)فص (من الثوم) (٢) كبش قرنفل .

cloven *past part. of* cleave.

cloven foot *(n.)* ظِلْف مشقوق .

clover *(n.)* نَفَل ؛ بِرْسيم (نبات) .

clown *(n.; vi.)* (١)الريفيّ (٢)الجِلْف ؛ الفظّ (٣) المهرج §(٤) يهرّج .

clownish *(adj.)* جِلْف ؛ فظّ ؛ أخرق .

cloy *(vt.)* يُتْخِم .

club *(n.; vt.; i.)* (١)هراوة (٢)مِضرب الكرة (٣) الاسبانيّ (في ورق اللعب) (٤) نادٍ §(٥) يضرب بهراوة أو نحوها ×(٦) يتعاون.

cluck *(vi.; n.)* (١)تَقْرِق (الدجاجة) : تُطلق صوتاً خاصاً تدعو به صغارها §(٢) القَرْق .

clue *(n.; vt.)* = clew.

clump *(n.; vi.; t.)* (١) أجَمَة (٢) كتلة (٣)صوت وَطْءٍ ثقيل §(٤)يمشي بتثاقل وجلَبَة .

clumsily *(adv.)* بطريقة غير مُتْقَنَة .

clumsy *(adj.)* (١)أخرق ؛ غير رشيق أو بارع (٢) غير ملائم ؛ غير متقن الصنع .

clung *past and past part. of* cling.

cluster *(n.; vi.; t.)* (١)عنقود §(٢)يتَعَنْقَد : يتخذ شكل عناقيد ×(٣) يُعَنْقِد .

clutch *(vt; i.; n.)* (١) يقبض (على شيء) بإحكام ؛ يتشبّث بـ ×(٢) يحاول التعلّق بـ §(٣)مخلب (٤)سيطرة (٥)قبضة (٦)القابض : جهاز تعشيق التروس (في سيارة) ؛ «دوبرياج».

clutter *(vt.; i.; n.)* (١)يركم أو يكوّم بغير نظام (٢)يملأ بأشياء مبعثرة §(٣)ركام يعوزه النظام (٤) فوضى (٥) ضوضاء .

coach *(n.; vt.)* (١) مركبة (٢) حافلة (٣)أوتوبوس (٤)سيّارة (٥)مدرّس خصوصي (٦) مدرّب رياضيّ §(٧) يعلّم ؛ يدرّب .

coadjutor *(n.; adj.)* مساعِد .

coagulate *(vt.; i.)* (١) يخثّر §(٢) يتخثّر .

coal *(n.; vt.; i.)* (١)جَمرة (٢)فحم (٣)فحم حجريّ §(٤)يزوّد أو يتزود بفحم حجريّ.

coalesce *(vi.)* يلتئم ؛ يندمج ؛ يلتحم .

coalition *(n.)* (١) اندماج (٢) ائتلاف .

coal oil *(n.)* (١)نفط (٢) كيروسين .

coarse *(adj.)* (١)رديء (٢)خشن (٣)قاسٍ ؛ شديد (٤) أجشّ (٥) جِلف ؛ فظّ .

coarsen *(vt.; i.)* يجعله (أو يصبح) خشناً الخ .

coast *(n.; vt.; i.)* (١)ساحل ؛ شاطئ (٢)منحدر §(٣)يبحر في محاذاة ساحل كذا ×(٤)يهبط .

coaster *(n.)* السواحلية : سفينة مخصصة للتجارة بين مرافئ بلدٍ ما .

coast guard *(n.)* خَفَر السواحل .

coat *(n.; vt.)* (١)سترة (٢)غطاء ؛ صوف ؛ قشر (٣) طبقة §(٤)يكسو ؛ يطلي .

coating *(n.)* (١)غطاء ؛ غلاف (٢)طَلْيَة ؛ طبقة خارجيّة (٣) قماش للسترات .

coat of arms *(n.)* شعار النبالة .

coat of mail *(n.)* المَزْرُودة : درعٌ من زَرَد .

coax *(vt.; i.)* يلاطف ؛ يتملّق .

cob *(n.)* (١) ذكَر الإوزّ (٢) قطعة مستديرة (٣)قَوْلحة الذرَة : الجزء الخشبيّ من كوز الذرة (٤) الكَبّ : جواد قويّ قصير القوائم .

cobalt *(n.)* الكوبالت : معدن فضيّ البياض.

cobble *(vt.)* يرقّع (الأحذية الخ.) .

cobbler *(n.)* الإسكاف .

cobra

cobra *(n.)* الصِّل ؛ النّاشر : أفعى سامة .

cobweb *(n.)* (١) بَيْت (أو نَسْج) العنكبوت (٢) شَرَك .

cocaine *(n.)* الكوكايين .

cochineal *(n.)* القِرْمِز : صِبْغ أحمر فاتح.

cochlea *(n.)* قَوقَعَة الأُذن (تشريح) .
cock *(n.; vi.; t.)* (١) ديك (٢) ذكَرُ الطائر . (٣) حنفيّة ؛ صنبور (٤) زعيم؛ رئيس (٥) الديك: زَنْدالبندقيّة (٦) كومة(تبن الخ.) §(٧) يتبختر (٨) ينتصب ×(٩)يصْلي الديكَ: يردّ ديك البندقية إلى الوراءاستعداداً للرمي(١٠)ينْتصِب (أذنيه للاستماع) .
cockade *(n.)* عقدة شريط القبعة .
cockatoo *(n.)* الكُكَتوه : ببغاء ذو عُرف .
cockerel *(n.)* ديك صغير .
cockeye *(n.)* عَيْن حَوْلاء .
cockle *(n.; vi.; t.)* (١)الكَوْكَل: حيوان بحري ذو صدفتين §(٢) يتغضّن ×(٣)يغضّن .
cockleshell *(n.)* (١)صَدَفةالكوكل(٢)قارب
cockney *(n.)* الكوكنيّ: أحدأبناءأفقر أحياءلندن.
cockpit *(n.)* (١) ميدان مصارعة الديكة (٢) رُكن الطيّار (في طائرة) .
cockroach *(n.)* الصُرْصُور ؛ بنت وَرْدان .
cockscomb *(n.)* (١)عُرْف الديك (٢)قطيفة عرف الديك (نبات) .
cocktail *(n.)* الكوكتيل : شراب مُسكِر مُعَدّ من خمور مختلفة .
cocky *(adj.)* مغرور ؛ مزهوّ بنفسه .
coco *(n.)* جوز (أو شجرة جوز) الهند .
cocoa *(n.)* (١) كاكاو (٢)شراب الكاكاو .
coconut *or* **cocoanut** *(n.)* جوزة الهند .
coconut palm *(n.)* شجرة جوز الهند .
cocoon *(n.)* فَيْلَجَة؛ شَرْنَقَة .
cod *(n.)* القُدّ (من أسماك شمالي الأطلسيّ) .
coddle *(vt.)* (١)يسلق (٢) يدلّل .
code *(n.; vt.)* (١) المَدْوَنَة: مجموعة قوانين . (٢) دستور (٣) شِفرة؛ كتابة سرّيّة .
codex *(n.)* pl. **codices** مخطوطة .
codfish *(n.)* =cod.
codger *(n.)* الغريب الأطوار ؛ السيّء السمعة.
codicil *(n.)* (١) ملحق وصيّة (٢) ملحق .
codify *(vt.)* (١) يجمع القوانين وينسّقها . (٢) ينظّم ؛ يصنّف.
cod-liver oil *(n.)* زيت كبد القُدّ .
coeducation *(n.)* التعليم المختلَط .
coefficient *(n.)* (١) المُعامِل؛ المُسمّى (في الرياضيات) (٢) درجة .
coerce *(vt.)* يُكرِه؛ يُجبر (على الطاعة الخ.).
coercion *(n.)* إكراه؛ إجبار ؛ قَسْر .
coercive *(adj.)* إكْراهيّ؛ قَسْريّ .
coeval *(adj.)* (١)مُماثِلٌ عُمراً (٢)مُعاصر.
coexist *(vi.)* (١)يتواجد: يتصاحب في الوجود. (٢)يتعايش : يعيش أحدهمامع الآخرفي سلام.
coexistence *(n.)* (١) التواجد (٢) التعايش.
coffee *(n.)* (١) بُنّ (٢) قهوة.
coffeehouse *(n.)* مَقْهًى .
coffeepot *(n.)* رَكوة قهوة .
coffer *(n.)* صندوق حديدي (لحفظ النفائس).
coffin *(n.)* تابوت .
cog *(n.)* سِنّ العجلة أو الدولاب .
cogency *(n.)* قوّة الحجّة .
cogent *(adj.)* قويّ ؛ مُفحِم ؛ مُقنِع .
cogitate *(vt.;i.)* (١)يفكّر في ×(٢) يتأمّل .
cognac *(n.)* كونياك .
cognate *(adj.; n.)* قريب؛ شقيق؛ مُتشابه .
cognition *(n.)* معرفة؛ إدراك .
cognizance *(n.)* (١) علم ؛ إدراك . (٢)الاختصاص: صلاحية النظر في دعوى .
cognizant *(adj.)* مُطّلِع على ؛ عالمٌ بِـ .
cohabit *(vi.)* يتعايش (عيشة الأزواج) .
coheir *(n.)* شريك في ميراث .
cohere *(vi.)* يلتحم ؛ يلتصق بعضه ببعض.

coherence *(n.)* التحام ؛ تماسك ؛ ترابط .

coherent *(adj.)* ملتحم ؛ متماسك ؛ مترابط .

cohesion *(n.)* التحام ؛ التصاق ؛ تماسك.

cohesive *(adj.)* (١) مُلحِم (٢) متماسك .

cohort *(n.)* (١) كتيبة (٢) جماعة ؛ عُصْبَة .

coiffeur *(n.)* المزيِّن ؛ الحلاق .

coil *(n.; vt.; i.)* (١) لفّة (٢) الملَفّ : سلك مُوَصِّل ملفوف §(٣) يَلُفّ ×(٤) يلتفّ .

coin *(n.; vt.)* (١) عملة ؛ نقد معدنيّ §(٢) يضرِب (العملةَ) أو يَسُكّها (٣) يصوغ ؛ يبتكر .

coinage *(n.)* (١) سكّ (٢) عملة (٣) ابتكار .

coincide *(vi.)* (١) يحتلّ نفس المكان أو الزمان. (٢) يتطابق ؛ يتوافق، (٣) يتفق (في الرأي الخ.) .

coincidence *(n.)* تطابُق ؛ توافُق ؛ صُدْفة .

coincident ; -al *(adj.)* متطابق ؛ متوافق .

coke *(n.)* الكوك ؛ فحم الكوك .

colander *(n.)* مِصْفاة (تستخدم في الطهو).

cold *(adj.; n.)* (١) بارد (٢) فاتر ؛ غير ودّي . (٣) رزين (٤) مبيَّت ؛ مدروس (٥) مقرور ؛ شاعرٌ بالبرد §(٦) بَرْد (٧) زُكام .

cold-blooded *(adj.)* (١) وحشيّ (٢) متغيّر الحرارة : ذو حرارة تتغيّر تبعاً لحرارة البيئة.

cold-hearted *(adj.)* لامبالٍ ؛ خلوٌ من الشعور .

cole *(n.)* لِفْت (نبات) .

colic *(n.)* مَغْص .

collaborate *(vi.)* (١) يشترك في (٢) يتعاون.

collapse *(vi.; n.)* (١) ينهار (٢) يخفق §(٣) انهيار

collar *(n.)* (١) قَبّة ؛ ياقة (٢) طوق.

collarbone *(n.)* التَّرْقُوَة .

collate *(vt.)* يقارن ؛ يوازن ؛ يقابل .

collateral *(adj.; n.)* (١) مُلازِم ؛ مُصاحِب ؛ مكمِّل (٢) غير مباشر (٣) إضافيّ (٤) ذو قرابة بعيدة (٥) متوازٍ (٦) متطابق §(٧) نسيبٌ ذو قرابة بعيدة (٨) ضمانة إضافيّة .

collation *(n.)* (١) مقارنة (٢) وجبة طعام خفيفة.

colleague *(n.)* الزميل ؛ الرّصيف .

collect *(vt.; i.; adj.)* (١) يجمع ؛ يجبي (٢) يستعيد السيطرة (على أفكاره أو قواه) §(٣) يتجمّع ؛ يتراكم §(٤) تُدفَع أجرتُه من قِبَل المستلم.

collect *(n.)* صلاة قصيرة .

collected *(adj.)* هادىء ؛ رابط الجأش .

collection *(n.)* (١) جَمْع ؛ جباية (٢) مجموعة.

collective *(adj.)* (١) جَمْعِيّ (٢) متجمّع ؛ متراكم (٣) جَماعيّ (٤) تعاونيّ .

collectively *(adv.)* (١) جَمْعياً أو جَماعياً. (٢) جملةً ؛ إجمالاً .

collector *(n.)* (١) الجابي (٢) الجامع ؛ الجمّاع .

college *(n.)* (١) كلية (٢) مَجْمَع .

collegian *(n.)* طالب كليّة أو متخرّج منها.

collegiate *(adj.)* ذو علاقة بكليّة.

collide *(vi.)* يتصادم ؛ يتعارض ؛ يتضارب.

collie *(n.)* الكوليّ : كلب ضخم .

collier *(n.)* (١) عامل بمنجم فحم (٢) ناقلة الفحم .

colliery *(n.)* منجم الفحم .

collision *(n.)* تصادُم ؛ تعارُض ؛ تضارُب.

collocate *(vt.)* ينظِّم ؛ يرتّب ؛ يَرْصُف.

colloquial *(adj.)* عاميّ ؛ غير فصيح.

colloquy *(n.)* حديث ؛ مكالمة.

collusion *(n.)* (١) تواطُؤ (٢) مؤامرة.

collusive *(adj.)* تواطُئيّ ؛ تآمريّ.

cologne *(n.)* كولونيا ؛ ماء الكولونيا .

colon *(n.)* (١) القولون : الجزء الأسفل من المعي الغليظ (٢) النقطتان : علامة ترقيم « : » .

colonel *(n.)* زعيم ؛ كولونيل .

colonial *(adj.; n.)* (١) مُستَعْمَرِيّ : متعلق بمستعمرة أو مستعمرات §(٢) ساكن مُستعمرة.

colonist *(n.)* (١) المُستَعمَرِيّ : ساكن مستعمرة (٢) المعمِّر : المشترك في إنشاء مستعمرة .

colonize *(vt.; i.)* (١) يستعمر (٢) ينزل في مستعمرة ×(٣) ينشئ مستعمرة أو يقيم فيها .

colonnade *(n.)* صفّ أو أعمدة أشجار .

colony *(n.)* (١) مستعمرة (٢) جالية .

color *or* **colour** *(n.; vt.; i.)* (١) لون . (٢) مظهر خارجيّ (٣) حجّة؛ ذريعة (٤) حيويّة (٥) *pl.* : رأي؛ وجهة نظر (٦) نوع (٧) *pl.* : راية (٨) *pl.* : القوات المسلحة (٩) صِباغ؛ صِبغ §(١٠) يلوّن (١١) يَصْبِغ (١٢) يُشَوِّه؛ يُحرِّف ×(١٣) يحمرّ خجلاً .

colored *(adj.)* (١) ذو لون معيّن (٢) ملوّن: من غير العرق الأبيض؛ وبخاصة: زنجيّ .

colorful *(adj.)* غنيّ بالألوان؛ نابض بالحياة .

colorless *(adj.)* (١) عديم اللون (٢) شاحب .

colossal *(adj.)* ضخم؛ هائل؛ جبّار؛ واسع .

colossus *(n.)* تمثال أو شيء ضخم .

colt *(n.)* (١) مُهْر (٢) فتيّ غِرّ .

column *(n.)* (١) عمود (٢) نَهْر أو عمود في صحيفة الخ. (٣) رَتَل؛ طابور؛ صف طويل.

columnar *(adj.)* عمودي؛ كالعمود .

columnist *(n.)* صاحب العمود : محرّر عمود خاص في صحيفة او مجلة .

coma *(n.)* السُّبات : غيبوبة ناشئة عن مرض الخ .

comb *(n.; vt.)* (١) مُشْط (٢) عُرْف الديك. (٣) قرص عسل §(٤) يمشّط (٥) ينقّب عن.

combat *(vi.; t.; n.)* (١) يقاتل ×(٢) يقاوم . §(٣) قتال؛ معركة (٤) نزاع .

combatant *(n.; adj.)* مُقاتِل .

combative *(adj.)* مولع بالقتال .

comber *(n.)* (١) المشّط (٢) موجة طويلة متكسرة

combination *(n.)* (١) اتحاد (٢) مجموعة . (٣) توحيد؛ ضمّ (٤) تركيب؛ مركّب .

combine *(vt.; i.; n.)* (١) يضم؛ يوحد . (٢) يجمع ×(٣) ينضمّ؛ يتّحد §(٤) اتحاد (لأغراض تجارية أو سياسية) (٥) الحصّادة الدرّاسة : ماكينة تحصد وتدرس في آنٍ واحد.

combustible *(adj.)* قابلٌ للاحتراق .

combustion *(n.)* إحراق؛ احتراق .

come *(vi.; t.)* (١) يجيء؛ يأتي (٢) يصل إلى . (٣) يوفّق إلى النجاح (٤) يساوي؛ يبلغ (٥) يحدث؛ يصيب (٦) يقع (٧) ينشأ عن (٨) يتحدّر من (٩) يدخل مرحلة كذا؛ يبدأ؛ يستهل (١٠) يتشكّل؛ يتكوّن (١١) يوجَد؛ يمكن الحصول عليه (١٢) يعني؛ يفيد (١٣) يرقّ (١٤) يصبح ×(١٥) يناهز .

to ~ across يلتقي به مُصادَفةً .

to ~ back يرجع .

to ~ in يَدْخل .

to ~ into being ينشأ .

to ~ into effect يصبح نافذ المفعول .

comedian *(n.)* ممثّل هزليّ .

comedy *(n.)* الكوميديا؛ الملهاة : مسرحة هزلية .

comely *(adj.)* وسيم؛ جميل .

comestibles *(n. pl.)* اطعمة؛ مأكولات .

comet *(n.)* المُذَنَّب : نجمٌ ذو ذَنَب .

comfit *(n.)* فاكهة مسكَّرة مجفّفة .

comfort *(n.; vt.)* (١) تعزية؛ مؤاساة (٢) سلوى؛ عزاء (٣) راحة؛ رفاهية §(٤) يعزّي؛ يؤاسي .

comfortable *(adj.; n.)* (١) معزّ؛ مشجع . (٢) مريح؛ وثير (٣) كافٍ؛ وافٍ (٤) مرتاح جسمانياً؛ رخيّ البال §(٥) لِحاف .

comforter *(n.)* (١) المعزّي (٢) لِفاع أو لحاف.

comic *(adj.; n.)* (١) هزليّ؛ مضحك §(٢) العنصر الهزلي (٣) رسوم أو مجلّة هزليّة.

comical *(adj.)* هزلي؛ مضحك .

coming *(n.; adj.)* (١) مجيء؛ قدوم §(٢) قادم.

comity *(n.)* مجاملة؛ كياسة .

comma *(n.)* الفاصلة : علامة وقف صغرى (,) .

command 87 **common sense**

command *(vt.; i.; n.)* (١)يأمر (٢) يقود . (٣)يسيطر على (٤)يكبح (٥)يستحق وينال (٦) يطل أو يشرف على كذا ×(٧)يحكم §(٨) إصدار الأوامر (٩) أمر (١٠) قيادة (١١)سلطة (١٢) سيطرة (١٣)تمكن أو تضلع (١٤)إطلال ؛ إشراف(موقع على).
commandant *(n.)* (١) الآمر (٢) القائد.
commandeer *(vt.)* (١) يجند (٢) يصادر .
commander *(n.)* الآمر ؛ القائد .
commanding *(adj.)* (١)آمر (٢)مطل على.
commandment *(n.)* أمر ؛ وصية .
commando *(n.)* (١)المغاوير(٢)المغوار؛الفدائي
commemorate *(vt.)* يحتفل بذكرى .
commence *(vt.; i.)* يستهل ؛ يبدأ .
commencement *(n.)* (١) بدء ؛ ابتداء . (٢)حفلة توزيع الشهادات(في كلية أو جامعة).
commend *(vt.)* (١) يودع ؛ يستودع . (٢) يوصي (بشخص) (٣)يطري ؛ يمدح.
commendable *(adj.)* جدير بالثناء أو الاطراء.
commensurate *(adj.)* (١)متساو ؛ متعادل. (٢) متناسب ؛ متكافىء مع .
comment *(n.; vi.)* (١)تعليق §(٢)يعلق على.
commentary *(n.)* (١) تعليق (٢) تفسير .
commentator *(n.)* المعلق(على الأنباء الخ.)
commerce *(n..)* تجارة .
commercial *(adj.)* تجاري .
commingle *(vt.; i.)* (١)يمزج ×(٢) يمتزج .
commiserate *(vt.; i.)* (١)يرثي لـ×(٢)يواسي
commissar *(n.)* المفوض .
commissariat *(n.)* (١) الميرة : نظام لتزويد جيش بالطعام (٢) مؤن (٣)مفوضية .
commissary *(n.)* (١)المندوب (٢)مخزن تموين.
commission *(n.; vt.)* (١)تفويض (٢)براءة برتبة أو سلطة عسكرية الخ. (٣)منصب الضابط (٤) عمولة (٥) وكالة (٦) مهمة (٧)لجنة (٨)ارتكاب أو اقتراف (جريمة أو خطأ الخ.) (٩)الجريمة المرتكبة §(١٠)يفوض (١١)يكلف.
commissioner *(n.)* (١)عضو لجنة(٢)مفوض
commit *(vt.)* (١)يسلم إلى (٢) يودع . (٣)يحول (مشروعاً) إلى لجنة (للدرسه) (٤)يقترف ؛ يرتكب (٥) يورط (٥)يتعهد بـ.
to ~ suicide ينتحر .
commitment *(n.)* (١)إيداع شخص السجن الخ (٢) إحالة (مشروع) إلى لجنة تشريعية (٣)ارتكاب جريمة (٤) تعهد ؛ عهد ؛ وعد .
committal *(n.)* = commitment.
committee *(n.)* لجنة .
committeeman *(n.)* عضو لجنة .
commode *(n.)* خزانة (٢) منضدة.
commodious *(n.)* (١) ملائم (٢) واسع .
commodity *(n.)* سلعة ؛ بضاعة .
commodore *(n.)* عميد بحري .
common *(adj.; n.)* (١)عمومي (٢)مشترك. (٣)عادي ؛ اعتيادي (٤)عام ؛ شائع (٥)مبتذل (٦) وضيع§ (٧)أرض مشاع ؛ حديقة عامة .
by ~ consent بإجماع الآراء .
in ~, مشترك أو مشاع .
commonalty *(n.)* العامة ؛ الجماهير .
common denominator *(n.)* المقام المشترك.
common divisor *(n.)* القاسم المشترك .
commoner *(n.)* العامي : فرد من العامة .
commonly *(adv.)* عادة ؛ عموماً .
common noun *(n.)* اسم نكرة .
commonplace *(n.; adj.)* (١)شيء مألوف أو اعتيادي §(٢) عادي ؛ مبتذل .
commons *(n.pl.)* (١)حجرة الطعام (٢)العامة ؛ عامة الشعب (٣) *cap.*: مجلس العموم البريطاني.
common sense *(n.)* الحس السليم .

commonwealth *(n.)* (١) الكومُنْوَلْث: رابطة الشعوب البريطانيّة (٢) دولة .

commotion *(n.)* اضطراب ؛ ثورة ؛ اهتياج.

commune *(vi.; n.)* (١) يتحادث بصورة حميمة§(٢)الكوميون: أصغر وحدات التقسيم الاداري في فرنسة وسويسرا الخ. (٣) العامة .

communicable *(adj.)* (١) قابل للنقل أو الإبلاغ (٢) سارٍ ؛ مُعْدٍ .

communicant *(n.)* (١) المتناول: من يتناول العشاء الرباني (٢) الناقل؛ المبلِّغ .

communicate *(vt.; i.)* (١)يُبلغ (٢)يُفشي . (٣)ينقل × (٤)يتناول العشاء الرباني (٥)يتصل بـ (٦) يتصل بعضه ببعض .

communication *(n.)* (١)إبْلاغ ؛ نَقْل الخ. (٢) رسالة (٣) تبادل الآراء أو المعلومات (٤) *pl.* : وسائل الاتصال عموماً .

communicative *(adj.)* صريح ؛ غيرمتحفظ

communion *(n.)* (١) تَشارُك ؛ مُشارَكَة. (٢) العشاء الرباني ؛ تناول العشاء الرباني (٣) تبادل الأفكار والمشاعر (٤)طائفة ؛ ملّة.

communiqué *(n.)* بلاغ رسميّ .

communism *(n.)* الشيوعيّة .

communist *(n.; adj.)* شيوعي .

communistic *(adj.)* شيوعي .

community *(n.)* (١)الجمهور (٢)جماعة . (٣)جالية (٤)ملكيةمشتركة (٥)وحدة ؛ اتفاق.

commutation *(n.)* (١)تبادل (٢) استبدال. (٣)بَدَل (٤)إبدال العقوبة (بأخفّ منها) .

commutator *(n.)* عاكس التيار (كهرباء) :

commute *(vt.)* (١) يستبدل (٢) يغيّر ؛ يُعدّل (٣) يُبدل عقوبة بأخفّ منها .

compact *(adj.; vt.; n.)* (١) مُدمَج ؛ متضامّ ؛ مُلْتَزّ (٢)مكتنز (٣)محكَم ؛ موجز §(٤) يدمج ؛ يُحكم §(٥) علبة تجميل صغيرة (٦) سيارة صغيرة (٧)اتفاق ؛ ميثاق.

companion *(n.)* (١)رفيق (٢) كتاب ؛ دليل.

companionable *(adj.)* أنيس ؛ حلو العِشْرة.

companionship *(n.)* رِفْقَة ؛ عِشْرَة .

company *(n.)* (١) رِفْقَة ؛ عِشْرَة . (٢)رفاق؛ عُشَراء (٣) ضيوف (٤) جماعة ؛ مجموعة (٥) سَرِيّة (من جيش) (٦) فرقة موسيقية أو مسرحيّة (٧) ملاّحو السفينة (٨)فرقة مطافىء (٩) شركة (١٠) شركاء .

comparable *(adj.)* قابلٌ للمقارنة بـ .

comparative *(adj.)* (١) مقارِن ؛ مقارَن . (٢) نسبيّ ؛ غير مطلَق .

the ~ degree صيغة التفضيل .

comparatively *(adv.)* نسبياً .

compare *(vt.; i.)* (١)يقارن بين (٢)يضاهي .

without *or* past ~, لا يُضاهَى .

comparison *(n.)* (١) مقارَنَة (٢) شبَه .

in ~, بالمقارنةمع ؛ بالنسبةإلى.

compartment *(n.)* (١)قسم أو جزء مستقلّ . (٢)مقصورة (في قطار) ؛ حُجَيْرَة .

compass *(n.; vt.)* (١)حدّ ؛ محيط (٢)نطاق (٣)بوصلة ؛ ابرة الملاحين (٤).*pl* عادةً : بركار ؛ فرجار §(٥) يرسم خطة لـ ؛ يدبّر مكيدة (٦) يطوّق ؛ يدور حول .

N
E
S
W
NW

COMPASS 3

compassion *(n.)* حنوّ ؛ شفقة .

compassionate *(adj.)* شَفُوق ؛ رحيم .

compatibility *(n.)* انسجام ؛ تساوُق ؛ تَناغم.

compatible *(adj.)* منسجم ؛ متساوق .

compatriot *(n.)* مواطن المرء أو ابن بلده .

compeer *(n.)* (١) رفيق (٢) ندّ ؛ كفوء .

compel *(vt.)* يُكْرِه ؛ يُجْبِر .

compensate *(vt.)* (١) يُعوّض (٢)يُكافىء.

compensation *(n.)* تعويض ؛ مكافأة ؛ أجر.
compete *(vi.)* يتنافس مع .
competence *(n.)* (١) دخل كافٍ (٢) كفاءة.
competency *(n.)* =competence.
competent *(adj.)* (١) كافٍ ؛ وافٍ بالغرض. (٢) كفوء ؛ مقتدر ؛ مؤهَّل لِـ (٣) مختص.
competition *(n.)* (١) منافسة (٢) مباراة .
competitive;competitory *(adj.)* تنافسي.
competitor *(n.)* المنافِس ؛ المزاحم .
compilation *(n.)* (١) جَمْع ؛ تصنيف ؛ تأليف (٢) مجموعة (نصوص أو وثائق) .
compile *(vt.)* يَجْمَع ؛ يصنِّف ؛ يؤلِّف.
compiler *(n.)* الجامع ؛ المصنِّف ؛ المؤلِّف.
complacence; complacency *(n.)* رضاً .
complacent *(adj.)* (١) راضٍ (٢) لطيف.
complain *(vi.)* يشكو ؛ يتشكّى (أمراً) .
complainant *(n.)* الشاكي ؛ المتشكي .
complaint *(n.)* (١) تذمّر (٢) شكوى (٣) علّة.
complaisance *(n.)* لطف ؛ كياسة .
complaisant *(adj.)* لطيف ؛ كيِّس .
complement *(n.; vt.)* (١) تتمّة ؛ تكملة ؛ مُلحق (٢) المجموعة الكاملة § (٣) يتمِّم .
complementary *(adj.)* (١) متمِّم . (٢) مُتَتامّ : متمِّم بعضُه بعضاً .
complete *(adj.; vt.)* (١) تامّ ؛ كامل . (٢) متمِّم ؛ مُنجَز § (٣) يتمِّم (٤) يُنهي
completely *(adv.)* تماماً ؛ بكلّ معنى الكلمة.
completion *(n.)* إتمام ؛ إكمال ؛ اكتمال .
complex *(adj.; n.)* (١) مركَّب (٢) معقَّد . § (٣) كلٌّ مركَّب من أجزاء (٤) عُقدة ؛ مركَّب .
complexion *(n.)* (١) بَشَرة (٢) مظهرٌ عام.
complexity *(n.)* تعقيد ؛ تعقّد .
compliance; -cy *(n.)* مطاوعة ؛ إذعان .
compliant *(adj.)* مطاوع ؛ مذعن ؛ مساير .
complicate *(vt.; i.; adj.)* (١) يُعقِّد ؛ يُصعِّب × (٢) يتعقّد ؛ يَصْعُب § (٣) معقَّد .
complicated *(adj.)* معقَّد ؛ صعب .
complication *(n.)* (١) تعقيد ؛ تعقُّد . (٢) المضاعَفَة (الجمع : مضاعفات) .
complicity *(n.)* اشتراك في جريمة .
compliment *(n.; vt.)* (١) مدْح ؛ إطراء . (٢) تملّق (٣) *pl.* : تحيّات ؛ تمنّيات § (٤) يُطري (٥) يهنئ (٦) يجامل .
complimentary *(adj.)* (١) مدْحِيّ . (٢) مُجامِل (٣) مجّانيّ .
comply *(vi.)* يطيع ؛ يستجيب ؛ يذعن.
component *(n.; adj.)* (١) عنصر أو جزء أساسيّ § (٢) مركِّب ؛ مكوِّن .
comport *(vi.; t.)* (١) ينسجم أو يتّفق مع . × (٢) يتصرّف أو يسلك .
compose *(vt.; i.)* (١) يركِّب ؛ يشكّل . (٢) يجمع أو ينضّد (٣) يَنْظِم (٤) يؤلّف (٥) يسوّي ؛ ينهي (٦) يهيىء ؛ يُعِدّ (٧) يهدّىء × (٨) يَنْظم ؛ يؤلّف الألحان الخ.
composed *(adj.)* هادىء ؛ رابط الجأش .
composer *(n.)* (١) المركِّب (٢) المنضِّد . (٣) الناظم (٤) الملحِّن ؛ المؤلّف الموسيقي .
composite *(adj.; n.)* (١) مركَّب ؛ مؤلَّف. § (٢) المركَّب : شيء مركَّب (٣) المركَّبة : نبتة ذات زهرات مركّبة .
composition *(n.)* (١) تركيب (٢) تنضيد . (٣) نظْم (٤) تلحين (٥) مركَّب ؛ مادة مركبة (٦) بِنْيَة ؛ تكوين المرء العقلي (٧) اتفاق ؛ تسوية (٨) الانشاء : مقالة قصيرة يطلب إلى التلامذة كتابتها (٩) قطعة موسيقية .
compositor *(n.)* المنضِّد (في مطبعة) .
compost *(n.)* (١) سَماد (٢) مزيج ؛ خليط .
composure *(n.)* هدوء ؛ رباطة جأش.

compound *(adj.; n.; vt.;)* (١) مركَّب §(٢) كلمة مركَّبة (٣) المُركَّب (في الكيمياء) §(٤) يركِّب؛ يؤلِّف (٥) يسوّي حبِّيّاً (٦) يزيد؛ يضاعف (٧) يوافق – مقابل مال يُدفع إليه – على عدم إقامة الدعوى.

compound interest *(n.)* الفائدة المركَّبة.

comprehend *(vt.)* (١) يفهم (٢) يشمل.

comprehensible *(adj.)* ممكنٌ فهمُه.

comprehension *(n.)* (١) اشتمال؛ شمول. (٢) فهم؛ إدراك؛ معرفة (٣) القدرة على الفهم.

comprehensive *(adj.)* شامل؛ واسع الادراك.

compress *(vt.; n.)* (١) يضغط؛ يكبس؛ يعصر. (٢) يركِّز؛ يكثِّف §(٣) كِمادة (٤) مِكْبَس.

compressed *(adj.)* (١) مضغوط (٢) مسطَّح.

compressible *(adj.)* منضغطٌ؛ قابل للانضغاط.

compression *(n.)* ضَغْط؛ انضغاط.

compressor *(n.)* الضاغط؛ الضاغطة.

comprise *or* **comprize** *(vt.)* (١) يشمل؛ يتضمَّن (٢) يؤلِّف؛ يشكِّل.

compromise *(n.; vt.)* (١) تَسْوِيَة؛ حلّ وَسَط §(٢) يسوّي (نزاعاً الخ.) بحلّ وسط (٣) يعرِّض للشبهة أو الفضيحة أو الخطر.

comptroller *(n.)* مراقب النفقات.

compulsion *(n.)* إكراه؛ إلزام؛ قَسْر.

compulsive *(adj.)* مُكْرِه؛ مُلْزِم.

compulsory *(adj.)* إلزاميّ؛ إجباريّ.

compunction *(n.)* وخز الضمير؛ ندَم.

compute *(vt.; i.)* يَحْسُب؛ يُحْصي.

computer *(n.)* (١) الحاسب (٢) آلة حاسبة.

comrade *(n.)* رفيق.

con *(vt.; adv.; n.)* (١) يدرس §(٢) ضدّ §(٣) حجّة ضدّ شيء ما (٤) الموقف السلبيّ (في مناظرة) أو صاحبُ هذا الموقف.

concatenation *(n.)* تَسَلْسُل؛ سِلْسِلة.

concave *(adj.)* مُقَعَّر.

concavity *(n.)* تجويف؛ تقعّر.

conceal *(vt.)* (١) يكتُم (٢) يُخفي؛ يَحجب.

concede *(vt.; i.)* (١) يمنح؛ يخوّل (٢) يسلِّم بـ ×(٣) يُذعِن أو يقوم بتنازلات.

conceit *(n.)* غرور؛ عُجْب.

conceited *(adj.)* مغرور؛ مُعجَب بنفسه.

conceivable *(adj.)* ممكنٌ تصوّره أو تخيّله.

conceive *(vt.)* (١) تحمل (المرأةُ)؛ تحبَل بِـ (٢) يتصوّر؛ يتخيّل (٣) يفهم (٤) يرى؛ يعتقد.

concentrate *(vt.; i.)* (١) يركِّز (٢) يكثّف (٣) يجمع؛ يحشد ×(٤) يتركّز (٥) يتجمّع؛ يحتشد (٦) يركّز تفكيره (في نقطة معيّنة).

concentration *(n.)* (١) تركيز أو تركُّز (٢) تركيز الفكر على نقطة معيّنة (٣) كثافة.

concentration camp *(n.)* معسكر اعتقال.

concentric *(adj.)* مُتراكِز: متّحد المركز.

concept *(n.)* (١) فكرة (٢) مفهوم.

conception *(n.)* (١) «أ» حَمْل. «ب» جنين. (٢) تصوّر؛ إدراك؛ فَهْم (٣) فكرة.

concern *(vt.; n.)* (١) يتعلّق بـ (٢) يَهُمّ (٣) يُقلق §(٤) شأن (٥) همّ؛ قلق (٦) مؤسّسة (٧) حصّة.

as ~*s* في ما يتعلق بـ.

concerned *(adj.)* (١) قلِق (٢) مهتمّ بكذا.

concerning *(prep.)* في ما يتعلق بِـ.

concert *(n.; vt.; i.)* (١) اتفاق؛ انسجام. (٢) تناغم (٣) حفلة موسيقية §(٤) يتفق على (٥) يخطّط؛ ينظّم ×(٦) يعملون معاً أو بانسجام.

concerted *(adj.)* مدبَّر؛ مُتفَقٌ عليه.

concerto *(n.)* الكونشيرتو: مقطوعة موسيقية.

concession *(n.)* (١) منح؛ تخويل (٢) تسليمٌ بِـ. (٣) شيء مسلَّمٌ به (٤) حقّ ممنوح (٥) امتياز (٦) تنازل (بغية الوصول إلى اتفاق).

concessionaire *(n.)* صاحب الامتياز.

conch 91 conduct

conch *(n.)* (١) محارة (٢) محارة الأذن .
conciliate *(vt.)* (١)يَسْتَرْضي (٢)يستميل .
(٣) يوفّق بين .
conciliative; -tory *(adj.)* استرضائيّ الخ .
concise *(adj.)* مُوجَز : مُخْتَصَر .
conclave *(n.)* اجتماع سريّ (لانتخاب البابا) .
conclude *(vt.; i.)* (١) يُنْهي (٢) يعقد .
(٣)يستنتج (٤)يقرّر ×(٥)ينتهي : يُختتَم .
conclusion *(n.)* (١)استنتاج (٢)خاتمة : ختام .
(٣) قرار أوحكم نهائي (٤) عَقْد (معاهدة الخ .)
conclusive *(adj.)* حاسم : مُقْنِع : نهائي .
concoct *(vt.)* (١)يُعِدّ (شراباً الخ .) بالمَزْج .
(٢)يلفّق : يخترع (٣)يدبر .
concomitant *(adj.; n.)* (١) مُلازم :
مصاحِب §(٢)شيء مُلازم : حالة مصاحِبة .
concord *(n.)* (١)انسجام : تناغم (٢)معاهدة .
(٣) اتفاق : وئام : سلام .
concordance *(n.)* (١)فهرس أبجدي (٢)اتفاق .
concordant *(adj.)* متفق : منسجم .
concordat *(n.)* اتفاقية : ميثاق .
concourse *(n.)* (١)التقاء (٢)احتشاد (٣)حشد .
(٤) ملتقى ممرّات (٥) ملعب : باحة .
concrete *(adj.; n.)* (١) متماسك : صُلب .
(٢)عينيّ : دال على شيء مُدْرَك بالحواس .
(٣) واقعيّ (٤)معيّن : محدّد (٥) ملموس :
ماديّ (٦)اسمنتيّ §(٧) اسمنت .
concrete *(vt.; i.)* (١)يقسّي : يحجّر (٢)يفرش
بالاسمنت ×(٣)يتقسّى : يتحجّر : يتخثّر .
concubinage *(n.)* التسرّي : اتخاذ المحظيّات .
concubine *(n.)* السُّرِّيّة : المحظيّة : الخليلة .
concupiscence *(n.)* رغبة : شهوة .
concur *(vi.)* (١)يتزامن : يوجد أو يحدث في وقت
واحد (٢) يتعاون (٣)يتفق (في الرأي) .
concurrence *(n.)* (١) تعاون (٢) اتفاق (في
الرأي) (٣)التقاء أو حدوثٌ في وقت واحد .
concurrent *(adj.)* (١)متلاقٍ في نقطة واحدة .
(٢)متزامن : موجود أو حادث في وقت واحد
(٣)مساعد : معاون (٤)متفق (في الرأي) : منسجم .
concussion *(n.)* هَزّة : رَجّة : صَدْمة .
condemn *(vt.)* (١)يَشْجُب (٢)يُدين : يعتبره
مذنباً أو مجرماً (٣) يحكم على (٤) يحكم أو
يعلن بأن شيئاً غير صالح للاستعمال أو
بأن شخصاً غير قابل للشفاء (٥)يصادر .
condemned *(adj.)* مُدان : محكوم عليه .
condensation *(n.)* (١)تكثيف (٢)تكاثف .
(٣)شيء مكثّف (٤)تلخيص (٥)ملخّص .
condense *(vt.; i.)* (١)يكثّف (٢) يلخّص :
يوجز ×(٣) يتكثّف .
condensed *(adj.)* (١)مكثّف (٢) موجَز .
condescend *(vi.)* (١) يتنازل : يتعطّف :
يتلطّف (٢)يهبط بنفسه إلى مستوى . .
condign *(adj.)* مُسْتَحَقّ : ملائم : في محلّه .
condiment *(n.)* تابل : بهار .
condition *(n.; vt.)* (١)شَرْط (٢) حالة .
(٣) حالة جيّدة (٤) منزلة : وضعٌ اجتماعيّ
§(٥) يجعله في حالة جيدة (٦)يكيّف (٧)يقرّر :
يحدّد (٨)يجعله موقوفاً على شرط .
conditional *(adj.)* (١)مَشْرُوط (٢)شَرْطيّ .
conditioned *(adj.)* (١)مشروط (٢)مكيّف .
(٣) ذو حالة معيّنة أو وضع معيّن .
conditioning *(n.)* (١) تكييف (٢) إشراط .
condole *(vt.)* يعزّي : يواسي .
condolence *(n.)* تعزية : مواساة .
condone *(vt.)* يَغْفِر : يصفح أو يتغاضى عن .
condor *(n.)* الكَنْدُوْر : نسر أميركيّ ضخم .
conduce *(vi.)* يُفضي إلى : يساعد على .
conducive *(adj.)* مُفْضٍ إلى : مساعدٌ على .
conduct *(n.; vt.; i.)* (١) إدارة (٢) سلوك :

تصرّف §(٣)يُرشد ؛ يَهدي (٤) يقود (٥) يوصِل (٦) يسلك ؛ يتصرّف ×(٧) يفضي ؛ يؤدّي.

conduction *(n.)* التوصيل .

conductive *(adj.)* مُوَصِّل ؛ توصيليّ .

conductivity *(n.)* المُوَصِّليّة ؛ الإيصاليّة .

conductor *(n.)* (١) الهادي ؛ المرشد (٢) المدير ؛ القائد (٣) قاطع التذاكر أو جامعُها (في قطار الخ.) (٤) الموصِّل : مادّة موصِّلة للكهرباء الخ .

conduit *(n.)* (١) قناة (٢) أنبوب .

cone *(n.)* (١) كوز (٢) مخروط . (٣) كوز البوظة .

cone 2

confabulate *(vi.)* يتحادثون ؛ يتسامرون .

confection *(n.)* مربّى ؛ ملبّس ؛ حلوى .

confectioner *(n.)* الحَلْوانيّ .

confectionery *(n.)* (١) حَلْوَيات (٢) صناعة الحلويات (٣) دكان الحلوانيّ .

confederacy *(n.)* (١) حِلف ؛ تحالف . (٢) مؤامرة (٣) اتحاد دولٍ أو أحزاب أو أشخاص .

confederate *(adj.; n.; vt.; i.)* (١) متحالف ؛ متّحد §(٢) الحليف (٣) الشريك في مؤامرة §(٤) يوحّد أو يتحد في عصبة أو تحالف أو مؤامرة .

confederation *(n.)* اتحاد ؛ اتحاد كونفدرالي .

confer *(vt.; i.)* (١) يَمنح ×(٢) يتشاور ؛ يتباحث .

conference *(n.)* (١) تشاوُر ؛ تداوُل (٢) مؤتمر .

confess *(vt.; i.)* يعترف ؛ يُقِرّ بـ .

confession *(n.)* (١) اعتراف (٢) اعتراف للكاهن (٣) جَهْرٌ بالإيمان أو العقيدة (٤) طائفة .

confessional *(n.)* كرسيّ الاعتراف .

confessor *(n.)* (١) المعترف (٢) المجاهر بإيمانه بالنصرانيّة رغم الاضطهاد (٣) كاهن الاعتراف .

confetti *(n.)* النِّثار : قصاصات من الورق الملوّن تُنثَر على النّاس في الكرنفالات والأعراس .

confidant *(n.)* المُؤتَمَن على الأسرار .

confide *(vi.; t.)* (١) يثق بـ (٢) يأتمنه على أسراره أو مسائله الشخصية ×(٣) يَعْهد به (إلى) .

confidence *(n.)* (١) إيمان (٢) ثقة (٣) ثقة بالنفس (٤) جرأة (٥) سرّ .

confidence man *(n.)* المحتال .

confident *(adj.; n.)* (١) واثق (٢) دالّ على الثقة (٣) جريء (٤) مغرور §(٥) صديق مؤتَمَن .

confidential *(adj.)* (١) خصوصي ؛ سرّيّ . (٢) حميميّ ؛ دالّ على الثقة بالمخاطَب (٣) موثوق .

confidently *(adv.)* بثقة ؛ بجرأة ؛ بغير تردّد .

configuration *(n.)* (١) شكل ؛ هيئة ؛ ترتيب . (٢) الوضع أو المظهر النسبيّ للأجرام السماوية .

confine *(n.; vt.)* (١) . *pl.* : حدود ؛ تخوم . §(٢) يقيّد ؛ يحجز (٣) يقتصر على (٤) يحبس .

confined *(adj.)* (١) ضيِّق (٢) بحالة الولادة .

confinement *(n.)* (١) تَقييد ؛ حَجْز . (٢) اقتصار (٣) سَجْن (٤) ولادة .

confirm *(vt.)* (١) يقوّي ؛ يعزّز (٢) يصدّق على (٣) يمنحه التثبيت الديني (٤) يؤكّد ؛ يثبّت .

confirmation *(n.)* (١) تقوية ؛ تعزيز . (٢) تثبيت العماد (٣) تصديق على (٤) إثبات .

confirmatory *(adj.)* مؤكّد ؛ توكيدي .

confirmed *(adj.)* (١) مثبّت ؛ مصدّق عليه . (٢) مُدْمِن ؛ مُزْمِن (٣) مصابٌ بداء عُضال .

confiscate *(vt.)* يُصادر .

conflagration *(n.)* حريق هائل .

conflict *(n.; vi.)* (١) نزاع ؛ خلاف (٢) قتال ؛ صراع ؛ معركة (٣) تضارُب ؛ تعارُض §(٤) يتضارب ؛ يتعارض .

conflicting *(adj.)* متضارِب ؛ متعارِض .

confluence *(n.)* (١) احتشاد (٢) حَشْد ؛ جمعٌ مُحتَشِد (٣) التقاء نهرين (أو أكثر) .

confluent *(adj.)* متلاقٍ ؛ مندمج .

conflux *(n.)* = confluence.

conform 93 connection

conform *(vi.; t.)* (١) يطابق؛ يماثل (٢) يطيع؛ يَتَمَشَّى وَفْقَ × (٣) يكيِّف؛ يجعله مطابقاً لـ.

conformation *(n.)* (١) تكييف؛ تعديل. (٢) شَكْل؛ تكوين؛ بِنْيَة (٣) انطباق.

conformity *(n.)* انطباق؛ مطابقة؛ انسجام.

in ~ with وَفْقاً لـ؛ طِبقاً لـ.

confound *(vt.)* (١) يُخْزِي (٢) يَدْحَض؛ يفنِّد (٣) يلعن (٤) يُذْهل؛ يُرْبِك (٥) يمزج.

confounded *(adj.)* (١) مرتبِك (٢) لَعين.

confront *(vt.)* (١) يتحدّى؛ يجابه (٢) يقابل.

confuse *(vt.)* (١) يُرْبِك (٢) يُشوِّش. (٣) يخلط بين شيئين خطأً.

confused *(adj.)* مرتبك؛ مشوَّش؛ مضطرب.

confusion *(n.)* (١) إرباك؛ ارتباك (٢) فوضى.

confute *(vt.)* (١) يَدْحَض (٢) يُفحِم.

congeal *(vt.; i.)* (١) يجمِّد؛ يَعْقِد؛ يُخثِّر (٢) يحجِّر × (٣) يتجمَّد؛ يتخثَّر؛ يتحجَّر.

congenial *(adj.)* (١) متجانس (٢) ملائم.

congenital *(adj.)* خِلْقِيّ؛ فِطْرِيّ.

conger *(n.)* القَنْجَر: أنقليس بحريّ كبير.

congested *(adj.)* (١) مزدحم (٢) محتقِن.

congestion *(n.)* ازدحام؛ اكتظاظ؛ احتقان.

conglomerate *(adj.; n.; vt.; i.)* (١) مختلط. (٢) متكوِّر؛ متكتِّل § (٣) كتلة مختلطة § (٤) يكوِّر؛ يكتِّل × (٥) يتكوَّر؛ يتكتَّل.

congratulate *(vt.)* يُهَنِّئ.

congratulation *(n.)* تهنئة.

congregate *(vi.; t.)* (١) يجتمع × (٢) يجمع.

congregation *(n.)* (١) جماعة المصلّين. (٢) أبرشية؛ طائفة؛ رعايا كنيسة (٣) تجميع؛ تجمُّع؛ مجموعة (٤) لجنة كرادلة ورجال دين.

congregational *(adj.)* (١) طائفيّ؛ أبرشيّ. (٢) جماعيّ: متعلق بجماعة المصلين (٣) مستقلّ.

congress *(n.)* (١) اجتماع؛ لقاء (٢) مؤتمر. (٣) الكونغرس: الهيئة التشريعية العليا في دولة.

congressman *(n.)* عضو الكونغرس (الأميركي).

congruence *(n.)* (١) انسجام (٢) تطابق.

congruent *(adj.)* ملائم؛ منسجم؛ متطابق.

congruity *(n.)* (١) انسجام (٢) تطابق.

congruous *(adj.)* (١) منسجم مع (٢) ملائم. (٣) متناغم الأجزاء (٤) متطابق.

conic; -al *(adj.)* مخروطيّ؛ مخروطيّ الشكل.

coniferous *(adj.)* صنوبريّ.

conjectural *(adj.)* حَدْسِيّ.

conjecture *(n.; vt.; i.)* (١) حَدْس؛ حَزْر. § (٢) يحزر × (٣) يَحدس.

conjoin *(vt.; i.)* (١) يضمّ؛ يوحِّد × (٢) يتّحد.

conjoint *(adj.)* (١) موحَّد (٢) مشترَك.

conjugal *(adj.)* زِيجيّ؛ زَواجيّ؛ زوجيّ.

conjugate *(vt.; i.; adj.)* (١) يصرِّف (الأفعالَ) (٢) يقرن؛ يوحِّد × (٣) يتصرَّف (الفعلُ) (٤) يقترن أو يتّحد موقّتاً § (٥) متزاوج (٦) مشتقّ من جذر واحد.

conjunction *(n.)* (١) توحيد؛ ضم (٢) اتحاد. (٣) اقتران (٤) حرف عطف.

conjunctive *(adj.)* (١) رابط (٢) عاطف.

conjuncture *(n.)* (١) حالة؛ وَضْع (٢) أزمة.

conjuration *(n.)* (١) استحضار الأرواح. (٢) تعويذة (٣) سِحر؛ شعوذة (٤) مناشدة.

conjure *(vt.; i.)* (١) يناشد (٢) يستحضر (الأرواحَ) (٣) يَسْحَر × (٤) يشعوذ.

connect *(vt.; i.)* (١) يَربِط؛ يَصِل. × (٢) يرتبط؛ يتصل.

connected *(adj.)* (١) مرتبط بـ (٢) مترابط.

connection; connexion *(n.)* (١) رَبْط أو ارتباط (٢) علاقة (٣) قرينة؛ سِياق (٤) تسلسل منطقي (٥) قرابة؛ نسابة (٦) رابطة (٧) وسيلة مواصلات أو نقل (٨) النسيب؛ القريب

(٩) جماعة (١٠) طائفة دينية (١١) زبائن .
in this ~, بهذا الصدد ؛ بهذا الخصوص .
connective *(adj.; n.)* (١) رابط ؛ ضامّ . §(٢) وُصْلة أو شيء رابط (٣) حرف عطف .
connivance *(n.)* تغاضٍ ؛ تستُّر على جريمة .
connive *(vi.)* (١) يتغاضى عن ؛ يتستّر على جريمة (٢) يتواطأ (مع العدو) (٣) يتآمر .
connoisseur *(n.)* الخبير .
connubial *(adj.)* زيجيّ ؛ زواجيّ ؛ زوجيّ .
conquer *(vt.; i.)* (١) يفتح (بلداً) (٢) يُخضِع ؛ يقهر (٣) ينتزع ؛ يكسب × (٤) ينتصر .
conqueror *(n.)* الفاتح ؛ المنتصر .
conquest *(n.)* (١) فَتْح ؛ إخضاع (٢) انتزاع ؛ اكتساب (٣) أرض تمّ الاستيلاء عليها بالفتح .
consanguinity *(n.)* قرابة عَصَب ؛ صلة وثيقة .
conscience *(n.)* الضمير .
conscientious *(adj.)* (١) حيّ الضمير . (٢) مُنجَز وفقاً لما يمليه الضمير .
conscious *(adj.)* (١) شاعر بـ (٢) شاعر بالإثم . (٣) واعٍ (٤) مرتبِك ؛ خَجِل (٥) متعمَّد .
consciousness *(n.)* (١) شعور (٢) وعي .
conscript *(adj.; n.; vt.)* (١) مُجنَّد إلزامياً . §(٢) المجنَّد الالزاميّ §(٣) يجنِّد (٤) يصادر .
consecrate *(vt.)* (١) يرسِم كاهناً أو أسقفاً . (٢) يكرِّس (٣) يخصِّص .
consecutive *(adj.)* متعاقِب ؛ متتابع .
consecutively *(adv.)* على التعاقب ؛ على التتابع .
consensus *(n.)* إجماع .
consent *(vi.; n.)* (١) يوافق §(٢) موافقة ؛ قبول .
consequence *(n)* (١) نتيجة ؛ عاقبة (٢) أهمية ؛ شأن (٣) مكانة ؛ منزلة رفيعة (٤) غرور .
in ~ of بسبب كذا ؛ نتيجةً لكذا .
consequent *(adj.)* (١) ناشئ عن (٢) تالٍ .
consequently *(adv.)* وإذن ؛ وهكذا .
conservation *(n.)* صيانة ؛ حفظ .
conservatism *(n.)* المحافَظة : مقاومة التجديد .
conservative *(adj.; n.)* محافظ (على القديم) .
conservator *(n.)* (١) الواقي ؛ الصائن . (٢) الوصيّ ؛ القيِّم ؛ الحارس .
conservatory *(n.)* (١) مُسْتَنبَت زجاجيّ (لتعهُّد النباتات أو عرضها) (٢) معهد موسيقى .
conserve *(vt.; n.)* (١) يصون ؛ يحفظ . (٢) يسكِّر ؛ يحفظ الفاكهة بالسكَّر §(٣) المربّى .
consider *(vt.; i.)* (١) يفكِّر في (٢) يراعي (٣) يحترم (٤) يتأمَّل (٥) يعتبر ؛ يرى ؛ يعتقد .
considerable *(adj.)* (١) هامّ (٢) كبير ؛ ضخم .
considerably *(adv.)* بكثير ؛ إلى حدّ بعيد .
considerate *(adj.)* مراعٍ لمشاعر الآخرين .
consideration *(n.)* (١) تفكير ؛ دَرْس ؛ بَحْث (٢) اعتبار (٣) رأي ؛ نظرة (٤) مراعاة لمشاعر الآخرين (٥) تعويض (٦) أهمية .
in ~ of نظراً لِـ ؛ بسبب من .
to take into ~, يأخذ بعين الاعتبار .
considering *(prep.)* إذا أخذنا بعين الاعتبار .
consign *(vt.)* (١) يُودِع (٢) يُسلِّم إلى . (٣) يُفرِد ؛ يخصِّص (٤) يرسِل (بضاعةً) إلى عميل لبيعها أو خزنها .
consignee *(n.)* المُرسَل إليه ؛ المشحون إليه .
consignment *(n.)* (١) إيداع (٢) تخصيص . (٣) الوديعة (٤) بضاعة الأمانة .
on ~, برسم الأمانة .
consist *(vi.)* (١) يتألف من (٢) يتوقف على ؛ يكمن في (٣) ينسجم (تتبعها *with*) .
consistency *(n.)* (١) متانة ؛ تماسُك (٢) القَوام : درجة الكثافة أو اللزوجة الخ . (٣) اتِّساق ؛ انسجام (٤) استقامة أو ثبات على مبدأ .
consistent *(adj.)* (١) متين ؛ متماسك . (٢) متساوق ؛ منسجم (٣) مستقيم ؛ ثابت على المبدأ .

consolation *(n.)* (١)تعزية ؛ مواساة (٢)تعزٍّ ؛ سُلوان (٣) عزاء ؛ سلوى .
consolatory *(adj.)* مُعَزٍّ ، مواسٍ ؛ مُسَلٍّ .
console *(vt.)* يعزّي ؛ يواسي ؛ يُسلّي.
console *(n.)* (١) حامل (أو حِلْيَة) الافريز (٢) نَضَدُ الأرغن : جزء من الأرغن يشتمل على لوحة المفاتيح والدوّاسَتَين (٣) خزانة الراديو أو التلفزيون .

consoles I

consolidate *(vt.)* يَدْمُج ؛ يقوّي ؛ يعزّز .
consolidated *(adj.)* مُدْمَج ؛ مقوّى .
consonance *(n.)* انسجام ؛ تناغم الأصوات.
consonant *(n.; adj.)* (١) الحرف الساكن : كل ما ليس بحرف علة من حروف الهجاء §(٢)منسجم أو متفق مع (٣)متناغم الأصوات.
consort *(n.; vi.)* (١) سفينة مرافقة لأخرى . (٢) زوج أو زوجة (٣) تناغم الأصوات §(٤) يعاشر (٥)ينسجم ؛ يتفق مع .
conspicuous *(adj.)* (١)واضح ؛ جليّ (٢)رائع .
conspiracy *(n.)* تآمُر ؛ مؤامرة.
conspirator; conspirer *(n.)* المتآمر.
conspire *(vi.; t.)* يتآمر.
constable *(n.)* شرطي بريطاني.
constancy *(n.)* (١)ثبات ؛ جَلَد (٢)إخلاص ؛ وفاء (٣)استقرار ؛ اطّراد .
constant *(adj.; n.)* (١) جَلْد : ذو عزم . (٢)مخلص ؛ وفيّ (٣)مستقرّ ؛ مطّرد (٤)متواصل (٥)نظامي ؛ مستديم ؛ ثابت §(٦)شيء ثابت.
constellation *(n.)* (١)بُرْج ؛ كوكبة ؛ مجموعة نجوم ثابتة (٢) مجموعة متألّقة .
consternation *(n.)* رُعْب ؛ ذُعْر.
constipate *(vt.)* يَقْبِض الأمعاءَ.
constipation *(n.)* قَبْض ؛ إمساك.
constituency *(n.)* (١) جمهور الناخبين . (٢) دائرة انتخابيّة (٣)أنصار ؛ زبائن .
constituent *(adj.; n.)* (١) مُقوِّم : مكوِّن وحدةً أو كلاً تامّاً (٢)تأسيسيّ §(٣)المقوِّم : عنصر ؛ جزء أساسي (٤) الناخب .
constitute *(vt.)* (١)يعيِّن ؛ ينصّب (٢)يُنشئ (٣)يَسُنّ (تشريعاً) (٤) يؤلّف ؛ يشكّل .
constitution *(n.)* (١)عُرف ؛ قانون (٢)تكوين ؛ قِوام . بِنية الجسم (٣) مزاج (٤) دستور.
constitutional *(adj.)* (١) بِنْيَويّ : متعلق ببِنْية المرء (٢) أساسي (٣) دستوري .
constrain *(vt.)* (١)يُكرِه ؛ يُجْبِر (٢)يتكلف (٣) يقيّد (٤)يسجن (٥) يكبح .
constraint *(n.)* (١)إكراه ؛ إجبار (٢)اضطرار (٣)تقييد ؛ حَبْس (٤) كبحُ العواطف (٥)ارتباك.
constrict *(vt.)* يقبض ؛ يقلّص.
construct *(vt.)* (١)يبني (٢)ينشئ ؛ يركّب.
construction *(n.)* (١)بناء ؛ إنشاء (٢)بِنْيَة ؛ تركيب (٣)مَبْنًى (٤)معنى .
constructive *(adj.)* (١)بنائيّ (٢) بنّاء.
construe *(vt.)* (١)يُعْرِب (جملةً) (٢)يترجم (٣)يفسّر ؛ يؤوّل.
consul *(n.)* قنصل.
consular *(adj.)* قنصليّ.
consulate *(n.)* قنصلية.
consult *(vt.; i.)* (١)يستشير (٢)يراجع (٣)يراعي (مصالحَ الآخرين) ×(٤) يتشاور .
consultant *(n.)* المستشار ؛ الخبير.
consultation *(n.)* استشارة ؛ تشاور.
consultative *(adj.)* استشاري .
consume *(vt.)* (١)يستنفد ؛ يستهلك (٢)يُتلف (٣) يبدّد (٤) يلتهم (٥) يستحوذ على .
consumer *(n.)* المستهلِك (للسلع التجارية).

consummate *(vt.; i.)* يُكْمِل ؛ يكتمل .
consumption *(n.)* (١) استهلاك (٢) «أ» هزال تدريجيّ (بسبب من السّل). «ب» السّل .
consumptive *(adj.)* (١) مستهلِك ؛ متلف ؛ مبدّد (٢) استهلاكيّ (٣) سُلّيّ (٤) مسلول .
contact *(n.; vt.; i.)* (١) احتكاك (٢) اتصال مباشر §(٣) يحتك بـ (٤) يراجع ؛ يتصل بـ .
contagion *(n.)* (١) عَدْوَى (٢) مرض مُعْدٍ .
contagious *(adj.)* مُعْدٍ ؛ ناقلٌ للعدوى .
contain *(vt.)* (١) يكبح (٢) يحتوي (٣) يَسَع .
container *(n.)* وعاء ؛ إناء ؛ صندوق الخ .
contaminate *(vt.)* يلوّث ؛ يُفسِد .
contamination *(n.)* تلويث ؛ تلوّث .
contemn *(vt.)* يزدري ؛ يحتقر .
contemplate *(vt.; i.)* (١) يتأمل (٢) يتفكّر في (٣) يتوقع (٤) يعتزم × (٥) يفكر .
contemporaneous *(adj.)* متعاصر .
contemporary *(adj.; n.)* (١) معاصرٌ لِـ ؛ متعاصرٌ مع (٢) معاصر ؛ حديث §(٣) متعاصر .
contempt *(n.)* (١) ازدراء ؛ احتقار (٢) عار .
contemptible *(adj.)* وَضيع ؛ جدير بالازدراء .
contemptuous *(adj.)* مُزْدرٍ .
contend *(vi.; t.)* (١) يناضل ؛ يكافح . (٢) يتنافس ؛ يتبارى (٣) يجادل × (٤) يؤكّد .
content *(adj.; vt.; n.)* (١) مكتفٍ (٢) مطمئنّ . (٣) راغبٌ في §(٤) يرضي §(٥) رضاً ؛ اطمئنان
content *(n.)* (١) محتوى (٢) سَعَة ؛ حَجْم .
contented *(adj.)* قانع ؛ راضٍ .
contention *(n.)* (١) نضال ؛ تنافس (٢) نزاع .
contentious *(adj.)* (١) مشاكس ؛ كثير الخصام (٢) مثير للنزاع .
contentment *(n.)* رضا ؛ قناعة ؛ اطمئنان .
contest *(vt.; i.; n.)* (١) يناقش ؛ يفنّد (٢) يناضل أو يقاتل من أجل × (٣) يشترك في مباراة §(٤) نضال ؛ نزاع (٥) مباراة .
context *(n.)* القرينة ؛ سياق الكلام .
contiguity *(n.)* تماسّ ؛ تجاوُر .
contiguous *(adj.)* (١) متماسّ (٢) مجاور .
continence *(n.)* عفّة ؛ زهد .
continent *(n.; adj.)* (١) قارّة §(٢) عفيف .
continental *(adj.)* (١) قارّيّ (٢) أوروبيّ .
contingency *(n.)* (١) احتمال ؛ إمكان حدوث شيء (٢) مصادفة (٣) طارىء .
contingent *(adj.; n.)* (١) مُحْتَمَل ؛ ممكن . (٢) طارىء ؛ غير متوقع (٣) معدّ للاستخدام في الطوارىء (٤) مشروط ؛ متوقّف على شيء آخر §(٥) مصادفة (٦) فرقة تمثل بلادها .
continual *(adj.)* متواصل ؛ مستمرّ .
continually *(adv.)* باستمرار ؛ على نحوٍ موصول .
continuance *(n.)* ديمومة ؛ استمرارية ؛ بقاء .
continuation *(n.)* (١) استمرار ؛ دوام . (٢) استئناف ؛ متابعة (٣) تتمة .
continue *(vi.; t.)* (١) يستمرّ ؛ يدوم ؛ يمتدّ . (٢) يبقى (٣) يستأنف بعد انقطاع × (٤) يواصل .
continued *(adj.)* (١) متواصِل (٢) مستأنَف .
continuity *(n.)* الاستمرارية ؛ عدم الانقطاع .
continuous *(adj.)* متّصل ؛ متواصل ؛ مستمرّ .
continuously *(adv.)* باستمرار ؛ على نحوٍ متواصل
contort *(vt.)* (١) يلْوي ؛ يثْني (٢) يحرّف .
contour *(n.)* محيط الشكل المنحرف أو المتعرّج .
contraband *(n.; adj.)* (١) تهريب (٢) سِلَعٌ مُهَرّبَة §(٣) محرّم ؛ محظور .
contract *(n.; vt.; i.)* (١) عَقْد ؛ اتفاقية . §(٢) يتعقد (٣) يلتقط ؛ يُعْدَى بِـ (٤) يقطّب (الجبينَ) (٥) يقبِض (العضلاتِ) (٦) يضيّق ؛ يقصّر (٧) يُقلّص (٨) يرخّم × (٩) يعقد اتفاقاً (١٠) يتقلّص ؛ ينقبض .

control *(vt.; n.)* (١) يكبح (٢) يوجِّه ؛ يضبط ؛ يراقب (٣) يتحكَّم في ؛ يسيطر على § (٤) توجيه ؛ ضبط (٥) سيطرة ؛ تحكُّم (٦) جهاز ضبط .
controller *(n.)* (١) المراقب (٢) أداة ضبط .
controversial *(adj.)* (١) خِلافيّ ؛ فيه خلاف . (٢) مثير للجدل أو مولعٌ به (٣) جدلي .
controversy *(n.)* (١) جدل (٢) خِلاف .
controvert *(vt.; i.)* (١) ينكر ؛ يفنّد . (٢) يخالف ؛ يناقض × (٣) يجادل .
contumacious *(adj.)* متمرد ؛ عاص .
contumacy *(n.)* (١) تمرّد (٢) احتقار للمحكمة .
contumely *(n.)* (١) ازدراء (٢) إهانة .
contusion *(n.)* رَضّ ؛ رضّة .
conundrum *(n.)* أحجية ؛ لُغز .
convalesce *(vi.)* ينْقَهُ ؛ يتماثَلُ للشفاء .
convalescence *(n.)* نقاهة ؛ تماثلٌ للشفاء .
convalescent *(adj.; n.)* ناقِه ؛ متماثل للشفاء .
convene *(vi.; t.)* (١) يجتمع ؛ ينعقد ؛ يلتئم × (٢) يدعو إلى الاجتماع أو للمثول أمام القضاء .
convenience *(n.)* (١) ملاءمة ؛ موافقة (٢) شيء ملائم (٣) وسيلة راحة (٤) فرصة مناسبة .
convenient *(adj.)* ملائم ؛ مريح .
convent *(n.)* (١) دير (٢) رهبنة .
convention *(n.)* (١) اتفاقية ؛ معاهدة ؛ ميثاق . (٢) دعوةٌ إلى الانعقاد (٣) مؤتمر ؛ اجتماع (٤) عُرف ؛ اصطلاح ؛ تقليد ؛ عادة متبعة .
conventional *(adj.)* (١) متمسّك بالعُرْف أو بقواعد السلوك المرعية (٢) اصطلاحي ؛ متفق مع القواعد المقررة (٣) تقليدي (٤) عاديّ ؛ مُبتَذَل .
converge *(vi.)* يميل إلى الالتقاء عند نقطة واحدة .
convergence *(n.)* (١) التقارب : ميل إلى الالتقاء عند نقطة واحدة (٢) نقطة التقاء .
convergent *(adj.)* (١) متقارب (٢) تقاربيّ .
converging *(adj.)* (١) متقارِب ؛ متجمّع .

to ~ bad habits يتعوّد عاداتٍ سيئة
to ~ debts يقع تحت ديون .
contractile *(adj.)* (١) مقلِّص (٢) متقبِّض ؛ قابل للانقباض (٣) قابل للطيّ على مقربة من الجسم .
contraction *(n.)* (١) قَبْض ؛ تقليص . (٢) انقباض ؛ تقلّص (٣) انكماش (٤) ترخيم .
contractor *(n.)* المقاول ؛ الملتزم ؛ المتعهِّد .
contradict *(vt.)* (١) يُكذِّب : يُنكر صحة شيء ما (٢) يناقض ؛ يتعارض مع .
contradiction *(n.)* (١) إنكار (٢) تناقض .
contradictory *(adj.; n.)* (١) متناقض . (٢) متنافٍ مع § (٣) نقيض .
contrariety *(n.)* (١) تناقض (٢) المتناقضة .
contrariwise *(adv.)* (١) على العكس . (٢) والعكس بالعكس (٣) باتجاه معاكس .
contrary *(adj.; n.; adv.)* (١) مضادّ ؛ مناقض ؛ (٢) متضادّ ؛ متناقض (٣) معاكس (٤) عنيد § (٥) الضدّ ؛ النقيض § (٦) ضدّ كذا .
on the ~, على العكس تماماً .
contrast *(vi.; t.; n.)* (١) يتغاير : يتكشف عن وجوه اختلاف قوية عند مقابلته بشيء آخر × (٢) يُغاير § (٣) المغايرة (٤) التغاير ؛ التباين ؛ الاختلاف (٥) شيء مختلف .
contribute *(vt.; i.)* (١) يتبرّع بِ (٢) يقدّم . × (٣) يُسهم في جهدٍ مشترك .
contribution *(n.)* (١) ضريبة (٢) تبرّع . (٣) هِبة ؛ مساعدة (٤) إسهام ؛ مأثرة ؛ خدمة .
contributor *(n.)* المتبرّع ؛ المُسْهِم .
contrite *(adj.)* نادم ؛ منسحق الفؤاد .
contrition *(n.)* ندَم ؛ أسف عميق .
contrivance *(n.)* (١) اختراع (٢) أداةٌ ميكانيكية (٣) وسيلة ، حيلة .
contrive *(vt.; i.)* (١) يخترع ؛ يستنبط (٢) يوجِد وسيلة ؛ يحتال للأمر × (٣) يرسم خططاً .

(٢) مُقارِب ؛ مجمَع ؛ لامّ .

conversant *(adj.)* مُلِمّ بـ ؛ مُطَّلِع على.

conversation *(n.)* محادثة ؛ حديث .

converse *(vi.)* يتحدّث مع .

converse *(adj.; n.)* (١) مضادّ ؛ مخالف . (٢) مقلوب ؛ معكوس §(٣) ضدّ ؛ عكس .

conversion *(n.)* (١) تحويل ؛ تحوُّل (٢) هداية . (٣) اهتداء (٤) اغتصاب أو اختلاس .

convert *(vt.; i.; n.)* (١) يَهْدي (إلى دين أو مذهب جديد) (٢) يُحَوِّل (٣) يغتصب أو يختلس ×(٤) يهتدي (٥) يتحوّل §(٦) المهتدي.

convertible *(adj.)* (١) قابل للتحويل أو للهداية. (٢) ذات غطاء قابل للطيّ (صفة لسيّارة).

convex *(adj.)* مُحدَّب .

convex

convexity; convexness *(n.)* تحدُّب ؛ احديداب.

convey *(vt.)* (١) ينقل (٢) يوصِل (تيّاراً كهربائياً) (٣) يبلّغ (٤) يفرِّغ : ينقل ملكية عقار إلى شخص آخر .

conveyance *(n.)* (١) نقل ؛ توصيل . (٢) «أ» التفريغ : نقل الملكية من شخص إلى آخر . «ب» وثيقة التفريغ (٣) عربة ؛ سيارة الخ.

convict *(vt.; n.)* (١) يُدين : يجرِّم متهماً . §(٢) المُدان : متهم جرّمته المحكمة (٣) المحكوم.

conviction *(n.)* (١) إدانة ؛ تجريم (٢) إقناع . (٣) اقتناع (٤) إيمان راسخ .

convince *(vt.)* يُقنع بـ .

convinced *(adj.)* مُقْتَنِع.

convivial *(adj.)* مرِح ؛ بهيج ؛ مولع باللهو .

convocation *(n.)* (١) دعوة إلى الاجتماع . (٢) اجتماع (٣) مجمع كنسيّ إنجيليّ.

convoke *(vt.)* يدعو إلى الاجتماع .

convolution *(n.)* (١) التفاف (٢) لفّة ؛ طيّة . (٢) التّلفيف : أحد تلافيف الدماغ .

convoy *(vt.; n.)* (١) يواكب (وبخاصة للحراسة والحماية) §(٢) قوةٌ عسكرية. مرافِقة للسفن الخ. (٣) مُواكَبة ؛ مرافقة (٤) قافلة .

convulse *(vt.)* (١) يهزّ بعنف (٢) يُشَنِّج .

convulsion *(n.)* (١) اضطراب عنيف . (٢) تشنُّج (٣) نوبة ضحِك.

cony *(n.)* (١) أرنب (٢) فرو الأرنب.

coo *(vi.; n.)* (١) يَسْجَع ؛ يَهْدِل §(٢) هديل.

cook *(vi.; t.; n.)* (١) يطهو (٢) يُطَبِّخ . ×(٣) يلفّق (٤) يتلاعب بـ §(٥) الطاهي .

cookery *(n.)* (١) فنّ الطبخ (٢) مَطْبَخ.

cookie or cooky *(n.)* كعكة مُحلاّة.

cooking *(n.)* طَهْو ؛ طَبْخ .

cool *(adj.; n.; vt.; i.)* (١) بارد باعتدال . (٢) «أ» هادىء ، رابط الجأش . «ب» فاتر ؛ تعوزه الحماسة (٣) صفيق ؛ وقح (٤) مُشعِر ببرودة معتدلة (٥) غير مبالغ فيه §(٦) هواء أو مكان أو زمان باردٌ باعتدال §(٧) يبرّد باعتدال (٨) يهدّىء ×(٩) يصبح بارداً باعتدال (١٠) يهدأ .

cooler *(n.)* (١) ثلاّجة ؛ برّاد (٢) سِجن.

coop *(n.; vt.)* (١) الخمّ : قنّ الدجاج (٢) مكان ضيّق (٣) سجن §(٤) يحبس في خم .

cooper *(n.)* صانع البراميل أو مُصلحها.

cooperate *(vi.)* يتعاون.

cooperation *(n.)* (١) تعاونٌ (٢) نقابة تعاونية .

cooperative *(adj.; n.)* (١) تعاونيّ (٢) متعاون. §(٣) مخزن تعاوني (٤) جمعية تعاونية .

coordinate *(adj.; n.; vt.; i.)* (١) متساوٍ في الأهمية §(٢) النظير : المتساوي مع غيره في الأهمية §(٣) يسوّي في الرتبة (٤) ينسّق ؛ يتناسق .

coordination *(n.)* (١) تنسيق (٢) تناسق .

coot *(n.)* (١) الغُرّة : طائر مائيّ (٢) المغفّل .

copartner *(n.)* الشريك .

cope *(n.; vi.)* (١) الغفّارة : رداء الكاهن .

§(٢)يكافح بنجاح؛ يكون على مستوى كذا.

coping *(n.)* الافريز المائل.

coping

copious *(adj.)* (١)وافر؛ غزير. (٢) مُكثِر؛ غزير الانتاج.

copper *(n.;vt.)* (١) نحاس. (٢) قطعة نقدية نحاسية §(٣) يكسو بالنحاس.

coppersmith *(n.)* النحّاس.

coppice *(n.)* أيكة؛ غيضة؛ خميلة.

copra *(n.)* لبّ جوز الهند المجفف.

copse *(n.)* =coppice.

copy *(n.; vt.; i.)* (١)نُسْخَة(٢)مثال أو أنموذج يُحتذى(٣)مخطوطة §(٤)ينسخ (٥)يقلّد ×(٦)يغش (أثناء الامتحان) (٧) يحذو حذو.

copybook *(n.)* دفتر.

copying *(n.)* (١) نَسْخ (٢) تقليد.

copyist *(n.)* (١) الناسخ (٢) المقلِّد.

copyright *(n.)* حقّ النشر أو التأليف.

coquet; coquette *(vi.)* تغنّج؛ تتدلّل.

coquetry *(n.)* غِنجٌ؛ دلال.

coquette *(n.)* المغناج؛ الكثيرة الدلال.

coracle *(n.)* القُرقِل: زورق صغير.

coral *(n.)* (١) المَرْجان (٢)لون المرجان.

cord *(n.; vt.)* (١) حبل (٢) مقياس للحطب (٣)قيطان(٤)نسيج أو ثوبٌ مصنوعٌ من قيطان §(٥) يربط بالحبال (٦) يكدّس الحطب.

cordage *(n.)* (١) حبال (٢) حبال السفينة.

cordial *(adj.; n.)* (١) حارّ؛ قلبيّ؛ وُدّيّ. (٢)منعش §(٣)شراب أو دواءٌ منبّه.

cordiality *(n.)* حرارة؛ مودّة؛ شعور وُدّيّ.

cordially *(adv.)* بحرارة؛ بمودّة؛ قلبياً.

cordon *(n.)* (١)شريط زينيّ (٢)وشاح (٣)نِطاق من الجند أو الحصون مضروبٌ حول مكانٍ ما.

core *(n.; vt.)* (١) قلب الثمرة (٢) قَلْب. (٣)لُبّ؛ جوهر §(٤) ينزع البذور.

cork *(n.; vt.)* (١)الفِلّين (٢)الفِلّينة: سِدادة القنّينة §(٣)يُفلّن: يسدّ بفِلّينة (٤)يكبح.

corkscrew *(n.)* نازعة السِّدادات الفِلّينية.

cormorant *(n.)* الغاق: طائر مائي نَهِم.

corn *(n.; vt.)* (١) حبّة قمح أو ذرة الخ. (٢) ذُرَة؛ شعير (٣) مسمار القدم: تصلّب في بَشَرة إصبع القدم §(٤) يحفظ اللحم (من الفساد) بتمليحه.

cornea *(n.)* القَرْنيّة: قرنية العين.

corned *(adj.)* مملّح؛ مقدّد؛ محفوظٌ بالملح.

corner *(n.; vt.)* (١)زاوية (٢)ملتقى شارعين. (٣) موقف حرج §(٤) يضع في مركزٍ حرج.

cornerstone *(n.)* حجر الزاوية.

cornet *(n.)* (١)بوق(٢)قمع ورقيّ؛ «قرن بوظة».

corn flour *(n.)* دقيق الذُّرة النشوي.

cornflower *(n.)* القَنْطَرْيون العَنْبَريّ (نبات).

cornice *(n.)* طُنُف؛ إفريز؛ كورنيش.

corn pone *(n.)* خبز الذُّرة.

cornstarch *(n.)* = cornflour.

cornucopia *(n.)* قرن الوفرة أو الخصب.

cornucopia

corolla *(n.)* التُّوَيج: الغلاف الداخلي المحيط بالأسدية والمدقة (في الزهرة).

corollary *(n.)* (١) اللازمة. (٢) نتيجة طبيعية.

corona *(n.)* (١) هالة (٢) إكليل.

coronary artery *(n.)* الشريان التاجي.

coronation *(n.)* تتويج.

coroner *(n.)* المحقّق في الوفيات المشتبَه بها.

coronet *(n.)* (١) التُّوَيج: تاج صغير يلبسه الأمراء (٢)إكليل (تزين به المرأة رأسها).

corporal *(n.; adj.)* (١)العريف: رتبة عسكرية §(٢)بدنيّ (٣) شخصي.

corporate *(adj.)* (١) متّحِد (٢) مُشتَرَك .
corporation *(n.)* (١) شركة (٢) نقابة.
corporeal *(adj.)* جسدي ؛ ماديّ .
corps *(n.)* (١) فَيْلق (٢) سلك (ديبلوماسي الخ.)
corpse *(n.)* جُثّة ؛ جثمان ؛ جيفَة .
corpulence; corpulency *(n.)* سِمَن .
corpulent *(adj.)* سمين ؛ بدين .
corpus *(n.)* (١) جسد (٢) جثّة (٣) مجموعة كاملة
corpuscle *(n.)* (١) جُسَيْمة (٢) كُرَيَّة دم .
corral *(n.)* (١) زريبة (٢) سياجٌ من عربات .
correct *(vt.; adj.)* (١) يصحّح (٢) يعدّل . (٣) يؤدّب §(٤) صحيح ؛ مضبوط (٥) لائق.
correction *(n.)* (١) تصحيح (٢) تعديل . (٣) تأديب (٤) إصلاح الأحداث المنحرفين.
correlate *(vt.)* (١) يربط بصورة نظامية . (٢) يُقيم علاقةً متبادلة بين .
correlation *(n.)* (١) رَبْط ؛ إقامة علاقة متبادلة بين (٢) ارتباط (٣) علاقة متبادلة .
correlative *(adj.; n.)* (١) متلازم ؛ مترابط . (٢) متبادَل العلاقة §(٣) لفظ متبادَل العلاقة .
correspond *(vi.)* (١) يتوافق ؛ يتطابق ؛ ينسجم مع (٢) يقابل ؛ يوازي ؛ يماثل (٣) يتراسل.
correspondence *(n.)* (١) توافق ؛ تطابُق . (٢) تشابُه (٣) مراسلة (٤) الرسائل المتبادلة .
correspondent *(adj.; n.)* (١) متوافق ؛ متطابق ؛ متماثل §(٢) المتراسَل معه (٣) المراسل ؛ مُراسِل الصّحف.
corresponding *(adj.)* (١) متطابق ؛ متماثل ؛ متشابه (٢) مراسل (٣) متراسِل.
corridor *(n.)* رواق ؛ دهليز ؛ مجاز.
corroborate *(vt.)* يؤيِّد ؛ يثبِّت.
corrode *(vt.; i.)* (١) يتآكل ؛ يؤكسِد ؛ يصدىء ×(٢) يتآكل ؛ يتأكسد ؛ يصْدأ.
corrosion *(n.)* (١) تأكُّل ؛ تآكل (٢) صدأ.
corrosive *(adj.; n.)* (١) متأكّل ؛ أكّال . (٢) مُزْعِج ؛ مضايِق §(٣) مادة أكّالة الخ.
corrugate *(vt.; i.)* (١) يُموِّج ؛ يُغضِّن ؛ يجعِّد ×(٢) يتموّج ؛ يتغضّن يتجعّد.
corrupt *(vt.; adj.)* (١) يرشو (٢) يُفْسِد . (٣) يحرِّف §(٤) مُرْتَشٍ (٥) فاسد (٦) محرَّف.
corruptible *(adj.)* قابل للرشوة أو الافساد أو الفساد
corruption *(n.)* (١) رشوة (٢) فساد (٣) إفساد.
corsage *(n.)* (١) الصِّدار : الجزء الأعلى من ثوب المرأة (٢) باقة زهر تزيّن الصِّدار .
corsair *(n.)* (١) قرصان (٢) مركب قرصنة.
corset *(n.)* المُخصَّر : مِشدّ نِسْوِيّ .
cortege *(n.)* موكب (جنائزيّ الخ.).
cortex *(n.)* (١) لِحاء (٢) قشرة .
cortical *(adj.)* (١) لِحائيّ (٢) قِشريّ.
corvette *(n.)* (١) سفينة حربية (٢) طرّاد .
cosmetic *(n.)* مستحضَر تجميلي .
cosmic *(adj.)* (١) كَوْنيّ (٢) واسع إلى أبعد حدّ .
cosmic rays *(n.pl.)* الأشعة الكونية .
cosmogony *(n.)* نشأة الكون.
cosmography *(n.)* الكوزموغرافيا : علم يبحث في مَظْهر الكون وتركيبه العام .
cosmonaut *(n.)* الفضائي ؛ رائد الفضاء .
cosmopolitan *(adj.; n.)* (١) كوزموبوليتانيّ : عالميّ ؛ غير محليّ §(٢) مواطن العالم .
cosmos *(n.)* (١) الكون (٢) الزينة : عشب أميركي
cost *(n.; vi.; t.)* (١) ثمن (٢) كُلْفة ؛ نفقة. (٣) حساب ؛ خسارة §(٤) يكلِّف .
at all ~s, } مهما كلّف الأمر ؛
at any ~, } بأيّ ثمن .
costly *(adj.)* (١) غالٍ ؛ غير رخيص (٢) نفيس.
cost price *(n.)* الثمن الأصلي.
costume *(n.)* (١) زيّ (٢) لباس (٣) بذلة .
costumer *(n.)* الخيّاط أو بائع الملابس أو موجّرها.

cosy *(adj.)* =cozy.
cot *(n.)* (١) كوخ (٢) سرير خفيف نقّال.
cote *(n.)* زريبة؛ وبخاصة: بُرج حمام.
coterie *(n.)* زمرة؛ حلقة؛ «شلّة».
cottage *(n.)* (١) كوخ (٢) بيت صغير.
cotter *(n.)* وتد؛ خابور.
cotton *(n.)* (١) قطن (٢) غَزْل قطنيّ.
cotton gin *(n.)* المِحلاج: آلة الحَلْج.
cottontail *(n.)* قُطْنيّ الذّنَب: أرنب أميركي.
cotton wool *(n.)* القطن الطبيّ.
couch *(vt.; i.; n.)* (١) يَبْسط (٢) يطرّز. (٣) ينكّس (٤) يسدّد (رمحاً) (٥) يصوغ (في ألفاظ) ×(٦) يضطجع (٧) يكمن § (٨) مَضْجع؛ سرير؛ أريكة (٩) مَرْبِض.
couchant *(adj.)* مضطجع؛ رابض.
cougar *(n.)* الكوَجر: الأسد الأميركي.
cough *(vi.; n.)* (١) يَسْعُل §(٢) سُعال.
could *past of* can.
council *(n.)* (١) مَجْلِس (٢) مجلس شورى. (٣) مجمع كَنَسيّ (٤) مداولة (٥) جمعية.
councillor *or* **councilor** *(n.)* عضو مجلس.
council of ministers مجلس الوزراء.
counsel *(n.; vt.; i.)* (١) نصيحة؛ مشورة. (٢) خطة (٣) تشاوُر؛ تداوُل (٤) قصد (٥) محامٍ §(٦) ينصح؛ يشير بـ (٧) يستشير.
counselor *or* **counsellor** *(n.)* (١) الناصح؛ المستشار (٢) المحامي؛ المستشار القانوني.
count *(vt.; i.; n.)* (١) يَعُدّ؛ يُحصي (٢) يعتبر. (٣) يقدّر (٤) يأخذ بعين الاعتبار ×(٥) يتكل؛ يعتمد (٦) يُعَدّ، يُعْتَبَر (٧) يؤثّر؛ يهمّ (٨) يساوي §(٩) عدّ؛ إحصاء (١٠) مبلغ إجمالي (١١) الكونت: نبيل أوروبي.
countenance *(n.; vt.)* (١) سيماء؛ ملامح. (٢) مُحيّا (٣) تشجيع §(٤) يشجّع؛ يؤيّد.

counter *(n.; vt.; i.; adj.)* (١) الفيشة: عملة رمزية تستخدم في القمار (٢) النُّضُد: منضدة أو طاولة طويلة (في دكان أو مصرف) (٣) العادّ؛ المُحصي (٤) العدّاد؛ جهاز العدّ (٥) العكس؛ الضدّ §(٦) يقاوم؛ يعاكس ×(٧) يردّ على الضربة أو الحجة بمثلها §(٨) مضادّ.
counteract *(vt.)* يضادّ؛ يُبْطِل؛ يعادل.
counterattack *(n.)* هجوم معاكس.
counterbalance *(n.; vt.; i.)* (١) الثِّقْل المقابل أو الموازِن §(٢) يوازن: يقاوم بوزن مماثل.
counterfeit *(vt.; adj.; n.)* (١) يزيف؛ يزوّر §(٢) مزيّف؛ زائف §(٣) شيء مزيّف.
counterfoil *(n.)* أرومة (الشيك أو الإيصال).
countermand *(vt.; n.)* (١) يَنْسَخ؛ يَنْقض؛ يُبْطل §(٢) نَسْخ؛ نَقْض؛ إبطال.
countermarch *(n.; vi.)* (١) نكوص؛ تراجُع §(٢) يَنْكُص؛ يتراجع.
countermeasure *(n.)* إجراء مضادّ.
counterpane *(n.)* لِحاف.
counterpart *(n.)* (١) نسخة؛ نسخة مطابقة. (٢) النظير (٣) القسيم (٤) الشيء المتمِّم.
counterpoise *(vt.; n.)* (١) يوازن؛ يقاوم بتأثير معادل §(٢) الثقل الموازِن أو المقابل (٣) توازُن.
counterrevolution *(n.)* ثورة مضادّة.
countersign *(n.; vt.)* (١) الإمضاء المصدِّق. (٢) كلمة السرّ §(٣) يصدّق على الامضاء.
counterweight = counterbalance.
countess *(n.)* الكونتس: زوجة الكونت.
countless *(adj.)* لا يُعَدّ، لا يُحْصَى.
country *(n.; adj.)* (١) بلد؛ قُطر (٢) وطن؛ دولة؛ شعب (٣) ريف §(٤) أهلي؛ وطنيّ؛ ريفيّ.
countryman *(n.)* (١) الريفيّ: أحد سكان الريف (٢) مُواطن المرء أو ابن بلده.
countryside *(n.)* (١) الريف (٢) أهل الريف.

county *(n.)* (١)الكونتيّة : ممتلكات الكونت. (٢)اقليم ؛ مقاطعة.
coup *(n.)* ضربة موفّقة غير متوقّعة.
coupé *(n.)* الكُوبيه : مركبة أو سيارة مقفلة .
couple *(n.; vt.)* (١) الزوجان : متزوجان أو مخطوبان أو راقصان معاً (٢) الزوج : اثنان من نوع واحد (٣) رباط ؛ رابط (٤) قليل ؛ واحد أو اثنان§(٥) يربط ؛ يقْرن (٦)يزوج.
couplet *(n.)* (١)الدوبيت : مقطع شعري مؤلف من بيتين (٢) زوج ؛ اثنان .
coupling *(n.)* (١) رَبْط (٢)القارنة : أداة رابطة.
coupon *(n.)* قسيمة ؛ كوبون.
courage *(n.)* شجاعة ؛ بسالة ؛ جراءة .
courageous *(adj.)* شجاع ؛ باسل ؛ جريء.
courier *(n.)* (١) الساعي ؛ الرسول (٢) رفيق السُيّاح (يشتري التذاكر ويحجز الغرف بالفنادق).
course *(n.)* (١) سَيْر ؛ تقدّم (٢) وجهة السير (٣) مطاردة (٤) سبيل ؛ طريق ؛ مضمار ؛ مجرى (النهر) (٥)مسلك ؛ طريقة (٦) سلوك (٧) سياق ؛ غضون (٨)المقرر التعليمي أو حلقة في هذا المقرّر (٩) اللون : لون من ألوان الطعام المقدّمة بالتتابع.
a matter of ~, شيء طبيعي.
in due ~, في الوقت المناسب .
in the ~ of خلال ؛ أثناء ؛ في غضون.
of ~, طبعاً ؛ من غير ريب.
courser *(n.)* فَرَس سريع .
court *(n.; vt.; i.)* (١)قَصْر ؛ بلاط (٢)فِناء ؛ ساحة (٣) ملعب (٤) محكمة (٥)دار العدل (٦) مجلس (٧) تودّد ؛ مغازلة §(٨) يحاول اكتساب كذا(٩)يُغري (١٠)يُغازل ؛ يتودد إلى.
courteous *(adj.)* لطيف ؛ دمث ؛ كيِّس.
courtesan *(n.)* (١)مَحظيّة (٢)امرأة فاجرة .
courtesy *(n.)* (١)لطف (٢)إذْن (٣)واسطة .
courthouse *(n.)* دار العدل أو القضاء .
courtier *(n.)* أحد رجال الحاشية .
courtly *(adj.)* لطيف ؛ كيّس ؛ مصقول.
court-martial *(n.)* المجلس العسكري .
courtship *(n.)* (١)تودُّد (٢) مغازلة .
courtyard فِناء ؛ ساحة الدار .
cousin *(n.)* ابن (أو بنت) عم أو خال أو عمة أو خالة
cove *(n.)* (١)جُوْن ؛ خليج صغير (٢) كهف .
covenant *(n.; vt.)* (١) عَهْد ؛ ميثاق (٢)عَقْد ؛ اتفاقية §(٣) يعاهد ؛ يواثق .
cover *(vt.; n.)* (١)يحمي ؛ يصون (٢)يهيمن على (٣) يصوب المسدس إلى (٤) يؤمّن (٥)يخفي ؛ يستر ؛ يحجب (٦)يغطي ؛ يكسو (٧) يسدّ (حاجةً) ؛ يكفي لتغطية جميع النفقات (٨) يشمل ؛ يستغرق (٩) يعالج (موضوعاً) (١٠) «يغطي» الأحداث ؛ يزوّد (صحيفةً) بأنباء حدث ما (١١) يجتاز§(١٢)مخبأ (١٣) غطاء ؛ غلاف (١٤)حِجاب ؛ ستار.
covering *(n.)* غطاء ؛ تغطية .
coverlet or **coverlid** *(n.)* غطاء السرير .
covert *(adj.; n.)* (١)سِري ؛ خفيّ ؛ مقنّع . (٢)مغطّى ؛ ظليل §(٣)مخبأ ؛ ملجأ ؛ مكمن.
covertly *(adv.)* سِرّاً ؛ خفيةً ؛ تلميحاً .
covet *(vt.; i.)* يشتهي (ما ليس له).
covetous *(adj.)* مُشْتَهٍ (ما ليس له) .
covey *(n.)* (١)حَضْنَة طيور (٢)سربٌ ؛ جماعة.
cow *(n.; vt.)* (١)بقرة §(٢)يروع .
coward *(n.; adj.)* (١) الجبان §(٢) جبان.
cowardice *(n.)* جُبْن ؛ جَبانة .
cowardly *(adv.; adj.)* (١) بجُبْن §(٢)جبان.
cowboy *(n.)* راعي البقر.
cower *(vi.)* يجثم أو ينكمش مرتعداً.
cowhide *(n.; vt.)* (١) جلدُ بقرة (٢) سوط مجدول (من جلد البقر) §(٣) يجلد .

cowl *(n.)* (١) قلنسوة الراهب (٢) طربوش المدخنة

cowlick *(n.)* خصلة شعر مرفوعة فوق الجبين .

cowling *(n.)* غطاء محرِّك الطائرة .

co-worker *(n.)* زميل في العمل .

cowpox *(n.)* جُدَريّ البقر .

cowslip *(n.)* زهر الربيع العطري (نبات) .

coxcomb *(n.)* الأحمقُ المغرور .

coxswain *(n.)* موجِّه السُّكّان أو الدفّة .

coy *(adj.)* (١) خجول (٢) خفِرة ؛ حيِيّة .

coyote *(n.)* القَيّوط : ذئبٌ أميركيٌّ صغير .

cozen *(vt.; i.)* يخدع ؛ يحتال على .

cozy *(adj.)* (١) دافىء (٢) عائلي (٣) حَذِر .

crab *(n.)* (١) سرطان ؛ سَلْطَعون (٢) رافعة أثقال .

crab apple *(n.)* تفاحٌ بريّ (صغير حامض) .

crabbed *(adj.)* (١) سيّء الطبع ؛ نكد المزاج . (٢) معقّد (٣) مُبهَم ؛ غير مقروء .

crack *(vi.; t.; n.; adj.)* (١) يُطَقْطِق . (٢) ينصدع ؛ ينفلع ؛ ينشق (٣) ينهار (٤) يصبح أجشّ × (٥) يَصْدَع ؛ يَفلَع ؛ يشقّ (٦) يكسر (٧) يُطلِق (نكتةً الخ) (٨) يفتح (٩) يحلّ (١٠) يسطو على (١١) يحطّم (١٢) يمدح (١٣) يُفرقع ؛ يجعله يطلق صوتاً حاداً § (١٤) طقطقة ؛ فرقعة (١٥) طلقة (١٦) حديث (١٧) نكتة (١٨) فَلْع ؛ صَدْع ؛ شِقّ (١٩) ضَعف ؛ خلل ؛ مسّ من جنون (٢٠) بحّة § (٢١) ممتاز .

cracker *(n.)* (١) مفرقعة نارية (٢) بسكويتة رقيقة ناشفة (٣) المتبجّح (٤) كسّارة الجوز .

crackle *(vi.; t.; n.)* (١) يطقطق § (٢) طقطقة .

crackup *(n.)* (١) انهيار (٢) تحطّم .

cradle *(n.; vt.)* (١) مهد (٢) مِنْجَل . (٣) الهزّازة : صندوق هزّاز يستعمله المعدّنون لفصل الذهب عن التراب § (٤) يضع أو يهزّ طفلاً في مهد (٥) يحصد (٦) يفصل (بهزّازة) .

craft *(n.)* (١) براعة (٢) حِرفة (٣) مكْر ؛ خداع (٤) مركب (٥) طائرة .

craftsman *(n.)* الحِرَفيّ : صاحب الحرفة .

crafty *(adj.)* ماكر ؛ خادع .

crag *(n.)* صخرة أو جُرُف شديد الانحدار .

cram *(vt.; i.)* (١) يَحْشُرُ ؛ يكظّ ؛ يملأ ؛ يحشو . (٢) يُتْخِم × (٣) يأكل بنهم (٤) يدرس بعَجَلة .

cramp *(n.; vt.)* (١) تشنّج (٢) *pl.* : مغصٌ حادّ (٣) مِلزَم ؛ كلاّب (٤) قَيْد § (٥) يشنّج (٦) يُقيِّد ؛ يَعُوق (٧) يثبّت بمِلزَم .

crane *(n.; vt.; i.)* (١) كُرْكيّ (٢) رافعة ؛ «وِنْش» § (٣) يرفع (بوِنْش) × (٤) يُتْلِع عُنقَه .

cranial *(adj.)* جُمجُميّ ؛ قِحفيّ .

cranium *(n.)* جُمْجُمة ؛ قِحف .

crank *(n.; vt.)* (١) الكَرَنْك : ذراع الادارة أو التدوير (٢) نزوة (٣) المهووس : شخص تستحوذ عليه فكرة أو هوايةٌ ما § (٤) يدير أو يُعمِل بواسطة الكرنك .

cranky *(adj.)* (١) معتوه (٢) قلِق ؛ متقلقل . (٣) نزق ؛ غريب الأطوار .

cranny *(n.)* شِقّ ؛ صَدْع (في جدار الخ.) .

crape *(n.)* الكَرِيب : قماش رقيق جَعْد .

crash *(vt.; i.; n.)* (١) يحطّم × (٢) يتحطّم . (٣) يُفلس (٤) يُحدث ضجةً شديدة (مثل شيء ينهار) § (٥) تحطُّم ؛ تهشُّم ؛ ارتطام (٦) انهيار (٧) هزيم الرعد (٨) قماش خشن .

crass *(adj.)* تامّ ؛ شديد .

crate *(n.)* قفص (للشَّحْن البحري) .

crater *(n.)* فُوَّهة البركان .

crave *(vt.)* (١) يلتمس (٢) يحتاج أو يتوق إلى .

craven *(adj.; n.)* جبان .

craving *(n.)* رغبة ملحّة ؛ توق شديد .

crawfish *(n.)* = crayfish.

crawl *(vi.; n.)* (١) يَدِبّ ؛ يَزْحَف (٢) يغصّ أو يمتلىء بالنمل ونحوه (٣) تَنْمَلُ (اليدُ الخ) أو تَخْدر §(٤) دبيب ؛ زحف (٥) تقدمٌ بطيء.

crayfish *(n.)* الإِرْبيان ؛ جراد البحر.

CRAYFISH

crayon *(n.)* (١) الكَرْيون: قلم طباشير أو قلم شمع ملوّن يستخدم في الكتابة والرسم (٢) صورة مرسومة بالكَرْيون.

craze *(vt.; i.; n.)* (١) يخبِّل ؛ يجنِّن × (٢) يُصاب بالجنون §(٣) بِدعة ؛ هَوَسٌ عابر.

crazy *(adj.)* مخبَّل ؛ مجنون.

creak *(vi.; t.; n.)* (١) يَصِرّ ؛ يَصْرِف × (٢) يجعله يَصِرّ §(٣) صرير ؛ صريف.

cream *(n.; vt.)* (١) قِشْدة (٢) طعام مُعَدّ من قشدة اللبن (٣) الكريم: مستحضر طبيّ أو تجميليّ (٤) زبدة الشيء أو صفوته (٥) اللون الأصفر الشاحب §(٦) يخفق (الزبدة الخ).

creamery *(n.)* (١) المَقْشَدَة: مصنع الزبدة والجبن (٢) المَلْبَنة: محلّ لبيع اللبن ومشتقاته.

creamy *(adj.)* (١) قِشْدِيّ (٢) دَسِم.

crease *(n.; vt.; i.)* (١) غَضْن ؛ جَعْدَة §(٢) يغضِّن ؛ يجعِّد × (٣) يتغضَّن ؛ يتجعّد.

create *(vt.)* (١) يَخلق (٢) يُحدِث (٣) يعيِّن.

creation *(n.)* (١) خَلْق (٢) إحداث (٣) تعيين (٤) الكون ؛ الخليقة (٥) *pl.*: مبتكرات.

creative *(adj.)* (١) مُبْدِع (٢) إبداعي.

creator *(n.)* (١) الخالق ؛ المبدع (٢) *cap.*: الله.

creature *(n.)* (١) مخلوق (٢) كائن حيّ.

credence *(n.)* (١) تصديق ؛ إيمانٌ بِ (٢) اعتماد.

credentials *(n.pl.)* أوراق اعتماد (سفير).

credible *(adj.)* معقول ؛ ممكنٌ تصديقه.

credit *(n.; vt.)* (١) رصيدٌ دائنٌ (في حساب) (٢) اعتمادٌ (يفتحه المصرف لمصلحة شخص أو مؤسّسة) (٣) دَيْن (٤) المطلوب له ؛ الدائن: الجانب الأيمن من الحساب الجاري (٥) ثقة ؛ تصديق (٦) سمعة حسنة (٧) شرَف ؛ فضل (٨) مفخرة ؛ موضع فخر §(٩) يصدِّق ؛ يثق بـ (١٠) يقيِّد له أو لحسابه (١١) ينسب ؛ يعزو.

creditable *(adj.)* مشرِّف ؛ جدير بالاكبار.

creditor *(n.)* الدائن ؛ صاحب الدَّيْن.

credulity *(n.)* السذاجة ؛ سرعة التصديق.

credulous *(adj.)* ساذج ؛ سريع التصديق.

creed *(n.)* عقيدة.

creek *(n.)* (١) جُوْن ؛ خليج صغير (٢) نُهَيْر.

creel *(n.)* سلّة (صيّاد السمك بالصنّارة).

creep *(vi.; n.)* (١) يَدِبّ ؛ يزحف ؛ ينسلّ إلى. (٢) يعترش ؛ يتسلّق (٣) يَتَنمّل ؛ يَخْدر §(٤) دبيب ؛ زحف (٥) *pl.*: تَنَمّلٌ ؛ خَدَرٌ.

creeper *(n.)* نبات معترش أو متسلّق.

creepy *(adj.)* (١) دابّ ؛ زاحف (٢) مُنمِل ؛ مروِّع (٣) نَمِل ؛ مروَّع.

cremate *(vt.)* يُحْرِق (جثّةَ ميْت).

Creole *(n.)* الكريوليّ: أبيض متحدّر من نزلاء الولايات الأميركية الفرنسيّين أو الاسبانيين.

creosote *(n.)* الكريوسوت: سائل زيتي.

crepe *(n.)* الكريب: قماش رقيق جَعْد.

crept *past and past part. of* creep.

crescent *(n.; adj.)* (١) هلال §(٢) هلاليّ.

cress *(n.)* رَشاد ؛ حُرْف ؛ قُرّة العين (نبات).

crest *(n.; vt.; i.)* (١) عُرْف الديك (٢) شعر عنق الفرس (٣) ريشة الخوذة (٤) ذروة.

crestfallen *(adj.)* (١) مكتئب (٢) خَجِل.

cretaceous *(adj.)* طباشيريّ.

cretonne *(n.)* الكريتون: قماش قطنيّ مطبَّع.

crevasse *(n.)* صَدْع عميق.

crevice *(n.)* صَدْع ؛ فَلْع ؛ شِقّ.

crew *past of* crow.

crew *(n.)* (١) ملاّحو السفينة أو الطائرة . (٢) الطاقم : مجموعة المستخدمين في عمل معيّن .

crib *(n.; vt.; i.)* (١) مَعْلَف ؛ مِذْوَد (٢) زريبة (٣) مَهْد (٤) مبنى أو صندوق لخزن الحنطة §(٥) يحبس (٦) يَسْرِق ×(٧) يغِشّ .

cricket *(n.)* (١) الجُدْجُد ؛ صَرّار الليل . (٢) الكريكيت : لعبة من ألعاب الكرة والمضرب .

crier *(n.)* (١) الصارخ ؛ الصائح الخ . (٢) حاجب محكمة (٣) بائع متجوّل (٤) منادي البلدة .

crime *(n.)* (١) جريمة ؛ جناية (٢) إجرام .

criminal *(adj.; n.)* (١) جنائيّ (٢) إجرامي . (٣) مجرِم §(٤) المجرم ؛ الجاني .

crimp *(vt.)* يجعّد ؛ يموّج (الشعرَ الخ.) .

crimson *(n.; adj.)* (١) اللون القرمزيّ . §(٢) قرمزيّ اللون .

cringe *(vi.)* (١) ينكمش (خوفاً) (٢) يتذلل .

crinkle *(vi.; t.; n.)* (١) يتجعّد ؛ يتغضّن . ×(٢) يجعّد ؛ يغضّن §(٣) جَعْدة ؛ غَضَن .

cripple *(n.; vt.)* (١) الأعرَج ؛ المُقعَد ؛ الأشلّ . §(٢) يصيبه بالعرَج (٣) يَشُلّ ؛ يعطِّل .

crisis *(n.)* (١) البُحْران : تغيّر مفاجىء نحو الأفضل أو الأسوأ في الحميّات (٢) أزمة .

crisp *(adj.; vt.; i.)* (١) جَعْد ؛ متموّج ؛ متغضّن (٢) هشّ ؛ قصِم (٣) ناضر (٤) بيِّن ؛ واضح ؛ حادّ (٥) منعش أو بارد §(٦) يجعِّد (٧) يجعله هشّاً ×(٨) يتجعّد (٩) يصبح هشّاً .

crisscross *(vt.; adj.)* §(١) يَسِمُ بخطوط متصالبة (٢) يجتاز جيئة وذهوباً §(٣) متقاطع .

criterion *(n.)* معيار ؛ مقياس ؛ مِحكّ .

critic *(n.)* (١) الناقد (٢) العيّاب .

critical *(adj.)* (١) انتقاديّ (٢) نقديّ . (٣) حاسم (٤) خطِر ؛ خطير ؛ حرِج .

criticism *(n.)* (١) انتقاد (٢) نَقْد .

criticize *or* **criticise** *(vi.; t.)* ينتقد ؛ ينْقُد .

critique *(n.)* (١) نَقْد (٢) مقالة نَقْديّة .

croak *(vi.; n.)* (١) ينقّ (الضفدع) . (٢) ينْعب (الغراب) §(٣) نقيق (٤) نعيب .

crochet *(n.)* حَبْك (بإبرة معقوفة) .

crock *(n.)* (١) كِسرة فخار (٢) جرّة الخ .

crockery *(n.)* آنية فخاريّة .

crocodile *(n.)* التمساح .

crocus *(n.)* الزعفران أو لونه الأصفر .

croft *(n.)* حقل صغير ؛ مزرعة صغيرة .

crofter *(n.)* المزارع الصغير .

crone *(n.)* عَجوزٌ شمطاء ؛ حَيْزَبُون .

crony *(n.)* صديق (أو رفيق) حميم .

crook *(n.; vt.; i.)* (١) خُطّاف ؛ مِحْجَن . (٢) عصا الراعي (٣) صولجان الأسقف (٤) المحتال §(٥) يعقف ؛ ينعقِف .

crooked *(adj.)* (١) معقوف ؛ منحنٍ (٢) ملتوٍ .

croon *(vi.; t.)* يُدَنْدن (في الغناء) .

crop *(n.; vt.; i.)* (١) مقْبَض السَّوْط . (٢) حوصلة الطائر (٣) محصول ؛ غلّة (٤) مجموعة §(٥) يحصد (٦) يقصّ الشعر قصيراً (٧) يصلم الأذن ×(٨) يبرز على نحو غير متوقّع .

cropper *(n.)* (١) الحصّاد ؛ الحصّادة (٢) زارع الأرض أو مستثمرها مقابل حصة من الغلال .

croquet *(n.)* الكروكي : لعبة بالكرات الخشبية .

crosier *(n.)* صولجان الأسقف .

cross *(n.; vt.; i.; adj.)* (١) صليب (٢) محنة . (٣) تقاطع طريقين أو خطين (٤) نزاع ؛ مُشادّة (٥) التهجين : مزج السلالات (٦) حيوانٌ هجين ؛ نبتة هجينة §(٧) يرسم إشارة الصليب على (٨) يشطب (٩) يصالب ؛ يجعله متصالباً (١٠) يعترض ؛ يعارض ؛ يقاوم (١١) يُفسد (١٢) يَعْبُر (جسراً الخ.) (١٣) يسطّر ؛ يخطّط (١٤) يهجّن ؛ يمزج السلالات ×(١٥) يتقاطع

crossbar 106 crustacean

§(١٦)مستعرض ؛ بالعرض (١٧) متقاطع (١٨)معاكس ؛ مضاد(١٩)متعارض ؛ متضارب (٢٠)نَزِق (٢١) هجين ؛ مهجَّن .

crossbar *(n.)* القضيب أو الخطّ المستعرض .

crossbow *(n.)* القوس والنشّاب .

crossbreed *(vt.; i.)* (١)يهجِّن×(٢)يتهاجن .

cross-examine *(vt.)* يستجوب الشاهدَ .

cross-eyed *(adj.)* أحول ؛ أحول العينين .

crossing *(n.)* (١)عبور الخ . (٢) نقطة التقاطع .

crossly *(adv.)* بنزَق ؛ على نحوٍ نزِق .

cross-question *(vt.)* = cross-examine.

crossroad *(n.)* (١)طريق متقاطعة (مع طريق رئيسية) (٢) *pl.* : مفترق طرق .

cross section *(n.)* مَقْطَعٌ مستعرِض .

crosswise *or* **crossways** *(adv.)* بالعَرْض .

crotch *(n.)* المُنْفَرَج : الزاوية الناشئة عن انفراج الساقين . الخ .

crotchet *(n.)* نزوة أو فكرة غريبة .

crouch *(vi.)* (١)يربض ؛ يجثِم (٢) ينحني .

croup *(n.)* الخُناق : التهاب خطير في الحنجرة .

crouton *(n.)* قطعة خبز مُحمَّص .

crow *(n.; vi.)* (١)غراب (٢)مُخْل ؛ عتَلَة . §(٣) يصيح (الديك) (٤) يتبجَّح .

crowbar *(n.)* عَتَلَة ؛ مُخْل .

crowd *(n.; vi.; t.)* (١) حَشْد (من الناس) . (٢)مجموعة كبيرة §(٣)يحتشد ×(٤)يحشر ؛ يدفع إلى أمام (٥) يملأ ؛ يكظّ (٦)يحشُد .

crowded *(adj.)* مزدحم .

crown *(n.; vt.)* (١)تاج (٢)قمة ؛ ذروة (٣)الرأس أوأعلاه (٤)تاج الضرس : جزوْه الأعلى الذي فوق اللثة (٥)إكليل (٦)مليك (٧)الكراون : قطعة نقديّة فضية بريطانيّة §(٨) يتوِّج (٩) يكلِّل (١٠) يضفي عليه شرفاً أو مجداً .

crown prince *(n.)* وليّ العهد .

crozier *(n.)* = crosier.

crucial *(adj.)* (١)حاسم (٢) عصيب .

crucible *(n.)* (١) بُوتَقَة (٢) اختبار قاسٍ .

crucifix *(n.)* صليب .

crucifixion *(n.)* صَلْب ؛ صَلْب المسيح .

cruciform *(adj.)* صليبيّ الشكل .

crucify *(vt.)* (١)يصْلُب (٢)يميت (الشهوات) .

crude *(adj.)* (١)خام (٢)بسيط (٣)غير بارع أو متْقَن (٤) غير مصقول أو مهذَّب .

cruel *(adj.)* وحشيّ ؛ قاسٍ .

cruelty *(n.)* وحشيّة ؛ قسوة .

cruet

cruet *(n.)* إبريق زجاجي .

cruise *(vi.; t.; n.)* (١)يطوف في البحر ×(٢)يجوب §(٣)تَطْواف .

cruiser *(n.)* الطراد : سفينة حربية .

crumb *(n.; vt.)* (١) كِسْرَة (٢)مقدار ضئيل . (٣)لُبّ الخبز §(٤)يفتّت أو يرفع الفتات عن .

crumble *(vt.; i.)* (١)يفتّت ×(٢) يتفتّت . (٣)يتقوّض ؛ ينهار .

crumple *(vt.; i.)* (١) يجعِّد ×(٢) يتجعّد .

crunch *(vt.; n.)* (١)يمضغ ؛ يطحن بأسنانه . (٢)يَسْحَقُ بجَلَبَة §(٣) مَضْغ ؛ سَحْق .

crupper *(n.)* (١)المَذْيَلَة : سَيْر من جلد تحت ذيل الفرَس (٢) كَفَل الفرس .

crusade *(n.; vi.)* (١)الصّليبيّة : حملة صليبية . (٢)حملة عنيفة §(٣)يشارك في حملة صليبية .

crusader *(n.)* الصليبيّ : المشترك في حملة صليبية .

cruse *(n.)* ابريق أو كأس (للماء أو الزيت) .

crush *(vt.; i.; n.)* (١) يَعْصِر (٢)يَسْحَنُ ؛ يَسْحَقُ ؛ يحطِّم (٣) يحشُر ×(٤) ينسحق §(٥)عَصْر ؛ سحْق الخ . (٦)جمهور محتشد .

crust *(n.; vt.; i.)* (١)قشرة الرغيف (٢) قشرة . (٣)غلاف §(٤)يكسو أو يكتسي بقِشْرَة .

crustacean *(n.; adj.)* (١) القَشْرِيّ : واحد

القِشْريات وهي حيوانات مائية §(٢)قِشْرِيّ .

crutch *(n.)* (١)عكاز (٢)سِناد؛ دعامة؛ ركيزة.

crux *(n.)* (١)مشكلة محيرة (٢)نقطة حيويّة .

cry *(vi.; n.)* (١)يَصْرخ؛ يصيح (٢)يبكي؛ ينتحب (٣)يعوي؛ ينعب §(٤)صُراخ (٥)بكاء (٦) نعيب (٧) شعار (٨)إشاعة (٩)زيّ شائع.

a far ~, مسافة بعيدة؛ بونٌ شاسع.

to ~ down ينتقص من قدرِه .

to ~ out (١)يصرخ (٢)يحتجّ على.

to ~ up يطري إطراءً شديداً .

crying *(adj.)* (١)صارِخ (٢) مُلِحّ .

crypt *(n.)* سرداب (وبخاصّة تحت كنيسة).

cryptic *(adj.)* خفيّ؛ سرّيّ؛ مُلْغَز .

crystal *(n.; adj.)* (١)بِلَّوْر؛ بِلَّوْرَة (٢)غطاء الساعة الزجاجيّ §(٣) بِلَّوْرِيّ (٤)صافٍ.

crystalline *(adj.)* (١) بِلَّوْرِيّ (٢) متبلّر . (٣)متبلْوِر: واضح المعالم (٤)صافٍ؛ شفاف.

crystallize *(vt.; i.)* (١)يُبَلْوِر ×(٢)يَتَبَلْوَر

cub *(n.)* (١)جرو الثعلب أو الدبّ الخ. (٢)شبل. (٣)فتى؛ فتاة (٤)الجُرْمُوز: كشاف صغير.

cube *(n.; vt.)* (١)المكعَّب (٢)نَرْد (٣)مكعّب كميةٍ ما §(٤) يكعّب .

cubic *(adj.)* (١)مكعَّب (٢)تكعيبيّ؛ حجميّ

cubism *(n.)* التكعيبية، الرسم التكعيبي.

cubit *(n.)* الذراع : وحدة قياس للطول.

cuckoo *(n.)* (١)الوَقْواق(طائر) (٢)صوت الوقواق

cucumber *(n.)* خِيار ؛ قِثّاء .

cud *(n.)* (١) الجِرّة : جزء من الطعام يعيده الحيوان المجترّ من معدته الأولى إلى فمه ليمضغه ثانية (٢) مُضْغَة (من التبغ بخاصة).

cuddle *(vt.; i.; n.)* (١) يعانق ؛ يحضن ×(٢) يتضامّ التماساً للدفء §(٣) عناق .

cudgel *(n.; vt.)* (١) نَبّوت ؛ هراوة . §(٢)يضرب بالنبّوت أو الهراوة .

cue *(n.; vt.; i.)* (١)المُشْعِرَة : كلمةٌ أو عبارة (في مسرحية) تُشعِر الممثّل بأن دوره في الكلام قد حان (٢)تلميح؛ إلماع (٣)ضفيرة؛ جديلة (٤) رَتَلٌ؛ صفّ؛ طابور (٥)عصا البليارد.

cuff *(n.)* (١) طرف الردن أو الكمّ (٢) ثَنْيَة ساق البنطلون (٣)غُلّ؛ قَيْد (٤) صفعة .

cuirass *(n.; vt.)* (١) دِرْع §(٢) يدرّع .

cuisine *(n.)* (١)مطبخ §(٢) أسلوب الطبخ.

cull *(vt.; n.)* (١)يختار (٢) يغربل §(٣)نُفاية.

cullender *(n.)* مصفاة (تستخدم للطهو) .

culminate *(vi.)* (١)يتكبّد: يبلغ الجرم السماويّ أقصى ارتفاعه (٢)يتأوّج؛ يبلغ الذروة .

culmination *(n.)* (١) تأوُّج (٢) أوج.

culpable *(adj.)* مَلُوْمٌ؛ جديرٌ باللوم.

culprit *(n.)* (١)المُتّهَم (٢)المجرم .

cult *(n.)* (١) عبادة (٢)دين (٣) طائفة دينية .

cultivate *(vt.)* (١) يفلح؛ يحرث (٢) يتعهد بالعناية (٣) يهذّب (٤) يرعى ؛ يشجّع .

cultivation *(n.)* حراثة؛ تعهّد؛ تهذيب؛ رعاية.

cultural *(adj.)* (١) ثقافيّ (٢) مستولَد .

culture *(n.)* (١) حراثة (٢) تثقيف؛ تهذيب. (٣)ثقافة (٤) حضارة (٥) الاستنبات: زرع البكتريا أو الأنسجة الحية للدراسة العلمية .

culvert *(n.)* بَرْبَخ؛ مجرور (للمياه القذرة).

cumber *(vt.)* يُثْقِل؛ يُرْهِق؛ يَعُوق.

cumbersome *(adj.)* ثقيل ؛ مرهق؛ مزعج.

cumulative *(adj.)* متراكم ؛ تراكميّ.

cuneiform *(adj.; n.)* (١) إسفينيّ؛ مِسماريّ . §(٢) حروف (أو كتابة) مسمارية .

cuneiform 2.

cunning *(adj.; n.)* (١)بارع (٢)ماكر (٣) جذّاب §(٤) براعة (٥) مكر .

cup *(n.)* (١) كوب ؛ فنجان (٢) كأس (٣) الخمر.
cupbearer *(n.)* الساقي : ساقي الخمر.
cupboard *(n.)* صُوان ؛ خزانة صغيرة.
cupidity *(n.)* طَمَعٌ ؛ جَشَعٌ ؛ حبّ المال.
cupola *(n.)* (١) قُبّة (٢) فُرْن (لصهر المعادن).
cur *(n.)* (١) كلْب (٢) اللئيم ؛ الجبان.
curacy *(n.)* منصب راعي الأبرشيّة أو عملُه.
curate *(n.)* راعي الأبرشية.
curative *(adj.)* شفائيّ ؛ علاجيّ ؛ شافٍ.
curator *(n.)* (١) الوصيّ (٢) القيِّم.
curb *(n.; vt.)* (١) الشكيمة : الحديدة المعترضة في فم الفرس (٢) حاشية أو حافة مطوّقة (٣) الكابح ؛ الضابط (٤) حاجز حجريّ عند حافة الطريق § (٥) يَشكُم § (٦) يكبح.
curd *(n.; vt.)* (١) خُثارة اللبن § (٢) يخثّر.
curdle *(vt.; i.)* (١) يُخثّر × (٢) يتخثّر.
curdy *(adj.)* متخثّر ؛ متُجبّن.
cure *(n.; vt.)* (١) الرعاية الروحيّة (٢) شفاء ؛ إبلال (٣) علاج ؛ دواء (٤) معالجة ؛ مداواة § (٥) يشفي (٦) يعالج ؛ يداوي (٧) يملّح ؛ يقدّد.
curé *(n.)* راعي الأبرشيّة.
curfew *(n.)* (١) ناقوس الغروب (٢) حَظْر التجول (أثناء الأحكام العرفيّة).
curio *(n.)* تحفة ؛ طُرْفة.
curiosity *(n.)* (١) فضول ؛ حبّ استطلاع (٢) تحفة ؛ طُرْفة (٣) صفة غريبة أو لافتة للنظر.
curious *(adj.)* (١) فضوليّ : مُحبّ للاستطلاع (٢) غريب ؛ لافتٌ للنظر (٣) دقيق.
curl *(vt.; i.; n.)* (١) يُعَقِّص (الشعْر) ؛ يلُفّ ؛ يفتل × (٢) يلتفّ ؛ يتجعد § (٣) عقصة ؛ حُلَيْقة (شعرٍ) (٤) لَفّة (٥) لَفّ ؛ عقْص.

curlew

curlew *(n.)* الكَرَوان : طائر مائيّ.
curly *(adj.)* جَعْدٌ أو مَعقوص (صفة للشَّعْر).
currant *(n.)* الكِشْمِش : عنبٌ (أو زبيبٌ) لا بزر له.
currency *(n.)* (١) تداوُل (٢) انتشار ؛ رواج ؛ سيرورة (٣) عملة متداوَلة.
current *(adj.; n.)* (١) جارٍ ؛ حاضر ؛ حاليّ (٢) الأخير (٣) متداوَل (٤) شائع ؛ ذائع ؛ سائد ؛ رائج § (٥) جدول ؛ نهر (٦) تيّار.
current account *(n.)* الحساب الجاري.
currently *(adv.)* بصورة عامة أو شائعة.
curriculum *(n.)* منهاج الدراسة.
curry *(vt.; n.)* (١) يمشّط (شعرَ الفرس) (٢) ينظف الجلود (بعد الدبغ) (٣) يضرب ؛ يجلد (٤) يطهو بالكَرِي § (٥) الكَرِي : بهارٌ هندي.
currycomb *(n.; vt.)* (١) المِحَسّة : مشط لشعر الفرَس § (٢) يمشّط شعر الفرس بمحسّة.
curse *(n.; vt.)* (١) لعنة (٢) بلاء § (٣) يلعن (٤) يشتم (٥) يعذّب ؛ يُشقي ؛ يُنزل به بلاء.
cursed *(adj.)* ملعون ؛ لعين ؛ بغيض.
cursory *(adj.)* سريع ؛ خاطف ؛ سطحيّ.
curt *(adj.)* جافٍ : مقتضَبٌ على نحوٍ فظّ.
curtail *(vt.)* (١) يبتُر (٢) يختصر.
curtain *(n.; vt.)* (١) ستارة (٢) سِتْر ؛ غطاء ؛ حجاب § (٣) يزوّد بالستائر (٤) يحجب.
curtsy *or* **curtsey** *(n.)* انحناءة احترام.
curvature *(n.)* (١) حَنْي ؛ تقويس (٢) انحناء.
curve *(vt.; i.; n.)* (١) يَحْني ؛ يقوّس × (٢) ينحني ؛ يتقوس § (٣) مُنحنًى (٤) منعطف.
curvet *(n.; vi.)* (١) قَفْزة § (٢) يقفز (٣) يمرح.
cushion *(n.; vt.)* (١) وسادة (٢) بطانة حافة مائدة البليار § (٣) يوسّد ؛ يزوّد بوسادة أو وسائد.

cusp *(n.)* (١)طَرَفٌ مُسْتَدِقّ (٢)أحَد قَرْنَي الهلال (٣) نتوء فوق تاج الضِّرْس .
cuspidor *(n.)* المِبْصَقَة: وعاءٌ يُبْصَق فيه.
custard *(n.)* القَسْتَر: مزيج مُحلّى من الحليب والبيض يُخْبَز أو يُغْلَى أو يُثَلَّج .
custodian *(n.)* القَيِّم؛ الأمين؛ الحارس .
custody *(n.)* (١) رعاية؛ وصاية؛ كِفالة . (٢) حَجْز قضائي (٣) حَبْس؛ سَجْن .
custom *(n.; adj.)* (١) عادةٌ؛ عُرْف . (٢) *pl.*: رسوم جمركيّة (٣) الزبائن §(٤) مُوْصًى عليه؛ غير جاهز .
customary *(adj.)* معتاد؛ مألوف .
customer *(n.)* (١) زبون (٢) شخص .
customhouse *(n.)* الجمرك: إدارة الجمرك.
cut *(vt.; i.; n.)* (١)يجرح (٢)يجلد (٣)يقص؛ يقلِّم (٤) يختصر (٥) يرقّق (٦) يخفّض (٧) يقطع (٨) يتقاطع (٩)يتغيب(١٠)يوقِف (١١) ينقش (١٢) يشقّ (١٣) يفصِل (١٤) يَنْصُبُ مفتاحاً ×(١٥) ينقطع؛ ينقصّ (١٦) يخترق (١٧) يسلك طريقاً مختصرة (١٨) ينطلق بسرعة §(١٩) قطعة لحم (٢٠) حصة (٢١) مجاز؛ قناة (٢٢)كليشيه (٢٣)جُرْح (٢٤) جَلدة (٢٥)ضربةُ كرة سريعة(٢٦)حذف؛اختصار (٢٧)التفصيلة: طريقة التفصيل(٢٨) أسلوب؛ طراز؛ نوع (٢٩) تغيّبٌ عن الدرس .
a hair ~, قَصّةُ شَعْر .
a short ~, طريق مختصرة؛ «قادومية» .
to ~ down (١) يقطع (٢) يصرع . (٣) ينقص؛ يخفّض الخ .
cutaneous *(adj.)* جِلْدِيّ .
cute *(adj.)* (١) ذكيّ؛ بارع (٢) جذّاب.
cuticle *(n.)* (١)إهاب (٢)بَشَرَة .
cutlass *(n.)* القَطْلَس: سيف ثقيل مقوّس.
cutlery *(n.)* سكاكين؛ سكاكين المائدة.
cutlet *(n.)* الكسْتلاتة: شريحة مشوية .
cutter *(n.)* (١) القاطع؛ النحّات الخ. (٢) القاطعة؛ المِقْطَع: أداة أو آلة قاطعة (٣) القَطَر: «أ» مركب. «ب» مزلجة .
cutthroat *(n.)* (١) السفّاح؛ سفّاك الدماء. (٢)الزُّغَيْم: طائر صغير أحمر الحلق .
cutting *(n.; adj.)* (١)قَطْع الخ. (٢)شتلةنبات. (٣)قصاصة جريدة§(٤)ماضٍ؛ حادّ(٥)لاذع.
cyclamen *(n.)* بَخُور مريم (نبات) .
cycle *(n.)* (١)دَوْر؛ دَوْرَة (٢)مَدار؛ فلَك . (٣) عَصْر (٤) دراجة(٥) حَلْقَة .
cyclic *(adj.)* (١) دَوْرِيّ (٢) مُلتفّ .
cyclist *(n.)* الدرّاج: راكب الدرّاجة.
cyclone *(n.)* زوبعة؛ إعصار .
cyclopedia *(n.)* = encyclopedia.
cyclotron *(n.)* السيكلوترون: جهاز لتحطيم نَوَى الذرّات .
cygnet *(n.)* فَرْخُ التَّمّ أو الإوزّ العراقي.
cylinder *(n.)* أسطوانة .
cylindric; -al *(adj.)* أسْطُوانيّ .
cymbal *(n.)* الصَّنْج: صفيحة مدوّرة من نحاس أصفر يُضْرَب بها على أخرى .
cynic *(n.)* الكَلْبِيّ؛ الساخر .
cynical *(adj.)* كلبيّ؛ ساخر.
cynosure *(n.)* قبلة «الأنظار» .
cypher *(n.; vt.)* = cipher.
cypress *(n.)* السَّرْو: شجر دائم الخضرة.
Cyprian *(adj.; n.)* (١) قبرصيّ (٢)داعر . §(٣)القبرصيّ (٤) امرأة داعرة .
cyst *(n.)* (١) كيس صغير (٢) مثانة .
cystic *(adj.)* (١) كُيَيْسِيّ (٢) مَثانيّ .
czar *(n.)* القيصر: لقب أباطرة الروسيا .
Czech *(n.; adj.)* تشيكيّ.

DAMASCUS

D

d *(n.)* الحرف الرابع من الأبجدية الانجليزية

dab *(vt.; i.; n.)* (١) يربت (٢) يضع أو ينشر بلمسات رفيقة §(٣) تربيتة ؛ لمسة رفيقة .

dabble *(vt.; i.)* (١) يبلل ؛ يرطب ؛ يرش . ×(٢) يلعب (بيديه أو قدميه) في الماء (٣) يشتغل (في شأن ما) على سبيل الهواية .

dace *(n.)* الداس : سمك نهري صغير .

dactyl *(n.)* الدكتيل : تفعيلة شعرية .

dad; daddy *(n.)* أب .

daffodil *(n.)* النرجس البري الأصفر .

daft *(adj.)* (١) سخيف (٢) معتوه ؛ مجنون .

dagger *(n.)* خنجر (أو شيء يشبهه) .

dahlia *(n.)* الدهلية : نبتة جميلة الزهر .

daily *(adj.; adv.; n.)* (١) يومي §(٢) يومياً ؛ كل يوم §(٣) صحيفة يومية .

dainty *(adj.; n.)* (١) لذيذ (٢) وسيم ؛ أنيق . (٣) نيق ؛ صعب الإرضاء §(٤) طعام لذيذ .

dairy *(n.)* (١) الملبنة : مصنع الألبان أو محل لبيعها (٢) مزرعة لانتاج اللبن والزبدة والجبن .

dais *(n.)* منصة (في قاعة) .

daisy *(n.; adj.)* (١) زهرة الربيع §(٢) ممتاز .

dale *(n.)* واد (بلغة الشعر) .

dalliance *(n.)* (١) مداعبة (٢) عبث (٣) توان .

dally *(vi.)* (١) يداعب (٢) يعبث (٣) يتوانى .

dam *(n.; vt.)* (١) سد ؛ خزان (٢) أم (للحيوان الداجن) §(٣) يزود بسد (٤) يكبح ؛ يضبط .

damage *(n.; vt.)* (١) أذى ؛ ضرر . (٢) *pl.*: تعويض (عن ضرر) : «عطل وضرر» §(٣) يؤذي ؛ يضر .

damask *(n.)* (١) دمقس (٢) الفولاذ الدمشقي .

dame *(n.)* (١) سيدة (٢) امرأة .

damn *(vt.; i.; n.)* (١) يدين : يحكم عليه بدخول جهنم أو بأنه رديء أو فاشل (٢) يهلك (٣) يلعن §(٤) لعن (٥) شيء تافه .

damned *(adj.; adv.)* (١) ملعون §(٢) تماماً .

damp *(n.; adj.; vt.)* (١) رطوبة §(٢) رطب §(٣) يخنق (٤) يثبط (٥) يخمد (٦) يرطب .

dampen *(vt.; i.)* (١) يرطب ؛ يندي (٢) يثبط ×(٣) يرطب (٤) يهن عزمه (٥) يخمد .

damsel *(n.)* آنسة ؛ فتاة .

damson *(n.)* الدمسون : نوع من الخوخ .

dance *(vi.; t.; n.)* (١) يرقص §(٢) رقص . (٣) حفلة راقصة (٤) قطعة موسيقية راقصة .

dancer 111 **dauphin**

dancer *(n.)* الراقص ؛ الراقصة .

dancing party *(n.)* حفلةٌ راقصة .

dandelion *(n.)* هندباء بريّة .

dandle *(vt.)* يرقّص أو يدلّل (الطفلَ).

dandruff *(n.)* نُخالة الرأس أو قشرتُهُ .

dandy *(n.)* (١) الغَنْدُور : شخص شديد التأنّق في مَلْبَسه أو مَظْهَرِه (٢) شيء ممتاز .

Dane *(n.)* الدانمركيّ: أحد أبناء الدانمرك.

danger *(n.)* خَطَرٌ .

dangerous *(adj.)* خَطِرٌ ؛ محفوف بالمخاطِر .

dangle *(vi.)* (١) يتدلّى (٢) يتتبّع ؛ يحوم حول.

Danish *(adj.; n.)* (١) دانمركي §(٢) الدانمركية.

dank *(adj.)* شديد الرطوبة .

dapper *(adj.)* (١) أنيق (٢) نشيط ؛ رشيق.

dapple *(n.; vt.)* (١) حيوان أرْقَش أو أرْقَط أو مُنَقَّط الجلد §(٢) يُرَقِّش ؛ يُرَقِّط ؛ ينقّط.

dare *(vi.; t.; n.)* (١) يَجْرُؤ ؛ يَجْسُر ×(٢) يتحدّى §(٣) تحدٍّ (٤) جَراءة .

daredevil *(n.; adj.)* متهوّر ؛ جريء بتهوّر.

daring *(adj.; n.)* (١) جَرِيء §(٢) جُرْأة.

dark *(adj.; n.)* (١) مظلم (٢) داكن ؛ قاتم (٣) غامض ؛ خَفِيّ (٤) أسمر (٥) سِرّيّ (٦) متكتّم §(٧) ظلام (٨) ليل ؛ غروب .

Dark Ages *(n.pl.)* القرون الوسطى .

darken *(vt.; i.)* (١) يجعله مظلماً ×(٢) يُظلم.

darkling *(adv.; adj.)* في الظلام .

darkness *(n.)* ظُلمة ؛ ظلام الخ .

darksome *(adj.)* مظلم أو مظلمٌ قليلاً .

darling *(n.; adj.)* حبيب ؛ عزيز ؛ أثير .

darn *(vt.; i.; n.)* (١) يرفو ؛ يَرْتِق (٢) يلعن §(٣) رَفْو ؛ رَتْق §(٤) الرَّتْق : موضع مرتوق.

darnel *(n.)* زُوان ؛ زِوان .

DART 1

dart *(n.; vi.; t.)* (١) سَهْم (٢) إبرة النحلة الخ. (٣) حركة سريعة ؛ وثبة مفاجئة §(٤) يندفع كالسّهم ×(٥) يقذف بحركة مفاجئة (٦) يرشق.

dash *(vt.; i.; n.)* (١) يقذف بعنف . (٢) يحطّم (٣) يَرُشّ ؛ يُطَرْطِش (٤) يلوّث (٥) يمزج (٦) يُنجز على عجل ×(٧) يندفع بعنف أو بسرعة §(٨) ضربة عنيفة أو سريعة (٩) تلاطم ؛ ارتطام (١٠) وابل (١١) اندفاع ؛ هجوم (١٢) خيبة (١٣) شَرْطة ؛ قاطعة : (–) (١٤) مقدار ضئيل (١٥) حيوية (١٦) سباق قصير سريع .

dashboard *(n.)* (١) الحاجبة : وقاء من الماء أو الوحل (٢) لوحة أجهزة القياس (في السيّارة) .

dasher *(n.)* الخفّاقة : أداة الخفق .

dashing *(adj.)* (١) مندفع ؛ جريء (٢) أنيق.

dastard *(n.; adj.)* جبان ؛ غادر .

data *(n.pl.)* معلومات ؛ حقائق ؛ بيانات.

date *(n.; vi.; t.)* (١) تاريخ (٢) عهد ؛ عصر (٣) موعد أو شخص يكون المرء معه على موعد (٤) بلحة ؛ تمرة (٥) نخلة §(٦) يرقى إلى (٧) يؤرّخ .

up to ~, (١) جديد ؛ عصري . (٢) حتى الوقت الحاضر .

dateless *(adj.)* (١) غير محدود (٢) غُفْلٌ من التاريخ (٣) مُوغِلٌ في القِدم (٤) خالد.

datum *sing. of* data.

daub *(vt.; i.; n.)* (١) يُجَصِّص ؛ يطيِّن . (٢) يلطّخ ؛ يلوّث (٣) يرسم بغير إتقان §(٤) جصّ (٥) صورة زيتية غير متقنة .

daughter *(n.)* ابنة ؛ بنت .

daughter-in-law *(n.)* الكَنَّة : زوجة الابن.

daunt *(vt.)* يُرْهِب ؛ يروِّع ؛ يُثبِّط الهمة.

dauntless *(adj.)* شجاع ؛ باسل ؛ لا يهاب.

dauphin *(n.)* الدوفين : الابن البكر لملكٍ فرنسي.

dauphine 112 **debauch**

dauphine *(n.)* زوجة الدوفين.
davenport *(n.)* (١) أريكة (٢) منضدة .
daw *(n.)* الزاغ الزراعي ؛ غراب الزيتون (طائر) .
dawdle *(vi.; t.)* (١) يتوانى × (٢) يُضيِّع .
dawn *(n.; vi.)* (١) فجر (٢) بزوغ § (٣) يَطلُع . (٤) يبزغ (٥) يتضح لِـ ...
day *(n.)* (١) نهار (٢) فجر (٣) يوم (٤) عهد .
one ~, ذات يوم .
some ~, في يوم ما في المستقبل .
the other ~, منذ بضعة أيام .
daybreak *(n.)* الفَجْر .
daydream *(n.; vi.)* (١) حُلْم اليقظة . § (٢) يستغرق في أحلام اليقظة .
daylight *(n.)* (١) ضوء النهار (٢) الفجر .
daylong *(adv.)* طوالَ النهار .
daytime *(n.)* النهار .
daze *(vt.; n.)* (١) يدوِّخ ؛ يصيب بالدُّوار . (٢) يَبْهَر § (٣) دَوَخان (٤) انبهار .
dazzle *(vi.; t.; n.)* (١) ينبهر (٢) يتألق . × (٣) يبهَر § (٤) انبهار (٥) كلُّ ما يبهر .
deacon *(n.)* الشمّاس ؛ شمّاس الكنيسة .
dead *(adj.; n.; adv.)* (١) ميْت (٢) حدِر . (٣) محروم من (٤) غير مستجيب (٥) خامد (٦) تام § (٧) الميْت § (٨) تماماً ؛ فجأةً .
the ~ of night جوف الليل البهيم .
deaden *(vt.)* (١) يُهْمِد ؛ يُخفِّت . (٢) يُخدِّر (٣) يخفِّف (٤) يُفقِده البريق أو النكهة (٥) يجعله عازلاً للصوت (٦) يُميت .
deadline *(n.)* الموعد الأخير (لإنجاز عمل) .
deadlock *(n.)* وَرْطة ؛ مأزق ؛ إخفاق .
deadly *(adj.; adv.)* (١) مُميت ؛ مُهْلِك . (٢) لَدود (٣) مفرط § (٤) بإفراط .
deaf *(adj.)* (١) أصمّ (٢) متَصامّ .
deafen *(vt.)* (١) يُصِمّ (٢) يجعله عازلاً للصوت .
deaf-mute *(n.; adj.)* أصمّ أبكم .
deafness *(n.)* صَمَم ؛ طَرَش .
deal *(vt.; i.; n.)* (١) يوزع ؛ يقسم (٢) يسدِّد (ضربة) × (٣) يبحث في (٤) يتعامل مع (٥) يعامل ؛ يتصرف (٦) يعالج (٧) يتجر بـ § (٨) مقدار (٩) مقدار ضخم (١٠) توزيع (١١) برنامج حكوميّ ضخم أو شامل (١٢) صفقة (١٣) معاملة (١٤) لوح .
dealer *(n.)* التاجر ، البائع .
dealing *(n.)* (١) *pl.* : تعامل ؛ تعاطٍ ؛ علاقات . (٢) معاملة ؛ تصرّف .
dealt *past and past part. of* deal.
dean *(n.)* عميد كلية أو سلك .
dear *(adj.; n.; adv.)* (١) عزيز (٢) غالٍ . § (٣) العزيز ؛ الحبيب ؛ المحبوب § (٤) بثمنٍ غالٍ .
dearly *(adv.)* (١) كثيراً (٢) بثمنٍ غالٍ .
dearth *(n.)* (١) قِلّة ؛ نُدْرَة (٢) مجاعة .
death *(n.)* (١) موت (٢) سبب الموت (٣) حالة الموت (٤) تبدّد ؛ ضياع (٥) طاعون (٦) قتل .
to do *or* put to ~, يَقْتُل .
death duty *or* **tax** *(n.)* ضريبة الإرث .
deathless *(adj.)* خالد ؛ باقٍ ؛ لا يموت .
deathly *(adj.; adv.)* (١) مُميت ؛ مُهْلِك . (٢) شبيه بالموت § (٣) إلى أقصى حدّ .
debacle *(n.)* كارثة ؛ هزيمة ؛ انهيار .
debar *(vt.)* يمنع ؛ يحظُر ؛ يحرِّم .
debase *(vt.)* (١) يخفّض (قيمة النقد) (٢) يغشّ ؛ يمذُق (٣) يحطّ من قدْر كذا .
debatable *(adj.)* (١) متنازَع عليه (٢) مختلَف فيه ؛ قابل للمناقشة (٣) مثير للمناقشة .
debate *(n.; vi.; t.)* (١) مناقشة (٢) مناظرة . § (٣) يناقش (٤) يشترك في مناقشة (٥) يفكر .
debauch *(vt.; i.; n.)* (١) يُغوي (٢) يُفسِد . × (٣) يَفْسُق : ينغمس في الملذات § (٤) فِسق .

debauchery 113 **decline**

debauchery *(n.)* (١) إغواء (٢) فِسْقٌ.
debilitate *(vt.)* يُضْعِف ؛ يوهِن.
debility *(n.)* ضَعْفٌ ؛ وَهْنٌ.
debit *(n.; vt.)* (١) المطلوب منه ؛ المَدين : الجانب الأيسر من الحساب الجاري (٢) مأخذ ؛ نقطة ضعف §(٣) يسجّل على حساب فلان.
debit balance *(n.)* رصيدٌ مَدينٌ (تجارة).
debit note *(n.)* إشعارٌ مدين (تجارة).
debonair *(adj.)* (١) لطيف (٢) مبتهج.
debris *(n.)* (١) حطام (٢) أطلال ؛ أنقاض.
debt *(n.)* (١) إثم (٢) دَيْن.
bad ~, دينٌ معدومٌ أو هالكٌ.
in ~, مَدينٌ ؛ واقعٌ تحت دَيْن.
debtor *(n.)* المَدِين ؛ المَدْيون.
debut *(n.)* الظّهور الأوّل (لممثل على المسرح أو لفتاة في الحفلات الاجتماعية).
decade *(n.)* العَقْد : عشر سنوات.
decadence *(n.)* تفسّخ ؛ انحطاط ؛ تدهور.
Decalogue *(n.)* الوصايا العشر (في النصرانية).
decamp *(vi.)* (١) يتحمّل ؛ يقوّض خيامَه. (٢) يرتحل فجأة (٣) يفرّ.
decant *(vt.)* يصبّ من وعاء الى آخر.
decanter *(n.)* المِصْفَق : إناء يُصَبّ منه الخمر أو الماء على مائدة الطعام.
decapitate *(vt.)* يقطع الرأس.
decay *(vi.; t.; n.)* (١) يفسد ؛ يذوي (٢) يبلى ؛ ينتخر (٣) ينحلّ ؛ يتعفن ×(٤) يُبلي ؛ يُذوي الخ. §(٥) فساد ؛ نَخَر ؛ تعفّن.
decease *(n.; vi.)* (١) مَوْتٌ §(٢) يموت.
deceased *(adj.; n.)* مَيْتٌ ؛ متوفى.
deceit *(n.)* خِداع ؛ مُخاتَلة ؛ غِش.
deceive *(vt.; i.)* يخدع ؛ يغشّ ؛ يضلّل.
December *(n.)* ديسمبر ؛ شهر كانون الأول.
decency *(n.)* احتشام ؛ لياقة ؛ أدب.

decent *(adj.)* (١) مُحْتَشِم (٢) محتشم الملبس (٣) مهذّب (٤) لائق (٥) محترَم (٦) لطيف.
decentralize *(vt.)* يجعله لامركزياً.
deception *(n.)* خَدْع ؛ انخداع ؛ خدعة.
deceptive *(adj.)* خادعٌ ؛ مضلّل.
decide *(vt.; i.)* (١) يقرر (٢) يَحْسُم ؛ يُنهي على نحوٍ حاسم ×(٣) يقضي ؛ يحكم.
decided *(adj.)* (١) واضح ؛ محدّد (٢) لاجدال فيه (٣) مصمِّم ؛ عازمٌ عزماً أكيداً.
decidedly *(adv.)* (١) بلا جدال (٢) بلا تردّد.
decimal *(adj.; n.)* (١) عَشْرِيّ. §(٢) كَسْر عَشْري.
decimate *(vt.)* يأخذ أو يُتلِف عُشْر شيء.
decipher *(vt.)* (١) يفكّ المغالق : يكتشف معنى شيء غامض (٢) يَحُلّ الشِّفْرة.
decision *(n.)* (١) فَصْل (في مسألة أو خلاف). (٢) حُكْم (٣) قرار (٤) عَزْم.
decisive *(adj.)* فاصِل ؛ حاسم ؛ قاطع ؛ باتّ.
deck *(n.; vt.)* (١) ظَهْرُ المركب (٢) مجموعة ورق اللعب §(٣) يكسو بأناقة (٤) يزين ؛ يزخرف.
declaim *(vi.; t.)* (١) يتكلّم بطريقة خطابيّة انفعاليّة (٢) يخطب ×(٣) يلقي (قصيدةً الخ.).
declamation *(n.)* (١) خَطابة (٢) خُطبة.
declamatory *(adj.)* خَطابيّ ؛ حماسيّ ؛ انفعالي.
declaration *(n.)* إعلان ؛ تصريح ؛ بيان.
declare *(vt.)* (١) يعلن (٢) يصرّح بِـ.
declared *(adj.)* مُعْلَن ؛ مصرَّح به.
declension *(n.)* (١) تصريف الأسماء. (٢) انحدار (٣) انحراف.
declination *(n.)* (١) انحراف (٢) انحطاط. (٣) انحناء ؛ انحدار (٤) رفضٌ رسمي.
decline *(vi.; t.; n.)* (١) ينحرف (٢) ينحدر ؛ يهبط (٣) ينخفض (٤) ينحطّ (٥) يأفل (٦) يذبل (٧) يرفض ×(٨) يصرّف الأسماء الخ.

(٩) يتجنّب §(١٠) ذبول (١١) انحطاط (١٢) آخِر (١٣) منحدَر (١٤) داء السُّل .

declivity *(n.)* (١) انحدار (٢) مُنْحَدَر .

decode *(vt.)* يَحلّ الشِّفْرَة .

decompose *(vt.; i.)* (١) يَحُلّ (مركّباً) إلى عناصره الرئيسية (٢) يُعفّن × (٣) ينحلّ ؛ يتعفن .

decorate *(vt.)* (١) يزخرف (٢) يمنحه (وساماً) .

decoration *(n.)* (١) زخرفة (٢) وسام . (٣) مَنْح وسام .

decorator *(n.)* المُزَخْرِف (لداخل المنازل) .

decorous *(adj.)* محتشم ؛ لائق .

decorum *(n.)* لياقة ؛ ذوق .

decoy *(n.; vt.; i.)* (١) بركة يُجتذَب إليها البطّ ليسهُل اصطياده (٢) طُعم ؛ طائر صُنْعيّ يُستخدَم لاجتذاب الطيور بغية اصطيادها §(٣) يخدع أو ينخدع .

decoy 2.

decrease *(vi.; t.; n.)* (١) يَنقُص (٢) يُنقِص §(٣) نَقْص .

decree *(n.; vt.; i.)* (١) مرسوم ؛ قرار (٢) حكم قضائيّ §(٣) يرسم أو يحكم بـ .

decrepit *(adj.)* (١) عاجز (٢) بالٍ ؛ متداعٍ .

decrepitude *(n.)* عَجْز ؛ بِلًى ؛ تداعٍ .

decry *(vt.)* يَشْجُب ؛ ينتقد بقسوة .

dedicate *(vt.)* (١) يكرّس ؛ يخصّص لغرض معيّن (٢) يُهْدي الكتاب (اعترافاً بالفضل) .

deduce *(vt.)* يستنتج ؛ يستدلّ .

deduct *(vt.)* يقتطع ؛ يطرح ؛ يحسم .

deduction *(n.)* (١) حَسْم (٢) استنتاج .

deductive *(adj.)* استنتاجيّ ؛ استدلاليّ .

deed *(n.)* (١) عمَل (٢) مأثرة (٣) صكّ .

deem *(vt.; i.)* يعتبِر ؛ يعتقِد ؛ يحسب .

deep *(adj.; adv.; n.)* (١) عميق (٢) ذو عمق معيّن (٣) غارق (٤) مستغرق (٥) داكن ؛ غامق (٦) خفيض §(٧) عميقاً (٨) بإفراط (٩) في ساعة متأخرة §(١٠) أوقيانوس (١١) الجزء العميق من البحر (١٢) المعمعان: الجزء الأشدّ وطأة .

deepen *(vt.; i.)* (١) يُعمِّق × (٢) يعمُق .

deeply *(adv.)* (١) عميقاً (٢) بتعمّق (٣) كثيراً ؛ إلى حدّ بعيد (٤) بصوت خفيض .

deep-rooted *(adj.)* متأصّل ؛ عميق الجذور .

deep-seated *(adj.)* راسخ ؛ عميق الجذور .

deer *(n.)* الأيِّل: حيوان من ذوات الظلف .

deface *(vt.)* (١) يشوّه (٢) يمحو ؛ يطمس .

defalcation *(n.)* اختلاس ؛ المبلغ المُختلَس .

defame *(vt.)* يفتري على ؛ يشوّه سمعته .

default *(n.; vi.; t.)* (١) إهمال (٢) تخلّف عن إيفاء دَيْن أو عن المثول أمام القضاء الخ . (٣) فقدان §(٤) يُهمِل (٥) يتخلف عن .

judgment by ~, محاكمة غيابية .

defeat *(vt.; n.)* (١) يُبطِل ؛ يُلغي (٢) يخيِّب ؛ يُحبِط (٣) يهزِم §(٤) إحباط (٥) هزيمة .

defect *(n.)* خلَل ؛ علة ؛ عيب ؛ شائبة .

defection *(n.)* رِدّة ؛ ارتداد (عن دين أو مذهب)

defective *(adj.)* (١) ناقص (٢) متخلّف .

defence *(n.)* = defense.

defend *(vt.)* (١) يحمي ؛ يصون (٢) يدافع عن .

defendant *(n.)* المُدَّعَى عليه (في محكمة) .

defense *(n.)* (١) حماية (٢) حصن (٣) دفاع .

defensible *(adj.)* ممكنٌ الدفاع عنه .

defensive *(adj.; n.)* (١) دفاعيّ §(٢) الدفاع .

defer *(vt.; i.)* (١) يؤجّل ؛ يرجئ × (٢) يذعن

deference *(n.)* مراعاة ؛ احترام .

deferential *(adj.)* مراعٍ (لرغبة الآخرين) .

deferment *(n.)* تأجيل (للخدمة العسكرية) .

defiance *(n.)* تحدٍّ .

defiant *(adj.)* متحدٍّ ؛ جريء ؛ غير هيّاب .

deficiency *(n.)* نقص ؛ عجز .

deficient 115 **delinquency**

deficient *(adj.)* (١) ناقص (٢) ضعيف .
deficit *(n.)* عَجْز (في الميزانية الخ.).
defile *(vt.;n.)* (١)يلوِّث (٢)يدنِّس (٣)يشوِّه.
§(٤) ممر ضيِّق ؛ شِعب .
define *(vt.)* (١) يحدِّد ؛ يعيِّن (٢) يعرِّف .
definite *(adj.)* محدَّد ؛ واضح ؛ لا لَبْس فيه.
definite article *(n.)* أداة التعريف (في اللغة).
definitely *(adv.)* (١) على نحو محدَّد أو واضح.
(٢) بلا ريب .
definition *(n.)* تحديد ؛ تعريف ؛ حدّ .
definitive *(adj.)* (١)حاسم ؛ نهائي (٢)محدَّد .
deflation *(n.)* تفريغ ؛ فراغ ؛ انكماش.
deflect *(vt.; i.)* (١)يَحرِف ×(٢)ينحرف .
deflection *(n.)* (١) إزاغة (٢) انحراف .
deform *(vt.)* (١)يُشوِّه (٢)يَمْسَخ .
deformation *(n.)* (١) تشويه (٢) تَشَوُّه .
deformed *(adj.)* (١) مشوَّه (٢) بشع .
deformity *(n.)* (١)تشوُّه (٢)عاهة (٣)شائبة.
defraud *(vt.)* يخدع ؛ يحتال على .
defray *(vt.)* يدفع أو يتحمل (النفقات) .
deft *(adj.)* (١) رشيق (٢) أنيق.
defunct *(adj.; n.)* ميْت ؛ متوفًّى .
defy *(vt.; n.)* (١) يَتَحَدَّى §(٢) تَحَدٍّ .
degeneracy *(n.)* انحلال ؛ تفسّخ .
degenerate *(vi.; adj.; n.)* (١) ينحلّ ؛
يتفسخ (٢)ينحطّ §(٣)منحلّ ؛ متفسخ ؛ منحطّ .
degeneration *(n.)* انحلال ؛ تفسّخ .
degradation *(n.)* (١)تنزيل رتبة (٢)تجريدٌ من
رتبة أو لقب (٣)انحلال ؛ انحطاط (٤)خِزْي .
degrade *(vt.)* (١)يُنزِل رتبتَه (٢)يجرّد من رتبة
أو لقب (٣)يهين ؛ يخزي ؛ يحطّ من قدر (٤)يُفسِد.
degree *(n.)* (١) دَرَجة (٢) مدى (٣) منزلة
(اجتماعيّة) (٤)شهادة (علميّة) .
by ~s تدريجياً ؛ شيئاً فشيئاً .

deify *(vt.)* (١)يؤلِّه (٢)يعظِّم حتى العبادة .
deign *(vi.; t.)* يتلطّف ؛ يتنازل .
deism *(n.)* الرُّبوبيّة : الإيمان بالله دون الأديان.
deity *(n.)* (١) ألوهية (٢) إلـه أو إلاهة .
deject *(vt.)* يُكْئب ؛ يُغِمّ ؛ يوهن العزيمة .
dejection *(n.)* اكتئاب ؛ اغتمام .
delay *(vt.; i.; n.)* (١)يؤجِّل (٢)يؤخِّر ؛ يعوق
×(٣)يتوانى §(٤)تأخير ؛ تأخُّر ؛ توانٍ .
delectable *(adj.)* مُبْهِج ؛ سارّ ؛ لذيذ.
delectation *(n.)* بهجة ؛ سرور .
delegate *(n.;vt.)* (١)مندوب ؛ ممثِّل (٢)نائب
(في البرلمان) §(٣)ينتدب (٤)يفوِّض .
delegation *(n.)* (١)تفويض ؛ توكيل (٢)وفدٌ .
delete *(vt.)* يشطب (كلمةً مكتوبةً أو مطبوعةً) .
deleterious *(adj.)* مؤذٍ ؛ ضارّ بالصحّة.
deletion *(n.)* (١) شَطْب (٢) فقرة مشطوبة.
delft; delftware *(n.)* خزف مصقول .
deliberate *(adj.; vt.; i.)* (١) مدروس ؛
مرَوًّى فيه (٢)مُتَعَمَّد (٣) متأنٍّ §(٤) يدرس
×(٥) يفكِّر ملياً (٦) يتداول ؛ يتشاور .
deliberately *(adv.)* بتَرَوٍّ ؛ بتعمُّد ؛ بتأنٍّ .
deliberation *(n.)* (١) تَرَوٍّ (٢) مداولة .
delicacy *(n.)* (١) طعامٌ شهيّ أو مُتْرَف .
(٢)رِقّة (٣)رهافة (٤)دِقّة (٥) كِياسة.
delicate *(adj.)* (١)شهيّ ؛ لذيذ (٢) رقيق .
(٣) مُرْهَف (٤) دقيق (٥) ذو كياسة .
delicious *(adj.)* (١) مُبهِج (٢) لذيذ .
delict *(n.)* الجُنْحة (في القانون) .
delight *(n.; vi.; t.)* (١)بهجة ؛ سرور (٢)شيء
مُبْهِج §(٣) يبتهج ×(٤) يُبْهِج .
delighted *(adj.)* مبتهج ؛ مسرور جداً .
delightful;-some *(adj.)* مُبْهِج ؛ سارّ جداً .
delineate *(vt.)* يُخطِّط ؛ يرسم ؛ يصف .
delinquency *(n.)* (١)تقصير ؛ إهمال (٢)إثم .

delinquent *(adj.; n.)* (١)مُقصِّر ؛ مهمِل . (٢) جانحٍ ؛ منتهك للقانون (٣) متأخر §(٤)المقصر ؛ المهمل (٥)الجانح (من الأحداث)

deliquesce *(vi.)* (١)يذوب (٢) يَميع .

delirious *(adj.)* هاذٍ ؛ مهتاج ؛ منفعل.

delirium *(n.)* هذيان ؛ اهتياج ؛ انفعال.

deliver *(vt.)* (١)يُحرِّر ؛ يُنْقِذ (٢)يسلِّم ؛ يتخلّى عن (٣)يحوِّل ؛ ينقل (٤)يولِّد (امرأةً) (٥) يُلقي (محاضرةً) (٦) يلفظ (حكماً) (٧) يوجِّه ؛ يسدِّد (٨) يوزِّع (الرسائلَ).

deliverance *(n.)* (١) تحرير ؛ إنقاذ الخ. (٢)حريّة (بَعْد اعتقال) (٣) قرار ؛ حُكْم.

delivery *(n.)* (١) تحرير ؛ إطلاق سراح . (٢)تسليم ؛ تخلٍّ عن (٣) توزيع ؛ «توزيعة» رسائل (٤)«تسليمة» بضائع (٥) ولادة ؛ وَضْع (٦) إلقاءُ (محاضرةٍ الخ.) (٧) لفظٌ (الحكم) (٨) الأداء : طريقة الإلقاء أو الغناء .

dell *(n.)* وهدة ؛ وادٍ صغير .

delta *(n.)* دَلْتا ؛ دَلْتا النهر .

delude *(vt.)* يُضلِّل ؛ يخدع .

deluge *(n.; vt.)* (١) طوفان §(٢) يَغْمر .

delusion *(n.)* تضليل ؛ ضلال ؛ وَهْم .

delusive *(adj.)* خادع ؛ وهميّ ؛ باطل.

deluxe *(adj.)* فاخر ؛ مُتْرَف .

delve *(vi.)* (١) يحفر (٢) ينقِّب .

demagogue *(n.)* مهيِّج أو خطيب شعبيّ .

demand *(vt.; i.; n.)* (١)يَطلب (٢)يطالب بِـ. (٣)يتطلَّب (٤)يستدعي (للمثول أمام القضاء) ×(٥) يسأل §(٦)طلبٌ ؛ مطالبةٌ ؛ مَطْلَب.

demarcate *(vt.)* يُتخِم ؛ يعيِّن الحدود .

demean *(vt.)* (١)يسلك (٢) يحطّ من قدره .

demeanor *or* **demeanour** *(n.)* سلوك .

demented *(adj.)* مُخبَّل ؛ معتوه ؛ مجنون.

dementia *(n.)* خَبَلٌ ، عَتَهٌ ؛ جنون .

demerit *(n.)* (١)نقيصة ؛ عَيْب (٢)العلامة السيئة : علامة تشير إلى سوء سلوك الطالب .

demesne *(n.)* منطقة ؛ دنيا ؛ عالم .

demigod *(n.)* نصف إله .

demijohn *(n.)* الدَّامِجانَة : زجاجة ضخمة.

demilitarize *(vt.)* يجرِّد من الصفة العسكرية.

demise *(n.)* (١)انتقال السلطة الملكية من طريق الوفاة أو التنازل (٢)موت (٣)زوال (٤) توقّف .

demobilize *(vt.)* يسرِّح جيشاً أو جندياً.

democracy *(n.)* الديموقراطيّة.

democrat *(n.)* (١)الديموقراطيّ (٢) المتواضع .

democratic *(adj.)* ديموقراطي .

demolish *(vt.)* يدمر ؛ يهدم ؛ يدكّ .

demon *(n.)* شيطان ؛ عفريت.

demoniac *(adj.; n.)* (١)مُتلبَّس : بِه مسٌ من شيطان (٢) شيطانيّ §(٣) المُتَلَبَّس .

demonstrate *(vt.; i.)* (١)يُظهِر بوضوح. (٢)يُثْبِت ؛ يبرهن (٣) يشرح (مستعيناً بالأمثلة) ×(٤) يتظاهر ؛ يقوم بمظاهرة .

demonstration *(n.)* (١) إظهارٌ (٢)إثباتٌ ؛ بَرْهَنَة (٣) برهان (٤) شَرْحٌ أو وصف (من طريق الاستعانة بالأمثلة) (٥) مظاهرة .

demonstrative *(adj.; n.)* (١) معبر عن العواطف (٢) إثباتيّ ؛ حاسم (٣) إيضاحيّ ؛ وصفيّ (٤) إشاريّ §(٥) اسم إشارة .

demonstrative pronoun *(n.)* اسم الاشارة

demoralize *(vt.)* (١) يُفسِد الأخلاق (٢)يُضعِف المعنويات (٣)يُربك ؛ يشوّش .

demote *(vt.)* يُنزِل درجته أو مرتبته .

demur *(vt.; n.)* (١) يعترض على §(٢)اعتراض .

demure *(adj.)* محتشم أو متظاهرٌ بالاحتشام.

demurrage *(n.)* (١)تقاعس (عن تحميل سفينة أو تفريغها) (٢) غرامة التقاعس .

den *(n.)* (١)عرين (٢)وكر (٣)مُخْتَلَى.

denature 117 **depreciate**

denature *(vt.)* يَمْسَخ ؛ يغيِّر الطبيعة .

denial *(n.)* (١) رَفْض (٢) إنكار .

denizen *(n.)* الساكن ؛ القاطن ؛ المقيم .

denominate *(vt.)* يسمّي ؛ يلقّب .

denomination *(n.)* (١) تَسْمِيَة ؛ تَلْقيب . (٢) اسم ؛ لقب (٣) طائفة (٤) فئة .

denominator *(n.)* المقام ؛ مَخْرَج الكسور .

denote *(vt.)* (١) يدلّ على ؛ يشير إلى . (٢) يُعلِن ؛ يُظهِر (٣) يعني (٤) يرمز إلى .

denouement *(n.)* حلّ العقدة (في رواية).

denounce *(vt.)* (١) يَشْجُب (٢) يتّهِم .

dense *(adj.)* (١) كثيف (٢) أبله .

density *(n.)* (١) كثافة (٢) بلاهة .

dent *(n.; vt.; i.)* (١) بَعْجَة ؛ انبعاج ؛ غَوْر . (٢) سِنّ § (٣) يَبْعَج × (٤) ينبعج .

dental *(adj.)* سِنّيّ ؛ أسنانيّ .

dentifrice *(n.)* معجون أو منظّف الأسنان .

dentist *(n.)* طبيب الأسنان .

dentistry *(n.)* طبّ الأسنان .

dentition *(n.)* الإسنان : ظهور الأسنان .

denture *(n.)* طَقْم أسنان صُنْعِيّة .

denude *(vt.)* يُعَرّي ؛ يُجَرّد .

denunciation *(n.)* شَجْب ؛ اتّهام .

deny *(vt.)* (١) يُنكر (٢) يرفض (٣) يَجحد

depart *(vi.; t.)* (١) «أ» يَرْحَل . «ب» يموت . (٢) يحيد أو ينحرف عن × (٣) يغادر (مدينة الخ .)

departed *(adj.)* (١) ماضٍ (٢) مَيْت ؛ راحل .

department *(n.)* (١) قِسْم ؛ فَرْع ؛ شُعْبَة . (٢) إدارة ؛ مصلحة (٣) مقاطعة .

departmental *(adj.)* إداريّ ؛ مصلحيّ .

department store *(n.)* المَتْجر التنويعيّ : مخزن كبير للبيع بالتجزئة مقسّم إلى عدّة شُعَب .

departure *(n.)* (١) رحيل (٢) انحراف .

depend *(vi.)* (١) يتوقف أو يعتمد على (٢) يثق بـ .

dependant *(n.)* = dependent.

dependence *(n.)* (١) توقُّف على (٢) اعتماد ؛ اتكال (٣) تَبَعِيّة (٤) ثقة .

dependency *(n.)* (١) توقُّف على (٢) اعتماد ؛ اتكال ؛ تبعيّة (٣) البلد التابع أو الخاضع .

dependent *(adj.; n.)* (١) متوقّف على . (٢) عالة ؛ تابع § (٣) العالة ؛ التابع .

depict *(vt.)* (١) يرسم ؛ يصوّر (٢) يصف .

deplete *(vt.)* (١) يَفْصِد (٢) يستنزف .

depletion *(n.)* فَصْد ؛ استنزاف ؛ نضوب .

deplorable *(adj.)* بائس ؛ يُرْثَى له .

deplore *(vt.)* يرثي لـ ؛ يحزن من أجل .

deploy *(vt.; i.)* (١) يَنْشُر × (٢) ينتشر .

deponent *(n.)* (١) المحلِّف (٢) الشاهد .

depopulate *(vt.)* يحرم من السكان .

deport *(vt.)* (١) يتصرّف (٢) يرحِّل ؛ ينفي .

deportment *(n.)* (١) تصرّف (٢) وِقفة ؛ مِشية .

depose *(vt.)* (١) يخلع ؛ يَعزل (٢) يشهد .

deposit *(vt.; i.; n.)* (١) يُودِع (٢) يضع . (٣) يُرَسِّب × (٤) يترسّب § (٥) وديعة . (٦) عربون (٧) الراسب ؛ شيء مترسِّب .

deposition *(n.)* (١) خَلْع ؛ عَزْل (٢) شهادة بقَسَم (٣) إيداع (٤) ترسيب (٥) المترسِّب .

depositor *(n.)* المودِع (مالاً في مصرف) .

depository *(n.)* مستودع (للسِّلَع الخ .) .

depot *(n.)* (١) مستودع ؛ مخزن (٢) مركز لتدريب المجنّدين (٣) محطّة (قطار الخ .) .

deprave *(vt.)* يُفْسِد (الأخلاق الخ .) .

depraved *(adj.)* فاسد ؛ منحرف ؛ فاسق .

depravity *(n.)* فساد ؛ فُسوق ؛ فسق .

deprecate *(vt.)* يستنكر ؛ يشجب .

depreciate *(vt.; i.)* (١) يخفّض السعر أو القيمة (٢) ينتقص من قدره × (٣) تنخفض قيمتُه .

depreciation 118 design

depreciation *(n.)* (١) انخفاض أو خفض (لقوة العملة الشرائية) (٢)انتقاص من قدر شيء ؛ (٣) استهلاك (نتيجةً للاستعمال).

depredation *(n.)* سَلْب ؛ نَهْب .

depress *(vt.)* (١)يضغط على ؛ يُنزِل ؛ يخفض. (٢)يُضْعِف ؛ يُحزِن ؛ يوهن العزيمة (٣)يكسّد.

depressed *(adj.)* (١) كئيب (٢) منخفض. (٣) كاسد أو متأثّر بالكساد (٤)منبوذ .

depression *(n.)* (١)خَفْض (٢)انخفاض . (٣) ضعف (٤) كآبة (٥)هبوط (في النشاط) (٦)منخفَض (٧) كساد .

deprivation *(n.)* حرمان ؛ تجريد (من الرتبة).

deprive *(vt.)* (١)يَحْرِم (٢)يجرّد (من الرّتبة).

depth *(n.)* (١)موضع عميق (٢)*pl.*: أعماق . (٣)قلب ؛ وسط (٤)هاوية (٥)معمعان (٦)عمق.

deputation *(n.)* (١) تفويض (٢) وفد .

depute *(vt.)* (١)ينتدب (٢) يفوّض .

deputy *(n.)* (١)المندوب ؛ الوكيل (٢) النائب.

derange *(vt.)* (١)يُفسد (٢)يُشوّش (٣)يعطّل (٤) يخبِل (٥) يزعج .

derangement *(n.)* (١) تشويش (٢) فوضى . (٣) تعطيل (٤) خَبَل ؛ جنون .

derelict *(adj.; n.)* (١) مهجور §(٢)سفينة مهجورة (٣) المُهمَل (٤) المنبوذ .

dereliction *(n.)* (١)هَجْر (٢) إهمال .

deride *(vt.)* يسخر من ؛ يهزأ بِ .

derision *(n.)* سخرية .

derisive; derisory *(adj.)* ساخر .

derivation *(n.)* (١)اشتقاق (٢)أصل ؛ منشأ.

derivative *(adj.; n.)* (١)مشتقّ (٢)ثانوي. §(٣)لفظة مشتقة (٤)المُشْتَقّ : مادّة مشتقة.

derive *(vt.; i.)* (١)يشتق (٢)يستمدّ (٣)يستنتج (٤) يُرَدّ إلى أصل معيّن ×(٥) ينشأ عن .

derogate *(vi.)* (١)ينتقص من قدره (٢)ينحطّ.

derogatory *(adj.)* منتقِص من القَدْر ؛ ازدرائيّ.

derrick 2.

derrick *(n.)* (١) المِرْفاع ؛ الرافعة (٢) الدَّرِيْك : هيكل معدنيّ يقام فوق بئر بترول .

dervish *(n.)* الدَّرويش (واحد الدَّراويش) .

descant *(n.; vi.)* (١) اللحن المُساير : لحن يُعزَف أو يُغنّى مع لحنٍ آخر §(٢) يُسْهِب (في الكلام) .

descend *(vi.)* (١) يهبط ؛ ينزل (٢) يتحدّر.

descendant *(n.)* سليل ؛ واحدٌ من سلالة.

descent *(n.)* (١) هبوط ؛ نزول (٢) سقوط . (٣)أصل ؛ نَسَب ؛ سلالة (٤)انتقال (مِلكيّة أو ألقاب) بالإرث (٥) مُنحدَر (٦)غارة .

describe *(vt.)* (١)يصف (٢) يصوّر ؛ يرسم .

description *(n.)* (١) وَصْف الخ. (٢)نوع .

descriptive *(adj.)* وَصفيّ ؛ تصويريّ .

descry *(vt.)* (١) يَلْمَح (٢) يكتشف .

desecrate *(vt.)* يدنس ؛ ينتهك القدسية.

desert *(n.; vt.; i.)* (١) صحراء ؛ بيداء . (٢)استحقاق ؛ أهلية (٣)مَثوبة أو عقوبة مستحَقّة §(٤)يهجر ؛ يَخذُل ؛ يَتَخلّى عن (٥) يترك مركز عمله من غير إذن (٦)ينشقّ عن حزب (٧) يفرّ (من الجنديّة) .

deserve *(vt.; i.)* يستحقّ ؛ يستأهل .

deservedly *(adv.)* بحقّ ؛ باستحقاق .

deserving *(adj.)* مستحِق .

desiccate *(vt.; i.)* (١)يجفف×(٢)يتجفّف.

desideratum *(n.)* pl. **-ta** أمنيّة ؛ رغبة .

design *(vt.; i.; n.)* (١)يرسم (خطّةً) (٢)يخصص (٣) يتعمّد ؛ يتقصّد (٤) يضع تصميماً (٥) يُعِدّ ؛ يصنع ×(٦) يعتزم الانطلاق أو مزاولة مهنة §(٧)خِطّة (٨)مقصِد (٩)عَمْد (١٠)مَكيدة (١١) تصميم ؛ تصميم فنّي.

designate 119 deterioration

designate *(vt.)* (١) يعيّن (٢) يختار (٣) يدل على (٤) يخصّص (٥) يسمّي ؛ يلقّب .
designation *(n.)* (١) تعيين الخ (٢) اسم أو علامة أو لقب مميز (٣) دِلالة ؛ معنى .
designedly *(adv.)* عمداً ؛ عن عَمْد .
designer *(n.)* (١) المصمم (٢) مدبر المكيدة .
designing *(adj.)* ماكر ؛ كائد .
desirable *(adj.)* (١) جذاب (٢) مرغوبٌ فيه .
desire *(vt.; n.)* (١) يرغب في § (٢) رغبة ؛ أمنية .
desirous *(adj.)* راغبٌ في ؛ توّاق إلى .
desist *(vi.)* يكفّ (عن القيام بعمل ما) .
desk *(n.)* المكتب : طاولة للقراءة أو الكتابة .
desolate *(adj.; vt.)* (١) مهجور (٢) متوحّد (٣) بائس (٤) خرِب ؛ مقفِر ؛ كئيب § (٥) يجعله مهجوراً أو مقفراً (٦) يخرّب (٧) يتخلى عن .
desolation *(n.)* (١) خراب ؛ إقفار (٢) أسىً .
despair *(vi.; n.)* (١) ييأس § (٢) يأسٌ .
despatch *(vt.; n.)* = dispatch.
desperado *(n.)* مجرمٌ يائس أو متهوّر .
desperate *(adj.)* (١) يائس (٢) متهوّر ؛ «مستقتِل» (٣) شديد الحاجة إلى (٤) مفرط .
desperation *(n.)* يأس .
despicable *(adj.)* حقير ؛ خسيس .
despise *(vt.)* يحتقر ؛ يزدري ؛ يستخفّ بِ .
despite *(n.; prep.)* (١) احتقار § (٢) برغم .
in ~*of* برغم ؛ على الرغم من .
despoil *(vt.)* يسلب ؛ ينهب .
despond *(vi.)* (١) يقنط (٢) يكتئب .
despondence; despondency *(n.)* قنوط
despondent *(adj.)* قانط ؛ مكتئب .
despot *(n.)* الطاغية ؛ المستبدّ .
despotic *(adj.)* طغيانيّ ؛ استبداديّ .
despotism *(n.)* الطغيان ؛ الاستبداد .
dessert *(n.)* حلوى أو فاكهة يُختَم بها الطعام .
destination *(n.)* (١) غرض ؛ غاية (٢) الطِّيَّة : المكان المقصود ؛ المكان الذي تنتهي به الرحلة .
destine *(vt.)* يقدّر له أو عليه ؛ يقرِّر مسبَقاً .
~*d* for قاصِدٌ إلى ؛ متَّجِهٌ إلى .
destiny *(n.)* (١) القِسْمة ؛ النصيب ؛ قَدَر المرء (المقدورُ له أو عليه) (٢) القضاء والقدر .
destitute *(adj.)* (١) محرومٌ من (٢) خِلوٌ من (٣) معْوِزٌ ؛ معْدِم ؛ شديد الفقر .
destitution *(n.)* عوَز ؛ إملاق ؛ فقر شديد .
destroy *(vt.)* يهْدِم ؛ يدمّر ؛ يهلِك ؛ يبيد .
destroyer *(n.)* (١) الهادم الخ . (٢) المدمِّرة .
destruction *(n.)* هدْم ؛ تدمير ؛ دمار .
destructive *(adj.)* (١) مهْلِك (٢) هدّام .
desuetude *(n.)* بطلان .
desultory *(adj.)* (١) متقطّع (٢) عابر .
detach *(vt.)* (١) يفْصِل (٢) يحلّ ؛ يفكّ ؛ يحرّر (٣) يرسل في مهمة خاصّة .
detached *(adj.)* (١) منفصل (٢) مستقلّ .
detachment *(n.)* (١) فَصْل ؛ انفصال (٢) مفرَزة (٣) انعزال (٤) استقلال في الرأي .
detail *(n.; vt.)* (١) تفصيل (٢) مفرزة عسكرية § (٣) يروي أو يصف بتفصيل (٤) يفصّل ؛ يعدّد (٥) يختار لمهمة خاصّة .
detailed *(adj.)* مفصّل .
detain *(vt.)* (١) يحتجز ؛ يسجن (٢) يعوق .
detect *(vt.)* يكتشف ؛ يستبين .
detection *(n.)* كَشْف ؛ اكتشاف .
detective *(adj.; n.)* (١) بوليسيّ § (٢) بوليس سرّيّ ؛ رجل من رجال التحري .
detention *(n.)* (١) احتجاز ؛ سَجْن (٢) إعاقة ؛ تأخير (٣) تأخّر اضطراري .
deter *(vt.)* يثنّي ؛ يعوق ؛ يحول دون .
deteriorate *(vt.; i.)* يفسِد أو يفسد .
deterioration *(n.)* (١) إفساد (٢) فساد .

determination *(n.)* (١) الفصل في نزاع . (٢) حكم ؛ قرار (٣) العزم ؛ عقد النيّة على أمر (٤) تصميم ؛ ثبات (٥) تقرير ؛ تعيين .

determine *(vt.; i.)* (١) يحدّد (٢) يفصل في مسألة (٣) يقرر (٤) يعيّن × (٥) يتخذ قراراً .

determined *(adj.)* مصمّم ؛ عاقد العزم .

deterrent *(adj.; n.)* عائق ؛ مانع .

detest *(vt.)* يمقت ؛ يبغض أو يكره بشدة .

detestable *(adj.)* مقيت : بغيض أو كريه جداً .

detestation *(n.)* مقت أو شيء مقيت .

dethrone *(vt.)* يخلع (عن العرش) .

detonate *(vt.; i.)* (١) يفجّر × (٢) يتفجّر .

detonation *(n.)* (١) تفجير (٢) انفجار .

detonator *(n.)* المفجّر ؛ المفجّرة .

detour *(n.; vi.)* (١) انعطاف ؛ تحوّل (٢) العطفة : طريق غير مباشرة تستخدم موقتاً بدلاً من الطريق الرئيسية § (٣) ينعطف حول .

detract *(vt.; i.)* ينقص ؛ يقلّل .

detrimental *(adj.)* مؤذٍ ؛ ضارّ .

detritus *(n.)* الحُتات : فُتات الصخور .

deuce *(n.)* (١) الاثنان (في النرد الخ.) (٢) الشيطان .

devaluation *(n.)* تخفيض قيمة العملة .

devastate *(vt.)* يدمّر ؛ يخرّب .

devastation *(n.)* (١) تدمير (٢) دمار .

develop *(vt.; i.)* (١) يوسّع : يوضح بتفصيل . (٢) يُظهِر (٣) يُظهّر ؛ يحمّض فلماً (٤) يطوّر (٥) ينمّي × (٦) يتطوّر ؛ ينشأ .

development *(n.)* (١) توسيع (٢) تطوير ؛ تطوّر (٣) تنمية ؛ إنماء ؛ نموّ (٤) نشوء (٥) تظهير .

deviate *(vi.; t.)* ينحرف أو يحرّف .

deviation *(n.)* انحراف .

device *(n.)* (١) مكيدة ؛ حيلة (٢) أداة ؛ جهاز (٣) رغبة ؛ ارادة (٤) رسم ؛ صورة ؛ شعار .

devil *(n.; vt.)* (١) ابليس (٢) شيطان (٣) شخص (٤) خادم في مطبعة (٥) أداة ميكانيكية § (٦) يناكد (٧) يكثّر التوابل (٨) يمزّق .

devilish *(adj.)* (١) شيطانيّ (٢) مفرط .

devilry; deviltry *(n.)* سلوك طائش شرّير .

devious *(adj.)* (١) ناءٍ (٢) تائه (٣) منحرف ؛ ملتوٍ .

devise *(vt.)* يخترع ؛ يستنبط ؛ يبتكر .

devoid *(adj.)* خِلْوٌ من ؛ مجرَّد من .

devolve *(vt.; i.)* (١) ينقل أو يحوّل (إلى شخص آخر) × (٢) ينتقل أو يؤول إلى (٣) ينحدر .

devote *(vt.)* يكرّس ؛ يقف ؛ يخصّص ؛ ينذر .

devoted *(adj.)* (١) مخلص (٢) مكرّس .

devotee *(n.)* المتعصّب ؛ النصير المتحمّس .

devotion *(n.)* (١) تقوى (٢) *pl.* : عبادة ؛ صلوات (٣) تكريس (٤) إخلاص ؛ تفانٍ .

devotional *(adj.)* تعبّديّ ؛ عباديّ .

devour *(vt.)* (١) يلتهم ؛ يفترس (٢) يبدّد .

devout *(adj.)* (١) ورِع (٢) مخلِص .

dew *(n.)* (١) ندىً (٢) نداوة ؛ طراوة .

dewdrop *(n.)* قطرة ندى .

dewy *(adj.)* نديّ أو شبيه بالندى .

dexterity *(n.)* حِذْق ؛ براعة .

dexterous; dextrous *(adj.)* حاذق ؛ بارع .

diabetes *(n.)* الديابيتس : داء البول السكّريّ .

diabetic *(adj.)* (١) ديابيتيّ : ذو علاقة بداء البول السكري (٢) مصاب بالديابيتس .

diabolic; -al *(adj.)* شيطانيّ .

diadem *(n.)* (١) تاج (٢) اكليل .

diagnose *(vt.; i)* يُشخّص (حالةً أو داءً) .

diagnosis *(n.)* التشخيص : تشخيص الداء .

diagnostic *(adj.)* تشخيصيّ .

diagonal *(adj.; n.)* (١) قُطْريّ (٢) مائل ؛ منحرف § (٣) خطّ قُطْريّ .

a. diagonal 3

diagram *(n.)* رسم بيانيّ أو تخطيطيّ .

diagrammatic *(adj.)* بيانيّ ؛ تخطيطيّ .

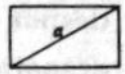

dial 121 difficulty

dial *(n.; vt.)* (١) المِزْوَلة ؛ الساعة الشمسية . (٢) المدرَّجة: صفيحة مقسَّمة إلى درجات على وجه الساعة وغيرها (٣) قُرْص الراديو أو التلفون الأوتوماتيكي §(٤) يدير إبرة الراديو للاستماع إلى برنامج ما (٥) يتلفن إلى.

dialect *(n.)* لهجة أو لغة محليّة.

dialectic *(n.)* (١) الجَدَل (٢) المنطق.

dialectic;-al *(adj.)* جَدَليّ .

dialogue or **dialog** *(n.)* حِوار .

diameter *(n.)* القُطْر : قُطْر الدائرة .

diametric;-al *(adj.)* (١) قُطريّ (٢) مباشر ؛ مطلق ؛ مضادّ تماماً .

diametrically *(adv.)* تماماً ؛ بكل معنى الكلمة

diamond *(n.; adj.)* (١) ماس ؛ ماسة . (٢) المعيَّن : شكل هندسيّ (٣) الديناريّ (في ورق اللَّعِب) §(٤) ماسيّ .

diamond

diamond jubilee *(n.)* اليوبيل الماسيّ : ذكرى انقضاء ٦٠ أو ٧٥ سنة على حدَثٍ ما .

diapason *(n.)* مِعيار النغم .

diaper *(n.)* (١) الدَّيابَر : نسيج حريريّ أو كتانيّ (٢) منشفة ؛ منديل (٣) «حِفاض» الطفل .

diaphanous *(adj.)* شَفّاف .

diaphragm *(n.)* (١) الحِجاب الحاجز (٢) غشاء ؛ رِقّ (٣) طبلة التلفون : غشاء أو قرص متذبذب يكون في سماعة التلفون.

DIA-
PHRAGM

diarist *(n.)* كاتب اليوميات.

diarrhea *(n.)* الإسهال .

diary *(n.)* اليوميّات : ملاحظات تُدوَّن يوماً فيوماً.

dibble *(n.)* المِحْفار : أداة لحفر الأرض .

dice *(n.)* (١) النَّرْد : زهرُ الطاولة (٢) لعبة النرد .

dicker *(n.; vi.; t)* (١) مساومة §(٢) يساوم .

dickey or **dicky** *(n.)* (١) شبه صُدْرة (للرجال) (٢) «صدرية» للطفل (٣) مقعد خلفيّ .

dictate *(vi.; t.; n.)* (١) يُمْلي (٢) يأمر ؛ يملي أوامرَه §(٣) أمر ؛ كلّ ما يُمْلَى .

dictation *(n.)* (١) أمرٌ جازم (٢) إملاء .

dictator *(n.)* الطاغية ؛ الديكتاتور .

dictatorial *(adj.)* ديكتاتوريّ ؛ استبداديّ .

dictatorship *(n.)* الديكتاتوريّة .

diction *(n.)* (١) أسلوب ؛ بيان (٢) إلقاء (في الخطابة) (٣) أداء (في الغناء) .

dictionary *(n.)* مُعْجَم ؛ قاموس .

dictum *(n.)* pl. **-ta** or **-tums** (١) قولٌ فَصْل ؛ رأيٌ فَصْل (٢) قولٌ مأثور ؛ مَثَلٌ .

did *past of* do.

didactic *(adj.)* (١) تعليميّ (٢) مواعظيّ .

didn't = did not.

die *(vi.)* (١) يموت (٢) يخمُد (٣) يتوقف.

2. **die** *(n.)* pl. **dice** or **dies** (١) النَّرد ؛ «زهر الطاولة» (٢) جسم مكعّب صغير (٣) حظّ ؛ نصيب (٤) قالب (لسك العملة أو الميداليات أو لدمغ الورق) (٥) لُقمة اللولبة (في الماكينات).

diesel engine *(n.)* محرك دِيزِل.

diet *(n.; vt.; i.)* (١) غِذاء (٢) حِمية . (٣) مجلس تشريعي §(٤) يَحْمِي أو ينحمي.

dietary *(adj.)* حِمْيِيّ : متعلّق بالحِمْيَة .

differ *(vi.)* يختلف .

difference *(n.)* (١) اختلاف (٢) فارق ؛ فَرْق . (٣) تمييز (٤) خلاف ؛ نزاع .

different *(adj.)* (١) مختلف (٢) آخَر .

differential *(adj.; n.)* (١) تخالفيّ (٢) مميِّز . (٣) تفاضليّ §(٤) الترس التفاضليّ (في سيارة).

differentiate *(vt.)* (١) يميِّز (٢) يميِّز بين.

difficult *(adj.)* صعب ؛ عسير .

difficulty *(n.)* (١) صعوبة (٢) عقبة ؛ عائق . (٣) تردّد أو اعتراض (٤) ضِيق ؛ عُسْر مالي .

diffidence *(n.)* حياء؛ عدم ثقة بالنفس .
diffident *(adj.)* حيييّ أو خجول .
diffuse *(vt.; i.; adj.)* (١) يصبّ (٢) يَنشر ×(٣)ينتشر §(٤)منتشر(٥)مُسْهَب؛ مُسهِب.
diffusion *(n.)* نَشْر؛ انتشار؛ إسهاب .
dig *(vt.; n.)* (١)يحفر (٢) يحرث (٣)يستخرج بالحفر (٤) يُبْرِز إلى النور (٥) يُقحم §(٦) وكزة
digest *(vt.; n.)* (١)ينظّم؛ يصنّف (٢)يهضم (٣)يلخّص §(٤) ملخّص ؛ خلاصة .
digestion *(n.)* (١)تصنيف (٢)هضم.
digestive *(adj.)* هضميّ أو مساعدٌ على الهضم
digit *(n.)* (١)رقم تحت العشرة (٢) إصبع .
dignified *(adj.)* (١)مبجّل(٢)جليل.
dignify *(vt.)* يبجّل .
dignitary *(n.)* صاحب مقام رفيع .
dignity *(n.)* (١) جلال (٢) نُبْل (٣) كرامة (٤) منزلة (٥) منصب أو لقب رفيع .
digress *(vi.)* يستطرد: ينحرف عن الموضوع .
dike *(n.)* (١)خندق(٢)سياج(٣)سدّ (٤)حاجز .
dilapidated *(adj.)* خَرِب ؛ متهدِّم .
dilate *(vt.; i.)* (١)يمدّد؛ يوسّع ×(٢)يُسهِب (٣) يتمدّد؛ يتّسع .
dilatory *(adj.)* (١) معوِّق (٢) بطيء .
dilemma *(n.)* مأزِق؛ ورطة؛ مُعضِلة.
dilettante *(n.)* الهاوي (لفنّ ما) .
diligence *(n.)* كدّ ؛ اجتهاد .
diligent *(adj.)* (١) كادّ ؛ مجتهد (٢)مُتقَن.
dill *(n.)* الشِّبْث: بقلة من التوابل.
dilute *(vt.)* يُشعشِع ؛ يرقّق ؛ يُضعِف .
dilution *(n.)* شَعْشَعَة؛ ترقيق؛ تخفيف .
dim *(adj.; vt.; i.)* (١)مُعتِم؛ مظلم (٢)باهت (٣)غامض §(٤) يجعله (أو يصبح) معتماً .
dime *(n.)* الدّايم : عُشْر دولار .
dimension *(n.)* بُعْد أو حجم .
diminish *(vt.; i.)* (١)يقلّل؛ ينقّص (٢)يحطّ من القيمة أو السمعة ×(٣) يقلّ ؛ ينقُص.
diminutive *(adj.; n.)* (١) شديد الصِّغَر . (٢)تصغيريّ §(٣)شيء أو شخص صغير .
dimly *(adv.)* على نحو باهت أو غامض الخ.
dimness *(n.)* إعتام؛ إظلام الخ .
dimple *(n.)* (١) النُّونة : النقرةُ في الذقن . (٢) الغمّازة : النقرة في الخدّ .
din *(n.)* ضجيج؛ جَلَبَة .
dine *(vi.; t.)* (١)يتغدّى أو يتعشّى ×(٢)يدعو إلى غداء أو عَشاء .
diner *(n.)* (١)متناول الغَداء أو العشاء (٢)حافلة الطعام (في قطار) أو مطعمٌ على شكلها .
dinghy *(n.)* زورق تجذيف .
dinginess *(n.)* (١) قذارة (٢) دُكْنَة .
dingle *(n.)* وادٍ صغيرٌ عميقٌ ظليل .
dingy *(adj.)* (١) قَذِر (٢)حقير (٣)داكِن .
dining room *(n.)* حجرة الطعام .
dinner *(n.)* (١)غداء أو عشاء (٢)مأدبة .
dinosaur *(n.)* الدِّينوصور : حيوان منقرض .
dint *(n.; vt.)* (١) قوة (٢)بَعجة §(٣)يبعج .
by ~ of بقوة؛ بفضل؛ بواسطة .
diocese *(n.)* الأبْرَشيّة ؛ الأُسقفيّة.
dip *(vt.; i.; n.)* (١) يَغمِس ؛ يغطِّس (٢)يُقْحِم (٣)يَغرُف (٤)يرَهن (٥)يخفض ثم يرفع ثانية ×(٦) يغطُس ؛ يسقط ؛ ينخفض (٧) ينحدر §(٨) غَمْس ؛ تغطيس الخ. (٩) سقوط ؛ خفض ؛ انخفاض (١٠) انحدار (١١) منحدَر (١٢) سائلٌ يُغْمَس فيه.
diphtheria *(n.)* الخُناق؛ الديفتيريا .
diphthong *(n.)* إدغام .
diploma *(n.)* دبلوم ؛ شهادة .
diplomacy *(n.)* الديبلوماسيّة .

diplomat; diplomatist *(n.)* الديبلوماسيّ.
diplomatic *(adj.)* ديبلوماسي.
diplomatic corps *(n.)* الهيئة الديبلوماسية.
dipper *(n.)* (١) مِغرفة (٢) *cap*: الدبّ الأكبر أو الأصغر (في الفلك) (٣) الغطّاس: طائر مائيّ.
dire *(adj.)* (١) رهيب (٢) كئيب (٣) ملحّ.
direct *(vt.; adj.; adv.)* (١) يُعَنْوِن (٢) يوجّه (٣) يدير (٤) يأمر §(٥) مستقيم (٦) مباشر (٧) صريح §(٨) مباشرةً.
direction *(n.)* (١) إدارة؛ إشراف (٢) توجيه. (٣) فنّ الاخراج المسرحي الخ. (٤) أمر؛ تعليم (٥) اتجاه؛ جهة (٦) نزعة.
directly *(adv.)* (١) مباشرةً (٢) توّاً.
director *(n.)* المدير؛ الموجِّه؛ القائد.
directorate *(n.)* مجلس إدارة (شركة ما).
directory *(n.)* الدليل؛ الكتاب المرشد.
direct tax *(n.)* الضريبة المباشرة.
direful *(adj.)* (١) رهيب؛ فظيع (٢) منذِر بكارثة.
dirge *(n.)* (١) ترنيمة جنائزية (٢) لحن حزين.
dirigible *(adj.; n.)* (١) قابلٌ للتوجيه أو التسيير §(٢) مُنطاد ذو مُحرِّك.

dirigible

dirk *(n.; vt.)* (١) خنجر §(٢) يطعن بخنجر.
dirt *(n.)* (١) قَذَر؛ قَذارة (٢) تراب؛ وحل.
dirty *(adj.; vt.)* (١) قَذِر؛ وَسِخ (٢) دنيء؛ حقير (٣) عاصف §(٤) يوسّخ؛ يلوّث.
disability *(n.)* ضَعْف؛ عَجز.
disable *(vt.)* يُضْعِف؛ يُعْجِز.
disabuse *(vt.)* يحرّر من الخطإ أو الوَهْم.
disadvantage *(n.)* (١) ضرر؛ أذى (٢) عائق؛ وضعٌ غير مؤاتٍ.
disadvantageous *(adj.)* غير مؤاتٍ أو ملائم.
disaffected *(adj.)* ساخط؛ مستاء؛ غير موالٍ.
disaffection *(n.)* نفور؛ كره؛ استياء؛ سخط.
disagree *(vi.)* (١) يتعارض (٢) يختلف في الرأي (٣) يخالف؛ يعارض (٤) يؤذي؛ لا يلائم الصحة.
disagreeable *(adj.)* (١) كريه (٢) سيّء الطبع.
disagreement *(n.)* (١) تعارُض (٢) خلاف.
disallow *(vt.)* يُنْكِر؛ يرفض؛ ينقض.
disappear *(vi.)* يختفي؛ يتوارى؛ يزول.
disappearance *(n.)* اختفاء؛ توارٍ؛ زوال.
disappoint *(vt.)* يخيِّب؛ يُحبِط.
disappointed *(adj.)* مخيَّب؛ مخيَّب الرجاء.
disappointment *(n.)* خيبة أمل.
disapprobation *(n.)* = disapproval.
disapproval *(n.)* (١) استنكار (٢) رفض.
disapprove *(vt.; i.)* (١) يستنكر (٢) يرفض.
disarm *(vt.)* ينزع السلاح.
disarmament *(n.)* نزْع السلاح.
disarrange *(vt.)* (١) يشوِّش (٢) يبعثر.
disarray *(n.)* تشوُّش؛ فوضى.
disaster *(n.)* كارثة؛ نكبة؛ بليّة.
disastrous *(adj.)* مشؤوم.
disavow *(vt.)* يُنكر؛ يتنصّل (من المسؤولية).
disband *(vt.; i.)* (١) يَحُلّ (٢) يسرِّح. ×(٣) ينحلّ (٤) يتشتّت؛ يتمزّق.
disbar *(vt.)* يشطب (من جدول المحامين).
disbelief *(n.)* إنكار؛ جحود؛ كفرٌ بِـ.
disbelieve *(vt.; i.)* يُنكر؛ يَجْحَد؛ يكفر بـ.
disburse *(vt.)* (١) يُنفِق؛ يَدْفع (٢) يوزّع.
disc *(n.)* = disk.
discard *(vt.)* يطَّرِح؛ ينبذ.
discern *(vt.)* يرى؛ يتبين؛ يُدرك؛ يميّز.
discerning *(adj.)* بصير؛ فطِن.
discernment *(n.)* بصيرة؛ فِطنة.
discharge *(vt.; n.)* (١) يُفرِغ (٢) يعفي. (٣) يطلق النار من (٤) يُنزِل (٥) يُطلق

(٦) يطلق سراح (٧) يصبّ (٨) ينفث (٩) يفرز (صديداً) (١٠) يصرف من الخدمة (١١) يسدد دَيْناً §(١٢) تحرير من دَيْن أو تهمة أو عقوبة (١٣) تفريغ (١٤) إطلاق سراح (١٥) إطلاقٌ للنار (١٦) تصريف (١٧) تدفق (١٨) المادة المصرَّفة أو المتدفقة أو المفرَزة.

disciple *(n.)* الحواريّ؛ التابع؛ المُريد.

disciplinary *(adj.)* انضباطي؛ تأديبيّ؛ صارم.

discipline *(n.; vt.)* (١) تدريب؛ تهذيب. (٢) تأديب؛ قصاص (٣) انضباط (٤) ضَبْط النفس (٥) نظام §(٦) يدرّب الخ.

disclaim *(vt.)* يُنكر؛ يتنصَّل من.

disclose *(vt.)* يكشف؛ يفضح؛ يُفشي.

disclosure *(n.)* (١) كشْف؛ فَضْح؛ إفشاء. (٢) انكشاف؛ افتضاح.

discolor *(vt.; i.)* (١) يغيِّر اللون أو يزيله. (٢) يلطّخ ×(٣) يتغيّر لونه أو يزول.

discomfit *(vt.)* (١) يُخيِّط (٢) يُربك.

discomfiture *(n.)* هزيمة؛ خيبة؛ ارتباك.

discomfort *(vt.; n.)* (١) يُزْعِج؛ يُقلق. §(٢) انزعاج؛ قلق (٣) مشقة؛ إزعاج.

discommode *(vt.)* يُزْعِج؛ يُضايق.

discompose *(vt.)* يُقلق؛ يُثير؛ يُفسد النظام.

discomposure *(n.)* قلق؛ اضطراب.

disconcert *(vt.)* (١) يُخيِّط (٢) يُربك.

disconnect *(vt.)* يَفْصِل؛ يقطع الاتصال.

disconnection *(n.)* (١) فَصْل (٢) انفصال.

disconsolate *(adj.)* حزين؛ يائس.

discontent *(n.)* سُخْط؛ استياء.

discontented *(adj.)* ساخط؛ مُستاء.

discontinuance *(n.)* قَطْع؛ انقطاع.

discontinue *(vt.; i.)* يَقْطع أو ينقطع.

discontinuous *(adj.)* متقطّع.

discord *(n.)* (١) خلاف؛ نزاع (٢) تنافر؛ نشاز.

discordant *(adj.)* (١) متعارض (٢) متنافر.

discount *(n.; vt.)* (١) حَسْم؛ خصْم §(٢) يحسم؛ يخصم (٣) يُسقِط من الحساب أو الاعتبار.

discountenance *(vt.)* يرفض الموافقة.

discourage *(vt.)* يعوق أو يثبّط الهمّة.

discourse *(n.; vi.)* (١) حديث؛ محادثة. (٢) مقالة؛ خطبة؛ محاضرة §(٣) يتحدّث.

discourteous *(adj.)* فظّ؛ جافٍ.

discourtesy *(n.)* فَظَاظة؛ عَمَلٌ فظّ.

discover *(vt.)* يكتشف.

discovery *(n.)* اكتشاف.

discredit *(vt.; n.)* (١) يرفض التصديق. (٢) يكذّب أو يُضْعِف الثقة بـ (٣) يخزي؛ يشوّه السمعة §(٤) خِزْي؛ عارٌ (٥) شكّ.

discreditable *(adj.)* مُخْزٍ؛ ضارّ بالسمعة.

discreet *(adj.)* حكيم؛ كتوم؛ حَذِر.

discrepancy *(n.)* تعارُض؛ تناقُض.

discretion *(n.)* (١) تعقُّل؛ حذَر (٢) القدرة على الكتمان (٣) حرّية التصرف (٤) تمييز؛ رُشْد.

discriminate *(vt.; i.)* يميِّز.

discriminating *(adj.)* مميِّز؛ تمييزي.

discrimination *(n.)* تمييز.

discursive *(adj.)* استطرادي.

discus *(n.)* قُرص معدنيّ (يُرمى اختباراً للقوة).

discuss *(vt.)* يناقش؛ يدرس.

discussion *(n.)* مناقشة؛ دَرْس؛ بحث.

disdain *(vt.; n.)* (١) يزدري §(٢) ازدراء.

disdainful *(adj.)* (١) مزْدَرٍ (٢) ازدرائي.

disease *(n.)* (١) سَقَم (٢) داء؛ مرض.

diseased *(adj.)* مريض؛ عليل؛ سقيم.

disembark *(vt.; i.)* (١) يُنزِل من السفينة. ×(٢) ينزل من السفينة (٣) يترجّل من مركبة.

disembody *(vt.)* يحرِّر (روحاً) من الجسد.

disenchant *(vt.)* يحرِّر من السحر أو الوهم.

disengage *(vt.)* (١) يحرِّر ؛ يُحِلّ من عهد.
(٢) يَحُلّ (٣) يفصِل ؛ يسحب (من المعركة).
disengaged *(adj.)* حرّ ؛ غير مشغول .
disentangle *(vt.)* يَحُلّ ؛ يفكّ .
disesteem *(vt.; n.)* (١) يزدري §(٢) ازدراء.
disfavor *(n.)* (١) كُرْه (٢) ازدراء (٣) لاحَظْوَة.
disfigure *(vt.)* يشوّه (وجهَ شيء) .
disfranchise *(vt.)* يحرمه حقّ التصويت .
disgorge *(vt.)* يتقيأ ؛ يلفظ .
disgrace *(vt.; n.)* (١) يُخْزي §(٢) خِزْي.
disgraceful *(adj.)* مُخْزٍ ؛ شائن .
disguise *(vt.; n.)* (١) يتنكّر (٢) يُخْفِي .
§(٣) قِناع (٤) «ماكياج» (٥) تنكُّر (٦) إخفاء.
disgust *(n.; vt.; i.)* (١) غثَيان (٢) اشمئزاز ؛
قَرَف §(٣) يُغْثي ؛ يثير الاشمئزاز .
disgusted *(adj.)* مشمئزّ أو مُصابٌ بالغثَيان.
disgusting *(adj.)* مثير للغثيان أو للاشمئزاز .
dish *(n.; vt.)* (١) طَبَق ؛ صحن (٢) لون من
الطعام (٣) شيء مفضَّل §(٤) يسكب (الطعامَ).
dishearten *(vt.)* يُثبِّط الهِمّة .
dishevel *(vt.)* (١) يُشعِّث (٢) يغضّن .
dishonest *(adj.)* خادع ؛ مضلِّل ؛ غير أمين.
dishonor *(n.; vt.)* (١) خِزي ؛ عار (٢) إهانة.
(٣) عدم دفعِ الحوالة §(٤) يُهين (٥) يُخزي.
dishonorable *(adj.)* مُخْزٍ ؛ شائن .
disillusion *(vt.; n.)* (١) يحرِّر من الوهم.
§(٢) تحرير (أو تحرُّر) من الوهم .
disinclination *(n.)* نفورٌ ؛ كراهية .
disinclined *(adj.)* راغبٌ عن ؛ غير راغب في.
disinfect *(vt.)* يطهِّر (من جراثيم المرض) .
disinfectant *(n.)* مطهِّر أو مبيدٌ للجراثيم.
disingenuous *(adj.)* مخادع ؛ ماكِر .
disinherit *(vt.)* يَحرم من الإرث .
disintegrate *(vt.; i.)* (١) يَحُلّ ؛ يفسّخ ؛
يُحطِّم ×(٢) ينحلّ ؛ يتفسّخ ؛ يتحطّم .
disinter *(vt.)* يُخرج من القبر .
disinterested *(adj.)* (١) نزيه (٢) لامبالٍ .
disjoin *(vt.)* (١) يفسخ (٢) يَفْصِل .
disjoint *(vt.; i.)* (١) يفكّك (٢) يَفْصِل .
(٣) يَخْلَع المفاصلَ ×(٤) يتخلّع .
disjointed *(adj.)* (١) مخلَّع (٢) مفكّك.
disk *(n.)* (١) قرص (٢) أسطوانة فونوغرافية .
dislike *(vt.; n.)* (١) يكْرَه §(٢) كُرْه .
dislocate *(vt.)* (١) يخلع (الذراع أو الكتف الخ.)
(٢) يشوّش ؛ يوقِع الاضطراب في .
dislodge *(vt.)* (١) يزيح (٢) يطرّد .
disloyal *(adj.)* خائن ؛ غادر .
dismal *(adj.)* (١) كئيب (٢) موحش.
dismantle *(vt.)* (١) يجرّد (من الأثاث أو
التجهيزات أو وسائل الدفاع) (٢) يفكّك .
dismay *(vt.; n.)* (١) يُرْعِب §(٢) رُعْب.
dismember *(vt.)* يمزّق ؛ يقطّع الأوصال.
dismiss *(vt.)* يأذن بالانصراف (٢) يطرد .
dismissal *(n.)* صَرْف أو انصراف.
dismount *(vi.; t.)* (١) يترجّل ×(٢) يُنزِل
(مدفعاً) عن رَكوبته (٣) ينزع (٤) يُسقِط
(عن ظهر الجواد) (٥) يفكّك (آلةً) .
disobedience *(n.)* تمرُّد ؛ عصيان .
disobedient *(adj.)* متمرِّد ؛ عاصٍ .
disobey *(vt.; i.)* يتمرّد على ؛ يعصي .
disorder *(n.; vt.)* (١) فوضى (٢) اضطراب ؛
شَغَب (٣) اعتلال جسدي أو عقلي §(٤) يُشوّش.
disorderly *(adj.)* (١) متمرد (٢) مخالف للقانون ؛
منافٍ للاخلاق (٣) مضطرب ؛ فاقد النظام .
disorganize *(vt.)* يُشوّش ؛ يُفسِد النظام .
disown *(vt.)* (١) يتبرّأ من (٢) يُنكِر.
disparage *(vt.)* يذمّ ؛ ينتقص ؛ يستخفّ بِـ.
disparity *(n.)* تفاوُت ؛ تبايُن .

dispassionate 126 dissension

dispassionate *(adj.)* (١) هادىء (٢) نزيه .
dispatch *(vt.; n.)* (١)يبعث ، يرسل (٢)يقتل (٣)يُنجز بسرعة §(٤)إرسال (٥)إنجاز بسرعة (٦)سُرعة (٧)رسالة عاجلة (٨) برقية .
dispel *(vt.)* يبدِّد ، يطرُد .
dispensable *(adj.)* غير ضروري .
dispensary *(n.)* مستوصَف .
dispensation *(n.)* (١)التدبير الإلهي لشؤون العالم (٢)شريعة (٣)حِلّ ، إعفاء (٤)توزيع .
dispense *(vt.)* (١) يوزِّع (٢)ينفِّذ القانون (٣)يُعفي (٤) يركِّب الأدوية .
to ~ with يستغني عن أو يُعفي من .
dispenser *(n.)* (١)صيدلي (٢) وعاء .
dispersal; dispersion *(n.)* تشتيت أو تشتّت .
disperse *(vt.; i.)* (١)يشتِّت ، يفرِّق (٢)ينثر ، ينشر (٣)يبدِّد ×(٤)يتشتَّت ، يتنثّر ، يتبدَّد .
dispirited *(adj.)* مكتئب ، متشائم ، مثبَّط الهمة .
displace *(vt.)* (١)يزيح (٢)يُشرِّد (٣)يعزل (من منصب) (٤) يحِل محلّ (٥) يستبدل .
displacement *(n.)* إزاحة ، انزياح الخ .
display *(vt.; n.)* (١)ينشر (٢)«أ» يعرِض ، يبدي للعيان . «ب» يتكشّف عن (٣) يصوِّر §(٤) نَشْر ، عَرْض ، إبداء (٥) تباهٍ .
displease *(vt.; i.)* يثير الاستياء ، يُغضِب .
displeasure *(n.)* استياء ، غضب طفيف .
disport *(vi.)* يلهو ، يمرح .
disposal *(n.)* (١) ترتيب ، تنظيم (٢) تدبير (٣) نَقْل (٤) بَيْع (٥) رَمْيٌ ، تخلّص من .
at your ~, تحت تصرفك .
dispose *(vt.; i.)* (١)يقنعه بـ ، يجعله يميل إلى (٢)يُعِدّ (٣)يرتّب ، ينظّم ×(٤)يقدِّر ، يقرِّر .
to ~ of يتخلّص من .
disposed *(adj.)* (١)ميّال إلى (٢)مطبوع على .
disposition *(n.)* (١)تنظيم (٢)ميل ، مزاج .
dispossess *(vt.)* يطرُد ، يُخرِج ، يُفقِد .
dispraise *(vt.)* يذم ، يقدح بـ .
disproof *(n.)* (١)دَحْض (٢)حجّة دامغة .
disproportion *(n.)* تفاوُت ، لا تناسب .
disproportionate *(adj.)* غير متكافىء مع .
disprove *(vt.)* يدحَض : يُثبِت بُطلان شيء .
disputable *(adj.)* قابل للمناقشة ، فيه نظر .
disputant *(n.)* المجادِل ، المناظِر .
disputation *(n.)* (١)جدَل ، نزاع (٢)مناظرة .
dispute *(vi.; t.; n.)* (١)يتجادل (٢)يتنازع ×(٣)يناقش (٤)يشكّ في (٥)يفنِّد (٦)يدافع عن §(٧)جدال ، خلاف ، نزاع .
disqualify *(vt.)* (١)يجعله غير أهل لـ (٢)يعلن عدم أهليته لـ (٣) يحرمه من حق .
disquiet *(vt.; n.)* (١)يُقلِق ، يزعج §(٢)قلق .
disquietude *(n.)* قلق ، حالة قلق .
disquisition *(n.)* خُطبة ، مقالة ، بحث .
disregard *(vt.; n.)* (١) يتغاضى عن (٢)يستخف بـ ، يهمِل §(٣)تغاضٍ ، استخفاف .
disreputable *(adj.)* سيّء السمعة أو ضارّ بها .
disrepute *(n.)* خِزْي ، انثلام السمعة .
disrespect *(n.)* ازدراء ، لااحترام .
disrespectful *(adj.)* قليل الاحترام (لغيره) .
disrobe *(vt.; i.)* (١)يُعرّي ×(٢) يتعرّى .
disrupt *(vt.)* يمزّق .
disruption *(n.)* (١)تمزيق (٢) تمزُّق .
dissatisfaction *(n.)* استياء ، عدم رضاً .
dissatisfied *(adj.)* مُستاء ، غير راضٍ .
dissatisfy *(vt.)* يثير استياءه أو سُخْطه .
dissect *(vt.)* (١)يشرِّح (٢) يحلّل .
dissemble *(vt.; i.)* (١). يخفي (بقصد الخداع) (٢) يتظاهر بـ ×(٣) يرائي ، ينافق .
disseminate *(vt.)* ينثر ، يبذُر ، ينشر .
dissension *(n.)* خلاف ، نزاع ، شقاق .

dissent *(vi.; n.)* (١) يخالف؛ يعارض (٢) ينشق على § (٣) مخالَفة؛ معارضة (٤) انشقاق.

dissenter *(n.)* الخارج؛ المنشق.

dissertation *(n.)* مقالة؛ خطبة؛ أطروحة.

disservice *(n.)* أذى؛ ضرر؛ إساءة.

dissever *(vt.)* يَفْصِل أو يَقْسِم.

dissimilar *(adj.)* متباين؛ غير متشابه.

dissimilarity *(n.)* تبايُن؛ اختلاف.

dissimulation *(n.)* (١) خداع (٢) رياء.

dissipate *(vt.; i.)* (١) يشتّت (٢) يبدّد ×(٣) يتبدّد (٤) ينغمس في الملذّات.

dissipated *(adj.)* خليع؛ فاسق.

dissociate *(vt.; i.)* يَفْصِل أو ينفصل.

dissoluble *(adj.)* قابل للحلّ أو الذوبان.

dissolute *(adj.)* فاسق؛ فاجر.

dissolution *(n.)* (١) حل؛ تذويب (٢) انحلال؛ ذوبان (٣) فناء؛ موت (٤) تصفية؛ حلّ.

dissolvable *(adj.)* = dissoluble.

dissolve *(vt.; i.)* (١) يُلاشي؛ يبدّد (٢) يُلغي؛ يَفْسخ (٣) يفكّك (٤) يحلّ (٥) يذيب ×(٦) يتلاشى؛ يتبدد (٧) ينفضّ (٨) يذوب.

dissonance *(n.)* (١) تنافُر (٢) لا انسجام.

dissonant *(adj.)* متنافر.

dissuade *(vt.)* يَثْنيه (عن أمر) بالإقناع.

DIS-TAFF

distaff *(n.)* (١) فَلْكَة المغزل (٢) عمل المرأة (٣) امرأة.

distance *(n.)* (١) فترة (٢) مسافة (٣) بُعْد (٤) فتور (٥) تباين.

distant *(adj.)* (١) بعيد (٢) متباعد (٣) مختلف (٤) بارد؛ غير ودي.

distaste *(n.)* كره؛ نفور.

distasteful *(adj.)* كريه؛ بغيض.

distemper *(n.; vt.)* (١) سُلّ الكلاب (٢) طلاء مائيّ؛ بويا مائية § (٣) يطلي ببويا مائية.

distend *(vt.; i.)* (١) ينفخ (٢) يمدّ × (٣) ينتفخ.

distension *(n.)* نَفْخ أو انتفاخ.

distill *(vt.)* يقطّر؛ يرشّح؛ يركّز.

distillation *(n.)* (١) تقطير (٢) قُطارة.

distillery *(n.)* المَقْطَر: معمل التقطير.

distinct *(adj.)* بيّن؛ جليّ؛ بارز؛ ممتاز.

distinction *(n.)* (١) طبقة؛ منزلة (٢) تمييز (٣) اختلاف؛ فَرْق (٤) فارق؛ علامة فارقة (٥) امتياز؛ تفوّق (٦) وسام؛ لقب تشريف.

distinctive *(adj.)* مميِّز.

distinctly *(adv.)* بوضوح.

distinguish *(vt.)* (١) يميّز (٢) يبوّب.

distinguished *(adj.)* ممتاز؛ شهير؛ فاخر.

distort *(vt.)* يحرِّف؛ يصحِّف؛ يشوِّه.

distortion *(n.)* تحريف؛ تشويه.

distract *(vt.)* يُلهي؛ يصرِف الانتباه.

distracted *(adj.)* (١) ذاهل (٢) مخبَّل.

distraction *(n.)* (١) إلهاء أو التهاء (٢) خبَل (٣) ذهول؛ ارتباك (٤) تسلية؛ لهو.

distraint *(n.)* الحجز (استيفاءً لدَيْن).

distraught *(adj.)* (١) ذاهل (٢) مخبَّل.

distress *(n.)* (١) ألم؛ أسى (٢) خطر؛ كَرْب.

distressed *(adj.)* مكروب؛ محزون؛ مُوْجَع.

distribute *(vt.)* (١) يوزّع (٢) ينثر؛ ينشر.

distribution *(n.)* توزيع

district *(n.)* منطقة؛ مقاطعة.

distrust *(vt.; n.)* (١) يرتاب § (٢) ارتياب.

distrustful *(adj.)* مرتاب؛ قليل الثقة بـ.

disturb *(vt.)* يقلق؛ يعكّر؛ يزعج.

disturbance *(n.)* (١) إقلاق (٢) اضطراب.

disunion *(n.)* (١) انفصال (٢) خلاف؛ شقاق.

disunite *(vt.)* (١) يَفْصِل (٢) يفرّق.

disunity *(n.)* خلاف؛ شقاق؛ لا وحدة.

disuse *(n.)* هَجْر؛ إهمال؛ لااستعمال.

ditch *(n.)* (١)خندق (٢) قناة .
ditto *(adv.)* كما تقدّم ؛ «شَرْحُهُ» .
ditty *(n.)* أغنية قصيرة بسيطة .
diurnal *(adj.)* (١)يومي (٢) نهاري .
divan *(n.)* أريكة ؛ مُتَّكأ ؛ ديوان .
dive *(vi.; t.; n.)* (١) يَغْطُس ؛ يغوص . (٢)تنقض (الطائرة) (٣)يندفع §(٤)غطْس الخ.
diver *(n.)* الغطّاس ؛ الغوّاص ؛ صائد اللؤلؤ الخ.
diverge *(vi.)* يَنْفَرِج ؛ يَنْشَعِب ؛ ينحرف .
divergence *(n.)* انفراج ؛ تشعّب ؛ انحراف .
divers *(adj.)* كثير ؛ متعدّد ؛ مختلف .
diverse *(adj.)* مختلف أو متنوّع .
diversify *(vt.)* ينوّع ؛ يشكّل .
diversion *(n.)* (١)تحويل ؛ تحوّل (٢)لهو ؛ تسلية .
diversity *(n.)* تنوّع أو اختلاف .
divert *(vt.)* (١)يحوّل (٢) يُلْهِي ؛ يُسلّي .
divest *(vt.)* (١)يُجرِّد ؛ يُعَرّي (٢)يَسْلُب .
divide *(vt.; i.; n.)* (١)يقسّم ؛ يقسم (٢)يفرّق ؛ يمزّق ×(٣) ينقسم §(٤) حدّ فاصل .
dividend *(n.)* (١)حِصّة (٢)ربح (٣)المقسوم (في الحساب) (٤)مبلغ أو اعتماديُراد توزيعه.
dividers *(n.pl.)* فرجار ؛ بيكار .
divination *(n.)* (١)عِرافة ؛ كِهانة (٢)نبوءة.
divine *(adj.; n.; vt.; i.)* (١)إلهيّ (٢)دينيّ . (٣)رائع §(٤) كاهن §(٥)يتنبّأ بِـ ×(٦)يَحزر.
diviner *(n.)* العرّاف ؛ «البصّار» ؛ المتنبّىء بِـ.
divinity *(n.)* (١)ألوهية (٢)إله (٣)لاهوت.
divisible *(adj.)* قابل للقِسْمة .
division *(n.)* (١)تقسيم ؛ توزيع (٢)انقسام . (٣)قسم ؛ جزء ؛ شعبة (٤)فرقة عسكرية (٥)فئة (٦)خلاف ؛ نزاع (٧)القِسْمة (في الحساب).
divisor *(n.)* القاسم ؛ المقسوم عليه (في الحساب) .
divorce *(n.; vt.)* (١)طلاق §(٢) يطلّق.
divulge *(vt.)* يُفشي سِرّاً .

dizziness *(n.)* دُوار ؛ سَدَر ؛ دوخة.
dizzy *(adj.)* (١)دائخ (٢)مدوخ ؛ مسبّب للدّوار
do *(vt.; i.)* (١) يفعل ؛ يعمل (٢)يعود عليه بـ . (٣) ينهي ؛ ينجز (٤) يبذل (٥) يضع ؛ ينتج (٦) يخدع (٧) يرتّب ؛ يُعِدّ (٨)يجتاز ×(٩) يَحْدُث (١٠)يكفي (١١) يليق .
to ~ away with يلغي ؛ يتخلّص من.
to ~ one's bit يقوم بقسطه من الواجب.
to ~ to death يُعْدِم .
to ~ with (١) يكون ذا علاقة بِـ . (٢)يتحمّل ؛ يطيق (٣)يتخلّص من .
to ~ without يستغني عن .
docile *(adj.)* طيّع ؛ سهل الانقياد .
dock *(n.; vt.; i.)* (١) الحُمّاض (نبات) . (٢)حوض السفن (٣)رصيف (لتحميل السفن أو تفريغها) (٤) حظيرة للطائرات (٥) قفص الاتّهام (في محكمة) §(٦) يبتر ذيلاً (٧) يُنْقِص ؛ يخفّض (٨) يدفع السفينة إلى الحوض الخ. ×(٩) تمضي السفينةُ إلى الحوض.
dockyard *(n.)* المَسْفَن : موضعٌ لبناء السفن الخ.
doctor *(n.; vt.)* (١)دكتور في الآداب الخ. (٢) طبيب §(٣) يعالج (٤) يتلاعب بِـ .
doctorate *(n.)* درجة الدكتوراه .
doctrinal *(adj.)* مذهبيّ ؛ عَقَدِيّ .
doctrine *(n.)* مذهب ؛ عقيدة ؛ مبدأ.
document *(n.; vt.)* (١)وثيقة §(٢) يزوّد أو يدعم بالوثائق .
documentary *(adj.)* كتابيّ أو وثائقيّ.
dodge *(vi.; t.; n.)* (١) يراوغ (٢)يروغ . ×(٣)يتفادى §(٤)مراوغة ؛ تفادٍ (٥) حيلة .
dodger *(n.)* المراوغ ؛ المحتال .
doe *(n.)* أنثى الظبي أو الأيّل أو الأرنب .
doer *(n.)* الفاعل : من يفعل شيئاً .
doff *(vt.)* (١)ينزع (٢)يتخلّص من .

dog *(n.)* (١) كلب (٢)شخص (٣) كُلاّب .
dogbane *(n.)* قاتلُ الكلب : نبات سامّ .
doge *(n.)* الدوج : القاضي الأول .
dogfish *(n.)* كلب البحر (سمك) .
dogged *(adj.)* عنيد .
dogma *(n.)* عقيدة ؛ مبدأ ؛ تعليم .
dogmatic *(adj.)* (١) عَقَدِيّ : خاص بالعقيدة . (٢) جازم (٣) دوغماتيّ : مؤكِّد من غير دليل .
dogmatism *(n.)* الجَزميّة ؛ الدوغماتيّة .
dogmatize *(vi.; t.)* يجزم ؛ يؤكّد .
doily *(n.)* مُنَيْدِيل المائدة : منديل صغير يوضع تحت أطباق المائدة وكؤوسها الخ .
doing *(n.)* (١) العَمَل (٢) *pl.* : أعمال .
doldrums *(n.pl.)* توانٍ ؛ كآبة ؛ ركود .
dole *(n.; vt.)* (١) تصدُّق ؛ صَدَقَة (٢)إعانة . §(٣)يتصدّق بِـ (٤)يعطي بتقتير .
doleful *(adj.)* (١)مُحزِن (٢) حزين .
doll *(n.)* (١)دُمْيَة (٢)امرأة .
dollar *(n.)* الدولار : الريال الأميركي .
dolly *(n.)* الدُّلْيَة : شاحنة خفيضة لنقل الأثقال .
dolor or **dolour** *(n.)* أسىً ؛ حزن .
dolorous *(adj.)* (١)محزن (٢)حزين ؛ كئيب .
dolphin *(n.)* الدُّلْفين : حيوان بحري .
dolt *(n.)* الغبيّ ؛ الأبله .
domain *(n.)* (١)مِلْك (٢)حَقْل ؛ ميدان .
dome *(n.)* قُبَّة .
domestic *(adj.; n.)* (١) منزليّ ؛ عائليّ (٢)أهليّ ؛ وطني (٣)محليّ ؛ داخليّ (٤)بلديّ (٥) أليف ؛ داجن §(٦) خادم (في منزل) .
domesticate *(vt.)* يدجّن ؛ يروّض .
domicile *(n.)* (١)منزل (٢)محلّ الإقامة الدائم .
dominance *(n.)* سيطرة ؛ هَيْمَنَة .
dominant *(adj.)* مُسَيْطِر ؛ مُهَيْمِن .
dominate *(vt.; i.)* يسيطر ؛ يهيمن .
domination *(n.)* سيطرة ؛ هيمنة .
domineer *(vi.; t.)* يستبدّ بِـ .
dominion *(n.)* (١)سيادة ؛ سلطان (٢)أراضٍ خاضعة لسيطرة سيّد إقطاعيّ (٣)الدومينيون : دولة مستقلّة من دول الكومنولث البريطاني .
domino *(n.)* (١)الدومينو : بُرْنس يُرْتَدَى في الكرنفالات (٢)قناع (٣)المرتدي بُرْنساً تنكّرياً (٤) *pl.* : لعبة الدومينو (٥) حجر الدومينو .
don *(n.; vt.)* (١)الدّون : سيّد اسبانيّ (٢)مدرِّس §(٣) يرتدي ؛ يلبس .
doña *(n.)* الدونيا : سيدة اسبانية .
donate *(n.)* يَمْنَح ؛ يَهَب .
donation *(n.)* (١)مَنْح ؛ تبرُّع (٢) هِبَة .
done *past part. of* do.
donee *(n.)* الموهوب له .
donkey *(n.)* حمار .
donor *(n.)* المانح ؛ الواهب .
doom *(n.; vt.)* (١)حكم ؛ قرار (٢)يوم الحساب (٣)قَدَر (٤)موت ؛ هلاك §(٥)يحكم على .
doomsday *(n.)* يوم الحساب أو الدينونة .
door *(n.)* (١) باب (٢) مدخل .
out of ~*s.* في الخارج ؛ في الهواء الطلق .
doorkeeper *(n.)* البواب ؛ الحاجب .
doorway *(n.)* مَدْخَل .
dooryard *(n.)* فِناء (حول المنزل) .
dope *(n.; vt.)* (١)معجون (٢)أفيون (٣) بلعة (تعطى للجواد) (٤)مدمن المخدرات (٥)المغفّل (٦)معلومات §(٧) يخدّر .
dormancy *(n.)* سكون ؛ هجوع .
dormant *(adj.)* ساكن ؛ هاجع ؛ وسنان .
dormer *(n.)* الرَّوْشَن : نافذة ناتئة من سقف مائل .
dormitory *(n.)* مَهجَع .

dormer

dormouse **130** **drab**

dormouse *(n.)* الزُّغْبَة : حيوان من القوارض .
dorsal *(adj.)* ظَهْرِيّ .
dory *(n.)* الضُّوري : زورق مسطح القعر ضيّقه .
dosage *(n.)* التجريع : تقدير الجرعات أو إعطاؤها .
dose *(n.; vt.)* (١) جَرْعَة § (٢) يجرّع .
dossier *(n.)* إضبارة ؛ ملَفّ .
dot *(n.; vt.)* (١) نقطة (٢) بائنة § (٣) ينقّط .
dotage *(n.)* خَرَف .
dotard *(n.)* الخَرِف : شخصٌ خَرِف .
dote *(vi.)* (١) يَخْرَف (٢) يُشْغَف بِ .
double *(adj.; n.; vt.; i.)* (١) مزدوِج . (٢) ثنائيّ (٣) مُضاعَف § (٤) ضِعْف (٥) الصِّنْو ؛ البديل (٦) ثَنْيَة ؛ طيّة (٧) *pl.* : المباراة الزوجيّة : مباراة بين زوجين من اللاعبين § (٨) يضاعِف (٩) يطوي × (١٠) يتضاعف (١١) ينعطف فجأةً (١٢) يلتوي ؛ ينحني .
double-barreled *(adj.)* ذات أنبوبين .
double-dealer *(n.)* المنافق ؛ المخاتل .
double-edged *(adj.)* ذو حدّين .
double entry *(n.)* القَيْد المزدوج ؛ «الدوبيا» .
double-faced *(adj.)* مراءٍ ؛ ذو وجهين .
doublet *(n.)* (١) صُدْرَة أو سترة ضيّقة (٢) زوجٌ (مؤلف من شيئين متماثلين) (٣) صِنْو .
doubly *(adv.)* على نحو مُضاعَف .
doubt *(vt.; i.; n.)* (١) يشكّ ؛ يرتاب § (٢) شكّ .
doubtful *(adj.)* (١) مشكوكٌ فيه (٢) مُبْهَم . (٣) غير مؤكَّد (٤) شاكّ ؛ متردّد (٥) مُريب .
doubtless *(adv.)* من غير ريب .
dough *(n.)* (١) عجين (٢) عجينة (٣) دراهم .
doughnut *(n.)* كعكة مقليّة بالدهن .
doughty *(adj.)* باسل ؛ شجاع ؛ قويّ .
dour *(adj.)* قاسٍ ؛ صارم ؛ كالح .
douse *(vt.; i.; n.)* (١) يخلع ثيابه (٢) يغطّس . (٣) يطفىء × (٤) يَغْطس § (٥) ضربة .

dove *(n.)* يمامة ؛ حمامة .
dove *past of* dive.
dovetail *(n.; vt.)* (١) تعشيقة § (٢) يعشّق .
dowager *(n.)* (١) أرملة من النبلاء (٢) عجوز مَهيبَة .
dowdy *(adj.)* زريّ الملبس .
dowel *(n.)* (١) دِسار (٢) وتدٌ في جدار .

dovetail

dower *(n.; vt.)* (١) نصيب الأرملة من إرث زوجها (٢) البائنة : «الدوطة» § (٣) تقدّم بائنة .
down *(n.; adv.; adj.; prep.; vt.)* (١) تلّ . (٢) هبوط ؛ انحدار (٣) زَغَب ؛ وَبَر § (٤) تحت (٥) إلى ؛ حتّى (٦) تماماً § (٧) منخفِض ؛ منحدِر (٨) كئيب (٩) مريض (١٠) نقديّ § (١١) نزولاً (١٢) مع § (١٣) يزدرد (١٤) يكبح (١٥) يقتل ؛ يُسقط (١٦) يُنزِل (١٧) يخفّض السرعة .
downcast *(adj.)* (١) مُسدَل (٢) مكتئب .
downfall *(n.)* سقوط مفاجىء .
downpour *(n.)* انهمار ؛ مطر غزير .
downright *(adv.; adj.)* (١) تماماً . (٢) بصراحة § (٣) صِرف (٤) مباشر (٥) صريح .
downstairs *(adv.)* تحت ؛ في طابق أسفل .
downtrodden *(adj.)* مَدُوسٌ بالأقدام .
downward;-s *(adv.)* نزولاً (٢) فنازلاً .
downward *(adj.)* نازل ؛ هابط ؛ منحدر .
downy *(adj.)* أزْغَب ؛ ناعم ؛ أملس .
dowry *(n.)* بائنة ؛ «دوطة» ؛ مَهْر .
doxology *(n.)* تسبيحة شكر لله .
doze *(vi.; n.)* (١) ينام نوماً خفيفاً (٢) يغلبه النعاس (٣) يَنْعس § (٤) نوم خفيف .
dozen *(n.)* دزينة ؛ اثنا عشر .
drab *(n.; adj.)* (١) امرأة قذِرة § (٢) يعاشر البغايا . § (٣) أسمر فاتح (٤) مملّ (٥) كئيب .

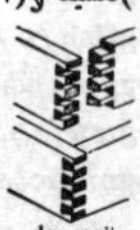

draft *(n.; vt.)* (١) سَحْب (٢) جَرّ (٣) شُرْب أو تنشُّق (٤) جَرْعة؛ نَشْقَة (٥) رَسْم؛ خريطة (٦) مسوَّدة (٧) قُرْعَة (٨) حوالة؛ تحويل (٩) تيّار هوائيّ § (١٠) يُجري القرعة (١١) يضع مسوَّدة (١٢) يُعِد (١٣) يَسْحَب.

draftsman *(n.)* المخطِّط؛ المصمِّم؛ الرسام.

drag *(n.; vt.; i.)* (١) مِسلفة؛ جرّافة (٢) مزلقة لنقل الأثقال على الجليد (٣) عربة (٤) شبكة للبحث عن الغرقى (٥) عائق (٦) مقاومة § (٧) يجرّ؛ يسحَب (٨) يَمُطّ؛ يطوِّل (٩) يبحث (عن غريق الخ.) × (١٠) يتخلّف (عن رفاقه الخ.) (١١) ينسحب على الأرض (١٢) يجري ببطء أو بإملال.

dragon *(n.)* تِنّين.

dragonfly *(n.)* يَعْسُوب؛ سُرْمان.

dragoon *(n.; vt.)* (١) فارس § (٢) يَضطهِد.

drain *(vt.; i.; n.)* (١) يَنزَح؛ يُفرِّغ؛ يُصرِّف (٢) يستنزف × (٣) يسيل تدريجياً (٤) يتلاشى (٥) يجفّ بالارتشاح § (٦) مَصْرَف (٧) نَزْف؛ ارتشاح؛ استنزاف (٨) المياه المصرَّفة.

drainage *(n.)* (١) تصريف أو استنزاف (٢) المياه المصرَّفة (٣) مَصْرِف أو شبكة من مصارف المياه.

drake *(n.)* العُلجوم: ذكَر البط.

dram *(n.)* (١) الدرهم: وحدة وزن (٢) جَرعة.

drama *(n.)* (١) مسرحيّة (٢) دراما.

dramatic *(adj.)* (١) مسرحيّ (٢) مثير.

dramatist *(n.)* الكاتب المسرحيّ.

dramatize *(vt.)* يُمَسْرِح: يجعله مسرحياً.

drank *past of* drink.

drape *(vt.; n.)* (١) يكسو أو يزيّن بجُوخ متدلٍّ على نحو متجعِّد (٢) يثنّي § (٣) ستارة.

draper *(n.)* تاجر الأجواخ والألبسة.

drapery *(n.)* (١) الأجواخ والألبسة الجاهزة أو تجارتها (٢) ستارة (٣) غطاء فضفاض للأثاث.

drastic *(adj.)* عنيف؛ متطرّف؛ قاسٍ.

draught *(n.; vt.)* = **draft**.

draughts *(n.)* الداما؛ لعبة الداما.

draw *(vt.; i.; n.)* (١) يجرّ؛ يسحب (٢) يزيح (٣) ينتزع (٤) يجتذب (٥) يثير (٦) يتنشّق (٧) يستلّ (٨) يكسب (٩) يتقاضى (١٠) يرسم (١١) يحرّر وصية (١٢) يستنتج × (١٣) يتقدّم (١٤) يجتذب المشاهدين (١٥) يَشْرَق (١٦) يتعادل (مع فريق آخر) في مباراة (١٧) يسحب حوالةً على § (١٨) سَحْب (١٩) ورقة لعب أو يانصيب (٢٠) مباراة يتعادل فيها الفريقان (٢١) شيء لافتٌ للانتباه.

drawback *(n.)* عائق.

drawbridge *(n.)* جسر متحرِّك.

drawbridge

drawee *(n.)* المسحوب عليه.

drawer *(n.)* (١) النادل. (٢) الرسام (٣) الساحب؛ ساحب الحوالة (٤) دُرْج؛ جارور (٥) *pl.*: سروال تحتاني.

drawing *(n.)* (١) سَحْب (٢) رسم؛ تصوير. (٣) مبلغ يُسْحَب من حساب (٤) صورة.

drawl *(vi.; n.)* (١) يتشدّق § (٢) تشدُّق.

drawn *past part. of* draw.

dray *(n.)* الكرّاجة: عربة أثقال واطئة.

dread *(vt.; adj.; n.)* (١) يَرْهَب § (٢) فَزِع (٣) شيء مروِّع § (٤) مُفزِع؛ مروِّع.

dreadful *(adj.)* مُفزِع؛ مروِّع؛ فظيع.

dreadnought *(n.)* مدرّعة.

dream *(n.; vi.; t.)* (١) حُلم § (٢) يَحْلُم.

dreamer *(n.)* الحالم أو السابح في دنيا الخيال.

dreamy *(adj.)* حالم أو كثير الأحلام.

drear; dreary *(adj.)* كئيب؛ موحش.

dredge *(n.; vt.)* (١) شبكة أو مركب لالتقاط المحار من قاع البحر (٢) أداة لرفع الوحل

أو الرمل الخ. من قاع نهر الخ. §(٣) يلتقط المحار بشبكة (٤) يرفع الوحل من قاع نهر (٥) يرشّ الدقيق أو السكر على الطعام .

dregs *(n. pl.)* (١) ثُفْل (٢) حُثالة.

drench *(vt.)* يبلّل؛ ينقع؛ يُشبِع .

dress *(vt.; i.; n.)* (١) يقوم؛ «يجلّس» . (٢) يرْصُف (٣) يكسو (٤) يزيّن (٥) يهيّىء؛ يُعِدّ؛ يُسوّي؛ يهذّب (٦) يضمد (٧) يمشّط (٨) يدبغ (٩) يسمد ×(١٠) يرتدي §(١١) رداء؛ كِساء؛ ثوب.

dresser *(n.)* خزانة ذات أدراج .

dressing *(n.)* (١) تسوية؛ تضميد؛ تمشيط الخ. (٢) مرقُ توابل (٣) مزيجٌ متبّل تُحشى به الدجاجة (٤) ضِمادة (٥) سَماد .

dressing gown *(n.)* مَبذل؛ روب دو شامبر

dressing room *(n.)* حجرة اللّبس .

dressing table *(n.)* المِزْيَنة: منضدة التزيّن.

dressmaker *(n.)* خيّاط أو خيّاطة للسيدات.

dribble *(vi.; t.)* (١) يَقْطُرُ (٢) يَسيل لعابُهُ. (٣) يوجّه الكرةَ نحو الهدف بتربيتات أو رفسات قصيرة سريعة ×(٤) يقطّر .

dried *past and past part. of* dry.

drier *(n.)* المجفِّف؛ أداة تجفيف.

drift *(n.; vi.)* (١) سَوْق؛ جَرْف (٢) اندفاع تيار النهر (٣) ثلج أو سحاب تذروه الرياح (٤) كتلة رمل الخ. تركمها الرياح أو المياه (٥) نزعة؛ اتجاه (٦) معنى؛ مغزى (٧) انجراف (٨) انحراف §(٩) ينساق؛ ينجرف (١٠) يتراكم (بفعل المياه أو الرياح) (١١) ينحرف .

drill *(vt.; n.)* (١) يَثْقُب (٢) يدرِّب؛ يعلّم. §(٣) مِثقاب (٤) تدريب عسكري أو بدني أو عقلي (٥) الدَّرِيْل: «أ» نوع من القِرَدة. «ب» أداة تشقّ الأثلام وتبذر الحَبّ فيها. «ج» نسيج قطنيّ متين .

drink *(vt.; i.; n.)* (١) يشرب (٢) يُدْمِن الشراب §(٣) شرابٌ مُسكِر (٤) جَرْعة .

drinkable *(adj.)* صالحٌ للشرب .

drip *(vt.; i.; n.)* (١) يقطِّر ×(٢) يَقْطُر . §(٣) تَقَطُّر (٤) قَطْر؛ سائل متقطّر .

drive *(vt.; i.; n.)* (١) يدفع؛ يسوق (٢) يُجبِر (٣) يحثّ (٤) يشقّ؛ يحفر (٥) يقذف الكرة بسرعة ×(٦) يندفع بسرعة أو عنف (٧) يناضل §(٨) سَوْق؛ قيادة (٩) نزهة في سيارة أو مركَبة (١٠) قذفُ الكرة (١١) طريق خاصة (١٢) حملة (١٣) هجوم (١٤) دافع؛ حافز .

to ~ at يرمي إلى؛ يقصد من كلامه.

to ~ away (١) يُقصي (٢) يُشتّت. (٣) يمضي راكباً عربةً .

drivel *(vi.; n.)* (١) يسيل لُعابه (٢) يتكلّم أو يتصرّف بحماقة §(٣) لُعابٌ (٤) هراء .

driven *past part. of* drive.

driver *(n.)* (١) سائق (٢) مِطرقة (٣) مِضرب.

driving *(adj.; n.)* (١) محرِّك (٢) عاتٍ (٣) نشيط (٤) صارم §(٤) سَوْق؛ قيادة .

driving wheel *(n.)* عجلة القيادة .

drizzle *(vi.; n.)* (١) تُمطِر رَذاذاً §(٢) رَذاذ.

droll *(adj.; n.)* (١) مُضْحِك §(٢) مهرّج .

drollery *(n.)* (١) رَسْم أو مشهدٌ هزليّ . (٢) نادرة (٣) هَزْل؛ مُزاح؛ مَزْحَة .

dromedary *(n.)* الجمل العربي .

drone *(n.; vi.)* (١) ذكَرُ النحل (٢) عالة . (٣) أزيز §(٤) يئزّ (٥) يتحدث بنبرة رتيبة.

droop *(vi.; t. n.)* (١) يتدلى (٢) يغرب (٣) يهِن؛ ييئس؛ يقنط ×(٤) يخفض §(٤) تدلٍّ الخ.

drop *(n.; vi.; t.)* (١) قَطرة (٢) قطرة للعين . (٣) حلية مدلاة من قطعة مجوهرات (٤) قرص سكّري كرويّ (٥) سقوط؛ هبوط (٦) الشَّقّ: شقّ صغير ضيّق يُسقَط فيه شيء (٧) باب

أفقيّ أو مسحور §(٨) يَقْطُر (٩) يَسقط ؛ يهبط ؛ ينحدر (١٠) ينهار أو يموت (١١) يقع (١٢) يترجّل من عربة (١٣) ينخفض ؛ يتناقص ×(١٤) يُسقط (١٥) يَخفِض (١٦) يخفف السرعة الخ. (١٧) يُنزِل (١٨) يصرع .

to ~ in يقوم بزيارة غير متوقّعة.

dropsy *(n.)* الاستسقاء؛ داء الاستسقاء .

dross *(n.)* (١) رغوة المعادن (٢) خَبَثٌ؛ نُفاية .

drought *or* **drouth** *(n.)* جفاف؛ قحط .

drove *past of* drive.

drove *(n.)* (١) قطيع أو حشد (٢) إزميل .

drover *(n.)* سائق (أو تاجر) الماشية .

drown *(vi.; t.)* (١) يَغرق ×(٢) يُغرِق . (٣) يَغمر أو يحجب .

drowse *(vi.; n.)* (١) يَنعَس §(٢) نُعاس .

drowsy *(adj.)* (١) نَعسان (٢) منعِّس .

drudge *(vi.; n.)* (١) يَكدح §(٢) الكادح .

drudgery *(n.)* كَدْح ؛ كَدّ ؛ عملٌ شاقّ .

drug *(n.; vt.; i.)* (١) عقّار ؛ دواء (٢) مخدِّر . §(٣) يخدّر ×(٤) يتعاطى المخدّرات .

druggist *(n.)* الصيدليّ أو تاجر الأدوية .

drum *(n.; vt.; i.)* (١) طَبْل . (٢) طبلة الأُذُن (٣) أسطوانة ؛ برميل §(٤) يقرع طبْلاً ×(٥) يدعو بقرع الطبول أو نحوه.

drum 1

drummer *(n.)* (١) الطبّال (٢) البائع المتجوّل.

drunk *(adj.; n.)* (١) سكران §(٢) السكّير .

drunkard *(n.)* السكّير : مُدمِن الخمر .

drunken *(adj.)* سكران ؛ ثمِل ؛ مخمور .

dry *(adj.; vt.; i.; n.)* (١) جافّ (٢) ذابل . (٣) ظامىء (٤) جامد ؛ غير سائل (٥) مملّ §(٦) يُجفّف ×(٧) يجفّ §(٨) جَفاف.

dry cell *(n.)* الخليّة أو البطارية الجافّة .

dry cleaning *(n.)* التنظيف الجاف (للملابس).

dry dock *(n.)* الحوض الجاف (لبناء السفن).

dryer *(n.)* المجفِّف ؛ مادة مجفِّفة .

dry goods *(n. pl.)* الأقمشة والملبوسات الجاهزة.

dual *(adj.)* مُثنّى ؛ ثُنائيّ ؛ مُزْدوج.

dub *(vt.)* (١) يلقّب (٢) ينعم ؛ يملّس .

dubious *(adj.)* (١) مشكوك فيه (٢) مُريب.

ducal *(adj.)* دُوقيّ : متعلق بدُوق أو دوقيّة .

duchess *(n.)* الدوقة : زوجة الدوق .

duchy *(n.)* الدّوقيّة : إمارة يحكمها دُوق .

duck *(n.; vt.; i.)* (١) بطّ ؛ بطة (٢) الدّقّ : نسيج قطنيّ متين §(٣) يغطِّس (٤) يحني الرأس (٥) يتجنّب ×(٦) يَغْطس (٧) ينحني .

duckling *(n.)* البُطَيْطة : بطّة صغيرة .

duct *(n.)* (١) قناة ؛ مجرى (٢) أنبوب.

ductile *(adj.)* لَدْن ؛ مَطيل ؛ ليِّن.

ductless gland *(n.)* الغُدّة الصمّاء .

dudgeon *(n.)* حنق ؛ غضب .

due *(adj.; n.; adv.)* (١) مطلوب ؛ واجب الأداء. (٢) واجب (٣) مطابق للعُرْف أو للاجراءات المتعارفة (٤) وافٍ ؛ مناسب (٥) قانوني (٦) ناشىء عن (٧) متوقّع حضورُه أو وصوله §(٨) حقّ (٩) دَيْن (١٠) *pl.* : رسوم §(١١) مباشرةً .

duel *(n.; vi.; t.)* (١) مبارَزة §(٢) يبارز .

duelist; duellist *(n.)* المبارز ؛ المناجز .

duet *(n.)* لحن ثنائيّ .

dug *past and past part. of* **dig**.

dugout *(n.)* (١) الزورق الشجري (٢) مخبأ .

duke *(n.)* دوق ؛ نبيل ؛ أمير.

dukedom *(n.)* الدوقية : إمارة يحكمها دوق.

dulcet *(adj.)* (١) مطرِب (٢) عذب ؛ سائغ.

dull *(adj.; vt.; i.)* (١) غبيّ (٢) بليد (٣) كسول (٤) فاتر (٤) كليل ؛ غير ماضٍ (٥) باهت §(٦) يجعله (أو يصبح) غبياً أو كسولاً الخ.

dullard *(n.)* الأبله ؛ الغبيّ ؛ المغفّل .
duly *(adv.)* (١) كما ينبغي (٢) في حينه.
dumb *(adj.)* (١)أبكم ؛ أخرس (٢) صامت .
dumbbell *(n.)* الدَّمْبَل : كُرتان حديديتان يربط بينهما قضيب (تمرّن بهما العضلات).

dumbbell

dumbfound; dumfound *(vt.)* يَصْعَق.
dummy *(n.; adj.)* (١) الأبكم ؛ الأخرس . (٢)تمثال (لعرض الملابس في واجهة(٣)دُمية (٤) النموذج الطباعي §(٥) زائف ؛ كاذب .
dump *(n.; vt.)* (١) مَقْلَب النفايات : مكان تُلْقَى فيه النفايات (٢) مستودع ذخائر الخ. §(٣) يُفرغ العربة بإمالتها .
dumpling *(n.)* الزُلابية : نوع من الحلوى.
dun *(adj.; vt.)* (١)داكن §(٢)يطالب بإلحاح.
dunce; dunderhead *(n.)* الغبيّ ؛ المغفّل.
dune *(n.)* تلّ ؛ كثيب .
dung *(n.; vt.)* (١) رَوْث §(٢) يسمِّد .
dungeon *(n.)* زنزانة (في سجن) .
dunghill *(n.)* (١) كومة روث (٢) حمأة.
duo *(n.)* = duet.
dupe *(n.; vt.)* (١)الساذج ؛ المغفّل §(٢)يخدع .
duplex *(adj.)* مزدوج .
duplicate *(adj.; n.; vt.)* (١) مزدوج . (٢) مطابق §(٣) نسخة طبق الأصل §(٤) يضاعف أو يستخرج نسخةً مطابقة .
duplicity *(n.)* (١) نفاق (٢) ازدواج .
durability *(n.)* تحمُّلية ؛ متانة .
durable *(adj.)* متحمِّل ؛ متين .
durance *(n.)* سَجْن ؛ حَبْس .
duration *(n.)* (١) دوام ؛ بقاء (٢) أمَد .
duress *(n.)* (١)حَبْس ؛ احتجاز (٢) اكراه.
during *(prep.)* (١) طَوال (٢) خلالَ ؛ أثناء.
dusk *(n.)* الغَسَق : ظلمة أول الليل.
dusky *(adj.)* قاتم ؛ مُعْتِم ؛ داكن البشرة .
dust *(n.; vt.)* (١) غبار (٢) رماد (٣) جُثّة. (٤)شيء تافه (٥)الثَّرَى §(٦)ينفض الغبار عن (٧) يغبِّر .
dust cart *(n.)* عربة القمامة أو الزبالة .
duster *(n.)* (١)منفضة(٢)مِئزر (٣)المِذرار : أداة لرشّ الملح أو السكّر على الطعام، أو لرشّ النباتات بمبيدات الحشرات .
dustman *(n.)* الزبّال : جامع القُمامة .
dustpan *(n.)* اللَّقّاطة : لقّاطة الكُناسة .
dust storm *(n.)* العاصفة الغبارية .
dusty *(adj.)* (١) مُغْبَرّ (٢) غُباريّ .
Dutch *(adj.; n.)* (١) هولندي (٢) ألماني . §(٣) اللغة الهولندية (٤) الشعب الهولندي .
Dutchman *(n.)* (١) الهولندي (٢) الألماني.
duteous *(adj.)* مُطيع ؛ مُذْعِن .
dutiable *(adj.)* خاضع للرسوم أو المكوس .
dutiful *(adj.)* مطيع .
duty *(n.)* (١) احترام (٢)واجب (٣) مهمّة . (٤)خدمة عسكرية فعلية (٥)رَسْم ؛ مَكْس.
dwarf *(n.; vt.)* (١) قَزَم §(٢) يُقَزِّم. (٣) يعوق النموّ (٤) يجعله يبدو أصغر.
dwarfish *(adj.)* شبيهٌ بقزم ؛ صغير جداً .
dwell *(vi.)* (١)يقيم «فترةً ما» (٢)يقطن ؛ يسكن. (٣)يكون أو يبقى في حالة معيّنة (٤)يتمعّن (٥) يُسهِب في الكلام أو الكتابة .
dwelling *(n.)* منزل ؛ دار .
dwindle *(vi.; t.)* (١)يتضاءل ×(٢)يُضائل .
dye *(n.; vt.; i.)* (١) صِبغة ؛ صِبْغ ؛ صِباغ . §(٢)يَصْبغ ×(٣) ينصبغ .
dyestuff *(n.)* صِبْغ ؛ صِباغ .
dying *pres. part. of* die.

dyke *(n.)* = dike.

dynamic *(adj.)* (١) ديناميّ ؛ ديناميكيّ : متعلق بالقوة أو الطاقة الطبيعية أو بالديناميكا (٢) فعّال .

dynamics *(n.)* الديناميكا ؛ علم الحيل : فرع من الفيزياء يبحث في أثر القوة في الأجسام المتحركة والساكنة .

dynamite *(n.; vt.)* (١) ديناميت § (٢) ينسف بالديناميت .

dynamitic *(adj.)* ديناميتيّ .

dynamo *(n.)* (١) الدّنام ؛ المولِّد الكهربائي . (٢) شخص شديد النشاط .

dynastic *(adj.)* ذو علاقة بسلالة حاكمة .

dynasty *(n.)* سلالة حاكمة .

dysenteric *(adj.)* زُحاريّ ؛ ديزنطاريّ ؛ إسهاليّ .

dysentery *(n.)* الزُّحار ؛ الديزنطاريا ؛ الإسهال .

dyspepsia *(n.)* سوء الهضم .

dyspeptic *(adj.; n.)* (١) ذو علاقة بسوء الهضم أو مصابٌ به (٢) كئيب ؛ نكِد ؛ متشائم § (٣) شخص مصاب بسوء الهضم .

El Thacafi Mosque (Damascus)

E

e *(n.)* . الحرف الخامس من الأبجدية الانكليزية .

each *(adj.; pron.; adv.)* (١) كلّ §(٢) كلّ امرىء §(٣) لكلّ قطعة (٤) لكلّ واحد .

each other *(pron.)* . (١) بعضنا بعضاً (٢) بعضهم بعضاً (٣) بعضكم بعضاً .

eager *(adj.)* توّاق إلى ؛ متلهّف على .

eagle *(n.)* عُقاب ؛ نَسر .

eaglet *(n.)* العُقَيْب : فرخ العُقاب .

ear *(n.)* (١) أذن (٢) مقبض (٣) انتباه أو إصغاء عاطف مؤيِّد (٤) سنبلة قمح ؛ كوز ذُرَة .

eardrop *(n.)* قُرْط ؛ حَلَق .

eardrum *(n.)* الطبلة ؛ طبلة الأذن (تشريح) .

earl *(n.)* . الإيرل : لقب تشريف عند الانكليز .

early *(adv.; adj.)* . (١) باكراً §(٢) مبكِّر .

earmark *(n.; vt.)* (١) الأُذانة : سمة أذنية لتمييز حيوان (٢) علامة مميِّزة §(٣) يَسِم .

earn *(vt.)* (١) يجني ؛ يكسب (٢) يستحق .

earnest *(n.; adj.)* (١) جِدّ §(٢) جادّ ؛ غير هازل (٣) جدّيّ ؛ هامّ .

in ~, (١) جادّ ؛ غير هازل (٢) جدّيّاً .

earnestly *(adv.)* جِدّيّاً ؛ بِجِدّ .

earnest money *(n.)* عُرْبون .

earnings *(n. pl.)* . الدخل : المال المكسوب .

earring *(n.)* قُرْط ؛ حَلَق .

earshot *(n.)* . مَرْمَى السمع ؛ مدى السمع .

earth *(n.)* . (١) تراب ؛ تربة (٢) الأرض .

earthen *(adj.)* تُرابيّ ؛ خزفيّ ؛ أرضيّ .

earthenware *(n.)* آنية خزفيّة .

earthquake *(n.)* زلزال .

earthwork *(n.)* مَتراس ؛ سدّ ترابيّ .

earthworm *(n.)* . الخُرْطون : دودة الأرض .

earthy *(adj.)* . (١) ترابيّ (٢) عمليّ (٣) فظّ .

earwax *(n.)* . الصِّملاخ : مادّة تفرزها الأذن .

ease *(n.; vt.; i.)* . (١) راحة (٢) طمأنينة (٣) طبَعيّة ؛ تحرّر من الارتباك أو التكلّف §(٤) يُريح (٥) يحرّر من القلق (٦) يهدّىء ؛ يسكِّن (٧) يُرخي (٨) يسهّل ×(٩) يخفّ .

easel *(n.)* الحامل : مِسند للّوح الأسود أو لقماشة الرسّام .

easel

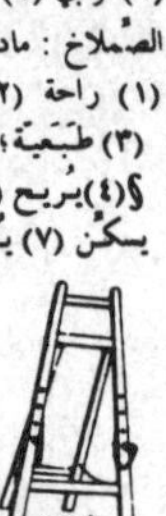

easily *(adv.)* . بسهولة الخ .

easiness *(n.)* . سهولة الخ .

east *(adv.; adj.; n.)* (١) شرقاً §(٢) شرقيّ §(٣) الشرق .

Easter *(n.)* عيد الفِصْح (عند النصارى).
eastern *(adj.)* شَرْقيّ ؛ مَشرِقيّ .
Eastertide *(n.)* أسبوع الفِصح .
eastward *(adv.; adj.)* (١)شرقاً §(٢)شرقيّ.
eastwards *(adv.)* شرقاً؛ نحو الشرق .
easy *(adj.)* (١)سهل (٢)رَخِيّ (٣)غير متعجل (٤)مرتاح (٥)غير مرتبك (٦)مريح.
take it ~ ! هوِّن عليك !
eat *(vt.; i.)* (١)يأكل (٢) يلتهم (٣) يتأكّل.
eatables *(n. pl.)* مأكولات .
eaves *(n. pl.)* طُنُف؛ إفريز (في فن العمارة).
eavesdrop *(vi.)* يَسْتَرِق أو يختلس السمْع .
ebb *(n.; vi.)* (١)جَزْر (٢)انحطاط §(٣)ينحسِر
ebon *(adj.)* (١) أبنوسيّ (٢) أسود .
ebony *(n.; adj.)* (١) خشب الأبنوس أو شجرُه §(٢) أبنوسي (٣) أسود .
ebullition *(n.)* (١)غَلْي أو غَلَيان (٢)فورة.
eccentric *(adj.)* (١) لامتراكز ؛ مختلف المركز (٢) شاذّ؛ غريب الأطوار .
eccentricity *(n.)* (١) الاختلاف المركزي . (٢) شذوذ؛ غرابة أطوار .
ecclesiastic *(n.)* كاهن .
ecclesiastical *(adj.)* كنسيّ ؛ اكليركي .
echo *(n.; vi.)* (١)صدى §(٢)يرْجع الصدى.
éclat *(n.)* نجاح باهر ؛ استحسان عظيم.
eclipse *(n.)* (١) كسوف (٢) خسوف.
ecliptic *(n.)* دائرة البروج (في الفلك) .
economic *(adj.)* (١) اقتصاديّ (٢) ماديّ .
economical *(adj.)* مقتصد .
economically *(adv.)* باقتصاد ؛ اقتصادياً.
economics *(n.)* علم الاقتصاد .
economist *(n.)* العالِم الاقتصادي .
economize *(vt.; i.)* يقتصد ؛ يوفّر .
economy *(n.)* (١)اقتصاد؛ توفير (٢)تنظيم ؛ تدبير (٣) نظام اقتصادي .
ecstasy *(n.)* (١) بُحْران (٢) نشوة .
eczema *(n.)* النَّمْلة ؛ الاكزيما : مرض جِلدي.
eddy *(n.; vi.; t.)* (١) دُوّامة §(٢) يُدَوِّم .
Eden *(n.)* (١)جنّة عَدْن (٢) جنّة .
edge *(n.; vt.; i.)* (١)شفرة السيف الخ. (٢)مضاء؛ حدّة (٣)حدّ ؛ حرف (٤) حافّة (٥)حاشية §(٦)يجعل له حدّاً أو حاشية (٧) يحرّك أو يدفع تدريجياً ×(٨) يتقدّم شيئاً فشيئاً .
edgeways; -wise *(adv.)* مجانبةً ؛ من الجنب.
edging *(n.)* هُدب ؛ حاشية .
edible *(n.; adj.)* (شيء) صالح للأكل .
edict *(n.)* مرسومٌ ؛ أمر عالٍ .
edification *(n.)* تهذيب؛ تثقيف؛ تنوير .
edifice *(n.)* صَرح؛ مبنى ضخم .
edit *(vt.)* (١) يحرِّر (٢) يحذف .
edition *(n.)* طبعة (من كتاب) .
editor *(n.)* المحرِّر؛ رئيس التحرير .
editorial *(n.)* الافتتاحية: مقالة صحفية رئيسية.
educate *(vt.)* يربّي؛ يثقّف؛ يعلّم .
educated *(adj.)* مُثقَّف .
education *(n.)* (١)تربية (٢) ثقافة .
educe *(vt.)* يستنبط ؛ يستخرج ؛ يستنتج .
eel *(n.)* الأنقليس؛ الإنكليس؛ الجِرِّيث (سمك).
eerie; eery *(adj.)* مخيف؛ غريب؛ خفيّ.
efface *(vt.)* يطمس؛ يمحو؛ يعفّي على .
effect *(n.; vt.)* (١)نتيجة؛ أثر (٢) فحوى ؛ جوهر (٣)مَظْهَر (٤)حقيقة؛ واقع (٥)تأثير ؛ مفعول (٦) *pl.* : ممتلكات شخصيّة منقولة (٧) وَقْع §(٨) يُحْدِث (٩) يُنْجِز .
in ~, (١)في الواقع (٢)نافذ المفعول.
of no ~, (١)عبث؛ عقيم (٢)باطل.
to take ~, (١)يعطي النتيجة المطلوبة. (٢) يصبح نافذ المفعول .

effective *(adj.)* (١) فعّال (٢) مؤثّر ؛ رائع . (٣) فعليّ ؛ حقيقيّ (٤) نافذ المفعول .

effectual *(adj.)* فعّال ؛ مؤثّر .

effeminacy *(n.)* تخنُّث ؛ تأنُّث .

effeminate *(adj.)* متخنّث ؛ متأنّث .

effervesce *(vi.)* (١) يفور (٢) ينفعل .

effete *(adj.)* (١) عقيم (٢) عاجز ؛ واهن .

efficacious *(adj.)* فعّال ؛ مؤثّر .

efficacity; efficacy *(n.)* فعّالية .

efficiency *(n.)* فعّالية .

efficient *(adj.)* فعّال .

effigy *(n.)* صورة (أو تمثال) شخص .

effluence *(n.)* (١) دَفْق (٢) تدفّق .

effort *(n.)* (١) جُهد (٢) مسعى ؛ محاولة .

effrontery *(n.)* وقاحة .

effulgent *(adj.)* ساطع ؛ متألّق .

effusion *(n.)* (١) إراقة (٢) شيء مراق (٣) اندفاق (٤) سيل ؛ دفق (٥) إسراف في التعبير عن العاطفة .

egg *(vt.; n.)* (١) يحثّ § (٢) بيضة أو بُيَيْضَة .

egg-cup *(n.)* كأس البيضة

eggplant *(n.)* باذنجان .

eggshell *(n.)* قشرة البيضة أو لونها .

egg-cup

eglantine *(n.)* نِسرين الكلاب (نبات)

egoism; egotism *(n.)* (١) أنانية (٢) غرور .

egoist *(n.)* (١) الأنانيّ (٢) المغرور .

egotist *(n.)* (١) المغرور ؛ المتبجّح (٢) الأنانيّ .

egregious *(adj.)* فاضح ؛ فظيع ؛ رديء جداً .

egress *(n.)* (١) خروج ؛ انبثاق (٢) مَخرَج .

egret *(n.)* البَلَشون الأبيض (طائر) .

Egyptian *(adj.; n.)* (١) مِصريّ § (٢) المصريّ .

eider *(n.)* العَيْدَر : بطّ ناعم الزّغب

eight *(n.)* ثمانية ؛ ثمانٍ .

eighteen *(n.)* ثمانية عَشَر .

eighteenth *(adj.; n.)* (١) الثامن عَشَر . § (٢) جزء من ١٨ .

eighth *(adj.; n.)* (١) الثامن (٢) ثُمْن .

eightieth *(adj.; n.)* (١) الثمانون (٢) $\frac{١}{٨٠}$.

eighty *(n.)* ثمانون .

either *(adj.; pron.; conj.; adv.)* (١) كلّ أو أيّ من § (٢) أحدهما § (٣) إمّا § (٤) أيضاً .

ejaculate *(vt.)* يهتف أو يقول بقوة .

eject *(vt.)* يقذف ؛ يلفظ ؛ يطرد ؛ يُخرج .

eke *(vt.)* يحتال على العيش .

elaborate *(adj.; vt.)* (١) مفصّل ؛ مدروس ؛ مُعقّد (٢) مُحْكَم ؛ متقَن § (٣) يُحكِم ؛ يُتقِن (٤) يطوّر ؛ يوسّع × (٥) يتوسّع في .

elapse *(vi.; n.)* (١) ينقضي § (٢) انقضاء الوقت .

elastic *(adj.; n.)* (١) متمغّط ؛ متمدد (٢) مرِن . § (٣) المَطّوط : نسيج متمغّط ممزوج بالمطاط .

elasticity *(n.)* (١) تمغُّط (٢) مرونة .

elate *(vt.)* يجعله تيّاهاً أو مبتهجاً .

elation *(n.)* تيه ؛ عُجْب ؛ ابتهاج .

elbow *(n.; vt.; i.)* (١) مِرْفق . (٢) وُصْلة مِرْفقية (للأنابيب) § (٣) يدفع أو يشقّ طريقه بالمِرفق .

elbow 2.

elder *(n.; adj.)* (١) الحَمان ؛ البَلَسان (نبات) . (٢) الأرشد ؛ الأسنّ (٣) زعيم ؛ رئيس (٤) شيخ الكنيسة § (٥) أسنّ ؛ أكبر سنّاً (٦) سابق ؛ سالف (٧) أعلى رتبةً الخ .

elderberry *(n.)* الحَمان أو ثمرُهُ .

elderly *(adj.)* (١) كهل (٢) كهوليّ .

eldest *(adj.)* الأرشد ؛ الأكبر سنّاً .

elect *(adj.; vt.; i.)* (١) مُنْتَخَبٌ ؛ مُختار . § (٢) ينتخب (بالاقتراع عادةً) (٣) يختار .

election *(n.)* (١) انتخاب (٢) اختيار .

electioneer *(vi.)* يعمل لإنجاح مرشّح ما .

elective *(adj.; n.)* (١)انتخابيّ (٢)اختياريّ. §(٣) درس أو موضوع اختياري .
elector *(n.)* المنتخِب؛ المقترع .
electorate *(n.)* جمهور الناخبين .
electric; -al *(adj.)* كهربائيّ .
electrician *(n.)* الاختصاصيّ بالكهرباء .
electricity *(n.)* (١) الكهرباء (٢) حماسة.
electrify *(vt.)* يُكَهْرِب .
electrocute *(vt.)* يقتل بالصدمة الكهربائية.
electrode *(n.)* اللاحب ؛ القطب الكهربائيّ .
electrolyze *(vt.)* يحلّل أو يَحلّ بالكهرباء .
electromagnet *(n.)* الكَهرَطيس: المغنطيس الكهربائيّ .
electromotive *(adj.)* حَرَكِيكهرَبائي: متعلّق بالقوة المحرّكة الكهربائيّة .
electron *(n.)* الإلكترون؛ الكُهَيْرب.
electronics *(n. pl.)* الالِكترونيات .
electron tube *(n.)* الصِّمام الالكترونيّ .
electroplate *(vt.)* يطلي أو يلبِّس بالكهرباء.
elegance; elegancy *(n.)* أناقة .
elegant *(adj.)* (١) أنيق (٢) ممتاز ؛ رائع .
elegy *(n.)* مَرْثاة (شعرية أو غنائية).
element *(n.)* (١) عُنْصر (٢) مقدار ضئيل.
elemental *(adj.)* عنصريّ؛جوهريّ؛أوّليّ .
elementary *(adj.)* أوّليّ ؛ابتدائيّ .
elephant *(n.)* فيل .
elephantine *(adj.)* فيليّ ؛ ضخم ؛ أخرق .
elevate *(vt.)* (١) يرفع (٢) يشيِّد ؛ يقيم. (٣) يُهذّب (٤) يُنعش؛ ينشّط .
elevated *(adj.)* مرفوع ؛ مرتفع ؛ رفيع .
elevation *(n.)* ارتفاع ؛ رَفْع ؛ مرتَفَع .
elevator *(n.)* (١)رافعة (للأثقال) (٢) مِصْعَد.
eleven *(n.)* أحد عشر ؛ إحدى عشرة.
eleventh *(n.; adj.)* (١)الحادي‌عشر (٢) $\frac{1}{11}$

elf *(n.)* (١) جنّي صغير (٢) قزَم .
elicit *(vt.)* (١)يستخرج (٢)يُظهِر (٣)ينتزع .
eligible *(adj.)* مؤهّل للانتخاب أو جديرٌ به.
eliminate *(vt.)* يزيل ؛ يتخلص من .
elite *(n.)* نُخْبَة؛ صفوة؛ زهرة.
elixir *(n.)* (١) إكسير (٢) جوهر .
elk *(n.)* الإلكة : أيّل أو ظبي ضخم .
ell *(n.)* الذراع : وحدة لقياس الطول .
ellipse *(n.)* القَطع الناقص (في الهندسة).
ellipsis *(n.)* الحذف :حذف كلمة أو أكثر .
elliptic; -al *(adj.)* اهليلجيّ؛ بيضيّ الشكل.
elm *(n.)* شجر الدّردار أو خشبُهُ .
elocution *(n.)* (١)خطابة (٢) إلقاء .
elongate *(vt.; i.)* (١) يُطيل ×(٢) يستطيل .
elope *(vi.)* تفرّ المرأة(من بيتها أو زوجها).
eloquence *(n.)* فصاحة ؛ بلاغة .
eloquent *(adj.)* فصيح ؛ بليغ .
else *(adv.; adj.)* (١)بطريقة أخرى (٢)أيضاً. (٣) وإلاّ §(٤) آخَر .
elsewhere *(adv.)* في مكان آخر .
elucidate *(vt.; i.)* يُوْضح ؛ يَشْرح .
elude *(vt.)* يتملّص أو يروغ من.
elusive *(adj.)* (١) متملّص (٢) محيِّر .
elves *pl. of* elf.
Elysium *(n.)* الفردوس ؛ الجنّة .
emaciate *(vt.; i.)* (١)يُنْحِل ×(٢)يَهْزُل.
emanate *(vi.)* ينبعث؛ ينبثق .
emancipate *(vt.)* يحرِّر ؛ يُعْتِق.
emasculate *(vt.)* (١)يَخصي (٢)يُضْعِف.
embalm *(vt.)* (١) يحنِّط (٢) يُعطّر .
embankment *(n.)* (١)إقامة سدّ (٢) سَدّ. (٣) جِسْر .
embargo *(n.)* حَظْر (مفروض على التجارة).
embark *(vt.; i.)* (١)يُنْزِل (أو يُصْعِد) إلى

سفينة أو طائرة ×(٢) يركب متن سفينة أو طائرة (٣) يباشر عملاً .

embarrass *(vt.)* (١) يَعُوق (٢) يربك .

embarrassment *(n.)* (١) ارتباك (٢) عائق .

embassy *(n.)* سفارة .

embed *(vt.; i.)* (١) يطمر ×(٢) ينطمر .

embellish *(vt.)* يزين ؛ يزخرف .

embellishment *(n.)* (١) تزيين (٢) زينة .

ember *(n.)* جَمرة ؛ جذوة .

embezzle *(vt.)* يختلس .

embitter *(vt.)* (١) يُمِرّ الشيء أو يزيده مرارةً . (٢) يَغيظ ؛ ينغّص .

emblazon *(vt.)* (١) يزين بشعارات النبالة . (٢) يزخرف بألوان زاهية (٣) يمجّد .

emblem *(n.)* (١) شعار (٢) رمز .

embodiment *(n.)* (١) تجسيد ؛ تجسّد . (٢) مثال ؛ عنوان (الشجاعةِ أو الإخلاصِ) .

embody *(vt.)* (١) يُجسّد (٢) يشمل ؛ ينتظم ؛ يجمع (٣) يضمّن ؛ يُدْمج في .

embolden *(vt.)* يُجرّئ ؛ يُشجّع .

embosom *(vt.)* (١) يحتضن (٢) يطوّق .

emboss *(vt.)* يُزيّن بنقوش نافرة .

embower *(vt.)* يظلّل ؛ يعرّش .

embrace *(vt.; i.; n.)* (١) يعانق (٢) يطوّق . (٣) يعتنق ×(٤) يتعانق §(٥) عناق .

embroider *(vt.; i.)* (١) يُطرّز (٢) يزخرف .

embroidery *(n.)* (١) تطريز (٢) زخرفة .

embroil *(vt.)* (١) يشوّش (٢) يورّط .

embryo *(n.)* (١) جنين (٢) حالةٌ جنينية .

embryology *(n.)* عِلم الأجنّة .

emend *(vt.)* (١) يصحّح (٢) ينقّح (نصاً) .

emerald *(n.)* زُمُرُّد .

emerge *(vi.)* (١) ينبثق (٢) يبزغ (٣) ينشأ .

emergence *(n.)* انبثاق ؛ بزوغ ؛ نشوء .

emergency *(n.)* (١) طارئ (٢) ضرورة ؛ حاجة مِلحّة .

emergent *(adj.)* (١) منبثق (٢) طارئ . (٣) مُلِحّ (٤) ناشئ كنتيجة طبيعية أو منطقية .

emeritus *(adj.)* (١) فخريّ (٢) متقاعد .

emery *(n.)* الصَّنْفَرَة ؛ السُّنْباذَج : مادة يصنع منها ورق الصنفرة أو « ورق الزجاج » .

emetic *(adj.; n.)* (١) مُقيّئ §(٢) دواء مقيّئ .

emigrant *(n.; adj.)* مهاجر ؛ نازح .

emigrate *(vi.)* يهاجر ؛ ينزح .

emigration *(n.)* هِجرة ؛ نزوح .

eminence *(n.)* (١) سموّ ؛ علاء (٢) نيافة (لقب الكردينال) (٣) ربوة ؛ هضبة .

eminent *(adj.)* (١) بارز (٢) ناتئ (٣) شاهق .

emir *(n.)* أمير .

emissary *(n.)* (١) مبعوث (٢) جاسوس .

emission *(n.)* (١) إطلاق (٢) إصدار . (٣) شيء منبعث .

emit *(vt.)* (١) يُطلِق أو يقذف (٢) يُصدر (أمراً أو أوراقاً مالية) (٣) يعبّر عن .

emolument *(n.)* أجْر ؛ راتب ؛ تعويض .

emotion *(n.)* انفعال ؛ إحساس ؛ عاطفة .

emotional *(adj.)* عاطفيّ .

emperor *(n.)* امبراطور .

emphasis *(n.)* تشديد ؛ توكيد .

emphasize *(vt.)* يشدّد ؛ يؤكّد .

emphatic; -al *(adj.)* مشدّد ؛ مؤكّد .

empire *(n.)* امبراطوريّة .

empirical *or* **empiric** *(adj.)* تجريبيّ .

employ *(vt.; n.)* (١) يستعمل (٢) يوظّف ؛ يستخدم بأجر §(٣) خدمة .

employee *(n.)* المستخدَم ؛ الأجير .

employer *(n.)* المستخدِم ؛ صاحبُ العمل .

employment 141 **enervate**

employment *(n.)* (١) استعمال (٢) عمل؛ وظيفة (٣) خدمة (٤) استخدام .
emporium *(n.)* مَتْجَر (لبيع مختلف السلع) .
empower *(vt.)* (١) يفوض (٢) يمكّن .
empress *(n.)* امبراطورة .
empty *(adj.; vt.; i.)* (١) فارغ (٢) خالٍ . §(٣) يُفرغ ×(٤) يفرَغ (٥) يَصبّ .
empyrean *(n.)* (١) جنّة الخلد (٢) السماء .
emu *(n.)* الأمو : طائر استرالي كالنعامة .

emu

emulate *(vt.)* ينافس ؛ يباري ؛ يضاهي .
emulous *(adj.)* متنافس أو تنافسيّ .
emulsion *(n.)* مستحلَب .
enable *(vt.)* (١) يمكّن (٢) يخوّل .
enact *(vt.)* (١) يسنّ (قانوناً) (٢) يمثّل دور كذا .
enactment *(n.)* (١) سنّ القوانين (٢) قانون .
enamel *(vt.; n.)* (١) يطلي بالمينا (٢) يصقل؛ يلمع §(٣) مينا (٤) طلاء .
enamor *or* **enamour** *(vt.)* يفتِن ؛ يتيّم .
encage *(vt.)* يحبس في قفص .
encamp *(vt.; i.)* (١) يقيم مخيّماً ×(٢) يخيِّم .
encampment *(n.)* (١) تخييم (٢) مخيّم .
encase *(vt.)* يُصَنْدِق؛ يضع في صندوق .
enchain *(vt.)* (١) يكبّل (٢) يأسر .
enchant *(vt.)* (١) يسحر (٢) يفتِن؛ يسبي .
encircle *(vt.)* يطوّق ؛ يحيط بـ .
enclose *(vt.)* (١) يطوّق (٢) يُسيّج (٣) يحبس؛ يحصر (٤) يضع في مغلّف أو طرْد .
enclosure *(n.)* (١) تطويق؛ تسييج (٢) سياج . (٣) حظيرة مسيّجة (٤) محتويات مغلف أو طرد .
encompass *(vt.)* (١) يطوّق (٢) يشمل .
encore *(interj.; vt.; n.)* (١) ثانيةً ؛ مرةً ثانية ! §(٢) استعادة §(٣) يستعيد (اغنيةً الخ .) .
encounter *(vt.; n.)* (١) يواجه ؛ يصادم ؛ يناوش (٢) يلاقي ؛ يقابل ؛ يصادف §(٣) صِدام ؛ مناوشة (٤) لقاء غير متوقع .
encourage *(vt.)* (١) يشجّع (٢) يساعد .
encroach *(vt.)* يتعدّى على ؛ ينتهك .
encrust *(vt.)* يُلبِّس بقشرة .
encumber *(vt.)* يُثقِل ؛ يعوق .
encumbrance *(n.)* (١) عبء (٢) عائق .
encyclopedia *(n.)* موسوعة ؛ مَعْلَمَة .
encyclopedic *(adj.)* موسوعيّ ؛ شامل .
end *(n.; vt.; i.)* (١) حدّ ؛ طَرَف (٢) نهاية . (٣) موت (٤) غاية ؛ هدف §(٥) يُنهي (٦) يقتل ×(٧) ينتهي (٨) يموت .
to come to an ~, ينتهي .
to put an ~ to. يوقف ؛ يضع حداً لِـ .
endanger *(vt.)* يعرِّض للخطر .
endear *(vt.)* يحبِّب .
endeavor *(vi.; n.)* (١) يحاول §(١) محاولة .
ending *(n.)* (١) إنهاء؛ نهاية (٢) موت .
endless *(adj.)* (١) لانهائيّ (٢) متّصل .
endorse *(vt.)* (١) يظهّر شيكاً (٢) يوقّع على شيك (٣) يجيز (٤) يصادق على .
endow *(vt.)* يقف ؛ يهَب ؛ يمنح .
endowment *(n.)* مَنْح ؛ وَقْف ؛ موهبة .
endue *(vt.)* يَهَب ؛ يمنح .
endurable *(adj.)* مُحْتَمَل ؛ يُطاق .
endurance *(n.)* (١) ثبات ؛ بقاء (٢) احتمال ؛ جَلَد ؛ إطاقة .
endure *(vi.; t.)* (١) يَثْبت ؛ يبقى (٢) يتحمّل .
enemy *(n.)* (١) خصم (٢) عدوّ .
energetic *(adj.)* (١) نشيط (٢) فعّال .
energy *(n.)* (١) نشاط (٢) قوة (٣) طاقة .
enervate *(vt.)* يُوهِن ؛ يُضْعِف .

enfeeble *(vt.)* يُضعِف ؛ يُوهِن .
enfold *(vt.)* يُغلِّف ؛ يلُفّ ؛ يطوِّق.
enforce *(vt.)* (١) يَفرض بالقوّة (٢) ينفِّذ .
enfranchise *(vt.)* (١) يُعتِق ؛ يحرِّر (٢) يمنحه حقّ الاقتراع .
engage *(vt.; i.)* (١) يَعِد ؛ يتعهّد بـ . (٢) يجذب ؛ يلفت (٣) يعشّق التروس (٤) يخطب فتاةً (٥) يستخدم أو يستأجر (٦) يَشْغَل (٧) ينازل ؛ يقاتل ×(٨) يكفُل (٩) يتعاطى عملاً ؛ ينهمك في (١٠) تتعشق التروس .
engaged *(adj.)* (١) مشغول (٢) خاطب ؛ مخطوبة (٣) متورّط (في قتال الخ.) (٤) مُعشَّق.
engagement *(n.)* (١) تعهُّد ؛ ارتباط . (٢) خِطبة (٣) وَعْد ؛ عهد ؛ ميثاق (٤) موْعِد. (٥) عملٌ (٦) تعشُّق (التروس) (٧) اشتباك ؛ معركة (٨) *pl.* : التزامات ماليّة .
engaging *(adj.)* فاتن ؛ جذّاب.
engender *(vt.)* (١) يُحْدِث (٢) يولِّد.
engine *(n.)* (١) محرِّك (٢) قاطرة .
engineer *(n.; vt.)* (١) مهندس § (٢) يهندس.
engineering *(n.)* هندسة .
English *(adj.; n.)* (١) إنكليزيّ § (٢) اللغة الانكليزية (٣) الانكليز .
Englishman *(n.)* الانكليزي : واحد الانكليز .
engraft *(vt.)* يطعِّم (شجرةً أو نحوها) .
engrave *(vt.)* (١) ينقش (٢) يحفر .
engraving *(n.)* (١) نَقْش ؛ حَفْر (٢) كليشيه
engross *(vt.)* (١) ينسخ أو يكتب بأحرف كبيرة. (٢) يستغرق ؛ يستحوذ على الفكر أو الانتباه.
engulf *(vt.)* (١) يغمر (٢) يبتلع .
enhance *(vt.)* (١) يعزِّز (٢) يجمِّل .
enigma *(n.)* لُغْز ؛ أحْجيّة .
enigmatic; -al *(adj.)* مُلْغِز ؛ مُبْهَم .
enjoin *(vt.)* (١) يفرِض (٢) يحظُر .
enjoy *(vt.)* (١) يستمتع بـ (٢) يَتنعَّم بـ .
enjoyable *(adj.)* ممتع ؛ مبهِج ؛ سارّ.
enjoyment *(n.)* (١) استمتاع (٢) مُتْعَة .
enkindle *(vt.; i.)* (١) يُشْعِل ×(٢) يَشْتَعِل
enlarge *(vt.; i.)* (١) يكبِّر (٢) يوسِّع . ×(٣) يكبُر ؛ يتّسع (٤) يُسهِب .
enlighten *(vt.)* ينوِّر (ثقافياً أو روحياً) .
enlightenment *(n.)* تنوير أو تنوّر .
enlist *(vt.; i.)* (١) يجنِّد ×(٢) يتطوّع .
enlisted *(adj.)* مجنَّد ؛ دون مرتبة الضباط .
enliven *(vt.)* يُفعِم بالحيويّة أو البهجة.
enmity *(n.)* عداوة ؛ خصومة .
ennoble *(vt.)* (١) يعظِّم ؛ يشرِّف (٢) ينبِّل : يرفع إلى طبقة النبلاء .
ennui *(n.)* مَلَل ؛ ضجَر ؛ سأم ؛ بَرَم.
enormity *(n.)* (١) فداحة ؛ شناعة ؛ قَباحة . (٢) جريمة منكرة (٣) ضخامة .
enormous *(adj.)* ضخم ؛ هائل .
enough *(adj.; adv.; n.; interj.)* (١) كافٍ ؛ وافٍ § (٢) إلى حدّ كافٍ (٣) تماماً (٤) إلى حدّ مقبول § (٥) مقدار كافٍ § (٦) كفى !
enquire *(vt.)* = inquire.
enrage *(vt.)* يُسْخِط ؛ يُحنِق ؛ يُغْضِب.
enrapture *(vt.)* يُبْهِج إلى أقصى حدّ .
enrich *(vt.)* (١) يُغني (٢) يزَخْرِف .
enroll *or* **enrol** *(vt.)* يُدْرِج (في قائمة) .
ensconce *(vt.)* (١) يُخفي (٢) يستكِنّ .
ensemble *(n.)* (١) الطاقم ؛ مجموعة (٢) ثوب مؤلَّف من عدة أجزاء متناسقة أو متتامّة .
enshrine *(vt.)* يدّخِر ؛ يحتفظ به وكأنه مقدَّس.
enshroud *(vt.)* (١) يكفِّن (٢) يَستُر .
ensign *(n.)* (١) راية ؛ شارة (٢) ملازِم بحري .
ensilage *(n.)* علفٌ مخزون .
enslave *(vt.)* يستعبد .

ensnare *(vt.)* يوقع في شَرَكٍ .
ensue *(vi.)* يتلو ؛ ينشأ بوصفه نتيجة .
ensure *(vt.)* (١) يضمن ؛ يكفل (٢) يصون .
entail *(vt.)* (١) يقف مِلْكاً لمصلحة ورثة معينين . (٢) يستلزم ؛ يستتبع كنتيجة لا بدّ منها .
entangle *(vt.)* يوقع في شَرَك .
entente *(n.)* حِلف ؛ اتفاق دولي .
enter *(vi.; t.)* (١) يَدخل × (٢) يُدخل .
enterprise *(n.)* (١) مشروع (٢) مغامرة .
enterprising *(adj.)* مغامِر ؛ مِقدام .
entertain *(vt.)* (١) يضيف ؛ يكرم (٢) يفكّر ؛ يُضمِر (٣) يعلّل بالأمل (٤) يُسَلّي .
entertaining *(adj.)* مُسَلٍّ ؛ ممتِع .
entertainment *(n.)* (١) ضيافة الخ (٢) تسلية . (٣) حفلة (في مَسْرَح أو سِيرْك الخ) .
enthrall *(vt.)* (١) يستعبد (٢) يَسْحر ؛ يأسر .
enthrone *(vt.)* (١) يتوج (٢) يمجد ؛ يعظم .
enthusiasm *(n.)* حماسة .
enthusiast *(n.)* المتحمّس ؛ المفعَم بالحماسة .
enthusiastic *(adj.)* متحمّس .
entice *(vt.)* (١) يُغْرِي (٢) يجذب ؛ يلفت .
entire *(adj.)* تامّ ؛ كامل ؛ كُلّيّ .
entirely *(adv.)* تماماً ؛ كليّةً ؛ بكل معنى الكلمة .
entitle *(vt.)* (١) يلقّب (٢) يخوّل ؛ يؤهِّل لِـ .
entity *(n.)* (١) وجود (٢) كينونة .
entomb *(vt.)* يدفن .
entomology *(n.)* علم الحشرات .
entourage *(n.)* حاشية ؛ بطانة ؛ محيط .
entr'acte *(n.)* فاصل ؛ استراحة .
entrails *(n. pl.)* أحشاء ؛ أمعاء .
entrance *(n.)* (١) دخول (٢) مدخَل .
entrant *(n.)* (١) الداخل (٢) المشترك في مباراة .
entrap *(vt.)* يحتبل : يوقع في أحبولة أو شَرَك .
entreat *(vi.; t.)* يتوسّل ؛ يتضرّع ؛ يستعطف .
entreaty *(n.)* توسّلٌ ؛ تضرّعٌ ؛ استعطاف .
entrench *(vt.; i.)* (١) يطوّق (موقعاً) بخندق . (٢) يحصّن (٣) يرسّخ × (٤) يعتدي (على حقوق الآخرين) .
entrepreneur *(n.)* المقاول ؛ الملتزِم .
entrust *(vt.)* يُودِع ؛ يأتمن ؛ يعهد به إلى .
entry *(n.)* (١) دخول (٢) مَدْخَل (٣) تدوين ؛ قَيْدٌ (٤) مادّةٌ (في معجم) .
entwine *(vt.; i.)* (١) يَضْفُر × (٢) ينضفر .
enumerate *(vt.)* (١) يَعُدّ (٢) يُعدِّد .
enunciate *(vt.; i.)* يُعلِن ؛ يلفظ ؛ ينطق .
envelop *(vt.)* يغلّف ؛ يلفّ ؛ يطوّق .
envelope *(n.)* غلاف ؛ غطاء ؛ ظرف .
envenom *(vt.)* يسمّم (حقيقةً أو مجازاً) .
enviable *(adj.)* يُحْسَد عليه .
environment *(n.)* بيئة ؛ محيط .
environs *(n. pl.)* ضواحي (المدينة) .
envoy *(n.)* مبعوث ؛ رسول ؛ مندوب .
envy *(n.; vt.)* (١) حسدٌ § (٢) يحسد .
enzyme *(n.)* أنزيمة ؛ خميرة .
epaulet *or* **epaulette** *(n.)* : الكتيفيّة : نسيجٌ مقصّب على كتف السترة العسكريّة .
ephemeral *(adj.)* سريع الزوال .
epic *(adj.; n.)* (١) ملحميّ (٢) طويل أو بطولي . § (٣) الملحمة : قصيدة قصصية طويلة .
epicure *(n.)* الذوّاقة : ذو ذوق مرهف في الطعام .
epidemic *(adj.; n.)* (١) وبائيّ § (٢) وباء .
epidermis *(n.)* بَشَرَة .
epiglottis *(n.)* اللّهاة : اللحمة المشرفة على الحلق .
epigram *(n.)* الابيغرام : حكمة ؛ فكرة بارعة .
epilepsy *(n.)* الصَّرْع : داء عصبيّ مزمن .
epileptic *(adj.; n.)* (١) صَرْعيّ (٢) مصروع . § (٣) المصروع : المصاب بالصَّرْع .

epilogue *(n.)* (١)خاتمة (٢) قصيدة يلقيها الممثل عند انتهاء المسرحيّة .
Epiphany *(n.)* عيد الغطاس أو الظهور .
episcopacy *(n.)* (١) حكومة الأساقفة (في الكنيسة) (٢) جماعة الأساقفة .
episcopal *(adj.)* أسقفيّ .
Episcopalian *(n.)* عضو في الكنيسة الأسقفية .
episode *(n.)* حَدَث أو سلسلة أحداث .
epistle *(n.)* رسالة .
epistolary *(adj.)* رسائليّ ؛ رسائليّ .
epitaph *(n.)* نقش على ضريح .
epithet *(n.)* نَعْت ؛ لقب .
epitome *(n.)* خلاصة ؛ موجَز .
epitomize *(vt.)* يلخّص ؛ يوجز .
epoch *(n.)* عهدٌ ؛ دَوْرٌ .
epoch-making *(adj.)* خطير ؛ هامّ جداً .
equability *(n.)* (١)اطّراد (٢) رصانة .
equable *(adj.)* (١) مُطّرِد (٢) رصين .
equal *(adj.; n.; vt.)* (١) مساوٍ ؛ معادل . (٢) متساوٍ ؛ متماثل (٣) كفوء §(٤) نِدّ § (٥) يساوي (٦) يضاهي .
equality *(n.)* مساواة ؛ تساوٍ الخ .
equalize *(vt.)* يسوّي ؛ يساوي بين .
equally *(adv.)* بالتساوي ؛ على حدّ سواء .
equanimity *(n.)* اتزان ؛ رباطة جأش .
equation (١)تسوية (٢)معادَلة .
equator *(n.)* خطّ الاستواء .
equatorial *(adj.)* استوائيّ .
equestrian *(adj.; n.)* (١)فروسيّ §(٢)فارس .
equidistant *(adj.)* متساوي البعد .
equilateral *(adj.)* متساوي الأضلاع .
equilibrium *(n.)* توازُن .
equinoctial *(adj.)* (١)اعتدالي (٢) استوائي .

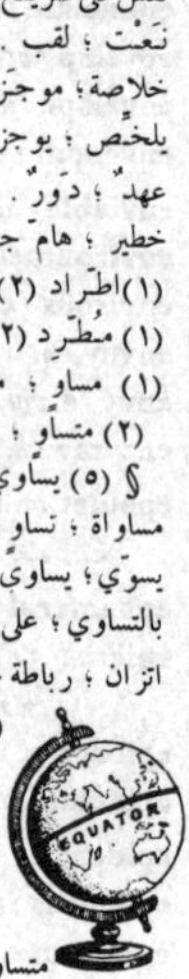

equinox *(n.)* الاعتدال الربيعي أو الخريفي .
equip *(vt.)* يزوّد أو يجهّز بِـ .
equipage *(n.)* عَرَبة .
equipment *(n.)* تجهيز ؛ تجهُّز ؛ تجهيزات .
equipoise *(n.)* توازُن .
equitable *(adj.)* عادل ؛ منصف .
equity *(n.)* عدالة ؛ انصاف .
equivalent *(adj.; n.)* (١)مساوٍ (٢)مرادف . (٣)متكافىء §(٤)المساوي : شيء مساوٍ لآخر .
equivocal *(adj.)* (١) ملتبِس : ذو معنيين أو أكثر (٢)غير قاطع أو حاسم (٣)مُريب ؛ مشبوه .
equivocate *(vi.)* (١)يراوغ (٢) يوارب .
era *(n.)* تاريخ ؛ عهد ؛ عصر ؛ دَهْر .
eradicate *(vt.)* يستأصل ؛ يُبيد ؛ يمحو ؛ يجتثّ .
erase *(vt.; i.)* (١)يمحو ×(٢)ينمحي .
eraser *(n.)* (١) الماحي (٢) مِمْحاة .
erasure *(n.)* (١)مَحْو (٢) انمحاء .
ere *(prep.; conj.)* (١) قَبْل §(٢) قَبل أن .
erect *(adj.; vt.)* (١) منتصِب ؛ قائم . §(٢)يشيد (٣) يقيم ؛ يَنْصب (٤) ينشىء .
erection *(n.)* (١)تشييد (٢)مَبْنًى .
eremite *(n.)* الناسك ؛ الزاهد .
ermine *(n.)* (١)القاقُم (حيوان) (٢)فرو القاقم .
erode *(vt.)* يتآكل ؛ يَحُتّ .
erosion *(n.)* تأكُّل ؛ تعرية
erosive *(adj.)* أكّال ؛ حاتّ .
erotic *(adj.)* جنسيّ ؛ شهوانيّ .
err *(vi.)* (١) يخطىء (٢) يأثم ؛ يَزِلّ .
errand *(n.)* (١) رسالة شفهيّة (٢) مُهِمّة . (٣) رحلة لأداء رسالة أو مهمّة .
errant *(adj.)* شارد ؛ تائه ؛ ضالّ ؛ منحرف .
errata *(n. pl.)* جدول الخطأ والصواب .
erratic *(adj.)* شاذّ ؛ غريب الأطوار .

erroneous 145 etiquette

erroneous *(adj.)* خاطىء ؛ غير صحيح .

error *(n.)* (١) غلط ؛ خطأ ؛ غلطة (٢) إثم .

eruct *(vi.; t.)* (١) يتجشأ ×(٢) يقذف .

erudite *(adj.)* واسع المعرفة .

erudition *(n.)* معرفة واسعة .

eruption *(n.)* (١) ثوران ؛ هيجان ؛ انفجار . (٢) تنفط ؛ طفح جلدي .

erysipelas *(n.)* الحمرة : التهاب جلدي .

escalator *(n.)* السُّلَّم الدوّار : سُلَّم ميكانيكي متحرك صعوداً وهبوطاً على نحو متواصل .

escalator

escapade *(n.)* عملٌ طائش أو مغامر .

escape *(vi.; t.; n.)* (١) يُفلِت من (٢) يفرّ . ×(٣) ينجو من (٤) يفوت ؛ يغيب عن الذاكرة . (٥) يفوته فَهْمُ المراد (٦) يندّ §(٧) فرار (٨) نجاة (٩) ارتشاح .

eschew *(vt.)* يتجنّب ؛ يتحاشى ؛ يحاذر .

escort *(n.; vt.)* (١) مرافق (٢) حرس . (٣) حامية §(٤) يرافق ؛ يواكب .

escutcheon *(n.)* شعار النبالة .

Eskimo *(n.)* (١) الاسكيمو (٢) لغة الاسكيمو .

esophagus *(n.)* المريء (في التشريح) .

esoteric *(adj.)* (١) خاص (٢) سِرّي ؛ خفي .

especial *(adj.)* (١) خصوصي (٢) استثنائي .

especially *(adv.)* (١) خصوصاً (٢) استثنائياً .

Esperanto *(n.)* الاسبرانتو : لغة دولية .

espionage *(n.)* تجسّس ؛ جاسوسيّة .

espousal *(n.)* (١) خِطبة ؛ زفاف ؛ زواج . (٢) اعتناق معتقَد ؛ مناصرة قضية .

espouse *(vt.)* (١) يتزوج (٢) يعتنق ؛ يناصر .

espy *(vt.)* يلمح ؛ يرى من بعيد .

esquire *(n.)* المبجّل ؛ المحترم .

essay *(n.; vt.)* (١) محاولة (٢) مقالة (٣) اختبار ؛ تجربة §(٤) يختبر (٥) يحاول .

essayist *(n.)* المنشىء : كاتب المقالات .

essence *(n.)* (١) جوهر (٢) روح (٣) عِطْر .

essential *(adj.; n.)* (١) جوهري ؛ أساسي . (٢) عِطري §(٣) *pl.* : أصول ؛ مبادىء .

essentially *(adv.)* جوهرياً ؛ أساسياً .

establish *(vt.)* (١) يثبّت ؛ يوطّد (٢) يعيّن . (٣) يشترع (٤) يؤسّس ؛ يقيم (٥) يُثبت .

establishment *(n.)* (١) توطيد ؛ إقامة ؛ تأسيس الخ . (٢) مؤسّسة ؛ منشأة .

estate *(n.)* (١) حالة ؛ وضع ؛ منزلة (٢) طبقة اجتماعية (٣) ملكيّة ؛ ممتلكات (٤) عِزبة .

esteem *(n.; vt.)* (١) احترام ؛ اعتبار §(٢) يعتبر ؛ يظنّ ؛ يَحْسَب (٣) يحترم ؛ يُجِلّ .

estimable *(adj.)* جدير بالاحترام أو الاجلال .

estimate *(vt.; n.)* (١) يثمّن ؛ يقيّم . (٢) يقدّر ؛ يخمّن §(٣) تثمين ؛ تقدير ؛ تخمين .

estimation *(n.)* (١) رأي ؛ وجهة نظر . (٢) تثمين ؛ تقدير ؛ تخمين (٣) احترام ؛ اعتبار .

estrange *(vt.)* يُبعِد ؛ يُقصي ؛ ينفّر .

estuary *(n.)* مَصَبّ النهر .

etch *(vt.)* يحفر (كليشيه الخ.) .

etching *(n.)* (١) حفر (٢) كليشيه .

eternal *(adj.)* أبديّ ؛ سرمديّ ؛ خالد .

eternity *(n.)* الأبديّة ؛ السّرمديّة ؛ الخلود .

ether *(n.)* (١) السّماء ؛ الأثير (٢) الإتير : سائل سريع الالتهاب يستخدم كمخدّر .

ethereal *(adj.)* (١) سماوي (٢) أثيريّ .

ethical *(adj.)* أخلاقيّ .

ethics *(n. pl.)* (١) علم الأخلاق (٢) أخلاق .

Ethiopian *(adj.; n.)* حبَشيّ ؛ اثيوبيّ .

ethnology *(n.)* علم الأعراق البشريّة .

etiquette *(n.)* آداب المعاشرة .

etymology *(n.)* دراسة أصل الكلمات وتاريخها .
Eucharist *(n.)* القربان المقدّس .
eugenics *(n.)* اليوجينيا : علم تحسين النسل .
eulogize *(vt.)* (١) يمدح (٢) يؤبّن .
eulogy *(n.)* (١) مديح (٢) تأبين .
eunuch *(n.)* الخَصِيّ ؛ المَخْصِيّ .
euphonic; euphonious *(adj.)* رخيم .
Europe *(n.)* أوروبة ؛ قارة أوروبة .
European *(adj.; n.)* أوروبي .
evacuate *(vi.;t.)* (١) يُفْرِغ (٢) يبول ؛ يتغوّط (٣) يُجلي أو يجلو عن (٤) يخلي (مسكناً).
evacuation *(n.)* (١) تفريغ (٢) تبوّل ؛ تغوّط . (٣) إجلاء (٤) جلاء (٥) إخلاء (٦) بول ؛ غائط .
evade *(vi.; t.)* يروغ ؛ يتجنّب ؛ يتهرّب من .
evaluate *(vt.)* يخمّن ؛ يُقيّم ؛ يقدّر .
evaluation *(n.)* تثمين ؛ تقييم ؛ تقدير .
evanescent *(adj.)* زائل ؛ سريع الزوال .
evangelical *(adj.)* انجيلي ؛ بروتستانتيّ .
evangelist *(n.)* (١) .cap : أحد مؤلفي الأناجيل الأربعة (٢) مبشّر بروتستانتي .
evaporate *(vi.; t.)* (١) يتبخّر ؛ يزول ؛ يتلاشى ×(٢) يُبَخّر (٣) يجفف بالحرارة .
evaporation *(n.)* (١) تبخير (٢) تبخّر .
evasion *(n.)* مراوغة ؛ تجنّب ؛ تهرّب .
evasive *(adj.)* مُراوغ ؛ متملّص .
eve *(n.)* (١) مساء (٢) عشيّة .
even *(adj.; adv.; vt.)* (١) مستوٍ ؛ سهل ؛ أملس (٢) متواز مع (٣) متساوٍ (٤) مطّرد ؛ منتظم (٥) هادىء (٦) عادل ؛ لامتحيّز (٧) متعادل (٨) شَفْعٌ ؛ منقسم على ٢ من غير باقٍ (٩) كامل §(١٠) بل (١١) حتى (١٢) أيضاً ؛ كذلك (١٣) حتى لو ... §(١٤) يسوّي ؛ يمهّد ؛ يملّس (١٥) يجعله مطّرداً أو متعادلا .
evening *(n.)* (١) مساء (٢) ليلة (٣) أفول .
event *(n.)* (١) حادثة ؛ حَدَثٌ (٢) نتيجة . (٣) إحدى الوقائع أو المسابقات في برنامج رياضي .
at all ~s; in any ~. على أية حال .
in the ~ of. إذا ؛ في حالة حدوث كذا .
eventful *(adj.)* (١) زاخر بالأحداث (٢) خطير .
eventide *(n.)* المساء .
eventual *(adj.)* نهائي .
eventually *(adv.)* أخيراً ؛ في آخر الأمر .
ever *(adv.)* (١) دائماً ؛ أبداً (٢) في أي وقت . (٣) في زمانك (٤) مِن أو في أيما وقت مضى .
~ since منذ ذلك الحين .
evergreen *(adj.)* دائم الخضرة .
everlasting *(adj.; n.)* (١) أبديّ (٢) دائم ؛ مستمرّ (٣) متين §(٤) .cap : الله (٥) الأزل .
evermore *(adv.)* دائماً ؛ إلى الأبد .
every *(adj.)* (١) كلّ (٢) تامّ ؛ كامل ؛ كلّ .
~ now and then بين حين وآخر .
everybody; everyone *(pron.)* كلّ امرىء .
everyday *(adj.; adv.)* (١) يوميّ §(٢) يومياً .
everything *(pron.)* كل شيء .
everywhere *(adv.)* في كلّ مكان .
evict *(vt.)* يستردّ أو يطرد بحكم قضائيّ .
evidence *(n.)* (١) علامة (٢) دليل (٣) شاهد .
evident *(adj.)* واضح ؛ بيّن ؛ جليل .
evidently *(adv.)* (١) من الجليّ (٢) بجلاء .
evil *(adj.; n.)* (١) شرير ؛ فاسد (٢) رديء ؛ بغيض (٣) موذٍ ؛ ضارّ (٤) مشؤوم §(٥) شرّ (٦) إثم (٧) آفة .
evince *(vt.)* يُثبِت ؛ يُظهِر بوضوح .
evoke *(vt.)* (١) يستدعي (٢) يستحضر (٣) يثير .
evolution *(n.)* (١) تحوّل ؛ نموّ ؛ تقدّم ؛ تطوّر . (٢) مناورة حربيّة (٣) نشوء (٤) نظرية النشوء .
evolutionary *(adj.)* (١) تطوّري (٢) نشوئيّ .
evolve *(vt.; i.)* (١) يُطلِق (٢) يستخرج .

(٣)ينشىء ؛ يضع (٤) يطوّر ×(٥) يتطوّر .

ewe *(n.)* نعجة ؛ شاة الخ .

ewer *(n.)* كوز ؛ إبريق .

exact *(vt.; adj.)* (١)ينتزع ؛ يبتزّ (٢)يتطلب . §(٣)صحيح ؛ مضبوط (٤) دقيق .

exacting *(adj.)* قاسٍ ؛ كثير المطالب .

exaction *(n.)* انتزاعٌ ؛ اغتصاب ؛ ابتزاز .

exactitude *(n.)* صحّة ؛ ضَبْط ؛ دِقّة .

exactly *(adv.)* (١)بدِقّة ؛ بضبط (٢) تماماً .

exaggerate *(vt.; i.)* يبالغ ؛ يغالي ؛ يضخّم .

exaggeration *(n.)* مُبالغة ؛ مُغالاة .

exalt *(vt.)* (١)يُعْلي (٢)يمجّد (٣) يثير .

examination *(n.)* (١)فحص (٢) استنطاق .

examine *(vt.)* (١)يفحص (٢)يستنطق.

example *(n.)* (١)مثَل (٢)قدوة (٣)سابقة ؛ نظير (٤) عبرة ؛ أمثولة (٥)تحذير .

for ~, مثلاً .

exasperate *(vt.)* يُسْخِط ؛ يُغْضِب .

excavate *(vt.)* (١)يحفر (٢)يشقّ (٣)يستخرج بالحفر (٤)يكشف (عن مدينة أثرية) بالحفر.

exceed *(vt.)* (١)يتجاوز ؛ يتخطى (٢)يفوق .

exceeding *(adj.)* مُفرط ؛ استثنائي ؛ فائق العادة.

exceedingly *(adv.)* جداً ؛ بإفراط .

excel *(vt.; i.)* (١)يفُوق ×(٢) يتفوّق في .

excellence *(n.)* تفوّق ؛ امتياز ؛ ميزة .

excellency *(n.)* (١)ميزة (٢) *cap.*: سعادة .

excellent *(adj.)* ممتاز ؛ من الطراز الأول .

excelsior *(n.)* نُجارة (لتعبئة الصناديق) .

except *(vt.; i.)* يستثني أو يعترض على .

except; excepting *(prep.; conj.)* (١) ما عدا (٢)إلاّ §(٣) ما لَمْ ؛ إن لم (٤) لولا .

except for *(prep.)* لولا .

exception *(n.)* (١) استثناء (٢) مستثنى (٣)شذوذ (٤) اعتراض .

with the ~of باستثناء ؛ ما عدا .

exceptionable *(adj.)* (١) موضع اعتراض . (٢) استثنائي .

exceptional *(adj.)* (١) استثنائي (٢) رائع .

excerpt *(n.)* المقتطَف ؛ المقتبَس .

excess *(n.)* فَرْط ؛ زيادة ؛ إفراط .

excessive *(adj.)* مُفْرِط ؛ زائد .

excessively *(adv.)* بإفراط ؛ إلى حدّ بعيد .

exchange *(n.; vt.)* (١)مقايضة (٢)استبدال أو تبادل (٣)بدَل (٤)قطْع ؛ كمبيو (٥)صرْف (٦)فرق العملة (٧)تحويل ؛ حوالة (٨)بورصة (٩) متجر (١٠) مركز أو سنترال تلفون §(١١) يقايض ؛ يبادل (١٢) يَصْرِف (١٣) يستبدل بِـ (١٤) يتبادل .

in ~ for عوضاً عن .

exchequer *(n.)* خزانة الدولة ؛ بيت المال .

excise *(n.; vt.)* (١)ضريبة ؛ رَسْم §(٢) يفرض ضريبةً أو رَسْماً على (٣) يزيل ؛ يستأصل.

excitable *(adj.)* اهتياجيّ ؛ سريع الاهتياج .

excite *(vt.)* (١) يثير (٢) يهيج ؛ يستفزّ.

excited *(adj.)* مُثار ؛ مُهاج .

excitement *(n.)* (١)إثارة ؛ إهاجة (٢)اهتياج .

exclaim *(vi.)* يهتف ؛ يصرخ .

exclamation *(n.)* هُتاف أو تعجّب .

exclamation mark *(adj.)* علامة التعجّب.

exclamatory *(adj.)* هتافيّ أو تعجّبي .

exclude *(vt.)* (١)يمنع (٢) يُبْعِد ، يستثني .

exclusion *(n.)* (١)منع (٢) إبعاد ؛ استثناء .

exclusive *(adj.)* (١)مانع ؛ منعيّ (٢)مقصور على شخص أو جماعة (٣)متفنّج : غير مختلط بمن يحسبهم دونه منزلةً أو ثروة (٤) أنيق (٥) وحيد (٦) كلّيّ (٧)باستثناء ؛ ما عدا (٩)منْعاً (ضدّ: ضمناً) .

exclusively *(adv.)* على وجه الحصر أو القصر.

excommunicate *(vt.)* يحرِم كنسياً .
excrement *(n.)* غائِط ؛ بِراز .
excrescence *(n.)* نامية ؛ زائدة .
excrete *(vt.)* يُبْرِز ؛ يَطْرَح ؛ يُفْرِز .
excretion *(n.)* إبراز ؛ إفراز .
excruciating *(adj.)* مُوْجِع أو مُعذِّب جداً .
exculpate *(vt.)* يبرّئ .
excursion *(n.)* نزهة ؛ رحلة قصيرة .
excursive *(adj.)* (١)منحرف (٢) متقطّع .
excuse *(vt.; n.)* (١) يعفي من (٢) يصفح . (٣)يغتفر (٤)يَعذِر (٥)يبرّر §(٦)عُذر ؛ مبرِّر .
execrable *(adj.)* لعين ؛ مَقيت ؛ مروع .
execrate *(vt.)* (١)يشجب (٢)يمقت .
execration *(n.)* (١) لَعْن (٢) لَعْنَة .
execute *(vt.)* (١)يُنْجِز (٢)يُنفّذ ؛ يُجري . (٣)يُعْدِم (٤)ينحت أو يرسم (وفقاً لتصميم موضوع) (٥)يؤدّي ؛ يعزف .
execution *(n.)* (١)إنجاز؛ تنفيذ؛ إجراء (٢)تنفيذ حكم الاعدام (٣) أداء .
executioner *(n.)* الجلاّد .
executive *(adj.; n.)* (١) تنفيذيّ ؛ إجرائيّ . §(٢)السلطة التنفيذيّة (٣)موظّف اداري كبير .
executor *(n.)* (١)المنفّذ (٢)الوصيّ .
exegesis *(n.)* تفسير ؛ تأويل .
exemplary *(adj.)* (١)يُقتدى به (٢)تحذيريّ ؛ مقصود به العبرة (٣) نموذجيّ ؛ تمثيلي .
exemplify *(vt.)* يمثّل ؛ يضرِب مثلاً .
exempt *(adj.; vt.)* (١)معفَى أو مُستثنًى (من واجب أو ضريبة) §(٢) يعفي من .
exemption *(n.)* إعفاء ؛ استثناء .
exercise *(n.; vt.; i.)* (١)ممارسة ؛ استعمال . (٢)تمرين ؛ تدريب (٣).*pl*: حفلة §(٤)يمارس (٥) يستعمل (٦) يمرِّن ؛ يدرِّب (٧)يُبدي ؛ يُظهر (٨) يؤدّي ×(٩) يتدرب ؛ يتمرّن .

exert *(vt.)* (١) يبذُل (٢) يُجهِد نفسَه .
exertion *(n.)* (١)بَذلُ الجهد (٢)جهد ؛ إجهاد .
exhalation *(n.)* (١) زفير (٢) شيء مزفور .
exhale *(vt.; i.)* (١) يَزْفِر (٢) يطلق (بخاراً أو رائحةً) ×(٣)ينطلق ؛ ينبعث (٤)يتبخّر .
exhaust *(vt.; n.)* (١)يُفرِغ كلياً (٢)يستنزف؛ يستنفد (٣)يُنهِك ؛ يُضني (٤)يعالج موضوعاً معالجةً كاملةً §(٥)انطلاق البخار المستنفَد من أسطوانة محرِّك (٦)هذا البخار المنطلق .
exhaustion *(n.)* استنزاف ؛ إنهاك ؛ تعب .
exhaustive *(adj.)* (١)مستنزِف (٢) شامل .
exhibit *(vt.; n.)* (١) يُظهِر ؛ يبدي (٢) يرسم (٣)يَعْرِض (٤)يقدِّم §(٥) إظهار ؛ عَرْض (٦) شيء معروض (٧)مستَنَد قانوني .
exhibition *(n.)* (١)إظهار ؛ عَرْض (٢)معرِض .
exhilarate *(vt.)* (١) يُبهِج (٢) يُنعِش .
exhort *(vt.; i.)* يحضّ ؛ ينصح ؛ يحذّر .
exhortation *(n.)* حَضّ ؛ نُصْح ؛ تحذير .
exhume *(vt.)* ينبش ؛ يُخرج جثّة من قبر .
exigency *or* **exigence** *(n.)* ضرورة .
exigent *(adj.)* (١)مُلِحّ (٢) كثير المطالب .
exile *(n.; vt.)* (١) نفي ؛ إبعاد (٢) اغتراب . (٣)المنفيّ ؛ المغترِب §(٤)ينفي ؛ يُبعِد .
exist *(vi.)* (١) يكون ؛ يوجَد (٢)يعيش .
existence *(n.)* (١)وجود (٢) كائن (٣)حياة .
existent *(adj.)* كائن ؛ موجود .
existentialism *(n.)* الوجودية .
exit *(n.)* (١)خروج ؛ (٢)موت (٣) مَخرَج .
exodus *(n.)* خروج ؛ هجرة ؛ رحيل .
exonerate *(vt.)* يُحِل ؛ يُعتِق ؛ يبرّئ .
exorbitant *(adj.)* مُفرِط ؛ باهظ ؛ فادح .
exorcise *or* **exorcize** *(vt.)* يطرد الأرواح الشرّيرة (بالرُّقى والتعاويذ) .
exorcism *(n.)* (١)تعويذ (٢)تعويذة .

exotic *(adj.)* مجلوب ؛ دخيل ؛ غريب.
expand *(vt.; i.)* (١) يمدّ ؛ يوسّع (٢) ينشر ؛ يبسط × (٣) يتّسع ؛ يتمدد (٤) تتفتّح (البراعم).
expanse *(n.)* امتداد ؛ مُنْفَسَحٌ.
expansible *(adj.)* قابلٌ للتمديد أو التوسيع.
expansion *(n.)* (١) توسيع ؛ تمديد (٢) توسّع ؛ تمدّد (٣) اتّساع ؛ امتداد (٤) تضخّم.
expansive *(adj.)* (١) متمدّد أو تمدّدي. (٢) صريح ؛ غير متحفّظ (٣) فسيح ؛ شامل.
expatiate *(vi.)* يُسْهِب.
expatriate *(vt.; i.; n.)* (١) ينفي (عن الوطن). × (٢) يغترب ؛ يهجر وطنه § (٣) المنفيّ ؛ المغترب.
expect *(vt.)* (١) يتوقّع (٢) يحسب ؛ يظنّ.
expectancy *(n.)* (١) توقّع (٢) شيء متوقَّع.
expectant *(adj.)* (١) متوقّع (٢) حُبلى.
expectation *(n.)* توقّع ؛ أمل.
expectorate *(vt.; i.)* يتنخّم ؛ يبصق.
expediency *(n.)* (١) ملاءمة (٢) نفعية.
expedient *(adj.; n.)* (١) ملائم ؛ مناسب. (٢) نفعيّ § (٣) وسيلة ؛ ذريعة ؛ حيلة.
expedite *(vt.)* يسهّل ؛ يعجّل.
expedition *(n.)* (١) حملة (٢) بعثة (٣) سرعة.
expeditious *(adj.)* سريع ؛ ناشط.
expel *(vt.)* (١) ينفث ؛ يقذف (٢) يطرد.
expend *(vt.)* (١) يُنفِق (٢) يستهلك.
expenditure *(n.)* (١) إنفاق (٢) نَفَقَة.
expense *(n.)* (١) نفقة (٢) حساب.
expensive *(adj.)* غالٍ ؛ غير رخيص.
experience *(n.; vt.)* (١) تجربة (٢) خبرة ؛ اختبار § (٣) يلاقي ؛ يعاني (٤) يتعلم بالاختبار.
experienced *(adj.)* خبير ؛ متمرّس.
experiment *(n.; vi.)* (١) تجربة ؛ اختبار. (٢) تجريب § (٣) يقوم بتجارب.
experimental *(adj.)* تجريبيّ ؛ اختباري.
experimentation *(n.)* التجريب ؛ الاختبار.
expert *(adj.; n.)* خبير.
expiate *(vt.; i.)* يكفّر عن.
expiation *(n.)* (١) تكفير (٢) كفّارة.
expiration *(n.)* (١) زفير (٢) انقضاء.
expire *(vt.; i.)* (١) يموت ؛ يلفظ النفَس الأخير. (٢) ينقضي (٣) يَخْمد × (٤) يزْفِر.
explain *(vt.; i.)* (١) يشرح ؛ يفسّر (٢) يعلّل.
explanation *(n.)* شرح ؛ تفسير ؛ تعليل.
explanatory *(adj.)* تفسيريّ ؛ تعليليّ.
explicable *(adj.)* قابل للشرح والتفسير.
explicit *(adj.)* بيّن ؛ واضح ؛ جليّ ؛ صريح.
explode *(vt.; i.)* (١) يفجّر × (٢) ينفجر.
exploit *(n.; vt.)* (١) مأثرة § (٢) يستغلّ.
exploration *(n.)* استكشاف ؛ رِيادة.
explore *(vt.)* يستكشف ؛ يَرُود.
explorer *(n.)* المستكشِف ؛ الرائد.
explosion *(n.)* انفجار.
explosive *(adj.; n.)* (١) انفجاريّ ؛ متفجّر. (٢) سريع الانفعال § (٣) مادّة متفجّرة.
exponent *(n.)* (١) الأُسّ ؛ الدليل (في الجبر). (٢) الشارح (٣) الممثّل أو النصير (لفكرة).
export *(vt.; i.; n.)* (١) يصدّر § (٢) الصادرة : سلعة مصدّرة (٣) تصدير.
exportation *(n.)* (١) تصدير (٢) سلعة مصدّرة.
exporter *(n.)* المصدِّر ؛ التاجر المصدِّر.
expose *(vt.)* (١) يعرّض لِـ (٢) يعرِض (للبيع في محل تجاري) (٣) يكشف ؛ يُفشي ؛ يفضح.
exposition *(n.)* (١) شَرْح (٢) معْرِض.
expositor *(n.)* الشارح ؛ المفسّر.
expostulate *(vi.)* يجادل ؛ يعنّف ؛ يعترض على.
exposure *(n.)* (١) كشف ؛ إبداء للعيان. (٢) فَضْح (٣) عَرْض (٤) تعريض ؛ تعرّض.
expound *(vt.)* (١) يبسط ؛ يقدّم (٢) يشرح.

ex-president 150 extrovert

ex-president *(n.)* الرئيس السابق .
express *(adj.; n.; vt.)* (١)واضح (٢)خاص . (٣)سريع §(٤)رسول ؛ رسالة (٥)قطار سريع §(٦) يعبر عن (٧) يُظهِر ؛ يرمز إلى (٨) يَعْصر (٩) يرسل بالقطار السريع .
express delivery *(n.)* البريد المستعجل .
expression *(n.)* (١) تعبير (٢)عبارة جبرية ؛ مقدار جبري (في الرياضيات) (٣)سيماء ؛ هيئة.
expressive *(adj.)* (١) تعبيريّ (٢) معبِّر .
expressly *(adv.)* (١) بجلاء (٢) خصّيصاً .
expulsion *(n.)* (١)إخراج ؛ طَرْد (٢) ترحيل.
expunge *(vt.)* يَشْطب ؛ يحذف ؛ يَمْحُو.
expurgate *(vt.)* يهذِّب ؛ ينقّح (كتاباً) .
exquisite *(adj.)* (١)ممتاز (٢)حادّ ؛ شديد . (٣) رفيع التهذيب .
extant *(adj.)* موجود؛ باقٍ (على قيْد الحياة الخ.)
extemporaneous; -rary *(adj.)* مُرتجَل.
extempore *(adv.; adj.)* مرتجَل أو ارتجالاً .
extemporize *(vi.; t.)* يرتجل .
extend *(vt.; i.)* (١) يمدّ ؛ يَبْسط ؛ يَنْشر (٢) يُطيل (٣) يقدّم (٤)يمدّد (٥)يوسّع ؛ يضخّم ×(٦) يمتدّ ؛ يتّسع (٧) يصل إلى .
extensible *(adj.)* مَدُود : قابلٌ للمدّ .
extension *(n.)* (١)مَدّ ؛ إطالة ؛ تمديد ؛ توسيع . (٢)امتداد ؛ تمدّد ؛ اتّساع (٣)شيءٌ مُمدَّد أو مُوَسَّع (٤)مدى ؛ نطاق (٥)إضافة (٦)تلفون امتدادي (موصول بالخط الأصلي).
extensive *(adj.)* (١)واسع (٢) شامل .
extent *(n.)* (١)مدى؛ نطاق (٢)امتداد (٣)طول ؛ مساحة ؛ حجم (٤) رقعة مترامية الأطراف .
extenuate *(vt.)* (١)يلطِّف (٢)يهزل ؛ يضعِف
exterior *(adj.; n.)* (١)خارجيّ §(٢)الخارج.
exterminate *(vt.)* يُفني ؛ يبيد .
external *(adj.)* (١)خارجيّ (٢) ظاهريّ .
externally *(adv.)* (١)خارجياً (٢)ظاهرياً .
extinct *(adj.)* (١)هامد (٢)منقرض (٣)بائد .
extinction *(n.)* (١)إطفاء ؛ انطفاء (٢)انقراض.
extinguish *(vt.)* (١) يطفىء ؛ يُخمِد . (٢)يقضي على (٣) يُبطل (٤) يسدد دَيْناً.
extinguisher *(n.)* مُطفِئةُ الحريق أو الشمعة.
extirpate *(vt.)* يقتلع ؛ يستأصل .
extol; extoll *(vt.)* يمجِّد ؛ يُطْري .
extort *(vt.)* يبتزّ ؛ يغتصب ؛ ينتزع .
extortionate *(adj.)* (١)ابتزازيّ (٢)باهظ .
extra *(adj.; n.; adv.)* (١)إضافي (٢)خاضع لرسم إضافي (٣)ممتاز §(٤)رسم أو ثمن إضافي §(٥) على نحو إضافي أو خاص .
extract *(vt.; n.)* (١) يقتلع ؛ ينتزع . (٢)يستخلص ؛ يستخرج (٣)يقتطف ؛ يقتبس §(٤) المُقْتَطَف (٥) عُصارة ؛ خلاصة.
extraction *(n.)* (١) اقتلاع الخ. (٢)أصل .
extradite *(vt.)* يسلّم (مجرماً أو لاجئاً) الى حكومته
extraneous *(adj.)* غريب ؛ دخيل .
extraordinary *(adj.)* (١)استثنائيّ (٢)رائع .
extravagance *(n.)* (١) تبذير (٢) تطرّف .
extravagant *(adj.)* (١) متطرّف ؛ متهوّر . (٢)مُسْرِف ؛ مُفرط (٣)مبذِّر (٤)باهظ.
extreme *(adj.; n.)* (١)شديد ؛ بالغ (٢)صارم. (٣)متطرّف (٤)مفرط (٥)أقصى §(٦)نهاية ؛ طَرَف (٧) درجة قصوى ؛ حدّ أقصى .
extremely *(adv.)* جدّاً ؛ بإفراط ؛ إلى أبعد حدّ.
extremist *(n.)* المتطرّف .
extremity *(n.)* (١) طَرَف (٢)يد ؛ قَدَم . (٣)شِدّة ؛ محنة (٤) أقصى درجات (الانفعالِ أو الألم) (٥) إجراء قاسٍ جدّاً .
extricate *(vt.)* يخلّص ؛ يحرّر .
extrovert *(n.)* المنبسط : شخص يتجه تفكيره اتجاهاً كليّاً نحو ما هو خارج عن الذات.

exuberance *(n.)* وفرة؛ غزارة؛ ضخامة.
exuberant *(adj.)* (١)وافر؛ غزير (٢)ضخم. (٣)مليء بالحيويّة أو الحماسة أو المرح.
exudation *(n.)* تحلُّب؛ نَضْح.
exude *(vi.; t.)* يتحلّب؛ يُفرِز.
exult *(vi.)* يَجذَل؛ يتهلّل؛ يبتهج.
exultant *(adj.)* جذِل؛ متهلِّل؛ مبتهج.
exultation *(n.)* جذَل؛ تَهَلُّل؛ ابتهاج.
eye *(n.; vt.)* (١)عين (٢)نظر؛ نظرة (٣)ثقب الابرة (٤)مركز (٥) عُروة (٦) بوليس سرّيّ §(٧)يحدّق إلى (٨) يراقب بدقّة.
to keep an ~ on يراقب بعناية.
eyeball *(n.)* (١) مُقلة العين (٢) العين.
eye bank *(n.)* بنك العيون.
eyebolt *(n.)* مسمار ذو عروة.
eyebrow *(n.)* الحاجب: حاجب العين.

eyebolt

eyedropper *(n.)* قطّارة (للعين).
eyeglasses *(n. pl.)* نظّارة؛ «عوينات».
eyelash *(n.)* (١) أهداب الجفن (٢) هدب.
eyeless *(adj.)* (١)بلا ثقب (٢)ضرير؛ أعمى.
eyelet *(n.)* (١)العُيَيْنَة: ثقب صغير في طرف ثوب أو حذاء يُدخَل فيه الشريط (٢) حلقة معدنيّة لتقوية عُيَيْنة (٣)عين صغيرة.
eyelid *(n.)* الجَفْن: جَفْن العين.
eye-opener *(n.)* شيء مُثير للدّهَش.
eyeshot *(n.)* مَرْمَى النظر أو مداه.
eyesight *(n.)* (١) بَصَر (٢) إبصار.
eyesore *(n.)* شيء قبيح (تزعج العينَ رؤيتُه): قَذًى للعين.
eyetooth *(n.)* نابٌ (في الفكّ الأعلى).
eyewitness *(n.)* شاهد عِيان.
eyrie; eyry *(n.)* (١)وكر نَسر (في أعلى الجبل). (٢) بيت فوق مرتفَع.

F

fortress of Byblos (Lebanon)

f *(n.)* الحرف السادس من الأبجدية الانكليزية .

fable *(n.)* (١) خرافة (٢) خرافة ذات مغزى.

fabric *(n.)* نسيج ؛ قماش .

fabricate *(vt.)* (١) ينشىء ؛ يصنع ؛ يركّب. (٣)يخترع ؛ يبتدع (٣)يلفّق ؛ يختلق .

fabulous *(adj.)* خرافيّ .

façade *(n.)* واجهة المَبْنَى .

face *(n.; vt.; i.)* (١)وجه (٢)تعبير وجهيّ يدلّ على السخرية أو الاشمئزاز (٣)جرأة أو قِحة (٤) كرامة ؛ اعتبار (٥) سطح (٦)واجهة مبنى §(٧) يواجه ؛ يقابل (٨) يلبّس ؛ يكسو واجهة المبنى بالرخام الخ.×(٩) يتجه .

~ to ~, وجهاً لوجه .

on the ~ of it بحسب الظواهر .

facet *(n.)* السُطَيْح ؛ الوُجَيْه : سطح صغير .

facetious *(adj.)* (١) طريف ؛ ظريف . (٢) فكِه ؛ مَزُوح .

face value *(n.)* (١)القيمة الاسمية (للسَّند الخ.) (٢) القيمة الظاهرية ؛ المعنى الظاهري .

facial *(adj.; n.)* (١)وجهيّ §(٢)تدليك للوجه.

facilitate *(vt.)* يُسهّل ؛ يُيسّر .

facility *(n.)* (١) سهولة (٢)براعة (٣)تسهيل.

facing *(n.)* (١)تخريج (لحاشية ثوب)(٢)طلاء ؛ تلبيس ؛ ظِهارة .

facsimile *(n.)* صورة طبق الأصل .

fact *(n.)* (١) جريمة (٢) واقعة ؛ حقيقة .

as a matter of ~,
in ~; in point of ~, } في الواقع .

faction *(n.)* (١)زمرة ؛ حزب (٢)شِقاق.

factious *(adj.)* (١) حزبيّ (٢) مشاغب .

factitious *(adj.)* اصطناعيّ ؛ مُصْطَنَع .

factor *(n.)* (١)وكيل تجاريّ (٢)عامل.

factory *(n.)* (١)محطّة تجارية (٢)مصنع.

factotum *(n.)* مستخدَم يؤدّي مختلف المهام .

factual *(adj.)* واقعي ؛ حقيقي .

faculty *(n.)* (١)قدرة ؛ قوة ؛ مَلَكَة (٢)الكلية : فرع من جامعة (٣) الجسم : أعضاء مهنة ما (٤)العمدة : هيئة التدريس والإدارة في كلية .

fad *(n.)* زيّ ؛ بِدعة ؛ موضة .

fade *(vi.; t.)* (١)يذوي ؛ يذبل (٢)يبهت لونه (٣)يتلاشى ؛ يضمحل ×(٤)يُذبل الخ.

fag *(vi.; t.)* (١)يكدح ×(٢) يُنهِك .

fagot *or* **faggot** *(n.)* حُزْمة ؛ حزمة عِصيّ .

Fahrenheit 153 **falter**

Fahrenheit *(adj.)* فارنهايتيّ ؛ فهْرنهايتيّ .

fail *(vi.; t.)* (١) يضعُف (٢) يشحّ ؛ يتضاءل (٣) يكفّ ؛ ينقطع (٤) يَبْهت (٥) يكفّ عن أداء وظيفته (٦) يهمل أمراً أو لا يقوم به (٧) يُخفق (٨) يُفلِس (٩) يَسقط (في امتحان) × (١٠) يَخذُل ؛ يخون (١١) يُسْقِط .

without ~, حتماً ؛ على وجه التأكيد.

failing *(n.)* ضَعْف ؛ عيب ؛ نقص.

failure *(n.)* (١) تخلّف (عن القيام بالواجب) (٢) إخفاق (٣) إفلاس (٤) قصور ؛ عجز (٥) ضَعْف ؛ إجهاد (٦) شخص أو شيء مخفق.

fain *(adv.)* بسرور .

faint *(adj.; vi.; n.)* (١) جبان (٢) مُصابٌ بدُوار (٣) ضعيف أو مُتردِّد (٤) باهت § (٥) يُصاب بإغماء (٦) يَبْهت § (٧) إغماء .

fainthearted *(adj.)* جبان ؛ خوّار ؛ رِعديد.

fair *(adj.; adv.; n.)* (١) جميل ؛ وسيم (٢) نظيف (٣) واضح (٤) صافٍ (٥) واسع ؛ كبير (٦) عادل (٧) قانوني ؛ مشروع (٨) مُوَاتٍ (٩) أشقر ؛ شقراء (١٠) مناسب ؛ جيّد قليلاً § (١١) بطريقة متفقة مع القواعد (١٢) مباشرةً ؛ تماماً (١٣) بوضوح (١٤) بلطف § (١٥) سوق موسمية للمزارعين (١٦) معرض (١٧) سوق خيرية.

fair play *(n.)* عدل ؛ إنصاف .

fairy *(n.)* جِنّيّ ؛ جِنّيّة .

fairyland *(n.)* عَبْقَر ؛ أرض الجنّ .

fairy tale *(n.)* حكاية من حكايات الجنّ .

faith *(n.)* (١) إخلاص ؛ ولاء (٢) وفاء (٣) إيمان (٤) ثقة (٥) دِين .

bad ~, سوء نيّة أو قَصْد .

faithful *(adj.; n.)* (١) مخلص (٢) وفيّ (٣) مُلتزِم (٤) أمين ؛ صحيح ؛ مطابِق للأصل § (٥) المؤمن (٦) جماعة المؤمنين .

faithless *(adj.)* (١) كافر (٢) خائن ؛ غادر .

fake *(n.; vt.; i.)* (١) شيء مزيَّف (٢) دجال § (٣) يزيّف (٤) يُلفّق (٥) يتظاهر بـِ .

falcon *(n.)* بازٌ ؛ صقر .

falcon

fall *(vi.; n.)* (١) يسقط (٢) يتدلّى (٣) يصدر (٤) يقع (٥) يُخفِق ؛ ينهار (٦) ينحدر (٧) يخمد ؛ يسكن ؛ يتلاشى (٨) يهبط ؛ يتدنّى (٩) يَحدُث ؛ يصادف (١٠) يؤول إليه بالإرث أو القرعة (١١) ينقسم (١٢) يصبح (١٣) يشرع بهمّة ونشاط § (١٤) سقوط ؛ سقطة ؛ تساقط (١٥) الخريف (١٦) انهيار (١٧) منحدَر (١٨) شلال (١٩) انخفاض (٢٠) انحدار .

to ~ back يتراجع ؛ يتقهقر .

to ~ behind يتخلّف (عن غيره).

to ~ down (١) يسقط (٢) يخرّ ساجداً.

to ~ short (١) ينقص ؛ يكون غير كافٍ (٢) يقصّر (عن بلوغ الهدف).

to ~ under يقع ضمن أو تحت كذا.

fallacious *(adj.)* خادع ؛ مضلِّل ؛ وهمي.

fallacy *(n.)* (١) فكرة خاطئة (٢) مغالطة.

fallen *(adj.)* (١) ساقط (٢) طريح الأرض (٣) متهدّم ؛ خرب (٤) صريع.

fallible *(adj.)* لا معصوم: عرضة للخطأ .

fallow *(n.; adj.)* (١) الأرض المُراحة: أرضٌ تُحرَث ثم تُترَك من غير زرْع § (٢) مُراحة .

false *(adj.)* (١) زائف (٢) كاذب (٣) خادع ؛ مضلِّل (٤) خاطىء ؛ غير صحيح (٥) غادر.

falsehood *(n.)* (١) كِذبَةٌ (٢) كذبٌ .

falsify *(vt.)* (١) يزيّف (٢) يُخبِّط

falsity *(n.)* (١) كذبٌ (٢) زَيْف .

falter *(vi.)* (١) يمشي مضطرباً (٢) يتداعى (٣) يترنّح (٤) يتلعثم (٥) يتردّد .

fame 154 fashion

fame *(n.)* (١) سمعة (٢) شُهْرة .
famed *(adj.)* شهير ؛ مشهور ؛ واسع الشهرة.
familiar *(adj.)* (١) حَسَن المعرفةِ بـ. (٢) رافعٌ للكلفة (٣) مألوف .
familiarity *(n.)* (١) عدم كلفة ؛ دالّة. (٢) قلة لياقة أو احتشام (٣) ألفة .
familiarize *(vt.)* (١) يجعله مألوفاً (٢) يعوّده أمراً ؛ يجعله حسن الاطلاع على .
family *(n.)* (١) أسرة ؛ عائلة (٢) فصيلة.
famine *(n.)* (١) مجاعة (٢) نُدْرَة ؛ نَقص.
famish *(vt.; i.)* (١) يجوّع ×(٢) يَتَجوّع .
famous *(adj.)* (١) شهير (٢) ممتاز .
fan *(n.; vt.; i.)* (١) مِذْراة (٢) مِرْوَحَة . §(٣) يذرّي (٤) يهوّي ؛ يروّح (٥) ينفخ على (٦) يثير ؛ يهيج ×(٧) ينتشر على شكل مروحة.
fanatic *(adj.; n.)* متعصِّب .
fanatical *(adj.)* متعصِّب ؛ تعصّبيّ .
fanaticism *(n.)* تعصّب .
fancier *(n.)* الهاوي ؛ المولع بـ .
fanciful *(adj.)* (١) توهّميّ (٢) كثير الأوهام. (٣) وهميّ ؛ خياليّ (٤) غريب ؛ عجيب .
fancy *(n.; vt.; adj.)* (١) مَيْل ؛ هوى ؛ وَلَع. (٢) حبّ ؛ رغبة (٣) وهم (٤) خيال (٥) ذوق §(٦) يُولَع بـ (٧) يتخيّل (٨) يظنّ ؛ يتوهّم §(٩) ممتاز ؛ مختار (١٠) خياليّ .
to take ~ to يُوْلَع بِـ .
fancy goods *(n. pl.)* سِلَع زينيّة .
fang *(n.)* (١) ناب (٢) مِخلب (٣) كُلاّب .
fantastic; -al *(adj.)* (١) خياليّ (٢) وهميّ. (٣) غير واقعيّ (٤) غريب ؛ غريب الأطوار.
fantasy *(n.)* (١) وهم ؛ خيال (٢) الفنتازية : لحن متحرر من القيود التقليدية (٣) نزوة .
far *(adv.; adj.)* (١) بعيداً (٢) جداً ؛ بكثير . (٣) إلى ساعة متأخرة §(٤) بعيدٌ (٥) مختلفٌ جداً عن (٦) طويل (٧) أقصى ؛ أبعد .
as ~ as I know بقَدْرِ ما أعلم .
by ~, بكثير ؛ إلى حدّ بعيد .
so ~, حتى الآن ؛ إلى هنا .
faraway *(adj.)* (١) بعيد ؛ ناءٍ (٢) حالم .
farce *(n.; vt.)* مَهْزَلَة ؛ مسرحية هزلية ساخرة.
farcical *(adj.)* هَزْليّ ؛ مُضحِك .
fare *(vi.; n.)* (١) يرتحل ؛ يسافر (٢) يَحدُث لـ ؛ تصير حالُهُ إلى (٣) يأكل §(٤) النَّوْل : أجرة السفر أو الركوب (٥) طعام .
farewell *(interj.; n.; adj.)* (١) وداعاً ! . §(٢) وداع §(٣) وداعيّ ؛ أخير .
farina *(n.)* (١) دقيق (٢) نشاء .
farm *(n.; vt.)* (٢) مزرعة §(٢) يحرث ؛ يفلح.
farmer *(n.)* المُزارع .
farming *(n.)* الزراعة ؛ العمل بالزراعة .
farmyard *(n.)* فِناء المزرعة .
far-off *(adj.)* بعيد ؛ ناءٍ .
farrier *(n.)* بَيْطار .
farrow *(vt.; i.; n.)* (١) تُخنِص : تَلِد (الخنزيرة) خِنَّوْصاً §(٢) بطن من الخنانيص.
farsighted *(adj.)* (١) بعيد البصر (٢) حكيم.
farther *(adv.; adj.)* (١) في أو إلى نقطة أو درجة أبعد (٢) على نحوٍ أتمّ §(٣) أبْعَدُ .
farthest *(adj.; adv.)* (١) الأبعد ؛ الأقصى . §(٢) أبعدَ أو أقصى أو أكثر ما يكون .
farthing *(n.)* الفارذِنغ : قطعة نقد بريطانية.
fascinate *(vt.)* يفتن ؛ يسحر .
fascinating *(adj.)* فاتن ؛ ساحر ؛ آسِر .
fascination *(n.)* (١) سِحْر (٢) افتتان .
Fascism *(n.)* الفاشيّة ؛ الفاشستية .
fashion *(n.; vt.)* (١) شكل (٢) طريقة ؛ نمط. (٣) زِيّ (٤) الزيّ السائد §(٥) يشكّل ؛ يصوغ ؛ يصنع (٦) يعدّل ؛ يغيّر (٧) يكيّف .

fashionable 155 **fealty**

after the ~ of على غِرار كذا .
in ~, دارج ؛ مطابق للزيّ الحديث.
out of ~, مُبْطَل الزيّ .
fashionable *(adj.; n.)* (١) مطابق للزي الحديث (٢) أنيق §(٣) شخص أنيق .
fast *(adj.; adv.; vi.; n.)* (١) راسخ (٢) مُحكَم الإغلاق (٣) متماسك (٤) ثابت (٥) وفيّ (٦) سريع (٧) متوقّد الذهن (٨) عميق §(٩) بسرعة §(١٠) يصوم §(١١) صيام.
~ asleep, مستغرقاً في نومٍ عميق .
fasten *(vt.)* (١) يثبِّت ؛ يمكِّن (٢) يُحكِم الاغلاق (٣) يركِّز (٤) يُلقي ؛ يُلصق .
fastener; fastening *(n.)* المِرْبَطَة : أداة رِبط أو تثبيت (كإبزيم أو قُفْل الخ.) .
fastidious *(adj.)* نَيِّق ؛ صعبٌ إرضاؤه .
fastness *(n.)* (١) رسوخ ؛ ثبات (٢) سرعة . (٣) مَعْقِل ؛ حِصْن .
fat *(adj.; n.)* (١) سمين (٢) دُهْنيّ (٣) غنيّ . (٤) مُرْبِح (٥) خِصْب §(٦) دُهن ؛ شحم.
fatal *(adj.)* مُميت ؛ مُهْلِك ؛ مشؤوم.
fatalism *(n.)* الجَبْرِيّة : الإيمان بالقضاء والقدَر.
fatality *(n.)* (١) الاهلاكية ؛ كون الشيء مسبباً للهلاك (٢) القضاء والقدر (٣) مصيبة ؛ موت.
fate *(n.)* (١) القضاء والقدر (٢) قِسمة ؛ قدَر . (٣) كارثة أو موت (٤) نهاية ؛ مصير .
fated *(adj.)* محتوم ؛ مقدَّر .
fateful *(adj.)* (١) مشؤوم (٢) حاسم (٣) محتوم.
father *(n.)* (١) أب ؛ والد (٢) كاهن .
fatherhood *(n.)* الأبوّة .
father-in-law *(n.)* الحمو : أبو الزوجة أو الزوج.
fatherland *(n.)* الوطن .
fatherless *(adj.)* لطيم ؛ يتيم الأب .
fatherlike; fatherly *(adj.)* أبويّ .
fathom *(n.; vt.)* (١) القامة : مقياس لعمق المياه §(٢) يَسْبِر الغَوْر (٣) يفهم جيداً .
fathomless *(adj.)* لا يُسْبَر غَوْرُه .
fatigue *(n.; vt.)* (١) تعب §(٢) يُتعِب.
fatten *(vt.; i.)* (١) يُسمِّن ×(٢) يَسْمَن .
fatty *(adj.)* (١) بدين (٢) دُهْنيّ .
fatuous *(adj.)* أحمق ؛ أبْلَه ؛ سخيف.
faucet *(n.)* حنفية ؛ صُنبور .
fault *(n.)* (١) عيب ؛ نقيصة (٢) ذَنْب ؛ جُنحة. (٣) غلطة ؛ زلة (٤) صَدْع .
at ~, (١) مذنب ؛ مَلُوم (٢) مرتبك.
in ~, مذنب ؛ مَلُوم ؛ مسؤول.
faultfinder *(n.)* العيّاب : الكثير الانتقاد.
faultless *(adj.)* كامل ؛ لا عيب فيه .
faulty *(adj.)* ذو عيوب أو نقائص أو أخطاء .
fauna *(n.)* حيوانات منطقة أو حقبة ما .
favor *or* **favour** *(n.; vt.)* (١) عطفٌ ؛ تأييد. (٢) استحسان (٣) محاباة (٤) خدمة ؛ مِنّة ؛ فضل (٥) رعاية ؛ حَظوة (٦) امتياز (٧) صالح ؛ مصلحة §(٨) يعطف على (٩) يَمنح ؛ يمنّ على (١٠) يُحابي (١١) يدعم ؛ يساند (١٢) يسهِّل (١٣) يُشبه .
in ~ of لصالح فلان .
favorable *(adj.)* (١) مُحابٍ أو مؤيِّد . (٢) إطرائيّ (٣) في صالح شخصٍ ما (٤) إيجابيّ (٥) مُرْضٍ (٦) مؤاتٍ (٧) مبشّر بالنجاح.
favorite *(n.; adj.)* (١) «أ» الأثير ؛ المفضَّل. «ب» المحبوب (٢) محسوب (على رجل ذي سلطان) (٣) المرجَّح : فرس تُجمِع الآراء على أنه سيفوز بقصب السبْق §(٤) مفضَّل.
favoritism *(n.)* محاباة ؛ تحيّز ؛ محسوبية .
fawn *(vi.; n.)* (١) يتودّد (٢) يتزلّف ؛ يتملق. §(٣) الخشْف : ولد الظبي .
fay *(n.)* جِنّيّة .
fealty *(n.)* إخلاص ؛ ولاء .

fear *(n.; vt.; i.)* (١) خوف §(٢) يخاف .
fearful *(adj.)* (١) مُخيف (٢) خائف .
fearless *(adj.)* جسور ؛ شجاع .
feasible *(adj.)* (١) عمليّ (٢) ملائم .
feast *(n.; vt.; t.)* (١) وليمة ؛ مأدبة (٢) متعة بالغة (٣) عيد دينيّ §(٤) يتناول طيّب الطعام (٥) يستمتع بـ ×(٦) يُولِم (٧) يمتّع .
feat *(n.)* (١) عمل (٢) عمل فذّ .
feather *(n.; vt.)* (١) ريشة (٢) ريش (٣) نوع (٤) مزاج ؛ حالة §(٥) يُريِّش (٦) يزين بالريش .
feathery *(adj.)* (١) ريشيّ (٢) خفيف .
feature *(n.; vt.)* (١) هيئة ؛ صورة (٢) قَسَمَة (من قسَمات الوجه) (٣) ميزة بارزة ؛ مقوِّم (٤) *pl.* : معالم (منطقة ما) (٥) الفيلم الرئيسي في حفلة سينمائية (٦) مقالة خاصة (أو عمود أو باب خاص) في جريدة أو مجلة §(٧) يُبْرِز ؛ يُظهِر ؛ يَنْشر في موضع بارز .
febrile *(adj.)* حُمّيّ : متعلّق بالحمّى .
February *(n.)* فبراير ؛ شهر شباط .
feces *(n. pl.)* براز ؛ غائط .
fecund *(adj.)* منتِج ؛ خِصب .
fed *past and past part. of* feed
federal *(adj.)* فِدرالي ؛ اتحاديّ .
federation *(n.)* اتحاد فدرالي .
federative *(adj.)* فدرالي ؛ اتحادي .
fee *(n.; vt.)* (١) إقطاعة (٢) رسم ؛ أجر . (٣) بقشيش ؛ راشن §(٤) يدفع الأجر الى .
feeble *(adj.)* ضعيف ؛ واهن ؛ غير فعّال .
feed *(vt.; i.; n.)* (١) يُطعِم (٢) يُغذّي . (٣) يُرضي ؛ يُشبِع (٤) يشجّع (٥) يُلقم أو يُغذّي (ماكينةً أو فرناً) ×(٦) يأكل (٧) يقتات بـ §(٨) علفٌ ؛ علفة (٩) تلقيم أو تغذية (١٠) المادّة الملقَّمة (كالفحم الحجري الخ.) (١١) جهاز التلقيم (في ماكينة) .
feeder *(n.)* (١) المُطعِم ؛ المغذّي ؛ المُلقِّم . (٢) خطّ مواصلات فرعيّ (٣) زجاجة الارضاع .
feel *(vt.; i.; n.)* (١) يلمس ؛ يَجُس . (٢) يُحِسّ ؛ يَشْعر (٣) يتلمّس (طريقه) ×(٤) يبدو عند اللمس ×(٥) حاسّة اللمس (٦) إحساس (٧) ملْمَس (٨) جوّ أو صفة خاصّة .
feeler *(n.)* (١) المِجَسّ : قرن الحشرة (٢) اقتراح يُلْقَى بغيةَ استطلاع آراء الآخرين أو أهدافهم .
feeling *(n.)* (١) حاسّة اللمس (٢) إحساس . (٣) عاطفة (٤) *pl.* : مشاعر (٥) رأي ؛ اعتقاد (٦) شعور (٧) جوّ عامّ .
feet *pl. of* foot.
feign *(vt.; i.)* (١) يتظاهر بـ ؛ يدّعي (٢) يختلق .
feigned *(adj.)* مُخْتَلَق ؛ مُلفَّق ؛ زائف .
feint *(n.)* هجومٌ مُخادع .
felicitate *(vt.)* يهنّئ .
felicitous *(adj.)* موفّق ؛ لَبِق ؛ رائع .
felicity *(n.)* (١) هناءة ؛ سعادة (٢) مصدر سعادة (٣) لباقة (في التعبير) .
feline *(adj.)* (١) سِنَّوْرِيّ (٢) ماكر .
fell *(n.; vt. adj.)* (١) جلد حيوان (٢) شَعر ؛ صوف §(٣) يقطع (٤) يصرع ؛ يقتل §(٥) ضارٍ ؛ وحشيّ (٦) مميت ؛ فظيع ؛ رهيب .
fell *past of* fall.
fellow *(n.)* (١) رفيق (٢) أحد زوجين . (٣) الزَّميل : عضو في جمعية علمية (٤) شخص .
fellowship *(n.)* (١) رِفقة ؛ صُحْبة (٢) زمالة . (٣) جماعة مؤلفة من أصدقاء أو أنداد (٤) أُلْفة ؛ مودّة (٥) عضوية في جامعة بريطانية .
felon *(n.)* (١) مجرم (٢) داحوس (في الاصبع) .
felony *(n.)* جريمة ؛ جناية .
felt *(n.)* لِبّاد أو شيء مصنوع منه (كالقبعة الخ.)
felt *past and past part. of* feel.
female *(n.; adj.)* (١) أُنثى §(٢) أنثويّ .

feminine 157 **fiancé**

feminine *(adj.)* (١)أنثويّ (٢)مؤنّث .
fen *(n.)* (١) مستنقع (٢) عملة صينية .
fence *(n.; vt.; i.)* (١)سِياج (٢)مثاقفة ؛ مبارزة . (٣) مَن يتلقّى السلَع المسروقة §(٤) يسيّج (٥)يزرب (الماشيةَ) (٦)يحمي ×(٧)يبارز .
fencing *(n.)* (١)مُبارزة بالسيف (٢) سِياج .
fend *(vt.)* يردّ أو يتّقي (ضربةً أو خطراً) .
fender *(n.)* (١) وِقاء (٢) درابزون (٣) حاجز الاصطدام (في مقدّم القاطرة) (٤) رفرف العجلة أو الدولاب (٥) سياج المدفأة .
fennel *(n.)* الشُّمْرَة ؛ الشَّمار (نبات) .
ferment *(vi; t; n.)* (١) يتخمّر ؛ يختمر . (٢)يهتاج ؛ يثور ×(٣)يخمّر (٤)يهيّج ؛ يثير §(٥)خَميرة (٦) تخمُّر ؛ اختمار (٧) اهتياج .
fermentation *(n.)* (١) تخمُّر ؛ اختمار . (٢) اهتياج ؛ قلق .
fern *(n)* السَّرْخَس ؛ الخنشار (نبات) .
ferocious *(adj.)* (١)ضارٍ (٢) شديد جداً .
ferocity *(n.)* (١)ضراوة (٢) شدّة .
ferret *(n.; vt.)* (١) ابن مِقْرَض : حيوان متصيد للقوارض §(٢)يصيد مستعيناً بابن مِقْرَض .

ferret

ferrous *(adj.)* حديديّ .
ferrule *(n.)* حلقة معدنية حول طرف عصا .
ferry *(vt.; i.; n.)* (١)يَعْبُر أو ينقل عبر النهر بمركب أو مُعَدّية §(٢) المُعَدّية .
ferryboat *(n.)* المُعَدّية : مركب يُعْبَر به .
fertile *(adj.)* خصيب أو مثمِر .
fertility *(n.)* خِصْب .
fertilize *(vt.)* (١) يُخصِب ؛ يُسمِّد (٢)يُلقِّح .
fertilizer *(n.)* سَماد (طبيعي أو كيميائي) .
ferule *(n.)* مِقرعة ؛ عصا .
fervency *(n.)* = fervor.
fervent; -vid *(adj.)* (١)متوهّج (٢)متحمّس .
fervor *(n.)* (١) توهّج (٢) اتّقاد ؛ حماسة .
festal *(adj.)* (١) عِيديّ (٢) بهيج ؛ فرِح .
fester *(n.; vi.; t.)* (١) دُمَّل ؛ قَرْح . §(٢)يتقيّح (٣)يتفسّد ×(٤)يُقيِّح أو يُفسِد .
festival *(adj.; n.)* (١) عيديّ ؛ مهرجانيّ . §(٢) عيد ؛ مِهرجان (٣) ابتهاج ؛ بهجة .
festive *(adj.)* (١) عيديّ (٢) بهيج ؛ مرِح .
festivity *(n.)* (١)عيد ؛ مهرجان (٢)ابتهاج . (٣)قَصْف ؛ لَهْو .
festoon *(n.)* الفَسْطُون : حبل من زهور أو أشرطة أو أعلام متدلٍّ بين نقطتين على سبيل الزينة .

festoon

fetch *(vt.)* (١)يجلب (٢)يُحضِر (٣) يعود على صاحبه بثمن معيّن .
fete *or* **fête** *(n.; vt.)* (١)مهرجان §(٢)يكرِّم أو يحيي الذكرى بمهرجان .
fetid *(adj.)* نتِن ؛ كريه الرائحة .
fetish *(n.)* الفَتَش : شيء يُعتقَد أن له قدرة سحرية على حماية صاحبه أو مساعدته .
fetlock *(n.)* نتوء يحمل خصلة شعر في مؤخّر قائمة الفرَس .

FETLOCK

fetter *(n.; vt.)* (١) قَيْد ؛ غُلّ §(٢) يقيِّد ؛ يغلّل .
fettle *(n.)* حالة ؛ وضْع .
fetus *(n.)* جنين .
feud *(n.)* عِداء ؛ حزازة ؛ ضغينة .
feudal *(adj.)* إقطاعيّ .
feudalism *(n.)* الاقطاعيّة : النظام الاقطاعي .
fever *(n.)* حُمّى .
feverish *(adj.)* (١)محموم (٢) حُمّيّ .
few *(adj.; n.)* (١) قليل §(٢)بعض ؛ قلّة .
fez *(n.)* pl. **fezzes** *or* **fezes** طربوش .
fiancé *(n.)* الخاطب : خطيب فُلانة .

fiancée *(n.)* المخطوبة : خطيبةُ فُلان .
fiasco *(n.)* إخفاق تامّ .
fiat *(n.)* أمرٌ ؛ إجازة .
fib *(n.; vi.)* (١) أكذوبة §(٢) يكذب.
fiber *or* **fibre** *(n.)* (١) خيط (٢) ليف . (٣) عِرق (٤) نسيج (٥) خُلُق ؛ طبيعة .
fibrous *(adj.)* (١) ليفيّ (٢) قويّ .
fickle *(adj.)* متقلب .
fiction *(n.)* (١) قصة ؛ رواية (٢) الأدب القصصي (٣) تخيُّل (٤) خيال .
fictional *(adj.)* قصصيّ ؛ خياليّ .
fictitious *(adj.)* (١) خياليّ (٢) زائف .
fiddle *(n.; vt.; i.)* (١) كمان ؛ كمنجة §(٢) يعزف على الكمان (٣) يحرّك يديه أو أصابعه بقلق .
fidelity *(n.)* (١) إخلاص (٢) دِقّة ؛ صحّة .
fidget *(n.; vi.)* (١) تململ §(٢) يتململ .
fidgety *(adj.)* متململ ؛ قلِق ؛ عصبيّ .
fief *(n.)* إقطاعة .
field *(n.)* (١) حقل (٢) ساحة القتال (٣) معركة (٤) مجال (٥) ملعب .
field glasses *(n. pl.)* منظار الميدان .
field marshal *(n.)* المشير ؛ المارشال .
fiend *(n.)* شيطان ؛ عفريت .
fiendish *(adj.)* (١) شيطاني (٢) وحشيّ ؛ شرّير .
fierce *(adj.)* ضارٍ ؛ مفترس ؛ عنيف .
fiery *(adj.)* ناريّ ؛ متّقِد ؛ ملتهب .
fife *(n.)* الناي : آلة موسيقية .
fifteen *(n.)* خمسةَ عشَرَ ؛ خَمْسَ عَشْرَةَ .
fifteenth *(adj.; n.)* (١) الخامس عشَر . (٢) بالغ جزءاً من ١٥ §(٣) جزء من ١٥ .
fifth *(adj.; n.)* (١) خامس (٢) خُمْسِيّ : بالِغٌ خُمس شيء §(٣) الخامس (٤) الخُمْس.
fifth column *(n.)* الرَّتَل أو الطابور الخامس.
fiftieth *(adj.; n.)* (١) الخمسون §(٢) $\frac{1}{50}$.
fifty *(n.)* (١) خمسون (٢) .pl : الخمسونات.
fig *(n.)* (١) التين (٢) لِباس ؛ كِساء .
fight *(vi.; t.; n.)* (١) يتقاتل ؛ يتشاجر (٢) يكافح ×(٣) يقاتل (٤) يلاكم (٥) يقاوم ؛ يحارب §(٦) قتال ؛ معركة (٧) عراك ؛ شِجار (٨) مباراة في الملاكمة (٩) كفاح .
fighter *(n.)* (١) المقاتل (٢) الملاكم .
figurative *(adj.)* (١) رمزيّ (٢) مجازيّ .
figure *(n.; vt.; i.)* (١) رقم ؛ عدد (٢) حرف. (٣) مقدار ؛ قيمة (٤) شكل (٥) صورة ؛ رسم ؛ تمثال (٦) رمز (٧) شخصية بارزة §(٨) يصوِّر (٩) يُظهِر بالأرقام (١٠) يحسب (١١) يقرِّر ؛ يحكم (١٢) يعتبر ×(١٣) يَبرُز .
figurehead *(n.)* (١) تمثال في مقدَّم السفينة . (٢) رئيس صُوريّ .
figure of speech *(n.)* تَشْبيه ؛ استعارة .
filament *(n.)* خَيْط ؛ سُلَيْك .
filbert *(n.)* (١) شجرُ البندق (٢) بندق .
filch *(vt.)* يسرق (شيئاً ضئيل القيمة) .
file *(n.; vt.)* (١) مِبرد (٢) ملفّ ؛ إضبارة . (٣) رَتَل ؛ طابور ؛ صف طويل §(٤) يَبرُد (بمبرد) (٥) يُضْبِر : يحفظ في إضبارة أو ملفّ.
filial *(adj.)* بَنَويّ
filigree *(n.)* تثقيب أو تخريم تزييني .
fill *(vt.; i.; n.)* (١) يملأ (٢) يصبّ (٣) يضع . (٤) يسدّ (٥) يحشو (٦) يُتْخِم (٧) يفي بـ ؛ يسدّ حاجةً (٨) يَشْغَل (٩) يركّب دواء (١٠) يطلي بالذهب الخ. ×(١١) يمتلىء الخ. §(١٢) كفاية ؛ شِبَع (١٣) حَشْوَة .
fillet *(n.)* (١) عصابة للرأس (٢) شريحة طرية.
filling *(n.)* (١) ملْء ؛ تعبئة (٢) حشوة .
filling station *(n.)* محطة ملْء ؛ محطة بنزين.
fillip *(n.)* (١) نَقْف (٢) محرِّك ؛ مثير .
filly *(n.)* (١) مُهْرَة (٢) فتاة .

film *(n.; vt.; i.)* (١) غشاء (٢) غشاوة (٣) طبقة رقيقة جداً (٤) فيلم تصوير (٥) فيلم سينمائي §(٦) يُغشّي (٧) يصوّر سينمائياً .

filmy *(adj.)* رقيق ؛ شفّاف ؛ غائم .

filter *(n.; vt.; i.)* (١) مِصفاة (٢) مِرْشَحة . §(٣) يُصَفّي ؛ يُرَشّح ×(٤) يَرشح .

filter tip *(n.)* مِرْشَح ؛ « فيلتر » السيكارة .

filth *(n.)* (١) قَذَر (٢) فُحْش (٣) بذاءة .

filthy *(adj.)* (١) قَذِر (٢) فاحِش (٣) بذيء .

fin *(n.)* (١) زِعْنِفة (٢) جُنَيْح .

final *(adj.; n.)* (١) نهائيّ ؛ أخير (٢) حاسم . §(٣) مباراة نهائيّة (٤) امتحان نهائي .

finale *(n.)* الخاتمة ؛ الجزء الأخير .

finally *(adv.)* أخيراً ؛ في النهاية أو الختام .

finance *(n.)* (١) *pl.* : الموارد المالية (٢) المالية : علم تدبير الموارد الماليّة .

financial *(adj.)* ماليّ .

financier *(n.)* الخبير الماليّ .

finch *(n.)* عصفور ؛ دُوريّ ؛ حَسّون .

find *(vt.; i.; n.)* (١) يُلاقي (٢) يَلْقى (٣) يجد ؛ يكتشف (٤) يُوجِد (٥) يَبْلغ §(٦) اكتشاف (٧) لُقْيَة ؛ شيء نفيس يُكتَشَف .

to ~ fault (with) يَعيب ؛ ينتقد .

to ~ out يكتشف .

fine *(n.; vt.; adj.)* (١) غرامة §(٢) يغرّم . (٣) يصفّي ؛ يروّق (٤) ينعّم ؛ يرقّق §(٥) صافٍ (٦) رقيق ؛ ناعم (٧) بارع (٨) مُرْهَف (٩) دقيق (١٠) رائع (١١) أنيق .

in ~, بالاختصار ؛ قُصارى القول .

fine arts *(n. pl.)* الفنون الجميلة .

finery *(n.)* ملابس أو حُلىً مُبَهْرَجة .

finesse *(n.)* (١) دقّة ؛ رِقّة (٢) براعة (٣) دهاء .

finger *(n.; vt.)* (١) إصبع (٢) مؤشِّر ؛ مؤشِّرة §(٣) يمسّ بأصابعه .

fingernail *(n.)* ظُفُر .

fingerprint *(n.)* بَصْمَة الإصبع .

finical *(adj.)* نيِّق ؛ صعب الارضاء .

finis *(n.)* نهاية ؛ خاتمة .

finish *(vt.; i.; n.)* (١) يُنْهي (٢) يُكمِل ؛ يُنجز (٣) يَصْقُل ؛ يُضفي اللمسات الأخيرة على (٤) يهزم ؛ يقتل الخ . ×(٥) ينتهي §(٦) نهاية (٧) زخارف المبنى (٨) اللمسات الأخيرة (٩) كمال ؛ كياسة .

finishing touches *(n.pl.)* اللمسات الأخيرة

finite *(adj.)* محدود ؛ متناهٍ .

Finnic; Finnish *(adj.)* فنلنديّ .

fiord *(n.)* زقاق بحريّ (تكتنفه الأجْرُف) .

fir *(n.)* شجر التَّنّوب أو خشبه

fire *(n.; vt.; i.)* (١) نار (٢) انفعال ؛ حماسة ؛ غضب (٣) وقود (٤) حريق (٥) إطلاق النار §(٦) يُشْعِل ؛ يُلهِب ؛ يثير (٧) يطرد (٨) يفجّر ؛ يطلق (النارَ) (٩) يخبز (١٠) يغذّي بالوقود ×(١١) يشتعل ؛ يضطرم (١٢) يثور ؛ يَغْضب (١٣) يلفظ (المدفعُ) نيرانه.

firearm *(n.)* سلاح ناريّ (صغير عادةً) .

firebrand *(n.)* (١) جمرة (٢) المهيِّج .

firecracker *(n.)* مفرقعة ناريّة .

fire engine *(n.)* سيارة الاطفاء .

fire escape *(n.)* سُلّم النجاة ؛ سُلّم الحريق .

fire fighter *(n.)* الاطفائيّ .

firefly *(n.)* يَراعة ؛ حُباحِب .

fire irons *(n. pl.)* أدوات إذكاء النار .

fireman *(n.)* (١) الإطفائيّ (٢) الوقّاد.

fireplace *(n.)* مُصْطَلى ؛ مُسْتَوْقَد .

fireworks *(n.pl.)* ألعاب ناريّة ؛ أسهم نارية .

firing *(n.)* إطلاق النار .

firm *(adj.; vt.; i.; n.)* (١) ثابت ؛ راسخ ؛ قويّ (٢) صلب ؛ مكتنز (٣) مستقرّ (٤) وفيّ

(٥) حازم؛ صارم §(٦) يرسّخ ؛ يوطّد الخ. ×(٧) يترسّخ ؛ يتوطّد الخ. §(٨) شركة .

firmament *(n.)* السماء ؛ القبّة الزرقاء .

first *(adj.; adv.; n.)* (١) أول ؛ أولى §(٢) أولاً . (٣) للمرة الأولى §(٤) الأول (٥) البداية.

first aid *(n.)* الاسعاف الأوّليّ .

firstborn *(adj.; n.)* بِكْر .

first-class *(adj.)* ممتاز ؛ من الدرجة الأولى .

firsthand *(adj.; adv.)* (١) مُباشِر ؛ مستقىً من المصدر الأول §(٢) مباشرةً .

first lieutenant *(n.)* ملازم أول .

firstling *(n.)* (١) الباكورة (٢) أول النتاج .

first person *(n.)* صيغة المتكلّم .

first-rate *(adj.)* ممتاز ؛ من الطراز الأول .

firth *(n.)* لسانٌ بحريّ ؛ مصبّ نهر .

fiscal *(adj.)* أميريّ ؛ ماليّ .

fish *(n.; vi.; t.)* (١) سمك (٢) شخص . §(٣) يصطاد ؛ يتصيّد (٤) يبحث ؛ ينقّب.

fisher; fisherman *(n.)* صياد سمك .

fishery *(n.)* (١) السِّماكة: صيد السمك . (٢) المَسْمَك: موطن يُصاد فيه السمك .

fishhook *(n.)* شِصّ (لصيد السمك).

fishing *(n.)* صَيْد السمك .

fishmonger *(n.)* السمّاك : تاجر السمك .

fishwife *(n.)* (١) بائعة سمك (٢) امرأة بذيئة.

fission *(n.)* انفلاق؛ انشقاق؛ انقسام .

fissure *(n.)* شِقّ ؛ صَدْع ؛ فُرجة .

fist *(n.)* القبضة؛ جُمْعُ الكفّ .

fistula *(n.)* ناسور .

fit *(n.; adj.; vt.; i.)* (١) دور ؛ نوبة مرض . (٢) نوبة ؛ انفجار (٣) مطابقة ؛ ملاءمة ؛ توافُق §(٤) ملائم ؛ صالحٌ لـ (٥) لائق (٦) مُهيأً (٧) مستعدّ (٨) كفوء (٩) سليم §(١٠) يلائم ؛ يوافق (١١) يليق بـ (١٢) يجعله منطبقاً على مقاييس الجسم الخ. (١٣) يتفق أو ينسجم مع (١٤) يهيىء؛ يُعِدّ ؛ يُكيف (١٥) يزوّد بـ ×(١٦) ينطبق على شكل أو حجم ما .

fitful *(adj.)* تشنّجيّ ؛ متقطّع .

fitting *(adj.; n.)* (١) مُلائِم ؛ مناسب . §(٢) إحكام (٣) تجربة الثوب لجعله منطبقاً على مقاييس الجسم (٤) *pl.* : لوازم ؛ تجهيزات.

five *(n.)* خَمْسَة ؛ خَمْس .

fix *(vt.; i.; n.)* (١) يثبّت ؛ يرسّخ (٢) يعطي الشيء شكلاً ثابتاً أو أخيراً (٣) يحدّد (٤) يعلّق ؛ يلصق (٥) يركّز (٦) يعدّل (وضع شيء الخ) (٧) يُصْلِح §(٨) ورطة .

fixed *(adj.)* ثابت؛ راسخ؛ محدّد .

fixture *(n)* شيء مثبّت في مكان من المنزل الخ.

fizz *(vi.)* (١) يفور؛ يئز (٢) يمور بـ.

fizzle *(vi.)* (١) يفورُ؛ يئزّ (٢) يُخفق .

flabby *(adj.)* (١) مترهِّل (٢) رِخْو ؛ ضعيف.

flaccid *(adj.)* مترهّل؛ رِخْو .

flag *(n.; vt.; i.)* (١) سوسن (٢) حجر الرَّصْف. (٣) راية؛ علم §(٤) يرصف (٥) يرفع رايةً على (٦) يشير بعَلَم؛ يشير إليه ليقف ×(٧) يتدلى (٨) يذْبل؛ يذْوي (٩) يفتُر.

flagellate *(vt.)* يَجْلِد؛ يَسُوْط .

flagitious *(adj.)* أثيم؛ شائن؛ فاضح.

flagon *(n.)* (١) إبريق (٢) قنينة كبيرة.

flagpole; flagstaff *(n.)* سارية العَلَم .

flagrant *(adj.)* فاضح؛ فظيع؛ أثيم.

flagship *(n.)* بارجة الاميرال .

flail *(n.; vt.)* (١) مِدرس للحنطة §(٢) يضرب بمدرس.

flail

flair *(n.)* ميل ؛ نزعة .

flake *(n.; vi.; t.)* (١) رُقاقة؛ قُشارة §(٢) يتقشّر أو ينفصل إلى رقائق ×(٣) يقطّع إلى رقائق.

flamboyant *(adj.)* (١) متوهّج (٢) مزخرف.

flame 161 **flexibility**

flame *(n.; vi.)* (١) لَهَب (٢) اضطرام ؛ اتقاد (٣) توهج §(٤) يلتهب (٥) يتوهج .

flamingo *(n.)* النُّحام ؛ البَشَرُوس: طائر مائي .

flamingos

flange *(n.)* الشَّفة ؛ حافة بارزة لتثبيت شيء أو وصله .

flange

flank *(n.; vt.)* (١) كَشْح ؛ جَنْب ؛ خاصرة (٢) جانب (٣) جناح (الجيش) §(٤) يهاجم أو يطوق جناح الجيش.

flannel *(n.)* الفلانيلة : نسيج صوفي ناعم.

flap *(n.; vt.; i.)* (١) خَفقة ؛ صَفعة (٢) حاشية الجيب أو القبعة (٣) مصراع المنضدة (القابل للطي) (٤) لسانُ ظرف الرسالة (٥) جُنيح إضافي متحرك §(٦) يضرب ؛ يخفق (٧) يجعله يرفرف ×(٨) يصفق بجناحيه (٩) ترفرف ؛ تخفق (الراية).

flare *(vi.; n.)* (١) يتماوج (٢) ينير بضوء خافق (٣) يتوهج فجأة (٤) ينفجر بالغضب (٥) يتسع تدريجياً نحو الخارج «كنهاية قمع أو بوق» §(٦) نور ساطع خافق (٧) نار أو نور للاشارة (٨) غضب (٩) اتساع تدريجي نحو الخارج.

flare-up *(n.)* (١) اندلاع (٢) انفجار .

flash *(vi.; n.)* (١) يلتمع ؛ يبرز فجأة (٢) ينطلق بسرعة البرق (٣) يومض §(٤) وميض (٥) لحظة .

flashlight *(n.)* (١) الضوء الومضي (تزود به المنارات أو يُستخدم في التصوير الفوتوغرافي) (٢) بطارية تُرسِل نوراً كشافاً .

flashy *(adj.)* (١) زاهٍ (٢) مُبَهْرَج .

flask *(n.)* قارورة ؛ دَوْرَق .

flat *(adj.; n.; adv.; vt.; i.)* (١) مُسطَّح (٢) منبطح (٣) مستوٍ ؛ ممهد (٤) صريح ؛ تام (٥) محدد ؛ ثابت (٦) فاتر ؛ بارد (٧) تفِه ؛ عديم النكهة §(٨) سهل (٩) سطح (١٠) دولاب مفرغ الهواء (١١) دور ؛ طابق (١٢) شقة في طابق §(١٣) مباشرةً §(١٤) يسطح أو يتسطح.

flatboat *(n.)* مركب مسطح القاع .

flatfish *(n.)* السمك المُفَلْطَح .

flatfoot *(n.)* (١) انسحاق القدم: حالة يكون فيها قوس القدم مسطحاً (٢) قدم مسحاء .

flatiron *(n.)* مكواة (للثياب).

flatten *(vt.; i.)* يجعله (أو يصبح) مسطحاً .

flatter *(vt.; i.)* (١) يُطري ×(٢) يتملق .

flattery *(n.)* إطراء ؛ تملق ؛ مداهنة.

flaunt *(vi.; t.)* (١) يرفرف باعتزاز (٢) يزدهي ؛ يتباهى بزينته ×(٣) يَعرِض متباهياً .

flavo(u)r *(n.; vt.)* (١) نكهة (٢) مادة مُنكِّهة (تضيف إلى غيرها نكهة معينة) (٣) صفة مميزة أو غالبة §(٤) يُنكِّه : يعطي نكهة لِـ .

flaw *(n.)* (١) صَدْع (٢) خلل ؛ نقص ؛ عَيْب .

flax *(n.)* (١) الكتان (٢) خيوط الكتان .

flaxen *(adj.)* كتاني أو شبيه بالكتان .

flay *(vt.)* (١) يسلخ (٢) يوبخ .

flea *(n.)* بُرْغوث .

flea

fleck *(vt.; n.)* (١) يُنقِّط §(٢) نُقطة.

fled *past and past part. of* flee.

fledge *(vi.; t.)* (١) ينبُت ريشُه ×(٢) يريش .

fledgling *(n.)* الفرخ ؛ فرخ الطائر .

flee *(vi.; t.)* (١) يفر ×(٢) يتجنب ؛ يتفادى.

fleece *(n.; vt.)* (١) صوف الخراف (٢) جِزة من صوف §(٣) يجز (٤) يَسْلُب .

fleer *(vi.)* يَسْخَر ؛ يهزأ بِـ .

fleet *(n.; adj.)* (١) أسطول §(٢) سريع ؛ رشيق.

flesh *(n.)* (١) لحم (٢) الجسد (٣) لب الأثمار.

fleshy *(adj.)* بدين ؛ سمين ؛ لحيم.

flew *past of* fly.

flex *(vt.; i.)* (١) يثني ؛ يلوي ×(٢) ينثني .

flexibility *(n.)* اللدانة ؛ الانثنائية ؛ المرونة.

flexible 162 flunky

flexible *(adj.)* لَدْن؛ مرِن؛ قابل للانثناء.
flicker *(vi.; n.)* (١) تخفق: تشتعل الشمعة بصورة متقطعة §(٢) خفق؛ اشتعال متقطّع (٣) بصيص.
flier or flyer *(n.)* الطيّار؛ الملاّح الجوي.
flight *(n.)* (١) طيران (٢) رحلة بالطائرة (٣) سِرْب (٤) مجموعة من درجات سلّم (٥) فرار.
flighty *(adj.)* متقلّب؛ طائش؛ أحمق.
flimsy *(adj.)* رقيق؛ مُهَلْهَل؛ واهٍ.
flinch *(vi.)* (١) يُجفِل (٢) يُحْجِم.
fling *(vt.; n.)* (١) يقذف بقوة (٢) يَطْرح جانباً (٣) يزجّ به في §(٤) قذْف؛ طرح؛ اندفاع.
flint *(n.)* (١) صوّان (٢) حجر القدّاحة.
flinty *(adj.)* (١) صوّاني (٢) صُلْب.
flip *(vt.)* (١) ينقف؛ ينقر (٢) يقلّب.
flippant *(adj.)* وقح أو قليل الاحترام.
flipper *(n.)* زعنفة الحوت.
flirt *(vi.; n.)* (١) يغازل §(٢) المُغازِل.
flit *(vi.)* يطير؛ يتنقّل بسرعة.
float *(n.; vi.; t.)* (١) طَوْف؛ منصة عائمة (٢) كرة أو «طابة» البرميل (٣) عوّامة (٤) عربة ذات منصّة §(٥) يَعوم؛ يطفو (٦) يجري برفق على سطح الماء× (٧) يعوِّم.
flock *(n.; vi.)* (١) قطيع؛ سِرْب (٢) رعية الكاهن §(٣) يحتشد؛ يندفع أفواجاً.
floe *(n.)* جليد طافٍ على مياه البحر الخ.
flog *(vt.)* (١) يجلد؛ يسوط (٢) ينتقد بقسوة.
flood *(n.; vt.; i.)* (١) طوفان؛ فيضان (٢) فيض §(٣) يغمر × (٤) يفيض.
floor *(n.; vt.)* (١) أرضية؛ أرض الحجرة (٢) قاع؛ قعر (٣) دور؛ طابق (٤) حق الكلام §(٥) يبلّط أرضية (٦) يصرع؛ يطرحه أرضاً.
flop *(vi.)* (١) تتخبّط (السمكة ضاربة بذيلها) (٢) يرتفع وينخفض (٣) يرتمي بتثاقل (٤) يُخفق.
flora *(n.)* نباتات إقليم أو عصر معيّن.
floral *(adj.)* خاص بالازهار أو بنباتات إقليم.
florid *(adj.)* (١) مزخرَف (٢) متورِّد.
florin *(n.)* الفلورين: عملة انكليزية أو هولندية.
florist *(n.)* الزهّار: بائع الزهور.
floss *(n.)* مُشاقة الحرير أو خيطٌ منها.
flotation *(n.)* (١) عَوْم؛ تعويم (٢) تأسيس.
flotilla *(n.)* الأُسَيْطِيل: أسطول صغير.
flounce *(vi.; n.)* (١) ينتفض (٢) يتخبّط §(٣) انتفاض؛ تخبّط (٤) هُدْب؛ حاشية.
flounder *(vi.)* يتخبّط؛ يتقدم متعثّراً.
flour *(n.)* (١) طحين؛ دقيق (٢) ذرور.
flourish *(vi.; t.; n.)* (١) يزدهر × (٢) يزخرف (٣) يلوِّح §(٤) لحنٌ منمَّق (٥) زُخْرُف.
flout *(vt.; i.; n.)* (١) يهزأ §(٢) هُزء؛ إهانة.
flow *(vi.; n.)* (١) يجري؛ يسيل؛ يتدفّق (٢) يزخر بـ (٣) يتدلى §(٤) جريان؛ تدفّق.
flower *(n.; vi.)* (١) زهرة (٢) إزهار (٣) صفوة؛ نخبة؛ ريعان §(٤) يُزْهِر (٥) يزدهر.
flowerpot *(n.)* الأصيص: وعاء لزراعة الرياحين.
flowery *(adj.)* (١) زَهْرِيّ (٢) متأنّق؛ أنيق.
flown *past part. of* fly.
flu *(n.)* الإنْفْلُوَنْزا (مرض).
fluctuate *(vi.)* (١) يتموّج؛ يتقلّب (٢) يتردّد.
flue *(n.)* (١) مدخنة (٢) مَسْرَب (للغازات).
fluency *(n.)* (١) تدفّق؛ سلاسة (٢) فصاحة.
fluent *(adj.)* (١) متدفّق؛ سَلِس (٢) فصيح.
fluently *(adv.)* بطلاقة؛ بسلاسة الخ.
fluff *(n.)* (١) زَغَب (٢) رِيش؛ صوف الخ.
fluid *(adj.; n.)* (١) سائل؛ مائع (٢) سَلِس؛ رشيق §(٣) السائل؛ المائع: مادة سائلة أو مائعة.
fluidity *(n.)* (١) سيولة؛ ميوعة (٢) سلاسة.
fluke *(n.)* مخلب أو شعبة المرساة.
flung *past and past part. of* fling.
flunky *(n.)* (١) خادم (٢) إمّعة.

fluorescence 163 follower

fluorescence *(n.)* اللَّصَف ؛ الاستشعاع .
fluorescent lamp *(n.)* المصباح اللاصف .

fluorescent lamp

flurry *(n.)* (١) هَبَّةُ ريح. (٢) اضطراب .
flush *(vi.; t.; n.; adj.; adv.)* (١) يطير مُجفِلاً (٢) يتدفق فجأة (٣) يتوهّج (٤) يتورّد (خجلاً) × (٥) يجفل طائراً (٦) يغسل بماء دافق (٧) يُشيع الدمَ في الوجه § (٨) تدفقٌ مفاجىء (٩) فورة؛ حُمَيّا (١٠) تورُّد (١١) نضارة؛ غضارة (١٢) سَوْرة الحمّى (١٣) الفلوش: أوراق من نقش واحد في يد لاعب البوكر § (١٤) فائض؛ غزير؛ وافر (١٥) ناضر؛ متورّد صحةً § (١٦) مباشرةً .
fluster *(vt.)* (١) يُسكِر (٢) يُربِك؛ يَهيِّج.
flute *(n.)* (١) الفلوت (٢) المحزَّزة : ثَنْيَة مُحَزَّزَة في ثوب امرأة .

flute 1.

flutter *(vi.; n.)* (١) يصفّق بجناحيه. (٢) يرفرف (٣) يهتاج § (٤) رفرفة؛ اهتياج.
flux *(n.; vt.)* (١) جريان (٢) إسهال. (٣) تدفّق (٤) الصّهور : مادةٌ مساعدة على صهر المعادن § (٥) يذيب .
fly *(vi.; t.; n.)* (١) يطير (٢) يرفرف في الهواء. (٣) يفِرّ (٤) ينقضي بسرعة (٥) يسافر بالطائرة × (٦) يطيِّر (٧) يقود الطائرة (٨) يتجنّب (٩) ينقل بالطائرة § (١٠) طيران (١١) ذبابة.
flycatcher *(n.)* صائد الذباب (طائر) .
flyer *(n.)* = flier.
flying *(adj.; n.)* (١) طائر. (٢) عاجل؛ سريع (٣) خاطف (٤) مرفرف § (٥) طيران.

flying fish

flying fish *(n.)* السَّمك الطيّار .
foal *(n.; vt.; i.)* (١) مُهْر § (٢) تَلِدُ مُهْراً.
foam *(n.; vi.)* (١) رَغْوَة ؛ زَبَد § (٢) يزْبِد. (٣) يحنق ؛ يُرْغِي ويُزْبِد .
foamy *(adj.)* (١) مُزْبِد (٢) زَبَدِيّ .
fob *(n.)* (١) جيب الساعة (في البنطلون) (٢) سلسلة أو حلية متصلة بساعة البنطلون .
focal *(adj.)* بُؤْرِيّ ؛ مِحْرَقِيّ .
focus *(n.)* (١) بؤرة؛ مِحْرَق (٢) مركز .
fodder *(n.; vt.)* (١) عَلَفٌ § (٢) يعلف .
foe *(n.)* عدوّ ؛ خصم .
foetus *(n.)* جنين
fog *(n.)* (١) ضباب (٢) تشوُّش ؛ ارتباك .
foggy *(adj.)* (١) كثير الضباب (٢) ضبابيّ ؛ غائم ؛ غير واضح (٣) مرتبك ؛ متحيّر .
fogy *or* **fogey** *(n.)* المحافظ ؛ الرجعي .
foible *(n.)* نقطة ضعف .
foil *(n.; vt.)* (١) رُقاقة معدنيّة (٢) شيء يُظهر بالمُغايرة حُسن شيء آخر § (٣) يهزم؛ يُحبِط .
foist *(vt.)* (١) يَدُسّ (٢) يقدّم إلى الناس شيئاً زائفاً (مُوهِماً إياهم أنّه حقيقي) .
fold *(n.; vt.)* (١) حظيرة الخراف (٢) طيّ ؛ ثَنْيٌ. (٣) طيّة؛ ثَنْيَة § (٤) يزرب (في حظيرة) (٥) يطوي؛ يثني (٦) يطوّق .
folder *(n.)* (١) نشرة مطبوعة مطويّة (٢) ملفّ.
foliage *(n.)* أوراق النَّبْتَة .
folio *(n.)* ورقة (من كتاب أو مخطوطة) .
folk *(n.; adj.)* (١) قوم؛ ناس (٢) الناس كافّة. (٣) أنسباء المرء § (٤) شعبيّ .
folklore *(n.)* الفولكلور: عادات شعب وتقاليده وحكاياته وأقواله المأثورة .
follicle *(n.)* كيس أو تجويف صغير .
follow *(vt.; i.)* (١) يتتبّع (٢) يلاحق؛ يتعقّب. (٣) يتّخذه حرفةً (٤) يتلو؛ يَعْقُب (٥) يتابع بانتباه × (٦) ينتج ؛ يصحّ بالضرورة .
as ~*s* كما يلي .
follower *(n.)* (١) المرافق (٢) التابع.

following 164 **forebear**

following *(adj.; n.)* (١) تالٍ §(٢) أتباع .

folly *(n.)* (١) حماقة (٢) عملٌ أحمق.

foment *(vt.)* (١) يثير (٢) يضع الكمادات على.

fond *(adj.)* (١) مولَع أو مغرَم بـ (٢) حنون .

fondle *(vt.)* يلاطف ؛ يدلّل ؛ يُربِّت على.

font *(n.)* (١) جُرْن المعمودية. (٢) ينبوع (٣) طقم كامل من الحروف المطبعية .

font 1.

food *(n.)* (١) طعام (٢) غذاء .

foodstuff *(n.)* مادّة غذائية.

fool *(n.; vi.; t.)* (١) المجنون (٢) مهرّج البلاط . (٣) الساذج المخدوع §(٤) يلهو ؛ يعبث بِـ (٥) يهرّج (٦) يمزح ×(٧) يخدع .

to make a ~ of . يخدع ؛ يحتال على

foolery *(n.)* (١) حماقة (٢) عمل أحمق.

foolhardy *(adj.)* متهوّر ؛ طائش ؛ مجازِف.

foolish *(adj.)* أحمق ؛ سخيف ؛ مضحك .

foolscap *(n.)* الفولسكاب : ورق كبير القطع.

foot *(n.)* (١) قَدَم (٢) تفعيلة شِعرية .

football *(n.)* كرة القدم .

footfall *(n.)* وقع أقدام .

foothold *(n.)* موطىء قَدَم .

footing *(n.)* (١) رسوخ القدمين (٢) موطىء قدم. (٣) منزلة وطيدة (٤) أساس (٥) مجموع أرقام.

footlights *(n. pl.)* أضواء مقدَّم المسرح .

footman *(n.)* (١) جندي (٢) خادم .

footmark *(n.)* أثر القدم ؛ طبعة القدم .

footnote *(n.)* حاشية ؛ هامش (في كتاب) .

footpath *(n.)* ممرّ المشاة .

footprint *(n.)* أثَر القَدَم ؛ طبعة القَدَم .

footsore *(adj.)* متقرّح القدمَين (من المشي الخ.)

footstep *(n.)* (١) خطوة (٢) أثر القَدَم .

footstool *(n.)* مِسند القدمَين .

fop *(n.)* الغَنْدور : رجل شديد التأنق .

foppery *(n.)* غَنْدَرَة ؛ تأنُّق .

for *(prep.; conj.)* (١) لِـ ؛ لأجل (٢) إلى ؛ نحو . (٣) وكأنه ؛ متوهّماً أنه (٤) بسبب (٥) إنقاذاً لِـ (٦) في سبيل ؛ دفاعاً عن (٧) مع ؛ مؤيِّد لِـ (٨) عوضاً عن (٩) مقابل (١٠) نيابةً عن (١١) رغمَ (١٢) في ما يتعلّق بِـ (١٣) بالنسبة إلى (١٤) طوالَ (١٥) تيمّناً بِـ §(١٦) لأنه ؛ نظراً لِـ.

forage *(n.; vt.)* (١) علَف (٢) التماس للمؤن . §(٣) يطوف بحثاً عن الطعام (٤) يغير على .

foray *(vi.; n.)* (١) يغزو §(٢) غزوة .

forbade; forbad *past of* forbid.

forbear *(vt.; i.; n.)* (١) يُمسِك أو يمتنع عن. (٢) يتدرّع بالصبر §(٣) جدّ ؛ سلَف .

forbearance *(n.)* (١) إمساك عن (٢) تجمُّل ؛ صَبْر (٣) لِين ؛ رِفق .

forbid *(vt.)* يحظُر ؛ يحرِّم ؛ يمنع.

forbidden *(adj.)* محظور ؛ محرَّم ؛ ممنوع .

forbidding *(adj.)* (١) وَعْر (٢) كالح .

force *(n.; vt.)* (١) قوة (٢) نفاذ ؛ سريان المفعول. (٣) إكراه ؛ قَسْر §(٤) يُجبر (٥) يشقّ طريقه بالقوة (٦) يدفع بالقوة (٧) يفرض (٨) ينتزع (٩) يقتحم (١٠) يكسر (١١) يتكلف .

forced *(adj.)* (١) قَسْرِيّ (٢) متكلَّف ؛ مغتصَب (٣) اضطراريّ .

forceful *(adj.)* قويّ ؛ نشيط ؛ فعّال .

forceps *(n.)* كُلاّب (الصائغ أو الجرّاح) .

forcible *(adj.)* (١) إكراهي (٢) قويّ .

ford *(n.; vt.)* (١) المَخاضة : موضع من النهر يسهُل خوضه §(٢) يخوض (النهرَ) .

fore *(adj.; adv.; n.)* (١) سابق ؛ أوّل ؛ أماميّ. §(٢) أمامَ ؛ إلى الأمام §(٣) مقدمة ؛ شيء أمامي.

forearm *(n.)* السّاعد (بين المرفق والكتف) .

forebear *(n.)* جدّ ؛ سلَف .

forebode *(vt.; i.)* (١) يُنبىء أو يُنذِر بِـ . (٢)يتوقع شراً أو مصيبة ×(٣) يتنبأ بِـ .
foreboding *(n.)* نَذِيرٌ بِشَرّ .
forebrain *(n.)* مقدَّم المخ .
forecast *(vt.; i.; n.)* (١) يتكهّن ؛ يتنبأ . (٢)يُنذِر (بحدوث أمر) §(٣) نبوءة .
foreclose *(vt.; i.)* يحبس الرَّهن : يحرم الراهنَ حقَّ استرجاع العقار المرهون .
foredoom *(vt.)* يقدِّر ؛ يحكم بقضاء وقَدَر .
forefather *(n.)* جَدّ ؛ سَلَف .
forefinger *(n.)* السبَّابة (من الأصابع) .
forefoot *(n.)* القائمة الأماميّة .
forefront *(n.)* صَدْر ؛ مقدَّم ؛ طليعة .
forego *(vt.)* (١) يسبق (٢) يمتنع عن .
foregoing *(adj.)* سابق .
foregone *(adj.)* سابق ؛ ماضٍ .
foreground *(n.)* الأماميّة : صدرُ الصورة .
forehead *(n.)* جبهة ؛ جبين .
foreign *(adj.)* (١)أجنبيّ ؛ غريب (٢)دخيل .
foreigner *(n.)* الأجنبيّ أو الغريب .
foreign minister *(n.)* وزير الخارجيّة .
foreign office *(n.)* وزارة الخارجيّة .
foreknow *(vt.)* يعرف مقدَّماً .
foreleg *(n.)* القائمة الأمامية .
forelock *(n.)* الناصية : شَعَر مقدَّم الرأس .
foreman *(n.)* كبير العمال أو المحلّفين .
foremast *(n.)* الصاري الأمامي .
foremost *(adj.; adv.)* (١)أوّل §(٢)أولاً .
forename *(n.)* الاسم الاول ؛ الاسم الصغير .
forenoon *(n.)* صدرُ النهار .
foreordain *(vt.)* يقضي ؛ يقدِّر على .
forerun *(vt.)* يسبق ؛ يتقدم .
forerunner *(n.)* (١)السابق ؛ الرائد (٢)البشير ؛ النذير (٣)جَدّ ؛ سَلَف .
foresee *(vt.)* يتنبأ بـ ؛ يدرك قبل الحدوث .
foreshadow *(vt.)* يُؤْذِن بِـ ؛ ينذر بـ .
foresight *(n.)* (١)بصيرة (٢)بُعْد نظَر .
forest *(n.; vt.)* (١)غابة ؛ حَرَج §(٢)يحرِّج .
forestall *(vt.)* يُحبِط (إجراءاتٍ مسبقة) .
forestry *(n.)* عِلم الحراجة أو التحريج .
foretaste *(vt.)* يتوقع .
foretell *(vt.)* يتنبأ أو يتكهّن بـ .
forethought *(n.)* تدبُّر ؛ بُعْد نظَر .
forever *(adv.)* إلى الأبد ؛ دائماً .
forewarn *(vt.)* (١)يُخطِر (٢) يحذِّر .
foreword *(n.)* تصدير ؛ مقدّمة ؛ تمهيد .
forfeit *(n.; vt.)* (١)غرامة (٢) فقدان ؛ خُسران . (٣)مصادرة §(٤) يَغْرَم (٥) يصادر .
forfeiture *(n.)* (١) خُسران ؛ فقدان (بسبب خطأ أو جريمة) (٢) مصادرة (٣) غرامة .
forgather *(vi.)* (١)يجتمع (٢) يلتقي بـ .
forgave *past of* forgive.
forge *(n.; vt.)* (١) كِيرُ الحدّاد أو دكانُه . §(٢) يطرُق (٣)يصوغ (٤) يلفّق أويزوّر .
forger *(n.)* (١)الحدّاد (٢)الملفّق ؛ المزوّر .
forgery *(n.)* (١)تزوير (٢) شيء مزوَّر .
forget *(vt.; i.)* ينسى .
forgetful *(adj.)* كثير النسيان
forget-me-not *(n.)* لا تَنْسَني (نبات) .
forgive *(vt.)* يغفر ؛ يصفح ؛ يعفو .
forgiveness *(n.)* مَغْفِرَة ؛ عَفْو ؛ إعفاء .
forgo *(vt.)* يُمْسِك أو يمتنع عن .
forgot *past and past part. of* forget.
forgotten *past part. of* forget.
fork *(n.; vi.)* (١) شوكة الطعام (٢) مِذراة . (٣) مَفْرِق طريق (٤)فَرع §(٥) يتفرّع .
forlorn *(adj.)* (١) مهجور (٢) بائس .

form 166 foul

form *(n.; vt.)* (١) شكل ؛ هيئة ؛ صورة . (٢)عُرْف ؛ تقليد (٣) صيغة (٤) أنموذج ؛ استمـارة (٥) مقعد خشبيّ طويل (٦) قالب (٧) نوع (٨) أسلوب (٩)شكل أدبي أو فنيّ (١٠)صفّ مدرسيّ § (١١)يُشكِّل ؛ يؤلّف ؛ (١٢) يكوِّن (١٣) يصوغ (١٤) ينشئ .

formal *(adj.)* (١)شكليّ (٢)اصطلاحيّ ؛ عرفيّ (٣)رسميّ (٤)منهجيّ (٥)اسميّ ؛ صُوَريّ.

formality *(n.)* (١) التزامٌ للشكليات أو الرسميات (٢) إجراء أو تصرّف شكلي .

formation *(n.)* (١) تشكيل ؛ تكوين . (٢)تشكُّل ؛ تكوُّن (٣)شكل (٤)بِنْيَة .

former *(adj.; n.)* (١)سالِف ؛ سابق (٢)أول ؛ مذكورٌ أولاً § (٣)المشكِّل ؛ المكوِّن .

formerly *(adv.)* سابقاً ؛ في ما مضى .

formica *(n.)* الفورميكا : مادة لدائنيّة .

formidable *(adj.)* مرعب ؛ هائل.

formless *(adj.)* عديم الشكل أو الصورة.

formula *(n.)* (١) صيغة (٢)وصفة طبيّة .

formulate *(vt.)* يُصيِّغ : يُفرِغ في صيغة.

fornication *(n.)* زنا ؛ فُسوق .

forsake *(vt.)* يتخلّى عن ؛ يهجر ؛ ينبذ .

forsaken *(adj.)* متخلًّى عنه ؛ مهجور ؛ منبوذ.

forswear *(vt.)* يُنكِر بقَسَم أو توكيد .

fort *(n.)* حِصْن ؛ مَعْقِل ؛ قلعة .

forte *(n.; adj.; adv.)* (١)موطن قوة : كل ميزة يتفوق بها المرء على أقرانه § (٢)شديد أو بشدّة.

forth *(adv.)* فصاعداً .

and so ~, وهلمّ جرّاً .

forthcoming *(adj.)* وشيك ؛ آتٍ قريباً .

forthright *(adj.)* (١)مباشر (٢) صريح .

forthwith *(adv.)* حالاً ؛ توّاً ؛ على الفور.

fortieth *(adj.; n.)* (١)الأربعون (٢)بالغٌ جزءاً من أربعين § (٣)جزء من أربعين .

fortification *(n.)* (١) تحصين (٢) حِصْن .

fortify *(vt.)* (١) يحصِّن (٢) يقوّي .

fortitude *(n.)* ثبات ؛ جَلَد .

fortnight *(n.)* أسبوعان ، ١٤ يوماً .

fortnightly *(adj.; adv.; n.)* (١)نصف شهريّ § (٢) كلّ أسبوعين § (٣)مجلّة نصف شهريّة .

fortress *(n.)* حِصن ؛ قلعة .

fortuitous *(adj.)* اتفاقيّ ؛ تصادفيّ.

fortunate *(adj.)* (١) سعيد (٢)محظوظ .

fortunately *(adv.)* لحسْن الحظ .

fortune *(n.)* (١) حظ (٢) حظ سعيد . (٣) نصيب ؛ قَدَر ؛ بخت (٤) ثروة .

fortune-teller *(n.)* العرّاف ؛ قارىء البخت.

forty *(n.)* أربعون .

forum *(n.)* (١)سوق أو ساحة عامّة (٢)منتدى عام للمناظرة والنقاش .

forward *(adj.; adv.; n.; vt.)* (١) أماميّ . (٢)توّاق (٣)وقح (٤)ناضج باكراً (٥)منطلق إلى الأمام (٦)متطرّف § (٧)إلى الأمام § (٨)لاعب هجوم § (٩) يعزّز ؛ يعجِّل (١٠) يرسل .

forwards *(adv.)* إلى الأمام أو المقدّمة.

fossil *(n.)* الأُحفور ؛ المُستَحاث : بقايا حيوان أو نبات مستحجرةٌ في أديم الأرض .

foster *(vt.)* (١) يُرْضِع ؛ يُنشّىء ؛ يربّي . (٢)يَرْعَى (٣)يعزّز ؛ يشجّع .

foster brother *(n.)* أخٌ بالرّضاع أو بالتربية.

fought *past and past part. of* **fight.**

foul *(adj.; n.; vi.)* (١) كريه (٢) قذِر . (٣) فاسد ؛ عفِن (٤)مُوْحِل (٥) شنيع ؛ شرير (٦) بذيء (٧) معاكس (٨) قاسٍ ؛ خشِن ؛ عنيف (٩) غير شريف (١٠)مخالفٌ لقواعد اللعبة (١١)ملوَّث § (١٢)مخالفة لقواعد اللعبة (١٣)ضربة أو رمية غير قانونية § (١٤)يفسُد ؛ يتلوَّث (١٥) يخالف قواعد اللعبة .

found *past and past part. of* find.

found (*vt.*) (١)يؤسّس (٢)يسبك (المعادن).

foundation (*n.*) (١) تأسيس (٢) أساس .

founder (*n.; vi.; t.*) (١)المؤسِّس (٢)عَرَج . (٣)سبّاك المعادن §(٤)يصاب بالعرَج (٥)يَغرق ×(٦) يُغرِق .

foundling (*n.*) لقيط ؛ طفلٌ لقيط .

foundry (*n.*) مَسْبك .

fountain (*n.*) (١)ينبوع (٢)مصدر (٣)نافورة. (٤)سبيل للشرب (٥)فِسقية (٦)خزّان .

fountainhead (*n.*) (١)مَنْبَع (٢) مصدر.

fountain pen (*n.*) المِدَاد : قلم الحبر .

four (*n.*) أربعة ؛ أربع .

fourfold (*adj.; adv.*) (١) رباعيّ (٢)أكبر بأربعة أضعاف §(٣) أربعةَ أضعاف .

fourteen (*n.*) أربعة عشر ؛ أربع عشرة.

fourteenth (*adj.; n.*) (١)الرابع عشر (٢)بالغ جزءاً من ١٤ §(٣)الرابع عشر من (٤) $\frac{1}{14}$.

fourth (*adj.; n.*) (١)رابع (٢)بالغٌ ربعَ كذا . §(٣)الرابع من كذا (٤) رُبْع .

fourthly (*adv.*) رابعاً .

fowl (*n.*) (١) طَيْر (٢) ديك ؛ دجاجة .

fox (*n.*) (١) ثعلب (٢)شخص ماكر .

foxhound (*n.*) صائد الثعالب (كلب) .

fox-trot (*n.*) رقصة « الفوكستروت » .

fracas (*n.*) مشاجرة ؛ شِجار .

fraction (*n.*) (١) كَسْر (٢)جزء.

fractious (*adj.*) نَكِد؛ شَكِس .

fracture (*n.*) كَسْر ؛مَزْق ؛شَقّ .

fragile (*adj.*) هَشّ ؛ سَهل المكسَر .

fragment (*n.*) شَظِيّة؛ كِسْرَة؛ جزء .

fragrance (*n.*) شَذا؛ أرَج؛ عَبير .

fragrant (*adj.*) أرِج ؛عَطِر ؛ذو عبير .

frail (*adj.*) قَصِم؛ سهل المكسَر .

frailty (*n.*) (١) قَصامة (٢)ضَعْف (٣) زلّة .

frame (*vt.; n.*) (١)يصوغ ؛ يُفْرِغ في قالب (٢)يشكّل ؛يصنع ؛ ينشىء (٣)يتخيّل (٤)يؤطّر : يحيط بإطار §(٥)جسد(٦)هيكل (٧) مِنْصَب ؛ قاعدة (٨) مزاج (٩) إطار.

framework (*n.*) هيكل .

franc (*n.*) الفرنك: عملة فرنسية أو سويسرية .

franchise (*n.*) (١)إعفاء (٢)امتياز (٣)حقّ دستوريّ؛ وبخاصة : حقّ الانتخاب .

Franco- بادئة معناها : فرنسيّ .

frank (*adj.*) صريح .

frankfurter (*n.*) مقانق فرنكفورت .

frankincense (*n.*) لُبان ؛ بَخُور .

frankly (*adv.*) (١)بصراحة (٢)حقّاً .

frantic (*adj.*) مسعور ؛ شديد الاهتياج .

fraternal (*adj.*) (١)أخويّ (٢) ودّيّ .

fraternity (*n.*) (١)الأخَوِيّة: جماعة منظّمة لغرض مشترك (٢)جمعية (٣)إخاء؛ أخوّة .

fraternize (*vi.*) يتآخى .

fraud (*n.*) (١) خِداع (٢)حيلة .

fraudulent (*adj.*) (١)محتال (٢) احتياليّ .

fraught (*adj.*) مملوء ؛ مشحون ؛ مُفْعَم .

fray (*n.; vt.; i.*) (١)مشاجرة؛شِجار§(٢)يُبلي (٣)يَنْسِل الخيوطَ ×(٤)يَبلى؛ يتهرّأ .

freak (*n.*) (١) نَزْوَة ؛ هوًى (٢) فلتة.

freakish (*adj.*) (١)ذو نزوات (٢) غريب .

freckle (*n.; vt.; i.*) (١) نَمَش؛ كَلَف . §(٢)ينمّش ؛يُبقّع ×(٣)يتنمّش .

free (*adj.; adv.; vt.*) (١)حرّ (٢)اختياريّ. (٣)متحرّر أو خالٍ من (٤)غير مشغول(٥)مُعفى من الضريبة (٦) طليق؛ غير مقيّد(٧)سالك (٨)سخيّ (٩)مجانيّ §(١٠)بحرّيّة ؛ من غير قيد الخ. (١١) مجاناً §(١٢) يحرّر ؛ يطلق (١٣)يُعفي من (١٤) يحلّ ؛ يفكّ .

freebooter *(n.)* قاطع الطريق ؛ القرصان .

freedman *(n.)* العبد المُعْتَق أو المحرَّر .

freedom *(n.)* (١) حرية (٢) تحرّر من (٣) طلاقة .

freehanded *(adj.)* سخيّ ؛ كريم ؛ جَوَاد .

freehold *(n.)* (١) امتلاك مُطلَق لأرض ما . (٢) أرض ممتلكة امتلاكاً مطلقاً .

Freemason *(n.)* البنّاء الحرّ : الماسونيّ .

Freemasonry *(n.)* الماسونيّة .

free-spoken *(adj.)* مُصارِح ؛ صَريح .

free will *(n.)* حرية الارادة .

freewill *(adj.)* طَوْعِيّ ؛ اختياريّ ؛ إراديّ .

freeze *(vi.; t.; n.)* (١) يتجمّد ؛ يتجلّد . (٢) يستشعر برداً شديداً × (٣) يجمّد § (٤) صقيع (٥) تجميد (٦) تجمّد .

freezer *(n.)* حجرة التجميد (في ثلاّجة) .

freezing point *(n.)* نقطة التجمّد .

freight *(n.; vt.)* (١) أجرة الشحن (٢) شحنة . (٣) شَحن (٤) قطار شحن § (٥) يحمّل ؛ يشحَن .

freighter *(n.)* (١) الشاحن (٢) الشاحنة .

French *(adj. n.)* (١) فرنسيّ § (٢) اللغة الفرنسيّة (٣) الشعب الفرنسي .

Frenchman *(n.)* الفرنسي .

frenzied *(adj.)* مسعور ؛ شديد الاهتياج .

frenzy *(n.)* سُعْر ؛ اهتياج ؛ نوبة .

frequency *(n.)* تكرّر ؛ تواتر ؛ تردّد .

frequent *(adj.; vt.)* (١) مألوف (٢) متكرّر الحدوث (٣) دائم § (٤) يألَف (٥) يتردّد إلى .

frequently *(adv.)* كثيراً ؛ تكراراً .

fresco *(n.)* (١) التصوير الجصّي (٢) لوحة جصيّة .

fresh *(adj.)* (١) عَذْب ؛ غير مالح (٢) نقيّ ؛ طَلْق ؛ منعش (٣) طازج (٤) نشيط (٥) ناضر (٦) جديد (٧) جِلْف (٨) سكران .

freshen *(vi.; t.)* (١) يقوى ؛ يشتدّ (٢) ينْضُر ؛ يُصْبح ناضراً (٣) يَعْذُب × (٤) يُحلّي (٥) يقوّي ؛ يُنعِش ؛ يُنْضِر ؛ يجدّد .

freshman *(n.)* (١) المبتدىء (٢) طالبٌ في الصفّ الأول من الجامعة .

freshwater *(adj.)* نهريّ .

fret *(vt.; i.; n.)* (١) يُغيظ (٢) يحتّ ؛ يبري ؛ يُبْلي (٣) يبدّد (٤) يموّج × (٥) يتآكل ؛ يَبْلَى (٦) يغتاظ ؛ يَقْلَق § (٧) تأكُّل ؛ تآكُل (٨) موضعٌ متآكِّل (٩) قلق ؛ اهتياج (١٠) نقش شبكيّ (١١) عَتَبُ العود أو القيثارة .

fretful *(adj.)* (١) نَكِد ؛ شَكِس (٢) متقطّع .

friable *(adj.)* سهل التفتيت إلى ذرور .

friar *(n.)* راهب ؛ أخ .

friary *(n.)* (١) دَيْر (٢) رَهْبَنَة .

friction *(n.)* حكّ أو احتكاك .

Friday *(n.)* الجُمُعة ؛ يوم الجُمُعة .

fried *past and past part. of* fry.

friend *(n.)* (١) صديق (٢) نصير .

to make ~s with . يصادق (فلاناً) .

friendless *(adj.)* لا أصدقاء له .

friendly *(adj.)* ودود ؛ ودّيّ ؛ حُبّيّ .

friendship *(n.)* صداقة ؛ مودّة .

frieze *(n.)* إفريز ؛ طُنُف (في فن العمارة) .

frieze

frigate *(n.)* حرّاقة ؛ فِرغاطة ؛ بارجة .

fright *(n.)* رُعْب أو شيء مخيف .

frighten *(vt.)* يُرْعِب ؛ يروّع .

frightful *(adj.)* مرعب ؛ مروع .

frigid *(adj.)* قارس ؛ بارد .

frigidity *(n.)* برودة .

frigid zone *(n.)* المنطقة القُطبية المتجمّدة .

frill *(n.)* هدب ؛ كشكش (الثوب) .

fringe *(n.)* هُدّاب ؛ شراريب القماش .

frippery *(n.)* حلى مبهرجة .

frisk *(vi.)* يَطْفُر أو يرقص مرحاً .

frisky *(adj.)* مَرِح ؛ لَعُوب .

fritter *(n.)* فطيرة مقلية .
frivolity *(n.)* عبث؛ طيش .
frivolous *(adj.)* (١)تافه(٢)طائش؛ لَعُوب.
frizzle *(vt.; i.)* (١)يقلي(٢)يُحرِق؛ يَسْفَع. ×(٣) يئزّ عند الطهو .
fro *(prep.; adv.)* (١)مِنْ §(٢) ارتداداً . to and ~, جيئةً وذهاباً ؛ ذهاباً وإياباً.
frock *(n.)* (١)رداء الراهب (٢)عباءة (٣) كنزة صوفيّة (٤) ثوب نسائي.
frock coat *(n.)* الفراك : سترة سوداء .
frog *(n.)* (١)ضِفْدَع (٢) بُحّة في الصوت.
frolic *(n.; vi.)* (١)مَرَح §(٢) يَمْرَح .
frolicsome *(adj.)* مَرِح .
from *(prep.)* (١) مِنْ (٢) مُنْذُ .
frond *(n.)* ورقة ؛ سَعَفَة .
front *(n.; vt.)* (١)جبين (٢)جبهة؛خطّ النار. (٣)جبهة؛ تكتّل سياسيّ (٤) واجهة مبنىً (٥)مقدّم الشيء أو صدره§(٦)يجابه؛يواجه.
frontage *(n.)* واجهة مبنى .
frontal *(adj.)* (١)جَبْهِيّ؛أماميّ (٢)مباشر.
frontier *(n.)* حدّ ؛ تَخْم .
frost *(n.)* (١)تجمّد(٢)صقيع؛ندى متجمّد.
frosty *(adj.)* (١) بارد (٢) أشيَب.
froth *(n.)* زَبَد ؛ رغوة .
frothy *(adj.)* (١) مُزْبِد (٢) تافِه؛ سطحيّ.
froward *(adj.)* شَكِس ؛ متمرّد ؛ حَرُون .
frown *(vi.; n.)* (١)يعبس؛يقطّب§(٢)عُبوس.
frowzy *(adj.)* زريّ ؛ حقير ؛ أشعث .
froze *past of* freeze.
frozen *(adj.)* (١)متجمّد أو بارد (٢)مثلَّج .
frugal *(adj.)* (١) مُقْتَصِد (٢) رخيص.
frugality *(n.)* اقتصاد (في الانفاق) .
fruit *(n.)* (١) ثمرة (٢) نتيجة .
fruiterer *(n.)* الفاكهانيّ: بائع الفاكهة.
fruitful *(adj.)* (١)مثمر (٢) خِصْب .
fruitless *(adj.)* عقيم ؛ غير مثمر .
frustrate *(vt.)* يُحبِط ؛ يثبّط .
fry *(vt.; n.)* (١)يقلي §(٢)صِغار السمك.
fuchsia *(n.)* الفُوشية: شجيرة مزهرة.
fudge *(n.)* الفَدْج: ضربٌ من الحلوى.
fuel *(n.; vt.)* (١)وقود §(٢) يزوّد بالوقود .
fugitive *(adj.; n.)* (١)هارب §(٢) لاجىء.
fulcrum *(n.)* نقطة ارتكاز .
fulfill *or* **fulfil** *(vt.)* (١)يُنجِز (٢)يفي بـ ؛ يجيء موافقاً لمتطلبات معينة (٣)يحقّق .
full *(adj.; adv.; n.)* (١) مليء (٢) كامل . (٣)منتفخ؛ فضفاض (٤)مفصَّل (٥)متخَم (٦) شقيق ؛ من نفس الأبوين §(٧) جداً (٨)تماماً (٩) مباشرةً §(١٠) الحدّ الأقصى .
in ~, بالتمام؛من غير حذف أو اختصار.
of ~ age بالغٌ سنّ الرّشْد .
full-blown *(adj.)* في أوج التفتّح .
fuller *(n.)* القصّار : المقصِّر للنسيج الصوفيّ بالنقع أو الاحماء .
full moon *(n.)* بَدْر ؛ قمر ممتلىء .
full stop *(n.)* النقطة (في الكتابة) .
fully *(adv.)* تماماً؛ بكلّ معنى الكلمة .
fulminate *(vt.; i.)* (١)يفجّر ×(٢) ينفجر .
fulsome *(adj.)* باعث على الغثيان أو الاشمئزاز.
fumble *(vi.)* (١)يتحسّس؛يتلمّس (٢)يخطىء أو يتلعثم (٣) يتلمّس طريقه .
fume *(n.; vt.; i.)* (١) دخان (٢) غضب ؛ اهتياج §(٣)يدخّن×(٤)يتبخّر (٥)يَغْضَب.
fumigate *(vt.)* يدخّن ؛ يبخّر .
fun *(n.)* مُزاح؛ هَزْل؛ لَهْو .
to make ~ of يهزأ بـ ؛ يسخَر من .
function *(n.; vt.)* (١)مهنة؛عمل (٢)وظيفة. §(٣)يعمل؛ يؤدّي وظيفة .

functional *(adj.)* وظيفيّ ؛ عمليّ ؛ فعّال .
functionary *(n.)* الموظَّف .
fund *(n.)* (١) ذخيرة (٢) اعتماد ماليّ . (٣) *pl.* : ودائع مصرفيّة (٤) رأسمال (٥) *pl.* : موارد مالية (٦) صندوق ؛ منظمة .
fundamental *(adj.; n.)* (١) أصليّ ؛ أوليّ . (٢) أساسيّ ؛ رئيسيّ §(٣) مبدأ أساسي .
funeral *(n.;adj.)* (١) جنازة §(٢) مأتميّ ؛ كئيب .
funereal *(adj.)* جنائزيّ ؛ مأتميّ ؛ كئيب .
fungous *(adj.)* فُطْرِيّ .
fungus *(n.)* pl. **fungi**. فُطْر .

funk *(n.)* (١) ذُعْر (٢) جبان .
funnel *(n.)* قِمْع أو مدخنة .
funny *(adj.)* مُسَلٍّ ؛ مضحك .
fur *(n.)* (١) فرو (٢) ثوب مُفَرّى (٣) الطّلاء : مادّة بيضاء مَرَضيّة تكسو اللّسان .
furbish *(vt.)* يَصْقُل ؛ يلمّع .
furious *(adj.)* غاضب ؛ عنيف .
furl *(vt.; i.)* (١) يلفّ ×(٢) يلتفّ .
furlong *(n.)* الفَرْلُنْغ : ثُمن ميل .
furlough *(n.)* إجازة ؛ إذن بالغياب .
furnace *(n.)* فُرْن ؛ أَتّون .
furnish *(vt.)* يجهّز ؛ يُمِدّ ؛ يزوّد بـ .
furnishings *(n. pl.)* أثاث .
furniture *(n.)* أثاث .
furore *(n.)* إعجاب حماسي .
furrier *(n.)* الفرّاء ؛ تاجر الفِراء .
furrow *(n.; vt.)* (١) ثَلْم (٢) أخدود (٣) جعدة أو غضنة عميقة §(٤) يَثْلُم ؛ يخدّد ؛ يجعّد .
furry *(adj.)* (١) فَرْويّ (٢) مكسوّ بالفراء .
further *(adv.; adj.; vt.)* (١) إلى أو عند مسافة أبعد (٢) أيضاً ؛ علاوة على ذلك (٣) إلى حدّ أو مدى أبعد §(٤) أبعد (٥) إضافي ؛ آخَر §(٦) يعزّز ؛ يؤيّد .
furtherance *(n.)* تعزيز ؛ تأييد .
furthermore *(adv.)* علاوةً على ذلك .
furthermost; furthest *(adj.)* الأبعد .
furtive *(adj.)* (١) مُختَلَس (٢) ماكِر .
fury *(n.)* (١) غضب شديد (٢) ضراوة .
furze *(n.)* الرَّتَم ؛ الوَزّال (نبات) .
fuse *(n.; vt.; i.)* (١) فتيل المُفرقعة الخ . (٢) الصّمامة الكهربائية §(٣) يصهر ؛ يذيب (٤) يَلْحم ؛ يدمج ×(٥) ينصهر ؛ يندمج .
fuselage *(n.)* جسم الطائرة .
fusible *(adj.)* منصهر ؛ قابلٌ للانصهار .
fusilier *(n.)* جنديّ مسلّح بغدارة .
fusillade *(n.)* (١) وابل (من طلقات نارية) . (٢) سَيْل (من الأسئلة أو الانتقادات) .
fusion *(n.)* (١) صَهْر ؛ انصهار (٢) اندماج . (٣) تكتّل سياسيّ (٤) التحام النَّوَى الذّرّية .
fuss *(n.; vi.; t.)* (١) جَلَبة لا داعي لها : هَرْج ومرْج (٢) اعتراض ؛ احتجاج (٣) شِجار .
fussy *(adj.)* (١) سريع الاهتياج (٢) مزخرَف ؛ منمّق (٣) نيِق ؛ صعب الارضاء .
fustian *(n.; adj.)* (١) الفُسْتيان : نسيج قطنيّ . (٢) كلامٌ طنّان أو حافلٌ بالادّعاء §(٣) فُسْتيانيّ (٤) طنّان (٥) تافه ؛ رخيص .
fusty *(adj.)* (١) عفِن (٢) رجعيّ .
futile *(adj.)* (١) غير ذي جَدْوَى ؛ لا طائل تحته (٢) منشغل بالتوافه .
futility *(n.)* عَبَثٌ ؛ لا جدْوَى .
future *(adj.; n.)* (١) مُقبِلٌ ؛ آتٍ . (٢) استقباليّ §(٣) مستقبَل .
futurity *(n.)* مستقبَل .
fuze = fuse.
fuzz *(n.)* زَغَب ؛ زِئْبِر .

giraffe

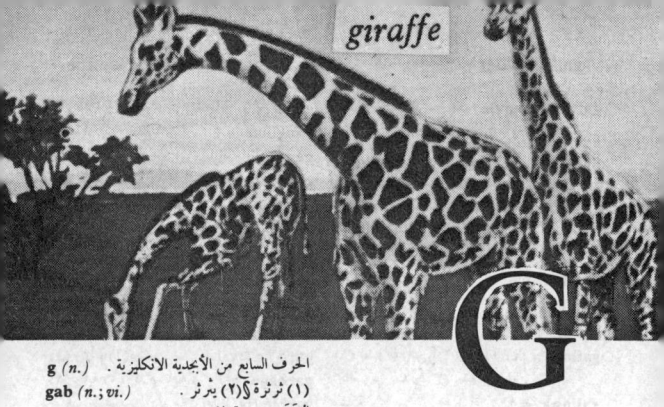

G

g *(n.)* الحرف السابع من الأبجدية الانكليزية .

gab *(n.; vi.)* (١) ثرثرة §(٢) يثرثر .

gabardine *(n.)* الغَبَرْدين : قماش متين .

gabble *(vi.)* يهذِر ؛ يثرثر.

gaberdine *(n.)* سترة طويلة .

gable *(n.)* الجَمَلون : الجزء الأعلى ، المثلّث الزوايا ، من جدار مكتنَف بسطحَين متحدّرَين .

gable

gad *(vi.)* يتسكّع ؛ يهيم.

gadfly *(n.)* النُّعَرة : ذبابة الخيل والماشية .

gadget *(n.)* أداة أو جزء من آلة .

gaff *(n.)* (١) الغاف : خُطّاف لرفع الأسماك الثقيلة (٢) القَرِيّة : عارضة يمدّد عليها رأس الشراع .

gag *(vt.; n.)* (١) يكعَم : يسدّ الفم بشيء (٢) يُسكِت §(٣) الكِعام : شيء يُقحَم في الفم لإبقائه مفتوحاً أو لمنعه من الكلام أو الصراخ.

gage *(n.)* (١) قفّاز يُرمَى إلى الأرض طلباً للمبارزة (٢) رهن ؛ ضمان .

gaiety *(n.)* ابتهاج ؛ مَرَح .

gaily *(adv.)* بابتهاج ؛ بمرح .

gain *(n.; vt.)* (١) كَسْب ؛ ربح §(٢) يكسب ؛ يربح (٣) يصل إلى (٤) يكتسب ؛ يزداد .

to ~ground يُحرز تقدماً .

gainful *(adj.)* مُربِح .

gainsay *(vt.)* (١) يُنكِر (٢) يُناقض .

gait *(n.)* مِشية أو طريقة في العَدْو .

gaiter *(n.)* الغَيْتَر : «أ» جُرْموق ؛ طِماق . «ب» وِقاء يُلبَس فوق الحذاء .

gala *(n.)* مِهرجان ؛ احتفال .

galactic *(adj.)* مَجَرّي : خاصّ بالمجَرّة .

galaxy *(n.)* (١) المَجَرّة (٢) الكوكبة : حشدٌ من أشخاص لامعين أو بارزين .

gale *(n.)* (١) عاصفة (٢) نوبة (ضحكٍ الخ.) .

gall *(n.; vt.)* (١) صفراء ؛ مِرّة (٢) شيء مرير يصعب احتماله (٣) وقاحة (٤) قَرْحٌ جلديّ (٥) العَفْصَة : تضخّم في النسيج النباتي §(٦) يقرِّح أو يُبْلي بالحكّ (٧) يغيظ ؛ يناكد.

gallant *(n.; adj.)* (١) شاب أنيق (٢) الزير : الملاطف للنساء §(٣) أنيق (٤) غَزِل أو متودّد للنساء (٥) فخم (٦) شجاع ؛ شهم ؛ نبيل .

gallantry *(n.)* (١) كياسة بالغة (٢) تودّد للنساء (٣) بسالة .

gall bladder 172 gasoline

gall bladder *(n.)* المرارة (في التشريح).

galleon *(n.)* الغليون: سفينة شراعيّة ضخمة.

gallery *(n.)* (١) بهوٌ معمَّد؛ رواق (٢) شرفة (٣) صالة عرض (للآثار الفنيّة).

galley *(n.)* (١) القادس: سفينة شراعية (٢) مطبخ سفينةٍ أو طائرة (٣) لوح الطباعة: صينية فولاذية مستطيلة لحمل الأحرف المنضّدة.

Gallic *(adj.)* غاليّ؛ فرنسيّ.

gallivant *(vi.)* يتسكّع؛ يتجوّل.

gallon *(n.)* الغالون: مقياس للسوائل.

gallop *(n.; vi.)* (١) عَدْو الفَرَس §(٢) يجري بالفَرَس عَدْواً (٣) يعدو بسرعة.

gallows *(n.)* مشنقة.

gallstone *(n.)* حصاة (في المرارة الخ.).

galore *(adv.)* بوفرة؛ بكثْرة.

galosh *(n.)* الكَلُوش: حذاء فوقيّ.

galvanic *(adj.)* كلفانيّ؛ غلوانيّ.

galvanism *(n.)* الكلفانيّة؛ الغلوانيّة: كهرباء مُحْدَثة بالتفاعل الكيميائي في بطارية.

galvanize *(vt.)* (١) ينبّه أو يثير بصدمة كهربائية (٢) يطلي بالزنك.

gamble *(i.; vt.; n.)* (١) يقامر (٢) يراهن ×(٣) يغامر بـ §(٤) مقامرة؛ مغامرة.

gambler *(n.)* المقامر.

gambol *(vi.)* يَطفر مرحاً.

game *(n.; adj.)* (١) لهو؛ لعب (٢) لعبة (٣) مباراة (٤) الصَّيْد: حيوانات مَصِيدة (٥) الطرائد أو لحمها §(٦) شجاع.

gamekeeper *(n.)* حارس منطقة الصيد.

gamely *(adv.)* بشجاعة؛ ببسالة.

gamesome *(adj.)* مَرِح؛ لَعُوب.

gamester *(n.)* المقامر.

gamut *(n.)* سلسلة كاملة.

gander *(n.)* ذَكَرُ الإوزّ.

gang *(n.)* (١) عُدّة (٢) جماعة (٣) عصابة.

ganglion *(n.)* عُقدة أو كتلة عصبية.

gangrene *(n.)* الغنغرينا؛ الأُكال.

gangster *(n.)* قاطع طريق.

gangway *(n.)* مَمَرّ؛ مَعْبَر (من الواح خشبية).

gaol *(n.; vt.)* = jail.

gap *(n.)* (١) فَجْوَة؛ ثَغرة؛ فُرجة (٢) شِعْب.

gape *(vi.; n.)* (١) يفغر فمه (٢) ينفرج؛ ينشقّ (٣) يتثاءب §(٤) تثاؤب (٥) انشداه (٦) ثغرة.

garage *(n.)* مَرْأب؛ كاراج.

garb *(n.; vt.)* (١) زيّ §(٢) يكسو.

garbage *(n.)* (١) نُفاية (٢) كلامٌ تافه.

garble *(vt.)* يحرّف؛ يشوّه.

garden *(n.)* حديقة؛ جُنينة.

gardener *(n.)* البستاني؛ الجنائنيّ.

gardenia *(n.)* الغردينيا (نبات).

GARDENIA

gargle *(vt.; i.)* يتغرغر بالماء.

garish *(adj.)* مُبَهْرَج؛ مزخرف بإفراط.

garland *(n.)* إكليل زهر.

garlic *(n.)* ثوم.

garment *(n.)* ثوب؛ كساء.

garner *(n.; vt.)* (١) مخزن الحبوب §(٢) يدّخر.

garnet *(n.)* عقيق أحمر.

garnish *(vt.; n.)* (١) يزخرف §(٢) زُخرُف.

garret *(n.)* العِلّيّة؛ عِلّيّة المنزل.

garrison *(n.)* (١) قلعة (٢) حامية.

garrulity *(n.)* ثرثرة؛ هَذَر.

garrulous *(adj.)* ثرثار؛ مِهْذار.

garter *(n.)* رباط للجورب الخ.

gas *(n.)* (١) غاز (٢) بنزين.

gaseous *(adj.)* غازيّ.

gash *(n.)* جُرح بليغ.

gasoline *(n.)* الغازولين؛ البنزين.

gasp *(vi.; n.)* (١) يلهث §(٢) لُهاث .
gastric *(adj.)* مَعِديّ : خاصّ بالمعِدة .
gastronomy *(n.)* فنّ حُسن الأكل .
gate *(n.)* باب ؛ بوابة .
gatekeeper *(n.)* البوّاب .
gather *(vt.; i.; n.)* (١) يَجْمَع (٢) يجني ؛ يحصد (٣) يكتسب تدريجياً (٤) يستنتج ؛ يعتقد ×(٥) يجتمع ؛ يلتئم §(٦) طيّة (في ثوب).
gathering *(n.)* (١) جَمع ؛ اجتماع (٢) خرّاج
gaud *(n.)* زينة ؛ حلية (رخيصة ومبهرجة) .
gaudy *(adj.)* مُبَهْرَج ؛ مزوّق .
gauge *(n.; vt.)* (١) قياس (٢) سعة ؛ حجم (٣) معيار ؛ مقياس §(٤) يقيس ؛ يعاير .
gaunt *(adj.)* (١) نحيل (٢) كئيب ؛ كالح .
gauntlet *(n.)* قُفّاز (٢) تحدٍّ .
gauze *(n.)* الغزّي ؛ الشاش .
gauzy *(adj.)* شفّاف ؛ رقيق كالشّاش .
gave *past of* **give.**
gawky *(adj.)* أخرق ؛ غير لبق .
gay *(adj.)* (١) مرِح (٢) زاهٍ .
gayety *(n.)* = **gaiety.**
gaze *(vi.; n.)* (١) يحدّق §(٢) نظرة محدّقة .
gazelle *(n.)* غزال ؛ ظَبْي .
gazette *(n.)* (١) جريدة (٢) جريدة رسميّة .
gazetteer *(n.)* (١) صحافيّ (٢) معجم جغرافيّ .
gear *(n.; vt.; i.)* (١) ملابس (٢) عُدّة . (٣) جهاز (٤) تُرس ؛ مُسَنَّنة ؛ دولاب مسنّن (٥) تعشيقة ؛ ناقل الحركة (في السيارة) §(٦) يكسو ؛ يجهّز (٧) يعشّق أو يتعشّق .
  in ~, (١) معشّق (٢) جاهز للعمل .
  out of ~, في نقطة العطالة .
geese *pl. of* **goose.**
gelatin; gelatine *(n.)* هُلام ؛ جيلاتين .
gelatinous *(adj.)* (١) هُلاميّ (٢) لزِج .
geld *(vt.)* (١) يخصي (٢) يحرم .
gem *(n.)* (١) جوهرة (٢) حجر كريم .
gendarme *(n.)* دَرَكِيّ .
gender *(n.)* الجنس (من حيث التذكير والتأنيث) .
genealogical *(adj.)* نَسَبِيّ .
genealogy *(n.)* (١) سلسلة نَسَب (٢) سُلالة ؛ أصل (٣) علم الأنساب .
genera *pl. of* **genus.**
general *(adj; n.)* (١) عامّ ؛ شامل § (٢) الرئيس العام (لرهبنة الخ.) (٣) لواء ؛ جنرال .
  in ~, عموماً ؛ بوجه عام .
generalissimo *(n.)* القائد العام .
generality *(n.)* (١) العموميّة : كونُ الشيء عاماً (٢) عبارة عامة أو غامضة (٣) الأغلبية.
generalization *(n.)* التعميم .
generalize *(vt.; i.)* يعمّم : يطلق أحكاماً عامة.
generally *(adv.)* (١) عموماً (٢) عادةً .
generate *(vt.)* (١) يلِد (٢) يولّد .
generation *(n.)* (١) نَسْل ؛ ذرّيّة (٢) جيل. (٣) توليد (٤) تولُّد (٥) نشوء .
generative *(adj.)* مولِّد ؛ تولّدي .
generator *(n.)* (١) مِرْجل (٢) المولّد ؛ المولِّد الكهربائي .
generic *(adj.)* عامّ أو جنسيّ .
generosity *(n.)* (١) سماحة ؛ شهامة (٢) كرَم.
generous *(adj.)* (١) سَمْح ؛ شهم (٢) كريم.
genesis *(n.)* أصل ؛ تكوّن ؛ نشوء .
genetics *(n.)* علم الوراثة .
genial *(adj.)* لطيف ؛ كريم ؛ أنيس.
genie *(n.)* pl. **-s** *or* **-nii** جِنّيّ ؛ عفريت .
genital *(adj.)* تناسليّ .
genitals *(n. pl.)* أعضاء التناسل .
genitive *(n.; adj.)* (١) حالة المُضاف إليه ؛ حالة الجرّ §(٢) إضافيّ ؛ جرّيّ .

genius *(n.)* (١)عبقريّة (٢)عبقريّ .
genre *(n.)* نَوْع .
genteel *(adj.)* أنيق؛ لطيف؛ دَمِث .
gentian *(n.)* الجَنْطيانا (نبات)

gentian

gentile *(n.)* المسيحي؛ الوثني؛ اللايهودي .
gentility *(n.)* (١)نبالة المَحتِد (٢) كياسة ؛ رقة ؛ دماثة .
gentle *(adj.)* (١) نبيل المحتد (٢) كريم . (٣)وديع ؛ سهل الانقياد (٤)دَمِث؛ لطيف.
gentleman *(n.)* سيد ؛ جنتلمان .
gentleness *(n.)* رقة؛ دماثة؛ لطف .
gentry *(n.)* الطبقة العليا؛ الارستوقراطية .
genuine *(adj.)* حقيقي؛ غير زائف .
genus *(n.)* جنس ؛ طبقة ؛ نوع .
geographer *(n.)* الجغرافي ؛ العالم بالجغرافيا.
geographic; -al *(adj.)* جغرافي .
geography *(n.)* جغرافيا ؛ علم الجغرافيا .
geologic; -al *(adj.)* جيولوجي .
geologist *(n.)* الجيولوجي .
geology *(n.)* الجيولوجيا؛ علم طبقات الأرض.
geometric; -al *(adj.)* هندسي .
geometry *(n.)* علم الهندسة .
geophysics *(n.)* الجيوفيزياء ؛ فيزياء الأرض.
geranium *(n.)* إبرة الراعي (نبات) .
germ *(n.)* (١)جرثومة؛ بِزرة. (٢) أصل (٣) ميكروب .

GERANIUM

German *(n.; adj.)* (١)الألمانيّ؛ الجرمانيّ (٢)اللغة الألمانية §(٣)ألمانيّ؛ جرمانيّ.
germane *(adj.)* مناسب؛ وثيق الصلة بالموضوع.
germicide *(n.)* مُبيد الجراثيم .
germinate *(vi.)* (١)يَنبُت (٢)ينشأ .
gesticulate *(vi.)* يومىء .

gesture *(n.; vi.; t.)* (١) إيماءة §(٢) يومىء .
get *(vt.; i.)* (١) ينال ؛ يكسب (٢) يفوز بـ (٣) يستولي على (٤) يصاب (بمرض) (٥) يجلب (٦) يُخرج (٧)يجعل ؛ يصيِّر (٨) يُعِدّ (٩) يصيب (١٠)يفهم (١١)يُقنع (١٢)يملك (١٣)يجب ؛ يتوجّب (١٤)يتصل بـ ×(١٥)يصل (١٦)يصبح (١٧)يرحل حالا.
to ~ at يَبْلُغ ؛ يُدرك .
to ~ away (١)ينصرف (٢) يفرّ .
to ~ back (١) يستردّ (٢) يعود .
to ~ down يترجّل ؛ ينزل .
to ~ even ينتقم ؛ يثأر .
to ~ off (١)يفرّ (٢)يرحل (٣)يترجل.
to ~ on (١)يتقدّم (٢)ينجح .
to ~ out يَخرج ؛ يفِرّ .
to ~ over يتغلّب على .
to ~ rid of يتخلّص من .
to ~ up (١) ينهض من فراشه (٢)ينتصب واقفاً (٣)يُعِدّ ؛ يهيىء.
gewgaw *(n.)* حلية رخيصة .
geyser *(n.)* (١) الحَمّة : نَبع ماء حارّ. (٢) المِسخَن : جهاز لتسخين الماء .
ghastly *(adj.)* (١)مروع (٢) شاحب.
ghetto *(n.)* الغَيْتو : حيّ اليهود (أو الأقليات).
ghost *(n.)* (١)روح (٢)شَبَح؛ طيف.
ghostly *(adj.)* (١)روحي (٢) شَبَحِيّ .
giant *(n.; adj.)* (١)المارد؛ العملاق §(٢)جبّار.
gibber *(vi.)* يُبَربِر ؛ يثرثر ؛ يهذر .
gibberish *(n.)* بربرة؛ كلام مُبْهَم .
gibbet *(n.; vt.)* (١) مشنقة §(٢) يَشنُق .
gibbon *(n.)* الجِبّون : قرد رشيق الحركة .
gibe *(vi.; t.; n.)* (١) يهزأ بـ §(٢) هُزء .
giblet *(n.)* قلب أو كبد الطائر .

giddy 175 glassware

giddy *(adj.)* (١)طائش؛ مستهتر (٢)مُصاب بدُوار (٣) مسبِّب للدُّوار .
gift *(n.)* (١)موهبة (٢)هِبَة؛ منحة (٣)مَنْحٌ .
gifted *(adj.)* موهوب؛ ذو موهبة .
gig *(n.)* الجَيْغ: قارب أو عربة خفيفة .
gigantic *(adj.)* عملاقيّ؛ هائل؛ ضخم .
giggle *(vi.; n.)* (١) يقهقه §(٢) قهقهة .
gild *(vt.)* (١) يطلي بالذهب (٢) يُمَوِّه .
gill *(n.)* (١)مِكيال للسوائل(٢) خَيْشُوم .
gilt *(n.)* ذهب أو شيء كالذهب يُطلَى به .
gimlet *(n.)* مِثقاب؛ مِخرز
gin *(n.; vt.)* (١)شَرَك(٢) مِحلج(٣)الجِن: مُسكِرٌ قويّ §(٤)يوقع في شَرَك (٥)يحلج .
ginger *(n.)* زَنْجَبيل .
ginger ale *(n.)* جِعَة الزنجبيل .
gingerbread *(n.)* كعكة الزنجبيل .
gingerly *(adv.)* بحذر شديد .
gingham *(n.)* الجِنْهام: نسيج قطني .
Gipsy *(n.)* = Gypsy.
giraffe *(n.)* زَرافة .
gird *(vt.)* يطوِّق؛ يثبِّت .
girder *(n.)* عارضة (خشبيّة أو معدنيّة) .
girdle *(n.; vt.)* (١)حِزام؛مِنطَقَة(٢)مِشَدّ (للمرأة) §(٣)يطوِّق بحزام (٤) يحيط بـِ .
girl *(n.)* (١)فتاة (٢)خادمة.
girl guide *or* **scout** *(n.)* المرشدة؛الكشافة.
girth *(n.)* (١) حزام السَّرج (٢)مقَاس محيط الجسم أو الخصر .
gist *(n.)* جوهر؛ لُبّ؛ زبدة .
give *(vt.; i.; n.)* (١) يعطي؛ يمنح؛ يَهَب . (٢) يقدِّم (٣)يقيم §(٤) مرونة .
to ~ away (١) يَهَبُ (٢) يزفّها إلى عريسها(٣)يُفشي؛ يفضح.
to ~ back يُعيد؛ يرجع .
to ~ birth to تلِد؛ تضع .
to ~ off يُطلِع؛ يُخْرِج .
to ~ rise to يسبب .
to ~ up (١)يتخلّى عن(٢)يكفّ عن (٣)يُعلِن أن المريض غير قابل للشفاء (٤)يُقرّ بعجزه .
to ~ way (١) يتراجع (٢)ينهار . (٣)يفسح مجالاً (٤) يستسلم(للحزن).
given *(adj.)* (١)مقدَّم؛ موهوب (٢)مدمن؛ ميّالٌ إلى (٣) محدَّد؛ معيّن .
giver *(n.)* المعطي؛ المانح؛ الواهب .
gizzard *(n.)* القانصة؛ معدة الطير الثانية .
glacial *(adj.)* (١) بارد جداً (٢) جليديّ .
glacier *(n.)* المَجْلَدَة؛ نهر الجليد .
glad *(adj.)* (١) مبتهج؛ مسرور (٢) سارّ.
gladden *(vt.)* يُبهِج؛ يسرّ .
glade *(n.)* فُرْجة (أو ممرّ) في غابة .
gladiator *(n.)* المُجالد؛ المُنازل .
gladsome *(adj.)* (١)مُبهِج (٢) مبتهج .
glamorous *(adj.)* فاتن؛ ساحر .
glamour *(n.)* فِتنة؛ سِحر .
glance *(vi.; t.; n.)* (١) يطيش (منحرفاً عن الرميّة) (٢)يبرق؛يومض ×(٣)يلمح أويلقي نظرةعجلى على§(٤)ومضة (٥)لمحة؛ نظرةعجلى.
gland *(n.)* غُدّة .
glandular *(adj.)* غُدّيّ .
glare *(vi.; n.)* (١) يسطع (٢) يحملق (مُغْضَبا) §(٣)وهجٌ (٤)حملقة .
glaring *(adj.)* (١) ساطع (٢) مُبَهْرِج . (٣) فاضح (٤) غاضب .
glass *(n.)* (١) زجاج (٢) كأس (٣) مرآة. (٤)مِنظار (٥) *pl.*: نظارتان؛ «عُوَيْنات».
glassful *(n.)* مِلءُ كأس أو قدَح .
glassware *(n.)* آنية زجاجية .

glassy *(adj.)* (١) زجاجيّ (٢) كامد .
glaze *(vt.; n.)* (١) يزجّج (نافذة) (٢) يكسو أو يطلي بطبقة رقيقة صقيلة § (٣) طبقة رقيقة لامعة .
glazier *(n.)* الزجّاج : مركّب الزجاج .
gleam *(n.; vi.)* (١) ومضة § (٢) يومض .
glean *(vi.; t.)* يلتقط فضلات الحصاد .
glee *(n.)* (١) مَرَح ، طَرَب (٢) أغنية .
gleeful *(adj.)* مرح ، طرِب ، جذْلان .
glen *(n.)* وادٍ صغير منعزل .
glib *(adj.)* ذرِب ، زلِق اللسان ، سلِس البيان .
glide *(vi.; n.)* (١) ينزلق § (٢) انزلاق .
glider *(n.)* المنزلِقة : طائرة شراعية .
glimmer *(vi.; n.)* (١) يومض § (٢) وميض . (٣) بصيص ، مقدار ضئيل .
glimpse *(vi.; t.; n.)* (١) يلمح § (٢) لمحة .
glint *(vi.; n.)* (١) يومض § (٢) ومضة .
glisten; -ter *(vi.; n.)* (١) يتلألأ § (٢) تلألؤ .
glitter *(vi.; n.)* (١) يتألق § (٢) تألق (٣) بهارج : حلى صغيرة متألقة .
gloaming *(n.)* الغسَق .
gloat *(vi.)* يحدّق بأعجاب ، يتأمّل بحبور .
global *(adj.)* (١) كرويّ (٢) عالميّ .
globe *(n.)* (١) كرة (٢) الكرة الأرضيّة .
globular *(adj.)* كرويّ .
globule *(n.)* الكُرَيّة : كرة صغيرة .
gloom; -iness *(n.)* (١) ظلام (٢) كآبة .
gloomy *(adj.)* (١) مظلم (٢) كئيب .
glorification *(n.)* تمجيد .
glorify *(vt.)* يمجد ، يعظّم ، يُبجِّل .
glorious *(adj.)* (١) مَجيد (٢) متألّق ، رائع .
glory *(n.)* (١) شهرة (٢) تمجيد (٣) مَفْخَرَة . (٤) تألُّق (٥) مجد (٦) هالة .
gloss *(n.; vt.)* (١) لمعان ، بريق (٢) تعليق ، حاشية § (٣) يموّه (٤) يصقل (٥) يشرح ، يعلّق .
glossary *(n.)* مَسْرَد (لشرح الكلمات الصعبة) .
glossy *(adj.)* صقيل ، لامع .
glove *(n.)* قُفّاز .
glow *(vi.; n.)* (١) يتوهج (٢) يحمرّ خجلاً . (٣) يتّقد ، يحتدم بالانفعال § (٤) توهج (٥) اتّقاد ، احتدام (٦) حرارة (٧) وَهجٌ .
glower *(vi.)* يحدّق ، يحملق .
glowworm *(n.)* الحُباحِب (حشرة) .
glucose *(n.)* الغلوكوز : سكّر العنب .
glue *(n.; vt.)* (١) غِراء § (٢) يُغَرّي .
glum *(adj.)* كئيب ، مكتئب ، كالح الوجه .
glut *(vt.; n.)* (١) يتْخِم § (٢) وفرة ، فيض .
glutinous *(adj.)* دَبِق ، لزِج ، لزِق .
glutton *(n.)* النَّهِم ، الشَّرِه .
gluttonous *(adj.)* نَهِم ، شَرِه .
gluttony *(n.)* نَهَمٌ ، شرَهٌ .
glycerin *or* **glycerine** *(n.)* الغليسيرين .
gnarl *(n.)* عقدة في شجرة .
gnash *(vt.)* يصرّ بأسنانه ، يَحْرِق الأُرَّم .
gnat *(n.)* الجِرْجِسة : بعوضة صغيرة .
gnaw *(vt.; i.)* (١) يقرض ، يقضم (٢) يحفر . (٣) يزعج ، يضايق (٤) ينخر .
gneiss *(n.)* النايس : صخر صوّاني .
gnome *(n.)* (١) قولٌ مأثور (٢) قزَمٌ خرافيّ .
go *(vi.; t.)* (١) يذهب (٢) يرحل (٣) ينقضي . (٤) يُباع (٥) يَضْعُف (٦) يتمزّق ، ينهار (٧) يَحْدُث (٨) يجري (٩) يدور ، يعمل بالطريقة الملائمة (١٠) يُعرَف بِ (١١) يساعد على (١٢) يعتزم ، يوشك (١٣) يصبح (١٤) ينسجم (١٥) ينطبق على × (١٦) يتحمّل ، يطيق .

to ~ about يطوف ، يجول .
to ~ after يطلب ، يسعى وراء كذا .
to ~ ahead ينطلق ، ينجح ، يتفوّق .
to ~ along يتقدّم .

goad 177 gopher

to ~ beyond يتخطى ؛ يتجاوز .
to ~ down (١) يغرق (٢) ينزل .
to ~ in (١) يدخل (٢) يشترك في .
to ~ off (١) يرحل (٢) ينفجر .
to ~ on يثابر ؛ يواصل .
to ~ out (١) يخرج (٢) يتوقف ؛ ينطفىء (٣) يَبْطُل (٤) يُضْرب .
to ~ over (١) يفحص (٢) يعيد . (٣) يراجع (٤) ينجح (٥) يغيّر مذهبه .
to ~ to pieces ينهار .
to ~ up يَصْعَد ؛ يزيد .

goad *(n.; vt.)* (١) مِهْماز §(٢) ينخس .
goal *(n.)* (١) الأمَد : منتهَى الشوط أو السباق . (٢) هدف (٣) مرمى أو إصابة (في كرة القدم) .
goalkeeper *(n.)* حارس المرمى .
goat *(n.)* ماعز ؛ معزاة .
gobble *(vt.; i.)* (١) يلتهم ؛ يزدرد ×(٢) يكركر .
gobbler *(n.)* الديك الروميّ .
go-between *(n.)* الوسيط ؛ السمسار .
goblet *(n.)* كأس ؛ قدح ؛ طاس .
goblin *(n.)* عِفريت ؛ جِنّيّ ؛ غُول .
god *(n.)* (١) ربّ (٢) *cap.* : الله .
godchild *(n.)* ابنٌ أو ابنةٌ بالمعموديّة .
goddaughter *(n.)* ابنة بالمعمودية .
goddess *(n.)* إلاهة .
godfather *(n.)* العرّاب : أبٌ في العماد .
godless *(adj.)* ملحِد ؛ كافر .
godlike *(adj.)* إلهي : شبيه بإله .
godly *(adj.)* (١) إلهيّ (٢) تقيّ ؛ ورع .
godmother *(n.)* العرّابة : أمّ في العماد .
godsend *(n.)* لُقْيَة أو مصادفة سعيدة .
godson *(n.)* ابنٌ بالمعموديّة .
goggle *(vi.)* يُحملِق .
goggle-eyed *(adj.)* جاحظ العينين .

goggles *(n. pl.)* منظار للوقاية من الشمس أو الغبار .
goiter *(n.)* تضخم الغدّة الدّرقية .
gold *(n.)* (١) ذهبٌ (٢) مالٌ .
golden *(adj.)* (١) ذهبيّ (٢) أشقر .
goldfinch *(n.)* الحَسّون : طائر من العصافير .
goldfish *(n.)* السمك الذهبيّ .
goldsmith *(n.)* الصائغ .
golf *(n.)* الغُولف ؛ لعبة الغولف .
gondola *(n.)* الغُندول : زورق فينيسيا .
gondolier *(n.)* الغناديليّ : مُسيِّر الغناديل .
gone *past part. of* go.
gong *(n.)* الجرس القُرصي .
gonorrhea *(n.)* التعقيبة (مرض) .

gongs

good *(adj.; n.)* (١) حسن ؛ جيّد (٢) ملائمٌ أو صالحٌ لِـ (٣) كامل (٤) حقيقيّ ؛ محقّق (٥) طيّب (٦) بارع §(٧) الخير (٨) مصلحة ؛ نفع (٩) *pl.* : سِلَع : بضائع (١٠) الأخيار .
good-bye *or* **good-by** *(interj.)* وداعاً .
good-for-nothing *(adj.)* تافِــه .
Good Friday *(n.)* الجمعة الحزينة .
good-hearted *(adj.)* طيّب ؛ كريم .
good-humored *(adj.)* بشوش ؛ ودّي .
goodly *(adj.)* (١) مليح (٢) ضخم .
good-natured *(adj.)* = good-humored.
goodness *(n.)* طيبة ؛ جودة ؛ صلاح .
goodwill *(n.)* (١) شعور ودّي (٢) الاسم التجاري : القيمة المعنوية التي يكتسبها محلّ تجاريّ على مرّ الزمن .
goody *(n.)* شيء حلو أو لذيذ .
goose *(n.)* (١) إوزّة (٢) مغفَّل (٣) مكواة .
gooseberry *(n.)* عنب الثعلب .
gopher *(n.)* الغُوفَر : سنجاب أميركي .

gore 2.

gore *(n.; vt.)* (١) دم . (٢) قطعة أرض أو قماش مثلثة §(٣)يخرق بقرن الخ.
gorge *(n.; vi.)* (١)حلق ؛ حلقوم (٢) ممر ضيق (٣) كتلة تسد مجرى §(٤)يلتهم ؛ يأكل بنهم .
gorgeous *(adj.)* بهي ؛ رائع ؛ فائق الجمال.
gorilla *(n.)* الغرلّى ؛ الغوريلا .
gormandize *(vi.; t.)* يلتهم ؛ يأكل بنهم .
gorse *(n.)* الرتم ؛ الوزال (نبات) .
gosling *(n.)* فرخ الإوز.
gospel *(n.)* إنجيل .
gossip *(n.; vi.)* (١)قيل وقال §(٢)ينهمك في القيل والقال ؛ ينشر الاشاعات .
got *past and past part. of* get.
Goth *(n.)* (١)القوطي: أحد القوطيين وهم شعب جرماني (٢)الفظ ؛ الهمجي .
Gothic *(adj.)* قوطي .
gouge *(n.; vt.)* (١)المظفار : إزميل مقعر §(٢) يظفر: يحفر بمظفار (٣)يبتز مال فلان.

gouges

gourd *(n.)* قرع ؛ يقطين .
gourmand *(n.)* المتأنق في الطعام والشراب .
gourmet *(n.)* الخبير في المآكل والخمور .
gout *(n.)* النقرس : داء المفاصل .
govern *(vt.; i.)* يحكم أو يسيطر على .
governess *(n.)* مربية الأطفال .
government *(n.)* (١)حكم (٢) حكومة .
governor *(n.)* (١)الحاكم (٢) المدير .
governorship *(n.)* الحاكمية : منصب الحاكم.
gown *(n.)* (١) عباءة (٢) الرداء الجامعي أو المهني (٣)ثوب نسائي (٤) وزرة العمل .
grab *(vt.; n.)* (١)ينتزع ؛ يختطف (٢)يغتصب §(٣)انتزاع ؛ اختطاف (٤)اغتصاب .

grace *(n.; vt.)* (١)نعمة إلهية (٢)صلاة المائدة. (٣)فضل ؛ منة (٤)امتياز (٥) إمهال ؛ مهلة (٦) جمال ؛ حسن (٧)رشاقة ؛ كياسة (٨)سمو (٩)نيافة §(١٠)يشرف (١١) يزين.
Act of ~, عفو عام .
by the ~ of God بنعمة الله .
in the good ~s of ذو حظوة عند .
with a good ~, عن طيب خاطر .
graceful *(adj.)* (١)جميل (٢)لبق .
graceless *(adj.)* (١)فاسد (٢) سمج .
gracious *(adj.)* (١) كريم ؛ لطيف ؛ كيس . (٢)مهذب ؛ لبق (٣)فاتن (٤)رؤوف .
gradation *(n.)* (١)مرحلة ؛ درجة (٢)تدرج.
grade *(n.; vt.)* (١) مرحلة ؛ درجة (٢)مرتبة ؛ منزلة (٣) صف مدرسي (٤) رتبة عسكرية (٥) علامة مدرسية (٦) درجة تحدر الطريق (٧)طريق متحدر §(٨)يصنف ؛ يفرز ؛ يبوب (٩) يمهد طريقاً أو يجعلها متحدرة تدريجياً.
gradient *(n.)* (١)درجة التحدر (٢) منحدر .
gradual *(adj.)* تدريجي ؛ تدرجي .
graduate *(n.; vt.)* (١) خريج (٢) أنبوبة مدرجة §(٣) يخرج: يمنح طالباً شهادة التخرج (٤) يدرج: يقسم الى درجات .
graduation *(n.)* (١) تخريج ؛ تخرج . (٢)حفلة توزيع الشهادات (٣)تدريج ؛ تدرج.
graft *(vt.; i.; n.)* (١)يطعم (النبات) . (٢) يطعم (النسيج الحي) جراحياً (٣)يبتز المال §(٤) نبتة مطعمة (٥) عسلوج التطعيم (٦) ابتزاز المال .
grain *(n.)* (١)«أ» حبة . «ب» حبوب . «ج»النباتات المنتجة للحبوب (٢)ذرة ؛ مقدار ضئيل (٣)القمحة: مقياس للوزن (٤)التجزع : تعرق (أو اتجاه) الألياف (٥) طبع ؛ مزاج.
gram *(n.)* الغرام : $\frac{1}{1000}$ من الكيلوغرام .

grammar *(n.)* علم النّحْو والصرف .
grammarian *(n.)* العالِم بالنحو والصرف .
grammatical *(adj.)* نحويّ ؛ لغويّ .
gramophone *(n.)* الحاكي ؛ الفونوغراف .
granary *(n.)* هُرْي ؛ مخزن قمح .
grand *(adj.)* (١) كبير (٢) كلّيّ ؛ إجماليّ . (٣) رئيسيّ (٤) رفيع (٥) فخم (٦) جليل (٧) رائع .
grandam *(n.)* (١) جدّة (٢) امرأة عجوز .
grandchild *(n.)* (١) حفيد (٢) حفيدة .
granddaughter *(n.)* حفيدة .
grand duchess *(n.)* غراندوقة .
grand duke *(n.)* غراندوق .
grandee *(n.)* نبيل (اسباني أو برتغالي) .
grandeur *(n.)* جلال ؛ فخامة ؛ عظمة .
grandfather *(n.)* (١) جَدّ (٢) سَلَف .
grandiloquent *(adj.)* (١) مُفخِّم : مصطنعٌ الكلامَ الفخم الطنّان (٢) مفخَّم .
grandiose *(adj.)* فخيم .
grandmother *(n.)* الجَدّة : أمّ الأب أو الأمّ .
grandparent *(n.)* (١) جَدّ (٢) جَدّة .
grandson *(n.)* حفيد .
grandstand *(n.)* المدرَّج المسقوف .
grange *(n.)* مزرعة .
granite *(n.)* الغرانيت ؛ الصوّان .
grant *(vt.; n.)* (١) يخوِّل (٢) يمنح (٣) يسلّم بـ . § (٤) تخويل ؛ مَنْح ؛ تسليم بـ (٥) هِبَة ؛ منحة . to take for ~ *ed* يسلّم ؛ يفترض جدلاً ؛ يعتبره صحيحاً أو محتوماً .
grantee *(n.)* الموهوب أو الممنوح له .
grantor *(n.)* الواهب ؛ المانح .
granular *(adj.)* حُبَيْبيّ ؛ مُبَرْغَل .
granulate *(vt.; i.)* (١) يُحبِّب ؛ يُبَرْغِل . × (٢) يتحبّب ؛ يتبرغل .
granule *(n.)* حُبَيْبَة .

grape *(n.)* عِنَب ؛ كرمة .
grapefruit *(n.)* ليمون الجنّة : الليمون الهندي .
graph *(n.)* رسم بيانيّ .
graphic *(adj.)* (١) حيّ ؛ نابِض بالحَياة . (٢) تصويريّ ؛ نقشيّ ؛ طِباعيّ ؛ كِتابيّ ؛ بيانيّ .
graphic arts *(n. pl.)* الفنون التخطيطية (كالتصوير والزخرفة والكتابة والطباعة) .
graphite *(n.)* الغرافيت : كربون طريّ .
grapnel *(n.)* (١) مِرساة (٢) كُلاّب .
grapple *(n.; vt.; i.)* (١) كُلاّب أو مِرساة . (٢) تماسك بالأيدي (في المصارعة) § (٣) يمسك بـ ؛ يتشبث بـ (٤) يصارع أو يتصارع .
grasp *(vi.; t.; n.)* (١) يمسك بـ ؛ يتمسّك بـ . (٢) يعانق (٣) يفهم § (٤) مِقبض (٥) عناق (٦) حَوْزَة (٧) متناوَلُ الذراعين .
grasping *(adj.)* جَشِع ؛ طمّاع .
grass *(n.)* (١) عُشْب (٢) مَرْعَى .
grasshopper *(n.)* الجُنْدُب .
grassy *(adj.)* (١) مُعْشِب (٢) عشبيّ .
grate *(n.; vt.)* (١) المُقَضَّب : حاجز ذو قضبان متوازية (٢) الشَّعرية (٣) مِنصَب لحمل نار الموقد § (٤) يَبْشُر (٥) يُثير (٦) يَصِرّ بـ .
grateful *(adj.)* (١) شاكر ؛ مُقِرّ بالجميل ؛ معبِّر عن شكر (٢) مُستحَبّ ؛ سائغ .
grater *(n.)* المِبْشَرَة : أداة للبَشْر .
gratification *(n.)* (١) إرضاء ؛ رضاً (٢) إشباع .
gratify *(vt.)* (١) يُرْضي أو يُشبع (٢) يَسُرّ .
grating *(n.)* = grate.
gratis *(adv.; adj.)* (١) مَجّاناً § (٢) مجانيّ .
gratitude *(n.)* عرفان الجميل .
gratuitous *(adj.)* (١) مجانيّ (٢) بلا مبرّر .
gratuity *(n.)* نَفحة ؛ راشن ؛ بقشيش .
grave *(vt.; adj.; n.)* (١) ينحت ؛ ينقش .

§(٢) خطير (٣)مُهْلِك (٤) وقور ؛ رزين (٥) قاتم (٦) خفيض §(٧) قبر .

gravel *(n.)* حَصىً ؛ حَصْباء .

graver *(n.)* (١) النحّات (٢) إزميل .

gravestone *(n.)* الشاهد : بلاطة القبر .

graveyard *(n.)* مقبرة ؛ مدفن ؛ جبانة ؛ قرافة .

gravitation *(n.)* الجاذبيّة الأرضيّة .

gravity *(n.)* (١) وقار ؛ رزانة (٢) خطورة . (٣)ثِقل (٤) جاذبيّة الأرض .

gravy *(n.)* صلصة مرق اللحم .

gray *(adj.; n.; vt.)* (١)رماديّ (٢) أشيب . (٣) كئيب §(٤)اللون الرمادي§(٥)يجعله رمادياً .

graybeard *(n.)* شيخ ؛ رجل عجوز .

grayling *(n.)* التيمالوس : سمك نهريّ .

graze *(vi.; t.; n.)* (١)ترعى (الماشية)×(٢)يُسيم الماشيةَ لترعى (٣)يمسّ مسّاً عابراً رفيقاً (٤)يكشط ؛ يحلط §(٥) كَشْطٌ .

grease *(n.; vt.)* (١)شحم §(٢)يزيّت ؛ يشحّم .

greasy *(adj.)* (١) مشحَّم (٢)زيتيّ المظهر أو الملمس (٣) زلِق (٤) دُهْنيّ .

great *(adj.)* (١)ضخم (٢)واسع (٣) ساحق . (٤)مفعَم بـ (٥) كبير ؛ عظيم (٦) مديد (٧)رفيع ؛ نبيل (٨)رائع (٩)حُبْلى .

greatcoat *(n.)* مِعْطف .

great-grandfather *(n.)* أبو الجدّ .

greatly *(adv.)* كثيراً ؛ جداً .

Grecian *(adj.; n.)* = Greek.

greed *(n.)* جَشَع ؛ طَمَع .

greedy *(adj.)* (١)شَرِه (٢)جَشِع ؛ طمّاع .

Greek *(n.; adj.)* (١)الاغريقيّ ؛ اليونانيّ (٢) اللغة اليونانيّة §(٣) اغريقيّ ؛ يونانيّ (٤)روميّ .

green *(adj.; n.)* (١)أخضر (٢)فجّ (٣)طازج أوجديد (٤)شاحب (٥)غير مدبوغ (٦)أخرق ؛ ساذج ؛ مغفّل §(٧)اللون الأخضر .

greenhouse *(n.)* الدَّفيئة : بيت زجاجيّ لزراعة النباتات الرَّخصة أو لوقايتها .

greenish *(adj.)* مُخْضَرّ .

greensward *(n.)* مَرْجَة ؛ مَرْج .

greenwood *(n.)* الغابة الخضراء .

greet *(vt.)* يرحّب بـ ؛ يحيّي .

greeting *(n.)* ترحيب ؛ تحيّة .

gregarious *(adj.)* اجتماعيّ .

Gregorian *(adj.)* غريغوري .

grenade *(n.)* الرمّانة : قنبلة يدويّة .

grenadier *(n.)* ملقي القنابل اليدوية .

grew *past of* grow.

grey *(adj.; n.; vt.)* = gray.

greyhound *(n.)* السلوقيّ : كلب صيد .

grid *(n.)* (١) المصبَّعة : شبكة قضبان متصالبة . (٢) لوح المِرْكم : صفيحة معدنيّة مثقّبة تُستخدم كمُوصِّل في بطارية مُخْتَزِنة .

griddle *(n.)* صينيّة لخَبْز الكعك المحلّى .

gridiron *(n.)* (١) مِشْواة (٢) ملعب .

grief *(n.)* (١) أسىً ؛ حزن (٢)إخفاق ؛ كارثة .

grievance *(n.)* ضَيْم ؛ مَظْلَمَة ؛ شَكْوى .

grieve *(vt.; i.)* (١) يُحْزِن ×(٢) يَحْزَن .

grievous *(adj.)* (١)باهظ ؛ مرهِق ؛ ثقيل الوطأة . (٢) مؤلم ؛ محزن (٣) خطير ؛ فاحش .

grill *(vt.; n.)* (١)يشوي (٢)يستجوب بقسوة . §(٣)مِشواة (٤)شِواء (٥) مطعم شِواء .

grim *(adj.)* (١)ضارٍ ؛ شرِس (٢) متجهِّم ؛ كالح (٣) مروِّع ؛ مثير للاشمئزاز .

grimace *(n.; vi.)* (١) كَشْرَة §(٢)يكشّر أو يلوي قسمات وجهه لإضحاك الآخرين .

grime *(n.)* سُخام ؛ وسَخ .

grin *(vi.; n.)* (١) يبتسم ابتسامةً عريضةً (٢) يكشّر §(٣)ابتسامة عريضة (٤)تكشير .

grind *(vt.; n.)* (١)يطحن (٢)يشحذ ؛ يسنّ .

(٣) يَصِرّ بأسنانه (٤) يظلم §(٥) طَحْن الخ. (٦) كدح (٧) تلميذ يدرس بإجهاد .

grinder *(n.)* (١) ضِرْس (٢) الطاحن أو الشاحذ (٣) مِطحنة (٤) مِجلخة .

grindstone *(n.)* حجر الشَّحذ ؛ مِجلخة .

grip *(vt.; n.)* (١) يُمسك (بإحكام) (٢) يستحوذ على § (٣) مَسْكَة ؛ قَبْضَة (٤) مَقْبِض .

gripes *(n. pl.)* مغص .

grippe *(n.)* الخُبْطَة ؛ الإنفلُوَنْزا (مرض) .

grisly *(adj.)* رهيب ؛ مروِّع .

grist *(n.)* (١) حنطة (٢) طِحْن ؛ طحين .

gristle *(n.)* غُضْرُوف .

gristmill *(n.)* مِطحنة ؛ طاحونة قَمْح .

grit *(n.)* (١) بُرْغُل ؛ جَرِيش (٢) صخر رملي (ذو حُبَيْبات خشنة) (٣) ثبات ؛ عزم .

grizzled; grizzly *(adj.)* أشْيَب .

groan *(vi.; n.)* (١) يَئِن ؛ يتأوّه (٢) يئطّ ؛ يَصْرِف ؛ يصِرّ § (٣) أنين ؛ تأوّه .

grocer *(n.)* البَقّال ؛ البَدّال ؛ السمّان .

grocery *(n.)* (١) البِقالة § (٢) دكان البقّال .

groin *(n.)* (١) الأُرْبِيّة : أصل الفخذ (٢) الحَنِيّة : مُلتَقى عقدَين متقاطعين .

AA. groins

groom *(n.; vt.)* (١) سائس خيل (٢) عريس § (٣) يسوس الخيل (٤) يَصْقل (٥) يُهيِّىء .

groove *(n.; vt.)* (١) أُخدُود ؛ ثَلْم (٢) روتين ؛ عمل نمطي رتيب § (٣) يخدّد ؛ يحفر ثلماً في .

grope *(vi.; t.)* يتلمّس طريقَه (في الظلام) .

gross *(adj.; n.)* (١) جسيم (٢) بدين جداً (٣) عامّ ؛ عريض (٤) إجماليّ ؛ غير صافٍ (٥) فظّ ؛ غير مهذّب (٦) رخيص ؛ عاديّ (٧) بذيء (٨) كثيف § (٩) المجموع الاجمالي (غير الصافي) (١٠) الغروس : اثنتا عشرة دزينة .

grotesque *(adj.)* غريب أو خيالي .

grotto *(n.)* غار ؛ كهف .

grouch *(n.; vi.)* (١) نوبة نكد أو ضيق خُلق § (٢) يغلب عليه النكد أو ضيق الخلق .

ground *(n.; vt.; i.)* (١) قاع (٢) *pl.* : ثُفل ؛ رواسب (٣) أساس ؛ دافع ؛ سبب (٤) خَلْفية (٥) سطح الأرض (٦) *pl.* : المساحة المحيطة بمنزل الخ. والتابعة له (٧) موضوع § (٨) يضع على الأرض × (٩) يرتطم بالقاع (١٠) يقع على الأرض .

ground *past and past part.* of grind.

ground floor *(n.)* الطابق الأرضي .

groundless *(adj.)* لا مبرر أو أساس له .

groundwork *(n.)* أساس ؛ قاعدة .

group *(n.; vt.; i.)* (١) جماعة (٢) زُمْرَة (٣) مجموعة § (٤) يضم (٥) يصنف × (٦) يتجمّع .

grouse

grouse *(n.)* الطَّيهُوج (طائر) .

grove *(n.)* (١) أَيْكة ؛ غَيْضَة (٢) بُسْتان .

grovel *(vi.)* يدبّ أو ينبطح على الأرض .

grow *(vi.; t.)* (١) ينمو (٢) ينبت (٣) يكبر (٤) يزداد (٥) يصبح × (٦) يزرع (٧) يربّي .

growl *(vi.; n.)* (١) يهرّ (الكلبُ) § (٢) هرير .

grown *(adj.)* ناضج ؛ تامّ النموّ .

grown-up *(n.; adj.)* بالغ ؛ راشد .

growth *(n.)* (١) نماء ؛ نموّ (٢) ازدياد (٣) شيء نامٍ (٤) ورم ؛ خرّاج (٥) أصل .

grub *(vt.; i.; n.)* (١) يعزق ؛ ينكش ؛ ينبش . (٢) يكدح § (٣) دُوَيْدَة ؛ يرقانة دودية (٤) طعام .

grubby *(adj.)* (١) قذِر (٢) حقير ؛ وضيع .

grudge *(vi.; t.; n.)* (١) يشكو ؛ يتذمّر × (٢) يحسُد (٣) يُنكر عليه أمراً (٤) يضنّ عليه بـ § (٥) حقد ؛ ضغينة .

gruel *(n.)* (١) ثريد ؛ عصيدة (٢) قِصاص .

gruesome *(adj.)* رهيب ؛ مخيف ؛ شنيع .
gruff *(adj.)* (١) فظّ (٢) أجشّ .
grumble *(vi.; n.)* (١) يدمدم ؛ يهِرّ ؛ يتذمّر §(٢) دمدمة ؛ هرير ؛ تذمّر .
grunt *(vi.; n.)* (١) يقبَع (الخنزير) ؛ ينخَر §(٢) القُباع : صوت الخنزير .
guarantee *(n.; vt.)* (١) الضامن ؛ الكفيل. (٢) ضمانة ؛ كفالة §(٣) يضمن ؛ يكفل .
guarantor *(n.)* الضامن ؛ الكفيل .
guaranty *(n.; vt.)* = guarantee.
guard *(n.; vt.; i.)* (١) حماية ؛ دفاع (٢) حارس ؛ حَرَس (٣) كمساريّ قطار (٤) وقاء §(٥) يقي ؛ يحمي ؛ يدافع عن (٦) يحرس ×(٧) يحاذر .
 on one's ~, متيقّظ ؛ حذِر .
 off one's ~, غافل ؛ غير متيقّظ .
guardian *(n.)* (١)حارس (٢) وصيّ .
guava *(n.)* شجرة الغُوافة أو ثمرُها .
guerdon *(n.; vt.)* (١) مكافأة §(٢) يكافىء .
guerrilla *or* **guerilla** *(n.)* الداغر : المشارك في حرب العصابات .
guess *(vt.; i.; n.)* (١) يخمِّن أو يحزر (٢) يظنّ ؛ يحسب §(٣) تخمين ؛ حَزْر ؛ ظَنّ .
guest *(n.)* (١)ضيف (٢)نزيل (بفندق الخ.)
guffaw *(n.; vi.)* (١)قهقهة §(٢)يقهقه .
guidance *(n.)* إرشاد ؛ توجيه ؛ هَدْي ؛ هِداية .
guide *(n.; vt.: i.)* (١) المرشد ؛ الدّليل . (٢) الموجِّهة : أداة لتوجيه حركة شيء ما §(٣) يُرشِد ؛ يَهْدي ؛ يوجِّه .
guidebook *(n.)* الدّليل : كتاب لهداية السيّاح .
guided missile *(n.)* القذيفة الموجَّهة .
guild *(n.)* نقابة مهنية (في القرون الوسطى) .
guilder *(n.)* الجيلْدر : عملة هولندية .
guile *(n.)* (١)مكْر ؛ خداع (٢)رياء .
guileless *(adj.)* ساذج ؛ صادق ؛ صريح .
guillotine *(n.; vt.)* (١) مِقصلة (٢) مقطع ورق §(٣) يُعدم بمقصلة .
guilt *(n.)* (١) إثم (٢) شعور بالاثم .
guiltless *(adj.)* (١)بريء (٢)غِرّ ؛ عديم الخبرة .
guilty *(adj.)* (١) مذنب (٢)شاعرٌ بالاثم .
guinea *(n.)* جُنَيْه (انكليزي) .
guinea fowl *or* **hen** *(n.)* الدّجاج الحبشي .
guinea pig *(n.)* (١)خنزير غينيا ؛ الخنزير الهندي (٢) حقل للتجارب .

guinea fowl

guise *(n.)* زيّ ؛ هيئة ؛ مظهر .
guitar *(n.)* قيثارة ؛ غيتار .
gulch *(n.)* العَقيق ؛ وادٍ عميق ضيّق .
gulf *(n.)* (١)خليج (٢)هاوية (٣) ثغرة واسعة .
gull *(n.; vt.)* (١) النَّوْرَس ؛ زُمَّج الماء (٢) الساذج ؛ السهْل الانخداع §(٣) يخدع .

gull 1.

gullet *(n.)* (١)المريء (٢)الحنجرة .
gully *(n.)* أُخدود (من أثر مياه المطر) .
gulp *(vt.; n.)* (١)يزدرد ؛ يتجرّع §(٢)ازدراد .
gum *(n.; vt.)* (١)لِثة (٢)صَمغ (٣)مَضيغة ؛ علكة ؛ §(٤) يطلي أو يُلصق بالصَّمغ .
gummous; gummy *(adj.)* صَمغيّ ؛ دَبِق .
gumption *(n.)* (١) ذكاء (٢)روح المبادرة .
gun *(n.)* مدفع ؛ بندقيّة ؛ مسدّس .
gunboat *(n.)* السفينة المدفعية .
gunlock *(n.)* زَنْد البندقيّة
gunman *(n.)* القاتل المحترِف .
gunner *(n.)* المِدْفعيّ ؛ جندي المدفعية .
gunnery *(n.)* القِذافة : علم المدفعيّة .
gunny *(n.)* (١) خَيْش (٢) كيس خَيْش .
gunpowder *(n.)* بارود .

gunshot *(n.)* (١)طلق ناري (٢)مدى المدفع أو البندقيّة .

gunwale *(n.)* الشَّفير : الحافة العليا من جانب المركب .

gurgle *(vi.; n.)* (١) يُقَرْقِر : يتدفّق في تيّار متقطّع ضاجّ §(٢) قَرْقَرَة .

gush *(vi.; n.)* (١)يتدفّق ؛ يتفجّر §(٢)تدفّق .

gusher *(n.)* بئر بتروليّة غزيرة الدفق .

gust *(n.)* (١)عصفة ريح (٢)انفجار عاطفيّ .

gusto *(n.)* (١) ذَوْق ؛ مَيْل (٢) استمتاع أو تقدير شديد (٣) حيويّة بالغة .

gut *(n.)* (١)*pl.*: أحشاء (٢)القناة الهضمية ؛ أو جزء منها (كالمعي أو المعدة) (٣) ممرّ ضيق (٤) وَتَر (٥) *pl.* : شجاعة .

gutless *(adj.)* جبان أو عديم الحيويّة .

gutter *(n.)* (١)ميزاب ؛ مزراب (٢)قناة ؛ بالوعة .

guttural *(adj.)* حَلْقيّ ؛ بلعوميّ ؛ حُنجُريّ .

guy *(n.; vt.)* (١)الشدّادة : حبل (أو سلسلة تثبيت) (٢)شخص ؛ فتىً §(٣)يَسخر من (٤)يثبّت .

guzzle *(vi.)* يُسْرِف في الشراب .

gymkhana *(n.)* حفلة رياضية .

gymnasium *(n.)* الجِمنازيوم : «أ» مبنى للالعاب الرياضية . «ب» مدرسة ثانوية ألمانيّة .

gymnast *(n.)* الخبير بالرياضة الجِمنازية .

gymnastic *(adj.)* رياضيّ ؛ جِمنازيّ .

gymnastics *(n.)* الرياضة الجِمنازيّة : رياضة بدنيّة يقصَد بها ترويض العضلات .

gynecology *(n.)* علم أمراض النساء .

gyp *(n.)* خادم بكليّة .

gypsum *(n.)* جِصّ ؛ جِبْس .

Gypsy *(n.)* (١)الغَجَريّ (٢)لغة الغَجَر .

gyrate *(vi.)* يدوم : يدور حول نقطة أو محور .

gyration *(n.)* التدويم : دوران حول محور .

gyroscope *(n.)* الجيروسكوب : أداة تستخدم لحفظ توازن الطائرة أو الباخرة .

gyroscope

gyve *(n.; vt.)* (١)قَيْد ؛ صِفاد ؛ غُلّ §(٢)يقيّد ؛ يصفّد ؛ يكبّل .

H

The Holy Kaaba (Mecca, Saudi Arabia)

h *(n.)* الحرف الثامن من الأبجدية الانكليزية.

haberdasher *(n.)* : بائع (١) الخُرْدجِيّ السِّلَع الصغيرة كالأزرار والإبر الخ. (٢) بائع السلع الرجالية (كالقمصان وأربطة العنق الخ.).

habiliments *(n.pl.)* ثياب ؛ ملابس.

habit *(n.)* (١) رداء ؛ رداء الراهب. (٢) بذلة ركوب الخيل (للسيدات) (٣) عادة.

habitable *(adj.)* صالح للسكنى.

habitant *(n.)* الساكن ؛ المقيم ؛ المستوطن.

habitation *(n.)* (١) سُكْنَى (٢) مَسْكَن.

habitual *(adj.)* (١) معتاد ؛ مألوف (٢) مدمن.

habituate *(vt.)* يعوّد ؛ يروّض على.

hack *(vt.; i.; n.)* (١) يقطّع بضربات متوالية. ×(٢) يسعل سعالاً متقطّعاً جافاً §(٣) فأس (٤) سعال متقطع جاف (٥) كديش (٦) حصان أجرة (٧) عربة أو سيارة أجرة.

hackle *(n.)* ريش عنق الطائر.

hackney *(n.; vt.)* (١) حصان ركوب أو جرّ. (٢) عربة أو سيارة أجرة §(٣) يبتذل.

hackneyed *(adj.)* مبتذَل.

had *past and past part. of* have.

haddock *(n.)* الحَدوق (سمك).

Hades *(n.)* الجحيم.

haft *(n.)* مِقْبَض ؛ نِصاب.

hag *(n.)* (١) ساحرة (٢) عجوز شمطاء.

haggard *(adj.)* مضنىً ؛ مهزول ؛ مُنهَك.

haggle *(vi.)* يساوم ؛ يماحك.

hail *(n.; vi.; t.; interj.)* (١) بَرَد (٢) وابل كالبَرَد (٣) تحية ؛ ترحيب (٤) هتاف ؛ نداء §(٥) تمطر (السماء) بَرَداً (٦) ينهمر كالبَرَد ×(٧) يُمطره بوابل من (٨) يحيّي أو يرحّب بِ (٩) ينادي (١٠) ينادي بِ §(١١) مرحباً.

hailstone *(n.)* البَرَدَة : حبة بَرَد.

hailstorm *(n.)* عاصفة البَرَد.

hair *(n.)* (١) شَعْر ؛ شعرة (٢) وَبَر.

hairdresser *(n.)* المزيِّن ؛ الحلاّق.

hairless *(adj.)* أصلع ؛ أجرد ؛ أمرد.

hairpin *(n.)* دبّوس شعر.

hairy *(adj.)* أشْعَر ؛ شَعِر ؛ كثير الشعر.

hake *(n.)* النازِليّ : سمك من جنس القُدّ.

halberd or **halbert** *(n.)* : المِطرَد سلاح قديم مؤلف من رمح وفأس حرب.

head of halberd

halcyon *(adj.)* (١) رائق (٢) مزدهر.

hale *(adj.)* سليم ؛ صحيح ؛ معافى .
half *(n.; adj.)* (١) نصف (٢) نصف ساعة . (٣) شطر ؛ أحد زوجين §(٤) نصفيّ أو جزئيّ .
one's better ~, زوجة المرء .
halfback *(n.)* الظهير المساعد (في كرة القدم) .
half-baked *(adj.)* فَطير ؛ نصف مخبوز .
half-blooded *(adj.)* مولَّد ؛ هجين .
half boot *(n.)* الحذاء النصفيّ : حذاء يتجاوز الكاحل بعض الشيء .
half-breed *(adj.; n.)* مولَّد ؛ هجين .
half brother *(n.)* أخٌ غير شقيق .
halfhearted *(adj.)* فاتِر ؛ تُعوِزه الحماسة .
half-moon *(n.)* هلال .
half time *(n.)* (١) الفاصل الانتصافي : فترة بين الشطرين الأول والثاني من مباراة في كرة القدم الخ . (٢) العمل النصفيّ : الشّغل نصف ساعات النهار فقط وبنصف راتب .
half-track *(n.)* سيارة بنصف زنجير .
halfway *(adj.; adv.)* (١) متوسط (٢) جزئي . §(٣) إلى منتصف المسافة (٤) جزئياً ؛ تقريباً .
half-wit *(n.)* شخص أحمق أو أبله .
hall *(n.)* (١) قصر (٢) مبنى في جامعة (٣) ردهة . (٤) رواق (٥) قاعة اجتماع كبيرة (٦) ملهى .
hallelujah *(n.)* ترنيمة شكر .
hallmark *(n.)* (١) دمغة المصوغات (٢) صفة رسمية أو سِمَة مميِّزة .
hallo *or* **halloo** *(interj.)* = hollo.
hallow *(vt.)* يقدِّس ؛ يكرِّس ؛ يبجِّل .
hallucination *(n.)* هَلْوَسَة ؛ هذيان .
hallway *(n.)* (١) مَدْخَل (٢) رواق .
halo *(n.)* هالة .
halt *(adj.; vi.; t.; n.)* (١) أعرج §(٢) يقف ؛ يتوقف ×(٣) يوقف §(٤) وقوف ؛ توقّف ؛ موقف .
halter *(n.; vt.)* (١) رَسَن (٢) حبل المشنقة . (٣) الموت شنقاً §(٤) يشنق .
halve *(vt.)* (١) ينصِّف : يشطر إلى نصفين . (٢) يُنزِل إلى النصف .
halves *pl. of* half.
halyard *(n.)* الكَرّ : حبل لرفع شراع أو خفضه .
ham *(n.)* فخذ الخنزير المملح .
hamburger *(n.)* سندويشة من لحم البقر .
hamlet *(n.)* قرية صغيرة .
hammer *(n.; vi.; t.)* (١) مِطرقة (٢) زند البندقية §(٣) يطرُق ؛ يدقّ ×(٤) يطرِّق .
hammock *(n.)* الأُرْجوحة الشبكيّة .
hamper *(vt.; n.)* (١) يعوق ؛ يعرقل (٢) يكبح ؛ يقيِّد §(٣) عائق (٤) السَّبَت : سلة كبيرة .
hand *(n.; vt.)* (١) يد (٢) مؤشِّر (٣) عقرب ساعة (٤) سيطرة ؛ إشراف (٥) جانب ؛ جهة (٦) مصدر (٧) عون ؛ مساعدة (٨) عاصفة تصفيق (٩) لاعب (في لعبة ورق) (١٠) الأوراق في يد اللاعب (١١) دورة أو «دَقّ» (في لعب الورق) (١٢) العامل ؛ النوتيّ (١٣) البارع في عمل ما §(١٤) يقود أو يساعد باليد (١٥) يسلّم إلى .. باليد .
at ~, (١) قريب (٢) في المتناوَل .
from ~ to mouth عيشة الكفاف .
~s off ! إرفعْ يدك عن .. ! لا تمسّ !
~s up ! إرفعْ يديك ! استسلم !
in ~, (١) تحت سيطرة المرء (٢) في المتناوَل (٣) قيْدَ التحضير .
on the one ~, من ناحية .
out of ~, (١) حالاً (٢) مُنْجَز . (٣) خارج عن سيطرة المرء .
to ask the ~ of. يطلب يدها (للزواج) .
to ~ over يتخلّى عن ؛ يسلِّم إلى .
to join ~ in ~, يتعاونون .
to shake ~s with يصافح فلاناً .

handbag *(n.)* حقيبة (للسفر أو للسيدات).

handball *(n.)* كرة اليد .

handbill *(n.)* إعلان أو بيان يوزع باليد .

handbook *(n.)* (١) كتيب (٢) دليل السيّاح .

handcart *(n.)* عربة اليد (تُدفع باليد) .

handcraft *(n.)* حرفة ؛ صنعة يدوية .

handcuff *(n.; vt.)* (١) قيد ؛ صفَد ؛ غُل §(٢) يقيد ؛ يصفد ؛ يكبل.

handcuffs

handful *(n.)* حفنة ؛ قبضة.

handicap *(n.)* (١) سباق العدَل : سباق يُتساهل فيه مع العنصر الضعيف أو يُفرض فيه على العنصر القوي عبء إضافي (٢) عائق ؛ عقبة.

handicraft *(n.)* حِرفة ؛ صنعة يدوية .

handiwork *(n.)* (١) عمل يدوي (٢) صنع اليد.

handkerchief *(n.)* منديل ؛ محرمة .

handle *(n.; vt.)* (١) مِقبَض ؛ مَسكَة . §(٢) يَمَسّ ؛ يَلمِس ؛ يمسك (٣) يستعمل (٤) يسوس (٥) يعالج (٦) يعامل (٧) يتاجر بِ .

handlebar *(n.)* مِقوَد الدرّاجة الهوائية .

handling *(n.)* (١) معالجة (٢) معاملة .

handmade *(adj.)* يدوي ؛ مصنوع باليد .

handmaid; -en *(n.)* (١) وصيفة (٢) خادمة.

handshake *(n.)* مصافحة .

handsome *(adj.)* (١) وسيم ؛ مليح (٢) سخيّ.

handwriting *(n.)* كتابة ؛ خطّ .

handy *(adj.)* (١) قريب ؛ في المتناوَل (٢) هيّن استعماله (٣) صَناع : بارع في استعمال اليدين.

hang *(vt.; i.)* (١) يدلّي ؛ يعلّق (٢) يشنق (٣) يزيّن (٤) ينكّس (٥) يلصق على جدار ×(٦) يتدلّى (٧) يموت شنقاً (٨) يهدّد ؛ يكون كالسيف المُصلَت (٩) يتوقّف على (١٠) يتشبّث ؛ يتمسك بِ ؛ يتكيء (١١) يبقى معلَّقاً أو غيرَ مُنجَز .

يتسكّع . to ~ about *or* around

hangar *(n.)* (١) حظيرة (٢) حظيرة الطائرات.

hanger-on *(n.)* العالة ؛ الطفيليّ .

hanging *(n.; adj.)* (١) شَنق (٢) سِتارة . (٣) سجادة تعلّق على جدار §(٤) معلّق .

hangman *(n.)* الجلاّد ؛ الشانق .

hank *(n.)* لفيفة ؛ كُبّة ؛ شِلّة .

hanker *(vi.)* يتوق (توقاً شديداً) .

hansom *(n.)* الهَنسُوميّة : مركبة مقعدُ الحوذيّ فيها خلفيّ.

hap *(n.)* (١) حَدَث (٢) حظ (٣) كِساء ؛ غطاء.

haphazard *(n.; adj.; adv.)* (١) مُصادَفة ؛ اتّفاق §(٢) اتّفاقيّ §(٣) «أ» مصادفةً . «ب» كيفما اتّفق .

hapless *(adj.)* قليل الحظّ ؛ سيّء الطالع .

haply *(adv.)* مصادفةً ؛ بالمصادفة ؛ اتّفاقاً.

happen *(vi.)* (١) يَحدُث (٢) يُصادِف.

happening *(n.)* (١) حُدوث (٢) حادثة .

happily *(adv.)* (١) لحسن الحظّ (٢) بسعادة الخ.

happiness *(n.)* (١) سعادة (٢) لباقة .

happy *(adj.)* (١) مواتٍ (٢) لبِق (٣) سعيد.

harangue *(n.; vi.)* (١) خُطبة §(٢) يخطب.

harass *(vt.)* يُرهِق ؛ يُنهِك .

harbinger *(n.)* الرائد ؛ النذير ؛ البشير .

harbor *or* **harbour** *(n.; vt.; i.)* (١) ملاذ ؛ ملجأ (٢) ميناء ؛ مرفأ §(٣) يُؤوي (٤) يُخفي (٥) يُضمِر ×(٦) يلجأ ؛ يأوي إلى .

harborage *(n.)* (١) ملجأ (٢) مرفأ .

hard *(adj.; adv.)* (١) صُلب ؛ قاسٍ (٢) ثقيل ؛ مُسكِر جداً (٣) لا سبيل إلى إنكاره (٤) عاثر ؛ سيّء (٥) صعب الاحتمال (٦) قاسٍ (٧) موجِع (٨) غير وديّ (٩) شديد (١٠) عنيف (١١) شاق

(١٢) مثابر (١٣) صَعْب §(١٤) بكدٍّ ؛ باجتهاد بالغ (١٥) بعنف ؛ بقسوة .

harden *(vt.; i.)* (١) يُقسّي (٢) يُحجِّر . (٣) يمرّس ×(٤) يقسو (٥) يخشوشن .

hardhearted *(adj.)* متحجّر الفؤاد .

hardihood *(n.)* بسالة ؛ جَراءَة ؛ عَزْم.

hardiness *(n.)* (١) جرأة (٢) شدّة احتمال.

hard labor *(n.)* الأشغال الشاقّة .

hardly *(adv.)* (١) بقسوة (٢) بصعوبة ؛ بجهد .

hardness *(n.)* صلابة ؛ قسوة الخ.

hardship *(n.)* شِدّة ؛ ضِيق ؛ مَشَقّة .

hardtack *(n.)* بسكويت البحر .

hardware *(n.)* الخُرْدوات ؛ الأدوات المعدنيّة.

hardy *(adj.)* (١) جريء (٢) شديد الاحتمال.

hare *(n.)* الأرنب الوحشية .

harebell *(n.)* الجُرَيْس المستدير (عشبة) .

harem *(n.)* الحريم .

hark *(vi.)* يُصغي ؛ يُصيخ .

harlequin *(n.)* المهرّج ؛ المضحك .

harlot *(n.)* بَغِيّ ؛ مومس ؛ بنت هوى.

harm *(n.; vt.)* (١) أذىً §(٢) يُؤذي.

harmful *(adj.)* مؤذٍ ؛ ضارّ .

harmless *(adj.)* غير مؤذٍ .

harmonic *(adj.)* (١) إيقاعي (٢) موسيقيّ . (٣) متآلف ؛ متناسق .

harmonica *(n.)* الهرمونيكا : آلة موسيقية .

harmonics *(n.)* علم الأصوات الموسيقية .

harmonious *(adj.)* متناغم ؛ متناسق .

harmonize *(vi.; t.)* (١) يتناغم ؛ يتوافق ؛ ينسجم مع × (٢) يوفّق بين .

harmony *(n.)* (١) إيقاع ؛ تناغم ؛ تآلفُ الألحان (٢) علم الإيقاع (٣) تناسق ؛ انسجام .

harness *(n.; vt.)* (١) طقم الفرس (٢) عُدّة ؛ جهاز §(٣) يطقّم الفرس (٤) يسخّر .

harp *(n.)* قيثار .

harp

harper; harpist *(n.)* العازف على القيثار .

harpoon *(n.)* الحَرْبون : رمحٌ لصيد الحيتان .

harpsichord *(n.)* البِيان القيثاري

harrow *(vt.; n.)* (١) يَسْحو التربة (يمهّدها ويسويها) (٢) يعذّب §(٣) مِسْحاة .

harry *(vt.)* (١) يغزو (٢) يضايق ؛ يُنهك .

harsh *(adj.)* (١) خشِن (٢) أجشّ (٣) قاسٍ .

hart *(n.)* ذَكَرُ الأيِّل .

harvest *(n.; vt.)* (١) حصاد §(٢) يَحْصُد .

has *pres. 3d sing. of* have.

hash *(vt.; n.)* (١) يَفْرُم §(٢) لحم مفروم .

hasp *(n.)* مِشبك (لباب أو غطاء صندوق) .

hasp

hassock *(n.)* مَسْنَدٌ للقدم .

haste *(n.; vi.)* (١) عَجَلة ؛ سرعة §(٢) يعجل.

hasten *(vt.; i.)* (١) يستعجله ؛ يحثّه على العجلة . ×(٢) يُعجِّل ؛ يعمل بعجلة .

hastily *(adv.)* بعجلة ؛ بسرعة ؛ بتهوّر .

hasty *(adj.)* (١) سريع (٢) مُنجَزٌ بعجلة . (٣) مستعجِل ؛ متعجِّل (٤) متهور ؛ طائش.

hat *(n.)* قُبّعة .

hatch *(n.; vi.; t.)* (١) بُوَيْب أو فتحة صغيرة. (٢) تفقيس البيض (٣) نِتاج ؛ مجموع الفراخ المفقّسة ×(٤) ينقف (الفرخُ) البيضةَ ويبرز منها (٥) تَحْضن البيضَ ×(٦) يُفقّس البيضَ (٧) يُحدِث (٨) يدبّر (مؤامرة الخ.) .

hatchet *(n.)* البُلَيْطَة : فأس قصيرة اليد .

hatchway *(n.)* باب أرضي أو مسحور.

hate *(n.; vt.; i.)* (١) كُرْه ؛ بُغض §(٢) يكرَه .

hateful *(adj.)* مكروه ؛ بغيض .

hatred *(n.)* (١) بُغْض (٢) ضغينة .

haughtiness 188 hearing

haughtiness *(n.)* غَطْرَسَة ؛ عجرفة .

haughty *(adj.)* متغطرس ؛ متعجرف .

haul *(vt.; n.)* (١) يجذب ؛ يسحب (٢) ينقل في عربة (٣) يسوقه إلى §(٤) جَذْبٌ ؛ سحبٌ (٥) غنيمة ؛ صَيْدٌ .

haulage *(n.)* النَّقْل بالعربات أو أجرته .

haunch *(n.)* (١) وَرِك (٢) كَفَلٌ (٣) فخِذ.

haunt *(vt.; n.)* (١) يُكثِر التردّد على (٢) يلازم شخصاً (٣) ينتاب §(٤) مَثْوى ؛ مأوى .

have *(vt.)* (١) يملك ؛ يحوز (٢) يحتوي على. (٣) يُضطرّ (٤) يتلقّى (٥) يعاني من (٦) يُجري (٧) يُلقي (٨) يُحرج (٩) يخدع (١٠) تلِد ؛ تضع (١١) يتناول .

haven *(n.)* (١) مرفأ (٢) مَلاذ ؛ مأوًى .

haversack *(n.)* جراب جراية الجندي .

havoc *(n.)* خراب ؛ دمار ؛ فوضى .

haw *(n.)* الزعرور البرّي .

hawk *(n.)* صقر ؛ باز .

hawk

hawker *(n.)* البائع المتجوّل .

hawser *(n.)* حَبْلٌ ضَخْمٌ .

hawthorn *(n.)* الزعرور البرّي .

hay *(n.)* قشّ ؛ تبن .

haycock *(n.)* كومة قشّ أو تبن .

hay fever *(n.)* حُمّى القشّ ؛ حمّى الهشيم .

hazard *(n.; vt.)* (١) مخاطرة ؛ مجازفة . (٢) تصادُفٌ ؛ مصادفة §(٣) يخاطر ؛ يجازف .

hazardous *(adj.)* خطِر ؛ فيه مخاطرة .

haze *(n.)* (١) ضباب رقيق (٢) تشوّش.

hazel *(n.)* (١) البُنْدُق (٢) لونُ البُندق.

hazelnut *(n.)* البُنْدُقة : ثمرة البندق .

hazy *(adj.)* (١) ضبابيّ (٢) غامض (٣) غائم.

H-bomb *(n.)* القنبلة الهيدروجينيّة .

he *(pron.; n.)* (١) هو (٢) مَن §(٣) ذَكَرٌ .

head *(n.; adj.; vt.; i.)* (١) رأس (٢) عقل . (٣) صدرُ الشيء أو مقدّمه (٤) رئيس ؛ مدير §(٥) رأسيّ ؛ رئيسيّ ؛ أماميّ §(٦) يتزعّم ؛ يرئس (٧) يواجه ؛ يقاوم (٨) يتقدّم ؛ يتفوّق على (٩) يحتلّ المقام الأوّل في (١٠) يوجّه ×(١١) يصبح ذا رأس (١٢) يتجه نحو.

headache *(n.)* (١) صُداع (٢) مشكلة.

headdress *(n.)* غطاءٌ زينيّ للرأس .

headgear *(n.)* غطاء للرأس .

heading *(n.)* عنوان؛ رأسيّة؛ «ترويسة» .

headland *(n.)* الرأس (في الجغرافيا) .

headlight *(n.)* المصباح الأمامي (في السيارة الخ.)

headline *(n.)* رأسية ؛ «ترويسة» ؛ عنوان.

headlong *(adv.; adj.)* (١) بتهوُّر ؛ بطيش. (٢) بغير تردّد أو توانٍ §(٣) متهوِّر ؛ طائش.

headmaster *(n.)* مدير المدرسة .

headpiece *(n.)* (١) خوذة (٢) عقل ؛ ذكاء.

headquarters *(n.)* (١) مركز القيادة (٢) المركز الرئيسي (لمؤسّسة) .

headsman *(n.)* الجلاّد ؛ قاطع الرؤوس .

headstone *(n.)* الشاهد : شاهد الضريح .

headstrong *(adj.)* (١) عنيد (٢) جَموح .

headway *(n.)* (١) حركة إلى الأمام (٢) تقدُّم. (٣) فسحة خالية (تحت قنطرة) .

head wind *(n.)* الريح المقابلة أو المعاكسة.

heady *(adj.)* (١) متهوّر ؛ عنيف (٢) مُسْكِر .

heal *(vt.)* (١) يَشْفي (٢) يعالج .

health *(n.)* (١) صِحة (٢) نخب .

healthful *(adj.)* (١) صحيّ (٢) متمتّع بالصحة

healthy *(adj.)* (١) متمتّع بالصحة (٢) دالّ على الصحة (٣) صحيّ (٤) سليم .

heap *(n.; vt.)* (١) كومة ؛ رُكام §(٢) يكوِّم.

hear *(vt.; i.)* (١) يَسْمَع (٢) يصغي .

hearing *(n.)* (١) سَمْع ؛ سَماع (٢) فرصة

hearken 189 heighten

تتاح للمرء للادلاء بوجهة نظره (٣) استماع للحجج أو للشهادات.

hearken *(vi.)* يُصْغِي.

hearsay *(n.)* إشاعة.

hearse *(n.)* عربة الموتى.

heart *(n.)* (١) قلب؛ فؤاد (٢) الكوبة: ورقة لعب تحمل صورة قلب (٣) شجاعة (٤) رغبة (٥) وَكْد؛ همّ (٦) شخص (٧) لُبّ.

to get *or* learn by ~, يستظهر.

to lose ~, يقنط؛ يهِنُ عزمه.

to take ~, يتشجّع؛ يتشدّد.

to take to ~, يتأثّر تأثّراً عميقاً.

heartache *(n.)* حزن؛ غَمّ.

heartbeat *(n.)* (١) نبضة قلب (٢) قلب.

heartbreak *(n.)* حسرة؛ أسىً ساحق للقلب.

heartburn *(n.)* حُرقة (في فم المعدة).

heart disease *(n.)* القُلاب: مرض القلب.

hearten *(vt.)* يشجّع؛ يشدّد العزم.

heartfelt *(adj.)* قلبي؛ مخلص؛ من القلب.

hearth *(n.)* (١) موقد (٢) مُصْطَلَى (٣) بيت.

heartily *(adv.)* (١) قلبياً (٢) تماماً.

heartiness *(n.)* حماسة؛ ودّ؛ قوّة؛ شدّة.

heartless *(adj.)* متحجّر القلب.

heartsick *(adj.)* محزون الفؤاد؛ قانط.

hearty *(adj.)* (١) وديّ؛ قلبيّ (٢) قويّ (٣) حسن الشهيّة (٤) كافٍ؛ مُشْبِع.

heat *(vi.; t.; n.)* (١) يَسخن (٢) يغضب × (٣) يُسخّن (٤) يثير § (٥) حماوة (٦) حرارة (٧) حرّ (٨) توقّد (٩) انفعال (١٠) معمعان؛ ذروة (١١) شوط من سباق.

heath *(n.)* (١) الخَلَنج (نبات) (٢) مَرْج.

heathen *(adj.; n.)* (١) وثني § (٢) الوثنيّ.

heathenism *(n.)* الوثنيّة؛ عبادة الأوثان.

heather *(n.)* الخَلَنْج (نبات).

heave *(vt.; i.; n.)* (١) يرفع (٢) يَطْرَح (٣) يطلق تنهّدة (٤) يسحب × (٥) يرتفع أو ينتفخ (٦) يجيش (٧) يلهث (٨) يتقيأ (٩) يدفع § (١٠) رفعٌ؛ طرحٌ؛ سحب (١١) تنهّدة (١٢) جَيَشان (١٣) *pl.*: رَبْو الخيل.

heaven *(n.)* (١) *pl.*: السماء (٢) *cap.*: الجنّة.

heavenly *(adj.)* (١) سماوي (٢) مُبْهِج.

heavy *(adj.)* (١) ثقيل (٢) خطير (٣) عميق (٤) مهموم؛ كئيب (٥) حبلى (٦) وافر (٧) كثيف (٨) هائج (٩) منذِر بالمطر (١٠) شاقّ (١١) مُسرِف (١٢) فطير (١٣) جدّيّ؛ رصين.

heavyweight *(n.)* ملاكم من الوزن الثقيل.

Hebrew *(n.; adj.)* (١) اليهودي (٢) اللغة العبرانيّة § (٣) يهوديّ؛ عِبريّ.

hecatomb *(n.)* مجزرة؛ مذبحة.

heckle *(vt.)* يضايق (بالأسئلة والتحدّيات).

hectic *(adj.)* محموم؛ قلِق.

hectogram *(n.)* الهكتوغرام: مئة غرام.

hedge *(n.; vt.; i.)* (١) الوشيع: سياج من شجيرات (٢) حاجز؛ حدّ § (٣) يطوّق أو يسيّج.

hedgehog *(n.)* القُنْفُذ (حيوان).

heed *(vi.; t.; n.)* (١) ينتبه أو يلتفت إلى × (٢) يبالي § (٣) انتباه؛ اهتمام؛ التفات.

heedful *(adj.)* مُنْتَبِه؛ حَذِر؛ مُحترِس.

heedless *(adj.)* مُهْمِل؛ غافل؛ طائش.

heel *(n.; vt.; i.)* (١) العَقِب (٢) كعب الحذاء (٣) مؤخّر المركب (٤) شخص حقير § (٥) يُميل × (٦) يَميل (المركَبُ).

to take to one's ~s, يهرب؛ يلوذ بالفرار.

heifer *(n.)* عِجلة؛ بقرة صغيرة.

height *(n.)* (١) قِمّة؛ أوج (٢) ارتفاع؛ علوّ (٣) طول القامة (٤) مرتفَع.

heighten *(vt.; i.)* (١) يزيد؛ يضاعف؛ يقوّي (٢) يرفع؛ يُعلي × (٣) يزداد؛ يقْوَى.

heinous 190 heredity

heinous *(adj.)* شائن ؛ شنيع .
heir *(n.; vt.)* (١) وريث §(٢) يَرِث .
heiress *(n.)* وريثة (ثروةٍ ضخمةٍ) .
heirloom *(n.)* متاع موروث .
held *past and past part. of* hold.
helicopter *(n.)* الهليكوبتر : الطائرة العمودية .
heliotrope *(n.)* رقيب الشمس (نبات) .
helium *(n.)* الهِليوم : عنصر غازيّ خفيف .
hell *(n.)* جهنم ؛ سَقَر ؛ الجحيم .
Hellenic *(adj.)* اغريقيّ ؛ يونانيّ .
hellish *(adj.)* (١) جهنّميّ (٢) شيطانيّ .
hello *(n.)* هالو : هتاف للترحيب أو لفت النظر الخ .
helm *(n.)* دفة المركب أو مقبضها .
helmet *(n.)* خوذة .
helmsman *(n.)* مدير الدّفة .
helot *(n.)* القِنّ ؛ العَبد .

helmet

help *(vt.; i.; n.)* (١) يُساعد ؛ يعاون (٢) يداوي ؛ يشفي (٣) يتمالك نفسَه عن (٤) يمنع ؛ يحول دون ×(٥) يكون ذا جدوى §(٦) مساعدة ؛ عون (٧) علاج (٨) الخادم (٩) حصّة من الطعام.
Help yourself ! تفضّل ؛ اخدم نفسك بنفسك !
helpful *(adj.)* مساعد ؛ مفيد ؛ نافع .
helpless *(adj.)* بائس ؛ عاجز ؛ ضعيف .
helpmate *(n.)* رفيق مساعد ؛ وبخاصة : زوجة .
helter-skelter *(adv.)* شَذَرَ مَذَرَ .
helve *(n.)* النِّصاب : مِقبض أداة أو سلاح .
hem *(n.; vt.; i.)* (١) حاشية ؛ هُدْب (٢) حافة . (٣) تَنَحْنُح §(٤) يجعل له حاشية أو حافةً (٥) يحصر ؛ يطوّق ×(٦) يتنحنح .
hemisphere *(n.)* نصف الكرة (الأرضية) .
hemlock *(n.)* الشَّوْكَران (نبات) .
hemoglobin *(n.)* اليَحْمور ؛ خِضاب الدم .
hemorrhage *(n.)* نَزْف ؛ نَزيف .
hemorrhoids *(n.pl.)* البواسير : داء البواسير .
hemp *(n.)* (١) القِنَّب أو خيوطه (٢) القِنَّب الهندي أو عقّار مخدّر مُستخرَج منه .
hen *(n.)* (١) دجاجة (٢) أنثى الطير والسمك .
hence *(adv.)* (١) بعيداً (٢) من هذا العالم أو الحياة . (٣) من الآن (٤) إذن ؛ من ثَمّ ؛ لهذا السبب .
henceforth *(adv.)* من الآن فصاعداً .
henceforward *(adv.)* = henceforth.
henchman *(n.)* تابعٌ أمينٌ أو موثوق .
henna *(n.)* حِنّاء .
henpeck *(vt.)* تسيطر (المرأة) على زوجها .
heptagon *(n.)* المُسبَّع : شكل سباعيّ الأضلاع .
her *(adj.; pron.)* (١) خاصّ بالمفردة الغائبة . §(٢) ضمير الغائبة المتصل الواقع في محل نصب .
herald *(n.; vt.)* (١) الحَكَم (٢) الرسول ؛ السفير (٣) المنادي (٤) البشير ؛ النذير (٥) المذيع ؛ المعلن §(٦) يُذيع (٧) يُعلِن أو يُرحِّب بِ .
heraldry *(n.)* (١) عِلم شعارات النبالة (٢) شعار النبالة (منقوشاً على درع) (٣) شعار (٤) أبّهة .
herb *(n.)* عُشْب ؛ عشبة .
herbaceous *(adj.)* عشبيّ .
herbage *(n.)* عشب ؛ كلأ .
herbivorous *(adj.)* عاشب : مقتات بالأعشاب .
herculean *(adj.)* (١) *cap.* : هِرَقْليّ (٢) جبار .
herd *(n.; vi.; t.)* (١) قطيع ؛ سِرْب ؛ جماعة . (٢) الجمهور ؛ الدهماء §(٣) يجتمع أو يسير على شكل قطيع ×(٤) يرعى القطعان .
herder; herdsman *(n.)* الراعي .
here *(adv.)* (١) هنا (٢) إلى هنا .
hereabout ;-s *(adv.)* في هذا الجوار .
hereafter *(adv.; n.)* (١) فيما بعد §(٢) المُستقبل .
hereby *(adv.)* بموجب هذا القانون أو الوثيقة .
hereditary *(adj.)* وراثيّ ؛ موروث ؛ بالوراثة .
heredity *(n.)* الوراثة .

herein *(adv.)* هنا ؛ في هذا ؛ في هذا الموضع .

hereof *(adv.)* (١) لكذا (٢) عن كذا.

heresy *(n.)* بِدعة ؛ هَرْطَقَة .

heretic *(n.)* المُهَرْطِق : الهَرْطوقيّ .

heretical *(adj.)* ابتداعيّ ؛ هَرْطَقِيّ .

heretofore *(adv.)* حتى الآن .

hereunder *(adv.)* أدناه ؛ في ما يلي .

hereupon *(adv.)* على هذا .

herewith *(adv.)* مرفقاً بهذا ؛ طيّه .

heritable *(adj.)* وراثيّ ؛ قابل للتوريث .

heritage *(n.)* إرث ؛ ميراث ؛ تَرِكَة .

hermetic *(adj.)* كتيم ؛ مُحكَم السدّ .

hermit *(n.)* ناسك .

hermitage *(n.)* صومعة ؛ مُعْتَزَل ؛ ملاذ .

hernia *(n.)* فَتْق ؛ « فتاق » .

hero *(n.)* بَطَل .

heroic *(adj.)* بطولي .

heroin *(n.)* الهيروين (مخدِّر) .

heroine *(n.)* بَطَلة .

heroism *(n.)* بطولة .

heron *(n.)* مالك الحزين ؛ البَلَشون (طائر) .

Herr *(n.)* الهَرّ ؛ السيّد (عند الألمان).

herring *(n.)* الرَّنْكة : سمك من جنس السردين .

hers *(pron.)* خاصّتُها .

herself *(pron.)* نفسُها .

hesitance; hesitancy *(n.)* تردُّد ؛ حَيْرَة .

hesitant *(adj.)* متردِّد ؛ متحيِّر .

hesitate *(vi.)* يتردَّد .

hesitation *(n.)* تردُّد ؛ حَيْرَة .

heterodox *(adj.)* ابتداعي ؛ هَرْطَقِيّ .

hew *(vt.)* يقطع ؛ ينحت ؛ يَنْجُر ؛ يشقّ .

hexagon *(n.)* مسدَّس الزَّوايا والأضلاع .

heyday *(n.)* ذروة ؛ أوج .

hiatus *(n.)* ثغرة ؛ فجوة ؛ نقص .

hibernate *(vi.)* يُسْبِت ؛ يقضي فصل الشتاء نائماً .

hibernation *(n.)* الإسبات : نوم الشتاء .

hiccup *or* **hiccough** *(n.)* فُواق ؛ حازوقة .

hid *past and past part. of* hide.

hid ;-den *(adj.)* مَخْفِيّ ؛ مَخْبوء ؛ مستور .

hide *(vt.; i.; n.)* (١) يُخفي ؛ يُخبِّىء (٢) يُشيح بوجهه (٣) يجلد × (٤) يختبىء § (٥) جِلد .

hide-and-seek *(n.)* الغُمَيضة : لعبة يُغمِض الولدُ فيها عينيه ويبحث عن رفاقه المختبئين .

hidebound *(adj.)* ضيّق التفكير .

hideous *(adj.)* (١) بشِع (٢) شنيع ؛ شائن .

hiding *(n.)* (١) اختباء (٢) مخبأ (٣) جَلْد .

hierarchy *(n.)* هيئة كهنوت منظّمة في مراتب متسلسلة .

hieroglyphic *(adj.; n.)* (١) هيروغليفيّ . (٢) *pl.*: الهيروغليفية : كتابة كهنة مصر القدماء التصويرية .

hieroglyphics

high *(adj.; adv.)* (١) عالٍ ؛ مرتفع (٢) بالغٌ ارتفاعاً معيناً (٣) بالغٌ ذروته أو أشدّه (٤) سامٍ ؛ نبيل ؛ رفيع (٥) متلاطم الأمواج (٦) شديد (٧) سعيد (٨) غالٍ (٩) متبجح § (١٠) عالياً .

highborn *(adj.)* كريم المحتِد ؛ شريف النسب .

highbrow *(n.; adj.)* رفيع الثقافة .

high commissioner *(n.)* المفوّض السامي .

high-handed *(adj.)* (١) مستبدّ (٢) اعتباطي .

highland *(n.)* نَجْد ؛ أرض جبليّة .

highlander *(n.)* النَّجْديّ : ساكن النِّجاد .

high life *(n.)* بذخ ؛ ترَف .

highness *(n.)* (١) ارتفاع ؛ عُلُوّ (٢) سُمُوّ .

highroad *(n.)* طريق عام .

high school *(n.)* ثانوية ؛ مدرسة عالية .

high sea *(n.)* عُرض البحر .

high-spirited *(adj.)* جريء ؛ مِقدام .

high treason *(n.)* الخيانة العظمى .

highway *(n.)* طريق عام .

highwayman *(n.)* قاطع طُرُق .

hike *(vi.; n.)* (١)يقوم بنزهة طويلة على القدمين . §(٢) نزهة طويلة سيراً على القدمين .

hilarious *(adj.)* مَرِح (مع صَخَب) .

hilarity *(n.)* قَصْفٌ ؛ مَرَحٌ صاخب .

hill *(n.)* تَلّ ؛ هَضَبَة .

hillock *(n.)* رابية ؛ أكَمة ؛ تلّ صغير .

hilt *(n.)* مَقْبَض (السيفِ أو الخنجر) .

him *(pron.)* ضمير النصب والجرّ للمفرد الغائب .

himself *(pron.)* نفسه .

hind *(n.; adj.)* (١) الأَيِّلَة : أنثى الأيل . (٢)عامل بمزرعة §(٣) خلفيّ .

hinder *(vt.; adj.)* (١) يعوق §(٢) خلفيّ .

hindmost *(adj.)* الأخير .

hindrance *(n.)* (١)إعاقة (٢) عائق .

hinge *(n.; vt.; i.)* (١) مِفْصَلَة . §(٢)يُمَفْصِل ×(٣)يتوقف على .

hinges

hint *(n.; vt.)* (١)تلميح §(٢)يلمح .

hip *(n.)* (١) ثمر الورد البرّي . (٢) وِرك .

hippodrome *(n.)* ميدان سباق الخيل .

hippopotamus *(n.)* فرس النهر(حيوان) .

hire *(n.; vt.)* (١)أجْر ؛ أجرة §(٢) يستخدم . (٣) يستأجر (٤) يؤجّر .

hireling *(n.)* المأجور ؛ المرتزق .

hire purchase *(n.)* الشراء بالتقسيط .

hirsute *(adj.)* أهلب ؛ قاسي الشعر .

his *(adj.; pron.)* (١) ضمير الغائب المتصل . §(٢) خاصّته .

hiss *(vi.; n.)* (١) يُهَسْهِس §(٢) هَسْهَسة .

historian *(n.)* المؤرّخ : المؤلّف في التاريخ .

historic; -al *(adj.)* تاريخيّ .

history *(n.)* (١)تاريخ (٢)علم التاريخ .

hit *(vt.; n.)* (١)يضرب (٢)يصدِم ؛ يرتطم بـ . (٣)يلائم ؛ يطابق (٤)يصل ؛ يبلغ (٥)يعضّ على §(٦) ضربة (٧) ارتطام (٨)عمل ناجح .

to ~ on *or* upon يكتشف بالمصادفة .

hitch *(vt.; i.; n.)* (١)يحرّك «بالنخع أو بطريقة ناخعة» (٢)يعقد ؛ يربط بإحكام ×(٣)يتقدم على نحو متقطع أو بتعثر وتوقف (٤)يعلق ؛ يتداخل ؛ يتشابك §(٥)نخعة ؛ حركة أو جذبة مفاجئة (٦)توقف (٧)عُقْدة ؛ أنشوطة .

hither *(adv.; adj.)* (١)إلى هنا §(٢)قريب .

hitherto *(adv.)* حتى الآن ؛ حتى اليوم .

hive *(n.; vt.; i.)* (١)قفير ؛ خليّة نحل §(٢)يدّخر . ×(٣)يحتلّ (النحلُ) قفيراً (٤)يحتشدون كالنحل .

hives *(n.)* الشَّرَى : طَفْح جلديّ .

hoar *(adj.)* أشيَب .

hoard *(n.; vt.)* (١) ذخيرة §(٢) يدّخر .

hoariness *(n.)* (١)شَيْب (٢) قِدَم ؛ عِتَق .

hoarse *(adj.)* أجشّ ؛ مبحوح .

hoary *(adj.)* (١)أشيَب (٢)قديم أو وقور .

hoax *(vt.; n.)* (١)يخدع §(٢)خدعة .

hobble *(vi.; t.; n.)* (١)يعرج ×(٢) يصيبه بالعرج (٣)يقيّد ؛ يعوق §(٤)عَرَج (٥)قيد .

hobby *(n.)* هِواية .

hobbyhorse *(n.)* حصان خشبيّ للأطفال .

hobgoblin *(n.)* (١)غول (٢)بُعبُع .

hobnail *(n.)* مسمار النعل .

hobo *(n.)* (١)المتشرّد ؛ الأفّاق (٢) العالة .

hock *(n.)* (١)عُرقوب (٢)الهوك : خمر ألمانية .

hockey *(n.)* الهُوكي : لعبة الكرة الخشبية والصولجان .

hocus-pocus *(n.)* شعوذة .

hod *(n.)* (١) حوض الملاط (٢) دلو الفحم .

hodgepodge *(n.)* خليط ؛ مزيج .

hoe *(n.; vt.; i.)* (١)مِعزَقة ؛ مِجرفة§(٢)يعزق.
hog *(n.)* (١)خنزير (٢)الأنانيّ؛ الشَّرِه؛ القذِر.
hogshead *(n.)* (١)برميل (٢)مقياس للسَّعة.
hoist *(vt.; n.)* (١)يرفع §(٢) رافعة؛ مرفاع.
hold *(vt.; i.; n.)* (١) يملك (٢) يحتجز (٣) يحتفظ بـ (٤) يكبح ؛ يعوق ؛ يصدّ (٥) يحمل ؛ يُمسك ؛ يقبض (٦) يواصل (٧) يتّسع لـ (٨)يؤمن (٩) يعتبر (١٠)يَعقد (١١) يجري (١٢) يَشغَل أو يتولّى ×(١٣)يَصمد(١٤)يستمرّ(١٥)يظلّ عالقاً بـ (١٦)يبقى(١٧)يصحّ§(١٨)معقِل؛ حِصن (١٩) سِجنٌ (٢٠) إمساك (٢١) سيطرة (٢٢) فَهم (٢٣)سند ؛ دعامة (٢٤)عنبر؛ مخزن السفينة أو الطائرة.
holdback *(n.)* (١)عائق (٢) إعاقة.
holder *(n.)* (١)المالك(٢)حامل السندأو الشيك. (٣) الحاملة ؛ المِمسك.
holding *(n.)* (١) أرض مستأجرة (٢)سَهم.
hole *(n.; vt.)* (١)ثقب(٢)حفرة (٣)جُحر §(٤) يثقب (٥)يُدخل في ثقب (٦) يشقّ.
holiday *(n.)* (١) عيد (٢) يوم عطلة.
holiness *(n.)* قداسة.
hollo *(interj.)* هالو: هتاف للفت الانتباه.
hollow *(adj.; vt.; i.; n.)* (١) مجوَّف. (٢)فارغ ؛ أجوف (٣) كاذب؛ خادع (٤)جائع §(٥)يجوِّف ؛ يتجوَّف §(٦)تجويف ؛ حفرة.
holly *(n.)* البَهشِيّة ؛ الإيلَكس (نبات).
hollyhock *(n.)* الخِطميّ الورديّ (نبات).
holocaust *(n.)* مَحرَقة ؛ إحراق بالجملة.
holster *(n.)* قِراب المسدَّس (الجلديّ).
holy *(adj.)* (١)مقدَّس؛ دينيّ (٢)تقيّ.
Holy Communion *(n.)* العشاء الربّانيّ.
Holy Ghost *or* **Spirit** *(n.)* الروح القُدُس.
Holy Week *(n.)* أسبوع الآلام.
Holy Writ *(n.)* الأسفار المقدَّسة.
homage *(n.)* إجلال ؛ ولاء ؛ تقدير.
home *(n.; adv.)* (١)بيت ؛ منزل (٢)موطن ؛ وطن §(٣)نحو أو في البيت أو الوطن.
to be at ~, يكون مطّلعاً على.
to feel at ~, يأخذ حريّته وكأنه في بيته.
homeland *(n.)* الوطن.
homeless *(adj.)* شريد ؛ مشرَّد ؛ لا وطن له.
homely *(adj.)* (١) طبيعيّ ؛ غير متكلِّف. (٢)بسيط (٣)غير مزخرف (٤)بشِع ؛ قبيح.
homemade *(adj.)* بيتيّ الصّنع أو وطنيّ الصّنع.
home rule *(n.)* الحكم الذاتي.
homesick *(adj.)* مشتاق إلى الوطن.
homestead *(n.)* المسكن وما حوله.
homework *(n.)* الفَرْض المنزلي.
homicide *(n.)* (١) القاتل (٢) القتل.
homily *(n.)* (١)عظة دينيّة (٢)محاضرة أخلاقيّة.
homogeneous *(adj.)* متجانس.
homonym *(n.)* اللفظة المجانسة : إحدى لفظتين متماثلتين املاءً ولفظاً مختلفتين معنى.
hone *(n.; vt.)* حَجَر الشَّحذ §(٢) يَشحَذ.
honest *(adj.)* صادق ؛ أمين ؛ مخلص.
honesty *(n.)* صِدق؛ أمانة؛ إخلاص.
honey *(n.)* (١) عسل (٢) حبيب.
honeybee *(n.)* نحلةٌ تُعطي عسَلاً.
honeycomb *(n.)* قرص العسل.
honeydew *(n.)* المَنّ : مائيّة تنعقد على الشجر عسلاً وتجفّ كالصمغ.
honeymoon *(n.)* شهر العسل
honeysuckle *(n.)* صَرِيمةُ الجَدْي (نبات).
honor *or* **honour** *(n.; vt.)* (١)سمعة حسنة. (٢)إجلال ؛ احترام (٣) فخر ؛ مصدر شرف (٤)وسام (٥) *pl.* : مظاهر الحفاوة والتكريم (٦) *pl.* : درجة شرف ؛ درجة امتياز

(٧)عفاف؛ طهارة (٨)شرفٌ §(٩)يُجل؛ يعامل باحترام (١٠)يشرِّف: يُضفي شرفاً على (١١) ينفِّذ؛ يفي بأحكام كذا.

on *or* upon my ~, أقسم بشرفي.

Your *Honor* فضيلتك؛ فضيلتكم.

honorable *or* **honourable** *(adj.)* (١)جديرٌ بالاحترام(٢)تبجيليّ: مُرفَق بأمارات الاحترام (٣)محترَم (٤)مشرِّف أو شريف شرَفي؛ فخري.

honorary *(adj.)* شرَفي؛ فخري.

hood *(n.)* (١) قَلَنْسُوَة البرنُس (٢) غطاء أو كبّوت العربة(٣)غطاء محرّك السيّارة المعدني.

hoodwink *(vt.)* يَخدع (بمظهره الكاذب).

hoof *(n.)* حافر؛ ظلف؛ خُفّ.

hook *(n.; vt.)* (١) كُلاّب؛ خُطّاف (٢) صنّارة §(٣) يثبّت بكلاّب(٤)يسرق.

hooked *(adj.)* (١)معقوف(٢)مزوَّد بكُلاّب.

hoop *(n.)* طوق؛ طارة.

hoopoe

hoopoe *(n.)* الهُدهُد(طائر).

hoot *(vi.; n.)* (١) يصيح مستهزئاً أو مستهجناً (٢) ينعب §(٣) نعيب (٤) صياح استهزاء أو استهجان.

hop *(vi.; n.)* (١)يثب على قدم واحدة§(٢)وثبة (على قدم واحدة)(٣)رَقْص (٤)طيران بطائرة (٥)حشيشة الدينار (نباتٌ) (٦) أفيون.

hope *(vi.; t.; n.)* (١) يأمل §(٢) أمَلٌ.

hopeful *(adj.)* (١)مُفعَم بالأمل(٢)مُشجِّع.

hopeless *(adj.)* (١) يائس (٢) عُضال (٣) ميئوس منه (٤) مستحيل؛ متعذِّر.

hopper *(n.)* (١)الحشرة النطّاطة (٢)القادوس: وعاء قمعي الشكل لتلقيم الطاحون بالقمح.

horde *(n.)* (١)قبيلة(من البدو الرحّل)(٢)جماعة.

horizon *(n.)* أُفُق.

horizontal *(adj.)* أفقي.

hormone *(n.)* هرمون.

horn *(n.)* (١)قرن (٢)بوق؛ نفير.

horned *(adj.)* أقرن: ذو قرن أو أكثر.

hornet *(n.)* زُنْبور؛ دبور.

hornless *(adj.)* أجلح: عديم القرون.

hornpipe *(n.)* الرقصة المزمارية.

horny *(adj.)* (١)قَرْنيّ (٢)صُلْب؛ خشِن.

horoscope *(n.)* خريطة البروج: رسم للسماء كان المنجّمون يستعملونه لكشف الطوالع.

horrible *(adj.)* رهيب.

horrid *(adj.)* (١)بشع؛ مروِّع (٢) بغيض.

horrify *(vt.)* يروِّع؛ يُرْهِب.

horror *(n.)* (١) رُعْب (٢)شيء مرعب.

hors d'oeuvre *(n.)* المشهّي؛ المُقبِّل(طعام).

horse *(n.)* فَرَس؛ حصان؛ جواد.

horseback *(n.)* صهوة الجواد.

horseman *(n.)* (١)الفارس(٢)سائس الخيل.

horsemanship *(n.)* الفروسيّة.

horseplay *(n.)* مُزاح خشن أو سمج.

horsepower *(n.)* القدرة الحصانيّة.

horseradish *(n.)* الجِرجار: فجل حارّ.

horseshoe *(n.)* الحَدْوة: نعل الفرس.

horticulture *(n.)* البَسْتَنة؛ الجِنانة.

hose *(n.)* (١) جَوْرب (٢) بنطلون ضيّق أو قصير (٣) خرطوم مياه الخ.

hosiery *(n.)* (١)جورب (٢) ملابس محبوكة.

hospice *(n.)* نُزُل للمسافرين والفقراء.

hospitable *(adj.)* مِضياف.

hospital *(n.)* مستشفى.

hospitality *(n.)* حُسن الضيافة.

host *(n.)* (١) جمهرة (٢) المُضيف.

hostage *(n.)* الرهينة.

hostel *(n.)* نُزُل؛ فندق.

hostess *(n.)* المُضيفة.

hostile *(adj.)* (١)مُعادٍ (٢)عِدائيّ .
hostility *(n.)* (١)عِداء (٢) عملٌ عدائيّ.
hostler *(n.)* سائس الخيل .
hot *(adj.)* (١)حارّ؛ ساخن، حامٍ (٢)حادّ؛ عنيف (٣) توّاق إلى (٤) طازج ؛ جديد (٥)حِرّيف؛ لاذع (٦) رائج (٧) ممتاز.
hotbed *(n.)* دفيئة (لإنتاج النباتات في غير مواسمها)(٢)مَرْتَع (للجريمة أو الرذيلة الخ.).
hot-blooded *(adj.)* سريع الاهتياج .
hotchpotch *(n.)* خليط ؛ مزيج .
hot dog *(n.)* سندويشة سُجُق ساخن .
hotel *(n.)* فندق ؛ أوتيل .
hotheaded *(adj.)* حادّ الطبع ، عَجول .
hothouse *(n.)* الدّفيئة : مُسْتَنْبَت زجاجي عالي الحرارة لإنتاج النباتات .
hot plate *(n.)* لوح التسخين: مَوْقِد كهربائي أو غازيّ للطهو .
hound *(n.; vt.)* (١) كلب صيد §(٢) يطارد .
hour *(n.)* (١) ساعة (٢) حصة تعليمية .
hourglass *(n.)* الساعة الرملية.
hourly *(adv.; adj.)* (١) في كل ساعة ؛ باستمرار §(٢) متواصل (٣) ساعيّ: محسوب أو مقدَّر بالساعات.

hourglass

house *(n.; vt.)* (١)منزل؛ بيت (٢) زريبة أو مرأب (٣) أسرة؛ عائلة (٤)مجلس تشريعي (٥)مؤسسة تجاريّة(٦)دار (للنشر)(٧)مسرح (٨) النظّارة : جماعة المشاهدين في مسرح §(٩)يؤوي ؛ يُسْكِن (١٠) يشتمل على .
house agent *(n.)* سمسار المنازل .
housebreaker *(n.)* لص المنازل .
household *(n.; adj.)* (١) أهل البيت §(٢) منزلي (٣)مألوف؛ عادي .
housekeeper *(n.)* مدبِّرة المنزل .
House of Commons مجلس العموم .
House of Lords مجلس الأعيان .
house of representatives مجلس النواب.
housewife *(n.)* (١)ربّة المنزل(٢)علبة الخياطة.
hove *past and past part. of* heave.
hovel *(n.)* (١) زريبة (٢) كوخ .
hover *(vi.)* (١)يرفرف (٢) يحوم (حول مكان). (٣) يتأرجح ؛ يتردَّد .
how *(adv.; conj.)* (١) كيف (٢) لماذا (٣) كم. (٤) بِكَم §(٥) كيفما .
~ about ? ما رأيك أو قولك في ؟
however *(conj.; adv.)* (١) كيفما §(٢)مهما. (٣) ومع ذلك؛ من ناحية ثانية؛ ولكن.
howitzer *(n.)* القَذّاف: مدفع قذّاف .
howl *(vi.; n.)* (١) يعوي §(٢) عُواء .
hub *(n.)* محور .
hubble-bubble *(n.)* (١)نارجيلة (٢)ضجة.
hubbub *(n.)* صَخَب؛ هرج ومرج .
huddle *(vi.; n.)* (١)يجتمع ؛ يحتشد (٢)يجثم؛ يربض §(٣) حَشْد؛ جمهرة .
hue *(n.)* لون؛ وبخاصة: تدرّج اللون.
hue and cry *(n.)* صيحة المطاردة .
huff *(n.)* نوبة غضب الخ.
huffy *(adj.)* (١)ساخط (٢)سريع الغضب .
hug *(vt.; n.)* (١)يعانق §(٢)عناق.
huge *(adj.)* ضخم ، هائل .
hulk *(n.)* (١)سفينة عتيقة(٢) شيء ضخم ثقيل.
hulking *(adj.)* ضخم ، ثقيل .
hull *(n.; vt.)* (١)قشرة؛ غلاف (٢)بَدَن السفينة أو الطائرة المائية §(٣) يقشّر .
hum *(vi.; n.)* (١) يهمهم؛ يدندن ؛ يطِنّ . §(٢) همهمة ، دندنة ، طنين .
human *(adj.; n.)* (١) بشريّ §(٢) إنسان.
humane *(adj.)* إنسانيّ .

humanitarian 196 **hush**

humanitarian *(adj.; n.)* (١)خيِّر : محبّ للخير العام§(٢)الخيِّر ؛ المحسِن .
humanity *(n.)* (١)الانسانيّة : الشفقة ؛ الحنوّ . (٢) البشريّة : الجنس البشري .
humankind *(n.)* الجنس البشري .
humble *(adj.; vt.)* (١) متواضع (٢) ذليل . (٣)وضيع ؛ حقير §(٤) يُذِلّ .
humbly *(adv.)* بتواضع ؛ بتذلّل ؛ بِضَعَة .
humbug *(n.; vt.)* (١) خدعة ، خداع . (٢) دجال (٣) هُراء §(٤) يخدع .
humdrum *(adj.)* رتيب ؛ مملّ .
humid *(adj.)* رطب .
humidify *(vt.)* يرطّب : يجعله رطباً .
humidity *(n.)* رطوبة .
humiliate *(vt.)* يُذِلّ ؛ يُخْزِي .
humiliation *(n.)* إذلال ؛ ذُلّ .
humiliating *(adj.)* مُذِلّ ؛ مُخْزٍ .
humility *(n.)* تواضُع ، اتّضاع .
hummingbird *(n.)* الطائر الطنّان .
hummock *(n.)* (١) رابية ؛ أكمة (٢)نتوء .
humor *(n.)* (١)مزاج (٢)نزوة (٣)دعابة ؛ ظرف .
humorous *(adj.)* فَكِه ؛ ظريف ؛ هزَلي .
hump *(n.)* (١)حدَبَة ؛ سَنام (٢)رابية ؛ أكمة .
humpback *(n.)* الأحدب : ذو الحدَبَة .
humpbacked; humped *(adj.)* مُحدَّب .
humus *(n.)* الدُّبال : مادة تنشأ من تحلّل المواد النباتية وتشكّل جزءاً من التّربة .
hunch *(vi.; t.; n.)* (١) يندفع إلى الأمام . (٢)ينحني ×(٣)يدفع الى الأمام (٤)يحدّب §(٥)حدَبَة ، سَنام (٦)حِسّ باطني .
hunchback *(n.)* الأحدب : ذو الحدَبَة .
hunchbacked *(adj.)* أحدب ، ذو حدَبَة .
hundred *(n.)* مئة .
hundredfold *(adv.)* مئة ضِعف .
hundredth *(adj.; n.)* (١)المئة (٢)بالغٌ جزءاً من مئة §(٣)العضو المئة في سلسلة (٤)جزء من مئة .
hundredweight *(n.)* الهَنْدْرِدْوَيْت : وحدة وزن تساوي مئة باوند أو ١١٢ باونداً
hung *past and past part. of* hang.
hunger *(n.)* (١)جُوع (٢)تَوْق .
hungry *(adj.)* (١)جائع (٢) توّاق .
hunt *(vt.; i.; n.)* (١)يصيد (٢)يطارد (٣)يطرد. (٤)يبحث عن الطرائد (٥)يفتش §(٦)صَيْد الخ
hunter *(n.)* (١)الصيّاد (٢) كلب أو فرس صَيْد .
hunting *(n.)* صَيْد .
huntress *(n.)* الصيّادة ؛ الصائدة .
huntsman *(n.)* (١)الصيّاد (٢)مدير الصَّيد .
hurdle *(n.)* (١) سِياج نقّال أو موقّت . (٢) الحاجز : حاجز خشبيّ يقفز الرياضيون (أو الخيل) فوقه (٣)عقبة.
hurl *(vi.; t.; n.)* (١) يندفع ×(٢) يقذف ؛ يرشق §(٣) قَذْف ؛ رَشْق .
hurly-burly *(n.)* جلبة ؛ هرْج ومرْج .
hurrah *(n.)* هُوراه : هتاف ابتهاج أو تشجيع .
hurricane *(n.)* إعصار .
hurry *(vt.; i.; n.)* (١) ينقل بعجلة (٢)يحثّ على الاسراع ×(٣) يُسْرِع §(٤) عجلة .
hurt *(vt.; i.; n.)* (١)يجرح (٢)يؤذي (٣)يولم. §(٤)جُرْح (٥)أذى ؛ ضرر .
hurtful *(adj.)* مؤذٍ ؛ ضارّ ؛ مولم .
hurtle *(vt.; i.)* يدفع أو يندفع بعنف .
husband *(n.; vt.)* (١)زوج ؛ بَعل §(٢)يسخّر (٣)يدّخر ؛ يوفّر .
husbandman *(n.)* المزارع .
husbandry *(n.)* ١)اقتصاد في النفقة (٢)زراعة.
hush *(vt.; i.; n.; interj.)* ١)يهدّئ ؛ يسكّن (٢)يُخمِد (٣)يطمس ×(٤)يهدأ ؛ يسكن §(٥) سكوت ؛ سكون §(٦) صَهْ ! أسكُتْ !

husk 197 hysterics

husk *(n.; vt.)* (١)قشرة §(٢)يقشّر .

husky *(adj.; n.)* (١)قِشريّ(٢) كثير القِشر (٣)أجَشّ ؛ أبَحّ (٤)قويّ ؛ ضخم .

hussar *(n.)* جندي من الفرسان .

hussy *(n.)* امرأة فاجرة .

hustle *(vt.; i.; n.)* (١) يطرد (٢) يهزّ أو يدفع بخشونة ×(٣)يشق طريقه (٤)يعجل ؛ يسرع §(٥) دَفع بقوة (٦) نشاط بالغ .

hut *(n.)* (١) كوخ (٢)سقيفة .

hutch *(n.)* (١)قفص (٢) زريبة (٣) كوخ .

hyacinth *(n.)* المكحلة الحدَقية (نبات) .

hybrid *(adj.; n.)* هَجين ؛ نَغْل ؛ مُوَلَّد .

hybridize *(vt.; i.)* يهجّن ؛ يخلط الأجناس .

Hydra *(n.)* العُدار : أفعوان خرافي .

hydrangea *(n.)* كوب الماء (نبات) .

hydrant *(n.)* حنفية أو خرطوم ماء

hydraulic *(adj.)* هيدروليكيّ : «أ» مُدار أو مُحرَّك بواسطة الماء . «ب» متعلق بالمياه أو السوائل المتحركة .

hydraulics *(n.)* علم السوائل المتحركة .

hydrogen *(n.)* الهيدروجين .

hydrogenate; -genize *(vt.)* يُهَدْرِج .

hydrogen bomb *(n.)* القنبلة الهيدروجينية .

hydrogenous *(adj.)* هيدروجينيّ .

hydrology *(n.)* المائيات ؛ علم المياه .

hydrometer *(n.)* : المِسْيَل مقياس الثقل النوعي للسوائل .

hydrometer

hydrophobia *(n.)* داء الكَلَب .

hydroplane *(n.)* (١) الزلاّقة المائيّة : زورق بخاري سريع (٢)الطائرة المائيّة .

hyena *(n.)* الضَّبُع .

hygiene *(n.)* علم الصحّة .

hygienic *(adj.)* (١) صحّيّ (٢) خاص بعلم الصحّة .

hymeneal *(adj.)* زِواجيّ ؛ قِرانيّ .

hymn *(n.)* ترتيلة ؛ ترنيمة .

hyperbola *(n.)* القطع الزائد(هندسة) .

hyperbole *(n.)* غُلُوّ ؛ إغراق ؛ مبالغة .

hyphen *(n.; vt.)* (١)الواصلة : خط قصير (-) بين جزئي الكلمة المركّبة §(٢)يَصِل بواصلةٍ .

hyphenate *(vt.)* = hyphen.

hypnosis *(n.)* النوم المِغنطيسي .

hypnotic *(adj.; n.)* (١)منوِّم (٢)متعلق بالتنويم المغنطيسي §(٣) المنوِّم : مادة منوِّمة .

hypnotism *(n.)* التنويم المغنطيسي .

hypnotist *(n.)* المنوِّم المغنطيسي .

hypnotize *(vt.)* ينوِّم مغنطيسياً .

hypochondria; -sis *(n.)* وسواس المرض : توسوس المرء على صحته .

hypochondriac *(adj.; n.)* مصاب بوسواس المرض ؛ موسوس على صحته .

hypocrisy *(n.)* رياء ؛ نفاق .

hypocrite *(n.; adj.)* مراءٍ ؛ منافق .

hypocritical *(adj.)* ريائيّ ؛ زائف .

hypotenuse *(n.)* وتر المثلث(ذي الزاوية القائمة) .

hypothecate *(vt.)* يرهن (عقاراً أو سندات) .

hypothesis *(n.)* الفَرْضيّة ؛ الظَّنّيّة : رأي علميّ لم يثبتْ بعد .

hypothetical *(adj)* افتراضي: قائم على الافتراض .

hyssop *(n.)* الزُوفا : نباتٌ أوراقه عطِرة الرائحة .

hysteria *(n.)* (١)الهِستيريا ؛ الهَرَع (٢)خوف (أو اهتياج عاطفيّ) لاسبيل إلى كبحه .

hysteric ; -al *(adj.)* هِستيريّ ؛ هَرَعِيّ .

hysterics *(n.)* هستيريا : نوبة ضحك أو بكاء لا سبيل إلى كبحها .

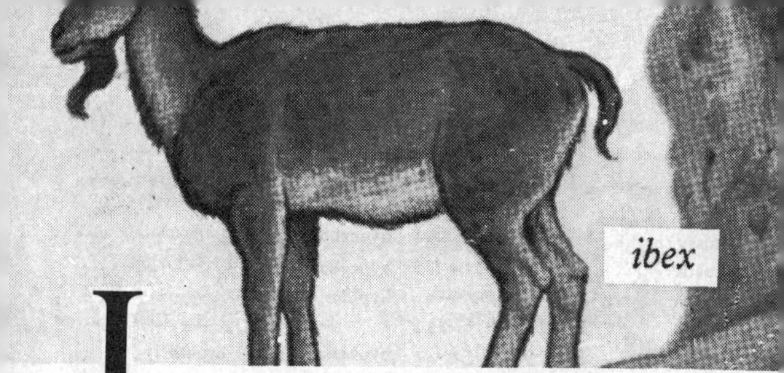

I

i *(n.)* الحرف التاسع من الأبجدية الانكليزية.

I *(pron.)* أنا؛ تُ؛ ضمير المفرد المتكلم .

iamb;iambus *(n.)* العَمْبَق: تفعيلة شعرية.

ibex *(n.)* الوَعْل ؛ البَدَن ؛ تَيْس الجبل .

ibis *(n.)* أبو منجل؛ الحارس : طائر مائي .

ice *(n.; vt.)* (١) جليد؛ ثلج (٢) الحلوى الجليدية: حلوى متجلدة تحتوي على عصير فاكهة § (٣) يكسو بالثلج أو يحوّل إلى جليد (٤) يبرِّد (٥) يكسو بغطاء من سكر وزبدة وحليب وبيض.

iceberg *(n.)* الجبل الجليدي : جبل جليد عائم منفصلٌ عن نهر جليد .

iceboat *(n.)* مركب الجَمَد : مركبة شبيهة بمركب شراعي تستخدم للانزلاق على الجليد.

icebound *(adj.)* محاط أو محصورٌ بالجليد.

icebox *(n.)* ثلاّجة .

icebreaker *(n.)* كسّارة الجَمَد: سفينة لشق طريق وسط الجليد

ice cream *(n.)* مثلوجات؛ «بوظة»؛ «جيلاتي».

iceman *(n.)* الثلاّج: بائع الثلج

ice storm *(n.)* العاصفة الثلجيّة .

icicle *(n.)* الدلاّة الجليديّة : كتلة جليدية مدلاّة ناشئة عن تجمّد الماء أثناء تقطّره .

icily *(adv.)* (١) على نحو جليدي (٢) ببرود .

icing *(n.)* (١) تثليج (٢) الغطاء الجليديّ (من سكر وزبدة وحليب وبيض) .

icon *(n.)* (١) تمثال (٢) ايقونة .

icy *(adj.)* (١) جليديّ (٢) بارد .

idea *(n.)* (١) فكرة (٢) خطّة؛ تصميم؛ مشروع .

ideal *(adj.; n.)* (١) مثاليّ § (٢) مثلٌ أعلى

idealism *(n.)* المثاليّة .

idealist *(n.; adj.)* مثاليّ .

idealistic *(adj.)* مثاليّ .

idealize *(vt.)* يجعله مثالياً .

identical *(adj.)* (١) ذاتُه (٢) مماثل؛ متطابق.

identically *(adv.)* بالتماثل؛ بالتطابق .

identification *(n.)* (١) مُماثَلة؛ مُطابَقة. (٢) تماثلٌ؛ تطابق (٣) معيِّن الهوية .

identify *(vt.; i.)* (١) يماثل؛ يطابق (٢) يعتبرهما شيئاً واحداً (٣) يعيِّن الهوية أو الشخصية .

identity *(n.)* (١) تماثُل ؛ تطابق ؛ وحدة . (٢) هُويّة ؛ ذاتية .

ideologic; -al *(adj.)* ايديولوجي .

ideology *(n.)* ايديولوجية ؛ مَذْهب.

idiocy *(n.)* (١) بلاهة (٢) حماقة بالغة.
idiom *(n.)* (١) لهجة ؛ لغة (٢) العبارة الاصطلاحية: عبارة ذات معنى لا يمكن أن يتجلّى من مجرّد فهم معاني كلماتها منفصلةً.
idiomatic *(adj.)* اصطلاحيّ.
idiot *(n.)* الأبله ؛ المعتوه ؛ الأحمق.
idiotic; -al *(adj.)* أبله ؛ معتوه ؛ أحمق.
idle *(adj.; vi.)* (١) تافه (٢) عاطل عن العمل. (٣) كسول ؛ مهمِل §(٤) يتبطّل ؛ ينفق وقته في البطالة (٥) يتكاسل.
idleness *(n.)* تبطُّل ؛ تعطُّل ؛ كَسَل.
idol *(n.)* (١) وَثَن (٢) معبود ؛ محبوب.
idolater *(n.)* (١) الوثنيّ (٢) المُعْجَب.
idolatrous *(adj.)* (١) وثنيّ (٢) محبّ حبّاً أعمى.
idolatry *(n.)* (١) الوثنيّة (٢) حبّ أعمى.
idolize *(vt.)* يؤلّه ؛ يحبّ حبّاً أعمى.
idyll or **idyl** *(n.)* الأنشودة الريفية.
if *(conj.; n.)* (١) إذا ؛ إنْ (٢) ماإذا (٣) لو ؛ ليت. (٤) ولو أنّه §(٥) شرطٌ (٦) افتراض.
igneous *(adj.)* (١) ناريّ (٢) بركانيّ.
ignite *(vt.; i.)* (١) يُشعِل ×(٢) يشتعل.
ignition *(n.)* (١) إشعال ؛ اشتعال (٢) المُشعِلة: أداة الإشعال (كالشرارة الكهربائية الخ.).
ignoble *(adj.)* حقير ؛ خسيس.
ignominious *(adj.)* شائن ؛ حقير ؛ مُذِلّ.
ignominy *(n.)* خِزْي ؛ عار.
ignorance *(n.)* جهلٌ ؛ جهالة.
ignorant *(adj.)* (١) جاهلٌ (٢) دالّ على الجهل.
ignore *(vt.)* يتجاهل.
ill *(adj.; adv.; n.)* (١) شرّير (٢) سقيم. (٣) مريض ؛ عليل (٤) سيّء ؛ عاثر (٥) صعب (٦) رديء (٧) معادٍ ؛ غير ودّيّ (٨) قاس ؛ وحشيّ §(٩) باستياء أو بعدم ارتياح (١٠) بفظاظة (١١) بصعوبة §(١٢) شرّ ؛ علّة ؛ بلاء.
ill-bred *(adj.)* سيّء التنشئة ؛ غير مهذّب.
illegal *(adj.)* غير قانوني ؛ غير شرعيّ.
illegible *(adj.)* مستغلِق ؛ غير مقروء.
illegitimacy *(n.)* (١) النُّغولة (٢) اللاشرعيّة.
illegitimate *(adj.)* (١) نَغِل: مولود من أبوين لا تربط بينهما رابطة الزّواج (٢) غير شرعيّ.
ill-fated *(adj.)* (١) منحوس (٢) مشؤوم.
ill-favored *(adj.)* (١) بَشِع (٢) بغيض.
illiberal *(adj.)* (١) جِلف أو جاهل (٢) بخيل. (٣) متعصّب ؛ ضيّق أفق التفكير.
illicit *(adj.)* محظور ؛ محرّم ؛ غير مشروع.
illimitable *(adj.)* لامتناهٍ ؛ لامحدود.
illiteracy *(n.)* (١) الأميّة (٢) خطأ فاضح.
illiterate *(adj.; n.)* أميّ.
ill-mannered *(adj.)* جِلْف ؛ فظّ.
ill-natured *(adj.)* شَكِس ؛ رديء الطبع.
illness *(n.)* اعتلال ؛ سُقْم ؛ مرض.
illogical *(adj.)* غير منطقيّ ؛ مخالف للمنطق.
ill-starred *(adj.)* منحوس ؛ سيّء الطالع.
ill-treat *(vt.)* يعامل بقسوة ؛ يسيء المعاملة.
illuminate *(vt.)* (١) ينير (٢) ينوّر (٣) يوضّح. (٤) يزخرف (بالذهب أو بالألوان الساطعة).
illumination *(n.)* (١) إنارة ؛ تنوير (٢) استنارة. (٣) إضاءة زينيّة (٤) زخرفة.
ill-usage *(n.)* معاملة قاسية أو جائرة.
ill-use *(vt.)* يسيء معاملته ؛ يعامله بقسوة.
illusion *(n.)* وهم ؛ توهّم.
illusive; illusory *(adj.)* خادعٌ ؛ موهِم.
illustrate *(vt.)* (١) يزيّن (بالرسوم) (٢) يوضح (٣) يوضِح بأعطاء مثل.
illustration *(n.)* (١) تزيين ؛ توضيح ؛ تزويد بالرسوم التوضيحية (٢) مثَلٌ مُوْضِح (٣) صورة إيضاحيّة تزيينيّة.
illustrative *(adj.)* تزيينيّ ؛ توضيحيّ.

illustrious *(adj.)* لامع ؛ شهير .
image *(n.)* (١) تمثال (٢) ايقونة (٣)صورة .
imagery *(n.)* (١) تماثيل (٢)اللغة المجازية.
imaginable *(adj.)* ممكنٌ تخيُّلُهُ .
imaginary *(adj.)* خياليّ ؛تخيُّليّ ؛ متخيَّل.
imagination *(n.)* (١) تخيُّل (٢) خيال .
imaginative *(adj.)* (١)خيالي(٢)واسع الخيال
imagine *(vt.; i.)* يتخيّل ؛ يتصوّر .
imbecile *(adj.)* أبله ؛ معتوه .
imbecility *(n.)* (١) بلاهة (٢) حماقة تامّة.
imbed *(vt.; i.)* = embed.
imbibe *(vt.; i.)* يتشرّب ؛ يمتصّ ؛ يشرَب.
imbroglio *(n.)* (١)وضعٌ معقّد(٢)سوء تفاهم.
imbrue *(vt.)* يُضرّج أو يُخضّب (بالدماء) .
imbue *(vt.)* (١)يَصْبغ (٢)يُشْرِب (بفكرة) .
imitate *(vt.)* (١) يحاكي ؛ يقلّد (٢) يُشبه ؛ يبدو مثلَ (٣) يزيف .
imitation *(n.)* (١)محاكاة ؛تقليد(٢)تزييف. (٣) شيء زائف .
imitative *(adj.)* (١)تقليديّ: قائمٌ على المحاكاة والتقليد (٢)مقلّد: ميال إلى المحاكاة والتقليد .
immaculate *(adj.)* نقيّ ؛ طاهر ؛ نظيف .
immaterial *(adj.)* (١)روحيّ(٢)غير هامّ .
immature *(adj.)* فِجّ ؛ غير ناضج .
immeasurable *(adj.)* لا حدّ له؛لا يُقاس.
immediate *(adj.)* (١) مباشر (٢) فوريّ. (٣)حاليّ ؛خاصّ بالزمن الحاضر (٤)قريب.
immediately *(adv.)* مباشرةً ؛ توّاً؛ فوراً .
immedicable *(adj.)* عُضال ؛متعذّرٌ شفاؤه.
immemorial *(adj.)* سحيق: شديد القِدَم .
immense *(adj.)* ضخم ؛ هائل .
immensity *(n.)* (١)ضخامة(٢)شيء ضخم.
immerse *(vt.)* (١)يَغْمر ؛يغطّس(٢)يعمّد.
immersion *(n.)* (١)غَمْر ؛انغمار (٢)تعميد.
immigrant *(n.)* المهاجر ؛ المغترب ؛ النازح.
immigrate *(vi.)* يهاجر ؛ يغترب ؛ ينزح.
imminence *(n.)* وَشْك ؛ قربُ حدوث.
imminent *(adj.)* وشيك ؛قريب الحدوث.
immobile *(adj.)* ثابت ؛ جامد؛ لا متحرّك .
immobilize *(vt.)* يجمّد؛ يشلّ .
immoderate *(adj.)* مُفْرِط ؛ مُتطرّف .
immodest *(adj.)* (١)مدّعٍ ؛ غير متواضع . (٢) وقح ؛ بذيء (٣)غير محتشم.
immolate *(vt.)* يضحّي بـ؛ يقدّمه قرباناً.
immoral *(adj.)* (١) لاأخلاقيّ (٢) فاسق.
immorality *(n.)* فُسوق ؛ فُجور .
immortal *(adj.; n.)* (١)خالد §(٢)الخالد .
immortality *(n.)* خلود ؛ بقاء .
immortalize *(vt.)* يخلّده ؛ يجعله خالداً .
immovable *(adj.; n.)* (١)راسخ§(٢)شيء راسخ(٣) *pl.* : أموال غير منقولة .
immune *(adj.)* (١)مُعْفىً (٢)ذو مَناعة .
immunity *(n.)* (١)إعفاء (٢) مناعة .
immunize *(vt.)* يمنّع : يجعله ذا مناعة .
immure *(vt.)* يحصر ؛يحبس ؛ يسجن.
immutable *(adj.)* ثابت؛غير قابل للتغيّر.
imp *(n.)* (١)عفريت صغير (٢) ولد مؤذٍ .
impact *(n.)* (١)تصادم؛ صدمة(٢)أثر ؛تأثير .
impair *(vt.)* يُفسِد؛يُتلِف ؛ يُضعِف.
impale *(vt.)* يُخوزق : يُميت على الخازوق.
impalpable *(adj.)* دقيق؛غير محسوس.
impart *(vt.)* (١)يمنح (٢)ينقل (٣)يفشي .
impartial *(adj.)* نزيه؛متجرّد؛ غير متحيّز .
impartiality *(n.)* نزاهة؛تجرّد؛لا تحيّز.
impassable *(adj.)* غير سالك؛ لا يُجتاز .
impasse *(n.)* مأزق ؛ طريق مسدود .
impassible *(adj.)* بليد الحسّ ؛ عديم التأثّر.
impassioned *(adj.)* مُتّقِد؛مشبوب العاطفة.

impassive *(adj.)* جامد ؛ عديم العاطفة .
impatience *(n.)* نفاد صبر .
impatient *(adj.)* (١) نافد الصبر (٢) ضيّق الصدر بـ ؛ قليل الاحتمال لـ (٣) شديد التوق إلى.
impeach *(vt.)* يتّهم (بالتقصير أو الخيانة) .
impeccable *(adj.)* معصوم (عن الخطأ) .
impede *(vt.)* يَعُوق ؛ يعترض السبيل .
impediment *(n.)* (١) إعاقة (٢) عائق .
impel *(vt.)* يُكره على ؛ يدفع إلى .
impend *(vi.)* (١) يهدّد (٢) يوشك أن يَحدُث .
impending *(adj.)* وشيك ؛ مهدِّد بوشك الحدوث
impenetrable *(adj.)* (١) لا يُخترَق ؛ لا يُنفَذ إليه (٢) عديم التأثّر (٣) مستغلق ؛ لا يُفهَم .
impenitent *(adj.)* سادرٌ ؛ غير نادم أو تائب.
imperative *(adj.; n.)* (١) أمريّ (٢) إلزاميّ . (٣) ضروريّ § (٤) صيغة الأمر (٥) أمرٌ ؛ طلب.
imperceivable *(adj.)* = imperceptible.
imperceptible *(adj.)* (١) غير مدرَك . (٢) ضئيل أو دقيق إلى حدّ بعيد .
imperfect *(adj.; n.)* (١) ناقص ؛ غير تامّ . (٢) غير مُلْزِم شرعاً § (٣) صيغة الماضي الناقص.
imperfection *(n.)* نَقْصٌ ؛ عيبٌ ؛ شائبة .
imperial *(adj.)* (١) امبراطوريّ (٢) فخيم .
imperialism *(n.)* (١) النظام أو الحكم الامبراطوري (٢) الامبريالية ؛ الاستعمار .
imperil *(vt.)* يُعرِّض للخطر .
imperious *(adj.)* (١) مستبدّ (٢) ملحّ .
imperishable *(adj.)* خالد ؛ غير فانٍ .
impersonal *(adj.)* (١) لاشخصيّ (٢) مجرَّد.
impersonate *(vt.)* يتخذ أو يمثّل شخصيّة فلان
impertinent *(adj.)* (١) غير مرتبط بموضوع البحث ؛ خارج عن موضوع البحث (٢) وقح .
imperturbable *(adj.)* هادىء ؛ رابط الجأش
impervious *(adj.)* كتيم ؛ غير مُنفِذ .
impetuosity *(n.)* (١) طيش (٢) عنف ؛ اندفاع
impetuous *(adj.)* (١) طائش (٢) مندفع بعنف
impetus *(n.)* (١) قوة دافعة (٢) دافع ؛ منبّه.
impiety *(n.)* (١) عدم تقوى (٢) عقوق.
impinge *(vi.)* يصطدم أو يرتطم بـ .
impious *(adj.)* (١) غير ورِع (٢) عاقّ .
impish *(adj.)* شيطاني ؛ عفريتيّ ؛ مؤذٍ .
implacable *(adj.)* عنيد ؛ حقود ؛ لا يُهدَّأ .
implant *(vt.)* يَغرز ؛ يَغرس ؛ يُشْرب.
implement *(n.)* أداة ؛ آلة ؛ وسيلة.
implicate *(vt.)* (١) يضمِّن (٢) يورِّط .
implication *(n.)* (١) تضمين ؛ تضمّن ؛ معنىً متضمَّن (٢) توريط ؛ تورُّط .
implicit *(adj.)* (١) ضِمْنِيّ (٢) مُطلَق ؛ تامّ .
implied *(adj.)* ضمنيّ ؛ مفهومٌ ضمناً .
implore *(vt.)* يناشد ؛ يلتمس ؛ يتوسّل إلى.
imply *(vt.)* (١) يتضمّن ؛ يدل ضمناً على ؛ يقتضي ضمناً (٢) يُلمع أو يُلمّح إلى .
impolite *(adj.)* فظّ ؛ جِلف ؛ غير مهذّب.
impolitic *(adj.)* أخرق ؛ أحمق ؛ غير حكيم.
import *(vt.; n.)* (١) يعني ؛ يفيد (٢) يستورد. § (٣) معنى ؛ فحوى (٤) أهمية (٥) سلعة مستوردة.
importance *(n.)* أهمية ؛ شأن .
important *(adj.)* (١) هامّ (٢) ذو شأن .
importation *(n.)* (١) استيراد (٢) شيء مستورَد
importunate *(adj.)* مزْعِج ؛ ملِحّ ؛ ملحِف
importune *(vt.; i.)* يلحّ على ؛ يُلحِف ؛ يزعج.
importunity *(n.)* إزعاج ؛ إلحاح ؛ إلحاف .
impose *(vt.; i.)* (١) يفرض (٢) يتطفّل على. × (٣) يستغلّ (٤) يَخْدَع .
imposing *(adj.)* جليل ؛ مَهيب .
imposition *(n.)* (١) فرض ضريبة (٢) ضريبة. (٣) عبء ثقيل (٤) حيلة ؛ خدعة .
impossibility *(n.)* استحالة أو شيء مستحيل .

impossible *(adj.)* مستحيل ؛ متعذِّر .
impost *(n.)* ضريبة ؛ رَسْم .
impostor *(n.)* الدجّال ؛ المدّعي ؛ المحتال .
imposture *(n.)* دَجَل ؛ خِداع .
impotence *(n.)* العُنّة : العجز الجنسي .
impotent *(adj.)* (١) ضعيف ؛ واهن (٢) عِنّين .
impoverish *(vt.)* (١) يُفقِر (٢) يُضعِف .
impracticable *(adj.)* غير عمليّ ؛ غير سالك .
impractical *(adj.)* لاعمليّ ؛ غير عمليّ .
imprecate *(vt.; i.)* يلعن .
imprecation *(n.)* (١) لَعْن (٢) لَعْنَة .
impregnable *(adj.)* حصين ؛ منيع .
impregnate *(vt.)* (١) يُلَقِّح (٢) يُشرِب .
impresario *(n.)* مدير الفرقة (الموسيقية) .
impress *(vt.; n.)* (١) يَدْمغ ؛ يطبع ؛ يَبْصم (٢) يطبع (في الذهن) (٣) يؤثّر في . يخلّف (في النفس) انطباعاً قوياً §(٤) دَمْغَة ؛ بَصْمة ؛ طَبعة (٥) طابَع ؛ علامة مميِّزة .
impression *(n.)* (١) دمغة ؛ بَصْمَة ؛ طَبْعَة (٢) انطباع ؛ انطباعة أولى (٣) فكرة غامضة .
impressionism *(n.)* الانطباعيّة (في الفن) .
impressive *(adj.)* مؤثِّر .
imprint *(vt.; n.)* (١) يدمغ ؛ يبصم ؛ يختم §(٢) دمغة ؛ بصمة (٣) سِمَة .
imprison *(vt.)* يسجن ؛ يحبس .
improbability *(n.)* لا احتمال .
improbable *(adj.)* غير محتمَل ؛ بعيد الاحتمال .
impromptu *(adj.; adv.)* مُرتَجَل ؛ أو ارتجالاً .
improper *(adj.)* (١) خاطىء (٢) غير ملائم أو مهذّب أو لائق (٣) بذيء (٤) غير محتشم .
impropriety *(n.)* (١) لاملاءمة ؛ عدم مناسبة . (٢) قلّة احتشام أو لياقة (٣) بذاءة .
improve *(vt.; i.)* (١) يحسّن × (٢) يتحسّن .
improvement *(n.)* (١) تحسين (٢) تحسّن .
improvidence *(n.)* تبذير ؛ قِصَر نظر .
improvident *(adj.)* مبذّر أو قصير النظر .
improvisation *(n.)* ارتجال أو شيء مُرتَجَل .
improvise *(vt.; i.)* يرتجل .
imprudence *(n.)* حماقة ؛ طَيْش .
imprudent *(adj.)* أحمق ؛ طائش .
impudence *(n.)* وقاحة ؛ صفاقة .
impudent *(adj.)* وقح ؛ صفيق .
impugn *(vt.)* يفنّد ؛ يكذّب ؛ يطعن في .
impulse *(n.)* (١) اندفاع (٢) دافع ؛ حافز ؛ باعث (٣) نزوة .
impulsion *(n.)* دَفْع ؛ اندفاع ؛ دافع ؛ حافز .
impulsive *(adj.)* دَفْعِيّ ؛ دافع ؛ مندفع .
impunity *(n.)* إفلات من عقوبة أو عاقبة .
impure *(adj.)* (١) قَذِر ؛ بذيء (٢) ملوّث ؛ نَجِس (٣) غير طاهر أو صافٍ (٤) مغشوش .
impurity *(n.)* تلوّث ؛ نَجَس ؛ لَحْن (في اللغة) .
impute *(vt.)* (١) يُلصِق به تهمةً (٢) يعزو إلى .
in *(prep.; adv.; adj.)* (١) في (٢) إلى داخل (٣) بِ ؛ بواسطة (٤) إلى §(٥) إلى أو نحو داخل غرفة أو بيت §(٦) داخليّ .
~ any case . بأية حال ؛ مهما يحدث
inability *(n.)* عَجْز ؛ قصور ؛ عدم قدرة .
inaccessible *(adj.)* متعذّر بلوغُه أو التأثير فيه أو الحصول عليه .
inaccuracy *(n.)* (١) عدم صحة أو دقّة (٢) خطأ .
inaccurate *(adj.)* خاطىء ؛ غير دقيق .
inaction *(n.)* كسل ؛ تراخٍ ؛ لا عمل .
inactive *(adj.)* ساكن ؛ هامد ؛ غير ناشط .
inactivity *(n.)* سكون ؛ لافعالية ؛ لانشاط .
inadequate *(adj.)* غير ملائم ؛ غير وافٍ .
inadmissible *(adj.)* غير مقبول .
inadvertent *(adj.)* (١) مُهمِل ؛ غافل . (٢) دالّ على إهمال (٣) غير متعمَّد أو مقصود .

inadvisable *(adj.)* غير مستحسَن أو مستصوَب.
inalienable *(adj.)* غير قابل للتحويل.
inalterable *(adj.)* غير قابل للتغيير
inane *(adj.)* فارغ؛ تافه؛ سخيف.
inanimate *(adj.)* لاحيّ؛ غير ذي حياة.
inanition *(n.)* (١) فراغ (٢) جوع (٣) لانشاط.
inapplicable *(adj.)* غير عمليّ؛ غير ملائم.
inappropriate *(adj.)* غير ملائم.
inapt *(adj.)* (١) غير ملائم (٢) غير بارع.
inaptitude *(n.)* عدم ملاءمة أو صلاح أو براعة.
inarticulate *(adj.)* (١) غير ملفوظٍ بوضوح (٢) عاجز عن التعبير عن آرائه (٣) لامَفْصِليّ.
inartistic *(adj.)* لا فنّيّ؛ غير فنّيّ.
inasmuch as *(conj.)* لأن؛ بسبب؛ نظراً لأن.
inattention *(n.)* غفلة؛ قلّة انتباه؛ إهمال.
inattentive *(adj.)* غافل؛ غير منتبه؛ مهمِل.
inaudible *(adj.)* غير مسموع؛ لا يُسمَع.
inaugural *(adj.; n.)* (١) تدشينيّ (٢) افتتاحيّ § (٣) خطاب التولية (يلقى عند بدء الولاية).
inaugurate *(vt.)* (١) يولّي: يقلّده السلطة. (٢) «أ» يدشّن. «ب» يفتتح.
inauguration *(n.)* تولية؛ تدشين؛ افتتاح.
inauspicious *(adj.)* منحوس؛ مشؤوم.
inborn; inbred *(adj.)* فطريّ؛ طبيعيّ.
incalculable *(adj.)* (١) كثير جداً؛ لا يُحصَى (٢) لا يمكن التنبّؤ به (٣) متقلّب.
incandescence *(n.)* التوهّج الحراري.
incandescent *(adj.)* متوهّج؛ ساطع؛ برّاق.
incantation *(n.)* (١) تعويذ (٢) تعويذة.
incapable *(adj.)* (١) عاجز (٢) غير قابل لِ.
incapacitate *(vt.)* يُضْعِف؛ يجعله عاجزاً.
incapacity *(n.)* عجز؛ عدم قدرة.
incarcerate *(vt.)* (١) يسجن (٢) يحجز؛ يحصر
incarnate *(adj.; vt.)* (١) مجسَّد § (٢) يجسِّد.
incarnation *(n.)* تجسيد؛ تجسُّد.
incautious *(adj.)* غافل؛ مُهمِل؛ قليل الحذر.
incendiary *(n.; adj.)* (١) الإحراقيّ: مُضرِم النار عمداً (٢) المهيِّج: مثير الفتنة § (٣) إحراقيّ (٤) محرِق (٥) مُلهِب؛ مثير.
incense *(n.; vt.)* (١) البخور أو عبقه (٢) تملُّق. § (٣) يبخِّر (بإحراق البخور) (٤) يُغضِب.
incentive *(n.; adj.)* باعث؛ محرِّك؛ حافز.
inception *(n.)* ابتداء؛ استهلال.
incertitude *(n.)* شكّ؛ لا يقين.
incessant *(adj.)* متوالٍ؛ متواصل؛ مستمرّ.
incessantly *(adv.)* باستمرار؛ بغير انقطاع.
inch *(n.)* الإنش؛ البوصة: ١/١٢ من القدم.
incidence *(n.)* مدى الحدوث أو التأثير.
incident *(n.; adj.)* (١) حادثة § (٢) عرَضيّ.
incidental *(adj.)* تصادفيّ؛ عرَضيّ؛ طارىء.
incinerate *(vt.)* يُحرِق (محوِّلاً إلى رماد).
incinerator *(n.)* موقِد لإحراق القمامة.
incipient *(adj.)* أوليّ؛ ابتدائيّ.
incise *(vt.)* (١) يحزّ (٢) ينحت؛ ينقش.
incised *(adj.)* (١) محزَّز؛ منقوش (٢) مثلَّم.
incision *(n.)* تثلُّم؛ جُرْح؛ حزّ؛ شقّ.
incisive *(adj.)* قاطع؛ ماضٍ؛ حادّ.
incisor *(n.)* القاطعة: إحدى الأسنان القواطع.
incite *(vt.)* يحرِّض؛ يحثّ.
incivility *(n.)* (١) فظاظة (٢) عمل فظّ.
inclement *(adj.)* (١) عاصف (٢) قاسٍ.
inclination *(n.)* (١) انحناءة (٢) رغبة؛ هوى. (٣) ميْل؛ انحراف (٤) منحدَر (٥) نزعة.
incline *(vi.; t.; n.)* (١) ينحني (٢) يميل إلى. (٣) ينحرف × (٤) يحني (٥) يُحدِر § (٦) منحدَر.
inclined *(adj.)* (١) ميّال إلى (٢) مائل؛ منحدِر.
inclose *(vt.)* = enclose.
include *(vt.)* يتضمّن؛ يشتمل على.

inclusion 204 incumbent

inclusion *(n.)* تضمين ؛ تضمُّن .
inclusive *(adj.)* (١)شامل(٢)متضمِّن ؛ بمافيه.
inclusively *(adv.)* ضمناً .
incognito *(adj.; adv.)* متستِّر باسم مستعار .
incoherence *(n.)* (١) تفكُّك (٢) تنافُر .
incoherent *(adj.)* (١)متفكّك (٢)متنافر .
incombustible *(adj.)* غير قابل للاحتراق .
income *(n.)* دَخْل ؛ إيراد .
incoming *(adj.)* (١)آتٍ؛ قادم (٢)جديد.
incommode *(vt.)* يُزعج؛ يضايق .
incomparable *(adj.)* لا يُضاهَى .
incompatible *(adj.)* (١)متنافر(٢)متضارب ؛ متعارض .
incompetence; -tency *(n.)* (١) عجز ؛ لاكفاءة (٢) لاأهلية ؛ لاصلاحية .
incompetent *(adj.)* (١)غير كفوء (٢) غير مؤهَّل أو صالح قانونياً .
incomplete *(adj.)* ناقص ؛ غير تام .
incomprehensible *(adj.)* مُبْهَم .
incompressible *(adj.)* لا ينضغط .
inconceivable *(adj.)* لايُتَصَوَّر ؛لا يُصَدَّق .
inconclusive *(adj.)* غير حاسم .
incongruity *(n.)* تنافُر ؛ تعارُض الخ.
incongruous *(adj.)* (١)متنافر (٢)متعارض مع (٣)غير مناسب أو لائق .
inconsiderable *(adj.)* طفيفٌ ؛ تافه .
inconsiderate *(adj.)* طائشٌ؛ متهوِّر .
inconsistency *(n.)* تضارُب؛تناقض؛تنافر .
inconsistent *(adj.)* (١)متضارب (٢)متنافر . (٣) غير مترابط منطقياً (٤)متعارض مع .
inconsolable *(adj.)* لا عزاء له .
inconspicuous *(adj.)* غير واضح أو جليّ .
inconstancy *(n.)* تقلُّب ؛ تحوُّل .
inconstant *(adj.)* متقلِّب ؛ متحوِّل .

incontestable *(adj.)* مقرَّر ؛ لا يقبل الجدل .
incontinent *(adj.)* (١) عاجز عن ضبط النفْس (٢)منقاد للشهوة الجنسية .
incontrovertible *(adj.)* لا جدال فيه .
inconvenience *(n.; vt.)* (١) لا ملاءمة ؛ إزعاج (٢)عائق ؛ شيء مزعج §(٣)يزعج.
inconvenient *(adj.)* (١)غير ملائم(٢)مزعج.
inconvertible *(adj.)* غير قابل للتحويل .
incorporate *(vt.; i.)* (١)يُدْمج(٢)ينشىء نقابة أو شركة ×(٣) يندمج .
incorporated *(adj.)* مُندمج ؛ مُتَّحِد .
incorporation *(n.)* (١) دمج ؛ اندماج . (٢) شركة أو نقابة .
incorporeal *(adj.)* روحيّ؛معنويّ؛غير مادي
incorrect *(adj.)* غير صحيح أو دقيق أو لائق.
incorrigible *(adj.)* غير قابل للاصلاح .
incorruptible *(adj.)* غير قابل للفساد .
increase *(vi.; t.; n.)* (١) يزداد ؛ يتكاثر . ×(٢)يزيد ؛ ينمّي §(٣) ازدياد (٤)زيادة .
increasingly *(adv.)* بازدياد؛ أكثر فأكثر .
incredible *(adj.)* لا يُصَدَّق .
incredulity *(n.)* الميْل إلى الشكّ وعدم التصديق
incredulous *(adj.)* ميّال إلى الشك أو الارتياب .
increment *(n.)* زيادة؛ ربح؛ إضافة.
incriminate *(vt.)* يجرِّم أو يورِّط في جريمة.
incrust *(vt.; i.)* يلبس بقشرة أو يشكّل قشرةً .
incubate *(vt.)* تحضن (الدجاجةُ) بيضَها .
incubation *(n.)* (١)حضانة(٢)دور الحضانة.
incubator *(n.)* المِحْضَن: جهاز لحضانة البيض أو تفقيسه صُنْعياً .
incubus *(n.)* كابوس ؛ جاثوم ؛ جُثام .
inculcate *(vt.)* يطبع أو يغرس في الذهن .
inculpate *(vt.)* =incriminate.
incumbent *(adj.)* إلزامي ؛ إجباريّ .

incumber *(vt.)* يُثقل؛ يرهق؛ يعوق .
incur *(vt.)* يتعرّض لـ؛ يجلب على نفسه .
incurable *(adj.)* عُضال؛متعذّرٌ شفاؤه.
incurious *(adj.)* غافل ؛ غير مهتمّ أو مبالٍ .
incursion *(n.)* غزوة ؛ غارة .
indebted *(adj.)* مَدِين (بمالٍ أو فضلٍ).
indebtedness *(n.)* (١)المَديونيّة (٢)دَيْن.
indecency *(n.)* قلّة احتشام أو لياقة .
indecent *(adj.)* غير محتشم أو لائق.
indecision *(n.)* حيرة ؛ تردّد .
indecisive *(adj.)* (١) غير حاسم (٢)متردّد.
indecorous *(adj.)* غير محتشم أو لائق .
indeed *(adv.)* حقّاً؛ في الواقع ؛ بالفعل.
indefatigable *(adj.)* لا يعرف التعب .
indefeasible *(adj.)* غير قابل للالغاء .
indefensible *(adj.)* متعذّرٌ الدفاع عنه .
indefinable *(adj.)* متعذّرٌ تعريفُه أو تحديده.
indefinite *(adj.)* (١) تنكيري (٢)غامض؛ غير دقيق؛ غير محدّد (٣) غير محدود .
indelible *(adj.)* متعذّرٌ محوُهُ أو إزالتُهُ .
indelicacy *(n.)* فظاظة .
indelicate *(adj.)* فَظّ .
indemnify *(vt.)* (١) يؤمّن (٢) يعوّض .
indemnity *(n.)* (١)عفو (٢)تأمين (٣)تعويض
indent *(vt.)* (١) يفرض ؛ يفلّ ؛ يسنّن . (٢)يستخدم بعقد رسمي (٣)يكتب تاركاً بياضاً مشيراً إلى ابتداء الفقرة (٤) يطلب بضاعةً .
indentation *(n.)* (١)ثُلْمَة ؛ فجوة (٢)تثليم ؛ تَثَلُّم (٣) فراغ يُترك في أول الفقرة .
indention *(n.)* (١)تثليم؛ تسنين (٢) تثلّم؛ تسنّن (٣) فراغ (في أول الفقرة) .
indenture *(n.)* عقد استخدام .
independence *(n.)* استقلال ؛ حريّة .
independent *(adj.; n.)* مستقلّ ؛ حرّ .
indescribable *(adj.)* لا يُوصَف .
indestructible *(adj.)* لا يُخرَّب أو يُتلَف.
indeterminate *(adj.)* (١)غير محدّد؛ غامض (٢)غير معروف سلفاً (٣)غير نهائيّ .
index *(n.; vt.)* (١) فِهرست (٢) مُؤشّر . (٣)علامة؛ دلالة (٤)السبّابة: رمز لتوجيه النظر إلى صورة إلخ. §(٥) يفهرس .
index finger *(n.)* السبّابة(بين الابهام والوسطى)
India *(n.)* الهند؛ بلاد الهند .
Indian *(n.; adj.)* (١) الهندي (٢) الهندي الاميركي: أحد هنود أميركا الحمر §(٣)هندي.
Indian corn *(n.)* ذُرَة .
India rubber *(n.)* (١)المطّاط (٢) مِمحاة.
indicate *(vt.)* (١) يشير إلى (٢) يدلّ على . (٣)يُظهِر ؛ يبيّن (٤)يعبّر باختصار عن كذا.
indication *(n.)* (١) إظهار (٢)دلالة ؛ إشارة.
indicative *(adj.)* (١) دِلاليّ (٢)دالّ على.
indicator *(n.)* (١)المؤشّر (٢)عقرب الساعة.
indices *pl. of* index.
indict *(vt.)* (١)يتّهِم (٢)يقاضي بتهمةٍ ما.
indifference *(n.)* لامبالاة .
indifferent *(adj.)* (١) لا مبالٍ (٢)غير هامّ.
indigence *(n.)* فقر ؛ عَوَز .
indigenous *(adj.)* أهليّ ؛ بلديّ .
indigent *(adj.)* فقير ؛ مُعْوِز .
indigestible *(adj.)* عَسِر الهَضْم .
indigestion *(n.)* عُسْرُ (أو سوء) الهَضْم .
indignant *(adj.)* ساخط ؛ ناقم .
indignation *(n.)* سُخْط ؛ نقمة .
indignity *(n.)* (١) إهانة (٢) معاملة مُهينة .
indigo *(n.)* النِّيلة (صِبْغٌ أزرق) أو لونها.
indirect *(adj.)* (١) غير مُباشِر (٢)مُخادع .
indirectly *(adv.)* مداورةً ؛ على نحو غير مباشر .
indiscipline *(n.)* اللاانضباط ؛ عدم الانضباط .

indiscreet *(adj.)* طائش ؛ أحمق .

indiscretion *(n.)* طيش ؛ حماقة .

indiscriminate *(adj.)* غير مميِّز .

indispensable *(adj.)* أساسيّ ؛ لا غنى عنه .

indisposed *(adj.)* (١)متوعِّك (٢)نافر من .

indisposition *(n.)* (١)توعُّك (٢)نفور .

indisputable *(adj.)* لا يقبل الجدل .

indissoluble *(adj.)* لا ينفكّ أو ينحلّ .

indistinct *(adj.)* غامض ؛ غير واضح .

indite *(vt.)* يكتب ؛ ينظم .

individual *(adj.; n.)* (١) فرديّ ؛ شخصيّ . (٢)مستقلّ ؛ قائم بذاته §(٣)فرد ؛ شخص .

individuality *(n.)* الشخصيّة .

individualize *(vt.)* (١) يميز ؛ يضفي عليه صفة فردية مميزة (٢) يخصص ؛ يفصّل .

individually *(adv.)* على انفراد ؛ كل بمفرده .

indivisible *(adj.)* لا يتجزأ .

indoctrinate *(vt.)* يُشرِبُه فكرةً أو مبدءاً .

Indo-European *(adj.; n.)* هندي أوروبي .

indolence *(n.)* تراخٍ ؛ كسل .

indolent *(adj.)* متراخٍ ؛ كسلان .

indomitable *(adj.)* لايُقهَر ؛ لايُغلَب .

indoor *(adj.)* داخليّ .

indoors *(adv.)* في أو إلى البيت (أو المبنى) .

indorse *(vt.)* = endorse.

indubitable *(adj.)* ثابت ؛ لا يُشكّ فيه .

induce *(vt.)* (١)يُقنِع ؛ يُغري (٢)يُحدِث .

inducement *(n.)* (١)إقناع (٢)دافع ؛ باعث .

induct *(vt.)* ينصِّب : يقلّده منصباً .

induction *(n.)* (١)تنصيب (٢)إدخال في الخدمة العسكريّة (٣) الاستقراء : تتبّع الجزئيّات للتوصّل منها إلى حكم كليّ (٤) إحداث (٥)الحثّ (في المغنطيسية والكهرباء).

inductive *(adj.)* (١)استقرائيّ (٢)حثّيّ ؛ حاثّ .

indulge *(vt.)* (١)يُطلِق العِنان لـ (٢)ينغمس في (٣)يدلِّل ؛ يتساهل مع .

indulgence *(n.)* (١) غفران (تمنحه الكنيسة) (٢)تدليل ؛ تساهل (٣)مهلة (٤) انغماس في .

indulgent *(adj.)* متساهل ؛ متسامح .

industrial *(adj.)* صناعي .

industrialist *(n.)* الصّناعي ؛ صاحب المصنع .

industrialization *(n.)* التصنيع .

industrialize *(vt.)* يُصنِّع (البلادَ) .

industrious *(adj.)* كادّ ؛ مُجِدّ ؛ كادح .

industry *(n.)* (١) كدّ ؛ مثابرة (٢)صناعة .

inebriate *(vt.; n.)* (١)يُسكِر §(٢)سكّير .

inedible *(adj.)* غير صالح للأكل .

inedited *(adj.)* غير منشور أو مطبوع .

ineffable *(adj.)* لا يوصف ؛ يفوق الوصف .

ineffective *(adj.)* (١)باطل ؛ عقيم (٢)عاجز .

ineffectual *(adj.)* (١)غير فعّال (٢) عقيم .

inefficiency *(n.)* (١)لافعاليّة (٢)لاكفاءة .

inefficient *(adj.)* غير فعّال ؛ غير كفوء .

inelegant *(adj.)* غير أنيق أو مصقول أو رقيق .

ineligible *(adj.)* غير مؤهَّل أو كفوء .

inept *(adj.)* (١) غير ملائم (٢) سخيف .

inequality *(n.)* تفاوت ؛ تباين ؛ لا تساوٍ .

inequitable *(adj.)* جائر ؛ ظالم ؛ غير مُنصف .

inequity *(n.)* جَوْر ؛ ظلم ؛ لا إنصاف .

inert *(adj.)* (١)جامد (٢)هامد (٣) كسول .

inertia *(n.)* (١) القصور الذاتي (٢) كسل .

inestimable *(adj.)* نفيسٌ جداً ؛ لا يُثمَّن .

inevitable *(adj.)* محتومٌ ؛ متعذِّرٌ اجتنابُه .

inexact *(adj.)* غير صحيح أو دقيق .

inexcusable *(adj.)* لا يُغتفَر أو يُبرَّر .

inexhaustible *(adj.)* لا ينضب .

inexorable *(adj.)* عنيد ؛ متصلِّب .

inexpedient *(adj.)* غير ملائم أو مستحسَن .

inexpensive *(adj.)* رخيص ؛ معقول الثمن .
inexperience *(n.)* قلة التجربة .
inexperienced *(adj.)* غِرّ ؛ قليل التجربة .
inexpert *(adj.)* غير خبير ؛ غير حاذق.
inexpiable *(adj.)* متعذّرٌ التكفير عنه.
inexplicable *(adj.)* متعذّرٌ تفسيرُهُ .
inexpressible *(adj.)* =indescribable.
inextinguishable *(adj.)* متعذّرٌ إطفاؤه .
inextricable *(adj.)* (١)لاسبيل إلى الخلاص أو الخروج منه (٢) لاينفصم (٣) معقَّد .
infallible *(adj.)* (١) لا يخطىء (٢) ناجع .
infamous *(adj.)* (١)سيّء السمعة (٢)شائن.
infamy *(n.)* (١)عارٌ (٢)عملٌ شائن.
infancy *(n.)* طفولة .
infant *(n.; adj.)* (١)طفل§(٢)طفليّ ؛ ناشىء.
infantile *(adj.)* (١)طفليّ (٢) صبيانيّ.
infantile paralysis *(n.)* شلَل الأطفال .
infantry *(n.)* المشاة ؛ جماعة جند المشاة .
infantryman *(n.)* جنديّ مشاة .
infatuate *(vt.)* (١)يخبِّل (٢)يفتن ؛ يتيِّم .
infect *(vt.)* (١)يلوِّث (بالجراثيم) (٢)يُعْدي.
infection *(n.)* (١) تلويث ؛ تلوُّث ؛ فساد (٢)إعداء ؛ عدوى (٣)إصابة (٤)مرض مُعْدٍ .
infectious *(adj.)* مُعْدٍ .
infer *(vt.; i.)* يستدلّ ؛ يستنتج .
inference *(n.)* استدلال ؛ استنتاج .
inferior *(adj.; n.)* (١)سفليّ (٢)أدنى درجةًمن (٣) وضيع (٤) رديء (٥) دون ؛ أقلّ شأناً أو قيمةً (٦)ثانوي §(٧)المرؤوس ؛ التابع .
inferiority complex *(n.)* عقدة النقص .
infernal *(adj.)* (١) جهنّميّ (٢) شيطانيّ .
infertile *(adj.)* (١)مجدب (٢)غير مخصب .
infest *(vt.)* (١)يبتلي (٢)يغزو باستمرار.
infidel *(n.; adj.)* كافر ؛ ملحد .
infidelity *(n.)* (١) كُفْرٌ ؛ إلحاد (٢) خيانة.
infiltrate *(vt.; i.)* (١) يُرشِّح (٢) يُسلِّل . ×(٣)يرتشح ؛ يتخلّل ؛ يتسرَّب (٤)يتسلّل.
infiltration *(n.)* (١) ترشيح ؛ ارتشاح . (٢)الراشح ؛ الرَّشيح (٣) تسلُّل .
infinite *(adj.; n.)* (١) مطلق ؛ غير محدود . (٢) لانهائيّ (٣) لا ينضبُ §(٤)لانهاية .
infinitesimal *(adj.)* متناهي الصغر .
infinitive *(n.)* صيغة المصدر .
infinitude *(n.)* (١)لاتناهٍ (٢)شيء لامتناهٍ .
infinity *(n.)* (١) اللاتناهي (٢) اللانهاية .
infirm *(adj.)* (١)عاجز (٢)متردّد (٣)متقلقل.
infirmary *(n.)* مَشْفًى .
infirmity *(n.)* عَجْز ؛ علّة ؛ عَيْب .
inflame *(vt.; i.)* (١) يُشْعِل (٢) يُلهِب . (٣) يُغْضِب ×(٤) يشْتعِل (٥) يغضَب (٦)يلتهب ؛ يصاب بالتهاب .
inflammable *(adj.)* سريع الالتهاب أوالغضب
inflammation *(n.)* (١)إشعال (٢)التهاب.
inflammatory *(adj.)* (١)مثير (٢) التهابيّ.
inflate *(vt.)* (١) ينفخ (٢) يضخِّم .
inflation *(n.)* (١)نفخ ؛ انتفاخ (٢)تضخُّم.
inflect *(vt.)* (١) يلوي (٢) يُصرِّف فعلاً .
inflection *(n.)* (١) ليّ ؛ ثَنْي (٢)انثناء ؛ التواء (٣) تصريف (٤) علم الصَّرف .
inflexible *(adj.)* صُلْب ؛ عنيد ؛ جامد.
inflexion *(n.)* = inflection.
inflict *(vt.)* (١) يوجِّه ؛ يسدِّد (٢) يُنْزِل به عقوبة الخ.(٣) يبتلي ؛ يصيب بـ .
infliction *(n.)* توجيه ضربة ؛ إنزال عقوبة الخ.
inflorescence *(n.)* (١)الازهرار : كيفيّة انتظام الزهرات على أغصانها (٢)تفتُّح الأزهار .
influence *(n.; vt.)* (١)نفوذ ؛ تأثير (٢)عاملٌ مؤثِّر §(٣) يؤثِّر في .

influential *(adj.)* (١) ذو نفوذ (٢) مؤثِّر.
influenza *(n.)* الانفلُوَنزا ؛ النزلة الوافدة.
influx *(n.)* (١)تدفُّق (٢)مصبّ النهر.
infold *(vt.; i.)* (١) يَلُفّ ×(٢) يلتفّ.
inform *(vt.; i.)* (١)يعلِم ؛ يخبر×(٢)يبلّغ عن
informal *(adj.)* (١)غير رسمي (٢)عامّي.
informant *(n.)* =informer.
information *(n.)* (١)إخبار (٢)عِلم ؛ اطّلاع (٣)أنباء ؛ معلومات.
informer *(n.)* (١)المُعْلِم ؛ المُخْبِر (٢)المبلِّغ
infraction *(n.)* خَرْق ؛ انتهاك ؛ مخالفة.
infrequency or **infrequence** *(n.)* نُدرة.
infrequent *(adj.)* (١)نادر (٢) غير نظاميّ.
infringe *(vt.; i.)* يخرق ؛ يخالف ؛ ينتهك.
infringement *(n.)* خَرْق ؛ انتهاك ؛ تَعَدٍّ.
infuriate *(vt.)* يَغيظ ؛ يُحنِق.
infuse *(vt.)* (١)يَصُبّ ؛ يسكب (٢)يُشرِب ؛ يغرس في (٣) ينفخ في (٤)ينقع.
infusion *(n.)* (١)صَبّ ؛ سَكْب (٢)غرس أو نَفْخ في (٣)نَقْع (٤)نَقيع.
ingenious *(adj.)* مُبْدِع ؛حاذق (٢)بارع.
ingenuity *(n.)* (١)إبداع ؛ حذق (٢)براعة.
ingenuous *(adj.)* صريح ؛ مخلص ؛ ساذج.
ingot *(n.)* (١)قالب (٢)صُبّة ؛ سبيكة.
ingraft *(vt.)* = engraft.
ingrained *(adj.)* متأصِّل ؛ راسخ.
ingrate *(n.)* العاقّ : الجاحد للجميل.
ingratiate *(vt.)* يفوز بالحظوة عند فلان.
ingratitude *(n.)* العُقوق ؛ جحود الجميل.
ingredient *(n.)* المقوِّم ؛ الجزء المقوِّم.
ingress *(n.)* (١)دخول (٢)مَدْخَل.
ingulf *(vt.)* =engulf.
inhabit *(vt.; i.)* يقطن ؛ يسكن ؛ يقيم في.
inhabitant *(n.)* الساكن ؛القاطن ؛ المقيم في.
inhabited *(adj.)* مسكون ؛مأهول ؛ آهل.
inhalation *(n.)* شهيق ؛ استنشاق.
inhale *(vt.)* يَشْهَق ؛ يستنشق الهواء.
inharmonious *(adj.)* متنافر.
inharmony *(n.)* تنافر ؛لا تناغم ؛لا انسجام.
inherent *(adj.)* ملازم ؛متأصِّل ؛ فِطريّ.
inherit *(vt.; i.)* يَرِث.
inheritance *(n.)* وراثة ؛ إرث ؛ ميراث.
inhibit *(vt.)* يمْنَع ؛ ينْهَى ؛ يكْبح.
inhospitable *(adj.)* غير مِضياف.
inhuman *(adj.)* قاس ؛ وحشيّ ؛ همجيّ.
inhumanity *(n.)* وحشيّة ؛ بربرية.
inimical *(adj.)* (١)مُعادٍ (٢)ضارّ بـ.
inimitable *(adj.)* فذّ ؛ فريد ؛ لا يُضاهَى.
iniquitous *(adj.)* ظالم ؛ جائر ؛ شرّير.
iniquity *(n.)* (١)ظلم ؛ جوْر (٢) إثم.
initial *(adj.; n.)* (١)أوّليّ ؛ أوّل § (٢)الحرف الأول من كلمة أو اسم علَم.
initiate *(vt.)* (١)يبدأ (٢)يُلقّن مبادىء فنّ ما. (٣)يُدخل شخصاً في عضوية جمعية.
initiative *(adj.; n.)* (١)تمهيديّ § (٢)مبادرة.
inject *(vt.)* (١)يُدخل (٢)يحقن ؛ يَزرق.
injection *(n.)* (١)إدخال (٢)حقْن ؛حقْنة.
injudicious *(adj.)* طائش ؛أحمق ؛غير حكيم.
injunction *(n.)* (١) أمر ؛ وصيّة (٢) إنذار.
injure *(vt.)* (١)يظلم (٢) يجرح (٣) يؤذي.
injurious *(adj.)* مُؤذٍ ؛ ضارّ.
injury *(n.)* (١) ظُلْم (٢) أذى ؛ ضرَر.
injustice *(n.)* ظلم ؛ جَوْر.
ink *(n.; vt.)* (١)حِبر ؛ مِداد § (٢) يحبِّر.
inkling *(n.)* (١)تلميح (٢)فكرة غامضة.
inkstand; inkwell *(n.)* محبرة ؛ دواة.
inlaid *(adj.)* منزَّل ؛ مطعَّم ؛ مرصَّع.
inland *(n.; adj.)* (١) داخلية البلاد : الجزء

inlay 209 insist

الداخليّ من البلاد §(٢)وطنيّ؛ أهليّ؛ داخليّ.
inlay *(vt.;n.)* (١) يطعّم؛ يرصّع §(٢)تطعيم؛ ترصيع (٣) شيء مطعَّم (٤)حشوة ضرس.
inlet *(n.)* (١)خليج صغير (٢) مَدْخَل.
inmate *(n.)* (١)المُساكِن (٢)النزيل.
inmost *(adj.)* الأوْغَل؛ الأعمق.
inn *(n.)* (١) خان؛ نُزُل؛ فُندق (٢) حانة.
innate *(adj.)* فِطْرِيّ؛ جِبِلّيّ؛ متأصّل.
inner *(adj.)* داخليّ؛ باطنيّ؛ روحيّ.
innermost *(adj.)* الأوغل؛ الأعمق.
inning *(n.)* نوبة؛ جولة؛ دَوْر.
innkeeper *(n.)* صاحب الخان أو النُزُل.
innocence *(n.)* طهارة؛ براءة؛ سذاجة.
innocent *(adj.)* طاهر؛ بريء؛ ساذج.
innocuous *(adj.)* حميد: غير ضارّ أو مؤذٍ.
innovate *(vt.; i.)* يبتدع؛ يبتكر؛ يجدِّد.
innovation *(n.)* ابتداع؛ ابتكار؛ تجديد.
innuendo *(n.)* تلميح؛ إلماع؛ تعريض.
innumerable *(adj.)* لا يُعَدّ أو يُحْصَى.
inoculate *(vt.)* يلقّح؛ يُطعِّم؛ يُشْرِب.
inoculation *(n.)* (١)تلقيح (٢) لِقاح.
inoffensive *(adj.)* غير مؤذٍ أو كريه.
inoperative *(adj.)* (١) معطَّل (٢) عديم التأثير.
inopportune *(adj.)* في غير محلّه أو وقته.
inordinate *(adj.)* جامح؛ متطرّف؛ مفرِط.
inorganic *(adj.)* لا عضوي؛ غير عضويّ.
inquest *(n.)* استنطاق؛ استجواب؛ تحقيق.
inquietude *(n.)* قلق؛ اضطراب.
inquire *(vt.; i.)* يسأل أو يستعلم عن؛ يحقّق.
inquiry *(n.)* سؤال؛ استعلام؛ تحقيق.
inquisition *(n.)* (١)تحقيق (٢).*cap*: ديوان التفتيش: محكمة كاثوليكية لمعاقبة الهراطقة.
inquisitive *(adj.)* فضوليّ.
inquisitor *(n.)* (١) المحقّق (٢) الفضولي.

inroad *(n.)* (١)غارة؛ غزوة (٢) اعتداء.
inrush *(n.)* (١) تدفُّق؛ دَفْق (٢)غَزْو.
insane *(adj.)* مجنون؛ جنوني؛ خاصّ بالمجانين.
insanitary *(adj.)* غير صحيّ.
insanity *(n.)* خَبَل؛ جنون؛ حَماقة.
insatiable *(adj.)* نَهِم؛ لا يشبَع.
insatiate *(adj.)* نَهِم؛ لا يشبع.
inscribe *(vt.)* (١) ينقش؛ يحفر؛ يطبع (٢)يُدرج (في قائمة) (٣)يُهدي الكتابَ.
inscription *(n.)* نقش؛ كتابة؛ إهداء.
inscrutable *(adj.)* غامض؛ مُبْهَم؛ مُلْغَز.
insect *(n.)* (١)حَشَرَة (٢)دودة؛ عنكبوت الخ.
insecticide *(n.)* مادّة مُبيدة للحشرات.
insecure *(adj.)* (١)غير آمن (٢)متزعزع.
insensate *(adj.)* (١)عادم الحسّ (٢)وحشيّ.
insensible *(adj.)* (١) جامد؛ عادم الحسّ (٢)طفيف (٣) لا مبالٍ (٤) غافل عن.
insensitive *(adj.)* (١)متبلّد (٢)غير حسّاس.
inseparable *(adj.)* مُلازِم؛ غير منفصِل.
insert *(vt.)* يُدْخِل؛ يُقْحِم؛ يُدرِج.
insertion *(n.)* إدخال؛ إقحام؛ إدراج.
inside *(n.; adj.; adv.; prep.)* (١) داخل (٢) *pl.*: أحشاء §(٣)داخليّ §(٤) داخلاً؛ داخلياً (٥)في أونحو الداخل §(٦)داخلَ؛ ضِمْنَ.
insidious *(adj.)* (١)ماكر؛ غادر (٢)مُغْرٍ.
insight *(n.)* التبَصُّر؛ نفاذ البصيرة.
insignia *(n.)* (١) شارة (٢) علامة مميِّزة.
insignificance *(n.)* تفاهة؛ حقارة الخ.
insignificant *(adj.)* تافه؛ غير هامّ؛ ضئيل.
insincere *(adj.)* منافق؛ مُراءٍ؛ غير مخلص.
insinuate *(vt.)* (١) يدس؛ يلمح (٢) يتسلّل إلى.
insinuation *(n.)* تلميح أو تعريض.
insipid *(adj.)* تَفِه؛ «بايخ»؛ غير ممتِع.
insist *(vi.; t.)* يُصِرّ؛ يُلِحّ بإصرار.

insistence *(n.)* إصرار ؛ إلحاح .
insistent *(adj.)* (١) مُلِحّ (٢) شديد .
insole *(n.)* (١)النعل الباطن (٢) ضبّان .
insolence *(n.)* (١) غطرسة ، عجرفة (٢)إهانة .
insolent *(adj.)* (١)متغطرس (٢)وقح .
insoluble *(adj.)* (١)لايُحَلّ (٢)لايذوب .
insolvable *(adj.)* لا يُحَلّ ؛ متعذِّرٌ حلُّه .
insolvency *(n.)* إفلاس أو عجزٌ عن الدفع .
insolvent *(adj.)* مُفْلِسٌ ، مُعْسِرٌ ، مُعْوِز .
insomnia *(n.)* أرَقٌ .
insomuch *(adv.)* حتى أنه ؛ إلى درجة أنه ...
inspect *(vt.)* (١)يفحص ، يعاين (٢)يفتّش .
inspection *(n.)* (١) فحص ، معاينة (٢) تفتيش .
inspector *(n.)* (١) المفتش (٢)ضابط الشرطة .
inspiration *(n.)* (١) شهيق (٢)إلهام (٣)وحي .
inspire *(vt.)* (١)يشهق (٢)يُلْهِم (٣)يُلهب .
inspirit *(vt.)* يُحْيِي ؛ يشجّع .
instable *(adj.)* مزعزع ؛ غير مستقِرّ .
install *(vt.)* (١)ينصب (٢)يَضَع أو يركّب .
installation *(n.)* (١)تنصيب ، تعيين ، تركيب .
(٢) تجهيزات أو تمديدات (كهربائية الخ.) .
installment *(n.)* (١)تنصيب أو تقلّد منصب .
(٢) تركيب (٣) قِسط (٤) حلْقة .
installment plan *(n.)* نظام الدفع بالتقسيط .
instance *(n.)* (١)طلب (٢)مثَل (٣)درجة .
for ~, مثلاً .
in the first ~, أولاً .
instant *(n.; adj.)* (١)لحظة (٢)الشهر الحالي .
§(٣)مُلِحّ (٤)حالي (٥)عاجل (٦)جاهز .
instantaneous *(adj.)* تَوّي ؛ فوريّ .
instantly *(adv.)* توّاً ، فوراً ، حالاً .
instead *(adv.)* بدلاً ، عِوَضاً .
instep *(n.)* مُشْط القدم .
instigate *(vt.)* يحرّض ، يثير .

instep

instill *(vt.)* (١) يقطُر (٢) يغرُس ، يَطبع .
instinct *(n.; adj.)* (١)غريزة §(٢) مُفْعَم .
instinctive *(adj.)* غَرَزيّ ؛ غريزيّ .
institute *(vt.; n.)* (١) ينصب (٢) يقيم ؛ يؤسس (٣)يبدأ §(٤)مؤسّسة ، معهد تعليمي .
institution *(n.)* (١) إقامة ، تأسيس .
(٢) مؤسّسة (٣)عُرْف ، عادة ، قانون .
instruct *(vt.)* يعلّم ، يوجّه ، يأمر .
instruction *(n.)* (١) درس ، وصية (٢)أمر .
(٣) *pl.* : تعليمات (٤)تعليم ، تدريس .
instructive *(adj.)* مثقِّف ، منوِّر .
instructor *(n.)* المعلّم ، المدرِّس .
instrument *(n.)* (١)وسيلة ، آلة (٢) صك ، سند .
instrumental *(adj.)* (١)مساعِد (٢)آلاتيّ .
insubordinate *(adj.; n.)* عاصٍ ، متمرد .
insubstantial *(adj.)* خياليّ ، وهميّ ، واهٍ .
insufferable *(adj.)* لا يُطاق أو يُحتمَل .
insufficient *(adj.)* ناقص ، غير كافٍ أو وافٍ .
insular *(adj.)* (١) جزيريّ (٢) متعصّب .
insulate *(vt.)* يَعزِل ، يفصِل .
insulator *(n.)* العازِل ، العازِل الكهربائي .
insulin *(n.)* الانسولين : علاج لداء السكّر .
insult *(vt.; n.)* (١)يُهين §(٢) إهانة .
insuperable *(adj.)* لا يُقهَر أو يُتخطّى .
insupportable *(adj.)* لايُطاق ، لايُحتمَل .
insurance *(n.)* التأمين .
insure *(vt.)* (١) يؤمِّن (٢) يكفل ، يضمن .
insurgent *(n.; adj.)* عاصٍ ، متمرد .
insurmountable *(adj.)* لايُذلّل أو يُرتقى .
insurrection *(n.)* عصيانٌ مسلّح .
intact *(adj.)* سليم ؛ لم يُمَسّ .
intake *(n.)* (١)مَسْرَب (٢)المقدار المأخوذ أو الممتَص أو المستنشَق .
intangible *(adj.)* غير ملموس ؛ لا يُدرَك .

integer 211 intermediate

integer *(n.)* عدد صحيح (مثل ١ ، ٥ ، ٩) .
integral *(adj.)* (١) متمم ؛ مكمِّل . (٢) متكامل (٣) كامل ؛ تامّ .
integrate *(vt.)* يوحِّد ؛ يدمج ؛ يكامل .
integration *(n.)* (١) توحيد (٢) تكامل .
integrity *(n.)* (١) سلامة ؛ كمال (٢) استقامة ؛ أمانة (٣) التّمامية : وحدة أراضي البلد .
integument *(n.)* غشاء ؛ إهاب ؛ غلاف .
intellect *(n.)* (١) الفكر ؛ العقل (٢) ذكاء . (٣) الألمعيّ : ذو الذكاء المتوقّد .
intellectual *(adj.; n.)* (١) فكريّ § (٢) المفكِّر .
intelligence *(n.)* (١) ذكاء (٢) استخبارات .
intelligent *(adj.)* ذكيّ ؛ عاقل ؛ بارع .
intelligible *(adj.)* مفهوم ؛ واضح ؛ جليّ .
intemperance *(n.)* (١) إفراط (٢) إدمان .
intemperate *(adj.)* (١) مُفْرِطٌ (٢) مُدمن .
intend *(vt.; i.)* يعني ؛ يقصد ؛ يعتزم ؛ ينوي .
intended *(adj.)* (١) مقصود ؛ مُراد (٢) مُعَدّ لكذا (٣) «عتيد» ؛ مرتَقَب (٤) متعمَّد .
intense *(adj.)* (١) شديد ؛ كثيف (٢) مجهِد .
intensify *(vt.; i.)* (١) يشدِّد ؛ يكثِّف × (٢) يشتد .
intensity *(n.)* قوة ؛ كثافة ؛ حِدَّة ؛ شِدَّة .
intensive *(adj.)* (١) كثيف ؛ شديد (٢) مؤكِّد .
intent *(n.; adj.)* (١) قَصْد ؛ نية (٢) هدف . (٣) معنى § (٤) مركَّز (٥) منكبّ على (٦) مصمِّم على .
intention *(n.)* (١) قَصْد (٢) نيّة (٣) هدف .
intentional *(adj.)* مقصودٌ ؛ متعمَّد .
intentionally *(adv.)* قصداً ؛ عمداً .
inter *(vt.)* يدفن ؛ يقبر .
interaction *(n.)* تفاعُل .
intercede *(vi.)* يتوسّط أو يتشفّع .
intercept *(vt.)* يوقفه أو يعترض سبيله .
intercession *(n.)* توسُّط ؛ شفاعة ؛ تشفُّع .
interchange *(vt.; n.)* (١) يضع أحد شيئين مكان الآخر (٢) يتبادل § (٣) تبادُل .
intercollegiate *(adj.)* جارٍ بين الكليّات .
intercontinental *(adj.)* جارٍ بين القارّات .
intercourse *(n.)* اتصال ؛ تعامل ؛ علاقات .
interdependence *(n.)* توقُّف شيء على آخر .
interdict *(vt.)* (١) يحرِم (كنسياً) (٢) يحرِّم .
interest *(n.; vt.)* (١) حصة (٢) مصلحة . (٣) خير ؛ منفعة ذاتيّة (٤) فائدة ؛ ربا (٥) عناية ؛ اهتمام (٦) تشويق ؛ عنصر التشويق (٧) أهمية (٨) تأثير ؛ نفوذ § (٩) يرغِّب (١٠) يثير انتباه شخص أو فضوله .
interested *(adj.)* راغب ؛ مهتمّ ؛ ذو مصلحة .
interesting *(adj.)* مُمْتِع ؛ ماتع ؛ مشوِّق .
interfere *(vi.)* يتدخَّل ؛ يتداخل .
interference *(n.)* تدخُّل ؛ تداخل .
interfuse *(vt.)* (١) يَلْحُم (٢) يتخلّل .
interim *(n.; adj.)* (١) فترة § (٢) موقّت .
in the ~, في أثناء أو غضون ذلك .
interior *(adj.; n.)* (١) داخليّ § (٢) الداخل ؛ الجزء الداخليّ (٣) الداخلية ؛ الشؤون الداخلية .
interject *(vt.)* يُقْحِم .
interjection *(n.)* صيغة (أو صوت) تعجُّب .
interlace *(vt.; i.)* يَضْفُرُ × (٢) يَنْضَفِر .
interlock *(vi.; t.)* (١) يتشابكُ × (٢) يُشابِك .
interlocution *(n.)* محادثة ؛ حوار .
interlope *(vi.)* يتطفّل (على تجارة الخ.) .
interlude *(n.)* (١) فصل أو لحن إضافي . (٢) فترة فاصلة .
intermarriage *(n.)* التزاوج (بين أسرتين الخ.) .
intermeddle *(vi.)* يتطفّل ؛ يتدخّل في ما لا يعنيه .
intermediary *(adj.; n.)* (١) متوسط : واقع في الوسط (٢) وسيط (بين متنازعين) § (٣) الوسيط .
intermediate *(adj.)* متوسط ؛ أوسط .

interment *(n.)* دَفْن .
interminable *(adj.)* لا متناهٍ ؛ غير متناهٍ .
intermingle *(vt.; i.)* = intermix.
intermission *(n.)* توقُّف ؛ فترة استراحة .
intermittent *(adj.)* متقطِّع .
intermix *(vt.; i.)* (١) يمازِج ×(٢) يتمازَج .
intern *(n.; vt.)* (١) سجين ؛ معتقَل (٢) الطبيب المقيم (في مستشفى) §(٣) يعتقل .
internal *(adj.)* داخليّ ؛ باطنيّ ؛ ذاتيّ .
internal-combustion engine *(n.)* المحرِّك الداخليّ الاحتراق .
international *(adj.)* دُوَليّ ؛ دَوْليّ .
internationalize *(vt.)* يُدَوِّل .
interpellate *(vt.)* يستجوب (النائبُ وزيراً) .
interphone *(n.)* الهاتف البَيْنيّ أو الداخليّ .
interplanetary *(adj.)* بين الكواكب .
interpolate *(vt.)* (١) يحرِّف (٢) يدسّ ؛ يُقحِم .
interpose *(vt.; i.)* (١) يوسِّط ؛ يضعه بين . (٢) يتطفّل (٣) يلقي بملاحظة ×(٤) يتوسط ؛ يتدخّل (٥) يقاطع (في الكلام) .
interpret *(vt.; i.)* (١) يفسّر (٢) يؤوِّل . (٣) يعزف أو يمثّل ×(٤) يترجم .
interregnum *(n.)* فترة خُلُوّ العرش .
interrogate *(vt.)* يستجوب ؛ يستنطق .
interrogation point *(n.)* علامة استفهام .
interrogative *(adj.; n.)* (١) استفهاميّ . §(٢) أداة استفهام (في اللغة) .
interrogatory *(adj.)* استفهاميّ .
interrupt *(vt.; i.)* (١) يعوق ؛ يعترض (٢) يقطع اطّراد شيء ×(٣) يقاطع (أثناء الكلام) .
intersect *(vt.; i.)* (١) يَشْطُر ×(٢) يتقاطع .
intersection *(n.)* تقاطعٌ ؛ نقطة التقاطع .
intersperse *(vt.)* (١) ينثر (٢) يوشّي ؛ يرصِّع .
interstate *(adj.)* بين الولايات .
interstellar *(adj.)* بين النجوم .
interstice *(n.)* فُرْجَة ؛ صَدْع .
intertwine *(vt.; i.)* (١) يَضفُر ×(٢) ينضفِر .
interurban *(adj.)* بين المدن .
interval *(n.)* فاصل ؛ فترة فاصلة ؛ فسحة .
intervene *(vi.)* (١) يطرأ (٢) يتخلل ؛ يتدخّل .
interview *(n.; vt.)* (١) مُقابلة (صُحُفيّة) . §(٢) يُجري مقابلة مع .
interweave *(vt.; i.)* (١) يُناسِج ؛ يحابك . (٢) يمزُج ×(٣) يتناسج ؛ يتحابك ؛ يتمازج .
intestate *(adj.)* غير مُوصٍ (قبل الموت) .
intestinal *(adj.)* مِعَويّ .
intestine *(n.)* مِعًى ؛ مصير ؛ مصران .
intimacy *(n.)* أُلْفَة ؛ مودّة ؛ صداقة حميمة .
intimate *(vt.; adj.; n.)* (١) يُلمِع ؛ يلمِّح . §(٢) صميميّ (٣) حميم (٤) حميميّ : مُوحٍ بالألفة والدفء (٥) خصوصيّ أو شخصيّ جداً §(٦) صديق حميم .
intimidate *(vt.)* يخوِّف ؛ يُرعِب ؛ يهوِّل على .
into *(prep.)* (١) في (٢) إلى (٣) نحو .
intolerable *(adj.)* لا يُطاق ؛ لا يُحتمَل .
intolerance *(n.)* (١) لاتحمّل (٢) تعصُّب .
intolerant *(adj.)* قليل التحمّل لـ ؛ متعصِّب .
intonation *(n.)* ارتفاع وانخفاض الصوت في الكلام .
intone *(vt.)* يرنِّم ؛ ينغِّم ؛ يرتِّل .
intoxicant *(adj.; n.)* مُسْكِر .
intoxicate *(vt.)* يُسكِر .
intoxicated *(adj.)* (١) سكران (٢) ثَمِل .
intoxication *(n.)* (١) سُكْر (٢) ثَمَل .
intractable *(adj.)* شَموس ؛ عنيد .
intramuscular *(adj.)* في العَضَل أو العضَلات .
intransitive *(adj.)* لازم ؛ غير مُتعدٍّ .
intrench *(vt.; i.)* = entrench.
intrepid *(adj.)* جريء ؛ جَسور ؛ باسل .

intricacy *(n.)* (١) تعقيد (٢) شيء مُعقَّد .
intricate *(adj.)* مُعقَّد .
intrigue *(vt.; i.; n.)* (١) يأسر ؛ يثير الاهتمام. ×(٢) يتآمر §(٣) كَيْد ؛ مكيدة .
intrinsic; -al *(adj.)* جوهري ؛ حقيقي .
introduce *(vt.)* (١) يُدخل (٢) يضع موضع الاستعمال (٣) يعرِّف (٤) يقدِّم .
introduction *(n.)* (١) مقدّمة ؛ تمهيد . (٢) تعريف ؛ تقديم (٣) إدخال.
introductory *(adj.)* تمهيدي ؛ استهلالي .
introspection *(n.)* الاستبطان : فَحْص النفس
introvert *(n.)* المنطوي : شخص منطوٍ على ذاته.
intrude *(vi.; t.)* (١) يتطفّل (٢) يَدخل عَنْوَةً. ×(٣) يُدخل عنوةً .
intrusion *(n.)* (١) تطفّل (٢) تَعَدٍّ .
intrust *(vt.)* =entrust.
intuition *(n.)* (١) حَدْس (٢) بديهة .
intuitive *(adj.)* حَدْسيّ ؛ بَدَهيّ .
inundate *(vt.)* يَغْمر ؛ يُغْرِق .
inure *(vt.)* يُمَرِّس ؛ يعوِّد (على المكاره).
invade *(vt.)* (١) يغزو (٢) ينتهك .
invalid *(adj.; n.)* (١) باطل (٢) لاغٍ (٣) مريض، عاجز §(٤) المريض ؛ العاجز .
invalidate *(vt.)* يُلْغِي ؛ يَنْسَخ .
invaluable *(adj.)* نَفيس ؛ لا يُثمَّن .
invariable *(adj.)* ثابت ؛ لا متغير .
invasion *(n.)* (١) غزو (٢) انتهاك .
invasive *(adj.)* غَزْويّ ؛ اجتياحيّ ؛ عدواني.
invective *(n.)* قَدْح ؛ ذَمّ ؛ طَعْن .
inveigh *(vi.)* يندِّد بـ ؛ يهاجم بعنف.
inveigle *(vt.)* يُغْرِي ؛ يُغْوِي .
invent *(vt.)* (١) يلفِّق (٢) يخترع .
invention *(n.)* (١) تلفيق (٢) اختراع .
inventive *(adj.)* (١) مُبْدِع (٢) إبداعي .
inventory *(n.; vt.)* (١) قائمة الجَرْد (للسلع أو الموجودات) §(٢) يَجْرُد .
inverse *(adj.)* (١) معكوس (٢) عكسيّ .
inversely *(adv.)* عَكْساً ؛ عَكسياً .
inversion *(n.)* (١) قَلْب ؛ عَكْس (٢) انقلاب
invert *(vt.)* (١) يقلب (٢) يعكس .
invertebrate *(adj.; n.)* لا فقاري .
inverted commas علامتا الاقتباس « » .
invest *(vt.; i.)* (١) يقلّده منصباً أو رتبةً (٢) يمنحه سلطةً (٣) يحاصر (٤) ينفق (٥) يوظّف مالاً .
investigate *(vt.)* يبحث ؛ يحقّق في.
investigation *(n.)* بحث ؛ تحقيق .
investment *(n.)* (١) تقليد منصب أو رتبة . (٢) تطويق ؛ حصار (٣) توظيف مالٍ .
inveterate *(adj.)* (١) متأصّل (٢) مدمن .
invidious *(adj.)* مثيرٌ للاستياء أو البغض أو الحسد
invigorate *(vt.)* يقوّي ؛ ينعش ؛ ينشّط.
invincible *(adj.)* لا يُقْهَر ؛ لا يُذَلَّل .
inviolable *(adj.)* (١) حَرام ؛ لا يُنتهك (٢) منيع
inviolate *(adj.)* غير مُنْتَهَك .
invisible *(adj.)* خفيّ ؛ محجوب ؛ غير منظور .
invitation *(n.)* دعوة .
invite *(vt.)* (١) يغري (٢) يدعو (٣) يطلب.
inviting *(adj.)* جذّاب ؛ مُغْرٍ .
invocation *(n.)* (١) توسّل ؛ تضرّع (٢) رُقْيَة .
invoice *(n.; vt.)* (١) فاتورة §(٢) يُفَوْتِر .
invoke *(vt.)* (١) يتوسّل (٢) يستحضر (روحاً).
involuntary *(adj.)* (١) إلزاميّ (٢) لاإراديّ.
involve *(vt.)* (١) يورِّط (٢) يستلزم .
involved *(adj.)* (١) معقَّد (٢) متورط .
invulnerable *(adj.)* (١) منيع (٢) دامغ .
inward *(adj.; adv.)* (١) داخليّ ؛ باطنيّ . (٢) متّجه نحو الداخل §(٣) نحو الداخل أو المركز .
inwardly *(adv.)* (١) داخلياً (٢) سرّاً ؛ بالسرّ.

inwards *(adv.; n.pl.)* (١) نحو الداخل أو المركز §(٢) أحشاء.
iodine *or* **iodin** *(n.)* اليُوْد.
ion *(n.)* الأيون؛ الدالّف (في الفيزياء والكيمياء).
ionic *(adj.)* أيونيّ؛ دالفيّ.
Ionic *(adj.)* أيونيّ: متعلّق بأيونيا أو بالايونيّين.
iota *(n.)* ذرّة؛ مقدار ذرّة؛ شيء ضئيل جداً.
Iranian *(n.; adj.)* إيرانيّ.
irascible *(adj.)* غَضوب؛ سريع الغضب.
irate *(adj.)* (١) غاضب (٢) سريع الغضب.
ire *(n.)* غَضَب؛ غيظ؛ حَنَق.
iridescent *(adj.)* متلوّن بمثل ألوان قوس قُزَح.
iris *(n.)* (١) القُزَحية؛ قُزحية العين (٢) سوسن.
Irish *(n.; adj.)* (١) الإيرلنديون (٢) الإيرلندية: اللغة الإيرلندية §(٣) ايرلندي.
Irishman *(n.)* الإيرلندي: أحد أبناء إيرلندة.
irk *(vt.)* يُضْجِر؛ يضايق.
irksome *(adj.)* مُضجِر؛ مُضايِق.
iron *(n.; adj.; vt.)* (١) حديد (٢) *pl.*: أغلال. (٣) مِكواة §(٤) حديديّ §(٥) يكوي.
ironic; -al *(adj.)* (١) تهكّميّ (٢) ساخر.
ironmonger *(n.)* تاجر الحديد والأدوات المعدنية.
ironsmith *(n.)* الحدّاد.
irony *(n.)* سخرية؛ تهكّم.
irradiate *(vt.)* (١) يُنير (٢) يُشِعّ؛ ينشر.
irrational *(adj.)* (١) غير عاقل (٢) غير معقول.
irreconcilable *(adj.)* (١) متضادّ (٢) لدود.
irrecoverable *(adj.)* متعذَّر استرداده أو معالجته أو إصلاحه.
irredeemable *(adj.)* لا يُصْلَح أو يُعَوَّض.
irrefutable *(adj.)* لا يُدْحَض.
irregular *(adj.)* (١) شاذّ (٢) غير نظاميّ.
irregularity *(n.)* (١) الشذوذيّة (٢) شيء شاذّ.
irrelevant *(adj.)* غير متصل بالموضوع.
irreligious *(adj.)* زنديق؛ مارق؛ مجدِّف.
irremediable *(adj.)* عُضال.
irremovable *(adj.)* متعذَّر نقلُه أو إزالتُه.
irreparable *(adj.)* متعذَّر إصلاحُه أو تعويضُه.
irrepressible *(adj.)* متعذَّر كَبْتُه أو كبحُه.
irreproachable *(adj.)* لا عيب فيه.
irresistible *(adj.)* لا يُقاوَم.
irresolute *(adj.)* متردِّد؛ متحيِّر.
irresolution *(n.)* تردُّد؛ حَيْرَة.
irrespective of *(prep.)* بصَرْف النظر عن.
irresponsible *(adj.)* لامسؤول؛ غير مسؤول.
irretrievable *(adj.)* = irrecoverable.
irreverence *(n.)* لاتوقير؛ عدمُ توقير.
irreverent *(adj.)* (١) غير موقِّر (٢) وقح.
irreversible *(adj.)* لا يُقْلَب أو يُعْكَس.
irrevocable *(adj.)* (١) لا يُلْغَى (٢) نهائيّ.
irrigate *(vt.)* يروي؛ يسقي.
irrigation *(n.)* رِيّ؛ سَقْي.
irritability *(n.)* نَزَق؛ حِدّة طَبْع.
irritable *(adj.)* نزِق؛ سريع الغضب.
irritant *(adj.; n.)* مثير؛ مهيج.
irritate *(vt.)* يُغْضِب؛ يُسخِط؛ يهيِّج.
irritated *(adj.)* (١) مُغْضَب (٢) مُثار؛ مُهاج.
irritation *(n.)* (١) إثارة (٢) غضب (٣) تهيُّج.
irruption *(n.)* (١) اقتحام (٢) غارة.
is صيغة الغائب المفرد من فعل *be* في الزمن الحاضر.
isinglass *(n.)* (١) غِراء السمك (٢) مَيْكَة.
Islam *(n.)* الإسلام.
Islamic *(adj.)* إسلاميّ.
island *(n.)* جزيرة.
islander *(n.)* الجَزَريّ: أحد سكّان جزيرة ما.
isle *(n.)* (١) جزيرة (٢) جُزَيرة؛ جزيرة صغيرة.
islet *(n.)* الجُزَيرة: جزيرة صغيرة.
isolate *(vt.)* يُفرِد؛ يَعزِل؛ يَفْرِز؛ يفصِل.

isolation 215 **ivy**

isolation *(n.)* (١) عَزْل (٢) عزلة ؛ انعزال .
isolationism *(n.)* الانعزاليّة .
isolationist *(n.)* الانعزاليّ : القائل بالانعزاليّة .
isosceles triangle *(n.)* المثلّث المتساوي الساقين .

isosceles triangle

isotope *(n.)* النظير : واحد النظائر (فيزياء وكيمياء) .
issue *(n.; vi.; t.)* (١) *pl.* : ريْع ؛ عائدات . (٢) صدور ؛ انبثاق (٣) مَخرَج ؛ مَنفَذ (٤) ذريّة (٥) نتيجة (٦) قضيّة ؛ مسألة (٧) نقطة خلاف أو نقاش (٨) نزيف (٩) إصدارُ أمرٍ أو كتابٍ أو عملة (١٠) الإصدار : الشيء المصدَر أو كامل الكميّة المصدَرة . (١١) العدد (من مجلة الخ.) § (١٢) يتدفّق ؛ ينبعث ؛ ينبثق (١٣) يتولّد أو يتحدّر من × (١٤) يُرْسِل ؛ يُطلق ؛ يقذف (١٥) يُصدر .
in ~, تحت البحث أو النظر ؛ موضع النزاع
isthmian *(adj.)* بَرْزَخِيّ : متعلّق ببرزخ .
isthmus *(n.)* بَرْزَخ .
it *(pron.)* (١) ضمير الغائب المفرد لغير العاقل : هو ؛ هي ؛ ه ؛ ها (٢) ضمير الغائب المجهول .
Italian *(n.; adj.)* (١) الإيطاليّ : أحد أبناء إيطاليا (٢) الإيطاليّة : اللغة الإيطالية § (٣) إيطاليّ .
italic *(adj.; n.)* (١) مائليّ : متعلق بالحرف الطباعيّ المائل § (٢) حرف طباعي مائل .
italicize *(vt.)* يطبع بالحرف المائل .
Italy *(n.)* إيطاليـا .
itch *(vi.; n.)* (١) يستحكّه جلدُه (يدعوه إلى الحكّ) (٢) يتلهّف § (٣) الحِكّة : علّة توجب الحكّ (٤) تلهُّف .
item *(n.)* (١) مادّة ؛ بَند ؛ مُفرَدَة ؛ نَفْدة . (٢) نبأ قصير .
itemize *(vt.)* يعدّد ؛ يفصّل المفردات ؛ يضع جدولاً أو قائمةً بـ .
iterate *(vt.)* يعيد ؛ يكرّر .
itinerant *(adj.; n.)* متجوّل ؛ متطوّف .
itinerary *(n.)* (١) خطّ الرحلة أو التصميم الموضوع لرحلة (٢) يوميات الرحّالة .
its *(adj.)* صيغة الملكيّة من *it* .
itself *(pron.)* نفسه ؛ نفسها .
ivied *(adj.)* مُلَبْلَب ؛ مكسوّ باللبلاب .
ivory *(n.)* (١) عاج ؛ ناب الفيل (٢) لون العاج (الأصفر الشاحب) (٣) سِنّ ؛ ضِرْس (٤) شيء عاجيّ (كزَهْر النرد أو أصابع البِيان) .
ivory tower *(n.)* البرج العاجيّ : مكانٌ منعزل للتأمّل .
ivy *(n.)* اللَّبلاب : نباتٌ مُعْتَرِش .

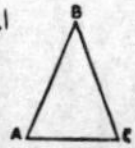

Jerusalem

J

j *(n.)* الحرف العاشر من الأبجدية الانكليزية .

jab *(vt.; i.; n.)* (١) يَخِز ، يَطعن (٢) يلطم ، يلكم § (٣) وَخز ، طَعْن ، لَطْم (٤) لكمة .

jabber *(vi.; t.; n.)* (١) يثرثر أو يتكلّم بغير وضوح § (٢) ثرثرة .

jack *(n.; vt.)* (١) رافعة ، «عفريت» السيّارة . (٢) كرة صغيرة بيضاء تُتَّخذ هدفاً في بعض الألعاب (٣) عَلَم صغير (٤) «الولد» (في ورق اللعب) § (٥) يحرّك أو يرفع بعفريت .

jackal *(n.)* ابن آوى (حيوان) .

jackass *(n.)* (١) حمار (٢) الغبيّ ، المغفّل .

jackdaw *(n.)* الزّاغ الزّرعيّ ؛ غراب الزيتون .

jacket *(n.)* (١) سِترة ، جاكيت (٢) غلاف .

jack-in-the-box *(n.)* عِفريت العلبة : لعبة من لُعَب الأطفال .

jackknife *(n.)* مدية جيب .

jack-of-all-trades *(n.)* صاحب الصنائع السبع : شخص يُحسن مختلف الصنائع .

jackscrew *(n.)* المِرفاع اللولبي .

jade *(n.; vt.)* (١) فرس منهوك القوى (٢) امرأة رديئة السمعة (٣) يَشب ، يَشم (حجر كريم) § (٤) يُتعِب ، يُنهِك .

jackscrew

jag *(n.)* نتوء حاد (في صخر الخ.) .

jagged; jaggy *(adj.)* مُثلَّم ، مُفرَّض .

jaguar *(n.)* اليَغْوَر : نمرٌ أميركيّ مرقّط .

jail *(n.; vt.)* (١) سِجن § (٢) يَسجن .

jailbird *(n.)* (١) السجين (٢) المجرم المزمن .

jailer *or* **jailor** *(n.)* السجّان .

jam *(vt.; i.; n.)* (١) يضغط ، يثبّت بإحكام . (٢) يُلْصِب : يجعله يَعلَق أو يتوتّد بحيث يتعطّل عن العمل (٣) يصدّ ؛ يعترض سبيل كذا (٤) يملأ (حتى الإفراط) (٥) يدفع بقوّة (٦) يكبح السيّارة فجأة (٧) يسحق × (٨) ينسدّ أو يَعلَق (٩) يَلْصَب § (١٠) ازدحام (١١) ورطة (١٢) مربّى ؛ مُربّى الفاكهة .

jamb *(n.)* عضادة الباب أو النافذة .

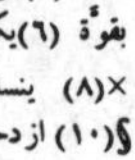

J. jamb

jamboree *(n.)* (١) احتفالٌ صاخبٌ مخمور (٢) مهرجانٌ (٣) مهرجان للكشّافة .

jangle *(vi.; t.; n.)* (١) يُحدث أو يُطلِق صوتاً غير سائغ في الأذن § (٢) مُشادّة (٣) صوت متنافر .

janitor *(n.)* الحاجب ؛ البوّاب .

January *(n.)* يناير ؛ شهر كانون الثاني .

japan *(n.; vt.)* (١) *cap.*: اليابان (٢) اللَّكّ : ضرب من الورنيش §(٣) يلمّع أو يطلي باللَّكّ .

Japanese *(n.; adj.)* (١) اليابانيّ (٢) اليابانيّة : اللغة اليابانيّة §(٣) يابانيّ .

jar *(vi.; t.; n.)* (١) يَصِرّ ؛ يَصْرِف : يُحدث صوتاً لا تسيغه الأذن (٢) يتنافر (٣) يضايق (٤) يرتجّ ×(٥) يجعله يَصِرّ أو يَصرِف §(٦) يَرُجّ (٧) صرير ؛ صريف (٨) تصادم (٩) ارتجاج (١٠) صدمة (١١) جرّة ؛ مرطبان.

jargon *(n.)* (١) الرّطانة: لغة مضطربة غير مفهومة. (٢) اللغة الاصطلاحية لجماعةٍ ما .

jasmine *(n.)* ياسمين .

jasper *(n.)* اليَشْب: حجرٌ كريم.

jaundice *(n.)* اليرَقان (مرَض) .

jaunt *(n.)* رحلة قصيرة .

jaunty *(adj.)* (١) أنيق (٢) مرِح .

javelin *(n.)* (١) رمح (٢) الجريدة: عصا حديدية الرأس يتبارى الرياضيون في قذفها .

jaw *(n.)* (١) فَكّ ؛ حَنَك (٢) فكّ الكماشة الخ.

jawbone *(n.)* (١) عظم الفكّ (٢) الفكّ السفلي.

jay *(n.)* الزُّرياب ؛ أبو زُرَيق: طائر كالغراب.

jazz *(n.)* الجاز: ضرب من الموسيقى الراقصة .

jealous *(adj.)* غَيور ؛ حَسود ؛ حَريص ؛ يَقِظ.

jealousy *(n.)* غَيْرة ؛ حسد ؛ حِرْص ؛ يقظة .

jeep *(n.)* الجيْب: سيّارة عسكريّة أو مدنيّة صغيرة

jeer *(vi.; t.; n.)* (١) يسْخر §(٢) ملاحظة ساخرة

jejune *(adj.)* (١) تافه (٢) صبيانيّ.

jelly *(n.)* الهُلام: حلوى رجراجة.

jellyfish *(n.)* رئة البحر ؛ السمك الهلاميّ .

jeopard; jeopardize *(vt.)* يعرّض للخطر .

jeopardy *(n.)* خَطَر .

jerk *(vt.; i.; n.)* (١) يَنْخَع ؛ يرجّ (٢) ينتخع . يرتجّ §(٣) نَخْعة ؛ رجّة (٤) ارتعاش عصبيّ.

jerkin

jerkin *(n.)* الجَرْكِينة: سترة طويلة لا كُمّين لها .

jersey *(n.)* (١) الجُرْسيّ: قميص صوفيّ مُحكَم الحبك (٢) الجُرسيّة: واحدة من سلالة أبقار حلوبة .

Jerusalem *(n.)* القُدس ؛ بيت المقدس .

jessamine *(n.)* ياسمين .

jest *(n.; vi.; t.)* (١) نكتة ؛ دُعابة (٢) مُزاح. §(٣) يَسْخر ؛ يَمْزَح ؛ ينكّت ×(٤) يهزأ بـ .

jester *(n.)* (١) المهرّج ؛ المضحِك (٢) المزّاح .

Jesuit *(n.)* اليسوعي : واحد اليسوعيين .

Jesus *(n.)* يسوع ؛ المسيح .

jet *(n.; vi.; t.)* (١) الكَهرمان الأسود (٢) انبثاق. (٣) نافورة ؛ مِنْفَث (٤) دَفْق ؛ فيض §(٥) ينبثق ؛ يتدفق ×(٦) يَدْفق ؛ ينفث .

jet airplane *(n.)* الطائرة النفّاثة .

jet engine *(n.)* المحرِّك النفّاث أو النافوريّ.

jet-propelled *(adj.)* نافوريّ .

jetty *(n.)* (١) حاجز الماء (لوقاية الميناء الخ.) (٢) الفُرْضة : محطّ السفن في البحر .

Jew *(n.)* اليهوديّ : واحد اليهود .

jewel *(n.)* حِلْية ؛ جوهرة أو حجر كريم.

jeweler *(n.)* الجوهريّ: صائغ الجواهر والحِلَى.

jewelry *(n.)* حِليّ ؛ مجوهرات .

Jewess *(n.)* اليهوديّة : فتاة أو امرأة يهوديّة .

Jewish *(adj.)* يهودي ؛ عِبْرِي .

jib *(n.)* شراع السارية الأماميّة .

jiff; jiffy *(n.)* لحظة .

jig *(n.; vt.; i.)* (١) الجِيْغ (رقصة) (٢) المُوجِّه (في الميكانيكا) §(٣) يُهزهِز ؛ يتهزهز .

jilt *(n.; vt.)* (١) الناكثة : امرأة تنكث بالعهد الذي قطعته لحبيبها §(٢) تنبذ (المرأةُ) محبّاً .

jingle 218 judgment

jingle *(vi.; t.; n.)* (١)يُجلجِل ؛ يُصَلصِل ؛ يُخشخش §(٢)جلجلة ؛ صلصلة ؛ خشخشة.
jingo *(n.)* الشوفينيّ : الوطنيّ المتطرّف.
jitters *(n.pl.)* نرفزة ؛ اهتياج عصبيّ بالغ.
job *(n.)* (١)عمل (٢)مهمّة (٣)واجب (٤)حالة.
jobber *(n.)* (١) سمسار ؛ وسيط (٢) المشتغل بالقطعة أو بالمقاولة.
jockey *(n.)* الجُوكِيّ : فارس خيل السباق.
jocose *(adj.)* فَكِه ؛ فكاهيّ.
jocular *(adj.)* (١)مَزوح (٢) مازِح.
jocularity *(n.)* (١)مُزاح (٢) مَزْحة.
jocund *(adj.)* مَرِح ؛ جَذِل.
jog *(vt.; i.; n.)* (١)يهزّ أو يدفع برفق (٢)ينبّه ؛ يثير ×(٣) يهتزّ ؛ يتذبذب (٤) يمشي الهوينا §(٥) هزة أو دفعة رفيقة (٦) سير وئيد.
joggle *(vt.; i.; n.)* (١)يهزّ برفق ×(٢) يهتزّ ؛ يتمايل ؛ يترنّح §(٣) خطو أو سير وئيد.
John Bull *(n.)* جون بول : الانكليزي النموذجي.
join *(vt.; i.)* (١) يربط ؛ يضمّ ؛ يَصِل. (٢)يلحق أو يلتحق بِـ ×(٣) يتّصل ؛ يتّحِد (٤)يتجاور ؛ يتلاصق (٥)يتحالف (٦)يشترك.
joiner *(n.)* نجّار.
joinery *(n.)* النّجارة ؛ عمل النّجار.
joint *(n.; adj.; vt.)* (١)مَفْصِل (٢)قطعة لحم كبيرة للشيّ (٣)وُصْلة ؛ ملتقى شيئين (٤)ملهى حقير §(٥) متّحِد ؛ متّصِل (٦) مُشْتَرَك (٧) متشارِك §(٨)يوصّل ؛ يقرِن ؛ يضمّ (٩)يُمفصِل ؛ يزوّد بمفصِل (١٠)يقطّع.
jointed *(adj.)* مُمَفْصَل ؛ ذو مفاصل.
jointly *(adv.)* معاً ؛ بالاشتراك أو بالتعاون مع.
joist *(n.)* الجائز : عارضة تدعم سقفاً أو أرضية.
joke *(n.; vi.)* (١) نكتة ؛ دُعابة ؛ مُزاح. (٢)أضحوكة §(٣) يمزَح ؛ يهزِل.
joker *(n.)* (١)المزّاح ؛ المنكِّت (٢) شخص. (٣) الجوكر (في ورق اللعب).
jollity *(n.)* ابتهاج صاخب.
jolly *(adj.)* (١)مبتهج (٢)مرِح.
jolt *(vt.; i.; n.)* (١)يَنخع ؛ يرُجّ ×(٢)ينتخع ؛ يرتجّ §(٣) نخعة ؛ رجّة (٤) ضربة ؛ صدمة.
jonquil *(n.)* النَّرْجِس الأسَلي (نبات).
jostle *(vi.; t.)* يصطدم بـ ؛ يدفع بالمنكب.
jot *(n.; vt.)* (١)مثقال ذرّة §(٢)يدوّن باختصار.
jotting *(n.)* مذكّرة موجزة.
journal *(n.)* (١)دفتر اليوميّة (٢) يوميّات. (٣) سجلّ محاضر (٤) جريدة ؛ مجلة.
journalism *(n.)* الصّحافة.
journalist *(n.)* (١)الصحافيّ (٢)كاتب اليوميات.
journalistic *(adj.)* صَحافيّ ؛ صُحُفِيّ.
journey *(n.; vi.)* (١)رحلة §(٢)يقوم برحلة.
journeyman *(n.)* عامل بارِع.
joust *(vi.; n.)* (١) يُثاقِف : يُقارع بالسيف. (٢)يتثاقف (الفارسان) §(٣)مثاقفة (٤)صراع.
jovial *(adj.)* مَرِح ؛ جَذِل.
joviality *(n.)* مَرَح ؛ جَذَل.
jowl *(n.)* (١) الفكّ الأسفل (٢) الخدّ.
joy *(n.; vi.)* (١)ابتهاج §(٢) يبتهج.
joyful *(adj.)* مبتهج ؛ بهيج ؛ مُبهِج ؛ سارّ.
joyless *(adj.)* (١) كئيب (٢) مكدِّر.
joyous *(adj.)* =joyful.
jubilant *(adj.)* متهلِّل : شديد الابتهاج.
jubilation *(n.)* تهلُّل ؛ ابتهاج.
jubilee *(n.)* يوبيل.
Judaism *(n.)* اليهوديّة : ديانة اليهود.
judge *(vt.; i.; n.)* (١)يحكم على (٢)يحاكم. (٣) يُقدّر (٤) يعتبر ؛ يرتئي ×(٥) يقضي ؛ يحكم §(٦) قاضٍ (٧) حَكَم (٨) خبير.
judgment or judgement *(n.)* (١)قضاء ؛

Judgment Day 219 **jurist**

إصدار حكم (٢) حكم ؛ قرار محكمة (٣) محاكمة عقلية (٤) ملكة التمييز (٥) رأي .

Judgment Day *(n.)* يوم الحساب أو الدينونة .

judicature *(n.)* (١) القضاء أو القضاة . (٢) محكمة (٣) النظام القضائي .

judicial *(adj.)* (١) قضائي (٢) حصيف .

judiciary *(adj.; n.)* (١) قضائيّ § (٢) النظام القضائيّ (٣) القضاة (٤) السلطة القضائيّة .

judicious *(adj.)* حكيم ؛ حصيف .

judo *(n.)* الجودو : ضربٌ من المصارعة اليابانية .

jug *(n.)* (١) إبريق (٢) سِجْن .

juggle *(vi.; t.)* (١) يُشَعوِذ (٢) يتلاعب بـ . ×(٣) يَخْدَع (٤) يَقْذِف على طريقة المشعوذين .

juggler *(n.)* (١) المشعوذ (٢) المحتال ؛ المتلاعب بـ .

jugular vein *(n.)* الوريد الوِداجيّ (في العنق) .

juice *(n.)* (١) عُصارة (٢) كهرباء ؛ نفط الخ .

juicy *(adj.)* (١) كثير العُصارة (٢) مُمْتِع .

jujube *(n.)* (١) عُنّاب (٢) عِلكة ؛ قرص مُحلى .

jukebox *(n.)* الجُكْبُكْس : فونوغراف آليّ يتيح للمرء سماع الأغنية التي يختارها بمجرد وضع قطعة نقدية في ثقب خاص .

julep *(n.)* (١) الجُلاّب (٢) شراب مُسكِر .

July *(n.)* يوليو ؛ شهر تموز .

jumble *(vi.; t.; n.)* (١) يختلط بغير انتظام . ×(٢) يخلط ؛ « يُلخبط » § (٣) أشياء مختلطة بغير انتظام (٤) اختلاط ؛ « لخبطة » .

jump *(vi.; t.; n.)* (١) يثب ؛ يقفز . ×(٢) يتخطّى بوثبة (٣) يُغفل ؛ يقفز عن (٤) يجعله يثب (٥) يزيد (السِّعْرَ) فجأةً . § (٦) وثبٌ ؛ قفزٌ (٧) وثبة ؛ قفزة (٨) حاجز (٩) إجفال (١٠) ارتفاع مفاجىء (١١) رحلة جويّة قصيرة .

jumper *(n.)* (١) الواثب (٢) الوثّابة : أداة تعمل بحركة واثبة أو قافزة (٣) الجُوْبِيّة : « أ » سترة يرتديها العمال الخ . « ب » *pl.* : مريلة طفل .

jumpy *(adj.)* (١) متقلّب (٢) عصبيّ .

junction *(n.)* (١) وَصْلٌ ؛ اتّصال ؛ نقطة اتصال (٢) مُلتقى طُرُق (٣) صِلة .

juncture *(n.)* (١) وَصْل ؛ اتّصال ؛ نقطة اتصال . (٢) صلة (٣) فترة أو مرحلة حاسمة .

June *(n.)* يونيو ؛ شهر حزيران .

jungle *(n.)* دَغَلٌ ؛ أجَمَة ؛ غاب .

junior *(n.; adj.)* (١) الأصغر ؛ الأدنى . (٢) طالب في الصف قبل الأخير (من كلية من كليات الجامعة) § (٣) أصغر ؛ أحدث سنّاً (تستعمل عادةً لتمييز ابن يحمل نفس اسم أبيه) (٤) أحدث عهداً ؛ أقلّ أهميّةً ؛ أدنى منزلةً .

junior college *(n.)* كلية الراشدين أو الراشدات : معهدٌ يشتمل على صفّين معادلين للصفّين الأول والثاني من كلية تتكون فيها الدراسة من أربع سنوات .

juniper *(n.)* العَرْعَر : شجر صنوبري .

junk *(n.)* (١) سلَع مستعملة أو بالية (٢) سَقَط ؛ رُذالة ؛ شيء تافه (٣) مخدِّرات (٤) اليَنْك : سفينة شراعية صينيّة .

junk 4

junket *(n.)* (١) الجَنْكت : حلوى هلاميّة من حليب مُحَلّى (٢) مأدبة ؛ حَفْلة (٣) رحلة .

junta *(n.)* مجلس سياسي ؛ لجنة سياسيّة .

junto *(n.)* الزُّمرة : أشخاص يجمعهم هدف مشترك .

Jupiter *(n.)* (١) جوبيتر : كبير آلهة الرومان . (٢) المشتري : أكبر الكواكب السيّارة .

juridical *(adj.)* قضائيّ ؛ قانوني ؛ شرعيّ .

jurisdiction *(n.)* السلطان القضائي : حقّ أو سلطة النظر في الدعاوى والفصل فيها .

jurisprudence *(n.)* (١) القانون ؛ مجموعة قوانين (٢) فلسفة التشريع .

jurist *(n.)* القانونيّ ؛ الضليع في القانون .

juror *(n.)* المحلَّف: عضوٌ في هيئة محلَّفين.
jury *(n.)* (١) المحلَّفون: هيئة المحلَّفين. (٢) المحكِّمون (في مباراة أو عرض).
just *(vi.; n.)* = joust.
just *(adj.; adv.)* (١) صحيح؛ مضبوط؛ دقيق. (٢) منصِف (٣) مستقيم (٤) مشروع؛ عادل §(٥) تماماً (٦) منذ لحظات (٧) بصعوبة (٨) مباشرةً (٩) مجرَّد (١٠) جداً.
justice *(n.)* (١) عدل (٢) عدالة (قضيةٍ أو موقف) (٣) حقّ (٤) استقامة (٥) قاضٍ.
justice of the peace قاضي الصلح.
justifiable *(adj.)* ممكنٌ تبريرُه.
justification *(n.)* (١) تبرير (٢) مبرِّر؛ عذر.
justificatory *(adj.)* تبريريّ؛ تسويغيّ.
justify *(vt.)* (١) يبرِّر (٢) يبرّئ.
jut *(vi.; t.; n.)* (١) ينتأ أو يُنتِئ §(٢) نتوء.
jute *(n.)* الجوتة: قِنَّب كلكتا: ألياف نباتيّة تستخدم في صنع الخيش.
juvenile *(adj.; n.)* (١) حَدَث؛ يافع. (٢) أحداثيّ: خاصّ بالأحداث أو اليافعين (٣) صبيانيّ §(٤) الحَدَث؛ اليافع.
juvenile court *(n.)* محكمة الأحداث.
juvenile delinquent *(n.)* الجانح: مجرمٌ حَدَث أو يافع.
juvenility *(n.)* الحداثة؛ الصبا.
juxtapose *(vt.)* يضع شيئاً بجانب آخر.
juxtaposition *(n.)* (١) وَضْع شيء بجانب آخر (٢) تجاوُرٌ ناشئ عن ذلك.

Kuwait

K

k *(n.)* الحرف الحادي عشر من الأبجديّة الانكليزية.

Kaffir *(n.)* الكفيريّ: عضو في مجموعة الشعوب الناطقة بلغة الـ «بانتو» في جنوب افريقية.

kaiser *(n.)* قَيْصَر؛ امبراطور.

kale *(n.)* (١) كَرَنْب (٢) مال؛ دراهم.

kangaroo *(n.)* الكَنْغَر: حيوان استراليّ من ذوات الجراب أو الكيس.

katydid *(n.)* الجُنْدُب الأميركي (حشرة).

keel *(n.; vt.; i.)* (١) الكِيلَة: سفينة مسطّحة القعر (لنقل الفحم) (٢) رافدة القَصّ: عارضة رئيسيّة أو قطعة فولاذيّة تمتدّ على طول قعر المركب §(٣) يَقْلِب ×(٤) يَنْقَلِب.

keen *(adj.)* (١) ماضٍ: قاطع؛ باتر (٢) لاذع. (٣) حادّ؛ قويّ (٤) شديد التوق (٥) شديد؛ عارم (٦) متوقّد ذكاءً (٧) عنيف.

keep *(vt.; i.; n.)* (١) يفي (بوعد الخ.) (٢) يصون؛ يحمي؛ يقي (٣) يتعهّد؛ يُعْنَى بـِ (٤) يَعُول (٥) يَلْزَم (الصّمتَ) (٦) يُبقي (٧) يستبقي في خدمته أو تحت تصرّفه (٨) يمسك حسابات (٩) يدوّن (١٠) يحتفظ باستمرار بمقادير وافرة للبيع (١١) يتحفّظ؛ يدّخر (١٢) يكتم (١٣) يحتفظ بـ (١٤) يضبط أو يسيطر على (١٥) يلازم؛ يبقى في (١٦) يدير؛ يملك ×(١٧) يواصل؛ يستمرّ في (١٨) يظلّ؛ يبقى (١٩) يظلّ بحالة جيّدة (٢٠) يُمسِك عن §(٢١) قلعة (٢٢) قوت؛ طعام.

- **for ~s** إلى الأبد.
- **to ~ in touch with** يبقى على اتّصال بـ
- **to ~ off** (١) يصدّ (٢) يبتعد عن.
- **to ~ up with** يجاري.

keeper *(n.)* الحافظ؛ القيِّم على.

keeping *(n.)* (١) حِفظ؛ عناية؛ إعالة؛ ادّخار الخ. (٢) قوت؛ طعام (٣) تطابق؛ انسجام.

keepsake *(n.)* تذكار أو هديّة للذكرى.

keg *(n.)* الكَيْغ: برميل صغير.

ken *(vt.; i.; n.)* (١) يدرك؛ يعرف §(٢) مدى البَصَر (٣) مدى الادراك أو الفهم أو المعرفة.

kennel *(n.)* (١) وِجار الكلب (٢) قناة.

kept *past and past part. of* **keep**.

kerb *(n.)* حاجز حجريّ (عند حافّة الطريق).

kerchief *(n.)* (١) حجاب؛ وشاح (٢) مِنديل.

kernel *(n.)* (١) نواة؛ بزرة (٢) لبّ النواة (٣) حبة القمح الخ. (٤) جوهر الشيء أو لبابه.

kerosine 222 king

kerosine *or* **kerosene** *(n.)* الكيروسين .

ketchup *(n.)* = catsup.

kettle *(n.)* (١) غلاّية (٢) غلاّية الشاي .

kettledrum *(n.)* نقّاريّة ؛ طَبْلة .

key *(n.; adj.; vt.)* (١) مفتاح (٢) مفتاح الرموز ؛ بيان المُصْطَلحات (٣) المقام الموسيقي (٤) أسلوب أو نغمة مميزة (٥) طبقة الصوت §(٦) رئيسيّ ؛ أساسيّ §(٧) يعدّل المقام أو طبقة الصوت .

keyboard *(n.)* لوحة المفاتيح .

keyhole *(n.)* ثقب المفتاح (موضعُه من القفل) .

keynote *(n.)* (١) القرار؛ الأراضي (في الموسيقى) . (٢) الحقيقة أو الفكرة الأساسيّة .

keystone *(n.)* (١) حَجَر العَقْد (٢) مرتكَز ؛ عِماد .

keystone

khaki *(n.)* : (١) الكاكيّ : قماشٌ كاكيّ اللون (٢) بذلة عسكريّة (٣) لون أسمر مُصْفرّ .

khan *(n.)* الخان : «أ» أمير ؛ زعيم . «ب» نُزُل .

khedive *(n.)* خُدَيْويّ ؛ أمير مِصر .

kick *(vi.; t.; n.)* (١) يرفس (٢) يرتدّ أو يتراجع (السلاحُ الناريّ عند إطلاقه) §(٣) رفسة (٤) ارتداد ؛ تراجع (٥) مقاومة (٦) الصفة المُسكِرة في شراب كحوليّ (٧) حيوية ؛ هِزة ابتهاج أو طرب (٨) مفاجأة .

to ~ out يطرد .

kickshaw *(n.)* (١) طعام مُتْرَف (٢) شيء غرّار .

kid *(n.; vt.; i.)* (١) جَدْي (٢) طِفل §(٣) يسخر من ×(٤) يمزح .

kidnap *(vt.)* يخطف (طمعاً في فِدية) .

kidney *(n.)* (١) كُلْيَة (٢) مزاج (٣) نوع .

kidney bean *(n.)* لوبياء .

kill *(vt.)* (١) يقتل ؛ يذبح (٢) يهزم أو يردّ . (٣) يسكّن (٤) يوقِف .

killer *(n.)* القاتل ؛ السفّاك .

kiln *(n.)* أتُون ؛ تَنُّور .

kilo *(n.)* (١) كيلوغرام (٢) كيلومتر .

kilocycle *(n.)* الكيلوسيكل : ألف دورة .

kilogram *(n.)* الكيلوغرام : ألف غرام .

kiloliter *(n.)* الكيلولتر : ألف لتر ؛ متر مكعب .

kilometer *(n.)* الكيلومتر : ألف متر .

kilowatt *(n.)* الكيلوواط : ألف واط (كهرباء) .

kilt *(n.)* الكِلْتيّة : تنّورة رجالية اسكتلندية .

kimono *(n.)* الكَيْمُوْن : ثوبٌ فضفاض .

kin *(n.)* (١) عشيرة (٢) أنسباء المرء .

kind *(n.; adj.)* (١) نوع ؛ صنف §(٢) حنون ؛ شفوق (٣) وديّ ؛ لطيف ؛ كريم .

to pay in ~, يدفع الثمن سِلعاً لا نقداً .

to repay insolence in ~ يردّ على الاهانة بمثلها .

kindergarten *(n.)* روضة أطفال .

kindle *(vt.; i.)* (١) يُضْرِم النّار (٢) يثير . (٣) يضيء ×(٤) يضطرم (٥) يتقّد ؛ يتوهّج .

kindless *(adj.)* فَظّ ؛ قاسٍ ؛ غليظ .

kindliness *(n.)* عَطْفٌ ؛ رِقّةٌ في الفؤاد .

kindling *(n.)* الضَّرَم : مادّة ملتهبة لإضرام النّار .

kindly *(adj.; adv.)* (١) ملائم (٢) عطوف ؛ كريم §(٣) بعطف ؛ بتعطّف (٤) بارتياح ؛ بصَدر رحب (٥) لطفاً ؛ كرَماً .

kindness *(n.)* (١) مِنّة ؛ فَضْل ؛ معَرُوف . (٢) حنان ؛ شفقة (٣) لطف ؛ كرم .

kindred *(n.; adj.)* (١) أسرة ؛ عشيرة (٢) أنسباء §(٣) شقيق : من أصل واحد أو طبيعة واحدة .

kinetic *(adj.)* (١) حرَكيّ (٢) ناشط .

kinetic energy *(n.)* الطاقة الحركيّة .

kinetics *(n.)* الكينتيكا ؛ علم الحركة .

king *(n.)* (١) مِلك ؛ عاهل (٢) الشاه (في الشطرنج) (٣) الملك (في ورق اللعب) .

kingdom *(n.)* (١)مملكة (٢)عالم ؛ دُنيا.
kingfisher *(n.)* الرَّفراف ؛ القاوند (طائر) .
kingly *(adj.)* (١)مَلَكيّ ؛ مُلوكيّ (٢)جليل.
King's evidence *(n.)* شاهدالملِك: من يَشْهَد ضدّ شركائه في الجريمة مقابل الوعد بإطلاق سراحه.
kink *(n.)* (١) لَيّة أو فَتْلة (في خيط أو حبل أو شَعْرة) (٢) غرابة أطوار .
kinky *(adj.)* حُلَيْقيّ ؛ مُفتّل .
kinsfolk *(n.pl.)* أنسباء ؛ أقرباء .
kinship *(n.)* قرابة ؛ نَسَب .
kinsman *(n.)* القريب ؛ النسيب ؛ أحد الأقارب.
kinswoman *(n.)* القريبة ؛ إحدى القريبات .
kiosk *(n.)* كُشْك (في حديقة أو شارع) .
kipper *(n.)* سمكة رنكة مملّحة ومدخّنة .
kirtle *(n.)* الكَرْتَل: سترة ؛ ثوب.
kiss *(vt.; n.)* (١)يقبّل ؛ يلثم §(٢)قُبلة .
kit *(n.)* (١) الطقم : مجموعة أدوات للاستعمال الشخصي (٢) عُدّة (٣)صندوق الأدوات أو العدّة (٤) كمنجة صغيرة (٥)هرة صغيرة .
kitchen *(n.)* مطبخ .
kitchenware *(n.)* آنية المطبخ ؛ أدوات المطبخ.
kite *(n.)* (١)الحَدَأة ؛ الشُّوحة (طائر) (٢)طائرة ورقيّة (٣) كمبيالة صورية .
kith *(n.)* أصدقاء ؛ جيران ؛ أنسباء .
kitten *(n.)* هُرَيْرة ؛ هِرّة صغيرة .
kitty *(n.)* الصندوق : صندوق يضع فيه كلّ لاعب (في البوكر الخ.) مبلغاً معيناً .
kiwi *(n.)* الكِيْويّ : طائر نيوزيلندي .
knack *(n.)* (١)براعة (٢)حيلة ؛ خدعة (٣)موهبة.
knapsack *(n.)* حقيبة الظهر (يحملها الجندي).
knave *(n.)* (١)الوغد (٢)الولد (في ورق اللعب).
knavery *(n.)* خداع ؛ احتيال ؛ مكر ؛ لؤم.
knead *(vt.)* (١)يعجن ؛ يجبل (٢)يدلّك .
knee *(n.)* (١)الرُّكبة (٢)رُكبة البنطلون .
kneecap *(n.)* الرَّضْفة : عظم أعلى الرُّكبة.
kneel *(vi.)* يركع ؛ يسجد ؛ يجثو .
knell *(n.)* (١)نعيّ (٢) ناقوس الموت.
knelt *past and past part. of* kneel.
knew *past of* know.
knife *(n.)* مُدْيَة ؛ سكّين .
knight *(n.)* (١)الفارس (٢)الفَرَس (في الشطرنج)
knighthood *(n.)* (١) فروسيّة (٢) فرسان .
knightly *(adj.)* فروسيّ .
knit *(vt.)* (١) يَعْقِد ؛ يَرْبِط (٢) يَجْبُر (٣)يقطّب حاجبَيْه (٤) يَحْبُك .
knitting *(n.)* عَقْد ؛ رَبْط ؛ حَبْك الخ .
knob *(n.)* (١)عُقْدة ؛ عُجْرة (٢) زِرّ زِينيّ (٣) مَسْكة باب مزخرفة (٤)هضبة مدوّرة .
knock *(vi.; n.)* (١)يقرع (٢)يصطدم بشيء (٣) يخبّط ؛ يقرقع (كبعض أجزاء الآلة) (٤)يعيب ؛ ينتقد §(٥)ضربة عنيفة (٦)القرقعة.
to ~ out (١) يهزم (٢) يصرع .
knocker *(n.)* (١) القارع (٢)مِقرعة الباب .
knockout *(n.)* الضربة الصارعة أو الحاسمة .
knoll *(n.)* هضبة صغيرة مدوّرة .
knot *(n.; vt.)* (١)عُقْدة (٢)مُشْكِلة (٣)رِباط (٤)زمرة ؛ مجموعة (٥)وردة من حرير ؛ عقدة شريط القبّعة (٦)العُقْدة : وحدة للسرعة تساوي ميلاً بحرياً واحداً في الساعة §(٧) يَعْقِد ؛ يكوّن عقدة أو عُقَداً في حبل الخ .
knotty *(adj.)* (١)مليء بالعُقَد (٢) صعب .
know *(vt.)* يَعلم ؛ يَعرف .
knowing *(n.; adj.)* (١) معرفة §(٢) عارف ؛ مطّلع (٣)فَطِن ؛ ذكيّ .
knowledge *(n.)* معرفة ؛ علم ؛ اطّلاع .
knuckle *(n.)* البُرْجُمة : احد مفاصل الأصابع .
Koran *(n.)* القرآن الكريم .
kosher *(adj.)* مُباح في الشريعة اليهوديّة.

Lagos (Nigeria)

L

l *(n.)* . الحرف الثاني عشر من الأبجدية الانكليزية

label *(n.; vt.)* (١) رُقْعة §(٢) يلصق رقعة على. (٣) يصف أو يميِّز برقعة (٤) يصنِّف .

labial *(adj.)* شَفَوِيّ .

labor *(n.; vi.)* (١) جُهْد (٢) عملٌ (٣) طبقة العمّال (٤) المخاض §(٥) يعمل؛ يكدح (٦) يجيئها المخاضُ .

laboratory *(n.)* مَخْبَر ؛ مُخْتَبَر .

labor camp *(n.)* معسكر العمل الإلزامي .

Labor Day *(n.)* عيد العمال (أول مايو) .

laborer *(n.)* العامل ؛ الشغّيل ؛ الكادح .

laborious *(adj.)* (١) مُجِدّ (٢) مُرْهِق .

labor union *(n.)* نقابة عمال ؛ اتحاد عمّال.

labour *(n.; vi.)* = labor.

labyrinth *(n.)* (١) متاهة (٢) مشكلة ؛ ورطة. (٣) التيه ؛ الأذن الباطنة .

lac *(n.)* اللَّكّ ؛ صمغُ اللَّك .

lace *(n.; vt.)* (١) رباط الحذاء أو المِشَدّ . (٢) بريم؛ شريط زينيّ للسترات العسكرية (٣) تخريم؛ مخرَّمات §(٤) يَعْقُد برباط .

lacerate *(vt.)* (١) يمزِّق (٢) يَجْرَح؛ يؤذي.

lachrymal *(adj.)* (١) دمعي (٢) دامع .

lack *(vi.; t.; n.)* (١) يَعْوَزُ: يَعِزّ الشيء فلا يوجد وانت محتاج اليه (٢) يفتقر إلى ×(٣) يُعْوِزُهُ ؛ ينقصه §(٤) فقدان ؛ عدم وجود ؛ احتياج أو افتقار إلى (٥) نَقْص .

lackey *(n.)* (١) الخادم (٢) التابع المتزلف

lackluster *(adj.)* باهت؛ يعوزه البريق .

laconic *(adj.)* مُوجَز ؛ مقتضَب .

lacquer *(n.)* اللّك ؛ ورنيش اللّك .

lacrosse *(n.)* اللَّكْرُوس: لعبة تسدَّد فيها الكرة، بمضارب طويلة المقابض ، إلى مَرْمَى الخَصْم .

lacteal; lactic *(adj.)* لَبَنِيّ .

lacuna *(n.)* (١) ثغرة (٢) فجوة .

lacy *(adj.)* شريطيّ ؛ تخريمي .

lad *(n.)* (١) صبيّ ؛ غلام (٢) رجل .

ladder *(n.)* سُلَّم (من خشب أو معدن أو حبال).

laden *(adj.)* محمَّل ؛ موسوق .

lading *(n.)* (١) شَحْن (٢) شِحْنَة؛ حَمْل.

ladle *(n.; vt.)* (١) مِغْرَفة §(٢) يَغرف .

lady *(n.)* (١) سيدة (٢) لايدي: لقب انكليزي للنساء يقابل لقب لورد للرجال .

ladylove *(n.)* الحبيبة ؛ المحبوبة .

lag *(vi.; n.)* (١) يتخلّف؛ يتلكأ؛ يتوانى. §(٢) تخلّف؛ تلكّؤ؛ تباطؤ؛ فتور.
laggard *(adj.; n.)* متلكّئ؛ متقاعس؛ بطيء.
lagoon *(n.)* الهَوْر؛ اللاّغون: بحيرة ضَحْلة.
laid *past and past part. of* lay.
lain *past part. of* lie.
lair *(n.)* (١) وِجار؛ عرين (٢) مخبأ؛ ملجأ.
laity *(n.)* الكافّة؛ الجمهور؛ سواد الناس.
lake *(n.)* (١) بحيرة (٢) اللَّيْك: صِبْغ أحمر.
lamb *(n.; vi.)* (١) حَمَل §(٢) تلد حملاً.
lambent *(adj.)* (١) خافق (٢) لامع؛ بارق.
lame *(adj.; vt.)* (١) مُقْعَد؛ كسيح (٢) أعرج. §(٣) يجعله مُقْعَداً أو أعرج (٤) يُضْعِف.
lament *(vi.; t.; n.)* (١) يُعْوِل؛ ينوح. ×(٢) يندب؛ يتفجّع على §(٣) عويل (٤) مرثاة.
lamentable *(adj.)* مؤسف؛ باعث على الأسى.
lamentation *(n.)* (١) عويل (٢) مناحة.
lamina *(n.)* صفيحة رقيقة.
laminate *(vt.; i.; adj.)* (١) يُصفّح؛ يرقّق ×(٢) ينفصل إلى صفائح §(٣) مصفّح.
lamp *(n.)* (١) مصباح (٢) مصباح كهربائي.
lampblack *(n.)* السُّناج: سُخام المصابيح.
lampoon *(n.; vt.)* (١) أُهْجُوّة §(٢) يهجو.
lamprey *(n.)* الجَلَكَى: سمك كالانقليس.
lance *(n.; vt.)* (١) رمح (٢) مِبْضَع §(٣) يطعن بالرمح (٤) يَبْضَع: يشق بمبضع (٥) يرشق.
lance corporal *(n.)* وكيل عريف (في البحرية).
lancer *(n.)* الرّمّاح؛ حامل الرمح.
lancet *(n.)* مِبْضَع؛ مِفْصَد.
land *(n.; vt.; i.)* (١) اليابسة (٢) بلد (٣) عالَم. (٤) أرض §(٥) يُنْزِل إلى اليابسة (٦) يجعل الطائرة تهبط في مكان ما ×(٧) يهبط (إلى اليابسة) (٨) يرسو (٩) يصل الى (١٠) يترجل (١١) تَهْبِط (الطائرةُ) أو تحطّ.

landholder *(n.)* مالك الأرض أو صاحبها.
landing *(n.)* (١) إنزال أو نزول إلى اليابسة (٢) رسوّ (٣) حَطّ؛ هُبوط (٤) رصيف المرفأ (٥) مُنْبَسَط الدَّرَج أو سلّم المبنى.
landing field *(n.)* المَهْبِط؛ المَطار.
landlady *(n.)* مالكة الأرض أو صاحبة الفندق.
landlord *(n.)* مالك الأرض أو صاحب الفندق.
landmark *(n.)* المَعْلَم: علامة الحدود.
landowner *(n.)* مالك الأرض؛ صاحب الأرض.
land reform *(n.)* الإصلاح الزراعي.
landscape *(n.)* (١) صورة تمثّل منظراً طبيعياً في داخلية البلاد (٢) منظر طبيعي ريفيّ.
landward *(adv.; adj.)* (١) نحو اليابسة أو الشاطئ §(٢) واقع أو متّجه نحو اليابسة.
lane *(n.)* (١) ممرّ ضيّق (٢) زُقاق.
language *(n.)* لغة.
languid *(adj.)* واهن؛ مُضْنىً؛ فاتر الهمة.
languish *(vi.)* (١) يَهِن؛ يَضْنَى؛ تفتر همته. (٢) يَهْزُل؛ يَذْبُل.
languor *(n.)* وَهَن؛ ضَنَى؛ تَراخٍ؛ كَسَل.
lank *(adj.)* (١) مهزول؛ نحيل (٢) هزيل؛ ضئيل. (٣) سَبْط؛ غير جَعْد.
lanky *(adj.)* طويل مع هُزالٍ أو ضُمور.
lantern *(n.)* (١) المِشْكاة: صندوق زجاجيّ يوضع فيه المصباح (٢) مَنْوَر السقف.
lap *(n.; vt.; i.)* (١) الطرف المتراكب: طرف السترة الذي يمتدّ متراكباً فوق طرَفها الآخر (٢) حُجْر؛ حِضْن (٣) مَهْد (٤) كنَف (٥) ثَنْيَة؛ طيّة (٦) دورة مفردة (في سباق) §(٧) يطوي؛ يلفّ (٨) يَثْني (٩) يَحْضُن (١٠) يُراكِب؛ يضع جزءاً من شيء فوق شيء آخر (١١) يلعق الطعام أو الشراب ×(١٢) ينطوي؛ يلتفّ (١٣) يُطِفّ على؛ يتراكب جزئياً.

lapel *(n.)* طيّة صدر السترة .
lappet *(n.)* طيّة ؛ حاشية ؛ هُدْب .
lapse *(n.)* (١)زلّة ؛ هفوة (٢)سقوط ؛ هبوط . (٣)انحطاط (٤)سقوط الحق (٥)مرور الزمن.
lapwing *(n.)* الزَّقزاق الشامي : طائر مائيّ .
larboard *(n.)* الميسَرَة : جانب السفينة الأيسر .
larceny *(n.)* سرقة ؛ لصوصيّة .
larch *(n.)* اللاركس : شجرة صنوبريّة .
lard *(vt.; n.)* (١) يشحم (٢)يضيف شرائح الخنزير إلى اللحم §(٣) دُهن الخنزير .
larder *(n.)* موضع حفظ اللحوم الخ .
large *(adj.)* (١)واسع ؛ عريض (٢)ضخم . (٣) كبير (٤)مؤاتٍ ؛ ملائم (٥)متبجّح.
at ~, (١) حرّ ؛ مطلَق السراح . (٢)بإسهاب (٣)بصورة عامّة ؛ ككل .
on a ~ scale على نطاق واسع .
largess *or* **largesse** *(n.)* سخاء .
lark *(n.)* قُنْبُرة ؛ قُبَّرة (طائر).
larkspur *(n.)* العايق : نبات جميل الزهر.
larva *(n.)* يرقانة ؛ يرقة ؛ سَرْء .
larynx *(n.)* الحنجرة .
lascivious *(adj.)* فاسق ؛ داعر .
lash *(vi.; t.; n.)* (١)يجلد ؛ يضرب بالسياط . ×(٢)يقذف فجأة وبسرعة(٣)يربط أو يثبّت بحبل أو سلسلة §(٤)جلدة ؛ ضربة بالسوط (٥)الجزء المرن من السوط (٦)هُدْب العين.
lass *(n.)* (١)فتاة (٢)حبيبة ؛ معشوقة.
lassie *(n.)* (١) فتاة صغيرة (٢)حبيبة صغيرة .
lassitude *(n.)* (١) كلال ؛ تعب (٢) كسل.
lasso *(n.)* الوهق : حبل في طرفه أنشوطة يستعمل لاقتناص الخيل والأبقار .
last *(vi.; adj.; adv.; n.)* (١) يدوم ؛ يبقى . (٢)يتحمّل ؛ «يخدم» ؛ «يضاين» (٣)يستمر في قوة وفعالية §(٤) أخير (٥) آخِر (٦) سابق §(٧) في المؤخّرة (٨) آخرَ مرة قبل الزمن الحاضر (٩) أخيراً ؛ ختاماً §(١٠) نهاية ؛ ختام (١١) قالب الأحذية .
lasting *(adj.)* باقٍ ؛ دائم ؛ ثابت.
lastly *(adv.)* أخيراً ؛ في الختام .
latch *(n.; vt.; i.)* (١)مِزلاج ؛ سُقّاطة الباب. §(٢)يثبّت أو يُثبَّت بمزلاج .
latchet *(n.)* شريط الحذاء .
latchkey *(n.)* مفتاح المزلاج أو السقّاطة .
late *(adj.; adv.)* (١) مُبطِىء ؛ متأخّر في المجيء (٢)متطاول إلى ما بعد الميقات المألوف (٣) متأخّر (٤) سابق ؛ قديم (٥) فقيد ؛ متوفّى حديثاً (٦) حديث §(٧) متأخّراً (٨)حتى ساعة متأخرة من الليل (٩) حديثاً .
~r on في ما بعد .
of ~, حديثاً ؛ منذ عهد قريب .
It is too ~. سبق السيف العذَل .
lately *(adv.)* حديثاً ؛ منذ عهد قريب .
latent *(adj.)* كامن ؛ مستتر .
lateral *(adj.)* جانبي .
latex *(n.)* اللَّثَى : لبن الشجر أو عُصارته.
lath *(n.)* لوح خشبي ضيّق رقيق .
lathe *(n.)* مِخرطة (الخشب والمعادن) .
lather *(n.; vt.; i.)* (١)رغوة الصابون(٢)زبَد. §(٣) يكسو بالزّبد ×(٤) يُرغي ؛ يُزبِد.
Latin *(adj.; n.)* (١)لاتينيّ §(٢)اللاتينيّة : اللغة اللاتينيّة (٣) اللاتينيّ : واحد اللاتين .
latitude *(n.)* (١) خطّ العرض (٢) منطقة . (٣)مدى ؛ نطاق (٤)حريّة العمل أو الاختيار.
latrine *(n.)* مِرحاض (في ثكنة أو معسكر الخ.) .
latter *(adj.)* (١)ثانٍ (٢)أخير ؛ ختاميّ .
latterly *(adv.)* حديثاً ؛ في هذه الأيّام .

lattice 1.

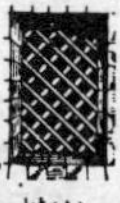

lattice *(n.)* (١) شَعرية ؛ شبكية (٢) نافذة (أو باب) مزوَّدة بشَعْريّة .

latticework *(n.)* شَعْريّة ؛ تعريشة .

laud *(n.; vt.)* (١)ثناء ؛ تمجيد §(٢)يمجِّد .

laudable *(adj.)* جدير بالثناء .

laudanum *(n.)* اللَّوْدَنوم ؛ صبغة الأفيون .

laugh *(vi.; n.)* (١) يضحك §(٢) ضَحكة .

to ~ at يسخر من ؛ يهزأ بـ .

laughable *(adj.)* مضحِك؛ مثير للضحك .

laughingstock *(n.)* أُضحوكة .

laughter *(n.)* ضَحِك .

launch *(vt.; n.)* (١)يقذف بقوّة (٢)يُطلِق. (٣) يبدأ (٤) يَشُنّ (٥) يُنزل سفينةً إلى الماء (٦) يقدِّم فتاةً إلى المجتمع (٧) يَطرح في الأسواق §(٨)اللَّنْش: زورق بخاري .

launder *(vt.; i.)* (١) يغسل الملابس أو يكويها بعد غسلها ×(٢)ينغسل وينكوي .

laundress *(n.)* امرأة تغسل الملابس وتكويها .

laundry *(n.)* (١) ملابس مغسولة أو مُعَدّة للغسل (٢)المصبغة: مؤسسة لغسل الملابس وكيّها.

laundryman *(n.)* (١) المَصْبَغيّ: مدير مصبغة لغسل الملابس وكيّها، أو عاملٌ فيها (٢)رجل يجمع الملابس المُعَدّة للغسل والكيّ أو يسلّمها إلى أصحابها .

laureate *(adj.)* (١)مكلَّل بالغار (٢)ممتاز .

laurel *(n.)* (١)الغار (نبات) (٢)إكليل غار .

lava *(n.)* الحُمَم: مقذوفات البراكين .

lavatory *(n.)* (١) مَغْسَلة (٢)حجرة لغسل اليدين والوجه إلخ (٣) مِرحاض .

lave *(vt.)* (١)يغسل (٢)تغسل (الأمواجُ) شيئاً .

lavender *(n.)* الخُزامى ؛ خِيريّ البرّ (نبات).

laver *(n.)* (١) حَوْض ؛ جُرْن (٢)مَغسلة .

lavish *(adj.; vt.)* (١) مُسْرِف ؛ مُبَذِّر . (٢)سَخِيّ ؛ مُنْفَق بسخاء (٣)وافر §(٤)يبدِّد .

law *(n.)* (١)قانون (٢)قضاء (٣)المحاماة ؛ الحقوق.

law-abiding *(adj.)* مُطيع للقانون .

lawbreaker *(n.)* المنتهك للقانون .

lawful *(adj.)* (١)قانونيّ ؛ شرعيّ (٢)مطيع للقانون

lawless *(adj.)* (١) بلا قانون (٢)متمرّد (على قانون ما) (٣) غير شرعيّ .

lawmaker *(n.)* الشارع ؛ المشرِّع ؛ المشترع .

lawn *(n.)* (١)شاشٌ (٢)مَرْجة ؛ مَخْضَرَة .

lawsuit *(n.)* قضيّة ؛ دعوى قضائيّة .

lawyer *(n.)* المحامي ؛ الممارس للمحاماة .

lax *(adj.)* (١) منحلّ (٢)رِخْو .

laxative *(adj.; n.)* مُسْهِل ؛ مُليِّن للأمعاء.

laxity *(n.)* لِين ؛ انحلال ؛ ارتخاء .

lay *(vt.; i.; n.; adj.)* (١) يطرح (٢) يضع (٣)تبيض (الدجاجةُ) (٤) يُخمِد ؛ يهدِّئ (٥)يراهن (٦)يمدّ ؛ يبسط ؛ يكسو بـ (٧)يُعِدّ ؛ يُرتِّب (٨) يصفّ؛ يرصُف (٩)يَفتُل ؛ يبرم (١٠) يفرض (١١) يُلقي (١٢)يرسم ؛ يدبِّر (١٣) يصير ؛ يجعل (١٤) يَعْرِض ×(١٥) ينكبّ على العمل . §(١٦) موقع (١٧)أغنية §(١٨)علمانيّ (١٩) عاديّ .

to ~ for يترصّد؛ يكمن لـ .

to ~ siege to يحاصر (مدينةً الخ.) .

lay *past of* lie.

layer *(n.)* (١)الطارح ؛ الواضع الخ. (٢)طبقة.

layette *(n.)* كُسْوَة الطفل المولود ولوازمه.

layman *(n.)* الشخص العاديّ أو العلمانيّ.

layoff *(n.)* التسريح الموقّت (للعمّال) .

layout *(n.)* (١)تخطيط (٢)نموذج طباعي.

lazar *(n.)* المجذوم : المصاب بالجُذام .

lazy *(adj.)* (١) كسول (٢)بطيء .

lea *(n.)* مَرْجة ؛ مَخْضَرة ؛ مَرْعى .

leach *(vt.)* يرشح ؛ يصفّي ؛ يروّق .

lead *(vt.; i.; n.)* (١) يُرْشد (٢) يحيا (٣) يجعله يحيا (٤) يقود (٥) يسدِّد ضربة ×(٦) يؤدي ؛ يفضي إلى (٧) يتقدَّم غيره (٨) يلعب الورقة الأولى §(٩) طليعة ؛ مركز أمامي (١٠) مبادرة (١١) حقّ الابتداء باللعب ؛ الورقة الأولى (١٢) دور (أو ممثّل) رئيسي في مسرحية.

to ~ astray يُضِلّ ؛ يُغْوي.

lead *(n.; vt.)* (١) رصاص (٢) شيء مصنوع من رصاص (٣) صفيحة رقيقة للفصل بين سطور الصفحة المعدَّة للطباعة §(٤) يُرصِّص ؛ (٥) يفصل بين السّطور برقائق معدنية.

leaden *(adj.)* (١) رصاصي (٢) رديء النوع (٣) ثقيل (٤) بطيء (٥) كئيب

leader *(n.)* (١) قائد ؛ زعيم (٢) افتتاحيّة.

leadership *(n.)* قيادة ؛ زعامة.

leading *(adj.)* (١) موجِّه ؛ هادٍ (٢) مؤدٍّ ؛ موصِل إلى (٣) رئيسي (٤) قيادي.

leaf *(n.; vi.; t.)* (١) ورقة (٢) مصراع باب أو نافذة (٣) جناح خوانٍ متحرّك §(٤) يورق النباتُ ×(٥) يتصفّح.

leaflet *(n.)* (١) وُرَيْقة (٢) كُرّاسة.

leafy *(adj.)* مُورِق ؛ وَرِق ؛ ذو أوراق أو نحوها.

league *(n.; vt.; i.)* (١) الفرسخ (حوالى ٣ أميال) (٢) عصبة (٣) حِلْف §(٤) يوحِّد ؛ يتّحِد.

leak *(vi.; n.)* (١) يرشح (٢) يتسرّب §(٣) شِقّ ؛ خرق ؛ ثُقب (٤) ارتشاح (٥) تسرُّب.

leakage *(n.)* (١) ارتشاح ؛ تسرب (٢) الشيء المرتشِح أو مقداره.

leaky *(adj.)* راشِح ؛ سَرِب : تنفذ السوائل منه.

lean *(vi.; t.; adj.)* (١) يتحدَّر (٢) يتكئ على (٣) يتكل على (٤) يميل إلى ×(٥) يحني (٦) يسنِد §(٧) هزيل (٨) هَبْر : قليل الدهن أو خالٍ منه (٩) قاحل.

leaning *(n.)* نزعة ؛ ميْل.

leap *(vi.; t.; n.)* (١) يثب ؛ يقفز ×(٢) يتخطّى بوثبة (٣) يحمله على الوثب §(٤) وثبة.

leap year *(n.)* سنة كبيسة (مؤلفة من ٣٦٦ يوماً).

learn *(vt.)* (١) يتعلّم (٢) يكتشف (٣) يَعْلم.

learned *(adj.)* عالِم ؛ مثقّف.

learner *(n.)* المتعلِّم ؛ التلميذ ؛ الطالب المبتدئ.

learning *(n.)* (١) تعلّم (٢) معْرِفة.

lease *(n.; vt.)* (١) عقد الإيجار (٢) التأجير أو مدّته (٣) العقار المؤجّر §(٤) يؤجر ؛ يستأجر.

leasehold *(n.; adj.)* (١) أرض مستأجَرة §(٢) مستأجَر.

leaseholder *(n.)* المستأجِر ؛ المؤجَّر له.

leash *(n.; vt.)* (١) رَسَن §(٢) يُوثِق برَسَن.

least *(adj.; n.; adv.)* (١) الأدنى ؛ الأصغر ؛ الأقلّ §(٢) أقلّ §(٣) أقلّ ما يكون.

not in the ~, ألبتّة ؛ على الإطلاق.

leather *(n.)* جلدٌ مدبوغ.

leathern *(adj.)* جلديّ.

leathery *(adj.)* (١) جلديّ (٢) متين ومرن.

leave *(vt.; i.; n.)* (١) يخلّف (٢) يترك (٣) يغادر (٤) يهجر ؛ يتخلّى عن ×(٥) يسافر (٦) يُورِق النباتُ §(٧) إذْن (٨) إجازة (٩) انصراف.

to take ~, يستأذن بالانصراف ؛ يودِّع.

leaven *(n.; vt.)* (١) خميرة §(٢) يضيف خميرة (إلى العجين) (٣) يمزجه بشيء ملطِّف.

leaves *pl. of* leaf.

leavings *(n.pl.)* رواسب ؛ بقايا ؛ فضلات.

lecherous *(adj.)* فاسِق ؛ داعر.

lecture *(n.; vi.; t.)* (١) محاضرة (٢) توبيخ رسمي §(٣) يحاضر ×(٤) يوبِّخ رسمياً.

lecturer *(n.)* المُحاضِر أو المدرّس المُحاضر.

led *past and past part. of* lead.

ledge *(n.)* (١) رفّ (٢) سلسلة صخور تحت الماء (٣) افريز ؛ طُنُف ؛ حَيْد ؛ ما نتأ من الجبل.

ledger *(n.)* الدفترُ الأستاذ (في التجارة).

lee *(n.; adj.)* (١)مأوى؛ ملاذ (٢)جانب السفينة المحجوب عن الريح §(٣)محجوب عن الريح.

leech *(n.)* (١)علَقة (٢)طفيليّ.

leek *(n.)* الكُرّاث (نبات).

leer *(vi.; n.)* (١)ينظر شزْراً §(٢)نظرة شزراء.

lees *(n.pl.)* ثُفل؛ عُكارة؛ رواسب.

leeward *(adj.; n.)* (١) باتّجاه الريح. §(٢)الجهة التي تهبّ نحوها الريح.

left *(adj.; n.)* (١)أيسر؛ يُسرى §(٢)اليد أو الجهة اليسرى (٣) اليسار.

left *past and past part. of* leave.

left-hand *(adj.)* أيسر؛ يُسرى.

left-handed *(adj.)* أعسر؛ «عسراويّ».

leftist *(n.)* اليساري: صاحب المبادىء اليساريّة.

left wing *(n.)* الجناح المتطرّف (من حزب).

leg *(n.; vi.)* (١)رجل؛ ساق؛ قائمة§(٢)يعدو

legacy *(n.)* (١) ميراث بوصيّة (٢) تُراث.

legal *(adj.)* (١)قانونيّ (٢)شرعيّ (٣)حقوقيّ.

legality *(n.)* قانونيّة؛ شرعيّة.

legalize *(vt.)* يحلّل؛ يجيز؛ يجعله قانونياً.

legate *(n.)* (١)مُوفَد رسميّ (٢) ممثّل للبابا.

legatee *(n.)* الوارث بوصيّة؛ المُوصَى له.

legation *(n.)* (١)بعثة؛ وَفْد (٢) مفوّضية.

legator *(n.)* المُوصي؛ المورِّث بوصيّة.

legend *(n.)* (١)أسطورة؛ أساطير (٢)نقش أو شعار (على مدالية أو قطعة نقدية) (٣)عنوان أو تعليق تفسيريّ ملحق بصورة مطبوعة (٤) المفتاح: قائمة تفسيرية بالمصطلحات المستعملة في خريطة أو رسم بيانيّ.

legendary *(adj.)* أسطوريّ؛ خرافيّ.

legerdemain *(n.)* خفّة اليد؛ شعوذة.

legging *(n.)* الطِّماق؛ كساء للساق.

leghorn *(n.)* (١)قبعة (٢)ضرب من الدجاج.

legible *(adj.)* واضح؛ مقروء.

legion *(n.)* (١)فَيْلَق؛ جيش (٢)جمع غفير.

legionary *(adj.;n.)* (١)فيلقيّ§(٢)عضو بفيلق.

legislate *(vi.)* يشترع؛ يسنّ القوانين.

legislation *(n.)* (١)تشريع (٢)شرائع؛ قوانين.

legislative *(adj.)* تشريعيّ.

legislative assembly. الجمعيّة التشريعيّة

legislator *(n.)* عضو في هيئة تشريعيّة.

legislature *(n.)* الهيئة التشريعيّة.

legitimacy *(n.)* شرعيّة؛ صحّة.

legitimate *(adj.)* (١) شرعيّ (٢)صحيح.

leguminous *(adj.)* بقليّ؛ قرنيّ.

leisure *(n.)* فراغ؛ وقت الفراغ.

lemon *(n.)* ليمون؛ ليمون حامض.

lemonade *(n.)* الليموناضة: عصير الليمون المحلّى.

lemur *(n.)* الليمور: حيوان من فصيلة القردة.

lend *(vt.)* (١)يُعير؛ يُقرِض (٢)يزوّد بـ؛ يضفي على (٣)يقدّم يد العون (٤)يسترسل في (٥)يكون ملائماً لـ (٦)يوجِّه؛ يسدّد.

length *(n.)* (١)طول (٢)مدّة (٣)مسافة؛ امتداد (٤) حدّ (٥) قطعة من شيء؛ قطعة قماش.

at ~, (١) أخيراً (٢)بتفصيل تام.

lengthen *(vt.; i.)* (١)يُطيل ×(٢)يطول.

lengthways; lengthwise *(adv.)* بالطول.

lengthy *(adj.)* (١)مطوّل جداً (٢)طويل.

leniency *(n.)* لين؛ رفق؛ تساهل.

lenient *(adj.)* رفيق؛ ليّن؛ متساهل.

lenity *(n.)* رِفق؛ لِين؛ تساهل.

lens *(n.)* عدسة؛ عدسيّة.

lenses

lent *past and past part. of* lend.

Lent *(n.)* الصوم الكبير (عند النصارى).

lentil *(n.)* (١) نبات العدس (٢) عدس.

leonine *(adj.)* (١) أسديّ (٢) كالأسد.

leopard *(n.)* نَمِر؛ نِمْر.

leper 230 liberal

leper *(n.)* المجذوم ؛ المُصاب بالجُذام.

leprosy *(n.)* الجُذام (مرض) .

leprous *(adj.)* (١)مجذوم (٢) جُذاميّ .

lesion *(n.)* (١)أذًى ؛ ضرَر (٢)آفة .

less *(adj.; adv.; prep.)* (١) أقلّ (٢) أدنى مرتبةً (٣) أصغر ؛ أضأل §(٤) بدرجة أقلّ §(٥) ناقصاً أو مطروحاً منه كذا .

none the ~, ومع ذلك ؛ وبرغم ذلك.

lessee *(n.)* المستأجِر ؛ المُوْجَر له .

lessen *(vi.; t.)* (١)يَقِل × (٢)يقلّل ؛ يُنقِص .

lesser *(adj.; adv.)* (١)أقلّ ؛ أصغر (٢)أهون ؛ أقلّ شأناً §(٣) بدرجة أقلّ .

lesson *(n.)* (١)فَصْلٌ (من الكتاب المقدس يُتلى في قداس) (٢)دَرْس (٣)عِبرة .

lessor *(n.)* المؤجِّر بموجب عقد.

lest *(conj.)* خشيةَ أن ؛ مَخافةَ أن

let *(vt.; i.; n.)* (١) يَدَع ؛ يترك (٢)يؤجِّر (٣) يُلزِم (بعد مناقصة) ×(٤) يؤجَّر §(٥) تأجير (٦) عائق .

~ alone... إذا تجاوزنا عن ذكر كذا

to ~ alone يتركه وشأنه .

to ~ blood يفصد ؛ يستخرج الدم .

to ~ down (١)يُدَلّي (٢)يَخذُل.

to ~ go يطلق سراحه .

to ~ in (١)يُدْخِل (٢)يُقحِم.

to ~ loose يطلق سراحه .

letdown *(n.)* (١)خيبة (٢)هبوط (٣)فتور.

lethal *(adj.)* مُميت ؛ مُهلِك .

lethargy *(n.)* (١)نُوَام ؛ سُبات ؛ نعاس أو نوم غير سويّ (٢) كسل (٣) لامبالاة .

letter *(n.)* (١)حرف (٢)رسالة (٣)*pl.*: الأدب ؛ الآداب ؛ الثقافة (٤)المعنى الحرفي (٥)المؤجِّر.

lettered *(adj.)* (١)عالِم (٢)مثقَّف .

letter(s) of credence أوراق الاعتماد .

lettuce *(n.)* الخَسّ (نبات) .

leukemia *(n.)* اللوكيميا ؛ ابيضاض الدم (مرض)

Levant *(n.)* الشرق ؛ المشرق .

Levantine *(adj.; n.)* شرقيّ ؛ مَشرقيّ .

levee *(n.)* (١)استقبال (٢)سدّ ؛ حاجز .

level *(n.; vt.; adj.)* (١)الشاقول الأفقيّ ؛ ميزان البنائين (٢) مِسْواة المسّاح (٣) مُستوًى (٤)سطح (٥)سَهْل (٦)منزلة §(٧)يسطّح ؛ يجعله مسطّحاً أو أفقياً (٨) يسدّد أو يصوِّب (البندقية) (٩) يوجّه (١٠) يسوّي ؛ يمهّد (١١) يهدم (١٢)يَصْرع §(١٣)مسطّح ؛ أفقيّ (١٤) مستوٍ (١٥) متساوٍ (١٦) رتيب (١٧) ثابت ؛ مُطّرِد (١٨)رابط الجأش.

lever *(n.)* رافعة ؛ مُخْل ؛ عَتَلة .

leverage *(n.)* الفائدة الناشئة عن فعل الرافعة.

levity *(n.)* (١) خفّة (٢) طَيْش (٣) تقلّب.

levy *(vt.; n.)* (١)يَفرض أو يجبي (٢)يجنّد . (٣)يشنّ §(٤)فرض أو جباية الضرائب (٥)المبلغ المفروض أو المَجْبيّ (٦) تجنيد ؛ جُند.

lewd *(adj.)* فاسق ؛ داعر ؛ خليع .

lexical *(adj.)* مُفْرَداتيّ ؛ معجميّ ؛ قاموسيّ .

lexicographer *(n.)* المعجميّ : مؤلّف المعجم.

lexicography *(n.)* صناعة تأليف المعاجم .

lexicon *(n.)* معجم ؛ قاموس .

liability *(n.)* (١)مسؤولية قانونية (٢)تعرُّض لِ (٣)احتمال حدوثٍ (٤)دَيْن (٥) عائق .

liable *(adj.)* (١)مسؤول قانونياً (٢)عرضة لِ.

liaison *(n.)* ارتباط ؛ اتّصال متبادَل .

liar *(n.)* الكذّاب ؛ الكَذوب ؛ الأفّاك .

libation *(n.)* (١) الإراقة : سَكْب الخمر تكريماً لإلـه (٢)الخمر المسكوبة لهذا الغرض.

libel *(n.; vi.)* (١) طعن ؛ قذف ؛ تشهير . §(٢) يقذف ؛ يطعن ؛ يشهِّر .

liberal *(adj.; n.)* (١) كريم (٢)سخيّ ؛ وافر .

(٣) كبير (٤) غير حرفيّ (٥) متسامح ؛ متحرِّر (٦) تحرّري ؛ ليبراليّ § (٧) المتسامح ؛ المتحرّر (٨) *cap.*: العضو في حزب الأحرار .

liberalism *(n.)* التحرّريّة ؛ الليبراليّة .

liberality *(n.)* (١) تحرُّر (٢) سخاء (٣) تسامح .

liberate *(vt.)* يحرّر ؛ يُطْلِق ؛ يُعْتِق .

liberation *(n.)* تحرير ؛ تحرّر .

libertine *(n.; adj.)* خليع ؛ فاسق ؛ فاجر .

liberty *(n.)* (١) حرّيّة (٢) اجتراء ؛ تخطٍّ لآداب السلوك أو اللياقة ؛ رفع للكلفة .

to set at ~, يُطْلِق ؛ يُعْتِق .

librarian *(n.)* أمين المكتبة ؛ قيِّم المكتبة .

library *(n.)* (١) دار كتب (٢) مكتبة.

lice *pl. of* louse.

license or **licence** *(n.; vt.)* (١) إذْن ؛ ترخيص (٢) حرية يُساء استعمالها (٣) فسق ؛ فجور § (٤) يمنحه رُخصة رسميّة (٥) يجيز.

licensee *(n.)* المرخَّص له ؛ صاحب الرّخصة.

licentiate *(n.)* المُجاز (وبخاصةٍ من جامعة).

licentious *(adj.)* فاسِق ؛ خليع .

lichen *(n.)* الأُشْنَة (نبات) .

lick *(vt.; n.)* (١) يلعق ؛ يلحس (٢) يَجْلِد. (٣) يهزم § (٤) لَعْقٌ ؛ لَعْقَةٌ (٥) مقدار ضئيل.

licking *(n.)* (١) لَعْق (٢) جَلْد (٣) هزيمة .

licorice *(n.)* السُّوس ؛ عِرق السوس .

lid *(n.)* (١) غطاء (٢) جفْن .

lie *(vi.; n.)* (١) يتمدّد ؛ يضطجع (٢) يتربّص ؛ يترصَّد في كمين (٣) يكون موضوعاً (على الطاولة الخ.) (٤) يتّجه ؛ يمتدّ (٥) يقع (٦) يكمن في (٧) يكذب § (٨) وَضْعٌ ؛ مَوْقع (٩) مكمن (١٠) كَذِبٌ ؛ كِذْبة.

lien *(n.)* الحجز (استيفاءً لِدَيْنٍ أو التزامٍ قانونيّ).

lieu *(n.)* مكان ؛ بدل .

lieutenant *(n.)* ملازم أول (في الجنديّة).

life *(n.)* (١) حياة (٢) سيرة ؛ ترجمة حياة . (٣) عُمر (٤) شخص (٥) حيويّة (٦) روح.

for ~, مدى الحياة ؛ طوال العمر .

life belt *(n.)* حِزام النجاة (من الغرق) .

lifeboat *(n.)* قارب النجاة (من الغرق) .

life buoy *(n.)* طافِيةُ النجاة .

life insurance *(n.)* التأمين على الحياة .

life jacket *(n.)* صِدار النجاة (من الغرق) .

lifeless *(adj.)* (١) ميْت (٢) مقفِر (٣) فاقد الوعي أو الحس (٤) تعوزه الحيويّة .

lifelike *(adj.)* حيّ ؛ نابض بالحياة .

lifelong *(adj.)* مستمرّ مدى الحياة .

lifesaver *(n.)* مُنقِذ الغَرْقَى .

lifetime *(n.)* العُمْر : حياة المرء أو مداها .

lift *(vt.; i.; n.)* (١) يرفع (٢) يرقّي ؛ يعلّي . (٣) يفكّ رهناً × (٤) يرتفع (٥) ينقشع § (٦) حَمْل ؛ رَفْع ؛ رَفْعَة (٧) رافعة (٨) مساعدة ؛ عَوْن (٩) نَقْلَة الطريق (١٠) تقدُّم (١١) مِصْعَد .

ligament *(n.)* (١) رباط (٢) رابطة .

ligature *(n.)* (١) رباط (٢) الحرف المزدوج : حرف مؤلّف من حرفين متصلين (مثل œ).

light *(n.; vi.; t.; adj.)* (١) ضوء ؛ نور . (٢) شمعة (٣) مصباح كهربائيّ (٤) نافذة § (٥) يُشرِق (٦) يشتعل (٧) يترجّل (٨) يحطّ (الطائر) × (٩) يُشْعِل (١٠) ينير ؛ يضيء (١١) يملأه بالاشراق § (١٢) فاتح اللون (١٣) خفيف (١٤) تافه ؛ زهيد ؛ هزيل (١٥) لطيف ؛ رفيق (١٦) يسير ؛ محتمَل ؛ هيّن (١٧) رشيق (١٨) طائش ؛ مستهتر (١٩) فاسق (٢٠) مبتهِج ؛ خالٍ من الهموم (٢١) مخفَّف ؛ غير مركّز .

lighten *(vt.; i.)* (١) يضيء (٢) يفتّح (اللونَ). (٣) يُخفّف (٤) يُبْهِج × (٥) يَسْطع

lighter 232 **lineage**

(٦) يومض ؛ يَبْرُق (٧) يخِفّ (٨) يبتهج .

lighter *(n.)* (١) الصَّندل : مركب لتفريغ أو تحميل السفن (٢) المضيء ؛ المُشعِل (٣) قدّاحة .

lighthearted *(adj.)* خَلِيّ ؛ جَذِل .

lighthouse *(n.)* منارة لهداية الملاحين .

lighthouse

lightless *(adj.)* (١) مُظْلِم . (٢) غير منير .

lightly *(adv.)* (١) بِرِفق . (٢) بسهولة (٣) بلا مبالاة (٤) بخفّة أو طيش .

lightning *(n.)* بَرْق .

lightning rod *(n.)* مانعة الصواعق .

lights *(n.pl.)* الرئتان ؛ وبخاصة : رئتا حيوانٍ ذبيح .

lightsome *(adj.)* (١) مَرِح ؛ طائش (٢) وَضّاء .

lignite *(n.)* اللِّيجنيت : نوع من الفحم الحجري .

like *(vt.; i.; n.; adj.; prep.; conj.)* (١) يودّ ؛ يرغب في (٢) يشاء (٣) يُحبّ § (٤) ما يُحبّه المرء (٥) المثيل ؛ النّظير § (٦) مماثل ؛ مشابه (٧) ميّال إلى (٨) مرجّح § (٩) كَ ؛ مثل § (١٠) مِثلما (١١) وكأنّه .

likelihood *(n.)* أرجحيّة ؛ احتمال قويّ .

likely *(adj.; adv.)* (١) مُحتَمَل ؛ قابلٌ للتصديق (٢) مُرَجَّح (٣) ملائم (٤) واعِد ؛ مُنتظَرٌ نجاحُهُ (٥) جذّاب § (٦) على الأرجح .

liken *(vt.; i.)* (١) يُشبِّه × (٢) يُشْبِه .

likeness *(n.)* (١) شَبَه (٢) شكل ؛ مَظهرٌ خارجيّ (٣) صورة ؛ رسم .

likewise *(adv.)* (١) بطريقة مماثلة (٢) أيضاً .

liking *(n.)* مَيْل ؛ ولوع .

lilac *(n.)* (١) اللَّيْلَج ؛ اللَّيْلَك : نبتة عطرة الزهر (٢) لون أرجوانيّ فاتح .

lily *(n.)* الزَّنْبَق ؛ السوسن .

limb *(n.)* (١) الوُصْل : رِجل الانسان أو ذراعه . (٢) غصن كبير أو رئيسي .

limber *(n.; adj.)* (١) القادمة : الجزء الأمامي من عربة مدفع § (٢) لدن ؛ سهل الانثناء .

lime *(n.)* (١) دِبق (٢) كِلس ؛ جير (٣) كلسيوم (٤) زيزفون (٥) اللَّيْم : ليمون حامض .

limekiln *(n.)* الكلاّسة : أتون الكلس .

limelight *(n.)* نور الكلس (لإضاءة المسرح) .

limestone *(n.)* حجر الكلس ؛ حجر الجير .

limit *(n.; vt.)* (١) تَخْم (٢) حدّ (٣) قَيْد . § (٤) يقيِّد ؛ يَحْصر ؛ يَحُدّ .

limitation *(n.)* (١) تحديد ؛ تقييد (٢) حدّ ؛ قَيْد (٣) عجز ؛ قصور .

limited *(adj.)* محدود ؛ مقيَّد ؛ مقصور .

limitless *(adj.)* لاحدّ له ؛ لا يعرف حدّاً .

limn *(vt.)* (١) يرسم صورةً (٢) يصف .

limousine *(n.)* الليموزين : سيارة ركاب مترفة .

limp *(vi.; n.; adj.)* (١) يَعْرج ؛ يَظْلَع . (٢) يمشي مضطرباً § (٣) عَرَج § (٤) رخوٌ ؛ ليِّن (٥) مترهّل (٦) مُضْنًى (٧) ضعيف .

limpet *(n.)* البَطْلِينُوس : حيوان من الرّخويات يلتصق بالصخور .

limpet

limpid *(adj.)* (١) شفّاف . (٢) واضح (٣) رائق .

linden *(n.)* (١) الزَّيزفون (٢) خشب الزَّيزفون .

line *(vt.; i.; n.)* (١) يُبطِّن (سترةً الخ.) (٢) يملأ . (٣) يسطِّر (٤) يشكّل صفّاً على (٥) يُقيم أو ينشىء صفّاً على طول كذا (٦) يَصُفّ ؛ يُراصِف × (٧) يصطفّ أو يشكّل صفّاً § (٨) خيط ؛ سلك ؛ حَبْل (٩) صنّارة (لصيد السمك) (١٠) خطّ (١١) سطر (١٢) بيت (من الشِّعر) (١٣) رسالة قصيرة (١٤) انسجام (١٥) تَخْمٌ ؛ حَدّ (١٦) حقل نشاط المرء أو اهتمامه (١٧) أسرة ؛ سلسلة نَسَب .

lineage *(n.)* (١) نَسَبٌ (٢) نَسْلٌ ؛ ذرّيّة .

lineal *(adj.)* (١)خطّيّ أو مؤلّفٌ من خطوط . (٢)مباشر (٣) وراثيّ (٤)طوليّ .

lineaments *(n.pl.)* أسارير ؛ قَسَمات .

linear *(adj.)* (١)خَطّيّ: مؤلّفٌ من خطوط ؛ شبيهٌ بخطّ ؛ مستقيم (٢)تخطيطيّ (٣) خيطيّ ؛ شبيهٌ بالخيط (٤) طوليّ .

linen *(n.)* (١) كَتّان (٢) خيط كتّان . (٣)بياضات (كالمناديل وأغطية الأسرّة).

liner *(n.)* الباخرةأو الطائرةالخطيّة: باخرةأو طائرة تعمل في خطّ مواصلات نظاميّ .

ling *(n.)* (١)اللِّنْغ (سمك)(٢)الخَلَنْج (نبات).

linger *(vi.)* (١)يتريّث أو يبقى (٢)يتوانى ؛ يتباطأ ؛ يتردّد (٣)يمشي ببطء ؛ يتسكّع .

lingerie *(n.)* ملابس النساء التحتية .

linguist *(n.)* اللغويّ ؛ العالم باللغات .

linguistic; -al *(adj.)* لغويّ .

linguistics *(n.)* علم اللغة .

liniment *(n.)* مَرُوخ ؛ مَرهمٌ .

lining *(n.)* (١)بطانة الثوب الخ. (٢) تبطين.

link *(n.; vt.; i.)* (١)حَلْقَة (٢)رِباط ؛ صِلة . (٣) مِشعل §(٤)يربط أو يرتبط (بحلقة).

links *(n.pl.)* (١)تلال (٢)ملعب الغولف.

linnet *(n.)* التُّفّاحيّ ؛ الزُّقَيْقِيّة: طائر مغرّد.

linoleum *(n.)* مشمَّع (لفَرْش الأرض).

Linotype *(n.)* المنضَّدةالسطرية: ماكينة لتنضيد الأحرف المطبعية في سطور مسبوكة .

linseed *(n.)* بزر الكتان .

lint *(n.)* (١)ضِمادة كتانية. (٢)نَسِيل ؛ نُسالة .

L. lintel

lintel *(n.)* الأُسْكُفَة: عتبة الباب (أو النافذة)العليا .

lion *(n.)* أسَد .

lioness *(n.)* لَبُوءة .

lionhearted *(adj.)* شجاع ؛ جَرِيء الفؤاد .

lip *(n.; adj.)* (١)شَفَة (٢)حافة §(٣) كاذب ؛ غير مخلص (٤) شفويّ .

lipstick *(n.)* أحمر الشفاه ؛ إصبع أحمر الشفاه.

liquefaction *(n.)* (١)تمييع (٢) تَمَيُّع .

liquefy *(vt.; i.)* (١) يَميع ×(٢)يتميّع .

liquid *(adj.; n.)* (١)سائل ؛ مائع §(٢)السائل.

liquidate *(vt.)* (١)يُصَفّي (مؤسّسةً الخ.) (٢) يسدّد دَيْناً (٣) يتخلّص من ؛ يقتل .

liquidity *(n.)* سيولة ؛ ميوعة .

liquidize *(vt.)* يُسَيِّل ؛ يُمَيِّع .

liquor *(n.)* (١)سائل (٢)شراب كحوليّ .

liquorice *(n.)* = licorice.

lira *(n.)* الليرة: عملةإيطاليةأو تركية أو لبنانية الخ.

lisp *(vi.; t.; n.)* (١)يَلْثَغ (٢)يتلعثم §(٣)لثغة.

list *(vt.; i.; n.)* (١) يعدّد ؛ يضع قائمة بـ . (٢) يسجّل (ضمن قائمة) (٣) يُميل ×(٤) يَميل ؛ ينحرف §(٥)حاشية ؛ حرف ؛ حافّة (٦)حلبة ؛ ميدان (٧)جَدْول ؛ قائمة ؛ ثَبْت ؛ كشف (٨) فِهرس ؛ بيان .

listen *(vi.)* يصغي ؛ يُنصت .

listless *(adj.)* كسول ؛ مُتَوانٍ ؛ فاتر الهمّة .

lit *past and past part. of* light.

litany *(n.)* ابتهال أو سلسلة ابتهالات .

liter; litre *(n.)* اللِّتر: وحدة مكاييل متريّة .

literal *(adj.)* حَرْفيّ: مطابق للاصل حرفياً .

literary *(adj.)* (١) أدبيّ (٢) أديب .

literate *(adj.; n.)* متعلّم ؛ غير أمّيّ .

literature *(n.)* الأدب ؛ آداب اللغة .

lithe; lithesome *(adj.)* (١)لَدْن (٢)رشيق.

lithograph *(vt.; n.)* (١) يطبع حجرياً (بطريقةالطباعةالحجريّة)§(٢)طبعة حجرية.

lithography *(n.)* الطباعة الحجريّة .

litigant *(n.)* خَصْمٌ أو طَرَفٌ (في دعوى).

litigate *(vi.; t.)* (١)يرفع دعوى×(٢)يقاضي .

litmus paper *(n.)* ورق عبّاد الشمس .

litter *(n.; vt.; i.)* (١) مِحَفّة أو حمّالة . (٢) مِهادٌ من قشّ (٣) نِثار من الأوراق والأغصان الميتة (٤) البَطْن: مجموع الجِراء التي يلدها حيوانٌ دفعةً واحدة §(٥) يفرش للحيوان مهاداً من قشّ (٦) يُبَعْثِر ×(٧) تلد (أنثى الحيوان) مجموعةً من الجراء .

little *(adj.; adv.; n.)* (١) صغير (٢) قليل . (٣) واهن (٤) ضيّق (٥) ضئيل (٦) قصير ؛ وجيز (٧) قزم (٨) تافه §(٩) قليلاً (١٠) نادراً §(١١) مقدار ضئيل ؛ فترة أو مسافة قصيرة .

~ by ~, تدريجياً ؛ شيئاً فشيئاً .

liturgy *(n.)* طَقْس دينيّ ؛ طقوس دينيّة .

live *(vi.; adj.)* (١) يحيا ؛ يعيش (٢) يقتات بـ. (٣) يقيم ؛ يسكن (٤) يَخْلُد §(٥) حيّ (٦) نابض بالحياة (٧) مشتعل ؛ متوهج.

livelihood *(n.)* الرّزق: أسباب العيش أو سُبُلُه.

livelong *(adj.)* كلّ ؛ طولَ ؛ بكامله ؛ بتمامه.

lively *(adj.)* (١) مُفعَمٌ بالحياة (٢) نشيط ؛ ناشط (٣) منعش (٤) زاهٍ (٥) رشيق (٦) مُثير .

liven *(vt.; i.)* يُفْعِمُ (أو يُفْعَم) بالحياة .

liver *(n.)* (١) كَبِدٌ (٢) العائش ؛ الساكن ؛ المقيم .

liverwort *(n.)* حشيشة الكبد: نبات طُحْلُبيّ .

livery *(n.)* (١) البِزّة: زِيّ مميَّز (للخدم الخ.). (٢) علف الخيل أو إيواؤها لقاء أجر .

lives *pl. of* life.

livestock *(n.)* دواجن ؛ مواشٍ ؛ دوابّ .

livid *(adj.)* (١) مُزْرَقّ (٢) شاحب .

living *(adj.; n.)* (١) حيّ (٢) فعّال ؛ قويّ . (٣) مفعَم بالحياة (٤) متّقِد (٥) ملائم للحياة §(٦) الحياة (٧) رزق .

living room *(n.)* حجرة الجلوس .

lizard *(n.)* العَظاءة ؛ السحلية ؛ السَّقاية .

llama *(n.)* اللامة: حيوان شبيه بالجمل .

load *(n.; vt.; i.)* (١) حِمْل ؛ حُمُولة ؛ شِحنة (٢) ثِقْل (٣) عِبء (٤) حَشْوة أو شِحنة سلاح ناريّ §(٥) يحمِّل ؛ يَسِق (٦) يُثْقِل ؛ يُرهِق (٧) يَغْمُر (٨) يحشو (سلاحاً نارياً) (٩) يُفْحِمه في ×(١٠) يتلقّى حملاً ؛ يأخذ ركاباً .

loaded *(adj.)* (١) مُحمَّل (٢) مَحْشُوّ .

loadstar *(n.)* = lodestar.

loadstone *(n.)* = lodestone.

loaf *(n.; vi.)* (١) رغيف (٢) كتلة مخروطيّة من السكّر §(٣) يتسكّع ؛ يضيع الوقت في التبطّل.

loafer *(n.)* (١) المتسكّع ؛ المتبطّل (٢) حذاء.

loam *(n.)* الطُّفالية: تربة خصبة مؤلّفة من طين ورمل ومادة عضوية الخ .

loan *(n.; vt.)* (١) قَرْض §(٢) يُقرِض .

loath *(adj.)* مشمئزّ أو نافرٌ من ؛ كارهٌ لِ .

loathe *(vt.)* يعاف ؛ يشمئزّ من .

loathsome; loathy *(adj.)* كريه .

lobby *(n.)* رواق ؛ رَدْهة ؛ حجرة انتظار .

lobe *(n.)* (١) فَصّ ؛ فِلْقَة (٢) شحمة (الأذن) .

lobster *(n.)* جراد البحر ؛ سرطان بحري .

local *(adj.)* (١) موضعيّ (٢) محلي .

locality *(n.)* مركز ؛ موقع ؛ موضع .

localize *(vt.; i.)* (١) يُمَرْكِز ×(٢) يتمركز .

locate *(vt.)* (١) يعين موضع شيء أو حدوده. (٢) يقيم أو ينشئ في مكان معين (٣) يكتشف موضع شيء .

location *(n.)* (١) تعيين موضع شيء الخ... (٢) موقع ؛ مركز (٣) قطعة أرض مُعَدّة لغرض.

lock *(n.; vt.; i.)* (١) خصلة شعر أو صوف أو قطن الخ. (٢) قُفْل (٣) عُدّة السلاح الناري: الآلة المُفجِّرة لشُحنته (٤) هَوِيس القناة (لرفع السفن أو خفضها من مستوى إلى آخر)

(٥) مِكْبَح (٦) مَسْكَة (في المصارعة) §(٧) يُقفِل ؛ يُغلق (٨) يحبس (٩) يثبِّت أو يشبِّك ×(١٠) ينقفل (١١) يتثبّت ؛ يتشابك.
locker *(n.)* خزانة ؛ درج ؛ صندوق.
locket *(n.)* المُدَلاّة : عُلَيْبَة معدنية نفيسة يُدَلّيها المرء من قلادة أو سلسلة.
lockjaw *(n.)* الكُزاز : مرض مُعْدٍ.
lockout *(n.)* إضراب رجال الصناعة.
locksmith *(n.)* القفّال : صانع الأقفال.
lockup *(n.)* سِجن (للمتهمين قبل محاكمتهم).
locomotion *(n.)* (١) تحرُّك ؛ تَنَقُّل (٢) سَفَر.
locomotive *(adj.; n.)* (١) متحرِّك § (٢) قاطرة.
locust *(n.)* (١) جَراد (٢) شجرة الخرنوب.
locution *(n.)* عبارة ؛ تعبير ؛ أسلوب الكلام.
lode *(n.)* (١) عِرق معدِنيّ (٢) ذخيرة وافرة.
lodestar *(n.)* نجم القطب.
lodestone *(n.)* حجر المغنطيس.
lodge *(vt.; i.; n.)* (١) يُؤْوِي (٢) يَغْرِز ؛ يغيِّب (٣) يُودِع (٤) يخوِّل ؛ ينيط (٥) يقدِّم شكوى ×(٦) يَبِيت (٧) يقطن ؛ يقيم (٨) يستقرّ في §(٩) مأوى (١٠) محفل ماسوني (١١) كوخ (١٢) وِجار.
lodger *(n.)* النزيل : المستأجر غرفةً في منزل شخص آخر.
lodging *(n.)* (١) منزِل (٢) *pl.* : غرفة أو غرف مستأجرة (في منزل شخص آخر) (٣) سُكْنَى.
lodging house *(n.)* النُّزُل ؛ البنسيون.
lodgment *(n.)* (١) مسكِن (٢) إيواء (٣) إيداع.
loft *(n.)* (١) عِلِّيَّة (٢) شرفة (٣) مخزن تبن.
lofty *(adj.)* (١) متغطرس (٢) رفيع ؛ نبيل.
log *(n.; vt.)* (١) زَنْد خشب (٢) اللّوك : جهاز لقياس سرعة السفينة (٣) سِجِلّ سرعة السفينة §(٤) يقطع (الأشجار) ليتخذ منها أخشاباً.
logarithm *(n.)* اللوغارتم (في الرياضيات).
logbook *(n.)* سجلّ ؛ سجلّ السفينة أو الطائرة.
loggerhead *(n.)* الأبله ؛ المغفَّل.
logic *(n.)* (١) عِلم المنطق (٢) منطِق.
logical *(adj.)* (١) منطقيّ (٢) منطقيّ التفكير.
logwood *(n.)* شجر البَقَّم أو خشبُه.
loin *(n.)* (١) خاصرة (٢) *pl.* : عَوْرة ؛ صُلْب.
loiter *(vi.)* يتوانى ؛ يتلكأ ؛ يتخلّف ؛ يتسكّع.
loll *(vi.)* (١) يتدلّى (٢) يتراخى ؛ يتكاسل.
lone *(adj.)* (١) متوحِّد أو أعزب (٢) منعزل.
lonely *(adj.)* (١) متوحِّد (٢) منعزل (٣) مهجور.
lonesome *(adj.)* = lonely.
long *(adj.; adv.; n.; vi.)* (١) طويل (٢) مستطيل (٣) ذو طول معين §(٤) طويلاً (٥) طوال § (٦) فترة طويلة §(٧) يتوق إلى.
 as ~ as ما دام ؛ طالما.
 in the ~ run في النهاية ؛ في خاتمة المطاف.
 ~ ago منذ عهد بعيد.
longevity *(n.)* تعمير ؛ طولُ العمر.
longhand *(n.)* الكتابة العادية (نقيض الاختزال).
longing *(n.)* تَوْق ؛ تَشَوُّف ؛ رغبة شديدة.
longitude *(n.)* (١) طول (٢) خطّ الطول.
longitudinal *(adj.)* طُولِيّ ؛ طولانيّ.
look *(vi.; n.)* (١) ينظر (٢) يبدو (٣) يُطِلّ ؛ يُشرِف (٤) يواجه §(٥) نَظَر ؛ نظرة (٦) سِيما الوجه أو تعبيراتُه (٧) *pl.* : طلعة ؛ هيئة ؛ جمال (٨) مَظْهَر.
 to ~ after يُعْنَى بـ ؛ يسهر على.
 to ~ for (١) يتطلع (٢) يبحث عن.
 to ~ forward to يتشوّف ؛ يتطلع إلى.
 to ~ out يَحْذَر ؛ يَنْتَبِه.
 to ~ over (١) يفحص (٢) يتغاضى عن.
 to ~ (a thing) up يبحث عن.
looker-on *(n.)* المشاهد ؛ المتفرِّج.
looking glass *(n.)* مرآة.

lookout 236 love-sick

lookout *(n.)* (١) الرقيب (٢) نقطة المراقبة . (٣) حذَر (٤) مشهد (٥) المستقبَل المنتظر.
loom *(n.; vi.; t.)* (١)نَوْل (٢)يد المجذاف. §(٣)يلوح ؛ يَبدو للعِيان×(٤) يَنْسج على نَوْل.
loon *(n.)* السَّامِك ؛ آكل السمك (طائر) .
loony *or* **looney** *(adj.)* معتوه .
loop *(n.; vi.; t.)* (١) عُقْدَة ؛ أنشوطة . (٢)التحلُّق : ضرب من الطيران (٣)حلقة ؛ عروة §(٤)يعقد أُنْشوطة (٥)يتحلَّق (في الطيران) ×(٦) يثبِّت بعروة .
loophole *(n.)* (١) فتحة الرَّمي : فُرْجة في جدار تُطلَق منها النار (٢) كُوَّة (٣)منفذ.
loose *(adj.; vt.)* (١) غير ثابت (٢)متقلقل. (٣)فضفاض (٤)حرّ ؛ طليق (٥) محلول ؛ مفكوك (٦) « فالت » (٧) خليع ؛ فاجر (٨) رِخو §(٩) يُحرِّر (من قَيْد) (١٠) يَحُلّ ؛ يَفكّ (١١) يُطلِق (سهماً) (١٢) يُرْخِي .
to let *or* set ~, يُطلق سراحه .
loosen *(vt.; i.)* (١)يحل ؛ يفكّ (٢)يحرِّر ؛ يُطلق (٣) يُرخي (٤)يلين×(٥)ينحل ؛ يرتخي.
loot *(n.; vt.; i.)* (١)غنيمة §(٢) يَنْهَب .
lop *(vt.; i.)* (١) يشذِّب ؛ يقضِب ؛ يهذِّب. (٢) يبتر (عضواً) ×(٣) يتدلى .
lope *(vi.; n.)* (١) يَتبختَر §(٢) تبختُر.
lopsided *(adj.)* منكفىء ؛ مائلٌ إلى جانب .
loquacious *(adj.)* ثرثار ؛ مهذار .
lord *(n.; vi.)* (١)سيِّد (٢) لورد §(٣)يستبدّ.
lordly *(adj.)* (١) فَخْم (٢) وقور أو متكبر.
lordship *(n.)* (١)لوردية (٢)سيادة ؛ سلطان.
lore *(n.)* علم ؛ معرفة .
lorgnette *(n.)* نظارات ؛ منظارٌ للأوبرا .
lorn *(adj.)* بائس ؛ متخلَّى عن .
lorry *(n.)* لوري ؛ شاحنة ؛ سيارة شحن .
lose *(vt.; i.)* (١)يضيع ؛ يَخْسَر (٢) يفقد. (٣)يَضِلّ (الطريقَ) ×(٤) يَخسَر ؛ ينهزم .
loser *(n.)* الخاسر .
loss *(n.)* (١)خُسْران ؛ فقدان (٢)*pl.* : الخسائر : القتلى الخ. (في معركة) (٣) خسارة ؛ نَقص .
at a ~, مُرْتبِك ؛ متردِّد ؛ متحير .
lost *(adj.)* (١) مُضيَّع (٢)خاسر (٣) ضالّ . (٤) يائس (٥) مفقود (٦) مستغرِق .
lost *past and past part. of* lose.
lot *(n.)* (١) قُرْعَة (٢) حصّة ؛ نصيب. (٣) قَدَر ؛ « قِسْمَة » (٤) قطعة أرض . (٥) مجموعة (٦) شخص (٧) عددٌ وافر .
to draw ~s, يسحب قُرْعَةً .
lotion *(n.)* الغَسُول : مُستحضَر سائل يُستعمَل لأغراض تجميلية أو طبيّة .
lottery *(n.)* (١) يانصيب (٢) مسألة حظّ .
lotus *or* **lotos** *(n.)* اللُّوطس ؛ النَّيْلُوفر (نبات)
loud *(adj.)* (١)عالٍ ؛ مرتفع ؛ مدوٍّ (٢)صاخب. (٣)صارخ ؛ فاقع ؛ مُبَهْرَج (٤)مسرف ؛ ملحّ.
loudspeaker *(n.)* المِجهار : مكبِّر الصوت.
lounge *(vi.; n.)* (١) يتكاسل (٢) يتسكّع . §(٣)حجرة الجلوس (٤)رَدْهَة (٥)أريكة.
louse *(n.; vt.)* (١) قملة §(٢) يفلّي القمل .
lousy *(adj.)* (١) قَميل ؛ مُقمِل (٢) قَذِر .
lout *(n.)* شخصٌ أخرق أو مغفَّل أو جِلْف.
loutish *(adj.)* جِلْف ؛ غَليظ .
lovable *(adj.)* مُحبَّب ؛ جَديرٌ بأن يُحَبّ.
love *(n.; vt.; i.)* (١)محبة (٢)ولوع ؛ شَغَف. (٣) حُبّ (٤) المحبوب §(٥) يحِبّ .
in ~ (with) محبّ ؛ عاشق ؛ مفتون بِـ.
loveliness *(n.)* فتنة ؛ جمال ؛ ملاحة .
lovelorn *(adj.)* محروم من الحب أو من الحبيب.
lovely *(adj.)* (١)محبَّب إلى النفس (٢)جميل.
lover *(n.)* (١)المُحِبّ (٢)النصير المتحمّس .
love-sick *(adj.)* مُلْتاع ؛ مُضْنًى (من الحب).

loving 237 **lurk**

loving *(adj.)* = affectionate.

low *(adj.; vi.; n.)* (١) منخفض ؛ واطىء . (٢) وضيع ؛ حقير (٣) مكتئب (٤) ضئيل (٥) سيء §(٦) تخور البقرة §(٧) خُوار .

lower *(vi.)* (١)يُقطّب ؛ يعبس (٢)يكفهرّ .

lower *(adj.; vi.; t.)* (١)أدنى ؛ أوطأ (٢)سُفْليّ §(٣)ينخفض ×(٤)يخفِض (٥)يُنْزِل .

lowland *(n.)* بلاد منخفضة أو واطئة .

lowly *(adj.)* وضيع ؛ حقير .

low-spirited *(adj.)* مكتئب ؛ منقبض الصدر .

loyal *(adj.)* وفيّ ؛ مخلص ؛ موالٍ للدولة.

loyalty *(n.)* ولاء ؛ وفاء ؛ إخلاص .

lozenge *(n.)* (١) المُعيَّن : شكل ذو أضلاع أربعة متساوية وزاويتين حادّتين وزاويتين منفرجتين (٢) قطعة كراميل أو حلوى صغيرة .

lozenge

lubber *(n.)* شخص ضخم أخرق أو مغفّل .

lubricant *(n.)* المزلِّق : زيت أو شحم التزليق.

lubricate *(vt.)* يزلّق ؛ يزيّت (محرّكاً) .

lubricator *(n.)* أداة للتزليق أو التزييت .

lucent *(adj.)* (١)ساطع (٢)صافٍ ؛ رائق .

lucerne *or* **lucern** *(n.)* = alfalfa.

lucid *(adj.)* (١) نيِّر (٢) صافٍ (٣) واضح.

lucifer *(n.)* (١).*cap*: إبليس (٢)عود ثقاب.

luck *(n.)* (١)حظّ (٢)حُسن طالع .

luckily *(adv.)* لحسن الحظّ ؛ لحسن الطالع .

lucky *(adj.)* (١) محظوظ ؛ حسَن الحظّ . (٢) سعيد ؛ مُؤاتٍ (٣) مُسْعِد .

lucrative *(adj.)* مُرْبِح ؛ رابح ؛ مُكْسِب .

lucre *(n.)* (١) رِبْح (٢) مال ؛ دراهم .

ludicrous *(adj.)* مُضْحِك أو سخيف .

luff *(vi.)* يدير رأس المركب نحو الريح .

lug *(vt.)* (١) يسحب ؛ يجرّ (٢)يُقْحِم .

luggage *(n.)* أمتعة ؛ حقائب سَفَر .

lugubrious *(adj.)* حزين ؛ كئيب .

lukewarm *(adj.)* (١)فاتر (٢)تعوزه الحماسة.

lull *(vt.; n.)* (١)يُهَوِّد : يَهُزّ أو يغنّي للطفل حتى ينام (٢) يهدّىء §(٣) هدوء ؛ خمود .

lullaby *(n.)* التهويدة : أغنية تنوّم الطفل .

lumbago *(n.)* القُطان: ألم عصبيّ في الظَّهر .

lumber *(vt.; i.; n.)* (١)يملأ بأشياء مبعثرة . (٢)يقطع الأشجار وينشر خشبها ×(٣)يتحرّك بتثاقل §(٤)سَقَطُ المتاع (٥)خشب منشور.

luminary *(n.)* (١)نجم (٢) جِرم سماويّ .

luminosity *(n.)* نورانيّة ؛ إشراقيّة ؛ سطوع .

luminous *(adj.)* (١)نيِّر ؛ مضيء (٢)واضح .

lump *(n.; vt.; i.)* (١)قطعة ؛ كتلة (٢)جملة ؛ إجمال (٣)أكثريّة (٤)نتوء ؛ ورَم §(٥)يكوّم (٦)يكتّل (٧)يتحمّل ×(٨) يتكتّل .

lumpish *(adj.)* أخرَق ؛ مُغفَّل .

lumpy *(adj.)* مُكتَّل ؛ كثير الكُتَل .

lunacy *(n.)* (١) جنون (٢) حماقة كبرى .

lunar *(adj.)* (١) قَمَريّ ؛ هلاليّ (٢)فضيّ .

lunatic *(adj.; n.)* مجنون ؛ مجذوب.

lunch *(n.; vi.; t.)* (١)وَجبة خفيفة ؛ وبخاصة : الغداء §(٢) يتغدّى ×(٣) يقدّم الغداء إلى .

luncheon *(n.)* غَداء .

lung *(n.)* (١) رئة (٢) رئة ميكانيكيّة .

lunge *(vt.; i.; n.)* (١)يطعن ×(٢)يندفع بقوّة. §(٣) طعنة (٤) اندفاع (إلى أمام) .

lupine *(n.; adj.)* (١) الترْمس §(٢)ذئبيّ .

lurch *(vi.; n.)* (١) يطوف بالمكان خِلسة . (٢)يتمايل §(٣)ميَلان ؛ تمايل (٤)هزيمة منكرة.

lure *(n.; vt.)* (١)شَرَك ؛ طُعْم §(٢)يُغري .

lurid *(adj.)* (١) ممتقع ؛ شديد الشحوب . (٢)متوهّج كالنّار (٣) رهيب ؛ فظيع ؛ مثير .

lurk *(vi.)* (١)يكمن ؛ يترصّد (٢)ينسلّ ؛ يندسّ . (٣) يبقى ؛ يتخلّف (٤) يختبىء ؛ يتوارى.

luscious *(adj.)* (١)حلو المذاق (٢)زكيّ الرائحة

lust *(n.; vi.)* (١) شهوة؛ تلهُّف؛ تحرُّق؛ توق. §(٢) يشتهي؛ يتحرَّق إلى.

luster *or* **lustre** *(n.)* (١)لمعان؛ بريق (٢)رونق (٣) مَجْد (٤) ثُرَيّا.

lustful *(adj.)* شَهوانيّ؛ شَبِق.

lustrous *(adj.)* (١) لمّاع (٢) شهير؛ لامع.

lusty *(adj.)* (١)شهواني (٢)قويّ؛ ممتلىء حيوية.

lute *(n.)* عُود؛ مِزْهَر.

lute

luxuriant *(adj.)* (١)خِصْب (٢) وافر النّماء (٣) منمَّق؛ مزخرف (٤) مُتْرَف

luxurious *(adj.)* مُتْرَف أو مُولَع بالتَّرَف.

luxury *(n.)* (١) تَرَف؛ رفاهية؛ تنعم. (٢) وسائل الترف (٣) إسراف؛ تبذير.

lyceum *(n.)* (١)قاعة للمحاضرات أو المناقشات العامة (٢)جمعية لإقامة المحاضرات الخ.

lye *(n.)* محلول القِلْي (للغَسْل وصنع الصابون).

lying *(n.; adj.)* (١) الكذِب §(٢) كاذب.

lying *pres. part. of* lie.

lying-in *(n.)* وَضْع؛ نِفاس.

lymph *(n.)* اللّنْف: سائلٌ عديم اللون تقريباً تشتمل عليه الأوعية اللنفاويّة.

lymphatic *(adj.)* لِنْفاوِيّ.

lynch *(vt.)* يُعْدِم (شخصاً) من غير محاكمة قانونيّة

lynx *(n.)* الوَشَق (حيوان).

lyre *(n.)* قيثارة.

lyric; lyrical *(adj.)* (١)قيثاريّ (٢)غنائيّ.

lyricism *(n.)* الغنائيّة: «أ» كونُ الشيء غنائيّاً. «ب» الصّفَةُ الغنائيّة في الشِّعْر.

lyricist *(n.)* الشاعرُ الغنائيّ.

lyrist *(n.)* عازف القيثارة.

M

m *(n.)* الحرف الثالث عشر من الأبجدية الانكليزية.

macabre *(adj.)* رهيب ؛ مروِّع .

macadam *(n.)* حصباء (لرصف الطرق).

macadamize *(vt.)* يرصف (طريقاً) بالحصباء.

macaroni *(n.)* معكرونة .

macaroon *(n.)* المَعكرون: نوع من الحلوى.

macaw *(n.)* المَقْو : ببغاء طويل الذَّيْل.

mace *(n.)* (١) قضيب شائك (٢) صولجان السلطة.

machination *(n.)* (١) كَيْد (٢) مكيدة .

machine *(n.)* آلة ؛ ماكينة ؛ مَكَنَة .

machine gun *(n.)* الرَّشّاش ؛ مدفع رشّاش.

machinery *(n.)* (١) آلات (٢) الآلية : الطرائق والوسائل والأنظمة التي بها يُدار شيء.

machinist *(n.)* الميكانيكيّ ؛ العامل الميكانيكيّ.

mackerel *(n.)* الإسقُمْرِيّ : سمك بحري.

mackintosh *(n.)* معطف واقٍ من المطر .

mad *(adj.)* (١) مجنون ؛ مخبَّل (٢) هائج. (٣) مفتونٌ بِـ (٤) كَلِب (٥) مسعور .

madam *(n.)* (١) سيّدتي (٢) سيّدة .

madame *(n.)* السيّدة .

madcap *(adj.; n.)* طائش ؛ متهوِّر .

madden *(vi.; t.)* (١) يُجَنّ × (٢) يُخَبِّل.

made *past and past part. of* make.

made *(adj.)* (١) صِناعيّ (٢) مُخْتَلَق ؛ مُلفَّق.
~ **up of** مركّب أو مؤلّف من ...

Madeira *(n.)* الماديرا : ضرب من الخمرة .

mademoiselle *(n.)* آنسة .

madhouse *(n.)* البيمارستان ؛ مستشفى المجانين.

madly *(adv.)* (١) بجنون (٢) بسُعْر .

madman *(n.)* المجنون ؛ المُخبَّل .

madness *(n.)* (١) جنون (٢) حماقةٌ قصوى.

Madonna *(n.)* مريم العذراء .

madrigal *(n.)* قصيدة غزلية قصيرة .

maelstrom *(n.)* دُردورٌ هائل.

maestro *(n.)* ملحن لامع ؛ موسيقيّ بارز .

magazine *(n.)* (١) مخزن الذخيرة (٢) مخزن البندقيّة (٣) مجلّة .

maggot *(n.)* (١) يرَقَة ؛ سُرْء (٢) نزوة .

Magian *(n.; adj.)* مجوسي .

magic *(n.; adj.)* (١) سِحْر § (٢) سِحْرِيّ.

magician *(n.)* (١) السّاحر (٢) المشعوذ .

magisterial *(adj.)* (١) جَزْمِيّ ؛ أمريّ (٢) جليل ؛ وقور (٣) متعلق بحاكمٍ أو قاضٍ .

magistrate *(n.)* (١) الحاكم (٢) القاضي .

magnanimity *(n.)* شهامة .

magnanimous *(adj.)* شَهْم .

magnate *(n.)* القُطْب: ذو المكانة في حقلٍ ما .

magnesia *(n.)* المَغْنيسْيا .

magnesium *(n.)* المَغْنيسْيُوم .

magnet *(n.)* حجر المغنطيس؛ مغنطيس .

magnetic *(adj.)* (١) مغنطيسيّ (٢) جذّاب .

magnetism *(n.)* (١) المغنطيسيّة (٢) سِحْر .

magnetize *(vt.)* (١) يُمَغْنِط (٢) يَفْتِن .

magneto *(n.)* المَغْنِيط : جهاز كهربائيّ لإحداث الشرارات في محرّك داخليّ الاحتراق .

magnificent *(adj.)* (١) كبير؛ عظيم (٢) فخم (٣) جميل أو مَهيب جداً (٤) رائع .

magnify *(vt.)* (١) يعظّم؛ يكبّر (٢) يبالِغ .

magnitude *(n.)* كِبَر؛ عِظَم؛ حجم؛ أهمية .

magnolia *(n.)* المَغْنُوليّة: نبات جميل الزهر .

magpie *(n.)* : العَقْعَق : غراب طويل الذَّيل .

magpie

maharaja *(n.)* المَهْراجا : أمير هنديّ .

mahogany *(n.)* شجرة الماهوغاني أو خشبها .

maid *(n.)* (١) البِكْر؛ العذراء (٢) الخادمة .

maiden *(n.; adj.)* (١) البكر؛ العذراء § (٢) بِكر؛ عذراء؛ بتوليّ (٣) أوّل (٤) جديد .

maidenhood *(n.)* عُذْرة؛ بَكارة؛ بُتُولة .

maidenly *(adj.)* لطيف؛ رقيق؛ لائق بعذراء .

maiden name *(n.)* اسم البُتولة : اسم أسرة المرأة قبل الزواج .

maid of honor *(n.)* وصيفة الشرف .

maidservant *(n.)* خادمة .

mail *(n.; vt.)* (١) بريد (٢) زَرَديّة؛ دِرْع § (٣) يَبْرِد: يرسل بالبريد (٤) يزرِّد؛ يدرِّع .

mailman *(n.)* ساعي البريد؛ موزِّع البريد .

maim *(vt.)* يشوِّه؛ يُقْعِد؛ يُعطِّل .

main *(n.; adj.)* (١) القوّة البدنيّة (٢) البرّ الرئيسيّ (٣) عُرْض البحر (٤) الجزء الرئيسيّ؛ النقطة الأساسيّة (٥) الخطّ الأمّ أو الرئيسي § (٦) رئيسيّ؛ أساسيّ (٧) محض؛ صِرْف .

in *or* for the ~, في الأغلب أو الأكثر .

mainland *(n.)* البرّ الرئيسيّ .

mainly *(adv.)* في الدرجة الأولى؛ في الأكثر .

mainmast *(n.)* الصاري الرئيسُ أو الرئيسيّ .

mainsail *(n.)* الشراع الرئيسُ أو الرئيسي .

mainspring *(n.)* الزُّنْبُرُك الرئيسيّ (في ساعة) .

maintain *(vt.)* (١) يحافظ على (٢) يدافع عن (٣) يحتفظ بـ (٤) يُعيل (٥) يؤكّد بإيراد الدليل .

maintenance *(n.)* (١) محافظة على؛ دفاع عن؛ احتفاظ بـ؛ إعالة؛ توكيد (٢) صيانة .

maize *(n.)* الذُّرة (نبات) .

majestic; -al *(adj.)* ملوكيّ؛ مَهيب؛ فخم .

majesty *(n.)* (١) سلطة ملكيّة (٢) جلالة (٣) جلال؛ فخامة؛ عظمة .

major *(adj.; n.; vi.)* (١) أكبر؛ أعظم (٢) راشد؛ بالغ سنّ الرشد (٣) هامّ (٤) رئيسيّ § (٥) الراشد (٦) الرائد : رتبة عسكريّة (٧) موضوع من موضوعات الدراسة الجامعية يُختار كحقل اختصاص § (٨) يتخصّص في .

major general *(n.)* لواء (رتبة عسكريّة) .

majority *(n.)* (١) سنّ الرشد (٢) الأكثريّة .

make *(vt.; n.)* (١) يُحْدِث؛ يُسبِّب (٢) يعمل؛ يَصْنَع (٣) يقدِّر؛ يحسب (٤) يجعل (٥) يستنتج؛ يفهم (٦) يُجري؛ يعقد (٧) يُلقي (٨) يقطع؛ يجتاز (٩) يُكْرِهه على (١٠) يصل إلى (١١) يكسب (١٢) يشكّل؛ يساوي § (١٣) طراز؛ شكل (١٤) منشأ السلعة (١٥) بِنْيَة؛ طبيعة؛ خُلُق (١٦) إنتاج .

to ~ account of . يهتمّ بـ ؛ يبالي بـ

to ~ a face . يقطّب ؛ يكشّر

to ~ away with . يتخلّص من

to ~ out . (١) يكتشف أو يفهم المعنى (٢) يُثبت (٣) يُتِمّ (٤) يميز .

to ~ sure of . يتأكّد أو يتحقّق من

to ~ up (١) يجمع (٢) يخترع (٣) يركّب (٤) يشكّل (٥) يجمّل بالمساحيق (٦) يُتمّ ؛ يُكمل (٧) يعوّض عن.

to ~ up one's mind. يقرّر ؛ يعزم على

maker *(n.)* (١) الصانع (٢) .*cap* : الله .

makeshift *(n.)* بديلٌ موقّت .

makeup *(n.)* (١) تركيب ؛ بِنْيَة (٢) توضيب المواد الطباعيّة (٣) الماكياج .

maladroit *(adj.)* أخرق : تعوزه البراعة .

malady *(n.)* (١) مرض ؛ داء (٢) علّة .

malaria *(n.)* البُرَداء ؛ الملاريا (مرض) .

malcontent *(adj.; n.)* ساخط ؛ ناقم .

male *(adj.; n.)* (١) مذكّر §(٢) ذَكَر .

malediction *(n.)* لَعْن ؛ لَعْنَة .

malefactor *(n.)* (١) المجرم (٢) الشرير .

malevolence *(n.)* حقد ؛ ضغينة ؛ غِلّ .

malevolent *(adj.)* حاقد ؛ مضطغِن ؛ ذو غِلّ .

malfeasance *(n.)* الارتكاب : القيام بعمل محظور (وبخاصّة من قِبل موظف).

malice *(n.)* حِقد ؛ خُبث ؛ تعمّد الأذى .

malicious *(adj.)* حقود ؛ خبيث ؛ ماكِر .

malign *(adj.; vt.)* (١) مؤذٍ ؛ خبيث ؛ مُهْلِك §(٢) يعيب ؛ يقذف أو يقدح في .

malignant *(adj.)* (١) مؤذٍ (٢) حقود (٣) متمنٍّ السوءَ للآخرين (٤) مُهلِك ؛ خبيث .

malignity *(n.)* (١) خباثة (٢) حقد ؛ عداوة.

malinger *(vi.)* يتمارض (تهرّباً من واجب) .

mallard *(n.)* البُرْكة : بطّة بريّة .

malleable *(adj.)* طَروق ؛ طيِّع ؛ مِطواع .

mallet *(n.)* (١) المِيتَدة : مطرقة ذات رأس خشبيّ (٢) مَضرِب الكرة .

mallet 1.

mallow *(n.)* الخُبّازَى ؛ الخُبّاز (نبات) .

malnutrition *(n.)* السَّغَل : سوء التغذية .

malodorous *(adj.)* كريه الرائحة .

malpractice *(n.)* ارتكاب أو سوء تصرّف .

malt *(n.)* المَلْت : شعير مُنْبَتٌ بالنقع في الماء.

Maltese *(n.; adj.)* مالطِيّ .

maltreat *(vt.)* يُخاشِن : يعامل بخشونة أو قسوة.

mamma *or* **mama** *(n.)* أُمّ ؛ والدة .

mammal *(n.)* الثَدْيِيّ : حيوان من الثدييات.

mammoth *(n.; adj.)* (١) الماموث : فيل منقرض §(٢) هائل ؛ ضخم جداً .

man *(n.; vt.)* (١) إنسان (٢) رَجُل (٣) بيدق الشطرنج ؛ حجر الداما §(٤) يزوّد بالجند.

a ~ of letters . أديب ؛ كاتب

manacle *(n.; vt.)* (١) غُلّ ؛ قَيْد ؛ صِفاد §(٢) يَغُلّ ؛ يُقَيِّد ؛ يصفّد .

manage *(vt.; i.)* (١) يُدير ؛ يدبّر (٢) يروّض ؛ يسوس (٣) يقتصد (٤) يستعمل (٥) يتدبّر ؛ يحتال للأمر ×(٦) ينجح (في تحقيق غرضه) .

manageable *(adj.)* طيِّع ؛ سهل الانقياد .

management *(n.)* (١) إدارة ؛ تدبير (٢) لباقة (٣) براعة إداريّة (٤) هيئة الإدارة .

manager *(n.)* المدير ؛ المدبّر .

man-at-arms *(n.)* جنديّ .

mandarin *(n.)* (١) موظف كبير (في الصين القديمة) (٢) المندرين ؛ اليوسفيّ (نبات) .

mandate *(n.)* (١) أمرٌ رسميّ أو شرعيّ (٢) انتداب (٣) بلدٌ واقعٌ تحت الانتداب.

mandatory *(adj.; n.)* (١) إلزاميّ ؛ إجباريّ (٢) انتدابيّ (٣) مُنْتَدَب §(٤) دولة منتدَبة.

mandible 242 **map**

mandible *(n.)* فكّ ؛ الفكّ الأسفل .

mandolin *(n.)* المَندولين : آلة موسيقية .

mane *(n.)* العُرْف : شَعَرُ عنُقِ الفرس وغيرِه .

maneuver *(n.; vi.)* (١)مناورة (٢) لباقة أو دهاء §(٣)يقوم بمناورة عسكريّة (٤)يناور .

manful *(adj.)* شجاع ؛ مصمِّم ؛ ثابت العزم.

manganese *(n.)* المنغنيز .

mange *(n.)* الجَرَب ؛ الحُكاك (مرض) .

manger *(n.)* المِذْوَد : مَعْلَف الدابة .

mangle *(n.; vt.)* (١) المكواة الأسطوانيّة . §(٢)يشوِّه ؛ يمثّل بـ (٣) يُفسِد (٤)يكوي (بمكواة أسطوانيّة) .

mangle

mango *(n.)* المَنْجا (نبات) .

mangrove *(n.)* المَنْغرُوف : شجر استوائي .

mangy *(adj.)* (١)جَرَبِيّ ؛ أجرب (٢) رثّ ؛ بالٍ .

manhandle *(vt.)* (١) يحرّك أو يدير بالقوّة البدنيّة (٢) يعامل بخشونة أو قسوة .

manhood *(n.)* (١)رجولة (٢)الرجال كافّة .

mania *(n.)* (١)مسّ ؛ جنون (٢) هَوَس ؛ وَلَع .

maniac *(n.)* الممسوس ؛ المجنون ؛ المهووس .

manicure *(n.; vt.)* (١) التّدريم : تَسْوِية الأظافر وصبغها بعد القص (٢) المدرِم §(٣)يدرِم .

manicurist *(n.)* المدرِم : مدرِم الأظافر .

manifest *(adj.; vt.; n.)* (١) ظاهر ؛ جليّ . §(٢) يُظهر ؛ يجلو §(٣)بيان شحنة السفينة .

manifestation *(n.)* (١)إظهار (٢)ظهور ؛ تجلٍّ (٣) مَظْهر (٤) تظاهرة ؛ مظاهرة .

manifesto *(n.)* بيان رسميّ .

manifold *(adj.; vt.)* (١)منوَّع ؛ متنوِّع . (٢)متعدِّد (الأجزاء أو الأشكال) (٣)مُضاعَف §(٤)يستخرج عدة نسخ عن... (٥)يضاعِف .

manikin *(n.)* (١)المُنْكِن : «أ» تمثال لعَرْض الملابس الخ. «ب» عارضة أزياء (٣) قَزَم .

manipulate *(vt.)* يُعالِج ببراعة .

mankind *(n.)* الجنس البشري .

manliness *(n.)* رجولة ؛ قوة ؛ شجاعة ؛ عَزْم .

manly *(adj.)* (١) قويّ ؛ شجاع (٢) رِجاليّ .

manna *(n.)* المنّ (الذي أُنزل على بني اسرائيل) .

mannequin *(n.)* عارضة ازياء .

manner *(n.)* (١)نَوْع (٢)عادة (٣)نمط ؛ طريقة ؛ أسلوب (٤) *pl.*: سلوك (٥) *pl.*: عادات حميدة ؛ سلوك حسن .

mannerly *(adj.)* دَمِث ؛ مهذَّب .

mannish *(adj.)* مسترجل أو لائق برجل .

manoeuvre *(n.; vi.)* = maneuver.

man-of-war *(n.)* بارجة ؛ سفينة حربيّة .

manor *(n.)* (١)قَصْر مالك العِزْبة (٢)عِزْبة .

manse *(n.)* منزل القسّ .

mansion *(n.)* قصر أو شِقة فخمة .

manslaughter *(n.)* القتْل غير العَمْد .

mantel *(n.)* رَفّ المستوقَد أو إطاره .

mantelpiece *(n.)* رَفّ المُستوقَد أو المُصطلَى .

mantle *(n.; vt.; i.)* (١)عباءة (٢) غطاء ؛ حجاب ؛ سِتْر (٣)الرتِيْنَة : غطاء محرَّم (من مادة غير قابلة للاحتراق) يوضع فوق الشعلة فيتوهج ويضيء §(٤)يغطّي × (٥)يحمرّ وجهه .

M.mantle 3

manual *(adj.; n.)* (١) يدوي §(٢) كتيِّب .

manufactory *(n.)* مَصنع ؛ معمل .

manufacture *(n.; vt.)* (١) سلعة مصنوعة . (٢)صناعة §(٣)يصنع (٤) يلفّق ؛ يختلق .

manufacturer *(n.)* صاحب المصنع أو المعمل .

manure *(vt.; n.)* (١)يسمِّد §(٢)سَماد .

manuscript *(n.)* مخطوطة .

many *(adj.; n.)* (١) كثير ؛ متعدِّد §(٢)عددٌ كثير (٣) السواد الأعظم (من النّاس) .

map *(n.; vt.)* (١)خريطة §(٢)يرسم خريطةً لـ .

maple *(n.)* شجر القَيْقَبِ أو خشبُهُ .

mar *(vt.)* يُفسد ؛ يُشوِّه .

marathon *(n.)* سباق طويل المسافة .

marauder *(n.)* السَّلاّب ؛ النَّهّاب .

marble *(n.)* (١) رُخام (٢) بِلْية ؛ «كِلَّة» .

marcel *(n.)* تموُّج الشعر (بعد كيّه) .

march *(n.; vi.)* (١)حَدّ ؛ تَخْم (٢)زَحفٌ (٣) خَطْوٌ ؛ سَيْرٌ (٤) مَسيرة (٥) تقدُّم (٦)مارش ؛ لحن عسكريّ (٧) *cap.*: مارِس ؛ شهر آذار §(٨)يزحف ؛ يخطو ؛ يسير ؛ يتقدَّم.

marchioness *(n.)* المركيزة: زوجة المركيز .

mare *(n.)* الفَرَس : أنثى الخيل .

margarine *(n.)* المرغرين : سمنٌ نباتيّ .

margin *(n.)* (١)هامش (٢)حافّة (٣)احتياطيّ.
by a narrow ~, بصعوبة ؛ بشقّ النفس

marginal *(adj.)* هامشيّ ؛ حدّيّ ، حافيّ .

marigold *(n.)* الآذَرْيُون ؛ القطيفة (نبات).

marine *(adj.; n.)* (١)بحريّ (٢) مِلاحِيّ . §(٣) أسطول (٤) الرامي البحريّ : جنديّ من البحريّة مدرَّب على الخدمة في البحر والبرّ.

mariner *(n.)* البحّار ؛ الملاّح ؛ النوتيّ .

marionette *(n.)* دُمْيَة متحرّكة .

marital *(adj.)* زوجيّ : متعلّق بالزواج .

maritime *(adj.)* (١)بحريّ (٢)مِلاحِي .

mark *(n.; vt.)* (١)هدف (في الرماية) (٢)خطّ الانطلاق (في سباق العدْو الخ.) (٣)غرض ؛ غاية (٤) مستوى (أو نموذج) الفعاليّة أو الكفاءة أو الجودة (٥) علامة ؛ إشارة ؛ رمز (٦)الماركة : علامة تجاريّة(٧)دمغة (٨)علامة مدرسيّة (٩) أهميّة ؛ شهرة (١٠)المارك: وحدة النقد الألماني §(١١) يعيّن الحدود (١٢)يَسِم ؛ يُعلّم (١٣)يميِّز (١٤)ينتبه إلى.

marked *(adj.)* ملحوظ ، واضح .

market *(n.; vi.; t.)* (١)سُوق §(٢)يتّجر في السوق ×(٣)يعرض للبيع في السوق (٤) يبيع .

marketable *(adj.)* صالحٌ للعرض في السوق.

marketing *(n.)* تَسْوِيق .

marketplace *(n.)* ساحة السوق .

marksman *(n.)* الرامي: البارع في الرماية .

marl *(n.)* المَرْل: طين يُستعمل سماداً.

marmalade *(n.)* المَرْمَلاد : نوع من المربّى.

marmoset *(n.)* القِشّة: قِرد أميركي صغير .

marmot *(n.)* المَرْموط: حيوان من القوارض .

maroon *(n.; vt.)* (١) لون أحمر داكنٌ . §(٢)يُلقي شخصاً على ساحل جزيرة مهجورة.

marquee *(n.)* (١)سُرادق ؛ فُسْطاط (٢)ظُلّة

marquetry *(n.)* تطعيم (بالصدف والعاج) .

marquis *or* **marquess** *(n.)* مركيز .

marquise *(n.)* المَركيزة : زوجة المركيز .

marriage *(n.)* (١) زواج (٢)عُرْس .

married *(adj.)* (١)متزوّج (٢)زيجيّ ؛ زَواجيّ.

marrow *(n.)* (١)النِّقْي: مُخّ العظم (٢) لبّ الشيء أو جوهرُه (٣) الكوسا (نبات) .

marry *(vt.; i.)* (١)يزوّج (٢) يتزوّج .

Mars *(n.)* (١)مارس: إلـه الحرب (٢)المِرّيخ.

marsh *(n.)* مُستَنقَع ؛ سَبْخَة .

marshal *(n.; vt.)* (١) المشير ؛ المارشال . (٢) الشريف ؛ «عمدة» البلد (٣)مدير شرطة المدينة أو دائرة الاطفاء فيها §(٤) يرتب ؛ يصفّ (٥) ينظّم (٦) يُرشد ؛ يقود .

marshmallow *(n.)* (١)الخِطْمِيّ: عشب من الفصيلة الخبّازيّة (٢) حلوى الخِطْمِيّ.

marshy *(adj.)* سَبِخ ؛ مُستنقَعِيّ .

marten *(n.)* الدَّلَق (حيوان) أو فروُهُ .

martial *(adj.)* (١)حَرْبيّ (٢)مولَع بالقتال.

martial law *(n.)* القانون أو الحكم العُرْفيّ .

martin *(n.)* الخُطّاف : طائر كالسنونو .

martini *(n.)* المارتيني : شراب مُسْكِر .

martyr *(n.; vt.)* (١)شهيد §(٢)يقتله من أجل المُعْتَقَد أو المبدأ (٣) يعذّب .

martyrdom *(n.)* استشهاد .

marvel *(n.; vi.)* (١)أعجوبة §(٢) يَعْجب .

marvelous *(adj.)* عجيب ؛ مُدْهِش ؛ رائع .

Marxian *(adj.)* ماركسيّ .

mascara *(n.)* المَسْكَرة : مُستحضَر تجميليّ .

mascot *(n.)* جالب الحظّ .

masculine *(adj.)* (١) ذُكوريّ : خاصّ بالذكور (٢) مذكّر (٣) مسترجلة .

mash *(n.; vt.)* (١) هَرِيس أو جريش (٢)معجون §(٣)يهْرِس (٤) ينقع الجريش ويحرّكه في الماء الساخن .

mask *(n.; vi.; t.)* (١) قناع (٢) كِمامة §(٣)يتقنّع ؛ يتنكر ×(٤) يستّر ؛ يحجب.

masked *(adj.)* (١)متنكر (٢)تنكّريّ .

mason *(n.)* (١)البنّاء (٢).cap : الماسونيّ .

Masonic *(adj.)* ماسونيّ : ذو علاقة بالماسونية .

masonry *(n.)* (١)مَبْنى الخ. (٢)صناعة البناء. (٣) عَمَلُ البَنّاء (٤) .cap : الماسونية .

masquerade *(n.; vi.)* (١)حفلة تنكّرية أو لباس يُرتَدى فيها (٢) تنكّر §(٣)يتنكّر .

mass *(n.; vt.; i.)* (١) .cap : قُدّاس (٢) كتلة (٣)حجم ؛ مقدار (٤)عدد أو مقدار كبير (٥) جمهور (٦) .pl : الجماهير ؛ العامّة §(٧) يكتّل ×(٨) يتكتّل .

in the ~, إجمالاً ؛ على وجه الإجمال.

massacre *(vt.; n.)* (١)يذبح §(٢)مذبحة .

massage *(n.; vt.)* (١)تدليك §(٢)يدلِّك .

masseur *(n.)* المدلِّك : محترف التدليك .

masseuse *(n.)* المدلِّكة : محترفة التدليك .

massive *(adj.)* (١)ضخم ؛ كبير (٢) ثقيل. (٣)مُصْمَت : ممتلىء متماسك لا جوف له .

mass production *(n.)* الانتاج على نطاق واسع.

mast *(n.)* (١)صاري المركب (٢) سارية .

master *(n.; vt.)* (١) المدرس ؛ الأستاذ. (٢)السيّد ؛ المَوْلى (٣)الرُّبّان §(٤)يقهر ؛ يُخضِع (٥) يبرع في ؛ يتضلّع من .

masterful *(adj.)* (١)مستبدّ (٢)بارع .

master key *(n.)* المفتاح العمومي .

masterly *(adj.)* أستاذيّ ؛ بارع .

master of ceremonies مدير التشريفات .

masterpiece *(n.)* الرّائعة ؛ التحفة ؛ الطُّرفة.

mastery *(n.)* (١) سيادة ؛ سيطرة (٢)تبحر .

masticate *(vt.)* (١)يمضغ (٢)يعجن .

mastiff *(n.)* الدِّرْواس : كلب ضخم .

mastodon

mastodon *(n.)* المَستودون : حيوان بائد شبيه بالفيل .

masturbation *(n.)* الاستمناء باليد .

mat *(n.; vt.; adj.)* (١) حصير (٢) ممسحة للأرجل (٣)قطعة قماش مخرّمة توضع تحت زهرية أو طبق §(٤) يزوّد بحصير أو ممسحة الخ. (٥)يضفر ؛ يَجْدل §(٦)طافىء ؛ يعوزه البريق.

matador *(n.)* الماتَدور : مصارع الثيران .

match *(n.; vt.; i.)* (١) صِنْو ؛ نِدّ ؛ كفوء . (٢)مثيل ؛ نظير (٣)مباراة (٤)زواج (٥)عود ثِقاب §(٦) يباري ؛ يجاري (٧) يزوّج (٨)يلائم (٩) ينسجم مع (١٠) يضاهي ×(١١) يتلاءم .

matchless *(adj.)* فذّ ؛ منقطع النظير .

mate *(n.; vt.; i.)* (١)الرفيق ؛ الأليف (٢)وكيل الرُّبّان (٣) أحد زوجين ؛ وبخاصة : الزوج ؛ الزوجة §(٤) يزاوج ؛ يزوّج ×(٥) يتزاوج .

material *(adj.; n.)* (١)مادّيّ (٢)جسديّ. (٣)أساسيّ §(٤)مادّة (٥).pl : أدوات ؛ لوازم.

materialism *(n.)* (١) المذهب المادّيّ .

materialize 245 **meander**

(٢)المادية : الانشغال بالشؤون المادية .

materialize *(vt.; i.)* يجسد أو يتجسد .

maternal *(adj.)* أمّي : ذو علاقة بالأم .

maternity *(n.)* (١)أمومة (٢)حنان؛ عطف.

mathematical *(adj.)* رياضي .

mathematician *(n.)* العالِم بالرياضيات.

mathematics *(n.)* الرياضيات؛ علم الرياضيات

matinee *(n.)* الحفلة النهارية .

matins *(n.pl.)* صلاة الصبح .

matriculate *(vt.; i.)* يَقْبَل أو يُقبَل في جامعة

matriculation *(n.)* (١)قبول في جامعة الخ. (٢) امتحان القبول في جامعة .

matrimonial *(adj.)* زَوْجِي : متعلق بالزواج

matrimony *(n.)* زواج .

matrix *(n.)* (١) رَحِم (٢)قالب؛ القالب الأم

matron *(n.)* (١)العقيلة (٢)القيّمة؛ الرئيسة.

matted *(adj.)* متلبد .

matter *(n.; vi.)* (١)مسألة؛ أمر (٢) مادة. (٣)صديد ؛ قيح (٤)بريد (٥) شيء هام § (٦) يَهُم (٧) يتقيح .

no ~ what مهما .

matter of course شيء متوقع أو طبيعي .

matter-of-fact *(adj.)* واقعي ؛ عملي .

as a ~, في الواقع .

matting *(n.)* (١)مادة لصُنْع الحصر (٢)حصيرة

mattock *(n.)* مِعْوَل .

mattress *(n.)* حَشِيّة ؛ فِراش .

mature *(adj.; vt.; i.)* (١)ناضج (٢)معتّق. (٣) مستحق الأداء أو الدفع § (٤)يُنضج × (٥) يَنْضَج (٦) يستحق أداؤه .

maturity *(n.)* (١)نُضج أو رُشْد (٢)استحقاق

maudlin *(adj.)* (١)جيّاش العاطفة (٢)ثَمِل.

maul *(n.; vt.)* (١) مِدقة § (٢) يدق ؛ يَهْرِس (٣)يعامل بخشونة (٤) يفلق الخشب.

maunder *(vi.)* (١)يتسكع (٢) يهذي.

mausoleum *(n.)* ضريح؛ قبر فخم .

mauve *(n.)* اللون الخُبّازي؛ البنفسجي الزاهي.

mavis *(n.)* السُّمْنة (طائر) .

maw *(n.)* (١)معِدة (٢) حوصلة الطائر .

mawkish *(adj.)* عاطفي إلى حد صبياني .

maxim *(n.)* حكمة أو مَثَل سائر .

maximum *(n.; adj.)* (١)الحد الأعلى؛ النهاية الكبرى § (٢) أعلى ؛ عُلْيا .

may *(v. aux.; n.)* (١) يستطيع ؛ يُمكِنه . (٢)قد؛ ربما (٣)فَلْ... أداة دعاء (٤)لكي؛ رجاة أن § (٥) *cap.* : مايو؛ شهر نوّار .

maybe *(adv.)* رُبّما .

mayonnaise *(n.)* المَيُونيز : صلصة كثيفة .

mayor *(n.)* المحافظ ؛ رئيس البلدية .

maze *(n.)* (١) المتاهة : شبكة من الممرات المعقدة المحيرة (٢) حيرة ؛ ذهول .

me *(pron.)* ضمير المتكلم في حالة النصب والجر.

mead *(n.)* الميد : شراب مخمّر .

meadow *(n.)* مَرْج : أرض خَضِرة .

meager *or* **meagre** *(adj.)* هزيل ؛ ضئيل.

meal *(n.)* (١)وَجْبة؛ وقعة طعام (٢) طحين.

mealtime *(n.)* وقت الطعام .

mean *(adj.; n.; vt.; i.)* (١)وضيع (٢)عادي. (٣) حقير ؛ دنيء (٤) بخيل (٥) وسط ؛ متوسط § (٦)الوسط ؛ المتوسط (٧) *pl.*: وسيلة (٨) *pl.*: موارد مالية § (٩)يعني (١٠)ينوي ؛ يعتزم (١١) يُعِد لغرض مخصوص .

by all ~s بأي ثمن؛ مهما كلف الأمر.

by any ~s بأية طريقة ممكنة؛ بطريقة ما.

by ~s of بواسطة كذا .

by no ~s بأية حال؛ على الاطلاق .

meander *(n.; vi.)* (١) تعرّج ؛ تلوّ . § (٢) يتعرج (٣)يتسكع ؛ يهيم على وجهه.

meaning *(n.)* مغزى؛ معنى؛ قصْد.
meaningless *(adj.)* خالٍ من المعنى أو المغزى.
meanly *(adv.)* بحقارة؛ بدناءة؛ ببخل الخ.
meanness *(n.)* حقارة؛ دناءة؛ بُخْل الخ.
meant *past and past part. of* mean.
meantime *(n.; adv.)* (١) الوقت المتخلّل (بين فترتين) §(٢) في غضون أو خلال ذلك.
meanwhile *(n.; adv.)* = meantime.
measles *(n.)* الحَصْبة (مرض).
measurable *(adj.)* يُقاس؛ قابلٌ للقياس.
measure *(n; vt.)* (١) حجم؛ سعة؛ وزن؛ قياس (٢) مقدار؛ درجة (٣) مقياس؛ معيار (٤) نظام مقاييس (٥) أخذُ قياس الشيء (٦) إجراء؛ تدبير §(٧) ينظّم (٨) يقيس.
beyond ~. (١) مُفرِط (٢) بإفراط.
measureless *(adj.)* لا يُقاس؛ لا حدّ له.
measurement *(n.)* (١) القياس: أخذُ قياس الشيء (٢) قياس؛ حجم (٣) نظام مقاييس.
meat *(n.)* (١) طعام (٢) لُبّ (٣) لحم.
meaty *(adj.)* (١) لحميّ (٢) كثير اللحم.
mechanic *(n.)* الميكانيكي؛ مُصْلح الماكينات.
mechanic;-al *(adj.)* ميكانيكي.
mechanically *(adv.)* ميكانيكياً؛ آلياً.
mechanics *(n.)* الميكانيكا؛ عِلم الحِيَل.
mechanism *(n.)* (١) تِقْنِيَة (٢) الآليَة: طبيعة تركيب الأجزاء في آلة ما.
mechanize *(vt.)* يُمَكْنِن؛ يجعله آلياً.
medal *(n.)* مَدالية؛ نَوْط؛ وسام.
medallion *(n.)* الرَّصيعة: مَدالية كبيرة.
meddle *(vi.)* يتطفّل: يتدخّل في ما لا يعنيه.
meddlesome *(adj.)* فُضُولي.
media *pl. of* medium.
medial *(adj.)* متوسِّط؛ وَسطيّ؛ عاديّ.
median *(n.; adj.)* متوسط.

mediate *(vi.)* يتوسّط (لإصلاح ذات البين الخ.)
mediation *(n.)* التوسّط (لإصلاح ذات البين).
mediator *(n.)* الوسيط؛ القائم بالوساطة.
medical *(adj.)* طِبّي.
medicament *(n.)* دواء؛ علاج.
medicate *(vt.)* يُشبع أو يمزج بمادّة طبيّة.
medicinal *(adj.)* شفائيّ؛ دوائيّ؛ طبّيّ.
medicine *(n.)* (١) دواء (٢) الطبّ.
medieval *(adj.)* قروسطيّ: متعلّق بالقرون الوسطى.
mediocre *(adj.)* متوسِّط؛ معتدل الجودة.
mediocrity *(n.)* التوسُّط (من حيث الجودة).
meditate *(vt.; i.)* (١) يعتزم ×(٢) يتأمّل.
meditation *(n.)* تأمّل؛ تفكُّر.
Mediterranean Sea البحر الأبيض المتوسّط.
medium *(n.; adj.)* (١) توسط؛ اعتدال (٢) ناقل (٣) واسطة؛ أداة (٤) وسيط (٥) بيئة؛ وَسَط §(٦) متوسّط.
through the ~ of بواسطة كذا.
medley *(n.)* (١) خليط (٢) اللحن الخليط.
meed *(n.)* مكافأة؛ أجر؛ جزاء.
meek *(adj.)* (١) حليم (٢) خَنوع.
meet *(vt.; i.; n.)* (١) يلْقى (٢) يلتقي بـ؛ يقابل (٣) يواجه (٤) يستقبل (٥) يفي بالمرام (٦) يشيِّع (٧) يدفع القيمة ×(٨) يلتقي؛ يجتمع (٩) يتحد §(١٠) اجتماع.
meeting *(n.)* (١) اجتماع (٢) مُلْتَقَى.
megaphone *(n.)* بوق؛ صور.
melancholic *(adj.)* كئيب أو سوداوي.
melancholy *(n.; adj.)* (١) كآبة §(٢) كئيب.
melee *(n.)* شِجار؛ عِراك صاخب.
mellow *(adj.; vt.; i.)* (١) يانع (٢) معتّق (٣) طري؛ ليِّن (٤) رخيم (٥) رقيق؛ لطيف (٦) مرِح §(٧) يجعله (أو يصبح) يانعاً الخ.
melodious *(adj.)* رخيم؛ شجِي.

melodrama *(n.)* (١) الميلودراما : تمثيلية عاطفيّة مثيرة تعتمد على الحادثة والعقدة .
melody *(n.)* (١) اتّساق الأصوات (٢) لحن .
melon *(n.)* بطيخ أصفر أو أحمر .
melt *(vi.; t.)* (١) يَذُوب (٢) يتلاشى ؛ يتبدّد . (٣) يَرِقّ × (٤) يُذيب (٥) يُلاشي (٦) يُلين .
member *(n.)* عضو .
membership *(n.)* (١) عُضويّة (٢) أعضاء .
membrane *(n.)* غِشاء (حيوانيّ أو نباتيّ) .
memento *(n.)* (١) تَذْكِرة (٢) تَذْكار .
memoir *(n.)* (١) *pl.* : مذكّرات (٢) تقرير .
memorable *(adj.)* بارز ؛ جديرٌ بأن يُذكَر .
memorandum *(n.)* pl. **-s** *or* **-da** مُذكّرة .
memorial *(adj.; n.)* (١) تَذكاريّ . § (٢) نُصُب تذكاريّ (٣) مذكّرة .
memorize *(vt.)* يستظهر ؛ يحفظ عن ظهر قلب .
memory *(n.)* (١) ذاكرة (٢) ذكرى .
in ~ of إحياءً لذكرى (فلان) .
men *pl. of* man.
menace *(n.; vt.; i.)* (١) تهديد (٢) خطرٌ . § (٣) يهدّد (٤) يعرِّض للخطر × (٥) يتهدّد .
menagerie *(n.)* وحوش (في معرض) .
mend *(vt.; i.; n.)* (١) يُصْلِح (٢) يرتق . (٣) يُذكي (٤) يُسْرِع × (٥) يتحسّن § (٦) فَتْق مرتوق الخ .
mendacious *(adj.)* (١) كَذُوب (٢) كاذب .
mendacity *(n.)* كَذِبٌ ؛ كِذْبَةٌ .
mendicant *(n.)* المتسوّل ؛ الشحّاذ .
menial *(adj.; n.)* (١) حقير § (٢) خادم .
meningitis *(n.)* التهاب السحايا (مرض) .
menopause *(n.)* سِن اليأس ؛ انقطاع الطَّمْث .
menses *(n.pl.)* الطَّمْث ؛ الحَيْض .
mensuration *(n.)* القياس : أخذ قياس الشيء .
mental *(adj.)* عقليّ ؛ ذهنيّ ؛ فكريّ .

mentality *(n.)* (١) ذكاء (٢) عقلية ؛ ذهنية .
menthol *(n.)* المَنْتُول (كيمياء) .
mention *(vt.; n.)* (١) يَذْكر § (٢) ذِكْر .
mentor *(n.)* الناصح المخلص .
menu *(n.)* قائمة الطعام (في مطعم) .
mercantile *(adj.)* تجاريّ .
mercenary *(n.; adj.)* مرتزِق ؛ مستأجَر .
mercer *(n.)* البزّاز : تاجر الأقمشة .
merchandise *(n.)* بضائع ؛ سِلَع .
merchant *(n.)* تاجر .
merciful *(adj.)* رحيم ؛ رؤوف .
merciless *(adj.)* قاسي الفؤاد ؛ عديم الرحمة .
mercurial *(adj.)* (١) زئبقيّ (٢) متقلّب .
mercury *(n.)* (١) *cap.* : عُطارِد (٢) زئبق .
mercy *(n.)* (١) رحمة ؛ رأفة (٢) نِعْمة .
mere *(adj.)* مجرّد .
merely *(adv.)* فحسب ؛ ليس غير .
meretricious *(adj.)* مُبَهْرَج ؛ مزوّق ؛ خادع .
merge *(vt.; i.)* (١) يُدْمِج × (٢) يندمج .
merger *(n.)* اندماج (مؤسّسة في أخرى) .
meridian *(n.; adj.)* (١) دائرة خطّ الطول . (٢) أوج § (٣) ظُهْريّ (٤) بالغٌ الذروة .
merino *(n.)* المرينوس : نسيج صوفيّ ناعم .
merit *(n.; vt.; i.)* (١) جدارة ؛ استحقاق ؛ أهليّة (٢) حَسَنَة ؛ ميزة § (٣) يستحقّ ؛ يستأهل .
meritorious *(adj.)* أهلٌ للمكافأة أو التقدير .
mermaid *(n.)* حوريّة الماء : مخلوقة بحريّة خرافيّة .
merrily *(adv.)* بمرح ؛ بقَصْف ؛ بجَذَل .
merriment *(n.)* مَرَحٌ ؛ قَصْفٌ .
merry *(adj.)* (١) مَرِحٌ (٢) بهيج ؛ سعيد .
merry-go-round *(n.)* (١) دُوّامة الخَيْل (٢) دُوّامة .
merrymaking *(n.)* القَصْف : لهوٌ صاخب .

merry-go-round 1.

mesh 248 **midget**

mesh *(n.; vt.; i.)* (١) العَيْن : إحدى عيون الشبكة (٢)شبكة (٣)تعشيق §(٤)يلتقط بشبكة ×(٥)يقع في شبكة (٦)تتعشّق (تروسُ الآلة).

mesmerism *(n.)* المَسمَرِيّة: التنويم المغنطيسي.

mesmerize *(vt.)* يُمَسْمِر ؛ ينوّم مغنطيسياً.

mess *(n.; vt.; i.)* (١)مقدار من الطعام (٢)رفاق المائدة(٣)مائدة مشتركة (٤)فوضى ؛ «لخبطة» (٥) مأزق ؛ ورطة (٦) مجموعة مبعثرة §(٧)«يلَخبِط» ×(٨)يتناول الطعام.

message *(n.)* رسالة.

messenger *(n.)* الرسول ؛ الساعي.

Messiah *(n.)* المسيح ؛ المخلّص.

messy *(adj.)* غير مرتّب ؛ مُتّسِم بالفوضى.

met *past and past part. of* meet.

metabolism *(n.)* الأَيْض (في علم الأحياء).

metal *(n.)* (١) مَعْدِن (٢) حَصْباء.

metallic *(adj.)* (١) مَعْدِنيّ (٢) رنّان الخ.

metallurgy *(n.)* الميتالورجيا ؛ علم المعادن.

metamorphose *(vt.)* يَمْسَخ ؛ يحوِّل.

metamorphosis *(n.)* انمساخ ؛ تحوّل.

metaphor *(n.)* المجاز ؛ الاستعارة.

metaphysical *(adj.)* ماورائيّ ؛ غيبيّ.

metaphysics *(n.)* ما وراء الطبيعة ؛ الميتافيزيقا.

mete *(vt.; n.)* (١) يوزّع §(٢) حدّ ؛ تخم.

meteor *(n.)* نَيْزَك ؛ شهاب.

meteorite *(n.)* الرَّجم : الحجر النَّيْزكيّ.

meteorology *(n.)* علم الأرصاد الجويّة.

meter *(n.)* (١) بَحْر ؛ وَزْن (٢) المِتْر : وحدة لقياس الطّول (٣) عدّاد ؛ جهاز قياس.

meter 3.

method *(n.)* طريقة ؛ منهج ؛ نظام.

methodic; -al *(adj.)* منهجيّ ؛ نظاميّ.

meticulous *(adj.)* مُوَسْوِس.

metre *(n.)* = meter.

metric *or* **metrical** *(adj.)* مِتْريّ.

metrical *(adj.)* (١) عَروضيّ (٢)موزون ؛ منظوم (٣) قياسيّ : متعلّق بقياس الأشياء.

metric system *(n.)* النظام المتري.

metropolis *(n.)* العاصمة ؛ الحاضرة.

metropolitan *(n.; adj.)* (١) المطران (٢)ابن العاصمة §(٣)مطرانيّ (٤) عاصميّ.

mettle *(n.)* حماسة ؛ همّة ؛ نشاط ؛ جلَد ؛ احتمال.

mew *(n.; vi.; t.)* (١) مُواء (٢) *pl.* : مجموعة اسطبلات §(٣) يموء ×(٤) يحجز ؛ يحبس.

Mexican *(n.; adj.)* المكسيكيّ.

mica *(n.)* الميكة : مادة شبة زجاجية.

mice *pl. of* mouse.

microbe *(n.)* حُيَيّ ؛ ميكروب ؛ جرثوم.

micrometer *(n.)* المِصْغَر : أداة لقياس الأبعاد والزوايا البالغة الصغَر.

microphone *(n.)* المِذْياع ؛ الميكروفون.

microscope *(n.)* المِجْهَر ؛ الميكروسكوب.

microscope

microscopic; -al *(adj.)* مِجْهَرِيّ ؛ بالغ الصِّغَر.

mid *(adj.)* (١) مُنْتَصَف (٢) أوسط.

midday *(n.; adj.)* (١)الظُّهْر §(٢)ظُهْرِيّ.

middle *(adj.; n.)* (١) أوسط ؛ متوسّط §(٢)وسَط (٣) مُنتصف (٤) خَصْر.

middle-aged *(adj.)* كهل ؛ في خريف العمر.

Middle Ages *(n.pl.)* القرون الوسطى.

middle class *(n.)* الطبقة الوسطى (من الناس).

Middle East *(n.)* الشرق الأوسط.

middleman *(n.)* الوسيط ؛ السمسار.

middling *(adj.)* معتدل ؛ متوسط.

midge *(n.)* ذبابة صغيرة.

midget *(n.; adj.)* (١)قزَم §(٢)صغير جداً.

midland *(n.)* الجزء الأوسط من البلاد .
midmost *(adj.)* (١) أوسط (٢) أعمق .
midnight *(n.)* منتصف الليل .
midshipman *(n.)* ضابط صفّ بحريّ .
midst *(n.; prep.)* (١) وَسَطٌ §(٢) وَسَطَ .
midsummer *(n.)* منتصف الصيف .
midway *(adv.; adj.)* (١) في منتصف الطريق . §(٢) متوسّط ؛ واقع في الوسط .
midwife *(n.)* القابلة ؛ المولِّدة ؛ « الداية » .
midwifery *(n.)* القِبالة : فنّ توليد النساء .
midwinter *(n.)* منتصف الشتاء .
midyear *(n.)* منتصف السنة .
mien *(n.)* سِيماء ؛ طلعة ؛ سِحنة ؛ مَظْهر .
might *past of* may.
might *(n.)* قوة ؛ قدرة .
mightily *(adv.)* (١) بقوة (٢) إلى حدّ بعيد .
mightiness *(n.)* قوّة ؛ جبروت ؛ عظمة .
mighty *(adj.; adv.)* (١) جبار §(٢) جداً .
migrant *(n.; adj.)* (١) المهاجر §(٢) مهاجر .
migrate *(vi.)* يهاجر ؛ ينزح ؛ يرتحل .
migration *(n.)* هجرة ؛ نزوح ؛ ارتحال .
migratory *(adj.)* مهاجر ؛ مترحّل ؛ متنقّل .
mikado *(n.)* الميكادو : امبراطور اليابان .
milch *(adj.)* حَلوب .
mild *(adj.)* لطيف ؛ معتدل ؛ غير حادّ .
mildew *(n.)* العَفَن الفُطْرِيّ .
mile *(n.)* الميل (١٧٦٠ ياردة أو ١٦٠٩,٣٥ متراً) .
mileage *(n.)* الطول (أو المسافة أو الرسم) بالميل .
milestone *(n.)* مَعْلَم ؛ صُوَّة .
militant *(adj.)* مقاتل ؛ محارب ؛ مناضل .
military *(adj.; n.)* (١) عسكريّ §(٢) الجيش .
militate *(vi.)* يَعْمَل (ضده أو لصالحه) ؛ يؤثّر .
militia *(n.)* الميليشيا : جُنْدُ الطوارىء .
milk *(n.; vt.; i.)* (١) حليب ؛ لبن §(٢) يحلب .
milkman *(n.)* الحلاّب : بائع الحليب أو اللبن .
milkweed *(n.)* الصُّقلاب : حشيشة اللبن .
milky *(adj.)* (١) لبنيّ (٢) وديع (٣) جبان .
Milky Way *(n.)* المجره ؛ الطريق اللبنيّة (فلك) .
mill *(n.; vt.)* (١) مِطحنة (٢) مصنع ؛ مِعصرة §(٣) يطحن (٤) يسكّ (٥) يَخْفق .
millennium *(n.)* (١) ألف عام (٢) الذكرى الألفية (٣) العصر الألفيّ السعيد .
miller *(n.)* الطحّان .
millet *(n.)* (١) الدُّخْن §(٢) حبّة الدُّخْن .
millieme *(n.)* المليم : $\frac{1}{1000}$ من الجنيه المصري .
millimeter *(n.)* المليمتر : $\frac{1}{1000}$ من المتر .
milliner *(n.)* صانع أو بائع القبعات النسائيّة .
millinery *(n.)* (١) قبعات نسائية (٢) تصميم أو صُنع أو بيع القبعات النسائيّة .
million *(n.)* المليون : ألف ألف .
millionaire *(n.)* المليونير .
millstone *(n.)* (١) حجر الرَّحى (٢) عبء ثقيل .
mime *(n.)* المُقلِّد ؛ المُهَرِّج .
mimic *(n.; adj.; vt.)* (١) المقلِّد ؛ المُحاكي §(٢) صُوَريّ §(٣) يقلّد ؛ يحاكي ؛ يسخر من .
mimosa *(n.)* الميموزا ؛ السَّنْط (نبات) .
minaret *(n.)* مِئْذنة .
mince *(vt.; i.; n.)* (١) يَفْرم (٢) يَلفظ مُتَصنّعاً ×(٣) يتخطّر ؛ يتبختر (في مشيته) §(٤) لحم مفروم .
mincemeat *(n.)* (١) لحم مفروم (٢) خليط مفروم من زبيب وتفاح (ولحم أحياناً) .
mind *(n.; vt.)* (١) ذاكرة (٢) عَقْل (٣) نيّة ؛ رغبة (٤) رأي §(٥) يُذَكِّر (٦) يتذكّر (٧) ينصرف إلى (٨) يطيع (٩) يجد مانعاً (١٠) ينتبه إلى (١١) يَحْذَر (١٢) يُعْنى بـ .
never ~, (١) لا بأس (٢) لا تقلق .
minded *(adj.)* (١) ذو عقل (٢) ميّال إلى .

mindful 250 miscreant

mindful *(adj.)* منتبه؛ متنبّه؛ يقِظ؛ واعٍ.
mindless *(adj.)* (١) غبي (٢) غافلٌ عن.
mine *(pron.; n.; vt.)* (١) مِلكي؛ خاصّتي؛ لي § (٢) منجم (٣) نفق تحت موقع من مواقع العدوّ (٤) لَغَمٌ (٥) كنز؛ مَنْجم § (٦) يقوّض (٧) يعدِّن: يبحث عن المعادن أو يستخرجها.
miner *(n.)* (١) المعدِّن (٢) زارع الألغام.
mineral *(n.; adj.)* (١) مَعْدِن § (٢) مَعدِنيّ.
mineralogy *(n.)* العِدانة: عِلم المعادن.
mingle *(vt.; i.)* (١) يمزج؛ يخلط × (٢) يمتزج.
miniature *(n.)* رسم صغير جداً (على عاج الخ.)
minimize *(vt.)* يخفض إلى الحدّ الأدنى.
minimum *(n.; adj.)* (١) الحدّ الأدنى؛ النهاية الصغرى § (٢) الأدنى؛ الأصغر
mining *(n.)* (١) التعدين (٢) زرع الألغام.
minister *(n.; vi.)* (١) كاهن؛ قسّ (٢) وزير (٣) وزير مفوّض § (٤) يخدم؛ يمدّ يد العون إلى.
ministerial *(adj.)* (١) كَهَنوتيّ (٢) وزاريّ.
ministration *(n.)* (١) خدمة (٢) مساعدة.
ministry *(n.)* (١) خدمة (٢) رجال الدين (٣) وزارة (٤) مبنى الوزارة.
mink *(n.)* المِنْك: حيوان ثديي أو فروه.
minnow *(n.)* المِنَّوَة: سمك أوروبي صغير.
minor *(n.; adj.)* (١) القاصر: مَن لم يبلغ سن الرشد § (٢) ثانوي؛ غير هامّ (٣) قاصر.
minority *(n.)* (١) سنّ القصور: سنّ ما قبل الرشد (٢) القصور: كون المرء قاصراً (٣) أقلّية.
minster *(n.)* (١) كنيسة دير (٢) كاتدرائية.
minstrel *(n.)* المغنّي؛ الموسيقي؛ الشاعر
mint *(n.; vt.)* (١) دار الضرب (حيث تُسكّ العُملة) (٢) مقدار كبير (٣) نعناع § (٤) يسكّ.
mintage *(n.)* (١) سكّ العُملة (٢) العُملة.
minus *(prep.)* ناقص.
minute *(n.; adj.)* (١) دقيقة (٢) *pl.*: محضر رسمي بوقائع جلسةٍ § (٣) دقيق؛ صغير جداً (٤) تافه (٥) مُدقِّق.
minutely *(adv.)* (١) إلى قِطَعٍ صغيرة (٢) بدقّة.
minx *(n.)* فتاة وقحة.
miracle *(n.)* مُعجِزة؛ أعجوبة.
miraculous *(adj.)* أعجوبيّ؛ خارق.
mirage *(n.)* (١) سراب (٢) شيء وهميّ.
mire *(n.; vt.; i.)* (١) مستنقع (٢) وحل (٣) حمأة § (٤) يلوّث بالوحل × (٥) يغوص في الوحل.
mirror *(n.; vt.)* (١) مِرآة § (٢) يعكس الصورة.
mirth *(n.)* مَرَحٌ؛ طَرَبٌ.
mirthful *(adj.)* مَرِحٌ؛ طَرِبٌ.
misadventure *(n.)* بَلِيّة؛ بَلِيّة طفيفة.
misanthrope *(n.)* مُبْغِض البَشَر.
misapply *(vt.)* يسيء التطبيق والاستعمال.
misapprehend *(vt.)* يسيء أو يخطئ الفهم.
misbehave *(vi.)* يسيء السلوك أو التصرّف.
misbehavior *(n.)* سوء سلوك أو تصرّف.
misbelief *(n.)* مُعْتَقَدٌ أو رأيٌ خاطئ.
miscalculate *(vt.; i.)* يخطئ التقدير والحساب.
miscall *(vt.)* يخطئ في التسمية.
miscarriage *(n.)* (١) إجهاض (٢) اخفاق.
miscarry *(vi.)* (١) تُجْهِض (٢) يُخفِق.
miscellaneous *(adj.)* متنوّع؛ شتيت؛ شتّى.
miscellany *(n.)* (١) مجموعة؛ مجموع (٢) مزيج.
mischance *(n.)* (١) سوء حظّ (٢) بَلِيّة.
mischief *(n.)* (١) أذى (٢) مصدر أذى.
mischievous *(adj.)* (١) مؤذٍ (٢) مولع بالأذى.
misconceive *(vt.)* يخطئ في الفهم أو الحكم.
misconception *(n.)* اعتقاد خاطئ
misconduct *(n.)* سوء التصرّف أو السلوك.
misconstruction *(n.)* سوء الفهم أو التفسير.
misconstrue *(vt.)* يسيء الفهم أو التفسير.
miscreant *(adj.; n.)* (١) كافر (٢) وغد.

misdeed *(n.)* إثم ؛ ذنب ؛ جرم .

misdemeanor *(n.)* جُنْحة أو عملٌ شرّير .

misdirect *(vt.)* يخطىء في توجيه كذا .

miser *(n.)* البخيل؛ الشحيح ؛ المقبوض اليد .

miserable *(adj.)* يائس؛ مثير للشفقة أو الرثاء .

miserly *(adj.)* (١) بُخليّ (٢) بخيل .

misery *(n.)* بُؤْس؛ تعاسة؛ شقاء .

misfire *(vi.)* (١) يكبو ؛ لاينطلق (٢) يُخفق .

misfortune *(n.)* (١) سوء الحظّ (٢) بليّة .

misgiving *(n.)* هاجس؛ ريبة؛ شكّ؛ ظنّ .

misgovern *(vt.)* يسيء الحكم أو الادارة .

misguide *(vt.)* يُضلّل .

mishap *(n.)* حظّ عاثر ؛ حادث مؤسف .

misinform *(vt.)* يسيء الإعلام .

misinterpret *(vt.)* يسيء الفهم أو التفسير .

misjudge *(vt.; i.)* يخطىء في التقدير أو الحكم .

mislay *(vt.)* يُضيع .

mislead *(vt.)* يُضِل ؛ يُضلّل ؛ يَخدع .

mismanage *(vt.)* يسيء الادارة أو التدبير .

misname *(vt.)* يخطىء في التسمية .

misnomer *(n.)* اسم مغلوط ؛ خطأ في التسمية .

misplace *(vt.)* يضع الشيء في غير موضعه .

misprint *(n.)* خطأ مطبعيّ .

mispronounce *(vt.)* يلفظ بطريقة خاطئة .

misquote *(vt.)* يخطىء في الاستشهاد أو الاقتباس .

misread *(vt.)* يخطىء في القراءة أو التفسير .

misrepresent *(vt.)* يحرّف ؛ يشوّه الحقائق .

misrule *(vt.; n.)* (١) يسيء الحكم § (٢) إساءة الحكم ؛ سوء الحكم (٣) اضطراب ؛ فوضى .

miss *(vt.; i.; n.)* (١) يخطىء المرمى (٢) يفتقد (٣) يفوته كذا (٤) ينجو (٥) يحذف (٦) يقصّر عن فهم شيء × (٧) يُخفِق (٨) يكبو ؛ يختل اشتعاله § (٩) عدم الاصابة (١٠) إخفاق (١١) آنسة (١٢) *cap.*: ملكة جمال .

missal *(n.)* كتاب القدّاس .

misshape *(vt.)* يُشوّه .

missile *(n.)* (١) قذيفة (٢) صاروخ .

missing *(adj.)* مفقود ؛ ضائع .

mission *(n.)* (١) إرسالية دينية (تبشيرية) (٢) بعثة (٣) مهمّة ؛ رسالة .

missionary *(n.; adj.)* (١) المبشّر § (٢) تبشيري .

missive *(n.)* رسالة خطيّة .

misspell *(vt.; i.)* يخطىء في التهجئة .

misstate *(vt.)* يحرّف أو يشوّه (الحقائق الخ.) .

mist *(n.)* (١) ضبابٌ رقيق (٢) غشاوة .

mistake *(vt.; i.; n.)* (١) يخطىء § (٢) خطأ .

mistaken *(adj.)* (١) مخطىء (٢) غير صحيح .

Mister *(n.)* سيّد ؛ مستر .

mistletoe *(n.)* الهدال ؛ الدِّبق : نبات طفيليّ .

mistook *past of* mistake.

mistreat *(vt.)* يسيء المعاملة .

mistress *(n.)* (١) ربّة البيت (٢) القيّمة على الخدم (٣) مديرة (٤) معلّمة (٥) سيّدة (٦) خليلة .

mistrial *(n.)* الدعوى الفاسدة (في القانون) .

mistrust *(n.; vt.)* (١) ارتياب § (٢) يرتاب في .

misty *(adj.)* ضبابيّ ؛ غامض ؛ غير جليّ .

misunderstand *(vt.)* يسيء الفهم .

misunderstanding *(n.)* سوء فهم أو تفاهم .

misusage *(n.)* معاملة سيئة ؛ استعمال خاطىء .

misuse *(vt.; n.)* (١) يسيء الاستعمال (٢) يسيء المعاملة § (٣) استعمال خاطىء .

mite *(n.)* (١) سُوس ؛ عُثّ (٢) فَلْس .

miter *or* **mitre** *(n.)* تاج الأسقف .

mitigate *(vt.)* يسكّن ؛ يلطّف ؛ يخفّف الألم .

mitten *(n.)* قفّاز (يكسو الأصابع الأربع معاً ويكسو الابهام منفرداً) .

mix *(vt.; i.)* (١) يمزج × (٢) يمتزج (٣) يعاشر .

mixed *(adj.)* (١) مختلِط (٢) مختلَط .

mixture *(n.)* (١)مَزْج ؛ امتزاج(٢) مَزيج .

moan *(n.; vi.)* (١)عويل §(٢) يُعْوِل ؛ يئنّ .

moat *(n.)* خندق مائي (حول الحصن) .

mob *(n.; vt.)* (١)الغَوْغاء؛ الرِّعاع ؛ السُّوقة .
(٢)حشْدٌ من الناس §(٣) يتجمهر ويهاجم .

mobile *(adj.)* (١)متحرّك(٢)متحوّل ؛ متقلّب .

mobilization *(n.)* (١) تحريك (٢) تعبئة .

mobilize *(vt.)* (١) يحرّك (٢) يعبّىء .

moccasin *(n.)* المُقْسين : «أ»حذاء. «ب»أفعى .

mock *(vt.; adj.)* (١)يهزأ بـ(٢)يتحدّى بازدراء.
(٣)يقلّد §(٤) كاذب ؛ زائف ؛ صُوْرِيّ .

mockery *(n.)* (١)سخرية ؛ استهزاء؛ تهكّم .
(٢) تقليد ؛ زَيْف ؛ مظهر كاذب .

mode *(n.)* (١)صيغة (٢) شكل (٣)أسلوب ؛
طريقة (٤) زيّ سائد .

model *(n.; vt.)* (١)نسخة ؛ صورة(٢)مخطَّط ؛
مجسّم(٣)نموذج (٤)طِراز (٥)غِرار (٦)مِثال
(٧) الموديل : شخص يجلس أمام الرسّام
لكي يستعين به على إبداع صورة (٨) عارضة
أزياء §(٩) يخطِّط ؛ يشكّل ؛ يصوغ .

moderate *(adj.; vt.; i.)* (١) معتدل .
§(٢)يهدّىء؛ يلطّف×(٣)يهدأ؛ يلطُف.

modern *(adj.)* حديث ؛ عصري .

modernize *(vt.)* يعصِّر : يجعله عصرياً .

modest *(adj.)* معتدل ؛ متواضع ؛ محتشم .

modesty *(n.)* (١) تواضع (٢) احتشام .

modicum *(n.)* القليل ؛ اليسير .

modification *(n.)* تعديل ؛ تحوير .

modify *(vt.)* (١)يعدّل ؛ يحوّر (٢) يقيِّد .

modulate *(vt.)* يغيّر أو يعدّل (طبقةالصوت) .

modulation *(n.)* تغيير في طبقة الصوت .

mohair *(n.)* الموهير : نوع من النسيج .

Mohammedan *(adj.)* مُسلِم .

moist *(adj.)* (١)رَطْب ؛ نَدِيّ (٢)دامع .

moisten *(vt.)* يُرَطِّب ؛ يُنَدّي ؛ يُخَضِّل .

moisture *(n.)* رطوبة ؛ نداوة .

molar *(n.; adj.)* (١) ضِرْس §(٢) طاحن .

molasses *(n.)* دبس السكّر .

mold *(n.; vt.)* (١) تراب (٢) قالب .
(٣)عَفَنٌ §(٤) يُفرغ في قالب ؛ يصوغ .

molder *(vi.)* يبلى ؛ يتهرأ ؛ يتفسّخ .

molding *(vi.)* (١) القَوْلَبَة: إفراغ الشيء في
قالب (٢) القالب : شيء مُنتَج بالقَوْلَبَة
(٣) حِلية معماريّة (بارزة أو مقعّرة) .

moldy *(adj.)* عفِن؛ متعفّن ؛ بالٍ ؛ عتيق .

mole *(n.)* (١) خالٌ ؛
شامة (٢)الخُلد(حيوان)
(٣)سدّ ؛ حاجز الأمواج.

mole

molecular *(adj.)* جُزَيْئِيّ .

molecule *(n.)* الجُزَيء(كيمياء وفيزياء).

molest *(vt.)* يزعج ؛ يضايق ؛ يتحرّش بـ .

mollify *(vt.)* يهدّىء؛ يلطّف؛ يسكّن .

mollusk or **mollusc** *(n.)* الرِّخويّ: حيوان
من الرخويات كالمحار والسّبيدج والحلزون .

mollycoddle *(vt.)* يدلّل ؛ يدلّع

molt *(vi.)* يطرح شعرَه أو رِيشَهُ دورياً.

molten *(adj.)* مصهور ؛ متوهّج ؛ مَسْبوك .

moment *(n.)* (١) لحظة (٢) أهمية.

momentary *(adj.)* خاطف؛ سريع الانقضاء.

momentous *(adj.)* خطير ؛ هامّ جداً .

momentum *(n.)* الزَّخم ؛ القوّة الدافعة .

monarch *(n.)* مَلِك ؛ عاهل .

monarchic; -al *(adj.)* مَلَكِيّ.

monarchist *(adj.)* مَلَكِيّ: مناصر للملكية.

monarchy *(n.)* (١)المَلَكيّة (٢)دولة مَلَكية.

monastery *(n.)* دَيْر .

monastic *(adj.)* دَيْرِيّ ؛ رهبانيّ .

monasticism *(n.)* الرَّهبانيّة: الحياة الرَّهبانيّة

Monday *(n.)* الاثنين ؛ يوم الاثنين .

monetary *(adj.)* (١) عُمْلِيّ (٢) مالِيّ .

money *(n.)* عُملة ؛ نقد .

money changer *(n.)* الصرّاف ؛ الصَّيْرَفيّ .

moneyed *or* **monied** *(adj.)* ثريّ ؛ غنيّ .

moneylender *(n.)* المرابي : مُقرِض المال بفائدة .

money order *(n.)* حوالة بريديّة .

monger *(n.)* تاجر ؛ بائع .

Mongolian *(adj.; n.)* مغوليّ ؛ منغوليّ .

mongoose *(n.)* النِّمس (حيوان) .

mongrel *(n.; adj.)* هجين .

mongoose

monition *(n.)* تحذير ؛ تنبيه .

monitor *(n.)* (١) العريف : وكيل المدرِّس . (٢) المحذِّر ؛ المرشِد (٣) سفينة حربيّة .

monk *(n.)* (١) راهب (٢) ناسك .

monkey *(n.; vi.)* (١) النَّسناس ؛ السعدان . §(٢) يعبث بـ .

monkey wrench *(n.)* المفتاح الانكليزي .

monkey wrench

monocle *(n.)* المونوكل : نظّارة أحاديّة الزجاجة .

monogamy *(n.)* الزواج الأحادي : الزواج من شخص واحد فقط في وقت واحد .

monogram *(n.)* المونوغرام : الأحرف الاولى من اسم شخص مرقومةً على نحوٍ متشابك .

monograph *(n.)* دراسة ؛ مقالة .

monologue *(n.)* المونولوج : مناجاة المرء نفسه على المسرح .

monoplane *(n.)* طائرة أُحادية السطح .

monopolist *(n.)* المحتكِر .

monopolize *(vt.)* يحتكر .

monopoly *(n.)* (١) احتكار (٢) سلعة مُحتكَرة .

monosyllable *(n.)* كلمة ذات مقطع واحد .

monotheism *(n.)* التوحيد : الإيمان بإله واحد .

monotonous *(adj.)* رتيب ؛ مُمِلّ .

monotony *(n.)* رَتابة ؛ رُتُوب .

Monotype *(n.)* المونوتيب : السابكة أو المنضِّدة الحَرْفيّة أو الأحاديّة (طباعة) .

monseigneur *(n.)* المونسينيور : لقب تشريف فرنسيّ يُطلَق على الأمراء والأساقفة الخ .

monsieur *(n.)* مسيو ؛ سيِّد (في فرنسة) .

monsoon *(n.)* الريح الموسميّة .

monster *(n.)* (١) الهُوْلة : حيوان أو نباتٌ ذو صورة أو بِنْية غير سويّة (٢) المِسْخ : شخص في منتهى البشاعة أو الوحشيّة .

monstrous *(adj.)* (١) هائل (٢) هُوليّ ؛ مشوَّه الخِلْقة (٣) رهيب ؛ شديد البشاعة (٤) شاذّ .

month *(n.)* الشهر : ثلاثون يوماً .

monthly *(adv.; adj.; n.)* (١) شهريّاً . §(٢) شهريّ §(٣) مجلة شهريّة .

monument *(n.)* نُصُب أو مَبْنًى تذكاري .

monumental *(adj.)* (١) ضخم (٢) بارز ؛ هامّ (٣) تذكاريّ ؛ نُصُبيّ .

mood *(n.)* (١) مزاج (٢) صيغة الفعل .

moody *(adj.)* كئيب ؛ نَكِدٌ ؛ متقلّب المزاج .

moon *(n.; vi.)* (١) القمر §(٢) يَحلُم .

moonlight *(n.)* ضوء القمر .

moonlit *(adj.)* مُقمِر ؛ مُضاء بنور القمر .

moonshine *(n.)* (١) ضوء القمر (٢) هراء .

moonstruck *(adj.)* ممسوس ؛ مختلط العقل .

moor *(n.; vt.; i.)* (١) مستنقع §(٢) يُوثِق ؛ يربط ؛ يُرسي السفينة ×(٣) ترسو (السفينة) .

Moor *(n.)* (١) المَغْرِبيّ (٢) المُسلِم .

moorage *(n.)* إرساء ؛ رُسُوّ ؛ رسم الإرساء .

moorings *(n.pl.)* (١) مَرْسًى (٢) حبال الإرساء .

moose *(n.)* المُوظ : حيوان ضخم من الأيائل .

moot 254 **mother-of-pearl**

moot *(adj.)* موضع نقاش ؛ فيه نظر .
mop *(n.; vt.)* مِمْسَحَة §(٢) ينظِّف .
mope *(vi.)* يستغرق في تفكير كئيب .
moral *(adj.; n.)* (١) أخلاقيّ (٢) أدبي ؛ معنوي . §(٣) مغزى القصة (٤) *pl.* : السلوك الاخلاقي .
morale *(n.)* معنوية ؛ معنويات .
morality *(n.)* (١) الأخلاقيّة (٢) الفضيلة .
moralize *(vi.)* يعبر عن خواطره في الأخلاق .
morass *(n.)* (١) مستنقعٌ (٢) شَرَكٌ ؛ عائق .
moratorium *(n.)* الموراتوريوم : قرار رسميّ بتأجيل دفع الديون المستحقة .
morbid *(adj.)* (١) مَرَضيّ (٢) مولِّد مرضاً . (٣) كئيب إلى حدّ بعيد (٤) رهيب ؛ مروِّع .
mordant *(adj.)* (١) لاذع (٢) كاوٍ ؛ محرِق .
more *(adj.; adv.; n.)* (١) أكثر (٢) إضافيّ . §(٣) الى حدّ أبعد §(٤) مقدار إضافيّ .
~ and ~, باطّراد ؛ أكثر فأكثر .
~ or less تقريباً .
moreover *(adv.)* علاوةً على ذلك .
morgue *(n.)* معرض الجثث .
moribund *(adj.)* مُحْتَضَر ؛ على فراش الموت .
morn ; -ing *(n.)* (١) الضحى (٢) الصباح .
morocco *(n.)* المُرّاكشيّ : جلد فاخر .
morose *(adj.)* (١) نَكِد المزاج (٢) كئيب .
morphine *(n.)* المورفين . مادة مخدِّرة .
morrow *(n.)* الغــد .
morsel *(n.)* (١) لقمة (٢) طبق طعام شهيّ .
mortal *(adj.; n.)* (١) مُميت (٢) ميت ؛ عرضة للموت (٣) للدود (٤) بشريّ §(٥) إنسان .
mortality *(n.)* (١) الفَنَائيّة : كون الشيء فانياً أو عُرضةً للموت (٢) معدّل الوفيات .
mortar *(n.)* (١) هاونٌ (٢) مِدفع الهاوَن . (٣) مِلاط .
mortgage *(n.; vt.)* (١) رَهن ؛ رهنٌ عقاريّ (٢) صكّ الرهن §(٣) يرهن .
mortgagee *(n.)* المُرْتَهِن : الشخص الذي يُرْهَن عنده العقار .
mortgagor or mortgager *(n.)* الراهن .
mortify *(vt.; i.)* (١) يُميت الجسد (بكبح الشهوات (٢) يُخْزي ×(٣) يتَغَنْغَر : يصبح غنغرينياً (مصاباً بالغنغرينا) .
mortise or mortice *(n.)* النُّقر : تجويف مستطيل في قطعة خشب أو نحوها يُدخَل فيه لسان .
mortuary *(n.)* مُستودَع الجُثَث .
mosaic *(n., adj.)* (١) فُسَيْفُســاء . §(٢) فُسيفسائي (٣) *cap.* : موسَوِيّ .
Moslem *(n.)* المُسْلِم .
mosque *(n.)* المسجد ؛ الجامع .
mosquito *(n.)* بَعُوضَة .
mosquito net *(n.)* كِلّة ؛ ناموسيّة .
moss *(n.)* أُشْنَة ؛ طُحْلُب .
mossy *(adj.)* مُطَحْلَب : مكسوّ بالطُحلُب .
most *(adj.; adv.; n.)* (١) معظم (٢) أقصى . §(٣) إلى أبعد حد §(٤) قُصارَى ؛ غاية .
for the ~part عادةً ؛ في الأعمّ الأغلب
mostly *(adv.)* في الأغلب ؛ في المقام الأول .
mote *(n.)* الهباءة ؛ الذَّرّة (من الغبار خاصة) .
motel *(n.)* الموتيل : فندق على الطريق العام .
moth *(n.)* (١) عثّة الملابس (٢) فراشة .
mother *(n.; adj.)* (١) أمّ (٢) الأمّ : رئيسة دير . (٣) مصدر ؛ أصل §(٤) أميّ ؛ أموميّ (٥) قوميّ .
motherhood *(n.)* الأمومة .
mother-in-law *(n.)* (١) الحماة : أمّ الزوج أو الزوجة (٢) زوجة الأب .
motherland *(n.)* (١) الوطن (٢) الوطن الأمّ .
motherless *(adj.)* يتيم : فاقدٌ أمّه .
motherly *(adj.)* أموميّ ؛ حنون ؛ عطوف .
mother-of-pearl *(n.)* عِرق اللؤلؤ ؛ أمّ اللآلىء .

mother tongue *(n.)* لغة المرء القوميّة .

motif *(n.)* الموضوع ؛ الفكرة الرئيسية .

motion *(n.; vt.; i.)* (١) اقتراح (٢) حركة . (٣) تغوّطٌ §(٤) يشير أو يومىء إلى .

motionless *(adj.)* ساكن ؛ غير متحرك .

motion picture *(n.)* شريط أو فيلم سينمائيّ .

motivate *(vt.)* يحثّ ؛ يحرّض .

motive *(n.; adj.)* (١) الباعث ؛ الحافز . §(٢) محرِّك ؛ حَرَكِيّ ؛ تحريكيّ .

motley *(adj.)* (١) متعدّد الألوان (٢) متنافر .

motor *(n.; adj.)* (١) قوّة محرِّكة (٢) المحرِّك ؛ الموطور (٣) سيّارة §(٤) محرِّك (٥) حرَكِيّ .

motorboat *(n.)* الزورق الموطوري .

motor bus; motor coach *(n.)* الأوتوبوس .

motorcar *(n.)* السيارة ؛ الأوتوموبيل .

motorcycle *(n.)* الدرّاجة البخاريّة أو الناريّة .

motorist *(n.)* سائق السيّارة أو راكبها .

mottle *(vt.)* يرقّش ؛ ينقّط بمختلف الألوان .

motto *(n.)* شِعار .

mould *(n.; vt.)* =mold.

moult *(vi.)* =molt.

mound *(n.)* (١) متراس (٢) رابية .

mount *(n.; vi.; t.)* (١) جبل (٢) الرّكوبة ؛ الحاضن ؛ السِّناد (٣) مطيّة §(٤) يرتفع ؛ يصعد ×(٥) يرتقي ؛ يمتطي (٦) يرفع ؛ يعلي ؛ ينصب .

mountain *(n.)* جبل .

mountaineer *(n.)* الجبليّ : ساكن الجبل .

mountainous *(adj.)* (١) جبليّ (٢) ضخم .

mountebank *(n.)* المُشَعْوِذ ؛ الدجّال .

mounted *(adj.)* (١) فارس ؛ راكبٌ فرَساً . (٢) مُثبَّت في حاضن (٣) منصوب .

mourn *(vi.; t.)* يندب ؛ يتفجّع على .

mournful *(adj.)* (١) حَزين (٢) مُحزِن .

mourning *(n.)* (١) حِداد (٢) ثوب الحِداد .

mouse *(n.)* فأر ؛ فأرة .

moustache *(n.)* الشارب : شعر الشفة العليا .

mouth *(n.; vi.)* (١) فم (٢) تعبير (٣) مصبّ النهر §(٤) يتشدّق في الكلام .

mouthful *(n.)* (١) مِلْء الفم (٢) لقمة .

mouth organ *(n.)* الهرمونيكا : آلة موسيقية .

mouthpiece *(n.)* (١) الفم (٢) الناطق بلسان حكومة أو حزب الخ .

movable *(adj.; n.)* (١) قابل للتحريك (٢) غير ثابت التاريخ §(٣) *pl.* : المنقولات .

move *(vi.; t.; n.)* (١) يرتحل (٢) ينتقل . (٣) يتحرّك (٤) تدور (الآلة) (٥) يستدعي ؛ يقدم استدعاء ×(٦) يحرّك ؛ ينَقّل (٧) يدفع ؛ يُدير (٨) يُقنع ؛ يحمله على (٩) يثير مشاعر فلان (١٠) يقدّم اقتراحاً §(١١) خطوة ؛ حركة .

movement *(n.)* (١) حركة (٢) تغوّط ؛ غائط .

movie *(n.)* (١) فيلم (٢) *pl.* : السينما .

moving *(adj.)* (١) متحرّك (٢) محرّك (٣) مؤثّر .

moving picture *(n.)* شريط أو فيلم سينمائي .

mow *(n.; vt.)* (١) مخزن التبن §(٢) يجزّ ؛ يحصد .

mower *(n.)* الجزّازة ؛ الحصّادة .

much *(adj.; adv.; n.)* (١) كثير §(٢) بكثير ؛ إلى حد بعيد (٣) كثيراً (٤) تقريباً §(٥) مقدار وافر (٦) شيء عظيم .

mucilage *(n.)* سائل الصمغ .

muck *(n.)* (١) سماد حيواني (٢) قذَر .

mucous *(adj.)* مُخاطيّ .

mucus *(n.)* مخاط ؛ مادّة مُخاطِيّة .

mud *(n.)* وَحْل ؛ طِين .

muddle *(vt.; n.)* (١) يُشوّش ؛ «يلخبط» . §(٢) تشوّش ذهني (٣) اختلاط ؛ «لخبطة» .

muddy *(adj.)* (١) مُوحِل ؛ عكِر (٢) مشوّش .

muff *(n.)* المُوفَة : غطاء أنبوبيّ طويل مكسوّ بالفِراء لتدفئة اليدين .

muffin *(n.)* الموفينية : فطيرة رقيقة مدوَّرة .
muffle *(vt.; n.)* (١) يلفع (٢) يكظم أو يكتم الصوتَ (٣) يُخمد ؛ يكبت § (٤) خَطْمٌ .
muffler *(n.)* لِفاع (يُلفّ حول العنق) .
mug *(n.)* (١) كوز ؛ إبريق (٢) وجه؛ فم .
muggy *(adj.)* رطبٌ حارّ (صفة للطقس) .
Muhammadan *(adj.; n.)* (١) إسلاميّ . § (٢) المسلم؛ واحد المسلمين .
mulatto *(n.; adj.)* مولَّد ؛ خُلاسيّ .
mulberry *(n.)* شجر التوت أو ثمره .
mulch *(n.)* مِهاد (من النُّشارة أو التبن).
mulct *(n.; vt.)* (١) غرامة § (٢) يُغرِم .
mule *(n.)* (١) بَغْل (٢) شخص عنيد جداً . (٣) المُول : مِغزَل آليّ (٤) خُفّ؛ مَشّاية .
mulish *(adj.)* (١) بَغْليّ ؛ كالبغل (٢) عنيد .
mull *(vi.)* يفكّر مليّاً في .
mullein *(n.)* آذان الدب (نبات).
muller *(n.)* المِسْحَنَة : مِدقّة يُسْحَن بها.
mullet *(n.)* البُوري (سمك) .
multicolored *(adj.)* متعدّد الألوان .
multifarious *(adj.)* متنوّع ؛ متعدّد الأنواع .
multiform *(adj.)* متعدد الأشكال .
multiple *(adj.)* متعدّد؛ مضاعَف؛ مُركّب .
multiplicand *(n.)* المضروب (في الحساب).
multiplication *(n.)* (١) مُضاعَفَة (٢) تَضاعُف (٣) الضّرب (في الحساب) .
multiplicity *(n.)* تعدّد ؛ عدد وافر .
multiplier *(n.)* المضروب فيه (في الحساب).
multiply *(vt.; i.)* (١) يكثّر ؛ يضاعف . (٢) يضرِب (عدداً في آخر) × (٣) يتكاثر .
multitude *(n.)* (١) تعدّد ؛ وفرة (٢) عددٌ وافر . (٣) حَشْدٌ (٤) العامة ؛ الجماهير .
multitudinous *(adj.)* (١) مزدَحِم (٢) وافر
mum *(adj.; interj.)* (١) صامت § (٢) إصْمتْ !

mumble *(vi.; t.)* (١) يُتمتم × (٢) يمضغ بعُسْر
mummer *(n.)* (١) المُمثِّل (٢) المهرِّج .
mummify *(vt.; i.)* (١) يحنِّط × (٢) يتحنّط .
mummy *(n.; vt.)* (١) مومياء § (٢) يحنِّط .
mumps *(n.)* النُّكاف؛ « أبو كعب » (مرض).
munch *(vt.; i.)* يَمْضَغ بصوت طاحن .
mundane *(adj.)* دُنْيَوِيّ ؛ أرضيّ .
municipal *(adj.)* (١) بلديّ (٢) مَحَلّيّ .
municipality *(n.)* بلديّة أو مجلس بلدي .
munificent *(adj.)* كريم ؛ جَواد .
munitions *(n.pl.)* ذخائر ؛ أعتِدة حربيّة .
mural *(adj.; n.)* (١) جداريّ § (٢) لوحة جدارية
murder *(n.; vt.; i.)* (١) قَتْل § (٢) يقتل عمداً .
murderer *(n.)* القاتل : مرتكب جريمة القتل .
murderess *(n.)* القاتلة : مرتكبة جريمة القتل .
murderous *(adj.)* قاتل ؛ مُهلِك .
murk *(n.)* (١) ظلمة (٢) ضباب .
murky *(adj.)* (١) مظلم (٢) كثير الضباب .
murmur *(n.; vi.)* (١) تذمُّر (٢) خرير . (٣) حفيف (٤) طنين (٥) همهمة § (٦) يتذمّر (٧) يخرّ ؛ يدمدم (٨) يهمس .
murrain *(n.)* طاعون الماشية .
muscle *(n.)* (١) عَضَلَة (٢) قوة .
muscular *(adj.)* (١) عَضَلِيّ (٢) قويّ .
muse *(vi.; n.)* (١) يتأمّل ؛ يستغرق في التفكير . § (٢) *cap.* المُوْزِيّة : إحدى إلاهات الفنون والعلوم (عند اليونان) .
museum *(n.)* مُتْحَف .
mush *(n.)* عصيدة : دقيقُ الذُّرة المَغْلي في الماء.
mushroom *(n.; vi.)* (١) الفُطر § (٢) يَنبت بسرعة .

mushroom

music *(n.)* موسيقى .
musical *(adj.)* موسيقيّ .
musician *(n.)* الموسيقيّ ؛

المؤلِّف الموسيقي .

music stand *(n.)* حامل النوتة الموسيقية .

music stand

musing *(n.; adj.)* (١) تأمُّل ؛ استغراق في التفكير §(٢) متأمِّل .

musk *(n.)* (١) المِسْك (٢) عبير المسك .

musket *(n.)* المَسْكِيْت : بندقية قديمة الطراز .

muskmelon *(n.)* الشمّام ؛ البطيخ الأصفر .

muskrat *(n.)* فأر المسك (حيوان مائي) أو فروُه .

musky *(adj.)* مسكيّ ؛ مسكيّ العبير أو الطعم .

Muslim *(n.; adj.)* مُسْلِم .

muslin *(n.)* الموصلين : نسيج قطنيّ رقيق .

muss *(n.; vt.)* (١) فوضى ؛ لاترتيب §(٢) يلخبط .

mussel *(n.)* بلَح البحر (حيوان) .

mussel

Mussulman *(n.)* المُسْلِم .

mussy *(adj.)* غير مرتّب ؛ عديم الترتيب .

must *(v. aux.; n.)* (١) يجب §(٢) ضرورة .

mustache *(n.)* = moustache.

mustard *(n.)* خَرْدَل .

mustard plaster *(n.)* لَصْقَةُ الخردل .

muster *(vt.; n.)* (١) يجنِّد (٢) يحشد §(٣) تجمُّع ؛ اجتماع (٤) تفقُّد عسكري رسميّ .

musty *(adj.)* (١) عَفِن (٢) عتيق ؛ بالٍ ؛ مبتذل .

mutable *(adj.)* متحوِّل ؛ متغيِّر ؛ متقلِّب .

mutation *(n.)* تحوُّل ؛ تغيُّر هامّ وأساسيّ .

mute *(adj.; n.; vt.; i.)* (١) أخرس ؛ أبكم (٢) صامت §(٣) الأخرس (٤) المِخْفات ؛ مخفِّف الصوت §(٥) يخفِّف الصوت أو اللون ×(٦) يَسْلَح (يَذْرِق) الطائر .

mutilate *(vt.)* يبتر ؛ يجدع ؛ يمثِّل بـ ؛ يشوِّه .

mutineer *(n.)* المتمرِّد : جنديّ أو بحّار متمرِّد .

mutinous *(adj.)* (١) متمرِّد (٢) تمرُّديّ .

mutiny *(n.; vi.)* (١) تمرُّد §(٢) يتمرّد (الجنديّ) .

mutter *(vi.; n.)* (١) يغمغم ؛ يدمدم (٢) يتذمّر §(٣) غمغمة ؛ دمدمة (٤) تذمُّر .

mutton *(n.)* لحم الضأن .

mutual *(adj.)* (١) متبادَل (٢) مشترَك .

muzzle *(n.; vt.)* (١) خَطْم (٢) كِمامة (٣) فُوَّهة §(٤) يكمِّم (٥) يكبت .

muzzy *(adj.)* مشوَّش الذهن ؛ ثَمِل .

my *(pron.)* «ي» : ضمير المتكلم المضاف إليه .

myope *(n.)* الحسير : المُصاب بقِصَر البَصَر .

myopia *(n.)* الحَسَر : قِصَر البَصَر .

myriad *(n.)* (١) عشرة آلاف (٢) عددٌ ضخم .

myrmidon *(n.)* التابع الوفيّ .

myrrh *(n.)* المُرّ : صمغ راتينجي .

myrtle *(n.)* الآس : نبات عطري .

myself *(pron.)* أنا ؛ نفسي ؛ بنفسي .

mysterious *(adj.)* خفيّ ؛ غامض ؛ مُلْغَز .

mystery *(n.)* (١) أحجية ؛ لغز (٢) رواية بوليسية (٣) خفاء ؛ غموض ؛ سِرّية .

mystic *(adj.; n.)* (١) صوفيّ ؛ باطنيّ (٢) خفيّ ؛ غامض ؛ مُلْغَز §(٣) الصوفيّ ؛ الباطنيّ .

mystical *(adj.)* (١) رمزيّ (٢) صوفيّ ؛ باطنيّ (٣) خفيّ ؛ غامض ؛ مُلْغَز .

mysticism *(n.)* التصوُّف ؛ المذهب الباطنيّ .

mystification *(n.)* (١) إرباك (٢) تَعْمِية ؛ إلغاز (٣) ارتباك ؛ حيرة (٤) غموض ؛ خفاء .

mystify *(vt.)* (١) يُرْبِك (٢) يُعمّي ؛ يُلغِز .

myth *(n.)* أسطورة ؛ خرافة .

mythical *(adj.)* أسطوريّ ؛ خرافيّ ؛ خياليّ .

mythologic; -al *(adj.)* ميثولوجيّ ؛ خرافيّ .

mythologist *(n.)* العالِم بالأساطير .

mythology *(n.)* الميثولوجيا : «أ» مجموعة أساطير «ب» علم الأساطير .

nightclub (Lebanon)

N

n *(n.)* الحرف الرابع عشر من الأبجدية الانكليزية.

nab *(vt.)* يعتقل؛ يقبض على.

nadir *(n.)* (١) النَّظير؛ نظير السَّمْت (فلك). (٢) الحضيض؛ الدَّرْك الأسفل.

nag *(n.; vi.; t.)* (١) فَرَس §(٢) يتذمّر أو يشكو باستمرار؛ «ينقّ» ×(٣) يضايق؛ يناكد.

naiad *(n.)* النَّيادة: حوريّة الماء.

nail *(n.; vt.)* (١) ظُفُر (٢) مِسمار §(٣) يسمِّر؛ يثبِّت (بمسمار).

naïve *or* **naive** *(adj.)* بسيط؛ ساذَج.

naivety *(n.)* (١) سذاجة (٢) ملاحظة ساذجة.

naked *(adj.)* (١) عارٍ؛ مجرَّد من (٢) واضح.

nakedness *(n.)* (١) عُرْيٌ؛ تجرُّد (٢) وضوح.

name *(n.; vt.)* (١) اسم (٢) سمعة؛ صيت §(٣) يسمّي (٤) يعيِّن (٥) يحدِّد.

to call a person ~s يهينه؛ يشتمه.

nameless *(adj.)* (١) مغمور؛ غير مشهور (٢) مجهول؛ غير حاملٍ اسماً (٣) لا يوصف.

namely *(adv.)* أعني؛ عَنَيْتُ؛ أي.

namesake *(n.)* السَّمِيّ: الحامل نفس الاسم.

nap *(vi.; n.)* (١) يَقيل: يأخذ سِنَةً من النوم. §(٢) سِنةٌ (٣) الزِّئْبِر: زَغَب المنسوجات.

nape *(n.)* مؤخَّر العنق؛ قفا العنق.

naphtha *(n.)* النِّفط.

naphthalene *(n.)* النِّفثالين.

napkin *(n.)* (١) منديل (٢) حِفاض الطفل.

narcissus *(n.)* النرجِس (نبات).

narcotic *(n.; adj.)* مخدِّر.

nard *(n.)* مرهم الناردين.

naris *(n.)* pl. **nares** المَنْخِر: ثُقْب الأنف.

narrate *(vt.)* يَقُصّ؛ يروي؛ يحكي.

narrater; narrator *(n.)* القاصّ؛ الراوية.

narration *(n.)* (١) رواية القِصص (٢) قصة.

narrative *(n.; adj.)* (١) قصة §(٢) قَصَصيّ.

narrow *(adj.; n.; vi.; t.)* (١) ضيّق (٢) محدود (٣) دقيق §(٤) ممرّ ضيّق (٥) *pl.*: مضيق §(٦) يَضيق ×(٧) يضيِّق.

a ~ escape نجاة بمشقّة أو صعوبة.

narrowly *(adv.)* (١) بدقّة (٢) بشِقّ النفس.

narrow-minded *(adj.)* ضيّق التفكير.

nasal *(adj.)* أنفيّ: متعلّق بالأنف أو ملفوظ منه.

nascent *(adj.)* ناشئ؛ وليد؛ حديث التولّد.

nasturtium *(n.)* الكَبُّوسين؛ أبو خنجر (نبات).

nasty *(adj.)* (١)مُقْرِف(٢)بذيء(٣) كريه.
natal *(adj.)* مَوْلِدِيّ ؛ وِلادِيّ .
nation *(n.)* (١) أمة ؛ شعب (٢) دولة .
national *(adj.)* قوميّ ؛ وطنيّ .
nationalism *(n.)* القوميّة .
nationalist *(n.; adj.)* (١)القوميّ §(٢)قوميّ .
nationality *(n.)* (١) القوميّة (٢) الجنسيّة .
nationalization *(n.)* تأميم .
nationalize *(vt.)* (١) يجنِّس (٢) يؤمِّم .
native *(adj.; n.)* (١) فِطْرِيّ (٢) وطنيّ .
(٣) أهليّ (٤) قوميّ (٥) بلديّ (٦) طبيعيّ
§(٧) ابن البلد أو أحد السكان الوطنيين .
nativity *(n.)* ميلاد؛ وبخاصة: ميلاد المسيح .
natty *(adj.)* أنيق .
natural *(adj.)* فِطْرِيّ ؛ طبيعيّ ؛ جِبِلّي .
a ~ child ولدٌ غير شرعيّ .
naturalism *(n.)* المذهب الطبيعي أو الواقعي .
naturalize *(vt.)* (١) يتبنّى (٢) يؤقلم .
(٣) يجنِّس : يمنحه جنسية البلد .
nature *(n.)* (١)طبيعة (٢)مزاج (٣) نوع .
naught *(n.; adj.)* (١)صِفْر؛عَدَم§(٢)تافه.
naughty *(adj.)* (١)سيّءالسلوك(٢)داعر؛بذيء
nausea *(n.)* (١)غَثَيان (٢)دُوار (٣)تقزُّز .
nauseate *(vi.; t.)* يصاب أو يُصيب بالغثيان.
nauseous *(adj.)* مُغْثٍ ؛ مُقْرِف .
nautical *(adj.)* بحريّ ؛ مِلاحيّ .
naval *(adj.)* بَحْرِيّ .
nave *(n.)* (١)محور الدولاب (٢) صحن الكنيسة.
navel *(n.)* (١) السُّرَّة (٢) النقطة الوسطى .
navel orange *(n.)* أبوسُرَّة: برتقال ذو سُرَّة.
navigable *(adj.)* صالح للملاحة .
navigate *(vi.)* (١) يُبْحِر (٢) يقود .
navigation *(n.)* (١)إبحار (٢)مِلاحة.
navigator *(n.)* (١)الملاّح (٢)الرُّبّان .
navy *(n.)* (١) أسطول (٢) الأسطول .
navy blue *(n.)* الأزرق البحري ؛ الأزرق الداكن
nay *(adv.; n.)* (١)لا ؛ كلا (٢)بل§(٣)رفض.
Nazi *(n.; adj.)* (١) النازيّ §(٢) نازيّ .
neap tide *(n.)* الجَزْر المحاقيّ: جَزْر تام يَحدث
في الرَّبْع الأول والثالث من عمر القمر .
near *(adv.; adj.; vi.; t.)* (١)قُرْبَ؛ بالقرب.
(٢)تقريباً §(٣)وثيق الصلة أو القرابة (٤)قريب
(٥)مُنْجَز بشقّ النفس (٦)الأقرب (٧)بخيل
§(٨) يدنو ×(٩) يقترب من .
nearby *(adj.)* قريب ؛ مجاور .
nearly *(adv.)* (١) تقريباً (٢)على نحوٍ وثيق.
nearsighted *(adj.)* حسير : قصير البصر .
neat *(adj.)* (١)أنيق (٢)دقيق (٣)نظيف ؛ مرتّب
nebula *(n.)* سديم ؛ غيمة سَديمية (فلك) .
nebulous *(adj.)* (٢) غير واضح (٢) سديميّ.
necessarily *(adv.)* ضرورةً ؛ بالضرورة .
necessary *(adj.)* ضروريّ .
necessitate *(vt.)* يوجِب؛ يحتِّم ؛ يستلزم .
necessitous *(adj.)* مُعْوِز ؛ فقير .
necessity *(n.)* (١) ضرورة (٢) اضطرار .
(٣)عوز ؛ فقر (٤)شيء ضروري ؛ رغبة ملحّة.
neck *(n.)* (١)عنق ؛ رقبة (٢) مضيق.
neckerchief *(n.)* منديل أو لِفاع الرقبة .
necklace *(n.)* عِقد ؛ قِلادة .
necktie *(n.)* الأُرْبَة : ربطة العنق .
necromancy *(n.)* استحضار الأرواح .
nectar *(n.)* (١)رحيق (٢) شراب .
need *(n.; vi.; t.)* (١)حاجة؛ ضرورة(٢)ضِيق.
(٣) عوز ؛ فاقة §(٤) يكون ضرورياً أو
مطلوباً ×(٥) يحتاج إلى .
needful *(adj.; n.)* (١)ضروري§(٢)شيء ضروري
needle *(n.)* (١)إبرة (٢)صنّارة الحَبْك .
needless *(adj.)* غير ضروريّ .

needlework 260 never

needlework *(n.)* (١)شغل الابرة (٢)التطريز.
needy *(adj.)* فقير ؛ مُعْوِز.
ne'er-do-well *(n.)* شخص متبطّل عديم النفع.
nefarious *(adj.)* شائن ؛ شنيع.
negation *(n.)* (١)إنكار ؛ رفض (٢)عدم.
negative *(adj.;n.)* (١) سلبيّ §(٢) سلب ؛ رفض (٣)الصورة السلبية (في الفوتوغرافيا).
negatively *(adv.)* سَلْباً ؛ سَلْبيّاً.
neglect *(vt.;n.)* (١) يُهْمِل §(٢)إهمال.
neglectful *(adj.)* مُهْمِل.
negligee *(n.)* المِبْذَل: ثوب نسويّ فضفاض.
negligence *(n.)* إهمال.
negligent *(adj.)* مهمِل ؛ متهاوِن.
negligible *(adj.)* تافه ؛ جدير بالاهمال.
negotiable *(adj.)* (١) صالح للتفاوض فيه. (٢) صالحٌ للتحويل والتداول الخ.
negotiate *(vi.;t.)* (١) يفاوض ؛ يتفاوض. ×(٢) يحوّل إلى شخص آخر أو إلى نقد.
negotiation *(n.)* مفاوَضَة ؛ تفاوض.
Negress *(n.)* الزنجيّة ؛ امرأة زنجيّة
Negro *(n.;adj.)* زنجيّ ؛ أسود.
negus *(n.)* النّجاشيّ: لقب امبراطور الحبشة.
neigh *(vi.;n.)* (١)يَصْهَل §(٢)صهيل.
neighbor *(n.;adj.)* (١) جارٌ §(٢) مجاوِر.
neighborhood *(n.)* جِوار ؛ مجاورة ؛ جيران.
neighboring *(adj.)* (١)مجاور (٢)متاخم.
neighbour *(n.;adj.)* = neighbor.
neither *(adj.;pron.;conj.;adv.)* (١) ولا واحد من §(٢) لا هذا ولا ذاك §(٣) لا ... (٤) ولا §(٥) أيضاً.
neo - بادئة معناها: جديد ؛ حديث ؛ مُحْدَث.
neon *(n.)* غاز النيون.
neophyte *(n.)* (١)المعتنِق الجديد (لدين ما). (٢) المبتدىء (في فنٍّ ما).

nephew *(n.)* (١) ابن الأخ (٢) ابن الأخت.
nephritis *(n.)* التهاب الكُلْيَة.
nepotism *(n.)* محاباة الأقارب (في التوظيف الخ).
Neptune *(n.)* نبتون: «أ» إلـه البحر عند الرومان. «ب» ثامن الكواكب السيّارة.
nerve *(n.;vt.)* (١) عَصَب (٢)قوة ؛ جرأة ؛ وقاحة (٣).*pl.* هستيريا §(٤)يقوّي ؛ يشجّع.
nervous *(adj.)* (١)عصبيّ (٢)خائف (٣)قلِق.
nervous system *(n.)* الجهاز العصبيّ.
nest *(n.;vi.)* (١)عشّ (٢)مأوى (٣)مجموعة. §(٤)يبني عشّاً أو يأوي إليه.
nestle *(vi.;t.)* (١)يستكِنّ ×(٢)يُؤْوِي ؛ يحضن.
nestling *(n.)* (١)فَرْخ (٢) طفل.
net *(n.;adj.;vt.)* (١)شبكة (٢)شَرَك (٣)ربحٌ أو وزن أو سعر صافٍ §(٤) صافٍ (٥)نهائيّ §(٦) يغطّي أو يطوّق بشبكة (٧) يصيد بشبكة ؛ يُوقِع في شَرَك (٨) يَربح أو يَغِلّ ربحاً صافياً.
nether *(adj.)* سفليّ
nettle *(n.;vt.)* (١) القُرّاص §(٢) يَغيظ.
network *(n.)* (١)شبكة (٢)شبكة محطات إذاعة.
neuralgia *(n.)* النورالجيا: الألم العصبيّ.
neurasthenia *(n.)* النوراستينيا ؛ النَّهَك العصبيّ
neurosis *(n.)* العُصاب: اضطراب عصبي وظيفي
neurotic *(adj.;n.)* (١) عُصابيّ: ذو علاقة بالعُصاب §(٢)العُصابيّ: المُصاب بالعُصاب.
neuter *(adj.)* (١) مُخنَّث: ليس بالمذكّر ولا بالمؤنّث (٢) لازم (٣)حياديّ ؛ محايد.
neutral *(adj.;n.)* محايد ؛ حيادي.
neutrality *(n.)* الحياد.
neutralize *(vt.)* (١)يُحايد (كيمياء وكهرباء). (٢) يُبْطِل ؛ يقضي على تأثير كذا (٣) يحيد ؛ يمنحه صفة الحياد الدولي.
never *(adv.)* قطّ ؛ أبداً ؛ مُطْلَقاً.

nevermore *(adv.)* بعد اليوم أبداً .
nevertheless *(adv.)* ومع ذلك؛ وبرغم ذلك.
new *(adj.)* (١)جديد؛ حديث (٢) عصري .
newcomer *(n.)* الوافد ؛ القادم الجديد .
newel *(n.)* قائمة الدرابزين .
newly *(adv.)* (١)حديثاً؛ مؤخراً. (٢) من جديد .
news *(n.)* (١)نبأ؛ خبر (٢)أنباء .

newel

newsboy *(n.)* بائع الصحف .
newscast *(n.)* نشرة الأخبار في الراديو أو التلفزيون.
news conference *(n.)* مؤتمر صُحُفِيّ .
newspaper *(n.)* صحيفة ؛ جريدة .
newsreel *(n.)* جريدة السينما .
newsstand *(n.)* كُشك الصحف .
newt *(n.)* سَمَنْدَل الماء (حيوان) .
New Testament *(n.)* العهد الجديد : القسم الثاني من الكتاب المقدس .
New Year's Day *(n.)* عيد رأس السنة .
next *(adj.; adv.; prep.)* (١) تالٍ §(٢)ثم؛ بعد ذلك مباشرة (٣)في المرة التالية§(٤)أقرب إلى.
nib *(n.)* (١)سنّ؛ طرف (٢)ريشة الكتابة .
nibble *(vt.; i.)* يقضم برفق ؛ يأكل بتأنٍّ .
nice *(adj.)* (١) متأنّق (٢) لذيذ (٣) لطيف (٤)دقيق (٥)سارّ (٦)متقَن (٧)مهذَّب .
nicety *(n.)* (١) شيء لذيذ أو لطيف (٢)نقطة دقيقة؛ تفصيل (٣)دِقّة (٤)إفراط في التأنّق. to a ~ على نحو مُحكَم أو صائب جداً.
niche *(n.)* (١) المِشكاة : كوّة في الحائط غير نافذة يوضع فيها تمثال أو زهرية (٢) محراب (٣)الموضع اللائق؛ البيئة الملائمة .
nick *(n.; vt.)* (١)شِق؛ حزّ؛ ثَلْم (٢)اللحظة النهائية الحرجة أو الحاسمة §(٣) يحزّ ؛ يثلم (٤)يختصر (٥)يلحق (بالقطار) في اللحظة المناسبة.
nickel *(n.)* (١)النيكل (معدن) (٢)خمسة سنتات .

nickname *(n.; vt.)* (١)لقب §(٢) يلقّب .
nicotine *(n.)* النيكوتين: مادة سامة في التبغ .
niece *(n.)* ابنةُ الأخِ أو الأخت .
niggard *(n.; adj.)* (١) البخيل §(٢) بخيل .
niggardly *(adj.; adv.)* (١)بخيل (٢)ببُخْل .
nigger *(n.)* الزنجي .
nigh *(adv.; adj.)* (١)قريباً §(٢) قريب .
night *(n.; adj.)* (١) لَيل (٢)لَيلة §(٣)ليلي .
nightcap *(n.)* (١)قلنسوة النوم. (٢) شراب مُسكِر .

nightcap

nightclub *(n.)* ملهى ليلي .
nightdress *(n.)* المنامة: ثوب يُلبس عند النوم.
nightfall *(n.)* الغروب؛ الغسق؛ هبوط الليل.
nightgown *(n.)* = nightdress.
nighthawk *(n.)* السُّبَد؛ الضُّوَع (طائر) .
nightingale *(n.)* الهَزار؛ العندليب .
nightly *(adj.; adv.)* (١) ليلي §(٢) كلَّ ليلة (٣) ليلاً .
nightmare *(n.)* جُثام ؛ كابوس .
nightshirt *(n.)* قميص النوم .
night watch *(n.)* العَسَس: الحارس الليلي .
nihilism *(n.)* العدَميّة ؛ النِّهِلستيّة .
nil *(n.)* لاشيء ، صِفر .
nimble *(adj.)* (١)رشيق (٢)نبيه؛ ذكي؛ فطِن.
nimbus *(n.)* (١)هالة نورانية (٢)سحابة ممطرة.
nincompoop *(n.)* المُغفَّل؛ الساذج .
nine *(n.)* تسعة؛ تسع .
ninepins *(n.pl.)* لعبة القناني الخشبية .

ninepins

nineteen *(n.)* تسعة عشر .
nineteenth *(adj.; n.)* (١) التاسع عشر . (٢) بالغ جزءاً من ١٩ من كذا §(٣) التاسع عشر من كذا (٤) جزء من ١٩ .

ninetieth *(adj.; n.)* (١) التسعون (٢) بالغ جزءاً من ٩٠ §(٣)التسعون من كذا(٤) ١/٩٠ .
ninety *(n.)* (١) تسعون(٢) *pl.* : العقد العاشر .
ninny *(n.)* المُغَفَّل ؛ الساذج .
ninth *(adj.; n.)* (١) التاسع (٢) بالغ جزءاً من تسعة §(٣)التاسع من كذا(٤) تُسْع ؛ ١/٩ .
nip *(vt.; n.)* (١) يَقْرِص ؛ يقرِض ؛ يعض . (٢) يكبح بشدة (٣) يقرِسه البرد أو يلذعه (٤) يختطف §(٥) بردقارس (٦) قَرْص ؛ عض (٧) قَرْصة ؛ عضة (٨) رشفة (من مسكر) .
nippers *(n. pl.)* القرّاضة ؛ الكمّاشة .
nipple *(n.)* الحلمة ؛ حلمة الثدي .
nit *(n.)* الصُّوابة : بيضة القمل (٢) القملة الصغيرة .
niter; nitre *(n.)* النِّتر : نترات البوتاسيوم الخ .
nitrate *(n.)* النِّترات : ملح حامض النتريك .
nitric acid *(n.)* حامض النتريك أو الأزوتيك .
nitrogen *(n.)* النتروجين ؛ غاز النتروجين .
nitwit *(n.)* شخص أحمق أو مغفل .
no *(adv.; adj.)* (١) لا ؛ كلا §(٢) ليس .
nob *(n.)* (١) الرأس (٢) شخص رفيع المنزلة .
nobility *(n.)* (١)نبالة ؛ نبل (٢)النبلاء ؛ الأشراف .
noble *(adj.; n.)* (١) شهير (٢)نبيل ؛ شريف . (٣)فخم (٤)شهم §(٥)النبيل ؛ الشريف .
nobleman *(n.)* النبيل ؛ الشريف .
nobody *(pron.; n.)* (١)لاأحد §(٢)النكِرة .
nocturnal *(adj.)* ليلي .
nod *(vi.; n.)* (١) يومىء برأسه (٢) يحني الرأس نعاساً (٣)ينوس ؛ يتمايل §(٤) إيماءة الخ .
node *(n.)* العُجْرة : منبت الأوراق من الساق .
noise *(n.)* ضجة ؛ ضجيج ؛ جلبة .
noiseless *(adj.)* صامت : غير مُحْدِث صوتاً .
noisily *(adv.)* بضجة ؛ بضجيج ؛ بجلبة .
noisome *(adj.)* (١)مؤذٍ ؛ ضار (٢)كريه الرائحة .
noisy *(adj.)* (١) ضاجّ (٢)مفعم بالضجيج .

nomad *(n.; adj.)* (١) البدوي §(٢) بدوي .
nomenclature *(n.)* مجموعة مصطلحات .
nominal *(adj.)* اسمي .
nominate *(vt.)* (١)يسمّي (٢)يعيّن ؛ يرشّح .
nomination *(n.)* تسمية ؛ تعيين ؛ ترشيح .
nominative *(n.)* حالة الرفع (في اللغة) .
nominee *(n.)* المعيَّن أو المرشَّح لمنصب ما .
non- بادئة معناها : غير ؛ عدم .
nonage *(n.)* سن القصور ؛ سن ما قبل البلوغ .
nonchalant *(adj.)* لامبالٍ ؛ غير مكترث .
noncombatant *(n.; adj.)* لامحارب .
noncommissioned officer *(n.)* ضابطُ صَفّ (في الجندية) .
noncommittal *(adj.)* مُلْتَبِس ؛ مُبْهَم .
nonconductor *(n.)* مادة غير موصِّلة .
nonconformist *(n.)* المنشقّ (عن كنيسة) .
none *(pron.; adv.)* (١)لا أحد (٢) لا شيء . §(٣) البتة ؛ على الاطلاق .
nonentity *(n.)* شخص أو شيء تافه .
nonintervention *(n.)* عدم التدخل .
nonmetal *(n.)* اللافلِز : عنصر غير معدني .
nonpareil *(adj.; n.)* فذّ ؛ منقطع النظير .
nonpartisan *(adj.)* لاحزبي ؛ غير حزبي .
nonplus *(vt.)* يُربك ؛ يحيّر .
nonresident *(adj.)* غير مقيم (في مكان معيّن) .
nonsectarian *(adj.)* لاطائفي .
nonsense *(n.)* (١)هراء (٢) توافه ؛ سفاسف .
nonstop *(adj.; adv.)* (١)متواصل §(٢) بلا توقف .
nonunion *(adj.)* لا نقابي ؛ غير نقابي .
noodle *(n.)* العصائبية : ضرب من المعكرونة .
nook *(n.)* (١)زاوية ؛ رُكْن (٢) مكان منعزل .
noon; noonday *(n.)* الظُّهر .
noose *(n.)* (١)أُنشوطة (٢)شَرَك ؛ أحبولة .
nor *(conj.)* ولا .

noria *(n.)* ناعورة ؛ سانية .
norm *(n.)* نموذج؛ معيار ؛ قاعدة .
normal *(adj.)* (١)سَوِيّ؛عادِيّ(٢)سليم العقل.
Norman *(n.; adj.)* نورمندي .
north *(adv.; adj.; n.)* (١)شمالاً §(٢)شمالي §(٣)الشمال.
norther *(n.)* الشَّمْأل : الريح الشمالية .
northerly *(adj.; adv.)* (١) شَماليّ §(٢) شمالياً ؛ نحو الشمال (٣) من الشمال.
northern *(adj.; n.)* شَماليّ .
Northerner *(n.)* الشَّماليّ : أحد سكان الشمال.
northward; -s *(adv.)* شمالاً ؛ نحو الشمال.
nose *(n.; vt.; i.)* (١) أنف (٢)حاسة الشم §(٣) يشمّ (٤) يتدخل في ما لا يعنيه .
nose bag *(n.)* المِخلاة (تعلّق بعنق الدابة) .
nosegay *(n.)* باقة زهر صغيرة .
nostalgia *(n.)* الوُطان : الحنين إلى الوطن .
nostril *(n.)* المَنْخِر : ثُقْب الأنف .
not *(adv.)* (١) لم ؛ لا ؛ لن (٢) ليس .
notability *(n.)* (١)وجاهة (٢)وجيه القوم .
notable *(adj.; n.)* (١)جديرٌ بالذكر (٢)فذّ؛ بارز §(٣) الوجيه ؛ وجيه القوم .
notary; notary public *(n.)* الكاتب العدل.
notation *(n.)* (١)التَّنويت: التدوين بمجموعة رموز (٢)مجموعة رموز (كالعلامات الموسيقية).
notch *(n.; vt.)* (١)ثَلْم ؛فَلّ §(٢)يثلم ؛ يفلّ .
note *(vt.; n.)* (١)ينتبه إلى (٢)يدوّن (٣)يشير ؛ يلاحظ §(٤)نغمة موسيقية (٥)نداء ؛ صوت. (٦) مجسدة ؛ علامة موسيقية ، «نوتة» (٧)علامة (٨)مذكّرة (٩)تعليق ؛ حاشية (١٠) كمبيالة (١١) ورقة نقدية (١٢)شهرة ؛ بُعد صيت (١٣) ملاحظة ؛ انتباه (١٤)أهمية .
notebook *(n.)* مفكّرة ؛ مذكّرة .
noted *(adj.)* شهير ؛ ذائع الصيت
note paper *(n.)* ورق الرسائل .
noteworthy *(adj.)* جدير بالملاحظة : رائع .
nothing *(n.)* (١)لا شيء (٢)عَدَم ؛ صِفْر .
for ~, (١) مجاناً (٢) بلا سبب .
notice *(n.; vt.)* (١)إنذار ؛ إشعار (٢)انتباه ؛ ملاحظة (٣)بيان ؛ بلاغ §(٤)يلاحظ ؛ يرى الخ.
noticeable *(adj.)* (١)لافتٌ للنظر (٢)يُرَى.
notification *(n.)* (١)إعلام ؛ إشعار (٢)بلاغ
notify *(vt.)* يُعْلِم ؛ يُشْعِر ؛ يُنْذِر ؛ يبلغ .
notion *(n.)* (١) فكرة ؛ انطباعة (٢) نظرية ؛ عقيدة .(٣) نزوة (٤) *pl.* : أدوات صغيرة (كالدبابيس والإبر)
notoriety *(n.)* سوء الشهرة ؛ رداءة السمعة .
notorious *(adj.)* مُشَهَّر ؛ رديء السمعة .
notwithstanding *(adv.; prep.)* (١) ومع ذلك §(٢) على الرغم من .
nought *(n.; adj.)* = naught.
noun *(n.)* الاسم (في علم النحو).
nourish *(vt.)* يغذّي ؛ يُطعم ؛ يُقيت .
nourishing *(adj.)* مُغَذٍّ .
nourishment *(n.)* غذاء ؛ تغذية ؛ اغتذاء .
novel *(adj.; n.)* (١)جديد؛ غريب §(٢)رواية.
novelette *(n.)* رواية قصيرة .
novelist *(n.)* الروائيّ : مؤلّف الروايات .
novelty *(n.)* (١) البِدْع : شيء جديد أو غير مألوف (٢) جِدّة .
November *(n.)* نوفمبر ؛ شهر تشرين الثاني .
novice *(n.)* (١)الراهب قبل التثبيت (٢)المبتدىء.
now *(adv.; conj.)* (١)الآن §(٢) أما وقد .
~ and then أحياناً ؛ بين حين وآخر .
nowadays *(adv.)* في هذه الأيام ؛ في الوقت الحاضر.
nowhere *(adv.)* ليس في أيّ مكان ؛ إلى لامكان.
nowise *(adv.)* البتّة ؛ مطلقاً ؛ بأية حال .
noxious *(adj.)* مؤذٍ ؛ ضارّ ؛ بغيض ؛ ذميم.

nozzle *(n.)* بَزْباز ؛ فم خرطوم المياه .

nuance *(n.)* ظِلٌّ من الفرق ؛ فارق دقيق .

nubbin *(n.)* كوز ذرة صغير أو غير تامّ النموّ .

nuclear *(adj.)* نَوَوِيّ .

nucleus *(n.)* pl.-lei (١) نواة (٢) مركز .

nude *(adj.; n.)* (١) عارٍ ؛ عُرْيان §(٢) عُرْي .

nudge *(vt.; n.)* (١) يَكِز بمرفقه §(٢) وكزة .

nudism *(n.)* العُرْيِيّة ؛ مذهب العُرْي .

nudist *(n.)* العُرْيِيّ : المؤيِّد لمذهب العري .

nugget *(n.)* شَذْرَة ؛ كتلة من معدن نفيس خام .

nuisance *(n.)* أذى ؛ إزعاج ؛ شيء مزعج .

null *(adj.)* (١) باطل ؛ لاغٍ (٢) تافه ؛ عديم القيمة .

nullify *(vt.)* (١) يُبْطِل ؛ يُلْغي (٢) يُحبِط .

nullity *(n.)* (١) بُطْلان (٢) عملٌ باطلٌ قانونياً .

numb *(adj.; vt.)* (١) خَدِر §(٢) يُخَدِّر .

number *(n.; vt.)* (١) عدد (٢) رقم (٣) جماعة ؛ مجموعة (٤) الكميّة (٥) حلقة ؛ عدد (من جريدة أو مجلة) §(٦) يَعُدّ (٧) يُعَدّ (٨) يرقّم .

without ~, لا يُعَدّ ولا يُحصَى .

numberless *(adj.)* لا يُعَدّ أو يُحصَى .

numerable *(adj.)* يُعَدّ : قابلٌ لأن يُعَدّ .

numeral *(adj.; n.)* (١) عَدَدِيّ §(٢) عَدَد .

numeration *(n.)* (١) عدّ (٢) قراءة الأعداد .

numerator *(n.)* (١) البَسْط : صورة الكسر (مثل ٢ في هذا المثل : $\frac{٢}{٥}$) (٢) العادّ ؛ المُحصي .

numerical *(adj.)* عَدَدِيّ .

numerous *(adj.)* عديد ؛ متعدّد ؛ كثير ؛ وافر .

numerously *(adv.)* بكثرة ؛ بوفرة .

numismatics *(n.)* علم النُّمِّيّات : دراسة أو جمع القطع النقدية والمداليات والأوراق المالية الخ .

numskull *(n.)* الأحمق ؛ المغفّل .

nun *(n.)* راهبة .

nuncio *(n.)* السفير البابوي : سفير البابا .

nunnery *(n.)* (١) دير للراهبات (٢) رهبنة نِسْوِية .

nuptial *(adj.; n.)* (١) زواجيّ ؛ زيجيّ . §(٢) *pl.* : عُرْس .

nurse *(n.; vt.)* (١) ظِئْر ؛ مرضعة ؛ حاضنة ؛ مربية (٢) مُمرضة ؛ ممرِّض §(٣) يُرْضِع أو يَتَرضّع من (٤) يربّي (٥) يغذو ؛ يعزّز النموّ .

nursemaid *(n.)* الحاضنة ؛ مربّية الأطفال .

nursery *(n.)* (١) حجرة نوم الطفل (٢) بيت الحضانة (٣) مَشْتَل زراعيّ .

nursery school *(n.)* مدرسة الحضانة .

nursing bottle *(n.)* زجاجة الإرضاع .

nursling *(n.)* (١) رضيع (٢) شَتْلَة ؛ غَرْسَة .

nurture *(n.; vt.)* (١) تنشئة ؛ تربية (٢) غذاء . §(٣) يغذي (٤) يربّي (٥) يرعى ؛ يحضن .

nut *(n.)* (١) جوزة ؛ بندقة (٢) مشكلة ؛ معضلة (٣) صَمولة ؛ حَزَقَة ؛ عزقة (٤) *pl.* : هراء .

off his ~, (١) مخبول (٢) سكران .

nutcracker *(n.)* كسّارة الجوز أو البندق .

nuthatch *(n.)* كاسر الجوز ؛ خازن البندق (طائر) .

nutmeg *(n.)* (١) جوزة الطِّيب (٢) جوز الطِّيب .

nutrient *(adj.)* مُغَذٍّ .

nutriment *(n.)* غذاء ؛ قوت .

nutrition *(n.)* (١) تغذية (٢) اغتذاء (٣) غذاء .

nutritious; nutritive *(adj.)* مُغَذٍّ .

nutshell *(n.)* صدفة الجوزة : غلاف الجوزة .

in a ~, بإيجاز كلّيّ ؛ بكلمات قليلة .

nutty *(adj.)* (١) كثير الجوز ؛ منتجٌ جوزاً (٢) غريب الأطوار (٣) جوزيّ النكهة .

nuzzle *(vi.; t.)* (١) يمرّغ أنفه في التراب (كالخنزير الخ.) (٢) يستكنّ (في دَعَةٍ ودفء) ×(٣) يحكّ بأنفه ؛ يمسّ بأنفه .

nylon *(n.)* النَّيْلُون : مادّة تستخدم في صناعة النسيج واللدائن .

nymph *(n.)* (١) الحورية : إلاهة من إلاهات الطبيعة (٢) فتاة (٣) الحوراء : حشرة في الطور الانتقالي .

O

o *(n.)* الحرف الخامس عشر من الأبجدية الانكليزية.

oaf *(n.)* (١) الساذج (٢) الأبله (٣) الأخرق.

oak *(n.)* (١) البلّوط ؛ السنديان (٢) خشب البلوط.

oaken *(adj.)* بلّوطيّ ؛ سنديانيّ.

oakum *(n.)* المُشاقة : مُشاقة الحبال القديمة.

oar *(n.)* (١) مِجذاف (٢) المجذِّف.

oarlock *(n.)* مِسند المجذاف ؛ بيت المِجذاف.

oarsman *(n.)* المجذِّف ؛ البارع في التجذيف.

oasis *(n.)* pl. **oases** واحة.

oat *(n.)* الشُّوفان ؛ الخرْطال (نبات).

oath *(n.)* (١) يمين ؛ قَسَم (٢) تجديف.

oatmeal *(n.)* دقيق أو طحين الشوفان.

obduracy *(n.)* (١) قسوة الفؤاد (٢) عناد.

obdurate *(adj.)* (١) فظّ ؛ قاسي الفؤاد (٢) عنيد.

obedience *(n.)* إطاعة ، امتثال ؛ إذعان.

obedient *(adj.)* مطيع ؛ ممتثل ؛ مذعن.

obeisance *(n.)* (١) انحناءة احترام (٢) إجلال.

obelisk *(n.)* المَسَلّة : نصبٌ عموديّ رباعيّ الأضلاع.

obelisk

obese *(adj.)* بدين ؛ سَمين.

obesity *(n.)* بدانة ؛ سِمنة.

obey *(vt.; i.)* يطيع ؛ يمتثل.

obituary *(n.)* النَّعْيُ (مرفقاً بترجمة للفقيد).

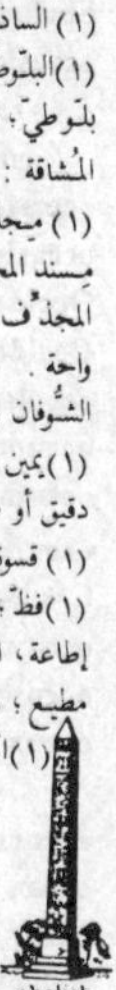

object *(n.; vt.; i.)* (١) شيء (٢) هدف ؛ قصد (٣) المفعول به § (٤) يعترض على ؛ يعارض في.

objection *(n.)* (١) معارضة (٢) اعتراض ؛ رفض.

objectionable *(adj.)* كريه ؛ بغيض.

objective *(adj.; n.)* (١) هدَفيّ : ذو علاقة بالهدف المقصود (٢) مُحَسّ (٣) موضوعيّ غير ذاتيّ (٤) مفعوليّ § (٥) هدف ؛ غرض.

oblation *(n.)* قربان ؛ تَقْدِمة (لغرض دينيّ).

obligate *(vt.)* يُلزِم (أخلاقيّاً أو شرعيّاً).

obligation *(n.)* (١) تعهُّد ؛ التزام (٢) صكّ ؛ سَنَد (٣) واجب (٤) مِنّة (٥) مديونيّة.

obligatory *(adj.)* مُلْزِم ؛ إلزاميّ ؛ إجباريّ.

oblige *(vt.)* (١) يُكْرِه ؛ يُجْبِر ؛ يُلْزِم. (٢) يتفضّل عليه (بجميل أو خدمة).

obliging *(adj.)* لطيف ؛ كريم ؛ ميّال للمساعدة.

oblique *(adj.)* (١) مائل ؛ منحرف (٢) ملتوٍ.

obliquity *(n.)* (١) مَيْل ؛ انحراف (٢) لاأمانة.

obliterate *(vt.)* (١) يطمس (٢) يمحو (٣) يلغي.

oblivion *(n.)* (١) نسيان ؛ سُلوان (٢) عَفْو.

oblivious *(adj.)* (١) كثير النسيان (٢) مُنْسٍ.

(٣) غافل عن ؛ غير واعٍ لِ .

oblong *(adj.; n.)* مستطيل .

obloquy *(n.)* (١) طعن ؛ قَدْح (٢) خِزْي .

obnoxious *(adj.)* (١) عرضة لـ (٢) بغيض ؛ ذميم .

oboe *(n.)* مِزمار .

oboe

obscene *(adj.)* فاحش ؛ داعر ؛ قذِر .

obscenity *(n.)* فُحْش ؛ قذارة .

obscure *(adj.; vt.)* (١) مظلم ؛ قاتم . (٢) غامض (٣) مغمور ؛ غير مشهور § (٤) يحجب ؛ يخفي .

obscurity *(n.)* (١) ظلمة (٢) غموض .

obsequies *(n.pl.)* جنازة ؛ مأتم .

obsequious *(adj.)* متذلّل ؛ خَنوع .

observable *(adj.)* (١) جدير بالملاحظة (٢) ممكنةٌ مُلاحظتُهُ أو رؤيته .

observance *(n.)* (١) تقيُّد بالقانون أو العادة. (٢) مراقبة ؛ ملاحظة (٣) عادة ؛ طَقس ؛ شعيرة.

observant *(adj.)* (١) شديد الانتباه (٢) يَقِظ . (٣) حريص على التقيّد بالقوانين الخ .

observation *(n.)* (١) ملاحظة (٢) انتباه .

observatory *(n.)* (١) مَرْصَد (٢) نقطة مراقبة .

observe *(vt.)* (١) يطيع ؛ يتقيّد بِ (٢) يحتفل بعيد وفقاً للمراسم المألوفة (٣) يرى ؛ يلاحظ .

observer *(n.)* المراقِب .

obsess *(vt.)* (١) يُقلِق (٢) تنتابه الهواجس.

obsession *(n.)* (١) الاستحواذ : تسلّط فكرة أو شعور ما على المرء تسلّطاً مقلقاً (٢) هاجِس .

obsolescent *(adj.)* آيلٌ إلى الاهمال أو الزوال .

obsolete *(adj.)* مُمات ؛ مهجور ؛ مهمَل .

obstacle *(n.)* عَقَبة ؛ عائق ؛ حائل .

obstetrics *(n.)* علم القِبالة : صناعة التوليد.

obstinacy *(n.)* عناد .

obstinate *(adj.)* (١) عنيد (٢) عُضال .

obstruct *(vt.)* يسدّ ؛ يعوق ؛ يعترض ؛ يحجب.

obstruction *(n.)* (١) سدّ ؛ إعاقة (٢) عقبة.

obtain *(vt.; i.)* (١) يُحْرِز × (٢) يَسُود .

obtainable *(adj.)* ممكنٌ إحرازُهُ .

obtrude *(vt.; i.)* (١) يُقحِم × (٢) يتطفّل .

obtrusion *(n.)* (١) إقحام (٢) تطفّل .

obtrusive *(adj.)* (١) ناتىء (٢) فضوليّ .

obtuse *(adj.)* (١) بليد ؛ أبله (٢) منفرجة ؛ منفرج الزاوية (٣) كليل : غير حادّ أو مستدقّ الطرَف.

obverse *(adj.; n.)* (١) مواجِه ؛ مقابل (٢) ضيّق القاعدة § (٣) وجه العملة أو المدالية الخ .

obviate *(vt.)* يتحاشى ؛ يتفادى ؛ يتجنّب .

obvious *(adj.)* واضح ؛ جليّ ؛ بيّن .

obviously *(adv.)* بوضوح ؛ بجلاء .

occasion *(n.)* (١) فرصة ملائمة (٢) مناسبَة. (٣) سبب (٤) حادثة (٥) داعٍ ؛ ضرورة .

on ~, أحياناً ؛ عند الاقتضاء .

occasional *(adj.)* عَرَضيّ ؛ اتفاقيّ .

occasionally *(adv.)* أحياناً ؛ بين الفينة والفينة .

Occident *(n.)* الغرب .

Occidental *(adj.; n.)* (١) غربيّ § (٢) الغربيّ .

occult *(adj.)* سِرّي ؛ غامض ؛ خفيّ ؛ سِحريّ .

occupancy *(n.)* احتلال ؛ امتلاك بوضع اليد .

occupant *(n.)* الشاغل ؛ المستأجر ؛ الساكن ؛ المقيم .

occupation *(n.)* (١) شُغْل (٢) حرفة ؛ مهنة. (٣) تولّي منصب (٤) شَغْلٌ لمنزل (٥) احتلال.

occupied *(adj.)* (١) مشغول (٢) محتَل .

occupy *(vt.)* (١) يَشْغَل (٢) يحتلّ (٣) يستغرق.

occur *(vi.)* (١) يوجَد ؛ يَظْهَر (٢) يَحْدُث . (٣) يخطُر في البال .

occurrence *(n.)* (١) حُدوث (٢) حادثة .

ocean *(n.)* محيط ؛ أوقيانوس .

ocher *(n.)* (١) مَغْرة (٢) لونُ المَغْرة الصفراء.

o'clock *(adv.)* وَفْقاً للساعة ؛ حسب الساعة .

octagon *(n.)* المُثَمَّن : مُثمَّن الزوايا والأضلاع .

octagonal *(adj.)* مُثمَّن: ذو ثماني زوايا وأضلاع.
October *(n.)* أُكتُوبَر؛ شهر تشرين الأول.
octopus *(n.)* الأُخْطُبُوط (حيوان).
ocular *(adj.)* (١) عَيْنِيّ (٢) عِيانيّ.
oculist *(n.)* الكَحّال؛ طبيب العيون.
odd *(adj.)* (١) مُفْرَد (٢) نَيِّف (٣) وَتْرِيّ؛ غير شَفْعِيّ (كالأعداد ٣ و ٥ و ٧) (٤) شاذّ؛ غريب (٥) عَرَضِيّ؛ اتفاقي؛ غير نظاميّ.
oddity *(n.)* (٢) غرابة (٢) شيء غريب.
odds *(n.pl.)* (١) فرق (٢) أفضلية؛ ارجحية.
at ~ with في نزاع أو خصام مع.
odds and ends *(n.pl.)* (١) نثريات (٢) بقايا.
ode *(n.)* القصيدة الغنائية: قصيدة من الشعر الغنائي.
odious *(adj.)* كريه؛ بغيض؛ قبيح.
odium *(n.)* (١) خِزْيٌ؛ عارٌ (٢) بُغْضٌ؛ كُرْه.
odor *or* **odour** *(n.)* (١) رائحة (٢) سمعة.
odorous *(adj.)* (١) عَطِر (٢) كريه الرائحة.
of *(prep.)* (١) أداة إضافة (٢) مِنْ (٣) عن. (٤) بشأن؛ في ما يتعلق بـ.
off *(adv.; prep.; adj.; vi.)* (١) بعيداً (٢) جانباً § (٣) عن (٤) مِن (٥) على حساب (٦) بعيداً عن § (٧) الأبعد (٨) مخطىء (٩) مخبول (١٠) ضئيل (١١) رديء؛ غير طازج § (١٢) انصرف.
badly ~ مُعْوِز؛ في حالة عسرٍ ماليّ.
well ~ مُوسِر؛ في خَفْض من العيش.
offal *(n.)* (١) فضلات الذبيحة (٢) نفايات.
offend *(vi.; t.)* (١) يُذنِب × (٢) يزعج.
offense *or* **offence** *(n.)* (١) إساءة (٢) أذى. (٣) هجوم (٤) استياء (٥) إثم؛ جريمة.
offensive *(adj.; n.)* (١) هجوميّ؛ عدوانيّ. (٢) كريه (٣) مُهين؛ مغضِب § (٤) هجوم.
offer *(vt.; n.)* (١) يقدِّم (٢) يقترح (٣) يُبْدي. (٤) يهدّد (٥) يعرض § (٦) عَرْض.
offering *(n.)* (١) تقديم؛ عَرْض (٢) قربان.
offhand *(adj.; adv.)* مُرتجَل؛ ارتجالاً.
offhanded *(adj.)* مُرتجَل.
office *(n.)* (١) منصِب (٢) *cap.* قُدّاس احتفاليّ (٣) الحُكْم (٤) شعيرة؛ طقس دينيّ (٥) وظيفة (٦) مكتب (٧) وزارة (٨) دائرة.
office boy *(n.)* صبيّ المكتب؛ ساعي البريد.
officer *(n.)* شرطيّ؛ موظّف؛ ضابط؛ رُبّان.
official *(n.; adj.)* (١) موظّف § (٢) رسميّ.
officially *(adv.)* رسمياً؛ بصورة رسمية.
officiate *(vi.)* يؤدّي مهمّة؛ يرئس قدّاساً.
officious *(adj.)* (١) فضوليّ (٢) غير رسميّ.
offing *(n.)* عُرْض البحر.
offset *(n.; vt.)* (١) التواء (٢) عِوَض (٣) الطّباعة بـ «الأوفسيت» § (٤) يوازن؛ يعوّض عن.
offshoot *(n.)* فرعٌ (من نبتة أو أسرة أو عِرق).
offshore *(adj.)* آتٍ من الشاطىء أو بعيدٌ عنه.
offspring *(n.)* (١) ذُرّيّة (٢) نِتاج؛ نتيجة.
oft; often *(adv.)* كثيراً ما؛ في أحوال كثيرة.
oftentimes *or* **ofttimes** *(adv.)* = often.
ogle *(vt.)* يرمق بنظرة غرامية.
ogre *(n.)* (١) غول (٢) شخص أو شيء رهيب.
oil *(n.; vt.)* (١) زيت (٢) نفط (٣) لون زيتيّ (يستخدمه الرسام) (٤) لوحة بالألوان الزيتية § (٥) يلوّث أو يزيّت أو يزوّد بالزيت.
oil-can *(n.)* مِزْيَتَة.
oilcloth *(n.)* قماش مزيّت (للموائد الخ.).
oiler *(n.)* (١) مِزْيَتَة (٢) ناقلة نفط.
oil-man *(n.)* الزيات؛ بائع الزيت.
oil painting *(n.)* التصوير بالزيت؛ صورة زيتية.
oil tanker *(n.)* ناقلة زيت؛ ناقلة نفط.
oil well *(n.)* بئر زيت؛ بئر نفط.
oily *(adj.)* (١) زيتيّ أو ملوّث بالزيت (٢) متملّق.
ointment *(n.)* مَرْهَم.
OK *(adj.; adv.; vt.)* (١) حسن § (٢) يوافق على.

okra 268 opener

okra *(n.)* البامية (نبات) .
old *(adj.; n.)* (١) قديم (٢) بالغٌ سناً معينة. (٣) عجوز §(٤) الماضي ؛ العصور الماضية
~ **age** شيخوخة ؛ هرَم .
olden *(adj.)* قديم ؛ سالف ؛ غابر .
old-fashioned *(adj.)* (١) محافظ (٢) عتيق الطراز .
old maid *(n.)* العانس .
Old Testament *(n.)* التوراة ؛ العهد القديم .
oleander *(n.)* الدِّفلَى : نبتة سامّة عَطِرة .
oligarchy *(n.)* الأوليغاركيّة : حكم القلّة .
olive *(n.; adj.)* (١) زيتون §(٢) زيتونيّ اللون .
Olympiad *(n.)* الأولمبياد .
Olympian; Olympic *(adj.)* أولمبيّ .
omelet *(n.)* الأومليت : عجّة البيض .
omen *(n.)* (١) بشيرٌ ؛ فألٌ (٢) نذيرٌ بنحس .
ominous *(adj.)* مشؤومٌ ؛ منذرٌ بسوء .
omission *(n.)* (١) حذف (٢) شيء محذوف .
omit *(vt.)* يحذف ؛ يُسقِط ؛ يُغفِل ؛ يُهمِل .
omnibus *(n.)* الأومنيبوس ؛ الاوتوبوس .
omnipotent *(adj.)* كلّيّ القدرة .
omnipresent *(adj.)* كلّيّ الوجود .
omniscient *(adj.)* كلّيّ العِلْم .
omnivorous *(adj.)* قارِت : آكل كلّ شيء .
on *(prep.; adv.; adj.)* (١) على ؛ فوق (٢) ضدّ . (٣) في ؛ عن (٤) عندَ ؛ حالَ (٥) بِ ؛ بواسطة (٦) إثرَ §(٧) قُدُماً §(٨) دائر ؛ جارٍ .
~ **and** ~, باستمرار ؛ بغير انقطاع .
once *(adv.; adj.; n.; conj.)* (١) مرّةً (٢) ذات مرة (٣) يوماً (٤) في ما مضى §(٥) سابق ؛ قديم §(٦) مرة أو مناسبة واحدة §(٧) ما إن ؛ حالَما .
all at ~, (١) فجأة (٢) في وقت واحد .
~ **and again** من حين إلى آخر .
~ **for all** مرةً وإلى الأبد .
~ **upon a time** ... يحكى أنه كان في سالف الزمان ...
oncoming *(adj.; n.)* (١) مقترب §(٢) اقتراب .
one *(adj.; pron.; n.)* (١) واحد ؛ واحدة . (٢) ذات (يوم) (٣) وحيد ؛ أوحد §(٤) أحد (٥) المرء ؛ الانسان §(٦) واحد .
~ **by** ~, واحداً فواحداً .
oneness *(n.)* توحُّد ؛ تفرُّد ؛ أحدِيّة .
onerous *(adj.)* مرهِق ؛ شاقّ .
oneself *or* **one's self** *(pron.)* نفسه .
one-way *(adj.)* وحيد الاتجاه .
onion *(n.)* (١) البَصَل (٢) بَصَلة .
onlooker *(n.)* المشاهد ؛ المتفرج .
only *(adj.; adv.; conj.)* (١) وحيد §(٢) فقط ؛ فحسب §(٣) لكنْ (٤) إلاّ أنّ (٥) لولا أنّ .
onrush *(n.)* اندفاع ؛ تدفّق ؛ هجوم .
onset *(n.)* (١) هجوم (٢) بداية ؛ مُستَهَلّ .
onslaught *(n.)* انقضاض ؛ هجومٌ ضارٍ .
onward *(adv.; adj.)* إلى الأمام .
onwards *(adv.)* إلى الأمام .
onyx *(n.)* الجَزْع : العقيق اليماني .
ooze *(n.; vi.)* (١) الرَّدْغة : راسبٌ من طين في قعر المحيط (٢) مستنقع ؛ سَبْخة (٣) النازّ ؛ المتحلِّب : شيء ينزّ أو يتحلّب §(٤) ينزّ ؛ يتحلّب ؛ يرشح (٥) يتسرّب (٦) يضمحلّ .
opal *(n.)* الأوبال : حجر كريم .
opaque *(adj.)* (١) أكمد ؛ غير شفاف (٢) مُبْهَم .
open *(adj.; vt.; i.; n.)* (١) مفتوح (٢) صريح ؛ غير متحفّظ (٣) عُرضة لـ (٤) تحت البحث (٥) كريم ؛ سخيّ (٦) منفتح §(٧) يفتح (٨) يشقّ (٩) يبدأ × (١٠) ينفتح §(١١) فتحة ؛ ثغرة (١٢) أرض مكشوفة .
the ~, (١) الهواء الطّلق (٢) عُرض البحر .
open air *(n.)* العَراء ؛ الهواء الطّلْق .
opener *(n.)* فتّاحة العُلَب أو الزجاجات .

openhanded *(adj.)* كريم ؛ سخيّ ؛ مبسوط اليد .

opening *(n.)* (١) فتح (٢) تفتّح (٣) افتتاح رسمي (٤) فتحة ؛ ثغرة (٥) فرصة ملائمة .

open-minded *(adj.)* منفتح العقل .

opera *(n.)* (١) أوبرا ؛ مُغَنّاة (٢) دار الأوبرا .

opera house *(n.)* (١) دار الأوبرا (٢) المسرح .

operate *(vi.; t.)* (١) يَعْمَل (٢) يؤثّر ؛ يُحْدِث أثراً ملائماً (٣) يُجري (عمليةً جراحيّة) (٤) يُعْمِل ؛ يُشَكِّل (٥) يُدير .

operation *(n.)* (١) عمل (٢) عملية جراحية الخ .

operative *(adj.; n.)* (١) فعّال ؛ مؤثّر (٢) نافذ المفعول (٣) جراحيّ § (٤) عامل ميكانيكي .

operator *(n.)* الميكانيكي العامل الميكانيكي .

operetta *(n.)* الأوبريت : أوبرا قصيرة خفيفة .

opiate *(n.)* (١) المستحضَر الافيوني (٢) مخدِّر .

opine *(vt.; i.)* يرتئي ؛ يعتقد .

opinion *(n.)* (١) رأي (٢) اعتقاد .

opinionated *(adj.)* عنيد ؛ متشبِّث برأيه .

opium *(n.)* الأفيون : مخدِّر معروف .

opossum *(n.)* الأبوسوم : حيوان أميركي .

opponent *(n.)* خصم .

opportune *(adj.)* ملائم ؛ في وقته أو محلّه .

opportunism *(n.)* الانتهازيّة .

opportunist *(adj.; n.)* انتهازيّ .

opportunity *(n.)* فرصة ؛ مناسبَة .

oppose *(vt.)* يقاوم ؛ يعارض .

opposite *(n.; adj.; prep.)* (١) الضِّدّ ؛ النّقيض § (٢) مواجِه ؛ مقابل (٣) متقابل (٤) متضادّ (٥) معاكس § (٦) أمام ؛ تجاه .

opposition *(n.)* (١) مقاومة (٢) معارضة .

oppress *(vt.)* (١) يضطهد (٢) يغِمّ ؛ يُحزِن .

oppression *(n.)* (١) ظلم ؛ اضطهاد (٢) غمّ .

oppressive *(adj.)* (١) ظالم ؛ جائر (٢) مضايق .

opprobrious *(adj.)* (١) محقِّر (٢) مُخزٍ .

opprobrium *(n.)* خِزْي ؛ عار .

optic; -al *(adj.)* بَصَريّ .

optician *(n.)* النظّاراتيّ : صانع النظارات أو بائعها .

optics *(n.)* البَصَريات : علم البصريات .

optimism *(n.)* (١) التفاؤليّة (٢) التفاؤل .

optimist *(n.)* المتفائل : الميّال للتفاؤل .

optimistic; -al *(adj.)* (١) متفائل (٢) تفاؤليّ .

option *(n.)* (١) اختيار (٢) حريّة الاختيار .

optional *(adj.)* اختياريّ ؛ غير إلزاميّ .

opulence *(n.)* (١) ثروة ؛ غنى (٢) وفرة .

opulent *(adj.)* (١) غنيّ (٢) وافر ؛ غزير .

or *(conj.)* (١) أو (٢) أمْ ... (٣) وإمّا ؛ أو .

oracle *(n.)* (١) وسيط الوحي (٢) المَوْحَى ؛ مَهبط الوحي (٣) الوحي الإلهي (٤) المشاوَر الحكيم الموثوق .

oracular *(adj.)* وَحْيِيّ ؛ نُبُوئِيّ .

oral *(adj.)* (١) شَفَهِيّ ؛ ملفوظ (٢) فَمِّيّ .

orange *(n.)* (١) البرتقال (٢) برتقالة .

orangeade *(n.)* عصير البرتقال المُحلّى .

orangutan *(n.)* إنسان الغاب : ضرب من القِرَدة .

oration *(n.)* خُطْبة ؛ خطاب رسميّ .

orator *(n.)* الخطيب : شخص يجيد الخطابة .

oratory *(n.)* (١) مُصَلّى (٢) خطابة .

orb *(n.)* (١) جِرم سماويّ (٢) كُرَة .

orbit *(n.)* مَدار ؛ فَلَك .

orbital *(adj.)* مَداريّ .

orchard *(n.)* (١) بستان (٢) أشجار البستان .

orchestra *(n.)* الأوركسترا : الفرقة الموسيقية .

orchid *(n.)* السَّحْلَبِيّة (نبات) .

ordain *(vt.; i.)* (١) يرسمه أو يسيمه كاهناً (٢) يقدِّر على × (٣) يقضي ؛ يأمر ؛ يُصدِر أمراً .

ordeal *(n.)* مِحنَة .

order *(n.; vt.; i.)* (١) أخَوِيّة ؛ رهبنة (٢) درجة كهنوتيّة (٣) طبقة ؛ جماعة (٤) رتبة (٥) طراز

(٦) حالة (٧) ترتيب (٨) نظام (٩) أمر (١٠)حوالة (١١)طلب تجاري §(١٢)يرتّب ؛ ينظّم (١٣)يأمر (١٤)يطلب.

in ~ to لكي ؛ لأجل .

orderly *(adj.;n.)* (١)منظّم ؛ مرتّب (٢)محافظ على النظام §(٣) الحاجب ؛ الوصيف ؛ جنديّ مخصّص لخدمة ضابط (٤) الممرِّض .

ordinal *(n.; adj.)* (١) العدد الترتيبيّ §(٢) ترتيبيّ .

ordinance *(n.)* (١)أمر (٢)قانون محليّ .

ordinarily *(adv.)* (١)بصورة عادية (٢)عادةً .

ordinary *(adj.)* (١)مألوف ؛ معتاد (٢)عاديّ .

ordination *(n.)* رِسامة الكاهن أو تنصيبه .

ordnance *(n.)* مدفع ؛ مدفعيّة .

ordure *(n.)* غائط ؛ قذر .

ore *(n.)* رِكاز ؛ خامة ؛ معدنٌ خام .

oread *(n.)* الأريادة : حورية الجبال والهضاب.

organ *(n.)* (١)الأُرْغُن : آلة موسيقية (٢)عضو (٣)أداة (٤)جريدة ناطقة بلسان الحزب.

organdy *(n.)* الأورغنديّ: قماش شفاف .

organic *(adj.)* عُضْويّ .

organism *(n.)* (١)الكائن الحيّ (٢) نظام .

organist *(n.)* الأرغنيّ : العازف على الأرغن .

organization *(n.)* تنظيم ؛ نظام ؛ منظّمة .

organize *(vt.)* ينظّم ؛ ينشىء ؛ يؤسّس .

orgy *(n.)* قصفٌ ؛ لهوٌ مُعربِد.

oriel *(n.)* مَشربيّة ؛ نافذة ناتئة

oriel

Orient *(n.)* المَشرِق ؛ الشَّرق.

Oriental *(adj.; n.)* مَشْرِقيّ

orientalist *(n.)* المستشرِق.

orientation *(n.)* توجيه .

orifice *(n.)* فتحة ؛ ثقب ؛ فُوهة .

origin *(n.)* (١)نشوء ؛ ظهور (٢)أصل ؛ مصدر .

original *(adj.; n.)* (١) أصليّ (٢) جديد ؛ مبتكَر (٣)أصيل §(٤)الأصل ؛ النسخة الأصليّة.

originality *(n.)* (١)جِدّة ؛ طرافة (٢)أصالة.

originally *(adv.)* (١)أصلاً (٢)بصورة أصيلة.

originate *(vt.; i.)* (١)يُنشئ × (٢)يبدأ ؛ ينشأ.

oriole *(n.)* الصُّفارية ؛ الصافر (طائر).

oriole

orison *(n.)* صلاة .

ornament *(n.; vt.)* (١)حِلية ؛ زينة ؛ زخرف. (٢)زخرفة §(٣)يزخرف.

ornamental *(adj.)* زِينيّ ؛ زخرفيّ .

ornate *(adj.)* (١)منمّق (٢) مزخرَف .

ornithology *(n.)* علم الطيور أو بحثٌ فيه .

orphan *(n.; vt.)* (١)يتيم §(٢)يُيتِّم .

orphanage *(n.)* (١)يُتْم (٢)ميتَم .

orthodox *(adj.)* (١)راشد ؛ قويم الرأي أو المعتقد. (٢) مألوف ؛ تقليديّ (٣) أرثوذكسيّ .

orthography *(n.)* ضبط التهجئة ؛ علم الاملاء.

oscillate *(vi.)* (١)يتذبذب (٢)يتقلّب .

osier *(n.)* صفصاف السلاّلين أو غصن منه .

osprey *(n.)* العُقاب النُّسارية (طائر) .

ossify *(vi.; t.)* يتحوّل أو يحوّل إلى عظم .

ostensible *(adj.)* ظاهريّ ؛ مزعوم ؛ غير حقيقيّ.

ostentation *(n.)* تفاخُر ؛ تباهٍ.

ostentatious *(adj.)* (١)متفاخر (٢)تفاخريّ.

ostracize *(vt.)* (١)ينفي (٢)ينبذ (من المجتمع).

ostrich *(n.)* نعامة .

other *(adj.; n.; adv.)* (١)آخَر ؛ أُخرَى ؛ آخَرُون (٢)ماضٍ §(٣)الآخَر §(٤)غير .

on the ~ hand من ناحية أخرى .

otherwise *(adv.; adj.)* (١) بطريقة أخرى . (٢)وإلاّ (٣)من نواحٍ أخرى §(٤)مختلِف .

otter *(n.)* القُضاعة ؛ ثعلب الماء أو فَرْوُهُ .

ottoman *(n.; adj.)* (١) *cap.* : العُثماني ؛ التركي (٢) «أ» متّكأ . «ب» مسند القدم § (٣) *cap.* : عثماني .
ought *(v. aux.)* (١) يجب (٢) يُتوقَّع ؛ يُحتمَل .
ounce *(n.)* الأونس : وحدة وزن تساوي ٣١ غراماً .
our *(adj.)* «نا» ؛ مِلكُنا ؛ خاصّتنا .
ours *(pron.)* مِلكُنا ؛ خاصّتنا .
ourselves *(pron. pl.)* (١) أنفسُنا (٢) نحن .
oust *(vt.)* يطرد ؛ يُخرج .
out *(adv.; vt.; i.; adj.)* (١) خارجاً ؛ إلى الخارج § (٢) يُخرِج (٣) يصرع × (٤) يَذيع ؛ ينتشر § (٥) خارجيّ (٦) بعيد ؛ ناءٍ (٧) مخطىء .
~ of breath لاهث ؛ مقطوع النفَس .
~ of curiosity بدافع الفضول .
~ of date عتيق الزِّيّ أو الطّراز .
~ of money فارغ الجيب ؛ يُعْوِزه المال
~ of print نافد : نفدت طبعتُهُ .
~ of sight غائب عن النظر .
~ of sorts متوعّك ؛ منحرف الصحّة .
out-and-out *(adj.)* (١) صريح (٢) مئة بالمئة .
outbalance *(vt.)* يرجَح ؛ يفوقه وزناً أو قيمة .
outbid *(vt.)* يعرض ثمناً أعلى من غيره .
outbreak *(n.)* (١) اندلاع ؛ انتشار (٢) ثورة .
outbuilding *(n.)* المبني الإضافي .
outburst *(n.)* انفجار ؛ تفجّر ؛ هَيَجان .
outcast *(n.; adj.)* منبوذ .
outcaste *(n.)* المنبوذ (في الهند) .
outclass *(vt.)* يبزّ : يتفوّق على .
outcome *(n.)* نتيجة ؛ حصيلة .
outcry *(n.)* (١) صيحة عالية (٢) احتجاج عنيف .
outdistance *(vt.)* يسبق ؛ يَبُزّ .
outdo *(vt.)* يفوق ؛ يبزّ على ؛ يتغلّب على .
outdoor *(adj.)* خَلَويّ ؛ في الهواء الطلق .
outdoors *(adv.)* في أو إلى الهواء الطلق .
outer *(adj.)* خارجيّ .
outermost *(adj.)* الأقصى ؛ الأبعد .
outfit *(n.; vt.)* (١) عُدّة ؛ تجهيزات § (٢) يجهز .
outflank *(vt.)* يلتفّ حول (جيش العدو) .
outflow *(n.)* (١) تدفُّق (٢) دَفْق .
outgo *(n.)* نَفَقَة ؛ مصروف .
outgoing *(adj.)* منصرف ؛ راحل ؛ منسحبٌ .
outgrow *(vt.)* (١) يفوقه في النموّ (٢) يكبر بحيث تضيق ملابسه عليه (٣) يتخلص (من شيء) مع الزمن (٤) يكبر إلى حدّ الاستغناء عن كذا .
outgrowth *(n.)* (١) نموّ (٢) نامية (٣) نتيجة .
outing *(n.)* نزهة .
outlandish *(adj.)* (١) أجنبيّ (٢) غريب .
outlast *(vt.)* يصمد أكثر من غيره .
outlaw *(n.; vt.)* (١) المحروم من حماية القانون . (٢) المجرم § (٣) يحرِمه حمايةَ القانون (٤) يحرّم (٥) يُبْطِل .
outlay *(n.)* (١) إنفاق (٢) نَفَقَة ؛ مبلغ يُنفَق .
outlet *(n.)* مَخْرَج ؛ مَنْفَذ ؛ مُتَنَفَّس .
outline *(n.)* (١) مختصر ؛ موجز (٢) مخطَّط تمهيدي
outlive *(vt.)* (١) يعمّر أكثر من (٢) يعيش أو يَسلم إلى ما بعد زوال شيء الخ .
outlook *(n.)* (١) مَطَلّ ؛ مَشْرَف (٢) منظر (٣) استشراف ؛ وجهة نظر (٤) المستقبل المتوقَّع .
outlying *(adj.)* ناءٍ ؛ قصيّ ؛ بعيد عن المركز .
outmaneuver *(vt.)* يفوقه براعةً في المناورات .
outmatch *(vt.)* يَبُزّ ؛ يفوق ؛ يبرز على .
outmoded *(adj.)* (١) مُبطَل الزيّ (٢) مهجور
outnumber *(vt.)* يفوقه عدداً .
out-of-door;-s *(adj.)* =outdoor.
out-of-the-way *(adj.)* بعيد ؛ ناءٍ ؛ غير مطروق
outpost *(n.)* (١) مخفر أماميّ (٢) قاعدة أمامية .
outpouring *(n.)* (١) انهمار ؛ تدفّق (٢) دَفْق .
output *(n.)* نِتاج ؛ محصول ؛ مردود .

outrage 272 **overgrowth**

outrage *(n.; vt.)* (١) اعتداء ؛ انتهاك .
§(٢) يزدري بـ (٣) ينتهك حرمة القانون أو الحشمة.
outrageous *(adj.)* شائن ؛ فاضح ؛ شنيع .
outright *(adv.; adj.)* (١) كُلِّيَّةً ؛ بِرُمَّتِهِ .
(٢) بصراحة ؛ بغير تحفّظ (٣) فوراً §(٤) تامّ .
outrun *(vt.)* (١) يسبق (٢) يتجنّب .
outset *(n.)* (١) بدء (٢) بداية ؛ مستهلّ .
outshine *(vt.)* (١) يفوقه بريقاً (٢) يكسف ؛ يبزّ .
outside *(n.; adj.; adv.; prep.)* (١) الخارج ؛
الجزء الخارجيّ (٢) الحدّ الأقصى §(٣) خارجيّ
(٤) أقصى ؛ أبعد §(٥) خارجاً ؛ من الخارج ؛
في الخارج (أو الى خارج) كذا §(٦) خارجَ .
outsider *(n.)* (١) الدّخيل ؛ الغريب (٢) فرس
ضئيل الحظّ من الفوز .
outskirts *(n.pl.)* ضواحي (المدينةِ) .
outspoken *(adj.)* صريح .
outspread *(vt.; adj.)* (١) يمدّ §(٢) ممدود .
outstanding *(adj.)* (١) ناتىء (٢) لم يُدفع .
(٣) معلّق ؛ غير مبتوت فيه (٤) بارز ؛ رائع .
outstretch *(vt.)* يمدّ ؛ ينشر .
outstrip *(vt.)* يسبق ؛ يبزّ ؛ يبرز على .
outward *(adj.; adv.)* خارجيّ ؛ إلى الخارج .
outwardly *(adv.)* (١) ظاهرياً (٢) خارجياً .
outwear *(vt.)* (١) يُبلي (٢) يدوم أكثر من .
outweigh *(vt.)* يرجح ؛ يفوقه وزناً أو قيمةً .
outwit *(vt.)* يخدعه أو يفوقه حيلةً ودهاءً .
outworks *(n.pl.)* تحصينات خارجية .
outworn *(adj.)* (١) رثّ ؛ بالٍ (٢) مبتذل .
oval *(adj.)* بَيْضَوِيّ ؛ اهليلجيّ .
ovary *(n.)* (١) المَبيض (٢) مبيض النبات .
ovation *(n.)* احتفاء ؛ ترحيب حماسيّ .
oven *(n.)* فُرن ؛ تَنُّور .
over *(adv.; prep.)* (١) فوق (٢) زيادة ؛ نيّف .
(٣) برمّته (٤) انقضى ؛ انتهى (٥) مَلِيّاً ؛ بعناية
(٦) مرةً أخرى §(٧) أكثر من (٨) على
(٩) في طول كذا وعرضِهِ (١٠) طوال .
~ again مرةً أخرى ؛ من جديد .
~ and ~, تكراراً .
overact *(vt.)* يبالغ (في تمثيل دوره المسرحيّ).
overalls *(n.pl.)* الرّداء السّروالي.
overawe *(vt.)* يُرهِب ؛ يهوّل على .
overbalance *(vt.)* (١) يرجح
على (٢) يُفقِده توازنه .
overbearing *(adj.)* (١) مستبدّ .
(٢) متغطرس .

overalls

overboard *(adv.)* (١) مِنْ فوق جانب المركب
إلى البحر (٢) جانباً .
overburden *(vt.)* يحمّله ما لا يطيق .
overcast *(adj.)* مُظلِم ؛ مُلبَّد بالغيوم .
overcharge *(vt.; n.)* (١) يطلب منه ثمناً باهظاً .
(٢) يحمّله أكثر ممّا يطيق §(٣) ثمن فاحش .
overcloud *(vt.; i.)* يلبّد أو يتلبّد بالغيوم .
overcoat *(n.)* مِعْطَف .
overcome *(vt.)* يقهر ؛ يهزم ؛ يتغلّب على .
overcrowd *(vt.)* يكظّ ؛ يملأ بالناس .
overdo *(vt.; i.)* (١) يُفرِط في (٢) يبالغ .
(٣) يبالغ في طهوِ شيء (٤) يُنهِك ؛ يرهِق.
overdose *(n.)* جرعة مفرطة .
overdraft *(n.)* (١) سَحْب على بنك بمبلغ أكبر
من رصيد الساحب (٢) المبلغ المسحوب .
overdraw *(vt.)* (١) يفرط في السَّحب (٢) يبالغ.
overdue *(adj.)* متأخر ؛ فات موعده .
overestimate *(vt.)* يغالي في التقدير.
overflow *(vt.; i.; n.)* (١) يَغمر ؛ يُغرِق.
×(٢) يفيض ؛ يطفح §(٣) فيضان (٤) فائض.
overgrown *(adj.)* (١) مفرط النموّ (٢) مكسوّ بـ .
overgrowth *(n.)* إفراط في النموّ .

overhang 273 overwhelming

overhang *(vt.; i.; n.)* (١) يتدلّى (أو ينتأ) مُشرِفاً على (٢) يهدّد §(٣)جزء متدلٍّ الخ.
overhaul *(vt.; n.)* (١) يفحص بعناية . (٢) يُصْلِح (٣)يلحق بـ §(٤)فحص دقيق.
overhead *(adv.; adj.; n.)* (١) فوق ؛ فوق الرأس §(٢) فوقيّ ؛ علويّ §(٣) سقف .
overhear *(vt.; i.)* . يسمع مصادفةً أو استراقاً .
overland *(adv.; adj.)* (١)برّاً §(٢)برّيّ .
overlap *(vt.; i.)* (١) يتخطى ×(٢)يتداخل ؛ يتراكب ؛ يتشابك (٣)يحدث في وقت واحد.
overlay *(vt.)* يغشّي ؛ يكسو (بطبقة ما).
overload *(vt.)* . يحمّل بإفراط أو فوق الطاقة .
overlook *(vt.)* (١)يطلّ ؛ يشرف على (٢)يَغفل عن (٣)يُهْمِل (٤)يتغاضى عن (٥)يراقب.
overlord *(n.)* . سيّد أعلى ؛ حاكم مطلَق .
overmaster *(vt.)* يغلب ؛ يهزم ؛ يقهر .
overmatch *(vt.)* . يبزّ ؛ يفوق ؛ يهزم .
overmuch *(adj.; adv.)* . مُفْرِط ؛ بإفراط .
overnight *(adv.; adj.)* (١)طوالَ الليل (٢)أثناء الليلة الفائتة (٣)بين عشيّة وضحاها §(٤)ليليّ .
overpower *(vt.)* يغلب ؛ يهزم ؛ يُخضع .
overproduction *(n.)* . فَرْط الانتاج .
overrate *(vt.)* . يبالغ في التقدير .
overreach *(vt.)* . (١) يتخطى ؛ يتجاوز . (٢) يخدع ؛ يمكر بـ ؛ يحتال على .
override *(vt.)* (١)يقطع أو يجتاز (وبخاصة وهو راكب)(٢)يدوس (٣)يلغي (٤)يتجاهل.
overrule *(vt.)* . (١) يفرض نفوذه على (٢)يتحكّم بـ (٣)ينقض ؛ يفسخ ؛ يحكم ضدّ .
overrun *(vt.)* (١)يجتاح ؛ يسحق ؛ يكتسح ؛ يغزو (٢) يسبقه في العدو (٣) يتجاوز ؛ يتخطى (٤) يَغمر .
oversea *(adj.; adv.)* = overseas.
overseas *(adv.; adj.)* . (١) عَبْر البحار §(٢) واقع عبر البحار (٣) خارجيّ .
oversee *(vt.)* . يراقب ؛ يشرف على ؛ يفحص.
overseer *(n.)* . المراقب ؛ ملاحظ العمال .
overshadow *(vt.)* . يلقي ظلاً على ؛ يجعله مُعتِماً.
overshoe *(n.)* = galosh.
overshoot *(vt.)* (١) يرمي طويلاً ؛ يجاوز الهدف (٢) يتطرّف (٣) يبزّه في الرّماية .
oversight *(n.)* . (١)مراقبة ؛ إشراف (٢)سهو.
oversize or **oversized** *(adj.)* أكبر من المعتاد
oversleep *(vi.)* . يستغرق في النّوم .
overstate *(vt.)* . يبالغ أو يغالي في .
overstep *(vt.)* . يتجاوز ؛ يتخطّى (الحدود) .
overstrain *(vt.; n.)* . (١)يُرْهِق §(٢)إرهاق.
overstuff *(vt.)* (١)يُتْخِم (٢)ينجّد (كرسياً).
overt *(adj.)* . عليّ ؛ صريح .
overtake *(vt.)* . (١)يُدرك ؛ يلحق بـ (٢)يباغت.
overtax *(vt.)* . يُرْهِق (وبخاصة بالضرائب) .
overthrow *(vt.; n.)* . (١) يَقْلِب (٢)يهزم (٣)يُسقِط §(٤)هزيمة (٥)إسقاط أو سقوط .
overtime *(n.; adj.; adv.)* (١)ساعات العمل الإضافيّة أو أجرُها §(٢)إضافيّ §(٣)إضافياً.
overtop *(vt.)* . (١)يعلو (شيئاً) (٢)يفوق ؛ يبزّ .
overture *(n.)* . (١)عَرْض ؛ اقتراح ؛ مفاتـحَة (٢)تمهيد ؛ مقدمة (٣)الاستهلال الموسيقي.
overturn *(vt.; i.)* . (١)يَقْلِب ×(٢)ينقلب .
overweening *(adj.)* . مَزْهُوّ بنفسه ؛ متعجرف .
overweigh *(vt.)* (١)يَرْجَح : يكون أرجح منه وزناً (٢) يرهقه أو يحمّله ما لا يطيق .
overweight *(n.; adj.)* (١) وزن زائد عن المطلوب أو المسموح به (٢) حِمل ثقيل §(٣) أثقل من الضروري أو المسموح به .
overwhelm *(vt.)* . (١) يَغْمُر ؛ يُغْرِق (٢) يسحق ؛ يَقهر (٣) يُرْبِك .
overwhelming *(adj.)* . (١)غامر (٢)ساحق.

overwork *(vt.; i.; n.)* (١)يُجهِد ؛ يُرهِق بالعمل ×(٢) يُجهد نفسَه بالعمل §(٣)عمل شاقّ (٤) عملٌ إضافيّ.

overwrought *(adj.)* (١)مُجْهَدٌ (٢)مُثار أو مُهتاج إلى حدّ بعيد (٣) منمَّق بإفراط.

ovoid; -al *(adj.)* بيضيّ الشكل.

ovule *(n.)* (١) بُذَيْرَة (٢) بُيَيْضَة.

ovum *(n.)* pl. **ova** بُيَيْضَة.

owe *(vt.; i.)* (١)يكِنّ أو يُضمِر له (٢)يكون مَديناً له بـ (٣) يَدين بكذا لـ . . .

owing *(adj.)* مستحقّ الدفع ؛ مطلوب.

owing to *(prep.)* بسبب ؛ بداعي.

owl *(n.)* بومة.

owl

owlet *(n.)* البُوَيْمَة : بومة صغيرة.

own *(adj.; vt.; i.)* (١)خاصّتُه ؛ مِلكُه §(٢)يَملِك (٣) يعترف بـ.

ox *(n.)* pl. **oxen** ثَوْر.

oxford *(n.)* حذاء أكسفورد : حذاءٌ خفيض.

oxidation *(n.)* (١)أكْسَدَة (٢)تأكسُد.

oxide *(n.)* أُكْسِيد (في الكيمياء).

oxidizable *(adj.)* قابل للتأكسد أو الأكسدة.

oxidize *(vt.; i.)* (١) يُؤكسِد (٢) يكسوه بالصدأ×(٣)يتأكسد (٤) يصدأ.

oxygen *(n.)* الأكسجين.

oxygenate *(vt.)* يُؤكسِج : يُشبِع أو يمزج أو يزوِّد بالأكسجين.

oxygenated *(adj.)* مُؤكسَج.

oyster *(n.)* المَحار (من الرخويات البحريّة).

ozone *(n.)* الأوزون: شكلٌ من أشكال الأكسجين.

park

p *(n.)* الحرف السادس عشر من الأبجدية الانكليزية .

pace *(n.; vi.; t.)* (١) سرعة السَّير أو العَدْو . (٢) طريقة الخطو أو السير (٣) خطوة (٤) خَبَب § (٥) يمشي الهوينا أو بخطى موزونة (٦) يخبّ ، يعدو خَبَباً × (٧) يقيس بالخطو (٨) يَذْرع المكانَ جيئةً وذهوباً (٩) يعيّن سرعة الانطلاق لفارس أو عدّاء .

pacific *(adj.)* (١) سِلْمِيّ ؛ مُسالم (٢) هادىء .

pacify *(vt.)* (١) يهدّىء (٢) يُشبع (رغبةً) .

pack *(n.; vt.)* (١) صُرّة ؛ حُزْمة ؛ رُزْمة ؛ علبة (٢) حِمْل (٣) مقدار وافر (٤) مجموعة كاملة من ورق اللعب (٥) مجموعة (٦) كِمادة § (٧) يَحْزم ؛ يرزم (٨) يوضّب (٩) يعلّب (١٠) يحمّل (١١) يحشر (١٢) يملأ (١٣) يسدّ .

package *(n.)* صُرّة ؛ رُزْمة ؛ طَرْد بريديّ .

packet *(n.)* (١) سفينة (٢) رزمة صغيرة .

packing *(n.)* (١) رَزْم ؛ تَعبئة (٢) حَشْوة .

packthread *(n.)* المَصِيص : خيط قِنّبيّ .

pact *(n.)* (١) ميثاق (٢) معاهدة .

pad *(n.; vt.)* (١) دِثار ، وسادة رقيقة (٢) لِبادة (٣) ضِمادة (٤) مِخْتَمة (٥) قدم الحيوان (٦) إضمامة ورق (٧) مِنصّة الإطلاق § (٨) يحشو ؛ يُبَطّن (٩) يطيل بالحشو .

padding *(n.)* (١) حَشْوَة (٢) حَشْو .

paddle *(n.; vi.)* (١) مِجذاف (٢) مِحراك (٣) أحد الألواح الخشبية العريضة المثبّتة في محيط الناعورة § (٤) يجذّف .

paddock *(n.)* المُسْتَراد : حقل صغير قرب منزل أو اصطبل لترويض الخيل .

padlock *(n.; vt.)* (١) قُفْل § (٢) يُقفِل .

padre *(n.)* قِسّيس

paean *(n.)* أنشودة الشكر أو التسبيح أو النصر .

pagan *(n.; adj.)* وثنيّ .

paganism *(n.)* (١) الوثنيّة (٢) دِين وثني .

page *(n.; vt.)* (١) غلام الفارس (٢) الوصيف . (٣) خادم ذو بزّة مميزة (٤) صفحة § (٥) يرقّم .

pageant *(n.)* (١) مهرجان (٢) موكب .

pageantry *(n.)* (١) مهرجان ؛ موكب (٢) أُبّهة .

pagoda *(n.)* الباغودة : هيكل أو معبد .

paid *past and past part. of* pay.

pail *(n.)* دَلْو ؛ سَطْل .

pailful *(n.)* ملءُ دلو أو سَطْل

pain *(n.; vt.; i.)* (١) عقوبة (٢) ألم (٣) أسىً .

(٤) *pl.* : المخاض :آلام الولادة (٥) *pl.* : جهد §(٦) يؤلم .

to spare no ~s, لا يألو جهداً.

to take ~s يبذل جهداً عظيماً .

painful *(adj.)* مؤلم؛ موجِع؛ مُحزِن .

painless *(adj.)* غير مؤلم ؛ بلا ألم .

paint *(vt.; i.; n.)* (١)يلون؛ يصبغ (٢)يدهن؛ يطلي (٣)يصور؛ يرسم×(٤)يتبرج§(٥)دهان؛ طلاء (٦) صِبغ أو مستحضر تجميلي .

painter *(n.)* الرسّام ؛ الدهّان .

painting *(n.)* (١)صورة زيتيّة (٢) دَهْن . (٣) تصوير زيتيّ .

pair *(n.; vt.; i.)* (١)زوج (٢)اثنان (٣)زوجان؛ خطيبان§(٤)يقرِن × (٥) يقترن .

pajamas *(n.pl.)* منامة ؛ بيجامة .

palace *(n.)* (١) بلاط (٢) قصر .

palanquin *(n.)* مِحَفّة .

palatable *(adj.)* سائغ ؛ لذيذ المذاق .

palanquin

palatal *(adj.)* حَنَكيّ .

palate *(n.)* (١) الحَنَك (٢) حاسّة الذوق .

palatial *(adj.)* بَلاطيّ؛ قصريّ؛ فخم .

palaver *(n.; vi.)* (١) مناقشة؛ حديث؛ محاورة. (٢)هَذَر ، لَغْو§(٣)يهذر؛ يلغو؛ يثرثر .

pale *(adj.; vi.; t.; n.)* (١)شاحب (٢)باهت §(٣)يَشْحُب، يَبْهُت ×(٤)يُشحِب؛ يُبهِت (٥) يُسيِّج §(٦) وَتِد (من أوتاد السياج) (٧) حظيرة (٧) نطاق ؛ حدود .

palette *(n.)* الملْوَن ؛ لوحة ألوان الرسّام .

paling *(n.)* سِياج .

palisade *(n.)* (١) سِياج من أوتاد خشبيّة . (٢) أجراف شاهقة شديدة التحدّر .

pall *(n.; vi.)* (١)غطاء النعش (٢)حجاب قاتم كثيف§(٣)يصبح تافهاً أو بغيضاً أو مُملاً .

pallet *(n.)* حشيّة قش ؛ فراش قش .

palliate *(vt.)* (١) يلطّف (٢) يبرّر جزئياً .

palliative *(adj.; n.)* ملطّف ؛ مسكّن ؛ مخفّف .

pallid *(adj.)* شاحب .

pallor *(n.)* شحوب ؛ امتقاع في اللون .

palm *(n.; vt.)* (١)نخلة (٢)سَعَف النخل بوصفه رمزاً للنصر (٣) نَصْر ؛ ظَفَر (٤) راحة اليد §(٥) يخفي في راحة اليد أو بها (٦)يخدع.

to bear (carry off) the ~, ينتصر .

palmetto *(n.)* البَلْميط : نخل مِروحيّ السَّعَف.

palmistry *(n.)* قراءة (خطوط) الكف .

palmy *(adj.)* (١) كثير النخيل (٢)مزدهر .

palpable *(adj.)* محسوس ؛ ملموس ؛ واضح .

palpitate *(vi.)* يَجِب ؛ ينبض بسرعة .

palpitation *(n.)* الوَجيب : خفقان بسرعة .

palsy *(n.; vt.)* (١)شلل §(٢) يَشُلّ .

palter *(vi.)* (١)يَعْبَث (٢) يساوم .

paltry *(adj.)* (١)رديء (٢)حقير (٣) تافه.

pampa *(n.)* البَمْب : سهل واسع معشوشب .

pamper *(vt.)* (١) يُدَلِّل (٢) يُشْبِع .

pamphlet *(n.)* كُرّاسة ؛ كُتَيِّب .

pamphleteer *(n.)* مؤلِّف الكراريس .

pan *(n.)* (١) مِقْلاة (٢) كِفّة الميزان.

pan- بادئة معناها : كلّ ؛ جميع ؛ شامل ؛ عامّ .

panacea *(n.)* الدّواء العامّ (لجميع الأمراض).

panama *(n.)* قبعة بناما: قبعة من قش ملوّن.

pancake *(n.)* فَطيرة مُحلاّة .

pancreas *(n.)* المِعْقَد ؛ البنكرياس (تشريح).

pander *(n.; vi.)* (١)القَوّاد §(٢)يعمل قوّاداً

pane *(n.)* لوح زجاجيّ (في نافذة الخ.) .

panegyric *(n.)* مديح ؛ إطراء .

panel *(n.)* (١)جدول المحلّفين (٢)لوح الباب : أحد أجزائه المستطيلة المطوّقة بإطار (٣)لوح زجاجيّ في نافذة (٤)صورة طويلة ضيقة .

pang *(n.)* (١) ألم مفاجىء لاذع (٢) وخز .

panic *(n.)* رُعب؛ ذعر؛ هَلَع .

panicky; panic-stricken *(adj.)* مذعور .

pannier *(n.)* سلّ ؛ سلّة كبيرة .

pannikin *(n.)* (١) كوب معدنيّ (٢) قِدر صغيرة .

panoply *(n.)* درْع كاملة .

panorama *(n.)* البانوراما : منظر شامل عريض .

panoramic *(adj.)* بانوراميّ ؛ شامل الرؤية .

pansy *(n.)* زهرة الثالوث : نوع من البنفسج .

pant *(vi.; n.)* (١) يلهث (٢) ينفث (٣) يتلهّف . (٤) ينبض §(٥) لُهاث .

pantaloons *(n.pl.)* بنطلون .

pantheism *(n.)* وحدة الوجود .

pantheon *(n.)* البانثيون : «أ» هيكل مكرَّس لجميع الآلهة . «ب» مدفن عظماء الأمة .

panther *(n.)* نَمِر .

pantomime *(n.)* الإيمائيّة : مسرحيّة إيمائيّة .

pantry *(n.)* حجرة المؤن وأدوات المائدة .

pants *(n.pl.)* (١) بنطلون (٢) سروال تحتيّ قصير .

pap *(n.)* (١) حَلَمة (٢) طعام ليّن للأطفال والمرضى .

papa *(n.)* أبٌ (بلغة الأطفال) .

papacy *(n.)* البابويّة .

papal *(adj.)* بابويّ : خاصّ بالبابا .

paper *(n.; vt.; adj.)* (١) ورق؛ ورقة . (٢) وثيقة (٣) مقالة؛ بحث (٤) صحيفة؛ جريدة §(٥) يلفّ أو يزيّن بالورق §(٦) ورقيّ .

papilla *(n.)* حُلَيْمَة؛ حَلَمَة صغيرة .

paprika *(n.)* فلفل حُلْو .

papyrus *(n.)* (١) البَرْدِيّ (٢) ورق البَرْديّ .

par *(n.)* (١) تساوٍ؛ تكافؤ (٢) معدّل؛ متوسط .

parable *(n.)* مَثَل أو حكاية رمزيّة .

parabola *(n.)* القَطْع المُكافىء (هندسة) .

parachute *(n.)* مِظلّة هبوط (الصورة في العمود٢) .

parachutist *(n.)* المِظَلّي : جنديّ الباراشوت .

parachute

parade *(n.; vt.)* (١) عَرْض؛ إظهار للبراعة أو القوّة أو الثروة (٢) استعراض عسكريّ (٣) موكب (٤) مُتَنَزَّه §(٥) يستعرض (الجُنْدَ) (٦) يعرض بتَباهٍ .

paradise *(n.)* (١) الجَنّة (٢) فردوس .

paradox *(n.)* العبارة المُوهِمة للتناقض .

paraffin *(n.)* (١) البارافين (٢) الكيروسين .

paragon *(n.)* مثال؛ نموذج .

paragraph *(n.)* فِقْرَة .

parallel *(adj.; n.; vt.)* (١) متوازٍ (٢) موازٍ (٣) متماثل ؛ متطابق §(٤) النظير ؛ المثيل (٥) شَبَه §(٦) يقارن (٧) يشابه؛ يضارع . (٨) يُطابق ؛ يكون مطابقاً لـ (٩) يحاذي .

~s of latitude خطوط العرض .

parallel bars

parallel bars *(n.pl.)* المتوازيان

parallelogram *(n.)* متوازي الأضلاع (في الهندسة) .

paralysis *(n.)* شَلَل .

parallelogram

paralytic *(adj.; n.)* (١) شَلَليّ (٢) أشَلّ ؛ مَشْلُول §(٣) الأشلّ ؛ المشلول .

paralyze *(vt.)* (١) يَشُلّ (٢) يَشْدَه .

paramount *(adj.)* أسمى؛ أعلى؛ أعظم .

paramour *(n.)* (١) خليل؛ عشيق (٢) خليلة .

parapet *(n.)* (١) متراس (٢) حاجز .

paraphrase *(vt.; i.)* يُعيد السبك أو الصياغة .

parasite *(n.)* (١) الطُفَيْليّ (٢) العالة (على غيره) .

parasol *(n.)* البارَسُول : مظلّة خفيفة .

paratyphoid *(n.)* الباراتيفوئيد (مرض) .

parboil *(vt.)* (١) يَسلق (٢) يَسْفَع .

parcel *(n.; vt.)* (١) قطعة (٢) رزمة §(٣) يقسِّم .

parch *(vt.)* (١) يحمِّص (٢) يجفِّف .

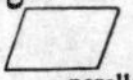

parchment *(n.)* (١) رَقّ (٢) ورق نفيس.
pardon *(n.; vt.)* (١) عَفو؛ مغفرة § (٢) يَغفِر لِـ.
I beg your ~. عفواً! مَعْذِرَةً!
pardonable *(adj.)* ممكنٌ اغتفارُهُ.
pare *(vt.)* يقشُر؛ يكشط؛ يشذِّب؛ يخفِّض.
parent *(n.)* (١) أبٌ أو أمّ (٢) أصل.
parentage *(n.)* نَسَبٌ؛ أصلٌ؛ أُبُوَّة.
parental *(adj.)* أبويّ؛ والديّ.
parenthesis *(n.)* pl. **-ses** (١) كلمة أو جملة معترَضة (٢) هلال؛ أحد هلالين: ( ).
parenthetic; -al *(adj.)* معترَض؛ اعتراضي.
parenthood *(n.)* أبوّة؛ والديّة.
pariah *(n.)* المنبوذ؛ شخص منبوذ.
paring *(n.)* (١) تقشير (٢) قُشارة؛ قُلامة.
parish *(n.)* (١) أبرشية (٢) أبناء الأبرشية.
Parisian *(n.; adj.)* باريسيّ؛ باريزيّ.
parity *(n.)* تَساوٍ؛ تكافؤ؛ تماثل.
park *(n.; vt.)* (١) مَيدان؛ مُتَنَزَّه؛ حديقة عامة. (٢) الموقف: باحة مخصَّصة لوقوف السيّارات § (٣) يوقف السيّارة في ناحية من الشارع (أو في باحة) مخصَّصة لوقوف السيّارات.
parking lot *(n.)* = park 2.
parlance *(n.)* (١) حديث (٢) لغة.
parley *(vi.; n.)* (١) يفاوض؛ يتداول § (٢) مؤتمر (٣) مفاوضة (٤) محادثة؛ مناقشة.
parliament *(n.)* البرلمان: مجلس نوّاب الأمّة.
parliamentary *(adj.)* برلمانيّ؛ نيابيّ.
parlor *or* **parlour** *(n.)* (١) رَدْهَة (٢) دار.
parochial *(adj.)* (١) أبرشيّ (٢) محدود؛ ضيِّق.
parole *(n.)* عَهْد؛ وَعْدُ شرف يأخذه الأسير على نفسه بأن لا يحاول الهرب الخ.
paroxysm *(n.)* نوبة (مرض أو غضب أو ضحك).
parquet *(n.)* الباركيه: خشب مزخرف تُفرش به أرضية الحجرة.
parricide *(n.)* قَتْلُ (أو قاتل) الأب أو الأمّ.
parrot *(n.; adj.)* (١) بَبْغاء § (٢) بَبَّغائيّ.
parry *(vt.; n.)* (١) يتفادى؛ يتجنّب § (٢) تفادٍ.
parse *(vt.)* يُعْرِب (الكلمةَ).
parsimonious *(adj.)* شديد البُخْل أو الشحّ.
parsimony *(n.)* (١) بُخلٌ شديد (٢) اقتصاد.
parsley *(n.)* البَقْدُونِس (نبات).
parsnip *(n.)* الجَزَرُ الأبيض (نبات).
parson *(n.)* (١) كاهن (٢) قسّ بروتستانتيّ.
parsonage *(n.)* بيت الكاهن أو القسّ.
part *(n.; vi.; t.)* (١) جزء؛ قسم (٢) عضو (٣) قطعة غيار (٤) نصيب؛ حِصّة (٥) دور (٦) *pl.*: منطقة (٧) *pl.*: موهبة؛ كفاءة (٨) فَرْق؛ مَفْرِق الشَّعْر § (٩) يفرِّق؛ (١٠) يتفرَّق (١١) يرحل (١٢) ينشقّ؛ (١٣) يتخلّى عن × (١٤) يقسم (١٥) يفرِّق (١٦) يوزِّع (١٧) يَفْصِل.
for my ~, من ناحيتي؛ من جهتي.
for the most ~, في أغلب الأحوال.
in ~, جزئياً؛ إلى حدٍّ ما.
~ and parcel جزء لا يتجزّأ.
to take ~ (in) يشترك أو يشارك (في).
partake *(vi.; t.)* يقاسم؛ يشاطر؛ يشارك في.
partial *(adj.)* (١) مُتَحَيِّز أو مُولَع (٢) جزئيّ.
partiality *(n.)* (١) تحيُّز (٢) وَلَعٌ بـ.
participant *(n.)* المُشارِك أو المُشتَرِك في.
participate *(vi.)* يشترك في أو مع.
participation *(n.)* (١) اشتراك (٢) مشاركة.
participle *(n.)* (١) اسم الفاعل (٢) اسم المفعول.
particle *(n.)* (١) جُسَيْم؛ ذرّة (٢) حرف؛ أداة.
parti-colored *(adj.)* ملوَّن؛ متعدِّد الألوان.
particular *(adj.; n.)* (١) مفرد (٢) خصوصيّ (٣) هامّ (٤) استثنائيّ (٥) دقيق (٦) مدقِّق § (٧) بَنْد؛ نقطة؛ تفصيل.

in ~, بخاصة ؛ على وجه التخصيص .

particularity *(n.)* (١) تفصيل ؛ نقطة تفصيلية . (٢) ميزة ؛ خاصيّة (٣) خصوصيّة (٤) تدقيق .

particularize *(vt.;i.)* يخصّص ؛ يعيّن ؛ يفصّل .

particularly *(adv.)* (١) خصوصاً (٢) بوضوح (٣) بتفصيل .

parting *(n.; adj.)* (١) انصراف ؛ رحيل . (٢) مُفْتَرَق (٣) فَرْق ؛ مَفْرِق (٤) حاجز § (٥) مُفارِق ؛ راحل (٦) محتضَر (٧) فاصل ؛ قاسم (٨) وداعيّ .

partisan *(n.; adj.)* مُشايِع ؛ مُوالٍ ؛ نَصير .

partition *(n.;vt.)* (١) تقسيم (٢) حاجز . (٣) قِسْمٌ ؛ جزء § (٤) يقسّم (٥) يفصل بحاجز .

partly *(adv.)* جزئيّاً ؛ إلى حدّ ما .

partner *(n.)* (١) رفيق ؛ شريك (٢) زوج ؛ زوجة .

partnership *(n.)* (١) اشتراك (٢) شركة .

partook *past of* partake.

partridge *(n.)* الحَجَل (طائر) .

parturition *(n.)* مَخاض ؛ وَضْع ؛ وِلادة .

party *(n.; adj.)* (١) طَرَف ؛ فريق (٢) حزب . (٣) حفلة أنس وسَمَر § (٤) حزبيّ .

party-colored *(adj.)* ملوّن ؛ متعدّد الألوان .

pasha *(n.)* باشا : لقب تركيّ قديم .

pass *(vi.; t.; n.)* (١) يَمُرّ (٢) يرْحَل ؛ يموت (٣) ينقضي (٤) يتجاوز (٥) يصدر حكماً (٦) ينتقل إلى (٧) يتحوّل (٨) يَحْدُث (٩) تُتَداوَل (العملةُ) (١٠) ينجح في امتحان (١١) يُمرّ الكُرة (١٢) يتخلّى عن دوره (في لعب الورق) × (١٣) يُغْفِل (١٤) يجتاز (١٥) يقضي (١٦) يُقِرّ (١٧) يُدْخِل (١٨) يستعرض § (١٩) طريق (٢٠) شِعب (٢١) مرور (٢٢) حالة ؛ وضع (٢٣) مأزق (٢٤) جواز مرور (٢٥) إجازة ؛ إذن (٢٦) تذكرة مجّانيّة (للسّفر أو للدخول إلى مسرح الخ.)

to ~ by the name of . يُعْرَف بـ

passable *(adj.)* (١) سالِك (٢) مقبول .

passage *(n.)* (١) مرور (٢) ممرّ ؛ طريق . (٣) رحلة (٤) حقّ المرور ؛ حرية المرور (٥) إقرار قانونٍ (٦) مقطع ؛ فقرة .

passageway *(n.)* مَمَرّ ؛ مَجاز ؛ مَسْلَك .

passbook *(n.)* دفتر الحساب المصرفيّ

passenger *(n.)* الراكب ؛ المسافر .

passerby *(n.)* المارّ ؛ عابر السبيل .

passing *(adj.)* (١) مارّ (٢) عابر (٣) اجتيازيّ .

passion *(n.)* (١) *cap.*: آلام المسيح (٢) عاطفة ؛ هوًى (٣) انفعال ؛ غضب (٤) هواية .

passionate *(adj.)* (١) سريع الغضب ؛ غاضب (٢) انفعاليّ .

passionflower

passionflower *(n.)* زهرة الآلام .

Passion Week *(n.)* أسبوع الآلام .

passive *(adj.)* (١) منفعل ؛ مؤثَّر فيه (٢) مبنيّ للمجهول (٣) مستسلم ؛ مُذعِن (٤) سلبيّ .

Passover *(n.)* عيد الفصح (عند اليهود) .

passport *(n.)* جواز سفر .

password *(n.)* كلمة المرور ؛ كلمة السرّ .

past *(adj.; prep.; n.)* (١) ماضٍ (٢) سابق . (٣) متجاوزٌ سنّاً معيّنة (٤) إلى أبعد § (٥) بَعْدَ (٦) فوق § (٧) الماضي .

paste *(n.; vt.)* (١) عجينة ؛ معجونة (٢) حلوى ذات قَوام عجينيّ (٣) لَصُوق ؛ عجينة إلصاق (٤) زجاج برّاق § (٥) يُلصِق (٦) يكسو .

pasteboard *(n.)* كرتون ؛ ورق مقوّى .

pastel *(n.; adj.)* (١) المِرْقَم : قلم ملوّن . (٢) صورة مرسومة بالمِرْقَم § (٣) فاتح اللون .

pasteurize *(vt.)* يُبَسْتِر ؛ يُعَقِّم .

pastime *(n.)* تسلية ؛ سلوى ؛ كل ما يُسلّيك .

pastor *(n.)* القَس ؛ راعي الأبرشية .
pastoral *(adj.)* (١) رَعَوِيّ : خاص بالرعاة أو الحياة الريفية (٢) رِعاوِيّ : خاص برعاية الكاهن لأبناء أبرشيته .
past participle *(n.)* اسم المفعول .
pastry *(n.)* معجّنات ، فطائر حلوة .
pasture *(n.; vi.; t.)* (١) كلأ ؛ عشب (٢) مرعى §(٣) ترعى (الماشية) × (٤) يرعى (الماشية) .
pat *(n.; vt.)* (١) تربيتة ؛ ضربة خفيفة (٢) نقرة إيقاعية خفيفة (٣) قالب من زبدة §(٤) يربت .
patch *(n.; vt.)* (١) رقعة (٢) قطعة صغيرة من الأرض §(٣) يرقع (٤) يُصلِح ؛ يرمم (٥) يحل ؛ يسوي .
patchwork *(n.)* (١) المُرَقَّعة : قطع من قماش تُخاط لتصبح غطاء للحاف أو وسادة (٢) خليط .
pate *(n.)* (١) رأس (٢) قمة الرأس (٣) عقل .
patent *(adj.; n.; vt.)* (١) مُسجَّل ؛ مَصُون ببراءة (٢) واضح §(٣) رخصة ؛ براءة ؛ امتياز (٤) الاختراع المسجَّل §(٥) يسجّل اختراعاً .
patentee *(n.)* صاحب البراءة أو الامتياز .
paternal *(adj.)* (١) أبويّ (٢) من جهة الأب .
paternity *(n.)* (١) أبوة (٢) أصل ؛ منشأ .
path *(n.)* طريق ؛ مجاز ؛ سبيل .
pathetic *(adj.)* مُحزِن .
pathless *(adj.)* غير مطروق أو مسلوك .
pathology *(n.)* الباثولوجيا ؛ علم الأمراض .
pathos *(n.)* العنصر المثير للشفقة .
pathway *(n.)* طريق ؛ مجاز ؛ سبيل .
patience *(n.)* صبر ؛ حِلم ؛ طول أناة .
patient *(adj.; n.)* (١) صبور ؛ حليم §(٢) مريض .
patio *(n.)* (١) فِناء (٢) فناء مرصوف .
patois *(n.)* لهجة عامية أو محلية .
patriarch *(n.)* (١) أب (٢) بطريرك أو شيخ جليل .
patriarchate *(n.)* البطريركية .
patrician *(n.; adj.)* (١) شريف روماني . §(٢) شريف ؛ نبيل ؛ ارستوقراطي .
patrimony *(n.)* (١) ميراث (٢) وقف كنسي .
patriot *(n.)* الوطنيّ : المحب لوطنه .
patriotic *(adj.)* وطنيّ .
patriotism *(n.)* الوطنية ؛ حب الوطن .
patrol *(n.; vt.; i.)* (١) خَفَر ؛ حراسة (٢) خفير (٣) دورية ؛ عَسَس §(٤) يخفِر .
patron *(n.)* (١) النصير ؛ الراعي (٢) زبون دائم .
patronage *(n.)* (١) مناصرة ؛ رعاية (٢) تفضُّل ؛ إحسان (٣) الزبانة : تفضيل الزبائن فندقاً أو متجراً معيناً وتعاملهم معه باستمرار .
patroness *(n.)* النصيرة ؛ الراعية .
patronize *(vt.)* (١) يناصر ؛ يرعى . (٢) يتفضّل عليه ؛ يعامله بتنازل .
patter *(vi.; n.)* (١) يثرثر (٢) يضرب أو يربت بسرعة وتكرار §(٣) ثرثرة (٤) لغة اللصوص .
pattern *(n.; vt.)* (١) مثال ؛ نموذج (٢) عينة ؛ مَسْطَرَة ؛ (٣) نمط ؛ رسم ؛ شكل §(٤) يَصنع على منوال كذا أو غِراره .
patty or pattie *(n.)* (١) قرص (٢) فطيرة صغيرة .
paunch *(n.)* (١) بطن (٢) كرش ؛ بطن ضخم .
pauper *(n.)* المُعوِز ؛ الفقير ؛ العالة .
pauperism *(n.)* إملاق ؛ فقر شديد .
pause *(n.; vi.)* (١) توقُّف موقَّت (٢) وقف قصير §(٣) يتوقف ؛ يتردد ؛ يتأنى .
pave *(vt.)* يرصُف ؛ يبلِّط ؛ يعبِّد .
pavement *(n.)* (١) رصيف (٢) حجارة الرصيف .
pavilion *(n.)* (١) سُرادق (٢) جناح (من مبنى) .
paving *(n.)* = pavement.
paw *(n.; vt.; i.)* (١) كف الحيوان ذات البراثن . §(٢) يمس أو يضرب أو ينبش ببراثنه .
pawn *(n.; vt.)* (١) رهن (٢) ضمان (٣) بَيدَق ؛ ضعيف (في الشطرنج) (٤) الآلة ؛ اللعبة (في

يد شخص آخر) §(٥) يَرْهن .

pawn 3

pawnbroker *(n.)* المسترهِن .

pay *(vt.; i.; n.)* (١)يدفع (٢)يؤدي (٣) يعود عليه بفائدة (٤) يَغُلّ (٥) يُرْخي ×(٦) يكسِب §(٧)أجر ؛ راتب (٨)جزاء .

in the ~ of the enemy في خدمة العدو

to ~ attention to ينتبه إلى .

to ~ a call on someone يزوره .

to ~ for يدفع الثمن .

payable *(adj.)* ممكنٌ أو واجبٌ دفعه .

payday *(n.)* يوم الدفع ؛ يوم دفع الرواتب .

payee *(n.)* (١)المدفوع له (٢)المستفيد .

payer *or* **payor** (١)الدافع (٢)دافع الكمبيالة .

paymaster *(n.)* صَرّاف الرواتب (في شركة) .

payment *(n.)* (١)دَفْعٌ (٢)دَفعَةٌ (٣)جزاء .

pea *(n.)* (١)البازِلاّ (نبات) (٢)حبّة البازِلاّ .

peace *(n.)* (١) أمنٌ (٢) وئام (٣)سِلْم .

peaceable *(adj.)* (١)مُسالِم (٢)سِلْمِيّ .

peaceful *(adj.)* (١)مُسالِم (٢)هادىء ؛ سلميّ .

peacemaker *(n.)* المُصْلِح (بين متخاصمين) .

peach *(n.)* خَوْخ ؛ دُرّاق (نبات) .

peacock *(n.)* (١) الطاووس (٢) المغرور .

peahen *(n.)* الطاووسة : أنثى الطاووس .

peak *(n.)* (١)حافّة ناتئة (٢)قمة (٣) ذروة

peal *(n.; vi.)* (١)جلجلة الأجراس (٢)مجموعة أجراس (٣)قصف ؛ دوي §(٤) يُجلجل ؛ يدوّي .

peanut *(n.)* فول سوداني (أو حبّة منه) .

pear *(n.)* الإجّاص ؛ الكُمَّثْرَى (نبات) .

pearl *(n.; vi.)* (١)لؤلؤة §(٢) يصيد اللؤلؤ .

peasant *(n.)* (١)الفلاّح (٢)القرويّ ؛ الريفيّ .

peasantry *(n.)* الفلاحون ؛ جماعة الفلاّحين .

peat *(n.)* الخُثّ : مادة نصف متفحمة أو قطعة منها .

pebble *(n.; vt.)* (١) حصاة §(٢) يرجم أو يفرش بالحصى .

pecan *(n.)* البَقّان : ضرب من شجر الجوز الأميركي .

peccable *(adj.)* غير معصوم : معرَّض للإثم .

peccadillo *(n.)* زلّة ؛ هفوة ؛ عثرة ؛ إثم طفيف .

peccary *(n.)* البَقَرِيّ : حيوان شبيهٌ بالخنزير .

peck *(vt.; n.)* (١) يَنْقُد ؛ يَنقُر §(٢)نَقْدة طائر (٣)البَكّ : مكيالٌ يساوي رُبْع بوشل .

pectoral *(adj.; n.)* (١)صَدْرِيّ §(٢)صُدْرة .

peculate *(vt.)* يختلس (الأموالَ) .

peculiar *(adj.)* خصوصيّ ؛ مميَّز ؛ غريب .

peculiarity *(n.)* خصوصيّة ؛ ميزة ؛ غرابة .

pecuniary *(adj.)* ماليّ .

pedagogue *or* **pedagog** *(n.)* المدرِّس ؛ المعلِّم .

pedagogy *(n.)* البيداغوجيا : علم أصول التدريس .

pedal *(n.; adj.; vi.)* (١)دوّاسة §(٢)قدميّ (٣)دَوّاسيّ §(٤)يستعمل أو يُعمِل دوّاسة .

pedant *(n.)* المتحذلق : شخص متحذلق .

peddle *(vi.)* يتجوّل (لبيع بضاعته) .

peddler *or* **pedlar** *(n.)* البائع المتجوّل .

pedestal *(n.)* (١)قاعدة (التمثال) (٢)أساس .

pedestrian *(adj.; n.)* (١)ماشٍ §(٢) الماشي .

pedigree *(n.)* نَسَبٌ ؛ شجرة النسب ؛ أصل .

pediment *(n.)* القَوْصَرَة : مُثَلّث في أعلى واجهة المبنى .

P. pediment

pedlar *(n.)* البائع المتجوّل .

peek *(vi.; n.)* (١) ينظر خلسةً §(٢) نَظرة مُختَلَسة .

peel *(vt.; i.; n.)* (١) يَقْشُر ؛ يُقَشِّر (٢)يَسلخ ×(٣)يتقشّر (٤)يخلع ثيابه §(٥)قشرة .

peep *(vi.; n.)* (١)يزقو ؛ يَصِيء (٢)يختلس النظر من خلال ثقب (٣)يلوح ؛ يبزغ §(٤)صوت ضعيف (٥) بزوغ (٦) نظرة مختلسة .

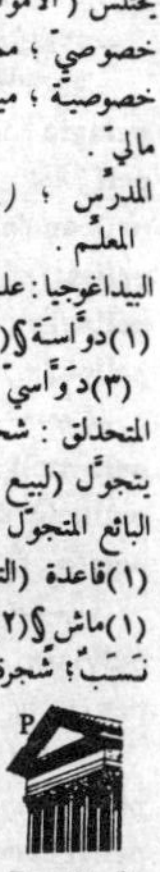

peephole *(n.)* ثقب الباب .
peer *(n.; vi.)* (١) النّظير؛ النِّدّ (٢) النبيل؛ الأمير § (٣) يحدِّق؛ يُنعِم النظر (٤) يلوح .
peerage *(n.)* (١) طبقة النبلاء (٢) رتبة النبيل.
peeress *(n.)* (١) النبيلة (٢) زوجة النبيل أو أرملته.
peerless *(adj.)* فذّ؛ فريد؛ منقطع النظير .
peevish *(adj.)* نكِد؛ شكِس؛ برِم؛ عنيد.
peg *(n.; vt.; i.)* (١) وتِد (٢) ملقط غسيل (٣) مِشجب (٤) مِلوَى الكمان (٥) سِدادة (٦) درَجة (٧) شراب مُسكِر § (٨) يوتِّد (٩) يشبك الثياب على حبل غسيل (١٠) يعيِّن الحدود × (١١) يعمل في اطّراد وانكباب .
pelagic *(adj.)* أوقيانوسيّ: متعلّق بالأوقيانوس.
pelf *(n.)* مال؛ ثروة .
pelican *(n.)* البَجَع: طائر مائيّ كبير .
pelisse *(n.)* البَلّيس: معطف أو سترة طويلة .
pellagra *(n.)* الحُصاف : مرض مزمن .
pellet *(n.)* (١) كُرَيّة؛ كُرَة صغيرة (٢) حبّة دواء (٣) قنبلة (٤) خردقة أو رصاصة صغيرة .
pell-mell *(adv.)* شَذَرَ مَذَرَ؛ بفوضى شديدة.
pellucid *(adj.)* (١) شفّاف؛ صافٍ (٢) واضح.
pelt *(n.; vt.; i.)* (١) جلد الحيوان غير المدبوغ. (٢) ضربة § (٣) يسلخ (٤) يرشق × (٥) يضرب.
pelvis *(n.)* الحوض (تشريح).
pen *(n.; vt.)* (١) حظيرة (٢) ريشة الكتابة (٣) قلم. (٤) سِجن § (٥) يزرب؛ يحبس (٦) يكتب .
penal *(adj.)* (١) جزائيّ (٢) معرَّض للعقوبة .
penal code *(n.)* قانون الجزاء؛ قانون العقوبات.
penalize *(vt.)* (١) يعاقب (٢) يعتبره إجرامياً.
penalty *(n.)* (١) عِقاب (٢) غرامة؛ جزاء .
penance *(n.)* كفّارة .
pence *pl. of* penny.
penchant *(n.)* وَلَعٌ؛ وَلُوعٌ؛ مَيْل .
pencil *(n.; vt.)* (١) قلم رصاص § (٢) يكتب؛ يرسم.

pendant *(n.)* (١) حلية متدلية (مثل قِلادة أو قرط) (٢) راية بحرية على شكل مثلّث .
pendent *(adj.)* مُتدَلٍّ؛ ناتىء أو مُشرِفٌ على.
pending *(prep.; adj.)* (١) أثناء (٢) في انتظار § (٣) معلَّق (٤) متدلٍّ (٥) قريب الحدوث
pendulous *(adj.)* (١) متدلٍّ (٢) متذبذب.
pendulum *(n.)* البندول؛ رقّاص الساعة .
penetrable *(adj.)* قابلٌ للاختراق .
penetrate *(vt.)* (١) يخترق؛ يتخلّل (٢) يدرك.
penetrating *(adj.)* نافذ؛ حادّ؛ ثاقب .
penguin *(n.)* البِطْريق: طائر مائيّ
penholder *(n.)* حاملة الريشة : «مَسْكَة» ريشة الكتابة .

penguin

penicillin *(n.)* البنيسيلين .
peninsula *(n.)* شِبْه جزيرة.
penitence *(n.)* نَدَم؛ توبة.
penitent *(adj.; n.)* نادم؛ تائب.
penitentiary *(n.; adj.)* (١) سجن؛ إصلاحيّة § (٢) عقوبتُه السجن (٣) خاصّ بالسّجن.
penknife *(n.)* سكين (أو مطواة) جيب .
penman *(n.)* الناسخ؛ الخطاط؛ الكاتب.
penmanship *(n.)* خطّ؛ فنّ الخطّ.
pennant *(n.)* (١) علَم (٢) علَمُ البطولة .
pennon *(n.)* علَم؛ راية .
penny *(n.)* البنس: ١/١٢ من الشلن الانكليزي .
pension *(n.; vt.)* (١) معاش تقاعد § (٢) يعطيه منحةً أو معاش تقاعد (٣) يحيله إلى التقاعد .
pension *(n.)* مثوى؛ بنسيون؛ فندق عائلي.
pensioner *(n.)* المتقاعد؛ المحال إلى التقاعد .
pensive *(adj.)* مستغرق في تفكير حالم أو حزين.
pent *(adj.)* حبيس؛ مكبوت؛ مكظوم .
pentagon *(n.)* المخمَّس (هندسة)
pentagonal *(adj.)* خُماسي

pentagon

الزوايا والأضلاع .

penthouse *(n.)* (١) سَقِيفَة (٢) شقّة أو حجرة فوق سطح مبنى .

penurious *(adj.)* (١)فقير ؛ قاحل (٢) بخيل .

penury *(n.)* (١) فقر مدقع (٢) نُدرة ؛ قلّة .

people *(n.; vt.)* (١) الناس (٢)أبناء ؛ أهالي . (٣)شعب §(٤) يُوْهِل ؛ يجعله آهلاً بالسكان .

peopled *(adj.)* آهِل ؛ مأهول بالسكان .

pep *(n.; vt.)* (١)حيوية §(٢)ينفخ فيه الحيوية .

pepper *(n.; vt.)* (١)فُلفُل §(٢)يتَبّل بالفلفل .

peppercorn *(n.)* حَبّ الفلفل .

peppermint *(n.)* النعنع البستاني أو الفلفلي .

peppery *(adj.)* (١)فلفليّ (٢)حِرِّيف (٣)حادّ الطبع (٤) لاذع ؛ قارص .

per *(prep.)* (١)بِـ ؛ بواسطة ؛ من طريق (٢)لكلّ . (٣) في (٤) وَفْق ؛ وفقاً لـ ؛ بحَسَب .

peradventure *(adv.; n.)* (١)بالمصادفة . §(٢)شكّ .

perambulate *(vt.; i.)* (١)يجتاز ×(٢)يتجوّل .

perambulator *(n.)* عربة أطفال

per annum *(adv.)* في السنة ؛ سنوياً .

per capita *(adv.)* لكلّ فرد أو شخص .

perceive *(vt.)* يَعي ؛ يفهم ؛ يدرك ؛ يرى ؛ يلاحظ .

percent *(adv.; n.)* (١)في المئة §(٢)جزء من مئة .

percentage *(n.)* نسبة مئوية .

percept *(n.)* المُدْرَك الحسيّ ؛ المُدرَك بالحواس .

perceptible *(adj.)* ممكنٌ إدراكُه .

perception *(n.)* ملاحظة ؛ إدراك ؛ مُدْرَك .

perch *(n.; vi.)* (١) مَجْثَم الطائر (٢) مقعد الحوذيّ (٣)القصبة : مقياس للطول (٤) الفَرْخ : ضرب من السمك §(٥) يجثم .

perchance *(adv.)* (١)بالمصادفة (٢) ربّما .

percolate *(vt.; i.)* يقطّر أو يتقطّر .

percolator *(n.)* راووق القهوة .

percolator

percussion *(n.)* (١)قَدْح الكبسولة (لإطلاق النّار من بندقية) (٢)نَقْر ؛ قَرْع .

percussion cap *(n.)* كبسولة القَدْح .

percussion instrument *(n.)* طبلة الخ .

perdition *(n.)* (١)هلاك (٢) جهنّم .

peregrination *(n.)* (١)ارتحال (٢)رحلة .

peremptory *(adj.)* باتّ ؛ قاطع ؛ نهائيّ ؛ حاسم .

perennial *(adj.)* دائمٌ طوال السنة .

perfect *(adj.; vt.)* (١) كامل §(٢)يجعله كاملاً .

perfection *(n.)* (١) كمال (٢) تحسين .

perfectly *(adv.)* (١)بصورة كاملة (٢)تماماً .

perfidious *(adj.)* خَوْون ؛ غادرٌ بطبعه .

perforate *(vt.)* (١)يثقُب ؛ يخرِم (٢)يخترق .

perforce *(adv.)* بحكم الظروف أو الحاجة .

perform *(vt.)* (١)يُنجِز (٢)يصنع ؛ يقوم بِـ ؛ يجترح (٣)يُجري (٤)يمثّل (مسرحية) (٥)يؤدّي .

performance *(n.)* (١) تأدية (٢) عمل . (٣)إنجاز ؛ تنفيذ (٤) تمثيل (في مسرحية) (٥) مسرحية ؛ حفلة موسيقية الخ .

perfume *(n.; vt.)* (١)عبير ؛ عِطر §(٢)يُعطّر .

perfumery *(n.)* (١)عطور (٢) مَعْطَرَة .

perfunctory *(adj.)* (١)روتينيّ (٢)لامبالٍ .

perhaps *(adv.)* ربما ؛ لعلّ ؛ قد يكون .

peril *(n.; vt.)* (١)خَطَرٌ §(٢)يعرِّض للخطر .

perilous *(adj.)* خطِر ؛ محفوفٌ بالمخاطر .

perimeter *(n.)* محيط الشكل أو حدّه الخارجيّ .

period *(n.)* (١)نقطة (٢)دَوْر (٣)فترة (٤)عهد (٥)عصر (٦) حصة دراسيّة .

periodic *(adj.)* دَوْريّ ؛ متكرّر في فترات نظامية .

periodical *(adj.; n.)* (١)دَوريّ §(٢) مجلة .

periodically *(adv.)* دَوْرياً ؛ على نحو دَوْريّ .

peripatetic *(adj.)* متجوّل ؛ متنقّل .

periphery *(n.)* المحيط ؛ الحدّ الخارجيّ .

periscope *(n.)* : المِنْفاق : منظار الأفق (يُستخدم في الغواصات والمتاريس) .

periscope

perish *(vi.)* يَهْلِك ؛ يفنى ؛ يموت .

perishable *(adj.)* هالك ؛ فانٍ ؛ قابلٌ للفساد .

periwig *(n.)* شَعْرٌ مُستعار .

periwinkle *(n.)* الوِنكَة : نبتة معترشة زرقاء الزهر .

perjure *(vt.)* (١) يحلف يميناً كاذبة (٢) يحنث .

perjury *(n.)* (١) الحلِف كذباً (٢) الحنث باليمين .

perk *(vi.)* (١) يُتْلِع عنقه بغطرسة (٢) يبتهج .

perky *(adj.)* (١) مغرور ؛ متغطرس (٢) مَرِح .

permanence ;-cy *(n.)* دوام ؛ استمرار ؛ بقاء .

permanent *(adj.)* دائم ؛ مستمرّ ؛ باقٍ .

permeable *(adj.)* مُنْفِذ ؛ نَفِيذ ؛ يُنْفَذ منه .

permeate *(vt.; i.)* ينفذ في ؛ يتخلّل .

permissible *(adj.)* جائز ؛ مُباح ؛ مسموحٌ به .

permission *(n.)* ترخيص ؛ رُخْصة ؛ إذن .

permissive *(adj.)* (١) مُجيز (٢) جائز ؛ مُباح .

permit *(vt.; i.; n.)* (١) يُجيز ؛ يرخّص (٢) يسمح § (٣) إجازة ؛ رخصة (٤) إذن .

permutation *(n.)* تبديل ؛ تعديل (في ترتيب شيء) .

pernicious *(adj.)* (١) ضارّ (٢) مميت ؛ خبيث .

peroration *(n.)* خاتمة الخطبة أو الخطاب .

perpendicular *(adj.)* (١) عموديّ (٢) متعامد .

perpetrate *(vt.)* يرتكب (جريمةً أو غلطةً) .

perpetual *(adj.)* أبديّ ؛ سرمَديّ ؛ دائم ؛ ثابت .

perpetually *(adv.)* دَوماً ؛ على الدَّوام ؛ إلى الأبد .

perpetuate *(vt.)* يؤبِّد ؛ يُسَرمِد ؛ يُديم .

perpetuity *(n.)* أبديّة ؛ دواميّة .

perplex *(vt.)* (١) يُربِك ؛ يُحيِّر (٢) يُعقِّد .

perplexity *(n.)* ارتباك ؛ حَيْرَة ؛ شيء مُربِك .

perquisite *(n.)* علاوة ؛ مِنحة ؛ أجر إضافي .

persecute *(vt.)* (١) يضطهد (٢) يضايق .

persecution *(n.)* (١) اضطهاد (٢) مضايقة .

perseverance *(n.)* مثابرة ؛ مواظبة ؛ دأب .

persevere *(vi.)* يثابر ؛ يواظب ؛ يدأب .

Persian *(n.; adj.)* (١) الفارسيّ : أحد أبناء فارس أو إيران (٢) اللغة الفارسيّة § (٣) فارسيّ ؛ إيرانيّ .

persist *(vi.)* (١) يثابر (٢) يُصِرّ على (٣) يستمرّ .

persistence; persistency *(n.)* مثابرة الخ .

persistent *(adj.)* (١) مُثابر ؛ مُصِرّ (٢) متواصل .

person *(n.)* (١) شخص ؛ إنسان (٢) أقنوم (٣) جسد الانسان أو مظهره الخارجيّ .

in ~, شخصيّاً ؛ بالذات .

personable *(adj.)* فاتن ؛ جذّاب ؛ حسَن المظهر .

personage *(n.)* (١) شخصيّة (٢) شخصية بارزة .

personal *(adj.)* (١) شخصيّ (٢) ذاتيّ .

personal effects *(n.pl.)* المملوكات الشخصية .

personality *(n.)* (١) شخصيّة (٢) ملاحظة شخصيّة مُعادِية .

personally *(adv.)* شخصيّاً .

personalty *(n.)* المنقولات ؛ الممتلكات المنقولة .

personate *(vt.)* يمثّل (أو ينتحل) شخصيّةً ما .

personify *(vt.)* يُشَخِّص ؛ يجسِّد .

personnel *(n.)* المِلاك : مجموع الموظفين الخ .

perspective *(n.)* منظور ؛ رسم منظوري .

perspicacious *(adj.)* حادّ الذهن ؛ ثاقب الفكر .

perspicacity *(n.)* حدّة الذهن .

perspicuity *(n.)* وضوح ؛ سهولة .

perspicuous *(adj.)* واضح ؛ سهْل .

perspiration *(n.)* (١) تعرُّق (٢) عَرَق .

perspire *(vi.)* يَعْرَق ؛ يُفْرِز عَرَقاً .

persuade *(vt.)* (١) يُقْنِع (٢) يَحُثّ .

persuasion *(n.)* (١) إقناع ؛ اقتناع (٢) معتقَد .

persuasive *(adj.)* مُقْنِع .

pert *(adj.)* (١) وَقِح (٢) أنيق (٣) نشيط .

pertain *(vi.)* (١) يَخُص (٢) يتصل بـ (٣) يلائم
pertinacious *(adj.)* (١) عنيد (٢) مُلِحّ (٣) متواصل ؛ مستمر .
pertinacity *(n.)* عناد ؛ إلحاح ؛ استمرار .
pertinence; -cy *(n.)* وثاقة الصلة (بالموضوع) .
pertinent *(adj.)* وثيق الصلة بالموضوع .
perturb *(vt.)* (١) يُقلِق (٢) يُشوِّش
peruke
peruke *(n.)* شَعر مستعار .
perusal *(n.)* قراءة بإمعان .
peruse *(vt.)* يقرأ بإمعان .
pervade *(vt.)* ينتشر في ؛ يتخلل ؛ يعم .
perverse *(adj.)* منحرف ؛ فاسد ؛ معاكس ؛ أحمق
perversion *(n.)* (١) إفساد (٢) انحراف .
perversity *(n.)* انحراف ؛ حماقة ؛ سوء طبع .
pervert *(vt.; n.)* (١) يُفسِد أو يُضِل . §(٢) المنحرف (٣) المارق (من الدين) .
peseta *(n.)* البيزيتا : وحدة النقد الاسباني .
peso *(n.)* البيزو : وحدة نقد في أميركا اللاتينية .
pessimism *(n.)* (١) تشاؤم (٢) التشاؤمية .
pessimist *(n.)* (١) المتشائم (٢) التشاؤمي .
pessimistic *(adj.)* متشائم .
pest *(n.)* (١) وباء ؛ طاعون (٢) حشرة مؤذية .
pester *(vt.)* يزعج ؛ يضايق .
pesthouse *(n.)* مستشفى الأمراض الوبائية .
pestiferous *(adj.)* خبيث ؛ وبائي ؛ مُهلِك .
pestilence *(n.)* وباء ؛ طاعون .
pestilent *(adj.)* مُهلِك ؛ خطِر ؛ مُغيظ ؛ مُثير
pestilential *(adj.)* مُهلِك ؛ وبائي ؛ مُزعِج .
pestle *(n.)* (١) يد الهاون (٢) مِدَقّة .
pet *(vt.; n.; adj.)* (١) يدلل §(٢) حيوان أو طفل مدلل (٣) الحبيب (٤) نوبة غضب . §(٥) مُدَلَّل أو مفضَّل (٦) تحبُّبي .
petal *(n.)* البَتَلَة ؛ التُوَيجية (في علم النبات) .
petition *(n.; vi.)* (١) عريضة §(٢) يقدّم عريضة

petrel *(n.)* طائر النَّوء : طائر بحري طويل الجناحين .
petrifaction *(n.)* (١) تحجير (٢) تحجُّر (٣) شيء متحجِّر .
petrify *(vt.; i.)* (١) يحجِّر × (٢) يتحجَّر .
petrol *(n.)* الغازولين ؛ البنزين .
petroleum *(n.)* النفْط ؛ البترول .
petticoat *(n.)* (١) تنّورة (٢) امرأة ؛ فتاة .
pettiness *(n.)* تفاهة ؛ حقارة ؛ شيء تافه .
pettish *(adj.)* سيّء الطبع ؛ سريع الغضب .
petty *(adj.)* صغير ؛ تافه ؛ حقير .
petulance *(n.)* نَكَد ؛ شكاسة ؛ رداءة طبع .
petulant *(adj.)* نَكِد ؛ شكِس ؛ رديء الطبع .
pew *(n.)* (١) مَقعد (٢) مقعد خشبي طويل .
pewter *(n.)* البيوتر : خليط معدني قِوامه القصدير
pfennig *(n.)* البفنِغ : $\frac{1}{100}$ من المارك الألماني .
phaeton *(n.)* الفَيتُون : مركبة جياد خفيفة .
phalanx *(n.)* pl. **-es** *or* **-ges** كتيبة .
phantasm *(n.)* (١) شبح (٢) خيال .
phantasy *(n.)* = fantasy.
phantom *(n.)* (١) شَبَح (٢) وهم ؛ سَراب .
pharaoh *(n.)* (١) فرعون (٢) طاغية .
pharisaic; -al *(adj.)* مُراءٍ ؛ متظاهر بالتقوى .
pharisee *(n.)* المرائي ؛ المتظاهر بالتقوى .
pharmaceutic; -al *(adj.)* صيدلي .
pharmaceutics *(n.)* الصيدلة .
pharmacist *(n.)* الصيدلي .
pharmacy *(n.)* (١) الصيدلة (٢) صيدلية .
pharyngeal *(adj.)* بُلعومي .
pharynx *(n.)* البُلعوم : مجرى الطعام في الحلق .
phase *(n.)* وجه ؛ مَظهَر ؛ حالة ؛ شكل
pheasant *(n.)* التَدرُج (طائر) .
phenomena *(n.pl.)* ظاهرات ؛ ظواهر .
phenomenal *(adj.)* (١) ظاهراتي (٢) استثنائي
phenomenon *(n.)* pl. **-na** *or* **-s** ظاهرة .

phial *(n.)* قارورة ؛ قنينة ؛ زجاجة .
philander *(vi.)* يُغازل أو ينهمك في المغازلة .
philanthropic *(adj.)* (١)إنسانيّ (٢)خيريّ .
philanthropist *(n.)* الخيِّر؛ الانسانيّ؛ المحسن .
philanthropy *(n.)* الانسانيّة ؛ حبّ البشر .
philatelist *(n.)* جامع الطوابع البريدية .
philharmonic *(adj.)* محبّ للموسيقى .
philological *(adj.)* فيلولوجي : متعلق بفقه اللغة .
philologist *(n.)* الفيلولوجي : العالِم بفقه اللغة .
philology *(n.)* الفيلولوجيا؛ فِقه اللغة .
philosopher *(n.)* الفيلسوف؛ الحكيم .
philosophic; -al *(adj.)* فلسفي .
philosophize *(vi.)* يتفلسف .
philosophy *(n.)* (١)فلسفة (٢)رباطة جأش .
philter *(n.)* شراب المحبّة ؛ شراب سحري .
phlegm *(n.)* (١)بَلْغَم (٢)برودة؛ لامبالاة .
phlegmatic *(adj.)* (١)بَلغميّ (٢) لامبالٍ .
phlox *(n.)* القبس ؛ الفُلُوكس (نبات) .
phobia *(n.)* الرُهاب ؛ الفوبيا : خوف مَرَضيّ .
Phoenician *(n.; adj.)* فينيقيّ .
phoenix *(n.)* الفونيكس ؛ العنقاء : طائر خرافي .
phone *(n.; vi.; t.)* (١)تلفون §(٢)يتلفن .
phonetic *(adj.)* صوتيّ ؛ لفظيّ .
phonetics *(n.)* عِلم الأصوات الكلاميّة .
phonograph *(n.)* الحاكي ؛ الفونوغراف .
phony *or* **phoney** *(adj.)* زائف؛ كاذب .
phosphate *(n.)* (١)الفوسفات (٢)شراب فوّار .
phosphorescence *(n.)* الوميض الفوسفوري .
phosphorescent *(adj.)* مُتَفَسْفِر؛ مُومِض .
phosphoric; -rous *(adj.)* فُوسفُوريّ .
phosphorus *(n.)* الفُوسفُور (كيمياء) .
photo *(n.)* صورة فوتوغرافيّة .
photocopy *(n.)* نسخة فوتوغرافية (عن شيء) .
photogenic *(adj.)* مستجيب أو ملائم للتصوير .
photograph *(n.; vt.; i.)* (١)صورة ضوئية أو فوتوغرافيّة §(٢) يصوّر أو يتصوّر فوتوغرافياً .
photographer *(n.)* المصور الضوئي أو الفوتوغرافي .
photographic *(adj.)* ضوئي؛ فوتوغرافي .
photography *(n.)* التصوير الضوئي أو الفوتوغرافي .
photogravure *(n.)* الحفر الضوئي أو الفوتوغرافي .
photoplay *(n.)* شريط سينمائيّ .
phrase *(n.; vt.)* (١)عبارة §(٢)يعبّر بكلمات .
phraseology *(n.)* أسلوب ؛ أسلوب التعبير .
phrenology *(n.)* فِراسة الدماغ .
physic *(vt.)* (١) يُداوي (٢)يُعطي مُسَهِّلاً .
physical *(adj.)* ماديّ ؛ طبيعيّ ؛ بدنيّ .
physician *(n.)* الطبيب .
physicist *(n.)* الفيزيائيّ؛ العالِم بالطبيعيات .
physics *(n.)* الفيزياء؛ علم الطبيعة .
physiognomy *(n.)* (١)عِلم الفراسة (٢)ملامح الوجه أو أساريره .
physiological *(adj.)* وظائفيّ ؛ فسيولوجيّ .
physiology *(n.)* علم الوظائف؛ الفسيولوجيا .
physique *(n.)* بِنْيَة الجسم .
pianist *(n.)* البيانيّ : عازف البيان أو البيانو .
piano ; pianoforte *(n.)* بيان؛ بيانو .
piaster *or* **piastre** *(n.)* قِرْش ؛ غِرْش .
piazza *(n.)* (١)ساحة (٢) رواق (٣) شُرْفَة .
piccolo *(n.)* السُرْناي : فلوتٌ صغير (موسيقى) .
pick *(vt.; n.)* (١)يثقب (٢)ينزع (٣)يلتقط (٤)يقطف (٥) يختار (٦)يَنْشل (٧)يتمحّل الخصام أو يلتمس له أسباباً تُوجبه (٨) ينقر (٩)يُخلّل أسنانَه (١٠)ينتف §(١١) نخبة؛ صفوة (١٢)قطفة (١٣)مِعْوَل .
pickax *or* **pickaxe** *(n.)* مِعْوَل .
pickerel *(n.)* الصغير من سمك الكراكيّ .
picket *(n.; vt.)* (١)وتِد؛ خازوق (٢)مُفْرَزَة طوارىء (٣) خفير §(٤)يوتّد : يطوّق أو

pickings 287 **pill**

يسيِّج بأوتاد (٥) يضع خفيراً أو مُفْرَزَة طوارىء (٦) يَعْقِل (الدابّة) أو يشد ها إلى وتِد.

pickings *(n.pl.)* (١) فُتات (٢) عائدات .

pickle *(n.; vt.)* (١) مَرَق التخليل (٢) المخلَّل ؛ الطُّرشي § (٣) يخلِّل ؛ يحفظ في الخل .

pickpocket *(n.)* النشّال : سرّاق الجيوب .

pickup *(n.)* (١) انتعاش (٢) تسريع ؛ تعاجل (في السيّارات) (٣) شاحنة خفيفة لنقل السلع .

picnic *(n.; vi.)* (١) نزهة § (٢) يتنزّه .

pictorial *(adj.)* (١) مُصَوَّر (٢) تصويري .

picture *(n.; vt.)* (١) صورة (٢) شريط سينمائيّ (٣) *pl.* : السينما § (٤) يصوِّر (٥) يصف (٦) يتصوّر ؛ يتخيّل .

picturesque *(adj.)* (١) مَنْظَرانيّ : شبيه بصورة رائعة (٢) فاتن ؛ رائع (٣) حيّ .

pie *(n.)* (١) فطيرة (٢) حلوى .

piebald *(adj.; n.)* (١) ملوَّن ؛ مختلف الألوان (٢) أرقط : منقّط ببياض وسواد § (٣) فرس أرقط .

piece *(n.; vt.)* (١) قطعة ؛ جزء § (٢) يرقّع .

in ~s محطَّم .

to ~s إرْباً إرْباً .

piece goods *(n.pl.)* الأقمشة أو السلَع التي تُنسَج أو تباع بالقطعة أو بأطوال مُحَدَّدة .

piecemeal *(adv.; adj.)* (١) شيئاً فشيئاً ؛ تدريجياً (٢) إرباً إرباً § (٣) تدريجيّ .

piecework *(n.)* الشُّغل بالقطعة أو مقاولةً .

pied *(adj.)* أرقط ؛ أبقع ؛ متعدّد الألوان .

pier *(n.)* (١) دعامة جسر (٢) رصيف ممتدّ في البحر (٣) عمود ؛ ركيزة .

pierce *(vt.; i.)* يطعن ؛ يثقب ؛ يخترق ؛ ينفذ إلى .

piercing *(adj.)* ثاقب ؛ نافذ ؛ حادّ .

piety *(n.)* (١) تقوى (٢) عمل نابع عن تقوى .

piffle *(vi.; n.)* (١) يَهْذي § (٢) هُراء .

pig *(n.)* (١) خنزير (٢) كتلة مستطيلة مصبوبة من معدن .

pigeon *(n.)* (١) حمامة (٢) الساذج ؛ البسيط .

pigeonhole *(n.)* بيت الحمام : «عين» من العيون المربّعة لتصنيف الأوراق وغيرها في خزانة الخ .

pig iron *(n.)* تماسيح الحديد : الحديد الخام عند خروجه من أتون الصَّهْر .

pigment *(n.)* (١) صِبْغ (٢) خِضاب .

pigmentary *(adj.)* صِبْغيّ ؛ خِضابيّ .

pigmy *(n.)* قَزَم .

pignut *(n.)* شجر الجِقّور الأميركي أو جوزُه .

pigpen *(n.)* (١) زريبة خنازير (٢) مكان قذِر .

pigskin *(n.)* (١) جلد الخنزير (٢) كرة قدم .

pigsty *(n.)* زريبة خنازير .

pigtail *(n.)* ضفيرة تتدلى من مؤخّر الرأس .

pike *(n.)* (١) رمح ؛ مِنْخس (٢) سمك الكراكي .

pikeman *(n.)* الرامح : جنديّ حاملٌ رمحاً .

pikestaff *(n.)* قناة الرّمح .

pilaster *(n.)* العِماد : عمود مستطيل ذو تاج وقاعدة ناتىءٌ بعضَ الشيء من جدار .

pilasters

pile *(n.; vt.; i.)* (١) ركيزة ؛ دعامة (٢) ركام ؛ كومة (٣) المَحْرَقة : كومة حطب لإحراق جثّة أو أُضْحِية (٤) مقدار وافر (٥) مبنى ضخم أو مجموعة مبانٍ ضخمة (٦) بطارية ؛ حاشدة (٧) مُفاعِل ذَرّي (٨) وَبَر ؛ زَغَب (٩) زِئبر (١٠) *pl.* : بواسير § (١١) يركم يكدّس (١٢) يثقل × (١٣) يتراكم ؛ يتكدّس .

pilfer *(vi.; t.)* يسرق (بمقادير صغيرة) .

pilgrim *(n.)* (١) الرّحالة ؛ السائح (٢) الحاجّ .

pilgrimage *(n.)* (١) رحلة (٢) حِجّة .

pill *(n.)* حبة دواء .

pillage *(n.; vt.; i.)* (١) سَلْب § (٢) يسلب .

pillar *(n.; vt.)* (١) عمود ؛ دعامة (٢) نُصُب تذكاري § (٣) يدعم أو يقوّي بدعامة .

pillbox *(n.)* (١) علبة الحبوب : علبة توضع فيها حبوب الدواء (٢) مَعْقِل صغير منخفض.

pillion *(n.)* (١) سَرْج خفيف (للنساء) (٢) وسادة توضع وراء السرج (لركوب المرأة خلف الفارس) (٣) سرج إضافيّ (خلفَ مقعد سائق الدراجة) .

pillory *(n.)* المُشَهِّرة : آلة خشبية للتعذيب تُدخل فيها يدا المجرم ورأسه.

pillow *(n.; vt.)* (١) وسادة § (٢) يوسِّد : يريح على وسادة .

pilot *(n.; vt.)* (١) مدير الدفّة (٢) مرشد السفن. (٣) رُبّان الطائرة § (٤) يُرشد (٥) يقود طائرة.

pimento; pimiento *(n.)* فُلفُل حلو .

pimp *(n.)* القَوّاد: سمسار الفاحشة .

pimple *(n.)* بَثْرة ؛ نَفْطة (أو شيء شبيهٌ بها).

pin *(n.; vt.)* (١) وَتِد (٢) القارورة الخشبيّة (في لعبة البولنغ) (٣) مِلْوَى العود أو الكمان (٤) دبوس (٥) بروش ؛ دبوس زينيّ § (٦) يشبك بدبوس (٧) يُثبِّت ؛ يعلّق.

pinafore *(n.)* مِئْزَر للأطفال من غير كُمَّين.

pince-nez *(n.)* النظّارة الأنفية

pince-nez

pincers *(n.pl.)* (١) كمّاشة ؛ مِسحبة (٢) كُلّاب .

pinch *(vt.; i.; n.)* (١) يقرص (٢) يضغط بشكل موجِع (٣) يؤلم (٤) يُذْبِل (٥) يقتّر على (٦) يسرق (٧) يعتقل × (٨) يتبخّل § (٩) مأزق (١٠) ضغط (١١) شِدّة ؛ ضيق (١٢) قَرْص لَذْع (١٣) مقدار ضئيل .

pincushion *(n.)* وسادة الدبابيس .

pine *(n.; vi.)* (١) صنوبرة (٢) أناناس . § (٣) يَنْحَل ؛ يَهْزُل (٤) يتوق توقاً شديداً.

pineapple *(n.)* الأناناس (نبات).

pinfold *(n.; vt.)* (١) زريبة § (٢) يزرب .

ping-pong *(n.)* البِنْغ بُنْغ ؛ كرة الطاولة .

pinion *(n.; vt.)* (١) جناح الطائر . (٢) ريشة (٣) ترس صغير (تتداخل أسنانُه في ترس كبير) § (٤) يُوثِق ؛ يكبِّل.

pinion 3

pink *(n.; adj.; vt.)* (١) قرنفل . (٢) اللون القرنفليّ (٣) صفوة ؛ نخبة (٤) أوج § (٥) قرنفليّ اللون § (٦) يطعن .

pinnace *(n.)* مركب ؛ قارب .

pinnacle *(n.)* (١) برج ؛ قبّة مستدقّة . (٢) قمّة ؛ أَوْج ؛ ذروة .

pinnacle

pinnate; -d *(adj.)* ريشيّ الشكل .

pint *(n.)* البايْنت : ثُمْن غالون .

pinwheel *(n.)* (١) دولاب الهواء. (٢) دولاب النار .

pioneer *(n.; vi.; t.)* (١) الرائد ؛ ممهِّد الطريق § (٢) يرود .

pious *(adj.)* (١) تقيّ ؛ وَرِع (٢) دينيّ .

pip *(n.)* (١) خانوق الدجاج (٢) إحدى النقاط على ورقة اللعب أو حجر الدومينو (٣) بذرة.

pipe *(n.; vi.; t.)* (١) مِزمار *pl.* (٢) مِزْمار القِربة (٣) أنبوبة ؛ أنبوب (٤) بيبة ؛ غليون § (٥) يعزف على المِزمار (٦) ينقل بالأنابيب .

pipeline *(n.)* خط أنابيب.

pipkin *(n.)* قِدر فخارية أو معدنية صغيرة .

pippin *(n.)* (١) تفاح (٢) شخص أو شيء رائع .

piquancy *(n.)* حَرافة ؛ حِدّة .

piquant *(adj.)* (١) حِرّيف (٢) مثير ؛ فاتن.

pique *(n.; vt.)* (١) استياء ؛ غضب § (٢) يجرح (كبرياء فلان) (٣) يثير (الفضول الخ.) .

to ~ oneself on يعتزّ أو يفاخر بـ .

piquet *(n.)* البيكيت : لعبة بورق الشدّة .

piracy *(n.)* (١) قرصنة (٢) انتحال .

pirate 289 **plaintiff**

pirate *(n.; vt.; i.)* (١) قُرصان §(٢)يتقرصن : يقوم بأعمال القرصنة(٣)ينتحل مؤلّفات غيره.
piratical *(adj.)* (١) قُرْصانيّ (٢)قَرصَنيّ.
piss *(vi.; n.)* (١) يبول §(٢) بول.
pistachio *(n.)* (١)شجرة الفستق (٢)فُستُقَة.
pistil *(n.)* المِدقّة : عضو التأنيث في النبات.
pistol *(n.)* مُسَدَّس.
piston *(n.)* الكَبّاس ؛ المِكْبَس (في ماكينة).
pit *(n.; vt.)* (١) حفرة (٢) شَرَك (٣) حلبة للمصارعة (بين الكلاب أو الديكة) (٤)الجزء الخلفي من قاعة المسرح الرئيسية (٥) ركن في البورصة مخصص لفئة من الأسهم (٦)جهنّم أوجزء منها(٧) فم (٨) نقرة ؛ ندبة (٩) نواة الخوخ أو التمر §(١٠)يحفر ؛ينقر (١١)يغري (الكلاب أو الديكة بالمصارعة) ؛ يحرّض (١٢) يُخرِج النّوى (من الفاكهة).
pit-a-pat *(adv.)* بِطَقْطَقَة ؛ بخَفَقان.
pitch *(vt.; i.; n.)* (١) يَنْصِب (خيمة) (٢)يقذف(الكرة أو القطعة النقدية)(٣)يعيّن درجة النغم أو طبقة الصوت×(٤)يحطّ ؛ يغوص (٥) يُعَسْكِر ؛ يستقرّ في مكان (٦) يختار (٧) ينحدر §(٨) زفت؛ قار (٩) درَجَة المَيْل أو الانحدار (١٠) درجة (١١) درجة النغم ؛ طبقة الصوت (١٢) رَمْيَة.
pitch-dark *(adj.)* فاحم ؛ شديد السواد.
pitcher *(n.)* (١) إبريق (٢) القاذف ؛ الرامي.
pitchfork *(n.; vt.)* (١)مِذْراة §(٢) يذري.
piteous *(adj.)* (١)يُرْثَى له (٢) تافه.
pitfall *(n.)* (١)شَرَك (٢)خطرٌ أو مأزق مستور.
pith *(n.)* (١)لبّ (٢)لُباب (٣)قوّة أو أهميّة.
pithy *(adj.)* (١) لُبّيّ (٢) قويّ (٣) بليغ.
pitiable *(adj.)* (١) يرثى له (٢)تافه ؛ حقير.
pitiful *(adj.)* (١) يرثى له (٢)حقير ؛ هزيل.
pitiless *(adj.)* عديم الرحمة.
pitman *(n.)* عاملُ مَنجم.
pittance *(n.)* علاوة صغيرة ؛ أجر زهيد.
pituitary *(adj.)* نُخاميّ : متعلق بالغدة النخامية.
pituitary body *(n.)* الغدّة النُّخاميّة.
pity *(n.; vt.; i.)* (١) شفقة ؛ رحمة ؛ أسَف. (٢)شيء يدعو للأسف والرثاء §(٣)يرحم ؛ يرثي لـ.
pivot *(n.; vi.)* (١)محوَر ؛ مُرتَكَز §(٢)يدور على محور.

pivot

pizza *(n.)* البِتْزة : فطيرة طماطم وجبن ولحم مفروم.
placard *(n.; vt.)* (١) إعلان §(٢) يعلّق إعلاناً (على الجدران الخ.) (٣) يعلن عن.
placate *(vt.)* يهدّئ ؛ يسترضي.
place *(n.; vt.)* (١) مكان ؛ موضع ؛ محلّ. (٢)واجب ؛ مهمّة (٣)منزلة اجتماعيّة (٤)منزلة رفيعة (٥)ميدان ؛ساحة عامّة (٦)شارع قصير §(٧) يضع (في مكان معين) (٨) يعرض ؛ يقدّم (٩) يعيّن في وظيفة.
in ~ of محلّ كذا ؛ بدلاً من كذا.
in the first ~, أولاً ؛ في المقام الأول.
out of ~, في غير محلّه ؛ غير ملائم.
to take ~, يحدث ؛ يقع.
placid *(adj.)* هادئ ؛ رائق ؛ رابط الجأش.
plagiarize *(vt.; i.)* ينتحل آراء مؤلّف أو كلماته.
plague *(n.; vt.)* (١) بلاء (٢) وباء ؛ طاعون. §(٣)يصيبه بطاعون أو بلاء (٤)يزعج ؛ يعذّب.
plaice *(n.)* البلايس: سمك مُفَلْطَح.
plaid *(n.)* نسيج مربّع النقش أو متصالبه.
plain *(n.; adj.)* (١) سهل ؛ أرض منبسطة. §(٢) مستوٍ؛ منبسط (٣) بسيط (٤) صِرف (٥) واضح ؛ صريح (٦)سهل (٧)قبيح.
plainspoken *(adj.)* صريح.
plaint *(n.)* (١) تفجّع (٢)احتجاج ؛ شكوى.
plaintiff *(n.)* (١)المدّعي (٢)جانب الادعاء.

plaintive *(adj.)* حزين ؛ كئيب .

plait *(n.; vt.)* (١) طيّة ؛ ثَنْيَة (٢) ضفيرة ؛ جديلة §(٣) يطوي ؛ يثني (٤) يضفر ؛ يجدل .

plan *(n.; vt.; i.)* (١) خريطة لمبنى أو أرض . (٢) تصميم ؛ رسم بَيَاني (لأجزاء آلة) (٣) خطة ؛ مشروع §(٤) يخطّط ؛ يرسم خريطة لمبنى الخ. (٥) يرسم خطةً (٦) يعتزم . ينوي (٧) يوجه ؛ ينظم .

plane *(vt.; n.; adj.)* (١) يسوّي : يجعله أملس ؛ يَسْحَج (بفأرة النجار) (٢) يقشط §(٣) الدُّلْب (شجر) (٤) المِسْحاج : فأرة النجار (٥) سَطْحٌ مستوٍ (٦) مُسْتَوًى (٧) طيّارة §(٨) مستوٍ ؛ منبسط .

plane 4

plane geometry *(n.)* الهندسة المُستوية .

planet *(n.)* (١) الكوكب السيّار ، وبخاصة : الأرض (٢) نجم ؛ طالع .

planetary *(adj.)* كوكبيّ ؛ سيّاريّ .

plank *(n.; vt.)* (١) لوح خشب (٢) بند رئيسيّ (من بنود برنامج) §(٣) يلوّح : يفرش بألواح خشبية (٤) يُلقي بقوّة (٥) يدفع فوراً .

plant *(vt.; i.; n.)* (١) يغرس ؛ يزرع (٢) ينشئ . (٣) يثبّت ؛ يرسّخ §(٤) نبتة ؛ شجيرة (٥) مَصنع .

plantain *(n.)* لسان الحَمَل (نبات) .

plantation *(n.)* (١) زَرع ؛ زُروع (٢) مزرعة .

planter *(n.)* فلاح ؛ مزارع ؛ صاحب مزرعة .

plaque *(n.)* (١) دبّوس زِينيّ ؛ بروش . (٢) صفيحة معدنيّة رقيقة للتزيين .

plash = §splash.

plasma *(n.)* الجِبْلَة ؛ البلازما ؛ مصل الدم .

plaster *(n.; vi.; t.)* (١) اللَّصوق ؛ اللَّزقة . (٢) جِصّ §(٣) يجصّص (٤) يضع لَصوقاً أو لزقةً (٥) يُلصِق .

plastic *(adj.; n.)* (١) مُبْدِع (٢) لَدْن ؛ طيِّع . (٣) تشكيلي (٤) لدائنيّ §(٥) اللدائن ؛ البلاستيك .

plasticity *(n.)* اللُّدونة ؛ اللَّدانة ؛ اللَّيان .

plate *(n.; vt.)* (١) صفيحة (٢) أدوات المائدة الفضيّة أو الذهبية (٣) طبق ؛ صحن (٤) كليشيه (٥) شريحة زجاجيّة (٦) طقم أسنان ؛ «بدلة» (٧) لوحة §(٨) يصفّح (٩) يموّه ؛ يطلي .

plateau *(n.)* النَّجْد ؛ السهل الواسع المرتفع .

platen *(n.)* (١) نُحاسة أو برميل ماكنة الطباعة . (٢) أسطوانة الآلة الكاتبة .

platform *(n.)* (١) برنامج (٢) منبر (٣) رصيف .

plating *(n.)* (١) صفيح (٢) طلي ؛ تمويه (٣) طلاء .

platinum *(n.)* البلاتين : عنصر معدني نفيس .

platitude *(n.)* (١) تفاهة (٢) ملاحظة تافهة .

Platonic love *(n.)* الحب الافلاطوني أو العُذْريّ .

platoon *(n.)* فصيلة ؛ شِرْذِمَة ؛ عصبة .

platter *(n.)* طبق كبير (لتقديم اللحم على المائدة) .

plaudit *(n.)* (١) تصفيق (٢) موافقة حماسيّة .

plausible *(adj.)* معقولٌ أو مقبولٌ ظاهراً .

play *(n.; vi.; t.)* (١) لعِب ؛ لهو (٢) «دور» في اللعب (٣) مُزاح ؛ هزل (٤) مقامرة (٥) معاملة ؛ تصرّف (٦) نشاط ؛ عمل (٧) تمثيل (٨) تمثيلية ؛ مسرحيّة §(٩) يلعب (١٠) يعبث ؛ يمزح (١١) يعزف (١٢) يمثّل (على المسرح) (١٣) يقامر (١٤) يتصرّف (١٥) يتظاهر بـ ×(١٦) يسبّب ؛ يُحْدِث .

player *(n.)* اللاعب ؛ الموسيقي ؛ الممثّل ؛ المقامر .

playfellow *(n.)* = playmate.

playful *(adj.)* (١) لَعُوب (٢) مازح ؛ هازل .

playground *(n.)* مَلْعَب (وبخاصة للأطفال) .

playhouse *(n.)* (١) مسرح (٢) ملعب للأطفال .

playing card *(n.)* ورقة اللَّعب ؛ ورقة الشدّة .

playmate *(n.)* رفيق اللَّعِب ؛ زميل اللعب

plaything *(n.)* (١) دُمْيَة ؛ لُعْبَة (٢) ألعوبة .

playwright *(n.)* الكاتب المسرحيّ .
plaza *(n.)* ساحة عامّة (في مدينة) .
plea *(n.)* (١)جواب المتهَم على تهمة توجَّه إليه. (٢)ذريعة : حجّة ؛ عذر (٣)التماس ؛ طلَب.
plead *(vi.; t.)* (١)يدافع ؛ يترافع أمام القضاء. (٢)يردّ على الخصم (٣)يجيب عن تهمة أمام القضاء (٤) يدافع عن زعم أو يردّ على زعم (٥)يناشد ؛ يلتمس×(٦)يبرّر عمله بعُذْر .
pleading *(n.)* دفاع ؛ مرافعة ؛ محاجّة .
pleasant *(adj.)* سارّ ؛ سائغ ؛ لطيف ؛ صافٍ.
pleasantry *(n.)* (١)مُزاح ؛ هزْل (٢)مزْحة.
please *(vi.; t.)* (١)يَسُرّ ؛ يُرْضي (٢)يشاء .
if you ~, إذا سمحت ؛ من فضلك .
pleasing *(adj.)* سارّ ؛ مُرْضٍ .
pleasurable *(adj.)* مُرْضٍ ؛ سارّ .
pleasure *(n.)* (١) مشيئة ؛ رغبة (٢) سرور ؛ ابتهاج (٣)الملذات (٤)متعة ؛ مصدر سرور .
pleat *(vt.; n.)* (١)يَطْوي ؛ يُثَنّي §(٢)طيّة.
plebeian *(n.; adj.)* (١)العاميّ : أحد العامّة. §(٢)عاميّ (٣)عاديّ ؛ مُبْتَذَل (٤)جِلف.
plebiscite *(n.)* استفتاء عام .
plebs *(n.)* pl. **plebes** العامة : الدهماء .
plectrum *(n.)* ريشة العازف .
pledge *(n.; vt.)* (١)ضمان ؛ رَهن (٢)الارتهان : كون الشيء موضوعاً كرهن (٣)عربون (٤)نَخب (٥)عَهد ؛ تَعَهُّد ؛ مَوْثِق §(٦) يَرْهَن (٧) يشْرب نَخْبَه (٨) يتعهّد بِـ .
plenary *(adj.)* (١)تامّ ؛ مطلَق (٢)مكتمل.
plenipotentiary *(n.; adj.)* (١) مبعوث سياسي مطلَق الصلاحية §(٢)مطلَق الصلاحيّة.
plenitude *(n.)* (١)تمام ؛ كمال (٢) وَفْرَة .
plenteous *(adj.)* (١) مُثْمِر (٢) وافر .
plentiful *(adj.)* = plenteous.
plenty *(n.)* (١)وفرة (٢) مقدار وافر .

pleurisy *(n.)* ذات الجنب (مرض) .
plexus *(n.)* ضفيرة (من الأعصاب)(٢)شبكة.
pliability *(n.)* (١) مرونة (٢)لِين العريكة.
pliable *(adj.)* (١)مَرِن (٢)لَيّن العريكة.
pliant *(adj.)* (١)مَرِن (٢)مطواع ؛ متكيّف.
pliers *(n.)* زَرَديّة ؛ كمّاشة .

pliers

plight *(vt.; n.)* (١)يأخذ على نفسه عهداً (٢)يخطب فتاةً §(٣)حالة (٤)ورطة.
plinth *(n.)* الوطيدة : قاعدة التمثال المربعة .
plod *(vi.)* (١) يتهادى (في السير) (٢) يكدح .
plot *(n.; vt.; i.)* (١) قطعة أرض (٢)خريطة. (٣)حبكة الرواية أو المسرحية (٤)مكيدة ؛ مؤامرة §(٥)يضع خريطة أو حبكة روائيّة ×(٦)يتآمر.
plough *(n.; vt.)* = plow.
plover *(n.)* الزّقزاق ؛ رسول الغيث (طائر) .
plow *(n.; vt.)* (١)مِحْراث (٢) جرّافة. §(٣)يحرُث (٤)يشقّ (٥)يخدّد (٦) يجرف.
plowshare *(n.)* شَفْرة المِحْراث .
pluck *(vt.; n.)* (١)يقتلع (٢)ينتف (٣)يقطف. (٤) يمسك بـ (٥) ينقر §(٦) اقتلاع الخ. (٧) «مِعْلاق» الذبيحة (٨) شجاعة .
to ~ up heart يستجمع شجاعته .
plucky *(adj.)* شجاع ؛ جريء ؛ مقدام .
plug *(n.; vt.; i.)* (١) سِدادة (٢) قرص تبغ مضغوط (٣) شمعة الإشعال (في السيارة) (٤)القابس ؛ المأخذ : أداة للتوصيل الكهربائي §(٥)يسدّ (٦) يضرب ×(٧) يكدح .
plum *(n.)* (١)برقوق ؛ خوخ (٢)وظيفة ممتازة .
plumage *(n.)* ريش الطائر .
plumb *(n.; vt.; adj.; adv.)* (١) فادن (٢) ثِقل رصاص §(٣)يختبر §(٤) تامّ ؛ كامل ؛ مئة بالمئة §(٥) تماماً .

PLUMB I

plumber *(n.)* الرَّصّاص ؛ السَّمكري.

plumbing *(n.)* أنابيب المياه (في مبنى).

plumb line *(n.)* = plumb I.

plume *(n.; vt.)* (١) ريشة ؛ ريش (٢) علامة شرف أو امتياز أو بسالة §(٣) يزوّد بالريش.

plummet *(n.)* (١) ثِقل الفادن (٢) فادِن.

plump *(vi.; t.; n.; adj.; adv.)* (١) يَسْقُط أو يُسقِط فجأة أو بقوّة §(٢) سقطة مفاجئة §(٣) ريّان ؛ ممتلىء الجسم (٤) مباشر ؛ صريح §(٥) فجأةً (٦) مباشرةً ؛ بصراحة.

plunder *(vt.; i.; n.)* (١) يسلب ؛ ينهب §(٢) سَلْب ؛ نَهْب (٣) غنيمة.

plunge *(vt.; i.; n.)* (١) يَغْمر ؛ يُغَطِّس ؛ يُغْمِد (٢) يُقْحِم ×(٣) يَغْطُس ؛ يغوص (٤) يخوض متهوّراً (٥) يندفع بسرعة بالغة §(٦) غَطْس ؛ غَطْسَة (٧) اندفاع متهوّر.

plunger *(n.)* (١) الغاطس (٢) مِكبَس ؛ كبّاس.

pluperfect *(n.)* صيغة الماضي الأسبق.

plural *(n.; adj.)* (١) جَمْع ؛ صيغة الجَمْع (في قواعد اللغة) §(٢) جَمْعِيّ.

plurality *(n.)* (١) تعدّد (٢) أغلبية ؛ أكثرية.

plus *(prep.; n.; adj.)* (١) زائد §(٢) شيء إضافيّ (٣) عدد إيجابيّ (٤) فائض (٥) علامة زائد (+) §(٦) إيجابيّ (٧) اضافيّ.

plush *(n.)* البَلَش : نسيج ذو زئبر.

plus sign *(n.)* علامة الجَمْع أو الإيجاب (+).

plutocracy *(n.)* البلوتوقراطية : حكومة الأثرياء.

ply *(vt.; i.; n.)* (١) يستعمل ؛ يعمل بـ (٢) يمطِر بالأسئلة (٣) يزوّد باستمرار (٤) يذرع جيئةً وذهوباً ×(٥) يكدّ §(٦) لَيّة ؛ طيّة ؛ ثَنْيَة.

plywood *(n.)* الخشب الرقائقي.

p.m. (post meridiem) بعد الظهر ؛ ب. ظ.

pneumatic *(adj.)* هوائيّ ؛ غازيّ.

pneumonia *(n.)* ذات الرئة (مرض).

poach *(vt.; i.)* (١) يفقص البيضة في الماء الغالي. (٢) ينتهك حُرمة أرض شخص آخر (٣) يسرق الصيدَ أو السمك.

pock *(n.)* بثرة ؛ نافطة.

pocket *(n.; vt.)* (١) جَيْب (٢) جِراب. (٣) مطبّ هوائيّ §(٤) يضع في جيبه (٥) يقبل ؛ يسكت على (٦) يكبح.

pocketbook *(n.)* (١) محفظة (٢) مال ؛ موارد.

pocketknife *(n.)* المِطواة : سكّين الجيب.

pocket money *(n.)* مصروف الجيب.

pockmark *(n.)* المَزْمَة : أثر بَثْرة الجُدَري.

pod *(n.)* القَرْنة : غلاف حبّات البيسلة ونحوها.

poem *(n.)* قصيدة.

poet *(n.)* الشاعر ؛ ناظم الشعر.

poetess *(n.)* الشاعرة ؛ ناظمة الشعر.

poetic; -al *(adj.)* شِعْري.

poetry *(n.)* الشِعْر.

poignancy *(n.)* حِدّة ؛ لَذْع ؛ حَرافة.

poignant *(adj.)* حادّ ؛ مؤثّر ؛ لاذع ؛ حِرّيف.

point *(n.; vt.; i.)* (١) نقطة (٢) النقطة الأساسية (٣) ميزة (٤) خاصية (٥) غرض ؛ غاية (٦) موضع ؛ موقع (٧) مرحلة ؛ درجة (٨) سنّ ؛ رأس ؛ طَرَف (٩) البُنْط (في الطباعة أو البورصة) §(١٠) يحدّد ؛ يبري (١١) ينقّط (١٢) يشير إلى (١٣) يسدّد ؛ يصوّب ×(١٤) يدلّ ؛ يشير (١٥) يمتدّ أو يتّجه في اتجاه معيّن (١٦) يَسْتَقْرِن (الخرّاجُ) : يصبح ذا رأس.

  a ~ of view وجهة نظر.

  at *or* on the ~ of على وشك ؛ على شفا.

  in ~ of fact في الواقع ؛ في الحقّ.

  to make a ~ of يصرّ على.

  to the ~, في صميم الموضوع.

point-blank *(adj.; adv.)* (١) مسدّد إلى

policyholder *(n.)* حامل عقد التأمين .
polio; poliomyelitis *(n.)* شلل الأطفال .
polish *(vt.; n.)* (١) يجلو ؛ يصقل ؛ يلمع . (٢) يهذب § (٣) الصقل : كون الشيء أملس لامعاً (٤) رقة ؛ تهذيب ؛ كياسة (٥) جلاء ؛ صقل ؛ تلميع (٦) مادة صاقلة أو ملمعة .
Polish *(adj.; n.)* (١) بولندي § (٢) اللغة البولندية .
polite *(adj.)* (١) لطيف ؛ كيس (٢) رفيع .
politeness *(n.)* لطف ؛ كياسة ؛ تهذيب .
politic *(adj.)* (١) داهية (٢) حكيم (٣) لبق .
political *(adj.)* سياسي .
politician *(n.)* السياسي ؛ رجل السياسة .
politics *(n.)* (١) علم السياسة (٢) السياسة .
polity *(n.)* (١) حكومة (٢) دولة .
polka *(n.)* البولكا : رقصة بوهيمية الأصل .
poll *(n.; vt.)* (١) رأس (٢) اقتراع ؛ تصويت . (٣) *pl.* : صناديق الاقتراع (٤) جدول بأسماء الناخبين الخ . § (٥) يجز (٦) يجم : يقطع قرن الحيوان (٧) يدرج (في جدول للناخبين) (٨) يسجل أصوات المقترعين .
pollen *(n.)* لقاح ؛ لقح ؛ غبار الطلع .
pollination *(n.)* تلقيح ؛ تأبير (في النبات) .
pollute *(vt.)* (١) يدنس (٢) يلوث .
polo *(n.)* البولو : لعبة تمارس على متون الخيل .
poltroon *(n.)* رعديد ؛ جبان إلى أبعد الحدود .
poly- بادئة معناها : «أ» كثير ؛ متعدد . «ب» مفرط .
polyandry *(n.)* تعدد الأزواج .
polygamy *(n.)* تعدد الزوجات .
polyglot *(adj.)* كثير اللغات .
polygon *(n.)* المضلع : شكل كثير الأضلاع .
polyp *(n.)* البولب : شكل بسيط من الحيوانات المائية (كالمرجان ونحوه) .
polypus *(n.)* pl. **-pi** = polyp.
polysyllabic *(adj.)* متعدد المقاطع .

الهدف مباشرة (٢) صريح ؛ مباشر § (٣) عن كثب (٤) بصراحة .
pointed *(adj.)* (١) محدد ؛ مسنن ؛ مستدق الرأس (٢) حاد ؛ ثاقب (٣) بارز ؛ واضح ؛ شديد .
pointer *(n.)* (١) المؤشرة : عصا يشار بها إلى موقع على خريطة الخ . (٢) عقرب الساعة (٣) إبرة الميزان (٤) كلب صيد (٥) إلماع ؛ تلميح .
pointless *(adj.)* (١) كليل ؛ غير مستدق الرأس (٢) أحمق (٣) تافه ؛ بارد (٤) بلا نقط .
poise *(vt.; i.; n.)* (١) يوازن × (٢) يتوازن . § (٣) توازن (٤) اتزان (٥) طريقة المرء في المشي أو القعود الخ .
poison *(n.; vt.)* (١) سم § (٢) يسمم ؛ يفسد .
poisonous *(adj.)* (١) سام (٢) خطر ؛ مؤذ .
poke *(vt.; i.; n.)* (١) يلكز ؛ يكز ؛ ينخس . (٢) يحرك الجمرات (٣) يطعن (٤) يحدث (٥) يبرز ؛ ينتىء (٦) يدس ؛ يقحم × (٧) يبحث بفضول (٨) يتدخل (٩) يتسكع (١٠) يتأ § (١١) لكزة (١٢) كيس ؛ وكزة .
to ~ fun at somebody يهزأ به .
poker *(n.)* (١) المسعر : قضيب معدني لإذكاء النار (٢) البوكر : لعبة بورق اللعب أو الشدة .
poky *(adj.)* (١) ضيق (٢) بليد (٣) غير أنيق .
polar *(adj.)* (١) قطبي (٢) مرشد ؛ هاد .
pole *(n.)* (١) عمود ؛ سارية (٢) قطب (٣) أحد طرفي نقيض (٤) *cap.* : البولندي .
polecat *(n.)* فأر الخيل ؛ ابن عرس المنتين .
polemic; -al *(adj.)* جدلي .
polestar *(n)* (١) نجم القطب (٢) مرشد ؛ هاد .
police *(n.)* الشرطة ؛ البوليس .
policeman *(n.)* شرطي .
police station *(n.)* مخفر الشرطة .
policy *(n.)* (١) حكمة (٢) سياسة (٣) دهاء سياسي (٤) عقد أو سند تأمين .

polysyllable *(n.)* كلمة متعددة المقاطع .
polytechnic *(adj.)* متعدّد الفنون .
polytheism *(n.)* الشِّرْك: الايمان بعدّة آلهة .
polytheist *(n.)* المُشْرِك : المؤمن بعدّة آلهة .
pomade *(n.)* مرهم عطريّ (للشعر) .
pomegranate *(n.)* الرُّمّان أو شجره .
pommel *(n.; vt.)* (١) الرُّمّانة ؛ عُجْرة مدوّرة (في مقبض السيف) (٢) الحِنْو ؛ قَرَبوس السَّرج §(٣) يَضْرِب ؛ يلكم .
pomp *(n.)* أُبَّهة .
pom-pom *(n.)* البُمْبُم: مدفع رشّاش .
pompous *(adj.)* (١) أُبَّهيّ ؛ فخم (٢) مغرور ؛ متّسم بالغرور (٣) طنّان ؛ رنّان .
poncho *(n.)* البُنْش: عباءة جنوبأميركية.
pond *(n.)* بِرْكة .
ponder *(vt.; i.)* (١) يتفكّر (٢) يتأمّل .
ponderable *(adj.)* قابل للوزن أو القياس.
ponderous *(adj.)* (١) ثقيل جداً (٢) ثقيل وأخرق؛ تعوزه الرشاقة (٣) مُمِل ؛ مضجر .
pone *(n.)* خبز أو كعكة من دقيق الذّرة .
pongee *(n.)* البُنْجِيّ: قماش حريريّ.
poniard *(n.; vt.)* (١) خِنجر §(٢) يطعن بخنجر
pontiff *(n.)* (١) الأسقف (٢) البابا.
pontifical *(adj.; n.)* (١) أسقفيّ ؛ بابويّ . (٢) حبريّ §(٣) *pl.* : الملابس الأسقفية .
pontificate *(n.)* منصب الأسقف أو البابا .
pontoon *(n.)* (١) عوّامة؛ طَوْف (٢) زورق التجسير: طوف يستعمل في بناء جسر موقّت.
pontoon bridge *(n.)* الجسر العائم .

pontoon bridge

pony *(n.)* فرس قَزَم .
poodle *(n.)* البُودِل : كلب كثيف الشعر .
pool *(n.; vt.)* (١) بِرْكة (٢) حَوْض (٣) رهان مشترك يُسهم فيه جميع اللاعبين (٤) مجموع الأموال التي يقامر بها عدد من اللاعبين (٥) اتّفاق بين عدة شركات الخ . (٦) البُولة : ضربٌ من لعب البليارد §(٧) يُسهم في صُندوق أو جهد مشترك.
poop *(n.)* سطح مرتفع عند مؤخر السفينة .
poor *(adj.)* (١) فقير (٢) هزيل ؛ زهيد (٣) مسكين (٤) رديء (٥) قليل البراعة (٦) حقير .
poorhouse *(n.)* تكيّة ؛ ملجأ ؛ بَيْت البِرّ .
pop *(vt.; i.; n.)* (١) يدفع أو يضع فجأة (٢) يشوي (الذرة أو الكَسْتناء) حتى تتفتّق (٣) يطلق النار على ×(٤) يفرقع ؛ ينفجر (٥) يَجْحَظ §(٦) فرقعة ؛ انفجار (٧) شرابٌ غازيّ .
popcorn *(n.)* الفُشار: حبّ الذّرة المشويّ.
pope *(n.)* البابا : رأس الكنيسة الكاثوليكية .
popery *(n.)* البابوية ؛ الكثلكة .
popgun *(n.)* بندقية الهواء أو الفلّين (للأطفال).
popinjay *(n.)* المتبجّح ؛ المغرور ؛ الثرثار.
poplar *(n.)* (١) الحَوْر (نبات) (٢) خشب الحَوْر
poplin *(n.)* البُبْلين: قماش قطني للقمصان الخ.
poppy *(n.)* الخَشْخاش: نبات مخدِّر.
poppycock *(n.)* هُراء ؛ كلام فارغ .
populace *(n.)* العامّة ؛ الجماهير .
popular *(adj.)* (١) شعبيّ (٢) مبسَّط (٣) رائج .
popularity *(n.)* الشعبية : كون الشيء شعبياً.
popularize *(vt.)* يُبسِّط ؛ يجعله بسيطاً أو شعبياً.
populate *(vt.)* (١) يَقطُن (٢) يزوّد بالسكان.
population *(n.)* (١) السكّان (٢) عدد السكان.
populous *(adj.)* كثيف السكان .
porcelain *(n.)* الصينيّ ؛ الخزف الصيني .
porch *(n.)* (١) رِواق (٢) شرفة .
porcupine *(n.)* الشَّيْهَم: حيوان شائك .
pore *(vi.; n.)* (١) يستغرق في القراءة (٢) يتفكّر ؛ يتأمّل §(٣) سَمّ (والجمع مَسام) .
pork *(n.)* لحم الخنزير.

porous *(adj.)* (١)مساميّ ؛ ذو مسامّ (٢)نَفيذ : تنفذ إليه السوائل .

porphyry *(n.)* الحجر أو الرخام السُّمّاقيّ .

porpoise *(n.)* (١)خنزير البحر (٢)الدُّلفين.

porridge *(n.)* عصيدة ؛ ثَريد .

porringer *(n.)* قَصْعَة (لإطعام الأطفال) .

port *(n.)* (١)مرفأ ؛ ميناء (٢) مَنْفَذ ؛ فتحة. (٣) قيافة ؛ طريقة المشي أو القعود (٤)المَيْسَرة: الجانب الأيسر من سفينة أو طائرة (٥) البورت: ضربٌ من الخمر .

portable *(adj.)* قابلٌ للحمل أو النقل .

portage *(n.)* (١) حَمْلٌ ؛ نَقْل (٢) نقل المراكب أو السِّلَع ، برّاً، من نهر إلى آخر الخ.

portal *(n.; adj.)* (١)مدخل؛ باب §(٢)بابيّ.

portcullis *(n.)* شَعْريّة التحصين : شعريّة حديدية يُحمى بها مدخل الحصن .

portend *(vt.)* يُنذِر أو يُبشِّر بكذا .

portent *(n.)* (١)نذير؛ بشير (٢)أعجوبة.

portentous *(adj.)* (١) منذرٌ أو مبشّرٌ بـ . (٢) عجيب؛ رائع (٣) هائل؛ استثنائي .

porter *(n.)* (١)البوّاب (٢)الحمّال؛العتّال. (٣)البُرْتَر: ضرب من الجعة الثقيلة الداكنة.

portfolio *(n.)* (١) حقيبة (٢) وزارة.

porterage *(n.)* (١)العِتالة (٢)أجرة الحمّال.

porthole *(n.)* كُوّة (في جانب سفينة أو طائرة).

portico *(n.)* رواق مُعمَّد (عند مدخل المبنى) .

portico

portiere *(n.)* سِتْر؛ سِجْف (لمدخلٍ أو باب) .

portion *(n.; vt.)* (١)حِصّة (٢)بائنة؛ دوطة (٣)قسمة؛ نصيب (٤)جزء؛ قسم §(٥)يقسِّم (٦)يعطي حصةً أو بائنةً الخ.

portly *(adj.)* (١) مَهيب؛ جليل (٢)بدين.

portmanteau *(n.)* pl.-s *or* -x حقيبة السفر

portrait *(n.)* (١)صورة (٢)وصف ؛ صورة قلمية

portray *(vt.)* (١)يصوِّر (٢)يَصِف (٣)يمثِّل.

portrayal *(n.)* (١)تصوير (٢)صورة أو وصف.

Portuguese *(n.; adj.)* (١)البرتغاليّ: أحد أبناء البرتغال (٢)اللغة البرتغالية §(٣)برتغاليّ .

pose *(vt.; i.; n.)* (١)يستوضع : يُوقِف الفنانُ شخصاً في وِضعة خاصة لكي يرسمه (٢)يَطْرح سؤالاً أو قضيةً ×(٣)يتَوضَّع: يتخذ «وِضعة» خاصة §(٤) الوِضْعَة : وَضْع يُتَّخَذ عند التصوير (٥) وضعٌ متكلَّف.

position *(n.)* (١)موضع ؛ موقع (٢) وَضْعٌ . (٣) حالة (٤)موقف (٥)عمل؛ وظيفة .

positive *(adj.; n.)* (١)وضعي (٢)باتّ؛ قاطع . (٣)واثق من نفسه (٤)تامّ ؛ مَحض (٥)ثابت؛ أكيد (٦) حقيقيّ (٧) عمليّ (٨) إيجابيّ (٩)مُوجَب §(١٠)شيء إيجابي؛ صورة موجَبة.

possess *(vt.)* يملك؛ يمتلك؛ يحوز؛ يقتني .

possessed *(adj.)* (١)ممسوس: خاضع لروح شريرة «تَلَبَّسَتْه» (٢)معتوه (٣)رابط الجأش.

possession *(n.)* (١)امتلاك؛ حيازة؛ اقتناء الخ. (٢) استيلاء (٣) مِلْكيّة (٤) مِلْك ؛ ممتلكات (٥) رباطة جأش .

possessive *(adj.; n.)* (١) مِلكيّ: دال على المِلْكيّة (٢)تملّكي؛ اقتنائيّ §(٣)صيغة المِلْك.

possessor *(n.)* المالك؛ المحرز؛ المقتني .

possibility *(n.)* (١)إمكانيّة (٢)شيء ممكن.

possible *(adj.)* (١)ممكن (٢)محتمَل.

possibly *(adv.)* (١) بأية حال ؛ مهما حدث (٢)في أول فرصة ممكنة (٣)ربما؛ جائز .

post *(n.; vt.; i.)* (١) عمود ؛ سارية ؛ دعامة. (٢)بريد (٣)مكتب البريد (٤) مخفر؛ مركز؛ موقع (٥) منصب ؛ وظيفة (٦)محطة تجارية §(٧)يلصق إعلاناً على جدار (٨)يرسل بالبريد (٩) يضع (حارساً أو جنداً) في موقع معيّن

post- 296 **powder**

×(١٠) يسافر على جناح السرعة: يُسْرِع.

post- بادئة معناها: «أ» متأخّر. «ب» بعد؛ خلف.

postage *(n.)* (١) أجرة البريد (٢) طوابع بريدية.

postage stamp *(n.)* طابع بريدي.

postal *(adj.; n.)* (١) بريدي §(٢) بطاقة بريدية.

postal card *(n.)* بطاقة بريدية.

postbox *(n.)* صندوق البريد.

postcard *(n.)* بطاقة بريدية.

post chaise *(n.)* مركبة أجرة ذات أربع عجلات.

postdate *(vt.)* يؤخّر التاريخ: يجعل للشيك تاريخاً متأخراً عن تاريخ اليوم الذي وقّعه فيه.

poster *(n.)* إعلان (يُلصق في محل عام).

posterior *(adj.)* (١) تالٍ؛ لاحق (٢) خلفيّ.

posterity *(n.)* الذُّرِّيَّة؛ الأجيال القادمة.

postern *(n.; adj.)* (١) باب خلفيّ §(٢) خلفيّ.

post-free *(adj.)* مُعفًى من أجرة البريد.

posthaste *(adv.)* بأقصى السرعة.

postilion *(n.)* حوذي يمتطي أحد جياد المركبة.

postman *(n.)* ساعي البريد.

postmark *(n.)* خاتَم أو ختم البريد.

postmaster *(n.)* مدير مكتب البريد.

postmaster general *(n.)* المدير العام للبريد.

postmortem *(adj.; n.)* (١) واقعٌ بعد الوفاة. (٢) تالٍ للحادثة §(٣) فحص الجثة بعد الوفاة.

post office *(n.)* إدارة البريد؛ مكتب البريد.

postpaid *(adj.)* مدفوعة أجرة البريد عنه مقدّماً.

postpone *(vt.)* يؤجّل (٢) يؤخّر.

postscript *(n.)* (١) حاشية (٢) ذَيل؛ مُلحق.

postulate *(vt.; n.)* (١) يفترض؛ يُسلِّم بـ. §(٢) المُسلَّمة؛ أمرٌ مُسلَّم به.

posture *(n.)* (١) وِقفة؛ جِلسة (٢) وضع.

postwar *(adj.)* خاص بفترة ما بعد الحرب.

posy *(n.)* (١) زهرة (٢) باقة زهر.

pot *(n.; vt.)* (١) قِدْر §(٢) يضع في قِدْر.

potash *(n.)* بوتاس؛ أُشْنان.

potassium *(n.)* البوتاسيوم: عنصر معدني ليّن.

potation *(n.)* (١) شُرْب (٢) شَرْبَة؛ جَرْعَة.

potato *(n.)* البطاطا؛ البطاطس (نبات).

potency *(n.)* فعّالية؛ قوّة؛ سُلطة؛ نفوذ.

potent *(adj.)* فعّال؛ قويّ؛ واسع السلطة.

potentate *(n.)* العاهل؛ الملك؛ الحاكم الخ.

potential *(adj.; n.)* (١) كامن (٢) ممكنٌ؛ محتمَل (٣) جُهْدِيّ §(٤) الجُهْد (كهرباء).

pother *(n.)* ضجة؛ جلبة؛ اهتياج.

potherb *(n.)* عُشْب الطعام أو التتبيل.

pothook *(n.)* كُلاّب القِدْر.

potion *(n.)* جرعة (من دواء أو سُمّ).

potpourri *(n.)* مزيج؛ خليط؛ مقتطفات.

potsherd *(n.)* كِسْرَة (من إناءٍ خزفي).

pottage *(n.)* حِساء مُركَّز.

potter *(n.)* الخزّاف؛ الفاخوري.

pottery *(n.)* (١) مصنع الفَخّار أو الخزف. (٢) صناعة الفَخّار (٣) آنية فَخّاريّة.

pouch *(n.)* كيس؛ حقيبة؛ محفظة؛ جراب.

poultice *(n.; vt.)* (١) كِمادة §(٢) يُكمِّد.

poultry *(n.)* الدجاج ونحوه من الطيور الداجنة.

pounce *(n.; vi.; t.)* (١) برثن (٢) انقضاض. (٣) ذرور التجفيف §(٤) ينقضّ على ×(٥) يذرّر.

pound *(n.; vt.; i.)* (١) الباوند: رطل انكليزي. (٢) جنيه (٣) زريبة §(٤) يسحق؛ يسحن؛ يدقّ ×(٥) يقرع أو يضرب بعنف وتكرار (٦) يخفق بقوة (٧) يمشي محدثاً صوتاً.

pour *(vt.; i.; n.)* (١) يصبّ؛ يسكب. (٢) يُغْدِق ×(٣) ينهمر §(٤) مطر غزير.

pout *(vi.)* يبوز: يُنْتِئ شفتيه استياءً.

poverty *(n.)* (١) فقر (٢) جَدْب.

powder *(n.; vt.)* (١) ذُرور؛ مسحوق.

(٢) بارود §(٣) يذرّر ؛ يرشّ الذرور على (٤) يسحن ؛ يسحق .

power *(n.)* (١)سلطة ؛ نفوذ (٢)دولة (٣) قوة. (٤)اختصاص ؛ صلاحية (٥) كهرباء ؛ طاقة.

powerboat *(n.)* الزورق الآلي .

power-driven *(adj.)* آليّ ؛ مُدار بمحرّك.

powerful *(adj.)* (١)قويّ (٢)جبّار ؛ ضخم.

powerless *(adj.)* ضعيف ؛ واهن ؛ عاجز.

pox *(n.)* (١) جُدَريّ (٢) السَّفْلِس (مرض).

practicable *(adj.)* ممكِنٌ عملُه أو استخدامُه

practical *(adj.)* عمليّ .

practice *or* **practise** *(vt.; i.; n.)* (١)يمارس ؛ يزاول (٢)يدرّب «على» × (٣)يتدرّب «على» §(٤) ممارسة ؛ مزاولة (٥) تطبيق (٦)عادة ؛ عُرْف (٧)مِران ؛ تمرّن (٨) مهنة.

practiced *or* **practised** *(adj.)* (١) خبير ؛ بارع ؛ واسع التجربة (٢) مكتسَبٌ بالممارسة.

practitioner *(n.)* (١)الطبيب (٢)المحامي.

pragmatic *(adj.)* واقعيّ ؛ عمليّ ؛ ذرائعيّ.

prairie *(n.)* (١)مَرْج (٢)نجدٌ أجرد.

praise *(vt.; i.; n.)* (١)يُطْرِي §(٢)إطْراء .

praiseworthy *(adj.)* جديرٌ بالاطراء أو الثناء.

prance *(vi.; n.)* (١) يَطْفُر ؛ يثب مرحاً . (٢) يتبختر في مشيته §(٣) وَثْبٌ ؛ وثبة (٤) تبخترٌ ؛ مَرَح.

prank *(n.; vt.)* (١) مَزْحَةٌ §(٢) يزيّن .

prate *(vi.; n.)* (١)يُثَرْثِر §(٢) ثرثرة .

prattle *(vi.; n.)* (١)يثرثر §(٢)ثرثرة ؛ هَذْر.

prawn *(n.)* القُرَيْدِس ؛ برغوث البحر .

pray *(vt.; i.)* (١)يتوسل أو يتضرّع إلى × (٢)يصلي ~come with me. تعال معي ، أرجوك

prayer *(n.)* (١)صلاة (٢)توسُّل ؛ ابتهال .

pre- بادئة معناها : «أ» قبل. «ب» مقدّماً.

preach *(vi.; t.)* (١)يعِظ × (٢)يبشّر بِـ.

preacher *(n.)* الواعظ ؛ المبشِّر ؛ الكاهن.

preaching *(n.)* وَعْظٌ ؛ تبشير .

preamble *(n.)* تمهيد ؛ مقدّمة ؛ فاتحة .

prearrange *(vt.)* يرتّب سلفاً أو مقدّماً.

precarious *(adj.)* متقلقل ؛ غير مستقرّ أو ثابت.

precaution *(n.)* (١) حَذَر (٢) وقاية .

precautionary *(adj.)* وقائيّ .

precede *(vt.; i.)* (١) يسبق (٢) يتقدّم على.

precedence ; -cy *(n.)* (١) الأسبقيّة. (٢)التصدّريّة : حقّ التقدّم على الآخرين .

precedent *(adj.; n.)* (١) متقدّم ؛ سابق . §(٢)حادثة سابقة مماثلة (٣) سابقة .

preceding *(adj.)* متقدّم ؛ سابق ؛ سالف .

precept *(n.)* (١)مبدأ (٢)وصيّة (٣)أمر.

preceptor *(n.)* المدرِّس ؛ المعلّم .

precinct *(n.)* (١) دائرة انتخابيّة (٢) فِناء . (٣) *pl.* : أرباض ؛ ضواحي كذا (٤)حدّ ؛ تخم.

precious *(adj.)* (١)نفيس ؛ كريم (٢)عزيز .

precipice *(n.)* (١)جُرُف (٢)شفا الكارثة.

precipitate *(vt.; i.; n.; adj.)* (١)يطوّح ؛ يقذف به في عنف أو فجأة (٢)يعجّل (حدوثَ أمر) (٣) يرسّب (٤) يكثّف البخار ليتحوّل إلى مطر أو ندى × (٥) يَسقُط (٦)يندفع ؛ يتهوّر (٧)يترسّب §(٨)المترسِّب §(٩)عاجل ؛ مفاجىء (١٠)مندفع ؛ متهور .

precipitation *(n.)* (١)قَذْفٌ بعنف (٢)سقوط (٣)تعجيل (٤)تهوّر ؛ اندفاع ؛ عجلة (٥)ترسيب ؛ ترسّب ؛ مترسّب (٦)مطر ؛ ندى ؛ ثلج .

precipitous *(adj)* (١)متهوّر (٢)شديد التحدّر

precise *(adj.)* (١)دقيق ؛ صحيح (٢)مدقّق.

precisely *(adv.)* (١) بدقّة (٢)تماماً .

precision *(n.)* دقّة ؛ ضبط ؛ إحكام .

preclude *(vt.)* يعوق ؛ يمنع ؛ يحول دون.

precocious *(adj.)* مبكّر النشوء أو النضج.

preconceive 298 premonitory

preconceive *(vt.)* يتصور أو يكوِّن فكرة سلفاً.
preconception *(n.)* فكرة متصوَّرة سلفاً.
preconcerted *(adj.)* مرسوم أو متفق عليه سلفاً.
precursor *(n.)* (١) البشير؛ النذير (٢) السلف.
predatory *(adj.)* (١) نهّاب (٢) مفترس؛ ضارٍ.
predecessor *(n.)* سَلَف.
predestinate *(vt.)* يقدِّر: يحتِّم بقضاء وقدر.
predestination *(n.)* (١) التقدير: التحتيم بقضاء وقدر (٢) قَدَرُ المرء أو «قِسْمَته» (٣) القضاء والقدر.
predestine *(vt.)* =predestinate.
predetermine *(vt.)* (١) يقدِّر؛ يحتِّم بقضاء وقدر (٢) يفرض سلفاً اتجاهاً أو نزعةً ما.
predicament *(n.)* مأزِق؛ ورطة.
predicate *(n.; vt.)* (١) المحمول؛ المُسْنَد. §(٢) يعلن؛ يؤكِّد (٣) يعزو إليه (صفةً ما).
predict *(vt.; i.)* يتنبأ.
prediction *(n.)* (١) تنبؤ (٢) نبوءة.
predilection *(n.)* مَيْل؛ ولع؛ نزوع.
predispose *(vt.)* يُعِدُّه قَبْلياً؛ يجعله ميالاً إلى.
predisposition *(n.)* مَيْل؛ استعداد؛ قابلية.
predominance *(n.)* غَلَبَة؛ سيطرة؛ هيمنة.
predominant *(adj.)* غالب؛ سائد؛ مسيطر.
predominate *(vi.)* يسود؛ يغلب؛ يسيطر.
preeminence *(n.)* تفوُّق؛ تبريز؛ تَجَلَّبة.
preeminent *(adj.)* متفوِّق؛ مبرز؛ مُجَلٍّ.
preempt *(vt.)* (١) يحتل (أرضاً من الأراضي العامة) لكي يكتسب الأولوية (الشُّفعة) في شرائها (٢) يتملك بحق الشُّفعة (٣) يستولي على.
preen *(vt.; i.)* يتهندم؛ يتأنق.
preexist *(vi.; t.)* يوجَد قَبْلياً أو قبل غيره.
prefabricate *(vt.)* يَصْنَع مقدَّماً.
preface *(n.; vt.)* (١) مقدِّمة §(٢) يقدِّم لـ.
prefatory *(adj.)* تمهيدي؛ استهلالي.
prefect *(n.)* (١) الوالي؛ الحاكم (٢) مدير الشرطة (٣) التلميذ المفوَّض (يساعد الأستاذ في حفظ النظام).
prefer *(vt.)* (١) يُفضِّل (٢) يقدِّم (شكوى الخ.).
preferable *(adj.)* أفضل؛ أجدر بالتفضيل.
preference *(n.)* تفضيل؛ أفضلية؛ الشيء المفضَّل.
preferential *(adj.)* تفضيلي؛ مفضِّل؛ مفضَّل.
preferment *(n.)* ترقية؛ ترفيع.
prefigure *(vt.)* (١) يمثل أو يصوِّر قبل الحدوث. (٢) يتصوَّر أمراً قبل حدوثه.
prefix *(vt.; n.)* (١) يصدِّر ببادئة §(٢) بادئة.
pregnancy *(n.)* حَمْل؛ حَبَل.
pregnant *(adj.)* (١) حُبلى (٢) حافل بـ.
prehensile *(adj.)* مُعَدٌّ للإمساك بشيء.
prehistoric;-al *(adj.)* قَبْتاريخي: متعلق بما قبل التاريخ أو موجودٌ فيه.
prehistory *(n.)* ما قبل التاريخ.
prejudge *(vt.)* يحكم أو يقضي سَبْقياً.
prejudice *(n.)* (١) ضرر (٢) تحامل؛ تغرُّض.
prejudicial *(adj.)* ضارٌّ؛ مؤذٍ.
prelate *(n.)* أسقف؛ مطران.
preliminary *(adj.; n.)* (١) تمهيدي §(٢) إجراء تمهيدي (٣) مباراة أو خطوة تمهيدية.
prelude *(n.)* مقدمة؛ استهلال.
premature *(adj.)* حادث أو مُنْجَز قبل الأوان.
premeditate *(vt.)* (١) يفكِّر في (٢) يتعمَّد.
premeditation *(n.)* التعمُّد؛ سَبْق التصميم.
premier *(n.; adj.)* (١) رئيس الوزراء §(٢) أوَّل.
premiere *(n.)* العَرْض الأوَّل (لمسرحية أو فيلم).
premise *(n.)* (١) المقدمة المنطقية (٢) *pl.*: مقدمة العقد (٣) *pl.*: المبنى والأراضي التابعة له.
premium *(n.)* (١) مكافأة؛ جائزة (٢) علاوة تُدفَع للإغراء أو التشجيع (٣) قسط التأمين.
premonition *(n.)* هاجس أو تحذير سَبْقي.
premonitory *(adj.)* محذِّر؛ أوَّلي.

prenatal *(adj.)* حادث قبل الولادة .

preoccupy *(vt.)* (١) يَشْغَلُ البال (٢) يتملّك أو يَشْغَلُ أو يحتلّ مقدّماً أو قبل غيره .

preordain *(vt.)* يقدّر (بقضاء وقدَر) .

preparation *(n.)* (١) إعداد (٢) استعداد . (٣) مستحضَر طبّي أو غذائي .

preparatory *(adj.)* (١) إعدادي (٢) تمهيدي .

prepare *(vt.; i.)* (١) يُعِدّ × (٢) يستعد .

prepared *(adj.)* (١) مستعدّ (٢) مُحَضَّر .

preponderate *(vi.)* يَرْجَحُهُ (نفوذاً أو قوّةً) .

preposition *(n.)* حرف جرّ .

prepossess *(vt.)* (١) يستهوي ؛ يخلب . (٢) يجعله يتحيّز سلفاً (لكذا أو ضدّه) .

prepossessing *(adj.)* خلاّب ؛ جذّاب .

prepossession *(n.)* تحيُّز ؛ تغرُّض .

preposterous *(adj.)* منافٍ للطبيعة أو العقل.

prerequisite *(n.; adj.)* (١) شرطٌ ؛ متطلَّب أساسي § (٢) لازِمٌ (بوصفه شرطاً أو مطلباً أساسياً).

prerogative *(n.)* امتياز .

presage *(n.; vt.)* (١) نذيرٌ ؛ بشير (٢) حِسّ داخلي أو سابق § (٣) يكون نذيراً أو بشيراً بِ (٤) يتنبّأ بـ .

presbyter *(n.)* كاهن ؛ قَسّ ؛ شيخ كنيسة.

Presbyterian *(adj.; n.)* (١) مَشْيَخي : منسوب إلى الكنيسة المَشْيَخية § (٢) المَشْيَخي : عضو في الكنيسة المَشْيَخية .

prescience *(n.)* علم الغيب .

prescient *(adj.)* عالِم بالغيب .

prescribe *(vi.; t.)* (١) يفرِض ؛ يأمر ؛ يقضي . (٢) يصف (الطبيب) علاجاً × (٣) يأمر أو ينصح باستعمال كذا .

prescription *(n.)* وصفة طبيّة ؛ «رُشتة».

presence *(n.)* (١) حضور (٢) طلعة ؛ سيماء.

presence of mind حضور الذهن ؛ سرعة الخاطر

present *(vt.; n.; adj.)* (١) يقدّم (٢) يُهْدي . (٣) يُظهِر ؛ يُبْدي § (٤) هدية (٥) الزمن الحاضر (٦) اليوم ؛ الآن § (٧) حاضر (٨) حاليّ .

presentable *(adj.)* حَسَنُ الطلعة أو البِزّة.

presentation *(n.)* تقديم ؛ عرض.

presentiment *(n.)* الشعور السَّبْقِيّ .

presently *(adv.)* (١) عمّا قريب (٢) الآن.

present participle *(n.)* اسم الفاعل .

present tense *(n.)* صيغة الزمن الحاضر .

preservable *(adj.)* قابل للوقاية أو الحفظ .

preservation *(n.)* وقاية ؛ حفظ الخ .

preservative *(adj.; n.)* واقٍ ؛ حافظ ؛ صائن؛

preserve *(vt.; n.)* (١) يقي ؛ يحفظ (٢) يصون ؛ يحمي (٣) يخلّل أو يسكّر أو يعلّب (٤) يحافظ على (٥) يحتفظ بـ § (٦) *pl.* : المحفوظات أو المعلّبات (من الفاكهة) .

preside *(vi.)* يترأس ؛ يرئس .

presidency *(n.)* الرئاسة : منصب الرئيس أو مدته .

president *(n.)* (١) رئيس (٢) رئيس جمهورية .

presidential *(adj.)* رئاسيّ .

press *(n.; vt.)* (١) مِعصَرة ؛ مِضْغَط (٢) خزانة (٣) عصر ؛ ضَغْط (٤) مطبعة (٥) طباعة (٦) الصحافة (٧) اضطرار ؛ عجلة ؛ ضغط الأعمال § (٨) يعصر ؛ يكبس ؛ يكوي (٩) يضغط على (١٠) يُلِحّ ؛ يُصِرّ على (١١) يحثّ ؛ يستعجل .

press agency *(n.)* وكالة دعاية أو إعلان .

press-clipping *(n.)* قُصاصة جريدة .

press conference *(n.)* مؤتمر صُحُفِيّ .

pressing *(n.; adj.)* (١) عَصْر ؛ ضَغْط الخ . (٢) نسخة (من أسطوانة) § (٣) مُلِحّ (٤) حماسيّ .

pressure *(n.)* (١) ضَغْط (٢) ثِقْل ؛ وطأة .

prestige *(n.)* اعتبار ؛ هيبة ؛ مقام ؛ احترام.

presumable *(adj.)* ممكنٌ افتراضُهُ : محتمَل.

presume *(vt.; i.)* (١) يتجرأ (٢) يفترض . (٣) يستغل .
presuming *(adj.)* متجرئ؛ متواقح؛ وقح .
presumption *(n.)* جراءة؛ وقاحة؛ افتراض .
presumptive *(adj.)* افتراضي .
presumptuous *(adj.)* =presuming.
presuppose *(vt.)* (١) يفترض مقدماً . (٢) يستلزم؛ يقتضي ضمناً .
pretence *(n.)* =pretense.
pretend *(vt.; i.)* (١) يتظاهر بـ (٢) يدعي . ×(٣) يطالب بشيء (من غير حق صريح) .
pretended *(adj.)* زائف؛ كاذب؛ مزعوم .
pretense *(n.)* (١) دعوى؛ زعم (٢) ادعاء . (٣) ذريعة؛ ستار (٤) تظاهر بـ .
pretension *(n.)* (١) ذريعة (٢) دعوى؛ مطلب . (٣) ادعاء (٤) طموح أو غرور .
pretentious *(adj.)* (١) مدع (٢) طموح .
preternatural *(adj.)* شاذ أو خارق للطبيعة .
pretext *(n.)* حجة؛ ذريعة؛ ستار .
pretty *(adj.; adv.)* (١) ظريف؛ لطيف . (٢) جميل (٣) حسن؛ ممتاز §(٤) إلى حد ما .
prevail *(vi.)* (١) يفوز (٢) يسود؛ يعم .
prevailing *(adj.)* (١) مسيطر (٢) سائد؛ عام .
prevalence *(n.)* سيطرة؛ تفش؛ انتشار .
prevalent *(adj.)* مسيطر؛ سائد؛ منتشر .
prevaricate *(vi.)* يراوغ؛ يوارب .
prevent *(vt.)* (١) يمنع؛ يحول دون (٢) يعوق .
preventative; preventive *(adj.)* وقائي .
prevention *(n.)* (١) منع؛ إعاقة (٢) وقاية .
preview *(vt.; n.)* (١) يشاهد شيئاً قبل عرضه على الجمهور §(٢) مشاهدة أو عرض مسبق .
previous *(adj.; adv.)* (١) سابق؛ متقدم؛ ماض (٢) متسرع §(٣) قبل .
previously *(adv.)* سابقاً؛ قبلاً؛ من قبل .
prevision *(n.)* معرفة سبقية؛ حس باطني .
prewar *(adj.)* قبحربي: حادث قبل الحرب .
prey *(n.; vi.)* (١) فريسة أو ضحية §(٢) يفترس .
price *(n.; vt.)* (١) سعر؛ ثمن §(٢) يسعر .
priceless *(adj.)* بالغ النفاسة؛ لا يقدر بثمن .
prick *(n.; vt.)* (١) ثقب (٢) مثقب؛ منخس (٣) وخزة؛ وخز؛ ألم حاد §(٤) يثقب (٥) يخز (٦) ينخس (٧) ينتصب .
prickle *(n.; vt.; i.)* (١) شوكة (٢) وخز . §(٣) يخز؛ يثقب؛ ينخس .
prickly *(adj.)* شائك؛ واخز؛ لاسع؛ مضايق .
pride *(n.; vt.)* (١) غرور (٢) كبرياء (٣) ازدراء . (٤) زهرة؛ ريعان (٥) مفخرة §(٦) يعتز؛ يفتخر؛ يتباهى .
priest *(n.)* كاهن؛ قسيس؛ قس .
priestess *(n.)* كاهنة؛ قسيسة .
priesthood *(n.)* جماعة الكهنة .
priestly *(adj.)* (١) كهنوتي (٢) لائق بكاهن .
prig *(n.)* المتزمت (مع ميل إلى ازدراء الآخرين) .
prim *(adj.)* (١) متزمت (٢) أنيق .
primacy *(n.)* (١) الأولية (في الترتيب أو المنزلة أو الأهمية) (٢) منصب كبير الأساقفة .
prima donna *(n.)* المغنية الأولى (في الأوبرا) .
primal *(adj.)* (١) أولي؛ بدائي (٢) رئيسي .
primarily *(adv.)* (١) قبل كل شيء (٢) أولاً .
primary *(adj.; n.)* (١) ابتدائي؛ أولي . (٢) رئيسي؛ أساسي §(٣) الانتخابات الأولية .
primate *(n.)* (١) كبير الأساقفة (٢) الحيوان الرئيس: واحد الرئيسات كالانسان والقرد .
prime *(n.; adj.; vt.)* (١) فاتحة؛ مطلع؛ صدر (٢) ربيع؛ شباب (٣) صفوة؛ نخبة (٤) ريعان (٥) الرمز (ʼ) §(٦) أصلي (٧) أولي (٨) رئيسي §(٩) يملأ؛ يشحن؛ يعمر (البندقية) (١٠) يلقن (١١) يتخم .

prime minister *(n.)* رئيس الوزراء .
primer *(n.)* الكتاب الأول (لتعليم القراءة) .
primeval *(adj.)* بدائيّ .
primitive *(adj.)* (١) أصلي ؛ أولي (٢) بدائيّ .
primogeniture *(n.)* (١) البُكورة : كون المرء بِكْرَ أبويه (٢) حقّ البِكْر في الإرث كلّه .
primordial *(adj.)* بدائيّ ؛ أصليّ ؛ أساسيّ .
primrose *(n.)* زهرة الربيع (نبات) .
prince *(n.)* أمير .
princely *(adj.)* (١) أميريّ (٢) سخيّ ؛ فخم .
princess *(n.)* أميرة .
principal *(adj.; n.)* (١) رئيسيّ § (٢) المدير .
principality *(n.)* إمارة .
principally *(adv.)* قبل كلّ شيء .
principle *(n.)* (١) مبدأ (٢) قاعدة .
principled *(adj.)* ذو مبادىء .
prink *(vt.; i.)* (١) يزيّن × (٢) يتزيّن .
print *(vt.; n.)* (١) يبصم ؛ يَسِم (٢) يطبع . (٣) يستخرج صورة فوتوغرافية (عن صورة سلبية) § (٤) بصمة ؛ سِمة ؛ أثر (٥) طبعة (٦) أحرف مطبوعة (٧) قماش مطبوع (٨) صورة فوتوغرافية أو مطبوعة .
printer *(n.)* عامل المطبعة أو مالكها .
printing *(n.)* (١) طَبْع ؛ طباعة (٢) طبعة .
prior *(n.; adj.)* (١) رئيس دير § (٢) سابق .
~ to قَبْل .
prioress *(n.)* رئيسة دير .
priority *(n.)* الأسبقية ؛ الأقدمية ؛ الأوّلية .
priory *(n.)* دير (للرهبان أو للراهبات) .
prism *(n.)* مَوْشور ؛ مَنْشور .
prison *(n.; vt.)* (١) سِجْن . § (٢) يَسْجن .

prism

prisoner *(n.)* السجين ؛ الأسير .
pristine *(adj.)* أصليّ ؛ بدائيّ ؛ قديم .

privacy *(n.)* (١) عُزْلة (٢) سِرّية .
private *(adj.; n.)* (١) خصوصيّ (٢) خاصّ (٣) شخصيّ (٤) سِرّيّ § (٥) جنديّ ؛ نَفَر .
in ~, سِرّاً .
privately *(adv.)* سِرّاً ؛ بصورة شخصية .
privation *(n.)* (١) حِرْمان (٢) فاقة ؛ عوز .
privilege *(n.; vt.)* (١) امتياز § (٢) يمنحه امتيازاً .
privileged *(adj.)* ذو امتياز ؛ موسِر ؛ ثريّ .
privy *(adj.; n.)* (١) شخصيّ ؛ خصوصيّ (٢) سرّيّ (٣) مطّلع على سرّ § (٤) مِرحاض .
Privy Council *(n.)* مجلس شورى الملك .
prize *(n.; vt.)* (١) جائزة (٢) شيء جدير بأن يناضَل من أجله (٣) غنيمة § (٤) يقدِّر ؛ يُجِلّ .
prize fighter *(n.)* الملاكم المتكسّب أو المحترف .
pro- بادئة معناها : «أ» قائم مقام كذا . «ب» مناصر أو مؤيّد لِـ .
probability *(n.)* (١) احتمال (٢) أرجحيّة .
probable *(adj.)* مُحْتَمَل أو مُرَجَّح .
probably *(adv.)* من المحتمل ؛ على الأرجح .
probate *(n.)* إثبات صحة الوصيّة الخ .
probation *(n.)* إخضاع للتجربة .
probationer *(n.)* المُخْضَع للتجربة .
probe *(n.; vt.; i.)* (١) مِسْبَر ؛ مِسْبار (٢) سَبْر § (٣) يَسبر (٤) يمتحن بدقّة .
probity *(n.)* استقامة ؛ أمانة .
problem *(n.)* (١) مسألة (٢) مشكلة ؛ معضلة .
problematic *(adj.)* (١) مُشْكِل ؛ صعبٌ حلُّه أو البتّ فيه (٢) مشكوك فيه ؛ غير ثابت .
proboscis *(n.)* (١) خرطوم (٢) أنف .
procedure *(n.)* إجراء ؛ إجراءات .
proceed *(vi.)* (١) ينبثق ؛ ينشأ (٢) يُكْمِل ؛ يواصل (٣) يشرع ؛ يباشر (٤) يقيم دعوى على (٥) يسيرُ (العملُ) (٦) يتقدّم .
proceeding *(n.)* (١) إجراء (٢) *pl.* : حوادث .

(٣) *.pl* : دعوى قضائيّة (٤) عمل؛ صفقة
(٥) *.pl*: مَحْضَر جلسة .

proceeds *(n.pl.)* ربْح؛ دخل؛ عائدات .

process *(n.; vt.)* (١) تقدّم (٢) عملية . (٣)دعوى قضائيّة(٤)أمرٌ قضائيّ بالمثول أمام المحكمة(٥)النامية؛ الزائدة§(٦)يُعامل؛ يعالج.
 in the ~ of time مع الأيام.

procession *(n.)* موكب .

process server *(n.)* مُحْضِر المحكمة .

proclaim *(vt.)* (١) يصرّح (بآرائه الخ.). (٢)يعلن (٣)ينادي بـ (٤)يُظهِر؛ يدل على.

proclamation *(n.)* تصريح؛ إعلان؛ بلاغ .

proclivity *(n.)* مَيْل؛ نزعة .

procrastinate *(vi.)* يماطل؛ يسوِّف؛ يؤجّل.

procreate *(vt.)* يُنَسِّل؛ يُنْجِب؛ يُنتج.

proctor *(n.)* المراقِب؛ المُناظِر .

procurable *(adj.)* يسير المنال .

procurator *(n.)* (١)الوكيل(٢)مدير المال.

procure *(vt.)* يدبّر؛ يجلب.

procurer *(n.)* (١)المدبِّر؛ الجالب(٢)القوّاد.

prod *(vt.; n.)* (١) ينخس §(٢)مِنخس.

prodigal *(adj.)* مبذِّر؛ سخيّ؛ خِصْب.

prodigality *(n.)* (١)تبذير (٢)خِصْب.

prodigious *(adj.)* مذهل؛ مدهش؛ هائل.

prodigy *(n.)* أُعجوبة؛ معجزة.

produce *(vt.; n.)* (١) يُبْرِز ؛ يقدِّم . (٢)يُحدث؛ يسبِّب (٣)يَمُدّ (٤)يُخرِج (٥) يُنتج §(٦) نِتاج ؛ محصول ؛ غلّة .

producer *(n.)* (١)المنتِج (٢)المخرِج .

product *(n.)* (١)حاصل الضَّرْب (٢)نِتاج؛ مُنْتَج (٣)غلّة؛ محصول .

production *(n.)* (١)نِتاج (٢)إنتاج فنّيّ.

productive *(adj.)* (١)خِصْب (٢)منتِج.

profane *(vt.; adj.)* (١) يجدِّف (٢)يدنِّس ؛ ينتهك؛ يمتهن §(٣)دنيويّ؛ مجدِّف؛ تجديفيّ.

profanity *(n.)* (١) التجديفيّة ؛ التدنيسيّة ؛ اللاتوقيريّة (٢) لغة تجديفيّة .

profess *(vt.; i.)* (١) يعلن إيمانه أو ولاءه. (٢)يمارس؛ يزاول مهنة ×(٣) يعترف؛ يقرّ بـ.

professed *(adj.)* (١) مُعْلَن (٢) مزعوم .

profession *(n.)* (١)إعلانٌ لإيمان (٢) إيمانٌ مُجاهَرٌ به (٣)مهنة (٤)أهل المهنة الواحدة .

professional *(adj.; n.)* (١)مِهْنيّ؛ حِرَفيّ. (٢)محترِف (٣)احترافيّ §(٤)المحترِف .

professor *(n.)* (١) المعترِف بـ (٢) الأستاذ .

professorship *(n.)* الأستاذية: منصب الأستاذ.

proffer *(vt.; n.)* (١)يَعْرِض §(٢)عَرْض.

proficiency *(n.)* براعة؛ حذق .

proficient *(adj.; n.)* (١) بارع §(٢)خبير .

profile *(n.)* الجانبيّة : الصورة الجانبيّة .

profit *(n.; vt.; i.)* (١)رِبْح؛ كَسْب (٢) نَفع؛ فائدة §(٣)ينفع؛ يفيد ×(٤)ينتفع؛ يستفيد .

profile

profitable *(adj.)* مُرْبِح؛ مُكْسِب؛ مُفيد.

profiteer *(n.; vi.)* (١)الاستغلاليّ §(٢)يستغلّ.

profligate *(adj.; n.)* منهتك أو مبذِّر.

pro forma *(adj.)* شكليّ؛ صوريّ .

profound *(adj.)* (١) عميق (٢) عويص.

profundity *(n.)* (١)عُمق (٢) شيء عميق.

profuse *(adj.)* (١)مُسْرِف (٢)وافر؛ غزير.

profusion *(n.)* (١)إسراف (٢)وفرة؛ غزارة.

progenitor *(n.)* (١)جَدّ أعلى (٢)سَلَف.

progeny *(n.)* أولاد؛ ذرية؛ نِتاج.

prognosticate *(vt.)* يتكهّن بـ .

program(me) *(n.)* برنامج؛ منهاج .

progress *(n.; vi.)* (١)تقدّم §(٢)يتقدّم.

progression *(n.)* (١) المتوالية (٢) تقدُّم .

progressive *(adj.)* (١) متقدم؛ آخذ في التقدّم . (٢) تقدميّ (٣) متوالٍ (٤) متدرّج (٥) تصاعدي

prohibit *(vt.)* يحرِّم؛ يحظُر؛ يمنع .

prohibition *(n.)* تحريم؛ حَظْر .

prohibitive; prohibitory *(adj.)* تحريميّ .

project *(n.; vt.; i.)* (١) خطة (٢) مشروع . §(٣) يضع الخطوط لـ (٤) يقذف (٥) يُنْتِىء (٦) يسلّط (النورَ) على كذا ×(٧) ينتأ .

projectile *(n.)* قذيفة .

projection *(n.)* (١) نتوء؛ بروز (٢) إنتاء ؛ إبراز (٣) عرض الصور المتحركة على الشاشة .

projector *(n.)* المِسْلاط : أداة لتسليط النور .

proletarian *(n.)* البروليتاري : العامل؛ الكادح .

proletariat *(n.)* البروليتاريا : طبقة العمال .

prolific *(adj.)* مُثْمِر؛ وَلود؛ منتج .

prolix *(adj.)* (١) مُسْهِب (٢) مُسهِب .

prolixity *(n.)* إسهاب؛ إطناب؛ إطالة .

prologue *(n.)* مقدمة؛ تمهيد؛ تصدير .

prolong; prolongate *(vt.)* يُطيل؛ يمدّ .

promenade *(n.; vi.)* (١) نزهة (٢) مُتَنَزَّه . (٣) حفلة راقصة §(٤) يتنزّه .

prominent *(adj.)* ناتىء؛ جليّ؛ بارز؛ شهير .

promiscuous *(adj.)* (١) مختلِط؛ مشوَّش . (٢) معقود من غير تمييز (٣) غير شرعي .

promise *(n.; vt.; i.)* (١) وعْد؛ عهد أو تعهّد §(٢) يَعِدُ ×(٣) يدل على؛ يبشّر بـ .

promising *(adj.)* واعد؛ له مستقبل .

promissory *(adj.)* وعديّ؛ تعهّديّ .

promissory note *(n.)* سَنَدٌ إذنيّ؛ كمبيالة .

promontory *(n.)* الرَّعْن : قُنّة الجبل الخارجة منه والداخلة في البحر .

promote *(vt.)* يرقّي؛ يرفّع؛ يعزّز .

promotion *(n.)* ترقية؛ ترقٍّ؛ تعزيز .

prompt *(vt.; adj.)* (١) يَحُثّ (٢) يُلَقِّن . §(٣) يَقِظ؛ حازم (٤) فوريّ؛ عاجل .

prompter *(n.)* (١) الحاثّ (٢) الملقِّن .

promptitude *(n.)* يقظة؛ حزم؛ تأهّبٌ للعمل .

promptly *(adv.)* بحزم؛ فوراً؛ من غير إبطاء .

promulgate *(vt.)* يعلن؛ يذيع؛ ينشر .

prone *(adj.)* (١) ميّالٌ إلى (٢) عُرضة لـ . (٣) منكبّ؛ منقلب الوجه الى أدنى (٤) منبطح .

prong *(n.)* (١) شوكة الطعام أو إحدى شُعَبها . (٢) شيء ناتىء مستدقّ الطرف .

pronoun *(n.)* ضمير (في قواعد اللغة) .

pronounce *(vt.)* (١) يعلن (٢) يلفظ .

pronounced *(adj.)* واضح؛ صريح؛ قاطع .

proof *(n.; adj.)* (١) برهان؛ دليل (٢) تجربة أو «بروفة» طباعية (٣) القوة المعيارية للكحول §(٤) صامِد أو كتيمٌ لـ .

proofread *(vt.)* يصحّح التجارب الطباعية .

prop *(n.; vt.)* (١) دعامة؛ سِناد §(٢) يدعم؛ يسند؛ يقوّي .

propaganda *(n.)* دعاية؛ دعاوة .

propagate *(vt.; i.)* (١) يوالد؛ يكثّر بالتناسل . (٢) ينشر؛ يبثّ؛ يذيع (٣) ينقل ×(٤) يتوالد؛ يتكاثر .

propel *(vt.)* (١) يدفع؛ يسيِّر (٢) يحثّ .

propeller *(n.)* (١) الدافع؛ المسيِّر (٢) المِدْسَرة؛ المِرْوحة (٣) الرّفّاص (ملاحة) .

propeller

propensity *(n.)* مَيْل؛ نزعة طبيعية .

proper *(adj.)* (١) مناسِب؛ لائق (٢) خاص . (٣) مميِّز (٤) تامّ؛ مئة في المئة (٥) حقيقيّ؛ أصلي (٦) صحيح؛ مضبوط .

properly *(adv.)* (١) كما ينبغي (٢) بدقّة؛ بضبط؛ بالمعنى الضيّق للكلمة .

proper noun *(n.)* اسم عَلَم (في اللغة) .
property *(n.)* (١) خاصية ؛ خاصّة ؛ صفة مميزة (٢) «أ» مِلْك . «ب» مِلْكيّة .
prophecy *(n.)* (١) نبوءة (٢) نُبوءة .
prophesy *(vt.; i.)* يتنبأ بـ .
prophet *(n.)* نبي ؛ رسول .
prophetic; -al *(adj.)* (١) نَبَوي (٢) نُبوئيّ .
prophylactic *(adj.; n.)* (١) واقٍ من المرض . (٢) وقائي § (٣) علاجٌ واقٍ من المرض .
propinquity *(n.)* (١) قرابة (٢) قُرب .
propitiate *(vt.)* يسترضي ؛ يستعطف .
propitious *(adj.)* (١) مبشّر بخير (٢) ملائم .
proponent *(n.)* (١) المقترِح (٢) النصير .
proportion *(n.; vt.)* (١) نسبة (٢) تناسب . (٣) حصّة (٤) حجم ؛ درجة § (٥) يناسب ؛ يجعله متناسباً مع (٦) يجعل الأجزاء متناسبة .
proportional *(adj.)* (١) متناسب (٢) تناسبيّ .
proportionally *(adv.)* تناسبياً .
proportionate *(adj.)* متناسب .
proposal *(n.)* اقتراح ؛ مُقْتَرَح ؛ عَرْض .
propose *(vi.; t.)* (١) يعتزم ؛ ينوي (٢) يطلب اليد للزواج × (٣) يقترح .
proposition *(n.)* (١) مُقْتَرَحٌ ؛ عَرْض . (٢) افتراض ؛ قضيّة (٣) مسألة .
propound *(vt.)* يقدم ؛ يقترح .
proprietor *(n.)* المالِك ؛ صاحب المؤسّسة .
proprietress *(n.)* المالكة ؛ صاحبة المؤسسة .
propriety *(n.)* (١) مناسَبة ؛ ملاءمة (٢) لياقة ؛ أدب (٣) *pl.* : آداب المجتمع .
propulsion *(n.)* دَفْع ؛ تسيير ؛ قوة دافعة .
prorogue *(vt.)* (١) يؤجّل (٢) يعطّل إلى أجل .
prorogation *(n.)* (١) تأجيل (٢) تعطيل .
prosaic *(adj.)* (١) نثري (٢) مُمِل أو مبتذل .
proscribe *(vt.)* (١) يَحْرِم (شخصاً) من حماية القانون (٢) يحرِّم (٣) ينفي ؛ يُبْعِد .
prose *(n.)* النثر : خلاف الشعر من الكلام .
prosecute *(vt.; i.)* (١) يواصل (٢) يحاكم .
prosecution *(n.)* (١) مقاضاة ؛ إقامة الدعوى . (٢) جهة الادّعاء : المدعي ومحاموه .
prosecutor *(n.)* (١) المدّعي (٢) النائب العام .
proselyte *(n.)* المهتدي حديثاً (إلى دين) .
prosody *(n.)* عِلم العَروض ؛ علم نظم الشعر .
prospect *(n.; vi.; t.)* (١) منظر ؛ مشهد . (٢) شيء متوقَّع أو مأمول (٣) *pl.* : إمكانيات أو دلائل النجاح أو الربح (٤) زبون أو مرشَّحٌ مُحتمَل § (٥) ينقّب (بحثاً عن المعادن) .
prospective *(adj.)* محتمَل ؛ متوقَّع ؛ مأمول .
prospectus *(n.)* النشرة التمهيدية .
prosper *(vi.)* ينجح ؛ يزدهر ؛ يزهو .
prosperity *(n.)* نجاح ؛ ازدهار ؛ رخاء .
prosperous *(adj.)* (١) ملائم (٢) مزدهر .
prostitute *(vt.; n.)* (١) يعهر § (٢) مومس .
prostitution *(n.)* بغاء .
prostrate *(adj.; vt.)* (١) ساجد (٢) منبطح . § (٣) يسجد (٤) يُكبّ (٥) يتغلّب ؛ يُنْهِك .
protect *(vt.)* يحمي ؛ يصون ؛ يحفظ ؛ يقي .
protection *(n.)* حماية ؛ وقاية .
protective *(adj.)* واقٍ ؛ وقائيّ ؛ حِمائيّ .
protector *(n.)* (١) الحامي (٢) أداة واقية .
protectorate *(n.)* (١) الحماية (٢) المَحْميّة .
protein *(n.)* البروتين : مادة بانية للأجسام .
protest *(n.; vt.)* (١) احتجاج ؛ اعتراض . (٢) بروتستو (٣) توكيد § (٤) يحتجّ (٥) يؤكّد .
Protestant *(n.; adj.)* بروتستانتي .
Protestantism *(n.)* البروتستانتيّة .
protestation *(n.)* احتجاج ؛ اعتراض ؛ توكيد .
protocol *(n.)* البروتوكول : «أ» المسوَّدة الأصلية (لوثيقة أو معاهدة) . «ب» اتفاقية دولية .

«ج» نظام التشريفات الديبلوماسيّة والعسكرية.

protoplasm *(n.)* البروتوبلازما؛ الجِبِلّة الأولى.

prototype *(n.)* النموذج الأصليّ: نموذج لطائرة أو غوّاصة تُصنَع على أساسه نماذج أخرى.

protract *(vt.)* (١) يُطيل؛ يمدّ (٢) يخطّط.

protractor *(n.)* المِنقَلة: أداة لقياس الزوايا.

protrude *(vi.; t.)* (١) ينتأ × (٢) يُنتئ.

protrusion *(n.)* (١) إنتاء (٢) نتوء.

protuberance *(n.)* (١) نتوء؛ بروز (٢) حدبة.

proud *(adj.)* (١) متكبّر (٢) أبيّ (٣) فخور.

prove *(vt.)* (١) يختبر (٢) يبرهن؛ يُثبت.

proved; proven *(adj.)* مُثبَت.

provender *(n.)* (١) علَف؛ علِيق (٢) طعام.

proverb *(n.)* مَثَل؛ مَثَل سائر.

proverbial *(adj.)* (١) مَثَليّ (٢) مشهور.

provide *(vi.; t.)* (١) يحتاط (٢) يزوّد؛ يُجهّز.

provided *(conj.)* بشرط؛ شريطة أن.

Providence *(n.)* الله؛ العناية الإلهيّة.

provident *(adj.)* (١) حكيم (٢) مقتصد.

providential *(adj.)* (١) خاص بالعناية الإلهيّة (٢) حادثٌ بفضل تدخّل العناية الإلهيّة.

providing *(conj.)* = provided.

province *(n.)* (١) مقاطعة؛ إقليم (٢) عالَم.

provincial *(adj.)* قرويّ؛ ريفي؛ محلّي.

provision *(n.; vt.)* (١) احتياط؛ استعداد مسبَق (٢) تدبير احتياطي (٣) *pl.*: مُؤَن (٤) شرط § (٥) يزوّد بالمؤن.

provisional *(adj.)* موقّت.

proviso *(n.)* شرط؛ فقرة شرطيّة في عَقد.

provocation *(n.)* إغضاب؛ إثارة؛ تحريض.

provoke *(vt.)* (١) يُغضِب (٢) يثير؛ يحرِّض.

provost *(n.)* رئيس كنيسة أو كلية الخ.

provost marshal *(n.)* قائد الشرطة العسكرية.

prow *(n.)* مقدَّم المركب أو الطائرة.

prowess *(n.)* (١) شجاعة (٢) براعة فائقة.

prowl *(vt.; i.)* يتجوّس أو يطوف خلسةً.

proximate *(adj.)* تالٍ؛ قريب؛ مباشر.

proximity *(n.)* قُربٌ (في المكان أو الزمان).

proxy *(n.)* (١) وكالة (٢) الوكيل.

prudence *(n.)* تعقّل؛ حكمة؛ حذَر.

prudent *(adj.)* متعقّل؛ حكيم؛ حذِر.

prune *(n.; vt.; i.)* (١) برقوق أو خوخٌ مجفّف § (٢) يقلّم؛ يشذّب؛ يهذّب.

prurient *(adj.)* شَهوانيّ؛ شَبِق.

pry *(vi.; t.; n.)* (١) يحدّق بفضول × (٢) يرفع بمُخْل (٣) ينتزع بصعوبة § (٤) مُخْل.

psalm *(n.)* (١) ترنيمة (٢) *cap.*: مزمور.

psalmist *(n.)* ناظم الترانيم أو المزامير.

psalmody *(n.)* ترتيل المزامير.

Psalter *(n.)* سِفر أو كتاب المزامير.

psaltery *(n.)* السَّنطور: آلة موسيقية قديمة.

pseud- *or* **pseudo-** بادئة معناها: زائف؛ كاذب

pseudonym *(n.)* الاسم القلميّ؛ الاسم المستعار.

pshaw *(interj.)* (١) أُفٍّ (٢) تعساً، تبّاً.

psychiatry *(n.)* طبّ النفس؛ الطبّ العقلي.

psychic; -al *(adj.)* نفسيّ؛ عقليّ.

psychoanalysis *(n.)* طريقة التحليل النفسي.

psychologic; -al *(adj.)* نفسي؛ سيكولوجي

psychologist *(n.)* العالِم النفسي أو السيكولوجي

psychology *(n.)* عِلم النفس؛ السيكولوجيا.

psychopathy *(n.)* الاضطراب العقليّ.

pub *(n.)* حانة؛ خمّارة.

puberty *(n.)* (١) البلوغ (٢) سنّ البلوغ.

public *(adj.; n.)* (١) عامّ § (٢) الجمهور. in ~، علانيةً؛ على رؤوس الأشهاد.

publican *(n.)* (١) جابي الضرائب (٢) صاحب الحانة أو الفندق.

publication *(n.)* (١)إعلام؛إذاعة(٢)نَشْر. (٣)المنشور (كتاباً كان أو صحيفة أو مجلة).

public house *(n.)* (١)حانة؛خمّارة(٢)فندق.

publicity *(n.)* (١) شيوع ؛ ذيوع ؛ علَنيّة. (٢)شهرة ؛ شعبية (٣) دعاية ؛ إعلان.

publicly *(adv.)* جهاراً؛على رؤوس الأشهاد.

publish *(vt.)* (١) يُذيع (٢) ينشر.

publisher *(n.)* الناشر: ناشر الكتب أو الصحف.

puck *(n.)* عفريت؛ روح شرّيرة.

pucker *(vi.; t.; n.)* (١) يتغضّن ؛ يتجعّد. ×(٢)يُغضّن؛يُجعّد §(٣)غَضَن؛جعدة.

pudding *(n.)* البودنغ: نوع من الحلوى.

puddle *(n.)* بركة صغيرة موحلة.

pudgy *(adj.)* قصير وسمين.

puerile *(adj.)* صِبْيانيّ.

puff *(vi.; t.; n.)* (١)ينفث(٢)يلهث(٣)ينتفخ. ×(٤) ينفخ §(٥) نفخة ؛ هبّة ؛ نَفَس (٦) فطيرة منتفخة (٧)قطيفة لوضع ذرور التجميل على البشرة (٨) لفّة شعر غير مضغوطة (٩) لحاف (١٠) مديح.

pug *(n.)* (١)البَجّ (كلب) (٢) أنف أفطس.

pugilism *(n.)* الملاكمة.

pugilist *(n.)* الملاكِم المحترف.

pugnacious *(adj.)* مشاكِس؛مولع بالخصام.

puissance *(n.)* قوّة.

puke *(vi.; t.)* يقيء؛ يتقيّأ.

pull *(vt.; i.; n.)* (١) يقتلع ؛ ينتزع (٢)يجرّ؛ يجذب؛ يشدّ؛ يسحب (٣)يمزّق ×(٤)ينطلق بجهد (٥) يأخذ جرعةً أو نَفَساً §(٦) قلع؛ انتزاع ؛ جرّ؛ جَذْب؛ سحب (٧)تسلّق شاقّ (٨)مقبض أو وحبل أو حلقة لشدّ شيء.

pullet *(n.)* فَرْخَة؛ دجاجة صغيرة.

pulley *(n.)* بَكَرة.

pulleys

pulmonary *(adj.)* رئويّ.

pulp *(n.)* (١) لُبّ (٢) عجينة ورقية.

pulpit *(n.)* مِنْبر الوعظ (في كنيسة).

pulsate *(vi.)* (١)ينبض؛يخفق (٢) يتذبذب.

pulse *(n.; vi.)* (١)الحبوب؛القطاني(٢)نبض؛ نبضة §(٣) ينبض؛يخفق (٤)يتذبذب.

pulverize *(vt.; i.)* (١)يسحق ×(٢)ينسحق.

pumice *(n.)* الخفّاف: زجاج بركاني مساميّ خفيف جداً يُستعمل في الصقل.

pummel *(n.; vt.)* = pommel.

pump *(vt.; n.)* (١) يضخ ؛ يسحب السوائل أو الهواء بالمضخة (٢) ينفخ الهواء في §(٣) مِضخّة (٤) خُفّ.

pumpkin *(n.)* (١)القرْع (نبات) (٢)قرْعة.

pun *(n.; vi.)* (١) تورية ؛ تلاعب لفظيّ §(٢) يورّي.

punch *(vt.; i.; n.)* (١) ينخَس (٢) يسوق أو يرعى الماشية (٣)يلكم (٤)يثقب §(٥)لكمة (٦) مِثقب (٧) البَنْش: شراب مُسكِر.

puncheon *(n.)* برميل ضخم.

punctilious *(adj.)* حريص على الشكليات.

punctual *(adj.)* دقيق(في مراعاة المواعيد).

punctuate *(vt.)* يزود بالنقط والفواصل.

punctuation *(n.)* وضع النقط والفواصل.

punctuation mark *(n.)* نقطة؛ فاصلة الخ.

puncture *(n.; vt.)* (١) ثُقْب §(٢) يثقب.

pungent *(adj.)* لاذع ؛ حِرّيف ؛ حادّ.

punish *(vt.; i.)* (١) يعاقِب (٢)يقسو على.

punishment *(n.)* (١)عقاب(٢)معاملة قاسية.

punitive *(adj.)* عِقابيّ؛قِصاصيّ؛ تأديبيّ.

punk *(n.)* (١) هُراء (٢) خشب الصُّوفان (٣) الصُّوفان: مادة تُقْدَح بها النار.

puny *(adj.)* (١)ضعيف؛سقيم(٢)ضئيل؛ تافه.

pupa *(n.)* الخادرة: حشرة في الطور الانتقالي.
pupil *(n.)* (١)تلميذ؛ مُريد (٢)بُؤْبُؤُ العين.
puppet *(n.)* دمية؛ لُعْبَة؛ ألعوبة.
puppy *(n.)* (١)جَرْو (٢) المغرور؛ الأحمق.
purblind *(adj.)* أعمىً جزئياً.
purchase *(vt.; n.)* (١) يشتري (٢) يستميل بالرشوة §(٣)شراء(٤)شيء مشترى (٥)صفقة.
pure *(adj.)* خالص؛ صِرْف؛ صافٍ؛ طاهر.
purely *(adv.)* على نحوٍ صِرْف أو صافٍ.
purgative *(adj.; n.)* مُسْهِل.
purgatory *(n.)* الأعْراف؛ المَطْهَر.
purge *(vt.; n.)* (١)يطهِّر؛ ينظِّف(٢)يُسهِل البطنَ §(٣)تطهير؛ تنظيف(٤)مُسْهِل؛ «شربة».
purify *(vt.; i.)* (١) يطهِّر ×(٢) يَطْهُر.
Puritan *(n.)* البيوريتاني؛ التطهّري؛ المتزمّت.
purity *(n.)* نقاء؛ طهارة؛ براءة؛ صفاء.
purl *(n.; vi.)* (١)خرير §(٢)يخرّ (الجدول).
purloin *(vt.; i.)* يسرق؛ يختلس.
purple *(n.; adj.)* (١)الأرجوان§(٢)أرجواني.
purport *(n.; vt.)* (١)معنى؛ فحوى؛ مَفاد. (٢)خلاصة القول §(٣)يُفْهَم منه ظاهرياً.
purpose *(n.; vt.)* (١)غاية؛ غرَض§(٢)ينوي.
  on ~, قصداً؛ عمداً.
  to no ~, عبثاً؛ على غير طائل.
purposely *(adv.)* عمداً؛ عن تصور وتصميم.
purr *(n.)* الخرخرة: صوت الهرة المسرورة.
purse *(n.)* الجزدان: كيس الدراهم.
purser *(n.)* ضابط المحاسبة (في سفينة).
pursuance *(n.)* (١) مطاردة (٢) متابعة.
pursue *(vt.)* (١) يطارد (٢)يتابع؛ يواصل.
pursuit *(n.)* (١) مطاردة؛ ملاحقة؛ مواصلة (٢) السعي وراء كذا (٣) حرفة؛ مهنة.
purvey *(vt.)* يمونٍ؛ يزوِّد بالمؤن.
purveyor *(n.)* المموِّن؛ متعهّد المؤن.
pus *(n.)* قَيْح؛ صَديد.
push *(vt.; n.)* (١)يَدْفَع؛ يضغط (٢)يَشُقّ (٣) يَحُثّ §(٤) جهد عنيف (٥) دفع؛ ضغط؛ دفعة (٦) قوّة؛ عزم؛ إقدام.
pusillanimous *(adj.)* جبان.
puss; pussy *(n.)* هِرّة.
put *(vt.; i.)* (١) يضع (٢)يطرح (سؤالاً) (٣)يصوغ (٤)يحمله على؛ يدفعه الى×(٥)يذهب.
  to ~ aside *or* away (١) يطَّرِح. (٢)يدّخر.
  to ~ down (١)يقمع؛ يسحق (٢)يدوّن
  to ~ in (١) يقدّم رسمياً (٢) ينفق.
  to ~ off (١)يؤجّل (٢)يتخلّص من.
  to ~ on (١) يرتدي (٢)يتظاهر بِـ.
  to ~ out (١) يَمُدّ (٢) يخلع (٣)يطفىء(٤)ينشر(٥)يُخْرِج.
  to ~ to death يُعْدِم؛ يقتل.
putrefaction *(n.)* تعفّن؛ فساد.
putrefy *(vt.; i.)* (١)يُعفِّن ×(٢)يتعفّن.
putrid *(adj.)* عفِن؛ فاسِد.
putridity *(n.)* (١) تعفّن؛ فساد (٢) عَفَن.
puttee *(n.)* المِسماة؛ لِفافة الساق.
putty *(n.; vt.)* (١)المعجون §(٢)يمعجن.
puzzle *(vt.; n.)* (١)يُرْبِك؛ يُحيِّر §(٢)لغز.
pygmy *(n.; adj.)* (١)القزَم §(٢) قزَم.
pyjamas *(n.pl.)* = pajamas.
pylon *(n.)* (١) بوابة ضخمة (٢)برج الأسلاك الكهربائية (٣) برج الارشاد (طيران).
pyorrhea *(n.)* البَيّوريّة: التهاب اللثّة.
pyramid *(n.)* (١) هَرَم (٢) شكل هَرَمي.
pyramidal *(adj.)* هَرَمي؛ هرميّ الشكل.
pyre *(n.)* المَحرَقة: كومة حطب لإحراق جثة.
python *(n.)* الأَصَلَة: ثعبان كبير جداً.
pyx *(n.)* حُقّ القربان المقدّس.

Qena (Egypt)

Q

q *(n.)* الحرف السابع عشر من الأبجدية الانكليزية.

quack *(vi.; n.)* (١) يُبَطْبِطُ (البطّ)؛ يصيح. (٢) يدجّل §(٣) البَطْبَطة: صوت البط (٤) طبيب دجال (٥) مُشَعْوِذ.

quackery *(n.)* تدجيل؛ شَعْوَذَة.

quadrangle *(n.)* رباعيّ الزوايا أو الأضلاع.

quadrangular *(adj.)* رباعيّ الزوايا.

quadrant *(n.)* (١) الرُّبْعِيَّة: أداة تُستخدم لقياس الارتفاع (٢) ربع دائرة (٩٠ درجة).

quadrate *(adj.; n.)* مُرَبَّع أو شبه مربَّع.

quadratic *(adj.)* تربيعي (في الجبر).

quadrilateral *(adj.; n.)* رباعيّ الأضلاع.

quadruped *(adj.)* ذو أربع؛ رباعيّ الأرجل.

quadruple *(adj.; vt.; i.)* (١) رباعيّ. §(٢) يضاعف أو يتضاعف أربع مرات.

quaff *(vt.; i.)* يَعُبّ: يشرب بجرعات كبيرة.

quagmire *(n.)* (١) مستنقع (٢) وَرْطَة.

quail *(n.; vi.)* (١) السَّلْوَى؛ السُّمَانَى (طائر) §(٢) يذبل (٣) يَجبُن.

quail

quaint *(adj.)* طريف.

quake *(vi.; n.)* (١) يهتز؛ يتزلزل (٢) يرتجف §(٣) هزة؛ زلزال (٤) رجفة.

qualification *(n.)* (١) أهليّة (٢) مؤهِّل.

qualified *(adj.)* مؤهَّل؛ كفوء.

qualify *(vt.)* (١) يقيِّد؛ يحدِّد (٢) يلطِّف؛ يخفِّف (٣) يؤهِّل: يجعله مؤهَّلاً لمنصب أو عمل (٤) يفوِّض.

qualitative *(adj.)* نوعي؛ كيفي.

quality *(n.)* (١) خاصة؛ خاصيّة (٢) نوع؛ نوعيّة؛ كيفيّة (٣) وصف؛ صفة (٤) منزلة رفيعة.

qualm *(n.)* (١) غثيان (٢) ارتياب.

quandary *(n.)* مأزِق؛ ورطة.

quantitative *(adj.)* كمّي؛ مقداري.

quantity *(n.)* (١) كمية (٢) كمية كبيرة.

quarantine *(n.)* حَجْرٌ أو مَحْجَرٌ صحّي.

quarrel *(n.; vi.)* (١) نزاع؛ شجار §(٢) يتنازع.

quarrelsome *(adj.)* مشاكس؛ محبّ للنزاع.

quarry *(n.)* (١) طريدة (٢) مقلع حجارة.

quart *(n.)* الكوارت: رُبع غالون.

quarter *(n.; vt.)* (١) رُبع (٢) فصل؛ ربع سنة (٣) ربع دولار (٤) نقطة؛ جهة؛

مكان؛ حيّ (٥) *pl.* : مسكن؛ مأوى (٦) رحمة؛ هوادة §(٧) يقسم إلى أربعة أجزاء متساوية (٨) يُنزِل؛ يؤوي.

quarterdeck *(n.)* سطح مؤخَّر المركب.

quarterly *(adj.; adv.; n.)* (١) فَصْلِيّ. §(٢) فَصْلياً §(٣) الفصليّة: مجلة تصدر أربع مرات في العام.

quartermaster *(n.)* (١) الرئيس البحري. (٢) أمين الإمدادات والتموين (في الجيش).

quartz *(n.)* المَرْو؛ الكوارتْز (معادن).

quash *(vt.)* (١) يلغي (٢) يسحق؛ يقمع.

quasi *(adv.; adj.)* (١) إلى درجة ما §(٢) شِبْه.

quaver *(vi.; t.; n.)* (١) يرتعش؛ يتهدّج. (٢) يتكلم أو يغنّي بتهدّج §(٣) تهدُّج.

quay *(n.)* رصيف الميناء.

quay

queasy *(adj.)* مَغْثِيّ: مصاب بالغَثَيان.

queen *(n.)* (١) مَلِكَة. (٢) المَلِكَة (في الشطرنج) (٣) البنت (في لعب الورق).

queer *(adj.)* غريب؛ غير مألوف.

quell *(vt.)* (١) يقمع؛ يُخضِع (٢) يهدّئ.

quench *(vt.)* (١) يطفىء (٢) يقمع؛ يُخمِد.

querulous *(adj.)* (١) كثير التشكّي؛ دائم الشكوى (٢) بَرِم؛ نَكِد.

query *(n.; vt.)* (١) سؤال §(٢) يتساءل؛ يشك في.

quest *(n.)* (١) تحقيق (٢) بحث؛ تنقيب.

question *(n.; vt.; i.)* (١) سؤال (٢) مسألة؛ قضية (٣) استجواب (٤) تعذيب (٥) شكّ (٦) مجال §(٧) يسأل؛ يستجوب (٨) يشك أو يرتاب في.

in ~, المتكلَّم عنه؛ الذي نحن بصدده.

to call in ~, يشكّ في.

without ~, من غير شك أو جدال.

questionable *(adj.)* موضع شكّ؛ مشكوك فيه.

questionnaire *(n.)* استفتاء.

queue *(n.)* (١) ضفيرة (٢) رَتَل؛ صفّ طابور.

quibble *(n.; vi.)* (١) مراوغة؛ مواربة. §(٢) يراوغ؛ يوارب.

quick *(adj.; adv.; n.)* (١) سريع (٢) ذكيّ (٣) نَزِق §(٤) بسرعة §(٥) الأحياء (٦) صميم؛ لبّ؛ جوهر.

quicken *(vt.; i.)* (١) يُحيي؛ يثير؛ ينشّط. (٢) يعجّل؛ يُسرِّع ×(٣) يَنشط؛ يُسْرِع.

quickie *(n.)* المُتَعَجَّل: كل ما يُتَعَجَّل في صنعه سواءٌ أكان كتاباً أو فيلماً سينمائياً الخ.

quickly *(adv.)* بسرعة؛ بعجلة.

quickness *(n.)* سرعة؛ عجلة.

quicksand *(n.)* الوَعْث: الرَّمل الليّن.

quicksilver *(n.)* زئبق.

quick-tempered *(adj.)* حادّ الطبع.

quick-witted *(adj.)* حادّ الذكاء.

quid *(n.)* مُضْغَة (من التبغ).

quiescent *(adj.)* هامد؛ ساكن؛ هادىء.

quiet *(n.; adj.; adv.; vt.; i.)* (١) هدوء؛ سكون §(٢) هادىء؛ ساكن (٣) مطمئن البال §(٤) بهدوء §(٥) يهدّئ؛ يسكّن ×(٦) يهدأ؛ يَسْكن الخ.

quietude *(n.)* (١) هدوء؛ سكون (٢) طمأنينة.

quietus *(n.)* (١) تسديد الدَّين (٢) الراحة؛ الموت.

quill *(n.)* (١) ريشة (٢) شوكة (من أشواك القنفذ).

quilt *(n.)* لِحاف؛ مُضرَّبة.

quince *(n.)* السَّفَرْجَل (شجرُهُ أو ثمرُه).

quinine *(n.)* الكينين: مادة شديدة المرارة تعالج بها الملاريا.

quinsy *(n.)* التهاب اللوزتين المتقيّح.

quintal *(n.)* الكنتال؛ القنطار.

quintessence *(n.)* (١) جوهر (٢) مثال؛ عنوان.

quintuplet *(n.)* (١) الخُماسِيَة : خمسة من نوع واحد (٢) *pl.* : خمسة توائم .

quip *(n.)* ملاحظة ظريفة أو ساخرة .

quire *(n.)* رزمة ورق (مؤلّفة من ٢٤ ورقة) .

quirk *(n.)* خاصية ؛ خصوصية ؛ صفة مميزة .

quit *(vt.)* (١) يسلك (٢) يترك (٣) يكفّ عن .

quite *(adv.)* (١) تماماً (٢) فعلاً (٣) إلى حدّ بعيد .

quits *(adj.)* متخالصان ؛ متعادلان .

quittance *(n.)* (١) إبراء من دين أو التزام (٢) سند الإبراء أو المخالصة (٣) تعويض .

quiver *(n.; vi.)* (١) كِنانة ؛ جعبة §(٢) يهتز ؛ يرتعش ؛ يرتجف .

quixotic *(adj.)* (١) دونكيخوتيّ (٢) وهميّ .

quiz *(n.; vt.)* (١) امتحان موجز §(٢) يسخر من . (٣) يمتحن (امتحاناً موجزاً) .

quizzical *(adj.)* (١) غريب (٢) هزلي . (٣) ساخر (٤) مازح ؛ مُغايظ (٥) فضولي .

quoit *(n.)* حلقة الرَّمْي : حلقة معدنية تُرْمَى لتطوّق وتداً غُرِس في الأرض .

quondam *(adj.)* سابق .

quorum *(n.)* النِّصاب : عدد الأعضاء الذين يتعيّن حضورُهُم الجلسةَ لتصبح قانونيّة .

quota *(n.)* كوتا ؛ نصيب ؛ حصة نسبيّة .

quotable *(adj.)* جدير بأن يُسْتَشْهَد به .

quotation *(n.)* (١) الشاهد : جملة أو فقرة مقتبسة (٢) الاقتباس ؛ الاستشهاد بـ (٣) تسعير ؛ سِعْر .

quotation marks *(n.pl.)* علامتا الاقتباس « » .

quote *(vt.; n.)* (١) يقتبس ؛ يستشهد بـ (٢) يورد على سبيل المثال (٣) يعطي سعر كذا §(٤) علامة اقتباس .

quoth *(vt.; i.)* قال .

quotidian *(adj.)* (١) يوميّ (٢) مبتذل ؛ عاديّ .

quotient *(n.)* (١) خارجُ القسمة (٢) حاصل .

Qur'an *or* **Quran** *(n.)* القرآن الكريم .

qursh *(n.)* القِرش : $\frac{١}{٢٠}$ من الريال السعودي .

R

Rome

r *(n.)* الحرف الثامن عشر من الأبجدية الانكليزية.

rabbi *(n.)* الرَّبّان؛ الحَبْر؛ الحاخام (عند اليهود).

rabbinical *(adj.)* رَبّانيّ؛ حَبْرِيّ.

rabbit *(n.)* (١) الأرنب (٢) فَرْو الأرنب.

rabble *(n.)* الغَوغاء؛ الرَّعاع.

rabid *(adj.)* (١) عنيف؛ ضارٍ (٢) متطرّف إلى أبعد الحدود (٣) كَلِب؛ مسعور.

rabies *(n.)* الكَلَب؛ داء الكَلَب.

raccoon *(n.)* الرّاكون: حيوان من اللواحم.

race *(n.; vi.; t.)* (١) ماء متدفق في قناة ضيقة (٢) مجرى ماء (٣) سباق في العدْو (٤) *pl.*: سباق خيل (٥) مسابقة؛ مباراة (٦) سُلالة؛ عِرق؛ جنس (٧) نكهة مميِّزة § (٨) يعدو في سباق (٩) ينطلق بأقصى السرعة × (١٠) يُسابق (١١) يُسرِع.

racecourse *(n.)* المِضْمار: حلبة السباق.

racehorse *(n.)* فرس الرهان؛ جواد السباق.

raceme *(n.)* عُنقود؛ عِذق؛ شِمْراخ.

racer *(n.)* المسابق (شخصاً كان أو فرساً أو زورقاً).

racial *(adj.)* عِرقيّ؛ عنصريّ.

rack *(n.; vt.)* (١) معلف للدوابّ (٢) المِخْلَعة: أداة تعذيب قديمة يُمَطّ عليها الجسم (٣) رفّ؛ مِنصَب؛ حامل § (٤) يعذِّب بالمِخلعة.

racket *(n.)* (١) مضرب (التنس أو كرة الطاولة). (٢) جَلَبَة؛ لَغَط (٣) خطّة لابتزاز المال.

racketeer *(n.)* مبتزّ المال (بالتهديد والوعيد).

racy *(adj.)* (١) طيّب النكهة (٢) نشيط؛ مفعم بالحيوية (٣) لاذع (٤) مكشوف؛ غير محتشم.

radar *(n.)* الرادار: جهاز لتحديد وجود شيء أو موقعه بواسطة أصداء الموجات اللاسلكية.

radial *(adj.)* (١) شُعاعيّ (٢) نِصفُ قُطْرِيّ.

radiance *(n.)* إشعاع؛ تألّق؛ بهاء.

radiant *(adj.)* مُشِعّ؛ متوهّج؛ مشرق؛ متألّق.

radiate *(vi.)* (١) يُشِعّ (٢) يتألّق (٣) يتشعّب.

radiation *(n.)* (١) الإشعاع (٢) شعاع؛ أشعّة.

radiator *(n.)* المِشْعاع: شبكة انابيب للتدفئة المركزية أو لتبريد محرّك السيّارة.

radical *(adj.)* (١) جذريّ (٢) متطرّف.

radii *pl. of* radius.

radicalism *(n.)* التطرّفيّة؛ الراديكاليّة.

radio *(n.)* راديو.

radio- بادئة معناها: «أ» شُعاعيّ. «ب» إشعاعيّ. «ج» راديو.

radioactive *(adj.)* إشعاعيّ النشاط أو الفاعليّة.

radioactivity *(n.)* النشاط الاشعاعي .

radiogram *(n.)* (١) صورة بالأشعة (٢) برقية.

radiograph *(n.)* صورة بالأشعّة .

radiolocation *(n.)* تحديد الموقع بالرادار .

radiograph

radiotelegraphy *(n.)* الإبراق اللاسلكي .

radiotelephone *(n.)* التلفون اللاسلكي .

radiotherapy *(n.)* المعالجة بالاشعاع .

radish *(n.)* (١) فِجلة (٢) فِجل .

radium *(n.)* الراديوم: عنصر إشعاعيّ النشاط .

radius *(n.)* الشُّعاع : نصف القطر (هندسة) .

radius

raffia *(n.)* الرّافية: نوعٌ من اللّيف .

raffle *(n.)* البيْع اليانصيبيّ؛ البيع بالقرعة.

raft *(n.)* الرَّمَث ؛ الطَّوْف : خشب يُشدّ بعضه إلى بعض ويُركَب في البحر .

raft

rafter *(n.)* عارضة خشبية (في سقف مائل).

rag *(n.)* (١) خِرقة (٢) *pl.*: أسمال بالية .

rage *(n.; vi.)* (١) غيظ (٢) ثورة (٣) بِدعة ؛ موضة § (٤) يغتاظ (٥) يثور (٦) يتفشّى .

ragged *(adj.)* (١) مُمَزَّق (٢) رثّ الثياب.

ragout *(n.)* يَخْنة كثيرة التوابل .

ragtime *(n.)* الرَّجْتيم : موسيقى أميركيّة.

ragweed *(n.)* الرَّجيد: عشبة أميركيّة.

raid *(n.; vt.)* (١) غارة § (٢) يُغير على.

rail *(n.; vt.; i.)* (١) حاجز (٢) درابزون (٣) سياج . (٤) قضيب (من قضبان السكة الحديدية) (٥) السكة الحديدية (٦) التُّفلَيق (طائر) § (٧) يُسيِّج الخ. × (٨) يلوم أو يشجب .

railing *(n.)* (١) درابزون (٢) لوم ؛ شكوى.

raillery *(n.)* (١) مِزاح (٢) مَزْحة.

railroad *(n.)* السكّة الحديديّة .

railway *(n.)* سكّة حديديّة ثانويّة .

raiment *(n.)* ملابس ؛ ثياب .

rain *(n.; vi.)* (١) مَطَر § (٢) تمطِر (٣) ينهمر .

rainbow *(n.)* قوس قُزَح .

raincoat *(n.)* المِمْطَر: معطف واقٍ من المطر .

raindrop *(n.)* قطرة مطر .

rainfall *(n.)* هطول المطر أو مُعدَّلُه .

rainy *(adj.)* (١) ماطِر ؛ مُمْطِر (٢) كثير المطر .

raise *(vt.; n.)* (١) يَرفَع (٢) يثير (٣) يشيِّد ؛ يقيم (٤) يجمع (٥) يربّي (٦) يزرع (٧) يُطلِق (٨) يُخمِّر (العجينَ) § (٩) ارتفاع ؛ زيادة .

raisin *(n.)* زبيب .

raja *or* **rajah** *(n.)* الرّاجا : أمير هندي .

rake *(n.; vt.)* (١) المِدمّة : أداة ذات أسنان لجمع العشب أو لتقليب التربة (٢) الخليع ؛ الفاسق § (٣) يَدُمّ : يجمع العشب أو يقلّب التربة أو يسوّيها.

rake

rake-off *(n.)* عمولة (تُؤخَذ بطريقة غير شرعيّة).

rakish *(adj.)* (١) خليع ؛ فاسق (٢) أنيق وسريع .

rally *(vt.; i.; n.)* (١) يلمّ الشَّعْث (٢) يحشد أو يستجمع قواه (٣) يمازح ؛ يسخر من × (٤) يلتئم شَمْله من جديد (٥) يهرع للنجدة (٦) يُبِلّ ؛ جزئياً ، من مرض (٧) ينشَط بعد ركود § (٨) لمّ للشَّعْث (٩) استجماع للقوة أو الشجاعة (١٠) اجتماع لإثارة الحماسة الجماعيّة.

ram *(n.; vt.)* (١) كَبْش ؛ خروف (٢) منجنيق . § (٣) يدكّ ؛ يحشو (٤) ينطح .

ramble *(vi.; n.)* (١) يتجوّل § (٢) تجوال ؛ نزهة .

ramification *(n.)* (١) تشعّب (٢) فرع ؛ شُعبة .

ramify *(vt.; i.)* (١) يفرِّع × (٢) يتفرّع .

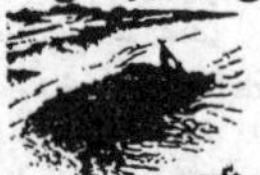

rampage *(n.)* اهتياج ؛ ثورة .

rampant *(adj.)* متفشٍّ ؛ منتشر .

rampart *(n.)* متراس ؛ استحكام ؛ سور .

ramrod *(n.)* مِدَكّ البندقية الخ .

ramshackle *(adj.)* متداعٍ للسقوط .

ran *past of* run.

ranch *(n.)* مزرعة كبيرة (لتربية الخيل أو المواشي) .

rancid *(adj.)* فاسد ؛ زَنِخ ؛ زَنِخ الرائحة .

rancor *(n.)* حِقد ؛ ضغينة ؛ سخيمة .

rancorous *(adj.)* حَقود ؛ موسوم بالحقد .

random *(adj.)* عَشْوائيّ ؛ جُزافيّ .
at ~ عَشْوائياً ؛ جُزافياً ؛ كيفما اتّفق .

rang *past of* ring.

range *(n.; vt.; i.)* (١) صفّ ؛ خطّ ؛ سلسلة . (٢) موقد ؛ فرن (٣) مجال (٤) مَرْعى . (٥) تجوُّل ؛ تطواف (٦) مَدَى ؛ نطاق . (٧) ميدان يُتَدَرَّب فيه على إطلاق النار (٨) تَراوُح § (٩) يصفّ ؛ ينسّق ؛ يصنّف (١٠) يطوف ؛ يتجوّل (١١) يتراوح .

ranger *(n.)* حارس الغابة أو الحديقة العامّة .

rangy *(adj.)* (١) طوّاف (٢) ممشوق .

rank *(adj.; n.; vt.; i.)* (١) نامٍ بوفرة (٢) كثير الأعشاب الضارّة (٣) زَنِخ ؛ نتِن ؛ فاسد § (٤) صفّ ؛ سلسلة (٥) *pl.*: قوّات مسلّحة (٦) درجة ؛ منزلة (٧) مكانة سامية (٨) رتبة § (٩) يصفّ ؛ يرتّب (١٠) يعتبر ؛ يصنّف (١١) يفوقه مقاماً × (١٢) يحتل منزلة معينة .

rankle *(vi.)* يَعْتَمِل (في الصدر أو الذهن) .

ransack *(vt.)* (١) يفتّش بتدقيق (٢) ينْهَب .

ransom *(n.; vt.)* (١) فِدْية (٢) افتداء § (٣) يخلّص من الخطيئة وذيولها (٤) يفتدي .

rant *(vi.)* (١) يتحدّث بصَخَب (٢) يوبّخ .

rap *(n.; vt.)* (١) دقّة ؛ طَرْقة § (٢) يدقّ على .

rapacious *(adj.)* جَشِع ؛ ضارٍ ؛ سلّاب .

rapacity *(n.)* (١) جشَع ؛ طمع (٢) ضراوة .

rape *(vt.; n.)* (١) يَسْلُب § (٢) يغتصب فتاة أو امرأة § (٣) سَلْب ؛ خطف (٤) لِفْت .

rapid *(adj.; n.)* (١) سريع § (٢) مُنحدَر النهر .

rapidity *(n.)* سرعة .

rapier *(n.)* المِغْوَل : سيف ذو حدّين .

rapine *(n.)* سَلْب ؛ نَهْب .

rapt *(adj.)* (١) مستغرق (٢) سابحٌ في عالم آخر .

rapier

rapture *(n.)* طَرَب ؛ جَذَل ؛ نَشوة .

rapturous *(adj.)* طرِب ؛ جَذِل ؛ مُنْتَشٍ .

rare *(adj.)* (١) مُخَلْخَل ؛ قليل الكثافة (٢) فذّ (٣) نادر (٤) غير مُنْضَج (بالطهو) جيداً .

rarebit *(n.)* جبن مُذاب فوق خبز مُحَمَّص .

rarely *(adv.)* نادراً ؛ قلّما .

rarity *(n.)* (١) نُدْرة (٢) شيء نادر .

rascal *(n.; adj.)* (١) وَغْد ؛ نَذْل § (٢) وضيع .

rascality *(n.)* (١) نذالة (٢) عملٌ نَذْل .

rash *(adj.; n.)* (١) متهوّر ؛ طائش § (٢) طَفْحٌ جلديّ (٣) سلسلة متلاحقة (من الأحداث) .

rasp *(vt.; n.)* (١) يَبْرُد ؛ يَبْشُر ؛ يَقشط . (٢) يزعج ؛ يثير § (٣) مِبرد (٤) مِبْشَرة .

raspberry *(n.)* فريز ؛ فراولة ؛ توت الأرض .

rat *(n.; vi.)* (١) فأر (٢) الواشي ؛ المبلِّغ . § (٣) يخون رفاقه أو يشي بهم (٤) يصيد الفئران .

rate *(n.; vt.)* (١) سعر ؛ قيمة (٢) معدّل ؛ نسبة . (٣) فئة ؛ درجة (٤) رسم ؛ ضريبة § (٥) يوبّخ (٦) يعتبر (٧) يسعّر ؛ يقدّر (٨) يصنّف .
at any ~ على أيّة حال ؛ مهما يكن .

rather *(adv.)* (١) على الأصحّ ؛ بالأحرى . (٢) مُفضِّلاً ذلك على (٣) إلى حدّ ما (٤) على العكس .

ratification *(n.)* تصديق على ؛ إقرار .

ratify *(vt.)* يصدّق على ؛ يُقرّ (اتفاقيةً) .

ratio *(n.)* نِسْبَة .
ration *(n.)* (١)جَرايةُ الجندي (ليوم واحد) . (٢) *pl.*: طعام؛ مؤن؛ أرزاق (٣) حصة
rational *(adj.)* معقول؛ عاقل؛ عقلي؛ عقلانيّ .
rationalization *(n.)* تسويغ ؛ تبرير .
rationalize *(vi.)* يسوغ ؛ يبرر .
ratline *(n.)* موطىء القدم (في سلّم حبال بحريّة) .
rattan *(n.)* الرُّوطان ؛ أسَلُ الهند (نبات) .
rattle *(vi.; t.; n.)* (١) يُخشخِش ؛ يُقعقِع . (٢)يثرثر §(٣)خشخشة ؛ قعقعة (٤)حشرجة .
rattlesnake *(n.)* ذات الجَرَس (أفعى) .
raucous *(adj.)* أجَشّ ؛ خَشِن .
ravage *(vt.)* (١)ينهَب (٢)يخرِّب ؛ يتلِف .
rave *(vi.; n.)* (١)يهذي (٢)يهتاج §(٣) هذيان .
ravel *(vt.)* (١)يَنْسُل (النسيجَ) (٢) يحل .
raven *(n.)* الغُداف : غراب أسود .
ravening *(adj.)* مفترس ؛ ضارٍ .
ravenous *(adj.)* (١)ضارٍ ؛ نَهِم (٢)توّاق إلى .
ravine *(n.)* الوَهْد ؛ المَسيل : وادٍ ضيّق .
ravish *(vt.)* (١)يَسْلُب (٢)يفتِن (٣)يغتصب .
raw *(adj.)* (١) نيّء ؛ فِجّ (٢) خام . (٣)صِرْف (٤) دامٍ (٥) غِرّ ؛ جاهل .
rawboned *(adj.)* نحيل ؛ مهزول .
rawhide *(n.)* (١)جلد غير مدبوغ (٢)سَوْط .
raw material *(n.)* مادّةٌ أوليّة ؛ مادّةٌ خام .
ray *(n.; vi.; t.)* (١)شُعاع (٢)نور (٣)بصيص . (٤) الراي ؛ السَّفَن (سمك) §(٥)يُشِع .
rayon *(n.)* الرايون : حرير صناعي .
raze *(vt.)* (١)يدمّر (٢)يقشط ؛ يقطع ؛ يحلق .
razor *(n.)* موسى (أو ماكينة) الحلاقة .
re- بادئة معناها : ثانيةً ؛ من جديد .
reach *(vt.; n.)* (١)يَبْسُط ؛ يمدّ (٢)يتناول . (٣)يبلغ ؛ يصل إلى (٤)يتّصِل بـ (٥) يُناوِل §(٦)بَسْط ؛ مَدّ الخ . (٧) متناوَل ؛ وُسْع .

react *(vi.)* (١)يؤثِّر (٢)يرتكِس ؛ يستجيب لمؤثّر ما (٣)يكون ردّ فعله (٤) يقاوم (٥)يرتجِع إلى وضع سابق (٦)يتفاعل .
reaction *(n.)* (١) الرَّجعة ؛ الرجعيّة . (٢)ارتكاس ؛ ردّ فعل (٣) تفاعل .
reactionary *(adj.; n.)* رَجْعِيّ .
read *(vt.)* (١)يقرأ ؛ يتلو (٢)يدرس (٣)يؤوِّل . (٤) يدلّ على ؛ يشير إلى .
reader *(n.)* (١)القارىء (٢)مصحِّح التجارب المطبعيّة (٣) كتاب لتعليم القراءة .
readily *(adv.)* (١)بسرور (٢)حالاً (٣)بسهولة .
reading *(n.)* (١) قراءة (٢) مادّة مقروءة . (٣)تفسير خاصّ (٤)اطّلاع ؛ معرفة أدبيّة .
ready *(adj.)* (١) مستعدّ ؛ متأهّب (٢) جاهز . (٣)في متناول اليد (٤)حاضر ؛ سريع ؛ رشيق .
ready-made *(adj.)* (١)جاهز (٢)مُبتذَل .
real *(adj.)* (١) حقيقيّ ؛ واقعيّ (٢) أصليّ .
real estate *(n.)* العِقار ؛ المِلْك الثابت .
realism *(n.)* الواقعيّة .
realist *(adj.; n.)* واقعيّ .
reality *(n.)* حقيقة ؛ واقع .
realization *(n.)* (١)تحقيق ؛ تحقّق (٢)إدراك .
realize *(vt.)* (١)يحقّق (٢)يدرك ؛ يفهم .
really *(adv.)* (١)في الواقع (٢)حقّاً .
realm *(n.)* (١)مملكة (٢)عالَم ؛ دنيا ؛ حقل .
realtor *(n.)* الوسيط أو السِّمسار العقاريّ .
realty *(n.)* العِقار ؛ المِلْك الثابت .
ream *(n.)* ماعون ورق .
reamer *(n.)* البُرْغُل ؛ موسِّع الثقوب .
reap *(vt.; i.)* (١)يحصد (٢)يجني ؛ يكسب .
reaper *(n.)* (١)الحاصد (٢)الحصادة : آلة حصد .
rear *(vt.; i.; n.; adj.)* (١) يبني (٢) يقيم . (٣)يربّي ×(٤)يرتفع عالياً (٥)يشِبّ الفرس §(٦)مؤخَّر ؛ مؤخَّرة §(٧)خلفيّ .

rear admiral *(n.)* العميد البحريّ (في الأسطول).

rear guard *(n.)* المؤخَّرة؛ السّاقة (في الجندية).

rearmament *(n.)* إعادة تسليح أو تسلُّح.

rearmost *(adj.)* الأخير؛ الآخِر.

rearward *(n.; adj.; adv.)* (١) مؤخَّرة. §(٢) خلفيّ §(٣) في أو نحو المؤخَّرة؛ إلى الخلف.

reason *(n.; vi.)* (١) سبب؛ داعٍ (٢) مبرِّر. (٣) عقل؛ صواب §(٤) يفكّر (٥) يجادل بالحجّة.

reasonable *(adj.)* (١) معقول (٢) عاقل.

reasoning *(n.)* (١) تفكير (٢) استنتاج.

reassure *(vt.)* يعيد طَمأنَتَه أو توكيده.

rebate *(vt.; n.)* (١) يحسم §(٢) حَسْم؛ تنزيل.

rebel *(adj.; n.; vi.)* (١) ثائر (٢) متمرِّد. §(٣) يثور؛ يتمرَّد.

rebellion *(n.)* ثورة؛ عصيان.

rebellious *(adj.)* ثائر؛ متمرِّد.

rebirth *(n.)* (١) ولادة جديدة (٢) نهضة.

reborn *(adj.)* مولودٌ ثانية؛ متجدِّد؛ منبعث.

rebound *(vi.)* يرتدّ (بعد ارتطامه بشيء).

rebuff *(vt.; n.)* (١) يَصُدّ؛ يرُدّ §(٢) صدّ.

rebuild *(vt.)* يجدِّد بناءَ شيء.

rebuke *(vt.; n.)* (١) يوبِّخ §(٢) توبيخ.

rebut *(vt.)* يدفَع أو يردّ (بالبيّنة أو الحجّة).

recalcitrant *(adj.)* متمرِّد؛ حَرُون؛ شَمُوس.

recall *(vt.; n.)* (١) يستدعي؛ يدعو إلى العودة. (٢) يتذكّر (٣) يستردّ؛ يسحب؛ يلغي §(٤) استدعاء (٥) استرداد؛ سحب؛ إلغاء.

recant *(vt.; i.)* (١) يستردّ؛ يَسْحب (٢) يرتدّ.

recapitulate *(vt.; i.)* يعيد باختصار: يلخِّص.

recapture *(n.; vt.)* (١) استرداد §(٢) يستردّ.

recast *(vt.)* يُعيد الصبّ أو الصّياغة.

recede *(vi.)* يتراجع؛ يتقهقر؛ يرتدّ.

receipt *(n.; vt.)* (١) استلام (٢) المبلغ المستلَم. (٣) «إيصال»؛ وَصْل استلام §(٤) يكتب (على فاتورة الخ.) أن القيمة قد دُفعت.

receive *(vt.)* (١) يتسلّم؛ يستلم (٢) يتّسِع لـ. (٣) يَستَقبل؛ يرحّب بـ (٤) يتلقّى.

receiver *(n.)* (١) المُستلِم (٢) الحارس القضائي. (٣) المستقبِلة: جهاز راديو أو تلفزيون مستقبِل (٤) سماعة التلفون.

recent *(adj.)* (١) حديث (٢) جديد.

recently *(adv.)* حديثاً؛ مؤخَّراً.

receptacle *(n.)* وعاء؛ إناء.

reception *(n.)* (١) استلام؛ تَلَقٍّ (٢) استقبال.

receptive *(adj.)* (١) متفتّح (٢) تقبُّليّ.

recess *(n.)* (١) مُعتَزَل (٢) *pl.*: أعماق. (٣) تثلُّم (٤) تجويف؛ فجوة (٥) عطلة.

recession *(n.)* تراجع؛ انسحاب؛ ارتداد.

recessive *(adj.)* مُرتَدّ؛ منحسر.

recipe *(n.)* (١) وصفة طبيّة (٢) طريقة إجراء.

recipient *(n.)* المتسلِّم؛ المتلقّي.

reciprocal *(adj.)* (١) متبادَل (٢) تبادُليّ.

reciprocate *(vt.; i.)* (١) يتبادل (٢) يردّ (المجاملةَ بمثلها) ×(٣) يتردّد؛ يتأرجح.

reciprocity *(n.)* تبادليّة.

recital *(n.)* (١) تلاوة؛ إلقاء (٢) سَرْدٌ؛ رواية. (٣) قصة؛ حكاية (٤) حفلة موسيقية.

recitation *(n.)* (١) تلاوة؛ إلقاء (٢) تسميعٌ للدرس (٣) حصة تدريس.

recite *(vt.; i.)* (١) يتلو أو يُلقي (٢) يروي؛ يَسْرد (٣) يسمِّع (الطالبُ) درساً.

reckless *(adj.)* (١) طائش؛ متهوِّر (٢) مُهْمِل.

reckon *(vt.; i.)* (١) يَعُدّ؛ يَحْسِب؛ يقدِّر. (٢) يعتبر (٣) يظنّ؛ يعتقد ×(٤) يعتمد على.

reclaim *(vt.)* (١) يُصْلِح (٢) يستصلح (أرضاً).

recline *(vt.; i.)* (١) يحني ×(٢) ينحني؛ يستلقي.

recluse *(n.)* الناسك؛ المتنسِّك.

recognition *(n.)* (١) تمييز؛ تعرُّف (٢) إدراك.

(٣)تقدير (٤)إقرار (٥)اعتراف (بحكومة أو دولة) .

recognizable *(adj.)* ممكن تمييزه أو إدراكه .

recognize *(vt.)* (١)يميز؛ يتعرف؛ يعرف ثانية . (٢) يُدْرِك (٣) يقدِّر (٤)يقرّ أو يسلّم بِ (٥) يعترف (بحكومة أو دولة) .

recoil *(vi.)* يرتد؛ يتراجع؛ ينكص .

recollect *(vt.; i.)* يَذْكُر؛ يتذكّر .

recollection *(n.)* تذكُّر؛ ذاكرة؛ ذِكْرى .

recommend *(vt.)* (١)يزكّي؛ يقدّم بتوصية . (٢)يفوّض (أمرَه) إلى؛ يعهد به إلى (٣)ينصح .

recommendation *(n.)* (١)تزكية؛ توصية . (٢)نصيحة (٣) حسنة؛ فضيلة؛ مَحْمَدَة .

recompense *(vt.; n.)* (١)يُجازي؛ يكافيء . (٢)يعوّض على §(٣)جزاء؛ مكافأة؛ تعويض .

reconcile *(vt.)* (١) يُصْلِح بين (٢) يُنهي خلافاً أو نزاعاً (٣) يوفّق بين (٤) يسترضي (٥) يُرَوِّض (نفسَهُ) على .

recondite *(adj.)* عميق؛ عويص؛ مُبْهَم .

recondition *(vt.)* يجدّد؛ يرمم؛ يُصْلِح .

reconnaissance *(n.)* استطلاع؛ استكشاف .

reconnoiter *(vt.)* يستطلع؛ يستكشف .

reconsider *(vt.; i.)* يعيد النظر في .

reconstruct *(vt.)* يبني أو ينظّم من جديد .

record *(vt.; n.)* (١) يدوّن؛ يسجّل . (٢)يسجّل صوتاً (على أسطوانة) §(٣)تسجيل (٤) مَحْضَر (٥) سِجِلّ (٦) رقم قياسيّ (٧) أسطوانة فونوغرافية .

recorder *(n.)* (١) المسجِّل (٢) المُسجِّلة: جهاز تسجيل الصوت على شريط (٣) قاضٍ .

recording *(n.)* (١)تسجيل (٢) أسطوانة .

recount *(vt.)* (١)يروي؛ يَسْرُد (٢)يُعَدِّد . (٣)يَعُدّ من جديد .

recoup *(vt.; i.)* يستردّ؛ يستعيد؛ يعوّض .

recourse *(n.)* (١)التجاء (٢)ملجأ؛ مَلاذ؛ سبيل

to have ~ to يلجأ إلى .

recover *(vt.; i.)* (١)يستردّ×(٢)يَشْفَى .

recovery *(n.)* (١) استرداد (٢)إبلال؛ شفاء .

recreant *(adj.; n.)* جبان؛ رِعْديد .

recreate *(vt.)* يُنْعِش؛ يُجدّد النشاط .

re-create *(vt.)* يبعث؛ يخلق من جديد .

recreation *(n.)* استجمام؛ وسيلة استجمام .

recrimination *(n.)* اتّهامٌ مُضادّ .

recruit *(n.; vt.)* (١)مَدَدٌ (٢)مجنَّدٌ جديد . §(٣)يُمِدّ جيشاً (بمجندين جُدُد) (٤)يجنّد (٥) يجدّد .

rectangle

rectangle *(n.)* المستطيل (هندسة)

rectangular *(adj.)* مستطيل الشكل .

rectify *(vt.)* (١) يصحّح (٢)يكرّر التقطير .

rectitude *(n.)* استقامة؛ صحّة (في الرأي) .

rector *(n.)* (١) قسّيس (٢)رئيس جامعة الخ .

rectory *(n.)* منصب القسّيس أو بيتُه .

rectum *(n.)* المستقيم؛ المعيُ المستقيم .

recumbent *(adj.)* مستلقٍ؛ مضطجع؛ هاجع .

recuperate *(vt.; i.)* يستردّ؛ يتعافى؛ يعوّض .

recur *(vi.)* (١)يرجع (٢)يعاود (٣) يتكرّر .

recurrence *(n.)* (١)التجاء (٢)عودة (٣)تكرار .

recurrent *(adj.)* متكرّر دورياً : متواتر .

red *(adj.)* (١)أحمر؛ حمراء (٢)محمرّ خجلاً .

redbreast *(n.)* أبو الحِنّاء: طائر أحمر الصدر .

redcap *(n.)* (١)حمّال (٢)شرطيّ (في الجيش) .

redcoat *(n.)* جندي بريطانيّ .

Red Cross *(n.)* الصليب الأحمر .

redden *(vt.; i.)* (١)يُحمِّر ×(٢) يَحْمَرّ .

reddish *(adj.)* مُحْمَرّ؛ ضاربٌ إلى الحمرة .

redeem *(vt.)* (١)يستردّ (٢)يفتدي (٣)يحرّر؛ يخلّص (٤) يُصْلِح (٥) يفكّ الرهن (٦) ينجز؛ يفي (٧) يعوّض .

redeemer 317 **reformatory**

redeemer *(n.)* (١)المستردّ الخ. (٢)المخلّص.

redemption *(n.)* (١) استرداد ؛ افتداء ؛ تخليص ؛ إصلاح (٢) فكّ ؛ وفاء؛ إنجازٌ.

red-handed *(adj.)* مضرّج اليد: متلبس بجريمة.

red-hot *(adj.)* (١)متوهّج بالحرارة (٢)ملتهب.

Red Indian *(n.)* الهندي الأحمر.

redolent *(adj.)* (١)أرِجٌ؛ عَطِرٌ (٢)عابِق بِـ.

redouble *(vt.; i.)* يضاعف أو يتضاعف.

redoubt *(n.)* مَعْقِل؛ حِصْن.

redoubtable *(adj.)* (١)مروِّع (٢) مَهِيب.

redress *(vt.; n.)* (١) يُصْلِح (٢) يعوِّض. (٣) يُنصِف (٤)يثأر لِـ§(٥)إصلاح؛ تعويض الخ.

reduce *(vt.)* (١) يُنْقِص؛ يخفِض؛ يقلِّل. (٢)يختصر (٣)يحوِّل؛ يصيِّر (٤)يُخضِع؛ يَقْهَر (٥) يجبر كسراً (٦) يُنزِل الدرجة أو الرتبة (٧)يختزل (٨) يسحق؛ يسحن.

reduction *(n.)* (١)إنقاص؛ تخفيض؛ تحويل؛ اختزال الخ. (٢)نَقْص؛ انخفاض الخ.

redundancy *(n.)* (١)زيادة؛ وفرة (٢)إسهاب.

redundant *(adj.)* فائض؛ وافر؛ مُسْهَب.

re-echo *(vi.)* يُرْجِع الصدّى.

reed *(n.)* (١)قَصَبٌ؛ قَصَبَةٌ (٢)مزمار؛ قصبة.

reedy *(adj.)* كثير القَصَب؛ قَصَبِيّ؛ مِزْمارِيّ.

reef *(n.; vt.; i.)* (١)ثَنْية الشّراع (٢)الحَيْد البحري: سلسلة صخور قرب سطح الماء §(٣) يثني الشراع.

reefer *(n.)* سترة ضيّقة من قماش غليظ.

reek *(n.; vi.)* (١)دخان (٢)رائحة قويّة أو كريهة §(٣) تفوح منه رائحة قويّة أو كريهة (٤)يتفصّد (العَرَق منه) (٥)يتضرّج (بالدم).

reel 1.

reel *(n.; vt.; i.)* (١)بَكَرَة؛ مِكَبّ (٢) مقدارٌ من شيء ملفوف على بكرة (٣)الرِّيل: رقصة اسكتلنديّة §(٤) يلفّ على بكرة ×(٥) يدور؛ يلفّ (٦) يترنّح.

re-elect *(vt.)* يجدّد انتخاب (رئيس الخ.).

re-examine *(vt.)* يفحص أو يستجوب ثانية.

refection *(n.)* طعام؛ وجبة طعام.

refectory *(n.)* حجرة الطعام (في دير أو كلية).

refer *(vt.; i.)* (١)يعزو (٢)يحيل×(٣)يتّصل بِـ؛ ينطبق على (٤) يشير إلى (٥)يرجع إلى.

referee *(n.; vt.; i.)* (١)حَكَمٌ §(٢)يحكم بين.

reference *(n.)* (١) مراجعة (٢) صلة؛ علاقة. (٣)اشارة؛ ذِكْر (٤)إحالة إلى فقرة أخرى أو كتاب آخر (٥) مَرْجِع.

in *or* with ~ to بشأن؛ بخصوص.

referendum *(n.)* مذكّرة.

refill *(vt.; n.)* (١)يملأ ثانية §(٢)عُبُوّة جديدة.

refine *(vt.)* يكرِّر؛ يُنقّي؛ يهذّب؛ يصقل.

refined *(adj.)* (١)مكرَّر؛ مُنقّى (٢)مهذّب.

refinement *(n.)* (١)تكرير؛ تنقية (٢)صفاء؛ نقاء (٣)تهذيب؛ دماثة.

refinery *(n.)* مِصْفاة؛ معمل تكرير.

refit *(vt.)* يُصْلِح؛ يجدّد؛ يجهّز ثانيةً.

reflect *(vt.; i.)* (١)يَعْكِس ×(٢)ينعكس. (٣) يفكّر ملياً في.

reflection *(n.)* (١)عكس؛ انعكاس (٢)حرارة أو صورة منعكسة (٣) تفكير؛ فكرة.

reflective *(adj.)* عاكسٌ؛ انعكاسيّ؛ تأمّلي.

reflex *(n.; adj.)* (١)الفعل المنعكس أو اللاإراديّ §(٢)مُنْحَنٍ (٣) لاإراديّ؛ منعكس.

reflexive *(adj.)* انعكاسيّ؛ مُرْتَدّ على نفسه.

reforest *(vt.)* يعيد التحريج؛ يُحرِج ثانيةً.

reform *(vt.; n.)* (١)يُصْلِح §(٢)إصلاح.

re-form *(vt.)* يعيد التشكيل.

reformation *(n.)* إصلاح.

reformatory *(adj.; n.)* (١) إصلاحيّ.

§(٢)إصلاحيّة ، اصلاحية للأحداث .

reformer *(n.)* المُصْلِح .

refract *(vt.)* يَكْسِر (شعاعَ الضوء) .

refraction *(n.)* الانكسار ، انكسار الضوء .

refractory *(adj.)* (١)عنيد (٢)لا ينهصر .

refrain *(vi.; n.)* (١) يمسك أو يحجم عن . §(٢)اللازمة : عبارة تتكرّر في قصيدة أو أغنية .

refresh *(vt.)* (١) يُنْعِش (٢) يجدِّد .

refreshment *(n.)* (١) إنعاش ، انتعاش . (٢)شراب منعش (٣).*pl.* : طعام خفيف .

refrigerate *(vt.)* (١)يبرِّد (٢) يُثلِّج .

refrigerator *(n.)* الثلاّجة ، البرّاد .

refrigerator

refuge *(n.)* ملجأ ، ملاذ ، مأمَن ، مأوى .

refugee *(n.)* اللاجىء ، اللائذ .

refulgence *(n.)* تألّق ، لمعان .

refulgent *(adj.)* متألق ، لامع ، برّاق .

refund *(vt.; n.)* (١)يعيد (مالاً) إلى شخص . §(٢) إعادة مالٍ (٣) المبلغ المُعاد .

refusal *(n.)* (١) رفضٌ (٢) حقّ الشُّفعة .

refuse *(vt.; i.; n.)* (١) يَرْفُض ، يأبَى . (٢)يَحْرِم ، يمنع من (٣)يَحْرُن §(٤)نُفاية .

refutable *(adj.)* قابلٌ للدّحْض .

refutation *(n.)* دَحْض ، تَفنيد .

refute *(vt.)* يَدْحَض ، يُفنِّد .

regain *(vt.)* (١)يستردّ (٢)يَبلغ ثانيةً .

regal *(adj.)* (١)مَلَكيّ (٢)فخم .

regale *(vt.)* يُمَتِّع ، يُبْهِج .

regalia *(n.pl.)* شعارات ورموز المَلَكيّة (كالتاج) .

regard *(vt.; n.)* (١)يحترم ، يُبجِّل (٢)ينظر إلى ، يلاحظ (٣)يتعلق بـ ، يتّصل بـ (٤)يعتبر §(٥) نقطة (٦) نظرة (٧) احترام (٨).*pl.* : تحيّات ، تمنّيات (٩) انتباه ، اهتمام .

in ~ to; as ~s في ما يتعلق بـ .

regarding *(prep.)* في ما يتّصل بـ .

regardless *(adj.)* غافِل ، مُهْمِل ، لامبالٍ . ~ of على الرغم من ، بصرف النظر عن .

regatta *(n.)* سباق زوارق .

regency *(n.)* الوصاية على العرش .

regenerate *(vt.; adj.)* (١)يجدِّد (٢)يُصْلِح . §(٣)مخلوقٌ من جديد (٤) مجدَّد .

regeneration *(n.)* تجديد ، تجدُّد ، انبعاث .

regent *(n.)* الوصيّ على العرش .

regicide *(n.)* (١)قاتل المِلك (٢)قَتْلُ المِلك .

regime *(n.)* (١)حِمية (٢)نظام (حكوميّ الخ.) .

regimen *(n.)* = regime.

regiment *(n.; vt.)* (١) فَوْج (من الجند) . §(٢)يشكّل الفَوج (٣)يضمّ إلى الفوج .

regimentals *(n.pl.)* ملابس عسكرية .

region *(n.)* (١) إقليم (٢)منطقة (٣)حقل .

regional *(adj.)* (١)إقليميّ ، منطقيّ (٢)محليّ .

register *(n.; vt.; i.)* (١) سِجِلّ (٢) القدرة الصوتيّة (لإنسان أو آلة موسيقية) (٣)جهاز التحكّم في دخول الهواء (إلى الوقود) (٤) عدّاد (أوتوماتيكي) §(٥) يدوّن ، يسجِّل (٦) يشير إلى (٧) يسجِّل (بالبريد المضمون) (٨) يعبر عن ×(٩) يتسجّل .

registered *(adj.)* (١)مُسَجَّل (٢)مضمون .

registrar *(n.)* المُسجِّل ، أمين السّجلّ .

registration *(n.)* تسجيل .

registry *(n.)* (١)تسجيل (٢)مكتب تسجيل .

regress *(n.; vi.)* (١)ارتداد §(٢)ينكص ، يرتد .

regression *(n.)* (١)ارتداد (٢)انحسار .

regret *(vt.; n.)* (١)يأسف §(٢)أسف أو اعتذار .

regretful *(adj.)* آسف ، نادم ، مفعَم بالندم .

regular *(adj.; n.)* (١) نظاميّ (٢) قانونيّ (٣)منتظم (٤) منظَّم (٥) دائم (٦) مألوف

(٧)متناسق (٨)قياسيّ §(٩)جندي نظامي.

regularity *(n.)* النظاميّة ؛ القياسيّة ؛ الانتظام.

regularly *(adv.)* على نحو نظاميّ أو قياسيّ الخ.

regulate *(vt.)* ينظّم ؛ يضبط ؛ يعدّل.

regulation *(n.)* (١)تنظيم ؛ انتظام (٢)نظام.

regulator *(n.)* (١)المنظِّم (٢)أداة تنظيم.

rehabilitate *(vt.)* (١)يُصلِح (٢)يردّ الاعتبار (٣) يعيد التأهيل.

rehearsal *(n.)* تمرين ؛ تجربة ؛ بروفه (لحفلة عامة)

rehearse *(vt.; i.)* يدرّب أو يتدرّب (على التمثيل)

reign *(n.; vi.)* (١)حُكم §(٢)يحكم ؛ يملك.

reimburse *(vt.)* يردّ أو يعيد إلى ؛ يعوض.

rein *(n.; vt.; i.)* (١)عِنان ؛ زمام §(٢)يكبح.

to give ~ to يطلق العِنان لـ.

reincarnation *(n.)* تناسُخ ؛ تقمُّص.

reindeer *(n.)* الرَّنَة : نوع من الأيائل.

reindeer

reinforce *(vt.)* (١) يقوّي (٢) يدعم (٣) يعزز.

reinforcement *(n.)* (١) تقوية ؛ تعزيز (٢) *pl.* : أمداد عسكريّة.

reinstate *(vt.)* يعيد (إلى مركز سابق).

reiterate *(vt.)* يكرّر (قول شيء أو صنعه).

reject *(vt.)* (١) يرفض (٢) يطّرح ؛ ينبذ.

rejection *(n.)* رَفْض ؛ نَبْذ.

rejoice *(vt.; i.)* (١)يُبهِج ×(٢)يبتهج.

rejoicing *(n.)* ابتهاج ؛ فرح : مَرَح صاخب.

rejoin *(vt.; i.)* (١)ينضم ثانية إلى (٢)يضم ثانية (٣) يجيب ×(٤) يردّ على أقوال المدّعي.

rejoinder *(n.)* (١) ردّ المدّعى عليه (٢) ردّ.

rejuvenate *(vt.)* يجدّد ؛ يعيد الشباب إلى.

rekindle *(vt.; i.)* يُضْرِم أو يضطرم من جديد.

relapse *(vi.; n.)* (١) ينتكس (٢) يرتدّ §(٣) انتكاس (٤)ارتداد.

relate *(vt.; i.)* (١)يروي ؛ يَقُصّ (٢)يربط ذهنياً بين ×(٣) يتّصل بـ ؛ يَخُصّ.

relation *(n.)* (١)رواية ؛ قَصّ (٢)علاقة ؛ صلة (٣) القريب ؛ النسيب (٤) قرابة.

in *or* with ~ to في ما يتعلّق بـ.

relationship *(n.)* (١)صلة ؛ علاقة (٢)قرابة.

relative *(n.; adj.)* (١) الاسم الموصول (٢)القريب ؛ النسيب §(٣)موصول (٤) ذو صلة بـ (٥) نسبيّ (٦) متناسب.

relatively *(adv.)* (١) نسبياً (٢) بالقياس إلى.

relativity *(n.)* النِّسْبيّة.

relax *(vt.; i.)* (١)يُرْخي (٢)يخفّف ؛ يلطّف ×(٣)يتراخى (٤)يسترخي (٥)يحرّر من الإمساك.

relaxation *(n.)* (١) إرخاء (٢) تراخٍ (٣)استرخاء ؛ استجمام (٤) تسلية.

relay *(n.)* الأبْدال : أفراس أو جماعات مُعَدّة سلفاً لإراحة أفراس أو جماعات أخرى.

release *(vt.; n.)* (١) يُطْلِق ؛ يُعْتِق ؛ يحرّر (٢) يتخلّى عن §(٣)إطلاق ؛ إعتاق ؛ تحرير (٤) تخلٍّ عن (٥) إذن بالنّشر (٦) بيان مُعَدّ للنشر في الصحف.

relegate *(vt.)* (١)ينفي ؛ يُبعِد (٢) يُنْزِل إلى مرتبة دنيا (٣)يُحيل (أمراً إلى شخص آخر).

relent *(vi.)* يَرِقّ ؛ يلين.

relentless *(adj.)* قاسٍ ؛ عديم الشفقة ؛ لا يلين.

relevance *(n.)* وَثاقة الصلة بالموضوع.

relevant *(adj.)* مناسب ؛ وثيق الصلة بالموضوع.

reliability *(n.)* العِوَل ؛ الموثوقيّة.

reliable *(adj.)* ثِقَة ؛ موثوق ؛ يعوَّل عليه.

reliance *(n.)* تعويل ؛ اعتماد ؛ ثقة ؛ اتكال.

reliant *(adj.)* واثق ؛ مُعَوِّل ؛ مُتَّكِل.

relic *(n.)* (١)ذخيرة؛ أثر مقدّس (٢)تذكار. (٣) *pl.* : خرائب؛ آثار.
relief *(n.)* (١)فَرَج؛راحة (٢)إسعاف؛إعانة. (٣) نجدة (٤) إراحة (٥) نقش نافر أو بارز (٦) بروز؛ جلاء (٧)تضاريس الأرض.
relieve *(vt.)* (١)يريح (٢)يحرّر؛ يخلّص. (٣) يلطّف؛ يسكّن (٤)يُنجد؛ يسعف.
religion *(n.)* (١)دِين (٢)ترهّب.
religious *(adj.; n.)* (١)دِيني (٢)تَقِيّ. (٣)شديد حتى الافراط §(٤)راهب؛ راهبة.
relinquish *(vt.)* يتخلّى عن؛ يهجر.
relish *(n.; vt.)* (١)نكهة (٢)استمتاع؛ تلذّذ. (٣) ميل (٤) المُقبِّل: طعام يفتح الشهيّة §(٥) يستمتع بـ (٦) يستطيب؛ يستسيغ.
reluctance *(n.)* (١) مقاومة (٢) كُرْه؛نفور.
reluctant *(adj.)* (١)مقاوِم (٢) كارِه.
reluctantly *(adv.)* على كره؛ على مضض.
rely *(vi.)* (١)يثق بـ (٢)يعوّل أو يتكل على.
remain *(vi.; n.)* (١)يبقى §(٢) *pl.*: بقايا؛جثة.
remainder *(n.)* (١)بقيّة (٢)الباقي.
remand *(vt.)* يعيد إلى السجن.
remark *(vt.; i.; n.)* (١)يلاحظ §(٢)ملاحظة.
remarkable *(adj.)* رائع؛ استثنائي.
remarry *(vt.)* يتزوّج ثانيةً.
remediable *(adj.)* قابل للمعالجة أو المداواة.
remedial *(adj.)* (١) عِلاجيّ (٢) شافٍ.
remedy *(n.; vt.)* (١)علاج §(٢) يعالج.
remember *(vt.; i.)* يتذكّر؛ يتذكّر.
remembrance *(n.)* (١)تذكّر (٢)ذاكرة. (٣) ذكرى (٤) تذكار (٥) *pl.*: تحيّات.
remind *(vt.)* يُذكّر؛ يُنبّه.
reminder *(n.)* (١)المذكِّر (٢)رسالة تذكير.
reminiscence *(n.)* (١)تذكّر (٢) كلّ ما يذكّر المرء بشيء (٣) *pl.*: ذكريات.
reminiscent *(adj.)* مذكّر بـ.
remiss *(adj.)* مُهمِل؛ كسول.
remission *(n.)* غُفران؛ صَفح الخ.
remit *(vt.)* (١) يَغفِر؛يصفح عن (٢)يلغي. (٣)يخفّف (٤) يحيل أو يحوّل.
remnant *(n.)* (١)بقيّة؛ أثارة §(٢) باقٍ.
remonstrance *(n.)* احتجاج؛ اعتراض.
remonstrant *(adj.; n.)* محتجّ؛ معترض.
remonstrate *(vt.; i.)* يحتجّ أو يعترض على.
remorse *(n.)* ندم؛ ندامة.
remorseful *(adj.)* متّسم بالندم.
remorseless *(adj.)* قاسٍ؛وحشيّ؛ لا يرحم.
remote *(adj.)* (١)بعيد؛ناءٍ (٢)ضئيل؛ قليل.
removable *(adj.)* قابل للنقل أو النزع أو الإزالة.
removal *(n.)* نَقْل؛ انتقال؛ طَرْد؛ إزالة.
remove *(vt.; i.)* (١)ينقل (٢)يطرد (٣)يُزيل. (٤) يقتُل ×(٥) ينتقل (٦) يرحل.
remunerate *(vt.)* يكافىء؛ يعوّض.
remuneration *(n.)* مكافأة؛ تعويض.
remunerative *(adj.)* مُكافِىء؛ مربِح.
renaissance *(n.)* (١)انبعاث (٢)نهضة.
renal *(adj.)* كُلْويّ: ذو علاقة بالكُلْيتَين.
renascence *(n.)* = renaissance.
rend *(vt.)* (١)ينتزع بعنف (٢)يمزّق؛ يشقّ.
render *(vt.)* (١) يذيب (٢) ينقل؛ يسلّم: (٣)يتخلّى عن (٤)يقدّم؛يُصْدِر (٥)يجعل؛ يصيّر (٦)يمثّل؛يعزف؛يغني؛ يترجم.
rendezvous *(n.)* (١) ملتقى (٢) موعد.
renegade *(n.)* المُرْتَدّ؛ الخارج (على حزب).
renew *(vt.)* (١)يُجدِّد (٢)يُكرِّر؛ يُعيد.
renewal *(n.)* (١)تجديد (٢)تجدّد.
renominate *(vt.)* يرشّح ثانية أو من جديد.
renounce *(vt.; i.)* يُنكِر؛يتخلّى عن؛يتبرأ من.
renovate *(vt.)* (١)يحيي (٢)يجدّد؛ يُصلِح.

renown 321 reproof

renown (n.) شُهْرَة .
renowned (adj.) شهير ؛ مشهور ؛ معروف .
rent (n.; vt.) (١) إيجار (٢) رَيْع (٣) شِق ؛ مِزْق (٤) انشقاق § (٥) يستأجر (٦) يؤجِّر .
rent past and past part. of rend.
rental (n.; adj.) (١) إيجار § (٢) تأجيري .
renunciation (n.;) تَخَلٍّ ؛ نكران للذات .
reopen (vt.; i.) (١) يفتح ثانيةً (٢) يستأنف .
reorganization (n.) إعادة تنظيم .
repair (vt.; i.; n.) (١) يُصلِح ؛ يرمِّم ؛ يجدِّد × (٢) يذهب § (٣) إصلاح ؛ ترميم الخ .
repairable (adj.) قابل للاصلاح أو الترميم .
reparation (n.) (١) إصلاح (٢) تعويض .
repartee (n.) (١) جواب سريع أو بارع (٢) حضور البديهة ؛ براعة الإجابة .
repast (n.) (١) طعام (٢) وَجْبَة ؛ وَقْعَة .
repay (vt.) (١) يفي (٢) يردّ (٣) يكافىء .
repeal (vt.; n.) (١) يلغي ؛ يُبْطِل § (٢) إلغاء .
repeat (vt.) يردِّد ؛ يكرِّر ؛ يعيد .
repeatedly (adv.) تكراراً ؛ مرةً بعد مرةٍ .
repel (vt.) يردّ ؛ يَصُدّ ؛ يرفض ؛ يطرد ؛ ينفِّر .
repellent (adj.) صادّ ؛ طاردٌ ؛ مُنفِّر ؛ كريه .
repent (vi.; t.) يتوب ؛ يندم ؛ يتأسف .
repentance (n.) توبة ؛ ندَم ؛ تأسُّف .
repercussion (n.) (١) ارتداد (٢) صَدَى .
repetition (n.) تكرار ؛ إعادة .
repine (vi.) يشكو ؛ يتذمَّر ؛ يتبرَّم .
replace (vt.) (١) يعيد ؛ يُرجِع (٢) يحل محل (٣) يستبدل .
replenish (vt.) (١) يملأ ثانية (٢) يستكمل .
replete (adj.) (١) مُفْعَم (٢) مُتْخَم .
repletion (n.) (١) تخمة (٢) امتلاء ؛ اكتظاظ .
reply (vi.; t.; n.) (١) يُجيب § (٢) جواب .
report (n.; vt.; i.) (١) إشاعة (٢) شهرة (٣) بيان (٤) تقرير (٥) دويّ § (٦) يروي (٧) ينقل (٨) يراسل (٩) يقدّم تقريراً (١٠) يُخبر ؛ يبلِّغ عن × (١١) يَحْضُر ؛ يثبت وجوده .
reportage (n.) الريبورتاج : التحقيق الصحفي .
reporter (n.) المُخْبِر ؛ المراسل الصحفي .
repose (vt.; i.; n.) (١) يضع (٢) يريح × (٣) يرقد (٤) يستريح § (٥) رقاد ؛ راحة ؛ هدوء .
repository (n.) مَخْزَن ؛ مُسْتَوْدَع .
repossess (vt.) يسترجع ؛ يستردّ .
reprehend (vt.) (١) يوبِّخ (٢) يَشْجُب .
reprehensible (adj.) مستحق التوبيخ الخ .
reprehension (n.) (١) توبيخ (٢) شَجْب .
represent (vt.) (١) يمثِّل (٢) يعلن أو يزعم أنه (٣) يوضح ؛ يَشْرَح .
representation (n.) (١) تمثيل (٢) صورة ؛ تمثال (٣) pl.: مزاعم (٤) احتجاج ؛ شكوى .
representative (adj.; n.) (١) تمثيليّ ؛ نيابيّ (٢) ممثِّل لـ (٣) نموذجيّ § (٤) الممثِّل ؛ النائب ؛ المندوب .
repress (vt.) يكبح ؛ يكبت ؛ يقمع ؛ يُخضع .
repression (n.) كبح ؛ كبت ؛ قمع ؛ إخضاع .
reprieve (vt.) يرجىء (تنفيذ حكم بالاعدام الخ) .
reprimand (n.; vt.) (١) تأنيب § (٢) يؤنِّب .
reprint (vt.; n.) (١) يعيد الطبع § (٢) طبعة ثانية .
reprisal (n.) انتقام ؛ أخذ بالثأر .
reproach (vt.; n.) (١) يلوم (٢) يوبِّخ ؛ (٣) يعيب § (٤) لوم (٥) توبيخ (٦) عار .
reprobate (vt.; n.) (١) يشجب ؛ يستنكر (٢) يرفض § (٣) شخص فاسد أو شرير .
reproduce (vt.; i.) (١) يوجِد ثانيةً (٢) يستخرج نسخةً عن × (٣) يتناسل ؛ يتوالد .
reproduction (n.) (١) تناسُل ؛ توالد ؛ تكاثر (٢) نسخة طبق الأصل .
reproof (n.) توبيخ ؛ تأنيب .

reprove *(vt.)* (١) يوبِّخ ؛ يؤنِّب (٢) يستنكر .
reptant *(adj.)* (١) زاحف (٢) متسلِّق ؛ معترِش .
reptile *(n.)* الزاحف ؛ الزحّاف (من الحيوان) .
republic *(n.)* جمهورية .
republican *(adj.; n.)* جمهوري .
republish *(vt.)* يعيد النشر ؛ ينشر من جديد .
repudiate *(vt.)* (١) يطلِّق (٢) يتبرأ من . (٣) يُنكِر (٤) يرفض الاعتراف (بالدَّين) .
repugnance *(n.)* مقت ؛ كره ؛ اشمئزاز .
repugnant *(adj.)* بغيض ؛ كريه .
repulse *(vt.; n.)* (١) يردّ ؛ يصدّ (٢) يخيِّب . §(٣) ردّ ؛ صدّ ؛ رفض (٤) تخييب ؛ خيبة .
repulsion *(n.)* (١) صدّ (٢) مقت ؛ اشمئزاز .
repulsive *(adj.)* كريه ؛ بغيض ؛ مثير للاشمئزاز .
reputable *(adj.)* حَسَن السمعة ؛ محترَم .
reputation *(n.)* سُمعة ؛ سمعة حسنة ؛ شهرة .
repute *(vt.; n.)* (١) يعتبر ؛ يعدّ §(٢) سمعة .
request *(n.; vt.)* (١) سؤال ؛ طلب (٢) مَطلَب §(٣) يسأل ؛ يطلب (٤) يرجو ؛ يلتمس .
requiem *(n.)* قدّاس لراحة نفس الميت .
require *(vt.)* يطلب ؛ يتطلّب ؛ يفرض ؛ يقضي .
requirement *(n.)* حاجة ؛ مَطلَب ؛ مُتَطَلَّب .
requisite *(adj.; n.)* (١) أساسيّ §(٢) مستلزَم .
requisition *(n.; vt.)* (١) طَلَب (٢) طلب تسليم المُجرمين (٣) مُصادَرَة (٤) مُتطلَّب §(٥) يطلب (٦) يصادر .
requital *(n.)* (١) جزاء (٢) انتقام (٣) عِوَض .
requite *(vt.)* (١) يُقابل (٢) يثأر لـ (٣) يجازي ؛ يكافىء (٤) يعوِّض عن ؛ ينسى .
rescind *(vt.)* يلغي ؛ يُبطل ؛ ينقض .
rescript *(n.)* قرار ؛ مرسوم ؛ بلاغ .
rescue *(vt.; n.)* (١) يُنقِذ (٢) يحرر §(٣) إنقاذ .
research *(n.; vi.)* (١) بحث ؛ بحث علمي . §(٢) يبحث ؛ يقوم ببحث علمي .
resemblance *(n.)* (١) شَبَه (٢) صورة .
resemble *(vt.)* يُشبِه ؛ يُشابِه .
resent *(vt.)* يمتعض ؛ يستاء .
resentful *(adj.)* ممتعض ؛ سريع الامتعاض .
resentment *(n.)* امتعاض ؛ استياء ؛ غيظ .
reservation *(n.)* (١) تحفُّظ ؛ احتياط . (٢) حَجْز (٣) غرفة تُحجَز (في فندق) .
reserve *(vt.; n.)* (١) يدّخر (للمستقبل) . (٢) يحجز §(٣) ادّخار (٤) ذخيرة ؛ مُدَّخَر (٥) احتياطيّ (٦) تحفُّظ ؛ احتياط ؛ تكتُّم .
reserved *(adj.)* (١) متحفِّظ (٢) مُدَّخَر للمستقبل (٣) محجوز .
reservoir *(n.)* (١) خزّان (٢) ذخيرة .
reset *(vt.; n.)* (١) يعيد التنضيد §(٢) إعادة تنضيد .
reside *(vi.)* (١) يقيم ؛ يسكن (٢) يَكْمُن .
residence *(n.)* (١) إقامة (٢) مقرّ (٣) بيت .
residency *(n.)* (١) مقرّ (٢) دار المندوب السامي .
resident *(adj.; n.)* (١) مقيم §(٢) المقيم .
residential *(adj.)* (١) داخليّ (٢) سَكَنِيّ .
residual; -uary *(adj.)* متبَقٍّ ؛ متخلِّف .
residue *(n.)* المتخلِّف ؛ الفَضلة ؛ البقيّة .
resign *(vt.; i.)* (١) يتخلّى عن (٢) يستسلم لـ . (٣) يرَوِّض نفسه على ×(٤) يستقيل (٥) يذعن
resignation *(n.)* استقالة .
resilience *(n.)* (١) الرَّجوعيّة : قدرة الجسم المطوط على استعادة حجمه أو شكله (٢) المرونة .
resilient *(adj.)* رَجوع أو مَرِن .
resin *(n.)* الرّاتينَج : مادة صمغية .
resist *(vt.; i.)* يقاوِم .
resistance *(n.)* مقاوَمة .
resistant *(adj.; n.)* (١) مقاوِم §(٢) المقاوِم .
resistless *(adj.)* (١) لا يقاوَم (٢) عديم المقاومة .
resolute *(adj.)* مصمِّم ؛ موطَّد العزم .

resolution *(n.)* (١) تصميم (على أمر) . (٢) ثبات (٣) قرار .
resolve *(vt.; n.)* (١) يحلّ (٢) يبدّد (٣) يعتزم ؛ يقرّر (٤) يحوّل §(٥) قرار (٦) تصميم .
resolved *(adj.)* مصمّم ؛ عازم ؛ موطّد العزم .
resonance *(n.)* رَنين .
resonant *(adj.)* (١) رَنّان (٢) مرجِّع للصدى .
resort *(n.; vi.)* (١) مَلاذ ؛ مُلتَجأ . (٢) مُنتَجَع §(٣) يتردّد على (٤) يلجأ .
health ~, مُنتَجَع صحّي .
last ~, السهم الأخير ؛ المحاولة الأخيرة .
summer ~, مَصيف .
resound *(vi.)* (١) يُدَوّي (٢) يضجّ بـ .
resource *(n.)* (١) مَورد (٢) تسلية (٣) دهاء .
resourceful *(adj.)* داهية ؛ واسع الحيلة .
respect *(n.; vt.)* (١) صلة (٢) احترام (٣) نقطة ؛ وجه §(٤) يحترم (٥) يتعلق بـ ؛ يتصل بـ .
respectability *(n.)* المُحتَرَميّة : كون الشيء محترَماً أو جديراً بالاحترام .
respectable *(adj.)* (١) محترَم (٢) مهذّب .
respectful *(adj.)* مُتَّسِم بالاحترام .
respecting *(prep.)* في ما يتعلّق بـ ؛ بخصوص .
respective *(adj.)* خاص بكلّ ؛ شخصيّ .
respectively *(adv.)* على التعاقب ؛ على التوالي .
respiration *(n.)* تنفُّس .
respirator *(n.)* كِمامة ؛ قناع .
respiratory system *(n.)* الجهاز التنفسيّ .
respite *(n.)* (١) إرجاء ؛ تأجيل (٢) فترة راحة .
resplendence; -dency *(n.)* تألّق ؛ لمعان .
resplendent *(adj.)* متألّق ؛ لامع .
respond *(vi.; t.)* (١) يجيب (٢) يستجيب .
response *(n.)* (١) إجابة (٢) استجابة .
responsibility *(n.)* مسؤوليّة ؛ تَبِعيّة .
responsible *(adj.)* مسؤول .
responsive *(adj.)* مجيب ؛ مستجيب ؛ حسّاس .
rest *(n.; vi.; t.)* (١) نوم (٢) استراحة (٣) راحة (٤) سكون (٥) مُتّكأ ؛ مَسنِد (٦) بقيّة ؛ سائر §(٧) يرقد (٨) يستريح (٩) يهدأ (١٠) يستند (١١) يرتكز على (١٢) يبقى ؛ يظلّ ×(١٣) يُريح ؛ يُسنِد (١٤) يثبت .
restaurant *(n.)* مَطعَم .
restful *(adj.)* (١) مُريح (٢) هادئ .
restitution *(n.)* (١) إعادة ؛ عودة (٢) تعويض .
restive *(adj.)* (١) حَرون ؛ شَموس (٢) ضَجِر .
restless *(adj.)* (١) ضَجِر ؛ متململ (٢) قلِق ؛ أرِق (٣) متواصل (٤) لا يهدأ (٥) مستاء .
restoration *(n.)* (١) إعادة ؛ استعادة . (٢) تجديد ؛ تَرميم (٣) شفاء .
restorative *(adj.)* مُعيد ؛ مُحيٍ ؛ مجدِّد .
restore *(vt.)* (١) يعيد (٢) يجدّد ؛ يرمّم .
restrain *(vt.)* يكبح ؛ يقيّد .
restraint *(n.)* (١) كَبْح (٢) تقييد (٣) قيد .
restrict *(vt.)* يُقيِّد ؛ يَحصُر ؛ يَقصُر على .
restriction *(n.)* قَيْد ؛ تقييد ؛ حَصْر .
result *(vi.; n.)* (١) يَنتُج عن (٢) يؤدّي الى . §(٣) نتيجة .
resultant *(adj.; n.)* (١) ناتج §(٢) نتيجة .
resume *(vt.; i.)* (١) يستردّ (٢) يستأنف .
résumé *(n.)* مُجمَل ؛ خلاصة .
resumption *(n.)* استرداد ؛ عودة ؛ استئناف .
resurrect *(vt.)* (١) يبعث ؛ يحيي (٢) ينبش .
resurrection *(n.)* (١) بَعْث (٢) انبعاث .
resuscitate *(vt.; i.)* (١) يُنعِش ×(٢) ينتعِش .
retail *(vt.; i.; n.; adj.)* (١) يبيع بالتجزئة . (٢) يروي ؛ يسرد §(٣) بيعٌ بالتجزئة §(٤) تجزئيّ .
retain *(vt.)* (١) يحتفظ بـ (٢) يحتجز . (٣) يوكّل محامياً (بدفع مقدّم الأتعاب) .
retainer *(n.)* (١) التوكيل : توكيل المرء محامياً .

(٢) مقدَّم أتعاب المحامي (٣) خادم ؛ تابع .

retaliate *(vi.)* يثأر ؛ ينتقم .

retaliation *(n.)* ثأر ؛ انتقام .

retard *(vt.)* يَعُوق ؛ يؤخِّر ؛ يثبِّط .

retention *(n.)* (١) احتفاظ (٢) احتباس .

retentive *(adj.)* محتفِظ ؛ محتجِز .

reticence *(n.)* قلّة كلام ؛ تكتُّم ؛ تحفُّظ .

reticent *(adj.)* قليل الكلام ؛ متكتِّم ؛ متحفِّظ .

retina *(n.)* pl. **-s** *or* **-e** شبكيّة (العين) .

retinue *(n.)* الحاشية : بطانة الأمير أو الملِك .

retire *(vi.; t.)* (١) ينسحب (٢) يتقاعد (٣) يأوي إلى فراشه §(٤) يسحب (٥) يُحيل إلى التقاعد .

retired *(adj.)* (١) منعزل (٢) متقاعد ؛ تقاعديّ .

retirement *(n.)* انسحاب ؛ تقاعد الخ .

retiring *(adj.)* (١) متراجع (٢) خجول .

retort *(vt.; n.)* (١) يردّ على الشيء بمثلِه (٢) يجيب §(٣) ردّ سريع (٤) المُعْوَجّة .

retorts

retouch *(vt.)* يهذّب ؛ ينقّح ؛ «يروتّش» .

retrace *(vt.)* (١) يرجع من حيث أتى (٢) يستعيد (أحداثاً ماضية) في الذهن أو الذاكرة .

retract *(vt.)* (١) يَسْحَب (٢) يتراجع عنْ .

retraction *(n.)* (١) سحب (٢) انسحاب .

retreat *(n.; vi.)* (١) انسحاب ؛ تراجع (٢) مُعتزَل ؛ مُلْتَجأ (٣) مأوى §(٤) ينسحب ؛ يتراجع .

retrench *(vt.; i.)* يُنقِص ؛ يُخفِّض (النفقاتِ) .

retrial *(n.)* (١) محاكمة ثانية (٢) تجربة ثانية .

retribution *(n.)* جزاء ؛ عقوبة .

retrieve *(vt.)* (١) يكتشف (الكلبُ) طريدةً مقتولةً أو مجروحةً (٢) يستردّ (٣) يُنقِذ .

retrograde *(adj.; vi.)* (١) تراجعيّ ؛ تقهقريّ (٢) انتكابيّ ؛ متنكس (٣) مُتَراجِع §(٤) يتراجع أو ينحطّ .

retrogression *(n.)* تراجُع ؛ تقهقر ؛ انحطاط .

retrospect *(n.)* استعادة الأحداث الماضية والتأمّل فيها .

return *(vi.; t.; n.)* (١) يعود ؛ يرجع (٢) يجيب ×(٣) يرفع تقريراً إلى (٤) ينتخب (٥) يُعيد ؛ يُرجع (٦) يغلّ (٧) يقابل شيئاً بمثله §(٨) عودة ؛ إعادة (٩) تقرير رسمي (١٠) ربح (١١) *pl.* : عائدات (١٢) *pl.* : مرتجعات .
in ~, مقابل كذا .

reunion *(n.)* (١) إعادة توحيد (٢) اتحاد من جديد (٣) اجتماع الشمل (٤) لقاء عائلي .

revalue *(vt.)* يُعيد التقييم أو التثمين .

revamp *(vt.)* (١) يجدّد (فرعة الحذاء) (٢) ينقّح .

reveal *(vt.)* (١) يبوح ؛ يفشي (سرّاً) (٢) يُظهِر .

reveille *(n.)* تبويق الإيقاظ (عند الفجر) .

revel *(vi.; n.)* (١) يجد متعة بالغة بـ (٢) يقصف ؛ يمرح بصَخَب §(٣) قَصْف ؛ مرح صاخب .

revelation *(n.)* (١) وَحْي (٢) بَوْح ؛ إفشاء .

revelry *(n.)* قَصْف ؛ عربدة ؛ مَرَحٌ صاخب .

revenge *(vt.; n.)* (١) يثأر ؛ ينتقم §(٢) ثأر .

revengeful *(adj.)* حقود ؛ نزّاع إلى الانتقام .

revenue *(n.)* رَيْع ؛ دَخْل .

reverberate *(vt.; i.)* (١) يردّ ؛ يعكس ؛ يرجِع ×(٢) يرتدّ ؛ ينعكس (٣) يتردّد ؛ يدوّي .

revere *(vt.)* يبجِّل ؛ يوقِّر .

reverence *(n.; vt.)* (١) تبجيل §(٢) يبجِّل .

reverend *(adj.)* مبجَّل ؛ موقَّر .

reverent *(adj.)* مبجِّل ؛ موقِّر .

reverie *(n.)* (١) حلم يقظة (٢) تأمّل ؛ استغراق في التفكير الحالم .

revers *(n.)* طيّة صدر السترة .

reversal *(n.)* (١) إبطال (٢) قلبٌ ؛ انقلاب .

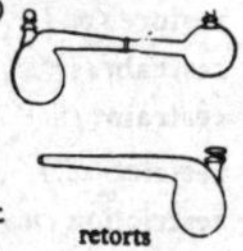

reverse 325 **ricochet**

reverse *(adj.; vt.; n.)* (١) عكسيّ أو معكوس (٢) ارتداديّ §(٣) يعكس ؛ يقلب (٤) يُبطل §(٥) العكس ؛ النقيض (٦) عكس ؛ قَلْب (٧) نكسة (٨) الظَّهْر ؛ القفا (٩) حركة عكسيّة.

reversible *(adj.)* يُقْلَب ؛ يُعْكَس.

reversion *(n.)* (١) عَوْدة المِلْك أو الحق الى صاحبه (٢) ارتداد ؛ عودة إلى الأصل.

revert *(vi.)* (١) يعود ؛ يرجع (٢) يرتدّ.

revery *(n.)* = reverie.

review *(n.; vt.)* (١) استعراض عسكريّ (٢) نظرة عامة (٣) إعادة نظر (٤) نقد ؛ مراجعة (لكتاب أو مسرحية) (٥) مجلة نقديّة §(٦) يعيد النظر في (٧) ينتقد (٨) يستعرض الجند.

revile *(vt.; i.)* يَسُبّ ؛ يشتم ؛ يلعن.

revise *(vt.)* (١) يعدّل ؛ يغيّر (٢) ينقّح.

revision *(n.)* (١) تنقيح (٢) نسخة منقّحة.

revival *(n.)* (١) إحياء (٢) انبعاث ؛ نهضة.

revive *(vi.; t.)* (١) ينتعش ×(٢) يُحيي ؛ يُنْعِش ؛ ينشّط.

revoke *(vt.)* يسحب ؛ يلغي ؛ يُبْطِل.

revolt *(vi.; t.; n.)* (١) يثور (٢) يشمئزّ ×(٣) يُغَثّي ؛ يقزّز النفس §(٤) ثورة.

revolting *(adj.)* (١) ثائر (٢) مقزّز للنفس.

revolution *(n.)* (١) دوران ؛ دورة (٢) ثورة.

revolutionary *(adj.; n.)* ثَوْرِيّ.

revolutionist *(n.)* الثائر ؛ الثوريّ.

revolutionize *(vt.)* (١) يُشْرِب بالمعتقدات الثورية (٢) يُحْدِث تغييراً كاملاً في.

revolve *(vt.; i.)* (١) يفكّر في (٢) يُدير (حول محور) ×(٣) يتعاقب (٤) يَدُور.

revolver *(n.)* مُسَدَّس.

revue *(n.)* الرِّفْيُ: عمل مسرحيّ يتألّف من مزيج من الحوار والرقص والغناء.

revulsion *(n.)* تغيّر (أو ردّ فعل) مفاجىء.

reward *(vt.; n.)* (١) يكافىء §(٢) مكافأة.

rewrite *(vt.)* (١) يكتب ثانيةً (٢) يُنقّح.

rhapsody *(n.)* كلام أو أثر أدبيّ أو موسيقيّ زاخر بالانفعال العاطفيّ.

rheostat *(n.)* المقاوِم المُتغيِّر (كهرباء).

rhetoric *(n.)* علم البيان أو البلاغة.

rhetorical *(adj.)* بيانيّ ؛ بلاغيّ ؛ منمّق.

rhetorician *(n.)* البلاغيّ ؛ الخطيب ؛ البليغ.

rheum *(n.)* (١) الرُّوم: ارتشاح أنفي (٢) زُكام.

rheumatic *(adj.)* رَثْيِيّ ؛ روماتزميّ.

rheumatism *(n.)* الرَّثْيَة ؛ الروماتزم.

rhinestone *(n.)* حجر الراين: ماس زائف.

rhinoceros *(n.)* الكَرْكَدَنّ ؛ وحيد القَرْن.

rhododendron *(n.)* الوَرْدِيَّة (نبات).

rhomb; rhombus *(n.)* المُعَيَّن: شكل هندسيّ.

rhomb

rhubarb *(n.)* الراوَنْد (عشب).

rhyme *(n.; vi.)* (١) سَجْع ؛ سَجْعَة ؛ قافية (٢) قصيدة (٣) شعر §(٤) يسجع ؛ يقفّي (٥) يتناغم.

rhythm *(n.)* (١) الإيقاع الموسيقي (٢) التناغم.

rhythmic *(adj.)* (١) إيقاعيّ (٢) متناغم.

rib *(n.)* (١) ضِلْع (٢) رافدة ؛ دعامة.

ribald *(adj.)* بذيء ؛ سفيه.

ribaldry *(n.)* (١) بذاءة (٢) كلام بذيء.

ribbon *(n.)* (١) شريط (٢) وشاح (٣) مِزْقة.

rice *(n.)* الأَرُزّ ؛ الأُرْز ؛ الرُّزّ (نبات).

rich *(adj.; n.)* (١) غنيّ (٢) نفيس (٣) فخم (٤) قويّ (٥) خِصْب (٦) دَسِم §(٧) الأغنياء.

riches *(n.pl.)* ثَرْوة.

rick *(n.)* كِدْس ؛ كومة.

rickets *(n.)* كُساح الأطفال (مرض).

rickety *(adj.)* (١) كسيح (٢) ضعيف ؛ متزعزع.

ricochet *(n.)* النُّبُوّ: ارتداد القذيفة.

rid 326 ripsaw

rid *(vt.)* يخلّص ؛ يحرّر .
to get ~ of يتخلّص من .
riddle *(n.; vt.)* (١)لغز (٢)غربال §(٣)يحلّ . (٤)يلغز (٥)يغربل (٦)يثقب كالغربال.
ride *(vi.; t.; n.)* (١)يركب ؛ يمتطي (٢) ترسو (السفينة) (٣)يجري ؛ ينطلق ×(٤)يستحوذ على ؛ يستبد بـ §(٥) ركوب (٦) رحلة .
rider *(n.)* (١)الراكب ؛ المتطي (٢)ملحق .
ridge *(n.; vt.)* (١) سلسلة تلال أو جبال . (٢)الضلع : شقة مرتفعة متطاولة (٣)الحرف : خط التقاطع الأعلى بين سطحين منحدرين §(٤) يجعل للشيء ضلعاً أو حرفاً .
ridgepole *(n.)* الرافدة (الأفقية بأعلى السقف).
ridicule *(n.; vt.)* (١)سخرية §(٢)يسخر من.
ridiculous *(adj.)* سخيف ؛ مضحك .
rife *(adj.)* (١) منتشر ؛ سائد (٢) حافل بـ .
riffraff *(n.)* (١)الرعاع ؛ الدهماء (٢) نفاية.
rifle *(vt.; n.)* (١)ينقب في (٢) ينهب . (٣)يحزز أو يخدد حلزونياً §(٤)بندقية.
rift *(n.)* صدع ؛ شق .
rig *(vt.; n.)* (١)يزود بالأشرعة الخ. (٢)يلبس ؛ يكسو (٣)يجهز (٤)يتلاعب بـ §(٥)شكل وعدد وترتيب الأشرعة والصواري (٦)عربة وجوادها أو جيادها (٧) ملابس (٨)أجهزة ؛ آلات .
rigging *(n.)* حبال الأشرعة والصواري .
right *(adj.; n.; adv.; vt.)* (١) قويم . (٢)صحيح (٣)مناسب (٤)مستقيم (٥)حقيقي (٦) أيمن ؛ يمنى (٧) قائمة (٨) على صواب (٩) معافى (١٠) في وضع أو نظام حسن §(١١) حق (١٢) صواب (١٣) يمين §(١٤) تماماً (١٥) بطريقة صحيحة (١٦) مباشرة (١٧) على نحو صائب (١٨) تواً (١٩) جداً (٢٠) يمنة §(٢١) يصحح ؛ يعدل ؛ يقوم .

~ away; ~ off تواً ؛ فوراً ؛ في الحال .
righteous *(adj.)* صالح ؛ مستقيم ؛ قويم .
rightful *(adj.)* (١)عادل (٢)شرعي (٣)ملائم .
rigid *(adj.)* (١)صلب (٢)صارم (٣)قاسٍ .
rigidity *(n.)* صلابة ؛ صرامة ؛ قسوة .
rigmarole *(n.)* (١)هراء (٢) إجراء معقد.
rigo(u)r *(n.)* (١) صرامة ؛ قسوة (٢)شدة .
rigorous *(adj.)* (١) صارم (٢) قاسٍ .
rill *(n.)* جدول ؛ غدير .
rim *(n.)* (١)حافة ؛ حتار (٢) إطار.
rime *(n.)* (١) الصقيع : طبقة جليدية يكسو الضباب بها الأشجار (٢) قشرة .
rime = rhyme
rind *(n.; vt.)* (١)لحاء (٢)قشرة §(٣)يقشر .
ring *(n.; vt.; i.)* (١)حلقة (٢)خاتم (٣)دائرة ؛ طوق (٤)عصبة (٥)رنين (٦)مسحة ؛ طابع (٧)قرع الجرس (٨)مخابرة هاتفية §(٩)يطوق (١٠) يقرع جرساً (١١) يدعو ؛ وبخاصة بقرع الجرس (١٢) يتلفن لـ ×(١٣) يرن (الجرس) (١٤) يطن (١٥) يبدو.
ringleader *(n.)* زعيم فتنة أو ثورة .
ringlet *(n.)* حليقة ؛ عقصة (أو جعدة) شعر .
rink *(n.)* المزلجة : جليد صناعي يتزلج عليه.
rinse *(vt.)* يشطف ؛ يغسل برفق.
riot *(n.)* شغب ؛ إخلال بالأمن.
riotous *(adj.)* (١) مشاغب (٢) مستهتر (٣) صاخب .
rip *(vt.; n.)* (١)يشق §(٢)شق ؛ مزق.
ripe *(adj.)* (١) يانع (٢)ناضج (٣) ملائم .
ripen *(vi.; t.)* (١)ينضج ×(٢) ينضج.
ripple *(vi.; t.; n.)* (١) يتموج (٢) يترقرق . ×(٣)يموج ؛ يرقرق §(٤)تموج ؛ ترقرق.
ripsaw *(n.)* منشار الشق (الصورة في العمود التالي)

ripsaw

rise *(vi.; n.)* (١) ينهض ؛ يقوم (٢) يثور (٣) يَبْزغ (٤) يصعد ؛ يرتفع (٥) ينشأ ؛ يبرز §(٦) نهوض ؛ قيام (٧) بزوغ (٨) صعود ؛ ارتفاع (٩) تقدم (١٠) أصل ؛ منشأ ؛ مَنْبَع .

rising *(adj.; n.)* (١) ناهض (٢) طالع ؛ صاعد. §(٣) نهوض (٤) ثورة (٥) بثرة ؛ خراج.

risk *(n.; vt.)* (١) مجازفة ؛ مخاطرة ؛ خَطَر . §(٢) يعرِّض للخطر (٣) يجازف ؛ يخاطر.

risky *(adj.)* محفوف بالمخاطر .

rite *(n.)* (١) طَقْس ؛ شعيرة (٢) مَذْهَب .

ritual *(n.; adj.)* (١) طقس ؛ شعيرة §(٢) طقسيّ .

rival *(n.; adj.; vt.; i.)* (١) منافس أو متنافس . §(٢) ينافس ؛ يزاحم ×(٣) يتنافس .

rivalry *(n.)* تنافُس ؛ منافسة .

rive *(vt.; i.)* (١) يَمزِّق ×(٢) ينمزِق .

river *(n.)* نهر .

rivets

rivet *(n.; vt.)* (١) بِرشام ؛ مِسمار برشام §(٢) يُبرشم ؛ يُثبِّت ببرشام .

riveter *(n.)* ماكينة البرشمة .

rivulet *(n.)* نُهَيْر ؛ جَدْوَل ؛ غدير.

roach *(n.)* (١) الرَّوْش (سمك) (٢) الصُّرْصُور .

road *(n.)* طريق .

roadside *(n.)* جانب الطريق .

roadstead *(n.)* المُكَلَّأ : مرسى للسفن .

roadster *(n.)* (١) حصان (٢) سيارة مكشوفة .

roadway *(n.)* بَدَن الطريق (الخاص بالسيارات).

roam *(vi.; t.)* يطوف ؛ يجول .

roan *(adj.; n.)* (١) أغبر : كستنائي مَشُوب ببياض §(٢) فَرَس أغبر (٣) الغبرة .

roar *(vi.; n.)* (١) يَهْدِر ؛ يَجْأَر ؛ يزأر . §(٢) هدير ؛ زئير (٣) صرخة (٤) جَلَبَة .

roast *(vt.; n.; adj.)* (١) يشوي (٢) يحمِّص . §(٣) قطعة لحم للشيّ (٤) شِواء §(٥) مشويّ .

roaster *(n.)* (١) الشوّاء (٢) مِشواة (٣) مِحمصة (٤) فرّوج صالح للشيّ .

rob *(vt.; i.)* يَسْلُب ؛ يَسْرِق .

robbery *(n.)* سرقة ؛ سَلْب ؛ لصوصية .

robe *(n.; vt.)* (١) ثوب ؛ رداء §(٢) يكسو .

robin *(n.)* أبو الحِنّاء (طائر) .

robot *(n.)* الرُّبوط : إنسان أوتوماتيكيّ أو آليّ .

robust *(adj.)* (١) قويّ (٢) غليظ (٣) شاقّ .

rock *(vt.; i.; n.)* (١) يَهُزْهِز ×(٢) يتأرجح . §(٣) صخر ؛ صخرة (٤) مَلاذ ؛ مُلتجأ .

rocket *(n.)* سَهْم ناريّ (٢) صاروخ.

rocket bomb *(n.)* القنبلة الصاروخية .

rocking chair *(n.)* الكرسيّ الهزّاز .

rocky *(adj.)* (١) صخريّ (٢) راسخ .

rod *(n.)* (١) عود ؛ قضيب ؛ عصا (٢) صولجان . (٣) القَصَبة : مقياس للطول يساوي ٥.٥٠ ياردة.

rode *past of* ride.

rodent *(adj.; n.)* (١) قارض §(٢) حيوان قارض .

roe *(n.)* (١) الرَّوّ : ضربٌ من الأيائل (٢) البَطارِخ : بيوض السمك وهي في الغشاء المبيضيّ .

roe deer

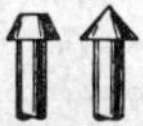

roebuck *(n.)* ذَكَر الرَّوّ .

roe deer *(n.)* الرَّوّ : ضربٌ من الأيائل .

Roentgen rays *(n.pl.)* أشعة اكس .

rogue *(n.)* المتشرِّد ؛ الوغد ؛ المحتال .

roguish *(adj.)* متشرِّد ؛ احتياليّ ؛ خبيث ؛ لئيم .

roister *(vi.)* (١) يَصْخَب (٢) يقصِف ؛ يعربد .

role *or* **rôle** *(n.)* (١) دَوْر (٢) وظيفة .

roll *(n.; vt.; i.)* (١) دَرْج ؛ رَقّ (٢) سجلّ ؛

roll call 328 **rotunda**

قائمة (٣) لفّة (٤) قرص ؛ رغيف (٥) قصف الرعد أو المدافع (٦) دحرجة ؛ تدحرُج §(٧) يُدَحْرِج (٨) يغلّف ؛ يلفّ (٩) يُسيِّر على دواليب ×(١٠) يتدحرج (١١) يدور (١٢) يتدفق (١٣) يجري على عجلات (١٤) يقصف (الرعدُ) (١٥) يتكوَّر .

roll call *(n.)* التفقّد ؛ المناداة على الأسماء .

roller *(n.)* (١) بَكَرَة ؛ دُحروجة (٢) مِحدلة .

roller skate *(n.)* المِزْلَجَة المُعجّلة : مِزْلَجَة ذات عجلات للتزحلق.

roller skate

rollick *(vi.; n.)* (١) يَمْرَح §(٢) مَرَح.

rolling pin *(n.)* شَوبك ؛ مِرقاق (العجين).

Roman *(n.; adj.)* (١) روماني (٢) كاثوليكي.

Roman Catholic *(adj.; n.)* كاثوليكي .

romance *(n.)* قصة حبّ أو مغامرات.

Romanism *(n.)* الكثلكة .

romantic *(adj.)* رومانتيكي .

romanticism *(n.)* الرومانتيكية : حركة أدبية تميّزت بحبّ الطبيعة وبالتأكيد على الخيال والعاطفة.

romp *(vi.; n.)* (١) يَمْرَح §(٢) فتاة لَعوب.

rompers *(n.pl.)* ثوب فضفاض (للأطفال).

rood *(n.)* (١) صليب (٢) الرود : مقياس للأراضي .

roof *(n.; vt.)* (١) سَقف ؛ سَطح §(٢) يَسقُف .

roofless *(adj.)* (١) لا سقف له (٢) شريد .

rook *(n.; vt.)* (١) الغُداف (طائر) (٢) المخادع ؛ المحتال (٣) الرّخ (في الشطرنج) §(٤) يحتال على.

rook 3.

room *(n.; vi.; t.)* (١) متّسَع (٢) حجرة ؛ غرفة (٣) مجال §(٤) يَسكُن ؛ يُقيم ×(٥) يؤوي ؛ يُسكِن .

roommate *(n.)* رفيق الحُجرة .

roomy *(adj.)* متّسِع ؛ رَحْب ؛ فسيح .

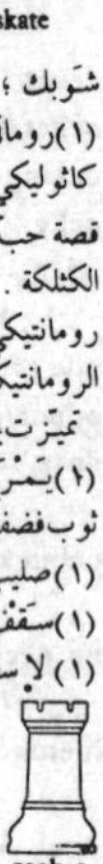

roost *(n.; vi.)* (١) مَجْثَم (٢) مأوى §(٣) يَجثم .

rooster *(n.)* (١) ديك (٢) شخص مغرور .

root *(n.; vt.; i.)* (١) جِذر (٢) أصل (٣) لُبّ (٤) أساس ؛ قعر §(٥) يرسخ ×(٦) يَرْسَخ .

to ~ out يستأصل ؛ يقتلع ؛ ينتزع .

to take *or* strike ~, يتأصّل ؛ يترسّخ .

rope *(n.; vt.)* (١) حَبْل §(٢) يطوّق بحبل .

ropedancer *(n.)* البَهلوان : الراقص على الحبل.

rosary *(n.)* (١) سُبْحَة (٢) حديقة ورد .

rose *past of* rise.

rose *(n.)* (١) وَرْد ؛ وردة (٢) اللون الورديّ .

roseate *(adj.)* (١) ورديّ (٢) متفائل .

rosemary *(n.)* إكليل الجبل : نبات عطريّ.

rosette *(n.)* الوَرْدِيّة : حِلية معمارية وردية الشكل .

rosette

rose water *(n.)* ماء الورد.

rosewood *(n.)* خشب الورد (نباتٌ وخشبه).

rosin *(n.)* راتينج القَلْفونيّة .

roster *(n.)* (١) جدول الخدمة (٢) جدول .

rostrum *(n.)* pl. -s *or* -tra منبر .

rosy *(adj.)* (١) ورديّ ؛ متورّد (٢) مشرق .

rot *(vi.; t.; n.)* (١) يتعفّن ؛ يَفسد ×(٢) يُفسِد ؛ يبلي §(٣) تعفّن (٤) هُراء .

rotary *(adj.)* دوّار ؛ دَوَرانيّ ؛ رَحَويّ .

rotate *(vi.; t.)* (١) يدور ؛ يُدير (٢) يتناوب .

rotation *(n.)* دَوَران ؛ دورة ؛ تدوير .

in ~, على التناوب أو التعاقب .

rotatory *(adj.)* (١) دَوَرانيّ ؛ دوّار (٢) مُدَوِّر .

rote *(n.)* الصمّ : استظهارٌ من غير فهم.

rotogravure *(n.)* التصوير الروتوغرافي.

rotten *(adj.)* (١) نَتِن ؛ فاسد (٢) بغيض .

rotund *(adj.)* (١) مستدير (٢) ممتلىء الجسم.

rotunda *(n.)* مَبْنًى مستدير (تعلوه قبّة).

rouble *(n.)* = ruble.

rouge *(n.)* أحمر الشفاه الخ. : مستحضر تجميلي.

rough *(adj.; n.; vt.)* (١) خشِن ؛ غير أملس. (٢) مضطرب (٣) عاصف (٤) شاقّ (٥) فظّ (٦) خام (٧) تقريبيّ (٨) استقرائيّ ؛ مُنْجَز كمحاولة أولى §(٩) أرض وعرة (١٠) شخص فظّ §(١١) يُعِدّ بطريقة أوليّة.

roughen *(vt.; i.)* يُخَشِّن أو يَخْشُن.

roughly *(adv.)* (١) بخشونة أو قسوة (٢) تقريباً.

roulette *(n.)* الروليت : لعبة قمار.

round *(adj.; adv.; prep.; n.; vt.; i.)* (١) مستدير (٢) كرويّ (٣) كامل (٤) ضخم §(٥) حولَ (٦) دائرياً (٧) هنا وهناك §(٨) طَوال §(٩) دائرة ؛ حلقة (١٠) درجة السلّم النقّالة (١١) جولة (١٢) دورة (١٣) إطلاق جماعي للنار (١٤) نطاق §(١٥) يدوِّر ؛ يجعله مستديراً (١٦) يدور حول (١٧) يطوِّق (١٨) يُتِمّ ×(١٩) يستدير ؛ يصبح مدوّراً.

roundabout *(n.; adj.)* (١) دوّامة الخيل : أرجوحة دوّارة §(٢) ملتوٍ ؛ غير مباشر.

roundelay *(n.)* أغنية ذات لازمة متكرّرة.

rouse *(vi.; t.)* (١) يستيقظ ×(٢) يثير (٣) يوقظ.

rout *(n.; vt.)* (١) الرَّعاع (٢) شَغَب (٣) هزيمة منكَرة §(٤) يهزم هزيمة منكَرة.

route *(n.)* (١) طريق (٢) مَسْلَك ؛ قناة.

routine *(n.)* الروتين : طريقة محدّدة تجري على وتيرة واحدة في عمل الأشياء.

rove *(vi.; t.)* يطوف ؛ يجول.

rover *(n.)* (١) القُرْصان (٢) سفينة القرصان.

row *(vi.; t.; n.)* (١) يُجَذِّف (٢) يتشاجر. ×(٣) ينقل بمركب ذي مجاذيف §(٤) صفّ (٥) شارع (٦) شجار.

rowboat *(n.)* مركب أو زورق تجذيف.

rowdy *(adj.; n.)* مشاكس ؛ محبّ للخصام.

rowel *(n.)* ناخسة المهماز.

rowlock *(n.)* = oarlock.

royal *(adj.)* (١) مَلَكيّ (٢) فخم ؛ ضخم.

royalist *(n.)* المَلَكيّ : المؤيّد للحكم الملكيّ.

royalty *(n.)* (١) المَلَكيّة (٢) أسرة أو شخصيّة مَلَكيّة (٣) الجُعالة : مبلغ من المال يُدفَع إلى المؤلّف عن كلّ نسخة مبيعة من كتابه.

rub *(vi.; t.; n.)* (١) يحتكّ بـ ×(٢) يفرك ؛ يَصْقُل (٣) يحكّ ؛ يمحو ؛ يُزيل (٤) يُغضِب §(٥) مشكلة (٦) فَرْك ؛ صَقْل ؛ حكّ.

rubber *(n.)* مطاط ؛ كاوتشوك.

rubbish *(n.)* (١) نُفاية ؛ سَقَط المتاع (٢) هُراء.

rubble *(n.)* الإِنْلَب ؛ الدَّبْش ؛ كُسارة الحجارة.

ruble *(n.)* الرُّبل : وحدة النقد في الاتحاد السوفياتي.

ruby *(n.)* (١) ياقوت (٢) ياقوتة.

rudder *(n.)* (١) دَفّة ؛ سُكّان (٢) موجِّه.

ruddy *(adj.)* (١) متورّد اللون (٢) مُحْمَرّ.

rude *(adj.)* (١) خام (٢) بسيط (٣) فظّ (٤) غِرّ.

rudiment *(n.)* (١) *pl.* : مبادىء (٢) البداءة : شيء في مرحلة بدائيّة ؛ عضو غير تامّ النموّ.

rudimental; -tary *(adj)* أوّليّ ؛ بدائيّ ؛ أثريّ.

rue *(vt.; n.)* (١) يأسف ؛ يندم §(٢) أسف ؛ ندم. (٣) السَّذاب : نبتة طبية ذات اوراق مرة.

rueful *(adj.)* (١) مُحزِن ؛ يُرْثَى له (٢) كئيب.

ruff *(n.)* (١) طوق رقبة مكَشْكَش (٢) طوق ريش حول عنق الطائر.

ruffian *(n.; adj.)* (١) شخص وحشيّ §(٢) وحشيّ.

ruffle *(vt.; n.)* (١) يزعج ؛ يُكَدِّر (٢) يَخلط (ورق اللَّعِب) (٣) يغضِّن ؛ يجعِّد §(٤) تغضُّن ؛ تجعُّد (٥) كشكش ؛ طوق.

rug *(n.)* (١) سجادة ؛ بساط (٢) بطانيّة.

Rugby *(n.)* الرُّكْبيّ : ضرب من كرة القدم.

rugged (*adj.*) (١)وَعْر (٢)عاصِف (٣)متجعّد (٤) صارم (٥) فظّ (٦) قويّ البِنية.
ruin (*n.*; *vt.*) (١)خراب؛ دمار (٢)فقر؛ إفلاس (٣)*pl.*: بقايا؛ خرائب §(٤)يخرّب؛ يدمّر.
ruined (*adj.*) (١)خَرِب؛ متهدّم (٢)مُفلِس.
ruinous (*adj.*) (١) متهدّم (٢) هدّام.
rule (*n.*; *vt.*; *i.*) (١)قانون؛ قاعدة (٢) حكم (٣)عَهْد (٤)مِسطرة §(٥)يحكم (٦)يسطّر ×(٧)يسود؛ يسيطر.
as a ~, عادةً.
ruler (*n.*) (١)الحاكم (٢)المسطِّر (٣)المِسطرة.
ruling (*n.*; *adj.*) (١)حكم (٢)تسطير (٣)خطوط مُسَطَّرة §(٤) حاكم (٥) سائد.
rum (*n.*) الرَّمّ: شرابٌ مسكِر.
rumba (*n.*) الرومبا: رقصة كوبيّة زنجيّة.
rumble (*vi.*; *n.*) (١)يدمدم؛ يُقعقِع؛ يُقرقِر §(٢)دمدمة الخ. (٣)مقعد خلفي إضافيّ مكشوف.
ruminant (*n.*) المُجترّ؛ حيوان مجترّ.
ruminate (*vt.*; *i.*) (١) يفكّر في (٢) يجترّ.
rummage (*vt.*; *i.*) يبحث؛ ينقّب؛ يفتّش بدقة.
rummy (*n.*) الروميّ: لعبة بورق الشدّة.
rumor *or* **rumour** (*n.*) إشاعة.
rump (*n.*) (١) كَفَل؛ رِدف (٢)بقية؛ أثارة.
rumple (*n.*; *vt.*; *i.*) (١)جَعْدة §(٢)يجعّد؛ يشعّث ×(٣)يتجعّد؛ يتشعّث.
rumpus (*n.*) (١)شجار (٢)جلَبة؛ ضوضاء.
rumrunner (*n.*) مهرّب الخمور.
run (*vi.*; *t.*; *n.*) (١)يعدو؛ يركض (٢)يفرّ (٣)يخوض سباقاً أو معركةً انتخابيةً (٤)ينزلق؛ يجري على عجلات (٥) يكرّ أو ينسِل طولياً (٦)يدور. يعمل؛ يسير بـ (٧)يسيل (٨)يمتدّ (٩)يجري على نَسَق معين (١٠)يستمرّ عرضه على المسرح ×(١١) يطارد (١٢)يرشّح لمنصب (١٣) يجتاز راكضاً أو بسرعة (١٤) ينقل (١٥)يُدْخِل؛ يقحم (١٦)يهرّب (١٧)يشغّل (١٨)يدير (١٩)يتحمّل المخاطرة §(٢٠)عَدْو؛ ركض (٢١) جدول؛ نُهَيْر (٢٢) اتجاه (٢٣) تعاقب؛ استمرار؛ سلسلة متواصلة (٢٤) تزاحم على مصرف (لاسترداد الودائع الخ.) (٢٥) نوع (٢٦) المسافة المجتازة (٢٧) رحلة (٢٨) حرية الدخول (٢٩) حظيرة (٣٠) نَسْل (في جورب).
to ~ away يفرّ؛ يولّي الأدبار.
to ~ dry يجفّ؛ ينضب.
to ~ into (١)يصطدم بـ (٢)يقع في.
to ~ out (١)ينتهي؛ ينقضي (٢)ينفد.
to ~ short يتناقص؛ يأخذ في النقص.
runabout (*n.*) سيارة صغيرة؛ زورق بخاريّ.
runaway (*n.*; *adj.*) (١)الهارب §(٢)هارب (٣) مُنْجَزٌ بعد الهروب (٤)حاسم (٥) مكسوب بسهولة (٦)سريع التقلب.
run-down (*adj.*) (١) متهدّم (٢) مُرهَق.
rung *past and past part. of* **ring**.
rung (*n.*) (١)شعاع دولاب (٢)درجة (في مِرقاة أو سلّم نقالة) (٣)رافدة الكرسيّ (المدعِّمة لاثنتين من قوائمها).
runlet; runnel (*n.*) جدول؛ غدير.
runner (*n.*) (١)العَدّاء (٢)الساعي (٣)المُهرِّب.
running (*n.*; *adj.*) (١) ركض؛ عَدْو (٢)إدارة؛ توجيه §(٣)راكض (٤)مائع (٥)جارٍ (٦)حاليّ (٧) دائر (٨)متواصل (٩)متكرّر (١٠)متدفق (١١)متّصل الحروف (١٢)متسلّق (١٣)مُفرِزٌ قيحاً.
runny (*adj.*) راشح؛ كثير الارتشاح.
runt (*n.*) القزم (من الناس والحيوان والنبات).
runway (*n.*) (١)طريق (٢)مَدْرَجة (للطائرات).
rupee (*n.*) الروبية: وحدة النقد في الهند الخ.
rupture (*n.*) (١) قطع العلاقات بين الدول.

rustic *(adj.; n.)* (١) ريفيّ (٢) أخرق (٣) بسيط ؛ ساذج § (٤) شخص ريفيّ أو ساذج .

rusticate *(vi.; t.)* (١) يتريّف : يقيم في الريف . × (٢) يطرد من الكلية أو الجامعة موقتاً .

rustle *(n.; vi.; t.)* (١) حفيف ؛ خشخشة . § (٢) يَحِفّ ؛ يُحْدِث حفيفاً × (٣) يجعله ذا حفيف .

rusty *(adj.)* (١) صَدِىء (٢) بلون الصدأ ؛ ناصل (٣) عتيق الطراز (٤) أجشّ .

rut *(n.; vt.; i.)* (١) أثر الدولاب في الأرض الليّنة . (٢) روتين (٣) الدورة النَّزْوية (عند الحيوان) § (٤) يحفر ؛ يخدّد × (٥) ينزو (الحيوانُ) .

rutabaga *(n.)* الرُّتباج : اللفت السويدي .

ruthless *(adj.)* قاس ؛ متحجّر القلب ؛ لا يرحم .

rye *(n.)* الجاوْدار (نبات) .

(٢) فتْق ؛ فتاق ؛ (٣) تمزيق ؛ تمزُّق .

ruptured *(adj.)* (١) ممزَّق (٢) منفجر .

rural *(adj.)* ريفيّ ؛ قرويّ .

ruse *(n.)* خُدْعَة ؛ حِيلة .

rush *(vi.; t.; n.)* (١) يندفع × (٢) يدفع بعجلة أو عنف (٣) يُرسل بسرعة بالغة (٤) يهاجم § (٥) اندفاع (٦) هجوم (٧) فورة نشاط أو إنتاج (٨) عجلةٌ بالغة (٩) صَخب (١٠) الهَجْمَة : تدفق الناس على موطن جديد طلباً للثروة (١١) الأسَل ؛ السِّمار (نبات) .

rusk *(n.)* (١) البقْسماط (٢) بسكويت .

russet *(adj.)* خمريّ اللون .

Russian *(n.; adj.)* (١) الروسي : احد ابناء روسيا (٢) الروسية : اللغة الروسيّة § (٣) روسيّ .

rust *(n.; vi.; t.)* (١) صَدأ § (٢) يَصْدأ ؛ يُصدىء

S

s *(n.)* الحرف التاسع عشر من الأبجديّة الانكليزية.
Sabbatarian *(n.; adj.)* (١) المُسْبِت: مَن لا يعمل يوم السبت §(٢) سَبْتِيّ.
Sabbath *(n.)* يوم السبت (بوصفه يوم راحة).
saber *or* **sabre** *(n.)* سيف.
sable *(n.)* (١) السَّمُّور (حيوان) (٢) اللون الأسود.
sabotage *(n.; vt.)* (١) تخريب §(٢) يخرّب.
sac *(n.)* كيس؛ جَيْب.
saccharin *(n.)* السكّرين.
saccharine *(adj.)* (١) سُكّريّ (٢) عذب.
sacerdotal *(adj.)* كهنوتيّ: خاص بالكهنة.
sack *(n.; vt.)* (١) كيس (٢) سترة قصيرة فضفاضة (٣) نَهْب (٤) السّاك: ضرب من الخمر §(٥) يصرف من الخدمة (٦) ينهب.
sackcloth *(n.)* الخيش: قماش قنّبيّ خشين.
sacrament *(n.)* سرّ مقدّس (في النصرانيّة).
sacred *(adj.)* (١) مكرّس (٢) مقدّس (٣) دينيّ.
sacrifice *(n.; vt.)* (١) قربان؛ ذبيحة (٢) تضحية (٣) خسارة §(٤) يضحّي بـ.
sacrificial *(adj.)* قربانيّ؛ تقريبيّ.
sacrilege *(n.)* تدنيس المقدّسات أو المعابد.
sad *(adj.)* (١) حزين؛ كئيب (٢) محزِن.
sadden *(vt.; i.)* (١) يُحزِن ×(٢) يحزَن.
saddle *(n.; vt.)* (١) سَرْج (٢) صهوة الفرس (٣) قطعة لحم من ظهر الحيوان §(٤) يُسرج (الفرس) (٥) يُرْهق.
saddle horse *(n.)* جواد الركوب.
sadiron *(n.)* مِكْواة ثقيلة.
sadism *(n.)* السّاديّة: انحراف جنسيّ يتلذّذ فيه المرء بإنزال العذاب بمحبوبه.
sadness *(n.)* حُزْن؛ كآبة.
safe *(adj.; n.)* (١) سالم (٢) آمن (٣) مأمون (٤) موثوق (٥) واثق (٦) مضمون §(٧) خزانة أو خزينة (من الفولاذ).
safe-conduct *(n.)* امتياز أو جواز المرور.
safeguard *(n.; vt.)* (١) حرس (٢) جواز مرور (٣) وقاية؛ إجراء وقائي §(٤) يقي؛ يحمي.
safety *(n.; adj.)* (١) أمن؛ سلامة §(٢) وقائي.
safety match *(n.)* ثِقاب الأمان.
safety valve *(n.)* صِمام الأمان (في مِرْجل الخ.).
saffron *(n.)* الزّعفران؛ الجاديّ (نبات).
sag *(vi.)* (١) يرتخي؛ يتدلّى (٢) يهِن؛ يضعُف.
sagacious *(adj.)* حصيف؛ عاقل؛ ذكيّ.

sagacity *(n.)* حصافة ؛ ذكاء .
sage *(adj.; n.)* (١)حكيم ؛ عاقل §(٢)الحكيم ؛ ذو العقل الراجح (٣)الناعمة ؛ المَرْيَمية (نبات).
sago *(n.)* السّاغو : دقيق نَخْل السّاغو .
said *past and past part. of* say.
sail *(n.; vi.; t.)* (١)شراع ؛ أشرعة (٢)مركب شراعي (٣)رحلة §(٤)يسافر بمركب شراعي (٥)يبحر ×(٦)يدير أو يوجّه حركة السفينة .
sailboat *(n.)* الشُّراعية : مركب شراعيّ .
sailing *(n.)* إبحار .
sailor *(n.)* بحّار ؛ ملاّح ؛ نوتيّ .
saint *(n.)* (١)قِدّيس ؛ قدّيسة (٢)وليّ (٣)ملاك
saintly *(adj.)* طاهر ؛ وَرِع ؛ كالقدّيس .
sake *(n.)* (١)قَصْد ؛ غرض (٢)سبيل ؛ مصلحة .
for your ~, من أجلك ؛ إكراماً لك .
salable *or* **saleable** *(adj.)* قابلٌ للبيع ؛ رائج .
salad *(n.)* (١)سَلَطَة (٢)خَسّ .
salamander *(n.)* السَّمَنْدَر : حيوان من الضّفدعيات .
salary *(n.)* راتب ؛ مُرَتّب .
sale *(n.)* (١)بَيْع (٢)طَلَب ؛ رواج (٣)مزاد علني (٤) أوكازيون ؛ بيع بأسعار مخفضة .
salesman *(n.)* البائع (في منطقة أو مَتْجَر) .
salient *(adj.)* (١)ناتىء (٢)ملحوظ ؛ بارز .
saline *(adj.)* (١)مالح (٢)مِلْحِيّ .
saliva *(n.)* لُعاب ؛ رُضاب ؛ رِيق .
salivary *(adj.)* لُعابي ؛ رُضابيّ .
sallow *(n.; adj.)* (١)الصَّفصاف §(٢)شاحب .
sally *(n.; vi.)* (١)هَجمة (٢)انطلاقة (٣)انفجار (٤) رحلة §(٥)يهجم على (٦)يقوم برحلة .
salmon *(n.)* السَّلْمون ؛ سمك سليمان .
salon *(n.)* (١) بَهْو ؛ صالون (٢)معرض فنّيّ (للوحات الزيتية والتماثيل الخ) .
saloon *(n.)* (١)بَهْو ؛ صالون (٢)حانة .
salt *(n.; vt.; adj.)* (١) مِلح (٢) شكّ §(٣)يملّح §(٤)مالح ؛ مُمَلّح (٥)حادّ ؛ قاسٍ .
saltpeter *or* **saltpetre** *(n.)* الملح الصخري .
salty *(adj.)* (١)مالح (٢)مُملّح (٣)مِلْحِيّ .
salubrious *(adj.)* صِحّيّ ؛ نافع للصحة .
salutary *(adj.)* (١)صِحّيّ (٢)مفيد .
salutation *(n.)* (١)تسليم (٢)سلام ؛ تحية .
salute *(vt.; i.; n.)* (١)يحيّي §(٢)سلام ؛ تحية .
salvage *(n.; vt.)* (١)إنقاذ سفينة (٢)تعويض الانقاذ (٣)الممتلكات المنقَذة §(٤) يُنقذ .
salvation *(n.)* (١)إنقاذ (٢)نجاة ؛ وسيلة النجاة .
salve *(n.; vt.)* (١)مَرْهم §(٢)يهدّئ ؛ يسكّن .
salver *(n.)* طَبَق ؛ صينيّة (لتقديم الطعام) .
same *(adj.; pron.; adv.)* (١)نفسُه ؛ عينُه §(٢) الشيء أو الشخص نفسه (٣) الآنف الذكر §(٤) بالطريقة نفسها .
sameness *(n.)* (١)تماثل ؛ شَبَه تامّ (٢)رتابة
sample *(n.; vt.)* (١)عَيِّنَة ؛ مسطرة §(٢)يأخذ عيِّنة من (٣) يختبر .
sanatorium *(n.)* pl. **-s** *or* **-toria**. مَصَحّة .
sanctify *(vt.)* (١) يقدّس : يجعله مقدّساً . (٢) يطهِّر (من الخطيئة) .
sanctimonious *(adj.)* منافق ؛ متظاهر بالتقوى .
sanction *(n.; vt.)* (١)إقرار ؛ تصديق ؛ موافقة على §(٢) يقرّ ؛ يصدّق على (٣) يجيز .
sanctity *(n.)* (١)قداسة ؛ طهارة (٢)حُرْمَة .
sanctuary *(n.)* (١) حَرَم ؛ مَقْدِس . (٢) مُلْتَجأ .
sanctum *(n.)* (١)حَرَم ؛ مَقْدِس (٢)مُعتزَل ؛ مكتب خصوصي .
sand *(n.; vt.)* (١)رَمْل §(٢) ينظّف أو يصقل بالرّمل أو بالورق المرمّل .
sandal *(n.)* صَنْدَل ؛ خُفّ .
sandalwood *(n.)* خَشَب الصَّنْدَل .

sandpaper *(n.)* الورق المرمَّل؛ ورق الزّجاج.
sandpiper *(n.)* زَمّار الرّمل (طائر).
sandstone *(n.)* الحجر الرمليّ.
sandwich *(n.)* سندويتش؛ شَطِيرة.
sandy *(adj.)* (١) رَمْليّ (٢) رمليّ اللّون. (٣) رجراج.
sane *(adj.)* (١) سليم العقل (٢) معقول.
sang *past of* sing.
sanguinary *(adj.)* (١) دامٍ (٢) دمويّ.
sanguine *(adj.)* (١) دموي (٢) متورّد؛ متفائل. مَصَحَّة.
sanitarium *(n.)*
sanitary *(adj.)* (١) صِحّيّ (٢) نظيف.
sanitation *(n.)* صيانة الصحة العامّة.
sanitize *(vt.)* يجعله صحياً.
sanity *(n.)* سلامة العقل أو صحته.
sank *past of* sink.
Sanskrit *(n.)* اللغة السّنسكريتيّة.
Santa Claus *(n.)* سنتا كلوز؛ «بابا نُوَيْل».
sap *(n.; vt.)* (١) نُسْغ (٢) دم (٣) حيويّة. §(٤) يستنزف حيويته (٥) يلغم؛ يُقوِّض.
sapience; sapiency *(n.)* حكمة؛ تعقّل.
sapient *(adj.)* حكيم؛ متعقّل.
sapling *(n.)* (١) شجيرة (٢) شابّ.
sapphire *(n.)* الصَّفِّير: ياقوت أزرق.
sappy *(adj.)* (١) ريّان (٢) نشيط (٣) أحمق.
Saracen *(n.; adj.)* (١) عربيّ (٢) مُسلِم.
sarcasm *(n.)* سُخْرِيَة؛ تَهَكّم.
sarcastic *(adj.)* سُخْريّ؛ تهكّميّ.
sarcophagus *(n.)* pl. **-gi** *or* **-es** الناووس: تابوت حجريّ.
sardine *(n.)* السَّرْدين: سمك صغير.
sardonic *(adj.)* تهكّميّ؛ ساخر.
sarsaparilla *(n.)* الفُشاغ: نبات أميركيّ معترش.
sash *(n.)* إطار (لزجاج النافذة أو الباب).

sassafras *(n.)* السّاسَفْراس: شجر أميركيّ.
sat *past and past part. of* sit.
Satan *(n.)* إبليس؛ الشيطان.
Satanic; -al *(adj.)* إبليسيّ؛ شيطانيّ.
satchel *(n.)* حقيبة (للكتب المدرسيّة).
sate *(vt.)* (١) يُشْبِع (٢) يُتْخِم.
sateen *(n.)* السّاتين: قماش قطنيّ صقيل.
satellite *(n.)* (١) قمر (٢) التابع (٣) الدولة التابعة (٤) مطارٌ ثانوي (٥) قمرٌ صناعيّ.
satiate *(vt.)* (١) يُشْبِع (٢) يُتْخِم.
satiety *(n.)* (١) شِبَعٌ تامّ (٢) تُخْمَة.
satin *(n.)* الأطْلَس؛ الساتان: نسيجٌ حريريّ.
satire *(n.)* (١) المقطوعة الهجائيّة (٢) هجاء.
satiric; -al *(adj.)* (١) هجائيّ (٢) هجّاء.
satirize *(vi.; t.)* يَهْجُو.
satisfaction *(n.)* (١) إشباعٌ (٢) ارتياحٌ؛ رضاً.
satisfactory *(adj.)* مُرْضٍ.
satisfy *(vt.)* (١) يُشْبِع (٢) يُقْنِع (٣) يفي بـ.
saturate *(vt.)* (١) يُتْخِم (٢) يُشَبِّع بـ. (٣) يَنْقَع.
saturated *(adj.)* (١) منقوع (٢) مُشبَّع.
saturation *(n.)* (١) إشباع؛ تشبُّع (٢) نَقْع.
saturation point *(n.)* نقطة التشبّع.
Saturday *(n.)* السبت؛ يوم السبت.
Saturn *(n.)* زُحَل: كوكبٌ سيّار.

Saturn

saturnine *(adj.)* كئيب.
satyr *(n.)* السّاطير: إلـه من آلهة الغابات عند الاغريق، له ذيل (وأذُنا) فرس.
sauce *(n.)* (١) الصلْصة: مرق التوابل. (٢) فاكهة مطبوخة (٣) وقاحة.
saucepan *(n.)* الكَفْت: قِدْرٌ ذات مقبض.
saucer *(n.)* الصُّحَيْفَة: صَحْن الفنجان.

saucy *(adj.)* (١)وَقِحٌ (٢)أنيق .

saunter *(vi.; n.)* (١) يمشي الهُوَيْنَى . §(٢) الهُوَيْنَى ، سيرٌ متئِد .

sausage *(n.)* سُجُق ، نقانق .

savage *(adj.; n.)* متوحّش ، همجيّ ، فظّ .

savageness; savagery *(n.)* وحشيّة .

savant *(n.)* العالِم .

save *(vt.; prep.)* (١) ينقذ (٢) يدّخِر . (٣) يجنّب ، يوفّر على §(٤) ماعدا ، باستثناء ، إلا .

saving *(adj.; n.; prep.; conj.)* (١) مُنْجٍ ، مُنقِذ (٢) مُقتصِد §(٣) اقتصاد ، توفير (٤)*pl.* : المدّخَر ، المال الموفّر §(٥) باستثناء .

savior *or* **saviour** *(n.)* المُنقِذ ، المُخلِّص .

savor *or* **savour** *(n.)* (١)مذاق (٢)نكهة .

savo(u)ry *(adj.)* لذيذ المذاق أو الرائحة .

saw *past of* see.

saw *(n.; vt.)* (١)مِنشار (٢)مَثَل §(٣)يَنْشر .

sawdust *(n.)* النُّشارة : نُشارة الخشب .

sawmill *(n.)* المَنْشَرة : مؤسسة لنشر الخشب .

saxophone

sawyer *(n.)* النَّشّار : ناشر الخشب .

Saxon *(n.; adj.)* سكسوني .

saxophone *(n.)* : السَّكْسِيَّة : آلة موسيقية .

say *(vt.; i.; n.)* (١) يقول ، يتكلم §(٢) قول (٣)رأي (٤) الكلمة الأخيرة .

that is to ~, يعني ، بكلمة أخرى .

saying *(n.)* (١)قول (٢)مثلٌ ، قول مأثور .

It goes without ~, من البديهي .

scab *(n.)* (١) جَرَب الماشية الخ . (٢) قِرْفة (قِشرة) الجُرْح (٣) الرافض الانضمام إلى نقابة عمالية أو الاشتراك في الاضراب .

scabbard *(n.)* غِمد الخنجر ، قِراب السيف .

scaffold *(n.)* (١)سِقالة ، إسقالة (٢)مشنقة .

scaffolding *(n.)* موادّ نَصْب السِّقالات .

scald *(vt.; n.)* (١) يُحرِق (بسائل حارّ أو بُخار) (٢) ينظف الصحون بالبخار أو الماء الحار (٣) يسخن إلى قريب من نقطة الغليان (٤) يَسْفَع §(٥) حُرْق (في الجسم) .

scale *(n.; vt.)* (١) كِفّة الميزان (٢)*pl.* : ميزان . (٣) سَفَطَة ، حَرْشَفَة (من حراشف السمك) (٤) قشرة ، صفيحة رقيقة (٥) السُّلَّم الموسيقي (٦) مقياس مدرّج (٧) مقياس الرسم (في خريطة) §(٨) يزن بميزان (٩) يَسْفِط : ينزع حراشف السمك (١٠) يتسلّق (١١) يدرّج : ينظّم في سلسلة مدرّجة .

scalepan *(n.)* كِفّة الميزان .

scallop

scallop *(n.)* : الأسقلوب : مَحارٌ مِرْوحِيّ .

scalp *(n.; vt.)* (١) فَرْوة الرأس : جلدة الرأس مع شعرها §(٢) يسلخ فروة الرأس .

scalpel *(n.)* مِشْرَط ، مِبْضَع .

scamp *(n.)* الوغد ، النَّذْل .

scamper *(vi.; n.)* (١) يعدو ، يفرّ §(٢) عَدْوٌ .

scan *(vt.)* (١) يقطِّع (بيتاً من الشِّعْر) (٢) يفحص بدقة .

scandal *(n.)* (١) فضيحة (٢) قيلٌ وقال .

scandalous *(adj.)* (١) مُخْزٍ (٢) افترائيّ .

Scandinavian *(n.; adj.)* اسكنديناويّ .

scant *(adj.; vt.)* (١) ضئيل §(٢) يقلّل ، ينقّص .

scantling *(n.)* قطعة خشب .

scanty *(adj.)* ضئيل ، هزيل ، غير كافٍ .

scapegoat *(n.)* كبش الفِداء أو المحرقة .

scapegrace *(n.)* الوغد ، النذل .

scar *(n.)* النَّدَب : أثر الجرح أو القرحة .

scarce *(adj.)* نادر ، قليل .

scarcely *(adv.)* (١) نادراً (٢) بصعوبة ؛ بجهد.
scarcity *(n.)* نُدرة ؛ قِلّة ؛ نقص في المؤن.
scare *(vt.; n.)* (١) يُفزِع ؛ يروِّع § (٢) ذُعر.
scarecrow *(n.)* الفزّاعة.
scarf *(n.)* (١) لِفاع (٢) وشاح (٣) غطاء ضيّق للمائدة.
scarlet *(n.; adj.)* (١) اللون القِرمِزيّ § (٢) قِرمِزيّ.
scatter *(vt.; i.)* (١) يُبعثِر ؛ يُفرِّق × (٢) يتبعثر.

scarecrow

scavenger *(n.)* الكنّاس ؛ الزبّال.
scenario *(n.)* السيناريو : نص القصّة السينمائية.
scene *(n.)* (١) مشهد مسرحيّ (٢) منظر ؛ مشهد (٣) مسرح الأحداث (٤) ثورة غضب.
behind the ~s, سِرّاً ؛ وراء الستار.
scenery *(n.)* (١) جهاز المسرح : كل ما على خشبة المسرح من ستائر وجدران مدهونة (٢) منظر جميل.
scent *(vt.; n.)* (١) يشمّ (٢) يعطِّر § (٣) رائحة (٤) خطّ تعقّب الطريدة (٥) حاسّة الشمّ (٦) عِطر ؛ طِيب.
scepter or **sceptre** *(n.)* صولجان.
sceptic; sceptical = skeptic etc.
schedule *(n.; vt.)* (١) جدول ؛ قائمة (٢) برنامج محدّد المواعيد § (٣) يُدرِج في جدول.
scheme *(n.; vt.; i.)* (١) برنامج ؛ مشروع ؛ خِطّة (٢) مكيدة (٣) نظام § (٤) يخطِّط × (٥) يدبِّر مكيدةً.
scheming *(adj.)* ماكر ؛ مولَع بتدبير المكائد.
schism *(n.)* (١) انقسام ؛ انفصال (٢) شقاق (٣) انشقاق (٤) فرقة أو طائفة منشقّة.
scholar *(n.)* (١) تلميذ ؛ طالب (٢) عالِم.
scholarly *(adj.)* (١) جدير بعالِم (٢) مثقَّف.
scholarship *(n.)* (١) منحة تعليمية (٢) ثقافة.
scholastic *(adj.)* سكولاستيّ ؛ مدرسيّ.

school *(n.; vt.)* (١) مدرسة (٢) كلية (٣) مدرسة فكرية (٤) قطيع اسماك § (٥) يعلِّم ؛ يدرِّب.
schoolboy *(n.)* تلميذ ؛ طالب.
schoolfellow *(n.)* زميل الدراسة.
schoolgirl *(n.)* تلميذة ؛ طالبة.
schooling *(n.)* (١) تعليم (٢) ثقافة مدرسية.
schoolmaster *(n.)* المدرس أو ناظر المدرسة.
schoolmate *(n.)* زميل الدراسة ؛ رفيق الدراسة.
schoolmistress *(n.)* المدرِّسة ؛ المعلِّمة.
schooner *(n.)* السَّكُونة : مركب شراعيّ.
science *(n.)* (١) عِلم (٢) معرفة (٣) براعة.
scientific *(adj.)* عِلميّ.
scientist *(n.)* العالِم.

schooner

scimitar *(n.)* الأحدب : سيف معقوف.
scintilla *(n.)* ذَرّة ؛ مثقال ذرّة ؛ مقدار ضئيل.
scintillate *(vi.)* يُومِض أو يطلِق شرراً.
scion *(n.)* (١) طُعْم ؛ مطعوم (٢) سليل.
scissors *(n.pl.)* مِقصّ.
scoff *(n.; vi.; t.)* (١) هُزْء ؛ سخرية § (٢) يهزأ.
scold *(vt.; i.; n.)* (١) يوبّخ § (٢) امرأة سليطة.
scolding *(n.)* توبيخ ؛ تعنيف.
scone *(n.)* كعكة مسطّحة مدوّرة.
scoop *(n.; vt.)* (١) مِغرفة (٢) مِجرفة (٣) سبق صحفيّ § (٤) يغرف ؛ يجرف ؛ يجوّف.
scope *(n.)* (١) مجال (٢) هدف (٣) مدى الفهم الخ.
scorch *(vt.)* (١) يَسفَع ؛ يُشيِّط (٢) يلذع.
score *(n.; vt.; i.)* (١) عشرون (٢) جُرْح ؛ حزّ ؛ خدْش (٣) دَيْن (٤) سبب (٥) موسيقى فيلم أو مسرحية (٦) مجموع النقاط أو الإصابات المُحرَزة (في مباراة) § (٧) يحسب (٨) يسجِّل (٩) يسجِّل إصابةً × (١٠) يفوز.

scorn 337 scruple

scorn *(n.; vt.)* (١) ازدراء §(٢) يزدري ؛ يحتقر .

scornful *(adj.)* محتقِر ؛ مزدَرٍ ؛ هازىء .

scorpion *(n.)* عقرب .

Scot *(n.)* الأسكتلندي : أحد أبناء اسكتلندة .

Scotch; Scottish *(adj.)* اسكتلندي .

Scotchman; Scotsman *(n.)* = Scot.

Scotch tape *(n.)* الشريط الاسكتلندي : شريط دَبِق شفّاف لإلصاق الصفحات الممزّقة الخ.

scoundrel *(n.)* الوَغْد ؛ النَّذْل .

scour *(vt.)* (١) يطوف بالمكان مسرعاً، بحثاً عن شيء (٢) يفرك ؛ ينظّف ؛ يطهر (٣) يطرد.

scourge *(n.; vt.)* (١) سَوْط (٢) بلاء ؛ كارثة §(٣) يجلِد (٤) يعاقب اوينتقد بقسوة .

scout *(vi.; t.; n.)* (١) يرود ؛ يستكشف . × (٢) يهزأ بـ § (٣) الرائد (٤) الكشاف.

scow *(n.)* صَنْدَل ؛ ماعون ؛ قارب مسطّح.

scowl *(vi.; n.)* (١) يعبس § (٢) عُبوس .

scrabble *(vt.; i.)* (١) يخربش : يكتب أو يرسم بسرعة أو إهمال (٢) يتخدّش .

scramble *(vi.; t.)* (١) يتدافع ؛ يتزاحم بالمناكب (٢) يتسلّق ؛ يعترش × (٣) يمزج ؛ يخلط (٤) يقلي البيض مازجاً صَفاره ببياضه .

scrap *(n.; vt.)* (١) *pl.* : فُتات (٢) قُصاصة . (٣) نبذة (٤) ذرّة (٥) فَضْلة ؛ نُفاية ؛ خُردة § (٦) يهجر أو يتخلص من .

scrape *(vt.; i.; n.)* (١) يَكْشط (٢) يحكّ ؛ يَبْشر ؛ يفرك (٣) يَجْمع بجهد × (٤) يصِرّ ؛ يَصْرِف (٥) يعمد إلى التوفير الشديد (٦) يشقّ طريقه بصعوبة § (٧) كَشْط ؛ حكّ (٨) صرير ؛ صريف (٩) ورطة ؛ مأزق .

scraper *(n.)* (١) مِكْشَطة . (٢) كاشِطة الأحذية (لإزالة الأتربة والوحل عن نعالها عند الدخول) .

scraper 2

scrap iron *(n.)* حديد هالك : حديد خُرْدة .

scratch *(vt.; i.; n.; adj.)* (١) يحفر أو ينبش بأظافره (٢) يخدِش (٣) يحكّ جلده (٤) يشطب (٥) يخربش × (٦) يَصِرّ صريراً خفيفاً §(٧) خدْش (٨) نقطة الانطلاق (في سباق) §(٩) مُعَدّ للتسويد (١٠) غير مقصود.

scrawl *(vt.; i.)* يخربش : يكتب أو يرسم بعجلة.

scream *(vi.; n.)* (١) يصرخ §(٢) صرخة .

screech *(vi.; n.)* (١) يصرخ §(٢) صرخة ذعر .

screen *(n.; vt.)* (١) حاجز ؛ وقاء ؛ ستار . (٢) غربال (٣) شاشة السينما §(٤) يحجب ؛ يستر (٥) يغربل (٦) يعرض على الشاشة .

screw *(n.; vt.)* (١) لولب ؛ قلاووظ ؛ بُرغي . (٢) فتاحة ؛ مبرام §(٣) يربط أو يثبّت بلولب (٤) يدير لولبياً (٥) يلوي .

screwdriver *(n.)* مِفَكّ ؛ مِفكّ البراغي .

screw propeller *(n.)* مروحة الدفع (في باخرة)

scribble *(vt.; i.; n.)* (١) يخربش : يكتب أو يرسم بعجلة من غير عناية §(٢) خربشة .

scribe *(n.)* (١) الكاتب ؛ الناسخ (٢) المؤلّف.

scrimmage *(n.)* مناوشة ؛ معركة صغيرة .

scrimp *(vi.; t.)* يقتصد ؛ يَبْخل ؛ يقتّر على .

scrip *(n.)* (١) صكّ ؛ سَنَد (٢) عملة ورقية.

script *(n.)* مخطوطة المسرحيّة أو الدّور .

Scripture *(n.)* الكتاب المقدّس .

scrivener *(n.)* = notary.

scroll *(n.)* الدَّرْج : لَفيفة من الرَّقّ أو من ورق البَرْدِيّ .

scroll

scrub *(n.; vt.)* (١) أشجار خفيضة (٢) أرض ذات أشجار خفيضة (٣) حكّ ؛ تنظيف §(٤) يحكّ ؛ يفرك ؛ ينظف .

scruff *(n.)* قفا العنق ؛ مؤخَّر العنق .

scruple *(n.; vi.)* (١) شكّ ؛ حيرة ؛ تردّد ؛

scrupulous 338 seclusion

وسواس §(٢) يرتاب ؛ يحتار ؛ يتردَّد .

scrupulous *(adj.)* مدقِّق ؛ كثير الشكوك .

scrutinize *(vt.; i.)* يتفحّص ؛ يُنعم النظر .

scrutiny *(n.)* تفحُّص ؛ تدقيق ؛ إنعام نظر .

scud *(vi.; n.)* (١) يعدو §(٢) سحاب تسوقه الرياح .

scuffle *(vi.)* (١) يتشاجر (٢) يمشي جارّاً قدميه .

scull *(n.; vt.)* (١) مجذاف خلفيّ §(٢) يجذّف .

scullery *(n.)* حجرة غَسْل الأطباق وحفظها .

scullion *(n.)* مساعد الطاهي .

sculptor *(n.)* النحّات ؛ المثّال .

sculpture *(n.; vt.)* (١) فنّ النحت §(٢) ينحت .

scum *(n.)* (١) زَبَدٌ (٢) نفاية (٣) حثالة المجتمع .

scupper *(n.)* بالوعة السفينة .

scurf *(n.)* الهِبْرِيَة : قشرة الرأس .

scurrilous *(adj.)* (١) سفيه (٢) بذيء .

scurry *(vi.)* يعدو ؛ ينطلق مسرعاً .

scurvy *(n.; adj.)* (١) داء الاسقربوط . §(٢) وضيع ؛ حقير .

scutcheon *(n.)* = escutcheon.

scuttle *(n.; vt.; i.)* (١) دلوٌ للفحم (٢) فتحة أو كوّة ذات غطاء §(٣) يخرق السفينة (لإغراقها) ×(٤) يعدو .

scythe *(n.; vt.)* (١) مِنْجَل §(٢) يحصد .

sea *(n.)* (١) بحر (٢) حياة البحر .

seaboard; seacoast *(n.)* شاطئ .

seafarer *(n.)* (١) الملاّح (٢) المسافر بحراً .

sea gull *(n.)* النَّوْرَس ؛ زُمَّج الماء (طائر) .

seal *(n.; vt.)* (١) ضمان (٢) عَهْد (٣) خَتْم . (٤) الخِتام : شَمْع يُختَم به (٥) سِداد مُحْكَم (٦) الفُقْمة ؛ عجل البحر §(٧) يَخْتِم (٨) يَسُدّ (٩) يقرِّر .

seal 6

seam *(n.; vt.)* (١) دَرْزَة ؛ لَفْقَة (٢) عِرْق ؛ طبقة معدنية الخ . (٣) جَعْدَة ؛ غَضَن §(٤) يَدْرز (٥) يجعِّد .

seaman *(n.)* (١) نوتيّ ؛ ملاح (٢) جندي بحري .

seamanship *(n.)* فنّ الملاحة أو إتقانه .

seamstress *(n.)* خيّاطة .

seaplane *(n.)* الطائرة المائية .

seaport *(n.)* مرفأ ؛ ميناء .

sear *(vt.)* (١) يُذْبِل (٢) يَسفع ؛ يلفح (٣) يقسّي .

search *(vt.; n.)* (١) يفحص (٢) يَسْبُر . (٣) يفتّش (٤) يستقصي §(٥) بحث ؛ تفتيش .

in ~ of بحثاً عن .

searching *(adj.)* (١) دقيق (٢) ثاقب (٣) قارس .

searchlight *(n.)* (١) أداة لإسقاط النور الكشّاف (٢) نورٌ كشّاف (٣) مِشْعَل كهربائي .

seashore *(n.)* شاطئ البحر .

seasick *(adj.)* مصابٌ بدُوار البحر .

seasickness *(n.)* الهُدام : دُوار البحر .

seaside *(n.)* الساحل ؛ شاطئ البحر .

season *(n.; vt.)* (١) أوان (٢) موسم (٣) فصل . (٤) فترة §(٥) يتبِّل الطعامَ (٦) يملِّح ؛ يجفِّف (٧) يمرِّس ؛ يعوِّد (٨) يلطِّف .

seasonable *(adj.)* (١) ملائم (٢) في أوانه .

seasonal *(adj.)* موسميّ .

seasoning *(n.)* التابل (كالفلفل ونحوه) .

seat *(n.; vt.)* (١) مقعد ؛ كرسيّ (٢) مركز . (٣) عاصمة (٤) مَقَرّ §(٥) يُجْلِس (٦) يتّسع لـ (٧) يزوِّد بمقاعد .

seaward *(adj.; adv.)* نحو البحر .

seaweed *(n.)* العشب البحري ؛ الطحلب البحري .

sebaceous *(adj.)* (١) دُهْنيّ (٢) مُفرِزٌ دُهناً .

secede *(vi.)* ينسحب (من كنيسة أو حِزْب) .

secession *(n.)* انفصال ؛ انسحاب ؛ انعزال .

seclude *(vt.)* (١) يَعْزِل ؛ يَفْصِل (٢) يحجب .

seclusion *(n.)* عَزْل ؛ عُزْلَة ؛ مكان منعزل .

second *(adj.; adv.; n.; vt.)* (١)ثانٍ §(٢)في المرتبة الثانية §(٣) الثاني (٤) المناصِر ؛ المؤيِّد (٥)الثانية: $\frac{1}{60}$ من الدقيقة(٦)لحظة §(٧)يناصر ؛ يؤيِّد (٨)يثنّي (على اقتراح).

~ to none. فوق الجميع ؛ لايُعلَى عليه.

secondary *(adj.)* ثانويّ.

secondary school *(n.)* الثانوية: مدرسة ثانويّة.

second class *(n.)* المرتبة أو الدرجة الثانية.

secondhand *(adj.)* مُستعمَل.

second lieutenant *(n.)* الملازم (في الجيش).

secondly *(adv.)* ثانياً.

second person *(n.)* صيغة المخاطَب.

second-rate *(adj.)* من الدرجة الثانية.

secrecy *(n.)* (١)تكتّم (٢) سريّة.

secret *(adj.; n.)* (١)سِرّيّ §(٢)سِرّ.

in ~, سرّاً ؛ في السرّ.

secretarial *(adj.)* سكرتيريّ.

secretariat *(n.)* السكرتيريّة : أمانة السرّ.

secretary *(n.)* (١)سكرتير (٢)وزير.

secrete *(vt.)* (١)يُفرِز (٢)يُخفي ؛ يكتم.

secretion *(n.)* (١) إفراز (٢) إخفاء.

secretly *(adv.)* سِرّاً؛ خِفيةً؛ في الخفاء.

sect *(n.)* طائفة ؛ شيعة ؛ نِحلة ؛ فِرقة.

sectarian *(adj.)* طائفيّ.

section *(n.)* (١)قَطْع ؛ تقسيم (٢)قِسْم ؛ جزء (٣) قِطاع ؛ مَقْطَع (٤) إقليم.

sectional *(adj.)* (١) قِطاعيّ ؛ مَقطعيّ (٢)محليّ ؛ إقليميّ (٣) قابلٌ للتفكيك.

sectionalism *(n.)* الاقليمية: التعصّب الاقليمي.

sector *(n.)* (١)قِطاع الدائرة. (٢) قِطاع.

sector 1

secular *(adj.)* (١)دنيويّ (٢) غير دينيّ (٣) مَدَنيّ ؛ غير اكليركيّ.

secure *(adj.; vt.)* (١) واثق (٢) مطمئنّ (٣)آمِن (٤)مأمون (٥)مُحكَم (٦)مضمون (٧)مصون §(٨)يصون (٩)يضمن (١٠)يثبّت (١١) يحصل على.

security *(n.)* (١) أمن ؛ سلام ؛ طمأنينة (٢) كفالة (٣) الكفيل (٤) سند.

sedan *(n.)* (١) مِحفّة (٢) سيّارة.

sedan 1.

sedate *(adj.)* رزين ؛ رصين.

sedative *(adj.; n.)* مسكِّن.

sedentary *(adj.)* (١) مقيم (٢) كثير الجلوس (٣)متطلّب كثيراً من الجلوس.

sedge *(n.)* البَرْديّ ؛ السُّعادَى (نبات).

sediment *(n.)* (١)ثُفْل ؛ ثُفالة (٢) رُسابة.

sedimentary *(adj.)* رُسابيّ ؛ رُسوبيّ.

sedimentation *(n.)* ترسيب ؛ ترسُّب.

sedition *(n.)* تحريض على الفتنة أو العصيان.

seditious *(adj.)* تحريضيّ ؛ محرِّض على الفتنة.

seduce *(vt.)* (١)يضلّل ؛ يُغري (٢)يُغوي.

seduction *(n.)* (١)إغواء (٢)إغراء.

sedulous *(adj.)* كادّ ؛ مُواظِب ؛ مُجِدّ ؛ مثابر.

see *(vt.; n.)* (١)يرى (٢)يفهم (٣) يراقب (٤) يرافق §(٥) أبرشيّة (٦)مقرّ الأسقف.

seed *(n.; vi.; t.)* (١)بِزْرة ؛ بذرة (٢)نَسْل ؛ ذرّيّة (٣)أصل ؛ منشأ §(٤)يزرع (٥)يحمل بزوراً ×(٦)ينثر البزور (٧)يستخرج البزور.

seedling *(n.)* (١) نبتة (٢) شجيرة صغيرة.

seedtime *(n.)* موسم البَزْر ؛ موسم البذار.

seedy *(adj.)* (١) كثير البزور (٢) رثّ (٣) متوعّك الصحّة.

seek *(vt.)* يبحث عن ؛ يطلب ؛ ينشد ؛ يحاول.

seem *(vi.)* (١)يبدو ؛ يظهر (٢)يتراءى لـ.

seeming *(adj.)* ظاهريّ.

seemingly *(adv.)* في ما يبدو ؛ على ما يظهر.

seemly *(adj.)* (١) محتشم (٢) لائق .
seen *past part. of* see.
seep *(vi.)* ينزّ ؛ يتسيّل ؛ يتسرّب
seer *(n.)* (١) المتنبّىء (٢) العرّاف ؛ الراجم بالغيب
seesaw *(n.)* النّوّاسة : لعبة من لعب الأطفال .

seesaw

seethe *(vt.; i.)* (١) يغلي ؛ يسلق × (٢) يهتاج .
segment *(n.)* (١) قطعة ؛ جزء ؛ قسم (٢) القطعة الدائرية (هندسة) (٣) فِلقة ؛ فص .

segment 2.

segmentation *(n.)* (١) تقطيع . (٢) تجزّؤ (٣) تفلّق .
segregate *(vt.)* يعزل ؛ يفصل .
segregation *(n.)* عزل ؛ فصل .
seigneur *(n.)* (١) سيد (٢) سيد إقطاعي .
seine *(n.)* السّينة : شبكة صيد ضخمة .
seismic; -al *(adj.)* زلزالي .
seize *(vt.)* (١) يستولي على (٢) يعتقل (٣) يمسك بـ (٤) يفهم فهماً تاماً (٥) ينتهز (فرصةً) .
seizure *(n.)* (١) استيلاء الخ . (٢) نوبة مرضية .
seldom *(adv.)* نادراً ؛ نادراً ما .
select *(vt.; i.; adj.)* (١) يختار § (٢) مُختار .
selection *(n.)* (١) اختيار ؛ انتقاء (٢) نُخبة .
selector *(n.)* المختار ؛ المنتقي ؛ المنتخِب .
self *(n.)* النفس ؛ الذات .
self- بادئة معناها : ذاتياً ؛ ذاتي ؛ بذاته .
self-assertion *(n.)* توكيد الذات .
self-assurance *(n.)* الثقة بالنفس .
self-centered *(adj.)* أناني .
self-command *(n.)* = self control.
self-complacency *(n.)* الرّضا الذاتي .
self-conceit *(n.)* العُجب ؛ الغرور .
self-confidence *(n.)* الثقة بالنفس .
self-conscious *(adj.)* خجول .
self-contradictory *(adj.)* مناقضٌ ذاتَه .
self-control *(n.)* ضَبْطُ النفس ؛ تمالك النفس .
self-denial *(n.)* نكران الذات .
self-destruction *(n.)* انتحار .
self-determination *(n.)* تقرير المصير .
self-devotion *(n.)* التضحية بالذات .
self-discipline *(n.)* الانضباط الذاتي .
self-esteem *(n.)* (١) احترام الذات (٢) غرور .
self-evident *(adj.)* بديهي ؛ بيّن بذاته .
self-government *(n.)* الحكم الذاتي .
self-help *(n.)* الاعتماد على النفس .
self-important *(adj.)* مُعتدّ بنفسه .
selfish *(adj.)* أناني .
self-knowledge *(n.)* معرفة الذات .
self-made *(adj.)* (١) ذاتي الصّنع (٢) عصامي .
self-possessed *(adj.)* هادىء ؛ رابط الجأش .
self-reliance *(n.)* الاعتماد على النفس .
self-reproach *(n.)* تقريع الذات ؛ وخز الضمير
self-respect *(n.)* احترام الذات ؛ احترام النفس .
self-restraint *(n.)* ضبط النفس ؛ تمالك النفس
self-sacrifice *(n.)* التضحية بالذات .
selfsame *(adj.)* نفس ؛ عين ؛ ذات .
self-satisfaction *(n.)* الرّضا الذاتي .
self-seeking *(adj.; n.)* (١) أناني § (٢) أنانية .
self-sufficiency *(n.)* الاكتفاء الذاتي .
self-supporting *(adj.)* مُعيل نفسَه بنفسه .
self-taught *(adj.)* مثقف نفسَه بنفسه .
self-willed *(adj.)* عنيد ؛ متشبث برأيه .
sell *(vt.; i.)* (١) يخون (٢) يبيع × (٣) يُباع .
seller *(n.)* (١) البائع (٢) سلعة رائجة .
selvage; selvedge *(n.)* حرف ؛ حاشية ؛ حافة
selves *pl. of* self.

semblance *(n.)* شكل ؛ مظهر ؛ مظهر خارجي.
semester *(n.)* نصف سنة.
semi- بادئة معناها: نِصْف ؛ شِبه ؛ جزئيّ.
semi-annual *(adj.)* نصف سنوي.
semicircle *(n.)* نصف دائرة.
semicircular *(adj.)* نصف دائريّ.
semicolon *(n.)* الشَّوْلة المنقوطة (؛).
semiconscious *(adj.)* نصف واعٍ.
semimonthly *(adj.)* نصف شهري.
seminar *(n.)* سمينار ؛ حلقة دراسية.
seminary *(n.)* (١) بُؤْرَة (٢) مَعْهَد.
Semite *(n.)* السّاميّ : واحد الساميّين.
Semitic *(adj.)* ساميّ.
sempstress *(n.)* خيّاطة.
senate *(n.)* (١) مجلس الشيوخ (٢) المجلس الأعلى.
senator *(n.)* شيخ ؛ سناتور.
send *(vt.)* (١) يقذف (٢) يسدّد (٣) يُرْسِل.
senile *(adj.)* (١) شيخوخيّ (٢) خَرِف.
senior *(n.; adj.)* (١) طالب في صفّ التخرّج § (٢) أرشد ؛ أكبر سنّاً (٣) أعلى مقاماً (٤) تخرّجيّ ؛ منتهٍ.
seniority *(n.)* الأرشدية ؛ الأسبقية ؛ الأقدمية.
senna *(n.)* (١) السَّنا (نبات) (٢) السَّنامكي.
sensation *(n.)* (١) حسّ (٢) ضجّة (٣) حدث أو نبأ مثير.
sensational *(adj.)* (١) حِسّيّ (٢) مثير.
sense *(n.; vt.)* (١) معنى (٢) حاسّة (٣) حِسّ ؛ إحساس (٤) إدراك (٥) عقل (٦) شيء معقول § (٧) يُحسّ ؛ يشعر بـ.
senseless *(adj.)* (١) مُغمىً عليه (٢) أحمق.
sensibility *(n.)* إحساس ؛ إدراك ؛ حسّاسيّة.
sensible *(adj.)* (١) مَحسوس (٢) كبير ؛ ضخم (٣) حسّاس (٤) مُدرِك ؛ واعٍ (٥) معقول.
sensitive *(adj.)* (١) حِسّيّ (٢) ذو حِسّ (٣) حسّاس (٤) ذو حسّاسيّة (٥) سريع التقلّب.
sensitivity *(n.)* حسّاسيّة.
sensory *(adj.)* حِسّيّ : ذو علاقة بالاحساس أو بالحواسّ.
sensual *(adj.)* حِسّيّ ؛ جسديّ ؛ شهوانيّ.
sensuous *(adj.)* حِسّي.
sent *past and past part. of* send.
sentence *(n.; vt.)* (١) حكم بعقوبة (٢) العقوبة نفسُها (٣) جملة § (٤) يحكم على.
sentient *(adj.)* (١) ذو حِسّ (٢) حسّاس.
sentiment *(n.)* (١) رأي (٢) وجدان ؛ عاطفة.
sentimental *(adj.)* وجدانيّ ؛ عاطفيّ.
sentinel; sentry *(n.)* خفير ؛ حارس.
sepal *(n.)* السَّبَلَة ؛ الكأسيّة (في زهرة).
separable *(adj.)* قابلٌ للانفصال.
separate *(vt.; i.; adj.)* (١) يَفْصِل (٢) يَفرِز × (٣) ينفصل § (٤) منعزِل (٥) منفصل ؛ مستقلّ ؛ مختلف.
separation *(n.)* (١) فَصْل (٢) انفصال.
separatist *(n.; adj.)* انفصالي ؛ انشقاقي.
separator *(n.)* (١) الفاصِل ؛ الفارز (٢) الفرّازة: أداة لفصل القشدة عن الحليب الخ.
September *(n.)* سبتمبر : شهر أيلول.
septic *(adj.)* (١) عَفِن (٢) مسبِّب عَفَناً.
sepulcher *or* **sepulchre** *(n.)* قَبْر.
sepulchral *(adj.)* (١) قَبْرِيّ (٢) كئيب.
sepulture *(n.)* (١) قَبْر (٢) دَفْن.
sequel *(n.)* (١) نتيجة ؛ عاقبة (٢) تتمّة ؛ ذيل.
sequence *(n.)* (١) سلسلة ؛ تسلسل (٢) نتيجة.
sequent *(adj.)* (١) تالٍ (٢) متعاقب ؛ متتابع.
sequester *(vt.)* (١) يَفْصِل ؛ يَعْزِل (٢) يحجز ؛ يصادر.
sequin *(n.)* التَّرْتِرَة ؛ اللُّمْعَة.
sequoia *(n.)* السَّكُوْيَة ؛ الجبّارة (شجر).

seraglio *(n.)* (١) الحريم (٢) سراي السلطان.

seraph *or* **seraphim** *(n.)* مَلاك.

sere *(adj.)* ذابلٌ ؛ ذاوٍ.

serenade *(n.)* السَّريناد: لحنٌ يعزف أو يُغنّى تحت نافذة المحبوبة.

serene *(adj.)* (١) صافٍ (٢) هادئ؛ ساكن.

serenity *(n.)* (١) صفاء (٢) هدوء؛ سكون.

serf *(n.)* القِنّ ؛ عبد الأرض.

serfdom *(n.)* القِنانة ؛ عبودية الأرض.

serge *(n.)* الصَّرْج: نسيج صوفيّ متين.

sergeant *(n.)* رقيب (رتبة عسكرية).

serial *(adj.; n.)* (١) مُسَلْسَل؛ متسلسل §(٢) رواية مسلسلة أو متسلسلة.

series *(n.)* سلسلة.

serious *(adj.)* (١) رزين (٢) جِدّيّ؛ خطير.

seriously *(adv.)* (١) جدّياً (٢) بصورة خطيرة.

seriousness *(n.)* جِدّ؛ جِدّية؛ خطورة.

sermon *(n.)* عِظَة ؛ موعظة.

serous *(adj.)* (١) مَصْلِيّ (٢) مَصْليّ القَوام.

serpent *(n.)* حيّة ؛ أفعى.

serpentine *(adj.)* أفعوانيّ؛ متمعّج؛ ملتفّ.

serried *(adj.)* (١) مُكْتَظّ (٢) مُسَنَّن.

serum *(n.)* مَصْل (الدم أو اللبن).

servant *(n.)* (١) خادم (٢) موظف حكوميّ.

serve *(vi.; t.; n.)* (١) يَخْدِم (٢) ينفع؛ يفيد؛ يَصلح لـ (٣) يستهل ضرب الكرة × (٤) يقضي (٥) يقدّم (٦) يزوّد (٧) يعامل (٨) ينفّذ أو يسلّم أمراً قضائياً §(٩) استهلال ضرب الكرة (في التنس).

service *(n.)* (١) خدمة (٢) مساعدة (٣) فائدة. (٤) صلاة عامّة (٥) طقم أو مجموعة (من أدوات المائدة) (٦) سلك (٧) مصلحة.

serviceable *(adj.)* (١) نافع (٢) متين.

servile *(adj.)* (١) عَبْدِيّ؛ رِقّيّ (٢) ذليل.

servility *(n.)* ذلّ؛ خنوع؛ استسلام ذليل.

servitude *(n.)* (١) عبوديّة (٢) الأشغال الشاقة.

sesame *(n.)* السِّمْسِم (نبات).

session *(n.)* (١) جلسة (٢) دورة (المجلس الخ.)

set *(vt.; i.; adj.; n.)* (١) يُقْعِد؛ يُجْلِس. (٢) يُنصِّب (مَلِكاً) (٣) يركّز (٤) يَنْصِب (٥) يدوّن (٦) يُطلِق؛ يُعتِق (٧) يعيّن (٨) يضع (٩) يحدّد؛ يقرّر (١٠) يضرب مثلاً يُحتذى (١١) يَجْبُر (العظم) (١٢) ينشر (الأشرعة) (١٣) يرتّب (١٤) يُعِدّ المسرحَ للتمثيل (١٥) ينضّد أو «يصفّ» طباعياً (١٦) يَشْحَذ؛ يَسُنّ (١٧) يثبّت (١٨) يعتبر (١٩) يحرّض؛ يثير (٢٠) يُدير يُعمِل × (٢١) يتلاءم (٢٢) تحضن البيض (٢٣) يغرُب (٢٤) يشرع في (٢٥) يتجه §(٢٦) مصمّم على (٢٧) ضارٍ (٢٨) محدَّد (٢٩) متعمَّد §(٣٠) اتجاه؛ مَيْل (٣١) طقم؛ مجموعة؛ زمرة (٣٢) هيئة (٣٣) وَضْع (٣٤) مدى انطباق البذلة على الجسم (٣٥) إعداد المسرح للتمثيل (٣٦) جهاز.

- to ~ about (١) يبدأ (٢) ينشر (إشاعة)
- to ~ aside (١) يدّخر (٢) يضع جانباً.
- to ~ fire to يُضرِم النار في.
- to ~ forth (١) يَنْشُر (٢) يبيّن.
- to ~ on (١) يهاجم (٢) يحثّ (٣) يتقدّم
- to ~ out يشرع في؛ يبدأ رحلة.
- to ~ sail يُقلِع؛ يبحر.
- to ~ to يبدأ العمل أو القتال.
- to ~ up يرفع؛ ينصِب؛ يقيم.
- to ~ upon يهاجم بعنف.

setback *(n.)* (١) عقبة؛ عائق (٢) توقف؛ نكسة.

set square *(n.)* الكُوس: مثلث رسم الزوايا القائمة.

set square

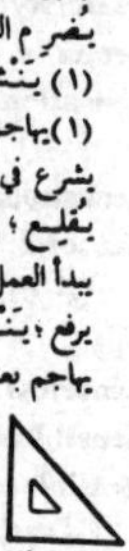

settee *(n.)* أريكة ؛ مقعد طويل.

setting *(n.)* (١) وَضْعٌ ؛ إطلاق ؛ نَشر ؛ تنضيد الخ. (٢) إطار الفَصّ (في خاتم) (٣) محيط (٤) مكان وزمان المشهد (المسرحيّ أو السينمائيّ) (٥) حَضْنَة ، بَيْض.

settle *(vt.; i.)* (١) يوطِّد (٢) يوطِّن. (٣) يُؤَهِّل (بالسكان) (٤) يرسِّب (٥) يروِّق ؛ يصفّي (٦) يهدّىء (٧) يحسم (٨) يسوّي (٩) يسدّد (١٠) يعيّن ؛ يُحدِّد (١١) ينظّم × (١٢) يستقرّ (١٣) يترسّب (١٤) يروق ؛ يصفو (١٥) يتوطّد (١٦) يستوطن (١٧) يهدأ.

settled *(adj.)* (١) مقرَّر (٢) راسخ (٣) مسدَّد.

settlement *(n.)* (١) استقرار (٢) توطيد. (٣) توطُّد (٤) تحديد ؛ تعيين (٥) تنظيم (٦) دفع ؛ تسديد (٧) تسوية (٨) استيطان (٩) مستعمرة ؛ مُسْتَوْطَن (١٠) قرية صغيرة.

settler *(n.)* المستوطِن ؛ المستعمِر.

seven *(n.)* سبعة ؛ سبع.

sevenfold *(adj.; adv.)* (١) سُباعيّ. (٢) أكبر بسبعة أضعاف § (٣) سبعةَ أضعاف.

seventeen *(n.)* سبعةَ عَشَرَ ، سَبعَ عشرة.

seventeenth *(adj.; n.)* (١) سابع عشر. § (٢) جزء من سبعة عشر (٣) السابع عشر.

seventh *(adj.; n.)* (١) سابع § (٢) السُّبْع: جزء من سبعة (٣) السابع (في مجموعة).

seventhly *(adv.)* سابعاً.

seventieth *(adj.; n.)* (١) السبعون (٢) $\frac{١}{٧٠}$.

seventy *(n.)* (١) سبعون (٢) *pl.* : العقد الثامن.

sever *(vt.; i.)* (١) يَفْصِل ؛ يمزّق × (٢) ينفصل.

several *(adj.; pron.)* (١) مختلِف (٢) منفصل ؛ مستقلّ (٣) عدة ؛ بضعة § (٤) بعض.

severally *(adv.)* إفرادياً ؛ كلاً بمفرده.

severance *(n.)* (١) قطْع ؛ فَصْل (٢) انقطاع.

severe *(adj.)* (١) صارم (٢) قاس ؛ خطير.

severely *(adv.)* بصرامة ؛ بقسوة ؛ بشكل خطير.

severity *(n.)* صرامة ؛ قسوة ؛ خطورة الخ.

sew *(vt.; i.)* (١) يخيط × (٢) يمارس الخياطة.

sewage sewerage *(n.)* مياه البواليع.

sewer *(n.)* (١) بالوعة ؛ مجرور (٢) الخائط ؛ الخياط.

sewing *(n.)* (١) خِياطة (٢) شيء معدّ للخياطة.

sewn *past part. of* **sew**.

sex *(n.)* الجنس: الذكورة أو الأنوثة.

sex appeal *(n.)* الجاذبية الجنسية ؛ النداء الجنسي.

sextant *(n.)* السُّدسيّة: آلة لقياس ارتفاع الأجرام السماوية من سفينة أو طائرة متحركة.

sextet *or* **sextette** *(n.)* (١) اللحن السُّداسيّ. (٢) السُّداسيّ ؛ مجموعة من ستة.

sexton *(n.)* قَنْدَلَفْت (في الكنيسة).

sexual *(adj.)* جنسيّ ؛ تناسليّ.

shabby *(adj.)* (١) رثّ (٢) رثّ الملبس (٣) دنيء.

shack *(n.; vi.)* (١) كوخ § (٢) يحيا ؛ يقيم.

shackle *(n.; vt.)* (١) غُلّ ؛ قَيْد § (٢) يقيِّد.

shad *(n.)* الشّابِل ؛ الصّابوغة: نوع من السمك.

shade *(n.; vt.)* (١) ظِلّ (٢) عدم شهرة. (٣) مكان ظليل (٤) طيف ؛ خيال (٥) كُمّة المصباح: ظُلَّتُه المخفِّفة لوهج نوره (٦) ستار النافذة المرِن (٧) درجة اللون (٨) فارق دقيق § (٩) يظلِّل (١٠) يستر.

shading *(n.)* (١) تظليل (٢) فارق دقيق.

shadow *(n.; vt.)* (١) ظِلّ ؛ خيال (٢) صورة منعكسة (عن مرآة) (٣) وِقاء ؛ سِتْر (٤) شبح (٥) *pl.* : عتمة (٦) الظلّ ؛ الجزء القاتم من الصورة (٧) أثر ؛ ذرّة § (٨) يظلِّل.

shadowy *(adj.)* (١) مُبْهَم (٢) مظلَّل أو ظليل.

shady *(adj.)* (١) ظليل (٢) غامض (٣) مشبوه.

shaft *(n.)* (١) قصبة الرمح (٢) عريش العربة. (٣) سهم ؛ رمح (٤) عمود الادارة (ميكانيك) (٥) سارية العَلَم (٦) برج ؛ عمود (٧) مَهْوَى

المنجم أو مدخله (٨) ممرّ رأسيّ (كبيت المصعد في مبنى).

shag *(n.)* (١) شعر أشعث (٢) تبغ مفروم.

shaggy *(adj.)* (١) خشِن ، أشعث (٢) فظّ.

shake *(vi.; t.)* (١) يهتزّ (٢) يرتجّ (٣) يرتعش (٤) يتساقط ، ينهال (٥) يتمايل ×(٦) يَهُزّ (٧) يَنْفض (٨) يصافح.

shaky *(adj.)* (١) متزعزع ، متداعٍ (٢) مرتعش.

shale *(n.)* الطين الصَّفْحيّ.

shale oil *(n.)* الزيت الحجري.

shall *(aux. v.)* (١) سَـ . . . سوف (٢) هل.

shallop *(n.)* الشَّلُّوب: قارب صغير خفيف.

shallow *(adj.)* ضَحْل ، قليل العمق.

sham *(n.; adj.; vi.)* (١) شيء زائف § (٢) صُوَريّ ، كاذب ، زائف § (٣) يتظاهر بـِ.

shamble *(vi.)* يمشي متثاقلاً.

shambles *(n. pl.)* مَجْزَر ، مَسْلَخ.

shame *(n.; vt.)* (١) خَجَل ، حياء (٢) خِزْي ، عار § (٣) يُخجِل (٤) يُخزِي.

shamefaced *(adj.)* خجول أو مخجول.

shameful *(adj.)* مُخزٍ ، مُخْجِل ، فاضح.

shameless *(adj.)* (١) وَقِح (٢) مُخْزٍ.

shampoo *(vt.; n.)* (١) يغسل (الشعرَ) بالصابون والماء § (٢) غسل الشعر بالصابون والماء (٣) الشامبو: مستحضَر يُستخدم في ذلك.

shamrock *(n.)* النَّفَل ، الشَّبْذَر (نبات).

shank *(n.)* (١) ساق (٢) رِجل (٣) الجزء الواقع بين مقبض المفتاح وسِنّه.

shanty *(n.)* كوخ.

shape *(n.; vt.; i.)* (١) شكل (٢) مظهر (٣) قالب (٤) حالة § (٥) يشكّل . يعطي الشيء شكلاً معيناً (٦) يصوغ ×(٧) يتشكّل.

shapeless *(adj.)* (١) عديم الشكل (٢) مشوّه.

shapely *(adj.)* جميل ، جميل الشكل.

shard *(n.)* كِسْرة ، قطعة.

share *(n.; vt.; i.)* (١) حصّة ، نصيب (٢) سَهم مالي (٣) شفرة المحراث (التي يشقّ الأرض بها) § (٤) يوزع الحصص ×(٥) يشارك أو يشترك في.

shareholder *(n.)* المساهِم: حامل السَّهْم المالي.

shark *(n.)* (١) القِرْش (سمك) (٢) المحتال.

sharp *(adj.; adv.; n.)* (١) ماضٍ ، قاطع (٢) قارِس (٣) ذكيّ (٤) يقظ (٥) نشيط ، رشيق (٦) قاسٍ (٧) لاذع (٨) مُبرِّح (٩) شديد (١٠) حِرِّيف (١١) حادّ (١٢) واضح § (١٣) بحدّة ، بمضاء (١٤) تماماً (١٥) فجأةً § (١٦) طَرَف حادّ ، حافة حادّة.

sharpen *(vt.)* يشحذ (الموسى) ، يبري (القلم).

sharply *(adv.)* بحِدّة ، بمضاء ، برشاقة الخ.

sharp-witted *(adj.)* ذكيّ ، متوقّد الذهن.

shatter *(vt.; i.)* (١) يحطّم ×(٢) يتحطّم.

shave *(vt.; n.)* (١) يَكْشط ، يقشِر ، يَسْحَج (٢) يَحْلِق (بالموسى) (٣) يدنو من الشيء أو يَمَسّه مَسّاً عابراً § (٤) مِكْشَط ، مِسْحَج (٥) ماكينة حلاقة كهربائية (٦) كَشْط ، سَحْج ، حلاقة.

a close ~, نجاةٌ بأعجوبة.

shaving *(n.)* (١) كَشْط ، سَحْج ، حلاقة (٢) نُجارة ، قُشارة ، رُقاقة.

shawl *(n.; vt.)* (١) شال § (٢) يغطّي بشال.

she *(pron; n.)* (١) هي § (٢) أنثى.

sheaf *(n.)* pl. **sheaves** *(n.)* حُزْمة.

shear *(vt.; n.)* (١) يقصّ ، يَجُزّ (٢) يُجرِّد من § (٣) *pl.*: مِجَزّة ، مقصّ كبير (٤) *pl.*: المِرفاع المِقصّي (٥) قصّ ، جَزّ.

shorn of مجرَّدٌ من.

shears 4

sheath *(n.)* (١) غِمْد ، قِراب (٢) غلاف.

sheathe *(vt.)* (١) يُغمِد (٢) يُغلِّف ، يكسو.

sheave 345 shirt

sheave *(n.)* البكرة المحزوزة .

sheave

sheaves *pl. of* sheaf .

shed *(vt.; n.)* (١) يُريق ؛ يذرف ؛ يسفح (٢) يغيّر ريشه دوريّاً ؛ يطرح إهابه القديم (٣) يُسقط § (٤) سقيفة .

sheen *(n.)* لمعان ؛ بريق .

sheep *(n.)* (١) خروف (٢) جلد خروف .

sheepcote; sheepfold *(n.)* زريبة الغنم .

sheepherder *(n.)* الراعي ؛ راعي الغنم .

sheepish *(adj.)* خجول ؛ جبان ؛ مرتبك .

sheepskin *(n.)* (١) جلد الغنم (٢) دبلوم .

sheer *(adj.; vi.)* (١) شفّاف (٢) تامّ ؛ صِرْف (٣) مجرّد (٤) شديد التحدّر § (٥) ينحرف .

sheet *(n.)* (١) المُلاءة : ما يُفرَش على السرير . (٢) صحيفة (من الورق) (٣) جريدة ؛ صحيفة (٤) الصفحة : امتداد أو سطح عريض (٥) لوح .

sheeting *(n.)* قماش لأغطية السُرُر .

sheet iron *(n.)* صاج ؛ حديد صَفْحيّ .

shelf *(n.)* (١) رَفّ (٢) سلسلة صخور مسطّحة .

shell *(n.; vt.)* (١) صَدَفة ؛ محارة (٢) قشرة . (٣) قارب سباق ضيّق (٤) قذيفة ؛ قنبلة . § (٥) يقشر (٦) يضرب بالقنابل .

shellfish *(n.)* المَحار : حيوان صَدَفيّ مائيّ .

shelter *(n.; vt.)* (١) وِقاء ؛ سِتْر ؛ مُلْتَجأ ؛ حِمىً § (٢) يقي ؛ يستّر ؛ يحمي .

shelve *(vt.; i.)* (١) يضع على رفّ (٢) يصرف من الخدمة (٣) يُهْمِل × (٤) ينحدر .

shelves *pl. of* shelf.

shepherd *(n.)* (١) الراعي (٢) الكاهن .

shepherdess *(n.)* (١) الراعية (٢) فتاة ريفية .

sherbet *(n.)* الشَّرْبات : شرابٌ مثلوج .

sheriff *(n.)* الشريف : عُمدة البلدة .

sherry *(n.)* الشَّريّ : خمر اسبانيّة الأصل .

shield *(n.; vt.)* (١) تُرْس § (٢) يقي بترس (٣) يستر ؛ يحجب عن الانظار .

shift *(vt.; i.; n.)* (١) يغيّر ؛ يبدّل (٢) يحوِّل ؛ ينقل × (٣) ينتقل (٤) يغيّر اتجاهه (٥) يتدبّر أمره بنفسه (٦) يتغيّر § (٧) وسيلة ؛ حيلة (٨) فريق مناوبة (٩) تغيّر .

shiftless *(adj.)* (١) عديم الحيلة (٢) كسول .

shifty *(adj.)* (١) داهية (٢) مخادع ؛ مراوغ .

shilling *(n.)* الشِّلِن : $\frac{١}{٢٠}$ من الجنيه الاسترليني .

shimmer *(vi.)* يومض ؛ يضيء بوهن .

shin *(n.; vi.)* (١) القَصَبَة ؛ مقدّم الساق . § (٢) يتسلق شجرة (بأن يطوّقها بذراعيه وساقيه) .

shinbone *(n.)* الظُّنْبُوب : عظم الساق الأكبر .

shine *(vi.; t.; n.)* (١) يضيء ؛ يتألّق ؛ يلمع × (٢) يجعله مضيئاً (٣) يلمّع ؛ يصقل § (٤) ضياء ؛ تألّق ؛ لمعان (٥) صحو ؛ طقس جميل .

shingle *(n.; vt.)* (١) لوح خشبيّ (٢) لوحة لافتة (٣) حصى ؛ حصباء (٤) موضعٌ كثير الحصى § (٥) يكسو (سقفاً) بألواح خشبية الخ .

shiny *(adj.)* (١) صافٍ ؛ مشرق (٢) لامع .

ship *(n.; vt.)* (١) سفينة ؛ مركب § (٢) يشحن .

shipboard *(n.)* السفينة أو متنها أو داخلها .

shipmaster *(n.)* رُبّان السفينة ؛ قبطان السفينة .

shipment *(n.)* (١) شَحْن بالسفن (٢) شَحْنة .

shipping *(n.)* (١) السُّفُن أو الشَّحن بها (٢) شحن .

shipshape *(adj.)* مرتَّب ؛ حَسَنُ النظام .

shipwreck *(n.; vt.)* (١) سفينة غارقة أو حطامها (٢) غرق السفينة (٣) تحطّم § (٤) يُغْرِق سفينة .

shipwright *(n.)* باني السفن أو مرمّمها .

shipyard *(n.)* المَسْفَن : حوض بناء السُّفُن .

shire *(n.)* مقاطعة ؛ قضاء ؛ ناحية .

shirk *(vi.; t.)* (١) يتهرّب من (٢) يتجنّب .

shirr *(n.; vt.)* (١) تَدْرِيز § (٢) يُدَرِّز (القماش) (٣) يقلي البيض .

shirt *(n.)* (١) قميص (٢) قميص تحتاني .

shirting *(n.)* قماش القمصان .
shiver *(vi.; n.)* (١) يرتجف ؛ يرتعش §(٢) رجفة ؛ رعشة (٣) شظية .
shoal *(adj.; n.)* (١) ضَحْل §(٢) مياه ضَحلة . (٣) فَوْج ؛ قطيع .
shock *(n.; vt.)* (١) رَجّة ؛ هزّة (٢) صَدمة . §(٣) يَصدم ؛ يصيبه بصدمة .
shocking *(adj.)* فظيع ؛ مثير للاشمئزاز .
shod *(adj.)* منتعِل ؛ ذو نعل أو حَذوة الخ .
shoddy *(n.; adj.)* (١) صوف أو نسيج صوفي ردي ء (٢) نفايات (٣) تفاخر §(٤) رديء ؛ زائف .
shoe *(n.; vt.)* (١) حذاء (٢) نعل (٣) حدوة الفرس (٤) دولاب §(٥) يُنعِل (٦) «يبيطر» .
shone *past and past part. of* shine.
shook *past of* shake.
shoot *(vt.; i.; n.)* (١) يُطلِق (٢) يقذف الكرة نحو الهدف (٣) يجرح أو يقتل (بالرصاص الخ.) (٤) يُخرِج ؛ يُطلِع (٥) يُمْطِرُه (بالاسئلة الخ.) (٦) يصور (فوتوغرافياً) (٧) يحقن أو يلقح ×(٨) ينطلق بسرعة (٩) ينبثق (١٠) يرتفع (١١) ينتأ ؛ يمتد (١٢) ينمو ؛ يتطور §(١٣) برعم أو فرع جديد (١٤) رحلة صيد (١٥) مباراة في الرماية (١٦) منحدر رمّاني (١٧) قناة ؛ أنبوب ؛ منحدر .
shooting star *(n.)* شهاب ؛ نَيزَك .
shop *(n.; vi.)* (١) متجَر ؛ دكّان ؛ حانوت . (٢) مصنع §(٣) يتسوّق ؛ يتبضّع .
shopgirl *(n.)* فتاة المَتجَر : فتاة تعمل في مَتجَر .
shopkeeper *(n.)* صاحب المَتجر أو الحانوت .
shopper *(n.)* المتسوِّق ؛ المتبضع .
shopwindow *(n.)* واجهة العَرْض (في مَتجَر) .
shore *(n.)* (١) شاطىء (٢) دعامة ؛ سِناد .
shorn *past part. of* shear.
short *(adj.; adv.; n.)* (١) قصير (٢) غير كافٍ (٣) مقصِّر عن الهدف (٤) ناقص (٥) يعوزه كذا (٦) جافٍ ؛ فظّ (٧) قصير الأجَل (٨) هَشّ (٩) غير مالك للسلعة (عند عقد الصفقة) (١٠) أقلّ ؛ دون §(١١) باقتضاب (١٢) دونَ الهدف أو على نقطة ما منه §(١٣) *pl.* : الشورت : بنطلون قصير (١٤) *pl.* : نقائص .
in ~, وبالاختصار .
shortage *(n.)* عَجْز ؛ نَقْص .
shortcake *(n.)* الغُرَيِّبَة : كعك بسمن وسكر .
shortcoming *(n.)* نَقص ؛ عيب ؛ موطن ضعف .
shortcut *(n.)* قادومية ؛ طريق مختصرة .
shorten *(vt.; i.)* (١) يقصِّر (٢) يخفِّض ؛ يقلِّل ×(٣) يَقصُر ؛ يتقاصر .
shortening *(n.)* سَمْن ؛ دُهْن ؛ زبدة .
shorthand *(n.)* اختزال .
short-lived *(adj.)* قصير الأجل ؛ قصير العمر .
shortly *(adv.)* (١) باختصار (٢) قريباً .
shortsighted *(adj.)* حسير : قصير البصر .
short-tempered *(adj.)* سريع الغضب .
shot *(n.)* (١) الرَّمي : إطلاق النّار (٢) طلقة . (٣) رَمْيَة أو قذفة للكرة (٤) مدى (٥) الرامي ؛ الصيّاد (٦) لقطة ؛ صورة (وبخاصة في التصوير السينمائي) .
shot *past and past. part. of* shoot.
shotgun *(n.)* بندقية رَشّ أو خُرْدق .
shot put *(n.)* رمي الكرة الحديدية .
should (١) صيغة الماضي من shall (٢) يجب .
shoulder *(n.; vt.; i.)* (١) كتِف ؛ مَنكِب . §(٢) يدفع بالمنكِب (٣) يحمل على منكبه .
shoulder blade *(n.)* العظم الكتفيّ (تشريح) .
shout *(vi.; n.)* (١) يصيح §(٢) صيحة .
shove *(vt.)* (١) يَدْفع ؛ يَدْسُر (٢) يُقحِم .
shovel *(n.)* مِجْرَفة ؛ رَفْش ؛ جاروف .
show *(vt.; i.; n.)* (١) يَعْرِض ؛ يُري .

(٢) يُظْهِر ؛ يبيِّن (٣) يقود ؛ يُدْخِل ×(٤) يظهر ؛ يَبين ؛ يَبدو §(٥) إظهار ؛ عرض (٦) أُبَّهة (٧) مظهر خادع (٨) تفاخر ؛ تباهٍ (٩) مشهد أو شيء غريب ؛ أضحوكة (١٠) مَعْرِض (١١) حفلة مسرحية .

shower *(n.; vi.; t.)* (١) وابل (من المطر الخ.). (٢) دُش §(٣) تُرْسِل السماءُ وابلاً ×(٤) يُغْدِق على ؛ يُمْطِر .

shower bath *(n.)* مرشة الاغتسال (في حمام).

showy *(adj.)* (١) رائع (٢) مُبَهْرَج ؛ مُزَوَّق.

shrank *past of* shrink.

shrapnel *(n.)* الشَّرِبْنَل ؛ قذيفة الشظايا .

shred *(n.; vt.)* (١) شِقَّة أو مِزْقَة §(٢) يمزِّق.

shrew *(n.)* (١) الزَّبابة : حيوان يشبه الفأر (٢) المرأة السليطة.

shrew

shrewd *(adj.)* (١) قارس ؛ لاذع (٢) داهية .

shriek *(vi.; n.)* (١) يَصرُخ §(٢) صرخة .

shrill *(adj.)* حادّ ؛ ثاقب ؛ عالي النغمة .

shrimp *(n.)* (١) الإربيان ؛ القُرَيدِس (سمك). (٢) شخص صغير ضئيل الجسم جداً .

shrine *(n.)* مَقام ؛ مَزار ؛ ضريح قدّيس .

shrink *(vi.; t.)* (١) ينكمش ؛ يتقلّص . (٢) يرتدّ ؛ يَجفِل من ×(٣) يكمّش ؛ يقلّص.

shrinkage *(n.)* انكماش ؛ تقلّص ؛ تضاؤل .

shrive *(vt.)* يُحِلّه من خطاياه .

shrivel *(vi.; t.)* (١) يَذْبُل ×(٢) يُذبل .

shroud *(n.; vt.)* (١) كَفَن §(٢) يغطي . (٣) يكفّن .

shrove *past of* shrive.

shrub *(n.)* جَنْبَة ؛ شُجَيْرة .

shrubbery *(n.)* أيكة ؛ غَيْضة ؛ مَجْنَبَة .

shrug *(vi.; t.)* يهزّ كتفيه لا مبالاةً الخ.

shrunk *past and past part. of* shrink.

shudder *(vi.; n.)* (١) يرتعد §(٢) رِعْدَة .

shuffle *(vt.; i.)* (١) يخلط بغير نظام ؛ يُلَخْبِط (٢) يخلط (ورق اللعب) (٣) يحوِّل ؛ ينقل (٤) يجرّ قدميه ×(٥) يتملّص .

shun *(vt.)* يجتنب ؛ ينأى بنفسه عن .

shunt *(vt.; i.)* (١) يحوِّل قطاراً من خطّ إلى آخر ×(٢) ينتقل من خطّ إلى آخر .

shut *(vt.; adj.)* (١) يُغلِق (٢) يمنع (من الدخول الى) (٣) يحبس §(٤) مُغلَق .

to ~ up (١) يُسكِت أو يسكُت . (٢) يغلِق .

shutter *(n.)* مصراع النافذة أو الباب .

shutter

shuttle *(n.; vi.)* (١) وَشيعة (في مِغزَل) (٢) مَكّوك (في آلة خياطة) §(٣) يتحرّك جيئةً وذهوباً .

shy *(adj.; vi.)* (١) جبان (٢) حَذِر (٣) خجول ؛ حَيِيّ §(٤) ينفِر من (٥) يُجفِل .

shyness *(n.)* جُبْن ؛ حَذَر ؛ خَجَل ؛ حياء الخ.

sibyl *(n.)* العرّافة ؛ الكاهنة ؛ المتنبّئة .

sick *(adj.)* (١) مريض (٢) مُصاب بالغَثَيان (٣) سَئِم (٤) مشمئزّ (٥) مشتاق إلى .

sicken *(vt.; i.)* (١) يُمرِض (٢) يُقزِّز النفس. ×(٣) يَمرَض (٤) يسأم ؛ يشمئزّ .

sickle *(n.)* مِنجَل .

sickly *(adj.)* (١) رقيق الصحة ؛ كثير المرض . (٢) شاحب (٣) ضعيف (٤) باعث على الغثيان.

sickness *(n.)* (١) مرض (٢) غَثَيان ؛ دُوار .

side *(n.)* (١) جَنْب ؛ جانب (٢) وجه (٣) جهة ؛ ناحية (٤) ضلع (في الرياضيات).

to take ~*s* with ينحاز إلى ؛ يؤيّد .

sideboard *(n.)* خِوان ؛ «بوفيه» ؛ نَضَد المائدة.

sidelong *(adv.; adj.)* (١) بانحراف (٢) على

الجنب §(٣)مائل (٤)جانبي (٥)غير مباشر.

sidereal *(adj.)* نجميّ ؛ فلكيّ .

sidetrack ; siding *(n.)* الخطّ الجانبي.

sidewalk *(n.)* الطَّوار : رصيف المشاة (في شارع).

sideways *(adv.; adj.)* (١)من الجَنْب (٢)على الجنب (٣)بانحراف (٤)شَزْراً §(٥)جانبيّ.

sidewise *(adv.; adj.)* = sideways.

sidle *(vi.)* يمشي جانبياً أو بانحراف .

siege *(n.; vt.)* (١)حصار §(٢)يحاصر (مدينةً).

sierra *(n.)* سلسلة جبال مثلَّمة القمم .

siesta *(n.)* القَيْلُولَة : ضَجْعَة الظهيرة .

sieve *(n.; vt.; i.)* (١)مُنْخُل §(٢)يَنْخُل.

sift *(vt.)* (١) يَنْخُل (٢) يتنخل ؛ يمحص.

sigh *(vi.; n.)* (١) يتنهد (٢) يتلهف §(٣) تنهد (٤)تلهف .

sight *(n.; vt.)* (١)مَشْهَد (٢)مَعلَم (٣) شيء غريب (٤) البَصَر ؛ حاسّة البصَر (٥)بصيرة (٦)نظرة ؛ لمحة (٧)جهاز التسديد في بندقية الخ. §(٨)يرى ؛ يشاهد (٩) يسدد ؛ يصوب .

at *or* on ~, عند الاطلاع .

in ~ of على مرأى من .

out of ~, بمنأى عن الأنظار .

sightless *(adj.)* (١)أعمى (٢)غير منظور .

sightly *(adj.)* جميل .

sight-seeing *(n.)* ارتياد المواطن التي تستحق المشاهدة .

sign *(n.; vt.)* (١) إشارة ؛ إيماءة (٢)علامة (٣)لافتة (٤)رمز §(٥)يعلِّم ؛ يَسِم (٦)يومئ ؛ يشير (٧) يوقِّع ؛ يُمضي .

signal *(n.; adj.; vt.; i.)* (١)إشارة (٢)إشارة خطر (٣) لافتة §(٤)بارز ؛ رائع §(٥)يومئ (٦)يُبلِّغ بالاشارة .

signalize *(vt.)* (١) يميِّز (٢)يُبرِز .

signatory *(adj.; n.)* موقِّع (على معاهدة الخ.) .

signature *(n.)* توقيع ؛ إمضاء .

signboard *(n.)* لوحة ؛ لافتة .

signet *(n.)* خَتْم .

significance *(n.)* (١)معنى ؛ دلالة (٢)أهمية .

significant *(adj.)* (١) ذو معنى (٢) هامّ .

signification *(n.)* (١)معنى ؛ مغزى (٢)أهمية .

signify *(vt.; i.)* (١)يُفيد ؛ يَعْني ؛ يدلّ على (٢) يعبر عن المراد (٣) يَهُم .

signpost *(n.)* مَعْلَم ؛ صُوَّة (في طريق) .

silage *(n.)* عَلَفٌ محفوظ (في مستودع خاص).

silence *(n.; vt.)* (١)صَمْت §(٢)يُسْكِت .

silent *(adj.)* (١) صامت (٢) ساكن ؛ خامد .

silhouette *(n.)* (١)المُسَلُوتَة ؛ المظلَّلة : صورة ظليّة .

silhouette

silica *(n.)* السِّلِيكا : مادة معدنية .

silicon *(n.)* السِّلِيكُون : عنصر لافلزيّ (كيمياء) .

silk *(n.)* (١) حرير (٢) ثوب حريري.

silken; silky *(adj.)* حريري.

silkworm *(n.)* دودة الحرير ؛ دودة القزّ .

sill *(n.)* الأُسْكُفَّة : عَتَبَةُ الباب أو النافذة.

silly *(adj.)* (١) ساذج (٢)أبله (٣) سخيف.

silo *(n.)* السَّلُوَة : مبنى أسطوانيّ يُحفَظ فيه علَف الدوابّ .

silo

silt *(n.)* غَرِيْن ؛ طَمْي .

silvan *(adj.)* أجَميّ ؛ حَرَجيّ .

silver *(n.; adj.; vt.)* (١)فِضّة (٢) قطعة نقد فضية (٣) طبق فضيّ §(٤)فضي §(٥)يفضِّض.

silversmith *(n.)* صائغ الفضّة.

silverware *(n.)* آنية المائدة الفضية

silvery *(adj.)* (١) فضيّ (٢)شبيه بالفضّة .

simian *(adj.; n.)* (١) قِرْديّ §(٢) قِرْد.

similar *(adj.)* (١)مُشابِه ؛ مماثِل (٢)متشابه .

similarity *(n.)* (١) شَبَه (٢) تَشابُه .
simile *(n.)* التشبيه (في علم البلاغة).
similitude *(n.)* (١) تشبيه (٢) شَبَه ؛ وجه شبه .
simmer *(vi.; t.)* (١) يغلي برفق (تحت نقطة الغليان أو عندها تماماً) (٢) يهتاج .
simper *(n.)* ابتسامة متكلّفة.
simple *(adj.)* (١) بسيط (٢) عاديّ.
simpleton *(n.)* السّاذج ؛ المغفّل .
simplicity *(n.)* (١) بساطة (٢) سذاجة .
simplification *(n.)* تبسيط ؛ تيسير ؛ إيضاح.
simplify *(vt.)* يبسّط ؛ ييسّر ؛ يوضح.
simply *(adv.)* (١) ببساطة (٢) ليس غير .
simulate *(vt.)* (١) يتظاهر بـ (٢) يحاكي ؛ يقلّد.
simulated *(adj.)* زائف ؛ كاذب .
simultaneous *(adj.)* حادثٌ في وقت واحد.
simultaneously *(adv.)* معاً ؛ في وقت واحد.
sin *(n.; vi.)* (١) إثم ؛ خطيئة § (٢) يأثم .
since *(adv.; prep.; conj.)* (١) منذ ذلك الحين (٢) قديماً (٣) في ما بعد § (٤) منذ § (٥) بما أن.
sincere *(adj.)* (١) مخلص ؛ صادق (٢) حقيقي .
sincerely *(adv.)* بإخلاص ؛ بصدق .
sincerity *(n.)* إخلاص ؛ صدق .
sine *(n.)* الجيب ؛ جيب الزاوية (رياضيات) .
sinew *(n.)* (١) وتَر (٢) قوة ؛ عصب .
sinewy *(adj.)* (١) وتَري (٢) عصبيّ ؛ قويّ.
sing *(vi.; t.)* (١) يُغنّي (٢) يغرّد.
singe *(vt.)* يُشيط ؛ يُحرِق سطحياً.
singer *(n.)* (١) مُغنٍّ (٢) شاعر .
single *(adj.; n.; vt.)* (١) أعزب (٢) منفرد (٣) مُفْرَد (٤) مخلص (٥) فريد § (٦) شخص ؛ فرد (٧) مباراة فردية (بين لاعبين) § (٨) يُفرِد ؛ يختار (من مجموعة) .
singleness *(n.)* عزوبة ؛ وحدانيّة ؛ فردية.
singly *(adv.)* (١) على انفراد (٢) واحداً بعد آخر (٣) من غير مساعدة .
singular *(adj.; n.)* (١) مُفْرَد (٢) رائع (٣) فريد (٤) شاذّ § (٥) المُفْرَد ؛ صيغة المفرد .
singularity *(n.)* تفرّد ؛ غرابة ؛ خصوصيّة .
sinister *(adj.)* (١) شرّير (٢) مشؤوم ؛ منحوس.
sink *(vi.; t.; n.)* (١) يغطس ؛ يغوص ؛ يغرق (٢) يَهْبِط (٣) ينخفض ؛ ينقص (٤) ينفذ إلى (٥) يستغرق في (٦) ينحطّ (٧) ينهار ×(٨) يغطّس ؛ يُغرق (٩) يحفر § (١٠) بالوعة (١١) غَوْر ؛ مُنخفَض (من الأرض) .
sinker *(n.)* الثَّقّالة ؛ ثِقل رصاصي .
sinner *(n.)* (١) الآثم (٢) الوغد ؛ الشرّير .
sinuosity *(n.)* تعرج ؛ تمعج ؛ تَلَوٍّ .
sinuous *(adj.)* متعرج ؛ متمعج ؛ متلوٍّ .
sinus *(n.)* فجوة ؛ جيب ؛ تجويف .
sip *(vi.; t.; n.)* (١) يَرْشُف § (٢) رَشْف ؛ رَشْفة .
siphon *(n.; vt.)* (١) مَثْعَب ؛ سِيفون . § (٢) يثعّب ؛ يُسَيْفِن .

siphon

sir *(n.)* (١) *cap.*: السير (لقب) (٢) سيّدي .
sire *(n.)* (١) أبٌ (٢) منشئ (٣) مولاي .
siren *(n.)* (١) امرأة مُغْوية (٢) صفّارة الانذار .
sirloin *(n.)* قطعة لحم (من خاصرة البقرة)
sirocco *(n.)* الشّرقيّة : ريح حارّة .
sirup = syrup.
sister *(n.)* (١) شقيقة ؛ أخت (٢) راهبة ؛ أخت.
sisterhood *(n.)* (١) الأُخْتيّة (٢) رهبنة نِسويّة
sister-in-law *(n.)* (١) أخت الزوج أو الزوجة (٢) امرأة الأخ (٣) امرأة أخي الزوج .
sisterly *(adj.)* أُخْتيّ : خاصّ بالأخت .
sit *(vi.; t.)* (١) يَجْلِس ؛ يَقْعُد ؛ يجثم (٢) ينعقد (المجلس) (٣) «يَلْبَس» الثوب

الجسم ×(٤) يُجلس (٥) يتّسِع لـ (٦) يمتطي .

site *(n.)* موقع ؛ مكان .

sitting *(n.)* (١) جلوس (٢) جلسة .

situated *(adj.)* (١) قائم ؛ واقع (٢) في وضع معيّن .

situation *(n.)* (١) موقع (٢) وظيفة (٣) حالة .

six *(n.)* ستّة ؛ ستّ .

sixpence *(n.)* ستّة بنسات ؛ نصف شلن .

sixteen *(n.)* ستّة عشر ؛ ستّ عشرة .

sixteenth *(adj.; n.)* (١) سادس عشر . (٢) جزء من ستة عشر .

sixth *(adj.; n.)* (١) السادس (٢) سُدُس .

sixthly *(adv.)* سادساً .

sixtieth *(adj.; n.)* (١) الستّون (٢) ١/٦٠ .

sixty *(n.)* (١) ستّون (٢) *pl.* : العقد السابع .

sizable; sizeable *(adj.)* كبير ؛ ضخم .

size *(n.)* (١) حَجْم (٢) مقدار (٣) كِبَر . (٤) قياس (٥) مادّة غرَوية .

sizzle *(vi.)* يَئِزّ أو يَطِشّ (عند قَلْيه الخ).

skate *(n.; vi.)* (١) الوَرَنك ؛ السَّفَن (سمك). (٢) مِزلَج يُشدّ إلى نعل الحذاء § (٣) يتزلّج .

skein *(n.)* خُصْلَة أو شلّة خيوط .

skeleton *(n.)* (١) هيكل عظميّ (٢) هيكل .

skeleton key *(n.)* المفتاح الهيكليّ (يفتح أقفالاً مختلفة) .

skeptic *(n.)* (١) الشُّكوكيّ (٢) النزّاع إلى الشكّ .

skeptical *(adj.)* شُكوكيّ ؛ شكّيّ .

skepticism *(n.)* الشُّكوكيّة ؛ الشكّيّة .

sketch *(n.; vt.; i.)* (١) مُخطّط ؛ رسم تخطيطيّ (٢) مسوّدة (٣) صورة وصفية أدبية (٤) اسكتش أو مشهد هزليّ § (٥) يضع مخطّطاً أو مسوّدة (٦) يرسم رسماً تخطيطياً الخ .

skewer *(n.)* سِيخ ؛ سَفّود .

ski *(n.; vi.)* (١) الزُّحلوفة : إحدى أداتين يُتزحلق بهما على الثلج § (٢) يتزحلق .

skid *(n.; vi.)* (١) الكابحة : أداة تمنع دولاب العربة عن الدوران عند الهبوط (٢) الدُّحروجة : لوح خشبيّ يُنصب على نحو مائل ليُدحرج عليه شيء ثقيل (٣) مِزلَقة الطائرة : أداة تسهّل انزلاقها على أرض المطار عند الهبوط (٤) انزلاق § (٥) ينزلق (٦) ينزلق جانبياً .

skiff *(n.)* الإسكِفّ : مركب صغير ذو مجاذيف .

skill *(n.)* مهارة ؛ حِذْق ؛ براعة .

skilled *(adj.)* (١) ماهر (٢) متطلِّب مهارة .

skillet *(n.)* (١) قدر صغيرة ذات مقبض (٢) مقلاة .

skillful *or* **skilful** *(adj.)* بارع ؛ حاذق .

skim *(vt.; i.)* (١) يَقشِد : يزيل القِشدة أو الرغوة عن (٢) يتصفّح (كتاباً) ×(٣) ينزلق (فوق السطح أو قربه) بسرعة .

skin *(n.; vt.)* (١) جلد (٢) بَشَرة (٣) زِقّ ؛ قِرْبَة (٤) جلدة ؛ قشرة § (٥) يقشّر ؛ يسلخ .

skinflint *(n.)* البخيل ؛ الشّحيح ؛ الخسيس .

skinny *(adj.)* (١) جلديّ (٢) نحيف ؛ ضامر .

skip *(vi.; t.; n.)* (١) يَطْفُر ؛ يثب مرَحاً . (٢) يقفز من نقطة إلى أخرى أو من موضوع إلى آخر ×(٣) يَحذِف ؛ يتخطّى § (٤) قفزة ؛ وثبة .

skipper *(n.)* رُبّان (السفينة أو الطائرة) .

skirmish *(n.; vi.)* (١) مناوشة § (٢) يناوش .

skirt *(n.; vt.)* (١) تنّورة (٢) حافة ؛ حاشية . § (٣) يجعل له حافة أو حاشية (٤) يطوف حول حافة شيء .

skit *(n.)* مسرحية هزلية قصيرة .

skittish *(adj.)* (١) لَعوب (٢) جَفُول ؛ خجول .

skulk *(vi.; t.)* يتسلّل ؛ يتوارى ؛ يتهرّب من .

skull *(n.)* (١) جُمْجُمة (٢) عَقْل .

skunk *(n.)* (١) الظَّربان الأميركي (حيوان) . (٢) شخص حقير .

sky *(n.)* (١) السّماء . (٢) *pl.* : مناخ .

skylark *(n.; vi.)* (١) القُبَّرة (طائر) § (٢) يعبث .

skylight 351 sleigh

skylight *(n.)* المَنْوَر : كُوَّة في سقف أو سطح.
skyline *(n.)* الأفق .
skyrocket *(n.)* صاروخ؛ سهمٌ ناريّ .
skyscraper *(n.)* ناطحة سحاب .
skyward ; -s *(adv.)* نحو السماء ؛ عالياً .
slab *(n.)* (١) لوح (٢) بلاطة (٣) شريحة .
slack *(adj.; vi.; n.)* (١) مُهْمِل (٢) قليل النشاط (٣) بطيء (٤) رِخْو (٥) راكد ؛ كاسد § (٦) يبطىء ؛ يتراخى ؛ يَخْمد § (٧) الجزء المتدلّي (٨) *pl.* : بنطلون واسع .
slacken *(vt.; i.)* (١) يخفّف (٢) يُرْخي . × (٣) يتوانى ؛ يتراخى (٤) يَضْعُف .
slacker *(n.)* المتهرّب من عمل أو واجب .
slag *(n.)* الخُفاء : خَبَثُ المعادن أو البراكين .
slain *past part. of* slay.
slake *(vt.)* (١) يُخفّف (٢) يُروي ؛ يطفىء .
slam *(n.; vt.)* (١) فوزٌ ساحق (٢) ضربة عنيفة (٣) إغلاق بعنف § (٤) يغلق أو يضرب بعنف.
slander *(n.; vt.)* (١) افتراء § (٢) يفتري على.
slang *(n.; adj.)* (١) اللغة العاميّة § (٢) عاميّ .
slant *(vi.; t.; n.; adj.)* (١) يَميل ؛ ينحدر . × (٢) يُحَدِّر (٣) يشوّه ؛ يحرّف § (٤) انحدار (٥) مُنحدَر § (٦) مائل .
slap *(n ; vt.)* (١) صفعة (٢) إهانة (٣) ثغرة ؛ فجوة § (٤) يَصْفَع ؛ يُهين .
slash *(vt.; n.)* (١) يَشْرُط (٢) يَجْلد (٣) يشقّ § (٤) شَرْط ؛ جَرْح (٥) جُرْح (٦) شقّ طويل (في ثوب) .
slat *(n.)* شريحة ؛ قِدّة ؛ ضِلْع ؛ وُصْلة .
slate *(n.; vt.)* (١) الأردواز : صخر يسهل قطعه إلى ألواح (٢) لوح أردوازي للكتابة (٣) سجلّ (٤) قائمة مرشحين § (٥) يكسو بالأردواز.
slattern *(n.)* (١) امرأة قذرة (٢) مومس.
slaughter *(n.; vt.)* (١) قَتْل (٢) ذَبْح الماشية (٣) مَذْبَحة ؛ مَجْزَرة § (٤) يذبح .
slaughterhouse *(n.)* مَجْزَر ؛ مَسْلَخ .
Slav *(n.; adj.)* سلافيّ .
slave *(n.; adj.; vi.)* (١) الرقيق ؛ العبد (٢) الأمَة ؛ الجارية § (٣) مستعبَد § (٤) يكدح .
slaver *(n.; vi.)* (١) النخّاس (٢) سفينة النخاسة (٣) لُعابٌ سائل § (٤) يسيل لُعابُه .
slavery *(n.)* (١) كَدْح (٢) استعباد (٣) عُبودية ؛ رِقّ (٤) الاسترقاق : امتلاك الرقيق.
Slavic *(adj.)* سلافيّ : منسوب إلى السلافيين .
slavish *(adj.)* (١) رقيقيّ : متعلّق بالأرقاء (٢) خانِع (٣) حقير ؛ وضيع .
slaw *(n.)* سَلَطة الكرنب (المخرّط) .
slay *(vt.; i.)* يَقْتل ؛ يذبَح .
sled *(n.; vt.)* (١) مِزلَجة § (٢) ينقل بمزلجة.
sledge *(n.; vt.)* = sled.
sledge; -hammer *(n.)* إرزبّة ؛ مطرقة ثقيلة.
sleek *(vt.; adj.)* (١) يُملِّس ؛ يَصْقُل § (٢) أملس (٣) أملس الشعر .
sleep *(n.; vi.)* (١) نوم (٢) نُعاس § (٣) ينام .
sleeper *(n.)* (١) النائم (٢) النَّوُوم : محبّ النوم. (٣) الراقدة : عارضة خشبية (أو معدنية) تُتَّخذ دعامة لخطّ السكّة الحديدية (٤) عربة النوم « في قطار » .
sleepiness *(n.)* نُعاس ؛ وَسَن .
sleeping *(n.; adj.)* (١) نوم § (٢) نائم .
sleeping car *(n.)* عربة النوم (في قطار) .
sleepless *(adj.)* (١) أرِق ؛ قَلِق (٢) يقظ .
sleepy *(adj.)* (١) نَعْسان (٢) ناعس .
sleet *(n.)* القِطْقِط : مطرٌ نصف متجمّد.
sleeve *(n.)* (١) كُمّ ؛ رُدْن (٢) الجُلْبَة : جزء أنبوبيّ معدنيّ يكتنف قضيباً (في آلة) .
sleigh *(n.; vi.)* (١) مَرْكبة الجليد (الصورة في الصفحة التالية) § (٢) ينتقل بمركبة جليد.

sleight *(n.)* (١) حِيلة . (٢) براعة .

sleigh

sleight of hand *(n.)* خِفّةُ يد.

slender *(adj.)* (١) نحيل (٢) هزيل.

slept *past and past part. of* sleep.

sleuth *(n.)* بوليس سري .

slew *past of* slay.

slice *(n.; vt.)* (١) شريحة §(٢) يقطِّعه شرائحَ .

slick *(adj.; n.; vt.)* (١) أملس (٢) زَلِق . (٣) بارع §(٤) موضع زَلِق (٥) يملِّس.

slicker *(n.)* (١) مِمْطَر (٢) المُخادع ؛ المحتال.

slide *(vi.; t.; n.)* (١) ينزلق (٢) تنزلُ قدمُه . (٣) يزول ؛ ينقضي أو ينسلُّ من غير أن يُشْعَرَ به ×(٤) يُزلِق (٥) يدُسّ §(٦) انزلاق (٧) جزء منزلِق ؛ أداة منزلقة (٨) كتلة منزلقة (٩) منزَلَق (١٠) الشريحة المنزلقة : شريحة زجاجيّة تستخدم في الاختبار المجهري وفي الفوانيس السحرية.

slight *(adj.; vt.; n.)* (١) نحيل (٢) واهٍ (٣) تافه. (٤) هزيل §(٥) يستخفّ بـ (٦) يتجاهل (٧) يُهمل §(٨) استخفاف ؛ تجاهل ؛ إهمال .

slim *(adj.)* (١) نحيل (٢) ماكر (٣) ضئيل .

slime *(n.)* (١) طين ؛ وَحل (٢) مادّةٌ لَزِجة.

slimy *(adj.)* موحِل ؛ لَزِج ؛ غَرَوِيّ ؛ قَذِر .

sling *(vt.; n.)* (١) يَقذِف بمقلاع (٢) يرفع أو يخفض بحبل رفع أو بشبكة حبال (٣) يعلِّق ؛ يُدَلّي §(٤) مِقلاع ؛ نقّافة (٥) حبل (لرفع شيء أو خفضِه) .

slink *(vi.)* ينسلّ خِلسةً .

slip *(vi.; t.; n.)* (١) ينزلق ؛ ينساب ؛ ينسَلّ . (٢) ينقضي (٣) يغيب (عن الذاكرة) (٤) يَنِدّ (٥) يفوت ؛ يضيع (٦) ينزِل (٧) يلبس (أو يخلع) ثيابه بسرعة (٨) ينخفض ×(٩) يُزلِق (١٠) يُفلِت (١١) يخلع ؛ يطرح (١٢) يتجنّب (ضربةً) §(١٣) منزَلَقُ السفن (١٤) انسلال ؛ فرار (١٥) زلّة (١٦) حادث غير سعيد (١٧) انخفاض (١٨) قميص تحتيّ (١٩) كيس مخدّة (٢٠) قُصاصة ؛ شِقّة (٢١) طُعْم ؛ مطعوم (نباتٍ) .

slipknot *(n.)* العُقْدة المُنزلِقة .

slipper *(n.)* خُفّ ؛ شِبشِب .

slippery *(adj.)* (١) زَلِق (٢) مراوِغ أو فاسق.

slit *(vt.; n.)* (١) يَقُدّ ؛ يَشُقّ §(٢) شِقّ .

slither *(vi.)* يَسعَى كالحية .

sliver *(n.)* شَظِيّة .

slobber *(vi.)* يَرِيل ؛ يسيل لُعابه .

slogan *(n.)* (١) صرخة الحرب (٢) شِعار.

sloop *(n.)* السَّلُوب : مركب شراعيّ وحيد الصاري.

slope *(vi.; n.)* (١) يميل ؛ ينحدر §(٢) منحدَر (٣) انحدار ؛ تحدُّر.

sloppy *(adj.)* مُوحِل ؛ قَذِر .

slot *(n.)* الشَّقْب : شِقّ صغير ضيّق.

sloth *(n.)* (١) كَسَل . (٢) الكَسلان : حيوان يقيم في أشجار الغابات.

sloth

slouch *(n.; vi.)* (١) مِشية أو جِلسة أو وِقفة مترهّلة §(٢) يمشي أو يجلس أو يقف مترهِّلاً.

slough *(n.)* حَمْأة ؛ مستنقع .

slough *(vt.)* (١) يطرح (٢) ينبذ ؛ يتخلص من.

slovenly *(adj.)* (١) قَذِر (٢) مُهْمِل.

slow *(adj.; vt.; i.)* (١) غبيّ (٢) متوانٍ (٣) بطيء (٤) مملّ §(٥) يُبَطّئ ؛ يُبْطِئ.

slowly *(adv.)* ببطء ؛ بتمهّل ؛ بأناة الخ.

sludge *(n.)* (١) وَحْل (٢) قِطع جليد طافٍ .

slug *(n.; vt.)* (١) البزّاقة العريانة (٢) كتلة معدنيّة (٣) رصاصة (٤) لكمة §(٥) يلكم.

sluggard 353 smote

sluggard *(n.; adj.)* (١) الكَسلان § (٢) كَسِل.
sluggish *(adj.)* (١) كَسِل أو بليد (٢) بطيء.
sluice *(n.)* (١) سدّ ذو بوّابة (٢) بوّابة (للتحكّم بتدفق المياه) (٣) مَسِيل (لغسل الأتربة الحاملة للذهب) (٤) قناة لجرّ المياه.
slum *(n.)* حيّ الفقراء.
slumber *(vi.; n.)* (١) ينام؛ يهجع § (٢) نوم.
slumberous *(adj.)* (١) نَعسان (٢) هادىء.
slump *(vi.; n.)* (١) يسقط؛ يهبط § (٢) سقوط.
slung *past and past part. of* sling.
slunk *past and past part. of* slink.
slur *(vt.; n.)* (١) يتغاضى عن § (٢) طَعْن؛ افتراء.
slush *(n.)* (١) ثلج نصف ذائب (٢) وَحْل رقيق.
slut *(n.)* (١) امرأة قذرة (٢) بغيّ؛ مومس.
sly *(adj.)* (١) ماكر (٢) مختلس (٣) خبيث.
on the ~, خِلسةً؛ سِرّاً.
slyly *(adv.)* (١) بمكر (٢) خِلسةً (٣) بخبث.
smack *(n.; vt.)* (١) طَعْم؛ نكهة (٢) أثر. (٣) تَلَمُّظ؛ تَمَطُّق (٤) قبلة قويّة (٥) صفعة (٦) السَّماك: مركب شراعيّ § (٧) يتلمّظ (٨) يقبّل بقوة (٩) يصفع (١٠) يُعْمِل السَّوْطَ (بحيث يُحْدِث دويّاً).
small *(adj.)* (١) صغير (٢) ضعيف (٣) خفيض. (٤) زهيد؛ طفيف (٥) تافه (٦) وضيع.
smallish *(adj.)* صغير بعضَ الشيء.
smallpox *(n.)* الجُدَريّ (مرض).
small talk *(n.)* اللَّغو: محادثة حول شؤون تافهة.
smart *(vi.; adj.)* (١) يؤلم إيلاماً شديداً (٢) يتألم ألماً شديداً (٣) يستشعر وخز الندم أو لَذْع الظلم § (٤) عنيف؛ قاسٍ (٥) سريع؛ ناشط (٦) ذكيّ (٧) بارع (٨) أنيق.
smash *(vt.; i.; n.)* (١) يحطّم؛ يهشّم. (٢) يضرب بعنف × (٣) يندفع بعنف (٤) يتحطّم § (٥) تحطُّم؛ انهيار (٦) اصطدام عنيف (٧) إخفاق؛ خيبة (٨) إفلاس.
smashup *(n.)* (١) انهيار تامّ (٢) تصادم سيارتين.
smattering *(n.)* معرفة سطحيّة.
smear *(n.; vt.)* (١) لطخة § (٢) يلطّخ؛ يلوّث.
smell *(vt.; i.; n.)* (١) يشَمّ × (٢) تفوح منه رائحة كذا (٣) يكون أو يصبح كريه الرائحة § (٤) شمّ (٥) رائحة.
smelly *(adj.)* (١) ذو رائحة (٢) كريه الرائحة.
smelt *past and past part. of* smell.
smelt *(n.; vt.)* (١) الهِفّ: سمك بحريّ صغير. § (٢) يصهر (٣) ينقّي (المعادن) بالصَّهر.
smelter *(n.)* (١) صاهر المعادن (٢) مَصْهَر.
smile *(vi.; n.)* (١) يبتسم § (٢) ابتسامة؛ بَسْمة.
smirch *(vt.; n.)* (١) يلطّخ؛ يلوّث § (٢) لطخة.
smirk *(vi.)* يتكلّف الابتسام.
smite *(vt.)* (١) يضرب بقوّة (٢) يبتلي بـ.
smith *(n.)* (١) الصائغ (٢) الحدّاد (٣) الصانع.
smithereens *(n.pl.)* فُتات؛ كِسَر.
smithy *(n.)* (١) دكان الحدّاد (٢) الحداد.
smitten *(adj.)* مصاب أو مبتلى بـ.
smock *(n.)* السَّمَق: ثوب خارجي فضفاض.
smoke *(n.; vi.; t.)* (١) دُخان § (٢) يدخّن: ينبعث منه دخان × (٣) يدخّن (التبغ) (٤) يعالج بالتعريض للدخان.
smoker *(n.)* المُدَخِّن.
smokestack *(n.)* مِدْخَنَة.
smoky *(adj.)* (١) كثير الدخان (٢) دُخانيّ: شبيه بالدُّخان (٣) أدخَن: بلون الدخان.
smolder *(vi.; n.)* (١) يحترق ويدخِّن من غير لهب (٢) يكمن؛ يستكنّ § (٣) دخان.
smooth *(adj.; vt.)* (١) أملَس؛ ناعم. (٢) متدفّق (٣) هادىء؛ لطيف؛ سلِس § (٤) يملّس (٥) يهدّىء؛ يلطّف (٦) يمهّد.
smote *past of* smite.

smother 354 **snowstorm**

smother (*n.; vt.; i.*) (١)دخان خانق §(٢)يخنق بالدخان (٣) يُخمِد ؛ يكتم (سرّاً)(٤)يكبح (غضبه) (٥) يغطي بكثافة ×(٦)يختنق.

smoulder (*vi.; n.*) = smolder.

smudge (*n.*) (١)لطخة (٢)دخان خانق.

smug (*adj.*) (١)أنيق ؛ نظيف (٢)معتدّ بنفسِه .

smuggle (*vt.; i.*) يُهرِّب (البضائع) .

smut (*n.*) (١) سِناج ؛ سُخام (٢)السُّناج : داء من أمراض النبات (٣) كلام بذيء .

smutty (*adj.*) (١)قَذِر (٢)ملوَّث بالسُّخام.

snack (*n.*) وجبة خفيفة .

snack bar (*n.*) مطعم الوجبات الخفيفة .

snaffle (*n.; vt.*) (١)شَكيمة §(٢)يَشكُم.

snag (*n.*) (١) الجِذْل : بقية الغصن المقطوع (وبخاصة في قاع النهر) (٢)عقَبة خفيّة .

snail (*n.*) حلَزُون ؛ بزّاقة .

snake (*n.*) حيّة ؛ ثعبان ؛ أفعى .

snaky (*adj.*) (١)أفعوانيّ (٢)سامّ ؛ غادر .

snap (*vi.; t.; n.*) (١)يعَضّ (٢)ينطق بكلمات لاذعة (٣) ينقطع أو يتقصف فجأة (٤) يفرقع ؛ يُطقطِق (٥) ينغلق بحركة مفاجئة (٦) يَقْدح ×(٧) ينهش ؛ ينتزع ؛ يختطف (٨) يُدير أو ينزع بحركة مفاجئة §(٩) عضّ ؛ إطباق ؛ نَهْش الخ . (١٠) انقصاف (١١) فرقعة (١٢) كلام أو جواب موجز حادّ (١٣) فترة قصيرة من الطقس الرديء (١٤) إبزيم (١٥) بسكويتة (١٦)لقطة فوتوغرافيّة (١٧)نشاط ؛ خفة .

snappish (*adj.*) (١)نزِق ؛ فظّ (٢)عضّاض.

snapshot (*n.*) لقطة (فوتوغرافيّة) .

snare (*n.; vt.*) (١)شَرَك §(٢)يوقع في شرك.

snarl (*vt.; i.; n.*) (١) يُشابِك ؛ يُعقِّد ×(٢)يتشابك ؛ يتعقّد (٣)يزمجر §(٤)زمجرة.

snatch (*vi.; t.; n.*) (١)يحاول الإمساك بشيء ×(٢)ينتزع ؛ يختطف (٣) ينزع ؛ يخلع (٤)ينتهز (فرصة) §(٥)انتزاع ؛ اختطاف الخ. (٦)فترة قصيرة (٧) نُتْفة .

sneak (*vi.; t.; n.*) (١)يَنسَلّ ؛ يتسلّل (٢)ينمّ على زملائه §(٣)المتسلّل (٤)انسلال ؛ تسلّل.

sneer (*vi.; n.*) (١)يسخر من §(٢)سُخرية.

sneeze (*vi.; n.*) (١)يَعْطِس §(٢)عَطْسة .

snicker (*vi.*) يضحك (ضحكاً نصف مكبوت).

sniff (*vi.; t.; n.*) (١) يتنشّق ×(٢) يشمّ §(٣) نَشْقة .

sniffle (*vi. n.*) = snuffle.

snigger (*vi.*) = snicker

snipe

snip (*vt.; n.*) (١) يقُصّ §(٢)قَصّ (٣)قُصاصة.

snipe (*n.*) الشُنُقُب ؛ الجُهْلُول(طائر) .

snippet (*n.*) (١)قُصاصة (٢) *pl.* : نُتَف.

snivel (*vi.*) (١)يسيل أنفُه (٢)يتباكى .

snob (*n.*) النَّفّاج : المقلّد لمن يعتبرهم أرقى منه والمتكبّر على من يعتبرهم أدنى منه .

snobbery (*n.*) التَّنَفُّجيّة : سلوك النفّاجين.

snobbish (*adj.*) متنفّج : مميِّز للنفّاج أو لائق به.

snoop (*vi.; n.*) (١)يستطلع بتطفل §(٢)المتطفّل.

snooze (*vi.; n.*) (١)يأخذ غفوة §(٢)غفوة.

snore (*vi.; n.*) (١)يغطّ (في نومه) §(٢)غطيط .

snort (*vi.; n.*) (١) يَشْخِر (٢) يَصْهل §(٣)شخير (٤) صهيل .

snout (*n.*) (١)فِنطيسة ؛ خَطْم (٢)أنف.

snow (*n.; vi.*) (١)ثلج §(٢)تُثلج (السماءُ) .

snowdrift (*n.*) ثلج تكدّسه الرّيح أو تسوقه.

snowdrop (*n.*) زهرة اللبن الثلجيّة (نبات) .

snowfall (*n.*) تساقُط الثلج أو معدّله.

snowflake (*n.*) الكِسْفة أو النُدْفة الثلجية.

snowstorm (*n.*) العاصفة الثلجيّة .

sociable *(adj.)* (١) اجتماعيّ النزعة ؛ محبّ للاختلاط بالآخرين (٢) أنيس ؛ حُلْوُ العِشرة.
social *(adj.; n.)* (١) اجتماعيّ § (٢) حفلة أُنس.
socialism *(n.)* الاشتراكيّة.
socialist *(n.; adj.)* اشتراكيّ.
society *(n.)* (١) عِشْرَة (٢) جمعيّة (٣) مجتمع.
sociology *(n.)* السوسيولوجيا ؛ عِلم الاجتماع.
sock *(n.)* السُّوك : جورب قصير.
socket *(n.)* تجويف ؛ مَحْجِر ؛ مَغْرِز ؛ حُق.
sod *(n.)* (١) مَرْج (٢) الطبقة العليا من التربة.
soda *(n.)* الصودا.
soda water *(n.)* (١) ماء الصودا (٢) كازوز.
sodden *(adj.)* (١) مخبَّل (٢) غبيّ ؛ متبلّد (٣) مشبَع بالماء (٤) فطير ؛ غير تام الخَبْز.
sodium *(n.)* الصوديوم.
sodium chloride *(n.)* الملح ؛ ملح الطعام.
soever *(adv.)* (١) مَهما يكن (٢) على الاطلاق.
sofa *(n.)* الأريكة : كَنَبَة طويلة.
soft *(adj.)* (١) مريح (٢) غير مسكِر (٣) ناعم ؛ أملس (٤) معتدل ؛ عليل (٥) رائق (٦) هيِّن (٧) ليِّن ؛ طريّ (٨) غير حادّ (٩) رقيق (١٠) حسّاس (١١) متساهل ؛ غير قاسٍ.
soften *(vt.; i.)* (١) يُليِّن ؛ يُطرّي × (٢) يلين.
soft goods *(n.pl.)* أقمشة ؛ منسوجات.
softly *(adv.)* (١) بِلين ؛ برِفق (٢) بهدوء.
soggy *(adj.)* (١) نَديّ (٢) فطير.
soil *(vt.; i.; n.)* (١) يلوِّث ؛ يوسِّخ × (٢) يتلوَّث ؛ يتّسِخ § (٣) لطخة (٤) تُرْبَة (٥) وطن.
soiree *or* **soirée** *(n.)* سهرة ؛ حفلة ساهرة.
sojourn *(n.; vi.)* (١) المُقام : إقامة موقّتة § (٢) ينزل أو يُقيم موقّتاً.
sol *(n.)* (١) *cap.* : الشمس (٢) الذهب.
solace *(n.; vt.)* (١) عزاء § (٢) يُعزّي.
solar *(adj.)* شَمْسِيّ.

snowy *(adj.)* (١) ثلجيّ (٢) ثلجيّ البياض.
snub *(vt.; n.; adj.)* (١) يزْجُر ؛ ينتهر (٢) يُوقِف فجأةً (٣) يطفىء بسَحْق العَقِب § (٤) زَجْر ؛ إيقاف § (٥) أفطس.
snuff *(n.; vt.)* (١) الزُّهْلُق : الجزء المحترق من فتيل الشمعة (٢) تَنَشُّق (٣) سَعُوط § (٤) يتنشّق (٥) يَشُمّ (٦) يطفىء.
snuffle *(vi.; n.)* (١) يتنشّق أو يتنفّس بصوت مسموع (٢) يَخِنّ ؛ يتكلّم من أنفه § (٣) تنشّق أو تنفّس بصوت مسموع (٤) خُنّة.
snug *(adj.)* (١) مُحكَم التفصيل (٢) مُريح ؛ دافىء (٣) مُستكِن ؛ ناعم بالدفء (٤) كافٍ (٥) محجوبٌ عن الأنظار.
snuggle *(vi.)* يتضامّ التماساً للدفء.
so *(adv.; conj.; adj.; pron.)* (١) هكذا (٢) إلى هذا الحدّ (٣) جداً (٤) وبالتالي § (٥) لكي § (٦) صحيح § (٧) نحو ذلك.
and ~ forth; and ~ on. وهلمّ جرّاً.
~ far. (١) حتى الآن (٢) إلى هذا الحدّ.
~ long as طالما ؛ شرْطَ أنْ.
soak *(vi.; t.; n.)* (١) ينْقَع × § (٢) ينقع (٣) يمتصّ § (٤) نَقْع ؛ انتقاع الخ.
soap *(n.; vt.)* (١) صابون § (٢) يصوِّبن (٣) يتملق.
soapsuds *(n.pl.)* رغوة الصابون.
soar *(vi.)* يحلّق أو يحوم (في الجوّ).
sob *(vi.; n.)* (١) ينْشِج § (٢) نَشيج ؛ تَنَهُّد.
sober *(adj.)* (١) رزين ؛ وقور (٢) مقتصد في تناول الشراب (٣) صاحٍ ؛ غير ثَمِل (٤) هادىء (٥) مُتَّزِن.
sobriety *(n.)* رزانة ؛ رصانة الخ.
sobriquet *(n.)* (١) اسم مستعار (٢) لقب.
so-called *(adj.)* (١) المعروف بـ (٢) المزعوم.
soccer *(n.)* لعبة كرة القدم.

solar system *(n.)* النظام الشمسي .

sold *past and past part. of* sell.

solder *(n.; vt.)* (١) سبيكة لِحام § (٢) يَلحُم .

soldier *(n.; vi.)* (١) جندي § (٢) يخدم في الجندية .

soldierly *(adj.)* باسل ؛ بطوليّ .

soldier of fortune الجنديّ المرتزق أو المغامر .

soldiery *(n.)* جُنْد ؛ جماعة من الجُنْد .

sole *(n.; vt.; adj.)* (١) نَعْل (٢) أخمص القدم (٣) سمك موسى § (٤) يُنْعِل ؛ يجعل له نعلاً § (٥) وحيد (٦) فَرْد .

solecism *(n.)* اللحن ؛ الخطأ النحوي .

solely *(adv.)* (١) وَحدَهُ (٢) فقط (٣) كُلّيّةً .

solemn *(adj.)* جليل ؛ مَهيب ؛ وقور ؛ كئيب .

solemnity *(n.)* (١) إجلال (٢) وقار ؛ رزانة .

solicit *(vt.)* (١) يَلْتَمِس (٢) يُغْوِي .

solicitor *(n.)* (١) المُلتمس (٣) المحامي .

solicitous *(adj.)* (١) قَلِق ؛ جَزِع (٢) تَوّاق .

solicitude *(n.)* (١) قَلَق (٢) هَمّ .

solid *(adj.; n.)* (١) مُصْمَت ؛ غير أجوف (٢) متواصل (٣) مُجسَّم (٤) صُلْب ؛ جامد ؛ متين (٥) وجيه ؛ حكيم (٦) إجماعيّ (٧) موحَّد الكلمة § (٨) المجسَّم (٩) مادّة صلبة .

solidarity *(n.)* التكافل ؛ التماسك .

solidify *(vt.; i.)* يجعله (أو يصبح) صُلباً الخ .

solidity *(n.)* صُموت ؛ صلابة ؛ متانة الخ .

soliloquize *(vi.; t.)* يناجي نفسه ؛ يقول لنفسه .

soliloquy *(n.)* مناجاة النفس : مناجاة المرء نفسَه .

solitary *(adj.)* معتزِل ؛ منفرِد ؛ منعزل ؛ وحيد .

solitude *(n.)* (١) عُزْلَة ؛ انعزال (٢) قَفْر .

solo *(n.; adv.; adj.)* (١) الغُصْن : لحن يؤدّيه مُغنٍّ واحد أو آلة واحدة (٢) طيران أو رقص منفرد § (٣) منفرداً (٤) وحيداً § (٥) منفرد .

solstice *(n.)* الانقلاب الشمسيّ (فلك) .

solubility *(n.)* قابليّة الذوبان أو الحلّ .

soluble *(adj.)* قابلٌ للذوبان أو الحلّ .

solution *(n.)* (١) حلّ ؛ جواب (٢) إذابة (٣) انحلال ؛ ذوبان (٤) محلول ؛ ذَوْب .

solvability *(n.)* قابليّة الحلّ والتفسير .

solvable *(adj.)* قابلٌ للحلّ أو التفسير .

solve *(vt.)* (١) يَحُلّ (مسألةً) (٢) يسدّد ديْناً .

solvency *(n.)* الإيفائيّة : القدرة على إيفاء الديون .

solvent *(adj.; n.)* (١) مِيفاء : قادر على إيفاء جميع الديون (٢) مُذِيب § (٣) مادة مُذيبة .

somber *or* **sombre** *(adj.)* (١) مُعتِم (٢) كئيب (٣) داكن اللون .

sombrero *(n.)* الصَّمبَريرة : قبّعة مكسيكية .

sombrero

some *(adj.; pron.; adv.)* (١) ما (٢) بعض ؛ بضعة ؛ بضع (٣) هامّ ؛ رائع § (٤) بعض § (٥) حوالى ؛ نحو .

somebody *(pron.; n.)* (١) شخص ما § (٢) شخص ذو شأن .

someday *(adv.)* يوماً ؛ يوماً ما (في المستقبل) .

somehow *(adv.)* بطريقة ما ؛ بطريقة أو بأخرى .

someone *(pron.)* شخصٌ ما .

somersault *(n.; vi.)* (١) الشَّقْلَبَة : حركة بهلوانيّة يقلب فيها المرء عقبيه فوق رأسه (٢) انقلاب تامّ (في الرأي الخ.) § (٣) يتشقلب .

something *(n.)* شيء ؛ شيءٌ ما .

sometime *(adv.; adj.)* (١) يوماً ما ؛ في وقت ما في المستقبل (٢) في يوم غير محدَّد § (٣) سابق .

sometimes *(adv.)* أحياناً ؛ بين الفينة والفينة .

somewhat *(n.; adv.)* (١) بعض ؛ جزء (٢) شخص أو شيء ذو شأن § (٣) إلى حدّ ما .

somewhere *(adv.; n.)* (١) في مكان ما (٢) إلى مكان ما (٣) تقريباً § (٤) مكانٌ ما .

somnambulism *(n.)* السير أثناء النوم .

somnambulist *(n.)* المُسَرْنِم : السائر وهو نائم .

somnolence; somnolency *(n.)* نُعاس .
son *(n.)* ابن ؛ ولد .
sonata *(n.)* السّوناتة : لحن موسيقيّ .
song *(n.)* (١) غناء (٢) شِعر (٣) أغنية.
songbird *(n.)* (١)طائرٌ غِرّيد (٢) مُغنّية .
songster *(n.)* (١) المُغنّي (٢)ناظم الأغاني.
son-in-law *(n.)* الصِّهر : زوج الابنة .
sonnet *(n.)* السّونيتة : قصيدة تتألف من ١٤ بيتاً.
sonorous *(adj.)* مصوت؛ جَهْوَريّ؛ طنّان.
sonship *(n.)* بُنوّة .
soon *(adv.)* (١)قريباً (٢)عاجلاً (٣)باكراً.
sooner or later *(adv.)* عاجلاً أو آجلاً.
soot *(n.; vt.)* (١)سُخام §(٢)يلوّث بالسُّخام.
soothe *(vt.)* (١)يُهدّئ (٢)يُسكّن ؛ يلطّف.
soothsayer *(n.)* المتكهّن ؛ المتنبّىء ؛ العرّاف.
sooty *(adj.)* (١)سُخاميّ (٢)أسخم (٣)قاتم .
sop *(n.; vt.)* (١)الغَميسة : قطعة من خبز تغمس في سائل ما قبل أكلها (٢)رَشْوة §(٣)يَغمِس (٤) يمسَح ؛ يزيل بالامتصاص.
sophism *(n.)* (١)مغالطة (٢) سفسطة .
sophist *(n.)* (١) المغالط (٢) السّوفسطائيّ .
sophistic; -al *(adj.)* سوفسطائيّ .
sophistry *(n.)* (١)سَفسطة (٢) مُغالطة .
sophomore *(n.)* الطالب في السنة الثانية من كلية.
soporific *(adj.; n.)* (١)منوِّم (٢) مخدِّر.
soprano *(n.)* (١)النّديّ: الصوت الأعلى عند النساء والأولاد (٢) صاحب هذا الصوت .
sorcerer *(n.)* الساحر ؛ المُشَعْوِذ .
sorceress *(n.)* الساحرة ؛ المُشَعْوِذة .
sorcery *(n.)* سِحْر ؛ شَعْوَذة .
sordid *(adj.)* (١)قَذِر (٢)خسيس (٣)بخيل.
sore *(adj.; n.)* (١)مؤلم (٢)متقرّح (٣)شديد؛ ماسّ (٤) متألّم (٥)مُغْضَب §(٦)قَرْح؛ قَرْحة (٧) بلاء؛ بلوى .
sorely *(adv.)* (١)على نحوٍ مُوجِع (٢)جداً.
sorghum *(n.)* السَّرْغوم : نبات كالذُّرة.
sorority *(n.)* نادٍ للفتيات أو النساء .
sorrel *(n.)* (١)فَرَس الخ. أسمر مُحْمَرّ (٢)لون أسمر مُحْمَرّ (٣) الحُمّاض (نبات) .
sorrow *(n.; vi.)* (١)حزن؛ أسىً (٢)مِحنة . (٣) أسفٌ (٤) الضرّاء §(٥) يَحزَن .
sorrowful *(adj.)* (١) حَزين (٢) مُحزِن.
sorry *(adj.)* (١)حزين (٢)آسِف (٣)مُوْسِف؛ فاجع (٤) تافه؛ يُرْثى له .
sort *(n.; vt.)* (١) نوع (٢)طريقة ؛ أسلوب (٣)طبيعة؛ مزاج §(٤) يَفْرز ؛ يصنّف.
out of ~s مَغيظ أو منحرف المزاج.
sortie *(n.)* (١) غارة المحاصَرين (٢) هجمة.
so-so *(adv.; adj.)* بين ؛ بين .
sot *(n.)* السكّير : مُدْمِن الخمر .
sottish *(adj.)* (١)أبلَه (٢)ثَمِل؛ سكران .
soubrette *(n.)* ممثلة تقوم بدور الفتاة المغناج .
sough *(vi.; n.)* (١)يئِنّ §(٢)أنين .
sought *past and past part. of* seek.
soul *(n.)* (١)نَفْس (٢)روح (٣)حيويّة؛ نشاط .
soulful *(adj.)* عاطفيّ أو مُفعَم بالعاطفة .
soulless *(adj.)* عديم النفس أو الحيوية أو النشاط .
sound *(adj.)* (١) سليم؛ صحيح (٢) راسخ؛ ثابت؛ متين (٣) دقيق؛ مضبوط (٤) شرعيّ (٥) تامّ (٦)عميق (٧) عنيف (٨)موثوق .
sound *(n.)* (١)صوت (٢)ضجة (٣)معنى؛ مغزى (٤) مضيق (٥) لسان بحريّ داخلٌ في البرّ (٦)المثانة الهوائية (في الأسماك) (٧)مِسبار طبّيّ.
sound *(vi.; t.)* (١)يصوّت (٢)يترجّع؛ يتردّد (٣) يبدو (٤) يدرس أو يبحث إمكانية كذا ×(٥) يقرع؛ يعزف (٦) يلفظ (٧) يعلن؛ يذيع (٨) يفحص (عضواً) بجعله يُطلِق صوتاً (٩) يَسْبُر (١٠) يستطلع الآراء .

soundless *(adj.)* (١) لايُسْبَرغَوْرُه (٢) صامت
soundly *(adv.)* (١) على نحو سليم أو صحيح الخ. (٢) عميقاً (٣) تماماً (٤) بعنف.
soundproof *(adj.)* عازلٌ للصوت.
soup *(n.)* (١) حِساء (٢) مأزِق؛ ورطة.
sour *(adj.; vi.; t.)* (١) حامض (٢) رائب. (٣) فاسد (٤) بغيض (٥) شَكِس ؛ نكِد §(٦) يتحمّض ؛ يَفسد (٧) يصبح شكِساً أو نَكِداً ×(٨) يحمِّض ؛ يُفسِد (٩) يُغْضِب.
source *(n.)* (١) منبع (٢) أصل (٣) مَصْدر.
souse *(vt.; n.)* (١) يُخَلِّل ؛ ينقع في الخَلّ. (٢) يغْمُر ؛ يَنْقَع §(٣) سمك أو لحم خنزير مُخَلَّل (٤) محلول تخليل (٥) تخليل؛ نَقْع.
south *(adv.; adj.; n.)* (١) جنوباً؛ نحو الجنوب. §(٢) جنوبيّ §(٣) الجنوب.
southeast *(adv.; adj.; n.)* (١) في أو نحو الجنوب الشرقيّ §(٢) جنوبيّ شرقيّ §(٣) الجنوب الشرقيّ.
southeaster *(n.)* الريح الجنوبيّة الشرقيّة.
southeastern *(adj.)* جنوبيّ شرقيّ.
southerly *(adj.)* جنوبيّ.
southern *(adj.; n.)* جنوبيّ.
Southerner *(n.)* الجنوبيّ: أحد أبناء الجنوب.
southward *(adv.; adj.; n.)* (١) جنوباً؛ نحو الجنوب §(٢) جنوبيّ §(٣) الجنوب.
southwards *(adv.)* جنوباً؛ نحو الجنوب.
southwest *(adv.; adj.; n.)* (١) إلى أو في الجنوب الغربي §(٢) جنوبيّ غربيّ §(٣) الجنوب الغربيّ.
southwester *(n.)* الريح الجنوبيّة الغربيّة.
southwestern *(adj.)* جنوبيّ غربيّ.
souvenir *(n.)* تَذْكار.
sovereign *(n.; adj.)* (١) مليك ؛ مَلِكَة. (٢) السُّفْرَن: جنيه انكليزي ذهبيّ §(٣) مسيطر؛ مهيمن (٤) مطلَق (٥) مستقلّ؛ ذو (أو ذات) سيادة (٦) رئيسيّ (٧) فعّال (٨) سائد.
sovereignty *(n.)* (١) سلطة عليا (٢) سيادة؛ استقلال (٣) دولة ذات سيادة.
soviet *(n.; adj.)* (١) السوفيات: مجلس حكوميّ منتَخَب في بلد شيوعيّ §(٢) سوفياتيّ.
sow *(n.)* الخِنْزيرة: أنثى الخنزير.
sow *(vi.; t.)* (١) يَبْذُر (الحَبَّ) ×(٢) يزْرَع. (٣) يَنشر؛ يوزِّع (٤) يُثير.
sown *past part. of* sow.
soy *(n.)* (١) صلصة فول الصويا (٢) فول الصويا.
soya; soybean *(n.)* فول الصويا.
spa *(n.)* (١) ينبوع مياه معدنيّة (٢) فندق أو مُنْتَجَعٌ مُتْرَف.
space *(n.; vt.)* (١) فَتْرَة ؛ مُدّة (٢) مسافة؛ مساحة (٣) مدى؛ سعة (٤) حيِّز ؛ مكان ؛ فُسحة (٥) الفضاء (٦) محلّ (في طائرة الخ.) §(٧) يباعد (بين الكلمات الخ.).
spacious *(adj.)* رَحْب؛ فسيح؛ واسع؛ شامل.
spade *(n.)* (١) مِسْحاة ؛ رَفْش ؛ مجراف. (٢) البستوني (في ورق اللعب) أو الشدّة.
spaghetti *(n.)* السباغيتي: معكرونة طويلة رفيعة.
span *(n.; vt.)* (١) شِبْر (٢) امتداد ؛ اتساع ؛ وبخاصة: مدة حياة المرء على الأرض (٣) الباع: المسافة بين دعامتَي قنطرة (٤) القرينان: بغلان أو فَرَسان قُرِن أحدهما إلى الآخر §(٥) يقيس (٦) يمتدّ فوق كذا.
spangle *(n.; vt.)* (١) التَّرْتِرة؛ اللَّمْعَة: واحدة التَّرتِر أو اللُّمَع أو «البرق» §(٢) يوشّي بالتَّرْتِر.
Spaniard *(n.)* الأسباني: أحد أبناء اسبانيا.
spaniel *(n.)* السَّبَنْيَليّ: كلب صغير.
Spanish *(n.; adj.)* (١) الاسبانيّة: اللغة الاسبانيّة (٢) الشعب الاسبانيّ §(٣) اسبانيّ.
spank *(vt.)* يَصْفَع، وبخاصة على الكَفَل.

spanking 359 specter

spanking *(adj.)* رشيق ؛ نشيط .

spanner

spanner *(n.)* مفتاح ربط أو صمولة .

spar *(n.; vi.)* (١) السارية ؛ الصاري . §(٢) يتصارع (٣) يتجادل ؛ يتشاحن .

spare *(vt.; adj.; n.)* (١) يصفح عن . (٢) يستبقي ؛ يبقي على (٣) يستثني (٤) يوفّر على (٥) يوفّر (٦) يجتنب (٧) يستغني عن §(٨) احتياطيّ ؛ إضافيّ (٩) فائض (١٠) مقتصِد (١١) نحيل (١٢) ضئيل §(١٣) دولاب (سيّارة) إضافيّ (١٤) قطعة غيار .

sparing *(adj.)* (١) مقتصِد (٢) هزيل ؛ ضئيل .

spark *(n.; vi.)* (١) شرارة (٢) ومضة (٣) جرثومة . (٤) ذرّة (٥) فتى شديد التأنّق ؛ زير نساء §(٦) يُرْسِل أو يُحْدِث شرراً .

sparkle *(vi.; n.)* (١) يُطلِق شرراً (٢) يتلألأ . (٣) يتألّق (٤) يفور §(٥) شرارة (٦) أثرٌ ضئيل .

spark plug

spark plug *(n.)* الشمعة : شمعة الإشعال (في السيارات) .

sparrow *(n.)* العصفور ؛ الدّوريّ .

sparse *(adj.)* متفرّق ؛ متناثر .

spasm *(n.)* (١) تشنّج (٢) نوبة (٣) فورة نشاط .

spasmodic *(adj.)* (١) تشنّجيّ (٢) متقطّع .

spat *past and past part. of* spit.

spat *(n.; vi.)* (١) بَيض المحار (٢) صغار المحار (٣) *pl.* : طِماق الكاحِل (٤) مشاجرة §(٥) يتشاجر .

spats 3

spate *(n.)* (١) فيضان (٢) فيْض . (٣) انفجار .

spatial *(adj.)* (١) حيّزيّ ؛ مكانيّ (٢) فضائيّ .

spatter *(vt.)* (١) يرشّش ؛ «يطرطش» . (٢) ينثر بالترشيش (٣) يبقّع : يكسو بالبُقَع

spatula *(n.)* المِلْوَق ؛ المِبسَط ؛ سكّين الصيدليّ .

spawn *(vt.; n.)* (١) تضع السمكةُ بيضها . (٢) يُحْدِث §(٣) بيض السمك (٤) نِتاج .

speak *(vi.)* (١) يتكلّم (٢) يخطب ؛ يُلقي خطاباً .

so to ~, إذا جاز التعبير .

speakeasy *(n.)* حانة (غير مرخّص بها) .

speaker *(n.)* (١) المتكلّم ؛ الخطيب (٢) رئيس المجلس (٣) مكبّر الصوت .

spear *(n.; vt.; i.)* (١) رمح (٢) حربة §(٣) يطعن

spearhead *(n.)* السِّنان : نَصْل الرمح .

spearmint *(n.)* النَّعْنَع ؛ النَّعناع (نبات) .

special *(adj.; n.)* (١) خاص ؛ خصوصيّ . §(٢) الخاصّ (ضد : العامّ) .

specialist *(n.)* الاختصاصيّ (في عمل أو علم ما)

specialize *(vt.; i.)* يُخصِّص ؛ يتخصّص .

specially *(adv.)* (١) خِصّيصاً (٢) خصوصاً .

specialty *(n.)* (١) الخاصّيّة : صفة مميّزة . (٢) سلعة فريدة أو ممتازة (٣) حقل اختصاص .

specie *(n.)* نقد أو عملة مسكوكة .

species *(n.)* (١) صِنف (٢) النّوع (بيولوجيا) .

specific *(adj.; n.)* (١) معيّن (٢) دقيق . (٣) خاص ؛ مميِّز (٤) نوعيّ : فعّال في معالجة مرض معيّن §(٥) العلاج النوعيّ .

specifically *(adv.)* على وجه التخصيص .

specification *(n.)* (١) تخصيص ؛ تعيين ؛ تفصيل (٢) مواصفة ؛ مواصفات (٣) بند خاص .

specific gravity *(n.)* الثِّقل النّوعيّ (فيزياء) .

specify *(vt.)* يخصّص ؛ يعيّن ؛ يفصّل .

specimen *(n.)* (١) عيّنة ؛ نموذج (٢) شخص .

specious *(adj.)* خادع ؛ غرّار ؛ حَسَن المظهر .

speck *(n.; vt.)* (١) بُقْعَة ؛ لطخة (٢) ذرّة ؛ مقدار ضئيل جداً §(٣) يبقّع .

speckle *(n.; vt.)* (١) بُقَيْعَة ؛ نقطة §(٢) ينقّط

spectacle *(n.)* (١) مشهد (٢) *pl.* : نظارات .

spectacular *(adj.)* دراماتيكيّ ؛ مثير ؛ مُذْهِل .

spectator *(n.)* المُشاهِد ؛ المتفرِّج .

specter *or* **spectre** *(n.)* شَبَح .

spectral *(adj.)* (١) شَبَحِيّ (٢) طَيْفِيّ (ضوء)

spectroscope *(n.)* منظار التحليل الطيفيّ.

spectrum *(n.)* pl. **-tra**. الطيف (في الضوء)

speculate *(vi.)* (١) يتأمّل (٢) يضارب.

speculation *(n.)* (١) تأمُّل (٢) مضاربة.

speculative *(adj.)* (١) تأمّليّ (٢) مضارِب. (٣) مُتَّسِم بطابع المضاربة.

sped *past and past part. of* speed.

speech *(n.)* (١) كلام (٢) خُطبة ؛ خطاب.

speechless *(adj.)* (١) أبكم ؛ أخرس (٢) صامت

speed *(n.; vi.; t.)* (١) سرعة § (٢) يوفَّق ؛ ينجح. (٣) يُسْرِع × (٤) يسرِّع ؛ يعجّل (٥) يُطلِق.

speedily *(adv.)* (١) بسرعة (٢) قريباً جداً.

speedometer *(n.)* عدّاد السرعة (في سيّارة).

speedway *(n.)* طريق لسباق السيارات الخ.

speedwell *(n.)* زهرة الحواشي (نبات).

speedy *(adj.)* سريع ؛ عاجل.

spell *(n.; vt.)* (١) رُقْيَة (٢) سِحْر (٣) دور ؛ نوبة (٤) فترة (٥) نوبة (سعالٍ الخ.) § (٦) يتهجّى (لفظةً) (٧) يرسم الكلمةَ (إملائياً) (٨) يؤلّف (٩) يعني (١٠) يتناوب.

spellbinder *(n.)* المتحدث أو الخطيب الساحر.

spellbound *(adj.)* مسحور.

speller *(n.)* (١) المتهجّي (٢) كتاب التهجّي.

spelling *(n.)* تهجئة ؛ هجاء.

spelt *past and past part. of* spell.

spend *(vt.)* (١) يُنْفِق (٢) يقضي (٣) يضحي بـ

spendthrift *(n.; adj.)* (١) المبذِّر § (٢) مبذِّر.

spent *past and past part. of* spend.

sperm *(n.)* المَنِيّ : السائل المنويّ.

spermatozoon *(n.)* pl. **-zoa**. الحُيَيّ المنويّ.

spew *(vi.; t.; n.)* (١) يتقيأ § (٢) قيء.

sphere *(n.)* (١) كُرَة ؛ جسم كُرَويّ (٢) نجم ؛ كوكب سيّار (٣) دنيا ؛ عالم ؛ مجال.

spherical *(adj.)* كُرَوِيّ ؛ كُرِّيّ.

spheroid *(n.)* الكُرَواني : جسم شبيه بالكرة.

sphinx *(n.)* (١) السفينكس : كائن خرافيّ له جسم أسد، وأجنحة، ورأس امرأة وصدرها (٢) أبو الهَوْل.

sphinx 1.

spice *(n.; vt.)* (١) تابل. (٢) طِيب § (٣) يتبّل.

spicule; spiculum *(n.)* شوكة.

spicy *(adj.)* (١) تابليّ ؛ كثير التوابل (٢) مفعَم بالحيويّة (٣) لاذع (٤) بذيء (٥) غير محتشِم.

spider *(n.)* (١) عنكبوت (٢) مِقلاة.

spigot *(n.)* (١) سِدادة ؛ سِطام (٢) حنفيّة.

spike *(n.)* (١) الرَّزّة : مسمار ضخم (٢) أحد النتوءات المعدنيّة في النعل (لمنع الانزلاق) (٣) سنبلة (٤) عنقود زهريّ طويل.

spiked *(adj.)* (١) مُسَنْبَل (٢) شائك.

spiky *(adj.)* شائك : ذو رأس ناتىء حادّ.

spill *(vt.; i.)* (١) يسفح ؛ يريق (٢) يجعله يتناثر. (٣) يُسقِط × (٤) يُراق ؛ يتناثر (٥) يَسقط.

spillway *(n.)* قناة (لتصريف فائض المياه).

spilt *past and past part. of* spill.

spin *(vi.; t.)* (١) يَغْزِل (٢) يَنْسج (٣) يدوِّم ؛ يدور بسرعة (٤) يهبط لولبياً بسرعة × (٥) يُدير ؛ يجعله يدور.

to ~ a yarn يلفّق قصّة.

spinach *(n.)* الاسفاناخ ؛ السبانخ (نبات).

spinal *(adj.)* فَقَرِيّ ؛ شوكيّ.

spindle *(n.)* (١) مِغْزَل ؛ وَشيعة (٢) عمود دوران ؛ محور دوران (ميكانيكا).

spindling; spindly *(adj.)* طويل ؛ نحيل.

spine *(n.)* (١) العمود الفقري (٢) شوكة ؛ نتوء.

spinning *(n.)* (١) غَزْل (٢) دوران سريع.

spinning wheel *(n.)* المِغْزَل ؛ دولاب الغَزْل.

spinster *(n.)* (١) الغزّالة (٢) العانس.

spiny *(adj.)* (١) شائك (٢) شوكيّ.

spiral *(adj.; n.; vi.)* (١) لولبيّ؛ حلزونيّ. §(٢) لولب §(٣) يتخذ سبيلاً لولبياً.

spire *(n.)* (١) ورقة عشب (٢) ذروة. (٣) بُرج؛ قمة مستدقّة.

spire 3.

spirit *(n.)* (١) روح (٢) شبح. (٣) روح شرّيرة (٤) حيوية؛ نشاط (٥) شخص؛ شخصية (٦) كحول (٧) مُسكِر قويّ.

in high *or* low ~*s* مبتهج (أو كئيب)

spirited *(adj.)* نشيط؛ جريء؛ مفعم بالحيوية.

spiritless *(adj.)* (١) ميْت (٢) كئيب (٣) جبان.

spiritual *(adj.)* روحيّ؛ دينيّ؛ كنَسيّ.

spiritualism *(n.)* الأرواحيّة: الاعتقاد بأن أرواح الموتى تتصل بالأحياء عَبْر وسيط عادةً.

spirituous *(adj.)* كحوليّ.

spirt *(n.; vi.)* = spurt.

spiry *(adj.)* (١) مستدقّ الطرَف (٢) لولبيّ.

spit *(vt.; n.)* (١) يَبْصُق (٢) يلفظ. (٣) يَشُكّ في سَفّود §(٤) سَفّود (٥) لسان أرض (٦) لُعاب (٧) بُصاق (٨) صورة طبق الأصل (٩) رَذاذ (١٠) ثلج خفيف.

spite *(n.; vt.)* (١) نِكاية (٢) حِقد §(٣) يَغيظ.

in ~ of على الرغم من.

spiteful *(adj.)* حاقد؛ ضاغن؛ توّاق إلى الإغاظة.

spittle *(n.)* (١) لُعاب؛ ريق (٢) إفراز بُصاقيّ.

spittoon *(n.)* المِبْصَقَة: وعاء يُبْصَق فيه.

splash *(vi.; t.; n.)* (١) يتساقط أو يتناثر على شكل قطرات ×(٢) يلوِّث برشاش ما (٣) ينثر بالترشيش §(٤) رشاش؛ ترشاش.

splashboard *(n.)* الحاجبة: وقاء من الماء أو الوحل.

splatter *(vt.)* = spatter.

splay *(vt.; n.)* (١) يَبْسُط؛ يَمُدّ (٢) يَحْدُر؛ يُميل؛ يُفلطِح §(٣) انحدار؛ ميَل؛ تَفَلْطُح (٤) انبساط؛ امتداد.

splayfoot *(n.)* قَدَمٌ مَسْحاء أو رَحّاء.

spleen *(n.)* (١) الطِّحال (٢) غضب؛ حقد؛ نكَد.

splendid *(adj.)* (١) ساطع (٢) عظيم؛ رائع.

splendo(u)r *(n.)* (١) إشراق (٢) روعة؛ عظمة.

splenetic *(adj.)* (١) طِحاليّ (٢) نكِد.

splice *(vt.)* (١) يَصِل حبلين بالجَدْل (٢) يَقْرِن (بين لوحين) بالتراكب.

splint *(n.)* (١) شريحة أو صفيحة (٢) شظيّة. (٣) جَبيرة (الساقِ أو الذراع).

splinter *(n.; vt.; i.)* (١) شَظِيّة؛ كِسْرَة. §(٢) يشظّي؛ يمزّق ×(٣) يتشظّى؛ يتمزّق.

split *(vt.; i.; n.; adj.)* (١) يَشُقّ؛ يَفْلِق. (٢) يمزّق (٣) يقسِّم ×(٤) ينشقّ؛ ينفلق (٥) يتمزّق (٦) ينقسم؛ ينفصل §(٧) شِقّ؛ صدع (٨) فِلْقَة (٩) انشقاق؛ انقسام؛ انفصام §(١٠) مشقوق؛ مشقّق.

splotch *(n.; vt.)* (١) بُقعة (٢) لطخة §(٣) يبقّع.

splurge *(n.)* تفاخُر؛ تَباهٍ (لفتاً للأنظار).

splutter *(vi.)* (١) يبقبق؛ يُدَمدِم (٢) يُغمغِم؛ يتكلّم بسرعة وبغير وضوح.

spoil *(vt.; i.; n.)* (١) يسلب؛ ينهب (٢) يُتْلِف. (٣) يُفسد (٤) يدلِّل ×(٥) يَتْلَف؛ يَفْسُد §(٦) غنيمة.

spoke *past and past part. of* speak.

spoke *(n.)* (١) البَرْمَق: شعاع الدولاب (٢) درَجة (في مِرقاة أو سُلّم نقّالة).

spoken *(adj.)* (١) شفهيّ (٢) ملفوظ؛ منطوق به.

spokesman *(n.)* الناطق (بلسان جماعة أو هيئة).

spoliation *(n.)* (١) سَلْب؛ نَهب (٢) إتلاف.

sponge *(n.; vt.; i.)* (١) إسْفَنج؛ إسفَنْجة. §(٢) ينظِّف أو يمسح بأسفنجة ×(٣) يتطفّل؛

يعيشُ عالةً على (٤) يصيد الإسفنج أو يغوص التماساً له.
sponger *(n.)* الطُّفَيلي؛ العالة على غيره.
spongy *(adj.)* (١)إسفنجي؛ مُمتَص (٢)ليِّن.
sponsor *(n.)* (١)العَرّاب؛ العَرّابة (٢)الكفيل؛ الضامن (٣)راعي البرنامج: مؤسسة تجارية ترعى برنامجاً إذاعياً أو تلفزيونياً.
spontaneity *(n.)* العَفْوِيّة؛ التلقائيّة.
spontaneous *(adj.)* عَفْوِي؛ تلقائيّ؛ ذاتيّ.
spontaneously *(adv.)* عفوياً؛ تلقائياً.
spook *(n.)* شَبَح.
spool *(n.)* مِكَبّ؛ مِسْلكة؛ ملفّ للخيوط.
spoon *(n.; vt.)* (١)مِلعَقة §(٢)يغرُف بملعقة.
spoonful *(n.)* مِلْء ملعقة.
spoor *(n.)* أثر الحيوان.
sporadic *(adj.)* متقطّع؛ متفرّق؛ متشتّت.
spore *(n.)* (١)بَوْغ؛ بَوْغة (٢) بذرة؛ جرثومة.
sport *(n.; vt.; i.)* (١) لهو؛ لعب؛ تسلية. (٢)رياضة بدنية (٣)لعبة رياضية (٤)مزاح؛ هَزْل (٥)هزء؛ سخرية (٦) ألعوبة؛ أضحوكة (٧)المقامر §(٨)يُبدي بتباهٍ ×(٩)يلهو.
sportive *(adj.)* (١)لَعوب (٢) رياضيّ.
sportsman *(n.)* الرياضيّ.
sportsmanship *(n.)* الروح الرياضيّة.
spot *(n.; vt.)* (١) وصمة (٢) بُقعة؛ لَطخة؛ نقطة (٣) مكان؛ موضع §(٤)يلطّخ؛ يلوّث (٥)ينقّط (٦)يكتشف (٧)يستطلع.
on the ~, فوراً؛ في الحال.
spotless *(adj.)* نظيف؛ طاهر؛ لا عيب فيه.
spotlight *(n.)* ضوءٌ كشّاف.
spotty *(adj.)* (١)منقّط (٢)متقطّع (٣)متفاوت.
spousal *(n.; adj.)* (١)*pl.*: زَواج §(٢)زَواجيّ.
spouse *(n.)* (١) الزوج (٢)الزوجة.
spout *(vt.; i.; n.)* (١)يَبثُق؛ يبجُس؛ يُطلق.
×(٢) ينبثق؛ ينبجس؛ ينطلق §(٣)أنبوب؛ ميزاب؛ «مزراب» (٤) صُنبور؛ بَزْباز.
sprain *(n.)* الوثء: ليّ المفصل أو التواؤه.
sprang *past of* spring.
sprat *(n.)* الإسْبَرْط: نوع من سمك الرَّنكة.
sprawl *(vi.)* (١)يتمدّد «باسطاً ذراعيه وقدميه». (٢) ينتشر أو يمتدّ في غير نظام.
spray *(n.; vt.)* (١) غصن (مزْهرٌ عادةً). (٢) رَشاش؛ رَذاذ (٣) مِرشّة؛ مِرذّة §(٤) يَرُشّ؛ يرذّ.
spread *(vt.; i.; n.)* (١)ينشر؛ يبسط (٢)يمدّ. (٣)ينثر (٤)يكسو؛ يفرش (٥)يُعِدّ (المائدة) ×(٦) ينتشر؛ يمتدّ الخ. §(٧)انتشار؛ امتداد (٨)عَرْض؛ مدى (٩)شيء يُمَدّ أو يُفرَش «على الخبز» (١٠)غطاء المائدة أو الفراش.
spree *(n.)* مَرَحٌ صاخب؛ إسراف في الشراب.
sprig *(n.)* (١)غُصَيْن؛ فرع (٢) سليل.
sprightful; sprightly *(adj.)* مَرِح.
spring *(vi.; t.; n.)* (١)يرتدّ على نحو زنبركي. (٢)ينبثق (٣)يطلُع؛ يَنْبت (٤) يتحدّر بالولادة (٥) ينشأ؛ يبرز (٦) يطفر؛ يثب ×(٧)يُطلع؛ يُنْبت (٨)يَلْوي بقوّة (٩)يطلق (نكتةً الخ.) §(١٠)نبعٌ؛ ينبوع (١١)الربيع (١٢) نابض؛ زُنْبُرك (١٣) وَثْبٌ؛ وثبة (١٤) نشاط؛ حيويّة.
springboard *(n.)* مِنَصّة الوثب.
springtide; springtime *(n.)* الربيع.
springy *(adj.)* (١) كثير الينابيع (٢) مَرِن.
sprinkle *(vt.; i.; n.)* (١)يَنْثُر (٢) ينقّط. (٣)يرشّ ×(٤) تَمطِر رَذاذاً §(٥)رَذاذ.
sprinkling *(n.)* (١)ذَرّة (٢)رَشّة (٣)نِثار.
sprint *(vi.; n.)* (١) يعدو بأقصى السرعة. §(٢)عدْو بأقصى السرعة (٣) سباقٌ قصير.
sprite *(n.)* (١)شَبَحٌ (٢)جِنّيّ صغير.

sprocket 363 squeamish

sprocket *(n.)* الضِّرْس: سِنّ العجلة المُسنّنة.
sprout *(vi.; t.; n.)* (١) يَشْطَأُ (الزَّرع): يُخرج أوّلَ ورقه ×(٢) يُطلع (ورقاً جديداً الخ.) §(٣) الشَّطْأ: أوّل ما ينبت من الورق الخ.
spruce *(n.; adj.; vt.; i.)* (١) البِيْنْسِيّة (شجرة) §(٢) أنيق §(٣) يُهَنْدِم ×(٤) يتأنّق.
sprung *past and past part. of* spring.
spry *(adj.)* نشيط؛ رشيق؛ خفيف الحركة.
spud *(n.)* (١) المَرّ: مسحاة صغيرة (٢) بطاطس.
spume *(n.)* زَبَد؛ رَغْوَة.
spun *past and past part. of* spin.
spunk *(n.)* جرأة؛ نشاط؛ حيويّة.
spur *(n.; vt.; i.)* (١) مِهماز (٢) جذر أو غصن ناتئ (٣) شوكة في رجل الديك (٤) الرَّعْن: أنف الجبل §(٥) يَنْخَس (٦) يَحُثّ؛ يستحثّ.
on the ~ of the moment: ارتجالاً؛ على البديهة؛ عفوَ اللحظة او الخاطر.
spurious *(adj.)* (١) غير شرعيّ (٢) زائف.
spurn *(vt.)* (١) يرفس (٢) يرفض بازدراء.
spurred *(adj.)* (١) ذو مهماز (٢) شائك.
spurt *(n.; vi.)* (١) لَحْظَة (٢) جهد أو نشاط أو نموّ مفاجئ (٣) تدفّق أو اندلاع مفاجئ §(٤) يتدفّق؛ ينبجس (٥) يبذل جهداً مفاجئاً.
sputter *(vt.; i.)* (١) يلفظ (رشاشاً من اللعاب أو الطعام من فمه) (٢) يلفظ بسرعة أو اختلاط ×(٣) يفرقع؛ يبقبق (٤) يتوقّف (محدثاً فرقعة).
sputum *(n.)* pl. **-ta** بُصاق؛ نُخامة.
spy *(vt.; i.; n.)* (١) يستطلع أو يستكشف سرّاً (٢) يَلْمَح؛ يرى ×(٣) يتجسّس §(٤) العين؛ الرقيب؛ الجاسوس.
spyglass *(n.)* المنظار؛ النظّارة المقرّبة.
squab *(n.)* الزُّغْلُول: فَرخ الحمام.
squabble *(n.; vi.)* (١) شِجار §(٢) يتشاجر.
squad *(n.)* زمرة؛ جماعة؛ شِرذمة؛ فرقة.
squadron *(n.)* (١) سَرِيّة خيّالة (٢) أسطول (٣) سرب طائرات (٤) جَمْهَرَة.
squalid *(adj.)* (١) قَذِر (٢) حقير.
squall *(n.)* (١) صَرْخَة (٢) ريح (يصحبها مطر).
squander *(vt.)* (١) يُشتّت (٢) يبدّد (مالاً).
square *(n.; adj.; adv.; vt.)* (١) المُرَبَّع (٢) الخانة (في رقعة الشطرنج الخ.) (٣) التربيع: مربّع العدد (٤) ساحة؛ ميدان (في مدينة) (٥) قالب أو قطعة شبه مكعّبة §(٦) مربّع (٧) قائم الزاوية (٨) منصِف؛ عادل؛ شريف (٩) متعادل؛ متوازن (١٠) مرض؛ مُشْبِع (١١) باتّ؛ قاطع §(١٢) بأمانة؛ باستقامة (١٣) وجهاً لوجه (١٤) مباشرةً (١٥) بثبات؛ بقوّة §(١٦) يُربّع (١٧) يسدّد؛ يسوّي.
squash *(vt.; i.; n.)* (١) يسحق؛ يهرس (٢) يُخمِد ×(٣) ينسحق (٤) يحشر نفسه §(٥) سقوط مفاجئ لشيء ثقيل ليّن (٦) عصير (٧) الإسكواش: لعبة شبيهة بكرة اليد والتنس (٨) القَرْع (نبات).
squat *(vt.; i.; n.; adj.)* (١) يحتلّ (أرضاً) بغير حقّ (٢) يحتلّ (أرضاً) وفي نيّته امتلاكها بوضع اليد ×(٣) يجثم (٤) يجلس القُرفصاء §(٥) جُثوم (٦) مَجْثَم §(٧) قصير وثخين.
squaw *(n.)* أميركيّة من الهنود الحمر.
squawk *(vi.; n.)* (١) يُطلِق صوتاً عالياً حادّاً (٢) يشكو بصوت عالٍ §(٣) صوت عالٍ حادّ (٤) شكوى صارخة.
squeak *(vi.; n.)* (١) يَصِرّ؛ يَصْرِف (كالباب على مفصلاته) (٢) يصيء؛ يطلق صوتاً قصيراً حاداً §(٣) صرير؛ صريف (٤) صوت قصير حادّ.
squeal *(vi.; n.)* (١) يُطلِق صرخةً طويلة (٢) يخون أو يفشي (خشيةَ العقاب) (٣) يشكو؛ يحتجّ §(٤) صرخة طويلة.
squeamish *(adj.)* سريع الغثيان أو التقزّز.

squeeze 364 **stalactite**

squeeze *(vt.; n.)* (١)يضغط ؛ يكبس على. (٢)يَعْصِر أو يستخرج بالعَصْر (٣)يُقحِم (٤)يبتزّ (٥)يُخفِّض § (٦)ضغط ؛ كَبْس الخ. (٧)عُصارة (٨)حَشْد (٩) أزمة ؛ مأزق.

squelch *(vt.)* يسحق ؛ يُخمِد ؛ يُسكِت.

squib *(n.)* (١) مفرقعة (٢)نقد ساخر.

squid *(n.)* الحبّار ؛ السَّبيدج: حيوان بحريّ.

squint *(vi.; adj.; n.)* (١) ينظر شَزْراً. (٢)يَحْوَلّ: يكون مُصاباً بالحَوَل (٣)ينظر أو يحدّق بعينين نصف مغمضتين § (٤)أحْوَل (٥) شزراء § (٦) نظرة شَزْراء (٧) نظرة (٨) اتجاه ؛ نزعة.

squire *(n.)* (١) حامل الدروع (٢) المُرافِق. (٣) مالك الأرض الرئيسي (٤) قاضٍ.

squirm *(vi.)* (١)يتلوّى (٢)يرتبك ؛ يخجل.

squirrel *(n.)* (١) السِّنجاب. (٢) فرو السِّنجاب.

squirrel

squirt *(vi.; t.; n.)* (١)ينبجس (كالماء من نافورة) × (٢)يَبُخّ (سائلاً) § (٣) ثَجّاجة بَخّاخة ؛ حقنة (٤)سائل منبثق (من نافورة أو فتحة ضيقة).

stab *(vt.; n.)* (١) يَطعن § (٢)طعنة (٣) محاولة.

stability *(n.)* ثبات ؛ رسوخ ؛ استقرار.

stabilize *(vt.)* (١)يرسّخ ؛ يثبّت (٢)يوازن.

stable *(n.; adj.)* (١) إسْطَبل (٢) زريبة. § (٣)ثابت ؛ وطيد ؛ راسخ (٤)مستقرّ (٥)متوازن.

stableman *(n.)* السائس : سائس الخيل.

stack *(n.; vt.)* (١) كَوْمة ؛ رُكام (٢)مقدار كبير (٣)مِدخَنة (٤)العادِم (في محرك داخليّ الاحتراق) (٥) *pl.* : رفوف متراصّة (في مكتبة عامّة) § (٦)يكوّم ؛ يكدّس ؛ يَرْكُم.

stadium *(n.)* مدرّج ؛ ملعبٌ مدرّج.

staff *(n.)* (١) عصا ؛ عُكاز (٢) عارضة (في كرسيّ) (٣) درجة (في مِرقاة) (٤)سارية العَلَم (٥) هراوة (٦)قناة الرمح (٧)صولجان الأسقف (٨) المَدْرَج الموسيقيّ : الخطوط الأفقيّة التي تدوَّن عليها الموسيقى (٩) قِوام (١٠) هيئة ؛ هيئة أساتذة (١١) أركان حرب (١٢) مجموع المساعدين (لمدير).

stag *(n.)* (١) أيِّل (٢) ذَكَرٌ (من الحيوان).

stage *(n.)* (١) دَرَجَة (٢)مِنَصَّة (٣)خشبة المسرح (٤) مسرح (٥) سِقالة للعمال (٦) محطّة (٧) طَوْر ؛ مرحلة.

stagecoach *(n.)* مركبة السَّفَر.

stagger *(vi.; t.; n.)* (١) يترنّح ؛ يتهادى. (٢)يتمايل بشدّة (٣) يتردّد × (٤)يُذْهِل ؛ يضعضع (٥)يُرَنِّح ؛ يجعله يترنح § (٦)تَرَنُّح.

staging *(n.)* مجموعة سقالات (في مبنى يُشيَّد).

stagnancy *(n.)* ركود ؛ جمود.

stagnant *(adj.)* راكد.

stagnate *(vi.)* يَرْكُد ؛ يصبح راكداً.

staid *(adj.)* رزين ؛ رصين.

stain *(vt.; n.)* (١) يُلطِّخ ؛ يُبقِّع ؛ يلوِّث. (٢)يَشين ؛ يعيب (٣) يَصْبغ § (٤) لطخة (٥) وصمة (٦) صِبغ.

stainless steel *(n.)* الفولاذ الصامد : فولاذ لا يصدأ.

stair *(n.)* (١) سُلَّم (٢) دَرَجَة (في سُلَّم).

staircase *(n.)* (١)بَيْتُ السُلَّم (٢)سُلَّم.

stairway *(n.)* سُلَّم ؛ دَرَج.

stake *(n.; vt.)* (١)وَتِد (٢)سِناد (٣)خازوق. (٤) الاعدام حرقاً «بالشدّ إلى خازوق» (٥) رهان § (٦) يعلِّم حدودَ شيء بأوتاد (٧) يراهن ؛ يخاطر.

stalactite *(n.)* الهوابط : رواسب كلسيّة مدلاّة من سقوف المغاور.

stalagmite 365 **stare**

stalagmite *(n.)* الصواعِد: رواسب كلسية في أراضي المغاور.

stale *(adj.; vi.)* (١) تَفِهٌ (المذاقِ) لِقِدَمِهِ (٢) مبتذَل؛ «بايخ» §(٣) يصبح تَفِهاً.

stalk *(n.; vi.)* (١) ساق؛ سُوَيقة (في النبات). §(٢) يمشي بتشامخ (٣) يطارد خلسةً.

stall *(n.; vt.)* (١) مربط الجواد أو البقرة (في إسطبل أو حظيرة) (٢) مقعد في مذبح الكنيسة (٣) مقعد خشبيّ طويل في كنيسة (٤) مقعد أماميّ (في مسرح) (٥) كشك الخ. (لعرض السِّلَع للبيع) (٦) حُجَيرة §(٧) يوقف.

stallion *(n.)* الفحل: حصان غير مَخْصِيّ.

stalwart *(adj.)* (١) قويّ البنية (٢) شجاع.

stamen *(n.)* السَّداة: العضو الذَّكَريّ في الزهرة.

stamina *(n.)* قوة؛ قدرة على الاحتمال.

stammer *(vi.)* يتمتم؛ يفأفىء؛ يتلعثم.

stamp *(vt.; i.; n.)* (١) يَرُضّ أو يسحق (بمدقّة أو أداة ثقيلة) (٢) يدوس بقوّة (٣) يطفىء؛ يُخمِد (٤) يَمْهر؛ يختم؛ يدمغ (٥) يلصق طابعاً بريدياً على (٦) يسكّ العملة أو المداليات §(٧) مِرَضَّة؛ مِسْحَقَة (٨) ختم (٩) علامة؛ سِمَة؛ دَمْغَة (١٠) طابع أو صفة مميِّزة (١١) طراز (١٢) طابع بريديّ الخ.

stampede *(n.; vi.)* (١) فرارٌ جماعيّ §(٢) يفِرّ.

stance *(n.)* (١) وِقْفَة؛ وِضْعَة (٢) موقف.

stanch *(vt.)* يُرقىء: يوقف نَزْف الدم.

stanch *(adj.)* =staunch.

stanchion *(n.)* سِنادٌ قائم؛ دعامة عموديّة.

stand *(vi.; t.; n.)* (١) يقف (٢) يصمد (٣) يترشّح للانتخابات (٤) يبدو في شكله المكتوب أو المطبوع (٥) يظلّ قائماً أو نافذاً أو ساريَ المفعول (٦) يبقى ×(٧) يتحمّل (٨) يقاوم؛ يصمد لـ §(٩) توقُّف (في مكان) (١٠) مقاومة (١١) مَوْقِف (١٢) مدرَّج (١٣) مِنَصَّة (١٤) كُشْك (١٥) موقع (١٦) مِنضدة (١٧) مِشْجَب (١٨) مِنصَب؛ قاعدة.

to ~ by (١) يقف على مقربة (٢) يؤيّد. (٣) يفي بعهده.

to ~ for (١) يمثّل؛ يرمز إلى (٢) يؤيّد.

to ~ off يبقى على مبعدة من.

to ~ out (١) يبرز (٢) يصمد.

to ~ to (١) يفي بعهده (٢) لا يتخلى عن.

to ~ up يقف؛ ينهض.

to ~ up for يؤيّد؛ يناصر.

standard *(n.; adj.)* (١) عَلَم؛ راية؛ لواء. (٢) معيار؛ مقياس (٣) مستوى (٤) حاملٌ أو سِنادٌ عموديّ (لمصباحٍ الخ.) (٥) قاعدة §(٦) معياريّ (٧) قياسيّ.

standby *(n.)* النصير الوفيّ.

standing *(adj.; n.)* (١) واقف (٢) راكد. (٣) ساري المفعول (٤) دائم (٥) ثابت §(٦) وقوف (٧) موقف (٨) مكانة؛ منزلة.

standing army الجيش العامل؛ الجيش الدائم.

standpipe *(n.)* الماسورة القائمة أو الرأسية.

standpoint *(n.)* وجهة نظر.

standstill *(n.)* توقُّف تامّ.

stank *past of* stink.

stanza *(n.)* مقطع شعري.

staple *(n.; adj.)* (١) رَزَّة (٢) مصدر (٣) السلعة الرئيسية؛ الانتاج الرئيسي (٤) قِوام (٥) مادّة خام (٦) تِيلَة القطن §(٧) قياسيّ (٨) رئيسيّ.

star *(n.; vt.; i.)* (١) نجم §(٢) يرصّع بالنجوم. ×(٣) يمثّل دور البطولة (في فيلم) (٤) يتألّق.

starboard *(n.)* الميمنة؛ الجانب الأيمن.

starch *(n.; vt.)* (١) نَشا؛ نَشاء §(٢) يُنشّي.

star chamber *(n.)* محكمة سرّيّة أو ظالمة.

starchy *(adj.)* (١) نَشَوِيّ (٢) مُنَشّى.

stare *(vi.; n.)* (١) يُحدِّق §(٢) تحديق.

starfish *(n.)* نجم البحر.

starfish

stark *(adj.)* (١) متصلّب؛ متخشّب (٢) صارم (٣) تامّ (٤) مُقفِر (٥) عارٍ.

starling *(n.)* الزُّرْزُور (طائر).

starry *(adj.)* (١) مُرَصَّع بالنجوم (٢) متألق.

star-spangled *(adj.)* مُرَصَّع بالنجوم.

start *(vi.; t.; n.)* (١) يثب؛ يقفز (٢) يُجْفِل (٣) يبدأ (٤) ينطلق × (٥) يجفل (٦) يستهل؛ (٧) يؤسّس (٨) يدير؛ يسيِّر (٩) يُدخله في مباراة § (١٠) إجفال (١١) طفرة؛ وثبة (١٢) نوبة (١٣) بداية (١٤) انطلاق؛ انطلاقة (١٥) نقطة الانطلاق.

startle *(vt.)* (١) يروِّع فجأة (٢) يُجفِل.

startling *(adj.)* مُجفِل؛ مُروِّع.

starvation *(n.)* جوع؛ مجاعة.

starve *(vi.; t.)* (١) يجوع × (٢) يجوِّع.

starveling *(n.)* المهزول أو النحيل (من الجوع).

state *(n.; adj.; vt.)* (١) حالة (٢) حالة اهتياج (٣) حالة سيئة (٤) منزلة (٥) أبهة (٦) طبقة اجتماعية (٧) دولة (٨) ولاية § (٩) حكوميّ (١٠) رسميّ § (١١) يعيِّن؛ يقرِّر (١٢) يبسُط؛ يَعْرِض؛ ينصّ على.

stated *(adj.)* محدَّد؛ معيَّن؛ مُعْلَن.

stately *(adj.)* (١) جليل (٢) فَخْم.

statement *(n.)* (١) تعبير (٢) رواية؛ إفادة (٣) بيان؛ تصريح (٤) كشف الحساب.

stateroom *(n.)* حجرة خاصة في سفينة أو قطار.

statesman *(n.)* رَجُلُ دولة.

static *(adj.)* (١) سكونيّ (٢) ساكن؛ مستقرّ؛ راكد (٣) متحجِّر (٤) جامد؛ تعوزه الحركة أو الحياة (٥) مثبَّت (في موضعه).

station *(n.; vt.)* (١) مَوْقِف؛ موقع (٢) وقوف؛ وِقْفَة (٣) محطة (٤) مركز؛ مخفر (٥) منزلة اجتماعية § (٦) يقيم؛ يضع؛ يركِّز.

stationary *(adj.)* ثابت؛ ساكن؛ مستقرّ.

stationer *(n.)* القِرْطاسيّ: بائع القرطاسية.

stationery *(n.)* القِرْطاسِيّة: أدوات الكتابة.

station wagon السّتايشن: نوع من السيارات.

statistical *(adj.)* إحصائيّ.

statistician *(n.)* الإحصائيّ: الخبير في الاحصاء.

statistics *(n.)* (١) علم الاحصاء (٢) احصائيات.

statuary *(n.)* (١) فنّ النحت (٢) تماثيل.

statue *(n.)* تِمثال؛ نُصُب.

statuesque *(adj.)* مِثالانيّ: شبيهٌ بالتمثال وبخاصة من حيث الجلال أو الجمال الكلاسيكي.

statuette *(n.)* التُّمَيْثِيل: تمثالٌ صغير.

stature *(n.)* (١) قوام؛ قامة (٢) مكانة.

status *(n.)* (١) حالة؛ وَضْع (٢) منزلة؛ مرتبة.

status quo *(n.)* الوضع الراهن.

statute *(n.)* (١) قانون (٢) نظام أساسيّ.

statutory *(adj.)* قانونيّ.

staunch *(vt.)* = stanch.

staunch *(adj.)* (١) صامدٌ للماء؛ لا ينفذ إليه الماء (٢) متين؛ قويّ (٣) مخلص؛ وفيّ.

stave *(n.; vt.)* (١) عصا؛ هراوة (٢) ضلع البرميل (٣) درجة (في مِرقاة أو سُلَّم نقالة) (٤) مَقطع شعريّ § (٥) يثقب برميلاً أو مركباً (٦) يحطِّم (٧) يدفع؛ يدرأ.

staves *pl. of* staff.

stay *(n., vt.)* (١) حبل؛ سلسلة § (٢) يثبِّت بحبل.

stay *(vi.; t.; n.)* (١) يبقى؛ يظلّ (٢) يصمُد (٣) يقيم؛ يَنْزِل × (٤) ينتظر (٥) يواصل (التسابق) حتى النهاية (٦) يصدّ؛ يؤخِّر؛ يؤجِّل (٧) يوقف (٨) يهدِّئ § (٩) وَقْف؛ إيقاف؛ توقُّف (١٠) إقامة؛ لَبْث.

stay *(n.; vt.)* (١) دعامة (٢) *pl.* : مِشدّ؛ «كورسيه» § (٣) يدعم؛ يسند.

stead *(n.; vt.)* (١)فائدة (٢)بدَل §(٣)ينفع .

steadfast *(adj.)* (١)ثابت ؛ راسخ (٢)مخلص .

steady *(adj.; vt.; i.)* (١) ثابت ؛ راسخ . (٢)مطَّرِد (٣)مستقرّ (٤) هادىء (٥)موطَّد العزم §(٦)يُثبِّت ؛ يرسِّخ ×(٧)يستقرّ .

steak *(n.)* شريحة (من لحم البقر أو السمك) .

steal *(vi.; t.)* (١)ينسلّ (٢)يتحدّر (٣) يسرق .

stealth *(n.)* تسلُّل ؛ انسلال .

stealthily *(adv.)* خِلْسَةً .

stealthy *(adj.)* مختلَس ؛ مُستَرَق .

steam *(n.; vi.; t.)* (١)بُخار (٢)قوة ؛ قوة دافعة §(٣) يتبخّر (٤) يُصْدِر بُخاراً (٥) يغتاظ ×(٦) يبخّر ؛ يعرِّض للبخار .

steamboat *(n.)* الباخرة : سفينة بخاريّة .

steam engine *(n.)* المحرّك البُخاريّ .

steamer *(n.)* الباخرة؛ سفينة بخاريّة .

steamroller *(n.)* المِحْدَلَة البُخاريّة .

steamship *(n.)* الباخرة : سفينة تجاريّة .

steed *(n.)* جواد؛ وبخاصّةٍ: جواد مطهَّم .

steel *(n.; vt.)* (١) الفولاذ؛ الصُّلب (٢)شيء مصنوع من فولاذ §(٣)يفولذ : يجعله كالفولاذ .

steely *(adj.)* (١) فولاذيّ (٢) صلب كالفولاذ .

steelyard *(n.)* الميزان القبّانيّ .

steelyard

steep *(adj.; n.; vt.)* (١) شاهق (٢) شديد الانحدار (٣) باهظ (٤) مرهِق §(٥) موضع شديد الانحدار §(٦)ينقع ؛ يغمِس .

steeple *(n.)* برج الكنيسة .

steeplechase *(n.)* سباق الحواجز .

steer *(n.; vt.; i.)* (١)ثور صغير §(٢)يدير دفّة السفينة ×(٣)يقود سفينة أو سيّارة أو طائرة (٤) يتجه ؛ يتوجّه (٥) ينقاد؛ يُقاد .

steerage *(n.)* (١)توجيه ؛ إدارة؛ قيادة (٢)مكان المسافرين بالتعرفة الأرخص (في سفينة) .

steersman *(n.)* مدير الدفّة (في سفينة) .

stellar *(adj.)* (١)نجميّ (٢) رئيسيّ (٣)ممتاز .

stem *(n.)* (١)ساق (النبات) وغيره (٢)عِذق أو قُرط موز (٣) مقدَّم السفينة (٤) سلالة؛ نَسَب (٥) جِذْر (الكلمة) .

stench *(n.)* (١) رائحة منتِنة (٢) نَتانة .

stencil *(n.; vt.)* (١) الرَّوْسَم ؛ الإستَنْسِل : صفيحة رقيقة (من معدن أو ورق أو مشمّع) مخرَّقة على صورة حروف أو رسوم §(٢)يُرَوسِم : يطبع بالاستنسل .

stenographer *(n.)* المختزِل ؛ كاتب الاختزال .

stenography *(n.)* الاختزال ؛ الكتابة بالاختزال .

stentorian *(adj.)* جَهيْر (صفة للصوت) .

step *(n.; vi.)* (١)دَرَجة (٢)خطوة (٣)مِشْيَة (٤) أثَر القدم (٥) وَقْع الأقدام (٦) مرحلة §(٧)يخطو (٨)يمشي (٩)يسرع في السير .

step brother *(n.)* أخٌ من زوجة الأب أو من زوج الأم .

stepchild *(n.)* ولد الزوج أو الزوجة من زواج سابق .

stepdaughter *(n.)* بنت الزوج أو الزوجة .

stepfather *(n.)* زوج الأمّ .

stepladder *(n.)* السِّيْبَة : سُلَّم نقّال يُطوَى .

stepladder

stepmother *(n.)* زوجة الأب

steppe *(n.)* السَّهْب : سهل واسع لا شجر فيه .

stepsister *(n.)* أخت من زوجة الأب أو زوج الأم

stepson *(n.)* ابن الزوج أو الزوجة .

stereoscope *(n.)* المِجسام : أداة بصريّة تُبدي الصورَ للعين مجسَّمَةً .

stereoscope

stereoscopic; -al *(adj.)* مِجساميّ .

sterile *(adj.)* (١)عقيم (٢)مُجدب (٣)معقَّم.
sterility *(n.)* عُقْم ؛ جَدْب.
sterilize *(vt.)* يعقِّم ؛ يطهِّر من الجراثيم.
sterling *(n.; adj.)* (١) الاسترليني : العملة البريطانية (٢)الفضة الخالصة أو أدوات مصنوعة منها § (٣) استرليني (٤) مصنوع من فضة خالصة (٥) أصيل ؛ من الطراز الأول.
stern *(adj.; n.)* (١)صارم (٢)متجهم ؛ عابس. (٣) قويّ ؛ شديد § (٤) مؤخَّر السفينة.
sternum *(n.)* القَصّ : عظم الصدر.
stethoscope *(n.)* المِسماع : سمّاعة الطبيب.
stevedore *(n.)* محمِّل السفن أو مفرِّغها.
stew *(n.; vt.)* (١) يخنة (٢) خليط ؛ مزيج. (٣)حالة حرّ أو ازدحام أو اهتياج أو قلق § (٤)يطهو بالغلي البطيء.
steward *(n.)* (١)القَهْرَمان: الوكيل المسؤول عن تدبير القصر أو الاقطاعة وعن الخدم وجباية الايجارات (٢)المضيف (في سفينة أو قطار أو طائرة) (٣) المدير ؛ المشرِف.
stewpan *(n.)* كَفْت؛ قِدر صغيرة.
stick *(n.; vt.; i.)* (١)عصا ؛ قضيب؛ عود. (٢) إصبع (٣) شخص بليد أو أحمق الخ. § (٤)يطعن ؛ يخِز (٥)يغرِز ؛ يشكّ (٦) يُقحم (٧) يُلصِق × (٨) يلتصق ؛ يعلق به (٩) يمكث؛ يبقى في مكانٍ أو وضعٍ (١٠) يتردّد (١١) يتوقّف؛ يعجز عن الحركة أو التقدّم (١٢) ينتأ؛ يبرز.
stickiness *(n.)* لزوجة ؛ تدبّق.
sticky *(adj.)* (١)لَزِج ؛ دَبِق (٢)شديد الرطوبة.
stiff *(adj.)* (١)صُلْب ؛ متيبِّس ؛ متقبِّض. (٢) عنيف (٣) قويّ (٤) كثيف (٥) قاسٍ (٦) شاقّ (٧) باهظ.
stiffen *(vt.; i.)* (١) يُيَبِّس × (٢) يتيبَّس.
stifle *(vt.; i.)* (١)يخنق (٢) يُخمد (٣)يكظم (٤)يَكبت × (٥) يختنق.
stifling *(adj.)* خانق.
stigma *(n.)* (١)وصمة عار (٢)علامة مميزة. (٣) ندبة ؛ أثر الجرح (٤) السِّمة : الجزء الأعلى من مِدَقّة الزهرة (في النبات).
stigmatic *(adj.)* (١)موصوم (٢)بغيض ؛ كريه.
stigmatize *(vt.)* (١)يَسِم (بِمِيسم) (٢)يَصِم.
stile *(n.)* مَرْقًى (لعبور سياجٍ أو جدارٍ).
stiletto *(n.)* خنجر صغير.
still *(adj.; n.; adv.; vt.; i.)* (١) ساكن (٢) صامت (٣) خفيض (٤) هادىء § (٥)سكون ؛ صمت (٦) صورة ساكنة (٧)مِقْطَر ؛ إنبيق § (٨)لايزال (٩)ومع ذلك (١٠) في المستقبل كما في الماضي (١١)حتى الآن § (١٢)يسكّن ؛ يهدّىء × (١٣)يسكُن ؛ يهدأ.
stillborn *(adj.)* مولودٌ ميتاً.
stilly *(adv.; adj.)* (١)بسكون § (٢)ساكن.
stilt *(n.)* الطُّوالة : إحدى رجلين خشبيتين يُعَدّ المشي بهما ضرباً من البراعة.

stilts

stilted *(adj.)* طنّان ؛ رنّان ؛ متكلَّف.
stimulant *(n.; adj.)* (١) المُثير ؛ المنبِّه § (٢) منبِّه.
stimulate *(vt.; i.)* يحفِز ؛ يحثّ ؛ يثير ؛ ينبِّه.
stimulus *(n.)* pl. **-li** المُثير ؛ المنبِّه؛ الحافز.
sting *(vt.; n.)* (١) يلسَع ؛ يلدَغ ؛ يخِز. § (٢) لَسْع ؛ لَسْعَة (٣)حُمَة ؛ إبرة.
stinginess *(n.)* بُخْل ؛ شُحّ الخ.
stingy *(adj.)* (١) بخيل ؛ شحيح (٢) ضئيل.
stink *(vi.; n.)* (١)يُنتِن § (٢) نَتَن ؛ نتانة.
stinking; stinky *(adj.)* نتِن ؛ منتِن.
stint *(vt.; i.; n.)* (١) يقتّر × (٢) يبخَل. § (٣)حدّ ؛ قيد (٤) مهمة ؛ عمل محدَّد.
stipend *(n.)* راتب؛ مرتَّب ؛ مَعاش.

stipendiary *(adj.)* ذو راتب .

stipple *(vt.)* (١) يرسم أو ينقش بالنَّقَط أو باللمسات الصغيرة (٢) ينقِّط ؛ يُرَقِّط .

stipulate *(vi.)* يشترط ؛ يضع شرطاً .

stipulation *(n.)* (١) اشتراط (٢) شَرْط .

stir *(vt.; i.; n.)* (١) يحرِّك (٢) يثير (٣) يمزج بالتحريك بملعقة الخ. (٤) يحرِّض (٥) يُسرِع ×(٦) يتحرَّك (٧) يَنْشَط (٨) يمتزج §(٩) اهتياج ؛ نشاط (١٠) ضجة (١١) سجن.

stirring *(adj.)* (١) ناشط (٢) مثير .

stirrup *(n.)* رِكاب .

stirrup

stitch *(n.; vt.; i.)* (١) ألم موضعي حادّ (٢) دَرْزَة ؛ قُطْبَة §(٣) يدرز يخيط ؛ يطرز ؛ يرتق.

stoat *(n.)* القاقُم الأوروبيّ: حيوان كابن عِرْس.

stock *(n.; vt.; adj.)* (١) جِذْع (٢) زند خشب. (٣) شخص أحمق (٤) عمود ؛ سِناد؛ دعامة (٥) *pl.*: أداة تعذيب خشبيّة ذات ثقوب كانت تقيّد فيها رِجلا المذنِب ويداه (٦) أصل (٧) سلالة ؛ عِرق (٨) مواشٍ (٩) المخزون؛ الموجود في المخزن من البضائع (١٠) رأسمال (١١) خامة ؛ مادّة خام §(١٢) يختزن: يحتفظ بمخزون من السلَع §(١٣) مُختَزَن (١٤) مألوف ؛ مبتذل .

out of ~, نافد .

to take ~, يجرُد البضائع الموجودة.

stockade *(n.)* حاجز ؛ سياج ؛ حظيرة .

stockbroker *(n.)* سمسار البورصة .

stock exchange *(n.)* المَصْفَق ؛ البورصة .

stockholder *(n.)* حامل الأسهم ؛ مالك الأسهم .

stockinette *(n.)* قماش قطني .

stocking *(n.)* (١) جورب (٢) شيء كالجورب.

stocky *(adj.)* قصير قويّ ممتلىء الجسم .

stockyard *(n.)* فِناء الماشية .

stodgy *(adj.)* (١) ثقيل ؛ غليظ (٢) مُمِلّ .

stoic *(adj.)* رِواقيّ ؛ رزين .

Stoicism *(n.)* الرِّواقيّة ؛ مذهب الرِّواقيين .

stoke *(vt.)* (١) يُذكي النّار (٢) يُتْخِم.

stoker *(n.)* الوقّاد (في باخرة أو قاطرة) .

stole *past of* steal.

stole *(n.)* البَطْرَشِيل : نسيجةٌ طويلة يتلفّع بها الكاهن .

stolen *past part. of* steal.

stolid *(adj.)* متبلّد الحسّ (من بلاهة أو غباء).

stolidity *(n.)* تبلُّد الحسّ (من بلاهة أو غباء).

stomach *(n.; vt.)* (١) مَعِدَة (٢) رغبة §(٣) يتحمل.

stomach ache *(n.)* مغص ؛ ألم في المعدة أو البطن

stone *(n.; vt.; adj.)* (١) حَجَر (٢) جوهرة ؛ حجر كريم (٣) حصاة (في الكلية الخ.) (٤) نواة التمرة أو الخوخة الخ. (٥) الحجر : وحدة وزن بريطانية تعادل ١٤ باونداً §(٦) يرجم بالحجارة (٧) ينزع النوى §(٨) حجريّ .

Stone Age *(n.)* العصر الحجريّ .

stone-blind *(adj.)* أعمى تماماً أو كُلِّيّةً .

stonecutter; stonedresser *(n.)* الحجّار: قاطع الأحجار أو ناحِتُها أو مهذِّبها .

stone fruit *(n.)* فاكهة ذات نوى .

stoneless *(adj.)* غير مُنَوًّى: غير ذي نواة .

stonemason *(n.)* البنّاء؛ المِعمار (بالحجارة).

stone pit *(n.)* المَحْجَر : مقلع الحجارة .

stony *(adj.)* (١) حجريّ (٢) متحجّر .

stood *past and past part. of* stand.

stooge *(n.)* (١) الأضحوكة : ممثّل يتّخذ منه الممثّل الرئيسيّ موضوعاً لسخريته (٢) الأداة: مَن يعمل لمصلحة شخص آخر (٣) جاسوس.

stool *(n.)* (١) كرسيّ بلا ظهر أو ذراعين (٢) مسند القدمين (٣) غائط ؛ بِراز .

stoop (*vi.*; *n.*) (١)ينحني (٢) يَحْدَوْدَب . (٣)يخضع (٤)يتنازل أو ينزل إلى مستوى أدنى من مرتبته §(٥)انحناء (٦)احديداب (٧)تنازُل (٨) رواق أو شرفة صغيرة عند مدخل المبنى .

stop (*vt.*; *i.*; *n.*) (١)يَسُدّ (٢)يصدّ ؛ يمنع . (٣)يُوقِف (٤)يُرْبِك ؛ يحيِّر ×(٥) يكفّ (عن العمل) (٦) يقف ؛ يتوقف (٧)يتردّد (٨)يَبْقى §(٩) حدّ ؛ نهاية (١٠) عائق (١١) سِدادة (١٢) توقُّف (١٣) موقف (١٤)علامة وقف (في الكتابة والطباعة) .

stopcock (*n.*) المَحْبِس : حنفية لإيقاف تدفق الماء أو تعديله في أنبوب .

stoppage (*n.*) (١)توقيف ؛ توقُّف (٢) انسداد .

stopper (*n.*) سِدادة .

stopwatch (*n.*) ساعة التوقيت : ساعة ذات عقرب يُستطاع تشغيله أو إيقافه في كل لحظة .

storage (*n.*) (١) مَخْزَن (٢) مخزون . (٣)خَزْن (٤)الأرضية ؛ رَسم الخزن (٥)اختزان .

storage cell (*n.*) المركم ؛ الحاشِدة المختزنة .

store (*vt.*; *n.*) (١)يزوِّد بـ(٢)يدّخر (٣)يخزن . §(٤) ذخيرة ؛ مخزون (٥) مقدار وافر (٦)مخزن ؛ مستودع (٧) دكان ؛ مَتْجَر .

storehouse (*n.*) مخزن ؛ مستودع ؛ عَنْبَر .

storekeeper (*n.*) (١) أمين المستودَع . (٢)صاحب الدكان .

storeroom (*n.*) = storehouse.

storied (*adj.*) (١)مزيّن برسوم تمثل موضوعات تاريخية أو أسطورية (٢) وارد ذكره في الرواية أو التاريخ .

storied *or* **storeyed** (*adj.*) ذو طوابق .

stork

stork (*n.*) اللَّقْلَق ؛ اللَّقلاق : طائر طويل الساقين والعنق والمنقار .

storm (*n.*; *vi.*; *t.*) (١)عاصفة . (٢) وابلٌ من القذائف الخ . (٣)انقضاض ؛ هجوم عنيف §(٤) تعصف (الريح) (٥) ترسل (السماءُ) مطراً أو ثلجاً (٦)ينقضّ على (٧)يثور (٨) يندفع بعنف أو غضب ×(٩) يقتحم .

stormy (*adj.*) عاصف .

story (*n.*; *vt.*) (١) حكاية ؛ قصّة ؛ رواية . (٢)إشاعة (٣)وصفٌ إخباريّ (لحادثة أو حالة) .

story *or* **storey** (*n.*) (١)دور أو طابق (٢)طبقة .

storyteller (*n.*) القاصّ ؛ القصّاص .

stout (*adj.*) (١)شجاع (٢) عنيد (٣)قويّ : (٤) متين (٥) عنيف (٦) بدين ؛ سمين .

stove (*n.*) المَوْقِد : جهاز للطبخ أو التدفئة .

stove *past and past part. of* stave.

stow (*vt.*) (١)يخزن (٢)يرتّب ؛ يصنّف ؛ يستّف .

stowaway (*n.*) المستخفي على متن الباخرة الخ .

straddle (*vi.*) يُفَرْشِخ : يُباعد ما بين رجليه .

straggle (*vi.*) يَشْرُد ؛ يَتيه .

straight (*adj.*; *adv.*) (١) مستقيم (٢) غير جَعْد (٣) قويم (٤) صريح (٥) موثوق (٦)عموديّ ؛ قائم ؛ • جالس • (٧) مرتَّب (٨) صِرْف §(٩) باستقامة §(١٠)مباشرةً . ~ away *or* off حالاً ؛ توّاً .

straighten (*vt.*; *i.*) (١) يقوِّم ؛ يعدِّل ؛ يُسَوّي ×(٢) يستقيم ؛ يعتدل ؛ يستوي .

straightforward (*adj.*; *adv.*) (١)مستقيم . (٢)مباشر (٣)صريح §(٤)بصورة مستقيمة .

straightway (*adv.*) توّاً ؛ فوراً ؛ حالاً .

strain (*n.*) (١)عِتْرة ؛ سلالة (٢)أرومة ؛ أصل . (٣) صفة أو نزعة موروثة (٤) أثر ؛ عنصر (٥)لحن ؛ أغنية (٦)نبرة ؛ أسلوب ؛ جَرْس .

strain (*vt.*; *n.*) (١)يَشُدّ ؛ يُحكِم الشدّ . (٢)يمطّ إلى أقصى مدى (٣)يُجْهِد (٤)يوتِّر (٥) يَعْصُر (٦) يصفّي §(٧) توتُّر (٨) إجهاد (٩) التواء .

strainer *(n.)* (١) مِصفاة (٢) أداة شَدّ أو مَطّ.

strait *(adj.; n.)* (١) عَسير (٢) ضيّق. § (٣) *pl.*: مضيق (٤) *pl.*: عُسْر؛ ضِيق.

straiten *(vt.)* (١) يضيّق (٢) يحصر؛ يقيِّد.

straitlaced *(adj.)* مترمّت؛ شديد الاحتشام.

strand *(n.; vt.; i.)* (١) شاطىء (٢) طاق الحَبْل: أيّ من الخيوط المجدولة لتشكّل حبلاً. (٣) جديلة؛ سلك مجدول § (٤) يدفع أو يسوق إلى الشاطىء (٥) يتركه في بلد غريب (وبخاصة من غير مال) × (٦) تجنح (السفينة).

strange *(adj.)* (١) أجنبيّ (٢) غريب.

stranger *(n.)* (١) الأجنبيّ (٢) الغريب.

strangle *(vt.)* (١) يَشْنُق (٢) يخنق.

strap *(n.; vt.)* (١) رِباط؛ شريط؛ حِزام؛ سير (٢) الكَتِفِيّة: شريطة كتفيّة (٣) سَوْط (٤) مِشْحَذة § (٥) يحزم (٦) يجلِد (٧) يشحذ.

strapping *(adj.)* ضخم وقويّ.

stratagem *(n.)* حيلة؛ خدعة.

strategic; -al *(adj.)* استراتيجيّ.

strategy *(n.)* الاستراتيجيّة: فنّ الحرب.

stratify *(vt.; i.)* (١) يطابق: يرَصِّف في طبقات × (٢) يتطبّق؛ يتراصف.

stratosphere *(n.)* السّتراتوسفير: الجزء الأعلى من غلاف الأرض الجوّي.

stratum *(n.)* pl. **-ta** (١) طبقة (٢) طور.

straw *(n.)* (١) قشّ؛ تِبْن (٢) قَشّة. (٣) الشاروقة: أنبوبة ورقيّة لتناول الشراب.

strawberry *(n.)* الفريز؛ الفراولة (نبات).

stray *(vi.; n.; adj.)* (١) يضِلّ؛ يتيه؛ يتشرّد. § (٢) الضالّ؛ التائه § (٣) ضالّ؛ تائه (٤) متفرّق؛ متناثر.

streak *(n.; vt.)* (١) خطّ؛ شريط؛ قَلَم. (٢) أثر (٣) برهة (٤) طَبَقة § (٥) يخطّط؛ يقلّم.
like a ~, كالبرق؛ بسرعة البرق.

stream *(n.; vi.)* (١) نهر (٢) نُهَيْر؛ جدول. (٣) تيّار (٤) دَفْق (٥) مجرى § (٦) يجري؛ يتدفق (٧) يفيض دمعاً أو دماً (٨) يتصبّب عرقاً (٩) يتبلّل حتى ليسيل منه الماء (١٠) يتدفّق.

streamer *(n.)* عَلَمٌ خفّاق (مثلّث الشكل).

streamlet *(n.)* نُهَيْر؛ جدولٌ صغير.

streamline *(n.; adj.; vt.)* (١) خطّ أو ممرّ انسيابيّ § (٢) انسيابيّ § (٣) يجعله انسيابياً.

street *(n.; adj.)* (١) شارع § (٢) شارعيّ.

streetcar *(n.)* ترام؛ تراموای.

strength *(n.)* (١) قوّة (٢) مقدرة (٣) سَنَد.
on the ~ of. بناءً على؛ على أساس كذا.

strengthen *(vt.; i.)* (١) يُقَوّي × (٢) يَقْوَى.

strenuous *(adj.)* (١) نشيط (٢) شاقّ؛ عنيف.

streptomycin *(n.)* السّتربتومايسين: عقّار مضادّ للجراثيم شبيه بالبنيسيلين.

stress *(n.; vt.)* (١) ضَغْط (٢) إجهاد (٣) توكيد (٤) نبرة § (٥) يضع النبرة أو التوكيد على (٦) يضغط على (٧) يُجْهِد.

stretch *(vt.; i.; n.)* (١) يمدّد (٢) يمدّ. (٣) يبسُط؛ ينشر؛ يمُطّ (٤) يَشُدّ × (٥) يمتدّ (٦) يتمدّد (٧) يتمطّط (٨) يتمطّى § (٩) مدى (١٠) امتداد (١١) نزهة على القدمين.
at a ~, باستمرار؛ على نحو موصول.

stretcher *(n.)* (١) الموسِّعة: أداة لتوسيع الحذاء أو القُفّاز (٢) نقالة الجرحى.

stretcher 2

strew *(vt.)* (١) ينثر؛ يبذر (الحَبّ) (٢) يكسو أو يغطّي بشيء منثور (٣) يُشيع؛ ينشر.

strewn *past part. of* strew.

stria *(n.)* (١) حزّ؛ ثَلْم (٢) خطّ؛ قَلَم.

stricken *(adj.)* (١) مجروح (٢) مبتلى؛ مصاب بِـ
~ in years طاعنٌ في السنّ.

strict *(adj.)* (١) صارم (٢) تامّ (٣) دقيق.

strictly *(adv.)* على نحوٍ صارم أو تامّ الخ.
stricture *(n.)* (١)تضييق (٢)نقد قاسٍ .
stride *(vi.; t.; n.)* (١) يمشي بخطى واسعة . (٢)يفشخ×(٣)يَذْرَع المكان§(٤)خطوةواسعة.
strident *(adj.)* صارّ ؛ حادّ ؛ عالي النغمة.
strife *(n.)* (١) نزاع (٢) كِفاح ؛ نضال.
strike *(vi.; t.; n.)* (١) يذهب ؛ ينطلق . (٢)يرتطم بـ (٣)يخترق (٤)يناضل (٥)يشتعل (٦) يندفع بسرعة (٧) تتأصّل (الشتلة) في الأرض (٨) يُضرب عن العمل (٩) يبدأ فجأةً ×(١٠) يَضرِب (١١) يُزيل بضربة (١٢) يَلْدَغ (١٣) يُنْزِل (شراعاً أو علَماً) (١٤) ينزع ؛ يزيل ؛ يقوّض (١٥) يحذف (١٦) يمدّ (١٧) يصْدِم (١٨)يُقحم (١٩)يُصيب بذعر (٢٠)يُشعل (٢١) يَعقِد (٢٢) يخطر بالبال(٢٣)يلفت ؛ يستوقف (٢٤) يؤثّر في النفس(٢٥)يتوصّل إلى شيء بعمليّة حسابيّة الخ. (٢٦)يكتشف (٢٧)يتّخذ «وضعةً» أو وقفةً (٢٨)يغرس §(٢٩) ضَرْب ؛ ضَرْبَة (٣٠) إضراب (٣١)اكتشاف مفاجيء للنفط الخ.(٣٢)عائق.
strikebreaker *(n.)* مفسِد الاضراب : مَن يُستأجَر للحلول محلّ عامل مُضرِب .
striking *(adj.)* أخّاذ ؛ لافتٌ للنظر .
string *(n.; vt.)* (١)خيط ؛ سِلك (٢)حبل؛ رَسَن (٣) وتر (٤)صفّ ؛ قافلة ؛ مجموعة §(٥)يزوّد بأوتار (٦)يثير ؛ يوتّر (٧)يُسْلِك في خيط (٨) يعلّق أو يثبّت بخيط (٩) يزيل الخيوط من (١٠) يَمُدّ .
string bean *(n.)* لوبيا؛بَزَلاّ ؛ فول الخ.
stringed *(adj.)* وَتَريّ(صفةللموسيقى وآلاتها).
stringency *(n.)* (١)صرامة (٢)قسوة(٣)ندرة.
stringent *(adj.)* (١)صارم(٢)مأزوم؛معسور
stringer *(n.)* ضِلْع طولانيّ مُساعِد.
stringpiece *(n.)* رافدة طولانيّة (للتدعيم).
stringy *(adj.)* (١)خيطيّ؛ ليفيّ (٢) لَزِج .
strip *(vt.; i.; n.)* (١) يجرِّد ؛ يعرّي . (٢) يقشِّر (٣) يسلب (٤) ينزع ؛ يزيل ×(٥)يتجرّد؛ يتعرّى §(٦)الشُقّة: مساحة أو قطعة طويلة ضيّقة (من الأرض أو القماش) (٧)مهبط طائرات .
stripe *(n.; vt.)* (١)ضربة؛ جَلْدة (٢)خطّ؛ قلم؛ سَيْر؛ شريط؛ شارة (٣)نوع ؛ طراز §(٤) يخطِّط ؛ يقلِّم .
striped *(adj.)* مخطَّط ؛ مقلَّم .
stripling *(n.)* غلامٌ مُراهِق .
striptease *(n.)* التجرُّد ؛ التعرّي (تدريجياً) .
strive *(vi.)* يكافح؛ يناضل؛ يجاهد .
strode *past of* stride.
stroke *(n.; vt.)* (١) ضَرْبَة؛ دقّة ؛ خبطة. (٢) حركة (من سلسلة حركات نظاميّة) (٣) السَّكْتة : السكتة الدماغية (٤) جهدٌ قويّ (٥) مقدار (٦) عملٌ فذّ (٧) صَفْقَة (٨) طابَع مميِّز §(٩) يمسِّد : يُمِرّ يده (على الشعر) برفق وباتجاه واحد (١٠)يلاطف (١١) يشطب (١٢) يضرب .
stroll *(vi.; t.; n.)* (١) يتمشّى (٢) يتجوّل . ×(٣) يجوب متمهّلاً §(٤) تمشٍّ ؛ تجوُّل .
strong *(adj.; adv.)* (١) قويّ (٢) ضخم ؛ هامّ (٣) مركَّز (٤) متطرّف §(٥) بقوّة .
stronghold *(n.)* حِصْن؛ معقِل؛ قلعة.
strop *(n.; vt.)* (١)المِشحَذة: مِشحَذ جلديّ للأمواس §(٢) يشحذ (الموسى) بالمِشحَذة.
strove *past of* strive.
struck *past and past part. of* strike.
structural *(adj.)* بنائيّ ؛ بِنيَويّ؛ تركيبيّ .
structure *(n.)* (١)بناء؛ تشييد (٢)مَبْنًى. (٣) بِنية ؛ تركيب .

struggle *(vi.; n.)* (١) يكافح §(٢) كفاح .
strum *(vt.; i.)* يداعب أوتار الآلة الموسيقية .
strumpet *(n.)* بغيّ ؛ مومس .
strung *past and past part. of* string.
strut *(vi.; n.)* (١) يتبختر ؛ يختال «في مشيته» . §(٢) تبختُر (٣) دعامة ؛ قائمُ انضغاط .
strychnine *(n.)* الإستركنين : مادّة سامة .
stub *(n.; vt.)* (١) الجِذْل : أصل الشجرة الباقي بعد قطع جذعها (٢) أرومة السنّ أو الشيك أو الوصل (٣) ريشة كتابة معدِنيّة (٤) عَقِبٌ §(٥) يستأصل (٦) يطفىء (سيكارة) بأن يسحق عقِبَها .
stubble *(n.)* الجُذامة : بقيّة الزرع بعد الحصْد .
stubborn *(adj.)* (١) عنيد (٢) مزمن (٣) عسير .
stubby *(adj.)* قصير وغليظ ؛ قصير وبدين .
stucco *(n.; vt.)* (١) جِصّ §(٢) يجصِّص .
stuck *past and past part. of* stick.
stuck-up *(adj.)* مغرور ؛ متكبّر ؛ متشامخ .
stud *(n.; vt.)* (١) مجموعة من الجياد تُتّخذ للاستيلاد أو السِّباق (٢) الخشبة القائمة : خشبة تُسمَّر عليها الألواح المستخدمة في تشييد جدران المنازل (٣) زرّ زِينيّ في درع أو حزام (٤) زرّ ذو رأسين يُدْخل في عروتين لتثبيت قبّة القميص الخ . §(٥) يرصّع .
student *(n.)* الطالب ؛ التلميذ .
studhorse *(n.)* جواد الاستيلاد .
studied *(adj.)* (١) مَدروس (٢) متعمَّد .
studio *(n.)* استديو .
studious *(adj.)* مُجِدّ ؛ مولَع بالدّراسة .
study *(n.; vi.; t.)* (١) درس ؛ دراسة (٢) بحث (٣) مكتب (٤) موضوع ؛ فرع من فروع الدراسة §(٥) يدرس (٦) يتأمّل ؛ يفكّر .
stuff *(n.; vt.; i.)* (١) أمتعة ؛ ممتلكات شخصية (٢) مادّة خام (٣) نسيج (٤) سقط المتاع ؛ هراء (٥) شيء ؛ أشياء (٦) طعام ؛ شراب ؛ دواء (٧) مادّة ؛ قِوام ؛ جوهر §(٨) يحشو (٩) يُتْخِم (١٠) يسدّ (١١) يحنّط ×(١٢) يأكل بنَهَم .
stuffing *(n.)* (١) حَشْو (٢) حَشْوَة .
stuffy *(adj.)* (١) فاسد الهواء (٢) مزكوم .
stultify *(vt.)* (١) يُسفِّه ؛ يسخّف (٢) يُفسِد .
stumble *(vi.; n.)* (١) يزلّ (٢) يخطىء . (٣) يتعثّر (٤) يمشي باضطراب (٥) يتلعثم ؛ يتردّد (٦) يعثر على شيء (مصادفة) §(٧) زلّة ؛ غلْطة .
stump *(n.; vt.; i.)* (١) الجَدْعة : ما بقي من العضو بعد القطع (٢) الجِذْل : أصل الشجرة الباقي بعد قطع جذعها (٣) عقِبٌ (٤) منبر للخطابة السياسيّة §(٥) يُرْبِك (٦) يزيل الأجذال (٧) يتجوّل (ملقياً خطباً سياسية) (٨) يدفع مالاً أو دَيْناً ×(٩) يمشي بتثاقل .
stun *(vt.)* (١) يدوِّخ (٢) يَصْعَق ؛ يُذْهِل .
stung *past and past part. of* sting.
stunk *past and past part. of* stink.
stunning *(adj.)* (١) مدوِّخ ؛ مذهِل (٢) فاتن .
stunt *(n.; vt.)* (١) عمل مثير أو دالّ على الجسارة أو البراعة §(٢) يقزِّم ؛ يعوق النموّ الطبيعيّ .
stupefaction *(n.)* خَدَرٌ ؛ خَبَلٌ ؛ ذهول .
stupefy *(vt.)* (١) يخدِّر ؛ يخبِّل (٢) يُذْهِل .
stupendous *(adj.)* (١) مُذْهِل (٢) هائل .
stupid *(adj.)* أحمق ؛ أبله ؛ غبيّ .
stupidity *(n.)* حماقة ؛ بلاهة .
stupor *(n.)* خَدَر ؛ سُبات ؛ غيبوبة ؛ ذهول .
sturdy *(adj.)* (١) قويّ (٢) ثابت ؛ عنيد .
sturgeon *(n.)* الحَفْش : سمك ضخم .
stutter *(vi.; n.)* (١) يتمتم ؛ يتأتىء §(٢) تمتمة .
sty *(n.)* (١) شحّاذ العين (٢) زريبة الخنازير .
style *(n.; vt.)* (١) أسلوب (٢) لقب (٣) ترف ؛ أناقة (٤) زِيّ §(٥) يسمّي (٦) يصمّم (زيّاً) .

stylish *(adj.)* أنيق ؛ على الزيّ الحديث .
stylus *(n.)* المِرقم : أداة للكتابة على ألواح الشمع .
stymie *(n.; vt.)* (١) وضع حرج §(٢) يحبط .
suave *(adj.)* رقيق ؛ لطيف ؛ مهذَّب ؛ دَمِث .
suavity *(n.)* رقّة ؛ لطف ؛ دماثة .
sub- بادئة معناها : «أ» تحت . «ب» أدنى ؛ فَرْعِي .
subaltern *(n.)* ملازم أوّل (في الجيش) .
subcommittee *(n.)* لجنة فرعيّة .
subconscious *(adj.)* دُوْوَعْيِيّ ؛ دون الوعي : قائم أو عامل تحت أو وراء نطاق الوعي .
subcutaneous *(adj.)* تحت الجلد .
subdeacon *(n.)* الشمّاس المساعد .
subdivide *(vt.)* يقسّم ثانيةً (إلى أجزاء أصغر) .
subdivision *(n.)* (١) تقسيم إلى أجزاء أصغر . (٢) قُسَيْم (٣) قطعة أرض مقسّمة للبيع .
subdue *(vt.)* (١) يُخضِع (٢) يلطّف ؛ يخفّف .
subject *(n.; adj.; vt.)* (١) المرؤوس ؛ التابع . (٢) الرعيّة : أحد رعايا دولة ما (٣) موضوع (٤) المُسْنَد إليه (منطق) (٥) الفاعل (نحو) §(٦) تابع ؛ خاضع (٧) مطيع ؛ مذعن (٨) معرَّض أو عرضة لـ (٩) متوقف على §(١٠) يُخضِع (١١) يعرّض .
subjection *(n.)* (١) إخضاع (٢) خضوع .
subjective *(adj.)* (١) فاعليّ : دالّ على حالة الرفع (٢) ذاتيّ ؛ غير موضوعيّ (٣) شخصيّ .
subject matter *(n.)* موضوع البحث أو الكتاب .
subjoin *(vt.)* يُلْحِق ؛ يُضيف ؛ يذيّل .
subjugate *(vt.)* (١) يُخْضِع (٢) يستعبد .
subjunctive *(adj.)* شَرطيّ ؛ احتماليّ .
sublease *(n.; vt.)* (١) تأجير من الباطن §(٢) يؤجِّر من الباطن .
sublet *(vt.)* يؤجِّر من الباطن .
sublimate; sublime *(vt.)* (١) يصعِّد : يكرّر مادةً صلبة بتسخينها ثم بتكثيف البخار المنبعث منها (٢) يُسامي : يحوّل إلى ما هو أسمى .
sublime *(adj.; n.)* (١) سامٍ §(٢) شيء سامٍ .
sublimity *(n.)* سُمُوّ ؛ رِفْعة .
sublunar; -y تَحْقَمَرِيّ : واقع تحت القمر .
submarine *(adj.; n.)* (١) تَحْبَحْرِيّ : واقع أو نامٍ تحت البحر §(٢) غوّاصة .
submerge *(vt.; i.)* (١) يغطّس (في الماء) . (٢) يغمر (٣) يحجب ×(٤) يغوص .
submerse *(vt.)* = submerge.
submission *(n.)* (١) خضوع ؛ إذعان (٢) طاعة .
submissive *(adj.)* خاضع ؛ مذعن ؛ مطيع .
submit *(vt.; i.)* (١) يُسلِم إلى (٢) يُخضِع لـ . (٣) يُحيل (٤) يقدّم ×(٥) يَخْضَع ؛ يستسلم لـ .
suborder *(n.)* القُبَيْلة (في تصنيف الأحياء) .
subordinate *(adj.; n.; vt.)* (١) ثانويّ . (٢) تابع ؛ خاضع §(٣) التابع ؛ المرؤوس §(٤) يضعه في مرتبة أدنى (٥) يُخْضِع .
subordination *(n.)* (١) إخضاع (٢) وضعٌ في مرتبة أدنى (٣) التابعيّة ؛ المرؤوسيّة (٤) خضوع .
suborn *(vt.)* (١) يحرّض (شخصاً على ارتكاب جريمة الخ .) (٢) يغريه بأداء شهادة كاذبة .
subpoena *(n.; vt.)* (١) أمر قضائيّ بالمثول أمام المحكمة §(٢) يستدعي (للمثول أمام المحكمة) .
subscribe *(vt.; i.)* (١) يوقّع ؛ يمضي (٢) يتعهّد أو يعِد بـ (٣) يكتتب ؛ يتبرّع (٤) يؤيّد ؛ يُقرّ ×(٥) يشترك (في صحيفة) .
subscription *(n.)* (١) توقيع ؛ إمضاء . (٢) اكتتاب ؛ تبرّع (٣) اشتراك (في صحيفة) .
subsection *(n.)* الجُزْقِسْم : جزء من قسم .
subsequent *(adj.)* (١) لاحِق (٢) تالٍ .
subsequently *(adv.)* (١) في ما بعد (٢) من ثَمّ .
subserve *(vt.)* يفيد ؛ يساعد ؛ يسهّل .
subservience; -cy *(n.)* (١) تبعيّة (٢) خنوع .
subservient *(adj.)* (١) تابع (٢) نافع (٣) خانع .

subside *(vi.)* (١) يرسُب (الثُّفل) (٢) يغور؛ ينخسف؛ يهبط (٣) يستقرّ (٤) يخمد.
subsidiary *(adj.; n.)* (١) مُساعِد؛ إضافيّ؛ فرعيّ؛ ثانويّ (٢) تابع أو خاضع لغيره (٣) إعانيّ §(٤) شيء أو شخص مساعِد أو إضافيّ (٥) الشركة التابعة (لغيرها).
subsidize *(vt.)* يقدّم العون الماليّ (إلى).
subsidy *(n.)* إعانة ماليّة (حكوميّة عادةً).
subsist *(vi.)* (١) يوجَد (٢) يبقى (٣) يعيش.
subsistence *(n.)* وجود؛ بقاء؛ مورد رزق.
subsoil *(n.)* طبقة الأرض الواقعة تحت التُّربة.
substance *(n.)* (١) جوهر (٢) مادّة (٣) ثروة.
substantial *(adj.)* (١) حقيقيّ؛ واقعيّ (٢) جوهريّ (٣) سخيّ؛ غنيّ؛ عامر (٤) ضخم (٥) قويّ؛ مكين (٦) ثريّ.
substantially *(adv.)* (١) فعلياً (٢) جوهرياً.
substantiate *(vt.)* يُثبت؛ يقيم الدليل على.
substantive *(n.; adj.)* (١) اسم (٢) كلمة مستعملة كاسم §(٣) مستقلّ (٤) حقيقيّ.
substation *(n.)* محطّة فرعيّة.
substitute *(n.; vt.; i.)* (١) بديل §(٢) يستبدِل؛ يستعيض (٣) يَحِلّ محلّ شيء آخر ×(٤) يقوم مقام.
substratum *(n.)* (١) أساس (٢) طبقة سفليّة.
substruction; -ture *(n.)* أساس.
subterfuge *(n.)* حيلة؛ ذريعة.
subterranean; -neous *(adj.)* (١) واقع أو عامل تحت سطح الأرض (٢) سِرّيّ؛ خفيّ.
subtile *(adj.)* = subtle.
subtitle *(n.)* عنوان فرعيّ (لكتاب).
subtle *(adj.)* (١) رقيق؛ دقيق؛ لطيف (٢) مهذّب (٣) حادّ الذهن (٤) حاذق؛ ماكر.
subtlety *(n.)* رِقّة؛ حدّة ذهن؛ حذق؛ مكر.
subtract *(vt.; i.)* يَطْرَح؛ يُسقِط من.

subtraction *(n.)* الطَّرْح (في الحساب).
subtrahend *(n.)* المطروح (في الحساب).
subtropical *(adj.)* شبه استوائيّ.
suburb *(n.)* الضاحية؛ ضاحية المدينة.
suburban *(adj.)* ضاحِيِيّ: متعلق بالضاحية.
subvention *(n.)* إعانة مالية حكوميّة.
subversion *(n.)* (١) تدمير؛ تهديم (٢) دمار.
subvert *(vt.)* (١) يدمر؛ يهدم (٢) يُفسِد.
subway *(n.)* (١) نَفَق (٢) ترام نَفَقِيّ.
succeed *(vi.; t.)* (١) يَخْلِف؛ يرث (العرش) (٢) يلي؛ يتبع (٣) ينجح؛ يُفلِح.
success *(n.)* (١) نجاح (٢) عمل أو شخص ناجح.
successful *(adj.)* (١) ناجح (٢) فائز.
succession *(n.)* (١) خلافة؛ وراثة (٢) تعاقُب؛ توالٍ؛ تتابع (٣) سلسلة متوالية على التعاقب.
in ~, على التعاقب؛ على التوالي؛ بالتتابع.
successive *(adj.)* متعاقب؛ متوالٍ؛ متتابع.
successively *(adv.)* على التعاقب؛ بالتتابع.
successor *(n.)* خليفة؛ خَلَف؛ وريث.
succinct *(adj.)* (١) ضيّق (٢) مُحكَم؛ بليغ.
succor *(n.; vt.)* (١) إسعاف؛ عون §(٢) يُسعِف.
succulent *(adj.)* ريان أو كثير العُصارة.
succumb *(vi.)* (١) يخضع؛ يستسلم (٢) يموت.
such *(adj.; pron.)* (١) مِثل؛ أمثال (٢) كبير؛ هائل (٣) شديد إلى حدّ أنّه §(٤) هذا؛ هذه؛ ذلك؛ تلك الخ. (٥) هكذا.
and ~; ~ like. وما أشبه؛ وهلمّ جرّاً.
~ and ~, كيت وكيت؛ كذا وكذا.
~ as : كَ؛ مِثل.
~ as it is كما هو؛ على عِلاّتِه.
~ being the case والحالة هذه.
suck *(vt.; i.; n.)* (١) يمصّ (٢) يمتصّ (٣) يرضع §(٤) مصّ؛ امتصاص (٥) رضاعة.
sucker *(n.)* (١) الماصّ (٢) الرضيع (٣) المصّاصة

suckle *(vt.)* (١) يُرضِع (٢) يَرضَع .
suckling *(n.)* رضيع .
sucrose *(n.)* السَّكْروز: سكّر القصب والشمندر
suction *(n.)* (١) مصّ (٢) ماسورة المصّ .
Sudanese *(adj.; n.)* سوداني .
sudden *(adj.)* (١) مفاجىء؛ فُجائيّ (٢) عاجل .
all of a ~; on a ~, فجأةً .
suddenly *(adv.)* فجأةً؛ على حين غِرّة .
suds *(n.)* غُسالة الصابون أو رَغوتُه .
sue *(vt.; i.)* (١) يغازل (٢) يقاضي × (٣) يتوسّل .
suède *(n.)* السُّوَيْدي: جلدٌ أو قماشٌ مُزَأبَر .
suet *(n.)* الشحم؛ شحم الماشية .
suffer *(vt.; i.)* (١) يَلْقى (٢) يعاني؛ يقاسي (٣) يخضع «لعمليّةٍ ما» (٤) يتحمّل (٥) يدع × (٦) يتألم؛ يتعذّب (٧) يدفع الثمن؛ يُعاقَب .
sufferance *(n.)* (١) ألم؛ شقاء (٢) سماح إكراهيّ (٣) احتمال؛ قدرة على الاحتمال .
suffering *(n.; adj.)* (١) ألم؛ معاناة؛ مقاساة . § (٢) متألم؛ معذَّب (٣) مريض .
suffice *(vi.; t.)* يكفي؛ يفي بالغرض .
sufficiency *(n.)* (١) كفاية (٢) قُدْرة؛ كفاءة .
sufficient *(adj.)* كافٍ؛ وافٍ .
suffix *(n.)* اللاحقة: مقطع يُضاف إلى آخر اللفظة لتغيير معناها أو لتشكيل لفظة جديدة .
suffocate *(vt.; i.)* (١) يَخْنُق × (٢) يختنق .
suffocation *(n.)* (١) خَنْق (٢) اختناق .
suffragan *(n.)* أسقف مُساعِد .
suffrage *(n.)* (١) صَوْت (في انتخاب) . (٢) تصويت (٣) حقّ الاقتراع .
suffragette *(n.)* المنادية بمنح المرأة حقّ الاقتراع .
suffragist *(n.)* المنادي بمنح المرأة حقّ الاقتراع .
suffuse *(vt.)* (١) يَغمر (٢) يخضّب (٣) ينشر .
sugar *(n.; vt.)* (١) سُكّر § (٢) يحلّي؛ يسكّر .
sugar beet *(n.)* شَمَنْدر (أو بنجر) السكّر .
sugarcane *(n.)* قصب السكّر (نبات) .
sugary *(adj.)* (١) سُكّريّ (٢) شديد الحلاوة .
suggest *(vt.)* (١) يقترح (٢) يوحي .
suggestion *(n.)* (١) اقتراح (٢) إيحاء (٣) أثر .
suggestive *(adj.)* مُوحٍ؛ مذكِّر بـ .
suicidal *(adj.)* انتحاريّ .
suicide *(n.)* (١) انتحار (٢) المنتحِر .
suit *(n.; vi.; t.)* (١) التماس؛ شكوى تُرفع إلى حاكم (٢) دعوى قضائية (٣) طلب اليد للزواج (٤) مجموعة (٥) بذلة؛ طقم (٦) المنظومة: جميع أوراق اللعب ذات النقش الواحد § (٧) يتلاءم مع × (٨) يلائم (٩) يرضي .
suitable *(adj.)* ملائم؛ مناسب؛ صالح .
suitcase *(n.)* حقيبة سفر (مستطيلة مسطّحة) .
suite *(n.)* (١) حاشية؛ بطانة حاكم (٢) مجموعة .
suiting *(n.)* جُوخ (تخاط منه البِذَل) .
suitor *(n.)* (١) الملتمِس؛ مقدّم الشكوى إلى حاكم (٢) المدّعي (قانون) (٣) طالب يد المرأة .
sulfa *(adj.)* سلفاوي: متعلق بعقاقير السلفا .
sulfa drugs *(n.pl.)* عقاقير السلفا .
sulfate *(n.)* كبريتات (في الكيمياء) .
sulfur *(n.; vt.)* (١) الكبريت § (٢) يُكَبْرِت .
sulfuric *(adj.)* كبريتيّ .
sulfurous *(adj.)* (١) كبريتيّ (٢) جهنّميّ .
sulk *(vi.; n.)* (١) يعبس § (٢) *pl.*: عُبوس .
sulky *(adj.)* عابس؛ مُقطِّب الجبين .
sullen *(adj.)* (١) متجهّم الوجه (٢) نَكِد .
sully *(vt.; i.; n.)* (١) يلطّخ؛ يتلطّخ § (٢) لطخة .
sulpha *(adj.)* = sulfa.
sulphate *(n.)* = sulfate.
sulphur *(n.; vt.)* = sulfur.
sulphuric *(adj.)* = sulfuric.
sulphurous *(adj.)* = sulfurous.
sultan *(n.)* سلطان .

sultana *(n.)* السلطانة .

sultry *(adj.)* شديد الحرارة والرطوبة .

sum *(n.; vt.)* (١) مبلغ (٢) جُمّاع ؛ مجموع (٣) ذروة (٤) خلاصة ؛ زبدة (٥) حاصل الجمع (٦) مسألة حسابيّة §(٧) يجمع (٨) يلخص .

sumac or **sumach** *(n.)* السُّمّاق .

summarily *(adv.)* (١) باختصار (٢) بسرعة.

summarize *(vt.; i.)* يُلخّص ؛ يُجْمِل .

summary *(n.; adj.)* (١) خلاصة ؛ مُجْمَل . §(٢) مُوجَز (٣) عاجل ؛ معجَّل .

summer *(n.; vi.)* (١) الصيف §(٢) يصطاف .

summer resort *(n.)* مَصِيف .

summertime *(n.)* الصيف ؛ فصل الصيف.

summery *(adj.)* صيفيّ .

summit *(n.)* ذِرْوَة ؛ قِمّة .

summon *(vt.)* (١) يدعو (إلى الاجتماع) . (٢) يستدعي للمثول (أمام القضاء) (٣) يستدعي (طبيباً) (٤) يستجمع (شجاعتَهُ الخ.) .

summons *(n.)* (١) استدعاء (٢) أمرٌ رسميّ بالمثول أمام القضاء (٣) دعوة .

sumpter *(n.)* دابة ؛ بغل ؛ حصان تحميل .

sumptuous *(adj.)* (١) سَخِيّ : مُنْفَقٌ عليه بسخاء (٢) فخم (٣) مُتْرَفٌ (الملبَس أو المسكن).

sum total *(n.)* (١) مجموع (٢) نتيجة كلّيّة .

sun *(n.; vt.; i.)* (١) الشمس (٢) حرارة الشمس أو أشعتها §(٣) يشمِّس ×(٤) يتشمّس .

sunbeam *(n.)* شعاع (من أشعة) الشمس .

sunbonnet *(n.)* قلنسوة (للوقاية من الشمس) .

sunburn *(vt.; i.; n.)* (١) تسفعُهُ الشمس. ×(٢) يُسْفَع §(٣) سَفْعَة .

sundae *(n.)* الأحدية : نوع من المثلّجات.

Sunday *(n.)* يوم الأحد .

sunder *(vt.)* يفصل ؛ يقطع ؛ يشطر .

sundial

sundial *(n.)* المِزْوَلَة : الساعة الشمسيّة .

sundown *(n.)* الغروب.

sundries *(n.pl.)* أشتات ؛ نثريات ؛ متنوّعات.

sundry *(adj.)* عدّة ؛ متعدّد ؛ مختلف .

sunfish *(n.)* سمكة الشمس : نوع من السمك.

sunflower *(n.)* عَبّاد أو دَوّار الشمس (نبات).

sung *past and past part. of* sing.

sunk *past and past part. of* sink.

sunken *(adj.)* (١) مغمور (٢) غائر .

sunlight *(n.)* ضوء الشمس ؛ ضياء الشمس.

sunlit *(adj.)* مُشْمِس : مُنار بضوء الشمس.

sunny *(adj.)* (١) مُشْمِس (٢) مرح ؛ متفائل.

sunrise *(n.)* الشروق؛ شروق الشمس.

sunset *(n.)* (١) الغروب ؛ المغيب (٢) أفول .

sunshade *(n.)* وقاء من الشمس .

sunshine *(n.)* (١) أشعّة الشمس (٢) إشراق .

sunspot *(n.)* الكُلْفَة (أو البقعة) الشمسية.

sunstroke *(n.)* الرَّعْن : ضربة الشمس .

sunup *(n.)* الشروق ؛ شروق الشمس

sup *(vt.; i.; n.)* (١) يَرْشُف ؛ يتجرّع . ×(٢) يتعشّى §(٣) رَشْفَة ؛ جرعة .

super- بادئة معناها : «أ» فوق ؛ أعلى. «ب» إضافيّ. «ج» إلى حدّ بعيد. «د» متفوّق. «هـ» فَوْقيّ .

superabundance *(n.)* (١) غزارة (٢) فائض.

superabundant *(adj.)* غزير ؛ مُفْرِط .

superannuate *(vt.)* يحيل إلى التقاعد.

superb *(adj.)* (١) جليل ؛ فخم (٢) رائع .

supercargo *(n.)* المسؤول عن شحنة السفينة .

supercilious *(adj.)* متشامخ ؛ متكبّر .

superficial *(adj.)* سطحيّ ؛ خارجيّ ؛ ظاهريّ

superficiality *(n.)* سطحيّة ؛ شيء سطحيّ.

superfine *(adj.)* رقيق أو رائع إلى حد استثنائي.

superfluity *(n.)* (١)وفرة (٢)شيء زائد .
superfluous *(adj.)* زائد أو غير ضروري .
superintend *(vt.)* يراقب؛ يناظر؛ يدير .
superintendent *(n.)* المراقب؛ المناظر؛ المدير .
superior *(adj.; n.)* (١) أعلى (٢)أرفع مقاماً أو منزلة (٣) رفيع (٤)فوق؛ أسمى من التأثر بـ (٥) أهمّ ؛ أكبر (٦) متفوّق (٧)متشامخ؛ مترفّع §(٨) الأرفع ؛ الأفضل (٩) رئيس دير .
superiority *(n.)* (١) الأعلويّة (٢) التفوّق. (٣) التشامخ ؛ الترفع
~ complex مركّب الاستعلاء
superlative *(adj.; n.)* (١) دالّ على صيغة التفضيل العليا (٢) متفوّق (٣) مُفْرِط §(٤) صيغة التفضيل العليا (٥) ذروة؛ أوج .
superman *(n.)* السوبرمان : الانسان الأمثل.
supernal *(adj.)* عُلْويّ ؛ سماويّ .
supernatural *(adj.)* خارق للطبيعة .
supernumerary *(adj.; n.)* (١) زائد عن العدد المقرّر أو المطلوب §(٢)شخص أو شيء زائد (٣)الكُمْبَرْس : ممثّل قصير الدور .
superscribe *(vt.)* (١)يكتب أو ينقش على ظاهر شيء أو أعلاه (٢)يُعَنْوِن (رسالةً أو رزمةً).
superscription *(n.)* عنوان (رسالة الخ.) .
supersede *(vt.)* (١)يحلّ محلّ (٢)يخلف.
superstition *(n.)* خُرافة؛ مُعْتَقَد خرافيّ.
superstitious *(adj.)* (١) خُرافيّ ؛ وهميّ. (٢) مؤمنٌ بالخرافات .
supervene *(vi.)* (١) يَعْرِض : يَحْدُث كشيء إضافيّ أو غير متوقّع (٢)يلي؛ يَتْبَع .
supervise *(vt.)* يراقب؛ يناظر؛ يشرف على.
supervision *(n.)* مراقبة ؛ إشراف .
supervisor *(n.)* المراقب؛ المناظر؛ المشرف.
supervisory *(adj.)* رقابيّ ؛ إشرافيّ .
supine *(adj.)* (١)مستلقٍ (على ظهره)؛ منبطح.

(٢) كسول ؛ فاتر الهمّة .
supper *(n.)* العَشاء ؛ طعام العَشاء .
supplant *(vt.)* (١)يَحِلّ مَحَلّه (٢)يستأصل.
supple *(adj.)* (١) مِطواع (٢)ليِّن؛ لَدْن .
supplement *(n.; vt.)* (١)ملحَق ؛ تكملة ؛ إضافة §(٢) يُلْحِق ؛ يُكمل ؛ يضيف إلى.
supplementary *(adj.)* إضافيّ أو تكميليّ .
suppliant; -cant *(n.; adj.)* متوسِّل؛ متضرِّع
supplicate *(vi.; t.)* يتضرَّع ؛ يبتهل؛ يتوسَّل.
supplication *(n.)* تضرُّع ؛ ابتهال؛ توسُّل.
supply *(vt.; n.)* (١)يزوِّد؛ يجهِّز ؛ يُمِدّ بـ . (٢)يَسُدّ حاجةً ؛ يُشبع رغبةً §(٣)مؤونة ؛ ذخيرة؛ مخزون ؛ زاد (٤) تزويد؛ تجهيز الخ.
supply and demand العَرْض والطلَب .
support *(vt.; n.)* (١) يحتمل ؛ يتحمّل . (٢) يؤيّد (٣) يَعِيل (٤) يدعم ؛ يَسند §(٥)تأييد؛ دَعْم (٦) دِعامة؛ سِناد .
suppose *(vt.; i.)* يفترض ؛ يعتقد ؛ يظنّ .
supposing *(conj.)* هَبْ ؛ إفرض ؛ على افتراض .
supposition *(n.)* فرض ؛ افتراض ؛ فرضية .
suppository *(n.)* تحميلة ؛ فتيلة (في الطب) .
suppress *(vt.)* (١)يقمع ؛ يُخمد (٢) يكتم ؛ يطمس ؛ يَكْبِت (٣) يوقف .
suppression *(n.)* قمع ؛ إخماد؛ كَبْت الخ .
suppurate *(vi.)* يتقيّح أو يُفرز قيْحاً .
supremacy *(n.)* (١) سيادة (٢) تفوّق .
supreme *(adj.)* الأسمى؛ الأعلى؛ الأبرز؛ الأهم .
Supreme Being *(n.)* الكائن الأسمى : الله.
supreme court *(n.)* المحكمة العليا .
surcharge *(n.)* (١)أجرة إضافية (٢)حِمل أو عِبء ثقيل (٣)طبعة فوقيّة على طابع بريديّ.
sure *(adj.; adv.)* (١) ثابت ؛ راسخ ؛ قويّ . (٢)موثوق (٣)ناجِع (٤)واثق (٥)لاريب فيه (٦)محتوم (٧)مقدَّر له أن §(٨)من غير ريب.

من غير ريب. for ~; to be ~,

surely (*adv.*) (١) بثبات؛ بثقة (٢) من غير ريب.

surety (*n.*) (١) ثقة؛ يقين (٢) كفالة؛ ضمانة. (٣) العرَّاب (٤) الكفيل؛ الضامن.

surf (*n.*) الأمواج المتكسِّرة (على الشاطىء).

surface (*n.*; *adj.*) (١) سَطْح (٢) المَظْهَر الخارجيّ السطحيّ §(٣) سطحيّ.

surfeit (*n.*; *vt.*) (١) فَرْط؛ مقدار كبير. (٢) إفراط (في الأكل) (٣) تُخمة §(٤) يُتخم.

surge (*vi.*; *n.*) (١) يموج؛ يطمو؛ يجيش؛ يندفق §(٢) طُمُوّ؛ جَيَشان الخ. (٣) موجة.

surgeon (*n.*) الجرَّاح؛ الطبيب الجرَّاح.

surgery (*n.*) (١) الجِراحة (٢) حجرة العمليات الجراحيّة (٣) عملية جراحيّة.

surgical (*adj.*) جراحيّ.

surly (*adj.*) (١) فظّ (٢) مكفهِرّ.

surmise (*vt.*; *n.*) (١) يظنّ؛ يحدس. §(٢) ظنّ؛ حَدْس.

surmount (*vt.*) (١) يتغلب على (المصاعب الخ.) (٢) يتسلّق (٣) يعلو؛ يتوّج.

surname (*n.*) كُنْيَة؛ لقب؛ اسم الأسرة.

surpass (*vt.*) (١) يبزّ؛ يتفوّق على (٢) يتجاوز؛ يتخطّى (٣) يفوق.

surplice (*n.*) المِدْرَعَة: رداء كهنوتيّ أبيض.

surplus (*n.*) الفائض؛ الفَضْل؛ الفَضْلَة.

surprisal (*n.*) مباغتة الخ. (راجع المادة التالية).

surprise (*n.*; *vt.*) (١) مُباغَتَة (٢) مفاجأة. (٣) دَهَش §(٤) يباغت (٥) يستولي (على شيء) بهجوم مباغت (٦) يفاجىء (٧) يُدْهِش.

surprising (*adj.*) مدهِش؛ مُذْهِل.

surrealism (*n.*) السُّرياليّة: ما فوق الواقع.

surrender (*vt.*; *i.*; *n.*) (١) يسلِّم (٢) يتنازل عن ×(٣) يستسلم §(٤) تَسْليم؛ استسلام.

surreptitious (*adj.*) (١) سِرّيّ (٢) مختَلَس (٣) زائف (٤) مُسْتَتِر؛ عامل خِلسة.

surrey (*n.*) السَّرْيَة: نوع من المَرْكبات.

surrogate (*n.*) (١) نائب؛ وكيل (٢) بديل.

surround (*vt.*; *n.*) (١) يطوِّق §(٢) طوق.

surroundings (*n. pl.*) محيط؛ بيئة.

surtax (*n.*) ضريبة إضافيّة؛ رسم إضافيّ.

surveillance (*n.*) (١) مراقبة (٢) إشراف.

survey (*vt.*; *i.*; *n.*) (١) يَمْسح (الأراضي). (٢) يُعاين (٣) يفحص §(٤) نظرة عامة (٥) فحص؛ تقرير (٦) مَسْح الأراضي (٧) مخطَّط أو خريطة المَسْح.

surveying (*n.*) المساحة: مَسْح الأراضي.

surveyor (*n.*) المسّاح: ماسح الأراضي.

survival (*n.*) (١) البقاء: بقاء المرء أو الشيء بعد زوال غيره (٢) ما يبقى بعد زوال غيره.

survive (*vi.*; *t.*) (١) يبقى على قيد الحياة. ×(٢) يبقى حيّاً بعد زوال شيء أو حادثة.

susceptibility (*n.*) (١) قابليّة (٢) حساسية. (٣) *pl.*: مشاعر؛ أحاسيس.

susceptible (*adj.*) (١) قابل أو عرضة لـ. (٢) حسّاس (٣) سريع التأثّر بـ.

suspect (*vt.*; *i.*; *adj.*; *n.*) (١) يرتاب أو يشكّ في (٢) يشتبه بـ (٣) يظنّ؛ يتوهّم؛ يخامره شعور بوجود شيء الخ. §(٤) مشبوه (٥) مشتبَه به.

suspend (*vt.*; *i.*) (١) يَحْرِم موقّتاً من امتياز أو وظيفة؛ يفصِل موقّتاً (٢) يعطّل أو يوقف موقّتاً (٣) يعلّق: يوقف مفعول كذا (٤) يرجىء (٥) يُدَلّي؛ يعلّق ×(٦) يتوقف (٧) يتدلّى.

suspenders

suspender (*n.*) (١) حمالة: *pl.* البنطلون (٢) رباط الجورب.

suspense (*n.*) (١) تعليق؛ إرجاء (٢) قلق؛ تَرَقّب قَلِق (٣) حيرة (٤) تشويق.

(١) معلّق (٢) في ترقّب قَلِق. in ~,

suspension 380 Swede

suspension *(n.)* (١) حرمان موقّت من امتياز أو وظيفة الخ. (٢) تعطيل موقت (٣) تعليق (٤) إرجاء (٥) تَدَلِّيَة ؛ تَدَلٍّ.

suspicion *(n.)* (١) شكّ ؛ اشتباه (٢) شُبْهَة ؛ رِيبة (٣) مسحة ؛ أثر ضئيل.

suspicious *(adj.)* (١) مشبوه ؛ مريب . (٢) نَزَّاع إلى الشكّ (٣) مُفْعَم بالشكّ.

sustain *(vt.)* (١) يساند ؛ يوازر (٢) يغذّي (٣) يُبْقِي ؛ يطيل البقاء (٤) يدعم (٥) يقوّي ؛ (٦) يتحمّل (٧) يؤيّد (٨) يُثْبِت ؛ يؤكّد.

sustenance *(n.)* (١) طعام ؛ قوت (٢) تغذية . (٣) مساندة (٤) إعالة (٥) سَنَد ؛ عَوْن.

suture *(n.)* (١) خيط (٢) دَرْزَة (في الجراحة).

suzerain *(n.)* (١) سيّد (إقطاعيّ) أعلى . (٢) المتسلّطة : دولة مسيطرة على دولة تابعة.

suzerainty *(n.)* سيادة ؛ سلطان.

svelte *(adj.)* (١) نحيل ؛ رشيق (٢) مهذّب .

swab *(n.)* (١) مِمْسَحَة (٢) القَطِيلَة : كتلة قطن حول طرف عُود (٣) شخص تافه.

swaddle *(vt.)* (١) يُقَمِّط (طفلاً) (٢) يلفّ.

swag *(n.)* (١) غنيمة (٢) صُرَّة أمتعة.

swage *(n.; vt.)* (١) قالب الطَّرْق : أداة لتطريق المعادن §(٢) يشكّل بالتطريق.

swagger *(vi.; n.)* (١) يختال ؛ يمشي تيّاهاً . (٢) يتبجّح §(٣) اختيال ؛ زَهْو (٤) تبجّح.

swain *(n.)* (١) الريفيّ (٢) الراعي (٣) العاشق.

swale *(n.)* المنخَفَض : أرض مستنقعية منخفضة.

swallow *(vt.; n.)* (١) يبتلع ؛ يزدرد ؛ يلتهم . (٢) يصدّق بسذاجة (٣) يكتم §(٤) ابتلاع ؛ ازدراد (٥) الخُطّاف ؛ السنونو (طائر).

swam *past of* swim.

swamp *(n.; vt.)* (١) مستنقَع §(٢) يغمر .

swampy *(adj.)* مستنقعيّ ؛ سَبِخ .

swan *(n.)* التَّمّ : الإوزّ العراقيّ.

swank; -y *(adj.)* (١) مختال (٢) أنيق .

swansdown *(n.)* (١) زَغَب التَّمّ أو الإوزّ العراقيّ (٢) قماش قطنيّ سميك ذو زِئبر .

swap *(vt.; i.; n.)* (١) يقايض §(٢) مقايضة .

sward *(n.)* مرج ؛ ارض معشوشبة .

swarm *(n.; vi.)* (١) الخَشْرَم : جماعة النحل. (٢) سِرْب جراد (٣) حَشْد مُندفِع §(٤) يحتشد (٥) يندفع بأعداد كبيرة (٦) يعجّ بـ .

swart; swarthy *(adj.)* داكن اللون أو البشرة.

swash *(n.; vi.)* (١) اندفاع الماء نحو الشاطىء. §(٢) يندفع (الماء) أو يتطاير محدثاً صوتاً رَشاشياً.

swashbuckler *(n.)* جنديّ أو مغامر متبجّح.

swastika *(n.)* الصليب المعقوف

swastika

swat *(vt.; n.)* (١) يضرب بعنف §(٢) ضربة عنيفة .

swath *(n.)* (١) الرّقعة التي تشملها ضربة مُفرَدة من منجل (٢) صفّ من أعشاب أو من سنابل القمح مقطوع بمنجل (٣) شِقّة عريضة ؛ صفّ عريض .

swathe *(vt.; n.)* (١) يلفّ ؛ يَعْصِب §(٢) رِباط

sway *(vi.; t.; n.)* (١) يتمايل (٢) يتأرجح . (٣) يميل ؛ ينحني (٤) يتسلّط ×(٥) يهزّ (٦) يُميل (٧) يحمله على تغيير رأيه (٨) يُسيطر على §(٩) تمايُل ؛ تأرجُح (١٠) حكم ؛ سيطرة .

swear *(vt.; i.)* (١) يُقسِم ؛ يَحلِف (٢) يؤكّد أو يعِد جازماً (٣) يحلّف ×(٤) يشتُم ؛ يَسُبّ.
to ~ at يسبّ ؛ يشتم .

sweat *(vi.; t.; n.)* (١) يَعْرَق (٢) يكدح. (٣) يرشح ×(٤) يعرّق (٥) يُرْهِق (٦) يشغّل (العمال) بأجور منخفضة أو في أحوال غير صحية §(٧) عَرَق (٨) كَدْح (٩) رَشْح .

sweater *(n.)* سترة أو كنزة صوفية غليظة.

sweaty *(adj.)* (١) متَسِخ بالعرق (٢) شاقّ .

Swede *(n.)* السُّوَيديّ : أحد أبناء السُّويد .

Swedish **381** **swirl**

Swedish *(n.; adj.)* (١) السُّويديّة: لغة السويد. (٢) السُّويديّون §(٣) سُوَيْديّ.

sweep *(vt.; i.; n.)* (١) يحصد (٢) يجرف. (٣) يدفع بقوّة (٤) يكنس (٥) يكسب بفوز ساحق (٦) يَمَسّ مَسّاً رفيقاً (٧) يجري (فوق شيء) برشاقة أو قوة (٨) يلقي نظرة شاملة على ×(٩) يكتسح (١٠) يندفع بخفّة أو قوة §(١١) مجذاف طويل (١٢) كَنْس؛ إزالة (١٣) نصر ساحق (١٤) اندفاع (١٥) حركة أو ضربة منحرفة (١٦) امتداد (١٧) مدى (١٨) كنّاس الشوارع؛ منظف المداخن.

sweeper *(n.)* (١) كنّاس (٢) مكنسة.

sweeping *(n.; adj.)* (١) *pl.*: كُناسة؛ نُفاية (٢) كَنْس §(٣) شامل؛ كاسح؛ جارف.

sweepstake ;-s *(n.)* (١) السويبستيك: مراهنة على الخيل يكسب فيها الرابح مجموعَ الأموال المراهَن بها أو معظمها (٢) يانصيب.

sweet *(adj.; n.)* (١) حُلو (٢) عَذب (٣) جميل (٤) رخيم (٥) لطيف (٦) عزيز §(٧) حلوى.

sweetbrier *(n.)* نِسرين الكلاب (نبات).

sweeten *(vt.; i.)* (١) يحلّي ×(٢) يحلو.

sweetheart *(n.)* (١) الحبيب (٢) الحبيبة.

sweetish *(adj.)* حلوٌ قليلاً.

sweetmeat *(n.)* (١) مُرَبّى (٢) حلوى.

sweet pea *(n.)* الجُلُبّان العطِر (نبات).

swell *(vi.; t.; n.)* (١) ينتفخ (٢) يعلو؛ يرتفع. (٣) يزداد؛ يتكاثر؛ يتضخم (٤) يتورّم (٥) يتبجّح ×(٦) ينفُخ الخ. §(٧) انتفاخ؛ ازدياد؛ تضخّم الخ. (٨) موجة.

swelling *(n.; adj.)* (١) انتفاخ؛ تضخّم؛ ورم §(٢) منتفخ؛ متضخّم؛ متورّم.

swelter *(vi.; n.)* (١) يتصبّب عرقاً، أو يكاد يغمى عليه، من شدّة الحرّ §(٢) حرّ شديد.

swept *past and past part. of* sweep.

swerve *(vi.; t.; n.)* (١) ينحرف أو يَحرِف. §(٢) انحراف.

swift *(adj.; n.)* (١) سريع. (٢) رشيق §(٣) السَّمامة: طائر يشبه السنونو.

swift

swig *(n.; vt.; i.)* (١) جَرعة كبيرة §(٢) يتجرع أو يشرب بشراهة.

swill *(n.; vt.)* (١) طعام الخنازير (٢) قُمامة (٣) نُفاية §(٤) يتجرّع جرعاتٍ كبيرة من.

swim *(vi.; t.; n.)* (١) يَسْبَح (٢) ينزلق. (٣) يطفو (٤) يُصاب بدُوار ×(٥) يجتاز سباحةً §(٦) سِباحة (٧) مجرى النشاط الرئيسي.

swimmer *(n.)* السابح؛ السبّاح.

swimming *(adj.; n.)* (١) سابح (٢) مُعَدّ للسّباحة (٣) دامع (٤) دائخ §(٥) سباحة.

swindle *(vt.; n.)* (١) يخدع §(٢) خِداع.

swine *(n.)* (١) خنزير (٢) شخص حقير.

swineherd *(n.)* مربّي الخنازير.

swing *(vt.; i.; n.)* (١) يؤرجِح (٢) يُدير على محور (٣) يدلّي؛ يعلّق ×(٤) يتأرجح؛ يتمايل (٥) يموت شنقاً (٦) يتدلّى (٧) يدور على محور (٨) يدور حول زاوية (٩) ينتقل أو يتقلّب من حالة إلى أخرى §(١٠) تأرجُح؛ تمايُل (١١) إيقاع مطّرد (في الشعر أو الموسيقى) (١٢) حركة ناشطة مطّردة (١٣) انتقال دوريّ من حال إلى آخر (١٤) سرعة (١٥) نشاط؛ تقدّم (١٦) نطاق التأرجح (١٧) أرجوحة (١٨) موسيقى السوينغ.

swipe *(n.; vt.; i.)* (١) ضربة عنيفة (٢) سائس الخيل §(٣) يضرب بعنف (٤) يسرق.

swirl *(vi.; t.; n.)* (١) يدوم: يجري ملتفاً كالدوّامة ×(٢) يجعله يدوم §(٣) دُوّامة.

swish *(n.)* حفيف ؛ هفيف ؛ هَسْهَسَة .
Swiss *(n.; adj.)* سويسري .
switch *(n.; vt.)* (١)قضيب ؛ سَوْط (٢)ضربة بالسَّوْط (٣)تحوّل ؛ انتقال (٤)المحوِّلة : مفتاح التحويل في السكة الحديدية (٥) المفتاح الكهربائي (٦) الضفيرة العارية : كتلة من شعر كاذب تضيفها المرأة إلى شعرها §(٧)يضرب بالسَّوط (٨) يحرّك شيئاً وكأنّه سوط (٩)يحوّل (من خطٍ من خطوط السكة الحديدية إلى آخر) (١٠)يغيّر ؛ يحوِّل (١١)يَقطع التيار أو يُشعِل النور بمفتاح كهربائي .
switchboard *(n.)* لوحة المفاتيح (كهرباء).
swivel *(n.; vi.; t.)* المِرْوَد ؛ الوُصلة المتراوحة : أداة تمكّن الشيء المثبَّت من الدوران فوقها بحرية §(٢)يدور أو يدير على محور أو نحوه.
swivel chair *(n.)* الكرسيّ الدوّار أو اللفّاف .

swivel chair

swob *(n.)* = swab.
swollen *past part. of* swell.
swoon *(vi.; n.)* (١) يُغْمَى عليه §(٢) إغماء .
swoop *(vi.; n.)* (١)ينقضّ على §(٢)انقضاض .
sword *(n.)* سَيْف .
swordfish *(n.)* أبو سيف (سمك).

swordfish

swordsman *(n.)* المبارز بالسيف .
swore *past of* swear.
sworn *past part. of* swear
swum *past part. of* swim.
swung *past and past part. of* swing.
sybarite *(n.)* المُتْرَف ؛ المنغمس في اللذات .
sycamore *(n.)* شجر الجُمَّيز .
sycophant *(n.)* المتملّق الذليل .
syllabic *(adj.)* مَقْطَعِيّ .
syllabicate; syllabify *(vt.)* يشكّل مقاطع أو يجزّىء إلى مقاطع لفظيّة .
syllable *(n.)* مَقْطَعٌ لَفْظِيّ .
syllabus *(n.)* مخطَّط ؛ خلاصة .
syllogism *(n.)* القياس ؛ القياس المنطقي .
syllogistic; syllogistical *(adj.)* قياسيّ .
sylph *(n.)* (١)السِّلْف : كائن خرافيّ يعيش في السماء (٢) فتاة هيفاء رشيقة .
sylvan *(adj.)* أجَمِيّ ؛ حَرَجيّ ؛ غابيّ .
symbol *(n.; vi.; t.)* (١)رَمْز §(٢)يرْمز .
symbolic *or* **symbolical** *(adj.)* رَمزيّ .
symbolism *(n.)* الرمزية (وبخاصة في الشعر).
symbolize *(vi.; t.)* يرمز إلى .
symmetric *(adj.)* متساوق ؛ متناسق ؛ متماثل .
symmetry *(n.)* تساوُق ؛ تَناسُق ؛ تماثُل .
sympathetic *(adj.)* (١)متجانس ؛ غير متنافر (٢) ملائم لمزاج المرء (٣) عاطف ؛ مؤيد .
sympathize *(vi.)* (١)يتعاطف (٢)يعطف على
sympathy *(n.)* (١)تعاطف ؛ مشاركة وجدانيّة (٢) تجانس ؛ انسجام (٣) عطف .
symphonic *(adj.)* (١)متناغم (٢)سِمفونيّ .
symphonious *(adj.)* متناغم .
symphony *(n.)* (١) تآلف الأصوات الخ. (٢) السِّمفونيّة : لحنٌ تعزفُهُ الأوركسترا .
symposium *(n.)* (١)الندوة : اجتماع يتحدث فيه عدة متكلمين أحاديث قصيرة عن موضوع معين (٢) مجموعة آراء حول موضوع .
symptom *(n.)* (١)عرَض (٢)أمارة ؛ علامة .
symptomatic *(adj.)* (١)عرَضيّ ؛ أعراضيّ (٢)دالّ على .
synagogue *(n.)* الكَنِيس : معبد اليهود .
synchronism *(n.)* التزامن ؛ التواقت : الحدوث في زمن أو وقتٍ واحد .

synchronize *(vi.; t.)* : (١) يتزامَن : يَحدث في زمن واحد ×(٢) يُزامِن .
synchronized *(adj.)* متزامن ؛ متواقت .
syncopate *(vt.)* (١) يرخِّم (كلمةً) (٢) يختصر (٣) يؤخِّر النَّبر (في الموسيقى) .
syncope *(n.)* إغماء .
syndicate *(n.; vt.)* (١) نقابة (٢) مؤسسة تبيع موادَّ للنشر في عدةِ صحف ومجلات في وقت واحد §(٣) يوحِّد في نقابة (٤) يبيع للنشر في عدة صحف ومجلات في وقت واحد .
synod *(n.)* (١) مجلس (٢) السَّنودس : مجمع كنسي .
synonym *(n.)* المرادف ؛ المترادف (في اللغة) .
synonymous *(adj.)* مرادف ؛ مترادف .
synopsis *(n.)* pl. **-ses** المختَصر ؛ الموجَز .
syntax *(n.)* (١) بناء الجملة : ترتيب كلمات الجملة في أشكالها وعلاقاتها الصحيحة (٢) الاعراب .
synthesis *(n.)* (١) تركيب ؛ تأليف (٢) جميعة .
synthesize *(vt.)* (١) يركب ؛ يؤلِّف (٢) يصطنع : يُنتِج بالطرائق الصُّنعية .
synthetic *(adj.)* (١) تركيبيّ (٢) اصطناعيّ
synthetize *(vt.)* = synthesize.
syphilis *(n.)* السِّفْلِس ؛ الزُّهريّ (مرض) .
syphilitic *(adj.; n.)* (١) سِفْلِسِيّ §(٢) المَزْهور : المصاب بالسفلس أو الزهريّ .
Syriac *(adj.; n.)* (١) سُرْيانيّ §(٢) اللغة السريانيّة .
Syrian *(adj.; n.)* سوريّ .
syringe *(n.; vt.)* (١) مِحقَنة §(٢) يحقن بمحقنة .
syrup *(n.)* شراب ؛ عصير فاكهة مركَّز .
system *(n.)* (١) نظام (٢) جهاز (٣) الجسم : جسم الانسان أو الحيوان (٤) منظومة ؛ شبكة (٥) طريقة (٦) ترتيب .
systematic; -al *(adj.)* (١) نِظاميّ (٢) منظوم : مَصوغ في صورة نظام (٣) تصنيفيّ .
systematize *(vt.)* ينظِّم ؛ يصنِّف ؛ يرتِّب .
systemic *(adj.)* (١) جهازيّ : منسوبٌ إلى جِهاز (٢) عامّ ؛ شاملٌ الجسم كلّه .
systemize *(vt.)* = systematize.

Tripoli (Libya)

T

t *(n.)* الحرف العشرون من الأبجدية الانكليزية.

tab *(n.)* (١) عروة؛ لسان؛ أذن؛ مقبض صغير. (٢) مراقبة شديدة.

tabby *(n.)* هِرّة أهليّة.

tabernacle *(n.)* (١) خيمة اتخذ منها اليهود هيكلاً نقّالاً (٢) مسكن (٣) مَعْبَد.

table *(n.)* (١) لوح؛ لوحة (٢) طاولة؛ مِنضدة؛ مائدة (٣) جَدْوَل؛ قائمة.

tableau *(n.)* (١) صورة (٢) لوحة؛ مشهد.

tablecloth *(n.)* السِّماط: غطاء المائدة.

tableland *(n.)* النَّجْد: سهلٌ واسع.

tablespoon *(n.)* ملعقة المائدة.

tablespoonful *(n.)* ملء ملعقة مائدة.

tablet *(n.)* (١) لوح؛ لوحة (٢) مجموعة من ورق الكتابة مغرّاةٌ عند أحد أطرافها (٣) قُرْص.

tableware *(n.)* أدوات المائدة.

taboo *or* **tabu** *(adj.; n.; vt.)* (١) معزولٌ أو مُفْرَدٌ جانباً بوصفه مقدّساً أو نجساً أو ملعوناً (٢) محرَّم §(٣) عَزْلٌ؛ إفرادٌ؛ تحريم §(٤) يَعزِل؛ يُفْرِد (٥) يحظّر؛ يحرّم.

tabor *(n.; vi.)* (١) دُفّ §(٢) ينقر على الدُّفّ.

tabular *(adj.)* (١) مسطّح؛ مستوي السطح. (٢) مُجَدْوَلٌ: مرتّب على شكل جدول (٣) محسوب بواسطة جدول.

tabulate *(vt.)* يُجَدْوِل: يرتّبه على صورة جدول.

tacit *(adj.)* (١) صامت (٢) ضِمنيّ؛ مفهوم ضِمناً.

taciturn *(adj.)* صَمُوت؛ قليل الكلام.

tack *(n.; vt.; i.)* (١) المُسَيْمِير: مسمار صغير عريض الرأس (٢) حبل لتثبيت زاوية الشراع (٣) زاويةُ الشراع المشدودُ إليها هذا الحبل (٤) وجهة السفينة (٥) حركة متعرّجة §(٦) يثبّت بمسمار صغير قصير (٧) يغيّر اتجاه السفينة ×(٨) يتخذ سبيلاً متعرّجاً.

tackle *(n.; vt.; i.)* (١) عُدّة (٢) حبال الأشرعة والصواري (٣) البكّارة: مجموعة من الحبال والبكرات لرفع الأثقال أو خفضها أو تحريكها §(٤) يعالج (٥) يمسك بـ؛ يقبض على.

tact *(n.)* (١) ذوق؛ حساسية (٢) لباقة.

tactful *(adj.)* لَبِق؛ ذو لَباقة.

tactical *(adj.)* (١) تكتيكيّ (٢) وَسِيليّ: مقصودٌ به تحقيق غرض (٣) انتهازيّ (٤) لبق.

tactician *(n.)* البارع في التكتيك الحربيّ.

tactics *(n.)* (١) التكتيك: فن تنظيم القوى الحربية

أو تحريكها للقتال (٢) طريقة ؛ نهج.

tactile *(adj.)* (١)ملموس (٢)لمسيّ.

tactless *(adj.)* غير لبق ؛ تعوزه اللباقة.

tadpole *(n.)* الشُرْغوف: فَرْخ الضِّفدع.

taffeta *(n.)* التَفْتَة: نسيج حريري رقيق صقيل.

taffrail *(n.)* درابزون موْخّر المركب.

taffy *(n.)* = toffee.

tag *(n.; vt.)* (١)طرف معدنيّ أو لدائنيّ لشريط الحذاء (٢)رُقعة؛ بطاقة (٣) لعبة يطارد فيها طفلٌ طفلاً ويحاول أن يمسّه § (٤) يزوّد برقعة مبيِّنة للسعر أو العنوان (٥) يلاحق.

tail *(n.; vt.; i.)* (١)ذَيل ؛ ذنب (٢) قفا الشيء أو موْخّره أو أدناه § (٣)يَتَتَبّعه مثل ذيل (٤) يتعقّب × (٥) يتضاءل؛ يضعُف؛ يخمُد.

tailless *(adj.)* أبتر ؛ لا ذيل له.

tailor *(n.; vt.)* (١)الخيّاط × (٢)يخيط.

taint *(vt.; n.)* (١)يلطِّخ؛ يلوّث (٢)يُفسد. § (٣) لطخة ؛ وصمة.

taintless *(adj.)* طاهر؛ نقيّ؛ لا عيب فيه.

take *(vt.; n.)* (١)يأخذ (٢)يستولي على (٣)يصيد (٤) يفتن ؛ يسحر (٥) يتطلّب؛ يقتضي § (٦) أخْذٌ (٧) دَخْل؛ ربح (٨)مقدار المَصِيْد من السمك دفعةً واحدة.

to ~ after (١)يحذو حَذْوَ (٢)يُشبه.

to ~ aim يسدّد؛ يصوّب.

to ~ apart (١) يفكّك (٢) يحلّل.

to ~ away (١)ينقل؛ يزيل (٢)يسلب.

to ~ back (١) يستردّ (٢) يعيد.

to ~ care يحاذر.

to ~ care of يُعْنَى به؛ يتولّى رعايته.

to ~ down (١)يقْطَع (٢) يدوّن.

to ~ for يحسبه أو يظنّه كذا.

to ~ hold يمسك بـ؛ يستحوذ على.

to ~ in (١)يضيّق (٢)يتلقّى باطّراد. (٣) يشتمل على (٤)يفهم (٥)يخدع.

to ~ off (١)ينزع ؛ يخلع (٢) يحسم؛ يقتطع (٣) يزيل (٤)يقلّد (٥)ينهض؛ يُقلِع؛ يشرع في الطيران.

to ~ on (١) يضطلع بـ (٢) يتصرف أو يتحدّث باهتياج.

to ~ one's time يتأنّى ؛ يتروّى.

to ~ out (١)يزيل؛ يُخرج؛ يقتطع. (٢) يُخرج الى الهواء الطلق (٣)يستصدر (إجازة الخ.).

to ~ over يتولّى الأمر أو السلطة.

to ~ to (١) يتعوّد (٢) يولَع بـ.

to ~ up (١) يَرفع (٢)يشهَر (٣)يَشغل

taken *past part. of* take.

takeoff *(n.)* (١)محاكاة هزليّة أو كاريكاتوريّة. (٢) إقلاع ؛ انطلاق (٣) منطَلَق.

taking *(n.; adj.)* (١)أخْذ (٢).*pl*: دَخْل؛ إيراد (٣)مقدار المصيْد من § (٤)فاتن (٥)مُعدٍ.

talc *(n.)* الطَلْق: معدِن طري يُستخدَم في صنع ذُرور الوجه الخ.

tale *(n.)* (١)إشاعة؛كذبة (٢)حكاية (٣)مجموع.

talebearer *(n.)* ناشر الفضائح والاشاعات.

talent *(n.)* (١)الطالِن: وحدة وزن أو نقد قديمة. (٢) موهبة (٣) شخص موهوب.

talisman *(n.)* الطِّلَّسْم؛ تعويذة.

talk *(vt.; i.; n.)* (١) يقول (٢) يتكلّم (٣)يتحدّث § (٤) كلام (٥) محادثة؛ مفاوضة (٦)حديث (٧) خطاب؛ خطبة؛ محاضرة.

talkative; talky *(adj.)* ثرثار ؛ مِهْذار.

talker *(n.)* (١) المتكلّم (٢) الثرثار.

tall *(adj.)* (١)طويل (٢)ضخم (٣) طنّان.

tallow *(n.)* الوَدَك ؛ الشحم الحيوانيّ.

tally *(n.; vt.; i.)* (١)جريدة الحساب (٢)رُقعة. (٣) سِجِلّ (٤) اتّفاق؛ انطباق § (٥)يدوّن

talon 386 tapster

يسجِّل (٦) يجعله مطابقاً لـ ×(٧) ينطبق على .

talon *(n.)* (١) مِخْلَب ؛ بُرثُن (٢) إصبع .

tamable *(adj.)* قابلٌ للتدجين أو الترويض.

tamarack *(n.)* الطَّمَراق: شجرةٌ أميركيّة .

tamarind *(n.)* التمر الهندي (يُتَّخذ مُسهِلاً).

tambour *(n.)* طارةُ التطريز.

tambourine *(n.)* الرِّقّ: دُفّ صغير .

tambourine

tame *(adj.; vt.)* (١) داجن ؛ أليف (٢) وديع . (٣) تَفِهٌ : تعوزه الحرارة أو المتعة §(٤) يُدجّن ؛ يروّض.

tam-o'-shanter *(n.)* التاميّة: قلنسوة صوفيّة.

tamp *(vt.)* (١) يدكّ ؛ يرصّ (٢) يحشو.

tamper *(vi.; t.)* (١) يحاول التأثير (على شاهد بالرشوة أو الترهيب) (٢) يعبث أو يتلاعب بـ .

tan *(vt.; i.; n.)* (١) يدبغ (٢) يَسفَع (٣) يَجلد. ×(٤) يندبغ ؛ ينسفع §(٥) لحاء الدباغين (٦) دِباغ (٧) سُفْعَة أو سمرة (ناشئة عن التعرّض للشمس) .

tanbark *(n.)* لحاء الدباغين. لحاء الدّبّاغة.

tandem *(n.)* (١) التَّنْدَم: مركبة يجرّها جوادان أحدهما أمام الآخر (٢) الدراجة الترادفية: دراجة ذات مقعدين أحدهما خلف الآخر.

tandem 2.

tang *(n.)* (١) السِّيلان: ما يدخل من السكين في المقبض (٢) نكهة أو رائحة حادّة .

tangency *(n.)* مُماسّة ؛ تَماسّ .

tangent *(adj.; n.)* مُماسّ (في الهندسة) .

tangerine *(n.)* المندرين ؛ اليوسفيّ (ليمون) .

tangible *(adj.)* (١) ملموس (٢) ماديّ ؛ حقيقيّ.

tangle *(vt.; i.; n.)* (١) يورّط (٢) يُشابِك ؛ «يُشَرْبِك» ×(٣) يشتبك ؛ يتشابك §(٤) كتلة متشابكة الخيوط (٥) تعقّد ؛ تشوّش .

tango *(n.)* التانغو : رقصة أميركيّة .

tank *(n.)* (١) حوض ؛ صِهريج (٢) دبابة .

tankard *(n.)* إبريق (فضيّ أو معدنيّ) .

tanker *(n.)* الصهريجيّة ؛ ناقلة البترول الخ .

tanner *(n.)* (١) الدبّاغ (٢) ستّة بنسات .

tannery *(n.)* المَدْبَغة : مَدْبَغة الجلود .

tanning *(n.)* الدِّباغة : دِباغة الجلود .

tantalize *(vt.)* يعذّب (بإدناء شيء مرغوب فيه ثم إبعاده على نحوٍ متواصِل) .

tantamount *(adj.)* معادلٌ ؛ مُساوٍ .

tantrum *(n.)* نَوْبَة غضب الخ .

tap *(n.; vt.)* (١) سِدادة (٢) حنفيّة (٣) شراب مُسكِر يُستقى من حنفيّة (٤) مَشْرَب ؛ بار (٥) نقطة التفرّع : نقطة من الشريط الكهربائيّ يُشتَقّ منها فرع (٦) ضربة خفيفة (٧) نقرةٌ (على طبل) §(٨) يزوّد بسدادة أوحنفية (٩) يبزل (١٠) ينزع السدادة (١١) يُجْري سائلاً ما (بنزع السدادة) . (١٢) يَصِل بفرع (١٣) يضرب ؛ ينقر ؛ يقرع .

tap dance *(n.)* الرّقص النَّقْريّ .

tape *(n.; vt.)* (١) شريط ؛ شريطة §(٢) يثبّت بشريط (٣) يسجّل على شريط مغنطيسيّ .

tapeline; tape measure *(n.)* شريط القياس

taper *(n.; vi.; t.)* (١) شمعة رفيعة (٢) استدقاق الطَّرَف §(٣) يستدقّ طرفه (٤) يتناقص تدريجياً ×(٥) يجعله مستدقّ الطَّرَف .

tape recorder *(n.)* آلة التسجيل الشريطيّة .

tapestry *(n.)* نسيج مزدان بالرسوم والصور .

tapeworm *(n.)* الشّريطيّة ؛ الدودة الشريطيّة.

tapioca *(n.)* التَّبيوكة: نشاء لصنع الحلوى.

tapir *(n.)* التابير : حيوان شبيه بالخنزير .

taproom *(n.)* مَشْرَب ؛ بار .

taproot *(n.)* الجذر الرئيسيّ الوتِديّ .

tapster *(n.)* الساقي (في حانة) .

tar *(n.; vt.)* (١) قار ؛ قطران §(٢) يكسو بالقار .
tarantula *(n.)* العنكبوتة الذئبية : عنكبوتة كبيرة .
tardily *(adv.)* (١) ببطء (٢) متأخراً .
tardy *(adj.)* (١) بطيء (٢) متأخر .
tare *(n.)* (١) البيقة : نبات علفي (٢) إسقاط من وزن السلعة غير الصافي معادل لوزن وعائها .
target *(n.)* (١) تُرس (٢) هدف .
tariff *(n.)* تعرفة ؛ تعريفة .
tarn *(n.)* بُحيرة أو بركة جبلية صغيرة .
tarnish *(vt.; n.)* (١) يُفقده بريقه (٢) يُفسد (٣) يلطّخ §(٤) فقدانُ البريق (٥) لطخة .
taro *(n.)* القُلْقاس : بقلة زراعية .
tarpaulin *(n.)* التَّربولين : قماش مشمَّع .
tarpon *(n.)* الطَّربون : سمك بحري كبير .
tarry *(vi.; adj.)* (١) يتوانى ؛ يتلكأ (٢) يمكث ؛ يبقى §(٣) قاري ؛ قطراني (٤) مُقيَّر .
tart *(adj.; n.)* (١) حِرّيف (٢) حامض (٣) لاذع §(٤) التُّرتة : كعكة محشوة بالمربّى .
tartan *(n.)* الطَّرْطان : قماش صوفي مقلّم .
tartar *(n.)* (١) الطَّرْطير : حَمْض يترسّب على الجدران الداخلية لبراميل الخمر (٢) القُلاح : صفرة أو خضرة تعلو الأسنان (٣) التتاري : واحد التتار .
task *(n.; vt.)* (١) مهمّة (٢) فرض ؛ واجب . §(٣) يعهد إليه بمهمّة (٤) يُرْهِق .
to bring *or* call to ~, يوبّخ .
tassel *(n.; vt.; i.)* (١) شُرّابة (٢) «شرّابة» الذُّرة §(٣) يُزيّن بشُرّابة ×(٤) يُطْلع (النباتُ) شُرّابات .
taste *(vt.; i.; n.)* (١) يذوق (٢) يتذوّق . ×(٣) يكون ذا طَعْم معيّن §(٤) مقدار قليل (٥) حاسة الذوق (٦) طعم (٧) نكهة ؛ مَذاق (٨) مَيْل ؛ وُلوع (٩) ذوق .
tasteful *(adj.)* حَسَنُ الذَّوق .
tasteless *(adj.)* (١) تَفِهٌ : لا طَعْمَ له . (٢) فاتر ؛ غير مُمْتِع (٣) عديم الذوق .
tasty *(adj.)* (١) لذيذ المَذاق (٢) ممتع جداً .
tat *(vi.; t.)* يخرِّم (تخريماً ذا عُقَد) .
tatter *(n.)* (١) مِزْقة (٢) *pl.* : أسمال بالية .
tatterdemalion *(n.)* شخص رثّ الملابس .
tattered *(adj.)* (١) رثّ الملابس (٢) ممزَّق .
tatting *(n.)* تخريم ذو عُقَد .
tattle *(vi.)* (١) يثرثر (٢) يشي ؛ ينمّ .
tattoo *(n.; vt.; i.)* (١) دقّة العَودة «إلى الثكنة» (٢) قَرْع إيقاعي (٣) وَشْم §(٤) يَشِم .
taught *past and past par. of* teach.
taunt *(vt.)* يوبّخ بطريقة ساخرة .
taupe *(n.)* الرماديّ الداكن : لون رمادي داكن .
taut *(adj.)* (١) مشدود ؛ متوتّر (٢) مرتّب ؛ أنيق .
tavern *(n.)* (١) حانة (٢) خان ؛ فندق .
taw *(n.)* (١) البِلْية : كُرَيّة من رخام يُقذَف بها (٢) لُعبة البِلْية (٣) الخطّ الذي تُقذَف منه البِلَى .
tawdry *(adj.)* مُبَهْرَج ؛ مزوَّق بغير ذوق .
tawny *(adj.)* أسمر مصفرّ .
tax *(n.; vt.)* (١) ضريبة §(٢) يفرض ضريبةً على (٣) يُرهِق (٤) يتّهم .
taxable *(adj.)* خاضع أو مُخْضَعٌ للضريبة .
taxation *(n.)* (١) فرضُ الضرائب (٢) ضريبة .
taxi *(n.; vi.)* (١) التاكسي : سيّارة أجرة للركاب . §(٢) يركب التاكسي (٣) تَدْرُج (الطائرةُ) فوق سطح الأرض أو الماء .
taxicab *(n.)* التاكسي : سيّارة أجرة للركاب .
taxidermy *(n.)* التصبير : تحنيط الحيوانات .
taximeter *(n.)* عدّاد التاكسي .
taxpayer *(n.)* المكلَّف : دافع الضرائب .
tea *(n.)* (١) شاي (٢) حفلة شاي .
teach *(vt.; i.)* يعلِّم ؛ يدرِّس ؛ يلقِّن .

teachable *(adj.)* قابلٌ للتعليم ؛ ممكنٌ تعليمه .
teacher *(n.)* المعلِّم ؛ المدرِّس .
teaching *(n.)* (١) تعليم (٢) *pl.*: تعاليم .
teacup *(n.)* كوب الشاي ؛ فنجان الشاي .
teahouse *(n.)* صالة الشاي: محلّ عامّ لتناول الشاي .
teak *(n.)* السّاج: شجر ضخم صلب الخشب .
teal *(n.)* الحذف : بطّ نهريّ صغير .
team *(n.; vi.; adj.)* (١) زوج (أو أكثر) من الخيل أو الثيران يُقرَنان معاً إلى عربة أو محراث (٢) فريق؛ فرقة § (٣) يعملون معاً كفريق § (٤) جماعيّ .
teammate *(n.)* زميلٌ في فريق أو فرقة .
teamster *(n.)* سائق زوج الخيل أو الثيران الخ .
teamwork *(n.)* العمل الجماعيّ .
tea party *(n.)* حفلة شاي .
teapot *(n.)* إبريق الشاي .
tear *(n.; vt.; i.)* (١) دمعة (٢) *pl.*: بكاء . (٣) تمزيق ؛ تمزّق (٤) خُرْق ؛ ثُقْب § (٥) يمزّق (٦) ينتزع ؛ يقتلع (٧) يثقب ؛ يحفر × (٨) يتمزّق (٩) يعدو أو يندفع بسرعة وقوة .
teardrop *(n.)* (١) دمعة (٢) جوهرة متدلية .
tearful *(adj.)* (١) دامع ؛ باكٍ (٢) مسيل للدموع .
tease *(vt.)* (١) يمشّط (٢) يزَئبر القماشَ: يجعل له زئبراً (٣) يضايق ؛ يعذّب .
teaspoon *(n.)* ملعقة شاي .
teaspoonful *(n.)* مِلء ملعقة شاي .
teat *(n.)* (١) حلمة الثدي (٢) شيء كالحلمة .
technic *(adj.; n.)* (١) تِقْنِيّ § (٢) تِقْنِيَة .
technical *(adj.)* تِقْنِيّ ؛ فَنّيّ .
technicality *(n.)* (١) التِّقْنِيَة (٢) شيء تِقنيّ .
technician *(n.)* التِّقْنِيّ ؛ الفنّيّ : الاختصاصيّ بالدقائق التقنيّة لموضوع أو حرفة ما .
technicolor *(n.)* التصوير بالألوان .
technique *(n.)* التِّقْنِيَة .
technological *(adj.)* تكنولوجيّ .
technologist *(n.)* الخبير بالتكنولوجيا .
technology *(n.)* التكنولوجيا: العلم التطبيقيّ .
tedious *(adj.)* مُضْجِر ؛ مُمِلّ .
tedium *(n.)* (١) ضَجَر ؛ مَلَل (٢) فترة مملّة .
tee *(n.; vt.)* (١) هدف ينصب لإطلاق النار في ألعاب مختلفة (٢) ركام من الرمل الخ . توضع عليه كرة الغولف § (٣) يضع كرة الغولف على ركام من الرمل الخ .
teem *(vi.)* (١) يعجّ بـ (٢) يحتشد ؛ يتزاحم .
teen-ager *(n.)* المراهق ؛ شخص في طور المراهقة .
teens *(n.pl.)* السنوات من ١٣ إلى ١٩ من العمر .
teepee *(n.)* = tepee.
teeter = seesaw.
teeth *pl. of* tooth.
teethe *(vi.)* تَنْبت أسنانُه .
teetotaler *(n.)* الممتنع كليّةً عن المُسكرات .
tegument *(n.)* غشاء ؛ غلاف ؛ إهاب .
tele- بادئة معناها : بعيد ؛ عن بُعد .
telecast *(vi.; t.; n.)* (١) يُتَلْفِز : يبثّ أو يذيع بالتلفزيون § (٢) إذاعة تلفزيونيّة .
telegram *(n.; vt.; i.)* (١) برقية § (٢) يُبْرِق .
telegraph *(n.; vt.)* (١) التلغراف: وسيلة أو نظام لنقل الرسائل برقياً (٢) برقيّة § (٣) يُبْرِق .
telegrapher; -phist *(n.)* عامل التلغراف .
telegraphic *(adj.)* (١) برقيّ (٢) شديد الإيجاز .
telegraphy *(n.)* الإبراق ؛ الإرسال البرقي .
telepathy *(n.)* التّخاطُر : اتصال عقل بآخر بطريقة ما خارجة عن نطاق العاديّ أو السّويّ .
telephone *(n.; vi.; t.)* (١) التلفون ؛ الهاتف . § (٢) يتلفن × (٣) يخاطب تلفونياً .
telephony *(n.)* التلفونيّة : الإرسال التلفونيّ .
teleprinter *(n.)* المُبرِقة الكاتبة .
telescope *(n.)* التلسكوب ؛ المِقْراب .

telestar *(n.)* التليستار : القمر التلفزيوني .
televise *(vt.)* يُتَلْفِز : ينقل بالتلفزيون .
television *(n.)* تلفزيون .
tell *(vt.; i.)* (١) يروي ؛ يقصّ (٢) يقول . (٣) يُخبر ؛ يُعْلِم (٤) يقرّر ؛ يدرك ؛ يكتشف ×(٥) يَحْكم ؛ يقرّر (٦) يشي ؛ ينمّ (٧) يهمّ ؛ يؤثّر (٨) يُحْدِث أثراً قوياً.
teller *(n.)* (١) القاصّ (٢) الرّاوي (٣) محصي أصوات المقترعين (٤) أمين الصندوق (في مصرف).
telling *(adj.)* (١) قويّ ؛ شديد الأثر (٢) معبِّر.
telltale *(n.)* النامّ ؛ الواشي ؛ المبلّغ .
temblor *(n.)* زلزال .
temerity *(n.)* تهوّر ؛ طيش .
temper *(vt.; n.)* (١) يلطّف (٢) يُصْلِح ؛ يعالج (٣) يسقي الفولاذ (٤) يقوّي ؛ يصلّب ؛ يضرّس (٥) يعدّل أو يضبط درجة النغمة §(٦) درجة الصلابة أو المرونة (في الفولاذ) (٧) مِزاج ؛ طَبْع (٨) حدّة ؛ انفعال .
temperament *(n.)* (١) مزاج (٢) حساسية.
temperamental *(adj.)* (١) مزاجيّ . (٢) حسّاس ؛ سريع الاهتياج .
temperance *(n.)* الاعتدال ؛ ضبط النفس .
temperate *(adj.)* (١) معتدل (٢) مقتصِد في الاستسلام للشهوات (٣) معتدل في معاقرة الخمر.
temperature *(n.)* (١) درجة الحرارة . (٢) حُمّى .
tempest *(n.; vt.)* (١) عاصفة §(٢) يثير عاصفة.
tempestuous *(adj.)* عاصف .
temple *(n.)* (١) هيكل (٢) كنيسة (٣) صُدْغ .
tempo *(n.)* (١) درجة السرعة (الواجبة في غناء مقطع أو عزفه) (٢) درجة الحركة أو النشاط .
temporal *(adj.)* (١) موقّت ؛ زائل (٢) دنيويّ. (٣) زمانيّ: متعلّق بالزمان (٤) صُدْغيّ .
temporarily *(adv.)* موقّتاً ؛ إلى حين .
temporary *(adj.)* موقّت ؛ وقتيّ .
temporize *(vi.)* (١) يساير التيّار (٢) يُطيل المناقشة أو المفاوضة كسباً للوقت .
tempt *(vt.)* (١) يُغْري ؛ يُغْوِي (٢) يحثّ على.
temptation *(n.)* إغراء ؛ إغواء .
tempter *(n.)* (١) المغري ؛ المغوي (٢) الشيطان.
tempting *(adj.)* مُغْرٍ ؛ مُغْوٍ .
ten *(n.)* عَشَرَة ؛ عَشْر .
tenable *(adj.)* ممكنٌ الدفاع عنه أو الاحتفاظ به.
tenacious *(adj.)* (١) متماسك (٢) لزِج. (٣) متشبّث (٤) عنيد (٥) قادر على التذكر.
tenacity *(n.)* (١) تماسُك (٢) لزوجة (٣) عناد .
tenancy *(n.)* (١) استئجار (٢) مدة الاستئجار.
tenant *(n.)* (١) المستأجِر (٢) النزيل ؛ الساكن.
tenantry *(n.)* جماعة المستأجرين .
tend *(vi.; t.)* (١) ينصرف إلى (٢) يَخْدِم. (٣) يتجه إلى (٤) ينزع ؛ يميل ×(٥) يُعْنَى بِـ ؛ يتولى بعنايته (٦) يرعى .
tendance *(n.)* عناية ؛ رعاية .
tendency *(n.)* (١) نزعة ؛ ميْل (٢) هدف.
tender *(adj.)* (١) سهل المكسر أو المضغ (٢) ضعيف (٣) غضّ ؛ طريّ (٤) محبّ ؛ حنون (٥) حسّاس (٦) دقيق ؛ رقيق .
tender *(n.)* (١) مركب (٢) مقطورة الوقود والماء (في سكة الحديد) .
tender *(n.; vt.)* (١) عَرْض رسميّ (٢) عطاء ؛ تقديم سعر (للفوز بمناقصة مطروحة) (٣) مالٌ §(٤) يقدّم رسمياً (٥) يعرض للبيع .
tenderfoot *(n.)* (١) الوافد أو القادم الجديد . (٢) شخص لم يألف الحياة الحافلة بالمشاقّ .
tenderhearted *(adj.)* شَفُوق ؛ حنون .
tenderloin *(n.)* قطعة طريّة من لحم الخاصرة.
tendon *(n.)* وتَر (في علم التشريح) .
tendril *(n.)* الحالِق : جزء لولبي رَفيع من

tenement 390 terrific

النبتة المعترشة يساعدها على التعلق بمسنادها.

tenement *(n.)* (١)شِقّة (في مبنى) (٢)مبنى مشتمِل على عِدّة شِقَق معدّة للإيجار.

tenet *(n.)* مُعْتَقَد ؛ عقيدة.

tenfold *(adj.; adv.)* (١) عُشارِيّ (٢) اكبر بعشرة أضعاف §(٣)عشرة أضعاف.

tennis *(n.)* التِّنِس: كرة المضرب.

tenon *(n.; vt.)* (١) لسان (في النجارة) §(٢)يُلَسِّن.

tenor *(n.; adj.)* (١)مَغزًى ؛ فحوى (٢) اتجاه (٣) الصادح: أعلى أصوات الرجال (موسيقى) (٤) مقطعٌ يُغَنَّى بهذا الصوت.

tenpenny *(adj.)* بالغٌ أو مكلّفٌ عشرة بنسات.

tenpins *(n.pl.)* لعبة البولنغ العَشْرِيّة.

tense *(n.; adj. vt.; i.)* (١) صيغة الفعل §(٢)متوتّر (٣)مشدود §(٤)يوتّر ؛ يتوتّر.

tensile *(adj.)* (١)توتّري (٢)قابلٌ للمطّ.

tension *(n.)* (١)شَدّ (٢)توتّر.

tensity *(n.)* توتّر.

tent *(n.; vi.)* (١)خَيْمة §(٢)يخيّم ؛ يُعسكِر.

tentacle *(n.)* مِجَسّ (في الحيوان والنبات).

tentative *(adj.)* تجريبيّ ؛ موقّت ؛ غير نهائيّ.

tenth *(adj.; n.)* (١) عاشِر (٢) عُشْرِيّ §(٣)العاشر (٤)العُشْر: جزء من عشرة.

tenuity *(n.)* رقّة ؛ ضَعْف.

tenuous *(adj.)* (١)رقيق (٢)ضعيف ؛ طفيف.

tenure *(n.)* (١)تَوَلٍّ (لمنصب الخ.) (٢)امتلاك للأرض من قِبَل سيّد إقطاعي الخ. (٣) الولاية أو مدّتها.

tepee *(n.)* التِّيبيّة: خيمة مخروطيّة من جلد.

tepid *(adj.)* فاتر (حقيقةً أو مجازاً).

tepidity; tepidness *(n.)* فتور.

tercentenary *(n.; adj.)* (١)الذكرى المئوية الثالثة أو الاحتفال بها §(٢)متعلّق بهذه الذكرى.

term *(n.; vt.)* (١)نهاية (٢)مدّة ؛ أجَل (٣) دَوْر الانعقاد (٤)الفصل: أحد فصول السنة الدراسيّة (٥)طَرَف ؛ حدّ (٦)مصطلَح ؛ عبارة ؛ تعبير §(٧) شرط §(٨)يدعو ؛ يُسمّي.

in ~s of بِلُغَةِ كذا.

on good(bad) ~s with. على علاقات طيّبة (أو سيّئة) مع.

to come to ~s. يتوصّل إلى تفاهم.

termagant *(n.)* امرأة سليطة صخّابة.

terminal *(adj.; n.)* (١)أخير (٢)نهائي ؛ خِتاميّ (٣)فصليّ §(٤) طرف ؛ نهاية ؛ آخر (٥)محطّة في آخر خطّ السكّة الحديديّة أو أوله.

terminate *(vt.; i.)* (١)يُنهي ×(٢)ينتهي.

termination *(n.)* (١) نهاية (٢) إنهاء.

terminology *(n.)* المصطلَحات الفنيّة (في علم).

terminus *(n.)* pl. **-ni** *or* **-es**. (١) نهاية (٢)أول أو آخر خطّ السكّة الحديديّة (٣)المحطّة أو المدينة الواقعة في أول هذا الخطّ أو آخره.

termite *(n.)* النمل الأبيض.

tern *(n.)* الخَرْشَنَة: طائر مائيّ.

terrace *(n.)* (١)دكّة ؛ مَصْطَبة (٢)صفّ منازل (على أرضٍ مرفوعة أو موقعٍ منحدر).

terra-cotta *(n.)* التّراكوتا، الطين النّضيج.

terra firma *(n.)* اليابسة ؛ اليَبَس ؛ البرّ.

terrain *(n.)* (١)منطقة (٢) أرض (٣)حَقْل.

terramycin *(n.)* التّرّامايسين: مضادّ للجراثيم.

terrapin *(n.)* الرّقّ: سلحفاة المياه العذبة.

terrestrial *(adj.)* (١)أرضيّ ؛ برّيّ (٢)دنيويّ.

terret *(n.)* حَلْقَة (لإمرار عِنان خيل العربات).

terrible *(adj.)* رهيب ؛ فظيع.

terrier *(n.)* التّرْيَر: كلب صغير ذكيّ.

terrific *(adj.)* (١)رهيب ؛ هائل (٢)رائع.

terrify *(vt.)* يُرْهِب ؛ يروِّع .
territorial *(adj.)* محليّ ؛ إقليمي .
territory *(n.)* إقليم ؛ منطقة ؛ مقاطعة .
terror *(n.)* (١) رُعْب (٢) شيء مروِّع (٣) طفل مزعج (٤) إرهاب ؛ عهد إرهاب .
terrorism *(n.)* إرهاب .
terrorist *(n.)* الإرهابيّ .
terrorize *(vt.)* يُرْهِب ؛ يروِّع .
terror-stricken *(adj.)* مُرَوَّع ؛ مذعور .
terse *(adj.)* جامع ؛ موجَز ؛ مُحكَم .
tertian *(adj.)* ثِلْثِيّ : متكرِّر كلّ ٤٨ ساعة .
tertiary *(adj.)* من الرتبة أو الدرجة الثالثة .
tessellate *(vt.)* يرصِّع بالفسيفساء .
test *(n.; vt.; i.)* (١) اختبار (٢) مقياس ؛ معيار ؛ مِحكّ § (٣) يختبر × (٤) يخضع لاختبار .
testa *(n.)* pl. **-e** الغِدْفة : غلاف البزرة الخارجيّ .
testament *(n.)* عهد ؛ ميثاق .
testamentary *(adj.)* وصائيّ ؛ معيَّن بوصيّة .
testator *(n.)* المُوصي : تارك الوصيّة .
testatrix *(n.)* pl. **-trices** المُوصِية .
tester *(n.)* (١) المختبِر (٢) ظُلّة (فوق سرير) .
testicle *(n.)* خُصْيَة (في التشريح) .
testify *(vi.; t.)* (١) يَشْهَد (٢) يُظْهِر .
testimonial *(n.)* (١) دليل ؛ بيّنة (٢) شهادة . (٣) شيء يُقدَّم تقديراً أو اعترافاً بالجميل .
testimony *(n.)* (١) شهادة (٢) دليل ؛ بيّنة .
test tube *(n.)* أنبوب الاختبار (في الكيمياء) .
testy *(adj.)* نَزِق ؛ نَكِد ؛ سريع الغضب .
tetanus *(n.)* الكُزاز : مرض تتشنّج معه عضلات العنق والفكّ .
tetchy *(adj.)* سريع الغضب ؛ شديد الحساسية .
tête-à-tête *(adv.; n.; adj.)* (١) وجهاً لوجه . § (٢) حديث بين شخصين § (٣) خصوصيّ .
tether *(n.; vt.)* (١) الطِّوَل : حبل يُشَدّ إلى وتِد ويطوَّل للدابّة فترعى مقيَّدةً به (٢) مجال ؛ نطاق § (٣) يقيِّد بطِوَل .
text *(n.)* (١) المتن ؛ متن الكتاب : جزؤه الأساسي مجرداً من الهوامش والمقدمة والملاحق (٢) آية من الكتاب المقدّس تُتّخذ موضوعاً لعِظة (٣) موضوع (٤) نَصّ .
textbook *(n.)* الكتاب المدرسيّ .
textile *(n.; adj.)* (١) نسيج § (٢) منسوج ؛ نسجي .
textual *(adj.)* نَصّيّ ؛ متعلّق بالنّص .
texture *(n.)* (١) قماش (٢) نسيج ؛ تركيب .
than *(conj.)* (١) مِن (٢) غير ؛ إلاّ (٣) على أن . (٤) حتى .
thane *(n.)* الثاين : سيّد انجلوسكسوني .
thank *(vt.; n.)* (١) يشكر § (٢) شُكْر .
~s to بفضل ؛ بسبب ؛ نتيجةً لِ .
thankful *(adj.)* شاكر ؛ شَكور .
thankless *(adj.)* (١) ناكر للجميل (٢) عاقّ .
thanksgiving *(n.)* (١) شكر (٢) صلاة شكر .
Thanksgiving Day *(n.)* عيد الشكر .
that *(pron.; adj.; conj.; adv.)* (١) ذاك ؛ ذلك ؛ تلك (٢) الذي ؛ التي (٣) بقدْرِ ما § (٤) أنّ (٥) لكي (٦) إلى حدّ أنّه (٧) ليت § (٨) إلى هذا الحدّ (٩) إلى حدّ بعيد .
~ is; ~ is to say يعني .
thatch *(n.; vt.)* (١) الغِماء : قشّ يُسقَفُ به . (٢) سقف البيت القشّيّ § (٣) يسقف بقشّ .
thaw *(vt.; i.; n.)* (١) يذيب × (٢) يذوب . (٣) يتخلص بالدّفء من آثار البرد (٤) يصبح (الجوّ) دافئاً (٥) يتخلّى عن التحفّظ ونحوه § (٦) ذوبان الخ .
the *(def. art.)* لام التعريف ؛ «ال» التعريف .
theater or **theatre** *(n.)* (١) مسرح (٢) دار للسينما (٣) مدرّج (للمحاضرات الخ .)

theatrical 392 thick

theatrical *(adj.)* (١)مسرحيّ (٢) متكلَّف.
thee *(pron.)* ضمير المخاطَب في النصب والجر.
theft *(n.)* سَرِقة.
their *(pron.)* هُمْ ؛ هُنَّ.
theirs *(pron.)* خاصَّتُهم ؛ مِلكُهُم.
theism *(n.)* الإيمان بالله؛ وبخاصة: التوحيد.
theist *(n.; adj.)* مؤمن بالله؛ وبخاصة: موحِّد.
them *(pron.)* هُم ؛ هُنَّ ؛ هما.
theme *(n.)* (١)موضوع ؛ فكرة (٢) مقالة.
themselves *(pron. pl.)* أنفُسُهم؛ أنفُسُهُنَّ.
then *(adv.; adj.; n.)* (١) آنئذٍ ؛ آنذاك. (٢)بعدئذ (٣)ثمّ (٤)علاوةً على ذلك (٥)إذاً §(٦) قائم أو موجود آنذاك §(٧)ذلك الحين.
thence *(adv.)* (١)من ذلك المكان (٢)من ثَمّ.
thenceforth *(adv.)* من ذلك الحين فصاعداً.
thenceforward ; -s *(adv.)* من ذلك الحين (فصاعداً)؛ من ذلك المكان.
theocracy *(n.)* الثيوقراطية: «أ»حكومة الكهنة. «ب» دولة خاضعة لحكم رجال الدين.
theocratic; -al *(adj.)* ثيوقراطي.
theologian *(n.)* اللاهوتيّ: العالِم باللاهوت.
theological *(adj.)* اللاهوتيّ: متعلق باللاهوت.
theology *(n.)* اللاهوت؛ علم الدين.
theorem *(n.)* (١) نظرية (٢) قضيّة.
theoretic; -al *(adj.)* نظري ؛ غير عمليّ.
theorist *(n.)* واضع النظريّة أو النظريات.
theorize *(vi.)* يضع نظريّةً أو نظريات.
theory *(n.)* (١)نظرية (٢)فكرة ؛ رأي.
theosophy *(n.)* الثيوصوفيّة: معرفة الله من طريق «الكشف» الصوفي أو التأمّل الفلسفيّ.
therapeutic; -al *(adj.)* علاجيّ.
therapeutics *(n.)* علم المداواة؛ فنّ الشفاء.
therapy *(n.)* مداواة ؛ معالجة.
there *(adv., n.)* (١)هناك (٢)إلى هناك (٣)في تلك المسألة أو النقطة (٤) ثمّةَ ؛ يوجد ؛ هناك (٥) هُوَذا §(٦) ذلك المكان.
thereabout;-s *(adv.)* (١)في الجوار؛ قريباً من ذلك المكان (٢)نحو ذلك؛ ما يقرب من ذلك.
thereafter *(adv.)* (١)بعد ذلك (٢)من ذلك الحين فصاعداً.
thereat *(adv.)* (١) في ذلك الزمان أو المكان. (٢) بسبب ذلك.
thereby *(adv.)* (١)بذلك؛ بتلك الوسيلة (٢)في ما يتصل بذلك.
therefore *(adv.)* لذلك؛ بناءً عليه؛ إذن.
therein *(adv.)* (١) في ذلك المكان أو الشيء. (٢) في تلك المسألة.
thereinafter *(adv.)* في الجزء التالي (من وثيقة).
thereof *(adv.)* (١)من ذلك (٢) من ذلك المصدر.
thereon *(adv.)* (١)على ذلك (٢)بُعَيْد ذلك.
thereto *(adv.)* (١)لَهُ ؛ إليه (٢)أيضاً.
thereunto *(adv.)* = thereto.
thereupon *(adv.)* (١) على ذلك؛ عليه. (٢) لذلك؛ بناءً عليه (٣) تواً.
therewith *(adv.)* (١)بذلك (٢)بعد ذلك مباشرة
therewithal *(adv.)* مع ذلك؛ في الوقت نفسه.
thermal *(adj.)* (١) حراريّ (٢) حارّ.
thermodynamics *(n.)* الديناميكا الحراريّة.
thermometer *(n.)* المِحَرّ ؛ ميزان الحرارة.
thermos *(n.)* الكَظيمة ؛ الترْمُس : زجاجة حافظة لدرجة حرارة محتوياتها الباردة أو الساخنة.
these *pl. of* this.
thesis *(n.)* pl. **-ses** (١)الفَرْضِيّة: رأيٌ علميّ لم يثبُت بعد (٢) أطروحة؛ رسالة جامعيّة.
thespian *(adj.; n.)* (١)مسرحيّ §(٢)ممثّل.
thew *(n.)* (١) *pl.*: عضلات (٢) قوة.
they *pl. of* he, she, *or* it.
thick *(adj.; n.)* (١)ثخين؛ سميك (٢)مكتنز.

(٣) كثيف ؛ غليظ (٤) كثير الضباب (٥) مطلق ؛ تامّ (٦) أجشّ (٧) غبيّ §(٨) الجزء الأكثف (٩) مَعْمَعان .

thicken *(vt.; i.)* (١) يُثخِن ×(٢) يَثْخُن .

thicket *(n.)* أجَمَة ؛ دَغَل ؛ أيْكة .

thickness *(n.)* (١) ثخانة ؛ سماكة (٢) كثافة.

thickset *(adj.)* (١) كثيف (٢) قصيرٌ وبدين.

thief *(n.)* pl. **thieves** لِصّ .

thieve *(vi.; t.)* (١) يمارس السرقة ×(٢) يسرق.

thievery *(n.)* سرقة ؛ لصوصيّة .

thigh *(n.)* (١) فَخِذ (٢) شيء يُشبه الفخذ.

thighbone *(n.)* عَظْم الفَخِذ (تشريح) .

thimble *(n.)* كُشْتُبان .

thin *(adj.; vt.; i.)* (١) رقيق ؛ رفيع (٢) متباعد ؛ متفرق (٣) نحيل (٤) مائيّ القوام (٥) واهٍ ؛ ضعيف §(٦) يرقّق ؛ يرفّع ×(٧) يرِقّ الخ.

thine *(pron.)* لك ؛ مِلكُكَ ؛ خاصّتك .

thing *(n.)* (١) *pl.* : حالة (أو أحوال) عامة. (٢) حادثة (٣) عمل (٤) شيء (٥) شخص.

think *(vt.; i.)* (١) يعتقد ؛ يحسب ×(٢) يفكّر .

thinker *(n.)* المفكّر .

thinking *(n.)* (١) تفكير (٢) فِكرة (٣) فكر .

third *(adj.; n.)* (١) ثالث (٢) ثُلْثيّ §(٣) الثالث. (٤) ثُلْث .

third degree *(n.)* التعذيب (انتزاعاً للاعتراف)

thirdly *(adv.)* ثالثاً .

third person *(n.)* صيغة الغائب (في اللغة) .

thirst *(n.; vi.)* (١) ظمأ (٢) توق شديد . §(٣) يظمأ (٤) يتوق .

thirsty *(adj.)* (١) ظامىء (٢) متعطّش إلى .

thirteen *(n.)* ثلاثة عَشَر ؛ ثلاثَ عَشْرة .

thirteenth *(n.; adj.)* (١) $\frac{1}{13}$ (٢) الثالث عشر §(٣) ثالث عشرٍ (٤) مشكّل جزءاً من ١٣ .

thirtieth *(adj.; n.)* (١) الثلاثون (٢) مشكّل جزءاً من ثلاثين §(٣) جزء من ثلاثين .

thirty *(n.)* (١) ثلاثون (٢) *pl.*: العقد الرابع .

this *(pron.)* pl. **these** هذا ؛ هذه .

thistle

thistle *(n.)* الشَّوْك ؛ نبات شائك.

thither;-ward *(adv.)* إلى هناك.

thole; -pin *(n.)* حَكَمَةُ المِجذاف أو سَنَدُه .

thong *(n.)* (١) سَيْر جِلْديّ. (٢) سَير السَّوْط .

thorax *(n.)* الصَّدْر ؛ الزَّور (في التشريح) .

thorn *(n.)* (١) الزُّعْرور (٢) شوكة.

thorny *(adj.)* شائك .

thorough *(adj.)* (١) شامل (٢) كامل (٣) مئة بالمئة (٤) مجتهد (٥) ضليع ؛ متمكّن .

thoroughly *(adv.)* تماماً ؛ بكل معنى الكلمة.

thoroughbred *(adj.)* (١) تامّ البراعة (٢) أصيل (٣) أنيق (٤) ممتاز ؛ من الطراز الأول .

thoroughfare *(n.)* شارع ؛ طريق عام .

thoroughgoing *(adj.)* تامّ ؛ كامل .

those *pl. of* that.

thou *(pron.)* أنتَ ؛ أنتِ .

though *(adv.; conj.)* برغم ذلك ؛ ولو أنّ . as ~, وكأنّ .

thought *past and past part. of* think.

thought *(n.)* (١) تفكير (٢) اهتمام ؛ عناية. (٣) نيّة ؛ قصد (٤) مقدار قليل .

thoughtful *(adj.)* (١) مستغرق في التفكير . (٢) عميق التفكير (٣) حَسَنُ الانتباه ؛ كثير الاهتمام (٤) مراعٍ لحقوق الآخرين ومشاعرهم.

thoughtless *(adj.)* (١) طائش ؛ عديم التفكير. (٢) غير مراعٍ لحقوق الآخرين ومشاعرهم .

thousand *(n.; adj.)* ألْف .

thousandth *(adj.; n.)* (١) الألف (من حيث الترتيب) (٢) مؤلِّف جزءاً من ألف §(٣) العضو

الألف (في مجموعة) (٤) جزء من ألف .

thrall *(n.)* (١)عبد؛ رقيق (٢)عبودية.

thralldom or **thraldom** *(n.)* عبودية .

thrash *(vt.)* (١)يدرس (الحنطة) (٢) يجلد. (٣)يهزم (٤) يقلب الرأي في مسألة الخ.

thrasher *(n.)* (١) دارس الحنطة الخ. (٢)الدرّابس: طائر مغرد شبيه بالسمنة .

thread *(n.; vt.)* (١) خيط (٢) سن اللولب. §(٣)يسلك(الخيط) في سم الإبرة(٤)يشق طريقه بحذر (٥)ينظم(اللؤلؤ)(٦)يوخط ؛ يخالط (٧) يلولب ؛ يسنن اللولب .

threadbare *(adj.)* (١)رث(٢)بالٍ ؛مبتذل

threadlike *(adj.)* خيطاني: رفيع مثل الخيط.

threat *(n.)* تهديد .

threaten *(vt.; i.)* يهدد؛ يتوعد؛ ينذر بـ .

three *(n.)* ثلاثة ؛ ثلاث .

threefold *(adj.; adv.)* (١) ثلاثي (٢) أكبر بثلاث مرات §(٣) ثلاثة أضعاف .

threepence *(n.)* ثلاثة بنسات .

threescore *(adj.; n.)* ستون (٣×٢٠) .

threnody *(n.)* = dirge; elegy.

thresh *(vt.;i.)* (١)يدرس(الحنطة)(٢)يقلب الرأي في مسألة أو مشكلة (٣)يضرب؛ يجلد.

threshold *(n.)* (١)عتبة (٢) بداية .

threw *past of* throw.

thrice *(adv.)* (١)ثلاثاً (٢) كثيراً؛ جداً .

thrift *(n.)* اقتصـــاد .

thriftless *(adj.)* (١)تافه (٢)مسرف؛ مبذر .

thrifty *(adj.)* (١)مزدهر (٢)مقتصد .

thrill *(vt.;i.;n.)* (١)يثير (٢)يهز×(٣)يرتعش ؛ يرتعد §(٤) رعشة (٥) اهتزاز (٦) إثارة .

thriller *(n.)* رواية أو تمثيلية مثيرة .

thrive *(vi.)* (١)ينمو بقوة(٢)يزدهر ؛ ينجح.

thriven *past part. of* thrive.

thriving *(adj.)* مزدهر .

throat *(n.)* (١)حنجرة (٢)حلق ؛ حلقوم.

throb *(vi.; n.)* (١)ينبض ؛ يخفق §(٢)نبض.

throe *(n.)* (١)ألم مفاجىء أو مبرح (٢) نوبة . (٣)pl. : طلق (٤)pl.: نضال عنيف .

thrombosis *(n.)* الخثر : تكوُّن الجلطة أو وجودها في الوعاء الدموي (مرض) .

throne *(n.)* عرش .

throng *(n.; vt.; i.)* (١)حشد (٢)ازدحام . §(٣) يملأ ×(٤) يحتشد .

throttle *(vt.; n.)* (١) يخنق §(٢) حنجرة ؛ حلق (٣) المخنق : صمام خانق ؛ دوّاسة المخنق أو ذراعه .

through *(prep.; adv.; adj.)* (١) خلال . (٢)من خلال؛ من طريق (٣)بواسطة (٤)على طول كذا (٥)طوال §(٦) من جانب إلى آخر (٧)من البداية إلى النهاية (٨)تماماً §(٩)مباشر (١٠) منطلق بلا توقف (١٢) منتهٍ .

throughout *(prep.; adv.)* (١)في كل مكان من كذا (٢) طوال .

throve *past of* thrive.

throw *(vt.; i.; n.)* (١)يرمي ؛ يقذف ؛ يلقي ؛ يطرح (٢)يعشّق أو يفك التعشيق (في السيارات) §(٣)رمي ؛ قذف (٤)رمية (٥)غطاء (٦)طرحة ؛ وشاح ؛ لفاع .

to ~ away (١)يطرح ؛ ينبذ (٢)يبدد.

to ~ back يعوق ؛ يصد ؛ يرد .

to ~ down (١)يطرحه أرضاً (٢)ينبذ.

to ~ off (١)يطرح (٢)يصنع بسرعة.

thrown *past part. of* throw.

thrum *(vt.; i.)* يداعب أوتار آلة موسيقية .

thrush *(n.)* الدج ؛ السمنة : طائر مغرد.

thrust *(vt.; i.; n.)* (١) يدفع ؛ يقحم .

(٢) يَغْرُز (٣) يطعن × (٤) يشقّ طريقه إلخ. § (٥) طعنة (٦) هجوم (٧) الدفع؛ قوة دافعة (٨) ضغط قويّ متواصل.

thud *(n.; vi.)* (١) ضربة (٢) صوت مكتوم (لضربة أو سقطةٍ) § (٣) يتحرك أو يرتطم محدثاً صوتاً مكتوماً.

thug *(n.)* السفّاح؛ السفّاك؛ قاطع الطريق.

thumb *(n.; vt.)* (١) إبهام اليد § (٢) يقلّب الصفحات بإبهامه (٣) يوسّخ أو يبلي بتقليب متكرّر للصفحات.

thumbscrew *(n.)* (١) اللولب أو القلاووظ الابهامي (٢) أداة تعذيب يُضغَط بها على الإبهام.

thumbtack *(n.)* المُسَيْمير الإبهامي.

thump *(vt.; i.; n.)* (١) يضرب مُحدِثاً صوتاً مكتوماً (٢) يجلد × (٣) يقع الخ. مُحدِثاً صوتاً مكتوماً § (٤) ضربة بشيء كَليلٍ أو ثقيل.

thunder *(n.; vi.)* (١) رَعْد (٢) وعيد صاخب. (٣) دويّ § (٤) ترعُد (٥) يتوعد؛ يهدِر الخ.

thunderbolt *(n.)* (١) صاعقة (٢) وعيد صاخب.

thunderclap *(n.)* قَصْف الرعد أو شيء يُشبهه.

thundercloud *(n.)* السّحابة الرّعّادة.

thundering *(adj.)* (١) راعد (٢) هائل.

thunderous *(adj.)* راعد؛ مدوّ.

thundershower *(n.)* الوابل الرّعديّ.

thunderstorm *(n.)* العاصفة الرعديّة.

thunderstruck *(adj.)* مصعوق؛ مَشْدوه.

Thursday *(n.)* الخميس؛ يوم الخميس.

thus *(adv.)* (١) هكذا (٢) إلى هذا الحدّ.
~ far إلى هنا؛ حتى هذه النقطة.

thwack *(vt.; n.)* (١) يضرب § (٢) ضربة.

thwart *(adv.; adj.; vt.; n.)* (١) بانحراف؛ بالعرض § (٢) موروب؛ معترض § (٣) يعارض (٤) يَخْذل؛ يُحبط؛ يعوق § (٥) مقعد المجذّف.

thy *(pron.; adj.)* . . . لك؛ خاصّتك؛ مِلْكُكَ.

thyme *(n.)* الصَّعْتر؛ الزعتر (نبات).

thymus *(n.)* التُّوتة؛ الغُدّة الصّعترية.

thyroid *(adj.; n.)* (١) دَرَقيّ § (٢) الغدّة الدّرقيّة (٣) الخلاصة الدرقيّة.

thyroid body *or* **gland** *(n.)* الغدة الدّرقيّة.

thyself *(pron.)* = yourself.

tiara *(n.)* (١) تاج البابا المثلّث (٢) عصابة لرأس المرأة مرصّعة بالجواهر أو مزدانة بالزهور.

tibia *(n.)* pl. **-e** *or* **-s** الظُّنْبوب: عظم الساق الأكبر.

tibia

tic *(n.)* العَرّة: تقلّص لاإراديّ في عضلات الوجه.

tick *(n.; vi.; t.)* القُرادة: حشرة تمتصّ دم الحيوانات (٢) التّكّة: إحدى تكات الساعة (٣) نقطة أو علامة صغيرة (٤) غلاف أو كيس الوسادة الخ. (٥) قماش أغلفة الوسائد الخ. (٦) دَيْن؛ نسيئة § (٧) يتكّ؛ يُتكتك × (٨) يؤشّر أو يَسِم بنقطة أو علامة (٩) يعلن بتكتكات أو نحوها.

ticker *(n.)* (١) ساعة (٢) التلغراف الكاتب.

ticket *(n.; vt.)* (١) بطاقة (٢) تذكرة (سفر أو دخولٍ) (٣) لائحة بمرشّحي حزب § (٤) يضع بطاقةً على (٥) يزوّد بتذكرة.

ticking *(n.)* قماش أغلفة الوسائد الخ.

tickle *(vi.; t.)* (١) يستشعر وخزاً خفيفاً × (٢) يدغدغ؛ يداعب.

ticklish *(adj.)* (١) سريع التأثّر بالدغدغة (٢) حسّاس (٣) قلِق؛ مُتَقَلْقِل (٤) دقيق.

tidal *(adj.)* مَدّيَجْزَريّ: متعلّق بالمدّ والجَزْر.

tidbit *(n.)* طعام شهيّ؛ نبأ سارّ الخ.

tide *(n.)* (١) المدّ والجزر (٢) المدّ (٣) تيّار.

tidewater *(n.)* (١) مياه المدّ (٢) ساحل.

tidings *(n.pl.)* أنباء؛ أخبار.

tidy *(adj.; vt.; n.)* (١) مرتَّب (٢) ضخم . §(٣)يرتّب §(٤)غطاء زيني لظهر الكرسي الخ. (٥) وعاء لأدوات الخياطة الخ.

tie *(n.; vt.; i.)* (١) رباط (٢) صلة؛ رابطة . (٣) تعادلٌ (في الأصوات أو النقاط المحرزة في لعبة) (٤) مباراة تُختَتم بمثل هذا التعادل (٥)الأُرْبَة : رباط العنق §(٦)يربط (٧)يعقد (٨)يقيِّد (٩) يعادل ×(١٠)يتعادل.

tier *(n.)* (١)صفّ (في مدرَّج) (٢)طبقة.

tie-up *(n.)* توقُّف أو تعطُّل (السّير أو العمل).

tiff *(n.)* مشاحنة ؛ شجارٌ بسيط.

tiffin *(n.; vi.)* (١) غَداء §(٢)يتغدّى .

tiger *(n.)* نَمِر ؛ بَبَر .

tigerish *(adj.)* نَمِريّ؛ مفترِس؛ وحشيّ.

tight *(adj.; adv.)* (١) سَدُوْد ؛ كتيم . (٢)محكَم الأغلاق (٣)مشدود؛ وثيق (٤)ضيِّق (٥)مُلْتَزّ ؛ متراص (٦)حرِج (٧) بخيل (٨)سكران (٩)نادر §(١٠)بإحكام (١١)عميقاً.

tighten *(vt.; i.)* (١)يشدّ ؛ يضيّق ×(٢)يَضيق.

tightfisted *(adj.)* بخيل؛ منقبض الكفّ .

tightrope

tightrope *(n.)* حبل البهلوان .

tights *(n. pl.)* ثوب الراقص أو البهلوان .

tigress *(n.)* النَّمِرة : أنثى النَّمِر .

tile *(n.; vt.)* (١) آجُرة؛ قرميدة §(٢)يكسو بالآجرّ.

till *(prep.; conj.)* (١) إلى؛ حتى (٢) إلى أن .

till *(vt.; n.)* (١)يحرث ؛ يفلح §(٢)دُرج النقود.

tillage *(n.)* (١)حراثة ؛ فلاحة (٢)أرض محروثة.

tiller

tiller *(n.)* ذراع الدفّة

tilt *(vt.; i.; n.)* (١)يُميل . (٢)يسدّد رمحاً ×(٣)يَميل ؛ ينحدر (٤)يتطاعن (بالرماح) §(٥)مطاعنة (٦)مُشادّة (٧)إمالة (٨)انحدار.

tilth *(n.)* (١)حِراثة ؛ فلاحة (٢)أرض محروثة.

timber *(n.)* (١)أشجار (٢)غابات (٣)خشب. (٤) قطعة خشب كبيرة (٥) مادّة .

timberland *(n.)* غابة ؛ مَشْجَرَة .

timber wolf *(n.)* ذئب الغابات .

timbre *(n.)* جَرْس (الصَّوْتِ أو الآلةِ الموسيقية).

timbrel *(n.)* = tambourine.

time *(n.; vt.; adj.)* (١) وقت (٢) الوقت المناسِب؛ الفرصة المناسِبة (٣) موعد؛ ميعاد؛ أوان (٤)زمن؛ عصر (٥)الساعة (٦)توقيت (٧) مرّة (٨) *pl.* : أضعاف §(٩) يُوَقِّت (١٠)يجعله منسجماً مع §(١١)زمنيّ ؛ موقوت .

at a ~, في كلّ مرّة؛ على حِدة .

at one ~, في فترة ما (من الزمن الماضي) .

at ~s أحياناً؛ من حين إلى آخر .

in no ~, بمثل لمح البصر .

in ~, (١)في الوقت المحدَّد أو المناسب (٢) عاجلاً أو آجلاً .

~s في؛ مضروباً في .

~ and again تكراراً؛ مرّةً بعد أخرى.

time-honored *(adj.)* متمتّع بقداسة القِدم.

timeless *(n.)* (١)سَرْمَدِيّ (٢) خالد .

timely *(adv.; adj.)* في حينه؛ في الوقت المناسب

timepiece *(n.)* ساعة .

timeserver *(n.)* الانتهازيّ .

timetable *(n.)* جدولُ مواعيد القُطُر الخ.

timeworn *(adj.)* بالٍ ؛ عتيق؛ مبتذل .

timid *(adj.)* جبانٌ؛ رِعديد؛ مخلوع الفؤاد .

timidity; timidness *(n.)* جُبْن .

timorous *(adj.)* جبان ؛ هيّاب .

timothy *(n.)* التيموثية : عشب أوروبي .

tin *(n.; vt.)* (١)قَصْدير (٢)تنكة؛ علبة قصديرية §(٣)يُقَصْدِر : يطلي بالقصدير (٤)يعلِّب.

tinct 397 title

tinct *(n.)* صبغة ؛ لون .

tincture *(n.; vt.)* (١) صِبغ ؛ لون (٢) صِبغة ؛ طابع مميز (٣) مسحة ؛ أثر ضئيل (٤) صَبْغَة §(٥) يَصْبِغ .

tinder *(n.)* كلّ مادّة سريعة الالتهاب ؛ وبخاصة : صُوفان .

tinderbox *(n.)* علبة القَدْح .

tine *(n.)* الشوكة : كلّ شيء ناتىء مستدقّ الطرَف .

tinfoil *(n.)* ورق فضيّ (للفّ الشوكولا الخ.)

tinge *(vt.; n.)* (١) يُلَوِّن (تلويناً خفيفاً) . (٢) يُشْبِع برائحة خفيفة أو طَعم خفيف (٣) يشوب §(٤) لون خفيف (٥) مسحة ؛ أثر .

tingle *(vi.; n.)* (١) يستشعر وخزاً خفيفاً . §(٢) إحساس بوخز خفيف الخ.

tinker *(n.; vt.)* (١) الصَّفّاح ؛ السَّمكريّ . (٢) عامل غير بارع §(٣) يُصلح بغير براعة .

tinkle *(vi.; t.; n.)* (١) يَرِنّ ×(٢) يعلن (الوقتَ) بالرنين (٣) يجعله يرنّ §(٤) رنين .

tinman; tinner *(n.)* الصَّفّاح ؛ السَّمكريّ .

tinny *(adj.)* (١) صفيحيّ (٢) خفيف ؛ رخيص ؛ فارغ (٣) صفيحيّ الطّعم أو الرائحة .

tinplate *(n.)* صفيحة مُقَصْدَرَة .

tinsel *(n.)* (١) البَهْرَجان : خيوط أو أشرطة معدنيّة أو لدائنيّة لمّاعة (٢) شيء مُبهرَج .

tinsmith *(n.)* الصَّفّاح ؛ السَّمكَريّ .

tint *(n.; vt.)* (١) لون خفيف (٢) درجة من درجات لون (٣) أثر §(٤) يلوّن بلون خفيف .

tinware *(n.)* الأواني الصفيحيّة .

tiny *(adj.)* صغير جداً ؛ بالغ الصِّغَر .

tip *(n.; vt.)* (١) أسَلَة ؛ طرف مستدقّ (٢) رأس ؛ قمّة §(٣) يجعل له طرَفاً مستدقّاً (٤) يكسو أو يزيّن طرَف الشيء الخ .

tip *(vt.; i.)* (١) يَقلِب (٢) يُميل ؛ يُمَيِّل . ×(٣) ينقلب (٤) يَميل ؛ ينحرف .

tip *(vt.; n.)* (١) يمسّ ؛ يضرب برفق . §(٢) ضربة خفيفة .

tip *(vt.; i.; n.)* (١) يمنح (٢) يَنْفَح : يمنحه بقشيشاً §(٣) النَّفْحة : بقشيش ؛ راشن .

tip *(n.)* (١) فكرة مفيدة ؛ إلماع مفيد . (٢) معلومات سريّة (يُستفاد منها في المراهنة) .

tipcart *(n.)* العربة القلاّبة : عربة ذات بدن يُقْلَب لتفريغ حمولتها .

tippet *(n.)* لِفاع مذيَّل (أو ذو ذَيْل) .

tipple *(vt.; t.; n.)* (١) يرتشف (الخمرَ) . ×(٢) يدمن الخمر §(٣) خمر .

tipster *(n.)* بائع المعلومات السريّة (للافادة منها في المراهنات) .

tipsy *(adj.)* مترنّح سُكْراً .

tiptoe *(n.)* رأس إصبع القدم .

tip-top *(n.; adj.)* (١) قِمّة §(٢) ممتاز .

tirade *(n.)* تقريع أو توبيخ مطوَّل .

tire *(vi.; t.; n.)* (١) يَتْعَب ×(٢) يُتْعِب . (٣) يُضْجِر §(٤) دولاب ؛ إطار العجلة .

tired *(adj.)* (١) مُتْعَب (٢) بالٍ (٣) سَئِمٌ .

tireless *(adj.)* (١) لا يتعب (٢) متواصل .

tiresome *(adj.)* مُتْعِب ؛ مُضْجِر ؛ مُمِلّ .

tissue *(n.)* (١) نسيج (٢) منديل ورقيّ .

tissue paper *(n.)* ورق رقيق شبه شفّاف .

tit *(n.)* (١) حَلَمَة (٢) فرس (٣) عُصفور .

~ for tat ضربة بضربة ؛ واحدة بواحدة .

titan *(n.)* العظيم القوة أو الحجم .

titanic *(adj.)* جبّار ؛ هائل ؛ عظيم القوة أو الحجم .

titbit *(n.)* = tidbit.

tithe *(n.)* (١) العُشْر : عُشْرُ الغلّة أو المال يُدْفَع إلى الكنيسة بخاصّة (٢) عُشْر .

titillate *(vt.)* يُدَغْدِغ .

titivate *(vt.; i.)* (١) يُؤَنِّق ×(٢) يتأنّق .

title *(n.; vt.)* (١) اسم (٢) عنوان (٣) لقب .

(٤) البطولة ؛ لقب البطولة (٥) حقّ شرعيّ §(٦) يسمّي ؛ يعَنْوِن (٧) يلقّب .

titled *(n.)* ذو لقب (وبخاصة من ألقاب النبالة) .

title deed *(n.)* صكّ التمليك ؛ سَنَدُ الملكية .

title page *(n.)* صفحة العنوان الحاملة اسم الكتاب .

titmouse *(n.)* القُرْقُف : طائر صغير .

titter *(vi.)* يضحك (على نحوٍ نصف مكبوت) .

tittle *(n.)* ذَرَّة ؛ مثقال ذَرَّة ؛ مقدار ضئيل جداً .

tittle-tattle *(n.)* لَغْوٌ ؛ قيلٌ وقال .

titular *(adj.)* (١) اسميّ (٢) شَرَفيّ (٣) متعلّق بلقب أو ناشيء عنه .

to *(prep.; adv.)* (١) إلى ؛ نحو (٢) على ؛ على شرف (٣) قبل (٤) بمصاحبة (٥) استجابةً لـ (٦) حتى (٧) بالقياس إلى ؛ بالمقارنة مع (٨) وَفقاً لـ ؛ بحسب (٩) في رأي فلان (١٠) تحت ؛ بسبب (١١) مقابل ؛ ضدّ (١٢) أن §(١٣) إلى حالة الوعي .

~ and fro جَيْئةً وذُهوباً .

toad *(n.)* العُلْجُوْم ؛ ضفدع الطين .

toadstool *(n.)* الغاريقون السامّ : فُطر سامّ .

toady *(n.; vi.)* (١) المتملّق ؛ المتزلّف §(٢) يتملّق .

toast *(vt.; i.; n.)* (١) يحمّص الخبزَ (٢) يدفّيء ؛ يسخّن (٣) يشرب نَخْبَهُ ×(٤) يتحمّص (٥) يدَّفأ ؛ يَسْتَخْن §(٦) الشخص أو الشيء الذي يُشرَب نخبُهُ (٧) شُرْب النخب .

toaster *(n.)* مِحْمَصَة خبز كهربائية .

tobacco *(n.)* (١) تبغ (٢) سكاير (٣) تدخين .

tobacconist *(n.)* الدّخاني : بائع السكاير الخ .

toboggan *(n.; vi.)* (١) مِزلقة §(٢) يتزلّق .

tocsin *(n.)* ناقوس الخطر .

today *(adv.; n.)* (١) اليومَ §(٢) اليوم أو العصر الحاضر .

toddle *(vi.)* يمشي بخطىً قصيرة قلقة .

toddy *(n.)* التّودي : شراب حارّ مُسكِر مُحلّى .

to-do *(n.)* لَغَطٌ ؛ ضجّةٌ ؛ اهتياج .

toe *(n.; vt.)* (١) إصبع القَدَم (٢) مقدَّم القدم أو الحافر §(٣) يمسّ أو يَبْلُغ أو يدفع بمقدَّم القدم .

toffee or toffy *(n.)* الطّوفي : حلوى قاسية دبِقة .

tog *(n.; vt.)* (١) *pl.*: ملابس §(٢) يلبس .

toga *(n.)* التّوجة : ثوب رومانيّ فضفاض .

together *(adv.)* (١) معاً (٢) من غير انقطاع .

toggery *(n.)* ملابس ؛ ثياب .

toil *(n.; vi.)* (١) كَدْح (٢) شَرَك §(٣) يكدح .

toilet *(n.)* (١) تزيّن ؛ تبرّج (٢) حمّام ؛ مرحاض .

toilet soap *(n)* صابون الزينة : صابون معطّر ملوّن .

toilette *(n.)* (١) تزيّن ؛ تبرّج (٢) ثوب .

toilful; -some *(adj.)* شاقّ ؛ متعِب ؛ مُنهِك .

toilworn *(adj.)* مُتْعَب ؛ منهوك القوى .

token *(n.)* (١) علامة ؛ أمارة (٢) رمز (٣) تذْكار (٤) عُملة رمزيّة .

told *past and past part. of* tell.

tolerable *(adj.)* (١) محتمَل ؛ ممكنٌ احتمالُه (٢) مقبول ؛ جيّدٌ نوعاً .

tolerance *(n.)* (١) احتمال (٢) تسامح .

tolerant *(adj.)* قادر على الاحتمال ؛ متسامح .

tolerate *(vt.)* (١) يحتمل (٢) يجيز ؛ يتسامح بـ .

toleration *(n.)* (١) احتمال (٢) تسامح (ديني) .

toll *(n.; vt.; i.)* (١) مَكْسٌ أو رَسْمٌ (على عبور طريق) (٢) قَرْع الناقوس أو دقّة من دقّاته §(٣) يفرض أو يأخذ مكساً أو رسماً (٤) يقرع ناقوساً (٥) يُقْرَع (الناقوس) .

tomahawk *(n.)* التّمَهُوك : فأس عند الهنود الحُمْر .

tomato *(n.)* pl. **-es** طَماطِم ؛ بنَدورة .

tomb *(n., vt.)* (١) قبر ؛ ضريح §(٢) يدفن .

tomboy *(n.)* الغُلامية : فتاة تلعب ألعاب الصبيان .

tombstone *(n.)* شاهِد ؛ بلاطة ضريح .

tomcat *(n.)* هِرّ ؛ قِطّ .

tome *(n.)* (١) جزء ؛ مجلّد (٢) كتاب كبير .

tomfoolery *(n.)* حماقة ؛ جنون ؛ سخافة .

tommy gun *(n.)* رُشَيْشة ؛ مدفع تومي .

tomorrow *(adv.; n.)* (١) غداً §(٢) الغد .

tomtit *(n.)* طائر صغير ؛ وبخاصة : القُرقُف .

tom-tom *(n.)* (١) طبلة (٢) صوت أو قرع رتيب .

ton *(n.)* (١) طنّ (٢) مقدار أو عدد كبير .

tonal *(adj.)* نَغْمِيّ : متعلق بالنغمة أو النغمية .

tonality *(n.)* النَّغْمِيّة : صفة اللحن المتوقفة على سُلّمِه الموسيقيّ .

tone *(n.; vt.; i.)* (١) نَبْرة (٢) نغمة (٣) لهجة (٤) أسلوب (٥) درجة اللون أو الضوء (٦) صحة ؛ نشاط (٧) روح ؛ طابع ؛ اتجاه عام (٨) مزاج §(٩) يعطيه نبرة صوت أو درجة لون معيّنة ×(١٠) يتناغم ؛ ينسجم .

tong *(n.)* جمعية سرية صينية .

tongs *(n.pl.)* مِلْقَط ؛ مِلْقَطة .

tongue *(n.)* (١) لسان ؛ كلام ؛ لغة (٢) نُباح .

tongue-tied *(adj.)* معقود اللسان (حياءً الخ.) .

tonic *(adj.; n.)* (١) مقوٍّ ؛ مُنشِّط (٢) قَرارِيّ : متعلق بالقرار الموسيقيّ (٣) نَبْرِيّ : متعلق بالنبرة §(٤) دواء مقوٍّ أو منشِّط .

tonight *(adv.; n.)* هذه الليلة .

tonnage *(n.)* (١) الرسم الطُّنّي : رسم يُفرَض على أساس الطنّ (٢) الطُّنّية : «أ» السفن من حيث مجموع حمولتها بالطن . «ب» الحمولة بالطّنّ . «ج» الوزن بالطنّ .

tonneau *(n.)* المقعد الخلفي (في سيارة) .

tonsil *(n.)* اللوزة : إحدى لَوْزَتَي الحلق .

tonsillitis *(n.)* التهاب اللوزتين .

tonsure *(n.)* (١) حَلْق شَعر المترهّب (٢) الجزء الحليق من رأس الراهب (٣) بقعة جرداء .

too *(adv.)* (١) أيضاً ؛ كذلك (٢) أكثر مما ينبغي .

took *past of* take.

tool *(n.; vt.; i.)* (١) أداة (٢) وسيلة §(٣) يسوق ؛ يقود (٤) يصنع أو يزيِّن بأداة .

toot *(vi.; t.; n.)* (١) يبوِّق ×(٢) ينفخ (في بوق) ؛ يَصْفِر (صفارةً) §(٣) بُواق ؛ صفير .

tooth *(n.; vt.)* (١) سِنّ ؛ ضِرس (٢) وُلوع ؛ تعلّق (٣) سنّ المنشار §(٤) يُسنِّن (منشاراً) .

toothache *(n.)* وجع السنّ أو الأسنان .

toothbrush *(n.)* فرشاة الأسنان .

toothed *(adj.)* (١) ذو أسنان (٢) مسنَّن ؛ مثلَّم .

toothless *(adj.)* أدْرَد : غير ذي أسنان .

toothpaste *(n.)* معجون الأسنان .

toothpick *(n.)* الخِلال : عود الأسنان .

toothsome *(adj.)* (١) لذيذ (٢) جذّاب .

top *(n.; adj.; vt.)* (١) قمّة ؛ رأس (٢) أعلى (٣) غِطاء (٤) أوج ؛ ذروة (٥) المرتبة العليا أو صاحبُها (٦) صَفْوَة ؛ خِيرة (٧) خُذْرُوف ؛ بُلبل §(٨) أعلى ؛ عُليا §(٩) يزيل أو يقطع رأس شيء (١٠) يشذّب ؛ يقلّم (١١) يتوّج (١٢) ينُوف على (١٣) يتفوّق على (١٤) يعتلي .

topaz *(n.)* التوباز : حجر كريم .

topcoat *(n.)* مِعطف خفيف .

toper *(n.)* السِّكّير : المدمن شربَ الخمر .

topic *(n.)* (١) موضوع (مقالةٍ أو حديث الخ.) (٢) نقطة أو جانب من موضوع عامّ .

topical *(adj.)* (١) موضوعيّ : متعلق بموضوع مقالةٍ أو حديث (٢) موضعيّ (٣) محليّ .

topmost *(adj.)* الأعلى ؛ الأسمى .

top-notch *(adj.)* ممتاز ؛ من الطراز الأول .

topographic; -al *(adj.)* طوبوغرافيّ .

topography *(n.)* الطوبوغرافيا : «أ» الوصف أو الرسم الدقيق للأماكن أو لِسِماتها السطحية . «ب» السِّمات السطحية لموضع أو إقليم .

topping *(adj.)* (١) رفيع ؛ سامٍ ؛ عالٍ (٢) ممتاز .

topple *(vi.; t.)* (١)ينقلب؛ يسقط (٢)يتداعى للسقوط ×(٣) يقلب؛ يسقط؛ يطيح بـ.

topsoil *(n.)* التربة الفوقية.

topsy-turvy *(adv.)* رأساً على عقب.

toque *(n.)* التوكة: قبعة نسوية.

torch *(n.)* (١) مِشعل. (٢) مِشعل كهربائي.

torch 2

tore *past of* tear.

toreador; torero *(n.)* مصارع الثيران.

torment *(n.; vt.)* (١) تعذيب (٢) عذاب. (٣)مصدر عذاب §(٤) يعذِّب (٥)يُقلِق.

tormentor *or* **tormenter** *(n.)* المعذِّب.

torn *past part. of* tear.

tornado *(n.)* pl. **-es** *or* **-s**. إعصار؛ زوبعة.

torpedo *(n.; vt.)* (١)طربيد §(٢)يغرق بطربيد.

torpedo boat *(n.)* زورق طُربيد.

torpid *(adj.)* (١)خَدِر (٢)بليد (٣)مُسبِت.

torpor *(n.)* (١)خَدَر (٢)بَلادة (٣)سُبات.

torque *(n.)* (١)طوق معدنيّ للعُنُق (٢) عَزْم التدوير (في الميكانيكا).

torrent *(n.)* (١)سَيْل (٢)وابل.

torrential *(adj.)* (١)غزير؛ مِدرار (٢)جارف.

torrid *(adj.)* (١)حارّ (٢)مُتَّقِد.

torsion *(n.)* (١)ليّ؛ فَتْل (٢)التواء؛ انفتال.

torso *(n.)* جذع التمثال أو الانسان.

tort *(n)* ضرر؛ أذى (يعاقب عليه القانون).

tortilla *(n.)* التُرْتِيَّة؛ كعكة مدوَّرة.

tortoise *(n.)* سُلَحْفاة.

tortoise shell *(n.)* الذَّبْل: عظم ظهر السُّلحفاة.

tortuous *(adj.)* متمعج؛ متعرج؛ مُلْتَوٍ.

torture *(n.; vt.)* (١) تعذيب (٢) عذاب. (٣)تحريف؛ تشويه §(٤)يعذِّب (٥)يحرِّف.

toss *(vt.; i.; n.)* (١)يتقاذف (الموجُ السفينةَ). (٢) يقذف (٣) ينقر القطعة النقدية بظفره (٤)يرفع (رأسَه) بحركة مفاجئة ×(٥)يتمايل (٦)تخفق (الرايةُ) مع النسيم (٧)يجري باندفاع متشنّج (٨) يتقلّب في فراشه §(٩) قذف؛ نَقْر؛ رفع للرأس بحركة مفاجئة.

tot *(n.; vt.; i.)* (١)طفل (٢)جَرْعة (٣)مجموع؛ حاصل §(٤)يحصي ×(٥)يبلغ مجموعه.

total *(adj.; n.; vt.)* (١) إجماليّ (٢) تامّ؛ كامل (٣)شامل؛ كلّيّ §(٤)مجموع؛ حاصل؛ مبلغ كلّي §(٥)يجمع؛ يحسب (٦)يبلغ في مجموعه.

totalitarian *(adj.)* ديكتاتوريّ؛ استبداديّ.

totality *(n.)* مجموع كلّيّ.

totally *(adv.)* تماماً؛ بالكلّيّة.

tote *(vt.)* (١)يَحْمِل (٢)يَنْقُل.

totem *(n.)* (١) الطَّوْطَم: «أ» شيء (كحيوان أو نبات) يُتَّخَذ رمزاً للأسرة أو العشيرة. «ب» وثن يُمثِّل هذا الشيء (٢)رمز مقدَّس.

totemic; totemistic *(adj.)* طَوْطَمِيّ.

totemism *(n.)* الطَّوْطَمِيَّة.

totter *(vi.)* (١)يترنّح؛ يتمايل (٢)يتداعى.

toucan *(n.)* الطُّوقان: طائر أميركي ضخم المنقار.

touch *(vt.; i.; n.)* (١) يلمِس؛ يمَسّ. (٢)يضرب أو يعتدي على (٣)يحاذي؛ يبلغ؛ يصل إلى (٤) يضاهي (٥) يتصل أو يتعلّق بـ (٦) يؤذي أو يفسد قليلاً (٧) يرسم بخطوط خفيفة (٨) يجرح مشاعر فلان (٩) يحرّك مشاعره: يتأثّر ×(١٠)يتلامس؛ يتماسّ (١١)يقارب؛ يجاور (١٢)يتوقف (في موانيء مختلفة) أثناء رحلة بحريّة §(١٣)لمسة؛ لَمْس؛ حاسّة اللمس (١٤) مَلْمَس (١٥) مَسْحَة (١٦) مَسّ (من جنون)؛ ضَعْف؛ علّة (١٧) أثر؛ طَرَف؛ مقدار طفيف (١٨) ضربة خفيفة (١٩) لمسة فنيّة (٢٠)طابَع؛ صفة مميزة (٢١)صلة؛ اتصال.

touched *(adj.)* (١)متأثّر (٢)ممسوس؛ به مسّ.

touching 401 trackless

touching *(adj.)* مؤثّر .
touchstone *(n.)* مِحَكّ ؛ مِحكّ الذهب .
touchy *(adj.)* سيّء الخلق ؛ سريع الغضب .
tough *(adj.)* (١)متين (٢)عسير المضغ (٣)صارم ؛ حازم (٤) خشِن ؛ قويّ (٥) عنيد (٦)قاسٍ (٧)عسير جداً (٨)عنيف (٩)جِلف ؛ شِكِس.
toughen *(vt.; i.)* (١)يمتِّن ؛ يخشِّن ؛ يقسّي . ×(٢) يَمْتُن ؛ يَخْشُن الخ .
tour *(n.; vi.; t.)* (١)رحلة ؛ زيارة ؛ جولة . §(٢)يقوم برحلة الخ. ×(٣)يجول أو يطوف في.
tourism *(n.)* السياحة .
tourist *(n.; adj.)* (١)السائح §(٢) سياحيّ .
tourist class *(n.)* الدرجة السياحيّة (في طائرة).
tourmaline *(n.)* التُرمالين: حجر نصف كريم.
tournament *(n.)* (١)مباراة في المسايفة الخ. (٢)الدورة: سلسلة مباريات بين عدد من اللاعبين.
tourney *(n.)* = tournament.
tourniquet *(n.)* المِرْقأة: أداة لوقف النَّزْف.
tousle *(vt.)* يُشعِّث (الشَّعر).
tow *(vt.; n.)* (١)يَقْطُر ؛ يجرّ ؛ يَسْحَب §(٢) قَطْر ؛ جَرّ (٣)مقطورة (٤)نُسالة الكتّان.

tourniquet

toward *or* **towards** *(prep.)* (١) نَحْوَ . (٢)مِن (٣)عند؛ حوالى؛ قربَ (٤)من أجل.
towel *(n.; vi.; t.)* (١)مِنْشفة §(٢) ينشِّف .
toweling *or* **towelling** *(n.)* قُماش المناشف
tower *(n.; vi.)* (١) بُرج (٢)قلعة §(٣)يرتفع ؛ يحلّق (٤)يتفوّق (٥)يعلو أو يسمو على .
towering *(adj.)* (١)شاهق (٢)ضَخم (٣)شديد
towhead *(n.)* الكتّانيّ الشعر: رأس أو شخص ذو شعر ناعم أبْيَض .
towline *(n.)* حَبْلُ القَطْر أو السَّحْب .
town *(n.)* مدينة ؛ بلدة .
town hall *(n.)* دار البلدية .

township *(n.)* ناحية؛ منطقة؛ دائرة انتخابية.
townsman *(n.)* (١)المدينيّ: أحد أبناء المدن. (٢) المواطن البلديّ : أحد أبناء بلدة المرء .
townspeople *(n.pl.)* سكان المدينة أو أهل المدن
toxemia *(n.)* انسمام (أو تسمّم) الدم .
toxic *(adj.)* (١) سُمّيّ (٢) سامّ .
toxicology *(n.)* عِلم السُّموم .
toxin *(n.)* السُّمّين ؛ الذِّيفان (سمّ) .
toy *(n.; adj.; vi.)* (١)لُعبة؛ دُمية (٢)ألعوبة. §(٣)دُمْيَوِيّ: مصنوع للّعب؛ صغير كالدمية §(٤) يلهو ؛ يَعْبَث .
trace *(n.; vt.)* (١)أثر (٢)آثار أقدام (٣)مقدار ضئيل (٤) خط ؛ شكل؛ رَسم (٥) أحَدُ السَّيْرَيْن أو الحَبْلَيْن اللذين يجرّ بهما الحيوانُ مركبةً أو عربة § (٦) يرسم (٧) يستشفّ : ينسخ رسماً بورقة شفافة (٨) يسجّل (بخطوط متموّجة أو متكسّرة) (٩) يقتفي الأثر (١٠) يتتبّع «سيرَ شيء أو تطوّره أو تاريخه» (١١)يُرجع ؛ يردّ ؛ يعزو .
tracery *(n.)* الزخرفة التشجيرية : زخرفة مؤلّفة من خطوط مشجّرة .
trachea *(n.)* الرُّغامَى: القصبة الهوائية (تشريح).
tracing *(n.)* (١) رسم ؛ اقتفاء ؛ تتبّع الخ. (٢) الرسم الاستشفافيّ : رسم منسوخ بواسطة ورقة شفّافة (٣) الرَّسيم : ما ترسمه المِرسمة الأوتوماتيكية من خطوط .
track *(n.; vt.)* (١) أثر (٢)طريق ؛ دَرْب. (٣)حَلْبَة (للسباق) (٤)خطّ (للسكة الحديدية) (٥) مَسْلَك؛ سبيل؛ مَسار (٦) سباقات المضمار والميدان §(٧)يقتفي الأثر (٨)يتعقّب (٩)يجتاز (١٠)يترك أثر أقدام على .
trackage *(n.)* خطوط السكّة الحديديّة .
trackless *(adj.)* (١)غير مطروق (٢)غير جارٍ على قضبان .

tract 402 **trample**

tract *(n.)* (١) كُراسة دعاية (٢) بقعة، صُقْع (٣) قِطعة أرض (٤) جهاز.

tractable *(adj.)* (١) طيِّع (٢) طَرِيق: قابلٌ للطَّرْق أو المَطْل.

tractate *(n.)* رسالة، مقالة، بحْث.

traction *(n.)* (١) جرّ، سَحْب (٢) انجرار، انسحاب (٣) القوة المبذولة في الجر والسحب (٤) الاحتكاك الالتصاقيّ (لجسم ما فوق سطح يجري عليه. كدولاب جارٍ على خطّ حديديّ).

tractor *(n.)* الجَرّارة، التراكتور.

tractor

trade *(n.; vt.; i.)* (١) مهنة، حرفة (٢) أهل مهنة أو حرفة أو صناعة ما (٣) تجارة (٤) صناعة §(٥) يقايض (٦) يتّجِر بِـ ×(٧) يتاجر (٨) يتسوّق (٩) يستغلّ.

trademark *(n.)* العلامة (أو الماركة) التجارية.

trader *(n.)* (١) التاجر (٢) الباخرة التجارية.

tradesman *(n.)* (١) التاجر (٢) الحِرَفيّ.

tradespeople *(n.pl.)* التجار: أصحاب المتاجر.

trade(s) union *(n.)* نقابة عمال.

tradition *(n.)* (١) التحدُّر: انتقال العادات أو المعتقدات من جيل إلى جيل (٢) تقليد، عُرْف.

traditional; -ary *(adj.)* تقليديّ.

traduce *(vt.)* (١) يطعن أو يقْدح (٢) ينتهك.

traffic *(n.; vi.)* (١) تجارة، مقايضة (٢) السَّيْر، حركة المرور (٣) النقل: صناعة نقل الركاب أو المشحونات §(٤) يتاجر بـ.

tragedian *(n.)* الكاتب أو الممثّل التراجيديّ.

tragedienne *(n.)* الممثلة التراجيدية أو المأساوية.

tragedy *(n.)* التراجيديا، المأساة.

tragic; -al *(adj.)* (١) تراجيديّ (٢) فاجع.

trail *(vi.; t.; n.)* (١) يتجرجر (على الأرض) (٢) يتدلى (بحيث يمسّ الأرض) (٣) ينتشر في غير اتّساق أو نظام (٤) يدبّ، يزحف (٥) يتتبّع (٦) يمشي بتثاقل (٧) يقصّر عن الآخرين، يخسر (٨) يتعقّب ×(٩) يجرجر، يسحب §(١٠) ذَيْل (١١) أثر، رائحة.

trailer *(n.)* (١) المُنتشِرة: نبتة تنتشر فوق سطح الأرض متسلّقةً ما يعترض سبيلها (٢) عربة مقطورة (٣) القَطِيرة: عربة مقطورة على شكل بيت متحرّك قائم على عجلتين أو أربع.

train *(n.; vt.; i.)* (١) ذَيْل (٢) بطانة، حاشية (٣) قافلة (٤) موكب (٥) نظام (٦) سلسلة، تسلسل (٧) قِطار §(٨) يجرّ (٩) يوجّه نموّ النبتة باللّيّ أو الربط الخ. (١٠) يدرِّب، يثقّف (١١) يسدِّد، يوجّه ×(١٢) يتدرّب.

trainer *(n.)* (١) المدرِّب (٢) المروِّض.

training *(n.)* (١) تدريب، تدرُّب (٢) تسديد.

training college *(n.)* دار المعلمين.

trait *(n.)* (١) مسْحة، نبرة (٢) ميزة، سِمة.

traitor *(n.)* الخائن.

traitorous *(adj.)* خائن، غادر، خاتل.

traitress *(n.)* الخائنة.

trajectory *(n.)* مسار القذيفة أو الكوكب.

tram *(n.; vi.)* (١) ترام (٢) عربة ترام (٣) شاحنة (في منجم) §(٤) يركب الترام.

tramcar *(n.)* (١) عربة منجم (٢) شاحنة.

trammel *(n.; vt.)* (١) قيد، عائق (٢) كُلّاب §(٣) يقيِّد، يعوق.

tramp *(vi.; t.; n.)* (١) يدوس، يطأ (٢) يتسكّع، ينتشر ×(٣) يجتاز سيراً على القدمين §(٤) المسافر سيراً على القدمين (٥) المتجوّل ابتغاء التسوّل أو السرقة (٦) رحلة (سيراً على القدمين) (٧) وقع الأقدام (٨) سفينة شحن.

trample *(vi.; t.; n.)* (١) يطأ، يدوس، يسحق بقدميه §(٢) وطء، دَوْس.

tramway *(n.)* خطّ الترام.

trance *(n.)* (١) غَشْيَة (٢) نَشْوَة.

tranquil *(adj.)* (١) هادئ (٢) ساكن.

tranquilize *(vt.; i.)* (١) يُهدّئ ×(٢) يهدأ.

tranquilizer *(n.)* المهدّئ؛ المسكّن.

tranquillity; -quility *(n.)* هدوء؛ سكون.

trans- بادئة معناها: عَبْر؛ وراء؛ ما وراء.

transact *(vt.)* يُجْري؛ يقوم بـ.

transaction *(n.)* (١) إجراء؛ قيام بـ (٢) صفقة؛ معاملة تجارية (٣) *pl.*: مَحْضَر جلسة.

transatlantic *(adj.)* (١) عابر الأطلسي. (٢) ممتدّ عبر الأطلسي (٣) واقع وراء الأطلسي.

transcend *(vt.; i.)* (١) يتجاوز (٢) يسمو فوق كذا (٣) يفوق (٤) يتفوّق على.

transcendent *(adj.)* (١) فائق؛ متجاوزٌ الحدّ (٢) واقع وراء نطاق الخبرة أو المعرفة (٣) كائن فوق الوجود المادي (٤) مُبْهَم.

transcendental *(adj.)* (١) واقع وراء نطاق الخبرة البشرية (٢) فائق؛ متجاوز الحدّ (٣) مُبهم.

transcontinental *(adj.)* عابرٌ القارّة.

transcribe *(vt.)* (١) ينسخ (٢) ينقل مادّة مختزلة أو مسجّلة إلى الكتابة العادية (٣) يدوّن؛ يسجّل (٤) يذيع برنامجاً تلفزيونياً مسجّلاً.

transcript *(n.)* (١) نسخة (٢) نسخة طبق الأصل.

transcription *(n.)* (١) نَسْخ الخ. (٢) نسخة. (٣) أسطوانة فونوغرافية (للإذاعة من الراديو).

transept *(n.)* جناح الكنيسة.

transfer *(vt.; i.; n.)* (١) ينقل (٢) يحوّل؛ يغيّر (٣) يتنازل (عن حقوق أو ملكيّة) ×(٤) ينتقل §(٥) نَقْل؛ انتقال (٦) تحويل؛ تحوّل (٧) نَقْل الملكية إلى شخص آخر.

transferable *(adj.)* قابلٌ للنقل أو التحويل.

transference *(n.)* (١) نَقْل (٢) انتقال (٣) تحويل (٤) تحوّل.

transfiguration *(n.)* (١) تغيير المظهر أو الشكل الخارجي أو تغيّره (٢) *cap.*: «أ» التجلّي: تغيُّر هيئة المسيح على الجبل. «ب» عيد التجلّي.

transfigure *(vt.)* (١) يغيّر المظهر أو الشكل الخارجيّ (٢) يغيّر الهيئة على نحوٍ محاطٍ بهالة من الجلال: يمجّد.

transfix *(vt.)* (١) يَطْعَن (٢) يثبّت بالطعن. (٣) يحجِّر؛ يَشُلّ؛ يحوّل.

transform *(vt.; i.)* (١) يحوّل ×(٢) يتحوّل.

transformation *(n.)* (١) تحويل (٢) تحوّل.

transfuse *(vt.)* (١) ينقُل (٢) يتخلّل؛ يخترق. (٣) ينقل (الدمَ) إلى وريد شخص أو حيوان (٤) يُخضع (مريضاً) لعملية نقل الدم.

transgress *(vt.; i.)* (١) ينتهك؛ يخالف. (٢) يتخطّى؛ يتجاوز ×(٣) يأثم.

transgression *(n.)* (١) انتهاك (٢) إثم؛ خطيئة.

transient *(adj.; n.)* (١) زائل؛ عابر. §(٢) ضيف قصير الإقامة (٣) شخص مترحّل.

transistor *(n.)* الترانزستور: أداة ألكترونيّة صغيرة تستخدم في أجهزة الراديو المستقبِلة.

transit *(n.)* عبور؛ انتقال؛ نقل.

transition *(n.)* انتقال؛ تحوّل.

transitional; -ary *(adj.)* انتقاليّ.

transitive *(adj.; n.)* (١) مُتَعَدٍّ (٢) انتقاليّ §(٣) فعل مُتَعَدٍّ.

transitory *(adj.)* (١) موقّت (٢) عابر؛ زائل.

translate *(vt.; i.)* (١) ينقل (٢) يترجم.

translation *(n.)* (١) نَقْل (٢) ترجمة.

translator *(n.)* (١) الناقل (٢) المترجم.

translucent *(adj.)* شفّافيّ: نصف شفّاف.

transmigrate *(vi.)* (١) يتقمّص (٢) يهاجر.

transmissible *(adj.)* قابلٌ للنقل الخ.

transmission *(n.)* (١) نَقْل؛ انتقال (٢) إنفاذ؛ نفاذ (٣) إرسال (٤) جهاز نقل الحركة.

transmit 404 **tray**

transmit *(vt.)* (١) ينقل (٢) يُنْفِذ (الضوءَ) (٣) يُرسِل (لاسلكياً).
transmitter *(n.)* المرسِلة : جِهاز الإرسال.
transmitting station *(n.)* محطّة الإرسال.
transmute *(vt.; i.)* (١) يُحوِّل × (٢) يتحوَّل.
transoceanic *(adj.)* (١) واقع وراء المحيط. (٢) عابرٌ أو ممتدٌ عبر المحيط.
transom *(n.)* (١) الرافدة المستعرضة : رافدة أفقيّة عبرَ نافذة (٢) اللِّجاف : نافذة فوق باب الخ.
transparency *(n.)* شفافية.
transparent *(adj.)* (١) شفّاف (٢) واضح.
transpiration *(n.)* (١) تَعَرُّق (٢) عَرَق.
transpire *(vi.)* (١) يَعْرق (٢) يرشح. (٣) يَرْشَح : يصبح معروفاً (٤) يَحْدث.
transplant *(vt.)* (١) يزدرع : ينقل غرسةً إلى تربة أخرى (٢) يَنْقُلُ (٣) ينقل عضواً أو نسيجاً حياً من جزء أو فرد إلى آخر.
transport *(vt.; n.)* (١) ينقل (٢) يستخفّه (الطربُ أو الابتهاج) (٣) ينفي؛ يُبْعِد §(٤) نَقْل (٥) نشوة؛ خفةٌ (طربٍ الخ.) (٦) سفينة لنقل الجند أو المعدات العسكريّة.
transportation *(n.)* (١) نَقْل؛ انتقال. (٢) نَفْي؛ إبعاد (٣) وسيلة مواصلات.
transpose *(vt.)* (١) يحوِّل (٢) ينقل (من مكان إلى آخر) (٣) يغيِّر موضع شيء أو وضعَهُ.
transship *(vt.; i.)* ينقل (أو ينتقل) من سفينة أو سيارة الخ. إلى أخرى.
transverse *(adj.; n.)* (١) مستعرِض. §(٢) شيء مستعرِض.
trap *(n.; vt.)* (١) شَرَك؛ فخّ (٢) أداة لإطلاق الأشياء في الهواء لكي تصوَّب إليها النار (٣) مَرْكَبَة (٤) مِحبس الروائح : أداة (في أنبوب) لمنع تسرّب الغاز أو الهواء الفاسد §(٥) يوقع في شَرَك (٦) يزوِّد (مكاناً) بالأشراك الخ.
trap; -rock *(n.)* الطِّراب : صخر بركانيّ.
trap door *(n.)* الباب المسحور : باب أفقيّ في أرضيّة أو سقف.
trapeze *(n.)* أرجوحة البهلوان أو الرياضيّ.

trapeze

trapezium *(n.)* المُعيَّن المنحرف.

trapezium

trapezoid *(n.)* شِبه المنحرف.

trapezoid

trappings *(n.pl.)* زخارف.
traps *(n.pl.)* أمتعة؛ أمتعة شخصية.
trash *(n.)* (١) نُفاية؛ قُمامة. (٢) هُراء (٣) شخص تافه (٤) الدهماء؛ الرَّعاع.
trashy *(adj.)* تافه.
trauma *(n.)* رَضّ؛ جُرْح؛ أذى؛ صدمة.
travail *(n.; vi.)* (١) عمل؛ كدح (٢) عذاب. (٣) مَخاض §(٤) يكدح (٥) يجيئها المخاضُ.
travel *(vi.; t.; n.)* (١) يسافر (٢) يطوف. (٣) يتحرك؛ ينتقل × (٤) يجتاز §(٥) سَفَر (٦) رحلة (٧) حركة المرور.
travel(l)er *(n.)* (١) المسافر (٢) الرّحالة. (٣) المندوب المتجوّل (لمؤسسة تجاريّة).
traveler's check *(n.)* الشيك السياحيّ.
travelog(ue) *(n.)* محاضرة مصوَّرة عن رحلة.
traverse *(n.; vt.; i.)* (١) حاجز (٢) رافدة مستعرِضة (٣) عقبة؛ عائق §(٤) يجتاز.
travertine *(n.)* الترافرتين : حجرٌ جِيريّ.
travesty *(n.; vt.)* (١) تقليد ساخر : محاكاة مضحكة §(٢) يقلّد على نحو ساخر مضحك.
trawl *(n.; vi.; t.)* (١) التَّرْوَل : شبكة صيد. (٢) صنارة مُسَلْسَلَة §(٣) يصيد بتَرْوَل الخ.
tray *(n.)* صينيّة.

treacherous *(adj.)* (١) خائن ؛ غادر (٢) غرّار.

treachery *(n.)* خيانة ؛ غدْر .

treacle *(n.)* دِبْس السكّر .

tread *(vt.; i.; n.)* (١) يطأ ؛ يدوس (٢) يسحق. (٣) يوطّىء : ينشىء بالوطء أو الدّوس (٤) يؤدّي بالخطو أو الرقص ×(٥) يمشي ؛ يخطو §(٦) وطأ ؛ دوس (٧) خطوة (٨) الجزء الملامس للأرض من الحذاء أو العجلة (٩) الجزء الأفقيّ الأعلى من درجة السلّم.

treadle

treadle *(n.)* : المِدْوَس : ذراع يُحرَّك بالقدم (كدوّاسة ماكينة الخياطة الخ.) .

treadmill *(n.)* (١) طاحون الدّوْس : جهاز لإحداث الحركة الدائرية بالدوس على مواطىء للأقدام في دولاب تعذيب (٢) رُوتين مُضجِر.

treason *(n.)* (١) خِيانة (٢) الخيانة العظمى .

treasure *(n.; vt.)* (١) كنز (٢) ثروة . §(٣) يدّخر (٤) يُعِزّ .

treasurer *(n.)* الخازن ؛ أمين الصندوق .

treasure trove *(n.)* كنز دفين (يعثر عليه المرء)

treasury *(n.)* (١) خزينة ؛ خزانة (٢) مال ؛ أموال (٣) *cap.* : المالية ؛ وزارة المال .

treat *(vi.; t.; n.)* (١) يفاوض (٢) يبحث في ؛ يعالج أو يتكلم عن (٣) يدفع نفقات وليمةَ ×(٤) يعامل (٥) يستضيف (٦) يعالج §(٧) دعوة (إلى طعام أو شراب) (٨) متعة.

treatise *(n.)* بحث ؛ رسالة .

treatment *(n.)* (١) معاملة (٢) معالجة .

treaty *(n.)* معاهدة .

treble *(adj.; vt.; i.)* (١) ثلاثيّ (٢) بالغٌ ثلاثة أضعاف (٣) عالي الطبقة (موسيقى) §(٤) يزيد أو يزداد ثلاثة أضعاف .

tree *(n.; vt.)* (١) شجرة (٢) عمود ؛ رافدة ؛ عارضة ؛ قضيب ؛ مَقبِض الخ. (٣) قالب الأحذية (٤) محور العربة : قضيب يربط بين عجلتي عربة (٥) شجرة النَّسب §(٦) يُلجِىء (طريدةً أو شخصاً) إلى شجرة أو إلى أعلى الشجرة (٧) يوسّع الحذاءَ (بوضعه في قالب).

tree frog *(n.)* ضِفدع الشجر .

tree toad *(n.)* عُلجوم الشجر .

trefoil *(n.)* (١) النَّفَل ؛ البِرسيم (٢) ثلاثية الوُرَيقات : «أ» ورقة نبات ثلاثيّة الوريقات. «ب» حلية أو رمز على شكل ورقة كهذه .

trek *(n.; vi.)* (١) رحلةٌ بعربة ثيران (٢) هجرة جَماعيّة §(٣) يرحل أو يهاجر بعربة ثيران.

trellis; -work *(n.)* تعريشة ؛ شَعْرِيّة .

tremble *(vi.; n.)* (١) يرتجف ؛ يرتعش . §(٢) ارتجاف ؛ ارتعاش (٣) رجفة ؛ رعشة.

tremendous *(adj.)* (١) مروِّع (٢) ضخم .

tremolo *(n.)* اهتزاز (في الموسيقى) .

tremor *(n.)* (١) ارتجاف ؛ ارتعاش (٢) رَجفة.

tremulous *(adj.)* (١) مرتجف (٢) جبان.

trench *(n.; vt.; i.)* (١) خَندق §(٢) يحمي بخندق (٣) يحفر خندقاً في ×(٤) يقترب من.

trenchant *(adj.)* (١) لاذع (٢) فعّال ؛ نشيط (٣) واضح ؛ محدَّد المعالم . .

trench coat *(n.)* المِمْطَر : مِعطف واقٍ من المطر . .

trencher *(n.)* صَحْفة أو صينية خشبية.

trencherman *(n.)* الأكول .

trend *(vi.; n.)* (١) يتّجه (٢) ينزع أو يميل إلى. §(٣) اتجاه (٤) نزعة (٥) زيّ شائع .

trepan *(n.)* (١) منشار الجمجمة (٢) مثقب ضخم

trephine *(n.)* منشار الجمجمة .

trepidation *(n.)* (١) ارتعاش (٢) ذعر .

trespass *(n.; vi.)* (١) إثم (٢) انتهاكٌ لحرمة. (٣) تعَدٍّ ؛ تجاوز §(٤) يأثم ؛ ينتهك حرمة

كذا ؛ يتجاوز حدود اللياقة أو الكياسة (٥) يدخل أراضي شخص آخر دخولاً غير مشروع .

trestle

tress *(n.)* غديرة ؛ خصلة شَعْر .

trestle *(n.)* مِنْصَبَة ؛ حامل ؛ « جَحْش » .

tri- بادئة معناها : ثلاثة ؛ ثلاثيّ ؛ ذو ثلاثة أجزاء .

triad *(n.)* الثالوث ؛ الثلاثيّ : مجموعة من ثلاثة .

trial *(n.; adj.)* (١) تجربة ؛ اختبار (٢) محاكمة . (٣) مِحنة (٤) محاولة ؛ جهد § (٥) تجريبيّ .

on ~, (١) على سبيل التجربة (٢) عند الاختبار أو التجربة .

trial and error *(n.)* التجربة والخطأ .

triangle *(n.)* مُثَلَّث (في الهندسة) .

triangular *(adj.)* مُثَلَّثيّ ؛ مثلَّث الشكل .

triangulate *(vt.)* يثلِّث : يقسمه إلى مثلّثات .

tribal *(adj.)* قَبَليّ : منسوب إلى القبيلة .

tribe *(n.)* قبيلة .

tribesman *(n.)* رجل القبيلة : أحد رجال القبيلة .

tribulation *(n.)* (١) بليّة (٢) مِحْنَة .

tribunal *(n.)* محكمة ؛ كرسيّ القضاء أو منبره .

tribune *(n.)* (١) التريبيون : المدافع عن حقوق العامّة (٢) المدافع عن الشعب (٣) مِنبر .

tributary *(adj.; n.)* (١) تابع ؛ خاضع ؛ دافعٌ جزية (٢) رافد : صابٌ في نهر أكبر منه (٣) مساعد ؛ إضافيّ § (٤) حاكم أو بلدٌ يدفع الجزية إلى الفاتح (٥) الرافد (من الأنهار) .

tribute *(n.)* (١) جزية ؛ إتاوة (٢) تقدِمة ؛ شيء يُعمَل أو يُقال أو يُقدَّم تعبيراً عن الاحترام أو الاعجاب (٣) إجلال ؛ تقدير ؛ ثناء .

trice *(n.)* لحظة .

triceps *(n.)* ثلاثية الرؤوس (عضلة) .

trick *(n.; vt.)* (١) حيلة (٢) خدعة (٣) عمل حقير (٤) عملٌ بارعٌ (٥) عادةٌ خاصّةٌ (٦) خاصيّة ؛ سِمَة مميزة § (٧) يخدع ؛ يحتال على (٨) يجمِّل ؛ يزيِّن ؛ يزخرف .

trickery *(n.)* خِداع ؛ مُخادَعة ؛ تحايل .

trickish *(adj.)* خدّاع ؛ مخادع ؛ خادع .

trickle *(vi.; n.)* (١) يَقْطُر (٢) يسيل أو يجري هزيلاً رقيقاً § (٣) الوَشَل : مجرى هزيل أو رقيق .

trickster *(n.)* المحتال ؛ المخادع .

tricky *(adj.)* (١) مُخادع (٢) دقيق (٣) غادر .

tricolor *(n.)* عَلَمٌ مثلَّث الألوان .

tricolored *(adj.)* مثلَّث الألوان .

tricuspid *(adj.; n.)* (١) ثلاثيّ الأطراف أو النتوءات § (٢) ضِرسٌ ثلاثيّ الأطراف .

tricycle

tricycle *(n.)* الدرّاجة الثلاثية .

trident *(n.)* رمحٌ ثلاثيّ الشُّعَب .

tried *(adj.)* (١) مجرَّب ؛ موثوق (٢) مُبتَلَى ؛ مُمتحَن (بالرزايا) .

triennial *(adj.; n.)* (١) واقع أو حادث كلَّ ثلاث سنوات § (٢) ذكرى سنوية ثالثة .

trifle *(n.; vi.; t.)* (١) شيء تافه (٢) مقدار ضئيل § (٣) يمزح ؛ يسخر (٤) يعبث (٥) يضيع الوقتَ سدى × (٦) يبدد على التوافه .

trifling *(adj.)* (١) تافه (٢) عابث (٣) كسول .

trifoliate *(adj.)* ثلاثيّ الأوراق .

trig *(adj.)* (١) أنيق (٢) سليم ؛ قويّ .

trigger *(n.)* المِقْداح ؛ زَنْد البندقيّة الخ .

trigonometry *(n.)* المثلَّثات ؛ عِلم المثلّثات .

trilateral *(adj.)* ثلاثيّ الأضلاع .

trill *(n.; vi.)* (١) ارتعاش أو رعشة (في الغناء أو العزف أو الصوت) § (٢) يغني أو يعزف أو يتكلّم بصوت مرتعش .

trilogy *(n.)* الثلاثيّة : سلسلة من ثلاثة مؤلَّفات كلٌّ منها تامٌّ في ذات نفسه ولكنه شديد الصلة بشقيقيه يشكّل وإياهما موضوعاً واحداً .

trim *(vt.; adj.; n.)* (١) يزيِّن ؛ يزركش

trimming 407 trophy

(٢) يرتّب المعروضات (في واجهة محل تجاريّ) (٣) يهزم (٤) يقلّم؛ يشذّب؛ يهذّب (٥) يوازن السفينةَ أو الطائرةَ بحُسن توزيع الحمولة (٦) يجعل الشراع في الوضع الملائم §(٧) أنيق (٨) حسَن الترتيب §(٩) وضعٌ أو نظامٌ حسَن (١٠) حالة؛ وضعٌ (١١) ملابس المرء أو مظهره (١٢) زينة؛ زركشة (١٣) قُلامَة؛ قُصاصة.

trimming *(n.)* (١) زَرْكَشَة (٢) هزيمة. (٣) قُلامة؛ شُذابة؛ قُصاصة.

Trinitarian *(n.)* الثالوثيّ: المؤمن بالثالوث.

Trinity *(n.)* الثالوث؛ الثالوث الأقدس.

trinket *(n.)* (١) شيء صغير طريف (٢) حِلية صغيرة (٣) شيء تافه أو ضئيل القيمة.

trio *(n.)* (١) الثلاثية: لحن لثلاثة أصوات أو ثلاث آلات (٢) الثلاثيّ: ثلاثة مغنّين أو عازفين يؤدّون لحناً ثلاثياً (٣) مجموعة من ثلاثة.

trip *(vi.; t.; n.)* (١) يرقص أو يطفر أو يمشي بخطى رشيقة سريعة (٢) يتعثّر (٣) يخطىء؛ يزلّ (٤) يقوم برحلة ×(٥) يُزِلّ؛ يُوقِع §(٦) رحلة (٧) غلطة؛ زلة (٨) خطوة رشيقة.

tripartite *(adj.)* ثلاثيّ.

tripe *(n.)* الكِرْش؛ كرش الحيوان المجترّ.

triple *(vt.; i.; n.; adj.)* (١) يضاعف أو يتضاعف ثلاثَ مرات §(٢) مقدار مضاعفٌ ثلاث مرات (٣) الثلاثيّ؛ الثالوث §(٤) ثلاثيّ.

triplet *(n.)* (١) الثلاثيّ (٢) أحد توائم ثلاثة.

triplex *(adj.; n.)* (١) ثلاثيّ §(٢) شيء ثلاثيّ.

triplicate *(vt.; adj.; n.)* (١) يُضاعف ثلاث مرات §(٢) بثلاث نسخ (٣) ثالثة §(٤) النسخة الثالثة.

tripod *(n.; adj.)* (١) مِرجَلٌ ثُلاثيّ القوائم (٢) مِنصَب أو حاملٌ ثلاثيّ القوائم §(٣) ثلاثيّ القوائم.

tripods 2.

trireme *(n.)* ثلاثية المجاذيف (سفينة).

trisect *(vt.)* يثلّث: يقسم (الزاويةَ) إلى ثلاثة أقسام متساوية.

trite *(adj.)* مبتذَل؛ بالٍ، «بايخ».

triturate *(vt.)* يَسْحَق؛ يَسْحَن.

triumph *(n.; vi.)* (١) فرحة النصر (٢) نَصْر. انتصار §(٣) ينتصر (٤) ينجح؛ يبتهج بالنصر.

triumphal *(adj.)* انتصاريّ؛ نَصْرِيّ.

triumphant *(adj.)* منتصِر أو مبتهج بالنصر.

triumvir *(n.)* عضوُ حكوميّة ثلاثيّة.

triune *(adj.)* ثالوثيّ.

trivet *(n.)* مِنْصَب أو حاملٌ ثلاثيّ القوائم.

trivial *(adj.)* (١) مبتذل؛ عاديّ (٢) تافه.

triviality *(n.)* (١) تفاهة (٢) شيء تافه.

trod *past and past part. of* tread.

trodden *past part. of* tread.

troll *(vt.; i.; n.)* (١) يُنشِد على التعاقب أو بصوتٍ عالٍ (٢) يصيد بالصنارة في.. (٣) يغري ×(٤) يغنّي بمرح §(٥) طُعْم (٦) خيط الصنارة (٧) أغنية تُنشَد بالتعاقب (٨) قزم أو جبار خرافيّ يسكن الكهوف.

trolley *or* **trolly** *(n.)* (١) عربة (٢) الترولي: «أ» بكرة ذراع الترام المحتكّة بشريطه العلويّ. «ب» أوتوبوس كهربائي.

trolley 1.

trolleybus *(n.)* الترولي: أوتوبوس كهربائي.

trollop *(n.)* (١) امرأة قَذِرَة (٢) بغِيّ؛ مومس.

trombone *(n.)* المتردّدة: آلة موسيقيّة.

troop *(n.; vi.)* (١) *pl.*: جُند (٢) جماعة (٣) عدد كبير (٤) فرقة كشافة §(٥) يحتشد.

trooper *(n.)* (١) فارس (٢) شرطيّ راكب.

trope *(n.)* (١) المجاز (٢) كلمة أو عبارة مجازية.

trophy *(n.)* (١) نُصب تذكاري (يقام تذكاراً

tropic 408 trunk

لنصر) (٢) تذكار الصيد (كجلد الأسد أو رأسه).

tropic *(n.)* (١) المَدار (فلك) (٢) المدار الاستوائي (٣) *pl.*: المنطقة الاستوائية.

tropical *(adj.)* (١) مَداريّ (فلك). (٢) استوائيّ (٣) مجازيّ.

trot *(n.; vi.; t.)* (١) الخَبَب: ضرب من عدو الفرس (٢) الهرولة: جريٌ بين المشي والعدو §(٣) يَخِبّ (الفَرَس) (٤) يُهَرْوِل؛ يُسْرِع ×(٥) يُخِبّ: يجعل الفَرَس يَخِبّ.

troth *(n.)* (١) أمانة؛ إخلاص (٢) عَهْد؛ مَوْثِق (٣) خِطبة.

trouble *(vt.; i.; n.)* (١) يُقْلِق (٢) يُوجِع (٣) يزعج (٤) يعكّر ×(٥) يَقْلَق (٦) يتجشّم عناء كذا §(٧) ضِيق (٨) قلق؛ بلاء؛ مشكلة (٩) اضطراب (١٠) عناء (١١) علّة (١٢) خَلَل (١٣) مصدر إزعاج.

troublesome *(adj.)* (١) مزعج (٢) شاقّ.

trough *(n.)* (١) حَوْض؛ جُرْن (٢) مَعْلَف. (٣) وعاء (٤) قناة؛ مجرى (٥) غَوْر؛ منخفض.

trounce *(vt.)* (١) يجلد؛ يعاقب (٢) يهزم.

troupe *(n.)* فرقة (من المغنين أو الممثلين).

trousers *(n.pl.)* (١) بنطال؛ بنطلون (٢) سروال.

trousseau *(n.)* pl. **-x** *or* **-s** جهاز العروس.

trout *(n.)* التَرُوتَة: السَلْمون المُرَقَّط (سمك).

trowel *(n.)* : المالَج: «أ» أداة يُطيَّن بها. «ب» أداة تُرفَع بها النباتات الصغيرة.

trowels

troy weight *(n.)* الوزن التُرويْسي: سلسلة من الوحدات لوزن الجواهر والمعادن النفيسة.

truant *(n.)* (١) المتهرِّب من أداء واجبه. (٢) الطالب المتغيِّب عن المدرسة بغير إذن.

truce *(n.)* هدنة.

truck *(vt.; i.; n.)* (١) يقايض ×(٢) يتعامل مع. §(٣) مقايضة (٤) تعامُل (٥) خضَر تُزْرَع للبيع في السوق (٦) عربة نقل (٧) شاحنة.

truckage *(n.)* النقل (بشاحنة أو أُجرته).

truckle *(n.)* بكرة؛ دولاب صغير.

truckle bed *(n.)* سرير منخفض يجري على دواليب صغيرة ويمكن دفعهُ تحت سرير عاديّ.

truculence; -lency *(n.)* وحشيّة؛ ضراوة.

truculent *(adj.)* وحشيّ؛ ضارٍ.

trudge *(vi.)* يمشي مُجْهَداً.

true *(adj.; n.; vt.)* (١) صادق (٢) صادق الولاء؛ مخلص (٣) صحيح (٤) طبق الأصل (٥) واقعيّ (٦) حقيقيّ؛ أصليّ (٧) دقيق (٨) شرعيّ §(٩) الحقيقة (١٠) الوضع الصحيح §(١١) يعدِّل؛ يُسَوّي؛ يقوّم.

to come ~, يتحقّق (الحلم أو الأمل).

true-blue *(adj.)* شديد الاخلاص؛ صادق الولاء.

truffle *(n.)* الكَمْأ؛ الكَمْأة (نبات).

truism *(n.)* الحقيقة البَدَهيّة.

truly *(adv.)* (١) بإخلاص؛ بصدق (٢) في الواقع.

trump *(n.)* (١) بُوق (٢) صوت البوق (٣) ورقة رابحة (في ورق اللعب).

to ~ up يختلق؛ يلفّق؛ «يفبرك».

trumpery *(n.)* (١) حليٌّ كاذبة (٢) هُراء.

trumpet *(n.)* (١) بوق (٢) صوت كصوت البوق.

trumpeter *(n.)* البَوّاق: العازف على البوق.

truncate *(vt.; adj.)* (١) يبتر (٢) يقلِّم؛ يشذّب §(٣) أبتر (٤) مربع الطرَف أو عريضُه.

truncheon *(n.)* عصا؛ هراوة.

trundle *(vt.; vi.)* (١) يُدحرج (٢) يدوِّر. ×(٣) يتدحرج (٤) يجري على دولاب أو دواليب.

trunk *(n.; adj.)* (١) جذع؛ ساق (٢) البدن: «أ» جسم الانسان باستثناء الرأس والذراعين والرجلين. «ب» الجزء المركزي من الشيء

(٣) صندوق الثياب (٤) صندوق السيارة (٥) خرطوم (٦) .pl: بنطلون رياضيّ قصير للرجال (٧) قناة (٨) الترانك : دائرة اتصال بين مركزين من مراكز التبادل التلفونيّ §(٩) رئيسيّ ؛ أساسيّ .

truss *(vt.; n.)* (١) يحزُم (٢) يوثِّق ؛ يقيِّد . (٣) يكتِّف الدجاجة عند طهوها (٤) يدعم §(٥) مجموعة روافد على صورة مثلّث لتدعيم سقف أو جسر (٦) حزام الفتق (٧) حزمة (٨) عنقود مُلْتزّ الوحدات .

trust *(n.; vi.; t.)* (١) ثقة (٢) ائتمان (٣) موضع ثقة أو ائتمان (٤) أمل ؛ رجاء (٥) دَيْن (٦) وديعة ؛ أمانة (٧) التروست : اتحاد احتكاري بين عدد من الشركات (٨) منصب مسؤول (٩) رعاية ؛ عناية §(١٠) يثق (١١) يأمل ؛ يرجو ×(١٢) يستودعه شيئاً أو يأتمنه عليه (١٣) يتكل على (١٤) يبيع (المرءَ) بالدَّين .

trustee *(n.)* الوصيّ ؛ الأمين ؛ القيِّم .

trustful *(adj.)* واثق ؛ مفعَم بالثقة .

trustworthy *(adj.)* معتمَد ؛ جدير بالثقة .

trusty *(adj.)* موثوق ؛ موضع ثقة .

truth *(n.)* (١) صِدق (٢) صحّة (٣) حقيقة .

in ~, في الحق ؛ في الواقع .

truthful *(adj.)* صادق .

try *(vt.; i.; n.)* (١) يحاكم (٢) يجرِّب ؛ يختبر (٣) يبلو ؛ يمتحن : يُخضعه لتجربة قاسية جداً (٤) يُرهِق (٥) يُذيب (الدهنَ الخ.) (٦) يحاول §(٧) محاولة ؛ تجربة .

trying *(adj.)* مُرْهِق ؛ شاقّ .

tryst *(n.)* (١) موعد (لقاءٍ) (٢) مكان اللقاء .

tsar *(n.)* قيصر ؛ امبراطور .

tsetse *(n.)* الشَّذاة : ذبابة مرض النوم .

tub *(n.)* (١) حوض (٢) حوض استحمام (٣) حمّام .

tuba *(n.)* التوبة : آلة موسيقية .

tube *(n.)* (١) أنبوب (٢) قناة (٣) نَفَق (٤) السكة الحديدية (٥) الإطار الداخليّ (في عجلة السيارة) .

tuber *(n.)* دَرَنَة (في جِذْر) .

tubercle *(n.)* (١) عُجْرَة (٢) دُرَيْنَة .

tubercular *(adj.; n.)* (١) دَرَنيّ (٢) سُلّيّ (٣) مسلول §(٤) المسلول .

tuberculate; -d *(adj.)* = tubercular.

tuberculin *(n.)* السُّلّين : لقاح السُّلّ .

tuberculosis *(n.)* السُّلّ (مرض) .

tuberculous *(adj.)* (١) دَرَنيّ (٢) سُلّيّ (٣) مسلول .

tuberose *(n.)* مِسْك الروم (نبات) .

tuberous *(adj.)* دَرَنيّ .

tubing *(n.)* (١) أنبوب (٢) شبكة أنابيب .

tubular *(adj.)* أنبوبيّ .

tubule *(n.)* الأُنَيْبيب : أنبوب صغير .

tuck *(vt.; n.)* (١) يرفع (طرف الثوب) مشمِّراً عن (٢) يُثني ؛ يزمّ (٣) يَدُسّ ؛ يُدْخِل (٤) يغطي (طفلاً) بإقحام أطراف غطاء السرير في مواضعها) §(٥) ثنية ؛ طيّة (٦) قوة ؛ نشاط .

tucker *(vt.)* يُرهِق .

Tuesday *(n.)* الثُّلاثاء ؛ يوم الثلاثاء .

tufa *(n.)* التُّوفة : حجرٌ ذو مسامّ .

tuft *(n.; vt.)* (١) خصلة شعر (٢) عنقود (٣) باقة (٤) القُنْزُعَة : الريش المجتمع في رأس الديك §(٥) يخصِّل ؛ يعنقِد : يزوِّد بخُصَل أو عناقيد .

tug *(vi.; t.; n.)* (١) يشدّ بقوّة (٢) يناضل (٣) يكدح ×(٤) يجرّ ؛ يسحب (٥) يقطُر (بزورق قَطْر) §(٦) أحد السَّيرين اللذين يجرّ بهما الحيوان مركبة (٧) سلسلة (للسحب

أوالقطر (٨)شدّ ؛ شدّة عنيفة(٩) زورق قَطْر أو سَحْب .

tugboat *(n.)* زورق القَطْر أو السَّحْب.

tug of war *(n.)* (١)صراع (٢)شدّ الحبْل.

tuition *(n.)* (١)تعليم (٢)رسم التعليم.

tulip *(n.)* التُوليب؛ الخُزامى (نبات) .

tulle *(n.)* التُول : حرير رقيق .

tumble *(vi.; t.. n.)* (١)يَتَشَقْلَب (٢)يتعثّر ؛ يقع على الأرض (٣) يتدهور (٤) يتقلّب (٥) يُهرول باضطراب (٦) يعثُر على شيء مصادفةً ×(٧) يقلب؛ يُسقِط ؛ يصرع ؛ (٨)يلقي بسرعة وبغير نظام§(٩) كومة ؛ رُكام.

tumbledown *(adj.)* متداع ؛ متداع للسقوط.

tumbler *(n.)* (١)البهلوان (٢)الحمامُ البهلواني. (٣)قَدَح ؛ كأس (٤) ريشة القُفل .

tumbrel or **tumbril** *(n.)* عربة .

tumbrel

tumid *(adj.)* (١)ورِم ؛ منتفخ (٢) طنّان .

tumo(u)r *(n.)* (١)ورَم. (٢) ورم خبيث .

tumult *(n.)* (١)شَغَب ؛ اضطراب (٢)جَلَبة.

tumultuous *(adj.)* مشاغب؛ هائج ؛ مضطرب.

tun *(n.)* (١) برميل للخمر (٢) التّن ؛ وحدة سعة تساوي ٢٥٢ غالوناً .

tuna *(n.)* التُّن ؛ سمك التُّن .

tunable *(adj.)* يُدَوْزَن: قابلٌ للدَّوْزَنة.

tundra *(n.)* التَنْدَرة: سهلٌ أجرد في المنطقة القطبية الشماليّة .

tune *(n.; vt.)* (١)موقف؛ مزاج ذهنيّ (٢)لحن ؛ مقطوعة موسيقية (٣) درجة النغم الصحيحة (٤)تناغُم ؛ انسجام (٥)حالة جيدة§(٦)يَبَضّ؛ يُدوزِن أوتار الآلة الموسيقية (٧) يناغم (٨) يضبط أو يعدِّل المحرك الخ.

tuneful *(adj.)* موسيقي ؛ رخيم ؛ متآلف النغمات.

tungsten *(n.)* التُنْجِستين : عنصر معدنيّ.

tunic *(n.)* التُنك : «أ» رداء اغريقيّ أو رومانيّ طويل. «ب» سترة؛ بلوزة . «ج»رداء كهنوتيّ.

tuning fork

tuning fork *(n.)* الشوكة الرنّانة.

tunnel *(n.; vt.; i.)* (١) قِمْع . (٢) أنبوب (٣) نفَق (٤) جُحر §(٥) يشق نَفَقاً .

tunny *(n.)* التُّن : سمك التُّن .

tuque *(n.)* التُوكة : قلنسوة كندية محبوكة .

turban 2.

turban *(n.)* (١) عِمامة . (٢) التُّربان : قبعة نسوية ضيقة لا حَرْف لها .

turbid *(adj.)* (١)عكِر ؛ كدِر. (٢) كثيف (٣) مشوَّش؛ مضطرب .

turbidity *(n.)* عكَر ؛ كَدَر ؛ كثافة الخ.

turbine *(n.)* التُربينة : محرّك ذو دولاب يُدار بقوة الماء أو البخار أو الهواء .

turbot *(n.)* التِربوت ؛ سمك التِرس.

turbulence; -cy *(n.)* تمرد ؛ شَغَب .

turbulent *(adj.)* (١) متمرِّد ؛ مشاغب . (٢) مضطرب (٣) عنيف ؛ هائج .

tureen *(n.)* السُّلطانية : وعاء يُسكَب منه الحساء.

turf *(n.; vt.)* (١)الطبقة العليا من التربة (المشتملة على العشب وجذوره) (٢) مَرْج (٣)الخُثّ : نسيج نباتيّ نصف متفحّم (٤) حلبة سباق الخيل (٥)سباق الخيل§(٦)يكسو بالأعشاب.

turfy *(adj.)* (١)مُعْشَوْشِب (٢)خُثّي .

turgid *(adj.)* (١)ورِم؛ منتفخ (٢) طنّان .

Turk *(n.)* التركيّ : أحد أبناء تركيا .

turkey *(n.)* الديك الروميّ .

turkey hen *(n.)* الدجاجة الروميّة .

Turkish *(adj.; n.)* (١)تركيّ §(٢)التركيّة .

turmoil *(n.)* اضطراب أو اهتياج عظيم .

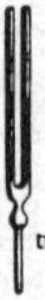

turn *(vt.; i.; n.)* (١) يدير (٢) يلوي (٣) يقلِّب. (٤) يحرِّك (٥) يَقْلِب (٦) يحرث (٧) يدوخ أو يصيب بالغثيان (٨) يحوِّل (٩) يصُدّ ؛ يردّ (١٠) يثير ؛ يحرّضه على (١١) يخثِّر (١٢) يغيِّر (اللونَ) × (١٣) يدور (١٤) يُصاب بدُوار (١٥) يتخذ وجهةً مختلفة (١٦) يرتدّ ؛ ينقلب على (١٧) ينعطف (١٨) يلتفت (١٩) ينقض ؛ يثب فجأة (٢٠) يغيِّر مذهبه (٢١) يتغيّر لونُه (٢٢) يتخثّر (٢٣) يتحوّل ؛ ينقلب إلى (٢٤) يصبح §(٢٥) دَوَران ؛ دَوْرة (٢٦) انعطاف ؛ انحراف (٢٧) منعطف ؛ زاوية (٢٨) جولة ؛ نزهة قصيرة (٢٩) نوبة عمل (٣٠) مباراة (٣١) دور (٣٢) مَطلب ؛ حاجة ؛ غرض (٣٣) تغيُّر ؛ تحوُّل ؛ انقلاب (٣٤) صفة مميزة (٣٥) شكل (٣٦) مَيل ؛ نزعة ؛ اتجاه (٣٧) نوبةُ مرض أو إغماء أو دُوار

- a good ~, معروف ؛ عملٌ وُدّي.
- an ill ~, عملٌ جافٍ ؛ معاملة سيئة.
- at every ~, دائماً ؛ في كلّ مناسبة.
- by ~s بالتناوب ؛ «بالدَّور».
- in ~, تباعاً ؛ على التعاقب.
- to ~ away (١) يطرد ؛ يصدّ (٢) ينصرف
- to ~ back (١) يعود ؛ يرجع (٢) يردّ.
- to ~ down (١) يطوي (٢) يقلب رأساً على عقب (٣) يخفّف (٤) يرفض.
- to ~ in (١) ينعطف ويدخل (٢) يأوي إلى الفراش.
- to ~ off (١) يطرد (٢) ينجز (٣) يطفئ
- to ~ on (١) يفتح (٢) يُشعِل (٣) يدير
- to ~ out (١) يطرد (٢) يقلب (٣) يجهز (٤) يطفئ (٥) يغادر الفراشَ (٦) يثبت في النهاية أنه (٧) يصبح.
- to ~ over (١) يقلِب ؛ يقلّب. (٢) يفكّر في (٣) يتصفح (٤) يسلّم إلى (٥) ينقلب (٦) يدور.
- to ~ up (١) يقوّي (٢) يثني أو يردّ إلى أعلى (٣) يبرُز ؛ يَظْهَر (٤) يجيء ؛ يحضر (٥) يثبُتُ أنه...

turnbuckle *(n.)* الشدّادة.

turncoat *(n.)* المرتدّ ؛ الخارج : المتخلّي عن عقيدته أو حزبه.

turnbuckle

turner *(n.)* الخرّاط : المشتغل في الخِراطة.

turnery *(n.)* (١) الخِراطة : صناعة الخرّاط. (٢) مُنتجات الخرّاط أو معملُه.

turning *(n.)* (١) ادارة ؛ تقليب ؛ تحريك الخ. (٢) منعطَف (٣) خِراطة.

turning point *(n.)* نقطة التحوّل أو الانعطاف.

turnip *(n.)* لِفت ؛ سَلْجَم (نبات).

turnkey *(n.)* السجّان.

turnout *(n.)* (١) إضراب (٢) اجتماع (٣) جهاز ؛ تجهيزات (٤) ملبَس (٥) صافي الانتاج.

turnover *(n.; adj.)* (١) انقلاب ؛ تحوُّل. (٢) إعادة تنظيم (٣) شيء يُطوَى أو يُقلَب (٤) فطيرة ؛ كعكة محلاّة (٥) إجماليّ الحركة ؛ رقم المبيعات §(٦) قلاّب ؛ ذو جزء يُقلَب.

turnpike *(n.)* (١) بوّابة المكوس : نقطة تقف عندها العربات لدفع المكوس (٢) طريق رئيسية.

turnspit *(n.)* (١) مُدير السفّود (على النار). (٢) كلب صغير (٣) سفّود.

turnstile *(n.)* الباب الدوّار.

turntable *(n.)* المائدة الدوارة : سطح دوّار توضع عليه قاطرة السكة الحديدية بغية تغيير اتجاهها.

turnstiles

turpentine *(n.)* التربنتينة ؛ زيت التربنتينة.

turpitude *(n.)* فساد(خُلُقِيّ)؛ عملٌ شائن.
turquoise *(n.)* (١)فيروز (٢)لونٌ أزرق مخضرّ.
turret *(n.)* (١) البُرَيْج : بُرْجٌ تزيينيّ صغير عند زاوية مبنىً (٢) بُرْج (في بارجة أو دبابة أو طائرة الخ.).
turtle *(n.)* سُلَحفاة.
turtledove *(n.)* القُمْرِيّة (طائر).
turves *pl of* turf.
tush ; tusk *(n.)* نابٌ.
tusker *(n.)* ذو النّاب؛ وبخاصة: فيل.
tussah *or* **tussore** *(n.)* (١) التُوسَة : دودة قزّ؛ دودة حرير (٢) حرير التُوسة.
tussle *(vi.;n.)* (١)يتصارع §(٢)صراع؛ مشادّة.
tussock *(n.)* كتلة من عشب نامٍ أو نحوِه.
tutelage *(n.)* (١) وصاية (٢) إرشاد.
tutelary *(adj.)* (١)حارِس؛ حافظ (٢)وصائيّ.
tutor *(n.; vt.; i.)* (١)معلّم خصوصيّ (٢)مرشد الطلبة (في جامعة) (٣)مدرّس §(٤) يتولّى الوصاية على (٥) يدرّس؛ يدرب×(٦)يتلقى دروساً خصوصيّة.
tutoress *(n.)* (١)معلّمة خصوصية (٢)مرشدة.
tutorial *(adj.)* متعلّق بمدرّس خصوصيّ.
twaddle *(n.; vi.)* (١)ثرثرة؛ هَذْر (٢)الثرثار §(٣) يثرثر؛ يَهْذر.
twain *(n.)* اثنان؛ زوج.
twang *(n.; vi.)* (١)رنين (القوس) (٢)خُنّة أو صوت أنفيّ §(٣)يرنّ (٤) يتكلم بخُنّة.
tweak *(vt.; i.; n.)* (١)يقرص؛ «يَشْمط». §(٢) قَرْص؛ شَمْط.
tweed *(n.)* (١)التّوِيد: نسيج صوفيّ خشِن. (٢) بذلة تويدية.
tweet *(n.; vi.)* (١)السَّقْسَقَة: صوت الطائر الصغير §(٢) يُسقسِق.
tweezer; -s *(n.)* مِلْقاط صغير.

twelfth *(adj.; n.)* (١)ثاني عَشَر (٢)مؤلِّف جزءاً من اثني عشر §(٣) الثاني عشر (٤)جزء من اثني عشر.
twelve *(n.)* اثنا عَشَر؛ اثنتا عَشْرَة.
twentieth *(adj.; n.)* (١)العشرون (٢)مؤلِّف جزءاً من عشرين §(٣)العشرون من (٤)جزء من عشرين.
twenty *(n.)* (١)عشرون (٢)*pl.*: العَقْد الثالث.
twice *(adv.)* (١)مرتين (٢)ضِعْف.
twiddle *(vi.; t.)* (١)ينشغل بالتوافه (٢)يعبث بـ (٣)يدور×(٤)يفتل أو يدير (على نحوٍ عابثٍ).
twig *(n.)* أُمْلُود؛ غُصَيْن؛ غصن صغير.
twilight *(n.)* (١) شفق (٢) فجر.
twill *(n.)* التّوِيل: نسيج قطنيّ متين مضلّع.
twin *(n.; adj.; vt.; i.)* (١)التّوْأم §(٢)توأميّ (٣)مزدوج §(٣) يزاوج ×(٤) تضع توأمين أو أكثر.
twine *(n.; vt.; i.)* (١) خَيْط قِنّبِيّ (٢)جَدْل؛ فَتْل (٣)جَدْلَة (٤)شيء مجدول §(٥)يجدل (٦)يلفّ×(٧)يلتفّ (٨)يتمعّج.
twinge *(vt.; i.; n.)* (١)يَخِز ×(٢) يستشعر وخزاً حادّاً مفاجئاً §(٣) وخز.
twinkle *(vi.; n.)* (١) يتلألأ؛ يُومِض (٢) تَطْرِف (العينُ) (٣)تلمع (العينان) فرحاً (٤) يتحرّك برشاقة §(٥)طَرْفَة عين؛ لحظة (٦) تلألؤ؛ وميض.
twinkling *(n.)* (١) طَرْفَة عين؛ لحظة (٢) تلألؤ؛ وميض.
twirl *(vt.; i.; n.)* (١)يدور؛ يَبرم×(٢)يُدير؛ يدور (٣) يقذف §(٤) دوران؛ تدوير (٥) دورة؛ لفّة.
twist *(vt.; i.; n.)* (١) يَجْدِل (٢)يَفْتِل (٣)يلوي بعنف (٤)يحرف (٥)يُلَوْلِب: يجعله لولبيّ الشكل×(٦)يتلوّى (٧)يلتوي (٨)يتلولب

twister 413 tzar

نمط (٥) ضَرْب؛ نوع §(٦) يرمز إلى (٧) يمثّل (٨) يطبع (على الآلة الكاتبة).
typesetter *(n.)* منضّد الحروف المطبعية.
typewrite *(vt.; i.)* يطبع على الآلة الكاتبة.
typewriter *(n.)* (١) الآلة الكاتبة (٢) الطابع على الآلة الكاتبة.
typewriting *(n.)* (١) الطبع على الآلة الكاتبة. (٢) عملٌ مُنجَزٌ على الآلة الكاتبة.
typhoid *(adj.)* تيفيّ: متعلق بالتيفوئيد.
typhoid *(n.)* التيفوئيد؛ الحمّى التيفية.
typhoon *(n.)* التَّيْفُون: إعصار إستوائيّ.
typhus *(n.)* التيفوس؛ الحمّى النَّمَشية.
typical *or* **typic** *(adj.)* نَموذَجيّ.
typically *(adv.)* نموذجياً؛ إلى حد نموذجيّ.
typify *(vt.)* (١) يمثّل (٢) يرمز إلى.
typist *(n.)* الضارب على الآلة الكاتبة.
typographer *(n.)* الطابع أو منضّد الحروف.
typography *(n)* (١) الطباعة (٢) أسلوب (ترتيب أو مظهر) المادّة الطباعيّة.
tyrannic; -al *(adj.)* (١) استبداديّ (٢) مستبدّ.
tyrannize *(vi.; t.)* (١) يستبدّ × (٢) يضطهد.
tyrannous *(adj.)* استبداديّ؛ ظالم.
tyranny *(n.)* (١) حكم الطغيان (٢) حكومة استبدادية (٣) استبداد (٤) عملٌ استبداديّ.
tyrant *(n.)* المستبدّ؛ الطاغية.
tyro *(n.)* المبتدىء؛ القليل الاختبار.
tzar *(n.)* قيصر؛ امبراطور.

§(٩) حَبْل (١٠) كعكة هلالية (١١) لفة من أوراق التبغ (١٢) جَدْل؛ فَتْل (١٣) رقصة التويست (١٤) انحراف (١٥) غرابة أطوار (١٦) تطوّر غير متوقّع (١٧) وسيلة؛ حيلة.
twister *(n.)* (١) إعصار (٢) مشكلة.
twit *(vt.)* (١) يلوم (٢) يسخر من.
twitch *(vt.; i.; n.)* (١) ينتزع؛ يَنْتَشِل؛ «ينتش» × (٢) يشدّ بقوّة (٣) ينتفض؛ يرتعش §(٤) انتزاع؛ نَتْل (٥) انتفاض؛ ارتعاش.
twitter *(vi.; n.)* (١) يغرّد (٢) يهذر؛ يثرثر. (٣) يضحك على نحوٍ نصف مكبوت (٤) يرتعش §(٥) تغريد الخ.
two *(n.)* اثنان.
two-edged *(adj.)* ذو حدَّيْن.
two-faced *(adj.)* (١) ثنائيّ الوجه (٢) مراءٍ.
twofold *(adj.)* (١) ثنائيّ (٢) مضاعَف.
twopence *(n.)* بَنْسان.
twopenny *(adj.)* (١) قيمتهُ بَنْسان (٢) تافه.
two-ply *(adj.)* ذو طيّتين أو طبقتين أو طاقَين.
two-step *(n.)* ذات الخطوتين: نوع من الرقص.
two-way *(adj.)* ثنائيّ الاتجاه.
tyke *(n.)* كلب.
tympanic *(adj.)* متعلّق بطبلة الأذن.
tympanic membrane *(n.)* طبلة الأذن.
tympanum *(n.)* (١) طبلة الأذن (٢) طبلة.
type *(n.; vt.)* (١) رمز؛ مثال؛ نموذج (٢) سِمَة؛ علامة مميزة (٣) حرف مطبعيّ؛ مجموعة حروف مطبعيّة؛ حروف مطبوعة (٤) طراز؛

U

u *(n.)* الحرف الـ ٢١ من الأبجدية الانكليزية .

ubiquitous *(adj.)* كليّ الوجود .

U-boat *(n.)* اليوبوتة : غواصة ألمانية .

udder *(n.)* الضَّرْع ؛ ثدي البقرة.

ugliness *(n.)* بشاعة . قُبْح .

ugly *(adj.)* (١) بشِع . قبيح (٢) كريه . (٣)شنيع (٤) نكِد ؛ مشاكِس .

ukase *(n.)* (١)أمر امبراطوريّ (٢)مرسوم.

ukulele *(n.)* الأُكْلال : قيثارة برتغالية الأصل.

ulcer *(n.)* قَرْحَة .

ulcerate *(vt.; i.)* (١) يقرِّح ×(٢) يتقرّح .

ulcerous *(adj.)* (١)قَرْحِيّ (٢)مصاب بقرحة

ulna *(n.)* عظم الزَّنْد (المقابل للابهام).

ulster *(n.)* اليُولستَر : معطف ارلندي فضفاض.

ulterior *(adj.)* (١) تالٍ (٢)أبعد ، أقصى ؛ واقعٌ في الجانب الأقصى (٣) خفيّ .

ultimate *(adj.)* (١) أبعد (٢)نهائيّ ؛ أخير . (٣)أقصى (٤)مُطْلَق (٥)أساسيّ ؛ جوهريّ.

ultimately *(adv.)* (١) أخيراً ؛ في النهاية . (٢) أساسياً ؛ جوهرياً .

ultimatum *(n.)* pl. **-s** *or* **-ta** إنذار .

ultra *(adj.; n.)* (١)متطرّف (٢)شخص متطرّف

ultra- بادئة معناها: «أ»فوق. «ب»مُسرِف في.

ultraconservative *(adj.)* مسرِف في المحافظة

ultrafashionable *(adj.)* مُسْرِف في الاناقة.

ultramarine *(n.; adj.)* (١)اللازَوَرد ؛ صِبْغ لازورديّ §(٢)واقع وراء البحر أو آتٍ من ورائه.

ultramodern *(adj.)* مُسْرِف في العصرية .

ultramontane *(adj.; n.)* (١) واقع وراء الجبال (٢)واقع جنوبيّ الألب (٣)مؤيِّد لسيادة البابا المطلقة §(٤)المقيم جنوبيّ الألب (٥)المؤيِّد لسيادة البابا المطلقة .

ultramundane *(adj.)* واقع وراء العالم أو وراء تخوم النظام الشمسي .

ultraviolet *(adj.)* فوق البنفسجي .

ululate *(vi.)* (١)يَنْبَح (٢) يُعْوِل .

umbel *(n.)* الخَيْمَة : ازهرار خَيْمِيّ .

umber *(n.)* صِبْغ بُنّيّ مصفرّ .

umbilical cord *(n.)* الحبل السرّي (تشريح).

umbra *(n.)* (١)ظِلّ (٢)موضع ظليل.

umbrage *(n.)* (١) ظِلّ (٢) أغصان ظليلة . (٣) استياء ؛ امتعاض .

umbrageous *(adj.)* (١) ظليل (٢) سريع الاستياء .

umbrella *(n.)* مِظَلّة .

umiak

umiak *(n.)* : الأُمَيْك زورق من زوارق الاسكيمو.

umpire *(n.; vt.)* (١) حَكَم § (٢) يَحكُم ؛ يفصِل في نزاع .

un- بادئة معناها: «أ» غير. «ب» ينقض؛ يزيل.

unabated *(adj.)* غير مُضْعَف أو مُخْمَد .

unable *(adj.)* عاجز ؛ غير قادر .

unabridged *(adj.)* كامل ؛ غير مختصر .

unaccompanied *(adj.)* غير مصاحَب أو مصحوب (بعزف على الآلات) .

unaccountable *(adj.)* (١) غير قابل للتعليل. (٢) غير مسؤول .

unaccustomed *(adj.)* (١) غريب ؛ غير مألوف (٢) غير متعوِّد .

unadulterated *(adj.)* صِرْف ؛ مَحْض .

unadvised *(adj.)* (١) طائش (٢) غير حكيم.

unaffected *(adj.)* (١) غير متأثِّر (٢) صادق ؛ غير متكلّف (٣) طبيعي .

unalloyed *(adj.)* صِرْف ؛ خالص ؛ مَحْض .

unalterable *(adj.)* راسخ ؛ غير قابل للتغيير .

unanimity *(n.)* إجماع .

unanimous *(adj.)* (١) مُجمِع (٢) إجماعي .

unanswerable *(adj.)* قاطع ؛ مُفحِم .

unarm *(vt.; i.)* = disarm.

unarmed *(adj.)* أعزل .

unasked *(adj.)* (١) بلا طلب ؛ من تلقاء نفسه. (٢) غير مطلوب .

unassuming *(adj.)* متواضع ؛ غير مدَّعٍ .

unattached *(adj.)* (١) مستقلّ (٢) أعزب. (٣) منفصل ؛ غير متّصل .

unavailing *(adj.)* غير مُجْدٍ ؛ لا غَناء فيه .

unavoidable *(adj.)* محتوم ؛ لا مفرّ منه .

unaware *(adj.)* جاهل ؛ غير مدرك ؛ غافل عن.

unawares *(adv.)* (١) لاشعورياً ؛ من غير قصد (٢) على حين غِرّة .

unbaked *(adj.)* (١) غير مخبوز (٢) غير ناضج.

unbalanced *(adj.)* (١) غير متوازن (٢) مخبول.

unbar *(vt.)* يفتح ؛ يرفع المزلاج عن .

unbearable *(adj.)* لا يُطاق ؛ لا يُحتَمَل .

unbeatable *(adj.)* لا يُقهَر ؛ لا يُهزَم .

unbecoming *(adj.)* غير لائق .

unbelief *(n.)* شكّ ؛ كُفْر .

unbelievable *(adj.)* لا يُصدَّق .

unbeliever *(n.)* (١) الشاكّ (٢) الكافر .

unbelieving *(adj.)* شاكّ ؛ غير مؤمن بـ .

unbend *(vt.; i.)* (١) يقوِّم (٢) يُرخي (٣) يَحُلّ ؛ يفكّ × (٤) يسترخي (٥) يستقيم.

unbending *(adj.)* صُلْب ؛ عنيد ؛ لا ينثني .

unbiased *(adj.)* عادل ؛ غير متحيّز .

unbidden *(adj.)* = unasked.

unblessed *(adj.)* (١) غير مُبارَك (٢) ملعون . (٣) محرومٌ نعمةً ما .

unblushing *(adj.)* = shameless.

unborn *(adj.)* (١) لم يولد بعد (٢) مُقْبِل .

unbosom *(vt.; i.)* (١) يكشف عن ؛ يُبدي للعيان (٢) يبوح بسريرة نفسه .

unbound *(adj.)* (١) غير مُقيَّد (٢) غير مجلَّد.

unbounded *(adj.)* (١) غير محدود (٢) مطلَق.

unbridle *(vt.)* ينزع اللجام ؛ يُطلِق العِنان لـ .

unbroken *(adj.)* (١) صحيح ؛ غير مكسور . (٢) تامّ ؛ كامل (٣) غير مروَّض (٤) متواصل.

unbuckle *(vt.)* يفكّ ابزيم (الحذاء الخ.) .

unburden *(vt.)* (١) يحرِّر من عبء (٢) يفضي بهمومه أو سريرة نفسه .

unbutton *(vt.; i.)* يفكّ (الزرّ أو الأزرار) .

uncalled-for *(adj.)* (١) غير ضروريّ . (٢) لا مبرّر له .
uncanny *(adj.)* (١)غريب (٢)خارق للطبيعة.
unceasing *(adj.)* متواصل ؛ غير منقطع .
unceremonious *(adj.)* (١)غير رسميّ (٢)فظّ
uncertain *(adj.)* (١)غير محدَّد المقدار (٢)غير موكَّد الحدوث (٣)غير جدير بالثقة (٤)مشكوك فيه (٥) غير واثق (٦) غامض (٧) متقلّب .
uncertainty *(n.)* شكّ أو شيء مشكوك فيه.
unchain *(vt.)* يحرر ؛ يُطلِق (من قيد) .
unchangeable *(adj.)* ثابت ؛ غير قابل للتغيير .
uncharitable *(adj.)* قاسٍ ؛ غير متساهل .
uncharted *(adj.)* مجهول ؛ غير مدوّن على خريطة
unchaste *(adj.)* غير عفيف ؛ تعوزه العفّة .
unchristian *(adj.)* غير مسيحيّ .
uncircumcised *(adj.)* غير مختون .
uncivil *(adj.)* (١) همجيّ ؛ غير متمدّن . (٢) غير مهذّب أو لطيف .
uncivilized *(adj.)* همجيّ ؛ غير متمدّن .
unclasp *(vt.)* (١)يحلّ ؛ يفكّ (٢) يفتح.
uncle *(n.)* (١)العمّ ؛ الخال (٢)زوج العمّة ؛ زوج الخالة .
unclean *(adj.)* نَجِس ؛ قذِر ؛ غير طاهر.
unclench *(vt.; i.)* (١) يرخي قبضتَه . (٢)يفلِتُه ×(٣) ترتخي (القبضةُ) .
Uncle Sam *(n.)* العم سام : «أ» الحكومة الأميركيّة. «ب» الشعب الأميركي .
uncloak *(vt.)* ينزع الغطاء أو القناع عن .
unclose *(vt.)* (١)يفتح (٢)يفشي ؛ يبوح بِ .
unclothe *(vt.)* يعرّي ؛ يجرده من ملابسه .
uncoil *(vt.; i.)* (١)يحلّ ؛ يفكّ ×(٢)ينحلّ .
uncomfortable *(adj.)* (١) غير مريح . (٢) متضايق .
uncommon *(adj.)* (١)غير مألوف (٢)رائع .
uncommunicative *(adj.)* صَموت ؛ متحفّظ .
uncomplimentary *(adj.)* = derogatory
uncompromising *(adj.)* عنيد ؛ متصلّب .
unconcern *(n.)* (١) لامبالاة (٢) اطمئنان .
unconditional *(adj.)* تامّ ؛ بلا قيد أو شرط .
unconquerable *(adj.)* لا يُقهَر ؛ لا يُغلَب .
unconscionable *(adj.)* (١) عديم الضمير . (٢) مفرط ؛ غير معقول .
unconscious *(adj.; n.)* (١)غير دارٍ (٢)لاواعٍ (٣) مغميّ عليه (٤) غير مقصود §(٥)العقل اللاواعي .
unconstitutional *(adj)* غير دستوريّ .
uncontrollable *(adj.)* لا يُضبَط أو يُراقَب.
uncork *(vt.)* ينزع السِّدادة .
uncounted *(adj.)* (١)غير معدود أو محسوب. (٢) لا يُعَدّ ؛ لا يُحصَى .
uncouple *(vt.)* (١)يفكّ التقارن (٢)يفصِل .
uncouth *(adj.)* (١)فَظّ ؛ أخرق (٢)غريب.
uncover *(vt.; i.)* (١) يكشف الغطاء عن . (٢) يعري (٣) يجعله عرضةً لنيران العدوّ ×(٤)يرفع قبعته (احتراماً) .
unction *(n.)* (١) مَسح بالزيت أو المرهم لأغراض دينية أو طبيّة (٢) زيت ؛ مرهم .
unctuous *(adj.)* (١) زيتيّ ؛ دهنيّ . (٢) أملس ؛ زلِق (٣) متملّق ؛ مداهن .
uncurl *(vi.; t.)* (١)ينسدل ×(٢) يسدُل.
uncut *(adj.)* (١)غير مقطوع أو مقصوص أو مهندَم (٢) غير مختصَر .
undaunted *(adj.)* شجاع ؛ باسل ؛ مقدام .
undeceive *(vt.)* ينوّر ؛ يحرر من الأوهام الخ.
undecided *(adj.)* (١) غير مفصول فيه . (٢) متردّد ؛ غير عاقد العزم .
undefined *(adj.)* غير محدَّد أو مفسَّر .

undeniable **417** **underslung**

undeniable *(adj.)* لا يُنْكَر ؛ لا يُجْحَد .
under *(adv.; prep.; adj.)* (١) تحت (٢) تحت سطح الماء (٣) أقلّ (٤) فما دون §(٥) دون (٦) أدنى §(٧) سفليّ (٨) ثانٍ ؛ ثانويّ (٩) أقلّ من المألوف أو المطلوب .
under- بادئة معناها : «أ» تحت . «ب» أدنى ؛ أقلّ .
underage *(adj.)* قاصر ؛ تحت سنّ البلوغ .
underbid *(vt.)* يعرض ثمناً (أقلّ من منافسه).
underbrush *(n.)* الشُجيرات النامية تحت الأشجار الكبيرة (في غابة الخ .) .
undercarriage *(n.)* (١) مَحْمِلُ السيارة : الجزء الذي يرتكز عليه بَدَنُها (٢) عجلات الهبوط (في طائرة) .
underclothes *(n.pl.)* الملابس الداخلية .
undercover *(adj.)* سرّيّ .
undercurrent *(n.)* التيّار التّحتيّ .
undercut *(vt.; n.)* (١) يقطع الجزء الأدنى من (٢) يقتطع جزءاً من قاعدة شيء (٣) يعرض سِلَعَهُ أو خدماتِه بسعر أدنى (من سعر المنافسين) §(٤) قَطْع الجزء الأدنى الخ. (٥) قطعة من لحم خاصرة البقرة .
underdeveloped *(adj.)* ناقص النموّ ؛ متخلّف .
underdo *(vt.)* يطهو من غير إنضاج .
underdone *(adj.)* غير مُنْضَج جيداً .
underestimate *(vt.)* (١) يبخَس التقدير . (٢) يستخفّ بـ .
underexpose *(vt.)* يعرِّض (فيلماً فوتوغرافياً) للنور) تعريضاً ناقصاً .
underfeed *(vt.)* (١) يُنقِص التغذية (٢) يغذّي (بالوقود) من أسفل .
undergarment *(n.)* ثوبٌ تحتيّ .
undergo *(vt.)* (١) يتحمّل ؛ يقاسي (٢) يَخضع (لتغيُّر الخ.) (٣) يجتاز (اختباراً) .
undergraduate *(n.; adj.)* (١) اللامتخرِّج : طالب لم يتخرّج بعد §(٢) متعلق باللامتخرّجين .
underground *(adv.; adj.; n.)* (١) تحت سطح الأرض (٢) سرّاً §(٣) تحأرضي : واقع أو نامٍ أو عامل تحت سطح الأرض (٤) سرّيّ §(٥) سكة حديد تحأرضية (٦) حركة سرية .
undergrowth *(n.)* = underbrush
underhand *(adv.; adj.)* (١) سرّاً (٢) بمكر . §(٣) سرّيّ (٤) ماكر ؛ مخادع .
underhanded *(adj.)* = underhand.
underlie *(vt.)* (١) يكون أو يقع تحت شيء آخر (٢) يشكّل الأساس (لنظرية أو مذهب).
underline *(vt.)* يرسم خطاً تحت (كلمة).
underling *(n.)* التابع ؛ المرؤوس .
underlying *(adj.)* (١) تحتيّ (٢) أساسيّ .
undermine *(vt.)* (١) يشقّ مجازاً أو يحفر حفرة (تحت جدار) (٢) يقوّض ؛ يُبلي ؛ يتلف.
undermost *(adj.)* أسفل ؛ سُفْلَى .
underneath *(prep.; adv.)* (١) تحت (شيء ما) مباشرة (٢) تحت §(٣) في الأسفل .
undernourished *(adj.)* مغذّى تغذيةً ناقصة .
underpinning *(n.)* أساس المبنى .
underprivileged *(adj.)* فقير ؛ مُعْدِم .
underrate *(vt.)* = underestimate.
underscore *(vt.)* = underline.
undersea *(adj.; adv.)* تحت سطح البحر .
undersecretary *(n.)* (١) السكرتير الثاني أو المساعد (٢) وكيل الوزارة .
undersell *(vt.)* يبيع بسعرٍ أقلّ من . . .
undershirt *(n.)* قميص تحتيّ أو داخليّ .
undershot *(adj.)* (١) بارز الأسنان الدنيا أو الفكّ الأسفل (٢) جارٍ بالدفع السفليّ .
undersigned *(n.)* الموقّع أدناه .
undersized *(adj.)* أصغر من الحجم العاديّ .
underslung *(adj.)* مُعلّق من أسفل .

understand 418 **unequal**

understand *(vt.; i.)* (١) يَفْهَم (٢) يدرك. (٣) يستنتج (٤) يعطف على.

understanding *(n.; adj.)* (١) فَهْم. (٢) ذكاء (٣) تفاهم §(٤) عاطف؛ مُبدٍ عطفاً أو تسامحاً.

understate *(vt.)* يصرّح أو يُصوِّر على نحوٍ أضعف أو أقلّ مما تقتضيه الحقيقة.

understood *past and past part. of* understand.

understudy *(vt.)* يدرس دور ممثّل مسرحيّ (لكي يحلّ محلّه عند الضرورة).

undertake *(vt.)* (١) يباشر؛ يشرع في. (٢) يتعهّد (٣) يتولّى: يأخذ على عاتقه.

undertaker *(n.)* (١) المتعهّد؛ المقاول. (٢) الحانوتي؛ مجهِّز الموتى للدفن.

undertaking *(n.)* (١) مقاولة (٢) مشروع. (٣) تعهُّد؛ ضمان (٤) دفن الموتى.

undertone *(n.)* (١) صوتٌ خفيض (٢) لونٌ خافت (٣) مَسْحَة باطنة.

undervalue *(vt.)* (١) يَبْخَس التقييم: يقدِّر بأقلّ من القيمة الحقيقية (٢) يستخفّ ب.

underwater *(adj.)* واقع أو حادثٌ تحت الماء.

under way *(adv.)* منطلقاً بعد توقف.

underwear *(n.)* ثوبٌ تحتيّ أو داخليّ.

underweight *(n.; adj.)* (١) وزن ناقص (عن المطلوب) §(٢) أخفّ من المطلوب.

underwent *past of* undergo.

underworld *(n.)* (١) الجحيم (٢) عالم الرذيلة والإجرام.

underwrite *(vt.)* (١) يُذَيِّل: يكتب تحت كلام مكتوب (٢) يوقّع سند تأمين (بوصفه مؤمِّناً لديه) (٣) يؤمِّن على.

underwriter *(n.)* (١) الضّامن (٢) المؤمِّن لديه.

undesigning *(adj.)* صادق؛ سليم النيّة.

undesirable *(adj.)* غير مرغوب فيه.

undid *past of* undo.

undirected *(adj.)* غير موجَّه أو مُعَنْوَن.

undo *(vt.)* (١) يحلّ؛ يفكّ (٢) يُبطِل؛ يعطّل. (٣) يصيبه بكارثة (٤) يُقلق (٥) يُغوي.

undoing *(n.)* (١) حلّ؛ فكّ الخ. (٢) خراب.

undone *(adj.)* (١) غير مصنوع أو مُنجَز. (٢) مُهْمَل (٣) خَرِب (٤) غير مربوط.

undoubted *(adj.)* لا شكّ فيه؛ لا جدال فيه.

undoubtedly *(adv.)* يقيناً؛ من غير شكّ.

undress *(vt.; i.; n.)* (١) يعرّي ×(٢) يتعرّى؛ يخلع ملابسه §(٣) ثوب غير رسمي فضفاض (٤) ملابس عادية.

undue *(adj.)* (١) لم يستحقّ بعد (٢) غير ضروري؛ مُفْرِط (٣) غير ملائم.

undulant *(adj.)* متموّج.

undulate *(vi.; t.)* (١) يتموّج ×(٢) يموّج.

undulation *(n.)* تموُّج؛ تمويج؛ موجة.

undulatory *(adj.)* تموُّجيّ؛ متموّج.

unduly *(adv.)* على نحو غير ملائم؛ بإفراط.

undying *(adj.)* خالد؛ سرمديّ؛ لا يموت.

unearth *(vt.)* (١) يُخرج (كنزاً دفيناً الخ.) من الأرض (٢) يكتشف.

unearthly *(adj.)* (١) غير أرضي (٢) غريب؛ خارق للطبيعة (٣) روحي؛ سماويّ.

uneasy *(adj.)* (١) مرتبك؛ مضطرب (٢) خائف. (٣) قَلِق (٤) متقلقل؛ غير مستقرّ.

uneducated *(adj.)* غير مثقّف.

unemployed *(adj.)* (١) غير مُستخدَم أو مُستعمَل أو موظّف (٢) عاطل عن العمل.

unemployment *(n.)* البطالة.

unequal *(adj.)* (١) غير متساوٍ (٢) غير منتظم أو مستوٍ (٣) متفاوت: أجزاؤه متفاوتة.

unequaled 419 **unharness**

الجودة (٤) غير متكافىء (٥) غير كفوء (٦) غير كافٍ أو وافٍ .

unequaled *(adj.)* فَذّ ؛ لا يُجارَى .

unequivocal *(adj.)* بيِّن ؛ جليّ ؛ لا لَبْس فيه .

unerring *(adj.)* معصوم ؛ لا يخطىء .

uneven *(adj.)* (١) وِتْرِيّ ؛ غير شَفْعِيّ (مثل : ٣ أو ٥ أو ٧) (٢) غير مستوٍ (٣) غير مستقيم أو متوازٍ (٤) متقطّع ؛ غير منتظم (٥) متفاوت ؛ متفاوت الجودة .

uneventful *(adj.)* هادىء ؛ لا أحداث فيه .

unexampled *(adj.)* فَذّ ؛ منقطع النظير .

unexceptionable *(adj.)* فوق النقد .

unexpected *(adj.)* فجائيّ ؛ غير متوقَّع .

unexpectedly *(adv.)* على نحو فجائيّ .

unfadable *(adj.)* ثابت اللون ؛ لا يَبْهَتُ لونه .

unfailing *(adj.)* (١) ثابت (٢) لا ينضب (٣) صَدوق ؛ لا يَخْذُل (٤) لا يخطىء أو يخفق .

unfair *(adj.)* (١) جائر ؛ ظالم (٢) مخادع .

unfaithful *(adj.)* (١) خائن (٢) غير دقيق .

unfamiliar *(adj.)* غريب ؛ غير مألوف .

unfasten *(vt.)* يفكّ ؛ يحلّ .

unfathomable *(adj.)* لا يُسْبَر غَوْرُه .

unfavorable *(adj.)* (١) مُعارِض (٢) سلبيّ (٣) مُعادٍ (٤) غير مُؤاتٍ (٥) غير سارّ .

unfeeling *(adj.)* (١) عديم الشعور (٢) وحشيّ .

unfeigned *(adj.)* صادق : غير متكلَّف أو زائف .

unfetter *(vt.)* يحرر (من الأغلال) .

unfinished *(adj.)* (١) ناقص ؛ غير مُنجَز (٢) غير مصقول .

unfit *(adj.)* غير صالح أو ملائم أو كُفُوء .

unfix *(vt.)* يفكّ ؛ يحلّ .

unfledged *(adj.)* (١) لم ينبت ريشُه (٢) غِرّ .

unfold *(vt.; i.)* (١) يَنْشُر (شيئاً مطويّاً) (٢) يكشِف ؛ يُظهِر للعيان ؛ يوضح تدريجياً ×(٣) ينتشر (٤) يتفتح (٥) يتجلّى .

unforeseen *(adj.)* غير متوقَّع .

unforgettable *(adj.)* لا يُنْسَى .

unformed *(adj.)* غير مُشكَّل أو متطوّر .

unfortunate *(adj.; n.)* (١) تعيس (٢) مشؤوم (٣) غير ملائم (٤) يُؤْسَف له § (٥) التعيس .

unfounded *(adj.)* لا أساس له .

unfrequented *(adj.)* غير مطروق ؛ شبه مهجور .

unfriendly *(adj.)* (١) غير ودّيّ (٢) مُعادٍ .

unfrock *(vt.)* يجرِّد كاهناً (من ثوبه أو سلطته) .

unfruitful *(adj.)* عقيم ؛ مجدب ؛ غير مثمر .

unfurl *(vt.)* ينشر (شراعاً أو رايةً) .

ungainly *(adj.)* (١) أخرق ؛ تعوزه البراعة (٢) بشع ؛ غليظ .

ungenerous *(adj.)* (١) حقير (٢) بخيل .

ungodly *(adj.)* (١) غير تقيّ (٢) شرّير .

ungovernable *(adj.)* صعب المراس .

ungraceful *(adj.)* أخرق ؛ غليظ ؛ بشِع .

ungracious *(adj.)* (١) فظّ ؛ غليظ (٢) كريه .

ungrateful *(adj.)* (١) عاقّ (٢) بغيض .

unguarded *(adj.)* (١) غير محميّ (٢) غير حذِر .

unguent *(n.)* مَرْهَم .

ungulate *(adj.; n.)* (١) ذو حوافر (٢) متعلّق بذوات الحافر § (٣) ذو الحافر من الحيوان .

unhallowed *(adj.)* (١) غير مُقدَّس أو مبارَك (٢) غير شرعيّ (٣) لا أخلاقيّ .

unhand *(vt.)* يترك ؛ يُخلّي ؛ يرفع يده عن .

unhandsome *(adj.)* (١) بشِع (٢) غير لائق (٣) فظّ ؛ قليل الكياسة .

unhandy *(adj.)* (١) غير ملائم (للاستعمال الخ.) (٢) أخرق ؛ تعوزه البراعة .

unhappiness *(n.)* تعاسة ؛ شقاء ؛ بؤس .

unhappy *(adj.)* (١) تعيس ؛ شقيّ (٢) حزين .

unharness *(vt.)* ينزع الطقم (عن فرس) .

unhealthy *(adj.)* (١)غير صحيّ (٢)معتلّ الصحّة (٣)رديء؛ ضارّ (٤)فاسد (أخلاقياً).

unheard *(adj.)* (١)غير مسموع (٢)غير معطى فرصة للادلاء بوجهة نظره .

unheard-of *(adj.)* جديد ؛ لم يُسمَع به .

unhinge *(vt.)* يرفع (باباً) عن مِفصّلاته .

unhitch *(vt.)* يَفُكّ ؛ يَحُلّ .

unholy *(adj.)* (١)غير مقدّس (٢)شرّير .

unhook *(vt.)* (١)ينزع من الكُلّاب (٢)يَفُكّ .

unhorse *(vt.)* يطرح (عن صهوة الجواد).

uni- بادئة معناها : أحاديّ ؛ مفرَد.

unicameral *(adj.)* ذو مجلس تشريعيّ واحد.

unicellular *(adj.)* أُحاديّ الخليّة .

unicorn *(n.)* أُحاديّ القرن : حيوان خرافيّ .

unification *(n.)* (١)توحيد (٢)اتحاد .

uniform *(adj.; n.; vt.)* (١)منتظم ؛ متّسِق . (٢)متماثل ؛ متشاكل (٣)مطّرد §(٤)بزّة أو بذلة نظاميّة §(٥)يجعله منتظماً أو متّسقاً الخ .

uniformity *(n.)* (١)انتظام ؛ اتّساق (٢)تماثل .

unify *(vt.)* يوحِّد .

unilateral *(adj.)* من جانب واحد .

unimpeachable *(adj.)* موثوق : لا يرقى إليه الشكّ أو الاتّهام .

unimproved *(adj.)* غير محسَّن .

unintelligible *(adj.)* غامض : لا يمكن فهمه .

unintentional *(adj.)* غير متعمَّد .

union *(n.; adj.)* (١)توحيد (٢)اتحاد (٣)زواج (٤) وئام (٥) نقابة (عمالٍ) (٦) وصِيلة (في الميكانيكا) §(٧) اتحاديّ ؛ نقابيّ .

pipe union

unionist *(n.)* (١)الاتحاديّ: المؤيِّد للاتحاد (٢) النقابيّ : عضو نقابة عماليّة .

unionize *(vt.)* (١) يجعله عضواً في نقابة عماليّة (٢) يوحِّد في نقابة .

union jack *(n.)* (١) راية الاتحاد (٢) الراية البريطانية .

unique *(adj.)* (١)وحيد (٢)فذّ ؛ فريد .

unison *(n.)* (١)تساوق النغمات (٢) انسجام .

unit *(n.)* (١) واحد (٢) وحدة .

unitarian *(n.; adj.)* موحِّد ؛ قائل بإله واحد.

unitary *(adj.)* (١)وَحْدِيّ : ذو علاقة بوحدة أو وحَدات (٢)وَحْدَويّ ؛ مركزيّ (٣)متكامل.

unite *(vt.; i.)* (١)يوحِّد (٢)يُلصِق (٣)يربِط (٤) يجمع (في نفسه) صفتين أو أكثر ×(٥) يتّحد (٦) يلتحم ؛ يلتئم (العظم).

united *(adj.)* (١)متّحد (٢)مشترَك .

unity *(n.)* (١) وحدة (٢) انسجام ؛ اتّفاق .

univalve *(adj.)* أُحاديّ المصراع أو الصِّمام .

universal *(adj.)* (١)عامّ ؛ شامل (٢)عالميّ ؛ كونيّ (٣) كلّيّ (٤) جامع .

universality *(n.)* العموميّة ؛ الشموليّة ؛ العالميّة

universal joint or **coupling** *(n.)* الوُصْلة الجامعة (ميكانيكا) .

universally *(adv.)* عموماً ؛ بغير استثناء .

universe *(n.)* (١) الكون (٢)البشر .

university *(n.)* جامعة .

unjust *(adj.)* جائر ؛ ظالم ؛ غير عادل .

unkempt *(adj.)* (١)أشعث (٢)مهمَل (٣) غير مصقول أو مهذَّب .

unkind *(adj.)* قاس ؛ فظّ ؛ غير كريم .

unkindly *(adj.; adv.)* (١) قاس ؛ فظّ . §(٢) بقسوة ؛ بفظاظة .

unknit *(vt.)* يفكّك ؛ يحلّ .

unknown *(adj.; n.)* (١)مجهول §(٢)شيء مجهول

unlade *(vt.; i.)* يُفرِغ الحمولة .

unlatch *(vt.)* يفتح (برفع المِزلاج أو السقاطة).

unlawful *(adj.)* (١) محرَّم (٢) غير شرعيّ .

unlearn *(vt.)* يَطَّرِح فكرةً أو عادةً .

unlearned 421 unpromising

unlearned *(adj.)* (١) جاهل (٢) طبيعيّ ؛ غير مكتسَب .
unleash *(vt.)* يحرِّر ؛ يطلق العِنان لِ .
unless *(conj.)* إلاّ إذا ؛ ما لم .
unlettered *(adj.)* أُمّيّ .
unlike *(prep.; adj.)* (١) مختلفٌ عن (٢) بخلاف كذا ؛ على خلاف كذا § (٣) متخالف ؛ غير متشابه (٤) غير متساوٍ .
unlikely *(adj.)* بعيد الاحتمال .
unlimited *(adj.)* (١) مُطلَق (٢) غير محدود .
unload *(vt.; i.)* (١) يُفرِّغ الحمولة (٢) يحرِّر من عبء (٣) يفرِّغ المسدَّس من شحنته × (٤) يُفرِّغ (المركبُ) حمولتَه .
unlock *(vt.)* (١) يفتح القُفل (٢) يفتح (٣) يحرِّر ؛ يُطلِق (٤) يحلّ (رموز الشيفرة الخ.) .
unlooked-for *(adj.)* غير متوقَّع .
unloose *(vt.)* يُرْخي ؛ يُطلِق ؛ يفكّ .
unlovely *(adj.)* بغيض ؛ كريه ؛ بشِع .
unluckily *(adv.)* لسوء الحظّ .
unlucky *(adj.)* مشؤوم ؛ منحوس ؛ قليل الحظّ .
unman *(vt.)* يُضعِفُه أو يُفقِده الشجاعة .
unmanly *(adj.)* (١) جبان (٢) مخنَّث .
unmannerly *(adj.)* فظّ ؛ غليظ ؛ قليل الكياسة .
unmask *(vt.; i.)* (١) يكشف القناع عن (٢) يفضح × (٣) يخلع القناع .
unmeaning *(adj.)* (١) لامعنى له (٢) خلوٌ من المعنى أو التعبير (كنظرة الخ.) .
unmeet *(adj.)* غير لائق ؛ غير ملائم .
unmerciful *(adj.)* عديم الرحمة .
unmindful *(adj.)* غافل عن ؛ غير منتبه إلى .
unmistakable *(adj.)* جليّ ؛ بيِّن ؛ واضح .
unmitigated *(adj.)* (١) غير ملطَّف (٢) تامّ .
unmixed *(adj.)* خالص ؛ صِرْف ؛ مَحْض .

unmoved *(adj.)* (١) هادىء ؛ لامبالٍ . (٢) ثابت ؛ باقٍ في مكانه .
unnatural *(adj.)* غير طبيعيّ أو سَوِيّ .
unnecessary *(adj.)* غير ضروريّ .
unnerve *(vt.)* (١) يُفقِده شجاعته أو رباطة جأشه (٢) يثير أعصابه .
unnumbered *(adj.)* (١) لايُعدّ ولايُحصَى . (٢) غير مُرَقَّم .
unoccupied *(adj.)* (١) غير مشغول (بعملٍ ما) . (٢) شاغر ؛ خالٍ .
unorganized *(adj.)* غير منظَّم .
unorthodox *(adj.)* (١) غير قويم الرأي أو المعتقَد (٢) غير تقليديّ .
unpack *(vt.; i.)* (١) يُفْرِغ (محتوياتِ حقيبة الخ.) (٢) يفكّ (شيئاً محزوماً) .
unpaid *(adj.)* (١) غير مأجور ؛ عاملٌ من غير أجر (٢) غير مدفوع أو مسدَّد .
unpalatable *(adj.)* غير لَذيذ المَذاق .
unparalleled *(adj.)* فذّ ؛ فريد ؛ لا نظير له .
unpin *(vt.)* (١) ينزع الدبوس (٢) يفكّ .
unpleasant *(adj.)* كريه ؛ بغيض .
unpopular *(adj.)* غير شعبيّ .
unprecedented *(adj.)* جديد ؛ لم يُسبَق إلى مثله .
unpredictable *(adj.)* لا يمكن التنبّؤ به .
unprejudiced *(adj.)* غير متحامل أو متحيِّز .
unprepared *(adj.)* غير مُستعِدّ أو مُهيّأ .
unpretending *(adj.)* غير مدَّعٍ ؛ متواضع .
unpretentious *(adj.)* بسيط ؛ متواضع .
unprincipled *(adj.)* بلا مبادىء (خُلُقيّة) .
unprofessional *(adj.)* هاوٍ ؛ غير محترف .
unprofitable *(adj.)* غير مُربِح أو مُجْدٍ .
unpromising *(adj.)* غير واعد : غير مرجوّ النجاح أو الفائدة .

unqualified *(adj.)* (١) غير مؤهَّل (٢) باتّ ؛ قاطع (٣) تامّ (٤) مُفْرِط .

unquestionable *(adj.)* (١) لا يرقى إليه الشكّ (٢) لا نزاع فيه .

unquestionably *(adv.)* من غير ريب .

unquestioned *(adj.)* غير مُفنَّد ؛ من غير تفنيد .

unquiet *(adj.)* (١) مضطرب (٢) قَلِق .

unquote *(vi.)* يختم كلاماً مقتبساً .

unravel *(vt.; i.)* (١) يَحُلّ × (٢) ينحلّ .

unread *(adj.)* (١) غير مقروء (٢) غير مطّلع .

unreal *(adj.)* غير حقيقي ؛ مصطنَع ؛ زائف .

unreasonable *(adj.)* غير عاقل أو معقول .

unreasoning *(adj.)* (١) مَسُوق بالعاطفة الجامحة (٢) مُفْرِط ؛ شديد ؛ بالغ .

unreflective *(adj.)* طائش .

unregenerate *(adj.)* (١) ضالّ : غير مهتدٍ إلى نور الإيمان (٢) عنيد .

unrelenting *(adj.)* (١) قاسٍ ؛ صارم (٢) لا يلين أو يَضعُف .

unreliable *(adj.)* غير جدير بالثقة أو الاعتماد .

unremitting *(adj.)* متواصل ؛ غير منقطع .

unreserved *(adj.)* (١) تامّ ؛ كامل ؛ غير متحفّظ (٢) صريح .

unrest *(n.)* (١) قلق (٢) اضطراب .

unrestrained *(adj.)* (١) مُسْرِف ؛ غير مُقيَّد (٢) عفويّ ؛ غير مرتبك .

unrestricted *(adj.)* غير مقيَّد أو محدود .

unrevenged *(adj.)* غير مُثْأَر أو مُنتَقَم له .

unrewarded *(adj.)* غير مُكافَأ أو مُجازًى .

unrighteous *(adj.)* (١) آثم ؛ شرير (٢) ظالم .

unripe *(adj.)* فِجّ ؛ غير ناضج .

unrival(l)ed *(adj.)* فذّ ؛ منقطع النظير .

unroll *(vt.; i.)* (١) يَنْشر ؛ يبسط (٢) يكشف عن × (٣) ينتشر ؛ ينبسط .

unruffled *(adj.)* (١) هادئ (٢) أملس .

unruly *(adj.)* (١) عنيد (٢) جامح ؛ عاصف الخ .

unsaddle *(vt.; i.)* (١) ينزع السَّرج عن (٢) يطرح عن صهوة الجواد .

unsafe *(adj.)* خطِر ؛ مأمون ؛ لا يوثَق به .

unsavory *(adj.)* (١) تَفِه ؛ بلا طعم (٢) كريه .

unsay *(vt.)* يسحب كلامه ؛ يرجع عن كلامه .

unscathed *(adj.)* سالم ؛ لم يُصَبْ بأذى .

unschooled *(adj.)* (١) غير معلَّم أو مُدَرَّب (٢) طبيعيّ ؛ فطريّ .

unscientific *(adj.)* غير علميّ .

unscrew *(vt.)* يفكّ اللولب أو اللوالب .

unscrupulous *(adj.)* عديم الضمير ؛ مجرَّد من المبادئ الخلقيّة .

unseal *(vt.)* (١) يفُضّ الختم عن (٢) يفتح .

unsearchable *(adj.)* خفيّ ؛ لا يُسبَر غوره .

unseasonable *(adj.)* في غير أوانه .

unseat *(vt.)* (١) يُنزله عن مقعده (٢) يخلع .

unseemly *(adj.)* غير ملائم أو لائق .

unseen *(adj.)* غير مرئيّ ؛ غير منظور .

unselfish *(adj.)* إيثاريّ ؛ غير أنانيّ .

unsettle *(vt.)* (١) يُزيح (٢) يُشوِّش (٣) يزعزع (المعتقَدات الخ .) (٤) يُقلِق ؛ يثير .

unsettled *(adj.)* (١) مضطرب (٢) متقلِّب (٣) متردِّد (٤) متنازَع فيه (٥) غير مستقرّ (٦) غير مأهول (٧) غير مسدَّد أو مُسوًّى .

unsew *(vt.)* يَفْتُق أو يَمْزُق (المَخِيط) .

unshackle *(vt.)* يحرر من الأغلال أو الأصفاد .

unsheathe *(vt.)* يستلّ (من غمد) .

unship *(vt.)* (١) يُنزل (الركّاب أو السلع) من سفينة (٢) ينزع (المجذاف الخ .) من مكانه .

unshod *(adj.)* حافٍ ؛ غير منتعِل .

unsightly *(adj.)* بشِع ؛ قبيح .

unskilled; unskillful *(adj.)* غير بارع .

unsophisticated 423 unwieldy

unsophisticated *(adj.)* (١) غير مغشوش . (٢)ساذج (٣)بسيط ؛ غير مزخرف أو معقّد .

unsought *(adj.)* (١)غير مُلتَمَس أو منشود. (٢)غير مكتسَب بالجهد أو البحث .

unsound *(adj.)* (١) معتلّ الصحّة أو العقل. (٢) فاسد (٣) غير ثابت أو راسخ (٤) غير صحيح ؛ غير سليم (٥) خفيف .

unsparing *(adj.)* (١)قاسٍ ؛ عديم الرحمة . (٢) وافر (٣) سخيّ .

unspeakable *(adj.)* (١)لا يُوصَف (٢) لا يصحّ ذِكرُه ؛ رديء جداً .

unspotted *(adj.)* غير ملطّخ أو ملوّث .

unstable *(adj.)* (١)غير مُستقِرّ (٢)مُزَعزَع .

unsteady *(adj.)* (١) مُقلقَل ؛ غير مستقرّ . (٢)متقلّب (٣) غير مطّرد .

unstop *(vt.)* (١)ينزع السِّدادة (٢)يفتح.

unstrap *(vt.)* يرخي أو ينزع الحزام الخ.

unstrung *(adj.)* (١)مَرْخيّ أومنزوع الأوتار. (٢) متوتّر الأعصاب .

unsubstantial *(adj.)* (١)«أ» لا أساس له . «ب »وهميّ (٢) ضعيف .

unsuccessful *(adj.)* مخفق ؛ غير ناجح .

unsuitable *(adj.)* غير ملائم أو لائق .

unsung *(adj.)* (١)غير مُغَنّى (٢)غير مُتغنّى به في الأغاني والقصائد .

untangle *(vt.)* يحلّ ؛ يفكّ .

untaught *(adj.)* (١)جاهل (٢)طبيعيّ ؛ عفويّ .

untenable *(adj.)* متعذِّرٌ الدفاعُ عنه .

unthankful *(adj.)* عاقّ ؛ جاحد للجميل .

unthinkable *(adj.)* لا يُتَصَوَّر ؛ لا يُصَدَّق.

unthinking *(adj.)* (١)غافل (٢)غير عاقل .

untidy *(adj.)* (١) مُهمَل ؛ غير مرتّب . (٢) مُهمِل (٣) قَذِر .

untie *(vt.; i.)* (١)يفكّ ×(٢)ينفكّ .

until *(prep.; conj.)* (١)إلى ؛ حتى §(٢)إلى أن.

untimely *(adv.; adj.)* (١)في غير أوانه (٢)قبل الأوان §(٣)مبكّر (٤)غير ملائم ؛ في غير محلّه.

unto *(prep.)* حتى ؛ إلى .

untold *(adj.)* (١) لا يُعَدّ ولا يُحصى ؛ غير محدود (٢) غير مَرْوِيّ .

untouchable *(adj.; n.)* (١)مُحظَّرٌ مَسُّه . (٢)واقع وراء المتناوَل (٣)نَجِس §(٤)منبوذ.

untoward *(adj.)* (١) شَكِس (٢) صعب المراس (٣) مشؤوم (٤) معاكس .

untried *(adj.)* (١)غير مجرَّب (٢)غير مُحاكَم.

untrue *(adj.)* (١)خائن ؛ غير وفيّ (٢)غير دقيق. (٣) كاذب ؛ غير صحيح .

untruthful *(adj.)* كاذب ؛ غير صحيح .

untutored *(adj.)* (١) غير مثقّف (٢)ساذج.

untwine *(vt.; i.)* (١)يحلّ ؛ يفكّ ×(٢)ينحلّ .

untwist *(vt.; i.)* = untwine.

unused *(adj.)* (١)غير متعوِّد (٢)جديد ؛ غير مستعمَل (٣) شاغر (٤) متراكم .

unusual *(adj.)* (١)نادر ؛ استثنائي (٢)فريد ؛ فذّ .

unutterable *(adj.)* لا يوصف ؛ يجلّ عن الوصف

unvarnished *(adj.)* (١) غير مصقول . (٢) صريح .

unveil *(vt.; i.)* (١)يكشف النقاب عن ×(٢)يميط اللثام (عن وجهه) .

unwarrantable *(adj.)* لا مبرِّر له ؛ غير لائق .

unwarranted *(adj.)* غير مرخَّص به .

unwearied *(adj.)* (١)غير مُتعَب (٢)لا يعرف التعب أو الكَلَل .

unweave *(vt.)* (١)ينقُض النسج (٢)يَحُلّ .

unwell *(adj.)* مريض ؛ معتلّ الصحّة .

unwholesome *(adj.)* (١) ضارّ ؛ مؤذٍ . (٢)فاسد (٣) كريه .

unwieldy *(adj.)* صعب المأخذ ؛ غير عمليّ .

unwilling *(adj.)* (١) معارض (٢) غير مقصود. (٣) كارِهٌ لـ (٤) عنيد.
unwind *(vt.)* يحلّ ؛ يفكّ ؛ يَبْسط ؛ ينشر.
unwise *(adj.)* أحمق ؛ طائش ؛ غير حكيم.
unwitting *(adj.)* (١) غير متعمَّد أو مقصود. (٢) غير عالم أو دارٍ.
unwonted *(adj.)* نادر ؛ غير مألوف.
unworldly *(adj.)* (١) روحيّ (٢) ساذج.
unworthy *(adj.)* (١) تافه (٢) حقير (٣) جائر. (٤) غير جدير بـ (٥) غير مستحق.
unwrap *(vt.)* (١) يفتح (٢) يَبسُط ؛ يَنشُر.
unwritten *(adj.)* غير مكتوب.
unyielding *(adj.)* (١) قاسٍ ؛ صُلْب (٢) عنيد.
unyoke *(vt.)* (١) يحرر من النير (٢) يفكّ.
up *(adv.; adj.; vi.; t.)* (١) فوق (٢) إلى فوق. (٣) مستيقظاً (٤) عالياً (٥) على قدميه (٦) فما فوق (٧) لكلّ فريق §(٨) مشرق (٩) مستيقظ (١٠) عالٍ نسبياً (١١) مرفوع (١٢) مُشيَّد (١٣) فائر ؛ ثائر (١٤) مستعدّ (١٥) جارٍ ؛ حادث (١٦) مُنقضٍ ؛ منتهٍ (١٧) حسَنُ الاطلاع (١٨) متّهَم أمام القضاء §(١٩) ينهض (٢٠) يرتفع ×(٢١) يرفع.
Parliament is ~. انفضّ البرلمان.
~ and down. (١) جيئةً وذهوباً (٢) صعوداً ونزولاً.
~s and downs صَرْف الزمان ؛ سُعود الحياة ونُحوسُها.
~ to (١) كفوٌ أو أهل لـ (٢) حتى أو إلى كذا (٣) من واجبه كذا (٤) بمستوى كذا.
~ to date راجع date.
upas *(n.)* (١) الأوباس: شجر يُتّخذ من عُصارته سُمٌّ للسهام (٢) عصارة الأوباس السامّة.
upbraid *(vt.)* يلوم أو ينتقد أو يوبّخ بقسوة.
upbringing *(n.)* تنشئة ؛ تربية.
upbuild *(vt.)* يبني ؛ ينشئ ؛ يؤسّس.
upgrowth *(n.)* (١) نموّ ؛ نشوء (٢) شيء نام.
upheaval *(n.)* (١) ارتفاع (يصيب جزءاً من قشرة الأرض) (٢) جَيَشان ؛ ثَوَران.
uphill *(n.; adv.; adj.)* (١) مرتقى §(٢) صُعُداً (في هضبة الخ.) §(٣) قائم على مرتفع (٤) صاعد (٥) شاقّ ؛ عسير.
uphold *(vt.)* (١) يدعم (٢) يؤيّد (٣) يرفع.
upholster *(vt.)* (١) ينجِّد (كرسياً الخ.). (٢) يزوِّد (غرفة) بالستائر والسجّاد الخ.
upholsterer *(n.)* المنجِّد ؛ منجِّد الأثاث.
upholstery *(n.)* موادّ التنجيد.
upkeep *(n.)* (١) صيانة (٢) أجر الصيانة.
upland *(n.)* نَجْد ؛ مرتفع من الأرض.
uplift *(vt.; n.)* (١) يرفع (٢) يرقّي ؛ ينهض بـ §(٣) رفع ؛ ارتفاع (٤) ترقية ؛ نهوض بـ (٥) حركة إنهاض (أخلاقيّ أو ثقافيّ).
upmost *(adj.)* = uppermost.
upon *(prep.)* (١) على (٢) فوق (٣) بُعَيْد. (٤) نزولاً (عند طلب) (٥) عند ؛ حين.
upper *(adj.; n.)* (١) عُلْويّ (٢) أعلى (٣) فوقيّ §(٤) الفَرْعة : الجزء العلوي من الحذاء.
upper-class *(adj.)* ارستوقراطيّ.
upper hand *(n.)* هيمنة ؛ سيطرة ؛ سلطة.
uppermost *(adj)* الأعلى ؛ الأرفع ؛ الأسمى.
uppish *(adj.)* مغرورٌ ؛ معتدّ بنفسه.
upraise *(vt.)* يرفع.
uprear *(vt.)* (١) يرفع (٢) يشيِّد.
upright *(adj.; n.)* (١) عموديّ ؛ منتصِب. (٢) مستقيم §(٣) وضع أو شيء عموديّ.
uprising *(n.)* ثورة ؛ انتفاضة.
uproar *(n.)* (١) اضطراب (٢) صَخَب ؛ ضجّة.
uproarious *(adj.)* صاخب ؛ ضاجّ.

uproot *(vt.)* يَجْتَثّ ؛ يستأصل (من الجذور).

upset *(vt.; i.; adj.; n.)* (١) يَقْلِب . (٢) يُقَلْقِل ؛ يزعج (٣) يُفسِد (نظامَ شيء) ×(٤) ينقلب §(٥) مَقْلوب (٦) مضطرب أو مُفسَد النظام (٧) قَلِق §(٨) اضطراب (٩) قلق .

upshot *(n.)* نتيجة .

upside *(n.)* الجانب أو الجزء الأعلى .

upside down *(adv.)* رأساً على عَقِب .

upstage *(adv.)* نحو أو في مؤخّر المسرح .

upstairs *(adv.; adj.; n.)* (١) فوق (٢) في أو إلى طابق أعلى §(٣) علويّ §(٤) طابق أعلى .

upstanding *(adj.)* (١) منتصب (٢) مستقيم .

upstart *(vi.; n.; adj.)* (١) يثب فجأةً . §(٢) مُحْدَث النعمة (٣) مُدَّعٍ ؛ مغرور .

upstream *(adv.)* نحو أعلى النهر ؛ ضد التيّار .

upturn *(vt.; i.; n.)* (١) يقلب (٢) يقلب رأساً على عقب (٣) يوقع الاضطراب في (٤) يرفع ×(٥) يرتفع §(٦) اضطراب (٧) ارتفاع ؛ تحسّن .

upward ; -s *(adv.)* (١) إلى فوق ؛ نحو الأعلى . (٢) فصاعداً ؛ فما فوق .

upward *(adj.)* (١) صاعد (٢) أعلى ؛ عُليا .

upwards of *(adv.)* (١) أكثر من (٢) حوالى .

uraemia *(n.)* = uremia.

uranium *(n.)* اليورانيوم : عنصر اشعاعي النشاط .

Uranus *(n.)* أورانوس : سابع الكواكب السيارة .

urban *(adj.)* مَدينيّ : منسوب إلى المدينة .

urbane *(adj.)* مهذّب ؛ لطيف ؛ مصقول .

urbanity *(n.)* تهذيب ؛ لطف ؛ كياسة .

urchin *(n.)* (١) ولد صغير أو فقير أو شرّير . (٢) قنفذ البحر .

urea *(n.)* البَوْلة : مادّة متبلّرة في البول .

uremia *(n.)* تَبَوْلُن الدم (مرض) .

ureter *(n.)* الحالب : عِرق يجري فيه البول .

urethra *(n.)* الإحليل ؛ مجرى البول .

urge *(vt.; n.)* (١) يُلحّ على (٢) يستحثّ ؛ يدفع بقوة §(٣) إلحاح (٤) دافعٌ ؛ حافز .

urgency *(n.)* (١) إلحاح (٢) الإلحاحية : كون الشيء مُلِحّاً أو متطلباً عملاً عاجلاً .

urgent *(adj.)* مُلِحّ ؛ كثير الإلحاح .

uric *(adj.)* بَوْليّ : ذو علاقة بالبول .

uric acid *(n.)* الحامض البوليّ .

urinal *(n.)* مَبْوَلة .

urinalysis *(n.)* تحليل البول (كيميائياً) .

urinary *(adj.)* بَوْليّ .

urinate *(vi.)* يَبُوْل ؛ يُبَوِّل .

urine *(n.)* بَوْل .

urn *(n.)* (١) جرّة (لحفظ رماد الموتى) (٢) وعاء ضخم للشاي أو القهوة (وبخاصة في مقهى) .

urns 2.

Ursa Major *(n.)* الدُّبّ الأكبر (فلك) .

Ursa Minor *(n.)* الدُّبّ الأصغر (فلك) .

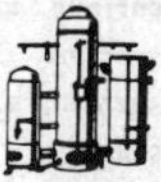

ursine *(adj.)* دُبِّيّ : متعلّق أو شبيهٌ بالدُّبّ .

urticaria *(n.)* الشَّرى : مرض جلديّ .

us *(pron.)* نا : ضمير المتكلمين في النصب والجر .

usable *(adj.)* قابلٌ أو صالحٌ للاستعمال .

usage *(n.)* (١) عُرْف (٢) استعمال (٣) معاملة .

use *(vt.; i.; n.)* (١) يعود (٢) يستعمل ؛ يستخدم . (٣) يعامل ×(٤) يتعوّد §(٥) استعمال (٦) عُرْف ؛ عادة (٧) فائدة ؛ نَفْع (٨) حاجة ؛ ضرورة .

in ~, رَهن الاستعمال ؛ قيد الاستعمال .

out of ~, غير مستعمَل ؛ لم يعد مستعملاً .

to come into ~, يبدأ استعمالُه .

to make (good) ~ of يُفيد من .

to ~ up يستهلك ؛ يستنفد .

useable *(adj.)* = usable.

used 426 uxorious

used *(adj.)* (١)مستخدَم(٢)مستعمَل (٣)متعود
useful *(adj.)* نافع ، مفيد .
useless *(adj.)* عقيم ، عديم الجدوى.
user *(n.)* المستعمِل .
usher *(n.; vt.)* (١) الحاجب (في محكمة). (٢) الدليل: مرشد النظارة إلى مقاعدهم (في مسرح الخ.) §(٣)يقود أو يرشد امرءاً إلى مقعده (٤) يُدخِل (٥)يواكب (٦)يبشّر باقتراب شيء .
usual *(adj.)* معتاد، مألوف، اعتيادي .
usufruct *(n.)* حقّ الانتفاع (بممتلكات شخص آخر من غير أن يتلفها) .
usurer *(n.)* المرابي ، المقرِض بالربا .
usurious *(adj.)* (١)مرابٍ (٢)خاص بالربا.
usurp *(vt.; i.)* يغتصب (العرشَ الخ.) .
usury *(n.)* (١)المراباة: إقراض المال بالربا (٢)ربا.
utensil *(n.)* (١) إناء، وعاء (٢) أداة.
uterine *(adj.)* (١)من ناحية الأمّ (٢)رَحِمِيّ.
uterus *(n.)* الرَّحِم (في التشريح) .
utilitarian *(adj.)* (١)مَنْفَعِيّ (٢) هادفٌ إلى المنفعة (لا إلى الجمال أو الأسلوب الخ.).
utilitarianism *(n.)* مذهب المنفعة .
utility *(n.)* (١)منفعة ، نَفْع ، فائدة (٢)شيء نافع أو مُعَدّ للاستعمال (٣) مؤسّسة ذات منفعة عامّة .
utilize *(vt.)* (١)يفيد من ، ينتفع بـ(٢)يستخدم ، يحوِّل لغرض نافع .
utmost *(adj.; n.)* (١)أعظم ، أكبر (٢)أقصى ، أبعد (٣) آخر §(٤) الحدّ الأقصى .
Utopia *(n.)* اليوطوبيا ، المدينة الفاضلة: دنيا مثالية من حيث قوانينُها وحكومتُها وأحوالها الاجتماعية.
Utopian *(adj.)* (١)يوطوبي (٢)خياليّ ، وهميّ .
utricle *(n.)* قُرَيْبَة ، كيس صغير.
utter *(adj.; vt.)* (١)تامّ ، كليّ ، مُطْلَق . §(٢)يطلِق (صوتاً)، يلفظ ، يفوه بـ، يعبّر عن (٣) يروج العملة الزائفة .
utterance *(n.)* (١) تفوه ، تعبير (٢) نُطْق ، كلام ، قول (٣) مَلَكة الكلام أو طريقتُه (٤)ترويج للعملة الزائفة .
utterly *(adv.)* تماماً ، بكل ما في الكلمة من معنى .
uttermost *(adj.; n.)* (١)أقصى (٢)أعظم ، أكبر ، أعلى ، أسمى §(٣) منتهًى ، غاية (٤)قُصارى الجهد .
uvula *(n.)* اللَّهاة ، لهاة الحلق.
uvular *(adj.)* لَهَوِيّ: خاص باللَّهاة .
uxorious *(adj.)* مفتونٌ بزوجته أو خانعٌ لها.

Venice (Italy)

V

v *(n.)* (١) الحرف الـ ٢٢ من الأبجدية الانكليزية.
vacancy *(n.)* (١) بطالة (٢) خُلُوّ؛ شُغُور. (٣) فراغ (٤) غرفة أو وظيفة شاغرة.
vacant *(adj.)* (١) شاغر (٢) فارغ؛ لاعمل فيه. (٣) أحمق (٤) خِلْوٌ من التعبير (٥) مهجور.
vacate *(vt.)* (١) يُبطِل؛ يُلغي (٢) يُخلي. (٣) يتخلّى عن (منصب الخ.).
vacation *(n.; vi.)* (١) إبطال؛ إلغاء (٢) إخلاء. (٣) تخلٍّ عن (٤) عطلة § (٥) يقضي عطلة.
vacationer; vacationist *(n.)* الآخذ عطلةً.
vaccinate *(vt.)* يُلقِّح (ضدّ الجدريّ أو غيره).
vaccination *(n.)* تلقيح (ضد الجدري الخ.).
vaccine *(n.)* لِقاح (ضدّ الجُدَريّ وغيره).
vacillate *(vi.)* (١) يتذبذب؛ يترجّح (٢) يتردّد.
vacillating *(adj.)* (١) متذبذب؛ متخطِّر؛ مترجّح (٢) متردِّد.
vacillation *(n.)* تذبذُب؛ ترجّح؛ تردُّد.
vacuity *(n.)* (١) فراغ (٢) فقدان (٣) بلاهة.
vacuous *(adj.)* (١) فارغ (٢) أبله (٣) متبطّل.
vacuum *(n.)* pl. **-s** *or* **vacua** فراغ؛ خَواء.
vacuum bottle *(n.)* الزجاجة الحَواثيّة: زجاجة محاطة بوعاء بينها وبينه فراغ.
vacuum cleaner *(n.)* المكنسة الكهربائية.
vacuum pump *(n.)* المِضخّة الحَواثيّة.
vacuum tube *or* **valve** *(n.)* الصِّمام المفرَّغ.
vagabond *(adj.; n.; vi.)* (١) متشرِّد § (٢) يتشرَّد.
vagabondage *(n.)* تشرُّد.
vagary *(n.)* (١) تقلُّب (٢) وَهْم؛ هوى.
vagina *(n.)* مَهْبِل (في التشريح).
vaginate; -d *(adj.)* مُغمَد؛ مزوَّد بغمد.
vagrancy *(n.)* تشرُّد.
vagrant *(n.; adj.)* (١) المُتشرِّد (٢) سكّير؛ متشرِّد (٣) الطوّاف؛ الجوّال § (٤) متشرِّد (٥) تائه؛ زائغ.
vague *(adj.)* غامض؛ مُبهَم؛ غير واضح.
vagueness *(n.)* غموض؛ إبهام.
vain *(adj.)* (١) فارغ؛ تافه (٢) عقيم؛ غير مُجْدٍ (٣) مزهُوّ؛ مُختال.
in ~, (١) عبثاً (٢) بغير احترام.
vainglorious *(adj.)* مَزْهُوّ؛ مُفعَم بالغرور.
vainglory *(n.)* زَهْو؛ خُيَلاء؛ غرور.
vainly *(adv.)* (١) عَبَثاً (٢) بزَهْو؛ بخُيَلاء.

valance *(n.)* ستارة قصيرة .

vale *(n.; interj.)* (١)وادٍ §(٢)وداعاً .

valediction *(n.)* وداع ؛ توديع .

valedictorian *(n.)* : مُلقي خطبة الوداع : طالب يلقي خطبة الوداع في التخرّج .

valedictory *(adj.; n.)* (١)وداعي ؛ توديعي . §(٢) خطبة الوداع .

valence *or* **valency** *(n.)* التكافؤ (كيمياء).

Valenciennes *(n.)* الفلنسيني : نوع من المخرّمات .

valentine *(n.)* (١)محبوبة تُختار أو تُحيّى في عيد القديس فالنتين (٢) بطاقة أو هدية صغيرة ترسل في هذا العيد .

valerian *(n.)* الناردين : «أ» نبات ذو زهر صغير . «ب» عقّار مهدّىء للأعصاب يُستخرج من جذور الناردين .

valet *(n.)* (١)خادم خصوصي (يُعنَى بملابس سيّده أو يُساعده على ارتدائها) (٢) مُستخدَم في فندق (ينظف الملابس أو يكويها الخ.) .

valet de chambre *(n.)* = valet.

valetudinarian *(n.; adj.)* مريض ؛ سقيم .

valiant *(adj.; n.)* شجاع ؛ باسل .

valid *(adj.)* (١)شرعيّ ؛ قانونيّ (٢)صحيح . (٣) مُلزِم ؛ ساري المفعول .

validate *(vt.)* (١)يجعله شرعياً ؛ يصادق رسمياً على كذا (٢) يؤيّد ؛ يثبّت .

validity *(n.)* (١)شرعية ؛ صحة (٢)سريان مفعول

valise *(n.)* حقيبة ؛ حقيبة سفر .

valley *(n.)* وادٍ .

valor *or* **valour** *(n.)* شجاعة ؛ بسالة .

valorization *(n.)* تثبيت أسعار السلع (بتدخلٍ أو عونٍ حكوميّ) .

valse *(n.)* الفالس : رقصة الفالس أو موسيقاها .

valuable *(adj.; n.)* (١)ذو قيمة (٢) نفيس ؛ ثمين ؛ قيّم §(٣) شيء ذو قيمة .

valuation *(n.)* (١)تقييم ؛ تخمين (٢)القيمة المقدّرة (٣) تقدير .

value *(n.; vt.)* (١)قيمة (٢)قَدْر ؛ أهميّة . §(٣) يقيّم ؛ يثمّن (٤) يقدّر ؛ يُجِل .

valueless *(adj.)* تافه ؛ عديم القيمة .

valvate *(adj.)* ذو صِمامات أو مصاريع .

valve *(n.)* (١) صِمام (٢)مِصراع .

valved *(adj.)* مُصرّع : ذو مصاريع أو صِمامات

valvular *(adj.)* صِمامي ؛ مِصراعي .

vamoose *(vi.)* يرحل ؛ يرتحل .

vamp I.

vamp *(n.; vt.)* (١)مقدَّم فَرعة الحذاء (٢)رقعة (٣) شيءٌ مُرقَّع (٤) مُغْوِية الرجال §(٥)يزوّد فرعة الحذاء بمقدَّم جديد (٦)يرقّع ؛ يرقّع (٧)يلفّق (٨)تُغْوِي (الرجلَ) بمفاتنها .

vampire *(n.)* (١)الهامّة : جثة يُعتقَد أنها تفارق القبر ليلاً لتمتصّ دماء النائمين (٢)مبتزّ أموال الناس (٣) مُغْوية الرجال (٤) خُفّاش .

van *(n.)* (١) مِروحة (٢) جَناح (٣) طليعة الجيش (٤) عربة ؛ شاحنة .

vandalism *(n.)* الوَنْدَلة : تخريب متعمَّد للممتلكات العامة أو الخاصة .

Vandyke *(n.)* الوَنْدَكية : «أ» قبة عريضة مسنّنة الحاشية . «ب» لحية قصيرة مستدقة الطرَف .

vane I.

vane *(n.)* (١) الدوّارة : دليل اتجاه الريح (٢) المُتغيِّر ؛ المتقلِّب (٣) ريشة المروحة أو الطاحونةِ الهوائيّة .

vanguard *(n.)* (١) طليعة الجيش (٢)طليعة حركة ما .

vanilla *(n.)* الوَنيليّة : «أ» نبات أميركي .

variegated *(adj.)* (١)مرقّش ؛ ملوّن (٢)منوّع .
variety *(n.)* (١) تنوّع (٢) تشكيلة ؛ مجموعة منوّعة (٣)نوع (٤)منوعات غنائيّة الخ.
variety show *(n.)* حفلة منوّعات .
variety store *(n.)* مخزن المنوّعات .
variola *(n.)* الجُدَريّ (مرض) .
variorum *(n.)* الطبعة المحقّقة : طبعة من كتاب (كلاسيكي بخاصة) تشتمل على تعليقات بأقلام عدد من النقّاد .
various *(adj.)* (١)متنوّع ؛ متعدّد الأشكال (٢) متباين (٣) كثير ؛ مختلف ؛ شتّى .
varix *(n.)* الدّوالي : توسّع الأوردة.
varlet *(n.)* الوغد ؛ اللئيم .
varnish *(n.; vt.)* (١) البَرْنيق ؛ الورنيش (٢) طِلاء (٣) لمعة (٤) مظهر خادع . §(٥) يصقل .
varsity *(n.)* (١)جامعة (٢)المنتخَب : منتخب رياضيّ ممثّل لجامعة أو نادٍ .
vary *(vt.; i.)* (١)يغيّر (٢)ينوّع ×(٣)يتغيّر (٤) يختلف ؛ يتفاوت (٥)ينحرف.
vascular *(adj.)* وعائيّ : متعلّق بالأوعية الدمويّة .
vase *(n.)* الزّهرية : إناء للزينة أو للزهور .
vaseline *(n.)* الفازلين : مرهم يُصْنَع من النفط .
vassal *(n.; adj.)* (١) المُقْطَع : شخص يُقطعه السيد الاقطاعي أرضاً لقاء تعهده بتقديم المساعدة العسكريّة إليه (٢)التابع ؛ الخادم §(٣)خانع ؛ ذليل .
vassalage *(n.)* (١) المُقْطَعِيّة : حالة المُقطَع أو الخدمات المفروضة عليه (٢) إقطاعة (٣) خضوع ؛ عبوديّة .
vast *(adj.; n.)* (١)وسيع ؛ فسيح (٢)ضخم §(٣) اتساع (٤) مقدار ضخم .
vastness *(n.)* اتساع ؛ انفساح ؛ ضخامة .
vasty *(adj.)* واسع ؛ فسيح ؛ ضخم .

«ب» ثمر الونيليّة أو عطرُهُ الذي تعطّر به بعض المآكل .
vanish *(vi.)* (١)يغيب (عن النظر) (٢)يتلاشى .
vanity *(n.)* (١)شيء فارغ أو تافه (٢)فراغ ؛ تفاهة (٣)خُيَلاء ؛ غرور (٤) حلية تافهة ؛ شيء أنيق تافه (٥)علبة لمستحضرات التجميل.
vanquish *(vt.)* يهزم ؛ يقهر ؛ يتغلّب على .
vantage *(n.)* (١) أفضليّة (٢)حالة تمنح المرء أفضلية (٣) فرصة مؤاتية .
vanward *(adj.)* طليعيّ ؛ في المقدّمة .
vapid *(adj.)* تفِه ؛ مُبتذَل ؛ مُضجِر ؛ «بايخ» .
vapor *(n.; vi.)* (١)بخار (٢)ضباب (٣)وهم §(٤) يتبخّر (٥) يتبجّح ؛ يتفاخر .
vaporing *(n.)* تبجح ؛ تفاخُر .
vaporization *(n.)* (١)تبخير ×(٢) تبخُّر .
vaporize *(vt.; i.)* (١)يبخّر ×(٢) يتبخّر .
vaporous *(adj.)* (١) بخاريّ (٢) ضبابيّ (٣) وهميّ (٤) سريع الزوال (٥) رقيق .
vapory *(adj.)* (١)بخاريّ ؛ ضبابيّ (٢)غامض .
vapour *(n.; vi.)* = vapor.
variable *(adj.; n.)* (١)متقلّب (٢)متغيّر أو قابل للتغيير §(٣) شيء متقلب أو متغيّر .
variance *(n.)* (١)اختلاف ؛ تفاوت ؛ فَرْق (٢) خلاف ؛ نزاع .
at ~, على خلاف أو نزاع أو تعارض مع
variant *(adj.; n.)* (١) متنوّع (٢) مختلِف §(٣)شكل مختلف (٤) تهجئة مختلفة لكلمة .
variation *(n.)* (١)تغيير (٢)تغيُّر ؛ اختلاف (٣)شكل مختلف لشيء ما (٤) انحراف .
varicolored *(adj.)* ملوّن ؛ كثير الألوان .
varicose *(adj.)* متوسّع (صفة للأوردة) .
varied *(adj.)* (١)مغيَّر ؛ معدَّل (٢)متنوّع (٣) متعدّد الألوان .
variegate *(vt.)* (١)يرقّش ؛ يلوّن (٢)ينوّع .

vat *(n.)* الراقود: وعاء ضخم للسوائل يُستخدم للتكرير أو التخمير أو الصباغة أو الدباغة.

Vatican *(n.)* الفاتيكان: المقرّ البابويّ في رومة.

vaudeville *(n.)* (١) الفودفيل؛ الملهاة: مسرحيّة هزليّة خفيفة (٢) حفلة منوّعات.

vault *(n.; vt.; i.)* (١) عَقْد؛ قنطرة (٢) السماء؛ القبة الزرقاء (٣) سرداب (٤) قبو (٥) خشخاشة؛ مدفن (تحت الأرض) (٦) وَثْب؛ وثبة §(٧) يعقِّد؛ يُقنطر ×(٨) يقفز؛ يثب.

vaulting horse *(n.)* حصان الوَثْب: حصان خشبيّ للتمرّن على الوَثْب.

vaulting horse

vaunt *(vi.; t.; n.)* (١) يتبجّح §(٢) تبجُّح.

veal *(n.)* (١) عِجْل (٢) لحم العِجل.

vedette *(n.)* (١) الدَّيْدَب: فارس يحرس مخافر الجيش الأماميّة (٢) زورق استكشاف.

veer *(vi.; t.; n.)* (١) ينحرف؛ يتغيّر اتجاهُهُ ×(٢) يغيِّر اتجاهَ كذا §(٣) تغيُّر الاتجاه.

veery *(n.)* الفِيري: السُّمنة الأميركية (طائر).

vegetable *(n.; adj.)* (١) نبات (٢) نباتٌ من الخُضَر §(٣) نباتيّ (٤) رتيب؛ بليد؛ أبله.

vegetable marrow *(n.)* الكوسا (نبات).

vegetal *(adj.)* نبـاتيّ.

vegetarian *(n.; adj.)* (١) النباتيّ: المقتصِر في طعامه على الخضر والحبوب والفاكهة §(٢) نباتيّ.

vegetate *(vi.; t.)* (١) يَنْبُت (٢) يحيا حياة بلادة وخمول ×(٣) يزرع.

vegetation *(n.)* (١) نموّ النبات (٢) حياة بلادة وخمول (٣) الحياة النباتية (في إقليم مّا).

vegetative *(adj.)* (١) نامٍ (٢) نباتيّ (٣) خامل.

vehemence *(n.)* شدّة؛ عنف؛ اتّقاد الخ.

vehement *(adj.)* (١) شديد؛ عنيف (٢) متّقِد؛ ملتهب (٣) متحمِّس.

vehicle *(n.)* (١) مركبة؛ عربة (٢) أداة نقل (للفكر أو الصوت الخ.) (٣) الحمّال: سائل تذوَّب فيه الأدوية.

veil *(n.; vt.)* (١) حِجاب؛ خِمار؛ بُرقع. (٢) سِتار §(٣) يحجُب (٤) يستُر.

to take the ~; تترهّب؛ تصبح راهبة.

veiled *(adj.)* (١) مُحَجَّب (٢) مُبطَّن.

veiling *(n.)* (١) حِجاب (٢) نسيج شفّاف.

vein *(n.; vt.)* (١) وَريد (٢) العِرق: «أ» ضلع الورقة أو جناح الحشرة. «ب» عِرق معدنيّ. «ج» عِرق في الخشب أو الرخام (٣) مَسْحة (٤) مزاج §(٥) يعرِّق؛ يجزِّع.

veined; veiny *(adj.)* مُعَرَّق؛ مُجَزَّع.

velar *(adj.)* (١) غِشائيّ (٢) حَلْقِيّ.

vellum *(n.)* (١) الرَّقّ: جِلد للكتابة أو للتجليد. (٢) الورق الرَّقّي: ورق متين شبيه بالرَّقّ.

velocipede *(n.)* (١) دراجة ثلاثيّة (٢) عربة يد ثلاثيّة العجلات تُدْفَع على سكّة.

velocity *(n.)* سُرعة (الضوءِ الخ.).

velour ;-s *(n.)* الفَيْلُور: ضرب من المخمل.

velum *(n.)* pl. **-la** (١) غشاء (٢) لهاة.

velvet *(n.; adj.)* (١) مُخْمَل (٢) نعومة §(٣) مُخْمَليّ (٤) ناعم.

velveteen *(n.)* (١) المُخْمَلِين: مُخْمَلٌ قطنيّ (٢) *pl.*: ملابس مُخْمَلِيّة.

velvety *(adj.)* مُخْمَليّ؛ ناعم.

venal *(adj.)* (١) قابلٌ للرشوة (٢) مشترىً بالمال. (٣) فاسد؛ قائم على الرشوة.

venality *(n.)* الفساد؛ القابليّة للرشوة.

venation *(n.)* التعرُّق: نظام انتشار العروق في ورقة نبات أو جناح حشرة.

venation

vend *(vt.)* يبيع.

vendee *(n.)* المشتري؛ المبيع له.

vender *(n.)* = vendor.
vendetta *(n.)* الثأر (للقتيل بقتل قاتله أو أنسبائه).
vendible *(adj.; n.)* (١) قابل للبيع؛ ممكن بيعه. § (٢) سلعة قابلة للبيع.
vendor *(n.)* البائع.
veneer *(n.; vt.)* (١) قشرة خشبية (٢) طبقة خارجية (للوقاية أو الزينة) (٣) مظهر خادع § (٤) يكسو بقشرة زينية.
venerable *(adj.)* (١) مبجل؛ موقر (٢) جليل.
venerate *(vt.)* يبجل؛ يوقر.
veneration *(n.)* (١) تبجيل؛ توقير (٢) مهابة.
venereal *(adj.)* (١) تناسلي (٢) مصاب بمرض تناسلي (٣) مُعَدّ لمعالجة الأمراض التناسلية.
venery *(n.)* (١) صَيْد (٢) جِماع.
venetian blind *(n.)* الحاجبة الفينيسية: ستارة ذات أضلاع يمكن تعديلها لإدخال القدر المطلوب من النور.
vengeance *(n.)* انتقام؛ اثّئار؛ أخذ الثأر.
vengeful *(adj.)* حاقد؛ توّاق إلى الانتقام.
venial *(adj.)* ممكنٌ اغتفارُه أو الصفح عنه.
venison *(n.)* (١) لحم الطرائد (٢) لحم الغزال.
venom *(n.)* (١) سمّ (٢) حقد؛ غِلّ.
venomous *(adj.)* (١) سامّ (٢) حقود؛ ضغِن.
venous *(adj.)* (١) عِرقيّ (٢) كثير العروق (٣) وريديّ.
vent *(n.; vt.)* (١) ثُقْب: فُتْحَة (٢) مَنْفَذ؛ مَصْرِف؛ مَخْرَج (٣) شرج؛ إست (٤) فجوة أنبوبيّة (في بركان) (٥) شِقّ طوليّ § (٦) يزوّد بفتحة أو مَصْرَف (٧) يصرِّف؛ يكُوْن مَصْرِفاً لِ (٨) يصبّ (جامّ غضبه) (٩) ينفّس عن.
ventilate *(vt.)* (١) يبحث؛ يناقش (٢) يعلن أو يعبّر عن (٣) يهوّي (حجرةً الخ.).
ventilation *(n.)* (١) تهوية (٢) وسيلة تهوية.
ventilator *(n.)* مِهْواة؛ مروحة تهوية.
ventral *(adj.; n.)* (١) بطنيّ § (٢) زعنفة بطنية.
ventricle *(n.)* (١) تجويف (٢) بُطَيْن القلب أو الدماغ (تشريح).
ventriloquism *(n.)* التكلّم البطنيّ.
ventriloquist *(n.)* المتكلّم من بطنه.
venture *(n.; vt.; i.)* (١) مغامرة؛ مجازفة (٢) مضاربة (٣) مال مغامَرٌ به في مضاربة أو مشروع تجاريّ § (٤) يغامر بـ (٥) يتجرّأ على × (٦) يغامر؛ يقوم بمغامرة.
venturer *(n.)* المغامر (وبخاصة في التجارة).
venturesome *(adj.)* مغامِر أو منطوٍ على مغامرة.
venturous *(adj.)* = venturesome.
venue *(n.)* (١) موقع حدوث الجريمة (٢) مكان إقامة الدعوى (٣) مسرح الحوادث.
Venus *(n.)* (١) فينوس: إلاهة الحب والجمال عند الرومان (٢) الزُّهرة (فلك).
veracious *(adj.)* (١) صادق (٢) صحيح؛ دقيق.
veracity *(n.)* (١) صدق (٢) صحّة؛ دقّة (٣) حقيقة.
veranda; -randah *(n.)* شُرْفَة؛ «فارندة».
verb *(n.)* فعل (في قواعد اللغة).
verbal *(adj.)* (١) لفظيّ؛ كلاميّ (٢) فِعليّ (في قواعد اللغة) (٣) شفهيّ (٤) حرْفيّ.
verbally *(adv.)* (١) لفظياً (٢) شفهياً (٣) حرفياً.
verbal noun *(n.)* الاسم الفعليّ: اسم مشتقّ من الفعل مباشرة.
verbatim *(adj.; adv.)* حَرْفيّ أو حرفياً.
verbena *(n.)* رِعْيُ الحمام (نبات).
verbiage *(n.)* (١) الحشو (في الكلام) (٢) لغة.
verbose *(adj.)* (١) مُسْهَب (٢) مُسهِب.
verbosity *(n.)* إسْهاب؛ إطْناب.
verdancy *(n.)* خُضْرة؛ اخضرار.

verdant *(adj.)* (١) أخضر (٢) مُخضَوضِر . (٣) غِرّ ؛ قليل الاختبار .
verdict *(n.)* (١) حُكم المحلَّفين (٢) رأي ؛ حكم .
verdigris *(n.)* الزِّنجار : صدأ النحاس والبرونز .
verdure *(n.)* (١) خُضرة ؛ خضرة النبات . (٢) النبت الأخضر (٣) نَضْرة ؛ عافية .
verge *(n.; vi.)* (١) صولجان (٢) محور دوران (في ميزان الساعة) (٣) حافة ؛ حدّ (٤) شفا ؛ شفير (٥) أفق § (٦) يجاور ؛ يتاخم (٧) يُشرف على .
verger *(n.)* (١) حامل الصولجان (أمام أسقف الخ.) (٢) قَنْدَلَفْت .
verifiable *(adj.)* ممكن إثباتُه أو التحقق منه .
verify *(vt.)* (١) يؤكد صحة شيء (مُقسِماً أمام القضاء) (٢) يُثبت (٣) يتحقق من .
verily *(adv.)* (١) من غير رَيْب (٢) حقاً ؛ يقيناً .
verisimilitude *(n.)* (١) احتمال (٢) شيء مُحتمَل أن يكون صادقاً أو صحيحاً .
veritable *(adj.)* (١) حقيقيّ (٢) صحيح .
verity *(n.)* (١) حقيقة (٢) صدق .
verjuice *(n.)* عُصارة الحِصرِم ونحوه .
vermicelli *(n.)* الشُّعَيْرِيّة : معكرونة رفيعة جداً .
vermicide *(n.)* مُبيد الدِّيدان .
vermiform *(adj.)* دُوَيْدِيّ ؛ دُودِيّ الشكل .
vermiform appendix *(n.)* الزائدة الدودية .
vermilion *(n.)* اللون القِرمِزي .
vermin *(n.)* (١) هَوامّ ؛ حشرات طفيلية الخ. (٢) طيور أو حيوانات ضارة بالحيوانات الأخرى (٣) شخص مؤذٍ .
verminous *(adj.)* (١) مؤذٍ (٢) قَذِر . (٣) دوديّ ؛ هواميّ المنشأ .
vermouth *(n.)* الفيرموت : ضرب من الخمر .
vernacular *(adj.; n.)* (١) عاميّ (٢) بلديّ ؛ وطنيّ § (٣) اللغة العامية (٤) لغة إقليم أو جماعة ما .
vernal *(adj.)* (١) ربيعيّ (٢) جديد (٣) نَضْر .
vernal equinox *(n.)* الاعتدال الربيعيّ .
vernation *(n.)* الترتيب البرعميّ : ترتيب الأوراق في البرعم .
vernier *(n.)* الوَرْنِيّة : مقياس صغير منزلق على أداة مدرّجة لتبيان كُسُور تقسيماتها .
veronica *(n.)* زهرة الحواشي (نبات) .
versatile *(adj.)* متعدد الجوانب أو البراعات .
verse *(n.)* (١) بيت من الشعر (٢) شِعر . (٣) قصيدة (٤) مقطع شِعريّ (٥) آية .
versed *(adj.)* متمكّن ؛ متضلّع (من موضوع ما) .
versicle *(n.)* جملة أو آية يقولها الكاهن أو ينشدها فيردّدها المؤمنون بعده .
versification *(n.)* النَّظْم : نظم الشعر .
versifier *(n.)* الناظم ؛ وبخاصة : النَّظّام .
versify *(vi.; t.)* (١) ينظم شعراً × (٢) يروي أو يصف بقالب شعريّ (٣) يحوّل إلى شعر .
version *(n.)* (١) ترجمة ؛ وبخاصة ترجمة للكتاب المقدس (٢) رواية (لما حدث الخ.) (٣) نسخة معدّلة من أثر أدبيّ .
verso *(n.)* (١) الصفحة اليسرى (٢) قفا (الشيء) .
verst *(n.)* الفَرْسْت : مقياس روسيّ للطول .
versus *(prep.)* (١) ضدّ (٢) مقابل ؛ إزاء .
vertebra *(n.)* pl. **-e** *or* **-s** فَقارة ؛ فَقْرة .
vertebral *(adj.)* فَقاريّ ؛ فَقْريّ (تشريح) .
vertebral column *(n.)* العمود الفَقْرِيّ .
vertebrate *(n.; adj.)* (١) الفَقاريّ : حيوان من الفَقاريات § (٢) فَقاريّ .
vertex *(n.)* (١) رأس ؛ قمّة (٢) ذروة .
vertical *(adj.; n.)* (١) عموديّ ؛ رأسيّ ؛ شاقوليّ § (٢) خطّ أو وَضْع عموديّ .
vertically *(adv.)* عمودياً ؛ رأسياً ؛ شاقولياً .
vertices *pl. of* vertex.
vertiginous *(adj.)* (١) متقلّب (٢) دُواريّ . (٣) مُصابٌ بدُوار (٤) مدوِخ (٥) دَوَرانيّ .

vertigo *(n.)* pl. **-es** *or* **-gines** دُوار ؛ دَوْخة

verve *(n.)* نشاط ؛ حيويّة .

very *(adj.; adv.)* (١) حقيقيّ (٢) مطلق . (٣) - بالذات (٤) عين ؛ نفس (٥) مجرّد § (٦) جدّاً ؛ إلى حدّ بعيد (٧) فعلاً (٨) تماماً .

vesicle *(n.)* (١) حُوَيصلة ؛ كُيَيْس (٢) بثرة .

vesper *(n.; adj.)* (١) *cap.* : نجمة السماء . (٢) ناقوس أو صلاة المساء § (٣) مسائيّ .

vespers *(n.pl.)* صلاة الغروب أو المساء .

vespertine *(adj.)* مسائيّ .

vessel *(n.)* (١) إناء ؛ وعاء (٢) مَركب (٣) طائرة . (٤) الوعاء الدموي : شريان ؛ وريد .

vest *(vt.; i.; n.)* (١) يقلّد ؛ يخوّل (٢) يعهد به إلى ؛ يُنيطهُ بِ (٣) يُلبِس (أردية كهنوتيّة) × (٤) يصبح مِلكاً لفلان أو حقاً من حقوقه (٥) يلبس § (٦) ثوب (٧) صُدْرة .

vestal *(n.; adj.)* (١) عذراء فيستا : عذراء مكرّسة لخدمة فيستا ، ربّة نار الموقد عند الرومان (٢) عذراء (٣) راهبة § (٤) فيستاويّ : ذو علاقة بِـ « فيستا » (٥) طاهر ؛ بتوليّ .

vested *(adj.)* (١) مَنُوطٌ بِـ (٢) راسخ ؛ ثابت . (٢) مكسوّ (بثياب اكليركيّة) .

vestee *(n.)* صُدْرة نسائيّة زينيّة .

vestibule *(n.)* (١) مجاز أو رَدْهة (٢) مدخل مسقوف (في طرف حافلة من حافلات الركاب في السكّة الحديديّة) .

vestige *(n.)* (١) أثر ؛ أثر القدم (٢) ذرّة ؛ بقيّة ضئيلة (٣) عضوٌ أثاريّ ؛ عضوٌ لا وظيفيّ .

vestment *(n.)* (١) رداء (٢) رداء كهنوتيّ .

vestry *(n.)* (١) غرفة المقدّسات وملابس الكهنة . (٢) حجرة للاجتماعات والصفوف الكنسية (٣) مجلس الكنيسة .

vesture *(n.)* (١) ثوبٌ ؛ ثياب (٢) غطاء .

vetch *(n.)* البيقيّة ؛ البيقة : نبات علفيّ .

veteran *(n.; adj.)* (١) جنديّ أو بحّار محنّك . (٢) محارب قديم (٣) شخص ممرِّس في السياسة أو في مهنة ما § (٤) محنّك ؛ ممرّس ؛ عريق .

veterinarian *(n.)* طبيب بيطريّ .

veterinary *(adj.; n.)* (١) بيطريّ § (٢) طبيب بيطريّ .

veto *(n.)* (١) منع ؛ تحريم (٢) الفيتو : حقّ النقض أو الرفض (٣) بيان (يصدره الملك أو رئيس الجمهورية) بالأسباب الداعية إلى رفضه مشروعَ قرار ما .

vex *(vt.)* (١) يَغيظ ؛ يناكد ؛ يثير (٢) يحيِّر ؛ يُربك (٣) يناقش (المسألةَ) مطوّلاً .

vexation *(n.)* (١) إغاظة (٢) مصدر إغاظة .

vexatious *(adj.)* (١) مُغيظ (٢) مضطرب .

vexed *(adj.)* (١) مَغيظ (٢) مناقَش مطوّلاً .

via *(prep.)* (١) من طريق كذا (٢) بواسطة كذا .

viable *(adj.)* قابل للحياة أو للنموّ أو للتطبيق .

viaduct

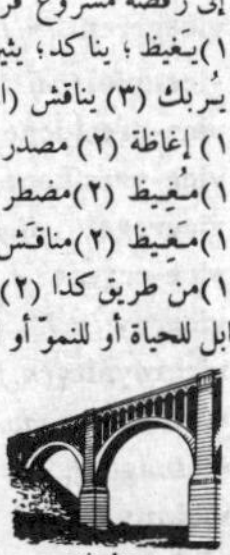

viaduct *(n.)* جِسر .

vial *(n.)* قنينة ؛ قارورة .

viand *(n.)* (١) طعام . (٢) *pl.* : مُؤَن .

viaticum *(n.)* (١) تعويض نفقات السفر (٢) قربان الموت (في النصرانيّة) .

vibrant *(adj.)* (١) مُهتزّ ؛ مُرتجّ ؛ مُتذبذب . (٢) نابض بالحياة أو النشاط (٣) مُدَوٍّ ؛ رنّان .

vibrate *(vt.; i.)* (١) يَهُزّ ؛ يُذَبذِب (٢) يقيس بالتذبذُب أو النّوسان × (٣) يهتزّ ؛ يتذبذب ؛ ينوس (٤) يتردّد .

vibration *(n.)* (١) اهتزاز ؛ ذبذبة (٢) تردُّد .

vibratory *(adj.)* (١) اهتزازيّ (٢) مُهتزّ .

viburnum *(n.)* الوِيبرْنوم (شُجيرة) .

vicar *(n.)* (١) وكيل ؛ نائب ؛ ممثّل (٢) قسّ .

vicarage *(n.)* مقرّ القسّ أو وظيفتُه أو راتبُه .

vicar-general *(n.)* النائب الأسقفيّ العامّ .

vicarious 434 vile

vicarious *(adj.)* (١) مُنجَزٌ أو مُتَحَمَّلٌ نيابةً عن الآخرين أو لمصلحتهم (٢) بديليّ ؛ نائبٌ مَنابَ .

vice *(n.)* (١) رذيلة (٢) عَيْبٌ ؛ شائبة ؛ نقيصة.

vice *(n.; vt.)* = vise.

vice *(prep.)* بدلاً من ؛ خَلَفاً لِـ.

vice- بادئة معناها : نائب .

vice admiral *(n.)* لواءٌ بحريّ ؛ نائب أميرال.

vice-consul *(n.)* نائب قنصل .

vicegerent *(n.)* نائب ؛ وكيل ؛ ممثِّل .

vicennial *(adj.)* حادثٌ مرةً كلَّ عشرين عاماً.

vice-presidency *(n.)* نيابة الرئاسة .

vice-president *(n.)* نائب رئيس .

viceregal *(adj.)* ذو علاقة بنائب الملك .

vice-regent *(n.)* نائب الوصيّ (على العرش) .

viceroy *(n.)* نائب المَلِك .

viceroyalty *(n.)* نيابة الملك : منصب نائب الملك

vice versa *(adv.)* والعكس بالعكس .

vicinage *(n.)* = vicinity.

vicinity *(n.)* قُرْب ؛ جِوار ؛ منطقة مجاورة.

vicious *(adj.)* (١) فاسدٌ (٢) شرير ؛ أثيم. (٣) رديء (٤) باطل (٥) وحشيّ (٦) شديد.

vicious circle *(n.)* الدَّور : حَلْقَة مفرغَة.

vicissitude *(n.)* تقلُّب ؛ تغيُّر .

victim *(n.)* ضَحِيّة .

victimize *(vt.)* (١) يضحّي بـ (٢) يذبح كضحية (٣) يخدع ؛ يحتال على .

victor *(n.)* المنتصر ؛ المتغلِّب ؛ الظافر ؛ الفائز.

victoria *(n.)* الفِكْتوريّة : «أ» مركبة أو سيارة مكشوفة. «ب» نبات أميركيّ مائيّ .

victorious *(adj.)* (١) منتصر ؛ ظافر . (٢) انتصاريّ ؛ ظَفَريّ .

victory *(n.)* نَصْر ؛ انتصار ؛ ظَفَر .

victual *(n.; vt.; i.)* (١) طعام (٢) *pl.*: مؤن. §(٣) يزوِّد بالطعام ×(٤) يتزوَّد بالمؤن .

victualler *(n.)* (١) صاحب مطعم أو نُزُل . (٢) مزوِّد الجيش أو الاسطول بالطعام .

vicuña *(n.)* الفِكّونة : حيوان جنوبأميركي شبيهٌ بالجمل (٢) وبر الفِكّونة أو نسيج مصنوع منه .

vicuña

vide *(v.)* أُنظُر ؛ راجِع .

videlicet *(adv.)* أيْ ؛ يعني

video *(adj.; n.)* (١) تلفزيونيّ §(٢) تلفزيون.

vie *(vi.)* يتنافس .

view *(n.; vt.)* (١) رؤية (٢) تمحيص (٣) دراسة. (٤) فكرة ؛ رأي (٥) مشهد ؛ منظر (٦) مرأى (٧) العِيان (٨) هدف (٩) صورة §(١٠) يشاهد (١١) يفحص (١٢) يدرس (مشكلةً أو طلباً) .

in ~ of نظراً لـ ؛ بالنظر إلى ؛ بسبب.

with a ~ to بقصد كذا ؛ لكيْ.

viewless *(adj.)* (١) غير منظور (٢) غير مُبْدٍ رأياً.

viewpoint *(n.)* وجهة نظر .

vigil *(n.)* (١) عشية العيد (٢) *pl.*: صلوات المساء (٣) سَهَر ؛ يقظة (٤) مراقبة .

vigilance *(n.)* يَقَظَة ؛ حَذَر ؛ احتراس .

vigilant *(adj.)* يقِظ ؛ حَذِر ؛ محترس .

vigilante *(n.)* عضو في لجنة أمن أهلية .

vignette *(n.; vt.)* (١) نقش صغير (في مطلع الفصل أو ختامه) (٢) صورة قلمية موجزة §(٣) يصف أو يصوِّر بإيجاز .

vigor *or* **vigour** *(n.)* (١) نشاط (٢) قوة .

vigorous *(adj.)* (١) نشيط (٢) قويّ .

vigorously *(adv.)* (١) بنشاط (٢) بقوّة .

Viking *(n.)* الفايكنغ : قرصان اسكندينافيّ .

vile *(adj.)* (١) تافه ؛ حقير (٢) رديء ؛ كريه . (٣) فاسد ؛ قَذِر (٤) خسيس ؛ وضيع .

vilify 435 virtueless

vilify *(vt.)* (١) يحطّ من قدره (٢) يذمّ .
villa *(n.)* دارة؛ مَغْنًى؛ فيلاّ .
village *(n.; adj.)* (١)قرية §(٢)قَرَويّ .
villager *(n.)* القَرَوِيّ: أحد أبناء القرية .
villain *(n.)* النذل؛ الوغد؛ اللئيم .
villainous *(adj.)* (١)نَذْل؛ خسيس (٢)حقير .
villainy *(n.)* (١) نَذالة؛ خِسّة (٢)جريمة .
villein *(n.)* فلاّح نصف حرّ (في النظام الاقطاعي).
villous *(adj.)* أزغب؛ مكسوّ بالزَّغَب .
villus *(n.)* pl. **villi** الزَّغْبة : واحدة الزَّغَب.
vim *(n.)* حيويّة؛ همّة؛ نشاط .
vinaigrette *(n.)* قارورة مثقَّبة (لأملاح الشَّمّ).
vincible *(adj.)* ممكنٌ قهرُه أو التغلّب عليه.
vindicate *(vt.)* (١) يُبرِّىء (٢) يُثْبِت . (٣)يبرر (٤) يصون؛ يحمي؛ يدافع عن .
vindication *(n.)* تبرئة؛ إثبات؛ تبرير؛ دفاع.
vindictive *(adj.)* (١) حقود (٢) انتقاميّ .
vine *(n.)* (١)الكَرْمة (٢)نباتٌ مُعترِش أو ساقُه.
vinegar *(n.)* (١)خلّ (٢)نَكَد؛ مرارة .
vinegar eel *(n.)* دودة الخلّ .
vinegary *(adj.)* (١)خَلّيّ (٢)نَكِد؛ شكِس.
vineyard *(n.)* (١) كَرْم (٢)حقلُ نشاط المرء.
vinous *(adj.)* (١)خَمْريّ (٢)سُكْرِيّ .
vintage *(n.)* (١)غَلّةُ الكَرْم (٢)خمر معتّقة. (٣) قطف العنب؛ صنع الخمر (أو موسمهما) (٤) عهد نشوء شيء أو صنعه؛ عُمُر .
vintner *(n.)* تاجر الخمر .
viol *(n.)* الفِيول : ضرب من الكمان (موسيقى).
viola *(n.)* الكمان الأوسط أو عازفُه .
violable *(adj.)* ممكنٌ انتهاكُه أو الاعتداء عليه.
violate *(vt.)* (١)ينتهك (حرمة كذا) (٢)يعتدي على؛ يغتصب (٣) يدنِّس .
violation *(n.)* انتهاك؛ تدنيس؛ اعتداء .
violence *(n.)* (١)عُنْف (٢)أذىً (٣)اغتصاب. (٤) اتّقاد (٥) شدّة؛ قسوة .
violent *(adj.)* (١) عنيف (٢) شديد؛ قاس . (٣) صارخ (٤) متّقد (٥) غير طبيعيّ .
violet *(n.; adj.)* (١)بنفسج؛ بنفسجة (٢)اللون البنفسجيّ §(٣) بنفسجيّ .
violin *(n.)* (١)الكمان (٢)عازف الكمان.
violinist *(n.)* الكمانيّ: عازف الكمان .
violoncellist *(n.)* عازف الفيولونسيل .
violoncello *(n.)* الفيولونسيل .

violoncello

viper *(n.)* (١) الأفعى الخبيثة: أفعى سامة (٢)الخبيث؛ الغادر .
virago *(n.)* امرأة سليطة أو مشاكسة
vireo *(n.)* الأُخَيْضِر: عصفور أميركيّ آكلٌ للحشرات .
virgin *(n.; adj.)* (١) *cap.*: مريم العذراء (٢) العذراء؛ البتول §(٣) عُذْرِيّ ؛ بتوليّ (٤)طاهر؛ عفيف (٥)بكر (٦)أوّل؛ أوّليّ.
virginal *(adj.; n.)* (١) عُذْرِيّ؛ بتوليّ . (٢)بريء؛ طاهر §(٣)العُذْراويّة: آلة موسيقية.
virgin birth *(n.)* عقيدة الحَبَل بلا دَنَس .
virginity *(n.)* (١) بُتولة (٢) عُزوبة .
viridescent *(adj.)* ضاربٌ إلى الخضرة .
virile *(adj.)* (١)رجوليّ؛ مكتمل الرجولة . (٢) نشيط (٣) حاسم؛ قويّ .
virility *(n.)* (١)رجولة؛ رجوليّة (٢)نشاط؛ قوة.
virtu *(n.)* (١)حبّ الطُّرَف الفنيّة (٢)طُرَف فنيّة .
virtual *(adj.)* عمليّ؛ فعليّ؛ واقعيّ.
virtually *(adv.)* عمليّاً؛ فعليّاً؛ واقعيّاً.
virtue *(n.)* (١) فضيلة (٢)مَنْقَبة؛ مزيّة . (٣) قوّة؛ فعاليّة؛ تأثير (٤)طهارة؛ عفّة.
by *or* in ~ of . (١)بفضل (٢)بمقتضى
virtueless *(adj.)* (١)تافه (٢)عديم الأخلاق.

virtuosity 436 vitreous

virtuosity *(n.)* براعة فنية فائقة .
virtuoso *(n.)* pl. **-s** *or* **-osi** (١) الفنّان . (٢) متذوّق الفنّ (٣) عازف الكمان الخ.
virtuous *(adj.)* (١) فاضل (٢) طاهر ؛ عفيف.
virulence *or* **virulency** *(n.)* (١) خُبْث . (٢) الفَوْعة : مقدار حدّة الجرثوم أو الفيروس.
virulent *(adj.)* (١) خبيث (٢) سامّ جداً .
virus *(n.)* (١) سمّ (٢) الفيروس ؛ الحُمَة : عامل مُحْدِث للمرض (٣) لِقاح .
vis *(n.)* pl. **vires** قُوّة .
visa *(n.)* تأشيرة ؛ سِمَة (على جواز السفر) .
visage *(n.)* (١) طَلْعَة ؛ مُحَيّا (٢) مَظْهَر .
vis-à-vis *(n.; adv.)* (١) المُواجِه : شخص مواجِه §(٢) وجهاً لوجه .
viscera *(n.pl.)* (١) أحشاء (٢) أمعاء .
viscid *(adj.)* لَزِج ؛ دَبِق .
viscidity *(n.)* لزوجة ؛ تَلَزُّج ؛ تَدَبُّق.
viscose *(n.)* الفِسكوز : مادّة لدائنيّة تستخدم في صنع الحرير الصناعي الخ .
viscosity *(n.)* لزوجة ؛ تلزّج ؛ تدبّق.
viscount *(n.)* الفيكونت : نبيل دون الكونت وفوق البارون .
viscountess *(n.)* الفيكونتيسة : زوجة الفيكونت.
viscous *(adj.)* لَزِج ؛ دَبِق .
viscus *(n.)* pl. **-cera** الحَشا : واحد الأحشاء .
vise *(n.; vt.)* (١) مِلْزَمَة . §(٢) يُمَلْزِم : يشدّ بمِلْزَمَة .

vise

visé *(n.)* = visa.
visibility *(n.)* (١) رؤية. (٢) وضوح ؛ جلاء .
visible *(adj.)* (١) مَرْئيّ ؛ منظور (٢) واضح.
vision *(n.; vt.)* (١) طَيْف ؛ خيال (٢) رؤيا . (٣) تخيُّل (٤) بصيرة (٥) رؤية (٦) حاسّة البصر (٧) شيء مَرْئيّ (٨) شخص أو مشهد فاتن §(٩) يتخيّل ؛ يتصوّر .
visionary *(adj.; n.)* (١) كثير الرؤى ؛ حالم. (٢) وهميّ ؛ خياليّ (٣) مثاليّ ؛ غير عمليّ §(٤) الحالم ؛ الكثير الرؤى .
visit *(vt.; i.; n.)* (١) يعود (مريضاً) (٢) يزور. (٣) يتفقّد ؛ يفتّش ×(٤) يتحدّث §(٥) زيارة .
visitant *(n.; adj.)* (١) الزائر (٢) الطير الزائر أو المهاجر §(٣) زائر .
visitation *(n.)* (١) زيارة (٢) تفقّد ؛ تفتيش. (٣) عقاب (أو ثواب) إلهيّ .
visiting card *(n.)* بطاقة الزيارة .
visiting professor *(n.)* الأستاذ الزائر .
visitor *(n.)* الزائر الخ..
visor *(n.)* (١) مقدَّم الخوذة (٢) قناع (٣) حافةُ القبعةِ (الناتئةُ في مقدمتها) (٤) حافة زجاج السيّارة الأماميّ .
vista *(n.)* (١) مَشْهَد (من خلال مجاز ضيّق أو صفَّي أشجار) (٢) صورة ذهنية (للماضي أو المستقبل) (٣) أفق .
visual *(adj.)* (١) بَصَريّ (٢) مرئيّ .
visualize *(vt.)* يتصوّر ؛ يتخيّل .
vital *(adj.)* (١) حيويّ (٢) مفعَم بالحيوية. (٣) مُحْيٍ (٤) قاتل ؛ مُهْلِك (٥) أساسيّ.
vitality *(n.)* حيوية ؛ نشاط .
vitalize *(vt.)* يُحْيِي أو ينفخ الحيوية في..
vitals *(n.pl.)* (١) الأعضاء الحيوية (كالدماغ والقلب) (٢) مُقوِّمات ؛ أجزاء أساسيّة .
vitamin *(n.)* الفيتامين ؛ الحَيِّمين .
vitiate *(vt.)* (١) يُفسِد (٢) يُبطِل .
vitiation *(n.)* إفساد ؛ فساد ؛ إبطال ؛ بُطْلان.
vitreous *(adj.)* زجاجيّ .

vitrify 437 volley

vitrify *(vt.; i.)* (١)يزجّج: يحوّل إلى زجاج. ×(٢) يتزجّج.
vitriol *(n.)* (١)الزاج (كيمياء) (٢)نقد لاذع.
vituperate *(vt.)* (١)يقدح؛ يذمّ (٢)يوبّخ.
vituperation *(n.)* (١)قدح؛ ذمّ (٢)توبيخ.
vituperative; -atory *(adj.)* قدحي؛ ذمّي.
viva *(interj.)* فليعش! فليحيَ.
vivacious *(adj.)* مرح؛ نشيط؛ مفعم بالحيوية.
vivacity *(n.)* مرح؛ نشاط؛ حيوية.
viva voce *(adv.; adj.)* (١) شفهياً. §(٢) شفهي.
vivid *(adj.)* (١)حيّ؛ مفعم بالحيوية (٢)مشرق؛ زاهٍ (٣)قويّ؛ شديد (٤)ناشط.
vivify *(vt.)* يُحْيي؛ ينشّط؛ يُفعِم بالحيوية.
viviparous *(adj.)* وَلود؛ وَلود للأحياء.
vivisection *(n.)* تشريح الأحياء.
vixen *(n.)* (١)أنثى الثعلب (٢)امرأة مشاكسة.
viz. *(usually read* "namely"*)* أي؛ يعني.
vizier *(n.)* وزير.
vizor *(n.)* =visor.
vocable *(n.; adj.)* (١) لفظة §(٢) يُلْفَظ.
vocabulary *(n.)* (١)المعجم (٢)المعجمية: مجموع مفردات اللغة.
vocal *(adj.; n.)* (١) ملفوظ (٢) صوتيّ. (٣)مصوت (٤)ذو صوت (٥)معبر (٦)ضاجّ بالأصوات (٧) صريح § (٨) صوتٌ ملفوظ.
vocalist *(n.)* المغنّي؛ المُنشِد؛ المُطرب.
vocalize *(vt.)* (١)يلفظ؛ يعبّر عن (٢)يغنّي.
vocation *(n.)* (١) النداء الباطني: شعور المرء بأنه مدعوّ للقيام بعمل (اجتماعيّ أو دينيّ) (٢)مُهِمّة؛ وظيفة (٣)مهنة (٤) كفاءة؛ موهبة.
vocational *(adj.)* مِهْنِي.
vocative *(adj.; n.)* (١) نِدائيّ §(٢)صيغة المنادى (في قواعد اللغة).

vociferate *(vi.; t.)* (١)يَصْخَب؛ يصيح. ×(٢) يقول أو ينطق صائحاً.
vociferous *(adj.)* (١)صَخّاب (٢)صاخب.
vodka *(n.)* الفودكا: شراب روسيّ مُسكِر.
vogue *(n.)* (١)زيّ؛ موضة (٢)شعبيّة؛ رواج.
in ~, دارج؛ رائج.
voice *(n.; vt.)* (١)صوت (٢)مُغَنٍّ (٣)مقدرة غنائية (٤) جزء من قطعة موسيقية لنوع من المغنين أو الآلات (٥) صيغة الفعل (٦) تعبير §(٧) يعبّر عن (٨) يُدَوْزِن (آلةً موسيقية) (٩) يلفظ (حرفاً) بصوت.
voiced *(adj.)* (١)ذو صوت (٢)معبَّر عنه صوتياً. (٣) مجهور.
voiceless *(adj.)* (١)أبكم (٢)صامت.
void *(adj.; n.; vt.)* (١) خالٍ (٢) فارغ. (٣) شاغر (٤) خِلْوٌ من (٥) عقيم لا طائل تحته (٦) باطل؛ لاغٍ §(٧) فراغ (٨) فجوة §(٩)يُفرِغ (١٠)يُخرج؛ يُبطل.
voidable *(adj.)* ممكنٌ إبطالُه أو إلغاؤه.
voile *(n.)* الفوال: نسيج رقيق.
volant *(adj.)* طائر أو قادرٌ على الطيران.
volatile *(adj.)* (١) متطاير؛ طيار (٢)خليّ؛ خالٍ من الهموم (٣) سريع الاستثارة أو التأثر (٤)متفجّر (٥)متقلّب (٦)سريع الزوال.
volatility *(n.)* التطايرية: قابلية التطاير.
volatilize *(vt.; i.)* (١) يطيّر ×(٢) يتطاير.
volcanic *(adj.)* (١)بركاني (٢)عنيف؛ متفجّر.
volcano *(n.)* pl. **-es** *or* **-s** بركان.
vole *(n.)* الفول؛ فأر الحقل.
volition *(n.)* (١)اختيار (٢) إرادة.
volitional *(adj.)* (١) اختياريّ (٢) إراديّ.
volley *(n.; vt.; i.)* (١) وابل من السهام أو الرصاصات أو القذائف أو التهديدات §(٢)يطلق

volleyball 438 vulcanite

voracious *(adj.)* شَرِه ؛ نَهِم .
voracity *(n.)* شَرَه ؛ نَهَم .
vortex *(n.)* pl. **-tices** *or* **-texes** دُرْدُور ؛ دُوّامة .
votary *(n.)* (١) المنذور : شخص ينضمّ إلى سلك الرهبان وفاءً لنذر (٢) المدمن شيئاً (٣) المعجَب ؛ المريد (٤) النصير المتحمّس .
vote *(n.; vi.; t.)* (١) صوت (في انتخاب أو تصويت على اقتراح) (٢) ورقة اقتراع (٣) تصويت ؛ اقتراع (٤) حقّ الاقتراع (٥) قرار يُتّخَذ بالتصويت §(٦) يصوِّت ؛ يقترع ×(٧) ينتخب (٨) يُقِرّ (مشروعاً) قرار (٩) يُعلن ؛ يصرّح بِ (١٠) يقترح .
voter *(n.)* (١) المقترِع (٢) الناخب .
votive *(adj.)* (١) نَذْرِيّ : مقدَّم وفاءً بنَذْر . (٢) رَغْبِيّ : معبِّر عن رغبة .
vouch *(vt.; i.)* (١) يدعو للشهادة (أمام القضاء) . (٢) يَشْهَد ؛ يدلي بشهادة (٣) يُثْبِت ؛ يُبَرْهِن ×(٤) يَضْمَن ؛ يكفل (٥) يشهد على صحة كذا .
voucher *(n.)* (١) وَصْل ؛ إيصال ؛ مُسْتَنَد . (٢) الضامن ؛ الكفيل .
vouchsafe *(vt.)* (١) يمنح ؛ يعطي (٢) يُجيز . (٣) يتعطّف أو يتلطّف بِ .
voussoir *(n.)* لَبِنَة «من لَبِنات عَقْد» (من عقود المبنى) .
vow *(n.; vt.; i.)* (١) نَذْر §(٢) يُقْسِم . (٣) يَنْذُر (٤) يأخذ على نفسه عهداً (٥) يكرّس أو يقف (لغرض خاص) (٦) يصرح بِ .
vowel *(n.)* (١) صوتٌ لِين (٢) حَرْفُ لِين .
voyage *(n.; vi.)* (١) رحلة §(٢) يقوم برحلة .
voyageur *(n.)* الرحّالة .
vulcanite *(n.)* الفلكانيت : مطاط صُلْب .

وابلاً من القذائف دفعة واحدة ×(٣) تنطلق القذائف دفعةً واحدة .
volleyball *(n.)* الكرة الطائرة (رياضة) .
volplane *(vi.)* ينزلق (بالطائرة نحو الأرض من غير استعانة بالقوة المحرِّكة) .
volt *(n.)* الفُلْط : وحدة القوة المحرِّكة الكهربائية .
voltage *(n.)* الفُلْطيّة : القوة المحرِّكة الكهربائية مَقِيسةً بالفُلْطات .
voltaic *(adj.)* فُلْطائيّ ؛ كلفانيّ .
voltameter *(n.)* الفُلطامتر ؛ مقياس التحليل الفُلْطيّ .
voltmeter *(n.)* الفُلْطمتر : مقياس الفُلطية .
voluble *(adj.)* (١) دوّار ؛ لفّاف (٢) مِهذار .
volume *(n.)* (١) كتاب ؛ مجلّد (٢) حجم . (٣) مقدار ؛ كتلة (٤) الحَجْم : جهارة الصوت .
voluminous *(adj.)* (١) مُلتفّ ؛ كثير اللفّات . (٢) ضخم ؛ كبير ؛ فضفاض (٣) كثير ؛ متعدّد (٤) غزير (٥) مُكثِر ؛ وافر الانتاج .
voluntarily *(adv.)* طوعاً ؛ اختياراً ؛ عن رضى .
voluntary *(adj.)* (١) إراديّ ؛ اختياريّ . (٢) طَوعيّ (٣) متعمَّد ؛ مقصود (٤) حرّ ؛ عامل بإرادته (٥) متمتّع بحرية الاختيار (٦) مدعوم بمساعدات طوعيّة .
volunteer *(n.; adj.; vt.; i.)* (١) المتطوّع . §(٢) مؤلَّف من متطوّعين (٣) طوعيّ ؛ إراديّ §(٤) يقدِّم متطوّعاً ×(٥) يتطوّع .
voluptuary *(n.)* الشهوانيّ : المنغمس في الشهوات .
voluptuous *(adj.)* (١) شهوانيّ (٢) حسّيّ . (٣) مبهِج للحواس .
volute *(n.; adj.)* (١) الحلية الحلزونيّة أو الدرجية (فن العمارة) (٢) حلزون بحري §(٣) حِلَزونيّ ؛ دَرَجيّ ؛ ملتفّ .
vomit *(n.; vi.; t.)* (١) تَقَيُّؤ ؛ قَيْء . §(٢) يتقيأ ×(٣) يلفظ ؛ يخرج (٤) يُقَيِّىء .

vulcanize

vulcanize (vt.) يُفَلْكِن: يقسّي المطاط بمعالجته بالكبريت تحت درجة حرارة مرتفعة.

vulgar (adj.) (١) مألوف، دارج (٢) عامّيّ؛ سوقيّ (٣) شائع (٤) عاديّ؛ مبتذل (٥) خشن، فظّ؛ بذيء.

vulgar fraction (n.) الكسر الاعتيادي.

vulgarian (n.) غنيّ سوقيّ الذوق والعادات.

vulgarism (n.) = vulgarity.

vulgarity (n.) (١) السُّوقِيَّة: كون الشيء سوقيًّا أو مبتذلًا (٢) فظاظة، خشونة، قلة تهذيب أو ذوق (٣) عملٌ أو كلامٌ سوقيّ.

vulgarization (n.) تبسيط؛ جعل الشيء في متناول مدارك الجمهور.

vulgarize (vt.) (١) يبسّط؛ ينشر؛ يجعله مبتذلًا أو في متناول الجمهور (٢) يُفسد.

vying

vulnerable (adj.) (١) قابلٌ للجرح أو الانجراح أو العطب (٢) معرَّضٌ للهجوم؛ غير حصين (٣) عرضة للانتقاد الخ. (٤) حسّاس أو سريع التأثر بالنقد الخ.

vulpine (adj.) (١) ثعلبيّ. (٢) ماكر

vulture (n.) (١) نسر. (٢) شخص جشع وحشيّ.

vulturine (adj.) (١) نَسْرِيّ (٢) جشع؛ نهّاب.

نَسْرانيّ: شبيه بالنسر **vulturous** (adj.) وبخاصة من حيث الجشع أو النهب.

vying pres. part. of vie.

weeping willows (jiita, Lebanon)

w *(n.)* الحرف الـ ٢٣ من الأبجدية الانكليزية.

wabble = wobble.

wad *(n.; vt.)* (١) حَشْوة ؛ سِطام (من لبّاد أو ورق مقوّى) (٢) لفيفة أوراق مالية §(٣) يلفّ (٤) يحشو ؛ يَسْطِم.

wadding *(n.)* حشوة ؛ مواد للحشو أو السَّطْم.

waddle *(vi.; n.)* (١) يتهادى (في مِشيته). §(٢) تَهادٍ.

wade *(vi.; t.)* (١) يَخُوض أو يَخُوض (في الماء أو الوحل الخ.) (٢) يتقدّم بصعوبة أو جهد (٣) يهاجم (أو ينصبّ على العمل) بقوة أو عزم ×(٤) يجتاز أو يعبر خوضاً.

wader *(n.)* (١) المخوِّض (في الماء) (٢) الطائر المخوِّض (٣) حذاء أو بنطلون التخويض.

wading bird *(n.)* الطائر المخوِّض: طائر يخوض في الماء بحثاً عن الطعام.

wafer *(n.)* (١) الرُّقاقة: «أ» بسكويتة رقيقة هشّة. «ب» رُقاقة مدوّرة من خبز فطير تُستخدَم في العشاء الربانيّ (٢) الخِتام: قطعة من ورق دبق أو معجون مجفّف تُتَّخذ ختماً أو مثبِّتاً.

waffle *(n.)* الوَفْل: كعكة تُعَدّ من دقيق وحليب وبيض وتحمّص في أداة تحميص خاصة.

waffle iron *(n.)* مِحْمَصة الوَفْل.

waft *(vt.; i.; n.)* (١) يَدْفع ؛ يَسوق ×(٢) ينبعث ؛ ينطلق §(٣) رائحة خفيفة (٤) نَسْمة ؛ نسيم ؛ هبّة (٥) راية (للاشارة أو لتبيان وجهة الريح).

wag *(vi.; t.; n.)* (١) يتحرّك (٢) يهتزّ ؛ يتأرجح (٣) يتحرّك بالقيل والقال (٤) يتهادى (في مشيته) ×(٥) يهزّ (٦) يحرّك §(٧) المضحك (٨) هزّ ؛ هزّة (رأسٍ الخ.).

wage *(vt.; i.; n.)* (١) يشنّ (حرباً) ×(٢) ينشب §(٣) أجر ؛ أجرة (٤) عاقبة.

wage earner *(n.)* الأجير ؛ الكاسب.

wager *(n.; vt.; i.)* (١) رِهان §(٢) يراهن.

wageworker *(n.)* = wage earner.

waggery *(n.)* (١) مُزاح (٢) مداعبة سمجة.

waggish *(adj.)* (١) مزّاح (٢) هزْليّ.

waggle *(vt.; i.; n.)* (١) يهزّ ×(٢) يهتزّ (٣) يتهادى في مشيته §(٤) هزّة (إصبع الخ.).

wagon or **waggon** *(n.)* (١) عربة ؛ سيّارة مقفلة (٢) حافلة (من حافلات نقل البضائع).

wagoner *(n.)* سائق عربة.

wagonette 441 walleye

wagonette *(n.)* عربة خفيفة (للتنزهة الخ.) .

wagon train *(n.)* القافلة: قافلة عربات أو خيل.

wagtail *(n.)* الذُّعَرة: طائر صغير طويل الذنَب.

wahoo *(n.)* الواحيّة: شجرة شمالأميركية.

waif *(n.)* (١) اللَّقَطة: شيء مجهول المالك يُعثر عليه مصادفةً (٢) شخص أو حيوان ضالّ أو شارد (٣) طفل متشرّد.

wail *(vi.; n.)* (١) يُعْوِل؛ ينتحب §(٢) عويل.

wain *(n.)* عربة ضخمة (تُستخدم في المزارع) .

wainscot *(n.)* (١) كُسْوة خشبية لجدار داخلي (٢) الأقدام الثلاثة أو الأربعة السفلى من جدار داخلي (حين تكون مزخرفةً على نحو مختلف عن سائر الجدار).

waist *(n.)* (١) خَصْر؛ حَقْو (٢) وَسَط (السفينة أو جسم الطائرة) (٣) صُدْرَة.

waistband *(n.)* حِزام؛ نطاق.

waistcoat *(n.)* صُدْرَة؛ «صَدْريّة».

waistline *(n.)* خَطّ الخصر: «أ» خطّ افتراضيّ يحيط بالخصر. «ب» محيط الجسم عند الخصر.

wait *(vt.; i.; n.)* (١) ينتظر (٢) يؤخّر؛ يؤجّل (٣) يخدم «بوصفه نادلاً» §(٤) كمين (٥) ترقُّب؛ توقُّع (٦) انتظار (٧) فترة استراحة؛ انقطاع؛ توقف.

to lie in ~ (for). يكمن؛ يكمُن لـ

to ~ on *or* upon. يقوم على خدمة فلان

waiter *(n.)* (١) النادل (في مطعم) (٢) طبق؛ صينية.

waiting *(n.)* انتظار؛ خدمة؛ خدمة على المائدة.

waiting list *(n.)* جدول (أو قائمة) الانتظار.

waiting maid *(n.)* (١) الخادمة (٢) الوصيفة.

waiting man *(n.)* (١) الخادم (٢) الوصيف.

waiting room *(n.)* حجرة الانتظار.

waitress *(n.)* النادلة (في مطعم أو حانة).

waive *(vt.)* (١) يتخلّى عن (٢) يتنازل (عن حقٍّ شرعيّ) (٣) يرجىء أو يؤجّل النظر في.

waiver *(n.)* (١) تخلٍّ؛ تنازُل (٢) وثيقة تنازل.

wake *(vi.; t.; n.)* (١) يَسْهَر (٢) يسهر قرب فراش مريض أو جثة فقيد (٣) يستيقظ × (٤) يوقظ §(٥) يقظة (٦) السهر عند جثة الميت قبل دفنها (٧) أثر.

in the ~ of. بَعْدَ؛ على أثر؛ في أعقاب.

wakeful *(adj.)* (١) أرِق (٢) يَقِظ؛ محترس.

waken *(vi.; t.)* (١) يَنْشَط؛ يتنبّه (٢) يستيقظ × (٣) يثير (٤) ينبه (٥) يوقظ.

wale *(n.)* الحَبَار: أثر الضرب بالسياط.

walk *(vi.; t.; n.)* (١) يمشي؛ يسير × (٢) يجتاز؛ يذرع (٣) يسيّر؛ يمشّي؛ يُجْري (٤) يسير مع §(٥) مَشْي؛ سَيْر؛ نزهةٌ سيراً على القدمين (٦) ممشى (٧) رصيف المشاة (٨) شارع يُتَنَزَّه فيه (٩) مَسِيرة (١٠) طريق الحارس (أو الشحاذ أو موزّع البريد) المألوفة (١١) مِشْيَة (١٢) مرتبة اجتماعيّة أو اقتصاديّة (١٣) دنيا؛ عالم؛ حقل (١٤) مهنة؛ حرفة؛ عمل.

walker *(n.)* (١) الماشي (٢) البائع المتجوّل.

walking *(n.)* (١) المشي الخ. (٢) المَسير: حالة الطريق بالنسبة إلى السائر عليها.

walkout *(n.)* (١) إضرابٌ عماليّ (٢) انسحاب من اجتماع أو منظمة (استنكاراً أو احتجاجاً).

walkover *(n.)* انتصار هيّن أو سَهْل.

wall *(n.; vt.; i.)* (١) سُور (٢) حائط؛ جدار §(٣) يحوّط؛ يسوّر؛ يحيط بجدار (٤) يفصل أو يعزل بجدار أو نحوه (٥) يطوّق؛ يحصر.

wallaby *(n.)* الولَّب: كَنْغَر استرالي صغير.

wallboard *(n.)* الألواح الجدارية.

wallet *(n.)* (١) حقيبة سفر (٢) محفظة جيب.

walleye *(n.)* عين جاحظة.

wallaby

walleyed *(adj.)* جاحظ العينين .

wallflower *(n.)* الخِيْرِيّ ؛ المنثور الأصفر .

wallop *(n.; vt.)* (١) لكمة ؛ ضربة عنيفة (٢) تأثير ؛ إثارة §(٣) يضرب بعنف .

wallow *(vi.)* (١) يتمرّغ (٢) يتقدّم متعثّراً (٣) يزْخرب (٤) يتقلّب في النعمة أو الترف ؛ ينغمس في الملذات (٥) يتخبّط .

wallpaper *(n.)* ورق الجدران .

walnut *(n.)* (١) جوز (٢) شجر الجوز .

walrus *(n.)* الفَظّ : حيوان بحريّ شبيه بالفقمة .

walrus

waltz *(n.; vi.)* (١) الفالس : رقصة الفالس أو موسيقاها §(٢) يرقص الفالس .

wan *(adj.)* (١) شاحب . (٢) ضعيف (٣) باهت .

wand *(n.)* (١) صولجان (٢) عصا الساحر أو المشعوذ .

wander *(vi.)* (١) يتجوّل (٢) يهيم ؛ يطوف في (٣) يتمعّج ؛ يتلوّى (٤) يتيه أو يحيد عن (٥) يضلّ (عن السبيل القويم) .

wanderer *(n.)* المتجوّل ؛ الهائم ؛ التائه الخ .

wane *(vi.; n.)* (١) يتضاءل ؛ يتناقص (٢) ينمحق (القمرُ) (٣) يَبْهت (٤) يأخذ في الضعف §(٥) تضاؤل ؛ تناقص (٦) مُحاق (القمر) .

wangle *(vi.; t.)* (١) يتخلص (من ورطة أو زحام) . ×(٢) يهزّ (٣) يتلاعب بـ (٤) يحتال لـ ؛ يحقّق أمراً بالحيلة أو نحوها .

want *(vt.; i.; n.)* (١) يُعوِزُه كذا (٢) يريد ؛ يرغب في (٣) يتطلّب ؛ يقتضي (٤) يحتاج إلى (٥) يطارد ×(٦) يصبح فريسة الفاقة أو العوز §(٧) حاجة (٨) فاقة ؛ عوز (٩) نقيصة ؛ عيب .

wanting *(adj.; prep.)* (١) غائب ؛ مفقود . (٢) ناقص (٣) ضعيف ؛ غير كفوء §(٤) من غير ؛ بدون (٥) إلاّ .

wanton *(adj.; n.; vi.)* (١) بهيج ؛ مفعَم بالمرح (٢) لَعوب (٣) خليع ؛ داعر ؛ شهواني (٤) وحشيّ ؛ لا يرحم (٥) متعمَّد ؛ لا مبرّر له (٦) مفرِط §(٧) العابث ؛ المستهتِر ؛ الخليع ؛ الفاسق §(٨) يعبث ؛ يستهتِر ؛ ينغمس في الملاذّ .

wapiti *(n.)* الوَبيت : الأيِل الأميركيّ (حيوان) .

war *(n.; vi.)* (١) حرب §(٢) يقاتل ؛ يشنّ الحرب .

warble *(n.; vi.; t.)* (١) تغريد ؛ صُداح ؛ شَدْو . §(٢) يغرّد ؛ يصدح ؛ يشدو (٣) يغني ؛ ينشد .

warbler *(n.)* (١) المغنّي (٢) الدُّخّلة ؛ الهازجة .

war crime *(n.)* جريمة الحرب .

war cry *(n.)* صيحة الحرب .

ward *(n.; vt.)* (١) حراسة ؛ حماية ؛ عناية . (٢) اعتقال ؛ سجن (٣) وصاية (٤) جناح (من مستشفى أو سجن) (٥) حيّ ؛ دائرة (من مدينة) (٦) سِنّ في مفتاح (٧) تسنّن مقابلٌ في قفل (٨) القاصر الموضوع تحت الوصاية (٩) وقاء ؛ أداة وقاية من كذا §(١٠) يتفادى (١١) يدفع « أذى شيء » (١٢) يردّ ؛ يصدّ .

warden *(n.)* (١) الحافظ ؛ القيِّم ؛ الأمين . (٢) المراقب ؛ المناظر (٣) آمر السجن (٤) ناظر الكليّة .

warder *(n.)* (١) الحارس ؛ الخفير (٢) السجّان .

wardrobe *(n.)* (١) خزانة الثياب (٢) ملابس .

wardroom *(n.)* (١) جناح الضبّاط (في بارجة) . (٢) حجرة طعام الضباط في بارجة .

wardship *(n.)* (١) حراسة (٢) وصاية .

warehouse *(n.; vt.)* (١) مستودع §(٢) يخزِّن .

wares *(n.pl.)* سِلَع ؛ بضائع ؛ أدوات .

warfare *(n.)* (١) حرب (٢) صراع ؛ نضال .

warily *(adv.)* بحذَر ؛ باحتراس .

wariness *(n.)* حذَر ؛ احتراس .

warlike *(adj.)* (١) مولَع بالحرب (٢) حربيّ .

warlock 443 **wash**

warlock *(n.)* الساحر؛ المشعوذ؛ العرّاف.

warm *(adj.; vt.; i.)* (١) دافىء؛ حارّ (٢) مدفىء (٣) متّقد؛ قويّ؛ حامٍ (٤) حماسيّ؛ قلبيّ (٥) منفعل؛ غاضب (٦) قريب من الهدف أو الحلّ المنشود §(٧) يدفّىء (٨) يُسْعِد؛ يُبْهِج (٩) يُلْهِب (١٠) يحمّي ×(١١) يدفأ (١٢) يعنُف؛ يغضب؛ ينفعل.

warm-blooded *(adj.)* شديد الحماسة؛ سريع الانفعال.

warmhearted *(adj.)* كريم؛ عَطوف؛ ودود.

warmonger *(n.)* مثير الحرب.

warmth *(n.)* دفء؛ حرارة؛ حماسة؛ شِدّة.

warn *(vt.; i.)* (١) يُحذّر؛ يُنذر؛ ينبّه إلى ضرورة كذا (٢) يُشْعِر؛ يُخبر (٣) يأمر؛ يدعو.

warning *(n.; adj.)* (١) تحذير الخ. §(٢) تحذيريّ.

warp *(n.; vt.; i.)* (١) السَّداة: ما مُدّ من خيوط النسيج طولاً (٢) الخيوط المشكّلة للجزء الأساسيّ من دولاب السيارة (٣) حبل (مشدود إلى مرساة أو نحوها) يُجَرّ به المركب (٤) انفتال التواء؛ اعوجاج (٥) زَيْغ؛ ضَلال §(٦) يفتِل؛ يلْوي (٧) يُزيغ؛ يُضِلّ (٨) يحرّف؛ يشوّه (٩) يعطف؛ يحوّل (شيئاً عن خطّ سيره) (١٠) يجرّ (مركباً) بحبل مشدود إلى مرساة الخ. ×(١١) ينفتل؛ يلتوي الخ.

warplane *(n.)* الطائرة الحربيّة أو العسكريّة.

warrant *(n.; vt.)* (١) إجازة؛ رخصة (٢) ضمانة؛ كفالة (٣) مُبرِّر؛ مسوّغ (٤) برهان؛ بيّنة (٥) تفويض؛ مذكّرة §(٦) يؤكّد (٧) يضمن؛ يكفل (٨) يتعهّد بـ (٩) يجيز؛ يسمح بـ (١٠) يُثْبت (١١) يبرّر؛ يسوّغ.

warrantable *(adj.)* مبرَّر؛ ممكنٌ تبريره.

warranter; -tor *(n.)* الضامن؛ الكافل.

warrant officer *(n.)* صفّ ضابط (جنديّة)

warranty *(n.)* (١) ضمانة؛ كفالة (٢) إجازة؛ تفويض (٣) مبرر (٤) برهان؛ دليل.

warren *(n.)* (١) المَطْرَدَة: أرض تُفْرَد أو تخصَّص لصغار الطرائد (كالأرانب الوحشيّة الخ.) (٢) أرض تتوالد فيها الأرانب (٣) منطقة (أو حيّ) مكتظّة بالسكان.

warrior *(n.)* المحارب؛ المقاتل؛ الجنديّ.

warship *(n.)* سفينة حربيّة.

wart *(n.)* (١) ثُؤلول (٢) نتوء صغير.

warthog *(n.)* الخنزير الوحشيّ الافريقيّ.

wartime *(n.)* زمنُ الحرب.

warthog

wary *(adj.)* حذِر؛ مُحترِس؛ يَقِظ.

was *past 1st and 3d. sing. of* **be**.

wash *(vt.; i.; n.)* (١) يغسِل (٢) يلعق (الحيوانُ) فروَه (٣) ينْقَع (٤) يغمر (٥) يجْرُف (٦) يدهن (٧) يموّه؛ يلبس؛ يطلي ×(٨) يغتسل (٩) يتآكل بفعل المياه (١٠) يمّحي؛ يبْلَى (١١) ينجرف (١٢) يندفع أو يجري (في تيار) (١٣) ينغسل من غير أن يتلف الخ. (١٤) يثبُت على محكّ النقد §(١٥) غسْل؛ انغسال؛ اغتسال (١٦) الغسيل (١٧) اندفاع الموج أو اصطخابه (١٨) موجة (١٩) الغُسالة: ماءٌ اغتُسِل به (٢٠) ثُفْل؛ رواسب (٢١) شراب رقيق؛ شراب «سايط» (٢٢) قول مبتذل (٢٣) طبقة رقيقة من طلاء (٢٤) طلاء؛ دهان (٢٥) الغَسول: مستحضَر سائل يستخدم لأغراض تجميليّة أو طبيّة خارجيّة (٢٦) طَمْيٌ؛ راسب غرينيّ (٢٧) اضطراب في الهواء (ناشىء عن اندفاع الطائرة فيه).

washbasin 444 waterfowl

washbasin *(n.)* = washbowl.

washbowl *(n.)* حوض لغسل الوجه واليدين .

washer *(n.)* (١) الغاسل (٢) الغسّالة . (٢) الفَلْكَة : حلقة رقيقة مطاطيّة أو معدنيّة لإحكام الوصل أو منع الارتشاح .

washerwoman *(n.)* الغسّالة .

washing *(n.)* (١) غَسْل ؛ اغتسال الخ. (٢) الغُسالَة : ماء غُسِل أو اغتُسِل به (٣) طَلْيَة ؛ طبقة رقيقة (٤) الغسيل .

washing machine *(n.)* الغسّالة الآليّة .

washout *(n.)* (١) اجتراف التربة الخ. (بفعل المياه أو المطر) (٢) إخفاقٌ : شيءٌ أو شخص مخفق.

washroom *(n.)* المَغْسَل : الكنيف ؛ المرحاض .

washstand *(n.)* مغسلة .

washwoman *(n.)* الغسّالة .

washy *(adj.)* (١) مَهْو : رقيق أو كثير الماء ؛ «سايط» (٢) شاحب (٣) ضعيف .

wasp *(n.)* زُنْبُور ؛ دبّور .

waspish *(adj.)* (١) لاسع (٢) غَضوب (٣) نحيل .

wastage *(n.)* فقدٌ أو خسارة (بسبب الاستعمال أو البلى أو الارتشاح الخ.) .

waste *(n.; vt.; i.; adj.)* (١) قَفْر ؛ صَحراء. (٢) رُقعة واسعة (٣) تبدُّد ؛ ضياع (٤) فساد أو تلف تدريجيّ (٥) خرابٌ (٦) نُفاية (٧) سائل (كالغاز الخ.) يضيع فلا يُستَفاد منه (٨) قُمامَة (٩) *pl.* : غائط (١٠) مياه البواليع أو أقذارها §(١١) يخرّب (١٢) يُهْزِل (١٣) يُبدّد ؛ يُضيع ×(١٤) يَضْعُف ؛ يَهزُل (١٥) يتضاءل ؛ يذوب (١٦) يتبدّد ؛ يضيع (١٧) ينقضي §(١٨) قَفْر ؛ قاحل (١٩) خالٍ ؛ خاوٍ (٢٠) بور ؛ غير محروث (٢١) خرِب (٢٢) مُهْمَل (٢٣) ضائع ؛ مُضَيَّع .

wastebasket *(n.)* سلّة المُهْمَلات .

wasteful *(adj.)* (١) مخرّب (٢) مبذّر ؛ مِتْلاف .

wasteland *(n.)* أرضٌ قاحلةٌ أو غير محروثة.

wastepaper *(n.)* الأوراق المهملة أو التالفة .

watch *(vi.; t.; n.)* (١) يَسْهَر (٢) ينتبه ؛ يتنبّه. (٣) يحرس (٤) يراقب (٥) ينتظر §(٦) سَهَرٌ (٧) تَيَقُّظ ؛ انتباه (٨) مراقبة ؛ حراسة (٩) الحارس ؛ الحَرَس (١٠) فترة مناوبة (١١) فريق مناوبة (١٢) ساعة الجَيْب أو اليد.

watchdog *(n.)* كلب الحراسة .

watchful *(adj.)* (١) مؤرَّق (٢) أرِق (٣) يقِظ

watchmaker *(n.)* الساعاتي .

watchman *(n.)* الحارس ؛ الخفير .

watchword *(n.)* (١) كلمة السرّ (٢) شعار .

water *(n.; vt.; i.; adj.)* (١) ماء (٢) درجة. (٣) تموُّج §(٤) يندّي أو ينضح أو يَنْقع أو يَرْوي بالماء (٥) يزوِّد بالماء (٦) يَمْذق ؛ يضيف الماء إلى (٧) يلطِّف ؛ يخفِّف ×(٨) تَدمع (٩) يمتلىء بالرضاب (١٠) يتزوّد بالماء (١١) يشرب الماء §(١٢) مائيّ

waterbuck *(n.)* ظبي الماء.

waterbuck

water buffalo *(n.)* جاموس الماء .

water clock *(n.)* الساعة المائية.

water closet *(n.)* كنيف ؛ مِرحاض ؛ بيت خلاء .

watercolor *(n.)* (١) اللون المائي : صِبغٌ للرَّسْم يُمْزَج بالماء لا بالزيت (٢) الرَّسم المائيّ : فنّ الرسم بالألوان المائيّة (٣) اللوحة المائية : لوحة بالألوان المائيّة .

watercourse *(n.)* (١) قناة (٢) نهر ؛ جدول .

watercress *(n.)* قُرَّة العين ؛ الحُرْف (نبات).

waterfall *(n.)* شلاّل ؛ مَسقط ماء .

water flea *(n.)* بُرْغُوث الماء .

waterfowl *(n.)* طير الماء .

waterfront 445 way

waterfront *(n.)* الواجهة المائية : أرضٌ مواجهةٌ لجسم مائيّ أو محاذيةٌ له .

water gauge *(n.)* مقياس منسوب الماء .

watering *(n.)* نَضْح ؛ نَقْع ؛ إرواء الخ .

watering pot *or* **can** *(n.)* مِرَشَّة .

waterless *(adj.)* جافٌّ ؛ خِلْوٌ من الماء .

watering pot

water lily *(n.)* النَّيْلُوفر ؛ زنبق الماء الأبيض .

waterline *(n.)* خطّ الماء .

waterman *(n.)* (١) المراكبيّ (٢) المجذِّف .

watermark *(n.)* العلامة المائيّة .

watermelon *(n.)* البطّيخ الأحمر .

water polo *(n.)* كُرة الماء (رياضة بدنيّة) .

waterpower *(n.)* القوّة المائيّة : «أ» قوّة الماء مُسْتَخْدَمَةً في تسيير الآلات. «ب» شلال صالحٌ لمثل هذا الاستخدام .

waterproof *(adj.; n.)* (١) صامدٌ للماء . §(٢) المِمطر : مِعطف واقٍ من المطر .

water rat *(n.)* جُرَذ الماء .

waterside *(n.)* جانب الماء : أرض محاذية للماء .

water snake *(n.)* حيّة الماء .

waterspout *(n.)* (١) ميزاب ؛ «مِزراب» . (٢) فوّهة ؛ بزباز ؛ فم خرطوم المياه (٣) عمود الماء : إعصار مُثْقَل بالضَّباب والرَّذاذ .

watertight *(adj.)* مَسِيك ؛ سَدود للماء .

waterway *(n.)* قناة ؛ مجرى مائيّ .

waterwheel *(n.)* ساقية ؛ سانية ؛ ناعورة .

waterworks *(n.)* محطّة المياه : محطّة تزوّد مدينة بالمياه العذبة .

watery *(adj.)* (١) مائيّ (٢) رَطب ؛ سبِخ . (٣) غير مركّز (٤) دامع (٥) ضعيف ؛ رديء .

watt *(n.)* الواطّ : وحدة القوّة الكهربائيّة .

wattage *(n.)* الواطيّة : القوّة الكهربائيّة بالواطّ .

wattle *(n.; vt.)* (١) الوَتَل : قضبان تُضْفَر مع الأغصان والقصب (تُستخدَم في إنشاء الأسْيِجة أو الجدران أو السقوف) (٢) الغَبَب : زائدة لحميّة تتدلى من أعناق الدجاج (٣) سَنْط ؛ طَلح (نبات) §(٤) يَجدل ؛ يضفر .

wave *(vi.; t.; n.)* (١) يرفرف (٢) يلوّح (بيديه الخ.) (٣) يتموّج (٤) يتذبذب ×(٥) يموّج (٦) يُذبذب (٧) يلوّح (بالسلاح) مهدِّداً §(٨) موجة (٩) تموّج (١٠) تلويح بـ .

wavelength *(n.)* الطول المَوْجيّ (راديو) .

waveless *(adj.)* ساكن ؛ رائق ؛ غير مائج .

waver *(vi.; n.)* (١) يتردّد (٢) يتذبذب ؛ يتمايل (٣) يرتعش (٤) يترنّح (٥) يتهدّج §(٦) تردُّد ؛ تذبذُبٌ الخ .

wavy *(adj.)* (١) مائج (٢) خافق (٣) متموّج .

wax *(n.; vt.; i.)* (١) شَمْع (٢) أسطوانة فونوغرافية (٣) ازدياد ؛ نموّ §(٤) يشمّع : يعالج أو يفرك بالشمع ×(٥) يزداد ؛ يكبر ؛ ينمو .

waxen *(adj.)* (١) شَمْعيّ ؛ مشمَّع . (٢) لَدْن ؛ مَرِن .

wax myrtle *(n.)* الشَّمعيّة (شجرة) .

waxwing *(n.)* شمعيّ الجناح (طائر) .

waxwork *(n.)* (١) التمثال الشمعيّ . (٢) *pl.* : متحف الشمع .

waxy *(adj.)* = waxen.

way *(n.)* (١) طريق (٢) سبيل (٣) طريقة ؛ وسيلة . (٤) ناحية ؛ نقطة (٥) نطاق (٦) حالة ؛ وضع (٧) مسافة (٨) اتجاه ؛ وجهة (٩) *pl.* : مسند بناء السفن أو إنزالها (١٠) *pl.* : عاداتٌ (١١) مهنة (١٢) تقدّم ؛ سرعة .

by the ~, بالمناسبة ؛ و «على فكرة» .

by ~ of (١) بواسطة (٢) على سبيل كذا . (٣) بقَصْد كذا (٤) من طريق .

out of the ~, (١) في غير محلّه ؛ غير

لائق (٢) بعيدٌ ؛ بعيداً (٣) استثنائيّ ؛ غير مألوف .

to go one's ~, ينصرف ؛ يمضي لسبيله .

to make ~, يتقدم .

to make ~ for يتنحّى مفسحاً الطريق لـِ

waybill *(n.)* بيان الشّحنة .

wayfarer *(n.)* عابر السّبيل ؛ ابن السبيل .

waylay *(vt.)* يكمن لـ ؛ يهاجم من مكمن .

wayside *(n.)* جانب الطريق .

way station *(n.)* المحطة المتوسطة (بين محطتين) .

wayward *(adj.)* (١) عاصٍ ؛ متمرّد ؛ معاند . (٢) شكِس (٣) متقلّب (٤) معاكس .

we *(pron.)* نحنُ .

weak *(adj.)* (١) ضعيف (٢) ركيك . (٣) مُشعْشَع ؛ مَذِق ؛ غير مركّز ؛ سايط .

weaken *(vt.; i.)* (١) يُضْعِف × (٢) يَضْعُف .

weakling *(n.; adj.)* ضعيف الجسم أو الشخصية .

weakly *(adj.; adv.)* (١) ضعيف § (٢) بضَعف .

weakness *(n.)* (١) ضَعْف (٢) نَقيصة ؛ مأخذ .

weal *(n.)* (١) خير ؛ صالح ؛ رخاء (٢) الحبّار : أثر الضرب في جسم المضروب .

weald *(n.)* (١) غابة ؛ غاب (٢) نَجْد .

wealth *(n.)* (١) غنىً (٢) وفرة (٣) ثروة .

wealthy *(adj.)* غنيّ ؛ موسِر ؛ ثريّ ؛ مُثْرٍ .

wean *(vt.)* يَفْطِم .

weapon *(n.; vt.)* (١) سلاح § (٢) يُسلّح .

weaponless *(adj.)* أعزل ؛ غير مسلّح .

wear *(vt.; i.; n.)* (١) يرتدي ؛ يلبس (٢) يتقلّد ؛ يحمل (٣) يُبْلي (٤) يُحْدِث تدريجياً بالاحتكاك (٥) يُنْهِك ؛ يُرْهِق × (٦) يدوم ؛ «يضاين» (٧) ينقضي (الوقت) ببطء (٨) يَبْلى § (٩) ارتداء ؛ لُبْس (١٠) لباس ؛ ملابس (١١) بِلىً (١٢) قدرة على الاحتمال أو البقاء .

wear and tear *(n.)* البِلى بالاستعمال .

wearily *(adv.)* بضجَر ؛ بملَل ؛ بسأم .

weariness *(n.)* ضَجَر ؛ ملَل ؛ سأم .

wearisome *(adj.)* (١) مُرهِق (٢) مُمِلّ .

weary *(adj.; vi.; t.)* (١) مُرْهَق (٢) ضجِر . (٣) مُرهِق (٤) مُضْجِر § (٥) يَتْعَب ؛ يَضْجَر × (٦) يُتْعِب ؛ يُضْجِر .

weasel

weasel *(n.)* ابن عِرس .

weather *(n.; vt.; i.)* (١) الجوّ ؛ الطقس : حالة الجوّ (٢) مطر ؛ عاصفة ؛ § (٣) يجوّي : يعرّض للهواء الطّلْق (٤) ينجو (من عاصفة أو مطر) × (٥) يتحمّل أو يقاوم التعرّض للجوّ .

weathercock *(n.)* (١) ديك الرياح : أداة على شكل ديك لإظهار اتجاه الريح (٢) المتقلّب .

weathercock

weatherglass *(n.)* = barometer.

weathering *(n.)* التّجوية : أثر العوامل الجوية في لون الأشياء المعرّضة لها أو في تركيبها أو شكلها .

weatherproof *(adj.)* صامدٌ للعوامل الجوية .

weave *(vt.; i.; n.)* (١) ينسُج ؛ يحُوك . (٢) يحبك (٣) يرسم (خطةً) (٤) يشقّ طريقه على نحو متعرّج أو متلوٍّ × (٥) يتمايل ؛ يترنّح § (٦) نسيج (٧) طريقة النسج .

weaver *(n.)* الناسج ؛ الحائك ؛ الحابك .

weaverbird *(n.)* الحبّاك (طائر) .

web *(n.)* (١) نسيج (٢) نَسْج العنكبوت . (٣) شَرَك ؛ مؤامرة (٤) الوَتَرة : الجلدة التي بين كلّ اصبعين .

wed *(vt.; i.)* (١) يتزوج (٢) يزوّج (٣) يَشُدّه (إلى شيء) بإحكام .

wedding *(n.)* (١) عُرْس ؛ زفاف (٢) عيد الزّواج . ذكرى الزواج .

wedge 1.

wedge *(n.; vt.)* (١)إسفين ؛ وَتِد. §(٢) يُسَفِّن ؛ يوتِّد: يثبِّت بإسفين أو وتِد (٤) يَحشُر ؛ يُقحِم في .

wedlock *(n.)* الزّواج ؛ الزّوجيّة .

Wednesday *(n.)* الأربعاء ؛ يوم الأربعاء .

wee *(adj.)* (١)صغير جداً (٢)مبكّر جداً .

weed *(n.; vi.; t.)* (١)عشبة ضارّة (٢)طحلب بحري (٣)تبغ (٤)سيجار أو سيجارة§(٥)يزيل العشب الضارّ ×(٦) يحرّر (حديقةً الخ.) من الأعشاب الضارّة(٧)يُغَرْبِل(٨)يتخلص من.

weedy *(adj.)* (١) كثير الأعشاب الضارّة . (٢) شديد النحول أو الهُزال .

week *(n.)* أسبوع .

weekday *(n.)* يوم الأسبوع : كلّ يوم من أيام الأسبوع ما عدا الأحد .

weekend *(n.)* نهاية الأسبوع .

weekly *(adv.; adj.; n.)* (١) أسبوعياً ؛ كلَّ أسبوع §(٢) أسبوعيّ §(٣) مجلة أسبوعيّة .

weep *(vt.; i.)* يبكي .

weevil *(n.)* سوسة الفاكهة أو الحنطة أو اللوز .

weft *(n.)* (١) اللُّحْمَة : ما نُسِج عَرْضاً من خيوط الثّوب (٢) نسيج ؛ قماش ؛ ثوب .

weigh *(vt.; i.)* (١)يَزِن (٢)يَرْجح : يفوقه وزناً أو قيمة (٣)يقلّب الرأيَ ؛ يفكّر ملياً(٤)يرفع المرساة ×(٥)يكون ذا أهمية أو شأن(٦)يُرهِق .

weight *(n.; vt.)* (١)ثِقْل (٢) وَزْن (٣) كرة حديدية(٤)حِمل (٥)وطأة (٦)ثِقَل(٧)أهمية (٨) نفوذ ؛ سيطرة §(٩)يُثَقِّل (١٠) يُرْهِق (١١) يَزِن (١٢) يَزِن .

weighty *(adj.)* (١)خطير (٢)ذو نفوذ(٣)ثقيل. (٤) بدين (٥) وجيه .

weir *(n.)* (١)سياج قضبان (٢)سدّ .

weird *(adj.)* (١)سحريّ (٢)عجيب ؛ غريب .

welcome *(interj.; vt.; adj.; n.)* (١) أهلاً وسهلاً §(٢) يرحّب بِـ §(٣) مُرَحَّبٌ به (٤) سارّ §(٥) ترحيب .

weld *(vt.; i.; n.)* (١)يَلْحَم (الأجزاءَ المعدنيّة) ×(٢)يلتحم §(٣)وُصْلة ملحومة (٤)لَحْم ؛ لِحام ؛ التحام .

welfare *(n.)* خير ؛ صالح ؛ سعادة ؛ رفاهة .

well *(n.; vi.; t.; adv.; interj.; adj.)* (١)ينبوع (٢)بئر (٣)وعاء لسائل §(٤)يتفجّر ؛ يَنْبع §(٥)جيداً (٦)خيراً (٧) كثيراً (٨) تماماً (٩) بصِدْق (١٠) بحقّ (١١) بسُهُولَة (١٢) حقّاً (١٣) بصدر رحب (١٤)بكثير §(١٥) عجباً! (١٦) حَسَناً! §(١٧) على علاقة حسنة (١٨)حَسَن ؛ جيّد(١٩)في حال حسنة ؛ مستحسَن (٢٠)مُعافى (٢١)مندمِل.

well-appointed *(adj.)* حَسَن التجهيز ؛ كامل الأثاث.

wellaway *(interj.)* وا أسفاه !

well-behaved *(adj.)* حَسَنُ السلوك .

well-being *(n.)* خير ؛ صالح ؛ رفاهة ؛ سعادة.

wellborn *(adj.)* حَسيب : كريم المحتِد.

well-bred *(adj.)* (١)مهذَّب (٢) كريم الأصل

well-disposed *(adj.)* عاطفٌ ؛ مستعدّ للمساعدة .

well-favored *(adj.)* جميل ؛ وسيم .

well-founded *(adj.)* (١) راسخ الأساس . (٢) ذو أساس من الصحّة (٣) له ما يبرره .

well-groomed *(adj.)* (١)أنيق (٢)مُهَنْدَم .

well-informed *(adj.)* حَسَن الاطّلاع .

well-known *(adj.)* (١)معروف (٢)مشهور .

well-meaning *(adj.)* حَسَنُ النيّة .

well-nigh *(adv.)* تقريباً .

well-off *(adj.)* غنيّ ؛ ثريّ ؛ ذو سعة .

wellspring *(n.)* يَنْبوع ؛ مَعِين لا ينضب .

well-timed *(adj.)* حَسَنُ التوقيت ؛ حادث أو مُنْجَزٌ في الوقت المناسب .
well-to-do *(adj.)* غَنِيّ؛ ثريّ؛ مُوسِر .
well-worn *(adj.)* (١)بالٍ (٢)مُبتَذَل .
welsh *(vi.)* يتخدّع بالتهرّب من دفع الرهان .
Welsh *(n.; adj.)* (١) الويلزيون : سكان ويلز بانكلترة (٢)الويلزيّة : لغة إقليم ويلز §(٣)ويلزيّ .
Welsh rabbit *(n.)* جبن مذاب فوق خبز محمّص .
welt *(n.)* (١)النِّجاش : سير يُجعَل بين نعل الحذاء وفَرْعَتِه ثُمَّ يُخرَز بينهما (٢) الحَبار: أثر الضرب في جسم المضروب (٣) ضربة ؛ لكمة.
welter *(vi.; n.)* (١)يتقلّب ؛ يتمرّغ ؛ يتخبّط. (٢)يموج ؛ يتلاطم (٣)ينغمس في (٤)يصطخب §(٥) فوضى ؛ اضطراب .
wen *(n.)* الكيس الدُّهنيّ (في الطبّ).
wench *(n.)* (١)فتاة (٢)خادمة .
wend *(vi.)* يمضي ؛ ينطلق ؛ يتّخذ سبيله .
went *past of* go.
wept *past and past part. of* weep.
were كنتَ ؛ كنّا ؛ كانوا ؛ كُنّ ؛ كانت الخ.
west *(adv.; adj.; n.)* (١) غَرْباً §(٢)غربيّ. §(٣) الغرب .
westerly *(adj.; adv.; n.)* (١)غربيّ §(٢)غرباً ؛ نحو الغرب (٣)من الغرب §(٤)الريح الغربيّة.
western *(adj.; n.)* غربيّ.
Westerner *(n.)* الغربيّ : أحد أبناء الغرب أو الجزء الغربيّ من البلاد .
western hemisphere نصف الكرة الغربيّ.
westernmost *(adj.)* واقع في أقصى الغرب.
westward *(adj.; adv.)* (١)غربيّ §(٢) غرباً.
westwards *(adv.)* غرباً ؛ نحو الغرب .
wet *(adj.; n.; vt.; i.)* (١) بليل ؛ مبتلّ . (٢)مَطِير ؛ كثير الأمطار (٣) رَطْب ؛ نديّ (٤) طازج (٥) مُبيحٌ صنعَ الخمور أو بيعها (٦) مؤيّد لإباحة صنع الخمور أو بيعها §(٧)ماء (٨) بَلَل . رطوبة ؛ نداوة (٩) مطر ؛ جوّ ماطر (١٠)المؤيّد لإباحة صنع الخمور وبيعها §(١١)يبلّل ؛ يندّي ×(١٢)يبتلّ ؛ يتندّى.
wet blanket *(n.)* المثبّط للهمّة ؛ المفسد للبهجة.
wether *(n.)* كَبْش مَخْصيّ .
wetness *(n.)* بَلَل ؛ رطوبة ؛ نداوة .
wet nurse *(n.)* الظِّئْر : المُرْضِعة لولد غيرها.
whack *(vt.; n.)* (١)يضرب بشدّة §(٢)ضربة شديدة أو مدوّية (٣) ضربةٌ أو عملٌ مفرد .
whale *(n.; vi.)* (١)حوت §(٢)يصيد الحيتان.
whaleboat *(n.)* مركِب صيد الحيتان .
whalebone *(n.)* البَلِّين : عظم فكّ الحوت .
whaler *(n.)* (١)صائد الحيتان (٢)مَرْكب.
wharf *(n.)* رصيف (لتحميل السفن أو تفريغها).
wharfinger *(n.)* مدير (أو ناظر) الرصيف.
what *(pron.; adj.)* (١)ما؟ (٢)ماذا؟ (٣) كم؟ (٤) ما ؛ الذي §(٥) أيّ؟ (٦) يا له من!
and ~ not. وهلمّ جرّاً؛ وما شاكل.
~ does it matter? وماذا يهمّ؟
~ for لماذا ؛ لأيّ سبب أو غرض.
whatever *(pron.; adj.)* (١) كلّ ما ؛ أيّ شيء (٢) مهما (٣) مهما يكن ؛ أيّاً كان §(٤) أيّما (٥) البتّة (٦) على الإطلاق .
whatnot *(n.)* (١) أيما شيء آخر (٢)خليط . (٣) الرُّفوفيّة : مجموعة رفوف خفيفة مكشوفة ، بعضها فوق بعض ، توضع عليها الكتب أو التحف .
whatsoever *(pron.; adj.)* = whatever.
wheal *(n.)* (١)أثر الضرب في الجسم (٢)بَثْرة.
wheat *(n.)* قَمْح : حِنْطَة .
wheaten *(adj.)* قمحيّ ؛ حِنطيّ .
wheedle *(vt.; i.)* (١)يتملّق (٢)ينال بالتملّق.
wheel *(n.; vi.; t.)* (١) عَجَلَة ؛ دولاب.

wheelbarrow 449 **whine**

(٢)درّاجة هوائيّة (٣) دَوَران §(٤)يَدُوْر (٥) ينعطف (٦) يندفع في درّاجة أو عربة ×(٧) يدوِّر : يجعله يدور (٨) ينقل بعربة .

wheelbarrow *(n.)* عجلة اليد : عَرَبَة يد ذات دولاب واحد (أو أكثر) .

wheelbarrow

wheelwright *(n.)* صانع العجلات أو العربات أو مُصلِحُها .

wheeze *(vi.; n.)* (١)يَصْفِر : يتنفّس بجهد محدِثاً صوتاً كالصفير (٢) يئِزّ §(٣) صفير (عند التنفّس) (٤) أزيز (٥) قولٌ مبتذل .

whelk *(n.)* (١) الوِلْك : حلزون بحريّ كبير . (٢) بَثْرَة ؛ نَفْطَة .

whelp *(n.; vt.; i.)* (١) جَرْو ؛ شِبْل الخ. (٢)صبيّ ؛ فتاة (٣)شخص حقير §(٤)تلِد.

when *(adv.; conj.)* (١)متى؟ (٢)وإذ ذاك ؛ ومن ثَمَّ §(٣) عندما (٤) مع أنّ ؛ في حين .

whence *(adv.; conj.)* (١) من أين §(٢) من حيث ؛ الذي منه ؛ التي منها (٣) لذلك.

whencesoever *(conj.)* من أيّ مكانٍ كان.

whenever *(conj.)* كلّما ؛ متى .

whensoever *(conj.)* = whenever.

where *(adv.; conj.)* (١) أين؟ ؛ إلى أين ؟ §(٢) أين (٣) أينما ؛ حيثما (٤) حَيْثُ .

whereabouts *(adv.; conj.; n.)* (١)أيْن ؛ قربَ أيّ مكان §(٢) مكان ؛ مكان وجود .

whereas *(conj.)* (١) حيث أن (٢) في حين .

whereby *(conj.)* الذي به أو بواسطته أو وفقاً له.

wherefore *(adv. n.)* (١)لماذا (٢)لذلك ؛ ومن أجل ذلك ؛ وهكذا §(٣) سببٌ .

wherein *(adv.)* أين ؛ في ماذا ؛ في أيّ شيء أو ناحية .

whereon *(conj.)* (١) علامَ (٢) الذي عليه .

wheresoever *(conj.)* = wherever.

whereto *(adv.)* إلامَ ؛ إلى أين .

whereupon *(conj.)* وإذ ذاك ؛ ومن ثَمَّ ؛ وهكذا.

wherever *(adv.)* حيثما ؛ أينما ؛ في أي مكان.

wherry *(n.)* الوِهْرِي : مركب أو زورق خفيف.

whet *(vt.)* (١)يَشْحَذ (٢)يحرِّك ؛ يثير .

whether *(conj.)* (١)ما إذا (٢)سواء (٣)أ...أم..

whetstone *(n.)* مِشْحَذ ؛ حَجَر الشَّحْذ .

whey *(n.)* مَصْل اللبَن .

which *(adj.; pron.)* (١)أيّ ؛ أيّة §(٢)أيّهما ؛ أي الأمرين أو الشخصين (٣)الذي ؛ التي ؛ ما (٤) ذاك ؛ ذلك .

whichever; whichsoever *(pron.; adj.)* أيّ ؛ أيّما ؛ أيّ الاثنين ؛ أيما شيء .

whidah *(n.)* الهَوِيد : طائر يتميّز بذيله الطويل .

whidah

whiff *(n.; vi.; t.)* (١)هبّة ؛ نَفْحة ؛ نَفْخة (٢) نَشْقَة §(٣) يهبّ (٤) يُدخّن (٥) يستنشق (٦) ينفخ على ×(٧) يزفر ؛ ينفث .

while *(n.; conj.; vt.)* (١) فترة ؛ برهة ؛ مدة قصيرة §(٢)بينا ؛ بينما (٣) في حين (٤)على الرغم من §(٥)يقطّع أو يقتل الوقت .

between ~s, أحياناً ؛ بين حين وآخر.

once in a ~, بين فترة وأخرى .

worth one's ~, جديرٌ باهتمام المرء.

whilst *(conj.)* = while.

whim *(n.)* نزوة ؛ هوىً .

whimper *(vi.; n.)* (١) يَنْشِج ؛ يئِنّ . §(٢) نشيج .

whimsical *(adj.)* كثير النزوات ؛ غريب الأطوار

whine *(vi.; n.)* (١)يَعْوِي (٢)ينتحب ؛ يئِنّ . (٣) يَطِنّ §(٤)عُواء (٥) انتحاب ؛ أنين.

whinny 450 whitewash

whinny *(vi.; n.)* (١)يَصْهَل §(٢)صهيل .
whip *(vt.; i.; n.)* (١)يتناول أو يستل بسرعة وقوة . (٢)يضرب بالسياط (٣) يمتّن الحبل بخيوط تُلَف عليه (٤) يوبّخ ؛ يعنف (٥)يضرب : يخيط بإمرار الدرزات تكراراً فوق الحاشية (٦) يهزم (٧) يحاول الصيد في (٨) يخفق البيض ×(٩) ينطلق أو ينعطف برشاقة أو بسرعة (١٠) تخفق (الراية) §(١١)سَوْط (١٢)جَلْدة بالسوط (١٣)المخفوقة : حلوى تُعَد بخفق البيض أو الكريما (١٤) الضارب بالسوط (١٥) الحوذي ، سائق العربة .
whipcord *(n.)* (١)المُبْرَم : حبل رفيع مُحْكَم الجَدْل (٢) المضلّع : قماش مضلّع .
whiplash *(n.)* السَّيْر المشدود في طَرَف السَّوْط .
whippersnapper *(n.)* الصغير ؛ التافه ؛ المدعي .
whippet *(n.)* الوِبْت : كلب نحيل سريع العدو .
whipping *(n.)* جَلْد ، ضَرْب ، خفق الخ .
whippoorwill *(n.)* السُّبَد الأميركي (طائر) .
whipsaw *(n.)* المنشار السَّوْطي .
whip scorpion *(n.)* العقرب السَّوْطي .
whir *(vi.; t.)* (١)يئز ؛ يطن §(٢)أزيز ، طنين .
whirl *(vi.; t.; n.)* (١)يُدَوِّم ؛ يَلتف ؛ يدور (٢)يندفع ، ينطلق مسرعاً (٣) يصاب بدُوار ×(٤) يسوق أو ينقل بحركة دائرية أو شبهها (٥) يدور ، يجعله يدور §(٦) تدويم ، دوران سريع (٧) دُرْدُور (٨)دُوّامة (٩)اندفاع .
whirligig *(n.)* (١)المدوّمة : لعبة أطفال ذات حركة دُوّامية (٢) دُوّامة الخيل (راجع الصورة تحت merry-go-round) .
whirlpool *(n.)* (١)دُرْدُور (٢) دُوّامة .
whirlwind *(n.)* زوبعة ، ريح دُوّامية .
whisk *(n.; vi.; t.)* (١)مَسْحَة سريعة خفيفة (٢) ضربة لطيفة خاطفة (٣)انطلاق سريع ؛ حركة سريعة رشيقة (٤)المِخْفَقَة : خفّاقة البيض والكريما (٥)مِقَشّة §(٦)يتحرك أو ينطلق بخفة ورشاقة ×(٧)يحرك أو ينقل برشاقة (٨) يخفق (٩) يقش ؛ يكنس .
whisker *(n.)* (١) شعرة من شعرات اللحية . *pl.*(٢) : السَّبَلة : ذلك الجزء من اللحية النامي على جانبي الوجه أو على الذقن (٣) شعرة من شاربي الهرة الخ .
whiskey *or* **whisky** *(n.)* الوسكي ؛ شراب مُسْكِر .
whisper *(vi.; t.; n.)* (١) يَهْمِس §(٢)هَمْس ؛ همسة .
whist *(interj.; n.)* (١) صَهْ . أسكت §(٢) الهويست : نوع من لَعِب الوَرَق .
whistle *(n.; vi.)* (١) صَفّارة (٢) صَفير ؛ صَفْرة (٣) الفم والحنجرة §(٤) يَصْفِر .
whistling *(n.; adj.)* (١)صفير §(٢)صافر .
whit *(n.)* ذرة ؛ مثقال ذَرّة ، مقدار ضئيل .
white *(adj.; n.)* (١)أبيض (٢) شاحب §(٣) بياض (٤) زلال البيض (٥) بياض العَيْن (٦) ملابس بيضاء .
white ant *(n.)* الأَرَضَة : حشرة تقرض الخشب .
whitebait *(n.)* البَلَم : كل صغير من الأسماك .
whitebeard *(n.)* العجوز ؛ الشيخ ؛ المُسِن .
whitecap *(n.)* الموجة المزبدة .
white-faced *(adj.)* (١)شاحب الوجه (٢)أغرّ .
white-hot *(adj.)* شديد الاتقاد .
white lead *(n.)* مركّب الرصاص الأبيض .
white-livered *(adj.)* جبان ؛ رِعديد .
whiten *(vt.; i.)* (١)يُبَيِّض ×(٢)يَبْيَضّ .
whiteness *(n.)* (١)بياض (٢)شحوب .
white plague *(n.)* الطاعون الأبيض : داء السُّل .
white slaver *(n.)* المُتَّجِر بالرقيق الأبيض .
whitesmith *(n.)* الصَّفّاح ؛ السَّمْكَري .
whitewash *(vt.; n.)* (١)يبيّض (بماء الكلس) .

whither 451 **wide**

(٢) يموّه (الرذائلَ أو الجرائم) (٣) يبرّىء (بإجراء تحقيق شكليّ الخ.) (٤) يهزمه هزيمةً منكرة §(٥) محلول مبيِّض (٦) ماء الكلس (لطلاء الجدران) (٧) تمويه؛ تبرئة الخ .

whither *(adv.; conj.)* (١) إلى أين (٢) حيث؛ إلى حيث (٣) حيثما .

whithersoever *(conj.)* حيثما ، إلى حيثما .

whiting *(n.)* (١) الأبيض : سمك من فصيلة القُدّ (٢) ذرور الطباشير الأبيض .

whitish *(adj.)* ضاربٌ إلى البياض .

whitlow *(n.)* داحس ؛ داحوس (مرض) .

Whitsunday *(n.)* أحد (أو عيد) العَنْصَرَة .

whittle *(n.; vt.; i.)* (١) مدية §(٢) يبري . (٣) يخفّض (٤) يَضْوَى أو يَضْوي (بالهم) .

whiz *(vi.; n.)* (١) يئزّ ؛ يطِنّ §(٢) أزيز .

who *(pron.)* (١) من؟ (٢) الذي ؛ التي ؛ الذين الخ .

whoever *(pron.)* (١) كل مَن (٢) أيّاً كان .

whole *(adj.; n.)* (١) سالم ؛ لم يُمَسّ (٢) صحيح ؛ مُعافى (٣) كامل ؛ تامّ (٤) غير مقسوم أو مكسور (٥) شقيق : من نفس الأب والأم . §(٦) كلّ تامّ ؛ وحدة كاملة .

as a ~, ككل ؛ جملةً .

on *or* upon the ~, إجمالاً .

wholehearted *(adj.)* صادق ؛ مخلص ؛ قلبيّ .

wholeheartedly *(adv.)* بإخلاص ؛ من القلب .

whole meal *(n.)* الطحين الكامل أو الأسمر .

wholeness *(n.)* تمام ؛ كمال .

whole number *(n.)* العدد الصحيح .

wholesale *(n.; adj.; adv.; vt.)* (١) البيع بالجُملة §(٢) جُمْليّ §(٣) بالجملة §(٤) يبيع بالجملة .

wholesaler *(n.)* تاجر الجملة ؛ البائع بالجملة .

wholesome *(adj.)* (١) صحيّ (٢) مفيد .

wholly *(adv.)* (١) كلّه ؛ برمّتِه (٢) تماماً .

whom *(pron.)* (١) من (٢) الذي ؛ التي ؛ الذين الخ .

whomever *(pron.)* أيّاً كان ؛ أيّما شخص كان .

whomsoever *(pron.)* أيّاً كان ؛ أيما شخص كان .

whoop *(vi.; t.; n.)* (١) يهتف (٢) ينعق . (٣) يَشْهق × (٤) يعبّر عن كذا هاتفاً (٥) يزيد ؛ يرفع §(٦) هتاف (٧) نعيق (٨) شهقة .

whooping cough *(n.)* الشَّهْقَة ؛ السعال الديكي (مرض)

whopper *(n.)* (١) شيء ضخم (٢) كذبة كبيرة .

whore *(n.)* بغيّ ؛ بنت هوى ؛ فاجرة .

whorl *(n.)* (١) فَلْكَةَ المِغْزَل (٢) شيء ملتفّ أو حلزونيّ (٣) الثنية : إحدى ثنيّات الصدَفة الحلزونيّة .

whose *(pron.)* (١) لِمَن (٢) الذي ؛ التي ؛ الذين الخ .

whosoever *(pron.)* = whoever.

why *(adv.; conj.)* لماذا .

wick *(n.)* فتيلة ؛ فتيل ؛ ذُبالة .

wicked *(adj.)* (١) شرّير (٢) مُؤْذٍ (٣) كريه .

wicker *(n.)* (١) الأُمْلُود : غصن صغير لَدْن . (٢) أماليد مجدولة (لصنع السلال الخ.) (٣) سلّة أو شيء مصنوع من أماليد مجدولة .

wicket *(n.)* (١) بابٌ صغير (٢) الخَوْخَة : الباب الصغير في الباب الكبير (٣) شُبّاك (لبيع التذاكر الخ.)

wickiup *(n.)* الوَقْب : كوخ يصنعه هنود أميركة الحُمْر ويغطّونه بضروب الحُصُر .

wickiup

wide *(adj.; adv.)* (١) واسع ؛ عريض (٢) ذو عَرْضٍ معيّن (٣) كبير (٤) بعيد عن §(٥) بعيداً ؛ إلى مدى بعيد (٦) تماماً . على مصراعيه . (٧) بعيداً عن الهدف .

wide-awake 452 wind

wide-awake *(adj.)* (١) يقظان (٢) يقظ.
widely *(adv.)* (١) كثيراً جداً (٢) على نحوٍ واسع أو عريض.
widen *(vt.; i.)* (١) يوسع ×(٢) يتسع.
widespread *(adj.)* ممتد؛ منتشر؛ واسع الانتشار.
widgeon *(n.)* الوَدْجُون: بطّ نهري.
widow *(n.; vt.)* (١) أرملة §(٢) يُرمِّل.
widower *(n.)* الأرمل: رجل ماتت عنه زوجته.
widowhood *(n.)* (١) الترمُّل (٢) مدة الترمُّل.
width *(n.)* (١) عَرْض (٢) سَعَة؛ اتساع (٣) قطعة (من قماش أو خشب).
wield *(vt.)* (١) يدبّر الأمر بنجاح (٢) يستخدم ببراعة (٣) يسيطر على (٤) يستخدم (نفوذه).
wife *(n.)* زوجة؛ عقيلة؛ قرينة.
wifehood *(n.)* الزوجية: كونُ المرأة زوجةً.
wig *(n.)* اللمّة؛ الجُمّة: الشَّعر المُستعار.
wiggle *(vi.; t.; n.)* (١) يتذبذب؛ يتهزهز (٢) يتلوّى ×(٣) يذبذب §(٤) ذبذبة الخ.
wigwag *(vi.; t.)* (١) يُلاوِح: يخاطب من طريق التلويح بعلَم أو ضوء (٢) يلوّح (بيده أو ذراعه) ×(٣) يحرك ملوِّحاً.
wigwam *(n.)* الوَغْم: كوخ بيضوي الشكل.
wild *(adj.; n.; adv.)* (١) بَرّيّ؛ وحشي (٢) بُور؛ قَفْر (٣) جامح؛ هائج (٤) شديد التَّوْق (٥) متهوّر؛ طائش (٦) عاصف (٧) متطرف؛ مفرط (٨) مَسْعُور؛ ضارٍ (٩) شاذّ §(١٠) بريّة؛ قَفْر §(١١) على نحوٍ جامح أو متهوّر الخ.
wildcat *(n.)* السِّنَّوْر أو الهرّ البرّي.
wilderness *(n.)* قَفْر؛ بَرّيّة.
wildfire *(n.)* (١) حريق هائل (٢) النار الاغريقية: نار تشتعل في الماء.
wildfowl *(n.)* بطّة أو اوزّة بريّة.
wile *(n.)* (١) خُدْعَة (٢) خِداع.
wilful *(adj.)* = willful.
will *(v. aux.)* فعل مساعد للتسويف.
will *(vi.; t.; n.)* (١) يشاء؛ يرغب؛ يريد (٢) يوصي (أو يمنح) بوصيّة §(٣) مَيْل؛ رغبة (٤) عزم؛ تصميم (٥) إرادة؛ مشيئة؛ وصية.
  at ~, ساعةَ يشاء المرء.
  with a ~, بعزم وتصميم.
willet *(n.)* الولّيت: طائر أميركيّ.
willful *(adj.)* (١) عنيد؛ متصلّب (٢) متعمَّد.
willing *(adj.)* (١) مستعدّ (٢) راغب؛ مريد (٣) راغب في العمل أو الاستجابة (٤) طَوْعيّ.
willingly *(adv.)* طَوْعياً؛ عن طيب خاطر.
will-o'-the-wisp *(n.)* سراب؛ أمل خادع.
willow *(n.)* الصَّفصاف (شجر).
willowy *(adj.)* (١) كثير الصفصاف (٢) سهل الانثناء (٣) رشيق؛ ممشوق القوام.
willpower *(n.)* قوة الارادة.
willy-nilly *(adv.)* طَوْعاً أو كَرْهاً.
wilt *(vi.; t.; n.)* (١) يَذْبُل؛ يَذْوي ×(٢) يُذْبِل؛ يُذْوِي §(٣) ذبول (٤) داء الذَّوِيّ: مرض يصيب بعض النباتات.
Wilton *(n.)* الولتُن: نوع من السجّاد.
wily *(adj.)* ماكِر؛ مخادع؛ مراوغ.
wimble *(n.)* مِثْقَب.
wimple *(n.; vt.; i.)* (١) خِمار الراهبة §(٢) يغطي بخمار (٣) يجعّد؛ يموج ×(٤) يتجعّد؛ يتموّج.
win *(vi.; t.; n.)* (١) يفوز؛ يَظْفَر (٢) يوفَّق إلى بلوغ موضع أو حالةٍ ما ×(٣) يكسب؛ يربح؛ ينال (٤) يستهوي؛ يستميل §(٥) فوز.
wince *(vi.; n.)* (١) يُجْفِل §(٢) إجفال.
winch *(n.)* وِنْش؛ رافعة؛ مِرفاع.
wind *(n.; vt.; i.)* (١) ريح (٢) نزعة؛ اتجاه.

(٣) نَفَس؛ تنفُّس (٤) رائحة الصياد أو الطريدة (٥) معلومات طفيفة (عن شيء يراد إبقاؤه طيَّ الكتمان) (٦) آلات النفخ الموسيقيّة (٧) لفّة؛ دَوْرَة §(٨) يستروح: يجد ريحَ كذا أو رائحتَه (٩) يُريحُ (الفرسَ الخ.) حتى يستردَّ أنفاسَه (١٠) ينفخ (في بوق) (١١) يلفّ (١٢) يرفع (بمرفاعٍ أو ونْش الخ.) (١٣) يملأ؛ يعبّىء؛ يدور (١٤) يخترق أو يشقّ (طريقَه) متمعّجاً ×(١٥) يلتفّ؛ يلتوي (١٦) يتمعّج (الطريقُ).

to get ~ of (١) تستروح (الطريدةُ) رائحةَ الصيّاد الخ. (٢) يعلَم بـ؛ يكتشف (مؤامرةً الخ.).

wind-broken *(adj.)* مَرْبُوّ: مصابٌ بالرَّبْو.

wind cone *(n.)* مخروط الريح: كُمٌّ مخروطيّ الشكل يُنْصَب (على ساريةٍ الخ.) لتبيين اتجاه الريح.

wind cone

windfall *(n.)* السُّقاطة؛ طَرْح الريح: ما تسقطه أو تَطْرَحُهُ الريحُ من شجر أو ثَمَر.

winding *(n.; adj.)* (١) لفيفة (٢) لفّة مفردة (من المادة الملفوفة) (٣) لَفّ (٤) مُنعَطَف (٥) ملء الساعة أو تدويرها (٦) التواء §(٧) لَولبيّ (٨) متمعّج.

winding-sheet *(n.)* كَفَن.

wind instrument *(n.)* آلة نفْخ موسيقية.

windlass *(n.)* (١) مِرْفاع (٢) مِرفاع للمرساة.

windmill *(n.)* الطاحونة الهوائيّة.

window *(n.)* نافذة.

windowpane *(n.)* لوحٌ زجاجيّ (في نافذة).

windowsill *(n.)* عتبة النافذة.

windpipe *(n.)* الرُّغامى: القصبة الهوائية (تشريح).

windrow *(n.)* (١) صَفٌّ من التبن أو الذُّرة الخ. (٢) ما تَرْكُمه الرياح من أتربة أو أوراق جافّة.

windshield *(n.)* حاجب الريح: الحاجب الزجاجيّ الذي يقي سائق السيّارة من الريح.

wind sleeve *or* **sock** *(n.)* = wind cone.

windup *(n.; adj.)* (١) إنهاء (٢) نهاية؛ خاتمة §(٣) ذو زنبرك يدار باليد.

windward *(adv.; adj.; n.)* (١) نحو الريح §(٢) متجه أو واقع نحو مهبّ الريح §(٣) مَهَبّ الريح.

windy *(adj.)* (١) معرَّضٌ للريح (٢) عاصف (٣) متطبِّل (من أثر الغازات في الأمعاء) (٤) مطبل للبطن (٥) طنّان؛ فارغ؛ متبجّح.

wine *(n.)* خَمْر؛ راح؛ نبيذ.

wineglass *(n.)* كأس الخمر؛ قدح الخمر.

winepress *(n.)* مِعْصَرَةُ العنب أو الخمر.

wing *(n.; vt.; i.)* (١) جَناح §(٢) يجنّح: يزوّد بأجنحة (٣) يَهِيض الجناحَ (٤) يجرح (٥) يخترق أو يجتاز مستعيناً بأجنحة ×(٦) يطير.

to take ~, (١) يطير (٢) ينصرف مسرعاً (٣) يفرّ.

wing commander *(n.)* قائد الجناح (في سلاح الطيران).

wink *(vi.; n.)* (١) يَغْمِز (بعينه) (٢) تَطْرِف (عينُه لا إرادياً) (٣) يتغاضى عن (٤) يومض §(٥) سِنَة؛ نومٌ قصير (٦) غمزة؛ غمزٌ (٧) لحظة (٨) طرفة عين.

winkle *(n.)* البَرْوَنَق: حلزون بحريّ.

winner *(n.)* الفائز؛ الظافر؛ الرابح.

winning *(n.; adj.)* (١) كَسْب؛ فوز (٢) مَكْسَب؛ ربح §(٣) فاتن؛ ساحر.

winnow *(vt.; i.)* (١) يذرّي (الحنطة) (٢) يغربل؛ ينتخّل (٣) تَهُبّ الريحُ (على).

winsome *(adj.)* (١) فاتن؛ ساحر (٢) مبتهِج.

winter *(n.; adj.; vi.)* (١) الشتاء؛ فصل الشتاء.

(٢)سنة §(٣) شتويّ §(٤)يُشَتّي ؛ يقضي فصل الشتاء .

wintergreen *(n.)* شاي كندا(نبات).

wintry *(adj.)* (١) شتوي (٢)بارد؛ عاصف.

wipe *(vt.; n.)* (١)يَمْسَح (٢)ينظّف أو ينشّف بالمَسْح (٣) يُمِرّ أو يحرّك «بغيةَ المسح» (٤)يمحو؛ يزيل؛ يدكّ؛ يبيد §(٥)ضَرْبَة (٦) مَسْح؛ مَسْحَة.

wiper *(n.)* (١) منديل (٢) ممسحة.

wire *(n.; vt.; i.)* (١) سِلْك؛ سِلك معدنيّ. (٢) *pl.* : نظام من الأسلاك لتشغيل الدمى المتحرّكة (٣) التلفون (٤)التلغراف (٥)برقيّة (٦) سياج من أسلاك شائكة (٧)شَرَك من أسلاك (٨) خطّ النهاية (في سباق للخيل) §(٩) يزوّد أو يربط بسلك أو أسلاك (١٠) يصيد بِشَرَك معدني (١١) يرسل تلغرافياً ×(١٢) يَبْرِق.

wireless *(adj.; n.; vt.; i.)* (١) لاسلكيّ. §(٢)اللاسلكيّ (٣) راديو §(٤) يُبْرِق أو يُتلفن لاسلكياً.

wire recorder *(n.)* آلة التسجيل السلكيّة.

wireworm *(n.)* الدودة السلكيّة.

wiring *(n.)* شبكة أسلاك.

wiry *(adj.)* (١) سِلْكيّ (٢) شبيه بالسلْك شكلاً ومرونةً (٣)وَتَرِيّ: نحيل ولكنه قويّ.

wisdom *(n.)* (١)معرفة (٢) حكمة.

wisdom tooth *(n.)* ضرس العقل.

wise *(n.; adj.)* (١)طريقة §(٢)حكيم؛ عاقل. (٣) واعٍ؛ منتبه لِـ (٤) ذكيّ أو ماكر.

wiseacre *(n.)* المتعالم؛ المَغرور.

wisecrack *(n.)* ملاحظةٌ بارعة؛ جواب بارع.

wish *(vt.; i.; n.)* (١)يريد؛ يرغب في (٢)يتمنى. (٣) يريده أو يطلب إليه (أن يفعل كذا) ×(٤) يشتهي؛ يتوق إلى §(٥) أُمْنِيَة (٦) رغبة؛ مَرام (٧) إرادة (٨)تَمَنٍّ.

wishbone *(n.)* عظم التَّرْقُوَة (في الطيور).

wishbone

wishful *(adj.)* (١)دالّ على رغبة (٢)تائق؛ توّاق.

wishful thinking *(n.)* التفكير الرَّغبيّ.

wishy-washy *(adj.)* (١) رقيق القوام؛ غير مركّز (٢) ضعيف؛ ضعيف الشخصيّة.

wisp *(n.)* (١)حفنة؛ حزمة (٢)خصلة(من شعر). (٣) «خيط» رفيع (من دخان).

wistaria *(n.)* الوستارية: نبات معترش.

wistful *(adj.)* (١) حزين؛ كئيب (٢) توّاق.

wit *(n.)* (١) عقل؛ ذكاء (٢) *pl.* : حصافة؛ سلامة عقل (٣) ظَرْف؛ خفّة دم (٤) الظريف؛ شخص ذو ظَرْف.

out of one's ~s. فاقدٌ صوابه (من غضب أو خوف).

witch *(n.)* (١)السّاحرة؛ العرّافة (٢)الحيزبون: عجوز قبيحة (٣) الفاتنة: امرأة فاتنة الجمال.

witchcraft *(n.)* (١)سِحر؛ عِرافة (٢)سحر؛ فتنة؛ تأثير لا يُقاوَم.

witchery *(n.)* = witchcraft.

with *(prep.)* (١)ضِدّ (٢)مع (٣)عن (٤)على. (٥) بِـ (٦)مِن؛ بسبب (٧) وَ... (٨) لَدَى؛ عند (٩) ذو (١٠) عند؛ بُعَيْد (١١) بنسبة كذا؛ تبعاً لـ (١٢) مِن؛ في ما يتّصل بِـ (١٣) على الرغم.

withdraw *(vt.; i.)* (١) يستردّ؛ يسترجع؛ يسحب ×(٢) ينسحب؛ يتراجع؛ يرتدّ.

withdrawal *(n.)* (١) انسحاب؛ ارتداد. (٢)سَحْب؛ استرجاع؛ استرداد.

withe *(n.)* الأُمْلود: غُصَيْن طريّ.

wither *(vi.; t.)* (١)يَذْبُل ×(٢)يُذْبِل.

withers *(n.pl.)* الحارك: أعلى كاهل الفرس.

withhold *(vt.)* (١)يكبح (٢)يمتنع عن .

within *(adv.; prep.)* (١)داخلاً ، من الداخل . (٢)داخلَ الجسم (٣)الداخل (٤)داخلَ المبنى (٥)باطنياً §(٦) ضمنَ ، داخلَ ، في باطن كذا (٧)ضمن نطاق أو مدى كذا .

~ an hour في أقلَّ من ساعة .

~ reach في المتناوَل ؛ في متناول اليد .

without *(prep.; adv.)* (١) خارجَ كذا . (٢)خارج نطاق كذا (٣)من غير ؛ بدون §(٤)خارجياً (٥) خارجاً ، خارجَ المنزل .

withstand *(vt.; i.)* يقاوم ، يصمد (أمامَ) .

withy *(n.)* الأُملود : غُصَيْن طريّ .

witless *(adj.)* أحمق ، مُخبَّل ، معتوه .

witness *(n.; vt.)* (١) شهادة (وبخاصة أمام القضاء) (٢)الشاهد ، شاهد العيان (٣)علامة ، شاهِد (والجمع : شواهد) §(٤)يَشْهَد على (٥) يشهد (حفلةً أو حدثاً) .

witticism *(n.)* مُلْحَة ، لطيفة ، نكتة .

witting *(adj.)* (١)عالم ، مطّلع ، دار (٢)متعمَّد .

witty *(adj.)* (١) بارع ، ذكيّ (٢) ظريف ، فَكِه (٣) سريع الخاطر .

wive *(vi.; t.)* (١)يتزوّج (٢) يزوّج .

wives *pl. of* wife.

wizard *(n.)* (١)الساحر ، العرّاف (٢)شخص عظيم البراعة .

wizardry *(n.)* (١)سِحْر (٢)قوة سحريّة .

wizened *(adj.)* ذابل ، ذاوٍ .

woad *(n.)* الوَسْمَة : نبات عشبيّ أوروبيّ .

wobble *(vi.; t.; n.)* (١) يتذبذب ، يتمايل ، يتراوح (٢) يرتعش ، يرتجف (٣) يتردّد ×(٤)يُذَبْذِب §(٥) تذبذُب ، تمايُل الخ .

woe *(interj.; n.)* (١) وا أسفاه ! واويلتاه الخ . §(٢)وَيْل ، بلاء ، كَرْب (٣) كارثة ، بليّة .

~ be to... الويل لِـ . . .

woebegone *(adj.)* (١) كئيب (٢)مهجور .

woeful *(adj.)* (١) حزين ، بائس ، تعيس . (٢) فاجع ، محزن ، مثير للشفقة .

woke *past of* wake.

wold *(n.)* سهل مرتفع ، أرضٌ لا غابات فيها .

wolf *(n.)* ذئب .

wolf

wolfhound *(n.)* الكلب الذئبيّ .

wolfish *(adj.)* (١)ذئبيّ . (٢) ضارٍ ، مفترس .

wolfsbane *(n.)* خانق الذئب (نبات) .

wolverine *(n.)* الشَّرِه (حيوان) .

wolves *pl. of* wolf.

woman *(n.)* pl. **women** امرأة .

womanhood *(n.)* (١) النِّسْويّة ، الصفة النسوية (٢) الأنوثة (٣) النساء .

womanish *(adj.)* (١) نِسْويّ (٢) مخنَّث .

womankind *(n.)* النساء ، الجنس اللطيف .

womanlike *(adj.)* (١) نِسْويّ (٢)مخنَّث .

womanly *(adj.)* أنثويّ ، لائق بامرأة .

womb *(n.)* الرَّحِم (في التشريح) .

wombat *(n.)* الوُمْبَت : حيوان استراليّ .

women *pl. of* woman.

womenfolk; -s *(n.pl.)* النّساء ، جماعة النساء .

won *past and past part. of* win.

wonder *(n.; adj.; vi.)* (١)معجزة ، أُعجوبة . (٢)عجيبة (٣) تعجّب ، عجَب (٤) انشداه §(٥) عجيب (٦) سِحْرِيّ §(٧) ينشده (٨)يتعجّب ، يتعجّب (٩)يتساءل .

wonderful *(adj.)* عجيب ، مدهش ، رائع .

wonderland *(n.)* أرض العجائب .

wonderment *(n.)* دَهَش ، عَجَب .

wondrous *(adj.)* رائع ، مدهش ، عجيب .

wont *(adj.; n.)* (١)مُتَعَوِّد ، ميّال §(٢)عادة

wonted *(adj.)* (١)معتاد؛ مألوف (٢)متعوَّد.

woo *(vt.)* (١) يتودَّد إلى (٢) يتوسَّل إلى . (٣) يسعى وراء (٤) يجلب على نفسه .

wood *(n.)* (١) *pl.* : غابة (٢)خشب (٣)حطب .

woodbine *(n.)* صَريمة الجدي (نبات) .

wood block *(n.)* الكليشيه الخشبية (طباعة).

woodchuck *(n.)* مرموط الحمائل (حيوان).

woodchuck

woodcock *(n.)* دجاجة الأرض (طائر) .

woodcraft *(n.)* الغِوابة : البراعة في كلّ ما يتصل بالغابات أو الصيد فيها الخ .

woodcut *(n.)* = wood block.

woodcutter *(n.)* الحطّاب؛ قاطع الأخشاب.

wooded *(adj.)* مشجَّر ؛ محرَّج .

wooden *(adj.)* (١)خشبيّ؛ متخشّب (٢)غبيّ.

woodland *(n.)* غابة .

wood louse *(n.)* حمار قبّان (حشرة) .

wood nymph *(n.)* حورية الغابات .

woodpecker *(n.)* النقّار ؛ نقّار الخشب (طائر) .

woodpecker

wood pigeon *(n.)* الورَشان؛ الحمامة المطوّقة .

woodruff *(n.)* الحُوَيْسِئة العطرية (نبات) .

woodshed *(n.)* سقيفة يخزن فيها الحطب .

woodsman *(n.)* (١)ساكن الغابات (٢)البارع في اجتياز الغابات أو الصيد فيها (٣)الحطّاب.

woodsy *(adj.)* غابيّ : متعلق بالغابات .

wood tar *(n.)* قار الخشب ؛ قطران الخشب .

woodturner *(n.)* خرّاط الخشب .

woodwaxen *(n.)* جِنِسْتا الصبّاغين (نبات).

woodwind *(n.)* آلات النفخ (في اوركسترا).

woodwork *(n.)* أشغال الخشب .

woody *(adj.)* (١)مُلْتَفّ الأشجار (٢)خشبيّ.

wooer *(n.)* (١)المتودِّد (٢)المتوسِّل .

woof *(n.)* (١)لُحمة النسيج (٢)نسيج .

wool *(n.)* (١)صُوف (٢)شعر كثّ جَعْد .

woolen *(adj.; n.)* (١) صوفيّ § (٢) نسيج صوفيّ § (٣) *pl.* : ملابس صوفية .

woolgathering *(n.)* ذهول ؛ شرود ذهن .

woollen *(adj.; n.)* = woolen.

woolly *(adj.)* صوفيّ أو شبيه بالصوف .

woolpack *(n.)* بالة صوف .

woolsack *(n.)* كيس صوف .

word *(n.)* (١) كلمة (٢)أمر (٣)نبأ؛ رسالة (٤) القَوْل (٥) وَعْد؛ عَهْد .

by ~ of mouth شفهياً؛ مشافَهَةً .

in a ~; in one ~, وبالاختصار .

man of his ~, رجلٌ صادق الوعد .

to keep one's ~, يفي بعهده أووعده

Upon my *word*! قسماً بشرفي .

~ for ~, حرفياً؛ بالحرف الواحد.

wording *(n.)* (١)التعبير (٢)الصياغة .

wordless *(adj.)* صامت : غير معبَّر عنه بكلمات

wordy *(adj.)* (١)مُطْنِب (٢) كثير الكلام .

wore *past of* wear.

work *(n.; adj.; vt.; i.)* (١) عمل ؛ شغل . (٢) *pl.* : مصنع ؛ معمل (٣) *pl.* : الأجزاء العاملة أو المتحركة من آلة (٤) رغوة ؛ زَبَد (٥) أثرٌ أدبيّ أو فنيّ § (٦) خاصّ بالعمل (٧) مستخدَم في العمل § (٨) يُحدث (٩) يجترح (معجزةً) (١٠) يحوّل (١١) يطرّز (١٢) يشكّل : يجعله في الشكل المطلوب من طريق التطريق أو الضغط (١٣) يُدير؛ يُعمِل (١٤) يحلّ (مسألةً) (١٥) يشغّل (١٦) يستخدم (١٧) يحتال

على « تحقيقاً لغرض .» ×(١٨) يعمل ؛ يشتغل (١٩) يعمَل على؛ يساعد على (٢٠) يشق طريقه أو يتقدّم بجهد (٢١) يتخمّر ؛ يختمر.

workable *(adj.)* (١) يُشغَّل ؛ يشكَّل : ممكن جعله في الشكل المطلوب (٢) عمليّ .

workaday *(adj.)* (١) خاص بأيام العمل . (٢) يوميّ ؛ عاديّ ؛ مبتذل .

workbag *(n.)* كيس الشغْل .

workbench *(n.)* نَضَد العمل ؛ طاولة الحِرَفيّ .

workday *(n.)* يوم العمل (تمييزاً له عن يوم الأحد أو يوم العطلة) .

worker *(n.)* العامل ؛ الشغّيل .

workhouse *(n.)* (١) تكيّة ؛ ملجأ ؛ بيت البرّ . (٢) إصلاحيّة للأحداث .

working *(adj.; n.)* (١) عامِل أو مساعِد على العمل §(٢) عمَل ؛ شُغل (٣) تشغيل ؛ تشكيل ؛ جَعْل الشيء في الشكل المطلوب (٤) حلّ (لمسألة) (٥) تخمّر (٦) *pl.* : حفريات (في منجم الخ.) .

working class *(n.)* الطبقة العاملة ؛ طبقة العمال

workingman *(n.)* العامل ؛ الشغّيل .

workman *(n.)* (١) العامل ؛ الشغيل (٢) الحِرَفيّ .

workmanship *(n.)* صنعة ؛ براعة في العمل .

workroom *(n.)* حجرة العمل أو الشغْل .

workshop *(n.)* مَشْغَل ؛ ورْشة ؛ معمل .

world *(n.)* (١) الدنيا (٢) العالم (٣) الناس .

a ~ of difference فرق شاسع .

the other *or* next ~, الآخرة .

worldliness *(n.)* الدنيوية : «أ» كون الشيء دنيوياً . «ب» الانهماك بالشؤون الدنيوية .

worldling *(n.)* مُحِبّ الدنيا .

worldly *(adj.)* (١) دنيويّ (٢) خبير بالحياة والناس

worldly-minded *(adj.)* دنيويّ التفكير .

worldly-wise *(adj.)* خبير بالحياة والنّاس .

world power *(n.)* الدولة الكبرى ؛ القوة العالمية

world war *(n.)* الحرب العالميّة .

worldwide *(adj.)* عالميّ الانتشار ؛ عالميّ النطاق .

worm *(n.; vi.; t.)* (١) دودة §(٢) يتمعّج : يمشي مشية الديدان ×(٣) يحرّر كلباً من الديدان (٤) ينتزع بالحيلة .

worm-eaten *(adj.)* نَخِر ؛ متسوّس .

worm gear *(n.)* عجلة وتُرْس دوديّ .

worm wheel *(n.)* الدولاب الدوديّ .

worm gear

wormwood *(n.)* (١) الأفسَنْتين (نبات) . (٢) مرارة ؛ شيء مرير .

wormy *(adj.)* (١) كثير الديدان (٢) متسوّس .

worn *past part. of* wear.

worn *(adj.)* (١) بالٍ ؛ رثّ (٢) مُرْهَق ؛ متعَب .

worn-out *(adj.)* (١) «أ» بالٍ ؛ رثّ «ب» متهرّىء ؛ تالف (٢) مُرْهَق (٣) مُبْتَذَل .

worried *(adj.)* قلِق ؛ مهموم ؛ مضطرب البال .

worry *(vt.; i.; n.)* (١) ينهَش ؛ يعضّ (٢) يهزّ أو يسحب بأسنانه (٣) يعذّب ؛ يزعج (٤) يرهق (٥) يُقلِق ×(٦) يقلَق §(٧) قلَق (٨) بلاء ؛ مشكلة ؛ همّ .

worse *(adj.; n.; adv.)* (١) أسوأ ؛ أردأ . §(٢) الأسوأ ؛ الأردأ §(٣) على نحوٍ أسوأ أو أردأ .

~ and ~, أسوأ فأسوأ .

worsen *(vt.; i.)* يجعله (أو يصبح) أسوأ .

worship *(n.; vt.)* (١) مقام رفيع (٢) فضيلة ؛ سيادة (٣) عبادة (٤) ديانة §(٥) يعبد (٦) يبجّل ؛ يؤلّه .

worshipful *(adj.)* (١) مُبَجَّل .

worst *(adj.; n.; adv.; vt.)* (١) الأسوأ ؛ الأردأ §(٢) على النحو الأسوأ §(٣) يَهزِم ؛ يتغلّب على .

at ~, في أسوإ الأحوال .

worsted 458 wrestle

worsted *(n.; adj.)* (١) الغَزْل الصوفي (٢) نسيج منه §(٣) صوفيّ .
wort *(n.)* نبتة ، عشْبة أو حشيشة .
worth *(prep.; n.)* (١)يساوي كذا (٢)ذو دخل أو ممتلكات تساوي كذا (٣) يستحق ، يستأهل ، جدير بـ (٤) في طوقه أو قدرته §(٥)قيمة ماليّة (٦)ما يساوي كذا (٧) قيمة (٨) استحقاق ، كفاءة (٩) ثروة .
worthily *(adv.)* بجدارة ، باستحقاق ، بكفاءة.
worthiness *(n.)* جدارة ، استحقاق ، كفاءة .
worthless *(adj.)* (١)باطل (٢)حقير ، تافه .
worthwhile *(adj.)* ذو شأن ، جدير بالاهتمام.
worthy *(adj.)* (١)قيِّم (٢)فاضل ، شريف ، نبيل (٣) جدير ، مستحقّ .
would *(past of will)* (١) يتمنّى (٢) يريد ، يرغب (٣) فعل مساعد معناه : «أ» سوف «ب» لو ، لو أنه . «ج» يستطيع . «د» ليت . «هـ» هل لك أن . . .
would-be *(adj.)* (١)مدعٍ كذا ، راغب في أن يكون كذا .
wound *(n.; vt.; i.)* (١)جُرْح §(٢)يَجرَح .
wound *past and past part. of* wind.
wove *past and past part. of* weave.
woven *past part. of* weave.
wrack *(n.)* (١)خراب ، دمار (٢)حشائش بحرية مجفّفة .
wraith *(n.)* (١) شبح (٢) خيال.
wrangle *(vi.; n.)* (١) يتشاحن ، يتخاصم ، يتجادل §(٢) مشاحنة ، خصام ، نزاع (٣) مجادلة ، جدَل .
wrap *(vt.; i.; n.)* (١) يغطّي (٢) يلفّ ، يغلّف ، يرزم (٣) يطوِّق (٤) يستغرق في ×(٥)يلتفّ (٦)يرتدي §(٧)غلاف (٨)دِثار ، معطف (٩) بطانيّة ، حِرام .
wrapper *(n.)* (١)غلاف (٢)دِثار ، إزار .
wrapping *(n.)* غلاف ، غطاء .
wrath *(n.)* حنَق ، غيْظ ، غضَب شديد .
wrathful *(adj.)* مُحنَق ، مَغيظ ، غاضب جداً .
wrathy *(adj.)* = wrathful.
wreak *(vt.)* (١) يُنزِل به عقوبةً أو أذًى. (٢)يشفي غليل غضبه (٣) يُحْدِث .
wreakful *(adj.)* = revengeful.
wreath *(n.)* إكليل ، إكليل من الزهر .
wreathe *(vt.; i.)* (١) يَلْوي ، يُجعِّد (٢)يَجْدُل ، يَضْفُر (٣)يلفّ (٤) يكلِّل ×(٥)يلتفّ (٦) ينجدل ، يَنْضَفِر .
wreck *(n.; vt.)* (١) حُطام السفينة الغارقة . (٢)تحطّم السفينة أو غرقها (٣) سفينة غارقة (٤)تحطيم ، تحطُّم (٥) خراب ، مبنى خرِب §(٦) يحطِّم ، يُتْلِف (٧) يؤدي به إلى الافلاس (٨) يحطِّم سفينة أو يغرقها .
wreckage *(n.)* حُطام السفينة الغارقة .
wrecker *(n.)* (١) هادم المباني (٢)سيارة القَطْر أو السَّحْب .
wren *(n.)* الصَّعْو ، النُّمْنُمة : طائر صغير جداً .
wrench *(vt.; n.)* (١)يلوي (٢)يشوِّه ، يُحرِّف ، يَعْدِل به عن غرضه الأصلي (٣) يسحب أو ينتزع أو يخلع أو ينتزع بقوّة (٤) ينتزع §(٥)ليّ ، لَوْي ، خَلْع (لمفصل الخ.) (٦)تشويه ، تحريف (٧)مِلوى ؛ مفتاح ربْط .

wrenches

wrest *(vt.; n.)* (١)يلوي أو ينتزع بقوّة (٢)ينتزع . (٣) يحرِّف §(٤) ليّ ، لَوْي ، انتزاع الخ.
wrestle *(vi.; t.; n.)* (١)يتصارع (٢)يكافح ، يناضل ×(٣)«أ» يصارع . «ب» يحرِّك أو يدفع شيئاً (وكأنه في صراع معه) §(٤) كِفاح ، صِراع ، مصارعة .

wrestling 459 wryneck

wrestling *(n.)* (١) كِفاح ؛ صِراع . (٢) مصارعة .

wretch *(n.)* (١) البائس؛ التعيس (٢) الحقير .

wretched *(adj.)* (١) بائس (٢) قَذِر ؛ حقير . (٣) رثّ؛ بال (٤) مرهَق (٥) فاجع (٦) رهيب (٧) رديء النوع .

wriggle *(vi.; t.; n.)* (١) يتلوّى؛ يتمعّج . (٢) يتملّص أو يتخلّص بالحيلة والمكر × (٣) يُلَوّي؛ يُمعّج (٤) يشقّ (طريقه) متمعّجاً § (٥) تلَوٍّ ؛ تمعّج الخ.

wright *(n.)* (١) صانع كذا (٢) واضع كذا.

wring *(vt.)* (١) يَعْصُر (٢) ينتزع (٣) يلوي . (٤) يعذّب ؛ يوجع .

wringer *(n.)* العَصّارة : آلة عَصْر .

wrinkle *(n.; vi.; t.)* (١) جَعْدَة ؛ غَضَن . (٢) تجعُّد ؛ تَغَضُّن § (٣) يتجعّد؛ يتغضّن × (٤) يجعّد ؛ يُغضّن .

wrist *(n.)* المِعْصَم ؛ الرُّسْغ .

wristband *(n.)* سِوار القميص: طَرَف رُدْن القميص أو كُمّه المطوّق للمعصم .

wristlet *(n.)* (١) سوار (٢) عصابة المعصم .

wristwatch *(n.)* ساعة المِعصم ؛ ساعد اليد .

wristwatch

writ *(n.)* (١) شيء مكتوب : كتابة ؛ كتاب (٢) أمْرٌ ملكيّ ؛ إرادة ملكيّة (٣) أمرٌ قضائيّ .

write *(vt.; i.)* (١) يكتب (٢) يؤلّف (٣) ينظم .

to ~ down يدوّن ؛ يسجّل .

to ~ off (١) يشطب ؛ يحذف (٢) يكتب بسرعة .

to ~ out يكتب ؛ يدوّن .

writer *(n.)* (١) الكاتب (٢) المؤلّف .

writhe *(vt.; i.)* (١) يلفّ؛ يلوي (٢) يَضْفِر . × (٣) يتمعّج (٤) يتلوّى (ألماً)؛ يتضوّر (جوعاً).

writing *(n.)* (١) كتابة (٢) خطّ (٣) كتاب ؛ مؤلَّف (٤) صناعة الكتابة أو التأليف .

writing paper *(n.)* ورق الكتابة .

written *past part. of* write.

wrong *(n.; adj.; adv.; vt.)* (١) حَيْف ؛ جَوْر ؛ ظلم (٢) الباطل (٣) أذىً ؛ ضرر (٤) الخطأ : شيء خاطىء (٥) الضلال : كون المرء على خطأ § (٦) لاأخلاقيّ (٧) طالح (٨) غير مناسب (٩) خاطىء (١٠) مغلوطٌ فيه (١١) غير صحيح (١٢) غير مُرْضٍ ؛ فيه خَلَلٌ أو علّة (١٣) مخطىء ؛ على خطأ § (١٤) على نحو خاطىء § (١٥) يظلم ؛ يؤذي ؛ يسيء إلى .

in the ~, مخطىء ؛ مَلوم ؛ مسؤول .

in the ~ box في ورطة الخ.

wrongdoer *(n.)* الآثم؛ المعتدي ؛ المرتكب .

wrongdoing *(n.)* إثم ؛ اعتداء ؛ إيذاء ؛ شرّ .

wronged *(adj.)* مظلوم ؛ مُعْتَدىً عليه .

wrongful *(adj.)* (١) ظالم ؛ جائر (٢) غير شرعيّ .

wrongfully *(adv.)* ظلماً وعُدواناً .

wrongheaded *(adj.)* عنيد .

wrongly *(adv.)* (١) خطأً (٢) ظُلماً .

wrote *past of* write.

wroth *(adj.)* مُحْنَق ؛ مَغيظ ؛ غاضب جداً .

wrought *past and past part. of* work.

wrought *(adj.)* (١) معمول ؛ مشكَّل . (٢) مزخرَف ؛ منمَّق (٣) مشغول ؛ مصنوع (٤) مطرَّق (٥) منفعل .

wrought iron *(n.)* الحديد المُطاوع أو المليف.

wrung *past and past part. of* wring.

wry *(adj.)* (١) مُصعَّر ؛ ملتوٍ (٢) ساخر (٣) عنيد . (٤) ظريف (مع تجهّم ومرارة وسُخرية عادةً).

wryneck *(n.)* (١) اللَّوّاء : طائر صغير (٢) الصَّعَر : داءٌ في الرَّقَبة يتعذّر معه الالتفات .

xebec

X

x *(n.)* الحرف الـ ٢٤ من الأبجدية الانكليزيّة .

xebec *(n.)* : القُرْصانيّة : سفينة صغيرة ثلاثيّة الصواري استُخدمت قديماً لأغراض القرصنة.

xebec

xenon *(n.)* الزِّينون: عنصر غازيّ ثقيل.

xenophobe *(n.)* المُصاب برُهاب الأجانب .

xenophobia *(n.)* رُهاب الأجانب: الخوف من الأجانب وكرههم .

xerophilous *(adj.)* نامٍ في الجفاف .

xerophyte *(n.)* الجافوف ؛ النبات الصحراوي.

Xmas *(n.)* = Christmas.

X ray *(n.)* ; *pl.* (١) الأشعّة السينية ؛ أشعّة اكس ؛ أشعّة رونتجن (٢) شعاع من الأشعّة السينيّة (٣) صورة بالأشعّة السينية .

X-ray photograph *(n.)* صورة بالأشعّة السينيّة .

xylem *(n.)* الزِّيليم: الجزء الخشبيّ من النباتات.

xylography *(n.)* فنّ النقش على الخشب .

xylophone *(n.)* الخشبية: آلة موسيقيّة مؤلّفة من صف من القضبان الخشبيّة يُعزَف عليها بالضرب على هذه القضبان بمطرقتين خشبيّتين صغيرتين.

Y

Yoshimitsu's Golden Pavilion (Japan)

y *(n.)* الحرف الخامس والعشرون من الأبجدية الانكليزية.

yacht *(n.)* اليَخْت: مركب للمتعة والسباق.

yachting *(n.)* الإبحار أو التسابق باليخوت.

yak *(n.)* الياك: ثور التيبت الضخم.

yam *(n.)* اليام: ضرب من البطاطا.

yank *(vt.; i.)* يَنْتُر؛ يخلع؛ ينترع.

Yankee *(n.)* اليانكيّ: «أ» أحد أبناء نيو إنجلند بالولايات المتحدة الأميركية. «ب» أحد أبناء الشمال الأميركي. «ج» الأميركي.

yap *(vi.; n.)* (١) يَنْبَح (٢) يثرثر §(٣) نُباح.

yard *(n.)* (١) يارد؛ ياردة (٢) عارضة الشراع (٣) فِناء؛ ساحة (٤) زريبة (٥) حوض (لصنع السفن أو إصلاحها).

yardstick *(n.)* (١) العصا الياردية: عصاً للقياس مدرَّجةٌ طولها ياردة واحدة (٢) مِحكّ.

yarn *(n.; vi.)* (١) غَزْل (قطنيّ أو صوفيّ). (٢) حكاية §(٣) يروي حكايةً (٤) يتحدّث.

yarrow *(n.)* الألفيّة؛ ذات الالف ورقة (نبات).

yawl *(n.; vi.)* (١) مركب (٢) نباح §(٣) ينبح.

yawn *(vi.; n.)* (١) يَنْفَغِر: ينفتح كالفم. (٢) يتثاءب §(٣) فجوة؛ ثغرة؛ حفرة (٤) تثاؤب.

yawning *(n.; adj.)* (١) تثاؤب §(٢) منفغر؛ غائر؛ واسع (٣) متثائب «سأماً أو ضجراً».

ye *(pron.)* أنتَ؛ أنتِ.

yea *(adv.)* (١) نعَم (٢) ليس هذا فحسب؛ بل...

yean *(vi.; t.)* تلِد؛ تُنْتِج (النعجةُ أو الشاةُ).

year *(n.)* (١) عام؛ سنة (٢) *pl.*: شيخوخة.

yearbook *(n.)* الحَوْليّة: كتاب يُنْشَر سنوياً.

yearling *(n.)* الحَوْليّ: حيوان عمرُه سنة.

yearly *(adj.; adv.)* (١) سنويّ §(٢) سنوياً.

yearn *(vi.)* (١) يتوق إلى (٢) يشفق على.

yeast *(n.)* (١) خميرة (٢) رغوة؛ زَبَد.

yeasty *(adj.)* (١) مُزْبِد (٢) تافه؛ فارغ.

yell *(vi.; n.)* (١) يصرخ؛ يصيح §(٢) صرخة.

yellow *(adj.; n.; vt.; i.)* (١) أصفر؛ شاحب. §(٢) الأصفر؛ اللون الأصفر (٣) صَفار البيض §(٤) يُصفِّر ×(٥) يَصفَرّ.

yellow fever *or* **jack** *(n.)* الحُمّى الصفراء.

yellowish *(adj.)* مُصفَرّ؛ ضاربٌ إلى الصُّفْرة.

yellowness *(n.)* الصُّفرة.

yellowtail *(n.)* أصفر الذَّيل (سمك).

yellowthroat *(n.)* أصفر النَّحْر (طائر).

yellowy *(adj.)* مُصْفَرّ؛ ضارب إلى الصُّفْرة.

yelp *(vi.; n.)* (١)يعوي؛ ينبح §(٢)عُواء؛ نُباح

yen *(n.)* اليَنّ: وحدة العملة اليابانيّة.

yeoman *(n.)* (١) اليُومَن: خادم أو تابع أو موظف صغير في قصر ملك أو نبيل (٢) أحد أفراس الحرس الملكي البريطاني (٣) ضابط صغير (في البحرية) يقوم بأعمال مكتبيّة عادةً (٤) فلاح صغير يملك أرضاً يزرعها.

yeomanry *(n.)* اليوامنة: «أ» صغار مالكي الأرض من أبناء الطبقة الوسطى. «ب» حَرَس وطني.

yes *(adv.)* نعم؛ بلى؛ أجل.

yesterday *(adv.; n.)* (١)أمس §(٢)الأمس.

yesternight *(adv.; n.)* الليلة البارحة.

yet *(adv.; conj.)* (١)علاوةً على ذلك (٢)أيضاً؛ حتى؛ بل و ... (٣) بَعْدُ؛ حتى الآن (٤) لا يزال (٥) يوماً؛ ذاتَ يوم؛ في النهاية (٦) على الرغم من ذلك §(٧) ومع ذلك.

yew *(n.)* الطَّقْسُوس (شجر أو خشبُهُ).

Yiddish *(n.)* اليِيدية: لهجة من لهجات اللغة الألمانيّة ينطق بها اليهود في الاتحاد السوفياتي الخ.

yield *(vt.; i.; n.)* (١) يمنح؛ يَهَب؛ يقدّم إلى. (٢)يتخلّى عن (٣)يستسلم لـ (٤) يتنازل عن (٥)يَغِل؛ يعطي غلّةً أو عائداتٍ ماليّة (٦)يثمر؛ يُنْتِج (٧) يُحْدِث؛ يسبب ×(٨)يخضع؛ يُذْعِن؛ يرقّ أو يلين (٩) يكون دون غيره جودةً الخ. (١٠) يُخلي مكانَه لـ... §(١١) غلّة؛ محصول؛ حصيلة.

yielding *(adj.)* (١)مثمر (٢)ليّن (٣)مِطواع.

yodel *(vi.; t.)* يُيَوْدِل: يُغنّي مُكثِراً من الانتقال من الصوت العادي إلى صوت عالي الطبقة.

yoga *(n.)* اليوغا: فلسفة هندية.

yoke *(n.; vt.)* (١)نِير (٢)الفدان: ثوران يُقْرَنَن بينهما بِنِير (٣) عبوديّة (٤) رباط؛ صلة؛ (٥) النِّير: جزء من الثّوب يطوّق العنقَ والكتفين (٦)أعلى التنّورة §(٧) يشدّ إلى نِير (٨)يشدّ حيواناً إلى عربة (٩)يربط؛ يَجْمَع.

yokel *(n.)* الفلاّح؛ الرّيفيّ؛ الجِلْف.

yolk *(n.)* المُحّ: صَفار البيض.

yon; yond *(adv.; adj.)* = yonder.

yonder *(adv.; adj.)* (١) هناك؛ هنالك. §(٢) مَرْئِيّ (٣) أبعد؛ أشدّ بُعْداً.

yore *(n.)* الماضي؛ الأيّام الخالية.

you *(pron.)* ضمير المخاطب: أنتَ؛ أنتِ؛ أنتما؛ أنتم؛ أنتنّ؛ لكَ؛ لكِ؛ لكما؛ لكم؛ لكنّ.

young *(adj.; n.)* (١)صغير؛ حدث؛ ناشىء. (٢)غِرّ؛ قليل الخبرة (٣)جديد (٤)شابّ أو خاصّ بالشباب §(٥) الأحداث؛ الناشئة؛ الشباب (٦)الجرو: الصغير من أولاد الحيوان.
with ~, حامل؛ حُبْلى.

younger *(adj.; n.)* (١) أصغر §(٢)الأصغر.

youngest *(adj.; n.)* الأصغر.

youngling *(n.; adj.)* (١)الصغير §(٢)صغير.

youngster *(n.)* (١) شابّ (٢) طفل.

your *(pron.; adj.)* كافُ المِلْك: صيغة الملكيّة من *you* (كقولك *your* room ونحو ذلك).

yours *(pron.)* (١)لكَ؛ لكِ؛ لكما؛ لكم؛ لكنّ (٢) ما هو لكَ أو لكِ الخ.

yourself *(pron.)* نفسك؛ بنفسك.

yourselves *pl. of* yourself.

youth *(n.)* (١)الشّباب (٢)فتى؛ شاب.

youthful *(adj.)* (١) شابّ؛ فتيّ (٢)غضّ؛ طريّ (٣) قويّ؛ نشيط.

yowl *(vi.; n.)* (١) يعوي؛ يموء (٢) يُعْوِل. (٣) يصرخ محتجاً §(٤) عُواء؛ مُواء الخ.

yucca *(n.)* اليُكّة: نبات من الفصيلة الزنبقية.

Yugoslav *(n.; adj.)* (١) اليوغوسلافيّ: أحد أبناء يوغوسلافيا §(٢) يوغوسلافيّ.

yule *(n.)* عيد الميلاد: عيد ميلاد المسيح.

zebra

Z

z *(n.)* الحرف الـ ٢٦ من الأبجدية الانكليزيّة.

zeal *(n.)* حماسة.

zealot *(n.; adj.)* متحمّس ؛ متعصّب.

zealotry *(n.)* (١) حماسة مفرطة (٢) تعصّب.

zealous *(adj.)* متحمّس ؛ حماسيّ.

zealously *(adv.)* بحماسة.

zebra *(n.)* العتّابيّ ؛ حمار الزَّرَد : حمار وحشيّ مخطّط.

zebu

zebu *(n.)* الدَّرْبانيّ : حيوان من الفصيلة البقريّة على غاربه سنام.

zeitgeist *(n.)* روح العصر.

zenith *(n.)* (١) السَّمْت ؛ سَمْت الرأس (فلك). (٢) أَوْج ؛ ذروة.

zephyr *(n.)* (١) الدَّبور : الريح الغربيّة (٢) نسيم عليل (٢) الزِّفير : قماش رشيق.

zeppelin *(n.)* مُنْطاد ؛ مُنطاد زِبْلِن.

zero *(n.)* (١) صِفْر (٢) النكِرة : شخص تافه.

zero hour *(n.)* ساعة الصفر : «أ» الساعة المحدّدة لتنفيذ عمليّة عسكريّة مرسومة. «ب» الزمن المحدّد للبدء بعمل ما (كإطلاق صاروخ الخ).

zest *(n.)* (١) المُنكِّه : كلّ ما يضاف إلى الشيء لإعطائه نكهة ما (٢) نكهة سائغة (٣) فتنة ؛ سحر ؛ متعة ؛ حيويّة (٤) تلذّذ أو استمتاع شديد.

Zeus *(n.)* زيوس : كبير آلهة اليونان.

zigzags

zigzag *(n.; adv.; adj.; vt.; i.)* (١) خطّ متعرّج (٢) أحد أقسام هذا الخطّ § (٣) بتعرّج § (٤) متعرّج § (٥) يعرّج : يجعله متعرّجاً × (٦) يتعرّج ؛ ينطلق في خطّ متعرّج.

zinc *(n.; vt.)* (١) الزِّنْك ، الخارصين . § (٢) يُزَنِّك ؛ يعالج أو يكسو بالزنك.

zincography *(n.)* الحفر بالزنكوغراف (طباعة).

zinc ointment *(n.)* مرهم الزنك.

zinc oxide *(n.)* أكسيد الزنك.

zinnia *(n.)* الزِّينيّة : نبات جميل الزهر.

Zionism *(n.)* الصهيونيّة ؛ الحركة الصهيونيّة.

Zionist *(n.; adj.)* صهيونيّ.

zip fastener

zip *(n.)* (١) أزيز (٢) حيويّة ؛

zip fastener *(n.)* الزِّمام المنزلق.

zipper *(n.)* = zip fastener.

zippy *(adj.)* رشيق؛ مفعم بالحيويّة والنشاط .

zither *(n.)* القانون: آلة موسيقيّة.

zloty *(n.)* الزِّلوتيّ : وحدة النقد البولندية .

zodiac *(n.)* دائرة البروج أو رسمٌ يمثلها (فلك).

zodiac

zodiacal *(adj.)* بروجيّ: خاص بدائرة البروج.

zonal *(adj.)* (١) مِنْطَقيّ (٢) نطاقيّ .

zone *(n.; vt.)* (١) مِنطَقة §(٢) يطوِّق (بحزام). (٣) يُمَنْطِق: يقسّم إلى مناطق .

zoo *(n.)* حديقة الحيوان؛ حديقة الحيوانات .

zoogeography *(n.)* الجغرافيا الحيوانيّة .

zoography *(n.)* (١) علم الحيوان الوصفيّ . (٢) الجغرافية الحيوانيّة .

zoolatry *(n.)* عبادة الحيوان أو الحيوانات.

zoological *(adj.)* حيوانيّ .

zoologically *(adv.)* حيوانياً ؛ من الوجهة الحيوانيّة .

zoological garden *(n.)* حديقة الحيوانات .

zoologist *(n.)* العالِم الحيواني؛ العالم بالحيوان .

zoology *(n.)* (١) عِلم الحيوان (٢) حيوانات منطقة ما .

zoom *(vi.; n.)* (١) يئزّ أزيزاً متواصلاً (٢) تزوُم: تصعد الطائرة فجأةً وبسرعة كبيرة مسافةً قصيرة §(٣) أزيز (٤) ارتفاع مفاجىء .

zoophagous *(adj.)* لاحم: آكل لحم الحيوانات.

zoophyte *(n.)* المَرجانيّ؛ الحيوان النباتيّ .

zooplasty *(n.)* الجراحة التعويضيّة الحيوانيّة .

zoot suit *(n.)* بذلة زوت (بذلة رجاليّة).

Zoroastrian *(adj.; n.)* زَرادَشتيّ .

Zoroastrianism *(n.)* الزَّرادَشتيّة : ديانة فارسيّة قديمة منسوبة إلى النبيّ زَرادشت .

zucchetto *(n.)* السُّكيتة: قلنسوة خاصّة برجال الدّين الكاثوليك .

Zulu *(n.)* (١) الزُّولوويّ: واحد الزّولو وهم شعب ناطق بلغة البانتو في ناتال بجنوب افريقية (٢) الزّولوويّة : لغة الزّولو .

zwieback *(n.)* البقْسماط : ضرب من الخبز يقطّع إلى شرائح ثم يحمّص في الفرن .

Zwinglian *(adj.; n.)* (١) إِتْزْوِنغليّ: منسوب إلى المصلح البروتستانتيّ السويسري «إتْزْوِنغلي» أو إلى مذهبه §(٢) الإتْزْوِنْغليّ : أحد أتباع إتْزْوِنْغليّ .

zygote *(n.)* اللاقحة : خلية تنشأ من اندغام مَشيجَيْن (علم الأحياء) .

zymology *(n.)* الزيمولوجيا ؛ عِلم الخمائر : علم يبحث في التخمّر وفي فعل الخمائر .

zymosis *(n.)* تخمُّر ؛ اختمار .

zymotic *(adj.)* (١) تخمُّريّ ؛ اختماريّ . (٢) مخمِّر (٣) مُعْدٍ .

أُسْرَة مَعَاجم

المورد

قاموس إنكليزي - عربي

المورد

أحدث قاموس إنكليزي - عربي، في ١٣٢٨ صفحة. متوفر بطبعتين: إحداهما مع لوحة بلاستيكية تمثل جسم الانسان، والأخرى بدون لوحة.

المورد الوسيط

قاموس إنكليزي - عربي للطلاب الثانويين.

المورد الميسَّر

قاموس إنكليزي - عربي مبسَّط.

المورد القريب

قاموس جيب إنكليزي - عربي.

المورد الصغير

قاموس جيب إنكليزي - عربي للمبتدئين.

أُسْـرَة مَعَاجم

المورد

قامُوس عَـرَبي - إنكلِيزي

المورد

أحدث وأوسع قاموس عربي - إنكليزي صدر حتى الآن. طبعة جديدة ملونة في ١٢٥٦ صفحة.

المورد الوسيط

قاموس عربي - إنكليزي للطلاب الثانويين.

المورد الميسَّر

قاموس عربي - إنكليزي مبسَّط.

المورد القريب

قاموس جيب عربي - إنكليزي.

المورد الصغير

قاموس جيب عربي - إنكليزي للمبتدئين.

منير البعلبكي   د. روحي البعلبكي

المورد القريب
مزدوج

قاموس عربي – إنكليزي

قاموس إنكليزي – عربي

المورد القريب
قاموس جَيْب عَرَبي – إنكليزي

الدكتور رُوحي البعلبكي
Dr. ROHI BAALBAKI

المورد القريب

قاموس جَيْب عربي - إنكليزي

AL-MAWRID AL-QUAREEB

A Pocket Arabic-English Dictionary

دار العلم للملايين
DAR EL-ILM LILMALAYIN

جَمِيعُ الحُقُوق مَحفُوظَة

الطبعَة الثَّامِنَة

تشرين الأوَّل / أكتوبر ٢٠٠١

دار العلم للملايين

مؤسسة ثقافية للتأليف والترجمة والنشر

شارع مار الياس، بناية متكو، الطابق الثاني
هاتف : ٣٠٦٦٦٦ - ٧٠١٦٥٥ - ٧٠١٦٥٦ (٠١)
فاكس : ٧٠١٦٥٧ (٠١)
ص.ب ١٠٨٥ بيروت - لبنان

www.malayin.com

All Rights Reserved

EIGHTH EDITION

2001

Copyright © by DAR EL-ILM LILMALAYIN

Beirut, Lebanon
P.O.Box: 1085
Tel.: (01) 306666
701655 - 701656
Fax: (01) 701657

بسم الله الرحمن الرحيم

مُقدّمة

﴿ قُلْ هَلْ يَسْتَوِى ٱلَّذِينَ يَعْلَمُونَ وَٱلَّذِينَ لَا يَعْلَمُونَ إِنَّمَا يَتَذَكَّرُ أُوْلُوا۟ ٱلْأَلْبَٰبِ ﴾

صدق الله العظيم

الحمدُ لِلهِ رَبِّ العالَمين - أولاً وآخراً - الذي مَكَّنني، بفضله العميم، من إنجاز هذا القاموس «القريب» عربي - إنكليزي بعد أن أتاحَ لي سبحانه أن أُصْدِرَ قاموسَ «المورد» الكبير، عربي - إنكليزي، و «المورد الوسيط» عربي - إنكليزي.

لقد أعددتُ قاموس «المورد القريب» عربي - إنكليزي هذا لاستعمال الناشئة، بصورةٍ عامة، والطلاب منهم، بصورةٍ خاصة، بِمَنْ فيهم المبتدئين الذين لا يزالون في مراحل دراستهم الأولى لِلُّغَةِ الإنكليزية.

ولما كان قاموس «المورد القريب» قاموس جيب، فقد حرصت على ألَّا أُضمِّنَهُ إلَّا الكلمات الأساسية والمعاني الضرورية التي تحظى باستعمال كثيف وانتشار واسع، كما قَصَدْتُ أن يحوي بين دفَّتَيْهِ أكبر عدد ممكن من الألفاظ في أقل مساحةٍ ممكنةٍ من الورق.

أدعو الله أن يُنِيلَني رضوانَهُ وغفرانَهُ والثَّوابَ، وأن يجعلَ في هذا القاموس فائدةً لِكُلِّ مُراجعٍ. إنه سَميعٌ مُجيب.

الدكتور رُوحي البعَلبكي

بيروت في ١٨ رمضان ١٤١١

٣ نيسان/أبريل ١٩٩١

وُضِعَ هذا القاموس على أساس قاموس «المورد عربي - إنكليزي» الكبير. فإذا لم تَجِدْ فيه ضالَّتك المنشودة، فعليك بمراجعتها في قاموس «المورد عربي - إنكليزي» الكبير، حيث تجد كل ما تحتاج إليه من الكلمات والمصطلحات والشروح والمعاني.

إرشَادَاتٌ عَامَّة

١ ـ هذا المعجم مُرَتَّبٌ ترتيباً ألفبائيًا نُطْقِيًا وَفْقَ الحروف الأولى للكلمات، دون الاعتداد بجذر الكلمة أو الأصل المجرَّد الذي اشتقَّتْ منه. فكلمة «اِسْتَعْمَلَ» تَرِدُ في باب الألِف، وكلمة «تَعامَلَ» في باب التاء، و«عامَلَ» في باب العين، و«مُسْتَعْمَل» و«مُعَامَلَة» في باب الميم.

٢ ـ إن اللغة العربية المعتَمَدة هنا هي اللغة العربية الفصحى.

٣ ـ أُسْقِطَتْ «أل التعريف» من الكلمة في ترتيب المَواد إلاَّ إذا كانت لازمة.

٤ ـ تَرِدُ الكلمةُ بصيغة المُفْرَد لا الجمع. تُسْتَثْنَى من ذلك الكلماتُ التي تَغْلِبُ على استعمالها صيغةُ الجمع.

٥ ـ تَرِدُ الكلمةُ بصيغة المُذَكَّر لا المُؤنَّث. تُسْتَثْنَى من ذلك الكلماتُ التي تَتَّخِذُ دلالةً خاصةً في صيغة المُؤنَّث.

٦ ـ يَرِدُ الفِعْلُ بصيغة الماضي لا المُضارِع.

٧ ـ الألِفُ المَمْدُودةُ (آ) تُعتبر أَلِفًا عادِيَّةً ولا تُمَيَّزُ عنها في التَّرْتيب.

٨ ـ الألِفُ المَقْصُورَةُ (ى) تُعتبر مُساوِيَةً للألِفِ العادِيَّة.

٩ ـ الهمزة (ء) تُعتبر أَلِفاً حيثما جاءت، سواء أَكُتِبَت على الألِف أم الواو أم الياء أم كانت مستقلّة.

١٠ ـ تَفْصِلُ بين الكلمات الإنكليزية المترادِفة فاصلةٌ (،). أما الشَّوْلَةُ المنقوطةُ (;) فَتَفْصِلُ بين الكلمات الإنكليزية ذات الدلالة المختلفة اختلافاً يسيراً أو بين ظلال المعاني المتقاربة ولكن دون أن تكون مترادفة.

١١ ـ في القسم الإنكليزي يمكن حذف ما وُضِعَ ضمن قوسين أو الإبقاء عليه، لأن القوسين تُبَيِّنان جوازَ استعمالِ الكلمة بأكثر من شكلٍ أو تَضمَّان كلمةً أخرى توضح سواها أو تكون مرادفةً لكلمةٍ مُجَاوِرَة. مَثَلاً:

be(come)	(a)rouse	period (of time)
jump(ing)	keep (up)	(insurance) policy
need(iness)	stretch (out)	the Creator (God)
coin(s)	grant (to)	

١٢ ـ قَلَّلْتُ قَدْرَ الإمْكان من المُخْتَصرات، فاقْتَصَرْتُ على ما يلي:

ج= جَمْع

إلخ= إلى آخره

[نفس]= [علم نفس]

[أحياء]= [علم أحياء]

pl. = plural

أ

أ (هَمْزَةُ الاسْتِفْهام) is, am, are..? was, were..? do, does..? did..? have..?

أَكَتَبْتَ الرِّسالَةَ؟ did you write the letter? have you written the letter?

أ... أَمْ، سَواء أ... أَمْ whether... or, no matter whether... or

أَلا، أَما truly, indeed; oh

ائْتِلاف harmony, agreement, symphony; coalition

ائْتِلافِيّ coalition (government); harmonious, symphonious

ائْتَلَفَ to harmonize (with), agree (with); to form a coalition

ائْتِمان: ثِقَة trust, confidence, faith

ائْتِمان: تَسْلِيف credit

ائْتَمَرَ: تَشاوَرَ to confer, deliberate

ائْتَمَرَ بِأَمْرِهِ، ائْتَمَرَ لَهُ to obey

ائْتَمَنَ: وَثِقَ بِـ to trust

ائْتَمَنَ على to entrust with

آبَ: رَجَعَ to return, come back

أَب: والِد (أو كاهِن) father

أَبٌ بِالتَّرْبِيَةِ أو التَّنْشِئَة foster father

أَبو بُرَيْص: وَزَغَة gecko

أَبو بُلَيْق (طائر) chat, wheatear

أَبو جَلَمْبو: سَلَطَعُون crab

أَبو الحِنّاء (طائر) robin, redbreast

أَبو زُرَيْق (طائر) jay

أَبو سُعْن (طائر) marabou; adjutant

أَبو صُفَير (نبات) bitter orange

أَبو فَرْوَة: كَسْتَناء chestnut; marron

أَبو الهَوْل Sphinx

الأَبَوان the parents, father and mother

أَبُونا [نصرانية] reverend father

يا أَبَتِ O my father!

آب: أُغُسْطُس August

الآب [نصرانية] the (Heavenly) father

آبٍ (الآبي): غَيْرُ راضٍ unwilling, reluctant, grudging

أَبى: رَفَضَ to refuse, reject

أَبى: أَنِفَ، تَرَفَّعَ عن to disdain, scorn, reject haughtily

أَبى إِلّا أَنْ to insist on

شاءَ أَمْ أَبى whether he likes it or not, willingly or unwillingly

إباء : رَفْض	refusal, rejection
إباء : أنَفَة، عِزّة نَفْس	disdain, pride; sense of honor
أبَاتَ : جَعَلَهُ يَبيت	to lodge, put up for the night
أبَاتي، أبَّاتي [نصرانية]	abbot
أبَاحَ : أجَازَ	to permit, allow, legalize
أبَادَ	to annihilate, exterminate, eradicate, destroy, wipe out
أباضَ : وَضَعَ البَيْض	to ovulate
إبالَة : رِزْمَة	bale, bundle, bunch; parcel, package, pack
أبَانَ : أظْهَرَ، أوضَحَ - راجع بَيَّن	
إبّان، في إبّان	during, in the course of, at the time of
إبتاع : اِشتَرى	to buy, purchase
إبتَدأ، إبتِداء - راجع بَدَأ، بَدْء	
إبتِداءً مِن	starting..., beginning..., from..., as of..., effective from...
إبتِدائيّ	elementary; primary; preparatory, preliminary
مَدْرَسَة إبتِدائيّة	elementary school, primary school
إبتَدَعَ	to contrive, devise; to invent, innovate, create
إبتَذَلَ : اِمْتَهَنَ	to hackney, wear out in everyday use, make trite
إبتَذَلَ : تَرَكَ الاِحْتِشَام	to be indecent
إبتَزَّ (مِن)	to extort (from), exact forcibly (from), usurp (from)
إبتَزَّ بالتَّهْديد	to blackmail
إبتِزاز	extortion, forcible exaction, usurpation
إبتِزاز (تَهْديديّ)	blackmail
إبتِسام، إبتِسامة	smiling; smile
إبتَسَمَ	to smile
إبتَعَدَ (عن) : ذَهَبَ	to move away (from), go away (from)
إبتَعَدَ عن : ظَلَّ بَعيداً عن	to keep away from, stay far from
إبتَعَدَ عن : تَجَنَّبَ	to avoid, shun, keep away from, keep off
إبتَغى	to seek, aim at, aspire to; to desire, wish, want
إبتِكار	invention, creation, innovation; creativity; originality
إبتَكَرَ	to invent, innovate, originate, create; to contrive, devise
إبتَلَّ : تَبَلَّلَ - راجع تَبَلَّلَ	
إبتَلى : إختَبَرَ	to test, try
إبتَلى : أصابَ بِمِحْنة	to afflict, try
إبتُلِيَ بِـ	to be afflicted with, hit by; to suffer, experience
إبتَلَعَ - راجع بَلَعَ	
إبتِهاج	rejoicing, jubilation; joy, delight, happiness
إبتِهال	supplication, prayer
إبتَهَجَ (بِـ)	to rejoice (at), jubilate (at); to be happy (at), glad (at)
إبتَهَلَ	to supplicate, pray humbly (to God)
إبتِياع	purchasing, buying
أبْجَديّ	alphabetical, alphabetic

أَبْجَدِيَّة : الحُرُوفُ الأَبْجَدِيَّة alphabet
أَبَحّ : مَبْحُوح hoarse, husky, harsh
إِبْحار : السَّفَرُ بَحْراً sailing, navigation
أَبْحَرَ : سافَرَ بَحْراً to sail, navigate
أَبْحَرَتِ السَّفِينَةُ to sail, set sail
أَبَّدَ : خَلَّدَ to eternize, eternalize
آبِد : ضارٍ wild, untamed, feral
أَبَد : دَوَام eternity, perpetuity
إلى الأَبَد forever, eternally
أَبَداً : مُطْلَقاً never, not at all
أَبَداً : دائِماً always, forever
أَبْدَى to show, demonstrate, manifest; to express, make clear
إِبْداع creation, invention, innovation; creativeness; originality
إِبْدال exchange; substitution, replacement; change, changing
آبِدَة (ج أَوَابِد) monster, wild beast
أَبْدَعَ : أَجادَ to excel (in), do excellently; to be excellent (in)
أَبْدَعَ : اِبْتَدَعَ ـ راجع اِبْتَدَعَ
أَبْدَلَ to (ex)change (for); to replace (by or with), substitute (for)
أَبَدِيّ everlasting, eternal, endless
أَبَدِيَّة eternity, perpetuity, eternal existence, endlessness
أَبَرَّ : وَفَى to keep, fulfill, live up to
أَبْرَأَ مِنْ : أَعْفَى to absolve from, acquit from, exempt from

أَبْرَأَ : شَفَى to cure, heal
إِبْراق : إِرْسالُ بَرْقِيّ telegraphy
إِبْرَة (الخِياطَةِ) : مِخْيَط needle
إِبْرَة : مُؤَشِّر (في آلَة) indicator, needle, pointer
إِبْرَة : زَرْقَةٌ طِبِّيَّة injection, shot
إِبْرَةُ الرَّاعِي (نبات) geranium
إِبْرَةُ فونوغراف stylus, needle
إِبْرَةُ المَلَّاحِين : بُوصْلَة compass
أَبْرَزَ : أَظْهَرَ to bring out, produce, present, show, exhibit
أَبْرَزَ : أَكَّدَ على to stress, focus on
أَبْرَزَ : أَنْتَأَ to protrude, project
أَبْرَشِيَّة parish, diocese, bishopric
أَبْرَص : مُصابٌ بِالبَرَص leprous; leper
أَبْرَقَ : أَرْسَلَ بَرْقِيَّةً to cable, wire
أَبْرَقَتِ السَّماءُ it lightened, there was lightning
أَبْرَمَ : أَقَرَّ to ratify, approve
أَبْرَمَ : عَقَدَ to conclude, make
أَبْرَمَ : فَتَلَ، جَدَلَ to twist, twine
إِبْرِيز : ذَهَبٌ خالِص pure gold
إِبْرِيق pitcher, jug, kettle
إِبْرِيقُ الشَّاي teapot; teakettle
إِبْرِيل : نَيْسان April
إِبْزِيم buckle, clasp, fastener
أَبْشَرَ بِـ : فَرِحَ بِـ to rejoice at, be happy at, be cheerful about

أَبْصَرَ : رَأى to see; to look at, catch sight of; to notice, observe

إِبْط : باطِنُ الكَتِف armpit; axilla

أَبْطَأَ : بَطُؤَ to be slow; to slow, go slowly; to lag, linger

أَبْطَأَ : أَخَّرَ to slow down, decelerate, delay, hold up

أَبْطَلَ : أَلْغَى to annul, cancel, invalidate, nullify, revoke

أَبْطَلَ : عَطَّلَ (المَفْعُولَ) to neutralize, put out of action

أَبْعَدَ : أَقْصَى، عَزَلَ to remove, take away, keep away; to separate, isolate; to eliminate, exclude; to send away, drive away, keep off

أَبْعَدَ : نَفَى to banish, exile, expatriate, deport, expel

أَبْغَضَ : كَرِهَ to hate, detest, loathe

أَبَقَ : هَرَبَ to escape, flee, run away

آبِق : هارِب fugitive, runaway

أَبْقَى : أَدَامَ to retain, keep (up), maintain; to conserve

أَبْقَى : تَرَكَ (كَفَضْلَةٍ) to leave (over)

أَبْقَى (على الغَدَاءِ) to make stay, ask to stay (at lunch)

أَبْقَع : مُبَقَّع spotted, speckled; flecked, dappled; piebald

أَبْكَى to make cry, make weep

أَبْكَرَ ـ راجع بَكَّرَ، بَكَرَ

أَبْكَم mute, dumb, speechless

أَبَلَّ : شُفِيَ to recover, get well

إِبِل، إِبْل : جِمَال camels

أَبْلَى : صَيَّرَهُ بالِياً to wear out; to abrade, fret; to corrode, erode

أَبْلَى بَلَاءً حَسَناً to prove oneself brave, show extreme courage

أَبْلَغَ (بِـ، إلى) : بَلَّغَ to inform of, tell about, notify of; to report to; to announce

أَبْلَغَ عن : وَشَى بِـ to inform against, report, betray

أَبْلِغْهُ سَلَامِي give him my best regards!

أَبْلَق : أَرْقَط piebald, pinto, spotted

أَبْلَه (صفة) stupid, idiotic, imbecilic, foolish, dumb, silly

أَبْلَه (اسم) fool, simpleton, imbecile, idiot

إِبْلِيس the Devil, Satan, Lucifer

أَبَّنَ المَيتَ to eulogize, praise

اِبْن son; child; boy

اِبْنُ الأَخِ أو الأُخْت nephew

اِبْنُ آوى (حيوان) jackal

اِبْنٌ بالرَّضاعِ أو التَّرْبِيَة foster child, foster son, fosterling

اِبْنُ الزَّوْجِ أو الزَّوْجَة stepson, stepchild

اِبْنُ السَّبِيل wayfarer

اِبْنُ عِرْس (حيوان) weasel

اِبْنُ العَمّ أو الخالِ أو العَمَّةِ إلخ cousin

اِبْنٌ غَيْرُ شَرْعِيّ، اِبْنُ زِنًى natural son or child, love child, bastard

سمير صادق الابن. Samir Sadek, Jr.
اِبْنَة daughter (of someone), girl
اِبْنَةُ الأَخ أو الأُخت niece
اِبْنَةُ الزَّوج أو الزَّوجَة stepdaughter
اِبْنَةُ العَمّ أو الخال أو العَمَّة إلخ cousin
أَبَهَ لِـ أو بِـ to take notice of, pay attention to, care for
لا يُؤْبَهُ لَهُ أو بِهِ insignificant, trivial, unimportant, worthless
إِبْهام : غُموض obscurity, vagueness, ambiguity
إِبْهامُ اليَد thumb, pollex
إِبْهامُ الرِّجْل great toe, big toe
أُبَّهَة pomp, splendor
أَبْهَجَ to gladden, delight, cheer up, rejoice, make happy
أَبْهَم : ضِدّ أَوْضَحَ to obscure
أَبو، الأَبوان ـ راجع أب
أُبُوَّة fatherhood, paternity
أَبَوِيّ paternal, fatherly
أَبِيّ ـ راجع أَبَى
أَبِيّ : أَنُوف disdainful, haughty
اِبْيَضَّ to whiten, become white(r)
أَبْيَض : ضِدّ أَسْوَد white
أَبْيَض : غَيْرُ مَكْتُوب blank, empty
اِنْقِلابٌ أَبْيَض bloodless coup d'état
آتٍ (الآتي) : مُقْبِل coming, next, following; future; forthcoming

آتٍ : واصِل ، قادِم coming, arriving; (new)comer, arrival
كَالآتي as follows
أَتَى : جاءَ to come, arrive, show up
أَتَى بِـ : أَحْضَرَ to bring, fetch, get, bring forward
أَتَى : فَعَلَ to do, make, perform
أَتَى جُرْماً to commit, perpetrate
أَتَى على : قَضَى على to destroy, eradicate, finish off
أَتَى على : اِسْتَنْفَدَ to exhaust, use up, consume, finish up
ما يَأْتِي the following
كَما يَأْتِي as follows; like this
آتَى : وافَقَ، لاءَمَ to suit, fit; to be agreeable for, convenient for
آتَى : أَعْطَى to give (to), grant (to); to supply with, provide with
أَتاحَ (لِـ) to allow, permit, let; to enable to, make possible for; to facilitate, make easy
أَتاحَ الفُرْصَةَ to give the opportunity or chance
أَتان : حِمارَة female donkey, she-ass, jennet, jenny
إِتاوَة : ضَريبَة royalty; tax
أَتْبَعَ بِـ : أَلْحَقَ to follow (up) with; to attach to, annex to
اِتَّبَعَ : تَبِعَ to follow, pursue; to observe, comply with
اِتِّجاه direction; trend, tendency, current; orientation

بِاتّجاه toward(s), to, in the direction of

اِتَّجَرَ، أتَّجَرَ ـ راجع تاجَرَ

اِتَّجَهَ (إلى) to tend to, be directed to-(ward); to turn to(ward); to head for, go to, be bound for

اِتِّحاد : مَصْدَر اِتَّحَدَ union, uniting

اِتِّحاد : وَحْدَة union; consortium; pool; federation

اِتِّحادُ عُمّال labor union, (trade) union

اِتِّحادِيّ union; federal

اِتَّحَدَ to unite, integrate, merge, be or become one; to be united, integrated

أتْحَفَ بِـ to present with

اِتَّخَذَ to take; to assume, take on; to adopt; to use, make use of

اِتَّخَذَ إجْراءاتٍ أو تَدابير to take or adopt measures or steps

اِتَّخَذَ شَكْلاً to take (take on, acquire) a form or shape

اِتَّخَذَ مَوْقِفاً to take a position

أتْخَمَ to cause indigestion to; to satiate, surfeit, glut

أُتْرُجّ (نبات) citron

أتْرَحَ : أحْزَنَ to grieve, sadden

أتْرَعَ . مَلأ . to fill up, overfill

اِتِّزان : رَزانَة equanimity, composure, poise

اِتَّزَنَ : كانَ رَزِيناً to be sober, sedate, grave, composed

اِتَّسَخَ to be dirty, unclean, filthy

اِتَّسَعَ to widen, broaden, expand; to extend, stretch; to be wide, spacious, vast

اِتَّسَعَ لِـ to hold, take, have capacity for; to accommodate, have room for

اِتَّسَمَ بِـ to be marked by, characterized by, distinguished by

اِتِّصال : اِرْتِباط connection, link(up), liaison; relation; contact; communication, intercourse

اِتِّصال (بِـ) : مُخابَرَة calling, communicating (with), contacting; (tele)phoning; (telephone) call; communication, contact

اِتَّصَفَ بِـ to be characterized by, marked by, distinguished by

اِتَّصَلَ : اِرْتَبَطَ to be connected, linked, joined, attached

اِتَّصَلَ : اِسْتَمَرَّ to be continuous

اِتَّصَلَ بِـ : لاصَقَ to adjoin, border on, touch, be adjacent to

اِتَّصَلَ بِـ : تَعَلَّقَ بِـ to relate to, be related to, concern

اِتَّصَلَ بِـ : خابَرَ to call (up); to communicate with, contact, get in touch with; to (tele)phone

اِتَّضَحَ to be or become clear, plain, distinct, evident, obvious; to appear, come out

أتْعاب : أُجْرَة fee(s), honorarium

أتْعَبَ : أرْهَقَ to tire (out), weary,

make tired, fatigue, exhaust
اَتْعَبَ : أَزْعَجَ to disturb, annoy
اِتِّفاق، اِتِّفاقِيَّة : عَقْد agreement; contract; treaty, pact, convention, covenant; deal
اِتِّفاق : تَوافُق agreement, accord, concord, harmony
اِتِّفاقاً : مُصادَفَةً by chance, by accident, by coincidence
اِتَّفَقَ (مَع) وافَقَ to agree (with)
اِتَّفَقَ (مَع) : اِنْسَجَمَ to agree (with), harmonize (with), go well (with), match, suit, be consistent (with)
اِتَّفَقَ : صادَفَ to happen (accidentally)
اِتَّقى : حَذِرَ، تَجَنَّبَ to beware of, be cautious of; to avoid, avert
اِتَّقى (بِـ) : اِحْتَمى to seek protection (in, with)
اِتَّقى اللّٰه to fear God
إِتْقان mastery, command; skill, proficiency; perfection
اِتَّقَدَ to glow, blaze, burn
أَتْقَنَ to master, know well; to be skilled in, proficient in; to excel in
اِتَّكَأَ على to lean on, recline on
اِتِّكال reliance, dependence
اِتِّكالِيّ dependent
اِتَّكَلَ على to rely on, depend on
اِتَّكَلَ على اللّٰه to trust in God; to recommend one's soul to God

أَتْلَفَ to damage, spoil, impair, destroy, waste
أَتَمَّ to complete, conclude, finish, end; to consummate
اِتِّهام accusation, charge
اِتَّهَمَ to accuse (of), charge (with)
أَتُّون : فُرْن kiln, furnace, oven
أَثابَ : كافَأَ to reward, repay
أَثاث : فَرْش furniture, furnishings
أَثارَ : هَيَّجَ to excite, agitate, stir (up); to irritate; to provoke
أَثارَ : حَرَّكَ to stimulate, motivate
أَثارَ : أَحْدَثَ to evoke, elicit, cause, produce, create, prompt
أَثارَ : طَرَحَ (مَسْأَلَةً) to raise, bring up, put forth, pose
أَثارَ الغُبارَ to raise dust
آثار ـ راجع أَثَر
إِثارَة excitement, excitation, agitation, stirring up, arousal
إِثْبات : دَلِيل evidence, proof
إِثْبات : بَرْهَنَة proving, verification
أَثْبَتَ : بَرْهَنَ to prove, verify, show
أَثْبَتَ : دَوَّنَ to record, register, write down
أَثَّثَ : فَرَشَ to furnish, provide with furniture
أَثْخَنَ : أَوْهَنَ to weaken, enfeeble
آثَرَ : فَضَّلَ to prefer (to), favor, choose to, opt for

أَثَّرَ (في) to affect, influence, have an impact upon; to impress; to count, matter
أثر: تأثير effect, influence, impact, bearing; action; impression
أثر: عَلامَةٌ باقِيَة trace, track, mark, print, imprint
أثر (قديم)، آثار ancient monument(s); antique(s); antiquities, relic(s), vestige(s), ruins
أثَرٌ فَنِّيٌ أو أدَبِيّ work (of art or literature); objet d'art
على الأثَر immediately afterwards
على أثَرِ كَذا، في أثَرِ كَذا immediately after, (directly) after
إثْرَ، في إثْرِ كَذا - راجع على أثَرِ كَذا
أثْرَى: كَثُرَ مالُهُ to be rich, wealthy
أثْرَى: أغْنَى to enrich, make rich
أثَرَة: أنانِيَّة selfishness
أثَرَة: تَفْضِيل preference
أثَرِيّ archeologic(al); vestigial; antique, old, ancient
أثْقَلَ: جَعَلَهُ ثَقِيلاً to make heavy, add weight to
أثْقَلَ على to (over)burden, weigh down on; to disturb, trouble
أثْلَجَ (ت السَّماءُ) it snowed
أثْلَجَ الصَّدْرَ to please, delight
أثِمَ to sin, commit a sin
آثِم - راجع أثِيم
إثْم sin; offense, fault; guilt
أثْمَرَ to bear fruit, fructify; to yield, pay (off); to succeed, work (out)
أثْنَى على: مَدَحَ to praise, commend; to compliment
أثْناءَ، في أثْناءِ during, in the course of, while, when, as
في أثْناءِ ذَلِكَ، في تِلْكَ الأثْناء meanwhile, (in the) meantime
إثْنا عشر، اثنتا عَشْرَةَ (١٢) twelve
إثْنان، إثْنَتان (٢) two
إثْنان: زَوْج pair, couple
الإثْنَيْن (يوم) Monday
أثِير [فيزياء] ether; air
أثِير: مُفَضَّل favorite, preferred
أثِيم sinner, evildoer; sinful, evil, guilty; atrocious
أجابَ: رَدَّ to answer, reply, respond
أجابَ طَلَباً: لَبّى to grant, comply with, respond to, fulfill, accept
إجابَة: رَدّ answer, reply; response; answering, replying
أجادَ: أتْقَنَ to do well; to be proficient (in), skilled (in); to master, know well
أجارَ: حَمَى to protect, guard, shelter, harbor; to help, relieve; to rescue (from), save (from)
أجازَ: سَمَحَ to permit, allow, let; to authorize, legalize
إجازَة: سَماح permission, allowance; authorization, legalization
إجازَة: رُخْصَة permit, license

إجَازَة : عُطْلَة holiday(s), vacation; leave

إجَازَةُ سَوْقٍ أو قِيَادَة driver's license, driving permit

إجّاص : كُمَّثْرَى pear(s)

إجْبار compulsion, coercion, force

إجْبارِيّ compulsory, coercive, forced, obligatory, mandatory

أَجْبَرَ على to force to, compel to, oblige to, coerce to

إجْتاحَ : اِكْتَسَحَ to invade; to overrun, spread all over; to sweep (away); to flood, overflow

إجْتاحَ : دَمَّرَ to devastate, destroy

إجْتاز : عَبَرَ to cross, pass through

إجْتازَ : عانَى to go through, pass through, experience, suffer

إجْتازَ : نَجَحَ ، تَغَلَّبَ على to pass; to surmount, get over, get past

إجْتَذَبَ to attract

إجْتَرَّ (الحَيَوانُ) to ruminate

إجْتَرأ ـ راجع جَرُؤَ

إجْتِرار : مَصْدَر إجْتَرَّ rumination

إجْتَرَحَ to achieve, accomplish

إجْتَزَأ to take a part or a little of; to curtail, cut short

إجْتِماع meeting; get-together, gathering, assembly, convention

إجْتِماعِيّ social; sociological, socio-

إجْتِماعِيّ : مُخالِط sociable, social

إجْتَمَعَ : اِلْتَقَى to meet; to get together, assemble, gather

إجْتَمَعَ بِـ أو إلى : قابَلَ to meet with, have or hold a meeting with

إجْتَمَعَ : اِتَّحَدَ to unite, combine

إجْتَنَبَ ـ راجع تَجَنَّبَ

إجْتِهاد diligence, industry, hard work, assiduity; perseverance

إجْتَهَدَ to strive, try hard; to be diligent, assiduous, industrious; to work hard

إجْتِياح invasion; sweeping (away); flooding, overflowing

أَجَّجَ (النّارَ إلخ) to light, kindle; to set ablaze, stoke, stir up

إجْحاف injustice, unfairness

أَجْحَفَ بِـ to wrong, oppress, be unfair to; to prejudice, harm

أَجْدَى (نَفْعاً) : أفادَ to be useful, beneficial; to be of use, of benefit

أَجْدَب : ماحِل barren, infertile

أَجَّرَ to rent out, let (out), lease, hire out

آجُرّ : قِرْميد tile(s), baked brick(s)

أَجْر : راتِب salary, wages, pay

أَجْر : أَتْعاب fee(s), honorarium

أَجْر : ثَواب recompense, reward

أَجْرَى : قامَ بِـ to perform, do, make, carry out

أَجْرَى اتِّصالاً هاتِفِيًّا (بِـ) to call, (tele)-phone, ring up; to dial

أجْرَى تَجْرِبَةً to experiment, make an experiment; to test, examine
أجْرَى عَمَلِيَّةً جِراحِيَّةً to operate, perform a surgery or an operation
إجْراء : قِيَامٌ بِـ performance, doing, making, carrying out
إجْراء : تَدْبير measure, step, procedure, action
إجْرائيّ executive; procedural
السُّلْطَةُ الإجْرائِيَّة the executive power, the executive
إجْرام criminality; delinquency
إجْرامِيّ criminal; delinquent
أجْرَب mangy; scabby, scabious
أُجْرَة : بَدَلُ إيْجار rent, rental, hire
أُجْرَة : راتِب salary, wages, pay
أُجْرَة : أتْعاب fee(s), honorarium
أُجْرَة : رَسْم fee, charge, rate
أُجْرَةُ البَرِيد postage; mailing charges
أُجْرَةُ السَّفَرِ او الرُّكُوب fare
آجُرَّة : قِرْمِيدَة tile, baked brick
أجْرَد : لا شَعْرَ لَهُ hairless, bald
أجْرَد : لا لِحْيَةَ لَهُ beardless
أجْرَد : لا نَبَاتَ فِيه barren, desolate
أجْرَمَ to commit a crime
أجْزاخانَة pharmacy, drugstore
أجْزَلَ لَهُ العَطاءَ to give generously
أجَشّ : أبَحّ hoarse, husky, harsh

أجْعَد ـ راجع جَعْد
أجَلَّ : عَظَّمَ to glorify, exalt, dignify; to respect, revere, venerate
أجَلَّ عن to deem far above
أجَّلَ : أرْجَأَ to postpone, put off, delay, defer, adjourn
أجَل : مُدَّة term, appointed time; period, duration, date; deadline
أجَل : مَوْت (moment of) death
أجَلْ : نَعَمْ yes! indeed! certainly!
آجِل : ضِدّ عاجِل later, future; delayed, postponed, deferred
آجِلاً أو عاجِلاً sooner or later
أجْل : سَبَب cause, reason
لِأجْلِ ، مِنْ أجْلِ for, for the sake of; because of
لِأجْلِ أنْ ، مِنْ أجْلِ أنْ so that, in order that, in order to, to, so as, for
مِنْ أجْلِ ذَلِكَ for that reason, that is why, therefore
أجْلَى : أخْرَجَ to evacuate, expel, evict, drive out
إجْلال reverence; glorification
أجْلَع : أصْلَع bald, hairless
أجْلَسَ : أقْعَدَ to seat, make sit (down), ask to sit (down)
إجْماع unanimity, consensus
بِالإجْماع unanimously
إجْمال summing up, summarization; generalization
إجْمالاً ، بِالإجْمال on the whole, in

general, generally; as a whole

إجْماليّ general, overall, total; gross, entire

المَجْموعُ الإجْماليّ grand total

الوَزْنُ الإجْماليّ gross weight

أَجَمَة : أَيْكَة thicket, jungle, wood

أَجْمَعَ على to agree unanimously on

أَجْمَع : كُلّ all, all of, the whole of

بِأَجْمَعِهِ all (of it, etc.); altogether, entirely

أَجْمَلَ : أَوْجَزَ to sum up, summarize

أَجْمَلَ : جَمَعَ to sum, add (up)

أَجْمَلَ : عَمَّمَ to generalize

آجِن، أَجِن brackish (water)

أَجْنَبِيّ (صفة) foreign, alien; strange

أَجْنَبِيّ (اسم) foreigner, alien; stranger

إجْهاد stress, strain; fatigue, exhaustion

إجْهاض abortion, miscarriage

أَجْهَدَ to (over)strain, stress, overwork; to exhaust, fatigue

أَجْهَزَ على to finish off, destroy

أَجْهَشَ بِالبُكاء to sob; to break into tears, cry, weep

أَجْهَضَ (تِ المَرْأَةُ إلخ) to miscarry, abort, have a miscarriage

أَجْهَضَ المَرْأَةَ إلخ to abort

أَجْوَف hollow; empty, vain

أَجِير : عامِلٌ بِأُجْرَة employee; wage earner; worker, laborer

أَجِير : مُرْتَزِق hireling, mercenary

أَحَّ : سَعَلَ to cough

آح albumen, white of egg

الآحَاد [رياضيات] the units

أَحاطَ بِـ to surround, encompass, encircle, enclose, envelop

أَحاطَ بِهِ (عِلْماً) : عَلِمَ بِـ to know; to be acquainted with, aware of

أَحاطَ بِهِ (عِلْماً) : فَهِمَ to understand

أَحاطَهُ عِلْماً بِـ : أَطْلَعَهُ على to inform of or about, acquaint with

أَحالَ إلى أو على to refer to, submit to, send to, transfer to

أَحالَ على التَّقاعُدِ to pension (off), superannuate

أَحالَ : حَوَّلَ ـ راجع حَوَّلَ

أَحَبَّ to love, be (or fall) in love with. be passionately attached to, adore, be fond of; to like, fancy

أَحَبَّ أَنْ to like to, love to; to wish to, want to

إحْباط frustration

أَحْبَطَ to frustrate, thwart, foil

أُحْبُولَة : شَرَك snare, trap, net

أُحْبُولَة : حِيلَة trick, ploy

اِحْتاجَ إلى : اِسْتَلْزَمَ to need, require, call for, demand, want

اِحْتاجَ إلى : اِفْتَقَرَ إلى to need, lack, be in need of

إِحْتَار : تَحَيُّر - راجع تَحَيُّر	
إِحْتَاط : to take precautions; to take care, be careful, be cautious (of)	
إِحْتَال على : to trick, deceive, fool, bluff; to cheat, swindle	
إِحْتَال للأمر : to manage, contrive	
إِحْتَجّ على : to protest (against), object to	
إِحْتَجّ بِـ : to advance as an argument or excuse; to allege, claim	
إِحْتِجَاج : إِعْتِرَاض protest, objection	
إِحْتَجَب : to hide, conceal oneself; to disappear; to withdraw	
إِحْتَجَز - راجع حَجَز	
إِحْتَدّ : غَضِب to rage, get furious	
إِحْتَدّ : إِشْتَدّ to intensify, heighten	
إِحْتَدَم : to glow; to flare up	
إِحْتِرَاز : caution; precaution	
إِحْتِرَازِي : precautionary	
إِحْتِرَاف : professionalism, professional practice	
إِحْتِرَاق : burning, combustion	
إِحْتِرَام : إِعْتِبَار respect, regard	
إِحْتِرَام : تَقَيُّد بِـ observing, honoring, respect(ing)	
إِحْتَرَز (مِن)، إِحْتَرَس (مِن) : to guard against, beware of, be cautious of; to take care, take precautions	
إِحْتَرَف : to practice as a profession, become a professional	
إِحْتَرَق : to burn, catch fire, take fire, be on fire, be aflame	
إِحْتَرَم : إِعْتَبَر to respect, esteem, revere, venerate	
إِحْتَرَم : تَقَيَّد بِـ to observe, honor, respect, comply with	
إِحْتَرَم : وَفَّى بـ to honor, keep, fulfill, live up to	
إِحْتَسَى : to drink, sip	
إِحْتَسَب : عَدَّ، أَحْصَى - راجع حَسَب	
إِحْتِشَام : modesty, decorum	
إِحْتَشَد : to gather, rally, crowd; to be concentrated, massed	
إِحْتَشَم : to be modest, decent, decorous, chaste, reserved	
إِحْتِضَار : death; death struggle	
إِحْتَضَر : to be dying, at the point of death; to die	
إِحْتَضَن - راجع حَضَن	
إِحْتَفَى بِـ : to welcome, entertain	
إِحْتِفَال : celebration, ceremony; feast; commemoration	
إِحْتَفَظ بِـ : to keep, retain; to preserve, conserve, save	
إِحْتَفَل بِـ : to celebrate; to commemorate; to observe, keep	
إِحْتَفَل : حَفَل - راجع حَفَل	
إِحْتِقَار : contempt, scorn, disdain	
إِحْتِقَان : congestion	
إِحْتَقَر : to despise, scorn, disdain	
إِحْتَقَن : to congest, be congested	

إِحْتَكَّ بِـ to rub oneself against; to get in touch with; to associate with, mix with

إِحْتِكَار monopoly; monopolization

إِحْتِكَارِيّ monopolistic

إِحْتِكَاك friction; rubbing; contact, touch; association, mixing

إِحْتَكَرَ to monopolize

إِحْتَكَمَ إِلى to seek a decision from; to go to court

إِحْتَلَّ : اِسْتَوْلَى على to occupy, seize, capture, take over

إِحْتَلَّ مَنْصِباً to occupy, hold; to assume, take over

إِحْتِلال occupation, seizure, capture, takeover

قُوَّاتُ الاحْتِلَال occupation forces

إِحْتِلام : بُلُوغ sexual maturity

إِحْتِلام (لَيْلِي) wet dream

إِحْتَلَمَ to become sexually mature; to have a wet dream

إِحْتَمَى (بِـ، مِنْ) to seek protection (in, from), take refuge (in, from); to protect oneself

إِحْتِمَال : إِمْكَانِيَّة possibility, probability, likelihood; chances

إِحْتِمَال : تَحَمُّل ـ راجع تَحَمُّل

إِحْتَمَلَ : اِفْتَرَضَ to assume, suppose; to imply; to be possible

إِحْتَمَلَ : تَحَمَّلَ ـ راجع تَحَمَّلَ

لا يُحْتَمَل unbearable

إِحْتَوَى (على) to contain, include, comprise, embody, cover

إِحْتِيَاج ـ راجع حاجَة

إِحْتِيَاط caution, care; precaution

إِحْتِيَاطِيّ : اِحْتِرَازِيّ precautionary, preventive, safety

إِحْتِيَاطِيّ : بَدِيل reserve, substitute, standby; auxiliary; spare

جُنْدِيٌّ اِحْتِيَاطِيّ reserve, reservist

إِحْتِيَال trickery, deception, fraud

إِحْتِيَالِيّ fraudulent, deceptive

أَحْجَمَ عن to refrain from

أُحْجِيَة : لُغْز riddle, puzzle, enigma

أَحَد : واحِد one

أَحَد، أَحَدٌ ما somebody, someone; anybody, anyone

لا أَحَد nobody, no one

الأَحَد، يَوْمُ الأَحَد Sunday

أَحْدَب humpbacked, hunchbacked; hunchback, humpback

أَحْدَثَ to produce, create, generate, give rise to, cause, result in

أَحَدَ عَشَرَ (١١) eleven

أَحْدَقَ بِـ to surround, encircle

إِحْدَوْدَبَ to be convex, hunched, arched, crooked

أَحْرَى more appropriate

بِالأَحْرَى : مِنْ بابِ أَوْلَى with greater reason, with all the more reason

بِالأَحْرَى : على نَحْوٍ أَدَقّ rather

إخراج embarrassment
إحراق burning, incineration
أَحْرَجَ to embarrass, disconcert
أَحْرَزَ : نالَ to acquire, obtain, get, win; to achieve, attain
أَحْرَقَ to burn, incinerate
أَحْزَنَ to sadden, grieve, make sad
أَحَسَّ (بِـ) to feel, sense; to perceive, become conscious of
إحساس feeling, sensation, sense
إحسان charity, beneficence, philanthropy; favor, kindness
أَحْسَنَ : أَجادَ، أَتْقَنَ to do well, excel in, be proficient in, know well
أَحْسَنَ (إلى) : بَرَّ to give charity (to), do good (to)
أَحْسَنْتَ well done! bravo!
أَحْسَن، الأَحْسَن better; the best
أَحْشاء intestines; interior
أَحْصَى to count, calculate
إحصاء : عَدّ counting, calculation
إحصاء، إحصاءات statistics
إحصاءُ السُّكان census
إحصائيّة، إحصائيّات statistics
أَحْضَرَ : جَلَبَ to bring, get, fetch
أَحْضَرَ : أَعَدَّ to prepare, ready
إحكام : دِقّة accuracy, precision
أَحْكَمَ to consolidate, strengthen; to perfect, make perfect

أَحَلَّ مِنْ : أَبْرَأَ مِنْ to acquit from, discharge from, release from
أَحَلَّ : أَجازَ - راجع حَلَّلَ
أَحَلَّ : وَضَعَ to settle down, put, place, position
أَحَلَّهُ مَحَلَّ غَيْرِهِ to replace by or with, put in the place of another
اِحْمَرَّ to redden, become red
احْمَرَّ خَجَلاً to redden, blush, flush
أَحْمَر red; ruddy; scarlet
أَحْمَرُ الشِّفاه lipstick, rouge
أَحْمَق stupid, silly, foolish, idiotic; fool, idiot
أَحْوَجَ إلى : إحْتاجَ إلى - راجع إحْتاجَ إلى
أَحْوَجَ إلى : أَرْغَمَ على to force to
أَحْوَل cross-eyed, squint-eyed
أَحْيا : أَعْطى الحَياةَ لِـ to give life to, animate; to revive, reanimate, recreate; to restore, renew
أَحْيا : بَعَثَ مِنَ المَوْت to resurrect
أَحْيا ذِكْرَى to commemorate, observe, keep; to celebrate
أَحْياء، عِلْمُ الأَحْياء biology
أَحْيائِيّ : بَيُولُوجِيّ biologic(al)
أَحْياناً - راجع حِيْن
أخ brother; fellow man
أَخٌ بِالرَّضاع foster brother
أَخُو الزَّوْجِ أو الزَّوْجَة brother-in-law
آخَى، أخا to fraternize with

إخاء brotherhood, fraternity
أَخافَ ـ راجع خَوْف
إخْبار notifying, informing, telling
إِخْبارِيّ news, information
أَخْبَرَ (بِـ) to inform about, tell about, notify of, report to
أَخْبَرَ عن: وَشى بِـ to inform against, report, betray
أُخْت sister
أُخْتٌ بِالرَّضاع foster sister
أُخْتُ الزَّوْجِ او الزَّوْجَة sister-in-law
اِخْتارَ to choose, select, pick out; to prefer (to), favor, choose to
اِخْتالَ to strut, swagger
اِخْتَبَأَ to hide, conceal oneself
اِخْتِبار: تَجْرِبَة experiment, test, trial; examination
اِخْتِبار: تَجْرِيب experimenting; trial, trying, testing, examination
اِخْتِبارِيّ experimental
اِخْتَبَرَ to test, examine, try; to experiment; to experience
اِخْتَتَمَ to conclude, close, complete, finish, terminate, end
اِخْتِراع invention, creation
اِخْتَرَعَ to invent, create, innovate
اِخْتَرَقَ to penetrate, break (or pass) through; to permeate
اِخْتَصَّ بِـ او في to specialize in, major in; to be competent in; to be distinguished by

اِخْتَصَّ بِـ: تَعَلَّقَ بِـ ـ راجع خَصّ
اِخْتِصار: مَصْدَر اِخْتَصَرَ abbreviation, abridgment; summarization, summing up
اِخْتِصار: إِيجاز brevity, shortness, conciseness, terseness
باخْتِصار in short, in brief, briefly
اِخْتِصاص: تَخَصُّص specialization; specialty, field of specialization; major
اِخْتِصاص: صَلاحِيَّة competence
اِخْتِصاصِيّ specialist; expert; technician
اِخْتَصَرَ to abbreviate, abridge; to summarize, sum up
اِخْتَطَفَ ـ راجع خَطْف
اِخْتَفى to disappear, vanish; to hide; to be hidden, concealed
اِخْتَلَّ to be disordered, disturbed, deranged, upset, unbalanced
اِخْتَلى (بِـ او مع) to be alone (with), retire (with)
اِخْتِلاس embezzlement
اِخْتِلاط mixing, mingling; association; confusion
اِخْتِلاف difference, dissimilarity
اِخْتِلال disorder, disturbance, upset; disequilibrium, imbalance
اِخْتَلَجَ to quiver, tremble
اِخْتَلَسَ: سَلَبَ to embezzle
اِخْتَلَطَ: اِمْتَزَجَ to mix, mingle, be mixed

إِخْتَلَطَ (بِـ) : عاشَرَ — to mix with

إِخْتَلَطَ : تَشَوَّشَ — to jumble, get mixed up, be confused

إِخْتَلَفَ (عن) : تَبَايَنَ — to differ (from), vary (from); to be different

إِخْتَلَفَ : ضِدّ اتَّفَقَ — to disagree, differ in opinion

إِخْتَلَقَ — to fabricate, invent

إِخْتَمَرَ : تَخَمَّرَ — to ferment

اِخْتِناق — suffocation, asphyxia

إِخْتَنَقَ — to be strangled, throttled, choked, suffocated, stifled; to strangle, throttle, choke

إِخْتِيَار — choice, choosing, selection

إِخْتِيَارِيّ — optional, elective, free

أَخْجَلَ - راجع خَجَّلَ

أُخْدُود — furrow, groove, ridge

أَخَذَ : تَنَاوَلَ — to take; to receive, get

أَخَذَ : إِسْتَوْلَى على — to seize, capture, take over, occupy

أَخَذَ بِعَيْنِ الاعْتِبَار — to take into consideration, take into account

أَخَذَ على (حِينِ) غِرَّةٍ — to surprise

أَخَذَ على عاتِقِهِ — to undertake

أَخَذَ في ، أَخَذَ يَفْعَلُ كَذَا — to start, begin

آخَذَ : لامَ ، إِنْتَقَدَ ، عابَ — to blame; to criticize; to censure

آخَذَ : عاقَبَ — to punish

لا تُؤَاخِذْنِي — pardon me! excuse me! forgive me! I am sorry!

أَخَّرَ — to delay, put off, postpone, defer; to retard

أَخَّرَ السَّاعَةَ — to set back, put back

أَخَّرَتِ السَّاعَةُ — to lose time

آخَر — another; else; one more, second; different

الآخَر — the other

هُوَ الآخَر — he also

آخِر : أَخِير — last, final; latest

آخِر : نِهَايَة — end, conclusion

آخِر : طَرَف — end, limit, edge

الآخِرَة — the hereafter, the afterlife

أَخْرَجَ — to take out, bring out; to emit, send out; to eject, throw out; to expel, drive out

أَخْرَجَ [سينما] — to direct, produce

أَخْرَسَ : أَسْكَتَ — to silence, shut up

أَخْرَس : أَبْكَم — mute, dumb

أَخْرَق — clumsy, awkward; stupid

أَخْزَى — to disgrace; to humiliate

إخصائِيّ - راجع إِخْتِصاصِيّ

أَخْصَبَ — to fertilize

إِخْضَرَّ — to be or become green

أَخْضَر — green, verdant

أَخْضَعَ (لِـ) — to subjugate, subject, subdue; to subject (to)

أَخْطَأَ — to make a mistake, commit an error, be mistaken, be wrong

أَخْطَأَ هَدَفاً إلخ — to miss, fail to hit

أُخْطُبُوط octopus
أَخْطَرَ to notify, inform
أَخْفَى to hide, conceal; to shelter, harbor; to keep secret
إِخْفاق failure, fiasco, nonsuccess
أَخْفَقَ to fail, be unsuccessful
أَخَلَّ بِـ to break, violate; to disturb, upset, disrupt
أَخْلَى: أَفْرَغَ to vacate; to evacuate, move out of; to empty
أَخْلَى سَبِيلَهُ to release, discharge
إِخْلاص sincerity, honesty, integrity; loyalty, faithfulness, fidelity
أَخْلاق ـ راجع خُلُق
أَخْلاقِيّ moral, ethical
أَخْلَصَ لِـ to be loyal to, faithful to, sincere to, honest to
أَخْمَدَ: أَطْفَأَ to extinguish, put out
أَخْمَدَ: قَمَعَ to suppress, quell
أَخُو ـ راجع أَخ
أُخُوَّة brotherhood, fraternity
أَخَوِيّ brotherly, fraternal
أَخِير last, latest; final, terminal
هٰذَا الأَخِير the latter
أَخِيراً: في النِّهَايَة finally, at last, in the end, eventually
أَخِيراً: مُؤَخَّراً recently, lately
أَخِيراً ولَيْسَ آخِراً last but not least
أَدَّى: قَامَ بِـ to do, perform, carry out
أَدَّى إلى to lead to; to cause
أَدَّى التَّحِيَّةَ أو السَّلامَ to salute, greet
أَدَّى خِدْمَةً لِـ to render a service to, do someone a favor
أَدَاء performance
آدَاب ـ راجع أَدَب
أَدَاة: آلَة tool, instrument, device, apparatus, appliance
أَدَاة: وَسِيلَة means, instrument
أَدَارَ: تَوَلَّى الإِدَارَةَ to run, direct, manage, be in charge of
أَدَارَ: شَغَّلَ (آلَةً) to operate, run, start (up); to turn on
أَدَارَ: جَعَلَهُ يَدُور to turn, revolve, rotate, spin, whirl, twirl
إِدَارَة: تَدْبِير administration, management, direction, running
إِدَارَة: قِسْم department, section, division, administration
إِدَارِيّ administrative; executive
أَدَامَ to perpetuate; to maintain, keep (up); to preserve
أَدَانَ: حَكَمَ على to condemn, convict
أَدَانَ: شَجَبَ to condemn, denounce
أَدَانَ: أَقْرَضَ to lend, loan
أَدَّبَ: هَذَّبَ to educate, cultivate
أَدَّبَ: عَاقَبَ to discipline, punish
أَدَب: تَهْذِيب good manners, politeness, courtesy; decorum
أَدَب (عِلْمٌ وفَنّ) literature
آدَاب morals, decencies

آدَابُ السُّلُوك etiquette
أَدَبِيّ : مُتَعَلِّقٌ بِفَنِّ الأَدَب literary
أَدَبِيّ : مَعْنَوِيّ moral, ethical
اِدَّخَرَ to save; to store
أَدْخَلَ to enter, let in, admit; to introduce, insert, put in; to include
أَدْرَجَ to include, embody, enter, list
أَدْرَكَ : فَهِمَ to perceive, realize, recognize, understand; to know
أَدْرَكَ : وَصَلَ إلى to reach
أَدْرَكَ الوَلَدُ to attain puberty
اِدَّعَى : زَعَمَ to allege, claim
اِدَّعَى (بِـ) : تَظَاهَرَ بِـ to pretend, feign
اِدَّعَى على : قاضَى to sue
أَدْغَمَ to incorporate, merge, unite
أَدْلَى بِـ to express, voice, declare, announce, state
آدَم : أَبُو البَشَر Adam
اِبْنُ آدَم man, human being
أَدْمَى : أَخْرَجَ مِنْهُ الدَّم to bleed
إِدْمان addiction
أَدْمَنَ (على) to be addicted to
آدَمِيّ human; human being, man
أَدْنَى : أَقْرَب nearer, closer
أَدْنَى : أَحَطّ، أَسْفَل lower, inferior; minimum; under; below
الحَدُّ الأَدْنَى minimum; lowest, least
أَدْهَشَ to astonish, amaze, surprise

أَدِيب : كاتِب writer, author
أَدِيب : مُؤَدَّب ـ راجع مُؤَدَّب
إِذْ then; as, while; suddenly
إِذْ أَنَّ since, as, because, for
إِذا if, whether; when
إِذاً : إِذَنْ therefore, hence, so, thus, consequently
آذَى to hurt, harm, damage
أَذًى harm, damage, injury
أَذابَ to dissolve, melt, liquefy
آذار : مارس March
أَذاعَ to spread, disseminate, circulate; to announce, proclaim
أَذاعَ (بِالرَّادْيُو) to broadcast, transmit
إِذاعَة spreading; announcement; broadcast(ing), transmission
(مَحَطَّةُ) إِذاعَة radio, (radio) station, broadcasting station
أَذان : نِدَاءٌ إلى الصَّلاة call to prayer
أَذْعَنَ لِـ to submit to, yield to, obey
أَذَلَّ to degrade, abase, humiliate
أَذِنَ لِـ : سَمَحَ to allow, permit
أَذَّنَ : دَعَا إلى الصَّلاة to call to prayer
أُذُن : عُضْوُ السَّمْع ear
إِذَنْ ـ راجع إِذاً
إِذْن : إِجازَة، رُخْصَة permission, leave; license, permit
أَذْنَبَ : اِرْتَكَبَ ذَنْباً to sin, do wrong; to be guilty

أَذْهَلَ : أَدْهَشَ to astound, astonish, amaze, stun, startle
أَرَى : عَرَضَ to show, demonstrate
أَرَاحَ to rest, relax; to ease; to relieve (of); to comfort
أَرَادَ to want, wish, be willing (to); to seek; to intend
إِرَادَة : مَشِيئَة، رَغْبَة will; wish
قُوَّةُ الإِرَادَة willpower
إِرَادِيّ voluntary, willful
إِرْب : عُضْو limb, organ
مَزَّقَهُ إِرْباً إِرْباً to tear to pieces
أَرْبَعَ ـ راجع رَبَّعَ
الأَرْبَعاء، الأَرْبِعاء Wednesday
أَرْبَعَة (٤) four
أَرْبَعَةَ عَشَرَ (١٤) fourteen
أَرْبَعُون (٤٠) forty
أَرْبَكَ to confuse, upset, embarrass; to mix up, complicate
إِرْبِيان shrimp, prawn
إِرْتَأَى to consider, think, believe; to deem proper; to suggest
إِرْتابَ (في) to suspect, doubt
إِرْتاحَ لِـ : سُرَّ لِـ to be satisfied with, feel at ease about
إِرْتاحَ : إِسْتَراحَ ـ راجع إِسْتَراحَ
إِرْتِباط relation, connection, liaison; engagement, commitment
إِرْتَبَطَ : تَلازَمَ to correlate; to be connected, joined, linked, coupled
إِرْتَبَطَ (بِـ) : تَعَهَّدَ to commit oneself; to be bound, committed
إِرْتَبَكَ to be confused, ill at ease, upset, embarrassed, perturbed
إِرْتَجَّ : إِهْتَزَّ to shake, be shaken
إِرْتِجال improvisation
إِرْتِجاليّ extemporaneous, improvisatory, offhand(ed), ad-lib
إِرْتَجَفَ to tremble, quiver, shudder, shiver, shake, quake
إِرْتَجَلَ to improvise, ad-lib
إِرْتَخَى to loosen, slacken; to be loose, slack, flaccid
إِرْتَدَّ to withdraw; to rebound
إِرْتَدَّ (عن عَقِيدَةٍ) to apostatize, renegade, defect (from)
إِرْتَدَى to wear; to dress, put on one's clothes, get dressed
إِرْتَطَمَ (بِـ) to collide (with)
إِرْتَعَبَ to be frightened, scared
إِرْتَعَدَ، إِرْتَعَشَ to tremble, shiver
إِرْتِفاع : صُعُود rise, rising; increase
إِرْتِفاع : عُلُوّ height, altitude; highness, loftiness; loudness
إِرْتَفَعَ : عَلا to rise, go up; to be high; to be loud
إِرْتَقَى to ascend, climb, rise; to advance, progress
إِرْتَقَبَ ـ راجع تَرَقَّبَ
إِرْتَكَبَ to commit, perpetrate
إِرْتَكَزَ على to lean on, rest on

إِرْتِيَاب ـ راجع رَيْب
إِرْتِيَاح satisfaction, pleasure; relief
إِرْث inheritance, heritage, legacy, bequest; succession
أَرْثُوذُكْس، أَرْثُوذُكْسِيّ orthodox
أَرْجَأَ : أَجَّلَ to postpone, put off, defer
أَرْجَحَ : جَعَلَهُ يَتَأَرْجَح to swing, rock, sway, oscillate
أَرْجَح more likely, more probable
على الأَرْجَح most probably
أَرْجَعَ to return, give back; to send back; to put back
أُرْجُوَان، أُرْجُوَانِيّ purple
أُرْجُوحَة swing; seesaw; cradle
أَرَّخَ to date (a letter, etc.); to write the history of
أَرْخَى to loosen, slacken
أَرْخَبِيل : مَجْمُوعَةُ جُزُر archipelago
أَرْدَى to fell, knock down; to kill
أَرْدَأ، الأَرْدَأ worse; the worst
أَرْدَفَ بِـ to follow (up) with
أَرْدَفَ (قائِلًا) to add, say further
الأُرْدُنّ Jordan
أُرْدُنِيّ Jordanian
أَرُزّ (نبات) rice
أَرْز (شجر وخشبه) cedar
أَرْسَى (السَّفِينَةَ) to anchor, berth
أَرْسَى : أَقامَ، رَسَّخَ to establish, settle, firm up, fix, consolidate

إِرْسال sending, dispatch(ing)
إِرْسال [راديو] transmission
إِرْسالِيَّة : شَحْنَة consignment, shipment
إِرْسالِيَّة : بَعْثَة mission; expedition
أَرِسْتُقْراطِيّ aristocratic; aristocrat
أَرِسْتُقْراطِيَّة aristocracy
أَرْسَلَ : بَعَثَ to send, dispatch
أَرْسَلَ : أَخْرَجَ to emit, send out
إِرْشاد guidance, guiding, directing, leading, conducting
إِرْشادات directions, instructions
أَرْشَدَ to guide, direct, lead, show the way (to), conduct, usher
أَرْشِيف archives
أَرْض earth; land; ground, soil; region, territory; country
الأَرْض the Earth
أَرْضُ الغُرْفَة floor
أَرْضَى to satisfy, please, content
أَرْضَعَ to breast-feed, suckle, nurse
أَرْضِيّ terrestrial; land; ground
دَوْرٌ (أو طابِقٌ) أَرْضِيّ ground floor
أَرْضِيّ شَوْكِيّ (نبات) artichoke
أَرْعَبَ to frighten, scare, terrify, terrorize, horrify
أَرْعَن reckless, rash, foolhardy
أَرْغَمَ (على) to compel (to), coerce (to), force (to), oblige (to)
أُرْغُن : آلَةٌ مُوسِيقِيَّة organ

أَرْفَقَ (بِـ) to enclose (with)

أرِقَ : سَهِدَ to get no sleep

أرَق : سُهَاد insomnia, sleeplessness

أرْقَصَ to dance, make dance

أرْقَط : مُرَقَّط speckled, spotted

أرْكَبَ : جَعَلَهُ يَرْكَب to ride, mount

أرْمَل widower

أرْمَلَة widow

أرْنَب (حيوان) rabbit; hare

إرْهاب terror, terrorism

إرْهابِيّ terrorist(ic); terrorist

إرْهاق exhaustion, fatigue

أرْهَبَ to terrorize, terrify, scare

أرْهَقَ : أتْعَبَ to exhaust, fatigue

أرْهَقَ : أثْقَلَ على to (over)burden, oppress, weigh down on

أرِيج fragrance, scent, perfume

أرِيكَة : مَقْعَد couch, sofa, settee

أزَّ to simmer; to buzz, hum; to whiz, hiss; to fizz

إزاءَ opposite (to), in front of

أزاحَ to remove, dislodge, displace, move aside, put aside

إزار loincloth; wraparound

أزالَ to remove, eliminate; to get rid of; to put an end to

إزْدادَ : كَثُرَ، كَبُرَ ـ راجع زادَ

إزْدِحام congestion, jam; crowd

إزْدَحَمَ (بِـ) to crowd; to swarm (with), be (over)crowded (with)

إزْدَرَى to despise, scorn, disdain

إزْدِهار boom, prosperity, heyday

إزْدَهَرَ : نَمَا، نَجَحَ to flourish, thrive, prosper, boom

إزْدِواج، إزْدِواجِيَّة dualism, duality

إزْدَوَجَ to double, become double

إزْدِياد increase, growth, rise

آزَرَ to support, assist, help

إزْرَقَّ to blue, become blue

أزْرَق blue

إزْعاج disturbance, annoyance

أزْعَجَ to disturb, trouble, annoy

أزَل، أزَلِيَّة eternity, sempiternity

أزَلِيّ eternal, sempiternal, ageless

أزْمَة crisis

أزْمَعَ (على) to determine (to)

إزْمِيل chisel; drove

أزْهَرَ، إزْهَرَّ to bloom, blossom (out)

أسّ : أساس ـ راجع أساس

أسًى : حُزْن grief, sorrow, sadness

أساءَ : ضِدّ أحْسَنَ وأجادَ to do badly

أساءَ إلى to do wrong to; to offend; to harm, hurt, damage

أساءَ الفَهْم to misunderstand

إساءَة offense; wrong; harm

أساس …undation

on the basis of, on the grounds of, based on على أَسَاسِ كَذَا
fundamental; basic; essential; principal, main, major, key أَسَاسِيّ
club إِسْبَاتِيّ (في وَرَقِ اللَّعِب)
spinach إِسْبَانَخ (نبات)
Spanish; Spaniard إِسْبَانِيّ
Spanish الإِسْبَانِيَّة : اللُّغَةُ الإِسْبَانِيَّة
alcohol, spirit إِسْبِرْتُو
أَسْبَق - راجع سابِق
priority, precedence أَسْبَقِيَّة
week أُسْبُوع
weekly أُسْبُوعِيّ
weekly, every week أُسْبُوعِيًّا
to resent; to be displeased اِسْتَاءَ
to appropriate; to monopolize; to preoccupy, take up اِسْتَأْثَرَ بِـ
to rent, hire, lease اِسْتَأْجَرَ شَيْئًا
professor; teacher; Mr. أُسْتَاذ
to ask permission اِسْتَأْذَنَ : طَلَبَ الإِذْن
to take leave (of), say goodbye (to) اِسْتَأْذَنَ بالانصِراف
to uproot, remove اِسْتَأْصَلَ
form, application (form) اِسْتِمَارَة
to resume, renew اِسْتَأْنَفَ : تابَعَ
to appeal اِسْتَأْنَفَ (الحُكْمَ أو الدَّعْوَى)
to deserve, merit اِسْتَأْهَلَ : اِسْتَحَقَّ
to be despotic; to rule tyrannically, oppress اِسْتَبَدَّ (بِـ) : كانَ مُسْتَبِدًّا
to overcome; to absorb, engross, preoccupy اِسْتَبَدَّ بِـ : اِسْتَحْوَذَ على
despotism, autocracy, dictatorship, tyranny اِسْتِبْدَاد
despotic, autocratic, dictatorial, tyrannical اِسْتِبْدَادِيّ
substitution, replacement; (ex)change; barter, trade-off اِسْتِبْدَال
to replace (by or with), substitute (for); to (ex)change; to barter, trade (in) اِسْتَبْدَلَ (بِـ)
to be heroic, defy death اِسْتَبْسَلَ
to put aside, remove; to disqualify; to exclude, rule out اِسْتَبْعَدَ
to anticipate, forestall اِسْتَبَقَ
to ask to stay; to keep اِسْتَبْقَى
to be stable, settled, constant اِسْتَتَبَّ
اِسْتَتَرَ - راجع تَسَتَّرَ
to take cover or shelter in اِسْتَتَرَ بِـ
to invest اِسْتَثْمَرَ : وَظَّفَ مالاً إلخ
to exclude, except, rule out اِسْتَثْنَى
exception, exclusion اِسْتِثْنَاء
except, excluding, but بِاسْتِثْنَاء
exceptional, extraordinary اِسْتِثْنَائِيّ
to respond to, react to; to comply with, fulfill, accept اِسْتَجَابَ لِـ
response, reaction اِسْتِجَابَة
اِسْتَجَدَّ - راجع جَدَّ
to beg, ask for alms اِسْتَجْدَى
to take recreation اِسْتَجَمَّ

إِسْتِجْمام recreation, fun

إِسْتَجْوَب to interrogate, examine

إِسْتَحَى (مِنْ) to be ashamed of; to be shy, bashful

إِسْتَحالَ : صارَ مُحالاً to be impossible

إِسْتَحالَ : تَحَوَّلَ - راجع تَحَوَّلَ

إِسْتِحالَة : تَعَذُّر impossibility

إِسْتَحْدَثَ to originate, create, start

إِسْتِحْسان approval; admiration

إِسْتَحْسَنَ to approve; to favor, like; to admire; to consider proper

إِسْتَحْضَرَ : إِسْتَدْعى to send for, call

إِسْتَحَقَّ : إِسْتَأْهَلَ to deserve, merit

إِسْتِحْقاق : جَدارَة merit, desert

إِسْتَحْكَمَ to gain ground, take root

إِسْتَحَمَّ to take a bath or a shower; to wash (up)

إِسْتَحْوَذَ على to obsess, possess; to engross, preoccupy, overcome

إِسْتِخْبار inquiry; asking

إِسْتِخْبارات intelligence

وَكالَةُ اسْتِخْبارات intelligence agency

إِسْتَخْبَرَ to ask (about), inquire (about); to seek information (about)

إِسْتَخْدَمَ to employ, use

إِسْتَخْرَجَ to pull out; to extract

إِسْتَخَفَّ بِـ to belittle, underestimate

إِسْتَخْلَصَ : إِسْتَخْرَجَ to extract

إِسْتَخْلَصَ : إِسْتَنْتَجَ to deduce, infer

إِسْتَدانَ to borrow, take up a loan

إِسْتَدْرَكَ - راجع تَدارَكَ

إِسْتَدْعى : إِسْتَحْضَرَ to send for, call

إِسْتَدْعى : إِسْتَلْزَمَ to call for, require

إِسْتَدْفَأَ to warm oneself

إِسْتَدَقَّ : دَقَّ، رَقَّ - راجع دَقَّ

إِسْتَدَلَّ : إِسْتَنْتَجَ to conclude, infer

إِسْتَدَلَّ : طَلَبَ أَنْ يُدَلَّ to ask to be shown, inquire (about)

إِسْتُدْيُو studio; atelier

إِسْتَذْكَرَ : تَذَكَّرَ - راجع تَذَكَّرَ

إِسْتَذْكَرَ : حَفِظَ غَيْباً to memorize, learn by heart

إِسْتراتِيجِيّ strategic, strategical

إِسْتَراحَ to rest, relax; to take a rest, have a break or recess

إِسْتَراحَ لِـ - راجع ارْتاحَ لِـ

إِسْتِراحَة rest; break, recess

إِسْتَرْجَعَ to recover, get back, retake

إِسْتَرْخى to relax; to loosen, slacken

إِسْتِرْخاء relaxation; looseness

إِسْتَرَدَّ to recover, regain, get back

إِسْتَرْضى to conciliate, propitiate

إِسْتَرْعى (الانْتِباهَ) to attract or draw attention, catch the eye

إِسْتَرَقَ - راجع سَرَقَ

إِسْتَرْلِينِيّ sterling

جنيه إِسْتَرْلِينِيّ pound sterling

إِسْتَساغَ to find pleasant; to enjoy

اِسْتِسْلام surrender
اِسْتَسْلَمَ to surrender
اِسْتَسْهَلَ to consider or find easy
اِسْتَشارَ to consult, counsel with
اِسْتِشارَة consultation; counsel
اِسْتَشْرى to intensify, grow, spread
اِسْتَشْفى to seek a cure, be treated
اِسْتِشْفاء hospitalization; treatment
اِسْتِشْهاد (في سَبيلِ المَبْدَأ) martyrdom
اِسْتَشْهَدَ بِـ: ذَكَرَ to cite, quote
اُسْتُشْهِدَ: ماتَ شَهيداً to die as a martyr
اِسْتَصْرَخَ to cry (or call) for help
اِسْتَصْعَبَ to find difficult or hard
اِسْتَصْوَبَ to regard as right
اِسْتَضاءَ بِـ to seek or get light from
اِسْتَضافَ to host, entertain
اِسْتَطاعَ can; to be able (to), be capable (of); to manage (to)
اِسْتِطاعَة ability, capability, capacity
اِسْتَطالَ: طالَ ـ راجع طالَ
اِسْتِطْراد digression
اِسْتَطْرَدَ to digress; to go on to say
اِسْتَطْعَمَ: ذاقَ to taste
اِسْتِطْلاع exploration; fact-finding
اِسْتِطْلاع: اِسْتِفْتاء poll, survey
حُبُّ الاسْتِطْلاع curiosity
اِسْتَطْلَعَ to explore, reconnoiter; to inquire into, investigate

اِسْتِظْهار memorization, memorizing, learning by heart
اِسْتَظْهَرَ: حَفِظَ غَيْباً to memorize, learn by heart
اِسْتَعادَ to recover, retrieve, get back
اِسْتَعارَ: اِقْتَرَضَ to borrow
اِسْتَعاضَ (عَنْهُ بِـ) to replace (by)
اِسْتَعانَ بِـ to seek the help of
اِسْتَعْبَدَ to enslave, enthrall
اِسْتِعْجال ـ راجع عَجَلَة، تَعْجيل
اِسْتَعْجَلَ ـ راجع عَجَّلَ
اِسْتَعَدَّ to get ready, prepare oneself; to be ready, be prepared
اِسْتِعْداد readiness; predisposition
اِسْتِعْدادات preparations, plans
على اسْتِعْداد ـ راجع مُسْتَعِدّ
اِسْتِعْداديّ preparatory
اِسْتِعْراض review; survey
اِسْتِعْراضٌ عَسْكَرِيّ parade
اِسْتِعْراضٌ فَنِّيّ show; spectacle
اِسْتِعْراضِيّ show; spectacular
اِسْتَعْرَضَ to review; to survey, consider; to discuss, treat
اِسْتَعْرَضَ الجُنْدَ to review; to parade
اِسْتَعْصى to be recalcitrant; to be difficult, incurable
اِسْتَعْطى to beg, ask for charity
اِسْتَعْفى: طَلَبَ العَفْوَ to ask (someone's) pardon or forgiveness

to resign إسْتَعْفى : إسْتَقالَ
inquiry; asking إسْتِعْلام
information إسْتِعْلامات
to inquire or ask about إسْتَعْلَمَ عن
colonialism, imperialism; colonization, colonizing إسْتِعْمار
colonial, imperialist(ic) إسْتِعْماريّ
use, using, usage إسْتِعْمال
to colonize, settle (in) إسْتَعْمَرَ
to use, employ, utilize إسْتَعْمَلَ
to call for the help of إسْتَغاثَ بِـ
call for help, appeal for aid إسْتِغاثَة
to find strange; to be astonished, amazed, surprised إسْتَغْرَبَ
to sink into, be lost in إسْتَغْرَقَ في
to take, last إسْتَغْرَقَ (وَقْتاً)
to ask (someone's) pardon or forgiveness إسْتَغْفَرَ
to exploit, utilize, use, take advantage of, tap, trade on إسْتَغَلَّ
exploitation, utilization إسْتِغْلال
to dispense with, do without, do away with, not to need إسْتَغْنى عن
إسْتَفادَ مِنْ : إنْتَفَعَ بِـ ـ راجع أفادَ مِنْ
to conclude, infer إسْتَفادَ : إسْتَنْتَجَ
إسْتِفادَة : إنْتِفاع ـ راجع إفادَة (مِنْ)
إسْتَفاقَ ـ راجع أفاقَ
referendum; poll إسْتِفْتاء
to begin, start, open إسْتَفْتَحَ : بَدَأَ

to become serious, critical; to worsen, become worse إسْتَفْحَلَ
to vomit, throw up, puke إسْتَفْرَغَ
to provoke; to excite, rouse إسْتَفَزَّ
provocation, excitement إسْتِفْزاز
inquiry; question; asking إسْتِفْسار
to ask for an explanation (of), inquire (about) إسْتَفْسَرَ (عن)
inquiry; question; asking إسْتِفْهام
question mark عَلامَةُ اسْتِفْهام
to inquire, ask إسْتَفْهَمَ
to draw from, derive from, take from, get from إسْتَقى مِن : إسْتَمَدَّ
to resign إسْتَقالَ : إسْتَعْفى
resignation إسْتِقالَة
to straighten up, stand erect; to be straightforward, upright إسْتَقامَ
straightness; uprightness, straightforwardness, honesty إسْتِقامَة
reception; receiving إسْتِقْبال
to receive إسْتَقْبَلَ
to be desperate (to); to fight desperately, defy death إسْتَقْتَلَ
to send for, call; to bring إسْتَقْدَمَ
to settle (down) at إسْتَقَرَّ (في)
to be stable, settled, steady, constant, normal إسْتَقَرَّ : إسْتَتَبَّ
stability, constancy إسْتِقْرار
to ask for a loan إسْتَقْرَضَ : طَلَبَ قَرْضاً

اِسْتَقْصى to examine, investigate
اِسْتَقْطَبَ to polarize; to draw, attract
اِسْتَقَلَّ: اِسْتَخَفَّ بِـ to belittle, make little of; to underestimate
اِسْتَقَلَّ: صارَ مُسْتَقِلاً to be or become independent
اِسْتَقَلَّ: رَكِبَ to board, ride, take, go by, travel by
اِسْتِقْلال، اِسْتِقْلالِيَّة independence
اِسْتَكْبَرَ: تَكَبَّرَ - راجع تَكَبَّرَ
اِسْتَكْتَبَ: أَمْلى على to dictate (to)
اِسْتَكْشَفَ to try to discover, explore, reconnoiter; to discover
اِسْتَكْمَلَ - راجع أَكْمَلَ
اِسْتِلام receipt, receiving
اِسْتَلَذَّ (بِـ) to enjoy, savor
اِسْتَلْزَمَ to require, need, call for
اِسْتَلْطَفَ to like, find nice
اِسْتَلَفَ to take in advance; to take up a loan, borrow
اِسْتَلْقى to lie down, lie back
اِسْتَلَمَ - راجع تَسَلَّمَ
اِسْتَماتَ to defy death, risk one's life; to be desperate (to)
اِسْتِمارَة form, application (form)
اِسْتَمالَ to attract, win (over)
اِسْتَمْتَعَ بِـ - راجع تَمَتَّعَ بِـ
اِسْتَمَدَّ مِنْ to take from, get from, derive from, draw from

اِسْتَمَرَّ to continue, last, go on; to continue to do, keep (on) doing
اِسْتِمْرار continuation, continuity
بِاسْتِمْرار continually, continuously
اِسْتَمْزَجَ (ـهُ رَأْيَهُ) to consult
اِسْتَمَعَ إلى to listen to
اِسْتَنْبَطَ: اِبْتَكَرَ to invent, create, devise, contrive
اِسْتِنْتاج conclusion, inference
اِسْتَنْتَجَ to conclude, infer, deduce
اِسْتَنْجَدَ بِـ to ask for the help of
اِسْتَنَدَ إلى to lean on, rest on; to be based on; to rely on
اِسْتَنْزَفَ to exhaust, consume, drain
اِسْتَنْشَقَ - راجع تَنَشَّقَ
اِسْتَنْطَقَ to interrogate, examine
اِسْتَنْفَدَ to exhaust, consume, use up
اِسْتَنْفَرَ to alert; to mobilize
اِسْتِنْكار: شَجْب condemnation
اِسْتَنْكَرَ to condemn, denounce
اِسْتَهانَ بِـ: اِسْتَخَفَّ بِـ to make little of; to underestimate, underrate
اِسْتَهْتَرَ to be reckless, careless; to be uninhibited, licentious
اِسْتَهْجَنَ to disapprove of, censure
اِسْتَهْدَفَ: قَصَدَ to aim at, seek (to)
اِسْتَهْدَفَ لِـ: تَعَرَّضَ لِـ to be exposed to, subject(ed) to; to come under
اِسْتَهْزَأَ بِـ - راجع هَزَأَ

اِسْتَهَلَّ	to begin, start, open
اِسْتِهْلاك	consumption
اِسْتِهْلاكِيَّة : تَعَاوُنِيَّة	cooperative, co-op
اِسْتَهْلَكَ	to consume, use up
اِسْتَهْوى	to attract; to like, fancy
اِسْتَوى : تَساوى	to be equal
اِسْتَوى : كانَ مُنْبَسِطاً	to be even, flat
اِسْتَوى : طُبِخَ جَيِّداً	to be (properly) cooked, be well done
اِسْتَوْجَبَ	to deserve; to require, need
اِسْتَوْحى مِن	to derive from, be guided or inspired by
اِسْتُودِيو	studio; atelier
اِسْتَوْرَدَ (البَضائِعَ)	to import (goods)
اِسْتَوْضَحَ (عن)	to ask for an explanation (of), inquire (about)
اِسْتَوْطَنَ : تَوَطَّنَ	to settle (in)
اِسْتَوْعَبَ : اِتَّسَعَ لِـ	to contain, hold
اِسْتَوْعَبَ : فَهِمَ	to comprehend, grasp, understand, apprehend
اِسْتَوْفى : قَبَضَ	to receive, collect, get, take
اِسْتَوْفى (الشُّروطَ)	to satisfy, fulfill
اِسْتَوْقَفَ : طَلَبَ مِنْهُ الوُقُوفَ	to ask to stop
اِسْتَوْلى على	to seize, capture, take over, occupy
اِسْتِيراد	importation, import(ing)
اِسْتَيْقَظَ	to wake up, awaken, waken, awake; to get up, rise

أَسَد	lion
بُرْج الأَسَد [فلك]	Leo
أَسْدى	to render, do; to give, offer
أَسْدَلَ	to lower, drop, let down
أَسَرَ : قَبَضَ على	to capture, take prisoner, arrest, apprehend, jail
أَسَرَ : فَتَنَ	to captivate, fascinate
آسِر : مُعْتَقِل	captor, arrester
أَسْر	capture, captivity; arrest
بِأَسْرِهِ	all (of it), wholly, entirely
إِسْراع	hurry(ing), hasten(ing)
أُسْرَة	family, household, house
أَسْرَعَ	to hurry, hasten, rush
أَسْرَعُ : أَكْثَرُ سُرْعَةً	faster, quicker
بِأَسْرَعِ ما يُمْكِن	as soon as possible
أَسْرَفَ : بَذَّرَ	to waste, squander
أَسْرَفَ : أَفْرَطَ	to exceed the proper bounds, go too far
أَسَّسَ	to establish, found, set up; to institute, create, build (up)
إِسْطَبْل	stable, barn
أُسْطُوانَة [هندسة]	cylinder
أُسْطُوانَة (موسيقيَّة)	record, disc
أُسْطُورَة	legend, myth, fable
أُسْطُول	fleet, navy, squadron
إِسْعاف	relief, succor, aid, help; rescue, saving, salvage, salvation
إِسْعافاتٌ أَوَّلِيَّة	first aid

سَيَّارَةُ إِسْعاف ambulance
أَسْعَدَ : جَعَلَهُ سَعِيداً to make happy
أَسْعَفَ to relieve, help, aid; to rescue, save; to give first aid to
أَسِفَ to regret, feel or be sorry (for)
أَسَف regret; sorrow, grief
لِلأَسَف unfortunately
أَسِف، آسِف sorry; regretful; sad
(إِنِّي) آسِف! (I am) sorry! excuse me! pardon me!
أَسْفَرَ عن to result in; to reveal, show
أَسْفَرَ (تِ المَرْأَةُ) ـ راجع سَفَرَ
أَسْفَل : سُفْلِيّ lower, inferior, sub
أَسْفَل : كَعْب bottom, foot, base
أَسْفَلْت asphalt, blacktop
إِسْفَنْج، إِسْفَنْجَة sponge
أَسْقَطَ : أَوْقَعَ to drop, let fall, tumble
أَسْقَطَ : أَطَاحَ بِـ to overthrow, topple
أَسْقَطَ طائِرَةً to down, shoot down
أَسْقَطَ : حَذَفَ to omit, leave out, eliminate, cancel, drop
أَسْقَطَ في امْتِحان : رَسَّبَ to fail, flunk
أَسْقَطَتِ الحُبْلَى to miscarry, abort
أُسْقُف bishop, prelate
إِسْكاف shoemaker, cobbler
إِسْكان housing, lodging, quartering
أَسْكَتَ to silence, hush, quiet
أُسْكُتْ! silence! quiet! be quiet!

اسْكِتْش sketch
أَسْكَرَ to intoxicate, inebriate
أَسْكَنَ to house, lodge, put up, accommodate, quarter
أَسْلَى ـ راجع سَلَّى
الإِسْلام : الدِّينُ الإِسْلامِيّ Islam
إِسْلامِيّ Islamic
أَسْلَفَ : أَقْرَضَ ـ راجع سَلَّفَ
كَمَا أَسْلَفْنا as we have just said
أَسْلَمَ : تَدَيَّنَ بِالإِسْلام to embrace Islam, become a Moslem
أُسْلُوب style; way; manner
إِسْم name
اِسْم [لغة] noun, substantive
اِسْمٌ أَوَّل first name, Christian name, given name
اِسْمُ العائلة، اِسْمٌ أَخِير family name, surname, last name
بِاسْمِ . . in the name of, on behalf of
أَسْمَى : سَمَّى ـ راجع سَمَّى
أَسْمال tatters, rags, worn clothes
اِسْمَرَّ to brown, tan
أَسْمَر brown, tan, tawny, brunet
أَسْمَعَ to make hear, let hear
أَسْمَنَ ـ راجع سَمَّنَ
إِسْمَنْت cement, concrete
اِسْمِيّ nominal
آسِن stagnant, stinking, brackish

أَسْنَدَ إلى : كَلَّفَ بِـ to entrust to
إسْهاب elaborateness, prolixity
بإسْهاب in detail, at length
إسْهال diarrhea
أَسْهَبَ (في) to elaborate on
أَسْهَمَ : ساهَمَ ـ راجع ساهَمَ
أَسْوَأ، الأَسْوَأ worse; the worst
أَسْوار : سِوار bracelet, armlet
أُسْوَة : قُدْوَة example, model
اِسْوَدَّ to blacken, become black(er)
أَسْوَد : ضِدّ أَبْيَض black
أَسِيَ : حَزِنَ to be sad
آسيا، آسية Asia
أَسِير prisoner, captive; captured
أَسِيرُ حَرْب prisoner of war
آسْيَوِيّ Asian, Asiatic
أَشادَ بِـ to praise, commend
أَشادَ : شَيَّدَ ـ راجع شَيَّدَ
أَشارَ to make a sign or signal
أَشارَ إلى to indicate, show; to hint at, imply; to mention, refer to, point out to; to state, cite
أَشارَ على to counsel, advise
إشارَة : عَلامَة، إيماءَة sign, mark, indication; signal; insignia; gesture
إشارَة : تَلْمِيح، ذِكْر hint; mention(ing), reference (to)
إشارَةُ السَّيْر traffic light
أَشاعَ to rumor; to spread, circulate

إشاعَة : شائِعَة rumor; hearsay
أَشْبَعَ : جَعَلَهُ يَشْبَع to satisfy, gratify; to satiate, sate, fill; to saturate
أَشْبَهَ ـ راجع شابَهَ
أَشْبَه (بـ) (more) like, as, similar to
إشْبِين (العَرِيس) best man
إشْبِينَة (العَرُوس) bridesmaid
اِشْتاقَ إلى to long for, yearn for, miss
اِشْتِباك : قِتال clash, fight(ing)
اِشْتِباه : شَكّ suspicion, doubt
اِشْتَبَكَ : تَحارَبَ to clash, fight
اِشْتَبَهَ : شَكَّ to suspect, doubt
اِشْتَدَّ to intensify, increase, grow
اِشْتَرَى : اِبْتاعَ to buy, purchase
اِشْتِراك participation, sharing; subscription; association
بالاشْتِراكِ مَع (together) with
اِشْتِراكِيّ socialist
اِشْتِراكِيَّة socialism
اِشْتَرَطَ to stipulate, make a condition
اِشْتَرَعَ to legislate, make laws
اِشْتَرَكَ to participate (in), share (in), take part (in); to subscribe (to)
اِشْتَعَلَ to flame, blaze, burn
اِشْتَغَلَ : عَمِلَ to work
اِشْتَقَّ مِنْ to derive from
اِشْتَكَى ـ راجع شَكَا
اِشْتَمَلَ على ـ راجع شَمَلَ، شَمِلَ

اِشْتَهى to desire, crave (for)
اِشْتَهَرَ، اِشْتُهِرَ to be famous
إِشْراف supervision, control(ling)
أَشْرَبَ: شَرَّبَ ـ راجع شَرَّبَ
أَشْرَعَ: فَتَحَ to open
أَشْرَفَ على: راقَبَ to supervise, oversee, superintend; to control
أَشْرَفَ على: أَطَلَّ to overlook
أَشْرَفَ على: دَنا مِنْ to be near to, close to, about to, on the verge of
أَشْرَقَ (ـتِ الشَّمْسُ) to rise; to shine
أَشْرَكَ (فُلاناً في) to make a partner (in), give a share (in)
أَشْرَكَ بِاللهِ to be a polytheist
أَشَعَّ to radiate, shine, beam
إِشْعار notification, notice, note
إِشْعاع radiation, radiance
أَشِعَّة rays
أَشْعَرَ: أَخْبَرَ to notify, inform, advise
أَشْعَلَ to light, kindle; to burn
أَشْعَلَ سِيجارَةً to light a cigarette
أَشْعَلَ عُودَ الثِّقاب to strike a match
أَشْعَلَ النُّورَ إلخ to turn on
أَشْفَقَ على: عَطَفَ to pity, feel pity for, have mercy upon
أَشْقَر blond, fair; fair-haired
إِشْكال paradox; problem
اِشْمَأَزَّ (مِنْ) to be disgusted (by, of), be nauseated (by), be sick (of)

اِشْمِئْزاز disgust, nausea
أَشْهَرَ: أَعْلَنَ ـ راجع شَهَرَ
أَشْيَب (شَعْر) white, gray
أَشْيَب (شَخْص) white-haired, gray-haired
آص: واحِد في بَعْضِ الأَلْعاب ace
أَصابَ (هَدَفاً) to hit (a target); to score (a goal, a hit, etc.)
أَصابَ: أَتى بِالصَّواب to be right
أَصابَ: كَسَبَ to get, gain, win
أَصابَ: حَلَّ بِـ to befall, afflict, hit, strike, come over, happen to
أَصابَ بِمَرَضٍ أو بِعَدْوى to infect with; to communicate to
أُصِيبَ بِـ to be hit by, afflicted with; to suffer, sustain, catch, incur
إِصابَة: هَدَف goal, score, hit
إِصابَة: حادِثَة accident ; case
إِصابات: خَسائِر casualties, losses
أَصْبَحَ: صارَ to become, grow, turn (into); to be
أَصْبَحَ: اِسْتَيْقَظَ to wake up
إِصْبَع (اليَدِ) finger
إِصْبَع (القَدَمِ) toe
إِصْبَع: دَوْر، يَد hand, part, role
أَصْحى to wake (up), awake(n)
أَصْدَرَ: أَطْلَقَ to release, discharge, emit, send out, emanate
أَصْدَرَ كِتاباً إلخ to publish, release, bring out, issue, make, produce
أَصْدَرَ نُقُوداً، طَوابِعَ، بَياناً to issue

أَصْدَرَ أَمْراً to issue, give
أَصَرَّ على : أَلَحَّ to insist on; to press
إِصْرار : إِلْحاح insistence
اِصْطادَ ـ راجع صادَ
اِصْطافَ (بِـ) to summer (at), pass or spend the summer (at)
إِصْطَبْل stable, barn
اِصْطَحَبَ ـ راجع صاحَبَ
اِصْطِدام collision, clash
اِصْطَدَمَ بِـ : اِرْتَطَمَ بِـ to collide with, clash with, hit, bump (against)
اِصْطَدَمَ : اِشْتَبَكَ to clash, fight
اِصْطَفَّ to line up, align, queue
اِصْطَفَى to choose, select, pick out
اِصْطِلاح : عُرْف convention, tradition
اِصْطِلاح : مُصْطَلَح ـ راجع مُصْطَلَح
اِصْطِناعِي ـ راجع صُنْعِي
اِصْطَنَعَ : تَصَنَّعَ ، تَكَلَّفَ ـ راجع تَصَنَّعَ
اِصْطَنَعَ : صَنَعَ ـ راجع صَنَعَ
أَصْعَدَ to lift (up), uplift, raise
أَصْغَى إلى to listen to
إِصْغاء listening; attention
أَصْغَر smaller; younger; junior
الأَصْغَر the smallest; the youngest
اِصْفَرَّ to become yellow
أَصْفَر yellow; pale
أَصْل : مَصْدَر origin, source
أَصْل : نَسَب descent, lineage
الأَصْل (لِكِتاب أو نُسْخَة) the original
أَصْلاً، في الأَصْل originally, at first
أُصُول : مَبادِىء principles, rules, fundamentals, basics
أُصُول : آدابُ السُّلُوك proprieties, decencies, etiquette
إِصْلاح reform(ation); repair(ing), fixing, restoration; correction
أَصْلَحَ to repair, fix (up), restore; to reform; to make right, correct
أَصْلَع bald, bald-headed, hairless
أَصْلِي original; genuine, authentic; true, real; earliest, first
أَصَمَّ : صَيَّرَهُ أَصَمّ to deafen, make deaf
أَصَمّ : أَطْرَش deaf
أُصِيبَ بِـ ـ راجع أَصابَ
أَصِيل original; of pure or noble origin, highborn, pedigreed, purebred; genuine, authentic; true, real
أَضاءَ الشَّيْءَ : أَنارَهُ to light, light up, illuminate
أَضاءَ الشَّيْءُ : أَشْرَقَ to shine, beam, radiate, flash
إِضاءَة : إِنارَة lighting, illumination
أَضاعَ to lose; to miss; to waste
أَضاعَ الوَقْتَ (سُدًى) to waste time
إِضاعَة loss, losing; missing
أَضافَ : ضَمَّ to add, join, annex, append, attach; to supplement

أَضَافَ (قائِلاً) to add, say further
أَضَافَ : اِسْتَضَافَ - راجع اِسْتَضَافَ
إضَافَة addition
بالإضَافةِ إلى (ذَلِكَ) in addition to, plus, along with, besides
إضافِيّ additional, extra, supplementary, spare, accessory
إضْبارَة : مَلَفّ، مِلَفّ file, dossier
أَضْجَرَ to weary, bore; to annoy
أَضْجَعَ - راجع اِضْطَجَعَ
أَضْحَى : صارَ to become, grow, turn
أَضْحَى، عِيْدُ الأَضْحَى Greater Bairam
أَضْحَكَ to make (someone) laugh
أُضْحُوكَة laughingstock, butt, joke
أَضَرَّ : ضَرَّ - راجع ضَرَّ
إضْراب (عَنِ العَمَل) strike; walkout
أَضْرَبَ (عَنِ العَمَل) to strike, go on strike; to walk out
أَضْرَمَ to kindle, light; to burn
اِضْطَجَعَ to lie down, lie back
اِضْطَرَّ إلى : أَجْبَرَ على to compel to, force to, oblige to, coerce to
اِضْطُرَّ إلى to be compelled to, forced to, obliged to; to have to
اِضْطِراب disturbance, confusion, upset, disorder; trouble, unrest, riot
اِضْطِرارِيّ compulsory, coercive, forced; urgent, emergency
اِضْطَرَبَ to be confused, disturbed, disordered, agitated, upset
اِضْطَلَعَ بِـ to assume, undertake
اِضْطِهاد persecution, oppression
اِضْطَهَدَ to persecute, oppress
أَضْعَفَ to weaken, enfeeble, sap
أَضَلَّ : ضَلَّلَ - راجع ضَلَّلَ
اِضْمَحَلَّ to disappear, fade away
أَضْمَرَ to hide, conceal, keep secret, keep to oneself; to harbor
أَضْنَى to exhaust; to emaciate
أَطاحَ (بِـ) to overthrow, topple
إطار framework, cadre; sphere, field; setting, surrounding
إطارُ الصُّورَةِ ونَحْوِها frame; rim
أَطاعَ to obey, follow, comply with
أَطاقَ to bear, stand, tolerate
لا يُطاق unbearable, intolerable
أَطالَ : طَوَّلَ to lengthen, elongate, extend, prolong, stretch out, drag
أَطالَ البَقاءَ to stay (for) a long time, stay long
أَطْبَقَ : أَقْفَلَ، أَغْلَقَ to close, shut
أَطْرَى to praise; to compliment
اِطَّرَدَ to be steady, even, uniform
أَطْرَش : أَصَمّ deaf
أُطْرُوحَة thesis, dissertation, paper
أَطْعَمَ to feed, give to eat, nourish
أَطْفَأَ : أَخْمَدَ to extinguish, put out
أَطْفَأَ (الشَّمْعَةَ إلخ) بِالنَّفْخ to blow out
أَطْفَأَ النُّورَ to turn off, switch off

إطْفاء	extinguishment, extinguishing, putting out; fire fighting
سَيّارَة الإطْفاء	fire engine
إطْفائيّ	fireman, firefighter
إطْفائيَّة	fire department, fire brigade
أَطَلَّ على : أَشْرَفَ	to command, dominate, tower over, overlook
أَطَلَّ : ظَهَرَ	to appear, emerge, rise
إطْلاق : تَحْرير	release, releasing, freeing, setting free, liberation
إطْلاقاً، على الإطْلاق	absolutely; absolutely not, never, not at all
أطْلَس : مُصَوَّر جُغْرافيّ	atlas
أطْلَعَ على : أعْلَمَ بـ	to acquaint with, inform about, tell about, advise of
إطَّلَعَ على	to be aware of, familiar with; to learn (about); to see, inspect, examine
أطْلَقَ : حَرَّرَ	to release, free, liberate, set free, let go
أطْلَقَ : أرْسَلَ، أخْرَجَ	to launch; to release, discharge, issue, give off
أطْلَقَ الرَّصاصَ أو النّار	to fire
أطْلَقَ عَلَيْهِ اسْمَ كذا	to name, call
إطْمَأَنَّ (إلى)	to be reassured, tranquil, at ease; to be secure, safe
طُمَئِنان - راجع طُمَأْنينَة	
أطْنَبَ (في)	to expatiate (upon)
أطْوَل	longer
أظَلَّ : ألْقى عَلَيْهِ ظِلَّهُ - راجع ظَلَّل	
أظْلَمَ : صارَ مُظْلِماً	to darken, be dark

أظْهَرَ	to show, demonstrate, manifest; to reveal, illustrate, indicate
أعادَ : أرْجَعَ	to return, give back; to send back; to put back, replace
أعادَ : كَرَّرَ	to repeat, reiterate
أعادَ النَّظَرَ في	to review, revise, reexamine, reconsider
أعارَ	to lend, loan
إعاشَة : جَراية	ration(s)
أعاقَ	to hinder, hamper, impede, obstruct, block; to delay, retard
أعالَ	to provide for, support
أعانَ - راجع عاوَنَ	
إعانَة	help, aid, support, assistance
إعانَة (ماليّة)	grant, aid, subsidy
إعْتادَ - راجع تَعَوَّدَ	
إعْتِبار : عَدَّ	considering
إعْتِبار : إحْتِرام، أهَمِّيَّة	esteem, respect; worth, importance, prestige
إعْتِباراً مِنْ	from, as of, starting
باعْتِبارِهِ كذا	in his capacity as
باعْتِبارِ أنَّ	in view of the fact that, since, as, because, inasmuch as
لاعْتِبارات سِياسيَّة	for political considerations
إعْتِباطيّ	random, haphazard
إعْتَبَرَ : عَدَّ	to consider, deem, regard as, think
إعْتَبَرَ : إحْتَرَمَ	to esteem, respect
إعْتَبَرَ بـ	to learn a lesson from
إعْتَدى على	to trespass, transgress, invade, assault, attack, assail

aggression; assault, attack, trespass(ing), invasion اِعْتِداء (على)
moderation, moderateness, temperance, temperateness اِعْتِدال
to be moderate, temperate اِعْتَدَلَ
apology, excuse اِعْتِذار
to apologize اِعْتَذَرَ
objection, protest(ation) اِعْتِراض
recognition; confession اِعْتِراف
to object to, make objections to, protest (against) اِعْتَرَضَ على
to intercept, stand in the way of; to obstruct, hinder اِعْتَرَضَ (سَبِيلَهُ)
to confess, acknowledge, avow, admit اِعْتَرَفَ بِـ : أَقَرَّ بِـ
to recognize اِعْتَرَفَ بِحُكُومَةٍ إلخ
to be proud of, boast of اِعْتَزَّ بِـ
pride, glory, boast(ing) اِعْتِزاز
to retire (from) اِعْتَزَلَ
sit-in اِعْتِصام : نَوْعٌ مِنَ الإِضْراب
to adhere to, cling to; to maintain; to resort to اِعْتَصَمَ بِـ
to sit in, stage or carry out a sit-in اِعْتَصَمَ : نَفَّذَ اعْتِصاماً
to liberate, free, set free أَعْتَقَ : حَرَّرَ
belief, conviction; opinion اِعْتِقاد
to believe; to think, consider اِعْتَقَدَ
to arrest, detain, hold, jail اِعْتَقَلَ
to be (or fall) sick or ill اِعْتَلَّ : مَرِضَ
اِعْتَلَى ـ راجع عَلَا

reliance, dependence; trust; use, using, adoption, following اِعْتِماد
to rely on, depend on اِعْتَمَدَ على
to use, adopt, take up, follow اِعْتَمَدَ
اِعْتَنَى بِـ ـ راجع عُنِيَ بِـ
to embrace, adopt, profess اِعْتَنَقَ
اِعْتِيادِيّ ـ راجع عادِيّ
admiration, fancy إِعْجاب
to admire, like, fancy, be fond of; to appeal to أَعْجَبَ (ـهُ)، أُعْجِبَ بِهِ
miracle, marvel, wonder أُعْجُوبَة
to prepare, make ready; to arrange, fit, make, design (for) أَعَدَّ
to infect (with a disease), pass along (a disease to) أَعْدَى (بِمَرَض)
preparation, preparing, making ready; arrangement, making إِعْداد
preparatory, preliminary إِعْدادِيّ
execution إِعْدام : تَنْفِيذُ حُكْمِ الإِعْدام
to execute أَعْدَمَ : نَفَّذَ حُكْمَ الإِعْدامِ في
to hang أَعْدَمَ شَنْقاً
to express, voice, state أَعْرَبَ عن
lame, cripple أَعْرَج
to turn away from, avoid أَعْرَضَ عن
to cherish, love, like أَعَزَّ : أَحَبَّ
أَعَزَّ : عَزَّزَ ـ راجع عَزَّزَ
single, unmarried أَعْزَب (صفة)
bachelor أَعْزَب (اسم)

أعْسَر : عامِلٌ بِيُسْراه left-handed
إعْصار hurricane, cyclone, tornado
أعْطى to give (to), grant (to), donate (to), award (to), bestow upon
أعْطَبَ to damage, impair, ruin
أعْفى مِنْ to exempt from, release from, excuse from, free from
أعْقَبَ : تَبِعَ to follow, succeed
أعْلى : رَفَعَ - راجع عَلى
إعْلام information
إعْلان declaration, announcement
إعْلان : دِعَايَة advertisement, ad
أعْلَمَ (بِـ) to inform about, tell about, let know about, notify of
أعْلَنَ to declare, state, announce; to publicize; to advertise
أعْمى (فُلانًا) to blind, make blind
أعْمى : فاقِدُ البَصَر blind
أعْمَلَ to operate; to apply, use
اعْوَجَّ to be crooked, curved
أعْوَج - راجع مُعْوَجّ
أعْوَر one-eyed
أعْوَزَ الرَّجُلُ : اِفْتَقَرَ - راجع عَوِزَ
أعْوَزَهُ، يُعْوِزُهُ (كَذَا) to lack, need, want
أعْوَلَ : ناحَ to wail, lament, cry
أعْيا : أتْعَبَ to fatigue, exhaust, tire
إعْياء : تَعَب fatigue, exhaustion
آغا (لقب) aga, agha

أغَاثَ to succor, relief, aid, help
إغاثَة succor, relief, aid, help
أغَارَ على to raid, invade, attack
أغَاظَ to enrage, anger, vex, peeve
اغْتابَ to backbite, slander, malign
اغْتالَ to assassinate, murder, kill
اِغْتَبَطَ ، اغْتُبِطَ to be glad, happy
اِغْتَرَّ بِـ : خُدِعَ to be deceived by
اِغْتَرَّ بِنَفْسِه to be conceited, vain
اِغْتَرَبَ to emigrate, expatriate
اِغْتَسَلَ to wash up, wash (oneself)
اِغْتِصاب : اِنْتِزاع extortion, exaction
اِغْتِصاب (امْرَأة) rape, ravishment
اِغْتَصَبَ مِنْ : اِنْتَزَعَ to extort (from), exact (from), usurp (from)
اِغْتَصَبَ (امْرَأةً) to rape, ravish
اِغْتَمَّ to be sad, grieved, gloomy
اِغْتَنى to be or become rich, wealthy
اِغْتَنَمَ الفُرْصَةَ to take the opportunity
أغْرَى to seduce, tempt, lure
أغْرَقَ (الشَّيْءَ أو المَرْكَبَ) to sink
أغْرَق (الشَّخص) to drown
أغْرَق : غَمَر to flood, inundate
أغْرِمَ بِـ to love, be (or fall) in love with, adore, be very fond of
أغْرُودَة song, warble
أغُسْطُس : آب August
أغْضَبَ to anger, enrage, infuriate

أغْفى ـ راجع غفا
أغْفَلَ to omit, leave out, neglect
أغَلَّ to yield, produce, pay (off)
أغْلَب most (of), the majority (of)
في الأغْلَب ـ راجع غالباً
أغْلَبِيَّة majority
أغْلَقَ to close, shut; to lock
أغَمَّ to grieve, sadden, depress
إغْماء faint(ing), unconsciousness
أغْمَضَ عَيْنَيْه to close one's eyes
أُغْمِيَ عليه to faint, pass out, lose consciousness, be unconscious
أغْنَى : جَعَلَهُ غَنِيّاً to enrich, make rich
أغْنَى (عن) : كَفَى to suffice; to be sufficient, enough; to dispense of
أغْنِيَة، أُغْنِيَّة song
أغْوَى : أغْرَى to seduce, tempt, lure
أغْوَى : أضَلَّ to mislead
أغْيَمَ (تِ السَّماءُ) ـ راجع غامَ
أُفٍّ! ugh! faugh! pooh! pish!
أفادَ : نَفَعَ to benefit, help; to be useful, helpful, of use, of help
أفادَ : أخْبَرَ to report (to); to inform or tell (about), state, declare
أفادَ مِنْ : إنْتَفَعَ بِـ to profit or benefit from, take advantage of, use
إفادَة : نَفْع utility, usefulness, use, benefit, advantage
إفادَة (مِنْ) : إنْتِفاع using, taking advantage of, benefiting from
إفادَة : بَيان statement; testimony
أفارَ : جَعَلَهُ يَفُور، غَلَى to boil
أفاضَ (في) : أسْهَبَ to dwell on
أفاقَ to get up, wake up, awake(n)
أفّاك : كَذّاب liar
أفاوِيه : تَوابِل spices, condiments
آفَة epidemic, plague, disease; evil
أفْتَى (في) to give a (formal) legal opinion or an advisory opinion
اِفْتِتاح، اِفْتِتاحِيّ opening
اِفْتِتاحِيَّة editorial, leading article
اِفْتَتَحَ to inaugurate, open
اِفْتَخَرَ بِـ to be proud of, boast of
اِفْتَدَى ـ راجع فَدَى
اِفْتَرَى عَلَيْهِ (الكَذِبَ) to fabricate lies against; to slander, libel
اِفْتِراض assumption, supposition
اِفْتَرَسَ (الفَرِيسَةَ) to raven, prey upon, devour; to kill, tear
اِفْتَرَضَ to suppose, assume, presume
اِفْتَرَقَ to separate, part, break off, leave each other; to be separated
اِفْتَعَلَ : تَعَمَّدَ to do on purpose, do intentionally, commit willfully
اِفْتَقَدَ : أحَسَّ بِغِيابِهِ أو نَقْصِهِ to miss
اِفْتَقَدَ : فَقَدَ ـ راجع فَقَدَ
اِفْتَقَرَ to be poor, needy
اِفْتَقَرَ إلى to need, lack
اِفْتَكَرَ (في) ـ راجع فَكَّرَ (في)

أَفْحَمَ to confute, silence
إفراديّ individual, single, solitary
إفراز secretion, excretion
إفراط excess(iveness)
أَفْرَجَ عن to release, discharge, free
أفرح : فرّح to gladden, delight, cheer (up), make happy, make glad
أفرَد to set aside, set apart
أفرزَ : أخرجَ to secrete, excrete
أفرزَ : فرزَ - راجع فرزَ
أفرطَ to exceed the proper limits, go to extremes, be excessive
أفرغَ : فرّغَ - راجع فرّغَ
إفرنج، إفرنجة Europeans; foreigners
إفرنجيّ European; foreign
إفرنسيّ French
الإفرنسيّة : اللغةُ الفرنسيّة French
إفريز cornice, frieze, curb, ledge
إفريقيّ African
إفريقيا، إفريقية Africa
أفزعَ to frighten, scare, terrify
أفسحَ (مَكاناً، مَجالاً) لِـ to make room for; to open the way for; to give a chance to
أفسدَ to spoil, corrupt; to rot
أفشى to reveal, disclose, divulge
أفشلَ to frustrate, foil, defeat
أفصحَ عن to express, voice, utter

أفضى إلى : أدّى إلى to lead to; to contribute to; to cause, result in
أفضل، الأفضل better; the best
أفضليّة preference, priority
إفطار : كَسْرُ الصَّوْم fast breaking
إفطار : طَعَامُ الصَّبَاح breakfast
أفطرَ : تناوَلَ طَعَامَ الصَّبَاح to have (take, eat) breakfast
أفطرَ الصَّائِمُ to break the fast
أفطس (الأنفِ) snub-nosed, pug-nosed
أنفٌ أفطس pug nose, snub nose
أفعى، أفعوان snake, serpent, adder
أفق (ج آفاق) horizon; skyline
أفقدَ to deprive of, dispossess of
أفقرَ to impoverish, make poor
أفقيّ horizontal
أفَلَ to set, go down; to fade
إفلاس bankruptcy, insolvency
أفلتَ to escape, slip away, get away
أفلحَ to succeed, prosper
أفلسَ to go or become bankrupt
أفنى to annihilate, exterminate; to consume, use up; to waste
أفهمَ to make understand
أفيون opium
أقالَ (مِن منصِب) to depose, dimiss
أقامَ : أنشأ to set up, build, construct, establish, institute, found

أَقامَ بِـ أو في to stay in, reside in, dwell in, live in, inhabit
إقَامَة : إنْشاء setting up, building, construction, establishment
إقَامَة : سَكَن stay, residence
أَقْبَلَ to approach, come; to come to, go to; to attend
أُقَّة : وَحْدَةُ وَزْن oke, oka; ounce
اِقْتاتَ (بِـ) to feed on, live on; to eat
اِقْتادَ : قادَ - راجع قادَ
اِقْتَبَسَ to quote, cite, adopt; to adapt
اِقْتَتَلَ - راجع تَقَاتَلَ
اِقْتَحَمَ to break in(to), burst into; to break or pass through, storm
اِقْتَدَى بِـ to imitate, copy, be guided by, follow someone's example
اِقْتَدَرَ : اِسْتَطاعَ - راجع قَدِرَ
اِقْتِراح suggestion, proposal, proposition; motion; recommendation
اِقْتَرَبَ to approach, come (near or close to), (draw) near
اِقْتَرَحَ to suggest, propose, offer; to recommend
اِقْتَرَضَ to borrow, take up a loan; to take in advance
اِقْتَرَعَ : صَوَّتَ to vote, cast a ballot
اِقْتَرَفَ : اِرْتَكَبَ to commit, perpetrate
اِقْتَرَنَ (بِـ) : اِرْتَبَطَ to be coupled (with), connected (with), united (with)
اِقْتَرَنَ (بِـ) : تَزَوَّجَ to get married (with, to), marry, wed

اِقْتَسَمَ o divide or distribute among hemselves; to share
اِقْتِصاد economy; economics
اِقْتِصادِيّ economic
اِقْتِصادِيّ : مُقْتَصِد - راجع مُقْتَصِد
(عالِمٌ) اِقْتِصادِيّ economist
اِقْتَصَدَ o economize; to be economical, thrifty, frugal; to save
اِقْتَصَرَ على o be limited to, restricted o; to limit oneself to
اِقْتَضَى o call for, require, need
اِقْتَضَبَ o abridge, shorten, digest
اِقْتَطَعَ o take a part of; to tear out, cut out; to subtract, take out
اِقْتَطَفَ o select, choose, pick out; to extract, excerpt, quote
اِقْتَلَعَ o pluck out, pull out, uproot
اِقْتَنَى o acquire, get, obtain; to possess, own, have
اِقْتِناع conviction, persuasion; satisfaction, content(edness)
اِقْتَنَعَ بِـ - راجع قَنِعَ بِـ
أُقْحُوان (نبات) daisy; oxeye
إقْدام intrepedity, courage, boldness
أَقْدَمَ (على) to venture, dare; to undertake, set out to, embark upon
أَقْدَمِيَّة seniority
أَقَرَّ بِـ : اِعْتَرَفَ بِـ to confess, acknowledge, admit; to concede, grant
أَقَرَّ : صادَقَ على to ratify, confirm, approve, adopt, endorse

nearer, closer قْرَب
relatives أَقَارِب، أَقْرَبُون، أَقْرِباء
as soon as possible في أَقْرَبِ وقتٍ مُمْكِن
to loan, lend قْرَضَ: سَلَّفَ
bald, bald-headed قْرَع: أَصْلَع
to swear (by) قْسَم (بِـ)
to shudder, shiver, quiver, have gooseflesh شَعَرَّ
to remove, keep away; to eliminate, send away صى: أَبْعَدَ، عَزَلَ
utmost, extreme صى: قُصَارَى
limit, end أَقْصَى: آخِر
maximum; utmost حَدٌّ أَقْصَى
short story, short novel صُوصَة
to seat, make sit (down), ask to sit (down) عَدَ: أَجْلَسَ
to cripple, disable أَقْعَدَ: عَطَّلَ
to be desolate, deserted, empty فَرَ
to close, shut; to lock, bolt; to hang up (a telephone) فَلَ
to carry, transport, convey لَّ: نَقَلَ
less, smaller, fewer, lesser; lower, inferior; under; below لّ (مِنْ)
the least, the minimum الأَقَلّ
at least على الأَقَلّ
takeoff, departure لاع (الطَّائِرَة)
to desist from, abstain from, refrain from, stop, quit, give up لَعَ عن
to take off, depart أَقْلَعَتِ الطَّائِرَةُ

to worry, trouble, disquiet أَقْلَقَ
minority أَقَلِّيَّة
region, territory; country; province, district, canton; zone إِقْلِيم
regional; territorial إِقْلِيمِيّ
to persuade, convince أَقْنَعَ
academy أَكَادِيمِيَّة
to admire, esteem, respect أَكْبَرَ: أَجَلَّ
greater, bigger, larger أَكْبَر: أَعْظَم
the greatest, the biggest الأَكْبَر
older, elder أَكْبَر (سِنًّا)
the oldest, the eldest الأَكْبَر (سِنًّا)
to be sad, depressed, gloomy اِكْتَأَبَ
to rent, hire, lease اِكْتَرَى: اِسْتَأْجَرَ
attention, care, concern اِكْتِراث
indifference, unconcern عَدَمُ اكْتِراث
to care for or about, pay attention to اِكْتَرَثَ بِـ أو لِـ
to acquire, attain; to gain, win, earn, get اِكْتَسَبَ
to sweep (away), carry away; to overrun, invade, overwhelm اِكْتَسَحَ
discovery; find(ing); discovering, finding (out), detection اِكْتِشاف
to discover, find, detect اِكْتَشَفَ
to be satisfied with, content with; to settle for اِكْتَفَى بِـ
satisfaction, content(edness) اِكْتِفاء
self-sufficiency اِكْتِفاءٌ ذاتِيّ
اِكْتَمَلَ ـ راجع كَمُلَ، تَكَامَلَ

اِكْتَنَفَ : أحاطَ بـ — to surround, encircle

أُكْتوبر : تِشْرِين الأوَّل — October

أَكْثَرَ : كَثُرَ - راجع كَثُرَ

أَكْثَر، الأَكْثَر — more; the most

أَكْثَر مِنْ — more than, over, above

على الأَكْثَر — at most

أَكْثَرِيَّة — majority

أَكَّدَ — to confirm, affirm, assert; to corroborate, prove; to assure

أَكَّدَ على — to stress, emphasize

أُكْذوبَة — fib, (white) lie

أَكْرى : أَجَّرَ — to rent out, let (out), lease

إِكْرامِيَّة — bonus; tip, gratuity

أَكْرَم - راجع كَرُمَ

أَكْرَهَ على : أَرْغَمَ — to force to, compel to, coerce to, oblige to

أَكْسَبَ : أَرْبَحَ — to pay, yield, profit; to make or let gain, allow a profit

أُكْسِجين — oxygen

أَكَلَ — to eat

أُكْل : طَعام — food

أَكْل : تَناوُل الطَّعام — eating

آكِل : مَنْ يأكُل — eater

آكِلُ النَّمْل (حيوان) — anteater

أَكْلَة : وَجْبَة — meal, repast

إِكْلِيرُوس — clergy

إِكْليل — crown; wreath, garland

أَكَمَة : تَلَّة — hill, hillock, mound

أَكْمَلَ — ›complete, finish; to supple-
ıent; to continue, go on

أَكْمَل — ıore perfect, more complete

بِأَكْمَلِهِ - راجع بِكامِلِهِ (كامِل)

أكورْديُون : آلَة موسِيقِيَّة — ccordion

أَكُول — luttonous, greedy; glutton

أَكِيد — ertain, sure, positive, definite

أَكِي دُنْيا، إِكِي دُنْيا (نبات) — ›quat

آلَ إلى — › return to; to go to, revert
•; to lead to

آل : أَهْل — ımily, relatives; house

أل، أل التَّعْريف (الـ . . .) — ıe

إِلى، إِلى أَنْ — ›; until, till, up to

إِلى آخِرِهِ — tc., and so on

إِلى (جانِبِ) ذلِك - راجع جانِب

إِلى مَتى — ow long? till when?

أَلّا : أَنْ لا — ot to; in order not to, lest

إِلّا — xcept, but, excluding, save

إِلّا إذا — ınless, if not, except if

إِلّا أَنَّ — et, however, but, still

وَإِلّا — therwise, or else

إِلامَ — ›w far? up to where?

إِلاه، إِلاهَة - راجع إِلَه، إِلَهَة

أَلَّبَ عَلَيْهِ النّاسَ — • incite against

أَلْبَسَ — • dress, clothe; to coat, plate

أَلْبِسَة - راجع لِباس

أَلْبوم (لِلصُّوَرِ إلخ) — lbum

آلَة — ıachine; instrument, tool

(tape) recorder	آلَةُ تَسْجِيل (الصَّوْت)
camera	آلَةُ تَصْوير
calculator	آلَةٌ حاسِبَة
typewriter	آلَةٌ كاتِبَة
musical instrument	آلَةٌ مُوسِيقِيَّة
confusion, ambiguity	اِلْتِباس
to be ambiguous, equivocal	اِلْتَبَس
	اِلْتَجَأَ إلى ـ راجع لَجَأَ إلى
to join, enter	اِلْتَحَقَ بِـ
to enjoy, savor	اِلْتَذَّ (بِـ)
commitment, engagement, obligation	اِلْتِزام
to observe, comply with; to bind or commit oneself, undertake; to be bound, engaged, obligated	اِلْتَزَم (بِـ)
to stick to, adhere to	اِلْتَصَقَ بِـ
to wrap oneself in	اِلْتَفَّ في
to gather around; to surround, encircle, envelop	اِلْتَفَّ حَوْلَ
to turn, turn around, turn one's head; to look around	اِلْتَفَتَ
to pay attention to	اِلْتَفَتَ إلى
to meet, get together	اِلْتَقَى : اِجْتَمَعَ
meeting	اِلْتِقاء : اِجْتِماع
	اِلْتَقَطَ : لَقَطَ ـ راجع لَقَطَ
to receive	اِلْتَقَطَ إذاعَةً إلخ
to request, beg; to look for	اِلْتَمَسَ
	اِلْتَمَعَ ـ راجع لَمَعَ
to amuse or distract oneself with, pass the time with, play with	اِلْتَهَى بِـ
inflammation; infection	اِلْتِهاب [طب]
to flame, blaze, burn	اِلْتَهَبَ : اِشْتَعَلَ
to be inflamed	اِلْتَهَبَ [طب]
to devour, gobble, swallow up	اِلْتَهَمَ
to be twisted, bent, curved	اِلْتَوَى
	الَّتِي ـ راجع الَّذِي
to insist on; to press, urge	أَلَحَّ
insistence, importunity, pressing, urging, urgency, urge	إلْحاح
atheism, infidelity	إلْحاد
to be an atheist	أَلْحَدَ
to attach to, annex to; to follow (up) with	أَلْحَقَ بِـ : أَتْبَعَ
to cause damage to, inflict damage on, damage, harm	أَلْحَقَ ضَرَراً بِـ
to weld, solder; to fuse, join	أَلْحَمَ
who, whom; which, that, what	الَّذِي
compulsory, obligatory	إلْزامِيّ
to bind; to force (to), compel (to), oblige (to)	أَلْزَمَ (بِـ)
to attach, fix, stick, glue	أَلْصَقَ
	أُلْعُوبَة ـ راجع لُعْبَة
to cancel, call off; to invalidate, annul, abolish, abrogate, repeal	أَلْغَى
to get used to; to get along with	أَلِفَ
to be or become tame, domestic(ated)	أَلِفَ الحَيَوانُ

أَلَّفَ : شَكَّلَ to form, set up, establish; to constitute, make up
أَلَّفَ (كِتاباً إلخ) to compose, write
أَلْف (١٠٠٠) thousand
أَلِفباء alphabet
أَلِفبائيّ alphabetical, alphabetic
أُلْفَة familiarity, intimacy; harmony
أَلْقَى : رَمَى to throw, cast; to drop, throw down; to throw away
أَلْقَى : تَلا، سَمَّعَ to recite, say
أَلْقَى خِطاباً أو كَلِمَةً to make or deliver an address or speech
إِلِكْتْرُون : كُهَيْرِب electron
إِلِكْتْرُونِيّ electronic
الله God (the One and Only), the Lord, Allah, Diety
واللهِ، تَاللهِ، بِاللهِ by God!
اللّٰهُمَّ O God! O Lord!
اللّٰهُمَّ إلّا unless, except that
آلَمَ : أَوْجَعَ to hurt, pain, ache
أَلَمَّ بِـ : عَرَفَ to know
أَلَمَّ بِـ : أَصَابَ to befall, hit
أَلَم pain, ache; suffering; agony
أَلَمُ الأَسْنان toothache
أَلَمُ الرَّأْس : صُدَاع headache
أَلْماس، أَلْماسَة، أَلْماسِيّ diamond
أَلْمانِيّ German
الأَلْمانِيَّة : اللُّغَةُ الأَلْمانِيَّة German

أَلَّهَ to deify, idolize
إِلٰه : رَبّ god, deity
أَلْهَى to divert, distract
إِلْهام inspiration; revelation
أَلْهَبَ to inflame, ignite, kindle
إِلٰهَة : رَبَّة goddess, deity
أَلْهَمَ to inspire (with or to)
إِلٰهِيّ divine, of God, from God
آلِيّ mechanical; automatic, power
أَنِيف : داجِن tame(d), domestic(ated)
أَلِيم ـ راجع مُؤْلِم
أَمَّ : قَصَدَ to go to, repair to
أَمْ : أَوْ or
أُمّ : والِدَة mother
أُمُّ أَرْبَع وأَرْبَعِين (حشرة) centipede
أَمَّا as to, as for; but, however, yet, on the other hand
إِمَّا . . . أَوْ either... or; whether... or
أَمَاتَ to kill, put to death
أَمَارَة : عَلامَة sign, indication, token
إِمَارَة emirate, principality
أَمَالَ : حَنَى to incline, tip, tilt, bend
أَمَامَ in front of, opposite (to), facing
إِمَام imam; leader, chief
أَمَامِيّ front, frontal, forward, first
أَمَان : أَمْن safety, security, peace
أَمَانَة : وَفَاء faithfulness, fidelity, hon-

esty, integrity, uprightness

أمانة : وَديعَة deposit; trust, charge

إمبَراطور emperor

إمبَراطورة empress

إمبَراطوريّة empire

أمَة : جارِيَة bondmaid, bondwoman

أمّة (ج أمَم) nation, people

الأمَم المُتّحِدَة the United Nations

إمتازَ بِـ to be distinguished by, characterized by, marked by

إمتَثَلَ to obey, follow, comply with

إمتِحان examination, test; quiz

إمتَحَنَ to examine, test; to try

إمتَدَّ to extend, expand, spread (out), stretch

إمتَزَجَ to mix, mingle, blend; to be mixed, mingled, blended

إمتَصَّ to absorb; to suck (up); to sip

إمتَطى to mount, ride; to board, get in

أمتِعَة ـ راجع مَتاع

إمتَعَضَ (مِنْ) to resent

إمتَلأ (بِـ) to be full (of), filled (with)

إمتَلَكَ ـ راجع مَلَكَ

إمتَنَعَ عن to abstain from, refrain from, stop, cease, quit, give up

إمتِياز : تَفَوُّق distinction, excellence

إمتِياز : حَقٌّ خاصّ privilege

أمثَل optimum, ideal; perfect

أمثُولَة example, lesson

إمَّحى to be erased, effaced

أمَدَّ بِـ : زَوَّدَ بِـ to supply with, provide with, furnish with

أمَد limit; duration; period, time

أمَرَ to order, command, instruct

أمَرَّ : جَعَلَهُ يَمُرّ to pass; to let pass

أمر (ج أوامِر) : فَرْض order, command, instruction, directive, dictate

أمر (ج أُمور) : شأن، حال matter, affair, concern; condition, situation

آمِر commander; head, chief

إمرُؤ man; person; one

إمرَأة woman; wife

إمْرَة command, authority, control

أمرَضَ to sicken, make sick or ill

أمريكي American

أمس : البارِحَة yesterday

أمسِ الأوّل the day before yesterday, two days ago

أمَسّ، كانَ في أمَسِّ الحاجَةِ إلى to need urgently, be in dire need of

أمسى : صارَ، باتَ to become; to be

إمساك : قَبْض (البَطْنِ) constipation

أمسَكَ (بِـ) : قَبَضَ to hold, grasp, take hold of, seize, catch, grab

أمسَكَ عن : امتَنَعَ to refrain from, abstain from, desist from, stop

أمسِيَة evening; soirée

أمضى (وَقتاً) : قضى — to spend, pass
أمضى : وقَّعَ — to sign
إمضاء : تَوقيع — signature
أمطَرَ (تِ السَّماءُ) — to rain (it rained)
أمعاء ـ راجع مِعًى
أمعَنَ في — to go too far in
أمعَنَ النظرَ في — to examine closely
إمكان، إمكانيّة : إحتِمال — possibility, probability; chances, prospects
إمكان : قُدرَة — ability, capability, capacity, power
أمكَنَ (ـهُ الأمرُ)، يُمكِنُهُ (أنْ) — to be possible for; can; may; to be able to, be capable of; to manage to
أمكَنَ مِنْ ـ راجع مَكَّنَ مِنْ
لا يُمكِن — it is impossible
أمَلَ : رَجا — to hope; to hope for; to look forward to
أمَّلَ : جعلَهُ يأمُل — to give hope (to)
أمَل : رَجاء — hope, expectation
أملى (على) — to dictate (to)
إملاء — dictation
أملَس — smooth, sleek, slick, even
أمَّمَ — to nationalize
أمِنَ : إطمَأنَّ — to be safe, secure
آمَنَ بِـ — to believe in, have faith in
أمَّنَ (على او ضِدّ) — to insure
أمَّنَ : حقَّقَ — to ensure, secure, guarantee; to procure, bring about, achieve, realize; to produce
أمَّنَهُ على — to entrust with
أمْن — security, safety, peace
آمِن — safe, secure, peaceful
أمْنيّ — security, safety, peace
أُمنيّة — wish, aspiration, desire
أمهَلَ — to give (someone) time
أُمومَة — motherhood, maternity
أُمّيّ : غيرُ مُتَعلِّم — illiterate, uneducated
أُمّيّة — illiteracy
أمير — prince, emir; chief; master
أميرال، أميرُ البَحر — admiral
أميرة — princess
أميركيّ — American
أمين : وَفيّ — faithful, loyal, honest
أمين : غيرُ خَطِر — safe, secure
أمين : مُشرِف — trustee, guardian; supervisor; manager; chief
أمين، أمينُ السِّرّ — secretary
أمينُ الصُّندوق — treasurer; cashier
أمينُ العاصِمَة — mayor; governor
أمينٌ عامّ — secretary-general
أمينُ المَكتَبة — librarian
آمين — amen
آنَ : حانَ — to come, approach
آنَ الأوانُ — the time has come, it is (high) time, now is the time
أنَّ : تأوَّهَ — to moan, groan, whimper

آن : وَقْت time; period (of time)

الآنَ now; at present, at the moment, today, nowadays, currently

في آنٍ مَعاً، في آنٍ (واحِد) at the same time, simultaneously

مِنَ الآنَ فَصاعِداً from now on; starting, from, as of, effective from

أَنْ that; to

إِنْ if

وَإِنْ although, (even) though, even if, despite

إِنْ لَمْ unless, if not, except

أَنَّ، إِنَّ that; truly, indeed

إِنَّما truly, indeed; but, however, yet; rather, on the contrary

أَنا : ضَميرُ المُتَكَلِّم I

أَنَّى : أَيْنَ، حَيْثُما where; wherever

إِناء (ج آنِيَة وأَوانٍ) vessel, container; utensil(s), dish(es), cup(s)

أَنابَ to depute, deputize, delegate

أَناة deliberateness; patience

أَنارَ : أَضاءَ to light (up), illuminate

إِنارَة lighting, illumination

أُناس : ناس people, human beings

أَناطَ بِـ : فَوَّضَ، خَوَّلَ to entrust with; to entrust to; to authorize to

أَنافَ على : زادَ to exceed, be more than

أَناقَة elegance, fashion, style, grace

أَناناس (نبات) pineapple

أَنانِيّ selfish, egocentric, egoistic

أَنانِيَّة selfishness, egoism

أَنَّبَ : وَبَّخَ to reproach, scold, rebuke

أَنَّبَهُ ضَميرُهُ to feel remorse

أَنْبَأَ (بِـ) to inform about, tell about, notify of, advise of; to announce

اِنْبَثَقَ to emanate, spring, arise, issue, stem; to flow out, come out

اِنْبَسَطَ : اِمْتَدَّ to spread (out), stretch

اِنْبَسَطَ : سُرَّ to be happy, glad, delighted, pleased; to enjoy oneself, have fun

اِنْبَطَحَ to lie prostrate, lie down

اِنْبَغى (يَنْبَغي) عَلَيْهِ او لَهُ أَنْ he ought to, he should, he must, he has to

اِنْبَغَتَ to be taken aback, taken by surprise, surprised, shocked

أُنْبوب، أُنْبوبَة pipe, tube, duct

أَنْتَ، أَنْتِ you, thou

أَنْتَأَ to protrude, project, stick out

اِنْتابَ : أَصابَ to hit, come over

إِنْتاج production

إِنْتاجِيَّة productivity

اِنْتِباه attention; alertness; care

اِنْتَبَهَ to be careful, look out, watch out; to pay attention (to), notice

أَنْتَجَ to produce, make, fabricate

اِنْتِحار suicide

اِنْتَحَرَ to commit suicide

اِنْتَحَلَ (صِفَةً او شَخْصِيَّةً) to pass oneself off as, pretend to be

انْتِخاب election; voting, vote
انْتَخَبَ to select, choose; to elect, vote in; to vote, cast a ballot
انْتَدَبَ to delegate, deputize, depute; to give a mandate (over)
انْتَزَعَ to pull out; to snatch, grab
انْتَسَبَ إلى to be related to; to associate (oneself) with, join, enter
انْتَشَرَ to spread, diffuse, circulate
انْتَشَلَ : رَفَعَ to pick up, lift; to save
انْتِصار : نَصْر victory, triumph
انْتَصَبَ to stand erect, stand up, rise
انْتَصَرَ على to triumph (over), prevail (over), defeat, beat, overcome
انْتِظار waiting (for), awaiting
انْتَظَرَ to wait (for), await; to expect
انْتَظَمَ to be organized, arranged; to be orderly, systematic
انْتَعَشَ to refresh, be refreshed; to revive, be revived, be stimulated
انْتِفاضَة : رِعْشَة tremor, shiver, shake
انْتِفاضَة (شَعْبِيَّة) uprising, upheaval
انْتَفَخَ to swell, distend, puff up
انْتَفَضَ to shake, tremble, shudder
انْتَفَعَ (بِـ أو مِنْ) to make use of, utilize, take advantage of, benefit from
انْتَقى to select, pick out, choose
انْتِقاد criticism; faultfinding
انْتِقال movement; transfer; transport(ation); transition, shift

انْتِقاليّ transition(al), interim
انْتِقام revenge; retaliation, reprisal
انْتَقَدَ to criticize, find fault with
انْتَقَلَ to move; to be transferred, transported; to shift, switch, change; to move (on) to, go to
انْتَقَمَ مِنْ to revenge or avenge oneself on, take revenge or vengeance on; to retaliate upon
انْتَكَسَ to relapse, suffer a setback
أَنْتُمْ، أَنْتُما you
انْتَمى إلى to belong to, relate to, be related to; to associate with, join
أَنْتَنَ to stink, be fetid; to rot
أَنْتُنَّ you
انْتَهى to end, come to an end; to be finished, over, through; to expire
انْتَهى مِنْ - راجع أَنْهى
انْتِهاء end, conclusion, close; expiry
انْتَهَزَ الفُرْصَةَ to seize or take the opportunity; to take occasion (to)
انْتَهَكَ to violate, break, infringe
أَنْتِين : هَوائِيّ antenna, aerial
أُنْثى female; woman
أَنْجى - راجع نَجّى
إنْجاز (ج إنْجازات) achievement, feat
إنْجاص (نبات) pear(s)
أَنْجَبَ to beget, procreate; to give birth (to), bear
أَنْجَحَ : نَجَّحَ to make or let succeed,

make successful, make a success

أَنْجَزَ to carry out, achieve, accomplish, complete, finish, do

اِنْجَلَى to clear, clarify; to be or become clear

إِنْجِلِيزِيّ English; Englishman

الإِنْجِلِيزِيَّة : اللُّغَةُ الإِنْجِلِيزِيَّة English

الإِنْجِيل : العَهْدُ الجَدِيد the New Testament; Gospel

إِنْجِيلِيّ evangelical

أَنْحاء ـ راجع نَحْو

اِنْحازَ ـ راجع تَحَيَّزَ

اِنْحَدَرَ to descend, come down, go down, fall, decline

اِنْحَرَفَ (عن) to deviate from, depart from, turn away from; to stray, go astray, be corrupt(ed)

اِنْحرفَ الحَدَثُ : جَنَحَ to be or become delinquent

اِنْحَسَرَ to abate, subside, wane, decrease, decline, recede, go back

اِنْحَطَّ to fall, deteriorate, decline

أَنْحَفَ، أَنْحَلَ to thin, make thin

اِنْحَلَّ : اِنْفَكَّ to unravel, untie; to be untied, unfastened, loosened

اِنْحَلَّتِ المُشْكِلَةُ to be solved

اِنْحَلَّ : ذابَ to dissolve, melt

اِنْحَلَّ : فَسَدَ to disintegrate, decay, decompose, putrefy, degenerate

اِنْحَنَى to bend, curve, twist; to be bent, curved, twisted, inclined

اِنْحَنَى اِحْتِراماً أو خُضُوعاً to bow

اِنْحِياز ـ راجع تَحَيُّز

عَدَمُ الانْحِياز nonalignment

اِنْخَدَشَ to be scratched, scarified

اِنْخَدَعَ to be deceived, fooled

اِنْخَرَطَ في to join, enter

اِنْخَفَضَ to drop, go down, decrease, decline; to be reduced, decreased

اِنْخَلَعَ to be dislocated; to be disconnected, disjoined

اِنْدَحَرَ to be defeated, routed

اِنْدَسَّ في أو بَيْنَ to slip into or among, sneak into or among; to be hidden in, foisted into, slipped into

اِنْدَفَعَ : اِنْطَلَقَ to rush, dart, dash, spring, run, burst forth

اِنْدِلاع outbreak

اِنْدَلَعَ اللِّسانُ to stick out, loll

اِنْدَلَعَتِ الحَرْبُ أو النّارُ to break out, flare up, erupt

اِنْدَمَجَ to merge, unite, integrate; to be merged, united, integrated

اِنْدَمَلَ الجُرْحُ to heal, scar over

اِنْدَهَشَ ـ راجع دَهِشَ

إِنْذار warning; alarm, alert

آنَذاك then, at that time

أَنْذَرَ to warn, caution, alarm, alert

اِنْذَهَلَ ـ راجع ذَهِلَ

اِنْزَعَجَ to be disturbed, annoyed

أَنْزَلَ: جَعَلَهُ يَنْزِل to bring down, take down; to lower, drop

أَنْزَلَ اللّٰهُ كَلامَهُ أو الوَحْيَ على to reveal to, send down to

أَنْزَلَ: آوَى to put up, lodge

أَنْزَلَ: خَفَّضَ to lower, reduce, cut; to deduct, subtract, discount

أَنْزَلَ بِهِ كَذَا to inflict on

اِنْزَلَقَ to slide, glide, skid, slip

اِنْزَوَى to retire, seclude or isolate oneself, be isolated, be alone

أَنِسَ: كانَ لَطِيفاً to be friendly

أَنِسَ الحَيَوانُ: أَلِفَ to be or become tame(d), domestic(ated)

أَنِسَ بِهِ أو إِلَيْهِ to like someone's company; to get used to

آنَسَ: سَلَّى to entertain, amuse

أُنْس sociability, amiability; amusement, entertainment, fun

أَنْسَى: نَسَّى to make forget

اِنْسابَ to stream, flow, run

إِنْسان human being, human, man

إِنْسانٌ آلِيّ robot

إِنْسانِيّ human; humanitarian

إِنْسانِيَّة humanity

آنِسَة young lady, girl

الآنِسَةُ فُلانَة.. Miss..

اِنْسِجام harmony, conformity, accord

اِنْسَجَمَ (مَعَ) to be in harmony (with), get along (with), match, fit, suit, go well (with), be consistent (with)

اِنْسِحاب withdrawal, pullout

اِنْسَحَبَ to withdraw, retreat, pull out; to walk out, leave

اِنْسِيابِيّ streamlined, streamline

إِنْش inch

أَنْشَأَ: أَسَّسَ to establish, found, set up; to create, make, form, start

أَنْشَأَ: بَنَى to build, construct, set up

أَنْشَأَ: رَبَّى ـ راجع نَشَّأَ

إِنْشاء: مَوْضُوعٌ إِنْشائِيّ، مَقالَة composition, essay

أَنْشَدَ: غَنَّى to sing, chant

اِنْشَرَحَ (صَدْرُهُ) to be delighted, happy, cheerful; to cheer up

اِنْشَغَلَ to be occupied, busy, engaged; to be preoccupied

اِنْشَقَّ: اِنْفَلَعَ to split (apart), crack

اِنْشَقَّ عن: اِنْفَصَلَ عن to secede from, separate from, break away from

أُنْشُودَة song, chant; hymn. anthem

أُنْشُوطَة: عُقْدَة knot, noose, loop

اِنْصاعَ لِـ: خَضَعَ to yield to, submit to, surrender to, defer to, obey

إِنْصاف justice, fairness; equity

أَنْصَتَ لِـ to listen to

أُنْصَة: أُونْصَة ounce, oz.

اِنْصَرَفَ: ذَهَبَ to leave, go away

اِنْصَرَفَ إلى to devote oneself to

أَنْصَفَ to be just with
اِنْصَهَرَ : ذابَ to fuse, melt
اِنْضِباط discipline
اِنْضَبَطَ to be disciplined
أَنْضَجَ to ripen, mature, make ripe
أَنْضَجَ الطَّعامَ to cook well, do well
اِنْضَمَّ إلى to join, enter
اِنْضَمَّ : اِتَّحَدَ to unite, join, merge
اِنْطِباع ، اِنْطِباعَة impression
اِنْطَبَقَ على to apply to, be applicable to, be true of, hold good for
اِنْطَفَأَ to go out, be extinguished
اِنْطَلَقَ : اِنْدَفَعَ to dash, rush, shoot, spring, burst forth, break out; to be launched; to take off, start off, go ahead, get going
اِنْطَلَقَ : تَحَرَّرَ to be free, liberated
اِنْطَوَى على : تَضَمَّنَ to include, contain, embody, cover, encompass
اِنْطَوَى على نَفْسِهِ to introvert
اِنْطِواء introversion; withdrawal
اِنْعَتَقَ to be free(d), liberated
اِنْعَدَمَ ـ راجع عُدِمَ
اِنْعَزَلَ to be isolated, secluded; to isolate oneself, seclude oneself
أَنْعَشَ to refresh, freshen; to revive, resuscitate, invigorate, animate
اِنْعَقَدَ : اِجْتَمَعَ to convene, meet
اِنْعَكَسَ to be reversed, inverted

اِنْعَكَسَ الضَّوْءُ to be reflected
اِنْعَكَسَ على : أَثَّرَ في to reflect on, affect, influence, act upon
أَنْعَمَ عليه بِـ to bestow upon, confer upon, grant, give, bless with
أَنْعَمَ النَّظَرَ في to look closely at
أَنِفَ (الشَّيْءَ أو مِنْهُ) to disdain, scorn
أَنْف : مَنْخِر nose
آنِف : سابِق preceding, previous, last
آنِفُ الذِّكْر ، مَذْكُورٌ آنِفاً aforesaid, above-mentioned
آنِفاً previously, earlier, before
أَنَفَة : تَرَفُّع ، عِزَّةُ نَفْس disdain, pride; self-esteem, sense of honor
اِنْفَتَحَ : تَفَتَّحَ to open, be open(ed)
اِنْفِجار explosion, blowup, blast
اِنْفَجَرَ : تَدَفَّقَ to gush out, burst out, erupt, break out, shoot out
اِنْفَجَرَ (ـتِ القُنْبُلَةُ إلخ) to explode, go off, blow up, detonate
اِنْفَجَرَ بالبُكاء to burst into tears
اِنْفَرَجَ : اِنْفَتَحَ to open (up), be wide open; to diverge, spread apart
اِنْفَرَجَ الهَمُّ to be dispelled
اِنْفَرَجَ : اِسْتَراحَ to relax, ease, remit
اِنْفَرَدَ : اِنْعَزَلَ to isolate oneself
اِنْفَرَدَ بِـ : اِخْتَلَى بِـ to be alone with, retire with, meet separately with
اِنْفَرَدَ بِـ : اِمْتازَ بِـ to be distinguished by, marked by, characterized by
اِنْفِصال separation, secession

اِنْفَصَلَ (عن) to separate (oneself) from, secede from, withdraw from, break (up) with; to be separated, disunited, detached
اِنْفِعال emotion, passion; excitement
اِنْفَعَلَ : تأثَّرَ، إسْتَجابَ to be affected, influenced; to react, respond
اِنْفَعَلَ : ثارَ to get emotional, agitated, excited, nervous, upset
أَنْفَقَ (مالاً أو وَقْتًا) to spend
اِنْفَكَّ to be untied, unfastened, undone, disconnected, detached
ما انْفَكَّ (لَمْ يَنْفَكَّ) not to stop doing, keep (on) doing, continue to do
اِنْفَلَعَ، اِنْفَلَقَ to split (apart), crack; to burst, break open; to be split
إنْفلُونْزا influenza, flu
إنْقاذ deliverance, rescue, rescuing, saving, salvation
أَنْقاض debris, rubble, ruins, wreck
اِنْقَبَضَ : تَقَلَّصَ to contract, shrink
اِنْقَبَضَ (صَدْرُهُ) to be depressed
أَنْقَذَ (مِنْ) to save (from), rescue (from), deliver (from)
اِنْقَرَضَ to become extinct, die out
اِنْقِسام division, partition, breakup
اِنْقَسَمَ to be divided, split, partitioned; to divide, break up
اِنْقَشَعَ to clear away; to clear (up)
أَنْقَصَ to decrease, diminish, reduce, lessen, lower, cut, cut down

اِنْقَضَّ (على) to swoop down; to descend upon, pounce upon, attack
اِنْقَضَى to pass, go by, expire, be over
اِنْقَطَعَ : قُطِعَ to be cut, severed
اِنْقَطَعَ : تَوَقَّفَ to stop, cease, discontinue; to be stopped, suspended
اِنْقِلاب : ثَوْرَة coup d'état, coup
اِنْقَلَبَ : قُلِبَ to be turned; to be turned over or upside down
اِنْقَلَبَ : اِنْعَكَسَ to be reversed
أَنْقَلِيس (سمك) eel
اِنْكَبَّ على to dedicate oneself to; to be engaged in, busy with
أَنْكَرَ to deny, disown, disavow
اِنْكَسَرَ : تَكَسَّرَ to be or get broken, shattered; to break (up), shatter
اِنْكَسَرَ : اِنْهَزَمَ to be defeated, routed
اِنْكَسَفَ (ـتِ الشَّمْسُ) to be eclipsed
إنْكليزِيّ English; Englishman
الإنْكليزِيَّة : اللُّغَةُ الإنْكليزِيَّة English
أَنْمى ـ راجع نَمَّى
إنَّما truly, indeed; but, however, yet; rather, on the contrary
إنْماء : تَنْمِيَة development
أَنْمَش : ذُو نَمَش freckled
أُنْمُلَة : بَنانَة، رَأْسُ الإصْبَع fingertip
أُنْمُوذَج ـ راجع نَمُوذَج
أَنْهَى : أَتَمَّ to end, finish, terminate, conclude, complete

أنْهى : أَوْقَفَ to put an end to, terminate, stop, discontinue
نهارَ : سَقَطَ to collapse, fall down, crash (down), break down
نهزَم to be defeated, vanquished, beaten, overcome; to lose
نهكَ to exhaust, fatigue, stress
نهمَرَ to pour down, fall heavily
نهمَكَ في to be wholly engaged in, absorbed in, preoccupied with
نهيار collapse, breakdown, crash
نوثة femininity, womanliness
نيِ : حاليّ present, current, actual
آنيّ : فَوْرِيّ instantaneous, instant
نِيَة ـ راجع إناء
نيس : لَطيف friendly, genial, nice
أنِيس : أَلِيف، داجِن tame(d), domestic(ated)
أنِيس : صَدِيق friend, companion, comrade, pal
نيسُون، آنيسُونَ anise, aniseed
نيق elegant, fashionable, dressy
و، أَوْ، آوِ، آهْ، آهًا oh! ah!
هَانَ to insult, offend, humiliate
هَانَة insult, affront, offense
هَة sigh, moan, groan
هْتَدَى (إلى) to find the way (to); to find, discover, come upon
هْتَزَّ to shake; to swing, rock, vibrate, oscillate; to be shaken

اِهْتَمَّ بِـ to be interested in; to take care of, look after, see to; to pay attention to, mind
اِهْتِمام interest; concern; care
أَهْدَى (إلى) : قَدَّمَ كَهَدِيَّة to give (as a present or gift to)
أَهْدَى الكِتابَ أو الأُغْنِيَةَ إلى to dedicate (a book, song) to
أَهَّلَ (لِأَمْرٍ) to qualify, fit, make fit, adapt; to (re)habilitate
أَهَّلَ بِـ : رَحَّبَ بِـ to welcome
أَهْل : أَقْرِباء relatives; family
أَهْل : سُكَّان inhabitants; citizens
أَهْلٌ (لِـ) ـ راجع مُؤَهَّلٌ (لِـ)
آهِل : مَسْكُون inhabited, populated
أَهْلاً وسَهْلاً، أَهْلاً welcome!
أَهْلَكَ to destroy, ruin, wipe out
أَهْلِيّ national; domestic; native
حَرْبٌ أَهْلِيَّة civil war
أَهْلِيَّة capacity; fitness; merit
إِهْمال negligence, carelessness
أَهْمَلَ to neglect, ignore, disregard
أَهَمِّيَّة importance, significance
أَهْوَج reckless, rash, foolhardy
أَوْ : أَمْ or
أَوَى إلى to stay at; to take refuge in; to go to, retire to
آوَى، أَوَى to lodge, put up, accommodate; to shelter, harbor

أوان : وَقْت، حِين — time, season
أوبرا — opera
أوبريت — operetta
أوتوبوس، أوتوبيس — bus, autobus
أوتوستراد — highway, freeway
أوتوماتيكيّ — automatic; power
أوتيل — hotel, inn, hostel, hostelry
أوْثَقَ — to tie (up), bind, (en)chain
أوج — peak, climax, acme, top, apex
أوجاق : وُجاق — stove
أوْجَبَ — to impose; to necessitate, make obligatory; to require
أوْجَدَ — to create, make, produce
أوْجَزَ — to summarize, sum up, brief
أوْجَعَ — to hurt, ache, cause pain to
أوْحَى إليه بـ — to inspire with (or to); to reveal to
أوْحَد ـ راجع وَحِيد
أوْدَى بِهِ أو بِحَيَاتِهِ — to destroy, kill
أوْدَعَ : وَضَعَ — to deposit, put, place
أوْرَثَ : وَرَّثَ ـ راجع وَرَّثَ
أورثوذكس ـ راجع أرثوذكس
أوْرَدَ : أوْصَلَ إلى — to take to, bring to
أوْرَدَ : ذَكَرَ — to mention, state, report
أوْرَقَ الشَّجَرُ — to leaf, foliate
أورْكِسْترا — orchestra
أوروبا — Europe
أوروبيّ — European

إوَزَّة (ج إوَزّ) — goose (pl. geese)
إوَزّ عِرَاقِيّ — swan
أوْسَط — middle
أوْشَكَ أنْ — to be on the point of, on the verge of, on the brink of, about to
أوْصَى (بِوَصِيَّة) — to bequeath, give by will
أوْصَى بـ : عَهِدَ إليه بـ — to entrust to
أوْصَى بـ : نَصَحَ بـ — to recommend
أوْصَى بـ : أمَرَ، طَلَبَ — to order
أوْصَدَ : أغْلَقَ — to close, shut
أوْصَلَ (إلى) — to take (to); to transport, carry; to deliver, pass (on)
أوْصَلَ الرَّاكِبَ فُلَاناً — to give someone a lift, drive, convey, take
أوْضَحَ — to clarify, clear (up), make clear, explain, illustrate, show
أوْعَدَ : هَدَّدَ — to threaten, menace
أوْعَزَ إلى — to insinuate to, suggest to, recommend to; to instruct, order
أوغُسْطُس : آب — August
أوْفَدَ — to delegate; to send
أوْقَدَ (النَّارَ) — to kindle, light, start
أوْقَعَ — to drop, let or make fall, tumble, throw down
أوْقَعَ بِهِ كَذَا — to inflict on, cause to
أوْقَفَ : جَعَلَهُ يَقُوم — to stand, make stand, raise; to make rise
أوْقَفَ : قَطَعَ — to stop, halt, discontinue, cut, end, terminate

أَوْقَفَ : اِعْتَقَلَ	to detain, hold, arrest
أَوْقَفَ السَّيَّارَةَ فِي مَوْقِفٍ	to park
أُوقيانوس : مُحيط	ocean
أُوقِيَّة : وَحْدَةُ وَزْنٍ	oke, oka; ounce
أُوكازيون	sale, clearance (sale)
أُكْتُوبر : تِشْرِين الأَوَّل	October
أُكْسِجِين	oxygen
أُكْسيد	oxide
أُكَّلَ – راجع وَكَّلَ	
أَوَّلَ : فَسَّرَ	to interpret, construe
أَوَّلُ : ضِدّ آخِر	first
أَوَّلُ : بَدْءٌ	beginning, start, outset
أَوَّلاً	first, firstly, in the first place, first of all, to begin with; at first
أَوَّلُ البارِحَةِ، أَمْسِ الأَوَّلِ	the day before yesterday, two days ago
أُولاء، أُولئِكَ	these, those
أُولِعَ بِـ	to be fond of; to love, like
أَوْلَوِيَّة	priority, precedence
أَوَّلِيّ : أَصْلِيّ، أَساسِيّ	first, initial, primary; fundamental, basic
أَوَّلِيّ : تَمْهِيدِيّ	preparatory, preliminary, introductory
أَوَّلِيّ : خام	raw, crude
أَوْمَأَ	to make a sign or signal
أَوْمَضَ	to flash, gleam, flicker, blink
أُونْس، أُونْصَة، أُونْجَة	ounce, oz.
أَوْهَنَ : أَضْعَفَ	to weaken, enfeeble
أَيْ : يَعْنِي	that is, i.e., namely

أَيٌّ؟	who? which? what?
أَيّ، أَيَّما	any; every; either
إِيَّا، إِيَّاكَ أَنْ	take care not to, be careful not to; don't, don't ever
إِيَّاكَ مِنْ، إِيَّاكَ وَ	be careful of
أَعْطانِي إِيَّاهُ	he gave it to me
إِياب : رُجُوع	return(ing), going back
أَيَّار : مايو	May
آيَة : عَلامَة	sign, mark, token
آيَة : مُعْجِزَة	miracle, wonder
آيَة : تُحْفَة	masterpiece
آيَة (مِنْ كِتابٍ مُقَدَّسٍ)	verse
إيجاب : ضِدّ نَفْي	affirmation; affirmative
إيجابِيّ	positive; constructive
إيجار	rent; lease; letting (out), leasing, renting out, hiring out
لِلإِيجار	for rent, to let, for hire
إيجاز : اِخْتِصار	conciseness, brevity, shortness, terseness, succinctness
بِإيجاز	in brief, briefly, in short, concisely, to sum up, in a word
أَيَّدَ	to support, back (up), advocate; to confirm, sustain; to endorse
إيدْيُولُوجِيا، إيدْيُولُوجِيَّة	ideology
إيراد : دَخْل	income, revenue, returns
أَيْسَر (كَجِهَة)	left-hand, left

أَيْسَر : أَعْسَر	left-handed, sinistral
إِيصال : وَصْل (بالاسْتِلام)	receipt; voucher
أَيْضاً	also, too, as well (as); besides
إِيقاع (مُوسِيقِيّ)	rhythm; harmony
أَيْقَظَ	to wake (up), awake(n), waken, rouse (from sleep)
أَيْقَنَ	to be certain of, sure of
أَيْقُونَة [نصرانية]	icon
أَيِّل ، أَيَّل ، إِيْل (حيوان)	stag, deer
أَيْلُول : سبتمبر	September
إِيماء ، إِيماءَة	sture; sign, signal
إِيمان	lief, faith
أَيْمَن (كَجِهَة)	ht-hand, right
أَيْمَن : ضِدّ أَعْسَر	ht-handed
أَيْنَ	ere? in what place?
إِلى أَيْنَ	ere to? where?
أَيْنَما	erever, no matter where, ywhere
أَيْنَعَ : نَضِجَ	ripen, mellow
أَيُّها ، يا أَيُّها	oh

ب

بِـ : حَرْفُ جَرّ — in, at, on; with; by, by means of, through
بِلاَ، بِدُونِ — without; excluding
بِما أَنَّ — since, as, because, whereas
بِما فِيهِ — including, inclusive
بِاللهِ — by God
بائِد — extinct, dead; past, bygone
بائِس — miserable, wretched, poor
بائِع — seller, vendor; dealer
بائِع (في مَتْجَرٍ) — salesman
بائِنَة : دُوطَة — dowry, dower, dot
باب (المَدْخَل) — door, gate
باب (مِنْ كِتاب) — section, chapter
باب : صِنْف — category, class, grade; type, sort, kind
باب : مَوْضُوع — subject, topic
مِنْ بابِ كَذا — out of, by way of, as
بُؤْبُؤ (العَيْنِ) — pupil of the eye
بابا : الحَبْرُ الأَعْظَم — pope; the Pope
بابا : أَب — daddy, dad, papa, pa
بابا نُويل — Santa Claus

بابُونَج (نبات) — chamomile, camomile
باتَ : أَقامَ لَيْلاً — to spend or pass the night; to stay overnight
باتَ : صارَ — to become; to be
باتّ : حاسِم — categorical, absolute, decisive, conclusive, final
باج (لَوْن) — beige, ecru, light tan
باحَ بِالسِّرِّ — to reveal, disclose, divulge
باحَة — courtyard; square, plaza
باحَثَ — to discuss with, talk with
باحِث — scholar, researcher
باخَ : بَهِتَ لَوْنُهُ — to fade, dim, bleach
باخِرَة — steamer, (steam)ship
بادَ — to perish, pass away, be extinct
بادٍ (البادِي) : ظاهِر — apparent, visible
بادِىء — initiator, originator, beginner, starter; creator, maker
بادِىءَ ذِي بَدْءٍ — first, first of all, in the first place, to begin with
في بادِىءِ الأَمْرِ، بادِىءَ الأَمْرِ — at first, in the beginning
بادَرَ (إلى) — to take the initiative, take

action; to set out to; to hurry to

بادِرَة sign, indication; prospect; gesture; initiative, step, move, action

بادَلَ : بَدَّلَ to exchange (for)

بادَلَ (عَمَلاً بِمِثْلِهِ) to reciprocate

بادِيَة desert; semidesert; steppe

باذِنْجان (نبات) eggplant, aubergine

بَأَّرَ : مَرْكَزَ to focalize, focus

بارَ العَمَلُ to be futile, unfruitful

بارَتِ البِضاعَةُ to be unsalable

بار : حانَة bar, barroom, pub, tavern

بارّ : وَفِيّ pious, dutiful, devoted

بِئْر well

بارَى : نافَسَ to compete with, rival

بُؤْرَة focus; center; pit

بارِجَة battleship, warship; gunboat

البارِحَة : أَمْس yesterday

بارِد : ضِدّ حارّ cold, cool, chilly

بارَزَ to duel (with), fence with, fight (with), combat

بارِز prominent, conspicuous, noticeable, striking, outstanding, notable, distinguished; major, leading; protruding

بارِع skilled, proficient, clever, ingenious; masterly, subtle, superior

بارَكَ to bless; to congratulate

بارُود gunpowder

بارُودَة : بُنْدُقِيَّة ifle, carbine, gun

بَأْز، باز، بازٍ (طائر) alcon, hawk

بازِلاّ، بازِلّى (نبات) ea(s), green ea(s), sweet pea(s)

باسَ : قَبَّلَ o kiss

بَأْس : شَجاعَة ourage, bravery

بَأْس : قُوَّة trength, power, might

بَأْس : خَوْف ear, dread, terror

بَأْس : ضَرَر arm, hurt, damage

لا بَأْسَ t's all right! it's OK!

لا بَأْسَ بِهِ ot bad, average, fair

بُؤْس nisery, wretchedness

بِئْسَ كَذا vhat a bad..! how bad..!

باسِل rave, bold, courageous

باشَرَ : تَوَلّى، بَدَأَ o undertake, assume, carry out; to begin, start, set to

باشَق، باشِق (طائر) parrow hawk

باص : أُوتوبوس us, autobus

باضَ (الحَيَوانُ أو الطّائِرُ) o lay eggs

باطِل : لاغٍ ull, void, invalid

باطِل : بِلا جَدْوَى utile, vain, useless

باطِل : كاذِب alse, untrue

باطِل : كَذِب alsehood, falsity

باطِن nterior, inside; bottom

باطِنِيّ nternal; interior, inner

باطون : إسْمَنْت oncrete, cement

باعَ : ضِدّ اشْتَرَى o sell

باعِث : دافِع، سَبَب ncentive, motive,

inducement; cause, reason
باعَدَ to separate, isolate, set apart
باغَتَ - راجع بَغَتَ
باقٍ (الباقي) : مُسْتَمِرّ remaining, staying; lasting, continuing; everlasting
باقٍ : فاضِل، فَضْلَة remaining, left, left over; remainder, rest
باقٍ : رَصِيد remainder; balance
باقة bouquet, nosegay; bunch
باكِر : مُبَكِّر early, premature
باكِراً early (in the morning)
باكِرة، باكُورة firstfruits; firstling
بالَ : بَوَّلَ to urinate, make water
بال : خاطِر، فِكْر mind; thought
بال : اِهْتِمام attention; care; concern
غابَ عن بالِهِ to forget, neglect
ما بالُكَ؟ what's the matter with you? what's wrong? what's up?
مُرْتاحُ البال tranquil, at ease
مَشْغُولُ البال worried, concerned, anxious, ill at ease, uneasy
بالٍ (البالي) old, worn, shabby, ragged; obsolete, old-fashioned
بالَى بِـ to care for; to pay attention to
بالَة : حُزْمَة bundle, bale; parcel
بالْطو coat, overcoat, topcoat
بالَغَ في to exaggerate, overdo
بالِغ : راشِد of age, (legally) major; pubescent; adult, grown-up
بالِغ : بَلِيغ، شَدِيد - راجع بَلِيغ

بالُوعَة sink, drain, cesspool; gutter
بالُون balloon
بالِيه (رَقْص، مُوسِيقَى، فِرْقَة) ballet
بامِيا، بامِيَة (نبات) okra, gumbo
بانَ : ظَهَرَ to appear, come out, come into view, show, be visible
بانَ عن : فارَقَ - راجع بايَنَ
بانٍ (الباني) builder; mason
بانْيُو bathtub, tub
باهَى (بِـ) - راجع تَباهَى (بِـ)
باهِت pale, pallid, wan, faded, dull, faint, dim, lusterless, lifeless
باهِر dazzling, brilliant, splendid
باهِظ exorbitant, excessive
بايْسبُول baseball; softball
بايَعَ to pledge allegiance to; to inaugurate, install
بايَنَ : فارَقَ to leave, part with, desert
بايَنَ : ناقَضَ to contradict
بَبْر (حيوان) tiger
بَبَّغاء (طائر) parrot
بَتَّ : قَطَعَ to cut off, sever
بَتَّ : قَرَّرَ to decide, determine
بَتاتاً، أَلْبَتَّةَ absolutely; absolutely not, never, not at all, by no means
بَتَرَ : قَطَعَ to cut off; to amputate
بِتْرُوكِيميائِيّ petrochemical
بِتْرُول، بِتْرُولِيّ petroleum, oil
بَتُول : عَذْراء virgin, maiden

بَثَّ to spread, disseminate, diffuse
بَثَّ (بالرَّاديُو) to broadcast
بَثْرَة pimple, pustule, blister, vesicle
بَجَع، بَجَعَة : طائِرٌ مائِيّ pelican
بَجَّلَ to revere, dignify, glorify
بَحَّ to be hoarse, harsh, husky
بَحَّاث، بَحَّاثَة researcher, research worker; scholar
بَحَّار sailor, seaman, mariner
بَحَّارَة (السَّفِينَة) crew (of a ship)
بُحْبُوحَة affluence, opulence
بَحْت pure, sheer, mere; plain
بَحَثَ (عن) : فَتَّشَ to search for, look for, seek, hunt for, fish for
بَحَثَ : دَرَسَ to discuss; to consider, look into; to study, examine, treat
بَحْث (عن) : تَفْتِيش search(ing) for, looking for, seeking, hunt(ing)
بَحْث : دِرَاسَة research, research work; study; treatise, paper
بَحْر : خِلافُ البَرّ sea
بَحْرَة : بِرْكَة pond; pool
بَحْرِيّ : خاصٌّ بالبَحْر marine; maritime; naval; nautical; sea
بَحْرِيّ : بَحَّار ـ راجع بَحَّار
بَحْرِيَّة navy
بَحْص pebbles, little stones; gravel
بُحَيْرَة lake
بَخَّاخ، بَخَّاخَة spray, sprayer, spray can; atomizer; sprinkler

بُخَار vapor; steam; fume
بُخَارُ الماء water vapor
بُخَارِيّ steam; steamy; vaporous
بَخْت luck, fortune
بَخَّرَ : حَوَّلَ إلى بُخار to vaporize, evaporate, volatilize
بَخَّرَ : عَرَّضَ لِلْبُخار to steam, fume
بَخَّرَ : طَيَّبَ بِالبَخُور to incense, cense
بَخْس very low; too little; cheap
بَخْشِيش : حُلْوان tip, gratuity
بَخُلَ، بَخِلَ to be stingy, miserly
بَخِلَ عليه to stint, scant, skimp
بُخْل stinginess, niggardliness, miserliness, avarice, parsimony
بَخُور incense; frankincense
بَخِيل (صفة) stingy, niggardly, miserly, closefisted, penny-pinching
بَخِيل (اسم) miser, niggard
بُدّ escape; alternative, choice
لا بُدَّ مِنْهُ it is inevitable; it is necessary, indispensable
لا بُدَّ لِي I must, should, have to
بَدَأَ الشَّيْءَ أو الشَّيْءُ to begin, start, commence, originate
بَدَا : ظَهَرَ to appear, show, be(come) visible; to seem, look
بَدْء beginning, start, outset, rise
بِدائِيّ primitive, primeval
بَدَانَة obesity, corpulence, fatness
بِدَايَة ـ راجع بَدْء

to scatter, disperse, dispel بَدَّد : شَتَّت
to waste, squander بَدَّد : بَذَّر
full moon بَدْر : قَمَرٌ كامِل
to change, alter, vary; to exchange (for); to replace (by or with), substitute (for) بَدَّلَ، بَدَلَ
consideration; substitute; allowance; rate; fee, charge بَدَل : مُقابِل
بَدَل : بَدِيل ـ راجع بَدِيل
instead of, in place of, in lieu of, as a substitute for بَدَل، بَدَلاً مِنْ
suit; costume; uniform بَدْلَة : بِزّة
body بَدَن : جِسْم
bodily, physical بَدَنِيّ
nomads, Bedouins بَدْو : سُكّانُ البادِيَة
without; excluding بِدُونِ : بِلا
Bedouin, nomad; nomadic بَدَوِيّ
wonderful, marvelous, splendid, superb, gorgeous بَدِيع : رائع
substitute, replacement, standby; spare بَدِيل : بَدَل
fat, obese, overweight, stout بَدِين
self-evident, obvious بَدِيهِيّ
to spend lavishly بَذَخ (في الإنْفاق)
to sow, seed بَذَر : بَزَر
to waste, squander بَذَّر : بَعْزَق
seed; pip, pit, stone بِذْرَة : بِزْرَة
to give, grant; to sacrifice بَذَل
to make every effort, do one's best, do one's utmost بَذَل جُهْدَهُ

suit; costume; uniform بِذْلَة، بَذْلَة
obscene, dirty, vulgar, filthy بَذِيء
to keep, fulfill بَرَّ (في وَعْدِهِ)
land بَرّ : يابِسَة
charity, philanthropy بِرّ : إحْسان
piety, devotion بِرّ : إخْلاص
to recover, get well بَرِئَ : شُفِيَ
to sharpen, point بَرَى الشَّيْءَ
to acquit or clear (from) بَرَّأَ (مِنْ)
innocence, guiltlessness بَراءَة
patent (on an invention) بَراءَةُ اخْتِراع
pencil sharpener بَرّاءَة (أَقْلام)
refrigerator, icebox بَرّاد : ثَلّاجَة
excrement, feces, stool بِراز : غائِط
skill, proficiency, craft بَراعَة
shining, sparkling, bright بَرّاق
pencil sharpener بَرّايَة (أَقْلام)
Berber بَرْبَرِيّ : واحِدُ البَرْبَر
barbaric, barbarous, barbarian, savage بَرْبَرِيّ : هَمَجِيّ
orange بُرْتُقال، بُرْتُقالِيّ
claw, talon بُرْثُن (ج بَراثِن)
tower; castle بُرْج : حِصْن، قَصْر
sign (of the zodiac) بُرْج (فَلَكِيّ)
bourgeois بُرْجُوازِيّ
pachisi بِرْجِيس (لعبة)
to leave, depart from بَرِح : غادَر

ما بَرِحَ قَوِيًّا he is still strong

بَرَدَ : صارَ بارِدًا to be or become cold; to cool (off, down)

بَرَدَ : شَعَرَ بِالْبَرْد to feel cold

بَرَدَ (بِمِبْرَد) : بَشَرَ to file, rasp

بَرَّدَ : جَعَلَهُ بارِداً to cool, chill, make cold; to refrigerate

بَرَّدَ : كَيَّفَ الهَواء to air-condition

بَرَد : حَبُّ الغَمام hail, hailstones

بَرْد cold(ness), coolness, chilliness

بُرْد : ثَوْب garment, gown

بُرْدايَة : سِتارَة curtain; blind(s)

بَرْدِيّ (نبات) papyrus

بَرَّرَ to justify, warrant

بَرَزَ : ظَهَرَ to appear, come out, show, arise; to be prominent, outstanding; to protrude, jut out

بَرَزَ (في) : بَرَعَ to excel (in)

بَرْزَخ [جغرافيا] isthmus

بِرْسِيم (نبات) clover, trefoil

بِرْشانَة (طِبِّيَّة) cachet, capsule

بِرِشْت (بَيْض) soft-boiled (eggs)

بَرَص (مرض) leprosy

بَرْطَلَ : رَشا to bribe, buy off, corrupt

بِرْطِيل : رَشْوَة bribe; hush money

بَرَعَ (في) to excel (in); to be skilled

بُرْعُم bud, burgeon, sprout, shoot

بَرْغَش (مفردها بَرْغَشَة) mosquito(es)

بُرْغُوث (حشرة) flea

بُرْغِيّ، بِرْغِيّ : لَوْلَب screw

بَرَقَ to flash, sparkle, shine, beam

بَرَقَتِ السَّماءُ it lightened, there was lightning

بَرْق : وَمِيضُ السَّحاب lightning

بَرْق : تِلِغْراف telegraph

بَرْقُوق (نبات) plum, bullace

بَرْقِيَّة telegram, cable, wire

بَرَكَ to kneel down, lie down

بِرْكار : بِيكار compass(es), dividers

بُرْكان : جَبَلُ نار volcano

بَرَكَة blessing; prosperity; good

بِرْكَة pond; (swimming) pool

بَرْلَمان : مَجْلِسٌ نِيابِيّ parliament

بَرَم : سَأَم boredom, ennui, tedium

بَرْمائِيّ amphibious; amphibian

بَرْمَجَ to program

بَرْمَجَة programming

بِرْمِيل barrel; cask, keg; tun, butt

بَرْنامَج program; plan; schedule

بُرْنُس burnoose; bathrobe

بُرْنَيْطَة : قُبَّعَة hat

بُرْهان : دَلِيل proof, evidence

بُرْهَة while; moment, instant

بَرْهَنَ to prove, show, demonstrate

بِرْواز : إطار frame

بُرُوتِسْتانْتِيّ Protestant

بُرُودَة cold(ness), coolness

bronze برُونْز، برُونْزِيّ
terrestrial, land بَرِّيّ : ضِدّ بَحْرِيّ
wild بَرِّيّ (مِنَ الحَيَوانِ والنَّبَاتِ)
innocent, not guilty بَرِيء : غَيْرُ مُذْنِب
mail, post بَرِيد
airmail بَرِيدٌ جَوِّيّ
postal, mail بَرِيدِيّ
plug; outlet; socket بَرِيز (كَهْرَبائيّ)
shine, luster, gloss, sheen; بَرِيق : لَمَعان
glitter, brightness, radiance
to surpass, excel, outdo بَزّ : فاق
snail; slug بَزَّاقَة (ج بَزَّاق)
uniform; suit; costume; dress بِزَّة
to sow, seed بَزَر : بَذَر
seed; pip, pit, stone بِزْرَة : نَوَاة
to rise (sun, etc.) بَزَغ : طَلَع
carpet, rug, drugget بِسَاط : سَجَّادَة
simplicity, plainness; naiveté بَسَاطَة
courage, bravery, valor بَسَالَة
garden; orchard, grove بُسْتان
gardener; orchardist بُسْتانِيّ
spades بَسْتُونِيّ (في وَرَقِ اللَّعِب)
to spread (out), stretch out, بَسَطَ : مَدَّ
extend; to unfold, open
to set forth, pre- بَسَطَ : عَرَض، شَرَح
sent, lay open, explain
to please, delight بَسَطَ : سَرَّ
to simplify, make simple; to بَسَّطَ
facilitate, make easy

bicycle بِسِكْلِيت : دَرَّاجَة
biscuit بِسْكَوِيت، بَسْكُوت
بِسِلَّى، بِسِلَّة ـ راجع بازِلاً
smile بَسْمَة : اِبْتِسامَة
simple, plain بَسِيط : عادِيّ
slight, little, minor بَسِيط : طَفِيف
naive, simple, artless بَسِيط : ساذَج
the earth, the world البَسِيطَة
بِشارَة : بُشْرَى ـ راجع بُشْرَى
happy mien, cheerfulness بَشَاشَة
ugliness, unsightliness بَشَاعَة : قُبْح
to grate; to rasp; to scrape بَشَرَ : قَشَرَ
off, shave off; to peel, skin
to bring good news to; to pre- بَشَّرَ بِـ
sage, augur, foreshadow, herald
to preach, propagate بَشَّرَ بِمَذْهَب
human being, human بَشَر : إنسان
people, human beings بَشَر : ناس
joy; cheerfulness, gaiety بِشْر
good news; good omen بُشْرَى
(outer) skin, complexion بَشَرَة
human بَشَرِيّ : إنسانِيّ
humanity, mankind, people بَشَرِيَّة
to uglify, make ugly, distort بَشَّعَ
ugly, unsightly, hideous بَشِع
towel بَشْكِير : مِنْشَفَة
loquat بَشْمَلَة : أكِي دُنْيا (نبات)
smiling, cheerful, bright- بَشُوش

faced, good-humored

بَشِير bringer of good news; herald, forerunner, harbinger; presage

بَصَّار : عَرَّاف fortune-teller

بُصَاق spit, spittle, saliva

بَصُرَ بِـ، بَصِرَ بِـ : رأى to see

بَصَّرَ : فتح البَخْتَ to tell fortunes

بَصَر : نَظَر vision, (eye)sight

بَصَرِيّ optic(al), visual, ocular

بَصَقَ to spit

بَصْقَة spit

بَصَل (نبات) onion(s)

بَصَمَ : دَمَغ to (im)print, impress

بَصْمَة : دَمْغَة (im)print, impression

بَصْمَةُ الإصْبَع fingerprint

بَصِير : غَيْرُ ضَرِير endowed with eyesight

بَصِير : فَطِن discerning, perceptive, shrewd; knowing, familiar (with)

بَصِيرَة insight, discernment, sagacity

بَصِيص glow, glitter, shine, glisten

بَصِيصٌ مِن الأَمَل glimpse of hope, gleam of hope, ray of hope

بِضَاعَة (ج بَضَائِع) goods, merchandise, commodities, articles

بَضَعَ to incise; to cut open

بِضع، بِضعَة some, a few, several

بَطّ : طائِرٌ مائِيّ duck(s)

بَطُؤَ : كانَ بَطيئاً to be slow; to slow, go slowly; to lag, linger, tarry

بَطَّأَ : أَخَّرَ to slow down, slow up, decelerate, delay

بُطْء slowness; slowdown, lag

بِبُطْء slowly, slow, leisurely

بَطَارِخ، بِطَارِخ ـ راجع بَطْرَخ

بَطَّارِيَّة (كَهْرَبائِيَّة، عَسْكَرِيَّة) battery

بَطَّارِيَّة : مِشْعَلٌ صَغِير flashlight, searchlight

بَطَّاش strong, violent; destructive

بَطَاطَا، بَطَاطِس (نبات) potato(es)

بَطَاطا حُلْوَة sweet potato, yam

بِطَاقَة card; ticket; label; tag

بِطَاقَة بَرِيدِيَّة postcard

بِطَاقَةُ مُعايَدَةٍ أو تَهْنِئَة greeting card

بِطَاقَةُ هُوِيَّة ID card, identity card, identification card

بَطَّال unemployed, jobless, idle

بَطَالَة، بِطَالَة unemployment

بِطَانَة (الثَّوْبِ) lining (of a garment)

بَطَّانِيَّة : حِرَام blanket, cover

بَطَّة : طائِرٌ مائِيّ duck

بَطَّة (السَّاقِ) calf (of the leg)

بَطَحَ to prostrate; to throw down, fell; to flatten, level (off)

بَطِرَ to be ungrateful, arrogant

بَطَر ingratitude, arrogance

بَطْرَخ (السَّمَكِ) roe (of fish); spawn

بَطْرِيَرْك patriarch

بَطْرِيَرْكِيَّة patriarchate
بِطْرِيق : طائِرٌ مائِيّ penguin
بَطَشَ بِـ to assault; to destroy
بَطْش violence; force; assault
بَطَلَ : صارَ لاغِياً to be null and void, invalid, cancelled; to be obsolete
بَطَل hero; champion; star
بَطَلُ العالَم world champion
بَطَلَة heroine; (woman) champion; (female) star
بَطَّنَ to line; to fill, pad
بَطْن : خِلافُ الظَّهْر abdomen, belly
بِطْنَة : نَهَم gluttony, gourmandism
بُطُولَة heroism; championship
بُطُولِيّ heroic, heroical
بَطِيء slow; slow-moving, tardy
بِطِّيخ، بِطِّيخ أَحْمَر (نبات) watermelon
بِطِّيخ أَصْفَر : شَمَّام muskmelon, cantaloupe, (sweet) melon
بُعْبُع bugaboo, bugbear, bogey, bogeyman, hobgoblin
بَعَثَ : أَرْسَلَ، أَوْفَدَ to send, dispatch; to delegate, mission
بَعَثَ على to prompt, incite, stimulate, inspire, cause
بَعَثَ مِنَ المَوْت to resurrect
بَعْثَة، بِعْثَة mission, delegation
بَعْثَةٌ مَدْرَسِيَّةٌ أو دِراسِيَّة group of exchange students

بَعْثَرَ to disarrange, mess up, disorder; to scatter (about), disperse
بَعَجَ to dent, indent, notch
بَعُدَ ـ راجع اِبْتَعَدَ
بَعَّدَ ـ راجع أَبْعَدَ
بَعْدَ after, following, subsequent to
بَعْدَ ذَلِكَ، فِيمَا بَعْدُ afterwards, subsequently, after that; later on
بَعْدَ الظُّهْر in the afternoon, after noon
بَعْدَ المِيلاد، بَعْدَ المَسِيح A.D., after Christ
بَعْدُ : حَتَّى الآنَ yet, still; until now, so far, to date, up to now
بُعْد : ضِدّ قُرْب remoteness, farness
بُعْد (ج أَبْعاد) dimension
بَعْدَئِذٍ ـ راجع بَعْدَ ذَلِكَ
بَعْدَمَا after
بَعْر، بَعَر dung, droppings
بَعْزَقَ to waste, squander, dissipate
بَعْض some (of), a few (of); a little (of); certain; one; part
بَعْضَ الشَّيْء somewhat, a little
بَعْضُهُم بَعْضاً one another, each other
بَعْل : زَوْج husband, spouse
بَعُوض، بَعُوضَة mosquito(es)
بَعِيد far, distant, remote, faraway
بُعَيْدَ shortly after, soon after
بَعِير : جَمَل (حيوان) camel

بَغى : اِبْتَغى - راجع اِبْتَغى
بَغى : ظَلَم — to wrong, oppress
بَغَتَ — to come unexpectedly upon; to surprise, take by surprise, shock
بَغْتَةً — unexpectedly, suddenly
بَغَضَ : كَرِهَ — to hate, detest, loathe
بُغْض، بَغْضاء — hatred, hate, aversion, detestation, abhorrence
بَغْل (حيوان) — mule
بُغْيَة — wish, desire; aim, purpose
بُغْيَةَ : لِكَيْ — for, in order to, to
بَغِيض — hateful, detestable, odious
بَقّال — grocer, greengrocer
بِقالَة — grocery, grocery business
بَقَّة (حشرة) — bug
بَقْدُونَس (نبات) — parsley
بَقَر، بَقَرَة (حيوان) — cow(s); cattle
بَقَرِيّ — bovine, cow, cattle
لَحْمٌ بَقَرِيّ — beef
بَقْشِيش — tip, gratuity, baksheesh
بُقْعَة : لَطْخَة — spot, stain, blot, blotch
بُقْعَة : مَكان — spot, place; area, lot
بَقْل، بُقُول — legume(s); herb(s)
بَقِيَ — to remain, stay; to be left over; to last, continue
بَقِيَّة — remainder, rest; remnant, residue, leftover
بَكى — to cry, weep, shed tears
بَكّى : جَعَلَهُ يَبْكِي — to make cry or weep

بُكًى، بُكاء — crying, weeping
بَكالُورِيا — baccalaureate
بَكْتِيرِيا — bacteria
بَكَرَ، بَكَّرَ — to get up early; to come early (to), be early (at)
بِكْر : مَوْلُودٌ أَوَّل — firstborn; eldest
بَكَرَة [ميكانيكا] — pulley; reel
بَكَّلَ — to buckle, clasp, fasten; to button up
بُكْلَة — buckle, clasp, fastener
بَكَم — dumbness, muteness
بُكُورَة، بُكُورِيَّة — primogeniture
بَلَّ : بَلَّلَ، نَدّى - راجع بَلَّلَ
بَلَّ : شُفِيَ - راجع أَبَلَّ
بَلْ — rather; even; but, yet
بَلا - راجع اِبْتَلى
بَلى : نَعَم — yes! indeed! certainly!
بِلا : بِدُونِ — without; excluding
بَلاء : بَلْوى — ordeal; misfortune, disaster, catastrophe; evil, scourge
أَبْلى بَلاءً حَسَناً - راجع أَبْلى
بَلاتِين (عنصر) — platinum
بِلاد - راجع بَلَد
بَلادَة — dullness, stupidity, silliness; slowness, laziness
بْلاسْتِيك — plastic(s)
بَلاط، بَلاطَة — flagstone(s), flag(s), floor tile(s), slab(s)
بَلاط (مَلَكِيّ) — (royal) palace

بَلَّاط : مُبَلِّط paver, pavior
بَلَّاعَة ـ راجع بالوعَة
بَلاغ communiqué, bulletin; statement, announcement, notice
بَلاغَة eloquence; rhetoric
بُلْبُل (طائر) nightingale, bulbul
بُلْبُل (لُعْبَة) (spinning) top
بَلْبَلَة confusion, chaos, mess
بَلَح (نبات) (unripe) dates
بَلَد country; homeland
بَلْدَة town; city; village
بَلَدِيّ native, local, domestic; municipal; provincial
بَلَدِيَّة municipality
بَلْسَم balm, balsam
بَلَشُون (طائر) heron
بَلَّطَ to pave (with flagstones), slab
بَلْطَة : فَأْس ax, hatchet
بَلَعَ to swallow, gulp (down)
بُلْعوم [تشريح] pharynx
بَلَغَ to reach, arrive at, get to
بَلَغَ (الغُلامُ) to attain puberty
بَلَغَ (المِقْدارُ) كَذا to amount to, add up to, make, reach, total
بَلَّغَ ـ راجع أَبْلَغ
بَلْكون balcony; veranda
بَلَّلَ to moisten, wet, bedew; to dabble, drench, sprinkle, sparge
بَلْوَى ـ راجع بَلاء

بَلْوَرَ to crystallize
بَلُّور، بِلَّوْر، بَلُّورَة، بِلَّوْرَة crystal
بُلُوز، بُلُوزَة blouse
بَلُّوط (شجر وخشبه) oak
بُلُوغ : وُصُول reaching, arrival
بُلُوغ، سِنُّ البُلُوغ puberty, (sexual) maturity; (legal) majority
بَلِيَ to be old, worn, ragged; to wear (out), frazzle; to decay, rot
بُلِيَ بِـ ـ راجع اِبْتُلِيَ بِـ (اِبْتَلَى)
بِلْياتْشُو clown, buffoon, harlequin
بِلْيار، بِلْيارْد (لعبة) billiards; pool
بَلِيَّة : بَلاء، بَلْوَى ـ راجع بَلاء
بِلْيَة : كُلَّة marble, taw
بَلِيد dull, stupid; sluggish, lazy, inactive; slow, slow-motion
بَلِيغ : فَصِيح eloquent; fluent
بَلِيغ : شَدِيد serious; intense, deep, strong; keen, acute, sharp, great
بَلْيُون billion; milliard
بِمَا أَنَّ، بِمَا فِيهِ ـ راجع بِـ
بِمَثَابَة ـ راجع مَثَابَة
بُنّ coffee; coffee beans
بَنَى to build, construct, set up, put up; to build up, establish, create
بَنَّاء : بانٍ mason; builder
بَنَّاء : إيجابِيّ constructive, positive
بِناء : تَشْيِيد building, construction
بِناء : بِنَايَة ـ راجع بِنَايَة

بِنَاءً على on the basis of, on the ground(s) of, pursuant to, according to, in accordance with
بَنَادُورَة (نبات) tomato(es)
بَنَان (مفردها بَنَانَة) fingertips
بِنَايَة building, structure, edifice
بِنْت girl; daughter (of someone)
بِنت (في وَرَقِ اللَّعِب) queen
بِنْتُ الأخِ أو الأُخْت niece
بِنْتُ العمِّ أو الخالِ أو العَمَّةِ إلخ cousin
بَنْج : مُخَدِّر anesthetic
بَنْجَر : شَمَنْدَر (نبات) red beet, beet
بَنْد : مادّة clause, article, term
بَنْدَر : مَرْفَأ (sea)port, harbor, haven
بُنْدُق (نبات) hazelnut(s)
بُنْدُقِيَّة rifle, gun, shotgun
بَنْدُورَة (نبات) tomato(es)
بِنْزِين gasoline, gas, petrol, benzine; benzene
بَنْسِيُون pension(e), motel, inn
بِنْصِر ring finger
بَنْطَلُون ، بِنْطال trousers, pants
بِنغ بُونْغ table tennis, ping-pong
بَنَفْسَج ، بَنَفْسَجِيّ violet
بَنْك : مَصْرِف bank
بُنُوَّة sonship, filiation
بُنَيَّ ، يا بُنَيَّ my little son
بُنِّي (لون) brown
بُنْيان building
بِنْيَة structure, setup, makeup, constitution, construction
بَهاء beauty; splendor; brilliance
بَهار pepper; spice
بَهِتَ (اللَّوْنُ) to fade, dim, faint, pale
بَهْجَة : فَرَح joy, delight, happiness
بَهَرَ (البَصَرَ) to dazzle, daze, blind
بَهَّر to pepper, spice, season
بَهْرَج to adorn, embellish, ornament; to overdecorate
بَهْلَوان acrobat, tumbler
بُهْلُول jester, fool, clown, buffoon
بَهْو lobby; hall; parlor
بَهِيّ beautiful, pretty; splendid, gorgeous; brilliant, bright
بَهِيج : مَسْرُور happy, glad, joyful
بَهِيج : سارّ delightful, pleasant, happy, gladdening, cheerful
بَهِيمَة : حَيَوان beast, animal, brute
بَوَّاب doorkeeper, gatekeeper, concierge, janitor; doorman; porter
بَوَّابَة : بابٌ كَبِير gate, portal
بِوَاسِطَة ـ راجع واسِطَة
بَوَّبَ to classify, categorize, group
بُوتَاسيُوم [كيمياء] potassium
بُوتَقَة crucible, melting pot
بُوجِيه (spark) plug
بُودْرَة : ذَرُور powder

بُور	fallow, uncultivated, wild
أرْض بُور	wasteland, fallow land
بُورجوازِيّ	bourgeois
بُورصَة	stock exchange, stock market
بُورِيّ : سمك	mullet, gray mullet
بُوسَة : قُبْلَة	kiss
بُوسْطَة : باص	bus, autobus
بُوسْطَة : بَرِيد	mail, post
بُوصَة : إنْش	inch
بُوصْلَة : حُكّ	compass
بُوظَة : حَلْوى مُثَلَّجَة	ice cream
بُوفِيه	buffet, sideboard, credenza
بُوق	horn, trumpet, bugle, cornet
بَوَّلَ	to urinate, make water
بَوْل	urine
بُولِنْغ (لعبة)	bowling
بُولِيس : شُرْطَة	police, policemen
(رَجُل) بُولِيس	policeman, officer
بُولِيسِيّ	police; detective
رِوايَة بُولِيسِيَّة	detective story
كَلْب بُولِيسِيّ	police dog
بُولِيصَة (تأمين)	(insurance) policy
بُولِينْغ (لعبة)	bowling
بُوم، بُومَة (طائر)	owl
بُونْبُون	drops, candy, bonbon
بُويا	paint; shoe polish
بِيئَة	environment, milieu, ambience

بَياض : ضِدّ سَواد	whiteness, white
بَياض : فَراغ	blank, (empty) space
بَياض البَيْض	albumen, white (of egg)
على بَياض	blank, unmarked
بَيّاع - راجع بائع	
بَيان : تَصْريح	statement, declaration, announcement; bulletin; report
بَيان : لائِحَة	index; list, catalog
بَيان : بَلاغَة	eloquence, good style
بَيان : إظْهار - راجع تَبْيين	
بَيانات	data, information, facts
بِيانو (آلَة مُوسِيقِيَّة)	piano
بَيانِيّ : إيضاحِيّ	illustrative
رَسْم بَيانِيّ	graph, chart, diagram
بَيَّتَ (خِطَّةً)	to contrive; to hatch, premeditate, harbor, conceal
بَيَّتَ : أَباتَ	to lodge, put up for the night
بَيْت	house, home, apartment, residence, domicile, place, abode
بَيْت الخَلاء	toilet, W.C., bathroom, men's room, ladies' room
البَيْت الحَرام	the Kaaba
بَيْت شِعْر	verse, line
بَيْتِيّ	domestic, house, home
بِيج (لَوْن)	beige, ecru, light tan
بِيجاما، بيجامة	pajamas, pajama
بَيْداء	desert; wilderness, wild

بَيْدَ أنَّ but, yet, still, nevertheless, on the other hand
بَيْدَر threshing floor
بَيْدَق (الشِّطْرَنْج) pawn (in chess)
بِيرَة : جِعَة beer
بَيْرَق : عَلَم flag, banner, standard
بِيسْبُول baseball; softball
بَيَّضَ to whiten, make white(r)
بَيَّضَ المَقَالَ to make a fair copy of
بَيْض، بَيْضَة egg(s)
بَيْضاوِيّ، بَيْضَوِيّ oval, elliptical
بَيْطار : عامِلٌ يُنْعِلُ الخَيْلَ farrier
بَيْطَرِيّ veterinary
طَبِيبٌ بَيْطَرِيّ veterinarian
بَيْع sale, selling, vendition
لِلْبَيْعِ، بِرَسْمِ البَيْع for sale, on sale
بَيْعَة : مُبايَعَة pledge of allegiance
بَيْعَة : عَمَلِيَّةُ بَيْعٍ sale; commercial transaction, business deal
بِيكَار compass(es), dividers
بَيْلَسَان (شجر) elder, balm
بِيمَارِسْتان lunatic asylum, insane asylum, mental hospital
بَيَّنَ : أَظْهَرَ to show, demonstrate; to reveal; to clarify, make clear; to explain, illustrate; to indicate
بَيِّن : ظاهِر clear, plain, distinct, manifest, evident, obvious, visible
بَيْنَ between; among
بَيْنَ بَيْنَ medium, middling, mediocre, not bad, so-so
بَيْنَما : أَثْناءَ while, as, during
بَيْنَما : في حِين (أنَّ) while, whereas
بَيِّنَة : إِثْبات، دَلِيل evidence, proof
بِينْغ بُونْغ table tennis, ping-pong
بَيُولُوجِيّ : أَحْيائِيّ biologic(al)
بَيُولُوجيا : عِلْمُ الأَحْياء biology

ت

تـ : حَرْفُ جَرٍّ لِلْقَسَم — by

تَاللهِ — by God

تائِب — repentant, repenting

تابَ (عن) — to repent

تابَ اللهُ عَلَيْهِ — to forgive, pardon

تابَعَ : واصَلَ — to continue, go on; to continue to do, keep doing, keep on (doing), keep (up); to resume

تابَعَ : تَبِعَ ، لاحَقَ — to follow; to pursue, follow up

تابَعَ : راقَبَ — to watch, observe, see

تابِع : تالٍ — following, succeeding

تابِع : إِضافِيّ — accessory, auxiliary, supplementary, subsidiary

تابِع : مَرْؤُوس — subordinate, inferior; under someone; servant

تابِع : نَصِير — follower, partisan

تابِعِيَّة — nationality, citizenship

تابِل (ج تَوابِل) — spice; seasoning

تابوت (المَيِّت) — coffin, casket

تَأْتَأَ : فَأْفَأَ — to stammer, stutter

تَأَتَّى عَنْ : أَدَّى إِلى — to result in, end in

تَأَثَّرَ (بِـ) — to be affected, influenced; to be moved, touched, impressed

تَأْثِير — effect, influence; impact

تاج (المَلِكِ إلخ) — crown

تاجَرَ (بِـ) — to trade (in), deal (in)

تاجِر — merchant, dealer, trader

تَأَجَّلَ — to be postponed, put off

تَأْجِيل — postponement, deferment

تَأَخَّرَ — to be late; to be delayed

تَأَخُّر — delay, retardation, staying behind; backwardness

تاخَمَ — to border on, adjoin, touch

تَأْخِير — delay(ing), postponement

تُؤَدَة — deliberateness, slowness

تَأْدِيب — education, refinement; discipline, disciplining, (disciplinary) punishment

تَأْدِيبِيّ — disciplinary; punitive

تارَةً : أَحْياناً — sometimes, at times

تَأَرْجَحَ — to rock, swing, sway, fluctuate, oscillate, seesaw

تارِيخ — history; date; time

تارِيخِيّ historical, historic

تآزَرَ to help one another; to cooperate, collaborate

تأسَّسَ to be founded, established

تاسِع ، التاسِع (the) ninth

تأسَّفَ to regret; to feel or be sorry (for)

تأشِيرَة : فِيزا visa

تأفَّفَ to grumble, complain, grouch

تافِه insignificant, inconsiderable, worthless; tasteless, insipid, bland, dull; silly, absurd

تاقَ (إلى) to long for, yearn for; to desire; to aspire to

تأقْلَمَ to adapt (oneself), adjust (oneself), acclimatize

تأكَّدَ الأمْرُ to be confirmed, proven

تأكَّدَ مِنَ الأمْر to be sure of, certain of; to make sure of, check, verify

تاكْسِي taxi, taxicab, cab

تآكَلَ to corrode, erode, wear away; to be eaten away, corroded

تأكِيد confirmation, affirmation, assertion

تأكِيد (على) stress, emphasis

بِالتأكِيد certainly, of course, definitely, sure(ly), for sure

تالٍ (التالِي) following, next, coming, subsequent; later, future

بِالتالِي consequently, hence, thus, therefore, so, as a result

كَالتالِي as follows

تألَّبَ على to conspire or plot against

تآلَفَ ـ راجع إئتَلَفَ

تألَّفَ to be formed, set up, established, created, constituted

تألَّفَ مِنْ to consist of, be composed of, be made up of

تألَّقَ : لَمَعَ to shine, radiate, flash, beam, glitter, glisten

تألَّمَ to feel pain, suffer (pain)

تألِيف formation, forming, establishment, establishing, setting up

تألِيف (الكُتُبِ) composition, writing, compilation

تألِيف (فُلانٍ) : بِقَلَم by, written by

تامّ complete, full, whole, total, perfect; completed, finished

تآمَرَ to plot, conspire, scheme

تأمَّلَ (في) : تَمَعَّنَ to look attentively at, scrutinize

تأمَّلَ (في) : فَكَّرَ to contemplate, meditate (on), reflect on

تأمَّلَ : أمَلَ ـ راجع أمَلَ

تأمِيم nationalization

تأمِين : ضَمان insurance, assurance

تأمِين : ضَمانَة ، كَفالَة security, surety, collateral, guarantee

تأمِين : تَحْقِيق securing, ensuring, guaranteeing, procuring

تأنٍّ (التأنِّي) slowness, deliberateness; patience; carefulness, care

بِتأنٍّ slowly; carefully

تأنّى to act slowly, take one's time; to be patient, deliberate, careful
تأنيب reproach, rebuke, reprimand, reproof, scolding
تاهَ : ضَلَّ to lose one's way, get lost, go astray, stray, wander
تاه : تكبَّر to be proud, arrogant
تأهّبَ to get ready, be on the alert
تأهّلَ : تزوَّجَ to marry, get married
تأهيل : إعْداد rehabilitation, habilitation, adaptation, preparation
تأهيل : ترْحيب welcoming, welcome
تأييد support(ing), backing (up); endorsement, approval, sanction
تباحثَ to discuss, hold talks, confer
تباخلَ - راجع بَخُلَ، بَخِلَ
تبادرَ (إلى الذهن) to occur to, come to (or cross) someone's mind
تبادلَ to exchange, interchange, reciprocate; to barter, trade, swap
تبادَلَ : تناوبَ to alternate, rotate
تبادُل exchange, interchange; barter, swap, trade, trade-off; alternation, rotation
تبارى to compete, vie, contest
تباركَ : بُورِكَ to be blessed
تباطأ to be slow; to slown (down); to loiter, linger, tarry
تِباعاً successively
تباعَدَ to separate, be separate(d); to diverge, draw apart
تباهى (بـ) to boast of, brag of, be proud of; to flaunt, show off
تبايَنَ to differ, vary, be different
تبايُن difference, discrepancy; contrast; inconsistency
تبجّحَ to boast, brag, vaunt
تبحّرَ في to study thoroughly
تبخترَ to strut, swagger, prance
تبخّرَ to evaporate, vaporize
تبدّى : بَدَا - راجع بَدَا
تبدّلَ to change; to be changed, altered; to be exchanged, replaced
تبْديل change, changing; replacement, exchange, substitution
تبْذير wasting, squandering; dissipation, waste(fulness), prodigality
تِبْر gold-ore, raw gold
تبرّأَ مِن to disavow, disown
تبرّجَ (تِ المرْأةُ) to adorn herself; to make up, use cosmetics
تبرّزَ : تغوّطَ to excrete, defecate
تبرّعَ (بـ) : أعْطى to contribute, donate, grant, give
تبرّعَ (بـ) : تطوّعَ to volunteer
تبرُّع contribution; donation, grant; gift, present; volunteering
تبرّمَ (بـ أو مِنْ) to be fed up (with), bored (with), tired (of), weary (of)

تَبْرِيد cooling, chilling; refrigeration; air conditioning
تَبْرِير justification, vindication
تَبَسَّمَ: اِبْتَسَمَ to smile
تَبْسِيط simplification; facilitation
تَبَشَّعَ to be(come) ugly, unsightly
تَبْشِير (بِمَذْهَب إلخ) preaching
تَبَصَّرَ (في): تأمَّل to reflect (on), contemplate, meditate (on)
تَبْصِير fortune-telling, divination
تَبَضَّعَ to shop, buy, purchase
تَبَطَّحَ ـ راجع اِنْبَطَحَ
تَبَطَّلَ to be idle; to be unemployed
تَبِعَ to follow; to pursue
تَبِعَ بِـ: الحَقَّ ـ راجع أَتْبَعَ بِـ
تَبَعاً لِـ، تِبْعاً لِـ pursuant to, in accordance with; due to, owing to
تَبَعْثَرَ to be disarranged, overturned, scattered (about), dispersed
تَبَعِيَّة: خُضوع subordination, dependence, subjection
تَبْغ، تَبَغ، تِبْغ tobacco
تَبَقَّى ـ راجع بَقِيَ
تَبَّلَ to spice, season
تَبَلْبَلَ to be confused, disturbed, perturbed, muddled, jumbled
تَبَلَّلَ to become wet; to be wetted, moistened, drenched
تَبَلْوَرَ to crystallize

تَبَنٍّ (التَّبَنِّي) adoption
تِبْن straw, hay, haulm
تَبَنَّى (وَلَداً أو فِكْرَةً) to adopt
تَبَوَّأَ to hold; to assume or take power; to ascend (the throne)
تَبَوَّلَ to urinate, make water
تِبْيان، تِبْيان ـ راجع تَبْيِين
تَبَيَّنَ (الأمْرُ): ظَهَرَ ـ راجع بانَ
تَبَيَّنَ (الأمْرَ): تَثَبَّتَ مِنْ to check, verify; to ascertain; to know, perceive
تَبْيِين: إظْهار showing, demonstration; revelation; illustration
تَتابَعَ، تَتالَى to follow or succeed one another; to continue
تَتابُع، تَتالٍ (التَّتالِي) succession, sequence; continuity, continuance
بِالتَّتابُع، بِالتَّتالِي successively, one after the other, continuously
تَتَبَّعَ: تَبِعَ to follow (up), pursue
تَتَبَّعَ: راقَبَ to watch, observe, see
تَتِمَّة continuation; supplement; end, conclusion, close, completion
تَثاءَبَ to yawn
تَثاؤُب yawning, yawn
تَثَبَّتَ مِنْ to make sure of, check, verify; to ascertain
تَثَلَّجَ to freeze, frost, ice (up); to be frozen, frosted, iced, icy
تَجادَلَ to argue, debate, dispute
تِجارَة commerce, trade, business

تِجَارِيّ commercial, mercantile, trading, trade, business
تَجَاسَر to dare, venture; to be bold
تَجَاعِيد wrinkles, furrows, lines
تَجَانَسَ to be homogeneous, identical, similar, alike, analogous
تَجَانُس homogeneity, identity, similarity, analogy, consistency
تُجَاهَ، تِجَاهَ facing, opposite (to), in front of, face to face with
تَجَاهَلَ: أَهْمَلَ to ignore, disregard, pay no attention to
تَجَاهَلَ: تَظاهَرَ بالجَهْل to feign ignorance, pretend to be ignorant
تَجَاوَبَ (مع) to respond (to), react (to); to have a positive reaction (to), be favorable (to)
تَجَاوُب response, reaction
تَجَاوَزَ: تَخَطَّى to pass, go past; to go beyond, exceed; to go too far
تَجَاوَزَ: تَغَلَّبَ على to overcome, surmount, get over, get past
تَجْبِير orthopedics, bonesetting
تَجَدَّدَ to be renewed; to be renovated, modernized, updated
تَجَدُّد، تَجْدِيد renewal; renovation, rejuvenation; modernization
تَجَرَّأَ - راجع جَرُؤَ
تَجْرِبَة: اِخْتِبار experiment; test, trial; rehearsal, probation
تَجْرِبَة: خِبْرَة experience; practice
تَجَرُّد: ضِدّ تَحَيُّز impartiality
تَجَرَّعَ to drink, swallow, gulp
تَجْرِيب trial, trying, testing; experimenting, experimentation
تَجْرِيبِيّ experimental; trial
تَجَزَّأَ to be divided, partitioned, split; to break up, divide
لا يَتَجَزَّأ indivisible
تَجَسَّدَ to materialize, take form or shape, be embodied
تَجَسَّسَ (على) to spy (on), snoop (on)
تَجَسُّس spying, espionage
تَجْسِيد embodiment, incorporation, incarnation, materialization
تَجَشَّأَ to belch, burp, eruct(ate)
تَجَشَّمَ to suffer, undergo, bear
تَجَعَّدَ to curl, frizzle; to wrinkle; to crease, crinkle, crumple, pucker
تَجَلَّى to be clear, plain, manifest; to manifest itself, reveal itself
تَجْلِيد: تَجْمِيد freezing, icing, glaciation, gelation, frosting
تَجْلِيد (الكُتُب) (book)binding
تَجَمَّدَ to freeze, frost; to be frozen, frosted; to solidify, congeal
تَجَمَّعَ to gather, assemble, meet; to crowd, rally; to accumulate
تَجَمُّع: حَشْد crowd, throng, gathering, assembly, rally, mass meeting
تَجَمُّع: جَمَاعَة، كُتْلَة group, team, body; clique, bloc, faction, front; pool

تَجَمْهَرَ to gather, assemble, crowd (together), band together, rally

تَجْمِيد freezing, freeze, frosting

تَجْمِيل beautification; making up

مُسْتَحضَرَاتُ تَجْمِيل cosmetics, make-up, maquillage

تَجْمِيلِيّ cosmetic, beautifying

تَجَنَّبَ to avoid, shun; to avert, ward off; to keep away from

تَجْنِيد recruitment, enlistment, draft

تَجْهِيز preparation, preparing; equipment, equipping, furnishing

تَجْهِيزات equipment(s), supplies, furnishings, fittings, outfit

تَجَوَّلَ to wander about, go about, rove, roam, cruise, tour, travel

تَجَوُّل، تَجْوال travel(ing), cruising, roving, wandering (about)

مَنْعُ التَجَوُّل، حَظْرُ التَجَوُّل curfew

تَجْوِيف: فَتْحَة hollow, cavity, pit, hole; aperture, opening; socket

تَحابَّ to love one another

تَحادَثَ to converse, talk (to one another); to discuss

تَحارَبَ to fight (one another)

تَحاسَبَ to settle a mutual account

تَحاشَى to avoid, shun; to avert, keep away from, guard against

تَحاكَمَ: تَقاضَى to sue one another

تَحالَفَ (مع) to ally (with)

تَحالُف alliance, confederacy

تَحامَى to avoid; to guard against, protect oneself from

تَحامَلَ على to discriminate against, be prejudiced against

تَحاوَرَ to dialogue, have a dialogue, hold a conversation, talk (to one another), speak

تَحايَلَ - راجع اِحْتالَ

تَحَبَّبَ إلى to show love or affection to, endear oneself to; to court

تَحْتَ، تَحْتُ under; below, beneath, underneath; down; downstairs

تَحْتَ التَّجْرِبَة on probation; on trial; being tested or tried

تَحْتَ تَصَرُّفِهِ أو أَمْرِهِ at his disposal, at his service, at his command, at his orders

تَحْتَ رَحْمَةِ كَذا at the mercy of

تَحْتَ رِعايَةِ كَذا under the auspices or patronage of, sponsored by

تَحْتَ الطَّلَب on order; on demand

تَحْتانِيّ lower, low, at the bottom

مَلابِس تَحْتانِيَة underwear

تَحَتَّمَ: وَجَبَ to be necessary, obligatory, mandatory, indispensable

يَتَحَتَّمُ عَلَيْهِ أَنْ he has to, he should, he must, it is his duty to

تَحْتِيّ - راجع تَحْتانِيّ

تَحَجَّبَ to veil oneself, put on a veil

تَحَجَّجَ بِـ: تَذَرَّعَ - راجع اِحْتَجَّ بِـ

تَحَجَّرَ to petrify, turn into stone
تَحَدٍّ (التَّحَدِّي) challenge, defiance
تَحَدَّى to challenge, defy
تَحَدَّثَ to speak, talk
تَحَدُّث speaking, talking; conversation, talk, discourse
تَحَدَّرَ مِن to descend (from)
تَحْدِيث : تَجْدِيد modernization, updating, bringing up to date
تَحْدِيد : تَعْرِيف definition
تَحْدِيد : تَقْيِيد limitation, restriction, confinement; control
تَحْذِير warning, caution(ing)
تَحَرٍّ (التَّحَرِّي) (عن) investigation, examination, inspection, inquiry
تَحَرٍّ، رَجُلُ التَّحَرِّي detective, secret agent; investigator; inspector
تَحَرَّى (عن) to investigate, examine, inspect, look into, inquire into
تَحَرَّرَ to be free(d), liberated
تَحَرُّر freedom, liberty, unrestraint; liberation
تَحَرَّشَ بـ (لِغَايَةٍ جِنْسِيَّةٍ) to molest, make improper advances to; to make passes on
تَحَرَّشَ بـ (بِقَصْدِ الشِّجَار) to pick a quarrel with, provoke
تَحَرَّكَ to move; to take action
تَحَرُّك motion, movement, moving; move, action
تَحْرِير : جَعْلُهُ حُرًّا liberation, liberating, freeing, setting free
تَحْرِير : كِتَابَة editing; writing, composition, compilation, drafting
تَحَزَّبَ لِـ to side with, take sides with; to support, back (up), champion
تَحَسَّرَ (على) to bemoan, deplore, lament, regret, sigh for
تَحَسَّنَ to improve, ameliorate, become or get better
تَحَسُّن، تَحْسِين improvement
تَحَصَّنَ to be fortified, protected; to fortify oneself; to strengthen one's position, protect oneself
تَحْصِيل collection, collecting
تَحْصِيلٌ عِلْمِيّ learning, education, scholarship
تَحْصِين fortification
تَحَضُّر : تَمَدُّن civilization
تَحْضِير preparation, preparing, making ready; making
تَحْضِيرِيّ preparatory, preliminary
تَحَطَّمَ to break (into pieces), smash, crash; to be or get broken, shattered, smashed, destroyed
تَحَطَّمَتِ السَّفِينَةُ to be wrecked
تَحَطَّمَتِ الطَّائِرَةُ to crash
تُحْفَة : رَائِعَة masterpiece, masterwork, chef d'oeuvre; gem, rarity
تَحَفَّزَ to get ready
تَحَفَّظَ (عن أو مِن) to have or make reservations; to be cautious of

تَحَفُّظ reserve, reservation; self-restraint; caution
تَحَقَّقَ الأمْرُ: ثَبَتَ to materialize, come true; to be realized, achieved
تَحَقَّقَ الأمْرَ أو مِنْهُ: تَأَكَّدَ مِنْ to make sure of, check, verify
تَحْقِير degradation, humiliation, debasement; insult; contempt
تَحْقِيق: تَنْفِيذ، تَأْمِين realization, carrying out, achievement, accomplishment, attainment; securing, ensuring, procuring
تَحْقِيق: بَحْث، إسْتِجْواب inquiry, examination, investigation; interrogation, hearing
تَحَكَّمَ (في) to control, command; to dominate, govern, rule, sway
تَحَكُّم control, command; sway
تَحَكُّم مِنْ بُعْد remote control
تَحْكِيم arbitration
تَحَلَّى to adorn oneself; to be beautified, adorned, embellished
تَحَلَّى بِـ to be distinguished by, marked by, characterized by
تَحَلَّبَ to ooze, seep, exude, drip
تَحَلَّقَ (حَوْلَ) to gather in a circle (around), surround, encircle
تَحَلَّلَ مِنْ to disengage (oneself) from, release oneself from
تَحْلِيل: رَدُّ الشَّيْءِ إلى عَناصِرِه analysis, analyzation; dissolution
تَحْلِيل نَفْسِيّ psychoanalysis

تَحْلِيلِيّ analytic(al)
تَحَمَّسَ to be enthusiastic, eager; to show enthusiasm, get excited
تَحَمَّلَ: أَطاقَ to bear, stand, endure, tolerate, sustain, stomach
تَحَمَّلَ: تَوَلَّى to assume, bear, carry
تَحَمُّل: إحْتِمال endurance, toleration, bearing, standing; stamina
تَحَمْحَمَ ـ راجع إسْتَحَمَّ
تَحْمِيلَة [طب] suppository
تَحَنَّنَ على ـ راجع حَنَّ على
تَحْنِيط (الجُثَث) embalmment, mummification
تَحْنيط (الحَيَوَاناتِ أو الطُّيُور) stuffing, taxidermy
تَحَوَّطَ: إحْتاطَ ـ راجع إحْتاطَ
تَحَوَّلَ to change, shift, transform; to turn (into), become; to be changed, altered, shifted, switched, converted, transformed
تَحَوُّل change, transformation; shift, transition, switch, turn
تَحْوِيل change, conversion, transformation; transfer(ence)
تَحِيَّة greeting, salutation, salute; cheer, welcome
تَحِيَّات compliments, greetings, regards, respects, best wishes
تَحَيَّرَ to be confused, puzzled, perplexed, bewildered, baffled, at one's wit's end; to hesitate, waver

تَحَيَّزَ لِـ أو إلى — to side with, take sides with, be partial to, have a bias for

تَحَيُّز — partiality, one-sidedness, bias, prejudice, favoritism

تَخابَرَ — to communicate with each other, call one another

تَخاذَلَ — to fail, weaken, languish

تَخاصَمَ — to quarrel, dispute, fight

تَخاطَبَ — to converse, talk or speak to one another, have a talk

تَخالَطَ — to intermix, intermingle

تَخَبَّأَ ـ راجع إخْتَبَأَ

تَخْت : سَرير — bed; bedstead

تَخْتٌ مُوسِيقِيّ — orchestra, band

تَخَثَّرَ — to coagulate, clot; to curdle, curd; to congeal, solidify

تَخْدِير — anesthetization

تَخَرَّبَ — to be ruined, destroyed, devastated, wrecked, damaged

تَخَرَّجَ — to graduate (from)

تَخَرُّج ، تَخْرِيج — graduation

حَفْلَةُ تَخَرُّج — commencement, graduation (exercises)

تَخْرِيب — destruction, ruining, wrecking; sabotage; subversion

تَخْزِين ـ راجع خَزْن

تَخَشَّبَ — to lignify; to stiffen

تَخْشِيبَة — wooden shed; hut, cottage

تَخَصَّصَ ـ راجع إخْتَصَّ بِـ أو في

تَخَصُّص ـ راجع إخْتِصاص

تَخَطَّى — to overstep, go beyond; to exceed, surpass, transcend; to pass, go past, overtake, outdistance

تَخْطِيط : وَضْعُ الخِطَط — planning

تَخْطِيط : خِطَّة ـ راجع خِطَّة

تَخْطِيطُ القَلْب — cardiography

تَخَفَّى — to disguise oneself, be disguised; to hide (oneself), conceal oneself

تَخْفِيض — reduction, lowering, decrease, decreasing, cut, cutbak

تَخَلَّى عن : تَنازَلَ عن — to abandon, give up, relinquish, surrender, waive

تَخَلَّى عن : خَذَلَ — to desert (in time of need), abandon, let down

تَخَلَّصَ مِنْ — to get rid of, do away with; to discard; to escape from

تَخَلَّعَ ـ راجع إنْخَلَعَ

تَخَلَّفَ (عن) — to lag, stay behind, fall behind; to fail to

تَخَلَّفَ عَنِ الحُضور — to be absent, fail to attend, absent oneself

تَخَلَّفَ عَنِ الدَّفْع — to default, fail to pay on time, be in arrears

تَخَلُّف : تأَخُّر — lag, retardation, staying behind; failure to

تَخَلُّفٌ عَنِ الدَّفْع — default

تَخَلُّف (حَضارِيّ) — underdevelopment, backwardness

تَخَلُّفٌ عَقْلِيّ — mental retardation; moronity, idiocy, imbecility

تَخَلَّلَ : تَوَسَّطَ — to intervene, interpose,

lie or occur (in) between
تَخْلِيد perpetuation, eternization
تَخْلِيدُ ذِكْرَى commemoration
تَخْلِيص salvation, rescue, rescuing, saving; liberation, freeing
تَخْم، تُخْم boundary, frontier, border, borderline; edge, end
تُخْمَة indigestion; surfeit, satiety
تَخَمَّرَ : إِخْتَمَرَ to ferment
تَخَنُّث effeminacy, womanishness, femininity, unmanliness
تَخَوَّفَ، تَخَوُّف ـ راجع خافَ، خَوْف
تَخْوِيف frightening, scaring, intimidation, alarming, terrifying
تَخَيَّلَ : تَصَوَّرَ to imagine, conceive, envisage, visualize; to suppose
تَخَيُّل imagination, imagining
تَدَاخَلَ to overlap; to interpenetrate; to interlock, intertwine, mesh
تَدَارَكَ : أَصْلَحَ to correct, remedy, rectify; to repair, redress, make up for
تَدَارَكَ : تَفَادَى to prevent, obviate; to avert, avoid; to guard against
تَدَاعَى : تَقَلْقَلَ to totter, falter
تَدَاعَى : إِنْهَارَ to collapse, fall in
تَدَاوَى to be treated; to receive or undergo medical treatment
تَدَاوَلَ : تَبَاحَثَ to confer, deliberate, discuss, study, consider
تَدَاوَلَ: تَنَاقَلَ to circulate, put into circulation, pass around; to use
تَدَاوَلَ : تَعَاقَبَ to alternate, rotate
تَدَاوُل : رَوَاج circulation, currency
تَدَاوُل : تَعَاقُب alternation, rotation
تَدَبَّرَ : تَأَمَّلَ to reflect on, ponder on
تَدَبَّرَ : دَبَّرَ to manage, work (out); to wangle; to get; to take care of
تَدْبِير : إِعْداد arrangement, planning, designing, devising, contriving
تَدْبِير : حُصُولٌ على procurement, securing, getting; wangling
تَدْبِير : إِجْراء measure, step, move
تَدَحْرَجَ to roll
تَدَخَّلَ في to intervene in, step in; to interfere in or with, meddle in, intrude upon, nose into
تَدَخُّل intervention; interference, meddling, intrusion, obtrusion
تَدْخِين (سِيجَارَةٍ إلخ) smoking
تَدَرَّبَ to practice, exercise, take exercise, drill (oneself), train
تَدَرَّجَ (الى) : تَقَدَّمَ to advance step by step (to); to progress by steps
تَدَرَّجَ : تَمَرَّنَ to train, be trained
تَدْرُج، تُدْرُج (طائر) pheasant
تَدَرَّعَ to armor oneself
تَدْرِيب training, drill(ing), exercise, practice, rehearsal
تَدْرِيجِي gradual, step-by-step
تَدْرِيجِيًّا gradually, step by step, by steps, by degrees, bit by bit
تَدْرِيس teaching, instruction

تَدَفَّأَ to warm oneself
تَدْفِئَة heating, warming (up)
تَدَفَّقَ to flow (out), stream, well out, gush forth, pour out, break out
تَدْقِيق scrutiny, careful examination; checking (out), verification
تَدْقِيقُ الحِسَابات audit, auditing
تَدَلَّى to hang (down), dangle, be suspended; to sink (down), sag, droop
تَدَلَّل : تَغَنَّجَ to coquet, flirt
تَدْلِيك massage; rubdown
تَدَمَّرَ to be destroyed, ruined, wrecked, razed, devastated, ravaged
تَدْمِير destruction, ruining, wrecking, ravage; sabotage; subversion
تَدَنَّى to drop, fall, decline, go down; to be low, poor, bad, inferior
تَدَهْوَرَ : وقع to fall, tumble; to crash
تَدَهْوَرَ : اِنْحَطَّ to deteriorate, decline, degenerate, fall, slump
تَدَيَّنَ : اِسْتَدَانَ ـ راجع اِسْتَدَانَ
تَدَيَّنَ بِدِينٍ ـ راجع دانَ
تَذَاكَرَ to confer, deliberate, discuss
تَذَبْذَبَ to oscillate, vibrate, swing
تَذَرَّعَ بِـ to use as an excuse or pretext; to plead, claim, allege
تَذْكَار souvenir, keepsake, token
تَذْكَارِي memorial
تَذَكَّرَ to remember, recall, recollect

تَذْكِرَة : شَيْءٌ يُذَكِّر reminder
تَذْكِرَة : بِطَاقَة ticket, card
تَذْكِرَةُ هُوِيَّة identity card, identification card, ID card
تَذَلَّلَ (لِـ) to humble or lower oneself (before), cringe (before)
تَذَمَّرَ to complain, nag, grumble
تَذَوَّقَ to taste; to savor, relish
تُرَى، يا (هَلْ) تُرَى I wonder
تَرَاءَى لَهُ to appear to, seem to; to imagine, think, suppose
تُرَاب earth, dust; soil, ground
تُرَابَة cement
تَرَابَطَ to be correlated, connected, linked, attached, joined, united
تُرَاث heritage, tradition, legacy
تَرَاجَعَ : اِرْتَدَّ to retreat, withdraw, fall back; to deteriorate, decline, ebb
تَرَاجَعَ (عن) : سَحَبَ to retract, recant, withdraw, take back
تَرَاخَى to slacken, droop, sag, flag
تَرَأَّسَ ـ راجع رَأَسَ
تَرَاسَلَ to correspond, write (to) each other, exchange letters
تَرَاشَقَ (بِـ) to pelt one another (with), throw at one another
تَرَافَقَ to be friends, companions; to accompany one another; to be joined, coupled, associated
تَرَاقَصَ ـ راجع تَرَقَّصَ
تَرَاكَمَ to accumulate, pile up; to be

accumulated, piled up, amassed
تُرَام، تِرَامْوَاي tramway; streetcar, tram
تِرَانْزِسْتُور transistor
تَرَاوَحَ to range (from... to), vary (between)
تِرْب (ج أَتْرَاب) contemporary; contemporaneous; friend; peer
تُرْبَة : تُرَاب ـ راجع تُرَاب
تُرْبَة : مَقْبَرَة cemetery, graveyard
تَرَبَّصَ بِـ to lurk, lie in wait for, ambush, waylay; to wait for
تَرَبَّعَ to sit cross-legged
تَرْبَوِيّ educational
تَرْبِيَة : تَثْقِيف education
تَرْبِيَة : تَنْشِئَة upbringing, bringing up, raising, rearing
تَرْبِيَةُ الحَيَوَانَاتِ إلخ breeding, raising, growing
تَرْبِيَةٌ بَدَنِيَّة physical education
تَرْبِيَةٌ مَدَنِيَّةٌ أو وَطَنِيَّة civics
تَرَبِيزَة ـ راجع طَرَبِيزَة
تَرْبِيعَة : مُرَبَّع square, checker
تَرْبِيعِيّ quadratic, square
تَرَتَّبَ : رُتِّبَ to be arranged, arrayed, organized, put in order
تَرَتَّبَ عليه : نَتَجَ عنه to result from, follow from, be caused by
تَرَتَّبَ عليه : وَجَبَ عليه he has to, he should, he must
تَرْتِيب : تَنْظِيم arrangement, arranging, arraying, putting in order
تَرْتِيب : نِظَام order, arrangement, array, tidiness, neatness
تَرْتِيب : رُتْبَة، مَرْتَبَة ـ راجع رُتْبَة
تَرْتِيبَات arrangements, measures
تَرْتِيلَة hymn, psalm, song, chant
تَرَجَّى ـ راجع رَجَا
تَرَجَّلَ : نَزَلَ to dismount, disembark, get down, get off, get out (of)
تَرْجَمَ to translate; to interpret
تُرْجُمَان : مُتَرْجِم translator; interpreter
تُرْجُمَان (سِيَاحِيّ) (tourist) guide
تَرْجَمَة translation
تَرَح : حُزْن grief, sadness, sorrow
تَرَحَّلَ : تَنَقَّلَ to migrate, wander, roam, rove, range; to travel
تَرَحَّمَ على to ask God to have mercy upon
تَرْحِيب، تَرْحَاب welcome, welcoming; hospitable reception
تَرْخِيص : رُخْصَة ـ راجع رُخْصَة
تَرْخِيص : تَخْفِيضُ السِّعْر price reduction, price cut
تَرَدَّى to fall, sink, decline, lapse
تَرْدَاد : تَكْرَار repetition, reiteration
تَرَدَّدَ : تَحَيَّرَ to hesitate, waver
تَرَدَّدَ (الصَّوْتُ) : دَوَّى to reverberate, resound, re(echo); to ring out
تَرَدَّدَ إلى مَكَان to go frequently to, visit often, haunt

تَرَدُّد : حَيْرَة hesitation, indecision, irresolution, wavering

تَرْدِيد ـ راجع تَرْداد

تَرْزِي : خَيَّاط tailor

تُرْس (المُحَارِب) shield

تِرْس : دُولاَبٌ مُسَنَّن gear, cogwheel

تَرْسَانَة (الأَسْلِحَة والذَّخَائِر) arsenal

تَرَسَّخ ـ راجع رَسَخ

تَرَشَّحَ : رَشَحَ ـ راجع رَشَحَ

تَرَشَّحَ : رَشَّحَ نَفْسَهُ ـ راجع رَشَّحَ نَفْسَهُ

تَرْشِيح (لِمَنْصِب، لانْتِخاب) nomination; candidacy, candidature

تَرْشِيد : عَقْلَنَة rationalization

تَرَصَّدَ لِـ to lie in wait for, lurk, ambush, waylay; to wait for

تُرْعَة : قَنَاة canal, watercourse, waterway, conduit, aqueduct

تَرَعْرَعَ to grow up; to develop

تُرْغُل، تِرْغَل (طائر) turtledove

تَرَف luxury, opulence, affluence

تَرَفَّعَ عن : تَنَزَّهَ عن to be far above, be too great for; to disdain

تَرَفَّعَ : رُقِّيَ to be promoted, raised, advanced, upgraded

تَرَفَّقَ بِـ ـ راجع رَفَقَ

تَرْفِيه amusement, entertainment, recreation, fun

تَرْفِيهِيّ amusing, entertaining

تَرَقَّى ـ راجع إِرْتَقَى

تَرَقَّبَ to expect, anticipate, look forward to; to wait for, await

تَرَقْرَقَ (تِ العَيْنُ بِالدُّمُوع) to fill or overflow with tears, water, tear

تَرَقْرَقَ : جَرَى to flow, run, stream

تَرَقَّصَ to dance; to oscillate, swing; to shake, tremble

تَرْقِيَة promotion, upgrading

تَرْقِيم numbering, numeration

تَرْقِيمُ الصَّفَحاتِ paging

تَرَكَ : هَجَرَ to leave; to quit; to give up, abandon, renounce; to desist from; to stop, discontinue

تَرَكَ : أَغْفَلَ to leave out, omit, neglect, overlook

تَرَكَهُ وشَأْنَهُ to leave alone, let alone, let go, release

تَرَكَّبَ مِنْ to be composed of, be made up of, consist of

تَرِكَة، تِرْكَة estate; inheritance, heritage, bequest, legacy

تَرَكَّزَ : تَكَثَّفَ to concentrate; to condense

تَرَكَّزَ على to center on, focus on

تَرَكَّزَ : إِسْتَقَرَّ to settle (down)

تَرْكِيب، تَرْكِيبَة : بِنْيَة structure, setup, constitution, composition, build

تَرْمَجان (طائر) ptarmigan

تُرْمُس (نبات) lupine

تَرَمَّلَ الرَّجُلُ to lose one's wife, become a widower

تَرَمَّلَتِ المَرْأَةُ to lose one's husband, become a widow
تِرْمُوس : كَظِيمَة thermos
تُرُنْجان (نبات) lemon balm
تَرَنَّحَ to stagger, reel, totter
تَرَنَّم ـ راجع رَنَّم
تَرْنِيمَة hymn, anthem, song, psalm
تُرَّهَة trifle, vanity; lie, falsehood, falsity; nonsense, balderdash
تَرَهَّلَ to be flabby, flaccid
تَرَوَّى (في) to deliberate, think over; to take one's time (in)
تَرْوِيج circulation, spreading; (sales) promotion; publicity
تَرْوِيقَة : طَعَامُ الصَّبَاح breakfast
تِرْيَاق antidote; panacea, cure-all
تَرَيَّثَ to take one's time, be patient
تَرَيَّضَ to do physical exercises
تريكو tricot
تَزَاحَمَ : تَنَافَس to compete, vie, rival
تَزَاحَمَ : اِحْتَشَدَ to crowd together
تَزَاحُم : تَنَافُس competition, rivalry
تَزَايَدَ : كَثُرَ ـ راجع زادَ
تَزَايُد : اِزْدِياد ـ راجع اِزْدِياد
تَزَحْزَحَ to budge, move
تَزَحْلَقَ to slide, glide, slip, skid; to ski; to skate
تَزَعْزَعَ to shake, totter, be shaken; to be shaky, precarious

تَزَعَّمَ to lead, run; to be the leader (chief, boss) of
تَزْكِيَة : تَوْصِيَة recommendation
بِالتَّزْكِيَة unopposed, uncontested
تَزَلَّجَ to ski; to skate; to sled, sledge, sleigh
تَزَلُّج skiing; skating
تَزَلَّفَ إلى to curry favor with, fawn on, bootlick; to adulate, cajole
تَزَمُّت strictness, rigor(ism), stringency; primness; puritanism
تَزَهُّد : زُهْد، تَنَسُّك asceticism
تَزَوَّجَ to get (be, become) married (with, to), marry, wed
تَزْوِير forgery, counterfeiting, falsification, rigging; piracy
تَزَيَّنَ to be adorned, decorated; to adorn oneself, spruce up
تَزْيِين adornment, ornamentation, decoration, décor
تَسَاءَلَ to ask (oneself), wonder
تَسَاؤُل question, inquiry
تَسَابَقَ to race, run; to compete
تَسَارَعَ to hurry, hasten; to quicken; to flow
تَسَاقَطَ to fall, fall down
تَسَاقَطَ الشَّعْرُ to fall out
تَسَامَحَ ، تَسَاهَلَ to tolerate; to be indulgent, tolerant, lenient
تَسَامُح ، تَسَاهُل indulgence, tolerance, leniency, lenity, clemency

تَسَاوٍ (التَّسَاوِي) equality
تَساوَى to be equal, even
تَسَبَّبَ في أو بِـ ـ راجع سَبَّبَ
تَسْبِيح (اللّٰهِ) glorification, praise, eulogy, extolment (of God)
تَسَتَّرَ to cover or hide oneself
تَسَتَّرَ على to harbor, shelter, hide
تَسْجِيل : تَقْيِيد registration, registry, registering, recording
تَسْجِيل (على شَرِيط) (tape) recording, taping
تَسْخِين heating, warming (up)
تَسْدِيد : دَفْع payment, settlement
تَسَرَّبَ to leak, seep, ooze, infiltrate, flow out, outflow
تَسَرَّعَ to be hasty, rash, precipitate; to do in a hurry
تَسْرِيحَة (شَعْرٍ) coiffure, hairdo, hairstyle
تَسَطَّحَ : صارَ مُسْتَوِياً to be levelled; to flatten, become flat
تَسَطَّحَ : إِسْتَلْقَى to lie down
تُسْع $(\frac{1}{9})$ one-ninth, ninth
تِسْعَة (٩) nine
تِسْعَةَ عَشَرَ (١٩) nineteen
تِسْعُونَ (٩٠) ninety
تَسْعِير pricing
تَسْعِيرَة tariff; quotation; price, rate
تَسَكَّعَ to loiter, idle, hang around, wander (about), tramp

تَسَلَّى to amuse oneself, have fun, have a good time
تَسَلَّحَ to arm oneself; to be armed
تَسَلُّح armament, rearmament
تَسَلْسَلَ : جَرَى to flow, run; to drip
تَسَلْسَلَ : تَتابَعَ to follow in succession; to form a series
تَسَلْسُل sequence, succession; order; hierarchy
تَسَلْسُلُ أَفْكار train of thought
تَسَلَّطَ على to dominate, control
تَسَلَّقَ to climb, scale, mount, go up
تَسَلَّلَ إلى to sneak into, slip into; to infiltrate, enter
تَسَلُّل infiltration; sneaking
تَسَلُّل (في كُرَةِ القَدَمِ) offside
تَسَلَّمَ to receive, get, take, collect; to take over, assume
تَسَلُّم ـ راجع إِسْتِلام
تَسْلِيَة amusement, entertainment, pastime, fun
تَسْلِيف credit; lending, loan
تَسْلِيم : تَقْدِيم handing over, turning in, presenting, delivery
تَسْلِيم : إِسْتِسْلام surrender
تَسْلِيم : قَبُول، رِضًى acceptance, approval; consent
تَسْلِيم : إِعْتِراف admission
تَسَمَّعَ إلى to listen to
تَسَمَّمَ to be poisoned, envenomed

تَسَمُّم poisoning, toxication
تَسْمِيَة : إِسْم ـ راجع إِسْم
تَسْمِيع (الدَّرْسِ) recitation, reciting
تَسَنَّى to be easy, possible, feasible
تَسَوَّسَ الطَّعَامُ to be worm-eaten
تَسَوَّسَ السِّنُّ to be carious, to decay
تَسَوُّسُ الأَسْنان (dental) caries, tooth decay, cariosity
تَسَوَّقَ : تَبَضَّعَ to shop, purchase, buy
تَسَوَّلَ : إِسْتَعْطَى to beg, ask for alms
تَسَوُّل begging, beggary
تَسْوِيَة : حَلّ settlement
تَسْوِيَة : حَلٌّ وَسَط compromise
تَسْوِيف procrastination, stalling
تَسْوِيق marketing
تَشَاءَمَ to be pessimistic
تَشَاؤُم pessimism
تَشَابَكَ to be interlaced, interlocked; to interlace, interlock
تَشَابَهَ to resemble each other; to be similar, alike; to be identical
تَشَابُه resemblance, similarity, likeness, analogy; identity
تَشَاجَرَ to quarrel, fight, hassle
تَشَارَطَ ـ راجع شارَطَ
تَشَارَكَ ـ راجع إِشْتَرَكَ
تَشَاوَرَ to deliberate, confer, consult, exchange views
تَشَبَّثَ بِـ to stick to, hold by, hang on to, persist in, be tenacious
تَشَبَّهَ بِـ to imitate, copy; to match
تَشَتَّتَ to scatter, disperse; to be scattered, dispersed, dispelled
تَشَجَّعَ to pluck up courage, take heart, make bold, be encouraged
تَشْجِيع encouragement
تَشْخِيص (المَرَضِ أو الحالَةِ) diagnosis
تَشَدَّدَ (في) to be strict, severe, tough, inflexible
تَشَرَّبَ to absorb, soak up
تَشَرَّدَ to tramp or wander (about); to be made homeless
تَشَرَّفَ (بِـ) to have the honor (to, of), be honored (with)
تَشْرِيح (عِلْمِيّ) anatomy
تَشْرِيع legislation
تَشْرِيعِيّ legislative
تِشْرِينُ الأَوَّل : أُكْتوبر October
تِشْرِينُ الثَّانِي : نُوفمبر November
تَشَعَّبَ to ramify, branch (out)
تَشَفَّعَ (لِـ أو بِـ) to intercede (for), mediate (for)
تَشَقَّقَ ـ راجع إِنْشَقَّ
تَشَقَّقَ الجِلْدُ to chap, crack open
تَشَقْلَبَ to somersault, tumble
تَشَكَّى ـ راجع شَكَا
تَشَكَّرَ ـ راجع شَكَرَ
تَشَكَّلَ to be formed, shaped; to be

established, set up
تَشَكَّلَ مِنْ to consist of, be made up of, be composed of
تَشْكِيلَة collection, variety, selection
تَشَمَّسَ to sun (oneself), bask
تَشَنُّج spasm, cramp, convulsion
تَشْهِير (بِـ) defamation, libel, slander
تَشَوَّشَ to be confused, mixed up, jumbled (up)
تَشَوَّقَ (إلى) ـ راجع إشْتاقَ
تَشْوِيق suspense; thrilling
تَشْوِيه deformation; deformity; distortion, perversion
تَشْيِيد building, construction
تَصاحَبَ، تَصادَقَ to be friends, companions, comrades
تَصادَمَ ـ راجع اصْطَدَمَ
تَصارَعَ to wrestle; to fight
تَصاعَدَ to rise, go up, ascend
تَصافَحَ to shake hands
تَصالَحَ to make up, make peace, become reconciled
تَصَبَّبَ to pour forth, flow, fall
تَصْحِيح correction, correcting
تَصْحِيح (طِباعِيّ) proofreading
تَصَدَّى لِـ : جابَهَ to confront, face, defy, oppose; to fight
تَصَدَّى لِـ : تَعَرَّضَ لِـ to set out to; to take up, turn to
تَصَدَّعَ to crack, split, cleave; to be cracked, split, cleft
تَصَدَّقَ (على) to give alms (to), give charity (to)
تَصْدِير exportation, export(ing)
تَصَرَّفَ : سَلَكَ to behave, act
تَصَرَّفَ في أو بِـ to dispose of
تَصَرُّف : سُلُوك behavior, conduct
تَصْرِيح : بَيان statement, declaration, announcement
تَصْرِيح : رُخْصَة permit, license
تَصَعَّدَ : زادَ حِدَّةً to escalate
تَصْغِير diminution, decrease, decreasing, reduction
تَصَفَّحَ (الكِتابَ) to skim (through), browse (through)
تَصْفِيَة : تَنْقِيَة purification, refinement; straining, filtering
تَصْفِيَة (الشَّرِكَةِ إلخ) dissolution; liquidation
تَصْفِيَةُ فَرِيقٍ رِياضِيٍّ elimination
تَصْفِيَة، بَيْعُ التَّصْفِيَة clearance, clearance sale, sale
تَصْفِيق (بِالأَيْدِي) applause, acclaim; hand clapping
تَصَلَّبَ ـ راجع صَلُبَ، صَلَّبَ
تَصَلَّبَ (في) : تَشَدَّدَ to be inflexible, adamant, intransigent
تَصَلُّب : عِناد inflexibility
تَصَلُّب : تَجَمُّد hardening
تَصْلِيح ـ راجع إصْلاح
تَصْمِيم : عَزْم determination

تَصْمِيم : وَضْعُ التَّصَامِيم design(ing), styling; planning, layout
تَصْمِيم : خِطَّة design, plan, layout, sketch, outline
تَصَنَّعَ : تَكَلَّفَ to affect, feign, simulate, fake, dissemble
تَصَنُّع : تَكَلُّف affectation, mannerism, artificiality, theatricality
تَصْنِيع industrialization
تَصْنِيف : تَبْوِيب classification
تَصَوَّرَ : تَخَيَّلَ to imagine, conceive, envisage; to think, suppose
تَصَوُّر : تَخَيُّل imagination, imagining
تَصَوُّر : مَفْهُوم conception, concept, notion, idea
عن (سابِق) تَصَوُّرٍ وتَصْمِيم on purpose, intentionally, deliberately
تَصَوُّف Sufism, mysticism
تَصْوِيب : تَصْحِيح correction
تَصْوِيت : اِقْتِراع voting, vote
تَصْوِير : رَسْم drawing, painting
تَصْوِير : وَصْف description, depiction, picturing, portrayal
تَصْوِيرٌ بالأَشِعَّة radiography
تَصْوِيرٌ زَيْتِيّ painting, oil painting
تَصْوِيرٌ سِينَمائِيّ filming, shooting
تَصْوِيرٌ فُوتُوغرافِيّ photography
تَصْوِير (المُسْتَنَداتِ) (photo)copying
تَصَيَّدَ ـ راجع صادَ
تَضاءَلَ to dwindle, diminish, decrease, drop off, fall
تَضارَبَ : تَشاجَرَ to fight, quarrel, strike one another
تَضارَبَ : تَعارَضَ to conflict, clash
تَضارُب : تَعارُض conflict, clash, inconsistency, contradiction
تَضارِيس (topographic) relief
تَضاعَفَ to double, be double(d); to multiply
تَضامُن solidarity; joint liability
تَضايَقَ to be annoyed, vexed, irritated, disturbed, upset
تَضْحِيَة sacrifice; sacrificing
تَضَخَّمَ to swell, distend, inflate
تَضَخُّم inflation, swell(ing)
تَضَرَّجَ بِالدَّم to be bloodstained
تَضَرَّرَ to be damaged, harmed, hurt; to suffer damage or loss
تَضَرَّعَ (إلى) to supplicate, pray humbly to (God), implore
تَضَعْضَعَ to decline, weaken
تَضَمَّنَ to contain, include, comprise, embody, cover, involve
تَضَيَّفَ : نَزَلَ ضَيْفاً ـ راجع ضافَ
تَطابَقَ (مع) to be identical; to correspond (with), coincide (with)
تَطايَرَ to scatter, disperse, fly (apart); to evaporate
تَطَبَّبَ to be treated medically
تَطْبِيق application, applying, implementation; carrying out; fol-

lowing, practicing

تَطْبِيقِيّ applied; practical

تطرَّفَ to go to extremes

تطرُّف extremism, excess(iveness)

تطرَّق إلى to touch on, treat, deal with, take up, go into

تطْرِيز embroidery

تطْعِيم : تَلْقِيح inoculation, vaccination, injection

تطفَّلَ (على) to intrude upon, interfere in; to sponge (on), parasitize

تطلَّبَ : اِسْتَلْزَمَ to require, call for, demand, need

تطلُّب : طَلَب - راجع طَلَب

تطلَّعَ إلى to look forward to, hope (for); to aspire to

تطوَّرَ to develop, evolve, advance

تطوُّر development, evolution

تطوَّعَ (بِـ) to volunteer

تَطوُّع volunteering, voluntariness

تطيَّرَ (بِـ أو مِنْ) to see an evil omen (in); to be pessimistic

تظاهَرَ بِـ : اِدَّعَى to pretend (to be), affect, feign, fake

تظاهَرَ : قامَ بِمُظاهَرَة to demonstrate

تظاهُرَة demonstration, manifestation

تظلَّمَ : شَكا to complain (of, about)

تَظْهِير (الأَفْلام) development, developing

تعادَلَ to be equal, even, balanced

تعادَلَ (في مُباراة) to tie

تَعادُل equality; balance

تَعادُل (في مُباراة) tie, draw

تَعارَضَ to conflict, clash; to be contradictory, inconsistent

تَعارُض conflict, clash, inconsistency, contradiction

تَعارَفَ to become acquainted

تَعارُف acquaintance

تَعاسَة misery, unhappiness, distress

تَعاطَى to take; to practice

تَعاطَفَ مع to sympathize with

تَعاظَمَ : اِشْتَدَّ to intensify, increase

تَعافَى to recover, get well

تَعاقَبَ to succeed or follow one another; to alternate, rotate

تَعاقُب succession, sequence; alternation, rotation

تَعاقَدَ to make a contract

تَعالَ come! come here! come on!

تَعالَى : اِرْتَفَعَ - راجع عَلا

تَعالَى عن to be or rise above

تَعالَجَ to be treated

تَعالِيم - راجع تَعْلِيم

تَعامَلَ to treat one another; to deal (with one another)

تَعامَلَ بِـ to deal in, trade in

تَعامُل dealing

تَعانَق to embrace each other
تَعاوَنَ to help one another; to cooperate, collaborate
تَعاوُن cooperation, collaboration
تَعاوُنِيّ cooperative
تَعاوُنِيَّة cooperative, co-op
تَعايَش to coexist
تَعِبَ to be tired, fatigued, exhausted; to work hard
تَعَب fatigue, tiredness, exhaustion
تَعِب، تَعْبان tired, exhausted
تَعْبِير (عن) expression, expressing
تَعْبير: عِبارَة expression, term
تَعْبِيرٌ اصْطِلاحِيّ idiom
تَعَثَّرَ to stumble, trip; to be hindered, meet with difficulties
تَعَجَّبَ مِنْ to wonder at; to be astonished at, amazed at, surprised at
تَعَجُّب astonishment, amazement, wonder, surprise
تَعَجْرَفَ to be haughty, arrogant
تَعَدَّى: تَجاوَزَ to exceed, transcend, surpass, go beyond
تَعَدَّى على - راجع اِعْتَدَى على
تَعْداد: عَدّ enumeration, listing
تَعْداد: إحْصاء statistics; poll
تَعْدادُ السُّكّانِ أو النُّفوس census
تَعَدَّدَ to be numerous, multiple
تَعَدُّد، تَعَدُّدِيَّة multiplicity, plurality, pluralism

تَعْدِيل modification, change, changing; amendment
تَعَذَّبَ to suffer; to be tortured
تَعَذَّرَ to be impossible
تَعْذِيب torture, torturing, tormenting
تَعَرَّى to undress, strip
تَعَرَّضَ لِـ: كانَ هَدَفًا لِـ to be exposed to, subject(ed) to; to come under; to meet
تَعَرَّضَ لِـ: جابَهَ to oppose, defy
تَعَرَّضَ لِـ: تَطَرَّقَ إلى to touch on, deal with, treat
تَعَرَّفَ بِهِ أو إليه to get acquainted with, meet, be introduced to; to identify
تَعَرُّف acquaintance (with), getting acquainted (with); identification
تَعْرِفَة: تَعْرِيفَة tariff
تَعْرِيب translation into Arabic
تَعْرِيشَة trellis(work); arbor
تَعْرِيف: تَحْدِيد definition
تَعْرِيف: إعْلام acquainting
تَعْرِيفَة: تَعْرِفَة tariff
تَعْزِيَة condolence, consolation
تَعَسَّرَ to be difficult, hard
تَعَسُّف arbitrariness; abusiver ess
تَعَشَّى to dine, have dinner or supper
تَعَصُّب fanaticism, intolerance

تَعَطَّرَ to perfume oneself; to be perfumed
تَعَطَّشَ إلى to long for, yearn for
تَعَطَّلَ (عَنِ العَمَل) to be unemployed
تَعَطَّلَتِ الآلَةُ to break (down), go out of order
تَعَفَّفَ - راجع عَفَّ
تَعَفَّنَ - راجع عَفِنَ
تَعَقَّبَ to pursue, follow, chase
تَعَقَّدَ (الأَمْرُ) to be complicated
تَعْقِيب : تَعْلِيق comment(ary), remark
تَعَكَّرَ - راجع عَكِرَ
تَعَكَّزَ على to lean on (a staff, etc.)
تَعَلَّقَ : تَدَلَّى to hang (down), suspend
تَعَلَّقَ بِـ : تَمَسَّكَ to cling to, stick to; to grasp at, hold, hang on to
تَعَلَّقَ بِـ : أَحَبَّ to be attached to, be fond of; to love, be in love with
تَعَلَّقَ بِـ : خَصَّ to relate to, be related to, have to do with, concern
فِيمَا يَتَعَلَّقُ بِـ concerning, with regard to, regarding, with respect to, in respect of, as to, as for
تَعَلَّمَ to learn, study; to be educated
تَعَلُّم learning, study(ing); education
تَعْلِيق : إيقاف suspension, suspending
تَعْلِيق : تَعْقِيب comment(ary), remark
تَعْلِيقَة (الثِّياب) (coat) hanger
تَعْلِيل : تَبْرِير justification
تَعْلِيم : تَدْرِيس teaching, instruction

تَعالِيم teachings, tenets
تَعْلِيمات instructions, directions
تَعَمَّدَ : قَصَدَ to intend, mean
تَعْمِيد (الوَلَدِ) baptism; baptizing
تَعْمِيم : ضِدّ تَخْصِيص generalization
تَعْمِيم : نَشْر popularization, circularization, spreading
تَعْمِيم : مَنْشُور circular
تَعَنَّتَ to be obstinate, stubborn
تَعَهَّدَ : رَعَى to take care of; to maintain; to cultivate
تَعَهَّدَ (بِـ) : اِلْتَزَمَ to undertake
تَعَهُّد : اِلْتِزام commitment, pledge
تَعَوَّدَ to get used to, be accustomed to, habituate oneself to
تَعْوِيذَة : تَمِيمَة charm, spell, amulet
تَعْوِيض compensation, reparation
تَعِيس miserable, wretched, unhappy; sad; unfortunate
تَعَيَّنَ (في مَنْصِبٍ) to be appointed
تَعَيَّنَ عَلَيْهِ أَنْ he has to, should, must
تَعْيِين (في مَنْصِبٍ) appointment
تَغَاضَى عن to overlook, disregard
تَغَايُر difference, contrast
تَغَدَّى to lunch, have lunch
تَغَذَّى (بِـ) to be nourished, fed; to feed on, eat
تَغْذِيَة nutrition, feeding, nourishment, nourishing
تَغَرَّبَ - راجع اِغْتَرَبَ

to gargle	تَغَرْغَرَ : غَرْغَرَ
singing, warbling	تَغْريد : غِناء
تَغَزَّلَ بِ : غازَلَ - راجع غازَلَ	
to be covered, wrapped; to cover oneself (with)	تَغَطَّى (بِ)
to be haughty, arrogant	تَغَطْرَسَ
covering, coverage	تَغْطِية
to surmount, overcome; to triumph over, defeat, beat	تَغَلَّبَ على
to praise, laud, extol	تَغَنَّى بِ
to excrete, defecate	تَغَوَّطَ
تَغَيَّبَ - راجع غابَ	
to change, vary; to be changed, altered, converted	تَغَيَّرَ
change, variation, turn, shift, transformation, conversion	تَغَيُّر
change, changing, alteration, variation, transformation	تَغْيِير
to spit	تَفَّ : بَصَقَ
to be optimistic	تَفاءَلَ
optimism	تَفاؤُل
apple(s)	تُفّاح ، تُفّاحَة (نبات)
تَفاخَرَ بِ - راجع إفْتَخَرَ بِ	
pride, boasting, bragging	تَفاخُر
to avoid, avert, ward off; to get away from, evade	تَفادَى
to react; to interact	تَفاعَلَ
to be aggravated, critical, drastic; to worsen, become worse	تَفاقَمَ
to dedicate or devote oneself wholeheartedly to	تَفانَى (في)
to understand one another; to reach an understanding or agreement, agree	تَفاهَمَ (على)
understanding, agreement	تَفاهُم
to differ, vary, be different	تَفاوَتَ
to negotiate, parley, confer	تَفاوَضَ
to crumble, disintegrate	تَفَتَّتَ
تَفَجَّرَ - راجع إنْفَجَرَ	
to examine, inspect	تَفَحَّصَ (عن)
to possess alone	تَفَرَّدَ بِ
to ramify, branch (out); to be divided, subdivided	تَفَرَّعَ
to devote oneself to, dedicate oneself to, engage wholly in	تَفَرَّغَ لِ
to separate, part, divide, break up; to be separated, disunited, divided, scattered	تَفَرَّقَ
separation, disunion, division	تَفَرُّق
separation, parting, division; distribution	تَفْرِقَة ، تَفْرِيق
to disintegrate, decay, rot	تَفَسَّخَ
explanation, explication	تَفْسِير
explanatory, explicatory	تَفْسِيرِيّ
to rage, break out, spread	تَفَشَّى
detail(s)	تَفْصِيل ، تَفاصِيل ، تَفْصِيلات
in detail, elaborately	بِالتَّفْصِيل
تَفْصِيلِيّ - راجع مُفَصَّل	

تَفضّلَ to deign, be so kind (to do or give); to oblige, favor, do a favor for, do good to
تفْعِيل : تنْشِيط activation
تَفقّدَ : زارَ، اِسْتَعْرَضَ to visit, call on; to inspect, review
تَفقّدَ : بَحَثَ عن to look for
تَفَكّكَ to be disassembled, disunited; to come apart, break up
تفْكِير thinking; consideration, contemplation; thought
تُفْل : ثُفْل - راجع ثُفْل
تَفَلْسَفَ to philosophize
تِفْلِق (طائر) rail
تَفَنّنَ في to diversify, give variety to; to master, be a master in
تَفَهّمَ to understand; to be understanding, considerate
تفوّقَ على to surpass, excel, outdo
تفوّقَ (في) to excel (in), be outstanding (in)
تفوُّق superiority; excellence, distinction, preeminence, mastery
تَفوّهَ بِـ to utter, pronounce, say
تُقًى - راجع تَقْوَى
تَقابَلَ to face each other; to meet
تَقاتَلَ to fight (one another)
تَقاتُل fight(ing), combat, battle
تَقارَبَ to approach one another
تَقاسَمَ - راجع اِقْتَسَمَ

تَقاضَى : تَداعَى to sue one another
تَقاضَى : قَبَضَ to get, receive, earn
تَقاطَعَ to intersect, cut across, cross
تَقاطُع intersection, crossing; crossroads, crossways
تَقاطِيع (الوَجْهِ) features, lineaments
تَقاعَدَ to retire, be pensioned off
تَقاعُد retirement
تَقاعَسَ (عن) to tarry, lag behind; to slacken; to neglect, fail to
تَقايَضَ to barter, exchange, trade
تَقبّلَ to accept; to receive
تَقدّمَ to advance, proceed, go ahead; to progress, make progress; to improve
تَقدّمَ (على) to precede; to be at the head of, lead
تَقدّمَ في السِّنّ to age, grow old, get old(er), be advanced in years
تَقدّمَ إلى الامْتِحان to submit to (take, sit for) an examination
تَقدُّم progress, advance(ment), breakthrough; improvement
تَقدِمَة : هدِيّة present, gift, grant
تَقدِمَة : تقديم - راجع تقْدِيم
تَقدُّمِيّ progressive, progressist
تقْدِير : تقْوِيم estimation, estimate, assessment, evaluation
تقْدِير (الشّيْءِ حَقّ قَدْرِه) appreciation
تقْدِير : اِحْتِرام esteem, respect

تَقْدِيم : عَرْض presentation, presenting, offering; production

تَقْدِيم : مُقَدِّمَة ـ راجع مُقَدِّمَة

تَقَرَّبَ إلى فُلان to curry favor with; to approach, make advances to

تَقْرِيب approximation

تَقْرِيباً approximately, almost, nearly, roughly, about, around

تَقْرِيبِيّ approximate, rough

تَقْرِير : بَيَان report, memorandum

تَقْرِير : حَسْم determination, decision, resolution, settlement

تَقَزَّزَ (مِنْ) to be disgusted (of)

تَقَسَّمَ : اِنْقَسَمَ ـ راجع اِنْقَسَمَ

تَقْسِيط payment in installments

بِالتَّقْسِيط in (or by) installments

تَقْسِيم division, dividing, partition, splitting; distribution

تَقَشَّفَ to lead an ascetic life; to live in austerity, tighten one's belt

تَقَصَّى ـ راجع اِسْتَقْصَى

تَقْصِير : ضِدّ تَطْوِيل shortening

تَقْصِير : إهْمال nonfeasance, default; neglect, negligence, omission

تَقْصِير : سُقُوط failure, flunking

تَقَلَّبَ to toss (about); to change, turn; to fluctuate, swing; to be changeable, unsteady

تَقَلَّدَ to assume, hold, take over

تَقَلَّصَ to contract; to shrink

تَقْلِيد، تَقَالِيد : عُرْف tradition(s)

تَقْلِيد : مُحاكاة imitation, copying

تَقْلِيدِيّ : عُرْفِيّ traditional, customary, conventional, classic(al)

تَقْلِيعَة : بِدْعَة fad, craze, rage

تَقَمُّص reincarnation, transmigration (of souls), metempsychosis

تِقْنِيّ : فَنِّيّ technical; technological

تِقْنِيّ : اِخْتِصاصِيّ فَنِّيّ technician

تِقْنِيَّة technique; technicality

تَقْنِين : تَدْوِينُ القَوانِين codification

تَقْنِين : تَوْفِير rationing

تَقَهْقَرَ to retreat, withdraw, decline

تَقْوَى God-fearingness, fear of God, piety, religiousness

تَقَوَّضَ : اِنْهارَ to collapse, fall down

تَقَوْقَعَ : اِنْعَزَلَ to confine oneself, seclude oneself, isolate oneself

تَقْوِيم : تَقْيِيم، تَقْدِير evaluation, appraisal, assessment, estimation

تَقْوِيم : تَصْحِيح correction, reform(ation), adjustment

تَقْوِيم : رُوزْنامَة calendar, almanac

تَقِيّ God-fearing, pious, religious

تَقَيَّأَ to vomit, throw up

تَقَيَّدَ بِـ : راعَى to observe, comply with, abide by, respect

تَقْيِيم : تَقْدِير ـ راجع تَقْوِيم

تَكَّ (ـتِ السَّاعَةُ) to tick

تَكَاتَبَ to correspond, write (to) each other, exchange letters
تَكَاتَفَ to support one another
تَكَاثَرَ to increase, grow; to multiply, proliferate, reproduce
تَكَافَأَ to be equal, equivalent
تَكَافُؤ equivalence, equality
تَكَافُل joint liability; solidarity
تَكَامُل integration; complementarity; completeness, wholeness
تَكَبَّدَ to suffer, bear, endure
تَكَبَّرَ to be proud, haughty, arrogant, supercilious, overbearing
تَكَبُّر pride, haughtiness, arrogance
تَكَتَّفَ to fold one's arms
تَكَتَّلَ to agglomerate; to unite (in a bloc); to form a coalition
تَكَتَّمَ to keep silent
تَكَتَّمَ على ـ راجع كَتَمَ
تَكْتِيك tactics
تَكْتِيكِيّ tactical
تَكْذِيب : نَفْي denial, disavowal
تَكْرار repetition, reiteration
تَكْراراً repeatedly, frequently
تَكَرَّرَ : عادَ، أُعِيدَ to recur, reoccur, repeat, be repeated
تَكَرَّمَ (على) to be so kind to do; to oblige, do a favor for, favor
تَكْرِيم honoring; hospitality
تَكَسَّرَ to break, shatter, crash, come to pieces; to be broken
تَكَفَّلَ بِـ to guarantee; to undertake
تَكَلَّفَ : تَصَنَّعَ to affect, feign, fake
تَكَلَّفَ عَناءَ كَذَا ـ راجع كَلَّفَ نَفْسَهُ
تَكْلِفَة ـ راجع كُلْفَة
تَكَلَّمَ to speak, talk; to say
تَكْلِيف : تَفْوِيض charging; order
تَكْلِيف : عِبْء charge, burden
تَكالِيفُ المَعِيشَة cost of living
تَكْمِلَة : تَتِمَّة supplement, complement; continuation; end
تِكْنُولُوجِيّ technological
تِكْنُولُوجِيا technology
تَكَهْرَبَ to be electrified
تَكَهَّنَ (بِـ) to predict, foretell
تَكَوَّنَ to be formed, created, established, set up; to come into existence, come into being
تَكَوَّنَ مِنْ to consist of, be made up of, be composed of; to comprise
تَكْوِين : تَشْكِيل forming, formation, creation, establishment
تَكْوِين : بِنْيَة structure, constitution, composition, form, setup
تَكَيَّفَ (مَعَ) to adapt or adjust (oneself to), accommodate (to)
تَكْيِيف adaptation, adjustment
تَكْيِيفُ الهَوَاء air conditioning
تَلّ : هَضْبَة hill, elevation, knoll

تَلَا : تَبِعَ to follow, succeed
تلا : قَرَأَ to read, recite
تَلَاءَمَ (مَع) to suit, fit, agree (with), be suitable (for), be fit (for)
تَلَاحَقَ : تَتَابَعَ to follow or succeed one another; to continue
تَلَاشَى to vanish, disappear, go
تَلَاعَبَ to play; to cheat
تَلَاعَبَ بِالأَرْقَام to rig, manipulate, doctor, play with, falsify
تَلَاعَبَ بِالأَلْفَاظ to play on words
تَلَافَى : تَفَادَى to avoid, avert, prevent, forestall, ward off, fend off
تَلَاقَى ـ راجع اِلْتَقَى
تَلَاكَمَ to box, fight (with the fists)
تَلَأْلَأَ to shine, glitter, sparkle
تَلَبَّدَ to mat, felt, stick together
تَلَبَّدَتِ السَّمَاءُ بِالغُيُوم to overcloud; to be overcast, cloudy, dark
تَلَّة ـ راجع تَلّ
تَلْحِين (musical) composition
تَلْخِيص : اِخْتِصار summarization, summing up, abridgment
تَلْخِيص : مُلَخَّص ـ راجع مُلَخَّص
تَلَذَّذَ (بِـ) ـ راجع اِلْتَذَّ (بِـ)
تِلِسْكُوب telescope
تَلَصَّصَ (على) to spy (on), snoop (on)
تَلَعْثَمَ (في كَلَامِهِ) to stutter, stammer
تِلِغْراف : بَرْق telegraph

تِلِغْراف : بَرْقِيَّة telegram, wire, telegraph, cable, cablegram
تِلِغْرافِيّ telegraphic, telegraph
تَلِفَ to be damaged, spoiled, impaired; to wear out, decay
تَلَف damage, spoilage, impairment; waste, wear, decay
تَلَفَّتَ ـ راجع اِلْتَفَتَ
تِلِفْرِيك telpherage
تِلِفِزْيُون، تِلْفاز television, TV
تَلَفَّظَ بِـ to pronounce, utter
تَلْفَنَ (لِـ) to (tele)phone, call, ring up
تِلِفُون telephone, phone
تَلَقَّى to receive, take, get
تِلْقائِيّ spontaneous, automatic
تِلْقائِيًّا، مِنْ تِلْقاءِ نَفْسِهِ spontaneously; of one's own accord, voluntarily
تَلَقَّفَ to snatch, grasp, grab
تَلْقِيح : إخْصاب fertilization
تَلْقِيح : تَطْعِيم vaccination, inoculation, injection
تِلْكَ (اِسْمُ إشارَة) that, that one
تَلَكَّأَ (عن) to lag, loiter, tarry
تِلِكْس telex
تَلَمَّسَ to grope for, finger, touch; to grope about, feel around
تِلْمِيذ student, pupil, schoolboy
تِلْمِيذٌ خارِجِيّ day student
تِلْمِيذٌ داخِلِيّ boarder

تَلَهَّى بِـ to amuse oneself with
تَلَهَّى عن to be distracted from
تَلَهَّفَ على to sigh for, yearn for
تِلْوَ : إثْرَ after, upon; following
تَلَوَّى to writhe, wriggle, twist
تَلَوُّث pollution, contamination
تِلِيفون ـ راجع تِلِفون
تَمَّ to be complete, full, whole; to be completed, concluded, finished; to be accomplished, achieved; to happen, take place
تَمّ : إوَزٌ عِراقِيّ swan
تَماثَلَ to be similar, identical
تَماثَلَ (للشِّفاء) to convalesce, regain health, recover, get well
تَماثُل similarity; identity
تَمادَى في to persist in, continue (to do); to go too far in, overdo
تَمارَضَ to pretend to be ill or sick
تَماشَى مع ـ راجع تَمَشَّى مع
تَمالَكَ نَفْسَهُ to control oneself
تَمام : كَمال completeness, wholeness
تَمام : إنْتِهاء completion, conclusion
تَماماً، بالتَّمام completely, wholly, fully, totally, perfectly; exactly
تَمايُز distinction, contrast
تَمايَلَ to reel, totter; to sway, swing
تَمَتَّعَ بِـ to enjoy; to savor
تَمَتُّع enjoyment

تَمْتَمَ to mumble, mutter, murmur
تِمْثال statue; sculpture
تَمْثِيل representation
تَمْثِيلٌ بِـ torture; mayhem
تَمْثِيل (سِينَمائِيّ إلخ) acting, playing
تَمْثِيلِيَّة play, drama
تَمَخَّطَ to blow one's nose
تَمَدَّدَ : اِنْبَسَطَ to extend, spread, expand, be extended or expanded
تَمَدَّدَ : اِسْتَلْقَى to lie (down), stretch (out)
تَمَدُّن civilization; urbanization
تَمْر، تَمْرَة date(s), dried date(s)
تَمْرُ حِنّاء henna blossoms
تَمْرٌ هِنْدِيّ tamarind
تَمَرَّدَ (على) to rebel (against), mutiny (against), disobey
تَمَرُّد mutiny, insurrection, rebellion; disobedience
تَمَرَّسَ (بِـ) to get used to; to be experienced, long-practiced
تَمَرَّغَ (في) to roll (in), wallow (in)
تَمَرْكَزَ to center, centralize
تَمَرَّنَ (على) to practice, drill, exercise, train, be trained
تَمْرِيض، عِلْمُ التَّمْرِيض nursing
تَمْرِين exercise, practice, training
تَمَزَّقَ to be or get torn, rent, shredded; to tear, rend, rive
تِمْساح (حيوان) crocodile; alligator

تَمَسَّكَ بِـ to cling to, stick to, adhere to; to grasp at, hold on to
تَمَشَّى : مَشَى to walk, take a walk
تَمَشَّى مَع to keep pace with; to be in agreement or conformity with
تَمَشَّطَ to comb one's hair
تَمْشِيطَة coiffure, hairdo, hairstyle
تَمَضْمَضَ to rinse (out) the mouth
تَمْضِيَة (الوَقْتِ) spending, passing
تَمَطَّى، تَمَطَّطَ to stretch
تَمَعَّنَ في to scrutinize, examine carefully, look closely at
تَمَكَّنَ مِنْ : اِسْتَطاعَ can; to be able to
تَمَكَّنَ مِنْ : أَتْقَنَ to master, have command of, be versed in
تَمَلَّصَ (مِنْ) to dodge, evade, escape
تَمَلَّقَ to flatter, adulate, cajole; to fawn on, bootlick
تَمَلَّكَ - راجع مَلَكَ
تَمَلْمَلَ to fidget, be restless
تَمَّمَ - راجع أَتَمَّ
تُمَّن : أَرُزّ rice
تَمَنَّى to wish, desire, hope
تَمَنِّيَات wishes, compliments
تَمَهَّلَ to slow (down); to be slow
تَمْهِيد : مُقَدِّمَة preface, foreword, introduction, preamble
تَمْهِيدِيّ preliminary, introductory
تَمُّوز : يُولْيُو July

تَمْوِيل financing, finance
تَمْوِين provisioning, catering; (food) supplies, rations, provisions
تَمَيَّزَ بِـ - راجع اِمْتازَ بِـ
تَمِيمَة amulet, charm, fetish, periapt
تَمْيِيز : تَفْرِيق distinction, distinguishing, differentiation
تَمْيِيز (في المُعَامَلَة) discrimination
تُنّ (سمك) tuna, tunny
تَنَاثَرَ to be scattered, dispersed; to scatter, disperse
تَنَازَعَ : تَخَاصَمَ to dispute, quarrel
تَنَازَلَ عن to give up, abandon, renounce, relinquish, waive
تَنَاسَبَ (مَع) to suit, fit, agree (with), tally with, be suitable (for)
تَنَاسُق coordination; harmony, congruity; symmetry
تَنَاسُل reproduction, procreation
أَعْضَاءُ التَّنَاسُل sex(ual) organs
تَنَاسُلِيّ genital, sexual; reproductive
مَرَض تَنَاسُلِيّ venereal disease
تَنَاغَمَ (مَع) to be harmonious (with), be in agreement (with)
تَنَاغُم harmony, agreement, accord
تَنَافَى to conflict, disagree; to be contradictory, incompatible
تَنَافَسَ to compete, vie, rival
تَنَافُس competition, rivalry

تَنَاقَش to debate, argue, dispute; to discuss

تَنَاقَص to decrease, diminish, dwindle, decline, shrink, drop (off)

تَنَاقَض to contradict each other, conflict; to be contradictory, conflicting, inconsistent, disagreeing

تَنَاقُض contradiction, inconsistency

تَنَاقَل to carry; to transmit, convey; to report, pass on

تَنَاوَبَ : تَعَاقَبَ to alternate, rotate

تَنَاوُب alternation, rotation

تَنَاوَلَ to take; to receive, get

تَنَاوَلَ (طَعاماً) to take, eat, have

تَنَاوَلَ (مَوْضُوعاً) to deal with, treat, tackle, study, consider, discuss

تَنَبَّأَ (بِـ) to predict, foretell

تُنْبَاك (Persian) tobacco

تَنَبَّهَ (لِـ أو إلى) to perceive, realize, notice, pay attention to

تَنْبِيه : تَحْذِير warning, caution(ing); alarm(ing), alert(ing)

تَنْجِيم ، عِلْمُ التَّنْجِيم astrology

تَنَحَّى (عن) to withdraw, retire

تَنَزَّهَ to go for a walk, go for a ride, go on a picnic

تَنْزِيل : تَخْفِيض reduction; discount

تِنِس : كُرَةُ المَضْرِب tennis

تَنَسُّك asceticism; piety

تَنْسِيق coordination; arrangement

تَنَشَّقَ to inhale, breathe in, inspire

تَنَصَّتَ : إِسْتَرَقَ السَّمْعَ to eavesdrop, listen secretly (to)

تَنَصَّتَ على الهاتِف to wiretap, tap

تَنَصَّلَ مِنْ to disavow, disown, disclaim, deny, renounce, repudiate

تَنْظِيف cleaning, cleansing

تَنْظِيم : تَرْتِيب organization, organizing, arrangement; regulation

تَنْظِيم : نِظَام order, orderliness

تَنْظِيم : مُنَظَّمَة organization

تَنَعَّمَ to live in comfort and luxury

تَنَعَّمَ بِـ : تَمَتَّعَ to enjoy

تَنَفَّسَ to breathe, respire

تَنَفُّس respiration, breathing

تَنْفِيذ carrying out, execution, implementation, putting into effect, fulfillment

تَنْفِيذِيّ : إِجْرائِيّ executive

السُّلْطَةُ التَّنْفِيذِيَّة the executive, executive power

تَنَقَّلَ to move; to migrate, travel

تَنَقُّل moving, movement; migration; transport(ation); travel(ing)

تَنَك tin, tinplate

تَنَكَة can, tin, tincan

تَنَكَّرَ to disguise oneself

تَنَكُّر disguise, masquerade

تَنْمِيَة : إِنْماء development

تَنَهَّدَ to sigh

تَنُوب (شَجَرٌ وخَشَبُهُ) fir

تَنُّور : فُرْن oven, furnace, kiln

تَنُّورَة (نِسائِيَّة) skirt, lady's skirt

تَنَوَّعَ to be diverse, various

تَنَوُّع diversity, variety, variousness

تَنْوِيمٌ مَغْنَطِيسِيّ hypnotism, hypnosis

تِنِّين dragon; sea monster

تَهادَى : تَمايَلَ to sway, swing

تَهافَتَ (على) to crowd, throng, flock

تَهاوَنَ بِـ : أَهْمَلَ to neglect, be lax in

تَهاوَنَ بِـ : إِسْتَهانَ بِـ ـ راجع إِسْتَهانَ بِـ

تَهَجَّأَ، تَهَجَّى to spell

تَهَجَّمَ على ـ راجع هاجَمَ

تَهَدَّدَ ـ راجع هَدَّدَ

تَهَدَّمَ to be torn down, wrecked

تَهْدِيد threat, menace; threatening, menacing; intimidation

تَهْذِيب : أَدَب good manners, politeness, civility; decency

تَهَرَّأَ الثَّوْبُ to fray, frazzle, wear out

تَهَرَّبَ (مِنْ) to elude, escape, get away from; to evade, avoid

تَهْرِيب smuggling, contraband

تَهَكَّمَ (على) to mock (at), ridicule, make fun of, laugh at

تُهْمَة accusation, charge

تَهْنِئَة congratulation(s), felicitation

تَهَيَّأَ : إِسْتَعَدَّ to be ready, prepared; to get ready, prepare oneself

تَهَيَّبَ : هابَ ـ راجع هابَ

تَهَيَّجَ، تَهْيِيج ـ راجع هاجَ، هِيَاج

تَوًّا، لِلتَّوّ at once, immediately

تَوّاب : غَفُور forgiving, merciful

تَوابِل ـ راجع تابِل

تَواتَرَ : تَتابَعَ (على فتراتٍ) to recur

تَواجَدَ، تَواجُد ـ راجع وُجِدَ، وُجُود

تَواجَهَ to face each other

تَوارَى to hide, conceal oneself; to disappear, vanish

تَوارَثَ to inherit

تَوارُدُ الأَفْكارِ أو الخَواطِر telepathy; accidental identity of ideas or thoughts

تَوازَى to be parallel (to each other)

تَوازَنَ to balance, be balanced, be in equilibrium

تَوازُن balance, equilibrium, poise

تَواصَلَ : إِسْتَمَرَّ to continue

تَواصَلَ : إِتَّصَلَ to communicate

تَواضَعَ to be humble, modest

تَواضُع humbleness, modesty

تَواطَأَ to collude, connive

تَوافَدَ to arrive successively; to flock, come in crowds

تَوافَرَ : كَثُرَ to be abundant

تَوافَرَ : وُجِدَ to be found; to exist; to be available

تَوافَقَ (مع) to agree (with), be in agreement (with), harmonize (with), be in accordance (with), be in conformity (with)
تَوافُق agreement, harmony, accord
تَوّاق longing, eager, anxious
تَوالٍ (التَّوالي) succession
على التَّوالي successively; respectively; continuously, constantly
تَوالَى : تَتابَعَ to follow in succession; to continue, be continuous
تَوالَى : تَناوَبَ to alternate, rotate
تَوالَدَ to reproduce, multiply
تَوْأم، تَوْأمان، تَوائِم twin(s)
تَوانَى (في) to slack(en); to lag, loiter, linger; to be slow, negligent
تَوْبَة repentance, penitence
تُوت (نبات) mulberry; raspberry
تَوَتَّرَ to be strained, tense
تَوَتُّر tension; strain
تُوتِياء : زِنْك (معدن) zinc
تُوتِياء : قُنْفُذُ البَحْر (حيوان) sea urchin, echinoid, echinus
تَوْثِيق : تَمْتِين consolidation
تَوْثِيق : تَزْوِيدٌ بِالوَثائِق documentation
تَوَّجَ to crown; to enthrone
تَوَجَّبَ ـ راجع وَجَبَ
تَوَجَّعَ to feel pain, suffer, be in pain
تَوَجَّهَ إلى to go to, head for, be bound for; to turn to(ward); to be oriented to(ward)
تَوَجَّهَ بِكَلامِهِ إلى to address
تَوْجِيه : إرْشاد directing, guiding, guidance, leading; instruction
تَوْجِيه (شَطْرَ اتِّجاهٍ ما) orientation
تَوْجِيه : تَحَكُّم control
تَوْجِيهات directions, instructions
تَوَحَّدَ : اِتَّحَدَ ـ راجع اِتَّحَدَ
تَوَحُّش ـ راجع وَحْشِيَّة
تَوَحُّم (سِتِ الحُبْلَى) ـ راجع وَحِمَ
تَوَخَّى to intend, aim at, seek (to)
تَوَدَّدَ إلى to show affection to, endear oneself to; to court, woo
تَوْراة، التَّوْراة Torah, pentateuch; Old Testament
تُورْبِيد torpedo
تُورْتَة pie, tart; cake
تَوَرَّطَ to be or get involved
تَوَرَّعَ عن to refrain from
تَوَرَّمَ to swell, become swollen
تَوْزِيع distribution; division
تَوَسَّخَ ـ راجع اِتَّسَخَ
تَوَسَّطَ (لِتَسْوِيَةِ خِلافٍ) to mediate
تَوَسَّطَ لِـ : تَشَفَّعَ to intercede for
تَوَسَّعَ to expand, extend, spread (out); to be expanded, enlarged
تَوَسَّعَ في to elaborate on
تَوَسَّلَ إلى to entreat, implore, beg

تَوَصَّلَ إلى to reach, attain, arrive at
تَوْصِيَة : تَزْكِيَة recommendation
تَوَضَّأ to perform the ritual ablution
تَوْطِئَة : مُقَدِّمَة introduction, foreword
تَوَظَّفَ to be employed, hired
تَوَعَّدَ : هَدَّدَ to threaten, menace
تَوَعَّكَ to be ill, slightly sick
تَوْعِيَة enlightenment, education
تَوَغَّلَ في to penetrate deeply into
تَوَفَّرَ : كَثُرَ، وُجِدَ - راجع تَوافَرَ
تَوَفَّرَتِ الشُّرُوطُ to be fulfilled, met
تَوَفَّقَ - راجع وُفِّقَ
تُوُفِّيَ to die, expire, pass away
تَوْفِير : إِقْتِصاد، إِدِّخار saving
تَوْفِير : تَأْمِين ensuring, securing
حِسابُ تَوْفِير savings account
تَوْفِيق (بَيْنَ) reconciliation
تَوْفِيق (مِنَ اللهِ) success (granted by God), successfulness, prosperity
تَوْق longing, yearning, desire
تَوَقَّى - راجع إِتَّقى
تَوَقَّعَ : تَرَقَّبَ to expect, anticipate
تَوَقَّعَ : تَنَبَّأَ بِـ to foresee, forecast
تَوَقُّع expectation, anticipation
تَوَقُّعات prospects, chances, odds
تَوَقَّفَ : وَقَفَ، إِنْقَطَعَ to stop
تَوَقَّفَ الأَمْرُ على to depend on
تَوَقَّفَتِ الآلَةُ to break (down), go out of order, fail
تَوَقُّف : وُقُوف stop(page), stopping
تَوَقُّف : تَعَطُّل breakdown, failure
تَوْقِيت timing; time
تَوْقِيتٌ صَيْفِيّ daylight-saving time
تَوْقِيع : إِمْضاء signature; signing
تَوَكَّلَ على - راجع إِتَّكَلَ على
تَوْكِيد - راجع تَأْكِيد
تَوْكِيل : وَكالَة - راجع وَكالَة
تَوَلَّى : إِضْطَلَعَ بِـ to assume, undertake; to take care of, look after; to be in charge of, handle, run; to hold, occupy
تَوَلَّدَ (مِنْ) to be born; to be produced (from); to originate (from)
تَوَلُّد birth; origination
تَوَلَّعَ بِـ - راجع أُولِعَ بِـ
تُوم : ثُوم (نبات) garlic
تُون، تُونَة (سمك) tuna, tunny
تُونُس Tunisia
تُونُسِيّ Tunisian
تَوَهَّمَ to imagine, fancy, suppose
تَيّار current, stream; trend
تَيَبَّسَ - راجع يَبِسَ
تَيَتَّمَ to be(come) an orphan
تَيْس (حيوان) billy goat, he-goat

تَيَسَّرَ — to be easy, feasible, available

تِيفُوئِيد، تَيْفُود (مرض) — typhoid

تَيَقَّنَ - راجع أَيْقَنَ

تَيَقُّن - راجع يَقِين

تِيكَ (إسْمُ إشَارَة) — this, that

تَيَّمَ — to infatuate, captivate

تِين (نبات) — fig

تِينٌ شَوْكِيّ — prickly pear, Indian fig

تِيه : تَكَبُّر — pride, arrogance

ث

ثائِر : ثَوْرِيّ rebel; revolutionary, revolutionist, insurgent

ثائِر : هائِج excited, (a)roused

ثابِت : راسِخ firm, fixed, stable, steady, firmly established; constant, invariable, unchanging

ثابِت : غَيْرُ مُتَحَرِّك stationary, immovable, static, fixed

ثابِت : مُؤَكَّد established, proved, confirmed; certain, sure

ثابَرَ على to persevere in, persist in

ثَأَرَ to revenge (oneself), avenge oneself, take revenge, retaliate

ثارَ : هاجَ to be (or get) excited, aroused; to rise; to erupt

ثارَ على to revolt or rebel against, stage a revolution against

ثارَ السُّؤالُ to arise, spring up

ثَأْر revenge, vengeance

ثاقِب penetrating, piercing, sharp

ثالِث، الثّالِث (the) third

ثالوث [نصرانية] Trinity

ثُؤْلُول، ثُؤْلُولَة wart, verruca

ثامِن، الثّامِن (the) eighth

ثانٍ (الثّاني) (the) second; (the) next

ثانٍ : آخَر another; else

ثانِياً : بَعْدَ أوَّلاً second(ly)

ثانِياً : مَرَّةً أُخْرَى again, once again, once more, another time

ثانَوِيّ secondary; minor, insignificant, subordinate, inferior

ثانَوِيَّة، مَدْرَسَةٌ ثانَوِيَّة secondary school, high school, college

ثانِيَة : $\frac{١}{٦٠}$ مِنَ الدَّقِيقَة second

ثانِيَةً ـ راجع ثانِياً

ثَبات : رُسُوخ firmness, stability, steadiness, fixedness; constancy

ثَبَتَ : رَسَخَ to be firm, fixed, stable, steady; to be constant

ثَبَتَ : تَأَكَّدَ to be established, proved, certain

ثَبَّتَ : رَسَّخَ to fix, fasten; to establish, settle, stabilize, make firm; to strengthen, firm up, consolidate

ثَبَّتَ : أَثْبَتَ ـ راجع أَثْبَتَ

ثَبَّطَ، ثَبَطَ to frustrate, discourage
ثَخانَة thickness; density
ثَخُنَ to thicken, become thick
ثَخَّنَ to thicken, make thick
ثِخَن، ثُخُونَة thickness; density
ثَخِين thick; dense
ثَدْي breast(s), bosom(s), bust
ثَرَى soil, ground; earth
ثَراء wealth, fortune, affluence
ثَرْثار talkative, garrulous, chatty
ثَرْثَرَ to chatter, blab, prate, gossip
ثَرْثَرة chatter, chat, prattle; gossip
ثَرْوَة wealth, fortune, riches
ثَرِيّ rich, wealthy, well-to-do
ثَرِيُّ الحَرْب nouveau riche
ثُرَيَّا (لإنارَةِ البُيُوت) chandelier, luster
ثُرَيَّا: مَجْمُوعَةُ نُجُوم Pleiades
ثَرِيد porridge, gruel
ثُعْبان: حَيَّة snake, serpent
ثَعْلَب (حيوان) fox
ثَعْلَبُ الماء (حيوان) otter
ثَغا الخَرُوفُ، ثَغَتِ الشَّاةُ to bleat
ثَغْر: فَم mouth
ثَغر (بَحْرِيّ) port, seaport, haven
ثُغْرَة gap, opening, aperture, hole
ثُفْل dregs, sediment, lees; residue
ثِقاب، عُودُ الثِّقاب match, matchstick

ثَقافَة culture; education
ثَقافِيّ cultural; educational
ثَقَبَ to pierce, puncture, perforate, punch, make a hole in
ثُقْب، ثَقْب hole, perforation, punch
ثِقَة: وُثُوق confidence, trust, faith
ثِقَة: يَقِين certainty, certitude
ثِقَة، جَدِيرٌ بالثِّقَة ـ راجع مَوْثُوق
ثِقَة، مَرْجِعٌ ثِقَة authority, expert
ثِقَةٌ بالنَّفْس self-confidence
ثَقَّفَ: عَلَّمَ to educate, cultivate, culture, refine, enlighten, teach
ثَقُلَ to be or become heavy
ثَقَّلَ ـ راجع أَثْقَلَ
ثِقْل، ثِقَل: ضِدّ خِفَّة heaviness
ثِقْل: وَزْن weight; gravity
ثِقْل: أَهَمِّيَّة weight(iness), importance, significance
ثِقْل: حِمْل، عِبْء load, burden
ثَقِيل: ضِدّ خَفِيف heavy, weighty
ثَقِيل: مُرْهِق burdensome, onerous; unbearable; disagreeable
ثَقِيل: بَطِيء lazy, slow, heavy, dull
ثَقِيلُ الدَّم antipathetic, repugnant; boring, dull; a bore
ثَكِلَ to lose a child
ثَكْلَى، ثَكْلان bereaved of a child
ثُكْنَة barracks

Tuesday الثُلَاثاء، الثُّلَاثاء (يوم)
three ثَلَاثَة (٣)
thirteen ثَلَاثَةَ عَشَرَ (١٣)
thirty ثَلَاثُون (٣٠)
tripartite, triple, threefold; trio, threesome; troika ثُلَاثِيّ
refrigerator; freezer ثَلَّاجَة
to triple ثَلَّثَ
one third, third ثُلْث، ثُلُث ($\frac{1}{3}$)
to snow (it snowed) ثَلَجَ (ـتِ السَّمَاءُ)
ثَلِجَ الشَّيْءُ - راجع تَثَلَّجَ
to ice; to freeze, frost ثَلَّجَ
snow; ice ثَلْج
snowy, snow-; icy, ice- ثَلْجِيّ
to notch, (in)dent, groove ثَلَمَ
notch, indentation, cut, incision; furrow, groove ثَلْم، ثُلْمَة
ثَمَّ - راجع ثَمَّةَ
hence, therefore, so, thus مِنْ ثَمَّ
then, afterwards, later (on) ثُمَّ
eighty ثَمَانُون (٨٠)
eight ثَمَانِيَة (٨)
eighteen ثَمَانِيَةَ عَشَرَ (١٨)
there, over there, in that place; there is, there are ثَمَّةَ
ثَمَّرَ - راجع إِسْتَثْمَرَ

fruit(s); product, result ثَمَر، ثَمَرَة
drunk(en), intoxicated ثَمِل
to estimate, assess, evaluate; to value, cherish, appreciate ثَمَّنَ
price, cost; rate; value ثَمَن
valuable, precious, costly ثَمِين
to fold, tuck, bend, turn ثَنَى: طَوَى
to turn or keep (away) from, dissuade from ثَنَى عن: صَرَفَ عن
to double ثَنَّى: ضاعَفَ
to second ثَنَّى على
praise, commendation, laudation, tribute; compliment ثَنَاء: مَدْح
twofold, double; bilateral ثُنَائِيّ
fold, pleat; ply; tuck; bend ثَنْيَة
reward, recompense ثَوَاب
garment; dress, robe, gown; suit, costume ثَوْب
clothes, clothing ثِيَاب
swimsuit, swimming suit, bathing suit ثَوْبُ السِّبَاحَة
bull, steer, ox ثَوْر (حيوان)
Taurus بُرْجُ الثَّوْر [فلك]
revolution, rebellion, revolt, uprising; upheaval; commotion ثَوْرَة
ثَوْرَوِيّ، ثَوْرِيّ - راجع ثائِر
garlic ثُوم (نبات)
ثِيَاب - راجع ثَوْب

ج

جاءَ : أَتَى to come, arrive, show up
جاءَ بِـ : أَحْضَرَ to bring, fetch, get
جاءَ (في) : وَرَدَ to be mentioned
جائِر unjust, unfair; oppressive, arbitrary, tyrannical; tyrant
جائِز : مُبَاح permissible, permitted, allowable, allowed, legal
جائِز : مُمْكِن possible, probable
مِنَ الجائِز perhaps, maybe, possibly, probably; may, might
جائِزَة prize, reward, award; bonus
جائِع hungry, starved, starving
جابَ : طافَ to travel (through), tour, cruise, patrol, go about
جابَهَ to face, confront, defy
جاحِدُ لِلْجَمِيل ungrateful
جادَ (بِـ، على) : أَعْطَى to give generously, bestow lavishly upon
جادّ serious; earnest; diligent
جادَّة : شارِع street, road, avenue
جادَلَ to argue with, dispute with
جاذِبِيَّة gravity; gravitation
جاذِبِيَّة : فِتْنَة attraction, attractiveness, appeal, charm
جَأَرَ الثَّوْرُ to low, moo, bellow
جارَ على : ظَلَمَ to wrong, oppress, tyrannize, be unfair to
جار : واحِدُ الجِيران neighbor
جارٍ (الجارِي) flowing; running; current; going on; under way
جارَى to keep up with, follow
جارِح : مُفْتَرِس predatory, rapacious
جارِحَة : عُضْو organ, limb
جارُور : دُرْج drawer
جارِيَة female slave, bondwoman
جازَ : كانَ غَيْرَ مَمْنُوع to be permissible
جازَ : كانَ مُمْكِناً to be possible
جازَ : اِجْتازَ ـ راجع اِجْتازَ
جاز، الجاز [موسيقى] jazz
جاز : غاز gas
جازَى : كافَأَ to reward, requite
جازَى : عاقَبَ to punish, penalize
جازَفَ (بِـ) to risk, take a risk

جازِم : باتّ decisive, categorical
جاسُوس spy
جاسُوسِيَّة spying, espionage
جاعَ to be(come) hungry, feel hungry, hunger; to starve
جافّ : ناشِف dry; arid; dried
جاكِيت، جاكِيتَة jacket, coat
جالَ : طافَ - راجع تَجَوَّلَ
جالُون gallon
جالِيَة colony, community
جالِيرِي gallery; furniture showroom
جامِد : صُلْب solid, hard, rigid, stiff
جامِد : مُجَمَّد frozen, frosted, iced
جامِع : مَسْجِد mosque
جامِع : مُجَمِّع collector, gatherer
جامِع : شامِل comprehensive, inclusive, thorough, general
جامِعَة : مُؤَسَّسَةٌ لِلتَّعْلِيم university
جامِعَة : مُنَظَّمَة league, union
جامِعِيّ university; university graduate or student
جامَلَ to compliment, make a compliment to, be courteous to
جامُوس (حيوان) buffalo
جامُوسُ البَحْر hippopotamus
جانّ : جِنّ jinn, demons, fairies
جانٍ (الجاني) : مُجْرِم felon, criminal, perpetrator, culprit
جانِب side; part; aspect
جانِباً aside, away; alone
مِنْ جانِبِه on his part, from, by
إلى جانِب، بِجانِب : قُرْبَ side by side with, beside, near, next to
إلى جانِب (ذَلِك) besides, in addition to, along with, as well as
جانْبُون ham
جانِبِيّ lateral, side; fringe
جانِح : جانِب side, flank, wing
جانِرِك (نبات) green plum
جاه : عِزّ high rank; glory, prestige, honor, esteem, fame
جاهَدَ to strive; to fight (for); to struggle, wage holy war (against)
جاهَرَ بِـ to declare publicly, state openly, disclose, speak out about
جاهِز : مُسْتَعِدّ ready, prepared
جاهِز : مَصْنُوعٌ مُقَدَّماً ready-made, ready-to-wear; prefabricated
جاهِل ignorant, uneducated, unfamiliar (with), unaware (of)
جاوَبَ : أَجابَ، رَدَّ - راجع أَجابَ
جاوَرَ to neighbor, live near; to be next to, close to, near
جاوَزَ - راجع تَجاوَزَ
جُبّ : بِئْر well, cistern; pit
جَبَى : حَصَّلَ to collect, levy, raise
جَبّار : هائِل، قَوِيّ gigantic, giant, enormous; strong, mighty
جَبّار : مُسْتَبِدّ tyrannical; tyrant
جَبان coward; cowardly

جَبَّانَة : مَقْبَرَة cemetery, graveyard

جَبَرَ : أَصْلَحَ to set, splint (bones); to repair, mend, correct, remedy

جَبَرَ على ـ راجع أَجْبَرَ على

جَبْرُ العَظْمِ to set, splint (bones)

جَبْر، جَبَرُوت might, power; dictatorship; arrogance

جَبْر، عِلْمُ الجَبْر algebra

جَبْرِيّ : مُتَعَلِّقٌ بِعِلْمِ الجَبْر algebraic

جَبْرِيّ : إجْبارِيّ ـ راجع إجْبارِيّ

إقامَةٌ جَبْرِيَّة house arrest

جَبَس : بِطِّيخ (نبات) watermelon

جِبْس : جِصّ gypsum; plaster

جَبَلَ : خَلَقَ to mold, create, make

جَبَلَ : عَجَنَ to knead

جَبَل mountain

جَبَلُ جَليد iceberg

جَبَلِيّ : مُخْتَصٌّ بِالجِبال mountainous, mountain, mountainy

جَبَلِيّ : ساكِنُ الجِبال mountaineer

جُبْن : خَوْف cowardice, cowardliness

جُبْن، جُبْنَة cheese

جَبَه ـ راجع جابَهَ

جَبْهَة، جَبِين forehead, front

جَبْهَة (حَرْبِيَّة) (battle)front

جَبْهَة : تَكَتُّل front, bloc

جُثَّة، جُثْمان corpse, body

جَحَدَ to deny; to disbelieve; to be ungrateful

جُحْر : وِجَار hole, burrow, den, lair

جَحْش young donkey

جَحِيم hell, hellfire; fire

جَدَّ : طَرَأَ to happen, take place; to arise, develop, crop up

جَدَّ (في) : اِجْتَهَدَ to strive, endeavor, be diligent, work hard

جَدّ : أَبُو الأَبِ أو الأُمّ grandfather

جِدّ : ضِدُّ هَزْل seriousness

جِدّ : اِجْتِهاد diligence, hard work

جِدًّا very, much, very much

جِدار : حائِط wall

جَدارَة worth, merit; aptitude

جِدال argument; dispute, debate

جَدَّة : أُمُّ الأَبِ أو الأُمّ grandmother

جُدْجُد : صَرَّارُ اللَّيْل cricket

جَدَّدَ to renew; to renovate, restore, recondition; to rejuvenate, revive; to modernize, update

جَدُرَ بِـ to be worthy of, fit for

جُدَرِيّ (مرض) smallpox

جُدَرِيُّ الماء chicken pox

جَذَّفَ بِالمِجْداف to row, oar

جَدَلَ، جَدَّلَ to twist, twine, interweave; to braid, plait

جَدَل ـ راجع جِدال

جَدَلِيّ controversial, dialectical

جَذْوَى : فائِدَة use, avail, benefit
بِلا جَذْوَى useless, futile, vain
جَدْوَل (ماءٍ) creek, brook, stream
جَدْوَل : قائِمَة table, chart; schedule; list, roster, register
جَدْوَلُ الأعْمال agenda
جَدْوَلُ الضَّرْب multiplication table
جَدْي : صَغِيرُ الماعِز kid, young goat
بُرْجُ الجَدْي [فلك] Capricorn
جِدِّيّ : جادّ serious, earnest; grave
جَدِيد new; modern, up-to-date
مِنْ جَدِيد again, once again
جَدِير (بِـ) worthy (of), meriting; fit (for), befitting; capable
جَدِيرٌ بالذِّكْر worth mentioning
جَدِيلَة braid, plait, queue, pigtail
جَذَّ : قَطَعَ to cut off, clip
جَذّاب attractive, charming, cute
جَذَبَ to attract, draw, pull
جَذْر ، جِذْر root
جَذْرِيّ radical; basic
جِذْع trunk; stem
جَذَّفَ (بالمِجْذاف) to row, oar
جَذْوَة ، جُذْوَة firebrand, ember(s)
جَرَّ to draw, pull, drag, tug, tow
جَرَى : سالَ to flow, stream, run
جَرَى : رَكَضَ to run, race, rush
جَرَى : حَدَثَ to happen, take place, occur, go on
جَرَى : عُقِدَ to be held
جَرُؤَ (على) to dare, venture, have the courage to, be bold enough to
جَرّاء ، مِنْ جَرّاء because of, due to
جِراب bag, sack; cover, case
جُرْأة courage, boldness, guts
جَراج garage; parking lot, park
جَرّاح surgeon
جِراحَة surgery
جَراد(ة) locust; grasshopper
جَرّافَة harrow, drag; rake
جَرّافَة (لِشَقّ الطُّرُق) bulldozer
جرام gram
جَرايَة ، جِرايَة ration(s)
جَرَّبَ to try; to test, examine; to try on; to experiment
جَرْبُوع (حيوان) jerboa
جَرَّة : إناءٌ واسِع jar
جُرْثُوم ، جُرْثُومَة microbe, germ; bacterium (**pl.** bacteria)
جَرْجِير (نبات) rocket; watercress
جَرَحَ to wound, injure, hurt
جُرْح wound, injury, cut
جَرَّدَ البَضائِعَ أو المَوْجُودات to take stock, make an inventory (of)
جَرَّدَ مِنْ to divest of, dispossess of, strip of, deprive of
جَرَّدَ السَّيْفَ to unsheathe, draw

جَرَّدَ الشيءَ أو الفِكْرَة to abstract
جَرَّدَ مِن السِّلاح to disarm
جُرُد high and barren mountains
جَرْدَة : قائِمَةُ الجَرْد inventory
جَرْدَل : دَلْو، سَطْل bucket, pail
جُرَذ، جِرْذَوْن (حيوان) rat
جَرَس: ناقُوس bell; gong
جَرَشَ to grind, mill, crush, bruise
جَرَعَ، جَرِعَ ـ راجع تَجَرَّعَ
جَرْعَة، جُرْعَة dose, dosage; gulp
جَرَفَ to sweep (away), carry along, wash away; to shovel, scoop
جَرَّمَ to incriminate, convict
جُرْم : جَرِيمَة offense, crime
جِرْم : جِسْم body
جُرْمُوز : كَشَّافٌ صَغِير cub scout, cub
جُرْن basin; trough; mortar
جَرْو، جِرْو puppy, whelp; cub
جَرْي : رَكْض running, run
جَرِيء bold, courageous, intrepid, brave; daring, audacious
جَرِيح wounded, injured, hurt
جَرِيدَة : صَحِيفَة newspaper, paper
جَرِيمَة : جُرْم crime, offense
جَزَّ : قَصَّ to cut, cut off, clip
جَزَى : جازَى ـ راجع جازَى
جَزَّأَ to divide, part, break up, break down, split, partition
جُزْء part, portion; section
جُزْء : مُجَلَّد volume
جَزاء : ثَواب reward, requital
جَزاء : عِقاب punishment, sanction
جَزاء [رياضة بدنية] penalty
الجَزائِر Algiers
جَزائِرِيّ Algerian
جَزائِيّ penal; criminal
جَزَّار : لَحَّام butcher, meatman
جُزافاً at random, haphazard(ly)
جُزْئِيّ partial, incomplete; minor
جِزْدان purse, bag, handbag
جَزَر (نبات) carrot(s)
جَزِعَ : قَلِقَ to worry, be worried
جَزَمَ : بَتَّ، أكَّدَ to decide, determine; to be positive about, assert
جَزْمَة boot(s), shoe(s)
جُزَيْء، جُزَيْئِيء molecule
جِزْيَة tribute; tax; poll tax
جَزِيرَة island, isle
جَزِيل abundant, ample
شُكْراً جَزِيلاً! many thanks! thank you very much! thanks a lot!
جَسَّ : لَمَسَ to touch, feel, handle
جَسَّدَ to embody, incorporate
جَسَد : جِسْم body; flesh

جَسَدِيّ bodily, physical, fleshly
جَسَرَ (على) ـ راجع تَجاسَرَ (على)
جِسْر bridge
جَسَّمَ : ضَخَّمَ to enlarge, magnify
جَسَّمَ : جَسَّدَ to embody, incarnate
جِسْم : بَدَن body
جِسْمانِيّ، جِسْمِيّ bodily, physical
جَسُور bold, courageous, brave
جَسُور : وَقِح impudent, insolent
جَسِيم : ضَخْم big, large, bulky, huge; gross; grave, serious
جَسِيم : بَدِين fat, obese
جَشَع : طَمَع greed(iness), cupidity
جَشِع : طَمّاع greedy, covetous, avid
جَصّ، جِصّ plaster; gypsum
جَعْبَة : كِنانَة quiver (for arrows)
جِعَة : بِيرة beer
جَعْجَعَ to clamor, roar, shout, din
جَعَّدَ to curl, frizzle, wave (the hair); to wrinkle (the skin); to crease, crumple (cloth)
جَعْد curly, frizzly, wavy, ripply
جَعَلَ : صَيَّرَ to make
جَعَلَ لَهُ كَذا to provide with
جَعَلَ يَفْعَلُ كَذا to begin, start
جُعْل : أَجْر salary; fee; royalty
جُغْرافِيّ geographic(al)

جُغْرافِيا، جُغْرافِيَة geography
جَفَّ to dry, dry up, dry out
جَفاء alienation, antipathy
جَفاف dryness, aridity; drought
جَفَّفَ to dry, dry up, dry out
جَفَلَ to startle, start, bolt, shrink
جَفَّلَ to startle, frighten, shock
جَفْن : غِطاءُ العَيْن eyelid, lid
جُلّ : مُعْظَم most (of)
جُلّ (الدّابَّة) horse cover
جَلا : أَظْهَرَ to clarify, clear (up), show
جَلا، جَلَى : صَقَلَ to polish, scour
جَلا (عن) : أَخْلَى to evacuate, leave
جَلاء : وُضُوح clarity, clearness
جَلاء : خُرُوج evacuation
جُلاب، جُلّاب : شَرابٌ حُلْو julep
جَلّابِيَّة : ثَوْبٌ طَوِيل galabia, djellaba
جَلّاد executioner, hangman
جَلال، جَلالَة : سُمُوّ loftiness, sublimity, magnificence, grandeur
جَلالَةُ المَلِك His Majesty, the King
جَلَبَ : أَحْضَرَ to bring, get, fetch
جَلَب، جَلَبَة : ضَجَّة noise, din, roar, uproar, clamor, hubbub
جُلْجُل : شَحّاذُ العَيْن sty
جَلَخَ، جَلَّخَ to whet, sharpen, hone
جَلَدَ (بالسَّوْط) to whip, lash, flog

جَلَدَ : تَثَلَّجَ to freeze, frost, ice (up)
جَلَّدَ : جَمَّدَ to freeze, ice, frost
جَلَّدَ (الكِتابَ) to bind (a book)
جَلَد : تَحَمُّل endurance, patience
جِلْد، جِلْدَة skin; hide; leather
جِلْدَةُ الكِتاب binding, cover; jacket
جِلْدِيّ dermal, skin; leather(n)
جَلَسَ to sit down, sit, take a seat
جَلَّسَ : قَوَّمَ to straighten
جَلَّسَ : أَجْلَسَ ـ راجع أَجْلَسَ
جَلْسَة : اِجْتِماع session; meeting
جِلْف : فَظّ rude, rough, blunt, crude
جَلَّلَ : غَطَّى to cover, wrap, clothe
جُلُوس : قُعُود sitting, sitting down
جَلِيّ : واضِح clear, evident, obvious
جَلِيد : ماءٌ مُتَجَمِّد ice
جَلِيدِيّ icy, ice, glacial
جَلِيل lofty, sublime, magnificent, honorable; important
جَمّ : كَثِير much, many; a lot
جَماد solid (or inanimate) body
جَمارِك ـ راجع جُمْرُك
جَماعَة group; body; community
جَماعِيّ collective; team, group
جَمال beauty, grace(fulness), prettiness, comeliness, charm

جُمانَة : لُؤْلُؤَة pearl
جَماهِير، الجَماهِير the masses, the public, the people
جَماهِيرِيّ mass
جُمْباز gymnastics; calisthenics
جَمْبَرِي : قُرَيْدِس shrimp; prawn
جُمْجُمَة skull, cranium
جَمَدَ، جَمُدَ ـ راجع تَجَمَّدَ
جَمَّدَ (بالبُرُودَة) to freeze, frost, ice
جَمَّدَ : صَلَّبَ to solidify, harden, set
جَمَّدَ الأَمْوالَ to freeze, block
جَمْرَة firebrand, ember(s)
جُمْرُك customs; customhouse
جَمَعَ، جَمَّعَ to gather, collect; to combine, group; to join, unite; to assemble, bring together, rally
جَمَعَ الأَعْدادَ to add, add up
جَمَعَ الحُرُوفَ : نَضَّدَ، صَفَّ to compose, set, typeset
جَمْع (الأَعْدادِ) addition, adding
جَمْع [لغة] plural
جَمْع (مِنَ النَّاس) ـ راجع تَجَمُّع
جُمْع (الكَفِّ أو اليَدِ) fist
الجُمُعَة، الجُمْعَة (يَوْم) Friday
جَمْعِيَّة association, society; institution, organization; assembly
جَمْعِيَّةٌ تَعاوُنِيَّة cooperative society, cooperative, co-op

جَمَل ـ راجع أجْمَل

جَمَّلَ to beautify, pretty up, make beautiful, adorn, garnish

جَمَل (حيوان) camel

جُمْلَة : عِبَارَة sentence, clause

جُمْلَة : عِدَّة several, many

على الجُمْلَة on the whole, in general, generally, by and large

في جُمْلَةِ كَذَا (one) of, (one) among

بِالجُمْلَة [تجارة] wholesale

جُمْهُور crowd, gathering, assembly; the public; audience, attendance

جَمَاهِير ـ راجعها في مكانها

جُمْهُورِيّ republican

قَصْرٌ جُمْهُورِيّ presidential palace

جُمْهُورِيَّة republic

جُمُود : رُكُود stagnancy, standstill, recession, slump, inactivity

جُمَّيْز، جُمَّيْزَى (نبات) sycamore

جَمِيع : كُلّ all, all of ; every, each

جَمِيعاً all (of), the whole (of); everybody, everyone

جَمِيل : حَسَن beautiful, graceful. lovely, pretty, handsome, good-looking

جَمِيل : فَضْل، مَعْرُوف favor, service, good turn, kind act

جُنَّ to be(come) insane, mad, crazy; to go mad, lose one's mind

جِنّ : جانّ jinn, demons, fairies

جَنَى to pick, gather, reap, harvest; to earn, get, obtain, acquire

جَنَى على to harm, hurt, wrong

جَنًى yield, crop, harvest, fruits

جَنَائِنِيّ : بُسْتانِيّ gardener

جِنَائِيّ criminal, penal

جَنَاح wing

جَنَاح (في فُنْدُقٍ إلخ) suite

جَنَاح (في مَعْرِض) stand, stall, booth

جُنَاح : إِثْم offense, fault; sin

جَنَارِك (نبات) green plum

جُنَّاز requiem, obsequies; funeral

جِنَازَة funeral procession; funeral

جِنَايَة felony, serious crime

جَنَّبَ to protect from, save, spare

جَنْب : جِهَة، جانِب side

جَنْب، بِجَنْب ـ راجع (إلى) جانِب

جَنْبَرِيّ : قُرَيْدِس shrimp; prawn

جَنَّة : فِرْدَوْس paradise, heaven

الجَنَّة، جَنَّاتُ النَّعِيم : الفِرْدَوْس paradise, Heaven

جَنَحَ إلى to incline to, lean to, tend to

جُنْحَة [قانون] misdemeanor

جَنَّدَ to draft, enlist, recruit, sign up, conscript; to mobilize, call up

جُنْد : عَسْكَر soldiers, troops

جُنْدُب (حشرة) grasshopper
جُنْدُفْلِي oysters
جُنْدِيّ soldier, private
جُنْدِيَّة the army, the military; military service; military life
جِنِرَال : لِوَاء (في الجَيْش) general
جِنْزَار : زِنْجار verdigris
جِنْزِير : زِنْجِير، سِلْسِلَة chain
جِنْس : نَوْع kind, sort, type
جِنْس : عِرْق، عُنْصُر race, stock
جِنْس (ذَكَرٌ أو أُنْثى) sex
جِنْسِيّ sexual, sex; sexy
جِنْسِيَّة nationality, citizenship
جَنَّنَ to madden, drive mad, drive crazy, make insane
جَنُوب : جِهَةٌ تُقَابِلُ الشَّمَال south
جَنُوبِيّ southern, south
جُنُون insanity, madness, mania, craziness; foolishness
جُنُونِيّ crazy, insane, mad; frantic, wild, hysteric(al)
جِنِّيّ، جِنِّيَّة jinni, fairy
جَنِين fetus; embryo
جُنَيْنَة : حَدِيقَة garden
جُنَيْه pound
جِهَاد jihad, holy war; struggle
جِهَاز : أَدَاة apparatus, set; appliance, device; instrument, tool; equipment
جِهَاز : نِظَام [تشريح] system
جِهَاز : هَيْئَة body, institution, organization; cadre; staff
جِهَازُ العَرُوس trousseau
جِهَازُ رادِيُو radio, radio set
جِهَة : جانِب، صَوْب side; direction
جِهَة : مَرْجِع authority, body
مِنْ جِهَةِ كَذَا from, on the part of
مِنْ جِهَةٍ أُخْرَى on the other hand
جُهْد effort, endeavor, attempt; exertion, strain; hard work
جَهْراً، بالجَهْر publicly, openly
جَهَّزَ : أَعَدَّ to prepare, ready
جَهَّزَ بِـ to equip with, fit with, furnish with, provide with
جَهِلَ not to know (of); to be unfamiliar with, unaware of
جَهْل ignorance
جَهَنَّم hell, hellfire
جَهْوَرِيّ orotund, sonorous, loud
جَوّ atmosphere, air; weather
جَوّاً، بالجَوّ by air, by airplane
جَوَاب : رَدّ answer, reply; response
جَوَاد : كَرِيم generous, liberal
جَوَاد : حِصَان horse, steed
جِوَار : قُرْب neighborhood, vicinity, nearness, closeness
بِجِوار near, close to, in the neighborhood of, next to
جَوارِب stocks; stockings
جَوَاز : كَوْنُ الشَّيْءِ جائِزاً permissibility,

legality; possibility

جَواز: رُخْصَة permit, license

جَوازُ سَفَر passport

جَوافَة، جُوافَة (نبات) guava

جَوّال: رَحّالة globe-trotter, traveler, wanderer; wandering, traveling

جَوّال: كَشّاف boy scout, scout

جَواهِر jewelry; jewels, gems

جَواهِرِيّ: جَوْهَرِيّ jeweler

جُوخ broadcloth; cloth; suiting

جُود: كَرَم generosity, liberality

جَوْدَة، جُودَة goodness, excellence, (fine) quality, fineness

جُودُو [رياضة بدنية] judo

جَوْر: ظُلْم injustice, unfairness; oppression, tyranny

جَوْرَب sock(s); stocking(s)

جُورِيّ (نبات) damask rose

جَوَّز: أجازَ - راجع أجاز

جَوْز، جَوْزَة (نبات) walnut; nut

جَوْزُ الطِّيب، جَوْزَةُ الطِّيب nutmeg

جَوْزُ الهِنْد، جَوْزٌ هِنْدِيّ coconut

الجَوْزاء، بُرْجُ الجَوْزاء Gemini

جَوَّعَ to starve, famish, hunger

جُوع hunger, starvation

جَوْعان - راجع جائع

جَوَّفَ to hollow out, cave

جَوْف interior, inside

جَوْقَة choir; orchestra, band

جَوْلَة round; tour, trip, voyage, journey; cruise; ride

جُولْف (لعبة) golf

جُومْبُون، جُونْبُون ham

جُون: خَلِيج inlet, bay, gulf

جَوْهَر: ماهِيَّة، لُبّ essence; intrinsic nature; gist, pith, core

جَوْهَر، جَوْهَرَة jewel, gem

جَوْهَرِيّ: أساسِيّ essential, intrinsic; fundamental, basic, main

جَوْهَرِيّ، جَوْهَرْجِيّ jeweler

جَوِّيّ air, aerial; atmospheric(al); weather, meteorologic(al)

جَيّاش wild, hot; ebullient

جَيْب (الثَّوْبِ إلخ) pocket

جَيِّد good; fine, well

جَيِّداً well; fully

جَيِّدٌ جِدّاً very good

جِيد: عُنُق neck

جَيَّرَ: ظَهَّرَ (شيكاً) to endorse, back

جِير: كِلْس lime

جِيرَة neighborhood

جَيَّشَ to levy, raise, mobilize

جَيْش army, troops, armed forces

جِيفَة carcass; corpse, cadaver

جِيل (مِنَ النّاس) generation

جِيل: عَصْر age, era, epoch

جِيلاتِي: بُوظَة ice cream

جِيُولُوجِيّ geologic(al)

جِيُولُوجِيا geology

ح

حائر confused, puzzled, bewildered; hesitant, indecisive, uncertain

حائز holder, possessor, owner

حائزُ (شَهادَةِ) بكالوريوس bachelor

حائض، حائضة menstruating, sick

حائط : جدار wall

حابى to favor, be partial to

حاجَّ : جادَلَ to argue with

حاجّ (ج حُجّاج) pilgrim; hajji

حاجِب : بَوّاب doorkeeper, gatekeeper, doorman, janitor

حاجِبُ مَحْكَمَة bailiff, usher, crier

حاجِب (العَيْن) eyebrow, brow

حاجَة : لُزوم need, necessity

حاجَة : عَوَز need, want, neediness, poverty; shortage, deficiency

حاجَة : رَغْبَة desire, wish, aim

حاجَة : شَيْء thing, object

حاجات، حَوائِج، حاجِيات needs; objects, belongings, possessions

حاجِز : فاصِل partition, division, divider, screen; rail; fence

حاجِز : عائِق barrier, obstacle, bar

حاجِز (في طَرِيق) roadblock, barricade; checkpoint

حاخام : حَبْر (عِنْدَ اليَهود) rabbi

حادَ (عن) to deviate or depart from

حادّ : قاطِع sharp, cutting, incisive

حادّ : شَدِيد intense, acute, severe

حادّ : حِرِّيف acrid, sharp, pungent

حادَثَ to speak to (or with), talk to (or with), converse with

حادِث، حادِثَة incident, occurrence, event; accident, mishap

حادِثَةُ مُرور traffic accident

حاذى to be next to, adjacent to; to be parallel to, opposite (to)

حاذِق : ماهِر skillful, proficient; clever

حاذِق (الطَّعْم) sour; tart, sharp

حارَ : تَحَيَّرَ ـ راجع تَحَيَّرَ

حارّ : ساخِن hot, warm

حارّ : وُدِّي warm, cordial, friendly

حارَبَ to fight, combat, battle (against), wage war (against)
حارَة : مَحَلَّة quarter, district
حارِس : خَفِير guard, watch(man), sentry, sentinel; bodyguard
حارِس : بَوَّاب doorkeeper, gatekeeper, concierge, janitor, porter
حارِس : قَيِّم guardian, caretaker
حارِسُ المَرْمَى goalkeeper
حارِق : مُحْرِق burning, incinerating; incendiary; scorching, searing
حازَ to hold, possess, have, take; to acquire, get, obtain; to achieve, realize, score
حازِم resolute, firm, steadfast; severe, strict; tough, drastic
حازُوقَة : فُوَاق hiccup(s)
حاسَبَ to settle an account with; to call to account, hold responsible
حاسَبَ على نَفْسِهِ (مِنْ) to guard against; to be careful, take care
حاسِبٌ إلِكْترونِيٌّ أو آلِيّ computer
حاسِبَة : آلَةٌ حاسِبَة calculator
حاسَّة sense; sense organ
حاسِد ـ راجع حَسُود
حاسِم decisive, conclusive, final, definite, definitive, categorical
حاشا : باسْتِثْناء except, excluding
حاشَا اللهِ، حاشَا لِلّهِ God forbid!
حاشِيَة : طَرَف border, edge, hem
حاشِيَة : جانِبُ الصَّفْحَة margin
حاشِيَة : هامِش footnote; note
حاشِيَة : بِطانَة، حَشَم retinue, suite, entourage, cortege, attendants
حاصَرَ to blockade; to besiege, beleaguer, siege, lay siege to
حاصِل : جارٍ happening, taking place, occurring, going on
حاصِل : مَجْمُوع total, sum
حاصِلُ الضَّرْب product
حاضَ (تِ الأُنْثَى) to menstruate
حاضَرَ : أَلْقَى مُحاضَرَةً to lecture, deliver or give a lecture
حاضِر : مَوْجُود present; attending
حاضِر : جاهِز ready, prepared
حاضِر : حالِيّ current, present
الحاضِر the present, the present time; this moment; today, now
حاضِرَة capital, city
حاضِنَة (الأطْفال) nursemaid, (dry) nurse, nanny; baby-sitter
حاضِنَة (البَيْض إلخ) incubator
حافٍ (الحافِي) barefoot(ed), unshod
حافَّة، حافَة : طَرَف edge, border, rim, brim, brink, verge, tip
حافِر (الدّابَّة) hoof
حافِر : مَنْ يَحْفِر ـ راجع حَفّار
حافِز incentive, motive, inducement, drive, urge, stimulus; catalyst
حافَظَ على : حَفِظَ to keep, preserve, protect; to maintain; to take care

of; to save, conserve
حافَظ على: اِلْتَزَم بـ to observe, comply with, respect; to persevere in, continue to do, keep (up)
حافِظ keeper, guardian; protector, preserver, conserver; maintainer
حافِل (بـ) full of, rich in, rife with
حافِلَة bus; (railroad) car, coach
حاقِد ـ راجع حَقُود
حاكَ: نَسَجَ، حَبَكَ to weave; to knit
حاكَ: دَبَّرَ to hatch, contrive, plan
حاكَى: قَلَّدَ to imitate, copy, mimic
حاكَمَ: أقامَ دَعْوَى على to sue
حاكَمَ: تَوَلَّى مُحَاكَمَتَهُ to try, judge
حاكِم: مُدِير، آمِر ruler; governor; commander; head, chief; master
حاكِم: قاضٍ judge, justice
حاكِم: سائِد ruling, governing
حالَ دُونَ: مَنَعَ to prevent, hinder; to keep (from); to obstruct, impede
حال، حالَة state, condition; situation, status; case
حالاً، في الحال، لِلْحال immediately, at once, right away, promptly
في حالِ in case (of or that), if
على كُلِّ حال in any case, anyway
كَيْفَ حالُك؟ how are you?
حالَفَ: تَحالَفَ مَع to ally with

حالَفَهُ الحَظُّ to be lucky, fortunate
حالِك deep-black, pitch-black
حالِم: مَنْ يَحْلُم dreamer; visionary
حالِم: شاعِرِيّ soft, romantic
حالَمَا as soon as, no sooner than
حالِيّ present, current, actual
حالِيًّا now, at present, presently
حام (حَوْلَ) to hover, circle; to hover about; to hang around
حامٍ (الحامِي): مُدَافِع protector
حامٍ: حارّ hot; heated, violent
حامَى عن ـ راجع حَمَى
حامِض (الطَّعْم) sour, acid
حامِض، لَيْمُونٌ حامِض lemon; lime
حامِض: حَمْض [كيمياء] acid
حامِل: ناقِل carrier, bearer, porter
حامِل: مالِك holder, owner, bearer
حامِل: حُبْلَى pregnant, expectant
حامِل: حَمَّالَة، دِعَامَة holder, hanger; stand, tripod; support, prop
حامِلَةُ مَفَاتِيح key holder
حانَ: قَرُبَ to come, approach
حانَ الوَقْتُ the time has come, now is the time, it is (high) time
حانَة: بار bar, barroom, pub
حانِق ـ راجع مُحْنَق
حانُوت: دُكّان store, shop
حانُوتِيّ: صاحِبُ دُكّان storekeeper,

shopkeeper, shopowner

حانوتي : مُتَعَهِّدُ دَفْن undertaker

حاوَرَ to dialogue with, talk with, speak with, converse with

حاوَلَ to try, attempt, bid

حاوُوز : خَزّان reservoir

حاوِيَة : صُنْدُوقُ شَحْن container

حَبّ : حُبُوب grain, cereal(s); seed(s)

حَبّ، حُبُوب : بُثُور pimples

حَبُّ الشَّباب، حَبُّ الصِّبا acne

حَبّ، حُبُوب (طِبِّيَّة) tablets, pills

حَبُّ الهال، حَبُّ الهان cardamom

حُبّ : هَوًى love; passion; affection; fondness, liking, fancy

حَبا : زَحَفَ، دَبَّ to crawl, creep; to go on all fours

حَبا (بِـ) : مَنَحَ to endow with, grant (to), bestow or confer upon

حَبّار : سِبِيدَج squid, sepia, pen fish

حَبَّبَ (إلى) to make someone love or like; to endear (to)

حَبَّة : واحِدَةُ الحَبّ grain; seed; bean

حَبَّة : بَثْرَة pimple, pustule, blister

حَبَّةُ دَواء tablet, pill, pastille

حَبَّةُ حَلْوَى drop, piece of candy

حَبَّذَ to approve (of), advocate, second; to recommend; to favor

حَبْر : أُسْقُف pontiff, bishop, prelate

الحَبْرُ الأَعْظَم the Pope

حِبْر : مِداد ink

حِبْرٌ صِينِيّ India ink, Chinese ink

حَبَسَ : سَجَنَ to imprison, jail, intern

حَبَسَ : كَبَتَ to withhold

حَبْس : اِعْتِقال imprisonment, jailing

حَبْس : سِجْن prison, jail, lockup

حَبَطَ، حَبِطَ to fail, be futile, be vain

حَبَق (نبات) basil, sweet basil

حَبَكَ : نَسَجَ، حاكَ to weave; to knit

حَبِلَ (تِ المَرْأَةُ) : حَمَلَتْ to be(come) pregnant, to conceive

حَبَل : حَمْل pregnancy, conception

حَبْل، حَبْلَة rope, cable; cord

حُبْلَى : حامِل pregnant, expectant

حُبُور joy, delight, happiness

حُبِّيّ friendly, amicable; cordial; loving, love, affectionate

حَبِيب، حَبِيبَة sweetheart, love(r), darling, honey; beloved, dear

حَتَّ : بَرَى to scrape off, rub off, abrade, chafe, fret, erode

حَتَّى : إِلَى until, till; (up) to, as far as

حَتَّى : كَيْ so that, in order that, in order to, to, so as, for

حَتَّى : أَيْضاً even; including; together with, also, too, as well as

حَتَّى لا in order not to, lest

حَتَّى لَوْ even if, (even) though

حَتّامَ : حَتَّى مَتَى till when? how long?

حَتْف : مَوْت	death
لَقِيَ حَتْفَهُ	to die
حَتَّمَ	to necessitate, make necessary; to require; to impose (upon)
حَتْماً	definitely, certainly, of course, positively, sure(ly); inevitably
حَتْمِيّ	definite, determinate; inevitable, inescapable, necessary
حَثَّ (على)	to urge, incite, prod
حَثَّ خُطاه	to mend one's pace
حُثَالَة	dregs; dross, rubbish, junk
حَثِيث	fast, quick, rapid, swift
حَجَّ	to go on pilgrimage
حَجّ	pilgrimage; hajj
حِجًى، حِجاً	mind, reason, sense
حِجَاب : خِمَار، سِتْر	veil; screen
حِجَاب : تَمِيمَة	amulet, charm
حَجَبَ	to veil, cover; to hide, make invisible; to obstruct, block
حُجَّة : ذَرِيعَة	argument; plea, excuse, pretext, pretense
حُجَّة : بُرْهان	proof, evidence
حُجَّة : خَبِير	authority, expert
حُجَّة : سَنَد	deed, document
حُجَّةُ غِيَاب	alibi
حَجَر	stone
حَجَر (في صِناعَةِ السّاعات)	jewel
حَجَرُ الشِّطْرَنْج	pawn, man
حَجَرُ عَثْرَة	stumbling block, obstacle, hindrance, obstruction
حَجَرُ القَدَّاحَة	flint
حَجَرٌ كَرِيم	precious stone, gem, jewel
حَجْرٌ صِحِّيّ	quarantine
حُجْرَة : غُرْفَة	room; chamber; cell
حَجَرِيّ	stony, stone
حَجَزَ : حَصَرَ	to restrain, hold (back), keep; to limit, confine, restrict
حَجَزَ : اِعْتَقَلَ	to detain, confine
حَجَز الشَّيْءَ	to attach, distrain, distress, sequester, seize
حَجَزَ مَكَاناً (غُرْفَةً إلخ)	to reserve, book, make a reservation (for)
حَجْز (مَكانٍ)	reservation, booking
حَجَل (طائر)	partridge; bobwhite
حَجَّمَ	to stunt, dwarf; to incapacitate, weaken; to minimize
حَجْم	volume, size, magnitude
حَدَّ : لَبِسَ الحِدَادَ	to mourn, wear mourning, wear black clothes
حَدَّ : تاخَمَ	to bound, be a boundary to, border (on), adjoin
حَدَّ (مِنْ) : قَيَّدَ، خَفَّفَ	to limit, restrict; to curb, check, control, restrain; to curtail, reduce, lessen
حَدّ : تَخْم	boundary, border, frontier, borderline
حَدّ : طَرَف، حافَة	edge, border; limit, end, extreme, extremity

حَدّ : مَدًى، نِطَاق limit, bound(s)
حَدّ : دَرَجَة extent, degree, measure; point; level
حَدّ : قِصَاص penalty, punishment
حَدٌّ أَدْنَى minimum; lowest, least
حَدٌّ أَعْلَى ، حَدٌّ أَقْصَى maximum; ceiling; utmost; greatest, highest
إلى حَدِّ (كَذَا) as far as, up to, until, till, to the extent or degree of
إلى حَدٍّ ما to some extent, more or less, somewhat, to a degree
وَضَعَ حَدًّا لِـ to put an end to, end, terminate, stop, discontinue
في حَدِّ ذاتِهِ per se, in itself
ذُو حَدَّيْنِ double-edged, two-edged
حَدَا على ، حَدَا بِهِ إلى to prompt, incite, induce, impel, drive, motivate
حَدَأَة ، حِدَأَة (طائر) kite, glede
حَدَاثَة newness, novelty; modernity, modernness, up-to-dateness
حَدَّاد blacksmith, (iron)smith
حِدَاد : حُزْن ، لُبْسُ السَّوَاد mourning
حَدَب : عَطْف sympathy, kindness
مِنْ كُلِّ حَدَبٍ وصَوْبٍ from all sides or directions, from everywhere
حَدَبَة (في الظَّهْر) hump, hunch
حِدَة ، على حِدَة separately, alone
حِدَّة sharpness, keenness, acuteness; intensity; acridity
حَدَثَ : وَقَعَ ، جَرَى to happen, take place, occur, go on, pass
حَدَّثَ : أَخْبَرَ ، رَوَى to tell, relate to, speak to, talk to
حَدَّثَ : جَدَّدَ to modernize, update
حَدَث ـ راجع حادِث ، حادِثَة
حَدَث : شابّ juvenile, youth, young man; young; minor
حَدَّدَ : عَيَّنَ to define; to specify, determine, pinpoint, fix
حَدَّدَ : قَيَّدَ ، حَصَرَ to limit, restrict
حَدَّدَ السِّكِّينَ إلخ to sharpen, whet, hone, strop
حَدَّدَ الأَسْعار to fix, control, peg
حَدْس intuition, feeling; hunch
حَدَّقَ to stare (at), gaze (at)
حَدَلَ to flatten, level, roll
حَذْوَة ، حِذْوَة horseshoe
حُدُود ـ راجع حَدّ
حَدِيث : جَدِيد new, novel, recent; modern, up-to-date
حَدِيث : كَلام speech, talk(ing); conversation, discourse
الحَدِيث ، الحَدِيثُ الشَّرِيف Prophetic tradition, Hadith
حَدِيثُ النِّعْمَة ـ راجع مُحْدَثُ النِّعْمَة
حَدِيثاً recently, lately, newly
حَدِيد (مَعْدِن) iron
حَدِيدَة piece of iron
حَدِيدِيّ iron; ferric, ferrous
سِكَّة حَدِيدِيَّة railroad; railway

حَدِيقَة garden
حَدِيقَةُ حَيَوانات، حَدِيقَةُ حَيَوان zoo
حَدِيقَةٌ عامَّة public garden, park
حَذَا (حَذْوَهُ) to imitate, follow someone's example, pattern after
حِذاء shoe(s); boot(s); sandal(s)
حِذاءَ، بِحِذاء opposite (to), facing, parallel to; beside, next to
حَذارِ (مِنْ) beware (of)! be careful (of)! take care (of)!
حَذَافِير، بِحَذَافِيرِه entirely, completely; in detail
حَذِرَ (مِنْ) to be cautious (of), beware (of); to be careful, take care
حَذَّرَ to warn, caution
حَذَر، حِذْر caution, cautiousness, care, circumspection
حَذِر cautious, careful, vigilant
حَذَفَ to delete, cancel, strike out; to eliminate, take out; to omit
حِذْق skill, proficiency; cleverness
حَرّ: حَرارَة heat, hotness
حَرّ: فُلْفُل capsicum, red pepper
حُرّ: طَلِيق، غَيْرُ مُقَيَّد free
حَرارَة: ضِدُّ بُرُودَة heat, hotness
حَرارَة: حُمَّى fever, temperature
حَرارَةُ الجَوِّ أو الجِسْم temperature
حَرارَة: حَماسَة ardor, passion; enthusiasm, zeal, warmth
حَرام: مُقَدَّس inviolable, taboo; sacrosanct, sacred, holy
حَرام: مُحَرَّم ـ راجع مُحَرَّم
حَرام: مُخْتَلَس ill-gotten
حَرام: إِثْم sin, wrongdoing
حِرام: غِطاءٌ لِلنَّوم blanket, cover
حَرامِيّ: لِصّ thief, robber, burglar
حَرّان: شَدِيدُ العَطَش very thirsty
حَرْب war, warfare; combat
الحَرْبُ العالَمِيَّةُ الأُولَى World War I
حِرْباء، حِرْباءَة (حيوان) chameleon
حَرْبَة bayonet; spear, lance
حَرْبِيّ war, warlike, belligerent
حَرَثَ to plow; to till, cultivate
حَرَّجَ على to constrain, press(ure)
حَرَّجَ: شَجَّرَ to afforest, forest
حَرَج: اِرْتِباك embarrassment
حَرَج: إِثْم sin, fault; blame
حَرَج، حَرَجَة: غابَة forest, wood
حَرِج: خَطِير critical; grave
حَرِج: ضَيِّق narrow, tight, close
حَرِج: مُحْرِج embarrassing
حَرِدَ على to be angry or cross with
جِرْذَوْن (حيوان) lizard
حَرَّرَ: أَطْلَقَ to liberate, free, set free, release, set at liberty
حَرَّرَ: كَتَبَ to edit; to write, compile, compose, draw up, draft

to keep, guard, protect حَرَزَ
amulet, charm حِرْز : تَمِيمَة، حِجَاب
to guard, watch; to protect, safeguard; to patrol; to supervise حَرَسَ
guard, watch; bodyguard حَرَس
honor guard حَرَسُ الشَّرَف
royal guard الحَرَسُ المَلَكِيّ
scales (of fish) حَرْشَف : قِشْرُ السَّمَك
to desire, wish; to aspire to, seek حَرَصَ، حَرِصَ على : رَغِبَ في
to adhere to, cling to; to be devoted to, attached to حَرَصَ، حَرِصَ على : تَمَسَّكَ بِـ
desire, wish حِرْص (على) : رَغْبَة
stinginess, miserliness, thrift(iness), economy حِرْص : بُخل
adherence to, clinging to; devotion; care, concern; attention حِرْص (على) : تَمَسُّك (بِـ)
to instigate, incite, abet; to motivate, stimulate حَرَّضَ (على) : حَثَّ
to slant, tilt حَرَّفَ، حَرَفَ : أَمالَ
to distort, pervert, corrupt, misstate, falsify حَرَّفَ (المَعْنى)
edge, verge, tip, point حَرْف : طَرَف
letter, character حَرْف (أَبْجَدِيّ)
initial الحَرْفُ الأَوَّلُ مِنْ اسْمٍ أو كَلِمَةٍ
craft, handicraft حِرْفَة : صَنْعَة
literal; verbatim حَرْفِيّ
literally; verbatim حَرْفِيًّا
حَرَقَ، حَرَّقَ ـ راجع أَحْرَقَ
حَرْق : إِحْراق ـ راجع إِحراق
burn; scorch حَرْق : أَثَرُ الاحْتِراق
burn(ing); pain حُرْقَة، حُرَقَة
حَرُكَ ـ راجع تَحَرَّكَ
to move; to stir حَرَّكَ : جَعَلَهُ يَتَحَرَّكُ
to stimulate, motivate, move; to (a)rouse, stir up حَرَّكَ : أَثارَ
to vowelize, point حَرَّكَ (كَلِمَةً)
active, lively, nimble حَرِك : نَشِيط
movement, motion حَرَكَة : تَحَرُّك
activity, liveliness حَرَكَة : نَشَاط
move, step حَرَكَة : خُطْوَة
gesture; sign حَرَكَة : إِيْمَاءَة
vowel (point) حَرَكَة (على حَرْف)
movement; organization حَرَكَة (سِيَاسِيَّة، اجْتِمَاعِيَّة إلخ)
to deprive of, dispossess of; to deny, withhold from حَرَمَ
to forbid, prohibit, proscribe, ban, bar, outlaw حَرَّمَ : حَظَرَ
sanctuary, sanctum حَرَم : مَقْدِس
wife, spouse حَرَم : زَوْجَة، قَرِينَة
campus حَرَمُ الجامِعَةِ أو الكُلِّيَّة
deprivation, dispossession; denial حِرْمان : تَجْرِيد، مَنْع
need(iness), poverty حِرْمان : عَوَز
sanctity, sacredness; in- حُرْمَة : قَدَاسَة

violability, immunity

حَرَنَ، حَرُنَ to balk, be stubborn

حَرِيّ (بِـ) appropriate (for), fit (for); becoming, befitting

بِالحَرِيّ ـ راجع بالأَحْرَى (أَحْرَى)

حُرِّيَّة freedom, liberty

حُرِّيَّةُ الإِرَادَة free will

حُرِّيَّةُ التَّعْبِير freedom of speech

حَرِير silk

حُرَيْرَة : وَحْدَةٌ حَرارِيَّة calorie

حَرِيرِيّ silken, silk-, of silk, silky

حَرِيز : حَصِين inaccessible

حَرِيص (على) : راغِب desirous, desiring, wishful; eager, keen

حَرِيص : بَخِيل stingy, niggardly; economical, thrifty, frugal

حِرِّيف : لاذِع pungent, acrid, sharp

حَرِيق fire, conflagration, blaze

حَرِيم : نِساء harem; women

حَرِيمِيّ women's, lady's, for women

حَزَّ to notch, incise, cut, nick

حَزَّ في نَفْسِهِ to hurt, pain, grieve

حِزام belt; girdle; waistband

حِزامُ الأَمَان safety belt, seat belt

حِزْب (سِياسِيّ) (political) party; faction

حِزْبِيّ : مُتَعَلِّقٌ بِحِزْب party; factional

حِزْبِيّ : عُضْوٌ في حِزْب party member

حَزَرَ to guess, conjecture, surmise

حَزَمَ، حَزَّمَ : رَزَمَ to pack, wrap (up)

حَزْم : تَصْمِيم firmness, resolution, resolve, determination

حُزْمَة bundle, bale; bunch; parcel, package; beam (of rays)

حَزَنَ، حَزَّنَ ـ راجع أَحْزَنَ

حَزِنَ to be sad, grieved, unhappy, gloomy; to grieve, sadden

حُزْن sadness, grief, sorrow, unhappiness, melancholy, gloom

حَزِيران : يُونْيُو June

حَزِين، حَزْنان sad, unhappy, grieved, sorry, depressed, gloomy, blue

حَزِين : مُحْزِن ـ راجع مُحْزِن

حَسَّ (بِـ) ـ راجع أَحَسَّ (بِـ)

حِسّ : إِحْساس ـ راجع إِحْساس

حِسّ : حاسَّة sense

حِسّ : صَوْتٌ خَفِيض low voice

حَسَا : شَرِبَ، رَشَفَ to drink, sip

حَساء soup; broth; pottage

حِساب، عِلْمُ الحِساب arithmetic

حِساب : اعْتِبار consideration

حِساب : مُحاسَبَة accounting; settlement

حِساب (بَيْنَ المُتَعامِلِين) account

حِسابُ تَوْفِير savings account

حِسابٌ جارٍ current account; check-

ing account
on account; on credit على الحِسَاب
at the expense of على حِسَابِه
arithmetic(al), mathematical حِسَابِيّ
sensitive; susceptible حَسَّاس
allergy; sensitivity حَسَّاسِيَّة
sword حُسَام : سَيْف
to calculate, compute, count, number حَسَبَ : عَدَّ، أَحْصَى
to consider, deem, regard as, think, suppose حَسَبَ، حَسِبَ : ظَنَّ
ancestry, pedigree, noble descent, distinguished origin حَسَب : مَحْتِد
according tc, pursuant to, depending on حَسَبَ، بِحَسَب
calculation, computation, counting حَسْب، حُسْبان
you need only.. حَسْبُكَ أَنْ
suffice it to say حَسْبُنَا القَوْلُ
Sufficient unto us is God حَسْبُنَا اللّٰهُ
only, just, merely, no more فَحَسْب
to be expected; to be taken into account كانَ في الحُسْبان
price control; weights and measures control حِسْبة (الأَسْعارِ أو المَوَازِين)
as, according to what حَسْبَمَا
to envy, be envious of حَسَدَ
envy, invidiousness; jealousy حَسَد
to uncover, unveil, bare حَسَرَ : كَشَفَ
regret; sorrow, grief, sadness حَسْرَة
alas! too bad! what a pity! unfortunately! واحَسْرَتاه، يا لَلْحَسْرَة
fishbones حَسَك (السَّمَكِ)
to decide, determine, settle, resolve حَسَمَ : بَتَّ، جَزَمَ
to discount, deduct حَسَمَ : خَصَمَ
discount, rebate حَسْم : خَصْم
to be nice, good حَسُنَ
to be fit for; to befit حَسُنَ بِـ
to improve, better, make better; to beautify, adorn حَسَّنَ
handsome, good-looking, beautiful; nice; good; fine, well حَسَن
well, good, all right, OK حَسَناً
bravo! well done! حَسَناً (فَعَلْتَ)
beauty, grace, handsomeness; goodness, fineness حُسْن
good behavior حُسْنُ السُّلُوك
good reputation حُسْنُ السُّمْعَة
fortunately, luckily لِحُسْنِ الحَظِّ
the 99 attributes of God حُسْنَى، الأَسْماءُ الحُسْنَى
amicably; with kindness بِالحُسْنَى
beautiful woman حَسْناء
charity, alms; good deed, favor, kind act حَسَنَة : صَدَقَة، فَضْل
advantage, merit حَسَنَة : مِيزَة
envious; jealous; envier حَسُود

حَسُّون (طائر) goldfinch
حِسِّيّ: خاصّ بالحِسّ sensory, sensuous
حِسِّيّ: مَلْمُوس ـ راجع مَحْسُوس
حَسِيب: أَصِيل highborn, noble
حَسِيب: كافٍ enough; sufficient
حَشا، حَشَى to stuff, fill (up); to wad, pad; to cram, pack, load, charge
حَشاً، حَشًى (ج أَحْشاء) ـ راجع أَحْشاء
حَشّاش hashish smoker or addict
حَشَدَ to concentrate, mass, gather; to mobilize, call up
حَشْد (مِنَ النّاس) crowd, gathering
حَشَرَ: رَصَّ to wedge, cram, ram; to squeeze; to congest, jam or crowd (together), (com)press
حَشَرَ: بَعَثَ مِنَ المَوْت to resurrect
حَشَرَة (ج حَشَرات) insect, bug
حَشَّشَ to smoke hashish
حَشَم: خَدَم servants, retinue, suite
حِشْمَة ـ راجع اِحْتِشام
حَشِيَّة mattress; pillow, cushion
حَشِيش: عُشْب grass(es), herb(s)
حَشِيش: نَباتٌ مُخَدِّر hashish, hash
حَصًى، حَصَاة pebble(s), small stone(s)
حَصَاد harvest(ing); harvest time
حَصَّاد، حَصَّادَة harvester, reaper
حِصَار blockade, siege
حِصَان (حيوان) horse, steed
حَصَانَة immunity; inaccessibility
حَصْباء pebbles, small stones
حَصْبَة (أَلْمانِيَّة) (German) measles
حِصَّة: نَصِيب share, portion, part
حِصَّة دِراسِيَّة period, class, hour
حَصَدَ (الزَّرْعَ إلخ) to harvest, reap
حَصَدَ: قَتَلَ to kill, claim, take
حَصَرَ: قَيَّدَ to limit, restrict, confine; to enclose, shut in, hem in, check
حَصَرَ: عَدَّ to count, enumerate
حَصَرَ: اِحْتَكَرَ to monopolize, corner
حِصْرِم unripe grapes, sour grapes
حَصْرِيّ exclusive, sole; restrictive
حَصَّصَ to allot, apportion, allocate, give out, distribute, divide
حَصَلَ: جَرَى، حَدَثَ to happen, take place, occur, go on, pass
حَصَلَ على، حَصَّلَ to obtain, get, acquire, receive; to attain, achieve
حَصَّلَ: جَبَى to collect, raise, levy
حَصَّنَ to fortify, strengthen
حَصَّنَ ضِدَّ المَرَض to immunize
حِصْن: مَعْقِل fort, fortress, stronghold, bastion, castle, tower
حَصِير، حَصِيرَة (straw) mat
حَصِيف judicious, wise, prudent
حَصِيلَة: مَحْصُول ـ راجع مَحْصُول

outcome, result حَصِيلَة : نَتِيجَة
well-fortified, inaccessible, حَصِين invincible, invulnerable; immune, unsusceptible, proof
to urge, exhort, incite حَضَّ (على)
civilization; culture حَضَارَة
civilized, civilizational حَضَارِيّ
حَضَانَة ـ راجع حِضَانَة
nursing, nurture, حِضَانَة : تَرْبِيَة، وِصَايَة raising; custody, guardianship
nursery (school) (مَدْرَسَةُ) حِضَانَة
to attend; to report (to a حَضَرَ : أَتَى certain place); to come, arrive
to attend, go to; to حَضَرَ : شاهَدَ view, see, watch; to witness
to prepare, ready حَضَّرَ : أَعَدَّ
to civilize حَضَّرَ : مَدَّنَ
حَضَّرَ : جَلَبَ ـ راجع أَحْضَرَ
urbanism, urbanization حَضَر
حَضْرَة، في حَضْرَتِهِ ـ راجع بِحُضُورِهِ
urbanite; urban حَضَرِيّ
to embrace, hug, cuddle, حَضَنَ : عانَقَ take in the arms
to nurse, dry-nurse, حَضَنَ : رَبَّى nurture, raise, rear, bring up
to hatch, brood, حَضَنَ الطَّائِرُ البَيْضَ incubate, sit or set (on eggs)
lap; bosom حِضْن
presence, attendance, حُضُور : مُثُول attending; arrival; watching

audience حُضُور : جُمْهُور
in the presence of, in his بِحُضُورِهِ presence; before
(rock) bottom, lowest level حَضِيض
to put, place, lay down حَطَّ : وَضَعَ
to alight, perch, sit حَطَّ الطَّائِرُ
to land, touch down حَطَّتِ الطَّائِرَةُ
to degrade, abase حَطَّ مِنْ قَدْرِهِ
woodcutter, woodman حَطَّاب
debris, ruins, wreck(age) حُطَام
firewood, wood حَطَب
to break, smash, crash, حَطَمَ، حَطَّمَ shatter, destroy, ruin, wreck
luck, fortune; chance حَظّ : بَخْت
lot, fate, destiny حَظّ : قَدَر، قِسْمَة
to ban, prohibit, حَظَرَ، حَظَّرَ : حَرَّمَ forbid, interdict, bar, outlaw
favor; privilege; preference حُظْوَة
to acquire, get; to be pri- حَظِيَ بِـ vileged or honored to (or with)
pen, yard, corral, fold; barn حَظِيرَة
hangar, shed حَظِيرَةُ طائِرات
to rub, scrub حَفَّ : فَرَكَ
barefoot(ed), unshod حَفٍ (الحَفِي)
digger; driller, borer; engrav- حَفَّار er, inscriber; carver, graver
gravedigger حَفَّارُ القُبُور
diaper, nappy, napkin حِفَاض

حِفَاظٌ على ـ راجع مُحَافَظَةٌ على

حَفَاوَة welcome, hospitable reception; hospitality; honor(ing)

حَفَرَ : نَقَرَ to dig; to excavate; to bore, drill; to sink (a well)

حَفَرَ : نَقَشَ، نَحَتَ to engrave, incise, inscribe; to carve, grave

حُفْرَة hole, pit; chuckhole

حَفْرِيَّة digging, excavation

حَفَزَ (على) to motivate, stimulate, inspire, drive, incite; to catalyze

حَفَّضَ طِفْلاً to diaper

حَفِظَ : صانَ to keep, preserve, protect, (safe)guard; to maintain; to save, conserve

حَفِظَ : اِحْتَرَمَ to observe, comply with, abide by, respect, honor

حَفِظَ (عن ظَهْرِ قَلْب، غَيْباً) to memorize, learn by heart, con

حَفِظَ في مَلَفٍّ أو إضْبارَةٍ to file

حِفْظ : صَوْن keeping, preservation, protection, (safe)guarding; maintenance; conservation

حِفْظ : اِسْتِظْهار memorization

حَفَلَ بـ : زَخَرَ بـ to be full of, rich in

حَفَلَ بـ : اِهْتَمَّ بـ to care for or about

حَفْل gathering, assembly, crowd; audience, attendance; celebration

حَفْلَة party; get-together; show; celebration, ceremony, festivity, fete

حَفْلَةُ اسْتِقْبال reception

حَفْلَةٌ تَنَكُّرِيَّة masquerade, masque, masked ball, costume ball

حَفْلَةٌ راقِصَة dance, ball, dance party, dancing party

حَفْلَةٌ مُوسِيقِيَّةٌ أو غِنائِيَّة concert; recital; musical performance; musicale

حَفْلَةُ وَداع farewell party, farewell

حَفْنَة، حُفْنَة handful, fistful; wisp

حَفِيد : وَلَدُ الوَلَد grandson, grandchild

حَفِيدَة : بِنْتُ الوَلَد granddaughter

حَفِيظ ـ راجع حافِظ

حَفِيظَة anger, fury; grudge, rancor

حَفِيف rustle, whish, swish, hiss

حَقَّ : ثَبَتَ te be(come) true, certain

يَحِقُّ لَهُ، مِنْ حَقِّهِ (أَنْ) to be entitled (to), have the right (to)

حَقّ : ما يَحِقُّ لِـ right; one's due

حَقّ : حَقِيقَة truth; reality

حَقّ : صَحِيح true; right, correct

الحُقُوق : قانُون law

حُقُوقُ الإنْسان human rights

حَقًّا ـ راجع حَقِيقَةً، (في) الحَقِيقَة

على حَقّ right, in the right

حَقَائِق facts, data, information

حِقْبَة epoch, era, age, period

حَقَدَ على to bear a grudge against, harbor malice or hatred against

حِقْد spite, grudge, rancor, malice, gall, hatred, hostility

حَقَرَ to degrade, abase, humiliate; to put down; to insult, offend
حَقَّقَ: أَنْجَزَ to realize, carry out, achieve, accomplish, attain, fulfill
حَقَّقَ: أَمَّنَ to secure, ensure
حَقَّقَ: بَحَثَ to inquire into, investigate; to check (out), verify
حَقَّقَ مع: اِسْتَجْوَبَ to interrogate, examine, question, hear
حَقْل: أَرْض field
حَقْل: مَجَال field, domain, sphere
حَقَنَ: زَرَقَ to inject, shoot, syringe, give an injection to
حُقْنَة: زَرْقَة injection, shot
حُقْنَة شَرَجِيَّة enema, clyster
حَقُود spiteful, malicious, rancorous, malevolent, revengeful
حُقُوق ـ راجع حَقّ
حُقُوقِيّ: قانُونِيّ juristic, legal
حُقُوقِيّ: فَقِيه jurist, legist
حَقِيبَةُ سَفَر suitcase, bag, trunk
حَقِيبَةُ يَد handbag, bag, purse; briefcase
حَقَائِبُ سَفَر baggage, luggage
حَقِير low, base, mean, menial; poor; despicable, contemptible
حَقِيقَة truth, reality; trueness
حَقِيقَةً، (في) الحَقِيقَة really, in reality, truly, actually, in fact
حَقِيقِيّ real, true, genuine; actual

حَكَّ: فَرَكَ to rub, scrub; to scratch
حَكَّ الجِلْدُ: دَعَا إلى الحَكّ to itch
حُكّ: بُوصْلَة compass
حَكَى: رَوَى to tell, relate, narrate
حِكَايَة: قِصَّة story, tale, narrative
حَكَمَ: أَدَارَ to rule, reign; to govern, manage, direct, run
حَكَمَ: أَمَرَ to order, command
حَكَمَ (قَضَائِيًّا) to decide, rule
حُكِمَ عَلَيْهِ to be sentenced
حَكَّمَ: جَعَلَهُ حاكِماً أو حَكَماً to appoint as ruler or arbitrator
حَكَّمَ: اِسْتَعْمَلَ to resort to, use
حَكَم arbitrator, arbiter; referee
حُكْم: إدارَة rule; government, administration, management; direction; control, command, authority
حُكْم: عَهْد reign, rule, period
حُكْم: قَرار judgment, decision, sentence, ruling, verdict
حُكْم: نَصّ provision, term
حُكْمٌ ذاتِيّ autonomy, self-rule
حُكْمٌ عُرْفِيّ، أَحْكامٌ عُرْفِيَّة martial law
حِكْمَة: حَصَافَة wisdom, prudence
حِكْمَة: قَوْلٌ مَأْثُور aphorism, maxim, gnome, proverb, adage
حِكْمَة: فَلْسَفَة philosophy
حُكُومَة government

governmental, government حُكومِيّ

wise, judicious, prudent حَكِيم : عاقِل

philosopher حَكِيم : فَيْلَسوف

to untie, unfasten, undo حَلَّ : فَكَّ

to solve, resolve, settle, work (out), unriddle حَلَّ المُشْكِلَةَ أو المَسْأَلَةَ

to dissolve حَلَّ : أذابَ أو فَضَّ

حَلَّ : رَدَّهُ إلى عَناصِرِه - راجع حَلَّلَ

حَلَّ مِنْ - راجع أحَلَّ مِنْ

to stay at, stop over at; to settle down in حَلَّ (بِـ، في، عِنْدَ) : أقامَ

to happen to حَلَّ بِـ : أصابَ

to set in, arrive, begin, start, dawn حَلَّ (الفَصْلُ إلخ) : أتى

to replace, take the place of, substitute for, supersede حَلَّ مَحَلَّ

solution; solving حَلّ : جَواب

dissolution حَلّ : إذابَة أو فَضّ

compromise حَلّ وَسَط

to be sweet, delicious, pleasant, beautiful حَلا

as he pleases, as he likes, as he wishes كَما يَحْلُو لَهُ

to sweeten, sugar; to desalt, desalinate, desalinize حَلَّى : صَيَّرَهُ حُلْواً

to adorn, decorate, embellish, ornament, beautify حَلَّى : زَيَّنَ

jewelry, jewels حِلًى، حُلًى

barber, haircutter, hairdresser, coiffeur, hairstylist حَلّاق

shaving, shave; hairdressing, hairstyling, haircut(ting); hairdo حِلاقَة

(safety) razor; shaver آلَةُ حِلاقَة

lawful, legitimate, permitted حَلال

sweetness; deliciousness; pleasantness; beauty حَلاوَة

halvah, halva حَلاوَة (طَحِينِيَّة)

to milk حَلَبَ

racetrack, racecourse, course, track, turf حَلْبَة (سِباقٍ)

dance floor حَلْبَة (الرَّقْصِ)

ring حَلْبَة (المُصارَعَةِ أو المُلاكَمَةِ)

garment; dress, robe; suit حُلَّة

to gin (cotton) حَلَجَ (القُطْنَ)

snail حَلَزُون، حَلَزُونَة : بَزّاقَة

to swear (by God) حَلَفَ (بِاللهِ)

to swear in, put to oath حَلَّفَ

to adjure, entreat, implore, conjure, appeal to حَلَّفَ : ناشَدَ

oath; swearing حَلْف : يَمِين

alliance, confederacy حِلْف : اتِّحاد

esparto, alfa حَلْفاء، حَلْفَة (نَبات)

to shave, shave off; to have one's hair cut, have a haircut حَلَقَ

to barber, cut the hair of حَلَقَ لِـ

to fly, soar, wing, hover; to rise, tower, mount, climb (up) حَلَّقَ

earring(s), eardrop(s) حَلَق : قُرْط

حَلْق : حُلْقُوم throat, gullet, gorge
حَلْقَة : دائِرَة ring; circle; link
حَلْقَة (الأُذُنِ) earring, eardrop
حَلْقَة (مِنَ النَّاس) circle, group
حَلْقَة (مِنْ قِصَّةٍ مُتَسَلْسِلَةٍ إلخ) episode, installment, number, part
حَلْقَةٌ دِراسِيَّة seminar; symposium
حَلْقَةٌ مُفْرَغَة vicious circle
حُلْقُوم : حَلْق throat, gullet, gorge
حَلَّلَ : رَدَّهُ إلى عَناصِرِه to analyze; to resolve, dissolve, decompose, break (up, down)
حَلَّلَ : أَجازَ to legalize, legitimize, authorize, permit, allow
حَلَّلَ مِنْ : أَبْرَأَ مِنْ، حَرَّرَ مِنْ ـ راجع أَحَلَّ مِنْ
حَلَمَ : رأى في نَوْمِهِ إلخ to dream (of)
حُلْم، حُلُم : مَنام dream
حُلْمُ اليَقَظَة daydream(ing)
حُلُم : بُلُوغ puberty, sexual maturity
حِلْم : صَبْر patience, tolerance
حِلْم : تَبَصُّر discernment, insight
حَلَمَة (الثَّدْي) nipple, teat, tit
حُلْو sweet; delicious; pleasant, nice; beautiful, pretty
حَلْوَى candy, confection, sweetmeat
حَلْوَى يُخْتَتَمُ بِها الطَّعامُ dessert
حُلْوان : راشِن tip, gift, present

حَلْوانِيّ confectioner
حَلُوب (بَقَرَة) milk (cow), milker
حَلْوَيات، حُلْوِيَّات sweets; candy, candies, sweetmeats, confectionery, confections
حَلْي (ج حُلِيّ وحِلِيّ) jewelry, jewels
حَلِيب milk
حِلْيَة (ج حِلًى وحُلًى) jewel; trinket
حَلِيف ally, confederate; allied
حَلِيق shaved, shaven; cleanshaven
حَلِيم forbearing, tolerant, lenient
حَمَى : وَقَى to defend, protect, (safe)-guard, shelter, keep
حَمَّى : دَفَّأَ to heat; to warm (up)
حَمَا : حَمُو father-in-law
حُمَّى [طب] fever, temperature
حِمًى : حِمَايَة ـ راجع حِمَايَة
حِمًى : مَلْجَأ refuge, shelter
حَمَاة : أُمُّ الزَّوْجِ أو الزَّوْجَة mother-in-law
حِمَار (حيوان) donkey, ass
حِمَارُ الزَّرْد zebra
حِمَارُ الوَحْش wild ass, onager
حِمَارَة : أَتَان female donkey, she-ass, jennet, jenny
حَمَاسَة، حَمَاس enthusiasm, zeal, zealousness, ardor, intense interest, eagerness
حَمَاسِيّ enthusiastic, ardent, fer-

vent; thrilling, exciting, breathtaking, sensational

حَماقَة stupidity, foolishness, folly, idiocy, imbecility

حَمَّال : عَتّال porter, carrier

حَمَّالَة : دِعامَة ـ راجع حامِل

حَمَّالَة : مِحَفَّة stretcher, litter

حَمَّالَةُ الثِّياب hanger

حَمَّالَةٌ لِلصَّدْر brassiere, bras

حَمَّالَةُ مَفاتيح key holder

حَمام، حَمامَة (طائر) pigeon, dove

حَمَّام bathroom, toilet, lavatory, WC, men's room, ladies' room

حَمَّامٌ بَحْرِيّ bath(s), spa; beach

حَمَّامُ شَمْس، حَمَّامٌ شَمْسِيّ sunbath

حَماوَة : حَرارَة heat, hotness

حِمايَة protection, defense, defending, (safe)guarding, sheltering

حُمَة : إِبْرَةُ الحَشَرَة sting, stinger

حَمِدَ to praise, extol, eulogize

حَمْد praise, extolment, eulogy, encomium, laudation

الحَمْدُ لِلّه praise be to God! praised be the Lord! thank God!

حَمَّرَ to redden, make red

حَمَّرَ الطَّعامَ to roast, grill, broil

حُمَر : قار bitumen; asphalt

حُمْرَة : احْمِرار redness, red color

حُمْرَة (لِلتَّجْميل) rouge; lipstick

حَمَّسَ to enthuse, make enthusiastic; to thrill, interest, rouse, excite

حَمَّصَ to roast; to toast

حِمِّص (نبات) chick-pea, garbanzo

حَمَّضَ : جَعَلَهُ حامِضاً to sour, make sour; to acidify, make acid

حَمَّضَ الفِيلْمَ to develop (a film)

حَمْض [كيمياء] acid

حَمْضِيَّات citrus fruits, citrus trees

حُمْق، حُمُق ـ راجع حَماقَة

حَمَلَ : رَفَعَ، نَقَل to carry, bear; to hold; to lift, raise, pick up

حَمَلَ (تِ المَرْأَةُ) to be or become pregnant, to conceive

حَمَلَ الشَّجَرُ to bear fruit, fructify

حَمَلَ : تَحَمَّلَ ـ راجع تَحَمَّلَ

حَمَلَ على : دَفَعَ إلى to incite, spur on, prompt, induce, drive, motivate

حَمَلَهُ مَحْمَلَ الجِدّ to take seriously

حَمَلَ السِّلاحَ to take up arms

حَمَلَ على : هاجَمَ to attack, assail

حَمَّلَ to load (with); to make carry or bear; to burden or charge (with)

حَمَل : خَروفٌ صَغير lamb, yeanling

بُرْجُ الحَمَل [فلك] Aries, Ram

حَمْل : حَبَل pregnancy, conception

حِمْل : ثِقْل load, cargo; burden

حَمْلَة attack, offensive, assault, onslaught; campaign, drive, crusade

حُمَم : مَقْذوفاتُ البَراكين lava

حَمُو: أَبو الزَّوْجِ أَو الزَّوْجَة father-in-law
حُمُوضَة acidity; sourness
حُمُولَة burden; cargo, load
حَمِيَ to be hot; to flare up
حَمِيَّة zeal, enthusiasm, ardor
حِمْيَة: نِظَامٌ غِذَائِيٌّ diet; regimen
حَمِيد: مَحْمُود ـ راجع مَحْمُود
حَمِيد: غَيْرُ خَبِيث benign, harmless
حَمِيم intimate, close, familiar, (very) friendly; warm, hearty
حَنَّ إلى to long for, yearn for, miss
حَنَّ على، حَنَا على to sympathize with, feel for, pity
حَنَى to bend, curve, bow, incline
حِنَّاء (نبات) henna, camphire
حَنَان sympathy, compassion, pity, affection, tenderness
حَنِثَ to break one's oath; to perjure
حَنْجَرَة: حَلْق larynx, throat
حُنْجُور: إِنَاءٌ صَغِير flacon; flask
حَنْدَقُوق (نبات) melilot, sweet clover
حَنَش (lacertine) snake, serpent
حَنَّطَ الجُثَّة to embalm, mummify
حَنَّطَ الحَيَوَاناتِ أو الطُّيُور to stuff
حِنْطَة: قَمْح (نبات) wheat
حَنْطُور victoria, cab, carriage
حِنْطِيّ wheaten, tan, light brown

حَنْظَل (نبات) colocynth
حَنَفِيَّة: صُنْبُور faucet, tap, cock
حَنِقَ (مِنْهُ أو عَلَيْه) to be enraged by, furious at, angry with, mad at
حَنَق: غَضَب rage, fury, anger, wrath
حَنَك: أَعْلَى باطِنِ الفَم palate
حَنَك: فَكّ jaw, jawbone
حُنْكَة experience, worldly wisdom
حَنْكَلِيس: أَنْقَلِيس eel
حُنُوّ ـ راجع حَنَان
حَنُون sympathetic, compassionate, pitiful, loving, tender(hearted)
حَنِيف: قَوِيم orthodox; true
حَنِين longing, yearning, nostalgia
حَوَى: جَمَعَ to gather; to combine
حَوَى: اِحْتَوَى ـ راجع اِحْتَوَى (على)
حَوَّاء: أُمُّ البَشَر Eve
حِوَار dialogue, conversation, talk
حَوَالَى: تَقْرِيباً about, approximately, around, nearly, almost, roughly
حَوَالَى: حَوْلَ (a)round, about
حَوَالَة: صَكُّ تَحْوِيل draft, order
حَوَّامَة: هِلِيكُوبْتِر helicopter
حُوت whale
بُرْجُ الحُوت [فلك] Pisces, Fishes
حَوَّرَ to modify, change, alter; to distort, pervert, falsify, twist
حَوَر، حَوْر (شَجَرٌ وخَشَبُهُ) poplar

houri حُورِيَّة (الجَنَّةِ)
(water) nymph, naiad حُورِيَّة (الماءِ)
to hiccup حَوْزَقَ : أُصِيبَ بِالحازُوقَة
enclosure; courtyard حَوْش
basin; trough حَوْض : طَسْت، جُرْن
tank, cistern حَوْض : صِهْرِيج
pool; pond حَوْض : بِرْكَة
(swimming) pool حَوْضُ السِّبَاحَة
dock, basin; shipyard حَوْضُ السُّفُن
aquarium حَوْضُ السَّمَك
bed حَوْض (زَرْع) : مَسْكَبَة
to squint, be cross-eyed حَوِلَ
to change, convert, transform; to switch, shift; to turn (into), make (into); to transfer حَوَّلَ : بَدَّلَ، نَقَلَ
to remit, send, forward, transfer حَوَّلَ النُّقُودَ أو المالَ : أَرْسَلَ
to divert, deviate حَوَّلَ (عن)
squint(ing), strabismus حَوَل (العَيْنِ)
year حَوْل : سَنَة، عام
power, might, strength حَوْل : قُوَّة
(a)round, about حَوْلَ، مِنْ حَوْلِ
about, on, concerning حَوْلَ : عن
حَوْلَ : تَقْرِيباً ـ راجع حَوالَى
annual حَوْلِيّ : سَنَوِيّ
to circle, hover; to rotate حَوَّمَ
alive, living, live حَيّ : عائِش
live, on the air حَيّ : مُذاعٌ مُباشَرَةً
quarter, district حَيّ : مَحَلَّة
live ammunition ذَخِيرَةٌ حَيَّة
to greet, salute, hail حَيَّا : سَلَّمَ على
shame, shyness, timidity حَياء
life; living, existence; lifetime حَياة
living; life; everyday, daily حَياتِيّ
neutrality; neutralism حِياد
neutral حِيادِيّ
in view of; in the face of; in front of, opposite (to) حِيالَ
snake, serpent, viper, asp حَيَّة : أَفْعَى
where; wherever حَيْثُ، حَيْثُما
whereas, since, as حَيْثُ أَنَّ
so that, in order to بِحَيْثُ
to confuse, puzzle, perplex حَيَّرَ
حَيْران ـ راجع حائِر
confusion, perplexity, bewilderment; hesitation, indecision, irresolution, wavering حَيْرَة، حِيْرَة
space, room; place, area حَيِّز
menstruation, period حَيْض
حَيْطَة، حِيْطَة ـ راجع إِحْتِياط
wrong, injustice حَيْف : ظُلْم
trick, stratagem, ploy حِيلَة : خُدْعَة
time; period (of time) حِين : وَقْت
when, as; upon, on حِينَ

حِيناً for some time; once

أَحْياناً، في بَعْضِ الأَحْيان sometimes, at times, occasionally

في حِيْنِ (أَنَّ) whereas, while

على حِينِ غِرَّةٍ أو غَفْلَةٍ unexpectedly, unawares, by surprise, suddenly

حِيْنَئِذٍ، حِيْنَذَاكَ then, at that time

حِيْنَما when, as; while, during

حَيَوان animal, beast, brute

حَيَوانٌ ثَدْيِيّ mammal

حَيَوانٌ مَنَوِيّ spermatozoon

حَيَوانِيّ animal; zoologic(al)

حَيَوِيّ vital, essential, crucial

حَيَوِيَّة vitality, vigor, energy

حَيِيَ : عاشَ to live, be alive, exist

لِيَحْيَ ! فَلْيَحْيَ ! long live! viva! vive!

حَيِيَ (مِنْ) - راجع إِسْتَحَى (مِنْ)

حَيِيّ shy, bashful, timid, coy

خ

خائِب : مُخْفِق failing, unsuccessful
خائِبُ الأَمَل disappointed
خائِط ـ راجع خَيَّاط
خائِف afraid, scared, frightened, terrified, alarmed, horrified
خائِن traitorous, treacherous, unfaithful; traitor, betrayer
خابَ : أَخْفَقَ to fail, be unsuccessful
خابَ أَمَلُهُ to be disappointed
خابَرَ to contact, communicate with, get in touch with, call, (tele)phone
خابُور : وَتَد cotter, wedge, peg
خابِيَة vat, tun, cask, barrel, jar
خاتَم ، خاتِم (الإِصْبَعِ) (finger) ring
خاتَمُ الزَّواج wedding ring
خاتَم : خَتْم ـ راجع خَتْم
خاتَم : آخِر ، نِهايَة last; end
خاتِمَة : نِهايَة end, termination, close, conclusion; epilogue; finale
خادَع ، خادِع ـ راجع خَدَعَ ، خَدَّاع
خادِم servant; valet; attendant
خادِمَة (house)maid, female servant
خارَ : ضَعُفَ to weaken, fail
خارَتِ البَقَرَةُ to low, moo
خارِج outside, exterior, outward; coming out, going out, outgoing
خارِجٌ على القانون outlaw
خارِجُ القِسْمَة [رياضيات] quotient
خارِجٌ عَنِ المَوْضوع irrelevant, beside the point, wide of the subject
خارِجَ outside, out of; abroad
خارِجِيّ external, exterior, outer, outside, outward; foreign
تِلْميذٌ خارِجِيّ day student
خارِطَة ـ راجع خَريطَة
خارِق : نافِذ penetrating, piercing
خارِق (لِلْعادَة) extraordinary, exceptional, unusual; supernatural
خازُوق stake, pole, pointed stick
خاسِر loser; losing; lost
خاصّ special, particular; exclusive; private, personal; confidential
خاصٌّ بِـ : مُتَعَلِّقٌ بِـ relating to, con-

cerning, pertaining to, belonging to
قِطَاعٌ خاصّ private sector
مَدْرَسَةٌ خاصَّة private school
بِصُورَةٍ خاصَّة ـ راجع خُصُوصاً
خاصَّة : مِيزَة ـ راجع خاصِّيَّة
خاصَّتي : مِلْكِي، لِي mine
بِخاصَّةٍ، خاصَّةً ـ راجع خُصُوصاً
خاصِرَة flank, side, waist, middle
خاصَمَ : نازَعَ to quarrel with
خاصِّيَّة : مِيزَة characteristic, specialty, property, feature, mark
خاضَ to wade into; to plunge into, go into, take up; to enter
خاطَ : خَيَّطَ to sew, stitch; to tailor
خاطِىء : مُخْطِىء wrong, incorrect, false; mistaken, at fault, in error
خاطَبَ to address, speak to, talk to
خاطِب : خَطِيب fiancé; engaged
خاطِبَة : مَخْطُوبَة fiancée; engaged
خاطِبَة : وَسِيطُ زَوَاج matchmaker
خاطَرَ (بِـ) to risk, take a risk
خاطِر idea, thought; mind; will
خاطِف kidnapper, abductor
خاطِفُ الطَّائِرَة hijacker, skyjacker
خاطِف : سَرِيع swift, rapid, quick
خافَ (مِنْ) to fear, dread; to be afraid (of), scared (of), alarmed (by), frightened (by), terrified (by)
خافِت faint, dim; soft, low

خالَ : ظَنَّ to think, suppose, assume
خال : أَخُو الأُمّ (maternal) uncle
خال : شامَة mole, beauty spot
خالٍ (الخالِي) : فارِغ empty, void; vacant, unoccupied, open
خالٍ مِنْ ـ راجع خِلْوٌ مِنْ
خالَة : أُخْتُ الأُمّ (maternal) aunt
خالَجَ to be on someone's mind; to preoccupy, engage, engross
خالِد immortal, eternal, everlasting, perpetual, endless, ageless
خالِص : صافٍ، صِرْف pure, clear, unmixed, plain; sheer, absolute
خالَطَ to mix with, mingle with
خالَفَ : ناقَضَ to contradict, conflict with, disagree with; to be contradictory to, contrary to
خالَفَ : عارَضَ to disagree with, differ in opinion with, oppose
خالَفَ : خَرَقَ to break, violate
خالِق ـ راجع خَلَّاق
خام : غَيْرُ مُكَرَّر raw, crude
خامَة : مَعْدِنٌ خام ore
خامِس، الخامِس (the) fifth
خامِل : بَلِيد dull, lazy, inactive, inert
خانَ : غَدَرَ بِـ to betray, sell out; to double-cross, deceive, cheat
خان : فُنْدُق caravansary, khan
خانَة digit; place; column; square
خاوٍ (الخاوِي) : خالٍ empty, vacant

خَبَا: خَمَدَ، بَهِتَ to go out, die; to abate, subside; to fade
خَبَّأَ: أَخْفَى، سَتَرَ to hide, conceal; to shelter, harbor; to cover, veil
خِبَاء: خَيْمَة tent
خَبَّاز: صانِعُ الخُبْز، فَرَّان baker
خُبَّازَى (نبات) mallow
خُبْث malice, wickedness, evilness
خَبَرَ to try, test; to experience
خَبَّرَ (بـ) ـ راجع أَخْبَرَ (بـ)
خَبَر (ج أَخْبار) news
خِبْرَة experience; practice; expertise, expertness, know-how
خَبَزَ to bake; to make bread
خُبْز bread
خَبَطَ to hit, strike, beat, bang; to knock, rap (on or at a door)
خَبَّلَ to besot; to drive crazy
خَبِيث: شِرِّير malicious, malevolent, vicious, wicked, evil, bad
خَبِيث [طب] malignant, virulent
خَبِير (بـ) expert, authority; specialist; experienced (in), skilled (in)
خِتَام: نِهَايَة ـ راجع خاتِمَة
خِتَامِيّ final, last; closing, concluding
خِتَان، خِتَانَة: خَتْن circumcision
خَتَرَ to betray; to double-cross
خَتَلَ: خَدَعَ to deceive, cheat, trick

خَتَمَ: مَهَرَ to seal, stamp, impress
خَتَمَ: سَدَّ to seal (off), shut, close
خَتَمَ: اِخْتَتَمَ ـ راجع اِخْتَتَمَ
خَتْم: خاتَم seal; stamp
خَتْمُ البَرِيد postmark
خَتَنَ (الصَّبِيَّ) to circumcise
خَجِلَ (مِنْ) to be ashamed of; to feel embarrassed by; to be shy
خَجَّلَ to shame, abash, embarrass, put to shame, make ashamed
خَجَل: حَيَاء shame, shyness, bashfulness, timidity, coyness
خَجِل، خَجْلان، خَجُول abashed, ashamed; shy, bashful, coy, timid
خَدّ: وَجْنَة cheek
خَدَّاع swindler, impostor; deceiver; deceitful, tricky; deceptive, delusive, illusory, misleading
خِدَاع deception, deceit, fraud, trickery, duplicity, double-dealing, cheat(ing), delusion, bluff(ing)
خَدَّرَ to anesthetize, narcotize, dope
خَدَشَ to scarify, scratch, cut, score
خَدَعَ to deceive, fool, bluff, mislead; to cheat, double-cross; to trick
خُدْعَة trick, artifice, ruse, wile, ploy
خَدَمَ to serve; to render a service to, do someone a favor
خِدْمَة service; favor; duty; work
خَدِيعَة ـ راجع خِدَاع، خُدْعَة

خَدِين friend, companion, pal
خُدَيْوِيّ، خِدَيْوِيّ : والٍ khedive
خَذَلَ to let down, fail, disappoint
خَرَّ الماءُ to murmur, purl, gurgle
خَرَّ النَّائِمُ to snore
خَرَّ : سَقَطَ to fall or sink (down)
خَرَاب : دَمَار ruin, destruction, devastation, desolation, wreck(age)
خَرَاج : ضَرِيبَة tax, tribute, duty
خُرَاج، خُرَاجَة : دُمَّل abscess
خُرَافَة superstition; fable; legend, fairy tale, myth
خُرَافِيّ superstitious; fabulous, legendary, mythical, mythological
خَرَّبَ، خَرَبَ to ruin, destroy, wreck, ravage, wreak havoc on, devastate; to subvert; to sabotage
خَرْتِيت : كَرْكَدَنّ (حيوان) rhinoceros
خَرَجَ : طَلَعَ to go out, come out, emerge; to walk out, exit; to leave
خَرَجَ على أو عن to dissent from, disagree with; to deviate from; to exceed; to be outside (a certain topic), be beside (the point)
خَرَّجَ (طالباً) to graduate
خُرْدَة scrap metal, scrap (iron),
خُرْدَوَات hardware, ironmongery, haberdashery, sundries, smalls

خُرْدُق (small) shot, pellets, buckshot
خَرْدَل mustard
خَرَز (مفردها خَرَزَة) bead(s)
خَرَزَةُ الظَّهْر : فِقْرَة vertebra
خَرِسَ : صارَ أَخْرَس to be(come) mute
خَرِسَ : سَكَتَ to be(come) silent, keep silent, say nothing, shut up
خَرَس : بَكَم muteness, dumbness
خَرَسانَة concrete, béton, cement
خَرْشَف، خُرْشُوف (نبات) artichoke
خَرَصَ : كَذَبَ to lie, tell a lie
خَرَطَ : سَوَّى بالمِخْرَطَة to turn, lathe
خَرْطُوش، خَرْطُوشَة cartridge; cartouche
خُرْطُوم (الفِيل) trunk, proboscis
خُرْطُومُ ماء hose; fireplug
خَرُفَ، خَرِفَ to become senile
خَرَف dotage, senility
خَرِف dotard; senile
خَرَقَ، خَرَّقَ : مَزَّقَ to tear, rend, rip
خَرَقَ : ثَقَبَ، إخْتَرَقَ to pierce, puncture, perforate; to penetrate, break through, run through
خَرَقَ : خالَفَ to break, violate
خَرْق : ثَقْب، فُتْحَة hole, opening
خِرْقَة rag, tatter; piece of cloth; polishing cloth; (dust) cloth, duster

خَرَمَ، خَرَّمَ: ثَقَبَ	to pierce, punch, puncture, perforate, riddle
خَرْم: ثَقْب، ثُقْب	hole, perforation, punch, puncture
خُرْمَا، خَرْمَا (نبات)	Japanese quince
خُرْنُوب، خَرُّوب (نبات)	carob, locust
خَرُوف	sheep; young sheep, lamb
خَرُوفُ البَحْر	manatee, sea cow
خِرِّيج: مُتَخَرِّج	graduate, alumnus
خَرِيطة: خارِطَة	map; chart
خَرِيطةُ البُرُوج	horoscope
خَرِيطةُ المِساحَة	cadastral map
خَرِيف	autumn, fall
خَرِيفِيّ	autumn(al), fall
خَزّ: حَرِير	silk
خَزّ (حيوان)	marten
خَزَّاف: صانِعُ الخَزَف	potter; ceramist
خُزامَى (نبات)	lavender; tulip
خَزَّان	reservoir, fountain; tank
خِزانَة	wardrobe, closet, locker, cupboard, cabinet, chest; safe
خِزانَة (الدَّوْلَة)	treasury, exchequer
خَزَف: فَخّار	pottery, earthenware; porcelain, china(ware); ceramics
خَزَفِيّ: فَخّارِيّ	earthen; fictile; porcelain, china-; ceramic
خَزَنَ، خَزَّنَ	to store, stock, warehouse; to store up; to hoard
خَزْن: تَخْزِين	storing, storage, warehousing; storing up; hoarding
خِزْي: ذُلّ، عار	disgrace, discredit, dishonor, shame, humiliation
خَزِينَة (الدَّوْلَة)	treasury, exchequer
خَسّ (نبات)	lettuce
خَسِئْتَ	beat it! scram! fie on you!
خَسارَة، خُسْر، خُسْران	loss; damage
خَسائِر	losses, casualties
خَسِرَ: ضِدّ رَبِحَ	to lose, forfeit
خَسَّرَ	to cause a loss to, make lose
خَسَفَ: هَبَطَ	to sink down, fall down
خَسَفَ القَمَرُ	to be eclipsed
خُسُوف	eclipse, lunar eclipse
خَسِيس: دَنِيء	mean, low, base, vile, villainous, ignoble, sordid
خَشَب	wood, timber, lumber
خَشَبَة	piece of wood, timber; log, block; stick, rod; board
خَشَبِيّ	wooden, wood(y), timber
خَشْخاش (نبات)	poppy
خُشْخَيْشَة: لُعْبَة لِلْأَطْفال	rattle
خَشَعَ	to submit, show reverence
خَشُنَ	to coarsen, roughen; to be or become coarse, rough, harsh
خَشَّنَ	to coarsen, roughen; to make coarse, rough, harsh, tough

خَشِن coarse, rough, harsh; tough
خُشُوع reverence, awe; submissiveness, submission, humility
خَشِيَ to fear, dread, be afraid (of)
خَشْيَة : خَوْف fear, dread; awe
خَصَّ بِـ : فَضَّلَ بِـ to favor with; to endow with, confer upon
خصَّ : تَعَلَّقَ بِـ to pertain to, belong to, relate to, concern
فِيمَا يَخُصّ concerning, with regard to, regarding, with respect to
خَصَى to castrate, emasculate
خُصًى (مفردها خُصْيَة) testicles, testes
خِصَام ـ راجع خُصُومَة
خَصَّبَ : أَخْصَبَ to fertilize
خَصِب، خِصْب : خصِيب fertile, fat
خِصْب : خُصُوبَة fertility
خَصْر : وَسَط waist, middle; waistline
خَصَّصَ : عَيَّنَ to specialize; to specify
خَصَّصَ : أَفْرَدَ to earmark, assign
خَصَّصَ : كَرَّسَ to devote, dedicate
خَصْلَة : عادَة habit, practice
خُصْلَة (شَعْرٍ) tuft, lock, wisp, tress
خُصْلَة : عُنْقُود bunch, cluster, tuft
خَصَمَ : حَسَمَ to discount
خَصْم : غَرِيم، عَدُوّ opponent, adversary, antagonist; enemy, foe
خَصْم : حَسْم discount, rebate

خُصُوبَة fertility, productivity
خُصُوص : صَدَد respect, regard
بِخُصُوص ـ راجع فِيمَا يَخُصّ (خَصَّ)
خُصُوصاً، على (وَجْهِ) الخُصُوص (e)specially, particularly, in particular
خُصُوصِيّ : خاصّ ـ راجع خاصّ
خُصُوصِيَّة : سِرِّيَّة privacy
خُصُوصِيَّة : مِيْزَة ـ راجع خاصِّيَّة
خُصُومَة quarrel, dispute, discord; antagonism, hostility, enmity
خَصِيب fertile, productive, fat
خِصِّيصاً ـ راجع خُصُوصاً
خَصِيصَة : مِيْزَة ـ راجع خاصِّيَّة
خَضَّ to agitate, shake, jolt
خِضَاب dye, color, paint, tint
خُضَار : خُضَر vegetables
خَضَبَ، خَضَّبَ to dye, color
خُضَر، خَضْراوات، خُضَرة vegetables
خُضْرَة : اِخْضِرار greenness
خُضَرِيّ : بائِعُ الخُضَر (green)grocer
خَضَعَ لِـ to submit to, yield to, surrender to; to undergo, be subjected to, experience
خَطَّ : كَتَبَ، رَسَمَ to write; to draw
خَطّ : سَطْر line
خطّ : شَرِيط stripe, streak, bar

خطّ : كِتَابَة (hand)writing; script
خطّ ، فَنّ الخَطّ calligraphy
خطُّ الاستِواء، خطُّ الاعتِدال equator
خطُّ أنابيب pipeline
خطٌّ بَيانِيّ graph; diagram, chart
خُطوطٌ جَوِّيَّة airlines, airways
خطٌّ هاتِفِيّ telephone line
خطا : سارَ to step, walk, march; to proceed, go on, progress
خَطأ : غلَط error, mistake, fault
خَطأ : غَيْر صَحِيح wrong, incorrect
خطأً by mistake, erroneously; wrong(ly), incorrectly, faultily, improperly
خِطاب : خُطْبَة address, speech
خِطاب : رِسالَة letter, note, message
خُطّاف (طائر) martin; swallow
خَطَبَ : ألقَى خِطاباً to make or deliver an address or speech
خَطَبَ الفَتاةَ to propose to; to get engaged to; to betroth, engage
خُطْبَة : خِطاب address, speech; oration; sermon, Friday sermon
خِطْبَة : خُطوبَة engagement, betrothal, espousal(s)
خُطّة ، خِطّة plan, project, scheme
خَطَرَ لَهُ أو بِبالِهِ to occur to, cross (or come to) someone's mind
خَطَر danger, peril; hazard
خَطِر : مُخطِر dangerous, perilous, risky, hazardous, unsafe; critical
خَطَّطَ : سَطَّرَ to draw, line; to sketch, design; to stripe, streak
خَطَّطَ : وَضَعَ خُطَّة to plan, make plans, design, project, scheme
خَطَفَ : انْتَزَعَ to snatch, grab, seize, wrench away, wrest away
خَطَفَ شَخْصاً إلخ to kidnap, abduct
خَطَفَ طائِرَةً to hijack, skyjack
خُطُّف (طائر) ـ راجع خُطّاف
خَطْمِيّ، خِطْمِيّ (نبات) hollyhock
خُطوبَة ـ راجع خِطْبَة
خُطْوَة step; footstep; move
خُطُورَة : أهَمِّيَّة gravity, seriousness; importance, significance
خَطِّيّ : كِتابِيّ written, in writing
خَطِيئَة sin; fault, misdeed
خَطِيب : مَنْ يُلْقِي الخُطْبَة (public) speaker; orator; preacher
خَطِيب : خاطِبُ فُلانَة fiancé; suitor
خَطِيبَة : مَخْطُوبَةُ فُلان fiancée
خَطِير grave, serious; weighty, important, significant; critical
خَفَّ : ضِدّ ثَقُلَ to be(come) light, decrease in weight, lose weight
خَفَّ : نَقَصَ to decrease, diminish, decline, fall; to ease, remit
خُفّ : مَشّايَة slipper(s); sandal(s)
خُفَّاش : وَطْواط bat

خَفَّاقة (البَيْض) whisk, (egg) beater
خَفَتَ to fade; to dim
خِفَّة : ضِدّ ثِقَل lightness, levity
خَفَرَ : حَرَسَ to guard; to patrol
خَفَر : حَياء shyness, bashfulness
خَفَر : حَرَس guard, watch; patrol
خَفَرُ السَّواحِل coast guard
خَفَضَ، خَفَّضَ to reduce, lower, lessen, decrease, diminish, cut
خَفْض ـ راجع تَخْفِيض
خَفَّفَ : ضِدّ ثَقَّلَ to lighten, make lighter, reduce in weight
خَفَّفَ : أَنْقَصَ to decrease, lessen, diminish, reduce, cut down
خَفَّفَ : لَطَّفَ to ease, lighten, mitigate, soothe, relieve, relax
خَفَّفَ (السّائِلَ) to dilute
خَفَّفَ سُرْعَتَهُ to slow (down)
خَفَقَ القَلْبُ to beat, throb, palpitate
خَفَقَ العَلَمُ to flutter, flap, float
خَفَقَ البَيْضَ to beat, whip, whisk
خَفِيَ : اِخْتَفَى to disappear, vanish; to hide; to be hidden, concealed; to be unknown
خَفِيّ hidden, concealed, invisible; unknown; secret, covert
خَفِيَّة (ج خَفايا) : سِرّ secret, mystery
خُفْيَةً، خِفْيَةً secretly, in secret, in secrecy, covertly, clandestinely, furtively, underhanded(ly)
خَفِير : حارِس guard, patrol(man)
خَفِيف light; mild; weak, dilute(d)
خَفِيف : ضَئِيل slight, little
خَفِيف (الحَرَكَةِ) nimble, agile
خَفِيفُ الدَّمِ أو الظِّلِّ witty, humorous, funny, amusing
خَفِيفُ العَقْلِ feebleminded
خَلّ : ما حَمُضَ مِنَ العَصِير vinegar
خِلّ : صَدِيق friend, pal
خَلا : فَرَغَ to be empty, vacant
خَلا مِنْ : اِفْتَقَرَ إلى to be free from, void of, lacking; to lack
خَلا : مَضَى to pass, be past
(ما) خَلا، فِيما خَلا except, but
خَلاء : فَراغ emptiness; vacuum
في الخَلاء outdoors, in the open
خَلّاب : فاتِن fascinating, charming
خِلاسِيّ mulatto
خَلاص : نَجاة salvation, rescue, deliverance, liberation; escape
خَلاص : مَشِيمَة afterbirth, secundines, placenta
خُلاصَة : عُصارَة، زُبْدَة extract, extraction, essence; quintessence
خُلاصَة : مُوجَز summary, résumé, abstract, outline, digest, brief

الخُلاصَة، خُلاصَةُ القَوْل in short, in a word, in a few words, to sum up, summing up, in summary, briefly, in brief

خَلاّط، خَلاّطَة mixer, mix; blender

خِلاف : نِزاع disagreement, discord, conflict, clash, quarrel; controversy, dispute

خِلاف : فَرْق ـ راجع إخْتِلاف

خِلافَ، بِخِلافِ beside(s), apart from, other than; unlike, contrary to, in contrast with

وخِلافُه : إلى آخِرِه and the like, and so on, and so forth, etc.

خِلافَة (شَخصٍ غَيْرِه) succession

خِلافَة : مَنْصِبُ الخَليفَة caliphate

خَلاّق : مُبْدِع creative, originative; creator, maker, originator

الخَلاّق : الله the Creator (God)

خِلالَ، في خِلال during, in the course of; within, in (a given period of)

مِنْ خِلال through; out of; from

خَلَبَ : فَتَنَ to fascinate, captivate, enchant, charm, thrill

خَلَّة : خاصِّيَّة (natural) disposition; property, attribute, characteristic

خَلْجَة : عاطِفَة، إحْساس emotion, passion; sentiment

خَلْخال : حِلْيَةٌ تُلْبَسُ في الرِّجْل anklet

خَلْخَلَ to dislocate; to disengage, disconnect; to loosen; to shake

خَلَدَ : دامَ to remain or last forever; to be eternal, everlasting, immortal

خَلَّدَ : أَبَّدَ، سَرْمَدَ to perpetuate, eternize, immortalize

خَلَّدَ الذِّكْرَى to commemorate

خَلَد : نَفْس mind, soul, spirit

خُلْد (ج مَناجِذ) (حيوان) mole

خُلْدُ الماء (حيوان) platypus, duckbill

خُلْد : خُلُود ـ راجع خُلُود

خُلْسَةً stealthily, surreptitiously, furtively, clandestinely, secretly

خَلَصَ : صَفا to be pure, unmixed; to clear, clarify, be clear

خَلَصَ إلى to arrive at, reach

خَلَصَ مِنْ ـ راجع تَخَلَّصَ مِنْ

خَلَّصَ مِنْ : أَنْقَذَ to save from, rescue from, deliver from; to free from, liberate from, release from, rid of

خَلَّصَ البِضاعَة to clear (goods)

خَلَطَ، خَلَّطَ (بِـ) : مَزَجَ to mix, mingle, blend, commingle, combine

خَلَطَ بَيْنَهُما، خَلَطَ بَيْنَ كَذا وكَذا to confuse (with), mix up (with)

خِلْطَة : عِشْرَة company, companionship, association, intimacy

خَلَعَ : نَزَعَ (ثَوْباً، حِذاءً، قُبَّعَةً إلخ) to take off, doff, put off

خَلَعَ (ثِيابَهُ) : تَعَرَّى to undress, take off one's clothes, disrobe

خَلَعَ : اِقْتَلَعَ to extract, pull out

خَلَعَ (المِفْصَلَ) to dislocate, luxate, wrench, disarticulate, disjoint

خَلَعَ (مِنْ مَنْصِبٍ) : عَزَلَ to depose, oust, remove, dismiss, discharge

خَلَّعَ : فَكَّكَ to disconnect, disjoin; to disassemble, dismantle

خَلَفَ : كانَ خَلِيفَتَهُ، أتى بَعْدَهُ to succeed, be the successor of; to follow, come after

خَلَفَ : حَلَّ مَحَلَّ to replace, take the place of, be a substitute for

خَلَّفَ : تَرَكَ to leave behind, leave

خَلَف : ضِدّ سَلَف successor

خَلَف : وَلَد descendant, offspring

خَلْف : ظَهْر، قَفاً back; rear (part), hind (part), rear side; reverse

خَلْفَ : وَرَاءَ behind, in the rear of, at the back of; after

خَلْفِيّ back, rear, hind, hinder, backward, rearward, posterior

خَلْفِيَّة background, setting, ground

خَلَقَ to create, make, originate; to produce, engender, generate, bring about, cause, give rise to

خَلُقَ بِـ أو لِـ : جَدُرَ بِـ to be fit for, suitable for, appropriate for

خَلْق : مَخْلُوقات creatures, creation; people, mankind, human beings

خُلْق، خُلُق (ج أَخْلاق) character, nature, moral constitution

أَخْلاق morals, ethics; morality; (good) manners

خِلْقَة : فِطْرَة nature, character

خِلْقَة : بِنْيَة، هَيْئَة (physical) constitution, makeup, setup, structure

خُلُقِيّ : أَخْلاقِيّ ethical, ethic, moral

خِلْقِيّ، خَلْقِيّ : فِطْرِيّ congenital, inborn, innate, inbred, inherent

خِلْقِين : مِرْجَل caldron, boiler

خَلَّلَ : كَبَسَ، مَقَّرَ to pickle; to preserve in vinegar; to marinate

خَلَل : عَيْب، عِلَّة defect, flaw, blemish, imperfection, deficiency, shortcoming, drawback

خَلَل : اِضْطِراب trouble, disorder

خَلَل : اِخْتِلالُ التَّوازُن imbalance, unbalance, disequilibrium

خَلَنْج (نبات) heath, erica

خُلَنْجان (نبات) galingale

خُلُوّ : فَراغ emptiness; vacancy

خُلُوّ (العَقارِ إلخ) goodwill

خِلْوٌ مِنْ : خالٍ مِنْ free from; devoid of, lacking, wanting; without

خَلْوَة : اِنْفِراد privacy, solitude

خَلْوَة : اِجْتِماعٌ مُغْلَق conclave, closed (private, secret) meeting

خَلْوَة : مَكانُ الاخْتِلاء retreat, recess, place of privacy or seclusion

خَلْوَة : بَيْتُ العِبادَةِ عِنْدَ الدُّرُوز cell, hermitage, religious house or assembly hall of the Druzes

خُلُود : دَوام، بَقاء immortality, perpetuity, eternity, eternal existence
خَلُوق : كَرِيمُ الأَخْلاق high-minded; well-mannered, polite
خَلِيَّة [أحياء وكهرباء وسياسة] cell
خَلِيَّة (نَحْل) beehive, hive
خَلِيج [جغرافيا] gulf, bay
خَلِيط mixture, blend, mélange, mix, medley, hodgepodge
خَلِيفَة : مَنْ يَخْلُفُ غَيْرَهُ successor
خَلِيفة (المُسْلِمِين) caliph
الخُلَفاءُ الرَّاشِدُون the orthodox caliphs
خَلِيق (بِـ) : جَدِير fit (for), appropriate (for); worthy (of), deserving, meriting; becoming, befitting
خَلِيقَة (ج خَلائِق) : مَخْلُوقات ـ راجع خَلْق
خَلِيقَة : خُلُق ـ راجع خُلُق
خَلِيل : صَدِيق friend, pal, intimate, comrade
خَلِيل : عَشِيق boyfriend, sweetheart, paramour, lover
خَلِيلَة : عَشِيقَة girlfriend, sweetheart, paramour, mistress, concubine
خَمَّ : أَنْتَنَ to stink; to rot, decay
خُمّ (الدَّجاج) coop, (poultry) pen
خِمار : حِجاب veil, yashmak
خَمَّارَة : دُكّانُ بَيْعِ الخَمْر wineshop
خَمَّارَة : حانَة bar, tavern, pub

خُماسِيّ fivefold, quintuple; five
خَمَان (نبات) elder, elderberry
خَمَّة : نَتانَة stench, stink, fetor
خَمَدَ، خَمِدَ : خَبا، هَمَدَ to go out, die; to abate, subside, let up, die down, fade away, cool off
خَمَّرَ : جَعَلَهُ يَخْتَمِر to ferment
خَمَّرَ العَجِينَ to leaven, raise (dough)
خَمَّرَ البِيرَةَ أو الجِعَةَ to brew (beer)
خَمْر، خَمْرَة wine; liquor, alcoholic beverage or drink; alcohol, spirits
خَمْرِيّ : بِلَوْنِ الخَمْر russet, vinaceous, wine-colored, winy, burgundy
خُمْس، خُمُس (١/٥) (one) fifth
خَمْسَة (٥) five
خَمْسَةَ عَشَرَ (١٥) fifteen
خَمْسُون (٥٠) fifty
خَمَشَ، خَمَّشَ : خَدَشَ to scratch; to scarify; to cut, score
خَمْلَة : مُخْمَل، قَطِيفَة velvet; plush
خَمَّنَ، خَمَنَ : حَزَرَ to guess, surmise
خَمَّنَ، خَمَنَ : قَدَّرَ to assess, appraise, estimate, evaluate
خَمِيرَة yeast; leaven(ing); ferment
خَمِيرَةُ البِيرَة brewer's yeast, yeast
خَمِيس، الخَمِيس (يوم) Thursday
خَمِيسُ الجَسَد Corpus Christi Day

خَمِيسُ الصُّعُود Holy Thursday, Ascension Day
خَمِيسُ الفِصْح، خَمِيسُ الأَسْرار Maundy Thursday
خَمِيلَة : أَيْكَة thicket, wood, brush
خَنَّ : خَنْخَنَ to twang, snuffle, nasalize, speak through the nose
خِنَاق : عُنُق، حَنْجَرَة neck; throat
أَخَذَ (أو أَمْسَكَ) بِخِنَاقِهِ to collar, seize by the neck
خُنْثَى hermaphrodite, bisexual
خَنْخَنَ : خَنَّ ـ راجع خَنَّ
خَنْدَق (ج خَنَادِق) trench; ditch
خَنْجَر dagger, poniard, stiletto
خِنْزِير (حيوان) pig, swine, hog
خِنْزِيرُ الأَرْض aardvark
خِنْزِيرُ البَحْر porpoise
خِنْزِير بَرِّيّ (wild) boar
خِنْزِيرُ الماء capybara, water hog
خِنْزِير هِنْدِيّ guinea pig, cavy
لَحْمُ الخِنْزِير pork; ham; bacon
خِنْزِيرَة : أُنْثَى الخِنْزِير sow
خِنْشار (نبات) fern
خِنْصَر، خِنْصِر little finger, pinkie
خَنَعَ لَهُ أو إِلَيْه to cringe before, truckle before, lower oneself before

خُنْفَساء، خُنْفَساءَة، خُنْفُسَة beetle
خَنَقَ to strangle, strangulate, throttle, choke to death; to suffocate, stifle, smother, choke; to asphyxiate
خَنُوع : ذَلِيل subservient, servile, slavish, cringing, submissive
خَوًى، خَوَاء : خَلاء، فَرَاغ emptiness; empty space, void, vacuum
خُوَان، خِوَان : بُوفيه buffet, sideboard, credenza
خُوَان، خِوَان : طاوِلَة (dining) table
خُوَّة : اِبْتِزاز، دَفْعَة قَسْرِيَّة kickback, coercive payment
خَوْخ : بُرْقُوق (نبات) plum, bullace
خَوْخ : دُرَّاق (نبات) peach
خُوذَة : قُبَّعَةُ المُحَارِب helmet, casque
خُورِي : كاهِن، قَسّ curate, priest, clergyman, parson, pastor
خَوَّفَ to frighten, scare, alarm, terrify, terrorize, horrify
خَوْف fear, fright, dread, alarm, terror, panic, scare, horror
خَوْفاً مِن for fear of
خَوَّلَ : فَوَّضَ to entitle (to), authorize (to), empower (to); to entrust (with), charge (with)
خَوَّنَ to charge with treason, accuse of betrayal or disloyalty
خِيَار : اِخْتِيار option, choice, alternative

خِيَار : خِيْرَة ـ راجع خِيْرَة

خِيَار (نبات) cucumber

خَيَّاط tailor, seamster; dressmaker

خَيَّاطَة seamstress; dressmaker

خِيَاطَة sewing, stitching; tailoring, dressmaking

خَيَال : وَهْم، تَصَوُّر imagination, fancy, vision; fiction

خَيَال : طَيْف، شَبَح ghost, spirit, specter, eidolon, phantom

خَيَال : ظِلّ shadow

خَيَال (الصَّحْراءِ) : فَزَّاعَة scarecrow

خَيَّال : فارِس horseman, rider; cavalier, knight; cavalryman

خَيَّالَة : فُرْسان cavalry, horsemen

خَيَالِيّ : وَهْمِيّ imaginary, unreal, fanciful; imagined, fancied

خِيَانَة treason, treachery, perfidy, betrayal, disloyalty, unfaithfulness, infidelity; deception, cheat(ing)

خَيَّبَ أَمَلَهُ أو آمالَهُ to disappoint, frustrate; to fail, let down

خَيْبَة : إخْفاق failure, fiasco, flop

خَيْبَةُ أَمَل disappointment, frustration, letdown

خَيَّرَ to let choose (from or between), give the option or choice

خَيِّر : مُحْسِن charitable, benevolent, philanthropic, almsgiving; benefactor, philanthropist, almsgiver

خَيْر : ضِدّ شَرّ good

خَيْر : نَفْع good, benefit, advantage

خَيْر : رَخاء welfare, well-being

خَيْر : نِعْمَة blessing, boon

خَيْر : ثَرْوَة wealth, fortune, riches

عَمَلُ (فِعْلُ) الخَيْر charity, beneficence, benevolence, philanthropy, almsgiving

خَيْرٌ مِن better than; the best

خَيْراً، بِخَيْر well; fine, good, all right, OK

خَيْرات blessings, boons, good things; resources, treasures

خِيْرَة : نُخْبَة choice, pick, elite, top

خَيْرِيّ: خاصّ بِالخَيْر philanthropic, charitable, benevolent, beneficent

خِيْرِيّ (نبات) gillyflower, wallflower

خَيْزُران (نبات) bamboo

خَيْزُران : قَصَب cane(s), reed(s)

خَيْزُرانَة : قَصَبَة cane, reed, stick

خَيْش jute, sackcloth, burlap

خَيْشوم (السَّمَكَةِ) gill (of a fish)

خَيَّطَ ـ راجع خاطَ

خَيْط thread, yarn; fiber, filament; string, packthread, twine

خُيِّلَ إِلَيْهِ أو لَهُ to imagine, fancy, think, take as; to seem to

خَيْل : جَماعَةُ الأَفْراس horses

خُيَلاء conceit(edness), self-conceit,

خَيَّمَ ـــــ ١٥٦ ـــــ خَيْمَة

vainglory; arrogance, pride

خَيَّمَ : عَسْكَرَ to camp, encamp, tent; to pitch (set up, erect) a tent

خَيَّمَ على : سادَ، عَمَّ to reign in, prevail in, spread through, pervade

خَيْمَة tent; pavilion; awning

د

داء : مَرَض disease, malady, ailment

داءُ الجَنْب pleurisy

داءُ المَفاصِل، داءُ المُلوك gout

دائِب - راجع دَؤُوب

دائخ dizzy, giddy, vertiginous

دائِرَة : مُسْتَدِيرَة، حَلْقَة circle; ring

دائِرَة : نِطاق، مَجال sphere, scope, range, area; domain, field

دائِرَة : إدارَة، قِسْم department, division, section, office

دائِرَة (في تَقْسِيم البِلادِ الإدارِيّ) circle, division, district, province

دائِرَةُ البُروج zodiac

دائِرَةُ مَعارِف encyclopedia

دائِرِيّ : مُسْتَدِير circular, round

دائِم lasting, enduring, permanent, durable; eternal, everlasting; continuous, constant, unceasing

دائِماً always, all the time, continually, constantly, forever

دائِن : صاحِبُ الدَّيْن creditor

دَأَبَ في أو على to persevere in, persist in, devote oneself to; to keep doing, have the habit of; to be accustomed to, be used to

دَأْب، دَأَب : جِدّ، مُثابَرة perseverance, persistence, diligence, hard work

دَأْب، دَأَب : عادَة habit, custom

دابَّة sumpter, pack animal; riding animal; animal, beast

دابِر : ماضٍ، غابِر past, bygone

دابِر : أَصْل root, origin

داجَى to play the hypocrite with; to flatter, adulate, cajole, coax

داجِن : أَلِيف tame(d), domestic(ated)

دَواجِن، حَيَواناتٌ داجِنَة domestic animals

دَواجِن، طُيُورٌ داجِنَة poultry, fowls

داخَ to be(come) dizzy, giddy

داخِل inside, interior, inner

داخِلَ within, inside, in

داخِلَة interior, inside, inner self, inward thoughts; intent(ion)

داخِليّ internal, interior, inside, inner; domestic, local; indoor

داخِلِيَّة interior; inland

دارَ: دَوَّمَ to turn, revolve, rotate, twirl, spin, circle, go around

دارَ: حَدَثَ، جَرَى to take place, occur, happen, go on

دارَ على أو حَوْلَ: تَرَكَّزَ على to center on or around, focus on

دارَتِ الآلَةُ أو المُحَرِّكُ to run, move, operate, be in operation; to start up, start running

دار: مَنْزِل house, home, residence

دارُ الأَيْتام orphanage

دارُ العَجَزَة infirmary, old age hospital

دارُ مُعَلِّمين teachers college

دارُ نَشْر publishing house

دارَى: لاطَفَ، سايَرَ to humor, indulge, favor, be willing to please

دارَة (القَمَر) halo (of the moon)

دارَة: فِيلاً villa

دارِج: شائِع current, prevailing, widespread, common, popular; fashionable, stylish

دارِج: عامّيّ colloquial, slang, vernacular, spoken

دارِس: تِلْمِيذ، باحِث studier, learner; student; scholar, researcher

داسَ: دَعَسَ، وَطِئَ to tread on, step on; to trample down

داسَ: دَهَسَ to run over

داعٍ (الدّاعِي): سَبَب، ضَرُورَة cause, reason; need, exigency, requirement, necessity

داعٍ: صاحِبُ الدَّعْوَة، مُضِيف inviter, one who invites; host; inviting

داعٍ: مُرَوِّجٌ لِدَعْوَة ـ راجع داعِيَة

بِداعِي: بِسَبَب because of, on account of, due to, owing to

لا داعِيَ لِـ there is no need to (or for), there is no reason for (or to)

داعَى: اِدَّعَى على to sue

داعَبَ to joke with, jest with, tease, kid; to play with, trifle with

داعِيَة: مُرَوِّجٌ لِدَعْوَة propagandist, herald

دافِىء: دَفِيء، حارّ warm; hot

دافَعَ عن to defend, protect, vindicate; to support, stand by, stand up for, advocate

دافِع: باعِث، حافِز motive, incentive, inducement, drive, urge, impulse; stimulus; cause, reason

دافِع (المالِ إلخ) payer, payor

بِدافِعِ كَذا out of, because of, by reason of, motivated by

داكِن: قاتِم dark, blackish, dusky, swarthy; deep

دالٌّ على indicative of, suggestive of

دالَّة: أُلْفَة familiarity, intimacy; informality, unreserve; liberty

دالِيَة : شَجَرَةُ الكَرْم vine, grapevine
دامَ : اِسْتَمَرَّ to last, continue, go on, persist, subsist, endure, remain
ما دامَ as long as, so long as
دامٍ (الدَّامِي) bloody, sanguinary
داما (لعبة) checkers, draughts
دامِس dark; deep-black
دانَ (لَهُ بِـ) to owe, be indebted (to)
دانَ : أَدانَ ـ راجع أَدانَ
دانَ (لِـ) : خَضَعَ to submit (to), yield (to), be subject (to), obey
دانَ بِدِينٍ : اِعْتَنَقَ to profess, adopt, embrace, follow, believe in
دانٍ (الدَّانِي) : قَرِيب near, close
داهَمَ to break in(to), storm into; to raid, attack; to come suddenly upon, overtake; to surprise
داهِيَة : ذُو دَهَاء sly, cunning, wily, crafty; shrewd, smart; resourceful
داهِيَة : مُصِيبَة misfortune, disaster
داوَى to treat, remedy, cure
دَؤُوب persevering, persistent, diligent, assiduous, hardworking
داوَمَ على to persist in, persevere in, pursue steadily, continue to do, keep doing, keep on
دايَة : مُوَلِّدَة midwife, accoucheuse
دَبَّ : زَحَفَ، حَبَا to creep, crawl; to go on all fours
دَبَّ في to creep into, spread into or through, fill, pervade
دُبّ (حيوان) bear
دُبُّ النَّمْل (حيوان) ant bear
دَبَّابَة : آلَةُ حَرْبٍ حَدِيثَة tank
دَبَّاغ : مَنْ يَدْبُغُ الجُلُود tanner
دِباغ ، دِبَاغَة : دَبْغ tanning, tannage
دِباغ : ما يُدْبَغُ بِهِ tan; tannin
دَبَّاغَة : مَدْبَغَة tannery
دَبَجَ ، دَبَّجَ to embellish, adorn; to write (in an elegant style)
دَبَّرَ : أَعَدَّ to arrange, prepare, plan, engineer, design; to organize
دَبَّرَ : أَدارَ to manage, handle, direct, conduct, run
دَبَّرَ : اِقْتَصَدَ to economize
دَبَّرَ : حَصَلَ على to procure, secure, get, obtain; to wangle, finagle
دُبُر rear (part), hind (part), rear end; back; buttocks, posterior
دِبْس molasses, (black) treacle
دِبْسُ الخُرْنُوب carob bean juice
دَبَغَ (الجِلْدَ) to tan (hide)
دَبْغ : دِبَاغَةُ الجُلُود tanning, tannage
دَبِق : لَزِج sticky, gluey, glutinous
دِبْق : غِرَاءٌ لَزِج birdlime, lime
دِبْلُوم diploma
دِبْلُوماسِيّ diplomatic; diplomat

دِبْلوماسِيَّة diplomacy

دَبُّور : زُنْبور (حشرة) hornet; wasp

دَبُّوس pin; safety pin

دَبُّوسٌ إنكليزِيٌّ أو إفرَنْجِيّ safety pin

دَبُّوسٌ زِينِيّ brooch, pin, breastpin

دَبُّوسُ شَعْر hairpin, bodkin, pin

دُجّ (طائر) thrush, fieldfare, throstle

دُجى : ظُلْمَة dark(ness), gloom(iness)

دَجاج chickens; poultry; fowl(s)

دَجاجٌ حَبَشِيّ guinea fowl; turkey

دَجاجَة hen; fowl; chicken

دَجاجَةُ الأرْض woodcock

دَجاجَةُ البَرّ bustard

دَجاجَةُ الحَبَش، دَجاجَةٌ حَبَشِيَّة guinea hen, guinea fowl; turkey

دَجاجَةُ الماء moorhen, water hen

دَجّال quack, charlatan, fake(r), fraud, impostor; cheat, swindler

دَجَلَ، دَجَّلَ (على) to lie (to); to deceive, fool, delude, bluff, cheat

دَجَل charlatanism, quackery; imposture, swindle, fraud, deceit

دَجَّنَ to tame, domesticate

دَحَرَ to drive away, expel, force out, put out; to defeat, vanquish, rout

دَحْرَجَ to roll

دَحَضَ to refute, confute, disprove

دُخان، دُخّان smoke, fume, vapor

دُخان، دُخّان : تَبْغ tobacco

دَخَلَ (في أو إلى) to enter, come in(to), go in(to), get in(to), step in(to), move in(to)

دَخَلَ (في) : إنْضَمَّ to join, enter

دَخَلَ : بَدَأَ to set in, begin, start

دَخَّلَ : أَدْخَلَ ـ راجع أَدْخَلَ

دَخْل : إيراد، رَيْع income; revenue, returns, proceeds, receipts

دَخْل : شأن، عَلاقَة business; connection, relation(ship), relevance

دُخَّلَة (طائر) warbler, chiffchaff

دَخَنَ، دَخِنَ، دَخُنَ to smoke, fume

دَخَّنَ (سِيجارَةً) to smoke (a cigarette)

دَخَن : دُخان smoke, fume, vapor

دُخْن (نبات) millet, pearl millet

دُخول entry, entrance, entering, going in(to); admission; joining

دَخِيل : أَجْنَبِيّ foreigner, alien, stranger; foreign, alien, strange

دَخِيلَة : داخِلَة ـ راجع داخِلَة

دَرَّ : تَدَفَّقَ to flow copiously, well out, spurt, gush, pour out

دَرَّ : أَغَلَّ to yield, produce

دَرّ : لَبَن، حَلِيب milk

دُرّ : لُؤْلُؤ pearls

دَرَأَ : دَفَعَ، صَدَّ to ward off, parry, fend off, keep off, avert, repel

دَرى (بِـ) : عَلِمَ to know (of); to be cognizant of, aware of; to learn (about), find out (about)
دَرابْزُون، دَرابْزِين railing, (hand)rail, banister(s); balustrade, balusters
دَرّاج : راكِبُ الدَّرّاجة cyclist, cycler, bicyclist, bicycler
دَرّاجة (هَوائِيَّة) bicycle, bike, wheel
دَرّاجةٌ نارِيَّةٌ أو بُخارِيَّةٌ أو آلِيَّة motorcycle, motorbike
دراخْما : عُمْلَةٌ يونانِيَّة drachma
دِراسَة : دَرْس ـ راجع دَرْس
دِراسَة (ج دِراسات) : بَحْث study; survey; research; treatise, paper
دِراسِيّ of study or studies; scholastic, academic; educational
دَرّاق، دُرّاق، دُرّاقِن (نبات) peach
دراما drama
دراماتِيكِيّ، درامِيّ dramatic
دَراهِم ـ راجع دِرْهَم، دِرْهِم
دِرايَة : عِلْم knowledge, cognizance, awareness, acquaintance
دَرَّبَ (على) : مَرَّنَ to train, drill, practice, rehearse, exercise, coach
دَرْب : طَرِيق path, track; road; way, route, course
دِرْباس bolt, bar; latch; lock
دَرْبَسَ to bolt, latch, lock
دِرْبَكَّة earthen hand drum
دُرَّة : لُؤْلُؤَة pearl

دَرَجَ : مَشى to toddle, walk
دَرَجَ : راجَ to be current, prevalent, popular, in fashion, fashionable
دَرَجَ على to take to, get used to; to adopt a certain practice
دَرَّجَ : رَوَّجَ to circulate, spread, promote, popularize
دَرَج : سُلَّم stairs, staircase, stairway, flight of steps
دَرْج : طُومار roll, scroll
دُرْج : جارُور drawer; till
دَرَجَة (السُّلَّم) step, stair, flier
دَرَجَة (البابِ) : عَتَبَة doorstep, doorsill, sill, threshold
دَرَجَة : رُتْبَة degree, grade, rank, level, class; position, status
دَرَجَة : حَدّ، مِقْدار extent, degree, point; measure, magnitude, size
دَرَجَة (عِلْمِيَّة) degree
دَرَجَة : عَلامَةٌ مَدْرَسِيَّة mark, grade
دَرَجَة : نُقْطَة point
دَرَجَةٌ أُولى first class
دَرَجَةُ التَّجَمُّد freezing point
دَرَجَةُ الغَلَيان boiling point
دَرَجَةُ الحَرارَة (degree of) temperature
دَرَجَةٌ سِياحِيَّة tourist class; economy class; coach
إلى دَرَجَة أنَّ، لِدَرَجَة أنَّ to the extent that, to such an extent that

دَرْدار (شجر وخشبه) elm; ash
دُرْدُور : دُوَّامَة eddy, whirlpool, vortex
دَرَزَ : خاطَ، قَطَّبَ to sew, stitch, seam; to whip, whipstitch
دَرْزَة stitch, whipstitch; seam
دَرْزِيّ : خَيَّاط tailor, seamster
دُرْزِيّ (ج دُرُوز) Druze
دَرَسَ العِلْمَ أو الكِتَابَ to study, learn
دَرَسَ : فَكَّرَ في to study, consider carefully, think about or over
دَرَسَ الحِنْطَةَ to thresh, thrash
دَرَّسَ : عَلَّمَ to teach, instruct, school, educate, tutor
دَرْس : دِرَاسَة study(ing), learning; consideration, thinking over
دَرْس : ما يَتَعَلَّمُهُ المَرْءُ lesson
دَرْس : حِصَّةٌ دِرَاسِيَّة lesson, class, period
دُرَّسَة، دُرُسَة (طائر) bunting
دِرْع (coat of) mail, hauberk, armor, cuirass, breastplate; shield
دَرْفَة (البابِ أو النَّافِذَةِ) leaf, shutter
دَرْفِيل : دُلْفِين dolphin
دَرْك : حَضِيض bottom, rock bottom
دَرَك، رِجَالُ الدَّرَك gendarmerie, gendarmery, gendarmes, police
دَرَكِيّ gendarme, policeman
دَرَّمَ (أظْفارَهُ) to trim; to manicure
دَرَن : وَسَخ dirt, filth
دَرَنَة tubercle, nodule, outgrowth
دِرْهَم، دِرْهِم : قِطْعَةٌ مالِيَّة dirham
دَراهِم : نُقُود money; cash
الدُّرُوز the Druzes
دُرَيْجَة : طائِرٌ مائِيّ dunlin; knot
دُزِّينَة dozen
دَسَّ (في) to foist into, slip into, insert into; to hide in, conceal in
دَسَّ الدَّسَائِسَ to intrigue, scheme, plot, machinate, conspire
دُسْتُور constitution; law, code
دُسْتُورِيّ constitutional
دَسَرَ to propel, drive forward
دَسَم : شَحْم fat, grease
دَسِم fatty, fat, greasy, oily, rich
دِسَمْبِر : كانُونُ الأوَّل December
دَسِيسَة : مَكِيدَة intrigue, scheme, machination(s), plot, conspiracy
دِسِيغْرام decigram
دِسِيلِتْر deciliter
دِسِيمِتْر decimeter
دُشّ shower, douche
دَشَّنَ : اِفْتَتَحَ to inaugurate, open
دَعْ : فِعْلُ أَمْرٍ مِنْ وَدَعَ ـ راجع وَدَعَ
دَعَا : نَادَى to call, call out to
دَعَا (بِـ) : اِسْتَدْعَى to call for, send for

to invite دَعَا : وَجَّهَ إِلَيْهِ دَعْوَةً
to call for; to دَعَا (إلى) : حَثَّ، ناشَدَ call upon, appeal to, invite
to prompt, دَعَا (إلى أو لـ) : حَمَلَ على induce, motivate, make
to call for, require دَعَا إلى : إِسْتَلْزَمَ
to call دَعَا بـ : سَمَّى
to pray (to God), دَعَا (اللّهَ) : إِبْتَهَلَ supplicate, invoke God, implore
to pray for, invoke God for دَعَا لَهُ
to curse, imprecate, in- دَعَا عَلَيْهِ voke God against
to call (for) a meet- دَعَا إلى اجْتِماع ing; to convoke, call to a meeting
call دُعَاء : نِدَاء
prayer, invocation دُعَاء (إلى الله) (of God), supplication
joking, jesting, fun(making); دُعابَة humor; joke, jest, banter
prostitution, whoredom دَعارَة
pedal دَعَّاسَة : دَوَّاسَة
support, prop, stay, pillar دِعامَة
propaganda; publicity, دَعاوَة، دِعايَة advertising; advertisement, ad
to tread on, step on; to دَعَسَ : داسَ trample down, trample underfoot
pedal دَعْسَة : دَوّاسَة
to rub, massage; to scrub دَعَكَ
to support; to consoli- دَعَمَ، دَعَّمَ date, strengthen, fortify; to back (up), stand by, champion, uphold
support(ing) دَعْم
subsidy; aid دَعْم (مالِيّ)
lawsuit, suit, case دَعْوَى : قَضِيَّة
on the pretext that, بِدَعْوَى (أَنَّ) under the pretense that
invitation; call; appeal دَعْوَة
mission; call دَعْوَة، نَشْرُ الدَّعْوَة
دَعْوَة : دُعَاء (إلى الله) ـ راجع دُعَاء
wren دُعْوِيْقَة (طائِرٌ صَغِير)
to tickle, titillate دَغْدَغَ
jungle, thicket, wood دَغَل (ج أَدْغال)
tambourine دَفّ، دُفّ : آلَةٌ مُوسِيقِيَّة
to be (become, feel) warm دَفُؤَ، دَفِئَ
to warm (up), make دَفَّأَ : سَخَّنَ، حَمَّى warm; to keep warm; to heat
warmth, warmness دَفْأ، دِفْء
warm; hot دَفِيء : دافِئ، حارّ
defense, protection دِفاع (عن)
self-defense دِفاعٌ عَنِ النَّفْس
defensive, defense; protective دِفاعِيّ
warm دَفْآن : دافِئ
rudder, helm دَفَّة (السَّفِينَة)
notebook, copybook, book, دَفْتَر writing book; pad; booklet
checkbook دَفْتَرُ شِيكات
to push دَفَعَ : ضِدّ جَذَبَ

دفع : رَدَّ، صَدَّ to push (or drive) back or away, repel, ward off
دفع : سَيَّرَ to propel, move, impel, drive forward
دفع إلى : حَمَلَ على to prompt, incite, induce, move, impel, drive
دفع إلى : أجْبَرَ على to force to, compel to, oblige to, coerce to
دفع إلى : سَلَّمَ إلى to hand over to, turn in to; to send to
دفع (المالَ) : سَدَّدَ to pay, settle, discharge, clear, liquidate
دَفْعَة : صَدَّة push, shove; thrust
دفعة (ماليَّة) payment; installment
دَفْعَة ، دُفْعَة (مِنَ المُتَخَرِّجين) class
دُفْعَةً واحِدَةً all at once, all at the same time; in one stroke
دَفَقَ : صَبَّ to pour out, pour forth
دَفَقَ : تَدَفَّقَ ـ راجع تَدَفَّقَ
دِفْلَى (نبات) oleander, rosebay
دَفَنَ to bury, inter, (en)tomb
دَفِيء : دافِىء ، حارّ warm; hot
دَقَّ : سَحَقَ to pound, grind, crush, bruise, beat, pestle
دَقَّ : طَرَقَ to beat, hit, strike, knock, hammer, percuss
دَقَّ البابَ : قَرَعَهُ to knock, rap, bang, beat (on or at a door)
دَقَّ الجَرَسَ to ring, sound, toll
دَقَّ المِسْمارَ إلخ to drive (in), ram (in), hammer (in)
دَقَّ على الآلَةِ الكاتِبَة to type, typewrite
دَقَّ على الآلَةِ المُوسِيقِيَّة to play, beat
دَقَّ الجَرَسُ to ring, toll, sound
دَقَّتِ السّاعَةُ to strike; to tick
دَقَّ القَلْبُ to beat, throb, palpitate, pulsate, pulse
دَقَّة : قَرْعَة blow, beat, bang; knock, rap; toll, ring
دَقَّة : نَبْضَة beat, throb, pulse, pulsation; heartbeat, stroke
دِقَّة : ضَبْط accuracy, precision, exactness, exactitude; finesse
دِقَّة : تَدْقِيق strictness, exactness, scrupulousness, meticulousness
دِقَّة (في المَواعِيد) punctuality
دِقَّة : خُطُورَة delicateness, sensitivity; criticalness; seriousness
بِدِقَّة exactly, precisely, accurately; scrupulously, meticulously
دَقَّقَ (في) to scrutinize, examine carefully; to check (out), verify; to be strict, exact, meticulous
دَقَّقَ الحِسَابات to audit
دَقَل (المَرْكَب) mast (of a ship)
دَقِيق : رَقِيق fine, thin, delicate
دَقِيق : صَغِير small, little, tiny
دَقِيق : صَعْب ، غامِض subtle
دَقِيق : مَضْبُوط accurate, exact, precise, correct, refined

دَقيق : مُدَقِّق	strict, exact, punctilious, scrupulous, meticulous
دَقيق (في المَواعيد)	punctual
دَقيق : خَطِر	delicate, touchy, sensitive; critical; serious, grave
دَقيق : طَحين	flour, meal
دَقيقة : $\frac{1}{60}$ مِن السَّاعة	minute
دَقائق : تَفاصيل	details
دَكَّ : هَدَم	to tear down, pull down, demolish, destroy
دَكَّ : حَشا	to fill (up), load, cram, pack; to squeeze, (com)press
دِكالِتر	decaliter
دِكامِتر	decameter
دُكّان : حانوت، مَتجر	shop, store
دِكتاتور	dictator
دِكتاتوري	dictatorial
دِكتاتوريّة	dictatorship
دُكتور	doctor, Dr.
دُكتوراه	doctorate
دَلَّ على : أشار إلى	to show, indicate, point out, imply, suggest
دَلَّ على : أَثْبَت - راجع دَلَّلَ على	
دَلَّ على أوّ إلى (الطَّريق) : أَرْشَد	to show the way (to), guide, lead, direct, conduct, pilot, usher
دَلَّى : جَعَلَهُ يَتَدَلَّى	to dangle, suspend, hang (down), let hang

دَلّاع، دُلّاع : بِطّيخ أحمَر	watermelon
دَلال : غُنْج	coquetry, dalliance
دَلّال : بائعٌ بالمَزاد العَلَنيّ	auctioneer
دَلالة : مَعنى	meaning, sense, significance, import, purport
دَلالة : إشارة - راجع دَليل	
دُلْب (شجر)	plane, platan, sycamore
دِلْتا	delta
دُلْدُل، دُلْدول (حيوان)	porcupine
دَلَّس	to cheat, defraud, swindle
دَلَّع : دَلَّل	to pamper, spoil, coddle
دَلَف، قَطَر	to drip, trickle, leak
دُلفين : دَرْفيل	dolphin
دَلَق (حيوان)	marten; fisher
دَلَك، دَلَّك	to massage, rub (down)
دَلْك : تَدْليك	massage; rubdown
دَلَّل : دَلَّع، غَنَّج	to pamper, spoil, (molly)coddle, indulge, baby
دَلَّل على : أَثْبَت	to prove, establish, verify, demonstrate, show
دَلَّل على السِّلْعَة	to auction (off)
دَلو : جَرْدَل	bucket, pail; bail
بُرْج الدَّلْو [فلك]	Aquarius
دَليل : إشارة	sign, indication, mark, token, symbol
دَليل : بُرْهان	evidence, proof
دَليل : مُرْشِد	guide, leader, conductor, pilot, usher

(tourist) guide دَلِيل (سِيَاحِيّ)
guide(book), manual دَلِيل : كِتَاب
telephone directory, telephone book دَلِيلُ التِلِفُونِ أو الهاتِف
blood دم : سائِلٌ أَحْمَرُ حَيَوِيّ
to bleed, cause to bleed دَمَّى
destruction, ruin, devastation, havoc, wreck(age) دَمَار : خَرَاب
brain, cerebrum دِمَاغ
computer دِمَاغٌ إلِكْتُرُونِيّ
gentle, nice, friendly, amiable, polite دَمِث، دَمْث (الأَخْلاقِ)
to merge, amalgamate, unite, join, integrate; to incorporate دَمَجَ
to mutter, mumble, murmur دَمْدَمَ
to destroy, ruin, wreck, devastate, wreak havoc on, demolish; to sabotage, subvert دَمَّرَ
to water, fill with tears, shed tears دَمَعَ، دَمِعَ (ـتِ العَيْنُ)
tear(s), teardrop(s) دَمْع، دَمْعَة
to stamp, imprint دَمَغَ : خَتَمَ، بَصَمَ
to hallmark دَمَغَ المَصُوغاتِ أو السِّلَعَ
to brand دَمَغَ الحَيَوانَ
stamp; imprint; hallmark دَمْغَة
دِمُقْراطِيّ - راجع دِيمُقراطِيّ
furuncle, carbuncle, boil; fester, pustule, sore; ulcer دُمَّل، دُمَّلَة
blood-, bloody; bloodthirsty, sanguinary; butcher, murderer دَمَوِيّ
to bleed دَمِيَ : خَرَجَ مِنْهُ الدَّمُ
doll; dummy; toy, plaything دُمْيَة
marionette, puppet دُمْيَة (مُتَحَرِّكَة)
ugly, unsightly, hideous دَمِيم : قَبِيح
vat, cask, tun دَنّ : خابِيَة
to approach, come near or close (to); to draw near دَنَا (مِنْهُ أو إلَيْهِ)
to hum; to chant دَنْدَنَ : رَنَّمَ
to soil, sully, dirty, pollute; to profane, desecrate, defile دَنَّسَ
dipper, water ouzel دُنْقُلَة : طائِرٌ مائِيّ
nearness, closeness; approach, oncoming; imminence دُنُوّ : قُرْب
low, base, mean, lowly, vile, ignoble, abject دَنِيء : خَسِيس
world; earth; life in this world, the present life دُنْيا : عالَم
دُنْيا : مُؤَنَّثُ أَدْنى - راجع أَدْنى
worldly, earthly, mundane دُنْيَوِيّ
slyness, cunning, craft(iness); shrewdness, resource(fulness) دَهاء
(house) painter دَهَّان : الذي يَدْهُن
paint; varnish دِهَان : طِلاء
age, epoch, era, (long) time دَهْر
to run over دَهَسَ : داسَ
to be astonished, amazed, surprised; to wonder (at) دَهِشَ، دُهِشَ
astonishment, amazement, wonder(ment), surprise دَهْشَة، دَهَش

دِهْلِيز vestibule, lobby, corridor; gallery, drift, adit; tunnel

دَهَمَ، دَهِمَ ـ راجع داهَمَ

دَهَنَ : طَلَى بِلَوْن to paint, daub

دَهَنَ : دَلَكَ، مَرَخَ to anoint, embrocate, rub; to oil, smear

دُهْن : شَحْم fat, grease; suet

دُهْنَة : شَحْمَة piece of fat

دُهْنِيّ fatty, fat, greasy, adipose

دَهْوَرَ : أَوْقَعَ to hurl down, throw down, tumble down

دَهُون : مَرْهَم ointment, embrocation, liniment, unguent, unction

دَوِيَ، دَوَى to sound, boom, peal; to echo, resound, reverberate

دَوَاء : عَقَّار medicine, medicament, medication, drug, remedy, cure

دَوَاة : مِحْبَرَة inkwell; inkstand

دَوَاجِن ـ راجع داجِن

دَوَّار : يَدُور revolving, rotating

دَوَّار : مُسْتَدِيرَة (traffic) circle, rotary

دَوَّارُ الشَّمْس (نبات) sunflower, turnsole

دُوَار vertigo, dizziness, giddiness

دُوَارُ البَحْر seasickness

دُوَارُ الجَوّ airsickness

دَوَّاسَة pedal; treadle; accelerator

دَوَام continuance, continuity, continuation, duration, survival

ساعاتُ الدَّوَام working hours, office hours, business hours

على الدَّوَام ـ راجع دائِماً (دائِم)

دُوَّامَة : بُلْبُل (spinning) top

دُوَّامَة (الخَيْل) merry-go-round

دُوَّامَة : دُرْدُور whirlpool, eddy

دُوتَا : دُوطَة dot, dowry, dower

دَوَّخَ : أَدَارَ الرَّأْسَ to daze; to dizzy, giddy, make dizzy or giddy

دَوْخَة vertigo, dizziness, giddiness

دُودَة worm; larva, caterpillar

دُودَةُ القَزّ أو الحَرِير silkworm

دَوَّرَ : جَعَلَهُ مُدَوَّراً to round, make round, make circular

دَوَّرَ : أَدَارَ ـ راجع أَدَارَ

دَوَّرَ السَّاعَةَ to wind, wind up

دَوَّرَ العَدَدَ أو الرَّقْمَ to round off

دَوْر (كقولنا : لَعِبَ دَوْراً) role, part

دَوْر (كقولنا : جاءَ دَوْرُكَ) (one's) turn

دَوْر : طَوْر stage, phase, period

دَوْر : نَوْبَةُ مَرَض fit, attack; spell

دَوْر : طابِق floor, story

دَوْر : جَوْلَة (مِنْ مُبَارَاةٍ إلخ) round

الدَّوْرُ الأَرْضِيّ ground floor

الدَّوْرُ الأَسْفَل downstairs

الدَّوْرُ السُّفْلِيّ basement

بِالدَّوْر : بِالتَّنَاوُب successively, in suc-

cession, one after the other, one by one; by turns; alternately
دَوْرَة : لَفّة turn, revolution, rotation; cycle, circle, round
دَوْرَة : جَوْلَة round(s); patrol; circuit; tour, (round) trip
دَوْرَة : جَوْلَة (مِنْ مُباراةٍ إلخ) round
دَوْرَة (مُبارَيات) tournament; series
دَوْرَةُ امْتِحانات session, round
دَوْرَة دَمَوِيّة blood circulation
دَوْرَةُ المِياه lavatory, toilet, bathroom, water closet, WC
دَوْرَق : إناء flask; beaker
دَوْرِيّ : مُنْتَظِم periodic(al); regular
دَوْرِيّ [رياضة بدنية] series, tournament
دَوْرِيًّا، على نَحْوٍ دَوْرِيّ periodically
دُورِيّ، عُصْفُورٌ دُورِيّ (طائر) sparrow
دَوْرِيَّة : جَوْلَةُ الحارِس round, patrol
دَوْرِيَّة (اسْتِكْشاف) patrol, reconnaissance squad; watch, guard
دَوْرِيَّة : مَجَلّة periodical, journal
دُوش shower, douche
دُوطَة : بائِنَة dot, dowry, dower
دَوَّلَ to internationalize
دُولاب : عَجَلَة wheel; tire
دُولابٌ إضافِيّ spare tire, spare
دُولابٌ دَوّار Ferris wheel
دُولابٌ مائِيّ waterwheel, noria
دُولار : عُمْلَةٌ أميرِكِيّةٌ وكَنَدِيّةٌ إلخ dollar
دَوْلَة state; country, nation
دَوْلَة (فُلانٍ) His Excellency
دُوَلِيّ، دَوْلِيّ : عالَمِيّ international
دَوَّمَ : دارَ، أدارَ to turn, revolve, rotate
دَوْم : دَوام ـ راجع دَوام
دَوْمًا ـ راجع دائِمًا (دائِم)
دُومِينو (لعبة) dominoes
دَوَّنَ : سَجَّلَ to record, put on record, write (down), note (down)
دُونَ : تَحْتَ below, beneath, under
دُونَ، مِنْ دُونِ، بِدُونِ without
دُونِيَّة inferiority
دَوِيّ : هَدِير sound, boom, peal
دِيانَة : دِين religion, faith, belief
دِيباجَة : مُقَدِّمَة preamble, preface
دِيبْلُوماسِيّ ـ راجع دِبْلُوماسِيّ
دِيَة (القَتِيلِ) blood money, wergild
دَيْر monastery, abbey, convent
دَيْسَم (نبات) amaranth, blite
دِيسَمْبِر : كانُونُ الأوَّل December
دِيك : ذَكَرُ الدَّجاجَة cock, rooster
دِيك : زَنْدُ البُنْدُقِيَّة cock, hammer
دِيكُ الحَبَش، دِيكٌ رُومِيّ turkey

ديكالِتر decaliter

ديكامِتْر decameter

دِيكْتاتُور ـ راجع دِكْتاتُور

دِيكُور decoration, décor

دِيمُقْراطِيّ democratic; democrat

دِيمُقْراطِيَّة democracy

دَيْمُومَة ـ راجع دَوَام

دَيَّنَ : أَقْرَضَ to lend, loan

دَيِّن : تَقِيّ religious, pious, godly

دَيْن : قَرْضٌ مُؤَجَّل debt; liability

بِالدَّيْن on credit

دِين : دِيَانَة religion, faith, belief

دِينَار : عُمْلَةٌ عَرَبِيَّةٌ إلخ dinar

دِينارِيّ (في وَرَقِ اللَّعِب) diamonds

ديناصُور : حَيَوَانٌ مُنْقَرِض dinosaur

دِينامِيت dynamite

دِينامِيكِيّ، دِينامِيّ dynamic

دِينامِيكِيَّة dynamism, drive, energy

دِينِيّ religious, spiritual

دِيوَان : مَجْمُوعَةٌ شِعْرِيَّة divan, collection of poems, poetical works

دِيوَان : مَجْلِس، مَكْتَب divan, council, department, office, bureau

دِيوَان : أَرِيكَة divan, sofa, couch

ذ

ذا، هذا، ذاكَ، ذَلِكَ، ذَلِكُم this, this one; that, that one

ذَلِكَ أَنَّ because, for

كَذَلِكَ so, thus, like this; as such; too, also, as well; besides, in addition, further(more), moreover

لِذَا، لِذَلِكَ، لِهذا therefore, consequently, hence, thus, that is why, for that reason, because of that

مَعَ ذَلِكَ، مَعَ هذا in spite of this, nevertheless, still, and yet

هَكَذَا so, thus, in this manner, like this, (in) this way; as such

ذائِع widespread, current, prevailing, circulating, popular, common

ذائِعُ الصِّيت famous, renowned

ذابَ to dissolve, melt (away)

ذِئْب (حيوان) wolf

ذِئْبُ الأَرْض (حيوان) aardwolf

ذات : نَفْس، جَوْهَر self, person; subject; being; essence, nature

ذاتُ (كَذَا)، ذاتُهُ، بِذاتِهِ the same

ذاتَ الشِّمال to the left, left

ذاتَ اليَمين to the right, right

ذاتَ مَرَّةٍ once, one time

ذاتَ يَوْمٍ one day, once

بِالذَّات personally; none other than; the very, the same

ذاتِيّ personal, subjective, self-

ذاتِيَّة identity; personality

ذادَ عن : حَمَى to defend, protect

ذاعَ : اِنْتَشَرَ to spread, circulate; to be widespread, widely known

ذاقَ : اِخْتَبَرَ طَعْمَهُ to taste, sample

ذاكَ - راجع ذا

ذاكِرَة memory

ذاهِب (إلى) going (to), heading (for)

ذُباب، ذُبابَة (حشرة) fly, housefly

ذَبَحَ، ذَبَّحَ : نَحَرَ، قَتَلَ to slaughter, butcher; to massacre; to slay

ذَبَحَ : قَدَّمَ ذَبِيحَةً to sacrifice, immolate, offer up

ذَبْذَبَ to vibrate, oscillate, swing

ذَبَلَ، ذَبُلَ to wither, wilt, shrivel

ذَبِيحَة : قُرْبان ، ضَحِيَّة sacrifice, offering, oblation, immolation
ذَبِيحَة ، جَسَدُ الذَّبِيحَة carcass
ذَخِيرَة supply, supplies, store(s), provisions; reserve, reservoir
ذَخِيرَةٌ حَرْبِيَّة ammunition, munitions, (war) matériel
ذَخِيرَةٌ حَيَّة live ammunition
ذَرَّ to sprinkle; to strew, scatter
ذَرَى ، ذَرَّى (الحِنْطَةَ) to winnow, fan
ذِراع (الإنسانِ إلخ) arm
ذَرَّة [فيزياء وكيمياء] atom
ذَرَّة ، مِثْقالُ ذَرَّة ـ راجع مِثْقال
ذُرَة (نبات) corn, durra; maize
ذَرَفَ الدَّمْعَ to shed tears; to weep, cry
ذَرَقَ الطَّائِرُ to mute, drop excrement
ذُرْوَة ، ذِرْوَة summit, top, peak, climax, acme, apex, apogee
ذَرُور : مَسْحُوق powder
ذَرِّيّ atomic
ذُرِّيَّة ، ذِرِّيَّة progeny, offspring, descendants, posterity, children
ذَرِيعَة : حُجَّة excuse, pretext, pretense, plea
ذُعاف : سُمّ (قاتِل) (deadly) poison
ذُعِرَ : خافَ to panic, fear, dread; to be(come) terrified, frightened
ذُعْر : خَوْف panic, terror, scare, fright, alarm, fear, dread, horror

ذَقَن ، ذِقَن : ما تَحْتَ الفَم chin
ذَكاء intelligence, brightness, brilliance, smartness, cleverness
ذَكَرَ : أشارَ إلى to mention, refer to, name, state, indicate, point out to
ذَكَرَ : تَذَكَّرَ ـ راجع تَذَكَّرَ
ذَكَرَ اللهَ to praise, glorify, eulogize, extol (God); to invoke God
لا يُذْكَر not worth mentioning; inconsiderable, insignificant, negligible, trivial, worthless
ذَكَّرَ (بِـ) : جَعَلَهُ يَتَذَكَّر to remind (of)
ذَكَر : ضِدُّ أُنْثَى male
ذِكْر : صِيت reputation, repute, renown, fame, name, standing
ذِكْر : ذِكْرَى ـ راجع ذِكْرَى
الذِّكْرُ الحَكِيم the (Holy) Koran
ذِكْرَى memory, remembrance, recollection, reminiscence
ذِكْرَيات memories, reminiscences, recollections; memoirs
ذِكْرَى سَنَوِيَّة anniversary
ذِكْرَى مِئَوِيَّة centennial
ذَكَرِيّ ، ذُكُورِيّ male, masculine, virile, manly
ذُكُورَة ، ذُكُورِيَّة masculinity, virility
ذَكِيّ : سَرِيعُ الفِطْنَة intelligent, bright, brilliant, clever, smart, witty
ذَكِيّ : مُنْتَشِرُ (أو طَيِّبُ) الرَّائِحَة fragrant, redolent, aromatic

ذَلَّ : حَقُرَ to be low, lowly, humble

ذُلّ lowness, lowliness, humbleness; disgrace, shame, humiliation; subservience, cringe, submissiveness

ذَلِكَ - راجع ذا

ذَلَّلَ (الصُّعُوباتِ إلخ) to surmount, overcome, master, get over, get past; to iron out, smooth out

ذَلِيل low, lowly, humble; subservient, servile, cringing, submissive

ذَمَّ to dispraise, censure; to slander, libel, defame, calumniate

ذَمّ dispraise, censure; slander, libel, defamation, calumniation

ذِمَّة : حُرْمَة ، أَمَان protection, care; security; safeguard, guarantee

ذِمَّة : ضَمِير conscience

ذِمَّة : دَيْن debt, liability

ذَنَب : ذَيْل tail

ذَنْب : إِثْم ، جُرْم offense, fault, misdeed; sin; crime; guilt

ذَهَاب going; leaving, departure

ذَهَبَ إلى : قَصَدَ to go to, repair to, take to, head for

ذَهَبَ : مَضى to go (away), leave, depart

ذَهَّبَ : مَوَّهَ بالذَّهَب to gild

ذَهَب : مَعْدِنٌ ثَمِين gold

ذَهَبٌ أَبْيَض platinum

ذَهَبِيّ golden; aurous; auric

ذَهَلَ (عن) to forget, overlook, omit

ذَهِلَ to be distracted, absentminded; to be astonished, amazed, surprised, stunned

ذِهْن mind; intellect

ذِهْنِيّ mental; intellectual

ذِهْنِيَّة mentality

ذُهُول absentmindedness, abstraction; amazement, astonishment

ذُو : صاحِب possessor of, owner of, holder of; having

ذَوُو القُرْبَى ، ذَوُو فُلان relatives, kin, kindred, kinsmen; family

ذَوَى : ذَبُلَ to wither, wilt, wizen

ذَوَّاق ، ذَوَّاقَة epicure, gourmet, connoisseur, gastronome, bon vivant

ذَوَّبَ to dissolve, melt, liquefy

ذَوْق ، حاسَّةُ الذَّوْق taste, sense of taste

ذَوْق : لَبَاقَة tact, savoir faire, diplomacy; propriety, decency

ذَوِيَ - راجع ذَوَى

ذَيْل : ذَنَب tail

ذَيْل : أَسْفَل bottom, foot, end

ذُيُول (حادِثَةٍ ما) aftermath

ر

رَأى : أَبْصَرَ to see; to behold, view

رَأى : إِعْتَقَدَ to regard (as), consider, deem, think, believe

راءَى : نافَقَ to dissemble, dissimulate

رائِج widespread; current; popular, in (good) demand, selling well

رائِحَة smell, odor, scent, aroma; fragrance, perfume

رائِحَةٌ كَرِيهَة malodor, stench, stink, bad odor, offensive smell

رائِد : مَنْ يُمَهِّدُ سَبِيلاً pioneer; explorer, pathfinder, reconnoiterer, scout

رائِد : رُتْبَةٌ عَسْكَرِيَّة major

رائِدُ فَضاء astronaut, spaceman, cosmonaut

رائِز : فَحْص test; examination

رائِز : فاحِص tester; examiner

رِئاسَة presidency; leadership

رِئاسَةُ الجُمْهُورِيَّة presidency

رِئاسَةُ الحُكُومَةِ أو الوِزارَةِ prime ministry, premiership

رِئاسِيّ presidential

رائِع : بَدِيع wonderful, marvelous, splendid, gorgeous, magnificent, superb, terrific, excellent

رائِعَة : تُحْفَة masterpiece, masterwork, chef d'oeuvre

رائِق clear, undisturbed, calm

رَأَبَ (الصَّدْعَ) to patch (up), mend, repair, make up, fix; to reconcile, make peace between

رابَ (اللَّبَنُ) to curdle, curd

رابّ : زَوْجُ الأُمّ stepfather, stepparent

رابَى : مارَسَ الرِّبا to practice usury

رابَّة : زَوْجَةُ الأَب stepmother, stepparent

رابِح : كاسِب winner, gainer

رابِح : مُكْسِب ـ راجع مُرْبِح

رابِط : رِباط ـ راجع رِباط

رابِط : صِلَة، عَلاقَة ـ راجع رابِطَة

رابِطُ الجَأْش cool, composed, collected, unruffled, calm

رابِطَة : صِلَة، عَلاقَة bond, tie; connec-

tion, link; relation(ship)
رابِطَة : جَمْعِيَّة league, union, association, society, organization
رابِع ، الرَّابِع (the) fourth
رابِيَة hill, hillock, mound, knoll
رِئَة lung
راتِب : أَجْر salary, pay, wages
راجَ to circulate, spread, be widespread; to be popular, be hot, sell well, be in (great) demand
راجِح ـ راجع مُرَجَّح
راجَعَ : رَجَعَ إلى to consult, refer to, turn to; to look up (in)
راجَعَ : أَعادَ النَّظَرَ في to review, revise, go over, check (up)
راجِع returning, coming back, going back; returnee, returner
راجِل : ماشٍ going on foot, walking; pedestrian, walker
راحَ to go (away), leave, depart
راحَ يَفْعَلُ كَذا to begin, start
راحَة : ضِدّ تَعَب rest, relaxation; ease, relief; comfort; leisure
راحَة (اليَدِ) palm (of the hand)
راحَةُ البال peace of mind
راحِل departing, leaving, going away; traveling; migrating
(الفَقِيدُ) الرَّاحِل the departed, the late
راحِلَة : جَمَلٌ لِلرُّكُوب riding camel

رادَ : إسْتَكْشَفَ to explore, reconnoiter
رادار radar
رادِع deterrent, disincentive; restraint; inhibition; deterring, inhibitive, preventive
راديو radio; radio (receiving) set
رازَ to test, examine; to weigh
رَأَسَ : تَرَأَّسَ to head, lead; to preside over; to be the president of
رَأَّسَ to make or appoint as (a) president, chief, head
رَأْس : الجُزْءُ الأَعْلَى مِنَ الجِسْم head
رَأْس : طَرَف tip, point; end
رَأْس : قِمَّة top, summit, peak
رَأْس [جغرافيا] cape, headland
رَأْس (مِنَ الحَيَواناتِ الدَّاجِنَة) head
رَأْس : أَوَّل. بَدْء beginning, start
رُؤُوسُ أَقْلام headnotes; headings short notes; outline, summary
رَأْسُ السَّنَة New Year
رَأْساً directly, straight; immediately, right away
رَأْساً على عَقِب upside down
راسِب : ثُفْل dregs, lees, sediment, settlings; residue
راسِب (في امْتِحان) failing, flunking
راسِخ deep-rooted, deep-seated, firmly established; firm, fixed
راسَلَ : كاتَبَ to correspond with, ex-

change letters with, write to

رَأْسُمال capital; fund(s); principal

رَأْسُمالِيّ capitalist(ic), capital

رَأْسُمالِيَّة capitalism

رَأْسِيّ : عَمُودِيّ vertical, perpendicular

راشٍ (الرَّاشِي) : مَنْ يُعْطِي رَشْوَةً briber

راشِد : بالِغ (legally) major, of (legal) age; adult, grown-up

راشِد : رَشِيد - راجع رَشِيد

راشِد : قَوِيم orthodox

راشِن : حُلْوان tip, gratuity, baksheesh

راضَ - راجع رَوَّضَ

راضٍ (الرَّاضِي) satisfied, pleased, content(ed); agreeing, consenting

راضَى - راجع إسْتَرْضَى

راعٍ (الرَّاعِي) : مَنْ يَرْعَى القَطِيعَ shepherd, herdsman, herder

راعِي البَقَر cowboy, cowhand

راعٍ : وَصِيّ guardian, custodian

راعٍ : نَصِير patron, sponsor; protector, defender

راعِي الأَبْرَشِيَّة pastor

راعَى : تَقَيَّدَ بِـ to observe, comply with, abide by, keep, respect

راعَى : أَخَذَ بِعَيْنِ الاعْتِبار to take into consideration, take into account

راعَى (خاطِرَهُ) to humor, comply with, indulge; to defer to, respect

راغِب (في) desirous, desiring, wishful; willing; interested

رَأَفَ بِـ، رَؤُفَ بِـ، رَئِفَ بِـ to have mercy upon, be merciful toward

رَأْفَة mercy; compassion, pity

رافِد : ساعِدَة tributary, branch

رافِدَة : عارِضَة، دِعامَة rafter, beam, girder, support, prop

رافِض refusing, rejecting; refuser, rejecter

رافِعَة : مُخْل، عَتَلَة lever

رافِعَة : آلَةٌ رافِعَة crane, winch, windlass, hoist; tackle, jack

رافَقَ : صادَقَ to associate with; to be a companion of, be friends with

رافَقَ : واكَبَ، صاحَبَ to accompany, escort, go (along) with

راقَ : صَفَا to clear, be(come) clear

راقَ : أَعْجَبَ to appeal to, please

راقٍ (الرَّاقِي) : سام، مُتَقَدِّم high, superior, high-ranking, high-class; top, upper; advanced, developed

راقَبَ : رَصَدَ to watch, observe, keep looking at, keep an eye on; to surveil; to monitor

راقَبَ : أَشْرَفَ على to control, supervise, superintend, oversee

راقَبَ (المَطْبُوعاتِ إلخ) to censor

راقَصَ : رَقَصَ مَع to dance with

راقِص : مَنْ يَرْقُص dancer

راقِص : مُتَعَلِّقٌ بِالرَّقْص dancing, dance

راقِصَة: رَقّاصَة (female) dancer
راقِصَةُ باليه ballerina, danseuse
راكِب riding; traveling; rider; passenger; guest, boarder
راكِد stagnant; static; dull, slack, inactive, flat, sluggish
راكِض: جارٍ، عَدَّاء running, racing; runner, racer
راكُون (حيوان) raccoon
رامَ: رَغِبَ to desire, wish, want
على ما يُرَام well; fine, good, all right, OK
رَئِمَ: لاطَفَ to fondle, caress
رامٍ (الرَّامِي) rifleman; marksman, sharpshooter
رانَ على to reign in, prevail in
راهِب monk, friar, monastic
راهِبَة nun
راهَنَ to bet, wager, gamble, stake
راهِن: حالِيّ، حاضِر current, present, actual, existing
راوٍ (الرَّاوِي) storyteller, narrator
راوَحَ: تَراوَحَ - راجع تَراوَحَ
راوَحَ مَكانَهُ to mark time
راوَدَ (هُ عن نَفْسِه) to seduce, tempt
راوَغَ to dodge, evade; to circumvent; to deceive, cheat
رَؤُوف merciful, lenient; compassionate, pitiful; kind
رَؤُوم loving, tender, affectionate

راوِيَة - راجع راوٍ
رَأْي: فِكْر، فِكْرَة opinion, view; idea, thought; suggestion; advice
الرَّأْيُ العامّ public opinion
في رَأْيِي in my opinion, in my view
رُؤْيا: ما تَراهُ في المَنام vision; dream
رُؤْيَة: بَصَر، نَظَر seeing, view(ing); vision, sight, eyesight
رُؤْيَة، وُضوحُ الرُّؤْيَة visibility
رايَة: عَلَم flag, banner, standard
رَئِيس: سَيِّد president, head, chief, leader, boss, superior
رَئِيس: رَئِيسِيّ - راجع رَئِيسِيّ
رَئِيسُ البَلَدِيَّة mayor
رَئِيسُ التَّحْرِير editor-in-chief
رَئِيسُ الجَلْسَةِ أو اللَّجْنَة chairman
رَئِيسُ الجُمْهُورِيَّةِ أو الدَّوْلَة president; head of state, chief of state
رَئِيسُ العُمَّال foreman, ganger
رَئِيسُ مَجْلِسِ الإدارَة chairman of the board
رَئِيسُ مَجْلِسِ النُّوّاب speaker, president (of parliament)
رَئِيسُ الوُزَراءِ أو الحُكُومَةِ أو الوِزارَة premier, prime minister
رَئِيسِيّ: أَساسِيّ main, chief, principal, leading, major, key; basic
رَئِيف - راجع رَؤُوف
رَبّ: إله god, deity

الرَّبّ :اللّٰهُ عَزَّ وجَلَّ the Lord. God (the One and Only)
رَبُّ العائِلَةِ أو البَيْت paterfamilias, master, father of a family, family
رَبُّ العَمَل employer, master
رُبَّ (مَرَّةٍ، رَجُل) many a (time, man)
رُبَّما ـ راجعها في مكانها
رَبَأَ بِهِ عن to deem far above, consider too exalted for
رَبَا : زادَ، نَما to increase, grow
رَبا على to exceed, be more than
رَبَّى (الوَلَد) to bring up, raise, rear; to educate, cultivate, refine
رَبَّى الحَيَواناتِ أو الطُّيورَ إلخ to breed, raise, grow
رِباً : فائِدَةٌ فاحِشَة usury
رَبَاح : حَيوانٌ كالسِّنَّوْر genet
رُبَّاح : قِرْدٌ كَبير baboon, drill
رِبَاط : ما يُرْبَطُ بِه ribbon, band, bond, tie, ligature, strap, lace
رِباط : ضِمادَة bandage, dressing
رِباط : صِلَة، عَلاقَة ـ راجع رابِطَة
رِباطُ الحِذاء shoelace, shoestring, bootlace, lace
رُباعِيّ fourfold, quadripartite
رُبَّان (السَّفينَة) captain, shipmaster
رُبَّان (الطَّائِرَة) pilot, captain
رَبَّانِيّ divine, of God, from God
رَبَّتَ (على) to pat, dab, caress

رَبَّة : إلَهَة goddess, deity
رَبَّةُ البَيْت housewife, materfamilias
رَبِحَ : كَسَبَ to gain, profit, win
رَبَّحَ : أكْسَبَ to pay, yield; to allow a profit, make gain or win
رِبْح : كَسْب profit, gain, winning(s)
رَبَضَ to kneel down; to lie (down)
رَبَطَ : أَوْثَقَ to bind, tie (up), fasten
رَبَطَ : وَصَلَ to connect, link, join
رَبَطَ ذِهْنِيّاً to associate, relate
رَبْطاً attached, enclosed
رَبْطَة : حُزْمَة bundle, bale; bunch; parcel, package, pack, packet
رَبْطَة : رِباط ـ راجع رِباط
رَبْطَةُ العُنُق necktie, tie, cravat
رُبْع ، رُبُع ($\frac{1}{٤}$) quarter, (one) fourth
رُبْعُ نِهائِيّ (مُباراة) quarterfinal
رُبَّما perhaps, maybe, possibly, probably, likely; may, might
رَبْو (مرض) asthma
رَبْوَة، رُبْوَة ـ راجع رابِيَة
رَبِيَ الوَلَدُ : نَشَأَ to grow up
رَبيب : اِبْنُ الزَّوْجِ أو الزَّوْجَة stepson, stepchild
رَبيب : اِبْنٌ بِالتَّرْبِيَة foster son, foster child, fosterling
رَبيب : زَوْجُ المَرْأَةِ لَها وَلَد foster father

رَبيب : حَليف ally, confederate
رَبيع ، فَصْلُ الرَّبيع spring, springtime
رَبيعِيّ vernal, spring
رَتابَة monotony, monotonousness, routine, dullness
رِتاج : مِزْلاج bar, bolt; latch; lock
رَتَّبَ : نَظَّمَ to arrange, array, organize, put in order, make up; to classify, categorize
رَتَّبَ : أَعَدَّ ، سَوّى to prepare, ready, set, lay out, make, do up
رَتَّبَ : أَحْدَثَ to give rise to, produce, generate, cause; to entail
رُتْبَة : مَنْزِلَة ، دَرَجَة rank, degree, grade, order, class; level; position
رَتَعَ (في) : تَنَعَّمَ to revel (in), carouse (in), luxuriate (in); to enjoy
رَتَعَتِ الماشِيَة to graze, pasture
رَتَقَ : رَفَأَ to mend, patch, sew up, darn, fine-draw
رَتَّلَ (القُرْآنَ) to recite or intone (the Koran) slowly and distinctly
رَتَّلَ (الصَّلاةَ إلخ) : تَرَنَّمَ بِها to hymn, sing, chant, intone, modulate
رَتَل : طابور line, queue, file, row
رُتوش retouch, touch-up
رَتيب monotonous, monotone, routine, humdrum, boring, dull
رَتيب (في الجَيْش) officer
رُتَيْلاء (حشرة) harvestman, daddy longlegs; tarantula

رَثّ ragged, tattered, shabby, shoddy, worn-out, worn
رَثى ، رَثا (المَيْتَ) to elegize; to bewail, bemoan, lament
رَثى لَهُ أو لِحالِهِ to deplore, lament; to pity, feel sorry for
يُرْثى لَهُ deplorable, lamentable, pitiful, rueful, miserable, poor
رَجَّ : هَزَّ to shake, convulse, agitate
رَجَّ : اِرْتَجَّ ـ راجع اِرْتَجَّ
رَجا to hope; to look forward to, wish; to ask (for), request
أَرْجو I hope; I look forward to; I wish; please, will you please
رَجاً (ج أَرْجاء) side; direction; area
في أَرْجاء throughout, all over
رَجاء ، رَجاة hope; wish; request
الرَّجاء ـ راجع أَرْجو (رَجا)
رِجالِيّ men's, for men; male, masculine, manly
رَجَّة : هَزَّة convulsion, shock, jolt, jerk; tremor, shake, quake
رَجَحَ to outweigh, outbalance; to preponderate, predominate
رَجَّحَ (على) to give preponderance or preference to (over), prefer (to), favor
رَجَّحَ : اِعْتَبَرَهُ مُحْتَمَلاً to consider (more) probable, likely, likelier
رَجْرَجَ : هَزَّ ـ راجع رَجَّ
رَجَعَ : عادَ to return, come back, go

back; to revert; to recur

رَجَعَ : إِنْكَفَأَ to retreat, withdraw, move backward, go back, back (away), recede, regress

رَجَعَ إلى : لَجَأَ إلى ، راجَعَ to resort to; to consult, refer to, turn to

رَجَعَ إلى : إِسْتَأْنَفَ to resume, recommence, return to, go back to

رَجَعَ (الأَمْرُ أو السَّبَبُ) إلى to be due to, go back to, be attributable to

رَجَعَ عن : تَراجَعَ to withdraw, take back, recant, cancel; to go back on one's word; to unsay

رَجْعٌ ـ راجع أَرْجَعَ

رَجْعَة : رُجُوع ـ راجع رُجُوع

رَجْعِيّ reactionary; old-fashioned, narrow-minded

مَفْعُولٌ رَجْعِيّ retroactive effect

رَجَفَ : إِرْتَجَفَ ـ راجع إِرْتَجَفَ

رَجْفَة tremor, tremble, quiver, quake, shudder, shiver, shake

رَجُل man

رَجُلُ أَعْمال businessman

رَجُلُ دَوْلَة statesman

رَجُلُ فَضاء astronaut, spaceman, cosmonaut

رِجْل : قَدَم ، ساق foot; leg

رِجْلُ الحَمَام (نبات) alkanet

رِجْلَة (نبات) purslane, pussley

رَجَمَ : رَمَى بِالحِجارَة to stone, pelt with stones, throw stones at

رَجَمَ ، رَجَمَ بِالغَيْب to divine, soothsay, predict, foretell, prophesy

رُجُوع : عَوْدَة return(ing), coming back, going back; reversion

رُجُوع : تَقَهْقُر retreat, withdrawal, going back, recession, regress

رُجُولَة ، رُجُولِيَّة manhood, manliness, masculinity, virility

رِجِيم : حِمْيَة diet; dietary, regime(n)

رَحّال ، رَحّالَة traveler, globe-trotter; nomad; nomadic; migratory

رَحَّبَ بِـ to welcome, greet, hail

رَحْب : واسِع wide, spacious, roomy, ample, vast, expansive

رَحَلَ to depart, leave, go away, part; to travel; to migrate

رَحَّلَ to evacuate, expel; to banish, exile, expatriate; to deport

رَحْل : سَرْج saddle; packsaddle

رَحَّل ـ راجع راحِل

رِحْلَة trip, journey, voyage, travel, tour, excursion; cruise; ride

رِحْلَة (بِالطَّائِرَة)، رِحْلَةٌ جَوِّيَّة flight

رَحِمَ : رَأَفَ بِـ to have mercy upon, be merciful toward

رَحِم ، رَحْم womb, uterus

رَحْمَة : رَأْفَة mercy, leniency; compassion, pity; sympathy, kindness

تَحْتَ رَحْمَةِ . . at the mercy of..

الرَّحْمَن the (Most) Gracious, the

(Most) Merciful (God)

رَحُوم - راجع رَحِيم

رَحِيب - راجع رَحْب

رَحِيق nectar

رَحِيل departure, leaving, going away; travel(ing); migration

رَحِيم merciful, lenient, clement; compassionate, pitiful; kind

الرَّحِيم the (Most) Merciful (God)

رُخّ : طائِرٌ خُرافِيٌّ ضَخْم roc

رُخّ (الشِّطْرَنْج) rook, castle

رَخاء welfare, well-being; ease, comfort; luxury; affluence, opulence

رُخام : حَجَرٌ كِلْسِيٌّ صُلْب marble

رَخُصَ : ضِدّ غَلا to cheapen, be or become cheap or inexpensive

رَخَّصَ : خَفَّضَ السِّعْرَ to cheapen, reduce (lower, cut) the price of, make cheap

رَخَّصَ : أَجازَ to authorize, license, permit, allow, legalize, legitimize

رَخْص : لَيِّن supple, tender, soft

رُخْص : ضِدّ غَلاء cheapness, inexpensiveness

رُخْصَة : إجازَة license, permit, warrant(y); permission, leave

رُخْصَةُ قِيادَةٍ أو سَوْق driver's license, driving permit, operator's license

رَخَمَ (ت الدَّجاجَةُ البَيْضَ) to hatch, incubate, brood, sit or set (on eggs)

رَخَم، رَخَمَة (طائر) Egyptian vulture

رَخُوَ، رَخِيَ : إرْتَخى - راجع إرْتَخى

رَخْو، رُخْو، رِخْو loose, slack, lax; limp, flaccid, flabby; soft

رَخِيص : ضِدّ غالٍ cheap, inexpensive, low-priced

رَخِيص : حَقِير، مُتَدَنٍّ cheap, contemptible, low; tawdry, sleazy, inferior, worthless

رَخِيم soft, mellow, melodious, sweet-sounding, dulcet, tuneful

رَدَّ : أَعادَ to return, give back, restore; to put back, lay back

رَدَّ : صَدَّ، دَرَأَ to repel, repulse, drive away, ward off, fend off

رَدَّ (على) : أَجابَ to answer, reply

رَدَّ إلى : عَزا إلى to attribute to, ascribe to, trace (back) to

رَدَّ : عَكَسَ to reflect, throw back

رَدَّ البابَ to close or shut the door

رَدَّ زِيارَةً to repay or return a visit

رَدَّ مالاً (مَدْفوعاً إلى) to refund, repay, pay back, reimburse, return

رَدَّ على الشَّيْءِ بِمِثْلِهِ : إنْتَقَمَ to retaliate, requite, repay, return in kind

رَدّ : جَواب reply, answer, response

رَدُّ فِعْل reaction

رَدًى : هَلاك، مَوْت ruin, destruction; death, demise, decease

رِداء : ثَوْب dress, robe, garment,

gown, clothes; suit, costume

رَدَاءَة badness; inferiority, poorness, low level

رَدَّةُ فِعْل reaction

رِدَّة : إرْتِدادٌ عن دِينٍ إلخ apostasy, defection, tergiversation, backsliding

رَدح : مُدَّةٌ طَوِيلَة long (period of) time

رَدحاً مِنَ الدَّهْرِ أو الزَّمَن for a long (period of) time

رَدَّدَ : كَرَّرَ to repeat, reiterate, iterate

رَدَعَ (عن) to deter (from), prevent (from), keep (from), restrain (from), inhibit (from)

رِدْف، رِدْفان : كَفَل، عَجُز rump, buttocks, posteriors

رَدَمَ : سَدَّ، طَمَرَ to fill up (with earth)

رَدَنَ : غَزَلَ to spin

رُدْن : كُمّ sleeve

رَدْهَة hall, lobby, lounge, foyer, entrance hall, vestibule; parlor

رَدِيَ : هَلَكَ to perish, be destroyed

رَدِيَ : سَقَطَ to fall, tumble

رَدِيء bad; ill; evil; inferior, poor, low-grade, low-level

رَدِيف : جُنْدِيٌّ احْتِياطِيّ reserve, reservist

رَدِيف : بَدِيل substitute, alternate, standby, stand-in, reserve

رَذَّ : رَشَّ to spray, sprinkle, shower, splash, spatter

رَذَّتِ السَّماءُ to drizzle, sprinkle

رَذاذ : مطرٌ خفيف drizzle, dribble, light rain, light (rain) shower

رَذاذ : رَشاش spray

رَذَلَ : نَبَذَ to reject, discard, cast off

رَذِيل : سافِل low, base, mean, vile, despicable, contemptible

رَذِيلَة : ضِدّ فَضِيلَة vice; depravity

رُزّ : أُرُزّ (نبات) rice

رُزْء : مُصِيبَة disaster, calamity

الرَّزَّاق the Provider (God)

رَزَّة staple; screw eye; spike

رَزَحَ (تَحْتَ) : ناءَ to sink (under), fall down (under), collapse (under), be burdened (with)

رَزَقَ to provide with the means of subsistence; to bestow upon, endow with, bless with

رُزِقَ to be endowed or blessed with

رِزْق livelihood, means of living; sustenance, living, daily bread; blessing (of God); property

رَزَمَ، رَزَّمَ to pack, package, parcel, wrap up, bundle, bale

رِزْمَة : حُزْمَة parcel, package, pack, packet; bundle, bale

رُزْنامَة calendar, almanac

رَزِيئَة ، رَزِيَّة : مُصِيبَة ـ راجع رُزْء

رَزِين sedate, staid, grave, solemn, sober, calm, composed

رَسَا (المَرْكَبُ، رَسَتِ السَّفِينَةُ) to anchor, cast anchor, drop anchor, moor, berth, land
رَسَا: ثَبَتَ to be firm, fixed
رُسَابَة sediment; sludge; alluvium
رِسَالَة: خِطَاب letter, note, message, dispatch, communication
رِسَالَة: أُطْرُوحَة thesis, dissertation; paper; treatise, study
رِسَالَة: مُهِمَّة، هَدَفُ لِلْحَيَاة mission, calling, vocation
رِسَالَةُ مُحَمَّد the Prophet's mission
رَسَّام draftsman, drawer; painter, artist
رَسَبَ: تَرَسَّبَ to precipitate, sink, settle, deposit, sediment
رَسَبَ (في امْتِحانٍ إلخ) to fail, flunk
رَسَّبَ (في امْتِحانٍ إلخ) to fail, flunk
رُسْتو roast meat
رَسَخَ to take root; to be deep-rooted, firmly established; to be firm, fixed, settled, stable, steady
رَسَّخَ to establish, settle, stabilize; to fix, fasten; to implant; to strengthen, consolidate, firm up
رُسْغ (اليَدِ) wrist, carpus
رَسَمَ: صَوَّرَ to draw, sketch, design; to paint
رَسَمَ: وَصَفَ to describe, depict, portray, picture
رَسَمَ (خُطَّةً) to plan, make plans, design, project, scheme
رَسْم: صُورَة drawing, figure, picture, portrait; illustration; painting; sketch; pattern, design
رَسْم: أُجْرَة، ضَرِيبَة fee, rate, charge, dues; duty, duties, impost, toll, excise, tax
رَسْمٌ بَيَانِي graph, chart, diagram
رُسُوم جُمْرُكِيَّة customs, customs duties, customs tariffs
رَسْمٌ دِرَاسِيّ، رَسْمُ التَّعْلِيم tuition, fee(s), tuition fee(s)
رَسْمٌ شَمْسِيٌّ أو فُوتُوغرافِيّ photograph, photo, picture
رُسُومٌ مُتَحَرِّكَة (animated) cartoon
بِرَسْم for; c / o, care of
رَسْمِيّ official, formal; ceremonial, ceremonious
(مُوَظَّف) رَسْمِي official
غَيْرُ رَسْمِيّ unofficial, informal, unceremonious, casual
لِبَاسٌ رَسْمِيّ full dress; uniform
مَدْرَسَةٌ رَسْمِيَّة public school
رَسْمِيَّات formalities; ceremonies, ceremonial(s)
رَسَن: زِمَام (الدَّابَّةِ) halter, leash
رُسُوب (في امْتِحان) failure, flunk(ing)
رَسُول: مِرْسَال، مَبْعُوث messenger; runner; courier; envoy, emissary
رَسُول: نَبِيّ prophet

الرَّسُول، رَسُولُ الله ﷺ the Prophet, God's Apostle, the Messenger of God, Mohammed (God's praise and peace be upon him)

رَشَّ : رَذَّ to sprinkle, spray, shower; to spatter, splash

رَشَا : بَرْطَل to bribe, buy off, corrupt

رَشَاد : رُشْد ـ راجع رُشْد

رَشَاد (نبات) peppergrass, cress

رَشَاش : رَذاذ spray; splash

رَشَّاش، مِدْفَع رَشَّاش machine gun

مُسَدَّس رَشَّاش submachine gun, Tommy gun

رَشَحَ : نَضَحَ، تَسَرَّبَ to ooze, sweat, exude, transude, seep, leak, filter, infiltrate

رَشَحَ (الجِلْدُ) : عَرِقَ to sweat, perspire; to transpire

رَشَّحَ (فلاناً) to nominate, name, put up (as a candidate)

رَشَّحَ نَفْسَهُ to run, stand (as a candidate, for election)

رَشَّحَ : صَفَّى to filter, (in)filtrate, percolate, exude, strain

رَشْح : عَرَق sweat, perspiration; transpiration

رَشْح : زُكام (common) cold, coryza

رَشَّدَ : أَرْشَدَ ـ راجع أَرْشَدَ

رَشَّدَ : عَقْلَنَ to rationalize

رُشْد : صَواب، عَقْل reason, mind; senses; consciousness

رُشْد : هُدًى right guidance

رُشْد، سِنُّ الرُّشْد (legal) majority, full age, legal age, maturity, adulthood; age of reason or consent

رَشَفَ، رَشِفَ to sip, sup, suck

رَشَقَ بِـ to pelt with, strike with; to throw at, hurl at, fling at

رَشْوَة bribe; hush money; bribery

رَشِيد rational, reasonable; wise, prudent; rightly guided

رَشِيق (القَوام) graceful, elegant, shapely, svelte, slender

رَشِيق : خَفِيف (الحَرَكة) nimble, agile, swift, easy-moving, light

رَصَّ : دَكَّ to impact, (com)press, compact, serry; to cram, ram

رَصاص (معدن) lead

رَصاص (البَنادِق والمُسَدَّسات) bullets

قَلَمُ رَصاص pencil, lead pencil

رَصّاص : سَمْكَري plumber, tinker

رَصاصَة bullet, pellet

رَصاصِي leaden, lead

رَصَدَ : راقَبَ to observe, watch; to monitor; to surveil

رَصَدَ : تَرَصَّدَ لِـ ـ راجع تَرَصَّدَ لِـ

رَصَدَ : خَصَّصَ (مالاً) to appropriate, earmark, allocate, allot

رَصَّدَ (حِساباً) to balance (an account)

رَصَّعَ (بِـ) to inlay, set, enchase, stud (with jewels, gold, etc.)

رَصَفَ : بَلَّطَ to pave, lay with flag-stones, flag, slab, floor
رَصَفَ : صَفَّ to align, line up
رَصِيد balance; remainder; out-standing account
رَصِيعَة medallion
رَصِيف (لِلْمُشاة) sidewalk, pavement
رَصِيفُ المِيناء quay, pier, dock
رَصِين : رَزِين sedate, staid, grave, so-ber; equable, composed
رَضَّ : كَدَمَ to bruise, contuse
رِضاً، رِضًى، رِضاء contentment, content(edness), satisfaction; con-sent, assent, approval, acceptance
رُضاب : لُعاب، رِيق saliva, spittle
رِضاعَة، رِضاع suckling, sucking, suck, nursing
رَضّاعَة : زُجاجَةُ الإرْضاع nursing bottle, feeding bottle
رَضَّة bruise, contusion; trauma
رَضَخَ لِـ to yield to, submit to, obey
رَضَعَ، رَضِعَ to suck (at the breast), suckle, nurse
رَضَّعَ ـ راجع أَرْضَعَ
رِضْوان، رُضْوان ـ راجع رِضاً
رَضِيَ to be satisfied (with), content (with); to content oneself (with); to be pleased (with); to accept (to), agree (to), approve (of)
رَضِيع : طِفْلٌ يَرْضَع suckling, nursling, infant, baby; sucking, suckling
رَطَّبَ : بَلَّ، نَدَّى to moisten, humidify, damp(en), wet, dabble
رَطْب : نَدِيّ humid, moist, damp, wet
رُطَب : بَلَحٌ ناضِج ripe dates
رَطْل، رِطْل rotl; pound
رَطَمَ : اِرْتَطَمَ بِـ to collide with
رُطُوبَة humidity; moisture; moist-ness, damp(ness), wetness
رَعَى : عُنِيَ بِـ، حَفِظَ to take care of, look after; to guard, protect
رَعَى : تَعَهَّدَ، نَمَّى to patronize, spon-sor; to cultivate, develop, promote
رَعَى : تَقَيَّدَ بِـ ـ راجع راعَى
رَعَى الماشِيَةَ to graze, pasture, grass; to shepherd; to herd, tend
رَعَتِ الماشِيَةُ to graze, pasture
رَعّاد (سمك) electric ray, torpedo
رَعّاش (سمك) electric eel
رَعاع : غَوْغاء rabble, mob, riffraff
رِعايَة care, keeping, protection, cus-tody, guardianship; patronage, auspices, sponsorship
رَعَبَ، رَعَّبَ : خَوَّفَ ـ راجع أَرْعَبَ
رُعْب : خَوْف fright, fear, terror, panic, scare, horror, alarm
رَعَدَ (السَّحابُ) to thunder
رَعْد : صَوْتُ السَّحاب thunder

رَغْدِيّ thunder-; thunderous
رِعْدِيد : جَبَان cowardly, fainthearted; coward, craven, poltroon
رَعَشَ، رَعِشَ to tremble, shiver
رَعْشَة : رَجْفَة tremor, tremble, shiver, thrill, quiver, shake
رُعُونَة lightheadedness, frivolity, heedlessness, carelessness, recklessness, rashness, foolhardiness
رِعْيُ الحَمَام (نبات) verbena, vervain
رَعِيَّة : مُوَاطِنُون subjects, citizens
رَعِيَّة [نصرانية] congregation, parish
رَعِيل advanced party (of men); leading group; generation
رَغَا، رَغَّى to foam, froth; to lather
رَغِبَ (في) to desire, wish, want; to aspire to, seek
رَغَّبَ (في) to make desirous (of); to interest (in)
رَغْبَة desire, wish; craving, longing, appetite; interest, inclination
رَغَد، رَغْد : بَحْبُوحَة ease, comtort, opulence, affluence
رَغْد : رَغِيد pleasant, comfortable, easy, carefree, opulent
رَغْمَ، بِالرَّغْمِ (على الرَّغْمِ) مِنْ، بِرَغْمِ despite, in spite of
رَغْمَ أَنَّ، على الرَّغْمِ (بِالرَّغْمِ) مِنْ أَنَّ in spite of the fact that, although, even though, though

رَغْمَ أَنْفِهِ، بِالرُّغْمِ مِنْهُ in spite of him, against his will; unwillingly, forcedly
رُغْمَ - راجع رَغْمَ
رَغْوَة foam, froth, spume; lather
رَغِيد : رَغْد - راجع رَغْد
رَغِيف loaf of bread
رَفَّ : اِخْتَلَجَ to quiver, tremble, shiver, flutter; to flicker
رَفَّتِ العَيْنُ : اِخْتَلَجَتْ to twitch
رَفَّ الطَّائِرُ - راجع رَفْرَفَ
رَفّ : عارِضَة shelf; rack; ledge
رَفُّ كُتُب bookshelf
رَفّ (مِنَ الطَّيْرِ) flight, covey
رَفَأَ، رَفَا : رَتَقَ to darn, fine-draw, sew up, mend, patch
رُفَات (المَيْتِ) remains, corpse, body
رَفَّاص (spiral) spring; (screw) propeller
رَفَاهَة، رَفَاهِيَة welfare, well-being; luxury, opulence, ease, con.fort
رَفَدَ to support, assist, aid, help
رَفْرَاف (طائر) kingfisher
رَفْرَاف (السَّيَّارة) fender, mudguard
رَفْرَفَ الطَّائِرُ 'o flap the wings, flutter, flicker, beat, flail
رَفْرَفَ العَلَمُ to flutter, flap, wave, stream, float, fly, whip

رَفَسَ : رَكَلَ to kick

رَفْسَة : رَكْلَة kick

رَفْش : مِجْرَفَة shovel, spade

رَفَضَ to refuse, reject, turn down, decline, disapprove; to veto

رَفْض refusal, rejection, nonacceptance

حَقُّ الرَّفْض (right of) veto

رَفَعَ : عَلَّى to raise, lift (up), uplift, hoist (up), elevate

رَفَعَ : زادَ to raise, increase, step up, hike; to heighten, enhance

رَفَعَ : بَنَى، شَيَّدَ to raise, erect, set up, put up, build, construct

رَفَعَ : أَزالَ to remove, take away, eliminate; to lift, raise, end

رَفَعَ إلى to submit to, refer to, present to, hand over to, turn in to

رَفَعَ الجَلْسَةَ to adjourn

رَفَعَ دَعْوَى أو قَضِيَّةً على to bring suit (or legal action) against, sue

رَفَعَ الكُلْفَةَ مَعَ to make free with, take liberties with

رَفُعَ : سَمَا to be high, high-ranking

رَفُعَ : رَقَّ to be thin, fine, delicate

رَفَّعَ : رَقَّى to promote, raise, advance, upgrade

رَفَّعَ : رَقَّقَ to thin (out), make thin; to fine, make fine

رَفْع raising, lifting (up); increasing, stepping up; rise, increase; raise

رَفْعُ الأَثْقال weight lifting

رِفْعَة sublimity, highness, loftiness; high rank, eminence, prestige

رَفِقَ، رَفَقَ، رَفُقَ (بِهِ) to treat with kindness; to be kind to, lenient toward, mild toward

رِفْق : لُطْف، لِين kindness, gentleness, leniency, mildness, clemency

رُفْقَة، رِفْقَة : صُحْبَة company, companionship, association

رُفْقَة، رِفْقَة : رُفَقاء company, companions, comrades, friends

بِرِفْقَة accompanied by, in the company of, with

رَفَّهَ عن to entertain, amuse, cheer up

رَفَّهَ عن نَفْسِهِ to amuse oneself, recreate, take recreation

رَفَّهَ العَيْشَ to make life comfortable, pleasant, luxurious

رَفِيع : سامٍ high, high-ranking, high-level, top-level, lofty, exalted, elevated, sublime; refined

رَفِيع : رَقِيق thin, fine, slender

رَفِيف (نبات) iris, fleur-de-lis, lily

رَفِيق : صَدِيق companion, associate, comrade; friend, pal, chum

رَفِيقُ لِفَتاةٍ أو امْرَأةٍ boyfriend

رَفِيقُ الصَّفِّ classmate

رَفِيق : مُتَساهِل kind, gentle, lenient, merciful, forgiving, indulgent

رَفِيق : خَفِيف، لَطِيف light, soft, mild

رَقَّ : دَقَّ to be(come) thin, delicate, fine, slender, tenuous
رَقَّ : لانَ to soften, relent
رَقَّ لَهُ to pity, feel (pity) for
رِقّ : عُبُودِيَّة slavery, serfdom, servitude, bondage
رِقٌّ أَبْيَض white slavery
رَقّ : دُفّ tambourine
رَقَى : عَوَّذَ to charm, enchant
رَقَّى : رَفَعَ to promote, raise, advance, upgrade, elevate
رَقَابَة supervision, control, superintendence, surveillance, inspection; observation, watch(ing); monitoring
رَقَابَة على المَطْبُوعاتِ إلخ censorship
رُقَاد sleep, slumber; dormancy
رَقَّاص : راقِص dancer
رَقَّاصُ السَّاعَةِ إلخ pendulum
رَقَّاصَة ـ راجع راقِصَة
رُقَاقَة chip, flake; wafer
رَقَبَ : راقَبَ ـ راجع راقَبَ
رَقَبَة : عُنُق neck
رَقَدَ : نامَ to sleep, fall asleep; to go to bed, go to sleep
رَقْدَة : نَوْمَة sleep, nap
رَقَشَ، رَقَّشَ to variegate, dapple
رَقَصَ to dance
رَقَّصَ : أَرْقَصَ to dance, make dance
رَقْص dancing, dancę; choreography
رَقْصَة dance
رَقَّطَ to speckle, fleck, spot, dapple
رَقَعَ، رَقَّعَ (الثَّوْبَ) to patch
رُقْعَة patch; spot; lot, area
رُقْعَةُ الشِّطْرَنْج أو الدَّاما chessboard, checkerboard
رَقَّقَ to thin (out), make thin; to fine, make fine
رَقَّمَ to number; to page, paginate
رَقْم number; numeral, figure, digit
رَقْمٌ قِياسِيّ record
رَقْمِيّ digital; numerical, numeral
رُقُود ـ راجع رُقاد
رَقِيَ ـ راجع اِرْتَقَى
رَقِيَ إلى to date (or go) back to
رَقِّيّ : بِطِّيخ أَحْمَر watermelon
رُقِيّ : تَقَدُّم progress, advance(ment); development; rise
رَقِيب observer, watcher; watch(man), guard; supervisor, superintendent, overseer
رَقِيب (المَطْبُوعاتِ والأَفْلامِ) censor
رَقِيب : رُتْبَةٌ عَسْكَرِيَّة sergeant
رَقِيبٌ أَوَّل staff sergeant
رُقْيَة : تَعْوِيذَة spell, charm, incantation, amulet, talisman, periapt

رَقِيق : عَبْد، عَبِيد slave(s), bondman (bondmen), bondsman (bondsmen), serf(s)

رَقِيق : دَقِيق، رَفِيع thin, fine, delicate, slender, tenuous, flimsy

رَقِيق : ناعِم soft, tender, gentle

رَقِيقُ الجانِب amiable, kind, nice

رَقِيقُ الشُّعُور sentimental; sensitive

رَقِيقُ القَلْب tenderhearted, loving

رَقِيقَة : صَفِيحَة foil, thin sheet of metal; leaf, lamina

رِكاب (السَّرْج) stirrup

رِكاز : خامَة، مَعْدِنٌ خام ore

رَكّاض : عَدّاء runner, racer

رُكام : كَوْمَة pile, heap, stack

رَكِبَ to ride, mount, get (up) on; to board, embark (on), go on board, get in; to travel (in, on, by), go by, take

رَكَّبَ : جَعَلَهُ يَرْكَب ـ راجع أَرْكَبَ

رَكَّبَ : جَمَعَ، أَنْشَأَ to assemble, put or fit together; to set up, install; to compound, combine, make; to mount (on), fasten (on), fix (on); to set (in)

رَكْب : قافِلَة caravan; convoy; riders

رُكْبَة [تشريح] knee

رَكَدَ : كَسَدَ to stagnate; to be(come) stagnant, dull, slack

رَكَزَ : ثَبَّتَ، وَضَعَ to fix, fasten, settle; to (im)plant, insert; to position, station, place

رَكَّزَ : مَرْكَزَ، بَأَّرَ to center, centralize; to focus, focalize

رَكَّزَ : كَثَّفَ to concentrate; to condense

رَكَّزَ على to concentrate on, focus on; to stress, emphasize, highlight

رَكَضَ : عَدا to run, race; to jog

رَكَعَ to kneel (down); to bow (down)

رَكْعَة prostration, bow

رَكَلَ : رَفَسَ to kick

رَكْلَة : رَفْسَة kick

رَكَمَ : كَدَّسَ to accumulate, amass, heap up, pile up, stack (up)

رَكَنَ إلى to lean on; to rely on, depend on, count on; to trust

رُكْن : زاوِيَة corner; nook

رُكْن : دِعامَة support, prop, pillar

رُكْن : أَساس basis, basic element

الأَرْكانُ العامَّة general staff

رَكْوَة coffeepot

رُكُود stagnancy, stagnation; recession, depression, slump, standstill

رَكِيزَة : دِعامَة support, prop, rest, stay, brace, pier, pillar

رَكِيك : ضَعِيف weak, poor

رَمَى : أَلْقَى to throw, cast, fling, hurl; to pelt (with), strike (with)

رَمَى : أَطْلَقَ النّار to shoot, fire

رَمَى بِـ: اِتَّهَمَ بِـ to charge with, accuse of
رَمَى إلى: قَصَدَ to drive at, aim at, intend to; to be aimed at
رَمَى بَيْنَ to sow dissension or stir up discord among or between
رَماد ash, ashes, cinders
رَمادِيّ ashen, ashy, ash-colored, gray
رُمّان، رُمّانَة (نبات) pomegranate
رُمّانَةٌ يَدَوِيَّة (hand) grenade
رِمايَة ـ راجع رَمْي
رُمَّة، بِرُمَّتِهِ entirely, wholly, fully, completely; all, all of
رَمَث: طَوْف (log) raft, lighter, float
رُمْح spear, javelin; lance, pike
رَمَزَ (إلى) to symbolize; to represent, stand for; to indicate, point to
رَمْز: عَلامَة، شِعار symbol; token, sign; emblem; insignia, logo
رَمْز: عُنْوان، مِثال symbol, embodiment, image, typical example
رُموز: شِيفْرَة cipher, code
رَمْزِيّ symbolic(al); nominal, token
رَمْس: قَبْر grave, tomb, sepulcher
رَمَشَ (بِعَيْنِه) to blink, wink, bat
رَمَش، رِمْش eyelash(es), lash(es)
رَمَقَ: لَحَظَ، نَظَرَ إلى to glance at, look at, regard, eye
رَمَق، الرَّمَقُ الأَخِير (last) spark of life, (last) breath of life
رَمْل: تُرابٌ دَقِيق sand
رَمْلِيّ sandy, sand-, sabulous
حَجَرٌ رَمْلِيّ sandstone
ساعَةٌ رَمْلِيَّة sandglass, hourglass
رَمَّمَ: أَصْلَحَ to repair, fix, overhaul, mend, restore (to good condition), recondition, rebuild
رَمْي: قَذْف throw(ing), cast(ing), fling(ing), hurl(ing); pelting
رَمْي: إطْلاقُ النّار shooting, firing
رَمْيُ الرُّمْح javelin throw(ing), javelin
رَمْيُ القُرْص discus throw(ing), discus
رَمْيُ الكُرَةِ الحَدِيدِيَّة shot put, putting the shot
رَمْيَة: المَرَّةُ مِن رَمَى throw, cast, fling
رَمْيَة: طَلَق (نارِيّ) shot
رَنَّ to ring, toll; to ting, tinkle; to resound, resonate
رَنا إلى to gaze at, stare at, look at
رَنّان ringing, resounding, resonant
رَنَّة (حيوان) reindeer, caribou
رَنَّة: رَنين ـ راجع رَنين
رَنْد (نبات) laurel, bay laurel
رَنْكَة (سمك) herring

رَنَّم to intone, modulate, recite; to chant, sing; to hum
رَنِين ring(ing); toll(ing); ting; tinkle; resonance
رُهَاب : خَوْفٌ مَرَضِيّ phobia
رِهَان bet, wager; stake(s)
رَهِبَ : خاف to fear, dread; to be afraid, frightened, terrified
رَهَّبَ ـ راجع أَرْهَبَ
رَهْبَة awe, dread, veneration; fear, fright, alarm, terror, horror
رَهْبَنَة، رَهْبانِيَّة monasticism; monastic order, friary
رَهْط، رَهَط group; family; tribe
رَهَنَ to mortgage, pawn, pledge
رَهْن (ج رُهُون ورِهان) mortgage, lien, pawn, pledge, security
رَهْنَ بـ، رَهْنَ subject to
رَهْو (طائر) crane, demoiselle
رَهِيب terrible, awful, dreadful, fearful, frightful, horrible, gruesome
رَهِيف ـ راجع مُرْهَف
رَهِينَة hostage
رَوَى : سَقَى to irrigate, water; to give to drink, quench someone's thirst
رَوَى : حَكَى to narrate, relate, tell, recount; to transmit, pass on
رِوائِيّ : قَصَّاص novelist, fictionist, romancer, storywriter, storyteller
رَوَاج circulation, currency; popularity; salability; (great) demand
الأَكْثَرُ رَوَاجاً bestseller, top
رُوَاق، رِوَاق portico; open gallery, colonnade; corridor, hallway
رِوَايَة novel, story, fiction; narrative, narration, tale; version
رَوَّبَ (اللَّبَنَ) to curdle, curd
رُوبِل : عُمْلَةٌ رُوسِيَّة ruble
رُوبِيَان : إِرْبِيَان shrimp, prawn
رُوبِيَّة : عُمْلَةٌ شَرْقِيَّة rupee
رُوتِين routine; red tape
رُوتِينِيّ routine, monotonous, monotone, humdrum
رَوْث : بَعْر dung, droppings, manure
رَوَّجَ : نَشَرَ to circulate, spread; to propagate, publicize; to popularize
رَوَّجَ البِضَاعَةَ أو المَبِيعات to promote merchandise, push the sale of
رَوَّحَ (عن) to refresh; to soothe, ease; to entertain, amuse, cheer up
رَوَّحَ عن نَفْسِهِ to amuse oneself, recreate, take recreation
رُوح : نَفْس soul, spirit
رُوح : عُصَارَة essence, extract
رُوحٌ رِيَاضِيَّة sportsmanship
رُوحٌ مَعْنَوِيَّة morale, spirit(s)
الرُّوحُ القُدُس Holy Spirit, Holy Ghost
رُوحِيّ، رُوحانِيّ spiritual; immaterial

رُوحِيّ : كُحُولِيّ spirituous, alcoholic

رُوحِيَّة spirituality; spirit

رُوزْنَامَة calendar, almanac

رُوسْتُو roast meat

رَوَّضَ to tame, domesticate; to housebreak; to break (in); to train

رَوْضَة، رَوْض garden; meadow

رَوْضَةُ الأَطْفال kindergarten

رَوَّعَ : خَوَّفَ to frighten, scare, alarm, horrify, terrify, terrorize

رُوع : قَلْب، عَقْل heart, soul, mind

رَوْعَة : جَمَال splendor, magnificence, glamor, charm, beauty, magic

رَوَّقَ to clarify, clear, filter

رُوكْبِي : ضَرْبٌ مِنْ كُرَةِ القَدَم rugby

رُوماتِزْم rheumatism

رُومَانسِيّ، رُومَنْطِيقِيّ romantic

رُومِيّ، دِيكٌ رُومِيّ (حيوان) turkey

رَوَنْد، رِوَنْد (نبات) rhubarb

رَوْنَق : بَهاء، جَمَال glamor; splendor, luster; beauty, grace

رَوِيَّة deliberation, premeditation; deliberateness, patience; care

رُوَيْداً slowly, gently, deliberately

رُوَيْداً رُوَيْداً gradually, slowly

رِيّ، رَيّ irrigation, watering

رِيَاء hypocrisy, dissemblance

رِيَادِيّ pioneer; pathfinding

رِيَاش : أَثَاث furniture, furnishings

رِيَاضَة (بَدَنِيَّة) sport(s), athletics, gymnastics, physical exercise(s), physical education

رِيَاضَة : رِيَاضِيَّات mathematics

رِيَاضِيّ : خاصٌّ بالرِّيَاضة (البَدَنِيَّة) sport(s), sportive, sporty, athletic

رِيَاضِيّ : خاصٌّ بالرِّيَاضِيَّات mathematical

(لاعِبٌ) رِيَاضِيّ athlete, sportsman

(عالِمٌ) رِيَاضِيّ mathematician

رِيَاضِيَّات mathematics

رِيَال : عُمْلَةٌ عَرَبِيَّةٌ إلخ riyal; rial

رَيَّان succulent, juicy, fresh, tender

رَيْب، رِيبَة doubt, suspicion, distrust, uncertainty, misgiving, dubiosity, dubeity

بِلاَ رَيْب undoubtedly, no doubt, certainly, sure, for sure, of course

رِيبَاس (نبات) gooseberry, currant

رَيْثَمَا pending; until, till

رِيجِيم : حِمْيَة diet; dietary, regime(n)

رِيح : هَوَاءٌ مُتَحَرِّك wind

رَيْحَان (نبات) basil, sweet basil

رِيش : كِسَاءُ الطَّائِر feather(s), feathering, plumage, plume

رِيشَة (الطَّائِر) feather, plume, quill

رِيشَة : قَلَم، يَرَاع	pen, quill
رِيشَة : فُرْشاةُ الرَّسْم	(paint)brush
رِيشَةُ المِرْوَحَةِ إلخ	blade; vane
رَيْع : دَخْل	revenue, income, proceeds, earnings; yield, produce
رَيْعان	prime, bloom, heyday
رِيف	country(side), rural area
رِيفِيّ	rural, rustic, country
رِيق : لُعَاب، رُضَاب	saliva, spittle
رِيم : غَزَالٌ أَبْيَض	addax, white gazelle, white antelope

ز

زائِد : إضافِيّ additional, extra; excess, surplus; excessive

زائِد : مَع plus, in addition to

زائِر visitor, caller; guest

زائِف false, counterfeit, forged, falsified, fake, phony, pseudo, sham, unreal, mock, imitative, imitation

زائِل transient, transitory, ephemeral, evanescent, short-lived

زُؤَان (نبات) darnel

زُؤَانَة : بَثْرَة blackhead, comedo

زِئْبِر : وَبَر nap; fuzz, fluff, pile, down

زِئْبَق (معدن) mercury, quicksilver

زاحِف، زاحِفَة creeping, creepy, crawling; reptilian; reptile

زَواحِف reptiles, reptilians

زاحَمَ : نافَسَ to compete with, vie with, contend with; to rival, emulate

زادَ : كَثُرَ، كَبُرَ to increase, grow, augment, intensify, heighten; to be(come) more, great(er), large(r)

زادَ عن أو على to exceed; to be more than, above, over

زادَ : رَفَعَ، كَثَّرَ to increase, augment, raise, step up, boost; to intensify, heighten, build up

زاد : مَؤُونَة provisions, supplies, supply, store(s), victuals

زَأَرَ (الأَسَدُ) to roar

زارَ (فُلاناً أو مَكاناً) to visit, pay a visit to, call on, drop in (on), call at, drop by (at)

زاغَ (عن) to deviate from, depart from, turn away from

زاغ (طائر) crow; jackdaw

زاكٍ (الزّاكي) - راجع زَكِيّ

زالَ to disappear, vanish, go (away); to cease to exist; to end

ما زالَ، ما يَزالُ، لَمْ يَزَلْ، لا يَزالُ still, yet; to continue to be; to continue to do, keep doing

زامَلَ : كانَ زَمِيلَهُ to be a colleague of

زانَ - راجع زَيَّنَ

زان (شجر وخشبه) beech

زاهٍ (الزّاهِي) bright, brilliant, shining, shiny, lively, vivid

زاهِد: ناسِك، مُتَنَسِّك ascetic
زاهِد: غَيْرُ مُهْتَمّ indifferent, apathetic, disinterested, uninterested
زاهِر: مُشْرِق bright, brilliant, shining
زاوَجَ (بَيْنَ): قَرَنَ to couple, pair
زاوَجَ: ضاعَفَ to double, geminate
زاوَلَ to practice, pursue, engage in
زاوِيَة: رُكْن corner; nook
زاوِيَة [هندسة] angle
زاوِيَة: مَكانٌ صَغِيرٌ لِلصَّلاة prayer room, small mosque
زايَدَ to outbid, overbid, bid or offer more than; to bid up
زَئِير (الأَسَدِ) roar(ing)
زَبابَة: حَيَوانٌ كالفَأر shrew
زَباد، سِنَّوْرُ (قِطُّ) الزَّباد civet cat
زَبّال garbage collector, scavenger, street sweeper, street cleaner
زُبالَة garbage, refuse, rubbish, waste, sweepings
زَبَد foam, froth; scum, dross
زُبْدَة، زُبْد butter; cream
زُبْدَة: صَفْوَة، خِيرَة cream, prime, pick, flower, top, elite
زُبْدَة: خُلاصَة، جَوْهَر extract(ion), essence, substance, gist, pith
زُبْدِيَّة: أفوكادو (نبات) avocado
زُبْدِيَّة، زِبْدِيَّة: سُلْطانِيَّة bowl
زَبَرْجَد: حَجَرٌ كَرِيم aquamarine

زَبْزَب (حيوان) badger
زَبَلَ، زَبَّلَ: سَمَّدَ to dung, manure
زِبْل، زِبْلَة: سَماد dung, manure
الزَّبُور (Book of) Psalms, Psalter
زَبُون client, customer, patron
زَبِيب raisin(s); currant(s), sultana(s)
زَجَّ: أَلْقَى، رَمَى to throw, hurl
زَجَّ: دَسَّ، أَقْحَمَ to shove, push; to force, press, squeeze
زَجَّ: وَرَّطَ to entangle, embroil, implicate, involve
زَجّاج glassmaker, glassman
زُجاج glass
زُجاجَة: قِطْعَةُ زُجاج piece of glass
زُجاجَة: قِنِّينَة bottle, flask, vial
زُجاجَةُ الإِرْضاع nursing bottle, feeding bottle
زُجاجِيّ glass, glassy, vitreous
زَجَرَ: مَنَعَ to restrain, check, prevent
زَجَرَ: نَهَرَ to scold, chide, rebuke, reprimand, reprove, upbraid
زُحار dysentery
زُحاف، زُحّافَة ـ راجع زاحِف، زاحِفَة
زِحام ـ راجع زَحْمَة
زَحْزَحَ to move, budge, displace
زَحَفَ: دَبَّ to crawl, creep

Saturn زُحَل [فلك]
to slide, glide, slip, slither زَحْلَقَ
to (over)crowd, throng; to jam, pack, jam-pack; to congest; to press, squeeze زَحَمَ : حَشَرَ
jam; crowd, throng; congestion زَحْمَة
to be full of, filled with, replete with, rich in; to abound in زَخَرَ بِـ
to ornament, adorn, embellish, garnish, decorate, (be)deck زَخْرَفَ
ornament, garnish, adornment, decoration, décor زُخْرُف
ornamentation, adornment, decoration, décor زَخْرَفَة
ornamental, decorative زُخْرُفِيّ
momentum, impetus; thrust, force زَخْم : دَفْع ، قُوَّة
button; push button زِرّ (ج أَزْرار)
agriculture; farming; cultivation, culture; planting, growing زِراعَة
agricultural, agrarian, farm زِراعِيّ
giraffe زَرافَة ، زُرافَة (حيوان)
to pen (up), fold, impound, shut up, fence in زَرَبَ (الماشِيَةَ)
to flow; to run (out), leak, escape, seep زَرِبَ (الماءُ)
(coat of) mail, armor زَرَد : دِرْع
zebra حِمارُ الزَّرَد
pliers زَرَدِيَّة : كَمّاشَة صَغِيرَة

to button, button up زَرَّرَ
starling زُرْزُور ، زُرْزُر (طائر)
to sow; to plant, raise, grow, crop; to cultivate زَرَعَ
زَرْع : زِراعَة ـ راجع زِراعَة
plant(s); crop(s) زَرْع : نَباتٌ مَزْرُوع
heart transplant زَرْعُ القَلْبِ
to mute, drop excrement زَرَقَ الطّائِرُ
to inject, shoot, syringe, give an injection to زَرَقَ : حَقَنَ
زَرِقَ : اِزْرَقَّ ـ راجع اِزْرَقَّ
blueness, blue (color) زَرَق ، زُرْقَة
injection, shot زَرْقَة : حُقْنَة
yellow wasp زُرْقُطَة (حشرة)
to brocade, embroider; to ornament, embellish, adorn زَرْكَشَ
disparaged; despicable, miserable, wretched, poor; inferior زَرِيّ
jay زِرْياب (طائر)
pen, yard, corral, fold, stockade, zareba, pound زَرِيبَة : حَظِيرَة
plant(s); crop(s) زَرِيعَة : نَباتٌ مَزْرُوع
genet زُرَيْقاء : رَباح ، حَيَوانٌ كالسِّنَّوْر
leadership زَعامَة : قِيادَة ، رِئاسَة
thyme زَعْتَر (نبات)
زَعَجَ ـ راجع أَزْعَجَ
azarole, thorn, medlar زُعْرُور (نبات)
to shake, convulse, unsettle زَعْزَعَ

زَعْفَرَان (نبات) saffron, crocus
زَعَقَ: صاحَ، صَرَخَ to cry, yell, shout, scream, shriek, screech, squall
زَعَمَ: اِدَّعَى to allege, claim, maintain, pretend, purport, contend
زَعْم allegation, claim, contention
زِعْنِفة، زَعْنَفَة (السَّمَكِ) fin (of fish)
زَعِيم: رَئِيس leader, chief, head, boss, strongman
زَغَب down, pile, fluff, fuzz, nap
زُغْبَة: حَيوانٌ مِنَ القَوَارِض dormouse
زَغْبر، زُغْبُر nap; fluff, fuzz, down
زَغْرَدَ to utter trilling cries of joy
زَغْرَدَة shrill, trilling cries of joy
زَغَلَ: غَشَّ to adulterate; to debase
زُغْلُول squab, young pigeon
زُغَيْم (طائر) cutthroat
زَفَّ العَرُوسَ to carry home the bride in procession; to give away (in a marriage ceremony)
زَفَّ البُشْرَى أو الخَبَرَ إلى to bring or announce good news to
زِفَاف wedding, wedding ceremony, marriage, marriage ceremony
زَفَّتَ to pitch; to asphalt, blacktop
زَفَّة (العُرْسِ) (wedding) procession
زِفْت pitch; asphalt, blacktop
زَفَرَ to exhale, expire, breathe out
زَفَر (عِنْدَ المَسِيحِيِّين) greasy food
زَفِير exhalation, expiration, expiry
زِقّ: قِرْبَة (water)skin; bottle
زُقَاق: طَرِيقٌ ضَيِّق lane, alley(way)
زُقّة (طائِرٌ مائِيّ) darter, snakebird
زَقْزاق (طائر) plover; dotterel
زَقْزاقٌ شامِيّ (طائر) lapwing, peewit
زَقْزَقَ الطَّائِرُ to chirp, cheep, tweet
زُقَيْقِيَّة: طائِرٌ مُغَرِّد linnet
زَكَّى: نَمَّى to increase, develop
زَكَّى: طَهَّرَ to purify, chasten
زَكَّى (مالَهُ) to give alms or charity, pay the alms tax
زَكَّى: أَوْصَى بِـ to recommend
زَكَاة [شريعة إسلامية] almsgiving, alms, charity; alms tax
زُكَام: رَشْح (common) cold, coryza
زُكْرَة: سُرَّةُ البَطْن navel, umbilicus
زُكِمَ to catch (or take) a cold
زَكِيّ: طاهِر، صالِح pure, chaste; innocent; righteous, virtuous
زَكِيّ: عَطِر fragrant, sweet-smelling
زَلَّ: زَلَقَ، كَبَا to slip, trip, stumble
زَلَّ: أَخْطَأَ to slip, lapse, stumble, blunder, trip, err
زَلَابِيَة pancake, crepe
زِلَاج ـ راجع مِزْلاج

زَلّاجَة ـ راجع مَزْلَج، مِزْلَجَة
زُلال [كيمياء] albumin, albumen
زُلالُ البَيْض albumen, white of egg
ماءٌ زُلال fresh pure (cold) water
زَلَّة slip, lapse, stumble, trip, misstep; (slight) fault, error
زَلَّةُ لِسان slip of the tongue
زِلْزال earthquake, quake, seism
زَلْزَلَ to shake, rock, convulse
زَلَقَ، زَلِقَ to slip, stumble, trip; to slide, glide, skid, slither
زَلِق، زَلْق slippery, slippy, slick, slithery, greasy, soapy
زَلَم (حيوان) hyrax, daman, dassie
زَلَم (نبات) chuffa; groundnut
زَمَّ to tighten; to tuck, pucker, draw together; to constringe, constrict
زَمّار : عازِفُ المِزْمار piper, flutist
زَمّارُ الرَّمْل (طائر) sandpiper, sandlark, sandplover, sandsnipe
زَمّارة ـ راجع مِزْمار
زَمّارَة : صَفّارَةُ الإنْذار (warning) siren
زَمالَة colleagueship, fellowship
زِمام rein(s), bridle; halter, leash
زِمامُ الأَمْرِ أو الحُكْمِ (reins of) power or government, control
زَمان ـ راجع زَمَن
زُمَّت : غُرابٌ أَعْصَم chough

زُمَّجُ الماء (طائر) (sea) gull, mew
زَمْجَرَ to roar; to snarl, growl
زُمْرَة : جَماعَة group, clique, coterie, set, circle, troop, company
زُمْرَةُ الدَّم blood group, blood type
زُمُرُّد : حَجَرٌ كَريم emerald
زَمَن time; period; age, epoch, era
زَمَنِيّ : دُنْيَوِيّ temporal, worldly
زَمَنِيّ : عِلْمانِيّ lay, laic(al), secular
زَمْهَرير bitter cold, severe frost
زَميل : رَفيق colleague, associate, companion, comrade, fellow
زِناد (البُنْدُقِيَّة) cock, hammer; firelock, gunlock; trigger
زُنّار : حِزام belt, girdle; waistband
زُنْبُرُك، زُنْبَرَك spring; spiral spring
زَنْبَق، زَنْبَقَة (نبات) lily
زُنْبور : دَبُّور (حشرة) hornet; wasp
زِنَة ـ راجع وَزْن
زِنْجار : جِنْزار verdigris
زَنْجَبيل (نبات) ginger
زِنْجِيّ، زَنْجِيّ : أَسْوَد Negro, black
زِنْجير : جِنْزير، سِلْسِلَة chain
زَنِخ : نَتِن rancid, rank
زَنْد [تشريح] forearm; cubitus; wrist
زَنْد (البُنْدُقِيَّة) ـ راجع زِناد

زَنْدَقَة atheism, unbelief, disbelief
زِنْدِيق : كافِر atheist, unbeliever, disbeliever, infidel
زَنَّر to belt, girdle, gird, wrap
زِنْزانَة (prison) cell; dungeon
زَنْزَلَخْت azedarach, chinaberry
زَنَق، زَنَّق to tighten, straiten; to jam, compress, squeeze
زَها (بِـ) : تَباهَى to boast (of), brag (of); to vaunt; to flaunt, show off
زَها : أَشْرَق to shine, gleam, beam
زُهاءَ : تَقْرِيباً about, approximately, around, roughly, nearly, almost
زَهَّار : بائِعُ الزُّهُور florist
زَهِدَ في to abstain from, abandon; to renounce worldly pleasures
زُهْد asceticism; renunciation, abstention; indifference, apathy
زَهْر : نَوْر flowers, blossoms
زَهْرُ النَّرْد، زَهْرُ الطَّاوِلَةِ إلخ dice
زَهْرَة flower, blossom, bloom
زَهْرَةُ الآلام passionflower, maypop
زَهْرَةُ الثَّالُوث pansy, heartsease
زَهْرَةُ الرَّبِيع primrose, primula
الزُّهْرَة [فلك] Venus
زَهْرِيّ : وَرْدِيّ pink; rosy, rose
زَهْرِيَّة : مَزْهَرِيَّة (flower) vase
زُهُورات : مَشْرُوبٌ كالشّاي tisane, ptisan

زَهِيّ ـ راجع زاهٍ
زَهِيد insignificant, trivial, inconsiderable; slight, meager
زَواج : قِران marriage, matrimony, wedlock; wedding
زَواجِيّ ـ راجع زِيجِيّ
زَوال : اِنْقِضاء disappearance, vanishing; cessation; end, lapse
زَوال : ظُهْر noon, midday
زُوان، زِوان ـ راجع زُؤان
زَوْبَعَة hurricane, whirlwind, cyclone, tornado, storm, tempest
زَوَّج to marry (off), give in marriage (to); to marry, wed, unite in wedlock, join in marriage
زَوْج : قَرِين husband, spouse, mate
زَوْج، زَوْجان : اِثْنان pair, couple
زَوْجُ الابْنَة son-in-law
زَوْجُ الأُخْت brother-in-law
زَوْجُ الأُمّ stepfather, stepparent
زَوْجُ العَمَّةِ أو الخالَةِ uncle
زَوْجَة : قَرِينَة wife, spouse, mate
زَوْجَةُ الأَب stepmother, stepparent
زَوْجَةُ الابْن daughter-in-law
زَوْجَةُ الأخ sister-in law
زَوْجَةُ العَمِّ أو الخالِ aunt
زَوْجِيّ : شَفْعِيّ even
زَوْجِيّ : مُزْدَوِج ـ راجع مُزْدَوِج

زَوْجِيّ، مُبَاراةٌ زَوْجِيَّة doubles

زَوْجِيّ : زِيجِيّ ـ راجع زِيجِيّ

زَوْجِيَّة ـ راجع زَوَاج

زَوَّدَ بِـ to supply with, provide with, furnish with, equip with

زَوَّرَ to counterfeit, forge, falsify, fake, doctor, rig; to pirate

زَوْر [تشريح] thorax, chest

زُور : كَذِب falsehood, falsity, falseness, untruth, lie

زُور : كاذِب false, untrue

زُور : قُوَّة force

شاهِدُ زُور false witness

شَهَادَةُ زُور false testimony, perjury

زَوْرَق : قارِب، مَرْكَب boat, dinghy, skiff, watercraft, launch

زَوْرَقُ النَّجاة lifeboat

زُوفَا، زُوفَى، زُوفاء (نبات) hyssop

زِيّ : لِبَاس dress, garment, attire, clothing, clothes; costume; uniform

على الزِّيِّ الحَدِيث fashionable, in fashion, stylish, a la mode

زِيَادَة : ضِدّ نَقْص increase, increment, addition, growth; rise

زِيَادَة : فَرْط، فائِض overabundance, excess, superfluity, surplus

زِيَادَة : عِلاوَة increase, raise, allowance; bonus, premium

زِيَادَة : رَفْع increasing, augmentation, raising, stepping up; intensification, heightening, increase, rise, step-up, hike

زِيَارَة visit, call; visitation; tour

زَيَّتَ to oil, lubricate, grease

زَيْت : سائِلٌ لَزِجٌ لا يَذُوبُ في الماء oil

زَيْتُ الخِرْوَع castor oil

زَيْتُ السَّمَك cod-liver oil

زَيْتُ الوَقُود fuel oil

زَيْتُون، زَيْتُونَة olive(s); olive tree(s)

زَيْتِيّ oily, oil, oleic, oleaginous

زَيْتِيّ (اللَّوْن) olive-green, oil-green

لَوْحَةٌ زَيْتِيَّة oil painting, oil

زِيجَة ـ راجع زَوَاج

زِيجِيّ marital, matrimonial, conjugal, connubial, nuptial, married

زِيز، زِيزُ الحَصَاد (حشرة) cicada, cicala

زَيْزَفُون (نبات) linden, basswood

زَيَّفَ : زَوَّرَ to counterfeit, forge, falsify, fake, doctor, rig

زَيْف falseness, falsity, unreality

زَيَّنَ to adorn, ornament, embellish, garnish, decorate, (be)deck, dress

زَيْن : حَسَن beautiful, handsome, nice; good; fine, well

زِينَة embellishment, ornament, adornment, decoration, décor

زِينِيّ ornamental, decorative

س

will, shall سَـ : سَوْفَ

to be bad, poor; to deteriorate, worsen, become worse or aggravated ساءَ

to sadden, grieve; to displease, annoy, vex, offend ساءَهُ الأمْرُ

left, abandoned, forsaken; loose, free, unrestrained سائِب

tourist; traveler سائِح : مُسافِر

ruling, governing; prevailing, (pre)dominant, common سائِد : مُسَيْطِر

walking, going on foot; walker, pedestrian سائِر : ماشٍ

the remaining, the rest of, the other; all (of), the whole of, every, each سائِرُ الـ... : بَقِيَّة، كُلّ

stableman, groom سائِس (الخَيْل)

palatable, tasty, savory; pleasant; agreeable سائِغ : لَذِيذ

driver, motorist; chauffeur سائِق

taxi driver, taximan, cabdriver, cabman سائِقُ التّاكْسِي

to call to account ساءَلَ : حاسَبَ

question; inquiry سُؤال : اِسْتِفْهام

questioner, asker, inquirer سائِل : مَنْ يَسْأَلُ سُؤالاً

beggar, mendicant سائِل : مُسْتَعْطٍ

liquid, fluid; flowing, running, streaming سائِل : مائِع، ضِدّ جامِد

liquid; fluid سائِل، مادَّةٌ سائِلَة

swimmer, bather; swimming سابِح

(the) seventh سابِع، السّابِع

to race (with) سابَقَ

previous, preceding, prior, earlier, former, ex-, onetime سابِق : آنِف

سابِق : سَبّاق ـ راجع سَبّاق

previously, formerly, earlier, before, once سابِقاً، في السّابِق

premature, (too) early, precocious سابِقٌ لأوانِه

precedent سابِقَة (قانُونِيَّة إلخ)

screen; mound, rampart; barrier, obstacle, block ساتِر : حاجِز، مِتْراس

teak ساج (شَجَرٌ وخَشَبُهُ)

to tour, travel, journey, ساحَ : سافَرَ

voyage, cruise, roam, rove
ساحَ : جَرَى to flow, run, stream
ساجِب (الحَوالَةِ أو الشيك) drawer
ساحَة square, plaza; courtyard; yard, court; arena, field
ساحَةُ القِتال battlefield
ساحِر : مُشْتَغِلٌ بالسِّحْر magician, sorcerer, wizard, enchanter, charmer
ساحِر : فاتِن charming, fascinating, enchanting, captivating, magic
ساحِرَة witch, sorceress, enchantress
ساحِق crushing, smashing, overwhelming, sweeping, extensive
ساحِل coast, shore, seashore, seacoast, seaboard, seaside
ساحِلِيّ coastal, littoral, seaboard
ساخِر sarcastic, ironic(al), satiric(al), mocking, derisive, cynical
ساخِط discontent(ed), dissatisfied
ساخِن : حارّ، دافِئ hot; warm
سادَ : حَكَمَ to be master (of, over); to rule, dominate
سادَ : عَمَّ to prevail (in), reign (in), predominate (in)
سُؤْدُد، سُؤْدَد : مَجْد glory, honor; eminence, prestige, dignity
سادِس، السّادِس (the) sixth
ساذَج، ساذِج naive, ingenuous, innocent, artless, guileless, simple
سارَ : مَشَى to walk, go on foot; to march
سارَ : تَحَرَّكَ، تَقَدَّمَ to move (on, along), be in motion; to go, get going; to proceed, advance
سارَ : اِشْتَغَلَ، دارَ to run, function, work, operate, go
سارَ على : اِتَّبَعَ to follow, pursue
سارّ : بَهِيج، مُفْرِح delightful, pleasant, cheerful, happy, glad, joyful, bright
سارٍ (السّارِي) : مُعْدٍ contagious, infectious, communicable
سارٍ، سارِي المَفْعُول effective, operative, in effect, in force
سارَعَ (إلى) to hurry (to), hasten (to), rush (to), dash (to), run (to)
سارِق : لِصّ thief, robber, burglar, housebreaker
سارِيَة : عَمُود column; pole, post
ساسَ : حَكَمَ to govern, rule
ساسَ الخَيْلَ to groom, tend
ساطِع glaring, glary, radiant, bright, luminous, shining; obvious, clear
ساطُور cleaver, butcher's knife
ساعٍ (السّاعِي) : رَسُول messenger, courier; office boy, delivery boy
ساعٍ : نَمّام calumniator, slanderer; informer, informant
ساعِي البَرِيد postman, mailman
ساعاتِيّ watchmaker; horologist
ساعَة : سِتُّونَ دَقِيقَة hour

ساعَة : آلَةٌ يُعْرَفُ بِها الوَقْتُ clock, watch, timepiece
ساعَدَ : عاوَنَ to help, aid, assist, support, back up
ساعَدَ على to contribute to, lead to; to help, promote
ساعِد [تشريح] forearm, cubitus
ساعِدَة : رافِد tributary, branch
سافَرَ to travel, journey, voyage, go on or make a journey or trip; to leave, depart, go away
سافِر : كاشِفَة عن وَجْهِها unveiled
سافِر : فاضِح barefaced, open, blatant, flagrant, gross, outrageous
سافِل low, base, mean, ignoble, vile; dirty, obscene, vulgar
ساقَ to drive; to carry (along), transport; to convey, bring
ساق : ما بَيْنَ الرُّكْبَةِ والقَدَم leg, shank
ساقُ الشَّجَرَة trunk, stock, bole
ساقُ النَّبْتَة stem, stalk, shank
ساقِط : واقِع falling, dropping, tumbling; sinking; fallen, dropped
ساقِط : راسِبٌ في امْتِحان failing, flunking; failure
ساقِيَة : جَدْوَل rivulet, rillet, brooklet
ساقِيَة : ناعُورَة waterwheel, noria
ساكِت silent; quiet, calm, still
ساكِن : هادِىء calm, still, motionless, tranquil, quiet, at rest
ساكِن : مُقِيم inhabitant, resident, dweller, occupant, lodger

سُكّان population, inhabitants
سَأَلَ (عن) to ask, question, inquire
سَأَلَ : طَلَبَ to ask for, request; to call upon, appeal to, entreat
سَأَلَ : اِسْتَعْطَى to beg, ask for alms
سالَ : جَرَى to flow, run, stream
سالِب : ضِدّ مُوجَب negative
سالِف : سابِق previous, former, preceding, prior, earlier, past, old
سَوالِف sideburns
سالِفاً previously, formerly
سالِفُ العَرُوس (نبات) amaranth
سالِك passable, clear, open
سالَمَ to make peace with
سالِم : سَلِيم ـ راجع سَلِيم
سَئِمَ to be bored (with), fed up (with), tired (of), sick (of)
سَأَم boredom, weariness, ennui
سامّ : مُسِمّ poisonous; toxic, toxicant
سامّ أَبْرَص : أَبُو بُرَيْص gecko
سامٍ (السّامِي) high, lofty, exalted; sublime; high-minded
سامَحَ to forgive, pardon, excuse
سانِح favorable, good, opportune
سانَدَ : آزَرَ to support, sustain, back (up), stand by; to assist, aid
ساهَمَ (في) to contribute to, share in, participate in, take part in
ساوَى : عادَلَ، بَلَغَ to equal, be equal

to, be equivalent to, be worth
ساوَى (بـ، بَيْنَ) - راجع سَوَّى (بَيْن)
ساوَى بَيْنَهُمْ - راجع سَوَّى
ساوَرَ to overcome, grip, preoccupy; to trouble, worry, disturb
ساوَمَ to bargain (with), haggle (with), chaffer (with)
سايَرَ to humor, comply with (someone's wishes); to keep pace with
سَبَّ : شَتَمَ to curse, swear (at); to insult, call (somebody) names
سَبَى : أَسَرَ to capture, take captive, take prisoner
سَبّابَة forefinger, index finger
سُبات : نَوْم lethargy, torpor; dormancy; sleep, slumber
سَباتِيّ (في ورق اللعب) club
سَبّاح : سابِح swimmer, bather
سِباحَة swimming, natation, bathing
سَبّاق forerunner, precursor; first; winner (in a contest)
سِباق race, racing, run(ning)
سِباقُ الخَيْل horse racing, horse race
سِباقُ سَيّارات rally
سِباقُ الضاحِيَة cross-country
سَبّاك (المَعادِن) founder
سَبّاك : سَمْكَرِيّ plumber
سَبانِخ، سَبانِخ (نبات) spinach
سَبَّبَ to cause, occasion, give rise to, result in, bring about, prompt, produce, make, create, generate
سَبَب : عِلَّة reason, cause, motive
سَبَب : وَسِيلَة means, medium
بِسَبَبِ (كَذا) because of, for, due to, owing to, in view of, as a result of
سَبَبِيّ causal, causative
السَّبْت (يوم) Saturday
سِبْتَمبر : أَيْلُول September
سَبَحَ : عامَ to swim, bathe
سَبَّحَ (بِحَمْدِه) to praise, glorify, extol
سُبْحانَ اللهِ، سُبْحانَهُ glory to God! praise the Lord!
سُبْحانَ اللهِ عن God is far above...
اللهُ سُبْحانَهُ وتَعالَى God to Whom be ascribed all perfection and majesty
سُبْحَة : مِسْبَحَة rosary, beads
سَبَخَة، سَبْخَة salina, marsh, swamp
سُبَد (طائر) goatsucker, nighthawk
سَبَرَ (غَوْرَه) to probe, sound, explore; to fathom, plumb
سِبِرْتو alcohol, spirit
سَبْط : مُسْتَرْسِل lank, straight
سَبُع، سَبْع : حَيَوانٌ مُفْتَرِس beast of prey, predatory animal
سُبْع ($\frac{1}{7}$) (one) seventh
سَبْعَة (٧) seven
سَبْعَةَ عَشَرَ (١٧) seventeen

سَبْعُون (٧٠) seventy

سَبَقَ: تَقَدَّمَ على to precede, antecede, forego; to antedate, predate

سَبَقَ: تَجاوَزَ to outstrip, outdistance, overtake, pass, go past

سَبَّقَ السَّاعَةَ to set forward

سَبْق: تَقَدُّم، أَوَّلِيَّة antecedence; precedence, priority

سَبْقٌ صُحُفِيّ scoop, beat

سَبَكَ to found, cast, smelt; to mold; to shape, form, formulate

سَبَلَة: سُنْبُلَة ear, spike

سَبَلَة (اللِّحْيَة) whiskers

سَبُّورَة: لَوْح blackboard, board

سِبِيدَج: حَيَوانٌ بَحْرِيّ squid, sepia, cuttlefish, pen fish

سِبِيرْتُو alcohol, spirit

سَبِيكَة ingot, bar, bullion, cast

سَبِيل: طَرِيق، وَسِيلَة way, road, path, track, course, route; channel; access; means, medium

سَبِيل (لِلشُّرْب) drinking fountain

في سَبِيل for (the sake of), toward

سِتار: حِجاب veil, screen; cover(ing)

سِتارَة: بُرْدايَة curtain, drape(s), drapery; blind(s), venetian blind(s)

سِتَّة (٦) six

سِتَّةَ عَشَرَ (١٦) sixteen

سُتُدْيُو studio; atelier

سَتَرَ، سَتَّرَ to cover, veil, screen; to hide, conceal, mask; to disguise; to shelter, shield, protect

سِتْر shelter, shield, protection, screen; cover(ing); veil

ستراتِيجِيّ strategic(al)

ستراتِيجِيَّة strategy

سُتْرَة، سِتْرَة jacket; coat; tunic

سَتَّفَ to stow, steeve, stack, store

سْتَنْسِل stencil

سْتُودْيُو studio; atelier

سِتُّون (٦٠) sixty

سْتِيرِيُو stereo

سَجَّى (المَيْتَ) to (en)shroud; to lay out

سَجَّادَة carpet, rug

سِجَال competition; ups and downs

سَجَّان jailer; warden; prison guard

سَجَدَ to prostrate oneself (in worship), genuflect

سَجْدَة genuflection, prostration (in prayer)

سَجَعَ، سَجَّعَ (الكَلامَ) to rhyme

سَجْع rhymed prose, rhyme

سُجُق sausage

سَجَّلَ: دَوَّنَ، قَيَّدَ to register, record, enter, write down, note (down)

سَجَّلَ (ـهُ عُضْواً) to enroll, register

سَجَّلَ (على شَرِيط) to record, tape, tape-record

سَجَّلَ إصابَةً أو هَدَفاً إلخ to score (a hit, a goal, etc.)
سِجِلّ register, record, book; log, logbook; journal; list
سِجِلات records, archives
سَجَنَ to jail, imprison, lock up, confine, detain, hold in custody
سِجْن : حَبس prison, jail, lockup
سَجِيَّة nature, natural disposition
سَجِين prisoner, prison inmate
سَحاب، سَحَابَة : غَيْم cloud(s)
سَحَّاب (لِلثِّياب) zipper, zip (fastener)
سَحَبَ : جَرَّ to pull, draw (off), drag, haul, tug, tow; to trail along
سَحَبَ : إسْتَرْجَعَ to withdraw, draw back, take back, recall
سَحَبَ : تَراجَعَ عن to retract, recant, withdraw, take back
سَحَبَ شِيكاً أو وَرَقَةً to draw
سَحَجَ to scrape off, abrade
سَحَرَ to bewitch, witch; to charm, fascinate, spellbind, thrill
سَحَر time before daybreak
سِحْر : صِناعَةُ السَّاحِر magic, witchcraft, sorcery, wizardry
سِحْر : فِتْنَة magic, charm, charisma, glamor; fascination, bewitchment
سِحْرِي magic(al), sorcerous
سَحَقَ : دَقَّ to crush, pound, grind, bruise, powder, pulverize
سَحَقَ : قَضَى على to crush, suppress, repress, stifle, quell, quash, put down, squelch, smash, destroy
سَحْلَب salep; saloop
سِحْلِيَّة : عَظاءَة lizard
سَحْنَة، سِحْنَة appearance, look(s), mien, air, aspect, visage
سُحْنُون : طائِرٌ مائِيّ gallinule
سَحِيق : بَعِيد remote, distant, far
سَحِيق : مُمْعِنٌ في القِدَم immemorial, ancient, very old
سَحِيق : عَمِيق bottomless, deep
سَخا ـ راجع سَخِيَ
سَخاء : كَرَم generosity, liberality
سَخافَة ـ راجع سُخْف
سَخَّان، سَخَّانَة heater; boiler
سَخِرَ بِـ أو مِنْ to mock (at), ridicule, make fun of, laugh at, sneer
سَخَّرَ to exploit; to utilize, use
سُخْرَة forced (or unpaid) labor
سُخْرِيَة sarcasm, mockery, ridicule
سُخْرِيَةُ القَدَر irony
سَخِطَ to be discontented, resentful
سُخْط، سَخَط discontent, dissatisfaction, indignation, resentment
سُخْف silliness, absurdity, ridiculousness, foolishness, nonsense
سَخَنَ، سَخُنَ، سَخِنَ to heat, warm (up), be(come) hot or warm

سَخَّنَ to heat, warm (up), make hot or warm
سُخْن : حارّ، دافِىء hot; warm
سُخُونَة : ضِدّ بُرُودَة heat, hotness; warmth, warmness
سُخُونَة : حُمَّى fever, temperature
سَخِيَ to be generous, liberal
سَخِيّ generous, liberal, openhanded, freehanded, bountiful
سَخِيف silly, stupid, absurd, ridiculous, foolish
سَدَّ to plug up, close up; to seal, shut (off); to block (up), obstruct
سَدَّ ثُغْرَةً to fill, bridge, close (a gap)
سَدَّ حاجَةً to fulfill, satisfy, fill, meet
سَدّ : حاجِز، حِصْن block, barrier, bar; barricade, rampart, bulwark
سَدّ : خَزّان dam
سَدّ (لِمَنْعِ الفَيَضان) levee, dike
سُدًى : عَبَثًا in vain, vainly, to no avail, unavailingly, uselessly, futilely
سِدَاد، سِدَادَة plug, stopper, stopple, cork, tap, spigot; seal
سُدَّة : مَنْصِب position, post, office
سَدَّدَ : دَفَعَ to pay, settle, clear
سَدَّدَ : صَوَّبَ، وَجَّهَ to aim (at), point (at), direct (to), deliver (at)
سَدَّدَ (خُطَاهُ) to guide, direct, lead, show the right way to
سُدْس، سُدُس (١/٦) (one) sixth
سَدَلَ، سَدَّلَ ـ راجع أَسْدَلَ

سَدِيد : صائِب apposite, relevant, apt, right, correct, sound
سَدِيم haze; mist; nebula
سَذَاجَة naiveté, naivety
سَرَّ : أَفْرَحَ to delight, gladden, make happy; to please, satisfy
سُرَّ to be pleased (with), delighted (at), happy (at), glad (at)
سِرّ (ج أَسْرار) secret; mystery
سِرًّا، في السِّرّ secretly, in secret
سَرَى : ذاعَ، اِنْتَشَرَ to circulate, go around, spread, get about
سَرَى : جَرَى to flow, run, stream
سَرَى (مَفْعُولُهُ) to come into force, take effect; to be(come) effective, operative, valid
سَرَى على to apply to, be applicable to, hold good for, be true of
سَرَّاء joy; good times
في السَّرَّاءِ والضَّرَّاءِ for better or for worse, in sorrow and in joy, in good days and bad days
سَرَاب mirage; phantom
سِرَاج : نِبْراس، مِصْباح lamp; light
سَرَاح dismissal; release, discharge
أَطْلَقَ سَرَاحَهُ to release, discharge
سُرَادِق pavilion; canopy
سُرَّاق ـ راجع سارِق
سَرَاي، سَرَايَا palace; government house

سَرَّبَ to leak; to infiltrate
سِرْب : قَطِيع flock, herd, drove
سِرْبٌ مِنَ الطُّيُور flight, flock, bevy
سِرْبٌ مِنَ الطَّائِرات squadron, flight, formation, wing, group
سُرَّة (البَطْنِ) navel, umbilicus
سَرْج (الدَّابَّةِ) saddle; packsaddle
سَرَحَ : خَرَجَ to go out; to go away
سَرَّحَ المُوَظَّفَ to discharge, dismiss, fire, sack, lay off
سَرَّحَ المَوْقُوفَ أو السَّجِينَ to release, discharge, let go, free, set free
سَرَّحَ الشَّعْرَ to comb, do (up), dress, style, coif, coiffure
سَرْخَس (نبات) fern, bracken
سَرَدَ : عَدَّدَ to enumerate, list
سَرَدَ : رَوَى to relate, recite, recount; to present, set forth, state
سِرْداب vault, cellar; crypt; tunnel
سَرْدِين : سَمَكٌ صَغِير sardine(s)
سَرَطان : سَلْطَعُون crab
سَرَطان (مرض) cancer
بُرْجُ السَّرَطان [فلك] Cancer
سَرُعَ ، سَرِعَ to be quick, fast, rapid
سَرَّعَ to speed up, accelerate, expedite, hasten, hurry, quicken
سُرْعانَ ما soon, before long
سُرْعَة speed, velocity, pace; haste, hurry, quickness, fastness, rapidity, swiftness, promptness
بِسُرْعَة quickly, fast, promptly, rapidly, speedily, swiftly, in a hurry
سُرْعُوف (حشرة) mantis, soothsayer
سُرْغُوس (سمك) sargo
سَرَقَ to steal, pilfer; to burglarize; to rob, rip off; to hold up
سَرِقَة stealing, pilfering; theft, larceny; robbery; rip-off; burglary; holdup, armed robbery
سِيرْك : سِيرْك circus
سُرْمان : يَعْسُوب (حشرة) dragonfly
سَرْمَدِيّ eternal, perpetual, everlasting, endless; undying, immortal
سَرْو (شَجَرٌ وخَشَبُهُ) cypress
سِرْوال : بَنْطَلُون trousers; pants
سِرْوالٌ تَحْتِيّ underpants, drawers
سُرُور joy, delight, happiness, gladness, cheer(fulness); pleasure
سِرِّيّ secret; private, confidential, classified; covert, stealthy, clandestine, underhand(ed), undercover, underground
سَرِيَّة : قِطْعَةٌ مِنَ الجَيْش company; detachment, brigade
سَرِيَّةُ الإطْفاء fire brigade
سَرِيَّةُ خَيَّالَة (cavalry) squadron
سِرِّيَّة secrecy; privacy, confidentiality; covertness, underhandedness
سَرِير : تَخْت، مَرْقَد bed; bedstead
سَرِيرَة inner self, inward thoughts or

feelings; intent(ion), purpose
سَرِيع fast, quick, rapid, speedy, swift, prompt, hurried, instant
سَرِيعاً soon; quickly, promptly, rapidly, fast; immediately, at once
سِشْوار hair dryer, hair blower
سَطَا على to burglarize, rob, seize, usurp; to break in(to), attack
سِطَام plug, stopper, cork, tap
سَطَحَ : بَسَطَ to spread (out), unfold
سَطَحَ : سَوَّى to level (off), flatten
سَطَحَ : بَطَحَ to stretch; to prostrate
سَطَّحَ ـ راجع سَطَحَ
سَطْح : وَجْه، ظاهِرُ الشَّيْءِ surface, face
سَطْح [هندسة] plane; surface
سَطْح (البَحْرِ) : مُسْتَوَى (sea) level
سَطْحُ البَيْتِ أو البِناء roof, rooftop, housetop, terrace
سَطْحُ السَّفِينة deck (of a ship)
سَطْحِيّ superficial, shallow; surface, external, outer, outside
سَطَرَ، سَطَّرَ : كَتَبَ to write (down); to compose, draw up, draft
سَطَرَ، سَطَّرَ : رَسَمَ خُطُوطاً to rule, line, draw lines; to streak, stripe, bar
سَطْر : خطّ line
سَطَعَ : تألَّقَ to glare, shine, radiate
سَطَعَ : فاحَ to spread, diffuse
سَطْل : دَلْو bucket, pail

سَطْو burglary, robbery; theft; usurpation; breaking in(to), attack
سَطْوَة influence, sway, authority; power, control; domination
سَطِيحَة (البَيْتِ إلخ) terrace
سَعَى (إلى، لِـ) : حاوَلَ to seek (to), attempt (to), endeavor (to); to strive for
سَعَى : عَمِلَ to work, be busy
سَعَى : تَحَرَّكَ to move, walk, go
سَعَى بِـ : نَمَّ على to slander, calumniate; to inform against, denounce
سُعَادَى (نبات) sedge
سَعَادَة happiness, bliss, felicity
صاحِبُ السَّعادَة His Excellency
سُعَار ـ راجع سُعْر
سُعَال cough; coughing
سَعَة : اِسْتِيعاب capacity; volume
سَعَة (العَيْشِ) affluence, opulence, wealth; luxury; ease, comfort
سَعْتَر (نبات) thyme
سَعِدَ to be happy, lucky
سَعْد good luck, good fortune
سُعْد (نبات) galingale; sedge
سَعْدان (حيوان) monkey; ape
سَعَّرَ (النَّارَ أو الحَرْبَ) to kindle, start
سَعَّرَ (البِضاعَةَ أو السِّلْعَةَ) to price
سُعْر، سُعُر : جُنون madness; frenzy
سُعْر : كَلَب rabies, madness
سُعْر : كالورِي، وَحْدَةُ حَرارِيَّة calorie

سِعْر : ثَمَن price; rate; quotation
سُعْرَة : كالوري ، وَحْدَةٌ حَرارِيَّة calorie
سَعَف ـ راجع أَسْعَفَ
سَعَف (النَّخل) palm leaves or branches, fronds
سَعَلَ : أَخَذَهُ السُّعَال to cough
سَعُودِيّ Saudi, Saudi Arabian
السَّعُودِيَّة ، المَمْلَكَةُ العَرَبِيَّةُ السَّعُودِيَّة Saudi Arabia
سَعُوط : نَشُوق snuff
سَعْي effort, endeavor, attempt; seeking, striving (for); pursuit
سَعِيد happy; blessed; lucky
سَعِير blaze, flame; fire; hell
سَفَّاح ، سَفَّاكُ دِمَاء butcher, assassin, killer; bloodthirsty, bloody
سِفَارَة ، سَفَارَة embassy
سَفَحَ : أَرَاقَ to shed, spill, pour out
سَفْح (الجَبَل) foot, versant
سَفَرَ (تِ المَرْأَةُ) to unveil her face, remove the veil
سَفَّرَ to send on a journey; to send (away), dispatch, ship
سَفَر : رَحِيل travel, journey, voyage, tour; traveling, journeying
سِفْر : كِتَاب book
سَفْرَة : رِحْلَة journey, trip, voyage, travel, tour, excursion
سُفْرَة : مائِدَةُ الأَكل dining table

سَفَرْجَل (نبات) quince
سَفَعَ ، سَفَّعَ to tan; to scorch, burn
سَفَكَ (الدَّمَ إلخ) : أَرَاقَ to shed, spill
سَفْكُ الدِّمَاء bloodshed
سُفْل ، سِفْل bottom, lowest part
سُفْلِيّ lower; inferior; downstairs
سَفَن : وَرَقُ الصَّنْفَرَة sandpaper
سَفَن (سمك) skate, ray
سَفَنْج ، سِفَنْج : إِسْفَنْج sponge
سَفُّود : سِيخ skewer, spit, brochette
سَفِير : مُمَثِّل دَوْلَة ambassador
سَفِين : إِسْفِين wedge, cotter; peg
سَفِينَة : مَرْكَب ship, boat, vessel
سَفِينَةٌ حَرْبِيَّة warship, battleship, man-of-war; gunboat
سَفِينَةٌ فَضَائِيَّة ، سَفِينَةُ الفَضَاء spaceship, spacecraft
سَفِيه : أَحْمَق foolish, stupid, silly
سَفِيه : بَذِيء obscene, vulgar
سَفِيه : مُبَذِّر spendthrift; prodigal
سَقَى to give (someone) to drink; to irrigate, water
سِقَاء : قِرْبَة (water)skin
سَقَّاطَة (door) latch; click, catch
سِقَالَة : إِسْقَالَة scaffold
سِقَايَة ، سَقَّايَة : عِظَاءَة lizard
سَقْساق (طائر) plover, crocodile bird

سَقْسَقَ الطَّائِرُ to chirp, cheep, tweet
سَقَطَ : وَقَعَ to fall (down), drop, tumble; to sink (down), decline
سَقَطَ في امْتِحان : رَسَبَ to fail, flunk
سَقَطَ : قُتِلَ، ماتَ to fall, be killed, die
لِيَسْقُطْ، فَلْيَسْقُطْ down with!
سَقَط (سَقْط) المَتاعِ rubbish, junk
سَقَفَ، سَقَّفَ to roof, ceil
سَقْف ceiling; roof, rooftop
سَقُمَ، سَقِمَ to be(come) sick or ill
سَقَم، سُقْم : مَرَض illness, sickness; ailment, disease, malady
سُقُوط fall, falling (down), dropping, tumbling; decline, downfall
سُقُوطٌ في امْتِحان failure, flunk(ing)
سَقِيفَة shed, shelter, awning
سَقِيم : مَرِيض sick, ill, ailing; sickly, unhealthy, unwell
سَكَّ (النُّقُودَ) to mint, coin, monetize
سَكَّاف : إسْكاف shoemaker, cobbler
سَكاكِر candy, sweetmeats, confectionery, confections; sweets
سُكَّان : دَفَّةُ السَّفِينَة rudder, helm
سُكَّان : جَمْعُ ساكِن ـ راجع ساكِن
سُكَّانِيّ demographic; population
سَكَبَ to pour (out), shed, empty
سَكَتَ to be(come) or keep silent or quiet, stop talking

سَكَّتَ ـ راجع أَسْكَتَ
سِكَّة : طَرِيق road, way; street; lane
سِكَّةٌ حَدِيدِيَّة railroad; railway
سِكِتْش sketch
سَكِرَ : ثَمِلَ to be (become, get) drunk or intoxicated
سَكَّرَ : حَلَّى بِالسُّكَّر to sugar, sweeten
سَكَّرَ: أَسْكَرَ ـ راجع أَسْكَرَ
سُكَّر sugar
سُكْر intoxication, drunkenness, inebriety
سِكْر : أَداةُ تُوقِفُ أو تَسُدّ shutoff; sluice
سَكْران : ثَمِل drunk(en), intoxicated
سِكْرِتِير، سِكْرِتِيرَة secretary
سِكْرِتِيرٌ عامّ secretary-general
سِكْرِتِيرِية، سِكْرِتارِية secretariat
سُكَّرِيّ sugary, sugar, saccharine
داءُ (البَوْلِ) السُّكَّرِيّ diabetes
سُكَّرِيَّة : وِعَاءُ السُّكَّر sugar bowl
سَكَرِين saccharin
سَكَنَ (في) : قَطَنَ to live in, dwell in, reside in; to inhabit, populate; to settle (down) in, stay in
سَكَنَ : هَدَأَ to calm down, cool down; to be(come) calm, quiet, tranquil; to abate, subside, remit
سَكَّنَ : هَدَّأَ، خَفَّفَ to calm, cool,

سَكَّنَ quiet(en), tranquilize, lull; to soothe, relieve, ease, alleviate

سَكَّنَ : أَسْكَنَ ـ راجع أَسْكَنَ

سَكَن، سُكْنى : إقامَة dwelling, living, residing; residence, stay

سَكَن : مَسْكِن ـ راجع مَسْكَن، مَسْكِن

سَكَنِيّ residential, housing-

سكواش [رياضة بدنية] squash

سَكُوت taciturn, reticent, silent

سُكُوت : صَمْت silence, quiet, hush

سُكُون : هُدُوء calm(ness), quiet(ness), tranquility, peace, stillness, repose, rest, inactivity

سِكِّير drunkard, drunk, alcoholic, hard or heavy drinker, tippler

سِكِّين، سِكِّينَة knife

سَكِينَة : طُمَأْنِينَة calm(ness), tranquility, peace(fulness), peace of mind

سَلَّ ـ راجع سَلَّة

سُلّ، سِلّ (مرض) tuberculosis

سَلا : نَسِيَ to forget

سَلَّى : آنَسَ، أَلْهَى to amuse, entertain; to divert, distract

سِلاح weapon, arm; arms, weapons, weaponry, armament

سِلاحُ الطَّيَرانِ أو الجَوّ air force

سِلاحُ البَحْر navy

سِلاحُ المِدْفَعِيَّة artillery

سِلاحٌ نارِيّ firearm, gun

بِالسِّلاحِ الأَبْيَض with cold steel

سَلاطَة : سَلَطة salad

سُلالَة : نَسْل، ذُرِّيَّة progeny, offspring, descendants, issue

سُلالَة : نَسَب، أَصْل lineage, descent, ancestry, pedigree, stock; breed

سُلالَةٌ حاكِمَة dynasty

سَلام : سِلْم peace

سَلام : تَحِيَّة greeting, salutation, salute

سَلامَة safety, security; soundness

مَعَ السَّلامَة goodbye! farewell!

سَلَبَ : سَرَقَ to steal, rip off, rob, plunder, pillage, rifle, loot, (de)spoil, spoliate, ransack

سَلْب : سَرِقَة (de)spoliation, plunder(ing), pillage, loot(ing), robbery, theft, stealing, rip-off

سَلْب : نَفْي negation, negative

سَلْبِيّ negative, negatory; passive

سَلَّة : قُفَّة basket; frail; scuttle

سَلَّةُ المُهْمَلات wastebasket

سَلْجَم (نبات) turnip; rape, colza

سَلَحَ : ذَرَقَ to mute, drop excrement

سَلَّحَ : زَوَّدَ بالسِّلاح to arm, weapon

سُلَحْفاة (حيوان) turtle, tortoise

سَلَخَ : قَشَرَ، نَزَعَ to skin, flay; to detach, take off, strip off

سَلَخَ : أَمْضَى، قَضَى to spend, pass

سَلِس : لَطِيف، سَهْل mild, light, soft, smooth; pleasant, fluent, easy
سَلِس (القِيَادِ) docile, tractable
سَلْسَلَ : رَتَّبَ to seriate, sequence, arrange in a series or sequence
سِلْسِلَة chain; series; hierarchy
سِلْسِلَةُ جِبَال range, mountain chain
سِلْسِلَةُ الظَّهْر spinal column, spine, vertebral column, backbone
سِلْسِلَةُ النَّسَب genealogy, pedigree, lineage, line of ancestors
سَلَّطَ (على) : أَمَّرَ to set up as absolute master or ruler (over)
سَلَّطَ الضَّوْءَ على to highlight, shed light upon, spotlight, illuminate
سُلْطان : حاكِم sultan
سُلْطان : سَيْطَرَة، نُفُوذ authority, sovereignty, power, sway, influence
سُلْطان ابْراهِيم (سمك) red mullet
سُلْطانَة : مُؤَنَّثُ سُلْطان sultana
سُلْطانِيَّة : زُبْدِيَّة. قَصْعَة bowl; tureen
سَلَطَة : سَلاطَة salad
سُلْطَة : حُكْم authority, power, sway, command, control, dominion
السُّلْطَةُ الإجْرائِيَّةُ أو التَّنْفِيذِيَّة the executive, executive power
السُّلْطَةُ التَّشْرِيعِيَّة the legislative, the legislature, legislative power
السُّلْطَةُ القَضائِيَّة the judiciary, judicial power
السُّلُطاتُ المُخْتَصَّة the competent authorities
سَلْطَعُون : سَرَطان crab
سَلْطَنَة sultanate
سِلْعَة commodity, article, ware
سِلَع goods, merchandise, commodities, articles, wares
سَلَفَ : مَضَى to pass, elapse, go by
سَلَفَ : سَبَقَ to precede, antecede
سَلَّفَ : أَقْرَضَ to advance, lend, loan
سَلَف : جَدّ ancestor(s), forefather(s), grandfather(s), ascendant(s)
سَلَف (في مَنْصِب) predecessor
سَلَفاً in advance, beforehand
سِلْف (المَرْأةِ او الرَّجُلِ) brother-in-law
سُلْفَة : قَرْض advance (payment), loan
سِلْفَة (المَرْأةِ) sister-in-law
سَلَقَ to boil, cook in boiling water
سِلْق (نبات) chard, white beet
سَلَكَ : تَصَرَّفَ to behave, act
سَلَكَ : اِتَّبَعَ to follow, pursue; to proceed through, travel along
سِلْك : خَيْط wire, cable; string; line
سِلْك : مِلاك cadre; corps; body
سِلْكِيّ wire, wiry
سَلِمَ to escape danger; to be safe, secure; to be sound, intact
سَلَّمَ (إلى) : ناوَلَ to hand over (to),

hand in (to), submit (to), present to, deliver (to)

سَلَّمَ (مِنْ) : خَلَّصَ to save, rescue; to protect, preserve, (safe)guard

سَلَّمَ على : حَيَّا to salute, greet

سَلَّمَ بِـ : أَقَرَّ to admit, acknowledge

سَلِّمْ (لِي) عَلَيْهِ give him my best regards! remember me to him!

سُلَّم : مِرْقاة ladder

سُلَّم : دَرَج stairs, staircase, stairway

سُلَّمٌ مُتَحَرِّكٌ او كَهْرَبائِيٌّ escalator

سُلَّمٌ مُوسِيقِيٌّ (musical) scale

سِلْم : سَلام peace

سَلْمُون (سمك) salmon

سِلْمِيّ peaceful, peaceable, pacific

سَلْوَى : تَسْلِيَة - راجع تَسْلِيَة

سَلْوَى (طائر) quail

سُلْوان : عَزاء consolation, solace

سُلْوان : نِسْيان oblivion, forgetting

سِلُّور (سمك) catfish, silurid

سِلُوفان cellophane

سَلُوقِيّ (مِنَ الكِلاب) saluki, greyhound

سُلُوك : تَصَرُّف behavior, conduct, manners; attitude

سُلُوكِيّ behavioral

سَلِيَ : نَسِيَ to forget

سَلِيط : وَقِح impudent, insolent, pert, saucy, sharp-tongued

سَلِيقَة : طَبِيعَة nature, natural disposition; instinct; intuition

سَلِيل : اِبْن descendant, offspring, son

سَلِيم sound; intact, unimpaired, unharmed; flawless, unblemished; good; healthy, fit; correct

سَمَّ : سَمَّمَ to poison; to (en)venom

سُمّ، سَمّ، سِمّ : مادَّةٌ سامَّة poison, toxin, bane; venom

سُمّ، سَمّ، سِمّ : ثُقْبُ الإِبْرَة eye, threading hole

سَمّ (ج مَسامّ) : أَحَدُ ثُقوبِ الجِلْد pore

سَما : عَلا to rise (high), go up; to be high, lofty, exalted, sublime

سَمَّى : دَعا بِـ to name, call, designate

سَماء sky, blue; heaven(s)

سَماحَة magnanimity; generosity

صاحِبُ السَّماحَة His Eminence

سَماد : زِبْل fertilizer, manure, dung

سَمار (نبات) rush

سَماع hearing, listening, audition

سَمّاعَة (التِّلِفُون) (telephone) receiver

سَمّاعَة (الرّادْيُو إلخ) earphone, earpiece; headphone

سَمّاعَة (الطَّبِيب) stethoscope

سُمّاق sumac

سَماكَة : ثَخانَة، غِلَظ thickness

سَمامَة (طائر) swift

سَمَّان butter dealer; grocer
سُمَانَى (طائر) quail
سَمَانَة: بَدَانَة ـ راجع سِمْنَة
سِمَانَة grocery, grocery business
سَمَاوَر: إناءٌ لإعدادِ الشّاي samovar
سَمَاوِيّ heavenly, celestial
سَمَاوِيّ (اللَّوْنِ) sky-blue, azure
سِمَة: عَلامَة mark, sign, token
سِمَة: مِيزَة characteristic, feature, mark, property, character, trait
سِمَة، سِمَةُ دُخُول: تَأْشِيرَة، فِيزَا visa
سَمِج، سَمْج antipathetic, repugnant, repulsive; boring, dull
سَمَحَ (لِـ أو بِـ): أَجَازَ، أَذِنَ to allow, permit, let; to authorize, sanction
سَمَحَ بِـ: أَعْطَى to grant, give
لا سَمَحَ اللهُ God forbid!
سَمْح magnanimous, generous, forgiving, largehearted, liberal
سَمَّدَ: زَبَّلَ to fertilize, dung, manure
سَمُرَ، سَمِرَ ـ راجع إِسْمَرَّ
سَمَّرَ: ثَبَّتَ to nail, fasten
سَمَّرَ: جَعَلَهُ أَسْمَرَ to tan, brown
سَمَر night chat, entertainment
سُمْرَة brownness, brown color; tan
سِمْسَار broker, jobber, middleman, agent, go-between
سَمْسَرَة brokerage; commission
سِمْسِم (نبات) sesame

سَمَطَ to depilate; to scald
سَمِعَ: أَدْرَكَ بِالأُذُن to hear
سَمِعَ (اللهُ لِـ)، سَمِعَ الدُّعَاءَ to hear, accept, answer, grant, fulfill
سَمَّعَ: جَعَلَهُ يَسْمَع to make or let hear
سَمَّعَ الدَّرْس to recite, say
سَمْع hearing
سُمْعَة reputation, repute, standing
سَمْعِيّ auditory, audio; acoustic(al)
سَمْعِيّ بَصَرِيّ audiovisual
سِمْفُونِيَّة [موسيقى] symphony
سَمُكَ to thicken, be(come) thick
سَمَّكَ to thicken, make thick(er)
سَمَك، سَمَكَة fish
سَمَكُ التُّرْس turbot
سَمَكُ سُلَيْمان salmon
سَمَكُ السَّيْف swordfish
سَمَكُ مُوسَى sole
سُمْك: سَمَاكَة، ثَخَانَة thickness
سَمْكَرِيّ plumber, tinker; tinsmith, tinner, tinman, whitesmith
سَمَلَ عَيْنَهُ to gouge out, scoop out
سَمَل tatters, rags, worn clothes
سَمَّمَ to poison, envenom, venom
سَمِنَ to put on weight; to be(come) fat, corpulent, stout, obese
سَمَّنَ to fatten, plump (up), make fat
سَمْن، سَمْنَة (cooking) fat; (cooking)

butter; ghee; shortening
سُمْنَة (طائر) thrush, fieldfare
سِمْنَة، سِمَن fatness, corpulence, stoutness, obesity, overweight
سَمَنْدَل، سَمَنْدَر (حيوان) salamander
سُمُوّ highness, loftiness, sublimity
سُمُوُّ الأمير His Highness, the Prince
صاحِبُ السُّمُوِّ المَلَكِيّ His Royal Highness
سَمُّور (حيوان) sable, beaver
سَمِيح ـ راجع سَمْح
سَمِيد، سَمِيذ semolina
سَمِير companion; entertainer
سَمِيع : مُسْتَمِع ـ راجع مُسْتَمِع
سَمِيك : ثَخِين، غَلِيظ thick
سَمِين fat, corpulent, stout, obese, overweight, plump, fleshy
سَنَّ : شَحَذَ، جَلَخ to whet, sharpen, grind, hone, strop
سَنَّ قانوناً to enact or pass (a law); to legislate, make laws
سِنّ (الفم إلخ) tooth
سِنّ : عُمْر age
سِنّ : ثَلْم notch, indentation
سِنّ (الثوم) clove (of garlic)
سَنا (نبات) senna, cassia
سَناً، سَنًى، سَناء : ضِياء brilliance, brightness, radiance, splendor
سَناء : رِفْعَة sublimity, highness

سِناتُور senator
سَنام : حَدَبَة في ظَهْرِ الجَمَل hump
سِنان spearhead, arrowhead
سُنْباذَج : صَنفَرَة emery
سُنْبُل، سُنْبُلَة ear, spike
سَنَة : عام، حَوْل year
سَنَةٌ دِراسِيَّة academic year; scholastic year, school year
سَنَةٌ شَمْسِيَّة calendar year
سَنَةٌ ضَوْئِيَّة light-year
سَنَةٌ كَبِيسَة leap year, bissextile
سُنَّة rubric, norm; rule; custom, practice, usage, tradition
سُنَّةُ الرَّسُول، السُّنَّةُ النَّبَوِيَّة Sunna (of the Prophet)
أَهْلُ السُّنَّة the Sunnites, the Sunnis
سِنَة (مِنَ النَّوْم) doze, nap, sleep
سِنْت cent
سنترال (لِلتِّلِفُون) (telephone) exchange, central, central office
سَنْتِيغراد، سَنْتِيغرادِيّ centigrade
سَنْتِيغرام centigram
سَنْتِيلِيتر centiliter
سَنْتِيمِتر centimeter
سِنْجاب (حيوان) squirrel
سَنْجَق : مُقاطَعَة province, district
سَنْجَق : عَلَم standard, flag, banner

سَنَح (لِـ) : خطر to occur to

سَنَحتْ لَهُ الفُرْصَةُ he had the chance or the opportunity

سَنَدَ، سَنَّدَ to support, prop (up), shore up, hold up; to stake (out)

سَنَد : دِعامَة support, prop, stay

سَنَد : صَكّ bond, bill; security; debenture; document, deed, paper

سَنَدُ خزينة treasury bond or bill

سَنَدُ كَفالَة bail bond, bond, bill

سَنَداتٌ ماليَّة securities; bonds; stocks

سَنَدُ مِلْكِيَّة title deed, title, deed

سَنْدان، سِنْدان anvil

سَنْدويش : شَطِيرَة sandwich

سِنْدِيان، سِنْدِيَانَة (نبات) oak

سِنْسار (حيوان) marten

سَنْط (نبات) acacia, mimosa

سَنْفَرَة : صَنْفَرَة، سُنْباذَج emery

وَرَقُ السَّنْفَرَة sandpaper, emery paper

سُنْقُر، سُنْقُور (طائر) gyrfalcon

سَنْكَرِيّ - راجع سَمْكَرِيّ

سَنَّنَ : فَرَّضَ، ثَلَّمَ to dent, indent, jag, notch, tooth, serrate

سِنُودُس : مَجْمَعٌ كَنَسِيّ synod

سِنَّوْر : هِرّ، قِطّ cat

سِنَّوْرٌ بَرِّيّ wildcat

سِنَّوْرُ الزَّبَاد civet cat

سُنُونُو، سُنُونُوَة (طائر) swallow

سَنَوِيّ annual, yearly

سَنَوِيًّا annually, yearly, per year

سَنِيّ : سامٍ sublime, high, grand

سُنِّيّ : واحِدُ أَهْلِ السُّنَّة Sunnite, Sunni

سَها عن : نَسِيَ to forget, overlook

سُهاد : أَرَق insomnia, sleeplessness

سَهْب، سُهُب steppe; peneplain

سَهِدَ : أَرِقَ to find no sleep, get no sleep, be sleepless

سَهَّدَ : أَرَّقَ to make sleepless

سُهْد، سَهَد - راجع سُهاد

سَهِرَ (اللَّيْلَ) to stay up (late) at night, sit up (late); to pass the night awake; to burn the midnight oil

سَهِرَ على to take care of, attend to, look after, watch over, guard

سَهَّرَ to keep awake

سَهْران : صاحٍ awake, wakeful, up

سَهْران : يَقِظ watchful, vigilant, wide-awake, alert, on the alert

سَهْرَة evening; soirée

سَهُلَ : كانَ هَيِّناً to be(come) easy

سَهَّلَ to facilitate, make easy

سَهْل : هَيِّن easy, facile, simple

سَهْل : مُسَطَّح، مُسْتَوٍ smooth, plane, flat, level, even

plain, flat(s), level, level land سَهْل : أَرْض مُنْبَسِطَة
arrow; dart سَهْم : نَبْلَة
share, portion, part, lot, allotment سَهْم : حِصَّة، نَصِيب
share سَهْم (مالِيّ)
stock(s), shares أَسْهُم في شَرِكَة
inattention, inadvertence, forgetfulness; oversight, unintentional mistake, careless omission سَهْو
ease, easiness, facility; plainness, simplicity سُهُولَة
to level (off), even, plane, flat(ten); to smooth(en) سَوَّى : مَهَّدَ
to dress, make, do up; to arrange, fix (up), adjust سَوَّى : رَتَّبَ
to equalize, equate, make equal, put on an equal footing, treat equally سَوَّى (بَيْنَ)
to settle, pay, clear سَوَّى : سَدَّدَ
to settle, fix, resolve سَوَّى نِزاعاً
to reconcile, conciliate سَوَّى بَيْنَهُم
to compromise سَوَّى بِحَلٍّ وسط
evil, ill; mal-, mis- سُوء : شَرّ
abuse, misuse سُوءُ الاسْتِعْمال
misunderstanding سُوءُ التَّفاهُم أو الفَهْم
bad luck, misfortune سُوءُ الحَظّ
maltreatment, mistreatment, ill-treatment سُوءُ المُعَامَلَة
unfortunately, unluckily لِسُوْءِ الحَظّ
except, with the exception of, but, excluding سِوَى : بِاسْتِثْناء
equal, alike, similar, the same سَوَاء : مُتَسَاوِيَان، مُتَسَاوُون
whether... or, no matter whether... or سَوَاء... أَمْ (أَوْ)
blackness, black سَواد : ضِدّ بَياض
the great majority السَّوادُ الأَعْظَم
iris; pupil of the eye, apple of the eye سَوَادُ العَيْن
bracelet, armlet, bangle سُوَار، سِوَار
سَوَاسِيَة ـ راجع سَوَاء
سَوَّاق ـ راجع سائِق
سِوَاك ـ راجع مِسْواك
sideburns سَوَالِف
supermarket سُوبِرْمارْكِت
to black(en), make black سَوَّدَ
Sudan السُّودان
Sudanese سُودانِيّ
peanut(s) فُولٌ سُودانِيّ
to enclose, wall in, fence in سَوَّرَ
wall; fence, enclosure, rail(ing) سُور : حائِط، سِياج
sura, chapter of the Holy Koran سُورَة (مِنَ القُرْآنِ الكَرِيم)
Syrian سُورِيّ
Syria سُورِيًا، سُورِيَة

سُوس، سُوسَة (حشرة) mite, moth; weevil; beetle
سُوس (نبات) licorice, liquorice
سَوْسَن (نبات) iris, fleur-de-lis, lily
سُوسْيُولُوجِيّ sociologic(al)
سَوْط (للجَلْد) whip, lash, scourge
سَوَّغ : أباح to allow, permit
سَوَّغَ : بَرَّر to justify, warrant
سَوَّفَ : ماطَلَ to procrastinate, stall, put off, postpone, delay
سَوْفَ : سَـ will, shall
سُوفِياتِيّ، سُوفِيتِيّ Soviet
سَوَّقَ (البِضاعَةَ) to market, sell
سُوق (ج أَسْواق) market; marketplace
سُوق حُرَّة free market
سُوق سَوْداء black market
سَوَّكَ (الأَسْنانَ) to clean, brush
سَوَّلَ لِـ to entice, seduce, tempt
سُونا sauna
سَوِيّ : سَلِيم normal; sound, intact
سَوِيًّا، سَوِيَّةً : مَعاً together, jointly; with one another, with each other
سَيِّء، سَيِّئ bad, evil, ill; poor; vicious, vile, wicked
سَيِّءُ الحَظِّ unlucky, unfortunate
سَيِّئَة : خَطِيئَة sin, fault, offense
سَيِّئَة : ضِدّ حَسَنَة disadvantage, drawback, shortcoming
سِياج fence, fencing; enclosure; railing); palisade
سِياحَة : سَفَر tourism; touring, traveling; tour, travel, journey
سِياحِيّ tourist(ic)
سِيادَة sovereignty; supremacy
صاحِبُ السِّيادَة His Excellency
دَوْلَةٌ ذاتُ سِيادَة sovereign state
سَيَّارَة : مَرْكَبَةٌ تَسِيرُ بِمُحَرِّك car, automobile, motorcar
سَيَّارَة : كَوْكَبٌ سَيَّار planet
سَيَّارَةُ أُجْرَة taxicab, cab, taxi
سَيَّارَةُ إِسْعاف ambulance
سَيَّارَةُ إِطْفاء fire engine
سِياسَة policy; politics
سِياسِيّ : مُتَعَلِّقٌ بالسِّياسَة political
سِياسِيّ : رَجُل سِياسَة politician
سَيَّاف : جَلَّاد executioner, headsman
سِياق context, connection; course, sequence
سَيَّال : جارٍ، مِدْرار flowing, running, streaming; torrential
سِيّان ـ راجع سَواء
سِيبَة : مِرْقاة، سُلَّمٌ نَقَّال stepladder
سِيبَة : حامِلٌ ذُو ثَلاثِ قَوائِم tripod
سَيَّجَ : أَحاطَ بِسِياج to fence in, hem in,

hedge in, rail in, enclose
سِيجَار cigar
سِيجَارَة cigarette
سِيخ : سَفُّود skewer, spit, brochette
سَيِّد : مَوْلًى master, lord, chief, head
سَيِّد : لَقَبُ كُلِّ رَجُل Mr.
سَيِّد : ذُو سِيَادَة sovereign
سَيِّدِي sir
سَيِّدَة lady, woman; Mrs., madam(e)
السَّيِّدَةُ الأُولَى first lady
سَيَّرَ : حَرَّكَ، وَجَّهَ to drive, set in motion; to steer, direct, orient
سَيَّرَ : شَغَّلَ to start (up), operate, run, work, actuate
سَيَّرَ : أَدَارَ to run, direct, manage, handle, conduct
سَيَّرَ : دَفَعَ to propel, move, impel
سَيَّرَ : أَرْسَلَ to send, dispatch
سَيَّرَ : رَوَّجَ to circulate, spread
سَيْر : مَشْي، تَحَرُّك walk(ing), march(ing); motion, movement
سَيْر : تَقَدُّم progress, advance(ment), course
سَيْر : حَرَكَةُ المُرُور traffic
سَيْر : شَرِيط thong, strap, belt
سَيْراً على القَدَمَيْن on foot, walking
سِيرَة : سُلُوك conduct, behavior
سِيرَة (حَيَاةِ شَخْصٍ) biography, memoir; life history; curriculum vitae
سِيرْك : سِرْك circus
سَيْطَرَ على to dominate, control, sway; to overpower, overcome
سَيْطَرَة domination, dominance, control, grasp, grip, power, supremacy, upper hand, hegemony
سَيْف : حُسَام sword; saber; rapier
سَيْفُ المُبَارَزَة foil, saber, épée
سِيف : سَاحِل (sea)shore, (sea)coast
سِيف (لِلتَّنْظِيف) steel wool, steel strands, utility pads
سِيفُون siphon
سِيكَار، سِيكَارَة ـ راجع سِيجَار، سِيجَارَة
سِيكُولُوجِيّ psychological
سَيْل flood, inundation; flowage; torrent, torrential stream
سِيَّمَا، لا سِيَّمَا ـ راجع لا
سِيمَاء : هَيْئَة mien, expression, countenance, visage, look(s)
سِيمَاء : عَلَامَة sign, mark
سِيمْفُونِيَّة [موسيقى] symphony
سِينَارِيُو scenario, script
سِينَمَا cinema, movie(s)
سِينَمَائِيّ cinematographic, cinematic, filmic, movie-, cinema-
(نَجْم، مُمَثِّل) سِينَمَائِيّ movie star, (film) star; actor
سِينُودُس : مَجْمَع كَنَسِيّ synod
سُيُولَة liquidity; fluidity

ش

to want, wish, desire, will, be willing (to); to intend — شاءَ : أَرادَ

شاءَ أَمْ أَبى ـ راجع أَبى

God willing — إِنْ شاءَ اللّٰهُ

forever; for good — إِلى ما شاءَ اللّٰهُ

شائِب : أَشْيَب ـ راجع أَشْيَب

blemish, stain; impurity; defect, flaw, shortcoming — شائِبَة : عِلَّة

widespread, current, prevailing, popular, common — شائِع : مُنْتَشِر

rumor; hearsay — شائِعَة : إِشاعَة

شائِق : مُشَوِّق ـ راجع مُشَوِّق

شائِك : ذُو شَوْك ـ راجع شَوْكِيّ

thorny, spiny, difficult, critical, delicate — شائِك : صَعْب، حَرِج

barbed wire — سِلْكٌ شائِك

disgraceful, dishonorable, shameful, infamous — شائِن : مُشِين

to vitiate, corrupt, spoil; to stain, taint, blemish — شابَ : أَفْسَدَ، وَصَمَ

to become white-haired, gray-haired — شابَ : اِبْيَضَّ شَعْرُهُ

to gray; to turn or become gray or white — شابَ الشَّعْرُ

youth, young man, youngster — شابّ (اسم)

young, youthful — شابّ (صفة)

young woman, (young) girl — شابَّة

to interlace, interlock, intertwist, intertwine, interweave — شابَكَ

to resemble, look like, be like, be similar to — شابَهَ

and the like — وما شابَهَ ذٰلِك

ewe, female sheep — شاة : نَعْجَة

rainy, pluviose — شاتٍ (الشّاتِي) : مُمْطِر

to quarrel with, fight with — شاجَرَ

pale, pallid, wan, dull, faded, faint, dim, lusterless — شاحِب

to spat with, wrangle with, quarrel with, fight with — شاحَنَ

shipper, freighter, forwarder, transporter, carrier — شاحِن : ناقِل

charger — شاحِن : جِهازٌ لِشَحْنِ البَطّارِيَّة

شاحِنَة truck, lorry, camion; pickup; van; wagon
شاخ : هَرِمَ to age, grow old
شادَ : بَنى ـ راجع شَيَّدَ
شادٍ (الشَّادِي) singer, chanter
شادِر : خَيْمَة tent; pavilion; awning
شاذّ irregular, abnormal, unusual, bizarre, queer, odd, weird
شارٍ (الشَّارِي) ـ راجع مُشْتَرٍ
شارِب : مَنْ يَشْرَب drinker
شارِب، شارِبان، شَوارِب mustache
شارَة : عَلامَة، رَمْز badge; insignia; emblem; symbol; sign, mark
شارِد stray(ing), wandering, roaming, erratic; tramp, vagabond
شارِدُ الذِّهن absentminded
شارَطَ to stipulate, specify as a condition
شارِع : طَرِيق street
شارِع : مُشَرِّع ـ راجع مُشَرِّع
شارَفَ ـ راجع أَشْرَفَ على
شارَكَ (في) ـ راجع اِشْتَرَكَ (في، مع) (in), participate (in), take part (in)
شاسِع : واسِع، كَبِير vast, wide, large; great, big, huge, enormous
شاش gauze; muslin
شاشَة screen; scanner
شاطِئ shore, coast, beach; seashore, seacoast, seaside
شاطَرَ to share equally with; to share

شاطِر sly, cunning, crafty, shrewd, clever, smart; experienced
شاعَ to spread, circulate, get about, be(come) widespread
شاعِر : ناظِمُ الشِّعْر poet
شاعِرِيّ poetic(al), romantic, soft
شاغَبَ to riot, disturb the peace, make trouble
شاغِر vacant, unoccupied, empty, open, free
مَرْكَزٌ شاغِر vacancy, vacant post
شاغُور : شَلّال cascade; waterfall
شافِع ـ راجع شَفِيع
شاقّ hard, difficult, tough, arduous, exacting; exhausting, fatiguing, tiring, trying, tiresome
شاكّ : مُرْتاب doubtful, in doubt, suspicious, distrustful, skeptical
شاكِر thankful, thanking, grateful, appreciative, appreciating
شاكَسَ to pick a quarrel with
شاكَلَ : ماثَلَ، شابَهَ to conform to, correspond to, resemble; to be like, similar to, analogous to
شاكِلَة : شَكْل ـ راجع شَكْل
شالَ : رَفَعَ، حَمَلَ to raise, lift (up), pick up; to carry, transport
شال : لِفَاع shawl, muffler
شاليه cabana, beach cabin

شُؤْم evil omen, evil portent; bad luck, misfortune
شامْبو shampoo
شامَة : خال beauty spot, mole, nevus
شامِخ : عالٍ high, lofty, towering
شامِل comprehensive, inclusive, exhaustive, thorough, large-scale, wide, sweeping, general, all-out
شانَ : وَصَمَ to disgrace, dishonor, taint, stain, soil, sully, tarnish
شَأْن : مَسْأَلَة، دَخْل matter, affair; concern, business
شَأْن : حال condition, situation
شَأْن : أَهَمِّيَّة، مَقام importance, significance; standing, prestige
الشُّؤُون الخارِجِيَّة foreign affairs
بِشَأْنِ concerning, regarding, with regard to, with respect to, about
شاه : إِمْبَراطُورُ إِيران shah
شاه : قِطْعَةٌ مِنْ قِطَعِ الشِّطْرَنْج king
شاهُ بَلُّوط : كَسْتَناء (نبات) chestnut
شاهَدَ : رَأَى to see, view, witness; to watch, observe; to attend
شاهِد : مَنْ يَشْهَدُ witness
شاهِد : دَلِيل evidence, proof
شاهِد : مَثَل example, illustration
شاهِد : اِقْتِباس quotation, citation
شاهِد، شاهِدَة : بَلاطَةُ الضَّرِيح tombstone, gravestone, headstone
شاهِدُ زُور false witness
شُهُودُ يَهْوَه Jehovah's Witnesses
شاهِق : مُرْتَفِع high, towering, lofty
عُلُوٌّ شاهِق tremendous height
شاهِين : صَقْر، باز falcon, peregrine
شاوَرَ (في) to consult, counsel with
شاوِيش : رُتْبَةٌ عَسْكَرِيَّة sergeant
شاي tea
شايَعَ : أَيَّدَ to follow, adhere to, support; to side with, take sides with
شَبَّ : صارَ شاباً فَتِيّاً to grow up, become a youth, become a young man
شَبَّ : اِرْتَفَعَ to shoot up, rise, spring
شَبَّ الفَرَسُ to rear, ramp; to capriole; to prance
شَبَّتِ النّارُ أو الحَرْبُ to break out, flare up, erupt
شَباب : صِباً youth, youthfulness
شَباب، شُبّان : نَشْء (the) youth, (the) young, youths, young men, young people, young generation, youngsters
شَبّابَة : مِزْمار flute, clarinet
شُباط : فِبْراير February
شُبّاك : نافِذَة window
شَبَث : عَنْكَبُوت tarantula; spider
شِبِث (نبات) dill
شَبَح ghost, specter, spirit, phantom, eidolon, apparition, phantasm
شِبْر (اليَدِ) span of the hand

شِبْشِب slipper(s), scuff, mule

شَبِعَ (مِنَ الطَّعَام) to eat one's fill; to be full, satisfied, sated

شَبِعَ (مِنْ) : مَلَّ to be fed up (with), sick (of); to have enough (of)

شَبَّعَ ـ راجع أَشْبَعَ

شَبْعان full, satisfied, sated

شَبَكَ، شَبَّكَ ـ راجع شابَكَ

شَبَكَة net; dragnet, fishnet, dredge; network, netting, mesh, reticulation, grid; system, set, suit

شَبَكِيَّة (العَيْن) retina

شِبْل : وَلَدُ الأَسَد (lion) cub

شِبْل (في الجَيْش إلخ) cadet

شَبْنَم : طائِرٌ كَالنَّعامَة cassowary

شَبَّهَ بِـ to liken to, compare to; to assimilate to; to make similar to

شَبَه، شِبْه : تَشابُه ـ راجع تَشابُه

شَبَه، شِبْه : شَبِيه ـ راجع شَبِيه

شِبْه : كَأَنَّهُ، تَقْرِيباً semi-, quasi-, para-, -like, sub-; almost

شِبْهُ جَزِيرَة peninsula

شِبْهُ جُمْلَة phrase

شِبْهُ مُعَيَّن rhomboid

شِبْهُ مُنْحَرِف trapezoid

شَبَهان، شِبْهان : نُحاسٌ أَصْفَر brass

شُبْهَة : شَكّ suspicion, doubt

شَبُّوط (سمك نهري) carp

شَبِيبَة ـ راجع شَباب

شَبِين، شَبِينَة ـ راجع إشْبِين، إشْبِينَة

شَبِيهٌ بِـ : مِثْل like, similar to, resembling, (just) as, analogous to, corresponding to; identical with

شَبِيه : مَثِيل، نَظِير match, like, parallel, counterpart, duplicate

شَتا، شَتَّى (بِـ) to winter (at), pass the winter (at)

شَتَّى : مُخْتَلِف various, different, diverse, miscellaneous, sundry

شِتاء (فَصْل) winter, wintertime

شِتائِيّ ـ راجع شَتَوِيّ، شِتْوِيّ

شَتَّانَ بَيْنَهُما there is a great difference between them! what a difference between them!

شَتَّتَ : فَرَّقَ to disperse, scatter, dispel, break up, disband, separate

شَتْلَة : غَرِيسَة cutting, set, transplant, sapling, seedling

شَتَمَ : سَبَّ to curse, swear (at); to call (somebody) names, insult

شَتَوِيّ، شِتْوِيّ winter, wintry, winterly, hibernal

شَتِيمَة : مَسَبَّة swearword; abuse, vituperation, revilement, insult

شَجَّ : كَسَرَ to break, fracture; to split

شَجاً : حُزْن grief, sorrow, distress

شِجار : مُشاجَرَة quarrel, fight, hassle, wrangle, squabble, brawl

شُجاع courageous, brave, bold,

valiant, undaunted, intrepid
شَجاعَة courage, bravery, boldness, valor, valiance, intrepidity, guts
شَجَبَ: اِسْتَنْكَرَ to condemn, denounce, censure, disapprove of
شَجَّرَ: حَرَّجَ to afforest, forest, wood, plant with tress
شَجَر trees, arbores
شَجَرَة tree, arbor
شَجَرَةُ النَّسَبِ أو العائِلَة genealogical tree, family tree, pedigree
شَجَّعَ to encourage, embolden, hearten; to further, promote
شَجَن: هَمّ، حُزْن anxiety, worry; sorrow, grief, sadness, blues
شَجِيّ: حَزين sad, grieved
شَجِيّ: مُثيرٌ لِلْعاطِفَة moving, touching, emotional, sentimental
شُجَيْرَة shrub, bush
شَحَّ: قَلَّ to run short, run out, be scarce, decrease, dwindle
شُحّ، شِحّ: بُخْل stinginess, niggardliness, miserliness
شُحّ، شِحّ: قِلَّة scarcity, insufficiency, shortage, dearth, lack
شَحّاذ: مُتَسَوِّل beggar, mendicant
شَحّاذ (العَيْن) sty
شَحَذَ: سَنَّ، جَلَخَ to whet, sharpen, grind, hone, strop
شَحَذَ: تَسَوَّلَ to beg, ask for alms
شُحْرُور (طائر) blackbird

شَحْطَة: شَرْطَة (-) dash; hyphen
شَحَّمَ (الآلَةَ إلخ) to grease, lubricate
شَحْم: دُهْن fat, grease; lipid, lipoid; suet, tallow
شَحْمَة: دُهْنَة piece of fat
شَحْمَةُ الأُذُن earlobe, lobe
شَحَنَ البِضاعَةَ إلخ to ship, freight, consign, transport, forward
شَحَنَ (بِـ) to charge (with), load (with)
شَحْناء enmity, feud; grudge, rancor
شَحْنَة، شِحْنَة shipment, consignment; cargo, load, freight
شَحْنَة، شِحْنَة [كهرباء] charge
شَحيح: بَخيل stingy, niggardly, miserly, penny-pinching; miser
شَحيح: ضَئيل scarce, short, insufficient, scanty, sparse, meager
شَخَرَ to snort
شَخَصَ إلى to stare at, gaze at
شَخَّصَ (المَرَضَ أو الحالَةَ) to diagnose
شَخْص person, individual, man
شَخْصِيّ personal, individual, private, subjective
شَخْصِيًّا personally, in person
شَخْصِيَّة personality; character; identity
شَخير snorting, snort
شَدَّ: ضِدّ أَرْخَى to tighten, tauten, strain, draw tight, pull taut

شَدَّ : رَبَطَ to tie, bind, fasten
شَدَّ : جَذَبَ to pull, draw, drag
شَدَا : غَنَّى to sing, chant, warble
شَدَّة : ورقُ اللَّعِب playing cards, deck
شِدَّة : قُوَّة strength, power, force, violence, intensity, severity
شِدَّة : ضِيق distress, hardship, difficulty, trouble; straits, pinch; need
شَدَخَ to break, smash, fracture
شَدَّدَ على : أكَّدَ على to emphasize, stress, focus on, concentrate on
شَدَّدَ على : ضَيَّقَ على to press, pressure; to restrain, constrain
شَدَّدَ في أو على : ألَحَّ to insist upon; to press, urge
شِدْق corner of the mouth; mandible, lower jaw, jawbone
شَدَهَ to amaze, astonish, astound
شَدِيد strong, powerful, vigorous; severe, harsh; intense, violent, acute, keen, drastic, tough
شَذَّ (عن) to be irregular, abnormal, odd, queer, bizarre; to deviate (from); to be an exception (to)
شَذًا : أريج fragrance, scent, perfume, aroma, redolence
شَذَّبَ to trim, clip, prune, lop, pare, cut back; to refine, polish
شُذُوذ irregularity, abnormality, perversity, bizarreness, weirdness
شَذِيّ : أرِج fragrant, sweet-smelling, aromatic, odorous, redolent

شَرّ : ضِدّ خَيْر evil, ill; bad(ness); wickedness, viciousness, malice
شَرّ (مِنْ) : أسْوَأ worse, more evil; the worst, the most evil
شَرَى : اِشْتَرَى to buy, purchase
شِرَاء buy(ing), purchase, purchasing
شِرَائِيّ purchasing, buying
قُوَّة شِرَائِيَّة purchasing power
شَرَاب drink, beverage; syrup, juice, sherbet; potion
شَرَاب (مُسْكِر) alcoholic beverage, drink, spirituous liquor
شَرَارَة (ج شَرَار) spark(s)
شِرَاع (المَرْكَب أو السَّفِينة) sail
شِرَاعِيّ sailing, sail-
شَرَاكَة ـ راجع اِشْتِراك
شَرَاهَة ـ راجع شَرَه
شَرِبَ to drink
شَرِبَ السِّيجَارَةَ أو الدُّخانَ to smoke
شَرَّبَ : سَقَى to give (someone) to drink; to water, irrigate
شَرَّبَ : أشْرَبَ ـ راجع أشْرَبَ
شُرْب، شِرْب : مَصْدَر شَرِبَ drinking
شَرْبات : شَرَاب sherbet, syrup, juice
شَرْبَة : مُسْهِل laxative, purgative
شَرْبِين (شجر) evergreen cypress
شَرَحَ : فَسَّرَ to explain, elucidate, ex-

plicate, expound, make clear
شَرَحَ صَدْرَهُ to delight, gladden, please; to comfort; to relieve
شَرَّحَ اللَّحْمَ إلخ to slice, cut into slices
شَرَّحَ الجُثَّةَ to anatomize, dissect; to autopsy, necropsy, perform a postmortem examination upon
شَرْح explanation, elucidation, explication, expounding, exposition
شَرْحَة - راجع شَرِيحَة
شَرْخ : رَيْعان prime, spring, bloom, heyday
شَرَدَ (الفَرَسُ) : نَفَرَ to bolt, start
شَرَدَ : ضَلَّ، تاهَ to stray, go astray, straggle, wander, roam, rove
شَرَدَ ذِهْنُهُ to be absentminded
شَرَّدَ : نَفَّرَ to frighten away, startle
شَرَّدَ : هَجَّرَ to displace, make homeless, drive away, dislodge, expel
شِرْذِمَة : زُمْرَة group, troop, band
شَرَرَة (ج شَرَر) spark(s)
شَرِس quarrelsome, truculent, contentious, aggressive, ill-natured; wild, fierce, ferocious
شَرْشَف (السَّرِير) bedsheet, sheet, bedspread, bedcover
شَرْشَفُ المائِدَةِ أو الطَّاوِلَة tablecloth
شُرْشُور (طائر) chaffinch
شُرْشُورٌ جَبَلِيّ (طائر) brambling
شَرْشِير : بَطٌّ نَهْرِيٌّ صَغِير teal; garganey

شَرَطَ، شَرَّطَ : شَقَّ to slash, slit open, cut open; to lance, scarify
شَرَطَ : إشْتَرَطَ - راجع إشْتَرَطَ
شَرْط (ج شُرُوط) condition, prerequisite, requirement; provision, stipulation, clause, term(s), proviso
شَرْطَ أنْ، بِشَرْطِ أنْ provided that, on condition that, if
شَرْطَة : شَحْطَة (-) dash; hyphen
شُرْطَة police(men), police force
شُرْطَةُ السَّيْرِ أو المُرُور traffic police
شُرْطَةٌ عَسْكَرِيَّة military police
شَرْطِيّ : مَشْرُوط - راجع مَشْرُوط
شُرْطِيّ policeman, (police) officer
شَرَعَ (في) : بَدَأَ to begin, start, commence; to go into, enter upon
شَرَعَ، شَرَّعَ (قانوناً) - راجع إشْتَرَعَ
شَرْع - راجع شَرِيعَة
شِرْعَة law; bill; statute; charter
شَرْعِيّ legitimate, legal, lawful, authorized, admissible; religious
غَيْرُ شَرْعِيّ illegitimate, illegal, unlawful, prohibited, forbidden
شَرْعِيَّة legitimacy, legality, lawfulness
شَرْغ، شُرْغُوف : فَرْخُ الضِّفْدِع tadpole
شَرْغ، شُرْغُوف : فَرْخُ التَّمّ cygnet
شَرَّفَ : كَرَّمَ to honor, do honor to,

give the honor; to ennoble, exalt

شَرَف : كَرَامَة ، مَجْد honor; dignity; glory; nobility, distinction

شَرَف : أَمَانَة honesty, integrity

على شَرَفِهِ in his honor

شُرْفَة balcony; veranda; terrace

شَرَفِيّ honorary, honor-

شَرِقَ to choke, become choked

شَرْق : جِهَةُ شُرُوقِ الشَّمْس east

الشَّرْق the East, the Orient

الشَّرْقُ الأَدْنَى the Near East

الشَّرْقُ الأَقْصَى the Far East

الشَّرْقُ الأَوْسَط the Middle East, the Mideast

شَرْقاً eastward(s), east

شَرَقْرَق (طائر) roller

شَرْقِيّ eastern, east; Oriental

شَرَك : أُحْبُولَة trap, snare, gin, net

شِرْك : الإِيمانُ بِعِدَّةِ آلِهَةٍ polytheism

شَرِكَة ، شِرْكَة company, corporation; firm, business; partnership

شَرِكَةُ طَيَران airline

شَرَمَ to split; to rend, rip, slash

شَرْنَقَة : فِيلَجَة ، صُلَّجَة cocoon

شَرَه : نَهَم gluttony, gourmandism

شَرَه : جَشَع greed(iness), avidity

شَرِه : نَهِم gluttonous, greedy, voracious; glutton, gourmand

شَرِه : جَشِع greedy, covetous

شُرُوق sunrise, rise (of the sun)

شَرْيان ، شِرْيان artery

شَرِيحَة : قِطْعَةٌ مُسْتَطِيلَة slice; section

شَرِيحة (لَحْمٍ) steak; rasher

شَرِيحَة : جُزْء ، قِسْم ، قِطَاع section

شَرِيد ـ راجع مُشَرَّد ، مُتَشَرِّد

شِرِّير ، شَرِّير wicked, vicious, malicious, evil, ill, sinister; evildoer; scoundrel, rascal, rogue, villain

شَرِيط ، شَرِيطَة tape, ribbon; band, strip; line; string, cord, lace; wire, cable; stripe, streak, bar

شَرِيطُ تَسْجِيل (magnetic) tape

شَرِيطُ الحِذاء shoelace, shoestring

شَرِيطٌ سِينَمَائِيٌّ إلخ film, motion picture, movie; filmstrip

شَرِيطُ فِيدِيُو videotape

شَرِيطَةَ (أَنْ) ـ راجع شَرْطَ أَنْ

شَرِيعَة : قانُون law; code

الشَّرِيعَة (الإسْلامِيَّة) Sharia, Islamic law, law of Islam
شَرِيعَةُ الغاب law of the jungle
شَرِيف : نَبِيل noble, highborn; a noble, nobleman, peer
شَرِيف : أَمِين honorable, honest, upright, righteous
الأَشْراف the nobility
شَرِيك partner, associate; sharer
أَحْمَد حُسَيْن وشُرَكاؤُه Ahmed Hussein and Company
شِصّ، شَصّ (لِصَيْدِ السَّمَك) fishhook
شَطَبَ، شَطَّبَ : شَقَّ to scarify, scratch, incise, slit, slash
شَطَبَ، شَطَّبَ : حَذَفَ to strike off, cross out, cancel, delete; to eliminate, remove, take out
شَطَرَ : قَسَمَ to halve, bisect, divide; to split, intersect, cut across
شَطْر : نِصْف half, moiety
شَطْر (مِنَ الشِّعْر) hemistich
شَطْر : قِسْم، جُزْء part, portion, division, section
شَطْر : جِهَة، اتِّجاه direction
شَطْرَ : بِاتِّجاه، صَوْبَ toward(s), to
شِطْرَنج (لعبة) chess
حَجَرُ الشِّطْرَنْج pawn, man
شَطَفَ : غَسَلَ to rinse, wash
شَطِيرَة : سَنْدَوِيش sandwich

شَظِيَّة : قِطْعَةٌ مُتَنَاثِرَة splinter, sliver, chip, fragment, shrapnel
شَعَائِر (مفردها شَعِيرَة) ـ راجع شَعِيرَة
شِعَار slogan; watchword; motto, logo; emblem; insignia; sign
شُعَاع : شَرِيطٌ ضَوْئِيّ ray, beam, streak
شُعَاع : نِصْفُ قُطْر [رياضيات] radius
أَشِعَّةُ إِكْس إلخ ـ راجع أَشِعَّة
شَعَانِين، أَحَدُ الشَّعَانِين Palm Sunday
شَعَّبَ : فَرَّعَ to ramify, branch, bifurcate, divide (up), subdivide
شَعْب : قَوْم people; nation; public
شِعْب : طَرِيقٌ في جَبَل mountain pass, defile, gap, gate, col
شِعْب : حَيْدٌ بَحْرِيّ reef
شُعْبَة : فَرْع branch, ramification; section, (sub)division; department
شَعْبِيّ popular; people's; public; folk
شَعْبِيَّة popularity
شَعَرَ بِـ to feel, sense; to perceive, notice; to be(come) conscious of
شَعِر، شَعْرانِيّ hairy, hirsute, shaggy
شَعْر، شَعَر hair
شَعْرٌ مُسْتَعَار wig, peruke, periwig
شِعْر : قَرِيض poetry, verse
شَعْرَة : واحِدَةُ الشَّعْر a hair
شِعْرِيّ : خاصٌّ بِالشِّعْر poetic(al)

شَعْرِيَّة : تَعْرِيشَة lattice, trellis, grating, grate, grill(e), grid
شَعْرِيَّة : شُعَيْرِيَّة (مِنْ عَجِين) vermicelli
شَعْشَعَ : خفَّفَ، مَزَجَ بالماء to dilute
شَعَلَ، شَعَّلَ ـ راجع أشْعَلَ
شُعْلَة torch; flame, blaze, fire
شَعْنِينة، أحَدُ الشَّعانين Palm Sunday
شَعْوَذَة jugglery, legerdemain, conjuration; charlatanism, quackery
شُعُور feeling, sensation, sense; consciousness; perception; sensibility, sensitivity; sentiment, affection, emotion
شَعِير (نبات) barley
شَعِيرة (ج شعائر) rite, ritual, ceremony, ceremonial, liturgy
شُعَيْرة small hair, little hair
شُعَيْرِيَّة : فَتائِلُ مِنْ عَجِين vermicelli
شَغَّال ـ راجع شَغِّيل، مُشْتَغِل
شَغَبَ، شَغِبَ ـ راجع شاغَبَ
شَغَب riot, disturbance, trouble, unrest, tumult, commotion, turmoil
شَغَرَ to be or become vacant, unoccupied, empty, free
شُغِفَ بـ to love, adore, be fond of
شَغَف love, passion; fondness; strong enthusiasm; interest
شَغَلَ : مَلأَ وَقْتَهُ to occupy, busy, keep busy; to preoccupy, take up
شَغَلَهُ الأَمْرُ، شَغَلَ بالَهُ to worry, disquiet, trouble, disturb, upset
شَغَلَ مَكاناً to occupy, fill, take up
شَغَلَ مَنْصِباً to occupy, hold, fill, be in charge of
شَغَّلَ : اِسْتَخْدَمَ to employ, hire, recruit; to make work, keep busy
شَغَّلَ : أدارَ، سَيَّرَ to work, run, operate, make work, start (up)
شُغِلَ ـ راجع اِنْشَغَلَ
شُغْل : عَمَل work; labor; job; occupation, business, profession, career
شُغْلُ الإبْرَة needlework
أشْغالٌ شاقَّة hard labor
شُغْلٌ يَدَوِيّ، أشْغالٌ يَدَوِيَّة handwork, handcraft; craftwork; manual work
شُغُور : خُلُوّ vacancy
شَغِّيل : عامِل laborer, worker
شَفَى to cure, heal, restore to health, make healthy, make well
شَفاً : حافَّة edge, rim, verge, brink
شِفاء : بُرْء recovery, recuperation
شِفاء : عِلاج cure, remedy
شَفاعَة intercession, mediation
شَفَّاف transparent, diaphanous
شِفاهاً، شِفَاهِيّ ـ راجع شَفَهِيًّا، شَفَهِيّ
شَفَة : القِسْمُ الخارِجِيُّ مِنَ الفَم lip
شَفَة : حافَّة ـ راجع شَفاً

شَفْرَة : نَصْل blade

شَفْرَة (الحِلاقَة) (razor) blade

شِفْرَة : شِيفْرَة cipher, code

شَفَعَ (لِـ أو في) - راجع تَشَفَّعَ

شَفَعَ : أضَافَ to add, attach, supplement; to enclose; to couple (with)

شَفع ، شَفْعِيّ : زَوْجِيّ even

شَفِقَ - راجع أشْفَقَ

شَفَق (الشَّمْس) twilight, afterglow

شَفَق : خَوْف fear, fright

شَفَقَة : حَنَان pity, compassion, sympathy, mercy, feeling

شَفَهِيّ : ضِدّ كِتَابِيّ oral, spoken, verbal

شَفَهِياً orally, verbally

شَفُوق compassionate, pitiful, merciful, tender(hearted)

شَفَوِيّ : شَفَهِيّ - راجع شَفَهِيّ

شُفِيَ to recover, recuperate, convalesce, get well, regain health

شَفِير : طَرَف edge, border, rim, brim, verge, brink

على شَفِيرِ كَذَا on the verge of, on the brink of, at the point of, about to

شَفِيع intercessor, mediator

قِدِّيس شَفِيع patron saint

شَفِيق - راجع شَفُوق

شَقَّ : فَلَعَ ، مَزَّقَ to split, cleave, crack, break; to tear, rend, rip (apart), rive; to cut open, slash open

شَقَّ السِّنُّ to break through, grow

شَقَّ (عَلَيْهِ) الأَمْرُ to be hard (for), difficult (for), unbearable (for)

شَقّ ، شِقّ : فَلْع fissure, crack, crevice, split, tear, rip, rent, slit, fracture

شِقّ : جُزْء half; side; part, section

شَقَاء unhappiness, misery

شَقَائِق (مفردها شَقِيقَة) - راجع شَقِيقَة

شِقَاق dissension, discord, disunity

شِقَّة : مَسْكِن ، بَيْت apartment, flat, suite; house, place

شَقِرَّاق ، شِقِرَّاق (طائر) roller

شَقَّقَ - راجع شَقَّ

شَقْلَبَ to tumble; to upset, overturn, capsize, turn upside down

شَقِيّ : بائِس unhappy, miserable

شَقِيّ : شِرِّير scoundrel, rascal

شَقِيق : أخ brother, full brother

شَقِيقَة : أُخت sister, full sister

شَقِيقَة : أَلَمُ نِصْفِ الرَّأس migraine

شَقَائِقُ النُّعمان (نبات) anemone, windflower

شَكَّ (في) to doubt, suspect, be suspicious (of), be skeptical (about)

شَكَّ : غَرَزَ to stick; to pierce, stab, thrust, jab; to prick, sting

شَكّ : رَيْب doubt, suspicion, distrust,

شَكّ dubiety, dubiosity, skepticism
بِلا شَكّ، لا شَكَّ undoubtedly, no doubt, certainly, sure, of course
شِكّ ـ راجع شِيك
شَكَا، شَكَى to complain, nag, repine; to suffer (from)
شَكّاك : مُرْتاب ـ راجع شاكّ
شِكَال : قَيْد hobble, fetter, shackle
شُكُب (طائر) snipe
شَكَرَ (لِـ) to thank
شُكْر، شُكْران thanks, gratitude, acknowledgment, appreciation
شُكْراً (لَكَ) thank you! thanks!
شَكِس peevish, petulant, fractious
شَكَّلَ : كَوَّنَ، أَلَّفَ to form, shape; to create, make; to establish, set up; to constitute, make up, compose
شَكَّلَ : نَوَّعَ to diversify, vary
شَكَّلَ، شَكَلَ (كَلِمَةً) to vowelize
شَكْل : هَيْئَة form, shape, figure, (outward) appearance
شَكْل : طِرَاز type, make, model, mode, manner, style; kind, sort
شَكْل : صُورَة figure, picture; design
شَكْل (على حَرْف) vowel (point)
شَكْلاً in form, formally
شَكْلِي formal
شَكْلِياً formally, in form
شَكْلِيّات formalities

شَكَمَ : لَجَمَ to bridle; to curb, bit
شَكْوَى (ج شَكَاوَى) complaint, grievance; protest; claim
شَكُور ـ راجع شاكِر
شَلَّ to paralyze, cripple
شَلّال : شاغُور waterfall, cataract, falls, chute; cascade
شِلَّة (مِنْ خُيُوطِ الغَزْل) hank, skein
شَلَحَ : عَرَّى to undress, unclothe, disrobe; to denude, strip off, bare
شَلَحَ : سَلَبَ to rob, rip off
شَلَل paralysis, paralyzation, palsy
شَلَلُ الأَطْفال poliomyelitis, polio
شِلِن، شِلِنْغ shilling; schilling
شِلْو (ج أَشْلاء) (torn-off) limb; stump; remnant, remains
شَمَّ (الرّائِحَةَ) to smell, sniff, scent
شَمّ smelling; smell, olfaction
شَمّاس : رَجُلُ دِينٍ مَسِيحِيّ deacon
شَمال : الجِهَةُ التي تُقابِلُ الجَنُوب north
شَمالاً northward(s), north
الشَّمالُ الشَّرْقِيّ northeast
الشَّمالُ الغَرْبِيّ northwest
شِمال : يَسار left, left side, left hand
شَمالِيّ northern, north, northerly
شَمَّام : بِطِّيخٌ أَصْفَر muskmelon, cantaloupe, (sweet) melon

شِمْبانْزِي (حيوان) chimpanzee

شَمِتَ بِـ to gloat over someone's grief, rejoice at the misfortune of

شَمَخَ : عَلا to tower, rise, be high

شُمْرَة (نبات) fennel

شَمَّسَ : عَرَّضَ لِأَشِعَّةِ الشَّمس to sun, insolate, expose to the sun's rays

شَمِس : مُشْمِس sunny; sunlit

شَمْس sun

شَمْسِيّ solar, sun

شَمْسِيَّة umbrella; parasol, sunshade

شَمَّعَ to wax, treat with wax

شَمْع wax

شَمْعَة (wax) candle

شَمْعَةُ الإشعال (spark) plug

شَمْعَدان candlestick, candleholder, candelabrum

شَمْعِيّ waxy, waxen

شَمَلَ، شَمِلَ : اِحْتَوَى to include, contain, comprise, embody, cover

شَمْل : اِتِّحاد union, unity

شَمَم : تَكَبُّر، أَنَفَة pride, haughtiness; self-esteem, sense of honor

شَمَنْدَر (نبات) beet, red beet

شَمَنْدَرُ سُكَّرِيّ sugar beet

شُمُولِيّ - راجع شامِل

شَمِيلَة (ج شَمائِل) merit, good quality; trait, characteristic; nature

شَنَّ حَرْباً على to wage (carry on) war against, fight, combat

شَنَّ هُجُوماً على to launch or make an attack on, attack, assail, assault

شَنَّجَ to convulse, cramp; to contract, constrict, constringe

شِنجار (نبات) alkanet, dyer's bugloss

شَنُعَ to be(come) ugly, unsightly

شَنَّعَ : قَبَّحَ ، بَشَّعَ to uglify, make ugly

شَنَّعَ على : ذَمَّ to vituperate, revile

شَنِيع - راجع شَنِيع

شَنَقَ : أَعْدَمَ شَنْقاً to hang, halter, gibbet, execute by hanging

شُنْقُب (طائر) snipe

شَنِيع : قَبِيح ugly, unsightly, repulsive

شَهَّى to whet the appetite; to be appetizing; to arouse one's desire (for), make desirous (of), allure

شِهاب : نَيْزَك meteor, shooting star

شَهادَة : بَيِّنَة، إقْرار testimony, witness, evidence; affidavit; statement

شَهادة (عِلْمِيَّة) certificate, degree, diploma

شَهادَة : إسْتِشْهاد martyrdom

شَهِدَ : رَأَى to witness, see; to attend

شَهِدَ : أَدْلَى بِشَهادَةٍ to testify, give evidence or testimony, witness

شَهِدَ (على صِحَّةِ كَذا) to certify; to witness, attest to; to prove

شَهْد : عَسَل honey; honeycomb
شَهَرَ : جَعَلَهُ مَشْهُوراً to make famous
شَهَرَ : أَعْلَنَ to declare, announce
شَهَرَ الحَرْبَ to declare war
شَهَرَ السَّيْفَ to draw, unsheathe
شَهَّرَ بِـ : ذَمَّ to libel, slander, defame, vilify, vituperate, calumniate
شَهْر : أَحَدُ أَشْهُرِ السَّنَة month
شَهْرُ العَسَل honeymoon
شُهْرَة : صِيْت fame, renown, repute
شُهْرَة : إِسْمُ العائِلَة surname, family name, last name
شَهْرَمان : نَوْعٌ مِنَ البَطّ sheldrake
شَهْرِيّ monthly, mensal
شَهْرِياً monthly, every month, once a month, per month
شَهْرِيَّة : أَجْرٌ شَهْرِيّ monthly salary
شَهْرِيَّة : مَجَلَّةٌ شَهْرِيَّة monthly
شَهَقَ (الحِمارُ) : نَهَقَ to bray, hee-haw
شَهَقَ : تَنَشَّقَ to inspire, inhale
شَهَقَ : بَكَى بِأَنْفاسٍ سَرِيعَة to sob
شَهْم magnanimous, generous; gallant, noble; gentleman
شَهْوَة : رَغْبَة appetite, desire, craving
شَهِيّ appetizing, palatable, savory, mouthwatering, tasty, delicious
شَهِيَّة : شَهْوَة appetite
شَهِيد : قَتِيلٌ في سَبِيلِ المَبْدَأ إلخ martyr
شَهِيد : شاهِد witness
شَهِير ـ راجع مَشْهُور
شَهِيق inspiration, inhalation
شَهِيق (الحِمارِ) bray(ing), hee-haw
شَوَى (الطَّعامَ) to grill, broil, roast
شِواء، شُواء grill, broil, roast, grilled or broiled or roast(ed) meat
شَوائِب (مفردها شائِبَة) ـ راجع شائِبَة
شَوارِب mustache
شُوبَق، شَوْبَك : مِرْقاق rolling pin
شُوح (شجر) fir
شُوحَة (طائر) kite, glede
شُورَى ـ راجع مَشُورَة
شُورَبا، شُورَبَة : حَساء soup; pottage
شَوَّشَ : بَلْبَلَ to confuse, mix up, disorder, disarrange, unsettle
شَوَّشَ على إرْسالِ إذاعِيٍّ إلخ to jam
شَوْط round, half, course; cycle; run; race; stage, phase
شَوْط (في كُرَةِ القَدَمِ إلخ) half
شُوفان (نبات) oat(s)
شَوَّقَ to fill with desire (interest, suspense); to excite, thrill, work up
شَوْق longing, yearning, craving, desire, eagerness; nostalgia
شَوْك، شَوْكَة (النَّباتِ) thorn(s), spine(s)
شَوْك (السَّمَكِ) fishbones
نَباتُ الشَّوْك thistle

شَوْكَة (الطَّعَامِ أو الحِرَاثَةِ إلخ) fork
شَوْكَة : قُوَّة power, might, strength
شَوْكَران (نبات) hemlock
شُوكُولا، شُوكُولاتَة chocolate
شَوْكِيّ : ذُو شَوْك spiny, thorny, prickly, spinose, echinate
شَوْكِيّ : فِقْرِيّ spinal, vertebral
شَوْلَة : فاصِلَة (،) comma
شَوْلَةٌ مَنْقُوطَة (؛) semicolon
شَوَنْدَر ـ راجع شَمَنْدَر
شَوَّهَ (الشَّكْلَ) to deform, disfigure, deface, misshape, distort, mar
شَوَّهَ (المَعْنَى) to distort, pervert, misstate, falsify, corrupt
شَوَّهَ السُّمْعَةَ to defame, slander, libel; to sully, disgrace, discredit
شَيْء thing; object; something
شَيْئاً فَشَيْئاً little by little, bit by bit, gradually, step by step
لا شَيْء nothing; none
شَيَّال : حَمَّال porter, carrier
شَيْب (الشَّعْرِ) gray or white hair
شَيْخ : هَرِم old man; old, aged
شَيْخ : زَعِيم sheik(h); chieftain; chief, head; leader; master
شَيْخ : سِنَاتُور senator
شَيْخُ الجَبَلِ (نبات) fleabane
شَيْخُوخَة : هَرَم old age, senility

شَيَّدَ : بَنَى to build, erect, construct
شِيش (المُبَارَزَة) foil, saber, épée
شِيش : سِيخ skewer, brochette
شِيشَة : نارَجِيلَة narghile, hubble-bubble, water pipe, hookah
الشَّيْطان، شَيْطان the Devil, Satan, Lucifer; devil, fiend, demon
شَيْطانِيّ devilish, satanic, fiendish
شَيْطَنَ : تَشَيْطَنَ to behave like a devil
شَيَّعَ : رافَقَ مُوَدِّعاً to see off, bid farewell (to); to escort, accompany
شَيَّعَ المَيْتَ to escort the deceased to his final resting place
شِيعَة : فِرْقَة، أَتْباع sect; faction, group; followers, adherents
الشِّيعَة the Shia(h), the Shiites
شِيعِيّ Shiite; Shiitic
شِيفْرَة : شِفْرَة cipher, code
شَيِّق : مُشَوِّق ـ راجع مُشَوِّق
شِيك (مَصْرِفِيّ) check
شِيكٌ سِيَاحِيّ traveler's check
شَيْلَم (نبات) rye; darnel
شِيمْبانْزِي (حيوان) chimpanzee
شِيمَة : عادَة، مِيزَة habit, custom; nature, character; characteristic, trait, quality, property
شَيْهَم (حيوان) porcupine, quill pig
شُيُوعِيّ communist; communist(ic)
شُيُوعِيَّة communism

ص

صائب: على صَواب، right, correct;
well-advised, sound; apposite

صائد - راجع صَيّاد

صائغ: جَوْهَرِيّ goldsmith, jeweler

صائم fasting; faster

صابر - راجع صَبور

صابُوغة (سمك) shad; clupeid

صابُون: مُنَظِّف يَذُوبُ في الماء soap

صابُونة: قِطْعَةٌ مِنَ الصَّابُون cake of soap

صاتَ: أحْدَثَ صَوْتاً to sound, make a
sound or noise; to shout, cry

صاح to cry, yell, shout, scream,
screech, shriek, squall

صاح الدّيكُ to crow

صاح، يا صاح my friend!

صاحٍ (الصَّاحِي): صَحْو clear, cloud-
less, bright, sunny, fine

صاحٍ: مُسْتَيْقِظ awake, wakeful, un-
sleeping, up

صاحٍ: غَيْرُ سَكْران sober

صاحَبَ: صادَقَ، to be a companion of,
a friend of; to make friends with

صاحَبَ: رافَقَ to accompany, escort,
go (along) with, take along

صاحِب: رَفيق companion, comrade,
associate, fellow; friend, pal

صاحِب: مالِك owner, proprietor,
possessor, holder

صاحِبُ الجَلالة His Majesty

صاحِبة: مُؤنَّثُ صاحِب - راجع صاحِب

صاحِبةُ الجَلالة Her Majesty

صاخِب noisy, loud, clamorous, bois-
terous, tumultuous, uproarious

صادَ الطَّيْرَ والحَيَوانَ إلخ to hunt, shoot

صادَ السَّمَك to fish, catch

صادَرَ: حَجَزَ to confiscate, seize, se-
quester, requisition, expropriate

صادِرات: ضِدُّ وارِدات exports

صادَفَ: إلتَقَى مُصادَفَةً to come across,
run into, light upon, encounter

صادَفَ (في تاريخٍ مُعيَّن) to fall on (a
given date); to correspond to,

coincide with, concur with
صادَفَ : حَدَثَ مُصَادَفَةً to happen, take place by chance
صادَقَ to make friends with, be- (come) friends with, associate with, befriend
صادَقَ على - راجع صَدَّقَ على
صادِق true, honest, sincere, candid; earnest, wholehearted
صارَ : أَصْبَحَ ، باتَ to become, come to be, grow, turn (into)
صارٍ (الصَّارِي) mast (of a ship)
صارَحَ (بِـ) to speak out frankly (to), be frank (with)
صارِخ : فَظِيع flagrant, glaring, gross, blatant, outrageous, shocking
صارِخ : قَوِيّ ، حادّ glaring, gaudy, flashy; sharp, stark
صارَعَ to wrestle (with); to struggle (with), fight (with)
صارِم severe, strict, stern, rigorous, hard, harsh, tough, drastic
صارُوخ rocket, missile
صاع : مِكْيال measure
صاعِق : مُذْهِل ، مُفَاجِىء astounding, shocking; sudden, unexpected, abrupt; swift, fast, quick
صاعِقَة thunderbolt, bolt
صاغَ : شَكَّلَ to form, shape, fashion, mold, forge, create, make
صاغَ : حَرَّرَ to draft, draw up, formulate, frame, write (down); to phrase, word, put, express
صاغِر servile, subservient, slavish
صافٍ (الصَّافِي) : نَقِيّ ، خالِص clear, fine, pure, unmixed, plain
صافٍ : صاحٍ ، صَحْو clear, cloudless, serene, fine
صافٍ : ضِدّ قائِم أو إجْمالِيّ net
رِبْحٌ صافٍ ، صافِي الرِّبْح net profit
صافَحَ to shake hands with
صافِر (طائر) oriole
صالَة hall, room; auditorium
صالَةُ عَرْض showroom; gallery
صالَحَ to make peace with, make up with, become reconciled with
صالِح : جَيِّد good; right; valid; fit
صالِح : نافِع useful, serviceable
صالِح : مُخْتَصّ competent
صالِح : مُسْتَقِيم ، بارّ virtuous, right- eous, upright, honest; devoted, pious, dutiful, true
صالِح : مَصْلَحَة - راجع مَصْلَحَة
صالِحٌ لِلأَكْل edible, eatable
صالِحٌ لِلشُّرْب drinkable, potable
الصَّالِحات the good deeds
صالُون salon, saloon, parlor, recep- tion room
صالُونُ حِلاقَة barbershop
صامَ (عَنِ الطَّعامِ والشَّراب) to fast

صامِت silent; quiet; soundless

صامِد steadfast, perseverant; resistant, resisting; resister

صامِدٌ لِلرَّصاص bulletproof

صامِدٌ لِلْماء waterproof

صانَ to preserve, conserve, keep, protect, (safe)guard; to maintain

صانَعَ : داهَنَ to flatter, cajole, coax

صانِع : مُنْتِج maker, manufacturer, producer, creator, author

صاهَرَ : ناسَبَ to be or become related by marriage to

صَبَّ : سَكَبَ to pour, pour out, pour forth, empty, shed

صَبَّ : سَبَكَ to cast, found, mold

صَبَّ مِفْتاحاً to cut a key

صَبَّ النَّهْرُ (في) to flow (into), pour out (into), disembogue (into), empty (into), discharge (into)

صَبا إلى to yearn for, long for, desire; to aspire to, strive for

صِباً : شَباب، حَداثة youth, youthfulness, juvenility, boyhood

صَباح : صُبْح morning

صَباحاً in the morning

صَباحُ الخَيْر good morning!

صَباحِيّ morning, matutinal

صَبَّار، صُبَّار (نبات) cactus; prickly pear, Indian fig, opuntia, nopal

صِباغ ـ راجع صِبْغ

صَبَّحَ : أتاهُ صَباحاً to come in the morning to

صَبَّحَ : حَيَّاهُ صَباحاً to wish a good morning (to)

صُبْح : صَباح morning

صُبْحِيَّة : صَباحٌ باكِر early morning

صُبْحِيَّة : زِيارَةٌ صَباحِيَّة morning visit

صَبَرَ (على) to be patient, forbearing; to have patience; to bear patiently, stand, endure, tolerate

صَبَّرَ : طَلَبَ مِنْهُ أنْ يَصْبِرَ to ask to be patient, ask to have patience

صَبَّرَ الجُثَّةَ to embalm, mummify

صَبَّرَ الحَيَواناتِ أو الطُّيُورَ to stuff

صَبِر (نبات) aloe

صَبْر patience, forbearance, long-suffering, endurance, tolerance

صَبَغَ : لَوَّنَ to dye, tint, tinge, color, paint, tincture

صِبْغ ، صِبْغَة : ما يُصْبَغُ بِهِ، صِباغ dye, dyestuff, color(ing), paint; tint, tinge, tincture

صِبْغَة : مَحْلُولٌ طِبِّيّ tincture

صَبْغَةُ شَعْر tint, dye for the hair

صِبْغَة : طابَعٌ مُمَيِّز، مَسْحَة tincture, cast, character, stamp, mark, color, tinge, shade, air, touch

صَبُور patient, forbearing, long-suffering, enduring, tolerant

صَبِيّ : وَلَد، فَتىً boy, youth, lad

صِبْيانِيّ childish, childlike, boyish, puerile, juvenile, silly
صَبِيَّة : فَتاة girl, young girl, lass
صَبِيحَة : صَباح morning
صَبِيدَج، صَبِيدِج ـ راجع سِبِيدَج
صُبَّير (نبات) ـ راجع صَبَّار، صُبَّار
صَحَّ : شُفِي to recover, get well
صَحَّ : كانَ سَلِيماً أو حَقِيقِياً to be right, correct; to be true, real
صَحَّ : تَحقَّق، ثَبَتَ to turn out to be true or right, prove (to be) true or correct; to come true, materialize
صَحَّ على : سَرَى على to hold good for, be true of, apply to
صَحَا النَّائِمُ : اِسْتَيْقَظ، أَفاقَ to wake up, awake(n); to get up
صَحَا السَّكْرانُ to sober up
صَحَا مِنْ إغْماء to come to, recover consciousness, revive
صَحَا اليَوْمُ إلخ : صَفَا to clear up; to be clear, cloudless, sunny, bright
الصَّحَابَة، صَحَابَةُ رَسُولِ الله the Companions of the Prophet
صَحابِيّ : واحِدُ الصَّحَابَة a Companion of the Prophet
صِحافَة، صَحافَة journalism; the press
صِحَافِيّ، صَحَافِيّ : مُشْتَغِلٌ بِالصَّحَافَة journalist, newsman, reporter
صِحَافِيّ، صَحَافِيّ : مُتَعَلِّقٌ بِالصَّحَافَة ـ راجع صُحُفِيّ، صَحَفِيّ

صَحِبَ ـ راجع صاحَبَ
صُحْبَة : رِفْقَة companionship, company, association, friendship
صُحْبَة : أَصْدِقاء companions, company, comrades, friends
بِصُحْبَة، صُحْبَةَ accompanied by, in the company of, with
صِحَّة : عافِيَة health; good health
صِحَّة، حِفْظُ الصِّحَّة hygiene
صِحَّة : حَقِيقَة truth, trueness, reality, rightness; soundness, validity
صَحَّحَ : أَصْلَحَ to correct, amend, rectify, adjust, make right, restore, fix, repair, mend
صَحَّحَ : شَفَى to cure, heal
صَحَّحَ التَّجارِبَ الطِّبَاعِيَّة to proofread, proof, read
صَحْراء desert; wilderness, wild
صَحْراوِيّ desert
صَحَّفَ to misread, mispronounce; to distort, pervert, misstate
صَحْفَة bowl, dish, platter, plate
صُحُفِيّ، صَحَفِيّ : مُتَعَلِّقٌ بالصَّحافَة press-, news-, newspaper-, journalistic
صُحُفِيّ، صَحَفِيّ : مُشْتَغِلٌ بِالصَّحَافَة ـ راجع صِحافِيّ، صَحافِيّ
تَحْقِيقٌ صُحُفِيّ reportage, report
سَبْقٌ صُحُفِيّ scoop, beat
مُؤْتَمَرٌ صُحُفِيّ press conference, news conference

صَحْن : طَبَق dish, plate

صَحْنُ الدَّار yard, courtyard, patio, court, dooryard

صَحْنُ سَجَاير، صَحْنُ سِيجَارَة ashtray

صَحْن طائِر flying saucer, UFO

صَحْنُ الفِنجان saucer

صَحْو : يَقَظَة wakefulness, waking

صَحْو : صَفَاء clearness, cloudlessness, serenity, brightness

صَحْو : صاحٍ ـ راجع صاحٍ

صِحِّيّ healthy, healthful, wholesome; health-; sanitary; hygienic

صَحِيح : حَقِيقِيّ true, real, veritable, genuine, authentic

صَحِيح : صَوَاب، مَضْبُوط right, correct; exact, accurate; valid, sound

صَحِيح : سَلِيم، تامّ sound, intact; whole, perfect, complete

صَحِيح : مُعَافىً، سَلِيم healthy, well, sound, healthful

صَحِيح : غَيْرُ كَسْرِيّ [رياضيات] integral

عَدَدٌ صَحِيح [رياضيات] whole number, integer

صَحِيفَة : وَرَقَة، صَفْحَة leaf, sheet; page

صَحِيفَة : جَرِيدَة newspaper, paper, journal

صَخَب : ضَجَّة clamor, din, noise

صَخْر، صَخْرَة rock(s)

صَخْرِيّ rocky

صَدَّ : دَرَأ، رَدَّ to repel, repulse, drive back or away, keep off or back; to force out, put out

صَدَّ عن : أعْرَضَ عن to turn away from, avoid, keep away from

صَدِئَ، صَدِيءَ : عَلاهُ الصَّدَأ to rust, oxidize, corrode, be(come) rusty

صَدَأ rust, oxidation, corrosion

صَدِىء : يَعْلُوهُ الصَّدَأ rusty

صَدًى echo, reverberation, reecho

صَدَارَة front, forefront, lead, first place; precedence, priority

صُدَاع : أَلَمُ الرَّأس headache

صُدَاعٌ نِصْفِيّ migraine

صَدَاق، صِدَاق : مَهْر dower, dowry

صَدَاقَة : مَوَدَّة، أُلْفَة friendship, amity

صِدَام : اِصْطِدام collision, clash

صَدَحَ : غَرَّدَ to sing, chant, warble

صَدَد : خُصُوص respect, regard

في صَدَدِ، بِصَدَدِ concerning, regarding, respecting, with respect to, with regard to, in connection with

في هٰذَا الصَّدَد in this connection, in this respect, in this matter

هُوَ في صَدَدِ كَذَا he is busy with, occupied with, working at

صَدَرَ (الكِتَابُ) to be published, issued, put out; to appear, come out

صَدَرَ (الحُكْمُ) to be pronounced, delivered, given, rendered

صَدَرَ عَنْ او مِنْ : اِنْبَعَثَ to emanate

from, issue from, come out of

صَدَّرَ (إلى الخارِج) to export

صَدَّرَ (بِمُقَدِّمَةٍ) to preface, introduce

صَدَّرَ: وَضَعَ في الصَّدارَة to put in the front, give the first place to

صَدَّرَ: أَصْدَرَ ـ راجع أَصْدَرَ

صَدْر: ما بَيْنَ العُنُقِ والبَطْن chest, breast

صَدْر: ثَدْي breast(s), bosom(s)

صَدْر: مُقَدِّمَة، طَلِيعَة front, front part; forefront, lead

صَدْر: بَدْء، أَوَّل beginning, start, outset, rise, dawn, early stage

صَدْرُ بَيْتِ الشِّعْر first hemistich

صُدْرَة، صُدْرِيَّة vest, waistcoat

صُدْرِيَّة (لِلثَّدْيَيْن) brassiere, bras

صَدَعَ، صَدَّعَ: شَقَّ to split, cleave, crack, break

صُدِعَ: أَصابَهُ الصُّداعُ to have or get a headache

صَدْع: شَقّ crack, break, split, fissure, crevice, breach, chasm

صُدْغ: ما بَيْنَ العَيْنِ والأُذُنِ temple

صَدَفَ عن to turn away from, avoid

صَدَف، صَدَفَة shell, conch, oyster

صُدْفَة، صِدْفَة ـ راجع مُصادَفَة

صُدْفَةً، بالصُّدْفَة ـ راجع مُصادَفَةً

صَدَقَ: قالَ الصِّدْقَ to say or tell the truth; to be true, sincere

صَدَقَ: تَحَقَّقَ، ثَبَتَ to prove to be true or correct, turn out to be true, come true; to be(come) true, real

صَدَّقَ (فُلاناً أو كَلامَهُ) to believe, accept as true

صَدَّقَ (على): أَقَرَّ to certify, authenticate; to ratify, confirm, endorse, approve, consent to, assent to

صَدِّقْ أو لا تُصَدِّقْ believe it or not

لا يُصَدَّقُ incredible, unbelievable

صِدْق: صِحَّة truth, trueness, truthfulness; validity

صِدْق: إخْلاص sincerity, honesty, candor; faithfulness

صِدْقاً truly, really, verily, in truth

صَدَقَة: حَسَنَة alms, charity, dole, benefaction, handout

صُدُقَة، صَدْقَة: مَهْر dower, dowry

صَدَمَ (نَفْسِيًّا أو مادِّيًّا أو كَهْرَبائِيًّا) to shock

صَدَمَ: اِصْطَدَمَ بِـ ـ راجع اِصْطَدَمَ بِـ

صَدْمَة shock; blow, stroke, bump, hit, impact

صُدُور (الكِتابِ إلخ) publication, issue, issuance, coming out

صَدُوق: صادِق reliable, trustworthy; sincere, honest, truthful

صَدِيد: قَيْح pus, matter

صُدَيْرِيَّة (لِلثَّدْيَيْن) brassiere, bras

صَدِيق: صاحِب، رَفِيق friend, comrade, pal, chum; friendly

صَدِيقٌ لِفَتاةٍ أو امْرَأَةٍ boyfriend

صِدِّيق: صَدُوق veracious, very truth-

ful, honest, sincere; upright
صَدِيقَة : مُؤَنَّثُ صَدِيق friend
صَدِيقَةٌ لِرَجُل girlfriend
صَرَّ : رَزَمَ to bundle, wrap (up), pack, package; to bind, tie (up)
صَرَّ : صَوَّتَ to stridulate, creak, squeak, screech, chirp
صَرَّ بِأَسْنَانِهِ أو على أَسْنَانِهِ to gnash (grate, grind) one's teeth
صُرَاح pure, unmixed, plain
صَرَاحَة frankness, openness, candor, sincerity, explicitness
صَرَاحَةً، بِصَرَاحَة frankly, openly, candidly, explicitly, expressly
صُرَاخ : صِيَاح crying, yelling, shouting, screaming, shrieking
صَرَّارُ اللَّيْل : جُدْجُد cricket
صِرَاط : طَرِيق way, path, road
صِرَاع : نِزَاع struggle, fight, strife; conflict, clash, controversy
صَرَّاف money-changer; cambist
صِرَافَة money-changing, exchange
صُرَّة : حُزْمَة bundle, bale, packet, pack, package, parcel
صَرَّحَ : أَعْلَنَ to declare, state, announce; to tell; to say in public
صَرَّحَ بِـ : أَجَازَ، رَخَّصَ to permit, allow; to license, authorize
صَرْح : بِناءٌ عالٍ edifice, tower, high building; palace; castle
صَرَخَ : صاحَ to cry, yell, shout, scream, shriek, screech, squall
صَرْخَة : صَيْحَة cry, outcry, yell, shout, scream, shriek, screech
صُرَد (طائر) shrike
صُرْصُور، صُرْصُر cockroach
صَرَعَ : طَرَحَ أَرْضاً to throw down, fell, knock down; to knock out
صَرْع : داءٌ عَصَبِيٌّ مُزْمِن epilepsy
صَرْعَة : بِدْعَة، مُوضَة fad, craze, rage, fashion, style, vogue
صَرَفَ : أَذِنَ لَهُ بالانْصِراف to dismiss
صَرَفَ (المُوَظَّفَ) to dismiss, discharge, remove, fire, lay off
صَرَفَ عن : ثَنَى عن to turn (away) from, dissuade from
صَرَفَ : أَنْفَقَ to spend, expend
صَرَفَ (وَقْتاً) : قَضَى to spend, pass
صَرَفَ النُّقُودَ : بَدَّلَها - راجع صَرَّفَ
صَرَّفَ (الماءَ) to drain, empty, draw
صَرَّفَ النُّقُودَ : بَدَّلَها to change, exchange
صَرَّفَ البِضَاعَةَ to sell (out), market; to dispose of
صَرَّفَ [لغة] to conjugate (a verb)
صَرْف (المُوَظَّفِ) dismissal, discharge, firing, layoff
بِصَرْفِ النَّظَرِ عن - راجع نَظَر
صِرْف : مَحْض pure, unmixed, plain, straight; sheer, absolute
صَرِيح frank, open, candid, sincere,

outspoken, explicit, express
صَرِيخ - راجع صُرَاخ
صَعُبَ : كان صَعْباً to be difficult, hard
صَعَّبَ : عَسَّرَ، عَقَّدَ to make difficult or hard, complicate
صَعْب difficult, hard, arduous, tough; complicated, complex
عُمْلَةٌ صَعْبَة hard currency
صَعْتَر (نبات) thyme
صَعِدَ : اِرْتَقَى، عَلَا to ascend, climb, mount (up); to rise, go up
صَعَّدَ : زادَ to escalate, aggravate
صَعَّدَ : بَخَّرَ to evaporate, vaporize
صُعَداء : زَفْرَة (deep) sigh
تَنَفَّسَ الصُّعَداء to sigh (deeply); to breathe again, enjoy relief
صَعَق to strike, hit, shock
صُعْلُوك pauper; poor; low, base, vile, menial, inferior; powerless
صَعْو (طائِرٌ صَغِير) wren; kinglet
صُعُوبَة difficulty; hardness, toughness; complication
صَعِيد : نَجْد highland, upland
صَعِيد : مُسْتَوًى، نِطَاق level, standard, plane; sphere; field, domain
صَغَرَ، صَغِرَ (هُ سِناً) to be younger than
صَغُرَ، صَغِرَ to be(come) small, little, tiny; to decrease, diminish
صَغَّرَ to diminish, decrease, reduce, minimize, make small(er)
صِغَر smallness, littleness, tininess
صِغَر (السِّنّ) youthfulness, youth, youngness; minority, infancy
صَغِير (الحَجْم) small, little; tiny, minute, diminutive, mini-
صَغِير (السِّنّ) young, youthful, junior; child; minor
صَفَّ : رَصَفَ to line up, align, row, range, rank, array, arrange
صَفَّ (طِبَاعِياً) to set, typeset, compose
صَفّ (طِبَاعِيّ) typesetting, composition
صَفّ : رَتَل، طابُور line, row, queue, file, rank, range, column
صَفّ (مَدْرَسِيّ أو دِرَاسِيّ) class, grade
صَفَا : كانَ صافِياً to be clear, pure, serene; to clear, clarify
صَفَّى : نَقَّى to clarify, clear, purify, refine; to strain, filter, (in)filtrate; to drain liquid from
صَفَّى (شَرِكَةً إلخ) to dissolve; to liquidate
صَفَّى (فَرِيقاً رِيَاضِياً) to eliminate, drop
صَفَّى حِساباً to settle, liquidate, pay (up), clear, discharge
صَفَّى حِسابَهُ مَع to settle an account with, get even with
صَفَاء clearness, clarity, fineness, pureness, purity
صُفَار (البَيْض) (egg) yolk, yellow

صَفّارَة : أداةٌ صَغيرَةٌ يُصْفَرُ فيها whistle

صَفّارَةُ الإِنْذارِ أو الخَطَرِ (warning) siren

صُفارِيَّة (طائر) oriole

صِفَة : مِيزَة quality, property, attribute, characteristic, feature

صِفَة [لغة] adjective, attribute

بِصِفَتِهِ كَذا in the capacity of (in his capacity as), as, qua

صَفَحَ عن to forgive, pardon, excuse

صَفَّحَ to plate, overlay, foliate; to armor

صَفْح : غُفْران pardon, forgiveness

صَفْحَة : أَحَدُ وَجْهَيِ الوَرَقَة page

صَفْحَة : وَرَقَة sheet, leaf

صَفْحَة : سَطْح ، وَجْه surface, face

صَفَدَ ، صَفَّدَ to fetter, shackle, (en)chain, bind; to (hand)cuff

صَفَد : قَيْد fetter(s), shackle(s), chain(s); handcuff(s), cuff(s)

صَفَرَ : أَحْدَثَ صَفيراً to whistle; to hiss

صَفِرَ : خَلا to be empty, void, vacant

صَفَّرَ : جَعَلَهُ أَصْفَر to yellow, make yellow

صَفَّرَ : أَحْدَثَ صَفيراً ـ راجع صَفَرَ

صُفْر : نُحاسٌ أَصْفَر brass

صُفْر ، صِفْر : خالٍ empty, void, vacant; devoid (of)

صِفْر [رياضيات] zero, cipher, naught

صِفْرُ اليَدَيْن empty-handed

صِفْرِد (طائر) corncrake, land rail

صَفْصاف (شجر) willow

صَفَعَ to slap, cuff, buffet

صَفْعَة slap, cuff, buffet, flap, blow

صَفَّفَ : رَصَفَ ـ راجع صَفَّ

صَفَّفَ الشَّعْرَ to comb, do, do up, style, dress, coiffure, coif

صَفَقَ : ضَرَبَ to slap, strike

صَفَقَ البابَ to slam, bang, shut

صَفَّقَ to applaud, clap the hands

صَفْقَة : بَيْعَة deal, transaction, bargain; package, package deal

صَفْوَة : خِيرَة ، نُخْبَة choice, prime, pick, cream, elite, top; the best

صَفُوح : غَفُور forgiving, excusing; indulgent, lenient, merciful

صَفِيّ sincere (true, best) friend

صَفيح tin, tinplate

صَفيحَة : رَقيقَة plate, sheet, leaf, foil; lamina; tinplate

صَفيحَة : وِعاء can, container

صَفيحَة (بِنزين) jerrican, jerry can

صَفير whistling, whistle; hiss(ing)

صَقّار : بازدار falconer

صِقالَة : إِسْقالَة scaffold

صَقْر : باز falcon, hawk, accipiter

صَقْرٌ جَرّاحٌ أو حَوّام buzzard

صَقَعَ : بَرَدَ ، تَثَلَّجَ to be ice-cold, icy,

frozen; to freeze, frost
صُقْع : مِنْطَقَة ، بَلَد region, area, place, land, territory, country
صَقَلَ to polish, burnish, scour, glaze, gloss, shine, (re)furbish, luster, buff; to refine, cultivate
صَقِيع frost, hoar(frost); freeze
صَقِيل ـ راجع مَصْقُول
صَكّ : مُسْتَنَد document, deed, instrument, paper, muniments
صَكّ : شِيك check
صَلَّ : قَعْقَعَ to rattle, clank, clink
صِلّ : أفعى سامّة asp; cobra
صَلَى : شَوَى to roast, broil, grill
صَلَى البُنْدُقِيَّةَ أو المُسَدَّسَ to cock
صَلَّى : أقام الصَّلاة to pray
صَلَّى اللهُ على : بارَكَ to bless
صَلَّى اللهُ عَلَيْهِ وَسَلَّمَ God's blessing and peace be upon him
صَلاة : اِبْتِهال prayer
صَلاة (مِنَ الله) : بَرَكَة blessing
صَلاح : جُودَة ، صِحَّة goodness, rightness, validity
صَلاح : مُلاءَمَة fitness, suitability, appropriateness, propriety
صَلاح : نَفْع serviceability, usability; use(fulness), utility
صَلاح : اِسْتِقامَة righteousness, uprightness, integrity; piety

صَلاحِيَّة : اِخْتِصاص competence, jurisdiction; power, authority
صَلَبَ : عَلَّقَ على صَلِيب to crucify
صَلُبَ ، صَلِبَ to be(come) hard, solid, firm, stiff, rigid; to harden, solidify, stiffen, toughen
صَلَّبَ : قَسَّى to harden, solidify, stiffen, indurate, set
صَلَّبَ : رَسَمَ إشارَةَ الصَّلِيب to make the sign of the cross; to cross (oneself)
صَلْب : تَعْلِيقٌ على صَلِيب crucifixion
صُلْب : قاسٍ hard, solid, rigid, firm, stiff, inflexible
صُلْب : عَنِيد ـ راجع مُتَصَلِّب
صُلْب : فُولاذ steel
صُلْب : العَمُودُ الفِقْرِيّ spinal column, vertebral column, backbone
صُلْب : مَتْن body, text
صُلْب : صَمِيم heart, innermost, core, essence, pith, center
مادَّةٌ صُلْبَة ، جِسْمٌ صُلْب a solid
صِلَة : عَلاقَة connection; contact; relation(ship); bearing, relevance; link, tie
صَلُحَ ، صَلَحَ to be good, right; to be virtuous, righteous; to be fit, suitable; to suit, fit; to serve (for); to be serviceable, useful
صَلَّحَ ـ راجع أَصْلَحَ
صُلْح peace, peacemaking, concilia-

tion, reconciliation

صَلْد : صُلْب hard, solid, rigid, firm

صَلْصال : طِين clay, argil

صَلْصة : مرق sauce; gravy; dressing

صَلْصَلَ : قَعْقَعَ - راجع صَلَّ

صَلِعَ : صارَ أَصْلَع to be(come) bald

صَلَع baldness, alopecia

صَلَف boast(ing), brag(ging), vaunt(ing), swagger(ing), vainglory

صِلُّور (سمك) catfish, silurid

صَلِيب cross

صَمَّ : طَرِشَ to be or become deaf

صَمَّ : حَفِظَ to learn by rote, learn by heart, memorize

صِمام valve

صَمَتَ : سَكَتَ to be(come) silent or quiet, keep silent or quiet, hush up, stop talking, say nothing

صَمْت : سُكوت silence, quiet, hush

صَمَدَ to withstand, resist; to hold (out), remain firm, be steadfast

صَمَّغَ to paste, glue; to gum

صَمْغ gum; paste, glue; adhesive

صَمَّمَ على : عَزَمَ على to determine to, resolve to, decide to, be determined to or on; to intend to

صَمَّمَ : خَطَّطَ to design, style; to plan, lay out

صَمَّمَ : صَيَّرَهُ أَصَمّ to deafen, make deaf

صَمَم : طَرَش deafness

صُمُود steadfastness, perseverance, firmness; resistance

صَمُولَة : عَزَقَة nut (of a bolt)

صَمِيم : خالِص، صافٍ real, true, genuine, pure, straight, absolute

صَمِيم : صُلْب heart, core, essence, pith, center

مِنْ صَمِيمِ قَلْبِي from the bottom (or depth) of my heart

في صَمِيمِ المَوْضُوع to the point, relevant, pertinent, apposite

صِنَارَة hook, fishhook; (fishing) rod

صِنَارَةُ الحَبْك needle

صِناعَة industry; manufacture

صِناعَة : صَنْعَة - راجع صَنْعَة

صِناعِيّ : مُتَعَلِّقٌ بالصِّناعَة industrial

صِناعِيّ : غَيْرُ طَبِيعِيّ - راجع صُنْعِيّ

(رَجُلٌ) صِناعِيّ industrialist

صُنْبُور : حَنَفِيَّة tap, cock, faucet

صَنْج cymbal(s); castanet(s)

صَنْدَقَ to (en)case, box, pack(age)

صَنْدَل (شَجَرٌ وخَشَبُهُ) sandalwood

صَنْدَل : خُفّ، حِذاء sandal(s)

صَنْدَل : قارِب lighter, hoy, barge

صُنْدُوق : عُلْبَةٌ كَبِيرَة case, box, chest,

trunk, crate; pack(age)
صُنْدُوق : خِزانَة safe; strongbox, coffer; till; money box
صُنْدُوق : خَزِينَة treasury, coffers; pay office, cashier's office
صُنْدُوق : مُؤَسَّسَةٌ تُدِيرُ أَمْوالاً fund
صُنْدُوق الدُّنْيا أو الفُرْجَة peep show, raree show
صُنْدُوق السَّيَّارَة trunk
صُنْدُوق كَرْتُون carton
صِنْدِيد : شُجَاع valiant, brave, bold, courageous, stouthearted
صَنَعَ : عَمِلَ to make, do; to manufacture, fabricate, produce; to form, create, fashion
صَنَّعَ (بَلَداً أو مِنْطَقَةً) to industrialize
صَنْعَة : حِرْفَة craft, handicraft; trade, occupation, vocation, profession
صُنْعِيّ : غَيْرُ طَبِيعِيّ artificial, synthetic, man-made, imitation, unnatural
صَنَّفَ : بَوَّبَ to classify, categorize, assort, group, grade, rank, rate
صَنَّفَ كِتاباً to compile, compose, write
صِنْف، صَنْف : نَوْع category, class, grade, range, group; kind, sort, type, variety; brand
صَنْفَرَة : سُنْباذَج emery
صَنَم : وَثَن idol, image
صِنْو، صَنْو (full) brother; twin, double; one of a pair; equal, peer,

equivalent, counterpart, parallel
صَنَوْبَر، صَنَوْبَرَة (شَجَرٌ وخَشَبُهُ) pine
صَنِيع : عَمَل deed, act, action
صَنِيع، صَنِيعَة : أَداة creature, tool, cat's-paw, puppet
صَهَرَ : أَذابَ to fuse, melt, smelt
صِهْر : زَوْجُ الابْنَة son-in-law
صِهْر : زَوْجُ الأُخْت brother-in-law
صِهْرِيج : حَوْض cistern, reservoir, tank, container
صِهْرِيج : شاحِنَة tank truck, tanker
صَهَلَ الفَرَسُ to neigh, whinny
صَهْوَة horseback, back of a horse
صَهْيُونِيّ Zionist(ic); Zionist
صَهْيُونِيَّة Zionism
صَواب : صَحِيح، مَضْبُوط right, correct, proper; accurate, exact
صَواب : صِحَّة rightness, correctness, propriety
صَواب : عَقْل، رُشْد reason, mind; consciousness, senses, awareness
صَوّان flint, firestone; granite
صِوان cupboard; buffet, sideboard
صَوَّبَ : وَجَّهَ to aim (at), point (at), direct (to), deliver (at)
صَوَّبَ : صَحَّحَ to correct, rectify, right, make right, put right
صَوْب : جِهَة، ناحِيَة direction; side

صَوْبَ : بِاتِّجاه، نَحْوَ toward(s), to, in the direction of
صَوَّتَ : اِقْتَرَعَ to vote, cast a vote
صَوَّتَ : صاتَ - راجع صاتَ
صَوْت : كُلُّ ما يُسْمَع sound
صَوْت (الإِنْسانِ) voice
صَوْت (في انْتِخاب) vote
صُوَّة : مَعْلَم road sign; landmark
صَوْتِيّ sonic, sound-, acoustic(al), phonic, vocal
صَوَّرَ : رَسَمَ to draw, paint, portray, figure, picture, illustrate
صَوَّرَ : وَصَفَ to describe, depict, picture, portray, paint
صَوَّرَ : شَكَّلَ to shape, form, mold, fashion, create, make
صَوَّرَ : نَسَخَ to copy, photocopy, duplicate, reproduce, xerox
صَوَّرَ (فُوتوغرافِيًّا) to photograph, take photographs, take pictures; to film, shoot, snap, snapshoot
صُورَة : رَسْم picture, portrait, drawing; illustration, figure; painting; image
صُورَة : شَكْل، هَيْئَة form, shape, figure, appearance
صُورَة : نُسْخَة copy, reproduction
صُورَة : طَرِيقَة، كَيْفِيَّة manner, mode, fashion; way, method
صُورَةٌ جانِبِيَّة profile
صُورَةٌ زَيْتِيَّة oil painting, oil

صُورَةٌ فُوتوغْرافِيَّة photo(graph), picture; snap(shot), shot
صُورَةٌ كارِيكاتُورِيَّة cartoon, caricature
صُورَةُ الكَسْر [رياضيات] numerator
صُوَرٌ مُتَحَرِّكَة (animated) cartoon
بِصُـورَةٍ خاصَّة، بِصُورَةٍ عامَّة - راجع خُصُوصاً، عُمُوماً
صُوَرِيّ، صُوَرِيّ formal; nominal; false, sham, fictitious, unreal
صُوص chick, young chicken
صُوف : شَعْرُ الغَنَمِ إلخ wool; fleece
صُوفِيّ : مِنَ الصُّوفِ woolen, fleecy; woolly, wool
صُوفِيّ : واحِدُ الصُّوفِيِّين Sufi, mystic
صَوَّلَ : نَقَّى to pan, wash out, leach
صَوْلَة : حَمْلَة attack, assault
صَوْلَة : سَطْوَة power, influence
صَوْلَجان (المَلِكِ) scepter, mace, wand
صَوْلَجان (الأُسْقُفِ) crosier, staff
صَوْم : صِيام fasting, fast
الصَّوْمُ الكَبِير [نصرانية] Lent
الصُّومال Somalia
صُومالِيّ Somalian
صَوْمَعَة cell, hermitage
صُويا، فُولُ الصُّويا soybean, soya
صِياح : صُراخ crying, yelling, shouting, screaming, shrieking
صِياحُ الدِّيك crow(ing)

صَيَّاد hunter, huntsman, shooter
صَيَّادُ السَّمَك fisherman, fisher
صِيَام : صَوْم fasting, fast
صِيَانَة maintenance, upkeep; preservation, conservation, protection
صِيت : سُمْعَة reputation, repute, standing, name, fame, renown
صَيَّحَ ـ راجع صاحَ
صَيْحَة cry, outcry, yell, shout, scream, screech, shriek
(آخِرُ) صَيْحَة fad, craze, rage, style, fashion, vogue, mode
صَيْدُ الطُّيورِ والحَيَواناتِ hunt(ing), shoot(ing)
صَيْدُ السَّمَك fishing, fishery
صَيْد : حَيَواناتٌ مَصِيدَة game, quarry, kill
صَيْدَلَة pharmacy, pharmaceutics, pharmacology
صَيْدَلِيّ pharmacist, druggist, chemist
صَيْدَلِيَّة pharmacy, drugstore
صَيْدَنانِيّ (حيوان) chipmunk
صَيَّرَ : جَعَلَ to make, render; to reduce to, turn into
صَيْرَفَة money-changing, exchange
صَيْرَفِيّ money-changer; cambist
صَيْرُورَة becoming, turning (into)
صِيغَة : شَكْل formula; form, shape; fashion, mode, manner
صِيغَة : نَصّ wording, version; text
صَيَّفَ (بِـ) ـ راجع اِصْطافَ (بِـ)
صَيْف summer, summertime
صَيْفِيّ summer(y), (a)estival
تَوْقِيتٌ صَيْفِيّ daylight-saving time
مَدْرَسَةٌ صَيْفِيَّة summer school
صِينِيَّة : طَبَقٌ يُقَدَّمُ عَلَيْه tray, salver
صِيْوان tent, pavilion, marquee

ض

ضائع lost, missing; wasted

ضائِقَة : شِدَّة، عُسْر ـ راجع ضِيْق

ضائِقَةٌ مالِيَّة financial straits, insolvency

ضاءَلَ : خَفَّضَ to decrease, diminish, reduce, lower, cut

ضابِط (في الجَيْشِ او الشُّرْطَةِ إلخ) officer

ضابِط : مُنَظِّم regulator, governor, control(s)

ضابِط : وازِع control, restraint, check

ضابِط : مِعْيار criterion, standard

ضابِطَة : شُرْطَة police, policemen, police force

ضاحِك ـ راجع ضَحُوك

ضاحِيَة (ج ضَواحٍ) suburb(s); outskirts, environs, precincts

ضادَّ to contradict, counter; to be contrary to, contradictory to

ضارَّ : ضَرَّ، أَضَرَّ ـ راجع ضَرَّ

ضارّ : مُضِرّ harmful, injurious, detrimental, prejudicial, noxious

ضارٍ (الضّارِي) predatory, rapacious; savage, wild; fierce, violent

حَيَوانٌ ضارٍ beast of prey, predatory animal, predator

ضارَبَ (تِجارِيًّا) to speculate

ضارِب beating, striking, knocking; beater, striker, knocker

ضارِبٌ على الآلَةِ الكاتِبَة typist

ضارَعَ to match, equal, be like; to rival (successfully)

ضاعَ to be lost, get lost; to go to waste, be wasted

ضاعَفَ to double, duplicate

ضاغِط compressing, pressing

جَماعَةُ (كُتْلَةُ، قُوَّةُ) ضاغِطَة pressure group, lobby

ضافَ to stay with as a guest

ضافَرَ to help, aid, assist, support

ضاقَ to narrow, contract; to be- (come) narrow, tight, close

ضَؤُلَ ـ راجع تَضاءَلَ

ضالّ straying, wandering, stray, (going) astray, lost, erratic

ضَآلَة ـ راجع تَضاؤُل

ضالَّة (مَنْشُودَة) object of search; goal, aim; wish, desire

ضامَ to wrong, oppress, harm

ضامِر : نَحِيل atrophied, emaciated; lean, thin; slim, slender

ضامِن : كَفِيل guarantor, guarantee, surety, bail(sman), sponsor

ضَأْن : غَنَم sheep

ضَأْنِيّ، ضانِيّ : لَحْمُ الضَّأْن mutton

ضاهَى to match, equal, be like; to compete with or rival (successfully), emulate, strive to excel

لا يُضاهَى incomparable, matchless, peerless, unequaled, unique

ضايَقَ to annoy, vex, bother, disturb, irritate, molest, harass, upset

ضَئِيل small, little, slight, meager, scanty, insufficient, negligible

ضَبّ (حيوان) lizard; dabb

ضَباب fog, mist

ضَبابِيّ foggy, misty, hazy, cloudy

ضَبان (الحِذاءِ) insole

ضَبَطَ : قَبَضَ على to catch, seize; to apprehend, arrest; to hold

ضَبَطَ : حَجَزَ، صادَرَ to seize, distrain, impound, sequester, confiscate

ضَبَطَ : كَبَحَ to control, check, curb, contain, hold (back), restrain

ضَبَطَ : دَقَّقَ to check (up), verify

ضَبَطَ : عَدَّلَ، نَظَّمَ to adjust, regulate, tune, fix, set; to correct

ضَبَطَ : شَكَّلَ to vowelize, point

ضَبْط، بِالضَّبْط exactly, precisely, accurately

مَحْضَرُ ضَبْطِ سَيْر (traffic) ticket

ضَبُع، ضَبْع (حيوان) hyena

ضَجَّ : صَخِبَ to clamor, roar, din, vociferate, shout, cry be noisy

ضَجَّة noise, din, uproar, clamor

ضَجِرَ (مِنْ) to be bored (with), fed up (with), (sick and) tired (of)

ضَجَر boredom, weariness, tedium

ضَجِر bored (with), fed up (with), weary (of), tired (of)

ضَجِيج ـ راجع ضَجَّة

ضَحَّى (بِـ) to sacrifice

ضَحَّى بِنَفْسِه to sacrifice oneself

ضُحًى : ضَحْوَة forenoon; morning

ضَحِكَ to laugh

ضَحِكَ مِنْ أو على to laugh at, poke fun at, make fun of, ridicule, mock, deride, scoff at, jeer at

ضَحِك، ضِحْك laughter, laughing

ضَحْكَة، ضِحْكَة laugh

ضَحْل shallow, shoal

ضَحْوَة : ضُحًى forenoon; morning

ضَحُوك laugher; laughing, risible, riant, merry, good-humored

ضَحِيَّة : فَرِيسَة، مَجْنِيٌّ عَلَيْه victim

ضخ (الماء، المال إلخ) to pump

ضخُمَ to be huge, big, large; to increase in size or volume, swell

ضخّم : كبّر to inflate, distend, blow up, enlarge, swell, magnify

ضَخّمَ : بالَغَ في to exaggerate

ضخْم : كَبير huge, big, large, great, sizable, bulky, gross, enormous, tremendous, gigantic, giant

ضدّ opposite, contrary, contrast; converse; antonym; against, opposed to; anti-, counter-, contra

ضِدُّ الحَريقِ أو النّار fireproof

ضِدُّ الرَّصَاص bulletproof

ضِدُّ الماء waterproof

ضرَّ : أَضَرَّ to harm, damage, hurt, injure, wrong, do harm to

ضرّاء distress, adversity, trouble

في السَّرّاءِ والضَّرّاء ـ راجع سَرّاء

ضرَبَ : خَبَطَ to beat, strike, hit; to knock, punch; to slap, flap

ضَرَبَ على الآلَةِ الكاتِبَة to type, typewrite

ضَرَبَ على الآلَةِ المُوسيقِيَّة to play (on)

ضَرَبَ أَجَلاً أو مَوْعِداً to fix a date, make an appointment

ضَرَبَ البابَ to knock, rap, beat (on or at a door)

ضَرَبَ الجَرَسَ to ring, sound, toll (a bell)

ضَرَبَ رَقْماً قِيَاسِياً to set a record

ضَرَبَ النُّقُودَ to coin, mint

ضَرَبَ عَدَداً في آخَر to multiply (a number by another)

ضَرَبَ مَثَلاً to give (as) an example, quote as an example, cite

ضَرْب (الأَعْدادِ) multiplication

ضَرْبٌ على الآلَةِ الكاتِبَة typing, typewriting

ضَرْب : نَوْع kind, sort, type, variety

ضَرْبَة : طَرْقَة blow, stroke, hit, beat, knock; slap, flap, strike; tap; rap

ضَرْبَةُ جَزاء penalty kick

ضَرْبَةُ شَمْس sunstroke, insolation

ضَرَّة (المَرْأة) fellow wife (of a polygyny)

ضَرَر : أذَى damage, harm, injury, hurt, wrong, detriment

أَضْرار، عُطْلٌ وَضَرَر damages, indemnity, compensation, reparation

ضِرْس molar, molar tooth, grinder

ضَرُورَة necessity, need, demand, (pre)requisite; must

بِالضَّرُورة necessarily, of necessity

عِنْدَ الضَّرُورَة in case of need, if need be, when necessary, if necessary

ضَرُورِيّ necessary, (pre)requisite, indispensable, essential, required

ضَرُوس fierce, destructive, deadly

ضَرِيبَة tax, duty, excise, levy

ضَرِيح : قَبْر grave, tomb, sepulcher
ضَرِير : أعْمَى blind
ضَعْضَعَ to undermine, weaken, sap, debilitate; to dilapidate
ضَعُفَ to weaken, fail, languish; to be(come) weak or feeble
ضَعَّفَ : أضْعَفَ - راجع أضْعَفَ
ضَعَّفَ : ضاعَفَ - راجع ضاعَفَ
ضَعْف، ضُعْف : ضِدّ قُوَّة weakness, feebleness, languor, impotence
ضِعْف (ج أضْعاف) double; twice (as much); multiple; -fold
ثَلاثَةُ أضْعاف triple; thrice (as much), threefold
ضَعِيف weak, feeble, debilitated, languid, powerless, impotent
ضَغَطَ : عَصَرَ to (com)press, squeeze
ضغط : حَشَرَ to (com)press, push, pack (tight), jam; to squeeze
ضغط على to exert pressure on, pressure; to push; to press, compel, force, constrain, coerce
ضَغْط، قُوَّةُ الضَّغْط pressure; stress
ضَغْطٌ جَوّي atmospheric pressure
ضَغْطُ الدَّم blood pressure
ضَغْطُ الهَوَاء air pressure
ضَغِينَة، ضِغْن rancor, spite, grudge, malice, venom, hatred
ضِفَّة، ضَفَّة bank, shore, riverside
ضِفْدِع، ضِفْدِعَة (حيوان) frog

ضِفْدِعُ الطِّين (حيوان) ...ad
ضِفْدِعٌ بَشَرِيّ، رَجُلٌ ضِفْدِع ...ogman
ضَفَرَ، ضَفَّرَ ... braid, plait, cue
ضَفِيرَة ...raid, plait, queue, pigtail
ضَلَّ ... go astray, stray; to lose one's ...ay, get lost
ضَلَال، ضَلَالَة ...oing astray; error; ...erversity; delusion, deception
ضِلْع : عَظْمٌ مُسْتَطِيل [تشريح] ...b
ضِلْع، لَحْمُ الأضْلاع ...tlet, chop; rib
ضِلْع [هندسة] ...de
ضِلْع : دَوْر، يَد ...le, part, hand
ضَلَّلَ ... mislead, lead astray, mis...uide, misdirect; to deceive, fool
ضَلِيع (في عِلْم) ...ersed (in), skilled ...n); erudite; expert, specialist
ضَمَّ : جَمَعَ، دَمَجَ ... join, unite, bring ...gether, connect; to combine, ...erge, amalgamate; to group
ضَمَّ : ألْحَقَ ... join, attach, annex, ...ppend, add
ضَمَّ : إحْتَوَى ... contain, comprise, ...clude, encompass, embrace
ضَمَّ : عانَقَ ... embrace, hug
ضِمَاد، ضِمَادَة ...essing, bandage, ...vathe, pad, compress
ضَمَان، ضَمَانَة : كَفَالَة ...arantee, war...nt(y), security, collateral
ضَمَان : تأمِين ...surance, assurance

social security ضَمانٌ اجْتِماعِيّ

to perfume, scent ضَمَخَ، ضَمَّخَ

to bandage, dress, bind up ضَمَدَ، ضَمَّدَ

to atrophy, waste away; to be(come) lean or thin ضَمُرَ، ضَمَرَ : هَزَلَ

to guarantee, ensure, secure; to insure ضَمِنَ

to include, enclose, embody, incorporate, enter ضَمَّنَ : أَدْرَجَ

to fine, amerce ضَمَّنَ : غَرَّمَ

within, inside (of), in, among ضِمْنَ : داخِلَ، بَيْنَ

among, within; included in, falling under مِنْ ضِمْنِ

inclusively; inclusive ضِمْناً

implied, implicit, tacit ضِمْنِيّ

conscience; heart, mind; innermost ضَمِير : وِجْدان

pronoun ضَمِير [لغة]

to (be)grudge, give reluctantly (to), withhold (from) ضَنَّ (بِـ، على)

exhaustion; weakness ضَنًى : ضَعْف

grudging, sparing ضَنِين : بَخِيل

clinging to, sticking to, adhering to; hanging on to ضَنِينٌ بِـ

light; brightness, gleam ضَوْء

the green light, OK الضَّوْءُ الأَخْضَر

sunlight, sunshine ضَوْءُ الشَّمْس

moonlight ضَوْءُ القَمَر

in the light of على (أو في) ضَوْءِ كَذا

light-, luminary, luminous ضَوْئِيّ

light-year سَنَةٌ ضَوْئِيَّة

noise, din, uproar, clamor, hubbub, hurly-burly ضَوْضاء : ضَجَّة

ضِياء ـ راجع ضَوْء

loss; forfeiture; waste ضَياع

entertainment, entertaining; accommodation, housing ضِيافَة

harm, damage, injury ضَير : ضَرَر

ضَيَّعَ ـ راجع أَضاعَ

(small) village, hamlet ضَيْعَة : قَرْيَة

ضَيَّفَ : اِسْتَضافَ ـ راجع اِسْتَضافَ

guest; visitor ضَيْف : نَزِيل، زائِر

to narrow, make narrow(er), tighten, straiten, constrict ضَيَّقَ

to confine, hem in, corner; to restrain, press, oppress ضَيَّقَ على

narrow, tight, close; confined ضَيِّق

narrowness, tightness, closeness ضِيق : ضِدّ اتِّساع

distress, difficulty, hardship; straits, pinch; need ضِيق : شِدَّة، عُسْر

wrong, injustice, oppression ضَيْم

ط

طائِر : طَيْر bird

طائِرَة : طَيَّارَة airplane, plane, aircraft

طائِرَةٌ حَرْبِيَّةٌ أو عَسْكَرِيَّة warplane, military airplane

طائِرَةٌ عَمُودِيَّةٌ أو مِرْوَحِيَّةٌ أو حَوَّامَةٌ أو طَوَّافَة helicopter

طائِرَةٌ نَفَّاثَة jet airplane, jet plane, jet, jetliner

طائِرَةٌ وَرَقِيَّة kite

طائِش : مُتَهَوِّر reckless, rash, heedless, careless, foolhardy, frivolous

طائِش : بِلا هَدَف aimless, desultory, random, stray

طائِع ـ راجع مُطِيع

طائِفَة (دِينِيَّة) : مِلَّة sect, denomination, confession

طائِفَة : جَماعَة group, troop, body

طائِفَة : جُزْء part, portion; section

طائِفِيّ sectarian, denominational, confessional

طائِفِيَّة sectarianism, denominationalism, confessionalism

طائِل : كَبِير enormous, huge, big

طائِل : نَفْع use, avail, benefit

طابَ to be good, pleasant, agreeable, delicious, sweet

طابَ لِـ to please, delight, give pleasure to, appeal to

طابَتْ لَيْلَتُكُمْ good night!

طابَة : كُرَة ball

طابِخ : طَبَّاخ، طاهٍ cook; chef

طابَع : مِيزَة stamp, mark, character, characteristic, feature

طابَع : خَتْم seal, signet; stamp, imprint, impress(ion)

طابَعٌ بَرِيدِيّ postage stamp, stamp

طابِع printer, pressman

طابِعٌ على الآلَةِ الكاتِبَة typist

طابِع : طابَع ـ راجع طابَع

طابَقَ to be identical with; to correspond to, conform with, coincide with, agree with; to be consistent with, compatible with

طابِق، طابَق : دَوْر floor, story

الطَّابِقُ الأَرْضِيّ ground floor
الطَّابِقُ الأَسْفَل downstairs
الطَّابِقُ السُّفْلِيّ أو التَّحْتانِيّ basement
طابُور : رَتَل، صَفٌّ طَوِيل line, queue, file, row, rank, column
طاحِن : ضارٍ، ضَرُوس fierce, violent, destructive, ruinous, deadly
طاحُون، طاحُونَة mill, grinder
طاحُونَةُ الماء water mill
طاحُونَةُ الهَوَاء windmill
طاحُونَةُ اليَد quern, hand mill
طارَ : حَلَّقَ to fly; to fly away
طارِىء : غَيْرُ مُنْتَظَر accidental, incidental, unexpected, unforseen
طارِىء : غَرِيب، دَخِيل foreign, alien
طارِىء : اِسْتِثْنائِيّ extraordinary, unusual; emergency
طارِىء، طارِئَة : حادِثٌ طارِىء emergency, contingency; accident
حالَةُ الطَّوارِىء state of emergency
طارَة : طَوْق hoop, ring, circle
طارَدَ : لاحَقَ to chase, pursue, follow, hunt, track, trail, trace
طازَج : جَدِيد، طَرِيّ fresh, new
طاس، طاسَة : كَأْس bowl; cup; glass, tumbler; goblet
طَأْطَأَ (رَأْسَهُ) to bow, duck, lower, bend, incline (one's head)
طاعَة obedience, compliance, submission; allegiance; piety
طاعِن (في السِّنّ) old, aged, advanced in years
طاعُون (مرض) plague, pestilence
طاغ (الطَّاغِي) : ظالِم tyrant, autocrat, dictator; tyrannical, oppressive, autocratic, dictatorial, arbitrary
طاغٍ : سائِد prevailing, (pre)dominant, preponderant
طاغِيَة : ظالِم ـ راجع طاغٍ
طافَ : دارَ to circle, circumambulate, go around; to roam, rove, tour
طافَ : فاضَ to overflow, flow over, run over; to flood, inundate
طافٍ (الطَّافِي) : عائِم floating, afloat
طافِح replete, full, brimful, overfull
طافِيَة : عَوَّامَةٌ لإرْشادِ السُّفُن buoy
طاقَة : قُوَّة energy; power; capacity; ability, capability, faculty
طاقِم (السَّفِينَةِ أو الطَّائِرَةِ) crew
طاقِم : طَقْم ـ راجع طَقْم
طالَ : صارَ طَوِيلاً to be(come) long; to lengthen, extend, stretch
طالَ : دامَ طَوِيلاً to last long
طالَبَ (بـ) to claim, demand; to call upon, request, ask (someone to do something), appeal to
طالِب : تِلْمِيذ student
طالِبٌ جامِعِيّ university student
طالِبٌ عَسْكَرِيّ (في كُلِّيَّةٍ حَرْبِيَّة) cadet

suitor طالِبُ يَدِ المَرْأَةِ، طالِبُ زَوَاج
bad, evil, wicked, vicious طالِح : شِرِّير
to read, peruse طالَعَ : قَرَأَ
to bring (to), present with; to supply with طالَعَ بِـ : زَوَّدَ بِـ
طالَعَ بِـ : أَعْلَمَ بِـ ـ راجع أَطْلَعَ على
rising, ascending, going up, mounting, climbing طالِع : صاعِد
luck, fortune طالِع : حَظّ
طالِق، طالِقَة ـ راجع مُطَلَّقَة
often, frequently, many times, repeatedly طالَمَا، لَطالَمَا : مِرَاراً
as long as, so long as طالَمَا : ما دامَ
since, as, inasmuch as طالَمَا أَنَّ
disaster, catastrophe طامَّة : مُصِيبَة
cook; chef طاهٍ (الطّاهِي) : طَبَّاخ
clean, pure, immaculate طاهِر : نَظِيف
chaste, modest, virtuous, pure طاهِر : عَفِيف
to consent to, assent to طاوَعَ : وافَقَ
طاوَعَ : أَطاعَ ـ راجع أَطاعَ
table طاوِلَة
backgammon, trictrac لُعْبَةُ الطّاوِلَة
peacock طاوُوس (طائر)
medicine طِبّ
dentistry طِبُّ الأَسْنان
pediatrics طِبُّ الأَطْفال
veterinary medicine طِبٌّ بَيْطَرِيّ

medical treatment طِبابَة
cook; chef طَبَّاخ : طاهٍ
طَبَّاخ : فُرْن، آلَةُ الطَّبْخ ـ راجع مِطْبَخ
chalk طَبَاشِير
printer, pressman طَبَّاع : طابِع
طِبَاع : سَجِيَّة، خُلُق ـ راجع طَبْع
printing, press, typography طِبَاعَة
typographic(al), printing, press طِبَاعِيّ
to treat medically, medicate طَبَّبَ
to cook طَبَخَ : طَهَا
cooking, cookery; cuisine طَبْخ : طَهْو
cooked food طَبْخ : طَعَامٌ مَطْبُوخ
chalk طَبْشُورَة : إِصْبَعٌ مِنَ الطَّبَاشِير
to print طَبَعَ (الكِتَابَ إلخ)
to type, typewrite طَبَعَ على الآلَةِ الكاتِبَة
to have a natural disposition for; to be innate in طُبِعَ على
to normalize طَبَّعَ : جَعَلَهُ طَبِيعِيًّا
printing, print طَبْع (الكُتُبِ إلخ)
typing, typewriting طَبْعٌ على الآلَةِ الكاتِبَة
nature, disposition, character, temper, setup طَبْع : سَجِيَّة، خُلُق
naturally; of course, certainly, sure(ly), for sure طَبْعاً، بِالطَّبْع
edition, impres- طَبْعَة (مِنْ كِتَابٍ إلخ)

sion; printing, print

to apply, put into effect, implement; to enforce, carry out; to honor, observe, comply with — طَبَّقَ : نَفَّذَ

to spread (through), pervade — طَبَّقَ : عَمَّ

plate, dish — طَبَق : صَحْن

tray, salver — طَبَق : صِينِيَّة

according to, in conformity with, pursuant to — طِبْقَ، طِبْقاً لِـ

true copy, (exact) copy, replica, duplicate — صُورَةٌ طِبْقُ الأَصْل

layer; stratum; bed; sheet — طَبَقَة (مِنَ الأَرْض أو الهَوَاءِ إلخ)

coat(ing), film, screen, outer layer — طَبَقَة (خارِجِيَّة) : غِشَاء

floor, story — طَبَقَة : دَوْر، طابِق

class, category, grade; degree, rank, level — طَبَقَة : صِنْف، دَرَجَة

(social) class, rank — طَبَقَة (اجْتِماعِيَّة)

class — طَبَقِيّ

to drum, beat a drum — طَبَلَ، طَبَّلَ

drum — طَبْل، طَبْلَة

medical; medicinal — طِبِّي

physician, doctor, MD — طَبِيب

dentist — طَبِيبُ الأَسْنان

pediatrician — طَبِيبُ الأَطْفال

veterinarian — طَبِيبٌ بَيْطَرِي

ophthalmologist — طَبِيبُ العُيُون

cardiologist — طَبِيبُ القَلْب

gynecologist — طَبِيبٌ نِسائِيّ

psychiatrist — طَبِيبٌ نَفْسانِيّ

cooked food — طَبِيخ : طَعَامٌ مَطْبُوخ

nature — طَبِيعَة : قُوَّةٌ في الكَوْنِ أو الفَرْد

طَبِيعَة : سَجِيَّة، خُلُق ـ راجع طَبْع

physics — طَبِيعَة، عِلْمُ الطَّبِيعَة

natural — طَبِيعِيّ : مَنْسُوبٌ إلى الطَّبِيعَة

normal, regular, ordinary, usual, natural — طَبِيعِيّ : عادِيّ

physical — طَبِيعِيّ : فِيزيائِيّ

physics — طَبِيعِيَّات : عِلْمُ الطَّبِيعَة، فِيزياء

spleen — طِحال [تشريح]

moss, alga — طُحْلُب، طِحْلِب (نبات)

to grind, mill, crush — طَحَنَ

flour, meal — طَحِين، طِحْن : دَقِيق

altogether, all — طُرًّا : جَمِيعاً

to happen, occur, take place, develop, arise — طَرَأَ : حَدَثَ، جَدَّ

to soften, mellow, make soft, make tender — طَرَّى : لَيَّنَ

cruiser — طَرَّاد، طَرَّادَة : سَفِينَةٌ حَرْبِيَّة

style, fashion; type, model, brand, class, kind, sort — طِرَاز : نَوْع

to be delighted, gleeful, rapt, enraptured, exultant, hilarious — طَرِبَ

joy, glee, hilarity, rapture, exultation; singing; music — طَرَب

آلَةُ طَرَب musical instrument

طَرْبُوش، طُرْبُوش tarboosh, fez

طَرَبِيزَة : طاوِلَةٌ صَغِيرَة small table; coffee table; end table

طَرَحَ : حَسَمَ to subtract, deduct

طَرَحَ : رَمَى to throw, cast, fling

طَرَحَ (سُؤالاً أو مَوْضُوعاً) to put forth, put forward, raise, bring up, pose, introduce, advance, present

طَرْح : حَسْم subtraction, deduction

طَرْحَة mantilla, scarf, throw; veil

طَرَدَ to drive away or out, expel, throw out, oust, dismiss; to deport, banish, exile; to fire

طَرْد : رِزْمَة parcel, package

طَرْدِيّ : مُباشِر direct

طَرَّزَ (ثَوْباً) to embroider, brocade

طَرْز ـ راجع طِرَاز

طَرِشَ : صَمَّ to be or become deaf

طَرَش، طُرْشَة : صَمَم deafness

طَرَفَ (بِعَيْنَيْهِ) to blink, wink, bat

طَرَف : حَدّ edge, border; limit, end, extremity, extreme

طَرَف : رَأْس tip, point, apex

طَرَف : جانِب، ناحِيَة side; area, region; part(s)

طَرَف : فَرِيق party, side

طَرَف : عُضْو، جارِحَة limb, extremity, appendage

مِنْ طَرَف on the part of, from, by

طَرْف : عَيْن eye

طُرْفَة : نادِرَة anecdote, witticism, wisecrack, gag, drollery, joke

طَرَقَ : دَقَّ to hammer, strike, forge; to knock, hit, beat, bang, tap; to batter, pound, ram

طَرَقَ البابَ to knock, rap, bang, beat (on or at a door)

طَرَقَ مَوْضُوعاً to broach, bring up, raise, treat, deal with

طَرْقَة knock, rap, tap, bang, beat, blow, stroke, hit

طَرِيَ to be(come) soft or tender

طَرِيّ : لَيِّن، غَضّ soft, tender, mellow; fresh, new; supple

طَرِيد : هارِب fugitive, runaway

طَرِيدُ العَدَالَة outlaw

طَرِيدَة (مِنْ صَيْدٍ وغَيْرِه) game, quarry

طَرِيف : نادِر original, rare, uncommon; curious, strange, odd

طَرِيفَة ـ راجع طُرْفَة

طَرِيق : سَبِيل، دَرْب way, road, path, track, course, route

طَرِيق : شارِع street

عَنْ طَرِيق، مِنْ طَرِيق، بِطَرِيق by means of, through, by; by way of, via

طَرِيقَة : أُسْلُوب، كَيْفِيَّة way, method, procedure, technique, process; manner, mode, fashion

طَرِيقَة : وَسِيلَة means

طَرِيقَة : مَذْهَب order; creed, faith; doctrine, school

طَسْت، طَشْت washtub; washbowl, washbasin; basin

طَعَام food, nourishment, nutriment

طَعَّمَ النَّبَاتَ إلخ to graft, engraft

طَعَّمَ : لَقَّحَ، زَرَقَ to inoculate, vaccinate; to inject, shoot

طَعَّمَ : رَصَّعَ (بِـ) to inlay (with)

طَعْم : مَذَاق taste, flavor, savor, relish

طُعْم (النَّبَاتِ) graft, scion

طُعْم (لِلصَّيْد) bait, lure, decoy

طُعْم : لَقَاح vaccine, inoculum

طَعَنَ : وَخَزَ، شَكَّ to stab, thrust, jab, pierce, transfix, lunge

طَعَنَ في : شَهَّرَ بِـ to defame, slander, libel, calumniate, speak evil of

طَعَنَ في صِحَّةِ شَيْءٍ أو حُكْمٍ to contest, challenge, impugn

طَعَنَ في السِّنِّ to be old, aged; to age, grow old

طَعْنَة stab, thrust

طَغَى : اِسْتَبَدَّ to be tyrannical, oppressive, despotic; to oppress

طَغَى (على) : سَادَ to prevail (in), predominate (in), dominate

طُغْمَة band, troop, group, party

طُغْيَان : ظُلْم tyranny, oppression

طَفَا : عَامَ to float, buoy

طَفَحَ : اِمْتَلأَ to be full (to the brim); to flow over, overflow

طَفْح (جِلْدِيّ) (skin) eruption, rash

طِفْل : وَلَدٌ صَغِير infant, baby, child

طُفُولَة (early) childhood, infancy, babyhood

طُفُولِيّ infantile, infant, childish, babyish; child, baby, children's

طَفِيف slight, small, little, light, insignificant, trivial, minor

طُفَيْلِيّ parasite, sponge(r), hanger-on, leech; intruder; parasitic(al)

طُفَيْلِيَّات parasites

طَقْس : حَالَةُ الجَوّ weather

طَقْس (دِينِيّ) rite, ritual, liturgy, ceremony, ceremonial

طَقْطَقَ to crackle, clack, click, clatter; to crack, snap, pop

طَقْم : مَجْمُوعَة set, kit; group; series

طَقْم (ثِيَاب) suit (of clothes)

طَقْم (مَفْرُوشَات) suite (of furniture)

طَقْمُ أَسْنَان denture, set of (false) teeth

طَلّ : مَطَرٌ خَفِيف drizzle, fine rain

طَلّ : نَدًى dew

طَلَى : دَهَنَ (بِلَوْن) to paint, daub

طَلَى : غَشَّى to coat, overlay, plate

طَلَى بِالذَّهَب to gild

طِلاء : غِشَاء، دِهَان coat(ing), cover-

ing, overlay, plating; paint
طِلاءُ الأظافِر nail polish
طُلاَّبِيّ student, student's, of students
طَلاق divorce
طَلَبَ: حاوَلَ نَيْلَهُ to ask for, request, seek; to order, demand, require; to want, wish (for); to look for
طَلَبَ (إلى أو مِنْ): سأَلَ، دَعَا to ask, request, call upon, appeal to, invite; to demand, order, require
طَلَبَ: اِسْتَدْعَى to send for, call for, call, summon
طَلَبَ بِضاعَةً إلخ to order, place an order (for)
طَلَبَ فَتاةً، طَلَبَ يَدَ فَتاةٍ to propose to, ask for a girl's hand
طَلَب demand, request, claim, call (for), wish; order; search, quest
طَلَب (تِجارِيّ) order; demand
طَلَب (وَظِيفَةٍ أو مُساعَدَةٍ) application, petition, motion, appeal, request
طَلَب، اِسْتِمارَةُ طَلَب form, application form, application
طَلَبِيَّة: طَلَبٌ تِجارِيّ order
طَلَعَ: اِرْتَفَعَ to rise, go up, ascend
طَلَعَ: ظَهَرَ، بَرَزَ to rise; to appear, come out, show, emerge
طَلَعَ، طَلِعَ: صَعِدَ، تَسَلَّقَ to mount (up), ascend, climb, scale
طَلْع (النَّخْلِ إلخ) spadix
طَلْع، غُبارُ الطَّلْع pollen
طَلْعَة: مُحَيّا look(s), appearance, aspect, mien, visage, countenance
طَلَّقَ (زَوْجَتَهُ) to divorce, repudiate
طَلَق (نارِيّ) shot, gunshot
طَلْق: أَلَمُ الوِلادَة labor, travail, pains
طَلْق: غَيْرُ مُقَيَّد free, open
طَلْقُ اللِّسان fluent, eloquent, glib
طَلْقُ الوَجْه cheerful, bright-faced
في الهَواءِ الطَّلْق in the open, in the open air, outdoors
طَلْقَة (نارِيَّة) shot, gunshot
طَلَل (ج أَطْلال وطُلُول) ruins, remains
طُلُمْبَة: مِضَخَّة pump
طَلِيعَة front, forefront, lead, head; vanguard; avant-garde
طَلائِع pioneers; forerunners; signs, indications; beginnings
في الطَّلِيعَة at the head, ahead, in (the) front, in the lead
طَلِيعِيّ avant-garde; pioneer; pathfinding; leading, foremost
طَلِيق: حُرّ free, freed, liberated, at liberty; loose, unrestrained
طَمَّ to overflow, flood, inundate
طَمَا، طَمَى to flow over, overflow, run over; to surge, swell (up)
طَماطِم: بَنَدورَة (نبات) tomato(es)
طَمّاع greedy, covetous, avid

طَمْأَنَ to reassure, assure, relieve someone's worry or fear
طُمَأْنِينَة tranquility, (re)assurance, peace (of mind); trust; security
طَمْث : حَيْض menstruation, period
طَمَحَ إلى to aspire to or after, seek (to), aim to
طَمَرَ to bury, inter; to embed; to fill up (with earth)
طَمَسَ to efface, obliterate, erase; to suppress, black out, hush up
طَمِعَ في أو بِـ to covet, desire, wish for; to aspire to, seek
طَمَع greed(iness), covetousness, cupidity, avidity, avarice
طَمُوح ambitious, aspirant, aspiring
طُمُوح ambition, aspiration
طَنَّ : أَزَّ to buzz, hum, drone
طُنّ : وَحْدَةُ وَزْن ton
طَنَّان (طائر) hummingbird
طُنْبُور : آلَةٌ مُوسِيقِيَّة mandolin, lute
طَنْجَرَة cooker, cooking pot, cooking pan, casserole
طُنُف ledge, eaves, cornice, frieze
طَنْفَسَة ، طُنْفُسَة ، طِنْفِسَة carpet, rug
طَهَا : طَبَخ to cook
طَهُرَ ، طَهَرَ to be(come) clean or pure
طَهَّرَ : جَعَلَهُ طاهِراً to disinfect, sterilize; to purge, purify, clean, deterge
طَهَّرَ : خَتَنَ to circumcise

طَهْو : طَبْخ cooking, cookery; cuisine
طَوَى : ثَنَى to fold; to roll up, tuck; to bend, flex, turn
طَوَى (صَفْحَتَهُ) to end, finish; to be finished with; to turn a new page
طَوًى : جُوْع hunger, starvation
طَوَّافَة : هِلِيكُوبْتِر، حَوَّامَة helicopter
طَوَالَ : طِيْلَةَ during, all during, during all, throughout, all through
طَوَالَ اليَوْم all day long, all day
طَوَايَة ، طِوايَة : مِقْلاة frying pan
طُوب ، طُوبَة : لِبْن brick(s), adobe(s)
طُوبَى لِـ . . blessed is.., blessed be..
طُوبَاوِيَّة utopianism; utopism; utopia
طَوَّحَ (بِـ) to fling, hurl, throw, toss
طَوْد : جَبَل mountain
طَوَّرَ to develop, promote, advance; to evolve; to sophisticate
طَوْر : مَرْحَلَة phase, stage, period
طَوْر : حال state, condition
طَوْر : حَدّ limit, bound
طَوْراً sometimes, at times
طُور : جَبَل mountain
طَوَّعَ : أَخْضَعَ to subdue, subjugate
طَوَّعَ (الجُنُودَ) to enlist, recruit, sign in, draft, conscript, muster in
طَوْعاً voluntarily, willingly
طَوْعِيّ voluntary, free, freewill

طَوْعِيًّا ـ راجع طَوْعاً
طَوَّفَ : دارَ ـ راجع طافَ
طَوْف : عَوَّامَة (log) raft, lighter, float
طُوفان flood, inundation, deluge
طَوَّقَ to surround, (en)circle, encompass, ring, enclose, embrace
طَوْق (العُنُقِ) neckband, collar
طَوْق : طارَة hoop, circle, ring, rim
طَوَّلَ : أطالَ ـ راجع أطالَ
طُول : ضِدّ قِصَر، ضِدّ عَرْض length
طُول : اِرْتِفاع، عُلُوّ height
طُول ـ راجع طَوال
طُولُ العُمْر longevity, long life
طُولُ القامَة tallness
طُولِيّ linear, longitudinal
طُومار : دَرْج roll, scroll
طَوِيَّة interior, inner self, inward thoughts; conscience; intent(ion)
طَوِيل : ضِدّ قَصِير، ضِدّ عَرِيض long
طَوِيل : مُرْتَفِع high; tall; big
طَوِيل : مُطَوَّل ـ راجع مُطَوَّل
طَوِيلاً long, (for) a long time
طَوِيلُ البَصَرِ أو النَّظَر farsighted, longsighted, hyperopic
طَوِيلُ العُمْر long-lived, longevous
طَوِيلُ القامَة tall
طَيّ : ثَنْي fold(ing); rolling up, tuck(ing); bend(ing), turn(ing)
طَيَّهُ enclosed, attached, herewith
طَيَّار : مَلَّاحٌ جَوِّيّ pilot, aviator, flier, flyer, airman, navigator
طَيَّارَة : طائِرَة ـ راجع طائِرَة
طَيَّبَ : جَعَلَهُ طَيِّباً to make good, pleasant, delicious, sweet
طَيَّبَ : عَطَّرَ to scent, perfume
طَيَّبَ : نَكَّهَ to aromatize, flavor
طَيِّب : جَيِّد good; pleasant, nice
طَيِّب : لَذِيذ delicious, tasty, savory, palatable, toothsome, good
طَيِّبُ (القَلْبِ) good-hearted, generous, good, kind(hearted)
طِيب : عِطْر perfume, scent
طَيَّة : ثَنْيَة fold, pleat, ply; tuck; bend, flexure, flexion, turn
طَيَّرَ to fly, wing, give wing(s) to
طَيْر : طائِر bird; fowl
طَيْر، طُيُور birds; fowls; poultry
طَيَران flying, flight; aviation
خُطُوطُ الطَّيَران airlines, airways
سِلاحُ الطَّيَران air force
شَرِكَةُ طَيَران airline
طَيْش recklessness, rashness, foolhardiness, frivolity, imprudence
طِيطَوَى (طائر) sandpiper; redshank
طَيِّع ـ راجع مُطِيع، مِطْواع
طَيْف : خَيال vision, apparition, phan-

tom, specter, phantasm

طَيْف، طَيْفُ الضَوْء spectrum

طِيْلَة - راجع طَوَال

طَيَّنَ to lute; to mortar, plaster; to whitewash; to clay, mud (off)

طِين clay, argil; mud, mire, slime; lute, luting; mortar, plaster

طِينيّ clayey, argillaceous

طَيْهُوج (طائر) grouse

ظ

ظَافِر	victorious, triumphant; successful; victor, conqueror; winner
ظَالِم	unjust, unfair; tyrannical, oppressive, despotic, arbitrary; tyrant, oppressor, despot
ظَامِىء : عَطْشَان	thirsty
ظَاهَرَ : نَاصَرَ	to help, support, back (up), stand up for, champion
ظَاهِر : بادٍ، بَيِّن	apparent, visible, distinct, manifest, plain, clear
ظَاهِر : خَارِجِيّ	external, exterior, outward, outside, outer
ظَاهِر : سَطْح، ضِدّ باطِن	outside, exterior, surface, face
ظَاهَر : مَظْهَر ـ راجع مَظْهَر	
الظَّاهِرُ أَنْ ـ راجع يَظْهَرُ أَنْ (ظَهَرَ)	
ظَاهِرَة	phenomenon
ظَاهِرِيّ	outward, outer, outside, external; ostensible, apparent
ظَبْيٌ (حيوان)	antelope, buck; gazelle, deer
ظَبْيُ الماء	waterbuck
ظَبْيَة (حيوان)	doe, roe, female gazelle

ظَرِبَان (حيوان)	polecat, fitchet, fitch-(ew); zoril(le), ictonyx
ظَرِبَان أَمِيرِكِيّ	skunk
ظَرْف : مُغَلَّف	envelope
ظَرْف : حَال، وَضْع	circumstance, condition; situation, case
ظَرْف : فُكَاهَة	wit, wittiness, esprit, humor; charm, cuteness
ظُرُوف اسْتِثْنائِيَّة	exceptional circumstances
في ظَرْف، بِظَرْف	within, in (a given period of); during
ظَرِيف	witty, full of esprit, humorous, charming, cute; humorist
ظَفِرَ (بِ)	to win, gain, obtain, get
ظَفِرَ على	to win a victory over, triumph over, defeat, beat
ظَفَر : نَصْر، غَلَبَة	victory, triumph
ظُفُر، ظُفْر، ظِفْر	nail, fingernail
ظُفْر إصْبِع القَدَم	toenail
ظَلَّ يَفْعَلُ كذَا	to continue to do, keep doing, keep on, go on doing

ظَلَّ : بَقِيَ، دامَ — to remain, stay; to last, continue, go on, persist

ظِلّ — shadow, shade, umbra

في (تَحْتَ) ظِلّ — under; under the protection of, under the auspices of

ظَلام — dark(ness), gloom(iness)

ظُلامَة — grievance, complaint; injustice, injury, wrong

ظِلْف (الحَيَوانِ) — hoof

ظَلَّلَ : أَلْقى عَلَيْهِ ظِلَّهُ — to shade, overshadow, cast a shadow over

ظَلَّلَ (رَسْماً) — to shade; to hachure

ظَلَمَ : جارَ على — to wrong, oppress, tyrannize, aggrieve, be unjust or unfair to, do wrong or injustice to

ظَلِمَ ـ راجع أَظْلَمَ

ظُلْم : جَوْر — injustice, unfairness, inequity; tyranny, oppression

ظُلْمَة، ظُلُمَة ـ راجع ظَلام

ظَمِئَ : عَطِشَ — to be thirsty, feel thirsty, suffer thirst, thirst

ظَمَأ، ظِمْء، ظَماء : عَطَش — thirst

ظَمِيء، ظَمْآن : عَطْشان — thirsty

ظَنَّ : حَسِبَ، خالَ — to think, suppose, assume, imagine, guess, take for

ظَنَّ (بِـ) : اِشْتَبَهَ بِـ — to suspect; to accuse (of), charge (with)

ظَنّ : حُسْبان — supposition, assumption; thinking, opinion, view

ظَنّ : شَكّ — doubt, suspicion, distrust, mistrust, misgiving

كانَ عِنْدَ حُسْنِ ظَنّ . . — to live up to, measure up to

في أَغْلَبِ الظَّنّ — most probably

ظَهَرَ : بانَ، بَدا — to appear, come out, show, emerge, arise; to be apparent, visible, manifest, clear; to seem, look, appear, sound

يَظْهَرُ (أَنْ) — it seems, it looks, it appears, it sounds; apparently, most likely, most probably

ظَهَّرَ : جَيَّرَ (شِيكاً) — to endorse, back

ظَهَّرَ : حَمَّضَ (فِيلماً) — to develop

ظَهْر : قَفا — back; rear (part), hind (part), hinder part

ظَهْر : سَطْح — surface, face, top

ظُهْر : نِصْفُ النَّهار، ظَهِيرَة — noon, midday

ظُهُور : بُرُوز — appearance, emergence, emersion, rise, manifestation

حُبُّ الظُّهُور — exhibitionism, show-off; ostentation, pomposity

عِيدُ الظُّهُور — Epiphany

ظَهِير : نَصِير — help(er), supporter, backer; patron, sponsor; partisan

ظَهِير [جغرافيا] — hinterland

ظَهِير (في كُرَةِ القَدَمِ إلخ) — back

ظَهِيرٌ مُساعِد — halfback

ظَهِيرَة ـ راجع ظُهْر

ع

عائِد : راجع returning, coming back, going back; returnee

عائِدٌ إلى : مَرَدُّهُ إلى due to, going back to, attributable to, ascribable to

عائِدٌ إلى او لِـ : مُتَعَلِّقٌ بِـ related to, relating to, belonging to

عائِد : زائِر visitor, caller

عائِدات : رَيْع proceeds, revenue(s), returns, yield, receipts, earnings; royalties, royalty

عائِش : حَيّ alive, living, existent

عائِق : عَقَبَة hindrance, obstacle, impediment, obstruction, barrier, (stumbling) block; handicap

عائِق (نبات) delphinium, larkspur

عائِل : فَقير poor, needy, destitute

عائِل : مُعِيل ـ راجع مُعِيل

عائِلَة : أُسْرَة family, house(hold)

عائِلَةٌ مالِكَة royal family

عائِلِيّ family, familial, domestic; homely, homelike, homey

عائِم floating, afloat, natant

عابَ : إِنْتَقَدَ o find fault with, critiize, censure, blame

عابَ : وَصَمَ o disgrace, dishonor, tain, taint, soil, sully; to mar

عابِد : مَنْ يَعْبُدُ vorshiper, adorer

عابِر : زائِل، عَرَضِيّ assing, fleeting, ransient, transitory, evanescent; ncidental, accidental, casual

عابِس rowning, scowling; sullen, ulky, surly, morose

عاتٍ (العاتِي) : مُتَكَبِّر nsolent, overearing, arrogant, haughty

عاتٍ : قَوِيّ، عَنِيف trong, powerful; iolent, fierce, ferocious, wild

عاتَبَ (على) o admonish, reprove nildly, reproach gently, blame (in friendly manner), twit

عاتِق : كَتِف houlder

عاثَ، عاثَ فَساداً (في) o ravage, devastate, damage; to make trouble, lo harm, cause mischief

عاثِر : سَيِّىء، مَنْحُوس ad, ill

عاج : مادَّةٌ تَتَكَوَّنُ مِنها أَنيابُ الفِيل vory

عاجِز: ضَعِيف weak, feeble, powerless, impotent, helpless, unable
عاجِز: مُقْعَد disabled, crippled, incapacitated, infirm, invalid
عاجِز: هَرِم decrepit
عاجِزٌ عن unable to, incapable of
عاجَلَ to anticipate, forestall; to overtake, catch up with; to hurry
عاجِل immediate, instant; quick, fast, speedy, prompt, rapid, hurried, hasty; urgent, pressing
عاجِلاً soon, shortly; quickly, promptly, speedily, fast; immediately, at once
عاجِلاً أو آجِلاً sooner or later
عاجِيّ: مَنْسُوبٌ إلى العاج ivory
بُرْجٌ عاجِيّ ivory tower
عادَ: رَجَعَ to return, come back, go back; to recur, reoccur
عادَ (الأمْرُ أو السَّبَبُ) إلى to go back to, be due to, be attributable to
عادَ إلى أو لِـ: تَعَلَّقَ بـ to relate to, be related to, concern, belong to
عادَ إلى: اِسْتَأْنَفَ، واصَلَ to resume, recommence, return to, go back to
عادَ (عَلَيْهِ) بـ: جَلَبَ to entail, bring about, bring in, return, yield
عادَ عَلَيْهِ (بـ): طالَبَهُ (بـ) to claim of, demand of
عادَ: زارَ to visit, call on
عادَى to antagonize; to show enmity toward, be hostile to
عادَة habit, wont, use, custom, usage, practice; manner(s)
عادَةً usually, as a rule, generally, habitually, normally
كَالعادَة as usual
عَوائِد ـ راجع عائِدات
عادَلَ: ساوَى، بَلَغَ to equal, be equal to, be equivalent to, be worth, amount to, make
عادَلَ: وازَنَ to balance, equilibrate
عادَلَ (بَيْنَهُما): سَوَّى to equate (with), equalize, make equal
عادِل: مُنْصِف just, fair, equitable, impartial, unbiased, evenhanded
عادِيّ ordinary, common, usual, conventional; normal, regular, standard; average, mediocre
عاذَ بـ: اِحْتَمَى to seek refuge with
عار: خِزْي، ذُلّ shame, disgrace, dishonor, discredit, infamy
عارٍ (العارِي) naked, nude, undressed, bare; stripped, denuded
عارِي القَدَمَيْن barefoot(ed), unshod
عارٍ عَنِ الصِّحَّة unfounded, groundless, baseless, untrue, false
عارَضَ: قاوَمَ to oppose, resist
عارَضَ: خالَفَ to oppose, object to, be against; to dissent from, disagree with, differ in opinion with
عارَضَ: ناقَضَ to contradict, conflict with, disagree with; to be contrary to, in disagreement with

exhibitor, demonstrator, exposer عارِض: مَنْ يَعْرِض
fit, attack; spell عارِض: نَوْبَة
accident, incident; contingent, contingency عارِض: حادِثٌ طارِىء
عارِض: عَرَضِيّ - راجع عَرَضِيّ
beam, girder, rafter عارِضَة: رافِدَة
mannequin, model عارِضَةُ أزْياء
to fight (with), combat عارَكَ: قاتَلَ
great, enormous; sweeping, overwhelming عارِم: كَبِير
loan عارِيَة، عارِيَّة: قَرْض
to need, require, want عازَ: إحْتاجَ إلى
عازِب - راجع أعْزَب
player, musician, instrumentalist, recitalist عازِف (مُوسِيقِيّ)
insulator; nonconductor عازِل
resolved to or on, determined to or on, intent on عازِم (على): مُصَمِّم
to live, be alive, exist, subsist; to lead a life عاشَ: حَيِيَ
long live! viva! vive! عاشَ! فَلْيَعِشْ!
to associate with, mix with عاشَرَ
(the) tenth عاشِر، العاشِر
lover, adorer; fancier; in love with, enamored of عاشِق
disobedient, insubordinate; insurgent; rebel عاصٍ (العاصِي)
to be a contemporary of, be contemporary with عاصَرَ

stormy, windy, gusty, rough, violent, turbulent, wild عاصِف
storm, tempest, gale, windstrom, violent wind عاصِفَة (ج عَواصِف)
snowstorm, blizzard عاصِفَةٌ ثَلْجِيَّة
thunderstorm عاصِفَةٌ رَعْدِيَّة
sandstorm عاصِفَةٌ رَمْلِيَّة
capital, metropolis عاصِمَة
عاضَدَ - راجع عَضَدَ
عاطِر - راجع عَطِر
عاطِف: عَطُوف - راجع عَطُوف
sentiment, feeling; emotion, affection, passion عاطِفَة (ج عَواطِف)
sentimental; emotional, passionate; romantic; moving, touching, pathetic عاطِفِيّ
unemployed, jobless, workless, idle, out of work عاطِل (عَنِ العَمَل)
to loathe, detest, be disgusted by عافَ: كَرِهَ، إشْمَأزَّ مِنْ
to heal, cure عافَى: شَفَى
bravo! well done! عافاكَ!
(good) health عافِيَة: صِحَّة (جَيِّدَة)
عاقَ - راجع أعاقَ
undutiful, impious, disloyal, untrue, ungrateful عاقّ: ضِدّ بارّ
to punish, penalize, chastise, chasten, discipline عاقَبَ: قاصَّ
end, issue, effect, outcome, result, consequence عاقِبَة: نَتِيجَة

عاقَرَ : أَدْمَنَ على to be addicted to
عاقِر : عَقِيم barren, sterile
عاقِل : مُدْرِك ، حَكِيم rational, reasonable, sane, wise, judicious
عاكَسَ : ضادَّ to contradict, counteract, counter, oppose
عاكَسَ : تَحَرَّشَ بِـ to make passes on; to molest, proposition, make improper advances to; to tease
عالَ : أَعالَ ـ راجع أَعالَ
عالَ (عِيلَ) صَبْرُهُ to lose patience
عالٍ (العالي) high, elevated, tall, towering, lofty, exalted; high-ranking, high-level, sublime
عالٍ : صِفَةٌ لِلصَّوْت loud, strong
عالَة (على غَيْرِهِ) dependent, parasite
عالَة : عِبْء burden, charge
عالَجَ : داوَى ، طَبَّبَ to treat, remedy, cure, doctor, medicate
عالَجَ : بَحَثَ to treat, deal with, handle, tackle, discuss, study
عالَم : دُنْيا world; realm
عالَم : كَوْن universe, cosmos
العالَمُ الثَّالِث Third World
عالَمُ الحَيَوان the animal kingdom
عالِم (اسم) scientist; scholar; expert, authority, master; knower
عالِمٌ بِـ (صفة) knowing, erudite; (well-) informed about, acquainted with, familiar with, aware of

عالَمِيّ world, worldwide, global, universal; international
عامَ : طَفا to float, buoy
عامَ : سَبَحَ to swim
عام : سَنَة year
عامّ public; general; common; universal; prevalent, prevailing
الأَمْنُ العامّ public security
أَمِينٌ عامّ secretary-general
الرَّأْيُ العامّ public opinion
مُدِيرٌ عامّ director general, general manager
العامَّة ، عامَّةُ النَّاسِ أو الشَّعْبِ the common people, the masses
عامَّةً ، بِعامَّةٍ ـ راجع عُمُوماً (عُمُوم)
عامِر : آهِل inhabited, populated
عامِر : مُزْدَهِر flourishing, thriving, prosperous, booming, full of life
عامِر : وافِر ample, abundant
عامِر : كَبِير big, large, sizable
عامِر (بِـ) : مَلِيء full (of), filled (with)
عامَلَ to treat, deal with
عامَلَ (تِجارِياً) to trade with, deal with, do business with
عامَلَ بِالمِثْل to reciprocate
عامِل : شَغِيل worker, laborer
عامِل : عُنْصُر factor; element
عامِل : مُشْتَغِل working, acting, functioning, operating; active

عامِلُ تَنْظِيفٍ أو تَنْظِيفات sweeper, scavenger; street sweeper, street cleaner, garbage collector
عامِّيّ: مَحْكِيّ، دارِج slang, colloquial, vernacular, spoken
عامِّيّ: أَحَدُ عامَّةِ النّاس commoner, rank and filer, layman
العامِّيَّة slang, vernacular, colloquial (language), spoken language
عانَى: قاسَى to suffer, undergo, experience, pass through, sustain
عانَدَ: عارَضَ to oppose, resist
عانِس spinster, old maid
عانَقَ to embrace, hug, cuddle, enfold, nestle, take in the arms
عاهَة (جَسَدِيَّة) handicap, (physical) disability; defect; deformity
عاهَدَ to promise, pledge, vow, undertake, take upon oneself
عاهِل: مَلِك king, monarch
عاوَدَ: عادَ إلى، واصَلَ to return to, go back to, revert to, resume
عاوَدَ: عادَ، رَجَعَ to recur, reoccur
عاوَنَ: ساعَدَ to help, aid, assist, support, back (up), extend aid to
عايَدَ to wish (someone) a merry feast, felicitate (someone) on the occasion of a feast
عايَرَ to gauge, test, check; to tune, fix; to calibrate
عايَشَ: عاشَ مَعَ to live with
عايِق (نبات) delphinium, larkspur
عايَنَ to view, eye, see, look at or over, examine, inspect
عَبَّ (الشَّرابَ) to quaff; to toss, drink up; to pour down, gulp (down)
عَبَأَ، لَمْ يَعْبَأْ بِـ not to care for, pay no attention to
عَبَّأَ: جَنَّدَ to mobilize; to recruit
عَبَّأَ: مَلأَ to fill (up); to stow, pack
عَبَّأَ: عَلَّبَ to box; to (en)case; to pack(age); to can, tin
عَبَّأَ (في زُجاجات) to bottle
عَبَّأَ: شَحَنَ to charge, load, fill (up)
عَبَّأَ السّاعَةَ to wind, wind up
عِبْء burden, onus, charge, load
عَباءَة aba, cloak; frock; gown
عُباب torrent; flood; waves, billows
عَبّادُ الشَّمْس (نبات) sunflower, turnsole
عِبادَة worship, adoration; cult
عِبادَةُ الأَوْثان idolatry, paganism
عِبارَة phrase; expression, term
عِبارَةُ اصْطِلاحِيَّة idiom
عِبارَةٌ عَنْ is, consisting in
بِعِبارَةٍ أُخْرى in other words
عَبايَة ـ راجع عَباءَة، عَباء
عَبِثَ (بِـ) to play (with), toy (with), trifle (with), fool (with)
عَبَث: لَعِب play(ing), frivolity
عَبث: لا جَدْوَى futility, vanity

in vain, vainly, futilely, uselessly, to no avail — عَبَثاً : سُدًى

to worship, adore — بَدَ (اللّٰه)

to pave — بَدَ (الطَّرِيقَ) : مَهَّدَ

slave, bond(s)man, serf — بد : رَقِيق

(orange) melon — بْدَلَّاوِي (نبات)

to cross, traverse, go across, pass through, transit — رَ : اِجْتازَ

to pass, go by, elapse — عَبَرَ : اِنْقَضَى

to express, voice, utter, declare, state, indicate, bring out — رَ (عن)

across, trans-; through, via, by way of; by means of, by — رَ

tear, teardrop — رَة : دَمْعَة

example, lesson — رَة : أُمْثُولَة ، عِظَة

Hebrew, Hebraic — رِيّ ، عِبْرانِيّ

Hebrew (language) — بْرِيَّة

to frown, scowl, glower — س

س ـ راجع عُبُوس

to be redolent of, full of, filled with (a scent) — قَ (المَكانُ بِالرَّائِحَة)

genius — قَرِيّ : نابِغَة

genius — قَرِيَّة : نُبُوغ ، ذَكاءٌ عالٍ

refill — وَة : مُنْتَجٌ مُعَدٌّ لِإِعادَةِ مَلْءِ جِهازٍ ما

bomb — عُبُوَّة (ناسِفَة)

slavery, servitude, bondage — ودِيَّة

crossing, traversing, transit — ور

وس ـ راجع عابِس

fragrance, scent, perfume, aroma, redolence — عَبِير : شَذاً

admonition, gentle reproof, blame, twit — عِتاب : مُعاتَبَة

equipment(s), outfit, apparatus, gear — عَتاد : عُدَّة ، تَجْهِيزات

(war) material, (war) matériel; ammunition; ordnance — عَتاد (حَرْبِيّ)

porter, carrier — عَتّال : حَمّال

عَتَبَ (على) ـ راجع عاتَبَ (على)

threshold, doorstep, doorsill, sill — عَتَبَة (البابِ إلخ)

to be(come) old, ancient — عَتُقَ

lever, crowbar — عَتَلَة : رافِعَة ، مُخْل

to darken, dim — عَتَّمَ : جَعَلَهُ مُعْتِماً

to black out, suppress, hush up — عَتَّمَ (على) : مَنَعَ مِنَ الانْتِشار

soon he.. — ما عَتَّمَ أَنْ

dark(ness), dimness — عَتمة : ظُلْمَة

idiocy, imbecility — عَته ، عُته

future, prospective, forthcoming, intended — عَتِيد : مُقْبِل

old, ancient, antique, age-old — عَتِيق

moth; mite — عُثّ ، عُثَّة (حشرة)

to stumble, trip, tumble — عَثَرَ : زَلَّ

to find, hit upon, come across, light upon — عَثَرَ على : وَجَدَ

stumble, trip, slip — عَثْرَة : سَقْطَة

to swarm with, teem with; to be (over)crowded with — عَجَّ بِـ : اِكْتَظَّ بِـ

عَجائِبِيّ miraculous, wonder, magic

عُجالَة rush job; quick report (talk, etc.); brief meeting; short time

عَجِبَ مِنْ أولِـ - راجع تَعَجَّبَ مِنْ

عَجَّبَ to amaze, astonish, surprise

عَجَب : دَهَش astonishment, amazement, wonder, surprise

عَجَب : أُعْجوبَة wonder, marvel

لا عَجَبَ no wonder!

عُجْب : غُرور conceit(edness), self-conceit, vanity, vainglory

عُجَّة : بَيْض مَخْفوق مَقْلِيّ omelet(te)

عُجْرَة : عُقْدَة node, nodule, knot

عَجَزَ عن to fail to, fall short of, be unable to, be incapable of

عَجَّزَ : أَعْجَزَ to disable, incapacitate, paralyze; to frustrate, thwart

عَجَزَتِ المَرْأَة to age, grow old

عَجُز : كَفَل، رِدْف buttocks, rump

عَجُزُ بَيْتِ الشِّعْر second hemistich

عَجْز : ضَعْف weakness, powerlessness, impotence, helplessness, inability; disability, infirmity

عَجْز : قُصور failure (to), inability, incapability, incapacity

عَجْز : نَقْص deficit, shortage

عَجِلَ : أَسْرَعَ to hurry, hasten, speed, rush, dash, run; to be quick, fast

عَجَّلَ : سَرَّعَ to speed up, accelerate, hasten; to hurry, rush, urge

عَجَل : سُرْعَة - راجع عَجَلَة

عِجْل : وَلَدُ البَقَرَة (حيوان) alf

عِجْلُ البَحْر : فُقْمَة eal, sea calf

لَحْمُ العِجْل eal

عَجَلَة : سُرْعَة urry, haste, speed, uickness, fastness, rapidity

عَجَلَة : دُولاب heel

عَجَم : فُرْس ersians

عَجَم : غَيْرُ عَرَب on-Arabs, forigners, barbarians

عَجَمَة : بِزْرَة one, kernel, pip, seed

عَجَمِيّ : فارِسِيّ ersian

عَجَنَ knead; to blunge

عُجْهوم : طائِرٌ مائِيّ kimmer

عَجْوَة : تَمْرٌ مَكْبوس ressed dates

عَجوز ld woman; old man; old, ged, advanced in years

عَجول asty, rash; quick, hurried

عَجيب onderful, amazing; strange, dd, queer, weird, unusual, extraordinary; bizarre

عَجيبَة (ج عَجائِب) : أُعْجوبَة iracle, arvel, wonder, prodigy

عَجين، عَجينَة ough, paste; pasta

عَدَّ : أَحْصَى count, number, enuerate, calculate

عَدَّ : اِعْتَبَرَ consider, deem, find

عَدَا : رَكَضَ run, race; to jog

عَدَا، ما عَدَا، فِيمَا عَدَا xcept, save

عَدَّاء : راكِض runner, racer
عِدَاء، عَدَاء : عَدَاوَة enmity, hostility, antagonism, animosity, feud
عِدَائِيّ، عَدَائِيّ hostile, antagonistic, unfriendly, aggressive, offensive
عَدَّاد counter, meter
عِدَاد : مَثِيل equal, match, peer
في عِدَاد among, one of
عَدَالَة ـ راجع عَدْل
عَدَاوَة ـ راجع عِدَاء، عَدَاء
عُدَّة (ج عُدَد) : أَدَوات equipment(s), apparatus, set, tool(s), material(s)
عِدَّة : جُمْلَة، عَدَدٌ مِنْ several, a number of, many, numerous
عَدَّدَ : أَحْصَى to enumerate, list, count (off), number
عَدَد : رَقْم number, figure, digit
عَدَد (مِنْ مَجَلَّةٍ إلخ) number, issue
عَدَدٌ مِنْ : عِدَّة، جُمْلَة ـ راجع عِدَّة
عَدَدِيّ numerical, numeral; digital
عَدَس (نبات) lentil(s)
عَدَسَة : قُرْصٌ مِنْ مادَّةٍ شَفَّافَة lens
عَدَسَةٌ لاصِقَة contact lens
عَدَلَ، عَدُلَ : كانَ عادِلاً to act justly, establish justice, be just, be fair
عَدَلَ عَنْ to turn (away) from; to give up, abandon, renounce
عَدَلَ عَنْ رَأْيِهِ to change one's mind
عَدَّلَ : ضَبَطَ to adjust, regulate, settle, fix, put in order, put right
عَدَّلَ : بَدَّلَ to modify, change, alter, qualify; to adapt
عَدَّلَ (دُسْتُوراً أو قانُوناً إلخ) to amend
عَدْل : عَدَالَة justice, fairness
عَدْل : عادِل ـ راجع عادِل
عَدْلٌ وإنْصاف equity
عَدْلِيّ : قَضائِيّ judicial, juridical
عَدِمَ : فَقَدَ to be bereaved of, bereft of, deprived of, destitute of; to lack, want; to lose
عَدَم nonexistence, nonbeing, nihility, nullity; lack, want, absence
عَدَنَ (المَعادِنَ) to mine
عَدُوّ : خَصْم enemy, foe
عَدْوَى [طب] infection; contagion
عُدْوان aggression; assault, attack
عُدْوانِيّ aggressive, offensive, hostile
عَدِيد numerous, many, several
عَدِيل : زَوْجُ أُخْتِ الزَّوْجَة brother-in-law
عَدِيل : نَظِير equal, like, match
عَدِيم lacking, wanting, in need of; deprived of, devoid of; without, -less, un-, in-, im-, non-, dis-
عَذاب torture, torment, agony, anguish, pain, suffering
عَذَّبَ to torture, torment, agonize
عَذْب sweet; pleasant, agreeable
ماءٌ عَذْب fresh water

عَذَرَ to excuse, forgive, pardon
عُذْر excuse; pretext, pretense, plea
عُذْراً ـ راجع مَعْذِرَة
عَذْراء : بِكْر virgin, maiden
(مَرْيَمُ) العَذْراء the Virgin (Mary)
بُرْجُ العَذْراء [فلك] Virgo
عَذَلَ، عَذَّلَ : لامَ to blame, censure
عَرَّى (مِنْ) to disrobe, unclothe, undress; to denude, strip off, bare, lay bare, uncover, expose
عَرَاء : فَضاء، خَلاء the open, outdoors, open air, open space
عَرَّاب [نصرانية] godfather, sponsor
عَرَّاف : بَصَّار diviner, fortune-teller, soothsayer, augur
العِرَاق Iraq
عِرَاقِيّ Iraqi
عَرَاقِيل impediments, hindrances, obstacles, obstructions, barriers
عِرَاك : قِتال، شِجَار fight(ing), combat, battle; quarrel, wrangle
عَرَّبَ : نَقَلَ إلى العَرَبِيَّة to translate into Arabic
عَرَّبَ : جَعَلَهُ عَرَبِيّاً to Arabicize, make Arabic; to Arabize
عَرَب، عُرْب، عُرْبان Arabs
عَرَبَة carriage, vehicle, wagon, van, cart; trolley
عَرَبَة (يَجُرُّها حِصانٌ) cab(riolet), hack(ney), victoria, carriage

عَرْبَدَ to revel, carouse, roister
عُرْبُون earnest (money), down payment, handsel, deposit
عُرْبُونُ مَحَبَّة tribute, pledge, token
عَرَبِيّ Arab, Arabian, Arabic
العَرَبِيَّة : اللُّغَةُ العَرَبِيَّة Arabic
عَرَجَ، عَرِجَ to limp, hobble, go lame, walk lamely, be lame
عَرَّجَ على to stop at; to visit
عَرَج lameness, limp(ing)
عِرْزال hut, cottage, shack, shanty
عُرْس wedding (ceremony), marriage (ceremony), bridal, nuptials
عَرْش : كُرْسِيُّ المَلِكِ إلخ throne
عَرَضَ : أَظْهَرَ to show, demonstrate, exhibit, display, present
عَرَضَ : قَدَّمَ to offer, proffer, tender, extend, present
عَرَضَ : طَرَحَ، أَثارَ to put forward or forth, bring up, advance, set forth, propound, present
عَرَضَ : اِقْتَرَحَ to offer, suggest, propose
عَرَضَ (لِـ) : اِسْتَعْرَضَ، بَحَثَ to review; to examine, survey, consider; to discuss, study, treat, deal with
عَرَضَ الجُنْدَ to review; to parade
عَرُضَ : صارَ عَريضاً to broaden, widen, expand, be(come) broad or wide
عَرَّضَ : جَعَلَهُ عَريضاً to broaden, wid-

en, expand, extend

عَرَّضَ لِـ: جَعَلَهُ عُرْضَةً لِـ to expose to, make subject to; to subject to

عَرَّضَ لِلْخَطَر to endanger, imperil, jeopardize, expose to danger

عَرَض: ما لَيْسَ جَوْهَراً accident; something nonessential

عَرَض [طب] symptom, indication

عَرَضاً by chance, casually, incidentally, by accident, accidentally, haphazardly, by coincidence

عَرْض: ضِدّ طُول breadth, width

عَرْض: إظْهار، تَقْدِيم presentation, demonstration, show(ing), exhibition, display(ing)

عَرْض: اِقْتِراح offer, suggestion, proposal, proposition

عَرْض عَسْكَرِيّ parade; review

عَرْضاً، بالعَرْض crosswise, across, breadthways, widthways

العَرْضُ والطَّلَب supply and demand

عَرْض أزْياء fashion show

عُرْض: جانِب side

عُرْض: وَسَط middle

عُرْض البَحْر high seas, open sea

عِرْض: شَرَف honor

عُرْضَةٌ لِـ subject(ed) to, exposed to, liable to, open to, vulnerable to

عَرَضِيّ: عارِض accidental, nonessential, incidental; casual, passing

عَرْضِيّ: ضِدّ طُولِيّ cross, transverse

عَرْعَر (شجر) juniper

عَرَفَ: عَلِمَ، أدْرَكَ to know; to be aware of, acquainted with, familiar with; to learn, find out (about); to recognize

عَرَّفَ: أعْلَمَ to inform of, acquaint with, let know about, tell about

عَرَّفَ شَخْصاً بِآخَر to introduce to, present to, acquaint with

عَرَّفَ: حَدَّدَ to define

عُرْف: اِصْطِلاح، عادَة custom, usage, practice, convention, tradition

عُرْفُ الدِّيكِ ونَحْوِه comb, crest

عِرْفان: مَعْرِفَة ـ راجع مَعْرِفَة

عُرْفِيّ: تَقْلِيدِيّ customary, conventional, traditional, usual

حُكْمٌ عُرْفِيّ martial law

عَرِقَ: أفْرَزَ عَرَقاً to sweat, perspire

عَرَق (الجِسْمِ) sweat, perspiration

عَرَق: مَشْرُوبٌ مُسْكِر arrack

عِرْق: وَرِيد vein, blood vessel

عِرْق: جِنْس، عُنْصُر race, stock

عِرْق: ساقُ النَّباتِ أو وَرَقَتِهِ أو ثَمَرَتِه stem

عِرْقٌ في الرُّخامِ أو الخَشَبِ إلخ vein

عَرْقان sweaty, sweating, perspiring

عَرْقَلَ: عاقَ to hinder, hamper, impede, obstruct, block

عِرْقِيّ: عُنْصُرِيّ racial; ethnic; racist

عِرْناس (الذُّرَة) corncob, cob, ear

عُرُوبَة Arabism; Arab nationalism; Pan-Arabism
عُرْوَة (الثَّوْبِ) buttonhole
عُرْوَة (الصَّداقَةِ إلخ) tie, bond
عَرُوس، عَرُوسَة bride
العَرُوسان the newlyweds, the bride and (bride)groom
عَرُوض: مِيزانُ الشِّعْرِ prosody
عِلْمُ العَرُوض metrics, prosody
عَرِيَ to be naked, nude, bare
عُرْي nakedness, nudity, nudeness
عُرْيان ـ راجع عارٍ
عَرِيس bridegroom, groom
عَرِيش: تَعْرِيشَة arbor, bower
عَرِيض broad, wide; extensive, vast
عَرِيضَة: اِسْتِدْعاء، مُذَكِّرَة petition
عَرِيف: رُتْبَةٌ عَسْكَرِيَّة corporal
عَرِيف: مُساعِد، مُرَاقِب monitor
عَرِيف: مَنْ يُعَرِّفُ القَوْمَ introducer
عَرِيق deep-rooted, firmly established; old; highbred, highborn
عَرِيكَة disposition, character
عَرِين: مَأْوَى الأَسَدِ إلخ lair, den
عَزَّ: قَوِيَ to be strong, powerful
عَزَّ: نَدَر، غَلا to be rare, scarce; to be dear, precious, costly
عَزَّ عَلَيْهِ (أَنْ) to pain, hurt, be painful for, be difficult for

عِزّ: جاه glory, honor, prestige, esteem; high rank, high standing
عَزَا إلى: نَسَبَ to ascribe to, attribute to, impute to, refer to
عَزَّى to console, comfort, condole, solace, offer one's condolences to
عَزاء: سُلْوان consolation, comfort
عَزَب، عُزْباء ـ راجع أَعْزَب
عِزْبَة: مَزْرَعَة country estate, farm
عِزَّة ـ راجع عِزّ
عِزَّةُ النَّفْس sense of honor, self-esteem, self-respect, pride
عَزَرَ، عَزَّرَ: وَبَّخَ to censure, rebuke, reprove, reprimand, scold
عَزَّزَ: قَوَّى to consolidate, strengthen, reinforce; to corroborate, confirm; to promote, further, foster
عَزَفَ (على آلَةٍ مُوسِيقِيَّة) to play, play on (a musical instrument)
عَزَفَ لَحْناً to play a tune
عَزَفَ عن to abstain from, refrain from, abandon, give up
عَزَقَ (الأَرْضَ) to hoe, dig up
عِزْقَة: صَمُولَة nut (of a bolt)
عَزَلَ: أَبْعَدَ، فَصَلَ to separate, isolate, seclude, segregate; to insulate
عَزَلَ: خَلَعَ to depose, oust, remove, dismiss, discharge, displace, expel
عُزْلَة isolation, seclusion, retirement; privacy, solitude, loneness
عَزَمَ على to resolve to, determine to,

decide to, be determined to or on; to intend to, plan to
عَزْم : تَصْمِيم resolution, resolve, determination, decision, intention
عُزُوبَة، عُزُوبِيَّة celibacy, bachelorhood
عَزِيز : غالٍ، ثمين precious, costly, valuable, dear
عَزِيز : مَحْبُوب dear, (well-)beloved, cherished; dear one, love(r)
عَزِيز : نادِر rare, scarce
عَزِيز (الجانِب) mighty, strong
عَزِيزِي (my) dear
الكِتابُ العَزِيز the (Holy) Koran
عُزَيْزاء (طائر) pipit
عَزِيمَة : تَصْمِيم ـ راجع عَزْم
عَسَّ to patrol (at night)
عَسَى maybe, perhaps, possibly; it may (might, could) be that; I hope
عِسْبار، عُسْبُر (حيوان) aardwolf
عَسْجَد : ذَهَب gold
عَسُرَ، عَسِرَ to be difficult, hard
عَسَّرَ to make difficult or hard
عَسِر ـ راجع عَسِير
عُسْر difficulty; distress; poverty
عُسْرُ الهَضْم indigestion, dyspepsia
عَسَس patrol, night watch(men)
عَسْف : ظُلْم tyranny, arbitrariness, oppression; injustice, inequity

عَسْكَرَ : خَيَّمَ to camp, encamp, tent
عَسْكَر : جُنْد، جَيْش soldiers, troops, soldiery, army
عَسْكَرِيّ : حَرْبِيّ military, army-
عَسْكَرِيّ : جُنْدِيّ soldier, private
عَسَل honey
شَهْرُ العَسَل honeymoon
قُرْصُ العَسَل honeycomb
عَسَلِيّ honey; honey-colored
عَسِير difficult, hard, arduous, tough
عُشّ (الطائِرِ) : وَكْر، وَكْن nest
عَشَّى : قَدَّمَ العَشاءَ لِـ to give dinner to
عَشاء : طَعامُ المَساء dinner, supper
عِشاء : عَشِيّ، مَساء evening, eve
عَشائِرِيّ : قَبَلِيّ clannish, tribal
عُشْب grass, herbage; pasture; herb
عُشْبَة herb, plant; wort
عُشْبِيّ herbaceous, herbal, grassy
عُشْر، عِشْر ($\frac{١}{١٠}$) (one) tenth
عَشَرَة (١٠) ten
عِشْرَة : صُحْبَة association, companionship, company, intimacy
عِشْرُون (٢٠) twenty
عُشْرِيّ، عُشْرِيّ [رياضيات] decimal
كَسْرٌ عُشْرِيّ decimal fraction
عَشَّشَ (الطائِرُ) : اِتَّخَذَ عُشًّا to nest, build or settle in a nest

عَشِقَ to love passionately, adore, be in love with, be enamored of
عِشْق (passionate) love, passion
عَشْوائِيّ random, haphazard, aimless, purposeless
عَشْوائِيًّا at random, random(ly), haphazard(ly), aimlessly, purposelessly, blindly, hit or miss
عَشِيّ، عَشِيَّة : مَساء evening, eve
عَشِيَّةَ كَذا on the eve of
عَشِير : رَفِيق companion, comrade
عَشِيرَة : قَبِيلَة clan, kinsfolk; tribe
عَشِيق love(r), sweetheart
عَشِيقَة sweetheart, mistress
عَصَى : خَرَجَ عَنِ الطّاعَة to disobey; to resist, oppose; to revolt against
عَصاً : قَضِيب، عُود stick, staff, rod
عَصاً : عُكّاز walking stick, cane
عَصاً : صَوْلَجان scepter, mace, wand
عُصاب : اِضْطِرابٌ عَصَبِيّ neurosis
عِصابَة : زُمْرَة، جَماعَة gang, ring; band, group, troop, company
عِصابَة : رِباط band; bandage, dressing, swathe
عِصابَةٌ لِلرَّأْس headcloth, headband
عِصابَةٌ لِلْعَيْنَيْن blindfold
رَجُلُ عِصابَة، عُضْوٌ في عِصابَة gangster
عَصّارَة : آلَةُ العَصْر juicer, press, squeezer, wringer, mill
عُصارَة : عَصِير، خُلاصَة juice, sap; extract, extraction, essence
عِصامِيّ : بَنَى نَفْسَهُ بِنَفْسِه self-made
عَصَبَ : رَبَطَ to fold, tie, bind, wrap
عَصَبَ : ضَمَّدَ to bandage, dress
عَصَبَ العَيْنَيْن to blindfold, muffle
عَصَب [تشريح] nerve
عُصْبَة league, union; coterie, clique, circle, set, group, troop
عُصْبَةُ الأُمَم League of Nations
عَصَبِيّ nervous
عَصَرَ : ضَغَطَ to press (out), squeeze (out), compress, wring
عَصْر : بَعْدَ الظُّهْر afternoon
عَصْر : دَهْر، زَمَن age, era, epoch, time, period
عَصْرَنَ : حَدَّثَ to modernize, update
عَصْرِيّ modern, up-to-date, new
عَصَفَ (ـتِ الرِّيحُ) to storm, rage, blow violently
عُصْفُر : قِرْطِم (نبات) safflower
عُصْفُور (طائر) sparrow; finch; bird
عُصْفُورُ الجَنَّة swallow
عُصْفُورٌ دُورِيّ sparrow
عُصْفُورُ الشَّوْك hedge sparrow
عَصَمَ : حَفِظَ to (safe)guard, protect
عَصَمَ : مَنَعَ to prevent, restrain
عِصْيان disobedience, insubordination; insurrection, rebellion

عَصِيب : حَرِج، صَعْب critical, crucial, grave, serious, difficult
عَصِيدَة : ثَرِيد porridge, gruel
عَصِير : عُصَارَة، شَرَاب juice, syrup
عَضَّ : أَمْسَكَ بِأَسْنانِه to bite
عُضَال : مُزْمِن، مُسْتَعْصٍ chronic, inveterate, incurable, irremediable
عَضَّة : المَرَّة مِنْ عَضَّ bite
عَضَدَ : أَعَانَ to support, back (up), help, aid, assist
عَضُد [تشريح] upper arm, brachium
عَضَلَة [تشريح] muscle
عَضَلِيّ muscular, muscle
عُضْو (مِنْ أَعْضاءِ الجِسْم) organ, member, limb, (bodily) part
عُضْو (في جَمْعِيَّةٍ إلخ) member
عُضْوِيّ organic
عُضْوِيَّة (في جَمْعِيَّةٍ إلخ) membership
عَطاء، عَطاً : مِنْحَة ـ راجع عَطِيَّة
عَطاء : عَرْض tender, bid, offer
عَطَّار : بائِعُ العِطْر perfumer, druggist
عَطَّار : بائِعُ البَهارات spice dealer
عُطارِد [فلك] Mercury
عَطِبَ to be damaged, impaired
عَطَب damage, injury, harm; impairment, spoilage, wreck(age)
عَطَّرَ to perfume, scent; to aromatize
عَطِر، عِطْرِيّ sweet-smelling, fragrant, aromatic, perfumed
عِطْر : طِيب perfume, scent; essence
عِطْر : كُولُونيَا (eau de) cologne
عَطَسَ : أَتَتْهُ العَطْسَة to sneeze
عَطْسَة : المَرَّةُ مِنْ عَطَسَ sneeze
عَطِشَ : ظَمِئَ to be thirsty, feel thirsty, suffer thirst, thirst
عَطَّشَ to make thirsty, cause to thirst
عَطَش : ظَمَأ thirst
عَطْشان، عَطِش : ظَمْآن، ظَمِئ thirsty
عَطَفَ : حَنَى to bend, incline, curve, bow, twist, turn
عَطَفَ على : حَنَّ to sympathize with, feel for, pity
عَطْف : حَنان sympathy, compassion, pity, feeling, affection
عَطَّلَ to break down; to leave without work; to disable, cripple; to suspend; to deactivate, defuse
عُطْل failure, breakdown, trouble, disorder; defect(iveness)
عُطْلٌ وضرر ـ راجع ضرر
عُطْلَة holiday(s), vacation, recess
عُطْلَةُ (نِهايَةِ) الأُسْبُوع weekend
عَطِن : نَتِن putrid, rotten; stinking
عَطُوف sympathetic, compassionate, pitiful, affectionate, loving
عَطِيَّة : مِنْحَة gift, present; grant, donation; bonus
عَظَاءَة : سِحْلِيَّة، سِقَايَة lizard

عِظَة : مَوْعِظَة sermon; preachment
عِظَة : عِبْرَة lesson, example
عَظُمَ to be(come) great, big, large; to grow, increase
عَظَّمَ to glorify, exalt, extol; to aggrandize, enlarge, magnify
عَظْم ، عَظْمَة bone; piece of bone
عَظَمَة : فَخَامَة grandeur, grandness, greatness, magnificence, majesty
عَظْمِيّ osseous, osteal, bony, bone
هَيْكَلٌ عَظْمِيّ skeleton
عَظِيم great, big, large; huge, enormous; grand, grandiose, majestic; mighty, strong; important
عَفَّ to be chaste, modest, virtuous
عَفَّ عن to abstain from, keep from
عَفَا عن to forgive, pardon, excuse
عِفَّة ، عَفَاف abstinence, continence, virtue, chastity, modesty
عِفْرِيت : شَيْطان afreet, demon, devil
عِفْرِيت (السَّيَّارَة) (automobile) jack
عَفْص (شجر) gall oak
عَفِنَ : تَعَفَّنَ to rot, decay, decompose, putrefy, spoil; to mold
عَفَن : عُفُونَة ، فَساد mold; rot(tenness), decay, decomposition, putridity
عَفِن : مُتَعَفِّن rotten, putrid, decayed, decomposed, moldy, foul
عَفُوّ : صَفُوح forgiving, indulgent
عَفْو : صَفْح pardon, forgiveness

عَفْواً : مَعْذِرَةً I beg your pardon! pardon me! excuse me!
عَفْواً : تِلْقائِياً spontaneously, automatically; by oneself
عُفُونَة ـ راجع عَفَن
عَفْوِيّ : تِلْقائِيّ spontaneous, unprompted, automatic, impulsive
عَفِيف : ذُو العِفَّة chaste, continent, pure, modest, virtuous
عَقَائِدِيّ ideological; doctrinal
عُقَاب : نَسْر (طائر) eagle
عِقَاب : جَزاء ، عُقُوبَة punishment, penalty, sanction
عَقَار real estate, real property
عَقَّار : دَواء drug, medicine, medicament, medication, remedy
عَقَارِيّ : خاصٌّ بِالعَقَارات landed, land, real real, estate
عِقَال (الرَّأْس) headband, headcord
عَقَبَ : تَبِعَ to follow, succeed
عَقَّبَ على : عَلَّقَ على to comment on
عَقِب : مُؤَخَّرُ القَدَم ، كَعْب heel
عَقِب : وَلَد child, offspring
عَقِب : آخِر ، بَقِيَّة end; remainder, rest; butt, stub, stump
عَقِبَ كَذا ، في أَعْقابِ كَذا (immediately) after, subsequent to, following
عَقَبَة : عائِق obstacle, hindrance, impediment, barrier, obstruction
عَقَدَ : رَبَطَ to knot, tie; to fasten

عَقَدَ : أَبْرَمَ to conclude, make
عَقَدَ اجْتِماعاً أو جَلْسَةً to hold (convene, call) a meeting or session
عَقَدَ مُحادَثاتٍ to hold talks, discuss, talk, dialogue, confer
عَقَّدَ : صَعَّبَ to complicate; to make complicated, complex, difficult
عَقْد : اِتِّفاق contract; agreement
عَقْد : قَنْطَرَة arch, vault
عَقْد : عَشْرُ سَنَوات decade
عِقْد : قِلادَة necklace; collar
عُقْدَة : أُنْشوطَة knot, loop; snarl
عُقْدَة : عُجْرَة knot, knur, knob, node, nodule, tubercle
عُقْدَة : وَحْدَةٌ لِلسُّرْعَة، مِيلٌ بَحْرِيّ knot
عُقْدَة (نَفْسِيَّة) : مُرَكَّب complex
عُقْدَة (الرِّوايَةِ أو المَسْرَحِيَّة) plot
عُقْدَة : مُشْكِلَة problem, knot
عُقْدَةٌ صَفْراء : كُرْكُم turmeric
عَقَرَ : جَرَحَ to wound, injure
عَقَرَ : ذَبَحَ to slaughter, butcher
عُقْر : عُقْم barrenness, sterility
في عُقْرِ دارِه on his own ground, in his own house (place, country)
عَقْرَب : دُوَيْبَّةٌ سامَّة scorpion
عَقْرَب (السَّاعَةِ) hand, pointer
بُرْجُ العَقْرَب [فلك] Scorpio
عَقَصَ : ضَفَرَ to braid, plait
عَقْعَق (طائر) magpie

عَقَفَ : حَنَى to crook, bend, curve
عَقَلَ : فَهِمَ to realize, understand, comprehend, grasp, conceive
عَقَلَ : قَيَّدَ to hobble, fetter
عَقْل mind, intellect, brain, reason
عَقْلٌ إلِكْترُونِيّ computer
العَقْلُ الباطِن the unconscious
عَقْلانِيّ rational, reasonable, intellectual, intellective, mental
عَقْلِيّ mental, intellectual, rational
عَقْلِيَّة : ذِهْنِيَّة، عَقْل mentality, mind
عَقَّمَ (مِنَ الجَراثِيم) to sterilize, disinfect, antisepticize; to pasteurize
عُقْم، عَقْم sterility, barrenness
عُقُوبَة ـ راجع عِقاب
عُقُوق : عاقّ ـ راجع عاقّ
عَقِيد (في الجَيْش) colonel
عَقِيد (في القُوّاتِ البَحْرِيَّة) captain
عَقِيدَة : مَذْهَب belief, faith, creed; cult; tenet, doctrine; ideology
عَقِيق : حَجَرٌ شِبْهُ كَرِيم agate
عَقِيقٌ أَحْمَر carnelian; garnet
عَقِيقٌ يَمانِيّ onyx
عَقِيلَة : زَوْجَة، قَرِينَة wife, spouse
عَقِيم : عاقِر sterile, barren
عَقِيم : بِلا جَدْوَى futile, useless, unavailing, unfruitful, abortive, vain
عُكَّاز، عُكَّازَة crutch; walking stick, cane; staff, stick

عَكِرَ : تَكَدَّرَ to be turbid, muddy; to be disturbed, troubled
عَكَّرَ : كَدَّرَ to muddy, muddle; to disturb, disorder, unsettle
عَكِر turbid, muddy; troubled, disturbed, disordered, unsettled
عَكَزَ على to lean on (a staff, etc.)
عَكَسَ : قَلَبَ to reverse, invert
عَكَسَ (الضَّوْءَ) to reflect, mirror
عَكَسَ : أَظْهَرَ، أَبْدَى to reflect, mirror, show, demonstrate, express
عَكْس : نَقِيض، ضِدّ reverse, inverse, converse, counter, opposite
بالعَكْس، على العَكْس on the contrary
بالعَكْس : عَكْسِياً ـ راجع عَكْسِياً
والعَكْسُ بِالعَكْس vice versa
عَكْسِيّ contrary, opposite, adverse, counter(active), converse; inverse; reverse, backward
عَكْسِياً backward(s), in reverse, reversely; conversely; inversely
عَكَفَ على to devote or dedicate oneself to; to engage in; to be engaged in, occupied with
عَلَّ : لَعَلَّ perhaps, maybe
عَلا : اِرْتَفَعَ to rise (high), go up; to be high, lofty; to be loud
عَلَّى : رَفَعَ to raise, lift (up), hoist (up), boost, jack up, hike
عَلَّى صَوْتَهُ to raise one's voice
عَلَّى صَوْتَ المِذْياع إلخ to turn up
عَلَى : فَوْقَ on, upon, above, over
عَلَى : عِنْدَ at, on, by
عَلَى أَنْ provided that, on the condition that, if, as long as
عَلَى أَنَّ however, but, yet, still
(و) عَلَيْهِ accordingly, therefore, so
عَلَيْكَ (أَنْ) you have to, should, must, ought to; it is your duty to
عُلًى، عَلاء highness, sublimity; eminence, high rank, prestige, glory
عِلاج : دَواء remedy; cure, medicine, medicament, medication, drug
عَلاقَة : صِلَة relation(ship), connection, contact; bond, tie, link
عَلاقَاتٌ عامَّة public relations
عَلَّاقَة (ثِيَاب) (coat) hanger
عَلَّاقَة (مَفَاتِيح) key holder
عَلامَ؟ wherefore? what for? why?
عَلامَة : إشارَة mark, sign, indication, token; insignia; emblem
عَلامَة (على امْتِحان) grade, mark
عَلامَةُ اسْتِفْهام question mark
عَلَّامَة ـ راجع عالِم
عَلانِيَة : جَهْر openness, publicness
عَلانِيَةً openly, publicly, in public
عِلاوَة increase, raise, allowance; bonus, premium; addition
عِلاوَةً عَلَى in addition to, over and

above, along with, as well as

عَلَّبَ to can, tin; to pack, package; to box; to case, encase

عُلْبَة box, case; pack(et), package

عُلْبَة (طَعَامٍ مَحْفُوظ) can, tin, tincan

عُلْبَةُ كَرْتُون carton

عِلَّة : مَرَض disease, malady, ailment; illness, sickness; disorder

عِلَّة : عَيْب defect, flaw, fault, shortcoming, drawback, disadvantage

عِلَّة : سَبَب cause, reason

عُلْجُوم : ضِفْدِعُ الطِّين (حيوان) toad

عَلَفَ (الدَّابَّةَ) : أَطْعَمَها to feed, fodder

عَلَف fodder, forage, provender

عَلِقَ بِـ : وَقَعَ to get caught in, catch in, get stuck in

عَلِقَ بِـ : تَعَلَّقَ بِـ - راجع تَعَلَّقَ بِـ

عَلَّقَ : دَلَّى to hang (down), suspend, dangle, let hang, sling

عَلَّقَ بِـ : رَبَطَ ، ثَبَّتَ to attach, fasten, tie; to post, affix, stick

عَلَّقَ (مَفْعُولَ كَذَا) to suspend

عَلَّقَ على : عَقَّبَ على to comment on

عَلَّقَ أَهَمِّيَّةً (to) to attach importance (to)

عَلَق ، عَلَقَة : دُودَةُ العَلَق leech

عَلْقَم : حَنْظَل (نبات) colocynth

عَلَكَ : مَضَغَ to chew, masticate

عِلْك ، عِلْكَة chewing gum, gum

عَلَّلَ : بَرَّرَ ، فَسَّرَ to justify, warrant

عَلِمَ (بِـ) to know (of); to be aware of, cognizant of, acquainted with, familiar with, informed about; to learn (about), find out (about)

عَلَّمَ : دَرَّسَ to teach, instruct, school, educate, tutor

عَلَّمَ : وَسَمَ to mark, label

عَلَم : رايَة flag, banner, standard

عَلَم : شَخْصٌ بارِز distinguished personality; master; authority; star

عِلْم science; knowledge, learning; cognizance, awareness

عِلْمُ الآثار archaeology

عِلْمُ الاجْتِماع sociology

عِلْمُ الأَحْياء ، عِلْمُ الحَياة biology

عِلْمُ الأَخْلاق ethics, morals

عُلومٌ إِنسانِيَّة humanities

عِلْمُ البَلاغَةِ أو البَيان rhetoric

عِلْمُ البِيئَةِ أو البِيئِيَّات ecology

عِلْمُ التَّشْرِيح anatomy

عِلْمُ الحَيَوان zoology

عِلْمُ الذَّرَّة atomistics; atomics

عِلْمُ الرِّياضِيَّات mathematics

عِلْمُ الزِّراعَة agriculture, agronomy

عِلْمُ السُّكّان demography

عِلْمُ السِّياسَة ، عُلومٌ سِياسِيَّة political science(s), politics

عِلْمُ الطَّبِيعَة physics

عِلْمُ الفَلَك astronomy

عِلْمانِيّ ـــــــــ ٢٨٤ ـــــــــ عَمَّرَ

عِلْمُ الكَوْنِيَّات، عِلْمُ الكَوْن cosmology
عِلْمُ اللُّغَة linguistics, lexicology
عِلْمُ المَنطِق logic
عِلْمُ النَّبات botany
عِلْمُ النَّحو grammar; syntax
عِلْمُ النَّفس psychology
عِلْمُ الوِراثَة genetics
عِلْمُ وَظائِفِ الأعْضاء physiology
عِلْمانِيّ secular, lay, laic(al)
عِلْمِيّ scientific; learned; scholarly
عَلَن، عَلَناً ـ راجع عَلانِيَة، عَلانِيَةً
عَلَنِيّ، عَلِن open, overt, public
عَلَنِيَّة ـ راجع عَلانِيَة
عُلُوّ height, altitude, elevation; highness, loftiness; loudness
عُلْوِيّ: فَوْقِيّ upper, higher; upstairs; superior, supreme
عَلْياء: سَماء heavens, sky, firmament
عَلْياء: عُلُوّ ـ راجع عُلُوّ
عُلِّيَّة (البَيْت) attic, garret, loft
عِلْيَةُ القَوْم upper class, elite, VIPs
عُلَّيْق (نبات) bramble, blackberry
تُوتُ العُلَّيْق raspberry
عَلِيل: مَرِيض ـ راجع مُعْتَلّ
عَلِيل: لَطِيف soft, gentle, mild, light
عَمَّ: سادَ to prevail in, reign in, spread through or over; to be prevailing, general, common

عَمّ: أخو الأب uncle, paternal uncle
عَمّ: أبو الزَّوْجِ أو الزَّوْجَة father-in-law
عَمَّ، عَمَّا about what, of what
عَمىً: فِقْدانُ البَصَر blindness
عِماد: دِعامَة support, prop, stay, rest, shore, brace, buttress, pillar
عِماد: لِواء general, major general
عِمارَة building, edifice, structure
فَنُّ (هَنْدَسَةُ) العِمارَة architecture
عَمالَة، عِمالَة: ضِدّ بِطالَة employment
عَمالَة: خِيانَة treason, treachery
عُمّالِيّ labor, worker's, blue-collar
عِمامَة: لِباسٌ لِلرَّأس turban
عُمان Oman
عُمانِيّ Omani
عَمَّة: أُخْتُ الأب aunt, paternal aunt
عَمَدَ إلى أو لِـ to resort to; to undertake, embark upon; to turn to
عَمَّدَ (الوَلَدَ) to baptize, christen
عَمْد intent(ion), purpose, design; premeditation, willfulness
عَمْداً، عَنْ عَمْد on purpose, intentionally, deliberately, willfully
عُمْدَة (المَدِينَةِ إلخ) mayor; governor
عُمْدَة (الكُلِّيَّةِ إلخ) faculty
عَمْدِيّ ـ راجع مُتَعَمَّد
عَمَرَ: سَكَنَ to inhabit, live in, dwell in
عَمَّرَ: عاشَ طَوِيلاً to live long

to build, construct, erect عَمَّرَ: بَنَى
age عُمْر، عُمُر: سِنّ
life(time), life span عُمْر، عُمُر: حَيَاة
how old are you? ما عُمْرُك؟
building, construction; civilization, culture; populousness عُمْران
minor hajj, minor pilgrimage to Mecca عُمْرة [شريعة إسلامية]
to deepen, be or become deep(er) or (more) profound عَمُقَ
to deepen, make deep(er) عَمَّقَ
depth, deepness, profoundness; bottom, innermost عُمْق، عُمُق
to do, make; to act; to perform, carry out; to produce عَمِلَ: فَعَلَ
to work; to toil, labor; to function, operate, run عَمِلَ: إشْتَغَلَ
to work toward(s), endeavor to, strive to, aim at عَمِلَ على
act, deed, action عَمَل: فِعْل، صَنِيع
work; labor; job; occupation, business, profession, career, trade; employment عَمَل: شُغْل
pursuant to, according to, in conformity with, by virtue of عَمَلاً بِـ
giant; gigantic عِمْلاق
currency, money عُمْلَة، عِمْلَة: نَقْد
practical, practicable, feasible, workable, realistic, pragmatic عَمَلِيّ
practically, in practice عَمَلِيّاً
operation; process; procedure; act(ion), activity عَمَلِيَّة
transaction, deal عَمَلِيَّةٌ تِجارِيَّة
(surgical) operation, surgery عَمَلِيَّةٌ جِراحِيَّة
(military) operation عَمَلِيَّةٌ عَسْكَرِيَّة
to generalize عَمَّمَ: أَطْلَقَ، ضِدّ خَصَّصَ
to popularize, publicize, circulate, spread, send out عَمَّمَ: نَشَرَ
about whom, of whom عَمَّن
column, pillar, post, pole, pier عَمُود
spinal column, spine, vertebral column, backbone العَمُودُ الفِقْرِيّ
vertical, perpendicular عَمُودِيّ
vertically; perpendicularly عَمُودِياً
commission, brokerage عُمُولَة
whole, entire; all (of) عُمُوم: كُلّ
the public, the people العُمُوم
in general, generally, on the whole, by and large عُموماً، على العُمُوم
public; state; general, common, universal عُمُومِيّ
to be or become blind عَمِيَ: فَقَدَ بَصَرَهُ
chief, head, leader عَمِيد: سَيِّد
dean عَمِيد (كُلِّيَّة إلخ)
brigadier general عَمِيد: رُتْبَة عَسْكَرِيَّة
commodore عَمِيدٌ في القُوّاتِ البَحْرِيَّة
deep, profound عَمِيق: ذُو عُمْق
agent, representative عَمِيل: وَكِيل

عَمِيل : زَبُون client, customer
عَمِيل (سِيَاسِيّ) : مُرْتَزِق agent; hireling, mercenary; traitor
عَمِيلُ جُمْرُكِيّ customs broker, customs agent
عَنْ : مِنْ from; off, away from
عَنْ : بِدَافِع out of, motivated by
عَنْ : حَوْلَ about, on, over, regarding, concerning, with respect to
عَنْ : بِالنِّيَابَةِ عَنْ for, on behalf of
عَنَى : قَصَدَ، أَرَادَ to mean, intend
عَنَى : أَفَادَ مَعْنًى to mean, denote
عَنَاهُ الأَمْرُ to concern, affect, interest, mean; to worry, disquiet
عُنِيَ بِـ - راجعها في مكانها
يَعْنِي، أَعْنِي i.e., that is, that is to say, namely, viz.
عَنَاء : تَعَب، كَدّ pains, trouble, effort, toil, labor, hard work
عُنَّاب (نبات) jujube
عُنَّابِيّ (اللَّوْن) russet, burgundy
عِنَاد : مُعَانَدَة stubbornness, obstinacy, adamancy, intransigence
عِنَايَة : رِعَايَة care, keeping, protection, custody; attention, heed
عِنَايَة : حَيْطَة care(fulness), caution
العِنَايَةُ الإِلٰهِيَّة divine providence
عِنَب (نبات) grape(s)
عَنْبَر : مادَّةٌ شَمْعِيَّة ambergris
عَنْبَر : مَخْزَن warehouse, magazine, storehouse, depot, store(room)
عَنْبَر : مَخْزَنُ السَّفِينَةِ أو الطَّائِرَة hold, cargo deck, cargo department
عَنْبَر : حَظِيرَةُ طائِرات hangar, shed
عُنْجُهِيَّة arrogance, haughtiness
عِنْدَ at, by, near; on, upon; with; when, at the time when, as
عِنْدَ الحاجَة، عِنْدَ الاقْتِضاء if need be, in case of need, if necessary
عِنْدِي : لَدَيَّ، أَمْلِكُ I have
عِنْدَئِذٍ : حِينَئِذٍ then, at that time
عَنْدَلِيب (طائر) nightingale
عِنْدَمَا when, as; while, during
عَنْز، عَنْزَة (حيوان) she-goat
عُنْصُر : عِرْق، جِنْس race, stock
عُنْصُر : مادَّة، عامِل element; constituent, ingredient; factor
عُنْصُر (كيميائِيّ) (chemical) element
العَنْصَرَة، عِيدُ العَنْصَرَة Whitsuntide; Whitsunday, Pentecost
عُنْصُرِيّ racial; ethnic; racist
عَنُفَ to intensify, heighten, strengthen; to be(come) violent, severe
عَنَّفَ : وَبَّخ to scold, upbraid, chide
عُنْف violence; vehemence, fierceness, intensity, toughness; force
عَنَفَة : تُرْبِينَة turbine
عُنْفُوان vigor; prime, bloom; power, might, force; pride, haughtiness

عُنُق، عُنْق : رَقَبَة neck
عُنْقُود cluster, bunch; raceme
عُنْقُودُ عِنَب bunch of grapes
عَنْكَبُوت (حيوان) spider
بَيْتُ العَنْكَبُوت cob(web), spiderweb
عُنْوان : رَأْسِيَّة title, heading, headline
عُنْوان (الشَّخْص أو المَكَان) address
عُنْوان : رَمْز، مِثال epitome, symbol, image, typical example
عَنْوَةً by force, forcibly, coercively
عَنْوَنَ to entitle, title; to address
عُنِيَ بِـ to take care of, look after, see to, tend, watch over
عَنِيد stubborn, obstinate, inflexible, adamant, intransigent
عَنِيف violent, vehement, fierce, harsh, severe, drastic, tough
عَهِدَ : عَرَفَ to know, be familiar with
عَهِدَ : رَعَى ـ راجع تَعَهَّدَ
عَهِدَ إِلَيْهِ بِـ to entrust to; to entrust with, charge with; to authorize to
عَهْد : مِيثَاق covenant, compact, convention, pact, treaty, agreement
عَهْد : وَعْد، اِلْتِزام pledge, vow, promise; commitment, obligation
عَهْد : عَصْر، زَمَان epoch, era, time, period, age
عَهْد : حُكْم reign, rule, period, regime; term (of office)
العَهْدُ الجَدِيد the New Testament
العَهْدُ القَدِيم the Old Testament
عُهْدَة : رِعَايَة care, keeping, protection, custody, guardianship
عَوَى to howl, yelp, yowl
عَوَّاد : عازِفُ العُود lutist, lutanist
عَوَّامَة buoy; raft, pontoon, float
عَوَّامَةُ النَّجاة life buoy
عَوِجَ ـ راجع اِعْوَجَّ
عَوَّجَ to bend, crook, curve, twist
عَوَّدَ على to accustom to, habituate to, inure to, make used to
عُود : عَصاً، قَضِيب stick, rod
عُود : خَشَب wood
عُود : خَشَبٌ عَطِر aloes (wood)
عُود : مِزْهَر (آلَةٌ مُوسِيقِيَّة) lute
عُودُ أَسْنان toothpick
عُودُ الثِّقَابِ أو الكِبْرِيت match(stick)
عَوْدَة return(ing), coming back, going back; resumption
عَوْرَة : سَوْءَة private parts, genitals
عَوْرَة : عِلَّة defect, fault, blemish
عَوَز : فَقْر lack, want, need(iness), destitution, poverty, indigence
عَوْسَج : نَبَاتٌ شائِك boxthorn
عَوَّضَ to compensate, recompense; to repair, redress, remedy, make good; to make up for
عِوَض substitute, offset, compensation, recompense; consideration

عِوَضَ، عِوَضاً عن instead of, in place of, in lieu of, as a substitute for

عَوَّقَ - راجع أَعاقَ

عَوَّلَ على : إِعْتَمَدَ، اِتَّكَلَ to rely on, depend on, count on; to trust (in)

عَوَّمَ : جَعَلَهُ يَعُوم to float, buoy up

عَوِيص abstruse, recondite, difficult; complicated, complex, intricate

عَوِيل wail(ing), lament(ation)

عِيَادَة : زِيَارَة visit, call

عِيَادَة (الطَّبِيبِ) clinic, office

عِيَار : مِقْياس standard; gauge, (standard) measure(ment); caliber

عِيَارٌ نارِيّ shot, gunshot

عَيْب : نَقِيصَة defect, fault, blemish, shortcoming, drawback

عَيْب : عار، خِزْي shame, disgrace

عَيَّدَ to celebrate a feast

عِيد feast, feast day, festival, holiday

عِيدُ الاسْتِقْلال Independence Day

عِيدُ الأَضْحَى Greater Bairam

عِيدُ الأُمّ Mother's Day

عِيدُ انْتِقالِ العَذْراء Assumption

عِيدُ البِشارَة Annunciation

عِيدُ التَّجَلِّي Transfiguration (Day)

عِيدُ جَمِيعِ القِدِّيسِين All Saints' Day

عِيدُ رَأْسِ السَّنَة New Year's Day

عِيدٌ سَنَوِيّ anniversary

عِيدُ الشُّكْر Thanksgiving Day

عِيدُ الصُّعُود Ascension Day

عِيدُ الظُّهُورِ أو الغِطاس Epiphany

عِيدُ العَلَم flag day

عِيدُ العُمَّال Labor Day, May Day

عِيدُ العَنْصَرَة Whitsunday, Pentecost

عِيدُ الفِصْح، عِيدُ القِيامَة Easter

عِيدُ الفِطْر Lesser Bairam

عِيدٌ مِئَوِيّ centennial, centenary

عِيدُ المَرْفَع carnival

عِيدُ المَوْلِدِ النَّبَوِيِّ الشَّرِيف the Prophet's Birthday

عِيدُ المِيلاد Christmas, Xmas

عِيدُ مِيلادِ شَخْص birthday

عِيدِيَّة feast's gift or present (given on the occasion of a feast)

عَيَّرَ : هَزَأَ بِـ، عابَ to gibe, taunt, scoff at; to reproach, rebuke

عَيْر : حِمَارُ الوَحْش wild ass, onager

عَيَّشَ to keep alive, let or make live

عَيْش، عِيشَة : حَيَاة life; living

عَيْش : خُبْز bread

عَيَّنَ : حَدَّدَ to specify, determine, fix, pinpoint, identify, set, appoint

عَيَّنَ (في مَنْصِب) to appoint, assign

عَيْن : عُضْوُ البَصَر eye

عَيْن : يَنْبُوع spring, source, fountainhead, headspring, wellspring

عَيْن : جاسُوس spy

عَيْن : نَقْد، مِلْك cash; property

عَيْن : وَجِيه notable, dignitary, VIP

عَيْن (كذا)، عَيْنُهُ، بِعَيْنِهِ : نَفْسُهُ the same

عَيْناً in kind, in specie

عَيِّنَة : نَمُوذَج sample, specimen

عَيْنِيّ : ذُو عَلَاقَةٍ بِالعَيْن ocular, eye-

عَيْنِيّ : عَقَارِيّ real (estate), land(ed)

عَيْنِيّ : غَيْرُ نَقْدِيّ in kind, in specie

عَيِيَ (في النُّطْقِ أو الكَلام) to falter, hem and haw, stammer, stutter

غ

absent, not present, not there غائِب

feces, excrement, stool غائِط : بِراز

cloudy, overcast غائِم : مُغَيِّم

to absent oneself, be absent, fail to show up غابَ : تَخَلَّفَ عَنِ الحُضُور

to disappear, vanish; to hide (oneself), be hidden غابَ : اِخْتَفَى

to set, go down غابَ : أفَلَ، غَرَبَ

to be far from; to leave, quit, part with, desert غابَ عن

to lose consciousness, become unconscious, faint, swoon, pass out غابَ عن صَوَابِهِ أو وَعْيِهِ

forest, wood, thicket, woodland, jungle غاب، غابَة : حَرَجَة

past, bygone, elapsed غابِر : ماضٍ

to leave, depart from, go away from, go out of, quit غادَرَ

to sink, sink down, sink in, fall in, cave in, collapse غارَ : اِنْخَسَفَ

to penetrate (into) غارَ في : دَخَلَ

to be jealous of غارَ مِنْ

cave, cavern, grotto غار : كَهْف

laurel, bay; daphne غار (نبات)

raid, invasion, foray, attack غارَة

gardenia غارْدينيا (نبات)

drowned; sunk; sunken غارِق

gas غاز

invader, raider, attacker غازٍ (الغازي)

to court, woo, show love to غازَلَ

gaseous غازِيّ : مَنْسُوبٌ إلى الغاز

unjust, unfair; oppressive, tyrannical; outrageous; brutal غاشِم

to dive into, plunge into, submerge in, sink into غاصَ في أو على

angry, furious, wrathful, mad, enraged, infuriated, vexed غاضِب

غاظَ ـ راجع أغاظَ

asleep; sleeping غافٍ (الغافِي) : نائِم

to take unawares, take by surprise, surprise غافَلَ : باغَتَ

inattentive, inadvertent, unmindful, unaware, negligent غافِل : ساهٍ

cormorant, shag غاق : طائِرٌ مائِيّ

crow غاق : غُراب

غال : قُفْل padlock; lock, latch
غالٍ (الغالي) : غَيْرُ رَخِيص expensive, high-priced, costly, dear
غالٍ : ثَمِين dear, valuable, precious, costly, invaluable
غالٍ : عزِيز dear, (well-)beloved, dearly loved, cherished
غالٍ : في حالةِ الغَلَيَان boiling, ebullient, bubbling (up)
غالَى في to exaggerate, overstate, overdo, be excessive in
غالَبَ to fight, combat; to contend with, struggle with, wrestle with
غالِب : ظافِر، مُنْتَصِر victor, conqueror; winner; victorious, triumphant
غالِب : سائِد (pre)dominant, preponderant, prevailing
غالباً، في الغالب in most cases, mostly, generally, in general, most of the time; most probably
غالبِيَّة : أغْلَبِيَّة majority
غالُون gallon
غالِيري gallery; furniture showroom
غامَ (ـتِ السَّماءُ) to cloud (over), become cloudy or overcast
غامَرَ (بـ) to venture, risk, hazard, stake, take a risk, take a chance
غامِض obscure, vague, ambiguous, equivocal, unclear, mysterious
غامِق : داكِن، قاتِم dark, deep
غانِيَة beauty, beautiful woman
غايَة : هَدَف purpose, aim, goal, end, object(ive), intent(ion)
غايَة : أقْصَى utmost, extreme, limit
لِغايَةِ كَذا as far as, up to, to the degree of, until, till
لِلْغايَة، في غايَةِ كَذا extremely, highly, greatly, too, very
غايَرَ : خالَفَ to differ from, be in contrast with; to be contrary to, inconsistent with, incompatible with
غِبَّ : بَعْدَ after, following
زارَ غِبًّا to visit at intervals
غَباء، غَباوَة stupidity, foolishness
غُبار، غَبَرَة dust
غَبَرَ : مَضَى to pass, elapse, go by
غَبَطَ : تَمَنَّى مِثْلَ حالِ فُلان to envy
غِبْطَة : سَعادَة happiness, bliss, felicity
غِبْطَة : طُوبَى beatitude, blessedness
غَبَنَ : ظَلَمَ to wrong, aggrieve; to prejudice; to cheat, defraud
غَبْن، غُبْن injustice, inequity, wrong; prejudice, detriment; cheat(ing)
غَبِيّ stupid, foolish, silly, dumb, dim-witted; fool, idiot, simpleton
غَثَى، غَثِيَ (ـتْ نَفْسُهُ) to nauseate, feel nausea, be nauseated, feel or become sick, be disgusted
غَثْي، غَثَيان nausea, sickness, disgust
غَد، الغَد، غَداً، في الغَد tomorrow
بَعْدَ غَد the day after tomorrow
غَدَا : صارَ to become, grow, turn

غَدَّى : قَدَّمَ الغَدَاءَ لِـ to give lunch to
غَدَاء : طَعَامُ الظُّهْر lunch, luncheon
غَدَاة : غُدْوَة، بُكْرَة early morning
غَدَّار perfidious, disloyal, treacherous, traitorous, false, untrue; traitor, betrayer, double-crosser
غُدَاف : غُرَاب (طائر) raven; rook
غُدَّة [تشريح] gland
غَدَرَ، غَدِرَ (فُلاناً أو بِهِ) to betray, sell out, be disloyal to; to double-cross, deceive, cheat
غَدْر perfidy, betrayal, treachery, disloyalty; double cross
غُدْوَة : بُكْرَة early morning
غَدِير brook, creek, rill, small stream
غَذَّى to feed, nourish, nurture
غِذَاء : قُوت nourishment, nutriment, nurture, nutrient, food
غَرَّ : خَدَعَ to deceive, mislead, fool; to lure, tempt; to dazzle, blind
غِرّ : عَدِيمُ الخِبْرَة inexperienced, unskilled; naive, artless, gullible
غِرّ، مُجَنَّدٌ غِرّ cadet, recruit
غَرَا، غَرَّى : أَلْصَقَ to glue
غِرَاء، غَراً : لِصَاق glue
غُرَاب (طائر) crow
غُرَابٌ أَسْوَد (طائر) raven; rook
غُرَابٌ أَعْصَم (طائر) chough
غُرَابُ الزَّرْع (طائر) jackdaw
غُرَابُ اللَّيْل (طائر) night heron
غِرَار : مِثَال example, model, type
على غِرَارِ كَذَا like, similar to
غَرَام : حُبّ love, passion, fondness
غْرَام : $\frac{1}{1000}$ مِنَ الكِيلُوغْرام gram(me)
غَرَامَة fine, mulct; penalty
غَرَامِيّ amorous, amatory, love
غَرَبَ : غابَ، أَفَلَ to set, go down, sink
غَرْب، الغَرْب west; the West
غَرْباً westward(s), west
غِرْبال : مُنْخُل sieve, riddle, screen
غَرْبَلَ to sift, sieve, riddle, screen
غَرْبِيّ western, westerly, west
غَرِدَ، غَرَّدَ : غَنَّى to sing, warble
غَرْدِينْيا (نبات) gardenia
غَرَّرَ بِـ : خَدَعَ ـ راجع غَرَّ
غَرَزَ، غَرَّزَ الشَّيْءَ في to stick into, insert into, drive into, thrust into
غَرَسَ : زَرَعَ to plant
غَرَسَ : ثَبَّتَ to (im)plant, (in)fix
غِرْس، غَرْسَة ـ راجع غَرِيسَة
غِرْش : قِرْش piaster
غَرَض : هَدَف، غايَة purpose, aim, end, object(ive), goal, intent(ion)
أَغْرَاض : حاجَات objects, things, effects, belongings, stuff
غَرْغَرَ : تَغَرْغَرَ to gargle

غَرَفَ to ladle, scoop (up), dip out
غُرْفَة : حُجْرَة room; chamber; cabin
غُرْفَةُ انْتِظار waiting room
غُرْفَةُ تِجارَة chamber of commerce
غُرْفَةُ جُلوس living (or sitting) room
غُرْفَةُ طَعام او أكل dining room
غُرْفَةُ نَوم bedroom, bedchamber
غَرِقَ (الشَّيْءُ) to sink; to founder
غَرِقَ (الشَّخصُ) to drown
غَرَّقَ ـ راجع أغْرَقَ
غَرَق : مَصْدَر غَرِقَ sinking; drowning
غَرَّمَ : ألْزَمَ بِغَرامَة to fine, mulct, amerce
غُرْم : خَسارَة loss, damage
غُرْنوق، غِرْنيق (طائر) crane
غُرْنوقِيّ (نبات) geranium, cranesbill
غَرْو، لا غَرْوَ no wonder!
غُروب setting (of the sun); sunset, sundown; nightfall, dusk
غُرور conceit(edness), self-conceit, vainglory, pride, arrogance
غَريب : عَجيب strange, odd, queer, unusual, uncommon, weird
غَريب : أجْنَبِيّ stranger, foreigner, alien; strange, foreign
غَريبُ الأطْوار eccentric, odd, queer
غَريبَة : عَجيبَة oddity, curiosity; wonder, marvel, prodigy
غُرَيْر (حيوان) badger

غَريزَة instinct; impulse, urge, drive
غَرِيسَة : شَتْلَة (nursery) plant, seedling, sapling, cutting, transplant
غَريق : غارِق drowned; sunk
غَريم : خَصْم opponent, adversary, antagonist, rival
غَزا : أغارَ على to invade, raid, attack, assault, harry; to maraud
غَزا : اِكْتَسَحَ، غَمَرَ to flood, overrun, overspread, sweep (away)
غَزارَة abundance, copiousness, plenty, plenitude, profusion
غَزال (حيوان) gazelle; deer
غَزالَة doe, female gazelle or deer
غَزُرَ : كَثُرَ to abound; to be abundant, copious, plentiful, ample
غَزَلَ : رَدَنَ to spin
غَزَل flirt(ation); court(ship), wooing; love; love poetry
غَزْوَة invasion, incursion, raid, foray, attack, assault; conquest
غَزير abundant, copious, ample, plentiful, profuse, heavy
غَسّالَة (آلِيَّة) washing machine, washer; dishwasher
غَسَق dusk, twilight, nightfall
غَسَلَ، غَسَّلَ to wash, rinse, clean
غَسَلَ الثِّياب to launder
غَسَلَ الدِّماغ to brainwash
غَشَّ : خَدَعَ to cheat, swindle; to dou-

ble-cross; to deceive, fool, delude, bluff; to trick, dupe

غَشَّ: مَذَقَ، زَغَلَ to adulterate

غِشّ cheat(ing), swindle, swindling, imposture, double-dealing, deception, deceit, fraud

غَشَّى to haze, mist, cloud, blur; to cover; to overlay, coat, plate

غِشَاء membrane; thin layer; screen; film; coat(ing); cover(ing)

غَشَّاش cheat(er), crook, swindler, double-dealer, double-crosser; deceitful, double-dealing

غَشَاوَة haze, mist, cloudiness, blur, film; veil, cover(ing)

غَشِيَ: تَرَدَّدَ إلى، زارَ to frequent, go to; to come to, visit

غُشِيَ عَلَيْه to faint, swoon, pass out, lose consciousness

غَصَّ (بالطَّعام) to choke, be choked

غَصَّ بِـ: اِزْدَحَمَ to be overcrowded with, jammed with, full of

غَصَبَ على: أَجْبَرَ to force to, compel to, coerce to, oblige to

غَصْباً، بالغَصْب by force, forcibly

غَصْباً عَنْهُ in spite of him, against his will; forcedly, unwillingly

غُصْن (الشَّجَرَة) branch, bough, twig

غَضَّ طَرْفَهُ أو مِنْ طَرْفِهِ: خَفَضَهُ to lower (one's eyes, one's glance)

غَضَّ النَّظَرَ أو الطَّرْفَ عن: تَجاهَلَ to overlook, disregard, wink at

غَضّ: طَرِيّ tender, fresh, juicy

غَضِبَ (مِنْهُ أو عَلَيْه) to be (become, get) angry with, cross with, furious at, mad at, enraged by

غَضَب anger, rage, fury, wrath, ire, indignation, irritation

غَضِب، غَضْبان ـ راجع غاضِب

غَضَّنَ: جَعَّدَ to wrinkle, shrivel, pucker, crease, corrugate, crinkle

غَضَن، غَضْن wrinkle, pucker, crease

في غُضُون during; within, in

في غُضُونِ ذَلِك meanwhile

غَضَنْفَر: أَسَد lion

غَطَّ: غَمَسَ to immerse, plunge, dip

غَطَّ النَّائِمُ: خَرَّ to snore

غَطَّى (النَّفَقات، الأَخْبارَ إلخ) to cover

غِطَاء cover, covering, wrap, wrapper, wrapping, envelope; veil; lid; top; case; jacket

غِطَاءُ السَّرير bedcover, bedspread, coverlet, sheet

غِطَاءُ المائِدَة tablecloth

غَطَّاس: غَوَّاص diver, plunger

غَطَّاس: طائِرٌ مائِيّ grebe

غِطَاس، عِيدُ الغِطَاس Epiphany

غَطْرَسَة haughtiness, arrogance, insolence, conceit(edness)

غَطَسَ: غاصَ to dive, dip, plunge, sink, submerge

غَطَّسَ: غَمَسَ to dip, plunge, immerse, submerge, sink

غَفَا to slumber, sleep, fall asleep

غَفَرَ: صَفَحَ عن to forgive, pardon, excuse, condone, remit, absolve

غَفُور forgiving, condoning; tolerant, indulgent, lenient, merciful

غَفِيَ - راجع غَفَا

غَلَّ: قَيَّدَ to (hand)cuff, manacle, fetter, shackle, (en)chain

غَلَّ: أَغَلَّ to yield, produce

غُلّ: قَيْد handcuff(s), manacle(s), fetter(s), shackle(s), chain(s)

غِلّ: حِقْد rancor, grudge, malice

غَلَا: ضِدّ رَخُصَ to be expensive

غَلَى: فارَ to boil, bubble (up)

غَلَى: جَعَلَهُ يَغْلِي to boil

غَلَاء high cost, high prices

غَلَاءُ المَعِيشَة high cost of living

غِلَاف: غِطَاء envelope, cover(ing), wrap(per), wrapping, coat(ing)

غِلَافُ الكِتَاب cover, binding; jacket

غُلَام: فَتًى boy, lad, youth

غُلَام: خادِم servant, valet, page

غُلَام: عَبْد slave

غَلَّايَة boiler, kettle, pot; caldron

غَلَبَ to defeat, beat, triumph over, get the better of, overcome

غَلَبَ على to prevail, (pre)dominate, preponderate

غَلَبَة victory, triumph; (pre)dominance, supremacy, upper hand

غَلَّة: مَحْصُول yield, produce, crop, harvest, proceeds, revenue

غَلِطَ: أَخْطَأَ to make or commit a mistake or an error, err, be mistaken, be at fault, be wrong

غَلَط، غَلْطَة: خَطَأ mistake, error, fault

غَلَط: غَيْرُ صَحِيح wrong, incorrect

غَلْطان: مُخْطِىء mistaken, at fault, in error, wrong

غَلُظَ to thicken, coarsen, be or become thick or coarse

غَلَّظَ to thicken, make thick; to coarsen, make coarse

غَلَّفَ to envelop, cover, wrap (up); to coat; to (en)case; to package

غَلَّفَ الكِتابَ to bind (a book)

غَلَقَ - راجع أَغْلَقَ

غُلُوّ excess(iveness), extravagance, immoderation; exaggeration

غَلْي، غَلَيان boiling, ebullition

غَلِيظ: سَمِيك thick; heavy, dense

غَلِيظ: خَشِن coarse, rough, harsh

غَلِيظ: فَظّ، مُمِلّ rude, rough, boorish; antipathetic; boring, dull

غَلْيُون (التَّدْخِين) (tobacco) pipe

غَمَّ: أَحْزَنَ to grieve, sadden

غَمّ: حُزْن، كَآبَة grief, sorrow, sadness, melancholy, gloom(iness)

غَمَّازَة : نُقْرَةٌ في الخَدّ	dimple
غَمَام، غَمَامَة : سَحَاب، سَحَابَة	cloud(s)
غِمْد : غِلَافُ السَّيْف	sheath, scabbard
غَمَرَ	to flood, inundate; to engulf, overwhelm; to cover, fill up; to immerse, submerge
غَمَزَ (فُلَاناً بِعَيْنِه)	to wink (at)
غَمْزَة : إشَارَةٌ بِالعَيْن	wink, eyewink
غَمَسَ، غَمَّسَ : غَطَّسَ	to dip, plunge, immerse, submerge, steep
غَمَّضَ عَيْنَيْه	to close or shut one's eyes
غُمُوض : إبْهَام	obscurity, vagueness, ambiguity, uncertainty
غُمَّيْضَة (لعبة)	blindman's buff
غَنَّى : أنْشَدَ	to sing, chant, vocalize
غِنى : ثَرَاء	wealth, riches, affluence, opulence, prosperity, abundance
هُوَ في غِنىً عَنْهُ	he can do without it, he does not need it
لا غِنى عَنْهُ	indispensable, essential
غِنَاء : تَغْرِيد	singing, song, chant(ing)
غِنَائِيّ	singing-, song-, vocal; lyric(al)
غَنَّام : راعِي الغَنَم	shepherd
غَنَّجَ	to pamper, spoil, coddle
غَنِمَ : أخَذَهُ كَغَنِيمَة	to take as booty; to capture; to gain, win
غَنَم : ضَأن (وماعِز)	sheep (and goats)
غُنْم -راجِع غَنِيمَة	
غَنِيَ : ثَرِيَ	to be(come) rich, wealthy
غَنِيّ : ثَرِيّ	rich, wealthy, well-to-do, well-off, affluent, opulent
غَنِيٌّ بِـ : حافِل	rich in, full of, filled with, loaded with
غَنِيمَة	spoils, booty; gain, profit
غَوَّاص : غَطَّاس	diver, plunger
غَوَّاص (على اللُّؤْلُؤ)	pearl diver
غَوَّاص : طائِرٌ مائِيّ	loon, diver; grebe
غَوَّاصَة : سَفِينَةٌ تَغوص	submarine
غَوَافَة، غُوَافَة (نبات)	guava
غَوْث : إعَانَة	succor, relief, aid, help
غَوْر	depression, sinkage, pan; hollow; bottom; depth
غُورِيلًا (حيوان)	gorilla
غَوْغَاء	mob, rabble, riffraff, ragtag
غُول : حَيَوَانٌ وَهْمِيّ	ghoul, goblin, ogre, bogey, hobgoblin, bugbear
غُولْف (لعبة)	golf
غِيَاب : عَدَمُ الحُضُور	absence
غِيَاب : غُرُوب	setting, sinking
غَيَّبَ : أخْفَى	to take away, cause to disappear; to hide, conceal
غَيْب، الغَيْب : ما غابَ عَنِ الإنْسَان	the invisible; the supernatural
غَيْباً	by heart
غَيْبُوبَة	trance, stupor; swoon, faint, unconsciousness; coma
غَيْبِيّ	metaphysical, supernatural, transcendental; invisible
غِيتَار : آلَةٌ مُوسِيقِيَّة	guitar

غَيْث : مَطَر — rain

غَيَّرَ : بَدَّلَ — to change, alter, modify, vary, convert, turn, transfer, transform; to shift, switch

غَيَّرَ رأيَهُ — to change one's mind

غَيْر — other than, unlike, not, un-, in-, im-, non-, dis-; another

غَيْرَ أَنَّ — yet, however, but, nevertheless, still, on the other hand

لا غَيْر، لَيْسَ غَيْر — only, just, merely

مِنْ غَيْر — without; excluding

غَيْران ـ راجع غَيُور

غَيْرَة، غِيْرَة — jealousy; zeal

غَيْط — field; garden

غَيْظ : غَضَب — rage, anger, fury, wrath

غَيَّمَ (تِ السَّماءُ) ـ راجع غامَ (تِ السَّماءُ)

غَيْم : سَحاب — clouds; mist, fog

غَيْمَة : سَحابَة — cloud

غَيُور — jealous; zealous, enthusiastic, ardent, keen, eager

ف

فـ then; so, thus, therefore

فاءَ to return, come back, go back

فُؤَاد : قَلْب heart

فائِدَة : نَفْع use, usefulness, avail, benefit, advantage, utility

فائِدَة (على المال) interest

فائِز winner; victor; victorious, triumphant; successful

فائِض : زائِد overabundant, superfluous, excess, surplus

فائِض : زِيَادَة surplus, overflow, excess, superfluity

فائِق : بالِغ excessive, extreme, maximum; considerable; intensive

فاتَ : مَضَى to pass, elapse, go by, expire, be past, be over

فاتَهُ (أنْ) to escape (someone); to miss, let slip, forget to do

فاتَ الأَوَانُ أو الوَقْتُ it is too late

فاتَتْهُ الفُرْصَةُ ، فاتَهُ القِطَارُ he missed the opportunity, the train

فِئَة group, troop; faction; class, category; kind, sort, type

فِئَةُ الدَّم blood group, blood type

فاتِح : زاهٍ ، ضِدّ غامِق light, bright

فاتِح : أَوَّل first

فاتِحُ البَخْت fortune-teller, diviner

فاتِحُ البِلَاد conqueror, victor

فاتِحَة : مُقَدِّمَة introduction, preface, foreword, preamble

الفاتِحَة ، فاتِحَةُ القُرْآنِ الكَرِيم the opening chapter of the Holy Koran, the name of the first sura

فاتِر : مُعْتَدِلُ السُّخُونَة lukewarm, tepid

فاتِن fascinating, captivating, charming, thrilling, breathtaking, beautiful, lovely; tempting, luring

فاتُورَة invoice, bill

فاجَأَ to surprise, take by surprise, come suddenly upon

فاجِع painful, calamitous, disastrous, catastrophic, tragic

فاجِعَة : مُصِيبَة disaster, calamity, catastrophe; tragedy

فاحَ : اِنْتَشَرَتْ رائِحَتُهُ to diffuse a strong

odor; to be fragrant
فاحَتِ الرّائِحَةُ to emanate, diffuse, spread
فاحِش : بَذِيء obscene, filthy, vulgar
فاحِش : باهِظ exorbitant, unreasonable; gross, flagrant, outrageous
فاحِص : مَنْ يَفْحَص examiner, tester
فاخِتة (طائر) ringdove, wood pigeon
فاخَرَ بـ - راجع إفْتَخَرَ بـ
فاخِر : مُمْتاز excellent, superior, fancy, first-class, super, deluxe
فاخُورِيّ : خَزّاف، صانِعُ الخَزَف potter
فادى بـ : ضَحّى بـ to sacrifice
فادِح gross, flagrant, glaring; grave, serious; exorbitant, excessive
فارَ : غَلَى to boil (over), bubble (up)
فارَ : أَرْغَى وأَزَّ to effervesce, fizz
فَأْر، فار، فَأْرَة، فارَة (حيوان) mouse; rat
فارّ : هارِب fugitive, runaway; a fugitive, a runaway; escapee
فارِزَة : فاصِلَة (،) comma
فارِس : خَيّال horseman, rider; knight, cavalier; cavalryman
فارِس، بِلادُ فارِس Persia
فارِسِيّ : عَجَمِيّ Persian
الفارِسِيَّة، اللُّغَةُ الفارِسِيَّة Persian
فارِع (الطُّولِ إلخ) tall; lofty, high
فارِغ : خالٍ، شاغِر empty, void; blank; vacant, unoccupied
فارِغ : لا مَعْنَى لَهُ، تافِه meaningless, silly, stupid; vain, empty
بِفارِغِ الصَّبْر impatiently
فارَقَ to part with, leave, separate (oneself) from, break (up) with
فارَقَ الحَياةَ to die, pass away
فارِق : فَرْق، إخْتِلاف - راجع فَرْق
فازَ (بـ) to win, gain, obtain, get; to succeed, be successful
فازَ على : غَلَبَ to triumph over, defeat, beat, overcome
فَأْس ax(e), hatchet; hoe, hack
فاسِد : عَفِن decayed, rotten, decomposed, putrid, spoiled
فاسِد (الأَخْلاقِ) corrupt(ed), depraved, pervert(ed), immoral
فاسِد : باطِل invalid; unsound; false, wrong, incorrect
فاشِل unsuccessful, failing, futile, unfruitful; failure
فاصِل : حاسِم، باتّ decisive, conclusive, definitive, final
فاصِل : إسْتِراحَة interval, break, intermission, pause; entr'acte
فاصِل : حاجِز screen, partition, division, divider; bar, barrier
مُباراةٌ فاصِلَة play-off, final(s)
فاصِلَة : شَوْلَة (،) comma
فاصِلَةٌ مَنْقُوطَة (؛) semicolon
فاصُولِيا (نبات) bean(s), kidney bean(s), string(ed) bean(s)
فاضَ to flow over, overflow, run over; to flood; to flow (out), pour

فاضِح : شائِن shameful, disgraceful, infamous, flagrant, gross
فاضَلَ بَيْنَهُما : قارَنَ to compare
فاضِل : ذُو فضِيلَةٍ virtuous, righteous, honest; good; praiseworthy
فاضِل : باقٍ، زائِد remaining, left (over); surplus, excess
فاضِل : بَقِيَّة، زِيادَة ـ راجع فَضْلَه
فاطِر : خالِق creator, maker
فاطِر : مُفطِر not fasting
فاعِل : فَعَّال active, effective, efficient
فاعِل : مَنْ يَفْعَلُ شَيْئاً doer, author
فاعِل : عامِل worker, laborer
فاعِل [لغة] subject
فاعِلِيَّة ـ راجع فَعَّالِيَّة
فَأْفَأَ : تَأْتَأَ to stammer, stutter, falter
فاقَ : بَزَّ to surpass, excel, outdo
فاقَ : تجاوَزَ to exceed, transcend
فاقَ : حَوْزَقَ to hiccup
فاقَة : فَقْر poverty, need(iness)
فاقِد : عَدِيم bereaved of, deprived of, void of; without
فاقِع : زاهٍ، قَوِيّ bright, brilliant, gay, vivid, intense
فاقَم to aggravate, make worse
فاكِهانِيّ fruiterer, fruit seller
فاكِهَة (ج فَواكِه) fruit(s)
فَأْل : ما يُتَفاءَلُ به good omen, auspice
فالِت loose, free, unrestrained

فالِح : ناجِح successful; prosperous
فانٍ (الفاني) : زائِل evanescent, transient, passing, impermanent
فانٍ : مائِت، مَيِّت mortal
فانُوس : مِصْباح lantern
فاهَ بِـ : لَفَظَ to utter, pronounce, say
فاه . فم mouth
فاوَضَ to negotiate (with)
فِبْراير : شُباط February
فَتّ ـ راجع فَتَّتَ
فَتِىءَ، ما فتِىءَ، ما فَتَأَ still, yet; to continue to do, keep doing
فَتًى : شابّ، غُلام youth, young man, youngster; boy, lad
فُتات crumbs, fragments, morsels, bits, crumblings, pickings
فَتاة young woman, (young) girl, lass
فَتّاحَة (العُلَب) can opener, opener
فَتّاك : قَتّال deadly, lethal, fatal; destructive, ruinous, devastating
فَتّان ـ راجع فاتِن
فَتَّتَ : كَسَّرَ to crumble, fritter, fragmentize, fragment(ate), break up
فتح to open, unlock, unfasten
فَتَحَ البَخْتَ to tell fortunes
فَتَحَ البِلادَ to conquer, occupy
فَتَحَ الجِهازَ أو الآلَةَ to turn on
فَتْح : ضِدّ إغلاق opening
فَتْح (البِلادِ) conquest; occupation

فَتْح : نَصْر victory, triumph

فُتْحَة : ثُغْرَة opening, aperture, gap, hole; orifice; slit; slot

فَتَرَ (الماءُ) to become tepid, become lukewarm, tepefy, cool off

فَتَرَ : سَكَنَ، هَدَأ to abate, subside; to calm down, cool down

فَتَرَ : ضَعُفَ to languish, droop

فَتْرَة : مُدَّة period, time, while; epoch, era; stage, phase

فَتَّشَ (عن) to search, inspect, examine; to look for, search for, seek, quest, hunt for, fish for

فَتَقَ، فَتَّقَ to unsew, unstitch, rip (open), tear, rend, slit open

فَتَكَ بـ to kill, destroy, wipe out

فَتَلَ، فَتَّلَ : جَدَلَ to twist, twine, curl

فَتَنَ to fascinate, charm, enchant, thrill; to seduce, tempt, lure

فِتْنَة : سِحْر، إغراء charm, glamor, magic; seduction; appeal

فِتْنَة : شَغَب، إضْطِراب sedition, riot, disturbance, trouble, unrest, disorder, tumult, turmoil

فِتْنَة (نبات) sweet acacia, cassie

فَتْوَى : فُتْيَا (formal) legal opinion

فُتُوَّة : شَبَاب youth, youthfulness

فُتُور : اعْتِدَالٌ في السُّخُونَة tepidity, tepidness, lukewarmness

فُتُور : نُفُور coolness, unfriendliness, indifference; alienation

فَتِيّ : شابّ youthful, young

فَتِيل، فَتِيلَة (الشَّمْعَةِ أو المِصْباحِ) wick

فِجّ : غَيْرُ ناضِج unripe, immature, raw

فِجّ : فَظّ rude, crude, rough

فَجَأ، فَجِيءَ ـ راجع فاجَأ

فُجَائِي ـ راجع مُفَاجِىء

فَجْأَةً suddenly, all of a sudden, unexpectedly, by surprise

فَجَّرَ (الماءَ) to cause to overflow or gush out, spout, spurt

فَجَّرَ (القُنْبُلَةَ، المَكانَ) to explode; to blow up, blast; to dynamite

فَجْر : ضَوْءُ الصَّباح dawn, daybreak

فَجْر : بَدْء dawn, rise, outset, inception, beginning, start

فَجَعَ، فَجَّعَ to distress, afflict, pain, torment, make suffer

فَجْعان gluttonous, greedy

فُجْل (نبات) radish

فَجْوَة : ثُغْرَة gap, opening, hole, breach, crevice, fissur

فَحَّ (ـتِ الحَيَّةُ) to hiss, sibilate

فَحَصَ (عن) to examine, test, check (up); to investigate; to search (for, into), inquire (into, about)

فَحْص test, examination; quiz; checkup, check(ing)

فَحْم coal; charcoal; carbon

فَحْوَى : مَعْنًى meaning, sense, signification, significance; essence

فَخّ : شَرَك، أُحْبُولَة trap, snare, gin

فَخّار : خَزَف pottery, earthenware
فَخّارِيّ : خَزَفِيّ earthen, fictile
فَخامَة : عَظَمَة stateliness, magnificence, grandeur, greatness
فَخامَة (الرَّئِيس) His Excellency
فَخَّخ to booby-trap
فَخْذ، فَخِذ : ما بَيْنَ الرُّكْبَةِ والوِرْك thigh
فَخَرَ بِـ - راجع اِفْتَخَرَ بِـ
فَخْر، فَخَر، فُخْرَة glory, pride; honor
فَخْرِيّ honorary
فَخَّمَ : عَظَّمَ to glorify, exalt, extol
فَخْم stately, imposing, splendid, grand, majestic, deluxe
فَخُور (بِـ) proud (of); boastful
فَدَى : خَلَّصَ to redeem, ransom
فِدَى كذا for, for the sake of
فِدائِيّ fedayee, commando
فَدّان : مِقْياسٌ لِلْمِساحَة acre, feddan
فَدَخ، فَدَغَ to break, smash, fracture
فِدْيَة : ما يُدْفَعُ لِتَخْلِيصِ شَخْص ransom
فَذّ : فَرِيد unique, matchless, unparalleled, incomparable
فَرَّ : هَرَبَ to escape, flee, run away, get away, break away
فِراء : فَرْو fur(s)
فُرادَى singly, individually, separately; one by one
فِرار : هَرَب flight, escape, fleeing, running away, getaway

فِراسَة physiognomy; insight, acumen
فِراش : سَرِير، حَشِيَّة bed; mattress
فَراشَة (حشرة) butterfly; moth
فَراغ vacuum, vacancy, (empty) space; blank; gap; emptiness
وَقْتُ الفَراغ leisure, free time
فِراق separation, parting, departure, leaving, farewell
فَرامِل : فَرْمَلَة brake(s)
فَرّان : خَبّاز baker
فَراوْلَة : فريز (نبات) strawberry
فَرَجَ : فَتَحَ، وَسَّعَ to open (up), open wide; to part, separate, diverge, draw apart, spread apart
فَرَجَ الهَمَّ to dispel, drive away (worries, grief, etc.)
فَرَجَ عَنْهُ to relieve, comfort
فَرَّجَ - راجع فَرَجَ
فَرَج relief, ease, comfort
فِرْجار : بِيكار compass(es), dividers
فُرْجَة : فُتْحَة opening, aperture, gap, hole, fissure, interstice
فُرْجَة : مَشْهَد show, spectacle, sight
فَرِحَ بِـ to be(come) glad at, happy at, pleased with, delighted at, cheerful about; to rejoice at
فَرَّحَ - راجع أَفْرَحَ
فَرَح، فَرْحَة : سُرُور joy, gladness, happiness, delight, cheer(fulness), glee, rejoicing, jubilation
فَرَح : عُرْس، زِفاف wedding (feast),

marriage (ceremony), bridal
ح، فَرْحان glad, happy, delighted,
cheerful, joyful, jolly, merry,
gleeful, rejoicing, jubilant
خَ النَّباتُ to germinate, sprout
فَرْخَتِ البَيْضَةُ to hatch, incubate
خ: صَغِيرُ الطَّائِرِ young bird, young,
nestling, fledgling
فَرْخُ النَّباتِ أو الشَّجَرِ shoot, sprout
فَرْخ: نَوْعٌ مِنَ السَّمَك bass; perch
خَة: أُنْثَى الفَرْخ young female bird
فَرْخَة: فَرُّوج، دَجاجَة chicken; hen
د: واحِد one, single, sole, only
فَرْد: شَخْص individual, person
فَرْد(ة): نِصْفُ الزَّوْج one of a pair
فَرْد: فَرْدِيّ، مُفْرَد odd, uneven
دَوْس: جَنَّة paradise, heaven
الفِرْدَوْس: الجَنَّة paradise, Heaven
دِيّ: مُنْفَرِد single, solitary; singular;
solo; one-man; single-handed
فَرْدِيّ: شَخْصِيّ individual, personal
فَرْدِيّ: وَتْرِيّ، مُفْرَد odd, uneven
زَ: فَصَلَ، صَنَّفَ to separate, isolate,
set apart; to sort (out), classify
فَرَزَ: أَفْرَزَ، أَخْرَجَ ـ راجع أَفْرَزَ
فَرَزَ (عَقاراً) to partition, divide
فَرَزَ الأَصْواتَ to count votes
س (حيوان) horse, mare
فَرَس (الشِّطْرَنْج) knight

فَرَسُ البَحْر: سَمَكٌ بَحْرِيّ sea horse
فَرَسُ النَّبِيّ (حشرة) mantis
فَرَسُ النَّهْر: بِرْنِيق hippopotamus
فُرْس، الفُرْس: عَجَم Persians
فُرْسان: خَيَّالَة ـ راجع فارِس
فَرْسَخ: مِقْياسٌ لِلطُّول league; parasang
فَرَشَ: بَسَطَ، مَدَّ to spread, spread out
فَرَشَ: بَلَّطَ to pave, tile, flag
فَرَشَ: أَثَّثَ to furnish
فَرْش: أَثاث furniture, furnishings
فُرْشاة، فِرْشايَة، فُرْشَة brush
فُرْشاةُ الأَسْنان toothbrush
فُرْشاةُ الرَّسْمِ أو التَّصْوِير paintbrush
فُرْشاةُ الشَّعْر hairbrush
فِرْصاد: تُوت (نبات) mulberry
فُرْصَة: وَقْتٌ مُناسِب opportunity,
chance, occasion
فُرْصَة: عُطْلَة holiday(s), vacation
فَرَضَ (على): أَوْجَبَ to impose (upon),
make incumbent (upon); to dictate; to order, require
فَرَضَ: حَزَّ ـ راجع فَرَّضَ
فَرَضَ: اِفْتَرَضَ ـ راجع اِفْتَرَضَ
فَرَّضَ: حَزَّ to notch, incise, nick,
snick, indent, dent, jag
فَرْض: إلْزام imposition, dictation
فَرْض: واجِب duty, obligation; task,
assignment
فَرْض (مَدْرَسِيّ، يُعَدُّ في البَيْت) home-

work, (school) assignment

فَرْض : فَرِيضَة — religious duty

فَرْضِيَّة — hypothesis; supposition, assumption

فَرَّطَ (في) — to neglect, omit; to miss, throw away; to waste, squander

فَرْط : زِيَادَة — excess, surplus

فَرَّعَ : شَعَّبَ — to branch, ramify, divide (up), subdivide, section

فَرْع : شُعْبَة، قِسْم — branch; section, (sub)division; department

فَرْع (مِنْ نَبْتَةٍ) — branch, twig

فَرْع : وَلَد — descendant, offspring

فَرْعِيّ — branch, subsidiary, secondary, sub-, by-, side; marginal

فَرَغَ (مِنْ) : خَلَا — to be(come) empty, vacant, unoccupied

فَرَغَ، فَرِغَ مِنَ العَمَل : أَتَمَّهُ — to finish, terminate, end, conclude

فَرَّغَ : أَخْلَى — to empty, evacuate

فَرَّغَ السَّفِينَةَ — to unload, discharge

فَرْفَحِين (نبات) — portulaca, purslane

فَرِقَ : خَافَ — to be(come) afraid (of)

فَرَّقَ : فَصَلَ — to separate, part, divide

فَرَّقَ : بَدَّدَ — to scatter, disperse

فَرَّقَ : وَزَّعَ — to distribute, deal out

فَرَّقَ بَيْنَ : مَيَّزَ — to distinguish (differentiate, discriminate) between

فَرْق : إِخْتِلَاف — difference, dissimilarity, discrepancy, contrast

فُرْقَة ـ راجع فِرَاق

فِرْقَة : جَمَاعَة — group, band, troop, company, party, faction, squad; team; division, section, unit

فِرْقَة : طَائِفَة — sect, denomination

فِرْقَة (عَسْكَرِيَّة) — division; squad

فِرْقَة (مَسْرَحِيَّة) — troupe

فِرْقَة (مُوسِيقِيَّة) — band; orchestra

فَرْقَعَ — to crack, pop, snap; to crackle; to explode, squib

فَرَكَ — to rub, scrub; to brush

فَرَمَ : هَرَمَ — to mince, chop (up), hash

فَرْمَلَة : مِكْبَح — brake

فُرْن : طَبَّاخ — (baking) oven, (cook)-stove, range, cooker

فُرْن : أَتُون — furnace, kiln, oven

فُرْن : مَخْبَز — bakery, bakeshop

فَرَنْسِيّ — French

الفَرَنْسِيَّة : اللُّغَةُ الفَرَنْسِيَّة — French

فَرَنْك : عُمْلَة، وَحْدَةُ نَقْد — franc

فَرْو، فَرْوَة، فِرَاء — fur(s)

فَرْوَةُ الرَّأْس — scalp

فَرُّوج — chicken, pullet, broiler

فُرُوسِيَّة — horsemanship, horseback riding; chivalry, knighthood

فِرِّيّ (طائر) — quail

فَرِيد : فَذّ — unique, unmatched, peerless, unequaled, incomparable

فَرِّيدِي (سمك) — braize, sea bream

فريز : فَرَاوْلَة (نبات) strawberry
فَرِيسَة : ما يُفْتَرس، ضَحِيَّة prey; victim
فَرِيضَة ـ راجع فَرْض
فَرِيق : طَرَف party, side
فَرِيق : فِرْقَة team, group, band
فَرِيق (في الجَيْش) lieutenant general
فَرِيق (في القُوَّاتِ البَحْرِيَّة) vice admiral
فَزَّاعَة : خَيالُ الصَّحْراء scarecrow
فَزَر : شَقَّ to burst (open), break open, split (open), tear, rend
فَزِعَ (مِنْ) : خافَ to be(come) afraid (of), scared (of), frightened (by)
فَزَّعَ ـ راجع أَفْزَعَ
فَزَع : خَوْف fear, fright, dread, alarm, terror, panic, horror
فَزِع : خائِف frightened, terrified, scared, afraid, alarmed
فَساد : بِلًى decay, rottenness, decomposition, disintegration
فَسادٌ خُلُقِيّ corruption, depravation
فُسْتان : ثَوْبُ المَرْأَة (woman's) dress, (lady's) gown
فُسْتُق (حَلَبِيّ) pistachio
فُسْتُق (العَبِيد) peanut
فَسَحَ ، فَسَّحَ : وَسَّعَ to widen, broaden, expand; to space (out)
فَسَحَ ، فَسَّحَ : أَفْسَحَ ـ راجع أَفْسَحَ
فُسْحَة (empty) space, open space; interval; enough time, ample time
فَسَخَ : نَقَضَ to revoke, repeal, annul, abrogate, invalidate, cancel
فَسَخَ (المَفْصِلَ) to dislocate
فَسَدَ، فَسُدَ : بَلِيَ ، عَفِنَ to decay, rot, decompose, spoil, putrefy; to be(come) decayed, rotten
فَسَّرَ to explain, explicate, elucidate, make clear; to interpret
فُسْطاط ، فِسْطاط : خَيْمَة pavilion, large tent; canopy; marquee
فَسِيح : واسِع wide, spacious, roomy, vast, broad, large
فُسَيْفُساء mosaic
فُشَار ، فِشَار : ذُرَةٌ مُحَمَّصَة popcorn
فَشِلَ : أَخْفَقَ to fail, be unsuccessful
فَشَّلَ ـ راجع أَفْشَلَ
فَشَل failure, unsuccess, fiasco
فَصّ (الخاتَمِ) stone (of a ring)
فَصّ (الثُّومِ) clove (of garlic)
فِصْح : عِيدٌ مَسِيحِيّ Easter
فَصَدَ to bleed, phlebotomize
فِصْفِصَة (نبات) alfalfa, lucerne
فَصَلَ : فَرَّقَ to separate, part, divide, disunite, disentangle, detach
فَصَلَ : قَطَعَ to cut (off), sever
فصل : عَزَل to segregate, isolate, seclude, separate, set apart
فَصَلَ (مِنَ العَمَل) to discharge, dismiss, fire, expel
فَصَلَ (في) : بَتَّ to decide, determine, settle, resolve

فَصَّلَ : شَرَحَ بِالتَّفْصِيل to detail, develop in detail, elaborate (upon)
فَصَّلَ : صَنَّفَ to divide, arrange, classify, group; to list
فَصَّلَ الثَّوبَ أو البَدْلَة to cut out, make to measure
فَصْل (مِنْ كِتاب) chapter
فَصْل (مِنْ مَسْرَحِيَّة) act (of a play)
فَصْل (مِنْ فُصُولِ السَّنَةِ الأَرْبَعَة) season
فَصْل (دِراسِيّ) semester, term, trimester, quarter
فَصْل (مَدْرَسِيّ) : صَفّ class, grade
فَصْلِيّ quarterly
فَصِيح : بَلِيغ eloquent, fluent
فَصِيح : صاف pure, literary
فَصِيلَة (في تَصْنِيفِ الأَحْياء) family
فَصِيلَة (عَسْكَرِيَّة) : مَفْرَزَة platoon, squad, detachment
فَصِيلَة : فِئَة ، فِرْقَة faction, group
فَصِيلَةُ الدَّم blood group, blood type
فَضَّ : فَتَح to open, break open
فَضَّ الاجْتِماعَ to adjourn, close
فَضَّ النِّزاعَ to settle, resolve
فَضاء (outer) space; open space
فَضائِيّ : خاصٌّ بِالفَضاء spatial, space
فِضَّة (معدن) silver
فَضَحَ to expose, unmask, show up; to disclose, reveal, uncover
فَضَّضَ to silver, silver-plate
فَضْفاض wide, loose, baggy, flowing

فَضَلَ ، فَضِلَ : بَقِيَ ، زادَ to remain, be left over, be in excess
فَضَلَ : فاقَ to excel, surpass, outdo
فَضَّلَ : آثَرَ to prefer (to), favor; to choose to, opt for
فَضْل : مَعْرُوف favor, grace, kindness
فَضْل : مِيزَة merit, credit; advantage; excellence; superiority
فَضْلاً عَنْ (ذَلِك) besides, aside from, apart from, as well as
بِفَضْل thanks to, by virtue of
مِنْ فَضْلِك please! will you please
فَضْلَة : بَقِيَّة ، زِيادَة leftover, remainder, rest, remains, surplus, excess
فَضْلَة : نُفايَة waste, refuse, garbage, rubbish, trash, junk
فُضُول : تَدَخُّل ، تَطَفُّل curiosity
فُضُولِيّ curious, inquisitive, prying
فِضِّيّ silver, silvery, argentine
فَضِيحَة (ج فَضائِح) scandal
فَضِيل : ذُو فَضِيلَة ـ راجع فاضِل
فَضِيلَة : ضِدّ رَذِيلَة virtue, morality
فَضِيلَة : حَسَنَة ، مَزِيَّة merit, virtue, advantage, good quality
فَضِيلَةُ الشَّيْخ His Eminence
فِطام weaning, ablactation
فَطَرَ : خَلَقَ to create, make, originate
فَطَرَ (صَباحاً) to have (take, eat) breakfast, to breakfast
فَطَرَ الصّائِمُ to break the fast

فُطِرَ على to have a natural disposition for; to be innate in someone
فُطْر (نبات) mushroom(s)
فِطْر : إفطار، كَسْرُ الصَّوْم fast breaking
عِيدُ الفِطْر Lesser Bairam
فِطْرَة nature, (natural) disposition, character; instinct
فِطْرِيّ natural, native, innate, inherent, inborn, congenital
فَطَمَ : فصَلَ عَنِ الرَّضاع to wean
فَطَنَ، فَطُنَ، فَطِنَ (لِـ) to realize, see, understand, be(come) aware of
فَطِن، فَطُن، فَطْن discerning, sagacious, shrewd, intelligent, smart
فِطْنَة acumen, discernment, insight, shrewdness, intelligence
فَطُور : طَعامُ الصَّباح breakfast
فَطِيرَة (ج فَطائِر) pastry; pie; pancake
فَطِين - راجع فطِن
فَظّ : جِلْف rude, rough, indelicate, blunt, impolite, discourteous
فَظّ : حَيَوانٌ ثَدْيِيٌّ بَحْرِيّ walrus
فَظِيع horrible, hideous, terrible, atrocious, outrageous, shocking
فَعّال effective, efficacious, efficient; active; influential
فَعّالِيَّة efficiency, effectiveness; influence, power, authority
فَعَلَ : عَمِلَ to do; to act; to perform
فَعَلَ في أو بِـ : أثَّرَ في to act upon, affect, influence
فَعَّلَ : نَشَّطَ to activate
فِعْل، فَعْلَة : عَمَل deed, act, action
فِعْل : أثَر effect, influence, impact
فِعْل [لغة] verb
فِعْلاً، بالفِعْل actually, as a matter of fact, in fact, indeed, really
فِعْلِيّ : حَقِيقِيّ actual, factual, real
فَقَأَ (الدُّمَّل) to open, rip open
فَقَأَ (العَيْنَ) to gouge out, scoop out, tear out, knock out
فَقارِيّ : حَيَوانٌ مِنَ الفَقارِيّات vertebrate
فُقّاعَة (ج فَقاقِيع) bubble; bleb
فَقَدَ to lose; to be bereaved of, bereft of, deprived of; to lack, want
فَقْد، فُقْدان، فِقْدان loss; lack, want, absence, nonexistence
فَقَرَ، فَقَّرَ : ثَقَبَ to pierce, bore
فَقُرَ - راجع إفْتَقَرَ
فَقْر، فُقْر : فاقَة poverty, destitution, indigence, penury, privation, lack, want
فِقْرَة، فَقْرَة : خَرَزَةُ الظَّهْر vertebra
فِقْرَة : مَقْطَع، جُزْء paragraph; clause, passage; part, section
فَقَسَ (الطّائِرُ بَيْضَتَهُ) to hatch, incubate
فَقَشَ : كَسَرَ to break, crush, split
فَقَط only, just, solely, merely
فَقَّعَ (أصابِعَهُ) to snap, crack, pop
فُقْمَة (حيوان) seal
فَقِهَ to know (of); to understand

فَقَّهَ : عَلَّمَ — to teach, instruct, educate

فِقْه — jurisprudence; doctrine

فَقِيد : مَفْقُود ـ راجع مَفْقُود

الفَقِيدُ الرَّاحِل — the departed, the late

فَقِير : مُعْوِز — poor, needy, destitute, indigent; pauper, poor man

فَقِيه — jurist, jurisprudent, legist, (legal) scholar, (legal) expert

فَكَّ : فَصَلَ — to disassemble, take apart; to separate, disconnect, detach, disengage, disentangle

فَكَّ : حَلَّ — to untie, unfasten, undo, unravel, unwind

فَكَّ الزِّرَّ — to unbutton

فَكّ : حَنَك — jaw, jawbone

فُكَاهَة — humor; joking, jesting; joke, jest, wisecrack, anecdote

فُكَاهِيّ — humorous, comical, funny

فَكَّرَ (في) — to think (of); to think about or over, consider (carefully), reflect (on), meditate (on)

فِكْر — thinking; thought; idea, concept(ion); opinion, view; mind

فِكْرَة — idea, thought, notion; view, opinion; impression

على فِكْرَة — by the way, incidentally

فِكْرِيّ — intellectual, mental

فَكَش — to sprain

فَكْفَكَ : فَكَّ ـ راجع فَكَّ

فَلَّ : ثَلَمَ — to notch, blunt, (in)dent

فُلّ (نبات مزهر) — Arabian jasmine

فَلَاة : صَحْراء — desert, wilderness, wild

فَلَاح : نَجَاح، فَوْز — success; prosperity

فَلَّاح — peasant, farmer

فِلَاحَة — cultivation, culture, tillage, tilling; agriculture, farming

فُلَان — so-and-so

فَلَتَ ـ راجع أَفْلَتَ

فِلْتِر : مِصْفاة — filter; filter tip

فَلَحَ (الأرض) — to till, cultivate; to plow

فِلِزّ، فِلَزّ : عُنْصُرٌ كِيمِيَائِيٌّ ثَقِيل — metal

فَلَّسَ : جَعَلَهُ يُفْلِس — to bankrupt

فَلْس، فِلْس : نَقْدٌ عَرَبِيّ — fils

فُلُوس : نُقُود، عُمْلَة — money

فِلَسْطِين — Palestine

فِلَسْطِينِيّ — Palestinian

فَلْسَفَ — to philosophize

فَلْسَفَة — philosophy

فَلْسَفِيّ — philosophic(al)

فُلْط : فُولْت [كهرباء] — volt

فَلَعَ ، فَلَّعَ — to split, cleave, crack, rend, rip; to burst, break open

فُلْفُل ، فِلْفِل — pepper

فَلَقَ ، فَلَّقَ — to split, cleave, rift, rend, rip; to burst, break apart

فَلَق : فَجْر — dawn, daybreak, aurora

فلق : ضَرْبُ رِجْلَيْ المُعَاقَب — bastinado

فَلْقَة ، فِلْقَة — one half; split

فَلَك : مَدَار — orbit, circuit

astronomy عِلْمُ الفَلَك
astronomic(al); astronomer فَلَكِيّ
colt, foal فِلْو، فَلُوّ، فُلُوّ: مُهْر
فُلُوس ـ راجع فَلْس، فِلْس
green pepper; red pepper, capsicum; paprika, pimento فُلَيْفِلَة
cork فَلِين، فِلِين، فَلِينة، فِلِينة
mouth فَم، فُم، فِم: فُو، فاه
art; technique فَنّ
courtyard, yard, court فِناء: ساحَة
artist فَنّان، فَنّانَة
cup فِنْجان
teacup فِنجانُ الشّاي
to disprove, refute, confute فَنَّدَ
hotel, inn, hostel, hostelry فُنْدُق
branch, twig فَنَن: غُصْن
to perish, pass away; to be consumed, exhausted فَنِيَ
artistic(al); art-; technical فَنِّي
technician فَنِّي، اِختِصاصِيٌّ فَنِّيّ
cheetah, hunting leopard فَهْد (حيوان)
(table of) contents, index فِهرِس، فِهرِسْت (الكِتابِ)
catalog(ue); list فِهرِس: بَيان، قائِمَة
globefish, puffer فَهْكَة (سمك)
to understand, grasp, comprehend, realize, see فَهِمَ
to make understand فَهَّمَ: أَفْهَمَ
understanding, comprehension فَهْم
discerning, perceptive, sagacious, shrewd, intelligent فَهِيم
mouth فُو: فَم
effervescent, fizzing; bubbling; boiling up; jetting forth فَوّار
effervescent drink, fizz شَرابٌ فَوّار
fountain, jet; geyser فَوّارَة: نافُورَة
hiccup(s) فُواق: حازُوقَة
photographic فُوتُوغرافِيّ
battalion; regiment; group فَوْج
immediately after, right after, upon, on, as soon as فَوْرَ: حالَ
at once, immediately, right away, promptly, on the spot, without delay فَوْراً، على الفَوْر
outburst, surge; boom فَوْرَة
instant, instantaneous, immediate, prompt, direct فَوْرِيّ: آنِيّ
victory, triumph; success; winning, gaining, getting فَوْز
to authorize, empower, delegate, deputize, depute; to entrust (with); to entrust (to), commit (to) فَوَّضَ
anarchy; chaos, disorder, confusion, mess, jumble فَوْضَى
apron, coverall فُوطَة: مَرْيُول
towel; napkin فُوطَة: مِنْشَفَة، مِنْدِيل
up; above, over; on, upon, on top of; upstairs فَوْق: ضِدّ تَحْت

فَوْق : أكْثَر مِنْ more than, over, above, beyond
فَوْقَ العادَة extraordinary, exceptional
فَوْقِيّ، فَوْقانِيّ upper, higher; upstairs
فُول (نبات) broad bean(s), fava bean(s); black-eyed bean(s)
فُولٌ سُودانِيّ peanut(s)
فُولُ الصُّويَا soybean, soya
فُولاذ steel; stainless steel
فُولْت [كهرباء] volt
فُولْكلُور folklore
فُوَّهَة، فُوهَة mouth, opening, aperture, orifice, hole, vent
فُوَّهَةُ البُرْكان crater
في in; at; on; during, within
فِيمَا : بَيْنَمَا while, as, during
فَيّاض outflowing, torrential; profuse, abundant, copious
فِيتامِين vitamin
فِيديُو video
فَيْرُوز، فَيْرُوزِيّ turquoise
فِيرُوس : حُمَة virus

فِيزَا : تَأْشِيرَة، سِمَة visa
فِيزِياء physics
فِيزِيائِيّ physical; physicist
فِيش، فِيشَة (الكَهْرَباءِ) (electric) plug
فَيْصَل : حَكَم arbitrator; umpire
فَيْصَل : مِعْيار (decisive) criterion
فَيْض، فَيَضان flood, inundation, deluge
فَيْض : تَدَفُّق، غَزارَة flow, flux, outpour(ing); excess, surplus; abundance, copiousness
فِيل (حيوان) elephant
فِيل (الشِّطْرَنْجِ) bishop
فِيلاّ : دارَة villa
فَيْلَسُوف : حَكِيم philosopher
فَيْلَق corps, army corps; legion
فِيلْم film; motion picture, movie
فِيمَا ـ راجع في
فَيْنَة : حِين time, period, while
بَيْنَ الفَيْنَةِ والفَيْنَة from time to time, now and then, once in a while, at times, sometimes

ق

قاءَ : تقيّأ to vomit, throw up
قائِد leader; chief; commander
قائِدُ الطّائِرَة captain, pilot
قائِدُ فِرْقَةٍ رِياضِيَّة captain
قائِدُ فِرْقَةٍ مُوسِيقِيَّة conductor, maestro
قائِم : عَمُودِيّ vertical, perpendicular
قائِم : إجْمالِيّ، غَيْرُ صافٍ gross, total, entire, overall
قائِمٌ بِالأعْمال chargé d'affaires
قائِمٌ بِذاتِهِ self-existent, independent, individual, separate
زاوِيَةٌ قائِمَة right angle
قائِمَة : رِجْل leg, foot
قائِمَة : عَمُود post, pillar, pole
قائِمَة : لائِحَة، فِهْرِس list, table, schedule; index; catalog(ue)
قائِمَةُ الأسْعار price list
قائِمَةُ الحِساب invoice, bill
القائِمَةُ السَّوْداء blacklist
قائِمَةُ الطَّعام menu, bill of fare
قائِمَقام، قائِمُ مَقام district commissioner, deputy governor; deputy
قاب : مَسافَة (قصِيرَة) (short) distance
قابِس (كَهْرَبائِيّ) plug; outlet
قابَلَ : واجَهَ to be opposite (to), in front of, facing; to face, confront, encounter, meet (with); to come upon, come across, run across
قابَلَ : اِجْتَمَعَ إلى to meet (with), get together with; to interview, see
قابَلَ : وازَى to correspond to
قابَلَ (بِـ) : قارَنَ to compare (with)
قابِلٌ لِـ : يَقْبَلُ كَذا، عُرْضَةٌ لِـ capable of; subject to, liable to
قابِلَة : دايَة midwife, accoucheuse
قابِلِيَّة : اِسْتِعْداد disposition, tendency, liability, susceptibility
قابِلِيَّة : قُدْرَة faculty, power, capacity, capability, ability
قابِلِيَّة : شَهْوَة، شَهِيَّة appetite
قات (نبات) kat
قاتَلَ to fight, combat
قاتِل : فاعِل قَتَل killer, manslayer; murderer, assassin

قاتِل : مُمِيت ـ راجع قَتَّال
dark, deep, dim, dusky, gloomy قاتِم
dry, arid, barren, waste قاحِل : مُجْدِب
to lead; to guide, conduct, direct; قادَ
to drive, steer, pilot
able (to), capable (of) قادِر (على)
coming, next; future; قادِم : مُقْبِل ، آتٍ
forthcoming, upcoming
coming, arriving; in- قادِم : وافِد ، آتٍ
coming; (new)comer, arriver
garbage, rubbish, junk قاذُورات
tar; pitch; asphalt; bitumen قار
reader; reciter قارِىء : فاعِل قَرَأَ
fortune-teller, diviner قارِئُ البَخت
to approach, approximate, be قارَبَ
near or close to, be about to
boat, dinghy, canoe قارِب : زَوْرَق
lifeboat قارِبُ النَّجاة
continent قارَّة [جغرافيا]
severe, bitter, biting, nippy قارِس
rodent قارِض، حَيَوانٌ قارِض
to fight (with) قارَعَ
to compare (with) قارَنَ (بِـ، بَيْنَ)
flask; vial; bottle قارُورَة : قِنِّينَة ، زُجاجَة
bass قارُوس (سمك)
continental قارِّيّ : مَنْسُوبٌ إلى قارَّة
hickory قارِيَة (شجر)
amphibian; amphibious قارِب : بَرمائِيّ
to measure, gauge قاسَ
to try on (a garment) قاسَ (ثَوْباً)
hard, solid, rigid, stiff; قاسٍ (القاسِي)
severe, strict, harsh, tough; cruel,
merciless, unmerciful
to suffer, endure, under- قاسَى : عانَى
go, experience, go through
to share (equally with) قاسَمَ : شاطَرَ
to punish, chastise, discipline قاصَّ
قاصّ ـ راجع قَصّاص
قاصٍ (القاصِي) ـ راجع قَصِيّ
minor; underage قاصِر : غَيْرُ راشِد
unable to, incapable of قاصِرٌ عن
قاصِرٌ على ـ راجع مَقْصُورٌ على
judge, justice قاضٍ (القاضِي) : حاكِم
deadly, lethal, fatal قاضٍ : مُمِيت
to sue قاضَى : اِدَّعَى على
rodent قاضِم ، حَيَوانٌ قاضِم
all together, one and all قاطِبَةً
locomotive, engine; car قاطِرَة : عَرَبَة
to interrupt قاطَعَ (أَثْناءَ الحَدِيث)
to boycott قاطَعَ : رَفَضَ التَّعامُلَ مَع
to break (up) with قاطَعَ: قَطَعَ الصِّلَةَ مَع
cutting, sharp, incisive قاطِع : حادّ
decisive, conclusive, قاطِع : جازِم
final, absolute, categorical
cutter قاطِع : فاعِل قَطَعَ ، قَطّاع
partition, screen, قاطِع : فاصِل ، حاجِز
division, divider

قاطِع : قِطَاع — sector; section; strip
قاطِعُ طَرِيق — highwayman, bandit
طَعَامٌ قاطِع — Lenten food
قاطُور : تِمْساحُ أميرِكَا — alligator
قاع : قَعْر — bottom; bed; floor; depth
قاعَة : صالَة — hall, room, chamber
قاعِدَة : مَبْدَأ — rule, precept, maxim
قاعِدَة : أَسَاس — base, basis, foundation
قاعِدَة (عَسْكَرِيَّة) — (military) base
قَوَاعِد (اللُّغَةِ) — grammar
افِلَة : مَوْكِب — caravan; convoy; train
افِيَة [عَرُوض] — rhyme
اق (طائر) — raven, crow
قاقُ الماء (طائر مائي) — cormorant
ال — to say, tell; to utter; to state
الب، قالِب (السَّبْكِ إلخ) — mold, die, block, matrix, form
قالَبُ حَلْوَى — cake
ام : وَقَفَ — to rise, get up, stand up
قامَ : إنْطَلَقَ — to set out, go ahead; to take off, start off, depart
قامَ بِـ : أَدَّى — to perform, do, make, carry out, fulfill; to assume, undertake, shoulder
قامَ مَقَامَهُ — to replace, take the place of, be a substitute for
امَة — stature, figure, build, body
امَرَ — to gamble; to bet (on)
امُوس : مُعْجَم — dictionary, lexicon

قانِع — satisfied, content, contented
قانُون : شَرِيعَة، تَشْرِيع — law; statute, act, legislation, code
قانُون : آلَةٌ مُوسِيقِيَّة — zither, dulcimer
قانُونِيّ : تَشْرِيعِيّ، شَرْعِيّ — legal, statutory; lawful, legitimate, licit
قانُونِيّ : رَجُلُ قانُون — jurist, legist
قاوَمَ — to resist, oppose, counter; to fight, combat; to withstand
لا يُقَاوَم — irresistible
قاوَنْد (طائر) — halcyon; kingfisher
قاوُون (نبات) — melon; muskmelon
قايَضَ — to barter, exchange, swap
قُبَاع : قُنْفُذ (حيوان) — hedgehog
قُبَالَةَ : تُجَاهَ — opposite (to), in front of
قَبَّان : مِيزَان — steelyard; platform scale
قَبَّة (الثَّوْبِ) : ياقَة — collar
قُبَّة (البِنَاءِ) — dome, cupola
قَبْج (طائر) — partridge
قَبَّحَ : بَشَّعَ — to uglify, make ugly
قَبَّحَ عَلَيْهِ فِعْلَهُ — to rebuke, reproach
قُبْح : بَشَاعَة — ugliness, unsightliness
قَبَرَ : دَفَنَ — to bury, inter, inhume, entomb, tomb, lay to rest
قَبْر : ضَرِيح — grave, tomb, sepulcher
قُبَّرَة (طائر) — lark, skylark
قَبَضَ (على) : أَمْسَكَ بِـ — to grasp, grip, hold, catch, grab
قَبَضَ على : إعْتَقَلَ — to arrest, appre-

hend, detain, seize, hold
قَبَضَ (مالاً) to receive, get, collect
قَبْض: إمْساك (البَطْنِ) constipation
قَبْضَة: مَسْكَة grip, hold, clasp, clutch
قَبْضَة: حَفْنَة handful, fistful
قَبْضَة: سَيْطَرَة hold, grip, grasp, control, authority, domination
قَبْضَةُ اليَد fist
قُبْطان (السَّفِينَةِ) captain, shipmaster
قُبْطان (الطَّائِرَةِ) captain, pilot
قَبَعَ (في مَكان) to stay at, remain at
قُبَّعَة: بُرْنَيْطَة، لِباسٌ لِلرَّأْس hat
قُبْقاب: لِباسٌ لِلرِّجْل clog, patten; sabot
قَبِلَ (بِـ) to accept (to), agree (to), consent (to), assent (to), approve (of), OK; to settle for
قَبَّلَ: لَثَمَ، باسَ to kiss
قَبْلُ، مِنْ قَبْلُ، قَبْلاً before, previously, formerly, earlier, in the past
قَبْلَ before, prior to, previous to
قَبْلَ الظُّهْر before noon, AM
قَبْلَ فَواتِ الأَوان before it is too late
قَبْلَ المِيلاد BC, before Christ
قِبَل: طاقَة power, capacity
مِنْ قِبَلِ on the part of, from, by
قُبْلَة: لَثْمَة، بَوْسَة kiss
قِبْلَة (المُصَلِّي المُسْلِم) kiblah
قِبْلَة: مَحَجَّة mecca
قَبَلِيّ: عَشائِرِيّ tribal

قَبْو ault, cellar; tunnel
قُبُّوط: جُنْدُب rasshopper
قَبُول cceptance; consent, assent, pproval, OK, sanction, agreeient, willingness
قَبِيح: بَشِع gly, unsightly, hideous, epulsive, repugnant, disgusting
قَبِيل: كَفِيل uarantor, surety
مِنْ قَبِيلِ كَذا y way of, as a matter f, as a form of
قُبَيْلَ hortly before, (just) prior to
قَبِيلَة: عَشِيرَة ribe
قَتاد (نبات) ragacanth
قَتّال: مُمِيت eadly, lethal, fatal, moral, murderous, deathly
قِتال ght(ing); combat, battle; hoslities, war(fare)
قَتَّرَ على o penny-pinch, stint, scant
قَتَلَ o kill, slay, murder
قَتْل illing, homicide, murder
قَتِيل illed, murdered; casualty
قِثّاء (نبات) Egyptian) cucumber
قَحْط ainlessness, lack of rain, rought, aridity, dryness
قَدّ: قامَة tature, figure, build
قَدْ: رُبَّما nay, might; perhaps, maye, possibly, probably
قُدّ (سمك) od, codfish
قَدّاحَة: وَلّاعَة ghter
قُدّاس [نصرانية] Mass

قُدّاسٌ لِراحَةِ نَفْسِ المَيْتِ requiem
قَداسَة holiness, sacredness, sanctity
قُدّام in front of; before
قَدَحَ (في) : ذَمَّ to slander, libel, defame, vilify, calumniate
قَدَحَ (في) : ثَقَبَ to pierce, perforate
قَدَحَ النّارَ to strike fire (with a flint)
قَدَح : كَأس cup; (drinking) glass, tumbler; goblet
قَدَرَ (على، أنْ) : إسْتَطاعَ - راجع قَدِرَ
قَدَرَ (هُ حَقَّ قَدْرِه) - راجع قَدَّرَ
قَدِرَ (على، أنْ) : إسْتَطاعَ can; to be able (to), be capable (of)
قَدَّرَ : خَمَّنَ to estimate, assess, appraise, evaluate, valuate
قَدَّرَ (هُ حَقَّ قَدْرِه) to appreciate, esteem, value highly, cherish
قَدَّرَ (الظُّروفَ إلخ) to appreciate
قَدَّرَ : اِفْتَرَضَ، حَسِبَ to suppose, assume; to think, guess
قَدَر : نَصِيب fate, destiny, lot
قَدْر : مِقْدار، حَدّ amount, quantity, size, deal; extent, degree
قَدْر : قِيمَة worth, value; prestige
قَدْرَ المُسْتَطاع as mush as possible
بِقَدْرِ ما inasmuch as, as far as, to the extent or degree that
قِدْر (لِلطَّبْخ) (cooking) pot, kettle; jar
قُدْرَة ability, capability, capacity, faculty; power, strength

قَدَّسَ : جَعَلَهُ مُقَدَّساً to hallow, sanctify
قَدَّسَ : أقامَ القُدّاسَ to say Mass
قُدْسِيّ holy, sacred, sacrosanct
قُدْسِيَّة sanctity, sacredness, holiness
قَدِمَ : جاءَ to come, arrive, show up
قَدَّمَ : ضِدُّ أخَّرَ to advance, bring forward; to give precedence to
قَدَّمَ : عَرَضَ to offer, present; to produce, exhibit, show
قَدَّمَ امْتِحاناً to take an examination, sit for an examination
قَدَّمَ خِدْمَةً لِـ to render a service to, do someone a favor
قَدَّمَ السّاعَةَ to set forward
قَدَّمَتِ السّاعَةُ to gain, be fast
قَدَّمَ شَخْصاً إلى آخَر to introduce or present someone to another
قَدَّمَ طَلَباً to apply (for a job)
قَدَم : رِجْل أو مِقْياسٌ لِلطُّول foot
قُدُماً ahead, forward, onward, on
قِدَم : عِتْق oldness, antiquity
قُدْوَة، قِدْوَة example, model; lead
قَدُوم : أداةٌ لِلنَّحْتِ إلخ adz, adze
قُدُوم : مَجِيء arrival, advent, coming
قَدِير : قادِر، قَوِيّ able, capable, competent; powerful, potent, mighty
قِدِّيس saint
قَدِيم : عَتِيق old, ancient, antique
قَذارَة، قَذَر dirtiness, filthiness, un-

cleanness; dirt, filth, squalor

قَذِر : وَسِخ dirty, filthy, foul, unclean

قَذَفَ (بِـ) : رَمَى، رَشَقَ to throw, cast, fling, hurl, toss; to pelt (with)

قَذَفَ : أَخْرَجَ، أَطْلَقَ to eject, emit, discharge, expel, throw out

قَذَفَ : شَهَّرَ بِـ to defame, slander, libel, vilify, calumniate

قَذِيفَة missile; projectile; grenade; shell, bomb

قَرَّ : بَرَدَ to be cold, chilly, cool

قَرَّتْ عَيْنُهُ to be delighted, happy

قَرَّ رَأْيُهُ على ـ راجع قَرَّرَ

قُرّ : بَرْد cold(ness), chilliness

قَرَأَ : طَالَعَ، تَلَا to read; to recite

قِرَاءَة reading; recital, recitation

قِرَاءَةُ البَخْت fortune-telling

قِرَاءَةُ الكَفّ palmistry, chiromancy

قِرَاب : غِمْد sheath, scabbard

قَرَابَة : قُرْبَى (family) relationship

قُرَابَةَ ـ راجع تَقْرِيباً

قَرَاح : صافٍ pure, limpid, clear

قَرَار : حُكْم decision, resolution; ruling, judgment; decree

قَرَار : قاع، قَعْر bottom; floor; bed

قُرَّاص (نبات) nettle

قَرَاصِيَا (نبات) sour cherry; cherry plum

القُرْآن، القُرْآنُ الكَرِيم the Koran, the Holy Koran

قِرَان : زَوَاج narriage, wedding

قُرْآنِيّ : مَنْسُوبٌ إلى القُرْآن Koranic

قَرَانِيَا (شجر) ornel, dogwood

قَرُبَ (مِنْهُ أو إلَيْه) o approach, approximate, be or come near or close to); to draw near, near

قَرَّبَ (إلى) o approximate (to), approach (to), bring near(er) or lose(r); to advance (toward)

قُرْب nearness, closeness, proximity; approach, imminence

قُرْبَ، بِقُرْبِ، بِالقُرْبِ مِنْ near, lose to, in the neighborhood of, next door to, next to, beside

قُرْبَى ـ راجع قَرَابَة

قُرْبان : ذَبِيحَة sacrifice, offering

قُرْبان، خُبْزُ القُرْبانِ المُقَدَّس Host

قِرْبَة : زِقّ، مَطَرَة kin, bottle; canteen

قُرَّة (العَيْن) delight (of the eye)

قَرْحَة، قُرْحَة، قَرْح ulcer, sore, fester

قِرْد (حيوان) ape, monkey

قَرَّرَ o decide, determine, resolve

قِرْش : غِرْش piaster

قِرْش : سَمَكٌ مُفْتَرِس shark

قَرَصَ (لَحْمَهُ) o pinch, nip, tweak

قَرَصَ : لَدَغَ، لَذَعَ o bite, sting

قُرْص disk, disc, plate

قُرْص [رياضة بدنية] discus

قُرْص طِبِّيّ tablet, pastille, pill

قُرْصُ التِّلِفُونِ أو الرَّادِيُو dial
قُرْصُ عَسَل honeycomb
قُرْصان (ج قَرَاصِنَة) pirate, corsair
قُرْصَعْنَة (نبات) eryngo
قَرْصَنَة piracy, freebooting
قَرَضَ: قَضَمَ، نَخَرَ to gnaw, nibble at, bite, eat away, corrode
قَرْض: سُلْفَة loan, advance
قُرْط: حَلَق earring(s), eardrop(s)
قِرْطاس paper, sheet of paper
قِرْطاسِيَّة stationery
قِرْطِم: عُصْفر (نبات) safflower
قَرَّظَ to praise, commend, laud
قَرَعَ البابَ to knock, rap, bang, beat (on or at a door)
قَرَعَ الجَرَسَ to ring, sound, toll (a bell)
قَرِعَ: صَلِعَ to be(come) bald
قَرَّعَ: وَبَّخَ to scold, tongue-lash, upbraid, reprove, rebuke
قَرَع: صَلَع baldness, alopecia
قَرْع (نبات) gourd, pumpkin; squash
قَرْعَة: دَقَّة knock; rap; tap, blow, beat, bang; toll, ring
قُرْعَة: سَهْم، نَصِيب lot
اِنْتَخَبَ بِالقُرْعَة to choose by lot
سَحَبَ (أو أَجْرَى) قُرْعَةً to draw lots
قَرَفَ: قَشَرَ to peel, pare, skin, scale
قَرِفَ (مِنْ): اِشْمَأَزَّ to be disgusted (of), be sick (of), loathe, detest
قَرَّفَ: قَزَّزَ to disgust, nauseate
قَرَف disgust, nausea, revulsion
قَرْفان disgusted, nauseated, sick
قِرْفَة: قِشْرَة rind, peel, skin, bark
قِرْفَة: نَوْعٌ مِنَ البَهار cinnamon
قَرْفَصَ to squat
قُرْفُصاء squat(ting)
قَرْقَب، قُرْقُف (طائر) titmouse, tit
قِرِلَّى (طائر) kingfisher
قِرْمِزِيّ crimson, carmine; scarlet
قِرْمِيد(ة) tile(s), baked brick(s)
قَرَنَ to couple, pair, join, link
قَرْن (الحَيَوانِ إلخ) horn
قَرْن، قَرْنُ اسْتِشْعار antenna, feeler
قَرْنُ الفُولِ أو البازِلاّ إلخ pod, capsule
قَرْن (لِتَسْهِيلِ لُبْسِ الأَحْذِيَة) shoehorn
قَرْن: مِئَةُ سَنَة century
قَرْن: عَصْر، جِيل age, generation
قِرْن: نَظِير equal, peer, match
قَرْنَبِيط (نبات) cauliflower
قُرْنَة: زاوِيَة corner, nook
قَرَنْفُل (نبات) carnation, pink
كَبْش قَرَنْفُل clove(s)
قَرَنْفُلِيّ pink
قَرْنِيَّة (العَيْن) cornea (of the eye)

قَرَوِيّ: خاصٌّ بالقَرْيَة village, country, rural, rustic, provincial
قَرَوِيّ: أحَدُ سُكّانِ القَرْيَة villager, countryman, rustic, provincial
قَرِيب: دانٍ near, nearby, close, next (to), next-door, neighboring; imminent, forthcoming
قَرِيب: سَهْلُ الفَهْم easy, simple
قَرِيب: نَسِيب relative, kinsman, kin, kinsfolk; kin, of kin, related (to)
قَرِيباً، عَمّا قَرِيب soon, shortly, before long, in a short time
قَرْيَة village, small town, hamlet
قَرِيحَة genius, talent; nature
قُرَيْدِس: إرْبِيان shrimp; prawn
قَرِيرُ العَيْن delighted, glad, satisfied
قَرِيشَة cottage cheese
قَرِين: زَوْج husband, spouse, mate
قَرِينَة: زَوْجَة wife, spouse, mate
قَرِينَة: دَلِيل presumption, inference
قَزّ: حرير silk
دُودَةُ القَزّ silkworm
قُزَح، قَوسُ قُزَح rainbow
قُزَحِيَّة (العَيْن) iris (of the eye)
قَزَّزَ: قَرَّفَ to disgust, nauseate
قَزَّمَ: حَجَّمَ to dwarf, stunt
قَزَم: قَصِيرُ القامَة dwarf, pygmy, midget
قَسّ: قِسِّيس priest, clergyman, minister, parson, pastor, vicar

قَسَا to be(come) hard, solid, rigid, stiff; to harden, solidify
قَسَا على to treat severely, harshly, roughly, cruelly
قَسّى to harden, solidify, stiffen
قَسَاوَة ـ راجع قَسْوَة
قَسْر coercion, compulsion, force
قَسْرِيّ coercive, compulsory, forced
قَسَّطَ to pay in (or by) installments; to distribute
قِسْط: حِصَّة، مِقْدار share, portion, part; quantity, amount, extent
قِسْط: جُزْءٌ مُقَسَّطٌ مِنْ دَيْن installment
قِسْط: عَدْل justice, fairness, equity
قِسْطُ تأْمِين (insurance) premium
قِسْطٌ دِرَاسِيٌّ أو مَدْرَسِيّ، قِسْطُ تَعْلِيم tuition, fee(s), tuition fee(s)
قُسْطاس، قِسْطاس balance, scales
قَسْطَل: أُنْبُوبُ الماء water pipe; tube
قَسْطَل، قَسْطَلَة: كَسْتَنَاء (نبات) chestnut
قَسَمَ، قَسَّمَ: جَزَّأَ to divide, part, split, separate, break up, partition, section, subdivide
قَسَمَ، قَسَّمَ: وَزَّعَ to distribute
قَسَمَ (حِسَابِيًّا) to divide (by)
قَسَم: يَمِين oath
قَسَماً بِـ I swear by
قِسْم: جُزْء part, portion, division, section, segment
قِسْم: إدارَة department, office

قِسْم : مِنْطَقَة district, province
قَسَمات lineaments, features
قِسْمَة : تَقْسِيم ـ راجع تَقْسِيم
قِسْمَة [رياضيات] division
قِسْمَة : نَصِيب fate, destiny, lot
قَسْوَة severity, strictness, sternness, hardness, harshness; cruelty
قِسِّيس ـ راجع قَسّ
قَسِيمَة : بِطاقَة coupon
قَشّ straw, hay, haulm; chaff
قَشّارَة : أداةُ التَّقْشِير peeler, parer
قِشاط : حِزام belt; strap, thong
قَشِبَ (الجِلْدُ) to chap, crack open
قَشَب (في الجِلْد) chap(s), crack(s)
قَشَّة : واحِدَةُ القَشّ a straw
قَشَدَ : أزالَ القِشْدَةَ عن to skim, cream
قِشْدَة (الحَلِيبِ إلخ) cream
قَشَرَ، قَشَّرَ to peel, pare, skin, scale, shell, husk, shuck, hull
قِشْر، قِشْرَة (الثَّمَرَة إلخ) peel, rind, skin; shell; hull, husk, shuck
قِشْرَةُ الجُرْح scab
قِشْرَةُ الخَشَبِ إلخ layer, veneer
قِشْرَةُ الرَّأس dandruff, scurf
قَشَّشَ (كُرْسِيًّا إلخ) to cane
قَشَطَ to take off, remove; to scrape off, rub off, abrade, raze
قِشْطَة (نبات) sweetsop, custard apple

قُشَعْرِيرَة shudder, shiver(ing), tremor, shake, quiver; gooseflesh
قَشِيب new; attractive, pretty, nice
قَصَّ : قَطَعَ to cut, cut off, clip, trim; to mow, cut down (grass)
قَصَّ : رَوَى to narrate, relate, tell
قَصّاب : جَزّار butcher, meatman
قُصارَى : أقْصَى utmost, limit
قَصّاص : مُؤَلِّفُ الرِّوايات novelist, fictionist, storywriter, storyteller
قِصاص : عِقاب punishment, penalty, sanction, retribution
قُصاصَة cutting, clip(ping), chip
قَصَّبَ : طَرَّزَ to brocade, embroider
قَصَب، قَصَبَة : خَيْزُران cane(s), reed(s)
قَصَبُ السُّكَّر، قَصَبُ المَصّ sugarcane
قَصَبَة : مِقْياسٌ لِلطُّول perch; rod
قَصَبَة : بَلْدَة borough, town
قَصَبَة : مِزْمار pipe, reed, flute
قَصَبَة : كَبِد liver
قَصَبَةُ صَيْد (fishing) rod
قَصَّة (شَعْر) haircut, hair cut
قِصَّة : رِوايَة، حِكايَة story, tale, narrative, fiction; novel; account
قِصَّةُ حُبّ love story, romance
قِصَّةٌ رَمْزِيَّة allegory
قَصَدَ (إلى) : تَوَجَّهَ to go to, head for, take to, be bound for
قَصَدَ : نَوَى to intend, mean
قَصْد : نِيَّة، غايَة intent(ion), purpose,

aim, end, goal, object(ive)
قَصْداً، عَنْ قَصْد intentionally, on purpose, deliberately, willfully
بِقَصْدِ كَذَا for, for the purpose of, so as, so that, in order to
قَصْدَرَ : طَلَى بالقَصْدِير to tin, tin-plate
قَصْدِير : صَفِيح tin
قَصَرَ على to limit to, restrict to
قَصُرَ to shorten, be(come) short
قَصَّرَ : جَعَلَهُ قَصِيراً to shorten, make short(er), curtail, reduce
قَصَّرَ (في) أَهْمَلَ to neglect, omit; to be negligent, remiss, derelict
قَصَّرَ في امْتِحانٍ أو دَرْس to fail, flunk
قَصْر : بَيْتٌ كَبِير palace, mansion, castle
قِصَر : ضِدّ طُول shortness; smallness
قِصَرُ البَصَرِ أو النَّظَر myopia, near-sightedness, shortsightedness
قَصْعَة : جَفْنَة bowl
قَصْعِين (نبات) sage, clary
قَصَفَ (بالقَنَابِل) to shell, bombard, bomb, cannonade, cannon
قَصَفَ : كَسَرَ to snap, break, shatter
قَصَفَ الرَّعْدُ to roll, peal, rumble
قَصَّفَ : كَسَّرَ to break (into pieces), crack (up), smash, shatter
قَصِف : هَشّ brittle, crisp, fragile
قَصَمَ : كَسَرَ to snap, break, shatter
قَصِيّ far(away), distant, remote
قَصِيدَة poem
قَصِير : ضِدّ طَوِيل short
قَصِيرُ الأَجَلِ أو الأَمَد short-term
قَصِيرُ البَصَرِ أو النَّظَر myopic, near-sighted, shortsighted; myope
قَضَى : أَنْجَزَ to carry out, accomplish, achieve, finish; to do, perform, fulfill, discharge
قَضَى (وَقْتاً) to spend, pass
قَضَى : فَرَضَ to impose; to ordain, decree; to order, require
قَضَى : حَكَمَ to judge, rule, decide
قَضَى على to annihilate, exterminate, eradicate, kill, destroy; to crush, suppress, repress, quell
قَضَى (أَجَلَهُ أو نَحْبَهُ)، قُضِيَ عَلَيْه to die
قَضَاء : السُّلْطاتُ القَضائِيَّة the judiciary
قَضَاء : تَقْسِيمٌ إدارِيّ constituency, district, province
قَضَائِيّ : عَدْلِيّ judicial, juridical
قُضَاعَة : ثَعْلَبُ الماء otter
قَضَبَ، قَضَّبَ to lop, prune, trim, clip
قَضَمَ، قَضِمَ to gnaw, nibble at, bite
قَضِيب : عَصاً stick, rod, staff; bar
قَضِيَّة : دَعْوَى suit, lawsuit, case
قَضِيَّة : مَسْأَلَة cause; affair, matter, case; issue, question, problem
قَطُّ : أَبَداً never, at no time, not at all
قِطّ : هِرّ، سِنَّوْر cat; tomcat, male cat
قِطٌّ بَرِّيّ wildcat
قَطَاة (طائر) sand grouse

قِطار (السِّكَّةِ الحَدِيدِيَّة) train
قَطَّارَة (eye)dropper, pipet(te)
قَطَاس (حيوان) yak
قِطاع : قِسْم sector; section; strip
قِطاعٌ خاصّ private sector
قِطاعٌ عامّ public sector
قَطَّاعَة ـ راجع مِقْطَع
قِطَاعِيّ، بِالقِطَاعِيّ retail, by retail
قَطَانِيّ : حُبُوبٌ تُطْبَخ pulse; legumes
قَطَبَ : لَفَقَ، دَرَزَ to seam, sew, stitch
قُطْب [فلك، جغرافيا، كهرباء] pole
قُطْب : مِحْوَر، مَدَار axis; pivot
قُطْب : زَعِيم magnate, leader
القُطْبُ الجَنُوبِيّ the South Pole
القُطْبُ الشَّمَالِيّ the North Pole
قُطْبٌ سالِب cathode, negative pole
قُطْبٌ مُوجِب anode, positive pole
قُطْبٌ كَهْرَبائِيّ electrode
قُطْبَة : دَرْزَة، غُرْزَة stitch; seam
قُطْبِيّ : مَنْسُوبٌ إلى القُطْب polar
قِطَّة : هِرَّة female cat, she-cat, cat
قَطَرَ : سالَ to drip, drop, dribble, trickle, fall in drops
قَطَرَ : جَرَّ to tow, tug, haul, trail
قَطَّرَ to drip, drop, dribble; to filter, filtrate, percolate; to distill
قَطَر : بَلَدٌ عَرَبِيّ Qatar

قُطْر : بَلَد country, land; territory
قُطْرُ الدَّائِرَة diameter
قَطْران، قِطْران : سائِلٌ لَزِجٌ أَسْوَد tar
قَطْرَة : نُقْطَة drop
قَطْرَة (لِلْعَيْن) collyrium, eyewash, drops
قَطْرَةُ مَطَر raindrop
قَطْرَس : طائِرٌ بَحْرِيّ albatross
قُطْرِيّ : إقْلِيمِيّ regional; territorial
قَطَعَ : قَصَّ to cut (off), sever; to chop off, cut down; to amputate; to break; to disconnect, tear (apart)
قَطَعَ : أَوْقَفَ to stop, suspend, discontinue, halt, cut, end
قَطَعَ : اِجْتازَ، عَبَرَ to cross, traverse, go across, pass through (across, over); to cover (a distance)
قَطَعَ : جَزَمَ، أَكَّدَ to assert, affirm
قَطَّعَ to cut up, cut into pieces; to divide, partition; to tear (apart)
قَطْع (الكِتاب) format, size (of a book)
قَطْع : كَمْبِيُو (money) exchange
قَطْع : عُمْلَة، نَقْد currency, money
قَطْعاً : بَتاتاً definitely, positively, of course; absolutely not, not at all
قِطْعَة : جُزْء piece, fragment, chunk; part, portion, segment, slice
قِطْعَة (مِنَ الجَيْشِ أو العُمْلَةِ إلخ) unit
قِطَعٌ إضافِيَّة accessories
قِطَعُ الغِيارِ أو التَّبْدِيل spare parts

قَطْعِيّ: جازِم ـ راجع قاطِع
قَطْعِيًّا ـ راجع قَطْعاً
قَطَفَ، قَطَّفَ: جَنَى to pick, gather, reap, harvest, pluck out
قَطْقاط (طائر) plover
قَطَنَ في أو بِـ: سَكَنَ to live in, dwell in, reside in; to inhabit, populate
قُطْن، قُطُن cotton
قُطْنِيّ cotton; cottony
قَطِيع: سِرْب flock, herd, drove, group
قَطِيفَة (نبات) amaranth; marigold
قَطِيفَة: مُخْمَل velvet; plush
قَعَدَ to sit down, sit, take a seat
قَعَّرَ to concave; to hollow out
قَعْر: قاع bottom; floor; bed; depth
قَعْقَعَ to clatter, rattle, clank
قَفَّى الكَلامَ أو الشِّعْرَ to rhyme
قَفاً: ظَهْر، خَلْف back; reverse; verso
قُفّاز glove; (a pair of) gloves
قُفَّة: سَلَّة basket, scuttle, frail
قَفْر، قَفْرَة desert, wasteland, wild(s)
قَفْر: مُقْفِر desolate, waste, deserted
قَفَزَ: وَثَبَ to jump, leap, spring, bound, skip, hop
قَفْز: وَثْب jump(ing), leap(ing)
قَفْزٌ طَوِيلٌ أو عَرِيض long or broad jump
قَفْزٌ عالٍ high jump
قَفْزَة jump, leap, skip, hop

قَفَص (الطَّيْرِ والحَيَوانِ) :age
قَفَص (الدَّجاجِ) :oop, pen
قَفَص: سَلَّة basket
قُفْطان: ثَوْبٌ طَوِيل :aftan
قَفَلَ: رَجَعَ o return, come back
قُفْل: غال ock, latch, bolt; padlock
قَفِير: خَلِيَّةُ نَحْل eehive, hive
قَلَّ o be(come) little, small, few; to essen, decrease, diminish, drop off), become less, grow less
قَلَا، قَلَى (الطَّعامَ) o fry
قُلاح (الأَسْنانِ): قَلَح artar
قِلادَة: عِقْد ecklace; collar; pendant
قَلاوُوز، قَلاوُوظ crew; bolt
قَلَبَ: حَوَّلَ o turn; to turn around; to urn over, overturn, upset, capize; to turn upside down
قَلَبَ: عَكَسَ o reverse, invert
قَلَبَ: أَطاحَ بِـ o overthrow, topple
قَلَّبَ الصَّفَحاتِ o turn (over), flip, eaf
قَلْب: فُؤاد eart
قَلْب: لُبّ، وَسَط eart, core, gist; enter, middle
قَلْبَق: لِباسٌ لِلرَّأْس alpac; busby
قَلْبِيّ eart, cardiac; hearty
قُلَّة: جَرَّة ar, olla
قِلَّة: ضِدّ كَثْرَة ewness; scantiness; carcity, insufficiency, shortage

قِلَّةُ الصَّبْر	impatience
قَلَح (الأسْنانِ) : قُلَاح	tartar
قَلَّدَ : حاكَى	to imitate, copy, mimic
قَلَّدَهُ السَّيْفَ	to gird with a sword
قَلَّدَهُ وِساماً او مَدالِيَةً	to decorate, award a decoration or medal to
قَلَّصَ	to contract, constrict, constringe; to shrink; to reduce, cut
قَلَعَ ، قَلَّعَ ـ راجع إقْتَلَعَ	
قَلْعَة : حِصْن	fortress, fort, stronghold, citadel, castle, tower
قَلْعَة (الشَّطْرَنْج) : رُخّ	rook, castle
قَلِقَ	to worry; to be(come) worried, concerned, uneasy
قَلَق	worry, concern, anxiety
قَلِق	worried, concerned, anxious, uneasy, unquiet, upset
قُلْقاس (نبات)	taro, elephant's ear
قَلْقَلَ	to shake, convulse, unsettle, upset, agitate, stir, disturb
قَلَّلَ	to lessen, decrease, diminish, reduce, minimize, make less
قَلَّمَ : شَذَّبَ	to clip, trim, cut, cut back, pare, prune, lop
قَلَّمَ : خَطَّطَ	to stripe, streak
قَلَم : أداةٌ لِلْكِتابَة	pen
قَلَمُ حِبْر	pen, fountain pen
قَلَمُ حِبْرٍ جاف	ball-point pen
قَلَمُ رَصاص	pencil, lead pencil
قَلَم : خَطّ، شَرِيط	stripe, streak, bar
قَلَم : مَكْتَب، قِسْم	office, bureau
قَلَّمَا	seldom, rarely, infrequently
قَلَنْسُوَة : لِبَاسٌ لِلرَّأس	cap; bonnet; hood
قِلْو، قِلْي [كيمياء]	alkali, base
قِلْوِيّ [كيمياء]	alkaline, basic
قَلِيل	little, small, few; negligible; scanty, slight; scarce, rare
قَلِيلاً	a little, somewhat, slightly; a bit; some
قَلِيلُ الأَدَب	impolite, ill-mannered
قِمَار : مَيْسِر	gambling; gamble
قُمَاش : نَسِيج	fabric, cloth
أَقْمِشَة	textiles, soft goods
قُمَامَة	sweepings, rubbish, garbage
قِمَّة	top, summit, peak, acme, climax, zenith, crown, crest
قَمْح : حِنْطَة	wheat
قَمَّرَ (الخُبْزَ إلخ) : حَمَّصَ	to toast
قَمَر	moon
قَمَرٌ اصْطِنَاعِيّ	satellite; telstar
قَمْرَة : غُرْفَةٌ في سَفِينَة	cabin
قَمَرِيّ : خاصٌّ بالقَمَر	lunar, moony
قُمْرِيّ، قُمْرِيَّة (طائر)	turtledove
قَمَعَ	to curb, check, repress, suppress; to crush, quell, quash
قِمْع ، قِمَع (لِصَبِّ السَّوائِل)	funnel
قَمْل (مفردها قَمْلَة)	lice
قَمْلَة (حشرة)	louse

قَمِيص shirt
قَمِيصٌ تَحْتانِيّ undershirt
قَمِيصُ النَّوم nightgown, nightshirt
قَمِين (بِـ) : جَدِير worthy (of), meriting
قِنّ : عَبْد serf
قَنَاة : تُرْعَة ، مَجْرًى canal, waterway, channel; passage, path
قَنَاة : بالُوعَة ditch; gutter
قَنَاة [تلفزيون وراديو] channel
قَنَاة ، قَنا : رُمْح spear, lance
قَنَاة : عُودُ الرُّمْح shaft
قَنَّاص : صَيَّاد hunter, huntsman
قَنَّاص : مُتَصَيِّدُ الأَعْداءِ أو المارَّة sniper
قِنَاع (الوَجْهِ إلخ) mask, disguise, veil
قَنَاعَة : رِضاً satisfaction, contentment, content(edness)
قَنَاعَة : يَقِين conviction, persuasion
قِنَّب ، قُنَّب (نبات) hemp, cannabis
قُنْبَرة ، قُنْبُرَة (طائر) lark, skylark
قُنْبُرَة : قُنْزُعَة tuft; crest
قُنْبُز : بِزْرُ القِنَّب hempseed
قُنْبُلَة bomb, shell; grenade
قُنْبُلَةٌ ذَرِّيَّة atom(ic) bomb, A-bomb, fission bomb
قُنْبُلَةٌ مُسِيلَةٌ لِلدُّمُوع tear bomb
قُنْبُلَةٌ يَدَوِيَّة hand grenade, grenade
قُنَّبِيط (نبات) cauliflower
قُنَّة : قِمَّة top, summit, peak

قُنْدُس ، قُنْدُز (حيوان) beaver
قَنْدَلَفْت acolyte, sexton, sacristan
قِنْدِيل : مِصْباح lamp
قِنْدِيلُ البَحْر jellyfish, medusa
قُنْزُعَة tuft (of hair); comb, crest
قَنَصَ : صادَ ، اِصْطادَ to hunt, shoot
قَنَصَ : تَصَيَّدَ الأَعْداءَ أو المارَّةَ to snipe
قَنَص : ما اصْطِيدَ game, bag, quarry
قُنْصُل consul
قُنْصُلِيَّة consulate
قَنِطَ ، قَنَطَ ، قَنُطَ to despair, despond, lose hope, give up hope
قِنْطار hundredweight, quintal
قَنْطَرَة arch, vault; archway, arcade
قَنِعَ بِـ : رَضِيَ to be content with, satisfied with; to settle for
قَنِعَ بِـ : تَأَكَّدَ مِنْ to be convinced of, persuaded of
قَنَّعَ (بِقِناع) to mask, disguise, veil
قَنَّعَ : أَقْنَعَ ـ راجع أَقْنَعَ
قَنْغَر (حيوان) kangaroo
قُنْفُذ (حيوان) hedgehog
قُنْفُذُ البَحْر sea urchin, echinoid
قُنْفُذُ النَّمْل echidna, spiny anteater
قَنَّنَ (القَوانِينَ) : دَوَّنَ to codify (laws)
قَنَّنَ : وَزَّعَ باعْتِدالٍ أو عَدْلٍ to ration
قُنُوط : يَأْس despair, desperateness
قَنُوع satisfied, content, contented

قِنِّينَة bottle; flask, vial; flacon

قَهَرَ : أَخْضَعَ to subdue, subjugate, overcome, defeat, beat

قَهَرَ : أَجْبَرَ، أَرْغَمَ to compel, coerce, constrain, force, oblige

قَهْقَهَ to guffaw, roar, laugh loudly

قَهْوَة : شَرَابُ البُنّ coffee

قَهْوَة : مَقْهًى ـ راجع مَقْهًى

قَوَّى to strengthen, fortify, consolidate, reinforce, enrich; to boost, promote, further; to harden

قَوَارِض، قَوَاضِم rodents

قَوَاعِد (مفردها قاعِدَة) ـ راجع قاعِدَة

قَوَام : قامَة، قَدّ ـ راجع قامَة

قِوَام : أَساس support; basis, foundation; staple, chief element

قِوَامُهُ كَذَا consisting of, made up of

قُوبِيُون (سمك) goby

قُوبِيُونٌ نَهْرِيّ (سمك) gudgeon

قُوَّة strength, force, power, might; vigor; potency; authority; ability, capability; energy

قُوَّات (مُسَلَّحَة) armed forces, troops, contingent(s); the military

قُوَّاتُ احْتِلال occupation forces

قُوَّةُ الإِرَادَة willpower

قُوَّةٌ شِرَائِيَّة purchasing power

قُوَّةٌ ضاغِطَة pressure group, lobby

قُوَّةٌ قاهِرَة force majeure

بِالقُوَّة : قَهْراً، عَنْوَةً by force, forcibly, coercively, compulsorily

بِالقُوَّة [فلسفة] potentially, virtually; potential, virtual

قُوت : غِذَاء food, foodstuff, nutriment, nourishment, nutrient

قَوَّرَ : جَوَّفَ tho hollow out, scoop out; to excavate, cavern out

قَوَّسَ : حَنَى to bend, curve, bow, crook, arch, vault

قَوْس : أَدَاةٌ لِرَمْيِ السِّهَام bow

قَوْس : قَنْطَرَة arch, vault

قَوْس، قَوْسَان (في الكِتَابَة) parenthesis, parentheses

قَوْسٌ مَعْقُوف (في الكِتَابَة) bracket

قَوْسُ قُزَح rainbow

قَوْسٌ ونُشَّاب crossbow

قَوَّضَ to demolish, tear down, raze, destroy, crush; to subvert

قُوطَة : بَنْدُورَة، طَمَاطِم tomatoe(s)

قَوْقَعَة : صَدَفَة، مَحَارَة shell

قَوْل : كَلام، ما يُقَال saying, speech, word; statement, declaration

قَوْل : رَأْي opinion, view; say

قَوْلٌ (أَقْوَالُ) الشَّاهِد testimony, witness; statement; affidavit

قَوْلٌ مَأْثُور saying, adage, proverb

قَوْلَبَ : سَبَكَ، صاغَ to mold, cast, block, form, shape, fashion

قَوَّمَ : جَلَّسَ to straighten

قَوَّمَ : صَحَّحَ to rectify, correct, reform, adjust, fix

قَوَّمَ : قَيَّمَ ، قَدَّرَ to evaluate, estimate, assess, appraise, value

قَوْم : شَعْب people, nation

قَوْمِيّ national; nationalist(ic)

قَوْمِيَّة nationalism; nationality

قَوِيَ to be(come) strong(er), (more) powerful, (more) forceful; to strengthen, intensify

قَوِيّ strong, powerful, forceful, mighty, vigorous, potent; sturdy, stout, robust, tough; intense, violent, intensive, keen

قَوِيُّ الإرَادَة strong-willed

قَوِيم straight; right, correct, sound, proper; true; orthodox

قَيْء ، قُيَاء : ما يَخْرُجُ بالتَّقَيُّؤ vomit

قِيَادَة leadership; lead; leading; conduct(ing), control(ling); command; driving, steering, piloting

قِيَاس : حَجْم measure, measurement, dimension(s); size; format

قِيَاس : مِقْيَاس ـ راجع مِقْيَاس

قِيَاس : مُقَارَنَة comparison; analogy

قِيَاسِيّ standard, typical, regular

رَقْمٌ قِيَاسِيّ record

قِيَامَة : بَعْث ، نُشُور resurrection

عِيدُ القِيَامَة Easter

يَوْمُ القِيَامَة Day of Resurrection, Judgment Day, doomsday

قِيثَار ، قِيثَارَة guitar; harp; lyre

قَيْح : صَدِيد pus, matter

قَيَّدَ : كَبَّلَ to bind, tie (up), fetter, shackle, (en)chain

قَيَّدَ : حَصَرَ to limit, restrict, confine; to restrain, check, curb

قَيَّدَ : سَجَّلَ to register, record, write (down), enter, list

قَيْد : وِثَاق tie, bond, fetter(s), shackle(s), chain(s)

قَيْد : كُلُّ ما يَحْصُر restriction, limitation, limit, restraint, check

قَيْد : شَرْط condition, reservation

قَيْد : تَدْوِين entry, register, record

بِلا قَيْدٍ أو شَرْط unconditionally

قَيْدَ : تَحْتَ under, on, in, at, being

قِيرَاط carat, karat

قَيْصَر (الرُّومانِ) Caesar

قَيْصَر (الرُّوسِ) czar, tsar, tzar

قَيْصَر (الألْمانِ) kaiser

قَيْظ : حَرّ swelter, oppressive heat

قِيق (طائر) jay

قَيْقَب (نبات) maple

قَيْلُولَة : نَوْمَة siesta; nap

قَيَّمَ : قَوَّمَ ، قَدَّرَ ـ راجع قَوَّمَ

قَيِّم : نَفِيس valuable, precious

قَيِّم : وَصِيّ guardian, supervisor

قِيمَة : قَدْر value, worth; account, importance; price, rate

ك

كَـ : مِثْل as, like, similar to

كَـ : بِوَصْفِهِ كَذَا as, in his capacity as

كائِن : مَوْجُود being; existing, existent

كائِن (في مَكانٍ ما) situated, located

كائِن : كُلُّ ذِي كِيانٍ أو حَياة being, entity

كائِنٌ حَيّ living being; creature

الكائِنات creatures, creation, (created) being(s), world, universe

كَآبَة grief, sorrow, depression, gloom(iness), melancholy

كابِح ، كابِحَة brake(s); control

كابَدَ : عانَى to suffer, bear, endure, undergo, experience

كابَرَ : عانَدَ ، ماحَكَ to stickle

كابُوس nightmare, incubus

كاتَبَ : راسَلَ to write to, correspond with, exchange letters with

كاتِب : مَنْ يَكْتُب writer; author

كاتِب (في مَحَلٍّ إلخ) clerk

كاتِب : نَسّاخ scribe, copyist

الكاتِبُ العَدْل notary public, notary

كاتِدْرائِيَّة : كَنِيسَةٌ ضَخْمَة cathedral

الكاثُولِيك the Catholics; the Roman Catholics

كاثُولِيكِيّ (a) Catholic; (a) Roman Catholic

كاجُو (نبات) cashew

كاحِل [تشريح] ankle, tarsus

كادَ (يَكادُ) : أَوْشَكَ to be (just) about to, on the point of; (he) almost..

كادَ لِـ : تآمَرَ على to plot against, conspire against, intrigue against

كاد، بِالْكاد with great difficulty, hardly, barely, (only) just

كاد (نبات) catechu

كادِح toiling, hardworking, proletarian; drudge, hard worker

كادِر : مِلاك cadre

كاذِب : كَذّاب lying, dishonest, untruthful, mendacious; liar

كاذِب : زائِف false, untrue, deceptive, phony, pseudo, unreal

كاراتِيه karate

كاراج garage; parking lot, park

كارِثَة catastrophe, disaster, calamity

كارْدينال cardinal
كارِيكاتور caricature, cartoon
كاز : كِيرُوسِين kerosene, coal oil
كازُوز refreshment, soft drink; soda water, soda pop, soda
كازِينو casino
كَأْس : قَدَح glass, drinking glass, tumbler; cup; goblet
كَأْس (البُطُولَة) cup; trophy
كاسِب : رابِح winner, gainer
كاسِح : ساحِق sweeping, overwhelming, crushing, smashing, great
كاسِحَة : جَرّافَة dredge; drag, harrow
كاسِحَةُ ألْغام minesweeper
كاسِد unsalable, unmarketable
كاسِر ، طَيْرٌ كاسِر bird of prey, predatory bird, raptor
كاسِرُ الجَوْز (طائر) nuthatch
كاسِيت cassette
كاشَفَ بِـ to disclose to, reveal to, show to; to declare to
كاشِف ، نُورٌ (أو ضَوْءٌ) كاشِف searchlight; spotlight
كاشِفَةُ الكَذِب lie detector
كاشُو (نبات) cashew
كافٍ (الكافِي) enough, sufficient
كافَأَ ، كافى : جازَى to reward, requite, repay, recompense
كافَّة ، كافَّةً all, all of, the whole of
الكافَّة the people, the masses

كافِتِيرِيَا cafeteria
كافَحَ to struggle (against), fight, combat; to strive
كافِر : زِنْدِيق unbeliever, disbeliever, infidel, miscreant, atheist
كافِرٌ بالنِّعْمَةِ إلخ ungrateful
كافُور : مُرَكَّبٌ صَمْغِيٌّ أرِج camphor
شَجَرَةُ الكافُور camphor tree
كافيار : نَوْعٌ مِنَ البَطارِخ caviar, caviare
كاكاو (شَجَرَة، شَراب إلخ) cocoa, cacao
كاكِي (قُماش، ثَوْب، لَوْن) khaki
كالَ : قاسَ، وَزَنَ to measure; to weigh
كالِح : مُتَجَهِّم gloomy, glum, morose, grim, sullen; austere, grave
كالْسِيُوم : كَلْسِيُوم calcium
كالَمَ - راجع كَلَّمَ
كالُورِي : سُعْر، وَحْدَةٌ حَرارِيَّة calorie
كامِخ : مُخَلَّل، كَبِيس pickles
كامِل : تامّ perfect; complete, full, whole, total, entire, full-scale
بِكامِلِه completely, entirely, wholly, totally, fully, in full
كامِن latent, hidden, concealed; potential; inherent, implicit
كامِيرا : آلَةُ تَصْوِير camera
كامِيلْيا، كامِيلِيَة (نبات) camellia
كانَ to be; to exist; to happen
كانَ مَسْرُوراً he was happy
كانَ يَلْعَبُ he was playing

كَأَنَّ as if, as though; like
كانُون : مِجْمَرَة، مَوْقِد brazier; stove
كانُون الأَوَّل : دِيسمبر December
كانُون الثّاني : يَنايِر January
كاهِن priest, clergyman, parson
كاوتشوك : مَطّاط rubber, caoutchouc
كَئِيب : مُغِمّ gloomy, depressing, dismal, dreary, sad, melancholic
كَئِيب : مُكْتَئِب sad, grieved, gloomy, depressed, dispirited, dejected
كَبا : زَلَّ to stumble, trip, slip
كَبا : أَخْفَقَ، أَخْطَأَ to fail, miss
كُبّى (في وَرَقِ اللَّعِب) hearts
كَباب kabob, kebab, shish kebab
كُبابَةُ الشَّوْك : قُنْفُذ (حيوان) hedgehog
كُبّاد (نبات) citron
كَبارِيه : نادٍ لَيْلِيّ cabaret
كَبّاس، كَبّاسَة (الأَوْراقِ) stapler
كَبَّبَ : كَتَّلَ to ball, conglobate, conglomerate, agglomerate
كَبَتَ to suppress, repress, restrain, inhibit, hold (back), contain
كُبَّة (في وَرَقِ اللَّعِب) hearts
كَبَحَ to rein in, bridle; to check, curb, contain; to brake
كَبَّدَ (خَسارَةً إلخ) to cause (losses to), inflict (damage upon)
كَبِد [تشريح] liver
كَبِد : جَوْف heart, interior

كَبَرَ فُلاناً : كانَ أَكْبَرَ مِنْهُ to be older than
كَبُرَ : ضِدّ صَغُرَ to be(come) great(er), big(ger), large(r); to grow, increase, augment
كَبِرَ (في السِّنّ) to grow old; to grow up
كَبَّرَ : ضَخَّمَ to enlarge, magnify, blow up; to exaggerate
كِبَر، كُبْر : ضَخامَة greatness, bigness, largeness; magnitude, size
كِبَر (السِّنّ) old age, oldness
كِبْرِياء pride, arrogance, haughtiness
كِبْرِيت sulfur, brimstone
عُودُ الكِبْرِيت match, matchstick
كَبَسَ (على) : شَدَّ، ضَغَطَ to press, compress, squeeze
كَبَسَ : خَلَّلَ to pickle
كَبَّسَ : دَلَكَ to massage
كَبْسُولَة : بِرْشامَةٌ طِبِّيَّة capsule, cachet
كَبْسُولَة : إِبْزِيم snap fastener
كَبْش، كَبْشُ ضَأْن ram, male sheep
كَبْشُ الجِبالِ الصَّخْرِيَّة bighorn
كَبْشُ الجَبَل mountain sheep
كَبْشُ قَرَنْفُل clove(s)
كَبْشُ الفِداءِ أو المَحْرَقَة scapegoat
كَبَلَ، كَبَّلَ : قَيَّدَ to shackle, fetter, (en)chain, (hand)cuff
كَبْوَة stumble, trip, slip, misstep
كَبِير great, big, large, sizable, enormous, tremendous, king-size,

huge; senior (official, etc.)
old, aged, advanced in years; grown-up, adult كَبِير (السِّنِّ)
great sin كَبِيرَة : إِثْمٌ كَبِير
pickles كَبِيس : مُخَلَّل، كامِخ
leap year, bissextile سَنَةٌ كَبِيسَة
book كِتاب : سِفْر، مُؤَلَّف
the (Holy) Koran الكِتاب، كِتَابُ اللّٰهِ العَزِيز
letter, note, message كِتاب : رِسَالَة
yearbook كِتابٌ سَنَوِيّ
textbook كِتابٌ مُقَرَّر
the (Holy) Bible الكِتَابُ المُقَدَّس
writing; script, inscription; handwriting كِتَابَة
written, in writing, on paper كِتابِيّ
flax, linen كَتّان
linseed, flaxseed بِزْرُ الكَتّان
to write, pen, write down; to compose, draw up, draft كَتَبَ : حَرَّرَ، أَلَّفَ
to predestine (to) كَتَبَ اللّٰهُ (عَلَيْهِ)
to make write كَتَّبَ : جَعَلَهُ يَكْتُب
bookseller, bookman كُتُبِيّ : بائِعُ كُتُب
to tie the hands (behind the back); to bind, tie (up) كَتَفَ، كَتَّفَ
shoulder كَتِف، كَتْف، كِتْف : عاتِق
chick, young chicken كَتْكُوت : صُوص
to agglomerate, conglomerate, ball, lump, mass كَتَّلَ

lump, chunk; mass, bulk; block; agglomerate, conglomeration كُتْلَة
bloc, front كُتْلَة (سِياسِيَّة) : جَبْهَة
pressure group, lobby كُتْلَةٌ ضاغِطَة
to hide, conceal, keep secret, harbor كَتَمَ : أَخْفَى، أَضْمَرَ
to keep a secret كَتَمَ السِّرَّ : حَفِظَهُ
to muffle كَتَمَ الصَّوْتَ
reticent, reserved, secretive, close, taciturn, discreet كَتُوم : مُتَكَتِّم
booklet, pamphlet; handbook, manual كُتَيِّب : كُرّاس
battalion; detachment; phalanx كَتِيبَة (عَسْكَرِيَّة)
bushy, thick, dense كَثّ : كَثِيف
density, thickness, heaviness; intensity; consistency كَثافَة
nearness, closeness كَثَب : قُرْب
from (or at) a short distance, closely عَنْ (مِنْ) كَثَب
to increase, grow, multiply; to abound; to be(come) numerous, abundant, plentiful, ample كَثُرَ
to increase, augment, multiply, proliferate كَثَّرَ
large number or quantity, multitude, host, abundance, plenty كَثْرَة
to condense, concentrate, thicken, inspissate; to intensify كَثَّفَ
dune, sandhill كَثِيب : تَلٌّ مِنَ الرَّمْل
much, many, numerous, abundant, plentiful, copious, ample, كَثِير

plenty; a lot, a great deal
كَثِيراً much, very (much), so, extremely, quite; a lot
كَثِيراً ما often, frequently
بِكَثِير by far, far
كَثِيرَاء، كُثَيْرَاء (نبات) tragacanth
كَثِيف dense, thick, heavy; concentrated; intense; intensive
كُحْل kohl; eyeliner
كُحْلِيّ (لون) navy blue, dark blue
كُحُول : سبيرتو alcohol, spirits
كُحُولِيّ alcoholic; spirituous
كَدَّ : اِجْتَهَدَ، تَعِبَ to work (too) hard, exert oneself, toil, labor
كَدّ toil, labor, hard work, effort, diligence, industry, perseverance
كَدَحَ : كَدَّ to drudge, toil, work hard
كَدَّرَ : جَعَلَهُ كَدِراً to roil, muddy, muddle; to disturb, trouble, unsettle
كَدِر، كَدْر turbid, roily, muddy, cloudy; troubled, disturbed
كَدَّسَ، كَدَسَ to accumulate, amass, heap up, pile up, stack (up)
كَدَمَ : رَضَّ to bruise, contuse
كَدْمَة : رَضَّة bruise, contusion
كَذّاب ـ راجع كاذِب
كَذَبَ : ضِدّ صَدَقَ to lie, tell a lie
كَذَبَ على to lie to, tell someone a lie
كَذَّبَ : اِتَّهَمَ بالكَذِب to accuse of lying, give the lie to, call a liar
كَذَّبَ : أَنْكَرَ، نَفَى to deny, disown, disavow, disclaim, gainsay; to disprove, refute, confute
كَذِب، كِذْب : مَصْدَر كَذَبَ lying
كَذِب : باطِل، زُور lie, untruth, falsehood, falsity, falseness
كِذْبَة lie
كِذْبَةُ نَيْسان April Fools' joke, April fool
يَوْمُ كِذْبَةِ نَيْسان April Fools' Day, All Fools' Day
كَذَلِكَ ـ راجع ذا
كَذُوب ـ راجع كاذِب
كَرَّ على : هاجَمَ to attack, assail
كَرَّ : تَعاقَبَ to pass, elapse; to succeed one another, alternate
كَرًى : نَوْم sleep, slumber
كِراء : أُجْرَة rent, rental, hire
كُرّاث (نبات) leek
كَراج : كاراج garage; parking lot, park
كُرّاس : كُتَيِّب booklet, pamphlet; brochure; manual, handbook
كُرّاس : دَفْتَر notebook, copybook
كَرافات : رَبْطَةُ عُنُق necktie, tie, cravat
كَرامَة : شَرَف dignity; honor; respect
كَرامِيل، كَرامِيلاً caramel
كَراهَة، كَراهِيَة ـ راجع كُرْه، كَرْه
كَرْب، كُرْبَة anguish, agony, suffering, grief, sorrow, distress
كِرْباج : سَوْط whip, lash, scourge

كَرْبُون : فَحم carbon; coal; charcoal
كَرَّة : مَرَّة time, turn
كَرَّةً : مَرَّةً once
كُرَة ball; sphere; globe
الكُرَةُ الأرْضِيَّة (terrestrial) globe, earth, world
كُرَةُ ثَلج snowball, snow cone
كُرَةُ السَّلَّة basketball
الكُرَةُ الطَّائِرَة volleyball
كُرَةُ الطَّاوِلَة table tennis, ping-pong
كُرَةُ القَدَم football, soccer
كُرَةُ المَضْرِبِ أو المِضْرَب tennis
كُرَةُ اليَد handball
رَمْيُ الكُرَةِ الحَدِيدِيَّة shot put, putting the shot
كَرْتُون : وَرَقٌ مُقَوًّى cardboard, pasteboard, paperboard, board
كَرْتُونَة : عُلْبَةُ كَرْتُون carton
كَرَّرَ : أعادَ to repeat, reiterate, iterate
كَرَّرَ : نَقَّى، صَفَّى to refine, purify, clarify, filter
كَرَز (نبات) cherry
كَرَّسَ : خَصَّصَ to dedicate, consecrate, devote
كَرَّسَ : ثَبَّتَ، رَسَّخَ to establish, set up; to settle, fix, consolidate
كِرْسَنَّة (نبات) ervil, lentil vetch
كُرْسِيّ : مَقْعَد chair; seat
كُرْسِيٌّ بِلَا ظَهْرٍ أو ذِرَاعَيْن stool
كُرْسِيٌّ ذُو ذِرَاعَيْن armchair
كُرْسِيٌّ هَزَّاز rocking chair
كَرِش، كِرْش : بَطْن potbelly, paunch
كَرَفْس (نبات) celery
كَرْكَدَنّ، كَرْكَدُّن (حيوان) rhinoceros
كَرْكَدَنُّ البَحْر narwhal
كَرْكَر : طائِرٌ بَحْرِيّ jaeger, skua
كُرْكُم : عُقْدَةٌ صَفْراء turmeric
كَرْكَنْد : سَرَطانُ البَحْر lobster
كُرْكِيّ (طائر) crane
كَرَّمَ to honor; to ennoble, exalt, dignify; to entertain, welcome
كَرَم : جُود generosity, liberality
كَرْم : شَجَرَةُ الكَرْم vine, grapevine
كَرْم (العِنَب) vineyard; vinery
كَرْم : بُسْتان garden, orchard
كَرْمَى لَك، كُرْماناً لَك for your sake, (specially) for you
كَرْمَة : كَرْم grapevine, vine; vine-plant, vine-stock
كَرَنْب، كُرُنْب : مَلْفُوف (نبات) cabbage
كَرَنْتِينَا : مَحْجَرٌ صِحِّيّ quarantine
كَرْنَفال : مِهْرَجان carnival; kermis, fair; festival, fete, gala
كَرِهَ : بَغَضَ to hate, detest, loathe, abhor, abominate
كَرِه ـ راجع كَرِيه
كُرْه، كَرْه : بُغْض hatred, hate, aversion, dislike, distaste, disgust

كُرْهاً unwillingly, reluctantly; forcibly, by force, coercively
كَرَوان (طائر) curlew, stone curlew
كُروم (عنصر) chromium, chrome
كُرَوِيّ (الشَّكل) globular, globate, global, round, spherical
كَرَوْيا، كَرَوْياء (نبات) caraway
كريب فروت، كريفون (نبات) grapefruit
كريكيت (لعبة) cricket
كَريم : سَخِيّ generous, liberal, openhanded, freehanded, munificent, bountiful; hospitable
كَريم : طَيِّبُ الخُلُق kind, kindly, obliging, good-natured, gracious
كَريم : شَريف، نَبيل noble
كَريم : مُحْتَرَم respectable, honorable, decent
كَريمُ المَحْتِدِ او الأَصْل wellborn, highborn, highbred; pureblood
حَجَرٌ كَريم precious stone, gem, jewel
القُرْآنُ الكَريم the Holy Koran
كَريمة : اِبْنَة daughter
كَريه : بَغيض unpleasant, disagreeable, offensive, repulsive, abhorrent, hateful, detestable
كُزاز [طب] tetanus; lockjaw
كُزْبَرة، كُزْبُرَة (نبات) coriander
كَسا : أَلْبَسَ to clothe, dress, garb, robe; to cover; to overlay, coat
كِساء : لِباس garment, dress, robe

كَساد depression, recession, slump, stagnation; unsalability
كَسّارَة (الجَوْزِ إلخ) (nut)cracker
كَسَبَ : رَبِحَ، نالَ to gain, win, profit, earn, get, obtain, acquire
كَسَبَ ـ راجع اِكْتَسَبَ
كَسْب : رِبْح gain, profit, winning(s)
كَسْتَك (السّاعَةِ) watchband, watch strap, watch bracelet
كَسْتَلاتَه، كَسْتَليتَه cutlet, chop
كَسْتَناء (نبات) chestnut; marron
كَسَدَ to be unsalable, remain unsold; to be stagnant, dull, inactive
كَسُدَ ـ راجع كَسَدَ
كَسَرَ، كَسَّرَ to break, fracture, shatter, smash, crash, crush, break into pieces, break up
كَسَرَ : هَزَمَ to defeat, vanquish, rout
كَسْر (ج كُسُور) fracture; break; crack
كَسْر [رياضيات] fraction
كِسْرَة fragment, fraction, scrap, bit, crumb, morsel
كَسَفَ : حَجَبَ to eclipse
كَسَفَتِ الشَّمْسُ to be eclipsed
كَسِلَ to be lazy, idle, sluggish, slothful; to idle, loaf, slacken
كَسَل laziness, sluggishness, idleness, inactivity, indolence
كَسِل، كَسْلان ـ راجع كَسُول
كَسْلان (حيوان) sloth

كُسْوَة، كِسْوَة : لِبَاس clothing, clothes, apparel, attire
كُسُوف [فلك] eclipse, solar eclipse
كَسُول lazy, sluggish, slothful, indolent, idle, inactive, dull, languid
كَسِيح crippled; lame; paralyzed, palsied; rickety, rachitic; cripple
كَشَّاف (ج كَشَّافَة) (boy) scout
كَشَّاف : فِهْرِس index
(ضَوْءٌ) كَشَّاف searchlight; spotlight
كُشْتُبَان thimble
كَشَرَ، كَشَّرَ to grin; to grimace; to bare or show one's teeth
كَشَطَ to scrape off, scratch off, rub off, abrade, graze
كَشَفَ to uncover, unearth, disclose, reveal, unveil, make known or public; to discover, find out
كَشَفَ البَخْتَ to tell fortunes
كَشَفَ عَلَيْهِ طِبِّياً to examine medically or physically
كَشْف : بَيَان، قائِمَة list, roll, roster, register; table; statement
كُشُوف : اِكْتِشافات discoveries
كَشْفُ حِسَاب statement (of account)
كَشْفٌ طِبِّيّ medical examination, checkup
كَشْفِيّ : خاصٌّ بالكَشَّافَة scout-, scouting
كُشْك، كِشْك (لِبَيْعِ السِّلَع) kiosk; booth, stand, stall; box
كِشْمِش (نبات) currant(s), sultana(s)

كَظَمَ : كَبَتَ to suppress, repress, inhibit, keep (back), contain
كَعَّبَ (الشَّكْلَ أو العَدَدَ) to cube
كَعْب : عَقِب (القَدَم) heel
كَعْب : أَسْفَل foot, bottom, tail, end, lower part
الكَعْبَة : البَيْتُ الحَرَام the Kaaba
كَعْك، كَعْكَة cake(s)
كَفَّ عن : أَحْجَمَ to refrain from, abstain from, desist from, stop, quit, discontinue, give up
كُفَّ بَصَرُهُ : عَمِيَ to be(come) blind, lose one's sight
كَفّ : راحَةُ اليَد palm of the hand
كَفّ : يَد hand
كَفَى : كانَ كافِياً to suffice; to be enough, sufficient; to last
كَفَاهُ الشَّيْءُ ـ راجع اِكْتَفَى بِـ
كَفَى : وَفَّرَ على to save, spare
كُفُؤ، كُفْء (well) qualified, capable; fit, adequate
كَفَاءَة qualification, capability, ability, capacity; competence; fitness, adequacy; worth(iness), merit
كِفَاح struggle, contention, strife; struggling; fight(ing)
كَفَّارَة penance, atonement
كَفَالَة bail; guaranty, guarantee, warrant(y), security; bond
سَنَدُ كَفَالَة bail bond, bond, bill
كِفَايَة : ما يَكْفِي sufficiency; adequacy

كِفَايَة : كَفَاءَة ـ راجع كَفَاءَة
ما فيه الكِفَايَة sufficiently, enough
كِفَّة ، كَفَّة (المِيزانِ) scale, pan
كَفَرَ (بِاللّٰهِ) to disbelieve (in God); to be an unbeliever or atheist
كفر بِالنِّعْمَة to be ungrateful (for)
كَفَّرَ عن to expiate, atone for, do penance for, make amends for
كُفْر ، كُفْران unbelief, disbelief, infidelity, atheism, irreligion
كَفْكَفَ الدَّمْعَ to wipe off the tears
كَفَلَ : ضَمِنَ to guarantee, warrant, ensure, secure, sponsor
كَفَلَ : أَعَالَ to support, maintain
كَفُلَ ، كَفِلَ : ضَمِنَ ـ راجع كَفَلَ
كَفَل : عَجُز ، رِدْف rump, buttocks
كَفَنَ ، كَفَّنَ to shroud, enshroud
كَفَن shroud, winding-sheet; grave-clothes, cerements
كُفُو ، كَفُوء ، كُفُوء ـ راجع كُفْؤ
كَفُور ـ راجع كافِر
كَفِيف : أَعْمَى blind
كَفِيل bail(sman), surety, security, sponsor, warrantor, guarantor
كَلَّ to be(come) tired, fatigued, exhausted; to be(come) dull, feeble
كُلّ : جَمِيع all, all of, the whole of; each, every; whole, entire
كُلَّ every, in each, once, (in) a
كُلُّهُم all of them
كُلُّ شَخْص everybody, everyone, every person, all
كُلُّ شَيْء everything, every thing
في كُلِّ مَكَان everywhere
كَكُلّ as a whole, altogether, on the whole, in general
لِكُلّ per, for each, for every
كَلأ : عُشْب grass, herbage, pasture
كَلَّا no! never! not at all!
كِلا both (of), the two
كُلّاب hook, grapnel, grapple, grab; dog; clamp, cramp
كلاسِيكِيّ classic(al); classicist
كَلام talk, speech; talking, speaking; conversation
كَلامٌ فارِغ nonsense, balderdash, rigmarole, prattle, idle talk
كَلامِيّ verbal; oral; spoken
كَلَب (مرض) rabies, hydrophobia, madness
كَلِب : مُصَابٌ بِدَاءِ الكَلَب rabid, hydrophic, mad
كَلْب (حيوان) dog, hound, canine
كَلْبُ البَحْر (سمك) shark; dogfish
كَلْبٌ بُولِيسِيّ police dog
كَلْبٌ سَلُوقِيّ saluki, greyhound
كَلْبُ صَيْد hound, hunting dog
كَلْبُ الماء : قُضَاعَة otter
كَلْبَة : أُنْثَى الكَلْب bitch, female dog
كُلَّة : بِلْيَة ، كُرَةٌ صَغِيرَة marble; taw

كِلَّة : نامُوسِيَّة mosquito net
كِلْتَا both (of), the two
كِلْس : جِير lime
كَلْسات socks; stockings; hoses
كِلْسِيّ calcic, calcareous, limy, lime
كَلْسِيوم : عُنْصُرٌ فِلِزِّيّ calcium
كَلَّفَ بِـ : طَلَبَ إلى to ask (to do something), charge (with), instruct
كَلَّفَ (كَذَا) : كانَتْ نَفَقَتُهُ كَذَا to cost
كَلَّفَ نَفْسَهُ (عَناءَ كَذَا) to bother to, trouble to, take the trouble of
مَهْمَا كَلَّفَ الأَمْرُ at any cost, at any price; by all means
كَلَف : نَمَش freckles
كُلْفَة : نَفَقَة cost, charge, expense
كُلْفَةُ المَعِيشَة cost of living
سِعْرُ الكُلْفَة cost price
كَلَّلَ : تَوَّجَ to crown
كَلَّلَ بِالغار to laurel, (en)wreathe
كَلَّلَ العَرُوسَيْن to marry, wed
كَلَّمَ : حَدَّثَ to speak to (or with), talk to (or with), converse with
كُلَّمَا whenever
كُلَّمَا . . the more.., the more..
كَلِمَة : لَفْظَة word; term
كَلِمَة : خِطَاب speech, address
كَلِمَة : رَأْي say; opinion, view
كَلِمَةُ السِّرّ password, watchword
كَلِمَاتٌ مُتَقَاطِعَة crossword puzzle
بِكَلِمَة in a word, in a few words, in short, to sum up, briefly, in brief
بِكَلِمَةٍ أُخْرَى in other words
كَلَمَنْتِينَا (نبات) calamondin
كُلْوَة : كُلْيَة [تشريح] kidney
كلور : عُنْصُرٌ غازِيّ chlorine
كلوروفيل : يَخْضُور chlorophyll
كُلِّيّ total, entire, complete, full, whole, overall, general; comprehensive, thorough
كُلِّيَّة : مَدْرَسَة جامِعِيَّة school, faculty; college; academy
كُلْيَة : كُلْوَة [تشريح] kidney
كَلِيل : مُتْعَب tired, fatigued, exhausted; weak, feeble; dim, dull
كَمَّ : كَمَّمَ فَمَهُ to muzzle
كَمّ : مِقْدار، كَمِّيَّة quantity, amount
كَمّاً ونَوْعاً quantitatively and qualitatively
كَمْ؟ how many? how much?
بِكَمْ؟ (for) how much? how much (is it?, does it cost?, etc.)
كُمّ : رُدْن sleeve
كَمَا : مِثْل as, just as, like; the way..
كَمَا لَوْ as if, as though; like
كَمَا يَلِي as follows; like this
كَمْء، كَمْأَة (نبات) truffle(s)
كِمَادَة [طب] compress, pack, poultice

كَمَّاشَة [ميكانيكا] pincers, nippers
كَمال : تَمام perfection; completeness, wholeness, fullness
كَمالِيّ luxury, luxurious
كَمالِيّات luxuries, articles of luxury; nonessentials
كِمامَة، كِمام (لِفَم الحَيَوان) muzzle
كِمامَة (التنفس) mask; respirator
كَمان : كَمَنْجَة violin, fiddle
كِمْبِيالَة bill (of exchange), draft, promissory note
كُمْبيوتر : عَقْلٌ إلِكْتْرونِيّ computer
كُمَّثْرَى (نبات) pear(s)
كَمَد : غَمّ sadness, gloom(iness)
كَمَر : حِزام، زُنّار belt
كَمُلَ، كَمِلَ : تَمَّ to be(come) complete, full, whole, entire, total, perfect; to be completed
كَمَّلَ - راجع أَكْمَلَ
كَمَّمَ : كَمَّ فَمَهُ to muzzle
كَمَنَ (في) to hide, be hidden; to lie in, be in, exist in
كَمَنَ لِـ to ambush, ambuscade, waylay, lurk, lie in wait for
كَمِنَ - راجع كَمَنَ
كَمَنْجَة : كَمان violin, fiddle
كَمُّون (نبات) cumin
كَمِّيّ : مَنْسوبٌ إلى الكَمّ quantitative
كَمِّيَّة : مِقْدار quantity, amount, size, volume, deal, number
كَمِين : مَكْمَن، فَخّ ambush, ambuscade, trap, snare
كَمْيُون : شاحِنَة truck, camion, lorry
كَنَّى (بِـ) : لَقَّبَ to surname; to nickname; to call, denominate
كَنارِيّ (طائر) canary
كَنّاس : زَبّال (street) sweeper, street cleaner, garbage collector
كُناسَة - راجع مِكْنَسَة
كِنانَة : جَعْبَة quiver (for arrows)
كِنايَة [لغة] metonymy
كِنايَة عن is, equivalent to
كُنْباث (نبات) horsetail
كَنَبَة، كَنَبايَة : مَقْعَد settee, sofa, couch
كَنَّة : زَوْجَةُ الابْن daughter-in-law
كِنْتال : قِنْطار quintal, hundredweight
كَنْجَرُو (حيوان) kangaroo
كَنَزَ : كَدَّسَ to hoard, amass, accumulate, pile up, collect, gather
كَنْز (ج كُنُوز) treasure
كَنْزَة (صُوفِيَّة) sweater, jumper, pullover
كَنَسَ، كَنَّسَ to sweep, broom, scavenge; to vacuum, vacuum-clean
كَنَسِيّ ecclesiastic(al); church(ly)
كَنْغَر، كَنْغَرُو (حيوان) kangaroo
كَنَف : جانِب، جَناح side; wing
كُنْه : جَوْهَر essence, substance, true nature; core, pith, gist

كُنْيَة، كِنْيَة : لَقَب surname, agnomen, cognomen, epithet, nickname
كَنِيس : مَعْبَدُ اليَهود synagogue
كَنِيسَة : مَعْبَدُ النَّصارَى church; chapel
كَهْرَبَ (شَيْئاً أو شَخْصاً) to electrify
كَهْرَباء electricity, power
كَهْرَبائِيّ electric, electrical, electr(o)
(اِخْتِصاصِيّ) كَهْرَبائِيّ electrician
كَهْرَمان amber
كَهْرَمانٌ أَسْوَد jet
كَهْف : مَغارَة cave, grotto, cavern
كَهْل middle-aged; elderly, old
كَهَنوت priesthood
رِجالُ الكَهَنوت the clergy
كَوَى (المَلابِسَ) to iron, press
كَوَى : داوَى بالكَيّ to cauterize, burn
كَوّاء ironer; laundryman; launderer
كُوَّارَة، كُوارَة : قَفِير beehive, hive
كوارْتز : مَرْو quartz
كَوالِيس coulisse, side scene, backstage area; corridor, lobby
وَراءَ (أو خَلْفَ) الكَوالِيس behind the scenes, backstage
كُوب : قَدَح (drinking) glass, cup
كُوبُ الشّاي teacup
كُوبَة، كُوبَّة (في وَرَقِ اللَّعِب) hearts
كُوبْرِي : جِسْر bridge
كُوبُون : قَسِيمَة coupon
كُوَّة opening; skylight
كُوتْشِينَة playing cards, deck, pack
كُوخ hut, cottage, shanty, shack
كَوَّرَ to roll, ball, conglobate
كُورَس، كُورْس chorus; choir
كُورْنِيش : طَرِيق (ساحِلِيّ) corniche, (coast) road, highway
كُورْنِيش : إفْرِيز cornice, ledge
كُوز : إناءٌ كالإبْرِيق tankard; jug; ewer
كُوزُ الذُّرَة corncob, cob, ear
كُوزُ الصَّنَوْبَر إلخ pinecone, cone
كُوسَا، كُوسَى (نَبات) zucchini, vegetable marrow
كُوع : مِرْفَق elbow
كُوفِيَّة : مِنْدِيلٌ يُلَفُّ بِهِ الرَّأْس kaffieh
كَوْكَب : نَجْم star
كَوْكَبٌ سَيّار planet
كَوْكَبَة (نُجُوم) constellation
كَوْكَبَة : جَماعَة group, troop, party
كَوْكَبَة (عَسْكَرِيَّة) section, squadron
كُوكْتيل cocktail
كُولُونْيا (eau de) cologne
كُولُونِيل : عَقِيد، زَعِيم colonel
كُولِيرا (مَرَض) cholera
كَوَّمَ : كَدَّسَ to heap (up), pile up, stack (up), amass, accumulate
كُومْبْيُوتَر : عَقْلٌ إلِكْتْرُونِيّ computer
كَوْمَة، كُومَة heap, pile, stack; pack

كُومِيدِيّ : مُضحِك comic(al), comedic
(مُمَثِّل) كُومِيدِيّ comedian, comic
كُومِيدِيَا : مَلْهاة comedy
كَوَّنَ to form, create, make, build, produce; to establish, set up; to constitute, make up
كَوْن : مَصْدَر كانَ being; existence
كَوْن : عالَم cosmos, universe; world
لِكَوْنِهِ (كَذَا) because (of), for, due to, owing to, since, as
كُونْت (لقب) count
كُونْسِرفاتْوار conservatory
كُونْسِرْوَة conserves, preserves
كَوْنِيّ cosmic, universal
الكُوَيْت Kuwait
كُوَيْتِيّ Kuwaiti
كَيْ، لِكَيْ، كَيْمَا، لِكَيْمَا sa that, in order to, to, so (as), for
كَيْ لا، كَيْلا، لِكَيْ لا، لِكَيْلا lest, in order not to, so as not to
كِيَاسَة courtesy, politeness; decorum; wit, wittiness, charm
كِيَان entity; being; structure; essence; nature; existence
كَيْد cunning, craftiness, slyness, double-dealing, deception

كَيِّس courteous, civil, polite, tactful; nice, witty, charming
كِيس : جِرَاب bag; sack; pouch
كَيَّفَ to adapt, adjust, accommodate, condition, fit
كَيَّفَ الهَوَاءَ to air-condition
كَيْف ـ راجع كَيْفِيَّة
كَيْفَ؟ how? in what way?
كَيْفَمَا hoewever, no matter how
كَيْفَمَا اتَّفَقَ haphazard(ly), at random, random(ly), hit or miss
كَيْفِيّ : تَعَسُّفِيّ arbitrary, dictatorial
كَيْفِيَّة manner, mode, fashion; way, method; quality; condition
كَيَّلَ : كالَ to measure; to weigh
كَيْل : صاع measure; dry measure
كَيْلا ـ راجع كَيْ لا
كِيلُو، كِيلُوغرام kilogram, kilo
كِيلُومِتر kilometer, kilo
كِيمِيَاء، عِلْمُ الكِيمِيَاء chemistry
كِيمِيَائِيّ chemical, chem-, chemo
كِيمِيَائِيّ : عالِمٌ بِالكِيمِيَاء chemist
كِينَا (نبات) cinchona
كَيْنُونَة being; existence; isism
كِيوِي (نبات) kiwifruit, kiwi

ل

to, so that, in order that, in order to, so as, for — لِـ : كَيْ

theirs — لَهُم : مِلْكُهُم ، خاصَّتُهُم

mine — لِي : مِلْكِي ، خاصَّتِي

no!; not; don't; non-, un- — لا

nobody, no one, none — لا أَحَد

there is no god but God — لا إِلَهَ إِلاَّ اللّٰه

especially, particularly, in particular, specially — لا سِيَّمَا

nothing; none; naught, nil — لا شَيْء

nor.., .. either; not even — وَلا

neither this nor that — لا هٰذا وَلا ذاك

list, roster, register, table, schedule; index — لائِحَة : قائِمَة

price list — لائِحَةُ أَسْعار

blacklist — لائِحَةٌ سَوْداء

menu, bill of fare — لائِحَةُ الطَّعام

immoral, unethical, wrong — لاأَخْلاقِيّ

involuntary; reflex — لاإِرادِيّ

fit, suitable, appropriate, fitting, seemly, proper, decent — لائِق

to suit, fit, agree with; to be suitable for, fit for, convenient for; to be in harmony with, in conformity with — لاءَمَ : ناسَبَ

to harmonize, reconcile, tune, match, suit — لاءَمَ (بَيْنَهُما)

لا بُدَّ ـ راجع بُدّ

wearing, dressed — لابِس : مُرْتَدٍ

Latin — لاتِينِيّ

refugee — لاجِئ

لأَجْلِ ـ راجع أَجْل

to loom, appear; to seem — لاحَ : بَدَا

to observe, notice, note, realize, recognize; to see — لاحَظَ

to follow (up); to pursue, chase, run after, track, trace — لاحَقَ

subsequent, following, next, coming; later, future — لاحِق : تالٍ

carnivorous; carnivore — لاحِم

to resort to — لاذَ بِـ : اِلْتَجَأَ إلى

to maintain — لاذَ بِـ : اِلْتَزَمَ ، لَزِمَ

burning; hot; pungent, acrid, — لاذِع

biting, sharp, bitter, cutting
لازِر: لِيزِر [فيزياء] laser
لازَمَ to accompany, attend; to stay with; to remain at, stay at
لازِم: ضَرُورِيّ necessary, (pre)requisite, indispensable, essential, required, obligatory, mandatory
لَوَازِم necessaries, needs, necessities, (pre)requisites, requirements
لازَوَرْد lapis lazuli; azurite
لازَوَرْدِيّ azure, sky-blue
لاسِع stinging, prickly; sharp, biting, pungent; waspish, snappish
لاسِلْكِيّ wireless, radio
جِهازٌ لاسِلْكِيّ wireless set, radio (set), walkie-talkie
لا سِيَّمَا ـ راجع لا
لاشَى: بَدَّدَ to scatter, disperse, dispel
لاشَرْعِيّ illegitimate, illegal, unlawful, illicit, outlawed
لاشُعُورِيّ unconscious; unintentional, inadvertent
لاصَقَ: تاخَمَ to adjoin, border on, touch, neighbor, be adjacent to
لاصِق: مُلْصِق adhesive, cohesive
لاطَفَ to treat with kindness, be nice to(ward); to flatter
لاعَبَ to play with; to jest with
لاعِب player; athlete, sportsman
لاغٍ (اللاغِي) null, void, invalid, inoperative; canceled, annulled

لافِت (لِلنَّظَر) eye-catching, striking, remarkable, noticeable
لافِتَة sign; signboard; billboard
لافَقارِيّ invertebrate, spineless
لاقَ بِـ to befit, be proper for; to fit, suit, be suitable to, be fit for
لاقَى: واجَهَ to meet (with), encounter; to come across, run across; to find; to experience, pass through
لاقَى: اِسْتَقْبَلَ to receive; to meet
لاكَمَ to box (with), fight (with)
لِئَلَّا: لِكَيْ لا lest, in order not to, so as not to
لُؤْلُؤ، لُؤْلُؤَة pearl(s)
لُؤْلُؤِيَّة، لُؤَيْلِئَة (نبات) marguerite
لَأَمَ: ضَمَّدَ to dress, bandage, bind up
لَأَمَ: أَصْلَحَ to repair, mend
لامَ to blame, reproach, twit
لاما (حيوان) lama
لامُبالٍ (اللاَّمُبالِي) indifferent, nonchalant, uninterested, careless
لامُبالاة indifference, unconcern, disinterest, carelessness
لامُتَناهٍ (اللاَّمُتَناهِي) infinite, unlimited
لامَسَ: تاخَمَ to be in touch with, be in contact with, touch
لامِع shining, glittering, glistening, flashing, sparkling, bright, radiant, brilliant; glossy, shiny
لانَ to be(come) soft, tender, flexi-

ble; to soften, relent, yield
لَئِنْ indeed if
لِأَنَّ because, for; since, as, inasmuch as; due to, owing to
لانْش : زَوْرَق launch, motorboat
لانِهَايَة، اللانِهَايَة infinity
لاهُوت theology, divinity
لاهُوتِيّ theological
لاواعٍ (اللاواعِي) unconscious
العَقْلُ اللاواعِي the unconscious
لَئِيم mean, ignoble, base, low(ly), vile, sordid, evil, wicked
لُبّ : جَوْهَر marrow, core, pith, gist, heart; essence
لُبّ : عَقْل mind, intellect, reason
لُبّ : قَلْب heart
لُبّ (الثَّمَرَةِ) kernel(s), core; pulp, pith, flesh
لَبَّى to comply with, grant, fulfill, consent to, assent to, accept
لُبَاب ـ راجع لُبّ
لَبُؤَة : أُنْثَى الأَسَد lioness
لَبَّاد، لِبَاد : لِبْد felt
لِبَادَة : حَشِيَّة pad
لِبَاس : ثَوْب dress, robe, garment, gown, attire, clothing, clothes; suit, costume; wear
أَلْبِسَة clothes, clothing, apparel, attire, garments; wear
أَلْبِسَةٌ داخِلِيَّة underwear
لِبَاسٌ رَسْمِيّ full dress; uniform
لَبَاقَة tact(fulness), diplomacy
لُبَان : بَخُور frankincense, olibanum
لِبَان : عِلْكَة chewing gum, gum
لَبِثَ بِـ : مَكَثَ to stay in, remain in
ما لَبِثَ أَنْ soon he.., before long he.., in no time he..
لَبَّدَ الصُّوفَ أو الشَّعْرَ to felt; to mat
لِبْد : لَبَّاد felt
لُبْدَة، لِبْدَة (الأَسَدِ) mane (of a lion)
لَبِسَ : اِرْتَدَى to wear; to dress, put on one's clothes, get dressed
لَبَّسَ : كَسَا to dress, clothe, garb; to cover; to coat, plate
لَبْس، لُبْس : اِلْتِبَاس ـ راجع اِلْتِبَاس
لِبْس ـ راجع لِبَاس
لَبَطَ (بِرِجْلِهِ) : رَفَسَ to kick
لَبِق tactful, diplomatic, suave
لَبْلاب (نبات) ivy; lablab; bine
لَبَن : حَلِيبٌ رائِب yogurt, yoghurt; leben
لَبَن : حَلِيب milk
أَلْبان dairy products, milk products
لَبِن، لِبْن : طُوب adobe(s), brick(s)
لُبْنان Lebanon
لُبْنانِيّ Lebanese
لَبِنَة : طُوبَة adobe, brick
لَبُوَة : أُنْثَى الأَسَد lioness
لَبُوس : تَحْمِيلَة suppository

لَبُون، لَبُونَة : حَلُوب milk, milch, giving milk; milker
حَيَوانٌ لَبُون mammal
لَبِيب intelligent, rational, reasonable, prudent, wise, judicious
لِتْر : لِيتْر liter
لِثَام : حِجَاب، خِمَار، نِقَاب veil
لِثَة [تشريح] gum(s), gingiva
لَثِغَ (في نُطْقِهِ) to lisp
لَثَمَ : قَبَّلَ to kiss
لَثَمَ (الوجه) to veil (the face)
لَجَّ على : أَلَحَّ to insist on; to press
لَجَأَ إلى to resort to, turn to, take refuge or shelter in or with
لِجَام (الفَرَس إلخ) bridle, rein(s)
لَجَمَ : كَبَحَ to bridle, rein in, restrain, check, hold (back)
لَجْنَة (ج لِجَان) committee, commission, board, panel
لَجْنَةٌ فَرْعِيَّة subcommittee
لَجُوج : مِلْحَاح importunate, insistent, insisting
لِحَاء (الشَّجَر) bark, bast, cortex
لِحَاف quilt, comforter; cover
لَحَّام : جَزَّار butcher, meatman
لَحْد : قَبْر grave, tomb, sepulcher
لَحِسَ : لَعِقَ to lick; to lick up, lap (up)
لَحَظَ to regard, see; to observe, notice, note, perceive; to take into account or consideration
لَحْظَة : بُرْهَة moment, instant, minute, second, little while
لَحِقَ (بِـ) : أَدْرَكَ to catch up with, overtake, catch, get
لَحِقَ (بِـ) : تَبِعَ to follow, succeed
لَحَمَ، لَحَّمَ (المَعْدِنَ إلخ) to weld, solder; to fuse; to mend
لَحْم (الجَسَدِ أو الأكْلِ) flesh; meat
لَحْمُ البَقَر، لَحْمٌ بَقَرِيّ beef
لَحْمُ الخِنْزِير pork; ham; bacon
لَحْمُ الضَّأْنِ أو الغَنَم mutton
لَحْمُ العِجْل veal
لَحْمَة : قِطْعَةُ لَحْم piece of meat
لُحْمَة (النَّسِيج) weft, woof
لُحْمَة : رابِطَة bond, tie, link
لَحْمِيّ : ذُو عَلاقَةٍ بِاللَّحْم fleshy, meaty
لَحْمِيَّة : زائِدَةٌ أَنْفِيَّة adenoids
لَحَنَ : أَخْطَأَ في الإعْراب to commit grammatical mistakes
لَحَّنَ (مُوسِيقِيًّا) to compose; to melodize, set to melody, set to music
لَحْن (مُوسِيقِيّ) tune, air, melody
لَحْن : خَطَأٌ في الإعْراب solecism, grammatical mistake
لِحْيَة : شَعْرُ الخَدَّيْنِ والذَّقَن beard
لَخَّصَ : اِخْتَصَرَ to summarize, sum up, abstract, brief, digest, abridge, condense, outline
لَدَى : عِنْدَ at, near; on, upon; with

لَدَيَّ : عِنْدِي، لي — I have
لَدائِن : بْلاَسْتِيك — plastic(s)
لَدَغ : لَسَع — to sting, bite
لَدْن : لَيِّن، مَرِن — soft, pliant, pliable, ductile, flexible, elastic
لَدُود، عَدُوٌّ لَدُود — mortal enemy, bitter enemy, archenemy
لَذَّ : كانَ لَذِيذاً — to be delicious
لِذا ـ راجع ذا
لَذَّة : مُتْعَة — pleasure, delight
لَذَع — to burn; to bite, sting
لِذَلِكَ ـ راجع ذا
لَذِيذ — delicious, tasty, tasteful, savory, good; pleasant, nice; sweet
لَزِج — sticky, gluey, glutinous
لَزِمَ : لَمْ يُفارِقْهُ — to keep to, stay at, remain at; to stick to, adhere to
لَزِمَ : كانَ ضَرُورِيًّا — to be necessary
لَزِمَهُ كَذا : اِحْتاجَ إلى — to require, need, be in need of, call for
لَزِمَ الصَّمْتَ — to keep silent, maintain silence
إذا لَزِمَ الأَمْرُ — if need be, in case of need, if necessary
لُزُوم : حاجَة — need, necessity
عِنْدَ اللُّزُوم ـ راجع إذا لَزِمَ الأَمْرُ
لِسان (الفَم) (وكُلُّ ما يُشْبِهُهُ) — tongue
لِسان : لُغَة — language, tongue
لِسانُ الثَّوْر (نبات) — borage, bugloss, oxtongue, alkanet, anchusa
لِسانُ الحَمَل (نبات) — plantain
لَسَعَ : لَدَغَ — to sting, bite
لَسْعَة — sting, bite
لِصّ : سارِق — thief, robber, burglar
لَصِقَ بِـ ـ راجع اِلْتَصَقَ بِـ
لَصْقَة : لَزْقَة — plaster
لُصُوصِيَّة : سَرِقَة — robbery, thievery, theft, larceny; burglary
لَطافَة ـ راجع لُطْف
لَطَّخَ، لَطَخَ — to stain, blot, spot, blotch, soil, (be)smear, tarnish
لَطْخَة : بُقْعَة — stain, blot, spot, blotch, smear, tarnish
لَطَفَ بِـ — to be kind to, gracious to
لَطَّفَ — to soften, lighten, mitigate, mollify, alleviate, ease, soothe, allay, assuage, moderate
لُطْف — kindness, friendliness, amiability, geniality; gentleness, tenderness; fineness, delicateness
لُطْف (مِنَ الله) — God's mercy
لُطْفاً — kindly! please!
لَطَمَ — to slap, cuff, buffet; to hit
لَطْمَة — slap, cuff, buffet, blow
لَطِيف — kind, nice, friendly, amiable, affable, genial; gentle, tender, light, mild; pleasant, charming, sweet; fine, delicate
لَطِيم : يَتِيمُ الأَبَوَيْن — parentless, orphan
لُعَاب : رُضَاب، رِيق — saliva, spittle

لَعِبَ : لَهَا to play, toy, trifle, dally
لَعِبَ (على آلةٍ موسيقيّة) to play, play on (a musical instrument)
لَعِبَ دَوْراً to play a role or part
لَعَّبَ to make play, cause to play
لَعِب، لِعْب play; playing; game; sport, fun, amusement
الألْعابُ الأولمبيّة Olympic Games, Olympics, Olympiad
ألْعابٌ رِياضِيَّة athletics, sports
ألْعابُ القُوَى track and field
ألْعابٌ نارِيَّة fireworks
لُعْبَة : مُباراة game
لُعْبَة : ما يُلْعَبُ به toy, plaything
لُعْبَة : دُمْيَةٌ لِلأَوْلاد doll; dummy
لَعِقَ : لَحِسَ to lick; to lick up, lap (up)
لَعَلَّ : عَلَّ perhaps, maybe
لَعْلَعَ : دَوَّى to resound, reverberate; to boom, peal, ring out
لَعَنَ to curse, damn, execrate
لَعْنَة curse, imprecation, execration, malediction, anathema
لَعُوب playful, dallying, gamesome, frolicsome; coquettish
لَعِين cursed, damned, evil, wicked
لُغَة : لِسان language, tongue
لُغْز : أُحْجِيَّة riddle, puzzle, enigma, conundrum, mystery
لَغَّمَ to mine; to booby-trap
لُغْم (ج ألْغام) mine; torpedo

لَغْو nonsense; chatter, chat
لُغَوِيّ : مُتَعَلِّقٌ باللُّغَة linguistic, lingual
(عالِمٌ) لُغَوِيّ linguist, lexicologist
لَفَّ : غَلَّفَ، طَوَى to wrap (up), envelop, cover, enfold; to roll up; to wind, coil, reel, curl
لَفَّ : دارَ to whirl, reel, go around, rotate, revolve, turn
لِفاع muffler, scarf, babushka
لِفافَة : رِباط band(age), ligature
لِفافَة (تَبْغ) cigarette
لَفَتَ (نَظَرَهُ) إلى to call or draw someone's attention to, point out to
لِفْت (نبات) turnip, rape
لَفْتَة turn; gesture
لَفَحَ : سَفَعَ to scorch, sear, burn
لَفَظَ : أَخْرَجَ to eject, emit, expel, throw out; to reject
لَفَظَ (كَلِمَةً) : نَطَقَ to pronounce, utter, say; to speak, talk
لَفْظ : نُطْق pronunciation
لَفْظ، لَفْظَة expression, term, word
لَفْظِيّ pronunciational; verbal
لَفَقَ : قَطَبَ، دَرَزَ to seam, sew, stitch; to whip, whipstitch
لَفَّقَ : اِخْتَلَقَ to fabricate, invent, make up, fake, concoct
لَفْلَفَ (القَضِيَّة) to cover up, conceal
لَفِيف : جَماعَة، حَشْد group; crowd, gathering, assembly

لِقَاء meeting; encounter; get-together; reunion; interview
لِقَاء: مُقَابِلَ، بَدَلَ in exchange for, in return for, against, for
لَقَاح: طُعْم vaccine, inoculum
لَقَّاطَة، لَقَّاطَةُ الكُنَاسَة dustpan
لَقَّبَ بـ: كَنَّى to surname; to nick-name; to call, designate, dub
لَقَب: كُنْيَة surname, agnomen, cog-nomen, epithet; nickname
لَقَبٌ عِلْمِيٌّ، لَقَبُ شَرَف title
لَقَّحَ: أَخْصَبَ to pollinate; to fertilize
لَقَّحَ: طَعَّمَ to inoculate, vaccinate; to inject, give an injection to
لَقَطَ: اِلْتَقَطَ to pick up, take up, gather, collect; to catch
لَقْطَة: صُورَة shot; snap(shot); photo-graph, photo, picture
لَقْلاق، لَقْلَق (طائر) stork
لَقَّمَ to feed; to spoon-feed
لُقْمَة bite, morsel, bit, mouthful
لَقَّنَ to teach, instruct; to dictate
لَقِيَ ـ راجع لاقَى
لَقِيَ حَتْفَهُ، لَقِيَ مَصْرَعَهُ to die
لَقِيط، طِفْلٌ لَقِيط foundling
لَكَزَ to thrust, jab, poke; to nudge
لَكَمَ to punch, box
لَكْمَة punch, box, a blow with the fist
لَكِنَّ، لَكِنْ but, however, yet, still
لُكْنَة: لَهْجَة accent

لِكَيْ ـ راجع كَيْ
لَمَّ: جَمَعَ to collect, gather
لَمْ: حَرْفُ جَزْم not
لَمْ يَأْكُلْ he did not eat; he has not eaten
لِمَ ـ راجع لِمَاذَا
لَمَّا: عِنْدَمَا when, as
لَمَّا: حَيْثُ أَنَّ whereas, inasmuch as, since, as, because
لَمَّا: لَمْ، بَعْدُ not, not yet
لِمَاذَا، لِمَا why? what for?
لَمَّاع: بَرَّاق glossy, lustrous, shiny; shining, sparkling, bright
لِمَاماً occasionally, rarely, seldom
لَمْبَة: مِصْبَاحٌ كَهْرَبَائِيّ lamp, bulb
لَمَحَ: أَبْصَرَ to glance at; to see, catch sight of, notice
لَمَّحَ إلى: أَشَارَ إلى to insinuate, hint at, refer to, suggest, imply
لَمْحَة glance, quick look; general view; brief survey
لَمَسَ: مَسَّ to touch, feel, handle
لَمَسَ: أَحَسَّ to feel, sense, per-ceive, notice, realize
لَمْس، حاسَّةُ اللَّمْس touch, sense of touch, feeling
لَمْسَة: مَسَّة touch
لَمَعَ to shine, glitter, gleam, beam, flash, sparkle, glow, dazzle
لَمَّعَ to polish, burnish, shine, gloss, luster, buff, brighten (up)

لَمَعان luster, gloss, sheen, shine; shining, glitter, brightness
لِمَنْ to whom, whose
لَنْ not; never
لَنْ يَصْرُخَ he will not cry, he won't cry, he is not going to cry
لَنْش : زَوْرَق launch, motorboat
لَهَا : لَعِبَ to play, toy, amuse oneself
لَهَى : أَلْهَى to divert, distract
لَهَاة [تشريح] uvula; epiglottis
لَهَب : لَهِيب flame, blaze
لَهَثَ، لَهِثَ : اِنْقَطَعَ نَفَسُهُ to pant, gasp, be out of breath
لَهْجَة dialect; language; accent; tone; manner of speaking
لِهٰذَا ـ راجع ذا
لَهْف، لَهْفَة regret; grief, sorrow; yearning, longing, pining
لَهْو amusement, entertainment, diversion, fun; play
لَهِيب : لَهَب flame, blaze
لَوْ، لَوْ أَنَّ if
لَوْلَا except for, but for; were it not for, had it not been for
وَلَوْ، وَلَوْ أَنَّ، حَتَّى لَوْ although, (even) though, even if
لَوَى : ثَنَى to twist, wrench, wring; to bend, incline, turn
لِوَاء : عَلَم banner, flag, standard
لِوَاء : وَحْدَة كَبِيرَة مِنَ الجُنُود brigade
لِوَاء : جِنِرال (major) general
لِوَاء (فِي القُوَّاتِ البَحْرِيَّة) rear admiral
لِوَاء : مُقَاطَعَة، مُحَافَظَة district, county, province
لَوَازِم ـ راجع لازِم
لُوبِيَا، لُوبِيَاء (نبات) cowpea(s); snap bean(s), green bean(s), haricot(s)
لُوتُس (نبات) lotus
لَوَّثَ to pollute, contaminate; to defile, smear, dirty, stain
لَوَّحَ (إلى أو لِـ) : أَشَارَ to wave, beckon, make a sign or signal
لَوَّحَ (بِسَيْفِهِ، بِسِلَاحِهِ إلخ) to brandish, flourish, swing, wave
لَوَّحَ : سَفَعَ to tan; to scorch, sear
لَوْح board; tablet, table; slab; plate, sheet; pane; panel
لَوْحٌ أَسْوَد blackboard
لَوْحُ شُوكُولَا أو صابُون bar
لَوْحَة : لَوْح ـ راجع لَوْح
لَوْحَة : صُورَة painting, tableau, picture, drawing, portrait
لَوْحَة : لافِتَة bulletin board, notice board; signboard; billboard
لَوْحَةٌ زَيْتِيَّة oil painting, oil
لُورْد (لقب) lord
لَوْز، لَوْزَة (نبات) almond
اللَّوْزَتان، لَوْزَتَا الحَلْق tonsils
لَوَّعَ : عَذَّبَ to torment, torture
لَوْعَة agony, anguish, pain, torture,

torment, grief, sorrow	
logarithm	لُوغَارِتْم، لُوغَارِتْمِ
luffa, dishcloth gourd	لُوف (نبات)
	لَوْلَا ـ راجع لَوْ
screw; spiral	لَوْلَب: بُرْغِيّ، زُنْبُرك
spiral, helical, winding	لَوْلَبيّ
blame, reproach, twit, reproof, rebuke, censure	لَوْم، لَوْمَة
to color, tint, tinge	لَوَّنَ
color; tint, tinge, hue	لَوْن
kind, sort, type, variety; category, class	لَوْن: نَوْع، صِنْف
	لَوَى ـ راجع التَوَى
decorum, decency, etiquette; courtesy; tact(fulness)	لِيَاقَة: كِيَاسَة
competence, capability; worthiness, merit	لِيَاقَة: أَهْلِيَّة
fitness	لِيَاقَة: رَشَاقَة، سَلَامَة
liberal	لِيبرالِيّ
Libyan	لِيبِيّ
Libya	لِيبيَا
would that! would God! I wish! if only!	لَيْتَ، يَالَيْتَ
liter	لِيتر: لِتر
lion	لَيْث: أَسَد
ant lion	لَيْثُ عِفْرين (حشرة)
pound, lira	لِيرة: عُمْلَة، وَحْدَة نَقْدِيّة
laser	لِيزر: لَازِر [فيزياء]
not	لَيْسَ

only, nothing but, just, simply, no more than	لَيْسَ إلَّا، لَيْسَ سِوَى
not only.. but also	لَيْسَ .. فَقَط .. بَلْ
isn't it so? right?	أَلَيْسَ كَذَلِك؟
licentiate, license	لِيسَانْس
fiber(s)	لِيف، لِيفَة
(bath) sponge	لِيفَة (الاسْتِحْمَام)
night, nighttime	لَيْل: ضِدّ نَهَار
at night, by night, nightly	لَيْلًا
night; evening; soiree	لَيْلَة
tonight	اللَّيْلَة، هَذِهِ اللَّيْلَة
last night; yesterday evening	لَيْلَة أَمْس، اللَّيْلَة البَارِحَة
Christmas Eve	لَيْلَة الميلاد
lilac, syringa	لَيْلَج، لَيْلَك (نبات)
nocturnal, nightly, night	لَيْلِيّ
penitentiary	لَيْمَان: إصْلَاحِيَّة، سِجْن
lemon; citrus	لَيْمُون (نبات)
lemon; lime	لَيْمُون حَامِض
tangerine, manderin	لَيْمُون أَفَنْدِيّ
orange	لَيْمُون بُرْتُقَال
lemonade	لَيْمُونَاضَة: شَرَاب اللَّيْمُون
to soften, make soft; to make flexible; to moderate, temper, mitigate; to relax	لَيَّنَ: جَعَلَهُ لَيِّنًا
soft, tender, mellow; loose, lax; flexible, supple, pliable	لَيِّن
softness, tenderness; laxity, looseness; flexibility; leniency, lenity, mildness, clemency	لِين، لُيُونَة

م

م، ما، ماذا what?
ما ٱسْمُكَ؟ what is your name?
ما : الَّذِي what, that, that which
ما (لِلتَّعَجُّب) how..!
ما أَجْمَلَ كَذا! how beautiful it is!
ما : مُعَيَّن some, a certain
شَيْءٌ ما something
ما : لَمْ not
ما لَمْ unless, if not, except if
ماءَ الهِرُّ to mew, meow, miaow
ماء (ج مِياه وأمْواه) water
ماءُ الزَّهْر orange-flower water
ماءُ الكُولُونِيَا (eau de) cologne
مِياهٌ مَعْدِنِيَّة mineral water
ماءُ الوَرْد rose water
ماءُ الوَجْه honor; face, dignity
حَفِظَ ماءَ وَجْهِهِ to save face
مائة ـ راجع مِئَة
مائِت : مُحْتَضَر dying, moribund
مائِت : مَيِّت ـ راجع مَيِّت
مُؤاتٍ (المُؤاتِي) favorable, opportune, suitable, appropriate
مائِج surging, heaving, swelling, rolling, wavy, tumultuous
مائِدَة : طاوِلَة table; dining table
مائِع liquid, fluid; deliquescent
مائِل inclined, slant(ing), oblique, bent; sloping, downhill
مُؤامَرَة plot, conspiracy, collusion, intrigue, scheme, cabal
مائِيّ aquatic; water, watery, aqueous; hydrous; hydraulic
مَآب retreat, resort, recourse
مُؤَبَّد eternal, everlasting; endless; lifelong, life, for life
سَجْنٌ مُؤَبَّد life imprisonment
ماتَ to die, expire, pass away
مِئَة (١٠٠) (one) hundred
مِئَةٌ وأَرْبَعَة one hundred and four
ثَلاثُمِئَة three hundred
بالمِئَة، في المِئَة percent, %
عَشَرَةٌ بالمِئَة ten percent, 10 %

مَأْتَم obsequies, funeral ceremony; memorial gathering
مُؤْتَمَر : اِجْتِماع conference, convention, congress, parley
مُؤْتَمَرٌ صُحُفِيّ press conference, news conference
مُؤْتَمَرُ قِمَّة summit (conference)
ماتِه : شَرابٌ كَالشّاي maté, mate
مُؤَثِّر : فَعّال effective, efficacious, effectual; influential
مُؤَثِّر : مُحَرِّك (لِلْمَشاعِر) moving, touching, pathetic, sentimental, emotional, stirring, exciting
مَأْثُرَة exploit, feat, achievement
ماثَلَ : شابَهَ to resemble, look like, be like, be similar to
ماجَ to surge, heave, swell (up)
مُؤَجِّر lessor, hirer; landlord
ماجِسْتير master's degree
ماحَكَ to wrangle with bicker with
ماحِل barren, sterile, infertile
مَأْخَذ : عَيْب defect, fault, flaw
مَأْخَذ : اِعْتِراض على عَيْب objection, complaint, criticism
مَأْخَذ : قابِس كَهْرَبائِي outlet; plug
مُؤَخَّر ، مُؤَخَّرَة : قِسْمٌ خَلْفِيّ back, rear (part), hind (part), end
مُؤَخَّراً : أَخيراً recently, lately
مادَ to swing; to sway
مُؤَدًّى : مَغْزًى sense, meaning
مُؤَدَّب : مُهَذَّب polite, mannerly, well-mannered, civil, courteous
مَأْدُبَة : وَليمَة banquet
مادَّة matter; stuff; substance; material; ingredient, constituent
مادَّة (دِراسِيَّة) course, subject
مادَّة : بَنْد، نَصّ article; clause, item
مادَّة : سِلْعَة article, commodity
مادِّيّ material; concrete, tangible; physical; materialistic; materialist
مُؤْذٍ (المُؤْذِي) harmful, injurious, detrimental; annoying, troublesome
ماذا ـ راجع ما
مُؤَذِّن : مَنْ يُؤَذِّن muezzin
مِئْذَنَة minaret (of a mosque)
مَأْذون authorized; permitted
مَأْذون (الزَّواج) marriage official
مَأْذونِيَّة ـ راجع إِذْن
مار (تَسْبِقُ اسْمَ قِدّيس) Saint
مارّ (ج مارَّة) : ماشٍ passer-by, pedestrian, walker
مَأْرَب purpose, aim, objective; wish, desire; need
مُؤَرَّخ : أُرِّخَ ، ذُو تارِيخ dated
مُؤَرِّخ historian, chronicler, annalist
مارِد : عِمْلاق giant
مارَسَ to practice, exercise, pursue, engage in; to carry out
مارِس : آذار March
مارِشال marshal, field marshal
مارْك : عُمْلَةٌ أَلْمانِيَّة mark

ماركَة mark; trademark, brand
مارُونِي Maronite
مارِيَة (حيوان) oryx; addax
مازَحَ to joke with, jest with, make fun with, tease, kid
مِئْزَر apron, coverall(s), duster; wrapper; cover(ing)
مَأْزِق impasse, deadlock, stalemate, dilemma, predicament
مازُوت: زَيْتُ الوَقُود gas oil; fuel oil
ماس: أَلْماس diamond
ماسّ: لامِس touching
حاجَةٌ ماسَّة urgent need
مَأْساة: فاجِعَة tragedy, drama
مَأْساوِي tragic, catastrophic
ماسَة: أَلْماسَة diamond
ماسِحُ الأَحْذِيَة bootblack, shoeblack
مُؤَسِّس founder, establisher
مُؤَسَّسَة: مُنْشَأَة foundation, establishment, institution, institute, firm
مُؤْسِف sad, regrettable, lamentable, deplorable, unfortunate
ماسُورَة: أُنْبُوب pipe, tube
ماسِيّ: أَلْماسِيّ diamond
ماشٍ (الماشِي) walking, going on foot; pedestrian, walker
(الجُنُودُ) المُشاة infantry (soldiers)
ماشَى ـ راجع تَمَشَّى مَعَ
مُؤَشِّر indicator, needle, pointer; indication, sign; index
مُؤَشِّرُ أَسْعار price index
ماشِيَة (ج مَواشٍ) livestock, cattle
ماضٍ (الماضِي): سابِق past; last, previous, prior, earlier
الماضِي: الغابِر the past
الماضِي [لغة] past, past tense
ماضٍ: حادّ، قاطِع sharp, keen, cutting, acute, incisive
الشَّهْرُ الماضِي last month
ماطِر: مُمْطِر rainy, wet
ماطَلَ to procrastinate, stall, temporize, put off, postpone
ماعَ to melt, liquefy, deliquesce
ماعِز (حيوان) goat
ماعِزَة (حيوان) she-goat
مُؤَقَّت temporary, transitory, transition(al), provisional, interim
مُؤَقَّتاً temporarily, provisionally, for the time being
مُؤَكَّد certain, sure, definite, positive; confirmed, affirmed
ماكِر: مَكّار sly, cunning, wily, crafty, artful, foxy, foxlike
مَأْكَل ـ راجع أَكْل
مَأْكُولات food(s), foodstuffs
ماكِياج makeup; cosmetics
ماكِينَة: آلَة machine
مالَ to incline, be inclined
مالَ إلى to incline to, tend to, have

an inclination for; to like

مَآل end, result, consequence

مال: نُقود money

مال: مِلْك property, possessions

مال: ثَرْوَة wealth, fortune

مالأَ to side with, take sides with; to help, aid, support

مالِح salty, salt, saline, briny

مُؤَلَّفٌ مِنْ consisting of, made up of, composed of

مُؤَلَّف: كِتاب book, publication

مُؤَلِّف author, writer, penman; composer, compiler

مالِك owner, proprietor, proprietary, possessor, holder

مالِكُ العَقارِ (المُؤَجِّر) landlord

مالِكُ الحَزِين (طائر) heron

عائِلَةٌ مالِكَة royal family

مُؤْلِم painful, sore; causing pain; agonizing, tormenting

مَأْلوف familiar, customary, usual

مالِيّ financial, monetary; fiscal

مالِيَّة finances; finance

مُؤَمَّم: أُمِّمَ nationalized

مَأْمَن place of safety, safe place; haven, refuge, shelter, sanctuary

مُؤْمِن believer; faithful, believing

ماموث: فِيلٌ مُنْقَرِض mammoth

مَأْمور servant; official, officer

مَأْمُورِيَّة mission, job, task, duty

مَأْمُون: يُوثَقُ بِه trustworthy, reliable; honest, faithful

مَأْمُون: غَيْرُ خَطِر safe, secure

مُؤْنَة ـ راجع مُؤُونَة

مُؤَنَّث [لغة] feminine

مانْجا، مانْجَه، مانْجُو (نبات) mango

مانَعَ to oppose, resist; to object to, make objections to

مانِع: رادِع deterrent, disincentive

مانِع: عائِق hindrance, obstacle

مانِع: إعْتِراض objection

مانِيكان model, mannequin

ماهِر: حاذِق skilled, skillful, proficient, adroit, adept; clever, smart

مُؤَهَّل (لِـ) qualified for, fit for, suited for; (re)habilitated; eligible, competent, capable, able

مُؤَهِّلات qualifications, abilities, capabilities, merits

مَأْهُول: مَسْكُون inhabited, populated

ماهِيَّة: جَوْهَر quiddity, essence, essential nature, substance

مَأْوًى shelter, refuge, resort; dwelling, abode, accommodations

مَأْوَى الأَيْتام orphanage

ماوَرائِيّ metaphysical

مُؤُونَة provisions, supplies, store(s)

مِئَوِيّ: مُتَعَلِّقٌ بِمِئَةِ عام centennial

ذِكْرَى مِئَوِيَّة، عِيدٌ مِئَوِيّ centennial, centenary, 100th anniversary

نِسْبَةٌ مِئَوِيَّة percentage

مايِس، مايُو : أَيَّار May
مايُوه swimsuit, swimming suit, bathing suit, maillot
مايُونيز mayonnaise
مُباح permissible, permitted, allowable, allowed, lawful, legal, authorized; free, open
مُباحَثة talk, discussion, dialogue; negotiation, deliberation
مُبادَرة initiative; move; action
مُبادَلة exchange; barter
مُباراة contest, match, tournament; game; examination, test
مُبارَزة duel(ing); fencing, swordplay; combat, fight
مُبارَك : مَيْمُون blessed; lucky
مُبارَك : عِبارَةٌ لِلتَّهْنِئة congratulations!
مُباشِر direct, immediate
غيرُ مُباشِر indirect, circuitous
مُباشَرةً directly, straight(way)
مُباغِت sudden, unexpected
مُبالاة attention, care, heed, notice, concern, interest
مُبالَغة exaggeration, overstatement
مُبْتَدِىء beginner; inexperienced
مُبْتَكَر original, new, novel
مُبْتَكَر (ج مُبْتَكَرات) creation(s), invention(s), innovation(s)
مُبْتَهِج rejoicing, jubilant; happy, glad, delighted
مَبْحُوح ـ راجع أَبَحّ
مَبْحَث : مَوْضُوع theme, subject, topic
رَجُلُ مَباحِث investigator; inspector; detective, secret agent
مَبْدَأ : قاعِدَة principle; rule; precept, maxim, norm, standard
مَبْدَئِيّ tentative; basic
مَبْدَئِيًّا in principle; tentatively
مُبَذِّر squanderer, spendthrift, wastrel; wasteful, profligate
مِبْراة (أَقْلام) pencil sharpener
مَبَرَّة charitable institution
مُبَرِّح : شَدِيد violent, intense, severe, acute, sharp
مِبْرَد : أَداةٌ يُبْرَدُ بِها file, rasp
مُبَرِّر : مُسَوِّغ justification, excuse, warrant, good reason
مُبْرَم irrevocable; final, conclusive
مُبَرْمِج : مَنْ يُبَرْمِج programmer
مَبْرُوك : عِبارَةٌ لِلتَّهْنِئة congratulations!
مُبَسَّط simplified; simple; easy
مَبْسُوط : مَسْرُور happy, pleased; enjoying oneself, having fun
مُبَشِّر (بِدِينٍ إلخ) preacher; missionary, evangelist, evangel
مِبْشَرة : أَداةُ البَشْر grater, scraper; rasp
مُبَصِّر : عَرَّاف fortune-teller, soothsayer, diviner, augur
مُبْصِر ـ راجع بَصِير
مِبْضَع knife, scalpel, lancet
مُبَطَّن : لَهُ بِطانَة lined; padded

مَبْعُوث : مُوفَد envoy, delegate
مُبْكٍ (المُبْكِي)، مُبَكٍّ (المُبَكِّي) causing tears, tearful, lamentable, sad
مُبَكِّر، مُبْكِر early, premature
مَبْلَغ : كَمِّيَّة amount, sum
مَبْلَغ : دَرَجَة extent; degree
مُبَلَّل، مَبْلُول wet, moist, damp; moistened, wetted, bedewed
مَبْنًى : بِنَايَة building, structure
مَبْنًى : بِنْيَة - راجع بِنْيَة
مَبْنًى : شَكْل form; style, diction
مَبْهَج، مَبْهَجَة joy, delight, pleasure
مُبْهِج : سَارّ - راجع بَهِيج
مُبَهْرَج ornate, gaudy, tawdry, flashy
مُبْهَم obscure, vague, ambiguous, equivocal, unclear, mysterious
مَبِيت : مَأْوًى night-shelter, lodging
مُبِيدُ الجَرَاثِيم bactericide, germicide, microbicide; disinfectant
مُبِيدُ الحَشَرَات insecticide
مُبَيِّض : مَادَّة مُبَيِّضَة whitener, bleach; bleaching powder
مُبْيَضّ (اللَّوْن) whitish; white
مُبَيَّضَة : ضِدّ مُسَوَّدَة fair copy
مُبَيْطِر : بَيْطَار، مَنْ يَنْعِلُ الخَيْلَ farrier
مَبِيع : بَيْع sale, selling, vendition
مَبِيع، مَبِيعَات sale(s)
مُدِيرُ مَبِيعَات sales manager
مُبِين - راجع بَيِّن

مَتَّ إِلَيْهِ بِصِلَةٍ to be related to, have to do with, belong to
مَتَى؟ when? at what time?
مَتَى : عِنْدَمَا when, whenever
مُتَابَعَة continuation; following; follow-up; pursuit; chase
مُتَأَثِّر affected; influenced; impressed, moved, touched
مُتَاح available, obtainable, at hand
مُتَأَخِّر late; tardy; behind
مُتَأَخِّر : غَيْرُ مُتَطَوِّر backward, underdeveloped; old-fashioned
مُتَاخِم adjacent, contiguous
مُتَأَسِّف - راجع أَسِف، آسِف
مُتَأَصِّل deep-rooted, innate
مَتَاع (ج أَمْتِعَة) effects, goods, property, belongings, possession(s)
أَمْتِعَةُ سَفَر luggage, baggage, bags
مَتَاعِب troubles, difficulties, hardships, discomforts, problems
مُتَأَكِّد sure, certain, positive
مُتَأَلِّق shining, bright, brilliant
مُتَأَلِّم feeling pain, in pain, suffering (pain), aching; agonized
مُتَآمِر conspirator, plotter, conniver
مُتَأَنٍّ (المُتَأَنِّي) slow, deliberate, unhurried; patient; careful
مَتَانَة solidity, strength; durability
مُتَأَهِّب ready, prepared, all set; on the alert, alert(ed), on the mark
مَتَاهَة maze, labyrinth

مُتَأَهِّل: مُتَزَوِّج married
مُتَبَادَل mutual, reciprocal
مُتَبَادِل alternate
مُتَبَارٍ (المُتَبَارِي) contestant, competitor, contender, participant
مُتَبَاعِد separate; diverging, branching; far, faraway, remote
مُتَبَايِن different, dissimilar, contrastive, conflicting, inconsistent
مُتَبَجِّح brag(gart), boaster, swaggerer, windbag; boastful, bragging
مُتَبَرِّع contributor, donor, grantor, giver; volunteer
مُتَبَصِّر discerning, perceptive
مُتَبَطِّل unemployed, jobless; idle
مُتَّبَع observed, followed; adopted; prevailing, common, customary
مُتَبَقٍّ (المُتَبَقِّي) ـ راجع باقٍ
مُتَتَابِع، مُتَتَالٍ (المُتَتَالِي) successive; continuous, continual, uninterrupted, unbroken, unceasing
مُتَجَانِس homogeneous, identical
مُتَجَبِّر haughty, arrogant; despotic
مُتَجَدِّد renewed; regenerated; new, fresh; modern, up-to-date
مَتْجَر store, shop; boutique; department store; supermarket
مُتَجَرِّد: غَيْرُ مُتَحَيِّز impartial, fair, just, objective, unbiased
مُتَجَلِّد، مُتَجَمِّد frozen, frosted, icy; hard, solid, rigid
مُتَجَهِّم (الوَجْه) sullen, glum, surly; frowning, glowering
مُتَجَوِّل wandering, roaming, traveling, ambulatory, itinerant
مُتَحَدٍّ (المُتَحَدِّي) challenger, defier; defiant, challenging
مُتَّحِد united, combined, joined
الأُمَمُ المُتَّحِدَة the United Nations
الوِلَايَاتُ المُتَّحِدَةُ الأَمِيرْكِيَّة the United States of America
مُتَحَدِّث spokesman; speaker, talker, relator, narrator
مُتَحَرِّر liberal, broad-minded; freed, liberated; free
مُتَحَرِّك moving, movable, mobile, locomotive; dynamic
رُسُومٌ مُتَحَرِّكَة (animated) cartoon
مُتَحَضِّر civilized, civil, cultured; urban, urbanized, citified
مُتْحَف، مَتْحَف (ج مَتَاحِف) museum
مُتَحَفِّظ reserved, self-restrained, discreet; cautious, careful
مُتَحَمِّس enthusiastic, zealous, eager, keen; enthusiast, zealot
مُتَحَوِّل changeable, variable, changing, changeful, unsteady
مُتَحَيِّز partial, one-sided, biased, prejudiced, unfair
مُتَخَرِّج: خِرِّيج graduate, alumnus
مُتَخَصِّص (بـ) specialized (in); specialist; expert; technician
مُتَخَلِّف: غَيْرُ مُتَطَوِّر underdeveloped, backward, retarded

مُتَخَلِّفٌ عَقْلِيًّا أو جَسَدِيًّا retarded, defective; retardate
مُتَداعٍ (المُتَداعِي): مُتَقَلْقِل tottering, faltering, shaky, precarious
مُتَداعٍ: مُتَقاضٍ litigant, party
مُتَداوَل current, in circulation, widespread, common, general
مُتَدَرِّج: مُدَرَّج progressive; graded
مُتَدَرِّج: مُتَمَرِّن trainee, apprentice
مُتَدَنٍّ (المُتَدَنِّي) low; fallen, dropped; low-level, inferior, poor
مُتَدَهْوِر deteriorated, deteriorating
مُتَدَيِّن religious, pious, godly
مِتْر: مِقْياسٌ لِلطُّول meter
مُتَرابِط (cor)related, interrelated; connected, linked, associated
مُتَرادِف synonymous; synonym
مِتْراس (لِلدِّفاع) barricade, bulwark, rampart; mound; parapet
مِتْراسُ الباب bolt, latch, lock, bar
مُتَرْجِم translator; interpreter
مُتَرَدِّد hesitant, hesitating, irresolute, indecisive, wavering
مُتْرَف luxurious
مُتَرَهِّل flabby, flaccid, loppy, soft
مِتْرو: قِطارُ تَحْتَ الأَرْض subway, metro, underground
مِتْرِي metric(al)
مُتَزامِن synchronous, synchronic(al), simultaneous, concurrent
مُتَزايِد increasing, growing, rising, mounting
مُتَزَلِّج skier; skater; bobsledder
مُتَزَمِّت strict, rigorous, stringent, rigid; puritan(ical)
مُتَّزِن sober, sedate, solemn; judicious, wise, prudent
مُتَزَوِّج: مُتَأَهِّل married
مُتَسابِق racer, runner; contestant, competitor, rival, participant
مُتَسامِح ، مُتَساهِل indulgent, tolerant, lenient, permissive
مُتَساوٍ (المُتَساوِي) equal, similar, (a)like, even, balanced, on a par
مُتَسَرِّع hasty, rash, quick, hurried
مُتَّسَعٌ مِنَ الوَقْت enough time, ample time, plenty of time
مُتَسَلْسِل serial, seriate(d); successive; continuous; hierarchical
رَقْمٌ مُتَسَلْسِل serial number
مُتَسَلِّط masterful, domineering, authoritative, bossy; dominant
مُتَّسِمٌ بِـ: مُتَّصِفٌ بِـ marked by, characterized by, distinguished by
مُتَسَوِّل: مُسْتَعْطٍ beggar, mendicant
مُتَشائِم pessimistic; pessimist
مُتَشابِه similar, alike, akin, analogous, corresponding; identical
مُتَشَدِّد strict, severe, stern, stringent, tough, inflexible
مُتَشَرِّد vagabond, vagrant, tramp, rogue, bum, hobo

مُتَصَرِّف : والٍ ruler, governor
مُتَّصِفٌ بِـ : مُتَّسِمٌ بِـ characterized by, marked by, distinguished by
مُتَّصِل : مُتَرابِط connected, linked, joined, joint, united, attached
مُتَّصِل : مُسْتَمِرّ ـ راجع مُتَواصِل
مُتَّصِلٌ بِـ : مُتَعَلِّقٌ بِـ related to, relating to, concerning, regarding
مُتَصَلِّب : عَنيد inflexible, adamant, intransigent, unyielding, stubborn
مُتَصَوِّف : صُوفِيّ Sufi, mystic
مُتَضارِب conflicting, clashing, inconsistent, contradictory
مُتَضايِق annoyed, vexed, irritated, disturbed, upset, uncomfortable
مُتَضَرِّر injured, aggrieved, wronged, damaged, prejudiced; victim
مُتَضَلِّع (في عِلْم) ـ راجع ضَليع (في عِلْم)
مُتَطَرِّف extreme, excessive, immoderate; extremist, radical
مُتَطَفِّل parasitic(al); intrusive; parasite, sponge(r); intruder
مُتَطَلِّب : كَثيرُ المَطالِب demanding, exacting, exigent
مُتَطَلَّبات requirements, requisites, demands, needs, necessities
مُتَطَوِّر developed, advanced, sophisticated; progressing
مُتَطَوِّع : مُتَبَرِّع volunteer
مُتَظاهِر (في مُظاهَرَة) demonstrator
مُتَظَلِّم : مُتَشَكٍّ ، مُدَّعٍ complainant, grievant, claimant, plaintiff
مَتَّعَ : جَعَلَهُ يَتَمَتَّع to make enjoy
مُتَعادِل equal, even, on a par; (equally) balanced, in equilibrium
مُتَعارِض conflicting, disagreeing, inconsistent, contradictory
مُتَعارَفٌ عَلَيْه customary, conventional, common, familiar, established
مُتَعاقِد contracting party, contractor
مُتَعاوِن cooperating, collaborating; cooperator, collaborator
مُتْعَب : تَعِب tired, exhausted
مُتْعِب tiring, wearisome, exhausting; toilsome, arduous
مُتْعَة enjoyment, pleasure, delight
مُتَعَجْرِف haughty, arrogant, supercilious, (over)proud, conceited
مُتَعَدِّد numerous, many, multiple, plural, various, diverse, sundry
مُتَعَذِّر impossible, hopeless
مُتَعَرِّج zigzag; winding, meandrous
مُتَعَسِّف arbitrary, oppressive
مُتَعَصِّب fanatic, bigoted; bigot
مُتَعَلِّقٌ بِـ related to, relating to, concerning, regarding, pertaining to
مُتَعَلِّم : مُثَقَّف educated, literate
مُتَعَمَّد : مَقْصود deliberate, intentional, premeditated, willful, intended, meant, done on purpose
مُتَعَهِّد contractor, entrepreneur
مُتَعَوِّدٌ على used to, accustomed to,

habituated to, given to
مُتَغَطْرِس haughty, arrogant
مُتَغَيِّر variable, changeable, changing, unsteady, unstable, fickle
مُتَفائِل optimistic; optimist
مُتَفاوِت different, mixed, varying
مُتَفاوِض negotiator
مُتَفَجِّر ـ راجع مُنْفَجِر
مادَّةٌ مُتَفَجِّرَة explosive
مُتَفَجِّرَة bomb; squib
مُتَفَرِّج viewer, spectator, onlooker, watcher; bystander
مُتَفَرِّغ (لِـ) devoted to, dedicated to; full-time; full timer
غَيْرُ مُتَفَرِّغ part-time; part timer
مُتَفَرِّق separate(d), divided; sporadic, intermittent, occasional
مُتَفَرِّقات sundries, miscellany
مُتَّفَقٌ عَلَيْهِ agreed (upon, on); generally accepted; conventional
مُتَّفِق agreed, agreeing, unanimous, of one accord
مُتَفَهِّم understanding, considerate
مُتَفَوِّق superior; top, excellent, outstanding, distinguished
مُتَقابِل opposite (to each other), facing each other
مُتَقاتِل fighting, battling, warring, at war, belligerent
مُتَقاضٍ (المُتَقاضِي) litigant, party
مُتَقاطِع crisscross, intersecting
كَلِماتٌ مُتَقاطِعَة crossword puzzle
مُتَقاعِد retired; retiree; pensioner, pensionary; emeritus
مُتَقاعِس laggard; slack; negligent
مُتَقَدِّم: مُتَطَوِّر advanced, developed
مُتَقَدِّم: سابِق preceding, previous, prior, former, earlier
مُتَقَدِّمٌ في السِّنّ advanced in years, old, aged
مُتَقَطِّع intermittent, sporadic, irregular; discontinuous, broken
مُتَقَلِّب fickle, changeable, inconstant, unstable, variable
مُتْقَن perfect; masterly, excellent, superior, well-done
مُتَكافِئ equivalent, equal, similar, (a)like, even, balanced
مُتَكامِل integral; complementary; complete, whole
مُتَكَبِّر proud, haughty, arrogant, overweening, conceited
مُتَكَتِّم ـ راجع كَتُوم
مُتَكَسِّر ـ راجع مُكَسَّر
مُتَكَلِّم speaker, talker; spokesman
مُتَلاحِق successive, consecutive, uninterrupted, continuous
مُتَلأْلِئ shining, glittering, sparkling, twinkling, radiant
مُتَماثِل similar, alike; identical
مُتَمايِز distinct; special, peculiar
مُتَمَدِّن civilized, civil, cultured; urban, urbanized, citified

مُتَمَرِّد mutinous, rebellious, insurgent; mutineer, rebel
مُتَمَرِّن trained, drilled, practiced; trainee; apprentice
مُتَمَكِّن (مِنْ) versed (in), skilled (in)
مُتَمَلْمِل fidgety, restless, uneasy
مُتَمِّم complementary, integral
مُتَمَوِّل rich; financier, capitalist
مُتَمَيِّز distinct, separate; special, peculiar; distinguished
مَتَّنَ to strengthen, consolidate
مَتْن : ظَهْر back
مَتْن (الكِتابِ إلخ) text, body
على مَتْن aboard, on board, on; by
مُتَناثِر scattered, dispersed
مُتَناسِب proportionate; proportional, symmetrical, harmonious
مُتَناسِق harmonious, congruous; symmetrical, consistent
مُتَناغِم harmonious, in accord
مُتَنافِر discordant, disharmonious
مُتَنافِس competing; competitor, rival
مُتَناقِض contradictory, opposite, inconsistent, incompatible
مُتَناوِب alternating, alternate, rotating, successive
مُتَناوَل، في المُتَناوَل within reach, available, obtainable
مُتَنَفَّس breather, vent, outlet, escape
مُتَنَقِّل mobile, movable, moving; itinerant, ambulant, roving

مُتَنَكِّر disguised, in disguise, masked, masqueraded; incognito
مُتَنَوِّع various, varied, varying, diverse, diversified
مَتَه : شَرابٌ كالشّاي maté, mate
مُتَّهَم : اتُّهِم accused, charged
مُتَّهَم (اسم) (the) accused; suspect
مُتَّهِم : مَنْ يَتَّهِم accuser, indictor
مُتَهَوِّر rash, impetuous, reckless, careless, foolhardy
مُتَهَيِّج ـ راجع هائِج
مُتَواجِد ـ راجع مَوْجود
مُتَوازٍ (المُتَوازِي) parallel; corresponding, equivalent, equal
مُتَوازِي الأَضْلاع parallelogram
مُتَوازِن balanced, in equilibrium, even; stable
مُتَواصِل : مُسْتَمِرّ continuous, continual, constant, uninterrupted
مُتَواضِع : غَيْرُ مُتَكَبِّر humble, modest, unassuming, simple
مُتَواضِع : زَهِيد modest, small, little, insignificant, trivial
مُتَواطِىء : مَنْ يَتَواطَأ conniver
مُتَوافِر : مَوْجُود available, obtainable
مُتَوافِر : وافِر ـ راجع وافِر
مُتَوافِق in agreement, agreeing, consistent, corresponding, in line
مُتَوالٍ (المُتَوالِي) : مُتَتابِع successive, consecutive; continuous
مُتَوالٍ (ج مَتاوِلَة) : شِيعِيّ Shiite

مُتَوالِيَة progression; sequence; series

مُتَوَتِّر strained; tense, taut, uptight

مُتَوَحِّش ـ راجع وَحْشِيّ

مُتَوَرِّط involved, entangled

مُتَوَرِّم : وارِم swollen, swelling, tumid

مُتَوَسِّط : وَسْطانِيّ middle, central, intermediate; midway, halfway

مُتَوَسِّط : مُعْتَدِل، عادِيّ moderate; medium, average, middling, mediocre, ordinary

مُتَوَسِّط : مُعَدَّل، وَسَط average; mean

الطَّبَقَةُ المُتَوَسِّطَة the middle class

مَدْرَسَةٌ مُتَوَسِّطَة junior high school, intermediate school

مَوْجَةٌ مُتَوَسِّطَة medium wave

مُتَوَعِّك indisposed, unwell, not feeling well, ill, sickly

مُتَوَفًّى dead, deceased, defunct, late

مُتَوَفِّر : مَوْجود available, obtainable

مُتَوَفِّر : وافِر ـ راجع وافِر

مُتَوَقَّع expected, anticipated; foreseen; prospective, likely

مُتَوَقِّفٌ على dependent on, conditional on, contingent on, subject to

مُتَوَقِّف : واقِف ـ راجع واقِف

مُتَوَقَّف : مَوْقوف ـ راجع مَوْقوف

مُتَوَهِّج ـ راجع وَهّاج

مُتَيَسِّر available, obtainable, accessible; possible, feasible; easy

مُتَيَقِّظ ـ راجع يَقِظ

مُتَيَقِّن ـ راجع على يَقِين (يَقِين)

مُتَيَّم بـ enthralled by, enamored of, mad about, madly in love with

مَتِين : صُلْب، قَوِيّ solid, strong, firm, sound, tough; durable, lasting, enduring; heavy-duty

مَثابَة ، بِمَثابَة like, as, similar to; tantamount to, equivalent to

مُثابِر persevering, diligent, hardworking, industrious; hard worker

مِثال : نَموذَج type, model, pattern

مِثال : عُنوان، رَمْز image, epitome, symbol, typical example

مِثال : مَثَل example, illustration

مِثال : مَثِيل ـ راجع مَثِيل

مِثالٌ أَعْلَى ideal

على سَبِيلِ المِثال ـ راجع مَثَلاً

مِثالِيّ ideal; perfect; idealistic; utopian; typical, model

مِثالِيَّة idealism; ideality; utopia

مِثْقاب ـ راجع مِثْقَب

مِثْقال weight

مِثْقالُ ذَرَّة whit, jot, iota, particle, speck, (smallest) bit

مُثَقَّب ـ راجع مَثْقوب

مِثْقَب drill, gimlet, borer, perforator, punch, awl

مُثَقَّف educated, cultured, cultivated; enlightened; learned, erudite, well-informed; intellectual

مَثْقُوب pierced, punctured, perforated, punched, bored

مَثَلَ، مَثُلَ (بَيْنَ يَدَيْه) to appear (before), stand (before)

مَثَّلَ شَخْصاً أو جِهَةً أو شَيْئاً to represent

مَثَّلَ: رَمَزَ إلى to represent, stand for, be a symbol for, symbolize

مَثَّلَ (دَوْراً) to act, play, represent, perform (a part, a role)

مَثَّلَ الطَّعامَ (بَعْدَ هَضْمِهِ) to assimilate

مَثَّلَ بِـ: نَكَّلَ بِـ to make an example of, punish severely, torture

مَثَّلَ بالقَتيل to maim, mutilate

مَثَل: شاهِد example, instance, illustration, case

مَثَل (سائِر) proverb; saying, adage, aphorism, saw, gnome

مَثَل: عِبْرَة example, lesson

مَثَلاً for example, for instance, e.g., say; as, such as

مَثَلٌ أعْلَى، مَثَلٌ أسْمَى ideal

مِثْل: شَبيه similar, like, equal

مِثْلَ، كَمِثْل like, similar to, (just) as; the same as; such as

مَثْلَبَة defect, fault, blemish, flaw

مُثَلَّث: شَكْلٌ هَنْدَسِيّ triangle

مُثَلَّج: مُجَلَّد، مُجَمَّد iced, icy, ice-cold; frozen, frosted

مُثْلِج: ثَلْجِيّ snowy

مِثْلَما: كَما as, just as; like; the way..

مُثْمِر fruitful, productive, profitable, lucrative, remunerative

مُثَمَّن (الزَّوايا والأضْلاع) octagon

مَثْنَى two at a time; by twos

مُثَنَّى: مُزْدَوِج double, twofold, dual

مَثْوَى abode, dwelling, home

مُثير exciting; (a)rousing; stimulating; thrilling, sensational; stimulus, stimulant, excitant

مَثيل: شَبيه، مُماثِل like, similar, analogous; identical

مَثيل: نَظير equal, match; like, parallel, counterpart, twin

لا مَثيلَ لَهُ incomparable, matchless, peerless, unrivaled, unique

مَجَّ to spit out, throw out

مُجابَهَة confrontation, facing, meeting, encounter(ing); dealing with

مَجاز: مَمَرّ passage, way, path, lane, corridor, aisle

مَجاز [لغة] metaphor, figuration

مُجاز: حامِلُ لِيسانْس licentiate

مُجازِف adventurer; venturesome, adventurous

مُجازَفَة risk, hazard, (ad)venture

مَجازِيّ figurative, metaphoric(al)

مَجاعَة famine, dearth, starvation

مَجال: حَقْل field, domain, sphere, scope, extent, range

مَجال: مُتَّسَع space, (elbow)room

مَجال: فُرْصَة opportunity, chance

مُجامَلَة courtesy; compliment

free, free of charge, بالمَجّان، مَجّاناً
without charge, gratis
free, free of charge, gra- مَجّانيّ
tuitous, gratis, complimentary
neighboring, adjacent, near, مُجاوِر
nearby, close (to), next-door
ruminant مُجْتَرّ، حَيَوانٌ مُجْتَرّ
society, community مُجْتَمَع
diligent, industrious, hard- مُجْتَهِد
working, assiduous, laborious
unjust, unfair, inequitable; مُجْحِف
prejudicial, harmful
to glorify, exalt, extol مَجَّدَ: عَظَّمَ
glory; honor; distinction مَجْد
useful, helpful, ben- مُجْدٍ (المُجْدِي)
eficial; effective; workable
oar مِجْداف: مِجْذاف
barren, sterile, infertile, مُجْدِب
waste; unproductive
again, once again, once مُجَدَّداً
more, a second time
oar مِجْذاف: مِجْداف
watercourse, water- مَجْرًى (مائِيّ)
way, stream
canal, channel, path; مَجْرًى: مَمَرّ
conduit, duct, line
course, run, trend, مَجْرَى الأَحْداث
progress, development
riverbed مَجْرَى النَّهْر
draft, current of air, air مَجْرَى هَواء
stream
galaxy; Milky Way مَجَرَّة، المَجَرَّة

mere, sheer, pure; مُجَرَّد: مَحْض
merely, only, simply, just
abstract; absolute مُجَرَّد: مُطْلَق
bare, naked, nude مُجَرَّد: عارٍ
divested of, deprived of, مُجَرَّدٌ مِنْ
stripped of; free from
as soon as, the moment بِمُجَرَّدِ كَذا
(that), once
shovel, scoop, spade مِجْرَف، مِجْرَفَة
criminal, culprit, delinquent, مُجْرِم
evildoer, perpetrator; guilty
war criminal مُجْرِمُ حَرْب
wounded, injured, hurt مَجْروح
sewer; drain, مَجْرور: مَصْرِف، بالوعة
culvert; cesspool; sink
remunerative, مُجْزٍ (المُجْزي): مُثْمِر
profitable, productive
shears, clippers مِجَزّ: مِقَصّ
massacre, carnage, مَجْزَرَة: مَذْبَحَة
butchery, slaughter, blood bath
probe: sound مِجَسّ: مِسْبَر
three-dimensional; in relief, مُجَسَّم
embossed; magnified
solid مُجَسَّم [هندسة]
curly, curled, frizzly, frizzled, مُجَعَّد
wavy (hair); wrinkled, furrowed,
(skin); creased, puckered (cloth)
dryer, drier; dehydrator مُجَفِّف
hair dryer, hair blower مُجَفِّفُ شَعْر
superior, excellent, مُجَلٍّ (المُجَلِّي)
outstanding, distinguished

مَجْلَى: حَوْضٌ لِغَسْلِ الأَطْباقِ إلخ sink
مَجَلَّة magazine, journal, review, periodical
مَجَلَّةٌ أُسْبُوعِيَّة weekly
مَجَلَّةٌ شَهْرِيَّة monthly
مُجَلْجِل ringing, resonant, pealing
مِجْلَخة: مِسَنّ grinder; sharpener; whetstone, grindstone, hone
مُجَلَّد (بالبُرُودَة) frozen, iced, icy, ice-covered, frosted
مُجَلَّد (مِنْ مَجْمُوعَةِ كُتُب) volume
مُجَلِّد (الكُتُب) bookbinder, binder
مِجْلَد: سَوْط whip, lash, scourge
مَجْلِس: هَيْئَة، مَجْمَع council; assembly; board, body
مَجْلِس: مَوْضِعُ الجُلُوس seat
مَجْلِس: اجْتِماع، جَلْسَة meeting, gathering, assembly, session
مَجْلِسُ إدارَة board of directors
مَجْلِسُ الأَمْن Security Council
مَجْلِسُ أُمَناء board of trustees
مَجْلِسٌ حَرْبِي war council
مَجْلِسُ الشَّعْبِ أو الأُمَّة people's council or assembly, parliament
مَجْلِسُ شُيُوخ senate
مَجْلِسٌ عَسْكَرِيّ court-martial
مَجْلِسُ العُمُوم House of Commons
مَجْلِسُ قِيادَةِ الثَّوْرَة Revolutionary (or Revolution's) Command Council

مَجْلِسُ اللُّورْدات House of Lords
مَجْلِسُ النُّوَّاب، مَجْلِسٌ نِيابِيّ parliament, house of representatives
مَجْلِسُ الوُزَراء council of ministers, cabinet
مُجَمَّد frozen, frosted, congealed
مَجْمَع: جَمْعِيَّة، مُؤْتَمَر convention, assembly, meeting, congregation
مَجْمَعٌ عِلْمِيّ (أَدَبِيّ إلخ) (scientific) academy, institute
مَجْمَع: عُلْبَة box, case; can, tin
مُجَمَّع: مَجْمُوعَة complex, compound; assemblage; group
مُجْمَل: خُلاصَة summary, abstract, outline, résumé, précis
مُجْمَل: مَجْمُوع sum, total, whole
مَجْمُوع: حاصِل، جُمْلَة total, sum; totality; whole; score
مَجْمُوعَة group; collection; series, set, suit; team; bloc
مُجَنَّد recruited, enlisted, drafted; recruit, enlistee, conscript
مَجْنُون (صفة) insane, mad, lunatic, crazy; foolish
مَجْنُون (اسم) madman, maniac, lunatic; fool
مَجْنِيٌّ عَلَيْه victim, aggrieved party
مِجْهَر: مِيكْرُوسْكُوب microscope
مُجَهَّزٌ بِـ equipped with, outfitted with, furnished with
مَجْهُود ـ راجع جُهْد
مَجْهُول: غَيْرُ مَعْرُوف unknown
مُجَوَّف hollow, concave

مُجوْهَرات	jewelry; jewels, gems
مَجيء : قُدُوم	coming, arrival, advent
مَجِيد : ذُو المَجْد	glorious; glorified
مُحّ : صَفَارُ البَيْض	(egg) yolk, yellow
مَحا الشَّيْءَ	to erase, wipe off, rub out; to efface, obliterate
مُحاباة	favoritism, partiality, bias
مُحادَثة	conversation, dialogue, talk
مُحاذٍ (المُحاذِي) : مُقابِل	in front of; along; adjacent, near, next (to)
مَحار، مَحارَة	oyster(s), conch(s), shell(s); mussel(s)
مُحارِب	warrior, combatant, fighter
مُحاسِب	accountant, bookkeeper; comptroller; auditor
مُحاسَبة	accounting; bookkeeping; accountancy
مَحاسِن ـ راجع مَحْسَنَة	
مُحاضِر	lecturer, lector, speaker
مُحاضَرَة	lecture
مُحافِظ : حاكِمُ مُحافَظَة	governor
مُحافِظ : مُقاوِمٌ لِلتَّجْدِيد	conservative; old-fashioned, old-line
مُحافَظَةٌ على : حِفْظ	keeping, preservation, protection, (safe)guarding; maintenance; conservation
مُحافَظَةٌ على : مُراعاة	observance of, abidance by, following
مُحافَظَة : تَقْسِيمٌ إدارِيّ	governorate; province
مُحاكَمَة	trial, litigation, prosecution
مُحال : مُسْتَحِيل ـ راجع مُسْتَحِيل	
مَحالَة، لا مَحالَة	certainly, definitely, sure(ly); inevitably
مُحامٍ (المُحامِي)	lawyer, attorney
مُحاماة	legal profession, legal practice, the bar
مُحاوَلَة	attempt, trial, try, bid, essay, effort, endeavor
مُحايِد : على الحِياد	neutral
مُحِبّ (لِـ)	loving; fond (of); lover; fancier, fan, amateur
مُحَبَّب (إلى النَّفْس)	lovable; lovely, pleasant, charming
مَحَبَّة ـ راجع حُبّ	
مَحْبَرَة، مِحْبَرَة	inkwell, inkstand
مَحْبَس : خاتَمُ الزَّواج	wedding ring
مَحْبُوب	sweetheart, lover, darling; beloved, dear; favorite; popular, well-liked
مُحْتاجٌ لِـ : يَتَطَلَّبُ كَذا	in need of, needing, requiring, calling for
مُحْتاج : فَقِير	needy, necessitous, poor, destitute, indigent
مُحْتار ـ راجع حائِر	
مُحْتاط	cautious, careful, wary
مُحْتال	swindler, impostor, crook; deceitful, fraudulent, sly
مَحْتِد	origin, descent, ancestry
مُحْتَرِف	professional, pro, careerist
مُحْتَرِق	burning, afire, on fire
مُحْتَرَم : مُوَقَّر	respected, honored, re-

vered; venerable, honorable; respectable, decent
مُحْتَرَم : كَبِير respectable, considerable, great, big
مُحْتَشِم modest, decent, decorous
مُحْتَضَر dying, at the point of death
مُحْتَكِر monopolist, monopolizer
مُحْتَل : مُسْتَوْلَى عَلَيْه occupied, seized
مُحْتَل : مُسْتَوْل occupier, seizer
مُحَتَّم ـ راجع مَحْتُوم
مُحْتَمَل : يُطاق bearable, endurable
مُحْتَمَل : مُمْكِن possible, potential, probable, likely
مِنَ المُحْتَمَل perhaps, maybe, possibly, probably, likely; may, might
مُحْتَوَى : مَضْمُون content; purport, meaning, import
مُحْتَوَيَات contents
مَحْتُوم inevitable, unavoidable, inescapable; (pre)destined, fateful; certain, sure
مُحَجَّب veiled; covered, hidden
مَحَجَّة mecca; goal; destination
مَحْجَر (صِحِّيّ) quarantine
مَحْجَر : مَقْلَع حِجارَة (stone) quarry
مُحَدَّب convex, arched, cambered, crooked, curved, bent
مُحْدَث : حَدِيث، جَدِيد ـ راجع حَدِيث
مُحْدَث النِّعْمَة أو الثَّراء nouveau riche, upstart, parvenu, arriviste
مُحَدَّد : مُعَيَّن specific, particular, definite, clear-cut, determined
مُحَدَّد : مُعَرَّف defined
مُحَدَّد : مُقَيَّد، مَحْصُور limited, restricted, confined
مِحْدَلَة road roller, (steam)roller
مَحْدُود limited; finite, fixed; restricted, confined; bounded
مُحْدَوْدِب convex, hunched, humped, arched, crooked
مَحْذُور : خَطَر danger, peril
مَحْذُور : مَكْرُوه misfortune, trouble
مِحْراب mihrab; (prayer) niche
مِحْراث، مِحْرَث plow, plough, lister
مُحْرَج embarrassed; uneasy
مُحْرِج embarrassing, perplexing; uncomfortable, uneasy
مُحَرَّر : صُيِّرَ حُرًّا liberated, free(d)
مُحَرَّر : مَكْتُوب edited; written
مُحَرِّر : مُعْتِق liberator, freer
مُحَرِّر : كاتِب editor; writer; clerk
مُحَرِّض instigator, inciter, abettor; provoker; motivator
مُحْرِق : حارِق ـ راجع حارِق
مُحَرِّك : مُوتُور engine, motor
مُحَرِّك : دافِع motive, incentive, drive, impulse, stimulus
مُحَرَّم : مَمْنُوع prohibited, forbidden, banned, illegal, unauthorized
مَحْرَمَة : مِنْدِيل handkerchief
مَحْرَمَة وَرَقِيَّة tissue, napkin

مَحْرُوق burned, burnt; scorched
مَحْرُوقات : وَقُود fuel
مَحْرُومٌ مِن deprived of; denied; precluded from, excluded from
مَحْرُوم : مُعْوِز underprivileged, poor, needy, low-income
مُحْزِن sad, grievous, saddening, depressing, gloomy, melancholic, tragic, heartrending
مَحْزُون ـ راجع حَزِين
مُحْسِن charitable, beneficent, benevolent, philanthropic; benefactor, philanthropist, almsgiver
مَحْسَنَة advantage, merit, amenity
مَحاسِن charms; advantages, merits, good points
مَحْسُوس : مَلْمُوس perceptible, palpable, tangible, concrete, material
مَحْشَش، مَحْشَشَة hashish den
مَحَّصَ : إخْتَبَرَ to test, examine closely
مَحْصَلَة، مُحَصِّلَة : نَتِيجَة ـ راجع حَصِيلَة
مَحْصُور limited, restricted, confined; hemmed in, held in check; restrained, constrained
مَحْصُول : غَلَّة yield, produce, crop, harvest, product, vintage
مَحْض : صِرْف pure, clear, unmixed, absolute, plain, straight
مَحْضَر : تَقْرِير minutes, procès-verbal, record, report, proceedings
مَحَطّ (الطَّائِر) : مَجْثَم roost, perch
مَحَطُّ الآمَال object of hope

مَحَطَّة : مَوْقِف station, stop
مَحَطَّة (الإذاعَةِ) (broadcasting) station, radio (station)
مَحَطَّةُ بِنْزِين service (or gas) station
مَحْظُوظ : حَسَنُ الحَظّ lucky, fortunate
مِحَفَّة litter, stretcher; sedan
مَحْفَظَة جَيْبٍ أو نُقُود wallet, billfold
مَحْفَظَةُ يَد (hand)bag, purse
مِحْفَظَة ـ راجع مَحْفَظَة
مَحْفِل : مَجْلِس body, board; assembly; circle(s), quarter(s)
مَحْفُوظات : سِجِلّات archives, records
مَحَقَ : أَبادَ to eradicate, exterminate, annihilate, destroy, wipe out
مُحِقّ : مُصِيب right, rightful, in the right, correct; just, fair
مُحَقَّق : أَكِيد certain, sure, positive, definite; unquestionable
مُحَقِّق : باحِث examiner, investigator; researcher
مِحَكّ : مِعْيار criterion, standard, yardstick, measure, test
مُحَكِّم : حَكَم arbitrator, arbiter; umpire, referee
مُحْكَم : مَتِين compact, well-knit, coherent, cohesive; firm, solid
مُحْكَم : دَقِيق exact, precise, accurate, perfect; skillful
مَحْكَمَة (ج مَحاكِم) court, tribunal
مَحْكُومٌ عَلَيْه convicted, condemned, found guilty; convict

مَحْكِيّ : عامّيّ colloquial, spoken, slang, vernacular

مَحَلّ : مَكان place, spot, site, location, position; space, room

مَحَلّ (تِجارِيّ) store, shop; boutique; firm, business

مَحَلّ إقامَة domicile, residence

مَحَلّ كَذا : بَدَلاً مِنْ in place of, instead of, in lieu of

مُحَلٍّ (المُحَلِّي) : ما يُحَلِّي sweetening, sweetener

مِحْلاج، مِحْلَج (قُطْنٍ) cotton gin, gin

مَحَلَّة : حَيّ، مِنْطَقَة district, quarter, section, part

مُحَلَّف juror, juryman

المُحَلَّفون، هَيْئَةُ المُحَلَّفين jury

مُحَلَّل : مُباح ـ راجع حَلال

مُحَلِّل : مَنْ يُحَلِّل analyzer, analyst

مَحْلُول : سائِل solution

مَحَلِّيّ local; native, indigenous; domestic, home, inland, regional, topical; internal

مُحَمَّد : النَّبِيّ (صَلّى اللهُ عَلَيْهِ وسَلَّم) Mohammed, the Prophet (God's blessing and peace be upon him)

مُحَمَّدِيّ Mohammedan

مُحْمَرّ reddish, red, glowing

مُحَمَّص roasted, roast; toasted

خُبْز مُحَمَّص toast

مَحْمَص، مَحْمَصَة roastery

مِحْمَصَة roaster; toaster

مَحْمَل، مَحْمِل ـ راجع حَمّالَة، حامِل

مَحْمُود praised; praiseworthy, commendable, laudable

مَحْمُول : مُحْتَمَل، يُطاق ـ راجع مُحْتَمَل

مَحْمُوم : مُصابٌ بِالحُمّى feverish, fevered, hot, having a fever

مَحْمُوم : مَسْعُور، مُضْطَرِب frantic, frenzied, hectic, hysterical

مَحْمِيَّة : بَلَدٌ خاضِعٌ لآخَر protectorate

مِحْنَة ordeal, tribulation; misfortune, disaster, catastrophe

مُحْنَق : غاضِب angry, furious, wrathful, mad, enraged

مُحَنَّك experienced, worldly-wise, sophisticated, long-practiced

مُحْنِيّ ـ راجع مُنْحَنٍ

مِحْوَر axis; pivot, center, hub, heart

مِحْوَرِيّ axial, pivotal, central

مُحَوِّل converter; transformer

مَحْيا : حَياة ـ راجع حَياة

مُحَيّا : سِيماء، طَلْعَة countenance, visage, face, look(s), mien

مُحَيَّر ـ راجع حائِر

مُحَيِّر : مُرْبِك confusing, puzzling, perplexing, bewildering, baffling

مُحِيط (الدّائِرَة أو نَحْوِها) circumference, perimeter, periphery

مُحِيط : بِيئَة، وَسَط environment, surroundings, milieu

مُحِيط : أوقْيانُوس ocean

مُخّ : دِماغ cerebrum, brain

مُخ (العَظْم) (bone) marrow
مُخابَرَة (telephone) call; contact, communication
إدارةُ مُخابَرات، وكالةُ مُخابَرات intelligence agency, intelligence; secret service; investigation bureau
مُخادِع ـ راجع خَدّاع
مُخاصَمَة ـ راجع خُصومَة
مَخاض: طَلْق parturition, childbirth, labor, travail, pains
مُخاط (الأنف) (nasal) mucus, snot
مُخاطَب: مَن يُوجَّهُ إليهِ الكَلامُ addressee; addressed, spoken to
مُخاطَبَة addressing, speaking to, talking to; conversation, talk
مَخاطِر: أخْطار dangers, perils; risks, hazards
مُخاطِر: مُجازِف adventurer; venturesome, adventurous, daring
مُخاطَرَة: مُجازَفَة risk, hazard, venture, adventure
مُخاطِيّ mucous
مَخافَة ـ راجع خَوْف
مَخافَةَ أنْ lest, for fear that, so that...not
مُخالِف (لِـ) contrary to, inconsistent with, incompatible with; violative of, in violation of; violator; dissenter, dissident
مُخالَفَة: خَرْق breach, violation, infringement, contravention
مُخالَفَة: مُعارَضَة dissent, disagreement, difference in opinion
مُخالَفَةُ لِقَواعِدِ لُعْبَةٍ ما foul
مَخاوِف fears, apprehensions, anxieties; dangers, perils
مَخْبأ hiding place; hideaway, hideout; shelter, refuge
مَخْبَر: مُخْتَبَر laboratory
مُخْبِر: مُبَلِّغ، واشٍ reporter; informer, informant; denouncer
مُخْبِر: تَحَرٍّ detective, intelligencer, secret agent, sleuth
مَخْبَز: فُرْن bakery, bakeshop
مُخَبَّل، مَخْبول insane, crazy, mad; madman, idiot
مُخْتار: مُنْتَقًى chosen, selected
مُخْتار (ج مَخاتير) mayor, chief
مُخْتَبِئ hiding, concealing oneself; hidden, concealed
مُخْتَبَر: مَخْبَر laboratory
مُخْتَرَع (ج مُخْتَرَعات) invention(s), creation(s), innovation(s)
مُخْتَرِع inventor, creator, originator, innovator, maker
مُخْتَصّ: ذو صَلاحِيَّة competent
مُخْتَصّ: مُتَخَصِّص ـ راجع مُتَخَصِّص
مُخْتَصَر: اِخْتُصِرَ، أُوجِزَ abbreviated, abridged; summarized, digested
مُخْتَصَر: مُقْتَضَب brief, short, concise, succinct, terse
مُخْتَصَر: مُلَخَّص summary, abstract, brief, résumé
مُخْتَطِف ـ راجع خاطِف

مُخْتَلّ disturbed, disordered, upset; unbalanced

مُخْتَلُّ العَقْل mentally deranged, abnormal, insane, lunatic

مُخْتَلِس: سارِق embezzler, stealer

مُخْتَلَط (نِظام، تَعْليم، مَدْرَسَة) mixed, coeducational, co-ed

تَعْليمٌ مُخْتَلَط coeducation

مُخْتَلِف: مُتَبايِن different, divergent, varying, inconsistent

مُخْتَلِف (الأَنواع): مُتَنَوِّع various, diverse, different, miscellaneous

مُخْتَلِف: غَيْرُ مُتَّفِق disagreeing, differing in opinion

مِخْتَمَة stamp pad, (ink)pad

مُخْجِل shameful; embarrassing; disgraceful, dishonorable, infamous

مَخْجُول ـ راجع خَجِل، خَجْلان، خَجُول

مِخَدَّة: وِسادَة pillow, cushion

مُخَدِّر: مادَّةٌ مُخَدِّرَة anesthetic; narcotic, dope, drug, opiate

مَخْدَع room; bedroom

مَخْدُوم: رَبُّ عَمَل employer, master

مُخَرِّب ruiner, destroyer; saboteur; ruinous, destructive; subversive

مَخْرَج: مَنْفَذ exit, way out, escape; outlet, vent

مُخْرِج (سِينَمائِيّ إلخ) director, producer, metteur en scène

مِخْرَز: مِثْقَب awl, drill, gimlet, borer, auger, perforator

مِخْرَط، مِخْرَطَة: آلَةُ خَرْط lathe

مَخْرُوط [هندسة] cone

مَخْرُوطِيّ conic, conical, coned

مُخْزٍ (المُخْزِي) disgraceful, dishonorable, shameful, humiliating

مَخْزَن: مُسْتَوْدَع warehouse, store(house), depot, depository

مَخْزَن: مَتْجَر store, shop; department store

مَخْزُون: ذَخِيرَة stock, store(s), supply

مُخَصَّصات allowances; benefits; fees, allocations

مَخْصُوص: خاصّ ـ راجع خاصّ

مَخَضَ اللَّبَنَ: اِسْتَخْرَجَ زُبْدَتَهُ to churn

مُخْضَرّ greenish, virescent

مَخَطَ to blow one's nose

مُخْطِىء mistaken, at fault, in error, wrong, in the wrong

مُخْطِر: خَطِر ـ راجع خَطِر

مُخَطَّط: مُقَلَّم striped, streaked, barred, stripy, streaky

مُخَطَّط: مُنَظَّم planned, controlled

مُخَطَّط (ج مُخَطَّطات) plan, design, scheme, sketch, outline

مُخَطِّط planner; designer, draftsman

مَخْطُوبَة: خَطِيبَة fiancée; engaged

مَخْطُوطَة، مَخْطُوط manuscript

مَخْفَر (شُرْطَة) police station; post

مُخَفَّض reduced, lowered, decreased, cut; cut-rate, cheap, low

مُخْفِق: فاشِل failing, unsuccessful, futile, unfruitful

مِخْفَقة (البَيْضِ) ـ راجع خَفّاقة
مُخِلٌّ بِـ violative of, in violation of, contrary to, inconsistent with
مُخِلٌّ بالآداب immoral, indecent, improper, obscene
مُخْل : رافِعَة lever, crowbar, pry
مِخْلَب : بُرْثُن claw, talon
مُخَلِّص : مُنْقِذ، مُحَرِّر rescuer, saver, savior; liberator, freer
مُخْلِص sincere, honest, candid, true; faithful, loyal, devoted; earnest, heartfelt
مُخَلَّل (ج مُخَلَّلات) : كَبِيس pickles
مَخْلوطَة : نُقُولات mixed nuts
مَخْلوق : مَجْبُول created, made
مَخْلوقات : خَلْق ـ راجع خَلْق
مُخَمَّس (الزَّوايا والأَضْلاع) pentagon
مُخْمَل : قَطِيفَة velvet; plush
مُخْمَلِيَّة (نبات) marigold; amaranth
مَخْمور drunk(en), intoxicated
مُخَنَّث effeminate, unmanly, womanish, womanly, womanlike
مُخَيِّب (لِلأَمَل) disappointing
مُخَيَّر free (to choose or undertake)
مِخْيَط : إبْرَة needle
مُخِيف frightening, frightful, terrifying, fearful, dreadful, alarming, awful, terrible, horrible
مُخَيِّلَة imagination; fancy, fantasy
مُخَيَّم : مُعَسْكَر camp, encampment

مَدَّ : بَسَطَ to extend, stretch (out), spread (out); to expand
مَدَّ : أَطالَ to extend, lengthen, elongate, prolong, protract
مَدَّ بِـ : زَوَّدَ بِـ to supply with, provide with, furnish with
مَدَّ الأَنابِيبَ to lay (pipelines)
مَدّ : تَوَسُّع، اِنْدِفاع expansion, surge; rising, uprising
مَدّ (البَحْرِ) (flood) tide, flux
مَدٌّ وجَزْر tide, ebb and flow
مَدًى : نِطاق extent, range, scope, space, ambit, reach, expanse, stretch; distance, interval
مَدًى : دَرَجَة extent, degree, measure, size, magnitude; limit
(على) مَدَى during, all during, throughout, all through
مِداد : حِبْر ink
مَدار [فلك] orbit, cycle, circle; tropic
مَدار (اسْتِوائِيّ) [جغرافيا] tropic
مَدار : مِحْوَر، قُطْب axis; pivot
مَدارُ البَحْث topic, subject, theme
على مَدارِ السَّنَة round the year, all year round, throughout the year, all through the year
مَداس : حِذَاء shoe(s), sandal(s)
مُدافِع defender, protector, guardian; supporter, advocator
مَدالِيَة medal; medallion
مُداوِر : غَيْرُ مُباشِر indirect, circuitous, roundabout, devious

مُدَاوَرَةً indirectly, circuitously
مُدَاوَلَة deliberation, consultation, counsel, talk
مُدَبِّر : مُعِدّ arranger, preparer, author, designer, planner
مُدَبِّر : مُقْتَصِد economical, frugal, thrifty, provident, saving
مَدْبَغَة : دَبّاغَة tannery
مُدَّة (مِنَ الزَّمَن) period (of time), time; while; duration; term
مُدَجَّج بِالسِّلاح heavily armed
مَدَحَ to praise, commend, laud, extol, eulogize
مَدْح praise, commendation, extolment; panegyric, tribute
مِدحاة، مِدْحَلَة : مِحْدَلَة (road) roller
مُدَّخِر : مَنْ يَدَّخِر saver
مُدَّخَرات savings; reserve(s)
مَدْخَل : مَوْضِعُ الدُّخول entrance, entry, way in, opening
مَدْخَل : مُقَدِّمَة introduction
مُدَخِّن : مَنْ يُدَخِّن smoker
مَدْخَنة : ما يَخْرُجُ مِنْهُ الدُّخانُ chimney, smokestack, funnel
مَدْخُول : إيراد، رَيْع ـ راجع دَخْل
مَدَدَ ـ راجع مَدَّ
مَدَد (ج أَمْداد) aid, help, support; reinforcement; supply
مُدَرِّب : مُمَرِّن trainer, instructor
مُدَرِّب رِياضِي coach, trainer
مَدْرَج (الطّائِرات) runway, tarmac
مُدَرَّج (ج مُدَرَّجات) amphitheater; stadium; grandstand
مُدَرِّس : مُعَلِّم teacher, instructor, school-teacher; tutor
مَدْرَسَة : مَكانُ التَّعْليم school; college
مَدْرَسَة : مَذْهَب school, doctrine
مَدْرَسَةٌ ابْتِدائِيَّة elementary school
مَدْرَسَةٌ ثانَوِيَّة secondary school, high school, college
مَدْرَسة رَسْمِيَّة public school
مَدْرَسَةٌ مُتَوَسِّطَة junior high school, intermediate school
مَدْرَسَةٌ مِهَنِيَّة training school, trade school
مَدْرَسِي scholastic, school
مُدَرَّع armored, cuirassed, mailed, armor-clad, ironclad
مُدَرَّع (حيوان) armadillo
سَيّارَةٌ مُدَرَّعَة armored car
قُوّاتٌ مُدَرَّعَة armored forces or troops, tank corps
مُدْرِك : مُمَيِّز perceptive, discerning; aware (of), conscious (of)
مَدْرُوس studied, deliberate, forethought, well planned
مُدَّعٍ (المُدَّعِي) [قانون] plaintiff
مُدَّعٍ : مُتَغَطْرِس pretentious, presuming, arrogant, conceited
المُدَّعِي العامّ attorney general; prosecutor, district attorney
مُدَّعًى عَلَيْه [قانون] defendant

مَذعاة : سَبَب، ضَرُورَة ـ راجع داعٍ
مَدْعُوّ (إلى) invitee, guest; invited
مَدْعُوّ : مُسَمًّى called, named, designated, so-called
مِدْفَأة (آلة) (heating) stove, heater
مِدْفَأة : مَوْقِد hearth, fireplace
مِدْفَع : آلة حَرْبِيّة gun, cannon
مِدْفَعٌ رَشّاش machine gun
مِدْفَعٌ مُضادٌّ للطّائِرات antiaircraft gun
مِدْفَعُ هاوُن mortar
مِدْفَعِيّة artillery; battery; cannonry
مَدْفَن : مَقْبَرَة cemetery. graveyard
مَدْفُوعات payments
مِدَقّ، مِدَقّة pestle; pounder; beetle; mallet; hammer
مُدَقِّق : دَقِيق ـ راجع دَقِيق
مُدَقِّق : باحِث، مُحَقِّق examiner, investigator; researcher
مُدَقِّقُ حِسابات auditor; comptroller
مُدَلِّك masseur, massager, massagist
مُدَلَّل pampered, spoiled, coddled, babied; caressed, pet, fondling
مَدْلُول : مَعْنًى meaning, sense, significance, import; purport
مِدْماك (في بِناء) bond, course
مُدْمَج، مُدَمَّج compact; built-in
مُدَمِّر destroyer, ruiner; saboteur; destructive; subversive
مُدْمِن addicted; addict
مُدْمِنٌ على الكُحُول alcoholic
مُدْمِنٌ على المُخَدِّرات drug addict
مَدَّنَ : حَضَّرَ to civilize; to urbanize
مَدَنِيّ : حَضَرِيّ urban, urbanized; townsman, city dweller
مَدَنِيّ : غَيْرُ عَسْكَرِيّ civilian; citizen
مَدَنِيّ [قانون] civil
تَرْبِيَةٌ مَدَنِيّة civics
زَواجٌ مَدَنِيّ civil marriage
طَيَرانٌ مَدَنِيّ civil aviation
هَنْدَسَةٌ مَدَنِيّة civil engineering
مَدَنِيّة civilization
مُدْهِش astonishing, amazing, surprising, wonderful
مُدْهِن fatty, fat, greasy; oily
مَدْهُوش astonished, amazed, surprised, astounded, stunned
مُدَوٍّ (المُدَوِّي) reverberating, resonant, resounding, thunderous
مُدَوَّر round, circular, rounded
مُدَوَّنة : مَجْمُوعَةُ قَوانِين code; corpus
مَدْيَة، مُدْيَة، مِدْيَة : سِكِّين، مِطْواة knife; pocketknife, penknife
مَدِيح ـ راجع مَدْح
مَدِيد : طَوِيل long
مُدِير director, manager, executive, administrator
مُدِيرٌ عامّ director general; general manager
مُدِيرُ مَبِيعات sales manager

مُدِيرَة directress, manageress
مُدِيرِيَّة : مَنصِبُ المُدِير directorate
مُدِيرِيَّة : دائرة، إدارة department, division, bureau
مُدِيرِيَّة : مُقَاطَعَة province, county
مَدِين : مَدْيُون debtor; indebted, in debt, in the red; owing
مَدِينَة (ج مُدُن ومَدَائِن ومُدْن) city, town
مَدِينِيّ : مُتَعَلِّقٌ بِمَدِينَة civic, city
مَدِينِيّ : حَضَرِيّ ـ راجع مَدَنِيّ
مَدْيُون ـ راجع مَدِين
مُذْ ـ راجع مُنْذُ
مَذَاق : طَعْم taste, flavor, savor
مُذَاكَرَة deliberation, consultation, counsel, discussion, talk
مَذْبَح : مَكَانُ الذَّبْح slaughterhouse, abattoir, butchery, shambles
مَذْبَح (الكَنِيسَة) altar
مَذْبَحَة : مَجْزَرَة massacre, carnage, butchery, slaughter, blood bath
مِذْعَان، مُذْعِن submissive, obedient
مَذْعُور terrified, horrified, frightened, scared, alarmed
مَذَق to adulterate; to dilute
مُذَكَّر [لغة] masculine
مُذَكِّرَة memorandum, note, reminder; notebook; warrant
مُذَكِّرات memoirs, autobiography
مَذْكُور mentioned, referred to
مَذْكُورٌ آنِفاً ـ راجع آنِف

مُذِلّ : مُخْزٍ degrading, debasing, humiliating, dishonorable
مَذَلَّة ـ راجع ذُلّ
مَذَمَّة ـ راجع ذَمّ
مُذَنَّب : لَهُ ذَنَب caudate(d), tailed
مُذَنَّب، نَجْمٌ مُذَنَّب comet
مُذْنِب guilty, culpable; sinful, sinning; sinner, wrongdoer
مَذْهَب (ج مَذَاهِب) faith, belief, creed; doctrine; ideology; school
مُذَهَّب : مُمَوَّهٌ بِالذَّهَب gilded, gilt
مَذْهَبِيّ denominational, sectarian, confessional; doctrinal
مُذْهِل astounding, astonishing, amazing, stunning, startling
مَذْهُول astounded, astonished, amazed, stunned, startled
مِذْوَد manger, (feeding) trough, crib
مِذْيَاع : مِيكْرُوفُون microphone
مِذْيَاع : رادْيُو radio, radio set
مُذِيع spreader; announcer, herald
مُذِيع (الرّاديُو أو التِّلِفِزْيُون) announcer
مُذِيعُ الأَخْبَار reporter, news broadcaster, newscaster
مَرّ (بِـ، على) to pass, pass by, go by, go past; to pass through, go through, cross, traverse
مَرّ : مَضَى to pass, elapse, go by, run out, be over
مَرّ، على مَرِّ الزَّمَان in the course of time; throughout the ages

مُرّ : ضِدّ حُلْو bitter
مُرّ، شَجَرُ المُرّ myrrh-tree
المَرْء : إنسان man; person; one
مَرْأَى : مَنْظَر view, sight
على مَرْأَى مِنّي before my very eyes
مُراءٍ (المُرائي) hypocrite, dissembler
مَرْأَب، مِرْأَب (لإصْلاحِ السَّيَّارات) repair shop, garage
مَرْأَب، مِرْأَب (لإيواءِ السَّيَّارات) garage, parking lot, park
مُرابٍ (المُرابي) usurer, loan shark
المَرْأَة ـ راجع اِمْرَأَة
مِرْآة (ج مَرايا) mirror, (looking) glass
مُراجَعَة : إعادَةُ نَظَر review, revision, (re)examination, reconsideration, going over, check(ing)
مُراجَعَة : لُجُوءٌ إلى consulting, referring to, resorting to
مُراجَعَة : اِسْتِدْعاء application, petition; transaction, business
مُراد : قَصْد purpose, intent(ion), aim, goal, object(ive)
مُرادِف synonym; synonymous
مَرارَة : ضِدّ حَلاوَة bitterness
مَرارَة [تشريح] gallbladder
مُراسِل : مُكاتِب correspondent
مُراسِلٌ صُحُفِيّ correspondent, reporter, newsman
مُراسَلَة : مُكاتَبَة correspondence
مُراسَلَة : رِسالَة ـ راجع رِسالَة

مَراسِم ceremonies, ceremonial, ritual; protocol, etiquette
مُراعاة observance of, compliance with, keeping; consideration, deference, respect, regard
مُرافِق : حارِس، رَفِيق escort; bodyguard; attendant; companion
مُرافِق : مُصاحِب accompanying
مُراقِب : مُشْرِف، ناظِر supervisor, superintendent, inspector
مُراقِب : راصِد observer, watcher
مُراقِب (المَطْبُوعاتِ والأفْلام) censorship
مُراقِبُ حِسابات auditor; comptroller
مُراقِب العُمّال foreman, ganger
مُراقَبَة control, supervision, surveillance, inspection; observation, watch(ing), monitoring
مُراقَبَة (المَطْبُوعاتِ والأفْلام) censorhip
مَرام wish, desire; intent(ion), purpose, object(ive), aim, goal
مُرامِرِيّ (حيوان) kudu, koodoo
مُرّان (شَجَرٌ وخَشَبُهُ) beech
مِران practice, exercise, training
مُراهِق adolescent; teenager
مُراهَقَة adolescence, puberty
مُراهِن : مَنْ يُراهِن bettor, wagerer
مَرْؤُوس subordinate, inferior
مُراوِغ dodgy, evasive, elusive, sly
مَرْئِيّ seen, viewed; visible, visual
إذاعَةٌ مَرْئِيَّة television, TV

مُرَبٍّ (المُرَبّي) : مُثَقِّف educator, pedagogue, teacher
مُرَبّي الحَيَوانَاتِ والطُّيورِ إلخ breeder, raiser, grower
مُرَبّى (مائِيّ) aquarium
مُرَبّى (الفاكِهَةِ إلخ) jam; marmalade
مُرْبِح : مُكْسِب profitable, lucrative, remunerative, gainful
مَرْبِض : حَظِيرَة pen, fold
مَرْبَع : مَلْهًى night club; cabaret
مُرَبَّع [رياضيات] square
مُرَبَّع : خانَة square, checker
مُرَبَّع : ذُو مُرَبَّعاتٍ checkered, checked
مِتْر مُرَبَّع square meter
مُرَبِّيَة governess; nursemaid, (dry) nurse, nanny; baby sitter
مَرَّة time; once, one time
مَرَّةً once
مَرَّتَين twice
مَرَّةً أُخرى، مَرَّةً جَدِيدَة once more, (once) again, another time
مَرَّةً وإلى الأَبَد once (and) for all
مِراراً، عِدَّةَ مَرّاتٍ several times, many times, quite often
مُرْتاح : مُسْتَرِيح comfortable, at ease; relaxed; resting, at rest
مُرْتاح : راضٍ، مَسْرُور satisfied, content(ed), pleased
مُرَتَّب : مُنَظَّم (well-)arranged, (well-) ordered, orderly, regular, tidy, neat, organized

مُرَتَّب : أَجْر ـ راجع راتِب
مَرْتَبَة ـ راجع رُتْبَة
مُرْتَبِط : مُتَّصِل ـ راجع مُتَرابِط
مُرْتَبِط : مُلْتَزِم bound, committed, engaged, tied
مُرْتَبِك confused, confounded, disconcerted, perplexed, puzzled, bewildered, at one's wit's end
مُرْتَجًى : أَمَل hope; wish
مُرْتَجَل improvised, extemporized, extemporaneous, offhand(ed)
مُرْتَدّ (عن دِينٍ) apostate, renegade, turncoat, deserter
مُرْتَزِق mercenary, hireling; hired
مُرْتَزِقَة mercenaries
مَرْتَع (rich) pasture, pastureland; hotbed, fertile ground
مُرْتَفَع : تَلّ height, hill, mound
مُرْتَفِع : عالٍ high, elevated, towering, lofty; loud (sound, voice)
مُرْتَقَب expected, anticipated; likely
مُرْتَكِب perpetrator, wrongdoer
مُرْتَكَز pivot; center; rest; prop
مَرْثاة، مَرْثِيَة elegy, lament, dirge
مَرْج pasture, pasturage, grassland; prairie; meadow, lawn, turf
مَرْجان : حَيَوانٌ بَحْرِيّ coral(s)
مَرْجان (سمك) braize, sea bream
مُرَجَّح likely, probable; preponderant, predominant

مَرْجَرِين : زُبْدَةٌ صُنْعِيَّة margarine
مَرْجِع : كِتاب reference, source
مَرْجِع : سُلْطَةٌ مُخْتَصَّة authority, competent authority
مَرْجِع (ثِقَة) : خَبِير authority, authoritative source, expert
قائِمَةُ المَرَاجِع bibliography
مَرْجُوحَة swing; seesaw; cradle
مَرِحَ to frolic, have fun, rejoice; to be merry, gay, joyful
مَرَح glee, mirth, hilarity, gaiety, merriment, fun, frolic
مَرِح merry, gay, jovial, joyful, jolly, lively, mirthful, gleeful
مَرْحَى : أَحْسَنْتَ well done! bravo!
مِرْحاض toilet, flush toilet, lavatory, water closet
مَرْحَباً (بِك) welcome! hello!
مَرْحَلَة stage, phase, period
مَرْحَلِيّ : مُؤَقَّت temporary, transitory, provisional, interim
المَرْحُوم the late, the departed
مَرَخَ ، مَرَّخَ to anoint, rub
مُرَخَّص (السِّعْر) reduced, lowered, cut; low-priced
مُرَخَّص (بِهِ) : مُبَاح authorized, licensed, permissible, allowed
مَرَدُّهُ إلى due to, attributable to, ascribable to, caused by
مَرْدَقُوش (نبات) marjoram

مَرْدُود : غَلَّة yield, produce, returns, proceeds, revenue
مِرَذَّة spray, sprayer; atomizer
مَرَّرَ : جَعَلَهُ يَمُرّ to pass; to let pass
مِرْزاب : مِيزاب drain; (roof) gutter; spout, waterspout
مَرَّسَ to inure, accustom, season; to sophisticate, make experienced
مَرْسًى : مَكانُ رُسُوِّ السُّفُن anchorage, moorage, mooring, berth
مِرْساة (السَّفِينَة) anchor; bower
مِرْسال ـ راجع رَسُول
مَرَسَة : حَبْلٌ غَلِيظ cable, hawser
مُرْسَل : غَيْرُ مُقَفًّى (شِعْر) blank, unrhymed, free (verse)
مُرْسَلٌ (دِينِيّ) : مُبَشِّر missionary
مُرْسَلٌ إِلَيْه consignee; recipient, receiver, addressee
مُرْسِل : مَنْ يُرْسِل sender; dispatcher, consignor, forwarder
مَرْسُوم : أَمْر decree, ordinance, edict, regulation, act
مَرْسُومٌ اشْتِرَاعِيٌّ أو تَشْرِيعِيّ decree-law, legislative decree
مَرْسِين (نبات) myrtle
مِرَشَّة sprinkler; watering pot
مِرَشَّة : دُوش shower, douche
مِرَشَّةُ المِلْح saltshaker
مُرَشَّح (لِمَنْصِب) candidate, nominee
مُرَشِّح ، مِرْشَح ، مِرْشَحَة : مِصْفاة filter

مُرْشِد : مَنْ يُرْشِد guide, leader, pilot, usher; adviser; instructor
مِرْصاد lookout, observation post
مَرْصَد (فَلَكِيّ) observatory
مُرَصَّع (بِـ) inlaid (with), set (with), enchased (with), studded (with)
مَرِضَ to be(come) sick or ill
مَرَّضَ المَرِيضَ : اِعْتَنَى بِهِ to nurse, tend
مَرَّضَ : أَمْرَضَ ـ راجع أَمْرَضَ
مَرَض disease, malady, ailment; illness, sickness
مُرْضٍ (المُرْضِي) satisfactory; satisfying; pleasant; well
مُرْضِع : أُمٌّ لَها وَلَدٌ تُرْضِعُه suckling mother, breast-feeding mother
مُرْضِعَة : مَنْ تُرْضِعُ وَلَدَ غَيْرِها wet nurse
مَرَضِيّ morbid, pathologic(al); sick
إجازَةٌ مَرَضِيَّة sick leave
مَرَط : صَلَع alopecia, baldness
مُرَطِّب (لِلْبَشَرَة) moisturizer
مُرَطِّبات refreshments, soft drinks
مَرِع : خَصِيب fertile, productive, fat
مَرْعًى : مَرْج pasture, pasturage, grazing land; prairie
مُرْعِب : مُخِيف frightful, frightening, terrifying, dreadful, alarming, terrible, horrible, awful
مَرْعُوب frightened, scared, terrified
مَرَّغَ (في التُّرابِ) to roll (in the dust)
مَرْغَرِيتا (نبات) marguerite

مَرْغَرِين : زُبْدَةٌ صُنْعِيَّة margarine
مُرْغَم compelled, coerced, forced, constrained, obliged
مَرْغُوبٌ فيه desirable; desired
غَيْرُ مَرْغُوبٍ فِيه undesirable
مَرْفَأ port, harbor, haven, seaport
مَرْفَع ، أَيّامُ المَرافِع Shrovetide
عِيدُ المَرْفَع carnival
أَحَدُ المَرافِع Shrove Sunday
ثُلاثاءُ المَرافِع ، ثُلاثاءُ المَرْفَع Shrove Tuesday, Mardi Gras
مَرْفَق ، مَرْفِق ـ راجع مِرْفَق
مُرْفَق (بِهِ) enclosed, attached
مُرْفَقات enclosures
مِرْفَق [تشريح] elbow
مِرْفَق : مَصْلَحَة utility, service, facility, convenience
مِرْفَقٌ عامّ public utility
مَرْفُوض inadmissible; refused, rejected, turned down
مَرَق ، مَرَقَة broth, stock; bouillon; gravy; sauce; dressing
مِرْقاق : شَوْبَك rolling pin
مَرْقَب : مِرْصاد lookout, observation post
مَرْقَب : بُرْجُ المُراقَبَة watchtower
مِرْقَب : تِلِسْكُوب telescope
مَرْقَد : مَضْجَع bed; couch
مَرْقَص ballroom, dance hall, dancing room, dancing place

مُرَقَّط : أَرْقَط — speckled, spotted
مُرَقَّع : رُقَع ، ذو رُقَع — patched, patchy
مَرْكَب — boat, ship, vessel, ferryboat
مُرَكَّب : ضِدّ بَسِيط — complex; compound, composite
مُرَكَّب (كِيميائِيّ) — compound
مُرَكَّب : عُقْدَة — complex
مَرْكَبَة : عَرَبَة — vehicle, conveyance, car; carriage, coach; wagon
مَرْكَبَةٌ فَضائِيَّة ، مَرْكَبَةُ الفَضاء — spacecraft, spaceship
مَرْكَز : مِحْوَر ، مَقَرّ — center; focus
مَرْكَز : مَوْقِع — position, post; location, site, seat, locality
مَرْكَز : مَنْصِب — post, office, position
مَرْكَزٌ رَئِيسِيّ — headquarters; main office, head office
مَرْكَزِيّ — central, centric; centralized
بَنْكٌ (مَصْرِفٌ) مَرْكَزِيّ — central bank
تَدْفِئَة مَرْكَزِيَّة — central heating
مَرْمًى : هَدَف [رياضة بدنية] — goal
مَرْمًى : هَدَف ، غايَة — goal, target, aim, object(ive), purpose
مَرْمَر : رُخام — alabaster; marble
مَرْمُوط (حيوان) — marmot
مَرْمُوق — notable, eminent, distinguished, noted; important; high, top; advanced
مَرَّنَ على : دَرَّبَ — to train, drill, practice, exercise, coach, school, tutor, discipline, rehearse
مَرِن : لَيِّن — flexible, pliant, pliable, ductile, resilient, supple
مُرْهَف — thin, slim, slender; fine, delicate, flimsy; sensitive
مُرْهَق : تَعِب — exhausted, fatigued, tired (out), worn out, overtired
مُرْهِق : مُتْعِب — exhausting, fatiguing, tiring; onerous, laborious
مَرْهَم : دَلُوك — ointment, liniment, unguent, unction; pomade; cream
مَرْهُونٌ بِـ : مُتَوَقِّفٌ على ـ راجع رَهْن بِـ
مَرْو : كوارتز — quartz
مُرُوءَة — chivalry, magnanimity, generosity; sense of honor
مِرْوَحَة (يَدَوِيَّة ، كَهْرَبائِيَّة إلخ) — fan
مِرْوَحَة (لِسَحْبِ الهَواء) — ventilator
مِرْوَحِيَّة : طائِرَةٌ مِرْوَحِيَّة — helicopter
مُرُور — passing, passage, passing by; passing through
مُرُور ، حَرَكَةُ المُرُور — traffic
مُرَوِّض : مَنْ يُرَوِّض — tamer; trainer
مُرَوِّع : رَهِيب — frightening, frightful, terrifying, dreadful, alarming, terrible, horrible, awful
مُرُونَة — flexibility, pliancy, ductility
مَرِيء [تشريح] — esophagus, gullet
مُرِيب : مَشْكُوكٌ فِيه — suspicious, doubtful, dubious, dubitable, fishy
مُرِيح — comfortable, cozy; convenient
المِرِّيخ [فلك] — Mars

مَرِير : دالٌّ على الأَسَى أو الأَلَم bitter
مَرِيض sick, ill, ailing; sickly, invalid, unwell; patient
مَرِيع : رَهِيب ـ راجع مُرَوِّع
مَرْيَلَة ـ راجع مَرْيُول
مَرْيَم العَذْراء the Virgin Mary
مَرْيَمِيَّة (نبات) sage, clary
مَرْيُول : مَرْيَلَة apron, coverall, pinafore, duster; bib
مُزّ، مُزُّ الطَّعْم acidulous, tart
مِزَاج temper(ament), disposition, mood, humor, frame of mind
مِزاجِيّ : مُتَعَلِّق بالمِزاج temperamental
مِزَاجِيّ : مُتَقَلِّب (المِزَاج) moody, temperamental, unpredictable, mercurial, whimsical
مَزَّاح joker, jester, humorist; joking, jocose, humorous
مُزَاح joking, jesting, kidding, funmaking); joke, jest, banter
مُزَاحِم : مُنافِس competitor, rival
مُزَاحَمَة : مُنَافَسَة competition, rivalry
مَزَاد (عَلَنِيّ) auction, public sale
مَزَار : مَقَام، مَقْدِس shrine, sanctuary
مُزَارِع farmer, peasant; planter
مَزَاعِم allegations, claims, contentions
مُزَاوِل practitioner; practicing
مُزَاوَلَة practice, practicing, pursuit, engagement (in)
مَزْبَلَة dunghill; cesspit
مَزَجَ to mix, mingle, blend, admix, commingle, combine
مَزَحَ to joke, jest, make fun, banter, fool, kid (around)
مَزْح ـ راجع مُزَاح
مَزْحَة joke, jest, banter, pleasantry; prank, waggery, frolic
مُزَخْرَف ornamented, adorned, embellished, garnished, decorated, ornate, ornamental
مُزْدان ـ راجع مُزَيَّن
مُزْدَحِم (over)crowded, swarming; packed, jammed, crammed, congested, chockablock
مُزْدَهِر flourishing, thriving, booming, blooming, prosperous
مُزْدَوِج double, dual, twofold, two-; twin, paired, in pairs
مِزْراب : مِيزاب drain; (roof) gutter; spout, waterspout
مَزْرَعَة farm; plantation; grange; ranch; country estate
مُزْرَقّ bluish, blue
مُزَرْكَش brocaded, embroidered; ornamented, embellished, adorned
مُزْعِج disturbing, disquieting, upsetting, annoying, vexing
مَزْعُوج ـ راجع مُنْزَعِج
مَزْعُوم alleged, claimed, pretended; supposed; so-called
مَزَّقَ، مَزَقَ to tear, rend, rip (apart), rive, lacerate; to tear to pieces, tear up, shred

مَزْق : شقّ ، خَرْق tear, rent, rip, rift
مَزْكوم having a cold
مِزْلاج : قُفْل bolt, bar, latch, catch
مَزْلَج ، مِزْلَج ، مِزْلَجَة ski; sleigh; sled, sledge, skate; roller skate
مِزْمار : آلَةٌ موسيقيّة pipe, reed (pipe), flute, clarinet, oboe, fife
مِزْمارُ الرّاعِي (نبات) water plantain
مُزْمِن chronic; inveterate; deep-seated, deep-rooted, old
مَزْمور (ج مَزامِير) psalm
مَزْهَر : مَشْكَبَة bed
مِزْهَر : عُود (آلَةٌ موسيقيّة) lute
مَزْهَرِيَّة : زَهْرِيَّة (flower) vase
مَزْهُوّ vain(glorious), (self-)conceited, overweening, arrogant
مَزوح ـ راجع مَزّاح
مُزَوَّر : مُزَيَّف forged, counterfeit, false; phony, fake, pirated
مُزَوِّر forger, counterfeiter; pirate
مِزْوَلَة : ساعَةٌ شَمْسِيَّة sundial
مَزِيَّة : مِيزَة merit, virtue, advantage, good quality or feature; trait, characteristic, property
مِزْيَتَة oilcan, oiler; lubricator
مَزِيج mixture, blend, mélange, mix, medley, hodgepodge
مَزِيد : إضافِيّ increased; more, further, additional, extra; great(er)
مَزِيد : زِيادَة ـ راجع زِيادَة
مُزَيْف ـ راجع زائِف

مُزَيِّف counterfeiter, forger, falsifier
مُزِيل remover, eliminator
مُزِيلُ الرّائِحَة deodorant, deodorizer
مُزِيلُ الشَّعْر depilatory
مُزَيَّن adorned, ornamented, embellished, garnished, decorated, bedecked, ornate, ornamental
مُزَيِّن (شَعْر) : حَلاق hairdresser, barber, coiffeur, hairstylist
مَسَّ : لَمَسَ to touch, feel, handle
مَسَّ : أصابَ ، حَلَّ بِـ to befall, afflict, hit, strike, happen to
مَسَّهُ بِأذًى أو بِسُوء to harm, damage, hurt, do harm to
مَسّ (مِنَ الجُنُون) mania; (slight) insanity, (slight) madness
مَسَّى (فُلانًا) to wish (someone) a good evening
مَساء evening, eve
مَساءً in the evening
مَساءُ الخَيْر ، عِمْ مَساءً good evening!
مَسائِيّ evening; vespertine
مُسابَقَة contest; competition; race; examination, test, quiz
مَسّاحُ الأحْذِيَة bootblack, shoeblack
مَسّاحَة (لِزُجاجِ السَّيّارَةِ إلخ) wiper
مِساحَة (أرْضٍ ، سَطْحٍ إلخ) area
مِساحَة : مَسْحُ الأراضِي surveying, (land) survey
مَسار path, channel, track, route;

course, line; current, run, trend, tendency, movement, progress
مُسَاعِد : مُعَاوِن assistant, aid(e), help(er), supporter
مُسَاعِد : مُفِيد، مُؤاتٍ helpful, useful, advantageous, favorable
مُسَاعَدَة help, aid, assistance, support, relief, succor; contribution, subsidy, grant
مَسَافَة distance, space, spacing, range, interval, stretch
مُسَافِر passenger; traveler, voyager
مَسْأَلَة question, issue, problem; matter, affair, case; theorem
مُسَالِم peaceable, peaceful, pacific, peace-loving
مَسَام : ثُقُوبُ الجِلْد pores
مُسَامِح forgiving, excusing; indulgent, tolerant, lenient
مُسَانَدَة support, backing (up), assistance, aid, help
مُسَاهِم : مُشْتَرِك contributor, participant; contributing, participating
مُسَاهِم : حامِلُ السَّهْمِ الماليّ shareholder, stockholder
مُسَاوٍ (المُسَاوِي) (لِـ) equal (to), equivalent (to); amounting to; worth
مَسَاوِئ ـ راجع سَيِّئَة
مُسَاوَاة : تَسَاوٍ equality
على قَدَمِ المُسَاوَاة equally; on an equal footing, on the same level
مَسْؤُول (عن، أمامَ) responsible
مَسْؤُول : مُدِير in charge (of); supervisor; manager, director; head, chief, president
مَسْؤُول : مُوَظَّف official, officer
مَسْؤُولِيَّة responsibility; liability
مُسَاوَمَة bargaining, haggling, haggle
مُسَبِّب : سَبَب cause, reason, motive
مَسَبَّة : شَتِيمَة swearword; abuse, vituperation, revilement, insult
مَسْبَح beach; seaside resort; swimming pool, pool
مِسْبَحَة : سُبْحَة rosary, beads
مِسْبَر : مِجَسّ probe; sound
مُسَبَّق advance; premature
مُسَبَّقاً beforehand, in advance
مَسْبِك : مَكَانُ السَّبْك foundry
مُسْتَأْجِر tenant, lessee, leaseholder
مُسْتَبِدّ despotic, autocratic, dictatorial, tyrannical, arbitrary; despot, autocrat, tyrant, dictator
مُسْتَتِبّ stable, settled, constant, steady, normal, orderly
مُسْتَتِر hiding; hidden, concealed, covered; latent, esoteric
مُسْتَثْمِر (المالِ إلخ) investor
مُسْتَجَدَّات latest (recent, new, fresh) developments
مُسْتَجْدٍ (المُسْتَجْدِي) beggar
مُسْتَحَاث : أُحْفُور fossil
مُسْتَحَبّ desirable, (re)commendable; pleasant, nice; desired

مُسْتَحْدَث new, novel, original; invented, originated, created
مُسْتَحْسَن advisable, (re)commendable; suitable, appropriate
مُسْتَحْضَر (ج مُسْتَحْضَرات) preparation, confection, compound
مُسْتَحْضَراتُ تَجْميل cosmetics, makeup, maquillage
مُسْتَحِق deserving, meriting, worthy of; qualified for, eligible for
مُسْتَحِق (الدَّفع) due, payable
مُسْتَحْكِم intense, severe, serious; deep-seated, inveterate
مُسْتَحْلَب: مادَّةٌ مُسْتَحْلَبَة emulsion
مُسْتَحِيل impossible, out of the question; unfeasible, hopeless
مُسْتَخْدَم: أَجير employee; servant
مُسْتَخْدَم: مُسْتَعْمَل employed, used
مُسْتَخْدِم: رَبُّ عَمَل employer, master
مُسْتَخْدِم: مُسْتَعْمِل user, utilizer
مُسْتَدْعٍ (المُسْتَدْعِي) applicant
مُسْتَدِق: دَقيق thin, fine, slender
مُسْتَدِقُّ الطَّرَف أو الرَّأس tapering, pointed, pointy, sharp
مُسْتَدِير round, circular, rotund
مُسْتَدِيرة (طُرُق) (traffic) circle, rotary
مُسْتَدِين: مُقْتَرِض borrower; debtor
مُسْتَراح toilet, WC, bathroom
مُسْتَرْجِلَة mannish, masculine
مُسْتَرْسِل (شَعْر) flowing, loose, lank
مُسْتَرِق: سارِق ـ راجع سارِق
مُسْتَرِقُ السَّمْع eavesdropper
مُسْتَرِقُ النَّظَر voyeur, peeper, peeping Tom, snoop, snooper
مُسْتَرِيح ـ راجع مُرْتاح
مُسْتَساغ ـ راجع سائِغ
مُسْتَشار: ناصِح، مُرْشِد adviser, counselor, counsel, consultant
مُسْتَشار (أَلْمانيا) chancellor
مُسْتَشار: قاضٍ justice, judge
مُسْتَشْرِق (ج مُسْتَشْرِقون) orientalist
مُسْتَشْفًى: مَشْفًى hospital; infirmary
مُسْتَشْفَى الأَمْراضِ العَقْلِيَّة mental hospital, insane asylum
مُسْتَطاع possible, feasible
مُسْتَطِيل rectangle; rectangular
مُسْتَعار: مُقْتَرَض borrowed
مُسْتَعار: زائِف false, fake, pseudo, artificial, fictitious
مُسْتَعْجَل ـ راجع مُعَجَّل، عاجِل
مُسْتَعْجِل hurried, in a hurry, hurrying, rushing, running, speedy, quick, fast
مُسْتَعِدّ prepared, ready, willing
مُسْتَعْصٍ (المُسْتَعْصِي) incurable, irremediable; difficult, hard
مُسْتَعْطٍ (المُسْتَعْطِي) beggar
مُسْتَعْمِر colonist, settler; colonizer; colonialist, imperialist

مُسْتَعْمَرَة colony, settlement

مُسْتَعْمَل : مُسْتَخْدَم used, employed, utilized, applied

مُسْتَعْمَل : غَيْرُ جَدِيد used, second-hand

مُسْتَعْمِل : مُسْتَخْدِم user, utilizer

مُسْتَعِير : مُقْتَرِض borrower

مُسْتَغْرَب ـ راجع غَرِيب

مُسْتَغْرِق في engrossed in, absorbed in, wholly engaged in, lost in, preoccupied with, taken up with

مُسْتَفِيد beneficiary, usufructuary

مُسْتَفِيض elaborate, detailed

مُسْتَقْبَل، مُسْتَقْبِل (مِنَ الزَّمَن) future

مُسْتَقْبَلِيّ futuristic, future, prospective

مُسْتَقْتِل desperate, death-defying

مُسْتَقَرّ ـ راجع مَقَرّ

مُسْتَقِرّ : مُسْتَتِبّ stable, stabilized, settled, steady, constant, normal, orderly, in good order

مُسْتَقِلّ independent; autonomous; free; unattached; separate

مُسْتَقِيل resigned; resigning

مُسْتَقِيم straight, direct; straightforward, upright, honest, righteous

مُسْتَكْتَب، مُسْتَكْتِب : كاتِب clerk

مُسْتَلْزَمات : لَوازِم requirements, requisites, prerequisites, exigencies, needs, necessaries, necessities

مُسْتَلِم recipient; receiver

مُسْتَمِرّ continual, continuous, continued, constant, lasting, uninterrupted, incessant

مُسْتَمِع listener, hearer, audient, auditor; listening, hearing

مُسْتَنَد : وَثِيقَة document, paper, (legal) instrument, record

مُسْتَنْطِق examiner, interrogator, investigating officer, investigator

مُسْتَنْقَع swamp, quagmire, bog, marsh, moor, morass, fen

مُسْتَهْتِر reckless, careless, irresponsible; wanton, uninhibited

مُسْتَهْدَف exposed to, open to, subject to, liable to

مُسْتَهَلّ : بَدْء beginning, start, outset

مُسْتَهْلِك consumer

مُسْتَوٍ (المُسْتَوِي) : مُنْبَسِط even, level, flat, plane, smooth

مُسْتَوٍ : مُسْتَقِيم straight, upright

مُسْتَوٍ : ناضِج ripe, mature

مُسْتَوٍ : مَطْبُوخٌ جَيِّداً well done

مُسْتَوَى level, standard, plane

مُسْتَوَى المَعِيشَة standard of living

على مُسْتَوًى عالٍ on a high level

مُسْتَوْدَع : مَخْزَن warehouse, storehouse, depot, store(room)

مُسْتَوْرَد : اِسْتُورِدَ imported

مُسْتَوْرَدات : ضِدّ صادِرات imports

مُسْتَوْرِد : مَنْ يَسْتَوْرِد importer

مُسْتَوْصَف (طِبِّيٌّ أو صِحِّيّ) dispensary; infirmary; clinic
مُسْتَوْطِن settler; resident, inhabitant, dweller; domiciled; settled
مُسْتَوْطَنَة : مُسْتَعْمَرَة settlement; colony
مُسْتَوْعِب، مُسْتَوْعَب : حاوِيَة container
مُسْتَوْقَد : مُصْطَلًى hearth, fireplace
مُسْتَيْقِظ awake, wakeful, up
مَسْجِد : جامِع mosque
مُسَجَّل registered; recorded, tape(d), tape-recorded
مُسَجِّل : مَأْمُورُ تَسْجِيل registrar, register, recorder
مُسَجِّل، مُسَجِّلَة : آلَةُ تَسْجِيل tape recorder, recorder
مَسْجُون - راجع سَجِين
مَسَحَ، مَسَّحَ to wipe; to mop (up); to rub; to clean, wash
مَسَحَ الأَراضِي إلخ to survey
مِسْحاة : رَفْش shovel, spade
مِسْحاج plane, jointer, block plane
مَسْحَة : أَثَر، صِبْغَة trace, touch, bit, streak, smack, tint, shade
مَسْحُور bewitched, witched
مَسْحُوق : ذَرُور powder
مَساحِيقُ التَّجْمِيل cosmetics, make-up, maquillage
مَسْحُوقُ التَّنْظِيفِ أو الغَسِيل detergent, cleaner
مَسَخَ to metamorphose; to disfigure, deform; to distort, falsify, corrupt, twist
مِسْخ، مَسْخ monster; freak
مَسْخَرَة : مُضْحِك ridiculous
مَسْخَرَة : أُضْحُوكَة laughingstock
مُسَخِّن : سَخّان heater; geyser; boiler
مَسَّدَ to massage; to rub, caress
مُسَدَّس : سِلاحٌ نارِيٌّ خَفِيف pistol, revolver, gun, handgun
مُسَدَّسُ الزَّوايا والأَضْلاع hexagon
مَسْدُود plugged (up), closed (up); shut (off); blocked, obstructed
طَرِيقٌ مَسْدُود blind alley, dead-end street, impasse
مُسِرّ - راجع سارّ
مَسْرَب intake; drain, sewer; duct, conduit; course
مَسَرَّة - راجع سُرُور
مَسْرَح theater, playhouse; stage; scene, arena
مَسْرَحِيّ dramatic, theatrical, stage
كاتِبٌ مَسْرَحِيّ playwright
مَسْرَحِيَّة play, drama; performance
مَسْرَد : فِهْرِس index; glossary; list
مُسْرِع hurried, in a hurry, hurrying, hasty, rushing, running, speedy, quick, fast
مُسْرِف : مُبَذِّر waster, wastrel, spendthrift, scattergood; wasteful, profligate, extravagant
مَسْرُور happy, glad, delighted,

pleased, cheerful, joyful, joyous, jolly, merry

مَسْرُوق : مَسْلُوب stolen; robbed

مَسْرُوقات : أَشْياءُ مَسْرُوقَة stolen goods (objects, things, etc.)

مَسْطَبَة، مِسْطَبَة ـ راجع مَصْطَبَة، مِصْطَبَة

مُسَطَّح level, flat, even, plane; spread (out), stretched (out)

قَدَمٌ مُسَطَّحَة flat foot

مُسَطَّر : مُخَطَّط ruled, lined; striped

مَسْطَرَة، مِسْطَرَة : أَداةٌ لِلتَّسْطِير ruler

مَسْطَرَة : عَيِّنَة sample, specimen

مَسْعًى effort, endeavor, attempt

مُسْعِف reliever, succorer; rescuer, saver; first-aid man

مَسْعُور mad; crazy; rabid, hydrophobic; frantic, frenzied, wild

مَسْقَط [هندسة] projection

مَسْقَطُ الرَّأْس birthplace, hometown

مَسْقَطُ ماء waterfall, falls, chute

مَسْقِط ـ راجع مَسْقَط

مَسْقُوف : مُزَوَّدٌ بِسَقْف roofed, ceiled

مَسَكَ بِـ ـ راجع أَمْسَكَ، تَمَسَّكَ

مَسَكَ (الحِسَاباتِ، الدَّفاتِرَ) to keep (accounts, books)

مَسْكُ الحِسابات accountancy, keeping of accounts, accounting

مَسْكُ الدَّفاتِر bookkeeping

مِسْك : نَوْعٌ مِنَ الطِّيب musk

مَسْكَبَة : مَزْهَر bed

مَسْكَة : مَقْبِض handle, (hand)grip, knob, grasp, haft

مَسْكَة : قَبْضَة grip, hold, clasp

مَسْكَةُ الباب doorknob

مُسْكِر intoxicating, intoxicant

مُسْكِر : مَشْرُوبٌ رُوحِيّ alcoholic beverage, (alcoholic) drink, (spirituous) liquor, alcohol

مَسْكَن، مَسْكِن residence, domicile, house, home, apartment, flat; accommodations, lodgings

مُسَكِّن analgesic, painkiller, reliever; sedative, tranquilizer

مَسْكُوكَة : نَقْدٌ مَعْدِنِيّ coin, specie

مَسْكُون : مَأْهُول inhabited, populated; occupied, lived in

مَسْكُونٌ بِالجِنّ haunted (place); possessed (person)

مِسْكِين : فَقِير poor, needy, indigent; pauper, poor man

مِسْكِين : بائِس miserable, poor

مُسَلٍّ (المُسَلِّي) amusing, entertaining, diverting

مِسَلَّة : إِبْرَةٌ كَبِيرَة large needle

مِسَلَّة : نُصُبٌ عَمُودِيّ obelisk

مُسَلَّح : مُزَوَّدٌ بِالسِّلاح armed

(رَجُلٌ) مُسَلَّح gunman, armed man

مَسْلَخ : مَذْبَح slaughterhouse, abattoir, butchery, shambles

مُسَلْسَل : مُتَسَلْسِل serial(ized), seriate(d); successive, consecutive;

continuous; chain-; graded

مُسَلْسَل، مُسَلْسَلَة series; chain; serial story, serial

مَسْلَك : طَرِيق way, road; path, track; course, route, line

مَسْلَك : مَجْرًى، قَنَاة passage, channel, canal; conduit, duct

مَسْلَك : سُلُوك ـ راجع سُلُوك

مَسْلَكِيّ behavioral; vocational

مُسْلِم Moslem, Muslim

مُسَلَّمَة : بَدِيهِيَّة postulate, axiom

مَسْلُوق boiled

مُسَمًّى : مَدْعُوّ named, called, designated, dubbed, so-called

مُسَمًّى : إِسْم – راجع إِسْم

مِسْمَار : وَتَد nail; pin; tack

مِسْمَارٌ بِرْشَام rivet

مِسْمَارٌ مُصَوْمَلٌ او مُلَوْلَب bolt

مُسْمَرّ brownish, tannish

مَسْمَع : مَدَى السَّمْع earshot, hearing

مَسْمَكَة fish store, seafood store

مُسَمَّم، مَسْمُوم poisoned, envenomed

مَسْمُوح (بِهِ) permissible, permitted, allowable, allowed, admissible, authorized, lawful, legal

مُسِنّ : مُتَقَدِّمٌ في السِّنّ old, aged, advanced in years

مِسَنّ : مِجْلَخَة whetstone, grindstone, hone; sharpener, grinder; strop, razor strop

مَسْنَد، مِسْنَد rest, back; cushion, pillow, support, prop, stay

مُسَنَّن toothed, indented, notched, jagged, cogged, saw-toothed

مُسْهَب detailed, lengthy, long-winded, elaborate, wordy

مُسْهِل، مُسَهِّل laxative, purgative

مُسْهِم ـ راجع مُسَاهِم

مِسْوَاك tooth cleanser, stick

مُسْوَدّ blackish, nigrescent

مُسَوَّدَة draft, rough copy; (rough) sketch; outline

مُسَوِّغ : مُبَرِّر justification, warrant

مُسِيء injurious, harmful, detrimental; offensive, insulting

المَسِيح Christ, Jesus, Jesus Christ

مَسِيحِيّ : نَصْرَانِيّ Christian

المَسِيحِيَّة : الدِّينُ المَسِيحِيّ Christianity

مُسَيَّر : ضِدّ مُخَيَّر unfree, forced

مَسِيرَة : مَسَافَة distance, walk

مَسِيرَة : رِحْلَة journey, travel, trip

مَسِيرَة : مَسَار ـ راجع مَسَار

مَسِيرَة : مُظَاهَرَة march, demonstration, procession

مَسِيل ravine, gulch, flume; gully

مُسِيل liquefacient, (dis)solvent

مُسِيلٌ لِلدُّمُوع tearful, causing tears

قُنْبُلَةٌ مُسِيلَةٌ لِلدُّمُوع tear bomb

مِشّ : مَصْلُ اللَّبَن whey

مشى : سارَ to walk, go on foot
مشّى : جَعَلَهُ يَمْشِي to walk, make walk
مشابه ـ راجع شَبيه، مُتشابه
مشاجرة ـ راجع شِجار
مشاحنة wrangle, hassle, brawl, quarrel; enmity, feud
مشارِك ـ راجع مُشْتَرِك
مشاركة ـ راجع اِشْتِراك
مشاعِر ـ راجع شُعُور
مشاغِب rioter, troublemaker, agitator; riotous, disorderly
مشاهِد : مُتَفَرِّج spectator, onlooker, viewer, watcher, observer
مشؤوم ill-omened, inauspicious, ill-boding, ominous, unfortunate
مشاية : بابُوج slipper, pantofle, scuff
مشبك : إبْزِيم clasp, buckle, clip, pin, fastener, fastening, brace
مشبوه suspicious, suspected, dubious, doubtful, fishy; suspect
مشتى winter resort or residence
مشتاق longing, yearning, craving, desiring, desirous, eager
مشتبه (فِيهِ أو بِهِ أو فِي أَمْرِه) ـ راجع مَشْبُوه
مشتت dispersed, scattered, dispelled, broken up, separated
مشتر (المُشْتَرِي) : مَنْ يَشْتَرِي buyer, purchaser, vendee
المُشْتَرِي [فلك] Jupiter
مشترى : اِشْتُرِيَ bought, purchased
مُشْتَرًى : شِرَاء ـ راجع شِرَاء
مُشْتَرِع ـ راجع مُشَرِّع
مُشْتَرَك common, joint, concerted, collective, shared, mutual
مُشْتَرِك participant, sharer; subscriber; participating, sharing
مُشْتَرَيَات purchases
مُشْتَعِل burning, afire, on fire, ablaze, aflame, flaming
مُشْتَغِل : عامِل working; functioning; running, operating, in operation
مُشْتَغِل : شَغِيل ـ راجع شَغِيل
مُشْتَقّ derived; derivative
مُشْتَقّات derivatives
مَشْتَل nursery; arboretum
مِشْجَب (الثِّياب) clothes rail, rack, hook, stand, peg
مِشَدّ (نِسائِيّ) corset, stays; girdle
مَشْرَب : شَراب drink, beverage
مَشْرَب : مَوْضِعُ الشُّرْب drinking place, drinking fountain
مَشْرَب : مَيْل، إتِّجاه taste, inclination, trend, bent, drift
مَشْرَبِيَّة : نافِذَةٌ نَاتِئَة oriel
مَشْرَحَة morgue; autopsy room
مُشَرَّد : مُهَجَّر homeless, displaced, dislodged; fugitive, refugee
مِشْرَط، مِشْرَطَة lancet, scalpel
مُشَرِّع legislator, lawmaker
مُشْرَف : مَطَلّ outlook, lookout, hill

مُشَرَّف honorable, honorific

مُشْرِف : مُرَاقِب، مُدِير supervisor, superintendent, overseer; director

مُشْرِفٌ على : مُطِلٌّ على overlooking, commanding, dominating

مُشْرِفٌ على : قَرِيبٌ مِنْ near to, on the verge (or brink) of, about to

مَشْرِق ـ راجع شَرْق

مُشْرِق : مُضِيء shining, shiny, radiant, bright, brilliant; clear

مُشْرِك (باللهِ عزَّ وجلَّ) polytheist

مَشْرُوب : شَرَاب drink, beverage

مَشْرُوط : مُتَوَقِّفٌ على شَرْط conditional, provisional, qualified, contingent

مَشْرُوع : شَرْعِيّ ـ راجع شَرْعِيّ

مَشْرُوع (ج مَشْرُوعَات ومَشَارِيع) project, plan; enterprise, venture

مَشْرُوعُ قانون bill, draft law

مَشْرُوعُ قَرَار draft resolution

مَشَطَ، مَشَّطَ (الشَّعْرَ) to comb, do (up), dress, style, coif(fure)

مَشَطَ الصُّوف to card, tease, comb

مَشَطَ : فَتَّشَ، بَحَثَ عن to comb

مُشْط : أداةٌ لِتَسْرِيحِ الشَّعْر comb

مُشْطُ حَشْوٍ أو ذَخِيرَة charger

مُشْطُ طَلَقَات cartridge clip

مُشِعّ radiant, radiating, beaming, shining, bright; radioactive

مِشْعاع : شَبَكَةُ أنابِيب radiator

مَشْعَل، مِشْعَل torch, cresset

مُشَعْوِذ juggler; magician; charlatan, quack, swindler

مَشْغَل : وَرْشَة، مَعْمَل workshop, atelier; plant, factory, mill

مَشْغُول : مُنْهَمِك busy, occupied, engaged; working; preoccupied

مَشْفًى : مُسْتَشْفًى infirmary; hospital

مَشَقَّة : صُعُوبَة hardship, difficulty, trouble, inconvenience

مَشْقُوق، مُشَقَّق split, cleft, fissured, broken; torn, ripped, cut

مُشَكَّل : مُكَوَّن formed; created, made; established, set up, constituted

مُشَكَّل : مُتَنَوِّع diverse, various, miscellaneous, varied, diversified

مُشَكَّل : مُحَرَّكُ الحُرُوف vowelized, vocalized, pointed

مُشْكِلَة، مُشْكِل : مُعْضِلَة problem

مَشْكُوكٌ فِيهِ أو في أَمْرِهِ doubtful, dubious, dubitable, questionable; suspicious, suspected; suspect

مَشْلُول paralyzed, paralytic

مُشْمَئِزّ disgusted, nauseated, sick

مُشْمِس sunny; sunlit

مِشْمِش (نبات) apricot(s)

مُشَمَّع : قُمَاشٌ لِلْمَوَائِدِ والرُّفُوف oilcloth

مُشَمَّع : مِعْطَف raincoat, waterproof, oilskin, slicker, trench coat

مَشْمَلَة، مِشْمِلَة (نبات) medlar

مَشْنَقَة، مِشْنَقَة gallows, gibbet

حَبْلُ المَشْنَقَة hangman's rope, cord

عُودُ المِشْنَقَة gibbet
مُشَهٍّ (المُشَهِّي) appetizer, relish, hors d'oeuvre; appetizing, mouthwatering, savory, tasty, delicious
مَشْهَد : مَنْظَر scene; view, sight, spectacle, scenery, prospect
مَشْهُود : مَرْئِيّ witnessed, seen
مَشْهُود : لا يُنْسَى memorable
مَشْهُور famous, well-known, renowned, celebrated; celebrity
مِشْواة gridiron, grill, rotisserie
مَشُورة ، مَشْورة consultation, deliberation; counsel, advice
مُشَوِّق arousing desire or interest; motivating, stimulating, exciting, thrilling, breathtaking; interesting
مَشْوِيّ grilled, broiled, roast(ed)
مَشْي : سَيْر walking, walk
مَشِيئَة : إرادَة ، رَغْبَة will; wish, desire
مِشْيَة gait, walk, bearing, carriage
مُشِير : مارِشال (field) marshal
مَشِيمَة : خَلاص placenta, afterbirth
مَشِين ـ راجع شائِن
مَصَّ to suck, suck up, soak up, absorb; to sip
مُصابٌ بِـ stricken by, hit by, afflicted with; suffering from
(شخصٌ) مُصاب casualty, wounded person; killed person; victim; wounded, injured; sick, ill

مُصَاب : مُصِيبَة ـ راجع مُصِيبَة
مُصَاحِب accompanying, attendant
مُصَادَرَة confiscation, seizure, requisition(ing), expropriation
مُصَادَفَة : صُدْفَة chance, accident, fortuity, haphazard, coincidence
مُصَادَفَةً by chance, by accident, accidentally, haphazard(ly), by coincidence
مُصَادِق (عَلَيْه) ـ راجع مُصَدِّق (عَلَيْه)
مُصَادَقَة : مُصَاحَبَة making friends with; association, companionship
مُصَارِع wrestler; gladiator
مُصَارِعُ الثِّيران bullfighter, matador
مُصَارَعَة wrestling; fight(ing)
مُصَارَعَةُ الثِّيران bullfight(ing)
مُصَارَعَةٌ حُرَّة freestyle wrestling
مَصَاعِب difficulties, hardships, troubles, discomforts, problems
مَصَاغ : مُجَوْهَرات jewelry, jewels
مُصَافَحَة handshake, shaking hands
مُصَالَحَة ـ راجع صُلْح
مَصَبّ (النَّهر) mouth (of a river), debouchment, estuary, firth
مِصْباح lamp; light
مَصْبَغَة (لِغَسْلِ الثِّيابِ وكَيِّها) laundry
مَصَحّ ، مَصَحَّة sanatorium
مُصْحَف ، المُصْحَفُ الشَّرِيف copy of the (Holy) Koran; the (Holy) Koran

مِصْداقِيَّة credibility
مَصْدَر: مَنْشَأ، أَصْل origin, source
مَصْدَر: مَرْجِع reference, source
مُصَدِّر: مَنْ يُصَدِّرُ (السِّلَع) exporter
مُصَدَّق (عَلَيْهِ) certified; ratified
مِصْر: بَلَد country; territory, region
مِصْر، دَوْلَةُ مِصْر Egypt
مِصْر، مِصْرُ القاهِرَة Cairo
مِصْراع (الباب) shutter; leaf
مِصْراع: شَطْرٌ مِنَ الشِّعْر hemistich
(مَفْتُوح) على مِصْراعَيْه wide open
مُصْران: أَمْعاء intestines, bowels
مَصْرَع: مَوْت death, demise
لَقِيَ مَصْرَعَهُ to die
مَصْرَف: مَنْفَذ drain, ditch; outlet
مَصْرِف: بَنْك bank
مَصْرِفِيّ: بَنْكِيّ banking, bank
مَصْرِفِيّ، رَجُلٌ مَصْرِفِيّ banker
مَصْرُوف: نَفَقَة expenditure, outlay, money spent; expense(s), cost(s)
مَصْرُوفُ الجَيْب pocket money
مِصْرِيّ Egyptian
مُصْطاف summer visitor or vacationist
مَصْطَبَة، مِصْطَبَة mastaba; terrace
مَصْطَكَى، مَصْطَكاء mastic
مُصْطَلَى: مَوْقِد fireplace, hearth

مُصْطَلَح (ج مُصْطَلَحات) term, expression; idiom
مُصْطَنَع affected, artificial, forced, feigned, false, phony
مِصْعَد، مِصْعَدَة elevator, lift
مِصْفاة refinery; strainer, colander; filter; sieve, screen
مُصَفَّح: مَطْلِيّ plated, coated
مُصَفَّح: مُدَرَّع armored, armor-clad, ironclad
مُصَفَّحَة armored vehicle or car
مُصْفَرّ yellowish; pale, pallid, wan
مَصْقُول polished, burnished, glazed, (re)furbished, lustered; glossy, shiny, lustrous, smooth
مَصْل (الدَّم) serum; plasma
مُصَلٍّ (المُصَلِّي) prayer, one who prays
مُصَلًّى place of prayer, oratory
مُصْلِح reformer, reformist; peacemaker, conciliator; repairer
مَصْلَحَة: نَفْع interest, benefit, advantage, good, welfare, well-being
مَصْلَحَة: إدارَة service, authority, department, administration
مُصَمِّم (على): عازِم determined to or on, resolved to or on
مُصَمِّم: واضِعُ التَّصْمِيم designer, styler, draftsman; planner
مَصْنَع: مَعْمَل factory, plant, mill
مُصَنَّف: كِتاب complication, book
مَصْنُوع made, done; manufactured,

fabricated, produced; process(ed)

مَصْنُوعات — (industrial) products, produce, manufactured goods

مُصَوِّر : رَسَّام — painter, artist; draftsman, drawer

مُصَوِّرٌ فوتوغرافِيّ — photographer

مُصَوِّرٌ سينمائِيّ — cinematographer, motion-picture cameraman

مُصَوِّرٌ تِلِفِزْيُونِيّ — cameraman

مَصُوغات : مَصَاغ — jewelry, jewels

مُصِيبَة — misfortune, calamity, disaster, catastrophe; affliction, trial, tribulation, ordeal, woe

مِصْيَدَة : شَرَك — trap, snare, gin, net

مِصْيَدَةُ فِئْران — mousetrap, rattrap

مَصِير : نِهَايَة، قَدَر — fate, destiny, lot

مَصِيرِيّ — fateful, decisive, crucial

مَصِيص : خَيْطٌ مَتِين — twine, packthread

مَصِيف — summer resort or residence

مَضَى : ذَهَبَ — to go (away), leave, depart

مَضَى : اِنْقَضَى — to pass, elapse, go by, expire, be over

مَضَى في : اِسْتَمَرَّ — to continue (to do), go on doing

مَضَى (قُدُماً) — to advance, proceed, go ahead, go on; to progress

مَضَّى (وَقْتاً) : قَضَى — to spend, pass

مُضَادّ — contrary, opposite, opposed; anti-, counter-, contra-, against

مُضَادٌّ حَيَوِيّ — antibiotic

مُضَادٌّ لِلدُّبَّابَات — antitank

مُضَادٌّ لِلطَّائِرَات — antiaircraft

مُضَارَبَة (تِجَارِيَّة، مالِيَّة) — speculation

مُضَارِع [لغة] — present (tense)

مُضَاعَف — double, twofold; multiple

مُضَاعَفَات — complications; repercussions

مُضَايَقَة — annoyance, disturbance, harassment; inconvenience

مَضْبُوط : دَقِيق — exact, accurate, precise; correct, right; checked, verified, adjusted, regulated

مَضْجَع : مَرْقَد — bed; couch

مُضْحِك — comic, comical, funny, laughable, ludicrous, humorous

مَضْحَكَة ـ راجع أُضْحُوكَة

مِضَخَّة (الماءِ إلخ) — pump

مُضِرّ ـ راجع ضارّ

مِضْرَاب، مَضْرِب ـ راجع مِضْرَب

مُضْرِب (عَنِ العَمَل) — striking, on strike; striker

مِضْرَب (الكُرَة) — bat, mallet; racket

مِضْرَب : خَيْمَةٌ كَبِيرَة — large tent, pavilion, marquee

كُرَةُ المِضْرَب — tennis

مَضَض، على مَضَض — unwillingly, reluctantly, grudgingly

مُضْطَرّ : مُجْبَر — compelled, forced, obliged, coerced, impelled

مُضْطَرِب — disturbed, confused, dis-

orderly, disorganized, disarranged; uneasy, unquiet, upset
مَضْعَف (نبات) lily of the valley
مَضَغ : عَلَكَ to chew, masticate
مُضَلَّع : ذو أضلاع أو ما يُشبِهُها ribbed
مُضَلَّع [هندسة] polygon; polygonal
مُضَلِّل misleading, misguiding; delusive, deceptive, false
مِضْمار : مَيْدانُ سِباق racetrack, racecourse, course, turf
مِضْمار : حَقْل، مَجال arena, sphere, field, domain, area
مَضْمَضَ to rinse (out) the mouth
مَضْمُون : مَكْفُول guaranteed, ensured, secured, warranted
مَضْمُون : مُؤَمَّن (عَلَيْه) insured, assured, covered
مَضْمُون : أكيد secure, assured, guaranteed, sure, certain
مَضْمُون : مُسَجَّل registered
مَضْمُون : مُحْتَوَى content, purport, meaning, import, substance
مُضْنٍ (المُضْنِي) : مُرْهِق exhausting; grueling, arduous, exacting
مُضِيء : مُشِعّ luminous, shining, radiant, shiny, bright, brilliant
مُضِيّ : ذَهاب going, going away, departure, leaving
مُضِيّ : انْقِضاء passing, passage, lapse, expiry, expiration
مِضْياف : كَرِيم hospitable

مَضْيَعَة loss; forfeiture; waste
مُضِيف host; entertainer; steward; inviting (country, etc.)
مُضِيفَة (air) hostess; stewardess
مَضِيق : مُخْتَنَق strait(s), narrow(s)
مَطَّ : مَدَّ، أطالَ to stretch, draw out, drag, protract, prolong, lengthen, extend, expand
مُطابِق identical; congruent, corresponding, conforming, consistent, compatible, coinciding
مَطار airport, airfield, airdrome
مُطارَدَة pursuit, chase, chasing, running after, hunt(ing), tracing
مَطّاط : كاوتشوك rubber, caoutchouc
مَطّاطِيّ rubbery, rubber, rubberlike
مَطاف، خاتِمَةُ المَطاف end, conclusion, finish, finale; outcome
مُطالَبَة (بـ) claim, demand, request, appeal, call (for)
مُطالِع : قارِىء reader
مُطالَعَة : قِراءَة reading, perusal
مُطالَعَة : بَيان findings; report
مَطَبّ (air) pocket, air hole
مَطْبَخ kitchen; cuisine
مِطْبَخ : فُرْن، آلَةُ الطَّبْخ (cooking) stove, cookstove, cooker, range, oven
مَطْبَعَة : مُؤَسَّسَةٌ طِباعِيَّة press, printing establishment
مِطْبَعَة : آلَةُ طِباعَة press, printing press, printing machine; printer

مَطْبَعِي ـ راجع طِبَاعِي
مُطْبِق : تامّ absolute, utter, sheer, pure, total, entire
مَطْبُوخ : مَطْهُوّ، طَبِيخ cooked
مَطْبُوع (كِتاب إلخ) printed
مَطْبُوعٌ على naturally disposed for
مَطْبُوعَة print, printed publication, release, periodical
مطبُوعات printed matter, literature
مِطْحَنة : طاحُونَة mill, grinder
مِطْحَنَةٌ يَدَوِيَّة quern, hand mill
مَطر : ماءُ السَّحاب rain; shower
مَطِر : مُمْطِر، ماطِر rainy, wet
مِطْران، مَطْران [نصرانية] metropolitan, archbishop
مِطْرانِيَّة، مَطْرانِيَّة archbishopric, archdiocese, diocese
مُطْرِب : مُغَنٍّ singer, vocalist, chanter, melodist, songster
مُطْرِبَة songstress, woman singer, (female) vocalist, chanteuse
مَطْرَة : قِرْبَة canteen; skin, bottle
مُطَّرِد : مُنْتَظِم، مُتَواصِل steady, even, uniform, regular; persistent, constant, continuous
مُطَرَّز : طُرِّزَ embroidered, brocaded
مُطَرَّزات : أشْياءُ مُطَرَّزَة embroideries
مِطْرَقَة، مِطْرَق hammer; gavel; mallet; beetle; maul
مِطْرَقَةُ الباب knocker, rapper

مَطْعَم restaurant, eatery
مَطْعُوم : طُعْم (النَّبَاتِ) graft, scion
مِطْفَأة (الحَرِيق) fire extinguisher
رِجَالُ المَطَافِىء firemen, fire fighters
مَطَلّ outlook, lookout, prospect
مُطِلّ (على) commanding, overlooking, dominating, towering over
مَطْلَب : طَلَب demand, request, claim, call (for), wish; requirement
مَطْلَع : بَدْء beginning, start, commencement, outset, rise
مَطْلَع : مُقَدِّمَة introduction, preface
مُطَّلِعٌ على (well-)informed about, acquainted with, familiar with, aware of, versed in
مُطَلَّق، زَوْجٌ مُطَلَّق divorced; divorcé
مُطْلَق : تامّ absolute; unlimited; unrestrained, free; sheer, utter, downright, unqualified
مُطْلَق : عامّ general, common
مُطْلَقاً ـ راجع إطْلاقاً (إطْلاق)
مُطَلَّقَة : زَوْجَة مُطَلَّقَة divorced, repudiated; divorcée, divorcee
مَطْلُوب : مُرَاد desired, wished for, sought after; in demand; wanted; needed; required
مَطْلُوب (بِوَصْفِهِ دَيْناً) due, payable
مَطْلُوبٌ حَيًّا أو مَيْتاً wanted dead or alive
مَطْلُوب : مَطْلَب ـ راجع مَطْلَب

مَطْلُوبات: دُيُون liabilities, debts
مَطْلِيّ painted, daubed; coated; overlaid, plated
مُطَمْئِن: يَبْعَثُ على الطُّمَأْنِينَة (re)assuring; quieting, pacifying, appeasing
مُطْمَئِنّ: مُرْتاحُ البال (re)assured, tranquil, at ease; secure, safe
مَطْمَح: مُرام، رَغْبَة aspiration, aim, goal, ambition, desire
مُطْنِب lengthy, prolix, verbose
مَطْهَر [نصرانية] purgatory
مُطَهِّر antiseptic, disinfectant, sterilizer; detergent, cleaner
مَطْهُوّ: مَطْبُوخ cooked
مَطْوَى، مِطْواة: سِكِّينُ جَيْب pocketknife, penknife
مِطْواع: مُطِيع ـ راجع مُطِيع
مُطَوَّق (حَمَام) ringdove, wood pigeon
مُطَوَّل: مُسْهَب lengthy, long-winded, prolix, detailed, elaborate
مَطِيَّة mount, riding animal
مَطِير: مَطِر، مُمْطِر rainy, wet
مُطِيع obedient, compliant, submissive, docile, tractable; dutiful
مُظاهَرَة: تَظاهُرَة، مَسِيرَة demonstration, manifestation
مَظْرُوف: ظَرْف، مُغَلَّف envelope
مُظَفَّر ـ راجع ظافِر
مِظَلَّة umbrella; parasol, sunshade
مِظَلَّةُ هُبُوط، مِظَلَّة واقِيَة parachute

مُظْلِم ark, gloomy, dusky, murky, enebrous, dim, overcast
مَظْلِمَة ـ راجع ظُلامَة
مَظْلُوم vronged, oppressed, aggrieved; victim of injustice
مِظَلِّيّ: جُنْدِيُّ المِظَلَّة aratrooper; parachutist, parachuter
مَظْهَر: شَكْل ppearance, air, mien, ook(s); form, shape, figure
مَظْهَر: وَجْه، دَلِيل nanifestation, expression, indication
مَعَ vith; together with, along with, ccompanied by
مَعَ: زائِد lus, added to
مَعَ: مُؤَيِّدٌ لِـ oro-, supporting
مَعَ: بِالرُّغْمِ مِنْ lespite, in spite of
مَعَ أَنَّ although, (even) though, in pite of the fact that
مَعَ ذٰلِكَ n spite of this, nevertheless, nonetheless, still
مَعاً ogether; jointly; with one another, with each other; simultaneously, at the same time
مِعًى، مِعاء [تشريح] ntestine, gut
أَمْعاء ntestines, bowls, guts, entrails, viscera
مُعادٍ (المُعادِي) hostile, inimical, antagonistic; opposite (to)
مُعادِل (لِـ) equal (to), equivalent (to); amounting to; worth
مُعادَلَة (رِياضِيَّة، سِياسِيَّة إلخ) equation

مُعار : مُقْرَض lent, loaned
مُعارِض (لِـ) opposed to; anti-, against; dissenting, disagreeing; opposer, objector, opponent; dissenter, dissident
مُعارَضَة opposition
مَعَّاز : راعِي المَعْز goatherd
مَعاش : راتِب salary, wages, pay
مَعاش : رِزْق livelihood; living
مَعاشُ التَّقاعُد pension, superannuation
مُعاصِر contemporary, contemporaneous, coeval, coetaneous
مُعافًى healthy, well, sound
مُعاق : ذُو عاهَة handicapped; disabled, crippled, incapacitated
مُعاكِس : مُضادّ adverse, counter, contrary, converse, opposite; counter-, contra-, anti-
مُعاكِس : غَيْرُ مُؤاتٍ adverse, unfavorable, contrary, inopportune
مَعالٍ ، مَعالِي فُلان His Excellency
مُعالَجَة treatment, treating
مَعالِم (مفردها مَعْلَم) ـ راجع مَعْلَم
مُعامِل [رياضيات إلخ] coefficient
مُعامَلَة : تَصَرُّف treatment, treating, dealing with; behavior
مُعامَلَة، مُعامَلات : أَخْذٌ وَعَطاء dealings, intercourse, transactions
مُعامَلَة : اِسْتِدْعاء transaction; application, petition, request
مُعامَلَةٌ بِالمِثْل reciprocity
مُعاناة sufferance, suffering, endurance, undergoing, experiencing
مُعاهَدَة treaty, pact, convention; accord, agreement, compact
مُعاوِن : مُساعِد assistant, aid(e), help(er), supporter
مُعاوِن : ضابِطٌ مُساعِد adjutant
مُعاوَنَة ـ راجع إعانَة
مَعْبَد temple, place of worship
مُعَبَّد (كالطَّريق) : مُمَهَّد paved
مَعْبَر : مَكانُ العُبُور crossing, crossing point, passage(way), path
مَعْبُود : صَنَم idol, image
مَعْبُود : إله diety, god
مُعْتاد ـ راجع عادِيّ
مُعْتادٌ على ـ راجع مُتَعَوِّدٌ على
كَالمُعْتاد as usual
مُعْتَدٌّ بِنَفْسِهِ self-important, proud, self-conceited
مُعْتَدٍ (المُعْتَدِي) aggressor, assaulter, attacker, trespasser, invader
مُعْتَدًى عَلَيْه victim, aggrieved party; assaulted, attacked, assailed; trespassed, invaded, infringed
مُعْتَدِل moderate, temperate; mild, clement, soft, gentle
مُعْتَزّ : فَخُور proud
مُعْتَقَد : عَقِيدَة ـ راجع عَقِيدَة
مُعْتَقَل : مَحْبُوس arrested, under arrest, detained, in custody, held;

prisoner; internee; detainee

مُعْتَقَل: مَكَانُ الاعْتِقال prison, jail, lockup; concentration camp

مُعْتَلّ: مَرِيض sick, ill, ailing, sickly

مُعْتِم dark, dim, dusky, gloomy

مُعْتَمَد (كدِبْلُوماسِيّ) accredited

مُعْتَمد (تجارِيّ) agent

مُعْتَمَدُ قَبْضٍ أو صَرْف paymaster

مَعْتُوه idiotic, imbecilic, demented, insane, mad, crazy; idiot, imbecile, lunatic, madman

مُعْجَب (بِـ) admirer; fan, buff, devotee; fond of, impressed by

مُعْجِزَة: أُعْجُوبَة miracle, marvel, prodigy, wonder

مُعَجَّل accelerated, hastened; urgent, pressing; quick, fast, speedy, hurried, hasty

مُعْجَم: قامُوس dictionary, lexicon

مِعْجَن kneading trough; kneading machine, kneader

مُعَجَّنات pastry, pastries, pies

مَعْجُون: عَجِين، عَجِينة paste; putty

مَعْجُون (تَجْمِيلِيّ) cream, paste

مَعْجُونُ أَسْنان toothpaste

مَعْجُونُ حِلاقَة shaving cream or foam

مَعْجُونَة ـ راجع مَعْجُون

مُعَدّ (لِـ) designed (for), intended (for), ready, prepared

مُعْدٍ (المُعْدِي) infectious, contagious, communicable, catching

مُعَدَّات: أَجْهِزَة equipment(s), outfit, gear, apparatus, material(s), supplies, furnishings, appliances

مِعْداد: أَدَاةٌ لِتَعْلِيمِ الأَطْفالِ العَدَّ abacus

مَعِدَة، مِعْدَة [تشريح] stomach

مُعَدَّل: مُتَوَسِّط، نِسْبَة average; rate

مُعْدِم: مُعْوِز، فَقِير destitute, penniless, poor, needy, indigent

مَعْدِن (ج مَعَادِن) mineral; metal

مَعْدِنِيّ mineral; metallic

عُمْلَةٌ مَعْدِنِيَّة، نَقْدٌ مَعْدِنِيّ specie, coin(s), hard or metallic money

مِياهٌ مَعْدِنِيَّة، ماءٌ مَعْدِنِيّ mineral water

مَعْدُوم: غَيْرُ مَوْجُود nonexistent, absent, lacking, wanting, missing

مَعْدُوم: عَدِيم ـ راجع عَدِيم

مُعَدِّيَة: مَرْكَب ferryboat, ferry

مُعَذَّب tortured, tormented, agonized; suffering, in pain, hurt

مَعْذِرَة excuse, forgiveness, pardon

مَعْذِرَة excuse me! forgive me! pardon me! I beg your pardon!

مُعَرَّب translated into Arabic

مُعَرِّب translator into Arabic

مَعْرِض (ج مَعَارِض) exhibition, exposition, show, fair

في مَعْرِضِ كَذَا on the occasion of; during, while

مُعَرَّض لِـ ـ راجع عُرْضَةٌ لِـ

مَعْرِفَة : عِلْم knowledge, learning, acquaintance, familiarity
مَعْرِفَة : أحَدُ مَعارِفِك acquaintance
مُعَرَّق veined, grained, marbled; variegated, dappled, spotted
مَعْرَكَة battle, fight(ing), combat; campaign
مَعْرُوض : عَرِيضَة petition
مَعْرُوضات : أصْنافٌ مَعْرُوضَة exhibits, exhibited articles
مَعْرُوف : مَعْلُوم known
مَعْرُوف : مَشْهُور well-known, famous, renowned, celebrated
مَعْرُوفٌ بِـ alias; commonly called or known as, so-called
مَعْرُوف : جَمِيل، فَضْل، إحْسان favor, service, courtesy, good turn, kind act, kindness, grace
بِالمَعْرُوف amicably, in a friendly manner, with kindness
مَعْز، مَعَز، مِعْزَى (حيوان) goat(s)
مِعْزاة (حيوان) she-goat
مَعْزِل : مَلاذ retreat
بِمَعْزِلٍ عن apart from, away from; separated from, detached from
مَعْزُوفَة [موسيقى] piece of music; recital; performance
مَعْزُول : بَعِيد، قَصِيّ outlying, remote, distant, far, faraway
مُعْسِر : عاجِزٌ عَنِ الدَّفْع، مُعْوِز insolvent
مُعَسْكَر : مُخَيَّم camp, encampment
مُعَسْكَر (سِياسِيّ إلخ) camp, bloc
مُعَسْكَرُ الاعْتِقال concentration camp
مَعْسَلَة : قَفِير، خَلِيَّةُ نَحْل beehive, hive
مَعْسُور : مُعْسِر insolvent
مَعْسُول honeyed, mellifluous; candied, sugary (in expression)
مُعْشِب، مُعْشَوْشِب grassy
مَعْشَر company, community, group; kin(sfolk), folks, people
مَعْشُوق، مَعْشُوقَة ـ راجع عَشِيق، عَشِيقَة
مَعْصَرَة : مُؤَسَّسَةٌ لِلْعَصْر mill, press
مِعْصَرَة : عَصَّارَة ـ راجع عَصَّارَة
مِعْصَم : رُسْغ wrist, carpus
مَعْصُوم (عَنِ الخَطَأ) infallible, inerrant, unerring; impeccable; sinless
مَعْصِيَة : إثْم sin; offense; guilt
مَعْصِيَة : عِصْيان ـ راجع عِصْيان
مُعْضِلَة problem, dilemma, enigma, mystery, puzzle, riddle
مِعْطاء generous liberal
مُعَطَّر : عَطِر perfumed, scented
مُعْطِر : عَطِر ـ راجع عَطِر
مِعْطَف coat, overcoat
مُعَطَّل out of order, broken, dead, inoperative, not working
مُعْطَيات data, information, facts
مُعَظَّم : مُبَجَّل glorified, exalted, honored; venerable, honorable; great, magnificent, majestic
مُعْظَم : جُلّ most (of), the majority

(of), bulk, major part
مُعْفى مِنْ exempt from, free from
مُعَفِّن ـ راجع عَفِن
مُعَقَّد complicated, complex, intricate, knotty, knotted, snarled
مَعْقِل : حِصْن stronghold, bastion, fortress, fort, castle, citadel
مُعَقَّم : مُطَهَّر sterilized, disinfected, steril, aseptic; pasteurized
مُعَقِّم : مُطَهِّر sterilizer, disinfectant, antiseptic; pasteurizer
مَعْقُوف crooked, bent, curved
مَعْقُول reasonable, sensible, rational, plausible, logical; possible, probable, likely, feasible
مُعَكِّر ـ راجع عكر
مَعْكَرُونَة macaroni; spaghetti; pasta
مَعْكُوس : مَقْلُوب reversed, inverted; reverse, inverse, converse
مَعْكُوس (ضَوْء، صُورَة إلخ) reflected
مِعْلاق (الذَّبِيحَةِ) pluck
مُعَلَّبات canned or tinned food(s)
مَعْلَف، مِعْلَف : مِذْوَد manger, (feeding) trough, crib
مُعَلَّق : مُدَلَّى suspended, pendent, hanging, hung, dangling
مُعَلَّق : غَيْرُ مَفْصُولٍ فِيه pending, undecided, unsettled, outstanding
مُعَلَّقٌ على (شَرْطٍ) : مَشْرُوط dependent on, depending on, conditional on
مُعَلِّق commentator; reviewer; annotator, glossarist

مَعْلَم : صُوَّة road sign, signpost, milestone; landmark, mark
مَعالِم landmarks; features, characteristics; outlines, contours
مُعَلِّم : مُدَرِّس teacher, instructor, schoolmaster; tutor; lecturer
مُعَلِّم (صَنْعَةٍ، مِهْنَةٍ إلخ) master
مُعْلِن : مَنْ يُعْلِن advertiser, sponsor; announcer, declarer, proclaimer
مَعْلُول : مَرِيض ـ راجع مُعْتَلّ
مَعْلُول : مُسَبَّب، نَتِيجَة effect
العِلَّةُ والمَعْلُول cause and effect
مَعْلُوم : مَعْرُوف، مُحَدَّد known; fixed, determined; given
مَعْلُومات information, data, facts
مَعْلُوماتِيَّة informatics, information science; data processing
مَعْلُومَة : واحِدَةُ المَعْلُومات (piece of) information, datum, fact
مِعْمار، مُهَنْدِسٌ مِعْمار architect
مَعْمَدانِيّ [نصرانية] Baptist
مُعَمَّر، مُعَمِّر long-lived, longevous
مَعْمَعَة tumult, turmoil, uproar, confusion, jumble, mess
مُعَمَّق in-depth, profound, deep, thorough, comprehensive
مَعْمَل : مَصْنَع، مَشْغَل factory, plant, mill, works; workshop, atelier
المَعْمُورَة : العالَم the world
مَعْنًى meaning, sense, signification, significance, import, purport

مَعْنوِي moral; incorporeal; immaterial; abstract
مَعْنوِيّات: رُوحٌ مَعْنوِيَّة morale, spirit(s)
مَعْنِيّ: مَقْصُود meant, intended
مَعْنِيّ: صاحِبُ الشَّأن (person) concerned, involved, interested
مَعْهَد institute; institution; academy
مَعْهَدٌ موسِيقِيّ conservatory
مَعْهُود known; familiar, customary, usual, habitual
مُعْوَجّ: أعْوَج crooked, bent, curved, twisted, inclined
مُعْوِز: فَقِير needy, poor, destitute; pauper, poor man
مُعَوِّق، مُعَوَّق ـ راجع مُعاق
مِعْوَل pick, pickax, mattock; hoe
مَعُونَة ـ راجع إعانَة
مَعِي ـ راجع مِعًى
مِعْيار criterion, standard, yardstick, gauge, test; norm
مُعِيب: مُخْزٍ disgraceful, dishonorable, shameful, infamous
مَعِيَّة، بِمَعِيَّة in the company of, with
مُعِيد، طالِبٌ مُعِيد (لِصَفِّه) repeater
مَعِيشَة: حَياة life, living, existence; lifeway, life-style
مَعِيشَة: رِزْق livelihood; living
مَعِيشِيّ: حَياتِيّ living, subsistence
مُعِيل: مَنْ يُعِيل breadwinner, supporter, sustainer, family provider

مَعِين: يَنْبُوع spring, source, headspring, fountainhead, wellspring
مُعَيَّن: مُحَدَّد specific, particular, definite, determined, fixed, set, specified, appointed
مُعَيَّن: بَعْض certain; some
مُعَيَّن (في مَنْصِبٍ أو مَرْكَز) appointed, assigned, nominated, designated; appointee, nominee
مُعَيَّن: شَكْلٌ هَنْدَسِيّ rhombus; lozenge, diamond
مُعِين: مُساعِد help(er), aid(e), assistant; supporter, backer
مُغادَرَة: رَحِيل departure, leaving
مَغارَة، مَغار cave, cavern, grotto
مُغازَلَة ـ راجع غَزَل
مُغالاة ـ راجع غُلُوّ
مُغامِر adventurer; adventurous
مُغامَرَة adventure, venture, risk
مُغايِرٌ لِـ contrary to, inconsistent with
مَغَبَّة: عاقِبَة consequence, result, end, outcome, upshot
مُغْبَرّ، مُغَبَّر dusty, pulverulent
مُغْتَرِب: نازِح، مُهاجِر emigrant, immigrant; emigré; expatriate
مُغْتَصِب: مُنْتَزِع، مُبْتَزّ extorter, extortioner, exactor, usurper
مُغْتَصِب (امْرَأةٍ) raper, rapist
مَغْثِيّ nauseated, sick, queasy
مُغَذٍّ (المُغَذِّي) nourishing, nutritious, nutrient, nutritive

مُغْرٍ (المُغْرِي) seductive, seducing, tempting, enticing, alluring, luring; seducer, tempter

مَغْرِب : غُرُوب sunset, sundown

مَغْرِب، المَغْرِب ـ راجع غَرْب

(بِلادُ) المَغْرِب Maghreb

(دَوْلَةُ) المَغْرِب Morocco

مَغْرِبيّ Maghrebi; Moroccan

مُغْرِض : مُتَحَيِّز biased, prejudiced, unfair, partial, one-sided

مِغْرَفة : أداةٌ يُغْرَفُ بها ladle, scoop

مَغْرَم loss, damage; liability

مُغْرَمٌ بِـ in love with, enamored of, infatuated with, fond of

مَغْرُور conceited, vain(glorious), proud, haughty, arrogant

مَغْزًى : فَحْوى sense, meaning, import; effect, substance

مَغْزى (القِصَّة) moral (of a story)

مِغْزَل spindle; spinning wheel

مَغْسَل، مَغْسِل : حَمَّام lavatory, washroom, bathroom, toilet

مَغْسَلَة : مَكانُ غَسْلِ الأَيْدِي washbasin, washbowl, lavatory, sink

مِغْسَلَة : غَسَّالَة ـ راجع غَسَّالَة

مُغَشًّى hazy, misty, cloudy, foggy, dim(med), obscure(d), blurred

مَغْشُوش adulterated, debased

مَغْص [طب] colic; gripes

مَغَطَ، مَغَّطَ : مَدَّ، مَطَّ to stretch, extend, expand, draw out

مُغَطًّى covered, wrapped, veiled

مِغْطَس : حَوْض bathtub, tub, bath

مُغَفَّل : غَبِيّ stupid, foolish, silly, dumb; simpleton, fool

مُغْفَل : مَجْهُول anonymous

المَغْفُورُ لَهُ (فُلان) the late

مَغْلاة ـ راجع غَلَّايَة

مُغَلَّف : ظَرْف envelope

مُغَلَّف : مُغَطًّى enveloped, covered, wrapped, enfolded

مُغَلَّف : مُجَلَّد bound

مُغْلَق : مُقْفَل، مَسْدُود closed, shut; locked, bolted; sealed

مُغِمّ : مُحْزِن grievous, depressing, gloomy, melancholic, dismal

مُغْمًى عَلَيْه، مَغْمِيٌّ عَلَيْه unconscious, swooning, in a swoon

مَغْمُور : غَيْرُ مَشْهُور obscure, unknown, undistinguished

مُغَنٍّ (المُغَنِّي) : مُطْرِب singer, chanter, vocalist, melodist, songster

مُغَنَّاة : أوبرا opera

مِغْناج coquettish; coquet(te)

مَغْنَطِيس magnet

مَغْنَطِيسِيّ magnetic

تَنْوِيمٌ مَغْنَطِيسِيّ hypnotism, hypnosis

مَغْنَم ـ راجع غَنِيمَة

مُغَنِّيَة songstress, woman singer, (female) vocalist, chanteuse

مَغْنِيسيوم magnesium
مُغْوٍ (المُغْوِي) seducer, tempter; seductive, seducing, tempting
مِغْوار militant; bold, courageous
مَغاوِير، فِرْقةُ المَغاوِير commando(s), shock troops, storm troops
مَغِيب: غُروب setting (of the sun, etc.); sunset, sundown
مُغَيِّم: غائِم cloudy, clouded, overcast
مُفاجِىء sudden, unexpected, surprising, abrupt, unforseen
مُفَاجَأة (ج مُفَاجَآت) surprise
مُفاد: مَعْنى meaning; purport
مُفَادُهُ أَنَّ . . to the effect that..
مُفارَقَة: رَحِيل departure, leaving
مُفارَقَة: تَنَاقُضٌ ظاهِر paradox
مَفَازَة: صَحْراء desert, wilderness
مُفَاعِل reactant; reactor
مُفَاوِض: مَنْ يُفَاوِض negotiator
مُفَاوَضَة: تَفَاوُض negotiation, parley
مُفْتٍ (المُفْتِي) mufti
مِفْتاح: أَدَاةُ فَتحِ الأَقفال key
مِفتاح: إِصْبَعُ البِيانُو إلخ key, digital
مِفتاح (لِحَلِّ لُغْزٍ): دَلِيل clue, key
مُفْتَخِر ـ راجع فاخِر
مُفْتَرِس ravenous, rapacious, predatory, voracious, ferocious
حَيَوانٌ مُفْتَرِس beast of prey, predatory animal, predator

مُفْتَرَض: مَفْرُوض supposed, assumed, presumed, taken for granted
مُفْتَرَقُ طُرُق crossroads, crossways, intersection, crossing, junction
مُفَتِّش inspector; investigator
مُفْتَعَل: مُخْتَلَق fabricated; artificial
مُفْتَعَل: مُتَعَمَّد done on purpose, intentional, deliberate
مَفْتوح open, opened
مُفْجِع ـ راجع فاجِع
مُفَخَّخ booby-trapped
مَفْخَرَة pride, object of pride; feat, exploit, glorious deed
مَفَرّ: مَهْرَب escape, flight, getaway, way out; alternative
لا مَفَرَّ مِنْهُ inevitable, unavoidable, inescapable, obligatory
مُفْرِح، مُفَرِّح gladdening, cheerful, cheering, delightful, pleasant, joyful, happy, glad, bright
مُفْرَد: واحِد single, solitary, one
مُفْرَد [لغة] singular
مُفْرَد: فَرْدِيّ odd, uneven
بِمُفْرَدِهِ alone, by oneself
مُفْرَدات words, terms, expressions; vocabulary; terminology
مُفْرَدَة word, term; item; entry
مَفْرَزَة، مُفْرَزَة: فَصِيلَة group, party, detachment, squad, platoon
مِفْرَش (الطّاوِلَة) tablecloth

مِفْرَش (السَّرِير) bedspread, bedcover, coverlet, sheet
مُفْرِط excess(ive), extreme
مُفْرَغ، حَلْقَةٌ مُفْرَغَة vicious circle
مَفْرَق، مَفْرِق (الشَّعْر) parting, part (of the hair)
مَفْرَقُ (مَفْرِقُ) طُرُق ـ راجع مُفْتَرَق
مُفَرَّق separate(d), parted, divided, disunited; scattered
بِالمُفَرَّق by retail
مُفَرْقِعَة firecracker, firework; squib
مَفْرُوشات furniture, furnishings
مَفْرُوض: إلزامِيّ imposed, ordained, dictated, required, obligatory
مَفْرُوض (فِيهِ كَذا) supposed (to)
مَفْرُوض: مُفْتَرَض ـ راجع مُفْتَرَض
مَفْرُوغٌ مِنْهُ unquestionable, indisputable, indubitable, definite
مَفْرُوم minced, chopped, hashed
مُفْزِع: مُخِيف frightening, frightful, fearful, alarming, horrible
مَفْصِل (ج مَفَاصِل) joint, articulation
مُفَصَّل: تَفْصِيلِيّ، مُسْهَب detailed, minute, elaborate, exhaustive
مُفَصَّل (كالثَّوْب) cut out; tailored, tailor-made, custom-made
مُفَصَّلَة، مِفْصَلَة [ميكانيكا] hinge
مُفَضَّض silvered, silver-plated
مُفَضَّل favorite, best liked, preferable, preferred, favored
مُفْطِر: غَيْرُ صائِم not fasting

مَفْطُور created, made, originated
مَفْطُورٌ على naturally disposed for
مَفْعُول: أَثَر، تَأْثِير effect, influence, impact; action
مَفْعُول: نَفاذ effect(iveness), validity
مَفْعُولٌ بِهِ [لغة] object
مَفْقُود lost, missing, absent, nonexistent, lacking, wanting
مِفَكّ (البَرَاغِي) screwdriver
مُفَكِّر thinker; intellectual
مُفَكِّرَة notebook; aide-mémoire; calendar; diary, journal
مُفْلِح successful; prosperous
مُفْلِس bankrupt, insolvent, broke
مُفَلْطَح flat, flattened, oblate, broad
مَفْهُوم: فُهِمَ understood
مَفْهُوم (ج مَفَاهِيم): تَصَوُّر notion, concept, conception; meaning
مُفَوَّض: مُخَوَّل authorized, empowered, accredited, delegated
(شَخْصٌ) مُفَوَّض proxy, deputy, authorized agent, mandatory
مُفَوَّضُ شُرْطَة police commissioner
مُفِيد: نافِع useful, helpful, beneficial, advantageous, profitable; salutary, wholesome
مُقابِل (لِـ): مُواجِه facing, opposite (to)
مُقابِل: بَدَل consideration, equivalent; substitute; price
مُقابِلَ: تُجاهَ in front of, opposite

(to), facing, face to face with
مُقابِلَ، في مُقابِل : لِقاءَ in return for, in exchange for, for
بِلا مُقابِل gratis, free (of charge)
مُقابَلَة : اِجْتِماع interview; meeting
مُقابَلَة : مُقارَنَة comparison, collation
مُقاتِل fighter, combatant, warrior
مُقارَبَة approach
مُقارِن comparative
مُقارَنَة : مُقابَلَة comparison
بِالمُقارَنَةِ مَع in comparison with, compared with or to
مَقاس : قِياس ـ راجع قِياس
مُقاطَعَة : تَرْكُ التَّعامُلِ مَع boycott
مُقاطَعَة (أَثْناءَ الحَدِيث) interruption
مُقاطَعَة : إِقْلِيم province, district, county, territory
مَقال، مَقالَة article; essay
مَقام : مَنْزِلَة، اِعْتِبار standing, rank, position, prestige, dignity
مَقام : مَقَرّ، مَوْقِع site, seat, locality, location, place
مَقام : مَزار shrine, sanctuary
مَقام : سِياق، مُناسَبَة context, connection; occasion
مَقام [موسيقى] key
مَقام (الكَسْر) [رياضيات] denominator
مُقام : مَقَرّ abode, dwelling, residence, domicile
مُقام : إِقامَة stay, residence
مُقامِر : مَنْ يُقامِر gambler, player
مُقامَرَة : قِمار gambling; gamble
مَقانِق : نَقانِق sausage(s)
مُقاوِل contractor, entrepreneur
مُقاوَلَة contract; agreement
مُقاوَلات contracting
مُقاوِم resister, resistant; fighter
مُقاوَمَة resistance, opposition; fight
مُقايَضَة : مُبادَلَة barter, exchange, swap, truck, trade, trade-off
مَقْبَرَة، مَقْبَر cemetery, graveyard
مَقْبِس (كَهْرَبائِيّ) socket
مَقْبِض، مِقْبَض : مَسْكَة handle, haft, hilt, (hand)grip, knob, grasp
مِقْبَضُ الباب doorknob
مُقَبِّل : مُشَهٍّ appetizer, relish; hors d'oeuvre; appetizing, savory
مُقْبِل : آتٍ، قادِم next, following, coming; future; upcoming
مَقْبُول accepted, approved of; admitted; acceptable, agreeable; satisfactory, passable, fair
مَقَتَ : أَبْغَضَ to detest, abhor, abominate, loathe, hate
مِقْثَى (نبات) (Egyptian) cucumber
مُقْتَدِر : مُوسِر solvent; wealthy, rich
مُقْتَدِر : قادِر، قَدِير ـ راجع قادِر، قَدِير
مُقْتَرَح : اِقْتِراح ـ راجع اِقْتِراح
مُقْتَرِض : مُسْتَعِير borrower; debtor
مُقْتَرِع : ناخِب voter, elector

مُقْتَصِد economical, frugal, thrifty, saving, sparing
مُقْتَضَى required, necessary; due
مُقْتَضَيات requirements, needs
بِمُقْتَضَى according to, in conformity with, pursuant to
مُقْتَضَب : مُخْتَصَر short, brief, concise, terse, succinct
مُقْتَطَفات selections, anthology
مَقْتُول ـ راجع قَتِيل
مِقْدار quantity, amount, size, volume; extent, degree, scope
بِمِقْدارِ ما inasmuch as
مِقْدام intrepid, bold, courageous, brave, daring, enterprising
مُقَدَّر : مَحْتُوم (pre)destined, predetermined, fated, fateful
مُقَدَّر : مُفْتَرَض supposed, assumed
مُقَدَّر : مُتَوَقَّع anticipated, expected
مُقَدَّرات : مَصائِر fates, destinies
مَقْدَرَة، مَقْدِرَة ـ راجع قُدْرَة
مُقَدَّس sacred, holy, sacrosanct; divine; hallowed, sanctified
مُقَدَّم : صَدْر، طَلِيعَة front, face, forepart; forefront, lead, head
مُقَدَّم : رُتْبَةٌ عَسْكَرِيَّة major; lieutenant colonel
مُقَدَّماً in advance, beforehand
مُقَدِّم : مَنْ يُقَدِّم offerer, presenter, giver, donor, grantor
مُقَدِّمُ الطَّلَب applicant

مُقَدَّمَة ـ راجع مُقَدِّمَة
مُقَدِّمَة : صَدْر، طَلِيعَة ـ راجع مُقَدَّم
مُقَدِّمَة (الجَيْش) vanguard, van, advance guard
مُقَدِّمَة (الكِتابِ إلخ) introduction, preface, foreword, preamble
في المُقَدِّمَة at the head, ahead, in (the) front; on top (of)
مَقْدُور : مَحْتُوم ـ راجع مُقَدَّر
مَقْدُور : قَدَر fate, destiny, lot
مَقْدُور : قُدْرَة ـ راجع قُدْرَة
مَقَرّ : مَرْكَز، مَوْقِع seat, center; location; site, place
مَقَرّ : مَحَلُّ إقامَة abode, dwelling, residence, domicile, house
مَقَرّ (القِيادَةِ إلخ) headquarters
مُقْرِىء reciter (of the Holy Koran)
مِقْراب : تِلِسْكُوب telescope
مُقَرَّب close, intimate; favorite
مَقْرُبَة ـ راجع قُرْب
مُقَرَّر : ثابِت established, settled, fixed, decided, determined; confirmed, affirmed; proven
مُقَرَّر : مِنْهاج course; curriculum
مُقَرَّر : كِتاب manual, textbook
مُقَرَّرات : قَرارات decisions, resolutions; decrees
مُقَرِّر (اللَّجْنَة) reporter, rapporteur
مُقْرِف disgusting, nauseating
مَقْرُوء : واضِح legible, readable

غيرُ مَقْرُوء illegible, unreadable
مُقَسَّم، مَقْسُوم divided, split, partitioned, sectioned, broken up
مُقَسِّم divider; distributor
مُقَسِّمُ الهاتِف switchboard
مِقَشَّة : مِكْنَسَة broom, besom
مِقْشَرَة peeler, parer, scaler, husker
مِقْشَطَة scraper; rasp; (block) plane
مِقَصّ : أداةٌ لِلقَصّ (pair of) scissors
مُقَصَّب brocaded, embroidered
مَقْصِد، مَقْصَد : وُجْهَة destination
مَقْصِد، مَقْصَد : نِيَّة، غايَة ـ راجع قَصْد
مَقْصَف buffet; cafeteria, snack bar
مِقْصَلَة : آلَةٌ لِلإعْدام guillotine
مَقْصُود : مُراد intended, meant
مَقْصُود : مُتَعَمَّد intentional, deliberate, willful, intended, calculated
مَقْصُورٌ على : مُقْتَصِرٌ على limited to, restricted to; exclusive
مَقْصُورَة compartment; cabin(et)
مَقْصُورَة (قِيادَةِ) الطّائِرَة cockpit
مَقْطَع section, division, part, portion, piece; passage
مَقْطَع (لَفْظِيّ) syllable
مِقْطَع cutter; knife
مَقْطُورَة : عَرَبَةٌ مَقْطُورَة trailer
مَقْطُوع cut (off), severed; chopped off, lopped off; amputated; broken; divided, sectioned

مَبْلَغٌ مَقْطُوع lump sum; fixed sum
مَقْطُوعَة piece (of music), tune
مَقْطُوعِيَّة : اِسْتِهْلاك consumption
مَقْعَد (ج مَقاعِد) seat; chair; bench; settee, sofa, couch
مُقْعَد : عاجِز crippled, lame, disabled, infirm, invalid; basket case
مُقَعَّر concave, dished, hollow
مُقَفًّى rhymed, rhyming, assonant
مُقْفَل closed, shut; locked, bolted
مِقْلًى، مِقْلاة frying pan
مَقْلَب : مَزْحَة، خُدْعَة prank, waggery, practical joke; April fool, April fool's joke or trick
مُقْلَة (العَيْن) eyeball
مُقَلَّد : زائِف imitation, imitated, counterfeit, forged, false, fake
مُقَلِّد imitator; counterfeiter
مَقْلَع (حِجارَة) (stone) quarry
مُقْلِق worrying, disquieting
مُقَلَّم : مُخَطَّط striped, streaked, barred, stripy, streaky, ruled
مِقْلَمَة : مِحْفَظَةُ أَقْلام pen case
مَقْلُوّ : مَقْلِيّ، قَلِيّ fried
مَقْلُوب : مَعْكُوس turned; turned over; turned upside down; reverse(d)
بِالمَقْلُوب upside down; topsy-turvy; inside out, outside in; backward(s), reversely, conversely
مَقْلِيّ : مَقْلُوّ، قَلِيّ fried

مُقْمِر : قَمِر moonlit, moony

مُقَنَّع masked, masqueraded, disguised, in disguise; veiled

مُقْنِع convincing, persuasive, valid

مَقْهًى café, coffeehouse, coffee shop

مُقَوٍّ (المُقَوِّي) strengthening, fortifying, invigorating; tonic

مُقَوًّى strengthened, fortified, consolidated, reinforced; enriched

مِقْوَد : رَسَن halter, leash

مِقْوَد : عَجَلَةُ القِيَادَة steering wheel

مِقْوَدُ الدَّرَّاجَة handlebars

مُقَوَّر hollow; hollowed out

مُقَوَّس bent, curved, crooked, bow, bowed, arched, vaulted

مُقَوِّم : مُكَوِّن، عُنْصُر constituent, component, ingredient, element

مِقْيَاس : مِكْيَال، مِعْيَار measure, measurement; standard, criterion, yardstick; scale; norm

مِقْيَاس : قِيَاس ـ راجع قِيَاس

مَقِيت abominable, loathsome, disgusting; hateful, odious

مُقَيَّد : مُكَبَّل bound, tied, chained

مُقَيَّد : مُلْزَم bound, obligated

مُقَيَّد : مَحْصُور limited, restricted, confined; restrained

مُقَيَّد : مُسَجَّل registered, recorded

مُقَيِّد : مُحَدِّد restrictive, restricting, limitative, limiting

مُقِيم : ساكِن resident, inhabitant

مُقِيم : دائِم permanent, lasting

مَكَّار ـ راجع ماكِر

مُكَارٍ (المُكَارِي) donkey driver

مُكَافِئ : مُسَاوٍ equivalent, equal

مُكَافَأَة reward, requital, remuneration; bonus, premium

مُكَافِح struggler, striver, fighter

مُكَافَحَة ـ راجع كِفَاح

مُكَالَمَة : مُخَاطَبَة talk, conversation, discourse, dialogue

مُكَالَمَة (تِلِفُونِيَّة) (telephone) call, (telephone) conversation

مَكَان : مَحَلّ place, spot, site, locality; location; space, room

مَكَانَ كَذَا، في مَكَانِ كَذَا in place of, instead of, in lieu of

مَكَانَة : مَنْزِلَة standing, rank, position, dignity, prestige, status

مِكَبّ : بَكَرَة spool, reel, bobbin

مِكَبّ : شِلَّة ball, hank (of yarn)

مِكْبَح : فَرْمَلَة brake

مُكَبَّر enlarged, magnified, blown (up)

مُكَبِّر [كهرباء] amplifier

مُكَبِّرُ الصَّوْت loudspeaker, speaker

نَظَّارَةٌ مُكَبِّرَة magnifying glass

مِكْبَس press; compress(or); piston

مُكْتَئِب ـ راجع كَئِيب

مَكْتَب office, bureau; desk

مَكْتَبَة library; bookshop, bookstore

مَكْتَبِيّ office-; desk-; library-
مُكْتَشَف discovered, found out
مُكْتَشَفات discoveries; findings
مُكْتَشِف: فاعِل اكْتَشَفَ discoverer
مُكْتَظّ (over)crowded, packed, jammed, congested; overpopulated
مُكْتَمِل complete, full, whole, entire, total; completed
مُكْتَنِز firm, dense, thick, solid, compact, close, tight
مَكْتُوب: مُدَوَّن written; composed, compiled, drawn up, drafted
مَكْتُوبٌ بِاليَد: مَخْطُوط handwritten
مَكْتُوب (على): مُقَدَّر fated, (pre)destined, predetermined
مَكْتُوب: رِسالَة letter, note
مَكْتُوف tied (up), bound; having the arms folded or crossed
مَكَثَ بـ: أقامَ بـ to stay in, remain in, reside in, dwell in, live in
مُكَثَّف condensed, concentrated, thick(ened); intensified; intensive
مَكَرَ (بـ): خَدَعَ to deceive, delude, cheat, double-cross, dupe
مَكْر cunning, craftiness, slyness, double-dealing, deception
مُكَرَّر: مُعاد repeated, reiterated
مُكَرَّر: مُنَقًّى، مُصَفًّى refined, purified, clarified, filtered
مَكْرَمَة، مَكْرُمَة (ج مَكارِم) noble deed; noble quality or trait

مِكْرُوب ـ راجع مِيكْرُوب
مَكْرُوه: مُصِيبَة misfortune, adversity; mishap, accident
مَكْرُوه: كَرِيه ـ راجع كَرِيه
مَكْس (ج مُكُوس): ضَرِيبَة toll, duty, duties, impost, excise, tax
مَكْسَب (ج مَكاسِب) gain, profit, advantage, benefit
مُكْسِب: مُرْبِح profitable, lucrative
مُكَسَّر، مَكْسُور broken, shattered, smashed, crashed, crushed
مُكَسَّرات (mixed) nuts, crackers
مَكْشُوف bare(d), exposed, uncovered, open, unveiled, naked
حِسابٌ مَكْشُوف overdrawn account
مُكَعَّب cube; cubic
مِتْرٌ مُكَعَّب cubic meter
مُكْفَهِرّ dark; cloudy, overcast
مَكْفُوف: أَعْمَى، ضَرِير blind
مَكْفُول guaranteed, secured
مَكْلأ: مِيناء jetty; (sea)port
مُكَلَّف (بـ) charged (with), entrusted (with); in charge (of)
رَئِيسٌ مُكَلَّف president designate, president-elect
مُكْلِف، مُكَلِّف: غالٍ expensive, costly
مُكَمِّل: مُتَمِّم integral, complementary, supplementary
مَكُنَ: قَوِيَ to be(come) strong, firm, solid, firmly established
مَكَّنَ: ثَبَّتَ to strengthen, consoli-

date, cement, firm up, secure
مَكَّنَ مِنْ : جَعَلَهُ قادِراً على to enable to; to empower
مَكْنَة ، مَكِنَة ـ راجع ماكِينَة
مِكْنَسَة broom, besom; sweeper
مِكْنَسَةٌ كَهْرَبائِيَّة vacuum cleaner
مَكْنَنَ to mechanize
مَكْنَنَة mechanization
مِكْواة (الثِّياب) iron, flatiron
مَكُّوك : وَشِيعَة shuttle
مَكُّوكٌ فَضائِيّ space shuttle
مُكَوَّن formed; created, built; established, set up, constituted
مُكَوَّنٌ مِنْ consisting of, made up of, composed of
مُكَوِّن : مُوْجِد creator, maker; former, shaper; formative
مُكَوِّن : مُقَوِّم ingredient, constituent, component, element
مِكْيال measure; dry measure
مَكِيدَة plot, conspiracy, intrigue; stratagem, artifice, trick
مُكَيَّفُ الهَواء air-conditioned
مُكَيِّفُ هَواء air conditioner
مَلَّ to be(come) weary (of), tired (of), bored (with), fed up (with)
مَلأَ : عَبَّأ to fill, fill up; to fill out (a form), fill in (the blanks)
مَلأَ السّاعَةَ to wind, wind up
مَلأ : جُمْهُور the public, people
مُلّا : فَقِيهٌ مُسْلِم mullah
مِلْءُ بَطْنِه one's fill
مِلْءُ الحُرِّيَّة full freedom
مِلْءُ مِلْعَقَة spoonful
مُلاءَة (نِسائِيَّة) warp; veil
مُلاءَة (السَّرِير) sheet, bed sheet
مُلائِم suitable, fit, agreeable, convenient, favorable, appropriate, proper, adequate, opportune
مَلابِس ـ راجع مَلْبَس
مُلابَسات : ظُرُوف circumstances
مَلّاح : نُوتِيّ sailor, seaman, mariner
مَلّاحٌ جَوِّيّ : طَيّار pilot, aviator
مَلّاحٌ فَضائِيّ : رَجُلُ فَضاء astronaut, spaceman, cosmonaut
مَلّاحو السَّفِينَةِ أو الطّائِرَة crew
مَلّاحَة salina; saltworks
مِلاحَة navigation
مِلاحَةٌ جَوِّيَّة aviation, air navigation
مُلاحَظَة : مَصْدَر لاحَظَ observation, noticing, perception, remarking
مُلاحَظَة : مَلْحُوظَة note, NB, PS; remark, observation, comment
مِلاحِيّ navigational, marine
مَلاذ refuge, retreat, shelter, sanctuary, asylum, resort
مَلارِيا (مرض) malaria
مُلازِم : مُرافِق accompanying; inherent, innate, inseparable

مُلازِم : رُتْبَةٌ عَسْكَرِيَّة lieutenant
مُلازِمٌ أوَّل first lieutenant
مُلاصِق adjacent, contiguous, adjoining, bordering, touching
مِلاط : طِين mortar; lute; cement
مَلاعِقِيّ : طائِرٌ مائِيّ spoonbill
مَلاك : مَلَك angel
مُلّاك (الأراضي) landowner, landlord
مِلاك : سِلْك cadre; personnel, staff
مُلاكِم boxer, pugilist, fighter
مُلاكَمة boxing
مُلاكِيّ : خُصُوصِيّ private
مَلالَة troop carrier; half-track
مَلام، مَلامَة ـ راجع لَوْم
مَلامِح features; countenance
مَلْآن ـ راجع مُمْتَلِىء
مُلَبَّد بِالغُيُوم overcast, (over)clouded, clouded (over), cloudy, dark
مَلْبَس : لِبَاس ـ راجع لِبَاس
مَلابِس clothes, clothing, apparel, attire, garments; wear
مَلابِسُ جاهِزَة ready-made clothes
مَلابِسُ داخِلِيَّة underwear
مُلَبَّس (مفردها مُلَبَّسَة) dragée(s)
مَلْبَن : راحةُ الحُلْقُوم Turkish delight
مَلْبُوس، مَلْبُوسات ـ راجع لِبَاس
مِلَّة (دِينِيَّة) sect; creed, faith
مُلْتَبِس : غامِض ambiguous, equivocal, obscure, vague, unclear
مُلْتَحٍ (المُلْتَحِي) bearded
مُلْتَزّ compact, close, tight, firm
مُلْتَزِم (بِـ) bound by, committed by; complying with, abiding by
مُلْتَزِم : مُقاوِل contractor
مُلْتَقًى meeting place, rendezvous, place of assembly
مُلْتَقَى طُرُق junction, crossroads, crossways, crossing, intersection
مُلْتَقًى : لِقاء ـ راجع لِقاء
مُلْتَهِب : مُشْتَعِل flaming, burning
مُلْتَهِب [طب] inflamed
مُلْتَوٍ (المُلْتَوِي) circuitous, roundabout, indirect; winding, tortuous
مُلَثَّم veiled
مَلْجَأ refuge, retreat, shelter, sanctuary, asylum, resort
مَلَّحَ (الطَّعامَ) to salt
مُلِحّ : إضْطِرارِيّ pressing, urgent
مُلِحّ، مِلْحاح insistent, insisting
مِلْح salt
مُلْحَة : طُرْفَة witticism, wisecrack, gag, j'eu d'esprit; anecdote
مُلْحِد : كافِر atheist, unbeliever
مُلْحَق : إضافَة supplement; appendix, addendum, extension, annex
مُلْحَقٌ إخْبارِيّ flash, news flash
مُلْحَق (في سِفارَة) attaché

مَلْحَمَة : مَكَانُ بَيْعِ اللَّحْم meathouse, butchery
مَلْحَمَة : مَجْزَرَة bloody fight, massacre, carnage, slaughter
مَلْحَمَة (شِعْرِيَّة) epic, heroic
مُلَحِّن (مُوسِيقِيّ) composer, melodist
مَلْحُوظَة ـ راجع مُلاحَظَة
مُلَخَّص : خُلاصَة summary, abstract, digest, résumé, outline
مَلَذَّة : لَذَّة pleasure, delight
مُلْزَم bound, committed
مُلْزِم binding, obligatory
مَلْزُوز ـ راجع مُلْتَزّ
مَلَّسَ to smooth(en), even, roll
مُلْصَق : لَصِيقَة poster; bill; sticker
مَلْعَب playground; court; stadium, athletic field
مِلْعَقَة spoon
مِلْعَقَةُ شاي teaspoon
مِلْعَقَةُ مائِدَة، مِلْعَقَةُ حِسَاء tablespoon
مَلْعُون ـ راجع لَعِين
مَلْغُوم mined; booby-trapped
مَلَفّ، مِلَفّ : إضبارَة file, dossier; folder; portfolio
مُلْفِت (لِلنَّظَر) ـ راجع لافِت (لِلنَّظَر)
مَلْفُوف : كُرُنْب (نبات) cabbage
مَلْفُوف : مُلْتَفّ wound; wrapped up; rolled up, convolute(d); enveloped, covered

مِلْقَط : أداةٌ يُلْقَطُ بِها (pair of) tongs; (pair of) tweezers
مِلْقَطُ الغَسِيل clothespin, clothespeg
مَلَكَ : اِقْتَنَى to possess, own, have
مَلَّكَ (ـهُ الشَّيْءَ) to make the owner of, possess of
مَلَك : مَلاك angel
مَلِك : عاهِل king, monarch
مُلْك : حُكْم، سُلْطَة reign, rule, power, authority, dominion
مُلْك، مِلْك : ما تَمْلِكُهُ property, possession(s); estate; domain
مَلَكَة : مَوْهِبَة faculty, talent, gift, knack, aptitude, bent
مَلِكَة : مُؤَنَّثُ مَلِك queen
مَلِكَة (الشِّطْرَنْج) : وَزِير queen
مَلِكَةُ جَمال beauty queen; Miss..
مَلَكِيّ : مُلُوكِيّ royal, kingly, regal; monarchic(al)
مِلْكِي : لِي، خاصَّتِي mine
مِلْكُهُم : لَهُم، خاصَّتُهُم theirs
مَلَكِيَّة monarchy, kingship, royalty
مِلْكِيَّة ownership, property
مَلَل : سَأَم weariness, boredom, ennui, tiredness, tedium
مُلِمّ بِـ : مُطَّلِعٌ على familiar with
مُلِمَّة : مُصِيبَة misfortune, disaster
مَلْمَس : لَمْس touch, feel; contact
مَلْمُوس : مَحْسُوس tangible, palpable, noticeable; concrete, material

مَلْهَى : مَكَانُ اللَّهْوِ cabaret; nightclub; amusement center
مَلْهاة : مَسْرَحِيَّةٌ هَزْلِيَّة comedy
مُلَوَّث polluted, impure, dirty
مُلُوخِيَّة (نبات) Jew's mallow
مُلُوكِيّ ـ راجع مَلَكِيّ
مَلُول (نبات) valonia oak, egilops
مَلْوَن (الرَّسَّام) palette
مُلَوَّن colored; chromatic; colorful
مُلَوِّن (شيْء أو مادَّة) coloring; colorant
مَلِيء : مُوسِر، مُقْتَدِر solvent, able
مَلِيء (بِـ) : حافِل full of, filled (up) with, replete with, rife with, rich in, loaded with, charged with
مَلِيًّا for a long time; thoroughly, carefully
مِلْيار billion, milliard
مَلِيح : حَسَن beautiful, pretty; nice, pleasant, good, fine
مِلِّيغرام milligram
مِلِّيلِيتر milliliter
مَلِّيم ، مِلِّيم (مِصْرِيّ وسُودانِيّ) millieme
مَلِّيم، مِلِّيم (تُونِسِيّ) millime
مِلِّيمِتر millimeter
مُلَيِّن : مُسْهِل laxative, purgative
مَلْيُون million
مَلْيُونير millionaire
مِمَّ ، مِمَّا of what, of which, whereof
مَمات ـ راجع مَوْت

مُمات : عَتِيق obsolete, archaic
مُماثِل similar, like, comparable, parallel; identical
مُمارَسَة practice; exercise; practicing, pursuit, engagement (in)
مُماطَلَة procrastination, stalling
مُمانَعَة : مُعارَضَة opposition; objection
مُمْتاز excellent, superior, outstanding, first-class, fancy, fine, superb, super, deluxe
مُمْتَحِن : فاحِص examiner, tester
مُمْتَدّ extended; extending
مُمْتِع : لَذِيذ interesting, pleasant, enjoyable, delightful, good
مُمْتَلِىء full, filled (up), replete
مُمْتَلِىء (الجِسْم) plump, fleshy, rotund; corpulent, stout
مُمْتَلَكات property, possessions, belongings; estate
مُمْتَنّ : شاكِر much obliged, very grateful, very thankful
مُمَثِّل representative; deputy
مُمَثِّل (سِينَمائِيّ) actor, player, performer; (movie) star
مُمَثِّلَة : مُؤَنَّثُ مُمَثِّل actress
مِمْحاة : أداةٌ يُمْحَى بِها eraser, rubber
مَمَرّ : طَرِيق passage, way, path, track, aisle, corridor, lane
مُمَرِّض، مُمَرِّضَة nurse
مُمَرِّن trainer, instructor; coach
مُمَزَّق torn, rent; ruptured, dis-

rupted; shredded; tattered
مَمْزُوج mixed, blended, combined
مِمْسَحَة mop; wiper; (floor) rag; (dust) cloth, duster
مِمْسَحَةُ الأَرْجُل doormat, mat
مَمْشًى : مَمَرّ passage; corridor; aisle; path(way), alley
مَمْشُوق slender, slim, svelte
مُمْطِر : ماطِر rainy, wet
مَمْقُوت - راجع مَقِيت
مُمْكِن possible
مِنَ المُمْكِن possibly, perhaps, maybe, probably; may, might
مُمِلّ boring, wearisome, weary, tedious, dull, monotonous
مِمْلَحَة saltcellar; saltshaker
مَمْلَكَة kingdom, regality
مَمْلُوء (بِـ) - راجع مَلِيء (بِـ)
مِمَّن of whom, whereof
مَمْنُوع forbidden, prohibited, interdicted, banned, proscribed, barred, unpermitted
مَمْنُون : مُمْتَنّ - راجع مُمْتَنّ
مُمَوَّج undulate(d), undulatory, waved, wavy, rippled, ripply
مُمَوِّل : مَنْ يُمَوِّل financer
مُمَوَّه camouflaged; disguised
مُمِيت : مُهْلِك deadly, lethal, fatal, mortal, deathly, pernicious
مُمَيَّز : مُفَضَّل، خاصّ distinguished; preferred, privileged, favored, preferential; special; distinct
مُمَيِّز : فارِق، خاصّ distinguishing, distinctive; characteristic, peculiar, particular, special
مُمَيِّزَة - راجع مِيزَة
مَنَّ عَلَيْهِ (بِـ) to bestow upon, confer upon, grant, give; to favor, do someone a favor
مَنّ manna; honeydew
مَنْ who; whom; whoever; he who
مِنْ from; of
مِنْ : مُنْذُ since, for
مِنْ : عَبْر through, by, via
مَنَّى (بِـ) to make (someone) desire or wish for; to make (someone) hope for; to promise
مَنْأًى : مَكانٌ ناءٍ distant place
في مَنْأًى عن away from, apart from; isolated from
مَنَاحَة lamentation, wailing
مُنَاخ، مَنَاخ climate
مُنَاخِيّ، مَنَاخِيّ climatic
مُنَادٍ (المُنَادِي) crier; herald; caller
مُنَادَاة calling, shouting; call
مَنَار : مَوْضِعُ النُّور light stand
مَنَار : مَعْلَم landmark; road sign
مَنَارَة (السُّفُن) lighthouse, beacon
مَنَارَة : مِئْذَنَة minaret
مُنَازَعَة - راجع نِزَاع

مُناسِب suitable, fit(ting), appropriate, proper, convenient, feasible
مُناسَبة : فُرْصة occasion, opportunity
بِمُناسَبة، لِمُناسَبة on the occasion of
بالمُناسَبة by the way, incidentally
مَناص، لا مَناصَ مِنْهُ (it is) unavoidable, inevitable; (it is) necessary
مُناصِر ـ راجع نَصِير
مُناصَفَةً in half, fifty-fifty
مُناضِل struggler, striver, (freedom) fighter; combatant; militant
مُناظَرة : مُناقَشة debate, dispute, disputation, controversy, discussion
مَناعة : حَصانَة immunity; invincibility, invulnerability
مُنافٍ (المُنافِي) لِـ contradictory to, inconsistent with, contrary to
مُنافِس competitor, rival, emulator
مُنافَسة competition, rivalry
مُنافِق hypocrite, dissembler, double-dealer; hypocritical
مَناقِب virtues; deeds, feats, exploits; morals, ethics
مَناقِبِيّ : أَخْلاقِيّ moral, ethical, ethic
مُناقَشة debate, dispute, controversy; discussion, talk
مُناقَصة bid, tender
مُناقِض لِـ contradictory to, contrary to, inconsistent with
مَنام : حُلْم dream
مَنام : نَوْم sleep, slumber

مُناوِىء (لِـ) hostile (to); opposed (to); opposer; opponent
مُناوَبة alternation, rotation; shift
مُناوَرة maneuver; maneuvering
مُناوَشة skirmish, scrimmage, brush
مُناوَلة [نصرانية] Communion
مِنْبَر platform, tribune, rostrum, pulpit, stand; forum
مُنْبَسِط : مُسَطَّح level, flat, plane, even
مَنْبَع source; fountainhead, wellhead, spring(head), well
مُنَبِّه : مُثِير stimulating, excitative; stimulus, stimulant, excitant
مُنَبِّه، ساعة مُنَبِّهة alarm clock
مُنْتَبِه attentive, watchful, alert
مُنْتَج، مُنْتَجات ـ راجع نِتاج
مُنْتِج producer; manufacturer, maker; productive, fruitful
مُنْتَجَع health resort; retreat, refuge
مُنْتَخَب elected; selected, chosen
مُنْتَخَب (رِياضِيّ) team; varsity
رَئِيسٌ مُنْتَخَب president-elect
مُنْتَخِب : ناخِب elector, voter
مُنْتَدَى forum; meeting place, place of assembly; club
مُنْتَزَه park; recreation ground
مُنْتَسِب associate, affiliate, member; associated, affiliated
مُنْتَشِر : شائِع widespread, current, rife, prevailing, popular

مُنْتَشِر : مُتَفَرِّق spread, scattered
مُنْتَصِب erect, upright, straight (up)
مُنْتَصِر : ظافِر، غالِب victorious, triumphant; victor, conqueror
مُنْتَصَف middle; mid-
مُنْتَصَفُ السَّنَة midyear
مُنْتَصَفُ اللَّيْل midnight
مُنْتَصَفُ النَّهار midday, noon
مُنْتَظَر : مُتَوَقَّع expected, likely
مُنْتَظِم regular, uniform, even, steady, constant; systematic
مُنْتَفِع : مُسْتَفِيد beneficiary
مُنْتَقِم avenger, revenger
مُنْتِن ـ راجع نَتِن
مُنْتَهى : أَقْصَى utmost, extreme, limit, highest degree; maximum
مُنْتَهى : نِهايَة ـ راجع نِهايَة
في مُنْتَهى كَذَا extremely, very
مَنْتُوج، مَنْتُوجات ـ راجع نِتاج
مَنْثُور : نَثْرِيّ، غَيْرُ مَنْظُوم prose, prosaic
مَنْثُور (نبات) wallflower, gillyflower
مَنْجا (نبات) mango
مَنْجًى : مَلاذ refuge, shelter, asylum
في مَنْجًى مِن safe from, secure from, far from
مُنْجَز (ج مُنْجَزات) achievement
مِنْجَل : مِحْصَد scythe, sickle
مَنْجَم (ج مَناجِم) mine, pit

مُنَجِّم : مُشْتَغِلٌ بِعِلْمِ التَّنْجِيم astrologer
مُنَجِّم : عَرَّاف diviner, fortune-teller
مَنْجُو (نبات) mango
مَنَحَ to grant (to), give (to), donate (to), award (to), confer upon, bestow upon; to endow with
مَنْحًى course, direction, trend; orientation; method, way
مِنْحَة grant; donation; gift, present
مِنْحَةٌ دِراسِيَّة scholarship, fellowship
مُنْحَدَر (ج مُنْحَدَرات) slope, descent, declivity, decline, fall, downhill
مُنْحَرِف : مائِل oblique, inclined, slant, slanting, askew, tilted
مُنْحَرِف : فاسِد، ضالّ perverted, perverse, corrupt(ed), depraved
مُنْحَرِف [هندسة] trapezium
شِبْهُ مُنْحَرِف [هندسة] trapezoid
مُنْحَطّ low(ly), mean, base, ignoble; degraded, debased
مَنْحَل، مَنْحَلَة apiary
مُنْحَنٍ (المُنْحَنِي) bent, curved, bowed, inclined, crooked
مُنْحَنًى curve; bend, twist, turn
مَنْحُوتَة sculpture; statue
مَنْحُوس unlucky, unfortunate; inauspicious, ominous, ill-omened
مَنْخِر، مِنْخَر nostril, naris
مُنْخَفَض : غَوْر depression, sinkage
مُنْخَفِض : غَيْرُ مُرْتَفِع low; soft, faint

مُنْخُل : غِرْبال sieve, bolter, screen
مَنْدَرِين (نبات) mandarin(s)
مُنْدَهِش ـ راجع مَذْهُوش
مَنْدُوب : مُوفَد delegate, envoy; representative; deputy; agent
مَنْدُوب (صُحُفِيّ) correspondent, reporter, newsman
مِنْدِيل : مَحْرَمَة handkerchief
مِنْدِيل (لِلرَّأْس) kerchief, scarf
مِنْدِيل ورَقِي tissue, napkin
مُنْذُ since, for; in; ago
مُنْذُ أيّام a few days ago
مُنْذُ البَدْء from the (very) beginning, from the outset
مُنْزَعِج disturbed, annoyed, troubled, upset, uncomfortable
مَنْزِل : بَيْت house, home, residence, domicile, apartment, place
مَنْزِلَة : رُتْبَة rank, degree, grade, class; position, place, status; standing
مَنْزِلَة [رياضيات] digit; place
مَنْزِلِيّ domestic, house, home
مُنَسَّق : مُنَظَّم coordinated; in good order, well-arranged, systematic; arranged, organized
مُنَسِّق : مَنْ يُنَسِّق coordinator
مَنْسُوب : مُسْتَوَى level
مَنْسُوجات textiles, soft or dry goods
مَنْشَأ origin; source; place of origin; birthplace, home

مُنْشَأَة : مُؤَسَّسَة establishment, foundation, institution, institute
مُنْشَآت installations; constructions
مِنْشار : أداةٌ لِنَشْرِ الخَشَبِ إلخ saw
مِنْشار، أبو مِنْشار (سمك) sawfish
مُنْشِد : مُغَنٍّ singer, chanter, vocalist
مُنْشِدَة : مُغَنِّيَة songstress, woman singer, (female) vocalist
مُنْشَرِح (الصَّدْر) cheerful, happy
مُنَشِّط activator, stimulant, stimulator, brace(r), tonic
مِنْشَفَة : مِنْدِيلٌ يُنَشَّفُ به towel
مُنْشَقّ : خارج (على) secessionist, separatist; dissident, maverick
مَنْشُود sought (after), desired
مَنْشُور : نَشْرَة leaflet, pamphlet; circular; flier; publication
مَنْشُور [رياضيات] prism
مَنْصِب : مَرْكَز office, post, position, job; standing, rank
مِنَصَّة platform, dais, tribune, rostrum, stage, stand
مُنْصَرِم : ماضٍ past, bygone
مُنْصِف : عادِل just, fair, equitable
مِنْضَح : دُوش shower, douche
مِنْضَحَة watering pot; sprinkler
مِنْضَدَة : طاوِلَة table; desk; bureau
مِنْطاد balloon, aerostat
مَنْطِق : كَلام speech
مَنْطِق : نُطْق ـ راجع نُطْق

مَنطِق، عِلْمُ المَنطِق logic
مِنْطَقَة : إقْلِيم area, region, territory; district; zone
مَنْطِقِيّ : عَقْلانِيّ logical; rational
مِنْظار telescope; spyglass; binoculars
مَنْظَر : مَشْهَد view, sight, spectacle, scenery, panorama; scene
مُنَظِّف detergent, cleaner
مُنَظَّم (well-)organized, (well-) arranged, orderly, systematic
مُنَظِّم organizer, arranger; regulator, control(s); adjuster
مُنَظَّمَة (ج مُنَظَّمات) organization
مَنْظُور : مَرْئِيّ seen, viewed; visible
مَنْظُور (المَوْضُوع) perspective
مَنْظُوم : مَوْزُون metrical, rhythmical, measured, poetical
مَنْظُومَة : قَصِيدَة poem
مَنْظُومَة : مَجْمُوعَة system, set, suit; community; group
مَنَعَ : حالَ دُونَ to prevent, hinder, stop; to keep (from), restrain (from), inhibit (from)
مَنَعَ : حَرَّمَ، حَظَرَ to forbid, prohibit, interdict, ban, proscribe
مَنْع prevention, preventing, hindering; prohibition, interdiction, forbidding, ban(ning)
مَنْعُ التَجَوُّل curfew
مَنْعُ الحَمْل contraception
وَسِيلَةٌ لِمَنْعِ الحَمْل contraceptive
مُنْعَزِل isolated, solitary, secluded
مُنْعِش refreshing; fresh, cool; refreshment; refresher; reviver, resuscitator; tonic
مُنْعَطَف turn, turning, curve, twist; turning point
مُنْعَكِس reflected; reflex; reversed
مَنْغَنِيز manganese
مَنْفًى : مَكانُ النَّفْي place of exile
مِنْفاخ، مِنْفَخ bellows; air pump, tire pump
مُنْفَتِح open, opened; open-minded, broad-minded, liberal
مُنْفَجِر explosive, volcanic
مَنْفَذ : مَخْرَج outlet, vent; escape, way out, exit; passage, way; opening
مُنَفِّذ : مَنْ يُنَفِّذ executor, executant
مُنَفِّر، مُنْفِر repulsive, repugnant, disgusting, offensive
مُنْفَرِج wide-open; obtuse
مُنْفَرِد solitary, alone, single; solo
مُنْفَصِل separate(d), detached, disconnected
مِنْفَضَة : صَحْنُ سَجايِر ashtray
مِنْفَضَةُ رِيش أو غُبار (feather) duster
مَنْفَعَة : فائِدَة use, utility, advantage, avail, benefit, profit
مُنْفَعِل excited, agitated, upset; nervous, edgy
مَنْفُوخ blown (up), puffed (up), inflated, swollen, swelling, baggy

مِنْقاد، مِنْقار beak, bill, nib
مُنْقَبِض (الصَّدْرِ) depressed, gloomy
مُنْقِذ rescuer, saver, deliverer
مُنْقَرِض : بائِد extinct
مُنْقَضٍ (المُنْقَضِي) past, bygone
مُنَقَّط spotted, dotted, speckled
مَنْقَل : كانُون (النَّارِ) brazier
مِنْقَلَة : أداةٌ لِقِياس الزَّوَايا protractor
مَنْقُوص ـ راجع ناقِص
مَنْقُول : مَحْمُول transported, carried; transferred, delivered
مَنْقول، مَنْقُولات movables
مَنْكِب : كَتِف، عاتِق shoulder
مُنَكِّه : ما يُضْفِي نَكْهَةً flavoring; flavor
مُنَمْنَم، مُنَمْنَمَة miniature
مَنَّنَ to remind of a favor
مِنْهاج ـ راجع مَنْهَج
مَنْهَج : طَرِيقَة method, procedure, way; manner
مَنْهَج : بَرْنامَج program
مَنْهَجُ التَّعْلِيم أو الدِّراسَة curriculum
مَنْهَجِيّ methodical; systematic
مُنْهَك exhausted, worn out
مَنْهَل : مَوْرِد watering place; spring, well, fountain
مِنْوال : نَوْل (الحائِكِ) loom
على هَذا المِنْوال in this manner, this way, like this

مَنْوَر : مَنْفَذُ نُور skylight
مُنَوَّع ـ راجع مُتَنَوِّع
مُنَوَّعات miscellany, sundries; variety, selection, collection
حَفْلَةُ مُنَوَّعات variety show
مِنْوَل : نَوْل (الحائِك) loom
مُنَوِّم soporific, somniferous, somnifacient, hypnotic
مُنِيَ بِـ : أُصِيبَ بِـ to be afflicted with, hit by; to suffer, sustain, undergo
مَنِيَّة : مَوْت death; decease, demise
مُنِير ـ راجع نَيِّر
مَنِيع : حَصِين immune; invincible, invulnerable
مُنِيف high, lofty, towering
مَهاة (حيوان) addax, oryx, antelope
مُهاجِر emigrant, emigré, immigrant, expatriate
مُهاجَمَة ـ راجع هُجُوم
مِهاد : مَهْد، فِراش bed
مَهارَة : بَراعَة skill, dexterity, proficiency; cleverness, smartness; workmanship, craftsmanship
مَهانَة ـ راجع هَوان
مَهْبِط place of descent or fall
مَهْبِطُ طائِرات airstrip, runway, tarmac, strip, airfield
مُهْتاج ـ راجع هائِج
مُهْتَمّ : مُكْتَرِث interested; concerned
مُهْجَة : قَلْب heart; soul

مَهْجَر place or country of emigration; overseas
مُهَجَّر : مُشَرَّد displaced, dislodged, expelled, homeless
مَهْجَع bedroom; dormitory
مَهْجُور deserted, abandoned, forsaken; obsolete, archaic, old-fashioned, outdated
مَهَّدَ : سَوَّى to level (off), even, plane, flatten; to smooth(en)
مَهَّدَ : عَبَّدَ to pave
مَهَّدَ السَّبِيلَ to pave the way
مَهْد (ج مُهُود) bed; cradle
مُهَدِّىء : مُسَكِّن tranquilizer, sedative
مُهَذَّب : مُؤَدَّب well-mannered, well-bred, polite, mannerly, civil, courteous, urbane
مَهَرَ : خَتَمَ to seal, signet, stamp, imprint
مَهْر : صَدَاق dower, dowry
مُهْر : وَلَدُ الفَرَس foal, colt
مَهْرَب : مَفَرّ escape, flight, getaway, way out; alternative
مُهَرِّب smuggler, contrabandist
مُهْرَة : أُنثى المُهْر filly
مُهَرِّج clown, buffoon, jester, harlequin, merry-andrew
مِهْرَجان festival, celebration, gala, carnival, kermis, fair
مَهْزَلَة farce, mockery; comedy
مَهْلاً، على مَهْل slowly, leisurely

على مَهْلِك slowly! take it easy!
مُهْلَة (ج مُهَل) time limit; term, limited time; respite, delay
مُهْلِك destructive, pernicious; mortal, deathly, deadly, fatal
مُهِمّ ـ راجع هامّ
مَهْمَا whatever, whatsoever, no matter what
مُهِمَّة، مَهَمَّة : واجِب function, task, duty, assignment, job
مُهْمِل negligent, neglectful, remiss, slack, careless, heedless
مِهْنَة profession, occupation, vocation, career, work
مُهَنْدِس engineer; architect
مُهَنْدِسُ دِيكُور interior designer, interior decorator
مُهَنْدِسُ طَيَران flight engineer
مُهَنْدِس مَدَنِي civil engineer
مُهَنْدِسٌ مِعْمار(يّ) architect
مِهْنِيّ professional, vocational
مِهْواة ventilator; fan
مَهْوُوس maniac; infatuated, crazy, mad, obsessed
مُهَيَّأ (لِـ) prepared, ready; designed (for), intended (for)
مَهِيب : جَلِيل solemn, grave, dignified, majestic, imposing
مُهَيَّج ـ راجع هائج
مُهَيِّج exciting; agitating, (a)rousing; stimulant, stimulus, excitant

مُوائِم : مُلائِم suitable, fit, agreeable, convenient, appropriate
مُواجِه (لِـ) facing, opposite (to)
مُواجَهَة confrontation, facing, meeting, encounter
مُوارَبَة equivocation, tergiversation, prevarication, quibble
مُوازٍ (المُوازِي) (لِـ) parallel (to); corresponding (to), equivalent (to)
مُوازِن (لِـ) equal (to), equivalent (to)
مُوازَنَة : مِيزانِيَّة budget
مُواشٍ (المَواشِي) livestock, cattle
مُواصَفات specifications, specifics
مُواصَلات transportations; communications
مُواطِن citizen, national; native
مُواطَنَة، مُواطِنِيَّة citizenship, nationality
مُواظِب persevering, persistent, industrious, hardworking
مُوافِق : قابِل agreeing, assenting, consenting, approving
مُوافِق : مُلائِم suitable, fit, appropriate, agreeable, convenient
مُوافِق : مُطابِق corresponding, coinciding, compatible
مُوافَقَة : قَبُول approval, consent, assent, agreement, OK
مُواكَبَة : مُرافَقَة escort(ing), accompanying, accompaniment
مَوْئِل : مَلْجَأ refuge, resort
مُوالٍ (المُوالِي) supporter, advocate, proponent; partisan, follower

مُوبِيليا cabinetwork; furniture
مَوَّتَ ـ راجع أَماتَ
مَوْت : وَفاة death; decease, demise
مُوتُور : مُحَرِّك motor, engine
مُوتُوسيكل motorcycle, motorbike
مُوتِيل motel, motor inn
مَوْثُوق (بِهِ) trustworthy, trusty, reliable, dependable
مَوَّجَ to ripple; to wave; to crimp, crisp, curl, frizz, frizzle
مَوْج waves, billows, surges, swells
مُوجَب : إيجابِيّ positive; affirmative
مُوجَب، مُوجِب : اِلْتِزام، فَرْض obligation, duty
مُوجِب : داعٍ cause, reason, motive; need, necessity
بِمُوجِب according to, in conformity with, pursuant to; by virtue of
مَوْجَة wave, billow, surge, swell
مُوجَز : وَجِيز ـ راجع وَجِيز
مُوجَز : خُلاصَة abstract, summary, digest, résumé, outline, brief, roundup, précis
مُوجِع painful, aching, sore
مُوَجَّه : مُرْسَل sent, forwarded
مُوَجَّه : مُصَوَّب aimed, leveled, pointed, directed
مُوَجَّه (نَحوَ هَدَفٍ أو حَسَبَ خِطَّةٍ) guided, directed, planned, controlled; channeled; oriented

مُوَجَّه (مِنْ بُعْد) remote-controlled
مُوَجَّه (كَسُؤَالٍ أو رِسَالَةٍ) addressed
كَمِّيَّةٌ مُوَجَّهَة [رياضيات] vector
مُوَجِّه : مَنْ يُوَجِّه guide; pilot; instructor; controller
مَوْجُود : وُجِد found
مَوْجُود : حاضِر present; attending
مَوْجُود : كائِن existing; being
مَوْجُود : مُتَوَفِّر available
مَوْجُودات assets; stock
مَوْجُوع feeling pain, suffering (pain), in pain, aching, painful, sore
مُوَحَّد unified, united; integrated, merged; uniform
مُوَحِّد : مُؤْمِنٌ بِوَحْدانِيَّة الله monotheist
مُوَحِّد : دُرْزِيّ، واحِدُ الدُّرُوز Druze
مُوحِش desolate, deserted, lonely; dreary, dismal, gloomy
مُوحِل : وَحِل muddy, miry
مَوَدَّة ـ راجع وُدّ
مُودِع : مَنْ يُودِع depositor
مُودِيل : طِراز model, type, make, style
مُوَرِّث : مَنْ يُوَرِّث testator, legator
مُوَرِّثَة : مُؤَنَّثُ مُوَرِّث testatrix
مُوَرِّثَة : جِينَة [أحياء] gene
مَوْرِد : مَنْهَل watering place; spring, well
مَوْرِد : مَصْدَر resource; source
مَوْرِد : دَخْل income, revenue

مُوَرِّد : مُسْتَوْرِد importer
مَوْرُوث inherited; hereditary; ancestral; transmitted, passed down, traditional
مَوْز، مَوْزَة (نبات) banana(s)
مُوَزِّع : مَنْ يُوَزِّع distributor; dealer
مُوَزِّعُ البَرِيد postman, mailman
مَوْزُون (عَرُوضِيًّا) : مَنْظُوم metrical, rhythmical, measured
مَوْزُون : مُتَّزِن ـ راجع مُتَّزِن
مُوسَى : أَداةٌ لِلْحِلاقَة (straight) razor
مُوسَى ، النَّبِيّ مُوسَى Moses
سَمَكُ مُوسَى sole
مُوَسَّخ ـ راجع وَسِخ
مُوسِر : غَنِيّ rich, wealthy, well-to-do, well-off, affluent
مَوْسِم : أَوان season; time
مَوْسِمِيّ seasonal
مُوَسْوِس scrupulous, meticulous, overconcerned; obsessed
مَوْسُوعَة : دائِرَةُ مَعارِف encyclopedia
مُوسِيقَى music
مُوسِيقار : مُوسِيقِيّ musician
مُوسِيقِيّ : مُتَعَلِّقٌ بالمُوسِيقَى musical
مُوسِيقِيّ : مُوسِيقار musician
مُوسِيقِيّ : عازِف player, musician, instrumentalist, recitalist
مَوْشُور : مَنْشُور [رياضيات] prism

مُوَصِّل، مُوْصِل conductor; connecting, joining, coupling
مُوضَة fashion, style, mode
مَوْضِع place, spot, site, locality; position, location
مَوْضِع (كَذا) object (of)
مَوْضِعِيّ : مَحَلِّيّ local, topical
مَوْضُوع : مَدارُ البَحْثِ subject, topic, theme; object; question, issue
مَوْضُوع : مَقالَة، بَحْث article, essay; treatise, study
مَوْضُوعِيّ objective; substantive
مَوْضُوعِيَّة objectivity
مَوْطِىء (قَدَم) foothold, footing
مَوْطِن : مَنْشَأ، وَطَن home, hometown, birthplace; homeland, native country, (home) country
مَوْطِن : مَكان place, spot, locality
مُوَظَّف (ج مُوَظَّفُون) employee; official, officer, civil servant
مُوَظَّفُون personnel; staff
مَوْعِد appointment, date, rendezvous; time, date
المَوْعِدُ الأَخِير deadline
مَوْعِظَة sermon; preachment
مُوْفَد : مَبْعُوث delegate, envoy
مُوَفَّق successful; apt, appropriate, proper, fit
مَوْفُور : وافِر ـ راجع وافِر
مُوْق (العَيْن) (inner) canthus, inner corner of the eye
مَوْقِت time; date, rendezvous
مُوَقَّت ـ راجع مُؤَقَّت، مَوْقُوت
مَوْقِد hearth, fireplace; stove
مُوَقَّر venerable, honorable; revered, venerated, respected
مَوْقِع place, spot, site, locality; location, position; post
مُوَقِّع signer, signatory
مَوْقِعَة battle, combat, encounter
مَوْقِف : مَحَطَّة stop, station; stand
مَوْقِف (لِوُقُوفِ السَّيّارات) parking lot, park, garage
مَوْقِف (مِنْ قَضِيَّةٍ) position, attitude, stand, stance
مَوْقُوت time, timed; scheduled; set, fixed, appointed
مَوْقُوف : قُطِع stopped, halted
مَوْقُوف : مُعْتَقَل detained, in custody, arrested, under arrest, held; prisoner, inmate; detainee
مَوْكِب procession; train, caravan; escort, convoy; parade
مُوَكِّل client; constituent, principal
مُوكِيت moquette; carpet(ing)
مَوَّل : زَوَّدَ بِالمال to finance
مَوْلَى : سَيِّد master, lord, chief
المَوْلَى، عَزَّ وجَلَّ : الله God, the Lord
مَوْلَى : نَصِير ـ راجع وَلِيّ
مَوْلِد : وِلادَة birth, nativity, nascence
مَوْلِد : مِيلاد birthday

مُوَلِّد ــــــــــــ ٤٢٢ ــــــــــــ ميزانيّة

عِيدُ المَوْلِدِ النَّبَوِيِّ الشَّرِيف the Prophet's Birthday

مُوَلِّد، طَبِيبٌ مُوَلِّد obstetrician

مُوَلِّد (كَهْرَبائِيّ) generator, dynamo

مُوَلِّدَة : دايَة midwife, accoucheuse

مُولَعٌ بِـ fond of, attracted to; in love with, crazy about, mad about

مَوْلُود : وُلِدَ born

مَوْلُود : وَلِيد، وَلَد (newborn) baby, infant, newborn

مُومِس، مُومِسَة prostitute, whore

مُومِياء : جُثَّة مُحَنَّطَة mummy

مَوَّنَ to provision, purvey, supply with provisions; to cater

مُونَة ـ راجع مُؤُونَة

مُونْتاج montage; layout

مَوَّهَ : أَخْفَى to camouflage, disguise

مَوَّهَ (بِـ) : طَلَى to coat, overlay, plate

مَوْهِبَة : مَلَكَة talent, gift, knack

مَوْهُوب : ذُو مَوْهِبَة talented, gifted

مَيّالٌ إلى inclined to, disposed to, tending to, given to

مَيْؤُوسٌ مِنْهُ hopeless, desperate

مَيِّت : فانٍ، عُرْضَةٌ لِلْمَوْت mortal

مَيْت، مَيِّت : فارَقَ الحَياةَ dead, deceased, defunct, lifeless

مِيتافِيزِيقِيّ : ماوَرائِيّ metaphysical

مَيْتَة (ج مَيْتات) dead animal or meat

مِيتَة : حالَةُ المَوْت (manner of) death

مِيْتَم : دارُ الأَيْتام orphanage

مِيثاق covenant, (com)pact, convention, treaty; charter

مِيثاقُ الأُمَمِ المُتَّحِدَة the Charter of the United Nations

مَيْدان : مَجال field, domain, sphere, arena, line

مَيْدان : ساحَة square, public square, plaza; courtyard

مَيْدانُ السِّباق : حَلْبَة racecourse, racetrack, course, turf

مَيْدان ـ راجع مَيْدان

مَيْدانِيّ field

مِيراث ـ راجع إرْث

مَيَّزَ (بَيْنَ) : فَرَّقَ to distinguish (between), make a distinction (between), differentiate (between), discriminate (between)

مَيَّزَ (في المُعامَلَة) to discriminate (in favor of or against)

مَيَّزَ (فُلاناً) : فَضَّلَهُ to perfer (to); to distinguish, honor, favor

مَيَّزَ : كانَ مِيزَةً لِـ to distinguish, characterize, mark

مِيزاب : مِزْراب drain; (roof) gutter

مِيزان : آلَةٌ يُوزَنُ بِها balance, scales

المِيزانُ التِّجارِيّ balance of trade

مِيزانُ الحَرارَة thermometer

مِيزانُ الضَّغْطِ الجَوِّيّ barometer

بُرْجُ المِيزان Libra, Balance

مِيزانِيَّة : مُوازَنَة budget

ميزة characteristic, feature, mark, property; advantage, merit
مَيْسِر : قِمار gambling; gamble
مُيَسَّر simplified; facilitated, easy; feasible, possible
مَيْسَرة : جِهةُ اليَسار left, left side
مَيْسَرة (الجَيْش) left wing
مَيْسُور : سَهْل easy; feasible, possible; available, obtainable
مَيْسُور : مُوسِر ـ راجع مُوسِر
مَيَّع to liquefy, melt, dissolve
ميعاد ـ راجع مَوْعِد
ميقات time; date; deadline
ميكَانِيكَا، عِلْمُ الميكَانيكَا mechanics
ميكَانِيكِيّ : آليّ mechanical
(خبير) ميكَانيكِيّ mechanic
ميكْروب : جُرْثومَة microbe, germ
ميكْروسكوب : مِجْهَر microscope
ميكْروفون : مِذْياع microphone
مَيْل : اتِّجاه، نَزْعَة tendency, trend, drift; inclination, propensity, disposition, liking, interest
مَيْل : انْحِراف inclination, slant, turn, deflection; deviation
ميل : مِقياسٌ لِلطُّول mile
ميلٌ بَحْرِيّ nautical mile, knot
ميل (الجَرّاح) probe; catheter
ميلاد : مَوْلِد ـ راجع مَوْلِد
عيدُ الميلاد Christmas, Xmas
عيدُ ميلادِ شَخص birthday
قَبْلَ الميلاد B.C., before Christ
بَعْدَ الميلاد A.D., after Christ
ميلادِيّ، ميلادِيَّة A.D., after Christ
ميليشيا militia
مَيْمَنَة : جِهَةُ اليَمين right, right side
مَيْمَنَة (الجَيْش) right wing
مَيْمون : ذو اليُمْنِ والبَرَكَة auspicious, prosperous; lucky; blessed
مَيْمون : قِرْد mandrill; baboon
مينا ـ راجع ميناء
ميناء : مَرْفأ port, harbor, anchorage, haven, seaport
ميناءٌ جَوِّيّ airport, airfield
ميناء : مادَّةٌ زُجاجِيَّةٌ يُطْلَى بِها enamel
ميناء (الأَسْنانِ) enamel

ن

ناءَ (بالحِمْلِ) to sink (under), fall down (under), collapse (under)

نَأى (عن) : بَعُدَ to be far (from), distant (from), remote (from)

ناءٍ (النائي) : بَعِيد remote, distant, far, faraway, outlying

نائِب deputy, representative; member of parliament

نائِبُ رَئِيس vice-president

النائِبُ العامّ attorney general; prosecutor, district attorney

نائِبَة : مُصِيبَة misfortune, calamity, disaster, catastrophe

نائِم : راقِد asleep; sleeping; sleeper

نابَ عن، نابَ مَنابَ to represent, act for, substitute for, replace

نابَ (ـهُ أمْرٌ) ـ راجع إنْتابَ

ناب canine tooth, canine, cuspid

نابٍ (النابي) repugnant, repulsive; improper, unbecoming

نابِض : زُنْبُرُك spring; spiral spring

نابِغة : عَبْقَرِيّ genius

ناتِىء protruding, projecting, prominent, jutting out; in relief, embossed, raised

ناتِج (عن) resulting (from), arising (from), stemming (from), caused (by), produced (by)

ناتِج : نِتاج ـ راجع نِتاج

ناثِر : كاتِبُ النَّثْر prose writer, proser, prosaist, prosateur

ناجَى to confide a secret to; to whisper to

ناجِح successful; prosperous; passing, having passed (an examination); a success

ناجِع beneficial, useful; effective

ناجِم (عن) resulting (from), ensuing (from), caused (by)

ناحَ to wail, lament, cry, weep

ناحِيَة : جِهَة، جانِب side; direction

ناحِيَة : نُقْطَة aspect, phase; point; respect, regard

ناحِيَة : مِنْطَقَة district; region, area

ناحِيَةَ : صَوْبَ toward(s), to

مِنْ ناحِيَةٍ أُخْرى on the other hand

ناخِب: مُنتخِب	elector, voter
نادٍ (النّادي)	club; society; association
نادٍ ليلي	nightclub; cabaret
نادى: صاح بـ، دَعا	to call out to, shout to; to call upon, invite
نادى: صاح	to cry, shout, exclaim
نادى بـ	to proclaim, announce; to profess; to advocate
نادِر	rare; scarce, infrequent
نادراً، في النّادر	rarely, seldom
نادِرة: شيءٌ نادر	rarity, rare thing
نادِرة: طُرفة	anecdote, joke
نادِل: خادِم ضِيافة	waiter, garçon
نادِم	repentant, regretful, sorry, remorseful, penitent
نار	fire
النّار: جهنّم	hell, hellfire, fire
نارجيلة: جَوزةُ الهند	coconut
نارجيلة: أَركيلة	narghile, water pipe, hookah, hubble-bubble
ناردين (نبات)	valerian; (spike)nard
نارنج (نبات)	bitter orange
ناريّ	fiery, igneous, fire-
نازح (عن بيته أو وطنه)	emigrant, emigré, immigrant, expatriate
نازَع: خاصَم	to dispute with, quarrel with, fight with
نازِع: إحتضر	to be dying, near one's end, at the point of death
نازَل: قاتَل	to clash with, fight
نازِل: ضِد صاعد	descending, coming down, going down; falling (down), dropping
نازِل: ساكن	resident, dweller
نازِلة: مُصيبة	calamity, disaster
ناس: بَشر	people, human beings, mankind, humankind
ناس (النّاسي)	oblivious, forgetful, forgetting, unmindful
ناسَب: لاءَم	to suit, fit; to be suitable for, convenient for; to be appropriate to; to agree with, match
ناسَب: صاهَر	to be(come) related by marriage to
ناسِج: حائك	weaver
ناسِخ: نَسّاخ - راجع نَسّاخ	
ناسِف: قُنبُلةٌ نَاسِفة	bomb
ناسِك	hermit, recluse; ascetic
ناشِىءٌ مِن أو عَن	arising from, originating from, stemming from
ناشِىء: نامٍ	growing (up), developing
ناشىء: شابّ	youth, young man, youngster; young; junior
ناشِئة: شَبابٌ، شُبّان - راجع نَشْ ء	
ناشَد	to adjure, entreat, implore; to call upon, appeal to
ناشِر (الكُتُب إلخ)	publisher
ناشِط - راجع نَشيط	
ناشِف: جافّ	dry; arid; dried (up)
ناصَب (هـ العَداء)	to be hostile to; to

declare oneself the enemy of
ناصَرَ: أيَّدَ to help, aid, assist, support, back (up), champion
ناصِر ـ راجع نَصِير
ناصِع clear, pure; plain, evident
ناصِعُ البَياض snow-white
ناصِيَة: شَعرُ مُقَدَّمِ الرأس forelock
ناضِج ripe, mature; well-done
ناضِر: نَضِر flourishing, blooming; fresh; tender; bright
ناضَلَ to struggle, strive, fight
ناطِحَةُ سَحَاب skyscraper
ناطِق articulate; speaking, talking
ناطِق (بِلِسَانِ كَذا) spokesman
ناطُور: بَوّاب، حارِس concierge, doorkeeper, janitor; guard
ناظَرَ: ناقَشَ to debate with
ناظَرَ: راقَبَ to superintend, supervise, oversee, watch over
ناظِر: مُشاهِد seer, beholder, looker, viewer, spectator, onlooker
ناظِر: مُرَاقِب supervisor, superintendent, overseer, inspector
ناظِر: مُدِيرُ مَدْرَسَة headmaster, principal, director
ناظِر: عَيْن eye
ناظِرَة: عَيْن eye
ناظِرَةُ مَدْرَسَة headmistress, principal, directress
ناظُور: مِنْظار field glasses, binoculars
ناعِس ـ راجع نَعْسان

ناعِم soft, smooth, tender, gentle; fine; powdery, powdered
ناعُورَة noria, waterwheel
ناغَمَ to harmonize, accord, tune
نافَ: اِرْتَفَعَ to be high, lofty
نافَ على: زادَ to exceed
نافَى: ناقَضَ to contradict, conflict with; to be contradictory to, incompatible with, inconsistent with
نافِد (كَكِتاب) out of print, out of stock
نافِذ (المَفْعُول) valid, effective, operative, in effect, in force
نافِذ: مُخْتَرِق penetrating, piercing, permeative
نافِذ (الكَلِمَة) influential, powerful
نافِذَة: شُبّاك window; opening
نافِر in relief, embossed, raised; protuberant, protruding, projecting
نافَسَ: زاحَمَ to compete with, vie with, rival, emulate
نافِع: مُفِيد useful, helpful, beneficial; wholesome, salutary
نافَقَ to dissemble, dissimulate
نافُورَة (ماءٍ) fountain, jet
ناقَة: أُنْثى الجَمَل she-camel
ناقِد (أدبيّ، فَنّيّ إلخ) critic; reviewer
ناقَشَ to debate (with), argue (with); to discuss (with)
ناقِص: غَيْرُ كامِل deficient, imperfect, incomplete, insufficient

نَاقِص : غَيْرُ مَوْجُود lacking, wanting, missing, absent

نَاقِص [رياضيات] minus

نَاقَضَ : خالَفَ to contradict, conflict with; to be contradictory to, contrary to, inconsistent with, incompatible with

نَاقِل : شاحِن carrier, transporter, forwarder, freighter, shipper

نَاقِل : حامِل carrier, bearer

نَاقِلَة : حامِلَة carrier

نَاقِلَةُ بِتْرُول، نَاقِلَةُ نَفْط tanker, oiler

نَاقِم : ساخِط indignant, resentful

نَاقِم : حاقِد spiteful, malicious

نَاقُوس : جَرَس bell; gong; bell jar

نَاقُوسُ الخَطَر tocsin, alarm bell; warning

نَالَ : حَصَلَ على to obtain, get, acquire, win, gain, earn, receive; to attain, achieve

نَامَ to sleep, be asleep, fall asleep; to go to bed, go to sleep

نَامٍ (النَّامِي) growing; developing

نَامُوس : شَرِيعَة، قانُون law, code

نَامُوس، نَامُوسَة : بَعُوض mosquito(es)

نَامُوسِيَّة : كِلَّة mosquito net

نَاهَزَ : قارَبَ to approach, be near or close to; to attain, reach

نَاهَضَ : قاوَمَ to resist, oppose

نَاهِيكَ مِنْ not to mention, to say nothing of; aside from, apart from

نَاوَأَ to resist, oppose, be hostile to

نَاوَبَ : داوَلَ to alternate, rotate

نَاوَرَ (عَسْكَرِيًّا، سِيَاسِيًّا) to maneuver

نَاوَلَ to hand (over) to, pass to, hand in to, submit to, deliver to

نَؤُوم sleeper; late riser, slugabed

نَاوُوس : تابُوتٌ حَجَرِيّ sacrophagus

نَاي flute, pipe, reed pipe, fife

نَايْلُون nylon

نَبَأَ (بِـ) ـ راجع أَنْبَأَ (بِـ)

نَبَأ : خَبَر news; information

نَبَات plant(s), vegetable(s)

نَبَاتِيّ vegetable, vegetal, plant-

نَبَاتِيّ (في طَعَامِه) vegetarian

نَبَاهَة : فِطْنَة acumen, insight; intelligence, brightness

نَبَتَ (الشَّيْءُ) to grow; to sprout, germinate; to rise, spring

نَبْتَة plant, sprout, shoot

نِبْتُون [فلك] Neptune

نَبَحَ الكَلْبُ (على) to bark (at), bay (at)

نَبَذَ : اِطَّرَحَ to discard, throw away, abandon, renounce, give up

نَبَذَ (مِنْ مُجْتَمَع) to ostracize

نُبْذَة : مُلَخَّص résumé, summary, abstract, brief, précis

نُبْذَةٌ عَنْ حَيَاةِ شَخْص biography, memoir; curriculum vitae

نِبْرَاس : مِصْبَاح lamp; light; cresset

نَبْرَة : شَدَّة accent, stress, emphasis
نَبْرَة (الصَّوْتِ) tone, strain
نِبْرِيج : أُنْبُوب hose; pipe; tube
نَبَسَ (بِـ) : لَفَظَ to utter, say, speak
نَبَش to disinter, exhume, unearth, excavate, dig up
نَبَضَ العِرْقُ أو القَلْبُ to pulsate, palpitate, beat, throb
نَبْض pulse, pulsation, palpitation, beat(ing), throb(bing)
نَبْضَة pulsation, pulse, beat, throb
نَبَعَ الماءُ to well, well up, well out, pour out, stream, flow
نَبَعَ النَّهْرُ to rise, spring, originate
نَبْع : يَنْبُوع - راجع يَنْبُوع
نَبَغَ to be a genius; to excel (in)
نُبْل : نَبَالَة nobility, nobleness; high-mindedness, magnanimity
نَبْلَة : سَهْم arrow; dart
نَبَّهَ على أو إلى to call or draw someone's attention to; to inform of, notify of, advise of; to remind of
نَبَّهَ : حَذَّرَ، أَنْذَرَ to warn, caution, alarm, alert
نَبَّهَ : حَرَّكَ، أَثَارَ to stimulate, excite, arouse, stir up
نَبَّهَ : أَيْقَظَ to wake (up), awaken
نُبُوءَة prophecy, forecast, prediction
نَبُّوت : عَصًا غَلِيظَة club, cudgel, bat, staff, stick, truncheon

نُبُوَّة prophecy, prophethood
نُبُوغ : عَبْقَرِيَّة genius
نَبَوِيّ prophetic; Mohammedan
نَبِيّ : رَسُول prophet
النَّبِيّ (مُحَمَّد) (ﷺ) the Prophet, Mohammed (God's blessing and peace be upon him)
نَبِيذ : خَمْر wine
نَبِيذِيّ (اللَّوْنِ) russet, vinaceous, wine-colored, winy
نَبِيل noble; highborn; high-minded, magnanimous; a noble, nobleman, peer
نَبِيه : فَطِن، ذَكِيّ discerning, sagacious, keen, bright, intelligent
نَتَأَ : بَرَزَ to protrude, project, bulge, jut out, stick out
نِتَاج product, production, produce, yield, harvest, crop, fruit(s), bearing, offspring, result
نَتَانَة stench, stink, fetor, malodor; rot(tenness), decay
نَتَجَ عَنْ أو مِنْ to result from, ensue from, arise from, spring from, originate from, stem from, be the result of, be caused by
نِتْرُوجِين nitrogen
نَتَفَ، نَتَّفَ to pluck out, pull out; to deplume
نَتَنَ، نَتُنَ، نَتِنَ : أَنْتَنَ to stink
نَتِن : مُنْتِن stinking, malodorous, fet-

id, rank, rancid; rotten, putrid, decayed, spoiled

نَتِن ـ راجع نَتَانَة

نُتوء : بُرُوز protrusion, projection, protuberance, bulge

نَتِيجَة : حَصِيلَة result, outcome, consequence, upshot, issue, effect, end, aftermath; score

نَتِيجَة : تَقْوِيم calendar, almanac

نَتِيجَةَ كَذَا، نَتِيجَةً لِكَذَا as a result of, in consequence of, because of, due to, owing to

نَثَرَ : ذَرَّ، رَشَّ to scatter, disperse, disseminate, strew, sprinkle

نَثْر : كَلَامٌ مَنْثُورٌ غَيْرُ مَوْزُون prose

نَثْرِيّ : غَيْرُ مَنْظُوم prose, prosaic

مَصَارِيفُ نَثْرِيَّة petty expenses

نَثْرِيَّات sundries, miscellany, miscellaneous items or articles

نَجَا (مِنْ) to escape (danger, etc.), get away (from), save oneself (from); to be saved (from)

نَجَّى (مِنْ): خَلَّصَ to save (from), rescue (from), deliver (from)

نَجَاة rescue, salvation, deliverance; safety; escape

نَجَاح success; prosperity, succeeding; passing (of an examination)

نَجَّار carpenter, joiner, woodworker, cabinetmaker

نُجَارَة (الخَشَب) wood shavings

نِجَارَة : حِرْفَةُ النَّجَّار carpentry

نَجَاسَة : دَنَس impurity, uncleanness, uncleanliness, dirtiness

نَجَحَ to succeed, be successful; to manage (to), make it; to pass (an examination); to work

نَجَّحَ ـ راجع أَنْجَحَ

نَجَّدَ الفَرْشَ أو الوَسَائِدَ إلخ to upholster

نَجْد : أَرْضٌ مُرْتَفِعَة highland, upland

نَجْدَة : إِسْعَاف relief, succor, aid, help, support; rescue, saving

النَّجْدَةَ! help! SOS!

نَجَرَ (الخَشَبَ) to hew (out), plane

نَجَّسَ : لَوَّثَ to soil, sully, dirty, tarnish, stain, defile, pollute

نَجِس : مُلَوَّث impure, dirty, soiled, tarnished, polluted

نَجْل : اِبْن son, scion, offspring

نَجَمَ عن to result from, ensue from, follow from, arise from

نَجْم star; planet; heavenly body, celestial body

نَجْمٌ ذُو ذَنَب، نَجْمٌ مُذَنَّب comet

نَجْمٌ سِينَمَائِيّ ـ راجع سِينَمَائِيّ

نَجْمَة : كَوْكَب star

نَجْوَى confidential talk

نَجِيب : كَرِيمُ المَحْتِد highborn

نَجِيب : مُتَفَوِّق excellent, superior, outstanding

نَجِيل : عُشْب grass, herbage

نَحَّى : أَزَاحَ to put aside, lay out of the

way; to displace, remove; to dismiss, brush aside

نَحّات sculptor, carver, graver

نُحاس : عُنْصُرٌ فِلِزِّيّ copper

نُحاسٌ أَصْفَر brass

نَحافَة : نُحول thinness, slimness

نُحام : طائِرٌ مائِيّ flamingo

نَحَبَ to wail, lament, cry, weep

نَحْب : نَحِيب ـ راجع نَحِيب

قَضَى نَحْبَهُ to die, pass away

نَحَتَ to hew (out), carve, sculpture, chisel, grave

نَحَرَ : ذَبَحَ to slaughter, butcher, kill

نَحَسَ : أَتَى بِالنَّحْسِ على to jinx, hex

نَحْس bad luck, misfortune

نَحُفَ ، نَحِفَ to be(come) thin, slim, slender; to lose weight

نَحُلَ ، نَحِلَ to waste away, lose weight; to slim, become slender

نَحْل ، نَحْلَة : حَشَرَةٌ تُنْتِجُ العَسَلَ bee(s)

نَحْنُ we

نَحْو : كَيْفِيَّة ، طَرِيقَة manner, mode, fashion; way, method

نَحْو : جِهَة ، جانِب direction; side

نَحْو ، عِلْمُ النَّحْو grammar; syntax

نَحْوَ : صَوْبَ toward(s), to

نَحْوَ ، نَحْواً مِنْ : حَوالَى about, approximately, around, nearly

نَحْوَ : مَثَلاً as, such as, for example, for instance

فِي كُلِّ أَنْحاءِ العالَم all over the world; worldwide

نُحُول : هُزال emaciation; leanness, skinniness, thinness

نَحْوِيّ : خاصٌّ بِالنَّحْو grammatical

نَحْوِيّ : عالِمٌ بِالنَّحْو grammarian

نَحِيب : نُواح wail(ing), lamentation

نَحِيف ، نَحِيل thin, slim, slender, lean, skinny; emaciated

نُخاع : الحَبْلُ الشَّوْكِيّ spinal cord

نُخاع (العَظْم) (bone) marrow

نُخالَة (الحُبُوبِ إلخ) bran

نَخْب (يُشْرَبُ لِصِحَّةِ شَخْص) toast

نُخْبَة choice, pick, cream, top; elite, upper class

نَخَرَ : قَرَضَ to gnaw, bite, eat into, eat (away), wear away

نَخَزَ : وَخَزَ to prick, sting; to pierce

نَخَسَ : هَمَزَ to goad, prod, urge on

نَخَلَ : غَرْبَلَ to sift, bolt, sieve out

نَخْل ، نَخْلَة palm(s), palm tree(s), date palm(s), date(s)

نَخْوَة chivalry, gallantry; zeal, enthusiasm, ardor

نَخِيل ، نَخِيلَة ـ راجع نَخْل ، نَخْلَة

نِدّ : نَظِير peer, equal, match

نَدَّى : بَلَّلَ to moisten, wet, bedew

نَدًى : طَلّ dew

نَدًى : كَرَم generosity, liberality

نِدَاء call; appeal; proclamation; announcement
نَدامَة ـ راجع نَدَم
نَدَبَ (المَيْتَ) to mourn (for), lament, bewail, wail over, weep (for)
نَدَبَ (لِـ أو إلى) ـ راجع إنْتَدَبَ (لِـ)
نَدَبَة ، نَدْبَة scar, cicatrix, mark
نَدَّدَ بِـ : شَجَبَ to criticize, censure, condemn, denounce
نَدَرَ : قَلَّ to be rare, scarce
نُدْرَة rarity, rareness, infrequency; scarcity, shortage
نَدَفَ (القُطْنَ) to tease, card, comb
نُدْفَةُ الثَّلْجِ snowflake
نُدْفَةُ الصُّوفِ أو القُطْن flock
نُدُل : خَدَمُ الضِّيافة waiters, garçons
نَدِمَ (على) to repent (of), rue, regret
نَدَم repentance, regret, remorse, penitence, contrition
نَدْمان ـ راجع نادِم
نَدْوَة : حَلْقَة (دِراسيَّة إلخ) symposium; colloquium; seminar
نَدْوَة : نادٍ ـ راجع نادٍ
نَدِيَ : إبْتَلَّ to be(come) wet, dewy, moist, damp
نَدِيّ : مُبْتَلّ wet, dewy, moist, damp
نَدِيم (drinking) companion, comrade; friend, pal, chum
نَذَرَ to vow, make a vow
نَذَرَ لِلّهِ to vow to God, make a vow to God; to consecrate or dedicate (by a vow) to God
نَذْر : عَهْدٌ يُوجِبُهُ المَرْءُ على نَفْسِه vow
نَذْل : حَقِير low, base, mean; scoundrel, rascal, villain
نَذِير herald, harbinger; portent, presage, fortoken, omen
نَرْبيج ، نِرْبِيش hose; pipe; tube
نَرْجِس ، نِرْجِس (نبات) narcissus
نَرْد ، زَهْرُ النَّرْد : زَهْرُ الطَّاوِلَة dice
لُعْبَةُ النَّرْد backgammon, trictrac
نَزَّ : رَشَحَ ، نَضَحَ to ooze, sweat, exude, seep, leak, percolate
نِزاع : خُصُومَة dispute, controversy, conflict, clash
نِزاع : إحْتِضار death struggle
نَزاهَة impartiality, fairness; uprightness, honesty, integrity
نَزَحَ : هاجَرَ to emigrate, expatriate; to immigrate (to); to migrate
نَزَعَ : قَلَعَ to pull out, extract, tear out; to remove, take off
نَزَعَ ثِيابَهُ to take off one's clothes, undress, strip
نَزَعَ إلى : مالَ to incline to, tend to, be inclined to
نَزْع : إحْتِضار death struggle
نَزْعَة : مَيْل tendency, trend; inclination, propensity, disposition
نَزَفَ دَماً ، نَزَفَ دَمُهُ to bleed
نَزْف : نَزِيف hemorrhage; bleeding

نَزَلَ : هَبَطَ to descend, come down, go down; to fall (down), drop (off)
نَزَلَ : تَرَجَّلَ to disembark, get down, get off, get out (of)
نَزَلَتِ الطَّائِرَةُ to land, touch down
نَزَلَ (في، عِنْدَ) : أَقَامَ to stop at; to stay at, lodge at
نَزَلَ بِهِ الأَمْرُ : أَصَابَ to befall, afflict, hit, strike, happen to
نَزَّلَ : أَنْزَلَ ـ راجع أَنْزَلَ
نُزُل : فُنْدُق hotel, inn, motel
نَزْلَة : ضِدّ صَعْدَة descent
نَزْلَة [طب] catarrh; bronchitis
نَزَّهَ عَنْ to deem far above
نُزْهَة walk, promenade; drive, ride; excursion; picnic
نَزْوَة caprice, whim, fancy
نَزِيف : نَزْف hemorrhage; bleeding
نَزِيل (ج نُزَلاء) guest; lodger, boarder; resident, dweller, occupant
نَزِيه impartial, fair, just; honest, upright, righteous
نَسَّى : جَعَلَهُ يَنْسَى to make forget
نِسَاء : نِسْوَة women, womenkind
نِسَائِيّ female, womanly, women's, lady's, for women
نَسَّاج : حائِك weaver
نَسَّاخ copyist, transcriber, scribe
نَسَبَ إلى : عَزَا to ascribe to, attribute to, impute to, trace (back) to

نَسَب : سُلالَة lineage, descent, ancestry, line; origin
نَسَب : قَرَابَة relationship
نِسْبَة : مُعَدَّل proportion; ratio, rate
نِسْبَة مِئَوِيَّة percentage
بِالنِّسْبَةِ إلى : فِيمَا يَتَعَلَّقُ بِـ with respect to, concerning, regarding, with regard to, as to, as for
بِالنِّسْبَةِ إلى : بِالمُقَارَنَةِ مَع in comparison with, compared with
نِسْبِيّ relative, comparative; proportional
نِسْبِيًّا relatively, comparatively; proportionally
نَسَجَ : حَاكَ to weave; to knit
نَسَجَ على مِنْوالِهِ to imitate, copy
نَسَخَ : أَبْطَلَ to abrogate, invalidate, annul, abolish, cancel
نَسَخَ : نَقَلَ to copy, transcribe
نَسَخَ : صَوَّرَ to copy, duplicate, photocopy, xerox
نُسْخَة copy
نَسْر (طائر) eagle; vulture
نِسْرِين (نبات) jonquil; musk rose
نُسْغ (النَّبَات) sap, juice
نَسَفَ : فَجَّرَ to blow up, blast, explode; to dynamite; to torpedo
نَسَفَ الحَبَّ to winnow, fan
نَسَقَ : نَظَمَ (في خَيْط) to string
نَسَّقَ to coordinate; to arrange, orga-

nize; to classify, assort

نَسَق order; system; method; pattern, type; symmetry

نُسُك، نُسْك : تَزَهُّد asceticism

نَسَلَ، نَسَّلَ (النَّسِيجَ) to ravel (out), unravel, unweave

نَسْل : ذُرِّيَّة progeny, offspring, descendants, posterity, children

نَسَمَة (هَوَاء) breath of air, whiff, puff, waft, slight breeze

نَسَمَة : إِنْسان person, human being

نَسْناس (حيوان) monkey, guenon

نِسْوان، نِسْوَة women, womenkind

نِسْوِيّ ـ راجع نِسائِيّ

نَسِيَ to forget

نِسْيان forgetfulness, forgetting

نَسِيب : قريب relative, kin(sfolk)

نَسِيب : زَوْجُ الابْنَة son-in-law

نَسِيب : زَوْجُ الأُخْت brother-in-law

نَسِيج : قُماش textile, fabric

نَسِيج [أحياء] tissue

نَسِيم : رِيحٌ لَيِّنَة breeze, gentle wind

نَشَأَ : بَرَزَ إلى الوُجُود to arise, originate, emerge, start

نَشَأَ : شَبَّ، تَرَعْرَعَ to grow up

نَشَّأَ : رَبَّى to bring up, raise, rear

نَشَّى (الثَّوْبَ) : عالَجَهُ بِالنَّشا to starch

نَشْء : شَباب، شُبّان (the) youth, (the) young, young people

نَشاً، نَشاء starch, amylum

نُشّابَة، نُشّاب : سَهْم، سِهام arrow(s)

قَوْسُ ونُشّاب crossbow

نَشْأَة early life, youth; growth, development; origin, rise, birth, beginning; genesis

نُشادِر : مُرَكَّبٌ غازِيّ ammonia

نُشارَة (الخَشَبِ) sawdust

نَشاز : تَنافُر dissonance, discord

نَشاط activity, energy, vitality, vigor, liveliness, vivacity, vim

نَشّافَة : مِنْشَفَة towel

نَشّافَة : آلَةٌ مُنَشِّفَة dryer, drier

نَشّال : سَرّاق pickpocket, cutpurse

نَشِبَ (ـتِ الحَرْبُ) to break out, flare up

نَشَجَ : بَكَى to sob, whimper

نَشَدَ : طَلَبَ to seek, look for

نَشَرَ : بَسَطَ، مَدَّ to spread (out), stretch out; to unfold, unwind

نَشَرَ : أَذاعَ، رَوَّجَ to spread, propagate, disseminate; to diffuse; to circulate; to promulgate, publicize

نَشَرَ (كِتاباً إلخ) to publish, put out, issue, bring out

نَشَرَ (قُوّاتٍ، جُنُوداً إلخ) to deploy

نَشَرَ (غَسِيلاً على حَبْل) to hang

نَشَرَ : بَعَثَ مِنَ المَوْت to resurrect

نَشَرَ : قَطَعَ بِالمِنشار to saw

نَشْر (الكُتُبِ إلخ) publishing, publication; putting out, bringing out

نَشْر : بَعْث، قِيامَة resurrection

حَقُّ (حُقُوقُ) النَّشْرِ والطَّبْع copyright
نَشْرَة publication; bulletin; prospectus; brochure, leaflet, pamphlet; circular; flier
نَشْرَةُ أَخْبار newscast, news (bulletin)
نَشْرَةٌ جَوِّيَّة weather report
نَشِطَ : تَنَشَّطَ to be(come) active, energetic, lively, brisk
نَشَّطَ to activate, stimulate, energize, vitalize, animate
نَشِط ـ راجع نَشِيط
نَشَفَ : جَفَّ to dry, dry up, dry out, become dry, dehydrate
نَشَّفَ (بِمِنْشَفَةٍ) to wipe (dry), rub dry, towel, dry with a towel
نَشَّفَ : جَفَّفَ to dry, dry up, dry out, desiccate, dehydrate
نَشَلَ : انْتَزَعَ to snatch away
نَشَلَ : سَلَبَ to pick (pockets), rip off, pilfer, rob
نَشَلَ : أَنْقَذَ to extricate; to save, rescue; to pick up, raise
نُشُوء rise, birth, beginning, start, origin; genesis, growth
نَشْوَة : جَذَل ecstasy, rapture, elation, exultation
نُشُور : بَعْث، قِيامَة resurrection
نَشَوِي starchy, amyloid
نَشَوِيَّات starchy foods, starches
نَشِيد song, chant; hymn, anthem
نَشِيدٌ وَطَنِيٌّ أو قَوْمِيّ national anthem
نَشِيط active, energetic, dynamic, lively, brisk, spirited, animated
نَصَّ على : ذَكَرَ، اِشْتَرَطَ to provide for, stipulate, lay down
نَصَّ (على) : أَمْلَى to dictate (to)
نَصّ : مَتْن text; script; version
نَصَّاب : مُحْتال swindler, impostor, sharper, fraud, crook
نِصَاب (قانُونِيّ) quorum
نَصَبَ : أَقامَ، رَفَعَ to erect, raise, set up, put up; to install
نَصَبَ (على) : اِحْتالَ to swindle, gull, dupe, deceive, cheat
نَصَبَ (على) : اِخْتَلَسَ to embezzle
نَصَّبَ : عَيَّنَ to install (in an office), induct (into an office); to appoint (to an office)
نَصَب : تَعَب، كَدّ fatigue, exhaustion; toil, hard work
نُصُب، نُصْب : تِمْثال statue
نُصْبٌ تَذْكارِيّ monument, memorial
نَصْبَة : شَتْلَة (nursery) plant, sapling, seedling, cutting
نَصَحَ to advise, counsel, give advice to, recommend to
نُصْح ـ راجع نَصِيحَة
نَصَرَ : أَيَّدَ to help, aid, support
نَصَرَ : ظَفَّرَ to render victorious, grant victory (over)

نَصَّرَ: جَعَلَهُ نَصْرانِيًّا to Christianize, make Christian

نَصَّرَ: عَمَّدَ to baptize, christen

نَصْر: إنْتِصار، غَلَبَة victory, triumph

نَصْرانِيّ: مَسِيحِيّ Christian

النَّصْرانِيَّة: المَسِيحِيَّة Christianity

نَصَّفَ to halve, bisect, divide

نِصْف: شَطْر، أَحَدُ قِسْمَي الشَّيْء half

نِصْف: مُنْتَصَف middle

نِصْفُ دائِرَة semicircle

نِصْفُ ساعَة half (an) hour

نِصْفُ اللَّيْل midnight

نِصْفُ نِهائِيّ (مُبارَاة) semifinal

نِصْفُ النَّهار midday, noon

نَصَلَ اللَّوْنُ to fade, bleach, faint

نَصْل السَّهْم arrowhead

نَصْلُ السِّكِّينِ أو السَّيْفِ blade

نَصُوح: صادِق، مُخْلِص sincere, honest, true, faithful, loyal

نَصِيب: حِصَّة share, portion, part

نَصِيب: حَظّ luck, fortune; chance

نَصِيب: قَدَر fate, lot, destiny

نَصِيحَة: نُصْح advice, counsel, recommendation

نَصِير: مُناصِر helper; supporter; advocate, proponent, champion, patron, sponsor, follower; enthusiast

نَضارَة bloom; freshness; beauty; vigor, health

نِضال: كِفاح struggle, strife, fight

نَضَبَ to run out; to be exhausted, depleted; to peter out; to dwindle; to dry up

نَضِجَ to ripen, mature; to be(come) ripe, mature

نَضِجَ الطَّعامُ to be well-done

نُضْج، نَضْج ripeness, maturity

نَضَحَ: رَشَّ to sprinkle, spray

نَضَحَ: رَشَحَ، تَحَلَّبَ to exude, ooze, transude, seep, leak

نَضَحَ: عَرِقَ to sweat, perspire

نَضَّدَ (طِباعِيًّا) to compose, set, typeset

نَضِر ـ راجع ناضِر

نُضُوج: نُضْج ripeness, maturity

نَطَّ: وَثَبَ to jump, leap, spring, bound, skip, hop

نِطاق: مَدًى، مَجال range, extent, scope, sphere, ambit, reach; field, domain; bound(s), limit

نِطاق: حِزام girth, girdle, belt; band, strip; cordon

نَطَحَ: ضَرَبَ بِقَرْنِهِ to butt

نَطَقَ: لَفَظَ to pronounce, utter, say; to speak, talk

نُطْق: لَفْظ pronunciation, utterance; speech; saying

نَظّارات ـ راجع نَظّارَة

نَظارَة: حَبْس lockup, jail, prison

نَظَّارَة : مُتَفَرِّجُون spectators, onlookers, viewers, audience

نَظَّارَة، نَظَّارات : عُوَيْنات eyeglasses, glasses, spectacles

نَظَّاراتٌ شَمْسِيَّة sunglasses

نَظَافَة cleanness, cleanliness, neatness, tidiness; purity

النَّظَافَةُ مِنَ الإيمان cleanliness is next to godliness

نِظَام system; order; discipline

نِظَام (الحُكْم) regime, system

نِظَامِيّ regular, orderly; constant; systematic; disciplinary

نَظَر (إلى) to look (at), eye; to see

نَظَر في to consider; to look into, examine, study

نَظَّرَ : أتَى بِنَظَرِيَّة to theorize, speculate

نَظَر : بَصَر، رُؤْيَة sight, eyesight, vision, seeing, looking

نَظَراً (بِالنَّظَرِ) إلى أو لِـ in view of, due to, because of

بِصَرْفِ (بِغَضِّ، بِقَطْعِ) النَّظَرِ عن regardless of; irrespective of; to say nothing of, not to mention, let alone; apart from, aside from

نَظْرَة look, glance; sight, view

نَظَرِيّ : ضِدّ عَمَلِيّ theoretical

نَظَرِيّاً theoretically, in theory

نَظَرِيَّة theory; notion; theorem

نَظُفَ : كانَ نَظِيفاً to be(come) clean, neat, tidy

نَظَّفَ to clean, cleanse; to deterge; to purge, purify

نَظَمَ اللُّؤْلُؤَ إلخ : نَسَقَ to string, thread

نَظَمَ الشِّعْرَ to poetize, versify, compose or write poetry

نَظَّمَ : رَتَّبَ to organize, arrange

نَظَّمَ : ضَبَطَ to adjust, regulate; to control

نَظَّمَ : أعَدَّ to prepare, ready

نَظَّمَ : خَطَّطَ to plan, map out

نَظِير : مَثِيل، نِدّ counterpart, parallel, equivalent, equal, match, like, peer, fellow

نَظِيف : غَيْرُ وَسِخ clean, neat, tidy

نَعَى to announce the death of

نَعَى (عَلَيْهِ أعْمالَهُ) to find fault with, criticize, censure

نُعَاس drowsiness, sleepiness, somnolence; lethargy

نَعَام، نَعَامَة (طائر) ostrich

نَعَتَ : وَصَفَ to describe, qualify

نَعْت : صِفَة quality, property

نَعْت [لغة] attribute, adjective

نَعْجَة ewe, female sheep

نَعِسَ to be (or feel) sleepy, drowsy

نَعْسان sleepy, drowsy, somnolent, slumberous

نَعْش (المَيْت) bier; coffin, casket

نَعَقَ الغُرَابُ to caw, croak

نَعَقَ البُومُ to hoot, whoop

نَعَلَ، نَعَّلَ to shoe; to horseshoe
نَعْل (الحِذَاءِ) sole
نَعْلُ الفَرَسِ: حَذْوَة horseshoe
نَعُمَ: كانَ ناعِماً to be(come) soft, smooth, tender, fine
نَعِمَ، نَعَمَ (بِـ): تَمَتَّعَ to enjoy
نَعَّمَ: جَعَلَهُ ناعِماً to soften, smooth; to tenderize; to pulverize
نَعَّمَ: رَفَّهَ to afford (someone) a luxurious life
نَعَمْ: بَلَى yes! indeed! certainly!
نِعْمَ الثَّوابُ how good the recompense!
نِعْمَ الرَّجُلُ زَيْدٌ what an excellent man Zaid is!
نِعْمَ ما فَعَلْتَ well done! bravo! very good! excellent!
نِعْمَة: بَرَكَة blessing, boon, benefaction, beneficence, grace
نَعْناع، نَعْنَع mint; spearmint; peppermint
نُعُومَة: لِيْن softness, smoothness, tenderness, delicacy
نَعْي obituary, death notice, death announcement
نَعِيم comfort; happiness, bliss
نُغَر (طائر) serin
نَغَّصَ: نَكَّدَ، كَدَّرَ to embitter; to disturb, ruffle, spoil
نَغْل hybrid, crossbred
نَغَّمَ to hum; to sing, intone

نَغَم، نَغْمَة، نَغَمَة tune, melody; tone, sound; note
نَفَى: أَنْكَرَ، كَذَّبَ to deny, disown, disavow, disclaim
نَفَى: أَبْعَدَ to banish, exile, expatriate, expel, deport
نَفَّاث (مُحَرِّك إلخ) jet (engine, etc.)
نَفَّاثَة jet (air)plane, jet, jetliner
نَفَاذ: سَرَيان validity, coming into force, taking effect
نِفَاق: رِيَاء hypocrisy, dissimulation, dissemblance
نُفَايَة: زُبَالَة garbage, rubbish, trash, junk, waste, refuse
نَفَثَ: بَصَقَ to expectorate, cough out, spit (out)
نَفَثَ: أَخْرَجَ to discharge, release, let out, emit, send out
نَفَثَ الدُّخَانَ to puff out (smoke)
نَفْحَة: عَطِيَّة gift, present; grant
نَفْحَة (الطِّيبِ) fragrance, scent
نَفَخَ (بِفَمِهِ) to blow, puff
نَفَخَ: مَلأَ بِالهَوَاءِ to inflate, blow up; to pump up, fill (a tire)
نَفَخَ الشَّمْعَةَ to blow out a candle
نَفَخَ فيه رُوحاً أو حَيَاةً to breathe life in(to), infuse life in(to)
نَفِدَ: نَضَبَ، اِنْتَهَى to run out, be used up, come to an end
نَفِدَ الكِتَابُ to be out of print, out of stock, sold out
نَفْدَة (حِسَابِيَّة) item, entry

نَفَذَ : إخترَقَ to penetrate, transpierce, pierce (through), pass through, get through; to permeate
نَفَّذَ : طَبَّقَ to carry out, execute, implement, put into effect, apply
نَفَرَ : شَرَدَ، جَفَلَ to bolt, start, startle, shrink, recoil, shy
نَفَرَ مِنْ : كَرِهَ to hate, detest
نَفَرَ : نَتَأَ to protrude, project
نَفَّرَ to alienate, repel; to startle, scare away, drive away
نفر : جماعة band, party, group
نفر : شخص person, individual
نفر : جُنْدِيّ soldier, private
نَفَّسَ عن to give vent to, vent, release, let off; to abreact, relieve
نَفَس : هَواءٌ يُتَنَشَّقُ ثُمَّ يُزْفَر breath
نَفَس : جُرْعَة draft, gulp, drink
نَفَس : أُسْلوب style
نَفَس (طويل) : صَبْر patience
نَفْس : رُوح soul; spirit; psyche
نَفْس : ذات، جَوْهَر self, person; being; essence, nature
نَفْس (كَذا)، نَفْسُهُ، بِنَفْسِهِ the same
نَفسك، بِنَفسِك yourself
أَنْفُسُهُم، أَنْفُسُهُنّ themselves
نَفْسانِيّ، نَفْسِيّ psychological, psychologic; psychic(al), psych(o)-
نَفْسِيَّة psychology; mentality; frame of mind, state of mind

نَفَضَ، نَفَّضَ to shake (off), dust off
نَفْط، نِفْط : بِتْرول petroleum, oil
نَفْطَة : بَثْرَة blister, vesicle, pimple
نَفَعَ : أَفادَ to be useful, helpful, beneficial, profitable; to help, benefit, avail, serve
نَفْع : فائِدَة use, utility, avail, benefit, advantage; good, welfare
نَفَقَ الشَّيْءُ : نَفَد to run out
نَفَقَتِ البِضاعَةُ : راجَتْ to sell well, be in (great) demand
نَفَقَ الحَيَوانُ : ماتَ to die, perish
نَفَق (ج أَنْفاق) tunnel
نَفَقَة : كُلْفَة expense, cost, charge
نَفَقَةُ الزَّوْجَةِ المُطَلَّقَة alimony
على نَفَقَتِهِ at someone's expense
نَفَل : بِرْسِيم (نبات) clover, trefoil
نُفوذ : سُلْطَة influence, authority, power, leverage, clout
ذو نُفوذ influential, powerful
نُفور : جَفاء alienation, disaffection, aversion, antipathy
نَفْي : إنْكار denial, disavowal
نَفْي : إبْعاد banishment, exile, expatriation, deportation
نَفْي : ضِدّ إيْجاب negation, negative
نَفِير : بُوق trumpet, bugle, horn
نَفِير : زَمُور، أَداةُ تَنْبِيه horn
نَفِيس : قَيِّم precious, valuable, costly, priceless, invaluable

نَفِيسَة (ج نَفَائِس) gem, curiosity, masterpiece; valuable
نَقَّ الضِّفْدِعُ to croak
نَقَّى: كَرَّرَ to purify, refine, clarify
نَقَاء: صَفَاء purity, pureness, fineness, clarity, clearness
نِقَاب: حِجَاب، خِمَار veil
نِقَابَة union, association, syndicate
نِقَابَةُ عُمَّال labor union, (trade) union
نِقَابَةُ مُحَامِين bar association, bar
نَقَّارُ الخَشَب (طائر) woodpecker; flicker
نَقَّاش: حَفَّار engraver, inscriber, carver, graver; sculptor
نِقَاش ـ راجع مُنَاقَشَة
نَقَّال: يُنْقَل portable; movable, mobile
نَقَّالَة: حَمَّالَة، مِحَفَّة stretcher, litter
نَقَانِق: لَقَانِق، مَقَانِق sausage(s)
نَقَاهَة: تَمَاثُلٌ لِلشِّفاء convalescence, recovery, recuperation
نَقَبَ: ثَقَبَ، حَفَرَ to bore, drill, pierce; to excavate, dig out
نَقَّبَ (عن، في) to drill for; to excavate; to look for, search for
نَقَّحَ to revise, emend; to edit; to refine; to retouch
نَقَدَ (أَدبِيًّا، فَنِّيًّا) to critique, review
نَقَدَ(ه) الثَّمَنَ to pay in cash (to)
نَقَدَ الطَّائِرُ to peck

نَقْد (أَدَبِيّ، فَنِّيّ إلخ) criticism; critique; review
نَقْدٌ ذَاتِيّ self-criticism
نَقْد، نُقُود cash; money, currency; specie, coin(s)
نَقْداً in cash; cash down
نَقْدِيّ: مَالِيّ monetary, pecuniary
نَقْدِيّ: مَدْفُوعٌ نَقْداً cash
نَقْدِيّ: خَاصٌّ بِالنَّقْدِ الأَدَبِيّ critical
نَقَرَ: حَفَرَ to dig; to excavate, hollow out; to bore, drill
نَقَرَ الطَّائِرُ to peck
نَقَرَ: قَرَعَ، دَقَّ to knock, rap, strike, beat, bang, tap
نُقْرَة pit, hollow, cavity, hole
نِقْرِس (مرض) gout
نَقَشَ to engrave, incise, inscribe; to carve (out), sculpture
نَقْش (فَنِّيّ): مُخَطَّط pattern, design
نَقَصَ: قَلَّ، اِنْخَفَضَ to decrease, diminish, lessen, grow less, drop (off), decline, fall
نَقَصَ: أَنْقَصَ ـ راجع أَنْقَصَ
نَقَصَهُ كَذَا: اِفْتَقَرَ إليه to need, lack, want; to be in need of, lacking, deficient in, short of or in
نَقَّصَ ـ راجع أَنْقَصَ
نَقْص: ضِدّ زِيَادَة decrease, loss
نَقْص: عَجْز shortage, insufficiency, deficiency, lack

نَقْص : عَيْب، خلَل ـ راجع نَقِيصَة

عُقْدَةُ النَّقْص — inferiority complex

نُقْصان ـ راجع نَقْص

نَقَضَ : فَسَخ — to revoke, repeal, annul, abrogate, cancel, abolish; to reverse, overrule

نَقَضَ : إنْتَهَك — to break, violate, infringe, contravene

نَقَضَ : دَحَض — to invalidate, refute, confute, disprove

نَقَطَ، نَقَّطَ (حَرْفاً) — to point, dot

نَقَّطَ : لَطَّخَ بِنُقَط — to spot, dot, speckle

نُقْطَة : عَلامَةٌ على حَرْف — point, dot

نُقْطَة (في الكِتَابَة) — period, full stop

نُقْطَة : رُقْطَة — speckle, fleck, spot

نُقْطَة : قَطْرَة — drop

نُقْطَة : مَسْأَلَة، مَوْضُوع — point, matter, affair; issue; subject

نُقْطَة : مَوْقِع — point, spot, locality, site, place, position; center

نُقْطَةُ التَّجَمُّد — freezing point

نُقْطَةُ تَحَوُّل — turning point

نُقْطَةُ الغَلَيان — boiling point

نُقْطَتان (:) — colon

نَقَعَ — to soak; to steep, infuse; to saturate, drench

نَقَفَ — to flip, flick, fillip, snap

نَقَلَ : حَمَلَ، حَوَّلَ — to transport, carry, move; to transfer, shift; to transmit, deliver, convey

نَقَلَ : نَسَخ — to transcribe, copy

نَقَلَ : تَرْجَم — to translate

نَقَلَ : رَوَى، حَكَى — to report, relate, account; to transmit, pass on; to quote (from), cite (from)

نَقَلَ الدَّم — to transfuse (blood)

نَقَلَ الضَّوْءَ، الحَرارَةَ إلخ — to conduct

نَقَلَ المَرَضَ أو العَدْوَى — to communicate, transmit, pass along

نُقْل : نُقُولات — (mixed) nuts; crackers

نَقْلَة : حَرَكَة، خُطْوَة — move, step

نَقْلِيَّات — transport(ation) services; transports

نَقَمَ على — to harbor malice against, bear a grudge against

نَقْمَة، نِقْمَة — indignation, resentment; grudge, spite, rancor, malice

نُقُود ـ راجع نَقْد

نُقُوع : مِشْمِش مُجَفَّف — dried apricots

نُقُول، نُقُولات ـ راجع نُقْل

نَقِيَ — to be pure, clear, clean

نَقِيّ : صافٍ، خالِص — pure, clear, fine, crystal; fresh; clean

نَقِيب : رَئِيس — head, president, chief

نَقِيب (في الجَيْش) — captain

نَقِيب (في البَحْرِيَّة) — lieutenant

نَقِيصَة : عَيْب، خَلَل — defect, fault, blemish, flaw, deficiency, shortcoming, drawback, disadvantage

نَقِيض — antithesis; opposite, contrast;

anti-; reverse, converse
على نَقِيض .. contrary to, in contrast with, unlike
نَكَى : أغاظَ to spite, annoy, vex
نِكاح : زَواج marriage, matrimony
نُكَاف (مرض) mumps, parotitis
نَكَبَ : أَصابَ بِنَكْبَة to distress, afflict with disaster
نَكْبَة : مُصِيبَة disaster, catastrophe; calamity, misfortune
نَكَتَ : مَزَحَ to joke, crake jokes, jest, make fun, jape, banter
نُكْتَة : طُرْفَة، نادِرة joke, jest, wisecrack, witticism, gag, anecdote
رُوحُ النُّكْتَة sense of humor
نَكَثَ to break, violate; to renege
نَكَحَ : تَزَوَّجَ to marry, wed, get married with or to
نَكَّدَ : نَغَّصَ، كَدَّرَ to embitter; to disturb, trouble; to vex, annoy
نَكَد trouble, vexation; unhappiness; embittered life; peevishness, petulance, ill humor, bad-humor
نَكِد peevish, petulant, pettish, fretful, morose, grumpy, surly, sulky
نَكِرَة : شَخْصٌ غَيْرُ مَعْرُوف nobody, unknown person
نَكَزَ : وَخَزَ to prick; to goad, prod
نَكَسَ : قَلَبَ to turn over, reverse
نَكَّسَ العَلَمَ to half-mast
نَكْسَة setback; relapse; deterioration

نَكَصَ : تَراجَعَ to recoil, retreat, withdraw; to recede, regress
نَكَلَ عن أو مِنْ : إمْتَنَعَ to abstain from, refrain from; to refuse
نَكَّلَ بـ to make an example of, punish severely, torture
نَكَّهَ : طَيَّبَ to flavor, aromatize
نَكْهَة flavor, relish, savor
نَمَّ عن أو على : دَلَّ على to indicate, show, suggest, be a sign of
نَمَّ : وَشَى بـ to betray, denounce, inform against
نَما، نَمَى : كَبُرَ، إزْدَهَرَ to grow; to develop; to increase; to thrive, prosper, flourish
نَمَى الخَبَرُ إليه to come to one's knowledge, hear of
نَمَّى : أَنْمَى to develop, promote, further; to cultivate; to build up, increase, augment
نَماء ـ راجع نُمُوّ
نَمّام : واشٍ talebearer, telltale, tattler; slanderer, calumniator
نَمِر، نِمْر (حيوان) tiger; leopard, panther
نِمْس (حيوان) mongoose, ichneumon
نَمَش : بُقَعٌ صِغارٌ على الجِلْد freckles
نَمِش : ذُو نَمَش freckled
نَمَط : طِراز mode, manner, fashion; pattern, type; form
نَمَّقَ : زَيَّنَ to embellish, adorn, ornament, decorate

نَمَل : خَدَر creep(iness), tingle, prickle; numbness
نَمْل، نَمْلَة (حشرة) ant
نَمْلَةٌ بَيْضاء termite, white ant
نَمْلِيَّة : خِزانَةُ حِفْظِ الطَّعام food safe
نُمُوّ : نَماء growth; development; buildup, increase
نَمُوذَج sample, specimen, sampling; type, model, pattern; example
نَمُوذَجِيّ typical, exemplary, model, standard, classic(al)
نَمِير : طَيِّب، صافٍ good, delicious; pure, clear; healthy
نَمِيمَة : وِشايَة talebearing, tattling; calumny, slander, defamation
نَهى : مَنَعَ to forbid, prohibit, interdict; to restrain, prevent
نُهى : عَقْل intelligence, reason
نِهائِيّ final, last; ultimate; conclusive, decisive, definitive, absolute
نِهائِيًّا finally, conclusively; absolutely, utterly, completely
نَهار : ضِدّ لَيْل day, daytime
نِهايَة end, termination, close, conclusion, ending, finish, last part, finale; limit, extreme, utmost
نِهايَةُ الأُسْبُوع weekend
في النِّهايَة in the end, at last, finally, ultimately, eventually, in the long run; after all
نَهَبَ : سَلَبَ to plunder, loot, pillage, spoil, spoliate, rob

نَهَجَ : سَلَكَ to follow, pursue, take; to proceed, act
نَهَجَ، نَهِجَ : لَهَثَ to pant, gasp
نَهْج : طَرِيق road; way
نَهْج : طَرِيقَة method, procedure, way; course; manner
نَهْد : ثَدْي breast(s), bosom(s), bust
نَهَرَ : زَجَرَ to chide, scold, reprimand, rebuke, reproach
نَهْر : مَجْرَى الماءِ الكَبِير river
نُهَس (طائر) butcherbird, shrike
نَهَشَ : عَضَّ to bite, snap (at)
نَهَضَ : قامَ to rise, get up
نَهَضَ (بِـ) : رَفَعَ to raise, lift, carry
نَهَضَ (بِـ) : رَقَّى to uplift, upgrade, raise, promote, advance
نَهَضَ بِـ : نَفَّذَ to perform, do, carry out, accomplish
نَهْضَة : اِنْبِعاث awakening, reawakening, revival, renaissance
نَهْضَة : اِزْدِهار، تَقَدُّم boom, upswing, rise, growth, progress
نَهَقَ، نَهِقَ (الحِمارُ) to bray, hee-haw
نَهِلَ : شَرِبَ to drink
نَهَم : شره gluttony, gourmandism
نَهِم : شره gluttonous, greedy, voracious; glutton, gourmand
نُهَيْر rivulet, stream, creek, brook
نَوّ : جَيَشانُ البَحْر surge, surging, heaving, upheaval

نَوَى : قَصَدَ to intend, plan, design, mean; to resolve, determine
نَوًى : بُعْد remoteness, farness
نَوَاة : بِزْرَة stone, kernel, pip, seed
نَوَاة [أحياء وفيزياء وكيمياء] nucleus
نُوَاح : عَوِيل lamentation, lament(ing), wail(ing), loud weeping
نَوَادِر (مفردها نادِرَة) ـ راجع نادِرَة
نُوَّار : أيَّار، مايُو، مايِس May
نَوْبَة : دَوْر (one's) turn; shift (of work), tour (of duty); period
نَوْبَة (مَرَضٍ) fit, attack, paroxysm; spell; spasm
نَوْبَةٌ قَلْبِيَّة heart attack
نُوتَة (مُوسِيقِيَّة) (musical) note
نُوتِيّ : مَلَّاح sailor, seaman
نَوَّرَ : أَزْهَرَ to blossom, bloom
نَوَّرَ : أَنَارَ ـ راجع أَنَارَ
نَوَّرَ (ثَقَافِيًّا) to enlighten, illuminate
نَوَر (الواحد نَوَرِيّ) gypsies
نَوْر : زَهْر blossoms, flowers
نُور : ضَوْء light; brightness, gleam, glow; illumination
نُورٌ كَشَّاف searchlight; spotlight
نَوْرَج : دَرَّاسَة threshing machine, thresher, thrasher
نَوْرَس (طائر) sea gull, gull, mew
نَوْط : مَدَالِيَة medal, decoration, order
نُوطَة (مُوسِيقِيَّة) (musical) note

نَوَّعَ : شَكَّلَ to diversify, vary
نَوْع kind, sort, type, variety; class, grade; nature; species
نَوْعاً (ما) somewhat, a little, rather, more or less, in a way
بِنَوْعٍ خاصّ in particular, particularly, (e)specially, specifically
نَوْعِيّ specific; qualitative; characteristic; essential, major
نَوْعِيَّة quality, character, kind; nature; specifity
نُوفَمْبِر : تِشْرِين الثَّانِي November
نَوَّلَ ـ راجع أَنَالَ
نَوَّمَ : أَرْقَدَ to put to sleep, put to bed
نَوَّمَ مَغْنَطِيسِيًّا to hypnotize
نَوْم : رُقَاد sleep, slumber
نَوْمَة sleep, nap
نُونِيَّة potty, (chamber) pot, urinal
نَوَّهَ بِـ : مَدَحَ to praise, laud, extol
نَوَّهَ بِـ : ذَكَرَ to mention, speak of, refer to, specify
نَوَوِيّ nuclear
نِيء : غَيْرُ مَطْبُوخ raw, uncooked
نِيَابَة : تَمْثِيل، وَكَالَة representation, deputyship; proxy; agency
النِّيَابَةُ العامَّة (public) prosecution
نِيَابَةُ الرِّئَاسَة vice-presidency
بِالنِّيَابَة acting (president, chairman, director, minister, etc.)
بِالنِّيَابَةِ عن، نِيَابَةً عن on behalf of, for,

in someone's name; in place of, instead of

نِيَابِيّ representative; representational; parliamentary

نِيَّة : قَصْد intent(ion), purpose, design; determination, resolve

نَيِّر : مُضِيء luminous, shining, shiny, radiant, bright, brilliant

نِير yoke

نَيْزَك : شِهَاب meteor, shooting star, falling star

نَيْسان : أبْرِيل April

نَيْص (حيوان) porcupine, quill pig

نَيِّف، نَيْف more than, above, over

نَيِّق : دَقِيق fastidious, finicky, fussy, picky, choosy, dainty, particular

نِيكل : مَعْدِنٌ أَبْيَض nickel

نِيكُوتِين nicotine

نِيل، نِيلَة indigo; bluing, blue

نَيْلُوفَر (نبات) water lily, pond lily

نَيْلُون nylon

نِيلِيّ (لَوْن) indigo

نِيمْبِرِشْت soft-boiled (eggs)

نِيُون neon

هـ

ها، هاكَ : here! take! there you are!; following is (are)

ها هُوَ، ها هُوَذا، هاكَهُ : there he is!

هٰذا، هٰكَذا ـ راجع ذا

هائِج : ثائِر : excited, agitated, roused, aroused, stirred (up); wild

هائِج : مُتَلاطِمُ الأمْواج : rough, high, heaving, surging, rolling

هائِل : مُخيف : frightful, terrifying, horrible, terrible, awful

هائِل : ضَخْم، جَبّار : huge, big, large, great, enormous, tremendous, colossal; exceptional

هابَ : to fear, dread; to be awed by; to revere, venerate, respect

هابِط : descending, falling, dropping; fallen, dropped

هات : give me! let me have!

هاتِف : تِلِفون : telephone, phone

هاتِفِيّ : telephonic, telephone-

هاجَ : ثارَ : to be (become, get) excited, agitated, (a)roused; to rise

هاجَ البَحْرُ : to run high, be rough, surge, heave, swell (up)

هاجَرَ : to emigrate, expatriate; to immigrate (to); to migrate

هاجِرة : نِصْفُ النَّهار : midday, noon

هاجِس : obsession; misgiving

هاجَمَ : to attack, assail, assault

هادٍ (الهادِي) : مُرْشِد : guide, leader, conductor, pilot, usher

هادِئ : calm, quiet, tranquil; cool, composed

المُحِيطُ الهادِئ : the Pacific Ocean

هادِر : thunderous, roaring, loud

هادَنَ : to conclude a truce with; to make peace with

هاذٍ (الهاذِي) : delirious, raving

هارِب : فارّ : fugitive, runaway

هالَ (ـهُ الأمْرُ) : to terrify, frighten, horrify; to find horrible

هال : حَبُّ الهال : cardamom

هالة : halo; nimbus, glory

هامَ بِـ : أَحَبَّ : to fall in love with, love, adore, be fond of

هامَ على وَجْهِهِ to wander aimlessly about, ramble, meander
هامّ : مُهِمّ important, significant, momentous, weighty, grave, crucial
هامَة : رَأس head; top, summit
هامَّة (ج هَوامّ) vermin; pest
هامِد still, quiet, calm
هامِش margin; footnote
هامِشيّ marginal, fringe
هانَ : سَهُلَ to be(come) easy
هانِيء : مَسرور happy, glad, pleased
هاوٍ (الهاوي) hobbyist; fancier; fan, amateur, nonprofessional; lover; loving, fond of
هاوَدَ to be lenient with
هاوُن mortar
هاوِيَة : هُوَّة abyss, chasm, pit
هاوِيَة : مُؤَنَّثُ هاوٍ ـ راجع هاوٍ
هَبَّ : تَحَرَّكَ to move suddenly; to proceed, spring; to run, rush; to start
هَبَّ : إستَيقَظ، قامَ to wake up, awaken; to rise, get up
هَبَّتِ الرِّيحُ to blow, breeze up
هَبْ : إفرِضْ suppose (that)
هَباء dust; motes, dust specks
هَبّار (حيوان) lemur
هِبَة : عَطِيَّة gift, present, donation, grant, endowment
هَبْر، لَحْمٌ هَبْر lean meat
هَبَطَ : نَزَلَ to descend, come down, go down; to fall (down), drop, sink (down); to decline
هَبَطَ : إنهارَ to fall in, collapse, fall down, sink down
هَبَطَتِ الطّائِرَةُ to land, touch down
هُتاف : صِياح shouting, crying, yelling; cheer, acclamation, acclaim
هَتَفَ : صاحَ to shout, cry, yell
هَتَفَ لَهُ to cheer, acclaim, hail
هَتَفَ : تَلْفَنَ to call, (tele)phone
هَجا : ضِدّ مَدَحَ to satirize; to lampoon; to lash
هَجّى : تَهَجّى to spell
هِجاء : ضِدّ مَدْح satire; lampoonery
هِجاء : تَهْجِيَة spelling
هِجائيّ : ضِدّ مَدْحِيّ satiric(al)
هِجائيّ : أَلِفْبائيّ alphabetical
هَجّانَة، فِرْقَةُ الهَجّانَة camel corps
هَجَرَ : تَرَكَ to desert, forsake, abandon; to break away with, leave, quit; to give up, relinquish
هَجَرَ وَطَنَهُ ـ راجع هاجَرَ
هَجَّرَ : شَرَّدَ to displace, drive away, make homeless, dislodge
هِجْرَة emigration, exodus; immigration (to); migration
الهِجْرَة (النَّبَوِيَّة) the Hegira
هِجْرِيّ of the Hegira
سَنَة ١٣٦٠ هِجْرِيَّة 1360 A.H.
هَجَعَ : نامَ، رَقَدَ to sleep, slumber

هَجَمَ على ـ راجع هاجَمَ

هَجْمَة ـ راجع هُجُوم

هَجَّنَ: مَزَجَ السُّلالاتِ to hybridize, interbreed, crossbreed, mix

هُجُوم attack, offensive, assault, onslaught, onset, onrush

هُجُومِيّ aggressive, offensive

هَجِين hybrid, crossbred; half-blooded, half-breed

هَدَّ: هَدَمَ to demolish, tear down, wreck, destroy, ruin

هَدَّ: كَسَرَ to break, crush

هَدَأَ: سَكَنَ، خَمَدَ to calm down, cool down, rest; to be calm, quiet; to subside, die down

هَدَى: أَرْشَدَ to guide, direct, lead, show the way (to), conduct

هَدَّأَ: سَكَّنَ، خَفَّفَ to calm, cool (off, down), quiet(en), tranquilize; to allay, appease, soothe, ease

هُدًى: رُشْد right guidance; right way, right path

هُدّاب (الثَّوْبِ) fringes, border, hem

هَدّاف: لاعِبُ كُرَةِ قَدَم football player, footballer

هَدّام destructive; subversive

هُدْب (العَيْن) eyelash(es), lash(es)

هَدَّدَ: تَوَعَّدَ to threaten, menace; to intimidate; to blackmail

هَدَرَ: زَمْجَرَ to roar; to snarl, growl

هَدَرَ: دَوَى to rumble, peal, roll

هَدَرَ: بَذَّرَ، ضَيَّعَ to waste, squander; to spend uselessly; to lose

هَدَرَ الدَّمَ to shed or spill in vain or with impunity

هَدْر: خَسارَة، إضاعَة loss; waste; wasting, squandering

هَدْرُ الدَّمِ (useless) bloodshed; shedding of blood in vain

هَدْراً uselessly, in vain, to no avail, unavailingly, futilely

هَدَفَ إلى: قَصَدَ to aim at, drive at, purpose to, design to

هَدَف goal; target; aim, end, purpose, object(ive), design

بِهَدَفِ كَذا with the aim of, in an effort to, in order to, in order that, so as, so that, for

هَدَلَ الحَمَامُ to coo

هَدَمَ، هَدَّمَ to tear down, wreck, demolish, destroy; to subvert

هُدْنَة: وَقْفُ القِتال armistice, truce

هُدْهُد (طائر) hoopoe

هُدُوء calm(ness), quiet(ness), tranquility, peace, silence

هَدْي: إرْشاد guidance, guiding, directing, leading

هَدْي: سِيرَة، طَرِيقَة line (of conduct), course; way, method

هَدْي: ذَبِيحَة offering, sacrifice

هَدِيَّة: تَقْدِمَة present, gift, donation

هَدِير roar(ing); snarl(ing), growl(ing); rumble, rumbling, roll

هَذَى to rave, be delirious; to maunder, drivel; to hallucinate
هَذَا، هَذِهِ this, this one
هَذَّبَ to refine, polish, discipline; to rectify, correct
هَذَرَ : ثَرْثَرَ to prattle, prate, babble
هَذِهِ this, this one
هَذَيان، هَذْي delirium, raving, rave, irrational talk; hallucination
هِرّ : قِطّ cat; tomcat, male cat
هِرّ بَرِّي wildcat
هَرَأَ (بالطَّبْخ) to cook to shreds
هَرَأَ الثَّوْبَ to wear out, fray, frazzle
هُرَاء nonsense, balderdash, drivel
هِرَاوَة cudgel, club, bat, baton, truncheon, stick, staff
هَرَبَ : فَرَّ to flee, run away, escape, get away, turn tail
هَرَّبَ بِضَاعَةً to smuggle, run
هَرَّبَ شَخْصاً to help (to) escape, help (to) run away
هَرَب : فِرار flight, fleeing, escape, running away, getaway
هِرَّة : قِطَّة female cat, she-cat, cat
هَرَجَ to clown, jest, joke
هَرْج، هَرْجٌ ومَرْج commotion; confusion, disorder, jumble, turmoil; hubbub, hurly-burly
هَرَسَ : سَحَقَ to mash, squash, crush
هَرْطَقَة : بِدْعَة heresy, heterodoxy

هُرْطُمَان (نبات) oat(s)
هَرَعَ، هُرِعَ إلى : أَسْرَعَ to hurry to, hasten to, rush to, run to, speed to
هَرَمَ، هَرَّمَ : فَرَمَ to mince, chop (up)
هَرِمَ : شاخَ to age, grow old
هَرَم : شَيْخُوخَة old age, senility
هَرَم (ج أَهْرام) pyramid
هَرِم : شَيْخ old, aged, advanced in years, decrepit; old man
هُرْمُون hormone
هَرْمُونِيكَا : آلَةٌ مُوسِيقِيَّة harmonica
هَرَمِيّ pyramidal, pyramidical
هِرْمِيس : كَرْكَدَنّ (حيوان) rhinoceros
هُرُوب ـ راجع هَرَب
هَرْوَلَ : أَسْرَعَ في مَشْيِهِ to trot; to jog; to hurry, hasten
هُرْي : شُونَة granary, garner; barn
هَزَّ : حَرَّكَ to shake, move, agitate, convulse; to rock, swing
هَزَّ رَأْسَهُ to shake one's head, nod
هَزَأَ، هَزِئَ بـ أو مِنْ to deride, mock (at), ridicule, make fun of, laugh at, scoff at, sneer at
هُزْء، هُزُؤ : سُخْرِيَة mockery, ridicule
هَزَار : عَنْدَلِيب (طائر) nightingale
هَزَّاز rocking, swinging; shaking
كُرْسِيّ هَزَّاز rocking chair
هُزَال : نُحُول emaciation; skinniness
هِزَبْر : أَسَد lion

هَزَّة convulsion, shock, jolt, jerk; tremor, shake, quake

هَزَلَ: صارَ نَحِيلاً to be(come) emaciated, lean, skinny; to lose weight

هَزَلَ: مَزَحَ، لَهَا to joke, jest, kid, make fun; to play, trifle

هَزِلَ، هُزِلَ: صارَ نَحِيلاً - راجع هَزَلَ

هَزْل joking, jesting; play

هَزْلِيّ: مُضْحِك comical, comedic, comic, funny, humorous

هَزَمَ: غَلَبَ to defeat, vanquish, rout, conquer, beat, get the better of, overcome, overpower

هزيل: نَحِيل lean, skinny, bony

هَزِيل: ضَئِيل meager, scanty, slight, poor, insignificant

هَزِيمَة: انْدِحار defeat, rout, debacle

هِسْتِيرِيّ hysterical, hysteric

هِسْتِيرِيَا hysteria

هَشَّ لِـ أو بِـ to smile on, receive happily with a smile

هَشّ: قَصِف crisp, brittle, fragile, frangible, frail, delicate

هَشّ (الوَجْهِ) cheerful, bright-faced, blithe, smiling

هَشَّمَ: حَطَّمَ to smash, crash, shatter, break up, destroy, crush

هَشِيم dry stalks, straw, chaff

هَصَرَ to break, crack; to wrench

هَضْبَة: تَلَّة hill, mound, highland

هَضَمَ (الطَّعَامَ) to digest (food)

هَضَمَهُ حَقَّهُ to wrong, oppress, be unjust or unfair to

هَضْم (الطَّعَامِ) digestion

هَطَلَ to pour down, fall heavily

هَفْوَة: زَلَّة، عَثْرَة slip, lapse, stumble, trip, error, (slight) fault

هِكْتار hectare

هَكَذا - راجع ذا

هَلَّ: ظَهَرَ to appear, come out

هَلَّ: بَدَأَ to begin, start, set in

هَلْ is (it good?); are (you happy?); do (they smoke?)

هَلَّا (مع الماضِي) why didn't you..?

هَلَّا (مع المُضَارِع) will you not..?

هَلَاك (utter) destruction, ruin, wreck(age); doom; loss

هِلَال (مِنَ القَمَر) crescent, new moon, half-moon

هِلَال، هِلَالَان (في الكِتَابَة) parenthesis, parentheses

هِلَالٌ مَعْقُوف (في الكِتَابَة) bracket

هُلَام jelly, gelatin(e); gel

هُلَامِيّ gelatinous, jellylike

هَلِعَ: فَزِعَ to be dismayed, horrified; to panic, dread, fear

هَلَع: فَزَع، ذُعْر dismay, fear, dread, panic, terror; phobia

هَلَكَ to perish, pass away; to be destroyed, ruined, wiped out

هَلَّلَ لِـ: هَتَفَ لِـ to acclaim, applaud, cheer, hail
هَلُمَّ: تَعالَ come! come on!
هَلُمَّ بِنا let's go! come on!
وهَلُمَّ جَرًّا and so on, etc.
هَلْوَسَ to hallucinate
هَلْوَسَة hallucination
هِلِيكُوبْتِر: طائِرَةٌ مِرْوَحِيَّة helicopter
هِلْيَوْن، هِلْيُون (نبات) asparagus
هَمَّ: أَقْلَقَ to worry, trouble
هَمَّهُ الأَمْرُ: عَناهُ to interest, be of interest to, concern
هَمَّ: أَثَّرَ to matter, count
هَمَّ بِـ to intend to, plan to; to be about to, be going to
هَمّ: قَلَق worry, care, concern; interest; grief, sorrow, distress
هُمْ they
هِمَّة determination, resolution; ardor, zeal, eagerness; energy, vitality, vigor, vim, verve
هَمَجِي savage, barbarian, barbaric
هَمَجِيَّة savagery, savageness, barbarianism, barbarism, barbarity
هَمَدَ: خَمَدَ، هَدَأَ to abate, subside, let up, calm down, cool off, die down
هَمَزَ: نَخَسَ to spur, goad, prod, urge on, prick, drive
هَمَسَ: تَكَلَّمَ بِصَوْتٍ خَفِيّ to whisper
هَمْس whisper(ing), susurration
هُنَّ they
هَنِئَ بِـ: تَمَتَّعَ to enjoy
هَنَّأَ to congratulate, felicitate
هُنا، ها هُنا، هَهُنا here, over here, in this place
هَناء، هَناءَة bliss, felicity, happiness
هُناكَ، هُنالِكَ there, over there; there is, there are
هَنَة: عِلَّة defect, fault, blemish
هِنْدام neatness, tidiness, trimness
هِنْدِباء (نبات) endive, chicory
هَنْدَسَ to engineer
هَنْدَسَة: حِرْفَةُ المُهَنْدِس engineering
هَنْدَسَة، عِلْمُ الهَنْدَسَة geometry
هَنْدَسَة دِيكُور interior design, interior decoration
هَنْدَسِيّ geometric(al); engineering-
هَنْدَمَ to fix (up); to groom, make tidy; to dress up, spruce up
هَنِيء، هَنِيّ comfortable; pleasant; wholesome, salubrious
هَنِيئاً مَرِيئاً bon appétit
هُنَيْهَة: لَحْظَة little while, moment, instant, minute, second
هُوَ he; it
هَوَى: سَقَطَ to fall (down), drop
هَوَّى: عَرَّضَ لِلْهَواء to ventilate, air; to fan; to aerate, aerify
هَوًى: حُبّ love; passion
هَوًى: مَيْل inclination, liking

fancy, whim, caprice هَوًى: نَزْوَة

air هَواء: غازٌ يُحِيطُ بالكُرَةِ الأرْضِيَّة

breeze; wind هَواء: نَسِيم، رِيح

aerial, air-; aer- هَوائِيّ: خاصٌّ بِالهَواء

aerial, antenna هَوائِيّ: أَنْتِين

leniency, clemency, mildness, indulgence هَوادَة: لِين، تَساهُل

disgrace, shame, humiliation, degradation هَوان: ذُلّ

hobby, favorite pastime هِوايَة

abyss, chasm, pit; gap هُوَّة: فَجْوَة

howdah هَوْدَج: ظَعِينَة

hormone هُورْمُون

mania, craze هَوَس: جُنون

hockey هُوكِي (لعبة)

to horrify, terrify, frighten, intimidate, bully هَوَّلَ (على)

terribleness, horribleness هَوْل

Sphinx أَبُو الهَوْل

oh, how terrible! يا لَلْهَوْل

to make easy, ease, facilitate هَوَّنَ

to love, fall (or be) in love with, be fond of هَوِيَ: أَحَبَّ

identity; personality هُوِيَّة

slowness, leisure هُوَيْنَى، هُوَيْنا

to saunter, stroll مَشَى الهُوَيْنَى

she; it هِيَ

to prepare, ready, make ready; to fit, arrange هَيَّأَ: أَعَدَّ

come on! let's go! quick! هَيَّا

form, shape, appearance; look(s), mien هَيْئَة: شَكْل

body, institution; corps; cadre; staff هَيْئَة: جِهاز، جَماعَة

excitement, agitation هِياج

passion هُيام، هِيام: عِشْق

fear, dread; awe, veneration, reverence هَيْبَة: رَهْبَة

dignity, solemnity هَيْبَة: وَقار

to excite, agitate, stir (up), (a)rouse; to stimulate; to provoke; to irritate هَيَّجَ: أَثارَ

هَيَجان ـ راجع هِياج

hydrogen هَيدْرُوجِين

heroin هِيرُوين، هِيرُويين: مُخَدِّر

temple هَيْكَل: مَعْبَد

altar هَيْكَل: مَذْبَح (الكَنِيسَةِ)

structure, makeup, frame(work); skeleton هَيْكَل: بِنْيَة

chassis; body, hull هَيْكَلُ السَّيَّارَةِ أو الطَّائِرَة

skeleton هَيْكَلٌ عَظْمِيّ

هَيْكَلِيَّة: بِنْيَة ـ راجع هَيْكَل

cardamom هِيْل: حَبُّ الهال

هَيْمَنَ على : سَيْطَرَ	to dominate, control, overrule, sway
هَيْمَنَة : سَيْطَرَة	hegemony, supremacy, sway, domination, control
هَيِّن : سَهْل	easy, facile
هَيْهاتِ	how far! how impossible!

و

وَ : مع — and, also, too; along with, as well as; (together) with

وَ (القَسَم) — by

وَاللّٰه — by God!

وا — oh!

واأسَفاه — unfortunately

واءَمَ : وافَق ، لاءَمَ — to agree with; to suit, fit; to be suitable for, fit for, convenient for

واءَمَ : كَيَّفَ — to adapt, adjust

وِئام : أُلفَة ، وِفاق — rapport; harmony, concord, agreement, accord

وابِل : مَطَر — downpour, heavy rain

وابِل (مِنْ) : سَيْل — shower, hail, barrage, flood, deluge

واثِق : مُتَيَقِّن ، مُتَأكِّد — confident, sure, certain, positive

واثِقٌ مِنْ نَفْسِه — self-confident, confident, sure of oneself

واجِب : فَرْض ، مُهِمَّة — duty, obligation; task; job

واجِب : لازِم — necessary, required, mandatory; due

واجَهَ : قابَلَ — to face, meet (with), confront, encounter

واجِهَة — front, face, front part; facade, frontage

واجِهَةُ عَرْض — show window, shop-window

واحَة — oasis

واحِد — one

وَأَدَ (المَوْلُودَة) — to bury alive

وادٍ (الوادِي) — valley; ravine, canyon

وارَى : أخْفَى — to hide, conceal

وارَى : دَفَنَ — to bury, inhume

وارَبَ : داوَرَ — to equivocate

وارِث — heir, inheritor, successor

وارِد : آتٍ ، قادِم — incoming; coming, arriving

وارِد : مَذْكُور — mentioned, stated

وارِد : مُمْكِن — possible, conceivable, thinkable, imaginable

غَيْرُ وارِد — impossible, inconceivable, out of the question

وارِدات : ضِدّ صادِرات — imports

وارِدات: مَداخِيل incomings, proceeds, earnings; revenues

وارِف verdant, blooming, lush, luxuriant; shady

وازَى to parallel, be parallel to (or with); to correspond to; to equal, be equal to

وازِع: زاجِر، رادِع restraint, check; deterrent; sanction

وازَنَ: عادَلَ to equilibrate, balance

وازَنَ: قارَنَ to compare (with)

واسَى to console, comfort, solace

واسِطَة: وَسِيلَة means, medium

واسِطَة: وَسِيط ـ راجع وَسِيط

بِواسِطَة by means of, through, by, per; by way of, via

بِواسِطَة (في كِتابَةِ العُنْوان) c/o, care of

واسِع wide, spacious, roomy, vast, ample, broad, large

واصَلَ: تابَعَ to continue, go on, carry on; to continue to do, keep (doing), keep on (doing), go on doing; to resume

واصِل: آتٍ، قادِم incoming; coming, arriving; arrival, newcomer

واضِح clear, lucid, plain, distinct, manifest, evident, obvious, patent, explicit, clear-cut

واطِىء: مُنْخَفِض، وَطِيء low

واظَبَ على to persevere in, persist in; to be diligent, assiduous

واعٍ (الواعِي) conscious; aware; sober; attentive, vigilant, alert

لاواعٍ unconscious

واعِد promisor; promising

واعِظ preacher; sermonizer

وافٍ (الوافِي) complete, full; sufficient, enough, adequate; ample

وافَى فُلاناً: أتاهُ to come to

وافاهُ المَوْتُ، وافَتْهُ المَنِيَّةُ to die

وافَى بِـ to present to (or with), bring (to); to provide with

وافِد: قادِم coming, arriving; incoming; (new)comer, arrival, arriver

وافِر abundant, plentiful, ample, copious; numerous, large

وافَقَ على: قَبِلَ بِـ to agree to, consent to, assent to, approve (of), OK, sanction, endorse

وافَقَ فُلاناً to agree with

وافَقَ: لاءَمَ، ناسَبَ to agree with; to suit, fit; to be suitable for, fit for, convenient for

وافَقَ: طابَقَ to agree with, correspond to, coincide with

واق (طائر) bittern

واقٍ (الواقِي) preventive, protective, preservative; protector, preserver

واقِع: ساقِط falling, dropping

واقِع (في مَكانٍ ما): كائِن located, situated, lying

الواقِع: الحَقِيقَة reality, actuality, fact(s), truth

واقِعَة ـــــــ ٤٥٥ ـــــــ وَثْبَة

(في) الواقِع in fact, actually, in reality, really
واقِعَة : حادِثَة fact; incident, event, occurrence, development
واقِعَة : مُصِيبَة misfortune, disaster
واقِعَة : قِتال battle, combat
واقِعِيّ : حَقِيقِيّ actual, factual; real, true, genuine; de facto
واقِعِيّ : عَمَلِيّ realistic, practical, pragmatic; realist
واقِعِيَّة realism; reality
واقِف : مُنْتَصِب standing, up
واقِف : غَيْرُ مُتَحَرِّك still, at rest
واكَبَ : رافَقَ to escort, accompany, convoy, go (along) with
والٍ (الوالِي) : حاكِم ruler, governor
والَى : ناصَرَ to support, back (up), stand by, champion
والَى : تابَعَ to continue (to do), go on (doing); to resume
وإلّا otherwise, or else
والِد : أَب father
الوالِدان : الأَبَوان the parents, father and mother
والِدَة : أُمّ mother
واهٍ (الواهِي) weak, fragile; unsubstantial, trivial; unsound
واهِب donor, giver, granter
واهِم : مُتَوَهِّم mistaken, wrong; deluded, deceived, misled
واهِن : ضَعِيف weak, feeble, frail

واوِي : إبْنُ آوَى (حيوان) jackal
وَئِيد : مُتَمَهِّل slow, unhurried
وَباء، وَبَأ epidemic; pandemic
وَبال : بَلاء bad consequences, evil results; harm, evil
وَبَّخَ : أَنَّبَ to scold, upbraid, reprove, rebuke, censure
وَبَر (الجِمال) hair (of camels)
وَبَر : زَغَب pile, down, fluff, fuzz
وَبْر (حيوان) hyrax, daman, dassie
وَبِيل : وَخِيم unhealthy; bad, evil; harmful, detrimental
وَتَد، وَتِد peg, pin; wedge, cotter
وَتَّرَ : شَدَّ to strain, tighten, tauten
وَتَر string; chord
أَوْتارٌ صَوْتِيَّة vocal cords
وَتْر، وِتْر، وَتْرِيّ، وِتْرِيّ odd, uneven
وَتِيرَة manner, mode, fashion; way, method; pattern; style
وَثائِقِيّ documentary
وِثاق tie, bond, fetter, chain
وَثَبَ to jump, leap, spring, bound, bounce; to skip, hop
وَثْب jump(ing), hop(ping)
وَثْبٌ طَوِيل long jump, broad jump
وَثْبٌ عالٍ high jump
وَثْبٌ بِالعَصا pole vault
وَثْبَة jump, leap, spring, bound, bounce, skip, hop

وَثُقَ مِنْ to be sure of, certain of
وَثِقَ بِـ to trust, have confidence in; to rely on, depend on
وَثَّقَ : أَحْكَمَ، مَكَّنَ to strengthen, consolidate, cement, firm up
وَثَّقَ : زَوَّدَ بالوَثائِق to document
وَثَّقَ : صَدَّقَ على to authenticate, attest (to), certify, legalize
وَثَن : صَنَم idol
وَثَنِيّ idolater, pagan, heathen; idolatrous, pagan
وَثَنِيَّة idolatry, paganism, heathenism
وَثِير soft, snug, cozy, comfortable
وَثِيق firm, solid, strong; close, intimate; relevant, pertinent
وَثِيقَة (ج وَثائِق) document, deed
وَثِيقَةُ شَحْن bill of lading
وِجار : جُحْر den, lair, burrow, hole
وِجارُ الكَلْب kennel, doghouse
وُجاق stove
وَجاهَة : جاه، عِزّ distinction, notability, eminence, prestige, honor
وِجاهِيّ : حُضُورِيّ in presence
وَجَبَ : تَحَتَّم to be necessary, obligatory, mandatory, imperative
وَجَبَ (يَجِبُ) عَلَيْهِ أَنْ he has to, he should, he must, he ought to
وَجَبَ القَلْبُ to throb, beat
وَجْبَة : أَكْلَة meal, repast

وَجْبَة : طَقْمُ أَسْنان denture, set of false teeth
وَجَدَ : عَثَرَ على، لَقِيَ to find; to meet with; to come across
وَجَدَ : اِكْتَشَفَ to find out, discover, detect, spot
وَجَدَ : اِعْتَبَرَ to find, consider, deem
وُجِدَ to be found; to be; to exist; to occur; to be available
يُوجَد : هُناكَ there is, there are
وَجْد : حُبّ passion, love; ecstasy
وِجْدان : شُعُور feeling, emotion
وِجْدان : ضَمِير conscience
وِجْدانِيّ sentimental, emotional
وَجْر : كَهْف cave, cavern, grotto
وَجَع : أَلَم pain, ache; suffering; agony, anguish, torment
وَجَعُ الأَسْنان toothache
وَجَعُ الرَّأْس : صُداع headache
وَجَعُ الظَّهْر backache
وَجَفَ : اِضْطَرَبَ to be agitated
وَجَفَ القَلْبُ : خَفَقَ to beat, throb
وَجِلَ : خافَ to be afraid, scared
وَجَل : خَوْف fear, dread
وَجِل : خائِف afraid, scared
وَجَمَ : سَكَتَ، عَبَسَ to be silent; to be sullen, sulky, gloomy
وَجْنَة، وَجَنَة : خَدّ cheek
وَجَّهَ : أَرْسَلَ to send, dispatch

وَجَّهَ : صَوَّبَ to aim (at), level (at), point (at), direct (to)
وَجَّهَ : وَلَّى، أَدَارَ to turn, direct
وَجَّهَ : قادَ، أَرْشَدَ to steer, direct; to channel; to guide, lead
وَجَّهَ (شَطْرَ اتِّجاهٍ ما) to orient
وَجَّهَ : تَحَكَّمَ في to control, direct
وَجَّهَ (سُؤالاً) to address
وَجْه : مُحَيًّا face, visage
وَجْه : واجِهَة front, face, facade
وَجْه : سَطح، ظاهِر surface, face
وَجْه : ناحِيَة، وُجْهَةُ نَظَر aspect, point; respect, regard, way; standpoint, point of view
وَجْه : جِهَة، جانِب side; direction
وَجْه : مَعْنًى meaning, sense
وَجْه : طَرِيقَة way, manner, mode
وَجْه : سَبَب reason, cause
وُجْهَة : اِتِّجاه direction; way; course
وُجْهَة : مَقْصِد destination
وُجْهَةُ نَظَر point of view, viewpoint, standpoint
وُجُوب : ضَرُورَة، لُزُوم necessity
وُجُود existence, being; entity
وَجِيز : مُخْتَصَر concise, terse, succinct, brief, short, compact
وَجِيه : ذُو وَجاهَة notable, dignitary, VIP; socialite, distinguished
وَجِيه (سَبَب إلخ) : مَعْقُول good, valid, sound; worthy

وَحَّدَ to unite, unify; to integrate, join, merge; to standardize
وَحْدانِيّ alone, solitary, lonely
وَحْدَة : اِتِّحاد unity; union
وَحْدَة : اِنْفِراد، عُزْلَة loneliness, solitude, isolation, privacy
وَحْدَة (عَدَدِيَّة) : قِطْعَة unit
وَحْدَةٌ حَرارِيَّة : سُعْر calorie
وَحْدَهُ alone, by oneself; solely
وَحْش wild animal, beast; monster
وَحْشِيّ wild, savage; bestial, beastly, brutish; barbarous, barbaric; brutal, cruel, merciless
وَحْشِيَّة savagery, wildness, bestiality; brutality, barbarity, cruelty
وَحَّلَ to muddy; to mud, muddle
وَحِل : مُوْحِل muddy, miry, dirty
وَحْل، وَحَل mud, mire
وَحِمَ (تِ الحُبْلى) to crave for, desire, feel appetite for
وَحْي inspiration; revelation
وَحِيد lonely, lonesome, solitary; sole, only, exclusive, peerless
وَحِيدُ القَرْن (حيوان) rhinoceros
وَخَزَ : شَكَّ to prick, sting, twinge; to jab, pierce
وَخَم unhealthy air; dirt, filth
وَخِيم unhealthy; bad, evil; adverse, unfavorable; harmful
وَدَّ : أَحَبَّ to like; to love
وُدّ، وِدّ، وَداد، وِداد : مَوَدَّة cordiality;

friendliness, amicability, love
وَدَاع farewell, leave-taking
الوَدَاع، وَدَاعاً farewell! adieu! good-bye! so long!
وَدَعَ : تَرَكَ to leave; to let
وَدَعَ : أَوْدَعَ ـ راجع أَوْدَعَ
دَعْني وشأْني leave me alone!
دَعْنا نَذْهَبْ let's go!
وَدَّعَ المُسَافِرُ القَوْمَ to take leave of, say farewell or good-bye to
وَدَّعَ القَوْمُ المُسَافِرَ to see off, bid farewell (to)
وَدَع، وَدْع (مفردها ودعة) cowrie shell(s), cowrie(s), (sea)shell(s)
وَدُود affectionate, warmhearted; friendly, nice
وُدِّيّ friendly, amicable, peaceful; cordial, warm, heartfelt
وَدِيع meek, mild, gentle
وَدِيعَة deposit; trust, charge
وَرَّى : أَخْفَى to hide, conceal
وَرَّى : وارَبَ to equivocate; to imply; to pun, make puns
الوَرَى creatures, people
وَرَاءَ behind, in the rear of, at the back of; beyond, past
إلى الوَرَاء backward(s), back
وِرَاثَة : إِنتِقالُ الصِّفَاتِ الوِرَاثِيَّة heredity
وِرَاثِيّ hereditary
وَرَّاق paper manufacturer; stationer; bookseller
وَرِثَ to inherit
وَرَّثَ to bequeath, leave or give by will; to devise
وَرَدَ : جاءَ، حَضَرَ to come, arrive
وَرَدَ (في) : ذُكِرَ to be mentioned, stated, said, reported
وَرَّدَ الشَّجَرُ to blossom (out), bloom, flower, be in bloom
وَرَّدَ : اِسْتَوْرَدَ to import
وَرَّدَ : صَدَّرَ to export
وَرْد، وَرْدَة (نبات) rose(s)
وَرْدِيّ (اللَّوْنِ) rosy, rose; pink
وَرْشَة : مَشْغَل workshop, atelier
وَرَّطَ to involve, implicate, entangle, embroil
وَرْطَة : مَأْزِق predicament, plight, dilemma, deadlock, impasse
وَرَع : تَقْوَى piety, godliness, devoutness, God-fearingness
وَرِع : تَقِيّ pious, godly, devout, God-fearing, religious
وَرَقَ الشَّجَرُ ـ راجع أَوْرَقَ
وَرَّقَ (بِوَرَقِ الجُدْران) to (wall)paper
وَرَّقَ : طَيَّنَ، بَيَّضَ to whitewash
وَرَق (الكِتَابَةِ، الطِّبَاعَةِ، التَّغْلِيفِ) paper
وَرَق (النَّبَاتِ أو الشَّجَرِ) leaves
وَرَقُ الجُدْران wallpaper
وَرَقُ الحَمَّام toilet paper

وَرَقُ اللَّعِبِ أو الشُّدَّة playing cards

وَرَقَة : قِطْعَةُ وَرَق piece of paper, sheet of paper, paper, slip

وَرَقَة (نَبَاتٍ) leaf

وَرَقَة : وَثِيقَة document, deed, paper

وَرَقَةُ يانَصِيب lottery ticket

وَرَقِيّ paper; foliar, leafy; foliate

وَرْك، وَرِك، وِرْك hip, haunch

وَرَل (حيوان) monitor, monitor lizard

وَرِمَ : تَوَرَّمَ to swell, bulge

وَرَم (ج أَوْرام) tumor, swelling, tumefaction, intumescence

وَرِم ـ راجع مُتَوَرِّم

وَرْنِيش varnish, lacquer; polish

وَرْوار (طائر) bee eater

وَرِيث ـ راجع وارِث

وَرِيد : عِرْق vein

وَزّ ـ راجع إِوَزَّة (ج إِوَزّ)

وِزارَة، وَزارَة ministry; portfolio

الوِزارَة (كَكُلّ) cabinet, council of ministers; government

وِزارِيّ ministerial; cabinet

وَزّال (نبات) broom, furze, gorse

وَزَّة ـ راجع إِوَزَّة

وِزْر : عِبْء burden, heavy load

وِزْر : إِثْم sin; offense; misdeed

وَزَّعَ : فَرَّقَ، قَسَّمَ to distribute; to allot, apportion, deal out, divide

وَزَّعَ الرَّسائِلَ البَرِيدِيَّةَ إلخ to deliver

وَزَغَة : أَبو بُرَيْص gecko

وَزَنَ to weigh

وَزْن : ثِقْل، مِثْقال weight

وَزْن : أَهَمِّيَّة weight(iness), importance, significance

وَزْن (شِعْرِيّ) : بَحْر meter, measure

وَزِير minister; secretary; vizier

وَزِير (الشِّطْرَنْج) : مَلِكَة queen

وَساخَة dirtiness, filthiness, uncleanness; dirt, filth

وِسادَة، وِساد pillow; cushion; pad

وَساطَة mediation, intervention, good offices; intercession

وِسام decoration, medal, order

وَسِخَ ـ راجع اِتَّسَخَ

وَسَّخَ : قَذَّرَ to dirty, soil, sully, stain

وَسَخ : قَذَر dirt, filth, squalor

وَسِخ dirty, unclean, filthy, foul

وَسَط : مُنْتَصَف middle; center, heart

وَسَط : خَصْر waist, middle

وَسَط : بِيئَة، مُحِيط milieu, environment, medium

وَسَط : واقِعٌ في الوَسَط middle, central, intermediate, midmost, medium; midway, halfway

وَسَط : بَيْنَ بَيْن، عادِيّ medium, middling, mediocre, average, moderate, ordinary

وَسْط ـ راجع وَسَط

وَسْطَ amid, amidst, among, in the middle or midst of; in between, surrounded by
وُسْطَى (إِصْبَع) middle finger
وَسَطِيّ medial; average, mean
وَسِعَ، وَسُعَ : إِتَّسَعَ ـ راجع إِتَّسَعَ
وَسِعَ : قَدِرَ، اِسْتَطَاعَ can; to be able (to), be capable (of); to afford to
لا يَسَعُنِي إلاَّ I cannot but
وَسَّعَ to widen, broaden, enlarge, expand; to make room (for)
وُسْع : قُدْرَة capacity, ability
وَسَقَ : حَمَّلَ، شَحَنَ to load (with)
وَسَمَ to brand; to mark, label; to stamp, impress, (im)print
وَسْوَاس : قَلَق scruple; overconcern; misgiving, obsession
وَسِيط (بَيْنَ مُتَخَاصِمِين) mediator, intermediary, intermediate
وَسِيط : سِمْسَار agent, middleman, go-between, broker, intermediary
وَسِيط : مُتَوَسِّط intermediary, intermediate, middle
وَسِيلَة means, medium, instrument; device, implement, tool
وَسَائِلُ الإِعْلام mass media
وَسِيم : جَمِيل handsome, beautiful, pretty, good-looking, comely
وَشَى بِـ : بَلَّغَ عن to inform against, denounce, report, betray
وَشَّى : طَرَّزَ to embroider, brocade; to embellish, ornament

وِشَاح sash; scarf, kerchief, foulard
وَشَق (حيوان) lynx
وَشْك، على وَشْكِ أَنْ about to, on the verge of, on the brink of
وَشْم (ج وُشُوم ووِشَام) tattoo
وَشْوَشَ : هَمَسَ إِلَيْهِ to whisper in someone's ear, whisper to
وَشِيجَة (ج وَشَائِج) close tie; connection; (inter)relationship
وَشِيعَة : بَكَرَة reel, spool, bobbin
وَشِيك imminent, impending
وَصَّى ـ راجع أَوْصَى
وِصَايَة : وِلاَيَة guardianship, custody, care, tutelage; trusteeship
وَصَع : طَائِرٌ صَغِير kinglet; wren
وَصَفَ : صَوَّرَ، نَعَتَ to describe
وَصَفَ (الطَّبِيبُ) عِلاجاً to prescribe
وَصْف : تَصْوِير، نَعْت description
وَصْف : صِفَة ـ راجع صِفَة
بِوَصْفِهِ كَذَا in his capacity as, as
وَصْفَة (طِبِّيَّة) prescription
وَصْفَة (لِتَحْضِيرِ طَعَامٍ إلخ) recipe
وَصْفِيّ descriptive
وَصَلَ (إلى) : بَلَغَ to reach, arrive at, get to, come to, go as far as
وَصَلَ (المِقْدارُ) إلى كَذَا to reach, amount to, make, total
وَصَلَ : جَاءَ to come, arrive
وَصَلَ : رَبَطَ to connect, link, join, attach, couple

وَصَّلَ: رَبَطَ ـ راجع وَصَلَ
وَصَّلَ: أوصَلَ ـ راجع أَوْصَلَ
وَصْل: إيْصال receipt; voucher
وُصْلَة joint; link, tie; connection; union, coupling
وَصَمَ: شانَ to disgrace, dishonor, discredit; to stigmatize
وَصْمَة disgrace, dishonor, discredit; stigma, stain
وُصُولِيّ opportunist; self-seeker; self-seeking, self-interested
وَصِيّ: قَيِّم، وَلِيّ guardian, curator, custodian; trustee
وَصِيّ: مُنَفِّذُ الوَصِيَّة executor
وَصِيّ على العَرْش regent
وَصِيَّة (يَتْرُكُها المُوْصِي) will, testament; bequest, legacy; devise
وَصِيَّة: نَصِيحَة recommendation, advice
وَصِيَّة: أَمْر (أَخْلاقِيّ) precept, commandment, instruction
وَصِيفَة maid of honor, lady-in-waiting, lady's maid
وَصِيفَة (في مُباراةِ جَمال) runner-up
وَضَّبَ to arrange, prepare; to pack, package; to case, encase
وَضَحَ ـ راجع إتَّضَحَ
وَضَّحَ ـ راجع أَوْضَحَ
وَضَعَ: حَطَّ to put, place, lay (down), deposit; to station
وَضَعَ: أَلَّفَ، أَعَدَّ to write, compile; to make, produce; to create
وَضَعَتِ الحامِلُ to give birth (to)
وَضْع: وِلادَة، مَخاض parturition, delivery, (child)birth
وَضْع: حالَة situation, status, condition(s); position
وَضْعِيّ positive; positivist(ic)
وَضْعِيَّة: حالَة ـ راجع وَضْع
وُضُوء: تَوَضُّؤ (performance of the ritual) ablution
وُضُوح clearness, clarity, lucidity, plainness, distinctness
وَضِيع: حَقِير lowly, humble, menial, mean, base, low, ignoble
وَطَأَ ـ راجع وَطِئَ
وَطِئَ: داسَ to tread on, step on, walk on; to set foot on
وَطَّأَ: مَهَّدَ to pave; to level (off), flatten; to smooth(en); to make
وَطَّأَ: خَفَضَ to lower, bring down
وَطْأَة: شِدَّة pressure; stress; burden; intensity, severity
وَطَّدَ: رَسَّخَ to establish, settle; to strengthen, consolidate, brace
وَطَر: بُغْيَة wish, desire; aim
وَطَّنَ: جَعَلَهُ يَسْتَوْطِن to settle (in)
وَطَن homeland, fatherland, (home) country, native country
وَطَنِيّ: قَوْمِيّ national; native
وَطَنِيّ: مُحِبٌّ لِوَطَنِه nationalist, patriot; nationalist(ic), patriotic

وَطَنِيَّة : حُبُّ الوَطَن patriotism
وَطَنِيَّة : قَوْمِيَّة nationalism
وَطْواط : خُفَّاش bat
وَطِيء : مُنْخَفِض low
وَطِيد : راسِخ firm, stable, steady, solid, strong, unshakable
وَظَّفَ (شَخصاً) to employ, hire, take on, recruit; to appoint, assign
وَظَّفَ (مالاً) : إِسْتَثْمَرَ to invest
وَظِيفَة : عَمَل job, office, post, position; work; employment
وَظِيفَة : مُهِمَّة function
وَظِيفَة : فَرْض (مَدْرَسِيّ) (school) assignment, homework
وَظِيفِيّ functional
وَعَى : حَوَى to contain, hold
وَعَى : أَدْرَكَ to be conscious of, aware of; to grasp, understand
وَعَى : تَذَكَّرَ to remember
وَعَّى to enlighten; to make conscious (of), make aware (of); to warn, caution
وِعاء vessel, container, receptacle
وِعاءٌ دَمَوِيّ blood vessel
وَعَدَ : تَعَهَّدَ to promise, pledge
وَعْد : عَهْد promise, word, pledge
وَعْر، وَعِر rugged, rough, uneven, bumpy; hard, difficult
وَعَظَ to preach (to); to sermonize; to exhort, admonish
وَعْكَة (صِحِّيَّة) indisposition, illness
وَعْل (حيوان) ibex
وَعْي consciousness; awareness; knowledge, grasp, perception, understanding; attention
لاوَعْي، اللاَّوَعْي the unconscious; unconsciousness
وَعِيد : تَهْدِيد threat, menace
وَغًى : حَرْب war, battle, fight(ing)
وَغْد : نَذْل scoundrel, rascal, rogue, villain; mean, vile
وَفَى (بـ) : حَفِظَ، نَفَّذَ to fulfill, keep, honor, carry out, perform, meet, live up to
وَفَى (دَيْناً) : سَدَّدَ to pay, settle, clear
وَفَى (بِالمُتَطَلَّبات) to satisfy, fulfill, meet, answer, suffice
وَفَّى فُلاناً حَقَّهُ to give someone his due in full
وَفَّى المَوْضُوعَ حَقَّهُ to treat exhaustively, speak fully about
وَفاء : أَمانَة، إِخْلاص faithfulness, fidelity, loyalty, devotion
وَفاة : مَوْت death; decease, demise
وِفاق : وِئام concord, harmony, accord, agreement; détente
وَفَدَ على أو إلى to come to, arrive at, get to, reach; to visit
وَفْد : مُوْفَدُون delegation
وَفَرَ، وَفُرَ ـ راجع تَوافَرَ
وَفَّرَ : اِقْتَصَدَ، اِدَّخَرَ to save

وَفَّرَ عَلَيْهِ كَذَا to save, spare
وَفَّرَ: زَوَّدَ، حَقَّقَ to furnish, provide, supply; to secure, ensure
وَفْر saving; surplus, excess
وَفْرَة abundance, plenty, ampleness, profusion; wealth, affluence
وَفَّقَ (بَيْنَ القَوْم) to reconcile, conciliate, make peace between
وَفَّقَ (بَيْنَ الشَّيْئَيْن) to harmonize, reconcile, accord, tune; to adapt, adjust, conform
وَفَّقَ اللّٰهُ فُلَاناً to grant success (to), make prosper, help
وَفْقَ، وَفْقاً لِـ in accordance with, according to, in conformity with, pursuant to
وَفِيّ: أَمِين، مُخْلِص faithful, loyal, devoted, true, constant
وَفِير ـ راجع وافِر
وَقَى، وَقَّى: حَفِظَ to preserve, protect, (safe)guard, shelter
وِقَاء: سِتْر shelter; shield
وِقَاء: غِطَاء cover(ing), housing
وَقَائِع: أَحْداث events, incidents, happenings, developments; facts
وَقَائِع (الاجْتِماع) minutes, proceedings, record
وِقَائِيّ precautionary, preventive, protective, safety; prophylactic
وَقَاحَة impudence, insolence, shamelessness, impertinence
وَقَار gravity, sedateness, solemnity, sobriety; dignity
وِقَايَة protection, preservation, (safe)guarding, safekeeping; precaution; prevention; prophylaxis
وَقَّتَ، وَقَتَ to time; to schedule
وَقْت time; period (of time)
في الوَقْتِ الحاضِر: الآن now, at present, currently, today
في هَذَا الوَقْت: في هَذِهِ الأَثْناء meanwhile, in the meantime
مِنْ وَقْتٍ إلى آخَر from time to time, now and then, once in a while, at times, sometimes
وَقْتَئِذٍ، وَقْتَذَاكَ then, at that time
وَقِح impudent, shameless, insolent, impertinent, brazen
وَقَّرَ: اِحْتَرَمَ to revere, venerate, respect, honor
وَقَعَ: سَقَطَ to fall (down), drop, tumble, sink
وَقَعَ: حَدَثَ، جَرَى to happen, take place, occur
وَقَعَ (في مَكَانٍ أو مِنْطَقَةٍ ما) to lie, be located, be situated
وَقَعَ في: تَأَلَّفَ مِنْ to consist of, be made up of; to comprise
وَقَعَتِ الحَرْبُ to break out, flare up, erupt
وَقَعَ في حُبّ.. to fall in love with..
وَقَّعَ: أَمْضَى to sign, subscribe
وَقْع: تَأْثِير، مَفْعُول impact; impres-

sion, impress, effect

وَقْعَة : سَقْطة fall, drop, tumble

وَقْعَة : إشْتِباك encounter, fight(ing), battle, combat

وَقْعَة : وَجْبَةُ طَعام meal, repast

وقَفَ : توقَّفَ، إنْتَهى to stop

وقَفَ : إنْتَصَبَ، قامَ to stand; to stand up, rise, get up

وَقَفَ على : إطَّلَعَ على to know (of); to be aware of, acquainted with

وقفَ مالَهُ te endow

وَقَّفَ ـ راجع أوْقَفَ

وَقْف : تَوَقُّف stopping, stop(page)

وقف : مِلْكٌ مَوْقوف endowment, mortmain

وَقْفُ إطْلاقِ النّار cease-fire

وَقْفَة : تَوَقُّف stop, halt; pause

وَقْواق (طائر) cuckoo

وَقود : أحَدُ مَصادِرِ الطّاقَة fuel

وَقور : ذو وَقار grave, sedate, staid, solemn, sober; dignified

وُقوف : قِيام standing; standing up, rising, getting up

وُقوف : تَوَقُّف stopping, stop(page)

وُقوف (على) : إطِّلاع knowledge, cognizance, acquaintance

وُقِيَّة : وَحْدَةُ وَزْن oke, oka; ounce

وكالة (قانونيَّة) power of attorney, proxy; attorneyship

وَكالَة : مُؤَسَّسَة (تِجارِيَّة إلخ) agency

وَكالَةُ مُخابَرات ـ راجع مُخابَرَة

وَكالَةُ إعْلانات advertising agency

وَكالَةُ أنْباء news agency

وَكالَةُ سَفَر travel agency

بالوَكالَة acting (president, etc.); deputy; by proxy; proxy

وِكالَة ـ راجع وَكالَة

وَكَّدَ ـ راجع أكَّدَ

وَكْر : عُشُّ الطّائِر nest

وَكْرُ اللُّصوص den of thieves

وَكَزَ to thrust, poke; to nudge

وَكَلَ (إلَيْهِ الأمْرَ) to entrust (to), commit (to); to entrust (with)

وَكَّلَ (فُلاناً بِـ) to authorize, empower, deputize; to commission (to do or with), entrust (with)

وَكِيل agent, representative, deputy; proxy; attorney; dealer

وَكِيلُ سَفَر travel agent

وَكِيلُ نِيابَة prosecutor, district attorney

وَكِيلُ وِزارَة (of under secretary state)

وَلّى ـ راجع وَلِيَ

وَلّى (هُ مَنْصِباً) to inaugurate, appoint (to an office)

وَلّى : جَعَلَهُ والِياً to appoint as ruler or governor

وَلّى (وَجْهَهُ) : وَجَّهَ، أدارَ to turn, direct (the face)

يَمِينِيّ [سياسة] rightist, right-wing; Right; right-winger
يِنّ : عُمْلَةٌ يابانيَّة yen
يَنايِر : كانُون الثَّاني January
يَنْبَغِي - راجع اِنْبَغى
يَنْبُوع : نَبع، عَيْنُ ماء spring, source, fountain(head), wellhead
يَنْبُوع : جَدْوَل stream, brook
يَهُودِيّ Jew; Jewish, Judaic(al)
اليَهُودِيَّة Judaism
يُوبِيل jubilee, anniversary
يُود iodine
يُورانيُوم uranium
يُوسُفُ أَفَنْدِيّ، يُوسُفِيّ (نبات) tangerine(s), manderin (s)
يُوغا (فَلْسَفَة، رِياضَة إلخ) yoga
يُولْيَه، يُولْيُو : تَمُّوز July
يَوْم : ٢٤ ساعَة (أو نَهار) day
اليَوْمَ today
يَوْماً ما someday, sometime, one of these days
يَوْمُ القِيامَة Day of Resurrection, Judgment Day
في أَيّامِنا هَذِهِ، (في) هَذِهِ الأَيّام nowadays, these days, today, now, at present, currently
يَوْمِيّ daily; diurnal; everyday
يَوْمِيّاً daily, every day, day by day, per day
يَوْمِيّات diary, journal; daily events; daily news
يَوْمِيَّة : أَجْرٌ يَوْمِيّ daily wages; per diem, daily allowance
يَوْمِيَّة : جَرِيدَةٌ يَوْمِيَّة daily, daily newspaper, journal
دَفْتَرُ اليَوْمِيَّة daybook, journal
يُونْيَه، يُونْيُو : حَزِيران June
يُويُو (لعبة) yo-yo

تحرصُ دار العلم للملايين على أن تبقى كتبُها رائدةً وطليعيّةً من حيثُ المضمون والإخراج. وبهمّتُها أن تتواصل مع قرّائها وأن تطّلع على آرائهم في منشوراتها. فإذا كان لديك، عزيزي القارئ، رأيٌ أو ملاحظةٌ مهمّة حول هذا الكتاب نرجو أن تكتب إلينا على العنوان المدوّن أدناه. ويمكنك أيضاً أن تطلب قائمة منشوراتنا مجّاناً للاطّلاع على جميع إصداراتنا وأسعارها.

دار العلم للملايين ص. ب: ١٠٨٥ ـ بيروت ـ لبنان